DICTIONNAIRE
DU
BON
FRANÇAIS

PAR
JEAN GIRODET
AGRÉGÉ DE L'UNIVERSITÉ

Bordas

© Bordas, Paris 1981, ISBN 2-04-010580-8 X

PRÉFACE

De manière originale, le présent ouvrage réunit en un seul volume un dictionnaire général des difficultés du français, un dictionnaire d'orthographe et une grammaire pratique.

En ce qui concerne les difficultés générales de la langue française (syntaxe, pluriels ou accords difficiles, vocabulaire, prononciation, etc.), nous aurions pu adopter un point de vue descriptif et présenter, sans porter de jugement, la variété des usages qui se rencontrent dans le français tel qu'on le parle ou qu'on l'écrit. Une telle description de la langue aurait déçu l'attente des lecteurs. En effet, la fonction d'un dictionnaire des difficultés n'est pas d'enregistrer l'usage, bon ou mauvais. Elle est de trancher clairement, dans les cas où la pratique spontanée de la langue se trouve en contradiction avec les normes de l'expression soignée. Si l'on consulte un tel dictionnaire, c'est évidemment parce que l'on veut savoir quelle est la construction, la forme ou la prononciation qui met à l'abri de toute critique. Le lecteur demande qu'on lui indique nettement ce qu'on doit dire ou écrire et non ce qui se dit ou s'écrit.

Notre parti normatif explique et justifie notre tendance quelque peu « puriste » : nous nous adressons à ceux qui sont soucieux, avant tout, de la pureté de leur langage. Cependant nous évitons toujours l'attitude, si fréquente chez les « puristes », qui consiste à condamner un tour ou un emploi fautif sans proposer un substitut correct. Cette manière exclusivement « répressive » de présenter la norme ne fait qu'accroître l'embarras du lecteur, qui se voit interdire une expression, sans savoir pour autant quelle autre il doit employer à sa place. La mise en garde reste ainsi lettre morte, puisque, faute de mieux, on en est réduit à revenir à une construction incorrecte ou à une impropriété. Notre dictionnaire, lui, quand il condamne ou met en garde, propose toujours une solution de remplacement.

Le choix d'un point de vue normatif justifie aussi l'absence de références littéraires. Nous avons préféré créer des exemples, conformes à l'usage correct, plutôt que de nous appuyer sur des citations d'auteurs. Il fut une époque où les œuvres des grands écrivains fondaient le bon usage. De nos jours, il n'est plus de prosateurs dont la langue fasse autorité. Aux écrivains les plus illustres de notre temps nous avons préféré, comme guides, les meilleurs grammairiens contemporains. Nous avons fait la synthèse de leurs recommandations, en laissant de côté celles qui se réfèrent à un usage suranné.

Ainsi, refusant le laxisme, l'archaïsme, la soumission à un corpus littéraire sans autorité, nous avons adopté pour norme la langue écrite surveillée, claire et pure, celle par exemple qu'on est en droit d'exiger pour une dissertation de qualité ou un rapport bien fait, celle qui est l'essence même d'une prose élégante.

Ce dictionnaire est aussi un dictionnaire d'orthographe. Il contient, placés selon l'ordre alphabétique, tous les mots usuels ou semi-usuels dont l'orthographe peut présenter une difficulté (lettre double, présence d'un h ou d'un y, etc.). Généralement nous disposons en entrée le mot souche. Derrière lui sont placés les dérivés qui comportent le même risque de faute.

Enfin le lecteur trouvera à la fin de l'ouvrage un ensemble grammatical exceptionnellement développé : toute la conjugaison française (cent verbes entièrement conjugués) et vingt-sept chapitres consacrés à des questions générales, telles que l'accord du participe, l'accord du verbe, l'emploi de la majuscule, etc. Ces chapitres constituent une véritable grammaire pratique, à la fois détaillée et limitée aux questions les plus difficiles. Cette annexe grammaticale a en outre l'avantage de regrouper sous une forme synthétique les informations que la partie alphabétique de l'ouvrage présente sous une forme analytique.

Cet ouvrage est destiné aux lycéens, aux étudiants, à tous les enseignants, aux rédacteurs, aux journalistes, aux écrivains, aux professionnels de l'édition et de l'imprimerie, aux secrétaires, aux cadres, en un mot à tous ceux qui sont appelés à rédiger, à écrire ou à parler en public ou qui, par profession, doivent résoudre tous les jours des problèmes de langage. Il s'adresse surtout à ceux qui sont profondément attachés à la qualité de l'expression et qui se placent à nos côtés dans le combat pour la pureté du français.

J. G.

LISTE DES ABRÉVIATIONS
EMPLOYÉES DANS LE DICTIONNAIRE

adj.	adjectif	*n. m.*	nom masculin
adv.	adverbe	*n. f.*	nom féminin
art.	article	*pl.*	pluriel
conj.	conjonction	*prép.*	préposition
conjug.	conjugaison	*pron.*	pronom
f.	féminin	*sing.*	singulier
interj.	interjection	*v.*	verbe
inv.	invariable	*v. i.*	verbe intransitif
loc. adv.	locution adverbiale	*v. pron.*	verbe pronominal
loc. conj.	locution conjonctive	*v. t.*	verbe transitif
loc. prép.	locution prépositive	*v. t. dir.*	verbe transitif direct
m.	masculin	*v. t. ind.*	verbe transitif indirect
n.	nom		

L'abréviation *conjug.* suivi d'un numéro renvoie à l'un des tableaux placés à la fin du volume. Par exemple, **abattre,** conjug. **98** signifie que le verbe *abattre* se conjugue selon le modèle n° 98 des tableaux de conjugaison.

Le signe ▼ est placé devant une remarque importante ou signale une faute que l'on commet fréquemment.

Le signe * placé devant un mot ou une expression indique que le mot est un barbarisme (par exemple, *mairerie pour *mairie*) ou que l'expression est incorrecte.

Le signe ▷ équivaut à *voir* et renvoie à un autre article.

ALPHABET PHONÉTIQUE

Signes phonétiques et transcription

VOYELLES

[i] il, mie, cygne, île

[e] thé, donner

[ɛ] lait, très, jouet, bec

[a] chat, patte

[ɑ] pas, pâte

[ɔ] fort, donner

[o] sot, rôle, beau, gauche

[u] genou, boue, où

[y] uni, cru, mûr

[ø] feu, deux, nœud

[œ] jeune, meuble, peur

[ə] le, premier

[ɛ̃] vin, plein, main, examen

[ɑ̃] ange, sans, vent, paon

[ɔ̃] mon, ombre

[œ̃] lundi, aucun, parfum

SEMI-CONSONNES

[j] yeux, piano, maille

[w] oui, ouest, noir

[ɥ] lui, bruit, muet

CONSONNES

[p] pain, soupe, appât

[t] table, vite, natte

[k] coq, quatre, sac, képi

[b] beau, robe

[d] donner, laide

[g] gare, guerre

[f] feu, chef, phrase

[s] savant, cire, ça, tasse

[ʃ] chose, tache, schéma

[v] voir, rêve

[z] zéro, saison, dose

[ʒ] je, gigot, geôle

[l] laid, sol, mollet

[ʀ] rue, cour, arrondi, rhume

[m] mou, femme

[n] neuf, canne, animal

[ɲ] agneau, campagne

_____

[h] hop ! (exclamatif)

['] hautbois, hublot (pas de liaison)

_____

[ŋ] camping (mots empr. anglais)

[x] jota (mots empr. espagnol)

a Troisième personne du singulier de l'indicatif présent du verbe *avoir*. Pas d'accent grave, à la différence de la préposition *à* : *Il a une maison à la campagne. Le travail qu'il a à faire.*

à Préposition qui a de très nombreux emplois en français.

I Contraction de *à* suivi de l'article défini. On prendra garde à l'*h* aspiré et l'*h* muet : *Au hameau* (et non **à l'hameau). A l'hameçon* (et non **au hameçon).*

II Répétition de *à*.

1 En principe, on doit répéter *à* devant chaque complément : *Il ne pense qu'à jouer et à faire des tours* (et non **et faire des tours).*

2 On tolère l'absence de répétition si les deux compléments sont des noms désignant des personnes ou des choses qui appartiennent à deux catégories très voisines : *Ce règlement s'applique aux lycées et collèges. Il envoya cette invitation à ses parents et amis.*

3 L'absence de répétition est obligatoire dans certaines expressions figées : *Se conformer aux us et coutumes.*

III Emploi de *à* ou de *chez* devant un nom de lieu ou de personnes.

1 On emploie normalement *à* devant un nom de lieu (*Je vais à la poste, à la gare, au dispensaire, au salon de coiffure*) et *chez* devant un nom de personne (*Je vais chez le coiffeur, chez le dentiste, chez le médecin*). On évitera le tour populaire *Je vais au coiffeur, au dentiste, au médecin.*

2 Dans le français classique, *aller à* suivi d'un nom de personne signifiait « s'adresser à » : *Pour obtenir cette faveur, il alla au ministre.*

IV Emploi de *à*, de *en* ou de *dans* devant un nom de ville.

1 On emploie normalement *à* devant un nom de ville : *Je vais à Paris. Il est étudiant à Toulouse. Il va à Nantes. Il vécut à Avignon.*

2 Parfois, *en* est employé devant certains noms de villes qui commencent par une voyelle : *En Avignon. En Arles.* On rencontre aussi l'archaïsme *en Alger.* Ces tours ont un caractère un peu affecté. Il vaut mieux les éviter.

3 L'emploi de *dans* est correct au sens de « à l'intérieur de l'étendue de telle ville » : *En banlieue, la circulation est assez facile, mais ne prenez pas votre voiture pour aller dans Paris.*

V Emploi de *à* ou de *en* devant un nom d'île. Seul l'usage apprendra quelle préposition il faut employer. On ne peut indiquer que des principes généraux.

1 Le nom de l'île n'est jamais précédée de l'article. Dans ce cas, on emploie *à* : *A Chypre. A Rhodes. A Délos. A Guernesey. A Noirmoutier. A Madagascar. A Cuba. A Terre-Neuve. A Tahiti. A Ceylan.*

2 Le nom de l'île est toujours précédé de l'article, même dans un tour comme *les villes de la Guadeloupe, de la Martinique, de la Jamaïque.* Dans ce cas, on emploie *à : A la Guadeloupe. A la Martinique. A la Jamaïque.*

3 Le nom de l'île est normalement précédé de l'article (*Je connais bien la Sardaigne*), mais *peut* aussi s'employer sans article dans des tours comme *les villes de Sardaigne, de Sicile* (ou *de la Sardaigne, de la Sicile*). Dans ce cas, on emploie *en : En Corse. En Sardaigne. En Sicile. En Nouvelle-Zélande. En Nouvelle-Guinée.*

VI Emploi de *à,* de *en* (ou de *dans*) **devant un nom de pays** (Au Japon. En Suisse. En Uruguay) ▷ **dans** (II, 5).

VII Emploi de *à* ou de *en* **devant un nom de moyen de transport.**

1 On emploiera *à* dans les cas où l'on enfourche un animal ou un véhicule : *Monter à cheval. Il vint au château à cheval. J'irai à bicyclette. Il a fait le trajet à moto.* Dans la langue soignée, on évitera *en bicyclette, en vélo, en moto.* De même, on préférera *à skis* à *en skis.*

2 En revanche, quand le moyen de transport contient la personne transportée, on emploie obligatoirement *en* : *Voyager en voiture, en auto, en autocar, en avion, en bateau.* — On dit cependant *Voyager par le train* (plutôt que *en train*).

VIII Emploi de *à* ou de *de* **pour exprimer la possesssion ou la parenté.**

1 De nos jours, seul le langage relâché ou populaire emploie *à* suivi d'un nom pour exprimer la possession *(La voiture à mon ami)* ou la parenté *(Le fils à mon voisin).* On écrira donc, en employant *de* : *La voiture de mon ami. Le fils de mon voisin.* — On admet cependant *à* dans certaines expressions familières figées, telles que *un fils à papa, le chien-chien à sa mémère, la bande à Bonnot, une bête à bon Dieu,* etc.

2 En revanche, l'emploi de *à* est de rigueur pour marquer la possession ou la parenté devant un pronom personnel : *C'est un cahier à toi, je crois ?* (on ne peut dire *un cahier * de toi). Un cousin à elle.*

3 L'emploi de *à* est aussi de rigueur dans le tour *être à* + nom (= appartenir à) : *Ce chien est à Jacques.*

4 On observera que *être de* n'exprime pas la possession, mais l'origine (par opposition à *être à*) : *Ce livre est de lui* (= il en est l'auteur). *Ce livre est à lui* (= cet exemplaire lui appartient). *Cette idée est de lui* (= c'est lui qui l'a conçue, lancée). *Cette idée de roman, de film est à lui* (= il a sur elle un droit de propriété littéraire ou artistique).

IX *C'est à moi à, c'est à moi de,* **suivi de l'infinitif.** Ces tours indiquent à qui il incombe d'accomplir une action : *C'est à toi à distribuer les cartes. C'est au chef de chantier de veiller à l'application des consignes de sécurité.* Ces deux tours sont corrects. Dans la langue soutenue, le tour avec *de* est cependant préférable.

X Emploi de *à* ou de *de* **devant un nom de récipient ou de contenant.**

1 La préposition *à* exprime la destination. Un *pot à lait* est un pot destiné à contenir du lait, qu'il soit plein ou non : *Le pot à lait est vide. Il faut laver le pot à lait.*

2 La préposition *de* indique que le récipient est nécessairement plein : *La servante apporta un pot de lait* (= un pot plein de lait, que ce pot soit ou non destiné spécialement à contenir du lait).

3 La préposition *de* indique aussi parfois que le nom du récipient désigne, par métonymie, la quantité contenue : *Il but un pot de lait* (= la quantité de lait contenue dans un pot).

XI Au soir, au matin.

1 Après un nom désignant un jour de la semaine *(lundi, mardi,* etc.), il vaut mieux éviter ces expressions. On dira : *Il est venu lundi matin, il repartira vendredi soir* (plutôt que *lundi au matin, vendredi au soir*).

2 On peut, en revanche, dire au choix : *hier soir* ou *hier au soir, le lendemain matin* ou *le lendemain au matin.* Néanmoins, dans ces expressions, le tour sans *au* est plus usuel et préférable.

3 L'emploi de *au soir, au matin* est obligatoire après *la veille (Il est venu la veille au soir), l'avant-veille (Elle arriva l'avant-veille au soir), le jour de... (Il arriva le jour de Pâques au matin),* après *le* [tant du mois] *(J'arriverai le 12 janvier au soir. Vous êtes parti le 1er mars au matin),* après *ce jour-là (Ce jour-là au matin, nous étions tous réunis), tous les jours (Tous les jours au matin, nous faisions une heure de gymnastique).* On peut dire aussi : *Tous les jours, le matin, nous faisions...* ou *Tous les matins, nous faisions...*

XII Emploi de *de... à* ou de *ou* **avec les adjectifs numéraux.**

1 On emploie *de... à* si l'écart peut se fractionner : *La largeur de cette salle est de cinq à six mètres.* En effet cette largeur peut être de 5,20 m, de 5,30 m, etc.

2 On emploie *de... à* si les deux nombres ne sont pas consécutifs : *Il y avait sur la place de dix à quinze hommes en train de discuter. Chaque troupeau comptait de trente à quarante têtes de bétail.* Il peut y en avoir 31, 32, 33, etc.

3 On emploie *ou* si l'écart ne peut se fractionner et si les deux nombres sont consécutifs : *Il y avait dans le salon cinq ou six personnes.* Il ne pouvait y en avoir 5¼ ou 5½ ou 5,65, il y en a cinq *ou* bien six, nécessairement.

XIII Emploi de *à* ou de *de* **devant un complément de prix.**

1 L'emploi de *à* est normal (concurremment avec *de*) pour indiquer le prix quand il s'agit d'objets de série, de valeur considérée comme faible : *Un timbre à deux francs* (ou *de deux francs*). *Un crayon à trois francs* (ou *de trois francs*).

2 Dans les autres cas, l'emploi de *à* implique une nuance un peu péjorative (*Il porte des costumes de confection à quatre cents francs*) ou ironique (*Il se paye des repas fins à trois cents francs*). Dans le style neutre, il vaut mieux employer *de*.

3 L'emploi de *à* est normal dans une tournure distributive (*Une chambre à cinquante francs par jour. Des repas à quarante francs par tête*), sauf après les mots *prix, loyer, montant*, etc. (*Un prix de six cents francs par personne. Un loyer de mille deux cents francs par mois*).

4 *Être à* au sens de « **coûter** » (*Ce livre est à cent francs*). Ce tour est toléré, mais peu conseillé. On préférera : *Ce livre coûte cent francs* ou *Le prix de ce livre est de cent francs*.

XIV La préposition *à* en concurrence avec *par*.

1 Je l'ai entendu dire *à* mon père ou *par* **mon père.** Les deux tours sont synonymes et également corrects. Cependant *par mon père* a l'avantage d'éviter toute confusion.

2 Mangé *aux* mites, *aux* vers. Mangé *par* les insectes ▷ **manger.**

XV A ce que. On évitera cette locution dans la construction des verbes *aimer, s'attendre, consentir, demander*, qui se construisent avec *que* : *J'aime qu'on m'obéisse. Il s'attend qu'on vienne le chercher. Je consens qu'on prenne certaines libertés. Nous demandons qu'on remette la décision à demain.* — On évitera *de manière à ce que, de façon à ce que.* On préférera *de manière que, de façon que* : *j'ai tout préparé, de manière qu'on puisse commencer le plus vite possible.*

XVI Constructions et locutions diverses.

1 Partir à, partir pour ▷ **partir.**

2 A chaque fois que, chaque fois que ▷ **fois** (6).

3 D'ici à lundi, d'ici lundi ▷ **ici** (II, I).

abaisse n. f. Morceau de pâte aplatie : *L'abaisse d'une tarte.* — Ne pas écrire comme *abbesse*, supérieure d'un monastère.

abaisse-langue n. m. inv. — Pl. : *des abaisse-langue.*

abajoue, bajoue Deux noms paronymes féminins à distinguer.

1 abajoue Repli à l'intérieur des joues de certains animaux : *Certains singes mettent des aliments en réserve dans leurs abajoues.*

2 bajoue Joue humaine flasque et pendante : *Un vieillard chauve au visage mou, aux bajoues prononcées.*

abaque Toujours masculin : *Un abaque romain.*

abasourdir v. t. La prononciation avec [z] est préférable : [abazurdir]. De même : *abasourdissant* [abazurdisɑ̃], *abasourdissement* [abazurdismɑ̃].

abat, abats Deux dérivés de *abattre*.

1 abat n. m. *(rare)* Chute : *Un grand abat de pluie, de grêle, d'eau.*

2 abats n. m. pl. Foie, cœur, rognons, tripes, etc. d'un animal de boucherie (bœuf, veau, mouton, porc) : *Le médecin m'a interdit les abats.* Toujours au pluriel.

abats, abattis Deux dérivés masculin pluriel de *abattre*.

1 Les abats Foie, cœur, rognons, tripes, etc. d'un animal de boucherie (bœuf, veau, mouton, porc) : *Les abats sont déconseillés à certains malades.*

2 Les abattis Les pattes, les ailerons, la tête, le cou, le foie, les rognons, le gésier d'une volaille, quand ces morceaux sont préparés ou servis à part : *Des abattis de poulet, de dinde.*

abat-jour n. m. inv. — Pl. : *des abat-jour.*

abat-son n. m. inv. — Pl. : *des abat-son.*

abat-vent n. m. inv. — Pl. : *des abat-vent.*

abat-voix n. m. inv. — Pl. : *des abat-voix.*

abattage n. m. De nos jours, avec deux *t*, comme tous les dérivés de *abattre* : *abattant, abattée, abattement, abatteur, abattis, abattoir, abattures.*

abattis Deux emplois à distinguer.

1 Un abattis Un tas de choses abattues : *L'ennemi avait barré la route par un abattis d'arbres.*

2 Les abattis Les pattes, ailerons, etc. d'une volaille : *Des abattis de poulet, de dinde.* A distinguer de *abats* ▷ **abat.**

abattre Conjug. **98** (comme *battre*). *J'abats, tu abats, il abat, nous abattons, vous abattez, ils abattent.* — *J'abattais.* — *J'abattis.* — *J'abattrai.* — *Abats, abattons, abattez.* — *Que j'abatte.* — *Que j'abattisse.* — *Abattant.* — *Abattu, ue.*

abbé n. m. Le féminin est *abbesse*. Deux *b*. De même : *abbatial, ale, aux* adj. (masculin pluriel en *-aux*), *abbaye* [abei] n. f.

abdomen n. m. Prononciation : [abdɔmɛn]. — Pl. : *des abdomens* [-mɛn]. — Dérivé : *abdominal, ale, aux* adj. (masculin pluriel en -*aux*).

abeille Pour *nid(s) d'abeille(s)*, usage mal fixé. La graphie *nids-d'abeilles* (-*s* à *nid* et à *abeille*; trait d'union) semble la meilleure. — La langue commerciale fait, en général, l'ellipse de *en* après le mot *serviette* : *Des serviettes nids-d'abeilles*.

aberrant, aberration Un seul *b* et deux *r*.

abhorrer v. t. Avec *h* et deux *r, comme* **horreur**.

abîme Toujours masculin dans la langue actuelle : *Un abîme profond*. — Accent circonflexe sur le *i*.

abîmer v. t. Accent circonflexe sur le *i* (vient de *abîme*). — Dans le sens ancien, encore conservé dans la langue littéraire, signifie « engloutir » : *La tempête abîma le navire*. Plus fréquent à la forme pronominale : *Le navire s'abîma dans les flots*. — De nos jours, s'emploie couramment dans la langue familière au sens de *gâter, endommager, détériorer, dégrader* : *Cet enfant est soigneux, il n'abîme pas ses affaires*. Cet emploi est déconseillé dans la langue écrite surveillée.

abject, ecte adj. Prononciation : [abʒɛkt(ə)].

abjuration, adjuration Deux noms féminins paronymes.

1 *abjuration* Renonciation solennelle à une religion : *L'abjuration d'Henri IV*.

2 *adjuration* Prière, demande pressante : *Sur les adjurations de ses proches, il accepta de revenir dans sa famille*.

3 Même distinction pour *abjurer* et *adjurer* : *Henri IV abjura le protestantisme. Ses amis adjurèrent le jeune homme de revenir dans sa famille*.

aboi n. m. Au singulier, synonyme littéraire et très rare de *aboiement* : *L'aboi d'un chien errant*. — Au pluriel dans l'expression *aux abois* : *Un cerf aux abois. Ce spéculateur est aux abois* (= dans une situation désespérée).

aboiement n. m. Avec un *e* après *i*.

abolitionnisme, abolitionniste Deux *n*.

abominer Avoir en horreur, en abomination : *J'abomine ce décor aux tons criards*. Familier. Ne s'emploie que par exagération plaisante.

abonner v. t. Deux *n,* comme le dérivé *abonnement*.

abord (d') loc. adv. ▼ En deux mots, avec une apostrophe *(d'abord)*, à la différence de *davantage*.

aborder Deux constructions.

1 Construction transitive directe possible avec tous les sens : *Le navire aborda un rivage désert. Le pétrolier a abordé un chalutier, qui a coulé aussitôt. Le corsaire aborda un navire anglais. Le régiment aborda à la baïonnette la première ligne ennemie. Comment aborder ce problème ? Un passant m'a abordé pour me demander son chemin. La route aborde les premiers contreforts de la montagne*.

2 La construction transitive indirecte ne s'emploie, concurremment avec la construction directe, qu'au sens propre de « toucher terre » : *Le navire aborda à un rivage désert*.

aborigène adj. *ou* n. Equivalent de *autochtone, indigène*. ▼ Ne pas dire *arborigène. Aucun rapport avec le radical *arbor*- « arbre ».

aboucher v. t. Est suivi de *à* ou surtout de *avec* : *J'ai abouché mon ami avec un marchand de biens pour la vente de sa propriété. Il s'était abouché avec un intermédiaire d'honnêteté douteuse*. ▼ Le verbe *aboucher* a généralement une valeur péjorative.

aboutir v. i. Construit normalement avec la préposition *à* : *Ce chemin aboutit à une maison forestière*. Construction avec *dans* non incorrecte, mais très rare : *La galerie aboutit dans une immense salle souterraine*.

aboyer [abwaje] Conjugaison et construction.

1 Conjug. **21**. Change *y* en *i* devant un *e* muet : *Il aboie, il aboiera*.

2 Rarement suivi de *à* (sauf dans l'expression figée *aboyer à la lune*). De nos jours, suivi de *après* ou, mieux, de *contre* : *Ce chien hargneux aboie contre tous les passants*.

abréger Conjug. **11** et **16**. Change *é* en *è* devant une syllabe muette (*j'abrège, tu abrèges, il abrège, ils abrègent*), sauf au futur et au conditionnel : *j'abrégerai(s)*. — Prend un *e* après *g* devant *a* ou *o* : *j'abrégeais, nous abrégeons*.

abri n. m. Une seule construction possible : *Un abri contre le froid*.

abriter v. t. Attention aux constructions.

1 On peut dire : *Un paillasson abrite cette plante du froid* ou *contre le froid*.

2 On peut dire : *Cette plante est abritée d'un paillasson* ou *par un paillasson*.

3 On peut dire : *Cette plante est abritée d' un paillasson* **contre** *le froid.* Il est mieux de dire : *Cette plante est abritée* **contre** *le froid* **par** *un paillasson.*

abroger v. t. Conjug. **16.** Prend un *e* après le g devant *a* ou *o : il abrogeait, nous abrogeons.* — On *abroge* une loi, un décret, une disposition officielle : *La présente loi abroge toutes les dispositions antérieures.* — On *abolit* un usage, une institution, une pratique : *Le gouvernement français abolit l'esclavage aux colonies en 1848.*

abrupt adj. *ou* n. m. Prononciation : [abʀypt]. Bien faire sonner le p et le *t.* De même : *abrupte* [abʀypt(ə)], *abruptement* [abʀyptəmɑ̃].

abscisse [absis] Toujours féminin : *Une abscisse positive.* — Bien faire attention à -*sc* et à -*ss*-.

abscons, onse adj. Prononciation : [absk5, 5s].

absent A la différence de *présent,* qui peut se construire avec *à* suivi d'un complément de lieu (*Il était présent à la réunion*), *absent* doit être suivi de *de* devant un complément de lieu (*Il était absent de la réunion*). — *Absent à* ne peut être suivi que d'un complément de temps : *J'étais absent à l'heure de la réunion.*

abside Toujours féminin : *Cette abside est très belle.*

absinthe Comme adjectif de couleur, toujours invariable : *Des soieries absinthe.* — Attention au groupe -*th*-.

absolution, absoute Deux noms féminins de la famille de *absoudre.*

1 absolution Pardon que le prêtre accorde au pénitent qui vient de se confesser : *Le prêtre donna l'absolution au pénitent.*

2 absoute Cérémonie qui se déroule autour du catafalque, à la fin de l'office des morts : *Le prêtre s'approcha du cercueil et donna l'absoute.*

absorption n. f. ▼ Avec *b,* puis *p,* à la différence de *absorber.*

absoudre Conjugaison et sens.

1 Conjug. *J'absous, tu absous, il absout, nous absolvons, vous absolvez, ils absolvent.* — *J'absolvais..., nous absolvions...* — *J'absoudrai...* — *J'absoudrais...* — *Absous, absolvons, absolvez.* — *Que j'absolve..., que nous absolvions...* — *Absolvant.* — *Absous, absoute.* ▼ Inusité au passé simple de l'indicatif et à l'imparfait du subjonctif. — Le participe passé est *absous, absoute.*

2 Absoudre un accusé, c'est déclarer qu'on ne peut le condamner, soit parce que le délit ou le crime n'est pas prévu par la loi, soit parce que le délit ou le crime est couvert par la prescription ou par l'amnistie, soit parce que l'accusé peut invoquer une *excuse absolutoire* (fait précis, énoncé par la loi, qui permet au tribunal de ne pas condamner l'accusé).

3 Acquitter un accusé, c'est s'abstenir de le condamner, soit parce qu'on le considère comme innocent (ne serait-ce qu'au bénéfice du doute), soit parce qu'on estime que, malgré sa culpabilité, il a droit à une grande indulgence.

abstentionnisme, abstentionniste Deux *n.*

abstraire Conjugaison et sens.

1 Conjug. **57.** *J'abstrais, tu abstrais, il abstrait, nous abstrayons, vous abstrayez, ils abstraient.* — *J'abstrayais..., nous abstrayions, vous abstrayiez...* — *J'abstrairai...* — *J'abstrairais...* — *Abstrais, abstrayons, abstrayez.* — *Que j'abstraie... que nous abstrayions, que vous abstrayiez...* — *Abstrayant.* — *Abstrait, abstraite.* ▼ Passé simple et imparfait du subjonctif inusités. — Impératif peu usité. — Personnes du pluriel peu usitées.

2 Bien distinguer *abstraire,* isoler par la pensée, et *faire abstraction de,* ne pas tenir compte de : *Quand on considère des objets concrets, une fleur blanche, la neige blanche, le lait blanc par exemple, l'esprit peut abstraire le concept de blancheur. Si nous faisons abstraction de la différence de taille, le chat domestique ressemble beaucoup à la panthère.*

abstrus, abstrait, abscons Bien distinguer ces trois adjectifs.

1 abscons, onse *(vieilli et littéraire)* Caché, secret, mystérieux : *Les mystères abscons de l'univers.* — (péjoratif) *Une théorie absconse. Un style abscons.*

2 abstrait, aite Trop éloigné de la réalité vivante, trop schématisé, trop simplifié : *Une conception trop abstraite de la psychologie.* — *(par extension, légèrement familier)* Trop compliqué, trop subtil : *Cet exposé est bien abstrait.*

3 abstrus, use *(vieilli et littéraire)* Très difficile à comprendre parce que trop savant : *Les spéculations abstruses des philosophes.* — (péjoratif) Très difficile à comprendre en raison du manque de clarté dans l'expression : *Un style abstrus. Une formule abstruse.*

abyssal, ale, aux adj. Qui appartient aux abysses. — Masculin pluriel en -*aux : Les poissons abyssaux.*

abysse Fosse sous-marine très profonde. ▼ Toujours masculin : *Un abysse profond de 6 000 mètres.*

abyssin, ine ou **abyssinien, ienne** Synonymes vieillis de *éthiopien : Un village abyssinien. Les Abyssiniens.*

acabit [akabi] Le *t* final ne se prononce pas. — Toujours péjoratif : *Deux garnements du même acabit.*

acacia Ne pas écrire **accacia.* — Toujours masculin : *Un acacia décoratif.*

académie n. f. Une minuscule, quand le mot est nom commun : *Sous l'Ancien Régime, les académies de province étaient très florissantes.* — Une majuscule s'il s'agit d'un nom propre (telle académie déterminée) : *L'Académie française. L'Académie des sciences.* — Absolument et avec une majuscule, désigne l'Académie française : *Cet écrivain voudrait être de l'Académie.* S'il s'agit de l'une des quatre autres académies qui, avec l'Académie française, constituent l'Institut de France, on dit *l'Institut : Ce mathématicien est membre de l'Institut.*

acadien, accadien ou **akkadien, arcadien** ▷ **arcadien.**

acajou n. m. — Pl. : *des acajous.* — Comme adjectif de couleur, toujours invariable : *Des chaussures acajou.*

a cappella [akapɛlla] Deux *p,* deux *l.* Pas d'accent sur le *a.* — *Des chants a cappella.* — (adverbialement) *Chanter a cappella.*

acariâtre adj. Un seul *c.* Un accent circonflexe sur le dernier *a.* — De même : *acariâtrement, acariâtreté.*

accabler v. t. Deux *c.* — De même : *accablant, accablement.*

accadien ▷ **akkadien.**

accaparer v. t. Deux *c,* un seul *p.* —De même : *accaparement, accapareur.* — Éviter la forme pronominale, qui n'ajoute rien au sens. Dire : *Il a accaparé tous les livres de notre petite bibliothèque* (et non *Il s'est accaparé tous les livres...*).

accastillage [akastijaʒ] n. m. Deux *c,* deux *l.*

accéder v. t. Conjug. **11.** Change *é* en *è* devant une syllabe muette, sauf au futur et au conditionnel : *j'accède, j'accéderai.*

accelerando adv. *ou* n. m. Mot italien signifiant « en accélérant » et utilisé comme indication de mouvement en musique. — Pas d'accent sur les *e.* — Toujours invariable : *Des accelerando.* — Prononciation : [akseleʀãdo]. Peut se prononcer aussi [atʃeleʀãdo], quand le mot est employé adverbialement, comme indication musicale.

accélérer Conjug. **11.** Change le deuxième *é* en *è* devant une syllabe muette, sauf au futur et au conditionnel : *j'accélère, j'accélérerai.*

accentuer v. t. En dehors du sens propre, deux sens à bien distinguer.

1 Par une métaphore, issue du langage des arts, signifie « rendre plus net, plus apparent » : *La lumière du crépuscule accentue les contours des objets. Sous cette lumière, le modelé du visage s'accentue par un effet de clair-obscur.*

2 Par extension du sens précédent, signifie « rendre plus fort, plus grand, plus intense » : *L'évolution économique accentue les inégalités entre pays riches et pays pauvres. Le déficit de la balance des paiements s'est encore accentué.* — Dans la langue surveillée, il vaut mieux ne pas abuser de ce sens **2.** Préférer *accroître, augmenter, renforcer.*

acceptation, acception Deux noms féminins paronymes.

1 acceptation Action d'accepter : *Acceptation des marchandises par le destinataire.*

2 acception Deux emplois distincts.

a/ Sens d'un mot : *Le verbe* monter *a de nombreuses acceptions.*

b/ *(expression) Sans acception de personne,* sans manifester de préférence pour telle ou telle personne : *Un juge doit juger sans acception de personne.* Éviter la faute qui consiste à dire *sans exception de personne.*

accès Se prononce [aksɛ] et s'écrit avec un accent grave, à la différence des mots suivants, qui ne prennent jamais d'accent : *accessibilité, accessible, accession, accessit ; accessoire, accessoirement, accessoiriste.*

accessit [aksɛsit] n. m. — Pl. : *des accessits.*

accident, incident Deux noms masculins à bien distinguer.

1 accident Événement qui arrive par hasard, qui est plus ou moins grave, mais toujours malheureux : *Faites attention ! Un accident est si vite arrivé !*

2 incident Evénement qui arrive par hasard, qui est heureux ou malheureux, mais qui, en principe, est secondaire par rapport à une action principale : *La cérémonie fut troublée par un incident comique* ▼ On dit toujours : *Incident de frontière. Incident diplomatique. Un grave incident vient de se produire entre ces deux pays. La manifestation a été marquée par des incidents graves.*

accidenté, ée adj. L'emploi de *accidenté* appliqué à une personne victime d'un accident *(Un cycliste accidenté)* ou à une chose endommagée par un accident *(Une voiture accidentée)* est déconseillé. De même, il vaut mieux éviter de dire : *Les accidentés du travail.* Dire plutôt : *Les personnes victimes d'un accident du travail.*

accidenter v. t. A éviter au sens de « atteindre par un accident » : *La voiture a accidenté un cycliste. Le camion a accidenté ma voiture.* Préférer, selon les cas : **blesser, heurter, renverser, endommager, détériorer.**

acclamation n. f. Au singulier dans les expressions *élire, nommer par acclamation, voter par acclamation.*

acclamer v. t. Deux *c*. De même : *acclamateur, acclamation.*

acclimatation, acclimatement Deux noms à bien distinguer.

1 acclimatation n. f. Adaptation, dirigée par l'homme, d'un animal ou d'une plante à un climat autre que le climat du pays d'origine : *L'acclimatation de la pomme de terre en Europe, au XVIIIᵉ et au XIXᵉ siècle, permit d'améliorer considérablement la situation alimentaire des classes pauvres.*

2 acclimatement n. m. Adaptation, spontanée et non voulue par l'homme, d'une espèce animale ou végétale à un climat autre que celui du pays d'origine : *L'acclimatement du doryphore en Europe faillit ruiner la culture de la pomme de terre.*

acclimater v. t. Deux *c*.

accointance n. f. Deux *c*. De même : *(s') accointer.*

accoler v. t. Deux *c*, un seul *l* (vient de *col*, non de *colle*). De même : *accolade, accolement.*

accommodation, accommodement Deux noms à bien distinguer.

1 accommodation n. f. Adaptation par modification : *L'accommodation de l'œil à la vision proche. L'accommodation d'une consonne.*

2 accommodement n. m. Arrangement, accord : *Essayons de trouver un accommodement avec notre adversaire, cela nous évitera un procès.*

accommoder v. t. Orthographe et construction.

1 Deux *c* et deux *m* (même famille que *commode*). — De même : *accommodable, accommodage* (d'un mets), *accommodant, accommodateur, accommodation, accommodement.*

2 A la forme active, au sens de « adapter », se construit avec *à* : *Il faut savoir accommoder sa conduite aux circonstances.* — A la forme pronominale, se construit avec *de* au sens de « se contenter, se satisfaire » *(Il faut s'accommoder du sort que la vie nous réserve)*, avec *à* au sens de « s'adapter » *(Son caractère est souple et s'accommode à toutes les circonstances)*, avec *avec* au sens de « se mettre d'accord par un compromis » *(Il a su s'accommoder avec son adversaire et a pu éviter un procès).*

accompagner v. t. Deux *c*. — De même : *accompagnateur, accompagnement.*

accomplir v. t. Deux *c*. — De même : *accompli, accomplissement.*

accord n. m. Deux *c*. — De même : *accordable, accordage, accordailles, accordé, accordement, accordéon, accordéoniste, accorder, accordeur, accordoir.*

accordage ou **accordement** n. m. Action d'accorder un instrument de musique (piano, orgue, etc.). *Accordage* est plus fréquemment employé.

accort, accorte adj. Très rare au masculin de nos jours. S'emploie encore au féminin, dans quelques expressions : *Des manières accortes. Une physionomie accorte. Une accorte soubrette.*

accoster Constructions et sens.

I Constructions.

1 Construction transitive indirecte avec à. Ne peut s'employer qu'au sens de « se ranger le long d'un quai, d'un débarcadère » ou parfois de « arriver à un rivage » : *Le paquebot accosta au quai Saint-André.*

2 Construction absolue. Dans le même sens que la construction avec *à* : *Le navire allait accoster, les matelots se préparaient à lancer les amarres.*

3 Construction transitive directe. Trois sens. **a)** Se ranger le long du quai, du débarcadère : *La vedette accosta l'appontement.* — **b)** Se ranger le long d'un autre navire : *Le canot accosta la frégate.* — **c)** Au figuré, s'approcher de quelqu'un pour lui parler : *Ce personnage m'avait accosté assez brusquement et dévidait ses griefs, interminablement.*

II Accoster, aborder.

1 Au sens propre, *aborder* n'implique pas la présence d'un quai, d'un débarcadère, comme le fait obligeamment *accoster* : un navire *aborde* à un rivage inconnu, il *accoste* à un quai.

2 Au sens propre, *aborder un navire*, c'est entrer en collision avec lui ou se ranger contre lui pour le prendre d'assaut : *Le corsaire aborda le vaisseau anglais.* — *Accoster un navire*, c'est se ranger contre lui doucement et pacifiquement (par exemple pour un transbordement).

3 Au figuré, à la différence de *aborder*, le verbe *accoster* implique souvent une nuance de familiarité, de sans-gêne, de brusquerie : on *aborde* respectueusement un supérieur pour lui présenter une demande, un homme mal élevé *accoste* un inconnu dans la rue sans même soulever son chapeau.

accoter Deux *c*. De même : *accotement, accotoir.*

accoucher Orthographe, conjugaison, construction et emploi.

I Deux *c*. De même : *accouchement, accoucheur.*

II Peut se conjuguer avec l'auxiliaire *être* pour exprimer l'état *(Elle est accouchée depuis huit jours)* ou avec l'auxiliaire *avoir* pour exprimer l'action *(Elle a accouché sans difficulté).*

III Trois constructions.

1 Construction intransitive : *La jeune femme a accouché*, a mis un enfant au monde.

2 Construction transitive indirecte avec *de* : *La jeune femme a accouché d'un garçon*, a mis un garçon au monde.

3 Construction transitive directe : *Le médecin a accouché la jeune femme*, l'a aidée à mettre un enfant au monde, au cours de l'accouchement.

IV Le verbe *accoucher* ne s'emploie qu'à propos d'une femme. S'il s'agit d'un animal, on dit *mettre bas : La chienne a mis bas. La truie vient de mettre bas six porcelets.*

accouder v. t. Deux *c*. De même : *accoudement, accoudoir.* — Se construit normalement avec *à* ou *sur : Il s'accouda au balcon. Il s'accouda sur la barre d'appui.* — Peut s'employer transitivement à la voie active, dans la langue littéraire : *Elle accouda nonchalamment son bras à la balustrade.*

accouplement n. m. Se construit avec *à* ou avec *avec* ou avec *et : L'accouplement d'un objectif grossissant à un système de prisme. L'accouplement du faux bourdon avec la reine de la ruche. L'accouplement d'un mot littéraire et d'un terme trivial.*

accoupler v. t. Deux *c*. De même : (*une*) *accouple* (lien pour attacher les chiens ensemble), *accouplement.* — Se construit avec *à* ou avec *avec* ou avec *et : Accoupler une turbine à un alternateur. L'âne peut s'accoupler avec la jument. Accoupler un nom abstrait et un adjectif concret.*

accourir v. i. Deux *c*. — Conjug. **32.** Se conjugue comme *courir : J'accours, tu accours, il accourt, nous accourons, vous accourez, ils accourent.* — *J'accourais.* — *J'accourus.* — *J'accourrai. J'accourrais.* — *Accours, accourons, accourez.* — *Que j'accoure.* — *Que j'accourusse.* — *Accourant.* — *Accouru, ue.* — Aux temps composés, auxiliaire *avoir* pour insister sur l'action, le mouvement (*Nous l'avons entendue crier, nous avons accouru aussitôt.*) ou auxiliaire *être* pour insister sur l'état, sur le résultat de l'action (*Tous les enfants étaient accourus au chevet de leur vieux père*).

accoutrer v. t. Deux *c*. — De même : *accoutrement.*

accoutumée (à l') Plusieurs expressions signifiant « comme d'habitude » : *comme de coutume* (usuel) ; *à l'accoutumée* (fréquent, mais plus littéraire) ; *comme accoutumé* (rare). Il est conseillé d'éviter *comme à l'accoutumée* et surtout *comme d'accoutumée.*

accoutumer v. t. Constructions et sens.

1 Accoutumer quelqu'un à (suivi d'un nom ou d'un infinitif). Habituer à (se conjugue avec l'auxiliaire *avoir*) : *Il avait accoutumé ses enfants au travail et à la discipline. J'ai accoutumé mon fils à ranger ses affaires.*

2 Être accoutumé à (suivi d'un nom ou d'un infinitif). Être habitué à : *Il est accoutumé aux travaux pénibles. Elle était accoutumée à vivre de peu.*

3 S'accoutumer à (suivi d'un nom ou d'un infinitif). S'habituer à : *Nous nous accoutumons peu à peu à notre nouvelle vie. Elles s'étaient accoutumées à vivre au grand air.*

4 Avoir accoutumé de (suivi de l'infinitif). Avoir l'habitude de (tour littéraire) : *Le comte avait accoutumé de recevoir son intendant chaque semaine.*

accréditer v. t. Deux *c*. — De même : *accréditeur, accréditif.*

accroc [akʀo] n. m. Deux *c.*

accroche-cœur n. m. — Pl. : *des accroche-cœur* ou *des accroche-cœurs.*

accroche-plat n. m. inv. — Pl. : *des accroche-plat.*

accrocher v. t. Deux *c.* — De même : *accrochage, accroche-cœur, accroche-plat, accrocheur.* — Dire *accrocher à* plutôt que *accrocher après* (qui est familier) : *Accrochez votre pardessus au portemanteau.*

accroire Conjug. **77.** Ne pas écrire *en faire* *à croire à quelqu'un.*

accroître Conjug. **100.** Se conjugue comme *croître,* mais ne prend d'accent circonflexe sur le *i* qu'à la troisième personne du singulier de l'indicatif présent, à toutes les personnes de l'indicatif futur et du conditionnel et à l'infinitif : *J'accrois, tu accrois, il accroît, nous accroissons, vous accroissez, ils accroissent.* — *J'accroissais...* — *J'accrus... il accrut, nous accrûmes, vous accrûtes...* — *J'accroîtrai, tu accroîtras, il accroîtra, nous accroîtrons, vous accroîtrez, ils accroîtront.* — *J'accroîtrais, tu accroîtrais, il accroîtrait, nous accroîtrions, vous accroîtriez, ils accroîtraient.* — *Accrois, accroissons, accroissez.* — *Que j'accroisse...* — *Que j'accrusse... qu'il accrût, que nous accrussions...* — *Accroissant.* ▼ Le participe passé *accru* (*accrue, accrus, accrues*) ne prend jamais d'accent sur le *u.* — Aux temps composés, l'auxiliaire *avoir* est de rigueur dans l'emploi transitif direct : *Ce commerçant avait considérablement accru sa fortune.* — L'emploi intransitif (obligatoirement avec l'auxiliaire *être*) est rare de nos jours : *Sa fortune est considérablement accrue.* On emploie plutôt la forme pronominale : *Sa fortune s'est accrue.*

accroupir (s') v. pron. Deux *c.* — De même : *accroupissement.*

accueil [akœj] n. m. ▼ Deux *c* et -*ue*-. De même : *accueillant, accueillir.*

accueillir v. t. Conjug. **34.** *J'accueille, tu accueilles, il accueille, nous accueillons, vous accueillez, ils accueillent.* — *J'accueillais..., nous accueillions, vous accueilliez...* — *J'accueillis...* — *J'accueillerai...* — *J'accueillerais...* — *Accueille, accueillons, accueillez.* — *Que j'accueille..., que nous accueillions, que vous accueilliez...* — *Que j'accueillisse...* — *Accueillant.* — *Accueilli, ie.*

acculer v. t. Deux *c.*

acculturer v. t. Deux *c.* — De même : *acculturation.*

accumuler v. t. Deux *c,* un seul *m.* — De même : *accumulateur, accumulation.*

accus [aky] n. m. pl. Forme abrégée et familière de *accumulateurs* (électriques) : *Les accus de ma voiture sont à plat.*

accusatif n. m. Deux *c.*

accusé, inculpé, prévenu Mots souvent employés indifféremment dans le langage courant, mais que la langue du droit distingue.

1 **accusé** Celui qui est déféré devant la cour d'assises pour une infraction grave (*crime*).

2 **prévenu** Celui qui est déféré devant un tribunal correctionnel pour une infraction moins grave que le crime (*délit*) ou devant un tribunal de simple police pour une infraction légère.

3 **inculpé** Terme générique désignant celui qui fait l'objet d'une inculpation pour un délit (et il devient alors un *prévenu*) ou pour un crime (et il devient alors un *accusé*).

accuser v. t. Deux *c.* — De même : *accusateur, accusation, accusatoire, accusé.*

acérer Conjug. **11.** Changé *é* en *è* devant une syllabe muette, sauf au futur et au conditionnel : *j'acère, j'acérerai.* — Dérivé : *acéré.*

acétique adj. *Acide, fermentation acétique.* — Ne pas écrire comme *ascétique* « digne d'un ascète ».

acétylène Toujours masculin : *L'acétylène est dangereux.*

achalandé, ée adj. *Magasin bien achalandé* signifie « magasin dont la clientèle est nombreuse » et non « magasin où il y a beaucoup de marchandises variées ». Il ne faut donc pas employer *achalandé* comme synonyme de *approvisionné, garni, pourvu.* — De même *achalandage* veut dire « clientèle », dans la langue du droit. — *Achalander un magasin,* c'est y attirer les clients, et non le pourvoir de marchandises.

ache n. f. Plante. — Ne pas écrire comme *la hache,* outil.

acheter v. t. Conjug. **15.** — Change *e* en *è* devant une syllabe muette, à tous les temps et à tous les modes : *j'achète, tu achètes, j'achèterai, j'achèterais,* en face de *nous achetons, vous achetez.*

achèvement n. m. Se prononce [aʃɛvmɑ̃] et s'écrit avec un accent grave.

achever v. t. Conjug. 12. Change *e* en *è* devant une syllabe muette, à tous les temps et à tous les modes : *j'achève, tu achèves, il achève, j'achèverai, j'achèverais,* en face de *nous achevons, vous achevez.* — Après *être achevé de,* l'emploi d'un verbe actif à sens passif (*Cette maison n'est pas achevée de construire*) est à déconseiller. Le tour avec un verbe à la forme passive (*Cette maison n'est pas achevée d'être construite*) est théoriquement correct, mais lourd et inusité. Tourner autrement : *On n'a pas achevé de construire cette maison* ou *La construction de cette maison n'est pas achevée.* — Exception : *Achevé d'imprimer sur les presses de l'imprimerie X, le...* (formule consacrée de *l'achevé d'imprimer*).

achopper Deux p. — De même : *achoppement.* — Ne s'emploie guère qu'au figuré au sens de « se heurter à une difficulté qui arrête ». Se construit avec *à* ou *sur : Achopper à un obstacle imprévu. Nous achoppons sur ce problème.* — La forme pronominale *s'achopper (à)* est rare et vieille.

acmé, acné Deux noms féminins à distinguer.

1 acmé (*médecine*) Moment le plus aigu d'une maladie. — (*par extension, sens le plus fréquent*) Période la plus brillante, apogée : *Le siècle de Périclès est l'acmé de la civilisation grecque.*

2 acné Maladie de peau : *L'acné juvénile.*

acolyte n. m. ou f. Un seul *c*, un *y*, pas de *h* après le *t.* — De même : *acolytat.* — Peut s'employer au féminin pour désigner une femme : *Elle arriva, avec sa triste acolyte.*

acompte n. m. En un seul mot, sans trait d'union. — Désigne la somme versée immédiatement et qui sera à déduire du total de la somme due, au moment du règlement définitif : *Voici un acompte sur le montant de la facture.* — Ne pas écrire comme la locution en deux mots *à compte* « à valoir sur la totalité du compte » : *Reçu 250 F, à compte sur le montant de 750 F de la commande.*

aconit Plante. — Toujours masculin : *L'aconit est vénéneux.* — Prononciation : [akɔnit], avec *-t* prononcé.

à-côté n. m. — Pl. : *des à-côtés.* — Désigne un détail, un fait un aspect accessoire (*Ce n'est qu'un à-côté de la question, passons à l'essentiel*) ou un avantage, un profit supplémentaire (familier dans ce sens) : *Ces pourboires font partie des à-côtés du métier.* — Ne pas écrire

comme la locution *à côté (de)* : *Je connais bien la place Gambetta, j'habite à côté. Son bureau est à côté du mien.*

à-coup n. m. — Pl. : *des à-coups.*

acquéreur n. m. Avec *-cq-,* comme *acquérir.* — Pas de féminin. Le masculin s'emploie même quand il s'agit d'une femme : *Cette femme est un acquéreur solvable.*

acquérir v. t. Orthographe, conjugaison et emploi.

1 S'écrit avec *cq.* — De même : *acquéreur, acquêt, acquis, acquisition.*

2 Conjug. 29. *J'acquiers, tu acquiers, il acquiert, nous acquérons, vous acquérez, ils acquièrent.* — *J'acquérais..., nous acquérions...* — *J'acquis...* — *J'acquerrai..., nous acquerrons...* — *J'acquerrais..., nous acquerrions...* — *Acquiers, acquérons, acquérez.* — *Que j'acquière..., que nous acquérions...* — *Que j'acquisse...* — *Acquérant.* — *Acquis, ise.*

acquêt n. m. (terme de droit) Attention au groupe *-cqu-* et à l'accent circonflexe sur le *e.*

acquiescer v. t. ind. S'écrit avec *-cq-* et *-sc-.* — De même *acquiescement.*

acquis, acquit Deux homophones à bien distinguer.

1 acquis (de *acquérir*) *Bien mal acquis ne profite jamais. Il a un solide acquis en mathématiques.*

2 acquit (de *acquitter*) Action d'acquitter, quittance : *Ecrivez « bon pour acquit » et signez.* — *Par acquit de conscience :* pour être quitte avec sa conscience.

acquit-à-caution n. m. Document qui permet de faire circuler librement une marchandise. — Pl. : *des acquits-à-caution.*

acquitter v. t. S'écrit avec *cq* et deux *t.* — De même : *acquittable, acquittement.*

acquitter, absoudre ▷ absoudre.

âcre, âpre, aigre Trois mots qui se ressemblent par la forme et par le sens.

1 âcre Cet adjectif évoque l'idée d'une chose piquante et surtout irritante, corrosive : *Une fumée âcre. L'odeur âcre de l'ammoniac, de la corne brûlée. Le goût âcre d'un produit chimique.* — Au figuré, signifie « très désagréable, très pénible, très agressif, très méchant » : *L'âcre remords brûlait son cœur. Le dégoût âcre de l'existence. Des reproches âcres* (très littéraire).

2 âpre Cet adjectif évoque l'idée de ce qui est rude, rugueux, dépouillé, sans rien de doux ni de riant : *Un âpre pays de montagne.* Il s'applique à ce qui est rude au goût, à ce qui manque de moelleux (*Un vin âpre*), à ce qui a une saveur amère ou astringente (*Des fruits sauvages très âpres. Le goût âpre des prunelles. Des baies sauvages âpres au palais*). — Par extension, qualifie une voix, un son qui manque de moelleux, qui a trop de rudesse : *Un accent âpre. Les sons âpres et rauques d'une langue exotique.* — Au figuré, « rude, dur, d'une violence sourde » : *Un caractère âpre. Un homme âpre et froid.* — Spécialement, « acharné » : *Un combat âpre. D'âpres luttes. Un paysan âpre au gain.*

3 aigre Au sens propre, insiste surtout sur l'acidité propre aux fruits qui ne sont pas encore mûrs (*Des raisins aigres*) ou qui ont par nature un goût acide (*Des cerises aigres*). — Qualifie aussi une boisson qui prend un goût un peu acide et désagréable parce qu'elle s'est altérée : *Du lait aigre. Du vin aigre. De la bière aigre.* — Par extension : *Un goût aigre de. vin tourné.* — Au figuré, peut qualifier ce qui manque de douceur, de moelleux : *Les sons aigres d'un fifre. Des cotonnades bon marché aux couleurs aigres.* — Par extension, qualifie ce qui est désagréable par le contenu ou par la forme (*Des reproches aigres. Des paroles aigres*) ou ce qui dénote l'agressivité (*Une voix aigre. Un sourire aigre. Un ton aigre*). — S'applique aussi à un agent atmosphérique qui est dur, mordant, pénible : *L'aigre bise. Un vent aigre. Un froid aigre.*

âcre, âcrement, âcreté Accent circonflexe sur le *a*.

acrimonie Pas d'accent circonflexe sur le *a*, bien que le mot soit de la famille de *âcre.* — De même : *acrimonieux, acrimonieusement.*

acropole Est toujours féminin : *Une acropole haute et étroite.* — Employé sans complément de nom et avec une majuscule, *l'Acropole,* désigne l'Acropole d'Athènes : *Le Parthénon est le monument le plus célèbre de l'Acropole.*

acrostiche Poème. — Prononciation : [akʀɔsti∫]. Toujours masculin : *Un acrostiche très ingénieux.*

acrotère Ornement d'architecture. — Toujours masculin : *Un acrotère élégant.*

acrylique adj. *ou* n. m. (terme de chimie) Attention à l'*y.*

actinium [aktinjɔm] n. m. Corps radioactif.

activer v. t. Admis dans la langue technique et usuelle : *Un apport d'air active la combustion. La marche active la circulation. Il faut activer les travaux. Activer le déroulement des opérations.* — La langue courante admet aussi le pronominal *s'activer,* au sens de « se hâter, se presser dans l'accomplissement d'une besogne » : *Les cuisiniers s'activent dans la cuisine du restaurant.* — Dans la langue littéraire de ton très soutenu, il vaut mieux, selon les cas, employer, au lieu de *activer,* l'un des verbes suivants : *hâter, accélérer, pousser, presser, stimuler, accroître, augmenter, renforcer, multiplier,* et, au lieu de *s'activer, se hâter, se presser, s'empresser, s'agiter, s'occuper activement, se démener, faire diligence.*

acuponcture, acupuncture n. f. Les deux orthographes sont admises. La prononciation est toujours [akypɔ̃ktyʀ]. — De même, on écrit indifféremment *acuponcteur* ou *acupuncteur* [akypɔ̃ktœʀ].

adagio adv. *ou* n. m. Terme de musique d'origine italienne. — Prononciation : [adadʒjo] ou [adaʒjo]. La véritable prononciation italienne est [adadʒo]. La prononciation [adadʒjo] tend à l'emporter de nos jours. Elle est plus fréquente quand il s'agit de l'indication d'un mouvement musical portée sur une partition. — Pl. : *des adagios* [-dʒjo] ou [-ʒjo].

addenda [adɛ̃da] n. m. Pluriel latin qui signifie « choses à ajouter ». S'emploie en français même au singulier : *Il y a un oubli, il faudra rédiger un addenda.* — Le singulier *un addendum* est très rare.

addition n. f. Orthographe et sens.

1 Deux *d,* comme dans les mots de la même famille : *additif, additionnel, additionner, additionneuse.*

2 On dit *la note* quand il s'agit d'un séjour à l'hôtel, *l'addition* quand il s'agit d'un repas au restaurant (*Garçon ! l'addition, s'il vous plaît*), la *facture* quand il s'agit d'une livraison de marchandises ou de la réalisation de travaux (*L'électricien et le plombier m'ont envoyé la facture*).

additionner v. t. Peut se construire avec *et* (*Additionner 4 et 8*), avec *à* (*Additionner 30 à 50*) ou avec *avec* (*A-t-on le droit d'additionner des grammes avec des centimètres ?*). — Les deux premières constructions sont nettement plus fréquentes et plus recommandées.

adduction n. f. Deux *d.*

adepte n. m. Le mot est généralement suivi d'un nom de doctrine, tandis que *disciple* est généralement suivi d'un nom de personne : *Les adeptes du bergsonisme. Les disciples de Bergson.*

adéquat, ate adj. Prononciation : [adekwa, at]. — Dérivé : *adéquation* [adekwasjɔ̃].

adhérent, adhérant Ne pas écrire *adhérent,* adjectif ou nom (*Une boue grasse et adhérente. Les membres adhérents et les membres bienfaiteurs d'une association. Les adhérents d'un club sportif*), comme **adhérant,** participe présent (*C'est en adhérant à une association de défense que les usagers peuvent faire entendre leur voix*).

adhérer v. i. *ou* v. t. ind. Conjug. **11.** Change *é* en *è* devant une syllabe muette, sauf au futur et au conditionnel : *j'adhère, j'adhérerai.*

adieu S'emploie en principe pour une séparation définitive (alors que *au revoir* implique qu'on se reverra). Est familier ou, au contraire, littéraire. On dit toujours *faire ses adieux* (au pluriel), jamais **faire son adieu.* Par conséquent, écrire : *un dîner d'adieux, une cérémonie d'adieux* (plutôt que *d'adieu*).

adjoindre v. t. Conjugaison et sens :

1 Conjug. **85.** *J'adjoins, tu adjoins, il adjoint, nous adjoignons, vous adjoignez, ils adjoignent.* — *J'adjoignais.* — *J'adjoignis.* — *J'adjoindrai.* — *J'adjoindrais.* — *Adjoins, adjoignons, adjoignez.* — *Que j'adjoigne.* — *Que j'adjoignisse.* — *Adjoignant.* — *Adjoint, adjointe.* — ▼ Prend un *i* après *gn* à la première et à la deuxième personne du pluriel de l'indicatif imparfait et du subjonctif présent : *(que) nous adjoignions, (que) vous adjoigniez.*

2 A la différence de *joindre,* qui s'emploie aussi facilement avec un complément direct désignant une chose qu'avec un complément désignant une personne, *adjoindre* ne s'emploie guère suivi d'un nom de chose : *On va adjoindre un collaborateur au chef du service de publicité. Cette entreprise a joint un service après-vente à son activité commerciale.*

adjoint Comme adjectif, se construit toujours avec *à* : *Il a le titre de conseiller technique adjoint au directeur commercial.* — Comme nom, se construit avec *de* : *Adressez-vous à l'adjoint du directeur administratif.* Cependant on dit *l'adjoint au maire* plutôt que *l'adjoint du maire.*

adjudant Reste masculin, même quand on parle d'une personne du sexe féminin : *Cette directrice d'école, c'est un adjudant !*

adjudant-chef n. m. — Pl. : *des adjudants-chefs.*

adjuger v. t. Conjug. **16.** Prend un *e* après le *g* devant *a* ou *o* : *il adjugea, nous adjugeons.*

adjuration, adjurer ▷ abjuration, abjurer.

admettre v. t. Conjugaison et constructions.

I Conjug. **99.** *J'admets, tu admets, il admet, nous admettons, vous admettez, ils admettent.* — *J'admettais.* — *J'admis.* — *J'admettrai.* — *J'admettrais.* — *Admets, admettons, admettez.* — *Que j'admette.* — *Que j'admisse.* — *Admettant.* — *Admis, ise.*

II Constructions.

1 Admettre que. Au sens de « reconnaître pour vrai », se construit avec l'indicatif si *admettre* est à la forme affirmative (*La science moderne admet que la vie est apparue sur la Terre il y a trois milliards d'années*), avec le subjonctif si *admettre* est à la forme négative ou interrogative (*La science moderne n'admet pas qu'il y ait production actuelle de vie par génération spontanée*). — Au sens de « considérer comme possible ou probable », *admettre que* est toujours suivi du subjonctif : *J'admets qu'il soit capable de nous aider un jour.* — De même, au sens de « supposer » : *Nous admettrons, pour simplifier, que l'hypothèse soit totalement vraie.* — De même, au sens de « tolérer, considérer comme acceptable » : *J'admets qu'on prenne certaines libertés, mais pas à ce point !*

2 Admettre dans (en), à, parmi. Le tour avec *dans* ne s'emploie, en principe, que s'il s'agit d'un lieu matériel ou métaphorique : *Les chiens ne sont pas admis dans les magasins d'alimentation. Ces marchandises sont admises en France sans droits de douane. Nous avions admis ce garçon dans notre société. Etre admis dans un club très fermé.* — L'emploi de *à* est de rigueur avec l'infinitif : *Fonctionnaire admis à faire valoir ses droits à la retraite.* — On dit toujours *admettre au rang, au nombre de... admettre à un concours, à une dignité* (il ne s'agit pas d'un lieu, même par métaphore). Il n'y a d'ailleurs pas de règle absolue. Seul l'usage peut apprendre qu'on dit : *être admis à Polytechnique, être admis au lycée,* mais *être admis dans la classe supérieure ; admettre un peintre au Salon des Artistes français,* mais *admettre un tableau dans une exposition.* — Quant à la préposition *parmi,* elle suppose une idée de nombre, de pluralité : *Il fut admis parmi les membres du jury.*

admirateur, admiratif Le premier de ces mots s'emploie normalement comme nom (*La vedette distribuait des autographes à ses admirateurs*) et le second comme adjectif (*Il levait vers elle des regards admiratifs*).

adolescence n. f. Attention au groupe *sc.* — De même : *adolescent.*

adonner (s'), donner (se) Le verbe *se donner* est de rigueur quand le complément désigne un être (*Elle se donna à cet homme. Il entra au couvent et se donna à Dieu*) ou une chose personnifiée : *Ils se donnent à la Patrie. S'adonner* ne peut être suivi que d'un nom de chose : *S'adonner aux exercices physiques, aux sports, à la chasse, à la lecture, à l'étude. S'adonner à la boisson, au vice.* — D'autre part, *se donner,* employé avec un nom de chose, implique un don plus fort, souvent total et définitif : *on se donne* tout entier aux lettres quand on a la vocation poétique, on *se donne* à l'art quand on est un véritable artiste, mais on *s'adonne* à un divertissement.

adorer v. t. Constructions et emplois.

1 Au passif. Au sens de « être aimé beaucoup », se construit normalement avec *de* : *La bonne grand-mère était adorée de tous ses petits-enfants.* — Au sens de « être l'objet d'un culte religieux », seule la construction avec *par* est possible : *Le Soleil était adoré par les Incas.*

2 Au sens de *aimer beaucoup* (*une chose, un animal*), *raffoler de.* L'emploi de *adorer* est familier : *Il adore les promenades à la campagne. Elle adore les chats, mais elle aime bien aussi les chiens. Mon fils adore le chocolat au lait.* A éviter dans la langue surveillée. — Dans ce sens, se construit avec l'infinitif seul ou bien avec l'infinitif précédé de *de* (tour plus recherché) : *Il adore se promener seul dans la forêt. Il adore de se chauffer au soleil.*

adosser v. t. A l'actif, comme au pronominal, se construit avec *à* ou parfois avec *contre* : *Elle adossa l'enfant à l'arbre* (ou *contre l'arbre*). *Il s'adossa à la cheminée* (plutôt que *contre*). La préposition *contre* insiste sur la fonction de soutien indispensable, tandis que *à* exprime seulement la position.

adoucissage, adoucissement Deux dérivés masculins de *adoucir.*

1 adoucissage Action d'adoucir un métal (au sens technique d'*adoucir*), c'est-à-dire de le polir : *L'adoucissage d'une plaque d'acier.*

2 adoucissement Action d'adoucir ou de s'adoucir (au sens usuel) : *L'adoucissement des mœurs. L'adoucissement de la température.* — On dira *l'adoucissement de l'eau,* plutôt que *l'adoucissage de l'eau.*

adret [adrɛ] n. m. Dans les Alpes, versant d'une vallée exposée au soleil, par opposition à l'*ubac.* — Finale en -*et.*

adultère Finale en -*ère.*

adultérer v. t. Conjug. **11.** Change *é* en *è* devant une syllabe muette, sauf au futur et au conditionnel : *j'adultère, j'adultérerai, j'adulté-rerais.*

advenir v. i. Conjugaison et constructions.

1 Se conjugue comme *venir.* Ne s'emploie qu'à l'infinitif, au participe présent et passé et aux troisièmes personnes : *Il advient. Il advenait. Il advint. Il adviendra. Il adviendrait. Qu'il advienne. Qu'il advînt. Advenant. Advenu, ue.* — Auxiliaire *être* : *Il est advenu que... Les événements qui sont advenus depuis lors.*

2 Advenir que. Est suivi de l'indicatif quand le fait est présenté comme réel : (*Il advint que je tombai malade*) et du subjonctif si le fait est seulement une possibilité, une éventualité (*S'il advenait que je sois malade. Il advient parfois qu'un souvenir s'inscrive dans la mémoire plus profondément que les autres*).

adventice, adventif Deux adjectifs paronymes.

1 adventice Accessoire, secondaire : *Une cause adventice.* — (*botanique*) *Plante adventice* : mauvaise herbe qui pousse dans les cultures. — *Flore adventice* : ensemble des plantes dont les graines ont été apportées accidentellement d'un pays lointain : *Les espèces adventices sont abondantes autour des gares et des ports.*

2 adventif (*botanique*) *Racines adventives* : racines qui prennent naissance sur la tige de la plante. — (*géographie*) *Cratère adventif* : cratère qui se forme, après coup, sur le flanc d'un volcan.

adverbial, ale, aux adj. Masculin pluriel en -*aux* : *Les emplois adverbiaux de l'adjectif « fort ».*

aérer v. t. Conjug. **11.** Change *é* en *è* devant une syllabe muette, sauf à l'indicatif futur et au conditionnel présent : *j'aère, j'aérerai.*

aérium [aeʀjɔm] n. m. Etablissement pour cures d'air. — Accent aigu sur *e.* — Pl. : *des aériums.*

aéro- Préfixe qui vient du latin *aer, aeris* ou du grec *aêr, aeros* « air ». — Les mots commençant par *aéro-* s'écrivent sans trait d'union (*aérobie, aérodrome, aéronautique,* etc., sauf *aéro-club*). ▼ Ne pas prononcer *a-ré-o* mais *a-é-ro* et ne pas confondre *aéromètre* avec *aréomètre.*

aéro-club Le seul mot en *aéro-* écrit avec un trait d'union. — Pl. : *des aéro-clubs.*

aérodrome, aéroport, aérogare Trois noms masculins à bien distinguer.

1 aérodrome Terrain d'où décollent et où atterrissent les avions militaires ou les avions privés.

2 aéroport Ensemble comprenant des pistes, pour le décollage et l'atterrissage des avions commerciaux, et aussi des bâtiments et des installations (hangars, ateliers, aérogare pour les passagers, etc.) : *L'aéroport d'Orly.*

3 aérogare n. f. Ensemble des édifices situés sur un aéroport et comportant tous les locaux nécessaires au trafic : salles d'attente, bureaux de la police et de la douane, galeries marchandes, etc.

aérodynamique adj. Dans la langue très surveillée, on écrira *carrosserie bien profilée, moto carénée,* plutôt que *carrosserie, moto aérodynamique.*

aéroglisseur n. m. Terme à préférer à *hovercraft* ▷ **hovercraft.**

aérolite ou **aérolithe** Les deux orthographes sont admises. — Est toujours masculin : *Un aérolithe très gros s'appelle un « bolide ».* Ce terme est vieilli. On dit de nos jours, en astronomie, *une météorite.*

aéromètre, aréomètre Deux noms masculins paronymes.

1 aéromètre n. m. (du grec *aêr, aeros* « air » et *metron* « mesure »). Appareil qui sert à mesurer la densité de l'air ou d'un gaz quelconque.

2 aréomètre n. m. (du grec *araios* « peu dense » et *metron* « mesure »). Instrument qui sert à mesurer la densité d'un liquide ou la concentration d'une solution (alcoomètre, pèse-lait, etc.).

aéronef Tout véhicule aérien : avion, ballon, etc. — Masculin, à la différence de *nef* : *Un aéronef dangereux.*

aéroplane n. m. Synonyme vieux de *avion.* — Ne pas déformer en **aréoplane.*

aérosol, aérosondage Ces deux noms masculins se prononcent avec [s] et non [z] : [aeʀɔsɔl], [aeʀɔsɔ̃daʒ], bien qu'ils comportent un *-s-* unique intervocalique.

aérospatial, ale, aux adj. Masculin pluriel en *-aux.*

affable Deux *f.* — De même : *affabilité, affablement.* — Se construit avec *avec,* plus rarement avec *pour* ou avec *envers* : *Il est affable avec tous les solliciteurs. Se montrer affable pour les subordonnés. Elle est affable envers ses visiteurs.* — La construction avec *à* est vieillie : *Il était affable aux humbles.*

affabulation, fabulation Deux noms féminins paronymes à bien distinguer.

1 affabulation (avec deux *f*) Intrigue, suite d'évènements qui constitue le sujet d'une œuvre d'imagination : *L'affabulation de ce roman est ingénieuse.*

2 fabulation (*psychologie*) Activité de l'imagination par laquelle le sujet invente des récits plus ou moins cohérents, dans lesquels les souvenirs réels se mêlent aux productions aberrantes de l'esprit. — (*par extension*) Récit ainsi fabriqué : *Les psychiatres étudient les fabulations des malades mentaux.* — (*par extension, dans le langage courant*) Récit fantaisiste, mensonger : *Pour excuser son absence, il a raconté une histoire qui n'est qu'une fabulation.*

affadir v. t. Deux *f.* De même : *affadissant, affadissement.*

affaiblir v. t. Deux *f.* — De même : *affaiblissant, affaiblissement, affaiblisseur.*

affaire Orthographe, genre, expressions.

I Deux *f.* De même : *affairé, affairement, s'affairer, affairisme, affairiste.*

II Toujours féminin de nos jours : *Une affaire importante.* Le masculin est vieux ou provincial.

III Expressions.

1 Avoir affaire, avoir à faire On écrit plus souvent *avoir affaire à* que *avoir à faire à* : *Nous avons affaire à forte partie.* — *Avoir à faire* (en trois mots) est obligatoire quand *à faire* signifie « à accomplir » : *J'ai à faire une démarche urgente. Voici le travail que vous aurez à faire. Nous avons fort à faire. Il y a encore beaucoup à faire pour améliorer nos résultats.*

2 Avoir affaire de Avoir besoin de (tour classique, vieilli ou très littéraire de nos jours) : *Qu'ai-je affaire de tous ces conseils ?* — De nos jours, on écrit plutôt *avoir à faire de* : *Nous n'avons rien à faire de ces considérations* (= nous n'avons nul besoin).

3 Avoir affaire à, avoir affaire avec La première expression signifie « être en relation avec (quelqu'un), pour une démarche ». (Souligne le rapport de subordonné à supérieur) : *Je préfère avoir affaire au directeur général qu'au sous-directeur. Il vaut mieux avoir affaire au Bon Dieu qu'à ses saints* (proverbe). — *Avoir affaire avec* signifie « avoir à débattre d'une affaire, d'une question avec quelqu'un ». (Implique une relation sur un pied d'égalité et une idée de transaction, de négociation) : *Le paysan avait déjà eu affaire avec ce marchand de biens pour l'achat d'un champ.* — *Avoir affaire à* signifie aussi « trouver (quelqu'un) en face de soi, au cours d'une lutte, d'une compétition » : *Nous avions affaire à un adversaire redoutable. Si vous désobéissez, vous aurez affaire à moi*, vous aurez à me rendre des comptes (formule familière de menace).

4 Toutes affaires cessantes En interrompant toute activité en cours. S'écrit presque toujours au pluriel.

affairer (s'), affairé, affairement Ces mots sont admis dans la langue courante. Dans le style soutenu, il vaut mieux employer respectivement : *s'agiter, s'empresser, se presser, s'occuper activement, faire diligence ; agité, empressé, pressé, actif, diligent, prompt, rapide ; activité, agitation, diligence, empressement.* — Observer que *s'affairer, affairé, affairement* ont souvent une valeur péjorative et contiennent une idée d'agitation brouillonne et peu efficace.

affairisme, affairiste Ces mots sont toujours péjoratifs. Ne pas les employer quand il s'agit d'affaires commerciales ou financières honnêtes : *L'affairisme et la corruption étaient les tares de ce régime politique. Ce député affairiste était le complice d'un escroc.*

affaisser (s') Deux *f.* — De même : *affaissé, affaissement.*

affaler v. t. *ou* v. pron. Deux *f.* — De même : *affalé, affalement.*

affamer v. t. Deux *f.* — De même : *affamé, affameur.*

affect [afɛkt] n. m. (terme de psychologie). — Avec deux f. — Pl. : *des affects* [-fɛkt].

affectation, affection, infection Trois noms féminins paronymes :

1 Bien distinguer *affectation*, manque de naturel, et *affection*, sentiment d'attachement : *Je n'aime pas les gens qui montrent de l'affectation dans leurs manières. J'aime les gens qui ne montrent pas de l'affection.*

2 Bien distinguer *une affection*, une maladie, et *l'infection*, état d'un organisme ou d'une partie du corps que les microbes envahissent et où, souvent, ils provoquent de l'inflammation, l'apparition du pus : *Le cancer est une affection grave, mais qui ne comporte pas d'infection. Un phlegmon est une forme d'infection localisée, ce n'est pas une affection.*

affecter v. t. Deux *f.*

affectif, ive adj. Deux *f.* De même : *affectueux.*

affectionner v. t. Aimer beaucoup, aimer de préférence : *Cet enfant affectionnait sa grand-mère maternelle. J'affectionne ce lieu de villégiature.* — Mot qui a une valeur légèrement vieillie ou familière. À éviter dans le style très soutenu. Ne pas en abuser, même dans la langue courante. ▼ Ne pas employer *affectionner* au sens de *affecter* « faire semblant, feindre » : *Il affecte d'être insensible aux compliments.*

afférent, ente adj. (terme didactique) Avec deux *f.* De même : *afférence.*

affermer v. t. Deux *f.* De même : *affermage.* ▼ Peut avoir deux sens, comme le verbe *louer.*

1 Donner en location une exploitation rurale (*Ce propriétaire a affermé ses domaines à des fermiers du pays*) ou concéder le droit d'exploiter un service public (*L'État afferme à des compagnies fermières le droit d'exploiter les sources d'eau minérale*).

2 Prendre en location une exploitation rurale : *Ce fermier veut affermer ce domaine de cent hectares.*

affété, ée ad. (*vieux ou très littéraire*) Affecté, précieux, un peu mièvre : *Un style affété.* — Le substantif correspondant est *afféterie* (avec un accent aigu), prononcé [afetʀi] ou [afɛtʀi] : *On a souvent reproché à Marivaux une certaine afféterie de langage.*

affiche n. f. Deux *f.* — De même : *affichage, afficher, affichette, afficheur, affichiste.*

afficheur, affichiste Deux dérivés de *affiche.*

1 afficheur Synonyme vieilli de *colleur d'affiches.*

2 affichiste Artiste qui crée des affiches publicitaires.

affidé, affilié Deux noms paronymes à bien distinguer.

1 affidé, ée n. m. *ou* f. Personne qui fait partie d'une association secrète, qui prend part à un complot : *Les affidés de la conspiration furent tous arrêtés.*

2 affilié, ée adj. *ou* n. Inscrit à une organisation légale, à une mutuelle, à un syndicat : *Les travailleurs affiliés à un syndicat. Les affiliés de la Sécurité sociale, d'une mutuelle.*

affilée (d') loc. adv. Sans interruption : *Il parla pendant deux heures d'affilée.* — Deux *f.* Finale en *-ée.*

affiler, effiler, affilier Trois verbes transitifs à bien distinguer.

1 affiler Aiguiser : *Affiler un couteau.*

2 effiler Amincir (en allant vers l'extrémité) : *Effiler un bâton avec un couteau. On effile les cheveux au rasoir pour les empêcher de friser.* — Défaire une étoffe en tirant les fils : *L'enfant s'amusait à effiler un chiffon.*

3 affilier Inscrire à une organisation : *Affilier un salarié à la Sécurité sociale.* ▼ Double le *i* à la première et à la deuxième personne du pluriel de l'indicatif imparfait et du subjonctif présent : *(que) nous affiliions, (que) vous affiliiez.*

affin, ine adj. Deux *f.* — Terme de mathématiques : *Espace affin. Fonction affine.* — Ne pas écrire comme **afin (de)** locution prépositive.

affiner v. t. Deux *f.* — De même : *affinage, affineur, affinoir.*

affiner, raffiner Ces deux verbes, de la famille de *fin,* ne sont pas synonymes :

1 affiner *Affiner un métal,* le purifier. — *Affiner un fromage,* achever sa maturation. — *(figuré)* Rendre plus fin, plus délicat, plus subtil : *L'étude des chefs-d'œuvre littéraires affine le goût.*

2 raffiner Seul terme qui s'emploie pour certaines substances : *Raffiner le sel, le pétrole, le sucre.* — Au figuré, s'emploie rarement comme verbe transitif. Signifie alors « rendre encore plus fin, plus subtil » : *A force de raffiner son style, on tombe dans la préciosité et dans l'amphigouri.* — S'emploie surtout sous la forme *raffiner sur* au sens de « pousser la recherche à l'extrême » : *Raffiner sur la délicatesse, sur la précision.* — *(absolument)* Rechercher la plus grande finesse, se porter à des excès de subtilité : *A quoi bon tant raffiner ? cela va bien ainsi.*

affinité n. f. Deux *f.*

affirmer Orthographe et emploi.

1 S'écrit avec deux *f.* — De même : *affirmatif, affirmation, affirmativement.*

2 Se construit normalement avec une proposition infinitive (*Il affirme être capable de remplir cette mission*) ou le plus souvent avec *que* suivi de l'indicatif ou du conditionnel : *Il affirme qu'il est capable de remplir cette mission. Je n'affirme pas que cette théorie est totalement vraie. Il avait affirmé qu'il nous préviendrait à temps. Affirmer que* à la forme négative ou interrogative peut se construire avec le subjonctif, quand la phrase contient une idée de doute ou d'incertitude : *Je n'affirme pas que cette solution soit la seule acceptable.*

3 S'affirmer Au sens figuré, s'emploie comme verbe attributif avec le sens de « se déclarer

ou se révéler être (tel ou tel) » : *Louis XIV s'affirma roi absolu dès la mort de Mazarin.* Signifie aussi « s'imposer comme » : *Cet homme politique tend à s'affirmer comme le chef de la majorité.* — *(absolument)* Manifester avec vigueur sa personnalité, sa volonté, son talent, son caractère : *Cet homme est encore trop jeune pour s'affirmer.* — Se manifester avec force, se confirmer : *Le talent de ce jeune écrivain s'affirme dans son dernier roman. Ses progrès s'affirment de jour en jour.* — Ces emplois figurés ont été condamnés par certains grammairiens. Ils semblent cependant bien entrés dans l'usage. Tout au plus peut-on les déconseiller dans la langue soutenue.

affixe n. f. Deux *f.* — De même : *affixé.*

affleurer v. t. *ou* v. i. Deux *f.* De même : *affleurement.*

affleurer, effleurer Deux verbes paronymes.

1 affleurer Arriver au ras de : *La rivière en crue affleure le parapet du quai.* — Apparaître au ras d'une surface : *Le rocher affleure par endroits. Le banc de sable affleure à marée basse.*

2 effleurer Toucher très légèrement : *La brise effleure l'eau de l'étang.*

afflictif, affligeant Deux adjectifs paronymes.

1 afflictif, ive *(droit)* On appelle *peines afflictives* les peines qui frappent le corps (peine de mort, réclusion, emprisonnement), à la différence des *peines pécuniaires,* c'est-à-dire des amendes.

2 affligeant, ante (usuel) Très triste, lamentable : *Ce garçon est d'une paresse affligeante.*

affliger v. t. Deux *f.* — De même : *afflictif, affliction, affligé, affligeant.* — Prend un *e* après *g* devant *a* ou *o* : *il affligea, nous affligeons.* — S'affliger et être affligé se construisent avec *de* et l'infinitif ou avec *que* et le subjonctif : *Je m'afflige de ne pouvoir vous aider. Je suis affligé que vous ne puissiez venir.* Eviter le tour *s'affliger de ce que, être affligé de ce que* (suivi de l'indicatif).

affluent, affluant Deux homophones.

1 affluent, ente adj. *ou* n. m. *Un cours d'eau affluent* ou *un affluent : La Marne et l'Oise sont des affluents de la Seine.*

2 affluant Participe présent invariable de *affluer : Les curieux, affluant de toutes parts, s'assemblèrent sur la place.*

affluent, confluent Deux noms masculins paronymes.

1 affluent Cours d'eau qui se jette dans un autre : *La Marne est un affluent de la Seine.*

2 confluent Endroit où deux cours d'eau s'unissent : *Alfortville est situé au confluent de la Seine et de la Marne.*

affluer v. i. Deux *f.* — De même : *affluence, affluent.*

afflux [afly] n. m. Deux *f.* — Le *x* final se ne prononce pas.

affoler v. t. ▼ Avec deux *f* et un seul *l.* De même : *affolant, affolé, affolement.*

affouiller v. t. Deux *f.* — De même : *afouillement.*

affranchir v. t. Deux *f.* — De même : *affranchi, affranchissable, affranchissement, affranchisseur.*

affres Toujours féminin et toujours au pluriel : *Les affres dernières.*

affrètement n. m. Avec un accent grave, à la différence de *affréter.*

affréter Deux *f.* — Conjug. **11.** Remplace *é* par *è* devant une syllabe muette, sauf à l'indicatif futur et au conditionnel présent : *j'affrète, tu affrètes,* mais *nous affrétons, j'affréterai, j'affréterais.*

affréter, fréter Deux verbes transitifs de la famille de *fret.*

1 affréter Prendre un avion ou un navire en location pour un transport : *Cet importateur a affrété un cargo à un armateur pour transporter du blé.*

2 fréter Fournir un navire en location : *L'armateur a frété ses cargos à une société métallurgique.*

3 De même, celui qui prend un navire en location est **l'affréteur,** le propriétaire du navire est **le fréteur.**

affreux adj. Deux *f.* — De même : *affreusement.*

affriander v. t. Deux *f.*

affrioler v. t. Deux *f.*

affront n. m. Deux *f.*

affronter v. t. Deux *f.* — De même : *affrontement.*

affubler v. t. Deux *f.* — De même : *affublement.*

affût n. m. Deux *f.* Un accent circonflexe sur le *u.*

affûter v. t. Deux *f.* Un accent circonflexe sur le *u.* — De même : *affûtage, affûteur.*

afghan, ane adj. *ou* n. Attention à la majuscule : *La population afghane. Les Afghans.*

afin Un seul *f.* — Ne s'emploie que dans la locution prépositive *afin de,* suivie de l'infinitif (*Je vous écris afin de vous tenir au courant*) et dans la locution conjonctive *afin que,* suivie du subjonctif (*Je vous écris afin que vous soyez au courant*). ▼ *Afin de, afin que* ne sont pas exactement synonymes de *pour, pour que.* En effet *afin (de, que)* appartient à la langue littéraire ou du moins soutenue, *pour (que)* appartient à tous les registres de langue. D'autre part, si *pour (que)* peut toujours s'employer à la place de *afin (de, que),* l'inverse n'est pas vrai : *afin (de, que)* implique l'idée d'un but expressément conçu comme tel dans l'esprit de celui qui accomplit l'action. On évitera donc *afin (de, que)* quand il n'y a pas de but formellement visé mais seulement un résultat ou quand le sujet de l'action n'est pas une personne ou un être vivant assimilé à une personne. On doit donc dire : *Il faut cent hectares pour faire un kilomètre carré* (et non *afin de faire...*). *Certains mollusques sont pourvus d'une coquille d'aspect semblable à celui du fond sur lequel ils vivent, pour échapper à leurs ennemis* (et non *afin d'échapper...*).

a fortiori [afɔʀsjɔʀi] loc. adv. A plus forte raison. — En deux mots et sans accent grave sur le *a.*

afro-asiatique adj. *ou* n. *Les peuples afro-asiatiques. Les Afro-Asiatiques.*

aga ▷ **agha.**

agacement, agacerie Deux dérivés de *agacer* à bien distinguer.

1 agacement n. m. Irritation, impatience que cause une personne ou une chose importune : *L'agacement me gagne quand j'entends ces questions ridicules.*

2 agacerie n. f. Actes, paroles, manège de coquetterie d'une personne qui cherche à attirer l'attention d'une autre, à la séduire (s'emploie surtout au pluriel) : *Ce garçon restait insensible aux agaceries des deux jeunes filles.*

agacer v. t. Le *c* prend une cédille devant *a* ou *o : il agaça, nous agaçons.*

agape n. f. Au singulier, repas du soir que les premiers chrétiens prenaient en commun. — Au pluriel, repas, banquet entre amis (généralement un peu familier) : *De joyeuses agapes ont réuni les anciens du lycée.*

agate n. f. Pierre fine colorée. ▼ Sans *h*, à la différence du prénom féminin *Agathe*.

agave Nom d'une plante. — Employé parfois au féminin par certains auteurs. Le masculin est cependant préférable : *Un agave bleu*.

age n. m. Ne pas écrire *l'age de la charrue* (pièce de bois ou de fer) comme *l'âge d'une personne*.

âge Genre et expressions.

I De nos jours, toujours masculin. Eviter de dire *la belle âge* (= le bel âge, la jeunesse), expression régionale.

II Notre âge, nos âges. Singulier quand les personnes ont sensiblement le même âge : *Nous ne sommes plus jeunes et, à notre âge, on pense surtout à la retraite*. En revanche, pluriel quand les personnes n'appartiennent pas à la même génération : *Mon voisin est un jeune homme sympathique, mais nos âges sont trop différents pour qu'une amitié profonde s'établisse*.

III Deux séries d'expressions.

1 L'âge d'or, l'âge d'argent, l'âge d'airain, l'âge de fer : périodes mythiques par lesquelles serait passée successivement l'humanité, partant d'un âge d'innocence et de bonheur, pour traverser ensuite des époques de plus en plus dures et sombres. — *(figuré) L'âge d'or*, période de splendeur, de prospérité : *Le siècle de Périclès fut l'âge d'or de la civilisation grecque*.

2 L'âge de la pierre taillée, de la pierre polie, l'âge du bronze, l'âge du fer : chacune des grandes époques de la civilisation préhistorique ou protohistorique, caractérisée par l'emploi d'une matière particulière pour la confection des outils et des ustensiles.

IV Moyen Age ▷ **Moyen Age.**

agencer v. t. Conjug. 17. Le *c* prend une cédille devant *a* ou *o* : *il agença, nous agençons*.

agenda [aʒɛda] n. m. Mot latin francisé. Pl. : *des agendas*.

agenouiller (s') v. pron. Attention au *i* après *ill* à la première et à la deuxième personne du pluriel de l'indicatif imparfait et du subjonctif présent : *(que) nous nous agenouillions, (que) vous vous agenouilliez*.

agent Pas de forme féminine en français moderne. La forme *agente*, péjorative, est très vieillie. De nos jours, on emploie très bien le masculin *agent* quand il s'agit d'une femme : *L'espionne Mata Hari était un agent de l'Allemagne*. — Eviter de dire *une agente* pour désigner une auxiliaire féminine de la police en uniforme. Dire *une femme agent* ou *une contractuelle*.

agent voyer [aʒɑ̃vwaje] Pas de trait d'union. — De nos jours, *l'agent voyer* est appelé, dans la langue administrative, *ingénieur du service vicinal*. — Pl. : *des agents voyers*.

aggiornamento n. m. Mot italien. Inusité au pluriel. — Prononciation : [adʒɔrnamɛnto].

agglomérer v. t. Conjug. 11. Remplace *é* par *è* devant une syllabe muette, sauf à l'indicatif futur et au conditionnel présent : *j'agglomère, tu agglomères*, mais *j'agglomérerai, j'agglomérerais*. ▼ Avec deux *g*. — De même : *agglomérant, agglomérat, agglomération, aggloméré*.

agglutiner v. t. ▼ Deux *g*. — De même : *agglutinant, agglutination, agglutinine, agglutinogène*.

aggraver v. t. ▼ Deux *g*. — De même : *aggravant, aggravation*.

agha ou **aga** [aga] n. m. Désignait divers dignitaires dans certains pays musulmans. — Pl. *des aghas* [-ga] ou *des agas* [-ga].

agio n. m. — Pl. : *des agios* [aʒjo]. — Pas de *t* à la fin, malgré les dérivés *agiotage, agioter*.

a giorno Eclairer a giorno brillamment, comme en plein jour : *Pour cette fête de nuit, le parc était éclairé a giorno*. — Pas d'accent sur le *a*. — Prononciation : [adʒɔrno] ou [adʒjɔrno].

agir Emplois et sens.

1 En agir, au sens de « se conduire », est à déconseiller. Dire : *Il a agi avec désinvolture à notre égard* (et non *il en a agi avec désinvolture...*).

2 Il s'agit de Verbe impersonnel. Se conjugue avec l'auxiliaire *être*. Participe passé toujours invariable : *Il s'est agi d'une affaire grave*.

3 S'agissant de Etant donné qu'il s'agit de. Tour littéraire, mais très correct : *S'agissant d'histoire scientifique et non de littérature, on ne peut prendre en considération de tels documents*.

agissement n. m. Presque toujours au pluriel et presque toujours péjoratif : *La police vient de mettre fin aux agissements de ces escrocs*.

agnat n. m. (*droit romain*) Celui qui est uni à d'autres personnes par des liens de parenté paternelle (s'oppose à *cognat*). — Prononciation : [agna]. De même : *agnation* [agnasjɔ̃]. Pas de *n* mouillé.

agnèlement n. m. Mise bas de l'agneau par la brebis. — Accent grave sur le premier *e*. — Synonyme : *agnelage*.

agneler v. i. *La brebis agnelle,* met bas son agneau. — Conjugaison sujette à des hésitations : *la brebis agnelle* (ou *agnèle*), *agnellera* (ou *agnèlera*), *agnellerait* (ou *agnèlerait*). Les formes en *elle* semblent devoir être préférées aux formes en *èle*.

agnelle n. f. Agneau femelle. — Finale en *-elle.*

agnosticisme n. m. Prononciation : [agnɔstism(ǝ)]. De même : *agnostique* [agnɔstik]. Pas de *n* mouillé.

agnus dei n. m. Jamais d'accent sur le *e* de *dei.* — Prononciation : [agnysdei]. Pas de *n* mouillé. — Deux orthographes.

1 L'Agnus Dei (deux majuscules ; pas de trait d'union) Prière de la messe : *Le prêtre récite l'Agnus Dei.*

2 Un agnus-dei (pas de majuscules ; un trait d'union) Médaille de cire bénie par le pape et portant l'image d'un agneau. — Pl. : *des agnus-dei.*

agonie, agoniser Deux verbes paronymes :

1 agonir Ne s'emploie qu'à l'infinitif, aux temps composés (*j'ai agoni, j'avais agoni...*) et au singulier de l'indicatif présent (*j'agonis, tu agonis, il agonit*). — Signifie « insulter, injurier » : *Il s'est fait agonir de la belle manière !* On rencontre surtout *agonir* au sens de « accabler » dans des expressions comme *agonir quelqu'un d'injures, de reproches, de sottises...*

2 agoniser Veut dire « être à l'agonie, lutter contre la mort » : *Le vieillard agonisait sur un lit d'hôpital.* ▼ Ne pas dire * *agoniser quelqu'un d'injures,* faute populaire fréquente.

agora n. f. Mot grec francisé. — Pl. : *des agoras* [-ʀa]. Sans complément de nom et avec une majuscule, *l'Agora,* désigne l'agora d'Athènes : *La Tholos s'élevait à l'angle sud-ouest de l'Agora.*

agrafe n. f. ▼ Aucun rapport avec le suffixe *-graphe* (du grec *graphein* « écrire »). Ne jamais écrire avec *ph.* — Un seul *g,* un seul *f.* De même : *agrafage, agrafer, agrafeuse.*

agrandir ▼ Un seul *g.* — De même : *agrandissement, agrandisseur.*

agréer Verbe employé seulement dans la langue très soutenue ou dans des formules figées. — Un seul *g* comme pour tous les mots de la même famille : *agréable, agréablement, agréé, agrément, agrémenter.*

agréger v. t. Conjug. **16** et **11** Prend un *e* après le *g* devant *a* et *o* (*il agrégea, nous agrégeons*) et remplace *é* par *è* devant un *e* muet, sauf à l'indicatif futur et au conditionnel présent : *j'agrège, tu agrèges,* mais *j'agrégerai, j'agrégerais.* ▼ Un seul *g.* — De même : *agrégat, agrégatif, agrégation, agrégé.*

agrément n. m. Un seul *g.* — De même : *agrémenter.*

agrès n. m. Prend un accent grave et se prononce avec un *e* ouvert : [agʀɛ]. Toujours employé au pluriel : *Les agrès du navire* (ses accessoires). *Faire de la gymnastique aux agrès.*

agresser v. t. Mot de l'ancienne langue remis à la mode par le style journalistique comme équivalent de « attaquer, constituer une agression » : *Deux bandits ont agressé un commerçant. Les couleurs violentes des affiches agressent l'œil du passant.* A éviter dans la langue surveillée. On dira plutôt *attaquer, assaillir, brutaliser, attenter à, insulter,* selon les cas. ▼ Un seul *g.* — De même : *agresseur, agressif, agression, agressivement, agressivité.*

agresseur n. m. Ce mot n'a pas de féminin : *C'est cette nation qui est l'agresseur.*

agriculteur n. m. A la différence de *cultivateur, cultivatrice,* ce mot n'a pas de féminin. Au féminin, dire *une femme agriculteur* ou plutôt *une cultivatrice, une exploitante agricole.*

agriffer v. t. ▼ Un seul *g,* deux *f.*

agripper v. t. ▼ Un seul *g,* deux *p.*

agronome La langue administrative distingue *l'ingénieur agronome,* ingénieur diplômé de *l'Institut national agronomique* (cadre supérieur) et *l'ingénieur agricole,* ingénieur diplômé d'une *école nationale d'agriculture* (Grignon, Rennes, Montpellier), cadre technique.

agrumes Toujours employé au pluriel. Toujours masculin.

aguerrir v. t. Deux *r* (vient de *guerre*). — De même : *aguerri, aguerrissement.*

aguets n. m. De nos jours, toujours au pluriel. Employé presque uniquement dans l'expression *aux aguets : Derrière chaque buisson, on voyait un chasseur aux aguets.*

aguicher v. t. Prononciation : [agiʃe]. — De même : *aguichant* [agiʃɑ̃], *aguicheur* [agiʃœʀ].

ah ! ha ! Ces deux exclamations sont toujours suivies d'un point d'exclamation. Dans l'usage moderne, la graphie *ah !* est pratiquemment la seule usitée et *ha !* ne s'emploie plus que pour noter le rire : *Ha, ha, ha ! la bonne plaisanterie !*

ahurir v. t. Vient de *hure*, au sens de « tête hérissée ». Un *h* entre *a* et *u*. Pas de *h* au début. — De même : *ahuri, ahurissant, ahurissement.*

aide Le sens varie avec le genre et le nombre.

1 Au féminin Assistance dans l'exécution d'une tâche : *Mon collaborateur m'apporte une aide précieuse.*

2 Au masculin ou au féminin Homme, femme qui assiste une autre personne : *Mon collaborateur est un aide consciencieux. La blanchisseuse a besoin d'une aide.*

3 Au féminin pluriel Moyens dont se sert le cavalier pour diriger son cheval : *Les aides supérieures sont les rênes et le mors.*

4 Au féminin singulier Prestation en argent que devait le vassal à son seigneur : *L'aide aux quatre cas.*

5 Au féminin pluriel Ancien impôt indirect (de 1360 à 1789). Les affaires concernant cet impôt étaient du ressort de la *Cour des aides.*

aide-comptable n. m. *ou* f. — Pl. : *des aides-comptables.*

aide-maçon n. m. — Pl. : *des aides-maçons.*

aide-mémoire n. m. inv. *Des aide-mémoire.*

aider Plusieurs constructions.

I Aider quelqu'un. Tour usuel et moderne : *Louise aide sa mère à préparer le repas. Merci, tu m'as bien aidé dans cette période difficile.*

II Aider à quelqu'un. Tour très vieilli et littéraire ou provincial : *Cette filette est gentille, elle aide à sa mère. Il aida au malheureux à monter l'escalier.* ▼ Dans la construction directe, le participe *aidé* s'accorde avec le complément d'objet direct si celui-ci est placé devant le verbe : *Mes sœurs, je les ai beaucoup aidées.* Dans la construction indirecte, le participe est toujours invariable : *Mes sœurs, je leur ai aidé avec dévouement.*

III Aider quelque chose ou **à quelque chose.** L'usage actuel est le suivant.

1 Le nom complément ne désigne pas une action, mais une fonction, une catégorie sociale, une activité. Dans ce cas, on emploie la construction directe : *Des paroles rythmées aide la mémoire. Le gouvernement veut aider la classe moyenne. Les mécènes aident les beaux-arts.*

2 Le nom désigne une action, un événement. Dans ce cas, on emploie la construction avec *à* : *La publicité a beaucoup aidé au succès de ce livre. Voilà qui va aider à la réussite de votre entreprise.* ▼ Mêmes règles pour l'accord du participe que ci-dessus (II) : *La peinture, que ce mécène a aidée... La réussite, à laquelle vous avez aidé...*

aïe ! Interjection familière. — Toujours avec un point d'exclamation. — Prononciation : [aj].

aïeul, aïeule, aïeux Pluriels et emplois.

1 Le féminin *aïeule* n'a qu'un pluriel, *aïeules,* quel que soit le sens : *Mes deux aïeules (=* mes deux grands-mères). *Nos aïeules du Moyen Age ignoraient le confort moderne (=* les femmes qui furent nos ancêtres, à cette époque).

2 Le masculin *aïeul* a deux pluriels. *Des aïeuls* (= des grands-pères). *Les aïeux* (= les ancêtres) : *Nos aïeux du XIe siècle.* — Le masculin pluriel *aïeux,* par rapport à *ancêtres,* a une valeur plus familière, parfois ironique ou plaisante. S'emploie moins volontiers que *les ancêtres* dans la langue très soutenue.

3 *Bisaïeul :* arrière-grand-père (pl. : *bisaïeuls ;* fém. : *bisaïeule, eules*). — *Trisaïeul :* père de l'arrière-grand-père (pl. : *trisaïeuls ;* fém. : *trisaïeule, eules*). — Au-delà de la génération du trisaïeul, on dit *quatrième aïeul (aïeuls ; aïeule, eules) cinquième aïeul, sixième aïeul...*

aigle Ce nom peut être masculin ou féminin.

I Est masculin dans les cas suivants.

1 Quand il désigne l'espèce zoologique : *L'aigle n'est nullement dangereux pour les troupeaux.*

2 Quand il désigne l'oiseau mâle : *Cet aigle cherche une femelle pour s'accoupler.*

3 Au sens figuré : *Cet homme est un aigle* (= un génie).

4 Dans les dénominations d'ordres honorifiques : *Ordre de l'Aigle blanc de Pologne.*

5 Quand il désigne un lutrin d'église (*Un bel aigle en chêne sculpté*), un format de papier (*format grand aigle, petit aigle*), une pièce d'or américaine de dix dollars (*L'aigle américain peut être une pièce de collection*), une fougère (*la fougère grand aigle*).

II Est féminin dans les cas suivants.

1 Quand il désigne la femelle : *Voyez cette aigle qui porte la pâture à ses petits.*

2 En termes de blason : *Ecu orné d'une aigle.*

3 Quand il désigne une enseigne militaire : *Les aigles romaines.*

4 Quand, écrit avec une majuscule, il désigne une constellation : *L'Aigle brillante scintillait dans le ciel.*

aiglefin n. m. Autre graphie de *églefin*, nom d'un poisson. S'écrit aussi *aigrefin*, *égrefin* ▷ aigrefin, églefin.

aiglon n. m. Petit de l'aigle. Au féminin : *aiglonne*, avec deux *n*. — Au figuré, avec une majuscule, *l'Aiglon :* le roi de Rome, fils de l'Aigle, c'est-à-dire de Napoléon Ier.

aigre, âcre, âpre ▷ **âcre.**

aigre-doux Adjectif composé. Les deux éléments s'accordent : *Un fruit aigre-doux, des fruits aigres-doux ; une cerise aigre-douce, des cerises aigres-douces.*

aigrefin Deux noms masculins homonymes.

1 aigrefin Escroc : *Les gens honnêtes mais naïfs sont souvent victimes des aigrefins.*

2 aigrefin Autre forme de *aiglefin*, *égrefin*, *églefin*, nom d'un poisson ▷ **églefin.**

aigu adj. Au féminin : *aiguë* ▼ Le tréma se place sur le *e* non sur le *u*.

aiguade n. f. (*marine ancienne*) Lieu du littoral où un navire pouvait se ravitailler en eau douce. — Prononciation : [ɛgad], avec *g* dur.

aigue-marine n. f. Emeraude bleu-vert. — Prononciation : [ɛgmaʀin].— Pl. : *des aigues-marines.*

aiguière n. f. Type de vase ancien. — Prononciation : [ɛgjɛʀ], avec *g* dur.

aiguille [egɥij] n. f. Tous les mots de la famille de *aiguille* se prononcent avec [-gɥij-] : *aiguillage* [egɥijaʒ], *aiguillat* [egɥija], *aiguillée* [egɥije], *aiguiller* [egɥije], *aiguillette* [egɥijɛt], *aiguillon* [egɥijɔ̃], etc.

aiguiller v. t. Attention au *i* après -*ill*- à la première et à la deuxième personne du pluriel de l'indicatif imparfait et du subjonctif présent : *(que) nous aiguillions, (que) vous aiguilliez.*

aiguiser v. t. Deux prononciations, l'une avec [-gi-] c'est-à-dire [egize], l'autre avec [-gɥi-] c'est-à-dire [egɥize]. Cette dernière est nettement préférable. De même, pour les dérivés, préférer la prononciation avec [-gɥi-] : *aiguisage* [egɥizaʒ], *aiguisement* [egɥizmɑ̃], *aiguiseur, euse* [agɥizœʀ,øz], *aiguisoir* [egɥizwaʀ].

ail Plante et condiment. — Toujours masculin : *L'ail est savoureux.* — Prononciation : [aj]. —

Pluriel : *des ails* [aj], dans la langue des botanistes, ou bien *des aulx* [o]. Cependant ce pluriel *aulx* tend à devenir désuet et l'on évite d'employer le mot au pluriel. Tourner autrement et dire, par exemple : *des plants d'ail, des gousses d'ail, des têtes d'ail.*

ailleurs adv. L'emploi de la locution *par ailleurs,* au sens figuré de « d'ailleurs, d'un autre côté, sous un autre aspect, d'autre part, en outre, par un autre moyen, pour un autre motif, etc. » est déconseillé dans la langue soignée. On dira, par exemple : *Le climat de la Bretagne est doux et tonique à la fois ; d'autre part, les paysages de cette province sont pleins de charme* (plutôt que *par ailleurs, les paysages...*).

ailloli ▷ **aïoli.**

aimer Problèmes de construction.

I Avec l'infinitif, trois constructions possibles.

1 Construction directe. *J'aime flâner* (tour le plus courant).

2 Aimer à... *J'aime à flâner* (tour un peu plus recherché). — Eviter d'employer *à* devant un verbe commençant par *a-* : au lieu de *J'aime à aspirer l'air pur à pleins poumons,* dire plutôt *J'aime aspirer...*

3 Aimer de... *J'aime de flâner* (tour archaïque et très recherché).

II Aimer que... Toujours suivi du subjonctif : *J'aime qu'on soit franc avec moi.* ▼ *Aimer à ce que* est déconseillé. Ne pas dire : *J'aime à ce qu'on soit franc...*

III Aimer mieux... Quatre cas à considérer.

1 Peut être suivi de l'infinitif, sans préposition et sans terme de comparaison exprimé : *J'aime mieux lire.*

2 Peut être suivi de *que* + *de* + l'infinitif : *J'aime mieux me reposer que d'aller en excursion.* — En principe, dans la langue littéraire, ce tour exprime un choix, une décision, et non une simple préférence de goût : *En cette circonstance, le sénat romain aima mieux laisser les prisonniers aux mains de l'ennemi que de les racheter en abaissant l'honneur de Rome.*

3 Dans la langue parlée, est généralement suivi de l'infinitif sans *de : J'aime mieux lire qu'aller en excursion.* Ce tour est presque de rigueur dans la langue écrite soignée pour exprimer une préférence de goût permanente ou durable : *C'est un trait de mon caractère : j'aime mieux écouter que parler, j'aime mieux regarder qu'agir.*

4 Aimer mieux que... suivi du subjonctif. On ne peut avoir deux *que* à la suite (par exemple :

J'aime mieux qu'il démente clairement une bonne fois *que que les choses traînent). Il faut donc tourner la phrase autrement : *J'aime mieux qu'il démente clairement une bonne fois que de voir les choses traîner* ou bien *J'aime mieux qu'il démente clairement une bonne fois que si les choses traînaient.*

IV Au passif et au participe passé. Deux constructions possibles.

1 (Etre) aimé par... *Il est aimé par tout le monde* (tour usuel dans la langue courante).

2 (Etre) aimé de... *Il était aimé de tous* (tour préférable dans la langue écrite soignée).

aine, haine Ne pas écrire *l'aine*, partie du corps, comme *la haine*, sentiment violent d'hostilité.

aîné, ée adj. *ou* n. Accent circonflexe sur le *i.* De même : *aînesse.*

ainsi Eviter les pléonasmes *ainsi par exemple, ainsi par conséquent* et même *ainsi donc.* L'adverbe *ainsi* employé seul suffit.

ainsi que Pour l'accord du verbe et de l'attribut avec le sujet, deux cas peuvent se présenter.

1 *Ainsi que* **introduit une comparaison** (qui est placée entre virgules). Le verbe et l'attribut se mettent alors au singulier : *Cette fillette, ainsi que sa cousine, est gentille.*

2 *Ainsi que* **équivaut à la conjonction de coordination** *et* (ce qui se marque par l'absence de virgules). Le verbe et l'attribut se mettent alors au pluriel : *Cette fillette ainsi que sa cousine sont gentilles.*

aïoli [ajɔli] n. m. Ce mot est d'origine provençale et non italienne. Donc, au pluriel : *des aïolis* [-li], avec un -*s.* — L'orthographe *aïoli,* conforme à la graphie provençale (graphie mistralienne) doit être préférée à *ailloli.*

1. air n. m. Gaz qui entoure la Terre, atmosphère. ▼ Est toujours masculin. Dire : *L'air est frais* (et non *l'air est fraîche*).

2. air n. m. Apparence, aspect. — Employé dans plusieurs expressions qui donnent lieu à certaines difficultés.

I *Avoir l'air* **suivi d'un adjectif.**

1 Le sujet de *avoir* est un nom de personne, et *air* n'est pas suivi d'une détermination (complément de nom, relative, participiale ou apposition). L'adjectif s'accorde alors généralement avec le sujet du verbe *avoir : Ces fillettes ont l'air malicieuses.* Dans ce cas, l'adjectif est attribut du sujet et *avoir l'air* équivaut à un verbe tel que *paraître, sembler.* Cependant on

peut donner à *air* son sens plein de « aspect, apparence, mine, expression du visage » et considérer que l'adjectif est épithète de *air* et doit s'accorder avec ce mot : *Cette fillette a l'air malicieux* (= elle a l'expression malicieuse). Cet accord, quoique correct, est rare.

2 Le sujet de *avoir* est un nom de chose, et *air* n'est pas suivi d'une détermination. L'adjectif s'accorde obligatoirement avec le sujet : *Ces voitures ont l'air neuves* (= semblent neuves). On ne peut considérer qu'une chose a une « mine », une « expression », à la manière d'une personne.

3 Le nom *air* est suivi d'une détermination (complément de nom, relative, participiale, apposition). L'adjectif s'accorde toujours avec *air : Elles ont l'air malicieux des filles de Paris* (= l'expression malicieuse aux filles de Paris). *Ces maisons ont l'air discret et cossu qui convient aux vieilles demeures bourgeoises. Ses amis avaient l'air triste convenant à de telles circonstances. Ces bâtisses avaient l'air rébarbatif propre aux pensionnats, aux prisons et aux casernes.* Il faut observer d'ailleurs que, s'il s'agit d'une chose, on dit plus volontiers *avoir l'aspect, avoir l'apparence.*

4 Avoir un air. L'adjectif s'accorde toujours avec *air* précédé de l'article indéfini : *Ces fillettes ont un air bien doux. Au printemps, la campagne a un air joyeux.* On peut dire aussi, au pluriel : *Ces fillettes ont des airs bien doux.*

II Avoir mauvais air, avoir une mauvaise présentation, une apparence peu brillante : *Ce pauvre diable avait trop mauvais air pour être admis en si bonne compagnie.* — Bien distinguer de *avoir un air mauvais,* avoir une expression méchante, dure : *Attention ! Je viens de voir la nouvelle surveillante, elle a un air mauvais !*

III Avoir un air faux, avoir une expression hypocrite, fourbe, sournoise : *Cette femme est antipathique, elle a un air faux.* — Bien distinguer de *avoir un faux air de,* avoir l'apparence de, ressembler un peu à : *Cette villa, juchée sur la colline et flanquée d'une tourelle, a un faux air de manoir ancien.*

3. air n. m. Mélodie, musique : *La fanfare joue un air entraînant.*

airain n. m. Synonyme vieilli et littéraire de *bronze.*

aire Plusieurs homophones (indépendamment de *air 1, air 2, air 3*).

1 aire n. f. Surface plane et dure sur laquelle on battait le grain au fléau : *Depuis l'introduction des batteuses, l'aire a disparu des exploita-*

tions agricoles françaises. — Surface : *L'aire du rectangle est égale au produit de la longueur par la largeur.* — Surface, territoire où a lieu un phénomène ou bien qui sert à un certain usage : *L'aire d'extension d'une espèce biologique. Aire d'atterrissage d'un terrain d'aviation. Les aires du vent* (divisions du cadran de la boussole). — Nid d'un rapace : *L'aire de l'aigle est constituée par un amas de branchages.*

2 ère n. f. Date qui sert de point de départ pour compter les années : *En l'an 43 de notre ère.* — Epoque : *L'ère de la paix romaine. L'ère de l'électronique. Les ères géologiques.*

3 erre n. f. (*marine*) Mouvement d'un navire qui va sur sa lancée : *Le navire court sur son erre* (continue d'avancer sur son élan). *Briser, casser l'erre d'un navire* (arrêter un navire qui court sur son erre). *Le navire prend de l'erre* (prend de la vitesse après s'être arrêté).

4 haire n. f. (*h* aspiré) Chemise de crin que portaient les religieux et les dévots par esprit de mortification.

5 hère n. m. (*h* aspiré) *Un pauvre hère :* un homme misérable.

6 hère n. m. (*h* aspiré) Cerf ou daim âgé de six à douze mois.

airelle n. f. Synonyme de *myrtille.* — Tend à devenir régional.

ais n. m. (*vieilli et littéraire*) Planche. — Subsiste dans divers sens techniques. — Prononciation : [ɛ].

aisance n. f. Au pluriel dans les expressions *cabinets d'aisances, lieux d'aisances, fosse d'aisances.*

aise Nom et adjectif.

1 Comme nom. Est toujours masculin : *Il veut avoir tous ses aises.*

2 Comme adjectif (= heureux, content). Est toujours, dans la langue actuelle, précédé d'un adverbe marquant l'intensité, *bien, tout, fort : Ils sont bien aises, tout aises, fort aises de m'avoir pour compagnon.* — S'emploie toujours accompagné de *en* ou d'un complément, nom ou verbe, introduit par *de : Vous voilà tiré d'affaire ? eh bien ! j'en suis fort aise. Je serais bien aise d'une telle aubaine. Nous sommes fort aises de pouvoir partir.*

aisselle n. f. Deux *l.*

ajonc, jonc Deux noms masculins qui désignent deux plantes différentes.

1 ajonc Arbrisseau épineux à fleurs jaunes, fréquent sur les sols siliceux (landes de Bretagne), haut de un à quatre mètres.

2 jonc Plante herbacée des lieux humides, utilisée en sparterie et en vannerie.

ajour, à jour, à jours Ne pas écrire *les ajours d'une broderie* comme *mon travail est à jour* (en deux mots, *jour* au singulier) ni comme *des draps à jours* (en deux mots, *jour* au pluriel).

ajout n. m. Pas d'accent circonflexe. Un *-t* final.

ajouter v. t. Trois constructions.

1 Avec deux compléments, l'un direct, l'autre introduit par *à* : *Il faut ajouter de l'eau à cette sauce. Si l'on ajoute douze à trente, on obtient quarante-deux.* Ne pas dire **ajouter douze et trente* ni **douze avec trente* ▷ **additionner.**

2 Avec un seul complément (direct) : *Il faut ajouter de l'eau. J'ajouterai cette remarque.* — Avec *que* suivi de l'indicatif ou du conditionnel : *J'ajouterai qu'il y a une autre raison de choisir cette solution. J'ajoute qu'on pourrait très bien reporter la séance à un autre jour.*

3 Avec un seul complément (indirect), introduit par *à. Ajouter à,* accroître, grandir, augmenter : *Le bruit et l'obscurité ajoutaient encore à la confusion.*

akkadien, ienne n. *ou* adj. *Les Akkadiens :* peuple antique du pays d'Akkad, en Mésopotamie. — (adjectivement) *Les cités akkadiennes.* — n. m. *L'akkadien :* langue sémitique ancienne qui était parlée en Mésopotamie. — On préférera la graphie *akkadien,* plus conforme à l'usage des spécialistes, à *acadien.* ▼ Il existe deux paronymes, *acadien* et *arcadien* ▷ **arcadien.**

alaise, alèse, alèze (*usuel*) Pièce de tissu ou de matière imperméable qui sert à protéger la literie. — (*technique*) Planche emboîtée dans une autre pour l'élargir. — Toujours féminin : *Une alaise épaisse.* — Les trois graphies sont correctes.

alambic n. m. Le *c* final se prononce : [alãbik].

alarme n. f. Un seul *l.* De même : *alarmant, alarmé, alarmer, alarmiste.*

albanais, aise Attention à la majuscule : *Les Albanais. La population albanaise. L'albanais est une langue indo-européenne.*

albâtre Matière minérale blanche. — Toujours masculin : *Un albâtre très blanc.* — Attention à l'accent circonflexe sur le deuxième *a.*

albatros n. m. Le *s* final se prononce, au singulier aussi bien qu'au pluriel : [albatʀos]. La prononciation avec *o* ouvert [albatʀɔs], quoique admissible, tend à vieillir.

albigeois, oise Attention à la majuscule.

1 Comme adjectif. Toujours avec une minuscule : *L'équipe albigeoise de rugby. L'hérésie albigeoise.*

2 Comme nom. Une majuscule quand le mot signifie « habitant de la ville d'Albi » : *Les Albigeois aiment le rugby.* Une minuscule quand il désigne les cathares, les hérétiques de la secte albigeoise : *Saint Dominique essaya de convertir les albigeois.* ▼ Toujours au pluriel dans ce sens.

albinos adj. *ou* n. m. *ou* n. f. Le *s* final se prononce, au singulier aussi bien qu'au pluriel : [albinos]. La prononciation avec *o* ouvert [albinɔs], quoique admissible, tend à vieillir. — Une seule forme pour le masculin et le féminin, le singulier ou le pluriel : *Un lapin albinos, des lapins albinos, une lapine albinos. Des albinos. Une albinos.*

album [albɔm] n. m. — Pl. : *des albums.*

albumen [albymɛn] n. m. (terme de sciences naturelles) Pl. : *des albumens.*

albumine n. f. Dans la langue courante, on dit *avoir de l'albumine* (sous-entendu : dans l'urine). L'expression scientifique correspondante est *avoir* (ou *présenter*) *de l'albuminurie*, mais *avoir de l'albumine* n'est pas incorrect.

alcade n. m. En Espagne, magistrat municipal. ▼ Attention au paronyme *alcazar*, forteresse (en Espagne).

alcali Toujours masculin : *L'alcali volatil.*

alcaloïde Toujours masculin : *Un alcaloïde dangereux.*

alcarazas, alcazar Deux mots d'origine espagnole.

1 alcarazas [alkaʀazas] n. m. Vase en terre poreuse. — Presque toujours masculin. Le féminin, conforme à l'étymologie espagnole, *una alcarraza*, est très rare : *Un alcarazas blanc.* — Pl. : *des alcarazas* [-zas].

2 alcazar [alkazaʀ] n. m. En Espagne, forteresse. — Pl. (français) : *des alcazars.* ▼ Il existe un paronyme, *alcade*, qui désigne un magistrat municipal en Espagne ▷ **alcade**.

alcool Toujours masculin : *Un alcool très fort.* — S'écrit avec deux *o*, mais se prononce comme s'il y en avait un seul : [alkɔl] et non *[alkɔɔl]. De même : *alcoolat* [alkɔla], *alcoolature* [alkɔlatyʀ], *alcoolé, ée* [alkɔle, e], *alcoolémie* [alkɔlemi], *alcoolification* [alkɔlifikasjɔ̃], *alcoolique* [alkɔlik], *alcoolisable* [alkɔlizabl(ə)], *alcoolisation* [alkɔlizasjɔ̃], *alcoolisé, ée*

[alkɔlize, e], *alcooliser* [alkɔlize], *alcoolisme* [alkɔlism(ə)], *alcoomètre* [alkɔmɛtʀ(ə)], *alcoométrie* [alkɔmetʀi]. Cependant, pour *alcoomètre*, *alcoométrie*, les prononciations [alkɔɔmɛtʀ(ə)], [alkɔɔmetʀi] sont aussi admises.

alcoolique, alcoolisé Deux adjectifs à bien distinguer.

1 Une boissons alcoolique, qui contient de l'alcool naturellement, par elle-même (vin, bière, cidre, eau-de-vie, apéritif, liqueur, etc.).

2 Une boisson alcoolisée, que l'on confectionne en versant de l'alcool dans un liquide (cas du grog, par exemple). Il ne faut donc pas écrire *Le porto est un vin très alcoolisé*, mais *Le porto est un vin fort en alcool.*

alcôve Accent circonflexe sur le *o*. — Féminin : *Une alcôve étroite.*

alcyon [alsjɔ̃] n. m. Oiseau de mer fabuleux. — S'écrit avec un *y*.

aléa n. m. — Pl. : *des aléas* [-ea]. — S'emploie (parfois au singulier mais surtout au pluriel) pour désigner les hasards, les risques, les chances bonnes ou surtout mauvaises : *Cette affaire comporte beaucoup d'aléas.* ▼ Ne pas employer *aléa* comme synonyme de *désagrément, difficulté.*

alêne n. f. Outil de cordonnier : *Une alêne aiguë.* — Attention à l'accent circonflexe. Ne pas écrire comme *l'haleine* « le souffle ».

alentour, à l'entour Emplois et sens.

1 Alentour. En un seul mot. S'emploie adverbialement (*Les prairies s'étendent alentour*) ou dans l'expression *d'alentour* : *On voyait fumer les cheminées des maisons d'alentour.* Emplois assez vieillis et littéraires. On dirait de nos jours : *Les prairies s'étendent tout autour* et *Les maisons des environs* ou *Les maisons avoisinantes.*

2 A l'entour, à l'entour de. Locutions vieillies et très littéraires : *A l'entour, on voit les champs s'étendre à perte de vue. Les femmes du village viennent bavarder à l'entour de la fontaine.* On dirait de nos jours : *Tout autour, on voit les champs s'étendre à perte de vue. Les femmes viennent autour de la fontaine.*

3 Alentour de. Locution prépositive vieillie : *Se promener alentour du village.* On dit de nos jours : *autour du village.*

4 Les alentours. Substantif employé toujours au pluriel. Equivalent littéraire de « les environs » : *Les alentours du village sont très verdoyants. Il visita les alentours de la petite ville.*

1. alerte adj. *Un vieillard encore alerte.* — Un seul *l.* De même : *alertement.*

2. alerte n. f. *La sentinelle donna l'alerte.* — Un seul *l.* De même : *alerter.*

alèse ▷ **alaise.**

aléser Conjug. **11.** Remplace *é* par *è* devant un *e* muet, sauf à l'indicatif futur et au conditionnel présent : *j'alèse,* mais *j'aléserai.* — Dérivés : *alésage, alésé, aléseuse, alésoir.*

alezan, ane adj. *ou* n. Qualifie un cheval de couleur fauve tirant sur le roux. — L'adjectif employé seul s'accorde : *Des chevaux alezans. Des juments alezanes.* Invariable quand il est composé : *Des chevaux alezan clair. Des juments alezan doré.* — *Un alezan, une alezane :* un cheval alezan, une jument alezane. — On écrit : *La couleur alezan.*

alèze ▷ **alaise.**

alfa, alpha Deux noms masculins homophones.

1 alfa Herbe d'Algérie ; papier : *Livre tiré sur alfa.*

2 alpha Première lettre de l'alphabet grec : *Un alpha minuscule.*

algarade n. f. ▼ Un seul *r.*

algèbre Toujours féminin : *Une algèbre nouvelle.*

algorithme n. m. (*mathématiques*) Procédé de calcul. — Aucun rapport étymologique avec *rythme,* donc pas de *y.* — Dérivé : *algorithmique.*

alias adv. (mot latin) Sert à introduire un deuxième nom : *Jean-Baptiste Poquelin, alias Molière* (= appelé aussi Molière). — Prononciation : [aljas].

alibi n. m. — Pl. : *des alibis* [-bi]. — Au sens propre, moyen de défense d'un suspect ou d'un accusé, qui consiste à affirmer qu'on se trouvait dans un lieu autre que le lieu où a été commis le crime (ou le délit) : *Le suspect a un alibi, il était au cinéma à l'heure du crime.* — Éviter d'employer le mot au sens de *excuse.* Dire : *J'ai une excuse* (et non *un alibi*), *une panne de voiture m'a mis en retard.*

alidade Instrument de visée. — Toujours féminin : *Une alidade précise.*

aliéner Conjug. **11.** Remplace *é* par *è* devant un *e* muet, sauf à l'indicatif futur et au conditionnel présent : *j'aliène,* mais *j'aliénerai.*

aligner Un seul *l.* — Attention au *i* après *gn* à la première et à la deuxième personne du pluriel de l'indicatif imparfait et du subjonctif présent : *(que) nous alignions, (que) vous aligniez.*

alinéa Un accent sur le *e.* Pl. : *des alinéas* [alinea]. — Toujours masculin : *Des alinéas très courts.*

aliter (s') v. pron. Un seul *l.* De même : *alité, alitement.*

alizé n. m. *ou* adj. m. *Les alizés* ou *les vents alizés.* — Avec un *z.*

allaiter v. t. Deux *l.* — De même : *allaitement.*

allantoïde n. f. L'une des annexes de l'embryon et du fœtus. — Deux *l.*

allécher v. t. Remplace *é* par *è* devant un *e* muet, sauf à l'indicatif futur et au conditionnel présent : *j'allèche,* mais *j'allécherai.* — Deux *l.* De même : *alléchant, allèchement.*

allégation n. f. Deux *l.*

allège n. f. Divers sens techniques (mur ; bateau ; tender ; wagon postal). — Deux *l* ; accent grave sur *e.*

allégeance n. f. Deux *l.* Attention au *e* après le *g.*

allégement n. m. Deux *l.* Se prononce avec un *e* ouvert [aleʒmɑ̃], mais s'écrit avec un accent aigu. — Deux *l.*

alléger v. t. Deux *l.* — Conjug. **11** et **16** Remplace *é* par *è* devant un *e* muet, sauf à l'indicatif futur et au conditionnel présent : *j'allège,* mais *j'allégerai.* — Prend un *e* après le *g* devant *a* ou *o* : *il allégea, nous allégeons.*

allégorie n. f. Deux *l.* De même : *allégorique, allégoriquement, allégoriser, allégoriste.*

allègre adj. Deux *l.* De même : *allégrement, allégresse.*

allégrement adv. Deux *l.* — Se prononce avec un *e* ouvert [alɛgrəmɑ̃], mais s'écrit avec un accent aigu.

allegro, allégro, allegretto, allégretto Ces mots s'écrivent sans accent et sont invariables

quand ils sont employés comme adverbes. —
Ils s'écrivent avec un accent aigu et prennent
le *-s* du pluriel français quand ils sont employés
comme noms : *Des allégros de Mozart. Des
allégrettos* [-to]. ▼ L'orthographe italienne sans
accent et l'invariabilité sont de rigueur quand
allegro, allegretto substantivés sont suivis d'un
adverbe italien : *Des allegro assai.*

alléguer Conjug. **11.** Remplace *é* par *è* devant
un *e* muet, sauf à l'indicatif futur et au
conditionnel présent : *j'allègue,* mais *j'allégue-
rai, j'alléguerais.* — Attention au *u* qui subsiste
même devant *a* ou *o* : *nous alléguons, il allégua.*
— Deux *l.* De même : *allégation.*

alléluia n. m. Prononciation et orthographe.

1 Prononciation. On peut ou non faire sonner
le double *l.* — On prononce plutôt [al(l)eluja]
que [al(l)elyja] ou que [al(l)elɥija].

2 Orthographe. Pas de majuscule : *L'alléluia
faisait retentir les voûtes de l'église.* — Un
accent aigu. — Pl. : *des alléluias.*

allemand Attention à la majuscule : *La population allemande. Les Allemands. Un Allemand.
Une Allemande.* — *L'allemand,* la langue
allemande. — *L'allemande :* danse ancienne ;
sauce blanche.

1. aller Verbe de conjugaison irrégulière qui entre
dans de nombreuses locutions.

I Conjugaison.

1 Conjug. **9.** *Je vais, tu vas, il va, nous allons,
vous allez, ils vont.* — *J'allais.* — *J'allai.* —
J'irai. — *J'irais.* — *Va, allons, allez.* — *Que
j'aille, que tu ailles, qu'il aille, que nous allions,
que vous alliez, qu'ils aillent.* — *Que j'allasse.*
— *Allant.* — *Allé, ée.*

2 La deuxième personne du singulier de
l'impératif est *va.* Cependant on ajoute un *-s*
euphonique dans l'expression *vas-y,* sauf s'il y
a un infinitif qui suit : *Va y voir* (mieux que
vas y voir, qui est populaire).

3 On écrit *va-t-en* (où *t* est la forme élidée du
pronom *te*), car il s'agit de l'impératif du verbe
s'en aller. En revanche, on dit (*va en chercher*
(sans-*t*), car il ne s'agit pas du verbe *s'en aller* (à
l'indicatif, on dirait : *tu vas en chercher*). — Ne
pas confondre cette forme *va-t'en* avec *où
va-t-il* ? (où le *-t-* est le *t* euphonique).

4 On conjugue *j'y vais, tu y vas...,* mais, au
futur et au conditionnel, *j'irai, j'irais, tu iras,
tu irais...* (pour éviter l'hiatus **j'y irai...*).

II Emplois, locutions, sens.

1 *Aller à la poste, chez le coiffeur* ▷ à (III, 1).
— *Aller à bicyclette, en voiture* ▷ à (VII, 1 et 2).

2 Aller pour. Normalement, le verbe *aller*
est directement suivi de l'infinitif de but : *Il alla
fermer la fenêtre.* L'emploi de *aller pour* est
déconseillé, sauf si l'on veut indiquer que le
mouvement est interrompu : *Il alla pour
regarder par la fenêtre, mais il revint sur ses
pas.*

3 *Aller* **exprimant le futur.** On emploie *aller*
suivi de l'infinitif comme semi-auxiliaire pour
exprimer le futur proche : *Je vais m'occuper de
cette question* (= je m'en occuperai sans tarder,
immédiatement). *Il va pleuvoir* (= il pleuvra
bientôt). Cet emploi est limité au présent et à
l'imparfait de l'indicatif de *aller.* Ne pas dire :
*Il n'est pas vrai qu'il aille partir (mais *qu'il
soit sur le point de partir*).

4 Aller, être. *Aller* est parfois remplacé par
être aux temps composés : *Hier, j'ai été au
cinéma* (= je suis allé au cinéma). Cette
substitution, fréquente dans la langue parlée,
est déconseillée dans la langue écrite.

5 Avoir loin à aller. Tour déconseillé. Ecrire :
Nous n'avons pas si long chemin à faire (plutôt
que *nous n'avons pas si loin à aller*).

6 *Aller* **sur suivi de l'indication de l'âge.**
Familier : *Il va sur ses trente ans* (= il approche
de l'âge de trente ans).

7 Aller, venir. Ne pas confondre *aller,* se
déplacer en s'éloignant du lieu où se trouve la
personne qui parle ou du lieu où elle se place
en esprit, avec *venir,* qui indique le mouvement
inverse : *Beaucoup de Français vont en Espagne
pendant les vacances. Beaucoup d'Anglais viennent en France pour visiter Paris.*

8 *Aller* **devant un participe présent.** Invariable. Exprime une action progressive : *La fièvre
va croissant* (et non *va *croissante*). *Aller en*
suivi du participe présent (*Sa santé va en
s'altérant*) est un tour littéraire et un peu
archaïque.

III S'en aller.

1 Conjugaison. L'usage ancien et littéraire
est de conjuguer : *je m'en suis allé, tu t'en es
allé, il s'en est allé, elle s'en est allée, nous nous
en sommes allés...* Cependant la forme plus
récente *je me suis en allé, tu t'es en allé, il s'est
en allé, elle s'en est allée...* est admise dans la
langue parlée et dans la langue écrite de ton
simple.

2 Je m'en fus, tu t'en fus... L'usage du passé
simple (ou de l'imparfait du subjonctif) à la
place de *s'en aller* est très vieilli et ne s'emploie
guère que par affectation d'archaïsme : *Je m'en
fus le trouver et je lui parlai. Sur ces mots, mon
oncle s'en fut* (= s'en alla).

3 L'impératif de *s'en aller.* On écrit : *va-t'en,
allons-nous en, allez-vous en.*

4 S'en aller, semi-auxiliaire à la place de **aller.** Les tours *Je m'en vais vous le décrire* (= je vais vous le décrire) et *On s'en va racontant* (= on va racontant), dans lesquels *s'en aller* n'exprime pas l'idée de départ, mais joue le rôle d'un auxiliaire pour exprimer le futur proche ou la progression, sont vieillis et ne subsistent guère que dans la langue populaire ou archaïsante.

5 Faire s'en aller. Avec *faire,* il est conseillé de ne pas omettre le pronom personnel : *Le mauvais temps a fait s'en aller les campeurs.* La construction *a fait en aller les campeurs,* avec ellipse de *s',* est familière. De même, il est mieux de dire : *Je le laisse s'en aller.*

6 Participe passé employé seul. La langue littéraire utilise le participe passé *en allé* comme adjectif au sens de « parti, disparu » : *Il pleurait ses espérances et ses années de jeunesse en allées.*

2. aller Nom masculin.

1 Un aller, des allers. Peut s'employer au pluriel (et s'écrit alors avec un *-s*) quand il s'agit d'un billet de chemin de fer, d'autobus, etc. : *J'ai pris deux allers simples.*

2 Aller et retour ou **aller-retour.** Ces expressions sont toujours invariables : *J'ai pris deux aller et retour* (ou *deux aller-retour*). *J'ai pris deux billets aller et retour* (ou *deux billets aller-retour*).

3 ▼ On écrit *des allées et venues* (avec *-s*). Ne pas écrire **Les allers et venues.*

allergie n. f. Deux *l.* De même : *allergique.* — L'emploi figuré de ces mots (par exemple *Il est allergique au travail* = il n'aime pas le travail) est généralement familier ou ironique.

alleu n. m. (*féodalité*) Terre libre qui ne relevait d'aucun seigneur. — Deux *l.* De même : *alleutier* (propriétaire d'un alleu). — Pl. : *des alleux.* — Composé : *franc-alleu* (*des francs-alleux*). — Prononciation : *Un franc-alleu* [fʀɑ̃kalø]. *Des francs-alleux* [fʀɑ̃kalø].

alliacé, ée [aljase, e] adj. *Odeur alliacée :* odeur d'ail. — Deux *l.*

alliance Deux *l.* — Ne se construit guère qu'avec la préposition *avec* (*L'alliance de la France avec l'Angleterre*) ou la conjonction *et* (*L'alliance de la France et de l'Angleterre*). On ne dirait guère *L'alliance de la France à l'Angleterre.*

allier, s'allier Conjugaison et construction.

1 Double le *i* après *-ll-* à la première et à la deuxième personne du pluriel de l'indicatif imparfait et du subjonctif présent : *(que) nous alliions, (que) vous alliiez.*

2 Se construit avec la conjonction *et (Allier le cuivre et l'étain),* mais surtout avec les prépositions *avec* et *à (Allier le cuivre à l'étain* ou *avec l'étain).* Selon une distinction qui n'est pas toujours observée, la construction avec *à* s'emploie plutôt pour les personnes ou les choses qui sont naturellement disposées ou destinées à s'allier (*Allier le courage à la vertu),* tandis que la construction avec *avec* s'emploie plutôt pour les personnes ou les choses que rien dans leur nature ne prédispose à s'unir : *Allier la bravoure avec le goût des plaisirs.*

alligator n. m. Deux *l,* un seul *t.*

allitérer v. t. ind. *ou* v. i. Remplace *é* par *è* devant un *e* muet, sauf à l'indicatif futur et au conditionnel présent : *il allitère, il allitérerait.* **▼** Deux *l* mais un seul *t,* à la différence de *littéraire, littérature.* De même : *allitération.*

allô ! Interjection qui sert pour appeler au téléphone. — Deux *l.* Accent circonflexe sur le *o.*

allocation n. f. Deux *l.*

allocution n. f. Deux *l.*

allogène adj. *(didactique)* Qui est d'un autre groupe ethnique, plus récemment installé que celui qui est majoritaire dans un pays : *Une minorité allogène.* — Deux *l.*

allonge, rallonge Deux noms féminins à distinguer.

1 allonge Au sens de « pièce ajoutée pour rendre une chose plus longue », tend à être remplacé par *rallonge.* — Subsiste dans divers sens techniques et spécialisés, par exemple : bande de papier collée sur un effet de commerce pour qu'on puisse y ajouter l'indication de nouveaux endossements. — Seul sens usuel moderne : *Ce boxeur est avantagé par son allonge.*

2 rallonge Ce qu'on ajoute pour rendre plus long : *Mettre une rallonge à une jupe. Rallonge d'une table.*

allonger, rallonger Conjugaison et sens.

I Conjugaison. Ces deux verbes prennent un *e* après le *g* devant *a* et *o* : *il (r)allongea, nous (r)allongeons.*

II Différence de sens.

1 allonger *(transitivement)* Rendre plus long ou faire paraître plus long : *Ce détour allonge le trajet. Cette coiffure allonge le visage.* —

(intransitivement) Devenir plus long : *Au printemps, les jours allongent.* ▼ Cet emploi intransitif est déconseillé dans la langue surveillée. Dire plutôt : *Les jours s'allongent.*

2 rallonger Transformer pour rendre plus long : *La couturière va rallonger ma jupe.* ▼ L'emploi intransitif de *rallonger* est familier. Ne pas dire *Les jours rallongent,* mais *Les jours s'allongent.*

allopathie n. f. Médecine usuelle (par opposition à *homéopathie*). — Deux *l* et *-th-*. De même : *allopathe* (médecin), *allopathique.*

allotir v. t. Diviser en lots (une propriété). — Deux *l,* un seul *t.* De même : *allotissement.*

allouer v. t. Deux *l.*

allume-cigares n. m. Invariable : *des allume-cigares.*

allume-feu n. m. Invariable : *des allume-feu.*

allume-gaz n. m. Invariable : *des allume-gaz.*

allumer Orthographe et emploi.

1 Deux *l* et un seul *m.* De même : *allumette* (deux *t*), *allumettier* (deux *t*), *allumeur, allumeuse.*

2 Les expressions *allumer la lumière, allumer l'électricité* sont admises dans la langue parlée. Il est conseillé cependant d'écrire plutôt *donner de la lumière* ou *allumer la lampe* (il est évident qu'on n'allume pas la lumière ou l'électricité).

allumette-bougie n. f. — Pl. : *des allumettes-bougies.*

allure Deux *l.* — Manière de se conduire, de se tenir : *Ce simple bourgeois avait des allures de grand seigneur.* — Quand on parle d'une chose, employer plutôt *aspect, apparence : Ta maison de campagne a un aspect coquet.*

alluré, ée adj. Qui a beaucoup d'allure, d'élégance (vocabulaire de la mode) : *Une robe très allurée.* A éviter en dehors du langage de la mode.

alluvion Toujours féminin. Généralement au pluriel (*Des alluvions fécondes*), sauf parfois dans la langue figurée littéraire ou dans la langue du droit : *L'alluvion profite au propriétaire riverain.* — Deux *l.* De même : *alluvial, ale, aux, alluvionnaire* (deux *n*) *alluvionnement* (deux *n*) *alluvionner* (deux *n*).

almageste n. m. Livre qui contient une synthèse des connaissances astronomiques acquises dans l'Antiquité (prend une majuscule quand il s'agit du titre d'un ouvrage) : *L'Almageste de Ptolémée.* — Attention au paronyme *Trismégiste,* surnom d'Hermès (*Hermès Trismégiste*), considéré comme le dieu inspirateur des livres d'alchimie.

almanach [almana] n. m. On ne fait pas entendre le *-ch* final, sauf dans le cas d'une liaison, où il se prononce comme *k : Un almanach ancien* [almanakɑ̃sjɛ̃].

aloès Accent grave sur le *e.* Toujours masculin : *Un aloès épais.* — Prononciation : [alɔɛs].

aloi n. m. (expressions) *De bon aloi. De mauvais aloi.* — Jamais de *e* à la fin.

alors Prononciation et emplois.

1 On ne fait jamais entendre le *s* final. Prononcer : [alɔʀ].

2 Ne pas employer *jusqu'alors* pour dire *jusqu'à maintenant, jusqu'à présent.* Dire : *Jusqu'à présent, je n'ai pas été malade* (et non *jusqu'alors*). Réserver *jusqu'alors* au cas où l'on se place dans le passé : *Jusqu'alors, Louis XIII n'avait pas eu la possibilité d'exprimer sa volonté.*

3 Dans la langue parlée, *alors* peut signifier *c'est pourquoi, en conséquence de quoi : Il avait faim, alors il a volé du pain.* Ne pas abuser de cet emploi.

alose [aloz] Poisson. — Toujours féminin : *Une grosse alose.*

alouette n. f. Un seul *l.* Deux *t.*

alourdir v. t. Un seul *l.* De même : *alourdi, alourdissement.*

aloyau n. m. Pièce de bœuf. — Prononciation : [alwajo]. — Pl. : *des aloyaux.*

alpaga Lama à la fourrure laineuse. — *(par extension)* Tissu. — Masculin, malgré la finale en *a : De l'alpaga soyeux.* — Pl. : *des alpagas* [-ga]. — Il existe une autre forme, *alpaca,* moins usitée, mais correcte.

alpha [alfa] n. m. Première lettre de l'alphabet grec. — ▼ Ne pas écrire comme *alfa,* herbe d'Algérie, papier.

alphabet n. m. Avec *ph.* De même : *alphabétique, alphabétiquement, alphabétisation, alphabétiser, alphabétisme, alphanumérique.*

alsacien, ienne Attention à la majuscule : *La population alsacienne. Les Alsaciens.* — *L'alsacien :* le dialecte alsacien.

altérer Conjug. **11.** Change *é* en *è* devant un *e* muet, sauf à l'indicatif futur et au conditionnel présent : *j'altère,* mais *j'altérerai.*

alternance, alternative Deux noms féminins de la famille de *alterner.*

1 alternance Succession de deux choses dans le temps ou dans l'espace : *L'alternance du jour et de la nuit. L'alternance des pâturages et des forêts.*

2 alternative Deux sens à bien distinguer.

a/ Sens vieilli. Alternance : *L'alternative du jour et de la nuit* (emploi à éviter).

b/ Sens usuel et correct. Situation dans laquelle on est obligé de choisir entre deux décisions, deux solutions, telles que le choix de l'une exclut l'autre ; l'ensemble de ces deux solutions : *Alternative embarrassante, faut-il parler ou me taire ?* ▼ Eviter la faute qui consiste à dire *J'hésite entre ces deux alternatives.* Dire plutôt *J'hésite en présence de cette alternative* (ou *entre ces deux possibilités* ou *entre ces deux solutions* ou *entre ces deux éventualités* ou *entre ces deux décisions,* selon le cas). — D'autre part, le mot *alternative* ne signifie pas *solution de rechange.* Eviter par conséquent d'écrire : *La négociation est la seule alternative à la répression.*

altiste, alto Deux mots à bien distinguer.

1 altiste n. m. *ou* n. f. Musicien, musicienne qui joue de l'alto (instrument de musique).

2 alto n. m. (Pl. : *des altos* [-to]) Plusieurs sens.

a/ Instrument de la famille du violon. — Instrument à vent de la famille des saxhorns.

b/ (*vieilli*) La plus grave des voix de femme. — Synonyme moderne : *contralto.*

c/ (*par extension, vieilli*) Cantatrice qui possède cette voix : *Cette cantatrice fut un merveilleux alto.* — Synonyme moderne : *contralto.* — Dans ce sens, on rencontre parfois le féminin *une alto,* mais cet emploi est à déconseiller.

altocumulus n. m. inv. En un seul mot. — Pl. : *des altocumulus* [-lys].

altostratus n. m. inv. En un seul mot. — Pl. : *des altostratus* [-tys].

alvéole Quelques dictionnaires modernes présentent le mot comme féminin. Cependant, dans la langue surveillée, le masculin doit être préféré : *Un alvéole profond.*

amadou n. m. Pas de consonne à la fin. — Pl. (très rare) : *des amadous.* — Le champignon

dont on extrait l'amadou se nomme *amadouvier.*

amadouement n. m. (*rare*) Action d'amadouer, flatterie. — Attention à l'*e* muet après la syllabe *-dou-*.

amalgame Toujours masculin : *Un amalgame confus.*

amande Ne pas écrire *une amande,* fruit (*Croquer des amandes*) comme *une amende,* somme à payer : *Cet excès de vitesse lui a valu une amende de cinq cents francs.* — On écrit *de l'huile d'amande douce* ou *d'amandes douces, un gâteau d'amandes* (ou plus souvent *aux amandes), de la pâte d'amande* ou *d'amandes, du lait d'amande* ou *d'amandes.*

amanite Champignon. — Toujours féminin : *L'amanite phalloïde est extrêmement dangereuse. L'amanite citrine.* — Un seul *m,* un seul *n* et un seul *t.* ▼ Il existe un paronyme *annamite,* de l'Annam, ancien pays de la péninsule indochinoise.

amarante Orthographe, genre, emploi et accord.

1 ▼ Aucun rapport étymologique avec le grec *anthos* « fleur ». Vient du grec *amarantos* « qui ne se flétrit pas ». Donc, pas de *-th-*.

2 Nom féminin. Désigne une plante aux fleurs pourpres : *Un bouquet d'amarantes délicates.*

3 Nom masculin. Désigne une couleur pourpre (*Une soie d'un amarante profond et vif*) ou un produit colorant qui sert à teindre la laine ou à colorer les denrées alimentaires : *L'amarante est dangereux pour la santé et devrait être interdit.*

4 Adjectif de couleur. Toujours invariable : *Des soieries amarante.*

amarre n. f. Deux *r.* De même : *amarrage, amarrer.*

amateur Pas de forme spéciale pour le féminin. On dira donc (sans article) : *Elle est amateur de westerns.* En revanche, on ne peut dire *C'est *une amateur de westerns.* Tourner autrement : *C'est une femme qui aime les westerns* ou *C'est une femme amateur de westerns.*

amazone n. f. Bien prononcer avec *o* fermé : [amazon].

ambages n. f. pl. Ne s'emploie plus que dans l'expression *sans ambages,* sans détour : *Je lui ai dit sans ambages que j'étais mécontent.*

ambassadeur Le féminin *ambassadrice* désigne l'épouse d'un ambassadeur. Pour parler d'une femme qui a le titre d'ambassadeur et en exerce les fonctions, on emploiera plutôt la forme masculine : *Mme X. a été nommée ambassadeur de France à Copenhague.* — La forme *ambassadrice*, en revanche, s'emploie normalement pour le sens figuré : *Ces charmants mannequins sont les ambassadrices de la mode française à l'étranger.*

ambiance n. f. Ce mot appartient surtout à la langue technique (psychologie, cinéma, radiodiffusion) ou au langage parlé familier. Les mots *atmosphère, climat* en sont les équivalents plus relevés. — L'expression *Il y a de l'ambiance, il y a beaucoup de gaieté et d'animation,* est du registre familier. Dans la langue écrite soutenue, on tournera autrement : *L'ambiance est joyeuse* ou *Il y a de la joie* ou *il y a de l'animation* ou *La joie règne, L'animation règne.*

ambiant, ante adj. Veut dire « qui circule autour, qui entoure ». Eviter par conséquent le pléonasme *le milieu ambiant* (le milieu, c'est ce qui existe autour). Le nom seul (*le milieu*) est suffisant. On dira donc : *Le milieu n'était pas favorable à l'épanouissement de cet enfant.* — En revanche, on peut très bien dire : *L'humidité ambiante, la tristesse ambiante.*

ambigu adj. ▼ Le féminin *ambiguë* [ãbigy] s'écrit avec un tréma sur le *e,* non sur le *u.*

ambiguïté Prononciation : [ãbigɥite]. ▼ Tréma sur le *i,* non sur le *u.*

ambigument adv. ▼ Pas d'accent circonflexe sur le *u* ni d'*e* muet après lui.

ambitionner v. t. Deux *n.* Dans le style très soutenu, il vaut mieux employer les équivalents : *avoir pour ambition, aspirer à, briguer, convoiter, désirer, poursuivre, prétendre à, souhaiter, viser à,* selon les cas. — Se construit le nom sans préposition ou bien avec *de* suivi de l'infinitif : *Il ambitionne un poste de conseiller technique. Il ambitionne de devenir conseiller technique.*

ambivalence, ambivalent, ente S'écrit avec -*en*- et non -*an*-.

ambon n. m. Autrefois, chacune des deux tribunes placées à l'entrée du chœur d'une église.

ambre Toujours masculin : *De l'ambre gris.*

ambroisie n. f. Dans la mythologie grecque, nourriture solide des dieux de l'Olympe. A distinguer du *nectar,* boisson des dieux.

ambulacre Toujours masculin : *Les ambulacres de l'oursin sont creux.*

âme n. f. Attention à l'accent circonflexe sur le *a.*

amen [amɛn] ou [ɑmɛn] interj. *ou* n. m. inv. — Pl. : *Des amen.*

aménager Conjugaison et sens.

I Conjug. 16. Prend un *e* après le *g* devant *a* et *o* : il *aménagea, nous aménageons.*

II aménager, emménager.

1 aménager (transitif) Arranger, disposer de telle ou telle manière : *Le décorateur a très habilement aménagé cette salle de séjour.*

2 emménager (intransitif) S'installer dans un logement en y transportant ses meubles : *Dans huit jours, j'emménage dans mon nouvel appartement.*

amende n. f. Peine pécuniaire : *Le contrevenant sera puni d'une amende de cinquante francs.* — Ne pas écrire comme *amande,* fruit de l'amandier : *Croquer des amandes.* — Dérivés : *amendable, amendement, amender.*

amène adj. Aimable : *Un sourire amène.* — Un *e* ouvert, un accent grave, à la différence de *aménité.*

amener v. t. Conjug. 12. Change *e* en *è* devant un *e* muet, même à l'indicatif futur et au conditionnel : *j'amène, j'amènerai.* ▼ L'emploi de la forme pronominale *s'amener* au sens de « arriver, venir » appartient à la langue très familière. Dans la langue surveillée, on dira : *Voilà notre ami qui arrive* (et non *qui s'amène*).

amener, apporter Ces deux verbes ne sont pas interchangeables.

I Au sens propre.

1 Amener, c'est faire venir une ou plusieurs personnes avec soi : *A notre prochaine réunion, amenez donc vos amis.* — (par extension) Transporter (des personnes) : *Voici l'autocar qui nous a amenés.* — Faire venir, conduire ce qui peut se déplacer sans être porté : *On amène la grue roulante près du cargo à décharger. Un canal amène l'eau au moulin.*

2 Apporter, c'est porter en venant, transporter sur soi, avec soi : *A notre prochaine réunion chez Jacques, j'apporterai ces disques.* ▼ Dans ce sens, l'emploi de *amener* est familier et déconseillé.

II Au sens figuré.

1 Le sujet de l'action est une personne. On emploie alors *apporter* : *Mon ami m'a apporté une aide précieuse.*

2 Le sujet de l'action est une chose. L'usage général est le suivant : *a*) si on insiste sur l'idée de cause et s'il n'y a pas de complément d'attribution, on emploie *amener* (*Cet incident de frontière avait amené la guerre*) ; *b*) si on insiste sur l'idée d'avantage ou d'inconvénient et s'il y a un complément d'attribution, on emploie *apporter* : *J'espère que cette année apportera bien des joies à notre ami.*

amener, emmener Ces deux verbes font référence à deux mouvements inverses.

1 Amener suppose que l'on considère le mouvement en tant qu'il aboutit à l'endroit considéré : *Docteur, je vous amène mon fils, il est très fatigué depuis quelque temps. Un aqueduc amène l'eau à la ville.*

2 Emmener suppose que l'on considère le mouvement en tant qu'il éloigne de l'endroit considéré, du lieu où l'on se place en esprit : *Il est huit heures, je dois emmener mes enfants à l'école* (le verbe *emmener* fait référence au point de *départ*, qui est « chez moi »). *Voici la canalisation qui emmène les eaux usées.*

aménité n. f. Amabilité. — Se prononce avec deux *e* fermés [amenite] et s'écrit avec un accent aigu sur chaque *e* (à la différence de *amène*).

aménorrhée [amenɔʀe] n. f. (*physiologie*) Absence de menstruation. — ▼ Deux *r* et *h*.

amer adj. Le féminin *amère* prend un accent grave : *Un café amer. Une potion amère.* De même : *amèrement.*

américain, aine Attention à la majuscule : *La population américaine. Les Américains.* — *L'américain* ou *l'anglo-américain* : la langue anglaise telle qu'elle est parlée aux États-Unis. — *A l'américaine : Un homard à l'américaine.* ▼ Ne pas dire *homard à l'armoricaine*, expression fautive.

amérindien, ienne S'applique aux indigènes du continent américain, déjà installés avant l'arrivée des Européens. Terme scientifique à préférer à *Peaux-Rouges* (un peu familier et péjoratif) et à *Indiens* (mot équivoque, car il désigne aussi les habitants de l'Inde). — Attention à la majuscule : *Les populations amérindiennes. Les Amérindiens.*

amerrir *L'hydravion amerrit*, se pose sur l'eau. ▼ Un seul *m* et deux *r*. Orthographe illogique (car le mot vient de *mer*), due à l'analogie de *atterrir*. — De même : *amerrissage.*

améthyste Attention à la place du groupe *th* et du *t* et à l'*y*.

1 Nom féminin. Pierre de couleur violette : *Une grosse améthyste ornait l'anneau de l'évêque.*

2 Nom masculin. Couleur violette : *Des soieries d'un améthyste profond et délicat.*

3 Adjectif invariable. De couleur violette : *Des soieries améthyste.*

ami Se construit normalement avec *de* : *Jacques, qui est l'ami de mon cousin...* — Le tour avec la préposition *avec* est familier et déconseillé (*Jacques, qui est ami avec mon frère...*).

amiable adj. *ou* n. m. Qui se fait sans intervention d'un tribunal ou d'une autorité : *Partage amiable. Vente amiable.* On dit aussi : *Partage à l'amiable. Vente à l'amiable. Régler une affaire à l'amiable.* ▼ Il existe un paronyme, *aimable* : *Un sourire aimable.*

amiante Toujours masculin : *De l'amiante très blanc.*

amibe Animal unicellulaire. — Toujours féminin : *Une grosse amibe.*

amict n. m. Ornement sacerdotal. ▼ Prononciation : [ami], avec -*ct* muet.

amidon n. m. Dans tous les dérivés, deux *n* : *amidonnage, amidonné, amidonner, amidonnerie, amidonnier.*

amidonner, empeser Deux verbes sensiblement synonymes.

1 amidonner Plus technique. Jamais péjoratif. Ne s'emploie jamais au figuré. Au sens propre, tend à supplanter *empeser.*

2 empeser S'emploie au figuré (au participe passé surtout) avec une valeur péjorative : *Une attitude empesée de bourgeois vaniteux.* Il semble que cette valeur péjorative se soit étendue au sens propre. Signifie souvent « amidonner avec excès, en donnant au linge une trop grande raideur ». Beaucoup plus rare maintenant que *amidonner.*

amiral n. m. — Pl. : *des amiraux.* — (adjectivement) *Un navire amiral. Des navires amiraux. Des galères amirales.*

amiralat n. m. (*rare*) Grade ou fonction d'amiral : *Ce capitaine de vaisseau espère accéder à l'amiralat.* — Distinguer de *amirauté*, qui désigne le haut commandement d'une flotte de guerre (*L'Amirauté britannique décida de bloquer les accès de la Manche*) ou l'édifice où se trouvent installés les services de ce haut commandement (Une sentinelle montait la garde devant la porte d'honneur de l'amirauté).

ammoniac Orthographe et sens.

I Deux m. De même : ammoniacal, ale, aux, ammoniaque, ammonisation, ammonium, ammoniurie.

II Ammoniac, ammoniaque. Deux homophones à bien distinguer.

1 ammoniac n. m. Gaz de formule NH_3. — (adjectivement) Le gaz ammoniac.

2 ammoniaque n. f. Solution aqueuse de gaz ammoniac. L'ammoniaque est appelée aussi alcali volatil. Elle sert à divers usages industriels et domestiques. — (adjectivement) Une solution ammoniaque.

amnistie, amnésie, armistice Trois noms paronymes.

1 amnistie Mesure par laquelle l'État efface les condamnations déjà infligées ou renonce à exercer des poursuites contre les auteurs de certains crimes ou délits : Le Parlement a voté l'amnistie pour tous les condamnés politiques. — Toujours féminin : Une amnistie tardive.

2 amnésie Maladie qui consiste en la perte de la mémoire, en l'oubli des souvenirs : L'amnésie peut résulter d'un traumatisme cérébral ou d'une maladie infectieuse ou de la sénilité. — Toujours féminin : Une amnésie passagère.

3 armistice Accord par lequel deux armées décident d'arrêter les combats : L'armistice du 11 novembre 1918 mit fin à la Grande Guerre. ▼ Toujours masculin : Un armistice avantageux.

amnistier conjug. **20.** Double le i à la première et à la deuxième personne du pluriel de l'indicatif imparfait et du subjonctif présent : (que) nous amnistiions, (que) vous amnistiiez.

amodier conjug. **20.** Double le i à la première et à la deuxième personne du pluriel à l'indicatif imparfait et au subjonctif présent : (que) nous amodiions, (que) vous amodiiez. ▼ Ce verbe signifie « donner une terre à ferme » ou « concéder une mine à exploiter » : L'État amodie les concessions minières. Éviter l'emploi très incorrect de ce verbe au sens de « modifier, aménager ». De même, amodiation veut dire « action d'affermer une terre, de concéder une mine à exploiter », jamais « modification, aménagement ».

amollir, ramollir Deux l. De même : amollissant, amollissement. — Deux verbes à bien distinguer.

1 amollir S'emploie comme verbe transitif (Le feu amollit la cire) ou pronominal (Sous l'effet de la chaleur, la cire s'amollit), jamais comme intransitif. — Tend à vieillir et à devenir littéraire

au sens propre. S'emploie de nos jours surtout au figuré : Une vie trop facile amollit le caractère. Peut s'employer absolument : Une vie trop facile amollit.

2 ramollir S'emploie comme verbe transitif (La chaleur ramollit le beurre), pronominal (Le beurre s'est ramolli) ou intransitif (Par ce chaleur, le beurre ramollit). S'emploie couramment dans la langue quotidienne. Dans la langue surveillée ou didactique, on évite ramollir jugé trop « commun » ou péjoratif. On préfère tourner autrement : Une température élevée fait perdre sa dureté au fer, fait fondre la cire, la rend pâteuse, rend le métal plus malléable. La pluie rend la terre plus molle. On pétrit le mastic pour l'assouplir, pour le rendre plus plastique.

amonceler v. t. Conjug. **13.** Double le l devant un e muet : j'amoncelle, j'amoncellerai.

amoncellement n. m. Deux l. Pas d'accent.

amont S'oppose à **aval** : Un cours d'eau coule d'amont en aval. Melun est en amont de Paris (situé sur le même fleuve, mais plus près de la source).

amoral, immoral Deux adjectifs à bien distinguer.

1 amoral, ale, aux Qui ne s'intéresse pas à la morale, qui est étranger à la morale : La science n'est ni morale, ni immorale, elle est amorale. — Qui agit sans se soucier du bien et du mal : Il vit dans l'instant, ne connaît que son instinct et il est spontanément et naïvement amoral.

2 immoral, ale, aux Qui est contraire à la morale ou aux bonnes mœurs : La spéculation sur les denrées de première nécessité est une activité immorale. Ce roman est-il immoral ? — Qui agit contrairement à la morale : Un être dépravé, débauché, immoral.

amorcer Conjug. **17.** Le c prend une cédille devant a ou o : il amorça, nous amorçons.

amorphe adj. Avec ph.

amour Attention au genre.

1 Au sens de « passion amoureuse, aventure amoureuse », masculin au singulier : Le souvenir de cet amour merveilleux. L'usage de la langue soutenue est de mettre le mot au féminin quand il est au pluriel : Le souvenir de ces belles amours. — L'emploi du féminin au singulier est rare, archaïque et poétique : Une amour délicieuse.

2 Au sens de « enfant peint ou sculpté symbolisant l'amour », est toujours masculin : Des amours ailés ornent le plafond.

amouracher (s') v. pron. De nos jours, familier et péjoratif : *Quel nigaud ! il s'est amouraché de cette aventurière !*

amour-propre n. m. Pl. : *des amours-propres.*

amphi- Préfixe d'origine grecque (= autour, des deux côtés). Ne s'écrit jamais avec *y*. Attention notamment au mot *amphitryon.*

amphi n. m. Abréviation familière de *amphithéâtre*, au sens de « salle de cours. — Pl. : *des amphis.*

amphibie adj. S'écrit avec *ph.* De même : *amphibiens.*

amphibologie n. f. Construction, expression qui présente un double sens du fait d'une maladresse dans l'emploi ou la disposition des mots. Exemple : *Il lui a dit qu'il avait perdu son temps.*

amphictyon [ɑ̃fiktjɔ̃] n. m. *(antiquité grecque)* Représentant d'une cité, dans le conseil d'une amphictyonie. Une *amphictyonie* [ɑ̃fiktjɔni] était une fédération religieuse et politique de cités. — Attention à la place du *i* et du *y.*

amphigouri [ɑ̃figuʀi] n. m. *(très péjoratif)* Langage obscur et prétentieux : *Cet essayiste n'échappe à la platitude que pour tomber dans l'amphigouri.* — Finale en *-i*, sans *-s.*

amphithéâtre n. m. S'écrit avec *ph* et *th*, en un seul mot et sans trait d'union. — Bien distinguer *l'amphithéâtre romain* (dont la partie centrale, sablée, s'appelait *arène*, et qui servait aux combats de gladiateurs) et *le cirque romain*, où avaient lieu les courses de chars ▷ **arène, cirque, hippodrome.**

amphitryon n. m. *(familier et par plaisanterie)* Personne chez laquelle on est invité à dîner : *Notre amphitryon avait mis les petits plats dans les grands, quel festin !* ▼ Bien placer le *i* et le *y*. — Eviter le féminin, très rare, *amphitryonne.* Dire plutôt *hôtesse. Amphitryonne* est une création plaisante d'écrivain.

amphore [ɑ̃fɔʀ] n. f. Avec *-ph-*.

ampleur, amplitude Deux noms féminins qui ne sont pas interchangeables.

1 ampleur Mot normal dans la langue courante et dans la langue littéraire, au propre et au figuré : *L'ampleur d'une jupe. L'ampleur du mécontentement.*

2 amplitude Mot à réserver à la langue scientifique : *L'amplitude des oscillations d'un système à variations périodiques.* On évitera d'employer *amplitude* au sens de « caractère de ce qui est grand, intense, étendu ».

ampliation n. f. Copie authentique d'un acte administratif : *Ce fonctionnaire reçut l'ampliation de l'arrêté de nomination. — Pour ampliation* : formule figurant sur une telle copie. ▼ Ne pas dire *amplification.*

amplifier Conjug. **20.** Double le *i* à la première et à la deuxième personne du pluriel de l'indicatif imparfait et du subjonctif présent : *(que) nous amplifiions, (que) vous amplifiiez.*

amputer Orthographe et sens.

I Avec *am-* et non *em-*. De même : *amputation, amputé.*

II Amputer, mutiler. Ces deux verbes ne sont pas synonymes.

1 amputer Sectionner un membre par une opération chirurgicale : *Le chirurgien dut amputer la jambe du colonel sur le champ de bataille. On l'a amputé de la jambe. Il fallut amputer le blessé pour éviter la gangrène.*

2 mutiler Blesser grièvement par accident ou par maladresse, en privant une personne d'un membre ou d'une partie du corps : *L'obus explosa, tuant ou mutilant de nombreux soldats.* — On ne dira pas : *Cet accident de la route a amputé ce garçon* (mais *a mutilé*). On ne dira pas davantage : *Le chirurgien a mutilé le blessé* (mais *a amputé*).

amuïr (s') [amɥiʀ] v. pron. *(phonétique)* Cesser d'être prononcé : *Dans le mot* teste *(devenu* tête*), le* s *s'est amuï.* — Attention au tréma. De même : *amuïssement* [amɥismɑ̃].

amulette n. f. Talisman, porte-bonheur. — Un seul *m*, un seul *l*, deux *t.*

amure n. f. Terme de marine. On écrit : *Point d'amure d'une voile. Naviguer bâbord amures. Avoir les amures à tribord. Changer d'amures.* ▼ Ne pas confondre avec *armure.*

amuse-gueule n. m. — Pl. : *des amuse-gueule*, plutôt que *des amuse-gueules.*

amygdale Attention au *y*. — Toujours féminin : *Des amygdales atteintes par l'infection.* — Prononciation conseillée : [amigdal]. La prononciation [amidal], bien que jugée populaire, tend à se généraliser. Il en va de même pour *amygdalite.* — Pour les autres dérivés, la prononciation avec g [amig-] semble mieux résister : *amygdalectomie* [amigdalɛktɔmi], *amygdaloïde* [amigdalɔid], *amygdalotome* [amigdalɔtɔm].

an, année Le mot *an* tend à devenir moins usuel que *année*. Il s'emploie encore dans les cas suivants.

I Dans les expressions figées : *Le jour de l'an. Le nouvel an. Le premier de l'an. Un service (funèbre) du bout de l'an* ou *un bout de l'an. Bon an mal an.*

II Pour indiquer la date.

1 Obligatoirement dans le calendrier républicain : *La loi du 4 floréal an IV.*

2 Dans le calendrier grégorien, avec certains tours archaïques ou emphatiques ; *En l'an de grâce 1456. En l'an du Christ 1629. En l'an 1275 de Notre-Seigneur.*

3 Parfois dans l'indication d'une date, surtout quand on précise de quelle ère il s'agit (*En l'an 124 de l'hégire,* concurremment avec *En l'année 124 de l'hégire*) ou quand l'année est très proche du début de l'ère (*En l'an 4. En l'an 8 avant J.-C.*). En revanche : *En l'année 156. En l'année 192 avant J.-C.*

III Avec un numéral cardinal.

1 Pour indiquer un moment dans le temps ou pour exprimer la durée : *Cela se passait il y a cinquante ans. Ce régime politique ne dura que six ans.* L'emploi de *année* est en revanche obligatoire quand il y a un qualificatif : *Six longues années. Trois années heureuses.*

2 Pour indiquer l'âge : *Mon frère a quinze ans. Cette maison a deux cents ans.* Dans cet emploi, *an* ne peut être remplacé par *année.* En revanche, le mot *année* est obligatoire avec un numéral ordinal : *Il entre dans sa quinzième année.*

IV Dans la langue littéraire ou poétique, *an* peut être employé au pluriel (*les ans*) pour dire « le grand âge, une longue durée » : *Et les ans ont blanchi la tête de l'aïeul.*

anabaptisme [anabatism(ə)] n. m. Secte protestante. — Même famille que *baptême.* Le *p* ne se prononce pas. — De même : *anabaptiste* [anabatist(ə)].

anachorète n. m. Religieux qui vit solitaire dans un lieu désert. — Synonyme savant de *ermite.* Ne pas confondre avec *cénobite,* moine qui vit en communauté. S'écrit avec *ch* mais se prononce [anakɔʀɛt], avec [k]. De même : *anachorétisme* [anakɔʀetism(ə)].

anachronique adj. Le groupe *ch* se prononce [k] : [anakʀɔnik]. De même *anachroniquement* [anakʀɔnikmɑ̃], *anachronisme* [anakʀɔnism(ə)].

anachronisme n. m. L'anachronisme consiste à donner, volontairement ou non, à une époque des caractères empruntés à une époque antérieure ou postérieure : *Beaucoup de films historiques présentent des anachronismes fâcheux ou cocasses dans les costumes ou la description des mœurs.* — La règle qui voudrait distinguer *l'anachronisme* (lequel consiste à placer un fait à une date plus ancienne que sa date réelle) et *le parachronisme* (lequel consiste à placer le fait à une date trop tardive) est sans fondement dans l'usage, car *parachronisme* est pratiquement inusité. *Anachronisme* s'emploie donc pour désigner toute erreur de date.

anacoluthe Brusque changement dans la construction d'une phrase. Exemple : *Et pleurés du vieillard, il grava sur leur marbre Ce que je viens de raconter* (La Fontaine). Le participe *pleurés* n'est pas en apposition à *il* et « reste en l'air ». — Le mot *anacoluthe* s'écrit avec *th* et est féminin : *Une anacoluthe audacieuse.* — Bien distinguer *l'anacoluthe* et la *syllepse* ▷ **syllepse.**

anagramme Toujours féminin : *Une anagramme ingénieuse.*

anal, annal, annales ▷ **annal.**

analogique, analogue Attention à la construction.

1 Analogique se construit avec *de* : *Le tour fautif « pallier à un inconvénient » est analogique de « remédier à un inconvénient »* (= est issu, par analogie, de...).

2 Analogue se construit avec *à* : *Voici un appareil analogue à celui que je possède, mais plus moderne.*

analogue, identique, homologue Trois adjectifs à bien distinguer.

1 analogue En partie ou à peu près semblable : *Ces deux appareils, produits par deux sociétés différentes, sont analogues par leur principe et par leurs caractéristiques.*

2 identique Exactement semblable : *Voici deux voitures du même type, de la même marque ; elles sont identiques, mais la première, mieux conduite, a consommé moins d'essence.*

3 homologue Qualifie une chose ou une personne qui correspond (par sa fonction, sa nature, etc.) à une chose ou à une personne placée dans un autre ensemble, une autre série. Peut s'employer substantivement : *Le secrétaire d'État, aux États-Unis, est l'homologue du ministre des Affaires étrangères en France.*

analphabète ▷ **illettré.**

analyse n. f. Avec un *y*. De même : *analysable, analyser, analyseur, analyste, analytique, analytiquement.*

analyste, annaliste Deux noms homophones à bien distinguer par l'orthographe.

1 analyste Celui qui analyse, qui procède à une analyse : *Les analystes financiers ne sont pas d'accord sur l'évolution prochaine des cours de la Bourse.*

2 annaliste Celui qui écrit des annales, historien.

analyste, analyseur Deux noms paronymes à bien distinguer.

1 analyste Désigne une personne : *Proust, subtil analyste du cœur humain.*

2 analyseur Désigne un appareil : *Analyseur d'onde. Analyseur de vibration.*

ananas ▼ Prononcer [anana], plutôt que [ananas]. — Toujours masculin : *Un ananas savoureux.*

anarchie, anarchisme Deux noms à bien distinguer.

1 anarchie [anaʀʃi] n. f. Etat d'un pays, d'une société où règne le désordre, en raison de la faiblesse du pouvoir central et des autorités légales : *Sous le règne de Charles VI, le royaume de France sombrait dans l'anarchie.* — (par extension) Désordre : *Il faut éviter l'anarchie dans l'exposé des idées.* — Système politique souhaité par les anarchistes et qui serait caractérisé par l'abolition de l'État : *Ravachol mourut sur l'échafaud en criant « Vive l'anarchie ! ».*

2 anarchisme [anaʀʃism(ə)] n. m. Doctrine politique qui préconise l'abolition de l'Etat et la libre association des individus : *Le Russe Mikhaïl Bakounine fut le théoricien de l'anarchisme.*

anarchique, anarchiste Deux mots à bien distinguer.

1 anarchique [anaʀʃik] adj. Où règne l'anarchie, le désordre (au propre ou au figuré) : *La situation anarchique de la Chine dans la première moitié du XXᵉ siècle. Un classement anarchique.*

2 anarchiste [anaʀʃist(ə)] adj. *ou* n. Qui est partisan de l'anarchisme : *Un journaliste anarchiste.* — (substantivement) *Le président Carnot fut assassiné par un anarchiste italien.* — Qui appartient à l'anarchisme, qui est le fait des anarchistes : *La conception anarchiste des rapports de l'individu et de la société. Un*

attentat anarchiste. Les journaux anarchistes. — La forme abrégé populaire *anarcho* se prononce [anaʀʃo], avec [ʃ]. Pl. : *des anarchos* [-ʃo].

anarcho-syndicalisme, anarcho-syndicaliste A la différence de *anarchie, anarchisme, anarchiste, anarchique,* ces deux mots se prononcent avec [k] : [anaʀko-].

anastrophe n. f. Figure de rhétorique.

anathème [anatɛm] Avec un accent grave et un *e* ouvert, à la différence de *anathématisation, anathématiser.* — Toujours masculin : *Un anathème effrayant.*

ancêtre Emplois et sens.

1 S'emploie surtout au pluriel, mais singulier possible au propre et surtout au figuré : *Un ancêtre du duc avait été chambellan sous Louis XIII. La draisienne est un ancêtre de la bicyclette.* — Au singulier, désigne aussi, par plaisanterie et très familièrement, un homme très âgé : *Ecoutez cet ancêtre, il a bien connu l'époque des omnibus !*

2 Le féminin *une ancêtre* (= une ascendante de degré plus éloigné que la grand-mère) est très rare, mais non incorrect.

3 Pour la différence de valeur, au pluriel, entre *ancêtres* et *aïeux* ▷ **aïeul.**

anche n. f. Partie d'un instrument de musique. Ne pas écrire comme la *hanche,* partie du corps.

anchois [ɑ̃ʃwa] n. m. Poisson. — Dérivés : *anchoité (sardines anchoitées), anchoyade* [ɑ̃ʃwajad] n. f.

ancien, ienne adj. *ou* n. Avec une minuscule, sauf dans les cas suivants :

1 Quand l'expression *les Anciens* désigne les peuples de l'Antiquité classique, notamment les Grecs et les Romains, ou les auteurs et les artistes grecs et romains : *L'imitation des Anciens, fondement de la littérature classique. La querelle des Anciens et des Modernes.*

2 Dans l'expression *le Conseil des Anciens,* qui désignait une assemblée législative, sous le Directoire.

3 Dans les expressions *l'Ancien Testament, l'Ancien Monde* (Europe, Asie, Afrique), *l'Ancien des jours* (expression biblique qui désigne Dieu).

ancillaire adj. (*péjoratif*) Qui concerne les servantes. — S'emploie surtout dans l'expression *amours ancillaires,* relations amoureuses avec une domestique. — Prononciation : [ɑ̃sillɛʀ] ou, mieux, [ɑ̃silɛʀ] ; jamais [ɑ̃siljɛʀ] ni [ɑ̃sijɛʀ].

ancre Ne pas écrire *l'ancre (d'un navire)* comme *l'encre (pour écrire).* ▼ Est toujours féminin : *La maîtresse ancre.*

andalou, ouse adj. *ou* n. Pas de *-s* au masculin singulier. Attention à la majuscule : *Le costume andalou. Des villages andalous. La douceur andalouse. Les montagnes andalouses. Un Andalou. Les Andalous, dit-on, sont nonchalants. Une belle Andalouse.* — *Un andalou :* un cheval de race andalouse. — *L'andalou :* la langue espagnole telle qu'elle est parlée en Andalousie.

andante, andantino adv. *ou* n. m. Prononciation et pluriel.

1 Chez les musiciens, prononciation à l'italienne : [andante], avec accent tonique sur le deuxième *a* ; [andantino], avec accent tonique sur *i*. — En dehors des milieux professionnels de la musique, prononciation française : [ɑ̃dɑ̃t] et [ɑ̃dɑ̃tino].

2 Substantif, chacun de ces mots a deux pluriels possibles : *des andante* ou *des andantes* [-dɑ̃t] ; *des andantino* ou *des andantinos* [-no]. — Adverbes, ces mots sont toujours invariables.

andin, ine adj. Des Andes, montagnes d'Amérique du Sud : *La Bolivie est un pays andin. La faune andine.*

andrinople Etoffe. — Toujours féminin : *De l'andrinople commune.*

androgyne n. m. *ou* adj. Employé comme nom, *androgyne* est toujours masculin : *Un androgyne parfait.* — Attention à l'*y.*

âne n. m. Attention à l'accent circonflexe. — Féminin : *ânesse.* — Dérivés : *ânerie, ânier, ânon.*

anéantir, annihiler Deux verbes qui veulent dire « réduire à néant, réduire à rien, détruire, supprimer complètement ».

1 anéantir Peut s'employer avec un complément qui désigne des personnes, des animaux (*Ce conquérant cruel voulait anéantir le peuple vaincu. L'homme a anéanti de nombreuses espèces animales),* des choses matérielles (*le feu avait anéanti la récolte),* des choses non matérielles : *Cet événement cruel anéantit nos espoirs.* — (*par exagération)* Fatiguer beaucoup, exténuer : *Cette chaleur m'anéantit.*

2 annihiler Ne s'emploie guère qu'avec un complément désignant une chose non matérielle (s'emploie surtout dans un contexte juridique, philosophique ou psychologique) : *La mort du contractant annihile cette clause du contrat* (= annule). *La fatigue extrême annihile la volonté.* ▼ *Anéantir :* un seul *n,* pas de *h.* — *Annihiler :* deux *n,* un *h.*

anémier Conjug. **20.** Double le *i* à la première et à la deuxième personne du pluriel de l'indicatif imparfait et du subjonctif présent : *(que) nous anémiions, (que) vous anémiiez.*

anémone Plante, fleur. — Toujours féminin : *Des anémones blanches, violettes.*

ânerie n. f. Accent circonflexe sur le *a.*

ânesse n. f. Accent circonflexe sur le *a.*

anesthésie n. f. Attention au groupe *-th-.* De même : *anesthésiant, anesthésique, anesthésier, anesthésiologie, anesthésiste.*

anesthésier Conjug. **20.** Double le *i* à la première et à la deuxième personne du pluriel de l'indicatif imparfait et du subjonctif présent : *(que) nous anesthésiions, (que) vous anesthésiiez.*

anévrisme n. m. Dilatation pathologique d'une artère. — Dire : *Il est mort d'une rupture d'anévrisme* (plutôt que *Il est mort d'un anévrisme).* L'existence d'un anévrisme en effet ne suffit pas à provoquer la mort.

anfractuosité n. f. Eviter la faute qui consiste à dire **infractuosité* (aucun rapport avec le préfixe *infra-).*

ange Toujours masculin, même quand le mot, employé au figuré, s'applique à une femme ou à une jeune fille : *Cette jeune fille est un ange de douceur.*

angélus n. m. Mot latin francisé : accent aigu sur *e.* Prononciation : [ɑ̃ʒelys]. Invariable au pluriel : *Des angélus* [-lys]. On écrit : *l'angélus* (sonnerie), mais *l'Angélus* (prière).

angevin, ine adj. *ou* n. Attention à la majuscule : *La population angevine. Les Angevins.* — Le mot sert d'adjectif aux noms *Anjou* et *Angers.* Un *Angevin* peut être un habitant de l'Anjou (province) ou de la ville d'Angers (capitale de l'Anjou).

anglais, aise adj. *ou* n. Ne s'écrit avec une majuscule que lorsque le mot désigne une personne : *Les Anglais sont flegmatiques. Il a* *épousé une Anglaise* (mais, adjectivement, *le peuple anglais*). — N. m. *L'anglais*, la langue anglaise : *Il parle l'anglais et l'espagnol.* — N. f. *L'anglaise* : ancienne danse. — N. f. *L'anglaise* : écriture calligraphique. — N. f. pl. *Des anglaises* : boucles de cheveux en spirales. — (expressions) *Pommes (de terre) à l'anglaise. Filer à l'anglaise.*

anglican, ane adj. *ou* n. Jamais de majuscule : *L'Église anglicane. Le culte anglican. Un anglican. Une anglicane.*

anglo-arabe adj. *ou* n. Toujours en deux mots, avec un trait d'union. Jamais de majuscule. — Pl. : *des chevaux anglo-arabes* ; *des juments anglo-arabes* ; *ces chevaux sont des anglo-arabes.*

anglomane, anglomanie En un seul mot, sans trait d'union.

anglo-normand, ande adj. *ou* n. Attention aux majuscules : *Les Anglo-Normands et les Saxons. L'aristocratie anglo-normande.* — *L'anglo-normand* : langue. — *La grammaire, la phonétique anglo-normande.* — *Un anglo-normand* : cheval. — *Les îles Anglo-Normandes* ou *l'archipel Anglo-Normand.* — *Le climat anglo-normand.*

anglophile, anglophilie, anglophobe, anglophobie, anglophone En un seul mot, sans trait d'union.

anglo-saxon, onne Attention aux majuscules : *La population anglo-saxonne. Les Anglo-Saxons.* — *L'anglo-saxon* : langue parlée en Angleterre par les Angles, les Saxons et les Jutes, jusqu'au XIᵉ siècle. Synonyme : *vieil anglais* (terme à préférer).

angoisse, anxiété D'une manière générale, le mot *anxiété* désigne un état moins grave, moins aigu, plus vague, plus diffus, mais plus durable que *l'angoisse.* On parlera, par exemple, d'un état permanent d'*anxiété*, ponctué par des crises aiguës d'*angoisse.* — D'autre part, *angoisse* fait référence à une sensation précise de resserrement, localisée au niveau de la gorge ou de l'estomac. — Noter que *angoisse* est le seul terme employé en philosophie : *L'angoisse métaphysique. L'angoisse existentielle...*

angolais, aise adj. *ou* n. De l'Angola, pays d'Afrique. — Attention à la majuscule : *La population angolaise. Les Angolais.*

angora Variable en nombre, mais non en genre. S'emploie comme adjectif ou comme nom : *Une chèvre angora. Des chèvres angoras. Ce chat est un angora. Cette chatte est une angora. Des chats angoras. Des chattes angoras.* — De la laine angora. — N. m. De l'angora, étoffe ou tricot de laine angora : *Un pull-over en angora blanc.*

anguille n. f. Prononciation : [ɑ̃gij]. De même *anguiller* [ɑ̃gije] n. m. (canal au fond de la cale d'un navire), *anguillère* [ɑ̃gijɛʀ] n. f. (pêcherie à anguilles, *anguillidé* [ɑ̃gijide] n. m. pl. (famille de poissons). — En revanche *anguillule* se prononce [ɑ̃gijyl] ou aussi parfois [ɑ̃gilyl].

angulaire, anguleux Deux adjectifs de la famille du latin *angulus* « angle ».

1 angulaire Qui concerne un angle. S'emploie surtout dans les expressions techniques : *Distance angulaire (de deux points). Diamètre angulaire (de la Lune, du Soleil). Vitesse angulaire.* — *Pierre angulaire*, grosse pierre de taille placée à l'angle d'un édifice ; assise, base, élément capital : *Le respect des règles est la pierre angulaire de la doctrine littéraire classique.*

2 anguleux, euse Qui a des angles très marqués, qui n'a pas un contour moelleux : *Un visage anguleux. Une tête au profil anguleux.*

angusticlave n. m. Bande de pourpre étroite qui ornait la tunique des chevaliers romains. — *(par extension)* Cette tunique elle-même.

anhydre adj. *(chimie)* Qui ne contient pas d'eau. — Attention au *h* et à l'*y*. De même : *anhydride, anhydrie, anhydrite.*

anhydride Toujours masculin : *L'anhydride sulfureux.*

anicroche Toujours féminin : *Une anicroche insignifiante.* — On écrit, avec le mot au singulier, *sans anicroche.*

ânier n. m. Accent circonflexe sur le *a.*

aniline Matière colorante. — Toujours féminin : *L'aniline est dangereuse et très toxique.*

animadversion n. f. *(très littéraire)* Hostilité, réprobation : *Osera-t-il s'exposer à l'animadversion des honnêtes gens ?*

animalcule Toujours masculin : *Un animalcule inoffensif.*

anis n. m. Plante ; substance aromatique : *Des bonbons à l'anis.* — Prononciation : [ani], le *-s* final restant muet. — Dérivé : *anisette.*

ankylose n. f. Un *k* et un *y*. De même : *ankylosé, ankyloser.*

annal, anal, annales Trois homonymes.

1 annal, ale adj. (*droit*) Qui ne dure qu'un an : *Location annale*. — Deux *n*. Le masculin pluriel *annaux* est pratiquement inusité.

2 anal, ale, aux adj. Qui concerne l'anus, qui est situé à l'anus : *La région anale*.

3 annales Toujours féminin et toujours pluriel : *Des annales glorieuses*. — Au sens strict, histoire (d'un pays, d'un règne) écrite année par année. — (*par extension*) Histoire : *Les annales judiciaires sont riches en affaires criminelles de ce genre*.

annaliste n. m. Historien qui écrit des annales. — Ne pas écrire comme **analyste**, technicien, spécialiste qui procède à une analyse.

annalité, annualité, annuité Trois noms féminins paronymes, de la famille de *année*.

1 annalité (*droit*) Caractère de ce qui dure un an : *L'annalité d'une location*.

2 annualité Caractère de ce qui est annuel : *Le principe de l'annualité de l'impôt* (l'impôt doit être voté chaque année).

3 annuité Somme versée chaque année (en remboursement d'un emprunt).

annamite adj. *ou* n. De l'Annam, ancien pays (partie centrale du Viêt-nam actuel). On ne dit plus *l'annamite*, mais *le vietnamien*, pour désigner la langue parlée au Viêt-nam. ▼ Il existe un paronyme, *amanite* n. f. (champignon dangereux).

anneau n. m. Deux *n*.

année ▷ an.

annelé, ée adj. Deux *n*, un seul *l*.

anneler v. t. Deux *n*, un seul *l*. — Conjug. **13.** Double le *l* devant un *e* muet : *j'annelle, j'annellerai*.

annexe adj. *ou* n. f. — Deux *n*. De même : *annexé, annexer, annexion, annexionnisme, annexionniste*.

annexé L'expression *ci-annexé* est invariable dans les deux cas suivants :

1 Au début d'une phrase : *Ci-annexé les attestations demandées*.

2 A l'intérieur d'une phrase quand le nom suit *ci-annexé* sans être précédé de l'article ou d'un déterminant (possessif, numéral, etc.) : *Veuillez trouver ci-annexé copie de l'attestation*.

▼ Dans tous les autres cas, *ci-annexé* est variable en nombre et en genre : *Les documents ci-annexés. La copie ci-annexée. Les attestations ci-annexées. Veuillez trouver ci-annexées les listes complémentaires*.

annexer v. t. Deux *n*. Jamais d'accent sur *e* : *J'annexe, tu annexes...*

annihiler v. t. Deux *n*, un *h* (vient du latin *nihil* « rien »). De même : *annihilation*. — Pour la différence de sens avec **anéantir** ▷ anéantir.

anniversaire Peut s'employer comme adjectif (*La date anniversaire*) ou comme nom masculin : *Demain, c'est mon anniversaire*. ▼ On écrira plutôt *célébrer, fêter un anniversaire* (et non *commémorer un anniversaire*).

annonce n. f. Deux *n*. De même : *annonceur, annonciateur, annonciation, annoncier*.

annoncer Conjug. **17.** Le *c* prend une cédille devant *a* ou *o* : *il annonça, nous annonçons*.

annonceur, annoncier, annonciateur Trois dérivés de *annoncer*.

1 annonceur n. m. Personne ou société qui fait publier une annonce publicitaire dans un journal : *Contrat de publicité entre un journal et un annonceur*. — Désigne aussi celui qui rédige les annonces publicitaires. — Désigne en outre la société commerciale qui fait passer de la publicité à la radio ou à la télévision : *Ce poste périphérique a la faveur des annonceurs, car ses auditeurs sont très nombreux*. — Le mot, enfin, s'applique à celui qui est chargé d'annoncer les invités au fur et à mesure qu'ils arrivent à une réception.

2 annoncier n. m. Typographe spécialisé dans la composition des annonces dans un journal ; employé chargé du service des annonces dans un journal : *L'annoncier de l'imprimerie d'un grand quotidien. Il travaille comme annoncier dans les bureaux du journal*.

3 annonciateur, trice n. *ou* adj. Employé comme nom, signifie « celui, celle qui annonce, prédit un événement, une époque nouvelle » (emploi littéraire) : *Voltaire et Rousseau furent les annonciateurs d'une ère nouvelle*. — S'emploie surtout comme adjectif : *Les signes annonciateurs de la reprise économique*.

annonciation n. f. Prend une majuscule quand il s'agit de l'annonce de la naissance de Jésus, annonce faite par l'ange Gabriel à la Vierge Marie (*Saint Luc raconte la scène de l'Annonciation*) ou quand il s'agit de la fête catholique qui commémore cette annonce (*Le 25 mars, jour de l'Annonciation*) ou d'une œuvre d'art qui représente la scène de l'annonce faite à la

Vierge (*Avez-vous vu l'Annonciation de Fra Angelico au couvent de San Marco, à Florence ?*) — Dans les autres sens, une minuscule : *Le Contrat Social de Rousseau, c'est l'annonciation d'un monde nouveau.*

annone n. f. A Rome, dans l'Antiquité, service public qui assurait le ravitaillement. — Attention à la place des deux *n*.

annoter v. t. Deux *n*. Un seul *t*. De même : *annotateur, annotation.*

annuaire n. m. Deux *n*.

annualité n. f. — Deux *n*. — Pour le sens, ▷ annalité.

annuel, elle adj. Deux *n*. De même : *annuellement.*

annuité n. f. — Deux *n*. — Pour le sens, ▷ annalité.

annulaire adj. *ou* n. Deux *n*.

annuler v. t. ▼ Deux *n*, mais un seul *l* (comme *annulabilité, annulable, annulateur, annulatif, annulation*), à la différence de *nulle, nullité*, qui prennent deux *l.*

anoblir, ennoblir Deux verbes paronymes dérivés de *noble.*

1 anoblir [anɔbliʀ] Conférer la noblesse à une personne qui n'appartient pas à la classe des nobles : *Le roi pouvait anoblir un roturier.*

2 ennoblir [ɑ̃nɔbliʀ] Rendre plus noble moralement, donner un caractère plus relevé : *Les poètes classiques ennoblissaient leur style par des allusions mythologiques.*

anode Electrode. — Toujours féminin : *Une anode épaisse.*

anomal, anormal, anomalie, anormalité Sens et emplois.

1 anomal, ale, aux adj. (*terme didactique*) Qui n'est pas conforme à la règle générale, sans être pour autant incorrect (aucune nuance péjorative) : *Le verbe « aller » a une conjugaison anomale, car il se conjugue sur trois radicaux.*

2 anormal, ale, aux adj. *ou* n. Qui n'est pas conforme à la règle, qui n'est pas correct : *La décision n'est pas valable, la procédure était anormale.* — (substantivement) *Cet enfant est un anormal*, souffre de déficience mentale ou présente des troubles caractériels.

3 anomalie n. f. Substantif unique qui correspond à la fois à *anomal* (*L'anomalie de la*

conjugaison du verbe « être ») et à *anormal* (*On a relevé plusieurs anomalies dans la procédure*). ▼ Bien distinguer de *anomie.*

4 anormalité n. f. Caractère de ce qui est anormal. — Terme savant. Ne s'emploie guère qu'en psychologie : *La psychanalyse a montré qu'il n'y a pas de frontière nette entre la normalité et l'anormalité.*

anomie n. f. Absence de règle ; attitude ou conduite de celui qui refuse toute loi morale : *L'individualisme extrême aboutit à l'anomie.* ▼ A distinguer de *anomalie.*

ânon n. m. Petit de l'âne. — Accent circonflexe sur *a.*

ânonner v. t. *ou* v. i. Lire ou réciter en hésitant. — Accent circonflexe sur *a.* Deux *n* après *o.* De même : *ânonnant, ânonnement.*

anonymat, incognito Deux mots qui ne sont pas vraiment synonymes.

1 anonymat (*toujours nom masculin*) État d'une personne dont on ignore le nom. S'emploie surtout dans l'expression *garder l'anonymat*, ne pas faire connaître son nom : *Ce généreux donateur a voulu garder l'anonymat.*

2 incognito (*peut être adverbe ou nom masculin*) Comme adverbe, est toujours invariable : *La princesse et ses deux filles voyageaient incognito* (= sans se faire reconnaître, sans faire connaître leur identité). — Comme nom, il peut être variable (*des incognitos*), mais s'emploie rarement au pluriel (*Cette actrice américaine est venue en France, mais a voulu garder l'incognito* = ne pas se faire reconnaître, ne pas signaler sa présence au public).

anonyme, apocryphe Deux mots qui ne sont pas synonymes.

1 anonyme Qui ne fait pas connaître son nom : *Un donateur anonyme nous a adressé la somme de mille francs.* — (substantivement) *Un généreux anonyme.* — (spécialement) Qui ne signe pas un écrit, qui a publié un écrit sans faire connaître son nom : *L'auteur anonyme de cette lettre de dénonciation.* — Qualifie l'auteur d'une œuvre littéraire ou artistique, quand son nom est inconnu : *Ce tableau est l'œuvre d'un petit maître anonyme du XVIIIᵉ siècle.* — (substantivement) *Tableau d'un anonyme du XVIIIᵉ siècle.* — (par extension) Dont l'auteur n'a pas signé, n'a pas fait connaître son nom : *Une lettre anonyme. Un coup de téléphone anonyme.* — Dont l'auteur n'est pas connu : *Un texte anonyme du XIIᵉ siècle.*

2 apocryphe Qualifie un livre religieux non canonique, c'est-à-dire qui n'est pas reconnu par l'Église comme inspiré par Dieu : *Les Évangiles apocryphes* (ou, n. m., *les apocryphes*) *ont fourni de nombreux thèmes aux artistes du Moyen Age* (par exemple le bœuf et l'âne des scènes de nativité). — Qualifie un texte ou une œuvre qui n'est pas de l'auteur auquel la tradition l'attribue : *Ce poème attribué à Shakespeare est sans doute apocryphe.* — *(par extension)* Faux, douteux, sans fondement historique : *Une anecdote, une tradition apocryphe.*

anophèle [anɔfɛl] n. m. Moustique qui transmet le paludisme. — Avec *ph.* — Toujours masculin : *L'anophèle est dangereux.*

anorak n. m. Vêtement. — Avec un *-k.* — Pl. : *des anoraks.*

anorexie n. f. Perte de l'appétit. — Dérivé : *anorexique.*

anormal, anormalité ▷ **anomal.**

Anschluss n. m. Annexion de l'Autriche par l'Allemagne en 1938. — Avec un *A* majuscule. — Prononciation : [ãʃlus] ou [anʃlus].

anse n. f. Il existe un paronyme, *la hanse*, association de marchands, au Moyen Age : *La hanse des marchands de l'eau* (bateliers) *de Paris.*

ansé, ée adj. *Croix ansée :* croix dont la branche supérieure est une boucle fermée.

anspect n. m. Gros levier. — Prononciation : [ãspɛk].

antan (d') Le sens étymologique est « de l'année dernière ». — De nos jours, *d'antan* s'emploie dans la langue littéraire avec le sens différent (mais admis) de « d'autrefois, du temps passé » : *Elles sont bien oubliées ces coutumes d'antan !*

antarctique adj. Du pôle Sud. — Majuscule dans la dénomination géographique *le continent Antarctique* ou (n. m.) *l'Antarctique.* Pas de majuscule dans les autres cas : *Les glaces antarctiques. La banquise antarctique.* — S'oppose à *arctique*, du pôle Nord. ▼ Bien prononcer [ãtaʀktik]. Éviter la prononciation relâchée *[ãtaʀtik] et la prononciation fautive *[ãtaʀtikl(ə)]. Aucun rapport avec *article.*

ante n. f. Pilastre carré en saillie sur un mur. — *Edifice à antes* ou *in antes* [inãt] : édifice grec à trois murs pleins, l'épaisseur des murs latéraux formant l'encadrement de la façade.

1. antécédent, ente adj. Finale en *-ent, ente.*

2. antécédent n. m. Finale en *-ent.*

antéchrist n. m. Dans le sens religieux, une majuscule : *La croyance en la venue de l'Antéchrist à la fin du monde.* — Dans le sens figuré et familier, une minuscule : *Oh ! ce gamin, quel antéchrist !* — Prononciation : [ãtekʀist(ə)]. — Pl. : *des antéchrists.*

antédiluvien, ienne adj. ▼ Ne pas dire *antidiluvien.*

antéfixe Ornement d'architecture. — Toujours féminin : *Une antéfixe élégante.*

antenne Deux n. Toujours féminin : *Une antenne courte.*

antépénultième adj. *ou* n. f. (grammaire) *La syllabe antépénultième* ou (n. f.) *l'antépénultième :* la syllabe qui précède l'avant-dernière syllabe, dite *pénultième.* — Ne pas employer *antépénultième* pour désigner l'avant-dernière syllabe ▷ **pénultième.**

antérieur, eure adj. Qui a lieu avant autre chose. Se construit avec la préposition *à* : *Les événements antérieurs à la guerre de 1914-1918.* Ce mot, comme son antonyme *postérieur*, est, par nature, un comparatif. On ne peut dire, par conséquent, *un événement *plus antérieur* ni *moins antérieur.* Un événement a lieu *avant* ou *après* un autre, on ne peut dire qu'il a lieu *plus avant* ou *plus après* un autre. En revanche, on tolère *un événement très antérieur, un peu antérieur*, car un événement peut se produire *longtemps, peu de temps* avant un autre. On dit aussi *bien antérieur, de beaucoup antérieur.* Cette dernière forme est à préférer.

anthologie n. f. Recueil de morceaux choisis.

anthracite Variété de houille. — Masculin : *De l'anthracite anglais.* — Comme adjectif de couleur, toujours invariable : *Des costumes anthracite.*

anthrax [ãtʀaks] n. m. Furoncle. — Avec *-th-.*

anthropo- Préfixe (du grec *anthrôpos* « homme ») qui entre dans la formation de nombreux mots : *anthropocentrisme, anthropoïde, anthropologie, anthropométrie, anthropomorphisme, anthropophage, anthropopithèque.*

anthropologiste, anthropologue n. m. *ou* n. f. Personne spécialisée dans l'anthropologie. — La forme *anthropologue* est plus usitée que *anthropologiste.*

anti- Préfixe très vivant et très productif en français moderne. Sert à former quantité de mots, dont certains peuvent être constitués librement, au gré de celui qui écrit et en fonction des circonstances. Nous ne pouvons, bien entendu, donner la liste des centaines de mots qui commencent par *anti-* et dont la plupart se comprennent d'eux-mêmes.

I Valeur du suffixe.

1 Marque l'hostilité ou l'opposition à une personnalité (généralement politique) ou à une doctrine, à un régime, à une politique : *Antibonapartiste. Antimarxiste. Antifascisme. Anticolonialisme.*

2 Marque l'hostilité à une catégorie sociale, à une forme d'activité : *Le racisme anti-jeunes. Il est très anti-jazz.*

3 Fait référence à un moyen de lutter contre une maladie, de remédier à un inconvénient : *Vaccin antigrippe. Loi antidumping. Un produit antirouille. Un antidétonant.*

4 Marque une idée de symétrie (dans le vocabulaire des sciences) : *Antidéplacement. Antimatière. Antineutrino.*

5 Exprime une idée fortement négative : *Une méthode antipédagogique* (= contraire aux règles de la bonne pédagogie). *Une conception antiscientifique, antihistorique.*

6 S'applique à des notions esthétiques impliquant l'idée d'une opposition radicale aux conceptions traditionnelles : *L'antiroman. L'anticinéma. Les* Antimémoires *de Malraux.*

II La question du trait d'union. Pas de règle absolue. On peut cependant énoncer les principes suivants.

1 Les composés de *anti-* s'écrivent le plus souvent en un mot, sans trait d'union : *Antialcoolique. Antiaérien. Anticlérical. Antifongique. Antiparasite...*

2 Font exception et s'écrivent avec un trait d'union les mots des catégories suivantes. **a)** Les composés dont le radical commence par un *i : Anti-infectieux. Anti-impérialiste* (mais *antihistaminique* en un seul mot, parce qu'un *h* sépare les deux *i*). — **b)** Les composés à trois éléments : *Anti-sous-marin.* — **c)** Les composés qui sont des créations de circonstance : *La campagne anti-tabac. Le racisme anti-femmes.* — **d)** Les noms géographiques : *Anti-Liban. Anti-Atlas. Anti-Taurus.*

III Le pluriel des mots en anti-. Pas de règle absolue. On peut cependant énoncer les principes suivants.

1 Quand le second élément est un adjectif, il est variable : *Des décisions anticonstitutionnelles. Des actes antinationaux.* On observera que la variabilité concerne non seulement le nombre, mais aussi le genre. La variabilité s'étend aux noms qui sont des adjectifs substantivés : *Les anticolonialistes. Les anticommunistes. Des anticonceptionnels.*

2 Quand le composé en *anti-* est un terme de science exprimant généralement une idée de symétrie, le second élément prend la marque du pluriel : *Des anticathodes. Des anticyclones. Des antidéplacements. Des antiméridiens. Des antineutrons.*

3 Quand le second élément est un nom terminé au singulier par *-s, -x* ou *-z*, le mot est évidemment invariable : *Un anticorps, des anticorps. Un antivirus, des antivirus.*

4 Quand le second élément est un nom qui est déjà au pluriel dans le composé au singulier, ce composé est évidemment invariable : *La loi anticasseurs* (= contre *les* casseurs), *des mesures anticasseurs. Le racisme anti-jeunes* (= dirigé contre *les* jeunes). *Une crème antirides* (= contre *les* rides), *des crèmes antirides.* L'usage est flottant pour certains mots : *Un antimite* ou *un, antimites. Une loi antitrust* ou *une loi antitrusts.*

5 Quand le second élément est un nom désignant ce contre quoi on lutte (inconvénient, etc.), l'usage est flottant. Il est conseillé de laisser le composé invariable quand il est adjectif et de mettre la marque du pluriel quand il est employé comme nom : *Des phares antibrouillard, des antibrouillards. Les factions antiparti, les antipartis. Des peintures antirouille, des antirouilles. Des dispositifs antifading, des antifadings. Des alliages antifriction, des antifrictions. Des produits antigel, des antigels.* Cependant on écrit généralement : *Des arme antiengin, des armes antiengins. Un missile antimissile, des missiles antimissiles.*

antiaérien, ienne adj. Variable en genre et en nombre : *Des batteries antiaériennes.*

antialcoolique [ãtialkɔlik] adj. Variable : *Des ligues antialcooliques.* — Dérivé : *antialcoolisme* [ãtialkɔlism(ə)].

antiasthmatique [ãtiasmatik] adj. Variable : *Des médicaments antiasthmatiques.*

antiatomique adj. Variable : *Des abris antiatomiques.*

antibrouillard adj. inv. *ou* n. m. Invariable comme adjectif : *Des phares antibrouillard.* Variable comme nom : *Des antibrouillards.*

anticasseurs adj. En un seul mot, sans trait d'union. Toujours un *s* à la fin : *Loi anticasseurs.*

anticathode n. f. — Pl. : *Des anticathodes.*

antichambre Dans la langue moderne, toujours féminin : *Une antichambre étroite.*

antichar adj. En un seul mot, sans trait d'union. — Invariable en genre : *Un obus antichar. Une mine antichar.* — Peut ou non prendre la marque du pluriel (les deux usages sont admis) : *Des obus antichars* ou *des obus antichar. Des mines antichars* ou *des mines antichar.*

antichrèse [ɑ̃tikRɛz] n. f. (*droit*) Nantissement. — Toujours féminin : *Une antichrèse serait avantageuse.*

anticiper Trois constructions possibles :

1 Construction transitive directe (la plus rare). [littéraire] *Anticiper une chose,* l'imaginer, se la représenter, l'éprouver à l'avance : *Il anticipait la joie qu'il aurait de ce succès.* — (*finances*) Escompter, prévoir : *Anticiper une hausse en Bourse.* — *Anticiper un paiement :* payer avant l'échéance fixée.

2 Construction transitive indirecte (la plus usuelle). *Anticiper sur...,* faire ou dire (quelque chose) avant le moment prévu ou avant le moment voulu : *Je ne veux pas anticiper sur la suite de mon histoire. N'anticipons pas sur la suite des événements.*

3 Construction absolue. Surtout dans l'expression *n'anticipons pas :* ne racontons pas tout de suite ce qui doit venir plus tard.

anticlérical, ale, aux adj. *ou* n. Masculin pluriel en *-aux* : *Des journalistes anticléricaux.*

anticlinal, aux n. m. (terme de géologie) Pluriel en *-aux.*

anticorps n. m. Toujours invariable : un *-s* même au singulier.

anticyclone n. m. Avec un *y,* comme *cyclone.* Pas d'accent circonflexe sur le *o.* — Dérivés : *anticyclonal, ale, aux* adj., *anticyclonique* adj.

antidater Dater un document d'une date antérieure à la date véritable, par exemple dater du 12 décembre une lettre rédigée et envoyée le 16 décembre. Souvent confondu avec *postdater,* qui s'applique à l'opération contraire, celle qui consiste à dater un document d'une date postérieure à la date véritable, par exemple, dater du 15 avril un chèque qu'on rédige, qu'on signe et qu'on remet le 10 du même mois : *La loi interdit de postdater les chèques.*

antidérapant, ante adj. *ou* n. m. Variable comme adjectif et comme nom : *Des chaînes antidérapantes. Des antidérapants.*

antidétonant, ante adj. *ou* n. m. Variable comme adjectif et comme nom : *Des substances antidétonantes. Des antidétonants.* ▼ Avec un seul *n.*

antidopage ou antidoping adj. Toujours invariable : *Des mesures antidopage. Les dispositions antidoping.* — On préférera la forme francisée *antidopage* à *antidoping.*

antidote Toujours masculin : *Un antidote puissant.* — Il est conseillé de dire *l'antidote à* ou *l'antidote de* plutôt que *l'antidote contre : Quel est l'antidote de ce poison ? Y a-t-il un antidote au venin de la vipère ?*

antienne n. f. Chant religieux ; refrain liturgique. ▼ Prononciation : [ɑ̃tjɛn], avec [t] et non [s].

antifading adj. *ou* n. m. Invariable comme adjectif : *Des dispositifs antifading.* Variable comme nom : *Des antifadings.*

antiferment n. m. — Pl. : *Des antiferments.*

antifriction adj. *ou* n. m. Invariable comme adjectif : *Des alliages antifriction.* Variable comme nom : *Des antifrictions.*

anti-g adj. inv. Qui sert à diminuer les effets de l'accélération ou de la décélération : *Les astronautes portent des combinaisons anti-g.*

antigel adj. *ou* n. m. Invariable comme adjectif : *Des produits antigel.* Variable comme nom : *Des antigels.*

antigène n. m. — Pl. : *Des antigènes.*

antigivrant, ante adj. *ou* n. m. Variable comme adjectif et comme nom : *Des substances antigivrantes. Des antigivrants.*

antihalo adj. *ou* n. m. Invariable comme adjectif : *Des films, des pellicules antihalo.* — Peut être variable comme nom : *Des antihalos.*

antihausse adj. Toujours invariable : *Des mesures antihausse.*

antihistaminique adj. *ou* n. m. Variable comme adjectif et comme nom : *Des médicaments antihistaminiques. Des antihistaminiques.*

anti-impérialisme, anti-impérialiste En deux mots, avec un trait d'union (deux *i* se suivent). — Pl. : *Des actions anti-impérialistes.*

anti-intellectualisme, anti-intellectualiste En deux mots, avec un trait d'union (deux *i* se suivent). — Pl. : *Des écrivains anti-intellectualistes.*

anti-jeunes adj. En deux mots, avec trait d'union. Le second élément, *jeunes,* toujours au pluriel : *Le racisme anti-jeunes.*

antillais, aise Attention à la majuscule : *Les diverses populations antillaises. Les Antillais.*

antilogarithme n. m. — Pl. : *Des antilogarithmes.*

antilogique adj. S'emploie parfois pour dire « contraire à la logique, c'est-à-dire au bon sens ». Cet emploi est à éviter. Dire plutôt *illogique, irrationnel, peu rationnel : Cette manière de raisonner est illogique. Sa conduite est illogique. Un classement peu rationnel.*

antiméridien n. m. — Pl. : *des antiméridiens.*

antimissile adj. *ou* n. m. Variable comme adjectif et comme nom : *Des engins antimissiles* ou (n. m.) *des antimissiles.*

antimite adj. *ou* n. m. Variable comme adjectif et comme nom : *Des produits antimites* ou (n. m.) *des antimites.* — On rencontre parfois au singulier la forme *un produit antimites* (= contre *les* mites).

antineutron n. m. — Pl. : *Des antineutrons.*

antinomie, antinomique Un seul *m.*

antipape n. m. — Pl. : *Des antipapes.*

antiparallèle adj. *ou* n. f. Variable comme adjectif et comme nom : *Des droites antiparallèles* ou (n. f.) *des antiparallèles.*

antiparasite adj. *ou* n. m. Variable comme adjectif et comme nom : *Des dispositifs antiparasites. Des poudres antiparasites. Des antiparasites.*

antiparti adj. *ou* n. m. Invariable comme adjectif : *Les factions antiparti. Les activités antiparti.* — Variable comme nom : *Les antipartis ont été exclus.*

antiparticule n. f. — Pl. : *Des antiparticules.*

antipathie, antipathique Attention au groupe *th.*

antipersonnel adj. inv. Toujours invariable : *Mines antipersonnel et mines antichar.*

antiphlogistique [ɑ̃tiflɔʒistik] adj. *ou* n. m. — Variable comme nom ou comme adjectif : *Des médicaments antiphlogistiques* ou (n. m.) *des antiphlogistiques.*

antiphonaire [ɑ̃tifɔnɛʀ] Toujours masculin : *Un antiphonaire ancien et précieux.*

antiphrase n. f. Avec *-ph-*, comme *phrase.*

antipode Toujours masculin : *Il rêvait aux merveilleux et lointains antipodes.*

antiproton n. m. — Pl. : *des antiprotons.*

antipyrine n. f. Attention à la place de l'*y.*

antiquaille n. f. Très péjoratif : *Il a encombré son appartement avec toutes ces antiquailles.*

antique S'emploie comme adjectif ou nom.

I Comme adjectif. Peut se placer après ou avant le nom.

1 Après le nom, au sens de « propre à l'Antiquité, qui remonte à l'Antiquité (période historique) » : *La civilisation antique. La Maison carrée de Nîmes est un monument antique.*

2 Avant le nom, au sens de « très ancien, très vieux ». Comporte une nuance laudative et emphatique ou au contraire ironique et péjorative : *Le duc se souvenait de l'antique gloire de sa famille. Un antique édifice du XIXe siècle, tout délabré, occupe le fond de la cour.*

II Comme nom. Peut être masculin ou féminin.

1 Masculin, pour désigner l'art, le style ou l'idéal de l'Antiquité gréco-romaine : *L'antique, froid et pompeux, fut à la mode sous le Directoire et l'Empire.*

2 Féminin, pour désigner un objet d'art, une œuvre d'art de l'Antiquité gréco-romaine : *Une collection de très belles antiques.*

3 Féminin, pour désigner une variété de caractères d'imprimerie : *Pour imprimer ce titre, on a choisi une antique majestueuse.*

antiquité n. f. Sans majuscule, sauf dans le sens de « période historique qui va de la fin de la préhistoire à 500 après J.-C. » : *Homère et Virgile sont les deux plus grands poètes de l'Antiquité.*

antiradar adj. Toujours invariable : *Des dispositifs antiradar.*

antireflet adj. Toujours invariable : *Des produits antireflet.*

antiréglementaire adj. S'écrit avec un accent aigu, mais se prononce avec un *e* ouvert : [ɑ̃tiʀɛɡləmɑ̃tɛʀ].

antireligieux, euse adj. Variable en nombre et en genre : *Des campagnes de presse antireligieuses.*

antirides adj. inv. *ou* n. m. inv. Toujours un *-s,* même au singulier : *Une crème antirides. Un antirides efficace.*

antirouille adj. inv. *ou* n. m. Invariable comme adjectif, variable comme nom : *Des peintures antirouille. Des produits antirouille* ou (n. m.) *des antirouilles.*

antiseptique adj. *ou* n. m. Qui détruit les microbes. — A distinguer de *aseptique,* stérilisé, sans microbes : *Un pansement aseptique,* ▼ Le verbe * antiseptiser n'existe pas. Dire : *désinfecter.*

antisocial, asocial ▷ asocial.

anti-sous-marin, ine adj. En trois mots, avec des traits d'union. — Variable en genre et en nombre : *Un engin anti-sous-marin. La lutte anti-sous-marine. Des destroyers anti-sous-marins. Des armes anti-sous-marines.*

antistrophe n. f. Avec *ph,* comme *strophe.*

antithèse n. f. Avec *th,* comme *thèse.*

antitrust ou **antitrusts** [ɑ̃titʀœst] adj. Usage mal fixé pour l'orthographe. L'usage admet la forme avec *-s* au singulier comme au pluriel et la forme sans *-s* au pluriel comme au singulier : *Une loi antitrusts, des lois antitrusts. Une loi antitrust, des lois antitrust.* La forme *antitrust* (sans *-s* même au pluriel) semble devoir être préférée.

antivirus [ɑ̃tiviʀys] n. m. — Pl. : *des antivirus.*

antivol adj. inv. *ou* n. m. Invariable comme adjectif : *Des dispositifs antivol.* — Variable comme nom : *Des antivols.*

antonomase Figure de rhétorique. — Toujours féminin : *Une autonomase audacieuse.*

antonyme, homonyme, paronyme, synonyme Quatre termes à bien distinguer.

1 Des mots antonymes ou **des antonymes,** qui ont des sens opposés, par exemple *beau* et *laid, monter* et *descendre.*

2 Des mots homonymes ou **des homonymes,** qui ont même orthographe et même prononcia-tion, par exemple *la mousse* (plante) et *le mousse* (jeune matelot).

3 Des mots paronymes ou **des paronymes,** des mots qui se ressemblent beaucoup, sans avoir la même orthographe ni la même prononcia-tion, par exemple *mocassin* (chaussure) et *marcassin* (jeune sanglier).

4 Des mots synonymes ou **des synonymes,** qui ont sensiblement le même sens, par exemple *fainéant* et *paresseux.*

antre Caverne. — Ne pas écrire comme la préposition *entre* ni comme *entre* (forme du verbe *entrer).* — Toujours masculin : *Un antre profond et ténébreux.*

anus [anys] n. m. inv. Orifice du rectum. — Pl. : *des anus* [-ys].

anxiété ▷ angoisse.

aoriste n. m. Temps de la conjugaison grecque. — Prononciation : [aɔʀist(ə)] ou, plus fré-quemment [ɔʀist(ə)]. — En revanche, pour le dérivé *aoristique,* les deux prononciations [aɔʀistik] et [ɔʀistik] sont employées à égalité.

aorte Artère. — Toujours féminin : *L'aorte a été atteinte.* — Prononciation : [aɔʀt]. De même : *aortique* [aɔʀtik], *aortite* [aɔʀtit].

août n. m. Orthographe et prononciation.

1 Accent circonflexe sur le *u.* Tous les dérivés prennent aussi l'accent circonflexe.

2 Pour *août,* la seule prononciation correcte est [u]. On évitera les prononciations [aut], [au], [ut].

3 Pour les dérivés, on admet la prononciation en [u] à côté de [au], sauf dans le cas de *aoûtien, ienne,* qui se prononce toujours [ausjɛ̃, jɛn] — *aoûtat* [auta] ou plus rarement [uta], *aoûté, ée* [aute, e] ou plus rarement [ute, e], *aoûtement* [autmɑ̃] ou plus rarement [utmɑ̃], *s'aoûter* [aute] ou plus rarement [ute].

apache n. *ou* adj. Avec un *A* majuscule : *Les Apaches,* Indiens d'Amérique du Nord. — Avec un *a* minuscule : *Un chef apache. Une tribu apache.* — Avec un *a* minuscule : *Un apache,* un voyou.

apanage Toujours masculin : *La grâce est l'apa-nage merveilleux de la jeunesse.* ▼ Eviter de dire *un apanage exclusif* (pléonasme).

aparté Propos tenus par un personnage et que son interlocuteur est supposé ne pas entendre. — Toujours masculin : *Un aparté amusant.* — Pl. : *des apartés.*

apartheid Ségrégation raciale. — Toujours masculin : *L'apartheid sera-t-il toujours aussi rigoureux ?* — Prononciation : [apaʀtɛd].

apathie n. f. Avec *th.* De même : *apathique, apathiquement.*

aperception n. f. (terme de psychologie) ▼ Un seul *p.*

apercevoir v. t. Orthographe, conjugaison, construction.

I ▼ Un seul *p,* toujours.

II Conjug. **58.** *J'aperçois, tu aperçois, il aperçoit, nous apercevons, vous apercevez, ils aperçoivent.* — *J'apercevais, tu apercevais..., nous apercevions, vous aperceviez...* — *J'aperçus, .. nous aperçûmes, vous aperçûtes...* — *J'apercevrai..., nous apercevrons...* — *J'apercevrais..., nous apercevrions...* — *Aperçois, apercevons, apercevez.* — *Que j'aperçoive..., que nous apercevions...* — *Que j'aperçusse..., qu'il aperçût, que nous aperçussions...* — *Apercevant.* — *Aperçu, ue.* — Aux temps composés : *J'ai aperçu mon ami.* — *Elles se sont aperçues de l'incident. Les erreurs dont il s'est aperçu.*

III Constructions.

1 A la forme active. Peut se construire avec un nom, sans préposition (*D'ici, vous apercevez la mer*) ou avec un nom suivi d'une relative (*J'aperçus mon ami qui arrivait*). — A l'actif, la construction avec une complétive introduite par *que* est extrêmement rare et peu recommandée. Ne pas dire : *J'aperçus que mon ami arrivait.* D'autre part, à la différence des autres verbes de perception (*voir, entendre,* etc.), *apercevoir* ne peut se construire avec une infinitive : *Il vit le train arriver,* mais *il aperçut le train qui arrivait.*

2 A la forme pronominale. Peut se construire avec un nom introduit par *de* (*Elles se sont aperçues de ce changement* ; accord du participe toujours avec le sujet) ou avec une complétive à l'indicatif introduite par *que* (*Elles ne se sont pas aperçues qu'il pleuvait* ; accord du participe toujours avec le sujet).

apéritif n. m. Un seul *p.*

à peu près, à-peu-près Deux orthographes.

1 à peu près. En trois mots, sans traits d'union, quand il s'agit de la locution adverbiale signifiant « approximativement, environ, presque » : *Nous avons à peu près terminé.*

2 à-peu-près. En un mot, avec traits d'union, quand il s'agit d'un nom : *Epris de rigueur intellectuelle, ce scientifique avait horreur de l'à-peu-près* (= ce qui est approximatif, peu

précis, peu exact). *Ce commis-voyageur aimait bien les à-peu-près* (= calembour qui repose sur une similitude partielle de sons). Le nom *à-peu-près* est toujours invariable.

aphone [afɔn] adj. Avec *ph.* De même : *aphonie* [afɔni].

aphorisme [afɔʀism(ə)] n. m. Avec *ph.*

aphrodisiaque [afʀɔdizjak] adj. *ou* n. m. Avec *ph.*

aphte [aft(ə)] Avec *ph.* — Toujours masculin : *Un aphte douloureux.* — Dérivé : *aphteux, euse* [aftø,øz], employé dans l'expression *fièvre aphteuse,* maladie des bovins.

api n. m. On dit en général *une pomme d'api,* rarement *un api.* — Pas de *-s* ni de *-t* -à la fin. — Au pluriel : *des pommes d'api.*

à pic, à-pic Deux orthographes.

1 à pic (en deux mots, sans trait d'union) Locution adverbiale ou adjective invariable : *La falaise tombe à pic. Ces roches sont à pic. Une paroi rocheuse à pic.*

2 à-pic (en un seul mot, avec un trait d'union) Nom masculin qui prend la marque du pluriel et qui désigne la paroi verticale d'une colline ou d'un rocher : *Des à-pics vertigineux.*

apiculture n. m. Elevage des abeilles. — Attention au paronyme *aviculture* « élevage des oiseaux, des volailles ». De même, bien distinguer *apicole* et *avicole, apiculteur* et *aviculteur.*

apitoiement n. m. Un seul *p.* Attention au *e* muet intérieur.

apitoyer v. t. Un seul *p.* — Conjug. **21.** Change *y* en *i* devant un *e* muet : *j'apitoie, j'apitoierai.* — Attention au *i* derrière *y* à la première et à la seconde personne du pluriel de l'indicatif imparfait et du subjonctif présent : *(que) nous apitoyions, (que) vous apitoyiez.*

aplanir v. t. Un seul *p.* De même *aplanissement.* — Deux verbes à bien distinguer.

1 aplanir Niveler, égaliser une surface : *Le menuisier aplanit la planche avec sa plane et son rabot.*

2 aplatir Déformer, transformer ce qui avait une forme ronde, bombée, pointue, épaisse, pour en faire un objet plat, une masse peu épaisse : *Le pâtissier aplatit la masse de pâte avec son rouleau.*

à plat, à-plat, aplat Trois orthographes, trois sens.

1 à plat (en deux mots, sans trait d'union, avec accent) Locution adverbiale signifiant « sur la partie plate, sur la partie la plus large » : *Posez ce livre à plat sur la table, ne le mettez pas debout.* — (par extension) *Ma batterie d'accumulateurs est à plat. Mes pneus sont à plat. Je suis à plat,* fatigué, déprimé.

2 à-plat (en un mot, avec trait d'union, avec accent) Nom masculin qui désigne une chute par laquelle on tombe à plat ventre (pl. : *des à-plats*) ou la qualité d'une feuille de papier bien plate : *Ce papier a de l'à-plat.*

3 aplat (en un seul mot, sans trait d'union et sans accent) Nom masculin qui désigne une teinte plate : *Ce peintre applique la couleur par larges aplats.*

aplatir Pour le sens ▷ **aplanir.** — Un seul *p.* De même : *aplati, aplatissement, aplatisseur, aplatissoir.*

aplomb, à plomb Deux orthographes.

1 On écrit en deux mots *un fil à plomb* et les expressions, vieillies, *le soleil tombe à plomb, donne à plomb, chauffe à plomb* (darde ses rayons presque verticalement).

2 Dans les autres cas, *aplomb* (en un seul mot, sans trait d'union et sans accent) : *Ce meuble est d'aplomb. J'ai été malade, mais bientôt je serai d'aplomb. Un garçon déluré, plein d'aplomb.*

apnée n. f. (terme de physiologie) Finale en *-ée.*

apocalypse n. f. Attention à l'*y.* De même : *apocalyptique.* — Une minuscule quand il s'agit d'un nom commun désignant un livre mystique de l'antiquité juive ou des premiers temps du christianisme : *Les apocalypses juives.* Une majuscule quand il s'agit du titre de l'un de ces livres : *L'Apocalypse de Baruch. L'Apocalypse de saint Jean* ou, absolument, *L'Apocalypse.* Une minuscule au sens figuré : *La bombe atomique menace l'humanité d'une apocalypse terrifiante.*

apocope n. f. Un seul *p.*

apocryphe ▷ **anonyme.**

apogée Toujours masculin, malgré la finale en *-ée* : *Un apogée glorieux.*

1. apologie, apologétique, apologue Trois mots paronymes à bien distinguer.

1 apologie n. f. Justification élogieuse : *Ce livre est une véritable apologie de la dictature militaire.*

2 apologétique n. f. Partie de la théologie qui vise à défendre la religion et ses dogmes et à démontrer leur vérité : *Tertullien est l'un des grands noms de l'apologétique chrétienne.*

3 apologue n. m. Fable, récit qui vise à illustrer une vérité morale. *Un apologue ingénieux d'Ésope.*

2. apologie, panégyrique Deux noms qui ne sont pas vraiment synonymes.

1 apologie n. f. Discours ou écrit par lequel on défend une personne ou on justifie une action de manière élogieuse.

2 panégyrique n. m. Discours ou écrit officiel dans lequel on fait l'éloge d'une personne : *Pline le Jeune écrivit le « Panégyrique de Trajan ».* — (*par extension*) Éloge enthousiaste d'une personne (parfois employé ironiquement) : *Dans ses réunions électorales, ce candidat a fait son propre panégyrique.*

apophtegme [apɔftɛgm(ə)] Formule sentencieuse. — Toujours masculin : *Un apophtegme prétentieux.*

apoplexie n. f. Dérivé : *apoplectique.* Éviter le barbarisme * *apoplexique.*

apostasier v. i. Conjug. **20.** Double le *i* à la première et à la deuxième personne du pluriel de l'indicatif imparfait et du subjonctif présent : *(que) nous apostasiions, (que) vous apostasiiez.* — S'emploie normalement sans complément d'objet (*Ce chrétien ne craignait pas d'apostasier*), à la différence de *abjurer,* qui admet un tel complément : *Il abjura le catholicisme.*

apostat, ate adj. *ou* n. Finale en *-at, -ate.*

a posteriori [apɔsteʀjɔʀi] loc. adj. *ou* adv. — S'oppose à *a priori.* — Toujours invariable : *Des conclusions a posteriori.* — Locution latine. Pas d'accent sur le *a* ni sur le *e.* — Dans un texte en romain, s'écrit souvent en italique : « Analysons la démarche du raisonnement *a posteriori* ».

apostille n. f. Note, addition en marge d'un texte. — Prononciation : [apɔstij].

apostiller [apɔstije] v. t. Compléter par une apostille : *Apostiller le texte d'un contrat.* — Attention au *i* après *ill* à la première et à la deuxième personne du pluriel de l'indicatif imparfait et du subjonctif présent : *(que) nous apostillions, (que) vous apostilliez.*

apostrophe n. f. Avec *ph.* De même : *apostropher.* — Toujours féminin : *Une apostrophe véhémente et injurieuse.*

apothème (terme de géométrie) Toujours masculin : *Un apothème long de 5 cm.* — Avec *th.*

apothéose n. f. Avec *th.*

apothicaire n. m. Avec *th.*

apôtre n. m. Accent circonflexe sur *o.* Se prononce avec *o* fermé : [apotʀ(ə)].

apparaître Orthographe, conjugaison, sens et emploi.

I Orthographe. Deux *p.* Un accent circonflexe sur le *i* devant *t.*

II Conjugaison.

1 Aux temps simples. Conjug. 94. *J'apparais, tu apparais, il apparaît, nous apparaissons, vous apparaissez, ils apparaissent.* — *J'apparaissais..., il apparaissait, nous apparaissions...* — *J'apparus..., il apparut, nous apparûmes, vous apparûtes...* — *J'apparaîtrai, tu apparaîtras, il apparaîtra, nous apparaîtrons, vous apparaîtrez, ils apparaîtront.* — *J'apparaîtrais, tu apparaîtrais, il apparaîtrait, nous apparaîtrions, vous apparaîtriez, ils apparaîtraient.* — *Apparais, apparaissons, apparaissez.* — *Que j'apparaisse..., qu'il apparaisse, que nous apparaissions...* — *Que j'apparusse..., qu'il apparût, que nous apparussions...* — *Apparaissant.* — *Apparu, ue.*

2 Aux temps composés. Auxiliaire *être* (*Les difficultés qui sont apparues ;* accord avec le sujet) ou, plus rarement, auxiliaire *avoir* : *Les difficultés qui ont apparu* (participe invariable). En principe, *être* insiste sur l'état, le résultat, *avoir* sur l'action. On évite en tout cas la forme *a apparu,* à cause de l'hiatus. — A la forme impersonnelle, se conjugue avec *être* (participe invariable) : *Il est apparu de nouvelles étoiles dans le ciel de la danse.*

III *Apparaître, paraître, à une forme personnelle.*

1 Apparaître Devenir brusquement visible, être vu de manière soudaine : *Une forme gigantesque apparut dans le brouillard.* — Se présenter aux yeux ou à l'esprit sous tel aspect, avec tel caractère (sans idée d'illusion, d'apparence trompeuse) : *Vu d'avion, Paris apparaît tel qu'il est : une ville immense. Avec un siècle de recul, Victor Hugo nous apparaît sous son vrai jour de grand poète visionnaire.*

2 Paraître Sembler, avoir l'air d'être (avec l'idée d'une apparence contraire à la réalité ou du moins distincte d'elle). ▼ Ne pas employer dans ce sens *apparaître* à la place de *paraître* ou de *sembler.* Dire par exemple : *Elle est moins âgée qu'elle ne paraît* ou *qu'elle ne semble* (et non *moins âgée qu'elle n'apparaît*).

IV *Apparaître* **suivi d'un attribut.** L'attribut peut être introduit directement (*La reconduction du contrat apparaît la solution la meilleure*) ou par *comme* (*La reconduction du contrat apparaît comme la solution la meilleure*).

V Il apparaît, il paraît. Deux tours à bien distinguer.

1 Il apparaît que. Il est visible, il est manifeste, il est évident que... : *Après cette étude de marché, il apparaît qu'il y a un débouché pour ce nouveau produit.* Se construit avec l'indicatif ou le conditionnel quand *il apparaît* est à la forme affirmative (*Il apparaît qu'il y aurait des débouchés pour ce produit*), avec le subjonctif (ou plus rarement avec l'indicatif) quand *il apparaît* est à la forme interrogative ou négative : *Apparaît-il qu'il y ait vraiment des débouchés ? Il n'apparaît pas qu'il y ait des débouchés.*

2 Il paraît que. Il semble, il est possible, selon ce qu'on dit, que... : *Il paraît que le gouvernement va prendre des mesures* (= on dit que...).

apparat n. m. Deux *p.*

appareil n. m. Deux *p.* — Pl. : *des appareils.* — Dérivé : *appareillage.*

appareiller Deux *p.* — Attention au *i* après -*ill*- à la première et à la deuxième personne du pluriel de l'indicatif imparfait et du subjonctif présent : *(que) nous appareillions, (que) vous appareilliez.* — Dérivés : *appareillage* (d'un navire), *appareillement.*

apparemment Deux *p* et deux *m.* — Dérivé de *apparent,* donc suffixe adverbial en -*emment.* — En tête de proposition, signifie « selon ce qui apparaît comme vraisemblable » : *Il est déjà onze heures ; apparemment, il a oublié le rendez-vous.* Dans cet emploi, le tour *apparemment que* est lourd et déconseillé.

apparent, ente adj. Deux *p.* De même : *apparence.*

apparenté, ée adj., **apparentement** n. m., **apparenter** v. t. Deux *p.* — Ces mots se construisent normalement avec *à. Son attitude s'apparente à la résignation hautaine des stoïciens.* La construction avec *avec* est déconseillée. Elle est tolérée cependant quand il s'agit de marquer une affinité lointaine : *Cette technique très particulière apparente un peu l'art de ce dessinateur avec la peinture japonaise.*

appariement n. m. Deux *p.* — Attention au *e* muet après *i.*

apparier v. t. Deux *p.* — Conjugaison et construction.

1 Conjug. 20. Double le *i* à la première et à la deuxième personne du pluriel de l'indicatif imparfait et du subjonctif présent : *(que) nous appariions, (que) vous appariiez.*

2 Se construit avec *à* ou avec *avec* ou avec *et* : *J'ai acheté ce fauteuil pour l'apparier à celui* (ou *avec celui*) *que je possède déjà. Apparier un taureau limousin et une vache charolaise.*

appariteur n. m. Deux *p.*

apparition n. f. Deux *p.*

apparoir Deux *p.* — Vieux verbe de la même famille que *apparaître.* Ne subsiste que dans la langue du droit et s'emploie seulement à l'infinitif et comme impersonnel à l'indicatif présent (*il appert*) : *Faire apparoir son bon droit* (= faire apparaître manifestement). *Faire apparoir du droit qu'on a* (= faire la preuve). *De l'examen du susdit contrat, il appert que le défendeur est fondé...* (= il ressort manifestement).

appartement n. m. Deux *p.*

appartenir Deux *p.* De même : *appartenance.* — Conjug. **44.** *J'appartiens, tu appartiens, il appartient, nous appartenons, vous appartenez, ils appartiennent. — J'appartenais... — J'appartins..., il appartint, nous appartînmes... — J'appartiendrai... — J'appartiendrais... — Appartiens, appartenons, appartenez. — Que j'appartienne, qu'il appartienne, que nous appartenions, que vous apparteniez, qu'ils appartiennent. — Que j'appartinsse... qu'il appartînt... qu'ils appartinssent* (la première et la deuxième personne du pluriel du subjonctif imparfait sont inusitées). *— Appartenant. — Appartenu.*

appas ▷ **appât.**

appassionato [apasjɔnato] adv. (terme de musique). — Deux *p.*

appât Deux pluriels.

1 Des appâts, quand il s'agit de la nourriture qu'on place dans un piège pour attirer un animal ou qu'on jette dans l'eau ou qu'on accroche à l'hameçon pour attirer le poisson : *Les vers de terre et les asticots sont d'excellents appâts.* Peut très bien s'employer au singulier : *La graine de chènevis est un excellent appât.*

2 Des appas [apɑ], quand il s'agit des charmes physiques d'une femme (désigne spécialement la poitrine) ou quand on emploie le mot au sens figuré (= ce qui attire) : *Les appas de la gloire.*

Ces deux sens sont d'ailleurs vieillis, sauf quand on parle des *appas d'une femme* avec une nuance d'ironie ou de plaisanterie. — Au sens de « ce qui attire », peut s'employer au singulier (*L'appât du gain*). Au sens de « charmes d'une femme », ne peut jamais s'employer au singulier.

appâter v. t. Deux *p.* Accent circonflexe sur le deuxième *a.*

appauvrir v. t. Deux *p.* De même : *appauvrissement.*

appeau n. m. (terme de chasse) Deux *p.* — Pl. : *des appeaux.*

appellation n. f. ▼ Deux *p* et aussi deux *l.*

appel n. m. Deux *p.*

appelant, ante n. m. *ou* n. f. (terme de chasse ou de droit). Deux *p,* un seul *l.*

appelé, ée adj. *ou* n. m. Deux *p,* un seul *l.*

appeler Deux *p.* — Conjug. **13.** Double le *l* devant un *e* muet : *j'appelle, tu appelles, il appelle, ils appellent,* mais *nous appelons, vous appelez ; j'appellerai, j'appellerais,* mais *j'appelais, j'appelai.*

appendice Deux *p.* — Bien prononcer [apɛ̃dis], avec [ɛ̃] et non [ɑ̃]. — Toujours masculin : *Un appendice volumineux.*

appendicectomie [apɛ̃disɛktɔmi] n. f. (*chirurgie*) Ablation de l'appendice. C'est le nom savant correspondant à l'expression usuelle et impropre de *opération de l'appendicite.*

appendicite [apɛ̃disit] n. f. Inflammation de *l'appendice,* organe qui est une annexe de l'intestin. En cas d'appendicite, on procède à l'ablation de l'appendice. Il est donc correct de dire *opérer quelqu'un de l'appendice* (le tour *opérer de l'appendicite* est déconseillé). Éviter l'expression *On lui a enlevé l'appendicite.* Dire : *On lui a enlevé l'appendice.*

appendre [apɑ̃dʀ(ə)] v. t. — Deux *p.* — Conjug. **81.** Se conjugue comme *pendre : J'appends, tu appends, il append, nous appendons, vous appendez, ils appendent. — J'appendais. — J'appendis. — J'appendrai. — J'appendrais. — Appends, appendons, appendez. — Que j'appende. — Que j'appendisse. — Appendant. Appendu, ue.*

appentis n. m. Local, abri qui s'appuie à un mur. — Bien prononcer [apɑ̃ti], avec [ɑ̃] et non avec [ɛ̃]. — Attention aux deux *p*. — Ne pas écrire *un appentis* (qui prend un *-s)* « abri, local » comme *un apprenti, une apprentie* « celui, celle qui apprend un métier ».

appert *Il appert* ▷ **apparoir.**

appesantir Deux *p*. De même : *appesantissement.*

appétit Deux *p*. De même : *appétissant.*

applaudir Deux *p*. De même : *applaudissement.*
— Sens et constructions.

1 Sens propre. Sans préposition : *Le public applaudit le chanteur.*

2 Sens figuré. Avec la préposition *à* : *J'applaudis à la hardiesse de votre entreprise.* Ce tour ne peut s'employer que si le complément d'objet est un nom de chose.

3 ▼ *Applaudir des deux mains* est un pléonasme familier à éviter dans la langue soutenue.

4 S'applaudir de v. pron. Se féliciter, se réjouir de : *Elles se sont applaudies de votre beau succès* (accord du participe avec le sujet).

applicable, applicage, application Deux *p*. Un *c*.

applique Deux *p*. — Toujours féminin : *Une applique très décorative.*

appliquer Deux *p*. — Attention aux mots de cette famille, qui s'écrivent les uns avec *c* (*applicable, applicage, application*), les autres avec *qu* : *applique* (n. f.), *appliqué, appliquer*. ▼ A toutes les personnes, *appliquer* s'écrit avec *qu*, même devant *a* ou *o* : *il appliqua, nous appliquons.*

appogiature ou appoggiature n. f. (terme de musique) Les deux graphies (avec un seul *g* ou deux *g*) sont admises. Toujours deux *p*. — Prononciation : [apɔʒjatyʀ] ou [apɔdʒjatyʀ]. — Pl. : *des appog(g)iatures* [-tyʀ].

appoint n. m. Deux *p*.

appointer v. t. Deux *p*. De même *appointage, appointements.*

appontage, appontement Deux *p* et un seul *t*. — Deux noms masculins de la famille de *pont.*

1 appontage Opération par laquelle un avion se pose sur le pont d'un porte-avions.

2 appontement Plate-forme à laquelle accoste un bateau et qui sert d'embarcadère et de débarcadère.

apponter v. i. *L'avion apponte,* se pose sur le pont d'un porte-avions. — Deux *p*, un seul *t*. De même : *appontage, apponteur.*

apporter Deux *p*. De même : *apport, apporteur.*
— Pour le sens, on distinguera les mots suivants.

I Apporter, amener ▷ **amener.**

II Apporter, emporter.

1 apporter Insiste sur le point d'aboutissement, sur le rapprochement : *Quand j'irai vous voir, j'apporterai cet album pour vous le montrer. Le paysan apporta du grain au moulin.*

2 emporter Insiste sur le point de départ, sur l'éloignement : *Mon ami a emporté mon livre pour le lire à loisir. Le paysan quitta le moulin en emportant deux sacs de farine.*

apprécier Conjug. **20.** Double le *i* à la première et à la deuxième personne du pluriel de l'indicatif imparfait et du subjonctif présent : *(que) nous appréciions, (que) vous appréciiez.* — Deux *p*. De même : *appréciable, appréciateur, appréciatif, appréciation.*

appréhender Deux *p*, un *h*. De même : *appréhension.* — Au sens de « craindre », trois constructions.

1 Avec un nom : *J'appréhende cette rencontre.*

2 Avec *de* suivi de l'infinitif : *J'appréhende de le rencontrer. J'appréhende de le voir partir.*

3 Avec *que* suivi de subjonctif, le *ne* explétif étant généralement employé : *J'appréhende qu'il ne parte* (plus fréquent que *J'appréhende qu'il parte*).

apprendre Deux *p*. — Conjug. **82.** *J'apprends, tu apprends, il apprend, nous apprenons, vous apprenez, ils apprennent.* — *J'apprenais.* — *J'appris.* — *J'apprendrai.* — *J'apprendrais.* — *Apprends, apprenons, apprenez.* — *Que j'apprenne.* — *Que j'apprisse.* — *Apprenant.* — *Appris, ise.*

apprenti, ie n. m. *ou* f. Deux *p*. De même : *apprentissage.* — Celui, celle qui est en train d'apprendre un métier manuel : *Un apprenti de dix-sept ans. Une apprentie couturière* (sans trait d'union). — Ne pas écrire comme *un appentis* « toit, abri appuyé à un mur », qui prend un *-s* final.

apprêter Deux *p*. Un accent circonflexe sur le *e*. De même : *apprêt, apprêtage, apprêté, apprêteur.*

apprivoiser v. t. Deux *p*. De même : *apprivoisé, apprivoisement.*

apprivoiser, domestiquer Ces deux verbes ne sont pas synonymes.

1 apprivoiser Habituer un animal sauvage à vivre dans l'entourage ou en compagnie de l'homme. (On ne le transforme pas pour autant en animal domestique) : *On peut apprivoiser un corbeau. Un levraut capturé très jeune et élevé dans une maison peut devenir un lièvre apprivoisé, bien que le lièvre ne soit pas une espèce domestique.*

2 domestiquer Transformer une espèce animale sauvage en espèce domestique, différente de la souche sauvage par des caractères anatomiques héréditaires et certains comportements héréditaires : *Le « lapin de chou » est une espèce domestiquée, tandis que le lapin de garenne, plus petit, est une espèce sauvage.*

approbateur, trice adj. *ou* n. Deux *p.* De même : *approbatif, approbation, approbativement.*

approbateur, approbatif Deux mots de la famille de *approuver.*

1 approbateur, trice Adjectif ou nom : *Un signe de tête approbateur. L'auteur de cette déclaration ne manque pas d'approbateurs.*

2 approbatif, ive Seulement adjectif : *Un signe de la main approbatif. Un auditoire approbatif. Un visa approbatif.*

approche n. f. Deux *p.* — Emplois et sens.

1 Correct au pluriel ou au singulier dans des expressions telles que *a l'approche de l'été* ou *aux approches de l'été.* Le pluriel est plus littéraire.

2 Au sens de « manière d'aborder un problème, d'étudier une question », le mot *approche* est maintenant admis dans la langue didactique et courante : *Une nouvelle approche de la littérature classique.* — Dans la langue très soutenue, on peut employer plutôt l'un des mots suivants : *abord, examen, étude, analyse.* Cependant *approche* comporte une nuance propre et intéressante : l'approche est la manière souvent tâtonnante d'aborder un problème complexe, tel qu'il faut découvrir et définir une nouvelle méthode en même temps qu'on étudie l'objet.

approcher Deux *p.* De même : *approchant, approche, approché.* — Constructions et sens.

I A la forme active.

1 (sans complément) *Une personne approche,* vient plus près (sans idée d'un rapprochement intentionnel) : *Il marchait sur le même trottoir que moi ; quand il approcha, je le reconnus et je le saluai.*

2 (sans complément) *Une chose approche,* vient plus près, arrive : *Le train approche, on*

entend le bruit de la locomotive. — *L'hiver approche.* On peut dire aussi, dans ce sens, *L'hiver s'approche,* Mais le tour est plus rare.

3 (avec un complément introduit par *de*) *Une personne approche de...,* arrive en vue de, à proximité de (tel lieu, telle période) : *Le train ralentit, nous approchons de Lyon. Déjà la Toussaint, nous approchons de l'hiver. Il approche de la cinquantaine.*

4 (avec un complément introduit par *de*) *Une chose approche de...,* est presque égale à (telle grandeur) : *Le bénéfice approche de cinq millions.*

5 (avec un complément direct) *Approcher quelqu'un,* avoir accès auprès de lui, en obtenir une audience : *Il est chef de service, il peut approcher le directeur assez facilement.* Ce sens est un peu vieilli ou du moins étranger à la langue parlée courante. — Autre sens, dans les expressions figées : *Ne m'approchez pas* (= ne venez pas près de moi). *Approcher une femme* (= avoir des relations intimes avec elle).

6 (avec un complément direct) *Approcher une chose,* la déplacer pour la mettre plus près : *Approchez donc votre chaise.* — (avec un second complément introduit par *de*) *Il approcha sa chaise du poêle.*

II A la forme pronominale.

1 *Une personne s'approche,* vient plus près (avec l'idée d'un rapprochement intentionnel) : *Dès qu'il m'aperçut, il s'approcha et me serra la main.* — (avec un complément introduit par *de*) *Je m'approchai de mon ami pour lui parler. Je me suis approché de la fenêtre pour regarder le spectacle de la rue.*

2 *Tel moment s'approche,* va devenir présent : *Déjà l'hiver s'approchait* (dans ce sens, on dit plutôt *l'hiver approchait*).

3 ▼ Eviter le pléonasme *s'approcher près de.* Dire : *Il s'approcha de moi* (et non *près de moi*). Dire : *Il s'approcha le plus possible de la fenêtre* ou *Il vint le plus près possible de la fenêtre* (et non *Il s'approcha le plus près possible...*). Dire : *Il vint plus près de moi* (et non *Il s'approcha plus près...*).

approfondir v. t. Deux *p.* De même : *approfondi, approfondissement.*

approprier v. t. Deux *p.* De même : *appropriation, approprié.* ▼ A la forme pronominale, au sens de « s'attribuer, faire sien, s'emparer (de manière indue) », se construit directement, sans *de* : *Il ne faut jamais s'approprier le bien d'autrui.* Eviter *s'approprier du bien d'autrui,* tour fautif dû à l'influence de *s'emparer de.*

approuvé Deux *p*. — Employé sans auxiliaire devant le nom, est considéré comme préposition et reste invariable : *Approuvé les deux décisions suivantes.* — *Lu et approuvé* : formule qui précède la signature, dans certains actes, certains documents : *Ecrivez « Lu et approuvé » et signez.* Cette formule est toujours invariable.

approvisionner v. t. Deux *p* et deux *n*. De même : *approvisionnement, approvisionneur.*

approximatif, ive adj. Deux *p*. De même : *approximation, approximativement.*

appui-bras, appui-livres, appui-main, appui-nuque, appui-tête Ces noms masculins peuvent aussi s'écrire *appuie-bras, appuie-livres, appuie-main, appuie-nuque, appuie-tête.* — La formation du pluriel donne lieu à des difficultés.

1 Avec l'orthographe *appui-*, le premier élément prend la marque du pluriel : *des appuis-bras, des appuis-livres, des appuis-main, des appuis-nuque, des appuis-tête.*

2 Avec l'orthographe *appuie-*, Le premier élément ne prend pas la marque du pluriel : *des appuie-bras, des appuie-livres, des appuie-main, des appuie-nuque, des appuie-tête.*

3 Dans *appui(e)-bras*, bien entendu, le second élément ne varie pas, puisqu'il s'écrit avec un *-s* même au singulier (*un bras*). — On écrit toujours *un appui(e)-livres*, avec un *-s* à *livre*, même au singulier : *un appuie-livres.* — En revanche, le second élément de *appui(e)-main* (baguette sur laquelle le peintre appuie la main qui tient le pinceau), *de appui(e)-tête* (support sur lequel on appuie la tête) ne doit jamais prendre la marque du pluriel. Les graphies *des *appuis-mains, des *appuis-têtes* sont donc à éviter.

appuyer Conjugaison et construction.

1 Conjug. **24**. Change *y* en *i* devant un *e* muet : *j'appuie, j'appuierai.* ▼ Prend un *i* après *y* à la première et à la deuxième personne du pluriel de l'indicatif imparfait et du subjonctif présent : *(que) nous appuyions, (que) vous appuyiez.* — D'autre part, pour les formes qui comportent un *y*, bien prononcer avec [ɥi], par exemple : *j'appuyais*, [ʒapɥijɛ], *appuyons*, [apɥijɔ̃]. Eviter la prononciation relâchée du genre [ʒapyjɛ], [apyjɔ̃].

2 Se construit avec *à, contre, sur* selon le sens : *La ville s'appuie à l'un des versants de la vallée. L'aile gauche du régiment s'appuyait au hameau. Il appuya sa bicyclette contre le mur. Il appuie son hypothèse sur des arguments solides.*

âpre adj. Accent circonflexe sur le *a*. De même : *âprement.*

âpre, âcre, aigre ▷ **âcre.**

après Donne lieu a de nombreux emplois abusifs.

1 *Après* employé à la place de diverses prépositions (*à, contre, sur*) dans la langue parlée relâchée. Cet emploi est à éviter dans la langue surveillée. Dire : *Il a laissé la clef sur la porte* ou *à la porte* (et non *après la porte*). *Grimpe à la corde* (et non *après la corde*). *Tu vas monter à l'échelle* ou *sur l'échelle* (et non *après l'échelle*). *Le chat grimpe aux rideaux* ou *le long des rideaux* (et non *après les rideaux*). *Il est furieux contre elle* (et non *après elle*). *Elle crie contre ses voisins* (et non *après ses voisins*).

2 *Après* employé inutilement avec certains verbes transitifs, dans la langue parlée relâchée. Cet emploi est à éviter dans la langue surveillée. Dire : *Il n'attend pas cet argent pour vivre* (et non *Il n'attend pas après cet argent*). *Je cherche le chef de service* (et non *Je cherche après le chef de service*). *Il demande la concierge* (et non *Il demande après la concierge*).

3 *Après* employé avec un verbe intransitif pour former une locution verbale équivalant à un verbe transitif. Cette construction appartient à la langue parlée relâchée. A éviter dans la langue surveillée. Dire : *Il poursuivait le voleur* (et non *Il courait après le voleur*). *Il recherche les compliments* (et non *Il court après les compliments*). *Elle harcèle* (ou *elle réprimande*) *sans cesse ses enfants* (et non *Elle est toujours après ses enfants*).

4 *Après* employé sans complément après un verbe. Eviter tout particulièrement les constructions du genre : *Il me cherche après* (pour *Il me cherche*). *Il me court après* (pour *Il me poursuit*). *Il me crie après* (pour *Il crie contre moi*). *Il me demande après* (pour *Il me demande* ou *Il demande à me voir*). Ces tours sont nettement incorrects.

5 **Etre après** Trois emplois, différents par le sens, à éviter dans la langue surveillée. **a)** *La clef est après la porte*, est sur la porte, *ou* à la porte (c'est-à-dire insérée dans la serrure). *Mon pardessus est après le portemanteau*, est au portemanteau, *ou* sur le portemanteau, *ou* accroché au portemanteau. — **b)** *Elle est toujours après ses enfants*, elle les réprimande sans cesse, les harcèle. — **c)** *La lettre au percepteur, je suis justement après*, je m'en occupe, je suis en train de l'écrire.

6 *Après* suivi de l'infinitif. Ne se construit qu'avec l'infinitif passé : *Après avoir visité la ville, nous reprîmes la route.* — La construction avec l'infinitif présent n'existe que dans quelques locutions figées : *après boire, après déjeuner, après dîner, après manger, après souper.*

7 Après que. Se construit normalement avec l'indicatif : *Après qu'il fut parti* (et non *après qu'il fût parti*), *je me remis au travail.* ▼ L'emploi du subjonctif avec *après que* est fautif. Il est dû à l'influence de *avant que* (qui exige régulièrement le subjonctif) et aussi à la confusion pour l'oreille entre la forme de la troisième personne du singulier de l'indicatif passé antérieur (*après qu'il eut parlé, après qu'il fut parti*) et la forme de la troisième personne du singulier du subjonctif plus-que-parfait (*avant qu'il n'eût dit ces mots, avant qu'il ne fût parti*). C'est pourquoi, quand on veut exprimer le passé dans le futur ou insister sur l'idée de condition, on peut employer le conditionnel, mais non le subjonctif (malgré l'opinion de quelques grammairiens) : *Il affirma qu'il nous apporterait son aide, mais seulement après que nous aurions donné des garanties.*

8 Après employé comme adverbe. Dans la langue parlée, s'emploie au sens de « ensuite, plus tard » (*J'ai écrit la lettre ; après, je l'ai portée à la poste*) ou au sens de « derrière » (*Dans le cortège, les conseillers municipaux marchaient en tête, les anciens combattants après*). Ces emplois sont déconseillés dans la langue écrite.

9 Et puis après. Tour pléonastique. S'emploie dans la langue parlée, notamment sur un ton interrogatif au sens de « quelle importance cela a-t-il ? » : *Oui, je lui ai dit que je n'étais pas content, et puis après ?* A éviter dans la langue écrite.

10 Après employé comme adjectif. Dans la langue parlée, s'emploie au sens de « suivant » : *Il est revenu le jour après. Je suis allé le voir la semaine après.* A éviter dans la langue surveillée. De même, éviter les tours *le jour d'après, la semaine d'après.* Dire : *le jour suivant, la semaine suivante.*

après-demain Adverbe composé. Toujours avec un trait d'union : *Je viendrai après-demain* (alors qu'on écrit : *Je viendrai après midi* ▷ **après-midi**).

après-guerre Période qui suit une guerre. — Pl. : *des après-guerres.* — L'usage hésite sur le genre. Le masculin semble actuellement le plus fréquent : *Un après-guerre inquiet et tumultueux.*

après-midi Genre, pluriel, orthographe.

1 A longtemps été féminin. De nos jours, le masculin est le genre usuel : *Un lumineux après-midi d'automne.* Cependant une lumineuse *après-midi* ne serait pas incorrect. Il semble même que le féminin soit plus fréquent dans la langue poétique ou très littéraire.

2 Doit être considéré comme invariable : *des après-midi.* Eviter le pluriel *des après-midis.*

3 Ne pas écrire *Je viendrai après midi* (préposition suivie d'un nom, donc pas de trait d'union) comme *Je viendrai cet après-midi* (nom composé écrit avec un trait d'union). En revanche, on écrit toujours *Je viendrai après-demain* (adverbe composé) ▷ **après-demain.**

après-ski n. m. Chaussure fourrée que l'on met après avoir fait du ski. — Malgré certains auteurs, l'invariabilité doit être préférée : *des après-ski.* La forme *des après-skis* est à déconseiller, car il s'agit *du ski* (sport) et non *des skis* (planches qu'on fixe aux chaussures pour skier).

âpreté n. f. Accent circonflexe sur *a.*

a priori loc. adv. *ou* adj. En deux mots, sans trait d'union. Pas d'accent grave. — Invariable : *Des déductions a priori.* — Souvent écrit en italique dans un texte en romain, en romain dans un texte en italique. — ▼ Les dérivés s'écrivent en un seul mot : *apriorisme, aprioriste, apriorité.*

à propos, à-propos Deux orthographes.

1 à propos (en deux mots, sans trait d'union ; accent grave sur le *a*). Locution adverbiale : *Voilà une intervention qui arrive à propos !* — *A propos de,* locution prépositive : *A propos de cette affaire, j'ai une remarque à ajouter.*

2 à-propos (en un seul mot, avec trait d'union ; accent grave sur le *a*). Nom masculin invariable : *L'à-propos, qualité rare chez les gens trop méthodiques.* — *Un à-propos,* petite pièce de théâtre ou petit poème de circonstance : *Voltaire a écrit des à-propos fort spirituels.*

apte adj. Avec *à* suivi d'un nom ou d'un infinitif : *Il est apte à cet emploi. Il est apte à commander.* A la différence de *aptitude,* ne peut jamais se construire avec *pour* ▷ **aptitude.**

aptéryx [apteʀiks] n. m. Oiseau de Nouvelle-Zélande. On l'appelle aussi *kiwi.* — Avec un *y.*

aptitude n. f. Se construit avec *à* ou *pour* suivi d'un nom (*L'aptitude au commandement. L'aptitude pour les sciences exactes*) ou avec *à* suivi de l'infinitif : *L'aptitude à commander* ▷ **apte.**

apurer, épurer Le verbe *apurer* ne s'emploie qu'en comptabilité : *Apurer un compte.* Le substantif correspondant est *apurement* : *L'apurement d'un compte.* — Dans tous les autres sens, on emploie *épurer* : *Épurer les eaux usées. Le nouveau régime a épuré l'administration. Vaugelas voulut épurer la langue française.*

Substantifs correspondants : *épuration* (*L'épuration des eaux usées. L'épuration de l'administration*) ou *épurement* (*L'épurement de la langue française au XVIIᵉ siècle*).

aqua- Préfixe (du latin *aqua* « eau »). Tous les mots commençant par *aqua-* se prononcent avec [akwa-] : *aquafortiste, aquamanile, aquaplane, aquarelle, aquarelliste, aquariophile, aquarium, aquatinte, aquatintiste, aquatique.*

aquafortiste [akwafɔʀtist(ə)] n. m. *ou* f. La graphie *aqua-fortiste* est vieillie et déconseillée.

aquamanile [akwamanil] Type de vase ancien. — Toujours masculin : *Un aquamanile élégant.*

aquaplane [akwaplan] n. m. Sorte de ski nautique.

aquarelle [akwaʀɛl] n. f. — Dérivé : *aquarelliste* [akwaʀɛlist(ə)].

aquarium [akwaʀjɔm] n. m. — Pl. : *des aquariums* [-ʀjɔm]. — Dérivé : *aquariophile* [akwaʀjɔfil] n. m. *ou* n. f.

aquatinte [akwatɛ̃t] n. f. Procédé de gravure. — Dérivé : *aquatintiste* [akwatɛ̃tist(ə)] n. m. *ou* f.

aquatique [akwatik] adj. Avec [kw].

aqueux, euse [akø, øz] adj. Avec [k].

à quia Locution. Se prononce [akɥija] et s'écrit en deux mots, sans trait d'union, avec un accent grave sur le premier *a*. Ne s'emploie que dans les expressions *être à quia*, être à bout d'arguments, *réduire quelqu'un à quia*, le mettre dans une situation où il ne trouve rien à rétorquer.

aquifère adj. Prononciation : [akɥifɛʀ].

aquilin adj. m. *Nez aquilin. Profil aquilin.* — Pas de féminin. — Prononciation : [akilɛ̃].

aquilon n. m. Vent. — Pas de majuscule. — Prononciation : [akilɔ̃].

aquitain, aine adj. Avec *B* majuscule et *a* minuscule : *Le Bassin aquitain.* — Prononciation : [akitɛ̃, ɛn].

ara n. m. Perroquet. — Pl. : *des aras* [-ʀa].

arabesque Ornement sinueux. — Toujours féminin : *Une arabesque élégante.*

arabique, arabe Le premier de ces mots, *arabique*, s'emploie seulement dans quelques expressions (dans lesquelles l'emploi de *arabe* n'est pas possi-

ble) : *La péninsule arabique. Le désert arabique* (dénominations de géographie physique qui tendent à vieillir ; on dit plutôt *la péninsule d'Arabie, le désert d'Arabie*). *La gomme arabique.* — Dans tous les autres cas, on emploie *arabe.*

arable adj. *Terre arable :* terre labourable et cultivable. *Sol arable :* sol cultivable. — Ne pas prononcer *terre, sol *arabe.*

arachide n. f. Plante qui produit les cacahuètes. — Surtout dans l'expression *huile d'arachide.* — Bien prononcer : [aʀaʃid], avec [ʃ] et non avec [k].

arachnéen, enne adj. (*littéraire*) Léger, fin comme une toile d'araignée : *Un voile arachnéen.* Prononciation : [aʀakneɛ̃, ɛn], avec [k].

aragonais, aise adj. *ou* n. Attention à la majuscule : *La population aragonaise. Les Aragonais.* — n. m. *L'aragonais :* dialecte espagnol. — n. f. *L'aragonaise :* danse.

araignée n. f. On écrit : *des toiles d'araignée,* sans *-s* à *araignée.*

araire Charrue sans roues. — Toujours masculin : *Un araire très primitif.*

araméen, enne n. *ou* adj. (histoire) *Les Araméens :* peuple de l'Antiquité orientale. — (adjectivement) *Les populations araméennes.* — N. m. *L'araméen :* langue.

aramon n. m. Cépage ; Vin rouge. — Sans *-t* à la fin.

araser v. t. Un seul *r.* De même : *arasement.*

arbalète [aʀbalɛt] n. f. Accent grave sur le *e.* Le dérivé *arbalétrier* [aʀbaletʀije] s'écrit avec un accent aigu.

arbitral, ale, aux adj. Le masculin pluriel *arbitraux* est très peu usité.

arbitre n. m. Sans trait d'union : *libre arbitre.*

arborer v. t. Pas de *r* double comme dans *abhorrer.*

arborescence n. f. Attention au groupe *-sc-* dans la finale *-scence.* De même : *arborescent, ente.*

arboretum [aʀbɔʀetɔm] n. m. Jardin botanique planté d'arbres. — Pl. : *des arboretums* [-tɔm].

arboricole adj. Un *-e* à la fin, même au masculin.

arboriculteur n. m. Celui qui pratique l'*arboriculture* (culture des arbres fruitiers). ▼ Ne pas dire *herboriculteur, ce mot n'existe pas. Il existe un mot **herboriste,** qui désigne celui qui vend des plantes médicinales ▷ **herboriste.**

arboriculture, horticulture, sylviculture Trois noms féminins à bien distinguer.

1 arboriculture Culture en pépinière des arbres, des arbustes et des arbrisseaux. — Culture méthodique des arbres fruitiers. — Dérivés : *arboriculteur, arboricole.* ▼ Ne pas dire *herboriculture,* ce mot n'existe pas. ▷ **herboristerie** (commerce des plantes médicinales).

2 horticulture Culture méthodique et intensive des plantes potagères et des fleurs par des professionnels (à la différence du **jardinage,** culture des jardins par des amateurs).

3 sylviculture Technique de l'entretien et de l'exploitation des bois et des forêts (pour l'obtention de bois de chauffage et de bois d'œuvre).

arborisation, herborisation Deux noms féminins à bien distinguer.

1 arborisation Dessin naturel qui ressemble à un arbre par ses ramifications : *Les arborisations du gel sur la vitre.*

2 herborisation Activité de celui qui recueille des plantes sauvages dans la campagne (pour constituer un herbier, pour utiliser les propriétés médicinales des végétaux).

arbouse Fruit de l'arbousier. — Toujours féminin : *Des arbouses aigrelettes.*

arbre n. m. Prononciation et emploi de la préposition.

I Bien prononcer [aʀbʀ(ə)]. Éviter la prononciation relâchée *[aʀb].

II Emploi de la préposition.

1 Sur un arbre. Posé sur ou suspendu à une branche d'arbre : *Les pigeons allèrent se percher sur un arbre. On gaule les noix qui sont sur l'arbre. Les oiseaux mangent les fruits qui sont encore sur les cerisiers.*

2 Dans un arbre. A l'intérieur de la masse des branchages et du feuillage : *Le gamin grimpa au tronc et se dissimula dans l'arbre. Dans le marronnier de notre jardin, il y a un nid.*

3 A l'arbre. On écrira *monter à l'arbre.* On évitera *monter après l'arbre.*

arbre, arbrisseau, arbuste, sous-arbrisseau Ces végétaux ont en commun de posséder des parties ligneuses (c'est-à-dire constituées de bois), à la différence des *herbes.*

I Dans la langue scientifique. L'usage est assez flottant et les spécialistes ne sont pas d'accord.

La distinction admise par le plus grand nombre de botanistes est la suivante.

1 arbre Végétal de grande taille qui comprend un tronc (ou *fût*) se ramifiant à une assez grande hauteur par rapport au sol.

2 arbrisseau Arbre de petite taille qui se ramifie à une certaine distance du sol.

3 arbuste Végétal qui présente des tiges ligneuses ramifiées dès la base, sans tronc.

4 sous-arbrisseau Plante dont la base est ligneuse et dont les rameaux sont herbacés.

II Dans le langage courant.

1 Pas de distinction entre *arbuste* et *arbrisseau.* Tout au plus peut-on dire que *arbuste,* terme plus littéraire, évoque plutôt un végétal buissonnant et touffu, *arbrisseau* un végétal grêle. — Le mot *arbre* a le même sens que dans la langue des botanistes. — Le langage courant ignore le mot *sous-arbrisseau.*

2 ▼ Ni *arbuste,* ni *arbrisseau* ne désignent, en principe, un arbre jeune : un jeune chêne qui mesure un mètre de hauteur est un jeune arbre, un petit arbre, mais non un arbuste ; en revanche, un groseillier ayant atteint son plein développement est toujours un arbuste, non un petit arbre.

arc [aʀk] n. m. Quand le mot *arc* est suivi d'un mot qui commence par une consonne, la prononciation relâchée a tendance à introduire un [ə] après le *c* pour éviter un groupe de plus de deux consonnes. Cette prononciation est à éviter. Prononcer *arc de cercle* [aʀkdəsɛʀkl(ə)] et non [aʀkədəsɛʀkl(ə)], *arc splendide* [aʀksplɑ̃did] et non [aʀkəsplɑ̃did] ▷ **arc-boutant, arc de triomphe, arc-doubleau.**

arcade, arcature Deux termes d'architecture, féminins, de la famille de *arc, arche.*

1 arcade Ensemble constitué par une ouverture encadrée par des colonnes ou des piliers et couverte par un arc : *Une arcade en plein cintre donne accès au palais.* — (généralement au pluriel) Galerie bordée par une succession d'arcs : *Les arcades de la rue de Rivoli, à Paris.*

2 arcature (souvent au pluriel) Succession de petites arcades ornementales, souvent aveugles : *Église romane italienne à la façade ornée d'arcatures aveugles.*

arcadien, acadien, akkadien Trois mots paronymes.

1 arcadien, ienne adj. *ou* n. De l'Arcadie, région de la Grèce : *Les cités arcadiennes. Les Arcadiens.* — N. m. *L'arcadien :* dialecte grec antique.

2 acadien, ienne adj. *ou* n. De l'Acadie, région du Canada : *La population acadienne. Les Acadiens.*

3 akkadien, ienne adj. *ou* n. Du pays d'Akkad, dans la Mésopotamie antique : *Les villes akkadiennes. Les Akkadiens.* — N. m. *L'akkadien* : langue sémitique ancienne. — On préférera la graphie *akkadien*, plus conforme à l'usage des spécialistes, à *accadien*.

arcane Mystère, secret. ▼ Toujours masculin : *Les arcanes profonds de la métaphysique.*

arc-boutant n. m. Avec un trait d'union. — Pl. : *des arcs-boutants.* ▼ Bien prononcer [aʀkbutã] et non [aʀkəbutã]. De même, prononcer : *arc-boutement* [aʀkbutmã], *arc-bouter* [aʀkbute].

arc de triomphe n. m. En trois mots, sans traits d'union. Avec une majuscule quand *Arc de triomphe* désigne le monument qui s'élève sur la place de l'Étoile, à Paris, et qu'il n'est suivi d'aucune détermination. On écrira donc : *Le tombeau du Soldat inconnu est situé sous la voûte de l'Arc de triomphe* (pas de détermination), mais *La cérémonie aura lieu à l'arc de triomphe de l'Étoile* (le nom du monument est déterminé par *de l'Étoile*). — Pl. : *des arcs de triomphe.* ▼ Bien prononcer [aʀkdətʀijɔ̃f] et non [aʀkədətʀijɔ̃f].

arc-doubleau n. m. En deux mots, avec un trait d'union. — Pl. : *des arcs-doubleaux.* ▼ Bien prononcer [aʀkdublo] et non [aʀkədublo].

arc-en-ciel n. m. En trois mots, avec des traits d'union. — Pl. : *des arcs-en-ciel,* prononcé sans liaison [dezaʀkãsjɛl].

archaïque adj. Prononciation : [aʀkaik]. De même : *archaïsant* [aʀkaizã], *archaïsme* [aʀkaism(ə)].

archal [aʀʃal] n. m. Seulement dans l'expression *fil d'archal,* fil de laiton et, par extension, de fer.

archange n. m. Prononciation : [aʀkãʒ]. De même : *archangélique* [aʀkãʒelik].

arche n. f. Avec un *a* minuscule : *l'arche d'alliance, l'arche de Noé.*

archéologie n. f. Prononciation : [aʀkeɔlɔʒi]. De même : *archéologique* [aʀkeɔlɔʒik], *archéologue* n. m. *ou* f. [aʀkeɔlɔg].

archer, archet Bien distinguer par l'orthographe et la prononciation *archer* [aʀʃe], soldat armé de l'arc (avec un *e* fermé), et *archet* [aʀʃɛ], baguette servant à jouer du violon (avec un *e* ouvert).

archétype [aʀketip] n. m. Modèle primitif original ou idéal.

archevêque n. m. Attention à l'accent circonflexe. — Prononciation : [aʀʃəvɛk]. — Dérivé : *archevêché* [aʀʃəvɛʃe].

archi- Préfixe, qui vient du grec *arkhein* « commander ». Marque la supériorité hiérarchique, l'importance particulière, ou sert à former des superlatifs familiers. — Se prononce [aʀʃi-], sauf dans *archiépiscopat* et *archiépiscopal,* mots qui admettent aussi la prononciation [aʀki-], et dans *archiatre* [aʀkjatʀ(ə)].

1 En un seul mot, sans trait d'union, quand *archi-* est suivi d'un nom désignant une personne ou d'un nom scientifique : *archichambellan, archichancelier, archidiacre, archiduc, archimandrite, archiprêtre..., archiphonème* (terme de phonologie)... Il en va de même pour les dérivés de tels mots : *archidiaconat, archidiaconé, archiduché, archimandritat, archipresbytéral...*

2 Usage flottant quand le composé de *archi-* est un superlatif familier ou une création de circonstance : *Il est archi-fou* (ou *archifou*). *Un type archi-nul* (ou *archinul*). *C'est archi-faux* (ou *archifaux*). *Dans ce bureau, c'est l'archidésordre* (ou *l'archidésordre*). *Un archi-truand.* Cependant, l'orthographe avec trait d'union semble devoir être recommandée : *archi-fou, archi-nul, archi-stupide, archi-faux...* Le trait d'union s'impose devant un second élément qui commence par une voyelle : *archi-aimable, archi-idiot, archi-alcoolique, archi-incapable...* — Le second élément s'accorde en genre et en nombre : *Elles sont archi-folles. Des nouvelles archi-fausses.*

archichambellan [aʀʃiʃãbɛllã] n. m. En un seul mot, sans trait d'union.

archichancelier [aʀʃiʃãsəlje] n. m. En un seul mot, sans trait d'union.

archiconfrérie [aʀʃikɔ̃fʀeʀi] n. f. En un seul mot, sans trait d'union.

archidiacre [aʀʃidjakʀ(ə)] n. m. En un seul mot, sans trait d'union.

archidiocèse [aʀʃidjɔsɛz] n. m. Dérivé : *archidiocésain, aine.*

archiduc [aʀʃidyk] n. m. Féminin : *archiduchesse.*

archiépiscopal, ale, aux adj. Prononciation : [aʀkiepiskɔpal, al, o], avec [ki], ou, moins bien, [aʀʃiepiskɔpal, al, o], avec [ʃi]. — De la même famille : *archiépiscopat* [aʀkiepiskɔpa], avec [ki], ou, moins bien, [aʀʃiepiskɔpa], avec [ʃi].

archimandrite [aʀʃimɑ̃dʀit] n. m. Abbé d'un couvent grec. — Dérivé : *archimandritat* [aʀʃimɑ̃dʀita].

archimillionnaire [aʀʃimiljɔnɛʀ] adj. *ou* n. m. *ou* n. f. Deux *l*, deux *n*.

archipel [aʀʃipɛl] Groupe d'îles. — Toujours masculin : *Un archipel lointain*. — Avec un *A* majuscule : *l'Archipel*, la mer Égée, dans la langue poétique (*Les eaux bleues de l'Archipel*).

archiprêtre [aʀʃipʀɛtʀ(ə)] n. m. En un seul mot, sans trait d'union.

architecte [aʀʃitɛkt(ə)] n. m. — Dérivés : *architectonique* [aʀʃitɛktɔnik], *architectural, ale, aux* [aʀʃitɛktyʀal, al, o], *architecture* [aʀʃitɛktyʀ].

architrave, archivolte Deux noms féminins, termes d'architecture.

1 architrave [aʀʃitʀav] Partie inférieure de l'entablement qui repose directement sur les chapiteaux et qui est formée d'une succession horizontale de pierres taillées : *L'architrave d'un temple grec.*

2 archivolte [aʀʃivɔlt] Bandeau mouluré ou orné, formé de pierres taillées et qui, en saillie sur le mur, entoure un arc en plein cintre ou en ogive : *L'archivolte d'un portail roman.*

archives [aʀʃiv] Féminin. Jamais au singulier : *De vieilles archives poussiéreuses. Un dépôt, un document d'archives.* — Dérivés : *archivage* [aʀʃivaʒ], *archiver* [aʀʃive], *archiviste* [aʀʃivist(ə)], *archiviste-paléographe* (pl. : *des archivistes-paléographes*).

archivolte ▷ architrave.

archonte [aʀkɔ̃t] n. m. Magistrat grec : *Les neuf archontes d'Athènes.* — Dérivé : *archontat* [aʀkɔ̃ta].

arçon [aʀsɔ̃] n. m. Partie de la selle. — Attention à la cédille.

arctique Du pôle Nord (s'oppose à *antarctique*, du pôle Sud). — Ne pas prononcer **article.* Éviter la prononciation relâchée **[aʀtik] et bien faire sonner le *c* : [aʀktik]. — Sans majuscule (*Les régions arctiques*), sauf dans les deux dénominations géographiques *l'archipel Arctique* (entre le Canada et le Groenland), et *l'océan Arctique* (ou, n. m., *l'Arctique*).

ardemment [aʀdamɑ̃] adv. Finale en *-emment* (vient de *ardent*).

ardennais, aise [aʀdɛnɛ, ɛz] Des Ardennes, de l'Ardenne : *La population ardennaise. Les Ardennais.* — N. m. *Un ardennais* : un cheval.

ardillon n. m. Pointe métallique d'une boucle. — Prononciation : [aʀdijɔ̃].

ardoise n. f. Comme adjectif de couleur, toujours invariable : *De gros nuages ardoise.* — On écrit indifféremment *un toit d'ardoises* ou *un toit d'ardoise*, mais toujours, avec *ardoise* au singulier, *une carrière d'ardoise.*

ardu, ue adj. Jamais d'accent sur *u*.

are n. m. Unité de superficie agraire. — Jamais d'accent sur *a*. — Prononciation : [aʀ] ou [ɑʀ].

arène Genre et emplois.

I Toujours féminin : *Une arène très grande.*

II Emplois et sens.

1 Au singulier (*vieux ou littéraire ou poétique*) Sable : *Les flots bleus lèchent doucement la blonde arène.* — (*géologie*) Sable grossier.

2 Au singulier (*usuel*) Surface elliptique, sablée et entourée de gradins, sur laquelle avaient lieu les combats de gladiateurs, du temps des Romains. L'ensemble formé par l'arène et les gradins s'appelle l'*amphithéâtre* : *L'empereur romain Commode descendit dans l'arène, pour combattre, plus de sept cents fois.* — (*par extension*) Surface circulaire, sablée et entourée de gradins, sur laquelle ont lieu les corridas.

3 Au pluriel (*usuel*) Amphithéâtre où ont lieu les courses de taureaux, les corridas : *Grande corrida aux arènes d'Alicante.* — Nom donné à certains amphithéâtres romains : *Les arènes d'Arles. Les arènes de Lutèce* (à Paris, dans le Vᵉ arrondissement).

aréo- Préfixe (du grec *araios* « peu dense »). Aucun rapport avec le préfixe *aéro-* (du grec *aêr, aeros* « air » ou du latin, *aer, aeris*, même sens) ▷ **aréomètre.**

aréole n. f. Finale en *-ole*.

aréomètre, aéromètre Deux noms masculins paronymes à bien distinguer.

1 aréomètre Instrument qui sert à mesurer la densité d'un mélange liquide et à déterminer sa composition (pèse-lait, alcoomètre, etc.).

2 aéromètre Instrument qui sert à mesurer la densité de l'air ou d'un gaz quelconque.

aréopage n. m. Ne pas dire **aéropage.* — Avec une majuscule (*l'Aréopage*) quand le mot désigne la colline d'Athènes (*L'Aréopage se dresse à l'ouest de l'Acropole*) ou le tribunal qui siégeait sur cette colline (*L'Aréopage jugeait les affaires de meurtre*). — Une minuscule au sens figuré (*un aréopage*) : *Le jury de ce concours, quel redoutable aréopage !* — Dérivé : *aréopagite.*

arête n. f. *Arête de poisson. Arête d'un toit. Arête d'un mur. Arêtes d'un cube.* — Accent circonflexe sur *e.* — ▼ Un seul *r*, à la différence de *j'arrête, tu arrêtes, il arrête,* formes du verbe *arrêter.*

argentin, ine adj. *ou* n. On écrit : *l'Argentine* (avec un *A* majuscule) *ou* la *république Argentine* (avec *r* minuscule et *A* majuscule). — *Les Argentins. La population argentine.*

argien, ienne adj. *ou* n. D'Argos ou de la région d'Argos, ville de la Grèce antique : *Les guerriers argiens. Les Argiens.*

argile Toujours féminin : *Une argile blanche et fine.*

argon [aʀgɔ̃] n. m. L'un des gaz rares de l'air.

argonaute n. m. Avec une majuscule (*les Argonautes*) quand le mot désigne les personnages de la légende grecque : *Jason, chef des Argonautes.* — Avec une minuscule quand le mot désigne un navigateur (souvent avec une valeur plaisante) : *Nos trois argonautes s'embarquèrent sur un radeau de leur fabrication pour traverser l'étang.*

argousin n. m. Avec *s,* et non *z.*

arguer Conjugaison et constructions.

I Conjugaison.

1 Prononciation de *gu.* Ne se prononce jamais [g]. Se prononce [gy] devant un *e* muet ou un *i* : *j'arguë* [aʀgy], *nous arguions* [aʀgyjɔ]. Se prononce [gɥ] devant une autre voyelle : *nous arguons* [aʀgɥɔ̃], *j'arguais* [aʀgɥɛ], *ils arguèrent* [aʀgɥɛʀ].

2 Place du tréma. Jamais sur le *u.* Il se met sur *e* muet ou sur *i* : *j'arguë, tu arguës, il arguë, ils arguënt,* mais *nous arguons, vous arguez,* sans tréma ; *j'arguërai, tu arguëras..., j'arguërais, tu arguërais..., nous arguions, vous arguiez...,* mais *j'arguais, tu arguais* sans tréma.

3 Formes. *J'arguë* [aʀgy], *tu arguës* [aʀgy], *il arguë* [aʀgy], *nous arguons* [aʀgɥɔ̃], *vous arguez* [aʀgɥe], *ils arguënt* [aʀgy]. — *J'arguais* [aʀgɥɛ], *tu arguais* [aʀgɥɛ], *il arguait* [aʀgɥɛ], *nous arguions* [aʀgyjɔ̃], *vous arguiez* [aʀgyje], *ils arguaient* [aʀgɥɛ]. — *J'arguai*

[aʀgɥe], *tu arguas* [aʀgɥa], *il argua* [aʀgɥa], *nous arguâmes* [aʀgɥam], *vous arguâtes* [aʀgɥat], *ils arguèrent* [aʀgɥɛʀ]. — *J'arguërai* [aʀgyʀe], *tu arguëras* [aʀgyʀa], *il arguëra* [aʀgyʀa], *nous arguërons* [aʀgyʀɔ̃], *vous arguërez* [aʀgyʀe], *ils arguëront* [aʀgyʀɔ̃]. — *J'arguërais* [aʀgyʀɛ], *tu arguërais* [aʀgyʀɛ], *il arguërait* [aʀgyʀɛ], *nous arguërions* [aʀgyʀjɔ̃], *vous arguëriez* [aʀgyʀje], *ils arguëraient* [aʀgyʀɛ]. — *Arguë* [aʀgy], *arguons* [aʀgɥɔ̃], *arguez* [aʀgɥe]. — *Que j'arguë* [aʀgy], *que tu arguës* [aʀgy], *qu'il arguë* [aʀgy], *que nous arguions* [aʀgyjɔ̃], *que vous arguiez* [aʀgyje], *qu'ils arguënt* [aʀgy]. — *Qu'il arguât* [aʀgɥa] (les autres formes de l'imparfait du subjonctif sont inusitées). — *Arguer* [aʀgɥe]. — *Arguant* [aʀgɥã]. — *Argué, arguée* [aʀgɥe]. — Aux temps composés : *J'ai argué...* — *J'avais argué...*

II Constructions.

1 (*rare*) Avec complément direct : *Il arguë un cas de force majeure* (= allègue, donne comme prétexte, comme excuse ou comme argument). — (*droit*) *Arguer une pièce de faux* : affirmer qu'elle est un faux.

2 (*usuel*) Avec complément indirect introduit par *de* : *Il arguë de sa mauvaise santé. Il arguë de la force majeure.*

3 (*usuel*) Avec *que* suivi de l'indicatif ou du conditionnel : *Il arguë qu'il est malade et qu'il ne pourrait remplir ces fonctions.*

argument n. m. Finale en *-ment.*

argus [aʀgys] n. m. inv. — Pl. : *des argus* [-gys]. — Une majuscule dans l'expression *des yeux d'Argus* ou quand le mot est le nom d'agences spécialisées ou de publications (noms propres) : *L'Argus de la Presse.* — Une minuscule dans tous les autres cas, notamment quand *argus* désigne un dispositif permettant de voir à travers une porte, *ou* un faisan de Malaisie, *ou* un papillon.

argutie n. f. Prononciation : [aʀgysi].

aria Distinguer *un aria,* souci, tracas, embarras (*Partir en voyage avec cinq enfants, quel aria !*) et *une aria,* mélodie (*Une aria merveilleuse de J.-S. Bach*). — Pl. : *des arias* [-ʀja].

arien, ienne n. m. *ou* f. Ne pas écrire *les ariens,* hérétiques, comme *les Aryens,* les Indo-Européens.

arithmétique adj. *ou* n. f. Comme nom, toujours féminin : *Une arithmétique nouvelle.* — Attention au groupe *-th-.* De même : *arithméticien, arithmétiquement, arithmologie* n. f. (science des nombres et des grandeurs), *arithmomancie* n. f. (divination par les nombres), *arithmomètre* n. m. (machine à calculer simple).

arlequin n. m. Finale en *-in.* — Dérivé : *arlequinade.*

arlésien, ienne adj. *ou* n. De la ville d'Arles. — Attention à la majuscule : *La population arlésienne. Les Arlésiens.*

armada n. f. Avec une majuscule, quand il s'agit de *la Grande Armada* (ou *l'Invincible Armada*), grande flotte espagnole (1588). — Avec une minuscule (*une armada*), quand il s'agit, par métaphore, d'une grande flotte quelconque : *À l'aube du 6 juin 1944, l'armada des Alliés arriva en vue des côtes de Normandie.*

armagnac On écrit avec une majuscule *l'Armagnac* (province française), *les Armagnacs* (faction historique, opposée aux *Bourguignons*). Avec une minuscule : *de l'armagnac* (eau-de-vie ; au pluriel *des armagnacs*), *le parti armagnac* (par opposition au *parti bourguignon*).

armé, armet Bien distinguer par l'orthographe et la prononciation *l'armé* [aʀme], l'une des positions du percuteur d'une arme à feu (avec un *e* fermé), et *l'armet* [aʀmɛ], casque ancien (avec un *e* ouvert).

armée n. f. Orthographe de certaines expressions.

1 On écrit *un corps d'armée* (= une grande unité qui constitue une partie d'une armée) et *un groupe d'armées* (= très grande unité qui comprend plusieurs armées). — Au pluriel : *Des corps d'armée. Des groupes d'armées.*

2 On écrit *un général d'armée, des généraux d'armée* (car chaque général commande une unité appelée *armée*) et *un commandant d'armées* (général mis à la tête d'un groupe de plusieurs armées).

3 En général, on écrit, en chiffres romains, *la IIIᵉ armée, la Vᵉ armée,* mais, en chiffres arabes, *le 12ᵉ corps d'armée, le 13ᵉ corps d'armée* (elliptiquement *le 12ᵉ corps, le 13ᵉ corps*).

arménien, ienne adj. ou n. D'Arménie. — Attention à la majuscule : *La population arménienne. Les Arméniens.* — *L'arménien :* langue.

armistice Accord qui met fin aux combats. — Toujours masculin : *Un armistice avantageux.* ▼ Il existe un paronyme *amnistie* ▷ **amnistie.**

armoiries n. f. ▼ Ne s'emploie qu'au pluriel.

armorial, ale, aux adj. *ou* n. m. Le masculin pluriel (adj. ou n. m.) est en principe *armoriaux.* Cette forme n'est pas incorrecte, mais elle est très rare. Il vaut mieux éviter d'employer le mot au masculin pluriel.

armoricain, aine adj. *ou* n. Avec *M* majuscule et *a* minuscule : *le Massif armoricain.* ▼ L'expression *homard à l'armoricaine* est la déformation de *homard à l'américaine.* Cette dernière forme est préférable.

aromate Toujours masculin : *Un aromate précieux.* ▼ Se prononce avec un *o* ouvert [aʀɔmat] et s'écrit sans accent circonflexe sur le *o,* à la différence de *arôme.* De même : *aromatique* [aʀɔmatik], *aromatisation* [aʀɔmatizasjɔ̃], *aromatiser* [aʀɔmatize].

arôme Toujours masculin : *Un arôme fin et pénétrant.* — Se prononce avec un *o* fermé [aʀom], à la différence de *aromate, aromatique, aromatisation, aromatiser.* L'orthographe *arôme* tend à remplacer *arome.* ▼ Il existe un paronyme *arum* [aʀɔm], qui désigne une fleur.

arpège Toujours masculin : *Un arpège descendant, ascendant.*

arpéger v. t. Jouer en arpège : *Arpéger un accord.* — Conjug. **11** et **16.** Change *é* en *è* devant un *e* muet, sauf à l'indicatif futur et au conditionnel présent : *j'arpège,* mais *j'arpégerai, j'arpégerais.* Prend un *e* après le *g* devant *a* ou *o :* il *arpégea, nous arpégeons.*

arpent [aʀpɑ̃] n. m. Ancienne mesure agraire. — Dérivés : *arpentage, arpenter, arpenteur.*

arpète n. f. Finale en *-ète.*

-arque Suffixe (du grec *arkein* « commander ») : *monarque, oligarque, hiérarque.*

arquebuse [aʀkəbyz] Toujours féminin : *Une arquebuse italienne.* — Dérivés : *arquebusade, arquebusier.*

arraché Écrire : *Obtenir la victoire à l'arraché,* et non **à l'arrachée.*

arracher v. t. — Deux *r.* De même : *arrachage, arraché, arrache-clou, arrache-étai, arrachement, d'arrache-pied, arrache-racine(s), arrache-tuyau, arracheur, arrachis, arrachoir.*

arrache-clou n. m. — Pl. : *des arrache-clous.*

arrache-étai n. m. — Pl. : *des arrache-étais.*

arrache-pied (d') loc. adv. inv. Avec un effort continu : *Ils travaillent d'arrache-pied.*

arrache-racine ou **arrache-racines** n. m. — Pl. : *des arrache-racines.*

arrache-tuyau n. m. — Pl. : *des arrache-tuyaux.*

arrachis [aʀaʃi] n. m. — Deux *r.* Le *-s* final ne se prononce pas.

arraisonner v. t. Deux *r* et deux *n.* De même : *arraisonnement, arraisonneur.*

arrangeable, arrangeant Deux *r.* Attention au *e* entre *g* et *a.*

arranger Conjug. **16.** Prend un *e* après *g* devant *a* ou *o* : *il arrangea, nous arrangeons.* — S'écrit avec *an.* Deux *r.* De même : *arrangeable, arrangeant, arrangement, arrangeur.*

arranger, ranger Ces deux verbes ne sont pas interchangeables.

1 arranger Disposer selon une certaine idée, un certain plan, aménager pour une certaine destination : *J'ai arrangé ma bibliothèque et mon bureau aussi rationnellement que je l'ai pu. Voilà un appartement arrangé avec goût.*

2 ranger Mettre ou remettre à la place voulue : *Après chaque séance de travail, je range mes livres dans la bibliothèque. Les visiteurs sont partis, rangeons les chaises.*

arrérages, arriéré Deux noms masculins à bien distinguer.

1 arrérages *(toujours au pluriel)* Montant échu d'une rente : *Les arrérages de cette rente sont insuffisants, ils ne permettent pas de vivre.* ▼ Ne pas dire **arriérages* pour *arrérages.*

2 arriéré Dette échue qui reste due, somme due et non encore payée : *Il me devait deux mille francs, il m'a remboursé mille cinq cents francs, il reste donc un arriéré de cinq cents francs.*

arrestation n. f. — Deux *r,* comme *arrêter.*

arrêt n. m. Deux *r.* Accent circonflexe sur *e.* — L'expression *arrêt complet* est considérée comme un pléonasme. On écrira : *Ne pas descendre avant l'arrêt du train* (de préférence à *avant l'arrêt complet du train*).

arrêt, arrêté, décret Trois noms masculins nullement synonymes.

1 arrêt Jugement rendu par une cour d'appel, par la Cour de cassation, par la Cour des comptes ou par le Conseil d'État.

2 arrêté Décision administrative prise par un ministre, un préfet ou un maire : *Arrêté ministériel, préfectoral, municipal.*

3 décret Texte promulgué par le président de la République ou par le Premier ministre : *Décret promulgué après avis du Conseil d'État.*

arrêter Orthographe et construction.

1 Orthographe. Deux *r.* Un accent circonflexe sur le premier *e.* De même : **arrêt, arrêté, arrête-bœuf** n. m. inv. (plante), **arrêtiste** n. m. (juriste qui commente les arrêts des tribunaux), **arrêtoir** n. m. (pièce mécanique). ▼ Ne pas écrire *j'arrête, tu arrêtes, il arrête* (deux *r*) comme *une arête de poisson* (un seul *r*).

2 Arrêter de ou **s'arrêter de,** suivi de l'infinitif. Ce tour, analogique de *cesser de,* est déconseillé. On écrira : *Le vent ne cesse pas de souffler* ou *Le vent ne cesse de souffler* (et non *Le vent n'arrête pas de souffler, ne s'arrête pas de souffler*). *Cesse de récriminer* (et non *Arrête de récriminer* ni *Arrête-toi de récriminer*). En revanche, l'emploi absolu est toléré : *Assez de récriminations, arrête ! Tu es fatigué, arrête-toi ! Assez travaillé pour aujourd'hui, arrêtons-nous !*

arrhes [aʀ] Acompte. — Toujours féminin et toujours au pluriel : *Des arrhes suffisantes.* — Attention au groupe *-rrh-.* — Homophones : *are* (mesure agraire), *art* (activité artistique), *hart* (corde).

arriération n. f. Ne peut désigner que le retard mental : *Un enfant atteint d'arriération.* ▼ Ne pas dire *arriération culturelle, économique,* mais *retard culturel, économique.* En revanche, on peut dire : *Ce pays est arriéré.*

arrière Deux *r.* — Emplois et accord.

1 Adverbe ou interjection. Toujours invariable : *Arrière, misérables ! Arrière, bandits !*

2 Adjectif. Toujours invariable : *Les roues arrière. Des malles arrière. Les sièges arrière.*

3 Nom masculin. Prend la marque du pluriel : *Protéger ses arrières. Les deux arrières d'une équipe de football.*

arriéré ▷ arrérages et arriération.

arrière-ban n. m. — Pl. : *des arrière-bans.*

arrière-bec n. m. — Pl. : *des arrière-becs.*

arrière-bouche n. f. — Pl. : *des arrière-bouches.*

arrière-boutique n. f. — Pl. : *des arrière-boutiques.*

arrière-cerveau n. m. — Pl. : *des arrière-cerveaux.*

arrière-chœur n. m. — Pl. : *des arrière-chœurs.*

arrière-corps n. m. Invariable : *des arrière-corps.*

arrière-cour n. f. — Pl. : *des arrière-cours.*

arrière-faix [aʀjɛʀfɛ] n. m. Invariable : *des arrière-faix.*

arrière-fleur n. f. — Pl. : *des arrière-fleurs.*

arrière-garde n. f. — Pl. : *des arrière-gardes.*

arrière-gorge n. f. — Pl. : *des arrière-gorges.*

arrière-goût n. m. — Pl. : *des arrière-goûts.*

arrière-grand-mère n. f. — Pl. : *des arrière-grand-mères.*

arrière-grand-oncle [aʀjɛʀgʀɑ̃tɔ̃kl(ə)] n. m. — Pl. : *des arrière-grands-oncles* [aʀjɛʀ gʀɑ̃zɔ̃kl(ə)].

arrière-grand-père n. m. — Pl. : *des arrière-grands-pères.*

arrière-grands-parents n. m. pl. Avec deux traits d'union.

arrière-grand-tante n. f. — Pl. : *des arrière-grand-tantes.*

arrière-main n. f. — Pl. : *des arrière-mains.*

arrière-neveu n. m. — Pl. : *des arrière-neveux.*

arrière-nièce n. f. — Pl. : *des arrière-nièces.*

arrière-pays n. m. Invariable : *des arrière-pays.*

arrière-pensée n. f. — Pl. : *des arrière-pensées.*

arrière-petit-fils n. m. — Pl. : *des arrière-petits-fils.*

arrière-petite-fille n. f. — Pl. : *des arrière-petites-filles.*

arrière-petite-nièce n. f. — Pl. : *des arrière-petites-nièces.*

arrière-petit-neveu n. m. — Pl. : *des arrière-petits-neveux.*

arrière-petits-enfants n. m. pl. Avec deux traits d'union.

arrière-plan n. m. — Pl. : *des arrière-plans.*

arrière-port n. m. — pl. : *des arrière-ports.*

arriérer Conjugaison et sens.

1 Conjug. 11 Change *é* en *è* devant un *e* muet, sauf à l'indicatif futur et au conditionnel présent : *je m'arrière,* mais *je m'arriérerai, je m'arriérerais.*

2 A l'actif, est vieilli et rare : *Arriérer un paiement,* le retarder, le différer. — A la forme pronominale, signifie « prendre du retard dans ses paiements » (sens le plus fréquent) ou bien « rester en arrière » (rare) : *Ce fermier s'arrière, il doit plusieurs termes de son fermage. La petite troupe s'arriéra et fut coupée du reste de l'armée.*

arrière-saison n. f. — Pl. : *des arrière-saisons.*

arrière-train n. m. — Pl. : *des arrière-trains.*

arrière-vassal n. m. — Pl. : *des arrière-vassaux.*

arrière-voussure n. f. — Pl. : *des arrière-voussures.*

arrimer v. t. — Deux *r.* De même : *arrimage* n. m., *arrimeur* n. m.

arrivage, arrivée Deux dérivés de *arriver* qui ne sont pas interchangeables dans tous les cas.

1 arrivage Ne s'emploie qu'à propos des navires ou des véhicules ou des marchandises.

a/ *L'arrivage d'un navire, d'une voiture.* Rare de nos jours dans ce sens et remplacé par *arrivée.*

b/ Désigne l'arrivée des marchandises : *Le chef magasinier surveille l'arrivage des marchandises.* Peut être remplacé par *arrivée.*

c/ Désigne la quantité de marchandises qui arrivent ou, par extension, ces marchandises elles-mêmes : *Des arrivages massifs de fruits aux halles de Rungis ont fait baisser les cours. L'arrivage de poisson était en partie avarié.* Dans ce sens, *arrivée* est impossible.

2 arrivée Est le seul terme qui puisse s'employer quand il s'agit de personnes : *L'arrivée des voyageurs dans une gare.* Peut remplacer *arrivage* au sens *1, a* et *1, b* (*L'arrivée du paquebot, du train. Vous surveillerez l'arrivée des colis*), mais non au sens *1, c.*

arrivant, ante n. m. *ou* f. Sans trait d'union : *Un nouvel arrivant. Une nouvelle arrivante. De nouveaux arrivants. De nouvelles arrivantes.*

arriver Orthographe, conjugaison, construction et sens.

1 Orthographe. Deux *r*. De même : *arrivant, arrivée, arrivisme, arriviste.*

2 Conjugaison. Toujours avec l'auxiliaire *être*. Accord avec le sujet : *Mes deux filles sont arrivées hier.*

3 Il arrive que. Se construit avec l'indicatif pour indiquer qu'un fait déterminé s'est effectivement produit (*Il arriva que la pluie se mit à tomber au moment où je sortis*), avec le subjonctif pour marquer la possibilité, l'éventualité (*Il arrive parfois qu'une pièce soit défectueuse ; dans ce cas, nous la remplaçons gratuitement*).

4 Expression fautive. *Il n'arrive pas vite* au sens de « il est long à venir, il tarde à venir, il est en retard » est un tour à éviter (l'arrivée est un événement instantané, qui ne peut être ni lent ni rapide). Dire : *Les vacances sont longues à venir* (et non *Les vacances n'arrivent pas vite*). *L'autobus a du retard* (et non *L'autobus n'arrive pas vite*).

arrogamment adv. Deux *r*. Finale en *-amment* (vient de arrog*ant*).

arrogant Deux *r*. De même : *arrogamment, arrogance.*

arroger (s') Deux *r*. — Verbe uniquement pronominal. — Conjugaison et accord du participe passé.

1 Conjug. 16. Prend un *e* après le *g* devant *a* ou *o* : *il s'arrogea, nous nous arrogeons.*

2 Aux temps composés, le participe passé s'accorde avec le complément d'objet direct si celui-ci est placé avant le verbe : *Les droits qu'elle s'est arrogés.* Il reste invariable si le complément est placé après le verbe : *Elles se sont arrogé des droits excessifs.*

arrondir v. t. — Deux *r*. De même : *arrondi, arrondissement.*

arroser v. t. Deux *r*. De même : *arrosable, arrosage, arroseur, arroseuse, arrosoir.*

arsenal n. m. — Pl. : *des arsenaux.*

arséniate ▷ arsenic.

arsenic n. m. Toujours masculin : *L'arsenic gris. L'arsenic est dangereux.* — Prononciation : [aʀsənik]. La prononciation [aʀsəni] est rare et vieillie. ▼ S'écrit sans accent, comme les dérivés *arsenical, ale, aux* [aʀsənikal, al, o] et *arsenicisme* [aʀsənisism(ə)]. Tous les autres dérivés s'écrivent avec un accent aigu sur le *e* et se prononcent avec [se] et non [sə] : *arséniate* [aʀsenjat], *arsénié* [aʀsenje], *arsé-* *nieux* [aʀsenjø], *arsénique* [aʀsenik], *arséniure* [aʀsenjyʀ].

arsouille [aʀsuj] Une majuscule dans l'expression *Milord l'Arsouille*, surnom donné à lord Seymour, riche Anglais qui vivait à Paris, sous Louis-Philippe. — Nom commun (*un arsouille*), désigne un débauché, un ivrogne, un voyou (*très populaire*). S'emploie normalement dans ce sens au masculin : *Ce type, c'est un arsouille.* A été féminin au XIXᵉ siècle. — Appliqué à une femme (*rare*), est toujours féminin : *Il s'était mis en ménage avec une petite arsouille.* — S'emploie aussi comme adjectif : *Il a des manières arsouilles* (variable en nombre).

Artaban Expression proverbiale : *Il est fier comme Artaban*, il est très fier (prend une majuscule). Ne pas dire *fier* * *comme d'Artagnan.*

artère [aʀtɛʀ] Vaisseau sanguin. — Toujours féminin : *Une artère courte.* — Accent grave sur le *e*, à la différence des dérivés *artériectomie, artériel, elle, artériole, artériosclérose, artérite, artériotomie.*

artésien, ienne De l'Artois : *La population artésienne. Les Artésiens.* — *Un puits artésien.*

arthrite n. f. Attention à la place du groupe *-th-*. De même : *arthritique, arthritisme, arthropathie, arthrose* n. f.

artichaut n. m. Prend un *-t* à la fin, et non un *-d.*

artificiel, artificieux Deux adjectifs de la famille de *artifice.*

1 artificiel, elle Qui n'est pas d'origine naturelle et spontanée, mais qui est créé ou provoqué par l'homme : *On est en train de creuser un lac artificiel pour embellir le parc de loisirs.*

2 artificieux, euse Rusé, retors, fourbe : *Par des paroles artificieuses, il réussit à tromper cet homme simple et bon.*

3 Même distinction pour les adverbes *artificiellement* et *artificieusement.*

artillerie n. f. Bien prononcer [aʀtijʀi], avec [j]. De même : *artilleur* [aʀtijœʀ].

artimon n. m. (marine) *Mât d'artimon.* — Pas de *-t* à la fin.

artisan Question du féminin.

1 La forme *une artisane* est rare au sens propre. On dit plutôt *une femme artisan.*

2 La forme *artisane* se rencontre parfois au figuré (*La démesure fut l'artisane de sa ruine*, vieilli et littéraire) ou comme adjectif au sens de « propre à un artisan » (*La mentalité artisane*). Il est mieux cependant de dire : *la mentalité des artisans* ou *d'un artisan* ou *de l'artisan.*

3 ▼ Éviter absolument le barbarisme *une *artisante*, pour dire *une femme artisan.*

artistement, artistiquement Deux adverbes qui ne sont pas tout à fait synonymes.

1 artistement Avec art, avec un sens et un souci certains de la beauté, de l'harmonie : *Un bouquet artistement composé.*

2 artistiquement De manière à donner à un objet l'aspect d'un objet d'art, d'une œuvre d'art (souvent avec une idée de recherche prétentieuse, de mauvais goût) : *Le traditionnel buffet Henri II, artistiquement sculpté.*

arum n. m. Plante. — Prononciation : [aʀɔm]. — Pl. : *des arums* [-ʀɔm]. ▼ Il existe un paronyme *arôme*, parfum.

aryen, arien ▷ arien.

arythmie n. f. Avec *y* et *th.*

ascendance n. f. Attention au groupe -*sc*- et aux groupes -*en*- et -*an*-. De même *ascendant, ante* adj. *ou* n.

ascenseur n. m. Attention au groupe -*sc*- et à la graphie -*en*-.

ascension n. f. Attention au groupe -*sc*- et à la graphie -*en*-. De même : *ascensionnel, elle, ascensionner, ascensionniste.* — Une majuscule au sens religieux : *L'Ascension du Christ. La fête de l'Ascension.* ▼ A distinguer de *l'Assomption* (de la Vierge).

ascensionner v. t. *ou* v. i. Au sens transitif de « grimper sur, gravir, escalader, faire l'ascension de » (*ascensionner une colline*), doit être évité. — Toléré dans l'emploi intransitif au sens de « faire une ascension » ; *Au cours de mes vacances, j'ai ascensionné dans les Pyrénées.* — Attention au groupe -*sc*- et aux deux *n.*

ascensionniste n. m. *ou* f. Synonyme vieilli de *alpiniste.*

ascèse [asɛz] n. f.

ascète [asɛt] n. m. *ou* n. f. Attention au groupe -*sc*-. — Accent grave et *e* ouvert, à la différence de *ascétique* [asetik], *ascétisme* [asetism(ə)].

ascétique [asetik] adj. Propre aux ascètes : *Les moines mènent une vie ascétique.* — Attention au groupe -*sc*- et à l'homophone *acétique* « propre au vinaigre » : *La fermentation acétique. L'acide acétique.*

asepsie [asɛpsi] n. f. Pas de *s* double. De même : *aseptique, aseptisation, aseptiser.* ▼ Ne pas écrire *aseptie.*

aseptique adj. A distinguer de *antiseptique* ▷ antiseptique.

asexué, ée [asɛksɥe, e] adj. Pas de *s* double.

asiate adj. *ou* n. Équivalent péjoratif de *asiatique* : *Les populations asiates. Les Asiates.*

asiatique adj. *ou* n. *Les peuples asiatiques. Les Asiatiques.*

asile Toujours masculin : *Un asile discret.* — Dérivé : *asilaire.*

asocial, antisocial Deux composés négatifs de *social* qui ne sont pas synonymes.

1 asocial, ale, aux Qui est contraire aux règles qui permettent la vie en société : *Le vol est un acte asocial. Une conduite asociale.* — S'applique à une personne mal adaptée à la vie en société et dont le comportement est plus ou moins agressif à l'égard de ses semblables : *Un individu asocial.* — Peut s'employer substantivement : *Les criminels sont des asociaux.*

2 antisocial, ale, aux Qui tend à dissoudre l'ordre social, la société : *Les théories antisociales des anarchistes.* — Qui tend à différer ou à annuler l'amélioration du sort des classes sociales les plus défavorisées : *Le blocage des salaires est une mesure antisociale.*

aspect Bien prononcer [aspɛ]. Le *c* et le *t* se prononcent jamais de nos jours. Certains auteurs recommandaient de prononcer le *c* en liaison devant une voyelle : *Un aspect anormal* [aspɛkanɔʀmal]. Cet usage est vieilli et peu conseillé. En revanche, au pluriel, on peut faire la liaison avec le -*s* : *des aspects anormaux* [aspɛzanɔʀmo].

asperge Toujours féminin : *Ces asperges sont très bonnes.*

asperger v. t. Conjug. **16.** Prend un *e* après le *g* devant *a* ou *o* : *il aspergea, nous aspergeons.*

asphalte [asfalt(ə)]. Toujours masculin : *De l'asphalte luisant.* — Attention au groupe -*ph*-. De même : *asphaltage, asphalter, asphalteur, asphaltier, asphaltite.*

asphodèle [asfɔdɛl] Plante. — Toujours masculin : *Un asphodèle blanc.* — Attention au groupe *-ph-*.

asphyxier Conjug. 20. Double le *i* à la première et à la deuxième personne du pluriel de l'indicatif imparfait et du subjonctif présent : *(que) nous asphyxiions, (que) vous asphyxiiez.* — Avec *-ph-* et *y.* De même : *asphyxiant, asphyxie, asphyxié.*

aspic Quel que soit le sens, prononciation : [aspik]. Toujours masculin : *L'aspic est dangereux.*

aspirer Construction et sens.

I Construction. Au sens propre, construction transitive : *Il aspirait l'air pur de la mer.* — Au sens de « désirer vivement, chercher à obtenir », construction transitive indirecte (*aspirer à* suivi d'un nom ou d'un infinitif) : *Il aspire aux honneurs. Ils aspire à devenir le chef de son parti.*

II aspirer, inspirer, inhaler. Trois verbes à distinguer.

1 aspirer Faire entrer l'air, la fumée, etc. dans ses poumons, généralement par un acte volontaire ou conscient (s'emploie avec un complément) : *Dès que je fus sorti, j'aspirai à pleins poumons l'air frais de la nuit. Il aspirait lentement la fumée de sa cigarette.*

2 inspirer Faire entrer l'air dans ses poumons, généralement par un acte volontaire ou avec effort (s'emploie sans complément) : « *Attention, cria le professeur de gymnastique. Une, deux ! Inspirez, soufflez ! Inspirez, soufflez !* »

3 inhaler Respirer, faire entrer dans ses poumons, volontairement ou non, une substance médicamenteuse ou chimique à l'état gazeux (s'emploie avec un complément) : *On inhale des médicaments en aérosol dans certains cas de rhume ou de grippe. Les ouvriers de l'industrie chimique sont exposés à inhaler des substances toxiques.*

aspirine n. f. En France, n'est pas un nom propre déposé, donc pas de majuscule : *Un comprimé d'aspirine.*

assai adv. (*musique*) Mot italien qui signifie « très » et qui s'emploie joint à un autre terme de musique : *Presto assai*, très rapide. — Prononciation : [asaj].

assaillant, ante adj. *ou* n. m. *Les troupes assaillantes. Les assaillants furent repoussés.*

assaillir [asajiʀ] v. t. Conjugaison difficile. — Indicatif présent : *j'assaille, tu assailles, il*

assaille, nous assaillons, vous assaillez, ils assaillent. — Indicatif imparfait : *j'assaillais, tu assaillais, il assaillait, nous assaillions, vous assailliez, ils assaillaient.* — Indicatif passé simple : *j'assaillis, tu assaillis, il assaillit, nous assaillîmes, vous assaillîtes, ils assaillirent.* — Indicatif futur : *j'assaillirai, tu assailliras, il assaillira, nous assaillirons, vous assaillirez, ils assailliront.* — Conditionnel : *j'assaillirais, tu assaillirais, il assaillirait, nous assaillirions, vous assailliriez, ils assailliraient.* — Impératif : *assaille, assaillons, assaillez.* — Subjonctif présent : *que j'assaille, que tu assailles, qu'il assaille, que nous assaillions, que vous assailliez, qu'ils assaillent.* — Subjonctif imparfait : *que j'assaillisse, que tu assaillisses, qu'il assaillît, que nous assaillissions, que vous assaillissiez, qu'ils assaillissent.* — Participe présent : *assaillant.* — Participe passé : *assailli, ie.*

assainir v. t. Un seul *n.* De même *assainissement, assainisseur.*

assaisonner v. t. Deux *n.* De même : *assaisonnement.*

assassin Celui qui a commis un meurtre avec préméditation ou avec guet-apens. L'emploi au féminin fait difficulté.

1 Comme substantif. Le mot n'a pas de féminin. Malgré l'impropriété, c'est en fait le mot *meurtrière* qui sert de féminin à *assassin* : *La meurtrière a été condamnée à vingt ans de réclusion.*

2 Comme adjectif. Le mot a une forme féminine, *assassine*, qui s'emploie au propre et au figuré : *Une arme assassine. Une épigramme assassine.* Cet emploi est littéraire.

assassinat, homicide, meurtre, crime Ces quatre noms masculins ne sont pas synonymes.

1 homicide Terme de la langue du droit et de la langue savante. Désigne l'acte de celui qui a tué un être humain, volontairement ou non. — Le droit français distingue deux cas.

a/ L'homicide involontaire Par exemple, cas d'un automobiliste qui provoque par sa faute un accident mortel.

b/ L'homicide volontaire Crime qui comprend les catégories suivantes : meurtre, assassinat, parricide (meurtre d'un ascendant légitime), infanticide (meurtre d'un enfant dont la naissance n'est pas encore déclarée ou notoire).

2 meurtre Dans la langue du droit, acte de celui qui tue un être humain volontairement, mais sans préméditation ni guet-apens. — Dans le langage courant, acte de celui qui tue un être humain volontairement, avec ou sans préméditation.

3 assassinat Dans la langue du droit, acte de celui qui tue un être humain volontairement, avec préméditation ou avec guet-apens. — Dans le langage courant, s'emploie aussi (improprement) pour désigner un homicide non prémédité, quand on veut insister sur son caractère odieux.

4 crime Bien distinguer deux sens.

a/ (*sens juridique*) Infraction très grave : meurtre, incendie volontaire, atteinte à la sûreté de l'État, trahison, espionnage, etc.

b/ (*sens usuel*) Synonyme de *meurtre* ou de *assassinat* : *Les policiers ont retrouvé l'arme du crime, c'est un pistolet de calibre 6,35.*

assavoir, à savoir Deux expressions homophones, mais non synonymes.

1 faire assavoir (*quelque chose à quelqu'un*) Vieille expression de la langue juridique qui équivaut à « faire savoir ». S'emploie encore par plaisanterie.

2 à savoir (remplacé parfois par *savoir*) Expression qui introduit une énumération ou une explication : *Il y eut dans l'Antiquité trois grands conquérants, à savoir : Alexandre, Hannibal et César.* On pourrait dire aussi : *... trois grands conquérants, savoir : Alexandre, Hannibal et César.*

assaut n. m. Finale en *-aut.*

asséché, ée [aseʃe, e] adj. Le premier *e* se prononce [e] et s'écrit avec un accent aigu, à l'inverse de ce qui se passe pour *assèchement* [asɛʃmɑ̃].

assécher v. t. Conjug. **11.** Change *é* en *è* devant un *e* muet, sauf à l'indicatif futur et au conditionnel présent : *j'assèche, j'assécherai.*

assener v. t. Jamais d'accent aigu. La forme *asséner* est incorrecte. Deux séries de formes, selon que la désinence est tonique ou atone.

1 La désinence est une voyelle tonique. Aucun accent sur le *e* du radical : *assener* [asəne] ou, moins bien, [asne], [asene] ; *nous assenons* [asənɔ̃] ou, moins bien, [asnɔ̃], [asenɔ̃] ; *vous assenez* [asəne] ou, moins bien, [asne], [asene] ; *j'assenais* [asəne] ou, moins bien, [asnɛ], [asenɛ] ; *tu assenais* [asəne] ou, moins bien, [asnɛ], [asenɛ] ; *il assenait* [asəne], ou, moins bien, [asnɛ], [asenɛ] ; *j'assenai* [asəne] ou, moins bien, [asne], [asene] ; *tu assenas* [asəna] ou, moins bien, [asna], [asena] ; *qu'il assenât* [asəna] ou, moins bien, [asna] ; [asenɑ] ; *assenant* [asənɑ̃] ou, moins bien, [asnɑ̃], [asenɑ̃] ; *assené* [asəne] ou, moins bien, [asne], [asene].

2 La désinence est un *e* muet ou commence par un *e* muet. On met un accent grave sur le *e* du radical, qui se prononce ouvert [ɛ] : *j'assène* [asɛn] ; *tu assènes* [asɛn] ; *il assène* [asɛn] ; *ils assènent* [asɛn] ; *j'assènerai* [asɛnʀe] ; *j'assènerais* [asɛnʀɛ] ; *tu assènerais* [asɛnʀɛ] ; *que j'assène* [asɛn] ; *que tu assènes* [asɛn].

asseoir v. t. Conjugaison complexe et difficile. Voir le tableau ci-contre.

1 Indicatif présent et impératif. Au sens propre et à la forme pronominale, se conjugue plutôt sur le type *j'assieds, tu assieds..., assieds-toi... : J'assieds cet enfant sur sa chaise. Assieds-toi sur ce banc.* — Au sens figuré, se conjugue plutôt sur le type *j'assois, tu assois..., assois... : Il assoit sa réputation. Assois d'abord ta situation.* ▼ Évitez le barbarisme **assis-toi (pour assieds-toi).* Ne pas écrire **j'assoie, *il assoie* (au lieu de *j'assois, il assoit*).

2 Indicatif imparfait. Au propre comme au figuré, le type *j'assoyais, tu assoyais...* est très peu usité. On emploie presque uniquement le type *j'asseyais, tu asseyais... : Je m'asseyais sur ce vieux banc. Il asseyait sa réputation.* ▼ Ne pas oublier le *i* après *y* à la première et à la deuxième personne du pluriel : *nous asseyions, vous asseyiez ; nous assoyions, vous assoyiez.*

3 Indicatif passé simple. Un seul type : *j'assis, tu assis...* ▼ Éviter les babarismes **j'assoyai, *tu assoyas..., *ils assoyèrent* (pour *j'assis, tu assis..., ils assirent*).

4 Indicatif futur et conditionnel présent. Au propre comme au figuré, le type *j'assiérai, j'assiérais* est assez peu usité. On emploie plutôt *j'assoirai, j'assoirais : Je suis fatigué, je m'assoirais volontiers. Il assoira sa réputation.* ▼ Ne pas écrire **j'assoierai, *j'assoierais* (au lieu de *j'assoirai, j'assoirais*).

5 Subjonctif présent. Les deux types s'emploient concurremment, le type *que j'assoie* étant plus fréquent au sens figuré *(Que j'assoie ma réputation)*, le type *que j'asseye* étant plus fréquent à la forme pronominale *(que je m'asseye*) dans la langue soutenue (mais non dans la langue parlée, où *que je m'assoie* est la forme usuelle). ▼ Ne pas oublier le *i* après *y* à la première et à la deuxième personne du pluriel : *que nous asseyions, que vous asseyiez ; que nous assoyions, que vous assoyiez.*

6 Temps composés de la forme pronominale. Toujours l'auxiliaire *être.* Accord du participe avec le sujet : *Elles se sont assises.*

assertion [asɛʀsjɔ̃] n. f. Avec deux *s* et un *t* prononcé [s]. Dérivé : *assertorique.*

asservir ▼ Se conjugue comme *finir* et non comme *servir* : *nous asservissons, j'asservissais,*

ASSEOIR

Ce verbe, comme *rasseoir*, qui se conjugue de la même manière, est surtout employé à la forme pronominale.

Indicatif présent

j'assieds	*ou* j'assois
tu assieds	*ou* tu assois
il assied	*ou* il assoit
nous asseyons	*ou* nous assoyons
vous asseyez	*ou* vous assoyez
ils asseyent	*ou* ils assoient

Indicatif imparfait

j'asseyais	*ou* j'assoyais
tu asseyais	*ou* tu assoyais
il asseyait	*ou* il assoyait
nous asseyions	*ou* nous assoyions
vous asseyiez	*ou* vous assoyiez
ils asseyaient	*ou* ils assoyaient

indicatif passé simple

j'assis	nous assîmes
tu assis	vous assîtes
il assit	ils assirent

Indicatif futur

j'assiérai	*ou* j'assoirai
tu assiéras	*ou* tu assoiras
il assiéra	*ou* il assoira
nous assiérons	*ou* nous assoirons
vous assiérez	*ou* vous assoirez
ils assiéront	*ou* ils assoiront

Conditionnel présent

j'assiérais	*ou* j'assoirais
tu assiérais	*ou* tu assoirais
il assiérait	*ou* il assoirait
nous assiérions	*ou* nous assoirions
vous assiériez	*ou* vous assoiriez
ils assiéraient	*ou* ils assoiraient

Impératif présent

assieds, asseyons, asseyez
ou assois, assoyons, assoyez

Subjonctif présent

que j'asseye	*ou* que j'assoie
que tu asseyes	*ou* que tu assoies
qu'il asseye	*ou* qu'il assoie
que nous asseyions	*ou* que nous assoyions
que vous asseyiez	*ou* que vous assoyiez
qu'ils asseyent	*ou* qu'ils assoient

Subjonctif imparfait

que j'assisse	que nous assissions
que tu assisses	que vous assissiez
qu'il assît	qu'ils assissent

Participe présent	Participe passé
asseyant *ou* assoyant	assis (assise, assis, assises)

asservissant. — Dérivés : *asservissement, asservisseur.*

assesseur [asɛsœʀ] ou [asesœʀ] n. m. ▼ Deux fois deux *s.*

assez Prononciation, emploi, construction.

1 La liaison du *-z* devant un mot qui commence par une voyelle ou un *h-* muet est facultative : *Un chef assez humain* [aseymɛ̃] ou [asezymɛ̃].

2 *Assez* est toujours suivi de *de*, jamais de *des* ou de *du* : *Vous avez bu assez de vin* (et non **assez du vin*). *Vous avez mangé assez de cerises* (et non **assez des cerises*).

3 Évitez le pléonasme *suffissamment assez* : *Des fournitures de bureau, nous en avons assez* ou *nous en avons en quantité suffisante* ou *nous en avons suffisamment* (et non *nous en avons suffisamment assez*).

4 **C'est (bien) assez de** (suivi de l'infinitif). Tend à remplacer *c'est (bien) assez que de* (tour littéraire et un peu précieux) : *C'est bien assez de supporter ses caprices, nous n'allons pas en outre lui présenter des excuses.*

5 **C'est (bien) assez que.** Est toujours construit avec le subjonctif : *C'est assez que nous soyons prévenus huit jours à l'avance. C'est déjà bien assez que je sois obligé de faire son travail.*

6 L'expression *en avoir assez*, être excédé d'une chose, ne plus pouvoir supporter une personne, est familière. Dans la langue soutenue, dire : *être excédé, las, fatigué de...*, *ne plus pouvoir tolérer, supporter, accepter...*

assidu, ue adj. Dérivés : *assiduité, assidûment.* ▼ Seul l'adverbe *assidûment* prend un accent circonflexe sur le *u.*

assiéger v. t. Conjug. **11** et **16.** Prend un *e* après le *g* devant *a* ou *o* : *il assiégea, nous assiégeons.* Change *é* en *è* devant une *e* muet, sauf à l'indicatif futur et au conditionnel présent : *j'assiège,* mais *j'assiégerai.*

assiette n. f. Deux *s* et deux *t.* — Dérivé : *assiettée.*

assigner v. t. Attention au *i* derrière *gn* à la première et à la deuxième personne du pluriel de l'indicatif imparfait et du subjonctif présent : *que nous assignions, que vous assigniez.* — Dérivés : *assignable, assignat, assignation.*

assimiler v. t. Deux *s*, un seul *m*, un seul *l.* De même : *assimilation.*

assis, ise Participe passé de *asseoir.*

assise n. f. Toujours au pluriel dans *les assises* au sens de « session » : *Le congrès du parti tiendra ses assises le 12 mai prochain.* De même, pluriel dans *la cour d'assisses* ou *les assises* (avec une minuscule) : *L'assassin sera jugé par les assises de l'Oise.*

assistant, ante Emploi et féminin.

1 Quand *assistant* désigne une personne qui assiste à une séance, à une réunion, il ne peut s'employer qu'au pluriel. Dire : *L'un des assistants se leva* (et non **un assistant se leva*).

2 La forme féminine *assistante* s'emploie quand on parle d'une femme *(Une assistante médicale. Elle est assistante à la Sorbonne),* sauf dans l'expression *maître assistant,* qui n'a pas de féminin : *Elle est maître assistant à la Sorbonne.*

association, société ; associé, sociétaire. On prendra garde que, juridiquement, une *associa-tion* est un goupement à but non lucratif : *L'association des anciens élèves du lycée Jules Ferry. L'association de défense du site de Germignac.* Une *société commerciale* a, par définition, un but lucratif. Ce qui peut donner lieu à confusion, c'est que certaines *associations* (au sens juridique) prennent le titre de *société* : *Société de chasse. Société de pêche.* ▼ Les membres d'une *association* sont généralement appelés *sociétaires,* tandis que les personnes qui ont des intérêts dans une *société commerciale* sont des *associés.*

associationnisme n. m. — Deux *n*. De même : *associationniste.*

associer v. t. Conjugaison et construction.

I Double le *i* à la première et à la deuxième personne du pluriel de l'indicatif imparfait et du subjonctif présent : *(que) nous associions, (que) vous associiez.*

II Se construit avec *à* ou avec *avec* ou avec *et.*

1 Associer une personne *avec* (ou *à*) **une personne.** *Je vais vous associer avec* (ou *à*) *notre nouveau collaborateur ce travail difficile.* On emploie aussi *et : J'ai associé ma secrétaire et l'une de mes assistantes pour ce travail de classement.*

2 Associer une personne *à* **une chose.** *Je veux vous associer à notre projet.*

3 Associer une chose *à* **une chose.** La préposition *avec* est assez rare dans ce cas : *Dans l'action, il associe l'audace à la ruse.* On emploie aussi *et : Il associe l'audace et la ruse.*

4 Une personne s'associe *avec* (ou *à*) **une personne.** Attention au sens. *S'associer avec* (ou

à...), former une association, une société, une équipe, un groupe avec... : *Ce financier s'est associé avec un ingénieur pour exploiter cette invention. Ce linguiste s'est associé à un mathématicien pour ses recherches sur les caractères statistiques du vocabulaire.* — *S'asso-cier à...,* prendre part à l'action, aux sentiments de... : *Je m'associe à tous mes collègues pour vous féliciter vivement.*

5 Une personne s'associe *à* **une chose.** *Je m'associe bien volontiers à votre projet.*

6 Une chose s'associe *à* **une chose.** L'emploi de *avec* est plus rare : *Chez cet homme d'État, l'idéalisme s'associe à un sens aigu de la manœuvre politique.* On emploie aussi *et : Chez lui, le goût du rêve et le goût de l'action s'associent étrangement.*

assoiffé, assoiffer Dans la langue surveillée, on préférera les équivalents *altéré, altérer : Il fait chaud, nous sommes tous altérés.*

assoler v. t. Deux *s*, un seul *l*. De même : *assolement* n. m.

assommer v. t. — Deux *s* et deux *m*. De même : *assommant, assommeur, assommoir.*

assomption [asɔ̃psjɔ̃] n. f. Avec une majuscule : *L'Assomption de la Vierge. La Fête de l'Assomp-tion.* A distinguer de *l'Ascension.*

assonance n. f. Rime incomplète (par exemple *peur peùple*). Un seul *n*. De même : *assonancé, assonant, assoner.*

assortiment n. m. Pas de *e* après le *i*.

assortir Conjugaison et construction.

I Conjugaison. Comme *finir* et non comme *sortir : Nous assortissons. J'assortirais. Assor-tissant.*

II Construction.

1 Au sens de « harmoniser, joindre ». Avec *avec,* avec *à* ou avec *et : Je veux assortir le papier de tenture à* (ou *avec*) *la couleur de mes meubles. Ce velours s'assortit mal aux boiseries sombres de ce salon. Assortir deux fauteuils et un canapé.*

2 Au sens de « compléter, agrémenter ». Avec *de : Il faut assortir le contrat d'une clause de sauvegarde. Une cheminée de marbre assortie d'une grande pendule de style Empire.*

assourdir v. t. A la différence de *abasourdir,* s'écrit avec deux *s*. Prononciation : [asuʀdiʀ]. De même : *assourdissant, ante* [asuʀdisɑ̃, ɑ̃t], *assourdissement* [asuʀdismɑ̃].

assujettir v. t. — Deux *s* et deux *t.* De même : *assujettissant, assujettissement.*

assumer v. t. En dehors du sens usuel *(assumer un risque, une responsabilité)*, ce mot a été très souvent employé dans la langue de la philosophie existentialiste : *L'homme authentique assume sa condition déterminée et, en même temps, sa liberté.* — Ce mot connaît une grande vogue dans la langue intellectuelle et il est employé parfois dans des sens aussi variés qu'imprécis. Ne pas en abuser.

assurément Éviter *assurément que.* Dire *assurément : Assurément, il fait très froid* (et non *assurément qu'il fait très froid).*

assurer Construction et emploi.

1 Assurer quelqu'un de..., lui dire qu'il peut compter sur... : *Il nous a assurés de son dévouement, de son appui* (accord du participe avec *nous*, car *nous* est complément d'objet direct).

2 Assurer à quelqu'un que..., lui affirmer que... : *Il nous a assuré qu'il reviendrait bientôt* (pas d'accord du participe, car *nous* est complément d'attribution et équivaut à *à nous).* — On évitera la construction vieillie *Il l'a assuré qu'il reviendrait.* On dira plutôt *Il lui a assuré qu'il reviendrait.*

assyrien, ienne adj. *ou* n. Attention à la majuscule : *La civilisation assyrienne. Les Assyriens.* — Attention au *y* et à la confusion possible avec *syrien.* — Dérivés : *assyriologie, assyriologue.*

aster Plante. — Prononciation : [astɛʀ]. — Pl. : *des asters* [-stɛʀ]. Toujours maculin : *Des asters blancs.*

astérisque Signe typographique (*). ▼ Toujours masculin : *Cet astérisque était trop petit, je ne l'ai pas vu.*

asthénie n. f. Avec *th.* De même : *asthénique.*

asthme Toujours masculin : *Un asthme fort gênant.* ▼ Le *-th-* ne se prononce pas : [asm(ə)]. De même : *asthmatique* [asmatik].

asti n. m. Vin. — Pas de majuscule : *Boire un verre d'asti.*

asticot n. m. Finale en *-ot.*

asticoter v. t. *(familier)* Harceler, tourmenter. — Un seul *t.*

astigmatisme n. m. Défaut d'un système optique

ou du cristallin. — Ne pas dire **asigmatisme.* — Dérivé : *astigmate* adj. *ou* n. (atteint d'astigmatisme).

astiquage n. m. Action d'astiquer. — Avec *-qu-.*

astiquer v. t. Toujours avec *-qu-*, même devant *a* ou *o* : *il astiqua, nous astiquons.*

astragale Os du pied ; moulure. ▼ Toujours masculin : *Un astragale très décoratif.*

astrakan, Astrakhan Ne pas écrire *de l'astra-kan*, fourrure, comme le nom de la ville *d'Astrakhan.*

astral, ale, aux adj. Le masculin pluriel *astraux* est peu usité.

astre Toujours masculin : *Un astre brillant.*

astreignant, ante adj. Attention au groupe *-ei-.*

astreindre v. t. Conj. **84.** *J'astreins, tu astreins, il astreint, nous astreignons, vous astreignez, ils astreignent.* — *J'astreignais, tu astreignais, il astreignait, nous astreignions, vous astreigniez, ils astreignaient.* — *J'astreignis, tu astreignis, il astreignit, nous astreignîmes, vous astreignîtes, ils astreignirent.* — *J'astreindrai, tu astreindras...* — *J'astreindrais, tu asteindrais...* — *Astreins, astreignons, astreignez.* — *Que j'astreigne, que tu astreignes, qu'il astreigne, que nous astreignions, que vous astreigniez, qu'ils astreignent.* — *Que j'astreignisse..., qu'il astreignît...* — *Astreignant.* — *Astreint, einte.* ▼ Attention au *i* après le groupe *-gn-* à la première et à la deuxième personne du pluriel de l'indicatif imparfait et du subjonctif présent : *(que) nous astreignions, (que) vous astreigniez.*

astreinte n. f. Terme de droit. — *(dans la langue écrite).* Équivalent plus littéraire et plus rare de *contrainte* : *Les astreintes de la vie professionnelle.*

astringence n. f. Finale en *-ence.* De la même famille : *astringent.*

astrolabe Instrument d'astronomie. — Toujours masculin : *Un astrolabe ancien.*

astronef ▼ Toujours masculin : *Un astronef tout nouveau.*

astuce n. f. Deux emplois.

1 L'astuce. Finesse malicieuse, rouerie : *Méfiez-vous, cette intrigante est pleine d'astuce.* Sens légèrement vieilli et littéraire.

2 Une astuce. Piège (*Il y a une astuce dans l'énoncé de ce problème*) ou plaisanterie, jeu de mots (*Voilà une astuce qui n'est pas de bon goût*) ou encore idée ingénieuse (*Cette petite astuce va nous permettre de résoudre le problème*). Ces divers sens sont familiers. A éviter dans la langue soutenue.

astucieux, euse adj. Avec un *c.* De même *astucieusement.*

asymétrie n. f. Orthographe et sens.

1 Avec un seul *-s-.* — De même *asymétrique, asymétriquement.*

2 **Asymétrie, dissymétrie.** Ces deux noms sont à peu près synonymes. Si l'on veut établir une différence, on peut considérer que l'*asymétrie* fait référence à une absence en quelque sorte normale ou naturelle de symétrie : *La coquille de l'escargot est asymétrique. Les versants de cette vallée sont asymétriques. L'asymétrie de la toiture caractérise les maisons rurales de cette province.* — *Dissymétrie* fait davantage penser à une absence accidentelle ou fâcheuse de symétrie : *Ce garçon est contrefait, il a les épaules dissymétriques. La dissymétrie de la toiture de ce vieux clocher est due à un tassement de la charpente.* — Noter que *dissymétrie* tend à éliminer *asymétrie,* car, à l'audition, ce dernier mot donne lieu à des équivoques : *l'asymétrie* se prononce comme *la symétrie.*

asymptote adj. *ou* n. f. (terme de mathématiques) Un seul *s,* malgré la prononciation [asɛ̃ptɔt]. De même : *asymptotique* [asɛ̃ptɔtik].

asynchrone adj. Un seul *s,* malgré la prononciation [asɛ̃kʀɔn].

asyndète Figure de rhétorique ou type de construction syntaxique. — Toujours féminin : *Une asyndète audacieuse.* — Avec un seul *s,* malgré la prononciation [asɛ̃dɛt].

asystolie n. f. (terme de médecine) Un seul *s,* malgré la prononciation [asistɔli].

atavisme n. m. Deux sens bien distincts.

1 (*sens strict et biologique*) Réapparition chez un sujet d'un caractère héréditaire qui était apparu chez un ascendant plus ou moins lointain et qui était demeuré latent pendant une ou plusieurs générations intermédiaires.

2 (*sens usuel*) Synonyme de *hérédité,* en tant que l'hérédité transmet les instincts : *Son atavisme prédisposait ce fils de marin à la vie aventureuse.* Ce sens, quoique non scientifique, est admis.

atellane [atɛlan] Farce latine. — Toujours féminin : *Une atellane grossière.* — Un seul *t,* deux *l.*

atermoiement n. m. Attention au *e* muet intérieur.

atermoyer v. i. Conjug. **21.** Change *y* en *i* devant un *e* muet : *j'atermoie, tu atermoies, j'atermoierai, j'atermoierais,* mais *nous atermoyons, vous atermoyez, j'atermoyais.* ▼ Attention au *i* après *y* à la première et à la deuxième personne du pluriel de l'indicatif imparfait ou du subjonctif présent : *(que) nous atermoyions, (que) vous atermoyiez.*

athée n. *ou* adj. Avec *-ée,* même au masculin : *Un athée.* — Attention au groupe *-th-.* Dérivés : *athéisme, athéiste.*

athéiste adj. *ou* n. Synonyme vieilli de *athée.*

athénée En Belgique, établissement d'enseignement. ▼ Malgré la finale en *-ée,* toujours masculin : *Un athénée nouveau.*

athénien, ienne D'Athènes. — Attention au groupe *-th-* et à la majuscule : *La population athénienne. Les Athéniens.*

athlète Attention au groupe *-th-.* — Ne s'emploie guère au féminin, même quand on veut parler d'une femme. C'est le mot *sportive* qui sert de féminin à *athlète.* — S'écrit avec un *e* ouvert grave et se prononce avec un *e* ouvert [atlɛt], à la différence des dérivés *athlétique* [atletik], *athlétisme* [atletism(ə)].

atlante adj. *ou* n. m. Majuscule dans *les Atlantes,* peuple qui habitait l'Atlantide (continent fabuleux). Minuscule dans les autres cas : *Le peuple atlante. Balcon supporté par deux atlantes* (statues).

atlantique S'écrit sans majuscule (*La côte atlantique, l'alliance atlantique*), sauf dans la dénomination géographique *l'océan Atlantique* (*o* minuscule, *A* majuscule). Pour désigner cet océan, ont dit aussi *l'Atlantique* (avec *A* majuscule) ou, par opposition à la Méditerranée, *l'Océan* (avec *O* majuscule) : *Préférez-vous les plages de la Méditerranée ou celles de l'Océan ?*

atlas n. m. Prononciation : [atlɑs].

atmosphère Toujours féminin : *Une atmosphère lourde, pesante, étouffante.* — S'écrit avec *t* et *ph.* De même : *atmosphérique.* — Ne pas écrire **athmosphère.*

atoll n. m. Ile de forme annulaire. — Prononciation : [atɔl]. — Pl. : *des atolls* [-tɔl].

atome n. m. Pas d'accent circonflexe sur le *o,* mais se prononce avec un *o* fermé : [atom]. En revanche, les dérivés suivants se prononcent avec un *o* ouvert : *atomicité* [atɔmisite] n. f., *atomique* [atɔmik] adj., *atomisé, ée* [atɔmize, e] adj. *ou* n., *atomiser* [atɔmize] v. t., *atomiseur* [atɔmizœʀ] n. m., *atomisme* [atɔmism(ə)] adj. *ou* n., *atomistique* [atɔmistik] adj. *ou* n. f. — Le composé *atome-gramme* se prononce avec un *o* fermé : [atomgʀam] Pl. : *des atomes-grammes.*

atonal, ale adj. Pour le masculin pluriel, la forme à préférer est *atonals.* Elle est d'ailleurs rare. On évite la forme *atonaux,* à cause de l'homonymie fâcheuse avec *tonneau.* — Prononciation : [atɔnal], avec *o* ouvert. — Dérivé : *atonalité* [atɔnalite] n. f.

atone adj. Prononcé généralement [atɔn], avec *o* ouvert. La prononciation [aton], avec *o* fermé, s'entend quelquefois et n'est pas incorrecte. — Dérivés : *atonie* [atɔni], *atonique* [atɔnik], toujours avec *o* ouvert.

atour n. m. Normalement au pluriel : *Elle était parée de ses plus beaux atours.* — Singulier seulement dans les expressions *dame, demoiselle d'atour, femme, fille d'atour.*

atout n. m. En un seul mot. — Pl. : *des atouts.* — Sans trait d'union : *Des atouts maîtres.* — Au singulier : *Atout cœur. Atout trèfle.*

atrabilaire adj. Coléreux, mélancolique. — Finale en *-aire.*

âtre Un accent circonflexe. — Toujours masculin : *L'âtre ténébreux.*

atrium [atʀijɔm] n. m. *(archéologie)* Dans une maison romaine, salle carrée ou rectangulaire dont le toit était percé d'une ouverture pour laisser passer l'eau de pluie. — Pl. : *des atria* [atrija].

atrophie n. f. Avec *ph.* De même : *atrophié, atrophier, atrophique.*

atropine n. f. Alcaloïde. — Toujours féminin : *L'atropine est très dangereuse.*

attabler (s') Avec deux *t.*

attaché-case n. m. *(anglicisme)* Prononciation : [ataʃekɛz]. — Pl. : *des attachés-cases* [-kɛz].

attacher v. t. Orthographe et accord du participe.

1 S'écrit avec deux *t.* De même : *attachant, ante, attache, attaché, ée, attachement.*

2 A la forme pronominale, le participe passé s'accorde avec le sujet si le verbe est réfléchi direct ou réciproque : *Elles se sont attachées à la défense de cette cause. Elles se sont attachées à cet enfant. Elles se sont attachées l'une à l'autre.* — Si le verbe est réfléchi indirect, le participe s'accorde avec le complément d'objet direct quand celui-ci est placé avant le verbe : *Les deux secrétaires que le directeur s'est attachées.* Il reste invariable quand le complément direct est placé après le verbe : *La directrice s'est attaché deux secrétaires.*

attaquer v. t. Avec deux *t.* Toujours -*qu*-, même devant *a* ou *o* : *il attaqua, nous attaquons.*

attarder v. t. *ou* v. pron. Deux *t.* De même *attardé.* — On évitera le pléonasme *s'attarder trop.* On dira *s'attarder beaucoup.*

atteindre Deux *t.* De même : *atteinte* n. f. — Conjugaison et construction.

I Conjug. **84.** — *J'atteins, tu atteins, il atteint, nous atteignons, vous atteignez, ils atteignent.* — *J'atteignais, tu atteignais, il atteignait, nous atteignions, vous atteigniez, ils atteignaient.* — *J'atteignis..., il atteignit, nous atteignîmes...* — *J'atteindrai, tu atteindras...* — *J'atteindrais, tu atteindrais..., nous atteindrions...* — *Atteins, atteignons, atteignez.* — *Que j'atteigne, que tu atteignes, qu'il atteigne, que nous atteignions, que vous atteigniez, qu'ils atteignent.* — *Que j'ateignisse..., qu'il atteignît, que nous atteignissions... Atteignant.* — *Atteint, einte.* ▼ Attention au *i* après le groupe *-gn-* à la première et à la deuxième personne du pluriel de l'indicatif imparfait et du subjonctif présent : *(que) nous atteignions, (que) vous atteigniez.*

II Construction.

1 Construction transitive directe. Arriver à un endroit, à un but : *Les alpinistes ont atteint le sommet.* — *(par extension)* Frapper, concerner : *L'épidémie atteint surtout les enfants. Cette mesure atteint la moitié des contribuables.* — Le complément marquant l'endroit frappé est introduit par *à* : *La balle atteignit le soldat à la jambe. Nous avons atteint notre adversaire au point sensible.* — *(par extension)* Arriver à un état, à un degré : *Ce pays a atteint un niveau de développement élevé.*

2 Construction transitive indirecte. *Atteindre à,* parvenir à un point, à un état où il est difficile d'arriver (s'emploie surtout au figuré) : *La poésie de Hugo atteint souvent au sublime.* Cette construction transitive indirecte est plus littéraire que la construction directe.

atteler v. t. Deux *t.* De même : *attelage.* — Double le *l* devant un *e* muet : *j'attelle, j'attellerai.*

attenant, ante adj. Se construit normalement avec *à* : *Sa maison est attenante à la mienne.*

attendant La locution conjonctive *en attendant que* est toujours suivie du subjonctif : *En attendant qu'il vienne, mettons-nous au travail.*

attendre Deux *t.* — Conjugaison, accord du participe et constructions.

I Conjug. **81.** *J'attends, tu attends, il attend, nous attendons, vous attendez, ils attendent.* — *J'attendais..., nous attendions...* — *J'attendis... il attendit, nous attendîmes...* — *J'attendrai, tu attendras...* — *J'attendrais, tu attendrais...* — *Attends, attendons, attendez.* — *Que j'attende..., que nous attendions...* — *Que j'attendisse..., qu'il attendît, que nous attendissions...* — *Attendant.* — *Attendu, ue.* ▼ On dit normalement *je m'y attends, nous nous y attendons, je m'y attendais...* En revanche, à l'impératif, on dit *attends-toi à cela, attendons-nous à cela, attendez-vous à cela.* On évite les tours, théoriquement corrects mais inusuels, *attends-t'y, attendons-nous y, attendez-vous y.* Éviter en tout cas le barbarisme **attends-toi-z-y.*

II Accord du participe à la forme pronominale. Accord avec le sujet : *Elles se sont attendues sans se rencontrer, pendant une demi-heure, dans le hall de la gare* (sens réciproque). *Elles se sont attendues à notre succès. Elles s'étaient attendues à nous voir réussir* (tour *s'attendre à*).

III Constructions.

1 A l'actif, avec un nom, sans préposition : *J'attends l'autobus. J'attends une rentrée d'argent.* ▼ Ne pas dire *J'attends après une rentrée d'argent* ▷ **après.**

2 A l'actif, quand le complément indique une date ou un moment, trois construction sont possibles : *attendre demain, attendre jusqu'à demain* (ces deux tours sont usuels), *attendre à demain* (tour plus rare et plus recherché). On dit de même : *attendre l'année prochaine, attendre jusqu'à l'année prochaine, attendre à l'année prochaine.*

3 *Attendre de,* suivi de l'infinitif. *J'attends de connaître ses intentions.*

4 *Attendre que,* suivi du subjonctif. *J'attends que tu sois prêt pour sortir.*

5 *S'attendre à,* suivi d'un nom. *Ils s'attendent à la victoire de leur équipe.*

6 *S'attendre à,* suivi de l'infinitif. *Je m'attends à recevoir une lettre de confirmation.*

7 *S'attendre que.* Suivie de l'indicatif ou du conditionnel quand la principale est affirmative *(Je m'attends qu'il viendra. Je m'attendais qu'il viendrait)* ou du subjonctif quand la principale

est négative ou interrogative *(Je ne m'attenda is pas qu'il vînt si tôt. Vous attendez-vous qu'il vienne tout de suite ?)* ▼ Cette construction av ec *que,* parfaitement correcte mais un peu compa is-sée, est remplacée usuellement par *s'attend're à ce que,* suivi du subjonctif : *Je m'attends à ce qu'il vienne.* Ce dernier tour est moi ns conseillé, surtout dans la langue surveillée.

8 *S'attendre à voir,* suivi de l'infinitif. *Je m'attends à le voir arriver bientôt. Je m'atte1 ids à voir l'entreprise échouer.* Ce tour, parfa ite-ment correct, permet d'éviter les constructi ons plus lourdes avec *que* ou *à ce que.*

attendrir v. t. — Deux *t.* De même : *attenc lris-sant, attendrissement, attendrisseur.*

attendu Deux *t.* — Accord et emploi.

1 Comme adjectif, s'accorde normalement avec le nom : *J'ai reçu les documents attendu s.*

2 *Attendu* placé immédiatement devant le nom au sens de « en raison de, étant donné » est considéré comme une préposition et reste invariable : *Attendu les services qu'il a rendus, nous ne pouvons le renvoyer.*

3 *Attendu que,* locution conjonctive, est toujours suivi de l'indicatif : *Attendu que la question n'est pas du ressort du comité, elle ne figurera pas à l'ordre du jour.*

4 Comme nom masculin, prend la marque du pluriel : *Les attendus d'un jugement.*

attentat n. m. Attention aux deux *t.* — Se construit avec *à* si le complément désigne une chose abstraite : *Attentat à la sûreté de l'État. Attentat à la pudeur. Attentat aux mœurs. Un attentat au bon goût.* — Se construit avec *contre* si le complément désigne une chose concrète ou un être : *Un attentat contre la patrie. Un attentat a été commis contre le chef de l'État. Un attentat contre la permanence du parti a causé de graves dégâts.*

attentatoire adj. Deux *t.* — Se construit avec *à* : *Une mesure attentatoire à la liberté des citoyens.*

attente n. f. — Deux *t.* De même : *attentisme, attentiste.*

attenter v. t. — Deux *t.* — Porter atteinte. — *Attenter à* est le seul tour usuel de nos jours : *Cet apprenti dictateur voudrait attenter à la liberté des citoyens.* — *Attenter contre* est nettement plus rare, *attenter sur* est vieux.

attention n. f. — Deux *t.* De même : *attentif, attentionné, attentivement.*

I Faute d'attention, faute d'inattention ▷ **faute.**

II Attention, intention.

1 A l'attention de... Formule qu'on écrit sur une lettre, sur un document : *A l'attention de Monsieur Durand* (et non **à l'intention de...*). On signale ainsi que le document est soumis, proposé à l'*attention*, à l'examen *attentif* de la personne mentionnée.

2 A l'intention de... Équivaut à « destiné à » : *J'ai rédigé un rapport sur cette question à l'intention du directeur* (= destiné au directeur).

III Faire attention. Cinq constructions.

1 *Faire attention à,* suivi d'un nom. *En sortant, faites attention à la marche.*

2 *Faire attention de,* suivi de l'infinitif (au sens de « faire en sorte de »). *Faites attention de ne pas glisser. Fais bien attention d'affranchir ta lettre au tarif voulu.*

3 *Faire attention que,* suivi de l'indicatif (au sens de « bien remarquer que, ne pas oublier que »). *Faites bien attention que le verglas est fréquent à cette saison.*

4 *Faire attention que,* suivi du subjonctif (au sens de « faire en sorte que »). *Faites attention qu'on ne vous prenne pas votre vélomoteur.*

5 *Faire attention à ce que,* suivi du subjonctif. Équivaut à « faire attention que » suivi du subjonctif. ▼ S'emploie seulement dans la langue familière ou relâchée. A éviter.

attentisme n. m. Deux *t.* De même : *attentiste.*

atténuer v. t. — Deux *t.* De même : *atténuant, atténuation, atténué.*

atterrer v. t. Abattre, consterner. — Deux *t,* deux *r.* De même *atterrant.*

atterrir v. i. Deux *t,* deux *r.* De même : *atterrissage, atterrissement, atterrisseur.*

attester v. t. — Deux *t.* De même : *attestation.* — Se construit avec *que* et l'indicatif (*J'atteste que je l'ai vu*) ou avec une proposition infinitive (*J'atteste l'avoir vu*).

atticisme n. m. Deux *t.*

attiédir v. t. — Deux *t.* De même : *attiédissement.*

attifer v. t. — Deux *t,* un seul *f.* De même : *attifement.*

attiger v. i. *(populaire)* Exagérer. — Deux *t.* — Conjug. **16.** Prend un *e* après le *g* devant *a* ou *o* : *il attigeait, nous attigeons.*

attique adj. *ou* n. m. Deux *t.*

attirail n. m. — Deux *t.* — Pl. : *des attirails.*

attirant, attractif, attrayant Trois adjectifs à bien distinguer.

1 attirant, ante (deux *t,* un seul *r*) Qui attire *(au figuré),* qui exerce un attrait : *Une jeune fille au visage attirant.*

2 attractif, ive (deux *t*) Qui attire *(au propre)* : *La force attractive d'un morceau d'acier aimanté.* — Plus rare au figuré *(Une profession qui n'a rien d'attractif),* sauf dans l'expression *pôle attractif (La maison de la culture doit être un pôle attractif pour toute la jeunesse de notre ville).*

3 attrayant, ante (deux *t*) Qui a de l'attrait, qui attire par son aspect ou son côté agréable ou même amusant : *Il faut rendre la gymnastique attrayante pour donner aux enfants le goût du sport.*

attirer v. t. — Deux *t.* — De même : *attirable, attirance, attirant.*

attiser v. t. — Deux *t.*

attitrer v. t. — Deux *t.* De même : *attitré.*

attitude n. f. Deux *t.*

attouchement n. m. — Deux *t.*

attractif adj. — Deux *t* ▷ **attirant.**

attraction n. f. — Deux *t.* De même : *attracteur, attractif, ive, attrait.*

attrape-mouches n. m. Invariable : *un attrape-mouches* (avec *-s* au singulier), *des attrape-mouches.*

attrape-nigaud n. p. — Pl. : *des attrape-nigauds.*

attraper v. t. Orthographe et emploi.

1 ▼ Bien qu'étant de la même famille que *trappe,* ce verbe s'écrit avec un seul *p* (mais avec deux *t*). De même : *attrapade, attrapage, attrape, attrape-mouches, attrape-nigaud, attrapeur.*

2 L'expression *attraper un rhume* (la grippe, la varicelle, etc.) appartient à la langue familière. Dans la langue plus soutenue, on écrira *prendre (un rhume), contracter (une maladie contagieuse).*

attrayant adj. Deux *t.* ▷ **attirant.**

attribuer v. t. Orthographe et accord du participe.

1 Deux *t.* De même : *attribuable, attribut, attributif, attribution.*

2 A la forme pronominale, le participe passé s'accorde avec le complément d'objet direct si celui-ci est placé avant le verbe : *Les mérites qu'elles se sont attribués.* Les récompenses qu'il s'est attribuées.* — Si le complément direct est placé après le verbe, le participe reste invariable : *Elles se sont attribué des mérites imaginaires. Il s'est attribué des récompenses excessives.*

attrister v. t. Deux *t.* De même : *attristant, ante.*

attrition [atʀisjɔ̃] n. f. (terme de religion ou de chirurgie). Deux *t.*

attrouper v. t. *ou* v. pron. Deux *t,* un seul *p.* De même : *attroupement.*

au Contraction de *à le.* — Dire : *Je vais au bureau de tabac,* mais *Je vais chez* le pharmacien (et non *au pharmacien*) ▷ **à** (III, 1).

aubaine n. f. Occasion inespérée. — Finale en *-aine.*

aube n. f. Avec *aube* au pluriel : *une roue à aubes, un bateau à aubes.*

aubergine n. f. *ou* adj. Comme adjectif de couleur, toujours invariable : *Des robes aubergine.*

aubier n. m. Partie tendre d'un tronc d'arbre. — Finale en *-ier.*

auburn [obœʀn] adj. *(anglicisme)* D'un brun tirant sur le roux. — Toujours invariable : *Une chevelure auburn. Des cheveux auburn.*

aucun, aucune S'emploie comme pronom ou comme adjectif indéfini, avec ou sans un autre adverbe à valeur négative.

I Employé comme pronom.

1 *Aucuns* (avec *-s*). Expression archaïque signifiant « quelques personnes » : *Phèdre était si succinct qu'aucuns l'en ont blâmé* (La Fontaine).

2 *D'aucuns* (avec *-s-*). Employé encore parfois dans la langue littéraire ou recherchée au sens de « quelques personnes » : *D'aucuns pensent que cette histoire a été imaginée par les poètes.*

3 *Aucun,* pronom suivi de *de* et d'un nom. Employé dans l'usage courant pour exprimer la négation. S'emploie avec *ne* : *Aucun de mes amis ne m'a écrit* (= pas un seul de mes amis).

4 *Aucun,* employé couramment sans *de* ni *ni* dans une tournure elliptique. *Voyez-vous un empêchement à ce projet ? — Aucun.*

II Employé comme adjectif.

1 *Aucun,* adjectif, s'emploie parfois dans la langue très littéraire ou poétique au sens de « quelque » : *Quand la magie poétique évoque aucun paysage de rêve...* (= quelque paysage).

2 *Aucun,* adjectif, s'emploie normalement dans l'usage courant en corrélation avec *ne* au sens de « pas un seul » : *Aucun invité n'a paru surpris. Je n'ai vu aucun film depuis un mois.*

3 *Aucun,* adjectif, ne s'emploie au pluriel qu'avec des mots qui n'ont pas de singulier *(Cette modification n'entraînera aucuns frais supplémentaires)* ou qui changent de sens au pluriel *(Les domestiques n'avaient reçu aucuns gages).*

4 *Aucun,* adjectif employé avec *sans* peut se postposer : *J'ai dit cela sans aucune malice* ou *sans malice aucune.*

5 *Aucun,* adjectif, est répété devant chacun des sujets juxtaposés. Le verbe se met au singulier : *Aucune promesse, aucune menace, aucun conseil ne put le faire changer d'avis.*

III Omission de *ne,* quand *aucun* a une valeur d'indétermination. On omet *ne* dans les cas suivants :

1 Dans une proposition interrogative indirecte ou dans une proposition conditionnelle : *Je me demande s'il a aucune chance* (= quelque chance) *de succès. Si la tentative a aucune chance* (= quelque chance) *de réussir, c'est bien en ce moment.*

2 Dans une subordonnée, après une principale négative : *Je ne crois pas qu'il y ait aucun empêchement* (= quelque empêchement).

3 Après un verbe, un nom ou un adjectif qui implique une idée de négation : *Le directeur défend qu'aucune personne étrangère au service* (= que quelque personne que ce soit) *pénètre dans l'entrepôt.*

4 Après *non que* : *J'accepte, non que j'éprouve aucun enthousiasme* (= un enthousiasme quelconque, le moindre enthousiasme), *mais il faut en finir.*

5 Après *trop... pour,* *trop... pour que* (suivi du subjonctif), *avant de* (suivi de l'infinitif), *avant que* (suivi du subjonctif), *bien loin de* (suivi de l'infinitif), *bien loin que* (suivi du subjonctif) : *Je m'estime trop engagé pour faire aucune concession* (= une concession, quelle qu'elle soit). *Avant qu'aucun obstacle* (= un obstacle, quel qu'il soit) *apparaisse, profitons de la chance qui nous est offerte. Bien loin qu'il éprouvât aucune crainte* (= une crainte quelconque, la moindre crainte), *il croyait le succès assuré.*

IV *Aucun* **et les adverbes négatifs autres que** *ne.*

1 On ne peut jamais employer *aucun avec pas* ou *point* dans la même proposition. Dire : *Je n'ai reçu aucune visite* (et non *Je n'ai * pas reçu aucune visite*).

2 On peut en revanche employer *aucun* avec *jamais*, avec *plus* ou avec *ni* dans la même proposition : *Je n'ai jamais vu aucun édifice de ce genre. Je n'ai plus dès lors reçu aucune visite. Je ne connais pas Venise, ni d'ailleurs aucune autre ville d'Italie.*

3 Quand il y a coordination, on emploie *ni* et non pas *et*. Dire : *Aucun discours ni aucune pression ne put le faire changer d'avis* (et non *et aucune pression*). L'emploi de *mais* devant *aucun* est en revanche toléré : *Il y avait quelques personnalités en service commandé, mais aucun sympathisant.*

aucunement adv. En aucune manière. — Les règles d'emploi sont identiques à celles de *aucun.*

audacieux, euse adj. *ou* n. Avec un *c.* De même : *audacieusement.*

au-deçà adv. Attention à la cédille et à l'accent grave sur *a.* Un trait d'union (à la différence de *en deçà*). De même : *au-deçà de* loc. prép.

au-dedans adv. Trait d'union (à la différence de *en dedans*). De même : *au-dedans de* loc. prép.

au-dehors adv. Trait d'union (à la différence de *en dehors*). De même : *au-dehors de* loc. prép.

au-delà adv. Attention à l'accent grave sur *a.* — Trait d'union (à la différence de *en delà*). De même : *au-delà de* loc. prép., *l'au-delà* n. m. inv. (Pl. : *des au-delà*).

au-dessous adv. Trait d'union (à la différence de *en dessous.* De même : *au-dessous de* loc. prép.

au-dessus adv. Trait d'union (à la différence de *en dessus*). De même : *au-dessus de* loc. prép.

au-devant adv. Trait d'union. De même : *au-devant de* loc. prép.

audible adj. Qu'on peut entendre, comprendre : *Une voix à peine audible.* — Dérivé : *audibilité* n. f.

audience n. f. Finale en *-ence.* Dérivé : *audiencier.*

audio-visuel, elle adj. *ou* n. m. En deux mots, avec trait d'union : *Les techniques audio-visuelles.*

audit On écrit généralement *audit* (en un seul mot), *à ladite* (en deux mots), *auxdits* (en un mot), *auxdites* (en un seul mot) ▷ **dit.**

auditionner Deux n. Attention aux deux sens possibles.

1 Intransitif *Le chanteur auditionne devant le directeur du music-hall,* chante, pour se faire engager éventuellement.

2 Transitif *Le directeur du music-hall auditionne le jeune chanteur,* l'écoute, pour l'engager éventuellement.

3 ▼ Ne pas employer *auditionner* au sens de « chanter devant le public ». Un artiste *auditionne* devant une personne qui a qualité pour juger son talent et pour l'engager.

auditoire n. m. Finale en *-oire.*

auditorium [oditɔRjɔm] n. m. — Pl. : *des auditoriums* [-Rjɔm].

auge Toujours féminin : *Une auge pleine.*

augmentation Il est conseillé de dire : *L'augmentation du prix de la viande. L'augmentation du prix de la vie.* Éviter les formules raccourcies : *L'augmentation de la viande. L'augmentation de la vie.* C'est le prix qui augmente, non la viande ni la vie.

augmenter Il est conseillé d'écrire : *Le boucher a augmenté le prix de la viande. Le prix de la viande augmente* (et non *Le boucher a augmenté la viande. La viande augmente*) ▷ **augmentation.** ▼ Éviter le barbarisme **raugmenter : Le prix de la vie raugmente tous les mois. Le prix de la viande a encore raugmenté.* Dire : *Le prix de la vie augmente tous les mois. Le prix de la viande a encore augmenté.*

augure n. m. Avec *-au-.* Toujours masculin : *Un augure romain. Un oiseau de bon augure, de mauvais augure.*

augurer Plusieurs constructions et plusieurs sens.

1 (vieux) *Les devins augurèrent la victoire,* l'annoncèrent, la prédirent (en interprétant le vol des oiseaux, etc.).

2 (de nos jours) *Les premiers résultats laissent augurer le succès,* le laissent prévoir (par une déduction rationnelle).

3 (de nos jours) *Augurer que* (suivi de l'indicatif), prévoir que : *Son attitude actuelle laisse augurer qu'il rejettera notre demande.*

4 (de nos jours) *Bien, mal augurer d'une chose,* en tirer un présage favorable, défavorable,

(J'augure bien des premiers résultats) ou prévoir quelque issue favorable, défavorable au sujet de cette chose *(J'augure mal de la suite de notre aventure. Voilà une nouvelle qui me fait bien augurer de l'avenir* = qui me fait prévoir que l'avenir sera favorable).

aujourd'hui adv. Prononciation et emplois.

1 Bien prononcer [oʒuʀdчi] et non *[oʒɔʀdчi].

2 Au jour d'aujourd'hui Pléonasme de la langue populaire, employé parfois, par plaisanterie, comme renforcement de *aujourd'hui*. A éviter dans la langue soignée et dans un contexte sérieux.

3 Jusqu'aujourd'hui. Forme préconisée par les grammairiens, à la place de *jusqu'à aujourd'hui*, pour éviter le pléonasme, car la préposition *à* est déjà contenue dans *aujourd'hui* (= *à le* jour d'hui). Cependant *jusqu'à aujourd'hui* est toléré dans l'usage général et *jusqu'aujourd'hui* est légèrement archaïque et précieux.

4 D'aujourd'hui. S'emploie très correctement pour dire « pendant la durée de la journée où nous sommes » : *Je ne l'ai pas vu d'aujourd'hui.*

5 D'aujourd'hui en huit. Tour conseillé, préférable à *aujourd'hui en huit : Je vous livrerai le travail d'aujourd'hui en huit* (= dans huit jours).

aulnaie ▷ **aunaie.**

aulne ▷ **aune.**

aulnée [one] ou **aunée** n. f. Plante.

aulx ▷ **ail.**

aumône n. f. Accent circonflexe sur *o. De même : aumônerie, aumônier, aumônière.*

aunaie ou **aulnaie** n. f. Terrain planté d'aunes. — Quelle que soit l'orthographe, on prononce toujours [onɛ], sans [l] et avec *e* ouvert.

aune Deux noms homophones à bien distinguer.

1 Une aune Ancienne mesure de longueur : *Une aune de drap.*

2 Un aune ou **un aulne** Arbre : *La rivière était bordée de petits aunes.* — Quelle que soit l'orthographe *(aune* ou *aulne),* on prononce toujours [on], sans [l].

auparavant adv. En un seul mot, avec finale en *-ant.* — Toujours adverbe. Ne peut s'employer comme préposition ▷ **avant.** Dire : *Il est venu me voir avant les vacances* (et non *auparavant des vacances).* Dire : *Avant de partir, je veux*

vous dire un mot (et non *auparavant de partir).* — En revanche, éviter *avant* dans les emplois adverbiaux. Dire : *Je ne viendrai qu'à six heures, car auparavant j'assiste à une réunion* (et non *car avant j'assiste ...).*

auprès de loc. prép. Sens et emplois.

I Auprès de et près de.

1 *Auprès de* ne s'emploie de nos jours qu'avec un nom ou un pronom désignant une personne : *J'ai passé mon dimanche auprès de mon frère malade.* — *Près de* s'emploie aussi à propos des choses : *Je vous attendrai près de la fontaine du jardin public.*

2 *Auprès de* indique une proximité plus grande : *Il passe ses jours de congé auprès de son oncle* (= chez son oncle). *Il habite près de la maison de son oncle.* — *Auprès de* suppose aussi une idée de permanence ou de durée assez longue : *Elle a passé toute sa vie auprès de sa mère. Le chef de cabinet était près du ministre au moment de la remise des décorations.*

3 *Auprès de* a souvent une valeur abstraite et équivaut alors à « dans l'entourage de, dans les services de » : *Ce professeur est détaché auprès de l'ambassadeur comme traducteur-interprète.* Dans ce sens, *près de* est impossible.

4 *Auprès de* signifie aussi « en s'adressant à, dans l'esprit de » : *Je vous prie d'être mon interprète auprès de nos amis. Il trouva un accueil favorable auprès de ce public passionné de poésie.* Dans ce sens, l'emploi de *près de* est très rare.

5 *Auprès de* ne peut se mettre au comparatif ni au superlatif. En revanche, on peut dire : *Il est plus près de moi, très près de moi.*

II Auprès de et au prix de. La locution *auprès de* sert à introduire une comparaison : *Auprès de Victor Hugo, Musset fait figure de poète mineur* (= comparé à Victor Hugo). *Au prix de* a eu le même sens dans la langue classique : *Les charmes de la campagne sont peu de chose au prix des plaisirs de la ville.* Cet emploi est vieilli. De nos jours, *au prix de* signifie « en échange de, moyennant » : *Au prix d'un effort épuisant, il parvint à terminer la course.*

auquel, à laquelle, auxquels, auxquelles ▷ **lequel.**

aura [oʀa] n. f. *(littéraire et figuré)* Halo : *Une aura de mystère et d'héroïsme enveloppait cet aventurier.* — Pl. : *des auras* [-ʀa].

auréomycine [oʀeɔmisin] n. f. Antibiotique. — Attention à la place du *y.*

auriculaire adj. Finale en **-aire.**

aurifère adj. Finale en -**ère**.

aurochs n. m. inv. Animal. — Quatre prononciations : [ɔʀɔks] ou [ɔʀɔks] ou [oʀɔk] [ɔʀɔk]. La meilleure est [oʀɔk].

auroral, ale, aux adj. *(littéraire)* De l'aurore : *La lumière aurorale.* — Le masculin pluriel *auroraux* est correct, mais il est peu usité, car il est peu harmonieux.

aurore n. f. Comme adjectif de couleur, invariable : *Des soieries aurore.*

ausculter v. t. Avec *au-*. De même *auscultation.*

auspices n. m. Ne s'emploie qu'au pluriel. — Désigne les présages que les Romains tiraient du vol des oiseaux. — Prononciation : [ɔspis] ou, mieux, [ospis]. ▼ Attention au paronyme *hospice,* asile de vieillards.

aussi Adverbe exprimant la comparaison ou le lien logique.

I *Aussi* **adverbe de comparaison.**

1 Aussi et autant. Dans une comparaison d'égalité, *aussi* s'emploie avec les adjectifs et les adverbes : *Il est aussi habile que moi. Il travaille aussi habilement que moi.* — *Autant* s'emploie avec les noms et les verbes : *Il a autant d'habileté que moi. Il travaille autant que moi.* Éviter par conséquent de dire : *Il est *autant habile que moi* ou *Il a *aussi d'habileté que moi.*

2 Avec *avoir faim, avoir peur, avoir soif, avoir sommeil, avoir envie,* etc. L'emploi de *aussi* est déconseillé. Il vaut mieux, dans la langue soignée, employer **autant :** *J'ai froid autant que vous* (plutôt que *j'ai aussi froid que vous*).

3 Aussi et si. Dans une comparaison d'égalité à la forme négative ou interrogative, on peut remplacer *aussi* par *si* : *Il n'est pas si fort* ou *aussi fort qu'on le dit. Pourquoi crie-t-il si fort ?* — L'emploi de *si* est même bien plus fréquent lorsque le second terme de la comparaison n'est pas exprimé : *Pas si vite, s'il vous plaît. Est-il si riche ?* — Au sens de « tellement », l'emploi de *si* est obligatoire : *Il est si riche ! Il va si vite !* (dans ces cas, *aussi* serait impossible).

4 Dans une proposition concessive-comparative (au subjonctif). Il est conseillé d'employer *si* plutôt que *aussi :* *Si habile qu'il soit* (ou *si habile soit-il), il ne peut réussir.* Éviter *aussi habile qu'il soit* ou *aussi habile soit-il.*

5 Dans l'expression d'un comparatif d'égalité. Obligatoirement, *aussi* est en corrélation avec *que* (et non avec *comme*) : *Ma moto est*

aussi rapide que la tienne (et non *aussi rapide *comme la tienne*). *Je cours aussi vite que toi* (et non *aussi vite *comme toi*).

6 Moi aussi et moi non plus. Le tour *moi aussi* (*toi aussi,* etc.) ne peut s'employer qu'après une proposition affirmative *Tu t'en vas ? Nous aussi.* — Après une proposition négative, l'emploi de *non plus* est obligatoire : *Il n'a jamais été malade cet hiver, moi non plus.*

7 Aussi bien que unissant deux sujets. Si le second sujet est entre virgules, le verbe se met au singulier. On insiste sur le premier sujet, et *aussi bien que* garde sa valeur comparative : *La Bretagne, aussi bien que la Normandie, est un pays d'élevage.* — S'il n'y a pas de virgules, le verbe se met au pluriel. Les deux sujets sont sur le même plan, et *aussi bien que* a la valeur d'un simple coordonnant : *La Bretagne aussi bien que la Normandie sont des pays d'élevage.*

II *Aussi* **adverbe de phrase marquant un lien logique.**

1 En tête de phrase ou de proposition, signifie « c'est pourquoi » : *On voit circuler trop de voitures, aussi déplore-t-on de nombreux accidents.* L'inversion du sujet n'est pas obligatoire, mais elle est fréquente dans la langue surveillée. Comparer avec la phrase suivante, dans laquelle *aussi* n'est pas en tête de proposition et a un sens différent : *On voit circuler beaucoup de voitures, on déplore aussi beaucoup d'accidents* (= on ne voit pas seulement... on déplore en outre...).

2 *Aussi bien* en tête de phrase ou de proposition ou après *puisque* introduit une explication ou une justification supplémentaire et équivaut à « d'ailleurs, tout compte fait » : *L'affaire est réglée, donc je n'entreprendrai pas ce voyage ; aussi bien, je suis trop fatigué pour me déplacer en ce moment.* — *Aussi bien* est rarement suivi de l'inversion du sujet.

aussière ▷ **haussière.**

aussitôt Plusieurs emplois et plusieurs constructions.

1 *Aussitôt,* **adverbe.** Ne peut jouer le rôle d'une préposition devant un nom. On ne peut donc écrire : *Aussitôt la sonnerie, les élèves sortent.* Dans ce cas, on écrira : *Aussitôt après la sonnerie, les élèves sortent.* En revanche, l'emploi de la locution conjonctive *aussitôt que* (suivie de l'indicatif) est correct : *Aussitôt que la sonnerie retentit, les élèves sortent.*

2 *Aussitôt* **suivi d'un participe.** Tour usuel et correct : *Aussitôt rentré, je me mis au travail.* — *Aussitôt* s'emploie aussi devant un nom suivi d'un participe : *Aussitôt le travail terminé, je vous téléphonerai.* — *Aussitôt que* devant un participe est parfaitement correct (tour légèrement archaïque et nettement littéraire) : *Aussitôt que connue, la nouvelle enflamma les esprits. Il se mit à la tâche aussitôt qu'arrivé* (= aussitôt qu'il fut arrivé).

3 Deux constructions à bien distinguer. *Je n'étais pas aussitôt entré que j'ai entendu un cri* (= aussitôt que je fus entré, j'entendis un cri). — *Je ne suis pas entré aussitôt que j'ai entendu un cri* (= je ne suis pas entré immédiatement après avoir entendu un cri).

4 Ne pas écrire *aussitôt* (en un mot) comme *aussi tôt* (en deux mots) : *Il m'a appelé, je suis entré aussitôt* (= immédiatement). *Je me lève aussi tôt que toi* (= à une heure aussi matinale), *mais je ne me couche pas aussi tard.*

5 Aussitôt et **sitôt** ▷ **sitôt.**

auster [ostɛʀ] n. m. Vent du sud. — Avec une minuscule : *L'impétueux auster.* — Ne pas écrire comme *austère*, ascétique.

austère adj. Se prononce avec un *e* ouvert [ostɛʀ] et s'écrit avec un accent grave, comme *austèrement* [ostɛʀmɑ̃], à la différence de *austérité* [osteʀite].

austérité n. f. Attention à l'anglicisme *politique financière d'austérité*, employé à tort pour désigner une *politique de restriction* ou une *politique de rigueur financière.*

austral, ale, als adj. Prononciation : [ostʀal], préférable à [ɔstʀal]. — Le masculin pluriel *australs* est préférable à *austraux*, mais les deux formes sont rares et il vaut mieux ne pas employer cet adjectif au masculin pluriel.

australien, ienne adj. ou n. De l'Australie. — Attention à la majuscule : *La population australienne. Les Australiens.*

austrasien, ienne adj. *ou* n. De l'Austrasie, ancien royaume franc. — Attention à la majuscule : *Les guerriers austrasiens. Les Austrasiens.*

autan n. m. Vent. — Avec une minuscule. — Ne pas écrire comme *autant*, adverbe.

autant adv. Exprime l'égalité, l'équivalence.

1 Autant et **aussi** ▷ **aussi.**

2 Autant et **tant.** Dans une comparaison d'égalité à la forme affirmative, on emploie obligatoirement *autant* avec un verbe ou un nom : *Il travaille autant que moi* (et non *tant que moi). *Il a autant de mérite que nous* (et non **tant de mérite que nous*). — À la forme négative, *tant* peut remplacer *autant* : *Travaille-*

t-il donc tant que cela ? (ou *autant que cela ?*). *Vous avez beaucoup de disques, je n'en n'ai pas tant* (ou *je n'en n'ai pas autant*). — Au sens de « tellement », avec un verbe ou un nom, *tant* remplace obligatoirement *autant : Vous me haïssez donc tant ! Il a donc tant de haine pour nous !* (dans ce cas, *autant* est impossible).

3 Introduisant un comparatif d'égalité. L'adverbe *autant* est en corrélation avec *que* (et non avec *comme*) : *Vous travaillez autant que moi* (et non *comme moi). *Il a autant de mérite que nous* (et non *autant de mérite* *comme nous).

4 Autant..., autant... Tour littéraire destiné à mettre deux éléments en parallèle en produisant un effet de symétrie : *Autant les montagnes sauvages rebutent le regard, autant les plaines riantes plaisent à l'œil du voyageur* (= les plaines plaisent à l'œil autant que les montagnes rebutent le regard).

5 Être autant de... Tour assez littéraire qui établit une équivalence, une identité entre les êtres ou les choses appartenant à deux groupes : *Ces villages juchés sur des pitons étaient autant de petites forteresses* (= chaque village était comparable ou semblable à une petite forteresse).

6 D'autant plus que..., d'autant moins que..., d'autant mieux... Indique la mesure, la proportion. Emploi parfaitement correct : *Il a d'autant moins de chances de l'emporter que ses concurrents sont plus nombreux.*

7 D'autant plus que..., d'autant que... Indique la cause. Ces deux expressions sont l'une et l'autre correctes : *J'assisterai à la réunion, d'autant plus que j'ai une question importante à poser* (ou *d'autant que j'ai...*). Dans ce sens, *d'autant plus que* semble d'un registre plus soutenu que *d'autant que.* D'autre part, ces locutions peuvent s'employer après une proposition négative : *Je n'assisterai pas à cette réunion, d'autant (plus) que j'ai un travail urgent à finir.*

8 D'autant mieux. Ne peut s'employer qu'avec un verbe ou un participe : *Il travaille d'autant mieux qu'il se passionne plus pour ce qu'il fait. La leçon sera d'autant mieux retenue qu'elle aura été accompagnée d'exemples plus vivants.* — Ne jamais employer *d'autant mieux* avec un adjectif ou un adverbe, mais *d'autant plus* : *Il est d'autant plus travailleur...* (et non **d'autant mieux travailleur...*). *Il court d'autant plus vite...* (et non **d'autant mieux vite*).

9 Pour autant que. ▼ Cette expression est déconseillée. Il vaut mieux dire *autant que* ou *dans la mesure où : Je promets de vous aider, autant que cela dépend de moi* (et non *pour autant que cela dépend de moi*). — *Pour autant* *que* et *autant que* sont normalement suivis de l'indicatif, sauf dans la formule figée *autant que je sache.*

10 Pour autant. S'emploie, très correctement, dans une phrase négative au sens de « pourtant, cependant » : *Il est assez peu instruit, il n'est pas pour autant illettré ou stupide.*

11 Autant vaut. Tour, très correct, qui n'est pas exclamatif et qui est l'équivalent pur et simple de « il vaut autant » : *Autant vaut céder tout de suite* ou *Il vaut autant céder tout de suite.*

12 *Autant* suivi de l'infinitif. Au sens de « il vaut autant, autant vaut », est déconseillé dans la langue soutenue : *Puisqu'il faut travailler, autant choisir un métier agréable.* Il est plus correct d'écrire : *autant vaut choisir...* ou *il vaut mieux choisir...*

autarcie n. f. La forme *autarchie* est sortie de l'usage.

auteur n. m. Pas de forme pour le féminin. On dira donc : *Colette est mon auteur préféré. Elle est l'auteur de nombreux romans. Une femme auteur peut être élue à l'Académie française.*

authentifier v. t. Conjug. 20. Double le *i* à la première et à la seconde personne du pluriel de l'indicatif imparfait et du subjonctif présent : *(que) nous authentifiions, (que) vous authentifiiez.*

authentifier, authentiquer Deux verbes paronymes de la famille de *authentique.*

1 authentifier Reconnaître comme authentique : *Un expert a authentifié ce tableau attribué à Vermeer de Delft* (= a établi qu'il avait bien été peint par Vermeer).

2 authentiquer Donner un caractère authentique en apposant une marque : *On authentique un document officiel en y apposant un cachet.*

authentique adj. Attention à la place du groupe *-th-.* — Dérivés : *authenticité* n. f., *authentifier* v. t., *authentiquement* adv., *authentiquer* v. t.

authentiquer v. t. Toujours avec *-qu-,* même devant *a* ou *o* : *il authentiqua, nous authentiquons.*

authentiquer, authentifier ▷ authentifier.

autisme n. m. *(psychopathologie)* Repli morbide d'un sujet sur lui-même.

1. auto Forme abrégée familière de *(une) automobile.* Tend à disparaître au profit du mot *voiture.* Éviter de dire *mon auto* (expression considérée comme peu élégante). Dire plutôt *ma voiture.*

2. auto- Deux préfixes, que l'orthographe ne permet pas de distinguer *(voir tableau page suivante).*

1 auto- (du grec *autos* « soi-même »), dans des mots comme *auto-allumage, autobiographie.*

2 auto- (de *auto[mobile]*), dans des mots comme *auto-école, automitrailleuse.*

3 ▼ Les mots commençant par *auto-* ne s'écrivent avec un trait d'union que si le second élément commence par une voyelle *(auto-allumage, auto-école)* et dans *auto-stop, auto-stoppeur,* ainsi que dans *autos-couchettes.* Seul le second élément porte la marque du pluriel : *des auto-écoles, des auto-stoppeurs,* à l'exception de l'adjectif invariable *autos-couchettes (Un train autos-couchettes).*

autochtone [otɔktɔn] adj. *ou* n. Attention à la place du *h.* Ne pas écrire **autocthone.*

autoclave adj. *ou* n. Comme nom, toujours masculin : *Un autoclave tout neuf.*

autocoat n. m. Anglicisme désignant un manteau court. — Prononciation : [otokot]. — Pl. : *des autocoats* [-kot].

autocrate [ɔtɔkʀat] n. m. Dérivés : *autocratie* [ɔtɔkʀasi], *autocratique* [ɔtɔkʀatik], *autocratiquement* [ɔtɔkʀatikmɑ̃].

autodafé [otodafe] n. m. En un seul mot, sans trait d'union. Un accent aigu sur le *e.* — Pl. : *des autodafés* [-fe].

auto-école n. f. — Pl. : *des auto-écoles.*

autographe adj. *ou* n. m. Écrit de la main même de la personne : *Une lettre autographe de Napoléon* (= écrite de la main de Napoléon et non dictée à un secrétaire). Peut s'employer substantivement : *Demander un autographe à une vedette.* ▼ Toujours masculin : *Cet autographe est faux.* — Bien distinguer de *authentique.* Une lettre authentique de Napoléon est une lettre qui a réellement été écrite par Napoléon pour auteur, même si elle a été dictée à un secrétaire.

automate Toujours masculin : *Un automate ancien.*

automation n. f. Anglicisme technique qui désigne la mise en œuvre de procédés automatiques pour remplacer les opérations manuelles. On dira plutôt *automatisation.*

LISTE DES PRINCIPAUX MOTS COMMENÇANT
PAR LE PREFIXE *AUTO-*

I. *AUTO-* VIENT DU GREC *AUTOS* "SOI-MÊME"

auto-alarme n. m.

auto-allumage n. m.

auto-amorçage n. m.

autobiographie n. f.

autobiographique adj.

autocensure n. f.

autochrome adj.

autochtone adj. *ou* n.

autocinétique adj.

autoclave n. m.

autocollant, ante adj. *ou* n. m.

autoconsommation n. f.

autocopie n. f.

autocrate n. m.

autocratie n. f.

autocratique adj.

autocritique n. f.

autocuiseur n. m.

autodafé n. m.

autodéfense n. f.

autodestruction n. f.

autodétermination n. f.

autodidacte adj. *ou* n.

autodiscipline n. f.

autofécondation n. f.

autofinancement n. m.

autogamie n. f.

autogène adj.

autogéré, ée adj.

autogestion n. f.

autogire *ou* autogyre n. m.

autographe adj. *ou* n. m.

autographie n. f.

autographique adj.

autogreffe n. f.

autoguidage n. m.

autoguidé, ée adj.

auto-induction n. f.

auto-intoxication n. f.

autolyse n. f.

automate n. m.

automaticité n. f.

automation n. f.

automatique adj.

automatiquement adv.

automatisation n. f.

automatiser v. t.

automatisme n. m.

automobile adj. *ou* n. f.

automobilisme n. m.

automobiliste n. m. *ou* f.

automorphisme n. m.

automoteur, trice adj. *ou* n. m. *ou* n. f.

autonome adj.

autonomie n. f.

autonomisme n. m.

autonomiste adj. *ou* n.

autonyme adj.

autoplastie n. f.

autopolaire adj.

autoportrait n. m.

autopropulsé, ée adj.

autopropulseur adj. *ou* n. m.

autopropulsion n. f.

autopsie n. f.

autopsier v. t.

autopunition n. f.

autoradiographie n. f.

autoréglage n. m.

autorégulation n. f.

autosatisfaction n. f.

autosuggestion n. f.

autotomie n. f.

autotransformateur n. m.

autotrophe adj.

autovaccin n. m.

II. *AUTO-* VIENT DE *AUTOMOBILE*

autoberge n. f.

autobus n. m.

autocar n. m.

autochenille n. f.

autocoat n. m.

autodrome n. m.

auto-école n. f.

automitrailleuse n. f.

autopompe n. f.

autoradio n. m.

autorail n. m.

autoroute n. f.

autoroutier, ière adj.

autos-couchettes adj. inv.

auto-stop n. m.

auto-stoppeur, euse n. m. *ou* f.

autostrade n. f.

automatique adj. L'emploi de cet adjectif au sens de *inévitable* est déconseillé. On écrira : *Avec des pneus lisses, le dérapage est inévitable* (et non *le dérapage est automatique*).

automnal, ale, aux adj. Prononciation et pluriel.

1 Bien prononcer [ɔtɔnal]. Comme dans *automne* [ɔtɔn], le *m* est muet.

2 Au masculin pluriel, la forme la moins inusitée est *automnaux* (*automnals* est très rare). Il est recommandé de ne pas employer le mot au masculin pluriel, à cause du calembour *au-*

tomnaux/aux tonneaux. Dire : *Les vents de l'automne,* plutôt que *les vents automnaux.*

automne Dans la langue moderne, toujours masculin : *Un automne lumineux.*

automobile Peut être nom ou adjectif. Il est déconseillé d'employer l'adjectif au sens de « qui concerne l'automobile ». Dans la langue surveillée, on écrira : *L'industrie de l'automobile* (plutôt que *l'industrie automobile*). *Une course d'automobiles* (plutôt que *une course automobile*).

autopsier v. t. Examiner par une autopsie : *Autopsier un cadavre.* — Conjug. **20.** Double le *i* à la première et à la seconde personne du pluriel de l'indicatif imparfait et du subjonctif présent : *(que) nous autopsiions, (que) vous autopsiiez.*

autoradio Récepteur de radio monté sur le tableau de bord d'une automobile. ▼ Toujours masculin, bien que *radio* soit du féminin : *Un autoradio tout neuf.*

autorail [otoʀaj] ou [ɔtɔʀaj] ▼ Toujours masculin : *Un autorail luxueux.*

autoroute Toujours féminin, comme *route* : *Une autoroute très longue.*

autos-couchettes adj. inv. *Train autos-couchettes.* En deux mots, avec un trait d'union. Un *-s* à *autos-* et à *couchettes,* même au singulier.

auto-stop, auto-stoppeur Bien que le second élément commence par une consonne, exceptionnellement ces deux mots s'écrivent avec un trait d'union : *Un auto-stoppeur, des auto-stoppeurs ; une auto-stoppeuse, des auto-stoppeuses.* — *Auto-stop* s'abrège couramment en *stop : Faire du stop.*

autostrade n. f. De nos jours, s'emploie seulement quand on parle d'une autoroute italienne.

1. autour adv. ▷ *alentour.*

2. autour n. m. Oiseau.

autre adj. *ou* pron. indéfini. Sens et constructions.

1 *Autre* peut indiquer une différence portant sur l'identité *(Est-ce chez le même fournisseur que vous avez trouvé ce produit ? — Non, c'est chez un autre),* une différence portant sur la nature *(Après un mois de vacances, je suis un autre homme* = un homme différent de ce que j'étais), une quantité supplémentaire *(Pour emballer mes archives, il me faudrait deux*

autres cartons = deux cartons supplémentaires).

2 Quand *autre* signifie « différent », il se place quelquefois après le nom (ce tour permet d'insister sur la différence de nature) : *Vous l'avez connu gai, entreprenant, sûr de lui, maintenant c'est un homme tout autre.* Le tour *un tout autre homme* est le tour le plus usuel, mais le moins insistant.

3 Ne pas dire : **Des autres occasions se présenteront,* mais *D'autres occasions se présenteront.* De même, on dit : *Bien d'autres occasions se présenteront* (et non **Bien des autres occasions...*).

4 Tout autre ▷ *tout.*

5 L'un et l'autre ▷ *un.*

6 Un autre, d'autres, quelques autres, plusieurs autres, etc. Quand ces locutions ne sont pas sujets, elles sont en général employées en corrélation avec *en : Ce médecin m'avait déçu, j'en consultai un autre.* Le tour *Je consultai un autre* est néanmoins possible. — L'emploi de *en* est obligatoire quand il s'agit de choses et non de personnes : *Cette lampe fonctionne mal, je vais en acheter une autre. Ces biscuits sont délicieux, j'en prendrais bien d'autres.*

7 Quand *autre* ou *autre chose* est précédé d'une préposition et suivi de *que,* on peut omettre la répétition de la préposition après *que : Je devrais travailler avec un autre que lui* (ou *avec un autre qu'avec lui*). *Il pense à autre chose que son travail* (ou, mieux, *qu'à son travail*).

8 Quand *autre... que* est employé dans une proposition principale affirmative en corrélation avec une deuxième proposition, le verbe de cette dernière proposition est, dans la langue soignée, le plus souvent précédé de *ne : L'aventure a eu une autre fin que nous ne l'avions pensé.* A la forme négative ou interrogative, ce *ne* est souvent omis : *L'aventure n'a pas eu une autre fin que nous l'avions pensé.*

9 Dans une phrase négative avec *d'autre... que,* l'emploi de *pas* est facultatif : *Il n'a d'autre espoir qu'une intervention de ses amis haut placés* (ou *Il n'a pas d'autre espoir que...*).

10 *Autre chose,* au singulier et sans déterminant. Est une locution à valeur d'indéfini de genre « neutre », donc accord au masculin : *Il y a autre chose de plus intéressant* (et non *intéressante*). *C'est autre chose que j'avais fait* (et non *faite*).

11 *Autre chose,* accompagné d'un déterminant (article, démonstratif, interrogatif, etc.). Le mot *chose* redevient un nom autonome, ce qui entraîne l'accord obligatoire de l'adjectif ou du participe : *Les autres choses merveilleuses que* *j'ai vues. Cette autre chose que vous avez entreprise. Quelle autre chose plus intéressante avez-vous à me proposer ?*

12 Nous autres, vous autres. Employées absolument, au sens de « nous, vous », ces formes appartiennent à la langue familière, sauf s'il y a une apposition à *nous autres, vous autres,* comme dans ces phrases : *Vous autres, gens des villes, vous croyez que... Nous autres, intellectuels, nous pensons que...* Éviter en revanche, dans la langue soutenue, des tours comme : *Vous autres, vous allez vous promener, tandis que nous autres, nous restons à la maison.* Dire : *Vous, vous allez vous promener, tandis que nous, nous restons à la maison.* — *Eux autres* est déconseillé dans tous les cas, dans le style surveillé.

13 Rien autre, personne autre. Expressions quelque peu littéraires et recherchées qui équivalent à *rien d'autre, personne d'autre : J'ai dit que j'acceptais, et rien autre* (ou *rien d'autre,* beaucoup plus usuel). *Personne autre ne vous a appelé* (ou *personne d'autre...,* beaucoup plus usuel).

14 Entre autres. Ne peut s'employer, en principe, que pour faire référence à un nom ou à un pronom exprimé tout de suite avant ou tout de suite après *autres : Je connais bien les villes du Languedoc, entre autres Toulouse, Carcassonne, Narbonne, Montpellier. Les conifères, le pin et le sapin entre autres, fournissent des bois blancs employés pour les travaux de menuiserie courante.* — En revanche, on ne peut dire : *Il m'a annoncé, entre autres, que sa cousine était malade. Entre autres* ici reste « en l'air » et se rapporte à aucun nom ou pronom exprimé. Il faut dire : *Il m'a annoncé, entre autres choses, que...*

15 Et autres. Employée absolument, cette expression appartient au style familier : *Il faut débarrasser la maison des rats, des souris, des cancrelats et autres. Vivement les vacances, que nous puissions oublier les Corneille, les Racine, les Montesquieu et autres !* A éviter dans le style surveillé. — Employé devant un substantif, *et autres* conserve une valeur désobligeante ou ironique. *Laissons donc là Platon, Aristote, Kant et autres philosophes poussiéreux !* ▼ Éviter de faire suivre *et autres* d'un terme qui n'englobe pas les êtres ou les objets mentionnés. Ainsi, éviter de dire : *Les rats, les crapauds et autres insectes répugnants.* La catégorie des insectes ne comprend pas les rats ni les crapauds. En revanche, on peut dire : *Les rats, les crapauds et autres animaux répugnants* ou *Les punaises, les puces, les cancrelats et autres insectes répugnants* ou *Les rats, les crapauds, ainsi que les punaises, les cancrelats et autres insectes répugnants.*

16 Comme dit l'autre. Employé pour « faire passer » une expression, appartient au langage très familier. A éviter dans la langue soutenue : *Tout ça, comme dit l'autre, c'est de la moutarde après le dîner !*

autrefois, naguère Ces deux adverbes ne sont pas synonymes.

1 autrefois Dans le passé, à une époque qui peut être considérée comme éloignée : *Autrefois, il fallait des semaines pour traverser l'Atlantique à bord des grands voiliers.* — Synonyme littéraire : *jadis.*

2 naguère (= il n'y a guère) Il y a peu de temps : *Naguère, ce quartier était très pittoresque, mais, depuis deux ans, les immeubles neufs ont remplacé les vieilles maisons.*

autrement adv. Sens et constructions.

1 Dans une proposition négative. *Autrement* équivaut à « spécialement, particulièrement, tellement » : *Mon ami n'était pas autrement satisfait de cette perspective* (= n'était pas particulièrement satisfait, n'était pas tellement satisfait). Ce tour est quelque peu vieilli et littéraire.

2 Dans une proposition affirmative. *Autrement* équivaut à « beaucoup plus, nettement plus » : *Musset est un poète charmant, mais Vigny a autrement de profondeur. Les paysages des Alpes sont autrement grandioses que ceux du Jura.* ▼ Il est déconseillé de dire, dans ce sens, *autrement plus grandiose,* ce qui constitue un pléonasme.

3 Autrement que. Si la première proposition est affirmative, la langue soignée emploie, dans la seconde, un *ne* explétif : *Les événements se sont déroulés autrement que nous ne l'avions prévu.* — ▼ Si la première proposition est négative ou interrogative, ce *ne* est souvent omis : *Les événements ne se sont pas déroulés autrement que nous l'avions prévu.*

autrichien, ienne Attention à la majuscule : *La population autrichienne. Les Autrichiens.*

autrui pron. indéfini inv. Règles d'emploi.

1 *Autrui* est l'ancien cas régime de *autre.* Le cas régime était, en ancien français, le cas indiquant la fonction de complément. Il est donc peu correct d'utiliser *autrui* en fonction de sujet. On peut dire : *Il faut accorder notre commisération à autrui,* mais non *Autrui a droit à notre pitié.* Dire : *Les autres ont droit...*

2 *Autrui* est toujours au singulier. Éviter par conséquent de dire : *On reproche à autrui leurs gestes d'ingratitude.* Dire : *On reproche à autrui ses gestes d'ingratitude* ou *On reproche aux autres leurs gestes d'ingratitude.*

auvent, contrevent Deux noms masculins relatifs à la construction.

1 auvent Petit toit fixe, en saillie au-dessus d'une porte, d'une fenêtre ou d'un espalier. ▼ Ne pas écrire *auvant.*

2 contrevent Volet extérieur mobile qui protège une fenêtre.

auvergnat, ate Attention à la majuscule : *Les paysans auvergnats. Les Auvergnats.* — n. m. *L'auvergnat :* dialecte d'Auvergne.

auxerrois, oise adj. *ou* n. Deux emplois, deux prononciations.

1 De la ville d'Auxerre, chef-lieu du département de l'Yonne. ▼ Dans ce sens, le *x* se prononce [s] : [osɛʀwa, waz]. De même, *Auxerre* se prononce [osɛʀ].

2 *Saint-Germain-l'Auxerrois :* église de Paris. Dans cette dénomination, *Auxerrois* se prononce [ɔksɛʀwa].

auxiliaire adj. *ou* n. Orthographe, prononciation et sens.

I Un seul *l.* — Bien prononcer [ɔksiljɛʀ] et non *[ɔksijɛʀ]. De même : *auxiliairement* [ɔksiljɛʀmᾶ], *auxiliateur* [ɔksiljatœʀ].

II Auxiliaire, assistant, adjoint. Trois mots à distinguer.

1 auxiliaire. Personne qui en aide une autre dans son travail. S'applique souvent à une personne qui en aide temporairement une autre, généralement dans un emploi modeste, à un poste d'exécution.

2 assistant, ante. Personne attachée à une autre plus qualifiée pour la seconder, de manière permanente, dans son travail : *Une assistante médicale. L'assistante du dentiste. L'assistant d'un professeur de faculté.* L'assistant peut occuper une place assez élevée dans la hiérarchie. Il accomplit un travail bien déterminé.

3 adjoint, ointe. Celui, celle qui assiste et remplace éventuellement une autre personne, laquelle en général remplit des fonctions élevées. Le mot insiste sur la position hiérarchique : *L'adjoint du directeur financier.* — Pour la construction de *adjoint* avec *de* ou avec *à* ▷ **adjoint.**

aval n. m. Garantie de paiement, caution, approbation : *Donner son aval.* — Pl. : *des avals.* — Dérivés : *avalisation* n. f. *(L'avalisation d'une traite. L'avalisation d'une décision)* ; *avaliser (Avaliser une traite. Avaliser une décision).* ▼ Attention au paronyme *avaler.*

avalanche n. f. Avec *-an-.*

avaler v. t. *Avaler une gorgée, une bouchée.* ▼ Ne pas dire *avaler une traite,* mais *avaliser.*

à-valoir n. m. Invariable : *des à-valoir.* — Ne pas écrire le nom *un à-valoir* (qui prend un trait d'union) comme la locution *à valoir* (qui s'écrit sans trait d'union) : *J'ai versé un à-valoir de cent francs sur le prix de la commande. Voici cent francs, à valoir sur le prix de la commande.*

avance n. f. Expressions et emplois.

1 Trois expressions synonymes : *par avance ; d'avance* (la plus usitée) ; *à l'avance* (critiquée autrefois par certains grammairiens). Elles signifient « à un moment antérieur par rapport au moment considéré ».

2 En avance comporte une nuance supplémentaire et suppose que l'action a eu lieu avant le moment voulu ou prévu : *Je suis arrivé en avance à mon rendez-vous et j'ai dû attendre un quart d'heure.*

3 On évitera les pléonasmes *préparer à l'avance, prévoir à l'avance, prévenir à l'avance, prédire à l'avance, retenir à l'avance,* etc. Dans ces verbes, l'idée d'*avance* est déjà contenue. Par exemple, *prévoir,* c'est « savoir à l'avance ». Si l'on veut préciser la durée qui sépare deux actions, on tournera autrement. On écrira par exemple : *L'opération fut préparée trois jours auparavant. On avait prédit l'événement dix ans plus tôt. On nous a prévenus depuis longtemps.*

avancer. Conjug. **17.** Le *c* prend une cédille devant *a* ou *o* : *Il avança, nous avançons.*

avanie n. f. Affront. — Avec un seul *n.* — Attention au paronyme *avarie,* dommage : *Les avaries d'un navire.*

avant Emplois et constructions.

1 ▼ On écrira : *Le jour d'avant, la semaine d'avant* ou, mieux, *le jour précédent, la semaine précédente* (et non *le jour avant, la semaine avant).*

2 *Avant* substantif. Prend la marque du pluriel : *Les avants d'une équipe de rugby.*

3 *Avant* adjectif. Est invariable : *Les roues avant d'une voiture.*

4 Avant, devant. *Avant* s'oppose à *après* et *devant* à *derrière.*

a/ avant. Fait référence à une succession dans le temps *(La mairie date de 1882, elle a donc été construite avant la poste. Les marronniers ont leurs feuilles avant les platanes)* ou à une succession dans l'espace assimilée à une succession dans le temps par l'idée explicite ou implicite d'un parcours : *Dans la Grand-Rue, quand on vient de la mairie, la pharmacie est avant la poste.*

b/ devant Fait référence à une position dans l'espace, conçue de manière statique et non selon un parcours : *Quand vous regardez la ville du haut de la colline, le bâtiment que vous voyez devant l'église, c'est la mairie. Le marronnier qui est devant le platane a été planté il y a dix ans.*

5 On évitera l'emploi adverbial de *avant*. Au lieu de *Mon ami est venu me voir hier, mais j'étais allé lui rendre visite avant*, on écrira plutôt : *... j'étais allé lui rendre visite auparavant* ou *d'abord*. De même : *Il est venu une heure auparavant, trois mois auparavant* (plutôt que *une heure avant, trois mois avant*).

6 En revanche, l'emploi adverbial est correct quand *avant* est suivi d'un complément de temps ou de lieu et qu'il est modifié par un adverbe de manière ou d'intensité (tour littéraire) : *Nous étions déjà fort avant dans l'hiver* (= à un moment déjà éloigné du début de l'hiver). *Il pénétra très avant dans la forêt* (= très profondément).

7 D'autre part, l'emploi adverbial est toléré, à la rigueur dans quelques cas.

a/ Dans les tours elliptiques : *Il est arrivé après le début de la séance, moi avant.*

b/ Quand *avant* est modifié par un adverbe de manière ou d'intensité : *Il arriva bien avant.* Néanmoins, dans le style très surveillé, on dira plutôt : *Il arriva longtemps auparavant* ou *longtemps avant la séance, longtemps avant cette date*, etc.

8 On écrit sans trait d'union : *en avant* loc. adv. *(Il fit un pas en avant. En avant ! cria le capitaine à ses hommes)*, *en avant de* loc. prép. *(En avant du château s'étendait un grand parc aux arbres centenaires)*. — En revanche, on écrit, avec un trait d'union, *un en-avant* n. m. inv. (terme de rugby).

9 *Avant que de* suivi de l'infinitif. Équivalent un peu précieux et archaïque de *avant de : Avant que d'aborder ce point* (= avant d'aborder...), *je voudrais vous dire ceci.*

10 *Avant que* est toujours suivi du subjonctif (à la différence de *après que*). ▼ Bien distinguer le subjonctif imparfait (avec *avant que*) et le passé antérieur (avec *après que*) : *Tout était déjà en place avant qu'il ne fût arrivé* (subjonctif imparfait, donc *fût* écrit avec un accent circonflexe). *Tout rentra dans l'ordre après qu'il fut parti* (passé antérieur, donc *fut* écrit sans accent circonflexe).

11 *Avant que* peut être suivi du *ne* explétif : *Il a agi avant que nous ne fussions prévenus.*

La langue parlée n'emploie pas ce *ne* explétif, lequel, même dans la langue écrite soutenue, n'est jamais obligatoire. Cependant *ne* est très fréquent quand le verbe de la principale exprime un ordre, une obligation, une nécessité, un souhait, une crainte : *Il faut que nous rentrions avant que l'orage n'éclate.*

avantage L'adverbe *davantage* s'écrit en un seul mot. Ne pas écrire **d'avantage* ▷ **davantage**.

avantager v. t. Conjug. **16.** Prend un *e* après le *g* devant *a* ou *o : il avantagea, nous avantageons.*

avant-bec n. m. — Pl. : *des avant-becs.*

avant-bras n. m. Invariable : *des avant-bras.*

avant centre n. m. (terme de football) L'usage est flottant en ce qui concerne l'orthographe et le pluriel. On préférera la graphie sans trait d'union *avant centre* à *avant-centre*. On préférera le pluriel *des avants centres* à *des avant-centres.*

avant-corps n. m. Invariable : *des avant-corps.*

avant-cour n. f. — Pl. : *des avant-cours.*

avant-coureur n. m. *ou* adj. S'emploie surtout comme adjectif : *Les signes avant-coureurs.* — Ce mot n'a pas de féminin. Certains auteurs ont employé *avant-courrière* comme féminin de *avant-coureur*, les deux mots *avant-coureur* et *avant-courrier* étant pratiquement synonymes au figuré. *Avant-courrier* est seulement d'un registre plus littéraire. — Pl. : *des avant-coureurs.*

avant-courrier, ière n. *ou* adj. Synonyme de *avant-coureur* (dans un registre plus littéraire et plus poétique) : *L'aurore, avant-courrière du jour* ▷ **avant-coureur.** — Rarement employé comme adjectif. — Pl. : *des avant-courriers, des avant-courrières.*

avant-dernier, ière adj. *ou* n. — Pl. : *des avant-derniers, des avant-dernières.*

avant-garde n. f. — Pl. : *des avant-gardes.*

avant-goût n. m. — Pl. : *des avant-goûts.*

avant-guerre Pl. : *des avant-guerres.* — En ce qui concerne le genre, l'usage est flottant : on dit *un avant-guerre* ou, moins souvent, *une avant-guerre.*

avant-hier loc. adv. Prononciation : [avɑ̃tjɛʀ].

avant-main (terme d'équitation) Pl. : *des avant-mains.* ▼ Ce mot est masculin, bien que *main* soit féminin.

avant-mont n. m. — Pl. : *des avant-monts.*

avant-pays n. m. Invariable : *des avant-pays.*

avant-port n. m. — Pl. : *des avant-ports.*

avant-poste n. m. — Pl. : *des avant-postes.*

avant-première n. f. — Pl. : *des avant-premières.*

avant-projet n. m. — Pl. : *des avant-projets.*

avant-propos n. m. Invariable : *des avant-propos.*

avant-scène Pl. : *des avant-scènes.* — Toujours féminin : *Une avant-scène spacieuse.*

avant-toit n. m. — Pl. : *des avant-toits.*

avant-train n. m. — Pl. : *des avant-trains.*

avant-veille n. f. — Pl. : *des avant-veilles.*

avare, avaricieux Deux mots paronymes de la même famille.

1 avare Qui est attaché à l'argent de manière excessive, qui se complaît à en amasser et qui a peur de dépenser, qui n'aime pas donner : *Un usurier avare.* Terme du langage usuel. S'emploie souvent comme nom : *Son oncle est un avare.* Usité au propre et largement aussi au figuré : *Être avare de son temps, de sa peine, de ses paroles.*

2 avaricieux, euse Appartient à la langue littéraire et recherchée et s'emploie plus fréquemment comme adjectif que comme nom. Inusité au figuré. Comporte une nuance de mesquinerie. L'homme avaricieux est celui que son avarice rend ridicule plutôt qu'odieux et dont le défaut est plutôt une manie étriquée de l'économie qu'une âpre passion du gain : *Un grand bourgeois avare, dur et hautain. Un petit bourgeois de province, timoré, avaricieux et méfiant.*

avarie n. f. Dégât : *Les avaries du navire.* — Ne pas confondre avec *avanie.*

avatar n. m. Attention au sens abusif.

1 Sens propre Chacune des incarnations successives d'un dieu de l'hindouisme : *Les dix avatars de Vichnou. Le premier avatar de Vichnou fut un poisson* (= pour sa première incarnation, Vichnou s'incarna dans le corps d'un poisson).

2 Sens figuré correct. Chacun des états par lesquels passe une personne ou une chose au cours du temps : *L'histoire de Barbe-Bleue n'est sans doute que l'un des avatars d'un mythe très ancien.*

3 Sens abusif (dû à l'influence de *aventure, avarie*). Dans la langue relâchée, synonyme de *aventure, mésaventure, ennui, désagrément, accident :* *Nous avons eu bien des avatars pendant nos vacances : ma femme malade, ma voiture en panne, le terrain de camping inondé !* Sens à éviter.

à vau-l'eau loc. adv. Attention à la place du trait d'union.

avec prép. Fautes à éviter et emplois.

1 *Avec* est une préposition. Ne pas employer sans complément. On écrira : *J'ai retrouvé un ami, je suis parti avec lui* (et non *je suis parti avec*).

2 Attention aux emplois « passe-partout » de *avec* dans la langue relâchée. Dire, par exemple : *Elle est partie par le train de quinze heures trente* (et non *avec le train...*). *On se fatigue beaucoup en marchant, par cette chaleur* (et non *avec cette chaleur*). *J'aime beaucoup la Bretagne et ses paysages mélancoliques* (et non *avec ses paysages...*).

3 Déjeuner, dîner avec... Il est conseillé de dire : *J'ai déjeuné d'une tranche de jambon et d'une salade* (plutôt que *avec une tranche...*). Si le menu est copieux, pour éviter des phrases telles que *J'ai dîné d'une douzaine d'huîtres, d'un rouget et d'une caille,* on tournera autrement : *A mon dîner, j'ai mangé une douzaine d'huîtres...* En effet, de nos jours, *déjeuner de, dîner de* impliquent que les mets consommés sont peu nombreux et simples. — Réserver *déjeuner avec, dîner avec* aux cas où le complément est un nom de personne : *J'ai déjeuné avec deux collègues.*

4 *Avec,* unissant deux sujets dont le premier est au singulier. Si le second sujet est isolé par des virgules, le verbe se met au singulier : *Le maire, avec son adjoint, assistait à la cérémonie.* Si le second sujet n'est pas isolé par des virgules, le verbe se met au pluriel : *Le maire avec son adjoint assistaient à la cérémonie.*

5 *D'avec,* indiquant la séparation. C'est le cas après des verbes tels que *divorcer, distinguer séparer...* Cet emploi est parfaitement correct. Cette construction est même la seule possible après *divorcer* à la forme active. Cependant, après la plupart des verbes, la préposition *de* est plus fréquente que *d'avec : Distinguer le vrai du faux.*

aven n. m. Gouffre dans les Causses. — Bien prononcer [avɛn]. — Pl. : *des avens.*

1. avenant, ante adj. Aimable. — Finale en *-ant, -ante.*

2. avenant n. m. Additif à un contrat. — Finale en *-ant.*

avènement n. m. Un accent grave, à la différence de *événement.* — Signifie « accession au trône » et, par extension, « commencement » : *L'avènement des Capétiens. L'avènement de la grande industrie au XIXe siècle.*

avenir, à venir, à-venir Des mots à bien distinguer par l'orthographe.

1 L'avenir n. m. (en un mot, sans trait d'union) Le temps futur : *Dans un proche avenir.*

2 A venir loc. adj. (en deux mots, sans trait d'union). Qui doit se produire, exister plus tard : *Les événements à venir.*

3 Un avenir (en un mot, sans trait d'union) ou **un à-venir** (en deux mots, avec trait d'union) n. m. Sommation adressée par un avoué de la partie adverse. — Pl. : *des avenirs* ou *des à-venir.*

avent [avã] n. m. *(liturgie)* Le temps qui précède Noël. — Avec un *a* minuscule. Ne pas écrire comme la préposition *avant.*

aventure n. f. Avec *-en-.* De même : *aventuré, aventureux, aventurier.*

avenue n. f. On dit : *Les voitures passent dans l'avenue* (ou *sur l'avenue*). En revanche, dire : *Il habite avenue Kléber* (et non *dans l'avenue Kléber* ni *sur l'avenue Kléber,* car on n'habite pas *dans* une avenue ni *sur* la chaussée d'une avenue).

avérer (s') v. pron. Conjug. **11.** Change *é* en *è* devant un *e* muet, sauf au futur et au conditionnel : *il s'avère,* mais *il s'avérerait.* ▼ Pour des raisons étymologiques (*avérer* vient du latin *verus* « vrai »), il est recommandé d'éviter des tours comme *Cette nouvelle s'avère exacte* (pléonasme) ou *Cette nouvelle s'avère fausse* (contradiction). Dire plutôt *Cette nouvelle se révèle exacte, se révèle fausse.* En revanche, on peut dire, sans attribut : *Son soupçon s'est avéré* (= est apparu fondé). *Son habileté s'avéra dans la négociation* (= se manifesta). On peut dire aussi, avec un attribut (autre que *exact, vrai, faux, erroné,* etc.) : *Le remède s'avéra inefficace* (= apparut comme, se révéla être inefficace). — Avec la tournure impersonnelle *il s'avère que,* on peut dire, à la rigueur : *Il s'avéra que l'addition était fausse* (= · il apparut que...). — D'une manière générale, ne pas user à tout propos du verbe *s'avérer.* Dire plutôt *apparaître, se révéler, être.*

averse, à verse Deux orthographes, deux sens.

1 Une averse n. f. (en un seul mot) Pluie subite, violente et de faible durée : *Nous sortons, entre deux averses.*

2 À verse loc. adv. (en deux mots, sans trait d'union avec accent grave sur *à*) Abondamment : *Ne sors pas, il pleut à verse !*

aversion n. f. Le complément indiquant la personne ou la chose qui est l'objet de l'aversion est le plus souvent introduit par *pour : Il éprouvait une vive aversion pour les hypocrites, pour l'hypocrisie.* Moins fréquemment, mais sans incorrection, on emploie *contre, à l'égard de* (*L'aversion à l'égard des hypocrites, contre l'hypocrisie*) ou *de* (*L'aversion de l'hypocrisie*). — Éviter les tours tels que *l'aversion des hypocrites,* car ils sont équivoques (= aversion à l'égard des hypocrites *ou* éprouvée par les hypocrites).

avertir v. t. Plusieurs constructions.

1 *Avertir de,* suivi d'un nom. Annoncer : *Il m'a averti de son départ prochain.*

2 *Avertir de,* suivi de l'infinitif. Donner l'ordre, la consigne, le conseil impératif de... (tour un peu vieilli et littéraire) : *Le gouverneur avertit les habitants de la ville de tenir prêt tout ce qu'il fallait pour ravitailler l'armée du roi.*

3 *Avertir que,* suivi de l'indicatif ou du conditionnel. Annoncer : *Il m'avait averti qu'il préparait son départ. Il m'a averti qu'il partirait lundi prochain.* ▼ Le tour *avertir de ce que* est déconseillé.

4 *Avertir que,* suivi du subjonctif. Donner l'ordre, la consigne, le conseil impératif de faire telle action (s'emploie surtout suivi de *avoir à*) : *Le roi fit avertir le courtisan disgracié qu'il eût à se retirer sur ses terres* (tour vieilli et littéraire).

aveu n. m. — Pl. : *des aveux.* — On écrit, avec *aveu* au singulier, *un homme sans aveu.*

aveugle-né n. m. *ou* n. f. *ou* adj. *Un aveugle-né. Une aveugle-née. Des aveugles-nés. Des aveugles-nées* (fém. plur.). — *Des enfants aveugles-nés. Des fillettes aveugles-nées.*

aveuglette Seulement dans l'expression *à l'aveuglette.*

aveulir v. t. Sans accent circonflexe.

aviculture n. v. Élevage des oiseaux, notamment des oiseaux de basse-cour. — Dérivés : *avicole, aviculteur.* — Attention aux paronymes *apiculture* (élevage des abeilles), *apicole, apiculture.*

avilir v. t. Un seul *l.*

avion On écrit avec un trait d'union les composés dont le deuxième élément est un nom : *Un avion-citerne, des avions-citernes. Un avion-cargo, des avions-cargos. Un avion-taxi, des avions-taxis.* — En revanche, pas de trait d'union si le deuxième élément est un adjectif : *Un avion ravitailleur, des avions ravitailleurs.*

avionneur n. m. Constructeur d'avions. — Deux *n.*

aviron n. m. Synonyme technique de *rame.* — Ne pas dire *environ* pour *aviron : En quelques coups d'aviron, le canotier parvint au milieu de la rivière et il la descendit sur deux cents mètres environ.*

avis n. m. Prononciation et constructions.

I Bien prononcer [avi]. Le *-s-* final est muet.

II Plusieurs constructions.

1 *Être d'avis de,* suivi de l'infinitif. Trouver bon de, proposer de : *Je suis d'avis de partir tout de suite.*

2 *Être d'avis que,* suivi de l'indicatif. Penser que (expression d'une simple opinion) : *Je suis d'avis qu'il vaut mieux gagner moins et faire un métier que l'on aime.*

3 *Être d'avis que,* suivi du subjonctif. Trouver bon de, proposer de (expression d'un avis, d'un conseil) : *Je suis d'avis que nous partions tout de suite.*

aviser v. t. dir. *ou* indir. *ou* v. pron. Plusieurs constructions.

I A la forme transitive directe.

1 *Aviser quelqu'un de,* suivi d'un nom. Informer, prévenir de : *J'ai avisé mon oncle de mon départ prochain.*

2 *Aviser quelqu'un de,* suivi de l'indicatif ou du conditionnel. Informer que : *Le chef de service avisa ses subordonnés que les horaires allaient être modifiés. Mon chef de service m'a avisé que je serais bientôt muté.* ▼ Le tour *aviser quelqu'un de ce que* est déconseillé.

II A la forme active transitive indirecte.

1 *Aviser à,* suivi d'un nom. Veiller à, s'occuper de : *Avisons d'abord aux moyens de sauver ce qui peut être sauvé.*

2 *Aviser à,* suivi de l'infinif. Veiller à, s'occuper de : *Avisons à régler au plus tôt cette affaire.*

3 *Aviser à ce que,* suivi du subjonctif. Veiller à ce que, faire en sorte que : *J'aviserai à ce que cette affaire soit réglée dans les plus brefs délais.*

III A la forme pronominale.

1 *S'aviser de,* suivi d'un nom. S'apercevoir de, constater, remarquer : *Elle ne s'était pas avisée de l'absence de son ami.*

2 *S'aviser de,* suivi d'un nom. Imaginer, inventer : *Elle s'était avisée d'un stratagème très ingénieux.*

3 *S'aviser de,* suivi d'un infinitif. Avoir l'idée inattendue, étrange de (faire telle action), se permettre de : *Elle s'est bien avisée de me poser cette question saugrenue ! Ne t'avise pas de sortir sans mon autorisation ! Et qu'il ne s'avise pas de recommencer !*

4 *S'aviser que,* suivi de l'indicatif. S'apercevoir, constater, remarquer que : *Je m'avisai brusquement que mon camarade avait disparu.* ▼ Le tour *s'aviser de ce que* est déconseillé.

aviso n. m. Petit navire de guerre. — Pl. : *des avisos* [-zo].

avocat n. m. Il existe un féminin *avocate,* mais on peut employer la forme masculine, *avocat,* pour parler d'une femme : *Sa sœur est avocate ou est avocat.* — La forme masculine est même de rigueur dans les dénominations officielles ou dans le style de caractère officiel : *Me Monique Durand, avocat à la Cour. J'ai informé de ce fait mon avocat, Me Jacqueline Dupont.*

avoir v. t. Conjugaison et expressions.

1 Conjug. **1.** — Attention à l'impératif présent *(aie, ayons, ayez)* et au subjonctif présent : *que j'aie, que tu aies, qu'il ait* (avec *-t-), que nous ayons, que vous ayez* (sans *-i-*), *qu'ils aient.* — Ne pas écrire *il eut* (passé simple de l'indicatif) comme *(qu')* il *eût* (imparfait du subjonctif).

2 Les expressions *en avoir à quelqu'un, contre quelqu'un, après quelqu'un,* éprouver de l'hostilité, de la rancune à son égard, sont familières et doivent être évitées dans la langue surveillée.

avoisiner v. t. — Un seul *n.* De même : *avoisinant.*

avorter Normalement intransitif : *Cette femme a avorté au troisième mois de sa grossesse. Un médecin complaisant l'a fait avorter.* On évitera l'emploi transitif comme équivalent de *faire avorter.* Ne pas dire : *Un médecin complaisant l'a avortée.* — On évitera aussi la forme pronominale *elle s'est avortée,* pour *elle a avorté.* En revanche, avec *faire,* le tour pronominal *elle s'est fait avorter* est parfaitement correct.

avorton Toujours masculin, même quand l'être désigné est du sexe féminin : *Cette fillette est un avorton.*

avril n. m. Jamais de majuscule en français : *Le 12 avril.*

axer v. t. Au figuré, *axer sur* s'emploie au sens de « fonder sur, orienter vers » : *Axer une politique économique sur le développement de l'agriculture.* Emploi toléré dans la langue courante. Dans le style soutenu, dire plutôt : *fonder sur, orienter vers.*

axial, ale, aux adj. Masculin pluriel en *-aux :* *Des supports axiaux.*

axiome n. m. ▼ Pas d'accent circonflexe sur *o,* qui est cependant un *o* fermé : [aksjom]. — En revanche, les dérivés *axiomatique* [a k s j ɔ m a t i k], *axiomatisation* [aksjɔmatizasiɔ̃], *axiomatiser* [aksjɔmatize] se prononcent avec un *o* ouvert.

ayant [-jɑ̃] Participe présent du verbe *avoir.*

ayant cause n. m. *(droit)* Personne qui tient d'une autre (dite *auteur*) un droit ou une obligation. — En deux mots, sans trait d'union. — Pl. : *des ayants cause.*

ayant droit n. m. *(droit)* Celui qui a droit (à une prestation, à une indemnité, etc.) : *Un ayant droit de la Sécurité sociale.* — En deux mots, sans trait d'union. — Pl. : *des ayants droit.*

ayez, ayons ▼ Ces formes du verbe *avoir* (première et deuxième personne du pluriel de l'impératif présent et du subjonctif présent) ne prennent jamais de *i* après l'*y.* Ne pas écrire **ayions,* **ayiez.*

azalée Plante. — Toujours féminin : *Une azalée blanche.*

azimut n. m. *(astronomie, géodésie)* Angle formé par une direction quelconque avec le méridien d'un lieu. — *Dans tous les azimuts :* équivalent familier de « dans toutes les directions ». — Bien prononcer [azimyt], en faisant entendre le *-t.* ▼ Pas de *-h* à la fin, à la différence de *zénith,* point de la sphère céleste situé à la verticale d'un lieu. — Dérivé : *azimutal, ale, aux* adj.

azote Toujours masculin : *L'azote gazeux.*

aztèque adj. *ou* n. Attention à la majuscule : *La civilisation aztèque. Le peuple aztèque. Les Aztèques.*

azulejo n. m. Carreau de faïence, en Espagne et au Portugal. — Mot espagnol non francisé. Pas d'accent sur le *e.* Prononciation : [azulexo], avec [x] *(jota).* — Pl. : *des azulejos* [-xos].

azur n. m. Jamais adjectif. On dit : *un ciel d'azur, une mer d'azur* (et non **un ciel azur, *une mer azur*). L'adjectif est *azuré, ée.*

azyme adj. *Pain azyme,* sans levain. — Un *z* et un *y.*

B

1. baba n. m. Gâteau. — Pl. : *des babas.*

2. baba adj. Ébahi, étonné. — Invariable : *Elles sont restées baba.*

babil n. m. La prononciation [babil] tend de nos jours à remplacer la prononciation vieillie [babi].

babiller v. i. Bien prononcer [babije], avec [j] et non avec [l]. De même : *babillage* [babijaʒ] n. m., *babillard, arde* [babijaʀ, aʀd] adj.

babiroussa n. m. Animal. — Pl. : *des babiroussas* [-sa].

bâbord n. m. Côté gauche du navire (*tribord,* côté droit). — Se prononce [baboʀ], mais s'écrit avec un accent circonflexe sur le *a.*

baby n. m. Anglicisme vieilli. Remplacé de nos jours par *bébé.*

baby-boom. n. m. Anglicisme qui désigne une augmentation brusque et massive de la natalité : *Le baby-boom de 1946-1947.* — Prononciation : [bebibum]. — Pl. : *des baby-booms* [-bum].

baby-foot n. m. Anglicisme qui désigne le football de table. Prononciation : [babifut]. — Pl. : *des baby-foot,* mieux que *des baby-foots* [fut]. — Équivalent français : *football de table.*

babylonien, ienne adj. *ou* n. Attention à la majuscule : *La population babylonienne. Les Babyloniens.* — *Le babylonien :* langue.

baby-sitter n. m. *ou* f. Anglicisme qui désigne une personne qui est payée pour garder les enfants quand les parents sortent. — Prononciation : [bebisitœʀ]. — Pl. : *des baby-sitters* [-tœʀ]. — Dérivé : *baby-sitting* [bebisitiŋ] n. m. Anglicisme désignant la surveillance des enfants par un(e) baby-sitter.

1. bac n. m. Bateau qui sert à traverser une rivière.

2. bac n. m. Récipient.

3. bac n. m. Forme abrégée de *baccalauréat.*

baccara, baccarat [bakaʀa]. Deux noms masculins homophones.

1 baccara Jeu de hasard, qui se joue avec des cartes : *Il a perdu cinq mille francs au baccara.*

2 baccarat Cristal fabriqué à Baccarat (Meurthe-et-Moselle). *Un beau vase en baccarat.*

bacchanal, bacchanales, bacchanale Trois mots qui se prononcent [bakanal].

1 Un bacchanal n. m. sing. Désordre, vacarme, tumulte : *Les hommes, attablés au cabaret, faisaient un bacchanal terrible* (mot très vieilli ; inusité au pluriel).

2 Les bacchanales n. f. pl. (sans majuscule) A Rome, dans l'Antiquité, fête célébrée en l'honneur de Bacchus : *Les bacchanales donnèrent lieu à de tels excès que le Sénat dut les interdire.*

3 Une bacchanale n. f. sing. Fête désordonnée, tumultueuse, licencieuse : *Le mardi gras, autrefois, ah ! quelle bacchanale !* (mot littéraire).

bacchante n. f. Prononciation : [bakɑ̃t].

bach-aga ou **bachaga** [baʃaga] n. m. Dignitaire musulman ▷ **agha.** — Pl. : *des bach-agas* ou *des bachagas* [-ga].

bachi-bouzouk [baʃibuzuk] n. m. Cavalier irrégulier de l'ancienne armée turque. — Pl. : *des bachi-bouzouks.*

bachique adj. *Chanson bachique :* chanson à boire. ▼ Un seul *c.* Se prononce avec [ʃ] et non avec [k] : [baʃik], à la différence de *Bacchus, bacchanale, bacchanale, bacchante.*

1. bachot n. m. Petit bateau à fond plat.

2. bachot n. m. Synonyme familier de *baccalauréat.*

bacon n. m. *(anglicisme)* Lard salé maigre. — Prononciation mal fixée. On déconseille la prononciation francisée [bakɔ̃]. Préférer la prononciation à l'anglaise [bekœn].

bad-lands Anglicisme qui désigne des terres ravinées. — Synonyme français proposé : *roubine* n. f. — Le genre n'est pas fixé : généralement masculin, parfois féminin. S'emploie toujours au pluriel : *Des bad-lands stériles.* — Prononciation : [badlɑ̃ds].

badminton n. m. Anglicisme désignant un jeu de volant. — Prononciation : [badmintɔn]. ▼ Ne pas écrire **badmington.*

baffe n. f. *(populaire)* Gifle. — Deux *f.*

baffle n. m. Anglicisme qui désigne l'écran d'un haut-parleur. — Prononciation : [bafl]. Pl. : *des baffles.* — Équivalent français : *écran.*

bagad [bagad] n. m. Formation musicale folklorique de Bretagne. — Mot breton. Pluriel (breton) : *des bagadou.*

bagage n. m. Orthographe, expressions et emplois.

1 Ne pas écrire *bagages* (valises, etc.) comme *baguage* (action de baguer un oiseau). — Éviter la graphie fautive, assez fréquente, **baggage.*

2 Avec *bagage* au singulier : *plier bagage.* — Avec *bagage* au pluriel : *avec armes et bagages.*

3 Au sens de « valise, sac, malle », s'emploie normalement au pluriel : *J'ai mis les bagages dans le coffre de la voiture.* Si l'on veut parler d'un seul de ces objets, on évite de dire *un bagage.* On dira plutôt, par exemple : *J'ai une seule valise* ou *un seul sac* (mieux que *un seul bagage*). — Au figuré, le singulier est correct : *Son bagage intellectuel est assez mince.*

1. bagasse n. f. Résidu de la canne à sucre. — Finale en *-asse.*

2. bagasse ! interj. Juron populaire du Midi. — Finale en *-asse.*

bagaude n. m. *(histoire) Les bagaudes :* paysans gaulois révoltés. — Pas un nom de peuple, donc pas de majuscule.

bagou n. m. La graphie *bagou* doit être préférée à *bagout,* qui provient d'un rapprochement étymologique erroné avec *goût.*

bagpipe n. m. (mot anglais non francisé). Cornemuse écossaise. — Prononciation anglaise : [bagpajp]. — Pl. : *des bagpipes* [bagpajp] ou [bagpaips].

baguage [bagaʒ] n. m. Action de munir d'une bague : *Le baguage d'un oiseau.* ▼ Ne pas écrire comme *bagage* (valise, malle, etc.).

baguenauder v. i. *(familier)* Flâner. — Avec *au.* De même : *baguenaudier, ière.*

bai, baie [bɛ, bɛ] adj. *ou* n. m. Qualifie un cheval dont la robe est brune, la crinière et les extrémités des membres étant noires. — (substantivement) *Une jument d'un beau bai.* — Accord selon la règle des adjectifs relatifs à la couleur : *un cheval bai, des chevaux bais, une jument baie, des juments baies,* mais *des cavales bai châtain, des juments bai miroité* (invariabilité, car il y a deux adjectifs, dont l'un modifie le sens de l'autre).

1. baie [bɛ] n. f. Ouverture ; fenêtre : *Une baie vitrée.*

2. baie [bɛ] n. f. Fruit : *Une baie de genièvre.*

3. baie [bɛ] n. f. Petit golfe : *La baie des Anges,* à Nice.

4. baie [bɛ] adj. Féminin de *bai : Une jument baie.*

baigner v. t. *ou* v. pron. Attention au *i* après le groupe *-gn-* à la première et à la deuxième personne du pluriel de l'indicatif imparfait et du subjonctif présent : *(que) nous baignions, (que) vous baigniez.*

bail [baj] Contrat de location. ▼ Pl. : *des baux.*

baille [baj] n. f. Baquet. — Pas d'accent circonflexe.

bâillement [bɑjmɑ̃] n. m. — Accent circonflexe sur *a.*

bailler, bâiller, bayer Trois verbes à bien distinguer.

1 **bailler** [baje] v. t. *(vieux ou régional)* Donner. Usité encore dans la locution figée *vous*

me la baillez bonne ou *vous me la baillez belle,*
vous voulez m'en faire accroire. ▼ Le participe
passé est toujours invariable : *Il me l'a baillé
belle.*

2 bâiller [baje] v. i. Ouvrir largement la bouche : *Je bâille de sommeil.* — (par extension)
Mon col bâille. — Dérivés : *bâillement, bâilleur.*

3 bayer [baje] v. i. *(vieux ou littéraire)*
S'ouvrir : *Son manteau bayait au vent.* —
Rester bouche bée : *Il bayait devant les vitrines
luxueuses.* — Usité encore de nos jours dans
l'expression figée *bayer aux corneilles.* Ne pas
écrire *bâiller aux corneilles.*

▼ Pour les trois verbes ci-dessus, ne pas oublier
le *i* à la première et à la deuxième personne
du pluriel de l'indicatif imparfait et du subjonctif présent : *(que) nous baillions, (que) vous
bailliez ; (que) nous bâillions, (que) vous bâil-
liez ; (que) nous bayions, (que) vous bayiez.*

bailleur, bâilleur Deux noms paronymes.

1 bailleur [bajœʀ], féminin **bailleresse**
[bajʀɛs] Personne qui cède par un *bail* la
jouissance d'une chose (par opposition au
concessionnaire, au *locataire,* au *preneur*) :
*Droits et obligations réciproques du bailleur et
du locataire* (langue juridique).

2 bâilleur [bajœʀ], féminin **bâilleuse** [bajøz]
Personne qui *bâille* souvent : *Un bon bâilleur
en fait bâiller dix* (proverbe).

bailli [baji] n. m. Autrefois, officier royal.

bailliage [bajaʒ] n. m. Autrefois, circonscription
soumise à l'administration d'un bailli. ▼ Attention au groupe *-illi-.*

baillive [bajiv] n. f. Autrefois, femme d'un bailli.

bâillon n. m. Accent circonflexe sur le *a.*
Prononciation : [bajɔ̃]. — Dérivés : *bâillonne-
ment* [bajɔnmɑ̃] n. m., *bâillonner* [bajɔne] v. t.

bain n. m. Pluriel et singulier.

1 On écrit, avec *-s* : *établissement de bains,
garçon de bains.*

2 On écrit, sans *-s* : *culotte de bain, maillot de
bain, serviette de bain, peignoir de bain.*

3 L'usage hésite entre *salle de bains et salle
de bain.* Cette dernière orthographe est
préférable.

bain-marie n. m. — Pl. : *des bains-marie.*

baïonnette n. f. Deux *n,* deux *t.* Tréma sur le *i.*

baisemain n. m. En un seul mot. — Pl. : *des
baisemains.*

baisser Il est déconseillé d'écrire : *La viande
baisse. La vie baisse.* Écrire plutôt : *Le prix de
la viande baisse. Le coût de la vie baisse.* Ce
n'est pas la viande qui baisse ou qui monte, mais
son prix.

bakchich [bakʃiʃ] n. m. *(familier)* Pourboire,
pot-de-vin. — Pl. : *des bakchichs* [-ʃiʃ].

Bakélite n. f. Matière plastique. — Nom déposé,
donc, en principe, avec une majuscule.

bal n. m. — Pl. : *des bals.*

balade, ballade Deux noms féminins
paronymes.

1 balade *(familier)* Promenade : *Il fait beau,
allons faire une balade !*

2 ballade Poème à forme fixe : *Une ballade de
Villon.*

balader v. t. *ou* v. pron. *(familier)* Promener :
Il fait beau, on va se balader ? — Un seul *l*
(vient de *balade* « promenade »). De même :
baladeur, euse.

baladin, paladin Deux noms masculins
paronymes.

1 baladin Comédien ambulant, bouffon.

2 paladin Chevalier ; homme chevaleresque ;
défenseur idéaliste.

balafo ou **balafon** n. m. Instrument de musique.
— Pl. : *des balafos* [-fo] ou *des balafons.*

balafre n. f. ▼ Un seul *l,* un seul *f.* De même :
balafré, balafrer.

balai, balais Ne pas écrire *un balai,* instrument
qui sert à balayer, comme *un rubis balais*
[balɛ], variété de rubis de couleur rose ou
violacée.

balancé, ée adj. On dit familièrement : *un garçon
bien balancé,* bien bâti, *une fille bien balancée,*
bien faite. ▼ Ne pas dire : *une phrase bien
balancée,* mais *une phrase balancée,* harmo-
nieuse et cadencée, avec un effet de symétrie
(Les phrases balancées de Chateaubriand).

balancer Conj. 17. Le *c* prend une cédille devant
a ou *o : il balança, nous balançons.*

balayer Conjug. 23. — Change *y* en *i* devant un
e muet : *je balaie* [balɛ], *tu balaies* [balɛ], mais
nous balayons, vous balayez. — *Je balaierai*
[balɛʀe], *tu balaieras* [balɛʀa], *il balaiera*
[balɛʀa], *nous balaierons* [balɛʀɔ̃]... — *Balaie,*
[balɛ], *balayons, balayez.* — *Que je balaie*

[balɛ], *que tu balaies* [balɛ]... — Ce remplacement de *y* par *i* n'est cependant pas obligatoire, et les formes *je balaye* [balɛj], *tu balayes* [balɛj], *je balayerai* [balɛjʀe], *tu balayeras* [balɛjʀa], etc. sont très correctes. Elles sont cependant moins usitées. ▼ Ne pas oublier le *i* après le *y* à la première et à la deuxième personne du pluriel de l'indicatif imparfait et du subjonctif présent : *(que) nous balayions, (que) vous balayiez*. Ce *i* est indispensable.

balbutiement [balbysimɑ̃] n. m. Un *e* après -*ti*-.

balbutier [balbysje] Conjug. **20**. Double le *i* à la première et à la deuxième personne du pluriel de l'indicatif imparfait et du subjonctif présent : *(que) nous balbutiions, (que) vous balbutiiez*.

baldaquin, catafalque Deux noms masculins qui ne sont nullement synonymes.

1 baldaquin Trois sens.

a/ Ouvrage d'architecture construit au-dessus de l'autel d'une église : *Le baldaquin de Saint-Pierre de Rome*.

b/ Tenture installée au-dessus d'un trône au moyen d'un ouvrage de menuiserie. — Synonyme : *dais*.

c/ Petit dais établi au-dessus d'un lit : *Lit à baldaquin*. — Synonyme : *ciel de lit*.

2 catafalque Ouvrage en bois recouvert de tentures sur lequel on place le cercueil, au cours d'une cérémonie funèbre.

balise n. f. Avec un *s*, non un *z*. De même : *balisage, baliser, baliseur*.

baliveau, soliveau Deux noms masculins paronymes.

1 baliveau Deux sens.

a/ Jeune arbre qu'on s'est abstenu de couper, dans un taillis, afin de le laisser croître en arbre de futaie.

b/ Long poteau mince qui sert à faire des échafaudages.

2 soliveau Deux sens.

a/ Petite solive, petite poutre.

b/ (figuré, par allusion à la fable de La Fontaine *Les Grenouilles qui demandent un roi)* Homme sans autorité, sans pouvoir, sans caractère : *Ce président, quel soliveau !*

ballade, balade ▷ **balade.**

ballast n. m. — Pl. : *des ballasts* [balast].

1. balle n. f. Enveloppe du grain. — Deux *l*.

2. balle n. f. Paquet. — Deux *l*.

3. balle n. f. Petit ballon ; projectile. — Deux *l*.

ballet n. m. Danse : *Le corps de ballet de l'Opéra*. — Deux *l*, comme *baller* v. i. (danser), *ballerine* n. f. (danseuse).

1. ballon n. m. Grosse balle ; aérostat. — Deux *l*. — Invariable dans l'usage adjectif : *des manches ballon, des pneus ballon*.

2. ballon n. m. Sommet, dans les Vosges : *Le ballon de Guebwiller. Le ballon des Vosges*.

ballon-sonde n. m. — Pl. : *des ballons-sondes*.

ballot n. m. Gros paquet. — Adj. *(familier)* Imbécile, sot : *Ces garçons sont un peu ballots*. Pas de forme spéciale pour le féminin : *Elle est ballot !* — Deux *l* (vient de *balle* « paquet »).

ballottage n. m. Deux *l*, deux *t*.

ballotter v. i. *ou* t. Deux *l*, deux *t*. — De même : *ballottement*.

ballottine n. f. Galantine roulée. — Deux *l* et deux *t*.

ball-trap n. m. Anglicisme qui désigne un appareil lançant les diques d'argile (au tir aux pigeons artificiels). — Prononciation : [boltʀap]. — Pl. : *des ball-traps* [-tʀap]. — Deux *l*, un seul *p*.

balluchon ou **baluchon** n. m. L'orthographe *balluchon* est préférable.

1. balourd, ourde adj. *ou* n. Imbécile. — Un seul *l*. — Finale en -*ourd*.

2. balourd n. m. Déséquilibre d'une pièce rotative. — Finale en -*ourd*.

balsa Mot d'origine espagnole.

1 Le balsa Arbre d'Amérique centrale ; bois qu'il fournit. — Dans ce sens, le mot est francisé. Prononciation : [balza]. Pl. : *des balsas* [-za]. Toujours masculin : *Le balsa, très léger, sert à fabriquer des maquettes*.

2 Une balsa Radeau de jonc utilisé au Pérou et au Chili. — Sous cette forme féminine, le mot n'est pas francisé et se prononce [balsa]. Pl. : *des balsas* [-sas].

balsamier n. m. Arbre. Synonyme : *baumier*. — Se prononce avec [z] et non avec [s] : [balzamje]. Il en va de même pour les mots de la même famille : *balsamine* [balzamin] n.

f. (plante), *balsamique* [balzamik] adj. (qui a une odeur de baume).

balte adj. *ou* n. Attention à la majuscule : *Les langues du groupe balte. Les barons baltes. Les pays baltes. Les Baltes.*

baltique adj. *ou* n. Attention à la majuscule : *Le climat baltique. Les brumes baltiques. Les langues baltiques. La mer Baltique* ou *la Baltique.*

baluchon ▷ **balluchon.**

balustrade Deux noms de la même famille.

1 Une balustrade Garde-fou (dont les supports sont, en principe, des *balustres*).

2 Un balustre Chacun des petits piliers qui constituent les supports d'une *balustrade.* ▼ Est masculin : *Un balustre massif.*

balzan, balzane Deux mots de la même famille.

1 balzan, ane adj. Qualifie un cheval noir ou bai qui a des taches blanches aux pieds. — S'accorde en genre et en nombre : *Des juments balzanes.* — (substantivement) *Cette jument est une balzane.*

2 balzane n. f. Tache blanche au pied d'un balzan : *Ce cheval a des balzanes ovales.*

ban, banc [bɑ̃] Trois noms masculins à distinguer.

1 ban (sans *-c*) n. m. Proclamation ou défense annoncée publiquement. — Nombreuses expressions : *(convoquer) le ban et l'arrière-ban (de ses vassaux) ; les bans de vendange ; publier les bans (avant un mariage) ; ouvrir, fermer le ban ; battre un ban (en l'honneur de quelqu'un) ; mettre au ban (de la société) ; (être) en rupture de ban.*

2 ban (sans *-c*) n. m. Autrefois, en Hongrie, chef d'un *banat*, province frontière : *Le ban de Temesvar.*

3 banc (avec *-c*) n. m. Siège allongé ; support, etc. — Nombreuses expressions : *banc d'œuvre ; char à bancs* (avec *-s à banc*) *; banc d'essai* (pas de *-s à essai*) *; (exploiter) un banc de pierre (dans une carrière) ; (s'échouer sur) un banc de sable, de roches* (avec *-s à roches*).

banal, ale, aux ou **als** adj. Deux formes pour le masculin pluriel.

1 banaux Au sens historique de « qui appartient au seigneur » : *Des fours banaux. Des moulins banaux.*

2 banals Au sens usuel et moderne de « dépourvu d'originalité, ordinaire » : *Des compli-ments banals. Les événements banals de la vie quotidienne.*

banc ▷ **ban.**

bancable, bancaire adj. Avec un *c.*

bancal, ale, als adj. ▼ Masculin pluriel : *bancals (Des meubles bancals).*

banco n. m. Terme de jeu. — Pl. : *des bancos* [-ko].

bande n. m. Avec *-an-*. De même : *bandage, bandagiste, bandeau, bandelette, bander.*

banderille n. f. Prononciation : [bɑ̃d(ə)ʁij].

banderillero n. m. Torero qui plante des banderilles. — Mot espagnol : pas d'accent sur les *e*. — Prononciation : [bɑ̃deʁijeʁo] ou [bɑ̃deʁijeʁo]. — Pl. : *des banderilleros* [bɑ̃deʁijeʁo] ou [bandeʁijeʁos].

banderole n. f. Un seul *l.*

bandit n. m. Pas de forme spéciale pour le féminin : *La police vient d'arrêter les deux femmes bandits. Cette gamine est un petit bandit !*

bandonéon n. m. Instrument de musique. — Ne pas dire **bandoléon.*

bandoulière n. f. De nos jours, s'emploie surtout dans l'expression *en bandoulière : Il portait son fusil en bandoulière.* — Bien prononcer [bɑ̃duljɛʁ] et non **[bɑ̃dujɛʁ].*

bang [bɑ̃g] n. m. Bruit que fait un avion supersonique. — Pl. : *des bangs* [bɑ̃g].

banjo n. m. Prononciation : [bɑ̃dʒo] ou [bɑ̃ʒo]. Cette dernière prononciation est la plus fréquente de nos jours. — Pl. : *des banjos* [-dʒo] ou [-ʒo].

bank-note n. m. (anglicisme vieilli) Billet de banque anglais. — Prononciation française : [bɑ̃knɔt]. — Pl. : *des bank-notes* [-nɔt].

banqueter v. i. Conjug. **14.** Double le *t* devant un *e* muet : *je banquette, je banquetterai.*

bantou, oue [bɑ̃tu, u] adj. *ou* n. Attention à la majuscule : *Un village bantou. Des chefs bantous. Une femme bantoue. Des tribus bantoues.* — (substantivement) *Un Bantou. Une Bantoue. Les Bantous.* — *Le bantou :* langue africaine.

banyuls n. m. Prononciation : [baɲuls]. — Avec un *b* minuscule : *du banyuls (Une* *bouteille de banyuls. Boire du banyuls).* — Avec un *B* majuscule : *du vin de Banyuls.*

baobab [baɔbab] n. m. Arbre d'Afrique.

baptême n. m. Le *p* est muet : [batɛm]. De même dans les dérivés : *baptiser* [batize], *baptismal, ale, aux* [batismal, al, o], *baptistaire* [batistɛʀ], *baptiste* [batist(ə)], *baptistère* [batistɛʀ].

baptistaire, baptistère Deux mots qui se prononcent [batistɛʀ] et qui sont de la famille de *baptême.*

1 baptistaire adj. *ou* n. m. *Un extrait baptistaire* ou *un baptistaire :* un extrait de baptême.

2 baptistère n. m. Édifice ou partie de l'Église où l'on procède au baptême : *Le baptistère de la cathédrale de Florence.*

1. bar n. m. Poisson.

2. bar n. m. Débit de boissons.

3. bar n. m. Unité de pression.

baraque n. f. ▼ Un seul *r.* De même : *baraqué, baraquement, baraquer.*

baraque, cabane Deux noms féminins qui ne sont pas vraiment synonymes.

1 baraque Construction, sommaire ou provisoire ou démontable, en planches. Désigne en général un abri rudimentaire, quoique pouvant être édifié dans un pays considéré comme évolué ou même dans une ville : *Baraques d'un bidonville. Baraques d'un camp de prisonniers. Baraque construite sur un chantier. Baraques foraines.* — *(figuré, péjoratif)* Maison médiocre, mal construite, inconfortable, mal tenue, en mauvais état.

2 cabane Construction très simple, qui peut être faite des matériaux les plus variés (rondins, planches, terre, pisé, pierres, branchages, etc.), édifiée dans un pays « primitif » ou à la campagne : *Cabane en rondins construite dans la forêt. Cabane de bûcheron. Cabane de berger.*

baraterie n. f. *(droit maritime)* Fraude. — Un seul *t.*

baratin n. m. *(populaire)* Boniment. — Un seul *t.* De même : *baratiner, baratineur.*

baratte n. f. Instrument ou machine qui sert à faire le beurre. — Deux *t.* De même : *barattage, barattement, baratter, baratteuse.*

barbacane, sarbacane Deux noms féminins paronymes.

1 barbacane Au Moyen Age, ouvrage fortifié placé en en avant de l'enceinte.

2 sarbacane Arme faite d'un tube dans lequel on souffle pour lancer un projectile.

barbare adj. *ou* n. Le mot employé substantivement prend en général une majuscule quand il désigne les peuples étrangers à la civilisation grecque ou latine ; *L'Empire romain succomba sous les coups des Barbares.*

barbaresques adj. *ou* n. Attention à la majuscule : *Les États barbaresques. Les Barbaresques.*

Barbarie n. f. Ancien nom de l'Afrique du Nord. S'emploie encore (avec une majuscule) dans trois expressions : *canard de Barbarie* (nom usuel du canard musqué domestique), *figue de Barbarie* (fruit de l'*opuntia,* ou *oponce* , plante grasse aux fruits comestibles), *orgue de Barbarie* (instrument de musique mécanique ; déformation de *Barberi,* inventeur italien de cet instrument).

barbarisme n. m. Faute grave qui consiste à employer un mot qui n'existe pas dans la langue, soit en commettant une erreur de conjugaison ou de déclinaison, soit en déformant grossièrement un mot ou une expression. Exemples de barbarismes : *il *envoira* (pour il enverra), la *mairerie* (pour la mairie).* ▼ N'est jamais synonyme de *barbarie.* Ne pas dire, par exemple : *La guerre plongea le monde en plein *barbarisme.* Le *barbarisme scandaleux de la répression.*

barbecue n. m. Anglicisme qui désigne un grilloir à viande. — Prononciation : [baʀbəkju] ou [baʀbəky] — Pl. : *des barbecues* [-kju], [-ky]. — Équivalent français : *grilloir.*

barbet n. m. Chien ; poisson. — Finale en *-et.*

barboter v. i. ▼ Un seul *t.* De même : *barbotage, barbotement, barboteur, barboteuse, barbotine* (pâte céramique fluide).

barbotin n. m. *(technique)* Route dentée. — Un seul *t.*

barbouse ou **barbouze** n. f. *(familier)* Agent secret ou membre d'une police parallèle. — La graphie *barbouze* semble la plus fréquente. — Toujours féminin : *Cet ancien policier serait, dit-on, une barbouze.*

barcarolle n. f. Chanson vénitienne. — Deux *l.*

1. barde n. m. Poète, chez les anciens Celtes : *Un barde gaulois.*

2. barde n. f. Couche de lard : *Une barde épaisse.*

bardeau, bardot Deux noms masculins homophones.

1 bardeau Plaque de bois jouant le rôle d'une tuile : *Clocher couvert de bardeaux.*

2 bardot Hybride du cheval et de l'ânesse.

bardit n. m. Chant de guerre des anciens Germains. — Prononciation : [baʀdi] ou, moins fréquemment, [baʀdit].

barème n. m. Un accent grave et un seul *r.* Jamais d'accent circonflexe (bien que le mot vienne du nom du mathématicien François *Barrême*).

barguigner v. i. Marchander, hésiter. — Attention au *i* après le groupe *-gn-* à la première et à la deuxième personne du pluriel de l'indicatif imparfait et du subjonctif présent : *(que) nous barguignions, (que) vous barguigniez.*

barigoule, farigoule Deux noms féminins homophones d'origine occitane.

1 barigoule Nom régional (Midi) du *lactaire délicieux* (champignon). — *Artichauts à la barigoule,* farci avec des champignons hachés, du lard, des oignons, etc.

2 farigoule Nom régional (Midi) du thym. — *(par extension)* Eau de toilette à l'extrait de thym.

baril n. m. Prononciation : [baʀil] ou [baʀi]. ▼ Un seul *r,* à la différence de *barrique.* — Avec un seul *r* aussi : *barillet.*

barlong, ongue adj. *(architecture)* Rectangulaire : *Croisée d'ogives sur plan barlong.*

barman [baʀman] n. m. Pl. : *des barmen* [baʀmɛn] ou *des barmans* [baʀman]. — Le féminin correspondant est *une barmaid* [baʀmɛd], serveuse. — Pl. : *des barmaids* [-mɛd].

baron n. m. Le féminin *baronne* s'écrit avec deux *n,* ainsi que les dérivés *baronnage, baronnial, ale, aux, baronnie.* — Cependant, on peut écrire *baronnet* ou *baronet.* Cette dernière graphie est celle de l'anglais, et le titre de *baronet* est un titre anglais.

barre n. f. Orthographe des expressions.

1 Sans trait d'union : *barre à mine (des barres à mine).*

2 Avec un *-s* à *barre : le jeu de barres.* De même *avoir barres sur quelqu'un,* le dominer.

barreau, barrot Deux noms masculins homophones dérivés de *barre.*

1 barreau Mot du langage courant ou juridique : *Un barreau de chaise. Avocat inscrit au barreau de Paris.*

2 barrot *(marine)* Poutre transversale qui soutien le pont d'un navire. — Synonyme : *bau.*

barren grounds n. m. pl. Noms des sols glacés et désertiques de la zone arctique, au Canada. — Prononciation : [baʀəngʀawnts].

barrer v. t. — Deux *r.* De même : *barrage, barré, barrement, barreur.*

barrette Deux *r* et deux *t.*

barrique Toujours féminin : *Une barrique pleine.* — Deux *r,* à la différence de *baril.* — Mots de la même famille : *barricade, barricader* (avec un *-c-* et non *-qu-*).

barrir v. i. *L'éléphant barrit,* pousse son cri. — Deux *r.* De même : *barrissement.*

barrot ▷ barreau.

barye n. f. Unité de pression. — Prononciation : [baʀi].

barzoï n. m. Lévrier russe. — Pl. : *des barzoïs* [baʀzɔj].

1. bas, basse adj. Question du trait d'union.

I Dans les dénominations géographiques.

1 Prend un *B* majuscule et se lie par un trait d'union au nom qui suit, si la dénomination désigne une unité administrative ou politique bien définie : *Le département du Bas-Rhin. La région économique de la Basse-Seine.*

2 Un *b* minuscule et pas de trait d'union, s'il s'agit d'une région mal définie : *La basse Normandie, le bas Limousin, la basse Auvergne, le bas Languedoc* (anciennes divisions, aux limites mal précisées, de ces provinces). De même : *La basse Égypte* (région du delta et du cours inférieur du Nil). *Le cours de la basse Seine* (partie du fleuve située le plus près de l'embouchure).

3 Il est préférable d'écrire avec un *b* minuscule et sans trait d'union : *Le bas breton* (langue). *Les bas Bretons* (habitants). *Le bas allemand* (langue).

4 Dans les emplois adjectifs d'une expression géographique, en principe, *bas* s'écrit avec un *b* minuscule et n'est pas joint au mot suivant par un trait d'union : *Un paysan bas normand. Les paysages bas alpins. Des fermes bas bretonnes* (*bas* invariable, l'autre adjectif accordé en nombre et en genre). Cependant il est conseillé de ne pas employer adjectivement les formes composées formées avec *bas.* Il vaut mieux dire, par exemple : *La syntaxe du bas breton* (plutôt que *la syntaxe bas bretonne*). *Un paysan de basse Normandie* (plutôt que *un paysan bas normand*). *Des paysannes du bas Limousin* (plutôt que *des paysannes bas Limousines*).

5 Dans les emplois substantifs au féminin, en principe, *bas* s'écrit avec un *b* minuscule et n'est pas joint au mot suivant par un trait d'union. Il reste en principe invariable : *Une bas Normande* (plutôt que *une Basse-Normande*). Cependant il est conseillé de ne pas employer au féminin les formes composées formées avec *bas.* Il vaut mieux dire, par exemple : *Une femme originaire de la basse Normandie* (plutôt que *une bas Normande*). *Les femmes du bas Limousin* (plutôt que *les bas Limousines*).

II Dans les dénominations historiques (bas = tardif). Pas de majuscule ni de trait d'union : *Le bas Moyen Age. Le bas latin. La basse latinité. Une œuvre de basse époque.* — Exception : *Le Bas-Empire* (période la plus tardive de l'Empire romain).

2. bas adv. Employé adverbialement, est toujours invariable : *Les hirondelles volent bas. Porter bas la tête.*

3. bas Employé dans des locutions.

1 A bas (suivi d'un nom). Cri d'hostilité : *A bas les vendus !* — A distinguer de *bas,* ordre d'avoir à abaisser ou à déposer quelque chose : *Bas les pattes ! Bas les armes !*

2 Mettre bas. Donner naissance à des petits : *La chienne a mis bas six chiots. La vache va mettre bas.* — A distinguer de *mettre à bas,* renverser : *La Révolution mit à bas la monarchie.*

3 A bas de. Locution prépositive qui tend à vieillir et à devenir littéraire. — Ne s'emploie guère qu'avec quelques verbes de mouvement (*sauter, se précipiter, être précipité, se jeter, être jeté, tomber,* etc.) : *Il fut précipité à bas de sa monture. Je sautai aussitôt à bas de l'estrade.* Ne pas dire, par exemple : *Les touristes se groupent *à bas de la tour* (mais *au bas de la tour* ou *en bas de la tour*).

4 Au bas. Très rare aujourd'hui comme locution adverbiale. On emploie normalement *en bas : La ville se serre sur la colline escarpée, en bas coule la rivière que franchit un seul pont.*

5 Au bas de, en bas de. Deux locutions prépositives pratiquement équivalentes de nos jours (*en bas de* est plus usuel, *au bas de* plus littéraire). Ces deux locutions expriment la situation et non le mouvement : *Au bas de l'escalier, un valet de pied attendait les visiteurs. En bas de l'escalier, un panneau indique au visiteur l'emplacement des divers services.* — Éviter de dire : *Je sautai au bas du lit* ou *en bas du lit.* Dire plutôt : *Je sautai à bas du lit.* En effet, ici, il y a un mouvement.

6 ▼ Éviter le pléonasme *descendre en bas (de), au bas de.* Dire : *Il descendit de l'arbre* (et non *en bas de l'arbre*). *Il descendit de la colline* (et non *en bas de la colline*). *Je vais descendre* et non *je vais descendre en bas).* Au lieu de dire *Je descends en bas,* on peut aussi préciser : *Je descends au rez-de-chaussée. Je descends à la cave,* etc.

7 Ici-bas, là-bas. Toujours avec un trait d'union.

4. bas- Préfixe. — Trait d'union et pluriel.

1 Sauf dans certaines dénominations géographiques ou historiques (▷ **bas 1**), les mots composés avec *bas-/basse-* s'écrivent toujours avec un trait d'union : *un bas-relief, une basse-cour,* etc.

2 Sauf dans certaines dénominations géographiques (▷ **bas 1**) et dans *basse-courier (des basse-couriers, des basse-courières),* les deux éléments prennent toujours la marque du pluriel : *des basses-cours,* etc.

bas-bleu *(péjoratif)* Femme pédante. — Toujours masculin : *Cette femme est un insupportable bas-bleu.* — Pl. : *des bas-bleus.* ▼ Il existe une autre expression, très différente par le sens, *cordon-bleu,* cuisinière habile.

bas-côté n. m. — Pl. : *des bas-côtés.*

base-ball n. m. Inusité au pluriel. Prononciation : [bɛzbol].

baser, se baser, basé Deux sens distincts.

1 Au sens usuel. Mieux vaut employer *fonder, se fonder, fondé : Sur quels arguments fonde-t-il son hypothèse ? Des affirmations solidement fondées. Voici sur quoi je me fonde pour appuyer mes affirmations.*

2 Au sens militaire. *Baser, basé* sont parfaitement corrects : *Pendant la Seconde Guerre mondiale, les Américains basèrent leurs bombardiers en Grande-Bretagne. Des forces militaires basées à l'étranger.*

bas-fond n. m. — Pl. : *des bas-fonds.* — Plusieurs sens.

1 Terrain bas, dépression : *Un bas-fond marécageux.*

2 (au pluriel) *Les bas-fonds de la société, les bas-fonds :* couche de la société avilie par la misère ou le vice.

3 Partie peu profonde de la mer ou d'une rivière : *Dans cet estuaire, des bas-fonds rendent la navigation très dangereuse.* — En ce sens, *bas-fond* est à peu près synonyme de *haut-fond.* Parfois cependant, *bas-fond* est employé comme antonyme de *haut-fond* et signifie alors « partie très profonde et donc favorable à la navigation, dans la mer ou une rivière ». Ce sens, plus rare, est plus logique et plus conforme à l'étymologie. — D'autres auteurs distinguent le *bas-fond,* partie peu profonde de la mer qui n'est jamais découverte, même à marée basse, et le *haut-fond,* qui émerge à marée basse.

basileus n. m. *(histoire)* L'empereur de Byzance. — Avec un *b* minuscule. — Prononciation : [basiløs]. — Pluriel (grec) : *les basileis* [basilɛjs].

basilic n. m. Reptile ; plante. — Attention à l'homophone *la basilique,* édifice, église.

basilique n. f. Au sens religieux, désigne une église dotée par le pape d'une dignité particulière : *La basilique Notre-Dame, à Arcachon.* ▼ Le mot *basilique* n'est nullement synonyme de « grande église ». Ce n'est pas une question de dimensions.

basin [bazɛ̃] n. m. Étoffe.

bas-jointé, ée adj. Qualifie une cheval dont le paturon est très incliné : *Un cheval bas-jointé. Des chevaux bas-jointés. Une jument bas-jointée. Des juments bas-jointées.*

basket-ball n. m. Prononciation : [baskɛtbol]. — S'abrège usuellement en *basket* [baskɛt]. — *Des baskets :* chaussures. — Normalement du masculin : *J'ai une paire de baskets tout neufs.*

1. basque n. f. Partie de vêtement qui part de la taille en s'évasant et couvre les hanches : *Les basques d'une jaquette.* — Il existe un paronyme *basquine,* jupe, corsage.

2. basque adj. *ou* n. Emploi de la majuscule, forme du féminin, expressions.

1 On prendra garde à la majuscule : *Le peuple basque. Les Basques* (ou *les Eskuariens*). — *Le basque* (ou *l'eskuara*) : la langue des Basques.

— (au féminin) *Une Basque* ou, plus couramment, *une Basquaise,* une femme basque.

2 Au féminin, quand on parle d'une personne, la forme *basquaise* est plus fréquente dans l'emploi substantif, la forme *basque* dans l'emploi adjectif. On peut cependant dire, par exemple, *une servante basquaise, une jeune fille basquaise.* — L'emploi de l'adjectif *basquaise* est en principe réservé aux cas où il s'agit d'une personne : ne pas dire *la population basquaise, la mentalité basquaise,* mais *la population basque, la mentalité basque.* — On admet cependant *basquaise* qualifiant une chose dans des expressions figées : *la sauce basquaise* ou *la sauce à la basquaise* (sauce à base de tomate, de poivrons et de jambon cru), *thon à la basquaise, poulet à la basquaise* ou elliptiquement *poulet basquaise* (pl. *des poulets basquaise).* — N. f. pl. *Des basquaises,* des espadrilles.

3 On écrit avec un *b* minuscule : *Un tambour de basque. Un béret basque.* — Expressions géographiques : *Le Pays basque* (région de France ; *P* majuscule, *b* minuscule). *Les provinces basques* (les sept provinces peuplées par les Basques, en France et en Espagne ; *p* minuscule, *b* minuscule). *Les Provinces basques* (région administrative de l'Espagne ; *P* majuscule, *b* minuscule).

4 ▼ On dit *parler français comme un Basque espagnol :* parler très mal le français. Déformé en *parler français comme une vache espagnole,* forme populaire de l'expression, à éviter.

basquine n. f. *(autrefois)* Jupe, corsage. — Attention au nom féminin paronyme *une basque,* partie d'habit : *Les basques d'un habit.*

bas-relief n. m. — Pl. : *des bas-reliefs.*

basse-cour n. f. — Pl. : *des basses-cours.*

basse-courier, ière n. m. *ou* f. — Pl. : *des basse-couriers, des basse-courières* (jamais de *-s* à *basse*). ▼ Un seul *r.* Vient de *basse-cour.* Aucun rapport avec *courrier.*

basse-fosse n. f. — Pl. : *des basses-fosses.*

basse-taille n. f. Voix de basse des chœurs. — Chanteur qui a cette voix : *Ce chanteur est une basse-taille.* — Pl. : *des basses-tailles.*

bastingage n. m. Avec *-ga-* et non *-gua-*.

bas-ventre n. m. — Pl. : *des bas-ventres.*

bât [bɑ] n. m. Un accent circonflexe. De même : *bâté, bâter.*

bataillon n. m. *Un chef de bataillon,* au pluriel *des chefs de bataillon* (jamais de *-s* à *bataillon*) : dans l'infanterie, le génie, les transmissions, le service du matériel, officier qui a le grade de commandant ▷ **escadron.**

bâtard, arde n. *ou* adj. Accent circonflexe sur le premier *a.*

batardeau ou **bâtardeau** n. m. Digue provisoire. — L'orthographe *batardeau* est préférable à *bâtardeau.*

bateau n. m. Orthographe et sens.

I Se prononce [bato] et s'écrit sans accent circonflexe, à la différence de *château* et de *bâtiment.*

II On écrit : *Un bateau à voiles. Un bateau à rames.*

III Genre et orthographe des noms de bateaux ▷ **annexes.**

IV **Bateau, bâtiment, embarcation, navire, vaisseau.**

1 Le mot *bateau* appartient au langage usuel. Il est le seul terme courant dans la langue familière pour désigner tout ce qui flotte et navigue, du paquebot au canot pneumatique. *Bateau* est également mot employé par les marins, en dehors de la langue officielle.

2 En revanche, la langue administrative, officielle et technique emploie le mot *bâtiment* pour désigner les bateaux de gros, moyen ou faible tonnage (paquebots, pétroliers, cargos, navires de guerre, chalutiers, etc.) et le mot *embarcation* (canots, chaloupes, voiliers de plaisance, vedettes, etc.).

3 Dans la langue technique, on emploie cependant le mot *bateau* pour désigner un bâtiment à usage spécial : *bateau-phare, bateau-feu, bateau-pilote, bateau-pompe,* etc.

4 La langue littéraire emploie le mot *navire* pour désigner des bâtiments de fort tonnage et *embarcation* ou *barque* pour désigner les très petits bateaux.

5 Le terme *navire* ne peut jamais désigner une embarcation destinée au trafic fluvial. On doit dire *bateau* (même dans la langue littéraire) ou bien préciser : *chaland, péniche, automoteur, remorqueur, pousseur,* etc.

6 Le mot *vaisseau* est vieux ou poétique, ou bien il désigne, dans un contexte historique, un type particulier d'ancien navire à voiles : *Un vaisseau à trois ponts du 1er rang.*

bateau-citerne n. m. — Pl. : *des bateaux-citernes.*

bateau-feu n. m. — Pl. : *des bateaux-feux.*

bateau-lavoir n. m. — Pl. : *des bateaux-lavoirs.*

bateau-mouche n. m. — Pl. : *des bateaux-mouches.*

bateau-phare n. m. — Pl. : *des bateaux-phares.*

bateau-pilote n. m. — Pl. : *des bateaux-pilotes.*

bateau-pompe n. m. — Pl. : *des bateaux-pompes.*

bat-flanc [baflɑ̃] n. m. inv. — Pl. : *des bat-flanc.* ▼ Aucun rapport avec *bas.* Vient de *battre,* donc s'écrit avec *-t.*

bath [bat] adj. *(populaire)* Beau, sympathique. — Invariable : *Elles sont bath, ces filles.*

batiste Étoffe. — Toujours féminin : *Une batiste très belle.* ▼ S'écrit sans *-p-,* à la différence de *baptiste* (adepte d'une secte protestante) et de *Baptiste* (prénom masculin).

bâton n. m. Accent circonflexe sur le *a.* De même : *bâtonnat* (charge de bâtonnier), *bâtonner, bâtonnet, bâtonnier* (chef de l'ordre des avocats).

batteur-broyeur n. m. — Pl. : *des batteurs-broyeurs.*

battant, ante Participe présent adjectivé.

I Il est préférable d'écrire *à dix heures battantes* (= à dix heures exactement) plutôt que *à dix heures battant* (formule cependant correcte).

II **Battant neuf** (= tout neuf). Trois possibilités pour l'accord.

1 *Battant* et *neuf* restent invariables : *Des villas battant neuf.*

2 *Battant* et *neuf* s'accordent : *Des fauteuils battants neufs.*

3 *Battant* reste invariable, *neuf* s'accorde : *Des tentures battant neuves.* Cette dernière formule semble la meilleure.

battre v. t. Conjugaison et expression *battre son plein.*

1 Conjug. **98.** *Je bats, tu bats, il bat, nous battons, vous battez, ils battent.* — *Je battais.* — *Je battis.* — *Je battrai.* — *Je battrais.* — *Bats, battons, battez.* — *Que je batte.* — *Que je battisse.* — *Battant.* — *Battu, tue.*

2 **Battre son plein.** Vient de l'expression *la mer bat son plein* (*son,* adjectif possessif ; *plein,* adjectif qualificatif substantivé) : la mer atteint *son* plus haut niveau, à marée haute. Le *plein de la mer* est la marée haute. — (figuré) *Battre son plein*, atteindre son point culminant, son moment le plus intense : *La fête bat son plein.* — Au pluriel : *Les réjouissances battent leur plein* (et non *battent son plein,* comme le voulaient certains grammairiens, qui faisaient venir l'expression d'une formule imaginaire **Les tambours battent son plein,* dans laquelle *son* aurait été le substantif masculin signifiant « bruit » et *plein* l'adjectif qualificatif non substantivé).

bau n. m. *(marine)* Poutre transversale. — Synonyme : *barrot.* — Pl. : *des baux.* — Sans trait d'union : *le maître bau (des maîtres baux).*

baudelairien, ienne adj. *ou* n. ▼ S'écrit avec *-au-* et non *-eau-.* De même : *Baudelaire.*

baudroie [bodʀwa] n. f. Poisson. — Un *e* à la fin.

baume n. m. Avec *-au-.* Ne pas écrire **beaume.*

baumé Attention à la majuscule.

1 Un **baumé** (avec un *b* minuscule) Aréomètre inventé par Antoine Baumé. — Pl. : *des baumés.*

2 Un degré **Baumé** (avec un *B* majuscule) Chacune des divisions de cet appareil. — Toujours invariable : *De l'acide sulfurique à 66° Baumé.*

baux Pluriel de *bail* et de *bau.*

bayer ▷ **bailler.**

bazar n. m. ▼ Jamais de *-d* à la fin, malgré le dérivé, très familier et péjoratif, *bazarder.*

bazooka [bazuka] n. m. Arme antichar. — Pl. : *des bazookas.*

beagle n. m. Chien. — Prononciation : [bigl(ə)]. Pl. : *des beagles* [bigl(ə)].

béant, béante Participe présent adjectivé de *béer.* Signifie « grand ouvert » : *Une porte béante. Un gouffre béant. La bouche béante.* — (figuré) Qualifie quelqu'un qui reste *bouche bée,* sous l'effet de la surprise, de l'admiration, de la stupeur : *Il restait béant devant ce spectacle* ▷ **bée.** ▼ Ne pas dire *Il restait *béat devant ce spectacle* (confusion avec *béat* ▷ **béat**).

béarnais, aise adj. *ou* n. Attention à la majuscule : *La population béarnaise. Les Béarnais.* — N. m. *Le béarnais :* dialecte gascon.

— *Sauce béarnaise. Du bœuf à la béarnaise* (avec *b* minuscule). *Des steaks béarnaise* (ellipse pour *à la sauce béarnaise ; béarnaise* invariable dans ce cas).

béat, ate adj. Signifie « qui éprouve une satisfaction un peu niaise, un grand contentement de soi » : *Un personnage béat et vaniteux.* — S'emploie surtout pour qualifier une chose : *Un sourire béat. Un air béat. Un regard béat et vide.* — *Une vie béate,* heureuse, calme, sans souci. ▼ Ne pas dire *Il restait *béat devant ce spectacle* ▷ **béant, bée** *(bouche bée).*

béatifier v. t. Conjug. **20.** Double le *i* à la première et à la deuxième personne du pluriel à l'indicatif imparfait et au subjonctif présent : *(que) nous béatifiions, (que) vous béatifiiez.*

beatnik n. m. *ou* f. (mot anglo-américain). Jeune homme ou jeune fille qui vit sans domicile ni métier régulier. — Prononciation : [bitnik]. — Pl. : *des beatniks* [-nik].

beau ou **bel, belle** adj. Forme et expressions.

I Beau, bel. Deux formes pour le masculin singulier.

1 Après le substantif ou en fonction d'attribut, la seule forme employée est *beau : Un homme beau. Ce garçon est beau.*

2 Placé immédiatement devant le substantif, l'adjectif prend la forme *bel* si le substantif commence par une voyelle ou un *h* muet *(Un bel été. Un bel hiver),* mais garde la forme *beau* si le substantif commence par une consonne ou un *h* aspiré *(Un beau printemps. Un beau héros).*

3 Devant *et* joignant deux adjectifs, on emploie *bel* si les adjectifs précèdent un nom qui commence par une voyelle ou *h* muet *(Un bel et brillant officier), beau* si le nom commence par une consonne ou un *h* aspiré *(Un beau et brillant capitaine. Un beau et glorieux héros)* ou si les adjectifs suivent le nom *(Un officier beau et brillant).*

4 On emploie toujours *bel* dans les locutions figées *bel et bien, bel et bon.*

II La bailler belle, l'échapper belle ▷ **bailler, échapper.**

beaucoup [boku] adv. de quantité ou d'intensité.

I *Beaucoup de,* devant un nom.

1 *Beaucoup de,* suivi d'un nom au singulier. Le verbe est toujours au singulier : *Beaucoup de monde est descendu dans la rue pour voir passer le cortège.*

2 *Beaucoup de,* suivi d'un nom au pluriel. Le verbe est normalement au pluriel : *Beaucoup* *de gens pensent comme vous. Beaucoup de serpents sont venimeux.* Cependant le singulier est possible, si l'on veut insister sur la quantité globale. Comparer : *Beaucoup de métaphores accumulées produit un effet de surcharge* (= une grande masse de métaphores...) *et Beaucoup de métaphores sont empruntées au langage de la marine* (= nombreuses sont les métaphores qui sont empruntées...).

3 Beaucoup de, suivi d'un nom féminin. L'attribut ou le participe est normalement au féminin : *Beaucoup de joie vous sera donnée.* L'accord au masculin *(vous sera donné)*, nettement plus rare, insiste sur l'idée de grande quantité. Il n'est pas incorrect.

4 Beaucoup, employé sans complément au sens de « beaucoup de gens, beaucoup de personnes ». L'accord se fait toujours au masculin pluriel : *Les affaires vont mal, beaucoup sont inquiets.* Quand *beaucoup* (sans complément) renvoie à un nom pluriel précédemment exprimé, il entraîne l'accord au pluriel du verbe. En outre, l'attribut (ou le participe) se met au masculin ou au féminin selon le genre du nom déjà exprimé. *Les jeunes filles furent convoquées par la directrice ; beaucoup étaient inquiètes. Les petites filles partirent ; beaucoup s'étaient ennuyées.*

5 Beaucoup de, beaucoup des. Normalement c'est *beaucoup de* qu'on emploie : *Beaucoup d'enfants sont timides. Beaucoup des* ne peut s'employer que si le nom est déterminé par une relative, un participe ou un complément : *Beaucoup des enfants qui ont été amenés ici voient la mer pour la première fois. Beaucoup des enfants vaccinés ont été malades. Beaucoup des enfants de la classe de 6ᵉ A sont grippés.* Ce tour insiste sur l'idée partitive.

II Beaucoup, devant un adjectif ou un adverbe.

1 Devant un adjectif. L'adverbe *beaucoup* ne peut être employé que devant les adjectifs comparatifs *meilleur* et *moindre* : *Ce film est beaucoup meilleur* (ou *de beaucoup meilleur). La dépense sera beaucoup moindre* (ou *de beaucoup moindre).* Ne jamais employer *beaucoup* devant un autre adjectif. Ne pas dire par exemple : *Mon oncle est beaucoup gentil* (mais *très gentil* ou *bien gentil* ou *fort gentil*). En revanche, *beaucoup* peu s'employer devant un comparatif formé avec *plus* ou *moins* (voir ci-dessous, II, 2 et III).

2 Devant un adverbe. L'averbe *beaucoup* ne peut être employé que devant les adverbes *mieux, plus, trop, moins* : *Louis travaille beaucoup mieux que moi. Vous êtes beaucoup plus soigneux que votre collègue. Les délais sont beaucoup trop longs. Elle est beaucoup moins*

habile que vous. Cela explique que *beaucoup* puisse s'employer devant un comparatif (parfois en concurrence avec *de beaucoup*) : *Il est beaucoup plus rapide* (ou *de beaucoup plus rapide). Vous allez beaucoup plus vite, beaucoup moins vite.* — Ne jamais employer *beaucoup* devant un adverbe autre que *mieux, plus, trop, moins.* Ne pas dire par exemple : *Il court beaucoup vite* (mais *très vite* ou *bien vite* ou *fort vite).*

III Beaucoup et de beaucoup.

1 Devant un comparatif. On peut employer indifféremment *beaucoup* ou *de beaucoup* : *Elle est beaucoup plus compétente que moi* (usuel) ou *Elle est de beaucoup plus compétente que moi* (tour plus rare).

2 Derrière un comparatif. La forme *de beaucoup* est obligatoire : *Elle est plus compétente de beaucoup.*

3 Devant ou derrière un adjectif ou un adverbe au superlatif. La forme *de beaucoup* est obligatoire : *Elle est de beaucoup la plus compétente. Elle est la plus compétente de beaucoup. C'est lui qui avance de beaucoup le plus rapidement. C'est lui qui avance le plus rapidement, de beaucoup.*

4 Il s'en faut de beaucoup. C'est le tour le plus usuel : *Nous n'avons pas la somme nécessaire, il s'en faut de beaucoup. Il s'en faut beaucoup* est vieilli et rare. Ce tour, selon certains grammairiens, insisterait sur la qualité plus que sur la quantité : *Molière n'est pas si finement spirituel que Marivaux, il s'en faut beaucoup.*

beau-fils n. m. — Pl. : *des beaux-fils.*

beau-frère n. m. — Pl. : *des beaux-frères.*

beaujolais n. m. Avec un *B* majuscule : *Le Beaujolais,* région de France. *Du vin du Beaujolais.* — Avec un *b* minuscule : *Boire du beaujolais. Une bouteille de beaujolais.*

beau-père n. m. — Pl. : *des beaux-pères.*

bec Dans les composés commençant par *bec-de-,* seul le premier élément prend la marque du pluriel : *des becs-de-cane, des becs-de-corbeau, des becs-de-corbin, des becs-de-lièvre.* — En revanche, dans les composés dont le second élément est un adjectif, les deux éléments s'accordent : *des becs-croisés, des becs-fins.*

bécarre n. m. (terme de musique). — Deux *r.*

bec-d'âne [bɛkdɑn] ou **bédane** [bedan] n. m. Ciseau, burin. — Pl. : *des becs-d'âne* ou *des bédanes.* — La forme **bédane** est la plus fréquente.

bec-de-corbeau, bec-de-corbin n. m. Outil. — Pl. : *des becs-de-corbeau, des becs-de-corbin.*

bec-de-lièvre n. m. Malformation de la lèvre. — Pl. : *des becs-de-lièvre.*

bec-fin n. m. Oiseau. — Pl. : *des becs-fins.*

béchamel Éviter la graphie *béchamelle.* On écrit *une béchamel* (avec *b* minuscule), mais *une sauce Béchamel, des œufs à la Béchamel* (avec *B* majuscule).

bêche n. f. Accent circonflexe sur le *e.* De même : *bêchage, bêcher, bêcheur, bêchoir.*

bec-jaune, béjaune ▷ **béjaune.**

becquée n. f. Avec *-cq-.*

becqueter v. t. Avec *-cq-.* — Conjug. **14.** Double le *t* devant un *e* muet : *il becquette, il becquettera.*

bédane ▷ **bec-d'âne.**

bée [be] adj. f. S'emploie dans l'expression (toujours au singulier) *bouche bée,* bouche grande ouverte. — *Être, rester, demeurer bouche bée,* dans une attitude immobile et passive d'étonnement : *Ils restaient bouche bée devant ce spectacle, ne sachant trop que penser* ▷ **béant, béat.**

beefsteak ▷ **bifteck.**

béer v. i. *(littéraire)* Être grand ouvert : *La porte béait sur la nuit.* — *(figuré)* Regarder avec un air étonné : *Pourquoi reste-t-il là à béer comme un sot ! Il béait de surprise.* — Garde é (avec accent aigu) à toutes les formes *(il bée, nous béons, il béait, il béera, nous béerions...)* ▷ **bée.**

beffroi n. m. Deux *f.* Pas de *-t* ni de *-e* à la fin.

bégaiement [begɛmã] n. m. Attention au *e* muet intérieur.

bégayer v. i. *ou* v. t. Conjug. **23.** Change facultativement *y* en *i* devant un *e* muet : *il bégaye* ou (plus usuel) *il bégaie, il bégayera* ou (plus usuel) *il bégaiera.* — Attention au *i* après l'*y* à la première et à la deuxième personne du pluriel de l'indicatif imparfait et du subjonctif présent : *(que) nous bégayions, (que) vous bégayiez.* — Pour la prononciation ▷ **balayer.** — Dérivé : *bégayeur.*

bègue adj. *ou* n. Avec un accent grave.

bégueter v. i. Conjug. **15.** *La chèvre béguète* (pousse son cri), *béguètera.*

bégum n. f. Femme d'un prince de l'Inde. — Prononciation : [begɔm]. — Pl. : *des bégums* [-gɔm].

behaviorisme ou **behaviourisme** ou **béhaviorisme** ou **béhaviourisme** n. m. Théorie appelée aussi *psychologie du comportement.* — L'orthographe et la prononciation du mot, en français, sont flottantes. — Prononciation : [biavjɔʀism(ə)] ou [biavjuʀism(ə)] ou [beavjɔʀism(ə)] ou [beavjuʀism(ə)].

beige [bɛʒ] adj. *ou* n. m. Prend la marque du pluriel *(Des manteaux beiges. Des robes beiges),* sauf en composition : *Des manteaux beige clair. Des robes beige foncé. Des chandails gris-beige.* — Le substantif (= la couleur beige) prend la marque du pluriel : *Des beiges et des gris délicats.*

beignet [bɛɲɛ] n. m. On dit usuellement, dans la langue ordinaire : *Des beignets aux pommes, aux abricots.* Le tour *Des beignets de pommes, d'abricots* est recommandé dans la langue très surveillée. Quand il ne s'agit pas de fruits, on emploie obligatoirement *au* ou *à la* : *Beignets au chocolat, à la crème de marron.* On dit cependant toujours : *Beignets de langoustines.*

béjaune n. m. De nos jours, on dit *montrer son béjaune à quelqu'un* (et non *son bec-jaune,* forme vieillie). De même : *un béjaune,* un jeune homme naïf (et non *un bec-jaune,* forme vieillie).

bel ▷ **beau.**

bêler v. i. *Le mouton bêle,* pousse son cri. — Garde toujours l'accent circonflexe : *il bêlait, il bêla, bêlant.* De même : *bêlement.*

belgicisme, belgisme n. m. Mot, expression ou construction propre aux Belges (de langue française). — De nos jours, la forme *belgicisme* à éliminé *belgisme.*

bélier n. m. Mâle de la brebis. ▼ Accent aigu sur le premier *é.* Aucun rapport étymologique avec *bêler.*

bélière n. f. Anneau de suspension.

bélître [belitʀ(ə)] n. m. *(très vieilli)* Homme de peu ; imbécile ; importun. — Orthographe moderne : accent aigu sur *é* (la graphie *belître* est vieillie) et accent circonflexe sur le *i.*

belle *La bailler belle* ▷ **bailler.** — *L'échapper belle* ▷ **échapper.**

belle-dame n. f. Plante ; papillon. — Pl. : *des belles-dames.*

belle-de-jour n. f. Plante. — Pl. : *des belles-de-jour.*

belle de nuit, belle-de-nuit Deux expressions à bien distinguer par la graphie.

1 Une **belle de nuit** (sans trait d'union) Désigne familièrement une fille publique qui exerce son métier la nuit. — Pl. : *des belles de nuit.*

2 La **belle-de-nuit** (avec deux traits d'union) Nom d'une plante. — Pl. : *des belles-de-nuit.*

belle-fille n. f. — Pl. : *des belles-filles.*

belle-mère n. f. — Pl. : *des belles-mères.*

belle-sœur n. f. — Pl. : *des belles-sœurs.*

bénédicité [benedicite] n. m. Mot entièrement francisé : accent aigu sur chaque *é*. — Pas de majuscule. — Pl. : *des bénédicités.*

benêt adj. masc. *ou* n. m. Pas de féminin. ▼ Prononcer [bənɛ], avec [ə], et non *[benɛ], *[bɛnɛ].

bénévole adj. *ou* n. On peut employer ce mot pour qualifier une personne : *Les secouristes bénévoles. Un collaborateur bénévole.* L'emploi substantif aussi est correct : *Les bénévoles de la Croix-Rouge.* — En revanche, dans la langue très surveillée, on emploiera plutôt **gratuit** ou **désintéressé** pour qualifier une chose : *Un secours désintéressé. Une collaboration gratuite.*

1. **bengali** [bɛ̃gali] adj. ou n. Du Bengale. — Prend la marque du pluriel *(Les villages bengalis. Les Bengalis)*, mais non celle du féminin : *Une jeune fille bengali. Une Bengali. Les femmes bengalis. Les coutumes bengalis.* — N. m. *Le bengali :* langue parlée au Bengale. — En raison de l'incommodité de *bengali* (qui n'a pas de forme pour le féminin), on préfère employer la forme *bengalais, aise : Une femme bengalaise. Les Bengalaises. Les coutumes bengalaises. Un village bengalais. Les Bengalais.* — Bien prononcer [bɛ̃gali], avec [ɛ̃] et non [ɑ̃] ; de même : *bengalais, aise* [bɛ̃galɛ, ɛz].

2. **bengali** n. m. Oiseau. — Prononciation : [bɛ̃gali] — Pl. : *des bengalis* [-li].

bénin adj. Le féminin est *bénigne.* ▼ Éviter la forme fautive *bénine.*

bénir v. t. Deux formes pour le participe passé : *bénit, ite* et *béni, ie.*

I **Bénit, bénite.** S'emploie dans les cas suivants :

1 Comme adjectif qualifiant un objet auquel un prêtre a donné la bénédiction rituelle : *Un*

cierge bénit. Un chapelet bénit. Du pain bénit. Une médaille bénite. De l'eau bénite.

2 Comme participe passé, dans un temps simple ou composé de la forme passive, quand le sujet est un nom désignant un objet auquel un prêtre donne la bénédiction rituelle. Le complément d'agent est introduit par *par :* La chapelle sera bénite par l'évêque. Cette médaille a été bénite par le Saint-Père lui-même.* ▼ On écrit : *Le mariage a été béni par l'abbé Durand* (et non *bénit),* car le mariage n'est pas un objet.

II **Béni, bénie.** S'emploie dans les cas suivants.

1 Comme participe passé, dans un temps composé de la forme active, quand le sujet est un nom désignant un objet auquel un prêtre donne la bénédiction rituelle : *Voici les chapelets que le Saint-Père a bénis. La médaille que le prêtre a bénie.*

2 Au passif ou à l'actif, quand la bénédiction rituelle porte sur des personnes ou sur une chose qui n'est pas un objet. Le complément d'agent est introduit par *par : Les jeunes mariés ont été bénis par l'abbé Durand. Le mariage sera béni par le chanoine Martin. L'évêque a béni les fidèles.*

3 Au passif ou à l'actif, quand il ne s'agit pas d'une bénédiction rituelle donnée par un prêtre. Le complément d'agent est alors introduit par *de : Cette famille est bénie de Dieu. O Terre bénie des dieux ! Le père a béni ses enfants avant de mourir.*

benjamin, ine n. m. *ou* f. Prononciation : [bɛ̃ʒamɛ̃, in].

benjoin n. m. Prononciation : [bɛ̃ʒwɛ̃].

benoît, oîte adj. Accent circonflexe sur le *i.*

benzène n. m. Prononciation : [bɛ̃zɛn], avec [bɛ̃-]. De même : *benzine* [bɛ̃zin], *benzoate* [bɛ̃zɔat], *benzoïque* [bɛ̃zɔik], *benzol* [bɛ̃zɔl], *benzolisme* [bɛ̃zɔlism(ə)], *benzyle* [bɛ̃zil].

bercail [bɛrkaj] n. m. Inusité au pluriel.

béret n. m. Un seul *r.* Accent aigu sur le premier *é.*

bergamote n. f. Fruit du *bergamotier.* ▼ Un seul *t.*

bernard-l'ermite ou **bernard-l'hermite** n. m. L'orthographe *bernard-l'ermite* est préférable à *bernard-l'hermite.* — Invariable : des *bernard-l'ermite.*

bersaglier n. m. Chasseur à pied de l'armée italienne. — La forme *bersaglier* est la forme francisée. En italien : *bersagliere* [bɛʀsaλeʀe] ; pluriel *bersaglieri* [bɛʀsaλeʀi]. On peut, en français, prononcer *bersaglier* soit [bɛʀsaglie], soit [bɛʀsalje], prononciation plus proche de l'italien. Pl. : *des bersagliers* [-glie] ou [-lje]. On évitera le pluriel italien des *bersaglieri*, inutile puisque *bersaglier* est une forme de singulier francisée.

béryl [beʀil] n. m. Pierre précieuse. — Avec un *y*.

besicles n. f. pl. Ne s'emploie plus que par plaisanterie, comme synonyme de *lunettes : J'ai oublié mes besicles !* — Prononciation : [bəzikl(ə)] ou [bezikl(ə)]. Jamais d'accent sur le *e*. Toujours employé au pluriel.

bésigue [bezig] n. m. Jeu de cartes. — Ne pas déformer en **besigue*.

besoin n. m. Prononciation : [bəzwɛ̃]. Éviter la prononciation relâchée [bzwɛ̃]. — Plusieurs constructions.

1 Avoir besoin de (suivi d'un nom ou d'un infinitif). *J'ai besoin d'un manteau neuf. J'ai besoin de prendre l'air.* — *Avoir besoin que* (suivi du subjonctif) : *J'ai besoin que vous m'aidiez.*

2 Il est besoin. Tour impersonnel vieilli, littéraire et figé dans quelques emplois. *S'il en est besoin* (= s'il le faut). *Est-il besoin de* (= faut-il...) : *Est-il besoin de préciser ce point ? Il n'est pas besoin de..., que...* (= il n'est pas nécessaire de..., que...) : *Il n'est pas besoin de prendre tant de peine pour des choses si peu importantes. Il n'est pas besoin que vous m'avertissiez.*

3 On évitera *avoir besoin* avec un sujet ne désignant pas un être vivant. On peut dire : *Ce chien a besoin d'espace pour s'ébattre. Les plantes ont besoin de soleil.* En revanche, ne pas dire : *Cette chemise a besoin d'être lavée.* Dire plutôt : *Il est nécessaire de laver cette chemise* ou *Il sera bon de laver cette chemise.*

bestial, ale, aux adj. Masculin pluriel en *-aux : Des instincts bestiaux.*

1. bêta n. m. Lettre grecque. — Invariable : *Des bêta minuscules.* — (physique) *Des rayons bêta.*

2. bêta adj. *ou* n. Prend la marque du pluriel : *Quels grands bêtas, ces garçons ! Il prend des airs bêtas.* — Ne prend pas la marque du féminin : *Une fille bêta.* Pour éviter les difficultés du féminin *(des filles bêta* ou *des filles bêtas),* on emploie souvent le féminin *bêtasse : Quelles grandes bêtasses ! Des filles bêtasses.*

bétail, bestiaux Des formes à bien distinguer.

1 Le bétail n. m. Ensemble des animaux de pâture élevés dans les exploitations agricoles. Ce mot est un collectif et n'est jamais employé au pluriel. On distingue le *gros bétail* (bœufs, chevaux, ânes, mulets) et le *petit bétail* (moutons, chèvres, porcs).

2 Les bestiaux n. m. pl. Ensemble des animaux de pâture élevés dans une exploitation agricole : *Faire paître les bestiaux dans les prairies.* Tend à se spécialiser dans le sens de « gros bétail ». Le mot *bestiaux* tend d'ailleurs à disparaître dans le style « sérieux » et on emploie de plus en plus à sa place le mot *bétail,* sauf dans l'expression figée *wagon à bestiaux.* ▼ Le terme *bestiaux* n'a pas de singulier. Les emplois *le bestiau* (= le bétail), *un bestiau* (= une pièce de gros bétail) appartiennent au langage paysan.

3 bestiaux. Masculin pluriel de l'adjectif *bestial : Des instincts bestiaux.*

bête n. f. *ou* adj. Accent circonflexe sur le *e*.

bétonnière n. f. Machine dans laquelle est malaxé le béton. La forme *bétonneuse,* quoique très répandue, est considérée comme impropre. En effet cette machine ne sert pas à *bétonner* (c'est-à-dire à couvrir de béton ou à construire en béton). Elle est en quelque sorte le *récipient* dans lequel on *prépare* le béton, d'où la forme en *-ière.* Le suffixe *-ière* est le suffixe servant à former des noms de récipients : *chaudière, sorbetière,* etc.

bette n. f. Plante comestible. — Deux *t.* De même : *betterave, betteravier.*

beurre n. m. Deux *r.* De même : *beurré, beurrée, beurrer, beurrerie, beurrier.*

bey [bɛ] n. m. *(autrefois)* Titre de certains dignitaires ou souverains musulmans. — Pl. : *des beys.* — S'écrit avec une minuscule. — Comme titre, s'emploie après le nom : *Lamine bey fut destitué en 1957.* ▼ Bien distinguer le *bey,* souverain de la Tunisie (avant 1957), et le *dey,* chef de la régence ottomane d'Alger (avant 1830).

bi- Préfixe qui veut dire « deux fois ». Les composés s'écrivent sans trait d'union : *biacide, bicamérisme, bicarbonate, bicéphale, bichlorure, biennal, bifocal, bilame, bilatéral, bilingue,* etc.

bibelot, bimbeloterie Le *bibelot* est un petit objet décoratif : *Placer des bibelots sur une étagère.* — La fabrication et le commerce des bibelots, des petits ustensiles, des colifichets, des « articles de Paris », etc. ne s'appelle pas *bibeloterie*, mais *bimbeloterie*. — D'autre part, on distingue *bibeloteur*, collectionneur de bibelots, et *bimbelotier*, celui qui confectionne ou vend des articles de bimbeloterie.

bible n. f. Une majuscule quand *Bible*, désigne le livre sacré des chrétiens, en tant qu'ouvrage de l'esprit (et non en tant qu'exemplaire) : *La Bible raconte comment Noé réussit à échapper au Déluge*. — Une minuscule dans tous les autres cas : *On a vendu aux enchères une bible ancienne richement reliée* (il s'agit d'un exemplaire). *Cette grammaire latine est la bible des latinistes* (= livre de référence). *Du papier bible*.

bicentenaire n. m. Dans la langue écrite soignée, on préférera *deuxième centenaire*.

bicyclette n. f. ▼ Attention à la place respective du *i* et de l'*y* : se décompose en *bi*« deux fois » et *cycle*. — Dans la langue surveillée, on préférera *aller à bicyclette* à *aller en bicyclette* ▷ à (VII, 1).

bien adv. Forme, sens, emplois, expressions.

I Le comparatif est *mieux : Votre texte est mieux écrit que le mien*. On emploie aussi *mieux* comme comparatif dans l'emploi adjectif de l'usage familier (voir ci-dessous III, 1) : *Je connais sa sœur, elle est mieux que lui*.

II *Bien*, adverbe.

1 Bien, très, fort. Ces trois adverbes expriment l'intensité et servent à former le superlatif absolu des adjectifs et des adverbes. — L'adverbe *très* est le terme « neutre » et appartient à tous les registres de style. — *Bien* est très usité dans le langage familier. Dans la langue écrite soutenue, il implique une nuance affective marquée. — *Fort* est légèrement archaïque. Il appartient au registre littéraire et recherché. Comparer : *Cette maison est très belle* (simple constatation). *Son appartement est bien beau !* (nuance admirative, avec, ici, une pointe d'envie). *Le palais du prince était fort beau* (langue littéraire, un peu archaïsante ou recherchée).

2 Bien, beaucoup. Devant un adjectif, on emploie normalement *bien* (ou *très* ou, *fort*), mais non *beaucoup : Il est bien gentil* et non *beaucoup gentil*). — Cependant, l'emploi de *beaucoup* est presque obligatoire quand l'adjectif est repris par *le* : *Gentille, elle l'est beaucoup*. La forme *elle l'est bien* aurait un autre sens et signifierait « elle l'est réellement ». *Intelligent, il ne l'est pas beaucoup*.

III *Bien*, adjectif.

1 Dans la langue familière, *bien* s'emploie adjectivement avec des sens très variés : hono-

rable, d'un bon milieu *(Ce sont des gens bien)*, sympathique, franc, loyal, estimable *(Je vous le recommande, c'est un garçon bien)*, beau, séduisant *(Elle est bien, cette fille)*, efficace, capable *(Il me faut un collaborateur très bien pour ce travail)*, de bonne qualité, réussi *(Cette voiture est bien. Ce film est plutôt bien)*. C'est le contexte qui permet de déterminer le sens. Cet emploi est à éviter dans la langue écrite soignée. — *Bien* adjectif est toujours invariable : *Ces filles sont bien. Je connais des gens bien*.

2 Etre bien. Peut donner lieu à des équivoques. Si *bien* est adverbe, l'expression signifie « se trouver bien, être dans une situation agréable, convenable » : *Nous serons bien ici pour pique-niquer*. — Si *bien* est adjectif, l'expression signifie « être estimable, loyal, capable, etc. » (voir ci-dessus III, 1). — Hors de tout contexte, une phrase comme *Ce garçon n'est pas bien* est équivoque. Elle peut signifier « ce garçon ne se trouve pas à son aise » *ou* « ce garçon n'est pas estimable ».

IV *Bien (de)* exprimant la quantité (au sens de « beaucoup de »).

1 Dans ce sens, *bien* est toujours suivi de *de la* ou de *du* ou de *des : Il a bien de la chance* (= beaucoup de chance). *Je vous souhaite bien du plaisir* (= beaucoup de plaisir). *Il a eu bien des aventures* (= beaucoup d'aventures).

2 Bien d'autres. Fait exception à la règle ci-dessus : *Vous aurez bien d'autres occasions*.

3 La séquence *bien du* peut avoir deux sens, mais, en général, le contexte permet de faire la différence. Comparer : *Pour écrire ce livre, vous avez noirci bien du papier* (ici *bien du* = beaucoup de) et *Vous avez bien du papier, voulez-vous m'en prêter ?* (ici *bien* est adverbe de phrase et la proposition équivaut à « vous avez sûrement du papier »).

V *Bien que*, locution conjonctive qui exprime la concession. ▼ S'écrit en deux mots à la différence de *quoique*.

1 Se construit normalement avec le subjonctif : *Bien que je sois malade, j'irai travailler.* — Malgré l'opinion de certains grammairiens, il est déconseillé d'employer l'indicatif (pour insister sur la réalité du fait) ou le conditionnel (pour insister sur l'idée de condition). On peut toujours tourner autrement. Au lieu de *Bien qu'il est capable, on lui refuse ce poste*, dire, par exemple : *Il est incontestablement capable et pourtant on lui refuse ce poste*. Au lieu de *Bien que je préférerais partir, je resterai s'il le faut*, dire, par exemple : *Je préférerais partir, cependant je resterai s'il le faut*.

2 Dans la langue cursive, se construit avec un participe présent *(Bien que marchant* *péniblement, il avait tenu à me rendre visite),* avec un participe passé *(Bien qu'estimé de tous, il se croyait persécuté),* avec un nom *(Bien que professeur de faculté, il est dépourvu de tout pédantisme),* avec un adjectif *(Bien que très doux d'habitude, il se mit en colère),* avec une locution adjective *(Bien que sur le point de partir, je veux m'occuper de cette affaire).* Ces emplois elliptiques sont à éviter dans la langue surveillée.

3 Bien que j'en aie, bien que tu en aies, bien qu'il en ait... Expression d'une correction douteuse qui équivaut à « contre mon gré, contre ton gré, contre son gré... Il vaut mieux dire *malgré que j'en aie* ▷ **malgré.**

VI Expressions.

1 Mais bien. Formule qui équivaut à un *mais* renforcé et qui s'emploie après une proposition négative : *Il ne s'agit pas de cas isolés, mais bien d'une véritable épidémie* (= mais, au contraire, d'une véritable...).

2 Bien entendu, bien sûr. Dans la langue parlée ou familière, ces expressions s'emploient en tête de phrase avec *que* explétif : *Bien entendu que je vous aiderai ! Bien sûr que nous sommes satisfaits.* Dans le style surveillé, on peut les employer, mais sans *que : Bien entendu, je vous aiderai ! Bien sûr, nous sommes satisfaits.*

3 Il s'en faut bien (que). Il s'en faut de beaucoup (que) : *Il s'en faut bien que nous ayons atteint notre but. Nous n'avons pas atteint notre but, il s'en faut bien.* Ce tour est assez archaïque et recherché.

4 Bien vouloir, vouloir bien ▷ **vouloir.**

bien-aimé, ée adj. *ou* n. En deux mots, avec un trait d'union. — Le deuxième élément prend la marque du pluriel et du féminin : *Des bien-aimés. Une bien-aimée. Des nièces bien-aimées.*

bien-dire n. m. inv. Art de parler ou d'écrire avec élégance. — En deux mots, avec un trait d'union.

bien-être n. m. inv. En deux mots, avec un trait d'union.

bienfaisante, bienfaisant, bienfait, bienfaiteur Attention à la prononciation :

1 Avec [-fə-] : *bienfaisance* [bjɛ̃fəzɑ̃s], *bien-faisant, ante* [bjɛ̃fəzɑ̃, ɑ̃t].

2 Avec : [-fɛ-] : *bienfait* [bjɛ̃fɛ], *bienfaiteur, trice* [bjɛ̃fɛtœʀ, tʀis].

bienheureux, euse adj. *ou* n. En un seul mot, sans trait d'union.

biennal, bisannuel Deux mots à distinguer.

1 biennal, ale, aux [bjɛnal, al, o] adj. *ou* n. f.

a/ Qui dure deux ans, qui est exercé pendant deux ans : *Charge, fonction, magistrature biennale.*

b/ Qui a lieu tous les deux ans : *Exposition biennale. Festival biennal.*

c/ Qui s'effectue selon un cycle de deux ans : *L'assolement biennal.*

d/ Une **biennale** Manifestation artistique qui a lieu tous les deux ans : *La biennale de Venise.*

2 bisannuel, elle adj.

a/ Qui a lieu tous les deux ans : *Cérémonie, fête bisannuelle. Le curage bisannuel d'un étang.*

b/ **Plante bisannuelle,** dont le cycle vital dure deux ans.

▼ On évitera d'employer *bisannuel* au sens de « qui a lieu deux fois par an ». On dira plutôt *semestriel* « qui a lieu tous les six mois (soit deux fois par an) ».

bien-pensant, ante adj. *ou* n. En deux mots avec un trait d'union. — Le deuxième élément prend la marque du pluriel et du féminin : *Des bien-pensants. Une bien-pensante. Des bien-pensantes.*

bienséant, ante adj. En un seul mot, sans trait d'union. — Dérivé : *bienséance.*

bientôt adv. Orthographe et expression familière.

1 Bien distinguer par l'orthographe *bientôt,* dans peu de temps *(Mon frère m'a écrit, il viendra bientôt),* et *bien tôt,* très tôt, un peu trop tôt (s'oppose à *bien tard) : Il est à peine six heures, vous êtes venu bien tôt !*

2 A très bientôt. Formule de la langue familière : *Au revoir, cher ami, et à très bientôt.* À éviter dans le style surveillé.

bienveillant, ante adj. En un seul mot, sans trait d'union. — Dérivés : *bienveillance, bienveillamment* (finale en *-amment).*

bienvenir Ne s'emploie que dans l'expression *se faire bienvenir,* être accueilli favorablement, avec bienveillance : *Il se fit bienvenir dans la bonne société de la ville. Il sut se faire bienvenir du gouverneur.* Vieilli et très recherché. — En un seul mot sans trait d'union.

bienvenu, ue, bien venu, ue Des graphies à bien distinguer.

1 bienvenu, ue adj. *ou* n. (en un seul mot, sans trait d'union) Qui arrive à point, que l'on reçoit avec plaisir : *Soyez sûr que vous serez toujours bienvenu chez nous. Vos conseils seront certainement bienvenus.* — (substantivement) *Vous êtes la bienvenue. Soyez le bienvenu parmi nous. L'argent que j'ai reçu a été le bienvenu.*

2 bien venu, ue adj. (en deux mots, sans trait d'union) Qui est né ou qui s'est produit dans de bonnes conditions (= robuste, bien fait, *ou* opportun, ingénieux) : *Un enfant de la campagne, vif et bien venu. Un bel arbre, droit et bien venu. Une idée bien venue. Une phrase bien venue* (heureuse, bien faite, élégante, habile). *Une expression bien venue.*

3 bien venu, ue (en deux mots, sans trait d'union) Se rencontre dans un temps composé du verbe *venir.* Dans ce cas, *bien* est adverbe de phrase et équivaut à « réellement, effectivement » : *Enfin, elle est bien venue hier soir, je l'ai vue !* (= il est bien vrai qu'elle est venue, elle est venue effectivement).

bienvenue n. f. Heureuse arrivée, bon accueil : *Allons lui souhaiter la bienvenue.* — En un mot, sans trait d'union.

1. bière n. f. Boisson. — Un seul *r.*

2. bière n. f. Cercueil. Un seul *r.*

biffer v. t. Rayer, barrer. — Deux *f.*

bifocal, ale, aux adj. *(optique)* Qui a deux foyers : *Verres bifocaux.*

bifteck [biftɛk] n. m. — Pl. : *des biftecks* [-tɛk]. — Forme francisée de l'anglais *beefsteak* [bifstɛk], « tranche de bœuf ». Pl. : *des beefsteaks* [-stɛk] — La forme *bifteck* est préférable à *beefsteak.* — Le mot s'abrège usuellement en *steak* [stɛk], forme parfaitement acceptable. Cette forme abrégée est même préférable quand il s'agit de viande autre que la viande de bœuf : *Un steak de cheval.* En effet *steak* veut dire « tranche » et *beef* « bœuf », donc, littéralement, un *bifteck (beefsteak) de cheval* voudrait dire « une tranche de bœuf de cheval ». — Au sens figuré de « nourriture, vie », on emploie toujours *bifteck,* jamais *steak : Il faut bien gagner son bifteck* (familier).

bifurquer Toujours avec *-qu-,* même devant *a* ou *o : il bifurqua, nous bifurquons.*

1 (sens propre un peu vieilli) *La route bifurque,* se divise en deux branches.

2 (sens propre usuel et moderne) *Le véhicule bifurque,* abandonne la voie principale pour prendre une voie secondaire, ou abandonne la voie en ligne droite en tournant pour prendre une autre voie : *Arrivée au croisement, la voiture*

bifurqua à droite et prit le chemin du village. — (par extension) *Je pris le petit sentier à travers champs et, au bout de trois cents mètres, je bifurquai pour aller vers la rivière.* Admis dans la langue cursive, cet emploi est à éviter dans le style très surveillé. On emploiera plutôt *tourner.*

3 *(sens figuré usuel et moderne)* S'orienter dans une autre direction : *La conversation a bifurqué brusquement.* Dans le style très surveillé, on emploiera plutôt *dévier, changer (de sujet, de direction).*

4 *(sens figuré usuel et moderne)* Choisir l'une des deux orientations possibles : *A la fin de la classe de seconde, les élèves pourront bifurquer vers les études littéraires ou vers les sciences.* Dans le style très surveillé, on emploiera plutôt *se diriger, s'orienter.*

5 (emploi pronominal ; au sens propre) *La route se bifurque,* se divise en deux branches. Cet emploi est rare et peu recommandé. On écrira plutôt *la route bifurque.*

bihebdomadaire adj. En un seul mot, sans trait d'union. — Signifie « qui a lieu, qui paraît deux fois par semaine » : *Emission bihebdomadaire.* ▼ Ne pas employer au sens de « qui a lieu toutes les deux semaines ».

bihoreau [biɔʀo] n. m. Oiseau. — Attention au *h* intérieur.

bijou n. m. — Pl. : *des bijoux,* avec un *x.*

bilan n. m. Le mot implique l'idée d'une comparaison entre le gain et la perte. Ne pas l'employer au sens de *résultat, chiffre des pertes,* s'il n'y a pas une telle comparaison. On évitera donc les phrases abusives telles que : *Le bilan de la catastrophe aérienne est de quarante morts.*

biliaire, bilieux, bileux, bileur Mots de la famille de *bile.*

1 biliaire adj. *(médecine, physiologie et langage courant)* Qui concerne la bile : *Vésicule biliaire. Sécrétion biliaire.*

2 bilieux, euse adj. (anciennement) *Tempérament bilieux* (selon la classification d'Hippocrate). — *(de nos jours)* Mélancolique, pessimiste, irascible : *Un vieillard bilieux. Un caractère bilieux.*

3 ▼ Les mots *bileux, bileur* sont des formations populaires, tirées de l'expression très familière *se faire de la bile,* être soucieux, préoccupé. A éviter dans la langue soutenue. Plutôt que *Il n'est pas bileur (bileux),* on écrira : *Il est insouciant* ou *il n'est pas anxieux,* ou *il n'est pas soucieux.*

bill [bil] n. m. En Angleterre, projet de loi ; loi. — Pl. : *des bills* [bil].

billet, ticket Deux noms masculins nullement synonymes. Le *billet* est un document qui affecte en général la forme d'une petite feuille de papier mince, le *ticket* est un très petit rectangle de carton ou de papier fort. En fait, c'est l'usage qui règle la répartition. On dit *billet* pour le théâtre et pour le cinéma (dans ce dernier cas, il s'agit pourtant toujours d'un ticket), *billet de faveur* (pour le théâtre), *billet d'avion, de bateau* (il s'agit d'une feuille ou d'une petite liasse), *billet de chemin de fer* (il s'agit souvent cependant d'un ticket de carton dur), *ticket de métro* et *ticket de quai* (ce sont véritablement des tickets).

billion, billon Deux noms masculins différents par l'orthographe, la prononciation et le sens.

1 billion [biljɔ̃] (avec un *i* après -*ll*-).

a/ *(sens ancien)* Un millier de millions. De nos jours, dans ce sens, on dit *milliard*. ▼ On rencontre encore *billion* au sens de « milliard » dans des textes traduits de l'anglais des États-Unis, où le mot *billion* a ce sens. Cet anglicisme est à éviter absolument.

b/ *(sens moderne)* Un million de millions, c'est-à-dire un millier de milliards.

2 billon [bijɔ̃] (sans *i* après -*ll*-).

a/ *(technique)* Pièce de bois équarrie.

b/ *(viticulture)* Sarment de vigne très court.

c/ *(agriculture)* Exhaussement de terre entre deux sillons.

d/ *La monnaie de billon* ou *le billon :* monnaie métallique qui sert à faire l'appoint.

bimbeloterie, bimbelotier ▷ bibelot.

bimensuel, bimestriel Deux mots à bien distinguer.

1 bimensuel, elle adj. Qui a lieu ou qui paraît deux fois par mois.

2 bimestriel, elle adj. Qui a lieu ou qui paraît tous les deux mois.

binocle n. m. Type ancien de lunettes. — S'emploie normalement au singulier (à la différence de *lunettes*) : *Il mit son binocle et lut le texte.*

binôme n. m. Accent circonflexe sur le *ô*.

bio- Préfixe (du grec *bios* « vie »). Les composés s'écrivent en un seul mot, sans trait d'union : *biobibliographie, biochimie, biodégradable, biothérapie,* etc.

biparti, ie ou **bipartite** adj. Les deux formes sont admises. La forme *bipartite* semble la plus fréquente.

1. bis, bise adj. Le masculin se prononce [bi]. — S'accorde normalement *(Un emballage bis, Une toile bise. Des toiles bises),* sauf en composition : *Des toiles bis foncé* (sans trait d'union, car *foncé* n'est pas un adjectif de couleur). *Des toiles bis-brun* (avec trait d'union, car *brun* est un adjectif de couleur).

2. bis adv. Indique la répétition : *Les spectateurs criaient « bis ! ». Il habite 107 bis avenue de la Victoire.* — Se prononce [bis].

bisaïeul, eule n. Arrière-grand-père, arrière-grand-mère. — Pl. : *des bisaïeuls, des bisaïeules* ▷ aïeul.

bisannuel ▷ biennal.

biscaïen, ïenne, ou biscayen, yenne [biskajɛ̃, jɛn] adj. *ou* n. Deux orthographes pour le même mot. Sans qu'il y ait de règle absolue, on peut admettre l'usage suivant.

1 biscayen, yenne ou, plus rarement, **biscaïen, ïenne** adj. *ou* n. De la Biscaye. *La population biscayenne. Les Biscayens.* — n. m. *Le biscayen :* dialecte basque.

2 biscaïen n. m. Autrefois, balle de fonte contenue dans une boîte à mitraille : *Il eut la jambe brisée par un biscaïen.*

bise, brise ▷ brise.

bisexué, ée [bisɛksɥe, e], **bissexué, ée ; bisexuel, elle** [bisɛksɥɛl, ɛl], **bissexuel, elle** adj. Les deux orthographes, avec -*s*- simple ou avec -*ss*-, sont correctes. La prononciation est toujours avec [s] et non avec [z] : [bisɛk-].

bismuth [bismyt] n. m. Avec -*th*-. De même : *bismuthé, bismuthine.*

bissextile [bisɛkstil] adj. f. Eviter la prononciation relâchée *[bisɛktil].

bissexué, bissexuel ▷ bisexué.

bistre adj. Adjectif de couleur invariable : *De longues traînées bistre.* — Comme nom, prend la marque du pluriel : *Des gris et des bistres très nuancés.*

bistro, bistrot n. m. Les deux orthographes sont admises. *Bistrot* est plus fréquent que *bistro.* — Le féminin *bistrote,* femme du patron d'un café, est très familier.

bisulfate [bisylfat] n. m., **bisulfite** [bisylfit] n. m., **bisulfure** [bisylfyʀ] n. m. Termes de chimie. — Un seul *-s-*. Prononciation avec [s] et non avec [z] : [bisyl-].

bitter [bitɛʀ] n. m. Liqueur. — Pl. : *des bitters* [-tɛʀ].

bitumeux, bitumineux Deux adjectifs de la famille de *bitume*.

1 bitumeux, euse adj. Qui a la teinte brune et sombre du bitume : *Les teintes bitumeuses d'un vieux tableau enfumé.* — Qui est fait avec du bitume : *Un revêtement bitumeux assure l'étanchéité.*

2 bitumineux, euse adj. Qui contient naturellement du bitume : *Roche, terre bitumineuse.*

bizarre adj. Avec un *z* et deux *r*.

bizut ou **bizuth** [bizy] n. m. Elève de première année. — L'orthographe *bizuth* est la plus fréquente, mais on écrit plutôt *bizute* (féminin) et toujours *bizutage, bizuter.*

black-bottom [blakbɔtɔm] n. m. (anglicisme). Danse. — Pl. : *des black-bottoms* [-tɔm].

blackbouler v. t. Attention au groupe *-ck-*. De même : *blackboulage* n. m.

black-out [blakawt] n. m. (anglicisme). Inusité au pluriel.

blâme n. m. Accent circonflexe sur le *a*. De même : *blâmable, blâmer.*

blanc, blanche adj. *ou* n. L'un des adjectifs de couleur les plus courants.

I Accord.

1 Comme adjectif, employé seul, s'accorde en nombre et en genre : *Des juments blanches.*

2 Comme adjectif, employé avec un autre adjectif ou suivi d'un nom qui précise la nuance, reste invariable : *Des lumières blanc bleuté. Des murs blanc sale. Des robes blanc cassé. Des jupes blanc crème.* — De même : *Des autobus blanc et rouge. Des vaches blanc et noir.*

3 Comme nom (= la couleur blanche), prend la marque du pluriel : *Des blancs jaunâtres. Des blancs sales.*

II Blanc comme...

1 Blanc comme la neige (avec l'article). Signifie « qui est d'un blanc éclatant, très pur » (sans idée de propreté) : *Le marbre de Paros est blanc comme la neige.* — *Blanc comme neige* (sans article) signifie « d'un blanc très pur »

(avec l'idée de propreté) : *Le linge était blanc comme neige.* Seule formule employée au figuré (= absolument innocent) : *Dans cette affaire d'escroquerie, s'il n'est pas le vrai coupable, il n'est pas pour autant blanc comme neige.*

2 Blanc comme le (la)... S'emploie suivi d'un nom de substance : *Un cou blanc comme l'ivoire, comme le lait.* — *Blanc comme un (une)...* s'emploie suivi d'un nom d'animal ou de plante : *Blanc comme une colombe. Blanc comme un lis.*

III Emploi de la majuscule. Le mot s'écrit en général avec une majuscule dans les emplois substantifs suivants.

1 Quand il désigne les personnes de race blanche : *Les Blancs du sud des États-Unis. Cet Africain a épousé une Blanche.* — Minuscule dans l'emploi adjectif : *La race blanche. La population blanche.*

2 Quand il désigne les royalistes de l'époque de la Révolution française (surtout les combattants de la Vendée) : *Les Blancs et les Bleus se livrèrent de terribles combats en Vendée.* — Minuscule dans l'emploi adjectif : *Un chef blanc.*

3 Quand il désigne les adversaires de la révolution bolchevique en Russie, dans la période 1917-1922 : *Les Blancs furent vaincus par l'armée rouge.* — Minuscule dans l'emploi adjectif : *L'armée blanche.*

blanc-bec n. m. — Pl. : *des blancs-becs.*

blanchâtre adj. Accent circonflexe sur le *â*.

blanchiment, blanchissage, blanchissement Trois noms masculins dérivés de *blanchir*.

1 blanchiment (sans *e* après *i*) Opération technique qui consiste à rendre blanche une substance ou une surface qui ne l'est pas : *Blanchiment du linge sur le pré. Blanchiment d'un mur à la chaux.*

2 blanchissage Action de laver du linge (blanc ou de couleur) : *Blanchissage et repassage du linge.*

3 blanchissement Processus par lequel une chose devient blanche d'elle-même : *Le blanchissement des cheveux. Le blanchissement anormal des muqueuses sous l'effet d'une maladie.* — *(figuré)* Disculpation, réhabilitation : *Le blanchissement d'un député compromis à tort dans une affaire louche.*

blanc-manger n. m. Entremets. — Pl. : *des blancs-mangers.*

blanc-seing [blɑ̃sɛ̃] n. m. — Pl. : *des blancs-seings.*

blandices n. f. pl. *(vieilli, très littéraire)* Flatteries ; séductions : *Les trompeuses blandices des sens.* — Finale en *-ices.*

blaser, se blaser, blasé, ée Le complément est introduit par *de* ou par *sur : Il est blasé des plaisirs mondains. Il s'est blasé sur les avantages de la célébrité.*

blasphémer Conjugaison et construction.

1 Conjug. **11.** Change *é* en *è* devant un *e* muet, sauf à l'indicatif futur et au conditionnel présent : *je blasphème, tu blasphèmes, il blasphème,* mais *je blasphémerai, je blasphémerais.*

2 Peut se construire sans complément *(Ne blasphémez jamais !)* ou avec un complément introduit par *contre (Blasphémer contre la Patrie)* ou avec un complément direct *(Blasphémer le saint Nom de Dieu).* Ce dernier tour est nettement littéraire et archaïsant.

blatte n. f. Cafard, cancrelat. — Deux *t.*

blazer n. m. *(anglicisme)* Type de veste. — Prononciation : [blazɛʀ] ou [blɛzœʀ] ou [blazœʀ]. La meilleure est [blazɛʀ]. — Pl. : *des blazers* [-zɛʀ] ou [-zœʀ].

blême adj. Accent circonflexe sur le *e.* De même : *blêmir, blêmissement.*

blennorragie n. f. Deux *n* et deux *r.* Pas de *h* après les deux *r.*

blessé Il est très correct de dire : *blesser grièvement, légèrement quelqu'un ; être blessé grièvement, légèrement ; des blessures graves, légères.* — En revanche, il est peu correct d'écrire : *des blessés graves, des blessés légers* (ce sont les blessures qui sont graves ou légères, non les blessés). On écrira plutôt : *des personnes grièvement, légèrement blessées* ou *des blessés gravement, légèrement atteints.*

blet, blette adj. Trop mûr : *Une poire blette.*

bleu, bleue adj. *ou* n. Accord et emploi de la majuscule.

I Accord.

1 Comme adjectif, employé seul, s'accorde en nombre et en genre : *Un veston bleu. Des vestons bleus* (avec *-s* et non *-x*). *Une robe bleue. Des robes bleues.*

2 Comme adjectif, employé avec un autre adjectif ou suivi d'un nom qui indique une nuance de bleu, reste toujours invariable : *Des robes bleu clair. Des tentures bleu sombre. Des bannières bleu ciel. Des autobus bleu et rouge.* De même, *bleu* reste invariable quand il est

précisé par un complément introduit par *de : Des jupes bleu de roi. Des soieries bleu de Prusse.* — Dans tous les exemples ci-dessus, pas de trait d'union, car les compléments ne sont pas des adjectifs de couleur. En revanche, on écrit avec trait d'union (et en maintenant l'invariabilité) : *Des vareuses bleu-vert. Des robes bleu-noir* (car *vert* et *noir* sont des adjectifs de couleur).

3 Employé comme nom (= la couleur bleue), prend la marque du pluriel : *Les bleus profonds des vitraux de Chartres.*

II Emploi de la majuscule. Le mot s'écrit en général avec la majuscule dans les emplois substantifs suivants.

1 Quand il désigne l'une des deux factions politiques, à Rome et ensuite à Byzance : *Les Bleus étaient la faction aristocratique, les Verts la faction populaire.*

2 Quand il désigne les soldats de l'armée républicaine opposés, sous la Révolution, aux *Blancs,* combattants royalistes de la Vendée : *Les Bleus et les Blancs ne se faisaient pas de quartier.*

bleuâtre adj. Accent circonflexe sur le *â.*

bleuet, bluet n. m. La forme *bluet,* qui se prononce toujours [blyɛ], tend à vieillir. On écrit plutôt *bleuet.* Même écrit sous cette forme, le mot pouvait se prononcer [blyɛ]. La prononciation [blœ], naguère condamnée par certains, est la seule vivante actuellement.

blizzard n. m. Vent d'hiver (au Canada, aux États-Unis). — Deux *z,* un *-d* à la fin.

blocage n. m. Avec *-c-,* non avec *-qu-.*

bloc-cuisine n. m. — Pl. : *des blocs-cuisines.*

bloc-eau n. m. — Pl. : *des blocs-eau* (pas de *-x* à *eau*).

blockhaus [blɔkos] n. m. inv. — Pl. : *des blockhaus* [-kos]. Attention au *-ck-* et au *-h-.*

bloc-moteur n. m. — Pl. : *des blocs-moteurs.*

bloc-notes n. m. — Pl. : *des blocs-notes.*

blouson n. m. Sans trait d'union : *un blouson noir,* un vêtement *(Il portait un blouson noir et un jean).* — Sans trait d'union non plus : *un blouson noir,* un jeune voyou *(Les blousons noirs du quartier ont commis des actes de vandalisme).*

blue-jean n. m. Pour désigner un pantalon, on emploie indifféremment le pluriel ou le singulier : *Elle était vêtue d'un gros chandail et de blue-jeans* ou *d'un gros chandail et d'un blue-jean.* Dans l'usage le plus récent, le singulier tend à l'emporter. — D'autre part, le mot s'emploie de plus en plus sous sa forme abrégée *jean* ou *jeans : Elle portait un jean effrangé. Elle était vêtue d'une vareuse bleue et de jeans très collants.* — Prononciation : *un blue-jean* [bludʒin] ; *des blue-jeans* [bludʒins] ou [bludʒin] ; *un jean* [dʒin] ; *des jeans* [dʒins] ou [dʒin].

blues n. m. Mélodie ou chanson de jazz à rythme lent. — Prononciation : [bluz]. — Toujours un -*s*, au singulier comme au pluriel : *La chanteuse noire chantait un blues.*

bluff n. m. Anglicisme à éviter dans le style très soutenu. Bien prononcer [blœf] et non *[blyf]. Attention aux deux *f*. — Pl. : *des bluffs* [blœf]. — Dérivés : *bluffer* [blœfe] v. i. *ou* v. t., *bluffeur, euse* [blœfœʀ, øz] n. *ou* adj.

bobèche n. f. Partie de chandelier. — Un accent grave et non circonflexe.

bobsleigh n. m. (anglicisme) Le mot s'abrège usuellement en *bob : Faire du bob. Piste de bob.* — Prononciation : [bɔbslɛg] ou [bɔbslɛ], plutôt que [bɔbslɛj]. — Pl. : *des bobsleighs* [-slɛg] ou [-slɛ].

bock n. m. Attention au groupe -*ck*-. — Pl. : *des bocks.*

boer n. *ou* adj. *Les Boers* [buʀ] (avec une majuscule), les colons d'origine néerlandaise installés en Afrique australe : *La guerre des Boers (1899-1902).* — Au singulier : *Un Boer. Une Boer.* — Sans majuscule, s'emploie adjectivement (prend la marque du pluriel, mais non celle du féminin) : *Un femme boer. Les communautés boers. Les chefs boers.*

bœuf n. m. Prononciation : *un bœuf* [bœf], *des bœufs* [bø]. On prononce généralement *bœuf gras* [bøgʀɑ] (prononciation ancienne qui a survécu dans une expression figée). La prononciation *nerf de bœuf* [nɛʀdəbø] est vieillie. On dit maintenant [nɛʀdəbœf].

boggie n. m. Châssis accouplant deux essieux, sous un wagon, une locomotive. — Prononciation : [bɔʒi] ; la prononciation [bɔgi] est moins usuelle. — Autre orthographe, également correcte : *bogie* [bɔʒi] ou, plus rare, [bɔgi].

bogue n. f. Enveloppe de châtaigne.

Bohême, bohème Quatre mots à bien distinguer.

1 La Bohême (avec *B* majuscule et accent circonflexe sur *e*) Pays d'Europe centrale.

2 Un bohème, une bohème (avec *b* minuscule et accent grave sur *e*) Tsigane, bohémien. Ce sens est vieux.

3 Un bohème, une bohème (avec *b* minuscule et accent grave sur *e*) Personne qui mène une vie insouciante et désordonnée.

4 La bohème (avec *b* minuscule et accent grave sur *e*) Vie insouciante et désordonnée. — Milieu formé par les gens qui mènent cette vie : *La bohème artistique de Montparnasse.*

Bohémien Attention à la majuscule.

1 bohémien, ienne n. *ou* adj. *(vieux)* Du pays appelé *Bohême : La population bohémienne. Les Bohémiens.* Synonyme actuel : *tchèque.*

2 bohémien, ienne n. m. *ou* f. (toujours avec une minuscule) Tsigane, romanichel : *Une roulotte de bohémiens.* Sens usuel et moderne.

boire v. t. Conjug. **76.** *Je bois, tu bois, il boit, nous buvons, vous buvez, ils boivent.* — *Je buvais.* — *Je bus.* — *Je boirai.* — *Je boirais.* — *Bois, buvons, buvez.* — *Que je boive.* — *Que je busse.* — *Buvant.* — *Bu, ue.* — Se conjugue avec l'auxiliaire *avoir : J'ai bu.* ▼ Le tour *il est bu* (il est ivre) est populaire et incorrect. Dire plutôt *il a bu* ou *il a trop bu.*

boisseau n. m. Ancienne mesure de capacité (12,5 l). — Dérivés : *boisselage* n. m. (action de mesurer le blé avec un boisseau), *boisselée* n. f. (contenu d'un boisseau), *boisselier* n. m. (fabricant de boisseaux, de seaux), *boissellerie* n. f. (fabrication et commerce des boisseaux, des seaux).

boîte n. f. Accent et expressions.

I Un accent circonflexe sur le *i*. De même : *boîtier* (à la différence de *boiter* et de ses dérivés).

II Expressions.

1 Avec un -*s* au complément : *boîte à idées, boîte à onglets, boîte à ordures, boîte à lettres* ou *boîte aux lettres, boîte de vitesses.*

2 Sans -*s* au complément : *boîte à malice, boîte à mitraille, boîte à ouvrage, boîte de résistance* (électrique).

boiter v. i. Marcher de manière irrégulière. — Pas d'accent circonflexe sur le *i*. De même : *boitement, boiterie, boiteux, boitillant, boitillement, boitiller.*

boiterie n. f. Action de boiter. — Se disait autrefois seulement à propos d'un animal (cheval surtout). Pour les personnes, on disait *claudication.* De nos jours, *boiterie* se dit en parlant des personnes, concurremment avec *claudication*, terme plus savant.

bolchevik adj. *ou* n. Forme et emploi.

1 La forme *bolchevik* prend la marque du pluriel, mais non celle du féminin : *Les bolcheviks. La révolution bolchevik. Les idées bolcheviks.* Si la forme *bolchevik* s'emploie encore comme nom, dans l'emploi adjectif on préfère la forme francisée *bolchevique : La propagande bolchevique.*

2 ▼ Tous les mots de cette famille s'écrivent sans accent aigu sur le *e* et se prononcent avec [ʃə] et non avec [ʃe] : *bolchevik, bolchevique* [bɔlʃəvik], *bolchevisation* [bɔlʃəvizasjɔ̃] *bolcheviser* [bɔlʃəvize], *bolchevisme* [bɔlʃəvism(ə)], *bolcheviste* [bɔlʃəvist(ə)]. — D'autre part, la graphie *bolchevick*, avec *-ck*, est vieillie et déconseillée.

3 Ces mots ne peuvent plus de nos jours s'employer que dans un contexte historique ou bien avec une valeur péjorative, dans une intention polémique. On dit plutôt, actuellement, selon le cas, *communiste, communisme, communiser* ou *soviétique, soviétiser, soviétisation.*

boléro n. m. Mot espagnol francisé. — Pl. : *des boléros* [-RO]. — Eviter la graphie *bolero*, sans accent.

bombyx n. m. inv. Avec un *y.*

bon, bonne adj. *ou* adv. Comparatif, emploi adverbial et expressions.

I Comparatif. Le comparatif normal est *meilleur* et non **plus bon : Ce gâteau est meilleur que l'autre.* De même, il est recommandé de dire : *Il me l'a donné de meilleure grâce* (et non *de plus bonne grâce*). *Il est de meilleure foi que son associé* (et non *de plus bonne foi*). *Je suis venu de meilleure heure* (et non *de plus bonne heure*). *Elle est de meilleure humeur* (et non *de plus bonne humeur*). *Cet article est meilleur marché* (et non *plus bon marché*). Cependant *plus bon* est correct dans les cas suivants.

1 Dans l'expression figée *plus ou moins bon.*

2 Dans une comparaison entre *bon* et un autre adjectif : *Il est plus bon que courageux.*

3 Quand *bon* a le sens de « crédule, indulgent » : *Il est bien bon de croire à ces sornettes, et plus bon encore de les admettre comme excuses !*

4 Dans quelques expressions figées *(bon enfant, bon prince, bon vivant) : Il est plus bon enfant que son adjoint. Son oncle était plus bon vivant que lui. Il est plus bon prince que je ne le croyais.*

5 Quand *plus* devant *bon* n'est pas l'adverbe de comparaison, mais le corrélatif de *ne* dans la locution négative *ne... plus : Il ne sera plus bon à rien.*

II Emploi adverbial. *Bon* est toujours invariable : *Ces roses sentent bon.*

III Expressions.

1 Bon Dieu. On écrit avec *B* majuscule *le Bon Dieu (Il faut remercier le Bon Dieu)* et avec *b* minuscule le juron *Bon Dieu ! : Mais enfin, bon Dieu ! où veut-il en venir ?*

2 Bon enfant, bon prince. Ces expressions sont invariables en nombre et en genre. *Ces filles sont bon enfant. Elles ont été bon prince.*

3 Bon premier. Bien que *bon* soit adverbe, cette expression est variable en nombre et en genre : *Ces deux jeunes filles sont arrivées bonnes premières.*

4 La bailler bonne ▷ *bailler.*

5 Bonne vie et mœurs. Expression figée. Bien que l'adjectif *bonne* porte aussi sur *mœurs* pour le sens, il ne prend pas la marque du pluriel : *Un certificat de bonne vie et mœurs.*

6 Devant un nom de nombre. S'accorde en nombre et en genre : *Trente bons kilomètres* (= trente kilomètres au moins).

7 Il est bon. Se construit avec *de* et l'infinitif *(Il est bon de prévoir une marge de sécurité)* ou avec *que* et le subjonctif : *Il est bon que nous établissions une liste de contrôle.* ▼ Eviter le tour relâché *c'est bon que* (au lieu de *il est bon que*). On écrira *Il est bon que l'affaire se soit terminée ainsi* (et non *C'est bon que l'affaire se soit terminée ainsi*).

8 Il fait bon. Se construit normalement avec l'infinitif sans *de : Il fait bon se promener au bord de l'eau au mois de juillet.* Le tour *il fait bon de* (analogique de *il est bon de*) est déconseillé.

9 De bonne heure. On écrira : *Il est venu de très bonne heure, de trop bonne heure, de bien bonne heure* (et non *il est venu trop de bonne heure, bien de bonne heure*). — *Il est venu de meilleure heure* (voir ci-dessus, I).

10 Bon marché, à bon marché, meilleur marché ▷ *marché.*

11 A quoi bon. Expression figée. *Bon* est toujours invariable, même suivi d'un nom au pluriel ou d'un nom féminin : *A quoi bon ces tracasseries ?*

12 Tout de bon. Signifie « réellement, vraiment » : *Il s'est fâchée tout de bon.* Cette expression est vieillie. Les variantes *pour de bon, pour tout de bon* appartiennent au registre familier.

bonace, bonasse Deux mots homophones.

1 bonace n. f. *(marine)* Calme plat de la mer : *La bonace immobilisait le navire.*

2 bonasse adj. *(familier)* D'une bonté excessive, par faiblesse de caractère ou simplicité d'esprit : *Un personnage bonasse et quelque peu ridicule.*

bon-bec n. m. *(familier)* Personne bavarde. — Pl. : *des bons-becs.*

bonbon n. m. Exceptionnellement, un *n* devant *b*. De même : *bonbonnière.*

bonbonne n. f. Exceptionnellement, un *n* devant *b*.

bon-chrétien n. m. Poire. — Pl. : *des bons-chrétiens.*

bondrée n. f. Oiseau. — Finale en *-ée.*

bonheur-du-jour n. m. Bureau à tiroirs. — Pl. : *des bonheurs-du-jour.*

bonhomme [bɔnɔm] n. m. Le pluriel correct est *des bonshommes* [bɔ̃zɔm].

bonhomie n. f. ▼ Un seul *m,* à la différence de *bonhomme.*

boni n. m. — Pl. : *des bonis* [-ni].

boniche ▷ **bonniche.**

bonification n. f. Un seul *n*.

bonite n. f. Thon. — Un seul *n*.

bonjour Le bon usage recommande de dire : *Bonjour Mesdames, bonjour Messieurs* ou *Bonjour Madame, bonjour Monsieur* ou encore *Bonjour, Mesdames, Messieurs* ou encore *Bonjour, Mesdames et Messieurs.* Eviter : *Bonjour, messieurs dames.*

bonne-maman n. f. — Pl. : *des bonnes-mamans.*

bonnet n. m. — Deux *n*. De même : *bonneterie, bonnetier, bonnetière, bonnette.*

bonneteau n. m. Jeu de cartes. — Deux *n*. Finale en *-eau.* — Dérivé : *bonneteur.*

bonneterie n. f. Deux *n,* un seul *t*. — Actuellement la prononciation [bɔnɛtʀi] semble la plus usuelle, mais [bɔntʀi] est à préférer dans la prononciation soignée.

bonnetier, ière n. m. *ou* f. Fabricant ou marchand de bonneterie. — Prononciation : [bɔntje, jɛʀ].

bonnetière n. f. Petite armoire. — Prononciation : [bɔntjɛʀ].

bonniche n. f. La graphie *bonniche* tend à remplacer *boniche.*

boogie-woogie n. m. Danse. — Prononciation : [bugiwugi]. — Pl. : *des boogie-woogies* [-gi]. — Le mot s'abrège en *boogie ;* pl. : *des boogies* [bugi].

bookmaker [bukmɛkœʀ] n. m. *(anglicisme)* Celui qui reçoit les paris, sur les champs de courses. — Pl. : *des bookmakers* [-œʀ]. — S'abrège souvent en *book* [buk]. Pl. : *des books* [buk].

boom n. m. *(anglicisme)* Hausse soudaine en Bourse ; prospérité soudaine. — Prononciation : [bum]. — Pl. : *des booms* [bum].

boomerang ou **boumerang** [bumʀɑ̃g] n. m. La graphie *boomerang* tend à l'emporter sur *boumerang.* — Dans l'emploi adjectif (à éviter dans le style soutenu), est toujours invariable : *La publicité mal conduite peut avoir des effets bommerang et détourner le public du produit vanté.*

bootlegger n. m. Aux États-Unis, dans les années 1920-1930, trafiquant faisant le commerce clandestin de l'alcool. — Prononciation : [butlegœʀ]. Pl. : *des bootleggers* [-gœʀ].

borborygme n. m. Attention à l'*y*.

bord n. m. Deux locutions à distinguer.

1 Au bord S'emploie au propre et aussi au figuré : *Nous étions assis au bord de la rivière. Ce commerçant était au bord de la faillite.*

2 Sur le bord Ne s'emploie guère au figuré. Au sens propre, a une valeur plus précise et plus concrète que *au bord.* Comparer : *Nous étions assis au bord de la rivière* (= dans la zone de terrain qui longe la rivière, à proximité de la rivière) et *Nous étions assis sur le bord de la rivière* (= sur le rebord de la berge, juste au-dessus de l'eau). De même : *Sa maison est au bord de la rivière* (= près de la rivière). *Sa maison est sur le bord de la rivière* (= est adjacente à la rivière).

bordeaux n. m. *ou* adj. On écrit, avec un *B* majuscule, *du vin de Bordeaux* (= de la région de Bordeaux) mais, avec un *b* minuscule, *du bordeaux* (*Une bouteille de bordeaux. Un verre de bordeaux. Boire du bordeaux).* — Comme adjectif de couleur, toujours invariable : *Une robe bordeaux.*

bordelais, aise adj. *ou* n. De Bordeaux. — Attention à la majuscule : *La population*

bordelaise. *Les Bordelais. Un Bordelais. Une Bordelaise.* — *Le Bordelais :* la région de Bordeaux. — N. f. *Une bordelaise :* bouteille ou futaille.

boréal, ale adj. Le masculin pluriel est *boréaux.* Il est très rare. On évitera de l'employer.

borée n. m. *(littéraire ou poétique ; vieilli)* Le vent du nord (un *b* minuscule, sauf quand il y a manifestement personnification). — Toujours masculin, malgré la finale en *-ée.* — Toujours sans article : *Alors, borée souffla.*

borgne adj. On dit : *Un homme borgne. Un borgne.* Le féminin est *une femme borgne* ou (rare) *une borgne.* La forme féminine *une borgnesse* est péjorative et vieillie.

borne n. f. On écrit, généralement, avec *-s : Une avidité sans bornes. Son avarice ne connaît pas de bornes, n'a pas de bornes.*

borne-fontaine n. f. Un trait d'union. — Pl. : *des bornes-fontaines.*

borne frontière n. f. Pas de trait d'union. — Pl. : *des bornes frontières.*

borne témoin n. f. Pas de trait d'union. — Pl. : *des bornes témoins.*

bosco n. m. *(marine, familier)* Maître d'équipage. — Pl. : *des boscos* [-ko].

bosse n. f. Avec un trait d'union, *une ronde-bosse,* mais, sans trait d'union, *une sculpture en ronde bosse.*

bosseler v. t. Conjug. **13** : *je bosselle ; je bossellerai.*

bosseler, bossuer Au sens de « déformer par un choc », l'emploi de *bosseler* est parfaitement correct : *Le choc a bosselé la plaque de tôle* (correct, car il s'agit d'un objet déformable par un choc). — En revanche on n'écrira pas : *Des collines bosselaient le paysage* (car il ne s'agit pas d'un objet déformé par un choc). Dans ce cas, employer *bossuer : Des collines bossuaient...*

boston n. m. Jeu de cartes ; danse. — Mot francisé. Prononciation : [bɔstɔ̃]. Pl. : *des bostons* [-tɔ̃] — Dérivé, avec deux *n : bostonner.*

bot, bote [bo, bɔt] adj. Difforme en raison d'une malformation des muscles : *Avoir un pied bot.* Le féminin *bote* est très rare : *Main bote, hanche bote* (un seul *-t-*). ▼ On écrit, sans trait d'union, *un pied bot* « un pied difforme » *(Il marche péniblement, car il a un pied bot),* et, avec un trait d'union, *un pied-bot* « une personne qui a un tel pied » *(Le pauvre pied-bot essayait désespérément de suivre l'allure du cortège. Sa sœur est pied-bot).* — Pl. : *des pieds-bots.*

1. botte n. f. Chaussure. —Deux *t.* De même : *botté, ée, botter, bottier, bottillon* [bɔtijɔ̃], *bottine.*

2. botte n. f. Faisceau : *Une botte de paille. Une botte de poireaux.* — Deux *t.* De même : *bottelage, botteler, botteleur, euse.*

3. botte n. f. Coup d'épée : *Il porta une botte mortelle à son adversaire.* — Deux *t.*

botteler v. t. Mettre en botte : *Botteler du foin.* — Conjug. **13** : *je bottelle, je bottellerai.*

Bottin n. m. Annuaire. — Deux *t.* Nom déposé, donc avec une majuscule : *Consultez le Bottin.* — Prend la marque du pluriel : *des Bottins.*

boubou n. m. Vêtement des Noirs d'Afrique. — Pl. : *des boubous.*

bouche, gueule Ces deux noms ne sont pas interchangeables.

1 On emploie *bouche* quand il s'agit de l'homme (sauf dans le langage grossier), ou bien du cheval, de l'âne, du mulet, du bœuf, du mouton, du porc, du chameau, et, d'une manière générale, de tous les animaux de trait, de bât, de selle ou de pâture. On emploie aussi *bouche* pour les animaux aquatiques ou marins (grenouille, poisson de rivière ou de mer), sauf quand on veut insister sur l'aspect carnassier ou monstrueux de l'animal : *La bouche d'une carpe, d'un hareng,* mais *la gueule d'un brochet, d'un requin.* Observer qu'en zoologie on emploie *bouche* presque dans tous les cas : *La structure de la bouche du requin, du tigre.*

2 On emploie *gueule* quand il s'agit d'un animal carnivore (chien, chat, serpent, crocodile, requin, épaulard, dauphin, etc.), surtout bien entendu quand il s'agit d'un fauve (lion, tigre, hyène, etc.). — Éviter de dire *la gueule d'un cheval* (tout à fait contraire aux usages des cavaliers). — Le mot *gueule* ne désigne la bouche de l'homme que dans le langage très grossier. Est toléré cependant dans quelques expressions figées familières : *Combat de gueule* (dispute). *Etre fort en gueule. Avoir une grande gueule* (avoir l'habitude de parler fort, abondamment et énergiquement). — *Recevoir un coup de gueule* (réprimande énergique). *Être porté sur la gueule* (sur les plaisirs de la table). *Une fine gueule* (un fin gourmet).

bouche-à-bouche n. m. inv. Méthode de réanimation des asphyxiés. — Deux traits d'union.

bouche-trou n. m. — Pl. : *des bouche-trous.*

bouchonner v. t. Frotter énergiquement. — Deux *n.* De même : *bouchonnage* ou *bouchonnement* n. m.

bouchonnier n. m. Fabricant, marchand de bouchons. — Deux *n.* De même : *bouchonnerie.*

bouchot n. m. Parc à moules. — Dérivé : *bouchoteur* ou *boucholeur.*

bouddhisme [budism(ə)] n. m. Vient du nom du Bouddha. S'écrit avec -*ddh*-. De même : *bouddhiste.*

bouder Dans la langue soutenue, on évitera les emplois transitifs du genre : *Les notables de la localité boudèrent la réception de la châtelaine* (= refusèrent d'y assister). — En revanche, *bouder contre* est correct : *L'enfant boude contre son frère. Il ne faut pas bouder contre son cœur.*

boueur, boueux n. m. On évitera d'employer ces mots au sens de *éboueur*, agent municipal chargé de l'enlèvement des ordures ménagères.

bouffe Avec un *b* minuscule : *La musique bouffe. Une chanteuse bouffe.* — Avec un *B* majuscule : *les Bouffes, les Bouffes-Parisiens* (nom de théâtres). — Avec un *o* et un *b* minuscule et sans trait d'union : *l'opéra bouffe* (opéra de genre comique entièrement chanté). Pl. : *des opéras bouffes.*

bouffer v. i. *ou* v. t. Deux *f.* De même : *bouffant, bouffarde, bouffée.*

bouffir v. t. *ou* v. i. Deux *f.* De même : *bouffi, bouffissure.*

bouffon Deux *f.* Deux *n* dans le féminin *bouffonne* et les dérivés : *bouffonner, bouffonnerie.*

bougainvillée [bugɛ̃vile] n. f. *ou* **bougainvilléa** [bugɛ̃vilea] n. m. Plante. ▼ Ce mot vient du nom du navigateur *Bougainville* [bugɛ̃vil], donc prononcer avec [l] et non avec [j]. Attention aussi au genre : *Une bougainvillée très belle. Un bougainvilléa très beau.* — La forme *bougainvillier* [bugɛ̃vilje] est déconseillée.

bougeoir [buʒwaʀ] n. m. Attention au *e* intérieur.

bougeotte [buʒɔt] n. f. Attention au *e* intérieur. Deux *t.*

bouger v i. *ou* v. t. Conjug. **16.** Prend un *e* après le *g* devant *a* ou *o* : *il bougea, nous bougeons.* — Ce verbe est du registre familier ou semi-familier. L'emploi transitif *(bouger un pied, bouger la tête)* appartient à la langue parlée relâchée. Dans le style soutenu, dire : *remuer (un pied, la tête,* etc.).

bougnat n. m. *(familier)* Finale en -*at.*

bougonner v. i. *ou* v. t. Deux *n.* — Dérivés : *bougon, onne, bougonnement, bougonnerie, bougonneur.*

boui-boui n. m. *(familier)* — Pl. : *des bouis-bouis.*

bouillir v. i. *ou* v. t. Conjug. **31.** *Je bous, tu bous, il bout, nous bouillons, vous bouillez, ils bouillent.* — *Je bouillais, tu bouillais, il bouillait, nous bouillions, vous bouilliez, ils bouillaient.* — *Je bouillis, tu bouillis, il bouillit, nous bouillîmes, vous bouillîtes, ils bouillirent.* — *Je bouillirai, tu bouilliras, il bouillira, nous bouillirons, vous bouillirez, ils bouilliront.* — *Je bouillirais, tu bouillirais, il bouillirait, nous bouillirions, vous bouilliriez, ils bouilliraient* — *Bous, bouillons, bouillez.* — *Que je bouille, que tu bouilles, qu'il bouille, que nous bouillions, que vous bouilliez, qu'ils bouillent.* — *Que je bouillisse, que tu bouillisses, qu'il bouillît, que nous bouillissions, que vous bouillissiez, qu'ils bouillissent.* — *Bouillant.* — *Bouilli, ie.* ▼ Ne pas oublier le *i* après le groupe -*ill*- à la première et à la deuxième personne du pluriel de l'indicatif imparfait et du subjonctif présent : *(que) nous bouillions, (que) vous bouilliez.* — Éviter les barbarismes *ils *bouent* (pour *ils bouillent*), *il *bouera*, *il *boura* (pour *il bouillira*), *il *bouerait*, *il *bourait* (pour *il bouillirait*), *qu'il *boue* (pour *qu'il bouille*).

bouillon n. m. Deux *n* dans les dérivés : *bouillonnant, bouillonnement, bouillonner.*

bouillon-blanc n. m. Plante. — Pl. : *des bouillons-blancs.*

boulê n. f. Sénat, dans une cité grecque antique. — Attention à l'accent circonflexe. Prononciation : [bulɛ].

bouleau n. m. Arbre. — Pl. : *des bouleaux.* — Ne pas écrire comme *boulot* « un peu gros » ou « travail ».

boule de neige, boule-de-neige On distinguera par l'orthographe les expressions suivantes.

1 Une boule de neige (sans traits d'union) Boule faite avec de la neige : *Les enfants lancent* *des boules de neige*. — *(figuré) Faire boule de neige*, aller en s'accroissant : *Ses bénéfices font boule de neige*. — *Vente à la boule de neige :* procédé commercial (interdit en France).

2 Une boule-de-neige (avec deux traits d'union) Arbuste ; champignon. — Pl. : *des boules-de-neige*.

bouledogue n. m. Chien d'agrément, à distinguer du *bulldog*, [buldɔg], chien de garde. — L'usage veut qu'on écrive *une humeur de bouledogue, hargneux comme un bouledogue*, bien qu'on fasse référence en fait au *bulldog* (chien de garde).

boulevard n. m. On dit : *Le cortège défile sur le boulevard. Les voitures roulent sur le boulevard* (et non *dans le boulevard*). — On dit : *Il habite boulevard Gambetta* (et non *sur le boulevard Gambetta*, car on n'habite pas *sur* la chaussée d'un boulevard). En revanche, on dit : *La façade donne sur le boulevard Clemenceau*. C'est, ici, l'expression *donner sur*, comme dans *La façade donne sur un grand jardin*.

bouleverser v. t. Attention au *e* intérieur (ne pas écrire **boulverser*). De même : *bouleversant, bouleversement*.

boulle On écrit, avec un *b* minuscule, *un boulle*, mais avec un *B* majuscule, *un meuble de Boulle* (ébéniste français, 1642-1732). Au pluriel : *des boulles*. — Avec un *B* majuscule : *L'école Boulle* (école professionnelle de l'ameublement). — Éviter la graphie *boule*, avec un seul *l.*

boulon n. m. Tige filetée qui est destinée à entrer dans un *écrou* pour assembler des pièces de bois ou de fer. — Bien distinguer de la *vis*, qui n'a pas besoin d'un écrou correspondant. — Dérivés : *boulonnage, boulonner, boulonnerie.*

boulonnais, aise adj. *ou* n. Attention à la majuscule : *La population boulonnaise. Les Boulonnais*. — Avec un *B* majuscule : *Le Boulonnais*, région de Boulogne-sur-Mer. — Avec un *b* minuscule : *Un cheval boulonnais* ou *un boulonnais*.

1. boulot, otte [bulo, ɔt] adj. *ou* n. *(familier)* Petit et gros : *Une petite femme boulotte*. — *(boulangerie) Du pain boulot* ou *du boulot :* variété de pain. — Attention à l'homophone *bouleau*, arbre.

2. boulot n. m. *(familier)* Travail. — Attention à l'homophone *bouleau*, arbre.

boulotter v. i. *ou* v. t. *(populaire)* Manger. — Attention aux deux *t.*

boumerang ▷ boomerang.

bouquin n. m. Dérivés : *bouquiner, bouquinerie, bouquineur, bouquiniste.*

bourbonnais, aise adj. *ou* n. Attention à la majuscule : *La population bourbonnaise. Les Bourbonnais*. — *Le Bourbonnais :* province française. — *Le bourbonnais :* dialecte.

bourdon n. m. Bien distinguer par l'orthographe *le faux bourdon* (sans trait d'union), mâle de l'abeille, et *le faux-bourdon* (avec trait d'union), forme de plain-chant, d'où *chanter en faux-bourdon*, sur un ton très grave.

bourdonner v. t. — Deux *n*. De même : *bourdonnant, bourdonnement.*

bourgeois, oise n. *ou* adj. Attention au *e* intérieur entre *g* et *o*. De même : *bourgeoisement, bourgeoisie.*

bourgeon n. m. Attention au *e* intérieur entre *g* et *o*. De même : *bourgeonnement, bourgeonner.*

bourgogne On écrit, avec un *B* majuscule, *du vin de Bourgogne* (= de la province appelée *Bourgogne*), mais, avec un *b* minuscule, *du bourgogne* (*Un bon bourgogne blanc. Un verre de bourgogne. Une bouteille de bourgogne. Les grands bourgognes*).

bourguignon, onne adj. *ou* n. De Bourgogne. — Attention à la majuscule : *La population bourguignonne. Les Bourguignons*. — (avec un *b* minuscule) *Le bourguignon* (dialecte parlé en Bourgogne), *du bœuf bourguignon* ou *du bourguignon, une bourguignonne* (futaille ou bouteille).

bourguignotte n. f. Casque ancien. — Finale en *-otte.*

bourr- De nombreux mots commencent par *bourr-* (avec deux *r*) : *bourrache* n. f. (plante), *bourrade* n. f. (coup), *bourrage* n. m., *bourrasque* n. f. (tempête), *bourratif, ive* adj. (indigeste, lourd ; *familier*), *bourre* n. f. (amas de poils, etc.), *bourre* n. m. (policier, *populaire*), *bourreau* n. m., *bourrée* n. f. (danse auvergnate), *bourrée* n. f. (fagot), *bourrèlement* n. m. (douleur très cruelle), *bourreler* v. t. (tourmenter), *bourrelet* n. m., *bourrelier* n. m. (artisan qui fait les harnais), *bourrellerie* n. f. (métier du bourrelier), *bourrer* v. t., *bourrette* n. f. (déchets de soie), *bourriche* n. f. (panier), *bourrichon* n. m. (*se monter le bourrichon*, familier), *bourricot* n. m. (âne), *bourrin* n. m. (cheval, *populaire*), *bourriquet* n. m. (petit âne ;

tourniquet), *bourroir* n. m. (outil), *bourru, ue* adj. (de caractère rude).

bourreler v. t. *(vieilli et littéraire)* Tourmenter, torturer : *Le remords le bourrelait.* Ne s'emploie, de nos jours, dans la langue usuelle, qu'au participe passé : *Il est bourrelé de remords.* — Conjug. **13.** Double le *l* devant un *e* muet : *Le remords le bourrelle.* ▼ L'homonyme *bourreler* (tiré de *bourrelet*), qui a été employé par quelques écrivains au sens de « garnir de bourrelets » *(bourreler une porte),* est rare. Son emploi est déconseillé.

bourricot n. m. Désigne l'âne de petite taille d'Espagne et d'Afrique du Nord. Ne désigne pas un jeune âne ▷ **ânon.** L'orthographe *bourriquot* et la forme *bourriquet* sont rares.

bourse, Bourse n. f. Attention à la majuscule.

1 Un *b* minuscule quand il s'agit du sac *(Une bourse brodée pleine de pièces d'or)* et des emplois figurés qui en dérivent : *Tenir les cordons de la bourse. Obtenir une bourse d'études.* ▼ On écrit : *sans bourse délier,* avec l'infinitif *délier,* et non *sans bourse *déliée.*

2 Un *B* majuscule quand il s'agit de l'établissement dans lequel se règle le cours des valeurs : *Spéculer en Bourse. Opérations de Bourse. Coup de Bourse. La Bourse est mauvaise. La Bourse du travail. La Bourse de commerce.* — *Valeur cotée en Bourse* ou *à la Bourse.*

boursoufler v. t. Un seul *f,* à la différence de *souffler.* De même : *boursouflé, boursouflage, boursouflement, boursouflure.*

boute-dehors ou **boute-hors** n. m. *(marine)* Pièce de bois qui prolonge le mât de beaupré *(boute-dehors de beaupré)* ou une vergue. — Toujours invariable : *des boute-dehors* ou *des boute-hors.* ▼ Le mot vient de *bouter* « mettre » (et de *dehors* ou *hors)* et non de *bout.* C'est pourquoi la forme *bout-dehors* (altération de *boute-hors)* est à éviter.

boute-en-train En trois mots, avec des traits d'union. Ne pas écrire **boute-entrain,* ni **bout-en-train.* — Toujours invariable. Toujours masculin, même désignant des femmes : *Ces dames étaient des boute-en-train fort joyeux.*

boutefeu n. m. Celui qui incite à la violence. — En un seul mot. — Pl. : *des boutefeux.*

bouteille n. f. On écrit : *mettre en bouteilles, mise en bouteilles,* avec *bouteilles* au pluriel.

boute-selle n. m. Invariable : *des boute-selle.*

bouton-d'argent n. m. Plante. — Pl. : *des boutons-d'argent.*

bouton-d'or n. m. Plante. — Pl. : *des boutons-d'or.*

boutonner v. t. — Deux *n.* De même : *boutonnage, boutonner, boutonneux, euse, boutonnière.*

bouton-poussoir n. m. — Pl. : *des boutons-poussoirs.*

bouton-pression n. m. — Pl. : *des boutons-pression.*

bout-rimé n. m. Généralement au pluriel *(des bouts-rimés),* même pour désigner une seule pièce de vers.

bouvreuil n. m. Oiseau. Finale en *-euil.*

bovarysme n. m. Attitude psychologique analogue à celle de Mme Bovary. — Avec un *y* et non un *i.* De même : *bovaryque, bovaryste.*

bowling n. m. *(anglicisme)* Variété de jeu de quilles. — Salle où l'on joue à ce jeu. — Prononciation mal fixée en français : [bɔwliŋ] ou [bɔliŋ] ou [buliŋ]. Cette dernière semble la plus fréquente. — Pl. : *des bowlings* [-liŋ]. On a proposé de franciser le mot en *boulin,* mais sans succès.

bow-window *(anglicisme)* Grande baie vitrée. — Toujours masculin : *Un bow-window très élégant.* — Prononciation : [bowindo]. — Pl. : *des bow-windows* [-do].

box [bɔks] n. m. *(anglicisme)* Loge d'écurie. — Compartiment qui sert à isoler un malade dans un hôpital, un accusé dans un tribunal : *Le box des accusés.* — Compartiment dans un garage. — Pluriel (à l'anglaise) : *des boxes* [bɔks]. — Homophone : *la boxe* (sport).

box-calf [bɔkskalf] n. m. *(anglicisme)* Cuir de veau. — Pl. : *des box-calfs* [-kalf]. — S'abrège usuellement en *box : des chaussures en box.* Pl. : *des box.*

1. boxer S'emploie normalement à la forme intransitive : *Ce champion n'a pas boxé depuis six mois.* — L'emploi transitif appartient à la langue familière : *Il a boxé son interlocuteur* (= a frappé à coups de poing).

2. boxer n. m. Chien. — Prononciation : [bɔksœR] ou [bɔksɛR]. — Pl. : *des boxers* [-ksœR] ou [-ksɛR].

boyard, boïard ou **boïar** n. m. Seigneur russe. ▼ Quelle que soit la graphie, la prononciation est toujours [bɔjaʀ], jamais *[bwajaʀ]. — La graphie la plus conforme à l'étymologie russe serait *boïar*, mais la plus usuelle est *boyard*.

boy n. m. *(anglicisme)* Autrefois, dans les colonies, domestique indigène. — Prononciation : [bɔj]. — Pl. : *des boys* [bɔj]. — Féminin : *boyesse* [bɔjɛs].

boyau [bwajo] n. m. Finale en *-au*. — Pl. : *des boyaux*.

boycotter v. t. *(anglicisme)* Prononciation : [bɔjkɔte]. — Attention à l'*y* et aux deux *t*. De même *boycott* [bɔjkɔt], *boycottage* [bɔjkɔtaʒ], *boycotteur, euse* [bɔjkɔtœʀ, øz]. — Les deux formes (la forme anglaise *boycott* et la forme plus francisée *boycottage*) sont également admises et sont synonymes (= action de boycotter). La forme *boycott* tend à devenir plus fréquente.

boy-scout n. m. Prononciation et emploi.

1 Prononciation : [bɔjskut]. La prononciation [bɔiskut] est un peu vieillie, mais correcte. — Pl. : *des boy-scouts*.

2 Au sens propre, le mot est vieilli. On dit maintenant *scout*. Le terme *boy-scout* ne s'emploie plus que dans des comparaisons *(Il est naïf comme un boy-scout)* ou au figuré, pour désigner un homme à la fois zélé, désireux de bien faire et naïf (connotation péjorative).

brabançon, onne adj. *ou* n. Du Brabant, province belge. — Attention à la majuscule : *La population brabançonne. Les Brabançons.* — Avec *B* majuscule : *La Brabançonne*, hymne national belge.

brabant Charrue. — Avec un *b* minuscule. — Masculin : *Un brabant tout neuf.*

bracelet-montre n. m. — Pl. : *des bracelets-montres.*

brachial, ale, aux adj. *(anatomie)* Du bras. — Prononciation : [bʀakjal, al, o], avec [k].

brachy- Préfixe (du grec *brakhus* « court »). Prononciation : [bʀaki-], par exemple *brachycéphale* [bʀakisefal], *brachycéphalie* [bʀakisefali].

braconner v. i. — Deux *n*. De même : *braconnage, braconnier.* ▼ Le mot *braconneur* (pour *braconnier*) est à éviter.

bractée n. f. (terme de botanique) Dérivé : *bractéole* n. f. (petite bractée).

brahmane n. m. Dans l'Inde, membre de la caste sacerdotale. — Prononciation : [bʀaman], selon les dictionnaires. En fait, la prononciation [bʀaman], avec [a], est beaucoup plus usuelle et ne peut être considérée comme incorrecte. — Attention au *h* après le premier *a*. — Les variantes *bhrame* et *brame* (pour *brahmane*) sont vieillies. — Mots de la même famille : *Brahma* [bʀama] (nom d'un dieu hindou), *brahman* [bʀaman] n. m. (principe créateur, dans la religion hindouiste), *brahmanique* [bʀamanik] adj. (qui appartient au brahmanisme : *Les rites brahmaniques), brahmanisme* [bʀamanism(ə)] n. m. (religion de l'Inde), *brahmaniste* [bʀamanist(ə)] adj. *ou* n. (qui a le brahmanisme pour religion), *brahme* ou *brame* [bʀam] ou [bʀam] n. m. (synonymes anciens de *brahmane*), *brahmine* [bʀamin] ou [bʀamin] n. m. (forme ancienne de *brahmane*) ou n. f. (épouse d'un brahmane).

brai [bʀɛ] n. m. Résidu de la distillation de la houille.

braie [bʀɛ] n. f. S'emploie surtout au pluriel : *Cette statue antique représente un Gaulois vêtu de braies* (= pantalon gaulois).

brailler v. i. *ou* v. t. Attention au *i* après le groupe *-ill-* à la première et à la deuxième personne du pluriel de l'indicatif imparfait et du subjonctif présent : *(que) nous braillions, (que) vous brailliez.*

braiment n. m. Cri de l'âne. — Pas de *e* intérieur.

brainstorming n. m. *(anglicisme)* Méthode de travail en groupe. — Prononciation : [bʀɛnstɔʀmiŋ]. — Pl. : *des brainstormings* [-miŋ]. ▼ En un seul mot, sans trait d'union.

brain-trust n. m. *(anglicisme)* Etat-major technique d'un dirigeant. — Prononciation : [bʀɛntʀœst]. — Pl. : *des brain-trusts* [-tʀœst]. ▼ En deux mots, avec un trait d'union.

braire v. i. Conjug. **53**. Verbe très défectif. Ne s'emploie qu'à l'infinitif et aux formes suivantes. Indicatif présent : *il brait, ils braient.* Indicatif imparfait : *il brayait, ils brayaient.* Indicatif futur : *il braira, ils brairont.* Conditionnel présent : *il brairait, ils braireraient.* Indicatif passé composé : *il a brait, ils ont brait.* Participe présent : *brayant.* ▼ Les formes en *bray-* se prononcent avec [bʀɛj-] et non [bʀaj-] : *il brayait, ils brayaient* [bʀɛje], *brayant* [bʀɛjɑ̃].

1. brame n. m. Forme ancienne de *brahmane.*

2. brame n. m. Cri du cerf ou du daim en rut. — Synonyme : *bramement.*

branchies [bʀɑ̃ʃi] n. f. Généralement au pluriel : *Les branchies d'une écrevisse.* — Dérivés : *branchial, ale, aux* [bʀɑ̃ʃjal, al, o] adj.

brandy n. m. *(anglicisme)* Eau-de-vie. — Prononciation : [bʀɑ̃di]. — Pl. : *des brandys* [bʀɑ̃di] ou, à l'anglaise, *des brandies*, prononcé [bʀɑ̃di] ou [bʀɑ̃diz]. Cette dernière prononciation, anglicisante, est peu recommandée.

branle-bas n. m. Toujours invariable : *Les branle-bas des départs et des arrivées.*

braquage n. m. Avec *-qu-* comme *braquer,* non avec *-c-*.

bras n. m. Entre dans diverses expressions.

1 ▼ Dire : *Il se cassa le bras* (et non *il cassa son bras*). *Il fut blessé au bras* (et non *il fut blessé à son bras*).

2 On dit indifféremment : *être en bras de chemise* ou *être en manches de chemise.*

3 On écrit : *à bras-le-corps* (avec deux traits d'union), *à bras raccourcis* (au pluriel), *à pleins bras* (au pluriel), *se jeter dans les bras de quelqu'un* (et non *entre les bras de quelqu'un*), *prendre quelqu'un dans ses bras* ou *entre ses bras.*

braser [bʀaze] v. t. Souder au moyen d'un procédé particulier, dit *brasage* ou *brasure.* — Aucun rapport avec *brasser* « remuer ».

brasero n. m. Mot espagnol. S'écrit sans accent sur le *e.* Se prononce [bʀazero], avec [e]. Ne pas dire *[bʀaz(ə)ʀo]. — Pl. : *des braseros* [-ʀo].

brave adj. Sens et emplois.

1 (adjectif placé devant le nom) *Un brave homme :* un homme honnête, serviable, sans méchanceté. — (adjectif placé après le nom) *Un homme brave :* un homme courageux devant le danger physique. — Même différence de sens pour : *des braves gens/des gens braves ; une brave femme/ une femme brave ; une brave fille/une fille brave ; un brave cœur/un cœur brave*, etc. ▼ L'emploi de *brave* en fonction d'attribut appartient au langage familier. A éviter dans la langue soutenue. Au lieu, par exemple, de dire *Son oncle est bien brave,* dire : *Son oncle est un très brave homme.*

2 Au sens de « bien habillé, élégant », *brave* est vieux ou régional : *Il s'est fait brave pour aller au bal. Elle a une robe bien brave.*

bravo Deux mots d'origine italienne qui diffèrent par le pluriel.

1 **bravo** Applaudissement, cri d'approbation

(pl. *des bravos*) : *A la fin du spectacle, les bravos éclatèrent.*

2 **bravo** n. m. Assassin à gages, homme de main. — Employé surtout dans un contexte où il s'agit de l'Italie ancienne (pl. *des bravi*) : *Le jeune comte fut assassiné un soir, dans une ruelle de Florence, par des bravi à la solde de son rival.*

break n. m. *(anglicisme)* Type de véhicule automobile. — Prononciation : [bʀɛk]. — Pl. : *des breaks* [bʀɛk]. — Pas de *c* devant le *k.*

breakfast n. m. *(anglicisme)* Petit déjeuner. — Prononciation : [bʀɛkfœst]. — Pl. : *des breakfasts* [-fœst].

1. **brèche** n. f. Ouverture, entaille. — Un accent grave et non circonflexe.

2. **brèche** n. f. *(géologie)* Type de roche. — Un accent grave et non circonflexe.

brèche-dent adj. *ou* n. — Pl. : *des brèche-dents, des vieillards brèche-dents.*

bredouille adj. N'est pas un adverbe. Un *-s* au pluriel : *Ils sont rentrés bredouilles.*

bref, brève adj. *ou* adv. Sert à introduire une expression qui résume ce qui précède : *Il est paresseux, sot, sournois, bref, il a tous les défauts.* Dans ce sens, l'expression *enfin bref,* pléonastique, est à éviter. Dire : *enfin* ou bien *bref.*

bréhaigne adj. f. *ou* n. f. (vieilli) *Femelle bréhaigne,* stérile, qui ne peut avoir de petits. — (vieux, péjoratif) *Femme bréhaigne,* qui ne peut avoir d'enfants. — Attention au *-h-* intérieur. Prononciation : [bʀeɛɲ].

breitschwanz n. f. Fourrure. — Prononciation : [bʀɛtʃvɑ̃ts] ou [bʀajtʃvants].

brelan n. m. (terme de jeu) Finale en *-an.*

brème n. f. Poisson. — Avec un accent grave et non circonflexe, à la différence du nom de la ville allemande de *Brême.*

brésilien, ienne adj. *ou* n. Attention à la majuscule : *La population brésilienne. Les Brésiliens.*

bressan, bressant Deux homophones à distinguer.

1 **bressan, ane** adj. *ou* n. De La Bresse, province française. — Attention à la majuscule : *La population bressane. Les Bressans.*

2 Une coupe à la Bressant (*B* majuscule) ou **une bressant** (*b* minuscule) Coupe de cheveux (en brosse).

bretèche n. f. (terme d'architecture) Avec un accent grave et non circonflexe.

breton, onne adj. *ou* n. Attention à la majuscule : *La population bretonne. Les Bretons.* — N. m. *Le breton* ou *bas breton :* langue celtique parlée dans l'ouest de la Bretagne. — *(Le) bas breton* ▷ **bas 1** (I, 3, 4, 5).

bretonnant, ante adj. *ou* n. Qui parle breton : *Un Breton bretonnant. Les bretonnants.* — Où l'on parle bas breton : *La Bretagne bretonnante et la Bretagne gallo.* — Attention aux deux *n.*

bretteur [bʀɛtœʀ] n. m. Celui qui se battait souvent en duel. — Deux *t.*

bretzel Pâtisserie. — L'usage hésite sur le genre. On dit plutôt : *un bretzel.* — Pl. : *des bretzels.* — Prononciation : [bʀɛdzɛl] ou [bʀɛtzɛl].

brevet n. m. Prononciation : [bʀəvɛ].

breveter v. t. Orthographe, conjugaison et prononciation.

1 Pas d'accent sur le premier *e.*

2 Conjug. **14.** Double le *t* devant un *e* muet : *je brevette, tu brevettes, il brevette, je brevetterai, je brevetterais,* mais *nous brevetons, vous brevetez, je brevetais, je brevetai.*

3 Prononciation : *breveter* [bʀəvte]. De même : *brevetable* [bʀəvtabl(ə)], *breveté* [bʀəvte]. La prononciation avec [bʀɛv-] est déconseillée, bien qu'elle soit conforme aux principes de la phonétique française, laquelle évite le [ə] en syllabe fermée. On ne saurait donc considérer comme des fautes graves les prononciations [bʀɛvte], [bʀɛvtabl(ə)]. En revanche, dans les formes en *-tt-* de *breveter,* ne jamais prononcer avec un [ɛ] à la première syllabe, mais toujours avec un [ə] comme dans *brevet : je brevette* [bʀəvɛt].

briard, arde adj. *ou* n. De la Brie. — Attention à la majuscule. — *La population briarde. Les Briards.* — *Un briard,* chien de berger.

bric-à-brac n. m. (*familier*) Amas d'objets disparates. — Deux traits d'union, à la différence de *de bric et de broc.* — Invariable : *des bric-à-brac.*

bric et de broc (de) loc. adv. (*familier*) De manière hétéroclite : *Des soldats équipés de bric et de broc.* — Pas de traits d'union, à la différence de *bric-à-brac.*

brick n. m. Navire. — Attention au *-ck.* — Pl. : *des bricks* [bʀik].

brie n. m. Fromage. — On écrit (avec un *b* minuscule) *du brie (Manger du brie. Un quart de brie)* et (avec un *B* majuscule) *du fromage de Brie.*

briefing n. m. (anglicisme de la langue de l'aviation) Prononciation : [bʀifiŋ]. — Pl. : *des briefings* [-iŋ].

brigand n. m. Ne s'emploie plus que dans un contexte historique *(Au Moyen Age, les brigands attaquaient les voyageurs sur les routes)* ou au sens figuré. — Le féminin *brigande* est très rare.

brigandine, brigantin, brigantine Trois noms paronymes.

1 brigandine (ou, plus rare, *brigantine*) n. f. Petite cotte de mailles, au Moyen Age.

2 brigantin n. m. Ancien type de voilier à deux mâts.

3 brigantine n. f. Voile gréée sur le mât arrière des anciens voiliers.

brillamment adv. Finale en *-amment* (vient de *brillant*).

brimbaler, bringuebaler, brinquebaler v. t. (*familier*) Agiter, secouer : *Voyageurs brimbalés (bringuebalés, brinquebalés) dans un vieil autocar.* — V. i. Osciller, rouler en cahotant : *La carriole brimbalait (bringuebalait, brinquebalait).* Ces trois formes s'écrivent avec un seul *l.* Elles sont toutes les trois admises. Il semble que, dans l'usage actuel, *bringuebaler* et *brinquebaler* aient tendance à éliminer *brimbaler,* qui prend ainsi figure de mot un peu archaïque, donc plus littéraire. — L'emploi transitif, quoique plus rare, est tout aussi correct que l'emploi intransitif. — Dérivés : *brimbalant, ante* ou *bringuebalante, ante* ou *brinquebalant, ante* adj. ; *brimbalement* ou *bringuebalement* ou *brinquebalement* n. m.

brique n. f. Expression, emploi adjectif, dérivés.

1 On écrit *de brique, en brique,* au singulier, quand on veut insister sur l'idée globale de matériau : *Toulouse est une ville de brique. Démolir un mur de brique pour le remplacer par un mur de pierre. Un soubassement en brique.* — On écrit *de briques, en briques,* au pluriel, quand on veut attirer l'attention sur la forme de chaque brique : *Un parement de briques plates. Une cloison en briques creuses.*

2 Comme adjectif de couleur, toujours invariable : *Des chandails brique. Des étoffes rouge brique.*

3 Dérivés : *briquer* v. t. (frotter avec une *brique à pont*, nettoyer, astiquer), *briquetage* [bʀiktaʒ] n. m. (ouvrage en brique), *briqueté*, *ée* [bʀikte] adj., *briqueter* (voir ci-dessous à l'ordre alphabétique), *briquetier* [bʀiktje] n. m. (celui qui fabrique ou vend des briques), *briquette* [bʀikɛt] n. f. (aggloméré de poussière de charbon, utilisé comme combustible).

briqueter v. t. Garnir de briques. — Conjug. **14.** Double le *t* devant un *e* muet : *je briquette, tu briquettes, il briquette* [bʀikɛt], *je briquetterai* [bʀikɛtʀe], *je briquetterais* [bʀikɛtʀɛ], mais *nous briquetons* [bʀiktɔ], *vous briquetez* [bʀikte].

briqueterie n. f. Fabrique de briques. — Prononciation : [bʀiktʀi] ou [bʀikɛtʀi]. Éviter [bʀikətʀi], [bʀiktəʀi], [bʀikətəʀi].

bris [bʀi] n. m. Action de briser ou de se briser : *Bris de scellés. Bris de vitres.* ▼ Ne pas dire **brisage* (mot qui n'existe pas).

briscard ou **brisquard** n. m. La graphie *briscard* est plus fréquente que *brisquard*.

brise, bise, brize Trois noms féminins paronymes.

1 brise Vent léger et agréable. — *(marine)* Vent moyen.

2 bise Vent du nord, sec et froid.

3 brize (avec un *z*) Plante de la famille des graminacées.

brise-bise n. m. Petit rideau. — Invariable : *des brise-bise.*

brisée n. f. pl. *Aller sur les brisées de quelqu'un.*

brise-fer n. m. *ou* f. Invariable : *des brise-fer.*

brise-glace n. m. Invariable : *des brise-glace.*

brise-jet n. m. Invariable : *des brise-jet.*

brise-lames n. m. Invariable : *des brise-lames.*

brise-mottes n. m. Invariable : *des brise-mottes.*

brise-tout n. m. *ou* f. Invariable : *des brise-tout.*

brise-vent n. m. Rideau d'arbres ou d'arbustes. — Invariable : *des brise-vent.*

brisis n. m. (terme d'architecture) Prononciation : [bʀizi].

brisquard ▷ briscard.

britannique adj. *ou* n. On prendra garde à la majuscule : *La population britannique. Les Britanniques.* — Avec *E* majuscule et *b* minuscule : *l'Empire britannique.* Avec *i* minuscule et *B* majuscule : *les îles Britanniques.* ▼ Un seul *t*, deux *n*.

brize, brise, bise ▷ brise.

broc n. m. Récipient. — Prononciation : [bʀo]. Le *-c* ne se fait pas entendre.

brocard, brocart Trois noms masculins à distinguer.

1 brocard Raillerie : *Lancer des brocards.* — Dérivé : *brocarder* v. t.

2 brocard Cerf, chevreuil ou daim mâle âgé d'un an.

3 brocart Etoffe. — Dérivé : *brocatelle* n. f. (étoffe).

broiement, broyage Deux noms masculins dérivés de *broyer.*

1 broiement [bʀwamɑ̃] S'emploie au propre ou surtout au figuré dans la langue littéraire, et quand il ne s'agit pas d'une opération technique. Est en fait le synonyme intensif de « écrasement » : *Le broiement des arbres par les blocs de roche tombés de la montagne. Le broiement de l'individu par la machine bureaucratique des dictatures.*

2 broyage [bʀwajaʒ] A une connotation technique nettement plus marquée. Désigne surtout l'opération qui consiste à écraser, à piler une substance : *Le broyage des couleurs. Le broyage du minerai.*

brome Deux noms masculins.

1 brome Plante. — Prononciation : [bʀɔm] ou [bʀom].

2 brome Métalloïde de symbole *Br.* — Jamais d'accent circonflexe, mais prononciation avec *o* fermé : [bʀom]. En revanche, les dérivés se prononcent tous avec *o* ouvert : *bromate* [bʀɔmat], *bromhydrique* [bʀɔmidʀik], *bromique* [bʀɔmik], *bromure* [bʀɔmyʀ].

bronche n. f. Ramification de la trachée-artère. — Prononciation : [bʀɔ̃ʃ]. Les dérivés et les composés se prononcent avec [ʃ], sauf ceux qui sont en *broncho-*, qui se prononcent avec [k] : *bronchectasie* [bʀɔ̃ʃɛktazi] ou *bronchiektasie* [bʀɔ̃ʃjɛktazi] n. f. (dilatation des bronches), *bronchioles* [bʀɔ̃ʃjɔl] n. f. pl., *bronchite* [bʀɔ̃ʃit] n. f., *bronchitique* [bʀɔ̃ʃitik] adj., *broncho-pneumonie* [bʀɔ̃kɔpnømɔni] n. f., *bronchorrhée* [bʀɔ̃kɔʀe] n. f. (écoulement dû à une inflammation des bronches), *broncho-*

scope [bʀɔ̃kɔskɔp] n. m. (appareil qui sert à examiner les bronches), **bronchoscopie** [bʀɔ̃kɔskɔpi] n. f.

bronzer Emploi intransitif très fréquent : *Les baigneurs s'allongent sur la plage, pendant des heures, pour bronzer. Depuis qu'il est en vacances, son visage a bien bronzé.* Usage toléré dans la langue courante. Dans le style soutenu, dire plutôt : *se bronzer, se brunir, se hâler.*

brou n. m. *Brou de nois.* — Pl. : *des brous de noix.*

brouhaha n. m. Avec deux fois *h.* — Pl. : *des brouhahas.*

brouillamini n. m. Ce mot est une corruption de *bol d'Arménie* (boule de terre argileuse utilisée jadis en médecine), sous l'influence de *brouiller.* ▼ Ne pas dire *embrouillamini* (aucun rapport étymologique avec *embrouiller*).

brouille n. f. Ce mot est familier. Le synonyme *brouillerie,* familier lui aussi, est très vieilli.

brouiller v. t. Attention au *i* après le groupe -*ill*- à la première et à la deuxième personne du pluriel de l'indicatif imparfait et du subjonctif présent : *(que) nous brouillions, (que) vous brouilliez.*

brouillon n. m. Avec *brouillon* au singulier : *cahier de brouillon.*

broussaille n. f. Au sens propre, peut s'employer au singulier *(Une broussaille épaisse couvre les flancs de la vallée)* ou plus souvent au pluriel *(Marcher à travers les broussailles).* — On écrit, en revanche, *en broussaille,* au propre et au figuré : *Un terrain vague en broussaille. Des cheveux, des sourcils, une barbe en broussaille.* — De même, *la broussaille* au sens figuré : *Il passait nonchalamment la main dans la broussaille de ses cheveux.* On ne pourrait dire *dans* *les broussailles de ses cheveux.*

broyage ▷ broiement.

bru n. f. Femme du fils. Bien que plus rare le synonyme *belle-fille,* ce mot n'est nullement incorrect, mais seulement un peu vieilli. S'emploie encore souvent dans certaines provinces. — Pas d'accent circonflexe sur le *u* ni de -*e* à la fin.

bruant n. m. Oiseau. — La forme *bréant* est rare et vieille.

bruine, brume, brune Trois noms féminins paronymes.

1 bruine Petite pluie, très fine, très froide, qui

résulte de la condensation du brouillard : *Une bruine glacée et pénétrante.*

2 brume Brouillard : *La brume du matin estompait les formes du paysage.*

3 brune Moment qui précède la nuit, crépuscule. — Mot vieilli. S'emploie surtout dans l'expression *à la brune,* au crépuscule.

bruire v. i. Verbe défectif. Ne s'emploie pratiquement qu'à la troisième personne du singulier et du pluriel de l'indicatif présent *(il bruit, ils bruissent)* et imparfait *(il bruissait, ils bruissaient)* et du subjonctif présent *(qu'il bruisse, qu'ils bruissent).* Le participe présent est *bruissant* et peut s'employer adjectivement : *Les ramures bruissantes des grands arbres.* ▼ Le verbe *bruisser,* employé par quelques auteurs, est un barbarisme. Éviter notamment la forme *il bruissa.* — Éviter aussi d'employer *bruiter* au sens de *bruire* ▷ bruiter.

bruissant, bruyant ▷ bruyant.

*bruisser ▷ bruire.

bruiter v. t. Assurer le bruitage (d'une émission). ▼ Ne jamais employer *bruiter* au sens de faire du bruit, faire un bruit » ▷ bruire.

brûle-gueule n. m. Pipe. — Invariable : *des brûle-gueule.*

brûle-parfum n. m. Invariable : *des brûle-parfum.* — La graphie *un brûle-parfums* est vieillie.

brûle-pourpoint (à) loc. adv. Un trait d'union entre *brûle* et *pourpoint.*

brûler v. t. *ou* i. Accent circonflexe sur le *u.* — De même : *brûlage, brûlant, brûlé, brûlement, brûlerie, brûleur, brûlis* [bʀyli], *brûloir, brûlot, brûlure.*

brumaire n. m. Mois du calendrier républicain. — Avec un *b* minuscule *(Le 11 brumaire an VI),* sauf dans l'expression *le 18-Brumaire,* qui désigne le coup d'État de Bonaparte *(Le 18-Brumaire mit fin au Directoire)* ▷ mois (5).

brume n. f. Pas d'accent circonflexe sur le *u.*

brume, bruine, brune ▷ bruine.

brun, brune adj. *ou* n. S'accorde en genre et en nombre *(Des vêtements bruns. Une robe brune. Des jupes brunes),* sauf s'il y a un autre adjectif qui indique la nuance : *Des vestes brun clair* (sans trait d'union, parce que *clair* n'est pas un adjectif de couleur). *Des vestes brun-noir* (avec un trait d'union, parce que *noir* est un adjectif de couleur).

brunissage, brunissement Deux noms masculins dérivés de *brunir.*

1 brunissage *(technique)* Action de brunir (au sens technique), c'est-à-dire de polir un métal : *Le brunissage de l'or, de l'argent.*

2 brunissement *(usuel)* Action de devenir brun, de se hâler : *Le brunissement de la peau sous l'effet du soleil.*

brut, brute adj. *ou* adv. Le *-t* final se prononce toujours : *brut* [bʀyt]. — Invariable dans l'emploi adverbial : *Ce paquet pèse cinq cents grammes brut.* En revanche : *Des poids bruts.*

brutal, ale, aux adj. Masculin pluriel en *-aux.*

bruxellois, oise adj. *ou* n. Prononciation : [bʀysɛlwa, waz], avec [s] et non [ks]. De même : *Bruxelles* [bʀysɛl]. — Attention à la majuscule : *La population bruxelloise. Les Bruxellois.* — (cuisine) *A la bruxelloise,* avec des choux de Bruxelles et des pommes de terre : *Veau à la bruxelloise.*

bruyant, ante adj. Prononciation : [bʀ̩ijɑ̃, ɑ̃t], avec [ɥi], et non *[bʀyjɑ̃, ɑ̃t]. — De même : *bruyamment* [bʀ̩ijamɑ̃].

bruyant, bruissant Ces deux adjectifs sont des participes présents adjectivés de *bruire.*

1 bruyant, ante (forme ancienne de participe présent) Qui fait beaucoup de bruit : *Un véhicule bruyant. Un enfant bruyant.* — Où il y a beaucoup de bruit : *Quelle rue bruyante ! Un atelier, un bureau bruyant.*

2 bruissant, ante (forme moderne du participe présent) Qui fait un bruit le plus souvent assez léger, parfois assez fort, en tout cas généralement agréable : *Les eaux bruissantes d'un ruisseau et les eaux grondantes d'un torrent. Les feuillages bruissants.*

bruyère n. f. Prononciation : [bʀyjɛʀ], plutôt que [bʀ̩ijɛʀ].

bu L'expression *il est bu* « il est ivre » est populaire et fautive. Dire : *il a bu* ou *il a trop bu.*

bubon n. m. Ganglion lymphatique infecté. ▼ Le dérivé *bubonique (peste bubonique)* prend un seul *n.*

buccal, ale, aux [bykal, al, o] adj. Masculin pluriel en *-aux : Des abcès buccaux.*

bûche n. f. Accent circonflexe sur le *u.* De même : *bûcher* n. m., *bûcher* v. t. *ou* i., *bûcheur, bûcheron, bûchette.*

bucrane n. m. Crâne de bœuf sculpté. ▼ A la différence de *crâne,* s'écrit sans accent circonflexe et se prononce avec un *a* palatal : [bykʀan].

buen retiro ou **buen-retiro** *(par plaisanterie)* Logement, maison, local où l'on peut s'isoler des importuns. — *(par euphémisme)* Lieux d'aisances. — Prononciation : [bwɛnʀetiʀo]. — Les deux graphies (sans trait d'union ou avec trait d'union) sont admises. — Pl. : *des buen retiros* ou *des buen-retiros* [-ʀo].

buffet n. m. — Deux *f.* De même : *buffetier, ière.*

buffle n. m. Ruminant. — Deux *f.* De même : *buffletin* ou *bufflon, bufflesse,* ou *bufflonne, bufflette.*

buffleterie n. f. Equipement en cuir d'un soldat. — Prononciation : [byflətʀi], plutôt que [byflɛtʀi].

building n. m. (anglicisme) Prononciation : [bildiŋ]. — Pl. : *des buildings* [-diŋ]. — Pour éviter cet anglicisme, on pourra, selon les cas, dire : *bâtiment, gratte-ciel, tour* ou simplement *grand immeuble.*

buisson-ardent n. m. Arbuste. — Avec un trait d'union. — Pl. : *des buissons-ardents.*

bulgare adj. *ou* n. Attention à la majuscule : *La population bulgare. Les Bulgares.* — N. m. Le *bulgare :* langue parlée en Bulgarie.

bull-dog ▷ bouledogue.

bulldozer n. m. *(anglicisme)* Prononciation : [buldozœʀ] ou, sous une forme plus francisée, [byldozɛʀ]. — Pl. : *des bulldozers* [-zœʀ] ou [-zɛʀ]. — Synonyme français : *bouteur.*

bulle Adjectif invariable : *Des enveloppes bulle,* en papier bulle (de couleur jaunâtre).

bull-terrier n. m. *(anglicisme)* Prononciation : [bultɛʀje]. — Pluriel : *des bull-terriers.*

Buna [byna]n. m. Caoutchouc synthétique. — Nom déposé, donc *B* majuscule.

bungalow n. m. Prononciation : [bœ̃galo]. — Pl. : *des bungalows* [-lo].

bunker Deux noms masculins de même orthographe.

1 bunker *(anglicisme)* Sur un terrain de golf, obstacle artificiel constitué par un creux plein de sable. — Prononciation : [bœnkœʀ]. — Pl. : *des bunkers* [-kœʀ].

2 bunker *(mot allemand)* Abri souterrain bétonné. — Prononciation : [bunkœʀ], plutôt que [bunkɛʀ]. — Pl. (en français) : *des bunkers* [-kœʀ] ou [-kɛʀ].

burnous n. m. Grand manteau arabe. Prononciation : [byʀnus], avec -*s* prononcé (comme dans *couscous*). — *(par analogie)* Manteau de femme, manteau de bébé. Dans ce sens, on prononce soit [byʀnus], soit, plus souvent, [byʀnu], sans -*s.*

bus [bys] n. m. inv. Abréviation familière de *autobus.*

business n. m. *(anglicisme)* Prononciation : [biznɛs]. — Mot familier. A éviter dans le style soutenu. — Parfois francisé par plaisanterie en *bisness, bizness.* — Dérivé : *businessman* [biznɛsman]. Pl. : *des businessmen* [biznɛsmɛn].

but n. m. Prononciation et expressions.

I Prononciation : [by], plutôt que [byt]. La prononciation [byt] est tolérée devant une voyelle *(un but impossible* [œ̃bytɛ̃pɔsibl(ə)] ou à la finale : *Il atteint son but* [ilatɛ̃sɔ̃byt]. Néanmoins, dans ce dernier cas, [by] est préférable. En revanche, on prononce toujours *de but en blanc* [dəbytɑ̃blɑ̃].

II Expressions.

1 But final. A éviter. Cette expression fait pléonasme, car un but est, par définition, une fin.

2 Dans le but de. On évitera cette locution dans la langue surveillée. Quand on accomplit une action, on n'est pas *dans* le but, car, si on y était, le but serait déjà atteint. On préférera : *avec l'intention de, pour, afin de, avec le dessein de, aux fins de, en vue de.*

3 Avoir pour but. Toujours avec *but* au singulier : *Il avait pour but de renforcer la position de ses amis et d'affaiblir le parti de ses adversaires.* — Ne peut avoir pour sujet qu'un terme désignant une personne. On évitera, par exemple : *Cette opération a pour but d'assouplir l'étoffe,* car une opération ne peut concevoir l'idée d'une fin. On dira plutôt : *avoir pour objet.*

4 Poursuivre un but. On évitera cette expression. En principe, un but (au sens propre) est fixe, on ne peut donc le poursuivre. On dira plutôt : *tendre à un but, viser à un but, chercher à atteindre un but.*

5 Remplir un but. On évitera cette expression. Un but n'est pas un récipient ni un trou. On ne le remplit pas. On dira plutôt *atteindre un but.*

6 De but en blanc. Directement, sans préparation : *Il m'a demandé de but en blanc ce que je pensais de cette affaire.* Prononciation : [dəbytɑ̃blɑ̃]. ▼ Ne pas écrire **de butte en blanc.*

7 ▼ Ne pas écrire **être en but à,* mais *être en butte à* ▷ **butte.**

buté, ée adj. Entêté, obstiné. ▼ Un seul *t* (vient de *se buter*).

butée n. f. Massif de maçonnerie. — Organe destiné à limiter le mouvement d'une pièce mécanique. ▼ Un seul *t* (vient de *buter*).

buter, butter Ne pas écrire *buter,* verbe usuel *(J'ai buté contre une pierre. Il ne faut pas se buter),* comme *butter,* terme d'agriculture *(butter la vigne, une plante,* entourer de terre le pied du végétal).

buteur, butteur Ne pas écrire *un buteur,* joueur de football habile à marquer des buts, comme *un butteur,* petite charrue qui sert à butter les végétaux (synonyme : *buttoir*).

butoir, buttoir Ne pas écrire *un butoir,* synonyme de *heurtoir,* comme *un buttoir* petite charrue (synonyme : *butteur*).

butor n. m. Oiseau ; individu brutal. — Pas de -*d* à la fin.

buttage n. m. Action de butter une plante. — Deux *t.*

butte n. f. Deux *t.* — *Etre en butte à,* être l'objet, la cible de : *Il était en butte aux persécutions de ses camarades.* Vient de l'expression *butte de tir,* tertre devant lequel sont placées les cibles de tir. ▼ Ne pas écrire **être en but à.*

butter, buter ▷ **buter.**

butteur, buteur ▷ **buteur.**

buttoir, butoir ▷ **butoir.**

butyr- Radical qui entre dans la formation de plusieurs termes de chimie : *butyrate, butyreux, butyrine, butyrique, butyromètre.*

buvard n. m. Sans trait d'union : *du papier buvard.*

byzantin, ine adj. *ou* n. De Byzance. — Attention à la majuscule : *La civilisation byzantine. Les Byzantins.* — Avec un *E* majuscule et un *b* minuscule : *l'Empire byzantin.*

C

ça, çà Ne pas écrire *ça,* forme familière de *cela (Donne-moi ça),* comme *çà,* adverbe de lieu utilisé dans la locution *çà et là.*

cabale, kabbale Ce nom féminin a deux orthographes.

1 cabale ou, plus souvent, **kabbale** Doctrine ésotérique juive.

2 cabale Complot, intrigue.

3 Dérivés : *cabaler* v. i. (comploter), *cabaleur, euse* n. m. *ou* f. (comploteur, intrigant), *cabaliser* v. i. (se livrer à des spéculations et à des pratiques occultes inspirées de la kabbale), *cabalisme* n. m. (système de pensée propre à la kabbale), *cabaliste* (ou parfois *kabbaliste*) n. m. (celui qui a étudié la kabbale), *cabalistique* adj. (qui concerne la kabbale ; très obscur, très compliqué).

caban n. m. Manteau de marin. — Pas de *t* à la fin.

cabillaud [kabijo] n. m. Poisson. — Finale en *-aud.*

câble n. m. Se prononce avec *a* vélaire [ɑ] et s'écrit avec un accent circonflexe : [kɑbl(ə)]. De même : *câblage, câblé, ée, câbleau* ou *câblot* n. m. (petit câble d'amarrage), *câbler, câblerie, câblier, câblogramme.*

cabriole n. f. Un seul *l.*

cabus adj. *ou* n. m. *Un chou cabus* ou *un cabus :* chou pommé à feuilles lisses. — Prononciation : [kaby].

cacahouète, cacahuète, cacahouette n. f. Mot aztèque introduit en français par l'intermédiaire

de l'espagnol *cacahuete* [kakawete] « arachide ». L'orthographe espagnole explique la forme française *cacahuète,* qui doit toujours se prononcer [kakawɛt], comme *cacahouète* ou *cacahouette,* et non *[kakaɥɛt].* En ce qui concerne la graphie, *cacahuète* est la forme la plus fréquente, *cacahouète* étant plus rare et *cacahouette* très rare (à éviter).

cacaoyer [kakaɔje] ou **cacaotier** [kakaɔtje] n. m. Arbre qui produit du cacao. — Les deux formes sont admises, mais *cacaoyer* est préférable. — Dérivé : *cacaoyère* [kakaɔjɛʀ] ou *cacaotière* [kakaɔtjɛʀ] n. f. (plantation de cacaoyers).

cacatoès, cacatois Deux formes d'un même nom masculin.

1 cacatoès [kakatɔɛs] ou, rare et vieux, *cacatois* [kakatwa] Oiseau proche du perroquet.

2 cacatois [kakatwa] *(rare et vieux)* Synonyme de *cacatoès.* — *(marine ancienne)* Petite voile carrée.

cache Féminin au sens usuel de « cachette ». *(Une cache sûre),* mais masculin au sens technique de « écran, masque ».

cache-col n. m. Invariable : *des cache-col.*

cache-corset n. m. Invariable : *des cache-corset.*

cachectique ▷ **cachexie.**

cache-entrée n. m. Invariable : *des cache-entrée.*

cache-flamme n. m. Invariable : *des cache-flamme.*

cache-misère n. m. Invariable : *des cache-misère.*

cache-nez n. m. Invariable : *des cache-nez.*

cache-pot n. m. Invariable : *des cache-pot.*

cache-radiateur n. m. Invariable : *des cache-radiateur.*

cache-sexe n. m. Invariable : *des cache-sexe.*

cacheter v. t. Conjug. **14** : *je cachette, je cachetterai.*

cachexie n. f. Amaigrissement extrême, grande faiblesse. — Prononciation : [kaʃɛksi] et non *[kakɛksi]. — Dérivé : *cachectique* [kaʃɛktik] adj. (atteint de cachexie). ▼ Ne pas dire *cachexique, ce mot n'existe pas.

cachou n. m. — Pl. : *des cachous* (= des pastilles de cachou), avec un -s. — Invariable comme adjectif de couleur : *Des jupes cachou.*

cacochyme adj. *ou* n. *(littéraire et péjoratif)* Qualifie une personne âgée, malade, au caractère aigri et désagréable : *Un vieillard cacochyme. Un vieux cacochyme.* — Attention au groupe *-ch*-et à l'*y.* — Prononciation : [kakɔʃim] et non *[kakɔkim]. — Dérivé : *cacochymie* [kakɔʃimi] n. f.

cadastral, ale, aux adj. Du cadastre. — Masculin pluriel en *-aux : Des plans cadastraux.*

cadavéreux, cadavérique Deux adjectifs dérivés de *cadavre.*

1 cadavéreux, euse Qualifie ce qui, chez une personne vivante, fait penser à un cadavre par son aspect : *Visage, teint cadavéreux. Pâleur, lividité, maigreur cadavéreuse. Aspect, air cadavéreux.*

2 cadavérique Qui est propre à un cadavre réel : *La rigidité cadavérique. L'odeur cadavérique.*

caddie, caddy, cadi, cadis Plusieurs noms masculins qui se prononcent [kadi].

1 caddie ou **caddy** Celui qui, sur un terrain de golf, porte le sac contenant les clubs. — La forme *caddie* est plus fréquente que *caddy.* — Pl. : toujours *des caddies* [-di], jamais *des *caddys.* — On emploie souvent l'équivalent français *cadet* dans le même sens.

2 Caddie Chariot métallique. — Nom déposé, donc, en principe, avec une majuscule. — Pl. : *des Caddies* [-di].

3 cadi Juge musulman. — Pl. : *des cadis* [-di]

— A distinguer de *caïd,* chef de tribu, notable musulman.

4 cadis Tissu de laine. — Le *-s* ne se prononce pas : [kadi].

cadenas n. m. Finale en *-as.* — Dérivé : *cadenasser.*

cadi, cadis ▷ **caddie.**

cadran, quadrant Deux formes spécialisées du même nom masculin.

1 cadran (terme usuel) *Cadran solaire. Cadran d'une montre. Cadran d'un appareil de mesure.*

2 quadrant [kadʀɑ̃] ou, mieux, [kwadʀɑ̃] (terme de mathématiques) Arc de cercle. — Chacune des régions d'un plan.

cadrature, quadrature Deux formes spécialisées du même nom féminin.

1 cadrature [kadʀatyʀ] ou, moins bien, *quadrature* [kwadʀatyʀ] *(horlogerie)* L'ensemble des pièces qui font mouvoir les aiguilles.

2 quadrature [kwadʀatyʀ] (terme de mathématiques et d'astronomie) *La quadrature du cercle. Vibrations en quadrature. Planète en quadrature. La Lune est en quadrature. Marée de quadrature.*

cadre n. m. Deux emplois font difficulté.

1 Dans le cadre de Dans les limites de, à l'intérieur de l'ensemble constitué par, à l'occasion de. Expression déconseillée. On peut tourner autrement. Au lieu de *Dans le cadre des mesures prises contre la fraude,* on écrira plutôt *conformément aux mesures...* Au lieu de *Dans le cadre du festival de musique ancienne,* on écrira plutôt *à l'occasion du festival.* Au lieu de *Dans le cadre d'une étude sociologique de la France du XIXᵉ siècle,* on écrira plutôt *dans les limites de...*

2 Un cadre Une personne qui a, dans une entreprise, des responsabilités de commandement (par opposition aux *ouvriers* et aux simples *employés).* Emploi admis au pluriel : *Les cadres d'une entreprise* (= le personnel d'encadrement). Les grammairiens condamnent l'emploi au singulier, *un cadre* (= un membre de ce personnel), mais ne proposent rien pour le remplacer. On peut considérer que cet emploi est passé dans l'usage. Néanmoins, dans le style très surveillé, on peut remplacer le mot *cadre,* selon les cas, par *ingénieur, contremaître, chef de service, dirigeant, responsable.* — Ce mot s'emploie toujours au masculin : *Cette femme est un cadre compétent. Elle est cadre supérieur.*

caduc [kadyk] adj. Le féminin est *caduque.*

caecum n. m. Partie de l'intestin. — Prononciation : [sekɔm]. Pl. : *des caecums.* Attention au groupe -*ae*-.

caesium [sezjɔm] ou **césium** [sezjɔm] n. m. Métal.

café au lait, café-au-lait Ne pas écrire *du café au lait* (du café avec du lait), comme *café-au-lait,* adjectif de couleur (deux traits d'union ; invariable) : *Des robes café-au-lait.*

café-concert n. m. Un trait d'union. — Pl. : *des cafés-concerts.*

café-crème n. m. Synonyme de *café au lait.* — Pas de trait d'union. — Pl. : *des cafés crème* (= *des cafés avec de la crème*). — S'abrège familièrement en *crème* (n. m.) : *Garçon, un grand crème, avec des croissants !* — Pl. : *des crème* (*Ils se firent servir deux « crème » avec des croissants*).

caféine [kafein] n. f. Pas de tréma sur le *i.* De même : *caféisme* [kafeism(ə)], *caféier* [kafeje], *caféière* [kafejɛʀ] n. f. (plantation de caféiers).

cafetan [kaftɑ̃] ou **caftan** [kaftɑ̃] n. m. Vêtement oriental — Les deux graphies sont admises, mais *cafetan* tend à l'emporter sur *caftan.*

cafétéria n. f. Bar où l'on sert du café et des boissons sans alcool. — Pl. : *des cafétérias* [-ʀja]. La graphie *cafétéria* est à préférer à *cafeteria.*

cafeterie [kafetʀi] n. f. N'est pas synonyme de *cafétéria.* Désigne le local où l'on prépare le café pour le petit déjeuner : *La cafeterie d'un hôtel sans restaurant.*

cageot [kaʒo] n. m. — Attention au -*e*- intérieur. Finale en -*ot.*

cagibi n. m. *(familier)* Finale en -*i.* Ne pas écrire *un *cagibis.*

cahier n. m. Avec *brouillon* au singulier : *cahier de brouillon.*

cahin-caha adv. Attention au -*h*- intérieur. — En deux mots, avec un trait d'union.

cahot, chaos Deux noms masculins homophones. Prononciation : [kao].

1 cahot Secousse d'un véhicule sur un chemin mal aplani : *Les voyageurs de la carriole étaient secoués par les cahots.* — Chacune des aspérités d'un chemin : *Les cahots d'une route défoncée.* — Incident, difficulté : *Les cahots de la vie.*

2 chaos Désordre ; amoncellement désordonné : *La France du Directoire sombrait dans le chaos. Un chaos de rochers.*

cahoteux, chaotique Deux adjectifs paronymes.

1 cahoteux, euse *(de cahot).* Plein de cahots : *Un chemin cahoteux.*

2 chaotique [kaɔtik] (de *chaos*) Constitué par un amoncellement désordonné : *Un paysage chaotique de blocs de rochers.* — En proie au désordre : *Une situation politique et économique chaotique.*

cahute [kayt] n. f. Attention au *h* intérieur.

caïd [kaid] n. m. Autrefois, en Afrique du Nord, chef de tribu, puis notable chargé de fonctions administratives, financières et judiciaires. — Pl. : *des caïds.* — A distinguer de *cadi* ▷ **caddie.**

caillebotis ou **caillebottis** [kajbɔti] n. m. Treillis de bois. — La graphie *caillebotis* est plus fréquente que *caillebottis.*

cailler v. i. *ou* v. t. Attention au *i* derrière le groupe -*ill*- à la première et à la deuxième personne du pluriel de l'indicatif imparfait et du subjonctif présent : *(que) nous caillions, (que) vous cailliez.*

caillou n. m. ▼ Pl. : *des cailloux,* avec un -*x.*

caillouteux, euse adj. Plein de cailloux : *Un chemin caillouteux.* ▼ Ne pas dire **cailloutique,* ce mot n'existe pas.

caïman [kaimɑ̃] n. m. Reptile. — Finale en -*an.*

caïque Embarcation de la Méditerranée orientale. ▼ Toujours masculin : *Un caïque léger.* — La graphie *caïque* a éliminé *caïc.*

cairn [kɛʀn] n. m. Tertre, tumulus. — Pl. : *des cairns* [kɛʀn].

cake n. m. *(anglicisme)* Gâteau. Prononciation : [kɛk] — Pl. : *des cakes* [kɛk].

cal n. m. Durcissement local de la peau. — Pl. : *des cals.*

calamar ▷ **calmar.**

calamister v. t. (du latin *calamistrum* « fer à friser »). Friser, onduler (les cheveux) au fer. ▼ Ne pas employer *calamistrer* au sens de « plaquer et lustrer (les cheveux) avec un cosmétique ». Cet emploi est contraire au vrai sens du mot.

1. calandre n. f. Alouette. — Avec -*an*-.

2. calandre n. f. Charançon. — Avec *-an-*.

3. calandre n. f. Cylindre qui sert à lustrer le papier, etc. — Garniture métallique à l'avant d'une voiture. — Dérivés : *calandrage, calandrer, calandreur.* ▼ Avec *-an-*, et non avec *-en-* comme *calendrier.*

calcédoine ou **chalcédoine** [kalsedwan] n. f. Pierre précieuse. — La graphie *calcédoine* est à préférer à *chalcédoine.*

calèche n. f. Accent grave sur le *e* et non accent circonflexe.

caleçon n. m. On ne dit plus *une paire de caleçons*, pour dire *un caleçon.* De même ne s'emploie plus au pluriel, quand on parle d'*un* caleçon. On ne dirait plus : *Il mit ses caleçons.* ▼ Ne pas déformer en **caneçon.*

cale-pied n. m. — Pl. : *des cale-pieds.*

calepin n. m. Ne pas écrire **calpin.*

calife n. m. Préférer la graphie *calife* à *khalife.* De même : *califat, califal, ale, aux*, plutôt que *khalifat, khalifal.*

califourchon (à) loc. adv. Pas de *-s* à la fin, à la différence de *à croupetons, à tâtons.*

câlin, ine adj. *ou* n. Accent circonflexe sur le *a.* Prononciation : [kɑlɛ̃, in]. De même : *câliner* [kɑline] v. t., *câlinerie* [kɑlinʀi] n f.

calisson n. m. Confiserie : *Les calissons d'Aix-en-Provence.*

*,***calleux, euse** adj. Plein de cal : *Des mains calleuses.* — Deux *l.*

call-gril [kɔlgœʀl] n. f. — Pl. : *des call-girls* [-gœʀl].

calli- Préfixe qui vient du grec *kallos* « beauté » et qui entre dans la formation de quelques mots (attention aux deux *l*) : *calligraphe, calligraphie, calligraphier* (conjug. 20), *calligraphique* adj., *calliphore* n. f. (mouche à viande), *callipyge* adj. *(Vénus callipyge).*

callosité n. f. Durcissement de la peau. — Deux *l.*

calmar n. m. Mollusque marin. — Finale en *-ar.* — La forme *calamar*, vieillie, est à éviter.

calomnie, médisance Deux noms féminins qui ne sont nullement synonymes.

1 calomnie Accusation mensongère, parole fausse qui peut faire du tort à quelqu'un.

2 médisance Assertion par laquelle on fait connaître un fait réel et qui peut porter tort à quelqu'un.

calotin n. m. *ou* adj. *(péjoratif et familier)* Partisan de l'Église. — Le féminin *calotine* est rare et ne s'emploie que par plaisanterie. ▼ Un seul *t*, à la différence de *calotte.*

calotte n. f. Deux *t*, à la différence de *calotin.* — Dérivé : *calotter.*

calquer v. t. Toujours avec *-qu-*, même devant *a* ou *o* : *il calque, nous calquons.*

calquer, décalquer Ces deux verbes n'ont pas le même sens.

1 calquer *Calquer un dessin*, en relever les contours au crayon sur un papier transparent, appelé *papier-calque.* Le dessin ainsi obtenu sur le papier transparent est le *calque.*

2 décalquer *Décalquer un dessin*, reporter sur un papier non transparent (support définitif) les contours d'un dessin tracé sur un papier-calque. Le dessin ainsi obtenu sur le support définitif est le *décalque.* Observer que, lorsqu'il n'y a pas le papier-calque intermédiaire, mais reproduction directe par simple application (par exemple, dans la décalcomanie), on dit toujours *décalquer.* En revanche, au figuré, on emploie uniquement *calquer* : *Les poètes de la Pléiade ont calqué littéralement certaines de leurs expressions sur des expressions homériques.*

calvados [kalvados] n. m. Eau-de-vie. — Toujours avec une minuscule : *Un verre de calvados.* — Abréviation familière : *calva* (n. m.).

calville Variété de pomme. — Toujours avec une minuscule. De nos jours, féminin dans l'usage réel (malgré certains grammairiens) : *La calville blanche et la calville rouge.* — Vient du nom du village de *Calleville* (Eure). — Prononciation : [kalvil] et non **[kalvij].

calviniste adj. *ou* n. Toujours avec une minuscule : *Les calvinistes. Un calviniste.*

camaïeu [kamajø] n. m. — Pl. : *des camaïeux.*

camail [kamaj] n. m. Manteau court. — Pl. : *des camails.*

camard, arde adj. Camus : *Un visage camard* (plus péjoratif que *camus*). Avec *C* majuscule : *la Camarde*, la Mort.

camarguais, aise [kamaʀgɛ,gɛz] adj. De la

Camargue. — Attention à la majuscule : *La population camarguaise. Les Camarguais.* Finale en *-guais, -guaise,* avec *-gu-.*

camarilla n. f. *(péjoratif)* Coterie puissante et occulte. — Mot espagnol. Prononciation : [kamaʀija] et non *[kamaʀilla]. — Pl. : *des camarillas* [-ja].

cambodgien, ienne adj. *ou* n. Du Cambodge (Kampuchéa). — Attention à la majuscule : *La forêt cambodgienne. Les Cambodgiens.* — N. m. *Le cambodgien* ou *le khmer :* langue parlée au Cambodge.

came n. f. Pièce mécanique. — Un seul *m.*

camée Toujours masculin, malgré la finale en *-ée : Un beau camée.*

camélia Toujours masculin : *Un beau camélia.* — Eviter la graphie vieillie *camellia.*

camelote n. f. Un seul *t.*

camembert [kamɑ̃bɛʀ] n. m. Avec une minuscule.

caméra n. m. Nom italien francisé. Accent aigu sur le *e.* Pl. : *des caméras* [-ʀa].

cameraman n. m. Prononciation : [kameʀaman]. Pl. : *des cameramen* [kameʀamɛn]. — Synonyme français à préférer : *cadreur* ou (vieilli) *opérateur.* ▼ Ce mot anglais s'écrit sans accent sur le *e,* à la différence de *caméra.*

camérier, camériste, camerlingue Trois noms paronymes.

1 camérier n. m. Officier de la chambre du pape ou d'un cardinal : *La plupart des camériers n'ont qu'un titre purement honorifique.*

2 camériste n. f. Autrefois, en Espagne ou en Italie, dame d'honneur d'une princesse ou d'une dame de haut rang. — De nos jours, par plaisanterie, femme de chambre.

3 camerlingue n. m. Cardinal qui assure l'administration temporelle de l'Église, notamment entre la mort d'un pape et l'élection de son successeur.

camerounais, aise adj. Du Cameroun. — Attention à la majuscule : *La population camerounaise. Les Camerounais.*

camion-citerne n. m. — Pl. : *des camions-citernes.*

camionnage n. m. Deux *n.* De même : *camionner, camionnette, camionneur.*

camisole n. f. Un seul *l.*

camoufler v. t. Un seul *f.* De même : *camouflage, camoufleur.*

camouflet n. m. Affront. — Un seul *f.*

campanile Clocher. — Prononciation : [kɑ̃panil]. ▼ Ne pas dire *campanille.* — Toujours masculin : *Un campanile élégant.*

campêche n. m. Arbre d'Amérique centrale. *Le bois de campêche était utilisé autrefois comme matière colorante.* — Un accent circonflexe.

camphre [kɑ̃fʀ(ə)] n. m. Attention au groupe *ph.* De même : *camphré, ée, camphrer, camphrier.*

camping n. m. *Un camping :* terrain aménagé pour que les campeurs puissent y installer leurs tentes. Cet emploi est déconseillé. Dire plutôt, dans la langue soignée, *terrain de camping.*

campos n. m. *(vieilli et familier)* Congé. — Seulement dans les expressions *donner campos à quelqu'un, avoir campos.* ▼ Le *-s* est muet. On prononce : [kɑ̃po].

campus [kɑ̃pys] n. m. Invariable : *des campus* [-pys]. — Éviter le pléonasme *campus universitaire.*

camp volant n. m. *Etre installé en camp volant,* d'une manière provisoire et sommaire. — (populaire) *Les camps volants :* les bohémiens. — Pas de trait d'union.

camus, use [kamy, yz] adj. Qui a le nez court et plat.

canada Variété de pomme, originaire du Canada. — Féminin dans l'usage courant actuel : *Préférez-vous la canada ou la calville ?* Le masculin, indiqué par les dictionnaires, semble vieilli. — Toujours invariable : *Acheter un kilo de canada.* — Avec un *c* minuscule : *des canada.* Avec un *C* majuscule : *des pommes du Canada.*

canadien, ienne adj. *ou* n. Attention à la majuscule : *La population canadienne. Les Canadiens.*

canaille Employé adjectivement, peut ou non prendre la marque du pluriel : *Des allures canailles* ou *des allures canaille.* L'usage actuel est plutôt de faire l'accord.

canal n. m. — Pl. : *des canaux.*

canapé n. m. Au sens culinaire, on dit *une bécasse en canapé* (vieilli) ou plutôt, de nos jours, *une bécasse sur canapé.* Quand le mot désignant le mets est au pluriel, on emploie plutôt *canapé* au pluriel : *Des filets d'anchois sur canapés. Des œufs sur canapés.*

canapé-lit n. m. — Pl. : *des canapés-lits.*

canarder v. t. *(familier)* Tirer sur quelqu'un, tout en restant dissimulé et à l'abri. N'est pas un synonyme pur et simple de « tirer sur quelqu'un ».

cancale n. f. On écrit, avec un *c* minuscule, *Se faire servir une douzaine de cancales* (= d'huîtres de Cancale), mais, avec un *C* majuscule, *Une douzaine d'huîtres de Cancale.*

cancaner v. i. Avec un seul *n.*

cancérigène adj. Les spécialistes recommandent de dire *cancérogène,* mais l'usage a imposé *cancérigène.* L'emploi de cette dernière forme ne peut donc être considéré comme une faute.

cancoillotte n. f. Fromage. — La graphie *cancoillotte* est à préférer à *canquoillotte.* — Prononciation : [kɑ̃kɔjɔt], plutôt que [kɑ̃kwajɔt], qui est la prononciation locale de Franche-Comté.

candi, ie adj. Accord en nombre et en genre : *Du sucre candi. Des fruits candis. Une orange candie. Des oranges candies.*

cane n. f. Femelle du canard. ▼ Un seul *n.* Ne pas écrire comme *canne* « bâton ».

caner v. i. *(familier)* Se dérober, céder. — Un seul *n.* ▼ Il existe un homophone, *canner* (avec deux *n*) qui signifie « garnir de rotin tressé » : *canner une chaise, un fauteuil.*

caneton n. m. Un seul *n,* comme dans *canard, cane.* — Avec un *C* majuscule : *Un Caneton,* type de petit voilier.

1. canette n. f. Jeune cane ; oiseau héraldique. — Un seul *n,* comme dans *canard, cane.*

2. canette n. f. Bouteille de bière ; bobine de fil. — Un seul *n.* — On évitera la graphie *cannette.* — Pour désigner un robinet de tonneau, on emploiera *cannelle* ou *cannette.*

canevas [kanva] n. m. Le *-s* final est muet.

cangue, gangue Deux noms féminins paronymes.

1 cangue Autrefois, en Chine, carcan dans lequel on engageait le cou et les mains du condamné.

2 gangue Enveloppe pierreuse d'un minerai ou d'une pierre précieuse.

caniche n. m. Un seul *n.*

canicule n. f. Un seul *n.* — De même : *caniculaire* adj.

canif n. m. Un seul *n.* ▼ Pas de *e* à la fin.

canin, ine adj. Propre au chien. — Un seul *n.*

canine n. f. Dent. — Un seul *n.*

caniveau n. m. Un seul *n.* Finale en *-eau.*

cannage n. m. Action de canner un siège. — Deux *n.*

canne n. f. Bâton ; plante *(canne à sucre).* ▼ Deux *n.* Ne pas écrire comme *cane,* femelle du canard.

canné, cannelé Deux adjectifs paronymes.

1 canné, ée Garni de rotin fendu et tressé : *Fauteuil canné. Chaise cannée.* — Verbe correspondant : *canner (un siège).*

2 cannelé, ée Orné de cannelures, de rainures : *Colonne cannelée. Fauteuil aux pieds cannelés.* — Verbe correspondant : *canneler.*

canneler v. t. Orner de cannelures. — Deux *n.* — Conjug. 13. Double le *l* devant *e* muet : *je cannelle, je cannellerai.* ▼ Il existe un paronyme *canner* ▷ **canné.**

1. cannelle n. f. Epice. — Deux *n.* — Comme adjectif de couleur, toujours invariable : *Des robes cannelle.* De même : *des pommes cannelle.*

2. cannelle n. f. Robinet de tonneau. — On dit aussi *cannette* (avec deux *n*).

cannelloni n. m. Deux *n* et deux *l.* — Prononciation : [kanelɔni], plutôt que [kanɛlɔni]. — On écrira *des cannelloni* (sans *-s*), plutôt que *des cannellonis,* car *cannelloni* est déjà, en italien, un pluriel.

cannelure n. f. Rainure. — Deux *n.*

canner, caner ▷ **caner.**

cannetille [kantij] n. f. Fil d'argent, d'or. — Deux *n.* (La graphie *canetille* est vieillie).

cannette n. f. Robinet de tonneau. — On dit aussi *cannelle.* ▼ Ne pas écrire comme *canette (de bière).*

canneur, euse n. m. *ou* f. Celui, celle qui canne les sièges. — Deux *n.*

cannibale n. *ou* adj. Deux *n*. De même : *cannibalisme* n. m.

canoë [kanɔe] n. m. ▼ Pas d'accent aigu sur le *e*, mais un tréma. En revanche : *canoéisme, canoéiste.*

canon Deux mots homonymes à distinguer.

1 canon n. m. *ou* adj. *Les canons de l'Église. Le droit canon. Les canons de la beauté grecque.* ▼ Un seul *n* dans les dérivés : *canonial, ale, aux, canonicat, canonicité, canonique, canoniquement, canonisable, canonisation, canoniser, canoniste.*

2 canon n. m. *Tirer le canon. Un canon antichar.* ▼ Deux *n* dans les dérivés : *canonnade, canonnage, canonner, canonnier, canonnière.*

cañon ou **canyon** [kaɲɔ̃] n. m. Vallée étroite. — On préférera la graphie *cañon* à *canyon.*

canot n. m. Embarcation. — Prononciation : [kano]. Les marins disent [kanɔt], en faisant entendre le -*t*. Cette prononciation est à éviter. — Dérivés (avec un seul *n* et un seul *t*) : *canotage, canoter, canoteur, euse* ou *canotier, ière.*

canoteur, euse, canotier, ière n. m. *ou* f. Personne qui fait du canotage. La forme à préférer est *canotier.* Le féminin *canotière* n'a rien d'incorrect.

cant n. m. *(vieux ou employé dans un contexte historique)* Pruderie excessive et affectée. — Prononciation : [kɑ̃t] ou, à l'anglaise, [kant]. Cette dernière est préférable.

cantabile adv. *ou* n. m. (terme de musique) Toujours invariable : *des cantabile.* — Prononciation : [kɑ̃tabile]. Pas d'accent aigu sur le *e* (mot italien).

cantal [kɑ̃tal] n. m. Fromage. Avec un *c* minuscule, *du cantal (manger un morceau de cantal),* mais, avec un *C* majuscule, *du fromage du Cantal.*

cantaloup [kɑ̃talu] n. m. Melon. — Toujours avec une minuscule. — Le -*p* final ne se prononce pas.

cantatrice ▷ chanteuse.

canthare n. m. Vase grec. — Avec -*th*-.

cantharide n. f. Insecte ; vésicatoire. — Avec -*th*-. De même : *cantharidine.*

cantilène n. f. Finale en -*ène.*

cantilever adj. inv. *ou* n. m. *(anglicisme technique)* Qualifie divers dispositifs comportant un élément en porte à faux : *Un pont cantilever* ou *un cantilever.* — Prononciation : [kɑ̃tilevœʀ]. — Pl. : *des ponts cantilever* ou *des cantilevers* [-vœʀ].

canton n. m. Attention aux mots de la même famille.

1 Avec un seul *n* : *cantonade* n. f. *(parler à la cantonade) ; cantonal, ale, aux.*

2 Avec deux *n* : *cantonné, cantonnement, cantonner, cantonnier, cantonnière.*

canular n. m. *(familier)* Mystification. — Finale en -*ar*. — Dérivé : *canularesque.*

canut, use n. *ou* adj. Ouvrier, ouvrière de la soie, à Lyon. — (adjectivement) *L'accent canut. La prononciation canuse.* ▼ Le masculin *canut* doit se prononcer [kany] et non *[kanyt].

canyon ▷ cañon.

canzone ou **canzona** (mot italien) Pièce de musique ; poème lyrique italien. — L'usage est très flottant en ce qui concerne la forme, le genre, le pluriel, la prononciation. Nous conseillons de dire : *un canzone* [kɑ̃tsɔne] (masculin) ; pl. : *des canzoni* [kɑ̃tsɔni].

caoutchouc [kautʃu] n. m. ▼ Avec un -*c* (non prononcé) à la fin, mais les dérivés sont en -*t*- : *caoutchoutage, caoutchouté, ée, caoutchoutier, ière.*

cap n. m. *De pied en cap,* de la tête aux pieds : *On lui donna de quoi s'habiller de pied en cap.* — Ne pas écrire **de pied en cape* (aucun rapport avec la *cape,* « manteau »).

capable, susceptible Ces deux adjectifs ne sont pas interchangeables.

1 *Capable* exprime la possibilité active, le pouvoir de faire une action : *Cet enfant est capable de résoudre un problème élémentaire d'arithmétique. La digue est capable de résister aux plus fortes tempêtes.* — *Susceptible* exprime la possibilité passive, la possibilité de subir une action : *Cet enfant est susceptible de se décourager si on lui propose des problèmes trop difficiles. La digue est susceptible d'être ébranlée par les vagues.*

2 *Capable* exprime une possibilité permanente : *Cet employé est capable de diriger un service. Cet ordinateur est capable de résoudre tous les problèmes de comptabilité.* — *Susceptible* exprime une possibilité occasionnelle : *Cette secrétaire est susceptible d'être employée, le cas échéant, comme standardiste.*

3 *Capable* indique que l'action est louable et qu'elle demande un effort. On n'écrira donc pas : *Cet élève est *capable de commettre des erreurs par étourderie.* On écrira : *Cet élève est susceptible de commettre des erreurs par étourderie.*

caparaçon n. m. Housse de cheval. ▼ Ne pas déformer en *carapaçon,* barbarisme dû à l'influence de *carapace.* Le mot *caparaçon* est de la famille de *cape.* De même, ne pas dire *carapaçonner* pour *caparaçonner.*

capeler v. t. (terme de marine). — Conjug. **13.** Double le *l* devant un *e* muet : *je capelle, je capellerai.*

capharnaüm n. m. Prononciation : [kafaRnaɔm]. Pl. : *des capharnaüms* [-naɔm]. — Attention au groupe *-ph-* et au tréma sur le *u.*

cap-hornier [kapɔRnje] n. m. — Pl. : *des cap-horniers.*

capillaire adj. *ou* n. m. Un seul *p,* deux *l.* — Comme nom désignant une fougère, toujours masculin : *Le capillaire blanc.* — Prononciation : [kapilɛR], avec *l* simple. De même : *capillarité* [kapilaRite] n. f.

capilotade (en) loc. adv. *ou* loc. adj. *(familier)* Avec un seul *p* et un seul *l.*

capitan [kapitɑ̃] n. m. Personnage fanfaron de la commedia dell'arte. — Finale en *-an,* sans *-t.*

capitane adj. *ou* n. f. *La galère capitane* ou *la capitane.* — Avec un seul *n.*

capitan-pacha [kapitɑ̃paʃa] n. m. *(histoire)* Amiral turc. — Pl. : *des capitans-pachas.*

capitonner v. t. Deux *n.* De même : *capitonnage, capitonné.*

capon, onne adj. *ou* n. Deux *n* au féminin.

caponnière n. f. *(technique)* Abri, niche. — Deux *n.*

caporal, aux n. m. Avec un *P* et un *C* majuscules : *le Petit Caporal,* surnom de Napoléon 1er.

caporal-chef n. m. — Pl. : *des caporaux-chefs.*

capot Employé adjectivement, toujours invariable : *Ils sont capot.* — De même, au figuré (= penaud) : *Elles sont restées capot.*

capote n. f. Un seul *t.*

capoter v. i. Un seul *t.* — Au sens figuré de « échouer » *(Faire capoter un projet, une négociation),* est semi-familier (style journalistique). A éviter dans la langue soutenue.

câpre n. f. Accent circonflexe sur le *a.* Prononciation : [kɑpR(ə)]. Toujours féminin : *des câpres piquantes.* — Dérivé : *câprier* [kɑpRije] n. m.

captage, captation, capture Trois noms paronymes.

I captation n. f. Ne s'emploie que dans l'expression *captation d'héritage.* — Verbe correspondant : *capter un héritage.*

II captage, capture.

1 Le captage des eaux, d'une source Action par laquelle on recueille l'eau d'une nappe aquifère ou d'une source pour l'amener au point d'utilisation. — Verbe correspondant : *capter.*

2 La capture d'un cours d'eau (par un autre) Phénomène géologique spontané. — Verbe correspondant : *capturer.*

captal n. m. *Le captal de Buch.* — Pl. : *des captaux.* — Au féminin : *la captale* (épouse du captal).

captation, captage, capture ▷ captage.

capter, captiver Ces deux verbes transitifs ne sont pas synonymes.

1 capter Obtenir ou chercher à obtenir par des moyens insinuants, artificieux : *Capter un héritage. Un orateur doit savoir, dès l'exorde, capter l'attention de son auditoire. Les escrocs savent capter la confiance des naïfs.*

2 captiver Tenir sous le charme, passionner : *Le conteur captivait l'esprit de ses auditeurs.*

capturer v. t. On n'emploiera pas ce verbe quand le complément désigne une chose immobile. On peut écrire *Le corsaire captura le navire anglais.* En revanche, on n'écrira pas *capturer une ville, un fort, un point d'appui.* Employer dans ce cas **prendre** ou **s'emparer de.**

captieux, fallacieux, spécieux Trois adjectifs voisins par le sens.

1 captieux, euse [kapsjø, øz] Qui induit en erreur, tout en gardant les apparences de la vérité. — Qualifie presque toujours un argument, un raisonnement, un discours, des paroles : *Méfiez-vous de cet argument captieux.* — Peut qualifier parfois une personne qui cherche à tromper par des discours, des paroles ayant l'apparence de la vérité : *Un sophiste captieux.*

2 fallacieux, euse Qui est susceptible d'induire en erreur ou qui est expressément destiné à tromper (insiste plus que *captieux* sur l'idée de mauvaise foi). — A un champ d'application beaucoup plus étendu que *captieux : Argumentation, promesse, parole, excuse, dénomination fallacieuse. Discours, argument, prétexte, titre fallacieux.* — Ne qualifie jamais une personne.

3 spécieux, euse Qui n'a que les apparences de la vérité ou de la bonne foi. N'implique pas nécessairement la volonté de tromper : *Un argument spécieux. Des raisonnements spécieux.* — Ne qualifie jamais une personne.

capuce, capuche Deux noms paronymes.

1 Un capuce n. m. Capuchon pointu qui forme la partie supérieure de la robe de certains moines.

2 Une capuche n. f. Coiffure féminine formée d'un capuchon et d'une courte pèlerine qui retombe sur les épaules.

capuchonné, ée Deux *n.*

caqueter v. t. Conjug. **14.** Double le *t* devant un *e* muet : *je caquette, je caquetterai.* — Dérivé : *caquetage* [kakta3] n. m.

car Conjonction de coordination qui sert à introduire une explication.

1 Car, parce que. Ces deux conjonctions ne sont pas toujours interchangeables. *Car* introduit une explication *(Pierre est à Paris en ce moment, car je l'ai aperçu aux Champs-Elysées), parce que* introduit l'énoncé d'une cause : *Pierre est venu à Paris, parce qu'il a une affaire à régler.* On ne pourrait dire : *Pierre est à Paris en ce moment, *parce que je l'ai aperçu hier.* — En revanche, dans beaucoup d'autres cas, *car* et *parce que* sont pratiquement interchangeables, étant donné que l'énoncé d'une cause constitue l'explication de l'assertion ou que, inversement, l'explication d'un fait consiste en l'énoncé de la cause de ce fait : *Le liège flotte, car il est moins dense que l'eau* ou *parce qu'il est moins dense que l'eau.* Le tour avec *parce que* ne fait que souligner plus fortement le lien causal.

2 Place de car A la différence de *parce que,* qui peut introduire une subordonnée placée devant la principale exprimant l'assertion à expliquer *(Parce qu'il avait une affaire à régler, Pierre est venu à Paris. Parce que le liège est moins dense que l'eau, il peut flotter), car* ne peut se placer qu'après la proposition qui exprime l'assertion à expliquer. — A la rigueur, on peut employer *car* dans une proposition constituant une parenthèse destinée à justifier l'emploi d'un mot : *Cet abus de pouvoir, car il s'agit bien d'un abus de pouvoir, ne sera pas toléré par l'opinion publique.*

3 Car et la ponctuation. *Car* doit toujours être précédé d'une ponctuation. L'usage qui consiste à écrire *Il est venu me voir car il voulait me demander un service* est fautif. Ecrire : *Il est venu me voir, car il voulait...*

4 Car repris par que. A la différence de *parce que* et de *puisque,* la conjonction *car* ne peut être reprise par *que.* On peut dire : *Il est venu parce qu'il avait une affaire à régler et qu'il voulait me parler,* mais non *Il est venu, car il avait une affaire à régler et *qu'il voulait me parler. Dire... car il avait une affaire à régler et il voulait...* (sans *que*).

5 Car en effet Tour pléonastique à éviter. Dire : *Il ne peut venir, car il est malade* ou bien *Il ne peut venir, en effet il est malade.*

caracal n. m. Animal. — Pl. : *des caracals.*

caraco n. m. *(vieux)* Corsage. — Pl. : *des caracos.*

caracoler v. i. Un seul *l.*

caractéristique Comme nom, toujours féminin : *Une caractéristique importante.* — Désigne spécialement les caractères mesurables d'un appareil, d'une machine : *Voici les caractéristiques de cet avion de transport : envergure 36,50 m ; longueur 34,80 m ; rayon d'action 3 200 km ; vitesse 900 km/h.* — Eviter d'employer *caractéristique* au sens de *caractère.* On écrira, par exemple : *Les caractères principaux de la littérature du XVIIᵉ siècle* (et non *les caractéristiques*).

caracul n. m. Mouton ; fourrure. — Prononciation : [kaʀakyl], le *-l* n'est pas muet.

carafe n. f. Un seul *f.* De même : *carafon* n. m.

caraïbe adj. *ou* n. Attention à la majuscule : *Une tribu caraïbe. Les Caraïbes.* — *Le caraïbe :* langue.

carapace n. f. L'adjectif **carapacé* n'existe pas. Dire : *bardé, cuirassé, couvert,* selon les cas.

caravane n. f. Un seul *n.* — De même : *caravanier, ière.*

caravansérail [kaʀavɑ̃seʀaj] n. m. — Pl. : *des caravansérails.*

caravelle n. f. Deux *l.*

carbonade n. f. Viande grillée. — Un seul *n.* On évitera la graphie *carbonnade.*

carbonaro n. m. Mot italien non francisé. — Pl. : *des carbonari.*

carbone n. m. Un seul *n.* De même : *carbonation, carbonate, carbonater, carbonifère, carbonique, carbonisation, carboniser, carbonyle.*

carcéral, ale, aux adj. De la prison. — Masculin pluriel en *-aux : Les troubles carcéraux.*

cardan n. m. On écrit, avec un *c* minuscule, *un cardan (le cardan de transmission d'une machine),* mais, avec un *C* majuscule, *une articulation à la Cardan, une transmission à la Cardan.*

cardia Orifice supérieur de l'estomac. — Toujours masculin : *Un cardia étroit.* — Pl. : *des cardias.*

cardinal adj. *ou* n. m. Masculin pluriel en *-aux : Les points cardinaux. Les cardinaux sont nommés par le pape.*

cardinalice adj. Finale en *-ice.*

carême n. m. Un accent circonflexe sur le *e.*

carême-prenant n. m. — Pl. : *des carêmes-prenants.*

carène n. f. Accent grave sur le *e* et prononciation avec *e* ouvert : [kaʀɛn], à la différence de *carénage* [kaʀenaʒ] n. m., *caréné, ée* [kaʀene] adj., *caréner* [kaʀene] v. t.

carène, coque Deux noms féminins qui ne sont pas synonymes.

1 carène Partie immergée de la coque d'un navire.

2 coque Comprend une partie immergée *(carène* ou *œuvres vives)* et une partie non immergée *(œuvres mortes).*

caréné ▷ aérodynamique.

caréner v. t. Conjug. **11.** Change *é* en *è* devant un *e* muet, sauf à l'indicatif du futur et au conditionnel présent : *je carène,* mais *je carénerai.*

caresser v. t. Un seul *r.* De même : *caresse, caressant.*

car-ferry n. m. *(anglicisme)* Navire construit spécialement pour le transport des automobiles. — Prononciation : [kaʀfɛʀi]. — Pl. : *des car-ferries* [-ʀi]. — Synonymes français à préférer : *transbordeur, navire transbordeur.*

cargaison [kaʀɡɛzɔ̃] n. f. Ne s'écrit jamais avec *-gu-.*

carguer v. t. (terme de marine) S'écrit avec *-gu-* même devant *a* ou *o* : *il cargua* [kaʀɡa], *nous carguons* [kaʀɡɔ̃].

cariatide n. f. Statue de femme servant de colonne. — La graphie *cariatide* est à préférer à *caryatide,* plus rare. — Quand il s'agit d'une statue d'homme servant de colonne ou de support, on emploie *atlante* ou *télamon.*

caribou n. m. Renne du Canada. — Pl. : *des caribous.*

carmélite Avec une minuscule : *Un couvent de carmélites.* — Comme adjectif de couleur, toujours invariable : *Des soies carmélite.*

carmin Comme nom, prend la marque du pluriel : *Toute la gamme des cramoisis et des carmins.* — Comme adjectif, toujours invariable : *Des lèvres carmin. Des soies carmin.* — En revanche, *carminé* prend la marque du féminin et du pluriel : *Des lèvres carminées.*

carnassier, carnivore Deux mots qui ne sont pas interchangeables.

1 carnassier, ière S'applique à un animal sauvage qui se nourrit des proies qu'il a tuées lui-même : *Le tigre et le loup sont des carnassiers.*

2 carnivore Qualifie un animal qui se nourrit de chair (qu'il s'agisse de la chair d'une proie que l'animal a tuée lui-même ou d'une charogne quelconque trouvée au hasard) : *Le vautour est un oiseau carnivore. Insecte carnivore.* — N. m. pl. : *Les carnivores :* ordre de mammifères.

carnaval n. m. — Pl. : *des carnavals.* — Avec une minuscule *(Le défilé du carnaval),* sauf quand le mot désigne le personnage mythique représenté par un mannequin qu'on promène dans les rues : *Le char de S.M. Carnaval.*

carnivore ▷ carnassier.

caronade n. f. *(autrefois)* Canon de marine. — Un seul *r,* un seul *n.*

carotène Provitamine A. — Toujours masculin : *Le carotène est précieux pour l'organisme.* ▼ Un seul *t,* à la différence de *carotte.*

carotte n. f. *ou* adj. Un seul *r,* deux *t.* De même : *carottage, carotter, carotteur, carottier.* — Comme adjectif de couleur, toujours invariable : *Des cheveux carotte.*

carpatique adj. Des Carpates. ▼ Ne pas écrire avec *-th.-*

carpelle (terme de botanique) L'usage hésite sur le genre. Le masculin est plus fréquent.

carpet-bagger n. m. *(histoire)* Aventurier américain, au lendemain de la guerre de Sécession.

— Prononciation : [kaʀpɛtbagœʀ]. — Pl. : *des carpet-baggers* [-gœʀ].

carpillon n. m. Petite carpe. — Prononciation : [kaʀpijɔ̃].

carrare [kaʀaʀ] n. m. Marbre de la région de Carrare (Italie). — Attention à la place des deux *r*. — Avec un *c* minuscule : *du carrare (Un bloc de carrare. Sculpter le carrare).* — Avec un *C* majuscule : *du marbre de Carrare.*

carré, ée adj. On écrit, en faisant l'accord : *Dix mètres carrés. Vingt kilomètres carrés. Une lieue carrée.*

carré n. m. Deux *r*. De même : *carre* n. f. (lame bordant un ski), *carreau, carrée* n. f., *carrément, se carrer, carrure.*

carré, carrée Deux mots de la même famille désignant un local.

1 Le carré *(marine)* Sur un navire, local où les officiers prennent leur repas en commun.

2 Une carrée *(très populaire)* Chambre, salle, local quelconque.

carreau n. m. Deux *r*. De même : *carrelage, carreler, carreleur.*

carreler v. t. Conjug. **13.** Double le *l* devant un *e* muet : *je carrelle, je carrellerai.*

carrick n. m. (mot anglais). Aux XIXᵉ siècle, manteau à plusieurs collets étagés. — Deux *r* et *-ck*. — Pl. : *des carricks* [kaʀik].

1. carrière n. f. Lieu où l'on extrait la pierre. — Deux *r*. De même : *carrier.*

2. carrière n. f. Profession. — Deux *r*. De même : *carriérisme, carriériste.*

carriole n. f. Deux *r*, un seul *l*.

carrosse n. m. Deux *r*. De même : *carrossable, carrossage, carrosser, carrosserie, carrossier.*

carrousel n. m. Deux *r*, un seul *s*. — Prononciation : [kaʀuzɛl].

carrure n. f. Deux *r*.

carte n. f. Avec *carte* toujours au pluriel : *un jeu de cartes, un château de cartes, un tour de cartes, jouer cartes sur table.* — Avec le complément toujours au singulier : *des cartes d'identité, des cartes de visite.*

cartel n. m. Finale en *-el.*

carte-lettre n. f. — Pl. : *des cartes-lettres.*

cartellisation n. f. *(économie)* Union de plusieurs sociétés. — Deux *l.*

carter n. m. Enveloppe qui protège un moteur, une machine. — Prononciation : [kaʀtɛʀ]. — Pl. : *des carters* [-tɛʀ].

carthaginois, oise adj. *ou* n. De Carthage : *L'armée carthaginoise. Les Carthaginois.* — Attention au groupe *-th-.*

cartilage n. m. Un seul *l.* De même : *cartilagineux, euse.*

carton n. m. Tous les dérivés s'écrivent avec deux *n : cartonnage, cartonner, cartonneux, cartonnier.*

carton-paille n. m. — Pl. : *des cartons-pailles.*

carton-pâte n. m. — Pl. : *des cartons-pâtes.*

carton-pierre n. m. — Pl. : *des cartons-pierres.*

cartoon n. m. *(anglicisme)* Chacun des dessins d'un film de dessins animés. Prononciation : [kaʀtun]. — Pl. : *des cartoons* [-tun].

cartouche Le genre varie avec le sens.

1 Une cartouche (féminin) au sens usuel : *Une cartouche de chasse. Une cartouche de cigarettes.*

2 Un cartouche (masculin) quand il s'agit de l'encadrement décoratif : *Le nom du personnage est gravé dans un élégant cartouche.*

caryatide ▷ **cariatide.**

caryo- Préfixe (du grec *karuon* « noix », d'où « noyau »), qui entre dans la formation de quelques mots savants, tels que *caryocinèse, caryogamie.*

cas n. m. Expressions diverses.

1 Avec *cas* au singulier : *en tout cas.* — Avec *cas* au pluriel : *dans tous les cas, en tous les cas.*

2 Au cas que, en cas que. Locutions vieillies, normalement suivies du subjonctif : *Au cas qu'il pleuve, je resterai à la maison.*

3 Au cas où, pour le cas où, dans le cas où. Locutions usuelles, normalement suivies du conditionnel, plus rarement de l'indicatif : *Dans le cas où il pleuvrait, je resterais à la maison. Dans le cas où il pleut, tout le monde reste à la maison.* ▼ Eviter les locutions fautives *pour le cas que* et *pour en cas que.*

casaque n. f. Vêtements. — Dérivé : *casaquin* n. m.

caséine n. f. Substance contenue dans le lait. — Pas de tréma sur le *i*, mais un accent aigu sur le *e*. De même : *caséification, caséifier.*

cash [kaʃ] adv. Comptant : *Payer cash.* Cet anglicisme est familier. Ne pas l'employer dans la langue soutenue ni dans la correspondance commerciale. Employer *comptant.*

cash flow n. m. (anglicisme de la langue financière) En deux mots, sans trait d'union. — Prononciation : [kaʃflo]. — Inusité au pluriel. Equivalents proposés : *flux de caisse, argent vif.*

casino n. m. — Pl. : *des casinos.*

casoar [kazɔaʀ] n. m. — Pl. : *des casoars.*

cassate [kasat] n. f. Crème glacée. — Pl. : *des cassates* [-sat].

casse-cou n. m. inv. *ou* adj. inv. *Des casse-cou. Elles sont casse-cou.*

casse-croûte n. m. inv. *Des casse-croûte.*

casse-gueule n. m. inv. (populaire). — Pl. : *des casse-gueule.*

casse-noisette ou **casse-noisettes** n. m. Un seul pluriel : *des casse-noisettes.*

casse-noix n. m. inv. — *Des casse-noix.*

casse-pattes n. m. inv. *(populaire)* Eau-de-vie. — Pl. : *des casse-pattes.*

casse-pieds n. m. *ou* n. f. inv. *ou* adj. inv. (familier) *Des casse-pieds. Elles sont casse-pieds.*

casse-pierres n. m. inv. *Des casse-pierres.*

casse-pipe ou **casse-pipes** n. m. (familier) *Des casse-pipe* ou, mieux, *des casse-pipes.*

casse-poitrine n. m. inv. *(populaire)* Eau-de-vie. — Pl. : *des casse-poitrine.*

casser v. t. Ne pas abuser de ce verbe dans des emplois figurés, où il tend à remplacer *rompre, briser, détruire, abattre.* Dire : *Rompre la coalition des deux partis adverses* (plutôt que *casser la coalition). Le gouvernement veut briser ce mouvement populaire* (plutôt que *casser ce mouvement populaire).* Quant à l'expression *casser les prix,* les faire baisser brutalement, elle appartient au langage de la publicité : *Les magasins X cassent les prix !* A éviter dans la langue soutenue.

casse-tête n. m. inv. *Des casse-tête.*

casserole n. f. Un seul *l.*

cassis Deux noms masculins qui ont la même orthographe, mais qui se distinguent par la prononciation.

1 cassis [kasis] (avec -*s* prononcé) Arbrisseau ; fruit ; liqueur ou sirop : *Des grains de cassis. Une bouteille de cassis.*

2 cassis [kasi] (avec -*s* non prononcé) Rigole qui coupe une route et provoque un cahot : *Les cassis sont signalés aux automobilistes par des panneaux spéciaux.* A distinguer du *dos-d'âne,* formé de deux pentes raides et courtes qui montent en sens inverse vers un sommet central : *Le chemin forme un dos-d'âne avant d'arriver à la ferme.*

cassolette n. f. Réchaud à parfums. — Un seul *l,* deux *t.*

cassonade n. f. Sucre de canne roux. — Un seul *n.*

cassoulet n. m. Ragoût aux haricots. — Prononciation : [kasulɛ]. La prononciation [kasulet] est languedocienne.

casuel, elle adj. *ou* n. m. *(vieux)* Fortuit, accidentel : *L'issue des combats est casuelle.* — N. m. *Le casuel :* revenu variable qui vient en supplément. ▼ N'est jamais synonyme de « fragile ». On dira : *Sa santé est fragile* (et non *Sa santé est casuelle).*

casus belli [kazysbɛlli] n. m. Toujours invariable : *des casus belli.* — Pas de trait d'union.

cataclysme n. m. Désigne au sens propre un bouleversement qui se produit à la surface du globe (inondation, tremblement de terre, transgression marine, etc.) : *Les cataclysmes qui ont modelé le visage de la Terre.* — *(figuré)* Grand bouleversement politique ou social : *Les invasions barbares furent le cataclysme qui fit passer le monde de l'Antiquité au Moyen Age.* ▼ Ce mot n'est pas synonyme de *catastrophe.* A la rigueur, on peut l'employer pour parler d'une catastrophe naturelle de très grande ampleur (raz de marée, tremblement de terre particulièrement destructeur, etc.) : *Le 13 novembre 1970, un cyclone ravagea le Bengale ; plus de 200 000 personnes périrent dans le cataclysme.* Ne jamais employer *cataclysme* pour désigner une catastrophe non naturelle : incendie, naufrage, explosion, etc.

catadioptre, Cataphote Deux noms masculins paronymes.

1 catadioptre (nom commun, donc avec une minuscule) Dispositif optique qui permet de renvoyer dans la direction d'où ils viennent les rayons lumineux, quel que soit l'angle d'incidence.

2 Cataphote (nom déposé, donc, en principe, avec une majuscule). Marque déposée d'un catadioptre fabriqué pour être fixé à l'arrière d'un véhicule.

catafalque, baldaquin, cénotaphe Ces trois noms masculins ne sont nullement synonymes.

1 catafalque Estrade tendue de noir sur laquelle on place un cercueil, réel ou simulé, au cours d'un enterrement ou d'un service funèbre ; charpente tendue de noir et décorée qu'on place sur un cercueil : *Au milieu de la nef, le catafalque se dressait, entouré de cierges.*

2 baldaquin [baldakɛ̃] .

a/ Dans certaines églises, ouvrage d'architecture au-dessus d'un autel : *Le baldaquin de Saint-Pierre de Rome.*

b/ Tenture installée au-dessus d'un trône. Synonyme : *dais.*

c/ Cadre de menuiserie, garni d'étoffe et soutenant des rideaux, au-dessus d'un lit. Synonyme : *ciel de lit.*

3 cénotaphe Monument (de pierre, de marbre) élevé à la mémoire d'un mort et dont la forme rappelle celle d'un tombeau, bien qu'il ne contienne aucun corps.

catalan, ane adj. *ou* n. De Catalogne. — Attention à la majuscule : *La population catalane. Les Catalans.* — N. m. *Le catalan :* langue parlée en Catalogne et dans le Roussillon. — Le mot *catalan* s'applique, au sens strict, aux gens et aux choses de la Catalogne espagnole. Au sens large, il s'emploie très correctement comme synonyme usuel de *roussillonnais.*

catalepsie n. f. (terme de médecine) L'adjectif correspondant est *cataleptique.*

catalyse n. f. Ce mot, comme son dérivé *catalyser,* fait référence à un phénomène chimique bien précis. Dans la langue des journaux, *catalyse* et surtout *catalyser* sont employés au sens figuré, souvent avec une signification imprécise, qui semble indiquer qu'il y a une confusion avec le verbe *cristalliser* (au figuré). *Catalyser,* en effet, est souvent employé avec le sens de « renforcer, en regroupant des forces, des possibilités latentes » : *Ce parti catalyse des tendances réactionnaires diffuses. Ce mouvement catalysa la volonté de résistance.* A éviter dans la langue rigoureuse et soutenue. A remplacer par un terme plus précis : *regrouper, renforcer, organiser.*

Cataphote ▷ **catadioptre.**

catapulte Toujours féminin : *Une catapulte puissante.*

catarrhe n. m. Maladie. — Ne pas écrire comme *cathare,* hérétique. — Dérivés : *catarrhal, ale, aux, catarrheux, euse.*

catastrophé, ée adj. Mot familier. A éviter dans la langue surveillée. On préférera *bouleversé.* — Bien distinguer de *catastrophique* « qui constitue ou qui provoque une catastrophe », adjectif tout à fait admis : *Une inondation catastrophique.*

catch [katʃ] n. m. *(anglicisme)* Forme de lutte libre. — Dérivé : *catcheur, euse* [katʃœʀ, øz].

catéchisme [kateʃism(ə)] n. m. Parmi les mots de la famille de *catéchisme,* les uns se prononcent avec [ʃ], les autres avec [k].

1 avec [ʃ] : *catéchèse* [kateʃɛz], *catéchétique* [kateʃetik], *catéchiser* [kateʃize], *catéchiste* [kateʃist(ə)] .

2 Avec [k] : *catéchuménat* [katekymena], *catéchumène* [katekymɛn].

caténaire Finale en *-aire.* — Toujours féminin : *Une caténaire toute neuve.*

caterpillar n. m. *(anglicisme)* Synonyme de *chenille* (de char, de tracteur). — Mot étranger inutile. A remplacer par *chenille.* — Prononciation : [katɛʀpilaʀ]. — Pl. : *des caterpillars* [-laʀ].

cathare n. *ou* adj. Hérétique du Moyen Age. — Synonyme : *albigeois.* — Jamais de majuscule : *Les cathares. La secte cathare.* — Attention à l'homophone *catarrhe,* maladie.

catharsis n. f. Prononciation : [kataʀsis]. — Attention au groupe *-th-.* Dérivé : *cathartique.*

cathédral, ale adj. Du siège de l'évêque : *Un chanoine cathédral.* ▼ Le masculin pluriel est, en principe, *cathédraux,* mais il est pratiquement inusité.

cathédrale n. f. Attention au groupe *-th-.* — *(expression) Du verre cathédrale, des verres cathédrale* (invariable).

cathèdre n. f. Siège. — Attention au groupe *-th-.*

cathode n. f. Electrode négative. — Toujours féminin : *Une cathode ronde et courte.* — Attention au groupe *-th-.* Dérivé : *cathodique.*

catholique adj. *ou* n. Attention au groupe -*th*-. Dérivés : *catholicisme, catholicité, catholiquement.*

catimini (en) loc. adv. *(familier)* En cachette, en secret.

cauchemar n. m. Finale en -*ar*. Pas de *d* à la fin, malgré les dérivés *cauchemarder* (familier), *cauchemardesque, cauchemardeux.*

cauchemardesque, cauchemardeux Deux adjectifs dérivés de *cauchemar.*

1 cauchemardesque Qui ressemble aux visions qu'on a dans un cauchemar ; terrible, affreux et fantastique : *Les gravures cauchemardesques de Goya.*

2 cauchemardeux, euse (familier) Plein de cauchemars : *Un sommeil agité et cauchemardeux.*

cauchois, oise adj. *ou* n. Du pays de Caux, en Normandie. — Attention à la majuscule : *La population cauchoise. Les Cauchois.*

caudal, ale, aux adj. De la queue. — Le masculin pluriel *caudaux* est pratiquement inusité.

causant, ante adj. Mot familier. Equivalents à préférer : *bavard, communicatif, expansif, loquace.*

cause n. f. Expressions diverses.

1 A cause que. Equivaut à *parce que.* Locution nullement incorrecte, mais très vieillie. N'est plus employée que par quelques très rares écrivains archaïsants.

2 Etre cause que. Locution qui n'est ni vieillie ni incorrecte : *Ce malentendu fut cause que je ne pus jamais la revoir.*

3 Et pour cause. Avec un motif sérieux, mais qu'on n'exprime pas : *Je me méfie de lui, et pour cause.*

4 Avoir pour cause(s). On met *cause* au singulier s'il y a une seule cause énoncée : *La révolte eut pour cause le mécontentement populaire. La révolte eut pour cause les intrigues des agents étrangers* (il y a *des* intrigues, mais elle constituent *une* seule cause). *La révolte eut pour causes le mécontentement populaire et la faiblesse du pouvoir central* (il y a deux causes indépendantes).

causer Occasion de plusieurs fautes.

1 On dit *causer avec quelqu'un,* s'entretenir avec lui. Eviter le tour populaire *causer à quelqu'un,* dû à l'analogie de *parler à.* Dire par conséquent : *J'ai causé amicalement avec ma voisine* (et non *à ma voisine*).

2 L'emploi absolu de *causer* n'est nullement incorrect au sens de « être en conversation » : *Deux étudiants causaient tranquillement à la terrasse d'un café.* — En revanche, il est populaire au sens de « parler ». Dire : *Il est resté toute la soirée sans parler* (et non *sans causer*). Ce député *sait parler* (et non *sait causer*).

3 Eviter absolument *causer anglais, causer français.* Dire : *parler anglais, parler français.*

4 Causer affaires, causer littérature, causer politique. Ce tour transitif direct est correct. Il est cependant plus rare que *causer d'affaires, causer de littérature, causer de politique.* Une exception : *causer chiffons* (= parler de mode, de robes, etc.), expression figée qui ne peut être remplacée par **causer de chiffons.*

causse [kos] Plateau calcaire. — Toujours masculin : *Un causse pierreux et désert.* — Avec un *C* majuscule : *les Grands Causses* ou, absolument, *les Causses* (région du sud du Massif central), et *les Causses du Quercy* (région du sud-ouest du Massif central). On écrit avec un *c* minuscule les dénominations géographiques suivantes : *le causse de Sauveterre, le causse Méjean, le causse Noir, le causse de Larzac, le causse de Séverac, le causse Comtal* (divisions géographiques des Grands Causses).

cautèle n. f. S'écrit avec un accent grave et se prononce avec un *e* ouvert [kotɛl], à la différence des dérivés, qui ne prennent pas d'accent et dans lesquels l'*e* est muet : *cauteleusement* [kotløzmã], *cauteleux, euse* [kotlø, øz].

cautère n. m. S'écrit avec un accent grave et se prononce avec un *e* ouvert [kotɛʀ], à la différence des dérivés, qui s'écrivent avec un accent aigu et se prononcent avec un *e* fermé : *cautérisation* [koteʀizasjɔ̃], *cautériser* [koteʀize].

cautionner v. t. Deux *n.* — De même : *cautionnement.*

cavale n. f. Un seul *l.* De même : *cavaler* v. i.

cavalerie n. f. Un seul *l.*

cavalier Le féminin *cavalière* est très correct pour désigner une femme qui monte à cheval. Le mot *amazone* est vieilli et ne peut, au sens propre, s'appliquer qu'à une femme qui monte en *amazone,* c'est-à-dire en ayant les deux jambes du même côté du cheval. On peut certes dire, correctement : *Cette femme est un excellent cavalier.* Néanmoins, il est plus naturel de dire : *Cette femme est une excellente cavalière.*

cavalièrement adv. Accent grave sur le *e.*

cave adj. Sans trait d'union : *la veine cave (des veines caves).*

cayenne [kajɛn] Deux noms homonymes.

1 Du cayenne (avec un *c* minscule) ou **du poivre de Cayenne** (avec un *C* majuscule) Poivre rouge très fort.

2 Une cayenne Maison de réunion d'une association de compagnonnage.

1. ce (cet, cette, ces) adj. démonstratif.

I Emploi des diverses formes.

1 Ce, devant un mot masculin singulier (nom ou adjectif) qui commence par une consonne ou un *h* aspiré : *Ce chien. Ce hibou. Ce bel oiseau. Ce haut rempart.*

2 Ce, devant les mots masculins *huit, huitième, onze, onzième, ouistiti, ululement, yacht, yacht-club, yachting, yachtman, yack, yankee, yaourt, yard, yatagan, yawl, yearling, yèble, yen, yeoman, yé-yé, yod, yoga, yogi, yogourt, yougoslave, youyou, yo-yo, yucca.*

3 Cet, devant un mot masculin singulier (nom ou adjectif) qui commence par une voyelle ou un *h* muet : *Cet oiseau. Cet habit. Cet immense palais. Cet honorable personnage. Cet ypréau. Cet ysopet. Cet ytterbium. Cet yttrium.*

4 Cette, devant tout mot féminin singulier (nom ou adjectif) : *Cette femme. Cette allure. Cette herbe. Cette hache. Cette belle avenue. Cette haute ambition. Cette honorable fonction.*

5 Ces, devant tout mot masculin pluriel ou féminin pluriel (nom ou adjectif) : *Ces chiens. Ces hiboux. Ces beaux oiseaux. Ces hauts remparts. Ces oiseaux. Ces habits. Ces immenses palais. Ces héroïques faits d'armes. Ces honorables personnages. Ces femmes. Ces herbes. Ces belles avenues. Ces hautes ambitions. Ces honorables fonctions.*

II Ce matin, ce soir. Emploi parfaitement correct. On évitera l'expression populaire *ce tantôt* (= cet après-midi) et l'expression familière *ce midi* (= aujourd'hui à midi).

2. ce (c', ç') pron. démonstratif.

I Emploi des diverses formes.

1 Ce, devant une forme commençant par une consonne : *Ce fut. Ce sera.*

2 C' (sans cédille), devant une forme commençant par e- : *C'est. C'était. C'eût été. C'en était fait de lui.*

3 Ç' (avec cédille), devant une forme commençant par a : *Ç'aurait pu être mieux.*

II Ce, cela, devant être :

1 Règle générale. Les deux tours, *c'est* et *cela est,* sont admis. Le tour *c'est (C'est beau. C'était sans conséquence)* est plus fréquent et moins littéraire.

2 Devant un pronom personnel intercalé entre le démonstratif et *être,* on emploie normalement *cela : Cela me serait profitable. Cela lui sera utile.* Le tour *Ce me serait profitable* est recherché.

III Ce suivi de *être.*

1 Pour des raisons d'euphonie, on évite les formes suivantes : *c'en sont* (calembour avec *Samson*), *sont-ce, furent-ce.* — En revanche, les formes *c'est, ce sont, est-ce, c'était, c'étaient, était-ce, étaient-ce, ce fut, ce furent, fut-ce, fût-ce, ce serait, serait-ce,* etc. sont tout à fait admises.

2 Le verbe *être* doit s'employer au pluriel quand *ce + être* est suivi d'un nom pluriel : *Voyez ces arbres, ce sont des chênes.* La forme *C'est des chênes* appartient au langage familier. — L'emploi du singulier est cependant de rigueur dans les cas suivants : **a)** quand on veut éviter les formes contraires à l'euphonie *c'en sont, sont-ce, furent-ce (Ces arbres, est-ce des chênes ?)* ; **b)** devant l'indication d'une quantité *(C'est cinq francs la douzaine. C'est dix kilomètres qu'ils doivent parcourir)* ; **c)** dans les expressions figées *si ce n'est, fût-ce (Il a tout emporté, si ce n'est quelques livres. Tous les assistants, fût-ce les plus calmes, auraient crié leur indignation)* ; **d)** devant *nous* ou *vous (C'est nous qui partirons les premiers. C'est vous qui êtes les plus forts).* — L'emploi du pluriel est normal avec *eux, elles* à la forme affirmative : *Ce sont eux qui arriveront les premiers.* L'usage tolère cependant l'emploi du singulier devant *eux, elles,* à la forme négative ou interrogative : *Ce n'est pas eux qui nous aideront. Serait-ce elles qui arriveraient déjà ?* — On emploie le singulier devant une énumération dont le premier terme au moins est au singulier *(C'est la folie et l'avidité des rois qui causent les guerres),* sauf quand l'énumération explique ou développe un mot qui précède *(Il y a quatre grands fleuves en France : ce sont la Seine, la Loire, la Garonne et le Rhône).*

IV Ce + préposition + *être* (par exemple dans une phrase comme *C'est à lui que je pense).* Eviter de dire *C'est lui à qui je pense* ou *C'est lui auquel je pense.* — Eviter surtout le tour incorrect *C'est à lui à qui je pense.* — Observer que, dans cette construction, le singulier est de rigueur : *C'est à eux que je pense.* Ne pas dire : **Ce sont à eux que je pense.*

V Ce peut être, ce doit être. On admet indifféremment l'emploi du singulier ou du pluriel quand le nom est au pluriel : *Ces arbres,* *ce peut être des chênes* ou *ce peuvent être des chênes*. Pour éviter la difficulté, il est recommandé de tourner autrement : *Ces arbres sont peut-être des chênes.*

VI Ce l'est. Tour très littéraire :
Le sceptre des rivages roses
Stagnant sur les soirs d'or ce l'est
Ce blanc vol fermé que tu poses
Contre le feu d'un bracelet.
Mallarmé.
Dans la langue usuelle, on dit *c'est lui, c'est elle.*

VII Ce n'est pas que. Toujours avec le subjonctif : *Il a refusé ce travail ; ce n'est pas qu'il se sente incapable de le faire, mais il l'estime indigne de lui.*

VIII C'est-il que. Formule interrogative populaire. A éviter. Dire, par exemple : *Voudrais-tu nous abandonner ?* (et non *c'est-il que tu voudrais nous abandonner ?*).

IX Ce que. Plusieurs emplois font difficulté.

1 *Ce que* exclamatif. Tour familier. A éviter. Dire : *Que ce pays est beau !* ou *Comme ce pays est beau !* (plutôt que *Ce que ce pays est beau !*).

2 Ce que, ce qui. Dans l'interrogation indirecte, on emploie obligatoirement *ce que* (*Dis-moi bien ce que tu veux*) ou *ce qui* (*Raconte-nous ce qui t'est arrivé*). Eviter dans ce cas l'emploi de *qu'est-ce que, qu'est-ce qui*. Ces expressions sont réservées à l'interrogation directe : *Mais enfin, qu'est-ce que tu veux ? Eh bien, qu'est-ce qui t'est arrivé ?*

3 Ce qui, ce qu'il. Deux expressions à bien distinguer : *Je dirai ce qu'il me plaira* (= ce qu'il me plaira de dire). *J'achèterai ce qui me plaira* (= les choses que je trouverai à mon goût). ▼ Toujours dire *ce qu'il faut* et jamais *ce qui faut* (tour très incorrect).

X Ce dont. ▼ Ne doit jamais être repris par *de*. Dire : *Ce dont j'ai besoin, c'est un grand sac solide* (et non *c'est d'un grand sac*).

XI Expressions figées. On emploie *ce* dans quelques expressions figées telles que *et ce, sur ce, ce néanmoins : Il fut l'objet d'un blâme général, et ce pour avoir manqué à la coutume* (= et cela). *« Vous en retrouverez », dit-il, et sur ce il claqua la porte* (= sur ces mots, en achevant de prononcer ces mots). *Il boitait légèrement ; ce néanmoins* (ou *ce nonobstant*), *il marchait assez vite quand il le voulait* (= malgré cela).

céans [seã] adv. *(vieilli et littéraire)* Ici, à l'intérieur de l'édifice où l'on se trouve au moment même où l'on parle : *Il dînera céans ce soir.* — On dit encore, dans la langue recherchée, *le maître de céans, la maîtresse de*

céans, le maître, la maîtresse de maison (quand il s'agit de la maison où l'on se trouve au moment même où l'on parle). ▼ Il existe deux homophones : *séant*, adjectif qui signifie « convenable » (*Il est séant que nous l'invitions*) et *séant* (*être sur son séant*, être assis).

ceci pron. démonstratif.

1 Ceci, cela. En principe, dans la langue surveillée, *ceci* renvoie à ce qui précède, *cela* à ce qui suit : *Il en résulte ceci : nous ne pouvons espérer en finir avant huit mois. Les baleines ne sont pas des poissons, mais des mammifères, tout le monde sait cela.* C'est pourquoi l'expression *ceci dit* est à éviter. On écrira plutôt : *cela dit.* — D'autre part, *ceci* renvoie à ce qui a été exprimé en dernier, *cela* à ce qui a été exprimé en premier : *Ce producteur a perdu beaucoup d'argent dans la réalisation de son dernier film, mais il s'est acquis une réputation de novateur audacieux, ceci* (= ce gain de réputation) *compense cela* (= la perte d'argent).

2 *Ceci* suivi du verbe *être*. Il est conseillé, si l'on emploie ce tour, de mettre le verbe *être* au pluriel quand il est suivi d'un nom au pluriel : *Ceci sont ses livres* (plutôt que *ceci est ses livres*). *Ceci sont des bégonias* (plutôt que *ceci est des bégonias*). Néanmoins, il est recommandé de ne pas user de ce tour, qui est peu naturel. Tourner autrement : *Voici ses livres. Ces fleurs sont des bégonias.*

3 *Ceci* suivi d'un adjectif introduit par *de* et d'une complétive introduite par *que.* Ce tour est parfaitement correct : *Les situations difficiles ont ceci de bon qu'elles obligent à inventer des solutions nouvelles.*

céder v. t. Conjug. **11.** Change *é* en *è* devant un *e* muet, sauf à l'indicatif futur et au conditionnel présent : *je cède*, mais *je céderai.*

cédille n. f. Prononciation : [sedij], et non *[sedil].*

cédrat n. m. Fruit du cédratier. — Accent aigu sur le *e.*

cèdre n. m. Avec un accent grave. Se prononce avec un *e* ouvert à la différence de *cédraie* [sedʀɛ] n. f. (plantation de cèdres).

ceindre v. t. Conjug. **84.** *Je ceins, tu ceins, il ceint, nous ceignons, vous ceignez, ils ceignent.* — *Je ceignais, tu ceignais, il ceignait, nous ceignions, vous ceigniez, ils ceignaient.* — *Je ceignis...* — *Je ceindrai...* — *Je ceindrais...* — *Ceins, ceignons, ceignez.* — *Que je ceigne, que tu ceignes, qu'il ceigne, que nous ceignions, que vous ceigniez, qu'ils ceignent.* — *Que je ceignisse...* — *Ceignant.* — *Ceint, ceinte.* ▼

Attention au *i* après le groupe *-gn-* à la première et à la deuxième personne du pluriel de l'indicatif imparfait et du subjonctif présent : *(que) nous ceignions, (que) vous ceigniez.*

ceinture n. f. Avec *-ein-*. De même : *ceinturage, ceinturer, ceinturon.*

cela pron. démonstratif. — En principe, différent de *ceci* par le sens ▷ **ceci** (§ 1). ▼ Jamais d'accent sur le *a.*

céladon Comme adjectif de couleur, toujours invariable : *Des soieries céladon.*

célèbre adj. Prononciation : [selɛbʀ(ə)]. Accent grave sur le deuxième *e,* à la différence de *célébrité* [selebʀite].

célébrer v. t. Conjug. **11.** Change le deuxième *é* en *è* devant un *e* muet, sauf à l'indicatif futur et au conditionnel présent : *je célèbre,* mais *je célébrerai.* — Dérivés (avec deux fois *é*) : *célébrant, célébration.*

celer v. t. Cacher. — Conjug. **10.** Change *e* en *è* devant un *e* muet : *je cèle, je cèlerai.* — Attention à l'homophonie entre *je cèle, tu cèles...* et *je scelle, tu scelles...* (de *sceller* « fermer avec un sceau »).

céleri n. m. ▼ Se prononce avec un *e* ouvert [selʀi], mais s'écrit avec un accent aigu (sur le premier *e*). — Composé : *céleri-rave* n. m. (pl. : *des céleris-raves*).

célestin, ine Religieux, religieuse d'un ordre fondé au XIIIᵉ siècle. — Avec une minuscule *(Les célestins portent une robe blanche et un manteau noir),* sauf quand *Les Célestins* désignent un couvent ou une église *(Il alla entendre la messe aux Célestins).*

cella Petite salle d'un temple antique. — Mot latin semi-francisé. — Prononciation : [sɛlla], avec *l* double. — Pl. : *des cellas* [sɛlla].

cellérier, ière n. *ou* adj. Religieux, religieuse chargé (e) du service de l'intendance. — (adjectivement) *La sœur cellérière.* — Prononciation : [seleʀje]. Deux *l* (même racine que *cellier*).

cellier n. m. Salle fraîche ou cave. — Deux *l.*

Cellophane n. f. Nom déposé, donc, en principe, avec une majuscule.

cellule n. f. Deux *l.* De même : *cellulaire, cellulite, cellulose.*

Celluloïd [selyloid]n. m. Nom déposé, donc, en principe, avec une majuscule.

celui (celle, ceux, celles) pron. démonstratif.

1 Emplois corrects. *Celui* suivi d'un pronom relatif ou de la préposition *de : Ce film est excellent, celui que j'ai vu la semaine dernière était médiocre. Ce train part trop tôt, celui qui part à deux heures est plus commode. Votre maison est neuve, celle de mon frère est vétuste.*

2 Emplois à éviter. *Celui* suivi d'un adjectif, d'un participe ou d'une préposition autre que *de : Les élèves infirmes et ceux malades seront dispensés de gymnastique* (écrire plutôt *et ceux qui sont malades*). *Les personnes sédentaires et celles mangeant beaucoup sont sujettes aux maladies vasculaires* (écrire plutôt : *et celles qui mangent beaucoup*). *Les édifices anciens et ceux construits récemment* (écrire plutôt *et ceux qui ont été construits récemment*). *Les trains pour Lyon et ceux pour Dijon* (écrire plutôt *les trains pour Lyon et les trains pour Dijon*). *Les bicyclettes avec porte-bagages et celles sans porte-bagages* (écrire plutôt *les bicyclettes avec porte-bagages et les bicyclettes sans porte-bagages*). — Certains grammairiens tolèrent l'emploi de *celui* suivi d'un participe, quand ce participe est accompagné d'un complément : *La plus grande œuvre, c'est celle accomplie pour le bien de l'humanité tout entière. Ce fromage est meilleur que ceux fabriqués en usine.* Cependant, même dans ce cas, il est plus correct d'employer une proposition relative *(... c'est celle qui est accomplie pour le bien... ; ... meilleur que ceux qui sont fabriqués...).*

3 Omission de *celui.* On peut omettre *celui* quand cette omission ne rend pas la phrase obscure : *Il a une autre ambition que de devenir chef de bureau* (ou *que celui de devenir...*). *Sa conduite est d'un jeune homme ignorant de la vie* (ou, plus fréquemment, dans ce cas, *est celle d'un jeune homme...*).

4 Celui-ci, celui-là. En principe, dans la langue surveillée, *celui-ci* doit renvoyer au mot le plus proche, *celui-là* au mot le plus éloigné : *Le château de Versailles et le Louvre sont deux beaux édifices, celui-ci* (= le Louvre) *a plus de variété, celui-là* (= le château de Versailles) *a plus d'unité majestueuse. J'aime également Hugo et Baudelaire, mais celui-ci* (= Baudelaire) *a plus de charme secret.*

cendre n. f. Avec un *C* majuscule : *le mercredi des Cendres.* — Avec un *-s : réduire en cendres.* — Toujours au pluriel dans l'emploi figuré *les cendres,* la dépouille mortelle : *Le retour des cendres de l'Empereur.*

cendré, ée adj. S'accorde normalement en genre et en nombre *(Une lumière cendrée. Des cheveux cendrés),* sauf quand il est employé avec un autre adjectif : *Des cheveux blond cendré.*

cène n. f. Ne pas écrire comme *scène* (de théâtre).
— Avec un *C* majuscule quand il s'agit du
dernier repas pris par Jésus avec ses apôtres
ou d'une œuvre artistique qui représente ce
repas : *Au cours de La Cène, Jésus institua
l'eucharistie. Léonard de Vinci a peint la Cène
du couvent de Sainte-Marie des Grâces, à Milan.*
— Avec un *c* minuscule quand il s'agit de la
cérémonie catholique célébrée le jeudi saint ou
de la communion protestante sous les deux
espèces.

cénobite, anachorète ▷ anachorète.

cénotaphe ▷ catafalque.

cens [sãs] n. m. Recensement des citoyens, dans
l'ancienne Rome. — Redevance féodale. —
Autrefois, montant d'impôts nécessaire pour
être électeur ou éligible. ▼ Ne pas écrire comme
sens « direction, signification ».

censé, ée adj. Supposé, présumé : *Elles sont
censées connaître le règlement.* ▼ Ne pas écrire
comme *sensé* « raisonnable, plein de sens ».

censément adv. En apparence, selon toute
vraisemblance, pour ainsi dire : *Cette fille est
censément stupide.* — Mot populaire à éviter
dans la langue surveillée. ▼ Ne pas écrire
comme *sensément* « d'une manière raisonnable,
sensée ».

cent adjectif numéral.

I La marque du pluriel.

1 *Cent* reste invariable quand il n'est pas
multiplié : *Cent un. Cent deux. Cent trois...
Cent dix. Cent vingt.*

2 *Cent* prend un *-s* quand il est multiplié et
qu'il n'est pas suivi d'un autre nom de nombre :
Deux cents. Trois cents. Quatre cents... — En
revanche, on écrit *Deux cent un. Deux cent
deux. Deux cent trente. Deux cent quarante. Six
cent vingt-sept.* ▼ *Cent* reste invariable, même
non suivi d'un autre nom de nombre, quand
il est ordinal : *En mil huit cent* (voir ci-dessous
§ 6).

3 Devant *mille. Cent* reste invariable : *Trois
cent mille. Six cent mille.*

4 Devant *millier, millions, milliards. Cent*
s'accorde quand il n'est pas suivi d'un autre
nom de nombre : *Quatre cents milliers d'hectares. Huit cents millions de dollars. Deux cents
milliards de francs* (mais *deux cent cinquante
milliards de francs*).

5 On écrit *des mille et des cents* ou *des cents
et des mille,* expression familière signifiant
« une grande quantité, une grosse somme » :
Il gagne des mille et des cents.

6 ▼ Employé comme ordinal, *cent* reste
invariable : *Page quatre cent. Le douze avril mil
neuf cent.*

II Orthographe des fractions. Ne pas écrire
Les deux centièmes de la population (= 2 %),
qui ne prend pas de trait d'union mais prend
un *-s* à *centième,* comme *Le deux-centième de
la population* (= 0,5 %), qui prend un trait
d'union mais où *centième* s'écrit sans *-s.* Dans
le premier cas, *deux* est l'adjectif numéral
cardinal, et *centième* est un nom masculin.
Dans le second cas, *deux-centième* est l'adjectif
numéral ordinal substantivé correspondant à
l'adjectif cardinal *deux cents.*

III Pour cent. Pour l'accord du verbe, de
l'adjectif ou du participe, pas de règle absolue.
L'usage le plus général est le suivant.

1 *Pour cent,* suivi d'un nom au singulier. Le
verbe se met au singulier. L'adjectif ou le
participe se met au singulier et s'accorde en
genre avec le nom : *Trente pour cent de la
population approuve ces mesures et se déclare
satisfaite.*

2 *Pour cent,* suivi d'un nom au pluriel. Le
verbe se met au pluriel. L'adjectif ou le
participe se met au pluriel et s'accorde en genre
avec le nom : *Vingt pour cent des candidates
sont admises à l'oral.*

3 *Pour cent,* précédé d'un déterminant *(les,
mes, ces...).* Obligatoirement, le verbe se met
au pluriel. L'adjectif ou le participe se met au
masculin pluriel : *Les trente pour cent de la
superficie qui sont consacrés à la culture des
céréales.*

IV Du cent. Expression populaire employée
parfois au lieu de *pour cent.* Dire : *Il exige un
intérêt de sept pour cent* (et non *de sept du cent*).

**V Onze cent(s) ou mille cent, douze cent(s) ou
mille deux cent(s)...**

1 Dans l'énoncé des dates, pour les années
antérieures à 1700, on préfère très nettement,
quand on parle, les formes *onze cent, douze
cent, treize cent, quatorze cent, quinze cent, seize
cent* à *mille cent, mille deux cent,* etc. A partir
de l'année 1700, cette préférence est moins
nette. A côté de *dix-sept cent, dix-huit cent,
dix-neuf cent,* on dit aussi, plus rarement, *mille
sept cent, mille huit cent, mille neuf cent.* —
Dans l'écriture, en revanche, on emploie
presque toujours *mille cent, mille deux cent,
mille trois cent, ... mille six cent, mille sept cent,
mille huit cent, mille neuf cent* ou *mil sept cent,
mil huit cent, mil neuf cent* ▷ **mille.** ▼ Dans
l'indication d'une date, *cent* est toujours
invariable.

2 En dehors de l'énoncé des dates, dans la
langue parlée on dit plutôt *onze cent(s), douze*

cent(s), treize cent(s), quatorze cent(s), quinze cent(s), seize cent(s). A partir du nombre 1 700, les formes dix-sept cent(s), dix-huit cent(s), dix-neuf cent(s) sont concurrencées par mille sept cent(s), mille huit cent(s), mille neuf cent(s).

3 Dans un texte juridique ou administratif pour l'énoncé d'une somme, ainsi que dans la langue scientifique pour l'énoncé d'une quantité, on préfère nettement les formes mille cent, mille deux cent(s), mille trois cent(s)... : Payez la somme de mille trois cent quarante-huit francs à l'ordre de Monsieur R. Dupont. Une superficie de mille cinq cent soixante-cinq mètres carrés.

centenaire ▷ bicentenaire, tricentenaire.

centimètre n. m. Familier au sens de « ruban gradué en centimètres et servant à mesurer ». Dire plutôt un mètre : Le tailleur prit les mesures avec son mètre.

centon, santon Deux noms masculins homophones.

1 centon [sɑ̃tɔ̃] Poème composé de vers empruntés à divers passages d'un auteur ou à divers auteurs.

2 santon En Provence, petit personnage en terre cuite des crèches de Noël.

central, ale, aux adj. Avec un M ou un P majuscule et un c minuscule : le Massif central, le Plateau central (région de France). Avec un E majuscule et un c minuscule : l'École centrale des arts et manufactures ou simplement l'École centrale (mais Centrale, n. f., forme abrégée usuelle de cette dénomination : Un ingénieur sorti de Centrale).

cep, cèpe, sep Trois noms masculins homophones.

1 cep [sɛp] Pied de vigne. — La prononciation [sɛ] est vieillie. — On évitera le pléonasme cep de vigne.

2 cèpe [sɛp] Champignon comestible.

3 sep [sɛp] Partie de la charrue dans laquelle s'emboîte le soc. — L'orthographe cep est vieillie.

cependant adv. Sens et emplois.

1 Sens étymologique (ce pendant = pendant cela). Rare et littéraire. Signifie « pendant ce temps » : L'aube blanchit le ciel. Cependant les rues de la ville commencent à s'animer. — (rare et littéraire) Cependant que, pendant que : Cependant que la nuit tombait, le vent se mit à souffler.

2 Sens usuel. Signifie « pourtant, toutefois, néanmoins, malgré cela » : J'étais malade. Cependant je suis allé travailler. — (rare et littéraire) Cependant que, alors que, tandis que : Ils se vantent de leur oisiveté, cependant qu'ils devraient en avoir honte.

cerbère n. m. Un C majuscule quand on parle du chien mythique : Héraclès réussit à dompter Cerbère et à l'enchaîner. — Un c minuscule au sens figuré : L'immeuble est gardé par un cerbère intraitable.

cercueil [sɛʀkœj] n. m. Attention au groupe -ueil.

cérébelleux, euse adj. Du cervelet. — Deux l.

cérébral, ale, aux adj. Du cerveau. — Masculin pluriel en -aux : Des troubles cérébraux. ▼ Ne pas confondre avec cervical, ale, aux : du cou (Les vertèbres cervicales) ou du col de l'utérus (Une métrite cervicale).

cérémonial n. m. Quand le mot désigne un livre liturgique, il a un pluriel : des cérémonials.

cerf n. m. Animal. Prononciation : [sɛʀ]. Le -f final ne doit jamais se faire entendre, ni au singulier ni au pluriel. — Ne pas écrire comme serf, prononcé [sɛʀf], paysan du Moyen Age.

cerfeuil [sɛʀfœj] n. m. Plante. — Finale en -euil.

cerf-volant [sɛʀvɔlɑ̃] n. m. — Pl. : des cerfs-volants.

cerise Comme adjectif de couleur, toujours invariable : Des soieries cerise. Des écharpes rouge cerise.

cers n. m. Vent du Languedoc. — Le -s final se prononce : [sɛʀs].

certain, aine adj. ou pron. Emplois et sens.

I Place de certain.

1 Devant le nom. Certain a une valeur d'indéfini. Il présente d'une manière indéterminée une chose qu'on ne peut ou qu'on ne veut mesurer exactement : Un mur d'une certaine hauteur. Un homme d'un certain âge. — Il présente d'une manière indéterminée une chose précise : Il manifeste un certain goût pour la musique. Peut s'employer devant un nom de personne : Un certain M. Durand.

2 Après le nom. Signifie « sûr, indiscutable, incontestable » : Il manifeste un goût certain pour la musique.

II Emploi de l'article.

1 Au singulier. S'emploie normalement avec l'article indéfini (quand il est placé devant le nom) : *J'ai trouvé un certain livre qui raconte cet épisode. J'avais connu un certain M. Dubois.* — L'emploi sans article est plus rare et littéraire : *J'ai lu certain livre qui raconte...* Ce tour sans article est inusité avec un nom propre de personne.

2 Au pluriel. S'emploie sans article : *J'ai trouvé cette anecdote dans certains livres d'histoire.*

III *De certains* + **nom au pluriel.** Tour un peu archaïque et littéraire : *Il y a de certains souvenirs qu'on voudrait oublier.* On dit plus couramment : *Il y a certains souvenirs...*

IV *Certains,* **au pluriel, employé comme pronom.** Emploi usuel et correct quand on désigne des personnes qu'on ne peut ou qu'on ne veut nommer. *Certains prétendent que Louis XVII n'est pas mort au Temple.* Cet emploi pronominal ne peut s'appliquer à des animaux ou à des choses que si le nom de ces animaux ou de ces choses vient d'être exprimé : *Les mammifères sont répandus sur toute la surface du globe ; certains sont adaptés à la vie marine. Ces appareils sont très perfectionnés ; certains sont entièrement automatiques.* Il en va de même pour *certaines* appliqué à des personnes : *Ces écolières sont très espiègles, certaines sont même insupportables.*

certainement adv. Le tour *certainement que* appartient à la langue parlée. Dans la langue soutenue, on dira : *Certainement, il nous aidera* ou *Il nous aidera certainement* (plutôt que *certainement qu'il nous aidera*).

certes adv. Attention au *-s* final.

certifier v. t. Conjug. **20.** Double le *i* à la première et à la deuxième personne du pluriel de l'indicatif imparfait et du subjonctif présent : *(que) nous certifiions, (que) vous certifiiez.*

céruléen, enne adj. *(littéraire)* D'un bleu intense : *Les flots céruléens.*

cérumen n. m. Sécrétion de l'oreille. — Prononciation : [seʀymɛn].

cervelas n. m. Prononciation : [sɛʀvəla]. Attention à la finale *-as.*

cervical ▷ **cérébral.**

César Ce nom propre prend la marque du pluriel : *La Rome des Césars.*

césium ▷ **caesium.**

cesse n. f. L'expression, littéraire, *n'avoir (pas) de cesse que* est toujours suivie du subjonctif, lequel est généralement précédé du *ne* explétif : *Je n'aurai (pas) de cesse que je n'aie obtenu satisfaction* (= je ne cesserai pas d'agir tant que...).

cessant On écrit, au singulier ou au pluriel : *toute chose cessante* ou *toutes choses cessantes, toute affaire cessante* ou *toutes affaires cessantes.* Le pluriel est plus fréquent.

cesser v. t. En général, ellipse de *pas* à la forme négative devant *de* + infinitif : *La pluie ne cesse de tomber.*

cessez-le-feu n. m. Invariable : *des cessez-le-feu.*

cession, cessation, session Trois noms féminins paronymes.

1 cession Action de céder, de transférer à une autre personne un bien ou un droit : *Cession de bail. Cession d'un fonds de commerce.*

2 cessation Action de cesser, arrêt : *Cessation d'un travail. Cessation de paiements* (situation du commerçant qui cesse de payer ses dettes exigibles).

3 session Période d'activité d'une juridiction, d'une assemblée, d'un jury d'examen : *Le Parlement français a deux sessions annuelles. La session de septembre du baccalauréat.*

c'est-à-dire loc. adv. Deux traits d'union. — Abréviation : *c.-à-d.*

cévenol, ole [sev(ə)nɔl] ou, malgré l'accent aigu, [sɛvnɔl] adj. *ou* n. Des Cévennes. — Attention à la majuscule : *La population cévenole. Les Cévenols.*

chablis [ʃabli] n. m. Vin. — Pas d'accent circonflexe sur le *a.* — Avec un *c* minuscule, *boire du chablis, une bouteille de chablis,* mais, avec un *C* majuscule, *du vin de Chablis.*

chacal n. m. — Pl. : *des chacals.*

chaconne ou **chacone** n. f. Ancienne danse. — La graphie *chaconne* est plus fréquente que *chacone* (malgré l'étymologie espagnole *chacona*).

chacun, une pron. indéfini.

I Absence de forme pour le pluriel. Le pronom *chacun* ne s'emploie qu'au singulier.

II *Chacun,* **suivi d'un possessif ou d'un personnel.**

1 En règle générale, on peut employer le possessif ou le personnel indifféremment au singulier ou au pluriel : *Ingres et Delacroix, chacun dans son genre* (ou *dans leur genre*), *furent de très grands artistes. Ils ont touché chacun la part qui lui revenait* (ou *qui leur revenait*).

2 Obligatoirement, on emploie le singulier quand *chacun* est en relation avec un participe présent *(Chacun s'en alla emportant son cadeau,* et non *leur cadeau)* ou quand *chacun* est suivi de *de* + nom ou de *de* + pronom : *Chacune des jeunes filles était accompagnée de son prétendant* (et non *de leur prétendant). Chacun d'eux sera reçu à son tour* (et non *à leur tour).*

III Chacun, chaque. Dire : *On vend en réclame de la confiture de fraises et de la confiture d'abricots, vous achèterez trois pots de chacune* (et non *de chaque). Ces crayons coûtent trois francs chacun* (et non *trois francs chaque*) ▷ **chaque (IV).**

IV *Entre chacun de...,* **exprimant l'idée d'un intervalle dans le temps ou dans l'espace.** Ce tour est peu logique, car *entre* est normalement suivi de deux noms ou d'un nom au pluriel : *Entre Noël et le début du printemps. Entre les arbres. Entre les deux maisons.* C'est pourquoi, dans la langue surveillée, on dira plutôt : *Entre deux visites, je m'ennuyais mortellement* (et non *entre chacune des visites*).

V Expressions familières ou populaires.

1 Tout un chacun, un chacun, tout chacun. Équivalents archaïques de *chacun* devenus familiers et rares, à l'exception de *tout un chacun,* qui s'emploie parfois par plaisanterie : *Tout un chacun était au courant de l'aventure.* En dehors d'un contexte plaisant, dire tout simplement *chacun.*

2 Chacun... sa chacune. Désigne très familièrement l'homme et la femme formant un couple (marié ou non) : *Tous les gars du village arrivaient, chacun donnant le bras à sa chacune.* A éviter dans un contexte sérieux et dans la langue non familière.

chah [ʃa] n. Titre de l'ancien empereur d'Iran. — Avec une minuscule. La graphie *schah* est vieillie et rare, *shah* plus rare que *chah.* — ▼ Ne pas dire *le chah d'Iran,* ce qui constitue un pléonasme.

chahut n. m. Attention au -*h*- intérieur. De même : *chahuter, chahuteur, euse.*

chai [ʃɛ] n. m. Cave. ▼ Pas de -*s* au singulier : *Un chai. Des chais.*

chaîne n. f. Suite d'anneaux. — Ne pas écrire comme *un chêne,* arbre. — Accent circonflexe

sur le *i.* De même : *chaînage, chaîner, chaînette, chaîneur* (celui qui mesure avec une chaîne d'arpenteur), *chaînier,* ou *chaîniste* (celui qui fabrique des chaînes).

chair Comme adjectif de couleur, toujours invariable : *Des bas couleur chair. Des bas chair.*

chair, chaire, cher, Cher, chère Cinq mots homophones qui se prononcent [ʃɛʀ].

1 chair n. f. Viande : *La chair du lapin de garenne.* ▼ Ne pas écrire ******faire bonne chair,* mais *faire bonne chère* ▷ **chère.** — Le corps, les sens : *Les plaisirs de la chair.*

2 chaire n. f. Tribune, estrade, siège, poste de professeur : *Monter en chaire. Obtenir une chaire à la faculté.*

3 cher, chère adj. Qu'on aime bien : *Un ami très cher. Cette province m'est chère.* — Qui coûte beaucoup d'argent : *Ces livres sont chers.* ▼ Invariable dans l'emploi adverbial : *Ces livres coûtent cher.*

4 Cher (avec une majuscule) n. m. Nom d'une rivière et d'un département : *Le Cher se jette dans la Loire.*

5 chère n. f. (du grec *kara* « visage »). [vieux] *Faire bonne chère à quelqu'un,* lui faire bon visage, bon accueil. — (de nos jours ; glissement de sens dû à l'influence de *chair*) *Faire bonne chère :* bien manger. ▼ Ne pas écrire ******faire bonne chair.* — (vieux) *Faire chère lie :* mener joyeuse vie, bien boire et bien manger. — *(par extension)* Nourriture, cuisine : *Aimer la bonne chère.*

1. chaland n. m. Bateau. — Finale en -*and.*

2. chaland n. m. *(vieilli)* Acheteur, client : *Attirer les chalands par la réclame.* — Finale en -*and.*

chalco- Préfixe (du grec *khalkos* « cuivre »), qui entre dans la formation de mots savants, tels que : *chalcographie* [kalkɔgʀafi] n. f. (gravure sur cuivre), *chalcopyrite* [kalkɔpiʀit] n. f. (sulfure naturel de cuivre et de fer).

chaldéen, enne adj. *ou* n. De la Chaldée. — Prononciation : [kaldeɛ̃, ɛn]. — Attention à la majuscule : *La population chaldéenne. Les Chaldéens.* — L'adjectif *chaldaïque* [kaldaik], plus rare, ne s'emploie que pour qualifier des choses : *L'art chaldaïque.* On dit plus couramment : *L'art chaldéen.*

châle [ʃɑl] n. m. Attention à l'accent circonflexe.

chalet [ʃalɛ] n. m. Pas d'accent circonflexe sur le *a.*

châlit [ʃɑli] n. m. Cadre de lit. — Attention à l'accent circonflexe sur le *a*.

challenge n. m. Doit se prononcer à la française : [ʃalɑ̃ʒ]. — Dérivés : *challenger* [tʃalɛndʒœʀ] ou, mieux, [ʃalɑ̃ʒœʀ] n. m.

chaloir v. imp. Vieux ou très littéraire. Verbe défectif. Ne s'emploie guère qu'à l'indicatif présent (*peu me chaut*, ou *peu m'en chaut :* peu importe) ou, très rarement, au subjonctif présent (*peu vous chaille* ou *ne vous en chaille,* ne vous en souciez pas).

chaloupe n. f. Un seul *l*. Un seul *p*. Pas d'accent circonflexe sur le *a*.

chalumeau n. m. Un seul *l*. Un seul *m*. Pas d'accent circonflexe sur le *a*.

chalut n. m. Un seul *l*. De même : *chalutage, chalutier.*

chamailler v. t. *ou* v. pron. Attention au *i* après le groupe *-ill-* à la première et à la deuxième personne du pluriel de l'indicatif imparfait et du subjonctif présent : *(que) nous nous chamaillions, (que) vous vous chamailliez.* — A la forme pronominale, accord du participe avec le sujet : *Les fillettes se sont chamaillées.*

chamarré, ée adj. Un seul *m*. Deux *r*. De même : *chamarrer, chamarrure.*

chambellan n. m. Deux *l*. Prononciation mal fixée : [ʃɑ̃bɛllɑ̃] ou [ʃɑ̃bɛlɑ̃] ou [ʃɑ̃bəlɑ̃]. Préférer [ʃɑ̃bɛlɑ̃], avec *è* ouvert et [l] simple.

chambertin n. m. Vin. — Pas de majuscule : *Une bouteille de chambertin.*

chambranle Encadrement d'une porte. — Toujours masculin : *Un chambranle épais.*

chameau n. m. Un seul *m*.

champ n. m. Orthographe des expressions.

1 Marque du pluriel. On écrit : *Un champ de bataille (des champs de bataille), un champ de courses (des champs de courses), à travers champs* (toujours au pluriel), *en champ clos* (au singulier), *un champ de manœuvre (des champs de manœuvre).*

2 Usage du trait d'union et de la majuscule. On écrit : *sur-le-champ* (immédiatement), *le champ de Mars* (de Rome dans l'Antiquité), *le Champ-de-Mars* (de Paris), *le champ de mars* (assemblée annuelle, au mois de mars, chez les Francs), *le champ de mai* (assemblée annuelle, sous les premiers Capétiens), *les champs Elysées*

(séjour des âmes vertueuses), *les Champs-Elysées* (avenue de Paris.)

3 ▼ **Sur champ* ou **de champ* (sur le petit côté). Mauvaise orthographe. Il faut écrire *sur chant* ou *de chant : Poser une brique de chant* ▷ **chant.**

champagne Usage de la majuscule et accord.

1 On écrit *la Champagne,* province française, et *le champagne,* vin produit dans cette province *(Boire du champagne. Une coupe de champagne),* mais *du vin de Champagne.* — Au pluriel : *les grands champagnes.*

2 Comme adjectif de couleur, toujours invariable : *Des robes champagne.*

champêtre adj. Accent circonflexe sur le *e*. — Sans traits d'union : *un garde champêtre, des gardes champêtres.*

champignon n. m. Les dérivés s'écrivent avec deux *n* : *champignonner, champignonnière, champignonniste.*

champion Question du féminin.

1 Au sens de « défenseur d'une personne ou d'une cause », n'a pas de forme spéciale pour le féminin : *La France fut le champion des droits de l'homme.*

2 Au sens sportif, le féminin *championne* est usuel et correct : *Cette jeune fille est championne de France du 400 mètres.*

champlever v. t. (mot technique) *Email champlevé.* — Prononciation : [ʃɑ̃l(ə)ve], le *-p-* ne se prononçant pas.

chamsin ▷ **khamsin.**

chance n. f. *C'est une chance que* se construit avec le subjonctif : *C'est une chance qu'il fasse beau* (et non **qu'il fait beau*).

chanceler v. i. Conjug. **13.** Double le *l* devant un *-e-* muet : *je chancelle, je chancellerai.*

chancelier n. m. Un seul *l*. Prononciation : [ʃɑ̃səlje]. De même : *chancelière* [ʃɑ̃səljɛʀ]. En revanche, deux *l* à *chancellerie* [ʃɑ̃sɛlʀi].

chandeleur n. f. Un *c* minuscule : *La chandeleur.*

changer v. t. *ou* v. i. Conjugaison et sens.

I Conjugaison. Prend un *e* après le *g* devant *a* ou *o* (conjug. **16**) : *il changea, nous changeons.* — Avec l'auxiliaire *avoir (J'ai changé le pneu de ma bicyclette. Depuis qu'il fait du sport, mon*

frère a beaucoup changé), sauf quand on veut
insister sur l'état. Dans ce cas, le verbe *changer*
conjugué avec *être* a la valeur d'un passif.
Cette conjugaison avec *être* est en fait réservée aux
cas où l'on parle d'un malade : *Depuis sa
dernière maladie, mon oncle est bien changé.*

II Changer, échanger.

1 *Echanger* ne s'emploie que s'il y a échange
volontaire : *Il veut échanger son appartement
en banlieue contre un studio situé au centre de
Paris.* Si l'échange n'est pas voulu par les deux
personnes, on emploie *changer : On a changé
mon chapeau au vestiaire du restaurant.* Ici,
échanger serait impropre.

2 A la différence de *échanger,* le verbe
changer peut exprimer l'idée de transformation : *Cette coiffure change votre visage.* Ici,
échanger est impossible.

3 On peut construire *changer* avec *de,* à la
différence de *échanger.* Le tour *changer de*
exprime l'idée de remplacement et non
d'échange *(J'ai changé de fournisseur),* sauf
quand il est suivi d'un second complément
introduit par *avec (Voulez-vous changer de place
avec moi ?).*

chanoine n. m. ▼ Ne pas dire **chamoine.*

chanson n. f. Les dérivés s'écrivent avec deux
n : chansonner, chansonnette, chansonnier.

1. chant n. m. Oeuvre musicale vocale, chanson.

2. chant n. m. Le plus petit côté d'un objet en
forme de parallélépipède. — S'emploie surtout
dans l'expression *de chant* ou *sur chant,* sur
le petit côté (par opposition à *à plat*) : *Poser
une brique de chant.* ▼ Ne pas écrire *de champ,
sur champ.*

chantefable n. f. Oeuvre littéraire médiévale. —
En un seul mot, sans trait d'union.

chantepleure n. f. Entonnoir. — En un seul mot,
sans trait d'union.

1. chanterelle n. f. Champignon.

2. chanterelle n. f. Corde d'un instrument de
musique. — *(figuré) Appuyer sur la chanterelle :* insister sur un point important ou délicat.

chanteur n. m. Sans trait d'union : *un maître
chanteur (des maîtres chanteurs).*

chanteuse, cantatrice Ces deux noms féminins
ne sont pas synonymes.

1 chanteuse Sans complément, désigne une
artiste qui chante des chansons populaires, des

airs de musique folklorique ou de musique
légère : *Sylvie Vartan est une célèbre chanteuse.*

2 cantatrice Désigne une artiste célèbre spécialisée dans la grande musique vocale, dans
l'opéra : *La Callas était une grande cantatrice.*
— Observer que, lorsqu'il y a un complément,
on emploie obligatoirement *chanteuse : Une
chanteuse d'opéra* (on ne peut dire *une *cantatrice d'opéra).* — Pour le masculin, un seul
nom : *chanteur.*

chantoung ou **shantoung** ou **shantung** [ʃɑ̃tuŋ]
n. m. Etoffe de soie. — La meilleure graphie
est *chantoung.* — Pl. : *des chantoungs* [-tuŋ].

chaos, cahot ▷ cahot.

chape n. f. Manteau. — Un seul *p.*

chapelain n. m. Un seul *p.* Un seul *l.*

chapelet n. m. Un seul *p.* Un seul *l.*

chapelier n. m. Un seul *p.* Un seul *l.*

chapelle n. f. Un seul *p.* Deux *l.*

chapellerie n. f. Un seul *p.* Deux *l.*

chapelure n. f. Un seul *p.* Un seul *l.*

chaperon n. m. Un seul *p.* — Dérivé : *chaperon-
ner* v. t. (accompagner).

chapiteau n. m. Un seul *p.* Un seul *t.*

chapitre n. m. Un seul *p.* ▼ Pas d'accent
circonflexe sur le *i.* De même : *chapitrer.*

chapon n. m. Un seul *p.* De même : *chaponnage,
chaponner.*

chaque adj. indéfini.

I Absence de forme pour le pluriel. L'adjectif
chaque ne s'emploie qu'au singulier.

II Emploi du possessif. Dire : *Chaque homme
a ses qualités et ses défauts* (et non **chaque
homme a leurs qualités et leurs défauts).*

III Accord du verbe. Le verbe qui a pour sujet
un nom accompagné de *chaque* doit toujours
être au singulier : *Chaque ville a son charme
particulier.* Il en va de même quand il y a
plusieurs sujets coordonnés ou juxtaposés :
*Chaque ville et chaque cillage a son caractère
particulier. Chaque pays, chaque province, chaque canton a ses traditions propres.*

IV Chaque, chacun. ▼ *Chaque* est adjectif et
ne doit jamais s'employer à la place du pronom
chacun. Quand il n'y a pas de substantif auquel

puisse se rapporter *chaque,* il faut employer *chacun : Ces crayons coûtent trois francs chacun* (et non *trois francs chaque*). Mais : *Chaque crayon coûte trois francs* ▷ **chacun** (III).

V **Chaque, indiquant la périodicité.**

1 Tour correct quand *chaque* est suivi d'un nom singulier : *Il vient chaque samedi. Il m'écrit chaque semaine.*

2 Tour incorrect quand *chaque* est suivi d'un nom pluriel. Dire : *Il m'écrit tous les trois jours* (et non **chaque trois jours*).

VI *Entre chaque...* **exprimant l'idée d'un intervalle dans le temps ou dans l'espace.** Ce tour est peu logique, car *entre* est normalement suivi de deux noms ou d'un nom au pluriel : *Entre Noël et le début du printemps. Entre les arbres. Entre les deux maisons.* C'est pourquoi, dans la langue surveillée, on dira : *Entre deux visites* (et non *entre chaque visite*). *Entre deux de ces allées* (et non *entre chaque allée*).

char n. m. Sans trait d'union : *char à bancs (des chars à bancs), char à bœufs (des chars à bœufs), char à foin (des chars à foin), char d'assaut (des chars d'assaut).*

charabia n. m. Pas de *-t* ni de *-s* à la fin.

charbon n. m. Les dérivés s'écrivent avec deux *n* : *charbonnage, charbonner, charbonnerie, charbonnette, charbonneux, euse, charbonnier, charbonnière.*

chardonneret n. m. Oiseau. — Ne pas dire **chardonnet.*

chariot n. m. ▼ Seul mot de la famille de *char* qui s'écrit avec un seul *r,* alors qu'on a *charrette, charrier, charroi, charron, charrue...* De même, un seul *r* dans les deux dérivés techniques de *chariot : chariotage, charioter.*

charisme n. m. Don d'origine surnaturelle. — Prononciation : [kaʀism(ə)], avec [k]. De même : *charismatique* [kaʀismatik].

charité n. f. Pas de *-e* muet à la fin.

charivari n. m. Finale en *-i,* non en **-is.*

charlatan n. m. Finale en *-an.* — Pas de forme spéciale pour le féminin : *Cette femme est un charlatan.* La forme *charlatane* est extrêmement rare et doit être évitée. — Dérivés : *charlatanerie, charlatanisme, charlataner, charlatanesque.*

charme n. m. Quand on parle d'une femme, le mot n'a pas le même sens au singulier et au pluriel.

1 **Le charme d'une femme** est son pouvoir de séduction, dû à sa beauté, à sa grâce, à son esprit.

2 **Les charmes d'une femme** sont ses appas, ses attraits physiques.

charmeresse Forme de féminin vieillie et très littéraire. Le féminin moderne et usuel de *charmeur* est *charmeuse.*

charolais, aise adj. ou n. Du Charolais : *La population charolaise. Les Charolais. — Un bœuf charolais* ou *un charolais. Une vache charolaise* ou *une charolaise. La race (bovine) charolaise.* — L'orthographe *charolais* est plus fréquente que *charollais,* qui n'est pas cependant une graphie incorrecte (vient du nom de la ville de *Charolles*).

charrette n. f. Deux *r* et deux *t.* — A l'exception de *chariot* (et *chariotage, charioter*), tous les mots de la famille de *char* s'écrivent avec deux *r : charretée, charretier, charreton* ou *charretin, charroi, charron, charronnage, charronnerie, charroyer, charroyeur, charruage, charrue.* — De même : *carriole, carrossable, carrossage, carrosse, carrosser, carrosserie, carrossier.*

charrier v. t. Conjug. **20.** Double le *i* à la première et à la deuxième personne du pluriel de l'indicatif imparfait et du subjonctif présent : *(que) nous charriions, (que) vous charriiez.*

charroyer v. t. Conjug. **21.** Change *y* en *i* devant un *e* muet : *je charroie, je charroierai.* ▼ Attention au *i* après *y* à la première et à la deuxième personne du pluriel de l'indicatif imparfait et du subjonctif présent : *(que) nous charroyions, (que) vous charroyiez.*

charrue n. f. On écrira : *Mettre la charrue devant les bœufs* (plutôt que *avant les bœufs*).

charte n. f. Ave un *G* et un *C* majuscules : *la Grande Charte* (octroyée par Jean sans Terre). Avec un *E* majuscule et un *c* minuscule : *l'École des chartes.* ▼ Ne pas dire *chartre* pour *charte* ▷ **chartre.**

charte-partie n. f. Contrat d'affrètement. — Pl. : *des chartes-parties.*

charter n. m. *(anglicisme)* Avion affrété par une agence de tourisme ou un groupe. — Prononciation : [tʃaʀtəʀ] ou mieux [ʃaʀtœʀ]. Pl. : *des charters* [-təʀ] ou [-tœʀ].

chartre n. f. *(vieux)* Prison. — Ne s'emploie plus que dans l'expression historique *en chartre privée,* dans une prison relevant d'un particulier et non de l'autorité publique. ▼ Ne pas dire *chartre* pour *charte* ▷ **charte.**

chas [ʃa] n. m. Trou d'une aiguille. — Ne pas écrire comme *chat*, animal domestique.

chasse n. f. Orthographe des expressions et construction.

1 Expressions. On écrit : *Une chasse à courre (des chasses à courre). Un fusil de chasse (des fusils de chasse). Un chien de chasse (des chiens de chasse).*

2 Chasse à..., chasse de... Le nom de l'animal qu'on chasse est normalement introduit par la préposition *à : La chasse au lièvre, au faisan, au tigre.* Cependant, comme le nom de l'animal utilisé pour poursuivre le gibier est aussi introduit par *à (Chasse au chien d'arrêt, au furet, au faucon),* on emploie parfois *de* devant le nom du gibier quand on tient à éviter absolument toute équivoque (la préposition *de* indiquant qu'il s'agit de l'animal qu'on chasse) : *La chasse de l'éléphant est sévèrement réglementée. La chasse du faucon est interdite.* — D'autre part, le nom du procédé ou de l'engin est également précédé par la préposition *à : La chasse à tir* (c'est-à-dire au fusil). *La chasse au filet. La chasse à cor et à cri* (ou *chasse à courre*).

châsse n. f. Coffre ou coffret précieux. — (expression) *Cette femme est parée comme une châsse.* — Accent circonflexe sur *a.* Prononciation : [ʃas].

chasse-abeilles n. m. inv. — Pl. : *des chasse-abeilles.*

chasse-clou n. m. — Pl. : *des chasse-clous.*

chasse-coin n. m. — Pl. : *des chasse-coins.*

chassé-croisé n. m. — Pl. *des chassés-croisés.*

chasse-fusée n. m. — Pl. : *des chasse-fusées.*

chasse-goupille n. m. — Pl. : *des chasse-goupilles.*

chasselas n. m. Raisin. — Pas de majuscule : *Du chasselas doré.* — Le *-s* final ne se prononce pas : [ʃasla].

chasse-marée n. m. inv. — Pl. : *des chasse-marée.*

chasse-mouches n. m. inv. — Pl. : *des chasse-mouches.*

chasse-neige n. m. inv. — Pl. : *des chasse-neige.*

chasse-pierres n. m. inv. — Pl. : *des chasse-pierres.*

chassepot n. m. Avec un *c* minuscule et avec le *-s* du pluriel : *un chassepot, des chassepots.* —

Avec un *C* majuscule et sans marque du pluriel : *un fusil Chassepot, des fusils Chassepot.*

chasseresse ▷ chasseur.

chasse-rivet n. m. — Pl. : *des chasse-rivets.*

chasse-roue n. m. — Pl. : *des chasse-roues.*

chasseur n. m. Deux féminins. *Chasseuse* est la forme usuelle : *Sa femme est une excellente chasseuse. Chasseresse* appartient à la langue poétique : *Diane chasseresse.*

chassie, châssis Deux paronymes.

1 La chassie [ʃasi] n. f. Sécrétion jaunâtre qui englue parfois les paupières et les cils.

2 Un châssis [ʃasi] n. m. Cadre, armature, bâti : *Un châssis métallique. Châssis d'automobile.*

chassieux, euse adj. Plein de chassie : *Des yeux chassieux.* ▼ Ne pas dire *chiasseux.*

châssis, chassie ▷ chassie.

châtaigne n. f. Orthographe et sens.

I Orthographe. Accent circonflexe sur le *a.* — Invariable comme adjectif de couleur : *Des yeux châtaigne.*

II châtaigne, marron.

1 châtaigne Terme général et normal en dehors d'un contexte culinaire ou commercial moderne : *Les écureuils mangent volontiers des châtaignes.* S'emploie, à l'exclusion de *marron,* quand on parle du fruit du châtaignier en tant qu'il constitue (ou constituait) un aliment courant des populations paysannes ou des classes pauvres : *Le petit paysan dîna d'un peu de fromage et de quelques châtaignes.* — En outre, le mot *châtaigne* désigne le fruit du châtaignier quand il y a plusieurs fruits dans chaque bogue.

2 marron Terme qui s'emploie, à l'exclusion de *châtaigne,* quand on veut désigner une grosse châtaigne ronde qui est toute seule dans son enveloppe. — D'autre part, *marron* est le seul terme usuel dans la langue commerciale moderne et dans la langue de la cuisine et de la pâtisserie, surtout s'il s'agit de désigner un mets fin ou luxueux : *Dinde aux marrons. Gâteau aux marrons. Crème, purée de marrons. Marrons glacés.* On dit presque toujours *confiture de marrons* (rarement *confiture de châtaignes*). On dit toujours : *Marchand de marrons. Chauds les marrons !* (expressions consacrées). — On dit toujours *marron d'Inde* ou *marron,* fruit non comestible du *marronnier d'Inde,* arbre qui est d'une autre famille que le châtaignier.

châtaigneraie n. f. Accent circonflexe sur le *a*.

châtaignier n. m. Accent circonflexe sur le *a*.
▼ Prend un *i* après le groupe *-gn-*.

châtain Pour ce qui concerne l'invariabilité de l'adjectif, l'usage est resté longtemps flottant. Les grammairiens recommandaient de laisser *châtain* invariable : *Des cheveux châtain. Des fillettes châtain. Des tresses châtain.* Cette recommandation est périmée. Elle est en contradiction avec l'usage courant des bons écrivains. On peut, pour la langue actuelle, poser les règles suivantes.

1 *Châtain* peut s'accorder en nombre et en genre quand il est employé seul : *Un enfant châtain. Des cheveux châtains. Une chevelure châtaine. Des tresses châtaines.* ▼ Ne pas employer **châtaigne* comme féminin.

2 *Châtain* doit rester invariable quand il est suivi d'un autre adjectif qui modifie le sens : *Des tresses châtain clair* (pas de trait d'union, car *clair* n'est pas un adjectif de couleur). *Des chevelures châtain-roux* (trait d'union, parce que *roux* est un adjectif de couleur).

chat-cervier n. m. — Pl. : *des chats-cerviers.*

château n. m. Accent circonflexe sur le *a*. — Sans trait d'union : *château fort (des châteaux forts).* — Pas de majuscule au mot *château* entrant dans la désignation d'un vin de la région de Bordeaux : *Un verre de château-yquem.*

chateaubriand ou **châteaubriant** n. m. Tranche épaisse de bœuf. — Les deux orthographes sont admises. La graphie *chateaubriand* semble plus fréquente. — Abréviation familière : *château.*

châtelain, aine n. m. *ou* f. Accent circonflexe sur le *a*.

châtelet n. m. Accent circonflexe sur le *a*.

châtellenie [ʃatɛlni] n. f. — Accent circonflexe sur *a* et deux *l*.

chat-huant [ʃaɥɑ̃] n. m. — Pl. : *des chats-huants.*

châtier v. t. Accent circonflexe sur *a*. — Conjug. **20.** Double le *i* à la première et à la deuxième personne du pluriel de l'indicatif imparfait et du subjonctif présent : *(que) nous châtiions, (que) vous châtiiez.*

chatière n. f. Un seul *t*.

châtiment n. m. Accent circonflexe sur *a*. — Pas de *e* après le *i*.

1. chaton n. m. Jeune chat ; inflorescence de certains plantes : *Les chatons du noisetier.* — Un seul *t*.

2. chaton n. m. Partie renflée d'une bague. — Un seul *t*.

chatonner v. i. *La chatte a chatonné,* a mis bas des chatons. — *Le saule chatonne,* se couvre de chatons. — Un seul *t*, deux *n*.

chatouiller v. t. Attention au *i* après le groupe *-ill-* à la première et à la deuxième personne du pluriel de l'indicatif imparfait et du subjonctif présent : *(que) nous chatouillions, (que) vous chatouilliez.*

chatoiement [ʃatwamɑ̃] n. m. ▼ Un *e* après le groupe *-oi-*.

chatoyer v. i. Conjug. **21.** Remplace le *y* par *i* devant un *e* muet et se conjugue comme *charroyer* ▷ **charroyer.**

châtrer v. t. Un accent circonflexe.

chatte n. f. Femelle du chat. — Deux *t*. — De même : *chattemite* n. f. (personne doucereuse), *chatterie* n. f. (douceur, friandise).

chat-tigre n. m. — Pl. : *des chats-tigres.*

chaud-froid n. m. Mets préparé à chaud avec une sauce et servi froid : *Un chaud-froid de poulet.* — Pl. : *des chauds-froids.* ▼ Il existe un paronyme, familier, *un chaud et froid,* qui désigne un refroidissement susceptible d'entraîner une maladie : *J'ai attrapé un chaud et froid et je me suis enrhumé.*

chauffe-assiettes n. m. inv. — Pl. : *des chauffe-assiettes.*

chauffe-bain n. m. — Pl. : *des chauffe-bains.*

chauffe-eau n. m. inv. — Pl. : *des chauffe-eau.*

chauffe-lit n. m. — Pl. : *des chauffe-lits.*

chauffe-pieds n. m. inv. — Pl. : *des chauffe-pieds.*

chauffe-plats n. m. inv. — Pl. : *des chauffe-plats.*

chauffer v. t. Deux *f*. De même : *chauffage, chauffant, ante, chauffard, chaufferette, chaufferie, chauffeuse, chauffoir.*

chaumer v. t. *Chaumer un champ,* en enlever le chaume. (Ne pas écrire comme **chômer** « ne pas travailler »). — Dérivé : *chaumage* n. m. Action d'enlever le chaume. ▼ Ne pas écrire comme **chômage** « privation de travail, absence d'emploi ».

chausse-pied n. m. — Pl. : *des chausse-pieds.*

chausse-trape ou **chausse-trappe** Les deux graphies sont admises, mais *chausse-trappe* (avec deux *p*) est à préférer (décision de l'Académie de 1961). — Pl. : *des chausse-trappes* (ou *des chausses-trapes).* ▼ Toujours féminin : *Une chausse-trappe particulièrement dangereuse.*

chaut ▷ **chaloir.**

chauve-souris n. f. — Pl. : *des chauves-souris.*

chebec ou **chebek** [ʃəbɛk] ou **chébec** [ʃebɛk] n. m. Navire. — La forme à préférer est *chébec.*

check-list n. f. *(anglicisme)* Dans l'aéronautique, liste des vérifications et des réglages à effectuer. — Prononciation : [tʃɛklist] ou [ʃɛklist]. — Pl. : *des check-lists* [-list]. ▼ Le mot est féminin en français : *Une check-list très longue.*

check-up n. m. inv. *(anglicisme)* Examen médical complet. — Prononciation : [ʃɛkœp]. — Pl. : *des check-up.*

chef n. m. Féminin et composés.

I Féminin. Ce mot n'a pas de féminin. La forme *cheffesse* est populaire et doit être évitée. — Le mot *cheftaine,* emprunté à l'anglais *chieftain,* ne s'emploie que chez les scouts. — Eviter de dire *la chef* (tour populaire). On dit *le chef,* même quand on parle d'une femme : *C'est Mme Durand qui est le chef d'atelier. Voyez mon chef de service, Mme Martin.*

II Composés.

1 Les expressions avec *en chef* s'écrivent sans trait d'union : *un ingénieur en chef (des ingénieurs en chef).*

2 Quand *chef* précède, pas de trait d'union : *un chef mécanicien (des chefs mécaniciens).*

3 Quand *chef* suit l'autre nom, un trait d'union : *un sergent-chef (des sergents-chefs).*

chef-d'œuvre n. m. Prononciation : [ʃɛdœvʀ(ə)], au pluriel comme au singulier. — Pl. : *des chefs-d'œuvre.* — En principe, on évite de dire *le meilleur, le plus beau... chef-d'œuvre d'un artiste,* car le *chef-d'œuvre* d'une personne, c'est celle de ses œuvres qui est la meilleure, la plus belle, etc.

chef-lieu n. m. Prononciation : [ʃɛfljø], au pluriel comme au singulier. — Pl. : *des chefs-lieux.*

chelem ou **schelem** ou **schlem** n. m. (terme de bridge) Quelle que soit l'orthographe, se prononce [ʃlɛm]. La graphie à préférer est *chelem.* Pl. : *des chelems* [ʃlɛm].

chemin n. m. Au singulier dans *voleur de grand chemin, par voie et par chemin.* Pas de trait d'union dans *chemin de croix, chemin de table.*

chemin de fer n. m. On écrira plutôt *voyager par chemin de fer* ou *par le train,* et non *en chemin de fer.* Le chemin de fer est, proprement, la voie ferrée, on n'est pas *dans* une voie ferrée. — On dit *prendre le train* plutôt que *prendre le chemin de fer.*

chemineau, cheminot Deux noms homophones mais non homographes.

1 chemineau Vagabond.

2 cheminot Employé des chemins de fer (terme semi-familier, non officiel).

chenal, chenaux, chéneau, chêneau Des mots à bien distinguer.

1 Un chenal [ʃənal], **des chenaux** [ʃəno] n. m. Partie profonde et navigable d'un fleuve, d'une rade, etc. : *Le chenal de l'estuaire de la Seine.* — Canal amenant l'eau à un moulin.

2 Un chéneau, des chéneaux [ʃeno] n. m. Conduit placé au bas d'un toit et servant à recueillir les eaux de pluie. — Synonyme : *gouttière.* ▼ S'écrit avec un accent aigu sur le *e,* lequel se prononce fermé [e].

3 Un chêneau, des chêneaux [ʃɛno] n. m. Jeune chêne : *Dans cinquante ans, ces chêneaux seront des chênes magnifiques.* ▼ S'écrit avec un accent circonflexe sur le *e,* lequel se prononce ouvert [ɛ].

chêne n. m. Arbre. — Attention à l'accent circonflexe. — Ne pas écrire comme *chaîne,* suite d'anneaux. — Avec un trait d'union : *chêne-liège (des chênes-lièges).* — Sans trait d'union : *chêne vert (des chênes verts), chêne noir (des chênes noirs), chêne blanc (des chênes blancs).*

chenet n. m. Accessoire de cheminée. — Ne pas déformer en **chênet* (aucun rapport avec *chêne).*

chenil n. m. Le *-l* final est muet. Prononcer : [ʃəni]. — Le *-s* se lie au pluriel : *des chenils immenses* [ʃənizimɑ̃s].

chenu, ue [ʃəny, y] adj. *(vieilli et très littéraire)* Blanchi par l'âge : *Une tête chenue.*

cheptel n. m. La prononciation [ʃɛptɛl], due à l'influence de l'orthographe, est admise de nos jours. On pourra cependant préférer la prononciation [ʃətɛl], plus traditionnelle.

cher, chère S'accorde en nombre et en genre dans l'emploi adjectif : *Ces livres sont chers. Cette robe est chère. Des fourrures chères.* — Toujours invariable dans l'emploi adverbial : *Ces robes coûtent cher. Ces émeraudes valent cher. Nous avons payé ces tapisseries très cher.*

cher, chère, Cher ▷ chair.

chercher v. t. Constructions.

1 Chercher après Tour à éviter. Dire : *Je cherche le chef de service* (et non *après le chef de service*) ▷ après.

2 Chercher à, suivi de **l'infinitif.** Tour usuel et correct : *Je cherche à comprendre.* Le tour *chercher de,* suivi de l'infinitif, est très rare et archaïque.

3 Chercher que, suivi du **subjonctif.** Tour rare et peu recommandé. Tourner autrement. Par exemple, dire : *Je cherche à me faire comprendre* (plutôt que *je cherche qu'on me comprenne*). ▼ Eviter à plus forte raison la construction *chercher à ce que.*

4 Je lui cherche un logement. Je cherche un logement pour mon ami. Le verbe *chercher* peut se construire avec un pronom complément second sans préposition : *Il me cherche un logement. Je te chercherai un appartement. Je lui cherchais un emploi. Il va nous chercher un taxi. Je leur ai cherché une villa à louer.* — Avec un substantif complément second, se construit avec *pour* plutôt qu'avec *à : Je cherche un logement pour mon ami* (mieux que *Je cherche un logement à mon ami*).

chère n. f. ▼ On écrit *faire bonne chère* (bien manger, et non **faire bonne chair* ▷ chair.

chérif, shérif Deux noms homophones qui se prononcent [ʃeʁif].

1 chérif (rarement écrit *schérif*) Souverain musulman. — Pl. : *des chérifs.* — Dérivé : *chérifien, ienne* adj. *(L'empire chérifien,* le Maroc. *La monarchie chérifienne,* la monarchie marocaine).

2 shérif (adaptation de l'anglais *sheriff*) Officier de justice, dans les pays de langue anglaise. — Pl. : *des shérifs* [-ʁif].

cherry, sherry Deux noms masculins homophones, d'origine anglaise, qui désignent des boissons. Se prononcent tous les deux [ʃeʁi].

1 cherry ou **cherry-brandy** [ʃeʁibʁãdi] Liqueur faite avec des cerises. — Pl. : *des cherries* [-ʁi] ou *des cherry-brandies* [-di].

2 sherry Dénomination anglaise du vin de Xeres (Espagne). — Pl. : *des sherries* [-ʁi].

chester n. m. Fromage anglais. — Pas de majuscule : *Un morceau de chester.* — Prononciation : [ʃɛstɛʁ] — Pl. : *des chesters* [-tɛʁ].

chevaine ou **chevesne** [ʃ(ə)vɛn] ou **chevenne** n. m. Poisson. — Les trois graphies sont admises. *Chevaine* et *chevesne* sont les plus usitées. *Chevenne* est plus rare.

cheval-arçons n. m. Invariable : *des cheval-arçons.* ▼ Ne pas dire *cheval d'arçons,* forme critiquée.

cheval-vapeur n. m. — Pl. : *des chevaux-vapeur.* — S'abrège usuellement en *cheval : Un moteur de 5 chevaux.* — Symbole *ch* quand il s'agit de la puissance réelle : *La puissance réelle du moteur de cette voiture est de 110 ch exactement.* — Symbole *CV* quand il s'agit du *cheval fiscal* (ou simplement *cheval*), unité de puissance conventionnelle (sans rapport avec le cheval-vapeur) qui sert au calcul des taxes sur l'automobile : *Quel est le prix de la vignette pour une voiture de 7 CV neuve ?* — Pour désigner une voiture, on écrit, avec un trait d'union : *une deux-chevaux, une cinq-chevaux,* etc.

chevaucher On évitera l'emploi de la forme pronominale, qui n'ajoute rien au sens. Dire : *Ses dents chevauchent* (et non *Ses dents se chevauchent*). *Les tuiles chevauchent* (et non *se chevauchent*). — On évitera aussi *chevaucher sur* employé abusivement au lieu de la forme transitive directe. Dire : *Il s'assit en chevauchant la chaise* (et non *en chevauchant sur la chaise*). *La forêt chevauche la frontière* (et non *chevauche sur la frontière*).

chevau-léger n. m. Autrefois, cavalier de la garde royale. — Pl. : *des chevau-légers* (plutôt que *des chevaux-légers*).

chevêche n. f. Petite chouette. — Accent circonflexe sur le deuxième *e*.

chevenne, chevesne ▷ chevaine.

cheviotte Etoffe. — Deux *t.* — Féminin : *De la cheviotte fine.*

chèvre n. f. Accent grave, et non accent circonflexe.

chèvrefeuille Plante. — En un seul mot, sans

trait d'union. — Toujours masculin : *Un chèvrefeuille odorant.*

chèvre-pied n. m. Faune, satyre. — En deux mots, avec trait d'union. — Pl. : *des chèvre-pieds.*

chevreter [ʃəvRəte] ou **chevretter** [ʃəvRɛte] v. i. *La chèvre chevrète* ou *chevrette*, met bas. — *Chevreter* change le deuxième *e* en *è* devant un *e* muet : *elle chevrète, elle chevrètera*, mais *elle chevretait, elle chevreta.* — On rencontre aussi les formes *chevreauter* et *chevroter* ▷ chevroter.

chevron n. m. Les dérivés s'écrivent avec deux *n* : *chevronné, ée ; chevronner.*

chevroter v. i. Un seul *t.* — *La voix chevrote.* — *La chèvre chevrote* ou *chevrète* ou *chevrette*, met bas ▷ chevreter. On dit aussi *chevreauter.*

chevrotine n. f. Gros plomb pour la chasse. — Un seul *t.*

chewing-gum n. m. Anglicisme qui désigne la gomme à mâcher. — Prononciation : [ʃwiŋɡɔm]. — Pl. : *des chewing-gums* [-ɡɔm].

chez prép. Emploi et expression.

1 S'emploie avec un nom de personne : *Je vais chez le coiffeur. Je l'ai rencontré chez mon voisin.* Avec un nom de lieu, on emploie *à : Je vais à la poste. Il m'attendait à la gare.* ▼ Ne pas dire *Je vais au coiffeur* ▷ à (III, 1).

2 L'expression *le chez-soi*, « le logis, le foyer », est invariable et s'écrit avec un trait d'union.

chianti n. m. Vin italien. — Prononciation : [kjãti]. — Sans majuscule : *Une bouteille de chianti* (mais *le vin de Chianti*). — Invariable : *Ces chianti sont excellents.*

chiasma, chiasme Deux noms masculins paronymes.

1 chiasma [kjasma] Croisement des deux nerfs optiques.

2 chiasme [kjasm(ə)] Figure de style.

chic adj. Normalement invariable : *Des robes très chic.* — Certains auteurs recommandent l'accord en nombre et l'invariabilité en genre : *Des gens chics. Une toilette chic. Des toilettes chics.* Cet usage n'est pas le meilleur. Eviter, en tout cas, la forme féminine **chique.*

chicane n. f. Un seul *n.* De même : *chicaner ; chicanerie ; chicaneur, euse ; chicanier, ière.*

chiendent n. m. Plante. — Prononciation : [ʃjɛ̃dã].

chienlit n. f. *(familier)* Manifestation scandaleuse, spectacle honteux. — Prononciation : [ʃjãli].

chien-loup n. m. — Pl. : *des chiens-loups.*

chiffe n. f. Chiffon. — Deux *f.* — *(familier) Mou comme une chiffe*, très mou. ▼ Ne pas dire *mou comme une chique*, déformation populaire de l'expression.

chiffon n. m. Deux *f.* — Deux *n* dans les dérivés : *chiffonnage, chiffonné, chiffonnement, chiffonner, chiffonnier.*

chiffre n. m. Orthographe, sens et emplois.

1 Deux *f.* De même : *chiffrage, chiffré, chiffrement, chiffreur, chiffrier.* — Ecrire, au singulier, *en chiffre rond*, plutôt que *en chiffres ronds.*

2 Dans le langage courant, *chiffre* est parfois employé au sens de *nombre : La circulation sur l'autoroute a atteint le chiffre record de 70 000 voitures pour la journée d'hier.* Cet emploi est à éviter dans le langage scientifique. — Observer qu'il faut toujours employer *chiffre* (et non *nombre*) pour dire « le montant d'une somme » : *Le chiffre des dépenses approche de 350 000 francs.* — On dit toujours *le chiffre d'affaires.*

3 Chiffres **arabes** et chiffres **romains** ▷ annexes.

chimpanzé n. m. Attention au *m* et au *z.*

chinchilla n. m. Prononciation : [ʃɛ̃ʃila], avec [l] et non avec [j]. — Pl. : *des chinchillas* [-la].

chine Avec un *C* majuscule, *de la porcelaine de Chine*, mais, avec un *c* minuscule, *la chine* ou *le chine*, porcelaine de Chine *(Un vase de vieille chine* ou *de vieux chine)*, et *une chine* ou *un chine*, objet en porcelaine de Chine *(Une belle chine de l'époque Ming. Une collection de chines anciens).* De nos jours, dans ce sens, le masculin semble l'emporter. — De même, avec *c* minuscule, *du chine*, du papier de luxe : *Un exemplaire de luxe imprimé sur chine. Un chine soyeux.* — De même : *du thé de Chine*, mais *du chine.*

chinois, oise adj. *ou* n. Attention à la majuscule : *La population chinoise. Les Chinois.* — N. m. *Le chinois :* langue parlée en Chine. — N. m. *Un chinois :* petite orange verte ; ustensile de cuisine.

chintz n. m. Toile d'ameublement. — Pl. : *des chintz.* — Prononciation : [ʃints], au pluriel comme au singulier.

chiper v. t. *(familier)* Voler. — Un seul *p.*

chipie n. f. *(familier)* Femme méchante. — Un seul *p.*

chipolata n. f. Saucisse. — Prononciation : [ʃipɔlata]. — Pl. : *des chipolatas* [-ta].

chipoter v. t. *ou* v. i. Un seul *p,* un seul *t.* — De même : *chipotage, chipotier, ière* ou *chipoteur, euse.*

chips *Des pommes chips* ou *des chips.* Prononciation : [ʃips], plutôt que [tʃips]. — Toujours au pluriel. — L'usage hésite sur le genre. Si l'on dit toujours, bien évidemment, *ces pommes chips sont délicieuses* (accord avec *pommes*), on peut en revanche dire : *ces chips sont délicieux* ou *délicieuses.* Le féminin cependant l'emporte largement de nos jours.

chique n. f. ▼ Ne pas dire *mou comme une chique* mais *mou comme une chiffe* ▷ chiffe.

chiro- Préfixe (du grec *kheir, kheiros* « main »), qui entre dans la formation de mots savants. — Dans les mots en *chiro-,* le *ch-* initial se prononce [k] : *chirographaire* [kiʀɔgʀafɛʀ], *chiromancie* [kiʀɔmɑ̃si], *chiromancien, ienne* [kiʀɔmɑ̃sjɛ̃, jɛn], *chironome* [kiʀɔnɔm], *chironomie* [kiʀɔnɔmi], *chiropracteur* [kiʀɔpʀaktœʀ], *chiropractie* [kiʀɔpʀakti] ou *chiropraxie* [kiʀɔpʀaksi], *chiroptères* [kiʀɔptɛʀ] ou *chéiroptères* [keiʀɔptɛʀ].

chirurgie n. f. Le *ch-* initial se prononce [ʃ]. De même, dans les dérivés : *chirurgical, ale, aux* [ʃiʀyʀʒikal, al, o], *chirurgien, ienne* [ʃiʀyʀʒjɛ̃, jɛn].

chirurgien-dentiste n. m. — Pl. : *des chirurgiens-dentistes.* — Pas de féminin : *Mme Marie-Louise Dupont, chirurgien-dentiste. Cette femme est chirurgien-dentiste.*

chitine n. f. (terme de zoologie). Prononciation : [kitin], avec [k]et non [ʃ]. De même *chitineux, euse* [kitinø, øz].

chiton n. m. Tunique des Grecs de l'Antiquité ; mollusque marin. — Prononciation : [kitɔ̃].

chlamyde n. f. Manteau des Grecs de l'Antiquité. — Prononciation : [klamid]. — Attention à l'*y.* — Attention au paronyme *cnémide* n. f. (jambière portée par les guerriers grecs).

chlore n. m. Prononciation : [klɔʀ]. De même : *chloral* [klɔʀal], *chlorate* [klɔʀat], *chloré, ée* [klɔʀe, e], *chlorhydrate* [klɔʀidʀat], *chlorhydrique* [klɔʀidʀik], *chlorique* [klɔʀik],

chloroforme [klɔʀɔfɔʀm], *chloroformer* [klɔʀɔfɔʀme], *chlorométrie* [klɔʀɔmetʀi], *chloropicrine* [klɔʀɔpikʀin], *chlorure* [klɔʀyʀ], *chloruré, ée* [klɔʀyʀe, e], *chlorurer* [klɔʀyʀe].

chlor(o)- Radical ou suffixe (du grec *khlôros* « vert ») qui entre dans la formation de mots savants. Le *ch-* initial se prononce toujours [k] : *chlorophycées* [klɔʀɔfise], *chlorophylle* [klɔʀɔfil], *chlorophyllien, ienne* [klɔʀɔfiljɛ̃, jɛn], *chloroplaste* [klɔʀɔplast], *chlorose* [klɔʀoz], *chlorotique* [klɔʀɔtik].

chocolat Comme adjectif de couleur, toujours invariable : *Des peintures chocolat.*

choéphore n. f. Dans la Grèce antique, porteuse d'offrandes destinées à honorer les morts. — Prononciation : [kɔefɔʀ].

chœur n. m. Groupe de chanteurs ; partie d'une église. — Ne pas écrire comme *cœur,* organe de la circulation sanguine.

choir v. i. Conjug. 60. Verbe vieilli et défectif. Indicatif présent : *je chois, tu chois, il choit, ils choient* (autres personnes inusitées). — Indicatif imparfait inusité. — Indicatif passé simple : *je chus, tu chus, il chut, nous chûmes, vous chûtes, ils churent.* — Indicatif futur : *je choirai, tu choiras, il choira, nous choirons, vous choirez, ils choiront,* ou *je cherrai, tu cherras, il cherra, nous cherrons, vous cherrez, ils cherront* (type *je cherrai* plus archaïque que *je choirai*). — Conditionnel présent : *je choirais, tu choirais, il choirait, nous choirions, vous choiriez, ils choiraient,* ou *je cherrais, tu cherrais, il cherrait, nous cherrions, vous cherriez, ils cherraient* (type *je cherrais* plus archaïque que *je choirais*). — Impératif présent inusité. — Subjonctif présent inusité. — Subjonctif imparfait : *qu'il chût* (autres personnes inusitées). — Infinitif présent : *choir.* — Participe passé : *chu, chue.* — Dans la pratique, on emploie seulement l'infinitif *choir* et les temps composés : *j'ai chu, j'avais chu,* etc. — Ce verbe signifie « tomber ». Il appartient exclusivement à la langue littéraire.

chol(é)- Radical ou suffixe (du grec *kholê* « bile »), qui entre dans la formation de mots savants. Le *ch-* initial se prononce toujours [k] : *cholagogue* [kɔlagɔg], *cholécystectomie* [kɔlesistɛktɔmi], *cholécystite* [kɔlesistit], *cholécystographie* [kɔlesistɔgʀafi], *cholécystotomie* [kɔlesistɔtɔmi], *cholédoque* [kɔledɔk], *cholémie* [kɔlemi], *cholérétique* [kɔleʀetik], *cholurie* [kɔlyʀi].

choléra n. m. Maladie. Prononciation : [kɔleʀa]. On distingue le *choléra* proprement dit ou *choléra asiatique* ou *choléra morbus* [kɔleʀamɔʀbys], maladie très grave, souvent mortelle, et le *choléra nostras* [kɔleʀanɔstʀas], diarrhée saisonnière, due au colibacille. — Dérivés : *cholériforme* [kɔleʀifɔʀm] ; *cholérine* [kɔleʀin] ; *cholérique* [kɔleʀik] adj. *ou* n. Qui relève du choléra ; qui est atteint du choléra. Ne pas écrire comme *colérique* « porté à la colère ».

cholestérol n. m. Substance présente dans l'organisme. — Prononciation : [kɔlɛsteʀɔl].

cholurie ▷ chol(é).

chômage, chaumage et **chômer, chaumer** ▷ chaumer.

chondro- Préfixe (du grec *khondros* « cartilage »), qui entre dans la formation de mots savants. Le *ch-* initial se prononce [k] : *chondroblaste* [kɔ̃dʀɔblast], *chondromatose* [kɔ̃dʀɔmatoz], *chondrosarcome* [kɔ̃dʀɔsaʀkom], *chondrostome* [kɔ̃dʀɔstom].

chopine n. f. Petite bouteille. — Un seul *p*, un seul *n*. De même : *chopiner, chopinette.*

choqué, se choquer La meilleure construction est *que* suivi du subjonctif : *Je suis choqué qu'il ait refusé de nous voir.* A préférer à *Je suis choqué de ce qu'il a* (ou *de ce qu'il a*) *refusé de nous voir.* On peut aussi, et c'est la solution la plus élégante, employer *de voir, d'apprendre, de savoir que,* suivi de l'indicatif : *Je suis choqué de voir qu'il refuse de nous aider. Elle s'est choquée de savoir que nous refusions notre accord.*

choral, chorale, chorals, choraux [kɔʀal, kɔʀo] Bien distinguer les mots suivants.

1 choral, ale, aux adj. Qui se caractérise par l'emploi des chœurs, qui est destiné à être chanté par des chœurs : *Le lyrisme choral. La poésie chorale. Des œuvres chorales. Un chant choral.* — Masculin pluriel en *-aux : Des chants choraux.*

2 Un choral n. m. Cantique protestant. — Masculin pluriel en *-als : Des chorals luthériens.*

3 Une chorale n. f. Société de chanteurs qui chantent en chœur : *Des chorales populaires.*

chorée n. f. Maladie nerveuse. — Prononciation : [kɔʀe].

chorège n. m. A Athènes, dans l'Antiquité, citoyen qui prenait à sa charge les frais d'un concours dramatique ou musical. — Prononciation : [kɔʀɛʒ]. De même : *chorégie* [kɔʀeʒi], *chorégique* [kɔʀeʒik].

chorégraphie n. f. Prononciation : [kɔʀegʀafi]. De même : *chorégraphe* [kɔʀegʀaf], *chorégraphique* [kɔʀegʀafik].

choreute n. m. Choriste du théâtre grec antique. — Prononciation : [kɔʀøt].

choriste n. m. *ou* f. Prononciation : [kɔʀist(ə)].

chorizo n. m. Saucisson espagnol. — Mot espagnol à la prononciation incomplètement francisée : [tʃɔʀizo]. Pl. : *des chorizos* [-zo].

choroïde n. f. Membrane de l'œil. — Prononciation : [kɔʀɔid].

chorus n. m. *(jazz)* Solo de jazz improvisé. — Prononciation : [kɔʀys]. Pl. : *des chorus* [-ʀys].

chose Expressions (orthographe et questions d'accord).

1 On écrit, avec *-s, beaucoup de choses, état de choses, toutes choses égales* et, sans *-s, peu de chose.*

2 Grand-chose. Avec un trait d'union et sans article. N'est usité que dans une phrase négative : *Il reste à payer soixante-deux francs, ce n'est pas grand-chose. Il n'y a pas grand-chose d'intéressant dans ce livre.* — (populaire) *Un pas-grand-chose, une pas-grand-chose :* un homme, une femme sans moralité. ▼ Ne pas écrire comme *une grande chose* (avec l'article) : *C'est une grande chose que la solidarité. Ce n'est pas une grande chose que le succès mondain.*

3 Certaines expressions sont de genre neutre et entraînent obligatoirement l'emploi de l'adjectif au masculin singulier. Ce sont *autre chose de, quelque chose de, peu de chose de, pas grand-chose de : Avez-vous autre chose de nouveau à me dire ?* (et non **de nouvelle*). *Il y a quelque chose d'important dans son rapport* (et non **d'importante*). *Il y a peu de chose de nouveau* (et non **de nouvelle*). *Je n'ai pas vu quelque chose d'intéressant* (et non **d'intéressante*). ▼ *Quelque chose (que)* entraîne l'accord quand l'expression signifie « quelle que soit la chose (que) » : *Quelque chose que vous ayiez faite pour lui, il ne vous en saura aucun gré.*

4 C'est chose faite Forme plus fréquente que *c'est une chose faite* (qui est aussi une forme correcte) : *Vous vouliez que j'en parle au directeur, c'est chose faite* (= c'est fait).

chott n. m. En Afrique, lac salé. — Pl. : (français) : *des chotts* [ʃɔt].

chou n. m. Plante potagère. — Pl. : *des choux,* avec un *x.*

1 Avec *choux* au pluriel : *soupe aux choux.* — Avec *chou* au singulier : *faire chou blanc, bête comme chou.*

2 Sans trait d'union : *chou cabus, chou quintal, chou pommé, chou de Milan, chou cavalier, chou de Bruxelles, chou marin.* — Avec un trait d'union : *chou-fleur, chou-navet, chou-rave, chou-palmiste.*

chouan n. m. Le féminin, assez rare, *chouanne* s'écrit avec deux *n,* comme les dérivés *chouanner, chouannerie.*

choucas n. m. Oiseau. — Prononciation : [ʃuka], le *-s* se ne prononce pas.

chouchou n. m. Le fémin est *chouchoute.* — Au pluriel *des chouchous, des chouchoutes.*

choucroute n. f. ▼ Ne pas écrire **choucroûte.* Aucun rapport étymologique avec *chou* ni avec *croûte.*

chou-fleur n. m. — Pl. : *des choux-fleurs.*

chou-navet n. m. — Pl. : *des choux-navets.*

chou-palmiste n. m. — Pl. : *des choux-palmistes.*

chou-rave n. m. Pl. : *des choux-raves.*

chow-chow n. m. Chien. — Prononciation : [ʃoʃo]. — Pl. : *des chows-chows* [-ʃo].

choyer v. t. Conjug. **21.** Remplace *y* par *i* devant un *e* muet : *je choie, tu choies, il choie, je choierai, je choierais,* mais *nous choyons, vous choyez, je choyais, je choyai.* ▼ Attention au *i* après l'*y* à la première et à la deuxième personne du pluriel de l'indicatif imparfait et du subjonctif présent : *(que) nous choyions, (que) vous choyiez.*

chrême n. m. (terme de liturgie) *Le saint chrême.* — Ne pas écrire comme *la crème.* — Prononciation : [kʀɛm].

chrestomathie n. f. Recueil de morceaux choisis. ▼ La bonne prononciation est [kʀɛstɔmati], et non [kʀɛstɔmasi].

christ [kʀist(ə)] n. m. Comme nom commun et sans majuscule, désigne un objet de piété, une statue, un tableau. Dans ce cas, prend la marque du pluriel : *Des christs d'ivoire.*

chrom- Dans tous les mots commençants par *chrom-,* le *ch-* initial se prononce [k] : *chro-*

mage, chromate, chromatine, chromatique, chromatisme, chromatographie, chrome, chromé, chromer, chromique, chromisation, chromiser, chromiste, chromo, chromogène, chromolithographie, chromosome, chromosomique, chromosphère, chromotypie, chromotypographie...

chrome n. m. Métal. — Se prononce toujours avec un *o* fermé [kʀom], mais s'écrit sans accent circonflexe. — Les dérivés (*chromage, chromate, chromé,* etc.) s'écrivent eux aussi sans accent circonflexe. Dans ces dérivés, le *ch-* initial se prononce toujours [k], comme dans tous les mots en *chrom-.* En revanche, il y a un certain flottement dans la prononciation du *o* : *chromage* [kʀɔmaʒ] ou [kʀomaʒ], etc.

chromo Abréviation de *chromolithographie.* — Attention au genre.

1 La chromo La chromolithographie, procédé de reproduction : *La chromo est employée notamment pour la reproduction des affiches.*

2 Un chromo Une chromolithographie, estampe obtenue par ce procédé. ▼ la forme abrégée *chromo* est généralement péjorative dans ce sens *2* (mais non dans le sens *1*) : *Une chambre ornée de mauvais chromos aux couleurs criardes.*

chron(o)- Radical ou préfixe (du grec *khronos* « temps »). Dans les mots en *chron-, chrono-,* le *ch-* se prononce toujours [k] : *chronaxie, chronicité, chronique, chroniquement, chroniqueur, chronographe, chronologie, chronologique, chronologiquement, chronométrage, chronomètre, chronométrer, chronométreur, chronométrie, chronophotographie,* etc.

chrono n. m. Abréviation familière de *chronomètre.* — Pl. : *des chronos.*

chronométrer v. t. Conjug. **11.** Change *é* en *è* devant un *e* muet, sauf à l'indicatif futur et au conditionnel présent : *je chronomètre,* mais *je chronométrerai.*

chrysalide [kʀizalid] n. f. Attention au *ch-* initial et à la place de l'*y* et de l'*i.*

chrysanthème [kʀizɑ̃tɛm] Toujours masculin : *Un très beau chrysanthème.* — Attention au *ch-* initial, à l'*y* et au *-th-.*

chryséléphantin, ine [kʀizelefɑ̃tɛ̃, in] adj. *Statue chryséléphantine,* faite d'or et d'ivoire.

chryso- Préfixe (du grec *khrusos* « or »), qui entre dans la formation de mots savants. — Le *ch-* initial se prononce [k] : *chrysobéryl* [kʀizɔbeʀil] n. m. (pierre précieuse), *chrysocal* ou *chrysocale* [kʀizɔkal] n. m., *chrysolithe* ou *chrysolite* [kʀizɔlit] n. f., *chrysoprase* [kʀizɔpʀaz] n. f.

chtonien, ienne adj. *Divinité chtonienne, dieu chtonien*, de la terre, du monde souterrain. — Prononciation : [ktɔnjɛ̃, jɛn].

chuchoter v. i. *ou* v. t. Un seul *t*. De même : *chuchotage, chuchotant, chuchotement, chuchoterie, chuchoteur, chuchotis.*

chute n. f. ▼ Pas d'accent circonflexe sur le *u*.

chuter v. i. Pas d'accent circonflexe sur le *u*. — Mot acceptable dans le langage du jeu (au bridge notamment). ▼ A éviter dans le langage général au sens de « tomber ». Dire par exemple : *Je suis tombé en descendant du train* (et non *j'ai chuté*). *La température est tombée brusquement* (et non *a chuté*).

chyle, chyme Deux noms masculins paronymes.

1 chyle [ʃil] Liquide blanc contenu dans l'intestin grêle et qui est le résultat de la digestion intestinale. — Dérivé : *chylifère* [ʃilifɛʀ].

2 chyme [ʃim] Substance qui est le résultat de la digestion des aliments par l'estomac.

chypriote, cypriote adj. *ou* n. De nos jours, la forme *chypriote* tend à l'emporter nettement sur *cypriote*, car elle est plus proche du nom *Chypre : La population chypriote. Les Chypriotes.* Cependant on dit plutôt *le cypriote* (rarement *le chypriote*) quand on désigne le dialecte grec, très archaïque, parlé à Chypre dans l'Antiquité.

1. ci pron. démonstratif (forme écrasée de *ceci*). Ne s'emploie que dans deux cas.

1 Comme ci comme ça. Tant bien que mal, plutôt mal que bien : *Comment allez-vous ? — Comme ci comme ça* (nettement familier).

2 En corrélation avec *ça*. Dans des expressions telles que : *Toi, fais ci, toi, fais ça* (familier).

2. ci adv. et particule (forme réduite de *ici*) Ne s'emploie que dans certaines expressions.

1 Dans les épitaphes : *Ci-gît Louis de Bourbon* (= ici repose).

2 Dans les expressions *ci-annexé, ci-inclus, ci-joint* (voir article suivant).

3 Devant quelques adverbes : *ci-contre, ci-dessous, ci-dessus, ci-après, ci-devant* (toujours avec un trait d'union).

4 Dans les locutions adverbiales *de-ci de-là*, de côté et d'autre, en divers endroits, et *par-ci par-là*, par endroits ou de temps en temps (toujours avec un trait d'union devant *-ci* et devant *-là*).

5 Pour introduire l'énoncé du total d'un compte : *Ci trois cent cinquante francs.*

6 En composition, avec le pronom ou l'adjectif démonstratif, *-ci* indique la proximité dans l'espace ou dans le temps *(celui-ci, cette année-ci)*, et est opposé à *-là*, qui marque l'éloignement ▷ **ceci, celui.**

ci-annexé, ci-inclus, ci-joint Règles d'accord.

I Invariabilité. Dans les deux cas suivants.

1 Au commencement d'une phrase : *Ci-annexé les pièces complémentaires demandées. Ci-inclus les photocopies des documents. Ci-joint les deux quittances.*

2 Dans l'intérieur d'une phrase, quand *ci-annexé* ou *ci-inclus* ou *ci-joint* précède directement un nom et n'est pas suivi d'un déterminant (article, adjectif démonstratif, possessif ou indéfini) : *Vous trouverez ci-annexé photocopie du document. Je vous adresse ci-inclus quittance de votre versement. Veuillez trouver ci-joint copie de la lettre d'engagement.*

II Accord en nombre et en genre. Dans les deux cas suivants.

1 Dans l'intérieur d'une phrase, quand *ci-annexé* ou *ci-inclus* ou *ci-joint* suit le nom : *Les pièces ci-annexées. Les quittantes ci-jointes. Les copies ci-incluses.*

2 Dans l'intérieur d'une phrase, quand *ci-annexé* ou *ci-inclus* ou *ci-joint* précède le nom accompagné d'un déterminant (article, adjectif démonstratif, possessif ou indéfini) : *Je vous adresse ci-annexées les copies demandées. Vous avez ci-incluses ces pièces complémentaires. Vous trouverez ci-jointes quelques notices.*

cicéro n. m. Unité de longueur typographique. — Pl. : *des cicéros* [-ʀo].

cicerone ou **cicérone** n. m. Personne qui guide les touristes (toujours employé avec une nuance de plaisanterie ou d'ironie). — Mot italien à demi francisé. — Prononciation : [siseʀon]. — Pl. : *des ciceroni* [siseʀoni] ou *des cicérones* [siseʀon]. — Préférer la forme francisée *un cicérone, des cicérones.*

ci-devant adv. *ou* adj. *ou* n. Toujours invariable : *Les sans-culottes firent la chasse aux ci-devant. Les ci-devant comtesses.*

Cie Abréviation de *compagnie*, au sens de « compagnie commerciale » : *La distillerie Dupont fils et Cie.*

ciel n. m. Au sens religieux, on écrit, avec un *c* minuscule, *le ciel*, au sens de « paradis » : *Gagner le ciel par une vie sainte.* On écrit, avec un *C* majuscule, *le Ciel*, au sens de « la divinité, Dieu » : *Puisse enfin le Ciel exaucer vos vœux !* — On dit *dans le ciel* quand *ciel* a le sens usuel et général *(Des milliers d'étoiles scintillent dans le ciel)* et *au ciel* quand *ciel* a le sens de « paradis » *(Au ciel, les justes reçoivent la récompense de leurs mérites).*

ciels, cieux Le mot *ciel* a deux pluriel.

I Les cieux. C'est le pluriel le plus usuel. Il s'emploie dans les cas suivants.

1 Au sens usuel : *L'immense voûte des cieux.*

2 Dans des expressions toutes faites dans lesquelles *ciel* a le sens de « pays » ou de « climat » : *Fuir vers d'autres cieux. Sous des cieux plus cléments.*

3 Dans la langue religieuse, quand *les cieux* désigne le paradis *(Notre Père qui êtes aux cieux. Le Royaume des Cieux)* ou la divinité elle-même *(Oh ! Justes cieux !).*

II Les ciels. Ne s'emploie que dans quelques cas.

1 En peinture, quand on veut parler du ciel peint dans un tableau : *Les ciels d'Eugène Boudin sont souvent admirables. Les ciels tourmentés de Vlaminck.*

2 Au sens de « climat », en dehors de quelques expressions toutes faites (voir ci-dessus *I, 2*) : *La douceur des ciels méditerranéens.*

3 Dans des sens techniques. — Intérieur d'une voûte ou d'une coupole d'église, qui porte une peinture ou une mosaïque représentant le ciel avec le Christ en majesté, les saints : *Les ciels éblouissants des églises byzantines.* — Tenture au-dessus d'un trône, d'un lit : *Des ciels de lit.* — Voûte d'une carrière : *Les ciels toujours humides des carrières désaffectées.*

cigare n. m. Un seul *r.* De même : *cigarette, cigarière.*

cigarillo n. m. Prononciation : [sigaʀijo]. Pl. : *des cigarillos* [-jo].

ci-gît ▷ **ci** 2 (1).

ciguë n. f. Plante. — Prononciation : [sigy]. ▼ Tréma sur le *e*, non sur le *u.*

ci-inclus, ci-joint ▷ **ci-annexé.**

cil, sourcil Deux noms masculins à bien distinguer.

1 Les cils [sil] Poils qui bordent les paupières.

2 Les sourcils [suʀsi] Poils qui bordent le dessus de l'orbite, sur l'*arcade sourcilière,* au-dessus des yeux.

cilice n. m. Vêtement de crin — Ne pas écrire comme *la silice,* substance minérale.

cimaise n. f. La graphie *cymaise* est vieillie. A éviter.

cime n. f. Sommet. ▼ Pas d'accent circonflexe sur le *i.*

cimeterre n. m. Sabre oriental. — Deux *r.* — Attention au paronyme *cimetière.*

ciné-club n. m. Un trait d'union. — Pl. : *des ciné-clubs.* — Prononciation : [sineklœb].

Cinémascope n. m. Nom déposé, donc avec une majuscule.

Cinérama n. m. Nom déposé, donc avec une majuscule.

cinéroman n. m. — Pl. : *des cinéromans.* — La graphie *cinéroman* est préférable à *ciné-roman.*

cinq adj. numéral *ou* n. m. Attention à la prononciation.

1 Devant un substantif commençant par une consonne ou un *h* aspiré, on prononce [sɛ̃], et non [sɛ̃k] : *Cinq mètres* [sɛ̃metʀ(ə)]. *Cinq haches* [sɛ̃aʃ]. Cependant on prononce plutôt [sɛ̃k] devant un nom de mois, dans l'énoncé d'une date : *Le cinq janvier* [sɛ̃kʒɑ̃vje]. *Le cinq février* [sɛ̃kfevʀie]. — On prononce toujours [sɛ̃] dans le nom propre *Cinq-Mars* [sɛ̃maʀ].

2 Devant un adjectif commençant par une consonne ou un *h* aspiré, on prononce [sɛ̃], et non [sɛ̃k] : *Cinq grandes amphores* [sɛ̃gʀɑ̃dzɑ̃fɔʀ]. *Cinq hautes tours* [sɛ̃ot(ə)tuʀ].

3 Devant un substantif commençant par une voyelle ou un *h* muet, on prononce [sɛ̃k], en faisant entendre le *q* : *Cinq avions* [sɛ̃kavjɔ̃]. *Cinq hirondelles* [sɛ̃kiʀɔ̃dɛl].

4 Devant un adjectif commençant par une voyelle ou un *h* muet, on prononce aussi [sɛ̃k], en faisant entendre le *q* : *Cinq immenses hangars* [sɛ̃kimɑ̃s(ə)ɑ̃gaʀ]. *Cinq herbeuses vallées* [sɛ̃kɛʀbøz(ə)vale].

5 Quand le mot *cinq* n'est pas placé devant un substantif ou un adjectif, mais désigne un nombre absolu ou le chiffre 5, on prononce [sɛ̃k] : *Cinq multiplié par six* [sɛ̃kmyltiplije] (mais *Cinq fois huit* [sɛ̃fwaɥit], car *cinq* est placé devant le substantif *fois*). *Ecrire un cinq à la craie* [sɛ̃kalakʀɛ]. *Le cinq de trèfle* [sɛ̃kdətʀɛfl(ə)]. — On prononce [sɛ̃k] dans *cinq pour cent* [sɛ̃kpuʀsɑ̃], mais [sɛ̃] dans *vingt-cinq pour cent* [vɛ̃tsɛ̃puʀsɑ̃], *trente-cinq pour cent, etc.*

6 A la fin d'une phrase ou d'un membre de phrase, on fait toujours entendre le *q* : *Je les ai comptés, ils sont cinq* [ilsɔ̃sɛ̃k].

cinq sec (en) [ɑ̃sɛ̃ksɛk] loc. adv. *(familier)* Rapidement. — Ecrire *en cinq sec* (*sec* adverbe), plutôt que *en cinq secs.*

cinquantenaire, quinquagénaire. Le premier de ces mots, *cinquantenaire*, s'emploie surtout comme nom masculin au sens de « cinquantième anniversaire d'un événement » : *Nous fêterons cette année le cinquantenaire de la fondation de notre club.* Éviter d'employer *cinquantenaire* comme adjectif au sens de « qui a cinquante ans ». — Quand on veut parler d'une personne âgée de cinquante ans, on dit toujours *quinquagénaire* : *Un acteur quinquagénaire. Un, une quinquagénaire.*

cippe n. m. Stèle funéraire, petite colonne tronquée. — Deux *p.* ▼ Toujours masculin : *Un cippe romain.*

circoncire v. t. Un *-e* à l'infinitif. Conjug. **52.** Type : *suffire,* mais participe passé *circoncis, circoncise.*

circonspect adj. ▼ Le masculin doit se prononcer [siʀkɔ̃spɛ]. Le groupe final *-ct* ne se fait entendre qu'au féminin : *circonspecte* [siʀkɔ̃spɛkt].

circonstanciel, ielle adj. ▼ Attention à la finale *-ciel, -cielle,* avec un *c.*

circum- Préfixe (du latin *circum* « autour »), qui entre dans la formation de quelques mots savants. Se prononce [siʀkɔm-] : *circumduction* [siʀkɔmdyksjɔ̃], *circumnavigation* [siʀkɔmnavigasjɔ̃], *circumnutation* [siʀkɔmnytasjɔ̃], *circumpolaire* [siʀkɔmpɔlɛʀ].

cirrhose n. f. Deux *r* et *h.* ▼ Eviter le pléonasme *cirrhose du foie.*

cirrus n. m. inv. Type de nuage. — Attention aux deux *r.* — Prononciation : [siʀys]. — Pl. : *des cirrus* [-ʀys]. — *Cirro-cumulus* n. m. inv. [siʀokymylys] au pluriel comme au singulier ; *cirro-stratus* n. m. inv. [siʀostʀatys] au pluriel comme au singulier.

cisaille n. f. Le sens change avec le nombre.

1 Une **cisaille** *(technique)* Grosse machine à couper le métal : *On va installer une nouvelle cisaille dans l'atelier de tôlerie.*

2 Des **cisailles** *(usuel)* Outil semblable aux ciseaux et formé de deux lames articulées : *Le ferblantier prit ses cisailles et découpa la plaque.* — Quand on veut désigner plusieurs outils de ce genre, ont dit *des paires de cisailles : Le ferblantier avait trois paires de cisailles sur son établi.*

ciseau n. m. Le sens change avec le nombre.

1 Un **ciseau** Outil constitué par une tige plate d'acier dont l'extrémité s'amincit en lame : *Un ciseau d'ébéniste.*

2 Des **ciseaux** Instrument formé de deux lames mobiles : *La couturière prit ses ciseaux et coupa un morceau d'étoffe.* — Quand on veut désigner plusieurs instruments de ce genre, on dit *des paires de ciseaux : J'ai deux paires de ciseaux dans mon tiroir.*

ciseler v. t. Conjug. **10.** Change *e* en *è* devant un *e* muet : *je cisèle, tu cisèles, il cisèle, je cisèlerai, je cisèlerais,* mais *nous ciselons, vous ciselez, je ciselais, je ciselai.* — Dérivés : *ciselage, cisèlement, ciselure.*

ciste Deux noms homonymes.

1 Une **ciste** (féminin) Dans l'Antiquité, corbeille ou coffret : *Une ciste précieuse.*

2 Un **ciste** (masculin) Arbrisseau des régions méditerranéennes : *Un ciste odorant.* — La graphie *cyste* est à éviter.

cistre, sistre Deux noms masculins homophones qui désignent des instruments de musique.

1 cistre Instrument de musique du XVIᵉ et du XVIIᵉ siècle (plus ou moins semblable à la guitare ou à la mandoline).

2 sistre Chez les Egyptiens de l'Antiquité, instrument à percussion constitué par une tige métallique portant des anneaux mobiles.

cité n. f. Sans trait d'union : *cité ouvrière (des cités ouvrières), cité universitaire (des cités universitaires), cité d'accueil (des cités d'accueil), cité d'urgence (des cités d'urgence), cité de transit (des cités de transit).* — Avec un trait d'union : *cité-dortoir (des cités-dortoirs), cité-jardin (des cités-jardins).*

cithare, guitare Deux noms féminins qui désignent des instruments de musique.

1 cithare

a/ Instrument à cordes de la Grèce antique (sorte de lyre).

b/ Instrument en usage en Europe centrale et dont les cordes sont tendues au-dessus d'une table allongée, sans manche.

2 guitare Instrument à cordes d'origine espagnole, à manche.

citron Comme adjectif de couleur, toujours invariable : *Des rideaux jaune citron. Des tentures citron.* — Les dérivés s'écrivent avec deux *n* : *citronnade, citronnelle, citronné, ée, citronnier.*

civil, civique On distinguera *les droits civils* (droit de posséder, d'hériter, etc.) et *les droits civiques*, qui sont les droits politiques du citoyen (droit de voter, d'être élu, etc.).

clafoutis [klafuti] n. m. Entremets. — Finale en *-is.*

claire-voie n. f. — Pl. : *des claires-voies.*

clair-obscur n. m. — Pl. : *des clairs-obscurs.*

clairsemé, ée adj. En un seul mot, sans trait d'union.

clapet n. m. Soupape. — Un seul *p.*

clapier n. m. Cabane à lapins. — Un seul *p.*

clapoter v. i. Un seul *p* et un seul *t*, comme les dérivés *clapot, clapotage, clapotant, clapotement, clapotis.*

clapper v. i. Produire un bruit sec avec sa langue. — Deux *p.* De même : *clappement.*

claquage, claquement n. m. Deux noms à bien distinguer.

1 claquage Distension d'un ligament : *A cause d'un claquage, il n'a pu terminer la course.*

2 claquement Bruit sec : *On entendait le claquement des sabots sur le sol durci.*

clarifier v. t. Conjugaison et sens.

1 Conjug. 20. Double le *i* à la première et à la deuxième personne de l'indicatif imparfait et du subjonctif présent : *(que) nous clarifiions, (que) vous clarifiiez.*

2 ▼ Le vrai sens du verbe est « rendre clair, limpide un liquide trouble » : *Clarifier un vin, un sirop. Il faut laisser le vin se clarifier avant de le mettre en bouteilles.* Les emplois figurés sont peu conseillés. Dire plutôt, par exemple, *rendre clair, éclaircir : Il faut éclaircir les données de la question* (plutôt que *clarifier les données*). *La situation commence à devenir plus claire* (plutôt *que commence à se clarifier*).

clarinette n. f. Quand le mot désigne l'instrumentiste, il reste toujours au féminin, même s'il s'agit d'un homme : *Mon ami Pierre Durand est la meilleure clarinette de notre petit orchestre.* On dit aussi *un, une clarinettiste : Un clarinettiste virtuose.*

clarisse n. f. Religieuse. — Finale en *-isse.*

classer, classifier v. t. Le premier verbe est d'un emploi très général : *Il faut classer ces fiches.* — *Classifier* ne s'emploie guère que dans un contexte botanique ou zoologique : *Le naturaliste Linné classifia la flore.*

classicisme n. m. Attention à la place du groupe *-ss-* et du *-c-.*

claudication ▷ boiterie.

claustral, ale, aux adj. Masculin pluriel en *-aux : Les bâtiments claustraux.*

claustrophobie n. f. Dérivé : *claustrophobe.*

clayon n. m. Petite claie ; panier ; clôture. — Prononciation : [klɛjɔ̃]. — Les dérivés s'écrivent avec deux *n* : *clayonnage* [klɛjɔnaʒ], *clayonner* [klɛjɔne].

clearing n. m. *(finances)* Anglicisme qui désigne une opération de compensation financière. — Prononciation : [kliʀiŋ]. — Pl. : *des clearings* [-ʀiŋ]. — Équivalent français : *(accord de) compensation.*

clef ou **clé** n. f. Se prononce toujours [kle], quelle que soit la graphie. — L'orthographe *clef* est nettement plus fréquente que *clé.* — On écrit sans trait d'union les expressions dans lesquelles *clef* signifie « principal, capital, dominant » : *les mots clefs. Les industries clefs. Les secteurs clés.*

clématite, clémentine Deux noms féminins paronymes.

1 clématite Plante grimpante ; fleur de cette plante.

2 clémentine Mandarine à peau mince et adhérente.

clephte ▷ klephte.

clepsydre [klɛpsidʀ(ə)] n. f. Horloge à eau. — Attention à l'*y.* — Toujours féminin : *Une clepsydre romaine.* — Bien distinguer du *sablier*, qui fonctionne par écoulement du sable.

cleptomanie, cleptomane ▷ kleptomanie.

clergeon [klɛʀʒɔ̃] n. m. *(familier)* Enfant de chœur. — Attention au *e* entre le *g* et le *o.*

clergyman n. m. (mot anglais). Ministre du culte de l'Église anglicane. Ne doit pas s'employer comme synonyme de *pasteur* ou de *ministre*, pour désigner n'importe quel ministre protestant. — Prononciation : [klɛʀʒiman]. Pl. : *des clergymen* [-mɛn].

clic clac, ses cliques et ses claques Bien distinguer ces deux expressions.

1 clic clac ! Onomatopée qui s'écrit sans trait d'union : *Clic clac !* on *entendait les sabots claquer sur le pavé*. ▼ *Le clic-clac,* nom qui désigne un bruit sec, s'écrit avec un trait d'union : *Le clic-clac sonore des sabots sur le pavé*.

2 Prendre ses cliques et ses claques (de l'ancien mot *cliques* « sabot ») Expression familière qui veut dire « partir ».

clignement n. m. Au pluriel : *des clignements d'yeux,* plutôt que *des clignements d'œil* (à la différence de *des clins d'œil*).

cligner Attention aux constructions.

1 Au sens de « fermer à demi un œil pour mieux voir », on dit plutôt *cligner un œil, cligner les yeux* que *cligner de l'œil, cligner des yeux : Le peintre cligne l'œil pour mieux saisir les masses du paysage. Les myopes clignent les yeux*.

2 Au sens de « fermer et ouvrir un œil rapidement pour faire un signe à quelqu'un », on dit *cligner de l'œil* et non **cligner l'œil ; Il se tourna vers moi et cligna de l'œil en signe de complicité*.

3 Au sens de « fermer et ouvrir les yeux plusieurs fois de suite sous l'effet d'une lumière vive », on dit plutôt *cligner des yeux* que *cligner les yeux : En sortant du souterrain, éblouie, elle cligna des yeux*.

4 On dit plutôt *cligner les paupières* que *cligner des paupières*.

clignoter v. i. Avec un seul *t*. De même : *clignotement*.

climatique, climatérique Deux adjectifs paronymes.

1 climatique Du climat : *Les perturbations climatiques ont nui aux vendanges cette année*.

2 climatérique (vieux) *Age, année, période climatérique,* particulièrement critique : *Selon les Anciens, les années climatériques, qui sont censées décider de la vie d'un homme, sont les années multiples de sept ou de neuf et notamment la soixante-troisième année* (63 = 7 × 9).

clin Deux noms masculins homonymes.

1 clin (**d'œil**) Le pluriel *des clins d'œil* est à préférer à *des clins d'yeux* (à la différence de *des clignements d'yeux*).

2 clin (avec *clin* au singulier) *Construction à clin, bordage à clin :* mode de construction de la coque d'une embarcation.

clinfoc n. m. *(marine)* Petit foc. — Prononciation : [klɛ̃fɔk], avec [ɛ̃] et non [in].

clip n. m. *(anglicisme)* Bijou en forme de broche : *Clip orné de diamants*. — Prononciation : [klip], au singulier et au pluriel. Ne jamais prononcer *[klips] et ne jamais écrire *un *clips*. La forme *clips* [klip] est à réserver pour le pluriel.

clipper n. m. *(anglicisme)* Au XIXᵉ siècle, voilier de transport très rapide. — Prononciation : [klipœʀ]. Pl. : *des clippers* [-pœʀ]. — Attention aux deux *p*.

clique (familier) *Prendre ses cliques et ses claques :* partir. — Ne pas écrire comme *clic clac !* ▷ **clic clac !**

cliqueter v. i. Produire un bruit sec. — Conjug. **14.** Double le *t* devant un *e* muet : *il cliquette, il cliquettera*.

clisse n. f. Claie, enveloppe d'osier. — Avec *-ss-*. De même : *clissage, clisser*.

clochard, arde n. m. *ou* f. *(familier)* Vagabond. — A distinguer de *pochard,* ivrogne *(familier)*.

cloche-pied (à) loc. adv. Ne prend jamais la marque du pluriel : *Ils sautent à cloche-pied*.

cloison n. f. Les dérivés s'écrivent avec deux *n : cloisonnage, cloisonné, cloisonnement, cloisonner*.

cloître n. m. Accent circonflexe sur le *i*. De même : *cloîtré, ée, cloîtrer*.

clopin-clopant Locution adverbiale, non adjective. Toujours invariable : *Elles vont clopin-clopant*.

clopiner v. i. *(familier)* Marcher péniblement. — Un seul *p,* un seul *n*.

clore v. t. Conjug. **78.** Indicatif présent : *je clos, tu clos, il clôt, ils closent* (première et deuxième personne du pluriel inusitées). — Indicatif imparfait inusité. — Indicatif passé simple inusité. — Indicatif futur : *je clorai, tu cloras, il clora, nous clorons, vous clorez, ils cloront*.

— Conditionnel présent : *je clorais, tu clorais, il clorait, nous clorions, vous cloriez, ils cloraient.* — Impératif présent : *clos* (première et deuxième personnes du pluriel inusitées). — Subjonctif présent : *que je close, que tu closes, qu'il close, que nous closions, que vous closiez, qu'ils closent.* — Subjonctif imparfait inusité. — Infinitif présent : *clore.* — Participe présent inusité. — Participe passé : *clos, close.* — Aux temps composés : *j'ai clos, j'avais clos,* etc. ▼ A la troisième personne de l'indicatif présent, accent circonflexe sur le *o (il clôt),* à la différence des composés *déclore, éclore, enclore,* dans lesquels cet accent circonflexe est facultatif.

clos, close adj. Fermé. — On écrit, sans trait d'union : *un champ clos, à huis clos, le huis clos.*

clôture n. f. Accent circonflexe sur le *o.*

clôturer v. t. Entourer d'une clôture (seul sens correct) : *On clôtura le parc pour empêcher les rôdeurs d'y pénétrer.* ▼ On évitera d'employer *clôturer* au lieu de *clore* dans les sens figurés : *clore un compte, clore un débat, clore une séance* (plutôt que *clôturer un compte,* etc.). — Quand *clore* est inusité à un temps, tourner autrement : *On arrêta le compte* (plutôt que *on clôtura le compte). Le président prononça la clôture de la séance* (plutôt que *clôtura la séance). Un feu d'artifice termina la fête* (plutôt que *clôtura la fête).*

clovisse Coquillage. ▼ Toujours féminin : *Ces belles clovisses sont bien appétissantes !*

clown [klun] n. m. Le féminin *clownesse* [klunɛs] est rare. On dit plutôt *femme clown.* — Dérivés : *clownerie* [klunʀi], *clownesque* [klunɛsk(ə)].

1. club n. m. (mot anglais) Association : *Le président d'un club.* — Prononciation : [klœb]. — Pl. : *des clubs* [klœb]. — La prononciation [klyb] est cependant préconisée par quelques grammairiens, quand le mot désigne, dans un contexte historique, une association philosophique *(Le club de l'Entresol,* au XVIIIᵉ siècle) ou politique *(Le club des Jacobins,* sous la Révolution).

2. club n. m. (mot anglais) Au golf, crosse avec laquelle on envoie la balle. — Prononciation : [klœb]. — Pl. : *des clubs* [klœb].

clystère n. m. *(vieux)* Lavement. — Attention à l'*y.*

cnémide [knemid] n. f. Jambière portée par les guerriers grecs. — Attention au paronyme *chlamyde* n. f. (manteau des Grecs).

co- Préfixe d'origine latine *(cum* « avec »), qui entre dans la formation de nombreux mots.

1 Pas de trait d'union entre le préfixe et le radical. Les mots en *co-* doivent s'écrire en un seul mot : *coaccusé, coacquéreur, coadjuteur, coaxial, cobelligérant, coéchangiste, coédition, coéducation, coefficient, coéquation, coéquipier, coexistence, coextensif, cogestion, cohabiter, colicitant, colistier, colocataire, copilote, coproduction, copropriétaire, cosinus, cotangente,* etc.

2 Quand le radical commence par un *i,* cet *i* prend un tréma : *coïncider, coïnculpé.*

3 Quand le radical commence par un *e,* jamais de tréma sur cet *e : coéchangiste, coédition, coéducation, coefficient, coexistence.*

coach n. m. Anglicisme désignant divers véhicules. — Prononciation : [kotʃ]. — Pl. : *des coaches* [kotʃ].

coasser, croasser Deux verbes paronymes à bien distinguer.

1 La grenouille coasse, pousse son cri. — Dérivé : *coassement* n. m.

2 Le corbeau croasse, pousse son cri. — Dérivé : *croassement* n. m.

coaxial, ale, aux adj. Masculin pluriel en *-aux : Des cylindres coaxiaux.*

cobaye n. m. Animal appelé aussi *cochon d'Inde.* — Prononciation : [kɔbaj].

cobol n. m. Langage utilisé en informatique.

coca L'usage hésite sur le genre de ce mot.

1 Au sens de « arbuste d'Amérique du Sud », généralement masculin (genre préconisé par l'Académie), mais les botanistes lui donnent plutôt le genre féminin.

2 Au sens de « substance, riche en cocaïne, extraite des feuilles de cet arbuste », presque toujours féminin.

3 ▼ Bien distinguer *le* (ou *la) coca,* arbuste d'Amérique du Sud, aux feuilles riches en cocaïne, et *le cola* (ou *kola),* arbre d'Afrique, aux graines riches en caféine et en théobromine. — De même, bien distinguer *la coca,* extraite des feuilles de coca, et *la cola* (ou *kola),* fruit du cola.

cocagne n. f. Avec un *c* minuscule : *vie de cocagne, mât de cocagne.* On écrit plutôt *pays de cocagne,* avec un *c* minuscule, quand on veut désigner un pays réel où l'on a tout en abondance : *La Touraine, quel pays de cocagne !* On écrit plutôt *pays de Cocagne,* avec un *C* majuscule, quand on veut parler du pays imaginaire : *Cette fée était la reine du pays de Cocagne.*

coccinelle [kɔksinɛl] n. f. Deux *c*, un seul *n*, deux *l*.

coccyx n. m. inv. Attention aux deux *c*, à l'*y* et à l'*x* final. — Prononciation : [kɔksis].

cochon n. m. Les dérivés s'écrivent avec deux *n* : *cochonnaille* n. f. (charcuterie), *cochonner*, *cochonnerie*, *cochonnet*.

cocker n. m. *(anglicisme)* Chien. — Prononciation : [kɔkɛʀ]. — Pl. : *des cockers* [-kɛʀ].

cockney n. m. (mot anglais). Londonien d'origine populaire. — Prononciation : [kɔknɛ]. — Pl. : *des cockneys* [-nɛ].

cockpit n. m. *(anglicisme)* Emplacement du barreur sur un yacht, du pilote sur un avion. — Prononciation : [kɔkpit]. — Pl. : *des cockpits* [-pit]. — Au sens aéronautique, préférer le synonyme *poste de pilotage*.

cocktail n. m. *(anglicisme)* Prononciation : [kɔktɛl]. — Pl. : *des cocktails* [-tɛl]. — On évitera la prononciation [kɔktaj].

cocotte n. f. Attention aux deux *t*.

cocu n. *ou* adj. L'emploi au féminin comme adjectif est admis : *Une épouse cocue. Il fait sa femme cocue.* On n'emploie pas ce terme au féminin comme substantif. On dit *une femme cocue* (et non **une cocue*). — Dérivés : *cocuage* (ne pas dire **cocufiage*), *cocufier*.

coda [kɔda] n. f. (terme de musique) Mot italien francisé. Pl. : *des codas* [-da].

codicille Texte ajouté à un testament. — Prononciation : [kɔdisil]. — Toujours masculin : *Un codicille important.*

coefficient [kɔefisjɑ̃] n. m. Pas de tréma sur le *e*. Deux *f*.

cœlacanthe [selakɑ̃t] n. m. Poisson. — Avec *œ*, et non *oe*. Avec *th*.

coercition [kɔɛʀsisjɔ̃] n. f. Pas de tréma sur le *e*. De même : *coercible* [kɔɛʀsibl(ə)], *coercibilité* [kɔɛʀsibilite], *coercitif, ive* [kɔɛʀsitif, iv].

cœur n. m. Organe de la circulation sanguine. — Attention à l'homophone *chœur* (*chanter en chœur ; le chœur d'une église ; un enfant de chœur*).

coffre n. m. Deux *f.* De même : *coffrage, coffrer, coffret.*

coffre-fort n. m. — Pl. : *des coffres-forts.*

cogiter v. t. Comme le dérivé *cogitation*, ce mot ne s'emploie que par plaisanterie et avec une valeur assez péjorative.

cognac n. m. *ou* adj. Emploi de la minuscule et accord.

1 Comme nom. S'écrit avec un *c* minuscule et prend la marque du pluriel : *Un verre de cognac. Cet épicier vend d'excellents cognacs.*

2 Comme adjectif de couleur. Toujours invariable : *Des chemises cognac.*

cogner v. Attention au *i* après le groupe *-gn-* à la première et à la deuxième personne du pluriel de l'indicatif imparfait et du subjonctif présent *(que) nous cognions, (que) vous cogniez.* — L'emploi transitif de ce verbe au sens de *heurter, choquer* est familier. On dira plutôt : *Ne heurtez pas ce vase contre la table, il est fragile* (et non *ne cognez pas...*).

cognitif, ive adj. ▼ Se prononce [kɔgnitif, iv], avec [gn] et non avec [n]. De même *cognition* [kɔgnisjɔ̃], *cognoscibilité* [kɔgnɔsibilite].

cohorte [kɔɔʀt(ə)] n. f. Unité de l'armée romaine. — Attention au *h* intérieur.

cohue [kɔy] n. f. — Attention au *h* intérieur.

coi [kwa] adj. *(vieilli et littéraire)* Tranquille : *Rester coi.* ▼ Le féminin est *coite* [kwat] : *Une vie coite.*

coiffe n. f. Deux *f.* De même : *coiffant, ante, coiffé, coiffer, coiffeur, coiffeuse, coiffure.*

coincer v. t. Conjug. **17.** Le deuxième *c* prend une cédille devant *a* ou *o* : *il coinça, nous coinçons.*

coïncidant, coïncident, ente Ne pas écrire *coïncidant*, participe présent invariable, comme *coïncident, ente* adjectif variable : *Coïncidant avec un dimanche, le 14-Juillet ne nous vaudra aucun jour de congé supplémentaire. Ces deux indications coïncidentes ne sont pas le fait du hasard.*

coïncidence n. f. Tréma sur le premier *i* et finale *-ence*.

coïncider [kɔɛ̃side] v. i. Tréma sur le premier *i*. De même : *coïncidence, coïncident.*

coïnculpé, ée [kɔɛ̃kylpe, e] n. m. *ou* f. Tréma sur le *i*.

coing [kwɛ̃] Fruit : *Confiture de coings. Pâte de coings. Gelée de coing.* — *Ne pas écrire comme coin* (angle ; endroit, etc.).

coït n. m. Accouplement. — Prononciation : [kɔit]. — Tréma sur le *i*.

coke n. m. Combustible. — Ne pas écrire comme *un coq* (mâle de la poule), *un coq* (cuisinier), *une coque* (une coquille). — Dérivés : *cokéfaction, cokéfiable, cokéfier, cokerie.*

col n. m. Synonyme vieilli et littéraire de *cou.* Subsiste dans quelques sens et emplois. — Avec un trait d'union : *col-de-cygne (des cols-de-cygne),* tuyau ou motif décoratif à double courbure. Sans trait d'union : *faux col (des faux cols),* col amovible.

cola, coca ▷ **coca.**

colchique Plante. — Prononciation : [kɔlʃik]. ▼ Toujours masculin : *Les colchiques violets parsèment les prés.* — Dérivé : *colchicine* [kɔlʃisin] n. f. (alcaloïde).

cold-cream Anglicisme désignant une crème de beauté. — Toujours masculin : *Un cold-cream adoucissant.* — Prononciation : [kɔldkʀim]. — Pl. : *des cold-creams* [-kʀim].

col-de-cygne n. m. — Pl. : *des cols-de-cygne.*

colère Construction et emploi.

1 On dit *être en colère contre. Etre en colère après* est à éviter : *Il est en colère contre son fils.*

2 L'emploi adjectif au sens de *colérique* est familier. On écrira plutôt : *Ces enfants sont colériques* (et non *sont colères*). Dans cet emploi adjectif, prend la marque du pluriel.

coléreux, colérique Deux adjectifs dérivés de *colère.*

1 coléreux, euse Longtemps condamné par les grammairiens. Accepté de nos jours dans le registre courant : *Un enfant coléreux. Un tempérament coléreux.* Dans le style surveillé, on préférera *colérique.*

2 colérique A préférer dans le style soutenu. — Attention à l'homophone *cholérique,* atteint du choléra.

colibacille Bactérie. — Toujours masculin : *Les colibacilles peuvent devenir dangereux.* — Prononciation : [kɔlibasil]. De même : *colibacillose* [kɔlibasiloz].

colicitant, ante adj. *ou* n. (droit) *Héritiers, propriétaires colicitants.* — Un seul *l*.

colifichet n. m. Un seul *l*.

colimaçon n. m. *(vieux et familier)* Escargot. — (usuel) *Escalier en colimaçon.*

colin-maillard n. m. Jeu.

collaborer v. t. ind. Deux *l*. De même : *collaborateur, collaboration, collaborationniste.*

collapsus n. m. inv. *(médecine)* Affaiblissement brutal. — Deux *l*. — Prononciation : [kɔlapsys]. — Pl. : *des collapsus* [-sys].

collatéral, ale, aux adj. *ou* n. m. Deux *l*. — Masculin pluriel en *-aux : Les collatéraux* (= bas-côtés) *d'une église.*

1. collation [kɔlasjɔ̃] n. f. Repas léger. — On évitera le pléonasme *légère collation,* une collation étant, par définition, un repas léger.

2. collation [kɔlasjɔ̃] n. f. Action de conférer : *La collation des grades universitaires.*

3. collation [kɔlasjɔ̃] n. f. Action de comparer des textes, des manuscrits. — On préfère employer *collationnement* pour éviter la confusion avec *collation 1* ou *2.* — Dérivé : *collationner.*

colle n. f. — Deux *l*. De même : *collage, collagène, collant, coller, colleur.*

collecte n. f. Deux *l*. De même : *collecter, collecteur.*

collectif Accord du verbe ▷ **annexes.**

collectif, ive adj. *ou* n. m. Deux *l*. De même : *collectivement, collectivisation, collectiviser, collectivisme, collectiviste, collectivité.*

collection n. f. Deux *l*. De même : *collectionner, collectionneur.*

collège n. m. Deux *l*. De même : *collégial, ale, aux, collégiale, collégialité, collégien, ienne.*

collégial, ale, aux adj. Masculin pluriel en *-aux : Des tribunaux collégiaux.*

collégiale n. f. Eglise qui n'est pas une cathédrale, mais qui possède un chapitre de chanoines. — N'est pas la chapelle d'un collège.

collègue, confrère Deux noms qui ne sont pas interchangeables.

1 collègue n. m. *ou* n. f.

a/ Personne salariée qui travaille dans une

même entreprise qu'une autre : *Je m'entends bien avec mes collègues de bureau.*

b/ Fonctionnaire qui travaille dans le même établissement qu'une autre personne *(Il a épousé une collègue qui travaille dans le même ministère que lui)* ou qui exerce une fonction dans la même administration *(En vacances, ce professeur de la Sorbonne a rencontré un collègue de l'université de Lille).*

c/ Personne qui fait partie d'un même corps qu'une autre : *Ce sénateur est en très bons termes avec certains de ses collègues du parti adverse.* ▼ Quand il s'agit d'un membre de l'Institut, on doit dire *confrère* et non *collègue : Cet académicien assistera à la cérémonie, accompagné de deux de ses confrères.*

2 confrère n. m.

a/ Personne qui exerce la même activité professionnelle indépendante ou la même profession libérale : *Ce négociant en vins prit contact avec quelques-uns de ses confrères.* ▼ *Le médecin appela un confrère en consultation.* ▼ Deux personnes peuvent être à la fois *collègues* et *confrères :* deux médecins professeurs de faculté sont confrères en tant que médecins et collègues en tant que professeurs.

b/ **confrère, consœur.** L'usage veut qu'on dise *la confrère* ou, mieux, *le confrère* quand il s'agit d'une femme exerçant la même profession qu'un homme : *Me Louis Martin, avocat du barreau de Paris, et son confrère, Me Monique Duval.* — Le mot *consœur* ne peut s'employer que s'il s'agit d'une femme considérée par rapport aux autres femmes exerçant la même profession : *La sage-femme exerçait dans une petite ville de province où la concurrence était vive, car elle avait trois consœurs déjà établies.*

coller v. t. Deux *l* comme *colle.* De même : *collage, collant, colleur.*

collerette n. f. Deux *l,* deux *t.*

collet n. m. Deux *l.*

colleter v. t. Conjug. **14.** Double le *t* devant un e muet : *je collette, je colletterai.*

colley [kɔlɛ] n. m. Chien. — Pl. : *des colleys* [-lɛ]. — Attention aux deux *l* et à la finale *-ey.*

collier n. m. Deux *l.*

colliger, collationner Deux verbes à bien distinguer.

1 colliger (conjug. **16** : *il colligea, nous colligeons) [vieilli et littéraire]* Rassembler en un recueil : *Ce juriste colligea les lois et coutumes du duché de Bretagne.*

2 collationner Comparer des textes : *Collationner une copie avec l'original.*

collimateur n. m. Deux *l.*

colline n. f. ▼ Deux *l,* un seul *n,* à la différence de *colonne.*

collision, collusion Deux noms féminins paronymes.

1 collision Heurt, choc : *La collision de deux avions.* — (figuré) *La collision des intérêts économiques a provoqué une tension diplomatique très vive entre ces deux pays.* — (grammaire) *Collision sémantique :* altération du sens ou de la forme d'un mot par attraction d'un mot paronyme.

2 collusion (péjoratif) Entente plus ou moins secrète, complicité : *On accuse ce parti politique de collusion avec certaines organisations subversives qu'il prétend combattre.*

collodion n. m. (terme de chimie) Deux *l.*

colloïde (terme de chimie). — Prononciation : [kɔlɔid]. — Deux *l.* — Toujours masculin : *Il existe des colloïdes gazeux.* — Dérivé : *colloïdal, ale, aux.*

colloque n. m. Deux *l.*

collusion ▷ collision.

collutoire n. m. Médicament qu'on applique sur la muqueuse de la bouche, de l'arrière-gorge. — Deux *l* et finale en *-oire.*

collyre n. m. Médicament qu'on applique sur les yeux. — Deux *l* et un *y.*

Cologne Avec un *C* majuscule : *eau de Cologne.*

colon n. m. Les dérivés s'écrivent avec un seul *n : colonage, colonat, colonial, colonialisme, colonialiste, colonie, colonisable, colonisateur, trice, colonisation, coloniser.*

colon, côlon Ne pas écrire *côlon* (prononcé [kolɔ̃] avec *o* fermé), partie la plus longue du gros intestin, comme *colon,* agriculteur, planteur établi dans une colonie. — On écrit les composés de *côlon* avec un accent circonflexe sur *o (dolichocôlon, mégacôlon),* mais les dérivés s'écrivent sans accent circonflexe et se prononcent avec un *o* ouvert : *colite* [kɔlit], *colique* [kɔlik].

colonel n. m. ▼ Un seul *n,* à la différence de *colonne.* Le féminin *colonelle* désigne la femme d'un colonel.

colonne n. f. Un seul *l* et deux *n,* à la différence de *colline.* De même : *colonnade, colonnette.*

colophane Résidu de la distillation de la résine. — Attention au *-ph-.* — Toujours féminin : *De la colophane brune.*

coloquinte n. f. Plante ; fruit de cette plante.

colorer, colorier Deux verbes transitifs de la famille de *couleur.*

1 colorer Donner à une chose une certaine couleur : *Autrefois, on colorait le beurre en jaune au moyen d'une substance végétale, le rocou.*

2 colorier (conjug. **20**). Couvrir une surface de plusieurs couleurs, mettre en couleurs. Se dit souvent à propos des coloriages faits par des enfants ou, avec une valeur péjorative, à propos d'une chose peinte de couleurs criardes : *Album à colorier. Une affiche de mauvais goût, coloriée de teintes crues.*

colossal, ale, aux adj. Masculin pluriel en *-aux : Des édifices colossaux.*

col-vert ou **colvert** n. m. Canard sauvage. — Les deux graphies sont correctes. La graphie *col-vert* semble plus fréquente. — Pl. : *des cols-verts* ou *des colverts.*

colza n. m. Plante. — Pas de *-t* à la fin, malgré le dérivé *colzatier* n. m. (agriculteur qui cultive le colza).

combattre v. t. Conjug. **98.** (comme *battre*). ▼ Le dérivé *combattant* s'écrit avec deux *t,* comme *combattre,* mais *combatif, ive* et *comba-tivité* avec un seul *t.*

combien adv. de quantité.

I Sens et emploi.

1 Dans une exclamation, au sens de « à quel point ». *Combien je suis heureux !* — Plus fré-quemment, dans cet emploi, on dit *comme* ou *que : Comme je suis heureux !* ou *Que je suis heureux !*

2 *O combien !* **placé après un adjectif ou un verbe.** Appartient à la langue familière : *Il est sûr de lui, ô combien ! Il prend son temps, ô combien !*

3 Dans une interrogation directe ou indi-recte. Emploi de beaucoup le plus fréquent : *Combien d'invités sont venus ? Demande-lui combien d'invités sont venus.*

4 Combien de, combien des. La construction normale est *combien de : Combien d'élèves y a-t-il dans ta classe ?* — *Combien des* ne s'emploie que dans un tour à valeur partitive : *Combien des élèves qui se sont présentés à l'examen ont été reçus ?*

II Constructions à éviter.

1 Reprise, par un pronom personnel post-posé, du groupe *combien de* + nom en fonction de sujet. Dans l'interrogation directe et, à plus forte raison, dans l'interrogation indirecte, cette reprise est à éviter. Dire : *Combien d'ouvriers travaillent dans cette usine ?* (et non *Combien d'ouvriers travaillent-ils...*). *Je vous demande combien d'employés travaillent dans votre service* (et non *combien d'employés travaillent-ils...*). De même, dans l'exclama-tion : *Combien d'espoirs ont été déçus !* (et non *ont-ils été déçus !*). Dans les tours négatifs, la reprise du sujet par le pronom postposé est aussi à éviter : *Combien d'élèves ne sont pas venus ? Je vous demande combien d'élèves ne sont pas venus* (et non *ne sont-ils pas venus*). On évitera l'emploi de la tournure exclamative négative, qui contraint à l'emploi de la reprise du nom sujet par le pronom postposé (phrases telles que : *Combien de jeunes gens n'ont-ils pas conçu cet espoir !*). Ce tour est suspect. On dira, par exemple : *Combien de jeunes gens ont conçu cet espoir !* (dans une telle exclamation, le sens est le même, que la phrase soit affirmative ou négative). ▼ Les interdictions précédentes ne valent que si *combien de* + nom est en fonction de sujet. Dans les autres cas, l'inversion du sujet ou la reprise par un pronom personnel postposé est obligatoire dans l'interrogation directe : *Combien de dollars vaut cet objet ?* (ou *Combien de dollars cet objet vaut-il ?*), *Combien de livres votre sœur a-t-elle dans sa bibliothèque ? Combien de feuillets avez-vous remplis ?*

2 Reprise, par un pronom personnel post-posé, du groupe *combien de* + nom dans une interrogation indirecte. Quelle que soit la fonction du groupe *combien de* + nom, cette reprise est à éviter. Dire : *Je vous demande combien votre sœur a de livres dans sa bibliothèque* (et non *combien votre sœur a-t-elle de livres*). *Je voudrais savoir combien coûte cet objet* (et non *combien cet objet coûte-t-il*).

3 Rejet de *combien* ou du groupe *combien de* + nom en fin de phrase dans l'interrogation directe. Construction très familière à éviter. Dire : *Combien cet objet coûte-t-il ?* (et non *Cet objet coûte combien ?*). *Combien de kilomètres avez-vous parcourus ?* (et non *Vous avez parcouru combien de kilomètres ?*). *De combien l'indice des prix a-t-il augmenté ?* (et non *L'indice des prix a augmenté de combien ?*).

III Questions d'accord.

1 *Combien de* **+ nom pluriel, en fonction de sujet.** Exige le verbe au pluriel : *Combien d'élèves ont été reçus ?* (et non *a été reçu ?*) *Dites-moi combien d'invités sont venus* (et non *est venu*).

2 *Combien,* **employé seul au sens de « combien de gens », en fonction de sujet.** Exige le verbe au pluriel : *Combien connaissent cette anecdote ? Combien sont venus ?*

3 Accord du participe passé employé avec *combien* **et avec** *en.* Sur ce point, les opinions des grammairiens sont divergentes et les règles fort incertaines. La meilleure solution sera de laisser le participe toujours invariable : *Je vous avais prêté six livres, combien en avez-vous lu ? Tu avais cinq lettres à écrire, combien en as-tu écrit ?*

IV *Combien,* **précédé de l'article.** Emploi très familier à éviter. Tourner autrement. Au lieu de dire *Le combien es-tu ?,* dire *Quelle est ta place ?* ou *Quel est ton classement ?* Au lieu de *Le tramway passe tous les combien ?,* dire *Quel est l'intervalle entre deux passages du tramway ?* Au lieu de *Le combien du mois sommes-nous ?* dire *Quel jour du mois sômmes-nous ?* Eviter aussi *Le combientième du jour sommes-nous ?*

combiner v. t. Se construit correctement avec la conjonction *et* ou avec la préposition *avec* : *Combiner la ruse et l'audace. L'oxygène se combine avec la plupart des métaux.* Mêmes constructions pour *combinaison* : *L'eau est une combinaison d'oxygène et d'hydrogène.* ▼ La construction avec *à* est considérée comme fautive. Ne pas écrire, par exemple : *L'oxygène se combine à l'hydrogène.*

comédie n. f. Avec des minuscules et sans trait d'union : *comédie ancienne, comédie moyenne, comédie nouvelle* (les trois formes successives de la comédie dans la Grèce antique) ; *comédie héroïque, comédie pastorale, comédie bouffonne, comédie larmoyante, comédie sérieuse* (formes de la comédie à l'époque classique) ; *comédie lyrique* (genre d'opéra-comique). Avec des minuscules et un trait d'union : *comédie-ballet* (pl. : *des comédies-ballets*). Avec des majuscules et un trait d'union : *la Comédie-Française.* ▼ Distinguer *la Comédie-Italienne* (majuscules et trait d'union), nom de diverses troupes et de divers théâtres du XVIᵉ au XVIIIᵉ siècle, et *la comédie italienne* ou *commedia dell'arte,* genre comique introduit en France par ces troupes venues d'Italie. ▷ **commedia dell'arte** : *Les artistes de la Comédie-Italienne. Arlequin, personnage de la comédie italienne.*

comédien, ienne n. m. *ou* f. Désigne tout acteur ou toute actrice de théâtre ou de cinéma, quelle que soit sa spécialité : *Ce comédien a tourné dans de nombreux films policiers.* — Quand on veut désigner un(e) artiste spécialisé(e) dans les rôles comiques, on dit *un acteur comique, une actrice comique,* ou encore *un comique.* ▼ Ne pas dire *un comédien* au lieu de *un comique* pour désigner un auteur de comédies ▷ **comique.**

comice n. m. Toujours au pluriel quand il s'agit d'une assemblée du peuple, dans la Rome antique : *Les comices centuriates. Les comices tributes. Les comices curiates.* — Au singulier, quand il s'agit d'un comice agricole : *Un jury de comice.*

comics n. m. pl. *(anglicisme)* Bandes dessinées. — Ne peut s'employer qu'au pluriel. — Prononciation : [kɔmiks], avec *-s* prononcé. — Préférer l'équivalent français *bande dessinée.*

comique n. m. Deux sens.

1 Un acteur comique : *Fernandel fut un comique très populaire.*

2 Un auteur de comédies : *Molière, notre grand comique.* ▼ Dans ce sens, ne jamais employer *comédien.*

commandant ▼ Bien distinguer *commandant,* participe présent, invariable *(Les officiers commandant les troupes d'assaut),* et *un (le) commandant,* substantif, variable *(Les commandants des bataillons de parachutistes).*

commande, commende ▷ **commende.**

commander Deux *m* et *-an-.* De même : *commandant, commande, commandement, commanderie, commandeur.*

commandite n. f. Deux *m* et *-an-.* De même : *commanditaire, commanditer.* — On écrit : *une société en commandite* (sans *-s*) *par actions* (avec *-s* à *action*).

comme adv. ou conj.

I Introduit un attribut après certains verbes. *Je considère ce garçon comme capable.* Ne pas dire *Je considère ce garçon capable.* En revanche, on dira : *J'estime ce garçon capable. Je tiens ce garçon pour capable.*

II Comme, comment, combien.

1 Dans l'interrogation directe, *comme* ne peut jamais remplacer *comment* : *Comment s'est-il conduit à votre égard ?* (et non **Comme s'est-il conduit...*).

2 Dans l'interrogation indirecte, s'il n'y a pas d'adjectif ni d'adverbe dans la subordonnée, *comme* peut remplacer *comment : Je sais comme il s'est conduit à votre égard.* Cependant cet emploi est un peu archaïque et littéraire. On préférera *comment : Je sais comment il s'est conduit à votre égard.*

3 Dans l'interrogation indirecte, s'il y a un adjectif ou un adverbe, on peut employer *comme* ou *combien,* mais non *comment : Vous savez comme il s'est mal conduit à mon égard* (et non *comment il s'est mal conduit à mon égard). Je sais comme il est désagréable* ou *combien il est désagréable* (et non **comment il est désagréable*).

4 Les expressions figées *Il faut voir comme, Dieu sait comme* appartiennent à la langue familière. A éviter dans le registre soutenu.

III Accord du verbe après deux sujets au singulier unis par *comme*.

1 On insiste sur l'idée de comparaison. Alors le groupe *comme + deuxième sujet* est isolé par des virgules, et le verbe est au singulier : *Le Maine, comme la Bretagne, est une province agricole et non une région industrielle.*

2 On insiste sur l'idée de coordination. Alors le groupe *comme + deuxième sujet* n'est pas isolé par des virgules, et le verbe est au pluriel : *Le Maine comme la Bretagne sont des provinces agricoles et non des régions industrielles.*

IV *Comme* exprimant la comparaison.

1 Après un comparatif. Ne jamais employer *comme* mais *que : Mon frère est aussi fort que toi* (et non **aussi fort comme toi*).

2 Reprise de l'adjectif par un pronom. Cette reprise est possible, mais non obligatoire. On peut donc dire : *Fort comme tu l'es, tu devrais nous aider* ou *Fort comme tu es, tu devrais nous aider.*

3 Comme si. Est normalement suivi de l'imparfait ou du plus-que-parfait de l'indicatif : *Il agit comme s'il se méfiait de nous. Il est parti très tôt, comme s'il avait été mécontent.* Le plus-que-parfait du subjonctif est plus rare, littéraire, mais très correct : *Elle agissait avec méfiance, comme si elle eût craint quelque danger.* — Dans une proposition indépendante exclamative, il arrive qu'on emploie le conditionnel présent ou le conditionnel passé première forme, pour exprimer l'ironie, le dédain, l'exaspération, etc. : *Comme si elle n'aurait pas pu nous prévenir à temps ! Comme s'il serait incapable de supporter cette fatigue !* Ce tour appartient plus à la langue parlée qu'à la langue écrite. Dans le langage soutenu, employer plutôt l'indicatif : *Comme si elle n'avait pas pu nous prévenir... Comme s'il était incapable de supporter...* ▼ Quand *comme si* est prolongé par *et que, ou que,* on a obligatoirement le subjonctif

après *que : Il agit avec méfiance, comme s'il craignait quelque danger et qu'il soupçonnât quelque piège. Elle parlait sans arrêt, comme si elle avait voulu se rassurer elle-même ou qu'elle eût désiré couper court à toute objection.*

4 Comme si de rien n'était. Expression figée, parfaitement correcte, qui signifie « comme si rien ne s'était passé » : *Il sortit tranquillement, l'air sûr de lui, comme si de rien n'était.* Ne pas dire *comme si rien n'était,* tour critiqué.

5 *Il se ressemblent comme deux gouttes d'eau, comme deux frères* ▷ ressembler.

V *Comme* entrant dans de nombreuses expressions (la plupart familières, quelques-unes populaires).

1 Quelque chose comme. Dans la langue familière, sert à exprimer l'approximation : *D'ici au village, il y a quelque chose comme huit cents mètres.* A éviter dans la langue surveillée. On dira plutôt : *environ* ou *à peu près.*

2 Comme qui dirait. Assez familier : *Sur la colline, il y a comme qui dirait du brouillard* (= il semble qu'il y ait du brouillard, il y a quelque chose qui ressemble à du brouillard). — En revanche *comme* employé seul est tout à fait correct : *Sur la colline flottait comme un brouillard.*

3 Comme dit l'autre. Servant à introduire une expression, est franchement populaire : *Comme dit l'autre, ça va barder !*

4 Comme convenu, comme prévu. Les expressions elliptiques de ce genre sont admises dans la langue cursive et commerciale. Dans la langue littéraire ou très soutenue, on dira : *comme il était convenu, comme il était prévu.*

5 Comme de raison, comme de bien entendu, comme de juste. Ces expressions sont familières, surtout les deux dernières. On pourra préférer selon les cas et selon l'idée à exprimer : *comme il est raisonnable de le penser, comme il est naturel, comme on peut s'y attendre, comme on pouvait le prévoir,* etc.

6 C'est tout comme. Tour très familier : *Il n'est pas encore mort, mais c'est tout comme.* A éviter dans la langue soutenue.

7 Comme tout. Expression très familière : *Il est gentil comme tout !* On dira plutôt : *tout à fait, très.*

8 Comme pas un. Equivalent très familier de « plus que n'importe qui, mieux que n'importe qui », d'où « de manière excellente » : *Il joue au bridge comme pas un.*

9 Comme quoi. Emploi non incorrect en tête de phrase ou de proposition au sens de « ce qui prouve que » : *Il était le dernier de sa classe.*

Il est maintenant milliardaire. Comme quoi ce ne sont pas les plus savants qui deviennent les plus riches ! — En revanche, on évitera *comme quoi* pour introduire la proposition développant un nom. Ne pas écrire : *Le médecin lui a donné un certificat comme quoi il ne peut pas travailler* (mais *un certificat attestant qu'il ne peut pas travailler*).

commedia dell'arte n. f. Prononciation : [kɔmedjadɛlaʀte]. — Pas de majuscules ni de traits d'union. — Attention aux deux *m*, aux deux *l* et à l'absence d'accent.

commémorer v. t. Deux *m*. ▼ On *commémore* un événement, on *célèbre* un souvenir, un anniversaire ou une fête : *Le 11 novembre, on commémore l'armistice de 1918* (et non *on commémore le souvenir de l'armistice* ni *on commémore l'anniversaire de l'armistice*). En revanche, on peut très bien dire : *Le 11 novembre, on célèbre le souvenir* (ou *l'anniversaire*) *de l'armistice de 1918.*

commencer v. t. *ou* v. i. Orthographe, conjugaison et constructions.

I Orthographe. Deux *m*. De même : *commençant, ante, commencement.*

II Conjugaison.

1 Le *c* prend une cédille devant *a* ou *o* : *il commença, nous commençons.*

2 Se conjugue avec *avoir* quand on veut insister sur l'action, avec *être* quand on veut insister sur l'état : *La séance a commencé à six heures exactement. Il est six heures et demie, la séance est commencée.*

III Constructions.

1 Commencer à. Construction la plus usuelle. En principe, indique le commencement d'un état prolongé : *Cela se passait à l'époque où je commençais à être mal portant.* Indique aussi le commencement d'une action ou d'un processus susceptible d'accroissement : *Les jours commencent à devenir plus longs. Les jours commencent à raccourcir.*

2 Commencer de. Construction plus littéraire. En principe, indique plutôt le commencement d'une action brève : *C'est au moment où je commençais de déjeuner qu'il entra.* En fait, on emploie souvent *commencer de* uniquement pour éviter un hiatus désagréable : *Il commença d'aspirer au repos.* En effet, *Il commença à aspirer* serait peu harmonieux.

3 Commencer par. Ne peut s'employer que pour indiquer une action que l'on fait en premier lieu et qui doit être suivie d'une ou de plusieurs autres : *Le peintre commença par*

installer *son chevalet, puis il prépara sa palette et se mit à peindre.* ▼ On évitera d'employer *commencer par* pour exprimer une idée d'impatience, d'irritation. Dire : *Il commence à m'ennuyer, cet individu !* — *Il commence par m'ennuyer* est populaire.

4 ▼ Ne pas employer *commencer* dans une construction passive telle que *Les panneaux isolants ne sont pas commencés de poser.* Tourner autrement : *On n'a pas encore commencé de poser ces panneaux isolants* ou *La pose des panneaux isolants n'est pas commencée.*

commendataire, commanditaire Deux mots paronymes.

1 commendataire adj. *ou* n. m. *Un abbé commendataire* ou *un commendataire :* abbé qui touchait le bénéfice (commende) d'une abbaye mais n'y résidait pas. Une telle abbaye était dite *abbaye commendataire.*

2 commanditaire n. m. *ou* n. f. Bailleur de fonds, dans une société en commandite. — *(par extension)* Toute personne qui fournit des fonds, des capitaux à une entreprise.

commende, commande Deux noms féminins homophones.

1 commende *Abbaye en commende :* abbaye dont un clerc ou un laïque (le commendataire) touchait les revenus, sans y résider.

2 commande (mot de la langue usuelle) *Passer une commande à un commerçant. Le pilote se mit aux commandes de son avion.*

commensal, ale [kɔmɑ̃sal] n. m. *ou* f. Masculin pluriel : *des commensaux.* — Deux *m*. De même : *commensalisme.*

commensurable [kɔmɑ̃syʀabl(ə)] adj. Deux *m*. De même : *commensurabilité.*

comment adv. de manière.

I *Comment* et l'inversion du sujet.

1 Dans l'interrogation directe, le sujet étant un pronom. L'inversion du pronom sujet est obligatoire : *Comment allez-vous ? Comment s'y prendra-t-il ? Comment tient-il son rabot ?*

2 Dans l'interrogation directe, le sujet étant un nom. Deux cas à considérer : **a)** Il y a un complément d'objet, et, dans ce cas, le nom sujet reste devant le verbe et est repris par un pronom postposé : *Comment le menuisier tient-il son rabot ?* — **b)** Il n'y a pas de complément d'objet, et alors on peut, au choix, faire l'inversion du nom sujet *(Comment travaille ce menuisier ?)* ou bien laisser le nom devant le verbe et le reprendre par un pronom postposé *(Comment le menuisier travaille-t-il ?)*.

3 Dans l'interrogation indirecte, le sujet étant un pronom. Obligatoirement, le pronom se place devant le verbe : *Dis-moi comment il travaille. Montre-moi comment il tient son rabot.*

4 Dans l'interrogation indirecte, le sujet étant un nom. Deux cas à considérer : **a)** il y a un complément d'objet, et, dans ce cas, le nom sujet se place devant le verbe, sans être repris par un pronom postposé : *Montre-moi comment le menuisier tient son rabot.* — **b)** il n'y a pas de complément d'objet, et alors on peut, au choix, placer le sujet avant le verbe *(Montre-moi comment le menuisier s'y prend)* ou bien après le verbe *(Montre-moi comment s'y prend le menuisier).* ▼ Dans l'interrogation indirecte, on ne doit jamais reprendre le nom sujet par un pronom postposé. Ne jamais dire, par exemple : *Je vais vous expliquer comment le menuisier travaille-t-il.*

5 ▼ Dans la langue soutenue, on évitera les formules du genre *Comment il va ?* (au lieu de *Comment va-t-il ?*), *Comment est-ce qu'il s'y prend ?* (au lieu de *Comment s'y prend-il ?*) Quant au tour *Comment qu'il va ?*, il est franchement très incorrect.

II Comment et comme ▷ **comme** (II). Dans la langue soutenue, on évitera d'employer *comment* avec le verbe *être* (tour *Comment es-tu ?*). On aura recours plutôt aux tournures suivantes.

1 Dans l'interrogation indirecte. Employer *comme : Tu sais comme il est* (plutôt que *comment il est*).

2 Dans l'interrogation directe. Tourner autrement : *Quel homme est-il ? Quel genre d'homme est-ce ? Quelles sont ses dispositions ? Quelle est son humeur ?* (selon le sens), plutôt que *Comment est-il ?.* De même : *Comment te sens-tu ? Comment te trouves-tu ?* plutôt que *Comment es-tu ?*

commentaire n. m. On écrit en général au singulier : *Cela se passe de commentaire. Pas de commentaire ! Sans commentaire !*

commenter v. t. Deux *m*. De même : *commentaire, commentateur.*

commerce n. m. Deux *m*. De même : *commerçant, commercer, commercial, ale, aux, commercialement, commercialisation, commercialiser, commercialité.* — On écrit généralement : *la Chambre de commerce.*

commercer v. t. ind. Conjug. **17.** Le *c* prend une cédille devant *a* ou *o* : *il commerça, nous commerçons.*

commère n. f. Deux *m*. De même : *commérage.*

commettre v. t. Orthographe et conjugaison.

I Deux *m*. De même : *commettant,* n. m. (celui qui charge une autre personne, le *commis,* d'exécuter certains actes).

II Conjug. **99.** *Je commets, tu commets, il commet, nous commettons, vous commettez, ils commettent.* — *Je commettais.* — *Je commis.* — *Je commettrai.* — *Je commettrais.* — *Commets, commettons, commettez.* — *Que je commette.* — *Que je commisse.* — *Commettant.* — *Commis, ise.*

comminatoire adj. Deux *m*. Finale en *-oire,* même au masculin.

commis n. m. Le féminin *une commise* est parfaitement correct. Il désigne une employée chargée de la vente dans un commerce de détail : *La commise du charcutier, du crémier.*

commisération n. f. Deux *m*.

commis-greffier n. m. — Pl. : *des commis-greffiers.* Un trait d'union, à la différence de *commis voyageur.*

commissaire n. m. Deux *m*. De même : *commissariat.*

commissaire-priseur n. m. — Pl. : *des commissaires-priseurs.*

commission n. f. Deux *m*. Les dérivés prennent, en outre, deux *n : commissionnaire, commissionner.*

commissure n. f. Deux *m*.

commis voyageur n. m. Pas de trait d'union, à la différence de *commis-greffier.* — Pl. : *des commis voyageurs.*

commode adj. *ou* n. f. Deux *m*. De même : *commodément, commodité.*

commodore [kɔmɔdɔʀ] n. m. Deux *m*.

commotion n. f. Deux *m*. De même : *commotionner.*

commuer v. t. Deux *m*.

commun, une adj. *ou* n. Deux *m*. De même : *communal, ale, aux, communaliser, communard, communautaire, communaux, communément, communiant, ante, communier* (conjug. **20**), *communion, communisant, ante, communisme, communiste.*

commune n. f. On écrit : *la Chambre des communes* ou *les Communes* (assemblée anglaise), *la Commune de Paris* ou *la Commune* (insurrection, gouvernement insurrectionnel, en 1871).

communicant, communiquant Ne pas écrire *communicant, ante,* adjectif variable *(Les vases communicants),* comme *communiquant,* participe présent variable : *Communiquant par une large porte, les deux salles du fond pouvaient servir de salles de réception.*

communiquer Orthographe et construction.

1 Deux *m.* Toujours *-qu-,* même devant *a* ou *o : il communiqua, nous communiquons.* — Le dérivé *communiqué* n. m. *(un communiqué de presse)* s'écrit avec *-qu-.* Tous les autres s'écrivent avec *c : communicable, communicant, communicateur, communicatif, communication.*

2 On dit : *Communiquer un document à quelqu'un. Le salon et la salle à manger communiquent. Le salon communique avec la salle à manger.* On peut dire aussi *Le salon et la salle à manger communiquent entre eux,* mais ce renforcement n'est nullement nécessaire.

commuter v. t. Deux *m.* De même : *commutable, commutateur, commutatif.*

compagnon n. m. Le féminin normal est *compagne : La fillette jouait avec ses compagnes dans le jardin public.* — La forme *compagnonne* est rare et littéraire. Elle ne peut s'employer qu'avec un adjectif, pour désigner une femme de caractère hardi et d'humeur gaillarde : *Une rude compagnonne. Une joyeuse compagnonne. Une brave compagnonne.*

compagnonnage n. m. Deux *n.*

comparaison n. f. On dit *en comparaison de (La crue de cette année est peu de chose en comparaison de l'inondation de l'année dernière)* et *par comparaison à* ou *par comparaison avec (Par comparaison aux résultats de l'an dernier, ceux de cette année sont encourageants. La petite ville lui paraissait étrangement déserte par comparaison avec l'animation des rues de Paris).*

comparer v. t. Construction.

1 *Comparer à* implique en principe une comparaison d'ordre quantitatif ou portant sur le degré : *Nos bénéfices sont modestes si on les compare à ceux de nos concurrents. On ne peut comparer le talent aimable de Marivaux au génie puissant de Molière.* — *Comparer avec*

suppose plutôt une comparaison portant sur la nature, sur les ressemblances et les différences : *Si nous comparons le style de Voltaire avec celui de Chateaubriand, que constatons-nous ?* Dans ce sens, on peut aussi joindre les deux compléments par *et : Comparons le style de Voltaire et celui de Chateaubriand.*

2 *Comparer à* s'emploie quand il s'agit de la figure de style appelée *comparaison : Le poète compare les vagues écumeuses à des chevaux bondissants.* — *Comparer avec* s'emploie plutôt quand on parle d'un examen comparatif : *Comparons attentivement ce poème de Hugo avec le passage de Virgile dont il s'est inspiré.*

3 ▼ *Comparer ensemble* est un pléonasme. Dire : *Comparons ces deux gravures* (et non *Comparons ces deux gravures ensemble).*

comparant, ante adj. *ou* n. (terme de droit) *La dame comparante. Le sieur comparant.* — (substantivement) *Les comparants* ▷ **comparoir.**

comparoir v. i. Verbe défectif qui ne s'emploie qu'à l'infinitif, au sens de « comparaître », dans la langue de la procédure : *Le défendeur, appelé à comparoir...*

compendium [kɔ̃pɛ̃djɔm] n. m. *(vieilli et littéraire)* Abrégé, résumé : *Il rédigea un compendium de la doctrine de Leibniz.* — Pl. : *des compendiums* [-djɔm].

compensation n. f. Dire *en compensation de* et non **en compensation pour : En compensation de cette perte, il a reçu une indemnité de cinq mille francs.*

compère-loriot n. m. — Pl. : *des compères-loriots.*

complaire v. t. ind. *ou* v. pron. Conjug. **55.** *Je complais, tu complais, il complaît, nous complaisons, vous complaisez, ils complaisent.* — *Je complaisais.* — *Je complus.* — *Je complairai.* — *Je complairais.* — *Complais, complaisons, complaisez.* — *Que je complaise.* — *Que je complusse.* — *Complaisant.* — *Complu.* — A l'actif, se conjugue avec l'auxiliaire *avoir : j'ai complu, j'avais complu.* ▼ A la forme pronominale, le participe passé reste toujours invariable : *Elles se sont complu à nous tracasser.*

complies n. f. pl. Office catholique. — Souvent sans article : *Après complies. Aller à complies. Assister à complies* (ou *aux complies),* mais *réciter les complies.*

compliment n. m. Ne pas écrire **compliement.*

comporter v. t. Sens et emploi.

1 Eviter l'emploi de ce mot quand son complément implique une idée de pluralité. Dire plutôt, selon les cas, *comprendre, se composer de, être constitué par, contenir, compter* : *Cet appartement comprend trois pièces et une cuisine* (et non *comporte trois pièces*). — En revanche, on peut employer *comporter* avec un nom singulier en donnant au verbe la nuance de « apporter avec soi, contenir en soi » (en général une chose possible, éventuelle) : *Cette entreprise comporte un risque. Ce terme populaire comporte une nuance péjorative.*

2 Ne pas abuser du pronominal *se comporter* au sens de *se conduire. Se comporter* appartient à la langue technique de la psychologie. Dire : *Ce garçon s'est mal conduit à l'égard de son bienfaiteur* (et non *s'est mal comporté*). De même, préférer *conduite* à *comportement* : *La conduite de cet enfant est étrange.*

composant Bien distinguer *composant*, participe présent invariable, et *composant, ante*, adjectif variable : *Les éléments composant la charpente sont en acier. Les pièces composantes de cet appareil sont usinées au centième de millimètre.*

compost n. m. — Prononciation : [kɔ̃pɔst].

compote n. f. Un seul *t.* De même : *compotier.* — Le nom des fruits se met au pluriel : *Une compote de pommes.*

compound adj. inv. *ou* n. Anglicisme technique. — Invariable comme adjectif : *Des locomotives compound* [kɔ̃pund]. — Prend le *-s* du pluriel comme substantif : *des compounds* [-pund].

compréhension n. f. Attention au *h* intérieur. De même : *compréhensible, compréhensif.*

comprendre v. t. Conjugaison et construction.

I Conjug. **82.** *Je comprends, tu comprends, il comprend, nous comprenons, vous comprenez, ils comprennent. — Je comprenais. — Je compris. — Comprends, comprenons, comprenez. — Que je comprenne. — Que je comprisse. — Comprenant. — Compris, ise.*

II Comprendre que. Est suivi de l'un des modes suivants.

1 Indicatif ou conditionnel. Quand *comprendre* signifie « saisir le sens, prendre conscience » : *Il ne m'a pas dit clairement ce qu'il voulait, mais j'ai compris qu'il était d'accord. J'ai bien relu sa lettre et j'ai compris qu'il ne s'opposerait pas à nos projets. Je comprends seulement maintenant que nous sommes les dupes dans cette affaire.*

2 Subjonctif. Quand *comprendre* signifie « trouver naturel, excusable » : *Après le tour qu'on vous a joué, je comprends que vous soyez furieux. Je comprends qu'on puisse se tromper, mais à ce point !*

comprimer v. t. ▼ Ne pas dire **compresser* pour *comprimer. Compresser* est considéré comme un barbarisme.

compris, ise Accord de *compris, y compris, non compris* employés sans auxiliaire.

1 Devant le nom ou le pronom. Le participe reste invariable : *Un loyer de huit cents francs, y compris les charges. Un devis de six mille francs, non compris les taxes.*

2 Derrière le nom ou le pronom. Le participe s'accorde en nombre et en genre : *Un loyer de mille francs, charges comprises. Cela faisait cinq personnes à transporter, elle comprise. Un prix de sept cents francs, taxes non comprises.*

compromettre v. t. *ou* v. pron. Un seul *m.* — Conjug. **99.** *Je compromets, tu compromets, il compromet, nous compromettons, vous compromettez, ils compromettent. — Je compromettais. — Je compromis. — Je compromettrai. — Je compromettrais. — Compromets, compromettons, compromettez. — Que je compromette. — Que je compromisse. — Compromettant. — Compromis, ise.*

comptant [kɔ̃tɑ̃] Il vaut mieux laisser *comptant* invariable, surtout après *payer, vendre, verser* : *Il a payé deux cents francs comptant. Il a vendu sa voiture six mille francs comptant. Vous versez trois mille francs comptant.* Surtout jamais d'accord quand le nom de la monnaie est féminin : *Dix mille lires comptant. Cent cinquante livres comptant. Cinq cents couronnes comptant.*

compte [kɔ̃t] n. m. Orthographe et expression *se rendre compte.*

I Ne pas écrire *compte* (*Le commerçant fait ses comptes*) comme *comte* (titre de noblesse) ou comme *conte* (histoire).

II Se rendre compte.

1 *Se rendre compte de* + nom. Tour parfaitement correct : *Je me suis rendu compte de son absence seulement en fin de soirée.*

2 *Se rendre compte que* + indicatif. Tour à éviter dans la langue soignée. On écrira plutôt *s'apercevoir que* : *Je me suis aperçu à ce moment-là qu'il était parti* (plutôt que *je me suis rendu compte qu'il était parti*). De même on évitera *se rendre compte de ce que*, tournure lourde.

3 ▼ Dans la conjugaison de *se rendre compte,* le participe est toujours invariable : *Elles se sont enfin rendu compte de leur erreur.*

compte courant n. m. Pas de trait d'union. — Pl. : *des comptes courants.*

compte-fils [kɔ̃tfil] n. m. inv. Loupe. — Un trait d'union. — Pl. : *des compte-fils.*

compte-gouttes n. m. inv. Un trait d'union. — Toujours un *-s* à *gouttes,* même au singulier. — Pl. : *des compte-gouttes.*

compte-pas [kɔ̃tpɑ] n. m. inv. Un trait d'union. — Pl. : *des compte-pas.*

compter [kɔ̃te] v. t. Orthographe, prononciation et constructions.

I Attention au *p* intérieur qui ne se prononce pas. De même : *comptabilisation, comptabiliser, comptabilité, comptable, comptage, comptant, compte, compte courant, compte-fils, compte-gouttes, compte-pas, compte rendu, compte-tours, compteur, comptine, comptoir.*

II Constructions.

1 *Compter* + **infinitif.** *Je compte vous remettre ce travail lundi.* ▼ Ne pas dire : *Je compte de vous remettre...*

2 *Compter que* + **indicatif.** *Je compte qu'il nous aidera.* — Eviter le tour, correct mais très lourd, *Je compte sur le fait qu'il nous aidera.*

compte rendu n. m. Pas de trait d'union. — Pl. : *des comptes rendus.*

compteur [kɔ̃tœʀ] n. m. Attention à l'homophone *conteur,* celui qui raconte des histoires.

comptine [kɔ̃tin] n. f. Chanson enfantine.

comtat n. m. On écrit, avec un *c* minuscule et un *V* majuscule, *le comtat Venaissin,* mais, avec un *C* majuscule, *le Comtat,* pris absolument (= le comtat Venaissin).

comte [kɔ̃t] n. m. Titre de noblesse. — Avec un *m.* De même : *comtal, ale, aux, comtesse, comtat, comté.* — Attention aux homophones *compte* (calcul), *conte* (histoire, légende).

1. comté Masculin en français moderne : *Le comté d'Auvergne.* — Autrefois féminin, comme, de nos jours encore, *la vicomté.* — Le féminin subsiste dans le nom propre *la Franche-Comté,* province française, appelée aussi parfois *la Comté.*

2. comté n. m. Fromage. — Pas de majuscule :

Acheter un morceau de comté. — Eviter la graphie *conté,* rare.

comtois, oise adj. *ou* n. De la Franche-Comté : *La population comtoise. Les Comtois.* — N. f. *Une comtoise :* horloge. — En général, on emploie plutôt *franc-comtois* quand on parle des personnes *(Les Francs-Comtois sont calmes et laborieux),* et *comtois* quand on parle des choses : *Une vieille maison comtoise.*

concéder v. t. Conjug. **11.** Change *é* en *è* devant *e* muet, sauf à l'indicatif futur et au conditionnel présent : *Je concède,* mais *je concéderai.*

concerner v. t. Ne pas abuser de ce mot à la mode. Au lieu de *Cette question nous concerne tous,* on pourra dire : *Cette question nous touche tous,* ou *nous intéresse tous,* ou *est notre affaire à tous,* ou *nous regarde tous.* Eviter surtout d'employer ce verbe au passif. Au lieu de *Tous les citoyens doivent se sentir concernés par cette question,* on pourra dire : *intéressés, touchés par cette question.*

concert, conserve Bien distinguer *de concert,* en accord *(Il a agi de concert avec ses associés. Nous devons travailler de concert),* et *de conserve,* expression empruntée au langage de la marine et qui ne peut guère s'employer qu'avec un verbe tel que *naviguer, aller, voyager : Les deux vaisseaux naviguaient de conserve* (= faisaient route ensemble). *Les deux pèlerins voyagèrent de conserve* (= ensemble). *Pendant plus d'une lieue, nous allâmes de conserve.* — Observer que *de concert* et *de conserve* appartiennent au registre soutenu et même littéraire.

concertation n. f. Sens moderne, apparu en français vers 1970 : « politique visant à régler les questions administratives, économiques et sociales par des discussions entre les intéressés, en évitant à la fois les solutions imposées autoritairement et les conflits ouverts ». Ce sens est correct. Ne pas en abuser cependant. Varier en employant d'autres termes : *accord, discussion, entente, négociation,* selon les cas.

concerto [kɔ̃sɛʀto] n. m. Mot italien francisé. Pl. : *des concertos* [-to].

concevoir v. t. Conjug. **58.** *Je conçois, tu conçois, il conçoit, nous concevons, vous concevez, ils conçoivent.* — *Je concevais.* — *Je conçus.* — *Je concevrai.* — *Concevrais. — Conçois, concevons, concevez.* — *Que je conçoive.* — *Que je conçusse.* — *Concevant.* — *Conçu, ue.*

concierge n. m. *ou* f. De nos jours, on tend à remplacer ce mot par *gardien(ne) d'immeuble,* expression jugée plus élégante : *Déposez le paquet chez la gardienne.*

conciergerie n. f. Local où se tient le concierge d'un château, d'un lycée, d'une faculté. *La conciergerie de La Sorbonne.* — Quand il s'agit d'un local où se tient un(e) gardien(ne) d'immeuble d'habitation, on dit *loge.*

concile n. m. Finale en *-ile.*

concilier v. t. Double le *i* à la première et à la deuxième personne du pluriel de l'indicatif imparfait et du subjonctif présent : *(que) nous conciliions, (que) vous conciliiez.*

conclure v. t. Conjugaison et construction.

1 Conjug. 79. *Je conclus, tu conclus, il conclut, nous concluons, vous concluez, ils concluent.* — *Je concluais, tu concluais, il concluait, nous concluions, vous concluiez, ils concluaient.* — *Je conclus, tu conclus, il conclut, nous conclûmes, vous conclûtes, ils conclurent.* — *Je conclurai, tu concluras, il conclura, nous conclurons, vous conclurez, ils concluront.* — *Je conclurais, tu conclurais, il conclurait, nous conclurions, vous concluriez, ils concluraient.* — *Conclus, concluons, concluez.* — *Que je conclue, que tu conclues, qu'il conclue, que nous concluions, que vous concluiez, qu'ils concluent.* — *Que je conclusse, que tu conclusses, qu'il conclût, que nous conclussions, que vous conclussiez, qu'ils conclussent.* — *Concluant.* — *Conclu, conclue (au pluriel conclus, conclues).* ▼ *Conclure* n'est pas un verbe de la première conjugaison. Eviter les barbarismes du genre **je conclue, tu conclues...* (à l'indicatif présent) ou **je concluerai, *je concluerais* (au futur et au conditionnel). Eviter aussi le barbarisme **conclus, *concluse* (au participe passé).

2 La construction correcte est *conclure que,* suivi de l'indicatif ou du conditionnel : *Je conclus que nous sommes en mesure de soutenir cet effort. Je conclus que nous pourrions fournir un effort supplémentaire.* ▼ Eviter le tour *conclure à ce que* suivi du subjonctif : *Le rapporteur conclut à ce qu'on maintienne les dispositions antérieures.* Tourner autrement : *En conclusion, le rapporteur demande* (ou *propose*) *qu'on maintienne les dispositions antérieures.*

concombre n. m. Attention au *n* et au *m.*

concomitance n. f., **concomitant, ante** adj. Un seul *m,* un seul *t.* — On prendra garde à la construction de ces mots.

1 Concomitance. *La concomitance des grandes marées et de tempêtes violentes* ou *La concomitance des grandes marées avec des tempêtes violentes.*

2 Concomitant. *La hausse des prix est concomitante de la dépréciation monétaire* ou *La hausse des prix et la dépréciation monétaire sont concomitantes.* ▼ La construction avec *à* ou avec *avec* au lieu de *de* est déconseillée. Dans la langue surveillée, on évitera d'écrire : *La hausse des prix est concomitante à* (ou *concomitante avec*) *la dépréciation monétaire.*

concordance (des temps) ▷ annexes.

concourir v. i. Conjug. **32.** *Je concours, tu concours, il concourt, nous concourons, vous concourez, ils concourent.* — *Je concourais.* — *Je concours.* — *Je concourrai* (avec deux *r*). — *Je concourrais* (avec deux *r*). — *Concours, concourons, concourez.* — *Que je concoure.* — *Que je concourusse.* — *Concourant.* — *Concouru.* ▼ Sauf au futur et au conditionnel, s'écrit avec un seul *r,* à la différence de *concurrence, concurrent.*

concret, ète adj. Ne pas abuser de ce mot à la mode, au sens de *réel, particulier, pratique* (*Les conditions historiques concrètes dans lesquelles s'est réalisée une expérience révolutionnaire*), ni de *substantiel, appréciable, bien réel* (*Obtenir des avantages concrets*).

concrétion [kɔ̃kʀesjɔ̃] n. f. Dépôt dur : *Une concrétion calcaire.*

concrétiser v. t. Ne pas abuser de ce mot à la mode. On dira plutôt, selon les cas, *réaliser, matérialiser, formuler, représenter, exprimer,* etc : *L'événement réalisa ses espérances et ses aspirations* (plutôt que *concrétisa ses espérances*). *Cette ligne de barbelés qui matérialise* (et non *qui concrétise*) *la division de ce pays. Les œuvres d'art représentent* (ou *expriment*) *les rêves d'une époque* (et non *concrétisent*). De même, préférer *réalisation, matérialisation, formulation, représentation, expression* à *concrétisation.*

concupiscence n. f. Attention au groupe *-sc-* et à la finale *-ence.* — De même : *concupiscent, ente.*

concurremment [kɔ̃kyʀamɑ̃] adv. Deux *r,* deux *m.* Finale en *-emment* (vient de *concurrent*). — Construit le plus souvent avec *avec,* plus rarement avec *à* : *Les médicaments agissent concurremment avec la cure de repos* (plus fréquent que *à la cure de repos*).

concurrence n. f. Deux *r.* De même : *concurrencer* v. t. (conjug. **17**), *concurrent, ente, concurrentiel, ielle.*

concussion, malversation, prévarication Trois noms féminins à bien distinguer.

1 concussion Délit commis par un fonctionnaire qui perçoit indûment et sciemment une taxe au détriment d'un particulier ou qui perçoit sciemment un traitement auquel il n'a pas droit.

2 malversation Gestion frauduleuse ; grave détournement d'argent commis dans l'exercice de sa fonction par un fonctionnaire, un officier public ou un salarié : *Le caissier fut convaincu de malversation. Le comptable s'était rendu coupable de graves malversations.*

3 prévarication Tout manquement grave dans l'exercice de la fonction, de la charge, de l'emploi. La prévarication n'est pas nécessairement une faute d'ordre financier : *Ce juge a prévariqué en donnant injustement gain de cause à ce plaideur qui était l'un de ses amis.*

concussionnaire adj. *ou* n. Attention aux deux *n*.

condamner v. t. Prononciation : [kɔ̃dane]. Le *m* ne se prononce pas. De même : *condamnable* [kɔ̃danabl(ə)], *condamnation* [kɔ̃danasjɔ̃], *condamnatoire* [kɔ̃danatwaʀ], *condamné, ée* [kɔ̃dane, e].

condensateur, condenseur Deux noms masculins dérivés de *condenser*.

1 condensateur Dispositif électrique ou radioélectrique : *Le condensateur d'un poste récepteur de radio.* ▼ Ne jamais dire *le condensateur d'une machine à vapeur*, mais *le condenseur d'une machine à vapeur*.

2 condenseur Dispositif que condense la vapeur à la sortie d'une machine à vapeur, d'une turbine.

condescendre v. t. ind. Conjug. 81. *Je condescends, tu condescends, il condescend, nous condescendons, vous condescendez, ils condescendent. — Je condescendais. — Je condescendis. — Je condescendrai. — Je condescendrais. — Condescends, condescendons, condescendez. — Que je condescende. — Que je condescendisse. — Condescendant. — Condescendu. —* Attention au groupe *-sc-*. De même : *condescendance, condescendant, ante.*

condisciple n. m. *ou* f. Attention au groupe *-sc-*.

condition n. f. Construction et sens.

I A condition que, à la condition que, sous la condition que.

1 Sans article *(à condition que).* Le plus souvent avec le subjonctif *(Il peut partir avant l'heure, à condition qu'il me prévienne)* ou bien avec l'indicatif futur ou avec le conditionnel exprimant le futur dans le passé. Ces deux derniers tours sont rares : *Oui, je l'autorise à partir avant l'heure, mais c'est à condition qu'il*

me préviendra. On le laissa partir, à condition qu'il s'abstiendrait de tout acte hostile.

2 Avec l'article *(à la condition, sous la condition que).* Soit avec le subjonctif *(Je vous prête ce livre, à la condition que vous me le rendiez avant jeudi),* soit avec l'indicatif futur ou avec le conditionnel exprimant le futur dans le passé. Ces deux derniers tours, assez fréquents, insistent sur le caractère impératif de la condition : *Il peut sortir, à la condition qu'il rentrera avant sept heures. On l'autorisa à revenir, sous la condition qu'il se tiendrait tranquille.*

II Mise en condition. Mettre en condition. Expressions empruntées à la psychologie des réflexes conditionnés. Ne pas en abuser. On dira plutôt *préparation psychologique, pression psychologique, pression sur (les esprits, l'opinion)* et *préparer psychologiquement, faire pression sur (les esprits, l'opinion) : Cette campagne de propagande très violente avait pour but de faire pression sur l'opinion,* ou de *préparer l'opinion publique* (plutôt que *de mettre en condition l'opinion).*

conditionné, ée adj. Attention à certaines expressions.

1 On dit indifféremment *réflexe conditionné* ou *réflexe conditionnel.*

2 Quand on parle d'une marchandise, on peut, dans la langue technique, dire, par exemple, *soie conditionnée, céréales conditionnées* (ayant subi un traitement spécial permettant le transport, la conservation et l'utilisation). En revanche, dans le langage non technique, on écrira, plutôt, selon les cas, *préparé, emballé, présenté : Des produits alimentaires habilement présentés.*

3 Air conditionné. Anglicisme. On préférera *air climatisé.*

conditionnement n. m. Attention à certaines expressions.

1 En dehors d'un contexte technique, on dira plutôt *préparation, emballage, présentation, (d'une marchandise) : La nouvelle présentation d'un médicament* (plutôt que *le nouveau conditionnement).*

2 On écrira *la préparation psychologique, la pression sur (les esprits, sur l'opinion),* plutôt que *le conditionnement : La publicité aboutit à une véritable pression sur l'esprit des consommateurs* (plutôt que *à un véritable conditionnement).* De même, on écrira *une idée acquise, un mode de pensée inculqué,* plutôt qu'*un conditionnement : La réforme de la société se heurte aux idées acquises* (plutôt que *aux conditionnements).*

3 Préférer *climatisation de l'air* à *conditionnement de l'air,* qui est un anglicisme.

conditionner v. t. Attention à certaines expressions.

1 On écrira plutôt *déterminer, être la condition de : Les structures sociales déterminent les formes de l'art et de la littérature* (mieux que *conditionnent les formes...*). *Une amélioration de ma santé est la condition de ce voyage* (et non *conditionne ce voyage*).

2 En dehors de la langue technique de la psychologie, on écrira plutôt **préparer psychologiquement, faire pression sur, déterminer :** *Cette propagande vise à préparer psychologiquement la population* (plutôt que *à conditionner la population*). *La publicité détermine les réactions des consommateurs* (plutôt que *conditionne*).

3 En dehors de la langue technique de l'industrie et du commerce, on écrira plutôt, selon les cas, **préparer, emballer** ou **présenter** *(une marchandise).*

condoléances n. f. pl. De nos jours, ne s'emploie qu'au pluriel. Il vaut donc mieux écrire : *Une lettre, une visite de condoléances* (avec un *-s* à *condoléances*).

condominium n. m. — Prononciation : [kɔ̃dɔminjɔm]. — Pl. : *des condominiums* [-njɔm].

condottiere n. m. Mot italien incomplètement francisé. Prononciation : [kɔ̃dɔtjɛʀ]. Pl. : *des condottieri* [kɔ̃dɔtjeʀi]. Jamais d'accent sur le *e*. Attention aux deux *t*. La prononciation à l'italienne au singulier [kɔndɔtjeʀe] est plus rare, mais non fautive.

conduire v. t. Conjug. **46.** *Je conduis, tu conduis, il conduit, nous conduisons, vous conduisez, ils conduisent. — Je conduisais. — Je conduisis. — Je conduirai. — Je conduirais. — Conduis, conduisons, conduisez. — Que je conduise. — Que je conduisisse. — Conduisant. — Conduit, ite.*

cône n. m. Se prononce avec un *o* fermé [kon] et s'écrit avec un accent circonflexe, à la différence des dérivés : *conicité* [kɔnisite], *conifère* [kɔnifɛʀ], *conique* [kɔnik], *conirostres* [kɔniʀɔstʀ(ə)].

confection n. f. Deux *n* dans les dérivés : *confectionner, confectionneur.*

confédéral, ale, aux adj. Masculin pluriel en *-aux.*

confédérer v. t. Conjug. **11.** Change *é* en *è* devant un *e* muet, sauf à l'indicatif futur et au conditionnel : *il confédère*, mais *il confédérera.*

conférer v. t. Conjug. **11.** Change *é* en *è* devant un *e* muet, sauf à l'indicatif futur et au conditionnel présent : *il confère*, mais *il conférera*. ▼ Au sens de « avoir une conversation, un entretien », on évitera le pléonasme *conférer ensemble*. On dira : *Le ministre et les délégués ont conféré sur ce sujet* (et non *ont conféré ensemble*). On peut dire aussi : *Le ministre a conféré avec les délégués.*

confesse n. f. Synonyme de *confession* dans les locutions figées *aller à confesse, venir à confesse, revenir de confesse.*

confession n. f. Les dérivés s'écrivent avec deux *n : confessionnal, aux* n. m., *confessionnel, elle* adj.

confetti [kɔ̃fɛti] n. m. pl. Ne s'emploie qu'au pluriel. S'écrit sans *-s* (pluriel italien en *-i*) : *Lancer des confetti.*

confiance n. f. Expressions.

1 Avoir confiance. Est suivi de *en (Ayez confiance en moi)* ou de *dans* + article *(Il a confiance dans les capacités de son associé).*

2 Faire confiance (à). Expression considérée comme relâchée par certains grammairiens. Dans la langue très surveillée, on emploiera plutôt *avoir confiance (en, dans), accorder sa confiance (à), mettre sa confiance (en), se fier (à), s'en remettre (à), s'en rapporter (à).*

confier v. t. Conjug. **20.** Double le *i* à la première et à la deuxième personne du pluriel de l'indicatif imparfait et du subjonctif présent : *(que) nous confiions, (que) vous confiiez.*

confier (se) Construction et sens ; accord du participe.

I Construction.

1 Se confier à. Faire des confidences à (emploi usuel) : *Il ne faut se confier qu'à des amis sûrs et discrets.*

2 Se confier à. S'abandonner à, accorder sa confiance à, s'en remettre à : *Il se confia à la Providence et se lança dans cette aventure.*

3 Se confier en ou, plus rarement, **se confier dans** (+ article). Mettre sa confiance en, dans (un peu vieilli et emploi littéraire) : *Le croyant se confie en Dieu. Le roi se confiait dans la force de ses armées.*

II Se confier, se fier. Le premier verbe, plus littéraire, implique l'idée d'une confiance totale, d'un abandon : *Le chrétien se confie en la bonté de Dieu. Se fier* implique que la confiance se limite à un domaine précis, sans abandon total : *Le directeur se fie à la compétence de ses conseillers techniques.*

III Accord du participe.

1 Pas de complément direct. L'accord se fait avec le sujet : *Elles se sont confiées à moi. Elles se sont confiées en l'indulgence de leur père.*

2 Il y a un complément direct. L'accord se fait avec ce complément s'il est placé avant le verbe : *Les peines qu'ils se sont confiées.* — Si le complément est placé après le verbe, invariabilité : *Ils se sont confié leurs espérances.*

confins n. m. pl. Toujours au pluriel : *Une petite ville située aux confins de l'Anjou et du Maine.* — On dira *aux confins, sur les confins (de),* et non *dans les confins.*

confire v. t. Conjug. **52.** *Je confis, tu confis, il confit, nous confisons, vous confisez, ils confisent.* — *Je confisais.* — *Je confis..., nous confîmes.* — *Je confirai.* — *Je confirais.* — *Confis, confisons, confisez.* — *Que je confise.* — *Que je confisse..., qu'il confît.* — *Confisant.* — *Confit, ite.* — On n'utilise guère que l'infinitif, le participe passé et les temps composés.

confirmand n. m. Celui qui reçoit le sacrement de confirmation. ▼ Avec un *-d*, à la différence de *communiant* et aussi de *confirmant,* participe présent du verbe *confirmer.* — Le féminin *confirmande* est rare. Son emploi n'est pas conseillé.

confirmer v. t. *Confirmer que* à la forme affirmative ou négative ou interrogative se construit toujours avec l'indicatif ou le conditionnel : *Je ne vous confirme pas qu'il viendra demain. Il n'a pu confirmer qu'il viendrait aujourd'hui.*

confiteor n. m. Prière catholique. — Généralement sans majuscule. Pas d'accent sur le *e.* Prononciation : [kɔ̃fiteɔr]. Toujours invariable : *Des confiteor.*

confiture n. f. Le nom du fruit se met en général au pluriel : *De la confiture d'abricots. De la confiture de fraises.* Il en va de même pour les mots *compote, marmelade.*

confluence n. f. S'écrit avec *-en-,* comme *un confluent.*

confluent, affluent ▷ **affluent.**

confluent, confluant Ne pas écrire *un confluent,* nom masculin, comme *confluant,* participe présent du verbe *confluer : Le bec d'Ambès est au confluent de la Garonne et de la Dordogne. Confluant au bec d'Ambès, la Garonne et la Dordogne mêlent leurs eaux pour former la Gironde.*

confondre v. t. Conjugaison et construction.

I Conjug. 91. *Je confonds, tu confonds, il confond, nous confondons, vous confondez, ils confondent.* — *Je confondais.* — *Je confondis.* — *Je confondrai.* — *Je confondrais.* — *Confonds, confondons, confondez.* — *Que je confonde.* — *Que je confondisse.* — *Confondant.* — *Confondu, ue.*

II Construction.

1 Au sens de « prendre à tort une chose pour une autre », se construit avec *et* ou avec *avec : Ne confondez pas la « cithare » et la « guitare ». Il a tout simplement confondu Châlons-sur-Marne avec Chalon-sur-Saône.*

2 Au sens de « se fondre dans un ensemble plus vaste », se construit avec *avec,* mais aussi avec *dans, en,* et même avec *à* (au participe) : *Au loin, la terre et la mer se confondaient dans une même brume. A l'horizon, les toits de la ville se confondaient avec le ciel pluvieux. On voyait quelques étudiants confondus dans la masse des émeutiers en blouse. Des édifices colossaux et des rochers abrupts confondus en un même chaos. Toutes les fumées de la ville, confondues aux brumes du matin.*

confortable adj. Ne peut qualifier que des choses : *Une maison confortable. Un fauteuil confortable.* — Ne peut jamais s'appliquer à une personne. Ne pas dire : *Je suis confortable dans ces chaussures* (mais *je suis à mon aise*).

confronter v. t. Construction et sens.

1 Se construit avec *et,* avec *à* et avec *avec : Il confronta la copie et l'original. On a confronté l'accusé aux témoins. Le juge d'instruction confronta le criminel avec son complice.*

2 Ne pas abuser de phrases telles que : *L'homme moderne se trouve confronté à des problèmes tout nouveaux.* On écrira plutôt *devoir affronter, devoir faire face à, être aux prises avec.* Eviter absolument l'emploi à l'actif dans des phrases telles que : *Les graves problèmes qui confrontent l'homme moderne.* Dire plutôt : *qui se posent à l'homme moderne* ou *que l'homme moderne doit affronter.*

congeler v. t. Conjug. **10.** Change *e* en *è* devant un *e* muet. *Je congèle, je congèlerai.*

conglomérer v. t. Conjug. **11.** Change *é* en *è* devant un *e* muet, sauf à l'indicatif futur et au conditionnel présent : *je conglomère,* mais *je conglomérerai.*

congolais, aise adj. *ou* n. Du Congo, pays d'Afrique. — Attention à la majuscule : *La population congolaise. Les Congolais.* — *Un congolais :* gâteau à la noix de coco.

congrégation n. f. Les dérivés s'écrivent avec un seul *n* : *congréganiste, congrégationalisme, congrégationaliste.*

congrûment adj. ▼ Un accent circonflexe sur le *u*. Ne pas écrire **congruement.*

conicité, conifère, conique, conirostre Pas d'accent circonflexe sur le *o*, à la différence de *cône* ▷ **cône.**

conjecture, conjoncture Deux noms féminins paronymes.

1 conjecture Supposition, hypothèse : *Faute d'informations sûres, on en est réduit à des conjectures sur les intentions du gouvernement.* — Dérivés : *conjectural, ale, aux, conjecturer.*

2 conjoncture Situation d'ensemble du moment (surtout en matière politique ou économique) : *La conjoncture économique n'est pas vraiment favorable à une reprise des affaires.* — Dérivé : *conjoncturel, elle.*

conjoint n. m. Dans la langue juridique ou administrative, désigne le mari considéré par rapport à sa femme, *ou* la femme considérée par rapport à son mari, *ou* les deux époux : *Un veuf peut se remarier immédiatement après la mort de son conjoint, mais une veuve doit attendre la fin du délai de viduité.* — Le féminin *conjointe* « épouse » est rare et on évite de l'employer dans un contexte sérieux.

conjointement adv. Se construit avec *et* ou avec *avec* : *Ce parti politique et notre syndicat agiront conjointement. J'ai fait cette démarche conjointement avec mon collègue.* — Malgré l'avis de certains grammairiens, *conjointement à* reste inusité. ▼ Éviter les pléonasmes *conjointement ensemble, conjointement entre nous, conjointement l'un avec l'autre, conjointement de concert,* etc.

conjoncteur-disjoncteur n. m. — Pl. : *des conjoncteurs-disjoncteurs.*

conjoncture, conjecture ▷ **conjecture.**

conjuguer v. t. Toujours avec *-gu-*, même devant *a* ou *o* : *il conjugua, nous conjuguons.*

connaissance n. f. Expressions.

1 On dit *faire connaissance avec quelqu'un* ou *faire la connaissance de quelqu'un* : *J'ai fait connaissance avec mon nouveau collègue. Très honoré de faire votre connaissance. Je serai heureux de faire la connaissance de monsieur votre père.* Éviter *faire connaissance de quelqu'un* (sans article ni possessif).

2 Dans la correspondance administrative ou militaire, l'usage veut qu'on écrive **porter à la** *connaissance* quand on s'adresse à un supérieur hiérarchique et *informer* quand on s'adresse à un inférieur : *J'ai l'honneur de porter à votre connaissance que des dégradations ont été commises. J'ai l'honneur de vous informer que les attributions de votre service sont modifiées.*

connaître v. t. Conjugaison, construction et sens.

I Conjug. 94. *Je connais, tu connais, il connaît, nous connaissons, vous connaissez, ils connaissent.* — *Je connaissais.* — *Je connus.* — *Je connaîtrai, tu connaîtras, il connaîtra, nous connaîtrons, vous connaîtrez, ils connaîtront.* — *Je connaîtrais, tu connaîtrais, il connaîtrait, nous connaîtrions, vous connaîtriez, ils connaîtraient.* — *Connais, connaissons, connaissez.* — *Que je connaisse.* — *Que je connusse. Connaissant.* — *Connu, ue.* ▼ Accent circonflexe sur le *i* de la syllabe *-nai-* toutes les fois que ce *i* est suivi d'un *t* : *il connaît, je connaîtrai, je connaîtrais.*

II Constructions particulières :

1 Connaître de. Expression de la langue de la procédure : *Les tribunaux administratifs ou civils ne connaissent pas des causes commerciales.*

2 Se connaître à, se connaître en. Expressions archaïsantes et très littéraires : *Les bourgeois et les gens du peuple ne se connaissent pas aux choses de la guerre comme les gentilshommes. Je me pique de me connaître en musique et en peinture.*

3 S'y connaître en. Expression familière : *Je m'y connais en mécanique, moi ! Mon oncle, il s'y connaît en droit.* Dans la langue surveillée, on écrira plutôt : *Je connais bien la mécanique. Mon oncle est compétent en matière de droit.*

III Connaître, savoir. Ces deux verbes sont parfois interchangeables : *Je connais le grec* ou *je sais le grec.* Cependant, le plus souvent, leurs emplois ne sont pas les mêmes.

1 savoir Implique l'idée d'une connaissance plus profondément assimilée. On dit plutôt *savoir par cœur* que *connaître par cœur.* — C'est ainsi que *savoir une fable de La Fontaine,* c'est pouvoir la réciter, la *connaître,* c'est simplement l'avoir lue.

2 connaître Est plus rarement que *savoir* suivi d'une complétive introduite par *que* (mode : indicatif) ou d'une interrogative indirecte. Il signifie alors « prendre conscience ». Cet emploi est littéraire : *Il connut alors que, dans le malheur, on ne peut nullement compter sur la plupart de ses amis. Il connut brusquement quelle était sa détresse.*

connecter v. t. Deux *n.* De même : *connecteur, connectif, connexe, connexion, connexité.*

connétable n. m. Deux *n*. De même : *connétablie*.

connivence n. f. Deux *n*. Finale en *-ence*.

connotation n. f. Deux *n*. De même : *connoter*.

conquérir v. t. Conjug. 29. *Je conquiers, tu conquiers, il conquiert, nous conquérons, vous conquérez, ils conquièrent. — Je conquérais. — Je conquis. — Je conquerrai, tu conquerras, il conquerra, nous conquerrons, vous conquerrez, ils conquerront. — Je conquerrais, tu conquerrais, ils conquerrait, nous conquerrions, vous conquerriez, ils conquerraient. — Conquiers, conquérons, conquérez. — Que je conquière, que tu conquières, qu'il conquière, que nous conquérions, que vous conquériez, qu'ils conquièrent. — Que je conquisse. — Conquérant. — Conquis, ise.* ▼ Pas de *c* devant *-qu-*, à la différence de *acquérir*. Ne jamais écrire **concquérir.*

conquêt n. m. (terme de droit) Accent circonflexe sur le *e*. — Pas de *c* devant *-qu-*.

conquête n. f. Accent circonflexe sur le *e*. Pas de *c* devant *-qu-*.

conquistador n. m. Prononciation : [kɔ̃kistadɔʀ] et non **[kɔ̃kwistadɔʀ].* — Pl. français : *des conquistadors* [-dɔʀ]. — Pl. à l'espagnole : *des conquistadores* [-dɔʀɛs]. Cette dernière forme est moins conseillée.

conscience n. f. Avec *-sc-*. De même : *consciemment* [kɔ̃sjamɑ̃] adv., *consciencieusement, consciencieux, conscient.*

conseil n. m. Avec un trait d'union : *avocat-conseil* (pl. : *des avocats-conseils*), *ingénieur-conseil* (pl. : *des ingénieurs-conseils*).

1. conseiller v. t. Conjugaison et accord du participe.

I Attention au *i* après le groupe *-ill-* à la première et à la deuxième personne du pluriel de l'indicatif imparfait et du subjonctif présent : *(que) nous conseillions, (que) vous conseilliez.*

II Accord du participe.

1 Conseiller quelqu'un. Accord avec le complément direct si celui-ci est placé avant le verbe : *Ses filles, il les a bien conseillées.*

2 Conseiller quelque chose. Accord avec le complément direct si celui-ci est placé avant le verbe : *Les mesures que j'avais conseillées.*

3 Conseiller quelque chose à quelqu'un. Même règle que pour II, 2 : *Les démarches que je lui ai conseillées.*

4 Conseiller à quelqu'un de (suivi de l'infinitif). Participe toujours invariable : *Les démarches que je lui ai conseillé d'effectuer* ▼ Ne pas dire : **Je l'ai conseillé de faire ces démarches.*

2. conseiller, ère n. m. *ou* f. Au sens général de « personne qui donne des conseils », on emploie normalement le féminin *conseillère : Sa tante fut pour elle une excellente conseillère.* Dans ce cas, cependant, *Sa tante fut pour elle un excellent conseiller* ne serait pas une faute. — En revanche, quand on veut désigner une femme membre d'un conseil, il vaut mieux employer le mot au masculin : *Mme Durand, conseiller municipal. Cette institutrice en retraite serait un excellent conseiller municipal.* — En ce qui concerne certaines professions, l'usage hésite. On dira : *Voyez donc la conseillère pédagogique,* mais *Mme Durand, conseiller pédagogique* (il s'agit de l'énoncé d'un titre). *Cette jeune femme est un excellent conseiller pédagogique* (l'idée de féminin est déjà exprimée par le terme de *jeune femme*).

consensus [kɔ̃sɛ̃sys] n. m. inv. (inusité au pluriel). Terme savant (droit, sociologie, philosophie, etc.), qui est le mot latin signifiant « accord », d'où *consensus omnium* « consentement universel ». Mot à la mode pour désigner *l'adhésion (des citoyens), la volonté (collective), l'accord (de l'opinion).* Ne pas en abuser.

consentir v. t. On prendra garde à deux constructions.

I Consentir à (suivi de l'infinitif). Construction normale et moderne : *Il consent à nous aider.* — *Consentir de* est un archaïsme, mais non une incorrection : *Le roi consentit de rendre ses titres au connétable déchu.*

II Consentir que (suivi d'un verbe à un mode personnel).

1 Subjonctif. Au sens usuel de « autoriser, permettre que » : *Je consens qu'il parte avant l'heure.*

2 Indicatif. Au sens, plus rare, de « reconnaître que » : *Je consens qu'il y a bien des œuvres médiocres dans la poésie parnassienne, mais faut-il pour autant la condamner entièrement ?* Dans ce sens, il vaut mieux employer *concéder.*

3 ▼ On évitera *consentir à ce que.* Dire : *Je consens qu'il prenne un congé* (et non *à ce qu'il prenne un congé*).

conséquemment [kɔ̃sekamɑ̃] Adverbe en *-emment* (vient de *conséquent*).

conséquence n. f. Expressions.

1 On écrit toujours, avec *conséquence* au singulier : *Une affaire de conséquence. Une affaire sans conséquence. Cela ne tire pas à conséquence.*

2 Il est mieux d'employer le mot au pluriel dans : *une affaire lourde de conséquences.*

3 On écrit *avoir pour conséquence* (sans *-s*) si la conséquence est unique *(La sécheresse eut pour conséquence une récolte désastreuse)*, mais *avoir pour conséquences* (avec *-s*) si l'on énumère plusieurs conséquences distinctes : *La sécheresse eut pour conséquences la pénurie de blé, la hausse des prix et la ruine de nombreux paysans.*

1. conséquent, ente adj. Construction et sens.

1 Le vrai sens est « logique, cohérent ». Se construit avec *avec : Enfin, soyez conséquent avec vous-même !* La construction avec *à* est vieillie : *Adopter une conduite conséquente à ses principes moraux.* Peut aussi s'employer sans complément : *Voilà enfin une argumentation conséquente.* Il faut noter que *conséquent* tend à devenir rare dans le langage actuel, qui, selon les cas, préfère *logique* ou *cohérent*.

2 ▼ Ne jamais employer *conséquent* au sens de *grand, considérable, important, grave, de poids* (emplois tels que : *Une affaire conséquente. Une somme assez conséquente. Un personnage conséquent).* On peut, en revanche, dire : *une affaire de conséquence* (= importante, grave). Cette expression est parfaitement correcte. — Ne pas employer non plus *conséquent* au sens de *gros, volumineux.* Dire : *Cette malle est trop volumineuse* (et non *trop conséquente). Ce dictionnaire de latin est un gros livre* (et non *un livre conséquent).*

2. conséquent (par) loc. adv. Eviter le pléonasme *ainsi par conséquent.* Dire *ainsi* ou *par conséquent.*

1. conserve n. f. Expressions.

I On dit *manger des conserves* (et non **de la conserve*), mais on écrit, avec *conserve* au singulier : *des boîtes de conserve, mettre en conserve.*

II Conserves de...

1 Avec complément au singulier : *des conserves de viande, de poisson, de bœuf, de thon, de saumon...* (car on dit *manger de la viande, du poisson, du bœuf, du thon, du saumon...).*

2 Avec complément au pluriel : *des conserves de fruits, de légumes, d'abricots, de sardines...* (car on dit *manger des fruits, des légumes, des abricots, des haricots, des sardines...).*

2. conserve (de) loc. adv. *Naviguer de conserve, agir de concert* ▷ concert.

considérer v. t. Conjugaison et construction.

1 Conjug. **11.** Change *é* en *è* devant un *e* muet, sauf à l'indicatif futur ou au conditionnel présent : *je considère,* mais *je considérerai.*

2 L'attribut est introduit par *comme (Ce garçon, je le considère comme sérieux. Je considère ce jeune homme comme un garçon sérieux),* à la différence de verbes tels que *juger* (attribut introduit directement : *Ce garçon, je le juge sérieux)* ou tels que *tenir* (attribut introduit par *pour : Je le tiens pour un garçon sérieux).*

consigner v. t. Attention au *i* après le groupe *-gn-* à la première et à la deuxième personne du pluriel de l'indicatif imparfait et du subjonctif présent : *(que) nous consignions, (que) vous consigniez.*

consister v. i. Construction et sens.

1 Consister dans (suivi d'un nom). Résider dans (tour vieilli et littéraire) : *La sagesse consiste dans la modération.*

2 Consister en (suivi d'un nom). Etre constitué par (tour usuel) : *Le repas consistait en un potage et un plat garni* ▷ constituer.

3 Consister à (suivi d'un infinitif). Se définir par l'action de : *La calomnie consiste à dire faussement du mal d'autrui.*

consommer v. t. Deux *m,* à la différence de *consumer.*

consonance n. f. A la différence de *consonne* et de *sonner,* s'écrit avec un seul *n,* comme *assonance, résonance.* De même *consonant, ante* adj. *(accords consonants),* à la différence de *résonnant, ante.*

consonne n. f. ▼ S'écrit avec deux *n,* mais les dérivés n'ont qu'un seul *n : consonantique, consonantisme.*

consortium n. m. Prononciation : [kɔ̃sɔʀsjɔm]. — Pl. : *des consortiums* [-sjɔm].

conspirer On prendra garde à quelques constructions.

1 La construction transitive directe *(Ils conspirèrent la mort du tyran)* est un archaïsme, mais non une incorrection.

2 Conspirer pour (au sens de « comploter »). Ne peut guère être suivi que d'un infinitif de but : *Il conspira pour rétablir la monarchie.* On ne dirait guère *Il conspira pour le roi.* — En revanche *conspirer contre* est toujours suivi d'un nom (ou d'un pronom) complément d'objet indirect : *Ils conspirèrent contre Richelieu.*

3 Conspirer à (au sens de « concourir à »). Peut être suivi d'un nom ou d'un infinitif (tour semi-littéraire) : *Tout conspire à sa félicité. Tout conspirait à retarder leur action.*

constellation n. f. Deux *l.* De même : *constellé, consteller.*

constituer, consister Attention à la construction : *Le domaine est constitué par deux fermes, un bois et un parc. Le domaine consiste en deux fermes, un bois et un parc.*

contacter v. t. Anglicisme à éviter. On préférera *prendre contact (avec), rencontrer, entrer en rapport, en relation (avec)* : *Essayez d'entrer en rapport avec ce journaliste, il peut nous être utile* (mieux que *Essayez de contacter ce journaliste*). *J'ai pris contact par téléphone avec la personne dont vous m'avez parlé* (mieux que *J'ai contacté par téléphone*).

container n. m. Prononciation : [kɔ̃tenɛʀ]. — Pl. : *des containers* [-nɛʀ]. — On pourra remplacer cet anglicisme par la forme française *conteneur* n. m.

conte n. m. Histoire : *Des contes de fées.* — Attention aux homophones : *compte* n. m. (calcul), *comte* n. m. (titre de noblesse).

contenir v. t. Conjug. **44.** *Je contiens, tu contiens, il contient, nous contenons, vous contenez, ils contiennent. — Je contenais. — Je contins. — Je contiendrai. — Je contiendrais. — Contiens, contenons, contenez. — Que je contienne. — Que je continsse. — Contenant. — Contenu, ue.*

conter v. t. Raconter. — Ne pas écrire comme *compter,* dénombrer.

contestable adj. Construction de *il est contestable que...* ▷ **contester.**

contestation n. f. Deux locutions à bien distinguer.

1 Sans contestation (toujours au singulier). Signifie « sans opposition, sans débat » : *La proposition fut adoptée sans contestation.*

2 Sans contestation possible. Signifie « sans qu'on puisse émettre un doute, indubitablement » (synonyme : *sans conteste*) : *Sans contestation possible, cet édifice a été construit sous Charles V.*

conteste Seulement dans la locution *sans conteste* ▷ **contestation** (2).

contester, contestable Construction de *contester que..., il est contestable que...*

I La principale est affirmative (*je conteste que..., il est contestable que...*). Subjonctif obligatoire. Jamais de *ne* explétif : *Je conteste qu'il ait le droit d'agir ainsi. Il est contestable que vous ayez intérêt à procéder ainsi.*

II La principale est négative ou interrogative (*je ne conteste pas que..., conteste-t-on que..., il n'est pas contestable que..., est-il contestable que...*). On a trois possibilités.

1 En général, le subjonctif. L'emploi du *ne* explétif n'est pas obligatoire, mais il est fréquent, surtout après *contester : On ne saurait contester qu'il n'y ait des cas troublants. Il n'est pas contestable que des cas de ce genre puissent exister. Peut-on contester qu'il n'y ait quelques parcelles de vérité dans cette théorie ? Est-il contestable que nous soyons dans notre droit ?* — Le *ne* explétif est omis surtout quand on veut exprimer un fait indubitable : *Personne ne peut contester que nous ayons raison sur ce point.*

2 L'indicatif. Fréquent lorsqu'on veut insister sur la réalité du fait. Jamais de *ne* explétif : *Je ne conteste pas que c'est là la bonne solution. Il n'est pas contestable que ces documents nous ont été remis, c'est moi qui les ai reçus. Va-t-on contester que la situation s'est améliorée ? Est-il contestable que l'emploi de l'ordinateur a bouleversé les méthodes de gestion ?*

3 Le conditionnel. Normal quand on veut exprimer une éventualité. Jamais de *ne* explétif : *Je ne conteste pas que ce serait la meilleure solution.., si notre associé donnait son accord. Il n'est pas contestable que nous aurions là une possibilité intéressante. Contestez-vous qu'il y aurait moyen de régler ce différend à l'amiable, si tout le monde y mettait du sien ? Est-il contestable qu'on pourrait trouver une autre solution ?*

contigu, uë adj. Orthographe, sens et construction.

1 Le féminin *contiguë* prend un tréma sur le *e,* non sur le *u.* De même : *contiguïté.*

2 *Contigu* veut dire « qui touche à », *exigu* « de très petites dimensions » : *La salle à manger est contiguë à la cuisine. Cette salle à manger est exiguë, elle ne permet pas de recevoir six invités.*

3 *Contigu* se construit avec *et* ou avec *à : La salle à manger et ma chambre sont contiguës. La salle à manger est contiguë à ma chambre.* Eviter la construction *contigu avec.*

continuer v. t. Se construit avec *à* ou avec *de.*

1 En principe, *continuer à* signifie « prolonger l'exécution d'un acte commencé » ou « persister à être dans un état » : *Continuez à travailler ainsi pendant six mois et vous serez prêt pour le baccalauréat. Malgré tous les soins, le malade continue à se sentir fatigué.* — **Continuer de** signifie « faire une action, être dans un état sans qu'il y ait d'interruption » : *Pendant des siècles, le paysan français continua de vivre attaché à la glèbe.*

2 Dans la pratique, *continuer à* est plus fréquent, surtout dans la langue parlée et familière. En général, on choisit l'une des constructions pour des raisons d'euphonie. *Continuer de* permet d'éviter l'hiatus : *Il continua d'aller mieux.* On évitera *Il continua à aller mieux.* Inversement, on emploiera *continuer à* devant un verbe commençant par *de-* : *Ils continuaient à deviser joyeusement* (plutôt que *Ils continuaient de deviser...*).

continuité n. f. *Solution de continuité* ▷ **solution.**

continûment adv. Accent circonflexe sur le *u.*

contraindre v. t. Conjugaison et construction.

1 Conjug. **83.** *Je contrains, tu contrains, il contraint, nous contraignons, vous contraignez, ils contraignent.* — *Je contraignais.* — *Je contraignis.* — *Je contraindrai.* — *Je contraindrais.* — *Contrains, contraignons, contraignez.* — *Que je contraigne.* — *Que je contraignisse.* — *Contraignant.* — *Contraint, ainte.* ▼ Attention au *i* après le groupe *-gn-* à la première et à la deuxième personne du pluriel de l'indicatif imparfait et du subjonctif présent : *(que) nous contraignions, (que) vous contraigniez.*

2 Devant un infinitif, se construit avec *à* ou *de* : *Nous avons contraint notre adversaire à faire des concessions* (tour le plus fréquent). *Nous l'avons contraint d'accepter ce compromis* (emploi de *de* pour éviter l'hiatus : *nous l'avons contraint à accepter*). — Avec le participe passé, l'usage est d'employer *de* (*Nous sommes contraints de faire des concessions),* sauf au passif quand il y a un complément d'agent *(Nous avons été contraints par les circonstances à faire des concessions à notre adversaire).*

contraint et forcé Expression pléonastique, semi-familière, mais admise par l'usage. Equivaut à un renforcement de *contraint.*

contralto Toujours masculin : *Cette cantatrice est un merveilleux contralto.* — Mot italien francisé. Pl. : *des contraltos.*

contrarier v. t. Conjug. **20.** Double le *i* à la première et à la deuxième personne du pluriel

de l'indicatif imparfait et du subjonctif présent : *(que) nous contrariions, (que) vous contrariiez.*

contravention n. f. Deux sens corrects, un sens abusif.

1 Etat de celui qui contrevient, qui désobéit à une loi, à un règlement : *Vous êtes en contravention avec le règlement.* Sens correct.

2 Infraction punissable de peine de police et moins grave que le *délit* et que le *crime* : *Secouer ses tapis par la fenêtre, après l'heure autorisée, constitue une contravention.* Sens correct.

3 Procès-verbal constatant une contravention (au sens *2),* dressé par un agent de l'autorité : *La contractuelle a dressé une contravention pour stationnement interdit.* ▼ Emploi abusif. Le terme exact est *procès-verbal.*

1. contre prép. Emplois et expressions.

1 *Contre* est une préposition. Dans la langue surveillée, on évitera les emplois adverbiaux *(Posez votre valise ici et votre sac contre. Je suis contre).* On dira plutôt : *Posez votre valise ici et votre sac contre elle. Je suis contre cette mesure, cette opinion, cet avis,* etc.

2 *Là contre, ci-contre.* Locutions admises : *La gravure ci-contre. Je n'ai rien à dire là contre.* Eviter : *Je n'ai rien à dire contre.* — En revanche, dans la langue surveillée, on évitera l'emploi adverbial de *tout contre (Posez votre valise tout contre).* On dira : *tout contre le mur, tout contre la table, tout contre le banc,* etc.

3 *Par contre.* A éviter dans la langue surveillée. On écrira plutôt : *en revanche, au contraire, en compensation, à l'opposé, du moins,* selon les cas.

2. contre n. m. L'expression *le pour et le contre* appartient au registre semi-familier. Dans la langue très soutenue, on écrira plutôt : *les avantages et les inconvénients, le bon et le mauvais,* selon les cas. — Emploi correct de *le contre, un contre* dans divers sens techniques (vénerie, billard, bridge, escrime, boxe). ▼ Dans ces sens, le mot prend la marque du pluriel : *des contres.*

3. contre- Dans les noms composés en *contre-,* le deuxième élément prend la marque du pluriel, *contre-* reste invariable : *Les contre-allées, des contre-amiraux.* En principe, les mots en *contre-* s'écrivent avec un trait d'union, surtout quand il s'agit de mots formés récemment : *contre-culture, contre-gouvernement, contre-société,* etc. Cependant certains mots s'écrivent sans trait d'union : *contretemps* par exemple. Dans d'autres, le *-e* de *contre-* est élidé : *contrordre.* — Voir tableau.

ORTHOGRAPHE DES MOTS
COMPOSÉS AVEC LE PRÉFIXE *CONTRE-*
(usage du trait d'union et forme du pluriel)

contralto n. m. — Pl. : *des contraltos.*

contre-alizé n. m. — Pl. : *des contre-alizés.*

contre-allée n. f. — Pl. : *des contre-allées.*

contre-amiral n. m. — Pl. : *des contre-amiraux.*

contre-appel n. m. — Pl. : *des contre-appels.*

contre-assurance n. f. — Pl. : *des contre-assurances.*

contre-attaque n. f. — Pl. : *des contre-attaques.*

contre-attaquer v. t.

contrebalancer v. t.

contrebande n. f. — Pl. : *des contrebandes.*

contrebandier, ière n. m. *ou* f. — Pl. : *des contrebandiers, ières.*

contrebas (en) loc. adv.

contrebasse n. f. — Pl. : *des contrebasses.*

contrebassiste n. m. *ou* n. f. — Pl. : *des contrebassistes.*

contrebasson n. m. — Pl. : *des contrebassons.*

contrebatterie n. f. — Pl. : *des contrebatteries.*

contre-boutant n. m. — Pl. : *des contre-boutants.*

contre-bouter ou contrebuter v. t.

contrecarrer v. t.

contrechamp n. m. — Pl. : *des contrechamps.*

contre-chant n. m. — Pl. : *des contre-chants.*

contre-châssis n. m. inv.

contreclef n. f. — Pl. : *des contreclefs.*

contrecœur n. m. — Pl. : *des contrecœurs.*

contrecœur (à) loc. adv.

contrecoup n. m. — Pl. : *des contrecoups.*

contre-courant n. m. — Pl. : *des contre-courants.*

contre-courbe n. f. — Pl. : *des contre-courbes.*

contre-coussinet n. m. — Pl. : *des contre-coussinets.*

contre-culture n. f. — Pl. : *des contre-cultures.*

contredanse n. f. — Pl. *des contredanses.*

contre-dénonciation n. f. — Pl. : *des contre-dénonciations.*

contre-digue n. f. — Pl. : *des contre-digues.*

contredire v. t.

contredisant, ante adj. — Pl. : *contredisants, antes.*

contredit (sans) loc. adv.

contre-écrou n. m. — Pl. : *des contre-écrous.*

contre-électromotrice adj. f. — Pl. : *contre-électromotrices.*

contre-empreinte n. f. — Pl. : *des contre-empreintes.*

contre-enquête n. f. — Pl. : *des contre-enquêtes.*

contre-épaulette n. f. — Pl. : *des contre-épaulettes.*

contre-épreuve n. f. — Pl. : *des contre-épreuves.*

contre-espionnage n. m. — Pl. : *des contre-espionnages.*

contre-essai n. m. — Pl. : *des contre-essais.*

contre-expertise n. f. — Pl. : *des contre-expertises.*

contre-extension n. f. — Pl. : *des contre-extensions.*

contrefaçon n. f. — Pl. : *des contrefaçons.*

contrefacteur n. m. — Pl. : *des contrefacteurs.*

contrefaire v. t.

contrefait, aite adj. — Pl. : *contrefaits, aites.*

contre-fenêtre n. f. — Pl. : *des contre-fenêtres.*

contre-fer n. m. — Pl. : *des contre-fers.*

contre-feu n. m. — Pl. : des contre-feux.

contre-fiche n. f. — Pl. : *des contre-fiches.*

contre-fil n. m. — Pl. : *des contre-fils.*

contre-filet n. m. — Pl. : *des contre-filets.*

contrefort n. m. — Pl. : *des contreforts.*

contre-gouvernement n. m. — Pl. : *des contre-gouvernements.*

contre-haut (en) loc. adv.

contre-hermine n. f. — Pl. : *des contre-hermines.*

contre-indication n. f. — Pl. : *des contre-indications.*

contre-indiquer v. t.

contre-jour n. m. — Pl. : *des contre-jours.*

contre-lettre n. f. — Pl. : *des contre-lettres.*

contremaître, contremaîtresse n. m. *ou* f. — Pl. : *des contremaîtres, des contremaîtresses.*

contre-manifestant, ante n. m. *ou* f. — Pl. : *des contre-manifestants, antes.*

contre-manisfestation n. f. — Pl. : *des contre-manifestations.*

contre-manifester v. i.

contremarche n. f. — Pl. : *des contremarches.*

contremarque n. f. — Pl. : *des contremarques.*

contremarquer v. t.

contre-mesure n. f. — Pl. : *des contre-mesures.*

contre-mine n. f. — Pl. : *des contre-mines.*

contre-miner v. t.

contre-mur n. m. — Pl. : *des contre-murs.*

contre-offensive n. f. — Pl. : *des contre-offensives.*

contreparement n. m. — Pl. : *des contreparements.*

contrepartie n. f. — Pl. : *des contreparties.*

ORTHOGRAPHE DES MOTS
COMPOSÉS AVEC LE PRÉFIXE *CONTRE-*
(usage du trait d'union et forme du pluriel)

contre-pas n. m. inv.

contre-passation n. f. — Pl. : des contre-passations.

contre-passer v. t.

contre-pente n. f. — Pl. : des contre-pentes.

contre-performance n. f. — Pl. : des contre-performances.

contrepèterie. n. f. — Pl. : des contrepèteries.

contre-pied n. m. — Pl. : des contre-pieds.

contre-pied (à) loc. adv.

contre-placage n. m. — Pl. : des contre-placages.

contre-plaqué n. m. — Pl. : des contre-plaqués.

contre-plaquer v. t.

contre-plongée n. f. — Pl. : des contre-plongées.

contrepoids n. m. inv.

contrepoil (à) loc. adv.

contrepoint n. m. — Pl. : des contrepoints.

contre-pointe n. f. — Pl. : des contre-pointes.

contrepoison n. m. — Pl. : des contrepoisons.

contre-porte n. f. — Pl. : des contre-portes.

contre-préparation n. f. — Pl. : des contre-préparations.

contre-prestation n. f. — Pl. : des contre-prestations.

contre-projet n. m. — Pl. : des contre-projets.

contre-proposition n. f. — Pl. : des contre-propositions.

contre-rail n. m. — Pl. : des contre-rails.

contre-révolution n. f. — Pl. : des contre-révolutions.

contre-révolutionnaire adj. ou n. — Pl. : (des) contre-révolutionnaires.

contrescarpe n. f. — Pl. : des contrescarpes.

contreseing n. m. — Pl. : des contreseings.

contresens n. m. inv.

contresignataire adj. ou n. — Pl. : (des) contresignataires.

contresigner v. t.

contre-société n. f. — Pl. : des contre-sociétés.

contre-taille n. f. — Pl. : des contre-tailles.

contretemps n. m. inv.

contre-terrorisme n. m. — Pl. : des contre-terrorismes.

contre-terroriste adj. ou n. — Pl. : (des) contre-terroristes.

contre-timbre n. m. — Pl. : des contre-timbres.

contre-tirer v. t.

contre-torpilleur n. m. — Pl. : des contre-torpilleurs.

contre-transfert n. m. — Pl. : des contre-transferts.

contretype n. m. — Pl. : des contretypes.

contre-vair n. m. — Inusité au pluriel.

contre-valeur n. m. — Pl. : des contre-valeurs.

contrevallation n. f. — Pl. : des contrevallations.

contre-vapeur n. f. inv.

contrevenant, ante n. m. ou f. — Pl. : des contrevenants, antes.

contrevenir v. t. ind.

contrevent n. m. — Pl. : des contrevents.

contreventement n. m. — Pl. : des contreventements.

contreventer v. t.

contrevérité n. f. Pl. : des contrevérités.

contre-visite n. f. — Pl. : des contre-visites.

contre-voie n. f. — Pl. : des contre-voies.

---

contrebalancer v. t. En un mot, sans trait d'union. — Conjug. **17.** Le deuxième *c* prend une cédille devant *a* ou *o : il contrebalança, nous contrebalançons.*

contrechamp, contre-chant Deux noms masculins homophones.

1 contrechamp (sans trait d'union) Terme de cinéma qui désigne une prise de vue orientée en sens inverse du champ précédent. — Pl. : *des contrechamps.*

2 contre-chant (avec trait d'union) Terme de musique qui désigne une phrase musicale accompagnant le thème principal. — Pl. : *des contre-chants.*

contredire En un seul mot, sans trait d'union. — Conjug. **47.** Se conjugue comme *dire,* sauf à la deuxième personne du pluriel de l'indicatif présent et de l'impératif : *vous contredisez, contredisez.* Eviter le barbarisme *vous *contredites.*

contrefaire v. t. En un seul mot, sans trait d'union. — Conjug. **54.** Se conjugue comme *faire : vous contrefaites ; contrefaites* (impératif). Eviter le barbarisme *vous *contrefaisez.*

contre-indiquer v. t. En deux mots, avec trait d'union. — S'écrit avec *-qu-* même devant *a* ou *o : il contre-indiqua, nous contre-indiquons.*

contrepèterie n. f. En un seul mot, sans trait d'union. — Un accent grave, un seul *t.* Ne pas écrire *contrepetterie,* orthographe vieillie. — Le synonyme *contrepet* est rare.

contrer v. t. Terme admis dans la langue du bridge et dans celle du sport. — L'emploi figuré est à éviter dans la langue surveillée. On écrira plutôt *tenir en échec, faire échec à, contenir, riposter efficacement à.*

contreseing [kɔ̃tʀəsɛ̃] n. m. En un seul mot, sans trait d'union. — Attention au groupe -*eing.*

contrevenir v. t. ind. En un seul mot, sans trait d'union. — Conjug. **44.** Se conjugue comme *venir,* aux temps simples. *Je contreviens, tu contreviens, il contrevient, nous contrevenons, vous contrevenez, ils contreviennent.* — *Je contrevenais.* — *Je contrevins.* — *Je contreviendrai.* — *Je contreviendrais.* — *Contreviens, contrevenons, contrevenez.* — *Que je contrevienne.* — *Que je contrevinsse.* — *Contrevenant.* — *Contrevenu.* — Aux temps composés, se conjugue avec *avoir : Vous avez contrevenu au règlement.*

contrôle n. m. ▼ En français, ce mot veut dire « vérification, surveillance » : *Contrôle des billets* (effectué par un contrôleur de la S.N.C.F.). *Contrôle des dépenses engagées* (dans l'Administration). *Contrôles techniques* (permettant de s'assurer que les pièces fabriquées sont conformes aux normes). *Contrôle de fabrication. Contrôle de la présence des élèves en classe.* — En aucun cas, ne l'employer au sens de *maîtrise, domination, direction, autorité* (ce qui constitue un anglicisme). Ne pas écrire : *Garder le contrôle de ses nerfs* (mais *la maîtrise* ou *la domination*), ni *Ce joueur a bon contrôle du ballon* (mais *une bonne maîtrise*), ni *Cette région est passée sous le contrôle des rebelles* (mais *sous l'autorité des rebelles*), ni *Ce trust a pris le contrôle de cette société* (mais *s'est rendu maître de cette société*). L'emploi du même mot pour désigner d'une part la surveillance ou la vérification, et d'autre part la direction ou l'autorité peut donner lieu à des équivoques très graves, notamment dans un texte de caractère juridique, administratif ou financier. — De même ne jamais employer *contrôler* au sens de *maîtriser, dominer, diriger, avoir en main, avoir autorité sur, avoir sous sa dépendance, être maître de.* Ne pas écrire : *Il faut savoir contrôler ses impulsions* (mais *maîtriser* ou *dominer*), ni *Ce joueur contrôle bien la balle* (mais *maîtrise bien*), ni *Le gouvernement contrôle la situation* (mais *garde en main la situation*), ni *Ce trust contrôle plusieurs sociétés* (mais *à sous sa dépendance plusieurs sociétés*).

contrôle des naissances Adaptation maladroite de l'anglais *birth control.* Cet anglicisme tend à vieillir. L'usage actuel est de dire plutôt *limitation des naissances* ou *maternité volontaire.*

contrôler ▷ **contrôle.**

contrordre n. m. ▼ En un seul mot, sans trait d'union.

contumace adj. *ou* n. f. *Un accusé contumace. Jugement par contumace. Purger sa contumace.* — La forme *contumax* est vieillie.

convaincre v. t. Conjug. **101.** *Je convaincs, tu convaincs, il convainc, nous convainquons, vous convainquez, ils convainquent.* — *Je convainquais.* — *Je convainquis.* — *Je convaincrai.* — *Je convaincrais.* — *Convaincs, convainquons, convainquez.* — *Que je convainque.* — *Que je convainquisse.* — *Convainquant.* — *Convaincu, ue.* ▼ Ne pas écrire *convainquant,* participe présent invariable, comme *convaincant, ante,* adjectif variable : *C'est en convainquant nos adversaires de la valeur de notre cause que nous pouvons espérer des concessions. Ces arguments sont très convaincants.*

convalescence n. f. Attention au groupe -*sc-.* De même : *convalescent, ente.*

convenir v. i. Conjugaison et construction.

I Conjug. 44. *Je conviens, tu conviens, il convient, nous convenons, vous convenez, ils conviennent.* — *Je convenais.* — *Je convins.* — *Je conviendrai.* — *Je conviendrais.* — *Conviens, convenons, convenez.* — *Que je convienne.* — *Que je convinsse.* — *Convenant.* — *Convenu, ue.*

II Emploi de l'auxiliaire et de la préposition.

1 Au sens de « être adapté, plaire ». Auxiliaire *avoir* et préposition *à : Ce travail n'a pas convenu à notre ami.*

2 Au sens de « se mettre d'accord sur, choisir d'un commun accord ». Auxiliaire *être* et préposition *de : Nous étions convenus, mon collègue et moi, d'une date pour la prochaine rencontre. Je suis convenu de cette méthode de travail avec mon assistant.* ▼ L'emploi de l'auxiliaire *avoir,* tend de nos jours à se généraliser. On l'évitera dans la langue surveillée.

3 Au sens de « reconnaître ». Auxiliaire *être* et préposition *de : Je suis convenu de mon erreur.* Même dans ce sens, l'emploi de l'auxiliaire *avoir* est à éviter dans la langue très surveillée, bien que, dans la langue cursive, il soit le seul employé. Si l'on estime trop littéraire le tour *Je suis convenu de mon erreur,* on tournera autrement : *J'ai reconnu mon erreur.*

III Convenir que... (suivi d'un verbe à un mode personnel).

1 Avec l'indicatif ou le conditionnel. Au sens de « décider par un accord » : *Nous convenons donc que la réunion aura lieu tous les mois. Nous étions convenus que la réunion aurait lieu tous les mois.*

2 Avec l'indicatif. Au sens de « reconnaître » : *Je convins que j'avais tort.*

3 Avec le subjonctif. Dans le tour impersonnel *il convient que,* il est convenable, il est bon que : *Il convient que tout soit prêt pour la fin de la semaine.*

IV Emploi du passif, au sens de « être décidé par un accord » *(Un jour a été convenu pour la réunion).* A éviter dans la langue surveillée. Tourner autrement : *Nous sommes convenus d'un jour* ou *Un jour a été choisi.* — En revanche l'emploi du participe-adjectif *convenu* (sans l'auxiliaire *être*) est admis : *Je viendrai à la date convenue. Les espions communiquaient par un langage convenu. Les personnages de ce roman sont trop convenus.* ▼ En dehors du style de la correspondance commerciale, on évitera l'expression *comme convenu.* On écrira plutôt *comme il est convenu.*

convention n. f. Au sens historique, une majuscule : *La Convention condamna Louis XVI à mort.* — Les dérivés s'écrivent avec deux *n : conventionné, conventionnel, elle, conventionnellement.*

conventionnel, elle adj. *ou* n.

1 Au sens historique (membre de l'assemblée révolutionnaire), on écrira le mot plutôt avec une minuscule : *Les conventionnels votèrent la mort de Louis XVI.*

2 Armes conventionnelles. Armes autres que les armes atomiques et thermonucléaires. Ce sens constitue un anglicisme. On écrira plutôt : *armes classiques* ou *armes traditionnelles.*

convenu En dehors de la langue commerciale, éviter *comme convenu.* On écrira plutôt *comme il est convenu.*

convergeant, convergent Ne pas écrire *convergeant,* participe présent invariable, comme *convergent, ente,* adjectif variable : *les rayons, convergeant vers le même point, peuvent produire une chaleur intense. Les rayons convergents obtenus au moyen d'une loupe peuvent enflammer un morceau de papier.*

converger v. t. Conjug. **16.** Prend un e après le g devant a ou o : *il convergea, nous convergeons.*

convers, erse adj. *ou* n. *Un frère convers* ou *un convers, une sœur converse* ou *une converse.* — Finale en *-ers, -erse.*

convier v. t. Conj. **20.** Double le *i* à la première et à la deuxième personne du pluriel de l'indicatif imparfait et du subjonctif présent : *(que) nous conviions, (que) vous conviiez.* — Se construit avec *à : Le spectacle de la fragilité des choses nous convie à profiter de la vie.* Le tour *convier de* est vieux : *Le roi le convia de partager ces honneurs.* — De nos jours *convier,* mot littéraire, tend à être remplacé par *inviter.*

convoiement [kɔ̃vwamɑ̃] n. m. Action de convoyer. — Attention au *e* intérieur.

convoquer v. t. S'écrit avec *-qu-,* même devant *a* ou *o : il convoqua, nous convoquons.* — En revanche : *convocable, convocation.*

convoyer v. t. Conjug. **21.** Change *y* en *i* devant *e* muet : *je convoie, je convoierai.* — Attention au *i* après l'*y* à la première et à la deuxième personne du pluriel de l'indicatif imparfait et du subjonctif présent : *(que) nous convoyions, (que) vous convoyiez.*

coopérer v. t. Conjugaison et prononciation.

1 Conjug. **11.** Change *é* en *è* devant un *e* muet, sauf à l'indicatif futur et au conditionnel présent : *je coopère,* mais *je coopérerai.*

2 On fait entendre nettement les deux [ɔ] : [kɔɔpeʀe], et non *[kɔpeʀe].* De même : *coopérant* [kɔɔpeʀɑ̃], *coopératif, ive* [kɔɔpeʀatif, iv], *coopération* [kɔɔpeʀasjɔ̃], *coopérative* [kɔɔpeʀatism(ə)]. Pour *coopérative,* n. f., à côté de la prononciation soignée et un peu désuète [kɔɔpeʀativ], l'usage admet [kɔpeʀativ], avec un seul [ɔ].

coopter v. t. On fait entendre les deux [ɔ] : [kɔɔpte]. De même : *cooptation* [kɔɔptasjɔ̃].

coordonner v. t. Les deux [ɔ] se prononcent : [kɔɔʀdɔne]. — Deux *n,* comme *ordonner.* — Attention à la double série des dérivés.

1 Dérivés en *coordonn- : coordonnant, ante* [kɔɔʀdɔnɑ̃, ɑ̃t], *coordonnateur, trice* [kɔɔʀdɔnatœʀ, tʀis], *coordonné, ée* [kɔɔʀdɔne, e], *coordonnées* [kɔɔʀdɔne].

2 Dérivés en *coordin- : coordination* [kɔɔʀdinasjɔ̃], *coordinence* [kɔɔʀdinɑ̃s] n. f. (terme de chimie).

3 ▼ A côté de *coordonnateur,* terme le plus fréquemment indiqué par les dictionnaires, il existe un doublet *coordinateur, trice.* Cette forme est la plus fréquente dans l'usage.

copain n. m. L'orthographe *copin* est très rare, bien que le féminin soit *copine* et qu'il existe trois dérivés en *i* : *copinage, copiner, copinerie.*

copartager v. t. Conjug. **16.** Prend un *e* après le *g* devant *a* ou *o* : *il copartagea, nous copartageons.* — S'écrit en un seul mot, sans trait d'union. De même : *copartage, copartageant.*

copeau n. m. Un seul *p.* — Pl. : *des copeaux.*

copier v. t. Conjug. **20.** Double le *i* à la première et à la deuxième personne du pluriel de l'indicatif imparfait et du subjonctif présent : *(que) nous copiions, (que) vous copiiez.*

copilote n. m. En un seul mot, sans trait d'union.

coposséder v. t. (droit) Posséder en commun. — Conjug. **11.** Change *é* en *è* devant un *e* muet, sauf à l'indicatif futur et au conditionnel présent : *ils copossèdent,* mais *nous coposséderons.* — En un seul mot, sans trait d'union. De même : *copossession.*

copra ou **coprah** n. m. *Huile de coprah.* — La graphie *coprah* semble plus usitée que *copra.*

coproduction n. f. En un seul mot, sans trait d'union.

copropriété n. f. En un seul mot, sans trait d'union. De même : *copropriétaire.*

copte adj. *ou* n. Avec *c* minuscule : *les coptes.*

copyright n. m. Prononciation : [kɔpiʀajt]. — Pl. : *des copyrights* [-ʀajt].

coq-à-l'âne n. m. inv. *Des coq-à-l'âne.* — S'écrit avec des traits d'union quand il s'agit du substantif, mais l'expression *passer du coq à l'âne* s'écrit sans traits d'union.

coquet adj. Le féminin s'écrit avec deux *t* : *coquette.* De même : *coquettement, coquetterie.*

coqueter v. i. Faire le coquet, flirter. — Conjug. **14.** Double le *t* devant un *e* muet : *je coquette, je coquetterai.*

coquille n. f. Autrefois, le bon usage admettait seulement *écaille d'huître.* De nos jours, *coquille d'huître* est parfaitement admis ; *écaille,* dans ce sens, est quelque peu vieilli. — Dérivés : *coquillage, coquillard* n. m. (au Moyen Age, vagabond), *coquillart* n. m. (pierre calcaire), *coquiller* [kɔkije] v. i. *(la croûte du pain coquille,* forme des boursouflures), *coquillettes* n. f. pl. (pâtes alimentaires), *coquillier, ière* [kɔkije, jɛʀ] adj. *(du calcaire coquillier).*

cor n. m. Instrument de musique. — *Chasser à cor et à cri,* en sonnant du cor, de la trompe, et en criant. — *(figuré) A cor et à cri,* avec insistance : *Il réclame ce droit à cor et à cri.* ▼ *A cor et à cri* s'écrit toujours au singulier. — Ne jamais écrire *à *corps et à cri,* ce qui n'aurait aucun sens.

corail [kɔʀaj] n. m. Le pluriel est : *des coraux.* — La forme *des corails,* utilisée parfois pour désigner plusieurs sortes de corail ou des objets en corail *(Une collection de corails),* n'est pas recommandée. — Comme adjectif de couleur, toujours invariable : *Des soieries corail.* — Dérivés : *corailleur* [kɔʀajœʀ] n. m. (celui qui travaille le corail), *coraliaires* [kɔʀaljɛʀ] n. m. pl. (classe de coelenthérés), *corallien, ienne* [kɔʀaljɛ̃, jɛn] adj. (formé de coraux : *îles coralliennes), corallière* [kɔʀaljɛʀ] n. f. (barque utilisée pour la pêche au corail), *corallifère* [kɔʀalifɛʀ] adj. (qui porte des coraux : *récifs corallifères), corallin, ine* [kɔʀalɛ̃, in] adj. (rouge comme le corail).

corbeille-d'argent n. f. Plante. — Pl. : *des corbeilles-d'argent.*

corbillon n. m. Corbeille. Prononciation : [kɔʀbijɔ̃].

corbin n. m. *Bec-de-corbin* ▷ **bec.**

cordeler v. t. Tresser. Conjug. **13.** Double le *l* devant un *e* muet : *je cordelle, je cordellerai.*

cordial adj. *ou* n. m. Féminin : *cordiale.* — Masculin pluriel : *cordiaux.*

cordillère n. f. *La cordillère des Andes.* — Prononciation : [kɔʀdijɛʀ], et non *[kɔʀdiljɛʀ]. — Pas de *i* après le groupe *-ill-.*

cordon n. m. Les dérivés s'écrivent avec deux *n* : *cordonner, cordonnet.*

cordon-bleu n. m. Cuisinière habile. — S'écrit de préférence avec un trait d'union. — Pl. : *des cordons-bleus.*

cordonnier n. m. Deux *n.* De même : *cordonnerie.*

coré n. f. Statue de jeune fille, dans l'art grec archaïque. — Pl. : *des corés.* — On rencontre aussi la graphie *korê.*

coréen, enne adj. *ou* n. De la Corée. — Attention à la majuscule : *La population coréenne. Les Coréens.* — On écrira : *les Coréens du Nord, les Coréens du Sud,* plutôt que *les Nord-Coréens, les Sud-Coréens.* Ces dernières formes sont des anglicismes.

coreligionnaire adj. *ou* n. ▼ Prononciation : [kɔʀeliʒɔnɛʀ], avec [ʀe], et non [ʀə]. Pas d'accent sur le *e*. Un seul *l*.

coriandre Plante. — Toujours féminin : *La coriandre odorante.*

corindon n. m. Pierre fine.

corinthien, ienne adj. *ou* n. De Corinthe. — Attention au *-th-*. — Attention à la majuscule : *La population corinthienne. Les Corinthiens.*

cormoran n. m. Oiseau. — Pas de *-t* ni de *-d* à la fin.

cornac n. m. Conducteur d'éléphant.

corneille *Bayer aux corneilles* ▷ **bayer.**

corollaire n. m. Terme de mathématiques. — S'emploie par extension pour désigner un fait qui est la *conséquence immédiate* d'un autre : *L'augmentation des prix de vente au détail est le corollaire de la hausse des prix de revient à la production.* Sens admis dans la langue des journaux. Ne pas en abuser dans le style très soutenu. — Attention aux deux *l*. ▼ Toujours masculin : *Un corollaire important.*

corolle n. f. Deux *l*.

coronaire adj. *ou* n. f. (terme d'anatomie) Finale en *-aire*.

corps n. m. Prononciation et orthographe des expressions.

1 La liaison se fait seulement dans l'expression *corps et biens* [kɔʀzebjɛ̃]. En revanche : *corps à corps* [kɔʀakɔʀ], sans liaison.

2 Le trait d'union s'emploie seulement dans les expressions : *à bras-le-corps, à mi-corps.* — Sans trait d'union : *corps à corps, à mon (ton, son...) corps défendant.*

3 On écrit : *un corps de métier, un corps d'armée,* mais *un corps de troupes.*

corps-mort n. m. Bouée d'amarrage. — Pl. : *des corps-morts.*

corral n. m. En Amérique latine, enclos où l'on parque le bétail. — Mot espagnol francisé. Pl. : *des corrals.* — Attention aux deux *r*.

correct, ecte adj. Deux *r*. De même : *correctement, correcteur, correctif, correction.*

correctionnel, elle adj. *ou* n. f. Deux *r*. De même : *correctionnalisation, correctionnaliser.*

corrélation n. f. Deux *r*.

correspondre v. i. *ou* v. t. ind. Orthographe et conjugaison.

1 Deux *r*. De même : *correspondance, correspondancier, ière, correspondant.*

2 Conjug. **91.** *Je corresponds, tu corresponds, il correspond, nous correspondons, vous correspondez, ils correspondent.* — *Je correspondais.* — *Je correspondis.* — *Je correspondrai.* — *Je correspondrais.* — *Corresponds, correspondons, correspondez.* — *Que je corresponde.* — *Que je correspondisse.* — *Correspondant.* — *Correspondu.*

corrida n. f. Attention aux deux *r*. — Pl. : *des corridas* [-da].

corridor n. m. Attention aux deux *r*.

corriger v. t. Conjug. **16.** Prend un *e* après le *g* devant *a* ou *o* : *il corrigea, nous corrigeons.* — Deux *r*. De même : *corrigé, corrigeur, euse* n. m. *ou* f. (typographe qui exécute les corrections indiquées sur les épreuves par le *correcteur*), *corrigible.*

corroborer v. t. Deux *r*. De même : *corroboration* n. f.

corroder v. t. Deux *r*. De même : *corrodant, ante* adj. *ou* n. m., *corrosif, ive* adj., *corrosion* n. f.

corrompre v. t. Orthographe et conjugaison.

1 Deux *r*. De même : *corrupteur, trice, corruptibilité, corruptible, corruption.*

2 Conjug. **102.** *Je corromps, tu corromps, il corrompt, nous corrompons, vous corrompez, ils corrompent.* — *Je corrompais.* — *Je corrompis.* — *Je corromprai.* — *Je corromprais.* — *Corromps, corrompons, corrompez.* — *Que je corrompe.* — *Que je corrompisse.* — *Corrompant.* — *Corrompu, ue.*

corroyer v. t. Conjug. **21.** Change *y* en *i* devant un *e* muet : *Je corroie, je corroierai.* ▼ Attention au *i* après l'*y* à la première et à la deuxième personne du pluriel de l'indicatif imparfait et du subjonctif présent : *(que) nous corroyions, (que) vous corroyiez.* — Deux *r*. De même : *corroi, corroierie, corroyage, corroyeur.*

corsaire, pirate Deux noms masculins qui ne sont pas interchangeables.

1 corsaire Autrefois, capitaine d'un navire armé par des particuliers, avec l'autorisation du gouvernement, afin de capturer les navires ennemis. L'activité du corsaire cessait en même temps que la guerre. Quand un corsaire était capturé par l'ennemi, il était considéré et traité comme un prisonnier de guerre.

2 pirate Autrefois, bandit, capitaine d'un navire, opérant en temps de paix comme en temps de guerre, qui attaquait et pillait les navires marchands de n'importe quelle nationalité indistinctement. Agissant pour son compte, sans autorisation officielle, le pirate était un criminel de droit commun. S'il était pris, il était pendu.

cortes n. f. pl. En Espagne, assemblée politique, parlement. — Toujours féminin : *Les cortes furent dissoutes.* Prononciation : [kɔʀtɛs]. Pas d'accent sur le *e.*

cortex [kɔʀtɛks] n. m. inv. Dérivés : *cortical, ale, aux* adj., *corticostérone* n. f. (hormone), *corticostimuline* n. f., *corticosurrénal, ale* adj. *ou* n. f. (partie externe de la glande surrénale), *cortisone* n. f. (hormone).

corticoïde Toujours masculin : *Les corticoïdes peuvent être dangereux.* ▼ Ne pas déformer en **cortisoïde.*

corybante n. m. Prêtre de la déesse Cybèle. — Attention à l'*y.*

coryphée [kɔʀife] Toujours masculin, même désignant une danseuse : *Un coryphée de l'Opéra.*

coryza n. m. Attention au *z* et à l'*y.*

cosaque n. m. Avec *c* minuscule : *les cosaques,* soldats. — Avec *C* majuscule : *les Cosaques,* peuple.

cosinus [kɔsinys] n. m. inv. *Des cosinus.*

cosmos [kɔsmɔs] n. m. Dans la langue surveillée, on évitera ce mot au sens de « espace intersidéral en tant qu'il est parcouru par les fusées ». On écrira, par exemple : *Envoyez une fusée dans l'espace* (plutôt que *dans le cosmos*).

cosmonaute n. m. *ou* f. Finale en *-aute.*

costal, ale, aux adj. *(anatomie)* Des côtes. — Masculin pluriel en *-aux : Des cartilages costaux.* A distinguer de *costaud,* fort.

cosy ou cosy-corner n. m. Anglicisme qui désigne un divan de coin. — Prononciation : *cosy* [kɔsi], *cosy-corner* [kɔzikɔʀnɛʀ]. — Pl. : *des cosys* [-zi] *ou des cosies* [-zi], *des cosy-corners* ou, moins bien, *des cosies-corners* [kɔzikɔʀnɛʀ].

cotangente n. f. (terme de trigonométrie) En un seul mot, sans trait d'union. — Attention à la place du groupe *-an-* et du groupe *-en-.*

cote, côte Ne pas écrire *cote* (d'une valeur en Bourse) comme *côte* (de bœuf).

1 ▼ Le mot *cote* suivi d'un chiffre indique un point du terrain défini par son altitude et considéré du point de vue topographique ou militaire : *La cote 304 fut le lieu de combats acharnés au cours de la bataille de Verdun.* Dans un tel cas, ne pas dire *la *côte 304,* bien que le point ainsi désigné soit aussi le sommet d'une colline.

2 Dérivés de *cote : cotation, coté, coter.*

3 Dérivés de *côte : côtelé, côtelette, côtier.* ▼ Tous les dérivés précédents s'écrivent avec un accent circonflexe sur *o,* mais *coteau* ne prend pas d'accent.

côte n. f. Avec un *C* majuscule : *la Côte d'Azur* (ou, absolument, *la Côte*), *la Côte d'Argent, la Côte d'Emeraude, la Côte Vermeille,* etc.

côte, côtelette On dit indifféremment *côte* ou *côtelette de mouton, de veau, de porc.* On dit toujours *côte de bœuf.*

coté, côté Ne pas écrire le participe-adjectif *coté* (*Dessin coté. Géométrie cotée. Actions cotées en Bourse*) comme le nom masculin *côté* (*Les côtés d'un triangle*).

côté n. m. Expressions.

1 Au côté, aux côtés (de quelqu'un). Les deux orthographes sont admises. Au sens propre, on emploie plutôt le singulier : *Le directeur du cabinet était sur la tribune, au côté du ministre.* Au sens figuré, on emploie plutôt le pluriel : *Ce pays entra en guerre aux côtés des Alliés.*

2 A côté de. Indique la proximité matérielle (*La mairie est à côté de la poste*) ou, au contraire, l'extériorité par rapport à un domaine figuré : *Il a répondu à côté de la question* (= en dehors de).

3 A côté, un à-côté. La locution adverbiale *à côté* et la locution prépositive *à côté de* s'écrivent sans trait d'union (*La table est à côté du buffet. Vous avez répondu à côté*), mais le nom masculin *un à-côté* s'écrit avec un trait d'union (*C'est un à-côté de la question. Les petits à-côtés du métier*).

4 Chacun de son côté ou **de leur côté** ▷ chacun (II).

5 De tout côté, de tous côtés, de tous les côtés. Ces trois expressions ont le même sens et sont toutes les trois correctes. *De tout côté* s'emploie plus souvent dans la langue littéraire, *de tous les côtés* est la forme la plus usuelle.

6 *Côté,* **pris au sens de « allure, caractère, aspect... »,** dans une construction elliptique

(Cet écrivain a un côté éternel étudiant, qui est bien sympathique). Ce tour, acceptable dans la langue parlée ou cursive, est à éviter dans le style surveillé. On tournera autrement. On pourra dire, par exemple, *Cet écrivain a un caractère d'éternel étudiant...*

7 *Côté,* **équivalent à « en ce qui concerne »** *(Côté santé, je n'ai pas à me plaindre).* Tour familier de la langue parlée. A éviter dans le style surveillé. On écrira plutôt : *En ce qui concerne la santé, je n'ai pas à me plaindre.*

coteau [kɔto] n. m. ▼ Pas d'accent circonflexe sur le *o*, à la différence de *côte.*

côtelé, ée [kotle, e] adj. Accent circonflexe sur le *o.*

côtelette [kotlɛt] n. f. Accent circonflexe sur le *o.* — *Côtelette de veau, de mouton, de porc,* mais *côte de bœuf* ▷ **côte.**

coter [kɔte] v. t. *ou* v. i. *Coter des actions en Bourse. Le cuivre cote un peu plus à Londres.* — Pas d'accent circonflexe sur le *o.*

coterie n. f. Pas d'accent circonflexe sur le *o.* Un seul *t.*

cothurne Chaussure des tragédiens dans l'Antiquité. — Toujours masculin : *Le haut cothurne des acteurs grecs.* — Attention au groupe *-th-.*

côtier, ière [kotje, jɛʀ] adj. Accent circonflexe sur le *o.*

cotillon [kɔtijɔ̃] n. m. ▼ Un seul *t,* à la différence de *cotte.*

côtoiement [kotwamɑ̃] n. m. Accent circonflexe sur le *o.* — Attention au *e* intérieur.

coton n. m. Deux *n* dans les dérivés : *cotonnade, cotonneux, euse, cotonnier, ière.*

coton-poudre n. m. Explosif. — Pl. : *des cotons-poudre.*

côtoyer v. t. Accent circonflexe sur le *o.* — Conjug. **21.** Change *y* en *i* devant un *e* muet : *je côtoie, je côtoierai.* ▼ Attention au *i* après l'*y* à la première et à la deuxième personne du pluriel de l'indicatif imparfait et du subjonctif présent : *(que) nous côtoyions, (que) vous côtoyiez.*

cotre n. m. Voilier. — Un seul *t.* — Pas d'accent circonflexe sur le *o.* Prononciation : [kɔtʀ(ə)], avec *o* ouvert, malgré l'usage des marins, qui disent [kotʀ(ə)].

cottage n. m. Deux *t.* — Mot anglais francisé. — Prononciation : [kɔtaʒ], préférable à [kɔtɛdʒ].

cotte n. f. Avec un *-s* à *maille : cotte de mailles.* — Deux *t,* à la différence de *cotillon.*

cotuteur, trice n. m. *ou* f. En un seul mot, sans trait d'union. De même : *cotutelle* n. f.

cotylédon n. m. (terme de botanique) Attention à l'*y.*

cou n. m. Forme et expressions.

1 Cou, col La forme *col* est archaïque et ne s'emploie, comme synonyme de *cou,* que dans la langue poétique ou très littéraire : *Une déesse au col d'albâtre.* — Dans l'usage courant, on dit *cou.*

2 **Se monter le cou.* ▼ Graphie fautive pour *se monter le coup.*

couard, couarde adj. *ou* n. *(littéraire)* Poltron. — Dérivé : *couardise.*

couche n. f. Toujours au pluriel dans les expressions : *une femme en couches ; être en couches ; relever de couches, de ses couches.* En revanche, on écrit *une fausse couche* (pl. : *des fausses couches*).

couche-culotte n. f. — Pl. : *des couches-culottes.*

couci-couça adv. Trait d'union. Pas d'accent grave sur le *a.*

coude à coude loc. adv. *ou* n. m. Ils agissent *coude à coude* ou *au coude à coude,* en accord parfait les uns avec les autres, avec ensemble. — N. m. *Le coude à coude,* l'action collective massive, la vie communautaire. ▼ Jamais de trait d'union.

cou-de-pied n. m. Partie supérieure du pied. — Des traits d'union. — Pl. : *des cous-de-pied.* ▼ Ce mot est formé de *cou,* qui désigne la partie la plus étroite d'une chose, entre deux éléments plus massifs. Ne pas écrire comme *un coup de pied,* un coup donné avec le pied.

coudoiement [kudwamɑ̃] n. m. Action de coudoyer. — Attention au *e* intérieur.

coudoyer v. t. Conjug. **21.** Remplace *y* par *i* devant un *e* muet : *je coudoie, je coudoierai.* — Attention au *i* après *y* à la première et à la deuxième personne du pluriel de l'indicatif imparfait et du subjonctif présent : *(que) nous coudoyions, (que) vous coudoyiez.*

coudre v. t. Conjug. **87.** *Je couds, tu couds, il coud, nous cousons, vous cousez, ils cousent.* —

Je cousais. — Je cousis. — Je coudrai. — Je coudrais. — Couds, cousons, cousez. — Que je couse. — Que je cousisse. — Cousant. — Cousu, ue ▼ Le passé simple est peu usité.

couenne n. f. Peau de porc flambée et râclée : *Un morceau de lard avec sa couenne.* ▼ Se prononce [kwan], et non *[kwɛn]. — De même : *couenneux, euse* [kwanø, øz] adj. Qui ressemble à la couenne, qui est couvert de couenne. — *Angine couenneuse,* angine diphtérique.

couffin n. m. Panier. — Attention aux deux *f.*

cougouar ou **couguar** [kugwaʀ] n. m. Autre nom du *puma,* grand félin du continent américain. Les deux formes sont correctes, mais *cougouar* est la graphie la plus fréquente. On dit d'ailleurs de nos jours *puma* plutôt que *cougouar.* ▼ Il existe un paronyme, *jaguar,* qui désigne un autre félin américain, plus grand et plus fort que le cougouar, et proche de la panthère.

couleur n. f. Expressions.

1 On écrit, avec *couleur* au singulier : *haut en couleur.*

2 On écrit, avec *couleurs* au pluriel : *Une photographie, un film en couleurs. Un livre illustré en couleurs* (par opposition à *en noir et blanc,* à *en noir*).

3 On écrit, avec *couleur* au singulier : *Des vêtements de couleur* (par opposition à *noir*). *Du linge de couleur* (par opposition au *linge blanc*). *Du papier à lettres de couleur* (d'une couleur autre que le blanc).

4 Couleur (de). La construction avec *de* et la construction sans *de* sont l'une et l'autre correctes : *Une nuée couleur d'aurore. Une robe couleur framboise.* Le tour avec *de* est plus littéraire et plus recherché. Dans ces emplois, *couleur* est toujours invariable : *Des robes couleur (de) framboise.*

couleur (adjectif de) ▷ annexes.

coulis [kuli] n. m. Jus concentré : *Coulis de tomates.* — Finale en *-is.*

coulommiers [kulɔmje] n. m. Fromage. — Pas de majuscule : *Acheter une part de coulommiers.*

coup n. m. Expressions.

1 Tout à coup, tout d'un coup. La première expression signifie « brusquement, subitement, soudain » : *La foule s'écoulait paisiblement, mais, tout à coup, une bousculade se produisit.* — *Tout d'un coup,* employé à tort dans la langue courante comme synonyme de *tout à coup,* signifie en réalité « en un seul coup », c'est-à-dire « en une seule fois, à la fois » : *Il perdit tout d'un coup et l'honneur et la vie.* Cet emploi, parfaitement correct, est cependant un peu archaïque. L'usage moderne préfère *d'un seul coup.* ▼ *Tout à coup* et *tout d'un coup* s'écrivent sans traits d'union.

2 D'un coup, du coup. La première expression équivaut à *d'un seul coup,* c'est-à-dire « à la fois, en même temps » : *Il gagna d'un coup* (ou *d'un seul coup*) *l'estime de ses chefs et l'amitié de ses collègues.* — *Du coup* équivaut à *du même coup,* c'est-à-dire à « de ce fait, par là même » : *Il m'a prévenu qu'il n'assisterait pas à la réunion ; du coup, j'ai compris qu'il voulait prendre ses distances avec nous.* Cette expression appartient au langage semi-familier. A éviter dans le style soutenu.

3 Se monter le coup. Monter le coup à quelqu'un. ▼ Ne pas écrire *(se) monter le *cou.*

4 On écrit *un coup de poing (des coups de poing), un coup de pied (des coups de pied), un coup de couteau (des coups de couteau),* etc., mais *se battre à coups de poing, à coups de pied, à coups de couteau* (on donne en général plusieurs coups), *enfoncer une pointe à coups de marteau.* On écrit *tuer quelqu'un à coup de revolver* ou *à coups de revolver.* Au sens figuré, on écrira *traduire un texte à coups de dictionnaire* (en se servant souvent du dictionnaire), mais *acquérir quelque chose à coup de billets de banque, à coup de dollars.*

5 Sans traits d'union : *un coup de main, un coup d'œil, après coup, sur le coup, à tous coups* ou *à tout coup.*

coup de poing, coup-de-poing Ne pas écrire *un coup de poing,* un coup donné avec le poing, comme *un coup-de-poing,* nom composé qui désigne soit une arme préhistorique (synonyme : *biface*), soit une garniture métallique dont on arme le poing pour frapper. Pl. : *des coups-de-poing.*

coupe n. f. ▼ Dans le langage de la sylviculture, l'expression *coupe sombre* désigne l'action de couper quelques arbres seulement, les plus gros, en laissant subsister assez d'arbres pour donner de l'ombre au sous-bois, par opposition à *la coupe claire,* qui consiste à abattre une grande partie des arbres, ce qui rend la forêt *claire,* c'est-à-dire dépourvue d'ombre. C'est donc par contresens qu'on emploie *coupe sombre* au sens de « suppression massive, économie massive ». Dans ce sens, il vaudrait mieux dire *coupe claire* : *On va procéder à des coupes claires dans le budget.* L'emploi abusif de *coupe sombre* est dû à la valeur de *sombre* dans les autres expressions (idée de menace, de tristesse, de destruction) : *un sombre pressentiment, une sombre époque,* etc.

coupe-cigares n. m. inv. *Des coupe-cigares.* — Toujours un *-s* à *cigare,* même au singulier.

coupe-circuit, court-circuit Deux noms masculins paronymes.

1 coupe-circuit (invariable : *des coupe-circuit*). Dispositif de sécurité électrique.

2 court-circuit (pl. : *des courts-circuits*) Mise en contact accidentelle de deux fils d'un circuit : *Certains incendies sont provoqués par des courts-circuits. Les coupe-circuit permettent d'éviter les effets des courts-circuits.*

coupe-coupe n. m. Toujours invariable : *des coupe-coupe.*

coupe-feu n. m. *ou* adj. Toujours invariable : *Aménager des coupe-feu dans une forêt* (synonyme : *garde-feu*). *Des cloisons coupe-feu.*

coupe-file n. m. Toujours invariable : *des coupe-file.*

coupe-gorge n. m. Toujours invariable : *des coupe-gorge.*

coupe-jambon n. m. Toujours invariable : *des coupe-jambon.*

coupe-jarret n. m. — Pl. : *des coupe-jarrets* ou *des coupe-jarret.*

coupe-légumes n. m. Invariable *(légumes* toujours au pluriel) : *Un coupe-légumes, des coupe-légumes.*

coupelle n. f. Petit creuset. — Deux *l.* De même : *coupellation, coupeller.*

coupe-ongles n. m. Invariable *(ongles* toujours au pluriel) : *Un coupe-ongles, des coupe-ongles.*

coupe-papier n. m. inv. *Des coupe-papier.*

couper v. t. Accord du participe et emplois.

I Accord du participe de *se couper.*

1 Réfléchi direct. Accord avec le sujet : *En jouant avec un couteau, ma petite sœur s'est coupée.*

2 Réfléchi indirect. Participe invariable si le complément direct est après le verbe : *Elles se sont coupé les cheveux. Elle s'est coupé des tranches trop minces.* — Accord avec le complément direct, si celui-ci est devant le verbe : *Les cheveux qu'elle s'était coupés jon-*

chaient le sol. Les tranches qu'il s'est coupées sont trop minces.*

3 Réfléchi à valeur de passif. Accord avec le sujet : *La courroie s'est encore coupée.*

II Couper quelqu'un (= l'interrompre). Tour abusif, usuel dans la langue courante. Dans la langue surveillée, on écrira plutôt *couper la parole à quelqu'un* : *Il n'est pas poli de couper la parole à un supérieur* (et non *de couper un supérieur*).

coupe-racines n. m. Invariable *(racines* toujours au pluriel) : *Un coupe-racines, des coupe-racines.*

coupe-tête n. m. *(autrefois)* Bourreau. — Toujours invariable : *des coupe-tête.*

coupe-vent n. m. *ou* adj. Dispositif qui sert à protéger du vent le conducteur d'un véhicule, d'un canot. — Toujours invariable : *Des coupe-vent. Des plaques coupe-vent.* ▼ Il existe un autre mot, *brise-vent,* qui désigne un rideau d'arbres ou d'arbustes destiné à protéger les cultures contre le vent.

couple Attention au genre.

I Normalement masculin, dans les emplois suivants : *Un couple très uni. Un couple légitime. Un couple d'amants. Un couple d'amis. Un couple de patineurs. Un couple de canaris* (le mâle et la femelle). *Le maître couple d'un navire. Le couple moteur.*

II Le féminin est de rigueur dans les sens vieillis suivants.

1 Groupe de deux animaux réunis par hasard (et non ensemble formé par le mâle et la femelle) : *La paysanne vendit une couple de poulets.*

2 Ensemble de deux choses : *Il attendit une couple d'heures* (sens régional).

3 Lien servant à attacher deux animaux ensemble : *Une couple d'attelage.*

coupole, dôme ▷ **dôme.**

cour n. f. Orthographe et emploi.

1 Emploi de la majuscule. On écrit : *La cour d'assises, la cour d'appel,* mais *la Cour de cassation, la Cour des comptes, la Haute Cour.* — Quand on parle de la *cour* d'un souverain, on écrit le mot avec un *c* minuscule : *La cour de Louis XIV. La noblesse de cour.* De même, il faut employer la minuscule quand on parle de *la cour,* la société aristocratique des courtisans de Versailles, sous Louis XIV, par opposition à *la ville,* société bourgeoise de Paris, à la même époque.

2 Dans la cour. *Les enfants jouent dans la cour.*
Ne pas dire **sur la cour* (comme on dit *sur
le trottoir*). — En revanche, *sur* peut être
employé dans les expressions : *Cette fenêtre
donne sur la cour. Fenêtres sur cour.*

courant La tournure *courant janvier, courant
février,* etc. appartient à la langue de la
correspondance commerciale. Elle est acceptable dans la langue usuelle. Dans le style très
soigné, on écrira plutôt *dans le courant de
janvier, de février,* etc. — De même, les
expressions *votre lettre du 17 courant* (= du
17 du mois où nous sommes), *fin courant* (à
la fin du mois où nous sommes) appartiennent
uniquement à la langue commerciale.

courbatu, courbaturé Dans la langue courante,
courbaturé est admis de nos jours. Cependant,
dans la langue écrite surveillée, il est conseillé
d'employer plutôt *courbatu*. ▼ *Courbatu, ue*
s'écrit avec un seul *t*, à la différence de *battu*.

courir v. i. *ou* v. t. Conjugaison et emplois.

1 Conjug. 32. *Je cours, tu cours, il court, nous
courons, vous courez, ils courent. — Je courais.
— Je courus. — Je courrai. — Je courrais. —
Cours, courons, courez. — Que je coure. — Que
je courusse. — Courant. — Couru, ue.* —
Attention aux deux *r* du futur et du conditionnel. Eviter les barbarismes *je *courrerai, nous
*courrerons, je *courrerais, nous *courrerions,*
etc., pour *je courrai, nous courrons, je courrais,
nous courrions,* etc.

2 *Courir après* **au sens de « poursuivre ».** Tour
déconseillé ▷ **après** (3).

3 Emploi transitif. *Courir les routes. Courir les
magasins. Courir un cent mètres.* Ces emplois
sont admis. En revanche les expressions *courir
les femmes, courir les filles* sont très familières
et généralement péjoratives.

4 Courir, courre ▷ **courre.**

5 C'est couru ▷ **couru.**

courlis [kuʀli] n. m. Oiseau échassier.

couronne n. f. Deux *n.* De même : *couronné,
couronnement, couronner.*

courre Forme ancienne d'infinitif remplacée par
courir. Subsiste dans certaines expressions du
langage de la chasse : *courre* (= poursuivre)
le lièvre, le cerf ; (substantivement) *le courre*
(= la poursuite) *du lièvre, du cerf ; la chasse
à courre.* — *Laisser courre les chiens* ou
absolument *laisser courre* : découpler les chiens
pour qu'ils poursuivent le gibier. — N. m. *Le
laisser-courre* (invariable) : le moment d'une
chasse où l'on découple les chiens, *ou* la

sonnerie de trompe qui annonce qu'on va
découpler les chiens.

courrier n. m. Deux *r.* De même : *courriériste.*

courroie n. f. Deux *r.*

courroux n. m. Un *x* à la fin, même au singulier.
— Deux *r.* — De même : *courroucer.* Le *c*
prend une cédille devant *a* ou *o : il se courrouça,
nous nous courrouçons.*

course n. f. Avec *course* au singulier, *un cheval
de course (des chevaux de course), une voiture
de course (des voitures de course),* mais, avec
courses au pluriel, *une écurie de courses, un
champ de courses.* On dit toujours *les courses,*
quand il s'agit des courses de chevaux : *Jouer
aux courses.* En revanche, quand il s'agit d'une
épreuve déterminée, on dit *une course : Ce
cheval a fait une très bonne course.* — On écrit
indifféremment *un garçon de course* ou *un
garçon de courses.*

course-croisière n. f. — Pl. : *des courses-
croisières.*

courser v. t. *Courser quelqu'un,* le poursuivre,
courir derrière lui pour le rattraper. — Appartient à la langue populaire. Dans la langue
surveillée, dire *poursuivre.*

court, courte adj. *ou* adv. Expressions.

1 Employé comme adverbe. Toujours invariable : *Elle porte les cheveux coupés court* (mais
Elle porte les cheveux courts, car ici *court* est
adjectif). — De même : *Ils furent pendus haut
et court. Je les ai arrêtés court. Ces entreprises
ont tourné court.* De même, *court* toujours
invariable dans *demeurer court, rester court*
« être vivement surpris, décontenancé, ne
savoir que répondre » : *Devant une telle audace, elles sont restées court.*

2 Prendre de court. Prendre au dépourvu :
*C'est un homme de ressources, il n'est jamais
pris de court.* ▼ Ne pas dire *prendre *à court.*

3 Etre à court de. N'avoir pas assez de : *Elle
est à court d'argent. Ils sont à court d'arguments.* — L'expression *être court de* « manquer
de » est correcte, mais archaïque : *Le roi se
trouva court d'argent pour continuer la guerre.
Ils sont courts d'arguments.*

4 Couper court à. Interrompre. *Il faut couper
court à ces discussions.* ▼ Ne pas écrire *couper
cours à.

court n. m. Terrain sur lequel on joue au tennis.
▼ Ne pas écrire comme *un cours,* avenue,
généralement large, plantée d'arbre : *le Cours-
la-Reine, à Paris.*

court-bouillon n. m. — Pl. : *des courts-bouillons.*

court-circuit n. m. — Pl. : *des courts-circuits.*

court-circuit, coupe-circuit ▷ **coupe-circuit.**

court-circuiter v. t. Familier au sens figuré : « agir sans passer, comme on le fait d'habitude, par l'intermédiaire de quelqu'un » *(Court-circuiter la voie hiérarchique).*

courtepointe n. f. Couverture de lit piquée et ouatée. ▼ Ne pas écrire **courte-pointe.*

courtil n. m. *(vieux ou régional)* Jardin. — Prononciation : [kuʀti]. Le *l* final est muet.

courtilière n. f. Insecte fouisseur. — Prononciation : [kuʀtiljɛʀ]. ▼ Ne pas prononcer **[kuʀtijɛʀ]* et ne pas écrire **courtillère.*

courtisane n. f. Un seul *n.* — De même : *courtisanerie.*

court-jointé, ée adj. Qualifie un cheval dont les paturons sont trop courts. — L'élément *court* reste invariable et *jointé* s'accorde : *Un cheval court-jointé. Des chevaux court-jointés. Une jument court-jointée. Des juments court-jointées.*

court-monté, ée adj. Qualifie un cheval dont le dos est bas. — L'élément *court* reste invariable et *monté* s'accorde : *Un cheval court-monté. Des chevaux court-montés. Une jument court-montée. Des juments court-montées.*

court-vêtu, ue adj. L'élément *court* reste invariable et *vêtu* s'accorde : *Des filles court-vêtues.*

couru, ue adj. Attention à certains sens.

1 Où l'on court, c'est-à-dire qui est très recherché : *Un spectacle couru. Une exposition très courue,* que tout le monde va voir. Sens très correct.

2 C'est couru, c'était couru. Forme abrégée de *c'est (c'était) couru d'avance,* « c'est (c'était) une chose facile à prévoir, qui doit (devait) arriver nécessairement » : *Ce candidat va échouer à son examen, c'est couru !* Expression du langage familier. A éviter dans la langue surveillée.

coût n. m. Accent circonflexe sur le *u.* — Prononciation : [ku], le *-t* final est muet.

couteau n. m. Expressions.

1 Etre à couteaux tirés (avec quelqu'un). Le mot *couteau* toujours au pluriel.

2 Mettre, avoir le couteau *sur* la gorge. Forme moins fréquente, mais plus correcte, que *mettre, avoir le couteau sous la gorge.*

coûter Orthographe, accord du participe, expressions.

I Accent circonflexe sur le *u.* De même : *coûtant, coût.*

II Accord du participe.

1 Participe invariable quand il y a un complément de prix (sens propre de *coûter*) : *Les quinze francs que ce livre m'a coûté. Les mille livres que ce domaine lui avait coûté. La somme que ce livre m'a coûté.*

2 Participe accordé quand il y a un complément d'objet direct placé devant le verbe, au sens figuré de *coûter : Les efforts que cette victoire nous a coûtés. La somme d'efforts que cette réussite lui a coûtée. Les peines que tout cela m'a coûtées.*

III Coûte que coûte. Expression invariable qui échappe à la concordance des temps : *Il fallait réussir, coûte que coûte.*

coutelas [kutlɑ] n. m. Attention à la finale en *-as.*

coutelier [kutəlje] n. m. Un seul *l,* à la différence de *coutellerie* [kutɛlʀi].

coutil n. m. Etoffe. — Prononciation : [kuti], le *-l* final est muet.

coutumier, ière adj. Péjoratif dans l'expression *être coutumier de,* avoir l'habitude de : *Il est coutumier de ce genre d'étourderies. Je ne m'étonne pas qu'il ait menti, il est coutumier du fait.* — Ne pas employer l'expression à propos de ce qui n'est pas blâmable. Ne pas dire : *L'équipe a encore gagné par 6 à 0, elle est coutumière du fait* (mais *elle en a l'habitude*).

couture n. f. Avec *couture* au singulier : *battre à plate couture.*

couvain n. m. Rayon de la ruche où les abeilles élèvent les larves et les nymphes. — Finale en *-ain.*

couvre-chef n. m. Coiffure. — De nos jours, ne s'emploie plus que par plaisanterie. — Pl. : *des couvre-chefs.*

couvre-feu n. m. — Pl. : *des couvre-feux.*

couvre-joint n. m. — Pl. : *des couvre-joints.*

couvre-lit n. m. — Pl. : *des couvre-lits.*

couvre-nuque n. m. — Pl. : *des couvre-nuques.*

couvre-pied ou **couvre-pieds** n. m. Au pluriel, toujours *des couvre-pieds.* — Au singulier, la forme *un couvre-pieds* est à préférer à *un couvre-pied*. Cet édredon couvre *les* pieds du dormeur.

couvre-plat n. m. — Pl. : *des couvre-plats*.

couvrir v. t. Conjug. **33**. *Je couvre, tu couvres, il couvre, nous couvrons, vous couvrez, ils couvrent.* — *Je couvrais.* — *Je couvris.* — *Je couvrirai.* — *Je couvrirais.* — *Couvre, couvrons, couvrez.* — *Que je couvre.* — *Que je couvrisse.* — *Couvrant.* — *Couvert, erte.*

covendeur n. m. (terme de droit) En un mot, sans trait d'union. — Le féminin est *covendeuse* et non **covenderesse*.

cow-boy n. m. Un trait d'union. — Prononciation : [kawbɔj] ou [kɔbɔj]. — Pl. : *des cow-boys* [-bɔj].

cow-pox n. m. inv. *(anglicisme)* Variole de la vache. — Prononciation : [kɔpɔks] ou [kawpɔks]. — Préférer le synonyme français *vaccine*.

coyote [kɔjɔt] n. m. Animal. — Eviter la graphie avec deux *t* (*coyotte*).

crac, crack, krach, krak Des mots homophones qui se prononcent [kʀak].

1 crac ! Interjection onomatopéique qui exprime un bruit de rupture.

2 crack n. m. *(anglicisme)* Cheval de course ; champion. — Pl. : *des cracks*.

3 krach n. m. Effondrement des cours, faillite. — Pl. : *des krachs*.

4 krak n. m. Forteresse : *Le krak des Chevaliers, en Syrie.* Il existe une graphie *crac*, vieillie et déconseillée. — Pl. : *des kraks*.

cracher v. i. *ou* v. t. Pas d'accent circonflexe sur le *a*. De même : *crachat, crachement, cracheur, crachin, crachoir, crachotement, crachoter.*

crack ▷ **crac !**

cracking n. m. Anglicisme désignant un procédé de raffinage du pétrole. — Prononciation : [kʀakiŋ]. — Equivalent français : *craquage*.

craie [kʀɛ] n. f. Roche blanche. — Bâtonnet servant à écrire.

craindre v. t. Conjugaison et constructions.

I Conjugaison. **83**. *Je crains, tu crains, il craint, nous craignons, vous craignez, ils craignent.* — *Je craignais.* — *Je craignis.* — *Je craindrai.* — *Je craindrais.* — *Crains, craignons, craignez.* —

Que je craigne. — *Que je craignisse.* — *Craignant.* — *Craint, crainte.* ▼ Un *i* après le groupe *-gn-* à la première et à la deuxième personne du pluriel de l'indicatif imparfait et du subjonctif présent : *(que) nous craignions, (que) vous craigniez.*

II Constructions.

1 *Craindre* est à la forme affirmative, et la subordonnée au subjonctif introduite par *que* est à la forme affirmative (avec ou sans *ne* explétif) : *Je crains qu'il ne pleuve* ou *Je crains qu'il pleuve. Je crains que vous n'arriviez trop tard* ou *Je crains que vous arriviez trop tard.* ▼ Le *ne* explétif, pratiquement inusité dans la langue parlée, est presque de rigueur dans le style surveillé.

2 *Craindre* est à la forme affirmative, et la subordonnée au subjonctif introduite par *que* est à la forme négative (avec *ne... pas*) : *Je crains qu'il ne pleuve pas suffisamment. Je crains que vous n'arriviez pas assez tôt.*

3 *Craindre* est à la forme négative ou interrogative, et la subordonnée au subjonctif introduite par *que* est à la forme affirmative (sans *ne* explétif) : *Je ne crains pas qu'il pleuve. Craignez-vous qu'il pleuve ? Je ne crains pas que vous arriviez trop tard. Craignez-vous que nous arrivions trop tard ?*

4 *Craindre* est à la forme négative ou interrogative, et la subordonnée au subjonctif introduite par *que* est à la forme négative : *Je ne crains pas que vous n'arriviez pas assez tôt. Craignez-vous que nous n'arrivions pas à temps ?* ▼ Ces constructions, quoique correctes, sont lourdes et peu claires. Il est conseillé de tourner autrement : *Je ne crains pas que vous arriviez trop tard* ou *Je suis assuré que vous arriverez assez tôt. Craignez-vous que nous arrivions trop tard ?*

crainte n. f. Constructions.

I Emplois libres.

1 *La crainte de* + nom. *Il éprouvait une vive crainte de la mort.*

2 *La crainte de* + infinitif. *Il n'éprouvait aucune crainte de mourir.*

3 *La crainte que* + subjonctif. Les règles sont les mêmes que pour *craindre* (II, 1, 2, 3 et 4) : *Je fus envahi par la crainte qu'il n'arrivât trop tard* (ou *qu'il arrivât trop tard*, le *ne* explétif étant facultatif, mais usuel dans la langue surveillée). *J'éprouvais la crainte qu'il n'arrivât pas à temps* (avec *ne... pas*, exprimant la négation, dans la subordonnée). *Je n'éprouvais pas la crainte qu'il arrivât trop tard. Eprouve-t-il la crainte que je vienne trop tard ?* (jamais de *ne* explétif). *Je n'éprouvais pas* *la crainte qu'il n'arrivât pas à temps. Eprouve-t-il la crainte que je ne vienne pas à temps ?* ▼ Dans ces deux derniers cas, il est conseillé de tourner autrement : *Je n'éprouvais pas la crainte qu'il arrivât trop tard. Eprouve-t-il la crainte que je vienne trop tard ?*

II Expressions.

1 *De crainte de, par crainte de, dans la crainte de, crainte de,* **suivi d'un nom ou d'un infinitif.** *De crainte d'un échec* (ou *par crainte d'un échec* ou *dans la crainte d'un échec* ou *crainte d'un échec), il n'osait pas agir. De crainte d'échouer* (ou *par crainte d'échouer* ou *dans la crainte d'échouer* ou *crainte d'échouer), il n'osait pas agir.*

2 *De crainte que, par crainte que, dans la crainte que, crainte que,* **suivi du subjonctif.** *De crainte que* (ou *par crainte que* ou *dans la crainte que* ou *crainte que) l'entreprise n'échouât* (avec *ne* explétif), *il n'osait pas agir. De crainte que* (ou *par crainte que* ou *dans la crainte que* ou *crainte que) l'entreprise ne réussît pas* (avec *ne... pas* exprimant la négation), *il n'osait pas agir.*

3 ▼ Certains grammairiens condamnent *crainte de* suivi de l'infinitif (*Crainte d'échouer, il n'osait pas agir*) et *crainte que* suivi du subjonctif : *Crainte que l'entreprise n'échouât, il n'osait pas agir.* Ces condamnations n'ont aucun fondement et sont contredites par l'usage des meilleurs écrivains classiques et modernes.

cramoisi, ie adj. Variable en nombre et en genre : *Des tentures cramoisies.*

crampon n. m. Deux *n* dans les dérivés : *cramponnement, cramponner.*

crâne n. m. *ou* adj. Emploi adjectif et orthographe.

I Employé adjectivement. Prend la marque du pluriel : *Ils sont rudement crânes, ces garçons !*

II Orthographe.

1 Avec accent circonflexe : le mot *crâne* et ses dérivés directs, *crânement, crâner, crânerie, crâneur, crânien.*

2 Sans accent : les dérivés savants du préfixe *cranio-*, tels que *craniologie, craniométrie.*

crapaud n. m. Finale en *-aud.* — Dérivés : *crapaudière, crapaudine.*

crapouillot n. m. (*familier*) Mortier de tranchée. — Finale en *-ot.*

craquage n. m. (*pétrochimie*) Terme à préférer à l'anglicisme *cracking.* ▷ **cracking.**

craqueler v. t. Conjug. **13.** Double le *l* devant un *e* muet : *je craquelle, je craquellerai.* — Dérivés : *craquelage, craquelé, craquelure, craquèlement* ou *craquellement.*

craquer v. i. *ou* v. t. Toujours avec *-qu-* même devant *a* ou *o : il craqua, nous craquons.* — Dérivés : *craquage, craquement.*

crasse Comme adjectif, ne s'emploie qu'au féminin, dans quelques expressions : *paresse crasse, ignorance crasse, avarice crasse.* Emploi semi-familier.

cratère n. m. Accent grave sur le *e.*

cravate n. f. Un seul *t.* De même : *cravater.*

crawl n. m. Style de nage. — Prononciation : [kʁol]. — Pluriel inusité. — Dérivés : *crawlé, ée* [kʁole] adj. (*dos crawlé,* style de nage sur le dos), *crawler* [kʁole] v. i. (nager en crawl).

crayeux, euse adj. Prononciation : [kʁɛjø, øz].

crayon n. m. Prononciation : [kʁɛjɔ̃]. — Les dérivés s'écrivent avec deux *n : crayonnage* [kʁɛjɔnaʒ], *crayonner* [kʁɛjɔne], *crayonneur* [kʁɛjɔnœʁ].

créance n. f. Avec *-an-.* De même : *créancier.*

créateur n. m. Employé, sans complément, comme synonyme de « Dieu », prend un *C* majuscule : *Les croyants louent le Créateur.*

crèche n. f. Accent grave et non accent circonflexe.

crédence n. f. Meuble. — Finale en *-ence.*

crédirentier, ière adj. *ou* n. (terme de droit). Un un seul mot, sans trait d'union.

crédit-bail n. m. (*banque*) Système de location-vente de matériel à une entreprise. — Pl. : *des crédits-bails.* — Eviter l'emploi de l'anglicisme *leasing,* synonyme de *crédit-bail.*

credo n. m. Prononciation : [kʁedo]. Pas d'accent sur le *e.* — Un *C* majuscule au sens propre (texte ou chant catholique) *Les fidèles chantaient le Credo à la messe.* — Un *c* minuscule au sens figuré : *Adopter le credo républicain.*

créer v. t. Attention à certaines formes : *je crée, tu crées, il crée, ils créent ; je créerai, tu créeras... je créerais, tu créerais... ; crée* (impératif) ; *que je crée, que tu crées, qu'il crée, qu'ils créent.* Dans ces formes, le deuxième *e* (sans accent) est muet. — Attention aussi au participe passé : *créé,* au féminin *créée.*

crémaillère n. f. Prononciation : [kʁemajɛʁ]. ▼ Ne pas écrire *crémalière* et ne pas prononcer *[kʁemaljɛʁ].

crème n. f. Accent grave et non accent circonflexe, à la différence de l'homophone *(saint) chrême*.

crémerie n. f. ▼ Accent aigu sur le premier *e*, à la différence de *crème*.

crémeux, euse adj. Accent aigu, à la différence de *crème*.

créneau n. m. Accent aigu sur le premier *e*. — De même : *crénelage, crénelé*.

créole n. m. *ou* f *ou* adj. Personne de race blanche née aux Antilles ou à la Réunion. A distinguer de *métis* et de *mulâtre*, personne née d'une union entre un Blanc et une Noire ou entre une Blanche et un Noir.

crêpe Orthographe et genre.

1 Accent circonflexe sur le premier *e*. Certains dérivés prennent un accent circonflexe : *crêpelé, crêpelure, crêper, crêperie, crêpier*. — D'autres prennent l'accent aigu : *crépon, crépu, crépure*.

2 On distinguera *une crêpe*, galette *(manger des crêpes bretonnes en buvant du cidre)* et *le crêpe*, tissu *(Du crêpe de Chine)* ou ruban noir *(Porter un crêpe au revers de son veston)* ou caoutchouc souple *(Le crêpe des semelles de mes chaussures est usé)*.

crêpelé, crêpu Deux adjectifs paronymes.

1 crêpelé, ée Qualifie des cheveux frisés finement : *Une jeune fille blonde aux cheveux crêpelés*.

2 crépu, ue Qualifie les cheveux de certaines races qui sont naturellement frisés de manière extrêmement fine : *Les Noirs ont des cheveux crépus*.

crépir v. t. Accent aigu sur le *e*. De même *crépi, crépissage, crépissure*.

crépiter v. i. Accent aigu sur le *e*. De même : *crépitant, crépitation, crépitement*.

crépon n. m. Tissu de crêpe épais. ▼ Accent aigu, à la différence de *crêpe*.

crépu, ue adj. ▼ Accent aigu sur le *e*. De même : *crépure*, n. f. (état des cheveux crépus). — A distinguer de *crêpelé* ▷ **crêpelé**.

crescendo adv. *ou* n. m. Mot italien à demi-francisé. Prononciation : [kʁeʃɛndo] ou, plus

fréquemment, [kʁeʃɛ̃do]. Pl. : *des crescendo*, quand le mot désigne le mouvement musical. Dans tous les autres sens, le pluriel est : *des crescendos* [-do].

cresson n. m. ▼ Prononciation : [kʁesɔ̃], et non *[kʁəsɔ̃] — De même : *cressonnière* [kʁesɔnjɛʁ].

crésus n. m. On écrit, avec un *C* majuscule, *riche comme Crésus*, mais, avec un *c* minuscule, *Ce banquier est un crésus* (= un homme très riche). — Prononciation : [kʁezys]. — Pl. : *des crésus* [-zys].

Crésyl [kʁezil] n. m. Désinfectant. — Nom déposé, donc avec une majuscule.

crêt n. m. Dans le Jura, sommet rocheux. — Accent circonflexe, comme dans *crête*.

crétacé, ée adj. *ou* n. m. *La période crétacée*, ou *le crétacé. Terrains crétacés*. — Accent aigu (aucun rapport avec *crête*).

crête n. f. *Crête de coq. Crête d'une montagne.* — Accent circonflexe, à la différence du nom de l'île de *Crète*. De même : *crêté, ée*.

crête-de-coq n. f. Plante. — Pl. : *des crêtes-de-coq*.

crétois, oise adj. *ou* n. De l'île de Crète. — Attention à la majuscule : *La population crétoise. Les Crétois.* — N. m. *Le crétois :* dialecte. — Accent aigu.

cretonne n. f. Toile de coton. — Prononciation : [kʁətɔn]. — Pas d'accent. Deux *n*.

crève-cœur n. m. inv. *Des crève-cœur*.

crève-la-faim n. m. inv. *Des crève-la-faim*.

crever v. t. *ou* v. i. Conjug. **12**. Change *e* en *è* devant un *e* muet : *je crève, je crèverai*.

crevette n. f. Deux *t*. De même : *crevettier*.

cric n. m. Instrument qui sert à soulever un fardeau. — Prononciation : [kʁi], plutôt que [kʁik].

cricket, criquet, croquet Trois noms masculins paronymes.

1 cricket [kʁikɛt] (mot anglais) Sport pratiqué en Angleterre et qui consiste à renverser un objet de bois (le *guichet*) au moyen d'une balle.

2 criquet [kʁikɛ] Insecte migrateur, très nuisible aux récoltes.

3 croquet [kʀɔkɛ] Jeu qui consiste à faire passer des boules de bois à travers des arceaux.

cricri n. m. Nom familier du *grillon*. — Pl. : *des cricris.* — Eviter la graphie *cri-cri.*

crier v. i. *ou* v. t. Conjug. **20.** Double le *i* à la première et à la deuxième personne du pluriel de l'indicatif imparfait et du subjonctif présent : *(que) nous criions, (que) vous criiez.* — *Crier après quelqu'un,* tour à éviter ▷ **après** (1).

crime ▷ **assassinat** (3).

crin n. m. On écrit : *Un patriote à tout crin* ou *à tous crins.*

crincrin n. m. *(familier)* Mauvais violon. — Pl. : *des crincrins.* — Eviter la graphie *crin crin,* en deux mots.

criquet, cricket ▷ **cricket.**

cristal, aux n. m. Les dérivés s'écrivent avec deux *l : cristallerie, cristallin, cristallisable, cristallisant, cristallisation, cristallisé, cristalliser, cristallisoir, cristallographie, cristallographique, cristalloïde, cristallomancie, cristallophyllien, ienne.*

critère, critérium Deux noms masculins à bien distinguer.

1 critère Caractère, élément sur lequel on se fonde pour porter un jugement ou établir une distinction : *Quels sont vos critères, quand vous sélectionnez des candidats à ce poste ?*

2 critérium Nom de certaines épreuves sportives. Prononciation : [kʀiteʀjɔm]. — Pl. : *des critériums* [-ʀjɔm].

critique Deux expressions à distinguer.

1 Esprit critique *(non péjoratif)* Esprit de libre examen qui pousse à n'accepter pour vraies que les affirmations qu'on a soi-même vérifiées ou examinées attentivement : *L'enseignement littéraire bien conçu développe l'esprit critique.*

2 Esprit de critique *(péjoratif)* Tendance à blâmer systématiquement les gens et les choses, pour le seul plaisir de dénigrer : *L'esprit de critique est souvent le propre des médiocres, des aigris et des envieux.*

croasser, coasser *Le corbeau croasse, la grenouille coasse* ▷ **coasser.**

croate adj. *ou* n. De Croatie. — Attention à la majuscule : *La population croate. Les Croates.* — N. m. *Le croate :* langue slave.

croc n. m. Crochet ; dent. — Prononciation : [kʀo], le *-c* finale est muet.

croc-en-jambe n. m. Prononciation : [kʀɔkɑ̃-ʒɑ̃b], avec *c* prononcé, même au pluriel : *des crocs-en-jambe* [kʀɔkɑ̃ʒɑ̃b].

crocheter v. t. Conjug. **15.** Change *e* en *è* devant un *e* muet : *je crochète, je crochèterai.*

crocus n. m. Plante. — Prononciation : [kʀɔkys]. — Pl. : *des crocus* [-kys].

croire Conjugaison et constructions.

I Conjug. **77.** *Je crois, tu crois, il croit, nous croyons, vous croyez, ils croient.* — *Je croyais... nous croyions, vous croyiez...* — *Je crus.* — *Je croirai.* — *Je croirais.* — *Crois, croyons, croyez.* — *Que je croie, que tu croies, qu'il croie, que nous croyions, que vous croyiez, qu'ils croient.* — *Que je crusse.* — *Croyant.* — *Cru, ue.* ▼ Attention au *i* après l'*y* à la première et à la deuxième personne du pluriel de l'indicatif imparfait et du subjonctif présent : *(que) nous croyions, (que) vous croyiez.* — Jamais d'accent circonflexe sur le *i* (ni sur le *u* du participe passé) ▷ **croître.**

II Constructions.

1 Croire une chose, penser qu'elle est vraie : *Je crois cette histoire, ce récit, cette hypothèse.* Tour vieilli et rare, sauf avec un pronom neutre *(Ce que vous me dites, je ne peux le croire. Il croit tout ce qu'on lui dit)* ou après le verbe *faire (Il veut me faire croire une histoire invraisemblable).*

2 Croire à une chose, y ajouter foi, la considérer comme vraie *(Croire à une histoire, à un récit, à une hypothèse),* ou penser qu'elle existe *(Croire aux soucoupes volantes),* ou qu'elle se réalisera *(Je crois à une hausse prochaine des prix)* ou avoir confiance en elle *(Je crois à la ténacité plus qu'aux éclairs du génie).* Tour usuel.

3 Croire quelqu'un, ajouter foi à ses paroles, à ses affirmations : *Vous pouvez croire mon ami, il ne ment jamais.* Tour usuel.

4 Croire à un être, être persuadé qu'il existe : *Croire aux revenants. Croire au diable.* Tour usuel.

5 Croire en quelqu'un, avoir confiance en lui : *Il faut que les exécutants croient en leur chef.* Tour semi-littéraire.

6 Croire en Dieu, être sûr qu'il existe. Tour figé.

7 Croire que. Quand le verbe *croire* est à la forme affirmative, le verbe de la subordonnée est à l'indicatif ou au conditionnel (jamais au subjonctif) : *Je crois que nous réussirons. Je crois qu'il pourrait mieux faire. Je croyais que vous viendriez.* — Quand le verbe *croire* est à la forme négative ou interrogative, le verbe de la subordonnée peut être à l'indicatif ou au subjonctif ou au conditionnel : *Je ne crois pas que nous réussirons. Je ne crois pas que nous réussissions. Crois-tu que nous réussirons ? Crois-tu que nous puissions réussir ?* (le subjonctif, en principe, renforce la nuance de doute). *Je ne crois pas qu'il pourrait faire mieux. Crois-tu qu'il pourrait faire mieux ? Je ne croyais pas que vous viendriez si tôt. Croyais-tu qu'il viendrait si tôt ?*

croiseur-cuirassé n. m. — Pl. : *des croiseurs-cuirassés.*

croisillon n. m. Prononciation : [kʀwazijɔ̃].

croître v. i. Conjug. **100.** *Je croîs, tu croîs, il croît, nous croissons, vous croissez, ils croissent.* — *Je croissais, tu croissais...* — *Je crûs, tu crûs, il crût, nous crûmes, vous crûtes, ils crûrent.* — *Je croîtrai, tu croîtras, il croîtra, nous croîtrons, vous croîtrez, ils croîtront.* — *Je croîtrais, tu croîtrais, il croîtrait, nous croîtrions, vous croîtriez, ils croîtraient.* — *Croîs, croissons, croissez.* — *Que je croisse, que tu croisses...* — *Que je crûsse, que tu crûsses, qu'il crût, que nous crûssions, que vous crûssiez, qu'ils crûssent.* — *Croissant.* — Se conjugue avec l'auxiliaire *avoir : il a crû.* — Au subjonctif imparfait, la conjugaison *que je crusse, que tu crusses, que nous crussions, que vous crussiez, qu'ils crussent,* sans accent sur le *u,* est préconisée par l'Académie française. Elle est cependant vieillie. Il vaut mieux l'éviter, à cause de la confusion possible avec les formes du verbe *croire.* Quelle que soit la conjugaison que l'on adopte, la troisième personne est toujours *qu'il crût.*

croix n. f. Prend une majuscule dans le langage de la dévotion (quand le mot *croix* désigne le mystère de la Rédemption) : *Le mystère de la Croix. Mettre ses souffrances au pied de la Croix,* les offrir à Dieu. — Majuscule aussi quand le mot *croix* désigne la religion chrétienne, la chrétienté : *Espagnols et Vénitiens combattirent à Lépante sous l'étendard de la Croix.*

cromlech n. m. Monument mégalithique. — Prononciation : [kʀɔmlɛk]. — Pl. : *des cromlechs* [-lɛk].

1. croquant, ante adj. *Des galettes croquantes.*

2. croquant n. m. *(histoire)* Paysan révolté. — *(familier)* Individu balourd et mal élevé. — En général, un *C* majuscule quand il s'agit du sens historique : *La révolte des Croquants sous Henri IV.*

croque au sel (à la) loc. adv. Pas de traits d'union.

croquembouche n. m. Pâtisserie. — En un seul mot, sans traits d'union. — Attention au *m* devant le *b.* — Pl. : *des croquembouches.*

croque-madame n. m. inv. — Pl. : *des croque-madame.*

croquemitaine n. m. En un seul mot, sans trait d'union. — Pl. : *des croquemitaines.*

croque-monsieur n. m. inv. — Pl. : *des croque-monsieur.*

croque-mort n. m. — Pl. : *des croque-morts.*

croque-note n. m. — Pl. : *des croque-notes.*

croquer v. t. Avec -*qu*- même devant *a* ou *o :* *il croqua, nous croquons.*

croquet, cricket ▷ cricket.

croquignole n. f. Pâtisserie légère ; chiquenaude ; moquerie légère. — Un seul *l.*

crosne n. m. Légume. — Prononciation : [kʀon]. — Attention au -*s*- intérieur muet.

1. cross Abréviation de *cross-country.*

2. cross n. m. *(boxe)* Anglicisme désignant un coup de poing. — Prononciation : [kʀɔs]. — Pl. en français : *des cross.*

cross-country n. m. (anglicisme) Prononciation : [kʀɔskuntʀi]. — Pl. : *des cross-country.* — S'abrège usuellement en *cross* [kʀɔs], n. m. inv. — Dérivé : *crossman* [kʀɔsman]. — Pl. : *des crossmen* [kʀɔsmɛn].

crotte n. f. Deux *t.* De même : *crotté, crotter, crottin.*

crouler v. i. Sans accent circonflexe. De même : *croulant.*

croup n. m. Synonyme de *laryngite diphtérique.* — Prononciation : [kʀup]. — Ne pas écrire comme *une croupe* (de cheval, de montagne).

croupetons (à) loc. adj. En étant accroupi. — Locution figée, avec -*s* final.

croûte n. f. Accent circonflexe sur le *u.* De même : *croûteux, euse, croûton.*

croyable adj. Bien prononcer [kʀwajabl(ə)], et non *[kʀɔjabl(ə)]. De même : *croyance* [kʀwajɑ̃s], *croyant, ante* [kʀwajɑ̃, ɑ̃t].

cru, crû, crue Plusieurs mots homophones.

1 cru Participe passé masculin de *croire : Ce récit, que j'ai cru vrai.*

2 cru n. m. Terroir , vignoble ; vin produit par les vignobles d'un terroir particulier : *Les grands crus de Bourgogne.* — La région où l'on est, dont on parle (assez familier, souvent péjoratif) : *Il étudia les mœurs du cru. Il fit la connaissance d'une personne du cru.* — *Etre du cru de*, de l'invention de : *C'est une idée de mon cru.* — *Bouilleur de cru :* celui qui distille de l'alcool pour ses besoins personnels en utilisant du vin ou du cidre obtenu dans sa propriété.

3 cru, crue Qui n'est pas cuit : *Du saucisson cru. De la viande crue.*

4 crû Participe passé masculin de *croître : L'herbe a crû dans la cour de la ferme abandonnée.*

5 crue Participe passé féminin de *croire : Cette histoire, que j'ai crue vraie.*

6 crue Féminin de l'adjectif *cru* « non cuit » : *Des carottes crues.*

7 crue n. f. Hautes eaux d'un cours d'eau : *Le fleuve est en crue.*

crucial, ale, aux adj. Emploi correct dans l'expression *expérience cruciale*, terme de philosophie des sciences : *L'expérience cruciale d'Arago et de Fresnel sur la propagation de la lumière.* — S'emploie abusivement dans la langue des journaux pour qualifier ce qui est d'une importance extrême : *La question cruciale de la réforme constitutionnelle. Ce parti politique est arrivé à un moment crucial.* Dans le style surveillé, on écrira plutôt, selon les cas : *capital, fondamental, décisif.*

crucifiement, crucifixion Deux noms dérivés de *crucifier.*

1 crucifiement n. m. Supplice de la croix (en dehors d'un contexte religieux) : *A Rome, dans l'Antiquité, le crucifiement était le supplice des esclaves révoltés.* — S'emploie au figuré dans la langue littéraire au sens de « mortification, épreuve cruelle, grande souffrance ».

2 crucifixion n. f. Supplice de la croix. S'emploie spécialement à propos du Christ : *La crucifixion du Christ eut lieu la veille du sabbat.* — Œuvre d'art représentant la crucifixion du Christ. Dans ce sens prend une majuscule quand il s'agit du titre de l'œuvre : *Avez-vous vu, au musée du Louvre, la* Crucifixion *de Mantegna ?*

crucifix n. m. Prononciation : [kʀysifi].

cruciverbiste n. m. *ou* f. Amateur de mots croisés. — On dit aussi, plus rarement, *mots-croisiste.*

crue, cru, crû ▷ cru.

cruel adj. Féminin : *cruelle*, avec deux *l.* De même : *cruellement* adv.

crûment adv. Accent circonflexe sur le *u.*

crural, ale, aux adj. *(anatomie)* De la jambe : *Nerf crural. Artère crurale.* — Masculin pluriel en *-aux.*

cryo- Préfixe (du grec *kruos* « froid »), qui entre dans la formation de quelques mots savants : *cryoclastie, cryogène, cryogénie, cryolithe* ou *cryolite* n. f. (minéral), *cryométrie, cryoscopie, cryostat, cryothérapie, cryotron, cryoturbation.*

crypte n. f. Avec un *y.*

crypto- Préfixe (du grec *cruptos* « caché »), qui entre dans la formation de divers mots savants : *cryptogame, cryptogamie, cryptogamique, cryptogramme, cryptographie, cryptographique.*

cube n. m. On écrit, sans trait d'union : *un mètre cube, un centimètre cube, un millimètre cube,* etc. (au pluriel : *des mètres cubes, des centimètres cubes, des millimètres cubes,* etc.).

cubilot n. m. Four métallurgique. — Finale en *-ot.*

cubital, ale, aux adj. Du coude : *L'artère cubitale.* — Masculin pluriel en *-aux.*

cubitus n. m. L'un des os de l'avant-bras. — Prononciation : [kybitys]. — Pl. : *des cubitus* [-tys].

cucurbite n. f. Partie de l'alambic.

cueillette n. f. Attention à la graphie en *-ue-.* De même : *cueilleur, cueilloir.*

cueillir v. t. Conjug. **34.** *Je cueille, tu cueilles, il cueille, nous cueillons, vous cueillez, ils cueillent.* — *Je cueillais, tu cueillais, il cueillait, nous cueillions, vous cueilliez, ils cueillaient.* — *Je cueillis.* — *Je cueillerai.* — *Je cueillerais.* — *Cueille, cueillons, cueillez.* — *Que je cueille, que tu cueilles, qu'il cueille, que nous cueillions, que vous cueilliez, qu'ils cueillent.* — *Que je cueillisse.* — *Cueillant.* — *Cueilli, ie.* ▼ Attention à la graphie en *-ue-.* Ne pas écrire **ceuillir* ni **cueuillir.* — Attention au *i* après le groupe *-ill-* à la première et à la deuxième personne du pluriel de l'indicatif imparfait et du subjonctif présent :

(que) nous cueillions, (que) vous cueilliez. — Attention au futur et au conditionnel : ne pas écrire **cueillirai, *cueillirais.*

cuillère ou **cuiller** n. f. Les deux orthographes sont admises. La forme *cuiller* est plus fréquente que *cuillère.* ▼ Bien prononcer [kɥijɛʀ], et non **[køjɛʀ] (aucun rapport avec le verbe *cueillir*).

cuillerée n. f. Contenu d'une cuiller. ▼ Pas d'accent sur le premier *e.* Eviter la faute qui consiste à prononcer **[kɥijeʀe] au lieu de [kɥij(ə)ʀe], seule prononciation correcte.

cuir n. m. Peau d'animal tannée et préparée : *Un sac de cuir.* — Ne pas écrire comme le verbe *cuire.*

cuirassé, cuirassier Deux noms masculins paronymes.

1 cuirassé Navire de guerre.

2 cuirassier Autrefois, soldat de la cavalerie lourde portant une cuirasse.

cuire v. t. *ou* v. i. Ne pas écrire comme *cuir,* peau d'animal. — Conjug. **46.** *Je cuis, tu cuis, il cuit, nous cuisons, vous cuisez, ils cuisent.* — *Je cuisais.* — *Je cuisis.* — *Je cuirai.* — *Je cuirais.* — *Cuis, cuisons, cuisez.* — *Que je cuise.* — *Que je cuisisse.* — *Cuisant.* — *Cuit, cuite.* ▼ Le passé simple est peu usité.

cuisinette n. f. Très petite cuisine. — Mot français à préférer à l'anglicisme *kitchenette.*

cuisseau, cuissot Deux noms masculins homophones.

1 cuisseau Partie du veau dépecé, qui va de la queue au rognon.

2 cuissot Cuisse de gros gibier (cerf, chevreuil, sanglier, etc.).

cuisse-de-nymphe Deux sens.

1 n. f. Variété de rose blanche teintée légèrement de rose. — Pl. : *des cuisses-de-nymphe.*

2 adj. D'un blanc légèrement teinté de rose. — Invariable : *Des soieries cuisse-de-nymphe.*

cuisse-madame n. m. Variété de poire. — Pl. : *des cuisses-madame.*

cul n. m. Prononciation : [ky], *-l* final étant muet. — Considéré comme trivial au sens de « derrière, fesses », mais seulement familier au sens de « fond » *(cul de bouteille, cul d'un tonneau).* Parfaitement admis dans les locutions techniques telles que : *mettre une charrette à cul, navire sur cul.* Nullement trivial dans les mots composés : *cul-blanc, cul-brun, cul-de-lampe,* etc.

cul-blanc n. m. Oiseau. — Pl. : *des culs-blancs.*

cul-brun n. m. Papillon. — Pl. : *des culs-bruns.*

cul-de-basse-fosse n. m. Cachot. — Pl. : *des culs-de-basse-fosse.*

cul-de-four n. m. Voûte en demi-coupole. — Pl. : *des culs-de-four.*

cul-de-jatte n. m. *ou* n. f. — Pl. : *des culs-de-jatte.*

cul-de-lampe n. m. Ornement. — Pl. : *des culs-de-lampe.*

cul-de-plomb n. m. *(familier)* Homme appliqué, mais lourd d'esprit. — Pl. : *des culs-de-plomb.*

cul-de-poule, cul de poule Deux orthographes.

1 Avec trait d'union : *un cul-de-poule* n. m. Arrière arrondi de certains navires. — Renflement sur une espagnolette, à la hauteur de la poignée. — Bassine hémisphérique de cuisine. — Pl. : *des culs-de-poule.*

2 Sans trait d'union : *(faire) la bouche en cul de poule.*

cul-de-sac n. m. — Pl. : *des culs-de-sac.*

culot n. m. Deux *t* dans les dérivés : *culottage* (d'une pipe), *culotté, ée* adj. (plein d'aplomb, familier), *culotter* (une pipe).

culotte n. f. Orthographe et emploi du pluriel.

1 Deux *t.* De même : *culotter* (mettre une culotte, un pantalon à quelqu'un), *culottier, ière* n. m. *ou* f. (ouvrier, ouvrière qui fait des culottes).

2 L'emploi du pluriel *(des culottes)* ou de l'expression *une paire de culottes,* quand il s'agit d'un seul vêtement, appartient à la langue familière.

cul-terreux n. m. — Pl. : *des culs-terreux.*

cultural, culturel Deux adjectifs paronymes.

1 *cultural, ale, aux (agriculture, géographie)* Qui concerne la culture du sol : *L'introduction de nouvelles méthodes culturales a permis à l'agriculture européenne d'accroître énormément ses rendements au XIXᵉ siècle.*

2 *culturel, elle (usuel)* Qui concerne la culture intellectuelle, la civilisation : *Les musées, les salles de conférence, les salles de théâtre font partie de l'équipement culturel d'un pays.*

cumulus n. m. Nuage. — Prononciation : [kymylys]. — Pl. : *des cumulus* [-lys]. —

Dérivés : *cumulo-nimbus* [kymylɔnɛbys] n. m. (pl. : *des cumulo-nimbus*) [-bys] ; *cumulo-stratus* [kymylɔstʀatys] ou *strato-cumulus* (pl. : *des cumulo-stratus* [-tys] ou *des strato-cumulus* [-lys]).

cunéiforme adj. *ou* n. m. Pas de tréma sur le *i*.

cupro- Préfixe (du latin *cuprum* « cuivre »), qui sert à former quelques mots savants : *cupro-alliage* n. m. (pl. : *des cupro-alliages*), *cupro-aluminium* n. m. (pl. : *des cupro-aluminiums*), *cupro-ammoniacal, ale, aux* adj., *cupronickel* n. m. (pl. : *des cupronickels*).

curaçao n. m. Liqueur. — Prononciation : [kyʀaso]. — On évite d'employer le mot au pluriel. — Pas de majuscule, à la différence du nom de l'île de *Curaçao* (Antilles).

cure-dent n. m. — Pl. : *des cure-dents*.

cure-ongles n. m. Invariable : *un cure-ongles, des cure-ongles*.

cure-oreille n. m. — Pl. : *des cure-oreilles*.

cure-pipe ou **cure-pipes** n. m. Pl. : *des cure-pipes*.

curer v. t. On dit *récurer une casserole, curer un puits, un étang*, et *se curer les dents, les ongles, les oreilles*.

cureter v. t. (chirurgie) Nettoyer avec une curette. — Conjug. **14**. Double le *t* devant un e muet : *je curette, je curetterai*.

curette n. f. Instrument de chirurgie. — Deux *t*, à la différence de *curetage, cureter*.

curie n. f. Avec c minuscule : *la curie (La curie romaine. Les cardinaux de la curie)*.

curling n. m. Anglicisme désignant un sport qui se pratique sur la glace — Prononciation : [kœʀliŋ].

curriculum vitae n. m. Prononciation : [kyʀikylɔmvite]. — Attention aux deux *r*. En deux mots, sans trait d'union. Toujours invariable : *des curriculum vitae*.

cursus n. m. inv. (mot latin) Ensemble des études. — Prononciation : [kyʀsys]. — Pl. : *des cursus* [-sys].

cuti-réaction n. f. — Pl. : *des cuti-réactions*. — S'abrège usuellement en *cuti*. — Pl. : *des cutis*.

CV ▷ cheval-vapeur.

cyan- Préfixe ou radical (du grec *kuanos* « bleu »), qui entre dans la formation de certains mots savants : *cyanamide, cyanhydrique, cyanogène, cyanophycées, cyanose, cyanuration, cyanure*.

cybernétique adj. *ou* n. f. Attention au *y*. — Dérivé : *cybernéticien*.

cyclamen [siklamɛn] n. m. Pante. — Pl. : *des cyclamens*. Comme adjectif de couleur, toujours invariable : *des écharpes cyclamen*.

cycle n. m. Avec un *y*. De même : *cyclable, cyclane, cyclecar, cyclique, cyclisme, cyclo-cross* n. m. inv., *cycloïdal, ale, aux, cycloïde, cyclo-moteur, cyclomotoriste, cyclopropane, cyclo-stomes, cyclothymie, cyclothymique, cyclotron*.

cyclomoteur, vélomoteur La langue administrative distingue le *cyclomoteur* (cylindrée inférieure à 50 cm³) et le *vélomoteur* (cylindrée comprise entre 50 et 125 cm³).

cyclone n. m. Un *y*. ▼ Se prononce [siklon], avec un *o* fermé, mais s'écrit sans accent circonflexe sur le *o*. — Dérivés : *cyclonal, ale, aux* [siklɔnal, al, o] ou *cyclonique* [siklɔnik].

cyclope n. m. On écrit, avec un *C* majuscule : *les Cyclopes*, géants de la mythologie grecque.

cyclopéen, enne adj. Attention à l'*y*.

cygne n. m. Oiseau. — Attention à l'*y*. — Un *C* majuscule dans les expressions : *le Cygne de Dircé* (Pindare), *le Cygne de Mantoue* (Virgile), *le Cygne de Cambrai* (Fénelon).

cylindre n. m. Attention à la place respective de l'*y* et du *i*. — Dérivés et composés : *cylindrage ; cylindraxe* ou *cylindre-axe* n. m. (prolongement d'une cellule nerveuse ; pl : *des cylindraxes* ou *des cylindres-axes*) ; *cylindrée ; cylindrer ; cylindre-sceau* n. m. (cachet en forme de cylindre ; pl. : *des cylindres-sceaux*) ; *cylindreur, euse ; cylindrique ; cylindro-conique* adj. (pl. : *cylindro-coniques*) ; *cylindroïde*.

cymaise ▷ cimaise.

cymbale, timbale, cymbalum, czimbalum Quatre noms qui désignent des instruments de musique.

1 La cymbale Instrument à percussion formé de deux plateaux de bronze que l'on frappe l'un contre l'autre, ou d'un plateau de bronze que l'on frappe avec une baguette.

2 La timbale Instrument à percussion formé par une caisse hémisphérique recouverte d'une peau tendue que l'on frappe avec des baguettes.

3 Le cymbalum [sɛbalɔm] Instrument à percussion utilisé dans l'Antiquité, analogue au tambour de basque ou au tambourin. — Pl. : *des cymbalums.*

4 Le cymbalum [sɛbalɔm] ou **czimbalum** [tsimbalɔm] Instrument populaire hongrois ressemblant à une grande cithare et voisin du piano à queue. L'interprète frappe directement les cordes au moyen de maillets de bois. — Pl. : *des cymbalums* [-lɔm] ou *des czimbalums* [-lɔm].

cymbalier n. m. ou **cymbaliste** n. m. *ou* n. f. Musicien qui joue des cymbales.

cynégétique adj. Attention à l'*y.*

cynique adj. *ou* n. Attention à l'*y.* De même : *cyniquement, cynisme.*

cynodrome, cynophile Avec un *y.*

cyphose [sifoz] n. f. Déformation de la colonne vertébrale. — Dérivé : *cyphotique* [sifɔtik]. — Composé : *cypho-scoliose* [sifɔskɔljoz].

cyprès n. m. Arbre. — Attention à l'*y* et à l'accent grave sur le *e.* — Dérivé : *cyprière.*

cypriote, chypriote ▷ chypriote.

cyrillique adj. *Alphabet cyrillique. Caractères cyrilliques.* — Prononciation : [siʀilik]. — Attention à la place de l'*y* et aux deux *l.*

cyst(o)- Préfixe (du grec *kustis* « vessie »), qui entre dans la formation de quelques mots savants : *cysticerque, cystine, cystique, cystite, cystographie, cystoscopie, cystostomie, cystotomie.*

cytise n. m. Arbuste. — Toujours masculin : *Un beau cytise.* — Attention à la place de l'*y* et de l'*i.*

cyt(o)- Préfixe (du grec *kutos* « cellule »), qui entre dans la formation de quelques mots savants : *cytogamie, cytogénéticien, cytogénétique, cytologie, cytologique, cytolytique, cytoplasme, cytostatique, cytozyme.*

czar Graphie polonaise de *tsar.* — La graphie *czar* est vieillie et doit être évitée ▷ tsar.

czimbalum ▷ cymbale (4).

D

da capo [dakapo] adv. (terme de musique) En deux mots, sans trait d'union.

d'accord Orthographe, construction et emploi.

1 ▼ En deux mots, sans trait d'union, avec une apostrophe, à la différence de *davantage,* qui s'écrit en un seul mot.

2 Etre d'accord, tomber d'accord. Se construit avec *sur* (suivi d'un nom), avec *pour* (suivi de l'infinitif), avec *que* (suivi de l'indicatif ou du conditionnel), avec *pour que* (suivi du subjonctif) : *Ils sont d'accord sur le prix. Nous sommes d'accord pour nous opposer à son projet. Je suis d'accord que ce délai est trop long. Je suis d'accord que la situation pourrait être meilleure. Je suis d'accord pour qu'on fasse cette démarche.* — Le tour *être d'accord de* (suivi de l'infinitif) n'est pas incorrect, mais seulement un peu archaïque : *Ils furent d'accord d'aller voir le gouverneur.* On dirait de nos jours : *pour aller voir...*

3 *D'accord !* **équivalent de « oui ».** Appartient à la langue très familière : *Alors, on fait comme j'ai dit ? — D'accord !* **▼** Ne pas employer cette locution dans la conversation surveillée, notamment lorsqu'on parle à un supérieur.

dacryo- Préfixe (du grec *dacru* « larme »), qui entre dans la formation de quelques mots savants, par exemple : *dacryo-adénite* [dakʀijɔadenit] ou *dacryadénite* [dakʀijadenit], *dacryocystite* [dakʀijɔsistit].

dactyle n. m. Pied grec ou latin (une longue suivie de deux brèves). — Attention à l'*y.*

dactylo- Préfixe (du grec *dactulos* « doigt »). Principaux composés : *dactylogramme, dactylographe* (mot usuellement abrégé en *dactylo*),

dactylographie, dactylographier (conjug. **20**), *dactylographique, dactylologie, dactylopius, dactyloptère, dactyloscopie.*

Dada Avec une majuscule et sans article, quand il s'agit de la dénomination du mouvement littéraire : *Au lendemain de la Première Guerre mondiale, le nihilisme désordonné de Dada annonce la ruine de l'idéal rationaliste du XIXe siècle.* — En revanche, une minuscule quand le mot est en apposition : *Le mouvement dada précéda de peu le surréalisme.* — Dérivés : *dadaïsme, dadaïste.*

dadais n. m. *ou* adj. m. *Quel grand dadais ! Il a un air un peu dadais.* — Pas de féminin.

daguerréotype n. m. **▼** Ne pas déformer en **daguerrotype.* — Dérivé : *daguerréotypie.*

daguet [dagɛ] n. m. Cerf ou daim âgé d'un à deux ans. — Finale en *-et.*

dahlia [dalja] Attention au *h* intérieur. — Toujours masculin : *Un beau dahlia.*

dahoméen, enne adj. *ou* n. Du Dahomey. — Attention à la majuscule : *La population dahoméenne. Les Dahoméens.* — Ne pas dire **dahoméyen.*

daigner v. t. Attention au *i* après le groupe *-gn-,* à la première et à la deuxième personne du pluriel de l'indicatif imparfait et du subjonctif présent : *(que) nous daignions, (que) vous daigniez.*

daim [dɛ̃] n. m. Animal. — La femelle est la *daine* [dɛn] ou *dine.* Cette dernière forme est rare en dehors du langage technique de la vénerie.

daïmio ou **daïmyo** [dajmjo] n. m. Autrefois, au Japon, seigneur supérieur au simple *samouraï.* — Invariable : *des daïmio* ou *des daïmyo.*

dais [dɛ], **baldaquin, catafalque** ▷ baldaquin.

dalaï-lama [dalailama] n. m. Chef de la religion bouddhiste, au Tibet. — Pl. : *des dalaï-lamas* [-ma].

dalle n. f. Plaque (de pierre, de marbre, etc.). — Deux *l.* De même : *dallage, daller, dalleur.*

daltonien, ienne adj. *ou* n. Qui souffre de daltonisme. — Un seul *n.*

dam n. m. Ne s'emploie que dans la locution *au dam de, au grand dam de,* au (grand) détriment de : *L'aventure s'est terminée à son grand dam.* — Prononciation : [dã]. — Attention au *-m.*

damas n. m. Tissu : *Un salon tapissé de damas rouge.* — Acier incrusté de dessins : *Une superbe lame de damas.* — Variété de prune. — Prononciation : [dama], alors que le nom de la ville de *Damas* (en Syrie) se prononce [damɑs]. — Pas de majuscule.

damasquiner, damasser Deux verbes dérivés de *damas* (voir l'article précédent), mot qui lui-même vient du nom de la ville de *Damas.*

1 damasquiner Orner un objet d'acier, de fer ou de bronze en y incrustant un filet d'or ou d'argent formant des dessins. — S'emploie surtout au participe passé : *Un sabre damasquiné.* — Dérivés : *damasquinage, damasquineur, damasquinure.*

2 damasser.

a/ *Damasser une étoffe,* la tisser de manière à obtenir des dessins satinés sur fond mat. — S'emploie surtout au participe passé : *Une nappe damassée.* — Dérivé : *damassure.*

b/ Traiter un objet d'acier à l'acide de manière à obtenir des moirures. S'emploie surtout au participe passé : *Une lame damassée n'est pas une lame damasquinée.*

dame n. f. L'emploi de ce mot au sens de « femme de quelqu'un, épouse » est populaire. Ne pas dire : *J'ai rencontré M. Dupont avec sa dame et son fils* (mais *avec sa femme et son fils*).

dame-d'onze-heures n. f. Plante. — Pl. : *des dames-d'onze-heures.* — Deux traits d'union. Attention à l'apostrophe.

dame-jeanne n. f. Grosse bouteille. — Pl. : *des dames-jeannes.* — Un trait d'union. Pas de majuscule.

damner v. t. Prononciation : [dɑne], avec *a* vélaire. Le *m* ne se prononce pas. De même : *damnable* [dɑnabl(ə)], *damnablement* [dɑnabl(ə)mã], *damnation* [dɑnasjɔ̃], *damné* [dɑne].

dan n. m. (terme de judo) *Il est ceinture noire, deuxième dan.* — Prononciation : [dã]. — Pl. : *des dans* [dã]. — Ne pas écrire comme *une dent.*

danaïde [danaid] n. f. Prend une majuscule quand il s'agit des *Danaïdes,* personnages mythologiques. D'où : *le tonneau des Danaïdes.*

dancing n. m. Mot anglais. ▼ S'écrit avec un *c,* à la différence des mots français *danser, danse, danseur.* — Prononciation : [dãsiŋ]. — Pl. : *des dancings* [-siŋ].

dandin, dandy, gandin Trois noms masculins paronymes.

1 dandin *(familier, vieilli)* Homme niais, d'allure gauche.

2 dandy *(mot anglais)* Type de mondain, à la monde entre 1820 et 1850, caractérisé par son souci d'élégance, sa désinvolture aristocratique, son mépris des valeurs morales « bourgeoises » : *L'Anglais George Brummel fut un célèbre dandy. Baudelaire, comme Musset, fut, dans une certaine mesure, un dandy.* — Prononciation : [dãdi]. — Pluriel anglais : *des dandies* [-diz]. — Pluriel français, de beaucoup le plus usuel : *des dandys* [-di]. — Dérivé : *dandysme* [dãdism(ə)] n. m. (attitude, style de vie du dandy).

3 gandin *(familier, vieilli)* Jeune élégant qui cherche à se faire remarquer et qui est un peu ridicule.

danois, oise adj. *ou* n. Du Danemark. — Attention à la majuscule : *La population danoise. Les Danois.* — *Le danois :* langue parlée au Danemark. — *Un danois :* grand chien à poil ras.

dans prép. Signifie « à l'intérieur de ». Entre en concurrence avec d'autres prépositions.

I Dans, à, suivi d'un nom de ville *(dans Paris, à Paris)* ▷ à (IV, 1 et 3).

II Dans, sur. La distinction est nette dans quelques cas : *Dans la montagne* (= à l'intérieur d'une région montagneuse). *Sur la montagne* (= sur le sommet d'un mont). Le plus souvent, l'emploi de la préposition est imposé par l'usage et non par la nuance de sens. On dit toujours : *sur la colline* (jamais *dans la colline,* sauf si l'on fait référence à une opération de creusement dans le sous-sol), *sur* *le versant* (jamais *dans le versant*) *d'une montagne, d'une colline, d'une vallée*. En revanche, on dit obligatoirement *dans la vallée*. De même, l'usage impose : *dans le bois, dans la forêt* (ou *en forêt*) et *sur la plage, sur la rive, sur le rivage, sur le littoral, sur le bord* (ou *au bord*). On dit presque toujours : *sur le terrain, sur le territoire* (rarement *dans le terrain, dans le territoire*). On dit : *dans les champs* (ou *aux champs*) et *sur le champ de bataille ; aller dans les prés* (= dans les prairies) et *aller sur le pré* (= sur le terrain où l'on se bat en duel) ; *défiler dans la rue* et *défiler sur le boulevard, sur l'avenue, sur la place*.

III *Dans, en, à,* **suivi d'un nom de lieu.**

1 Sauf dans quelques expressions figées (par exemple *en l'air, en l'honneur de, en l'absence de, en la présence de, en ce moment, en l'état où, en mon nom, en ce bas monde, en son royaume, en ces lieux, en cette matière, en l'occurence,* etc.), on n'emploie pas *en,* mais *dans,* devant un nom déterminé (c'est-à-dire accompagné d'un article, d'un démonstratif, d'un possessif) : *Les élèves sont dans la classe. Monter dans le train.* En revanche, on emploie *en,* et non *dans,* devant un mot indéterminé : *Les enfants sont en classe. Monter en avion.*

2 La préposition *dans* a un sens plus précis que *en* et insiste plus sur l'idée de lieu que sur l'idée d'état. Comparer : *Une mutinerie a éclaté dans la prison* et *L'assassin est en prison. Il y a un restaurant de luxe dans la ville* et *Il va dîner en ville.*

3 Quand, en français moderne, on peut, indépendamment de la nuance indiquée au paragraphe précédent, employer concurremment *dans* ou *en,* la préposition *en* possède une valeur de léger archaïsme ou de recherche : *Aller dans quelque pays lointain* (moderne). *Aller en quelque pays lointain* (archaïque).

IV *Dans, en, au,* **devant un nom de pays ou de province.**

1 Devant un nom de pays (Etat). On emploie *en* (sans article) si le nom est féminin : *En Suisse. En Italie. En Espagne. En Belgique. En Angleterre. En Autriche. En Suède.* — Si le nom est masculin (singulier), on emploie *au* quand le nom commence par une consonne : *Au Japon. Au Danemark. Au Brésil. Au Pakistan. Au Paraguay.* — On emploie *en* (sans article) quand le nom (singulier) commence par une voyelle : *En Afghanistan. En Uruguay.* — Si le nom est au pluriel, l'emploi de *aux* est obligatoire : *Aux Etats-Unis.*

2 Devant un nom de province française. On emploie *en* (sans article) si le nom est féminin (singulier) : *En Normandie. En Auvergne. En Gascogne.* — Si le nom est féminin pluriel, on

emploie *dans les : Dans les Landes.* — Si le nom est masculin (singulier), on emploie *en* ou *dans le* (jamais *au*) : *En Poitou* ou *Dans le Poitou. En Languedoc* ou *dans le Languedoc.*

3 Devant un nom de province ou de circonscription étrangère. Si le nom est féminin (singulier), on emploie *en : En Bavière. En Lombardie. En Catalogne. En Andalousie. En Acadie. En Floride. En Californie.* — Si le nom est féminin pluriel, on emploie *dans les : Dans les Marches. Dans les Pouilles.* — Si le nom est masculin, l'usage seul détermine l'emploi de la préposition : *Dans le Hainaut, dans le Brabant, dans le Valais,* ou *en Hainaut, en Brabant, en Valais* (jamais *au Hainaut, au Brabant, au Valais).* On dit *au Québec, dans le Nouveau-Brunswick* et rarement *en Québec,* jamais *en Nouveau-Brunswick.* Pour les Etats des Etats-Unis, on emploie indifféremment *au* ou *dans : Au Texas* (ou *dans le Texas). Au Kentucky* (ou *dans le Kentucky),* sauf si le nom commence par une voyelle, ce qui rend *dans* obligatoire : *Dans l'Ohio. Dans l'Indiana.*

V *Dans, en.* **devant un nom de département français.** Plusieurs cas à considérer.

1 Le nom est simple. On emploie *dans le* si le nom est masculin *(Dans le Calvados. Dans l'Ain), en* ou *dans la* si le nom est féminin singulier et commence par une consonne *(En Corrèze* ou *dans la Corrèze. En Gironde* ou *dans la Gironde), dans l'* si le nom est féminin et commence par une voyelle *(Dans l'Oise), dans les* si le nom est féminin pluriel *(Dans les Landes).*

2 Le nom est composé. Il est plus correct d'employer *en (En Indre-et-Loire. En Saône-et-Loire. En Haute-Loire),* sauf si le nom est au pluriel ce qui rend *dans les* obligatoire *(Dans les Deux-Sèvres. Dans les Côtes-du-Nord. Dans les Bouches-du-Rhône). Dans le* est obligatoire aussi quand le nom composé est un nom masculin dont le premier élément n'est pas, à lui seul, un nom de rivière, de montagne : *Dans le Haut-Rhin. Dans le Bas-Rhin. Dans le Pas-de-Calais. Dans le Puy-de-Dôme* (et non *en Bas-Rhin, en Pas-de-Calais, en Puy-de-Dôme).*

VI Devant un nom d'île. On n'emploie jamais *dans* mais *à* ou *en* selon les cas : *A la Martinique. A Madagascar. A Rhodes. En Crète. En Corse. En Nouvelle-Calédonie* ▷ *à* (V, 1, 2, 3). ▼ Quand le nom propre est précédé de *l'île de,* on peut employer soit *dans,* soit *à* (jamais *en*) : *Dans l'île de Sein* (ou *à l'île de Sein). Dans l'île de Ré* (ou *à l'île de Ré).*

danse n. f. S'écrit avec un *s,* à la différence du mot anglais *dancing.* — Dérivés : *dansant, ante, danser, danseur, euse.*

dard n. m. Attention au *-d* final. — Dérivé : *darder.*

dare-dare loc. adv. *(familier)* Très vite, tout de suite : *J'arrive dare-dare !* ▼ Ne pas écrire **dard-dard.* Aucun rapport avec un *dard.*

darne Tranche de poisson. — Toujours féminin : *Une belle darne de colin.*

darse Bassin d'un port. — Toujours féminin : *La Darse neuve et la Darse vieille du port de Toulon.*

dartre n. f. Maladie de peau. — Ne pas dire **darte.* — Dérivés : *dartreux, dartrose.*

darwinien, ienne [daʀwinjɛ̃, jɛn] adj. Qui concerne Darwin ou le darwinisme. — Dérivés : *darwinisme* [daʀwinism(ə)] n. m. (doctrine de Darwin sur l'évolution), *darwiniste* [daʀwinist(ə)] adj. *ou* n. (partisan de Darwin).

date n. f. Orthographe. Indication de la date.

1 Ne pas écrire *date* (historique, etc.) comme *datte* (fruit du dattier).

2 Dans l'indication de la date, on n'emploie plus la préposition *de* entre le quantième et le nom du mois. On dit, par exemple : *Le 10 juin* (et non *Le 10 de juin,* tour archaïque). — En tête d'une lettre, d'un document, l'indication de la date peut on non être précédée de l'article : *Paris, le 16 novembre 1977* ou *Paris, 16 novembre 1977.* L'emploi du démonstratif *ce* est, dans ce cas, un archaïsme : *Paris, ce 15 avril 1688.* — Dans l'indication de l'année, la réduction aux deux derniers chiffres (par exemple *le 4 juin 36* pour *le 4 juin 1936,* le *10 mai 40* pour *le 10 mai 1940, en 78 et en 79* pour *en 1978 et en 1979*) est admise dans la langue cursive, quand il ne risque pas d'y avoir d'équivoque. Cette notation abrégée doit être évitée dans la langue très soutenue et surtout dans la rédaction d'actes officiels ou d'actes à valeur juridique (contrats, etc.).

datte n. f. Fruit du dattier. — Deux *t,* à la différence de *date* (historique). — Dérivé : *dattier.*

daube n. f. (terme de cuisine) *Bœuf en daube.* — Dérivés : *dauber* v. t. (accommoder en daube), *daubière* n. f. (récipient).

1. dauber v. t. *Dauber un morceau de viande,* le faire cuire en daube.

2 dauber Deux constructions : *dauber quelqu'un* (vieilli) ou *dauber sur quelqu'un* (encore usité, mais assez littéraire), se moquer de quelqu'un. — Dérivé : *daubeur, euse.*

d'aucuns ▷ aucun (I, 2).

dauphin n. m. Avec *D* majuscule : *le Grand Dauphin* (le fils de Louis XIV), *le Petit Dauphin* (le duc de Bourgogne, petit-fils de Louis XIV).

dauphine Invariable dans l'expression : *des pommes dauphine.*

dauphinois, oise adj. *ou* n. Du Dauphiné. — Attention à la majuscule : *La population dauphinoise. Les Dauphinois.*

daurade, dorade Deux orthographes pour ce mot.

1 daurade [doʀad] ou plus souvent [dɔʀad] ou **dorade** [dɔʀad] n. f. Poisson de mer comestible à la chair très estimée. — La graphie *daurade* tend à éliminer *dorade.*

2 dorade [dɔʀad] n. f. Poisson chinois d'aquarium.

davantage adv. Orthographe et emploi.

1 Davantage, d'avantage Ne pas écrire l'adverbe *davantage* (*Il faut travailler davantage* = travailler plus) comme *d'avantage* (préposition *de* élidée + le nom *avantage*) : *Je ne trouve pas d'avantage* (= de profit) *à travailler ainsi.*

Davantage de (= plus de). Tour parfaitement correct et nullement vieilli : *Il aurait fallu mettre davantage de sucre dans cet entremets.*

3 Davantage que. Tour critiqué. A éviter dans la langue surveillée. On écrira : *Je travaille plus que mon frère* (et non *davantage que mon frère*).

4 Davantage. Ne peut s'employer qu'avec un verbe : *Son frère est moins doué, mais il travaille davantage.* — Avec un adjectif ou un adverbe, employer *plus : Son frère est plus travailleur* (et non *davantage travailleur*). *Son frère travaille plus vite* (et non *davantage vite*).

de Préposition très usitée en français.

I Elision et contraction de *de.*

1 Elision. La préposition *de* s'élide en *d'* devant un mot commençant par une voyelle ou un *h* muet (*Un soir d'été, d'hiver. Une ville d'Italie. Une feuille d'ache*), mais non devant un mot commençant par une consonne ou un *h-* aspiré (*Un soir de printemps. Une ville de Hollande. Un manche de hache*). — Pas d'élision devant les mots *oui, uhlan, ululement, ululer, yacht, yachting, yachtman, yack* (ou *yak*)*, yahvisme, yahviste, yankee, yaourt,* (ou *yogourt*)*, yarawi, yard, yatagan, yearling, yéménite, yen, yeoman, yeomanry, yeti, yé-yé, yiddish, yod, yoga, yoldia, yole, yougoslave, yourte,* *you-you, youyou, Yo-Yo, yu, yucca : Une lance de uhlan. Une sorte de ululement. La chouette ne cesse de ululer. Une voile de yacht. Une toison de yak. Un pot de yaourt. Un manche de yatagan. Une proue de yole.* — En revanche, élision obligatoire devant les mots *yeuse, yeux, ypérite, ypréau, ysopet, ytterbium, ytterbine, yttria, yttrialite, yttrifère : Du bois d'yeuse. Une nappe toxique d'ypérite. Du minerai d'ytterbium.* — Devant *ouate* et *ouistiti,* il y a hésitation. L'usage le plus fréquent est d'élider *de* devant *ouate (Un tampon d'ouate. Un paquet d'ouate),* mais non devant *ouistiti (Une queue de ouistiti).* — L'élision de *de* est impossible devant *huit (Le train de huit heures. Une dépense de huit cents francs)* et devant *onze (le train de onze heures. Une distance de onze mètres),* sauf dans le nom composé *la dame-d'onze-heures* (nom de plante) et dans l'expression populaire *un bouillon d'onze heures* (un poison). Devant *un(e),* la préposition de s'élide *(Un poids d'un kilogramme, d'une tonne. Une distance d'un kilomètre),* sauf si l'on veut insister sur le caractère numérique, dans un texte scientifique ou commercial. Par exemple : *Une vitesse de un mètre à la seconde. Une somme de un million huit cent cinquante deux mille francs.* — Devant les noms propres, *de* s'élide si le nom commence par une voyelle ou un *h-* muet : *Les victoires d'Alexandre. Le cheval blanc d'Henri IV* (mais *Les poèmes de Hugo).* — On élide généralement *de* devant un nom propre qui est un titre d'œuvre : *Euripide est l'auteur d'« Alceste ».* — En principe, on n'élide pas *de* devant un nom de lettre ou devant un mot qu'on cite : *Le timbre de* o *peut être fermé ou ouvert. L'étymologie de « abricot ».* Cette règle n'est cependant pas absolue. Ce n'est pas une faute de dire, par exemple : *L'absence d'* h *aspiré.*

2 Contraction. Le groupe *de le* se contracte normalement en *du,* et *de les* en *des.* En revanche, *de la* ne se contracte pas : *Le parfum du lilas. Le parfum des lilas et des roses. Le parfum de la rose.* Devant un mot qui commence par une voyelle ou un *h* muet, jamais de contraction : *Les fleurs de l'aubépine, de l'iris. La pointe de l'hameçon.* Forme contractée *du* obligatoire devant un nom masculin singulier qui commence par un *h* aspiré : *La fleur du haricot.*

II *De,* **devant un nom de ville contenant l'article.** On emploie la forme contractée *du, des* (écrite avec une minuscule) si l'article est *Le, Les : La gare du Havre* (= de la ville qui s'appelle *Le Havre). Il vient des Mureaux* (= de la ville qui s'appelle *Les Mureaux).* En revanche, si l'article est *La,* on emploie *de* sous sa forme non contractée (et écrite avec une minuscule) : *Le maire de La Rochelle.*

III *De,* **devant un titre d'œuvre** ▷ annexes.

IV Répétition de *de.* En règle générale, on doit répéter *de* devant les mots (noms ou verbes) joints par *et,* par *ni* ou par *ou* juxtaposés : *Les tragédies de Corneille et de Racine. Une série d'erreurs ou de fausses manœuvres. Des champs de blé, de seigle, d'avoine. Essayons de savoir et de comprendre. Il ne manque ni de finesse ni de culture. Elle ne manque pas de charme ni d'élégance. Il est nécessaire de refuser franchement ou d'accepter sans arrière-pensée. Il est désireux de comprendre, de savoir, de créer.* — L'absence de répétition est admise seulement dans les cas suivants.

1 Dans les expressions toutes faites : *Un ingénieur des Ponts et Chaussées. Un officier des Eaux et Forêts. L'école des Arts et Métiers. Les élèves des lycées et collèges* (ou *des lycées et des collèges).* La non-répétition de *de* est possible quand deux infinitifs joints par *et* ou par *ou* sont précédés d'un adverbe qui porte sur les deux et qu'ils expriment deux phases indissociables d'une même action : *Il est nécessaire de bien aplanir et poncer le bois avant d'appliquer la première couche de peinture.* Néanmoins, la répétition, dans ce cas, est toujours possible : *Il est nécessaire de bien aplanir et de bien poncer...*

2 Quand on parle d'une œuvre qui a été faite en collaboration par deux ou plusieurs auteurs : *Les comédies de Meilhac et Halévy. Le « Dictionnaire général », œuvre de Hatzfeld, Darmesteter et Thomas.*

3 Dans l'expression d'une quantité approximative : *Un groupe de cinq ou six personnes. J'ai besoin de quatre ou cinq feuilles de papier.*

V La préposition de, particule nobiliaire. ▼ Quand *De* n'est pas particule nobiliaire, il faut l'écrire toujours avec une majuscule. C'est le cas notamment de certains noms d'origine flamande dans lesquels *De* représente l'article : *M. Louis De Walle.*

1 Si le nom a plus d'une syllabe et commence par une consonne ou un *h-* aspiré, on n'emploie pas la particule si l'on énonce le nom de famille seul. Elle s'emploie seulement si l'on énonce le prénom ou le titre nobiliaire ou un titre de politesse *(monsieur),* de fonction ou de grade *(président, commandant, colonel, général...).* Dans ce cas, la particule s'écrit toujours avec une minuscule : *Alfred de Vigny fut un grand poète* ou *Vigny fut un grand poète* (mais non **de Vigny fut un grand poète). Le général de Castelnau commanda la IIe armée en Lorraine* ou *Castelnau commanda la IIe armée en Lorraine* (mais non **de Castelnau commanda la IIe armée en Lorraine). Le marquis de Sévigné fut tué au duel en 1651* ou *Sévigné fut tué en duel en 1651* (mais non **de Sévigné fut tué en duel...).*

2 Si le nom est précédé de l'article *La,* les règles sont les mêmes. Observer que la particule s'écrit avec une minuscule et l'article avec une majuscule : *Jean de La Fontaine est célèbre par ses « Fables »* ou *La Fontaine est célèbre par ses « Fables »* (mais non **de La Fontaine est célèbre par ses « Fables »*). *Le duc de La Rochefoucauld fut le célèbre auteur des « Maximes »* ou *La Rochefoucauld, le célèbre auteur des « Maximes »* (mais non **de La Rochefoucauld fut le célèbre auteur des « Maximes »*).

3 ▼ Dans le cas *1* et *2,* on peut trouver la préposition *de* devant le nom de famille seul, mais alors il ne s'agit pas de la particule (mais de la préposition marquant l'appartenance, etc.) : *Les œuvres de Vigny. La décision de Castelnau. La mort de Sévigné. Les* Fables *de La Fontaine. Les* Maximes *de La Rochefoucauld.*

4 Quand le nom de famille commence par une voyelle ou un *h-* muet ou bien quand il est monosyllabique, l'usage veut, en principe, qu'on mette la particule devant le nom de famille, même employé seul : *C'est à d'Alembert qu'on doit ce théorème. Il avait bien connu d'Harcourt. Il admirait beaucoup de Lattre. Il s'adressa à de Thou.* — Cet usage n'est cependant pas absolu. On dit par exemple *Retz* et non **de Retz : On savait qu'il conspirait avec Retz.* — Normalement, la particule *de* s'écrit avec une minuscule, sauf au début d'une phrase : *Le grand mathématicien que fut d'Alembert* (mais *D'Alembert fut un grand mathématicien). A l'époque où d'Argenson était secrétaire d'État aux Affaires étrangères* (mais *D'Argenson a écrit des* Mémoires*). Richelieu fit exécuter de Thou* (mais *De Thou fut exécuté sur l'ordre de Richelieu).* ▼ Quand la particule patronymique d'un nom plurisyllabique commençant par une voyelle ou un *h-* muet est précédée de la préposition *de,* elle s'écrit avec une minuscule : *Les œuvres de d'Alembert. Sous le commandement de d'Harcourt.* En revanche, quand la particule précède un nom monosyllabique et qu'elle suit la préposition *de,* elle s'écrit avec une majuscule : *Richelieu ordonna l'exécution de De Thou. Sous le commandement de De Lattre.*

5 Quand la particule se présente sous la forme *du* ou *des,* elle s'emploie toujours, même devant le nom de famille non accompagné du prénom ou du titre : *Le grand poète que fut du Bellay. Il rencontra des Ormeaux.* Cette particule s'écrit avec une majuscule quand elle est placée après une préposition, quelle que soit celle-ci : *Les œuvres de Du Bellay. Il écrivit à Des Ormeaux.*

VI Singulier ou pluriel pour le deuxième substantif, dans une expression formée de deux substantifs unis par *de*. Pas de règle absolue.

1 Quand le deuxième substantif est normalement au pluriel dans le sens particulier qui est le sien dans l'expression, le pluriel est de rigueur : *Un homme d'affaires* (= qui est dans *les* affaires). *Un maître d'armes, une salle d'armes* (on dit : *faire des armes,* de l'escrime). *Un état de choses* (on dit : *laisser les choses en état). Un règlement de comptes* (on dit : *ils ont réglé leurs comptes). Une ville d'eaux* (on dit : *prendre les eaux,* faire une cure). *Un manque d'égards* (on dit : *avoir des égards pour quelqu'un). La suspension des hostilités* (on dit : *suspendre les hostilités). Une période de troubles* (on dit : *des trouble ont éclaté*).

2 Quand le deuxième terme implique une idée de pluralité, on met normalement le mot au pluriel : *Une brochette d'alouettes* (plusieurs alouettes enfilées sur une broche), mais *une brochette d'agneau* (des morceaux de viande d'un agneau). *Un collier de diamants* (formé de plusieurs diamants enfilés sur un fil), mais *un éclat de diamant. Un carnet de chèques* (qui comprend plusieurs chèques), mais *un carnet de bal* (qui sert pour le bal). *Un marchand de liqueurs* (qui vend diverses liqueurs). *Un marchand de vins* (négociant en vins, qui vend diverses sortes de vins), mais *un marchand de vin* (cabaretier qui sert du vin). *Une différence de goûts, une communauté d'idées* (entre les gens qui ont des goûts différents, des idées communes). *Une cotte de mailles* (faite de nombreuses mailles d'acier), mais *une veste de tricot* (faite en tricot).

3 Quand le deuxième terme implique une idée d'unicité, on le met normalement au singulier : *Des lignes de communication. Des coups de poing* (donnés avec le poing). *Des chefs de gare* (chaque chef ne dirige qu'une gare). — *Des chefs d'escadron* (des capitaines, dans la cavalerie), mais *un chef d'escadrons* (un commandant, dans la cavalerie) ▷ **escadron.**

4 Quand le deuxième terme implique une idée de généralité, on le met en principe plutôt au singulier : *Du cuir de bœuf. Un lit de plume* (fait avec de la plume), mais *un lit de feuilles* (fait avec des feuilles). *Un tailleur de pierre* (ou parfois *de pierres). De l'eau de lavande, de l'eau de rose,* mais *un bouquet de roses* (car il est fait avec des fleurs dont chacune garde son individualité). *De l'eau-de-vie de poire, de mirabelle. De l'huile d'amande, du lait d'amandes* ▷ **amande.** — *De la compote de pommes* ▷ **compote** et aussi **confiture, gelée, jus, marmelade, sirop.**

VII Accord de l'adjectif après deux substantifs joints par *de*. L'accord se fait selon le sens : *Des chaussures de cuir mince* (car c'est le cuir qui est mince). *Des chaussures de cuir élégantes* (car ce sont les chaussures qui sont élégantes).

VIII Emplois de *de (d')*, *de l'*, *de la*, *des*, *du*, après un verbe transitif.

1 Quand le nom n'est pas précédé d'un adverbe de quantité *(beaucoup, assez, trop, peu,* etc.) ni d'un adjectif, et que la phrase est affirmative ou interrogative, on emploie obligatoirement *du, de l', de la, des* et non *de (d')* : *Il mange du pain frais. Je bois du vin blanc. Elle mange de la soupe. Vous mangez des légumes secs Elles ont des ressources insuffisantes. Avez-vous des documents intéressants ?*

2 Quand le nom n'est pas précédé d'un adverbe de quantité ni d'un adjectif et que la phrase est négative, on emploie normalement *de* : *Je ne mange pas de pain rassis. Je ne bois pas de vin rouge. Elle ne mange pas de soupe. Vous ne mangerez plus de légumes verts. Elles n'ont plus de ressources suffisantes. Je n'ai pas de documents originaux.* ▼ Cependant l'emploi de *du, de l', de la, des* est admis quand la négation porte moins sur le nom que sur le sens global de la phrase : *Il n'a pas fait des économies pour que son fils les gaspille. Je n'aurais pas réuni de la documentation si je n'avais eu l'idée de faire un livre.*

3 Quand le nom est précédé d'un adverbe de quantité *(beaucoup, trop, assez, peu,* etc.), on emploie *de (d')*, que la phrase soit affirmative ou négative : *Il a beaucoup d'argent. Avez-vous assez de monnaie ? Elle n'a pas assez de pain. Nous n'avons plus assez de ressources. J'ai peu de documents. Ne buvez pas trop de vin.*

4 Quand le nom, au pluriel, est précédé d'un adjectif, il est recommandé d'employer *de (d')*, que la phrase soit affirmative ou négative : *Elle a de beaux meubles. Il a de belles gravures. Nous n'avons pas mangé de bons gâteaux. Ils n'ont pas de bons camarades.* Dans ce cas, l'emploi de *des* appartient à une langue plus familière et plus relâchée : *Elle a des beaux meubles, des belles gravures. Nous n'avons pas mangé des bons gâteaux. Ils n'ont pas des bons camarades.* A éviter dans la langue surveillée.

5 Quand le nom, au singulier, est précédé d'un adjectif, l'emploi de *du, de de l'* ou de *de la* est normal de nos jours, si la phrase est affirmative ou interrogative : *Nous boirons du bon vin. Nous avons bu de l'âpre vin des Pyrénées. Nous avons mangé du bon pain, de la bonne viande.* Dans ce cas, l'emploi de *de* est archaïque : *Le roi voulut que, ce jour-là, tous ses sujets mangeassent de bon pain et de bonne viande.*

6 Quand le nom, au singulier, est précédé d'un adjectif, l'emploi de *de (d')* est conseillé, si la phrase est négative : *Nous n'avons pas bu de bon vin. Je n'ai pas mangé de bon fromage*

ni *de bonne viande.* L'emploi de *du* ou de *de la,* dans ce cas, appartient à un registre moins surveillé : *Je n'ai pas bu du bon vin. Je n'ai pas mangé du bon fromage ni de la bonne viande.* A éviter dans le style très soigné.

7 ▼ On emploie *du, de la, des* (et non *de, d')* lorsque le nom est déterminé par un complément de nom ou bien par un adjectif ou un participe ou une relative à valeur déterminative : *Je n'ai pas bu beaucoup du vin de M. Dubois. Beaucoup des élèves absents n'avaient aucun motif valable. Elle n'a pas beaucoup mangé du gâteau préparé à son intention. Elle n'a pas mangé du gâteau que j'avais préparé pour elle. Il n'a pas eu assez de l'argent que je lui avais prêté. J'ai utilisé très peu des documents qu'on m'avait fournis.*

IX De, unissant l'expression d'une quantité à un participe ou à un adjectif.

1 En règle générale, ce *de* est à éviter. On écrira : *Il y eut cinquante soldats blessés* (et non *cinquante soldats de blessés*).

2 Avec *en,* l'emploi de *de* est obligatoire : *Sur cent vingt soldats, il y en eut cinquante de blessés.*

3 Quand il y a inversion, c'est-à-dire postposition du nom, l'emploi de *de* est aussi obligatoire : *Il n'y avait d'ouvert qu'une boulangerie.* ▼ L'adjectif ou le participe est généralement invariable, sauf si le substantif a été exprimé avant le participe ou l'adjectif : *Sur quatre boulangeries, il y en a deux d'ouvertes.*

X Emplois particuliers.

1 Le train de Lyon. Une telle expression peut être ambiguë : *Le train de Lyon arrive à quinze heures* (= le train qui vient de Lyon). *Le train de Lyon part à quinze heures* (= le train à destination de Lyon). Dans ce dernier cas, dire plutôt : *le train pour Lyon.*

2 *De*, à valeur partitive devant un complément d'objet direct. Tour littéraire, assez rare, mais parfaitement correct : *J'ai aimé de ces paysages* (= certains de ces paysages).

3 *De*, unissant deux noms, le premier ayant valeur de qualificatif. Par exemple : *Ce sot d'Antoine* (= Antoine, qui est un sot). Tour familier, mais non incorrect du point de vue grammatical.

4 *De*, introduisant un complément qualificatif (adjectif + nom ou nom + adjectif). *Une pièce d'un comique très fin.* Tour parfaitement correct. ▼ En revanche, le tour intensif du genre *Cette histoire est d'un comique !* (= est extrêmement comique) appartient à la langue parlée familière.

5 Renforcement d'un nom par *de* dans la langue populaire. Par exemple : *Et la sienne,* *de voiture, tu crois qu'elle est neuve ?* (= et sa voiture, tu crois qu'elle est neuve ?). Tour à éviter dans la langue normale.

6 De... à... indiquant une quantité approximative. Dans la langue soignée, éviter l'omission de *de*. Dire : *D'ici au village, il y a de cinq à six cents mètres* (plutôt que *il y a cinq à six cents mètres*). Cependant on omet le *de* qui est en corrélation avec *à* lorsqu'on doit éviter la séquence *de de*, impossible en français : *Une distance de cinq à six cents mètres*. ▼ On doit écrire *Il y avait dans la salle de dix à quinze personnes* (et non *dix à quinze personnes*), mais on n'écrira pas *Il y avait *de dix à onze personnes.* Il faut écrire *dix ou onze personnes* ▷ à (XII, 3).

7 Omission abusive de *de*. Eviter les tours relâchés du genre : *en face la mairie, près l'hôpital.* Ecrire : *en face de la mairie, près de l'hôpital.* — De même, dans la langue soignée, on écrira *à la fin de janvier, à la fin de février...* (et non *fin janvier, fin février...*), *au début de janvier, au début de février...* (et non *début janvier, début février...*).

8 De, explétif dans l'expression d'une alternative. Par exemple : *Qui est le plus fort, de Louis ou de son frère ?* Le tour avec *de* est moins soutenu que le tour sans *de : Qui est le plus fort, Louis ou son frère ?* — En revanche, *de* est obligatoire dans le cas d'une inversion : *De Louis ou de son frère, qui est le plus fort ?*

9 Emploi abusif de *de* dans l'expression du prix. Par exemple : *Vingt centimes du kilomètre. Trente francs de l'heure.* Tour à éviter. On écrira plutôt : *Vingt centimes le kilomètre. Trente francs l'heure.*

10 Pléonasme de *en* avec *de*. Par exemple : *Je lui en parlerai de cette affaire.* Acceptable quand une forte pause souligne la valeur intensive du tour, dans le style expressif : *Ah oui ! je lui en parlerai, de cette affaire !* A éviter dans le style neutre.

11 De, en tête de phrase devant un infinitif sujet. Par exemple : *D'avoir échoué le rendait furieux.* Tour parfaitement correct, mais non obligatoire. Appartient au style soutenu. Dans la langue courante, on dira plutôt : *Avoir échoué le rendait furieux.*

12 De, suivi de l'infinitif de narration. *Et flatteurs d'applaudir* (= et les flatteurs applaudirent). *Grenouilles de sauter* (= les grenouilles sautèrent). Le tour est archaïque et très littéraire, mais parfaitement correct.

XI *De,* en concurrence avec *à.*

1 Pour exprimer la possession. On emploiera *de* et non *à* (*la maison de mon père, la voiture de mon neveu,* et non *la maison à*

mon père, la voiture à mon neveu), sauf avec le verbe *être : Ce livre est à moi* (= m'appartient). *Cette voiture est à mon neveu* ▷ à (VIII, 1, 2, 3, 4).

2 C'est à vous de..., c'est à vous à ▷ à (IX).

3 Servir de rien, servir à rien ▷ servir (3).

4 De nouveau, à nouveau ▷ nouveau (IV).

5 *De,* en concurrence avec *à* pour l'expression du prix. Par exemple *Un timbre à un franc, Un manteau de cinq cents francs* ▷ à (XIII).

XII *De,* en concurrence avec diverses prépositions.

1 De, en concurrence avec *en* pour introduire le complément de matière. La préposition *de* appartient au style surveillé : *Un palais de marbre. Une lame d'acier.* C'est la seule préposition employée dans les sens figurés : *Des bras de fer. Des muscles d'acier. Un cœur de bronze, de pierre. Une âme d'airain. Un cœur d'or.* — La préposition *en* appartient à la langue courante : *Une cuve en acier inoxydable. Un étui en matière plastique.* Il vaut mieux l'éviter dans la langue très surveillée, sauf dans quelques expressions consacrées, dans lesquelles *en* est de rigueur : *Une pipe en terre. Des dents en or.* — Employé avec le verbe *être, de* est très littéraire : *Les murs sont de marbre et les portes sont d'airain.* On dirait, dans la langue courante : *Les murs sont en marbre et les portes en bronze.* — Avec le verbe *faire,* au passif, *de* est aussi plus littéraire : *Les portes sont faites d'ébène et les murs de porphyre.* Avec le verbe *faire,* à l'actif, la préposition *en* est pratiquement la seule employée en dehors de la langue très recherchée : *On fit les murs en briques et les tours en pierre.* Le tour *On fit les murs de briques et les tours de pierre* serait ambigu.

2 *De,* en concurrence avec *par* pour introduire le complément d'agent du passif. Pas de règle absolue. D'une manière générale, *de* a une valeur légèrement archaïsante et nettement plus recherchée, tandis que *par* est de beaucoup la préposition la plus employée dans la langue ordinaire. — D'autre part, *de* indique plutôt un état permanent *(Il vécut entouré d'ennemis), par* une action brève *(Il fut soudain entouré par des hommes armés et menaçants).* — Avec la plupart des verbes d'action, on ne peut employer *de,* mais seulement *par : Il fut assassiné par un fanatique.* — Avec certains verbes, le choix est commandé par le sens : *Le soleil était adoré des Incas* (= était l'objet d'un culte de la part des Incas). *Ce roi était adoré de ses sujets* (= très aimé).

XIII De par. Par exemple : *De par le Roi* ▷ par (III).

XIV *Que de,* en concurrence avec *de.*

1 Devant un infinitif et après *c'est, mieux, plutôt.* On peut employer ou *que de* ou *de* ou *que: C'est une grande présomption que de croire qu'on est libéré de tous les préjugés* (ou *C'est une grande présomption de croire...*). *Il vaut mieux être seul que de subir sa compagnie* (ou *que subir sa compagnie*). *Plutôt vivre en vagabond que de s'ennuyer toujours au même endroit* (ou *que s'ennuyer...*). Au moins dans le style soutenu, le tour avec *que de* semble plus fréquent de nos jours.

2 *Pas si... que de* + infinitif. Tour littéraire, mais parfaitement correct : *Je ne suis pas si crédule que de croire ces fables* (= Je ne suis pas crédule au point de croire...).

3 *Si j'étais que de vous, si j'étais de vous, si j'étais vous* ▷ vous.

XV *De ce que,* en concurrence avec *que* après certains verbes (*s'affliger, s'étonner, se réjouir, se vanter,* etc.) **ou certains adjectifs** (*heureux, fier,* etc.). Le tour avec *de ce que* est déconseillé. Dans la langue surveillée on écrira : *Je me réjouis que vous ayez réussi* (plutôt que *de ce que vous ayez réussi*). *Je suis heureux que vous soyez reçu* (plutôt que *de ce que vous êtes reçu* ou *de ce que vous soyez reçu*).

débâcle n. f. Accent circonflexe sur le *a.*

déballer v. t. Deux *l.* De même : *déballage.*

débarquer v. t. *ou* v. i. Toujours avec *-qu-,* même devant *a* ou *o : il débarqua, nous débarquons.*

débarras n. m. Deux *r.* De même : *débarrasser.*

debater n. m. Anglicisme qui désigne un orateur habile dans les débats d'assemblée, dans les discussions. — Prononciation : [debatœʀ]. — Pl. : *des debaters* [-tœʀ]. ▼ Mot anglais. Pas d'accent aigu, à la différence de *débat, débattre.* — Il est conseillé de remplacer cet anglicisme par la forme française *débatteur.*

débattre Deux *t.* — Se conjugue comme *battre* (conj. **98**). ▼ Verbe transitif direct : *Nous avons débattu le prix. Prix à débattre.* On évitera le tour *débattre d'un prix, d'une affaire.*

débirentier, ière adj. *ou* n. *(droit)* Débiteur d'une rente. — En un seul mot, sans trait d'union.

débiteur n. m. Féminin : *débitrice,* au sens financier *(Elle est débitrice de 2 000 francs).* — Féminin *débiteuse,* aux autres sens (machine ; employée de magasin).

déblai n. m. Finale en *-ai,* sans *-s.*

déblatérer Conjugaison et construction.

1 Conjug. **11**. Change *é* en *è* devant un *e* muet, sauf à l'indicatif futur et au conditionnel présent : *je déblatère, je déblatérerai.*

2 Se construit normalement avec **contre :** *Il déblatère contre le gouvernement.* La construction avec **sur** *(Il déblatère sur la hausse des prix)* est suspecte et doit être évitée. — Peut s'employer en construction absolue : *Il ne cesse de déblatérer !* ▼ A la différence de *vitupérer,* ne peut jamais se construire avec un complément d'objet direct. Ne pas dire : **Il déblatère le gouvernement.*

déblayer v. t. Conjug. **23**. Remplace facultativement *y* par *i* devant un *e* muet. Les formes avec *i* sont, de nos jours, plus fréquentes que les formes avec *y : je déblaie* (ou, moins fréquemment, *je déblaye*) *je déblaierai* (ou, moins fréquemment, *je déblayerai*) ▷ **balayer.** ▼ Prend un *i* après l'*y* à la première et à la deuxième personne du pluriel de l'indicatif imparfait et du subjonctif présent : *(que) nous déblayions, (que) vous déblayiez.*

débloquer v. t. Toujours avec *-qu-,* même devant *a* ou *o : il débloqua, nous débloquons.*

déboire n. m. Presque toujours au pluriel : *Il a éprouvé quelques déboires, mais il n'a pas perdu courage.*

débonnaire adj. Deux *n.* De même : *débonnairement, débonnaireté.*

débotté ou **débotter** n. m. *Au débotté* ou *au débotter.* — Les deux formes *(au débotté* et *au débotter)* sont admises, mais *au débotté* est nettement plus fréquent.

débouché n. m. Ne pas écrire le **déboucher :** *Au débouché du ravin.*

déboucher v. i. L'emploi figuré (au sens de « aboutir ») appartient à la langue des journaux : *Les négociations pourraient déboucher sur un accord.* Dans la langue soutenue, on préférera *aboutir (à).*

déboulé n. m. Orthographe à préférer à *un débouler,* au sens général. En terme de chasse, on admet aussi *au débouler.*

débours [debuʀ] n. m. Ne s'emploie qu'au pluriel : *Rentrer dans ses débours.*

debout adv. Toujours invariable : *Elles sont restées debout.*

débouté n. m. Ne pas écrire *un **débouter.*

débrailler (se) v. pr. Attention au *i* après le groupe *-ill-* à la première et à la deuxième personne du pluriel de l'indicatif imparfait et du subjonctif présent : *(que) nous nous débraillions, (que) vous vous débrailliez.*

débrailler, débrayer Bien distinguer par l'orthographe et la prononciation *(se) débrailler* [debʀaje], se découvrir la poitrine par manque de tenue, cesser de se tenir bien, et *débrayer* [debʀɛje], interrompre le contact entre l'arbre moteur et le mécanisme qu'il entraîne.

débrayer v. t. *ou* v. i. L'un des rares verbes en *-ayer* dans lesquels les formes avec *y* sont plus fréquentes que les formes avec *i* : *je débraye, tu débrayes, il débraye, ils débrayent* (prononciation : [debʀɛj], plutôt que *je débraie, tu débraies, il débraie, ils débraient* (formes rares). — *Je débrayerai* [debʀɛjʀe], *tu débrayeras* [debʀɛjʀa]..., plutôt que *je débraierai, tu débraieras* (formes rares). ▼ Prend un *i* après l'*y* à la première et à la deuxième personne du pluriel de l'indicatif imparfait et du subjonctif présent : *(que) nous débrayions, (que) vous débrayiez.*

débris n. m. Au propre et au figuré, s'emploie le plus souvent au pluriel *(Ramasser les débris qui jonchent le sol. Les débris d'une fortune, d'une armée),* sauf dans l'expression très familière et très péjorative *un vieux débris.*

débrouiller v. t. *ou* v. pron. Attention au *i* après le groupe *-ill-* à la première et à la deuxième personne du pluriel de l'indicatif imparfait et du subjonctif présent : *(que) nous débrouillions, (que) vous débrouilliez.*

débroussailler v. t. Attention au *i* après le groupe *-ill-* à la première et à la deuxième personne du pluriel de l'indicatif imparfait et du subjonctif présent : *(que) nous débroussaillions, (que) vous débroussailliez.*

débuché ou **débucher** n. m. Les deux orthographes sont correctes, mais *débucher* est préférable. ▼ Ne pas confondre *le débuché* ou *débucher,* terme de vénerie *(Le débucher du cerf)* avec *le débouché (Au débouché du ravin).*

début n. m. Dans la langue soutenue, éviter les tournures elliptiques telles que : *début 77, début 78* et *début janvier, début février.* On écrira plutôt : *au début de 1977, au début de 1978* et *au début de janvier, au début de février.*

deçà adv. Attention à la cédille et à l'accent grave du *a.* — On écrit *aller deçà, delà* (avec une virgule) ou parfois *deçà delà* (sans virgule), « aller çà et là ». Cette locution est vieillie et

littéraire. La forme *aller deçà et delà* est très vieillie. — *En deçà (de)* (sans trait d'union), « de ce côté-ci (par rapport à une limite) », est la forme usuelle et moderne (s'oppose à *au-delà de*) : *Le Roussillon s'étend en deçà des Pyrénées, la Catalogne au-delà. Le Forêt-Noire est située au-delà du Rhin, l'Alsace en deçà.* ▼ Ne pas écrire *en deçà les Pyrénées, en deçà le Rhin, en deçà la frontière,* mais *en deçà des Pyrénées, en deçà du Rhin, en deçà de la frontière.* — La forme *au-deçà (de)* est vieillie *(Au-deçà du fleuve).* — *Par-deçà* est rare *(Rester par-deçà le fleuve).*

décade, décennie ▼ Le mot *décade* ne peut désigner qu'une période de dix jours : *Au cours de la première décade de février.* Ne jamais l'employer pour désigner une période de dix ans. Employer dans ce cas *décennie* : *Au cours de la décennie 1960-1970.*

décalquer, calquer ▷ calquer.

décan n. m. (terme d'astrologie) Pas de *-t* à la fin.

décaper v. t. Un seul *p.* De même : *décapage, décapant, décapeuse.*

décarreler v. t. Conjug. 13. Double le *l* devant un *e* muet : *je décarrelle, je décarrellerai.* — Attention aux deux *r.*

décasyllabe adj. *ou* n. m. Un seul *s,* mais se prononce avec [s] et non avec [z] : [dekasilab]. — Le mot *décasyllabique* [dekasilabik] est toujours adjectif : *Un vers décasyllabique.* Ne pas dire : **un décasyllabique.*

décathlon n. m. Attention au groupe *-th-.*

décéder v. i. Conjugaison et emploi.

1 Change le deuxième *é* en *è* devant un *e* muet, sauf à l'indicatif futur et au conditionnel présent : *il décède,* mais *il décédera.* ▼ Se conjugue avec l'auxiliaire *être : Son oncle est décédé hier* (et non *a décédé).*

2 S'emploie comme synonyme administratif de *mourir* et aussi comme euphémisme, dans la conversation. Ne peut s'employer que quand on parle de personnes. Ne pas dire, par exemple : *Le bétail *décéda en grand nombre* (mais *périt en grand nombre).*

déceler v. t. Conjug. 10. Change le deuxième *e* en *è* devant un *e* muet : *Je décèle, je décèlerai.*

décélérer v. i. Conjug. 11. Change le troisième *é* en *è* devant un *e* muet, sauf à l'indicatif futur et au conditionnel présent : *il décélère,* mais *il décélérera.* — Dérivé : *décélération.*

décennie ▷ décade.

décerner v. t. A la forme pronominale, le participe passé reste invariable si le complément d'objet direct est placé après le verbe, mais s'accorde avec le complément d'objet direct si celui-ci est placé avant le verbe : *Elles se sont décerné une récompense indue. Les louanges excessives qu'il s'est décernées.*

décevoir v. t. Conjug. **58.** *Je déçois, tu déçois, il déçoit, nous décevons, vous décevez, ils déçoivent.* — *Je décevais.* — *Je déçus.* — *Je décevrai.* — *Je décevrais.* — *Déçois, décevons, décevez.* — *Que je déçoive.* — *Que je déçusse.* — *Décevant.* — *Déçu, ue.*

déchaîner v. t. Accent circonflexe sur *i.* De même : *déchaîné, ée, déchaînement.*

déchiffrage, déchiffrement Deux noms masculins dérivés de *déchiffrer.*

1 déchiffrage Action de déchiffrer la musique : *Au concours du Conservatoire, il y a une épreuve de déchiffrage.*

2 déchiffrement Action de déchiffrer un message secret ou une écriture ancienne : *Le déchiffrement de cette dépêche envoyée en code fut très difficile. Le déchiffrement des hiéroglyphes égyptiens par Champollion.*

déchiqueter v. t. Conjug. **14.** Double le *t* devant un *e* muet : *je déchiquette, je déchiquetterai.*

déchoir Verbe qui ne s'emploie pas dans la langue familière ou courante.

1 Très défectif. Conjug. **61.** *Je déchois, tu déchois, il déchoit, ils déchoient* (éviter les formes *nous déchoyons, vous déchoyez*). — Indicatif imparfait inusité. — *Je déchus, tu déchus...* — *Je déchoirai, tu déchoiras...* (*je décherrai* est archaïque). — *Je déchoirais, tu déchoirais...* (*je décherrais* est archaïque). — Impératif présent inusité. — *Que je déchoie, que tu déchoies, qu'il déchoie, que nous déchoyions, que vous déchoyiez, qu'ils déchoient.* — *Que je déchusse, que tu déchusses...* — Participe présent inusité. — *Déchu, ue.*

2 Se conjugue avec l'auxiliaire *avoir* quand on insiste sur l'action (*C'est au XVe siècle que cette ville a déchu*) et avec l'auxiliaire *être* quand on insiste sur l'état, ce dernier cas étant d'ailleurs le plus fréquent : *Cette ville est bien déchue de son ancienne splendeur.*

3 Le verbe *déchoir* s'emploie parfois transitivement au sens de « priver de » : *Le roi avait déchu son ancien favori de toutes ses dignités.*

de-ci, de-là loc. adv. A divers endroits : *De-ci, de-là, on voit un arbre en fleur.* — Toujours un trait d'union entre *de* et *ci* et entre *de* et *là.* En revanche, virgule facultative. On écrit parfois : *de-ci de-là.*

décider v. t. Constructions.

I Avec l'infinitif.

1 Au sens de « prendre une décision ». Se construit avec la préposition *de* : *J'ai décidé de consulter un médecin, car je suis souffrant depuis des semaines.*

2 Au sens de « déterminer quelqu'un à prendre une décision ». Se construit avec la préposition *à* : *J'ai décidé mon ami à consulter un médecin, car sa santé m'inquiète.*

3 A la forme passive ou pronominale. Se construit avec la préposition *à* : *Je suis décidé à consulter un médecin. Il s'est enfin décidé à consulter un médecin.* — Dans ces cas, ne jamais employer *de.*

II Avec *que* et l'indicatif ou le conditionnel.

1 Au sens de « choisir telle décision ». On emploie en général l'indicatif futur ou le conditionnel : *Nous décidons donc que la réunion aura lieu mercredi prochain. Nous avions décidé que la réunion aurait lieu le mercredi suivant.* ▼ Après *décider que,* l'emploi du subjonctif (*Nous décidons que la réunion ait lieu...*) est déconseillé. Il n'exprime aucune nuance particulière et provient d'une confusion avec *ordonner que.*

2 Au sens de « prétendre arbitrairement que ». On emploie en général l'indicatif présent ou imparfait : *Il décide qu'il est guéri et que la température est redevenue clémente ; il sort sans manteau, et, bien sûr, fait une rechute ! C'est lui qui a décidé qu'il était guéri et que la température était redevenue clémente !*

décime Attention au genre.

1 La décime (féminin) Sous l'Ancien Régime, impôt perçu par le roi de France sur le clergé.

2 Un décime (masculin) Dixième partie du franc : *Un décime vaut dix centimes.* — Impôt supplémentaire de dix pour cent qui s'ajoute à certaines taxes.

décimètre n. m. Sans trait d'union : *décimètre carré, décimètre cube* (pl. *des décimètres carrés, des décimètres cubes*).

déclarer v. t. Se construit normalement avec *que* et l'indicatif ou le conditionnel (et non avec le subjonctif) : *Je n'ai pas déclaré que je voulais partir. Le président a déclaré que des mesures énergiques seraient prises rapidement.*

déclaveter v. t. (*technique*) Libérer (une pièce mécanique) en ôtant la clavette : *Déclaveter une* *barre coulissante.* — Conjug **14.** Double le *t* devant un *e* muet : *je déclavette, je déclavetterai.*

déclencher [deklɑ̃ʃe] v. t. Avec *-en-* (et non avec *-an-*). De même : *déclenche* n. f. (dispositif mécanique), *déclenchement, déclencheur.*

déclic [deklik] n. m. Finale en *-ic.*

décliqueter v. t. (technique) *Décliqueter une roue,* dégager le cliquet des dents de cette roue. — Conjug. **14.** Double le *t* devant un *e* muet : *je décliquette, je décliquetterai.*

déclore v. t. *(vieux et rare)* Enlever la clôture (d'un champ, etc.) : *Déclore un jardin.* — *(vieux)* Ouvrir largement : *... la rose Qui ce matin avait déclose Sa robe de pourpre au soleil* (Ronsard). — Conjug. **78.** — A la troisième personne du singulier du présent de l'indicatif, l'accent circonflexe sur *o* est facultatif : *il déclôt* ou *il déclot.* — Pour les autres personnes, se conjugue comme *clore.*

décoincer v. t. Conjug. **17.** Le *c* prend une cédille devant *a* ou *o* : *il décoinça, nous décoinçons.*

décolérer v. i. Ne s'emploie guère qu'à la forme négative : *Il n'a pas décoléré de toute la journée.* — Conjug. **11.** Change la deuxième *é* en *è* devant un *e* muet, sauf à l'indicatif futur et au conditionnel présent : *je ne décolère pas,* mais *je ne décolérerai pas.*

décollage, décollement, décollation Trois noms paronymes.

1 décollage n. m. Action de décoller volontairement ce qui était collé : *Il faut procéder au décollage de l'ancien papier de tenture avant de poser le papier neuf.* — Mouvement d'un avion qui s'envole, qui quitte le sol. — (figuré) *Décollage économique d'un pays en voie de développement.*

2 décollement n. m. Accident par lequel ce qui est collé arrive à se décoller : *Le décollement du papier de tenture est dû souvent à l'humidité.* — (médecine) *Décollement d'une membrane de la rétine.*

3 décollation n. f. Décapitation. — S'emploie spécialement pour désigner la décapitation d'un martyr : *L'Église commémore le 21 août la décollation de saint Jean-Baptiste.* Ce nom *décollation* est de la famille de *col,* « cou », et non de celle de *colle.*

décolleter v. t. Conjug. **14.** Double le *t* devant un *e* muet : *je décollette, je décolletterai.* — Ne pas dire *je *décollte, tu *décolltes...*

décombres Toujours masculin : *Des décombres affligeants.* S'emploie presque toujours au pluriel.

décommander v. t. Certains grammairiens blâment l'expression *décommander des invités,* sous prétexte qu'on ne « commande » pas des invités. Dans la langue protocolaire, on pourra remplacer *décommander* par *annuler les invitations* et *se décommander* par *annuler son acceptation, faire savoir qu'on ne viendra pas.*

déconfiture n. f. État d'insolvabilité totale d'une personne qui n'a pas la qualité juridique de commerçant. Pour un commerçant, on dit, selon les cas : *liquidation judiciaire (autrefois), règlement judiciaire (de nos jours) ; faillite ; banqueroute.*

décontenancer v. t. Conjug. **17.** Le *c* prend une cédille devant *a* ou *o* : *il décontenança, nous décontenançons.*

décontracté, ée adj. Au sens figuré, appartient à la langue très familière. Éviter ce mot dans des phrases telles que : *Se rendre à une entrevue avec un esprit très décontracté* (préférer *apaisé, calme, confiant, détendu, tranquille*). *Ce garçon n'est pas guindé, il a une allure très décontractée* (dire plutôt *naturel, simple*). *Sa tenue est un peu trop décontractée* (préférer *désinvolte, négligé* ou *relâché,* selon la nuance). — De même, éviter d'employer *décontraction* au sens figuré (préférer, selon les cas, *calme* n. m., *confiance, tranquillité, naturel* n. m., *simplicité, désinvolture, négligence, relâchement*). — Éviter aussi *se décontracter* au sens de *se détendre, se reposer.*

décortiquer v. t. Toujours avec *-qu-,* même devant *a* ou *o* : *Il décortiqua, nous décortiquons.* — En revanche, avec un *c* : *décorticage, décortication.*

décorum n. m. Mot latin francisé. Accent aigu sur le *e.* Prononciation : [dekɔʀɔm] Mot inusité au pluriel. ▼ Le mot désigne l'ensemble des convenances sociales qu'il faut observer pour tenir son rang dans la société *(Au XIXe siècle, les grands bourgeois étaient très soucieux d'observer le décorum mondain)* ou bien encore l'étiquette, le protocole, l'apparat officiel *(Le décorum des réceptions diplomatiques est très strict).* Ne pas employer le mot au sens abusif de *décor brillant, décoration, effet décoratif, ornementation, ornement,* en écrivant, par exemple : *On a mis ces plantes vertes dans l'escalier pour le décorum* (préférer *pour la décoration, pour l'effet décoratif*).

décote [dekɔt] n. f. Abattement, déduction. — Vient de *cote,* non de *côte.* Pas d'accent circonflexe sur le *o.*

découplé, ée adj. *Bien découplé,* bien bâti, qui a une belle silhouette élégante et robuste à la fois : *Un grand gaillard bien découplé.* Ne pas déformé en *bien *découpé.*

décourager v. t. Conjug. **16.** Prend un *e* après le *g* devant *a* ou *o : il découragea, nous décourageons.*

découvrir, inventer Ces deux verbes transitifs ne sont pas synonymes.

1 découvrir Trouver une chose qui existait déjà, en révéler l'existence : *Christophe Colomb découvrit l'Amérique* (elle existait avant Colomb).

2 inventer Créer une machine, un appareil, imaginer un procédé qui n'existait pas auparavant : *Niepce inventa la photographie* (elle n'existait pas avant Niepce).

3 Même différence entre *découverte* et *invention : La découverte de l'Amérique. L'invention de la photographie.*

découvreur, inventeur Le premier de ces noms désigne celui qui a découvert un pays nouveau : *Jean Cabot, découvreur du Canada.* — *Inventeur* désigne celui qui a inventé une machine, un appareil, un procédé : *Niepce fut l'inventeur de la photographie.* ▼ Dans la langue juridique, on appelle *inventeur d'un trésor* celui qui a découvert un trésor. Ce sens de *inventeur* est inusité dans la langue ordinaire.

décrépi, décrépit Deux adjectifs homophones à bien distinguer.

1 décrépi, ie Qui a perdu son crépi : *Un vieux mur décrépi.*

2 décrépit, ite Qui est arrivé au dernier état de la déchéance physique et de la vieillesse : *Une vieillarde décrépite.*

decrescendo adv. Prononciation : [dekʀeʃɛndo].

décréter Conjugaison et constructions.

I Conjug. 11. Change le deuxième *é* en *è* devant un *e* muet, sauf à l'indicatif futur et au conditionnel présent : *je décrète,* mais *je décréterai.*

II Constructions.

1 *Décréter* + **nom.** Décider par décret : *Poincaré, président de la République, décréta la mobilisation générale en 1914.*

2 *Décréter quelqu'un d'arrestation.* Décider par décret d'arrêter quelqu'un (expression vieille et figée) : *Le Comité de salut public décréta d'arrestation tous les conspirateurs.*

3 *Décréter que* + **indicatif futur ou conditionnel.** Décider autoritairement : *Et voilà que*

mon fils décrète qu'il ira passer ses vacances tout seul ! *Elle avait décrété que nous irions en excursion, malgré la pluie.* ▼ Après *décréter que,* l'emploi du subjonctif *(Elle décrète que nous allions en excursion...)* est incorrect.

4 *Décréter que* + **indicatif présent ou imparfait.** Prétendre avec autorité et de manière arbitraire : *Il avait décrété que son fils était doué pour le piano, mais, hélas ! il n'en était rien.*

décret-loi n. m. — Pl. : *des décrets-lois.*

décrier v. t. Conjug. **20.** Double le *i* à la première et à la deuxième personne du pluriel de l'indicatif imparfait et du subjonctif présent : *(que) nous décriions, (que) vous décriiez.*

décrire v. t. Conjug. **48.** *Je décris, tu décris, il décrit, nous décrivons, vous décrivez, ils décrivent.* — *Je décrivais.* — *Je décrivis.* — *Je décrirai.* — *Je décrirais.* — *Décris, décrivons, décrivez.* — *Que je décrive.* — *Que je décrivisse.* — *Décrivant.* — *Décrit, ite.*

décrispation n. f. Familier au sens de « atténuation de la tension, de l'agressivité, de l'hostilité, de la méfiance ». Dans la langue soutenue, on écrira plutôt *détente : On note une certaine détente dans les rapports entre les deux partis politiques.* — De même, on préférera *détendre* à *décrisper.*

décrochez-moi-ça n. m. inv. *(familier)* Boutique de fripier. — Deux traits d'union.

décroissance, décroissement, décroît, décrue Quatre noms dérivés de *décroître.*

1 La décroissance *(terme général)* Diminution progressive : *La décroissance du taux de natalité, du taux d'inflation.*

2 Le décroissement (rare) *Le décroissement des jours,* la diminution progressive de leur longueur, du solstice d'été au solstice d'hiver.

3 Le décroît n. m. *(droit rural)* Diminution du nombre des têtes de bétail. — *(astronomie)* Période qui sépare la pleine Lune de la nouvelle Lune.

4 La décrue n. f. Diminution du débit d'un cours d'eau : *La décrue des rivières alpestres a lieu en automne.*

décroître v. i. Conjug. **100.** *Je décrois, tu décrois, il décroît, nous décroissons, vous décroissez, ils décroissent.* — *Je décroissais.* — *Je décrus, tu décrus, il décrut, nous décrûmes, vous décrûtes, ils décrurent.* — *Je décroîtrai, tu décroîtras, il décroîtra, nous décroîtrons, vous décroîtrez, ils décroîtront.* — *Je décroîtrais, tu décroîtrais, il décroîtrait, nous décroîtrions, vous décroîtriez,* *ils décroîtraient. — Décrois, décroissons, décrois-sez. — Que je décroisse, que tu décroisses... — Que je décrusse, que tu décrusses, qu'il décrût, que nous décrussions, que vous décrussiez, qu'ils décrussent. — Décroissant. — Décru.* — Se conjugue avec l'auxiliaire *avoir : j'ai décru.* ▼ A la différence de *croître,* prend un accent circonflexe sur le *i* seulement à la troisième personne du singulier de l'indicatif présent *(il décroît,* mais *je décrois, tu décrois...)* et à toutes les personnes de l'indicatif futur *(je décroîtrai, tu décroîtras...)* et du conditionnel présent *(je décroîtrais, tu décroîtrais...).* Ne prend d'accent circonflexe sur le *u* qu'à la première et à la deuxième personne du pluriel du passé simple de l'indicatif *(nous décrûmes, vous décrûtes,* mais *je décrus, tu décrus, il décrut, ils décrurent)* et à la troisième personne du singulier du subjonctif imparfait *(qu'il décrût,* mais *que je décrusse, que tu décrusses...).* Jamais d'accent circonflexe sur le *u* au participe passé : *décru.*

décrotter v. t. Deux *t.* De même : *décrottage* n. m., *décrotteur* n. m. (machine agricole servant à nettoyer les racines ou les tubercules), *décrottoir* n. m. (lame de fer sur laquelle on frotte ses semelles pour les décrotter).

décrypter v. t. Avec un *y.* De même : *décryptage.*

dédaigner v. t. Conjugaison et construction.

1 Prend un *i* après le groupe *-gn-* à la première et à la deuxième personne du pluriel de l'indicatif imparfait et du subjonctif présent : *(que) nous dédaignions, (que) vous dédaigniez.*

2 *dédaigner de* + **infinitif.** Toujours avec *de,* à la différence de *daigner* qui se construit sans *de : Il dédaigna de nous avertir* (mais *Il ne daigna pas nous avertir).* — Même construction pour l'adjectif *dédaigneux : Il est dédaigneux de nous plaire.*

dedans adv. Orthographe et emploi.

1 Avec un trait d'union : *au-dedans, au-dedans de, là-dedans, par-dedans (rare).* — En revanche, pas de trait d'union dans *en dedans.*

2 De nos jours, *dedans* est adverbe et ne peut s'employer comme préposition. On ne peut plus dire : *Il est dedans la tombe.* Il faut dire *Il est dans la tombe.* L'emploi prépositionnel subsiste seulement dans les cas où *dedans* est précédé d'une autre préposition, spécialement de *de : Tirer un bocal de dedans un placard.* — Bien entendu, l'emploi adverbial est toujours très vivant et très correct : *J'ai retiré tous les documents du dossier, sauf un bordereau qui est resté dedans.*

dédire v. t. *ou* v. i. Conjug. **47.** Se conjugue comme *dire,* sauf à la deuxième personne du pluriel de l'indicatif présent et de l'impératif présent : *vous dédisez, vous vous dédisez, ne vous dédisez pas.* ▼ Eviter le barbarisme **dédites.*

dédit n. m. Prononciation : [dedi] et non **[dedit].* Ce mot est tiré du participe passé de *dédire,* ce n'est pas un mot latin comme *déficit.*

dédommager v. t. Deux *m.* De même : *dédommagement.* — Conjug. **16.** Prend un *e* après le *g* devant *a* ou *o : il dédommagea, nous dédommageons.*

déduire v. t. Conjug. **46.** *Je déduis, tu déduis, il déduit, nous déduisons, vous déduisez, ils déduisent. — Je déduisais. — Je déduisis. — Je déduirai. — Je déduirais. — Déduis, déduisons, déduisez. — Que je déduise. — Que je déduisisse. — Déduisant. — Déduit, uite.*

de facto loc. latine. Signifie « de fait » et s'oppose à *de jure* [deʒyʀe], « de droit ». — Prononciation : [defakto]. S'imprime en italique dans un texte en romain et en romain dans un texte en italique : *La reconnaissance de facto d'un État résulte du rétablissement des relations commerciales, sans qu'il y ait de relations diplomatiques.*

défaillir v. i. Conjug. **30.** *Je défaille, tu défailles, il défaille, nous défaillons, vous défaillez, ils défaillent. — Je défaillais, tu défaillais, il défaillait, nous défaillions, vous défailliez, ils défaillaient. — Je défaillis, tu défaillis... — Je défaillirai, tu défailliras... — Je défaillirais, tu défaillirais... — Défaille, défaillons, défaillez. — Que je défaille, que tu défailles, qu'il défaille, que nous défaillions, que vous défailliez, qu'ils défaillent. — Que je défaillisse, que tu défaillisses... — Défaillant. — Défailli.* — Se conjugue avec *avoir : j'ai défailli.*

défaire v. t. Conjug. **54.** *Je défais, tu défais, il défait, nous défaisons, vous défaites, ils défont. — Je défaisais. — Je défis. — Je déferai. — Je déferais. — Défais, défaisons, défaites. — Que je défasse. — Que je défisse. — Défaisant. — Défait, aite.* ▼ Eviter le barbarisme *(vous) *défaisez.*

défalquer v. t. Toujours avec *-qu-,* même devant *a* ou *o : il défalqua, nous défalquons.* — En revanche, *défalcation* s'écrit avec un *c.*

défendeur, défenseur Deux noms dérivés de *défendre.*

1 défendeur Celui contre qui une action juridique est intentée (s'oppose à *demandeur).* — Féminin : *défenderesse.*

2 défenseur Celui qui défend, protège quelqu'un ou quelque chose : *Les défenseurs de* *la patrie.* — Avocat qui défend quelqu'un en justice : *Malesherbes fut le défenseur de Louis XVI devant la Convention.* — Ce mot n'a pas de forme spéciale pour le féminin : *Mᵉ Monique Dubois sera le défenseur de l'accusé.*

défendre v. t. Conjugaison et constructions.

I Conjug. **81.** *Je défends, tu défends, il défend, nous défendons, vous défendez, ils défendent.* — *Je défendais.* — *Je défendis.* — *Je défendrai.* — *Je défendrais.* — *Défends, défendons, défendez.* — *Que je défende.* — *Que je défendisse.* — *Défendant.* — *Défendu.*

II Constructions.

1 *Défendre que* + subjonctif. Interdire que : *Je défends qu'on sorte avant cinq heures.* Tour correct, assez rare et assez littéraire. ▼ Jamais de *ne* explétif.

2 *Défendre de* + infinitif. Interdire de : *Je vous défends de sortir.* Tour usuel et correct.

3 *Se défendre de* + infinitif. Affirmer avec force qu'on n'est pas dans tel état, qu'on n'a pas accompli telle action, etc. : *Il se défend d'être indifférent. Il se défend d'avoir exagéré.* — S'interdire : *Je me défends de prendre parti dans ce débat.* Ces tours sont corrects et assez usuels. ▼ Accord du participe : *Elles se sont défendues d'être indifférentes,* mais *Elles se sont défendu de prendre parti dans ce débat.*

défens [defɑ̃] n. m. (sylviculture) *Bois en défens :* bois dont l'entrée est interdite au bétail. — On écrit aussi parfois *défends* [defɑ̃].

défenseur, défendeur ▷ défendeur.

déféquer v. t. *ou* v. i. Conjug. **11.** Toujours avec -*qu*-, même devant *a* ou *o : il déféqua, nous déféquons.* — En revanche, *défécation* s'écrit avec un c.

déférent, ente adj. Finale en -*ent, -ente.*

déférer v. t. dir. *ou* ind. Conjug. **11.** Change le deuxième *é* en *è* devant un *e* muet, sauf à l'indicatif futur et au conditionnel présent : je *défère,* mais *je déférerai.*

déficient, ente adj. Finale en -*ent, -ente.* — Dérivé : *déficience.*

déficit n. m. Mot latin à demi francisé. Accent aigu sur le *e,* mais -*t* final prononcé : [defisit]. — Pl. : *des déficits* [-sit].

défier v. t. *ou* v. pron. Conjugaison et constructions.

I Conjug. **20.** Double le *i* à la première et à la deuxième personne du pluriel de l'indicatif imparfait et du subjonctif présent : *(que) nous défiions, (que) vous défiiez.*

II Constructions.

1 *Défier à* + nom. Provoquer à (telle compétition) : *Il défia son adversaire à la course.*

2 *Défier de* + infinitif. Mettre quelqu'un au défi de (faire telle action), c'est-à-dire affirmer qu'il ne sera pas capable de faire cette action : *Je le défie de fournir la preuve de ce qu'il avance.*

3 *Se défier que* + subjonctif. Soupçonner que, prendre garde que, craindre que (tour très archaïque) : *Je me défie qu'il agisse contre moi* (ou *qu'il n'agisse contre moi,* avec *ne* explétif). ▼ Le *ne* explétif ne s'emploie pas quand *se défier* est à la forme négative : *Je ne me défie pas qu'il agisse contre nous.* Ces emplois sont très littéraires.

défiler v. i. Fautes à éviter.

1 Eviter le pléonasme *défiler successivement : Toutes les époques de sa vie défilèrent successivement dans sa mémoire.* Le verbe *défiler* seul suffit.

2 Eviter l'emploi pronominal familier *se défiler.* Au sens propre (partir subrepticement, discrètement), on écrira plutôt : *s'esquiver.* Au sens figuré (refuser de se charger de certaines responsabilités), on écrira plutôt : *se dérober.*

déflationniste adj. Avec deux *n.*

défloraison, défloration Deux noms féminins paronymes.

1 **défloraison** Chute des fleurs ; époque où les fleurs tombent. — Il existe une forme *défleuraison,* plus rare. — Le verbe correspondant est *défleurir : Les arbres fruitiers défleurissent* (= perdent leurs fleurs), *s'il y a une gelée tardive. La gelée tardive a défleuri les arbres* (= leur a fait perdre leurs fleurs).

2 **défloration** Perte de la virginité : *La défloration d'une jeune fille.* — Le verbe correspondant est *déflorer : Déflorer une jeune fille.* Peut s'employer au figuré : *Je ne veux pas déflorer le sujet du livre.*

défoncer v. t. Conjug. **17.** Le *c* prend une cédille devant *a* ou *o : il défonça, nous défonçons.*

défrayer v. t. Conjug. **23.** Change facultativement *y* en *i* devant un *e* muet. Les formes en *i* sont plus usuelles que les formes en *y : Je défraie* (plus fréquent que *je défraye*), *je défraierai* (plus fréquent que *je défrayerai*). ▼ Attention au *i* à la première et à la deuxième personne du pluriel de l'indicatif imparfait et du subjonctif présent : *(que) nous défrayions, (que) vous défrayiez.*

défroquer v. i. *ou* v. pron. Toujours avec *-qu-*, même devant *a* ou *o* : *il (se) défroqua, nous (nous) défroquons.*

défunt, unte adj. *ou* n. L'usage est de dire : *mon défunt frère, ma défunte sœur* (plutôt que *défunt mon frère, défunte ma sœur*, tours très vieillis).

dégager v. t. Conjugaison et emploi.

1 Conjug. 16. Prend un *e* après le *g* devant *a* ou *o* : *il dégagea, nous dégageons.*

2 Le verbe *dégager* est à préférer à *désengager*, qui n'ajoute rien au sens : *Quand un pays est entré dans un conflit, il lui est souvent difficile de se dégager sans encourir le reproche d'abandonner ses alliés* (plutôt que *il lui est souvent difficile de se désengager...*). De même, on préférera *dégagement* à *désengagement : Une politique de dégagement.*

dégaine n. f. *(populaire, péjoratif)* Allure. — Pas d'accent circonflexe sur le *i.*

dégainer v. t. Pas d'accent circonflexe sur le *i.*

dégât n. m. Accent circonflexe sur le *a.*

dégénérer v. i. Conjug. **11.** Change le troisième *é* en *è* devant un *e* muet, sauf à l'indicatif futur et au conditionnel présent : *il dégénère*, mais *il dégénérera.* — Se conjugue normalement avec l'auxiliaire *avoir* (*Au cours des siècles, ce peuple a dégénéré*), sauf lorsqu'on veut insister sur l'état présent, auquel cas on emploie *être* (*Ce peuple est dégénéré*).

dégénérescence n. f. Attention au groupe *-sc-*. De même : *dégénérescent, ente* adj.

dégingandé, ée adj. Bien prononcé [deʒɛ̃gɑ̃de], et non *[degɛ̃gɑ̃de]. Ne pas écrire *déguingandé.*

dégoût n. m. Accent circonflexe sur le *u*, comme *goût*, qui est de la même famille, à la différence de *égout*, qui est de la famille de *goutte.*

dégoûtant, dégouttant Bien distinguer ces deux adjectifs.

1 dégoûtant, ante Qui provoque le dégoût, qui est d'une extrême saleté : *Cette nappe pleine de taches de sauce est dégoûtante. Je vais faire nettoyer ma veste, elle est dégoûtante.*

2 dégouttant, ante Qui laisse tomber un liquide goutte à goutte, qui est imbibé de liquide : *L'enfant avait la bouche dégouttante de sauce. Une veste dégouttante de pluie.*

dégoûtation n. f. Ne s'emploie que dans la langue familière.

dégoutter v. i. Couler goutte à goutte : *L'eau dégoutte du rebord du toit.* — Ruisseler : *Ma veste dégoutte de pluie.* ▼ Ne pas écrire comme *dégoûter*, qui vient de *goût* et non de *goutte* : *Cette nappe sale me dégoûte, il faut la changer.*

dégrafer v. t. Un seul *f*, comme *agrafe.* — Ne pas écrire *dégrapher.* — Éviter la forme *désagrafer*, peu utile.

degré n. m. Au pluriel dans : *par degrés.*

dégrèvement n. m. Accent aigu sur le premier *e*, accent grave sur le second. — Prononciation : [degʀεvmɑ̃].

dégrever v. t. Conjug. **12.** Change *e* en *è* devant un *e* muet : *je dégrève, je dégrèverai.*

déharnacher v. t. ▼ Ne pas dire *désharnacher.* — Dérivé : *déharnachement.*

dehors adv. Prononciation, orthographe et emploi des expressions.

1 Bien prononcer [dəɔʀ], avec un [ə], et non *[deɔʀ]. Il n'y a pas d'accent sur le *e.*

2 On écrit avec un trait d'union *au-dehors*, *par-dehors* et sans trait d'union *en dehors, en dehors de.*

3 L'emploi de la locution prépositive *au-dehors de* est déconseillé. Dire *en dehors de : Le ballon est tombé en dehors du terrain. Vous êtes en dehors de la question.* En revanche, l'emploi adverbial de *au-dehors* est tout à fait correct : *Au-dehors, tout était calme.*

déifier v. t. Conjug. **20.** Double le *i* à la première et à la deuxième personne du pluriel de l'indicatif imparfait et du subjonctif présent : *(que) nous déifiions, (que) vous déifiiez.*

déjà adv. Accent grave sur le *a.* — Familier dans une phrase interrogative, quand on demande un renseignement oublié : *Quel est le titre du livre, déjà ?* — Familier aussi quand il s'agit de renforcer une appréciation quantitative : *Il a trouvé un appartement, c'est déjà beaucoup. Il gagne cinq mille francs par mois, c'est déjà pas mal, à son âge. Il nous a fait manquer deux occasions, c'est déjà trop.*

déjeuner, dîner, souper Orthographe et emploi.

1 *Déjeuner* s'écrit sans accent circonflexe sur le *u*, *dîner* avec un accent circonflexe sur le *i.*

2 Dans l'usage ancien, conservé dans certaines provinces, le mot *déjeuner* désignait le repas pris au début de la journée (de nos jours, on dit : *petit déjeuner*). — Le *dîner* était le repas pris au milieu de la journée (de nos jours, on dit : *déjeuner).* — Le *souper* était le repas pris à la fin de la journée (de nos jours, on dit : *dîner).* A notre époque, le mot *souper* désigne le repas très tardif que l'on prend parfois après la sortie du spectacle.

3 On peut dire : *après avoir déjeuné, après avoir dîné, après avoir soupé* (comme on dit *après avoir travaillé, après avoir dormi, après s'être reposé,* etc.). On peut dire aussi, très correctement : *après déjeuner, après dîner, après souper* (tours figés, comme *après boire).*

de jure loc. latine. Signifie « de droit » et s'oppose à *de facto* [defakto] « de fait ». — Prononciation : [deӠyʀe]. — S'imprime en italique dans un texte en romain et en romain dans un texte en italique : *Quand deux gouvernements se disputent le même pays, la reconnaissance de jure de l'un prive l'autre de toute existence diplomatique.*

delà Toujours un accent grave sur le *a.* — L'emploi prépositionnel de *delà* seul est vieux : *L'ennemi se retira delà le fleuve.* — De nos jours, on emploie *au-delà de* (trait d'union entre *au* et *delà*) : *Au-delà du fleuve, de la frontière.* — *Au-delà* s'emploie comme locution adverbiale : *La terre ferme s'arrête ici, au-delà ce sont les marais.* — *Par-delà* (avec un trait d'union) est locution prépositive : *Par-delà les montagnes s'étendent les plaines ensoleillées.* — *De delà, en delà* (sans trait d'union) sont des locutions vieilles. — *Deçà delà* ▷ **deçà.** — N. m. *L'au-delà* (avec un trait d'union), le monde des morts : *Les spirites prétendent mettre les vivants en communication avec l'au-delà.*

délacer, délasser Bien distinguer dans la prononciation *délacer (Délacer ses chaussures),* dont le *a* est un *a* palatal [delase], et *délasser (Cette halte m'a délassé),* dont le *a* est un *a* vélaire [delɑse].

délai [delɛ] n. m. ▼ Pas de *-s* à la fin, à la différence de *relais.*

délai-congé n. m. — Pl. : *des délais-congés.*

délasser, délacer ▷ **délacer.**

délayer v. t. Conjug. **23.** Remplace facultativement *y* par *i* devant un *e* muet : *je délaye* (ou *je délaie), je délayerai* (ou *je délaierai).* — Attention au *i* après l'*y* à la première et à la deuxième personne du pluriel de l'indicatif imparfait et du subjonctif présent : *(que) nous délayions, (que) vous délayiez.*

Delco n. m. Système d'allumage électrique pour moteur à explosion. — Nom déposé, donc avec une majuscule. — Invariable : *des Delco.*

deleatur n. m. Signe de correction typographique. — Mot latin non francisé. Prononciation : [deleatyʀ]. Pas d'accent sur les *e.* — Invariable : *des deleatur.*

délégant, déléguant Deux homophones à bien distinguer par l'orthographe.

1 Le **délégant** (ou *le délégateur*) Celui qui donne à une autre personne *(le délégataire)* délégation de solde militaire ou de créance ou de pouvoir. — Pl. : *des délégants.*

2 déléguant Participe présent invariable de *déléguer : Déléguant une partie de leur autorité à des chefs de service, les cadres supérieurs se réservent les hautes responsabilités.*

déléguer v. t. Conjug. **11.** — S'écrit toujours avec *-gu-,* même devant *a* ou *o : il délégua, nous déléguons, en déléguant* (participe présent). — De même : *délégué, ée* (adjectif *ou* substantif). — En revanche s'écrivent avec un *-g- : un délégant* (substantif), *délégataire, délégateur, trice, délégation.*

délibérer Conjugaison et constructions.

I Conjug. **11.** Change le deuxième *é* en *è* devant un *e* muet, sauf à l'indicatif futur et au conditionnel présent : *je délibère,* mais *je délibérerai.*

II Constructions.

1 Sans complément d'objet. Usuel et moderne : *Le comité est en train de délibérer.*

2 *Délibérer* + nom *(vieux)* Discuter de, décider, arrêter après discussion : *Les conseillers du roi délibérèrent de nouvelles lois.*

3 *Délibérer de* + nom *(assez littéraire)* ou *délibérer au sujet de* + nom ou *délibérer sur* + nom *(usuel et moderne)* Discuter, réfléchir sur (une question, une décision à prendre) : *Le tribunal délibère du cas difficile. L'Assemblée nationale délibère sur la réforme de la Constitution. Le comité délibère au sujet de l'augmentation des salaires. Nous délibérons sur la réponse à donner à ces propositions.*

4 *Délibérer* + proposition interrogative indirecte, le plus souvent introduite par *si (vieux) Le sénat romain délibéra si l'on ferait la guerre.*

5 *Délibérer que* + indicatif ou conditionnel ou *délibérer de* + infinitif *(vieilli)* Décider après délibération, après réflexion : *Il délibéra qu'il partirait le lendemain. On a délibéré de partir.* — Ce tour peut se rencontrer à la forme impersonnelle : *Il a été délibéré qu'on partirait.*

délice Genre ; orthographe des expressions.

1 Masculin au singulier, féminin au pluriel (comme *amour* et *orgue) : Un délice puissant.*

Des délices profondes. — Avec *un de,* il vaut mieux employer *délice* au masculin : *Un de ses plus grands délices était d'entendre de la musique en rêvant dans la pénombre.*

2 On écrit, avec le mot *délices* au pluriel : *avec délices, un lieu de délices.*

délinquant, ante adj. *ou* n. Avec *-qu-* et *-an-.* De même : *délinquance.*

déliquescent, ente adj. Avec *-sc-* et *-en-.* De même : *déliquescence.*

delirium tremens n. m. inv. En deux mots, sans trait d'union. Pas d'accent sur les *e.* Prononciation : [deliʀjɔmtʀemɛ̃s].

déloger v. t. Conjug. **16.** Prend un *e* après le *g* devant *a* ou *o : il délogea, nous délogeons.*

delta n. m. Invariable dans l'expression *un avion à ailes delta.*

déluge n. m. Un *D* majuscule quand il s'agit du *Déluge* rapporté par la Bible et les traditions de l'Antiquité : *Noé fut sauvé du Déluge.* De même, *D* majuscule dans les expressions *remonter au Déluge* (à une date très ancienne) et *après nous, le Déluge !* — En revanche, un *d* minuscule au sens de « grande pluie, grande quantité d'eau, grande quantité de choses » : *Après la sécheresse de l'été, l'automne amena un véritable déluge.*

démailloter v. t. Deux *l,* un seul *t.* De même : *démaillotage.*

demain adv. Emploi et expressions.

1 Ne peut s'employer que lorsqu'il s'agit du jour qui suit le jour où l'on parle : *Nous sommes aujourd'hui mardi, la réunion aura lieu demain.* — Quand le jour de référence se situe dans le passé ou dans l'avenir, il faut dire *le lendemain* ou le *jour suivant : C'était le 12 juillet 1928, le lendemain* (ou *le jour suivant) devait avoir lieu la distribution des prix. Dimanche prochain, nous ferons nos valises, car le lendemain* (ou *le jour suivant) nous partirons.*

2 On dit normalement : *demain matin, demain soir* (plutôt que *demain au matin, demain au soir,* tours corrects mais rares). — En revanche, on dit toujours : *demain à l'aube, demain à l'aurore, demain au crépuscule.* — Dire : *demain à midi,* plutôt que *demain midi* (tour relâché). De même : *demain à cinq heures, à six heures...*

3 On écrira plutôt : *de demain en huit, de demain en quinze.* Les tours *demain en huit, demain en quinze,* sans *de,* sont relâchés.

4 On écrira plutôt : *d'ici à demain,* et non *d'ici demain* (tour peu correct).

demander v. t. Constructions.

1 *Demander à* + **infinitif.** Quand *demander* et le verbe à l'infinitif ont le même sujet : *L'enfant demanda à sortir.* ▼ *Demander pour* (*il demande pour sortir)* est incorrect.

2 *Demander de* + **infinitif.** Quand les deux verbes n'ont pas le même sujet : *Je vous demande de m'avertir si vous apprenez quelque chose de nouveau.*

3 *Demander que* + **subjonctif.** *Je demande que la séance soit suspendue.* ▼ Le tour *demander à ce que* (*je demande à ce que la séance soit suspendue)* est peu correct.

4 *Demander quelqu'un.* Seul tour correct. Le tour *demander après quelqu'un* est populaire. On dira : *Il demande le chef de service* (et non *après le chef de service).*

demandeur Deux féminins : *demandeuse* au sens général *(Une demandeuse d'emploi), demanderesse* au sens juridique *(La demanderesse a été déboutée).*

démangeaison n. f. Attention au *e* entre le *g* et le *a.*

démantèlement n. m. Accent grave sur le deuxième *e.*

démanteler v. t. Conjug. **10.** Change *e* en *è* devant un *e* muet : *je démantèle, je démantèlerai.*

démarcation n. f. Avec un *c.* De même : *démarcatif.*

démarquer v. t. Toujours avec *-qu-* même devant *a* ou *o : il démarqua, nous démarquons.* De même : *démarque, démarqueur, démarquage.*

démarrer Orthographe et emploi.

1 Deux *r.* De même : *démarrage, démarreur.*

2 Ne peut s'employer transitivement que dans le langage de la marine : *Démarrer un bateau,* larguer les amarres qui le retiennent. Éviter le barbarisme **désamarrer.* — (par extension) *Démarrer une drisse, une écoute,* etc. — En revanche, dans le langage courant, on dira *faire démarrer : Nous allons faire démarrer la campagne de vente* (et non *nous allons démarrer la campagne de vente).* — Bien entendu, l'emploi intransitif est parfaitement correct : *La campagne de vente va démarrer dans une semaine.*

démâter Accent circonflexe sur le *a.* De même : *démâtage.*

démêler v. t. Accent circonflexe sur le deuxième *e*, à toutes les formes de la conjugaison : *je démêle, nous démêlons*, etc. — De même : *démêlage, démêlé, démêlement, démêloir.*

démence n. f. Finale en *-ence.* — Dérivé : *dément, ente* adj. *ou* n.

démentiel, ielle adj. Avec *t* et non *c.*

démentir v. t. Conjugaison et constructions.

1 Conjug. **42.** *Je démens, tu démens, il dément, nous démentons, vous démentez, ils démentent.* — *Je démentais.* — *Je démentis.* — *Je démentirai.* — *Je démentirais.* — *Démens, démentons, démentez.* — *Que je démente.* — *Que je démentisse.* — *Démentant.* — *Démenti, ie.*

2 Démentir que. Est généralement suivi du subjonctif : *Le gouvernement dément que des négociations secrètes soient engagées.* Cependant l'indicatif est possible, surtout si l'on veut insister sur la réalité du fait, ce qui est parfois le cas quand *démentir* est à la forme négative : *Le porte-parole du gouvernement ne dément pas que des contacts ont été pris, mais il fait remarquer qu'il ne s'agit pas de véritables négociations.* L'emploi du conditionnel est possible, pour exprimer l'éventualité : *Le gouvernement démment que des sanctions seraient prises si les grévistes refusaient de reprendre le travail.* ▼ L'emploi du *ne* explétif dans la subordonnée, qui se rencontre parfois après *ne pas démentir que (On ne dément pas que des négociations ne soient engagées* = que des négociations soient engagées), est inutile et déconseillé.

démettre, démissionner ▷ démissionner.

demeurer v. i. Emploi de l'auxiliaire et expressions.

1 Auxiliaire *être* au sens de « continuer d'être » : *Cette construction est demeurée inachevée.* — Auxiliaire *avoir* au sens de « habiter, résider » : *J'ai demeuré pendant deux ans dans cet immeuble.*

2 Demeurer court ▷ court (1).

3 Éviter de dire : *Il demeure dans la rue de la Poste, sur le boulevard Victor-Hugo, dans l'avenue de la République.* Dire plutôt : *Il demeure rue de la Poste. Il demeure boulevard Victor-Hugo. Il demeure avenue de la République.* — En revanche, l'emploi de *au* est possible avec l'indication du numéro : *Il demeure au 16 de la rue Alfred-de-Musset* (ou *Il demeure 16 rue Alfred-de-Musset*).

demi Adjectif et élément de composition.

1 *Demi* + nom ou adjectif. Toujours un trait d'union. *Demi* toujours invariable. Le nom prend la marque du pluriel (sauf *demi-sang, demi-sel* et parfois *demi-solde,* voir ces mots) et l'adjectif prend la marque du pluriel et du féminin : *demi-cercle (des demi-cercles), demi-heure (des demi-heures), demi-teinte (des demi-teintes), demi-fin (des aiguilles demi-fines).*

2 Et demi. Ne prend pas la marque du pluriel mais prend la marque du féminin : *Un kilogramme et demi. Trois kilogrammes et demi. Une livre et demie. Trois livres et demie. Une heure et demie. Trois heures et demie.*

3 Midi et demi, minuit et demi. Ce sont les graphies les plus usuelles. Éviter : *midi et demie, minuit et demie.*

4 A demi. Pas de trait d'union devant un adjectif : *Elles sont à demi mortes de fatigue.* — Trait d'union dans les expressions dont le deuxième élément est un substantif : *Parler à demi-voix. Se faire entendre à demi-mot.*

5 Demi-, semi-. Ces deux éléments sont équivalents pour le sens, mais *demi–* s'emploie dans la langue usuelle et dans la langue commerciale, tandis que *semi–* s'emploie surtout dans la langue technique, didactique et scientifique : *Zone semi-aride. Engin semi-chenillé. Une semi-consonne. Série mathématique semi-convergente.*

demi-sang n. m. Cheval issu de reproducteurs dont l'un seulement est un pur-sang. ▼ L'un des rares mots invariables en *demi- : des demi-sang.*

demi-sel n. m. Fromage frais légèrement salé. ▼ L'un des rares mots invariables en *demi- : des demi-sel.*

demi-solde Attention au genre et au pluriel :

1 Une demi-solde Solde, réduite de moitié, versée à un militaire en non-activité. — Pl. : *des demi-soldes.*

2 Un demi-solde Sous la Restauration, nom donné aux officiers de l'armée de Napoléon Ier qui, après Waterloo, avaient été mis en non-activité. — Invariable en ce sens : *des demi-solde.*

démissionner La construction transitive directe *démissionner quelqu'un,* le contraindre à démissionner, le chasser de son poste, ne s'emploie qu'avec une valeur ironique. Dans un contexte sérieux, on écrira *démettre : Le ministre avait démis le directeur de la Sûreté nationale.*

démocrate-chrétien adj. *ou* n. Les deux éléments sont variables : *Un député démocrate-chrétien. Les démocrates-chrétiens. La tendance démocrate-chrétienne. Les positions démocrates-*

chrétiennes. ▼ *Démocrate-chrétien* s'écrit avec un trait d'union, mais *démocratie chrétienne* sans trait d'union.

demoiselle n. f. Familier (mais non grossier et non péjoratif) au sens de *célibataire : Elle est encore demoiselle. Elle est restée demoiselle.* — Populaire au sens de *fille* ou de *jeune fille : Je l'ai rencontré avec sa femme et sa demoiselle* (dire plutôt *et sa fille*). *Elle dirige un pensionnat de demoiselles* (dire plutôt *de jeunes filles*). — Ne pas dire *Comment va votre demoiselle ?* mais *Comment va mademoiselle votre fille ?*

démon n. m. Emploi de la majuscule et féminin.

1 Avec un *d* minuscule : *un démon,* chacun des esprits infernaux. Au pluriel : *les démons, des démons.* — Avec un *D* majuscule : *le Démon,* l'esprit du Mal, Satan, le chef des démons ▷ **diable.**

2 Le féminin *démone* est rare et familier. On écrira donc : *Cette femme est un démon* (au figuré). *Cette fillette, quel petit démon !*

démonte-pneu n. m. — Pl. : *des démonte-pneus.*

démystifier, démythifier Conjug. **20.** Double *i* à la première personne du pluriel de l'indicatif imparfait et du subjonctif présent : *(que) nous démystifiions, démythifiions, (que) vous démystifiiez, démythifiiez.* — Ces deux verbes ne sont nullement synonymes.

1 démystifier Détromper une collectivité qui a été victime d'une *mystification,* c'est-à-dire d'une croyance destinée à masquer la réalité : *Les efforts des révolutionnaires devront d'abord viser à démystifier les masses populaires.* Ce terme a été, à l'origine, employé seulement dans le langage marxiste. Il s'est vulgarisé ensuite en prenant le sens abusif de *démythifier.*

2 démythifier Réduire à sa réalité une chose ou une personne dont on a fait un *mythe,* c'est-à-dire à laquelle on a attaché une importance très exagérée et dont l'image est, par là même, capable d'agir puissamment sur l'esprit des masses : *Démythifier l'idée de progrès et de bonheur universel. Il a fallu démythifier cet homme politique dont on avait fait un héros national.* Dans ces exemples, l'emploi de *démystifier* serait impropre et abusif.

dénommer v. t. Deux *m.* ▼ Un seul *m* dans *dénominateur, dénominatif, dénomination.*

dénouement [denumã] n. m. Attention à l'*e* intérieur. La graphie *dénoûment* est vieillie. A éviter.

dent n. f. Prend la marque du pluriel dans les noms composés suivants (le second élément reste invariable) : *dent-de-cheval* n. f. Topaze bleu-vert (pl. : *des dents-de-cheval*) ; *dent-de-chien* n. f. Plante ; ciseau de sculpteur (pl. : *des dents-de-chien*) ; *dent-de-lion* n. f. Pissenlit (pl. : *des dents-de-lion*) ; *dent-de-loup* n. f. Clou de charpentier (pl. : *des dents-de-loup*) ; *dent-de-scie* n. f. Ornement d'architecture (pl. : *des dents-de-scie*).

denteler v. t. Découper en formant de petites dents : *Les criques et les caps dentellent le rivage de la Provence.* — Conjug. **13.** Double le *l* devant un *e* muet.

dentelle n. f. Deux *l,* comme dans les dérivés *dentellerie, dentellier, ière.* ▼ Si *dentellerie* se prononce [dɑ̃tɛlʀi], avec [ɛ], comme *dentelle, dentellier, ière* se prononce [dɑ̃təlje, jɛʀ], avec [ə].

denticule ▼ Toujours masculin : *Des denticules élégants.*

dentier n. m. Mot du langage courant, non scientifique. Les spécialistes disent : *prothèse mobile.* Cependant, *dentier* n'est pas familier ni péjoratif, à la différence de *râtelier,* mot qu'il vaut mieux ne pas employer dans un contexte sérieux.

dentition, denture Deux noms féminins dérivés de *dent.* ▼ Le mot *dentition* désigne la formation et l'apparition des dents : *Pendant la dentition, les bébés sont souvent grognons.* Le mot *dentition* ne doit jamais être employé pour désigner l'ensemble des dents possédées par une personne à un moment donné. Dans ce sens, employer *denture : Cette enfant a une denture en mauvais état* (et non *une dentition en mauvais état*).

dénuement [denymã] n. m. Attention à l'*e* intérieur. Ne pas écrire **dénûment.*

déodorant n. m. Produit qui supprime l'odeur de la transpiration. Ce mot est un anglicisme. Certains ont conseillé de le remplacer par *désodorisant,* mot qui désigne plutôt un produit qui supprime les mauvaises odeurs dans un local ou enlève la mauvaise odeur d'une autre substance.

dépailler v. t. Attention au *i* après le groupe *-ill-* à la première et à la deuxième personne du pluriel de l'indicatif imparfait et du subjonctif présent : *(que) nous dépaillions, (que) vous dépailliez.*

dépanner v. t. Deux *n,* comme dans *panne.* De même : *dépannage, dépanneur, dépanneuse.*

dépaqueter v. t. Conjug. **14.** Double le *t* devant un *e* muet : *je dépaquette, je dépaquetterai.*

dépareiller v. t. Attention au *i* après le groupe *-ill-* à la première et à la deuxième personne du pluriel de l'indicatif imparfait et du subjonctif présent : *(que) nous dépareillions, (que) vous dépareilliez.*

déparier v. t. Conjug. **20.** Double le *i* à la première et à la deuxième personne du pluriel de l'indicatif imparfait et du subjonctif présent : *(que) nous dépariions, (que) vous dépariiez.*

département Emploi de *dans* et de *en* devant un nom de département ▷ **dans** (V).

départir v. t. Attribuer en partage : *Les dons que le ciel nous a départis.* — V. pron. *Se départir de :* sortir de, se priver de *(Il ne faut jamais se départir de son calme) ;* s'écarter de *(C'est une opinion dont je ne me départirai pas).* ▼ Doit se conjuguer comme *partir* et non comme *répartir : Je me dépars, tu te dépars, il se départ, nous nous départons, vous vous départez, ils se départent. — Je me départais. — Je me départis. — Je me départirai. — Je me départirais. — Dépars-toi, départons-nous, départez-vous. — Que je me départe..., que nous nous départions. — Que je me départisse..., que nous nous départissions. — Se départant. — Départi, ie.*

dépecer v. t. Change *e* en *è* devant un *e* muet : *Je dépèce, je dépècerai.* En outre, le *c* prend une cédille devant *a* ou *o : il dépeça, nous dépeçons.* — Dérivés : *dépeçage, dépècement, dépeceur, euse.*

dépêche n. f. Attention à l'accent circonflexe sur le deuxième *e.* — De même : *dépêcher.*

dépêcher v. t. *ou* v. pron. Garde l'accent circonflexe à toutes les formes de la conjugaison : *nous dépêchons, vous dépêchez.*

dépendance n. f. Attention à la place respective des groupes *-en-* et *-an-*. De même : *dépendant, ante.*

dépendre Orthographe, conjugaison, sens et construction.

I ▼ S'écrit avec *-en-* (même famille que *pendre*). De même : *dépendance, dépendant, dépendeur.*

II Conjug. **81** (comme *pendre*).

III Construction de *dépendre* au sens de « être sous la dépendance de ». Se construit normalement avec *de : Cela dépend de vous.* — Le complément introduit par *de* peut être à son tour suivi d'un infinitif introduit par *de (Il dépend de vous de réussir ou non)* ou d'un subjonctif introduit par *que (Il dépend de vous que vous réussissiez).* On rencontre parfois le

ne explétif devant le subjonctif, quand *dépendre* est à la forme négative ou interrogative. Cet emploi de *ne* est déconseillé.

dépens [depɑ̃] n. m. pl. Ne pas écrire **dépends.* — *(locution) Aux dépens de :* aux frais de *(Il vivait grassement aux dépens de son oncle),* au préjudice de *(Se divertir aux dépens d'un naïf).* ▼ Ne s'emploie qu'au pluriel. Ne pas écrire **au dépens de.*

dépense n. f. Avec *-en-.*

dépêtrer v. t. *ou* v. pron. Accent circonflexe sur le deuxième *e* à toutes les formes de la conjugaison : *nous nous dépêtrons, vous vous dépêtrez.* — Légèrement familier. Dans la langue très soutenue, dire plutôt *(se) tirer d'affaire, (se) débarrasser, (se) dégager, (se) libérer,* selon les cas.

dépiauter v. t. S'écrit avec *-au-* et doit se prononcer avec un *o* fermé : [depjote]. De même : *dépiautage* [depjotaʒ].

dépiquage n. m. (terme d'agriculture) La graphie *dépicage,* qu'on rencontre parfois, n'est pas recommandée.

dépit n. m. Locutions.

1 *En dépit de* + nom. Malgré, sans tenir compte de : *Il s'est obstiné dans son projet, en dépit de mes conseils.* Cette locution prépositive est usuelle et moderne.

2 En dépit que j'en aie (que tu en aies...). Malgré que cela me (te...) cause, malgré moi (toi...) : *En dépit qu'il en aie, il doit s'avouer vaincu par le charme.* Cette expression est archaïque et très littéraire.

déplaire v. t. ind. *ou* v. pron. Conjugaison et participe passé.

1 Conjug. **55.** (comme *plaire*). ▼ Accent circonflexe sur le *i* à la troisième personne du singulier de l'indicatif présent : *il déplaît.*

2 Participe passé toujours invariable : *Ses manières m'ont déplu. Ces jeunes filles se sont déplu en notre compagnie. Elles se sont déplu mutuellement.*

déplier, déployer ▷ **déployer.**

déploiement [deplwamɑ̃] n. m. Attention au *e* intérieur. Ne pas écrire **déploîment.*

déployer v. t. Conjug. **21.** Change *y* en *i* devant un *e* muet : *Je déploie, je déploierai.* — Attention au *i* après l'*y* à la première et à la deuxième personne du pluriel de l'indicatif imparfait et du subjonctif présent : *(que) nous déployions, (que) vous déployiez.* ▼ Bien prononcer [deplwaje], et non *[deplɔje].

déployer, déplier Deux verbes transitifs qui ne sont pas interchangeables.

1 déplier Ouvrir ce qui est déplié : *Il déplia ses vêtements après les avoir retirés de la valise. Déplier un journal. Déplier une lettre. L'oisillon déplie ses ailes après être sorti de l'œuf. Il déplia ses longs bras et s'étira.*

2 déployer Déplier en ouvrant très largement. *L'aigle, déployant ses ailes, s'envola.* — Déplier en faisant flotter : *Déployer un étendard.* — Étaler sur toute la largeur possible, disposer sur une large surface : *Il déploya tout un jeu d'outils sur la table. Il déploya la carte de la région sur la table et la mit bien à plat. Le général déploya ses troupes sur une largeur d'une demi-lieue.* — (figuré) *François Iᵉʳ déploya un luxe inouï au camp du Drap d'or. Déployer toutes ses qualités. Il déploya les ressources de son esprit inventif.* ▼ Le verbe *éployer* est un équivalent très littéraire de *déployer.* Il ne s'emploie qu'au sens propre : *L'aigle éploya ses ailes.*

dépose, déposition, dépôt Ces noms ne sont pas interchangeables.

1 dépose Action d'enlever ou de démonter ce qui a été fixé à une place déterminée (terme technique) : *Les ouvriers vont procéder à la dépose de l'ancien chauffe-eau.*

2 déposition Au sens propre, ne s'emploie que dans l'expression *déposition de Croix,* sculpture ou peinture qui représente le corps du Christ descendu de la Croix et déjà déposé sur le sol. A distinguer de la *descente de Croix,* œuvre qui représente le moment où l'on décloua le corps du Christ et où on le descendit de la Croix. Un *D* majuscule quand il s'agit du titre d'une œuvre : *avez-vous vu la* Déposition de Croix *de Fra Angelico?* — *Déposition* s'emploie aussi au figuré : *La déposition d'un souverain.* — Désigne aussi la déclaration d'un témoin : *Le juge d'instruction a entendu la déposition des principaux témoins.*

3 ▼ En dehors des sens ci-dessus, ne pas employer *déposition,* mais *dépôt,* pour désigner l'action de déposer : *Le dépôt d'une gerbe au monument aux morts* (et non *la déposition d'une gerbe*). *Le dépôt de bilan, le dépôt d'une plainte* (et non *la déposition de bilan, la déposition d'une plainte*).

dépoter v. Retirer une plante d'un pot. — Vider une citerne, un fût, etc. — Vient de *pot,* non de *dépôt.* Pas d'accent sur le *o.* De même : *dépotage, dépotement, dépotoir* (finale en *-oir*).

dépouiller v. t. Attention *i* après le groupe *-ill–* à la première et à la deuxième personne du pluriel de l'indicatif imparfait et du subjonctif présent : *(que) nous dépouillions, (que) vous dépouilliez.*

dépourvoir v. t. Conjug. **68.** (comme *pourvoir*). Dans la pratique, s'emploie uniquement à l'infinitif, parfois au passé simple *(je dépourvus),* mais surtout au participe passé *(dépourvu, ue)* et aux temps composés (notamment à la forme pronominale) : *Cette mère s'était dépourvue de tout pour ses enfants.*

déprécation, imprécation Deux noms féminins de la famille du latin *precari,* « prier ».

1 déprécation *(littéraire)* Prière instante, supplication destinée à obtenir le pardon ou à détourner un danger : *Une déprécation déchirante.* — *(rhétorique)* Supplication qui est adressée à la divinité ou à une puissance humaine et qui vient s'insérer soudainement et pathétiquement dans un discours.

2 imprécation *(usuel)* Invocation par laquelle on appelle sur une personne ou sur une chose la colère des dieux, le malheur ou la ruine : *Le sorcier proféra de terribles imprécations.* — *(par extension)* Paroles violemment hostiles, plainte furieuse : *Se répandre en imprécations contre le gouvernement.*

dépréciation, dévaluation ▷ dévaluation.

déprécier v. t. Conjug. **20.** Double le *i* à la première et à la deuxième personne du pluriel de l'indicatif imparfait et du subjonctif présent : *(que) nous dépréciions, (que) vous dépréciiez.*

déprendre (se) v. pron. Conjug. **82** (comme *prendre*). — Le participe s'accorde avec le sujet : *Elles se sont déprises de cet attachement. Les habitudes dont il s'est dépris.* — Se construit toujours avec la préposition *de : Un vieillard se déprend difficilement d'une habitude ancienne.*

De profundis n. m. inv. Prière et chant de la liturgie catholique. — Prononciation : [deprɔfɔ̃dis]. — Pl. : *des De profundis* [-dis]. — Avec un *D* majuscule et un *p* minuscule. S'écrit généralement en italique dans un texte en romain et en romain dans un texte en italique : *Le prêtre entonna le* De profundis *d'une voix grave.*

depuis prép. *ou* adv. Certains emplois sont abusifs.

I Marque le commencement dans le temps.

1 Indique le moment à partir duquel a commencé une action (ou un état) qui dure encore au moment où l'on parle ou au moment auquel on se place en esprit : *On travaille depuis le 1ᵉʳ mars à la modernisation de ce port. La Savoie fait partie de la France depuis 1860. Quand Bonaparte arriva à Paris en 1784, la Corse était française seulement depuis 1768.* Emploi parfaitement correct.

2 ▼ Quand l'état ou l'action a cessé au moment où l'on parle ou au moment où l'on se place en esprit, il ne faut pas employer *depuis,* mais *à partir de.* Il n'est donc pas correct de dire : *L'Alsace fut incorporée à l'Empire allemand depuis 1871.* Il faut dire : *à partir de 1871.* En revanche, on peut dire : *L'Alsace est redevenue française depuis 1918* (car cet état dure encore).

3 Depuis, dès. La première de ces prépositions, *depuis,* indique simplement le moment où commence l'action ou l'état : *Il travaille dans cette entreprise depuis 1958.* — La préposition *dès* insiste sur le fait que l'action ou l'état a commencé tôt : *Il travailla dès l'âge de seize ans. Il est debout dès cinq heures du matin.* Même valeur que *déjà : A seize ans, il travaillait déjà. A cinq heures du matin, il est déjà debout.* — *Dès* ne peut indiquer que le moment, non la durée. On ne peut dire *Il est en vacances *dès huit jours,* mais seulement *Il est en vacances depuis huit jours* (voir § 4 ci-dessous).

4 *Depuis* indique la durée d'une action ou d'un état qui dure encore au moment où l'on parle ou au moment où l'on se place en esprit : *On travaille à la modernisation du port depuis six mois. Mon frère est malade depuis un an. En 1784, la Corse était française depuis seize ans seulement. Demain, à midi, nous serons partis depuis trois heures.* Emploi parfaitement correct.

5 Emploi adverbial. *Elle est tombée malade le mois dernier ; depuis, elle est alitée. Je ne savais pas encore, jeudi dernier, qu'elle était malade, je l'ai appris depuis.* ▼ Cet emploi est déconseillé. Dans la langue surveillée, on emploiera, selon les cas, *depuis lors, depuis ce moment, depuis cette date.*

6 Depuis que. Locution conjonctive parfaitement correcte : *Depuis que je vis au grand air, je me porte mieux. Depuis qu'il était parti, tout le monde se sentait plus libre.*

7 Depuis... que, avec une indication de durée intercalée. Emploi parfaitement correct : *Depuis six mois qu'il est parti, nous sommes plus tranquilles. Depuis dix ans qu'il poursuit ses recherches, il devrait bien avoir découvert quelque chose !*

8 Depuis que et la négation. Aux temps composés, la négation est souvent réduite à *ne : Depuis deux ans que je ne l'ai vu, nous avons tant de choses à nous dire !*

II Marque le point de départ dans l'espace.

1 Emploi correct, quand *depuis* est en corrélation avec *jusqu'à.* Ce tour insiste sur la continuité des éléments compris entre le point initial et le point final : *Depuis le village jusqu'à la mer, la route est bordée de platanes magnifiques.* S'emploie aussi au figuré, quand il s'agit d'une série ordonnée, hiérarchisée : *Depuis le plus noble seigneur jusqu'au plus humble des paysans, tout le monde tremblait devant le tyran.* — Bien que le tour *depuis... jusqu'à* ne soit nullement incorrect, on recommande cependant d'employer, dans la langue soignée, le tour moins insistant et moins lourd *de...à : Du village à la mer, la route est bordée... Du plus noble seigneur au plus humble des paysans, tout le monde tremblait...*

2 Emploi abusif, quand *depuis* est employé seul : *Depuis Marseille, voici la retransmission d'un spectacle de variétés.* Employer *de* dans ce cas : *De Marseille, voici...* — Dans certains cas, on emploiera *à partir de : A partir de Biarritz, la côte est rocheuse* (et non *depuis Biarritz* ou *de Biarritz*).

député Pas de forme spéciale pour le féminin. On dit : *Mme Monique Dupont, député. Une femme député* (et non *une *députée*).

député-maire n. m. Un trait d'union. — Pl. : *des députés-maires.* — Pas de forme spéciale pour le féminin : *Mme Jacqueline Dubois, député-maire de notre ville.*

dérailler v. t. Attention au *i* après le groupe -*ill*- à la première et à la deuxième personne du pluriel de l'indicatif imparfait et du subjonctif présent : *(que) nous déraillions, (que) vous dérailliez.*

déraper v. i. Un seul *p.* De même : *dérapage.*

dératée, ée adj. *ou* n. *(familier) Courir comme un dératé.* — Un seul *t.* — Au féminin, on dit indifféremment : *Elle court comme une dératée* ou *comme un dératé.*

dératiser v. t. Un seul *t.* De même : *dératisation.*

derby [dɛʀbi] n. m. Avec un *d* minuscule : *Le derby d'Epsom.* — Au sens de « match » ou de « véhicule hippomobile léger », on évite d'employer le mot au pluriel. Le pluriel à l'anglaise est *des derbies* [-biz], le pluriel à la française *des derbys.* — On écrit toujours des *chaussures derby* (avec *derby* invariable). Quand on emploie la forme elliptique *des derby* (= des chaussures derby), il est préférable aussi de laisser le mot invariable.

derechef adv. ▼ Signifie « de nouveau » et non pas « sur le champ, immédiatement » : *Malgré son échec, il se mit derechef à l'ouvrage.* Mot vieilli et littéraire. — S'écrit en un seul mot. — Prononciation : [dəʀəʃɛf].

déréglage, dérèglement Deux noms masculins dérivés de *dérégler.*

1 déréglage Étrangement, ce mot est absent de presque tous les dictionnaires. C'est cependant le terme usuel qu'on emploie quand on parle d'un appareil : *Le déréglage du carburateur, de l'altimètre.*

2 dérèglement n. m. Vieilli quand il s'agit d'un appareil matériel : *Le dérèglement d'une pendule.* — S'emploie quand il s'agit d'un système non matériel : *Le dérèglement du système monétaire international.* — S'emploie surtout dans l'expression *le dérèglement des saisons* et au sens moral : *Le dérèglement de la conduite, des mœurs. Il vécut dans le dérèglement* (emploi littéraire et un peu vieilli). — (au pluriel) *Il scandalisa la cour par ses dérèglements,* ses graves écarts de conduite (vieilli et littéraire).

dérégler v. t. Conjug. **11.** Change le deuxième *é* en *è* devant un *e* muet, sauf à l'indicatif futur et au conditionnel présent : *je dérègle,* mais *je déréglerai.* — ▼ Les dérivés *déréglage* et *déréglé, ée* s'écrivent avec un accent aigu sur le deuxième *e,* mais *dérèglement* avec un accent grave.

déréliction n. f. (terme de théologie et de philosophie) Finale en *-ction.*

dermatologiste ou **dermatologue** n. m. *ou* f. Les deux formes sont correctes. *Dermatologue* semble plus usité que *dermatologiste.*

dernier, ière adj. Orthographe, construction et emploi.

I Tout dernier. L'adjectif *dernier* s'accorde toujours en nombre et en genre, *Tout* reste invariable au masculin, mais s'accorde au féminin : *Le tout dernier jour. Les tout derniers jours. La toute dernière journée. Les toutes dernière journées.*

II *Le dernier, la dernière* + nom + relative. Indicatif dans la relative si l'on constate un fait : *C'est le dernier film que j'ai vu.* — Subjonctif si l'on veut exprimer une intention (crainte, désir, refus, etc.) : *C'est bien la dernière solution que je puisse adopter !* — Conditionnel si l'on veut exprimer une éventualité : *C'est la dernière solution à laquelle nous pourrions recourir, si nous étions dans une telle situation.*

III Place de *dernier.*

1 Normalement, devant le nom : *Sa dernière fantaisie. Ma dernière voiture.* Peut se trouver

derrière le nom pour un effet de style (dans la langue poétique ou littéraire) : *L'automne mélancolique dore les feuilles dernières.*

2 Derrière le nom dans l'expression figée *les fins dernières (de l'homme)* ou dans des expressions dérivées : *la destination dernière,* etc.

3 Bien distinguer *la semaine dernière, le mois dernier, l'année dernière, le siècle dernier* (la semaine, le mois, l'année, le siècle qui précède la semaine, le mois... où l'on est au moment où l'on parle) et *la dernière semaine, le dernier mois, la dernière année, le dernier siècle,* qui désigne la semaine, le mois... qui vient à la fin d'une période quelconque : *La dernière semaine de mes vacances a été gâchée par la pluie* (on ne peut dire **la semaine dernière de mes vacances*). *Le dernier mois de son service militaire.* — Observer que l'on dit toujours *le dernier millénaire* pour désigner la période de mille ans qui précède le moment où nous vivons : *Au cours du dernier millénaire, le climat de l'Europe a subi plusieurs variations.*

4 ▼ Éviter l'anglicisme *les dernières vingt-quatre heures.* On écrira plutôt *les vingt-quatre dernières heures.*

dernier-né n. *ou* adj. Les deux éléments s'accordent en nombre et en genre : *un dernier-né, des derniers-nés ; une dernière-née, des dernières-nées.*

déroger v. t. ind. *ou* v. i. Conjug. **16.** Prend un *e* après le *g* devant *a* ou *o : il dérogea, nous dérogeons.*

dérouiller v. t. *ou* v. i. Attention au *i* après le groupe *-ill-* à la première et à la deuxième personne du pluriel de l'indicatif imparfait et du subjonctif présent : *(que) nous dérouillions, (que) vous dérouilliez.*

dérouler v. t. *ou* v. pron. Sens et emploi.

1 Est le contraire de *enrouler.* — Éviter le barbarisme **désenrouler.*

2 Se dérouler. Insiste sur la durée et sur la succession des faits : *Sa vie se déroulait avec monotonie dans la quiétude d'une petite ville. Examinons les faits qui se sont déroulés pendant cette période.* Ne pas employer ce mot à tout propos, notamment comme synonyme de *avoir lieu* ou de *se tenir.* On écrira, par exemple : *La conférence qui se tiendra* (ou *qui aura lieu*) *à Bruxelles* (et non *qui se déroulera*).

derrick n. m. Deux *r* et groupe *-ck* à la fin. — Prononciation [dɛʀik]. — Pl. : *des derricks* [-ʀik]. On pourra remplacer cet anglicisme par *tour de forage.*

derrière prép. *ou* adv. *ou* n. m. Attention aux deux *r*.

1 Derrière, arrière. Ces deux noms masculins ne sont pas interchangeables. En principe, *derrière* désigne plutôt la partie invisible d'une chose, par opposition à la face visible (s'oppose à *devant*) : *Le derrière d'une armoire.* Spécialement, désigne la partie d'un édifice opposée à la façade : *Le derrière de cet immeuble donne sur une cour.* — *Arrière* désigne plutôt la partie d'une chose mobile opposée à la direction du déplacement (s'oppose à *avant*) : *L'arrière du train. L'arrière d'une colonne en marche.*

2 De derrière (sans trait d'union). S'emploie très correctement comme locution adjective *(La cour de derrière. Les pattes de derrière)* ou comme locution prépositive *(Une idée de derrière la tête. Une bouteille de derrière les fagots).*

3 Par-derrière. S'écrit toujours avec un trait d'union.

derviche n. m. Éviter la forme *derwiche*, vieillie.

des ▷ de (VIII), le 1 (I, 3 ; II), un (XIII, 2).

dès prép. Orthographe et emploi.

1 Attention à l'accent grave.

2 Ne pas employer *dès* avec un participe présent. Ne pas dire, par exemple : * *Dès en partant, je me suis senti malade,* mais *Dès mon départ...*

3 Ne pas employer *dès* avec un infinitif. Ne pas dire, par exemple : * *Dès avoir été informé, j'ai agi,* mais *Dès que j'ai été informé...*

4 *Dès* peut s'employer avec une autre préposition : *Dès avant son service militaire, il était très instable.* — Peut s'employer avec un adverbe : *Dès hier. Dès demain. Dès lors.*

5 Le sens spatial est parfaitement correct : *En revenant de Nice, dès Avignon, nous avons eu de la pluie.*

désagrafer v. t. Forme déconseillée. Préférer : *dégrafer.*

désappointer v. t. Deux *p*. De même : *désappointement.*

désarçonner v. t. Une cédille. Deux *n*.

désarroi n. m. Deux *r*. Pas de *e* à la fin.

desceller v. t. Défaire un scellement, arracher d'un mur : *Le prisonnier parvint à desceller un barreau. Desceller une pierre.* — Attention au groupe -sc– (famille de *sceau*) et aux deux *l*.

descendre v. i. *ou* v. t. Orthographe, conjugaison, emploi de l'auxiliaire et emploi abusif.

1 Attention au groupe -*sc*-. De même : *descendance, descendant, descendeur, descenseur, descente.*

2 Conjugaison. **81.** *Je descends, tu descends, il descend, nous descendons, vous descendez, ils descendent.* — *Je descendais.* — *Je descendis.* — *Je descendrai.* — *Je descendrais.* — *Descends, descendons, descendez.* — *Que je descende.* — *Que je descendisse.* — *Descendant.* — *Descendu, ue.*

3 Auxiliaire *avoir* dans l'emploi transitif : *Elle a descendu l'escalier aussi vite que possible.* — Dans l'emploi intransitif, l'auxiliaire *être* est pratiquement le seul usité de nos jours dans la langue soignée : *Quand j'ai entendu le coup de sonnette, je suis descendu aussitôt.* L'emploi de *avoir* est possible quand on veut insister sur l'action *(Il a descendu à toute vitesse),* mais, même dans ce cas, l'emploi de l'auxiliaire *être* est correct.

4 ▼ Éviter le pléonasme *descendre en bas.* En revanche, on peut très bien dire : *descendre à l'étage inférieur, descendre au rez-de-chaussée,* etc.

désembrouiller v. t. Forme déconseillée. Dire : *débrouiller.*

désengager v. t. Forme déconseillée. On préférera : *dégager.* — De même, préférer *dégagement* à *désengagement.*

désenrouler v. t. Forme déconseillée. On préférera : *dérouler.*

désespérer v. t. ind. Conjugaison et constructions.

I Conjug. **11** (comme *espérer*).

II Constructions.

1 *Désespérer* en construction absolue. *Il ne faut pas désespérer, tout peut être encore sauvé.*

2 *Désespérer de* + nom de chose. *Il ne faut pas désespérer de la réussite. Ne désespérez donc pas de l'avenir.*

4 *Désespérer de* + nom de personne. *Il désespère de son fils.*

5 *Désespérer que* + subjonctif. *Je désespère qu'il réussisse. Je ne désespère pas qu'il revienne sur sa décision.* L'emploi du *ne* explétif est possible dans la subordonnée quand *désespérer* est à la forme négative ou interrogative : *Je ne désespère pas qu'il ne revienne sur sa décision.*

6 Se désespérer. Peut se construire avec *de* suivi d'un nom *(Il se désespère de la perte de ce document),* avec *de* suivi d'un infinitif *(Il se* *désespère d'avoir manqué cette occasion),* avec *que* suivi du subjonctif *(Je me désespère qu'il se soit conduit aussi sottement). Se désespérer de ce que* est normalement suivi de l'indicatif *(Je me désespère de ce que notre ami n'a pu être prévenu à temps)* ou du subjonctif si l'on veut souligner une nuance d'éventualité *(Il se désespérait de ce que la perfection fût si difficile à atteindre).* Ce tour avec *de ce que* est déconseillé par certains grammairiens. On l'évitera dans la langue très soignée.

déshérence [dezeʀɑ̃s] n. f. (droit) *Succession qui tombe en déshérence,* qui, faute d'héritiers, est dévolue à l'État. — Attention au *h* intérieur (famille de *héritier)* et à la finale *-ence.* — Bien distinguer de *tomber en désuétude (loi tombée en désuétude,* qui a cessé d'être appliquée) et de *tomber en décadence,* perdre sa force, sa vigueur *(L'empire tomba en décadence).*

déshonnête, malhonnête Ces deux adjectifs ne sont pas synonymes.

1 déshonnête *(ne s'emploie guère que pour qualifier une chose ; vieilli)* Contraire à la décence : *Gestes, paroles, propos, chansons déshonnêtes.*

2 malhonnête *(peut qualifier une personne ou une chose ; usuel et vivant)* Qui manque de probité : *Un homme d'affaires malhonnête.* — Contraire à la probité : *Procédé commercial malhonnête.* — *(emploi un peu vieilli et familier)* Qui manque de politesse, de courtoisie : *Un garnement malhonnête insultait les passants. Tais-toi, petit malhonnête !*

déshonneur n. m. ▼ Deux *n,* mais *déshonorant, déshonorer* avec un seul *n.*

desiderata n. m. pl. Ne s'emploie qu'au pluriel. — Mot latin non francisé. Pas d'accent sur le *e.* Jamais de *-s* à la fin. Prononciation : [dezideʀata].

design n. m. *(anglicisme)* S'emploie parfois comme adjectif invariable : *Des meubles design.* — Pas d'accent sur le *e.* — Prononciation : [dizajn]. — Dérivé : *designer* n. m. Prononciation : [dizajnœʀ]. Pl. : *des designers* [-nœʀ].

désigner v. t. Attention au *i* après le groupe *-gn-* à la première et à la deuxième personne du pluriel de l'indicatif imparfait et du subjonctif présent : *(que) nous désignions, (que) vous désigniez.*

désinence n. f. Finale en *-ence.*

désirer v. t. Constructions.

1 Désirer + infinitif. Tour usuel et vivant : *Je suis fatigué, je désire me reposer un instant.*

2 Désirer de + infinitif. Tour littéraire et vieilli. Ne peut s'employer, en principe que si la satisfaction du désir est incertaine ou difficile : *Le véritable artiste désire d'atteindre une perfection ineffable.*

3 Désirer que + subjonctif. Tour usuel et vivant : *Je désire que vous preniez un peu de repos.*

désister (se) v. pron. Le premier *s* se prononce [z] et non [s] : [deziste]. De même : *désistement* [dezistəmɑ̃].

désodorisant n. m. ▷ déodorant.

désœuvré, ée adj. *ou* n. Attention au groupe *-œu-.* De même : *désœuvrement.*

désolidariser (se) v. pron. Se construit avec *de* ou avec *d'avec : Ils se sont désolidarisés de leur condisciple* (ou *d'avec leur condisciple).*

désordonné, ée adj. Avec deux *n.*

désordre n. m. L'emploi adjectif est très familier. On préférera *désordonné : Ma sœur est un peu désordonnée* (et non *un peu désordre).* Dans cet emploi adjectif, toujours invariable : *Que ces fillettes sont donc désordre !*

desperado n. m. Mot espagnol non francisé. Pas d'accent sur les *e.* Prononciation : [dɛspeʀado]. — Pl. : *des desperados* [-dos], plutôt que [-do]. ▼ Ne pas dire **desesperado.*

despote Toujours au masculin, même quand on parle d'une femme : *Catherine II fut un despote éclairé. Sa belle-mère est un despote.*

desquamer Peut s'employer transitivement *(La scarlatine desquame la peau)* ou intransitivement *(La peau desquame)* ou pronominalement *(La peau se desquame).* — Prononciation : [dɛskwame], avec [kw]. De même : *desquamation* [dɛskwamasjɔ̃].

desquels, desquelles ▷ lequel.

dessaisir v. t. *ou* v. pron. Attention aux deux *s.*

dessèchement n. m. Accent grave sur le deuxième *e,* à la différence de *desséchant, desséché, dessécher.*

dessein n. m. Projet : *Concevoir un dessein ambitieux.* — Ne pas écrire comme *dessin,* représentation graphique : *L'enfant colorie son dessin.* — *(locution) À dessein.*

desseller v. t. *Desseller un cheval,* lui enlever sa selle. — Deux *l.*

desserrer v. t. Deux *s*, deux *r*. — Ne pas écrire *Il desserre les freins* comme *L'autobus dessert cette localité.*

desservir v. t. Conjug. **43** (comme *servir*).

dessiller v. t. *Dessiller les yeux.* ▼ Bien prononcer [desije] et non *[desile]. — Ne pas oublier le *i* après le groupe *-ill*– à la première et à la deuxième personne du pluriel de l'indicatif imparfait et du subjonctif présent : *(que) nous déssillions, (que) vous déssilliez.*

dessin, dessein ▷ dessein.

dessinateur-cartographe n. m. — Pl. : *des dessinateurs-cartographes.* — Au féminin : *une dessinatrice-cartographe (des dessinatrices-cartographes).*

dessouler, dessoûler ou **dessaouler** [desule] v. t. *ou* v. i. L'orthographe donnée par l'Académie est *dessouler*, sans accent circonflexe (bien qu'on écrive toujours *soûler* ou *saouler*). En fait, les trois graphies se rencontrent et aucune ne peut être considérée comme incorrecte. Dans la mesure où l'orthographe la plus fréquente du mot simple est *soûl*, la graphie à préférer est *dessoûler.*

dessous prép. *ou* adv. Emploi ; sens et orthographe des expressions.

1 L'emploi de *dessous* comme préposition est vieux : *Il roula dessous la table.* De nos jours, on emploie *sous : Il roula sous la table.*

2 De dessous. Locution prépositive encore bien vivante : *De dessous l'armoire, il tira une petite pile de vieux journaux.*

3 On écrit toujours avec un trait d'union *au-dessous, ci-dessous, là-dessous, par-dessous,* et toujours sans trait d'union *en dessous.*

4 ▼ On préférera *par-dessous* à *par en dessous,* forme populaire : *Si tu ne peux pas sauter par-dessus la barre, passe par-dessous* (et non *par en dessous*).

5 ▼ On écrira : *Faire quelque chose par-dessous la jambe,* sans soin, négligemment (et non *par-dessous la jambe*).

6 Sens dessus dessous ▷ sens.

7 Au-dessous, en dessous. Ces deux locutions sont souvent employées l'une pour l'autre. Dans la langue courante, *en dessous* semble d'un usage plus fréquent. Dans la langue soignée, bien qu'il n'y ait pas de règle absolue, on observe la distinction suivante. *Au-dessous (de),* plus bas qu'un certain endroit : *Un fronton triangulaire couronne l'édifice ; au-dessous, des colonnes encadrent les fenêtres.*

Une frise sculptée court au-dessous de la corniche. — *En dessous (de),* dans la partie inférieure (d'une chose) : *En disposant sa pyramide, le marchand avait mis en dessous les fruits gâtés, en dessus les plus beaux fruits.*

dessous– Les noms composés formés avec le préfixe *dessous* sont toujours masculins et toujours invariables : *un dessous-de-bouteille (des dessous-de-bouteille), un dessous-de-plat (des dessous-de-plat), un dessous-de-table (des dessous-de-table).*

dessus prép. *ou* adv. Emploi ; sens et orthographe des expressions.

1 L'emploi de *dessus* comme préposition est vieux : *On disposa tout ce trésor dessus la table.* De nos jours, on emploie *sur : Sur la table.*

2 De dessus. Locution prépositive qui peut encore s'employer de nos jours : *Il ne levait pas les yeux de dessus son ouvrage.*

3 On écrit toujours avec un trait d'union *au-dessus, ci-dessus, là-dessus, par-dessus,* et toujours sans trait d'union *en dessus.*

4 ▼ On préférera *par-dessus* à *par en dessus,* forme populaire : *La barrière était fermée, il a sauté par-dessus* (et non *par en dessus*).

5 ▼ On évitera : *Faire quelque chose par-dessus la jambe,* négligemment. Préférer : *par-dessous la jambe.*

6 Éviter l'expression relâchée : *Il m'a marché dessus.* Dire : *Il m'a marché sur les pieds.*

7 Sens dessus dessous ▷ sens.

8 Au-dessus, en dessus. Ces deux locutions sont souvent employées l'une pour l'autre. Dans la langue soignée, bien qu'il n'y ait pas de règle absolue, on observe en principe la distinction suivante. *Au-dessus (de),* plus haut qu'un certain endroit : *Jusqu'à mi-pente, la montagne est couverte de sapins ; au-dessus s'étendent les alpages, les roches dénudées et les neiges éternelles. On voyait les gros nuages noirs s'amonceler au-dessus de la plaine.* — *En dessus (de),* dans la partie supérieure (d'une chose) : *En dessus, le gâteau est garni de crème au chocolat.*

dessus– Les noms composés formés avec le préfixe *dessus* sont toujours masculins et toujours invariables. Ils s'écrivent toujours avec des traits d'union : *un dessus-de-lit (des dessus-de-lit), un dessus-de-porte (des dessus-de-porte).*

destin, destinée Éviter les pléonasmes *destin fatal, destinée fatale.*

destroyer n. m. *(anglicisme)* Équivalents français : avant la guerre de 1939-1945, *contre-*

torpilleur; depuis la guerre de 1939-1945, *escorteur.* — Prononciation : [dɛstʀwaje], plus fréquemment que [dɛstʀɔjœʀ]. — Pl. : *des destroyers* [-je] ou [-jœʀ].

désuet adj. ▼ Se prononce avec [s] et non avec [z], bien qu'on l'écrive avec un seul *s :* [desɥɛ]. Le *t* final ne se fait pas entendre. Dérivé : *désuétude* [desɥetyd]. — Le féminin *désuète* [desɥɛt] prend un accent grave sur le deuxième *e,* à la différence de *désuétude.*

1. détacher v. t. Antonyme de *attacher.* — Dérivés : *détachable, détachement.*

2. détacher v. t. Nettoyer en enlevant les taches. — Dérivés : *détachage, détachant.*

détail n. m. Deux locutions à distinguer.

1 Au détail. S'oppose à *en gros* (terme de commerce) : *Acheter, vendre au détail.* ▼ On dit *commerce de détail,* comme on dit *commerce de gros, de demi-gros,* mais *marchand au détail,* comme on dit *marchand en gros, en demi-gros.*

2 En détail. Minutieusement, en prenant chaque élément séparément : *Il faut examiner ce texte en détail. Expliquez-moi l'affaire en détail.*

détailler v. t. Attention au *i* après le groupe *-ill-* à la première et à la deuxième personne du pluriel de l'indicatif imparfait et du subjonctif présent : *(que) nous détaillions, (que) vous détailliez.*

détaler v. i. S'enfuir à toute vitesse. — Un seul *l.*

déteindre v. t. *ou* v. i. Conjug. **84.** (comme *teindre).*

détenir v. t. Conjug. **44** (comme *tenir).*

détente, gâchette ▷ **gâchette.**

détester v. t. Dans l'usage courant, se construit directement avec l'infinitif sans *de : Je déteste marcher sous la pluie.* L'emploi de *de* devant l'infinitif est parfaitement correct, mais littéraire : *Un véritable homme d'action déteste de regretter les décisions passées.*

détoner, détonner ▼ Deux homophones à bien distinguer par l'orthographe.

1 détoner (avec un seul *n*) Exploser. — Dérivés : *détonant (mélange détonant), détonateur, détonation.*

2 détonner (avec deux *n*) Sortir du ton en chantant ; chanter faux. — *(figuré)* Ne pas être en harmonie : *Les propos de cette femme détonnent dans le milieu élégant qu'elle fréquente.*

détracteur Le féminin est *détractrice.*

détraquer v. t. Toujours avec *-qu-,* même devant *a* ou *o : il détraqua, nous détraquons.*

détriment n. m. On dit : *au détriment de mon ami, de sa santé, à mon détriment, à ton détriment, à son détriment* (et non *au détriment de moi, de toi, de lui).*

détritus n. m. Mot latin francisé. Accent aigu sur le *e.* Le *-s* final se prononce toujours, au pluriel comme au singulier : *des détritus* [detʀitys].

détrôner v. t. Accent circonflexe sur le *o,* comme dans *trône.*

détruire v. t. Conjug. **46** (comme *construire).*

dette n. f. Deux *t.*

détumescence n. f. (terme de médecine) Attention au groupe *-sc-* et à la finale en *-ence.*

deus ex machina n. m. Prononciation : [deysɛksmakina] — Inusité au pluriel. — S'écrit souvent en italique dans un texte en romain, en romain dans un texte en italique.

deutérium n. m. (terme de chimie) Accent aigu sur le *e.* — Prononciation : [døteʀjɔm].

deutsche Mark n. m. Mot allemand non francisé. Prononciation : [dɔjtʃmaʀk]. S'écrit avec un *d* minuscule et un *M* majuscule. Toujours invariable : *des deutsche Mark.* — Dans l'usage courant, on dit plutôt *mark* (mot semi-francisé). Pl. : *des marks,* plutôt que *des mark.*

deux adj. numéral *ou* n. m. Prononciation et expressions.

1 Dans l'énoncé des dates, ne pas faire la liaison : *le deux avril* [døavʀil] et non [døzavʀil], *le deux août* [døu] et non [døzu], *le deux octobre* [døɔktɔbʀ(ə)] et non [døzɔktɔbʀ(ə)]. — En revanche, on fait la liaison dans les autres cas : *deux arbres* [døzaʀbʀ(ə)] et non *[døaʀbʀ(ə)], deux hommes* [døzɔm] et non *[døɔm],* sauf bien entendu si le mot qui suit *deux* commence par un *h–* aspiré : *deux hibous* [døibu] et non *[døzibu] deux hautes tours* [døotətuʀ] et non *[døzotatuʀ].*

2 Deux ou plusieurs. Peut paraître illogique, mais admis par l'usage. Dans cette expression, *plusieurs* a le sens particulier de « nombre indéfini supérieur à deux » : *On appelle nœud ferroviaire une ville située à l'intersection de deux ou de plusieurs voies ferrées.*

3 Tous les deux, tous deux. L'une et l'autre de ces expressions sont admises. Il semble que *tous les deux* soit d'un usage plus fréquent dans la langue surveillée : *Alexandre et César furent tous les deux de grands chefs de guerre.*

4 Nous deux mon frère. Tour populaire. On dira : *Avec mon frère, je fais de longues promenades* ou *Mon frère et moi, nous faisons de longues promenades* (et non *Nous deux mon frère, on fait de longues promenades*).

5 A nous deux, à vous deux, à eux deux. Tour correct : *A nous deux, nous viendrons facilement à bout de l'ouvrage* (et non *Nous viendrons *nous deux à bout...*). *Ils ont fait tout ce travail à eux deux* (et non *Ils ont fait *eux deux tout ce travail*).

6 Les mots composés avec *deux–* sont toujours invariables : *un deux-mâts (des deux-mâts), un deux-pièces (des deux-pièces), (les) deux-points* (signe de ponctuation), *un deux-ponts (des deux-ponts), (mesure à) deux-quatre, un deux-roues (des deux-roues), (mesure à) deux-seize, un deux-temps (des deux-temps).*

deuxième, second En principe, *second* doit s'employer quand il y a seulement deux éléments, *deuxième* quand il y en a plus de deux. Cette règle n'est bien respectée que lorsque on dit *un second* suivi d'un nom propre ou d'un quasi nom propre : *Hannibal aurait voulu être un second Alexandre le Grand* (= un conquérant comparable à Alexandre le Grand). — Dans la langue surveillée, on fera attention de distinguer, par exemple, *son second fils* (ce qui implique que la personne dont il s'agit a deux fils) et *son deuxième fils* (la personne a plus de deux fils). — L'usage permet de dire indifféremment *voyager en deuxième classe* ou *en seconde classe*, mais on dit toujours, quand il y a substantivation, *voyager en seconde, des billets de seconde (seconde* toujours au singulier). De même, on dit toujours *la seconde* ou *la classe de seconde* (bien qu'il y ait plus de deux classes dans le cours des études) : *Mon fils est en troisième, j'espère qu'il pourra passer en seconde.* Inversement, on dit *un soldat de deuxième classe* ou *un deuxième classe,* bien qu'il n'y ait pas de soldats de troisième classe. Conformément à l'usage, on dit *le second Empire* (mais *la seconde République,* bien qu'il y ait eu cinq Républiques). — On dit *en deuxième lieu* ou, plus fréquemment, *en second lieu,* et toujours *de seconde main, commandant en second.*

deux-mâts, deux-pièces, deux-points, etc. ▷ **deux** (6).

dévaler v. i. *ou* v. t. Un seul *l.*

dévaluation, dépréciation ▼ La *dévaluation* est une mesure officielle décidée par le gouvernement pour stabiliser la monnaie et mettre sa valeur officielle en accord avec sa valeur de fait : *Le gouvernement décida secrètement une dévaluation de 15 %.* Ne pas employer le mot *dévaluation* pour désigner la *dépréciation monétaire,* phénomène spontané par lequel une monnaie perd progressivement de sa valeur sous l'effet de causes économiques diverses : *A cause de la dépréciation monétaire* (et non *à cause de la dévaluation), le pouvoir d'achat des salariés tend à diminuer, ce qui nécessite des relèvements périodiques des salaires.*

devancer v. t. Conjug. **17.** Le *c* prend une cédille devant *a* ou *o* : *il devança, nous devançons.*

devant prép. *ou* adv. Emplois et expressions.

I Emplois de *devant.*

1 Ne peut plus s'employer au sens temporel, comme équivalent de *avant,* comme dans la langue classique : *Il était debout devant l'aube* (on dit aujourd'hui *avant l'aube*). — De ce sens, il reste les locutions *devant que (de)* et *comme devant* (voir ci-dessous II, 4 et 5).

2 L'emploi adverbial est parfaitement correct : *Il marchait devant, moi derrière.*

3 Devant, avant (au sens spatial) ▷ **avant** (4).

II Expressions et locutions.

1 On écrit avec un trait d'union *au-devant (de), ci-devant, par-devant,* mais sans trait d'union *en avant (de),* sauf dans l'emploi substantivé *un en-avant* (terme de rugby).

2 Au-devant de. Signifie « à la rencontre de » et non « devant ». Ne pas dire par exemple : *Le porte-drapeau marchait *au-devant du régiment,* mais *devant le régiment* ou *en avant du régiment.* En revanche, on dira très bien : *Dès qu'il le reconnut, il alla au-devant de son vieil ami.*

3 Ci-devant. Toujours invariable : *Les ci-devant aristocrates. Les patriotes faisaient la chasse aux ci-devant. Les ci-devant comtesses.*

4 *Devant que* **+ subjonctif** (= avant que) et *devant que de* **+ infinitif** (= avant de). Ces tours appartiennent au langage archaïsant ou recherché : *Devant qu'il se fût aperçu des intrigues qu'on menait contre lui, il était déjà perdu dans l'esprit du roi. Devant que de décider, il importe de prendre connaissance de la situation.*

5 Comme devant (= comme auparavant). Locution figée, parfaitement correcte : *Il s'est retrouvé Gros-Jean comme devant* (expression proverbiale). *Finalement rien n'est changé, tout est comme devant.*

6 Éviter la construction relâchée : *Il m'est passé devant.* Dire : *il est passé devant moi.*

devanture n. f. S'écrit avec *-an-*, comme *devant*, à la différence de *éventaire*.

développer v. t. Un seul *l*, deux *p*. De même : *développable*, *développante* n. f. (terme de mathématiques), *développé, ée*, *développement*.

devers Ne s'emploie plus que dans la locution prépositive *par-devers*, en la possession de (généralement suivi d'un pronom personnel) : *J'ai conservé ces papiers par-devers moi*. Bien écrire *par-devers* avec un trait d'union.

dévêtir v. t. Conjug. **45** (comme *vêtir*). Éviter les formes *je dévêtissais, tu dévêtissais..., dévêtissant*. Les formes correctes sont : *je dévêtais, tu dévêtais..., dévêtant*.

déviationnisme n. m. Deux *n*. De même : *déviationniste*.

dévier v. t. *ou* v. i. Conjug. **20**. Double le *i* à la première et à la deuxième personne du pluriel de l'indicatif imparfait et du subjonctif présent : *(que) nous déviions, (que) vous déviiez*.

devin, devineur Bien distinguer ces deux noms.

1 devin Celui qui prétend prédire l'avenir : *Les haruspices, les augures étaient des devins.* — Féminin : *devineresse*.

2 devineur Celui qui devine facilement ce qui est caché sous l'apparence, qui est habile à résoudre les devinettes. — Féminin : *devineuse*.

dévisager v. t. Conjug. **16**. Prend un *e* après le *g* devant *a* ou *o*. *Il dévisagea, nous dévisageons.*

de visu Prononciation : [devizy], et non [dəvizy]. — En deux mots, sans trait d'union. — S'écrit en général en italique dans un texte en romain, et en romain dans un texte en italique.

dévoiement [devwamã] n. m. Orthographe et sens.

1 Attention à l'*e* intérieur.

2 *(technique)* Inclinaison d'un tuyau de descente, d'une cheminée, etc. — *(marine)* Forme particulière que prennent les éléments de la charpente d'un navire à l'avant et à l'arrière. ▼ Ne doit jamais s'employer comme substantif correspondant à *dévoyer* au sens moral.

devoir v. t. Conjugaison, accord du participe et emplois.

1 Conjug. **62.** *Je dois, tu dois, il doit, nous devons, vous devez, ils doivent.* — *Je devais.* — *Je dus, tu dus, il dut, nous dûmes, vous dûtes, ils durent.* — *Je devrai.* — *Je devrais.* —

Impératif inusité. — *Que je doive, que tu doives, qu'il doive, que nous devions, que vous deviez, qu'ils doivent.* — *Que je dusse, que tu dusses, qu'il dût, que nous dussions, que vous dussiez, qu'ils dussent.* — *Devant.* ▼ Le participe passé prend un accent circonflexe au masculin singulier *dû*, mais non aux autres formes, *dus, due, dues*.

2 Accord du participe. Participe invariable quand un verbe à l'infinitif est sous-entendu : *J'ai pris toutes les précautions que j'ai dû* (= que j'ai dû prendre). Participe accordé (avec le complément d'objet direct placé avant le verbe) quand il n'y a pas de verbe à l'infinitif sous-entendu : *J'ai toujours payé les sommes que j'ai dues.* Ici on a affaire à l'expression *devoir une somme* (= avoir une dette).

3 Ce doit être. Forme correcte, à préférer à *ça doit être* (forme relâchée).

4 Ce doit être, ce doivent être ▷ ce 2 (V).

5 Valeur concessive du subjonctif imparfait. *Dût la foule nous abandonner, nous persévérerons dans notre entreprise* (= même si la foule nous abandonne...). Ce tour est nettement littéraire. Il entraîne l'inversion du sujet *(Dût la foule...)*. Quand on maintient le sujet devant le verbe, il faut le reprendre par un pronom postposé : *La foule dût-elle nous abandonner...* Bien entendu, l'inversion est aussi de rigueur quand le sujet est un pronom personnel : *Dussions-nous périr, nous persévérerons.* ▼ Quand le sujet postposé est *je*, la forme du verbe est *dussé-je : Dussé-je périr, je persévérerai.*

1. dévolu, ue adj. Réservé, destiné : *La part de bonheur et de malheur qui est dévolue à chacun.* ▼ Il n'existe pas de verbe *dévoloir. Ne pas dire : *Le sort lui * a dévolu les plus brillantes qualités.* Employer plutôt : *réserver, destiner, doter de.*

2. dévolu n. m. Ne s'emploie de nos jours que dans l'expression *jeter son dévolu sur (une personne, une chose)*, décider de l'obtenir après l'avoir choisie : *Il jeta son dévolu sur cette jeune fille à marier.*

dévot adj. *ou* n. Pas d'accent circonflexe sur le *o*. Prononciation : [devo]. — Féminin : *dévote* [devɔt], avec un seul *t*. De même : *dévotement* adv.

dévouement [devumã] n. m. Attention au *e* intérieur.

dévoyer v. t. Conjug. **21.** Change *y* en *i* devant un *e* muet : *je dévoie, je dévoierai.* — Attention au *i* après l'*y* à la première et à la deuxième personne du pluriel de l'indicatif imparfait et du subjonctif présent : *(que) nous dévoyions, (que) vous dévoyiez.*

dey n. m. Titre porté autrefois par le chef de la régence d'Alger. — Prononciation : [dε]. — Pl. : *des deys* [dε]. ▼ Bien distinguer du *bey*, souverain de la Tunisie (autrefois) ▷ **bey.**

diabète [djabεt] n. m. Accent grave sur le *e*, à la différence de *diabétique* [djabetik].

diable n. m. Orthographe, féminin et expressions.

1 On écrit avec un *d* minuscule : *un diable*, chacun des démons. Au pluriel : *les diables, des diables.* — Avec un *D* majuscule : *le Diable*, l'esprit du mal, Satan, le chef des démons ▷ **démon.** — Dans les expressions consacrées, toujours un *d* minuscule : *Avocat du diable. Ne craindre ni Dieu ni diable. Vendre son âme au diable*, etc.

2 Au féminin, dans l'emploi substantif, on dit *diablesse (Une bonne diablesse. Quelle diablesse de fille !)* ou *diable* dans l'expression *cette (une) diable de (Cette diable de fille, qu'a-t-il bien pu inventer encore ? Cette diable de fièvre me cloue au lit).* Dans l'emploi adjectif, on dit toujours *diable* : *Elle est gentille cette fillette, mais un peu diable !* — Expression figée : *à la diable*, à la hâte, sans soin.

3 Au diable Vauvert. Forme correcte de l'expression : *Il habite je ne sais où en banlieue, au diable Vauvert* (= très loin d'ici). On dit aussi *au diable.* — Les formes *au diable vert, au diable au vert* sont des altérations. L'expression vient du nom du château de *Vauvert*, qui était, disait-on, hanté par les diables.

diablotin, ine n. m. *ou* f. Un seul *t.*

diabolo n. m. On écrit *des diabolos menthe, des diabolos grenadine* (= *des* diabolos *à la* menthe, *à la* grenadine).

diachronique adj. Prononciation : [djakʀɔnik]. — De même : *diachronie* [djakʀɔni].

diaconal, ale, aux adj. Qui concerne les diacres. — Masculin pluriel en *-aux.*

diadème n. m. Accent grave (et non accent circonflexe) sur le *e.*

diagnostic, diagnostique Deux mots homophones à bien distinguer :

1 diagnostic [djagnɔstik] n. m. Action d'identifier une maladie par l'examen des symptômes que présente le malade : *Le médecin établit son diagnostic.* — (par extension) *Le diagnostic d'un expert financier sur la baisse de la Bourse.*

2 diagnostique [djagnɔstik] adj. (médecine) *Signe diagnostique*, qui permet d'établir un diagnostic.

diagnostic, pronostic Deux noms masculins à bien distinguer.

1 diagnostic *(médecine)* Action d'identifier une maladie. *D'après le diagnostic du médecin, mon fils a la scarlatine.* — *(par extension)* Analyse des causes et de la nature d'une situation fâcheuse : *Les diagnostics des sociologues sur la crise de la société moderne.* ▼ Ne pas déformer en **dianostic.*

2 pronostic *(médecine)* Hypothèse que fait le médecin sur l'évolution probable d'une maladie : *Le pronostic du médecin est favorable : dans huit jours, le malade sera guéri.* — *(par extension)* Prévision, conjecture : *Les journalistes se livrent à des pronostics sur le choix du futur Premier ministre.* ▼ Ne pas déformer en **prognostic.*

diagnostiquer [djagnɔstike] v. t. Toujours avec *-qu-*, même devant *a* ou *o* : *il diagnostiqua, nous diagnostiquons.*

diagonal, ale, aux adj. *ou* n. Masculin pluriel en *-aux.*

diagramme n. m. Deux *m.*

dialectal, ale, aux adj. Masculin pluriel en *-aux :* *Des mots dialectaux.*

dialogue n. m. Il est plus correct de construire ce mot avec *entre* qu'avec *avec :* *Un dialogue entre le père et le fils* (préférable à *Un dialogue du père avec le fils).*

dialoguiste n. m. *ou* f. Prononciation : [djalɔgist(ə)].

dialyse n. f. Procédé d'analyse chimique. — Un *y* (comme dans *analyse).* De même : *dialysable, dialyser, dialyseur.*

diamantaire n. m. *ou* f. Finale en *-aire.*

diamétral, ale, aux adj. Masculin pluriel en *-aux.*

diaphane [djafan] adj. Avec *-ph-.* De même : *diaphanéité* [djafaneite].

diaphragme [djafʀagm(ə)]. Avec *-ph-.* De même : *diaphragmer* [djafʀagme].

diarrhée n. f. Attention aux deux *r*, à l'*h* et à la finale en *-ée.* Dérivé : *diarrhéique* [djaʀeik].

dicho— Préfixe (du grec *dikha* « en deux »), qui entre dans la formation de quelques mots savants. Le groupe *-ch-* se prononce [k] : *dichogamie* [dikɔgami], *dichopétale* [dikɔpetal], *dichotome* [dikɔtɔm], *dichotomie* [dikɔtɔmi], *dichotomique* [dikɔtɔmik].

dicotylédone adj. *ou* n. f. (terme de botanique) Attention à la place de *i* et de *y*.

dictame [diktam] Plante magique ; adoucissement. — Toujours masculin : *Un puissant dictame.*

dictatorial, ale, aux adj. Masculin pluriel en *-aux : Des pouvoirs dictatoriaux.*

diction n. f. Finale en *-ction.*

dictionnaire n. m. Avec deux *n.*

dicton n. m. On prononce [diktɔ̃]. La prononciation [ditɔ̃] est vieillie ou régionale, ainsi que la graphie *diton.*

dicton, proverbe Ces deux noms masculins ne sont pas synonymes.

1 dicton Formule expressive qui est relative à un fait de la vie quotidienne, pratique, matérielle, et qui est, en général, d'origine paysanne : *S'il tonne en avril, prépare tes barils. Année de foin, année de rien.*

2 proverbe Formule plus ou moins imagée, d'usage plus général que le dicton et parfois d'origine littéraire, qui exprime une vérité d'ordre moral : *L'argent est un bon serviteur et un mauvais maître.*

diérèse n. f. (terme de grammaire) Avec un *s,* non un *z.*

dièse (terme de musique) Toujours masculin : *Un dièse.* — Avec un *s,* non un *z.*

diesel Orthographe et prononciation.

1 Jamais d'accent sur les *e* (vient du nom de l'allemand Rudolf *Diesel*). De même *diesel-électrique* n. m. (type de locomotive). En revanche, un accent aigu sur chacun des *e* dans les dérivés français : *diésélisation, diéséliser.*

2 Avec un *D* majuscule, *un moteur Diesel, un camion Diesel, une locomotive Diesel,* mais, avec un *d* minuscule, *un diesel, un diesel-électrique* (type de locomotive).

3 Au pluriel, avec *Diesel* invariable : *des moteurs Diesel, des camions Diesel, des locomotives Diesel,* mais, avec *diesel* au pluriel : *des diesels.* — Marque du pluriel à chacun des deux mots dans *diesel-électrique : des (locomotives) diesels-électriques.*

4 La prononciation allemande [dizəl] de *Diesel, diesel* devient rare. On prononce plutôt à

la française : [djezɛl]. De même : *diesel-électrique* [djezɛlelɛktʀik], *diésélisation* [djezelizasjɔ̃], *diéséliser* [djezelize].

Dies irae Chant liturgique catholique. — Prononciation : [diesiʀe]. — Toujours invariable : *des Dies irae.* — *D* majuscule et *i* minuscule. — S'écrit généralement en italique dans un texte en romain, et en romain dans un texte en italique : « Sous les sombres voûtes romanes, le *Dies irae* retentissait ».

diète n. f. Assemblée délibérante de certains pays, autrefois. — En général avec un *d* minuscule, même quand il s'agit de la diète impériale (en allemand *Reichstag*).

diététique adj. *ou* n. f. Dérivé : *diététicien, ienne.*

Dieu, dieu n. m. Orthographe et emploi.

1 Avec *D* majuscule quand il s'agit du Dieu unique des religions monothéistes et des philosophies spiritualistes : *Prier Dieu et la Vierge. Pour Kant, l'existence de Dieu est un postulat de la raison pratique.* — Un *D* majuscule aussi dans les expressions, très nombreuses, qui se rattachent à ce sens : *C'est une affaire entre Dieu et moi. Grâce à Dieu. Avec l'aide de Dieu,* etc. — Avec un *B* et un *D* majuscules : *le Bon Dieu, une bête à Bon Dieu* (une coccinelle). — Avec un *b* minuscule et *D* majuscule : *bon Dieu !* (juron).

2 Avec *d* minuscule quand il s'agit de l'une des divinités des religions polythéistes (au pluriel, *des dieux ;* au féminin, *une déesse*) : *Les dieux grecs, romains* — Un *d* minuscule aussi dans les expressions qui dérivent de ce sens : *Il est beau comme un dieu. Être aimé des dieux. Dans le secret des dieux. Grands dieux !,* etc.

diffamer v. t. Deux *f.* Pas d'accent circonflexe sur le *a.* De même : *diffamant, ante, diffamateur, trice, diffamation, diffamatoire, diffamé.*

différence n. f. Orthographe et expression.

1 Deux *f.* De même : *différé, différemment, différenciable, différenciation, différencier, différend, différent, différentiel, elle* adj. *ou* n.

2 Dans la langue surveillée, écrire *à cette différence près que* plutôt que *avec cette différence près que : La corvette, navire à trois mâts, était semblable à la frégate, à cette différence près qu'elle était plus petite.*

différencier v. t. Conjugaison et construction.

1 Conjugaison. 20. Double le *i* à la première et à la deuxième personne du pluriel de l'indicatif imparfait et du subjonctif présent : *(que) nous différenciions, (que) vous différenciiez.*

2 Se construit avec *de*, non avec *d'avec* : *Le zébu se différencie du buffle par sa bosse.*

différend, différent, différant Trois mots homophones, mais non homographes.

1 un différend (n. m.) Désaccord : *Régler un différend à l'amiable.*

2 différent, ente (adj. variable) Dissemblable : *Les opinions de mon oncle sont bien différentes des miennes.*

3 différant (participe présent invariable) Qui diffère, qui est dissemblable : *Nos intérêts différant profondément, j'ai dû renoncer à m'associer avec lui.*

différer Conjugaison, sens et constructions.

I Conjug. 11. Change *é* en *è* devant un *e* muet, sauf à l'indicatif futur et au conditionnel présent : *je diffère*, mais *je différerai.*

II Sens et constructions.

1 Au sens de « remettre à plus tard ». Peut se construire avec un nom sans préposition *(J'ai différé mon départ)* ou avec *de* suivi de l'infinitif *(Je diffère de faire connaître ma décision. Je diffère de partir).* Ce tour est un peu vieilli et assez littéraire. — La construction absolue est vivante et usuelle : *Il faut prendre une décision, nous ne pouvons différer davantage.* — Quant à la construction avec *à* suivi de l'infinitif, elle est archaïsante et recherchée : *Le roi ne différa point à exiler le rebelle.*

2 Au sens de « être différent ». Se construit avec *de* (jamais avec *d'avec*) : *Son caractère diffère beaucoup du mien.* On peut dire aussi : *Son caractère et le mien diffèrent beaucoup*

difficile adj. Deux *f*. De même : *difficilement, difficulté, difficultueux.*

difficulté n. f. On écrit le plus souvent, en laissant *difficulté* au singulier : *avec difficulté, non sans difficulté, sans difficulté.*

difficultueux, euse Sens et emplois.

1 Emploi correct, mais vieilli. Qualifie une personne qui est portée à faire des difficultés : *Nous avons affaire à un personnage tatillon, méfiant, difficultueux.*

2 Emploi moderne et assez usuel, mais condamné par certains grammairiens. Qualifie une chose hérissée de difficultés : *L'entreprise semblait très difficultueuse.* Dans la langue surveillée, il vaut mieux, dans ce sens, employer *difficile.*

difforme adj. Deux *f*. De même : *difformité.*

diffus, use adj. Deux *f*. De même : *diffusément, diffuser, diffuseur, diffusibilité, diffusible, diffusion.*

digérer v. t. Conjug. **11.** Change *é* en *è* devant un *e* muet, sauf à l'indicatif futur et au conditionnel présent : *je digère*, mais *je digérerai.*

digest, digeste Bien distinguer ces deux noms.

1 un digest n. m. Anglicisme qui désigne le résumé, le condensé d'un livre. Pour éviter cet anglicisme, dire plutôt *un condensé.* — Prononciation : à l'anglaise [dajdʒɛst] ou, à la française, [diʒɛst].

2 un digeste n. m. (mot d'origine latine). Compilation de décisions de jurisconsultes anciens : *Le Digeste de Justinien* ou absolument *le Digeste* (toujours avec un *D* majuscule).

digeste, digestible, indigeste adj. ▼ Employer plutôt *digestible* « facile à digérer » : *Les viandes grillées, sans graisses, sont très digestibles.* On déconseille d'employer *digeste*, forme jugée familière et formée, par analogie abusive, d'après *indigeste.* — En revanche, dire toujours *indigeste*, seule forme admise (car *indigestible* est rare et d'une correction douteuse) : *Les viandes grasses, en sauce, sont souvent indigestes.*

digital, ale, aux adj. *ou* n. f. Masculin pluriel en *-aux* : *les nerfs digitaux.* — N. f. *La digitale :* plante.

digne adj. *Digne de,* dans une phrase affirmative, peut être suivi d'un terme favorable *(Il est digne d'honneur, de respect, d'admiration)* ou défavorable *(Il est digne de mépris, de haine, de blâme).* Dans une phrase négative ou interrogative, *digne de* ne peut être suivi que d'un terme favorable : *Il n'est pas digne d'admiration, d'envie, de respect.* On ne peut dire *Il n'est pas digne de mépris, de haine.* Tourner autrement : *Il ne mérite pas d'être méprisé, haï.*

digression n. f. Ne pas déformer en **disgression.*

dijonnais, aise adj. *ou* n. De Dijon. — Attention à la majuscule : *La population dijonnaise. Les Dijonnais.*

dilemme n. m. ▼ Ne pas déformer en **dilemne.*

dilettante n. m. *ou* adj. Un seul *l*, deux *t*. De même : *dilettantisme.* — Prononciation : [dilɛtãt]. — Mot italien francisé. Pl. : *des dilettantes* [-tãt]. Le pluriel à l'italienne, *des dilettanti*, est vieux.

diligemment [diliʒamã] Adverbe en *-emment*, (dérivé de *diligent*).

diluer v. t. Un seul *l*. De même : *dilution*.

dimanche n. m. Pas de majuscule : *J'irai vous voir dimanche prochain*.

dîme n. f. Ancien impôt. — Accent circonflexe sur le *i*.

dimension n. f. Ne pas abuser de ce mot au sens figuré de *aspect, profondeur, grandeur*. On écrira, par exemple : *Le romantisme a donné à la poésie lyrique une profondeur* (ou *une grandeur*) *nouvelle* (plutôt que *une dimension nouvelle*). *La grandeur cosmique de l'œuvre de Paul Claudel* (plutôt que *la dimension cosmique*). *L'aspect universel de l'œuvre de Dostoïevski* (plutôt que *la dimension universelle*).

dimensionné, ée adj. Qui a telles dimensions. — Mot du langage commercial et publicitaire. A éviter dans la langue surveillée. On écrira par exemple : *Le coffre de cette voiture a des dimensions suffisantes* (et non *est suffisamment dimensionné*).

diminuendo adv. (terme de musique) Mot italien partiellement francisé. — Prononciation : [diminɥɛndo], plus fréquemment que [diminɥɛ̃do] ou surtout que [diminwɛndo] — (substantivement) *Un diminuendo*. Toujours invariable : *des diminuendo*.

diminuer v. t. *ou* v. i. Écrire : *Le prix du beurre a diminué* (et non *Le beurre a diminué*, car c'est le prix qui diminue et non le beurre lui-même). De même : *Le prix de la vie diminue* (et non *La vie diminue)*. Même remarque pour *diminution : La diminution du prix du beurre, du prix de la vie*.

dinanderie n. f. Objets en laiton moulé. — *(par extension)* Ustensiles (chandeliers, pots, etc.) en laiton battu. Dans ce dernier cas, il est plus correct de dire *chaudronnerie*. Dérivé : *dinandier*.

dindon n. m. Deux *n* dans les dérivés : *dindonne, dindonneau, dindonner*.

dîner Accent circonflexe sur le *i*. De même : *dînatoire, dîneur, euse*.

dîner, déjeuner, souper ▷ **déjeuner**.

dinosaure n. m. Animal préhistorique. — Prononciation : [dinozɔʀ], avec [z].

dionysiaque adj. De Dionysos, dieu grec de la vigne et du vin : *Le culte dionysiaque* — Attention à la place de l'*y*. — Ne pas déformer en **dionysaque*.

dionysies [djɔnizi] n. f. pl. Dans la Grèce antique, fêtes en l'honneur de Dionysos. — Toujours au pluriel. Attention à la place de l'*y*. Toujours écrit avec un *d* minuscule : *Les grandes dionysies et les petites dionysies, fêtes athéniennes*.

diphtérie [difteʀi] n. f. Maladie contagieuse. — Attention au groupe *-ph-*. Ne pas écrire **diphthérie*. — Dérivé : *diphtérique* [difteʀik].

diphtongue [diftɔ̃g] n. f. Un *g* et non *-gu-* dans le dérivé *diphtongaison*. — En revanche toujours *-gu-* dans le dérivé *diphtonguer*, même devant *a* ou *o* (il diphtonguait, nous diphtonguons).

diplodocus n. m. Animal préhistorique. — Prononciation : [diplɔdɔkys]. — Pl. : *des diplodocus* [-kys].

diplomate [diplɔmat] n. m. *ou* n. f. Un *o* ouvert. Pas d'accent circonflexe sur le *o*. De même : *diplomatie* [diplɔmasi], *diplomatique* [diplɔmatik], *diplomatiquement* [diplɔmatikmɑ̃]. — En revanche, *o* fermé et accent circonflexe sur le *o* dans *diplôme, diplômé*.

diptyque n. m. Attention à la place de *i* et de *y*.

dire v. t. Conjugaison, constructions et expressions.

I Conjug. 47. *Je dis, tu dis, il dit, nous disons, vous dites, ils disent.* — *Je disais.* — *Je dis, tu dis, il dit, nous dîmes, vous dîtes, ils dirent.* — *Je dirai.* — *Je dirais.* — *Dis, disons, dites.* — *Que je dise.* — *Que je disse, que tu disses, qu'il dît, que nous dissions, que vous dissiez, qu'ils dissent.* — *Disant.* — *Dit, dite.* ▼ La deuxième personne du pluriel de l'indicatif présent et de l'impératif présent est : *(vous) dites*, et non *(vous) *disez*. De même : *(vous) redites*. En revanche, pour les autres composés, formes en *-disez : (vous) contredisez, (vous) dédisez, (vous) interdisez, (vous) médisez, (vous) prédisez*. — *Maudire* se conjugue comme *finir : vous maudissez, maudissez*, sauf au participe passé : *maudit, ite*.

II Constructions.

1 *Dire* + **nom.** Fréquent et usuel au sens de « raconter, réciter » : *Je vais vous dire la dernière nouvelle que j'ai apprise. Elle dit ses vers admirablement.* — Moins usuel, mais très correct, au sens d'« exposer, exprimer » : *Ce qu'ils veulent, c'est parler, dire leurs luttes, leurs espoirs, leurs colères.* — Expressions figées : *Dire du bien, du mal de (quelqu'un, quelque chose). Dire merveille de... Avant dire droit* (langue juridique). *Dire la bonne aventure.*

2 *Dire* + **infinitif** (quand le verbe *dire* et le second verbe ont le même sujet). *Il dit avoir remis ce document au directeur, en main propre.*

3 *Dire* + **interrogative indirecte.** *Je vais vous dire comment l'affaire est arrivée.*

4 *Dire que* + **un verbe à un mode personnel.** Indicatif ou conditionnel quand le verbe a une valeur déclarative : *Je vous dis que je viendrai. Il m'a dit hier qu'il viendrait aujourd'hui. Je dis que tout irait mieux si chacun faisait un effort.* — Quand *dire* est à la forme négative ou interrogative, l'indicatif est normal si l'on insiste sur la réalité du fait (mise au point) : *Je ne dis pas que ce garçon est sot, je dis qu'il est maladroit.* Le subjonctif exprime une nuance d'incertitude ou d'hésitation : *Je ne dis pas que ce garçon soit sot, mais enfin il n'obtient aucun résultat dans ses études. Peut-on dire que Louis XVI ait été un tyran ?* — Subjonctif, quand *dire* exprime un ordre ou une défense : *Je leur ai dit qu'ils aient à se tenir prêts. Dites-lui qu'il ne vienne pas si tôt.*

5 *Dire de* + **infinitif.** Exprime un ordre ou une défense : *Je vais lui dire de se presser un peu. Il m'a dit de ne plus m'absenter sans son autorisation.*

6 Dans une incise. *Pensez-vous, dit-elle, que le résultat soit si sûr ?* Éviter d'employer n'importe quel verbe dans une incise sous prétexte de varier le style. On risque en effet de tomber dans des effets involontairement cocasses, tels que « *Comme monsieur le comte voudra, s'inclina-t-il* » (écrire : *dit-il en s'inclinant*). « *Euh ! eh bien ! n'est-ce pas, s'embarrassa-t-il* » (écrire : *dit-il d'un air embarrassé*).

III Expressions.

1 Trouver à dire, trouver à redire. L'expression *trouver à dire* signifie « regretter l'absence de » (légèrement familier, à éviter dans le style très soutenu) : *Notre collègue est un homme charmant et un collaborateur efficace ; quand il aura pris sa retraite, nous le trouverons à dire.* — *Trouver à redire* signifie « avoir à critiquer » : *Je n'ai rien trouvé à redire dans sa déclaration, elle est parfaite quant au fond et à la forme.*

2 Comme vous (le) dites. Si une phrase de ce genre n'est pas incise, on peut, au choix, exprimer ou non le pronom neutre *le : J'ai vérifié, tout s'est bien passé comme vous le dites* (ou *comme vous dites*). — Dans une incise, *comme vous dites* insiste sur la forme, sur le style des propos (= pour employer votre expression) : *Oui, c'est un garçon « dans le vent », comme vous dites.* — *Comme vous le dites* insiste sur le contenu de l'assertion (= comme vous l'affirmez) : *Si ce garçon est vraiment sérieux et compétent, comme vous le dites, alors je peux lui assurer une situation convenable dans mon entreprise.*

3 On dirait de. Expression parfaitement correcte, mais archaïque et très littéraire : *Regardez cette ville, on dirait d'une cité de rêve bâtie par quelque magicien.* A éviter dans le registre normal.

4 Comme qui dirait ▷ **comme** (V, 2).

5 Bien-disant, ante Est variable.

6 Soi-disant ▷ **soi-disant.**

7 Ceci dit, cela dit ▷ **ceci** (1).

8 Ledit, ladite ▷ **dit.**

9 Susdit, ite En un seul mot.

10 Lieu-dit ▷ **lieu-dit.**

11 On-dit ▷ **on-dit.**

12 Ouï-dire ▷ **ouï-dire.**

directeur, trice n. m *ou* f. Quand il s'agit d'une femme, on emploie normalement la forme féminine *directrice (La directrice d'un journal de modes. La directrice d'une école. Madame Julie Martin, directrice de notre société)*, sauf parfois dans l'énoncé d'un titre de fonction dans l'administration publique, surtout si le titre suit le nom *(Madame Louise Dubois, directeur de cabinet. Madame Jacqueline Dupont, directeur du personnel au ministère de...).* ▼ L'usage est de donner le titre de *Madame la Directrice* à la personne qui dirige un lycée de filles, même quand elle n'est pas mariée.

directoire n m. Finale en *-oire.* — Un *D* majuscule quand le mot désigne le régime politique de la France (1795-1799) : *Sous le Directoire, la France connut la misère et l'anarchie.* De même, un *D* majuscule dans : *le style Directoire.* Un *D* majuscule et invariabilité dans des expressions telles que : *des chaises Directoire, des meubles Directoire, des canapés Directoire, des armoires Directoire.*

directive n f. Au sens militaire, peut s'employer au singulier. Au sens général, ne s'emploie qu'au pluriel. Désigne les instructions données à une personne, à une organisation, à un groupe pour fixer une ligne de conduite ou d'action : *Les préfets ont reçu des directives politiques du gouvernement sur la conduite à tenir à l'égard des mouvements de mécontentement populaire.* Ne pas employer ce mot quand il s'agit d'une *instruction* précise, d'un *ordre* très strict concernant une action ou une affaire bien définie, ou quand il s'agit d'*ordres*, de *consignes*, donnés par un chef subalterne à ses subordonnés directs. Ne pas écrire, par exemple : *Le contremaître donnait des directives aux ouvriers du chantier.*

dirigeable adj. *ou* n m. Attention au *e* entre *g* et *a* De même : *dirigeant.*

diriger v. t. Conjug. **16.** Prend un *e* après le *g* devant *a* ou *o* : *Il dirigea, nous dirigeons.*

dirimant, ante adj. S'emploie surtout dans l'expression juridique *empêchement dirimant*, empêchement absolu qui entraîne la nullité d'un mariage : *Les degrés de parenté prohibés par le code ont un effet dirimant.* — Ne pas abuser de cet adjectif en dehors du langage juridique. Employer plutôt : *empêchement absolu.*

discerner v. t. Attention au groupe *-sc-.* — Dérivés : *discernable, discernement.*

disciple n. m. (*ou* f.) Attention au groupe *-sc-.* — Quand il s'agit d'une femme, on emploie parfois le mot au féminin (*Elle fut sa disciple la plus fidèle),* mais le plus souvent au masculin (*Elle fut son disciple le plus fidèle).*

discipline n. f. Attention au groupe *-sc-.* Mots de la même famille : *disciplinaire, disciplinairement, discipliné, discipliner.*

discontinuer v. i. S'emploie généralement dans l'expression *sans discontinuer*, sans s'interrompre, sans arrêt : *Depuis deux jours, il pleut sans discontinuer.* — Beaucoup plus rarement, s'emploie à la forme négative, avec *de* et l'infinitif : *Ce bavard ne discontinue pas de parler.* — Inusité en dehors de ces deux tours.

disconvenir v. t. ind. Conjugaison et constructions.

I Conjug. **44** (comme *convenir, venir*). — Auxiliaire *être* : *Accusé d'avoir commis cette négligence, il n'en est pas disconvenu.*

II **Constructions** (presque toujours à la forme négative).

1 *Ne pas disconvenir de* + **infinitif.** *Je ne disconviens pas d'avoir exagéré* (= je reconnais avoir exagéré). — Rarement construit avec *de* + nom, mais fréquemment avec *en* : *J'ai commis une imprudence, je n'en disconviens pas.*

2 *Ne pas disconvenir que.* Se construit le plus souvent avec le subjonctif (lequel est généralement précédé du *ne* explétif) : *Je ne disconviens pas qu'il n'y ait quelque apparence de vérité dans cette théorie.* On peut aussi employer l'indicatif (sans *ne* explétif), si l'on veut insister sur la réalité du fait (*Je ne disconviens pas qu'il faut de la fermeté dans certains cas),* ou le conditionnel (sans *ne* explétif), quand on veut exprimer l'éventualité : *Je ne disconviens pas qu'il faudrait recourir à cette solution, si tout autre moyen apparaissait impossible.*

discophile adj. *ou* n. Qui aime les disques de musique.

discordance n. f. Finale en *-ance.* — Dérivé : *discordant.*

discothèque n. f. Attention au groupe *-th-.*

discount n. m. (*commerce*) Anglicisme désignant la remise faite par certains commerçants. — Equivalents français : *escompte, rabais, réduction, remise, ristourne.* — Prononciation : à l'anglaise [diskawnt] ou, plus fréquemment, [diskunt]. — Pl. : *des discounts* [-awnt] ou [-unt]. — (*par extension*) Formule de vente, adoptée surtout par certains magasins à grande surface, selon laquelle on pratique la réduction maximale des services, des prix d'exploitation et des prix de vente : *Disques et livres vendus en discount.* Équivalent français : *réduction maximale.* — En apposition (toujours invariable) : *Un magasin discount. Des magasins discount.*

discourir v. i. Conjugaison et sens.

1 Conjug. **32.** *Je discours, tu discours, il discourt, nous discourons, vous discourez, ils discourent.* — *Je discourais.* — *Je discourus.* — *Je discourrai.* — *Je discourrais.* — *Discours, discourons, discourez.* — *Que je discoure.* — *Que je discourusse.* — *Discourant.* — *Discouru.*

2 Comme le dérivé *discoureur*, le verbe *discourir* est toujours très péjoratif. Ne doit pas s'employer au sens de *prononcer un discours.* On dira donc, par exemple : *A l'occasion de cette remise de décoration, le directeur a prononcé un discours* (et non *a discouru*).

discret adj. Pas d'accent sur le *e* à la forme masculine : *discret.* — Accent grave au féminin (*discrète*) et dans l'adverbe *discrètement.* — Accent aigu dans le nom *discrétion*, ainsi que dans l'adjectif *discrétionnaire* (deux *n*).

disert, erte adj. ▼ Prononciation : [dizɛr, ɛrt], avec [z]. — De même : *disertement* [dizɛrtəmã].

disette n. f. Deux *t.* De même : *disetteux.*

disgrâce n. f. ▼ Accent circonflexe sur le *a*, à la différence de *disgracié, disgracier, disgracieusement, disgracieux, euse.*

disgracier v. t. Pas d'accent circonflexe sur le *a*, à la différence de *disgrâce.* — Conjug. 20 (comme *gracier*).

disjoindre v. t. Conjug. **85** (comme *joindre*).

disparaître v. i. Conjugaison et emploi de l'auxiliaire.

1 Conjug. **94** (comme *paraître*).

2 De nos jours, l'usage de l'auxiliaire *avoir* s'est généralisé dans tous les cas, soit pour exprimer

l'action *(C'est à ce moment que mon ami a disparu dans la foule)*, soit pour exprimer l'état *(Maintenant, le soleil a disparu derrière les montagnes)*. Autrefois, on employait l'auxiliaire *être* dans ce dernier cas. On rencontre parfois *être* quand *être disparu* est un euphémisme pour « être mort » *(Toutes les vieilles gens que j'ai connues dans mon enfance sont maintenant disparues)* ou quand on veut insister sur le caractère irrémédiable d'une disparition déjà ancienne *(Il y a bien longtemps que ces antiques mœurs paysannes et patriarcales sont disparues)*. Encore cet usage est-il nettement littéraire.

disparate ▼ Employé comme nom, est toujours féminin : *Une disparate scandaleuse entre la gravité des circonstances et la trivialité du ton.*

dispatcher n. m. Anglicisme désignant celui qui travaille dans un *dispatching*. — Prononciation : [dispatʃœʀ]. — Pl. : *des dispatchers* [-tʃœʀ]. — Équivalent français : *distributeur*.

dispatching n. m. *(anglicisme)* Prononciation : [dispatʃiŋ]. — Pl. : *des dispatchings* [-tʃiŋ]. — Équivalents français : *centre régulateur, centre de régulation, centre de distribution, centre de répartition.*

dispenser v. t. S'écrit avec *-en-*. De même : *dispensable, dispensaire, dispensateur, dispense.*

dispos adj. Le féminin est *dispose (Elle est fraîche et dispose)*, mais il est pratiquement inusité de nos jours.

disquaire n. m. *ou* f. Avec *-qu-*, comme *disque.*

dissection, vivisection Ces deux noms féminins ne sont nullement synonymes :

1 dissection Action d'ouvrir un organe prélevé sur un organisme mort ou d'ouvrir un animal mort ou un cadavre humain pour en étudier la structure interne.

2 vivisection Action d'ouvrir un animal vivant, le plus souvent sous anesthésie, pour élucider une question physiologique.

dissemblable adj. Se construit avec *de (La feuille du chêne est dissemblable de celle du hêtre)*, alors que *semblable* se construit avec *à (Le fruit du marronnier est assez semblable à celui du châtaignier)*. Observer que, de nos jours, cette construction avec *de* est elle-même peu usitée On préfère tourner autrement *(La feuille du chêne et celle du hêtre sont dissemblables)* ou employer l'adjectif *différent (La feuille du chêne est différente de celle du châtaignier).*

disséquer v. t Orthographe et emploi.

1 Toujours avec *-qu-*, même devant *a* ou *o :* *il disséqua, nous disséquons.* — Conjug. **11 :** *je dissèque*, mais *je disséquerai.*

2 Ne pas abuser de ce mot au sens figuré. On peut dire : *A force de disséquer les pièces de Racine pour en étudier la structure formelle, on en vient à oublier qu'il s'agit d'œuvres faites pour émouvoir.* L'emploi de *disséquer* est ici encore proche, métaphoriquement, du sens de « ouvrir un cadavre ». En revanche, on évitera les emplois abusifs, fréquents dans la langue des journaux : *Les experts politiques ont disséqué le communiqué.* Écrire plutôt : *analyser (minutieusement), examiner (minutieusement), étudier (attentivement)*, ou même, dans le style familier, *éplucher.*

dissimuler v. t. Construction de *dissimuler que* ou de *se dissimuler que.*

1 Si *(se)* **dissimuler que est à la forme affirmative.** La règle ancienne exigeait le subjonctif dans la subordonnée (sans *ne* explétif) : *Il dissimula qu'il eût participé à l'assemblée des conjurés. Je m'étais dissimulé que mon ami me fût infidèle.* Cette construction ne peut être considérée comme incorrecte, mais elle est quelque peu archaïque et doit être réservée au style très recherché et très littéraire. De nos jours, l'usage est d'employer l'indicatif (toujours sans *ne* explétif) : *Il m'avait dissimulé qu'il voulait partir. Je me suis dissimulé que nos possibilités n'étaient pas suffisantes.* On peut toujours employer le conditionnel si le sens l'exige : *Il me dissimula que tout le monde partirait le lendemain* (futur dans le passé). *Il me dissimule qu'il accepterait de vendre si on lui offrait un prix suffisant* (éventualité).

2 Si *(se)* **dissimuler que est à la forme négative ou interrogative.** La règle ancienne exigeait ou bien l'indicatif sans *ne* explétif, ou bien le subjonctif avec *ne* explétif dans la subordonnée : *Je ne vous dissimule pas que sa conduite me déçoit beaucoup*, ou bien *Je ne vous dissimule pas que sa conduite ne me déçoive beaucoup.* L'usage moderne tend à généraliser l'emploi de l'indicatif, sans *ne* explétif. Cet usage est d'ailleurs nettement préférable, car il est plus léger et plus clair. On peut toujours employer le conditionnel, si le sens l'exige : *Je ne vous dissimulais pas que l'entreprise serait difficile. Se dissimule-t-il que nous refuserions notre aide si nous n'avions pas de garanties ?*

dissocier v. t. Conjug. **20.** Double le *i* à la première et à la deuxième personne du pluriel de l'indicatif imparfait et du subjonctif présent : *(que) nous dissociions, (que) vous dissociiez.*

dissolu, ue adj. Finale en *-u*, *-ue*.

dissonance n. f. Un seul *n*. De même : *dissonant*, *dissoner*.

dissoudre v. t. Conjug. **86**. *Je dissous, tu dissous, il dissout, nous dissolvons, vous dissolvez, ils dissolvent.* — *Je dissolvais.* — Passé simple inusité. — *Je dissoudrai.* — *Je dissoudrais.* — *Dissous, dissolvons, dissolvez.* — *Que je dissolve.* — Subjonctif imparfait inusité. — *Dissolvant.* — *Dissous, dissoute.* Le passé simple est inusité. Éviter les barbarismes *il *dissolva, il *dissolvit, il *dissolut.* Le participe passé se termine par un *-s* au masculin, *dissous*, mais contient un *-t-* au féminin : *dissoute.*

dissyllabe adj. *ou* n. m. *Un mot dissyllabe* ou *un dissyllabe*, qui se compose de deux syllabes. — Deux *s*, à la différence de *décasyllabe*. ▼ Le mot *dissyllabique* est toujours adjectif : *Un vers dissyllabique.* Ne pas dire **un dissyllabique.*

dissymétrie n. f. ▼ Ne pas écrire **dyssymétrie* (avec deux *y*), orthographe conforme à l'étymologie, mais périmée et devenue fautive. De même : *dissymétrique.*

dissymétrie, asymétrie ▷ asymétrie.

distancer v. t. Conjug. **17**. Le *c* prend une cédille devant *a* ou *o* : *il distança, nous distançons.*

distendre v. t. Conjug. **81**. *Je distends, tu distends, il distend, nous distendons, vous distendez, ils distendent.* — *Je distendais.* — *Je distendis.* — *Je distendrai.* — *Je distendrais.* — *Distends, distendons, distendez.* — *Que je distende.* — *Que je distendisse.* — *Distendant.* — *Distendu, ue.* — Dérivé : *distension.*

distiller v. t. Deux *l*. — Bien prononcer [dis-tile], avec [l]. De même : *distillation* [distilasjɔ̃], *distillateur* [distilatœʀ], *distillerie* [distilʀi].

distinct adj. Au masculin, le groupe *-ct* final ne se fait pas entendre. Prononcer : [distɛ̃]. — En revanche, le féminin *distincte* se prononce [distɛ̃kt(ə)]. De la même famille : *distinctement* [distɛ̃ktəmɑ̃], *distinctif, ive* [distɛ̃ktif, iv], *distinction* [distɛ̃ksjɔ̃].

distinction n. f. Plusieurs constructions possibles : *La distinction du bien et du mal. La distinction entre les reptiles et les batraciens. La distinction des activités personnelles d'avec les activités professionnelles.* Cette dernière construction est moins employée et plus lourde. ▼ On ne peut dire, sans employer *et* : *la distinction *du bien et du mal.*

distinguer v. t. Orthographe et constructions.

I Toujours avec *-gu-*, même devant *a* ou *o* : *il distingua, nous distinguons.*

II Constructions.

1 Peut se construire avec *de* ou avec *d'avec* : *Il est facile de distinguer la grenouille du crapaud. Il n'est pas très facile de distinguer à première vue la couleuvre d'avec la vipère.* — La construction avec *de* est plus légère. Elle est préférable à la construction avec *d'avec*, sauf quand il peut y avoir équivoque ou quand les deux termes sont séparés par plusieurs mots ou surtout quand il importe d'éviter une succession de mots précédés de la préposition *de* : *Un roi doit savoir distinguer le conseiller sincère d'avec le courtisan* (la séquence *distinguer le conseiller sincère du courtisan* pourrait signifier aussi « accorder une distinction, un honneur à celui qui conseille sincèrement le courtisan »). *Distinguons les poèmes qui ne sont que des œuvres de circonstance écrites sur commande d'avec les grandes odes qui ont été longuement méditées* (ici, la construction avec *de* rendrait la phrase difficile à comprendre). *Il faut distinguer les serviteurs du prince d'avec les courtisans* (éviter *Il faut distinguer les serviteurs du prince des courtisans*, ce qui serait ambigu et confus).

2 La construction avec *et* est à déconseiller, car elle donne lieu à des équivoques : *Dans les vertébrés inférieurs, il faut distinguer les batraciens et les reptiles.* Cette phrase peut signifier *ou bien* « il faut distinguer les batraciens d'avec les reptiles » *ou bien* « il faut mettre à part des autres vertébrés inférieurs les batraciens et les reptiles ».

3 La construction avec *entre* implique, en général, une nuance particulière. La distinction ne porte pas seulement sur la nature des personnes ou des choses considérées, mais aussi sur la manière dont on les traite. Comparer : *Un juge capable doit savoir distinguer l'innocent du coupable* (= discerner celui qui est innocent et celui qui est coupable) et *Un juge intègre ne doit pas distinguer entre les riches et les pauvres* (= traiter différemment). Avec *entre*, *distinguer* peut signifier aussi « établir, poser une distinction par une décision » : *Parmi les mots d'origine latine, il faut distinguer entre les vocables issus du latin populaire et les emprunts savants.*

distinguo n. m. Familier et un peu péjoratif (idée de distinction inutilement subtile) : *Voilà un distinguo bizarre !* — Prononciation : [distɛ̃go]. — Pl. : *des distinguos* [-go]. Le pluriel invariable *(des distinguo)* est vieilli.

distordre v. t. Conjug. **92**. (comme *tordre*). S'emploie surtout aux troisièmes personnes, à l'infinitif et aux temps composés.

distraire v. t. Conjug. *57 Je distrais, tu distrais, il distrait, nous distrayons, vous distrayez, ils distraient. — Je distrayais, tu distrayais, il distrayait, nous distrayions, vous distrayiez, ils distrayaient.* — Passé simple inusité. — *Je distrairai.* — *Je distrairais.* — *Que je distraie, que tu distraies, qu'il distraie, que nous distrayions, que vous distrayiez, qu'ils distraient.* — Subjonctif imparfait inusité. — *Distrayant.* — *Distrait, aite.* ▼ Attention au *i* après le *y* à la première et à la deuxième personne du pluriel de l'indicatif imparfait et du subjonctif présent : *(que) nous distrayions, (que) vous distrayiez.*

district n. m. La prononciation moderne est [distʀikt]. Les prononciations [distʀik] et [distʀi] sont vieillies.

dit, dite On prendra garde à l'orthographe de l'expression *ledit.* On écrit ainsi les diverses formes : *ledit, ladite ; dudit, de ladite ; audit, à ladite ; lesdits, lesdites ; desdits, desdites ; auxdits, auxdites.* — En un seul mot : *susdit, susdite.*

dithyrambe n. m. Attention au groupe *-th-*et à l'*y.* De même : *dithyrambique.*

dito adv. Mot de la langue commerciale. S'emploie dans une énumération pour éviter une répétition. Abréviation : *d°.* L'orthographe *ditto* est vieillie.

diva n. f. *(vieilli)* Cantatrice célèbre — Mot italien francisé. — pl. : *des divas* [diva].

divagant, divaguant Ne pas écrire l'adjectif variable *divagant, ante* comme le participe présent invariable *divaguant : Il tient des propos divagants. Les animaux divaguant sur la voie publique seront mis en fourrière.*

divaguer v. i. Toujours avec *-gu-*, même devant *a* ou *o : il divagua, nous divaguons.*

divergence n. f. Finale en *-ence.*

divergent, divergeant Ne pas écrire l'adjectif variable *divergent, ente* comme le participe présent invariable *divergeant : Nos opinions divergentes sont la cause de la rupture. Nos opinions divergeant gravement, il a bien fallu rompre les pourparlers.*

diverger v. i. Conjug. *16* Prend un *e* après le *g* devant *a* ou *o : il divergea, nous divergeons.*

divers, erse Emploi au singulier et place.

I Au singulier. Est vieux et littéraire. Signifie « qui présente dans le temps ou l'espace plusieurs aspects ou caractères différents ; qui change selon les lieux ou les moments » : *O combien l'homme est inconstant, divers* (La Fontaine). Dans ce sens, ne s'emploie guère que comme attribut.

II Place de *divers.*

1 Derrière le nom. Adjectif qualificatif qui signifie « différent, varié » : *Cette province n'est pas monotone, elle présente des aspects divers.*

2 Devant le nom. Adjectif indéfini qui signifie « quelques, plusieurs » : *Cette coutume se rencontre dans diverses régions.*

diversifier v. t. Conjug. *20.* Double le *i* à la première et à la deuxième personne du pluriel de l'indicatif imparfait et du subjonctif présent : *(que) nous diversifiions, (que) vous diversifiiez.*

dividende [dividãd] n. m. S'écrit avec *-en-.*

divin, ine adj. Dans le masculin placé devant un nom commençant par une voyelle ou un *h*–muet, la finale *-in* se prononce [-in] et non [-ɛ̃] : *le divin enfant* [divinãfã], *le divin hippogriffe* [divinipɔgʀif], mais *le divin héros* [divẽeʀo].

division n. m. Deux *n* dans les dérivés : *divisionnaire, divisionnisme, divisionniste.*

division des mots ▷ annexes.

divorcer Conjugaison, emploi de l'auxiliaire et constructions.

1 Conjug. *17.* Le *c* prend une cédille devant *a* ou *o : il divorça, nous divorçons.*

2 Auxiliaire *avoir* quand on insiste sur l'action : *Elle a divorcé en octobre 1968 et s'est remariée en juillet 1970.* — Auxiliaire *être* quand on insiste sur l'état : *Depuis qu'elle est divorcée, elle se trouve beaucoup plus heureuse.*

3 Au participe passé, se construit généralement avec *de : Divorcée d'un médecin de Lyon, elle menait une vie très libre.* Aux autres modes, se construit généralement avec *d'avec : Il a divorcé d'avec Suzanne il y a deux ans.* — La construction *avec* est employée aussi et ne peut être considérée comme vraiment incorrecte : *Elle a divorcé avec Antoine l'année dernière.* A éviter cependant dans la langue soignée.

divulgateur, trice n. m. *ou* f., **divulgation** n. f. Avec un *-g-*, et non avec *-gu-* comme *divulguer.*

divulguer v. t. Orthographe et emploi.

1 Toujours avec *-gu-*, même devant *a* ou *o (il divulgua, nous divulguons),* à la différence de *divulgateur, divulgation*

2 On évitera le pléonasme *divulguer publiquement.*

dix adj. numéral *ou* n. m. Prononciation, orthographe et forme des dérivés et des composés.

I Prononciation.

1 Devant un nom ou un adjectif commençant par une consonne ou un *h-* aspiré, on prononce [di], le *x* final étant muet : *dix mètres* [dimεtʀ(ə)], *dix gros arbres* [digʀozaʀbʀ(ə)], *dix huttes* [diyt], *dix hautes armoires* [diotəzaʀmwaʀ].

2 Devant un nom ou un adjectif commençant par une voyelle ou un *h-* muet, on prononce [diz], le *-x* final se prononçant comme le *-s* final en liaison : *dix arbres* [dizaʀbʀ(ə)], *dix énormes caisses* [dizenɔʀməkεs], *dix hirondelles* [diziʀɔ̃dεl], *dix habiles garçons* [dizabilgaʀsɔ̃].

3 Devant un nom de mois commençant par une consonne, on prononce de nos jours [di] plutôt que [dis] : *le dix janvier* [diʒɑ̃vje] plutôt que [disʒɑ̃vje], *le dix février* [difevʀije] plutôt que [disfevʀije], *le dix mars* [dimaʀs] plutôt que [dismaʀs], etc. Dans ce cas d'ailleurs, l'usage est assez flottant et il n'y a pas de règle absolue. La prononciation [dis], un peu vieillie, pourra être préférée dans la diction soignée : *le dix janvier* [disʒɑ̃vje], *le dix février* [disfevʀije].

4 Devant un nom de mois commençant par une voyelle, on prononcera [dis] plutôt que [diz], mais cette dernière prononciation n'est pas vraiment incorrecte : *le dix avril* [disavʀil] plutôt que [dizavʀil], *le dix août* [disu] plutôt que [dizu], *le dix octobre* [disɔktɔbʀ(ə)] plutôt que [dizɔktɔbʀ(ə)]. Dans ce cas, comme dans le précédent, l'usage est assez flottant et il n'y a pas de règle absolue.

5 Devant un mot qui n'est ni un nom ni un adjectif, on prononce [dis] : *dix ou onze* [disuɔ̃z], *de dix à quinze* [dədisakε̃z], *les numéros dix et onze* [dise5z], *dix pour mille* [dispuʀmil], *dix d'entre eux* [disdɑ̃tʀø].

6 A la fin d'une phrase ou d'un membre de phrase ou devant une pause, une ponctuation, on prononce toujours [dis] : *Il sont dix* [dis].

II Dérivés et composés.

1 On écrit, avec un *x* prononcé [z] : *dixième* [dizjεm], *dixièmement* [dizjεmmɑ̃]. — On écrit avec un *z* : *dizain* [dizε̃] n. m. (poème de dix vers), *dizaine* [dizεn] n. f.

2 On écrit avec un trait d'union les composés suivants : *dix-sept* [disεt], *dix-septième* [disεtjεm], *dix-septièmement* [disεtjεmmɑ̃], *dix-huit* [dizɥi(t)], *dix-huitième* [dizɥitjεm], *dix-*

huitièmement [dizɥitjεmmɑ̃], *dix-neuf* [diznœ(f)], *dix-neuvième* [diznœvjεm], *dix-neuvièmement* [diznœvjεmmɑ̃].

3 Pas de trait d'union dans les autres composés : *cent dix, deux cent dix, trois cent dix..., mille dix, deux mille dix, trois mille dix..., dix mille, dix millions,* etc.

4 Dix-sept cent(s), dix-huit cent(s), dix-neuf cent(s) (trait d'union entre *dix* et *sept*, *dix* et *huit*, *dix* et *neuf*, car il s'agit des nombres *dix-sept*, *dix-huit*, *dix-neuf*). Ces formes s'emploient parfois à la place de *mille sept cent(s), mille huit cent(s), mille neuf cent(s)* ▷ cent (V).

dixième, dizain, dizaine ▷ dix (II, 1).

doberman [dɔbεʀman] n. m. Race de chien de garde. — Pl : *des dobermans* [-man].

dock [dɔk] n. m. Attention au groupe *-ck.* — Pl. : *des docks* [dɔk]. — Dérivé : *docker* [dɔkεʀ] n. m. (Pl. : *des dockers* [-kεʀ]). — Pour remplacer l'anglicisme *docker*, on a proposé l'équivalent français *débardeur.*

docteur Féminin et emploi.

1 Le féminin *doctoresse* ne peut s'employer que s'il s'agit d'une femme docteur en médecine : *Elle va consulter la doctoresse.* Cette forme féminine est d'ailleurs réservée à l'usage familier ou du moins non officiel.

2 L'emploi du mot précédé de l'article et non accompagné du nom propre est fréquent, mais appartient au registre familier : *Le docteur m'a conseillé une cure à Aix-les-Bains. Je suis fatigué, j'irai voir le docteur.* Dans la langue surveillée, on dit plutôt *le médecin.*

3 On dira plutôt *une femme médecin* que *une femme docteur.* — Dans le libellé d'une adresse ou dans l'énoncé officiel du titre, en revanche, on écrit *Madame le docteur Untel.*

4 On dit *docteur ès lettres* [εslεtʀ(ə)], *docteur ès sciences* [esjɑ̃s], mais, dans tous les cas où le nom de la discipline est au singulier, on emploie *en* : *Docteur en droit, en pharmacie, en médecine.* — Jamais de trait d'union dans *docteur ès lettres, docteur ès sciences.*

doctoral, ale, aux adj. Masculin pluriel en *-aux.*

doctorat n. m. *Doctorat ès lettres, ès sciences* mais *doctorat en droit, en médecine, en pharmacie.* Mêmes règles que pour *docteur* ▷ docteur (4).

doctoresse ▷ docteur (1).

doctrinal, ale, aux adj. Masculin pluriel en *-aux.*

dodéca Préfixe (du grec *dôdeka* « douze »), qui sert à former des mots savants : *dodécaèdre, dodécagonal, ale, aux, dodécagone, dodécaphonie, dodécaphonisme, dodécaphonique, dodécaphoniste, dodécastyle, dodécasyllabe.*

doge n. m. [dɔʒ] La femme du doge était la *dogaresse.*

dogue n. m. Race de chiens. — Dérivé : *doguin* [dɔgɛ̃] n. m. (jeune dogue).

doigt [dwa] n. m. Orthographe et expressions.

1 Groupe final *-gt* muet. — Dans les dérivés, le *g* est muet, le *t* se prononce : *doigté* [dwate], *doigter* [dwate], *doigtier* [dwatje].

2 On ne dira pas *savoir sur le bout des doigts,* mais *savoir sur le bout du doigt.* En revanche, on dit *avoir de l'esprit, être cultivé jusqu'au bout des doigts,* plutôt que *jusqu'au bout du doigt.*

doit [dwa] n. m. *Le doit et l'avoir.* — Inusité au pluriel.

dol n. m. Manœuvre frauduleuse. — Inusité de nos jours en dehors du langage juridique — Dérivé : *dolosif, ive* adj.

doléances n. f. pl. Finale en *-ance.* Toujours au pluriel de nos jours.

dolent, ente [dɔlã, ãt] adj. Plaintif : *Elle parlait d'une voix dolente.* — S'écrit avec *-en-.* — Mot assez littéraire. — N'est pas l'antonyme de *indolent* « paresseux, nonchalant ».

dolicho- Préfixe (du grec *dolikhos* « long »), qui se prononce [dɔlikɔ] : *dolichocéphale* [dɔlikɔsefal], *dolichocéphalie* [dɔlikɔsefali], *dolichocôlon* [dɔlikɔkolɔ̃].

dollar n. m. Attention aux deux *l.* — Finale en *-ar,* sans *-d.*

dolman n. m. Veste militaire à brandebourgs. — Prononciation : [dɔlmã] — Pl. : *des dolmans* [-mã].

dolmen n. m. Monument mégalithique fait d'une longue pierre horizontale posée sur d'autres pierres, verticales. — A distinguer du *menhir,* pierre unique et haute, dressée verticalement. — Prononciation : [dɔlmɛn]. Pl. : *des dolmens* [-mɛn].

domanial, ale, aux adj. Masculin pluriel en *-aux : Les biens domaniaux.*

dôme, coupole Ces deux mots ne sont pas interchangeables.

I Dans la langue technique de l'architecture.

1 dôme n. m. Calotte hémisphérique (ou de plan polygonal, comme à la cathédrale de Florence) qui constitue la couverture extérieure de certains édifices : *Un dôme couvert d'ardoises, de feuilles de plomb. Dôme surmonté d'un lanternon.*

2 coupole n. f. Calotte qui double le dôme à l'intérieur. Elle est séparée du dôme par une charpente Elle est moins concave que le dôme.

II Dans le langage courant.

1 dôme n. m. Ensemble formé par le *dôme* et la *coupole* (au sens I, ci-dessus), lorsque cette couverture appartient à un édifice de l'époque de la Renaissance ou de l'âge classique. Dans ces édifices, la calotte extérieure qui forme le dôme n'est jamais surbaissée : *Le dôme de la cathédrale de Florence, de Saint-Pierre de Rome, des Invalides, du Panthéon de Paris.*

2 coupole n. f. Couverture arrondie, sur plan circulaire, qui est employée notamment dans certains édifices romains, byzantins, arabes ou romans. Les coupoles de ces édifices sont souvent surbaissées : *La coupole du Panthéon de Rome. La coupole de Sainte-Sophie (à Constantinople). Les coupoles d'une mosquée arabe. Les coupoles des églises romanes périgourdines.*

domestiquer v. t. Toujours avec *-qu-,* même devant *a* ou *o : il domestiqua, nous domestiquons.*

domicile n. m. Un seul *l.* De même : *domiciliaire, domiciliation, domicilier.*

domicilier v. t. Conjug. **20.** Double le *i* à la première et à la deuxième personne de l'indicatif imparfait et du subjonctif présent : *(que) nous domiciliions, (que) vous domiciliiez.*

1. dominicain, aine n m. *ou* n. f. Religieux, religieuse de l'ordre fondé par saint Dominique. — Pas de majuscule *(Un dominicain va prêcher le carême),* sauf dans la dénomination officielle de l'ordre : *L'ordre des Dominicains* ou *ordre des Prêcheurs.*

2. dominicain, aine adj. *ou* n. De la république Dominicaine. — Attention à la majuscule : *La population dominicaine. Les Dominicains.*

dominion n. m. (mot anglais) Prononciation : [dɔminjɔn]. — Pl. : *des dominions* [-njɔn].

domino n. m. — Pl. : *des dominos.*

dommage n. m. Orthographe et construction.

1 Deux *m.* De même : *dommageable* adj. (avec *e* entre *g* et *a*).

2 Trois tours possibles : *Dommage que...*, placé en tête de phrase, tour familier *(Dommage qu'il pleuve, nous aurions pu faire une promenade) ; c'est dommage que...*, tour nettement moins familier *(C'est dommage que vous ne puissiez pas venir à notre réunion)* ; *il est dommage que...*, tour recommandé dans la langue soutenue *(Il est dommage que le style de Balzac ne soit pas toujours à la hauteur de son inspiration)*. — Le mode employé après *que* est toujours le subjonctif.

dompter v. t. Le *p* intérieur ne doit pas se prononcer : [dɔ̃te]. De même : *domptable* [dɔ̃tabl(ə)], *domptage* [dɔ̃taʒ], *dompteur, euse* [dɔ̃tœʀ, øz].

donation n. f. Un seul *n*, comme dans *donataire, donateur*, à la différence de *donner*.

donc conj. de coordination. Prononciation, emploi et expressions.

I Prononciation.

1 En principe, le *-c* final se fait entendre quand *donc* est placé en tête d'une phrase, d'une proposition ou d'un membre de phrase, ou bien à l'intérieur d'une proposition devant un mot commençant par une voyelle ou un *h-* muet : *Il est malade, donc* [dɔ̃k] *peu capable de travailler. Que cette jeune fille est donc aimable !* [dɔ̃kɛmabl(ə)].

2 En principe, le *c* final est muet quand *donc* est placé à la fin d'une phrase, d'une proposition ou d'un membre de phrase, ou bien à l'intérieur d'une proposition devant une consonne ou un *h-* aspiré : *Mais taisez-vous donc !* [dɔ̃]. *Que cette jeune fille est donc jolie !* [dɔ̃ʒɔli]. *Que ce personnage est donc hautain !* [dɔ̃otɛ̃].

II Expressions.

1 Ainsi donc. Pléonasme. Dire simplement *ainsi* ou *donc : Il avoue avoir menti, ainsi nous ne pouvons plus lui faire confiance* (ou bien *donc nous ne pouvons plus...*).

2 Et donc. Expression consacrée, parfaitement admise. Équivaut à *ainsi* ou à *donc : L'homme est un être raisonnable, et donc il est possible de l'éduquer.*

donné Pour l'expression *étant donné*, la règle d'accord a été longtemps incertaine. De nos jours, l'usage le plus fréquent est le suivant.

1 Placé devant le nom. *Etant donné* reste invariable : *Etant donné les circonstances, nous devons agir énergiquement.*

2 Placé derrière le nom. *Etant donné* s'accorde en genre et en nombre : *Deux droites parallèles étant données, traçons la perpendiculaire...*

donner v t. Orthographe, sens ; accord du participe passé.

I Deux *n.* De même : *donne* n. f. (distribution des cartes au jeu), *donnée* n. f. (les données d'un problème), *donneur, euse.* ▼ Les mots de la même famille *donataire, donateur, donation* s'écrivent avec un seul *n*

II Se donner à, s'adonner à ▷ adonner.

III *Donner* + nom + *à* + infinitif.

1 Quand le complément d'objet direct est le complément manifeste de l'infinitif, le participe passé de *donner* reste invariable : *Les plantes qu'on m'a donné à décrire* (= j'ai eu la consigne de décrire des plantes).

2 Quand le complément d'objet direct est perçu comme étant d'abord complément de *donner*, on peut accorder, facultativement, le participe passé de *donner* avec le complément (si celui-ci est placé avant le verbe) : *Les terres qu'on lui avait données à cultiver* (= qu'on lui avait données, pour qu'il les cultivât).

dont Pronom relatif.

I Le *-t* final est muet devant une consonne ou un *h–* aspiré : *Le pont dont* [dɔ̃] *la pile s'est écroulée. Les soldats, dont huit* [dɔ̃ɥit] *étaient blessés, se rendirent.* — Le *-t* final se prononce devant une voyelle : *Cette affaire, dont un* [dɔ̃tœ̃] *ami m'a parlé, est fort complexe. Dont acte* [dɔ̃takt(ə)].

II S'emploie indifféremment pour le masculin ou le féminin, pour le singulier ou le pluriel : *Le buffet dont la porte est ouverte. L'armoire dont la porte est ouverte. L'arbre dont vous voyez les branches. Les arbres dont vous voyez les branches.*

III Equivaut à *de qui, de quoi, duquel, de laquelle, desquels, desquelles.* Peut remplir la fonction d'un complément de nom *(La maison dont le toit est neuf appartient au médecin)*, d'un complément d'objet indirect *(Le voyage dont je vous ai parlé risque d'être fatigant)*, d'un complément de superlatif relatif *(Ces villes, dont Rome est la plus célèbre, ont inspiré les peintres)*, d'un complément partitif *(Les œufs, dont trois sont cassés, sont dans le réfrigérateur)*.

IV Dans la langue parlée et dans la langue écrite cursive, peut se construire elliptiquement, sans verbe, avec valeur partitive : *Six chaises de jardin, dont quatre en bois et deux en fer. Trois chemises, dont une très usagée.*

V Dont acte Expression figée, prononcée [dɔ̃takt(ə)].

VI Ne peut s'employer avec un possessif se rapportant à l'antécédent. Ne pas dire : *La maison dont on voit *son toit*, mais *dont on voit* *le toit.* Ne pas dire : *Ce garçon *dont ses parents l'ont amené,* mais *que ses parents ont amené.*

VII Ne pas employer *en* dans la préposition introduite par *dont,* pour représenter l'antécédent. L'emploi de *en* forme pléonasme. Ne pas dire : *Ce camarade dont *j'en appréciais la bonne humeur,* mais *dont j'appréciais la bonne humeur.* Ne pas dire : *Ces villes dont Thèbes *en fut la plus célèbre,* mais *dont Thèbes fut la plus célèbre.*

VIII Ne pas employer *dont* avec, dans la relative, un complément introduit par une préposition. Ne pas dire : *La maison dont je me suis appuyé *contre la porte,* mais *contre la porte de laquelle je me suis appuyé.* Notamment ne pas employer *dont* avec un complément introduit par *de.* Ne pas dire : *Cette théorie dont je doute *de la vérité,* mais *de la vérité de laquelle je doute.* Ne pas dire : *Ce camarade dont je me souciais si peu *du départ,* mais *Ce camarade du départ duquel* (ou *du départ de qui*) *je me souciais si peu.*

IX Ne pas employer *dont* pour introduire une relative dont le verbe est suivi d'une complétive avec *que* (*Ce personnage dont j'affirme que je l'ai rencontré. Le sort dont elle dit qu'il la poursuit*). Quatre solutions correctes de remplacement.

1 Construction classique avec *que... que...* ou avec *que... qui... Ce personnage que j'affirme que j'ai rencontré. Le sort qu'elle dit qui la poursuit.* Tour parfaitement correct, mais un peu lourd et archaïque.

2 Construction avec une infinitive. *Ce personnage que j'affirme avoir rencontré. Le sort qu'elle dit la poursuivre.*

3 Construction avec une incise. *Ce personnage que, je l'affirme, j'ai rencontré. Le sort qui, dit-elle, la poursuit.*

4 Parfois, construction avec tournure nominale (*selon ses affirmations,* **selon ses dires,** etc.) : *Le sort qui, selon ses dires, la poursuit.*

X Ne pas employer *dont* après *c'est de.* Ne pas dire : *C'est de toi *dont on parle,* mais *C'est de toi qu'on parle.* Ne pas dire : *C'est d'un chef énergique *dont nous avons besoin,* mais *C'est d'un chef énergique que nous avons besoin.* — En revanche, ne pas dire : *Le document *que je manque,* mais *Le document dont je manque.* Ne pas dire : *Le livre *que j'ai besoin,* mais *Le livre dont j'ai besoin.*

XI Ce dont. Peut avoir plusieurs valeurs.

1 Reprend toute la proposition qui précède et non un substantif : *Il pleuvait à torrent, ce dont je me souciais assez peu. Mon ami était en proie à une crise d'angoisse, ce dont je pris conscience d'un seul coup.*

2 Sert à introduire une interrogative indirecte ou une complétive : *Dites-moi bien ce dont vous avez besoin. Je vais vous expliquer ce dont je me souviens.* ▼ Eviter le tour incorrect : *Dites-moi *ce que vous avez besoin.*

XII Dont, d'où. Le relatif *dont* ne doit pas s'employer pour exprimer le lieu au sens matériel. Il faut employer *d'où : La province d'où je viens* (et non *dont je viens,* tour archaïque). *Voici la carrière d'où on a extrait la pierre.* — En revanche, il est conseillé d'employer *dont,* plutôt que *d'où,* quand il s'agit du lieu au sens figuré avec les verbes *descendre, sortir de, être issu de,* etc. exprimant l'origine familiale : *Le personnage illustre dont il descend. Ces obscures familles paysannes dont ils étaient sortis.*

donzelle n. f. Avec un *z.*

doping [dɔpiŋ] n. m. A la place de cet anglicisme, employer plutôt *dopage.*

dorade, daurade ▷ daurade.

dorien, ienne n. *ou* adj. Attention à la majuscule : *Les Doriens* (peuple de la Grèce antique). *Le peuple dorien. Les cités doriennes.* — N. m. *Le dorien :* dialecte grec antique.

dorloter v. t. Un seul *t* De même : *dorlotement.*

dormir v. i. Conjugaison ; accord du participe passé.

1 Conjug. **35.** *Je dors, tu dors, il dort, nous dormons, vous dormez, ils dorment.* — *Je dormais.* — *Je dormis.* — *Je dormirai.* — *Je dormirais.* — *Dors, dormons, dormez.* — *Que je dorme.* — *Que je dormisse.* — *Dormant.* — *Dormi.*

2 Le participe passé est invariable dans les phrases telles que : *Les cinq heures que j'ai dormi* (*heures* étant complément de durée et non complément d'objet direct = les cinq heures pendant lesquelles j'ai dormi).

dormition n. f. Ne s'emploie que dans l'expression religieuse *la dormition de la Vierge.* — Une majuscule quand le mot est le titre d'une œuvre d'art : *Connaissez-vous la* Dormition *de Mantegna ?*

dorsal, ale, aux adj. Masculin pluriel en *-aux : les muscles dorsaux.*

dortoir n. m. Ne pas écrire **dortoire* (faute due à l'influence de *réfectoire*).

doryphore n. m. Attention à l'*y* et au groupe *-ph-.*

dos d'âne, dos-d'âne Distinguer par l'orthographe *en dos d'âne* (*Un vieux pont en dos* *d'âne)* et *un dos-d'âne (De nombreux dos-d'âne rendent ce chemin pénible pour les cyclistes).* — Invariable au pluriel.

dos-d'âne, cassis ▷ **cassis** (2).

dot n. f. Prononciation : [dɔt], avec *-t* prononcé.

d'où Emploi spécial et expression.

1 En tête de phrase, de proposition ou de groupe de mots, sert à introduire l'énoncé d'une conséquence (laquelle peut être exprimée par un nom ou par une proposition) : *Nul ornement, nulle statue sur la façade, d'où une impression de dépouillement, de froideur. Il refusait d'établir un plan, de prévoir les détails de l'exécution. D'où résultait une certaine confusion dans son action.* — Dans cet emploi, *d'où* peut être remplacé par *de là.*

2 D'où, dont ▷ **dont** (XII).

douaire n. m. (terme de droit ancien) Finale en *-aire.* — Dérivé : *douairière* adj. f. *ou* n. f.

douane n. f. Un seul *n.* De même : *douanier, douanière.*

double En ce qui concerne l'emploi du trait d'union dans les composés de *double-*, l'usage est mal fixé. On peut poser en principe que l'on écrit en deux mots sans trait d'union tous les composés, à l'exception des mots suivants : *double-apprêt* n. m. (pl. : *des doubles-apprêts*), *double-as* n. m. (pl. : *des doubles-as*), *double-bécassine* n. f. (pl. : *des doubles-bécassines*), *double-blanc* n. m. (pl. : *des doubles-blancs*), *double-chœur* n. m. (pl. : *des doubles-chœurs*), *double-cinq* (pl. : *des doubles-cinq*), *double-commande* n. f. (on écrit aussi *double commande ;* pl. : *des doubles commandes* ou *des doubles-commandes*), *double-corde* n. f (pl. : *des doubles-cordes*), *double-corps* n. m. (pl. : *des doubles-corps*), *double-crème* n. m. (pl. : *des doubles-crèmes*), *double-croche* n. f. (on écrit aussi *double croche ;* pl. : *des doubles croches* ou *des doubles-croches*), *double-dé* n. m. (pl. : *des doubles-dés*), *double-deux* n. m. (pl. : *des doubles-deux*), *double-doublet* n. m. (pl. : *des doubles-doublets*), *double-étoffe* n. f. (pl. : *des doubles-étoffes*), *double-face* n. f. (pl. : *des doubles-faces*), *double-flux* (pl. : *des doubles-flux*), *double-fond* n. m. (on écrit aussi *double fond ;* pl. : *des doubles fonds* ou *des doubles-fonds*), *double-hunier* n. m. (pl. : *des doubles-huniers*), *double-pli* n. m. (pl. : *des doubles-plis*), *double-quatre* n. m. (pl. : *des doubles-quatre*), *double-six* n. m. (pl. : *des doubles-six*), *double-toit* n. m. (pl. : *des doubles-toits*), *double-trois* n. m. (pl. : *des doubles-trois*).

douce-amère n. f. Plante. — Pl. : *des douces-amères* [dusamɛʀ].

douceâtre adj. Attention à l'*e* entre *c* et *a* et à l'accent circonflexe sur *a.*

douillet adj. Féminin : *douillette.* — Dérivé : *douillettement* adv.

douma n. f. (mot russe) Autrefois, en Russie, conseil, assemblée. — Pl. : *des doumas* [duma].

douro n. m. Ancienne monnaie espagnole. — Pl. : *des douros* [duʀo].

doute n. m. Expressions et constructions.

I Sans doute.

1 Dans la langue classique. Signifiait « sûrement, certainement, assurément ». — De nos jours, signifie « probablement, vraisemblablement ». Pour dire « sûrement, certainement » on emploie de nos jours *sans nul doute, sans aucun doute.*

2 Placé en tête de phrase. *Sans doute* entraîne généralement l'inversion du pronom sujet *(Sans doute hésite-t-il à venir)* ou la reprise du nom sujet par le pronom postposé *(Sans doute notre ami hésite-t-il à venir).*

II Sans doute que. Toujours suivi de l'indicatif ou du conditionnel, jamais du subjonctif : *Sans doute qu'il viendra à notre petite réunion. Sans doute qu'il serait venu, si on l'avait prévenu à temps.* — La locution *sans doute que* ne peut être considérée comme incorrecte. Dans le style soutenu, cependant, la tournure avec *sans doute* (suivi de l'inversion) est plus élégante : *Sans doute viendra-t-il... Sans doute serait-il venu...*

III Pas de doute que, point de doute que, aucun doute que, nul doute que, il n'y a pas de doute que, il ne fait pas de doute que, et aussi **il n'est pas douteux que.** — Trois constructions sont possibles.

1 Avec le subjonctif et, le plus souvent, le *ne* explétif. *Nul doute que vous ne réussissiez, avec un peu de chance.* C'est le tour le plus littéraire.

2 Avec l'indicatif, sans *ne.* Ce tour est le plus usuel et insiste sur la réalité du fait : *Maintenant, le succès est certain, nul doute que vous réussirez totalement. Il n'est pas douteux qu'il nous a menti.*

3 Avec le conditionnel, sans *ne.* Ce tour exprime une éventualité : *Nul doute qu'il réussirait, s'il avait les appuis nécessaires.*

douter v. i. *ou* v. t. ind. *ou* v. pron. Plusieurs constructions possibles.

I Douter de.

1 *Douter de* + **nom ou pronom.** Être dans l'incertitude quant à (telle chose) : *Je doute du* *succès de l'entreprise. Ce garçon est capable, je n'en doute pas.* Tour moderne et usuel.

2 *Douter de* **+ nom ou pronom.** Ne pas avoir confiance en (telle chose ou telle personne) : *Je doute des promesses de cet individu. Vous doutez trop de vous-même !* Tour moderne et usuel.

3 *Douter de* **+ infinitif.** Etre dans l'incertitude quant à (telle action) : *Je doute d'avoir réussi à le convaincre Je doute de pouvoir réussir.* Tour moderne et usuel.

4 *Douter de* **+ infinitif.** Avoir peur de, hésiter à (accomplir telle action) : *Pourriez-vous un instant douter de l'accepter ?* (Racine). Tour vieux.

II *Douter si* **+ indicatif ou conditionnel.** Etre dans l'incertitude (quant à la réalité d'une action, d'un fait) : *Je doute si j'agirais mieux que lui, placé dans de telles circonstances.* Tour moderne, mais assez littéraire.

III Douter que.

1 *Douter* **que** à la forme affirmative **+ subjonctif, sans** *ne. Je doute qu'il réussisse.* Tour moderne et usuel.

2 *Douter que* à la forme négative ou interrogative **+** *ne* **+ subjonctif.** *Je ne doute pas qu'il ne réussisse.* Tour moderne, mais du registre soutenu. Dans le registre courant, on omet le *ne* : *Bien sûr, je ne doute pas qu'il réussisse ! Doutez-vous qu'il réussisse ? Voyons !*

3 *Douter que* à la forme négative ou interrogative **+ indicatif, sans** *ne.* Insiste sur la réalité du fait : *Mais non, je ne doute pas qu'il réussira, car il est absolument impossible qu'il échoue.* Tour usuel et moderne.

4 *Douter que* à la forme négative ou interrogative **+ conditionnel, sans** *ne.* Exprime une éventualité : *Je ne doute pas que notre ami nous aiderait, si cela était en son pouvoir. Doutez-vous que notre ami nous aiderait, s'il le pouvait ?* Tour usuel et moderne.

IV Se douter.

1 *Se douter de* **+ nom ou pronom.** Pressentir ou deviner l'existence de (telle chose) : *Il ne se doute pas de la surprise qui l'attend. Vous ne vous doutiez de rien, n'est-ce pas ?*

2 *Se douter que* **+ indicatif ou conditionnel, sans** *ne.* Considérer comme probable que : *Je me doute que vous vous êtes renseigné avant de partir.* — Le conditionnel exprime le futur dans le passé *(Je ne me doutais pas qu'il viendrait si tôt)* ou une éventualité *(Je me doute bien qu'il refuserait son accord, si les choses en arrivaient là).* Tour moderne et usuel.

douteux, euse adj. *Il n'est pas douteux que* ▷ **doute** (III). — *Il n'est douteux que* est toujours

suivi du subjonctif : *Il est douteux qu'elle réussisse.*

doux adj. Féminin : *douce.*

doux-amer adj. D'une douceur mêlée d'amertume. — En deux mots, avec un trait d'union. — Les deux éléments s'accordent en nombre et en genre : *Un souvenir doux-amer* [duzamɛR]. *Des souvenirs doux-amers. Une impression douce-amère* [dusamɛR]. *Des impressions douces-amères* [dusamɛR]. — S'emploie surtout au féminin.

doyen, doyenne n. m *ou* f. Bien prononcer : [dwajɛ̃, dwajɛn].

drachme n. f. Monnaie grecque. — Prononciation : [dRakm(ə)]. — Attention au groupe *-ch-.*

draconien, ienne adj. Très sévère : *Des mesures draconiennes.*

drag n. m. *(anglicisme)* Véhicule hippomobile. — Ne pas écrire comme *une drague,* machine à draguer.

dragage n. m. Action de draguer. — S'écrit avec *-g-* et non avec *-gu-,* à la différence de *drague, draguer, dragueur.*

dragée n. f. Finale en *-ée.*

drageoir [dRaʒwaR] n. m. Boîte où l'on mettait des dragées. — Attention à l'*e* entre le *g* et le *o.*

dragon n. m. Deux *n* dans tous les dérivés : *dragonnade, dragonne, dragonneau, dragonnet, dragonnier.*

draguer v. t. *ou* v. i. Toujours *-gu-,* même devant *a* ou *o* : *il dragua, nous draguons.* — De même, *-gu-* dans les mots de la même famille : *drague, dragueur, euse,* sauf *dragage.*

drain [dRɛ̃] n. m. Conduit de drainage. — Finale en *-ain.*

drainer v. t. Pas d'accent circonflexe sur le *i.* — De même : *drainage, draineuse.*

draine ou **drenne** n. f. Oiseau. — Les deux graphies sont admises.

drakkar n. m. Navire des Vikings. — Deux *k.*

Dralon n. m. Textile artificiel. — Nom déposé, donc, en principe, une majuscule.

dramaturge n. m. Désigne un auteur de pièces de théâtre, jamais un acteur : *Paul Claudel, à la fois dramaturge et poète.*

drap [dʀa] n. m. Attention au *p* final, muet. — Un seul *p* dans les dérivés : *drapé, drapeau, drapement, draper, draperie, drapier.*

drastique adj. Un seul emploi correct : *purgatif drastique,* énergique. — En revanche, on évitera *remède drastique* (dire *remède énergique*). — Au figuré l'emploi de *drastique* constitue un anglicisme : *Des mesures drastiques.* On préférera, selon les cas : *draconien, énergique, radical, rigoureux.*

dreadnought n. m. *(anglicisme)* Type ancien de cuirassé. — Prononciation : [dʀɛdnɔt]. — Pl. : *des dreadnoughts* [-nɔt].

drenne ▷ draine.

dribbler [dʀible] v. t. *ou* v. i. (anglicisme de la langue du sport). — Attention aux deux *b.* — Dérivés : *dribble* [dʀibl(ə)] n. m. ou *dribbling* [dʀibliŋ] (action de dribbler ; préférer la forme *dribble*), *dribbleur.*

drille n. m. *Un joyeux drille :* un joyeux compagnon. — Prononciation : [dʀij].

drogman n. m. Autrefois, interprète officiel dans les pays du Levant, notamment à Constantinople. — Mot d'origine arabe, introduit en français par l'intermédiaire de l'italien (même famille que *truchement*). Malgré la finale en *-man,* ce n'est pas un mot anglais. Prononciation : [dʀɔgmã]. Pl. : *des drogmans* [-mã].

droguer v. t. Toujours avec *-gu-,* même devant *a* ou *o : il drogua, nous droguons.* — Mots de la même famille : *drogue, drogué, droguerie, droguiste.*

droguet n. m. Étoffe. — Finale en *-et.*

1. droit, droite adj. Accord et expressions.

I Accord de *droit.*

1 Avec *se tenir, rester,* etc. Accord en genre et en nombre : *Ces fillettes se tiennent droites. Malgré ses soixante-quinze ans, cette vieille dame reste droite.* Dans ces cas, *droit* est adjectif.

2 Marcher droit. Quand l'expression signifie « marcher en se tenant droit », *droit* est adjectif et s'accorde en genre et en nombre : *Les fillettes marchaient droites, les épaules effacées.* — Quand l'expression signifie « marcher en ligne droite ou directement », *droit* est adverbe et reste invariable : *Elle a bu beaucoup, elle ne marche pas droit. Elles marchèrent droit vers la porte.* De même, au figuré : *Ce père exige que ses filles marchent droit* (se conduisent bien).

3 ▼ Bien écrire *elle va droit au but,* qui, avec la liaison, se prononce parfois [dʀwatoby], mais ne s'écrit pas **droite au but.*

II A main droite. Du côté droit, quand on regarde devant soi. Tour très correct, un peu vieilli. De nos jours, on dit usuellement : *à droite.*

2. droit n. m. On dit, avec l'article : *avoir le droit de* (plutôt que *avoir droit de*). On dit toujours, sans article : *être en droit de.* — *A qui de droit,* locution figée : à la personne habilitée pour prendre une décision *(Il veut s'adresser à qui de droit pour obtenir cette autorisation).* Sans être vraiment familière, cette locution ne s'emploie plus guère dans un contexte sérieux ni dans un texte officiel.

droit-fil n. m. — Pl. : *des droits-fils.*

drolatique adj. Se prononce avec un *o* ouvert [dʀɔlatik] et s'écrit sans accent circonflexe sur le *o,* de même que le dérivé *drolatiquement* [dʀɔlatikmã], à la différence de *drôle, drôlement, drôlerie, drôlesse.*

drôle adj. *ou* n. Orthographe, prononciation, féminin.

1 Se prononce avec un *o* fermé [dʀol] et s'écrit avec un accent circonflexe. De même : *drôlement* [dʀolmã], *drôlerie* [dʀolʀi], *drôlesse* [dʀolɛs]. ▼ Les dérivés *drolatique* [dʀɔlatik] et *drolatiquement* [dʀɔlatikmã] s'écrivent sans accent circonflexe.

2 Dans l'emploi adjectif, le féminin est *drôle : Une anecdote drôle.* — La forme *drôlesse* est réservée à l'emploi substantif. Elle désigne une femme effrontée, de mauvaise conduite : *Sa femme n'est qu'une drôlesse !* (un peu vieilli et littéraire).

drop-goal n. m. (anglicisme de la langue du rugby) Prononciation : [dʀɔpgol]. — Pl. : *des drop-goals* [-gol]. — Le mot s'abrège souvent en *drop ;* au pluriel : *des drops* [dʀɔp]. — Pour éviter cet anglicisme, on peut employer l'expression *coup de pied tombé.*

dru, drue adj. Épais, serré : *Un taillis dru. Une barbe drue.* — Jamais d'accent circonflexe sur le *u,* même au masculin. — Invariable dans l'emploi adverbial : *Les ronces croissent dru.*

drugstore [dʀœgstɔʀ] n. m. A écrire plutôt en un seul mot. Éviter *drug-store, drug store.*

druide n. m. Prêtre gaulois. — Féminin : *druidesse.*

drupe *(botanique)* Fruit charnu à noyau (cerise, pêche, abricot, etc.). — Pour le genre, l'usage est flottant. L'usage le plus répandu de nos jours est d'employer le mot au féminin : *Une grosse drupe.*

dry adj. ou n. m. Anglicisme qualifiant un champagne non sucré ou peu sucré. — N. m. *Un dry :* cocktail à base de vermouth et de gin. — Prononciation : [dʀaj]. — Toujours invariable : *Des champagnes dry. Il a bu plusieurs dry.* — Composé (invariable) : *extra-dry* adj. Très sec : *Des champagnes extra-dry.*

dryade n. f. *(mythologie)* Nymphe des forêts et des bois. — Prononciation : [dʀijad]. — Attention à l'*y* intérieur.

du Contraction de *de + le.*

1 *Du,* particule nobiliaire ▷ de (V, 5).

2 *Du,* article partitif. *Manger du pain. Manger de bon pain* (vieux). *Manger du bon pain* ▷ de (VIII, et spécialement VIII, 5).

dû Masculin singulier du participe passé du verbe *devoir.* Prend un accent circonflexe : *J'ai dû me rendre à Rouen pour une affaire urgente. Régler le montant dû.* ▼ Au masculin pluriel *(dus),* au féminin singulier et pluriel *(due, dues),* pas d'accent circonflexe *dus.* *Les arriérés dus. La somme due. Les sommes dues.* — En revanche, accent circonflexe dans le substantif masculin *le dû : Payer son dû.*

dualité n. f. Avec un seul *l.*

ducroire n. m. (terme de commerce) En un seul mot. — On dit *un commissionnaire ducroire* ou *un ducroire.*

ductile adj. Finale en *-ile,* même au masculin : *Un métal ductile.* — Ne pas déformer en **ductible.*

dudit En un seul mot ▷ dit.

duelliste n. m Celui qui se bat en duel. — Deux *l.*

duettiste n. m. *ou* f. Celui, celle qui chante ou qui joue en duo. — Deux *t.*

dûment adv. Attention à l'accent circonflexe.

dumper n. m. Anglicisme désignant un chariot. — Prononciation : [dœmpœʀ]. — Pl. : *des dumpers* [-pœʀ]. — Équivalents français : *tombereau, tombereau à moteur, tombereau automoteur.*

dumping n. m. (terme de commerce et d'économie) Prononciation : [dœmpiŋ], plutôt que [dœ̃piŋ]. — Le mot est inusité au pluriel.

dune n. f. Éviter le pléonasme *dune de sable.*

dunette n. f. (terme de marine) Un seul *n,* deux *t.*

duo [dyo] n. m. Mot italien francisé. Pl. : *des duos* [dyo].

duodénum n. m. Partie de l'intestin. — Mot latin francisé. Prononciation : [dyɔdenɔm]. Accent aigu sur le *e.* Pl. : *des duodénums* [-nɔm]. — Dérivé : *duodénal, ale, aux.*

dupe Toujours au féminin, même quand on parle d'un homme : *Cet homme d'affaires naïf a été la dupe consentante d'un escroc.*

duplex n. m. *ou* adj. Toujours invariable : *des duplex. Des appartements duplex.*

duplicata n. m. (pluriel neutre latin utilisé au singulier en français). Copie exacte d'un document. — Toujours invariable : *des duplicata.* — Eviter au singulier la forme prétentieuse *un duplicatum.* — Éviter aussi la forme *triplicata* pour désigner une deuxième copie. — Au lieu de *duplicata,* qui appartient au vocabulaire administratif, on dira plutôt, selon les cas, *un double* ou *une copie.*

duquel ▷ dont (VIII).

dur, dure adj. Bien écrire *un dur à cuire* (familier) et non *un dur à *cuir.* Il s'agit du verbe *cuire* et non du nom masculin *cuir.*

Duralumin n. m. Alliage. — Nom déposé, donc, en principe, un *D* majuscule : *Une armature de Duralumin.* — De même : *Duralinox (Un récipient en Duralinox).*

durant, pendant Ces deux prépositions sont à peu près synonymes. Trois différences cependant.

1 La préposition *durant* ne s'emploie guère dans la langue parlée et a une connotation plus littéraire. En revanche, *pendant* appartient à tous les registres (littéraire, neutre, familier).

2 On peut postposer *durant* (après un nom désignant une durée), mais non *pendant : Durant des mois, il poursuivit ses recherches* ou *Des mois durant, il poursuivit...* On peut dire seulement *Pendant des mois, il poursuivit ses recherches.*

3 La préposition *durant* insiste plus fortement que *pendant* sur l'idée de continuité : *Durant tout le mois d'août, il a fait beau* (idée de non-interruption). *Pendant le mois d'août, nous avons eu quelques orages* (idée d'une durée à l'intérieur de laquelle des événements discontinus ont eu lieu).

dure-mère n. f. *(anatomie)* L'une des trois méninges. — Pl. : *des dures-mères*.

Durit n. f. Caoutchouc spécial utilisé dans les moteurs. — Prononciation : [dyʀit]. — Nom déposé, donc un *D* majuscule. ▼ Bien que le mot soit féminin, ne pas écrire **durite*.

duumvir n. m. A Rome, dans l'Antiquité, chacun des deux magistrats chargés conjointement de certaines fonctions particulières. — Prononciation : [dyɔmviʀ]. — Pluriel à la française : *des duumvirs (Les duumvirs sibyllins étaient chargés de la garde des livres sibyllins)*. Le pluriel latin, *duumviri*, ne s'emploie que dans une expression dont le deuxième terme est lui-même un mot latin, par exemple : *Les* duumviri perduellionis *étaient chargés de juger les crimes de trahison*. — Dérivé : *duumvirat* [dyɔmviʀa] n. m. (fonction de duumvir).

dyke n. m. *(géographie)* Anglicisme désignant une colonne ou une muraille de lave. — Attention à l'*y*. — Prononciation : [dik], et non **[dajk] (le mot est francisé). — Pl. : *des dykes* [dik].

dynamique adj. Attention à l'*y*. Les mots de la même famille s'écrivent aussi avec un *y* : *dynamitage, dynamiter, dynamiteur*.

dynamo n. f. Génératrice de courant électrique. — Pl. : *des dynamos*.

dynamo- Préfixe (du grec *dunamis* « force, puissance »), qui entre dans la formation de quelques mots savants : *dynamo-électrique* ou, selon une graphie plus moderne, *dynamoélectrique, dynamogène* ou *dynamogénique, dynamographe, dynamomètre, dynamométrique*.

dynastie n. f. Attention à l'*y*. De même : *dynaste, dynastique*.

dys- Préfixe (du grec *dus-*), qui exprime l'idée de difficulté, de défaut et qui entre dans la formation de nombreux mots savants : *dysarthrie* [dizaʀtʀi], *dyscalculie, dyschromie, dyscrasie, dyscrasique, dysenterie* [disɑ̃teʀi], *dysentérique* [disɑ̃teʀik], *dysgraphie, dyshidrose* ou *dyshydrose* [dizidʀoz], *dyslalie, dyslexie, dyslexique, dysménorrhée, dysorthographie* [dizɔʀtɔgʀafi], *dyspepsie, dyspepsique* ou *dyspeptique, dyspnée, dyspnéique, dystéléologie, dystocie, dystrophie, dystrophique, dysurie* [dizyʀi], *dysurique* [dizyʀik].

dysenterie n. f. Maladie infectieuse très grave qui se manifeste notamment par de la diarrhée. Ne pas employer *dysenterie* comme synonyme de *diarrhée*. ▼ Bien prononcer : [disɑ̃tʀi], non **[dizɑ̃tʀi]. — Dérivé : *dysentérique* [disɑ̃teʀik] (un accent sur le *e*, à la différence de *dysenterie*).

E

eau n. f. Expressions nombreuses.

I Être en eau. Expression vieillie. On dit de nos jours : *être en sueur* ou (familier) *être en nage.*

II Faire eau, faire de l'eau.

1 *Le navire fait eau,* a une voie d'eau, se remplit d'eau peu à peu : *La barque faisait eau de toutes parts, elle allait couler.*

2 *Le navire fait de l'eau,* s'approvisionne en eau potable : *La frégate relâcha à une aiguade pour faire de l'eau.*

III Morte-eau, eau morte ; vive-eau, eau vive.

1 *La morte-eau* (au pl. : *des mortes-eaux*) ou *les marées de morte-eau :* désigne la période pendant laquelle les marées sont de faible amplitude. — *L'eau morte :* désigne l'eau qui ne coule pas (étang, mare que n'alimente aucun courant).

2 *La vive-eau* (pl. : *les vives-eaux*) ou *les marées de vive-eau :* désigne la période pendant laquelle les marées sont de forte amplitude. — *L'eau vive :* désigne l'eau courante d'un ruisseau, d'un torrent, d'une source.

IV Orthographe des expressions.

1 Avec un trait d'union : *morte-eau, vive-eau* (voir ci-dessus, III), *à vau-l'eau ; eau-de-vie* n. f. (pl. : *des eaux-de-vie*) ; *eau-forte* n. f. (acide nitrique ; gravure obtenue par l'action de cet acide sur une planche de cuivre ; pl. : *des eaux-fortes*) ; *eaux-vannes* n. f. pl. (eaux usées ; liquides des fosses d'aisance).

2 Sans trait d'union : toutes les autres expressions, notamment *eau morte, eau vive* (voir ci-dessus, III), *eau douce, eau lourde, eau bénite, basses eaux, grandes eaux, eau oxygénée,* *eau régale, eau d'arquebuse, eau de fleur d'oranger, eau de lavande, eau de riz, eau de roche, eau de rose, chute d'eau, jet d'eau, tirant d'eau, voie d'eau.*

3 Sans trait d'union, avec une majuscule au second élément : *eau de Cologne, eau de Javel, eau de Seltz.*

4 Pluriel. Quand le second élément est introduit par *de,* il reste invariable au pluriel : *Des eaux de Cologne, des eaux de lavande.*

5 Les Eaux et Forêts. pas de trait d'union. Un *E* majuscule et un *F* majuscule (désigne une administration, une institution unique).

eau-de-vie, eau-forte, eaux-vannes ▷ **eau** (IV, 1).

ébahir v. t. Un *h* entre *a* et *i.* De même : *ébahissement* n. m.

ébats n. m. pl. De nos jours, ne s'emploie plus au singulier.

ébattre (s') v. pron. Conjug. 98 (comme *battre*). — Aux temps composés, accord du participe avec le sujet : *Elles se sont ébattues.*

ébaubir (s') v. pron. S'étonner grandement. — Ne s'emploie que dans un contexte plaisant, comme l'adjectif *ébaubi, ie,* étonné au point de ne pouvoir parler.

ébauche, esquisse Ces deux mots féminins ne sont pas absolument interchangeables.

1 ébauche Le premier état, la première forme d'une œuvre qui n'en est qu'à ses débuts : *Le tableau n'était encore qu'à l'état d'ébauche.*

2 esquisse Œuvre réduite à un tracé, à des indications sommaires et qui est destinée à servir d'essai ou de guide, pour la réalisation d'une autre œuvre : *Ce peintre a fait plusieurs petites esquisses avant de passer à l'exécution de son grand tableau mythologique.*

ébène n. f. ▼ Toujours féminin : *De l'ébène luisante.* — Accent grave sur le deuxième *e*, à la différence de *ébénier* [ebenje] n. m. (arbre exotique), *ébéniste* [ebenist(ə)] n. m , *ébénisterie* [ebenistəʀi] n. f.

éblouir v. t. Eviter les pléonasmes tels que : *Cette lumière crue éblouit les yeux* (écrire *Cette lumière crue éblouit*). *La splendeur du paysage éblouit le regard du voyageur* (écrire plutôt *éblouit le voyageur*). En revanche, on peut dire, au passif : *Ses yeux furent éblouis par la lumière éclatante. Il leva sur le paysage un regard ébloui.*

ébonite Matière plastique. — Toujours féminin : *L'ébonite est cassante.*

éborgner v. t. Attention au *i* après le groupe *-gn*— à la première et à la deuxième personne du pluriel de l'indicatif imparfait et du subjonctif présent : *(que) nous éborgnions, (que) vous éborgniez*

éboueur ▷ boueur.

ébouriffé, ée adj. Un seul *r*, deux *f*. De même : *ébouriffant, ante, ébouriffer, ébouriffoir.*

ébrécher v. t. Conjug. **11.** Change le deuxième *é* en *è* devant un *e* muet, sauf au futur et au conditionnel : *il ébrèche*, mais *il ébrèchera, il ébrécherait.* — Dérivés : *ébréché* (avec un accent aigu sur le deuxième *e*), *ébrèchement* (accent grave), *ébréchure* (accent aigu).

ébrouement [ebʀumɑ̃] n. m. Action de s'ébrouer. — Attention à l'*e* muet intérieur.

ébullition n. f. Deux *l*. De même : *ébulliomètre, ébulliométrie, ébullioscope, ébullioscopie.*

écaille, coquille ▷ coquille.

écailler, ère n. m. *ou* f. Ne pas écrire **écaillier.*

écarlate Genre et accord.

1 Nom féminin. Désigne une matière colorante ou une étoffe teinte en rouge vif (vieilli).

2 Nom masculin. Désigne une couleur (rouge très vif) : *Un écarlate profond et velouté. Toute la gamme des écarlates et des cramoisis* (prend la marque du pluriel).

3 Adjectif. D'un rouge très vif : *Des soies écarlates* (prend la marque du pluriel).

écarquiller [ekaʀkije] v. t. Ne s'emploie que lorsqu'on parle des yeux : *Il écarquille les yeux. Ses yeux s'écarquillent.* ▼ Attention au *i* après le groupe *-ill*- à la première et à la deuxième personne de l'indicatif imparfait et du subjonctif présent : *(que) nous écarquillions, (que) vous écarquilliez.*

écarté n. m. Jeu de cartes. — Finale en *-é.*

écarteler v. t. Conjug. **10.** *Il écartèle, il écartèlera.* — Dérivé : *écartelé, ée* adj. ; *écartèlement* n. m.

ecchymose n. f. Synonyme : *hématome.* Synonyme familier : *un bleu.* — Deux *c*, un *h*, un *y.* — Prononciation : [ekimoz]. — Dérivé : *ecchymotique* [ekimɔtik].

ecclésia [eklezja] n. f. Dans une cité grecque antique, assemblée des citoyens. — Pas de majuscule. — Deux *c.* — pl. : *des ecclésias* [-zja].

échafaud, échafaudage Deux noms masculins, qui s'écrivent avec un seul *f*, comme le verbe *échafauder.* De nos jours, *échafaud* désigne seulement la plate-forme sur laquelle on exécute les condamnés à mort. Ne peut plus s'employer comme synonyme de *échafaudage.*

échalas n. m. Prononciation : [eʃala], le *-s* est muet. — Dérivé : *échalasser* v. t.

échalier, espalier Deux noms masculins paronymes.

1 échalier Echelle rudimentaire ou branche en forme de fourche qui permet de franchir la haie séparant deux champs ou deux prés.

2 espalier Mur le long duquel on plante des arbres fruitiers ; ces arbres eux-mêmes : *Pêchers plantés en espalier.*

échalote n. f. ▼ Un seul *t.*

échangeable adj. Un *e* entre le *g* et le *a.*

échanger Conjug. **16.** Prend un *e* après le *g* devant *a* ou *o* : *il échangea, nous échangeons.*

échanger, changer ▷ changer (II).

échanson n. m. Dignitaire chargé de servir à boire à un roi. — Dérivé : *échansonnerie* n. f. (dignité d'échanson).

échantillon [eʃɑ̃tijɔ̃] n. m. Les dérivés prennent deux *n* : *échantillonnage, échantillonner.*

échantillon, spécimen Ces deux noms ne sont pas interchangeables.

1 échantillon Fragment, petite quantité qu'on prélève sur un ensemble pour donner une idée de cet ensemble, pour faire une analyse, pour juger : *Voici des échantillons de nos diverses étoffes* (= petits morceaux d'étoffe).

2 spécimen Objet unique et complet qui permet de juger les autres objets semblables : *L'éditeur envoie un spécimen gratuit du nouveau manuel* (= un exemplaire) *à tous les professeurs de mathématiques de la classe de sixième.*

échappatoire adj. Deux *p.* Toujours féminin : *Une échappatoire adroite.*

échapper Orthographe, emploi de l'auxiliaire, constructions, accord du participe et sens.

I Deux *p.* De même : *échappatoire* n. f., *échappée, échappement.*

II Emploi de l'auxiliaire.

1 A la forme pronominale (emploi le plus fréquent) Auxiliaire *être : Les deux voleuses se sont échappées de la prison.*

2 A la forme transitive directe (emploi familier). Auxiliaire *avoir : La bonne a échappé une assiette, qui s'est brisée.* — (expression) *Il l'a échappé belle* (auxiliaire *avoir*).

3 A la forme transitive indirecte. Auxiliaire *avoir* généralisé de nos jours : *Ce détail ne lui a pas échappé. Il ne vous a pas échappé que...* — Quand *échapper* a le sens de « être émis, proféré, accompli involontairement », l'emploi de *être* n'est pas incorrect, mais très vieilli : *Un mot de regret lui était échappé.*

III Emploi de la préposition.

1 Echapper à. De nos jours, seule construction usuelle quand le verbe est à la forme active : *Il échappa à un terrible danger.* — Le tour *échapper de* « s'évader de » est vieilli : *Il put échapper de prison.* De nos jours, on dit : *s'échapper de.*

2 S'échapper de. Seul tour possible à la forme pronominale : *Il s'échappa de sa prison.*

IV L'échapper belle, Participe passé toujours invariable : *Il l'a échappé belle. Elles l'ont échappé belle.*

V Echapper à, réchapper de.

1 Echapper à. Eviter un danger, un malheur (grave ou non) : *Cet hiver, j'ai échappé à la grippe.*

2 Réchapper de. Echapper, non sans difficulté, à un danger grave : *Il réchappa de justesse de l'épidémie de typhus.*

échauffer v. t. Deux *f.* De même : *échauffant, échauffé, échauffement.*

échauffourée n. f. Deux *f,* un seul *r.*

échauguette n. f. Tourelle de guet, en encorbellement.

échec n. m. On écrit, avec *échec* au singulier, *échec et mat,* mais, avec *échecs* au pluriel, *le jeu d'échecs, jouer aux échecs, une partie d'échecs, un champion d'échecs,* etc. — De nos jours, on prononce toujours [eʃɛk], même au pluriel : *les échecs* [eʃɛk]. Autrefois, au pluriel, le *-c* était muet.

échelle n. f. Sans trait d'union : *faire la courte échelle.*

échelon n. m. Un seul *l,* à la différence de *échelle.* — Deux *n* dans les dérivés : *échelonnement, échelonner.*

écheniller [eʃ(ə)nije] v. t. Un *i* après le groupe -*ill*- à la première et à la deuxième personne du pluriel de l'indicatif imparfait et du subjonctif présent : *(que) nous échenillions, (que) vous écheniliez.* — Dérivé : *échenillage.*

écheveau n. m. Accent aigu et non grave sur le premier *e.*

écheveler v. t. Conjug. **13.** *Il échevelle, il échevellera.* — Dérivé : *échevelé, échevellement.*

échevin n. m. Accent aigu et non grave sur le premier *e.* — Dérivé : *échevinage.*

échin(o)‑ Préfixe (du grec *ekhinos* « hérisson, oursin »), qui sert à former quelques mots savants : *échinides* [ekinid] n. m. pl., *échinocactus* [ekinɔkaktys] n. m. inv., *échinocoque* [ekinɔkɔk] n. m., *échinodermes* [ekinɔdɛRm(ə)] n. m. pl.

écho [eko] Pas de -*s* final au singulier. — Ne pas écrire comme *écot* (payer son *écot*). — Toujours au singulier dans la locution *sans écho : Ses mises en garde sont restées sans écho.* — Dans *se faire l'écho de,* le participe passé *fait* est toujours invariable : *Elles se sont fait l'écho de ces rumeurs.* — Dérivés : *écholalie* [ekɔlali], *écholocation* [ekɔlɔkasjɔ̃] ou *écholocalisation* [ekɔlɔkalizasjɔ̃].

échoir v. i. Conjug **63.** Très défectif. Ne s'emploie qu'à la troisième personne du singulier ou du pluriel des temps composés et de certains temps simples : *il échoit* (ou, archaïque, *il échet*), *ils échoient* (ou archaïque, *ils échéent*). — *Il échoyait* (très rare), *ils échoyaient* (extrêmement rare). — *Il échut, ils échurent.* — *Il échoira* (ou, archaïque, *il écherra*), *ils échoiront* (ou, archaïque, *ils écherront*). — *Il échoirait* (ou, archaïque, *il écherrait*), *ils échoiraient* (ou, archaïque, *ils écherraient*). — Impératif inusité. — *Qu'il échoie* (ou, archaïque, *qu'il échée*), *qu'ils échoient* (très rare) ou *qu'ils échéent* (archaïque). — *Qu'il échût, qu'ils échussent* (rare). — *Echéant.* — *Echu, ue.* — Se conjugue normalement avec l'auxiliaire *être* (*Le sort qui lui est échu*), mais peut se conjuguer avec l'auxiliaire *avoir*, quand on veut insister sur l'action (*La part qui lui avait échu ce jour-là*).

1. échoppe n. f. Boutique. — Deux *p.*

2. échoppe n f. Outil. — Deux *p.*

échouage, échouement n. m Deux noms masculins dérivés de *échouer.*

1 échouage Manœuvre qu'on effectue pour échouer volontairement une embarcation (pour la mettre à l'abri, hors de l'eau) ; situation d'une embarcation qui a été échouée volontairement : *Des barques à l'échouage, à marée basse* (cas des petits ports de pêche, en Bretagne notamment). — Endroit où une embarcation peut être échouée (volontairement) en sûreté : *Le fond de la crique constitue un échouage bien abrité, tout près du village de pêcheurs.*

2 échouement (attention à l'*e* muet intérieur) Accident par lequel un navire s'échoue : *L'échouement du pétrolier géant risque d'entraîner une marée noire, si le navire se brise.*

échouer v. i. Emploi de l'auxiliaire (dans la construction intransitive).

I Au sens propre.

1 Pour exprimer l'état. Auxiliaire *être : Le navire est échoué depuis trois jours sur un banc de sable.*

2 Pour exprimer l'action. Auxiliaire *avoir : Le cargo a échoué hier soir sur un banc de sable.* Dans ce cas, on emploie plutôt la forme pronominale : *Le cargo s'est échoué hier soir à quinze heures.*

II Aux sens figurés. Toujours l'auxiliaire *avoir : Nous avons échoué dans une auberge de campagne* (= nous avons fini par arriver, par hasard ; *familier). Elle a échoué à l'examen.*

éclair n. m. Genre ; orthographe des expressions.

1 ▼ Toujours masculin : *Un éclair brillant déchira la nuit. Cet éclair au chocolat est délicieux.*

2 *Eclair* invariable dans les expressions telles que : *une guerre éclair (des guerres éclair), un voyage éclair (des voyages éclair).* Jamais de trait d'union. ▼ L'expression *fermeture Eclair* est un nom déposé qui est considéré à tort comme un véritable nom commun. Le vrai nom commun est *fermeture à glissière.* Au pluriel : *des fermetures Eclair.*

éclater v. i. Un seul *t.* De même : *éclatant, éclaté, éclatement, éclateur.*

éclectique adj. Avec un seul *c.* De même : *éclectisme.*

éclisse Planchette, claie, etc. — Toujours féminin : *Une éclisse très longue.* — Dérivé : *éclisser.*

éclopé, ée adj. *ou* n. ▼ Un seul *p.* — Pas de verbe actif **écloper* correspondant (alors qu'on a *estropier* v. t. et *estropié, ée,* adj. *ou* n.). Ne pas dire : *Cet accident *l'a éclopé.*

éclore Conjug. 78. — A la troisième personne du singulier du présent de l'indicatif, l'accent circonflexe sur le *o* est facultatif : *il éclot* ou *il éclôt.* — Aux autres personnes et aux autres temps, se conjugue comme *clore.* Peut s'employer à tous les temps composés, sans exception. — Se conjugue en principe avec *avoir* quand on insiste sur l'action (*La fleur a éclos ce matin*), avec *être* quand on insiste sur l'état (*Depuis trois jours, les fleurs sont écloses*). La tendance est de généraliser l'emploi de *être : Les œufs sont éclos dans la nuit.*

écœurer v. t. S'écrit avec -œu-, comme *cœur.* De même : *écœurant, écœuré, écœurement.*

écoinçon n. m. (terme d'architecture) Attention au *ç.*

écolâtre n. m. Au Moyen Age, maître d'une école ecclésiastique. — Ne désigne pas un mauvais écolier.

éconduire v. t. Conjug. 46 (comme *conduire*).

écope n. f. Pelle en bois qui sert à vider l'eau d'une embarcation. — Un seul *p.* — Dérivé : *écoper.*

écorcer v. t. Le *c* prend une cédille devant *a* ou *o : il écorça, nous écorçons.*

écossais, aise n. m. De l'Ecosse. — Attention à la majuscule : *La population écossaise. Les Ecossais.* — N. m. *L'écossais :* de l'étoffe à carreaux.

écot n. m. Quote-part : *Chacun paiera son écot.* — Ne pas écrire comme *écho,* son répété.

écoute n. f. Distinguer *être aux écoutes* « être aux aguets » (*Il est aux écoutes de toute* *nouvelle qui pourrait filtrer)* et *être à l'écoute* « écouter une émission de radio, etc. » *(Tout le monde était à l'écoute, devant son poste de radio).*

écouter v. t. ▼ Signifie « prêter attention aux paroles, au son, au bruit » : *Les élèves écoutent la leçon du professeur.* N'est pas synonyme de *entendre* « percevoir par l'ouïe » : *Quand le vent souffle de l'ouest, on entend la sirène de l'usine.* Ne pas employer *écouter* au lieu de *entendre* dans ce sens. Ne pas dire : *Quand le vent souffle de l'ouest, on *écoute la sirène de l'usine.* Cet emploi constitue un régionalisme.

écoutille n. f. (terme de marine) Prononciation : [ekutij].

écouvillon n. m. Brosse à long manche axial. — Prononciation : [ekuvijɔ̃].

écran n. m. Pas de *t* final.

écrémer v. t. Conjug. **11.** Change le deuxième *é* en *è* devant un *e* muet, sauf à l'indicatif futur et au conditionnel présent : *j'écrème,* mais *j'écrémerai.* — Dérivés (avec accent aigu sur le deuxième *e*) : *écrémage, écrémeuse.*

écrêter v. t. Garde l'accent circonflexe à toutes les formes : *j'écrête, j'écrêterai, nous écrêtons, il écrêta.* — Dérivé : *écrêtement.*

écrevisse n. f. Accent aigu sur le premier *e.*

écrier (s') v. pron. Conjug. **20.** Double le *i* à la première et à la deuxième personne du pluriel de l'indicatif imparfait et du subjonctif présent : *(que) nous nous écriions, (que) vous vous écriiez.* — Accord du participe avec le sujet : *Elles se sont écriées.*

écrire v. t. Conjugaison et accord du participe passé.

1 Conjug. **48.** *J'écris, tu écris, il écrit, nous écrivons, vous écrivez, ils écrivent — J'écrivais. — J'écrivis. — J'écrirai. — J'écrirais. — Ecris, écrivons, écrivez. — Que j'écrive. — Que j'écrivisse. — Ecrivant. — Ecrit, ite.*

2 A la forme pronominale à valeur réciproque, le participe passé reste invariable quand il n'y a pas de complément d'objet direct : *Ces deux amies se sont écrit souvent.* — Accord avec le complément d'objet direct si celui-ci est placé avant le verbe : *Les lettres que ces deux amis se sont écrites* (mais *Ils se sont écrit de nombreuses lettres).*

écritoire Toujours féminin : *Une écritoire luxueuse.*

écrivain n. m. Pas de forme pour le féminin. On dit : *Une femme écrivain. Colette est un grand écrivain. Simone de Beauvoir, écrivain français.*

écrouelles n. f. pl. Abcès d'origine tuberculeuse. — Ne s'emploie qu'au pluriel.

écrouir v. t. *(technique)* Travailler le métal à une température inférieure à sa température de recuit. — Conjug. **25** (comme *finir).* — Dérivé : *écrouissage* n. m.

écru, ue adj. Jamais d'accent circonflexe sur le *u : Du tissu écru De la toile écrue.* Ne pas dire *de la toile *crue.*

écueil [ekœj] n. m. Attention au groupe *-ue-.* Ne pas écrire **éceuil.*

écuelle n. f. Deux *l.* De même : *écuellée.*

écumoire Toujours féminin : *une écumoire neuve.*

écureuil [ekyʀœj] n. m. Finale en *-euil.*

écurie n. f. Local où l'on loge les chevaux (par extension, les mulets, les ânes). — Pour les vaches on dit *étable,* pour les moutons *bergerie,* pour les porcs *porcherie,* pour les lapins *clapier,* pour les poules *poulailler.* ▼ L'emploi de *écurie* pour désigner l'*étable* constitue un régionalisme, ainsi que les expressions *écurie à cochons, écurie à lapins,* etc.

écusson n. m. Deux *n* dans les dérivés : *écussonnage, écussonner, écussonnoir.*

écuyer, ère n. m. *ou* f. Prononciation : [ekɥije, ɛʀ].

eczéma n. m. Prononciation : [ɛgzema], avec [gz] et non [ks]. De même : *eczémateux, euse* [ɛgzematø, øz].

édam n. m. Fromage de Hollande. — Prononciation : [edam]. — Pas de majuscule. Un accent aigu sur le *e,* à la différence du nom propre *Edam.*

edelweiss n. m. inv. Plante. — Mot allemand. Prononciation : à l'allemande, [edɛlvajs], ou à la française, [edɛlvɛs]. Pas d'accent aigu sur le *e.* ▼ Toujours masculin : *Un edelweiss merveilleux.*

éden [edɛn] n. m. Attention à la majuscule.

1 Avec une majuscule : *l'Eden, le jardin d'Eden,* le paradis terrestre (dans la Bible).

2 Avec une minuscule : *un éden,* lieu délicieux

(Ce coin de campagne est un éden). — Pl. : *des édens* [-dɛn].* — Dérivé : *édénique* adj. (accent aigu aussi sur le deuxième *e*).

édifier v. t. Conjug. 20. Double le *i* à la première et à la deuxième personne du pluriel de l'indicatif imparfait et du subjonctif présent : *(que) nous édifiions, (que) vous édifiiez.*

édile n. m. Attention à l'*e* final.

éditorial, ale, aux adj. *ou* n. m. Masculin pluriel en *-aux : des éditoriaux.*

édredon [edʀədɔ̃] n. m. Accent aigu (et non accent grave) sur le premier *e*.

éduquer v. t. Toujours *-qu-*, même devant *a* ou *o : il éduqua, nous éduquons* — En revanche, un *c* dans les dérivés : *éducable, éducateur, trice, éducatif, éducation.*

effacer v. t. Conjug. 17. Le *c* prend une cédille devant *a* et *o : il effaça, nous effaçons.* — Deux *f.* De même : *effaçable, effacé, effacement, effaçure.*

effarer v. t. Deux *f.* De même : *effarant, effarement.*

effaroucher n. f. Deux *f.* De même : *effarouchement.*

effectif, ive adj. *ou* n. m. Deux *f.* De même : *effectivement.*

effectuer v t. (deux *f*) Faire (une opération difficile, technique, complexe) : *Effectuer une réduction au dénominateur commun. Il y a des réparations à effectuer sur cette machine à calculer. Effectuer une rectification sur un document comptable.* ▼ Ne pas abuser de ce mot et ne pas l'employer, au lieu de *faire,* quand il s'agit d'une action simple. Ne pas écrire : *effectuer une visite, un voyage* (mais *faire une visite, un voyage*).

efféminé, ée adj. Deux *f.* De même : *efféminer.*

efférent, ente adj. Qui va du centre vers la périphérie : *Nerfs, vaisseaux efférents.* — Deux *f.*

effervescent, ente adj. Deux *f* et *-sc-.* De même : *effervescence* (finale en *-ence*).

effet n. m. On évitera le pléonasme *car en effet.* — On évitera aussi la locution *à l'effet de,* qui est lourde et appartient à la langue de la procédure. Préférer *pour* (suivi de l'infinitif).

effeuiller v. t. Attention à l'*i* après le groupe *-ill-* à la première et à la deuxième personne

du pluriel de l'indicatif imparfait et du subjonctif présent : *(que) nous effeuillions, (que) vous effeuilliez.*

efficace adj. *ou* n. f. L'emploi substantif au sens de « efficacité » appartient au langage de la théologie (*L'efficace de la grâce*) ou à la langue littéraire très recherchée ou archaïsante (*L'efficace merveilleuse de la science*). — En revanche, l'adjectif *efficace* est un mot très vivant et moderne.

efficient, ente adj. ▼ Ce mot est un anglicisme inutile. Ecrire : *Des mesures efficaces* (et non *des mesures efficientes*). De même, employer *efficacité* et non *efficience.*

effigie n. f. Deux *f.*

effilé, ée adj. Orthographe et sens.

1 Deux *f.* De même : *effilage, effilement.*

2 Effiler, affiler ▷ affiler.

effilocher v. t. Deux *f,* un seul *l.* De même : *effilochage, effiloché, effilocheur, effilochure.*

efflanqué, ée adj. Deux *f.* De même : *efflanquer.*

effleurer v. t. Deux *f.* De même : *effleurement.*

effleurer, affleurer ▷ affleurer.

efflorescence n. f. Deux *f, -sc-* et finale en *-ence.*

effluent, ente adj. *ou* n. m. Deux *f.*

effluve Deux *f.* — S'emploie le plus souvent au pluriel. ▼ Mot masculin : *Les effluves délicieux d'un jardin.* L'emploi au féminin est une faute fréquente.

effondrer Orthographe et constructions.

1 Deux *f.* De même : *effondré, ée, effondrement.*

2 La construction transitive, sans être à proprement parler incorrecte, est rare : *Les pluies ont effondré la route.*

3 S'emploie normalement à la forme pronominale. Après *faire* ou *laisser,* l'omission du pronom réfléchi est fréquente (mais non obligatoire) : *Les pluies ont fait effondrer la route* ou *ont fait s'effondrer la route.*

efforcer (s') v. pron. Accord du participe passé et constructions.

1 Accord du participe passé avec le sujet : *Elles se sont efforcées d'obtenir ce document. Les permissions qu'il s'est efforcé d'obtenir.*

2 S'efforcer de (suivi de l'infinitif) est le seul tour vivant : *Ils s'efforcent d'atténuer l'effet de cette mesure.* — *S'efforcer à* est correct, mais littéraire et vieilli : *Les courtisans s'efforcent à plaire au tyran.*

3 Le tour *s'efforcer pour* et la construction absolue (= faire des efforts, se donner de la peine) appartiennent à la langue ancienne : *C'est en vain que les envieux s'efforcent, ils ne peuvent rien contre la gloire des grands poètes.*

effort n. m. Deux *f.*

effraction n. f. Deux *f.*

effraie, orfraie Deux noms féminins paronymes qui désignent des oiseaux.

1 effraie (deux *f*) Gros rapace nocturne, dont le cri, croyait-on, était présage de mort et de malheur.

2 orfraie (un seul *f*) Rapace diurne, appelé aussi *pygargue* ou *aigle pêcheur.*

3 ▼ L'expression consacrée, *des cris d'orfraie,* « des cris aigus, effrayants », résulte d'une confusion. C'est l'*effraie,* oiseau de nuit, qui pousse des cris effrayants. Cependant on ne dit pas *des cris d'*effraie.

effranger v. t. Conjug. **16.** Prend un *e* après le *g* devant *a* ou *o* : *il effrangea, nous effrangeons.* — Deux *f.* De même : *effrangé, effrangement.*

effréné, ée adj. Deux *f.* — Ne pas écrire *effreiné* (malgré *frein*).

effriter v. t. Deux *f.* Un seul *t.* De même : *effritement.*

effroi n. m. Deux *f.* Pas de *e* final.

effronté, ée adj. *ou* n. Deux *f.* De même : *effrontement, effronterie.*

effusion n. f. Deux *f.*

égailler, égayer Deux verbes à bien distinguer.

1 s'égailler Se disperser : *Les gamins s'égaillèrent comme une volée de moineaux.* — Prononciation : [egaje], avec [a]. — Attention au *i* après le groupe *-ill-* à la première et à la deuxième personne du pluriel de l'indicatif imparfait et du subjonctif présent : *(que) nous nous égaillions, (que) vous vous égailliez.*

2 s'égayer Se distraire, s'amuser : *Ils s'égayèrent aux dépens de leur camarade trop naïf.* — Prononciation : [egɛje]. Conjug. **23.** Remplace facultativement *y* par *i* devant un *e* muet : *j'égaie* (ou *j'égaye*), *j'égaierai* (ou *j'égayerai*).

Les formes en *-aie-* sont plus fréquentes que les formes en *-aye-.* — Attention au *i* après l'*y* à la première et à la deuxième personne du pluriel de l'indicatif imparfait et du subjonctif présent : *(que) nous égayions, (que) vous égayiez.*

égal, ale, aux adj. *ou* n. Masculin pluriel en *-aux.* — L'accord des expressions est difficile.

I Sans égal. Deux possibilités.

1 Accord. *Egal* prend la marque du féminin singulier et pluriel, mais non celle du masculin pluriel : *Une merveille sans égale. Des merveilles sans égales. Un succès sans égal. Des succès sans égal* (et non *sans* *égaux*).

2 Invariabilité. *Des merveilles sans égal.*

II N'avoir d'égal que. Trois possibilités, quand le nom ou le pronom qui est sujet de *avoir* est d'un genre ou d'un nombre différent de celui du nom ou du pronom qui suit *que.*

1 Accord avec le sujet. *Sa faconde n'a d'égale que son pédantisme. Son génie n'a d'égal que sa modestie.*

2 Accord avec le nom qui suit que. *Son orgueil n'a d'égale que son incapacité.*

3 Invariabilité. *Son habileté et son zèle n'ont d'égal que sa modestie et sa courtoisie.* Cette construction semble l'emporter de nos jours.

III D'égal à égal. Toujours invariable : *De nos jours, les femmes veulent traiter d'égal à égal avec les hommes.*

égard n. m. Expressions.

1 Eu égard à. En considération de : *Eu égard à son passé glorieux, l'accusé a été condamné légèrement.* **▼** Ne pas déformer l'expression, en disant *en égard à.*

2 A tous les égards ou **à tous égards.** Les deux formes sont correctes. La première est plus usuelle, la seconde plus littéraire.

3 A l'égard de. Sens usuel et moderne : « envers, en ce qui concerne » *(A l'égard de ses collègues, il s'est montré bien aimable. A l'égard de cette question, je n'ai pas d'opinion précise).* — Sens plus littéraire ou un peu vieilli : « en comparaison de » *(Tout ce que nous avons fait est peu de chose à l'égard de ce qui nous reste à faire).* **▼** On dit : *à mon égard (à ton, son égard)* et non *à l'égard de moi.*

4 Toujours *égards* au pluriel dans *manque d'égards* (= manque de marques d'estime et de déférence) : *Ne pas nous avertir, quel manque d'égards !*

égarer, perdre Ces deux verbes transitifs ne sont pas synonymes.

1 égarer Ne plus retrouver un objet que l'on cherche, parce qu'on ne sait plus où on l'a mis : *J'avais égaré mon carnet d'adresses, mais je l'ai retrouvé dans la poche de mon vieux pardessus.*

2 perdre Etre privé définitivement d'une chose qu'on a laissée quelque part, qu'on a laissée tomber : *J'ai perdu mon parapluie dans le métro. Sa poche était percée, il a perdu ses clés.*

égayant, ante adj. Prononciation : [egɛjɑ̃, ɑ̃t].

égayer, égailler (s') ▷ **égailler (s').**

égéen, enne [eʒeɛ̃, ɛn] adj. *ou* n. Attention à la majuscule : *Les Egéens. La civilisation égéenne.*

égérie n. f. Conseillère d'un homme de lettres, d'un homme politique. — Un *e* minuscule.

égide n. f. *Sous l'égide de,* sous la protection de : *La liberté publique doit être placée sous l'égide des lois.* — Ne pas employer cette expression au sens abusif de *sous le patronage de.* Dire : *Ce bal aura lieu sous le patronage du comité des fêtes* (et non *sous l'égide du comité des fêtes*).

églefin [egləfɛ̃], **égrefin** [egʀəfɛ̃] n. m. Poisson appelé aussi *haddock, morue noire, morue Saint-Pierre.* On écrit aussi *aiglefin, aigrefin,* mais *églefin* est la graphie la plus courante (à préférer).

église n. f. Un *e* minuscule quand il s'agit d'un édifice : *Une église romane du XIIᵉ siècle. Les fidèles sortent de l'église.* — Un *E* majuscule quand il s'agit de la société formée par l'ensemble des fidèles et de leurs prêtres, de leurs pasteurs : *Les gens d'Eglise. Un homme d'Eglise. L'Eglise catholique. Les Eglises protestantes. Les Eglises d'Orient.*

ego [ego] n. m. (terme de philosophie, de psychologie) Pas d'accent sur l'*e.* — Invariable au pluriel. S'écrit souvent en italique dans un texte en romain, ou en romain dans un texte en italique : *Les relations entre les divers* ego.

égoïne [egɔin] n. f. On peut dire soit *une égoïne,* soit *une scie égoïne* (pl. : *des égoïnes, des scies égoïnes*) — La graphie *égohine* est vieillie.

égoïsme, égotisme, égocentrisme Trois noms masculins qui ne sont pas interchangeables.

1 égoïsme *(usuel, péjoratif)* Attitude de celui qui ne pense qu'à ses propres intérêts et qui sacrifie souvent le bonheur des autres au sien propre.

2 égotisme *(littéraire, non péjoratif)* Tendance à analyser sa propre personnalité, en littérature (mot créé par Stendhal) : *L'égotisme des romantiques.* — Tendance à cultiver sa propre personnalité et à faire de cette culture du moi le principe d'une morale.

3 égocentrisme *(terme de psychologie, non péjoratif)* Attitude naturelle de chaque individu qui le porte à concevoir le monde à partir de sa propre personne et à ordonner autour d'elle la représentation qu'il en a.

égorger v. t. Conjug. **16.** Prend un *e* après le *g* devant *a* ou *o* : *il égorgea, nous égorgeons.*

égosiller (s') v. pron. Attention au *i* après le groupe -*ill*- à la première et à la deuxième personne du pluriel de l'indicatif imparfait et du subjonctif présent : *(que) nous nous égosillions, (que) vous vous égosilliez.*

égout n. m. ▼ Pas d'accent circonflexe sur le *u.* Vient de *égoutter.* Aucun rapport avec *dégoût.*

égoutier n. m. ▼ Un seul *t,* à la différence de *égoutter.* — Pas d'accent circonflexe.

égoutter v. t. Deux *t.* De même : *égouttage, égouttement, égouttoir, égoutture.* ▼ Le nom *égoutier,* formé sur *égout* et non directement sur *égoutter,* prend un seul *t.*

égrapper v. t. Deux *p.* De même : *égrappage.*

égratigner v. t. Un seul *t.* De même : *égratigneur, égratignure.*

égrener v. t. Conjug. **12.** *J'égrène. J'égrènerai.* — Dérivés : *égrenage* (ou *égrainage,* *égrènement*), *égreneuse.* — Au lieu de *égrener,* on dit parfois *égrainer* (forme rare).

égrillard, arde adj. Prononciation : [egʀijaʀ, aʀd(ə)], avec [j].

égrotant, ante adj. Malade, maladif : *Un vieillard égrotant.* — Mot vieilli et littéraire.

égruger v. t. Ecraser : *Egruger du poivre.* — Conjug. **16.** Prend un *e* après le *g* devant *a* ou *o* : *il égrugea, nous égrugeons.* — Dérivés : *égrugeage, égrugeoir.*

égyptien, ienne adj. *ou* n. D'Egypte. — Attention à la majuscule : *La civilisation égyptienne. Les Egyptiens.* — N. m. *L'égyptien :* langue.

eh !, hé ! Deux interjections à distinguer.

1 eh ! Exprime la surprise, l'admiration, etc. : *Eh ! qui l'aurait cru ? Eh ! ce n'est pas si mal !*

— Sert à interpeller : *Eh ! vous, là-bas, approchez !*

2 hé ! Forme intensive et expressive de *eh !* Marque un début plus vif de la phrase. Sert à donner plus de force à ce que l'on énonce : *Hé ! mais vous ne m'en aviez rien dit ! Hé ! mais oui, c'est à moi de décider !* — Sert surtout à interpeller : *Hé ! l'ami ! comment va-t-on aujourd'hui ?* — Répété, exprime l'ironie, la moquerie, l'indignation feinte, l'approbation nuancée, etc. : *Hé ! Hé ! dites-moi, ce n'est pas une mauvaise affaire, ça !* D'une manière générale, *hé !* est considéré comme plus familier que *eh !*

eh bien ! Locution interjective. ▼ Ne pas écrire **et bien !* — On met une virgule après *eh bien,* si cette locution est en tête de phrase : *Eh bien, vous avez l'air joyeux, ce matin !* Sinon, *eh bien* est suivi d'un point d'exclamation ou d'interrogation : *Mais oui, monsieur, il m'a traité de « vieille baderne » !* — *Eh bien ! Je voulais vous dire...* — *Oui, eh bien ?* — Pas de signe de ponctuation entre *eh* et *bien.*

eh quoi ! locution interjective. Introduit une justification ou une objection : *Vous récompensez cet employé ?* — *Eh quoi ! il a fait de son mieux.*

éhonté, honteux Deux adjectifs de la famille de *honte.*

1 éhonté, ée Qui se livre sans honte, sans mesure, sans hésitation à des actes blâmables : *Un menteur éhonté.* — Qui est fait sans honte, sans mesure : *Des mensonges éhontés. Un pillage éhonté des finances publiques.*

2 honteux, euse Qui éprouve de la honte (du fait de ses actes, de son état) : *Elle est toute honteuse d'avoir menti.* — Qui est déshonorant, scandaleux : *Un honteux trafic.*

eider n. m. Oiseau. — Prononciation : [ɛdɛʀ]. — Pl. : *des eiders* [-dɛʀ].

-é-je Finale qui se rencontre à la première personne du singulier, à l'indicatif présent des verbes du premier groupe *(m'écrié-je, donné-je,* etc.) et dans quelques rares formes verbales *(dussé-je, puissé-je, eussé-je),* quand il y a inversion du pronom sujet *je.* Cette forme en *-é-je* ne s'emploie que dans la langue assez recherchée. — Elle se prononce avec un *e* ouvert [ɛʒ], mais s'écrit avec un *é* (accent aigu). — Elle ne doit pas être confondue avec la finale en *-ais-je* d'imparfait ou de conditionnel *(donnais-je, pourrais-je, aimerais-je),* ni avec la finale en *-ai-je* de passé simple ou de futur *(donnerai-je, pourrai-je, aimerai-je).*

élagage n. m. S'écrit avec *g,* et non avec *-gu-,* à la différence de *élaguer, élagueur.*

élaguer v. t. Toujours *-gu-,* même devant *a* ou *o : il élagua, nous élaguons.* — Dérivés : *élagage* (avec *g*), *élagueur* (avec *-gu-*).

élancer Conjug. **17.** Le *c* prend une cédille devant *a* ou *o : il s'élança, nous nous élançons.*

élastique adj. *ou* n. m. Bien dire *un élastique (une élastique* est populaire et incorrect) : *Un élastique tout neuf.*

elbeuf n. m. Drap fabriqué à Elbeuf. — Un *e* minuscule : *Un coupon d'elbeuf.* — Ne pas écrire **elbœuf.*

eldorado [ɛldɔʀado] n. m. Pays merveilleux : *Beaucoup de provinciaux croient que Paris est un eldorado.* — Généralement écrit avec un *e* minuscule, sauf quand on parle de *l'Eldorado,* pays mythique qu'on croyait exister en Amérique du Sud. — Pl. : *des eldorados* [-do].

électrifier v. t. Conjug. **20.** Double le *i* à la première et à la deuxième personne du pluriel de l'indicatif imparfait et du subjonctif présent : *(que) nous électrifiions, (que) vous électrifiiez.*

électro- Les composés en *électro-* s'écrivent en un seul mot sans trait d'union *(électrocardiogramme, électrochoc, électrodynamique, électroménager, électromoteur, électrovalve,* etc.), même quand le second élément commence par une voyelle *(électroacoustique, électroaimant, électroencéphalogramme, électroérosion,* etc. On écrit cependant : *électro-osmose.*

électronvolt n. m. (terme de physique). Pl. : *des électronvolts.*

élégance n. f. Dérivés : *élégant, élégamment.*

éléphant n. m. Avec *-ph-.* De même : *éléphante, éléphanteau, éléphantesque, éléphantiasique, éléphantiasis, éléphantin.*

éléphantiasis Maladie tropicale. — Prononciation : [elefɑ̃tjazis]. — Toujours masculin : *L'éléphantiasis est dangereux.*

élévator, Escalator Deux noms masculins à bien distinguer.

1 élévator (mot anglo-américain à demi francisé) Anglicisme qui désigne un silo à blé. — Pl. : *des élévators.* — Accent aigu sur chaque *e.* — Pour remplacer cet anglicisme, on pourra employer : *silo élévateur.*

2 Escalator (nom déposé) Marque déposée d'un escalier mécanique. — Un *E* majuscule. — Dire de préférence : *escalier mécanique.*

élever v. t. Conjugaison ; orthographe des dérivés.

1 Conjug. **12.** *J'élève. J'élèverai.*

2 Dérivés : *élevage* [elvaʒ], *élévateur, trice, élévation, élévatoire, élève, éleveur, euse* [elvœʀ, øz]. — Toujours un accent aigu sur le premier *e*, même quand il se prononce [ɛ] *(élevage, éleveur).*

elfe n. m. Génie de l'air. — Ne pas écrire **elphe.*

élire v. t. Conjug. **50.** *J'élis, tu élis, il élit, nous élisons, vous élisez, ils élisent. — J'élisais. — J'élus, tu élus, il élut, nous élûmes, vous élûtes, ils élurent. — J'élirai. — J'élirais. — Élis, élisons, élisez. — Que j'élise. — Que j'élusse, que tu élusses, qu'il élût, que nous élussions, que vous élussiez, qu'ils élussent. — Elisant. — Élu, ue.* ▼ Au passé simple, éviter les barbarismes, fréquents, du genre *j'*élis..., ils *élirent* ou *j'*élisis..., ils *élisirent.*

élisabéthain, aine adj. *ou* n. m. *Les écrivains élisabéthains* ou *les élisabéthains.* — Un *e* minuscule. Ce n'est pas un nom de peuple.

elixir Masculin : *Un élixir délicieux.*

elle, elles Pronom personnel féminin de la troisième personne.

I *Elle (elles)* **représentant un nom de personne ou de chose personnifiée.**

1 Peut s'employer comme sujet : *Ma sœur est venue, elle repart demain.*

2 Peut s'employer comme complément de nom : *Connais-tu mes cousines ? Voici une photo d'elles.*

3 Peut s'employer comme complément d'objet indirect ou comme complément prépositionnel, quelle que soit la préposition : *Il aime bien ses sœurs, il parle toujours d'elles. Cet écrivain exilé aime tant sa Patrie qu'il parle d'elle dans tous ses livres. Sa fiancée est partie, mais il pense à elle. La directrice arrive, les petites pensionnaires font cercle autour d'elle.*

II *Elle (elles)* **représentant un nom de chose.**

1 Peut s'employer comme sujet : *J'ai vu sa voiture, elle est toute neuve.*

2 Ne peut s'employer comme complément de nom. Il faut employer *en : Connais-tu sa villa ? En voici une photographie.*

3 Ne peut s'employer comme complément d'objet indirect (précédé de *à* ou de *de*). Il faut

employer *y* ou, dans d'autres cas, *lui* (équivaut à *à elle*) ou *en* (équivaut à *d'elle*) : *Il aime la littérature, il veut s'y consacrer* (et non *se consacrer à elle*). *Il aime la littérature, il veut lui consacrer sa vie* (et non *consacrer sa vie à elle*). *Il regrette son école, il en parle sans cesse* (et non *il parle d'elle*).

4 Après *ne... que,* on peut employer cependant *elle* dans tous les cas : *Il aime la littérature, il ne veut se consacrer qu'à elle. Il regrette son école, il ne parle que d'elle.* Il est plus élégant cependant de tourner autrement : *Il aime la littérature, il veut s'y consacrer exclusivement. Il regrette son école, c'est son seul sujet de conversation.*

5 Après une préposition autre que *à* ou *de,* on emploie *elle : Il aimait tant la littérature qu'il a tout abandonné pour elle.* L'emploi de *y* ou de *en* est impossible. On peut aussi remplacer *elle* par *celle-ci : Il aimait tant la littérature qu'il a tout abandonné pour celle-ci.* Cette tournure est nettement plus lourde.

III *Elle (elles)* **représentant un nom d'animal.**

1 En général, mêmes règles que pour *elle(s)* représentant un nom de chose : *Ce paysan est fier de ses vaches, il en parle sans cesse.*

2 Quand il s'agit d'un animal familier que l'on assimile à une personne, on peut appliquer les mêmes règles que pour *elle(s)* représentant un nom de personne : *Cet enfant aime bien sa chienne, il pense à elle souvent. La petite chienne de mon oncle est morte, il parle d'elle sans cesse.*

ellébore ou **hellébore** Plante. — Les deux graphies sont admises. ▼ Toujours masculin : *Un ellébore majestueux.*

ellipse n. f. Deux *l.* De même : *ellipsoïdal, ale, aux, ellipsoïde,* n. m., *elliptique, elliptiquement.*

élucider, éluder v. t. Deux verbes à bien distinguer.

1 *élucider une question obscure,* la tirer au clair.

2 *éluder une question embarrassante,* l'esquiver habilement.

élysée Sans trait d'union, avec un *c* minuscule et un *E* majuscule : *les champs Elysées* [ʃɑ̃zelize], séjour des héros et des justes après leur mort (dans la mythologie antique). Avec un trait d'union, un *C* majuscule et un *E* majuscule : *les Champs-Elysées,* avenue de Paris. — Avec un *e* minuscule : *un élysée,* un lieu verdoyant, délicieux. Avec un *E* majuscule : *l'Elysée,* palais du président de la République, à Paris.

élytre Aile d'insecte. — Un *y.* ▼ Toujours masculin : *Des élytres très courts.*

elzévir n. m. Livre imprimé ou publié par la famille Elzévir. — Famille de caractères. — Un z. Un e minuscule. — Pl. : des elzévirs. — Dérivé : elzévirien, ienne adj.

émacier v. t. Conjug. **20**. Double le i à la première et à la deuxième personne du pluriel de l'indicatif imparfait et du subjonctif présent : (que) nous (nous) émaciions, (que) vous (vous) émaciiez. — Dérivés : émacié, émaciation.

émail [emaj] n. m. Le pluriel normal est : des émaux. — Il existe un pluriel des émails, employé quand il s'agit de produits de beauté (émails pour les ongles), de peintures spéciales pour carrosseries. — Dérivés : émaillage, émailler, émaillerie, émailleur, émaillure.

émaillage, émaillerie Deux noms de la famille de émail.

1 émaillage n. m. Action de recouvrir d'émail une pièce de céramique ou de métal : L'émaillage de la tôle.

2 émaillerie n. f. Art de fabriquer des émaux artistiques : L'émaillerie limousine fut jadis célèbre.

émailler v. t. Attention au i après le groupe -ill- à la première et à la deuxième personne du pluriel de l'indicatif imparfait et du subjonctif présent : (que) nous émaillions, (que) vous émailliez.

émaner Toujours intransitif : La lumière émane du Soleil. — Emploi transitif incorrect. Ne pas écrire : Le Soleil émane de la lumière. Ecrire plutôt : Le Soleil émet de la lumière. On évitera aussi : La lumière émanée du Soleil. Ecrire plutôt : La lumière émanant du Soleil.

émarger v. t. Conjug. **16**. Prend un e après le g devant a ou o : il émargea, nous émargeons. — Dérivé : émargement.

embâcle Obstruction d'un cours d'eau par les glaces ; durée de cette obstruction. — Accent circonflexe sur le a. ▼ Masculin, à la différence de débâcle : L'embâcle très long des fleuves canadiens.

emballer v. t. Deux l. De même : emballage, emballé, emballement, emballeur.

embarcadère Un c et non -qu-. — Masculin : Un embarcadère très étroit.

embarcation n. f. Un c et non -qu-.

embargo [ɑ̃baʀɡo] n. m. — Pl. : des embargos [-ɡo].

embarquer v. t. ou i. Toujours -qu-, même devant a ou o : il embarqua, nous embarquons. — Dérivés : embarqué, embarquement (avec -qu-), mais embarcadère, embarcation (avec c). — La forme intransitive et la forme pronominale ont le même sens : Les voyageurs se sont embarqués sur ce paquebot à neuf heures (ou ont embarqué sur le paquebot).

embarras n. m. Deux r. De même : embarrassant, embarrassé, embarrasser. — De nos jours, on dit plutôt faire des embarras que faire de l'embarras.

embauchage, embauche Deux noms dérivés de embaucher.

1 embauchage n. m. Action d'engager effectivement un salarié : Le service du personnel s'occupe des formalités d'embauchage.

2 embauche n. f. Possibilité d'embaucher des salariés : Il y a de l'embauche en ce moment dans le bâtiment.

embauchoir, embouchoir ▷ embouchoir.

embellir Dans la construction intransitive, se conjugue avec avoir pour insister sur l'action (En quelques années, cette jeune fille a beaucoup embelli), avec être pour insister sur l'état (Depuis les travaux d'urbanisme, notre ville est bien embellie). — Deux l. De même : embellie, embellissement.

embêter v. t. (familier) Un accent circonflexe sur le e. De même : embêtant, embêtement.

emblée (d') loc. adv. Finale en -ée.

emblème Masculin : Un emblème ancien. — Accent grave et non accent circonflexe. — Dérivé : emblématique (accent aigu).

emboîter v. t. Accent circonflexe sur le i, comme dans boîte. De même : emboîtage, emboîté, emboîtement, emboîture.

embolie n. f. Obstruction d'un vaisseau sanguin.

embonpoint n. m. ▼ Un m devant le b, mais un n devant le p.

embouche n. f. Forme d'élevage : Pré d'embouche.

embouchoir, embauchoir Deux noms masculins. Le mot embouchoir désigne l'extrémité mobile qu'on adapte à l'embouchure d'un instrument à vent ou bien encore chacun des anneaux qui fixent au fût le canon d'un fusil. Désignait aussi une forme servant à éviter la déformation d'une chaussure. Ce dernier emploi est vieilli. On dit de nos jours *embauchoir : J'ai acheté une paire d'embauchoirs pour mes chaussures neuves.*

embouteiller v. t. Attention au *i* après le groupe *-ill-* à la première et à la deuxième personne du pluriel de l'indicatif imparfait et du subjonctif présent : *(que) nous embouteillions, (que) vous embouteilliez.* — Au sens de « encombrer », est admis dans l'usage courant : *L'afflux des voitures embouteille le carrefour.* Dans la langue très soutenue, on écrira plutôt *encombrer.* Préférer de même *encombrement* à *embouteillage.*

embrassade, embrassement Le nom féminin *embrassade* appartient à la langue semi-familière, le nom masculin *embrassement* à la langue classique ou très littéraire.

embrayer [ãbʀeje] v. t. L'un des verbes en *-yer* dans lesquels l'*y* n'est pas remplacé par *i* devant un *e* muet : *j'embraye, j'embrayerai* (et non *j'embraie, j'embraierai*). — Dérivés : *embrayage* [ãbʀejaʒ], *embrayeur* [ãbʀejœʀ].

embrener v. t. *(populaire)* Salir d'excréments. — Conjug. **12.** *J'embrène, j'embrènerai.* — Dérivés : *embrené, embrènement.*

embrocation n. f. Révulsif pour le massage des muscles. — Avec un *c.*

embrouillamini ▷ **brouillamini.**

embrouiller v. t. Attention au *i* après le groupe *-ill-* à la première et à la deuxième personne du pluriel de l'indicatif imparfait et du subjonctif présent : *(que) nous embrouillions, (que) vous embrouilliez.*

embrun n. m. En général au pluriel : *Par grosse mer, les embruns forment un léger brouillard le long du rivage.*

embryon n. m. Un *y.* De même : *embryogenèse* ou *embryogénie, embryologie, embryologique, embryologiste, embryonnaire* (deux *n*), *embryopathie, embryotomie.*

embu, embué, imbu Trois adjectifs paronymes à bien distinguer.

1 embu, ue [ãby, y] (peinture) *Couleurs embues,* ternes (du fait de l'absorption accidentelle de l'huile par la toile). — *Tableau embu,* dont les couleurs sont ternes.

2 embué, ée [ãbye, e] Couvert de buée : *Le pare-brise est embué.* — *Des yeux embués (de larmes),* humides, voilés de larmes.

3 imbu, ue [ẽby, y] *(figuré)* Imprégné : *Il est imbu de préjugés.* — *Être imbu de sa supériorité, être imbu de soi-même :* être plein de suffisance.

embûche n. f. Accent circonflexe sur le *i.*

embué, embu ▷ **embu.**

embusquer v. t. *ou* v. pron. Toujours *-qu-,* même devant *a* ou *o : il s'embusqua, nous nous embusquons.*

éméché, ée adj. *(familier)* Un peu ivre. — Trois accents aigus, à la différence de *mèche.*

émeraude Genre et accord.

1 Nom féminin. Désigne une pierre précieuse : *Broche ornée de quatre belles émeraudes.*

2 Nom masculin : Désigne la couleur verte : *Un émeraude profond et brillant.* — Prend la marque du pluriel : *Les émeraudes et les rouges viennent animer les gris de ce tableau.*

3 Nom masculin. Désigne un oiseau exotique : *L'émeraude brillant et le colibri somptueux.*

4 Adjectif. Toujours invariable : *Des soies émeraude.*

émerger v. i. Conjug. **16.** Prend un *e* après le *g* devant *a* ou *o : il émergea, nous émergeons.* — Dérivés : *émergence, émergent, ente, émersion.*

émeri n. m. Un accent aigu (et non un accent grave) sur le premier *e.*

émérite, honoraire, méritant Trois adjectifs à bien distinguer.

1 émérite Au sens ancien, *fonctionnaire émérite, professeur émérite,* qui, en raison de son âge, n'est plus en activité. On dit de nos jours *en retraite* ou *honoraire.* — Au sens moderne, qualifie une personne qui, en raison de son expérience, de son ancienneté, excelle dans sa profession : *Un helléniste émérite.* Ce sens abusif est dû à l'influence de *éminent* et de *méritant.* Dans la langue très surveillée, on écrira plutôt, selon les cas : *éminent, expérimenté, fameux, insigne, remarquable, renommé, réputé, supérieur.*

2 honoraire Qualifie une personne qui est en retraite (ne s'emploie que pour les personnes qui ont occupé des fonctions supérieures) : *Un préfet honoraire. Un professeur honoraire.*

3 méritant, ante Qui mène à bien sa tâche malgré les difficultés : *Une mère de famille méritante.*

émersion n. f. Action d'émerger. — Finale en *-sion.*

émerveiller v. t. Attention au *i* après le groupe *-ill-* à la première et à la deuxième personne du pluriel de l'indicatif imparfait et du subjonctif présent : *(que) nous émerveillions, (que) vous émerveilliez.* — *S'émerveiller* se construit avec *de* et l'infinitif *(Je m'émerveille d'avoir réussi aussi facilement)* ou avec *que* et le subjonctif *(Je m'émerveille qu'il réussisse aussi facilement).* — Dérivé : *émerveillement.*

émettre v. t. Deux *t.* De même : *émetteur, trice.* — Conjug. **99.** *J'émets, tu émets, il émet, nous émettons, vous émettez, ils émettent.* — *J'émettais.* — *J'émis.* — *J'émettrai.* — *J'émettrais.* — *Emets, émettons, émettez.* — *Que j'émette.* — *Que j'émisse.* — *Emettant.* — *Emis, ise.*

émeu n. m. Oiseau d'Australie. — Pl. : *des émeus* (avec un *-s*). — Il existe une autre forme, plus rare, *émou* (pl. : *des émous*).

émietter v. t. Deux *t.* De même : *émiettement.*

émigrer, immigrer Eviter la confusion, fréquente à cause de la paronymie. *Emigrer,* c'est quitter son pays pour s'installer dans un pays étranger. *Immigrer,* c'est venir s'installer dans un pays dont on n'est pas ressortissant. Les Européens qui quittaient l'Europe au XIXᵉ siècle étaient des *émigrants.* Quand ils arrivaient aux Etats-Unis, ils devenaient des *immigrants.* Les nobles qui, pendant la Révolution française, avaient quitté la France étaient des *émigrés* pour les Français restés en France. Les travailleurs espagnols, portugais ou algériens qui travaillent en France sont, pour les Français, des *immigrés.* Même différence de sens pour *émigration* (sortie du pays d'origine) et *immigration* (arrivée dans le pays d'adoption).

émincer v. t. Conjug. **17.** Le *c* prend une cédille devant *a* ou *o* : *il éminça, nous éminçons.*

éminence n. f. Toujours une majuscule quand le mot est le titre d'honneur accordé à un cardinal : *Le secrétaire de Son Eminence le cardinal Duval.* — Abréviation : *S. Em. (Son Eminence).* — L'adjectif attribut (ou en apposition) s'accorde avec *Eminence* (féminin) quand *Son (Votre) Eminence* n'est accompagné d'aucun autre nom : *Son Eminence est prête à vous recevoir.* Sinon, l'adjectif s'accorde avec l'autre nom : *Son Eminence le cardinal est prêt à vous recevoir.* — On écrit, avec un *E* majuscule, *l'Eminence grise,* quand il s'agit du P. Joseph, conseiller et agent du cardinal de Richelieu, et, avec un *e* minuscule, *l'éminence grise,* quand l'expression est employée par métaphore pour désigner un conseiller secret.

émir n. m. Souverain musulman. — Dérivé : *émirat.*

emmagasiner [ɑ̃magazine] v. t. Deux *m.* De même : *emmagasinage* [ɑ̃magazinaʒ] ou *emmagasinement* [ɑ̃magazinmɑ̃].

emmailloter [ɑ̃majɔte] v. t. Deux *m*, deux *l*, mais un seul *t.* De même : *emmaillotement* [ɑ̃majɔtmɑ̃].

emmancher [ɑ̃mɑ̃ʃe] v. t. Deux *m.* De même : *emmanchement* [ɑ̃mɑ̃ʃmɑ̃].

emmanchure [ɑ̃mɑ̃ʃyʀ] n. f. Deux *m.* On écrit avec un *-s : Un vêtement sans emmanchures.*

emmêler [ɑ̃mɛle] v. t. Un accent circonflexe.

emménager [ɑ̃menaʒe] v. i. Conjug. **16.** Prend un *e* après le *g* devant *a* ou *o : il emménagea, nous emménageons.* — Dérivé : *emménagement* [ɑ̃menaʒmɑ̃].

emménager, aménager ▷ **aménager.**

emménagogue adj. *ou* n. m. *Une substance emménagogue* (ou *un emménagogue*), qui provoque le flux menstruel. — Prononciation : [ɑ̃menagɔg].

emmener [ɑ̃m(ə)ne] v. t. Conjugaison et emploi.

I Conjug. **12 :** *j'emmène, j'emmènerai.*

II Emmener, amener ▷ **amener.**

III Emmener, emporter.

1 emmener Conduire, faire aller une personne ou un animal vers quelqu'un ou à un endroit (en s'éloignant de la personne qui parle ou du lieu où l'on place en esprit ce point de départ) : *Le matin, le berger emmène les brebis dans la prairie ; le soir, il les ramène au village.* — Eloigner, faire partir d'un lieu, conduire hors d'un endroit une chose qui se déplace d'elle-même (eau, fluide, etc.) ou un véhicule, une machine qui roule : *Ce conduit emmène les eaux usées jusqu'à la rivière. Après avoir déposé les derniers voyageurs au terminus, le chauffeur du car emmène son véhicule au garage.* — Transporter en éloignant (des personnes) : *Voici le car qui va nous emmener.* ▼ Ne pas employer *emmener,* mais *emporter,* pour dire « porter avec soi » : *Cet employé emporte chaque soir du travail chez lui* (et non *emmène*).

2 emporter Porter avec soi (en s'éloignant) : *Ce livre vous plaît ? Vous pouvez l'emporter* (ne pas dire *emmener*). — Transporter (des choses) *Un camion emporte les gravats à la décharge publique.*

emmental ou **emmenthal** [emɛ̃tal] n. m. Fromage. — Deux *m.* — Les deux graphies (avec *t* et avec *th*) sont admises. — Un *e* minuscule : *Un morceau d'emmental.*

emmitoufler [ãmitufle] v. t. Deux *m*, un seul *f.*

emmurer [ãmyʀe] v. t. Deux *m*. De même : *emmurement* [ãmyʀmã].

émoi n. m. Pas de *-e* final. — Au sens strict, signifie « trouble, frayeur » : *Quand les habitants de la ville virent les ennemis approcher, grand fut leur émoi.* Ce sens est un peu vieilli, mais il est le sens original. Le sens usuel et moderne (émotion vague) est dû à l'attraction de *émotion.* Il est admis cependant : *Le doux émoi d'une fiancée.*

émollient, ente [emɔljã, ãt] adj. *ou* n. m. Deux *l.*

émolument n. m. Au singulier, part d'actif attribuée à un héritier, à un légataire *(Emolument de succession)* ou à l'un des époux (au moment où la communauté est dissoute) : *L'épouse n'est tenue aux dettes que jusqu'à concurrence de son émolument.* — Au pluriel, rétribution allouée aux officiers ministériels, avoués (autrefois), huissiers..., pour les actes de leur ministère. La rétribution d'un notaire se nomme *honoraires* ou *vacation.* ▼ Ne pas écrire **émoluement.*

émonctoire n. m. Finale en *-oire.*

émondoir n. m. Finale en *-oir.*

émotion n. f. Dérivés : *émotif, émotionnel.*

émotionner v. t. Mot formé sur *émotion,* pour remplacer *émouvoir,* trop difficile à conjuguer. Sans être tout à fait un barbarisme, est à éviter dans la langue surveillée. Selon quelques grammairiens, pourrait à la rigueur être admis au sens de « causer une émotion brève, peu intense, sans profondeur ». Cependant on préférera, selon le cas : **affecter, bouleverser, émouvoir, toucher, troubler.** — De même, on évitera *émotionnable.* Préférer : *émotif, sensible.*

émouchet n. m. Oiseau. — Finale en *-et.*

émoudre v. t. *(vieilli)* Aiguiser sur la meule : *Émoudre un couteau.* — Conjug. 88 (comme *moudre).* — Dérivés : *émoulage,* (on dit plutôt, de nos jours, *aiguisage, repassage), émouleur* (on dit plutôt, de nos jours, *rémouleur, repasseur).*

émoulu Ne s'emploie que dans l'expression *frais émoulu de* (toujours au masculin) : *De jeunes ingénieurs frais émoulus des grandes écoles.*

émoustiller v. t. Attention au *i* après le groupe *-ill-* à la première et à la deuxième personne du pluriel de l'indicatif imparfait et du subjonc-

tif présent : *(que) nous émoustillions, (que) vous émoustilliez.* — Dérivé : *émoustillant.*

émouvoir v. t. Conjug. **65.** *J'émeus, tu émeus, il émeut, nous émouvons, vous émouvez, ils émeuvent.* — *J'émouvais.* — *J'émus.* — *J'émouvrai.* — *J'émouvrais.* — *Emeus, émouvons, émouvez.* — *Que j'émeuve.* — *Que j'émusse.* — *Emouvant.* — *Ému, ue.* ▼ Pas d'accent circonflexe sur le *u* de *ému,* à la différence de *mû.*

empailler v. t. Attention à l'*i* après le groupe *-ill-* à la première et à la deuxième personne du pluriel de l'indicatif imparfait et du subjonctif présent : *(que) nous empaillions, (que) vous empailliez.* — Dérivés : *empaillage* ou *empaillement, empailleur.*

empan n. m. Ancienne mesure de longueur. — Attention à la place respective de *-en-* et de *-an-.*

empaqueter v. t. Conjug. **14.** *J'empaquette, j'empaquetterai.*

empâtement, empattement On distinguera l'*empâtement* de l'écriture, dû à l'emploi d'une plume à bout large qui donne une écriture épaisse, et l'*empattement,* terme de typographie qui désigne la petite barre terminant un trait horizontal, vertical ou oblique dans certains types de caractères.

empaumer v. t. Avec *-au-,* comme *paume.* — De même : *empaumure* n. f. (sommet de la tête du cerf ou du chevreuil).

empêchement n. m. Attention à l'accent circonflexe sur le deuxième *e.*

empêcher v. t. Attention à l'accent circonflexe sur le deuxième *e.* — Constructions de *empêcher que.*

1 Se construit normalement avec le subjonctif et le *ne* explétif. Celui-ci est fréquent (surtout si *empêcher* est à la forme affirmative), mais non obligatoire : *Il faut empêcher qu'il ne parte* (ou *qu'il parte).*

2 Cela n'empêche pas que. Peut être suivi du subjonctif (généralement sans *ne)* ou bien de l'indicatif (sans *ne).* L'indicatif insiste sur la réalité du fait : *Vous dites que les Français n'aiment pas le sport, cela n'empêche pas que des milliers de personnes soient* (ou *sont) inscrites dans des clubs.* On peut aussi employer le conditionnel, pour exprimer une éventualité : *... cela n'empêche pas que des millions de personnes aimeraient pratiquer un sport, si elles en avaient le temps.*

2 Il n'empêche que, n'empêche que. Toujours suivi de l'indicatif ou du conditionnel (sans *ne)* :

Elle est fatiguée, il n'empêche qu'elle peut travailler. Elle est malade, n'empêche qu'elle aurait pu nous prévenir. La forme *n'empêche que* est plus familière que *il n'empêche que.*

empêcheur, euse n. m. *ou* f. Attention à l'accent circonflexe sur le deuxième *e.*

empeigne [ɑ̃pɛɲ] n. f. Dessus de la chaussure. — Attention au groupe *-ei-.*

empereur n. m. (au féminin : *impératrice*). Normalement avec un *e* minuscule : *L'empereur Auguste. L'empereur François-Joseph.* — Employé sans nom propre, avec un *E* majuscule, *l'Empereur* désigne, dans un contexte historique, soit le souverain du Saint Empire romain germanique *(Philippe-Auguste vainquit l'Empereur à Bouvines),* soit Napoléon Iᵉʳ *(Le vieux grognard parlait avec admiration de l'Empereur),* soit parfois Napoléon III.

empeser v. t. Conjug. **12.** *J'empèse, j'empèserai.* — Dérivé : *empesage.*

empeser, amidonner ▷ amidonner.

empêtrer v. t. *ou* v. pron. Accent circonflexe sur le deuxième *e* à toutes les formes : *nous (nous) empêtrons, je m'empêtrais.* — De même : *empêtré, ée, empêtrement.*

emphase [ɑ̃faz] n. f. S'écrit avec *-ph-.* De même : *emphatique, emphatiquement.*

emphysème Prononciation : [ɑ̃fizɛm], avec [z] et non [s]. — Attention au groupe *-ph-* et à l'*y.* — Masculin : *L'emphysème pulmonaire est dangereux.* — Dérivé : *emphysémateux, euse* [ɑ̃fizematø, øz] (accent aigu sur le deuxième *e*).

emphytéose n. f. *(droit)* Droit qui résulte d'un bail de longue durée. — Prononciation : [ɑ̃fiteoz]. — Attention au groupe *-ph-* et à l'*y.* Ne pas écrire **emphythéose.* — Dérivés : *emphytéote* [ɑ̃fiteɔt] n. m. *ou* f. (personne qui est preneur dans un bail emphytéotique), *emphytéotique* [ɑ̃fiteɔtik] adj. *(bail emphytéotique,* bail rural de longue durée).

empiècement n. m. Un accent grave, à la différence de *empiétement.*

empierrer v. t. Deux *r.* De même : *empierrement.*

empiétement n. m. ▼ Un accent aigu, à la différence de *empiècement.*

empiéter v. t. Conjug. **11.** *J'empiète,* mais *j'empiéterai.*

empiffrer v. t. *(familier)* Deux *f.*

empire n. m. Usage de la majuscule.

I Sens généraux ou figurés. Un *e* minuscule : *L'empire universel. L'empire des mers. Avoir de l'empire sur soi-même. Sous l'empire de la passion, de la haine.* — De même : *Abdiquer l'empire* (= la dignité impériale). — *L'empire de Neptune,* la mer. — *Un empire industriel, commercial,* etc.

II Dans une dénomination géographique officielle ou consacrée.

1 Un *E* majuscule quand le mot est précisé par un adjectif (qui, lui, s'écrit avec une minuscule) : *L'Empire romain. L'Empire byzantin. L'Empire russe. L'Empire ottoman.*

2 Un *e* minuscule quand le mot est précisé par un complément introduit par *de* : *L'empire d'Occident. L'empire d'Orient. L'empire du Milieu* (la Chine). *L'empire du Soleil-Levant* (le Japon).

3 On écrit : *le Saint Empire romain germanique* (un *S* et un *E* majuscules, un *r* et un *g* minuscules ; pas de trait d'union entre *Saint* et *Empire*). *L'Empire romain d'Orient, l'Empire romain d'Occident* (un *E* majuscule, un *r* minuscule, un *O* majuscule). *Le Céleste Empire* (la Chine).

III Dénominations géographiques non officielles. Toujours un *e* minuscule : *L'empire celte. L'empire de Venise. L'empire d'Alexandre le Grand.*

IV Désignant un empire colonial. Un *e* minuscule *(L'empire britannique. L'empire français),* sauf quand le mot est employé absolument (sans adjectif ni complément de nom) pour désigner l'empire colonial français ou britannique *(Brazza, Gallieni, Lyautey furent de grands noms de l'Empire. Rudyard Kipling célébra l'Empire dans la plupart de ses œuvres).*

V Désignant un régime politique ou une période historique.

1 En dehors d'une dénomination officielle ou consacrée, un *e* minuscule : *Les partisans de la république et ceux de l'empire.*

2 Dans une dénomination officielle ou consacrée, un *E* majuscule : *Le Haut-Empire, le Bas-Empire* (romain). *Le Nouvel Empire* (égyptien). *Le premier Empire* (Napoléon Iᵉʳ). *Le second Empire* (Napoléon III). ▼ Absolument, *l'Empire* désigne le règne de Napoléon Iᵉʳ : *La noblesse d'Empire. Les maréchaux de l'Empire.*

VI Désignant une période et un style artistiques (période du règne de Napoléon Iᵉʳ). Un *E* majuscule : *Le style Empire. Un bureau Empire. Des tables Empire* (toujours invariable). — Quand on parle de l'époque de Napoléon III, on précise en disant *second Empire* : *Le style second Empire. Une table second Empire. Des meubles second Empire.*

empirer v. i. De nos jours, se conjugue avec *avoir* (*L'état du malade a empiré*), sauf si l'on veut insister fortement sur l'état. (*Si l'on fait le bilan, on voit que la situation est empirée*). Cette dernière construction est rare et un peu vieillie. — La forme pronominale (*Son état s'est empiré*) et l'emploi transitif (*La mauvaise récolte empira le sort des paysans*) appartiennent à la langue classique. De nos jours, on dirait : *Son état a empiré. La mauvaise récolte aggrava le sort des paysans.*

empirique adj. Un seul *r.* De même : *empiriquement, empirisme.*

emplâtre Accent circonflexe sur le *a.* — Masculin : *Un emplâtre épais.*

emplette n. f. Deux *t.*

emplir, remplir Ces deux verbes sont pratiquement synonymes. De nos jours, la langue parlée et familière n'emploie pas *emplir*, qui appartient exclusivement à la langue écrite ou soutenue. En principe, *remplir* suppose qu'on rend une chose complètement pleine : *La bonbonne est à moitié vide, il faut la remplir* (à côté de *Emplissez la bouteille à moitié*). — Observer qu'on dit toujours : *remplir un formulaire, un questionnaire, un imprimé, remplir une promesse, une obligation, les devoirs de sa charge.*

employer v. t Conjugaison et constructions.

I Conjug. 21. Remplace *y* par *i* devant un *e* muet : *J'emploie.* — *J'emploierai.* — *Que j'emploie.* ▼ Attention au *i* après le *y* à la première et à la deuxième personne du pluriel de l'indicatif imparfait et du subjonctif présent : (*que*) *nous employions,* (*que*) *vous employiez.*

II Constructions.

1 S'employer pour quelqu'un, en faveur de quelqu'un. User de son crédit, de ses relations pour lui procurer quelque avantage : *Il s'employa pour un ami qui voulait obtenir la croix de la Légion d'honneur.* Tour vieilli et très littéraire.

2 S'employer à ce que. Tour douteux. Ne pas écrire : *Nous devons nous employer à ce que l'avenir soit meilleur.* Tourner autrement : *Nous devons nous employer à préparer un avenir meilleur.*

III Employer, utiliser ▷ **utiliser.**

empoigner v. t. Attention au *i* après le groupe *-gn-* à la première et à la deuxième personne

du pluriel de l'indicatif imparfait et du subjonctif présent : (*que*) *nous empoignions,* (*que*) *vous empoigniez.* — Prononciation usuelle : [ɑ̃pwaɲe]. Cependant la prononciation un peu vieillie [ɑ̃pɔɲe] ne peut être considérée comme fautive. De même, pour *empoignade*, [ɑ̃pɔɲad] est admis à côté de [ɑ̃pwaɲad], et, pour *empoigne*, [ɑ̃pɔɲ] est nettement plus fréquent que [ɑ̃pwaɲ].

empois [ɑ̃pwa] n. m. Matière qui sert à empeser. — Finale en *-ois.*

empoisonner v. t. Tuer par le poison. — Deux *n.* De même : *empoisonnement, empoisonneur, euse.*

empoissonner v. t. Repeupler (une rivière, un étang) de jeunes poissons. — Deux *n.* De même : *empoissonnement.*

emporium n. m. (terme d'archéologie) La prononciation [ɑ̃pɔʀjɔm] semble plus fréquente que [ɛmpɔʀjɔm] — Pl. : *des emporia.*

emporte-pièce n. m. inv. — Pl. : *des emporte-pièce.*

emporter, emmener ▷ **emmener.**

empoté, ée adj. (*familier*) Peu dégourdi. — Un seul *t.*

empoter v. t. Mettre en pot (une plante). — Un seul *t.*

empoussiérer (s') v. pron. Conjug. **11.** *Il s'empoussière,* mais *il s'empoussiérera.*

empreindre v. t. Conjug. **84.** *J'empreins, tu empreins, il empreint, nous empreignons, vous empreignez, ils empreignent.* — *J'empreignais, tu empreignais, il empreignait, nous empreignions, vous empreigniez, ils empreignaient.* — *J'empreignis.* — *J'empreindrai.* — *J'empreindrais.* — *Empreins, empreignons, empreignez.* — *Que j'empreigne, que tu empreignes, qu'il empreigne, que nous empreignions, que vous empreigniez, qu'ils empreignent.* — *Que j'empreignisse.* — *Empreignant.* — *Empreint, einte.*

empreinte n. f. Attention au groupe *-ei-.* Bien prononcer [ɑ̃pʀɛ̃t], avec [ɛ̃]. Aucun rapport avec *emprunt.*

empresser (s') v. pron. (*littéraire*) *S'empresser à*, mettre du zèle, montrer de l'ardeur à (faire quelque chose) : *Tous s'empressent à faire la cour au nouveau favori du tyran.* — (*usuel*) *S'empresser de*, se hâter de : *Je m'empresse de répondre à votre lettre.*

emprise n. f. Mot longtemps condamné par les grammairiens. Admis de nos jours. Dans la langue très surveillée, on peut, selon les cas, préférer : *ascendant, autorité, domination, empire, fascination, influence, mainmise, puissance, pouvoir.*

emprisonner v. t. Deux *n*. De même : *emprisonnement.*

emprunt n. m. Bien prononcer [ɑ̃pʀœ̃], avec [œ̃].

emprunter v. t. Constructions et expressions.

1 Au sens propre, se construit avec *à* : *Emprunter cinq mille francs à un ami.* — Au sens de « tenir de », se construit avec *de* (sens et construction littéraires) : *Les courtisans empruntent leur prestige de la majesté du roi.* — Aux sens figurés usuels, se construit plutôt avec *à* : *Le français a emprunté de nombreux mots au grec.* Dans ce cas, *de* est possible, mais plus rare.

2 Emprunter une route, un chemin. Expression considérée comme peu correcte. Préférer *prendre une route, un chemin.*

empyrée Attention à l'*y* et à la finale en *-ée*. — Toujours masculin : *Un empyrée merveilleux.*

ému, ue Participe passé de *émouvoir.* — Pas d'accent circonflexe sur l'*u*, à la différence de *mû.*

émule Peut très bien s'employer au féminin : *Elle fut la digne émule de sa sœur.*

émulsion n. f. Le dérivé *émulsionner* prend deux *n*.

1. en Préposition.

I Répétition de *en.* Normalement, la préposition *en* se répète devant plusieurs noms ou plusieurs participes présents coordonnés ou juxtaposés : *En Angleterre et en Allemagne. Des tuyaux en caoutchouc ou en matière plastique. Il était là, en chair et en os. En mangeant, en buvant et en chantant, ils passèrent une joyeuse soirée.* Cependant on dit *en allant et venant* (expression figée).

II *En* **en concurrence avec** *dans.*

1 En règle générale, *en* s'emploie devant un nom qui n'est pas déterminé, *dans* devant un nom déterminé : *Les élèves sont en classe. Il aime se promener en forêt. Bientôt nous serons en été. Les élèves sont dans la classe de dessin. Il se promena dans la forêt de Chantilly. Nous nous étions rencontrés dans l'été qui précéda.* Quand, en français moderne, il est possible

d'employer concurremment *dans* et *en*, la préposition *en* possède une valeur de léger archaïsme ou de recherche : *Dans ces circonstances étranges* (usuel). *En ces circonstances étranges* (littéraire) ▷ **dans** (III, 1, 2, 3).

2 *En* **en concurrence avec** *dans* **devant un nom de pays** ▷ **dans** (IV, 1), **de province française** ▷ **dans** (IV, 2), **de province étrangère** ▷ **dans** (IV, 3), **de département** ▷ **dans** (V, 1 et 2).

3 Devant un pronom. Emploi quasi exclusif de *en* : *J'ai confiance en lui* (à côté de : *J'ai confiance dans le garçon que vous m'avez recommandé*) ▷ **confiance** (1). *Ce n'est pas le monde qui est hostile, c'est en vous que se crée ce sentiment d'hostilité que vous projetez sur le monde* (à côté de : *C'est dans le sujet anxieux que se crée...*). — On dit toujours *Croire en Dieu* ▷ **croire.**

III *En* **en concurrence avec** *à.*

1 Devant un nom de pays (Etat). On emploie *en* (sans article) si le nom est féminin : *En Suisse. En Italie. En Espagne. En Belgique. En Angleterre. En Autriche. En Suède.* — Si le nom est masculin singulier et commence par une voyelle, on emploie aussi *en* (sans article) : *En Afghanistan. En Uruguay.* — Si le nom est masculin singulier et commence par une consonne, on emploie *au* : *Au Paraguay. Au Pakistan.* — Si le nom masculin est au pluriel, l'emploi de *aux* est obligatoire : *Aux Etats-Unis.*

2 Devant un nom d'île. *En Corse,* mais *à Madagascar* ▷ **à** (V, 1, 2 et 3).

3 Devant un nom de ville. *En Arles, en Avignon* ou *à Arles, à Avignon* ▷ **à** (IV, 2).

4 En bicyclette, en skis ou *à bicyclette, à skis* ▷ **à** (VII, 1).

IV *En* **en concurrence avec** *de,* **avec** *pour,* **avec** *sur.*

1 *En* **en concurrence avec** *de* **pour introduire un complément de matière.** *Une table en chêne* ou *une table de chêne* ▷ **de** (XII, 1).

2 Partir en. Tour critiqué pour *partir pour : Je pars pour la Bretagne, pour la Suisse* (plutôt que *Je pars en Bretagne, en Suisse*) ▷ **partir.**

3 *En* **a parfois le sens de** *sur* (dans quelques rares expressions). *Mettre un genou en terre. Avoir casque en tête.*

V Singulier ou pluriel pour le nom précédé de *en,* **dans certaines expressions.** *Des arbres en fleur* ou *en fleurs. Elle fondit en larmes. Il est en pantoufles. Elle est en robe du soir.* Pas de règle générale. L'usage et le raisonnement peuvent seuls servir de guide. On trouvera à certains noms l'orthographe à adopter ▷ **fleur, relation.**

VI *En* **suivi d'un nom.** En général, on considère le nom comme un attribut et on l'accorde : *Ils parlent en maîtres. Elles sont venues en amies.* Cependant, certains auteurs considèrent qu'une locution comme *en traître* est une locution adverbiale invariable et qu'on doit écrire : *Ils ont agi en traître.* L'usage le plus fréquent cependant, à notre époque, est d'écrire : *Ils ont agi en traîtres* (mais *Ils l'ont pris en traître,* car *prendre en traître* est une expression figée).

VII *En plus..., en moins* **suivi d'un adjectif.** L'adjectif reste toujours invariable : *Ces maisons sont semblables à celles de mon pays, mais en plus beau et en plus grand. Ces montagnes ressemblent aux Alpes, mais en moins haut.*

VIII *En* **+ participe présent.**

1 Le gérondif (*en* + participe présent) peut être renforcé par *tout* ou précisé par *rien que* : *Tout en parlant, ils revinrent à la maison. Rien qu'en racontant cette mésaventure, il se met en colère.*

2 ▼ Le participe présent doit avoir pour sujet (non exprimé) le sujet (nom ou pronom) du verbe qui est dans la proposition principale : *Mon ami s'échauffe en parlant* (c'est mon ami qui s'échauffe et qui parle). *Je rêve en marchant* (c'est moi qui rêve et qui marche). Éviter la faute fréquente qui consiste à donner au participe présent un sujet différent de celui de la principale : *En donnant des récompenses, les élèves travaillent avec plus d'ardeur.* Dire : *Si on leur donne des récompenses, les élèves...*

2. en adv. *ou* pronom.

I Après un impératif.

1 Quand *en* est placé immédiatement après une forme en *-e* de deuxième personne du singulier de l'impératif, cette forme prend un *-s* euphonique : *donnes-en, aies-en, cueilles-en.*

2 Quand *en* est employé avec un pronom à l'impératif, il se place après ce pronom : *Donne-nous-en. Donne-m'en. Garde-t'en bien. Souviens-t'en.* ▼ Ne pas dire : **Donnes-en nous. *Gardes-en toi bien. *Souviens-en toi.* Éviter les formes populaires de la langue parlée : **Donne-moi(z)-en. *Garde-toi(z)-en bien. *Souviens-toi(z)-en.* — On observera qu'il y a un trait d'union entre l'impératif et *en (Donnes-en. Finissons-en),* mais qu'il n'y a pas de trait d'union ni de *-s* euphonique quand l'impératif est suivi d'un infinitif : *Daigne en accepter l'offrande. Ose en dire du mal.*

II Avec les mots tels que *moins, plus, peu, rien, tout, trop* **et un infinitif.** L'ordre des mots est régi par un usage flottant : *Il en sait plus qu'il ne veut en dire* (plus courant que *plus qu'il n'en*

veut dire, construction également correcte). *Il a peur d'en dire trop et d'en faire trop peu* (plus courant que *Il a peur de trop en dire*). L'usage apprendra quels sont les tours les plus usuellement admis.

III ▼ Éviter d'employer *en* dans une relative introduite par *dont.* Tour fautif : *Ce camarade dont *j'en appréciais la bonne humeur* (= dont j'appréciais la bonne humeur) ▷ *dont* (7).

IV *En* **remplaçant** *de lui, d'elle, d'eux* **ou** *d'elles.*

1 Quand il s'agit d'une chose, *en* est obligatoire : *As-tu vu son bateau ? En voici une photographie.* On ne peut dire : *Voici une photographie de lui.*

2 Après *ne... que,* on peut employer cependant *de lui, d'elle, d'eux* ou *d'elles* dans tous les cas : *Il est fier de sa moto, il ne parle que d'elle.* Il est plus élégant cependant de tourner autrement : *Il est fier de sa moto. C'est son seul sujet de conversation.*

3 Quand il s'agit d'une personne ou d'une chose personnifiée, l'emploi de *de lui, d'elle, d'eux, d'elles* est obligatoire, en principe : *Il admire son cousin, il parle de lui sans cesse (Il en parle sans cesse* est déconseillé). *Cet écrivain aimait d'abord sa Patrie, il parlait d'elle dans tous ses livres.* Cependant, l'emploi de *en* est admis quand il permet d'éviter la répétition du pronom personnel : *Il admire son cousin, il parle de lui sans cesse et il en fait grand cas* (évite la répétition de *de lui*).

4 Quand il s'agit d'un animal, on emploie normalement *en (Ce paysan est fier de ses moutons, il en parle sans cesse),* sauf quand il s'agit d'un animal familier que l'on assimile à une personne *(Cet enfant aime bien son chien, il parle de lui souvent).* Cependant, même dans ce dernier cas, l'emploi de *en* ne constitue pas une incorrection.

V Emploi de *en* **ou du possessif.**

1 Quand le « possesseur » est une personne ou une chose personnifiée, on emploie le possessif : *Je connais cet enfant, j'apprécie sa loyauté* (mieux que *J'en apprécie la loyauté*). *Cet homme d'Etat aimait passionnément sa Patrie, il voulait sa grandeur. Je connais les Bretons, j'admire leurs vertus.*

2 Quand le « possesseur » est une chose, on emploie en principe l'article défini et *en* : *J'ai visité le palais, j'en ai admiré la beauté* (mieux que *j'ai admiré sa beauté*). En particulier, éviter l'emploi du possessif quand le rapport n'est pas un rapport de possession : *Vous connaissez Le Mans ? En voici une vue aérienne* (on ne pourrait dire *Voici sa vue aérienne*). *Vous connaissez ces monuments ? En voici les maquettes* (mieux que *Voici leurs maquettes*).

3 Quand le « possesseur » est un animal, on emploie en principe l'article et *en (Ces moutons sont splendides, j'en admire la toison*, plutôt que *j'admire leur toison*), sauf quand il s'agit d'un animal familier qu'on assimile à une personne *(Il aimait bien son chien, il a fait encadrer sa photographie)*.

VI ▼ Eviter le tour relâché qui consiste à reprendre un attribut par *en* (au lieu de *le*) : *Ce qui est du bon travail* **et ce qui n'en est pas.* Dans la langue surveillée, on écrira plutôt : *Ce qui est du bon travail et ce qui ne l'est pas.*

VII Entre *en* et un adjectif. L'usage classique, conservé dans la langue très littéraire et archaïsante, est d'employer *de : Du vin, il en a de fameux. Des gâteaux, il en vend de bons. Cette ville est pleine d'églises : il y en a de vieilles et de neuves.* — Dans l'usage moderne, on emploie plutôt *du, de la, des : Vous aimez le champagne, ce marchand en a du bon. J'aime la fourme, mon crémier en vend de la fameuse. Vous voyez ces villas : il y en a des grandes et des petites.*

VIII Accord du participe passé dans une forme verbale conjuguée avec *avoir*, **quand le participe est précédé de** *en* (et que le complément d'objet direct est placé avant le verbe).

1 *En* **n'est pas indispensable au sens de la phrase.** On fait l'accord : *J'ai lu Platon, voici les leçons que j'en ai tirées. Vous connaissez les faits, voici les deux versions qu'on en a données.*

2 *En* **est indispensable au sens de la phrase.** On laisse le participe invariable, en principe : *Ces villes d'Italie, j'en ai visité quelques-unes. Ces confitures sont délicieuses ; en avez-vous mangé ?* Cependant il arrive que, même chez de bons écrivains, on rencontre dans ce cas le participe accordé en genre et en nombre : *Ces chansons paysannes, il en avait entendues quelques-unes dans sa jeunesse.* En tout cas, on évitera toujours de faire l'accord si le participe devait prendre une marque du féminin différente dans la prononciation de celle du masculin : *Des erreurs, il en a commis !* (et non *il en a commises !*).

3 *En* **est complément d'un adverbe de quantité,** *autant, beaucoup, combien, moins, peu, plus*, **etc.** Certains auteurs préconisent l'invariabilité si l'adverbe suit *en (Des fautes, il en a évité beaucoup)*, l'accord si l'adverbe précède *en (De ces fautes, combien en a-t-il évitées ?)*. Mais, même dans ce cas, l'invariabilité est possible et doit être préférée.

enamourer (s') ou **énamourer (s')** v. pron. Les deux formes existent. Préférer cependant *s'enamourer* [ãnamuʀe] à *s'énamourer* [enamuʀe]. De même, préférer *enamouré, ée* [ãnamuʀe, e] à *énamouré, ée* [enamuʀe, e].

en-avant, en avant Ne pas écrire *un en-avant* n. m., terme de rugby (invariable : *des en-avant*), comme la locution *en avant (de)* : *Mettez-vous en avant. Vous marcherez en avant de la patrouille.*

encablure [ãkablyʀ] n. f. *(marine)* Longueur de deux cents mètres environ. ▼ Pas d'accent circonflexe sur le *a*, à la différence de *câble*.

encan n. m. *Vente à l'encan.* — Attention à la place respective de *-en-* et de *-an-*.

encanailler v. t. *ou* v. pron. Attention au *i* après le groupe *-ill-* à la première et à la deuxième personne de l'indicatif imparfait et du subjonctif présent : *(que) nous (nous) encanaillions, (que) vous (vous) encanailliez.* — Dérivé : *encanaillement.*

encapuchonner v. t. Deux *n.*

en-cas, encas, en cas Ne pas écrire *un en-cas* (invariable : *des en-cas*), nom masculin qui désigne un repas tout préparé, *ou* une ombrelle, *ou* une somme d'argent que l'on garde pour parer à toute éventualité, comme la locution *en cas : En cas de difficulté, avertissez-moi.* — Le nom *un en-cas* s'écrit parfois *encas* (graphie rare).

encaustique Avec *-au-*. De même : *encaustiquage* (avec *-qu-*), *encaustiquer.* ▼ Toujours féminin : *Une encaustique excellente.*

encaustiquer v. t. Toujours *-qu-*, même devant *a* ou *o : il encaustiqua, nous encaustiquons.*

enceindre v. t. Entourer. — Conjug. **84** (comme *ceindre*).

1. enceinte n. f. Clôture.

2. enceinte adj. f. En état de grossesse : *Des femmes enceintes.*

encens n. m. Deux fois *-en-*. ▼ Bien prononcer [ãsã], et non *[ãsãs], car le *-s* final est muet.

encensoir n. m. Finale en *-oir.*

encéphale [ãsefal] n. m. (terme d'anatomie) Dérivés : *encéphalique* [ãsefalik], *encéphalite* [ãsefalit], *encéphalopathie* [ãsefalɔpati].

enchaîner v. t. Accent circonflexe sur le *i*, comme dans *chaîne.* De même : *enchaînement.*

enchanteur n. m. *ou* adj. Le féminin est *enchanteresse : Cette femme, quelle enchanteresse ! Une voix enchanteresse.*

enchâsser v. t. Accent circonflexe sur le *a*. De même : *enchâssement, enchâssure*.

enchère n. f. Accent grave sur le deuxième *e*, à la différence de *enchérir, enchérissement, enchérisseur*.

enchevêtrer v. t. Accent circonflexe sur le troisième *e*. De même : *enchevêtrement, enchevêtrure*.

enchifrené, ée [ɑ̃ʃifʀəne, e] adj. *Avoir le nez enchifrené*. — Un seul *f*. De même : *enchifrènement* [ɑ̃ʃifʀɛnmɑ̃] (avec un accent grave).

enclencher [ɑ̃klɑ̃ʃe] v. t. ▼ Deux fois *-en-* (ne pas écrire *enclancher*). De même : *enclenche* [ɑ̃klɑ̃ʃ] n. f. (entaille dans une pièce mécanique), *enclenchement* [ɑ̃klɑ̃ʃmɑ̃].

enclin, ine adj. Ne peut qualifier qu'une personne. Pour une chose, dire plutôt *avoir tendance à, être sujet à : Les roues arrière de cette voiture ont tendance à chasser dans les virages* (et non *sont enclines à chasser...*).

encliqueter v. t. Conjug. **14**. *Il encliquette, il encliquettera*.

enclore v. t. Conjug. **78**. — A la troisième personne du singulier du présent de l'indicatif, l'accent circonflexe sur *o* est facultatif : *Il enclot* ou *il enclôt*. — Aux autres personnes, se conjugue comme *clore*.

encoignure n. f. ▼ On écrit avec *-oi-*, mais on prononce : [ɑ̃kɔɲyʀ].

encoller v. t. Deux *l*. De même : *encollage, encolleur, euse*.

encolure n. f. Un seul *l*.

encombre n. f. On écrit, avec *encombre* au singulier : *sans encombre*.

encontre Ne s'emploie que dans la locution *à l'encontre (de)*, au contraire de, en opposition à : *A l'encontre de ce que vous pensez, j'estime que cette théorie est juste. N'allons pas à l'encontre des projets du directeur.* — Ne doit pas s'employer au sens de *à la différence de*. On écrira : *A la différence de l'architecture grecque, l'architecture romaine emploie fréquemment la voûte* (et non *à l'encontre de l'architecture grecque...*). ▼ Ne peut s'employer avec un adjectif possessif. Ne pas dire : *à mon encontre, à ton encontre, à son encontre...*

encorbellement n. m. Deux *l*.

encore adv. Orthographe et expressions.

1 La graphie sans *-e, encor*, est une licence poétique admise dans la poésie classique ou archaïsante : *Je le ferais encor, si j'avais à le faire* (Corneille).

2 *Encore que*, au sens de « bien que, quoique ». Se construit normalement avec le subjonctif : *Notre province a un climat froid, encore que certains hivers soient assez doux.* On rencontre parfois *encore que* construit avec l'indicatif ou, pour marquer l'éventualité, avec le conditionnel. Sans être absolument incorrect, cet usage n'est pas à conseiller.

3 *Si encore*, exprimant le regret. Est plus fréquent que *encore si* (forme également correcte, mais plus littéraire) : *Si encore j'avais son numéro de téléphone, je pourrais le prévenir. Encore s'il eût gardé l'ignorance et l'insouciance heureuses des simples !*

4 *Et encore* indiquant que la réalité est sans doute inférieure à ce qu'on vient d'exprimer. Appartient à une langue légèrement familière : *Il gagne deux mille cinq cents francs par mois, et encore !* Equivalent plus soutenu : *tout au plus*.

encourager v. t. Conjug. **16**. Prend un *e* après le *g* devant *a* ou *o : il encouragea, nous encourageons*.

encourir v. t. Conjug. **32** (comme *courir*).

encre Liquide coloré avec lequel on écrit. — Ne pas écrire comme *ancre (d'un navire)*. — Dérivés : *encrage, encrer, encreur, encrier*. ▼ Féminin : *De l'encre verte*.

encroûter v. t. Accent circonflexe sur l'*u*, comme dans *croûte*. De même : *encroûté, encroûtement*.

encyclique n. f. Attention à l'*y*.

encyclopédie n. f. Attention à l'*y*. De même : *encyclopédie, encyclopédisme, encyclopédiste*.

endémie, épidémie Deux noms féminins à distinguer.

1 *endémie* Maladie infectieuse et contagieuse qui existe en permanence dans un pays. — Dérivé : *endémique*.

2 *épidémie* Maladie infectieuse et contagieuse qui survient brusquement dans une région, mais qui ne sévit que pendant un temps. — Dérivé : *épidémique*.

3 *Endémie* et *épidémie* désignent des maladies qui frappent les personnes. Quand il s'agit de maladies qui atteignent les animaux, on dit *enzootie* et *épizootie*.

endetter v. t. Deux *t* comme dans *dette*. De
même : *endettement.*

endeuiller v. t. Attention au *i* après le groupe
-ill- à la première et à la deuxième personne
du pluriel de l'indicatif imparfait et du subjonctif présent : *(que) nous endeuillions, (que) vous
endeuilliez.*

endiguer v. t. Toujours *-gu-*, même devant *a* ou
o : il endigua, nous endiguons. — Dérivé :
endigage (avec *-g-*) ou *endiguement* (avec *-gu-*).

endo- Préfixe (du grec *endon* « en dedans »),
qui entre dans la formation de mots savants.
Ce préfixe se prononce [ɑ̃dɔ-]. Les composés
de *endo* s'écrivent en un seul mot, sans trait
d'union : *endoblaste, endocarde, endocardite,
endocarpe, endocrine, endocrinien, endocrinolo-
gie, endoderme, endogamie, endogène, endolym-
phe, endomètre, endométrite, endoparasite, en-
dophasie, endoréique, endoréisme, endoscope,
endoscopique, endosmose, endosperme, endothé-
lial, ale, aux, endothélium, endothermique,
endotoxine, endotrophe.*

endommager v. t. Conjug. **16.** Prend un *e* après
le *g* devant *a* ou *o : il endommagea, nous
endommageons.* — Deux *m.* De même :
endommagement.

endormissement n. m. Le fait de s'endormir,
le moment où l'on s'endort. — Mot de la langue
didactique, mais parfaitement correct.

endroit n. m. On écrit *par endroits*, avec un *-s :
La moquette est usée par endroits.* — *A l'endroit
de,* à l'égard de (légèrement littéraire et
recherché) : *Il éprouvait la plus grande admiration à l'endroit de son maître. Il s'est mal
conduit à mon endroit,* et non *à l'endroit de
moi.*

enduire v. t. Conjug. **46.** *J'enduis, tu enduis, il
enduit, nous enduisons, vous enduisez, ils
enduisent.* — *J'enduisais.* — *J'enduisis.* —
J'enduirai. — *J'enduirais.* — *Enduis, enduisons, enduisez.* — *Que j'enduise.* — *Que
j'enduisisse.* — *Enduisant.* — *Enduit, ite.*

énergivorace adj. *ou* n. m. Qui consomme de
l'énergie (pétrole, électricité, etc.). — Ce mot
est un anglicisme maladroit. Employer plutôt
énergivore.

énerver v. t. Au sens de « amollir » (*L'oisiveté
et l'abus des plaisirs énervent l'âme et le corps*),
est très vieilli et très littéraire. — Au sens usuel
et moderne de « irriter, exciter » *(Ce grince-
ment de scie m'énerve. Le café et l'alcool
énervent),* est admis dans la langue courante.

A éviter dans la langue précise de la psychologie et dans la langue très soutenue. On écrira
plutôt, selon les cas : *agiter, exciter, surexciter ;
agacer, irriter.* — De même, à *énervement*
préférer *agitation, excitation, surexcitation ;
agacement, irritation.*

enfant n. m. *ou* n. f. Genre, expressions, dérivés.

1 Même forme au féminin et au masculin : *Un
charmant enfant. Une charmante enfant.*

2 Un *E* majuscule dans l'expression *l'Enfant
Jésus* (pas de trait d'union).

3 Avec *enfant* au pluriel : *Il n'y a plus d'enfants.*
— Avec *enfant* au singulier : *C'est un jeu d'enfant* (= c'est très facile). — Avec *enfant* au
pluriel : *La marelle est un jeu d'enfants.*

4 Pour *bon enfant,* l'usage est mal fixé. On peut
soit faire l'accord *(Des chefs bons enfants,
souriants, mais sans capacité. Elle était bonne
enfant avec ses subordonnés),* soit laisser invariable : *Les deux directrices étaient bon enfant,
malgré leur air bourru.* Ce dernier usage tend
à l'emporter de nos jours. — On met toujours
la marque du pluriel au nom *enfant* employé
seul comme adjectif : *Malgré leur âge, mes deux
filles sont restées très enfants.*

5 Ne pas écrire *les petits-enfants* (les enfants
du fils ou de la fille) comme *les petits enfants*
(les enfants très jeunes) : *Cette grand-mère est
heureuse de revoir ses petits-enfants. Les petits
enfants jouent dans la cour de l'école maternelle.*
— Le nom composé *petits-enfants* ne peut
s'employer qu'au pluriel. Au singulier, dire *un
petit-fils, une petite-fille.*

6 Dérivés : *enfance, enfançon, enfantement,
enfanter, enfantin.*

enfanter, accoucher, engendrer Trois verbes
à bien distinguer.

1 Enfanter, accoucher. Le premier de ces
verbes, *enfanter,* appartient à la langue relevée
et littéraire : « *Tu enfanteras dans la douleur* »,
a dit la Bible. — *Accoucher* est un mot de la
langue courante. — *Enfanter* s'emploie surtout
au sens figuré : *Il a enfanté plus d'un chef-
d'œuvre.* — *Accoucher* s'emploie surtout au
sens propre. Au figuré, a une valeur familière
ou ironique : *Il a accouché péniblement d'une
préface de quinze lignes !*

2 Enfanter, engendrer. Dans la langue relevée,
enfanter, c'est mettre un enfant au monde. Le
sujet désigne toujours une femme : *La reine
enfanta un fils, qui fut l'espoir de tout le peuple.*
— *Engendrer* (mot littéraire aussi), c'est donner
la vie à un enfant en fécondant une femme. Le
sujet désigne toujours un homme : *Le roi
engendra deux filles et un fils, qui mourut en
bas âge.*

enfantin, infantile, puéril Trois adjectifs à bien distinguer.

1 enfantin, ine *(mot du langage courant)* Qui tient de l'enfant, au physique ou au moral : *Un visage enfantin. Un caractère enfantin.*

2 infantile *(mot du langage médical)* Qui a conservé à l'âge adulte des caractères physiques et psychiques propres à l'enfance, en raison d'un arrêt pathologique du développement : *Les mongoliens restent infantiles toute leur vie.* — *(abusivement)* Digne d'un enfant et indigne d'un adulte : *Des distractions infantiles.* Préférer : *puéril.*

3 puéril, ile *(psychopathologie)* Qui est atteint de puérilisme, qui tient du puérilisme, attitude mentale qui, chez un adulte, rappelle, anormalement, celle d'un enfant (sans qu'il y ait retard du développement physique, comme dans l'*infantilisme*) : *Une conduite puérile s'observe chez certains déments.* — *(usuel ; correct)* Digne d'un enfant et indigne d'un adulte : *Ces réactions puériles sont pour le moins déplacées.*

enfer, Enfers On écrit, avec un *e* minuscule, *l'enfer,* quand le mot désigne l'enfer chrétien ou qu'il est pris au sens figuré : *Tous les diables de l'enfer. Les régiments fondaient dans l'enfer de Verdun. Sa vie fut un enfer.* — Un *E* majuscule dans *les Enfers,* séjour des morts, selon les croyances de l'Antiquité : *Le Styx, fleuve des Enfers.*

enferrer v. t. Deux *r.*

enfeu n. m. Niche dans un mur, destinée à recevoir un sarcophage. — Pl. : *des enfeux.*

enfiévrer v. t. Conjug. **11.** *Il enfièvre,* mais *il enfiévrera.* — Dérivé : *enfièvrement* (avec un accent grave).

enfin adv. En un seul mot, à la différence de *en fin de compte, en fin de parcours, en fin de course.* — Peut se mettre avant ou après le verbe : *Enfin, il se décida. Il se décida enfin.* — L'emploi de *enfin* pour rectifier ou atténuer une assertion appartient à la langue légèrement familière : *Les résultats sont bons, enfin, satisfaisants !* ▼ Eviter le pléonasme *enfin bref* qui appartient à la langue parlée relâchée.

enflammer v. t. Deux *m,* comme dans *flamme.*

enfléchure n. f. (terme de marine) Un accent aigu.

enfoncer v. t. Conjug. **17.** Le *c* prend une cédille devant *a* ou *o : il enfonça, nous enfonçons.* — Dérivés : *enfoncé, ée, enfoncement, enfonceur ; enfonçure* (avec une cédille).

enfreindre v. t. Conjug. **84.** *J'enfreins, tu enfreins, il enfreint, nous enfreignons, vous enfreignez, ils enfreignent.* — *J'enfreignais, tu enfreignais, il enfreignait, nous enfreignions, vous enfreigniez, ils enfreignaient.* — *J'enfreindrai.* — *J'enfreindrais.* — *Enfreins, enfreignons, enfreignez.* — *Que j'enfreigne, que tu enfreignes, qu'il enfreigne, que nous enfreignions, que vous enfreigniez, qu'ils enfreignent.* — *Que j'enfreignisse.* — *Enfreignant.* — *Enfreint, einte.* ▼ Attention au *i* après le groupe -*gn*- à la première et à la deuxième personne du pluriel de l'indicatif imparfait et du subjonctif présent : *(que) nous enfreignions, (que) vous enfreigniez.*

enfuir (s') v. pron. Conjug. **37** (comme *fuir*). — Aux temps composés, accord du participe avec le sujet : *elles se sont enfuies.*

engager v. t. Conjug. **16.** Prend un *e* après le *g* devant *a* ou *o : il engagea, nous engageons.* — Dérivés : *engagé, ée, engageant, ante, engagement.*

engainer v. t. Pas d'accent circonflexe sur le *i* (vient de *gaine*). De même : *engainant, ante, engainé, ée.*

engazonner v. t. Deux *n.* De même : *engazonnement.*

engeance n. f. Attention au *e* entre le *g* et le *a.* — Ne pas écrire **engence.*

engendrer, enfanter ▷ enfanter.

engineering n. m. Mot anglais. Prononciation : [ɛndʒinəʀiŋ] ou [ɛndʒiniriŋ]. Pour remplacer cet anglicisme, l'Administration préconise *ingénierie.*

engluement [ɑ̃glymɑ̃] n. m. Attention à l'*e* intérieur. — On dit aussi *engluage.*

engorger v. t. Prend un *e* après le *g* devant *a* ou *o : il engorgea, nous engorgeons.*

engouement [ɑ̃gumɑ̃] n. m. Attention à l'*e* intérieur. ▼ On dit : *l'engouement pour quelqu'un, pour quelque chose* ▷ **engouer.**

engouer (s') v. pron. ▼ Se construit avec *de : Elle s'est engouée de ce chanteur. Les gens naïfs s'engouent facilement de tout ce qui est à la dernière mode.* — La construction avec *pour (Elle s'est engouée pour ce chanteur)* est peu recommandable. — En revanche *engouement* ne peut se construire qu'avec *pour : L'engouement de la jeunesse pour les chanteurs yé-yé.*

engouffrer v. t. Deux *f,* comme dans *gouffre.* De même : *engouffrement.*

engoulevent n. m. Oiseau. — En un seul mot.

engrais n. m. Finale en -ais.

engramme n. m. (terme de psychophysiologie) Deux *m*.

engranger v. t. Conjug. **16.** Prend un *e* après le *g* devant *a* ou *o* : *il engrangea, nous engrangeons.*

engrener v. t. Conjug. **12.** *J'engrène, j'engrènerai.* — On écrit, avec *e* sans accent, *engrenage, engreneur, engrenure,* mais avec *è* (accent grave), *engrènement.*

enhardir v. t. Prononciation : [ɑ̃aʀdiʀ].

énigme Féminin : *Une énigme policière.*

enivrer v. t. ▼ Ne pas écrire **énivrer.* Bien prononcer : [ɑ̃nivʀe], et non **[enivʀe] De même : *enivrant, ante* [ɑ̃nivʀɑ̃, ɑ̃t], *enivrement* [ɑ̃nivʀəmɑ̃].

enjeu n. m. — Pl. : *des enjeux.*

enjoindre v. t. Conjug. **85** (comme *joindre*).

enjôler v. t. Un accent circonflexe. De même : *enjôlement, enjôleur.*

enjoliver v. t. Pas d'accent circonflexe. De même : *enjolivement, enjoliveur, enjolivure.*

enjouement n. m. Attention à l'*e* intérieur.

enjuponner v. t. Deux *n*.

enkyster (s') v. pron. Un *y* comme dans *kyste.* De même : *enkysté, ée, enkystement.*

enlacer v. t. Conjug. **17.** Le *c* prend une cédille devant *a* ou *o* : *il enlaça, nous enlaçons.*

enlever v. t. Conjug. **12.** *J'enlève, j'enlèverai.*

enliser v. t. Avec s et non z. De même : *enlisé, ée, enlisement.*

ennéasyllabe [eneasilab] adj. *ou* n. m. Qualifie un vers de neuf syllabes. Deux *n*, un seul *s*, deux *l*.

enneigé, ée adj. Deux *n* et *-ei-*. Prononciation : [ɑ̃neʒe]. — Dérivé : *enneigement* [ɑ̃nɛʒmɑ̃].

ennemi, ie adj. *ou* n. Deux *n*.

ennoblir, anoblir ▷ **anoblir.**

ennuager v. t. Conjug. **16.** Prend un *e* après le *g* devant *a* ou *o* : *il ennuagea, nous ennuageons.* — Deux *n*. — Prononciation : [ɑ̃nyaʒe].

ennui n. m. Deux *n*. ▼ Pas de *-e* à la fin.

ennuyant, ante [ɑ̃nɥijɑ̃, ɑ̃t] adj. Désagréable, contrariant : *Ce contretemps est ennuyant.* — Tend à vieillir et à devenir familier ou régional. Remplacé par *ennuyeux* dans l'usage général moderne.

ennuyer [ɑ̃nɥije] v. t. Conjugaison et construction.

1 Conjug. **24.** Remplace *y* par *i* devant un *e* muet : *j'ennuie, j'ennuierai.* ▼ Attention au *i* après l'*y* à la première et à la deuxième personne du pluriel de l'indicatif imparfait et du subjonctif présent : *(que) nous ennuyions, (que) vous ennuyiez.*

2 S'ennuyer de quelqu'un (ou, parfois, de quelque chose). Souffrir de son absence : *Cet enfant est en vacances chez sa tante, mais il s'ennuie de sa mère. Quand je suis en province depuis trois semaines, je m'ennuie de Paris.* Cet emploi est un peu vieilli ou familier et régional.

ennuyeux, euse [ɑ̃nɥijø, øz] adj. Deux *n*. De même : *ennuyeusement* [ɑ̃nɥijøzmɑ̃].

énoncer v. t. Conjug. **17.** Le *c* prend une cédille devant *a* ou *o* : *il énonça, nous énonçons.* — Dérivés : *énoncé, énonciatif, énonciation.*

enorgueillir v. t. Attention à la graphie *-ue-* (comme dans *orgueil*). — Prononciation : [ɑ̃nɔʀɡœjiʀ].

énorme adj. Un seul *n*. De même : *énormément, énormité.*

enquérir (s') v. pron. et construction.

1 Conjug. **29.** *Je m'enquiers, tu t'enquiers, il s'enquiert, nous nous enquérons, vous vous enquérez, ils s'enquièrent.* — *Je m'enquérais.* — *Je m'enquis.* — *Je m'enquerrai.* — *Je m'enquerrais.* — *Enquiers-toi, enquérons-nous, enquérez-vous.* — *Que je m'enquière, que tu t'enquières, qu'il s'enquière, que nous nous enquérions, que vous vous enquériez, qu'ils s'enquièrent.* — *Que je m'enquisse.* — *Enquérant.* — *Enquis, ise.* — Aux temps composés, accord du participe avec le sujet : *Elles se sont enquises du prix.*

2 Se construit avec *de* (suivi d'un nom) ou avec *si* (suivi de l'indicatif ou du conditionnel) : *Je me suis enquis du jour de son arrivée. Je me suis enquis s'il voulait venir nous voir. Je me suis enquis s'il viendrait la semaine prochaine.*

enquête n. f. Accent circonflexe sur le *e*. De même : *enquêter, enquêteur*.

enrager v. i. Conjug. **16**. Prend un *e* après le *g* devant *a* ou *o* : *il enragea, nous enrageons*.

enraiement [ɑ̃ʀɛmɑ̃] ou **enrayement** [ɑ̃ʀɛjmɑ̃] n. m. Action d'enrayer. — Les deux formes sont admises.

enrayer v. t. Conjug. **23**. Remplace facultativement *y* par *i* devant un *e* muet : *j'enraie* ou *j'enraye, j'enraierai* ou *j'enrayerai*. Les formes en *-aye-* sont plus usitées que les formes en *-aie-*, surtout au futur et au conditionnel : *J'enrayerai, j'enrayerais*. On évite *j'enraierai, j'enraierais* pour des raisons d'euphonie. ▼ Attention au *i* après l'*y* à la première et à la deuxième personne du pluriel de l'indicatif imparfait et du subjonctif présent : *(que) nous enrayions, (que) vous enrayiez*. — Dérivés : *enraiement* ou *enrayement, enrayage, enrayeur, enrayoir, enrayure*.

enregistrer v. t. ▼ Ne pas écrire **enrégistrer*. Bien prononcer : [ɑ̃ʀʒistʀe], et non **[ɑ̃ʀeʒistʀe]. De même : *enregistrable* [ɑ̃ʀʒistʀabl(ə)], *enregistrement* [ɑ̃ʀʒistʀəmɑ̃], *enregistreur, euse* [ɑ̃ʀʒistʀœʀ, øz].

enrhumer v. t. Un *h* après le *r*, comme dans *rhume*.

enrôler v. t. Accent circonflexe sur le *o*, comme dans *rôle* — De même : *enrôlé, enrôlement*.

enrouement [ɑ̃ʀumɑ̃] n. m. Attention à l'*e* intérieur.

enrubanner v. t. Deux *n*. De même : *enrubanné*.

enseigne Genre et expressions.

1 Au féminin, *une enseigne*, désigne un drapeau, un symbole militaire *(Les enseignes romaines)*, un panneau ou un objet servant de signe distinctif à un magasin *(Une enseigne lumineuse)*. — Au masculin, *un enseigne*, désignait l'officier qui portait un drapeau et, de nos jours, désigne un officier de marine : *Un enseigne de vaisseau de première classe, de deuxième classe*.

2 On écrit de nos jours, avec *enseigne* au singulier : *à bonne enseigne* (à juste titre), *à telle enseigne que* (cela est si vrai que).

enseigner v. t. Conjugaison et construction.

1 Attention au *i* après le groupe *-gn-* à la première et à la deuxième personne du pluriel de l'indicatif imparfait et du subjonctif présent : *(que) nous enseignions, (que) vous enseigniez*.

2 Enseigner quelqu'un. Tour parfaitement correct, mais vieilli et très littéraire : *Enseigner les ignorants est une œuvre de charité*.

ensellé, ée adj. Deux *l*. De même : *ensellement, ensellure*.

ensemble adv. Au sens de « à la fois, en même temps », est très vieilli et très littéraire, mais correct : *J'ai votre fille ensemble et ma gloire à défendre* (Corneille) (= J'ai à défendre à la fois votre fille et ma gloire). — La locution *tout ensemble*, qui a le même sens, s'emploie encore très bien dans la langue littéraire : *Je fus tout ensemble surpris et ravi de cette nouvelle*.

ensembliste, ensemblier L'adjectif *ensembliste* qualifie ce qui appartient à la théorie des ensembles : *Les mathématiques ensemblistes*. — Le nom masculin *ensemblier* désigne l'artiste qui crée des ensembles décoratifs pour des appartements, des villas, ou bien l'assistant du chef décorateur, au cinéma.

ensemencer v. t. Conjug. **17**. Le *c* prend une cédille devant *a* ou *o* : *il ensemença, nous ensemençons*.

enserrer [ɑ̃seʀe] v. t. Un seul *s*, deux *r*.

ensoleiller v. t. Attention au *i* après le groupe *-ill-* à la première et à la deuxième personne du pluriel de l'indicatif imparfait et du subjonctif présent : *(que) nous ensoleillions, (que) vous ensoleilliez*. — Dérivés : *ensoleillé, ée, ensoleillement*.

ensommeillé, ée adj. Deux *m*.

ensorceler v. t. Conjug. **13**. Double le *l* devant un *e* muet : *j'ensorcelle, j'ensorcellerai*. — Dérivés : *ensorcelant, ensorcelé, ensorceleur* (avec un seul *l*), mais *ensorcellement* (avec deux *l*).

ensuite adv. Expressions.

1 ▼ Eviter le pléonasme *puis ensuite*. Dire *puis* ou bien *ensuite*.

2 Ensuite de quoi. Locution un peu vieillie et littéraire. Ne pas écrire **en suite de quoi*. La langue moderne préfère : *à la suite de quoi* ou *à la suite de cela, en conséquence de quoi* ou *en conséquence*.

3 Peu ensuite. Locution peu correcte. Dire plutôt : *un peu plus tard*.

ensuivre (s') v. pron. Conjugaison et construction.

1 Conjug. **103** (comme *suivre*) Ne s'emploie qu'à la troisième personne du singulier et du pluriel : *Il s'ensuit, ils s'ensuivent.* — *Il s'ensuivait, ils s'ensuivaient.* — *Il s'ensuivit, ils s'ensuivirent.* — *Il s'ensuivra, ils s'ensuivront.* — *Il s'ensuivrait, ils s'ensuivraient.* — Impératif inusité. — *Qu'il s'ensuive, qu'ils s'ensuivent.* — *Qu'il s'ensuivît, qu'ils s'ensuivissent.* — *S'ensuivant.* — *S'étant ensuivi, ie.*

2 Autrefois on pouvait dire : *il s'en ensuit, il s'en ensuivra, il s'en est ensuivi.* Pour des raisons d'euphonie, le premier *en* est omis de nos jours : *il s'ensuit, il s'ensuivra, il s'est ensuivi.* On peut préciser en disant : *il s'ensuit de là.*

3 On ne dissociera pas *en* de *suivre.* On évitera : *Les difficultés qui s'en étaient suivies.* Ecrire plutôt : *qui s'étaient ensuivies.*

4 Il s'ensuit que. A la forme affirmative, est suivi de l'indicatif ou du conditionnel : *Il s'ensuit que nous pouvons agir tout de suite. Il s'ensuit qu'une solution de rechange serait alors possible.* A la forme négative ou interrogative, *il s'ensuit que* est suivi du subjonctif : *Il ne s'ensuit pas que toute possibilité nous soit fermée. S'ensuit-il que nous devions tout accepter ?*

5 Pour éviter les difficultés qui tiennent à la conjugaison de *s'ensuivre,* on aura souvent intérêt à employer, suivant les cas : *découler, se déduire, se dégager, ressortir, résulter.*

entailler v. t. Attention au *i* après le groupe *-ill-* à la première et à la deuxième personne du pluriel de l'indicatif imparfait et du subjonctif présent : *(que) nous entaillions, (que) vous entailliez.*

enté, ée adj. Greffé : *Prunier enté.* — (héraldique) *Ecu enté.* — Ne pas écrire comme *hanté (un château hanté),* ni comme *en* T, en forme de *T.*

entéléchie n. f. (terme de philosophie) Prononciation : [ɑ̃teleʃi].

entendre v. t. Conjugaison, constructions, sens, accord du participe.

I Conjug. 81. *J'entends, tu entends, il entend, nous entendons, vous entendez, ils entendent.* — *J'entendais.* — *J'entendis.* — *J'entendrai.* — *J'entendrais.* — *Entends, entendons, entendez.* — *Que j'entende.* — *Que j'entendisse.* — *Entendant.* — *Entendu, ue.*

II Constructions.

1 Au sens de « percevoir par l'ouïe ». Se construit avec un nom *(Il entendait le roulement du train)* ou avec un nom et une relative *(Il entendait le train qui roulait)* ou avec un infinitif *(Il entendait rouler le train).* — Le tour *entendre que,* suivi de l'indicatif, est, dans ce sens, peu recommandé. Eviter : *Il entendait que le train roulait.*

2 Entendre que, au sens de « vouloir, exiger que ». Se construit normalement avec le subjonctif : *J'entends qu'on m'obéisse.* On rencontre parfois l'indicatif futur ou le conditionnel (exprimant le futur par rapport au passé) : *J'entends bien qu'il assistera à la réunion. Il avait entendu que tout le monde serait présent.* Cet emploi de l'indicatif ou du conditionnel, dû à l'influence de *il est entendu que,* est peu conseillé.

3 Je l'entends dire ou **je lui entends dire.** Ces deux constructions sont correctes. La première est usuelle, la seconde plus recherchée. — Quand le complément de *dire* est un pronom, seul le tour *je lui entends dire* est possible : *Ces paroles, je les lui entends dire souvent. Les paroles que je lui entends dire souvent.*

4 S'entendre à, s'entendre en, au sens de « se connaître à, en ». *Il s'entend fort bien au commerce. Il s'entend en tableaux et en œuvres d'art.* Tour assez littéraire. ▼ La forme *s'y entendre (à, en)* est plus familière. A éviter dans le style surveillé.

III Accord du participe passé.

1 Cette femme que j'ai entendue chanter. On fait l'accord avec le nom placé avant la forme verbale, quand ce nom est à la fois complément de *entendre* et sujet de l'infinitif (cette femme qui chantait).

2 Cette chanson que j'ai entendu chanter. Le participe reste invariable quand le nom placé avant la forme verbale est complément direct à la fois de *entendre* et de l'infinitif (cette chanson que l'on chantait).

IV Entendre, écouter ▷ **écouter.**

entendu, ue Accord, constructions et expressions.

1 Entendu ! Exclamation exprimant l'accord, l'adhésion. Toujours invariable : *Vous viendrez demain, à onze heures ? — Entendu !*

2 Entendu. S'emploie en tête de phrase ou de membre de phrase, en construction participiale absolue devant le nom. Toujours invariable : *Entendu les experts* (= les experts ayant été entendus), *le tribunal décide que...* — En revanche : *Les experts entendus, le tribunal décide que...* (accord, car *entendu* est placé après le nom).

3 Il est entendu que. Se construit avec l'indicatif ou le conditionnel (et non avec le subjonctif) : *Il est entendu que la réunion aura lieu mercredi prochain. Il était entendu que la réunion aurait lieu le mardi suivant.*

4 Comme de bien entendu. Expression de la langue familière. A éviter dans la langue surveillée.

enténébrer v. t. Conjug. **11.** *J'enténèbre, mais j'enténébrerai.*

enter [ɑ̃te] v. t. Greffer : *Enter un cerisier.* — Ne pas écrire comme *hanter* « fréquenter ».

entériner v. t. Un seul *r.* De même : *entérinement.*

entérite n. f. Inflammation de l'intestin grêle. — Mots de la même famille : *entéralgie* n. f., *entérectomie* n. f., *entérique* adj., *entérocolite* n. f., *entérocoque* n. m., *entérokinase* n. f., *entérorénal* adj. m. *(syndrome entérorénal), entérovaccin* n. m.

enterrer v. t. Deux *r.* De même : *enterrement.*

enterrer, inhumer ▷ inhumer.

en-tête, en tête Ne pas écrire *un en-tête* (avec un trait d'union), inscription placée en haut d'une lettre, comme la locution *en tête (de),* qui ne prend pas de trait d'union. ▼ Le nom *en-tête* est masculin : *Un en-tête élégant.* — Pl. : *des en-têtes.*

entêter v. t. *ou* v. pron. Accent circonflexe comme dans *tête.* De même : *entêté, entêtement.* — Au sens de « s'obstiner », *s'entêter* se construit avec *dans* + nom *(Il s'entête dans une attitude de refus)* ou avec *à* + infinitif *(Il s'entête à refuser toute aide).* — Au sens de « s'enticher, s'engouer », se construit avec *de* + nom : *Il s'est entêté de cette coquette. S'entêter d'un écrivain à la mode.*

enthousiasme n. m. Attention au groupe *-th-.* De même : *enthousiasmer, enthousiaste.* — Bien distinguer *enthousiasme* n. m. *(Un garçon animé d'un enthousiasme communicatif)* et *enthousiaste* adj. *(Cette fille est très enthousiaste).*

enticher (s') v. pron. Se construit avec *de,* comme le participe *entiché, ée : Elle s'est entichée d'un bellâtre. Un garçon naïf, entiché d'une coquette.*

entier, ière adj. ▼ Dans l'expression *tout entier, tout* reste toujours invariable : *Les fruits sont tout entiers pourris. J'ai mangé la pomme tout entière. Ces régions sont tout entières montagneuses.* — Dérivé : *entièrement.*

1. entonner v. t. Commencer à chanter. — Deux *n.*

2. entonner v. t. Verser dans un tonneau ; boire beaucoup. — Deux *n.* De même : *entonnage* ou *entonnaison* ou *entonnement, entonnoir.*

entorse n. f. Au propre, on dit plutôt *se donner une entorse* que *se faire une entorse : Il s'est donné une entorse en tombant dans son jardin.* — Au figuré, on dit plutôt *faire une entorse* que *donner une entorse : Il a fait une entorse au règlement.*

entour Mot vieilli et très littéraire. — *A l'entour* (locution adverbiale), aux environs, autour d'un lieu : *Le village est situé sur la rivière, à l'entour s'étendent les vignes et les bois.* — *A l'entour de* (locution prépositive), autour de : *A l'entour de sa demeure, il y avait un parc magnifique.* On a écrit aussi *alentour de.* — *Les entours de :* les environs d'un lieu *(Les entours du château)* ou l'entourage d'une personne *(Les entours du prince).* Nettement vieux dans ce sens ▷ **alentour.**

entracte n. m. En un seul mot, sans trait d'union ni apostrophe.

entraider (s') v. pron. En un seul mot, sans trait d'union ni apostrophe. De même : *entraide.*

entrailles n. f. pl. Ne s'emploie qu'au pluriel : *Dans les entrailles ténébreuses de la terre.*

entr'aimer (s') v. pron. En deux mots, avec une élision du *-e* et apostrophe.

entrain, en train Ne pas écrire le nom masculin *entrain (Mettre de l'entrain dans une soirée)* comme la locution *en train. (Mettre une affaire en train).*

entraîner v. t. Un accent circonflexe sur le *i* comme dans *traîner.* De même : *entraînant, entraînement, entraîneur.*

entr'apercevoir (s') v. pron. En deux mots, avec élision du *-e* et une aspostrophe.

entre Prép. Orthographe et expressions.

I Quand le mot est préposition et non pas préfixe, le *-e* final ne s'élide pas : *Entre eux et moi. Entre intimes.*

II Expressions.

1 Entre autres ▷ **autre** (14).

2 Entre chaque, entre chacun de ▷ **chacun** (IV), **chaque** (VI).

3 Entre parenthèses ▷ **parenthèse.**

entre- Préfixe. L'usage concernant l'orthographe des mots commençant par *entre-* est assez anarchique. Il n'y a que des cas particuliers. Se reporter à chaque mot à son ordre alphabétique, ci-dessous. Certains composés s'écrivent en un seul mot *(entracte, entraide,* etc.), d'autres en deux mots avec élision du -e et une apostrophe *(s'entr'aimer s'entr'apercevoir,* etc.), d'autres en deux mots avec un trait d'union *(s'entre-déchirer, s'entre-dévorer,* etc.).

entrebâiller v. pron. Attention à l'*i* après le groupe *-ill-* à la première et à la deuxième personne du pluriel de l'indicatif imparfait et du subjonctif présent : *(que) nous entrebâillions, (que) vous entrebâilliez.* — Accent circonflexe sur le *a.* En un seul mot, sans trait d'union. De même : *entrebâillement, entrebâilleur.*

entrechat n. m. En un seul mot, sans trait d'union.

entrechoquer v. t. En un seul mot, sans trait d'union. De même : *entrechoquement.*

entrecôte En un seul mot, sans trait d'union. — A l'origine, masculin. De nos jours, féminin : *Une entrecôte excellente.*

entrecouper v. t. En un seul mot, sans trait d'union.

entrecroiser v. t. En un seul mot, sans trait d'union. — De même : *entrecroisement.*

entrecuisse n. m. En un seul mot, sans trait d'union.

entre-déchirer (s') v. pron. En deux mots, avec un trait d'union.

entre-deux n. m. inv. En deux mots, avec trait d'union.

entre-deux-guerres En trois mots, avec des traits d'union. — L'usage hésite sur le genre. De nos jours le masculin est nettement plus fréquent : *L'entre-deux-guerres* (la période de 1918 à 1939) *fut plein d'événements violents.*

entre-dévorer (s') v. pron. En deux mots, avec un trait d'union.

entrée n. f. Finale en *-ée.*

entrefaites n. f. pl. Ne s'emploie plus que dans l'expression *sur ces entrefaites.* — En un seul mot, sans trait d'union.

entrefer [ɑ̃tʀəfɛʀ] n. m. En un seul mot, sans trait d'union.

entrefilet n. m. En un seul mot, sans trait d'union.

entregent n. m. En un seul mot, sans trait d'union.

entr'égorger (s') v. pron. Conjug. **16.** Prend un *e* après le *g* devant *a* ou *o : ils s'entr'égorgeaient ; nous nous entr'égorgeons.* — En deux mots, avec élision du -e et une apostrophe.

entre-heurter (s') v. pron. En deux mots, avec un trait d'union.

entrejambe n. m. En un seul mot, sans trait d'union. — Eviter les graphies *un entrejambes* ou *un entre-jambes.* Réserver le -s final au pluriel : *des entrejambes.*

entrelacer v. t. Conjug. **17.** Le *c* prend une cédille devant *a* ou *o : il entrelaça, nous entrelaçons.* — En un seul mot, sans trait d'union. De même : *entrelacement.*

entrelacs n. m. En un seul mot, sans trait d'union. — Toujours un -s final, même au singulier. Le *c* ne se prononce pas : [ɑ̃tʀəla], avec *a* vélaire [ɑ].

entrelarder v. t. En un seul mot, sans trait d'union. De même : *entrelardé, ée.*

entremêler v. t. En un seul mot, sans trait d'union. Accent circonflexe comme dans *mêler.* De même : *entremêlement.*

entremets [ɑ̃tʀəmɛ] n. m. En un seul mot, sans trait d'union. — Toujours avec un -s final, même au singulier.

entremetteur, euse n. m. *ou* f. En un seul mot, sans trait d'union.

entremettre (s') v. pron. Conjug. **99** (comme *mettre*). Accord du participe passé avec le sujet : *Elles se sont entremises.*

entrepont n. m. En un seul mot, sans trait d'union.

entreposer v. t. En un seul mot, sans trait d'union. De même : *entreposage, entreposeur, entrepositaire.* — Accent circonflexe sur le *o* dans : *entrepôt.*

entreprendre v. t. Conjug. **82** (comme *prendre*). — En un seul mot, sans trait d'union. De même : *entreprenant, entrepreneur, entreprise.*

entrer Emploi de l'auxiliaire et emplois abusifs.

1 Dans la construction intransitive, auxiliaire *être : Elles sont entrées dans le magasin.* — Dans la construction transitive, auxiliaire *avoir : Ils ont entré des marchandises en fraude.*

2 L'emploi transitif *(Les déménageurs n'ont pu entrer l'armoire par la porte)*, sans être incorrect, appartient à une langue moins soignée que *faire entrer (Les déménageurs n'ont pu faire entrer l'amoire par la porte)*.

3 *Rentrer* **employé abusivement au lieu de** *entrer* ▷ **rentrer.**

entre-rail n. m. En deux mots, avec un trait d'union. — Pl. : *des entre-rails.* — La graphie *un entre-rails, avec -s* au singulier, est plus rare que *un entre-rail.*

entre-regarder (s') v. pron. En deux mots, avec un trait d'union.

entresol n. m. En un seul mot, sans trait d'union.

entre-temps loc. adv. Pendant ce temps, dans cet intervalle de temps. — Graphie *entre-temps* (avec trait d'union) préférable à *entre temps*. — Bien distinguer de *entre tant*, parmi de si nombreux : *Entre tant de livres admirables, c'est encore l'Iliade que je préfère.*

entretenir v. t. Conjug. **44** (comme *tenir*). — Dire plutôt *entretenir quelqu'un de quelque chose* (et non *au sujet de quelque chose*) : *Je veux vous entretenir d'un projet important.*

entretien n. m. ▼ Pas de *-t* final. Ne pas écrire : *un *entretient.*

entre-tisser v. t. En deux mots, avec un trait d'union.

entretoise n. f. En un seul mot, sans trait d'union. De même : *entretoisement, entretoiser.*

entre-tuer (s') v. pron. En deux mots, avec un trait d'union.

entrevoie n. f. En un seul mot, sans trait d'union.

entrevoir v. t. Conjug. **74** (comme *voir*). En un seul mot, sans trait d'union.

entrevue n. f. En un seul mot, sans trait d'union.

entrouvrir v. t. Conjug. **33** (comme *ouvrir*). — En un seul mot, sans trait d'union ni apostrophe. De même : *entrouvert, erte.*

énumérer v. t. Conjug. **11.** *J'énumère*, mais *j'énumérerai.*

envahir v. t. Attention au *h* intérieur. De même : *envahissant, envahissement, envahisseur.*

envelopper v. t. Deux *p*. De même : *enveloppant, enveloppe, enveloppement.*

enverguer v. t. Toujours *-gu-*, même devant *a* ou *o : il envergua, nous enverguons.* — Dérivé : *envergure.*

envi, envie Ne pas écrire la locution *à l'envi* (sans *-e)*, « en rivalisant », comme le nom féminin *une envie : Ces gens-là nous dénigrent à l'envi. Ceux qui réussissent sont en butte à l'envie.*

envie n. f. Ce mot n'est pas un adjectif. Dans la langue très surveillée, on évitera *avoir très envie, bien envie.* Ecrire plutôt *avoir grande envie.* De même, éviter *avoir si envie.* Ecrire plutôt *avoir si grande envie.*

envier v. t. Conjug. **20.** Double le *i* à la première et à la deuxième personne du pluriel de l'indicatif imparfait et du subjonctif présent : *que nous enviions, que vous enviiez.* — *N'avoir rien à envier à*, être dans une situation comparable, soit en bien soit en mal : *Il est riche sans doute, mais son concurrent n'a rien à lui envier. La rue que vous habitez est bruyante, mais je n'ai rien à vous envier, car j'habite près de la gare.*

environ prép. *ou* adv. Emplois délicats.

I Préposition.

1 Nettement vieux dans le sens spatial : *Il est une colline environ la ville.* On dit de nos jours : *aux environs de, dans les environs de.*

2 Vieilli ou littéraire dans le sens temporel : *Environ Noël, son frère vint lui rendre visite.* On dit maintenant : *aux environs de* (bien que cet emploi ait été autrefois critiqué).

II Adverbe.

1 On peut dire, au choix : *Une distance de trente kilomètres environ* ou *une distance d'environ trente kilomètres.* En revanche, on évitera : *Il a parcouru aux environs de trente kilomètres.*

2 Eviter les tours pléonastiques : *de dix à quinze francs environ* (dire *de dix à quinze francs), neuf ou dix personnes environ* (dire *neuf ou dix personnes* ou bien *dix personnes environ).*

environner v. t. Deux *n*. De même : *environnement.*

envisager v. t. Conjug. **16.** Prend un *e* après le *g* devant *a* ou *o : il envisagea, nous envisageons.*

envoi n. m. ▼ Pas de *e* final : *Un envoi par la poste.* Ne pas écrire : **envoie.*

envoûter v. t. Accent circonflexe sur le *u*. De même : *envoûtant, envoûtement, envoûteur.*

envoyer Conjugaison et constructions.

1 Conjug. **21.** *J'envoie, tu envoies, il envoie, nous envoyons, vous envoyez, ils envoient.* — *J'envoyais, tu envoyais, il envoyait, nous envoyions, vous envoyiez, ils envoyaient.* — *J'envoyai.* — *J'enverrai.* — *J'enverrais.* — *Envoie, envoyons, envoyez.* — *Que j'envoie, que tu envoies, qu'il envoie, que nous envoyions, que vous envoyiez, qu'ils envoient.* — *Que j'envoyasse.* — *Envoyant.* — *Envoyé, ée.* ▼ Attention au *i* après l'*y* à la première et à la deuxième personne du pluriel de l'indicatif imparfait et du subjonctif présent : *(que) nous envoyions, (que) vous envoyiez.*

2 Bien distinguer *envoyer se promener,* « envoyez faire une promenade » *(Il faisait beau, j'ai envoyé mon fils se promener)* et *envoyer promener,* « repousser, rabrouer » : *Si cet individu vous importune encore, vous n'avez qu'à l'envoyer promener* (familier).

3 On peut dire indifféremment *Je l'envoie chercher* ou *J'envoie le chercher.* Ce dernier tour a l'avantage d'éviter toute équivoque.

enzootie, épizootie Deux noms féminins à bien distinguer.

1 enzootie [ɑ̃zɔɔti] Maladie infectieuse et contagieuse affectant de manière permanente les animaux dans une région donnée. Dérivé : *enzootique* [ɑ̃zɔɔtik].

2 épizootie [epizɔɔti] Maladie infectieuse et contagieuse qui survient dans une région et affecte les animaux pendant un certain temps. — Dérivé : *épizootique* [epizɔɔtik]. ▼ Pour les maladies atteignant les êtres humains, on dit *endémie* et *épidémie.*

enzyme [ɑ̃zim] ▼ Féminin : *Une enzyme puissante.*

épagneul n. m. Il existe un féminin *épagneule : Une épagneule bretonne. Une chienne épagneule.*

épancher v. t. S'écrit avec *-an-*. De même : *épanchement.*

épancher, étancher Deux verbes transitifs à bien distinguer.

1 épancher Verser doucement, répandre abondamment *(L'arbre épanche son ombre)* ou livrer avec confiance *(Epancher son secret dans le cœur d'un ami).*

2 étancher Assouvir (sa soif) : *Il étancha sa soif en buvant de l'eau de la source.* ▼ Ne pas dire **épancher sa soif.*

épandre v. t. Orthographe, conjugaison et sens.

1 Avec *-an-*. De même : *épandage, épandeur.*

2 Conjug. **80.** *J'épands, tu épands, il épand, nous épandons, vous épandez, ils épandent.* — *J'épandais.* — *J'épandis.* — *J'épandrai.* — *J'épandrais.* — *Epands, épandons, épandez.* — *Que j'épande.* — *Que j'épandisse.* — *Ependant.* — *Épandu, ue.*

3 *Epandre* est vieux ou très littéraire ou technique : *L'astre du jour épand sa lumière sur la terre. Epandre des engrais.* — *Répandre* est moderne et usuel.

épargner v. t. Attention au *i* après le groupe *-gn-* à la première et à la deuxième personne du pluriel de l'indicatif imparfait et du subjonctif présent : *(que) nous épargnions, (que) vous épargniez.*

épargner, éviter ▷ éviter.

éparpiller v. t. Attention au *i* après le groupe *-ill-* à la première et à la deuxième personne du pluriel de l'indicatif imparfait et du subjonctif présent : *(que) nous éparpillions, (que) vous éparpilliez.*

épars adj. Prononciation : [epaʀ]. Féminin : *éparse.*

épaulé-jeté n. m. — Pl. : *des épaulés-jetés.*

épeautre Variété de blé. — Avec *-eau-*. ▼ Masculin : *On distingue le « grand épeautre » et le « petit épeautre ».*

épeler v. t. Conjug. **13.** *J'épelle, j'épellerai.* — Un seul *p.* — Dérivé : *épellation* (un seul *p*, deux *l*).

épenthèse n. f. Adjonction d'une lettre à l'intérieur d'un mot. — Attention au groupe *-th-*. ▼ Prononciation : [epɑ̃tɛz], avec [ɑ̃] et non [ɛ̃]. De même : *épenthétique* [epɑ̃tetik].

éperdument adv. ▼ Pas d'accent circonflexe sur le *u.* Ne pas écrire non plus **éperduement.*

éperon n. m. Accent aigu (et non accent grave) sur le premier *e.* De même : *éperonner* (deux *n*).

éphèbe [efɛb] n. m. Un accent aigu, un accent grave. Dérivé : *éphébie* [efebi] n. f. (deux accents aigus).

éphémère [efemɛʀ] adj. *ou* n. m. Finale en *-ère.*

éphéméride [efemeʀid] n. f. Trois accents aigus, à la différence de *éphémère.* — L'emploi du mot *éphéméride* pour désigner un calendrier à feuilles détachables n'est pas conseillé.

éphore [efɔʀ] n. m. Magistrat de Sparte. — Dérivés : *éphorat* [efɔʀa] n. m. *ou éphorie* [efɔʀi] n. f.

épice n. f. Avec *épice* au singulier : *du pain d'épice.* — Dérivés : *épicé, épicer, épicerie, épicier.*

épicéa Arbre. — Pl. : *des épicéas* [-sea]. — Masculin : *Un épicéa très vieux.*

épicer v. t. Assaisonner. — Conjug. **17.** Le *c* prend une cédille devant *a* ou *o : il épiça, nous épiçons.* — Ne pas écrire comme *épisser* (réunir par une épissure).

épicurien, ienne adj. *ou* n. Toujours un *é* minuscule : *Les épicuriens et les stoïciens.*

épidémie, endémie ▷ endémie.

épier v. t. Conjug. **20.** Double le *i* à la première et à la deuxième personne du pluriel de l'indicatif imparfait et du subjonctif présent : *(que) nous épiions, (que) vous épiiez.*

épierrer v. t. Deux *r*, comme dans *pierre.* De même : *épierrage* ou *épierrement, épierreur, euse.*

épieu, pieu Deux noms masculins paronymes.

1 épieu (pl. : *des épieux*) Ancienne arme de chasse ou de guerre constituée par un bâton long et robuste dont la pointe avait été durcie au feu ou portait un fer pointu : *On chassait le sanglier à l'épieu.*

2 pieu (pl. : *des pieux*) Poteau enfoncé dans le sol : *Palissade faite de pieux.*

épiglotte n. Languette en avant du larynx. — Deux *t.*

épigone [epigɔn] n. m. Successeur, imitateur : *Les épigones du romantisme.* — Pas d'accent circonflexe sur le *o.*

épigramme ▼ Toujours féminin : *Une épigramme mordante.*

épigramme, épigraphe, épitaphe Trois noms féminins à bien distinguer.

1 épigramme Dans l'Antiquité, court poème d'inspiration variée : *Epigramme amoureuse. Epigramme descriptive.* De nos jours, court poème satirique terminé par un trait d'esprit, appelé *pointe.*

2 épigraphe Autrefois, inscription placée au fronton d'un monument. — De nos jours, pensée, formule ou citation placée en tête d'un ouvrage littéraire ou d'un chapitre pour en indiquer l'esprit : *Hugo place souvent une épigraphe en tête de chacun des chapitres de ses romans.*

3 épitaphe Inscription gravée sur un tombeau ou court poème composé en l'honneur d'un mort : *Une épitaphe touchante.*

épigraphe ▼ Toujours féminin : *Une épigraphe très longue.* — Bien distinguer les mots suivants.

1 épigraphe, épigramme, épitaphe ▷ épigramme.

2 épigraphe, exergue ▷ exergue.

épilepsie n. f. L'adjectif correspondant est : *épileptique* (avec un *t*).

épilogue Toujours masculin : *Un épilogue imprévu.*

épine-vinette n. f. Plante. — Pl. : *des épines-vinettes.*

épingle n. f. Avec *épingle* au singulier : *des coups d'épingle.* — On dit : *épingle de nourrice* (et non *à nourrice*).

épinicies [epinisi] n. f. pl. Dans la Grèce antique, fêtes en l'honneur d'un vainqueur des jeux Olympiques, Pythiques, etc. — Toujours un *é* minuscule.

épinoche Poisson. — Féminin : *L'épinoche est commune dans les ruisseaux herbus.*

Epiphanie [epifani] n. f. Fête catholique. — Un *E* majuscule.

épiphyse [epifiz] n. f. (terme d'anatomie) Avec un *i*, puis un *y.*

épiscopal, ale, aux adj. Masculin pluriel en *-aux : Des palais épiscopaux.*

épisode Masculin : *Un épisode amusant.*

épisser v. t. *Episser deux câbles, deux cordons,* les réunir bout à bout par un assemblage, appelé *épissure.* — Ne pas écrire comme *épicer,* assaisonner. — Dérivés : *épissoir* n. m. *ou épissoire* n. f., *épissure* n. f.

épistolaire, épistolier Deux mots à bien distinguer.

1 épistolaire adj. Qui concerne la correspondance, les lettres : *Relations épistolaires. Littérature, style épistolaire.*

2 épistolier, ière n. m. *ou* f. Ecrivain dont les lettres constituent une œuvre littéraire : *Mme de Sévigné, notre grande épistolière.*

épitaphe [epitaf] ▼ Toujours féminin : *Une épitaphe touchante.*

épitaphe, épigramme, épigraphe ▷ épigramme.

épithalame Attention au groupe *-th-*. — Toujours masculin : *Un épithalame charmant.*

épithélium [epiteljɔm] n. m. Terme d'anatomie. — Attention au groupe *-th-*. — Pl. : *des épithéliums.* — Dérivés : *épithélial, ale, aux* adj., *épithéliome* [epiteljom] n. m.

épithète Attention à la place respective du *-th-* et du *t*. — Féminin : *Une épithète audacieuse.*

épitomé n. m. Livre qui est l'abrégé d'un ouvrage historique plus long. — Ne pas déformer en **épitome.*

épître Attention à l'accent circonflexe sur le *i.* — Féminin : *Une longue épître.*

épizootie n. f. Prononciation : [epizɔɔti]. De même : *épizootique* [epizɔɔtik].

épizootie, enzootie ▷ enzootie.

éployer v. t. Conjug **21.** Remplace *y* par *i* devant un *e* muet : *j'éploie, j'éploierai.* ▼ Attention au *i* après le *y* à la première et à la deuxième personne du pluriel de l'indicatif imparfait et du subjonctif présent : *(que) nous éployions, (que) vous éployiez.*

éponge On écrit : *une serviette-éponge, des serviettes-éponges ; un tissu-éponge, des tissus-éponges.* L'orthographe sans trait d'union est moins bonne.

éponger v. t. Conjug. **16.** Prend un *e* après le *g* devant *a* ou *o : Il épongea, nous épongeons.* — Dérivé : *épongeage.*

éponyme adj. *ou* n. Attention à l'*y.*

épopée n. f. Finale en *-ée.*

époumoner (s') v. pron. ▼ Un seul *n.*

épousailles n. f. pl. *(vieux ou familier ou régional)* Mariage, noce. — Ne s'emploie qu'au pluriel.

épousseter v. t. Conjug. **14.** *J'époussette, j'époussetterai.* ▼ Eviter la prononciation populaire *j'époss'te.*

époustoufler v. t. *(familier)* Etonner. — Un seul *f*. De même : *époustouflant.*

épouvantail n. m. — Pl. : *des épouvantails.*

époux, épouse Le masculin prend un *-x*, même au singulier. — Au pluriel, on dit très bien *les*

époux, le mari et la femme. — Le singulier, *l'époux, l'épouse,* appartient à la langue juridique ou administrative ou à la langue semi-familière (surtout le masculin *époux*). Dire plutôt : *le mari, la femme.* — Eviter absolument *mon époux, mon épouse, votre époux, votre épouse,* emplois qui appartiennent à la langue populaire.

éprendre (s') v. pron. Conjug. **82** (comme *prendre*). — Aux temps composés, accord du participe avec le sujet : *Elles se sont éprises.*

éprouver v. t. *Eprouver si* et *éprouver que* (toujours avec l'indicatif) sont des tours corrects, mais littéraires : *Il voulut éprouver si son ami lui était fidèle. Il éprouva dans le malheur que les amis sont souvent ingrats.*

épurer, apurer ▷ apurer.

équarrir v. t. Deux *r.* Prononciation : [ekaʀiʀ]. De même : *équarrisage* [ekaʀisaʒ], *équarrisseur* [ekaʀisœʀ].

équateur n. m. Un *é* minuscule, sauf quand il s'agit de l'*Equateur,* pays de l'Amérique du Sud. — Prononciation : [ekwatœʀ].

équatorial, équatorien Deux mots à bien distinguer.

1 équatorial, ale, aux [ekwatɔʀjal, al, o] adj. Qualifie ce qui concerne l'équateur terrestre ou céleste : *Le climat équatorial. Les régions équatoriales.*

2 équatorien, ienne [ekwatɔʀjɛ̃, jɛn] adj. *ou* n. Du pays d'Amérique du Sud appelé *Equateur : Le gouvernement équatorien. Les Equatoriens.*

équerre Deux *r.* Prononciation : [ekɛʀ]. De même : *équerré* [ekeʀe], *équerrer* [ekeʀe]. — Féminin : *Une équerre très grande.*

équestre adj. Prononciation : [ekɛstʀ(ə)], avec [k] et non [kɥ].

équiangle adj. Prononciation : [ekɥiɑ̃gl(ə)].

équidés n. m. pl. Prononciation : [ekide] ou [ekɥide].

équidistant, ante adj. Prononciation : [ekɥidistɑ̃, ɑ̃t]. De même : *équidistance* [ekɥidistɑ̃s].

équilatéral, ale, aux adj. Masculin pluriel en *-aux.* — Prononciation : [ekɥilateʀal, al, o]. De même : *équilatère* [ekɥilatɛʀ].

équilibre n. m. Prononciation : [ekilibʀ(ə)]. De même : *équilibrage* [ekilibʀaʒ], *équilibrant* [ekilibʀɑ̃], *équilibration* [ekilibʀasjɔ̃], *équilibré* [ekilibʀe], *équilibrer* [ekilibʀe], *équilibreur* [ekilibʀœʀ], *équilibriste* [ekilibʀist(ə)].

équille n. f. Poisson de mer. — Prononciation : [ekij]. — Attention au paronyme *esquille*, fragment d'os.

équimoléculaire adj. Prononciation : [ekɥimɔlekylɛʀ].

équimultiple adj. Prononciation : [ekɥimyltipl(ə)].

équin, ine adj. *ou* n. m. *(didactique)* Du cheval : *Variole équine*. — N. m. Difformité du pied. — Prononciation : [ekɛ̃, in].

équinoxe Toujours masculin : *L'équinoxe est dangereux pour la navigation*. — Prononciation : [ekinɔks]. De même : *équinoxial, ale, aux* [ekinɔksjal, al, o] adj. (masculin pluriel en *-aux*).

équipartition n. f. Prononciation : [ekɥipaʀtisjɔ̃].

équipolé ou **équipollé** adj. m. (terme d'héraldique) Les deux graphies sont admises. — Prononciation : [ekipɔle], avec [k] et non [kɥ].

équipollent, ente adj. Deux *l*. Prononciation : [ekipɔlɑ̃, ɑ̃t], avec [k] et non [kɥ]. De même : *équipollence* [ekipɔlɑ̃s] n. f.

équitable adj. Prononciation : [ekitabl(ə)]. De même : *équitablement* [ekitabləmɑ̃].

équitation n. f. Prononciation : [ekitasjɔ̃], avec [k] et non [kɥ].

équité n. f. Prononciation : [ekite].

équivalant, équivalent Deux homophones qui se prononcent [ekivalɑ̃]. — Distinguer par la graphie *équivalant*, participe présent invariable de *équivaloir*, et *équivalent, ente* adjectif ou nom : *Les quantités vendues équivalant à notre production, nos stocks restent inchangés. Nous avons vendu des quantités équivalentes. Un mètre cube est l'équivalent* (n. m.) *de mille litres*.

équivaloir [ekivalwaʀ] v. t. ind. Conjug. **73** (comme *valoir*). — Le participe passé *équivalu* n'a pas de féminin. — Dérivés : *équivalence* [ekivalɑ̃s] n. f., *équivalent, ente* [ekivalɑ̃, ɑ̃t] adj., *équivalent* [ekivalɑ̃] n. m.

équivoque [ekivɔk] Comme nom, toujours féminin : *Une équivoque fâcheuse*.

érafler v. t. Un seul *f*. De même : *éraflement, éraflure*.

érailler v. t. Attention au *i* après le groupe *-ill-* à la première et à la deuxième personne du pluriel de l'indicatif imparfait et du subjonctif présent : *(que) nous éraillions, (que) vous érailliez*. — Dérivés : *éraillé, éraillement, éraillure*.

ère n. f. Période, époque. — Ne pas écrire comme *aire*, surface, espace.

érectile adj. Un *-e* à la fin, même au masculin.

éreinter v. t. Attention à la graphie *-ein-*. De même : *éreintement, éreinteur*. — Eviter le nom *éreintage* pour *éreintement*, « critique très dure d'un livre, d'un film, etc. » *(familier)*.

érésipèle ▷ **érysipèle**.

éréthisme n. m. *(didactique)* Excitation. — Attention au groupe *-th-*.

ériger v. t. Conjug. **16.** Prend un *e* après le *g* devant *a* ou *o : il érigea, nous érigeons*.

ermite n. m. L'orthographe *hermite* est vieillie, sauf dans le nom du *bernard-l'hermite* (ou parfois *bernard-l'ermite*). — On écrit de même : *ermitage* (et non plus *hermitage*).

éroder v. t. *(didactique)* Ronger peu à peu : *Les vagues érodent la base de la falaise*. — Dérivés : *érosif, ive, érosion*.

erpétologie ou **herpétologie** n. f. Partie de la zoologie qui étudie les serpents. — La graphie *herpétologie*, plus conforme à l'étymologie grecque, est préférable à *erpétologie*. De même, écrire : *herpétologique* (plutôt que *erpétologique*), *herpétologiste* ou *herpétologue* (plutôt que *erpétologiste* ou *erpétologue*).

errant, ante adj. Deux *r*. De même : *errance*.

errata, erratum n. m. On distingue *un errata* ou *des errata* (pas de *-s*), une liste ou plusieurs listes comprenant chacune plusieurs erreurs à rectifier dans un livre, et un *erratum*, chacune de ces erreurs prise isolément.

erratique adj. Deux *r*.

erre n. f. Route d'un navire. — Deux *r*.

errement n. m. pl. Deux *r*. ▼ Par son étymologie et par son vrai sens, ce mot est tout à fait différent de *erreur*. Il signifie « manière d'agir habituelle ». Ce sens est d'ailleurs vieux : *Agir conformément à ses errements* (= à ses habitudes). L'emploi de *errements* au sens de *erreurs* est déconseillé.

errer v. i. Deux *r*.

erreur n. f. Deux *r*.

erroné, ée adj. ▼ Deux *r*, mais un seul *n*.

ersatz n. m. inv. Mot allemand. Prononciation : [ɛʀzats]. — Pour éviter ce germanisme, dire plutôt : *produit de remplacement, succédané.*

érysipèle n. m. Attention à la place respective de l'*y* et du *i*. — La forme *érysipèle*, plus conforme à l'étymologie grecque, est à préférer à *érésipèle*. De même, préférer *érysipélateux* à *érésipélateux*. — Bien distinguer l'*érysipèle*, maladie qui se caractérise par l'apparition de boutons sur la peau, et l'*érythème* (n. m.), simple rougeur locale sur la peau.

érythro- Préfixe (du grec *éruthros* « rouge »), qui entre dans la formation de quelques mots savants : *érythroblaste* n. m., *érythroblastose* n. f., *érythrocyte* n. m., *érythrosine* n. f., *érythroxylacées* n. f. pl. (famille de plantes).

ès Forme archaïque, contraction de *en les*.

1 Ne s'emploie plus que dans des noms de localités *(Rioms-ès-Montagnes)* ou dans des expressions consacrées, lesquelles s'écrivent sans traits d'union *(licencié ès lettres, licencié ès sciences, docteur ès lettres, docteur ès sciences, maître ès arts)*. ▼ En raison de l'étymologie (= en les), *ès* ne peut s'employer devant un nom singulier. Ne jamais dire **docteur ès médecine, *licencié ès droit, licencié *ès philosophie,* etc.

2 A côté de *licencié ès lettres, ès sciences,* on dit aussi *licencié de lettres, de sciences.* On dit toujours *agrégé de lettres* ou *des lettres.*

3 De nos jours, on prononce *ès qualités* [ɛskalite], *docteur ès lettres* [ɛslɛtʀ(ə)], *ès sciences* [ɛsjɑ̃s], *maître ès arts* [ɛzaʀ], *Riom-ès-Montagnes* [ʀjɔ̃sɛsmɔ̃taɲ], mais *Saint-Pierre-ès-Liens* [ɛljɛ̃]. Certains recommandent de prononcer *ès lettres* [ɛlɛtʀ(ə)], mais cette prononciation est vieillie.

escabeau n. m. Finale en *-eau*.

escadron n. m. Bien distinguer deux expressions.

1 Un chef d'escadron (sans *-s*). Officier qui a le grade de capitaine dans la cavalerie ou les blindés, ou officier qui a le grade de commandant dans l'artillerie ou le train des équipages. Dans ces deux derniers cas, il commande un *groupe d'unités.*

2 Un chef d'escadrons (avec un *-s*). Officier qui a le grade de commandant dans la cavalerie ou les blindés. Il commande un *groupe d'escadrons.*

Escalator n. m. Mot anglo-américain. Pl. : *des escalators* [-tɔʀ]. Nom déposé, donc, en principe, une majuscule. — Pour éviter cet anglicisme, dire plutôt : *escalier mécanique.* ▼ Il existe un paronyme, *élévator*, qui désigne un silo à grain.

escalier n. m. Eviter l'usage populaire qui consiste à employer le pluriel quand il s'agit d'un seul escalier. On dira : *J'ai croisé mon collègue dans l'escalier* (plutôt que *dans les escaliers*). Bien entendu, le pluriel est tout à fait normal quand on veut parler de plusieurs escaliers : *Il est interdit de fumer dans les couloirs et les escaliers du lycée* (cela implique qu'il y a plusieurs escaliers dans le lycée). — Pour désigner un escalier qui monte en tournant sur lui-même, on dit : *escalier en colimaçon* ou *en limaçon* (plus rare), *escalier à vis, en spirale.* On dit aussi : *escalier tournant, escalier circulaire.*

escalope n. f. ▼ Un seul *p*.

escamoter v. t. Un seul *t*. De même : *escamotable, escamotage, escamoteur.*

escapade n. f. Un seul *p*.

escarbot n. m. *(vieilli)* Scarabée. — Finale en *-ot*. — Attention aux paronymes *escabeau* et *escargot.*

escarcelle n. f. Autrefois, bourse suspendue à la ceinture. — Deux *l*.

escarole n. f. Salade. — Forme vieillie. De nos jours, on dit : *scarole.*

escarpe Deux homonymes à bien distinguer.

1 Une escarpe Talus, mur incliné du fossé d'une fortification : *Une escarpe très haute.*

2 Un escarpe Bandit, malfaiteur, voyou : *Un escarpe dangereux.*

escarre n. f. (terme de médecine) Avec deux *r*.

eschatologie n. f. Doctrine religieuse ou philosophique sur les fins dernières de l'homme, sur le destin de l'univers, etc. — Prononciation : [ɛskatɔlɔʒi]. — Dérivé : *eschatologique* [ɛskatɔlɔʒik] adj. — Attention au paronyme *scatologie*, propos grossiers ayant trait aux excréments.

escient [esjɑ̃] n. m. *A bon escient.* — Attention au groupe -*sc*-.

esclaffer (s') v. pron. Deux *f.*

esclandre Masculin : *Un esclandre très fâcheux.*

escogriffe n. m. Deux *f.* ▼ Ne pas déformer en **escrogriffe.*

escompter [ɛskɔ̃te] v. t. Attention au *p* intérieur muet. De même : *escomptable* [ɛskɔ̃tabl(ə)], *escompte* [ɛskɔ̃t], *escompteur* [ɛskɔ̃tœʀ].

escopette n. f. Type ancien d'arme à feu. — Un seul *p*, deux *t.*

escroc n. m. Pas de forme spéciale pour le féminin : *Cette femme est un escroc dangereux.* — Attention au -*c* final muet. Prononciation : [ɛskʀo]. — Les dérivés s'écrivent -*qu*- : *escroquer, escroquerie, escroqueur, euse* (synonyme vieilli de *escroc*).

ésotérique adj. Accessible aux seuls initiés : *L'enseignement ésotérique d'une secte mystique.* — *(par extension)* Difficile à comprendre sans préparation : *La poésie des symbolistes est souvent ésotérique.* — Dérivé : *ésotérisme* n. m. — Antonyme : *exotérique* adj. Ouvert à tous, accessible à tous.

espace Masculin *(Un grand espace désert. Un long espace de temps),* sauf comme terme de typographie, quand le mot veut dire « pièce de métal qui sépare deux caractères et qui se traduit par un blanc à l'impression » *(Il faut mettre une espace plus fine entre ces deux mots).*

espacer v. t. Conjug. **17.** Le *c* prend une cédille devant *a* ou *o : il espaça, nous espaçons.*

espace-temps n. m. Un trait d'union. — Pl. : *des espaces-temps.*

espagnol, ole n. *ou* adj. Attention à la majuscule : *La population espagnole. Les Espagnols.* — N. m. *L'espagnol :* la langue espagnole.

espalier, échalier ▷ **échalier.**

espèce n. f. Expressions.

1 Bien dire *une espèce de,* et non **un espèce de,* même devant un nom masculin : *Une espèce d'aventurier.* — L'accord du participe ou de l'adjectif se fait en revanche avec le nom et non avec *espèce : Cet individu est une espèce d'aventurier, très séduisant, mais dangereux.* — *Une espèce de* est toujours assez péjoratif. L'équivalent non péjoratif est : *une sorte de.*

2 On écrit plutôt, avec *espèce* au singulier, *de toute espèce : Des commerçants et des trafiquants de toute espèce.* Si l'on évite *de toutes espèces,* on dit fort bien, en revanche, *de toutes les espèces : Des friandises de toutes les espèces.*

3 Diverses espèces de. Est en général suivi du pluriel s'il s'agit d'objets concrets *(Diverses espèces de confitures)* et du singulier s'il s'agit d'une chose abstraite *(Il y a diverses espèces de mélancolie).*

4 En l'espèce, en espèces. Deux locutions à bien distinguer. *En l'espèce,* dans le cas particulier qui nous occupe : *En général, nous rejetons de telles demandes, mais, en l'espèce, cette réclamation doit être prise en considération.* — *En espèces* (avec un -*s*), en argent : *Préférez-vous qu'on vous paye par chèque ou en espèces ?*

espérance n. f. Finale en -*ance.*

espéranto [espeʀɑ̃to] n. m. Langue artificielle. — Peut s'employer comme adjectif invariable : *La grammaire espéranto. Les mots espéranto.* — Dérivé : *espérantiste.*

espérer v. t. Conjugaison, sens et construction)

1 Conjug. **11 :** *j'espère,* mais *j'espérerai.*

2 Au sens de *attendre (Je vous ai espéré un quart d'heure devant la poste),* est vieux ou régional. En occitan, *esperar* signifie encore « attendre ».

3 Le verbe *espérer* s'emploie normalement quand l'objet de l'espérance est futur par rapport à l'action d'espérer : *J'espère que mon frère sera bientôt rétabli. J'espérais alors que mon frère viendrait me voir.*

4 Quand l'objet de l'espérance est présent ou passé par rapport à l'action d'espérer, il est conseillé d'employer plutôt *aimer à croire, aimer à penser que : J'aime à croire que notre ami n'est pas malade* (plutôt que *J'espère que notre ami n'est pas malade). J'aime à penser qu'il n'a pas oublié notre rendez-vous* (plutôt que *J'espère qu'il n'a pas oublié...).*

5 *Espérer de* + **infinitif.** Tour correct, mais archaïsant et littéraire : *La princesse espéra de fléchir le roi.* De nos jours, se construit avec l'infinitif sans *de (J'espère arriver à temps pour prendre le dernier train),* sauf quand *espérer* est lui-même à l'infinitif *(Puis-je espérer d'avoir bientôt ce dossier ?).* Cependant *Puis-je espérer avoir bientôt...* est possible aussi et correct, mais moins élégant.

6 Espérer que. A la forme affirmative, se construit avec l'indicatif ou le conditionnel : *J'espère qu'il viendra. J'espère qu'il nous pré-*

viendrait si un empêchement venait à se produire. Il espérait que nous finirions pas céder. — A la forme négative, se construit avec le subjonctif : *Je n'espère plus qu'il vienne.* — A la forme interrogative, se construit avec l'indicatif *(Espères-tu qu'il viendra ?)* ou le subjonctif *(Espères-tu qu'il vienne ?).*

espiègle adj. Accent grave. — De même : *espièglement, espièglerie.*

espion n. m. Féminin : *espionne* (avec deux *n*). De même : *espionnage, espionner, espionnite.* — Composé : *contre-espionnage* (avec un trait d'union ; pl. : *des contre-espionnages).* — On écrit, sans trait d'union : *un navire espion (des navires espions), un satellite espion (des satellites espions).*

esprit n. m. On écrit, sans trait d'union, *l'Esprit saint,* mais, avec un trait d'union, *le Saint-Esprit.*

esprit-de-bois n. m. *(vieilli)* Alcool méthylique. — Deux traits d'union. — Pl. : (rare) : *des esprits-de-bois.*

esprit-de-sel n. m. *(vieilli)* Acide chlorhydrique. — Deux traits d'union. — Pl. (rare) : *des esprits-de-sel.*

esprit-de-vin n. m. *(vieilli)* Alcool éthylique. — Deux traits d'union. — Pl. : (rare) : *des esprits-de-vin.*

esquif [ɛskif] n. m. Pas de *-e* à la fin.

esquille [ɛskij] n. f. Petit fragment d'os brisé. A distinguer de *écharde* (de bois, etc.). — Attention aussi au paronyme *équille,* petit poisson de mer.

esquimau adj. *ou* n. Attention à la majuscule : *Un village esquimau. Un Esquimau* (homme appartenant au peuple esquimau). — Pl. : *Des villages esquimaux. Les Esquimaux.* — Le féminin est *esquimaude : Des tribus esquimaudes. Une Esquimaude.* L'usage qui consiste à laisser le mot invariable au féminin *(Une tribu esquimau. Une Esquimau)* n'est pas conseillé. — *Esquimau (esquimaude, esquimaux, esquimaudes)* est la graphie usuelle. Les ethnologues écrivent *eskimo : Un village eskimo. Des villages eskimos. Une tribu eskimo. Des tribus eskimos. Un Eskimo. Une Eskimo. Les Eskimos* [-mo]. Désignant un vêtement d'enfant, prend une minuscule. Désignant un chocolat glacé, est un nom déposé : *un Esquimau.*

essai n. m. Pas de *e* final. On écrit avec *essai* au singulier : *des bancs d'essai, des pilotes d'essai, des tubes à essai.*

essaim [esɛ̃] n. m. Attention à la graphie *-aim.* — Dérivés : *essaimage* [esɛmaʒ], *essaimer* [eseme].

essart n. m. *(vieux ou régional)* Terre défrichée. — S'employe surtout au pluriel. Assez fréquent en toponymie : *Les Essarts-le-Roi,* localité proche de Rambouillet. — Dérivés : *essartage* ou *essartement, essarter, essartis* [esaʀti] n. m. (champ essarté, défriché).

essayer Conjugaison, dérivés et constructions.

1 Conjug. 20. Remplace facultativement *y* par *i* devant un *e* muet : *j'essaie* (ou *j'essaye), j'essaierai* (ou *j'essayerai).* Les formes en *-aie-* sont plus fréquemment usitées que les formes en *-aye-.* ▼ Attention au *i* après l'*y* à la première et la deuxième personne du pluriel de l'indicatif imparfait et du subjonctif présent : *(que) nous essayions, (que) vous essayiez.*

2 Dérivés : *essayage, essayeur, euse* (celui, celle qui procède à des essais ou qui s'occupe des essayages de vêtements, des retouches), *essayiste* (celui, celle qui écrit des essais).

3 *Essayer à* + **infinitif.** Est vieux. On dit de nos jours *essayer de : Il essaya de résister.* En revanche, à la forme pronominale, on dit toujours *s'essayer à* (tour assez littéraire) : *L'esprit humain s'essaie à reculer les bornes de la connaissance.*

4 Essayer de quelque chose. Tour assez recherché et archaïsant, mais correct : *Essayer d'un vin.* De nos jours, on dit plus usuellement : *essayer un vin.*

essence n. f. Finale en *-ence.*

essénien, ienne n. *ou* adj. Secte juive de l'Antiquité. — Pas un nom de peuple, donc jamais de majuscule : *Les esséniens. La secte essénienne.*

essentiel, elle adj. ▼ Avec un *t,* à la différence de *essence.* De même : *essentiellement.*

essieu n. m. — Pl. : *des essieux.*

essor n. m. Pas de *-t* final.

essouffler v. t. Deux *f.* De même : *essoufflé, essoufflement.*

essuie-glace ou, parfois, **essuie-glaces** n. m. — Pl. : toujours *des essuie-glaces.*

essuie-mains n. m. inv. — Pl. : *des essuie-mains.*

essuie-meubles n. m. inv. — Pl. : *des essuie-meubles.*

essuie-pieds n. m. inv. — Pl. : *des essuie-pieds.*

essuie-plume n. m. — Pl. : *des essuie-plumes.*

essuyer v. t. Conjug. **24.** Change *y* en *i* devant un *e* muet : *j'essuie, j'essuierai.* ▼ Attention au *i* après l'*y* à la première et à la deuxième personne du pluriel de l'indicatif imparfait et du subjonctif présent : *(que) nous essuyions, (que) vous essuyiez.* — Dérivés : *essuyage, essuyeur.*

est [ɛst] n. m. *ou* adj. L'un des points cardinaux. — S'écrit normalement avec une minuscule : *Le vent d'est. A l'est du Rhône. Façade exposée à l'est. La rive est du Rhône. Les régions est* (invariable). — Un *E* majuscule dans deux cas seulement.

I Dans *de l'Est* entrant dans une dénomination qui désigne une unité géographique bien définie : *L'Allemagne de l'Est* (la République démocratique allemande). *L'Europe de l'Est* (les pays communistes d'Europe orientale). En revanche, on écrit *La France de l'est* (dénomination géographique vague).

II Quand *l'Est* désigne, sans complément de nom, une région, un groupe de pays : *Aux Etats-Unis, l'Est est la région la plus anciennement industrialisée.* En revanche, on écrit *l'est des Etats-Unis, l'est de la France,* car il y a un complément de nom. — Particulièrement, majuscule obligatoire dans deux cas.

1 Quand *l'Est* désigne les provinces situées dans l'est de la France (Alsace, Lorraine, Champagne, etc.) : *Au cours des guerres, les Allemands ont souvent envahi l'Est.*

2 Quand *l'Est* désigne l'ensemble constitué par l'Union soviétique et les pays communistes de l'Europe de l'Est, par opposition à l'*Ouest,* ensemble formé par les Etats-Unis et les pays de l'Europe de l'Ouest : *Les relations entre l'Est et l'Ouest se sont progressivement améliorées depuis 1955.*

estacade n. f. Jetée, digue. — Attention au paronyme *estocade.*

estafette Toujours féminin, bien que désignant un homme : *Le colonel envoya une estafette pour porter l'ordre d'attaquer.* — Terme vieilli. On dit maintenant *agent de transmission.* ▼ Un seul *f,* deux *t.*

estafier n. m. *(vieilli)* Spadassin, homme de main. — Un seul *f.*

estafilade n. f. Un seul *f.*

est-allemand adj. De l'Allemagne de l'Est (République démocratique allemande). — Un

trait d'union. — Jamais de majuscule (ne peut s'employer comme nom). — Seul le deuxième élément varie : *Une équipe est-allemande. Les athlètes est-allemands. Les nageuses est-allemandes.* — Pour éviter cet anglicisme, on dira plutôt *de l'Allemagne de l'Est* : *Les nageuses de l'Allemagne de l'Est.*

estaminet n. m. Finale en *-et.*

estamper, estampiller Deux verbes transitifs à distinguer.

1 estamper Façonner (une pièce métallique) à froid par l'action d'une presse portant une matrice, *ou bien* imprimer (une gravure), *ou encore* (familièrement) faire payer trop cher : *Ce restaurateur estampe les clients de passage.*

2 estampiller Marquer d'une empreinte attestant l'authenticité : *Une autorisation dûment estampillée.*

estancia n. f. Exploitation agricole en Argentine. — Prononciation : [ɛstãsja]. — Pl. : *des estancias* [-sja].

est-ce que Formule interrogative, assez lourde. Dans la langue surveillée, préférer la tournure avec inversion du sujet : *Quand viendrez-vous ?* (plutôt que *Quand est-ce que vous viendrez ?*). *Où allez-vous ?* (plutôt que *Où est-ce que vous allez ?*). *Avez-vous vu ce film ?* (plutôt que *Est-ce que vous avez vu ce film ?*). *Votre frère pratique-t-il un sport ?* (plutôt que *Est-ce que votre frère pratique un sport ?*). — Le seul cas où l'emploi de *est-ce que* est recommandé, c'est quand le verbe est à la première personne du singulier de l'indicatif présent : *Est-ce que j'écris assez lisiblement ?* On ne peut dire **écris-je.* *Est-ce que je pars assez tôt ?* On ne peut dire **pars-je.* En revanche, on peut faire l'inversion avec les formes *ai-je, dis-je, fais-je, puis-je, sais-je, suis-je, vais-je, vois-je,* ainsi qu'avec les verbes du premier groupe (formes en *-é-je*) : *aimé-je, chanté-je,* etc. ▼ Ne pas employer *est-ce que* dans l'interrogation indirecte. On dira : *Demande-lui s'il viendra* et non *Demande-lui *est-ce qu'il viendra.*

1. ester [ɛste] v. i. (droit) *Ester en justice* : soutenir une action en justice. — Ne s'emploie qu'à l'infinitif. ▼ Il existe un paronyme *tester,* faire son testament.

2. ester [ɛstɛʁ] n. m. (terme de chimie).

esthète n. *ou* adj. Attention à la place respective du *-th-* et du *t.* De même *esthéticien, ienne, esthétique, esthétiquement, esthétisme.*

esthète, esthéticien Deux noms à bien distinguer.

1 esthète Personne passionnée d'art et de tout ce qui est beau.

2 esthéticien, ienne Philosophe qui se consacre aux problèmes du beau. — Personne qui travaille dans un institut de beauté.

estival, ale, aux adj. De l'été. — Masculin pluriel en *-aux : Les orages estivaux.*

estivant, ante n. m. *ou* f. Ne peut s'appliquer qu'à des personnes qui sont en vacances pendant l'été (même racine que *été, estival*). — En dehors de l'été, dire plutôt : *vacancier.*

est-nord-est n. m. Deux traits d'union. Jamais de majuscule.

estoc n. m. Pointe de l'épée. — *Frapper d'estoc et de taille,* avec la pointe et le tranchant. — Bien prononcer [ɛstɔk], le *-c* n'est pas muet.

estocade n. f. Coup d'épée ; attaque. — Attention au paronyme *estacade,* jetée.

estomac n. m. Prononciation : [ɛstɔma], le *-c* est muet. — Dérivé : *estomaquer* (s'écrit toujours avec *-qu-* : *il estomaqua, nous estomaquons*).

estompe, estampe Deux noms féminins paronymes.

1 estompe Petit rouleau de papier buvard avec lequel on étend le crayon, le pastel. — *(par extension)* Dessin dans lequel on s'est servi de l'estompe.

2 estampe Epreuve obtenue au moyen d'une planche de bois ou de cuivre gravée.

estomper, estamper Deux verbes transitifs paronymes.

1 estomper Ombrer un dessin en étalant le crayon, le pastel avec une estompe. — *(figuré)* Rendre flou : *Le brouillard estompe le contour des collines.*

2 estamper Façonner au moyen d'une presse et d'une matrice : *Estamper une pièce métallique.* — *(figuré, familier)* Faire payer trop cher : *Ce commerçant estampe le client.*

estonien, ienne adj. *ou* n. D'Estonie, république de l'U.R.S.S. — Attention à la majuscule : *La population estonienne. Les Estoniens.* — *L'estonien :* langue finno-ougrienne parlée en Estonie. — A côté de *estonien,* il existe une forme *este,* n. *ou* adj., nettement moins usitée.

estragon n. m. Plante ; condiment.

estrapade n. f. Ancien supplice. — Un seul *p.*

estropier v. t. Un seul *p.* — Conjug. **20.** Double le *i* à la première et à la deuxième personne du pluriel de l'indicatif imparfait et du subjonctif présent : *(que) nous estropiions, (que) vous estropiiez.*

est-sud-est n. m. Deux traits d'union. Jamais de majuscule.

estuaire Toujours masculin : *Un estuaire étroit et profond.* — Finale en *-aire.*

estudiantin, ine adj. Ne peut s'employer que pour qualifier des à-côtés peu sérieux de la vie des étudiants : *Canular estudiantin. Farce estudiantine. Le folklore estudiantin. Les joyeuses mœurs estudiantines d'autrefois.* Quand on veut qualifier un aspect sérieux de la vie des étudiants, on emploie l'adjectif *étudiant : Le malaise étudiant. Le problème étudiant. Le syndicalisme étudiant. La révolte étudiante* ▷ **étudiant.**

esturgeon n. m. Attention au *e* entre le *g* et le *o.*

et Conjonction de coordination d'un emploi très fréquent.

I Règles générales d'emploi. La conjonction *et* peut joindre seulement des mots de même nature grammaticale *(Un enfant brun et maigre)* ou des expressions de même structure *(Un enfant aux cheveux ébouriffés et aux vêtements misérables)* ou deux propositions *(Le vent souffle et la mer gronde).* Eviter les emplois dissymétriques tels que : *Un enfant blond et aux yeux bleus.* Dire : *Un enfant aux cheveux blonds et aux yeux bleus* ou *Un enfant blond aux yeux bleus.* A plus forte raison, on évitera une dissymétrie telle que : *Il aime la nage et se promener.* On dira : *Il aime la nage et les promenades* ou *Il aime nager et se promener.*

II *Et,* **dans les noms de nombres.** On dit, avec *et : vingt et un, trente et un, quarante et un, cinquante et un, soixante et un.* Pas de traits d'union, à la différence de *vingt-deux, vingt-trois..., trente-deux, trente-trois, trente-quatre...* Traits d'union seulement dans *le vingt-et-un* (jeu de cartes) et *le quatre-cent-vingt-et-un* (jeu de dés). Au-delà de la sixième dizaine, on dit *soixante et onze* (sans traits d'union), *soixante-douze..., quatre-vingts, quatre-vingt-un* (sans *et* et avec traits d'union), *quatre-vingt-deux..., quatre-vingt-dix, quatre-vingt-onze* (avec traits d'union), *quatre-vingt-douze.*

III *Et,* **dans l'indication de l'heure.** On écrit, avec *et* et sans traits d'union : *midi et demi,* *minuit et demi* (avec *demi* au masculin), *une heure et demie, deux heures et demie, trois heures et demie, quatre heures et demie...* (toujours avec le féminin singulier *demie*). On écrit : **midi et quart, une heure et quart, deux heures et quart, trois heures et quart...** (ou plus rarement *midi un quart, une heure un quart, deux heures un quart, trois heures un quart...*). On dit, sans *et* : *midi cinq ; midi dix ; une heure vingt ; deux heures vingt-cinq ; quatre heures dix-sept minutes quinze secondes ; dix-sept heures onze minutes dix secondes.*

IV *Et,* **dans l'indication d'une durée.** On dit : *Quatre ans et trois mois. Huit ans, cinq mois et douze jours.*

V Emploi de la virgule devant *et.* Normalement, pas de virgule devant *et (Le vent et la mer grondent. J'entends le vent et la mer. Les enfants courent et crient. Le maître parle et les enfants écoutent. Une prairie vaste et herbue),* sauf dans trois cas.

1 Parfois quand *et* unit deux propositions dont la seconde n'a pas le même sujet que la première : *Il est le maître, le mage, le prophète, et le disciple le révère.* Dans ce cas, la virgule est utile pour qu'il n'y ait pas équivoque et qu'on ne mette pas sur le même plan les mots *prophète,* attribut de *il,* et *disciple,* sujet de *révère.* En revanche, quand il n'y a pas de risque d'équivoque, on omet en général la virgule. C'est le cas notamment quand le verbe est employé sans complément : *Les cloches sonnent et les trompettes retentissent.*

2 Quand, deux propositions étant jointes par *et,* deux compléments de la première sont aussi unis par *et.* Dans ce cas, on met facultativement une virgule devant le deuxième *et,* celui qui relie les deux propositions : *Il pratique l'athlétisme et la natation, et il s'intéresse peu aux arts.* Cependant, si le sujet n'est pas répété ou s'il n'est pas repris dans la seconde proposition par un pronom personnel, on omet généralement la virgule : *Il pratique l'athlétisme et la natation et s'intéresse peu aux arts.*

3 Quand, dans la langue littéraire, on veut, pour des raisons stylistiques, détacher et mettre en relief un membre de phrase : *On entendait le bruit du flux et du reflux du lac, les sauts du poisson d'or, et le cri rare de la cane plongeuse* (Chateaubriand).

VI *Et,* **devant un membre final exclamatif.** Emploi usuel dans le style animé et expressif : *Napoléon était d'abord un stratège, et quel stratège ! Il est rentré à minuit, et dans quel état ! Voilà un chef, et qui sait se faire obéir !* Le membre de phrase commençant ainsi par *et* est toujours précédé d'une virgule.

VII Accord de l'adjectif qui suit deux noms joints par *et.*

1 L'adjectif se rapporte seulement au dernier nom. Dans ce cas, il s'accorde avec celui-ci : *Il ne boit que du thé et de l'eau fraîche* (seule l'eau est fraîche).

2 L'adjectif se rapporte aux deux noms. Dans ce cas, il se met au masculin pluriel si les deux noms sont masculins *(Ce marchand vend du vin et du cidre excellents),* au féminin pluriel si les deux noms sont féminins *(On nous a servi de la bière et de la limonade excellentes),* au masculin pluriel si les deux noms sont de genre différent *(On nous servait de la bière et du vin excellents).* Dans ce dernier cas, on met le nom masculin à la fin. Éviter d'écrire *du vin et de la bière excellents.*

VIII Accord de deux adjectifs joints par *et* **épithètes d'un même nom pluriel.** C'est le sens qui décide.

1 Les villes anglaises et allemandes. Les adjectifs sont au pluriel, car il y a plusieurs villes anglaises, plusieurs villes allemandes.

2 Les littératures anglaise et allemande. Les adjectifs sont au singulier, car il y a une seule littérature anglaise et une seule littérature allemande.

IX *Et* **et** *ni.*

1 On peut au choix employer *et* ou *ni* dans une phrase telle que : *Nous ne parlerons pas d'art et de littérature* ou *Nous ne parlerons pas d'art ni de littérature* ou *Nous ne parlerons ni d'art ni de littérature.* Ces trois tours sont corrects. Le deuxième et le troisième font ressortir davantage la disjonction.

2 *Et ni,* **terminant une énumération négative** ▷ **ni** (I, 8).

X Et mieux, et moins, et plus. Dans ces locutions, l'emploi de *et* est facultatif : *Plus nous irons vite et mieux ce sera* ou *Plus nous irons vite, mieux ce sera. Plus le délai s'allongera et moins il aura de chances* ou *Plus le délai s'allongera, moins il aura de chances. Plus nous aurons de documents et plus il sera facile d'écrire un ouvrage sérieux* ou *Plus nous aurons de documents, plus il sera facile d'écrire...*

XI Et et *avec.* Éviter le tour *J'ai beaucoup aimé Naples avec ses vieilles rues.* Dire plutôt : *... Naples et ses vieilles rues* ▷ **avec** (2).

XII *Et bien ! Mauvaise graphie pour *eh bien !* ▷ **eh bien !** — *Et donc* ▷ **donc** (II, 2). — *Et puis* ▷ **puis.**

étable, écurie ▷ **écurie.**

étager v. t. Conjug. **16.** Prend un *e* après le *g* devant *a* ou *o : il étagea, nous étageons.*

étai n. m. Pas de -*e* ni de -*s* final.

étaiement [etɛmɑ̃] n. m. Attention à l'*e* intérieur. — On dit aussi : *étayement* [etɛjmɑ̃] ou *étayage* [etɛjaʒ].

étain n. m. Métal. — Ne pas écrire comme *éteint,* participe passé de *éteindre.*

étal n. m. Table sur laquelle on étale la marchandise. — Pl. : *des étaux* ou *des étals.* De nos jours, la forme la plus fréquente est *des étals,* qui évite la confusion avec *étaux,* pluriel de *étau,* instrument à deux mâchoires.

étale adj. Au même niveau : *La mer est étale.* — N. m. *L'étale :* le moment où la mer cesse de monter ou de descendre. — Toujours avec un -*e* à la fin.

étaler v. t. Un seul *l.* De même : *étalage, étalement, étalager* v. t. (disposer à l'étalage ; conjug. 16), *étalagiste, étalier* n. m. (celui qui sert les clients à l'étal d'une boucherie : *garçon étalier*).

1. étalon n. m. Cheval. — Un seul *l.*

2. étalon n. m. Unité de référence. — Un seul *l.* — Avec un trait d'union : *unité-étalon (des unités-étalons), mètre-étalon (des mètres-étalons), litre-étalon (des litres-étalons), kilogramme-étalon (des kilogrammes-étalons), étalon-or.* — Dérivés (avec deux *n*) : *étalonnage, étalonner.*

étambot n. m. Pièce de charpente à l'arrière d'un navire. — Finale en -*ot.*

1. étamine Etoffe. — Féminin : *Une étamine légère.*

2. étamine Organe de la fleur. — Féminin : *Une étamine longue.*

étanche adj. Avec -*an*-. De même : *étanchéité.*

étancher v. t. S'écrit avec -*an*-. De même : *étanchement.*

étancher, épancher ▷ **épancher.**

étançon n. m. Pièce qui soutient. — Attention à la cédille. — Dérivés (avec deux *n*) : *étançonnement, étançonner.*

étang n. m. Attention au -*g* final, muet.

étant donné ▷ **donné.**

étape n. f. Un seul *p.*

état n. m. Emploi de la majuscule et orthographe des expressions.

1 Majuscule quand le mot désigne un pays ou le gouvernement : *Les grands États européens. L'Allemagne de l'Ouest est un Etat fédéral. L'Etat de Floride, aux Etats-Unis. Servir l'Etat. Atteinte à la sûreté de l'Etat. Un chef d'Etat. Un ministre d'Etat. Un homme d'Etat. Un secret d'Etat.*

2 *Un état de choses* (*choses* au pluriel), mais *en tout état de cause* (*cause* au singulier). — *L'état civil* (sans trait d'union) ; pl. : *des états civils.* — *Les états généraux, les pays d'états* (avant 1789, en France), *les états* (= assemblée) *de Provence, de Languedoc. Le tiers état* (sans majuscule).

état-major n. m. Un trait d'union. — Pl. : *des états-majors.* — En principe, pas de majuscule : *L'état-major général de l'armée française.*

étau n. m. — Pl. : *des étaux.* — Composé : *étau-limeur* (pl. : *des étaux-limeurs*).

étayer v. t. Conjug. 23. Remplace facultativement *y* par *i* devant un *e* muet : *j'étaie* (ou *j'étaye*), *j'étaierai* (ou *j'étayerai*). Les formes en -*aie*- sont plus fréquentes que les formes en -*aye*-. ▼ Attention au *i* après l'*y* à la première et à la deuxième personne du pluriel de l'indicatif imparfait et du subjonctif présent : *(que) nous étayions, (que) vous étayiez.* — Dérivés : *étaiement* [etɛmɑ̃] ou *étayement* [etɛjmɑ̃] ou *étayage* [etɛjaʒ].

et cetera Forme et emploi.

1 Préférer la graphie *et cetera* à *et caetera.* — S'emploie normalement sous la forme abrégée *etc.*

2 ▼ Bien prononcer : [ɛtseteʀa], et non *[ɛkseteʀa].

3 La locution *etc.* est toujours précédée d'une virgule et suivie d'un point : *Dans la boîte à outils, il y avait un marteau, des tenailles, des pinces, une clef à molette, etc.*

4 On ne doit jamais répéter *etc.* Ne pas écrire : *etc., etc.*

5 La locution *etc.* ne doit jamais être suivie de trois points. Ne pas écrire : *etc...*

6 On évitera l'emploi de *etc.* après des noms de personnes. On emploiera plutôt les trois points. Ecrire : *Les grands écrivains, tels que Montaigne, Pascal, Bossuet, Voltaire...* (plutôt que *Montaigne, Pascal, Bossuet, Voltaire, etc.*).

été n. m. Selon les cas, on peut dire **dans l'été** ou **en été** : *Dans l'été de 1946, je fis la* *connaissance de ce camarade. En été, ce torrent est à sec.* On peut aussi dire tout simplement *l'été : L'été 1946, j'habitais encore Toulouse. L'été, le paysage évoque un peu la Grèce.* — En revanche, *à l'été* est plus rare et moins conseillé.

éteindre v. t. Conjug. **84.** *J'éteins, tu éteins, il éteint, nous éteignons, vous éteignez, ils éteignent.* — *J'éteignais, tu éteignais, il éteignait, nous éteignions, vous éteigniez, ils éteignaient.* — *J'éteignis.* — *J'éteindrai.* — *J'éteindrais.* — *Éteins, éteignons, éteignez.* — *Que j'éteigne, que tu éteignes, qu'il éteigne, que nous éteignions, que vous éteigniez, qu'ils éteignent.* — *Que j'éteignisse.* — *Éteignant.* — *Éteint, einte.* ▼ Attention au *i* après le groupe *-gn-* à la première et à la deuxième personne du pluriel de l'indicatif imparfait et du subjonctif présent : *(que) nous éteignions, (que) vous éteigniez.* — Dérivés : *éteigneur, éteignoir.*

étendre v. t. ▼ S'écrit avec *-en-*, à la différence de *épandre.* — Conjug. **81.** *J'étends, tu étends, il étend, nous étendons, vous étendez, ils étendent.* — *J'étendais.* — *J'étendis.* — *J'étendrai.* — *J'étendrais.* — *Étends, étendons, étendez.* — *Que j'étende.* — *Que j'étendisse.* — *Étendant.* — *Étendu, ue.*

éternel, elle adj. Deux *l* au féminin. De même : *éternellement.* — Expressions : *la Ville éternelle* (Rome), *le Père éternel* (Dieu), *l'Éternel* (Dieu).

éternuement [etɛrnymɑ̃] n. m. Attention à l'*e* intérieur muet.

étêter v. t. Couper la cime d'un arbre. — Accent circonflexe sur le deuxième *e* à toutes les formes : *nous étêtons, vous étêtez.* — Dérivés : *étêtage, étêtement.*

1. éther [etɛr] n. m. Le ciel, le vide. — S'écrit avec *-th-.* De même : *éthéré, ée.*

2. éther [etɛr] n. m. Substance chimique. — S'écrit avec *-th-.* De même : *éthéré, ée, éthérification* (transformation en éther), *éthérifier* (transformer en éther), *éthérisation* (anesthésie à l'éther), *éthériser* (anesthésier à l'éther), *éthérisme, éthéromane, éthéromanie.*

éthiopien, ienne adj. *ou* n. Attention à la majuscule : *La population éthiopienne. Les Éthiopiens.* — Le synonyme *abyssin* est vieux. — Le synonyme *éthiopique* est rare et ne peut qualifier qu'une chose : *Les littératures éthiopiques.*

éthique, étique Deux homophones à bien distinguer.

1 éthique adj. Qui concerne la morale : *Les conceptions éthiques du jansénisme.* — N. f.

L'éthique, la morale : *La nouvelle éthique du XXᵉ siècle.*

2 étique adj. Très maigre : *Un cheval étique.*

ethmoïde [ɛtmɔid] n. m. Os du nez. — S'écrit avec *-th-.* De même : *ethmoïdal, ale, aux, ethmoïdite.* ▼ Ne pas déformer en *ethnoïde.*

ethn(o) Élément (du grec *ethnos* « peuple »), qui sert à former des mots savants : *ethnarchie* [ɛtnarʃi], *ethnarque, ethnie, ethnique, ethnocentrisme, ethnocide* n. m. (destruction de la culture d'un peuple ; à distinguer de *génocide,* massacre d'un peuple), *ethnographe, ethnographie, ethnographique, ethnolinguistique, ethnologie, ethnologique, ethnologue, ethnomusicologie.*

éthyle n. m. Radical chimique. — S'écrit avec *-th-* et *y.* De même : *éthylène* n. m., *éthylénique, éthylique* (alcool éthylique : alcool des boissons alcoolisées, par opposition à *alcool méthylique,* alcool à brûler), *éthylisme.*

étiage [etjaʒ], et non *[esjaʒ]* n. m. Désigne le niveau moyen d'un cours d'eau pendant la période des basses eaux, ou *(par extension)* cette période elle-même : *À Agen, au mois d'août, pendant l'étiage, le débit moyen de la Garonne est inférieur à 200 m³ à la seconde.* ▼ Ne doit en aucun cas être employé comme synonyme de *niveau,* ni au propre ni au figuré. Cet emploi abusif est dû à l'influence de *étage.*

étinceler v. i. Conjug. **13.** *Il étincelle, il étincellera.* — Avec un seul *l : étincelage, étincelant.* — Avec deux *l : étincelle, étincellement.*

étioler v. t. Bien prononcer [etjɔle], avec [t], et non *[esjɔle].*

étiologie [etjɔlɔʒi] n. f. Étude de la cause d'une maladie.

étique, éthique ▷ éthique.

étiqueter v. t. Conjug. **14.** *J'étiquette, j'étiquetterai.* — Avec un seul *t : étiquetage, étiqueteur.* — Avec deux *t : étiquette.*

étoffe n. f. Deux *f.* De même : *étoffé, étoffer.*

étoile n. f. Sans trait d'union : *étoile de mer* (pl. : *des étoiles de mer*).

étonnant ▷ étonner (s').

étonner v. t. Un seul *t,* deux *n.* De même : *étonnamment* adv. (finale en *-amment*), *étonnant, étonnement.*

étonner (s') Constructions.

1 Se construit normalement avec *que* et le subjonctif *(Je m'étonne qu'il ne soit pas encore arrivé)* ou avec *de* et l'infinitif *(Je m'étonne de le voir si pressé de partir).*

2 Se construit aussi avec *de ce que* suivi de l'indicatif *(Je m'étonne de ce qu'il ne nous a pas prévenus)* ou, plus souvent, du subjonctif *(Je m'étonne de ce qu'il ne nous ait pas prévenus).* La construction avec *de ce que* est moins conseillée que celle avec *que.*

3 La construction avec *si* suivi de l'indicatif est archaïque : *Je m'étonne si vous trouvez beaucoup de gens pour vous approuver.*

4 *Il est étonnant* se construit avec *que* et le subjonctif ou avec *de* et l'infinitif : *Il est étonnant que cette idée ne soit pas plus répandue. Il est étonnant de voir tant de gens se soucier si peu de ces choses.* — *L'étonnant est que* se construit avec le subjonctif ou l'indicatif : *L'étonnant est qu'il ait réussi* (ou *qu'il a réussi*).

étouffer v. i. *ou* v. t. Deux *f.* De même : *étouffade* ou *estouffade, étouffage, étouffant, étouffé, étouffe-chrétien* (mets, gâteau compact ; *invariable*), *à l'étouffée, étouffement, étouffeur, étouffoir.*

étoupe n. f. Un seul *p.* De même : *étouper, étoupille* [etupij] n. f. (dispositif de mise à feu d'un canon).

étourdiment adv. Pas de *e* après *i* ni d'accent circonflexe sur le *i.*

étourneau n. m. Finale en *-eau.* — Pl. : *des étourneaux.*

étranger adj. *ou* n. — Féminin : *étrangère.*

être v. i. Conjugaison, emplois particuliers et expressions.

I Conjug. 3. *Je suis, tu es, il est, nous sommes, vous êtes, ils sont.* — *J'étais.* — *Je fus.* — *Je serai.* — *Je serais.* — *Sois, soyons, soyez.* — *Que je sois, que tu sois, qu'il soit, que nous soyons, que vous soyez, qu'ils soient* — *Que je fusse.* — *Étant.* — *Été.* ▼ Éviter les fautes fréquentes **soie, *soyons, *soyiez, que je *soie, que tu *soies, qu'il *soie, que nous *soyions, que vous *soyiez.* Bien distinguer *(il) fut* (passé simple, sans accent) et *(qu'il) fût* (imparfait du subjonctif, avec accent). — Les temps composés sont toujours conjugués avec *avoir* (*été* toujours invariable) : *J'ai été, nous avons été, elle avait été.* Éviter le provincialisme *je suis été* (fréquent dans le Midi à cause de l'influence de l'occitan *soi estat)*

II Omission du verbe être. L'infinitif *être* peut facilement s'omettre entre un verbe et un attribut. Cette omission est même recommandée, car elle allège la phrase : *Ce garçon que je croyais intelligent* (mieux que *que je croyais être intelligent). Le bâtiment m'a semblé trop vaste* (mieux que *m'a semblé être trop vaste).*

III *Être* employé au sens de « aller » ▷ aller.

IV Expressions.

1 C'est, ce sont ▷ ce 2 (III).

2 C'est à moi de, à ▷ à (IX).

3 Est-ce que ▷ est-ce que

4 *Être de* + nom, au sens de « appartenir, être le propre de ». Tout correct : *La corruption est de toutes les époques.*

5 Ce livre est à mon ami (= lui appartient). Ce roman est de Balzac (= a pour auteur Balzac) ▷ à (VIII, 4).

6 *Être à* + infinitif, au sens de « être en train de ». Tour admis dans la langue courante : *En ce moment, il est à se préparer.* Dans la langue soutenue, dire plutôt : *être en train de, s'occuper à.*

7 Etre après ▷ après (5).

8 Il est. Toujours au singulier. Équivalent littéraire de *il y a* : *Il est des pays où le ciel est toujours bleu.* À employer dans le style soutenu, quand on veut éviter les répétitions de *il y a.*

9 Il en est de... comme de... Il en est ainsi de.. Tours qui servent à introduire une comparaison : *Il en est des souvenirs comme des amis, les meilleurs finissent par être oubliés un jour ou l'autre. Il en est ainsi de toutes les amitiés.*

10 *Il n'est que de,* au sens de « il suffit de ». Tour littéraire, mais parfaitement correct : *Veut-on des exemples ? Il n'est que de consulter les chroniques de l'époque.*

11 Fût-ce, ne fût-ce que. Toujours au singulier et toujours écrit avec un accent sur *u* (ne pas déformer en **fut-ce, *fusse).* Equivaut à « même si ce n'était que » : *S'il pouvait écrire, fût-ce quelques mots ! Si nous pouvions recruter des partisans, ne fût-ce que quelques dizaines d'hommes*

12 N'était, n'étaient, n'eût été, n'eussent été, au sens de « s'il n'y avait, s'il n'y avait pas eu ». Toujours accordé : *N'étaient mes amis, je quitterais cette ville sans aucun regret. N'eût été la crainte de l'opinion, il eût agi sans hésitation.* Ce tour est nettement littéraire.

13 S'il en fut. Locution figée : *Il vivait à Rome, ville glorieuse s'il en fut.* ▼ Jamais d'accent sur le *u,* car il s'agit du passé simple de l'indicatif et non du subjonctif imparfait. Au présent : *Il vit à Perpignan, ville ensoleillée s'il en est.*

14 Si j'étais que de vous, si j'étais de vous, si j'étais vous. Ces trois expressions signifient « si j'étais à votre place » : *Si j'étais que de vous* (ou *si j'étais de vous* ou bien *si j'étais vous*), *je refuserais tout net.* La première forme est très recherchée, la deuxième assez recherchée, la troisième usuelle. ▼ Ne pas déformer en **si je n'étais que de vous.*

15 Soit, soient ▷ **soit.**

étreindre v. t. Conjug. **84.** *J'étreins, tu étreins, il étreint, nous étreignons, vous étreignez, ils étreignent. — J'étreignais, tu étreignais, il étreignait, nous étreignions, vous étreigniez, ils étreignaient. — J'étreindrai. — J'étreindrais. — Etreins, étreignons, étreignez. — Que j'étreigne, que tu étreignes, qu'il étreigne, que nous étreignions, que vous étreigniez, qu'ils étreignent. — Que j'étreignisse. — Étreignant. — Étreint, einte.* ▼ Attention au *i* après l'*y* à la première et à la deuxième personne du pluriel de l'indicatif imparfait et du subjonctif présent : *(que) nous étreignions, (que) vous étreigniez.*

étreinte n. f. Attention à la graphie en -*ein*-.

étrenne [etʀɛn] n. f. Deux n. De même : *étrenner.*

êtres n. m. pl. Mot qui ne s'emploie plus que dans l'expression *connaître les êtres d'une habitation, d'une maison,* connaître la disposition et l'agencement de ses diverses parties. — On évitera la graphie *les aîtres.*

étrésillon [etʀezijɔ̃] n m. Pièce de bois qui maintient un écartement. — Les dérivés prennent deux n : *étrésillonnement* [etʀezijɔnmɑ̃], *étrésillonner* [etʀezijɔne].

étrille [etʀij] n. f. Instrument. — Dérivés *étrillage* [etʀijaʒ], *étriller* [etʀije] (attention au *i* après le groupe -*ill*- à la première et à la deuxième personne du pluriel de l'indicatif imparfait et du subjonctif présent : *(que) nous étrillions, (que) vous étrilliez).*

étriquer v. t. S'écrit avec -*qu*- même devant *a* ou *o* : *il étriqua, nous étriquons.*

étron n. m. Excrément. — Pas de -*c* final (aucun rapport avec *tronc*).

étrusque adj. *ou* n. Attention à la majuscule : *Les cités étrusques. Les Etrusques.* — N. m. *L'étrusque :* langue des Etrusques.

étude n. f. Avec *étude* au singulier : *maître d'étude, salle d'étude.* — Avec *étude* au pluriel : *bourse d'études, congé pour études, bureau d'études.*

étudiant, ante n. *ou* adj. Emplois délicats.

1 Comme nom. Désigne une personne qui fait des études supérieures, c'est-à-dire des études d'un niveau supérieur au baccalauréat, dans une université, dans une grande école (Polytechnique, Centrale, etc.) ou dans une classe préparatoire à une grande école. — On évitera d'employer abusivement *étudiant* comme synonyme de *lycéen, collégien, élève* ou *écolier.*

2 Comme adjectif. Ne peut s'employer que dans certaines expressions : *Le problème étudiant. Le malaise étudiant. Le syndicalisme étudiant. La mentalité étudiante. La révolte étudiante.* — L'adjectif *estudiantin* ne peut s'employer qu'à des réalités peu sérieuses : *Les plaisanteries estudiantines. Le folklore estudiantin. La bohème estudiantine d'autrefois* ▷ **estudiantin.** — La meilleure solution, le plus souvent, est de dire *des étudiants : Les difficultés des étudiants* (on ne peut dire *les difficultés étudiantes* ni *les difficultés estudiantines). Les organisations des étudiants.*

étui n. m. Pas de *e* à la fin.

étymologie n. f. Un *y*, un *t* et non -*th*-. — De même : *étymologique, étymologiquement, étymologiste, étymon.*

E.-U. Abréviation de *Etats-Unis.* A préférer à l'abréviation anglaise *U.S.A. (United States of America).*

eucalyptus [økaliptys] n. m. Avec un *y.* — Pl. : *des eucalyptus* [-tys] — Dérivé : *eucalyptol* n. m.

eucharistie n. f. Avec -*ch*-. Prononciation : [økaʀisti]. Toujours une minuscule, sauf, parfois, dans la langue de la dévotion. — Dérivé : *eucharistique* [økaʀistik].

euclidien, ienne adj. D'Euclide : *La géométrie euclidienne.* — Un *i* avant le *d,* pas un *y.*

eu égard à ▷ **égard.**

euh ! ou **heu !** On peut distinguer ces deux interjections.

1 euh ! Exprime le doute, l'hésitation, l'embarras, l'impossibilité de répondre nettement « oui » ou « non » : *Il est intelligent, n'est-ce pas, ce garçon ? — Euh ! est-ce bien sûr ?*

2 heu ! Exprime la difficulté à trouver ses mots, à trouver le terme exact : *Il faudrait disposer d'un... heu ! comment dirais-je... heu ! vous voyez ce que je veux dire... heu !*

eunuque n. m. Avec -*qu*-, à la différence de *eunuchisme* [ønykism(ə)], *eunuchoïde* [ønykɔid].

euphémisme [øfemism(ə)] n. m. Dérivé : *euphémique* [øfemik].

euphonie [øfɔni] n. f. Dérivés : *euphonique* [øfɔnik], *euphoniquement* [øfɔnikmɑ̃].

euphorie [øfɔʀi] n. f. Dérivés : *euphorique* [øfɔʀik], *euphoriquement* [øfɔʀikmɑ̃], *euphorisant* [øfɔʀizɑ̃].

euphuisme [øfɥism(ə)] n. m. Type de préciosité dans la littérature anglaise (fin du XVIᵉ siècle).

eurasien, ienne adj. *ou* n. Attention à la majuscule : *Une jeune fille eurasienne. Un Eurasien.* — A distinguer de *eurasiatique,* adjectif qui qualifie seulement les choses : *Le continent eurasiatique.*

eurêka ! Accent circonflexe sur le *e,* mais on prononce [øʀeka], avec un *e* fermé.

euristique ▷ heuristique.

eurodollar n. m. En un seul mot, sans trait d'union. — Pl. : *des eurodollars.*

européen, enne adj. *ou* n. Attention à la majuscule : *La population européenne. Les Européens.*

europium [øʀɔpjɔm] n. m. Métal (groupe des terres rares).

eury- Préfixe (du grec *eurus* « large »), qui sert à former des mots savants : *eurybathe, eurycéphale, euryèce, eurygnathe, euryhalin, euryionique, eurythermie.*

eurythmie n. f. Attention à l'*y* et au groupe *-th-*. De même : *eurythmique.*

eut, eût ▷ avoir (1).

euthanasie n. f. S'écrit avec *-th-*. De même : *euthanasique.*

eux Pronom personnel masculin de la troisième personne du pluriel.

1 Eux-mêmes. Avec un trait d'union.

2 Eux autres. Forme populaire. Dans la langue surveillée, écrire *eux* tout simplement.

3 Eux deux. Tour relâché pour *à eux deux* ▷ deux (5).

évanescent, ente adj. Attention au groupe *-sc-*. De même : *évanescence* (finale en *-ence*).

évangile n. m Un *E* majuscule dans la plupart des cas : *Les apôtres allèrent prêcher l'Évangile*

(= la doctrine du Christ). *L'Evangile selon saint Matthieu* (titre du livre). *La lecture de l'Evangile. Etudier les Evangiles.* — Hésitation de l'usage quand il s'agit non du livre en tant qu'œuvre mais d'un exemplaire : *Un évangile* (ou *un Evangile*) *richement relié du XVIᵉ siècle.* — En général, un *e* minuscule quand il s'agit du passage de l'Evangile que lit le prêtre au cours de la messe *(Le prêtre lut l'évangile pour le quatrième dimanche après la Pentecôte)* ou du moment de la messe pendant lequel le prêtre lit ce passage *(Elle arriva à l'église juste avant l'évangile)* ou encore dans l'expression *côté de l'évangile,* côté gauche de l'autel quand on le regarde de face. On rencontre cependant aussi *côté de l'Evangile.* — Toujours un *E* majuscule dans les expressions *ce n'est pas parole d'Evangile, croire une chose comme l'Evangile.* Toujours un *e* minuscule quand *évangile* est pris au figuré : *« L'Art poétique »* de Boileau fut *l'évangile de la doctrine littéraire classique.*

évêché n. m. Accent circonflexe sur le deuxième *e.*

éveil n. m Action de s'éveiller. — Ne pas écrire *un *éveille.*

éveiller v. t. Conjugaison et emploi.

1 Attention à l'*i* après le groupe *-ill-* à la première et à la deuxième personne du pluriel de l'indicatif imparfait et du subjonctif présent : *(que) nous éveillions, (que) vous éveilliez.*

2 Le verbe *éveiller* appartient à un registre de langue plus littéraire que *réveiller,* qui est le seul verbe usité dans la langue parlée courante. En outre, *réveiller* implique une idée de brusquerie, d'événement anormal, qui n'est pas contenue dans *éveiller : Un cri déchirant me réveilla brusquement au milieu de la nuit Chaque matin les rayons du soleil filtrant à travers les persiennes l'éveillaient doucement.*

événement n. m. ▼ Le deuxième *e* porte un accent aigu, mais le mot se prononce [evɛnmɑ̃], avec *e* ouvert. — De même : *événementiel, ielle* [evɛnmɑ̃sjɛl, jɛl].

évent n. m. Orifice. — Avec *-en-*, comme *vent.*

éventail n. m. — Pl. : *des éventails.*

éventaire n. m. Finale en *-aire.*

éventer v. t. S'écrit avec *-en-*, *comme vent.*

éventrer v. t. S'écrit avec *-en-*, comme *ventre.* De même : *éventration, éventrement.*

éventuel adj. Deux *l* au féminin : *éventuelle.* De même : *éventuellement.*

évêque n. m. Accent circonflexe sur le deuxième *e*.

évertuer (s') v. pron Se construit avec *à* et l'infinitif *(Elles se sont évertuées à mettre de l'ordre dans la maison).* Parfois avec *contre* et un nom *(Il s'évertuait en vain contre la lourde porte de chêne).*

éviction [eviksjɔ̃] n. f. Finale en *-ction.*

évident, ente adj. Dérivés : *évidemment* [evidamɑ̃] adv. (finale en *-emment), évidence.*

évincer v. t. Conjug. **17.** Le *c* prend une cédille devant *a* ou *o : il évinça, nous évinçons.*

éviter v. t. Emploi et construction.

1 ▼ Dans la langue surveillée, le tour *éviter quelque chose à quelqu'un* est déconseillé. On préférera *épargner (quelque chose à quelqu'un) : Je cherche à vous épargner tout travail inutile. Cette méthode nous épargnera bien des erreurs.* — En revanche, l'emploi de *éviter* sans complément second est parfaitement correct : *Il voudrait bien éviter cette corvée* (= ne pas la faire) *A l'avenir, tâchez d'évitez cette erreur* (= de ne pas la commettre).

2 Eviter que. Généralement suivi du *ne* explétif : *Cela évitera que l'erreur ne se reproduise* (toujours avec le subjonctif).

évocable adj. Avec un *c.* De même : *évocateur, évocation.* — En revanche, *évoquer*, avec *-qu-.*

évolution n. f. Deux *n* dans les dérivés *évolutionnisme, évolutionniste.*

évoquer v. t. Orthographe et sens.

1 Toujours avec *-qu-,* même devant *a* ou *o : il évoqua, nous évoquons.*

2 Ne pas abuser de ce mot. Pour varier, employer *aborder, poser, traiter (un problème) ; examiner (une question) ; faire allusion à (un fait) ; citer (une déclaration) : Le conseil des ministres a abordé le problème des importations illicites. Le ministre a fait allusion à cet incident diplomatique. Les journaux citent la déclaration du dirigeant syndical.*

3 évoquer, invoquer ▷ invoquer.

evzone [ɛvzon] n. m. Soldat grec. — Pl. : *des evzones.*

ex- Préfixe qui signifie « ancien, autrefois, anciennement ». Se joint au nom qui suit par un trait d'union. Se prononce [ɛks] : *L'ex-empire d'Autriche-Hongrie. Les ex-officiers de l'armée royale.*

exacerber v t. Prononciation : [ɛgzasɛrbe], avec [gz]. De même : *exacerbation* [ɛgzasɛrbasjɔ̃].

exact adj. Prononcer [ɛgza] plutôt que [ɛgzakt(ə)]. Le féminin *exacte* se prononce toujours [ɛgzakt(ə)], l'adverbe *exactement* [ɛgzaktəmɑ̃] et le substantif *exactitude* [ɛgzaktityd].

exaction [ɛgzaksjɔ̃] n. f. Un seul sens correct : abus de pouvoir des représentants d'une autorité, qui exigent plus qu'il n'est dû ou même qui exigent ce qui n'est pas dû *(La levée des impôts était jadis l'occasion de nombreuses exactions de la part des agents du roi et des agents du seigneur).* — Attention au sens abusif de *excès, actes de violence, de pillage, vexations, brutalités, crimes.* Eviter d'écrire par exemple : *Les bandes de rebelles ont commis de nombreuses exactions* (dire plutôt *actes de violence).* De nos jours, s'emploie presque toujours au pluriel.

ex aequo En deux mots, sans trait d'union. — Prononciation : [ɛgzeko], avec [gz]. Toujours invariable : *Elles sont arrivées ex aequo. Des ex aequo.*

exagérer v. t. *ou* v. i. Conjug. **11.** *J'exagère,* mais *j'exagérerai.* — Eviter le pléonasme *trop exagérer.* — Prononciation : [ɛgzaʒere], avec [gz]. De même : *exagérateur* [ɛgzaʒeratœr], *exagération* [ɛgzaʒerasjɔ̃], *exagéré* [ɛgzaʒere], *exagérément* [ɛgzaʒeremɑ̃].

exalter v. t. Prononciation : [ɛgzalte], avec [gz]. ▼ Pas de *h* devant le *a,* à la différence de *exhaler.* De même : *exaltant* [ɛgzaltɑ̃], *exaltation* [ɛgzaltasjɔ̃], *exalté* [ɛgzalte].

exalter, exulter ▷ exulter.

examen n. m. Prononciation : [ɛgzamɛ̃], avec [gz]. De même : *examinateur* [ɛgzaminatœr], *examiner* [ɛgzamine]. — Dire : *se présenter à un examen,* plutôt que *présenter un examen* ▷ présenter.

exaspérer v. t. Conjug. **11.** *J'exaspère,* mais *j'exaspérerai.* — Prononciation : [ɛgzaspere], avec [gz]. De même : *exaspérant* [ɛgzasperɑ̃], *exaspération* [ɛgzasperasjɔ̃].

exaucer v. t. Conjug. **17.** Le *c* prend une cédille devant *a* ou *o : il exauça, nous exauçons.* — Prononciation : [ɛgzose], avec [gz]. De même : *exaucement* [ɛgzosmɑ̃]. ▼ Ne pas écrire comme *exhausser,* surélever ▷ exhausser.

excédant, excédent Bien distinguer les mots suivants :

1 excédant (avec un *a*).

a/ excédant (invariable) Participe présent de *excéder : Les dépenses excédant les recettes, notre bilan est encore déficitaire.*

b/ excédant, ante (variable) Adjectif qui signifie « qui dépasse » *(Quel est le montant des dépenses excédantes ?)* ou « qui fatigue et irrite » *(Ces récriminations sont excédantes, à la fin !).*

2 excédent (avec *e*) Nom masculin qui désigne la quantité qui dépasse, qui est en surcroît : *Un excédent de dépenses.*

excéder v. t. Conjug. **11.** *J'excède*, mais *j'excéderai.* — Attention au *c* après le *x.*

excellence n. f. Attention au *c* après le *x*, aux deux *l* et à la finale *-ence.* — *Son Excellence* s'abrège en *S.E.* quand il s'agit d'un ministre ou d'un ambassadeur, en *S. Exc.* quand il s'agit d'un évêque ou d'un archevêque (pour les cardinaux, on dit *Son Eminence*) : *S.E. Monsieur Paul Cambon, ambassadeur de France à Londres. S. Exc. Mgr. X, évêque de Clermont-Ferrand.* — L'adjectif attribut ou en apposition s'accorde avec *Excellence* (féminin) quand *Son (Votre) Excellence* n'est accompagné d'aucun autre nom : *Son Excellence est prête à vous recevoir.* Sinon, l'adjectif s'accorde avec l'autre nom : *Son Excellence l'ambassadeur est prêt à vous recevoir.*

excellent, ente adj. Attention au *c* après le *x*, aux deux *l* et à la finale *-ent, -ente.* — A bien distinguer de *excellant*, participe présent invariable de *exceller : Excellant dans tous les arts d'agrément, ces jeunes filles étaient vraiment charmantes. Ces jeunes filles étaient d'excellentes musiciennes.* — Le comparatif *plus excellent* et le superlatif *très excellent* sont vieillis et appartiennent à la langue littéraire archaïsante et recherchée. — *Excellentissime* est une formation plaisante, à éviter dans un contexte sérieux. — Dérivés : *excellemment* [ɛksɛlamã] adv. (avec finale en *-emment*).

excentrer v. t. Un *c* après le *x.* De même : *excentration, excentricité, excentrique, excentriquement.*

excepté Un *c* après le *x.* — Invariable devant le nom : *Tous étaient venus, excepté mes deux cousines.* S'accorde s'il est placé après le nom : *Dans ma famille, tout le monde habite Paris, mes deux cousines exceptées.* — *Excepté que* se construit avec l'indicatif ou le conditionnel, jamais avec le subjonctif : *Ce film est très bon, excepté que le rythme est parfois un peu lent. Ce film est très bon, excepté qu'on aimerait un rythme plus rapide.*

excepter v. t. Un *c* après le *x.*

exception n. f. Un *c* après le *x.*

exception, acception ▷ **acceptation** (2, b).

exceptionnel adj. Un *c* après le *x.* Deux *n.* — Au féminin, deux *l : exceptionnelle.* De même *exceptionnellement.*

excès n. m. Un *c* après le *x.* Un accent grave sur le deuxième *e.* — Dérivés : *excessif, excessivement.*

excessif, ive adj. Un *c* après le *x.* — Eviter le pléonasme *trop excessif.*

excessivement adv. Un *c* après le *x.* — Dans la langue surveillée, ne peut s'employer qu'au sens de *trop* et non au sens de *très.* On peut écrire : *Cet enfant est excessivement négligent.* En revanche, ne pas écrire : *Cet enfant est excessivement intelligent.* L'intelligence est une qualité, on ne peut pas être *trop* intelligent, mais seulement *très* intelligent. Ecrire plutôt : *Cet enfant est extrêmement intelligent* ou *très intelligent.*

exciper v. t. indirect. Un *c* après le *x.* — *Exciper de*, arguer de, s'appuyer sur : *Il a excipé d'un contrat pour demander une indemnité.*

excipient [ɛksipjã] n. m. (terme de pharmacie) Un *c* après le *x.* Finale en *-ent.*

exciser [ɛksize] v. t. *(chirurgie)* Enlever en coupant. — Un *c* après le *x.* — De même : *excision.*

exciter v. t. Orthographe et sens.

1 Un *c* après le *x.* De même : *excitabilité, excitable, excitant, excitateur, excitation, excité.*

2 Ne pas abuser de ce mot au sens figuré de « intéresser vivement » *(familier).* Dire plutôt *attirer, intéresser, passionner, plaire : Ce sujet de dissertation ne m'intéresse pas* ou *ne me passionne pas* (mieux que *ne m'excite pas).* — Eviter de même *excitant* au sens familier de *attirant, intéressant, passionnant.*

exclu Bien prononcer [ɛkskly] et non *[ɛskly]. — Il n'est pas exclu que..., il est exclu que...* (suivi du subjonctif) : *Il n'est pas exclu que le gouvernement revienne sur sa décision. Il est exclu que nous accordions un nouveau délai.* Ces tours ne sont pas incorrects. Ne pas en abuser cependant. Varier en disant : *Il n'est pas impossible* ou *il est possible que.., il est impossible que...*

exclure v. t. Bien prononcer [ɛksklyʀ] et non *[ɛsklyʀ] — Conjug. **79.** *J'exclus, tu exclus,*

*il exclut, nous excluons, vous excluez, ils
excluent. — J'excluais, tu excluais, il excluait,
nous excluions, vous excluiez, ils excluaient. —
J'exclus, tu exclus, il exclut, nous exclûmes,
vous exclûtes, ils exclurent. — J'exclurai. —
J'exclurais. — Exclus, excluons, excluez. —
Que j'exclue, que tu exclues, qu'il exclue, que
nous excluions, que vous excluiez, qu'ils
excluent. — Que j'exclusse, que tu exclusses,
qu'il exclût, que nous exclussions, que vous
exclussiez, qu'ils exclussent. — Excluant.* ▼ Le
participe passé est *exclu* (sans *s*), *exclue* (avec
-ue), alors que le participe passé de *inclure* est
inclus (avec -s), incluse (avec *-use*). Eviter
d'autre part les barbarismes **j'exclue, il*
**exclue, il *exclua,* etc.

exclusif, ive adj. Bien prononcer : [εksklyzif,
iv], et non *[εsklyzif, iv]. De même : *exclusion*
[εksklyzjɔ̃], *exclusive* [εksklyziv], *exclusivement* [εksklyzivmɑ̃], *exclusivisme* [εksklyzi-
vism(ə)], *exclusivité* [εksklyzivite].

exclusive n. f. Mesure, décision de rejet, de
refus : *Ce parti politique a prononcé l'exclusive
contre cette solution de compromis. Lancer
l'exclusive contre... Jeter l'exclusive sur...* ▼ Ne
pas dire : *prononcer, lancer, jeter l'exclusivité.*

excommunier v. t. Bien prononcer [εkskɔ-
mynje], et non *[εskɔmynje]. — Deux *m.*
Conjug. **20.** Double le *i* à la première et à la
deuxième personne du pluriel de l'indicatif
imparfait et du subjonctif présent : *(que) nous
excommuniions, (que) vous excomuniiez* ▼ Le
nom correspondant est *excommunication*
[εkskɔmynikasjɔ̃], et non **excommunion.*

excorier [εkskɔrje] v. t. Ecorcher légèrement
(la peau). — Dérivé : *excoriation* [εkskɔrjasjɔ̃].

excrément n. m. Bien prononcer [εkskremɑ̃],
et non *[εskremɑ̃]. — Dérivés : *excrémenteux,
euse* ou *excrémentiel, ielle* [εkskremɑ̃sjεl, jεl].

excréter v. t. Bien prononcer [εkskrete], et non
*[εskrete] — Conjug. **11.** *Il excrète,* mais *il
excrétera.*

excursion n. f. Bien prononcer [εkskyrsjɔ̃], et
non *[εskyrsjɔ̃]. Les dérivés prennent deux *n :
excursionner* [εkskyrsjɔne], *excursionniste*
[εkskyrsjɔnist(ə)].

excuse n. f. Bien prononcer [εkskyz], et non
*[εskyz]. — L'expression *faites excuse* est
populaire. Dire : *Je vous présente mes excuses*
ou *veuillez m'excuser* ou *je vous fais mes excuses*
ou *je vous demande pardon.*

excuser v. t. Bien prononcer [εkskyze], et non
*[εskyze]. — Se construit avec *de* et un nom

(Veuillez m'excuser de mon oubli), avec *de* et
l'infinitif *(Veuillez m'excuser d'avoir oublié cette
formalité)* ou avec *de ce que* et l'indicatif
*(Veuillez m'excuser de ce que je n'ai pu venir
à temps).* — Le bon usage mondain condamne
je m'excuse. Dans la langue un peu cérémonieuse, dire plutôt *veuillez m'excuser* ou *je vous
prie de m'excuser.*

exécrer v. t. Conjug. **11.** *J'exècre,* mais *j'exécre-
rai.* — Prononciation : [εgzekrε] ou
[εksekrε].

exèdre (terme d'archéologie) Prononciation :
[εgzεdr(ə)], avec [gz]. — Toujours féminin :
Une exèdre romaine.

exégèse Prononciation : [εgzeʒεz], avec [gz]. —
Toujours féminin : *Une exégèse minutieuse.* —
Dérivés : *exégète, exégétique.*

exemplaire adj. Qui mérite d'être donné en
modèle : *Cet élève a une conduite exemplaire.* —
Eviter l'emploi abusif qui fait de ce mot un synonyme de *caractéristique.* Ne pas dire *une erreur
exemplaire,* mais *une erreur caractéristique.*

exemple n. m. Eviter les pléonasmes *comme par
exemple, ainsi par exemple.* Dire seulement :
comme ou bien *ainsi* ou bien *par exemple. —
Il est sans exemple que* est toujours suivi du
subjonctif : *Il est sans exemple qu'un homme
orgueilleux reconnaisse spontanément ses
erreurs.*

1. exempt adj Dispensé : *Soldat exempt de
marche.* — Prononciation : [εgzɑ̃], le *-pt* final
est muet. — Féminin : *exempte* [εgzɑ̃t], le *p*
est muet.

2. exempt n. m. Sous l'Ancien Régime, bas
officier de police. — Prononciation : [εgzɑ̃], le
-pt final est muet.

exempter v. t. Prononciation : [εgzɑ̃te], le *p* est
muet.

exemption n. f Prononciation : [εgzɑ̃psjɔ̃], le
p se fait entendre

exercer [εgzεrse] v. t. Conjug. **17.** Le *c* prend
une cédille devant *a* ou *o : il exerça, nous
exerçons.*

exergue [εgzεrg(ə)] ▼ Masculin : *Un exergue
latin.*

exergue, épigraphe Deux mots parfois
confondus.

1 Un exergue Espace laissé libre sur une
médaille pour recevoir une inscription : *Cette*

médaille porte en exergue l'inscription Ludovicus Magnus rex *« Louis le Grand, roi ».* — *(par extension)* Cette inscription elle-même. — *(par extension)* Phrase qui sert ou pourrait servir de légende à une gravure, à un tableau.

2 Une épigraphe Autrefois, inscription placée au fronton d'un monument. — De nos jours, pensée, formule ou citation placée en tête d'un ouvrage littéraire ou d'un chapitre pour en indiquer l'esprit : *Hugo place souvent une épigraphe en tête de chacun des chapitres de ses romans.*

exhaler v. t. Prononciation : [ɛgzale], avec [gz]. — Un *h* intérieur, à la différence de *exalter.* De même : *exhalaison.*

exhausser v. t. Prononciation : [ɛgzose], avec [gz]. De même : *exhaussement* [ɛgzosmɑ̃] n. m. (action d'exhausser). — Bien distinguer *exaucer*, accueillir favorablement, satisfaire *(Exaucer une prière, une requête)* et *exhausser*, surélever *(Exhausser une levée de terre).*

exhaustif, ive adj. Prononciation : [ɛgzostif, iv], avec [gz]. — Attention au *h* intérieur. — De même : *exhaustion* [ɛgzostjɔ̃], *exhaustivement* [ɛgzostivmɑ̃], *exhausteur* [ɛgzostœʀ].

exhéréder v. t. Déshériter. — Conjug. **11.** *J'exhérède,* mais *j'exhéréderai.* — Prononciation : [ɛgzeʀede], avec [gz]. — Attention au *h* intérieur. De même : *exhérédation* [ɛgzeʀedasjɔ̃].

exhiber v. t. Prononciation : [ɛgzibe], avec [gz]. — Attention au *h* intérieur. De même : *exhibition* [ɛgzibisjɔ̃], *exhibitionnisme* [ɛgzibisjɔnism(ə)] (deux *n*), *exhibitionniste* [ɛgzibisjɔnist(ə)] (deux *n*).

exhorter v. t Prononciation : [ɛgzɔʀte], avec [gz]. Attention au *h* intérieur. De même : *exhortation* [ɛgzɔʀtasjɔ̃]. — Se construit avec *à* suivi d'un nom *(Il exhorta ses partisans à la patience)* ou suivi d'un infinitif *(Le général exhorta ses soldats à combattre)* — *Exhorter de* suivi de l'infinitif et *exhorter que* suivi du subjonctif sont des constructions très archaïques.

exhumer v. t Prononciation : [ɛgzyme], avec [gz]. — Attention au *h* intérieur. De même : *exhumation* [ɛgzymasjɔ̃].

exiger v. t. Prononciation : [ɛgziʒe], avec [gz]. — Conjug. **16.** Prend un *e* après le *g* devant *a* ou *o* : *il exigea, nous exigeons.* — Dérivés : *exigeant, ante* [ɛgziʒɑ̃, ɑ̃t] (avec *e* entre *g* et *a*), *exigence* [ɛgziʒɑ̃s] (avec *en*). — *Exiger que* est toujours suivi du subjonctif : *Il exige que nous fassions des efforts plus soutenus.*

exigu adj. Prononciation : [ɛgzigy], avec [gz]. ▼ Le féminin est *exiguë* [ɛgzigy], avec le tréma sur le *e* et non sur le *u.* Le dérivé *exiguïté* [ɛgziguite] a un tréma sur le *i.*

existentialisme n. m. ▼ Bien écrire avec un *t* et non un *c*, à la différence de *existence.* De même : *existentialiste, existentiel, ielle.* Eviter la faute *existenciel.*

ex-libris n. m. Marque distinctive que le propriétaire d'une bibliothèque appose sur ses livres. — Prononciation : [ɛkslibʀis]. — En deux mots, avec un trait d'union. — Invariable : *des ex-libris* [-is].

exocet n. m. Poisson volant. — Prononciation : [ɛgzɔsɛ], le *-t* final est muet.

exode Genre et emploi de la majuscule.

1 Toujours masculin : *Un exode tumultueux.*

2 Toujours avec un *e* minuscule *(C'était pendant l'exode, en 1940),* sauf quand il s'agit de la sortie des Hébreux fuyant l'Egypte *(Les juifs célèbrent la pâque en souvenir de l'Exode)* ou du livre de l'Ancien Testament qui raconte cet événement *(Un chapitre de l'Exode).*

exonérer v. t. Conjug. **11.** *J'exonère,* mais *j'exonérerai* — Prononciation : [ɛgzɔneʀe], avec [gz]. De même : *exonération* [ɛgzɔneʀasjɔ̃].

exorbitant, ante adj. Prononciation : [ɛgzɔʀbitɑ̃, ɑ̃t], avec [gz]. — Même famille que *orbite.* Ne pas écrire *exhorbitant.* — De même : *exorbité* [ɛgzɔʀbite], sans *h.*

exorciser v. t. Attention à la place respective du *c* et du *s.* — Prononciation : [ɛgzɔʀsize], avec [gz]. De même : *exorcisation* [ɛgzɔʀsizasjɔ̃], *exorcisme* [ɛgzɔʀsism(ə)], *exorciste* [ɛgzɔʀsist(ə)]

exorde Début d'un discours. — Masculin : *Un exorde majestueux de Cicéron*

exotérique adj. ▷ *ésotérique.*

expansion n. f. ▼ S'écrit avec *-an-*, à la différence de *extension.* De même : *expansé, expansibilité, expansible, expansif, expansionnisme* (avec deux *n*), *expansionniste* (avec deux *n*), *expansivité.*

expatrier v. pron. Conjug. **20.** Double le *i* à la première et à la deuxième personne du pluriel de l'indicatif imparfait et du subjonctif présent : *(que) nous nous expatriions, (que) vous vous expatriiez.* — Dérivé : *expatriation.*

expédiant, expédient Deux mots homophones à bien distinguer.

1 expédiant (avec un *a*) Participe présent invariable du verbe *expédier : Expédiant de nombreux colis dans toute la France, ces grands magasins ont besoin d'un grand nombre d'emballeurs.*

2 expédient (avec un *e*).

a/ expédient, ente Adjectif variable. Signifie « commode, avantageux » : *Choisissez la solution la plus expédiente. Il serait plus expédient de régler cette affaire par téléphone.*

b/ expédient Nom masculin variable. Signifie « moyen qui permet de se tirer d'affaire, tant bien que mal, pour un temps seulement » : *Cet aventurier vit d'expédients.*

expédier v. t. Bien prononcer [εkspedje], et non *[espedje]. Conjug. 20. Double le *i* à la première et à la deuxième personne du pluriel de l'indicatif imparfait et du subjonctif présent : *(que) nous expédiions, (que) vous expédiiez.*

expérience n. f. Bien prononcer [εkspeʀjɑ̃s], et non *[εspeʀjɑ̃s]. — Finale en *-ence.*

expérimental, ale, aux adj. Masculin pluriel en *-aux : Des procédés expérimentaux.*

1. expert, erte adj. Habile, expérimenté, compétent : *Un romancier expert à dépeindre les nuances des sentiments. Elle est experte en intrigues. Il est expert dans l'art de manœuvrer les foules.*

2. expert n. m. Personne compétente choisie pour résoudre des questions techniques. — Pas de forme pour le féminin : *Elle est expert auprès des tribunaux. Une femme expert en écritures.* — On écrit, avec un trait d'union, *expert-comptable* (pl. : *des experts-comptables),* mais, sans trait d'union, *expert maritime, psychiatre expert, architecte expert.*

expiatoire adj. Finale en *-oire : Un monument expiatoire.*

expier v. t. Conjug. 20. Double le *i* à la première et à la deuxième personne du pluriel de l'indicatif imparfait et du subjonctif présent : *(que) nous expiions, (que) vous expiiez.*

expirer v. t *ou* v. i. Auxiliaire *avoir,* pour exprimer l'action : *Le délai a expiré hier à midi. Le malade a expiré ce matin à dix heures.* Auxiliaire *être,* pour exprimer l'état : *Le délai est expiré depuis longtemps* (tour d'ailleurs assez rare aujourd'hui). — L'emploi du participe passé *expiré* au sens de « mort » *(Tous*

pleuraient ce héros expiré) est très littéraire, archaïque et peu recommandé.

explication n. f. Bien prononcer [εksplikasjɔ̃], et non *[εsplikasjɔ̃]. — S'écrit avec un *c* à la différence de *expliquer.* — Avec un *c* aussi : *explicable, explicatif.*

expliciter, expliquer Deux verbes transitifs à bien distinguer.

1 expliciter Exprimer formellement ce qui était sous-entendu, développer ce qui est contenu virtuellement dans un énoncé : *Cela va de soi, dites-vous, mais il vaudrait mieux expliciter cette obligation dans le texte de notre contrat. Expliciter toutes les conséquences logiques d'une assertion philosophique.*

2 expliquer Faire comprendre ce qui est obscur : *Expliquez-moi cette devise bizarre.*

expliquer v. t. Bien prononcer [εksplike], et non *[εsplike]. — Orthographe et construction.

1 Toujours écrit avec *-qu-,* même devant *a* ou *o : il expliqua, nous expliquons.* — En revanche : *explicable, explicatif, explication,* avec *c.*

2 Expliquer que. Toujours suivi du subjonctif si la principale est négative ou interrogative : *Comment explique-t-on que le climat de la Bretagne soit moins froid que celui de certaines régions plus méridionales ?* — Quand la principale est affirmative, le mode le plus fréquent est le subjonctif, surtout si l'explication est présentée comme étant l'expression de la pensée d'autrui : *C'est ainsi que cet historien explique que l'Empire romain se soit effondré sous le choc des invasions barbares.* — Cependant, la construction avec l'indicatif est possible, surtout si l'on veut présenter l'explication comme étant l'énoncé d'une cause objective : *Les circonstances historiques expliquent que ce pays est économiquement arriéré.*

exposer v. t. Bien prononcer [εkspoze], et non *[εspoze]. — Le tour *s'exposer à ce que* est un peu lourd, mais correct : *Il ne veut pas s'exposer à ce qu'on lui reproche son imprudence.* Dans la langue très surveillée, tourner autrement : *Il ne veut pas risquer de se voir reprocher son imprudence*

exprès, express Sept mots ou emplois à bien distinguer.

1 exprès, esse adj. Bien prononcer, au masculin, [εkspʀε], et non *[εkspʀεs]. — Exprimé de manière absolument nette, sans atténuation ni sous-entendu : *Un ordre exprès. Une interdiction expresse.*

2 exprès adv. ▼ Bien prononcer [εkspʀε], et non *[εspʀε]. — Volontairement, délibérément : *C'est exprès que je ne vous ai pas prévenu, car je ne voulais pas vous inquiéter inutilement. Veuillez m'excuser, je ne l'ai pas fait exprès.* — La locution *par exprès* [paʀɛkspʀɛ] *(Il omit de saluer, par exprès)* est archaïque, mais non vraiment incorrecte. — *Comme par un fait exprès* est admis dans la langue parlée, mais doit être évité dans la langue soutenue.

3 exprès [ɛkspʀɛ], et non *[ɛkspʀɛs] adj. m. *ou* n. m. (vieux) *Un courrier, un messager exprès* ou (n. m.) *un exprès* : courrier, messager qu'on envoyait pour transmettre un ordre, une convocation : *Le roi fit mander le duc par un exprès.*

4 exprès [ɛkspʀɛs], et non *[ɛkspʀɛ] adj. inv. *ou* n. m. *Une lettre exprès, un colis exprès* ou (n. m.) *un exprès* : lettre, colis qu'on achemine plus rapidement que le courrier ordinaire et qu'un préposé va porter immédiatement au destinataire, avant la distribution normale. ▼ Eviter la faute fréquente *lettre *express* ou *lettre *expresse.*

5 express [ɛkspʀɛs] adj. inv. *ou* n. m. inv. *Un train express* ou (n. m.) *un express :* train qui s'arrête seulement aux gares principales : *Train express à destination de Saint-Pierre-des-Corps, Poitiers, Bordeaux, Bayonne et Hendaye. Les grands express internationaux.* — Avec des majuscules : *Le Nord-Express. L'Orient-Express. Le Sud-Express.* — (par extension) *Le réseau express régional (R.E.R.)* ou *métro express* (à Paris). — *(par extension)* Qualifie une route, une rue qui n'est pas coupée par des croisements et qui permet d'aller vite : *La voie express de la rive droite* (à Paris). *Une radiale express.*

6 express [ɛkspʀɛs] adj. inv. *ou* n. m. *Un café express* ou (n. m.) *un express,* café préparé au moyen d'une machine spéciale : *Le garçon sert les express sur le zinc.*

7 express [ɛkspʀɛs] adj. inv. S'emploie dans la langue commerciale ou dans la langue des journaux pour qualifier ce qui se prépare ou s'accomplit très vite : *Potage express en sachets. Voyage express. Conférence, réunion express.* A éviter dans la langue soutenue.

expressionnisme n. m. Deux *n.* De même : *expressionniste.*

exproprier v. t. Conjug. **20.** Double le *i* à la première et à la deuxième personne du pluriel de l'indicatif imparfait et du subjonctif présent : *(que) nous expropriions, (que) vous expropriiez.*

expurger v. t Conjug. **16.** Prend un *e* après le *g* devant *a* ou *o : il expurgea, nous expurgeons.*

exquis, ise adj. Bien prononcer [ɛkski, iz] et non *[ɛski, iz].

exquisement, exquisément adv. Les deux formes sont admises. La forme *exquisement* est la plus usitée. A préférer à *exquisément.*

exsangue adj. ▼ Bien prononcer [ɛksɑ̃g], et non *[ɛgzɑ̃g]. — Attention au *s* après le *x.*

exsuder v. i. *ou* v. t. Bien prononcer [ɛksyde], et non *[ɛgzyde]. — Attention au *s* après le *x.* De même : *exsudat* [ɛksyda], *exsudation* [ɛksydasjɔ̃]

extase n. f. Dérivés : *extasié, extasier* et *extatique.*

extension n. f. ▼ S'écrit avec *-en-,* à la différence de *expansion.* De même : *extenseur, extensibilité, extensible, extensif, extensivement.*

extérieur, eure adj. Au figuré, peut s'employer au comparatif ou au superlatif, malgré l'opinion de certains grammairiens : *Une religion plus extérieure, plus attachée aux formes du culte. Un art très extérieur, très brillant, mais sans profondeur.*

extincteur n. m. Bien prononcer [ɛkstɛ̃ktœʀ], et non *[ɛstɛ̃ktœʀ]. De même : *extinction* [ɛkstɛ̃ksjɔ̃].

extorquer v. t. Toujours avec *-qu-,* même devant *a* ou *o : il extorqua, nous extorquons.*

extra Comme nom ou comme adjectif, toujours invariable : *J'ai établi mon budget de vacances en tenant compte des extra. Malgré mon régime, je me permets quelques extra. Ce garçon de restaurant fait des extra. Le patron du restaurant a engagé trois extra.* — *(adjectivement)* De qualité tout à fait supérieure : *Des sardines extra. Des chocolats extra.* Ne s'emploie que dans la langue commerciale. A éviter dans la langue soutenue.

extra- Préfixe qui signifie « en dehors de » *(extraconjugal, extragalactique,* etc.) ou « très » *(extra-fin, extra-fort,* etc). — En ce qui concerne l'usage du trait d'union, l'usage est très flottant et arbitraire. La tendance actuelle est d'écrire les mots en *extra* sans trait d'union *(extraterrestre),* sauf *extra-courant, extra-dry, extra-fin, extra-fort, extra-humain, extra-muros, extra-utérin.*

extraction [ɛkstʀaksjɔ̃] n. f. Finale en *-ction.*

extrados [ɛkstʀado] n. m. inv. (terme d'architecture ou d'aviation) En un seul mot, sans trait d'union.

extra-dry adj. m. inv. *Des champagnes extra-dry.* — En deux mots, avec un trait d'union. —

Prononciation : [ɛkstʀadʀaj]. — Pour remplacer cet anglicisme, on pourra employer : *très sec.*

extra-fin, fine ou, *moins bien,* **extrafin, fine** adj. *Du nougat extra-fin. Des sardines extra-fines. Des petits pois extra-fins. De la toile extra-fine.*

extra-fort, forte ou, *moins bien,* **extrafort, forte** adj. *Du papier extra-fort Des emballages extra-forts. De la toile extra-forte. Des colles extra-fortes.* — N. m. *De l'extra-fort :* ruban solide. — Pl. : *des extra-forts.*

extraire v. t. Conjug. **57.** *J'extrais, tu extrais, il extrait, nous extrayons, vous extrayez, ils extraient. — J'extrayais, tu extrayais, il extrayait, nous extrayions, vous extrayiez, ils extrayaient.* — Passé simple inusité. — *J'extrairai. — J'extrairais. — Extrais, extrayons, extrayez. — Que j'extraie, que tu extraies, qu'il extraie, que nous extrayions, que vous extrayiez, qu'ils extraient.* — Subjonctif imparfait inusité. — *Extrayant. — Extrait, aite.* ▼ Attention au *i* après l'*y* à la première et à la deuxième personne du pluriel de l'indicatif imparfait et du subjonctif présent : *(que) nous extrayions, (que) vous extrayiez.*

extra-muros loc. adv. *ou* loc. adj. inv. A l'extérieur de la ville : *Des lignes d'autobus extra-muros.* S'oppose à *intra-muros.* Prononciation : [ɛkstʀamyʀos]. — Un trait d'union.

extraordinaire adj *ou* n. m. Prononciation, orthographe et constructions.

I Bien prononcer [ɛkstʀaɔʀdinɛʀ], et non *[ɛstʀaɔʀdinɛʀ].* — En un seul mot, sans trait d'union. De même : *extraordinairement.*

II Constructions.

1 Il est (il n'est pas) extraordinaire que. Est suivi du subjonctif : *Il est extraordinaire qu'il ait échappé aux recherches.*

2 Rien d'extraordinaire, quoi d'extraordinaire. Est suivi de *que* et du subjonctif : *Rien d'extraordinaire qu'il ne soit pas venu, il n'était pas convoqué.* Le tour avec *à ce que* suivi du subjonctif est moins conseillé.

3 L'extraordinaire, c'est que. Est suivi du subjonctif ou de l'indicatif. Ce dernier mode insiste plus sur la réalité du fait : *L'extraordinaire, c'est qu'il ait gagné tant d'argent. L'extraordinaire, c'est qu'il a bel et bien fait fortune.*

extrapoler v. t. *ou* v. i. Avec un seul *l.* De même : *extrapolation.*

extravagance n. f. Avec *g* et non *-gu-.*

extravagant, extravaguant Deux formes homophones à bien distinguer par l'orthographe.

1 extravagant, ante Adjectif variable : *Des toilettes extravagantes.*

2 extravaguant Participe présent invariable : *Extravaguant de la sorte, ces pauvres filles finirent par passer pour folles.*

extravaguer v. i. Toujours avec *-gu-,* même devant *a* ou *o : il extravagua, nous extravaguons.*

extravaser v. t. En un seul mot, sans trait d'union. — Dérivé : *extravasation* ou, *plus rare, extravasion.*

extraverti, ie adj. (terme de psychologie) Dérivé : *extraversion.* —Toujours en un seul mot, sans trait d'union. ▼ A côté de ces formes, on rencontre aussi *extroverti, extroversion,* formes qu'il est conseillé d'éviter. Elles sont dues à l'influence de *introverti, introversion,* antonymes respectivement de *extraverti, extraversion.*

extrême adj. *ou* n. m Genre, emploi et orthographe.

1 Comme nom, toujours masculin : *Passer d'un extrême à l'autre.*

2 Dans la langue surveillée, on évitera les tours *le plus extrême, très extrême.* Par son sens, l'adjectif *extrême* est déjà une sorte de superlatif. — A la rigueur, on peut écrire *aussi extrême, si extrême* dans des phrases telles que : *Il hésitait à recourir à une solution aussi extrême. Il vaut mieux cependant écrire : une solution aussi radicale.*

3 Accent circonflexe sur le deuxième *e.* De même : *extrêmement* — En revanche, accent aigu dans *extrémisme, extrémiste, extrémité.*

4 Avec un trait d'union : *extrême-onction, Extrême-Orient, extrême-oriental.* — Sans trait d'union : *extrême droite, extrême gauche.*

extrême-onction n. f. En deux mots, avec un trait d'union — Pl. : *des extrêmes-onctions.*

extrême-oriental, ale, aux adj. *ou* n. En deux mots, avec un trait d'union. — Le premier élément est toujours invariable. — Attention aux majuscules : *Les peuples extrême-orientaux. Les populations extrême-orientales. Les Extrême-Orientaux.*

extrémité n. f. Un accent aigu sur le deuxième *e,* comme dans *extrémisme, extrémiste,* à la différence de *extrême, extrêmement.*

extrinsèque adj. Dérivé : *extrinsèquement.*

extroverti, extroversion ▷ **extraverti.**

exubérance n. f. Pas de *h* intérieur. Ne pas écrire **exhubérance.* De même : *exubérant, ante.*

exulter [ɛgzylte], avec [gz]. Ce verbe intransitif signifie « éprouver une grande joie » et ne doit pas être confondu avec *exalter* « glorifier ». — Dérivé : *exultation* (grande joie).

exutoire [ɛgzytwaʀ], avec [gz]. Masculin : *Le sport est un exutoire excellent pour la vitalité des jeunes gens.* — Finale en *-oire.*

ex-voto [ɛksvɔto] n. m. inv. *Des ex-voto.*

F

fabliau n. m. — Pl. : *des fabliaux.* — Ne pas écrire **fablieau.*

fabricant, fabriquant Deux mots homophones à distinguer par l'orthographe.

1 fabricant, ante Substantif variable qui désigne celui, celle qui fabrique : *Une fabricante d'ombrelles. Les fabricants de parapluies.*

2 fabriquant Participe présent invariable du verbe *fabriquer : En fabriquant des parapluies, ces deux frères ont fait fortune.*

fabriquer v. t. Toujours avec *-qu-,* même devant *a* ou *o : il fabriqua, nous fabriquons.* — Dérivé avec *-qu- : fabrique.* Dérivés avec *-c- : fabricant, ante* (nom), *fabricateur, trice, fabrication.*

fabulation, affabulation ▷ **affabulation.**

façade n. f. Attention à la cédille.

face n. f. Entre dans de nombreuses expressions.

1 On écrit, sans trait d'union, *la maison d'en face, un personnage à double face, jouer à pile ou face, un pile ou face,* mais, avec un trait d'union, *étoffe double-face.* — Pour *face à face,* voir ci-dessous § 4.

2 En face de la poste ou **en face la poste.** Dans la langue surveillée, préférer *en face de la poste.* La construction sans *de* est relâchée.

3 Face à. Expression admise dans la langue ordinaire : *Face à l'assemblée houleuse, le président tenait bon. Chambre d'hôtel face à la mer.* Dans la langue soutenue, tourner autrement : *Devant l'assemblée houleuse, le président tenait bon. Du côté de la mer* (et non *face à la mer*)*, le palais est protégé par un mur crénelé.*

4 Face à face. Toujours sans trait d'union : *Les deux armées étaient face à face. Il se retrouva face à face avec son adversaire. Un face-à-face télévisé,* orthographe préférée de nos jours à *un face à face.* Invariable : *des face-à-face télévisés.*

5 De face, en face. Deux expressions à bien distinguer. *De face,* du côté où l'on voit le visage, la façade, le devant : *Elle est plus jolie de face que de profil. Vu de face, cet édifice a l'air d'un château du XVIIIe siècle. Photographie de l'avion vu de face. En face,* droit devant : *Regarde-moi en face. Je n'aime pas avoir le soleil en face.* Eviter : *Avoir le soleil de face.*

6 L'un en face de l'autre ou **en face l'un de l'autre.** Les deux tours sont admis. *L'un en face de l'autre* est plus soutenu.

facétie n. f. ▼ S'écrit avec *-tie* et se prononce [fasesi], avec [si]. De même : *facétieusement* [fasesjøzmã]*, facétieux, euse* [fasesjø, øz].

fâcher Orthographe et constructions.

I Accent circonflexe sur le *a.* De même : *fâcherie, fâcheusement, fâcheux.*

II Constructions.

1 Distinguer *se fâcher contre,* se mettre en colère contre (*Dès que j'ai appris que mon fils avait fait cela, je me suis fâché contre lui*), et *se fâcher avec,* se brouiller avec (*Il s'est fâché avec son cousin pour une question d'héritage*).

2 Etre fâché que Suivi du subjonctif : *Je suis fâché qu'il m'ait tenu à l'écart de la délibération.* ▼ Dans la langue surveillée, éviter *être fâché de ce que,* suivi de l'indicatif : *Je suis fâché de ce qu'il m'a tenu...*

facial, ale, aux adj. De la face. — Masculin pluriel en *-aux* : *Les nerfs faciaux.*

faciès [fasjɛs] n. m Un accent grave sur le *e* — Bien faire entendre le *-s* final.

facile adj. Un seul *l.* De même : *facilement, facilité, faciliter.*

façon n f. Orthographe et expressions.

I Attention à la cédille. Les dérivés prennent deux *n* : *façonnage, façonnement, façonner, façonnier, ière.*

II Expressions.

1 De telle façon que, de façon telle que. Avec l'indicatif pour exprimer une conséquence réelle (voulue ou non), avec le conditionnel pour exprimer une conséquence éventuelle : *Il a classé les documents de façon telle qu'on ne peut plus retrouver ce qu'on cherche. Il a agi de telle façon qu'il ne pourrait plus revenir en arrière s'il le fallait.* — *De telle façon que* construit avec le subjonctif pour exprimer la conséquence voulue et intentionnelle est possible, mais il est préférable dans ce cas de dire *de façon que* : *Nous agissons de façon que tout soit prêt demain* (mieux que *de telle façon que tout soit prêt demain*).

2 De façon que. S'emploie peu de nos jours avec l'indicatif pour exprimer une conséquence réelle non intentionnelle. On dit plutôt *de telle façon que* : *Il est tombé de telle façon qu'il s'est fendu le front* (plutôt que *de façon qu'il s'est fendu le front*). S'emploie avec le conditionnel pour exprimer une conséquence éventuelle et surtout avec le subjonctif pour exprimer une conséquence intentionnelle : *Il a agi de façon qu'il ne pourrait plus se dégager si les choses tournaient mal. J'ai travaillé de façon que tout soit prêt demain.* ▼ Le tour *de façon à ce que,* qui exprime une conséquence intentionnelle et qui est toujours suivi du subjonctif, est déconseillé dans la langue surveillée : *J'ai travaillé de façon à ce que tout soit en ordre.* Ecrire plutôt : *de façon que tout soit en ordre.*

3 La façon dont. Tour préférable à *la façon avec laquelle* : *La façon dont il nous a parlé m'a surpris* (mieux que *la façon avec laquelle il nous a parlé*).

4 On dit toujours, avec *façon* au pluriel, *faire des façons,* être excessivement cérémonieux, pointilleux ou réservé, mais on écrit plutôt, au singulier, *sans façon,* avec simplicité, sans cérémonie : *Recevoir des amis intimes sans façon. Une petite réception sans façon.*

5 On écrit, avec *façon* au singulier, *de toute façon* : *A quoi bon courir ! De toute façon le train est parti, nous prendrons le prochain.* —

La forme *de toutes les façons* (avec l'article et le pluriel) est un équivalent plus familier : *Pourquoi se faire tant de souci ? De toutes les façons, on arrivera bien au bout du chemin !*

7 *Une façon de* au sens de « une sorte de ». Légèrement vieilli et assez recherché, mais parfaitement correct : *C'est une façon de saltimbanque qui se prend pour un grand acteur.* A généralement une valeur péjorative.

8 *Façon chêne* au sens de « en imitation de chêne ». Appartient à la langue strictement commerciale et publicitaire : *Bibliothèque en bois blanc verni façon chêne. Sacoche en plastique façon cuir.* Dans la langue non commerciale, on peut dire *en imitation de.*

fac-similé Expression latine entièrement francisée. — Un accent sur le *e.* Prononciation : [faksimile]. — Pl. : *des facs-similés* [-le]. — Un trait d'union.

facteur n. m. Féminin et expression.

1 Le féminin *factrice* (désignant une femme, employée des Postes, qui porte les lettres) appartient à la langue non officielle. De nos jours, dans la dénomination administrative, on dit *un préposé, une préposée.*

2 Les tours raccourcis du type *le facteur temps, le facteur rentabilité* (le facteur constitué par le temps, la rentabilité) sont usuels dans la langue cursive. A éviter dans la langue surveillée.

factice adj. Finale en *-ice.* De même, avec un *c* : *facticement, facticité*

faction n. f. Parti, groupe qui conspire. — Surveillance, garde assurée par un soldat. — On peut dire indifféremment : *être de faction, être en faction ; le soldat de faction ; le soldat en faction.* — Attention au paronyme *fraction,* terme de mathématiques.

factionnaire n. m. Soldat en faction. — Deux *n.*

factoriel, ielle adj. *ou* n. f. (terme de mathématiques, de psychologie, etc.).

factotum [faktɔtɔm] n. m. — Pl. : *des factotums.*

factum [faktɔm] n. m. — Pl. : *des factums.*

faculté n. f. On écrit, en principe, avec un *f* minuscule, *la faculté des lettres, la faculté de droit, la faculté de médecine,* mais, avec un *F* majuscule, *la Faculté,* quand on veut parler du corps médical (toujours par plaisanterie de nos jours) : *La Faculté m'a interdit l'alcool et les sauces.*

fading n. m. (anglicisme de la langue technique de la radio et des télécommunications). — Prononciation : [fadiŋ]. — Pour éviter cet anglicisme, on pourra employer *évanouissement.*

fagot n. m. Finale en *-ot.* — Dérivés (avec un seul *t*) : *fagotage, fagoter.*

Fahrenheit Un *F* majuscule. Toujours invariable : *Des degrés Fahrenheit.* — Prononciation : [faʀɛnajt].

faïence [fajɑ̃s] n. f. Tréma sur le *i.* Finale en *-ence.* — Dérivés : *faïencerie, faïencier, ière.*

faille [faj] n. f. Dérivés : *faillé, ée* [faje, e] adj. *(relief faillé), se failler* [faje] v. pron. *(le terrain se faille), failleux, euse* [fajø, øz] adj. *(terrain failleux).*

faillir v. i. Conjugaison et constructions.

1 Conjug. 36. Indicatif présent (archaïque) : *je faux, tu faux, il faut, nous faillons, vous faillez, ils faillent.* — Indicatif imparfait inusité. — Indicatif passé simple : *je faillis, tu faillis, il faillit, nous faillîmes, vous faillîtes, ils faillirent.* — Indicatif futur : *je faillirai, tu failliras...* — Conditionnel présent : *je faillirais, tu faillirais...* — Impératif inusité. — Subjonctif présent inusité. — Subjonctif imparfait (archaïque) : *que je faillisse, que tu faillisses, qu'il faillît, que nous faillissions, que vous faillissiez, qu'ils faillissent.* — Participe passé : *failli.* — Les formes de l'indicatif futur et du conditionnel présent en *faudr-* *(je faudrai, tu faudras..., je faudrais, tu faudrais...)* sont archaïques et inusitées de nos jours. — Ne s'emploie pratiquement qu'à l'infinitif *(faillir),* au passé simple *(je faillis...)* et surtout aux temps composés *j'ai failli, tu as failli..., j'avais failli, tu avais failli...*

2 Au sens de « être sur le point de » (seul sens usuel de nos jours). Se construit directement avec l'infinitif : *Il a failli mourir.* — *Il a failli à mourir* est très vieux. — *Il a failli de mourir* très recherché et très littéraire.

3 Au sens de « manquer à (une promesse, etc.) ». Se construit avec *à* (tour littéraire, mais non archaïque) : *Il a failli à son devoir, à sa promesse.*

faillite [fajit] n. f. Deux *l,* un seul *t.* — Eviter la prononciation relâchée *[fait].*

faim n. f. ▼ On dit très correctement *avoir faim, avoir grand-faim* (un peu vieilli), *avoir une très grande faim* (moderne), *avoir une si grande faim, avoir une trop grande faim.* En revanche, dans la langue très surveillée, on évitera *avoir*

très faim, bien faim, si faim, trop faim, car le mot *faim,* qui est substantif, ne peut en principe être précédé d'un adverbe.

faine n. f. Fruit du hêtre. — La graphie *faine,* sans accent circonflexe, est préférable à *faîne.*

fainéant, ante adj. *ou* n. Forme admise dans la langue correcte ou soutenue. La forme *feignant, ante* est considérée comme populaire. — Même distinction entre *fainéantise* (correct) et *feignantise* (populaire).

faire v. t Conjugaison, accord du participe, constructions, expressions.

I Conjug. 54. *Je fais, tu fais, il fait, nous faisons* [fəzɔ̃], *vous faites, ils font.* — *Je faisais* [fəzɛ], *tu faisais* [fəzɛ]... — *Je fis, tu fis...* — *Je ferai, tu feras...* — *Je ferais, tu ferais...* — *Fais, faisons* [fəzɔ̃], *faites.* — *Que je fasse, que tu fasses, qu'il fasse, que nous fassions, que vous fassiez, qu'ils fassent.* — *Que je fisse, que tu fisses...* — *Faisant* [fəzɑ̃]. — *Fait, faite.* — Attention à la prononciation [fə-] de la première syllabe de *(nous) faisons,* des formes de l'indicatif imparfait *(je) faisais...,* de l'impératif *faisons,* du participe présent *faisant.*

II Accord du participe passé à la forme active.

1 Verbe *faire* **non suivi d'un infinitif.** On applique la règle générale : *J'ai fait des révisions. Les révisions que j'ai faites.*

2 Verbe *faire* **impersonnel.** Le participe reste invariable : *Quelle tempête il a fait cette nuit ! La chaleur qu'il a fait aujourd'hui.*

3 Verbe *faire* **suivi d'un infinitif.** Le participe reste invariable : *Les barrières que j'ai fait repeindre.*

III Accord du participe passé à la forme pronominale.

1 Réfléchi direct. Accord du participe avec le sujet : *Ils se sont faits marins ou soldats. Elle s'est faite belle.*

2 Réfléchi indirect. Accord du participe avec le complément d'objet direct si celui-ci est placé avant le verbe : *Les idées qu'il s'est faites sur notre compte* (mais *Il s'est fait des idées étranges sur notre compte).*

3 Se faire fort de. Au sens de « se vanter de », participe invariable : *Ces filles se sont fait fort de nous battre.* — Au sens de « tirer sa force de », accord du participe avec le sujet : *Ces nations se sont faites fortes de la faiblesse de leurs voisins.*

4 Devant un infinitif. Participe invariable : *Ces filles se sont fait renvoyer du lycée.*

IV Constructions.

1 Je le fais manger, je lui fais manger sa bouillie. On dit normalement : *Je fais manger Bébé* (le complément de *faire*, qui est aussi sujet du verbe à l'infinitif, est un nom). *Je le fais manger* (le complément de *faire* sujet de l'infinitif est un pronom et il n'y a pas de complément direct de l'infinitif). *Je fais manger sa bouillie à Bébé. Je lui fais manger sa bouillie* (plutôt que *Je le fais manger sa bouillie,* tour bien plus rare). *Je leur fais réciter leur fable.*
— Quand le complément de l'infinitif est un complément indirect, on peut indifféremment employer *le (la)* ou bien *lui, les* ou bien *leur.* La répartition est régie par l'usage plus que par une règle précise : *Cela le fera penser à moi* (plutôt que *Cela lui fera penser à moi*), mais *Je lui ferai penser à cette affaire* (plutôt que *Je le ferai penser à cette affaire*).

2 Faire suivi d'un verbe pronominal à l'infinitif. Si ce verbe pronominal est un verbe « essentiellement pronominal » (ne comportant pas de conjugaison active), en général on n'omet pas le pronom réfléchi : *Je le ferai se repentir* (plutôt que *Je le ferai repentir*). *On les a fait s'enfuir* (et non *On les a fait enfuir*). — En revanche, si le verbe est accidentellement pronominal, le pronom réfléchi est facultatif. Le plus souvent, il est omis : *On le fit lever* (plus fréquent que *On le fit se lever*). *On les fit asseoir* (plus fréquent que *On les fit s'asseoir*). — Avec certains verbes, l'emploi du pronom est obligatoire, pour éviter l'équivoque : *On le fit s'arrêter* (= on lui ordonna de s'arrêter). *On le fit arrêter* (= on le fit mettre en prison). — *Faire en aller, faire s'en aller* ▷ aller (III, 5).

3 Faire employé dans une comparaison pour éviter la répétition d'un autre verbe. Usuel quand il n'y a pas de complément d'objet direct : *Il récriminait encore plus qu'il n'avait fait jusqu'alors. A son tour elle chanta, comme les autres avaient fait.* Usuel aussi quand le complément direct est le pronom neutre *le* : *Elle chantait admirablement, comme aucune autre ne le faisait.* — Un peu vieilli et littéraire quand le complément d'objet est un nom : *Le tyran traitait ses amis comme il aurait fait ses ennemis.* Dans la langue usuelle et moderne, on dit *comme il aurait traité ses ennemis,* avec répétition du verbe, ou bien *Le tyran traitait ses amis comme ses ennemis,* avec omission du verbe, ou bien *Le tyran traitait ses amis comme s'ils eussent été ses ennemis.* — Un autre tour assez littéraire, mais moderne, consiste à employer *faire* avec *de : Il méprise ses partisans comme il ferait de ses adversaires. Le vent emportait les toitures comme la brise ferait d'un fétu.*

V Expressions.

1 Avoir à faire, avoir affaire ▷ affaire (III, 1 et 2).

2 Ne faire que, ne faire que de. Deux expressions à bien distinguer. *Ne faire que,* ne pas cesser de (*il ne fait que penser à son prochain voyage*), ou bien se contenter de *(Il ne fait que jeter de temps en temps un coup d'œil distrait sur le travail de ses subordonnés).* — *Ne faire que de,* exprime le passé proche (= venir de) : *Je ne l'ai pas encore vu, je ne fais que d'arriver* (= je viens seulement d'arriver).

3 Ne faire qu'un, n'en faire qu'un. Deux expressions à bien distinguer. *Animées par la même volonté de vaincre, ces deux nations alliées ne font qu'un,* sont très unies (*un* reste invariable). — *Massalia et Marseille ? Attention ! Ces deux villes n'en font qu'une,* sont une seule et même ville (accord de *un* en genre).

4 Tant qu'à faire ▷ tant (IV, 3 et 4).

5 Ce faisant ▷ faisant.

6 Ç'en est fait de. Correct et nullement désuet : *Les enfants sont revenus, ç'en est fait de ma tranquillité !* — En revanche, l'expression absolue *c'en est fait !* est nettement vieillie.

7 Quatre fois cinq font vingt ou **quatre fois cinq fait vingt.** Les deux tours sont admis. Le premier est plus fréquent.

8 Il fait beau (*Il fait mauvais, il fait froid, il fait chaud*). Tours admis. De même : *il fait clair, il fait sombre.* En revanche, l'expression *il fait soleil* est légèrement familière. Dans la langue soutenue, dire plutôt : *il y a du soleil, le soleil brille.*

9 Il fait bon. Normalement suivi de l'infinitif : *Il ferait bon vivre dans cette campagne paisible.* L'emploi de la préposition *de* est peu utile (*Il fait bon de vivre...*).

10 Fit-il. En incise, équivalent de *dit-il,* qui est la formule à préférer : *Oui, dit-il* (mieux que *fit-il*), *je me suis trompé.*

11 Emplois passe-partout. Dans la langue parlée relâchée, le verbe *faire* est employé de manière parfois abusive comme substitut du verbe exact : *J'ai fait l'Espagne en quinze jours* (= j'ai visité). *Il a fait Polytechnique* (= il a été élève de). *Il a fait l'Indochine et l'Algérie* (= il a combattu en). *Mon fils a fait une bronchite* (= a contracté), etc.

12 Faire au sens de « approvisionner ». Sens correct dans la langue technique : *Le navire relâcha dans un port du Brésil pour faire de l'eau et du charbon.*

13 Faire suivi d'un adjectif. Tour de la langue familière : *Un chapeau à bord roulé, ça fait sérieux. Ce papier peint à fleurs fait très joli.* A éviter dans la langue soutenue. On écrira plutôt : *donne un genre sérieux, produit un joli effet,* etc.

14 *Faire* **suivi d'un substantif à valeur d'adjectif.** Tour de la langue parlée : *Avec ses lunettes et son air grave, ce garçon fait professeur. Non, pas de cravate sombre, ça fait notaire de province !* Parfois accompagné d'un adverbe ou d'un tour comparatif ou superlatif : *Il fait plus professeur que son frère. Il fait très notaire de province.* A réserver au style expressif imitant le langage parlé.

15 **Ça me fait drôle** *(ça me fait bizarre, ça me fait étrange)* Tours relâchés de la langue familière. On écrira plutôt : *Cela me produit une impression d'étrangeté,* etc.

16 **Faire maçon, faire boulanger.** Tour fréquent dans la langue populaire du Midi : *Que fait ton fils ? — Il fait plombier dans une entreprise à Marseille.* Expression régionale. — En revanche, *faire le (la)* est usuel dans la langue parlée de toute la France : *Il est chargé des achats, mais il fait aussi le comptable.*

17 **Faire celui qui.** Tour familier : *Il fait celui qui est au courant.*

18 *Faire* **suivi d'un possessif et d'un nom au sens de « imiter, jouer le rôle de ».** Tour expressif familier : *Il fait son petit Napoléon* (= il se conduit à la manière de Napoléon). *Il veut faire son petit dictateur. Elle veut faire sa Sarah Bernhardt.*

faire-part n. m. Invariable : *des faire-part.*

faire-valoir n. m. Invariable : *Les faire-valoir d'un clown.*

fair play ou **fair-play** n. m. *ou* adj. inv. Prononciation : [fɛʀplɛ]. — Les deux graphies (avec ou sans trait d'union) sont admises. — Jamais d'accord : *Ces filles sont très fair play.* — Pour éviter cet anglicisme, on emploiera plutôt, dans l'emploi substantif, *franc-jeu, loyauté, bonne foi,* et, dans l'emploi adjectif, *loyal, de bonne foi.*

faisable adj. S'écrit avec *fai-,* mais se prononce [fəzabl(ə)], avec [fə-].

faisan n. m. Oiseau. — Ne pas écrire **faisant.* S'écrit avec *fai-,* mais se prononce [fəzã], avec [fə-]. De même *faisandeau* [fəzãdo] ou *faisanneau* [fəzãno] (avec deux *n*), *faisanderie* [fəzãdʀi], *faisandier* [fəzãdje]. ▼ Le nom féminin *faisane* [fəzan] s'écrit avec un seul *n (une faisane* ou *une poule faisane :* femelle du faisan).

faisander v. t. *ou* v. i. S'écrit avec *fai-,* mais se prononce [fəzãde], avec [fə-]. De même : *faisandage* [fəzãdaʒ], *faisandé* [fəzãde].

faisant Participe présent de *faire.* S'emploie notamment dans les deux expressions figées *ce*

faisant, en faisant cela, pendant ce temps, et *chemin faisant,* tout en allant, tout en marchant : *Chemin faisant, nous avons poursuivi notre conversation.* Ces deux expressions ne sont nullement vieillies.

faisceau [fɛso] n. m. Attention au groupe -*sc*-. — Pl. : *des faisceaux.*

faiseur, euse n. m. *ou* f. S'écrit avec *fai-,* mais se prononce [fəzœʀ], avec [fə-] — N'est pas péjoratif dans l'expression, vieillie, *le bon faiseur, la bonne faiseuse : Le costume du dandy venait de chez le bon faiseur. On voit que sa robe est de la bonne faiseuse.* — En dehors de cette expression, est généralement péjoratif : *Un faiseur de miracles. Une faiseuse d'embarras. Une faiseuse d'anges* (une avorteuse). — (sans complément) *Un faiseur :* un individu prétentieux ou un homme d'affaires douteux.

fait Prononciation et constructions.

1 Le masculin du participe passé de *faire, fait,* est toujours prononcé [fɛ], jamais **[fɛt].

2 Contrairement à un usage trop répandu, le nom masculin *le (un) fait,* en dehors d'une liaison avec le mot suivant, doit toujours se prononcer [fɛ] et non [fɛt] : *en fait* [ãfɛ], *de fait* [dəfɛ], *par le fait* [paʀləfɛ], *c'est un fait* [sɛtœ̃fɛ], *au fait* [ofɛ], *sur le fait* [syʀləfɛ], etc. Mais, en liaison : *le fait est que...* [ləfɛtɛkə].

3 **Le fait que.** Suivi soit de l'indicatif, qui insiste sur la réalité incontestable du fait, soit du subjonctif : *Personne ne met en doute le fait que César a conquis la Gaule. Le fait qu'il se prétende notre ami ne nous autorise pas à être partial en sa faveur.*

fait divers n. m. En deux mots, sans trait d'union. — Pl. : *des faits divers.* — Logiquement, ne devrait pas s'employer au singulier, car *divers* implique l'idée de pluralité. Cependant l'usage de dire *un fait divers* a fini par s'imposer.

faîte n. m. Sommet d'un édifice, d'un toit. — Ne pas écrire comme *une fête.* — Accent circonflexe sur le *i.* De même : *faîtage, faîteau, faîtière.*

fait-tout ou **faitout** n. m. Récipient. — Les deux graphies sont admises, mais *fait-tout* semble d'un usage plus fréquent. — Pl. : *des fait-tout* (invariable) ou *des faitouts* (variable).

faix n. m. Fardeau. — Prononciation : [fɛ].

fakir n. m. La graphie *faquir* est vieillie. — Pl. : *des fakirs.* — Dérivé : *fakirisme.*

falaise n. f. Un seul *l.* Finale en *-aise.*

fallacieux, euse adj. Deux *l*. De même : *fallacieusement*.

falloir Conjugaison et constructions.

I Conjug. **64**. Verbe impersonnel défectif qui ne se conjugue qu'à la troisième personne du singulier. *Il faut — Il fallait. — Il fallut. — Il faudra. — Il faudrait. —* Impératif inusité. *— Qu'il faille. — Qu'il fallût. —* Participe présent inusité. *— Fallu. —* Aux temps composés : *Il a fallu, il avait fallu... —* Le participe passé est toujours invariable : *Les méthodes qu'il a fallu employer. Les masses d'hommes qu'il a fallu.*

II Constructions.

1 *Il s'en faut (de) beaucoup, (de) peu, peu s'en faut, il s'en faut,* etc., construits avec *que*. Toujours suivis du subjonctif : *Il s'en faut de beaucoup que la quantité soit suffisante. Peu s'en fallut qu'il ne mourût. Il s'en faut de peu que nous n'ayons atteint le chiffre d'affaires de cent millions.*

2 Le *ne* explétif. En principe, ne s'emploie pas avec *il s'en faut (de) beaucoup, il s'en faut bien* à la forme affirmative : *Il s'en faut de beaucoup que le nombre de nos adhérents soit suffisant. Il s'en faut bien que ce garçon soit aussi cultivé que son frère.* — En revanche, à la forme négative ou bien avec des mots de sens négatif (*peu, presque, rien,* etc.), l'usage soutenu a recours en général au *ne* explétif : *Il ne s'en est pas fallu de beaucoup que la somme nécessaire ne fût recueillie. Peu s'en fallût qu'il ne fût chassé.*

3 Il s'en faut beaucoup, il s'en faut peu ou **Il s'en faut de beaucoup, il s'en faut de peu.** En principe, le tour sans *de* s'emploie quand on veut exprimer une différence non quantitative : *Il s'en faut peu que cette œuvre ne soit parfaite. Il s'en faut beaucoup que ce garçon soit digne de confiance. Il ne chante pas bien, il s'en faut beaucoup.* — Le tour avec *de* est réservé, en principe, aux cas où l'on veut indiquer la différence entre une quantité réelle et la quantité prise comme référence : *Il s'en faut de beaucoup qu'il ait obtenu le nombre de points nécessaire. Il s'en faut de peu que nous n'ayons dépensé toute la somme qui nous était allouée.* — Cette règle est loin d'être toujours respectée. De nos jours, la tendance est de généraliser le tour avec *de,* mais cette généralisation abusive n'est pas conseillée.

4 ▼ Bien écrire : *Ce qu'il faut. Employer la méthode qu'il faut.* Eviter les déformations populaires **ce qui faut, la méthode *qui faut.*

1. falot n. m. Grosse lanterne : *Le falot d'une barque de pêche.*

2. falot adj. Sans relief, sans caractère, insignifiant : *Un personnage falot.* ▼ Le féminin est *falote,* avec un seul *t : Une physionomie falote.*

falsifier v. t. Conjug. **20**. Double le *i* à la première et à la deuxième personne du pluriel de l'indicatif imparfait et du subjonctif présent : *(que) nous falsifiions, (que) vous falsifiiez.*

famé, ée adj. De nos jours, ne s'emploie plus que dans les expressions *bien famé* et *mal famé,* toujours écrites en deux mots, sans trait d'union.

familial, ale, aux adj. Masculin pluriel en *-aux : Les rapports familiaux.*

familier, ière adj. Bien prononcer [familje, familjɛʀ], avec [lj], et non *[famije, famijɛʀ], avec [j]. De même : *familièrement* [familjɛʀmɑ̃].

fanal n. m. Lanterne. — Pl. : *des fanaux.*

faner v. t. *ou* v. i. Retourner l'herbe coupée ; flétrir. — Un seul *n*. De même : *fanage, fane, fané, faneur.*

fanfaron adj. *ou* n. Le féminin *fanfaronne* prend deux *n*. De même : *fanfaronnade, fanfaronner.*

fantasmagorie n. f. Avec un *f* (et non *ph*). De même : *fantasmagorique.*

fantasme n. m. La graphie *fantasme* est à préférer à *phantasme* (graphie vieillie). Dérivé : *fantasmatique.*

fantôme n. m. ▼ Accent circonflexe sur le *o,* à la différence de *fantomal, ale* (masculin pluriel inusité), *fantomatique.* — S'emploie aussi en apposition au figuré : *Des villes fantômes. Des régiments fantômes.*

faon n. m. Petit du cerf, du daim ou du chevreuil. — Prononciation : [fɑ̃].

faquir ▷ fakir.

far, fard, fart ▷ fard.

farandole n. f. Un seul *l*.

farce L'emploi adjectif (au sens de « drôle ») appartient à la langue populaire du XIXᵉ siècle. — Toujours invariable dans cet emploi adjectif : *Ils sont farce, ses frères !*

fard, far, fart, phare Quatre noms masculins à bien distinguer.

1 fard [faʀ] n. m. Produit de maquillage : *Fard pour les joues.* — (populaire) *Piquer un fard,*

son fard : rougir (de honte, de confusion). ▼
Ne pas écrire *piquer son *phare.*

2 far [faʀ] n. m. Gâteau breton (sorte de flan).
— En Poitou, chou farci.

3 fart [faʀt] (on fait entendre le *t*) Substance
dont on enduit les skis pour qu'ils glissent
mieux.

4 phare [faʀ] Tour qui porte un signal
lumineux visible au loin. — Lanterne d'automobile, etc.

farigoule, barigoule ▷ **barigoule.**

farniente n. m. Oisiveté agréable. — Mot italien.
En un seul mot. Inusité au pluriel. — Prononciation : [faʀnjente].

fart, fard, far, phare ▷ **fard.**

fascicule [fasikyl] n. m. Attention au groupe *-sc-.*

fasciner v. t. *Le miroir du chasseur fascine
l'oiseau.* A distinguer de *fasciner,* garnir de
fascines, de fagots. — Attention au groupe *-sc-.*
De même : *fascinant, fascination.*

fascisme n. m. Mot italien francisé. Prononcer
à la française : [fasism(ə)], plutôt que
[faʃism(ə)]. Attention au groupe *-sc-.* De
même : *fascisant* [fasizɑ̃], *fascisation* [fasi-
zasjɔ̃], *fasciser* [fasize], *fasciste* [fasist(ə)].

fashion n. f. (anglicisme vieilli) Prononciation :
[fɛʃœn]. — Dérivé : *fashionable* [fɛʃœnɛbl(ə)]
adj. (prend la marque du pluriel : *Les villes
d'eaux fashionables*).

faste adj. *Jours fastes :* chez les Romains, jours
où il était permis de procéder à certains actes
privés ou publics (rendre la justice, etc.).
S'oppose *à jours néfastes.* — (par extension)
Jour faste, jour favorable, où tout semble
réussir : *Ce jour-là fut pour lui un jour faste
entre tous.* Ce dernier sens a été critiqué,
mais il est admis de nos jours. Si l'on veut,
on pourra employer, de préférence, l'adjectif
favorable.

fat adj. *ou* n. m. ▼ L'usage est de prononcer [fat]
au singulier et [fa] au pluriel. — Le féminin
fate est rare, mais non inexistant : *Une mine
fate. Une physionomie fate.*

fatal, ale, als adj. Masculin pluriel en *-als.* —
Le sens de « inévitable » appartient à la langue
parlée : *Il a eu un accident de moto, c'était fatal,
il conduisait comme un fou.* Dans la langue
surveillée, dire plutôt *inévitable.*

fatigant, fatiguant ▼ Ne pas écrire *fatigant,
ante,* adjectif variable, comme *fatiguant,* parti-

cipe présent invariable de *fatiguer : Ces besognes sont trop fatigantes. Ces femmes, se
fatiguant vite, ne peuvent avoir un bon
rendement.*

fatiguer Orthographe et construction.

1 Toujours *-gu-,* même devant *a* ou *o : il se
fatigua, nous nous fatiguons.* — De même :
fatigue. En revanche, on écrit avec *g* et non
gu : fatigabilité, fatigable, fatigant (adjectif).

2 S'emploie le plus souvent en construction
transitive *(Cette longue marche a fatigué les
enfants)* ou à la forme pronominale *(Je n'aurais
pas dû me fatiguer à faire ce travail inutile).*
— La construction intransitive est normale
dans les sens techniques : *Cette poutre fatigue.
La mer est grosse, le navire fatigue. Change de
vitesse, ton moteur fatigue.* — Au sens usuel
de « se fatiguer », l'emploi intransitif est vieilli
ou régional : *Ce garçon est peu robuste, il fatigue
vite quand il travaille.* On dit normalement : *Il
se fatigue vite.*

fatuité n. f. Caractère du fat.

faubourg n. m. Dérivé : *faubourien, ienne* adj.
ou n.

faucheuse n. f. Machine agricole. — Avec un
trait d'union : *faucheuse-essoreuse (des fau-
cheuses-essoreuses), faucheuse-hacheuse (des
faucheuses-hacheuses), faucheuse-chargeuse
(des faucheuses-chargeuses).*

faucon n. m. Deux *n* dans les dérivés : *fau-
conneau, fauconnerie, fauconnier.*

1. faune n. m. Avec *f* minuscule : *un faune,* dieu
champêtre.

2. faune n. f. Ensemble des animaux.

faute n. f. Expressions.

1 *Faute que* suivi du subjonctif. Expression
rare, d'une correction incertaine : *Je n'ai pu
assister à la réunion, faute qu'on m'ait prévenu
à temps.* A éviter. Tourner autrement : *... faute
d'avoir été prévenu à temps.*

2 *Faute de* suivi d'un nom ou d'un infinitif.
Signifie « par manque de ». Expression usuelle
et correcte : *Je n'ai pu rédiger le rapport, faute
de temps. Faute d'avoir reçu les documents à
temps* (= parce que nous n'avons pas reçu...),
nous n'avons pu préparer un contre-projet. ▼ Ne
pas dire *faute de *n'avoir reçu les documents
à temps* (erreur fréquente).

3 Bien distinguer *une faute d'inattention*
(= une faute due à l'inattention) et *faute
d'attention* (= par manque d'attention) : *Mon*

fils fait des fautes d'orthographe, ce ne sont pas des fautes dues à l'ignorance, mais des fautes d'inattention. Faute d'attention, vous laissez échapper trop d'erreurs en relisant les textes. ▼ Ne pas dire *une faute d'attention* pour *une faute d'inattention.*

4 Bien distinguer *sans faute* (= à coup sûr, sans manquer à la promesse) et *sans fautes* (sans erreurs) : *Soyez sans faute à ce rendez-vous. Mon fils a fait une dictée sans fautes.*

5 C'est ma (ta, sa, notre, votre, leur) faute, c'est la faute de. Tour correct : *Nous nous sommes manqués, c'est ma faute, j'aurais dû préciser le lieu du rendez-vous. Ce contretemps, c'est la faute de Paul.* Le tour *c'est de ma, de ta... faute* est plus relâché. On évitera le tour *c'est de la faute de Paul,* à cause de la répétition de *de.* Eviter surtout le tour populaire *c'est la faute à Paul.*

fauter v. i. Mot de la langue populaire. Se dit à propos d'une jeune fille qui se laisse séduire et qui a un enfant avant le mariage : *Elle a fauté avec un camarade de vacances.* Ne pas employer ce mot au sens général de « commettre une faute ».

fauteuil n. m. L'usage veut qu'on dise *s'asseoir dans un fauteuil* (et non *sur un fauteuil*), mais *s'asseoir sur une chaise, sur un tabouret, sur un banc, sur un canapé, sur un lit.*

fautif, ive adj. A l'origine signifiait « qui est sujet à faillir, à se tromper » : *L'esprit de l'homme est fautif. Une mémoire fautive.* Ce sens est vieux. — De nos jours, signifie « qui contient une ou plusieurs fautes, qui est erroné » : *Graphie fautive. Traduction fautive d'une expression latine.* — Le sens de « coupable » appliqué à une personne *(Que le fautif se dénonce ! C'est moi qui suis fautif en cette affaire)* est admis aujourd'hui. Dans la langue très surveillée, on pourra préférer les mots *coupable* ou *responsable.*

faux, fausse adj. Usage du trait d'union dans les composés.

1 Règle générale. Pas de trait d'union. On écrit : *fausse couche, fausse équerre, fausse monnaie, fausse quille, faux bois, faux col, faux filet, faux jour, faux nez, faux sens, faux témoin, faux témoignage,* etc.

2 Exceptions. Seuls les mots suivants prennent le trait d'union : *faux-bourdon* (terme de musique ▷ **faux bourdon**), *faux-fuyant, faux-monnayeur, faux-semblant.*

faux bourdon, faux-bourdon Deux noms masculins à distinguer par l'orthographe.

1 faux bourdon (sans trait d'union) Mâle de l'abeille. — Pl. : *des faux bourdons.*

2 faux-bourdon (avec un trait d'union) Terme de musique : *Chanter en faux-bourdon.*

faux-fuyant n. m. Un trait d'union. — Pl. : *des faux-fuyants.*

faux-monnayeur n. m. Un trait d'union, à la différence de *fausse monnaie.* — Pl. : *des faux-monnayeurs.*

favori adj. *ou* n. Le féminin est *favorite.*

féal, ale, aux adj. *ou* n. m. Masculin pluriel en *-aux : Les féaux soutiens du tyran.*

fébrile adj. Finale en *-ile,* même au masculin.

fécal, ale, aux adj. Qui concerne les excréments. — Masculin pluriel en *-aux.*

fèces [fɛs] n. f. pl. Excréments. — Ne pas écrire comme *fesses* « derrière, cul ».

fécond, onde adj. Attention au *-d* final du masculin.

féculence n. f. Finale en *-ence.* — De la même famille : *féculent, ente.*

fédéral, ale, aux adj. Masculin pluriel en *-aux : Les agents fédéraux.*

fédérer v. t. Conjug. **11** : *il fédère,* mais *il fédérera.*

fée [fe] n. f. On écrit, avec *fée* au pluriel : *un conte de fées* (pl : *des contes de fées*). — Peut s'employer en fonction adjective : *Or la clef était fée. Un cheval fée. Des chevaux fées.*

feed-back n. m. (anglicisme technique) Prononciation : [fidbak] — Equivalent français : *rétroaction.*

feeder n. m. Anglicisme désignant un câble ou une grosse conduite de gaz. — Prononciation : [fidœʀ]. Pl. : *des feeders* [-dœʀ]. — Equivalents français : *câble d'alimentation, conduite d'alimentation.*

féerie n. f. Prononciation : [feʀi], plutôt que [feeʀi]. De même : *féerique* [feʀik], *féeriquement* [feʀikmɑ̃].* ▼ Attention à l'homophone *férie,* jour de fête.

feignant, ante adj. *ou* n. Forme considérée comme populaire. La forme *fainéant, ante* est admise dans la langue correcte ou soutenue. —

Même distinction entre *feignantise* (populaire) et *fainéantise* (correct).

feindre v t Conjug. **84** *Je feins, tu feins, il feint, nous feignons, vous feignez, ils feignent.* — *Je feignais, tu feignais, il feignait, nous feignions, vous feigniez, ils feignaient.* — *Je feignis.* — *Je feindrai.* — *Je feindrais.* — *Feins, feignons, feignez.* — *Que je feigne, que tu feignes, qu'il feigne, que nous feignions, que vous feigniez, qu'ils feignent.* — *Que je feignisse.* — *Feignant.* — *Feint, feinte.* ▼ Attention au *i* après le groupe *-gn-* à la première et à la deuxième personne du pluriel de l'indicatif imparfait et du subjonctif présent : *(que) nous feignions, (que) vous feigniez.*

feinte [fɛ̃t] n. f. Mot de la langue correcte et littéraire. — Le dérivé *feinter* est correct dans la langue du sport (escrime, football, etc.). Au sens général *(feinter quelqu'un,* avoir l'avantage sur lui par une feinte), appartient à la langue populaire. Dans la langue correcte, on dira, selon les cas : *abuser, berner, duper, jouer, leurrer, mystifier, tromper.*

feldspath [fɛldspat] n. m. Minéral. — Pl. : *des feldspaths* [-pat]. — Dérivés : *feldspathique, feldspathoïde.*

fêler v. t. Accent circonflexe sur le premier *e* à toutes les formes : *il fêle, nous fêlons.* — Dérivé : *fêlure.*

félibre n. m. Un seul *l.* De même : *félibresse, félibrige.*

féliciter v. t. Plusieurs constructions.

1 Avec *de* suivi d'un nom ou d'un infinitif (tour le plus littéraire) : *Je vous félicite de votre beau succès. Je vous félicite d'avoir si bien réussi.*

2 Avec *pour* suivi d'un nom : *Je vous félicite pour votre beau succès.* Tour moins soutenu, mais admis dans la langue usuelle.

3 Avec *pour* suivi de l'infinitif *(Je vous félicite pour avoir si bien réussi)* ou avec *de ce que* suivi de l'indicatif ou du subjonctif *(Je vous félicite de ce que vous avez [ayez] si bien réussi).* Ces tours sont à éviter dans la langue surveillée.

félon adj. *ou* n. ▼ Deux *n* dans le féminin *félonne.* Un seul dans le dérivé *félonie.*

femelle n. f. Deux *l,* mais un seul *m.*

femme n. f. Sans trait d'union : *bonne femme (des bonnes femmes), femme de lettres, femme d'affaires (des femmes de lettres, des femmes d'affaires), maîtresse femme (des maîtresses femmes).* — Dérivé : *femmelette* [fɛmlɛt] (deux *m,* deux *t).*

fémur n. m. Os de la cuisse. — Dérivé : *fémoral, ale, aux* adj.

fendoir n. m. Finale en *-oir.*

fendre v. t. Conjug. **81.** *Je fends, tu fends, il fend, nous fendons, vous fendez, ils fendent.* — *Je fendais.* — *Je fendis.* — *Je fendrai.* — *Je fendrais.* — *Fends, fendons, fendez.* — *Que je fende.* — *Que je fendisse.* — *Fendant.* — *Fendu, ue.*

fenêtre n. f. Un accent circonflexe. De même : *fenêtrage* (ou *fenestrage), fenêtrer* (ou *fenestrer).*

fenil n m. Grenier à foin, bâtiment où l'on met le foin — Prononciation : [fəni], de préférence à [fənil].

fennec [fenɛk] n. m. Renard des sables. — Deux *n.*

fenouil n. m. Plante ; condiment. — Prononciation : [fənuj]. Ne pas écrire **fenouille.*

fente n. f. Avec *-en-,* comme *fendre*

féodal, ale, aux adj. *ou* n. m. Masculin pluriel en *-aux* : *Les usages féodaux. Les grands féodaux.* — Dérivés : *féodalisme, féodalité.*

fer n. m. Les dérivés prennent deux *r* : *ferrage, ferraille, ferrer,* etc. (voir à l'ordre alphabétique). — Le plupart des composés s'écrivent sans trait d'union : *fer à friser, fer à souder,* mais voir **fer à cheval, fer-blanc, fer de lance.**

fer à cheval, fer-à-cheval Deux noms masculins à bien distinguer par l'orthographe.

1 fer à cheval (sans traits d'union) Pièce de fer clouée sous le sabot d'un cheval. — Pl. : *des fers à cheval.*

2 fer-à-cheval (avec deux traits d'union) Grande chauve-souris. — Pl. : *des fers-à-cheval.*

fer-blanc n. En deux mots, avec un trait d'union. — Pl. : *des fers-blancs.* ▼ Les dérivés *ferblanterie* et *ferblantier* s'écrivent en un seul mot, sans trait d'union.

fer de lance, fer-de-lance Deux noms masculins à bien distinguer par l'orthographe.

1 fer de lance (sans traits d'union) Lame aiguë ou pointe qui termine la lance. — Pl. : *des fers de lance.* — Sert à définir une forme : *Des feuilles en forme de fer de lance. Des feuilles en fer de lance.*

2 fer-de-lance (avec deux traits d'union) Chauve-souris du Brésil ; serpent venimeux. — Pl. : *des fers-de-lance.*

fer forgé En deux mots, sans trait d'union.

férie, frairie Indépendamment de la confusion à éviter entre *férie* et *féerie* [feʀi] (spectacle merveilleux), bien distinguer les deux noms féminins suivants.

1 férie Chez les Romains, jour consacré aux dieux, pendant lequel il était interdit de travailler. — Dans la liturgie catholique, nom des jours autres que le dimanche — Dérivé : *férial, ale, aux* adj. *(les offices fériaux).*

2 frairie *(autrefois)* Réunion des membres d'une confrérie. — *(familier, vieux)* Joyeux repas. — *(régional)* Dans l'Ouest, fête patronale d'une localité.

férié, ée adj. *Jour férié.* — Un seul *r.*

férir v. t. Verbe ancien qui signifiait « frapper » ▷ **féru** — De nos jours, employé seulement dans l'expression *sans coup férir.*

fermail [feʀmaj] n. m. Le pluriel est *fermaux.* Il est peu usité.

ferme Dans l'emploi adverbial, toujours invariable : *Ils poussent ferme. Elles tiennent ferme.* — On distinguera notamment : *Ils ont acheté ferme ces valeurs en Bourse* (= ils ont acheté de manière définitive) et *Il a acheté des valeurs fermes* (= dont le cours ne fléchit pas).

fermenter v. i. S'écrit avec -*en*-. De même : *ferment, fermentable, fermentation, fermentescible.*

fermer v. t. Dire : *éteindre la lumière*, plutôt que *fermer la lumière.* De même : *arrêter la radio, la télévision*, plutôt que *fermer la radio, la télévision.* Dire : *couper l'arrivée de l'eau, du gaz* ou *fermer le robinet de l'eau, du gaz*, plutôt que *fermer l'eau, le gaz.* Dire : *couper le courant électrique*, plutôt que *fermer l'électricité.*

fermoir n. m. Finale en -*oir.*

ferrage n. m. Deux *r.*

ferraille n. f. Deux *r.* De même : *ferraillage, ferraillement, ferrailler, ferrailleur.*

ferrailler v. i Deux *r.* — Attention au *i* après le groupe -*ill*- à la première et à la deuxième personne du pluriel de l'indicatif imparfait et du subjonctif présent : *(que) nous ferraillions, (que) vous ferrailliez.*

ferrant ▷ **maréchal-ferrant.**

ferré, ée adj. Deux *r.* — Au sens figuré (semi-familier), se construit généralement avec

sur (Mon fils est très ferré sur l'histoire de l'aviation) ou parfois avec *en (Il est très ferré en géographie).*

ferrer v. t. Deux *r.* De même : *ferrage, ferré, ferrement, ferreur.*

ferret n. m. Deux *r*

ferreux, euse adj. Deux *r.*

ferro- Les composés en *ferro*, à l'exception de *ferro-alliage* et de *ferro-aluminium*, s'écrivent maintenant en un seul mot, sans trait d'union : *ferrocérium, ferrocyanure, ferroélectricité, ferromagnétique, ferromolybdène, ferronickel*, etc.

ferronnerie n. f. Deux *r*, deux *n*. De même : *ferronnier, ferronnière.*

ferrugineux, euse adj. Deux *r.*

ferrure n. f. Deux *r.*

ferry-boat n. m. *(anglicisme)* Prononciation : [feʀibot]. Pl. : *des ferry-boats* [-bot]. — Le mot s'abrège souvent en *ferry* [feʀi]. Pl. : *des ferries* [-ʀi]. Pour éviter cet anglicisme, on peut dire *transbordeur* ou même, dans certains cas, *bac.*

féru, ue adj. *(vieux)* Blessé : *Ce cheval a le tendon féru.* — *(moderne) Féru de*, passionnément intéressé par : *Mon fils est féru d'histoire romaine.*

férule n. f. Un seul *r.*

festival n. m. — Pl. : *des festivals.*

festoiement [festwamɑ̃] n. m. Attention au *e* intérieur.

feston n. m. Deux *n* dans les dérivés : *festonné, festonner.*

festoyer v. i. Conjug. **21.** Change *y* en *i* devant un *e* muet : *je festoie, je festoierai* ▼ Attention au *i* après l'*y* à la première et à la deuxième personne du pluriel de l'indicatif imparfait et du subjonctif présent : *(que) nous festoyions, (que) vous festoyiez.*

fête n. f. Accent circonflexe. De même : *fêtard, Fête-Dieu, fêter.* — Attention à l'homophone *faîte*, sommet.

Fête-Dieu n. f. Un *F* et un *D* majuscules. Un trait d'union. — Pl. : *des Fêtes-Dieu.*

fêter v. t. Attention à l'accent circonflexe. — Éviter l'emploi abusif. *Fêter*, c'est célébrer un événement heureux. Ne pas écrire par exemple *fêter un sanglant anniversaire, fêter une disparition tragique*, mais *célébrer un sanglant anniversaire, commémorer une disparition tragique*. En revanche, on peut écrire *fêter la victoire, fêter la libération*, etc.

fétiche n. m. Accent aigu (aucun rapport étymologique avec *fête*). De même : *fétichisme, fétichiste*.

fétu n. m. Brin de paille. — Attention au paronyme *fœtus* [fetys], enfant qui est encore dans l'utérus maternel, avant la naissance.

1. feu n. m. — Pl. : *des feux*. — Expressions.

1 Sans traits d'union : *un feu d'artifice (des feux d'artifice), un feu de Bengale (des feux de Bengale), un feu de camp (des feux de camp)*.

2 Avec traits d'union : *un pot-au-feu (des pot-au-feu ;* invariable). Prononciation : [pɔtofø].

3 Faire long feu. A l'origine, se disait d'un coup d'arme à feu qui était trop lent à partir (à cause du mauvais tassement ou de l'humidité de la poudre) : *Le cavalier tira son pistolet, mais le coup fit long feu.* — De nos jours, *faire long feu*, c'est échouer, manquer son effet : *Cette machination montée contre le gouvernement a fait long feu.* — Par contresens, *ne pas faire long feu*, ne pas durer longtemps, ne pas rester longtemps dans un lieu, une situation : *Ce gouvernement n'a pas fait long feu, il a été renversé au bout d'un mois.* Ce dernier emploi est à éviter dans la langue très surveillée.

4 Dans l'emploi adjectif, toujours invariable : *Des rubans feu*.

2. feu, feue adj. Défunt. — Mot vieilli qui ne s'emploie que pour qualifier une personne qui vivait à une époque récente, qu'on a connue ou qu'on aurait pu connaître — Pratiquement inusité au pluriel. Prend la marque du féminin seulement s'il est placé entre l'article (ou le possessif) et le nom *(La feue duchesse. Ma feue sœur)*, mais reste invariable devant le nom ou le possessif *(Feu la duchesse. Feu ma sœur)*.

feuil [fœj] n. m. *(technique)*. Très mince pellicule ▷ **film.**

feuillant n. m. Religieux. — Normalement écrit avec un *f* minuscule, sauf quand le mot désigne par métonymie une église, un couvent *(Il entendit la messe aux Feuillants)* ou quand on parle du *club des Feuillants* (sous la Révolution) : *Les Feuillants, monarchistes constitutionnels, comptèrent La Fayette, Barnave, Sieyès parmi leurs membres les plus célèbres.* — Même

usage pour le nom féminin *feuillantine* (ou *feuillante*) : *Les feuillantines* (= les religieuses) *portaient une robe blanche et un voile noir.* Victor Hugo passa une partie de son enfance *aux Feuillantines* (= dans une maison qui était un ancien couvent de feuillantines).

feuille morte, feuille-morte Bien distinguer les emplois suivants.

1 Une feuille morte (sans trait d'union) Feuille desséchée tombée d'un arbre.

2 Une feuille-morte (avec trait d'union) Nom d'un papillon. — Pl. : *des feuilles-mortes*.

3 Feuille-morte (avec trait d'union) adj. inv. De couleur brun-jaune : *Des jupes feuille-morte*.

feuilleter v. t. Conjug. **14.** *Je feuillette, je feuilletterai*.

feuilleton n. m. Un trait d'union dans le composé *roman-feuilleton* (pl : *des romans-feuilletons*)

feuilletoniste n. m. *ou* f. ▼ Un seul *n*.

fève n. f. Accent grave.

fi ! *(vieilli ou littéraire)* Interjection marquant la désapprobation, le dédain : *Fi ! le vaurien !* — *Fi de...*, exprime le dédain : *Fi de l'impertinent !* — (encore assez usuel) *Faire fi de.*, dédaigner : *Je ne fais pas fi d'une telle occasion.*

fiable, fiabilité Mots d'un usage parfaitement correct, à condition qu'ils soient employés dans un contexte technique : *Ce système de détection électronique est fiable. Le degré de fiabilité d'un système d'autoguidage*. En dehors d'un contexte technique, employer plutôt *sûr, sûreté* : *Cette méthode d'analyse littéraire est-elle sûre ? J'admire la sûreté de son jugement, de sa méthode d'analyse.*

fiançailles n. f. Toujours au pluriel : *Une bague de fiançailles.* — Pour la construction ▷ **fiancer.**

fiancer v. t. *ou* v. pron. Conjug. **17.** Le *c* prend une cédille devant *a* ou *o* : *il se fiança, nous nous fiançons*. — Se construit avec *à*, avec *avec* ou avec *et* : *Ma nièce s'est fiancée avec un jeune homme de Toulouse* ou *à un jeune homme de Toulouse. Louis et Madeleine se sont fiancés dimanche dernier.* On préférera, autant que possible, *(se) fiancer à* à *se fiancer avec*. En revanche, le substantif *fiançailles* peut se construire seulement avec *avec* ou avec *et* : *Les fiançailles de ma nièce avec le fils d'un ingénieur de Poitiers. Les fiançailles de Louis et de Madeleine.*

fiasco n. m. Echec. — Mot italien francisé. — Pl. : *des fiascos* [-ko].

fiasque, flasque ▷ flasque.

fibranne n. f. Textile artificiel. — Deux *n*. Pas un nom déposé, donc pas de majuscule : *Une robe en fibranne.*

fibrille n. f. Petite fibre. — Prononciation : [fibʀij], avec [j], mais *fibrillation*, terme de médecine, se prononce [fibʀilasjɔ̃], avec [l].

Fibrociment n. m. En un seul mot, sans trait d'union. — Nom déposé, donc, en principe, un *F* majuscule.

fibrome n. f. Tumeur fibreuse. — Se prononce avec *o* fermé, [fibʀom], mais s'écrit sans accent circonflexe sur le *o*

fibule n. m. Dans l'Antiquité, agrafe, épingle. — Un seul *l.*

ficeler v. t. Conjug **13**. *Je ficelle, je ficellerai.* — Avec un seul *l : ficelage.* Avec deux *l : ficelle.*

ficher v. t. Deux sens corrects : enfoncer *(Ficher un pieu en terre)* et inscrire sur des fiches *(La police a fiché tous les membres de cette organisation. Il faut ficher toutes ces citations).* — Familier ou populaire dans les autres emplois.

1. fichu, ue Participe passé irrégulier de *ficher* (dû à l'analogie de *foutu*). Ne s'emploie que dans les sens populaires du verbe. Dans les emplois corrects, on dit toujours *fiché : Il a fiché un pieu en terre. La police a fiché tous ces anarchistes.*

2. fichu n. m. Pièce d'étoffe. — Ne s'emploie que dans un contexte historique ou folklorique ou familier. Autrement, on dit, selon les cas, *carré, châle, foulard, mantille.*

fiction n. f. Ne pas écrire **fixion* (faute due à l'influence de *fixation*).

fidèle adj. *ou* n. Accent grave, comme dans *fidèlement*, mais *fidélité* avec accent aigu.

fiduciaire adj. Finale en *-aire.*

fieffé, ée adj. Attention au groupe *-ff- : Quels fieffés menteurs !* De même : *fieffer* v. t. (doter d'un fief).

fiel n. m. Les dérivés prennent deux *l : fielleusement, fielleux.*

fiente [fjɑ̃t] n. f. Excrément. — Avec *-en-.*

1. fier (se) v. pron. Conjugaison, construction et emploi.

1 Conjug. **20**. Double le *i* à la première et à la deuxième personne du pluriel de l'indicatif imparfait et du subjonctif présent : *(que) nous nous fiions, (que) vous vous fiiez.*

2 Se fier à (s'y fier). Est la construction normale : *Ne vous fiez pas trop à ses promesses. Ne vous fiez pas à cet individu. Ce livre est plein d'erreurs, ne vous y fiez pas. Cet homme d'affaires est un aventurier, ne vous fiez pas à lui.* — *Se fier sur, se fier en* sont des constructions très vieillies : *Il se fie sur sa force et son courage. Il ne se fie qu'en ses amis.* De nos jours, on dit *avoir confiance en* ou *dans, mettre sa confiance en, se confier en* ou *dans* ▷ confiance, confier (I, 3).

3 Se fier, se confier ▷ confier (II).

2. fier [fjɛʀ] adj. Le féminin prend un accent grave : *fière.* De même : *fièrement.* — En revanche, pas d'accent dans *fierté.*

fier-à-bras n. m. Pour le pluriel, usage flottant : *des fier-à-bras* ou *des fiers-à-bras.*

fiérot adj. *(familier)* Le féminin ne prend qu'un seul *t : fiérote.*

fièvre n. f. Accent grave. Les dérivés en revanche prennent l'accent aigu : *fiévreusement, fiévreux.* — Au sens propre, on peut dire indifféremment *avoir de la fièvre* ou *avoir la fièvre.* Au figuré, on dit toujours *avoir la fièvre : Ces mesures financières incitent à la spéculation, la Bourse a la fièvre.*

fifre n. m. Instrument de musique. — Ne pas écrire **fiffre.*

figer v. t. Conjug **16**. Prend un *e* après le *g* devant *a* ou *o : il figea, nous figeons.*

figuline, figurine Deux noms féminins paronymes.

1 Les rustiques figulines Poteries de Bernard Palissy, émaillées.

2 Une figurine Petite statuette *(Une figurine en porcelaine de Sèvres représentant Diane chasseresse)* ou effigie d'un timbre-poste.

figure n. f. Invariable dans l'expression *faire figure : Elles font*[^1] *figure de petites sottes.*

figurine, figuline ▷ figurine.

fil n. m. Dans la langue soignée, dire *donner un coup de téléphone* plutôt que *passer un coup de fil.*

fil-à-fil n. m. Tissu. — Avec des traits d'union. — Invariable : *des fil-à-fil.*

filaire Ver parasite. — Finale en *-aire.* — Toujours féminin : *La filaire est dangereuse.*

filandre Finale en *-andre.* — Toujours masculin : *Des filandres très longs.* Dérivés (usuel) : *filandreux, euse* (avec *-an-*).

filasse Dans l'emploi adjectif, invariable : *Des cheveux filasse* (toujours très péjoratif).

fil de fer n. m. En trois mots, sans traits d'union, mais *fil-de-fériste* ou, mieux, *fildefériste* (n. m. *ou* f.), artiste qui fait des exercices d'équilibre sur un fil métallique (pl. : *des fil-de-féristes,* ou, mieux, *des fildeféristes*).

file n. f. On dit : *marcher en file* ou *à la file.* — Eviter *de file* au sens de « à la suite » : *Il but trois verres de lait de file.* Ecrire plutôt : *d'affilée* ou *à la file.*

fileter v. t. Conjug. **15.** *Je filète, je filèterai, nous filetons.*

filial, ale, aux adj Masculin pluriel en *-aux.*

filigrane Un seul *l,* un seul *n.* ▼ Toujours masculin : *un filigrane délicat.*

fille n. f. N'est nullement en soi péjoratif ou inconvenant. Ne pas écrire *un lycée de jeunes filles,* mais *un lycée de filles.* Ne pas dire *Comment va votre jeune fille ?* mais *Comment va votre fille* ou *Comment va mademoiselle votre fille ?* — En revanche, on dira : *Il va se marier avec une jeune fille de Lyon. Il fréquente une jeune fille qui est secrétaire au ministère.* Dans ces phrases, l'emploi de *fille* au lieu de *jeune fille* serait désinvolte ou péjoratif.

filleul, eule n. m *ou* f. Prononciation : [fijœl, œl].

film n. m Tout à fait admis au sens de « œuvre cinématographique » : *Aimes-tu les films policiers ?* — Au sens de « couche très mince », on écrira plutôt *pellicule (film* est un mot anglais) : *Une pellicule d'huile protège la surface du métal* (mieux que *un film d'huile*). On peut dire aussi *un feuil* (n. m.).

filou n. m. — Pl. : *des filous.* — Dérivés : *filoutage, filouter, filouterie.*

fils [fis] On écrit toujours, au singulier, *de père en fils : Ils sont tous marins, de père en fils.*

filtre, philtre Ne pas écrire *filtre,* appareil à filtrer *(filtre à café),* comme *philtre,* breuvage magique *(Tristan but le philtre qui le rendit à jamais amoureux d'Iseut).*

1. fin n. f. Expressions.

1 Dans la langue soignée, on évitera les expressions *fin avril, fin courant, fin prochain,* qui appartiennent au langage commercial. Ecrire plutôt : *à la fin d'avril, à la fin du mois, à la fin du mois prochain.*

2 On écrit, avec *fin* au singulier : *mener à bonne fin, à cette fin, à quelle fin,* etc. — En revanche, toujours le pluriel dans : *à toutes fins utiles.*

3 A seule fin de, à seule fin que. Uniquement pour : *Il m'a écrit, à seule fin de m'annoncer son succès.* Cette expression, admise maintenant, est la déformation de *à celle fin de, que,* qui a cessé assez tôt d'être comprise.

2. fin, fine adj. Employé adverbialement, est toujours invariable : *Ces lignes sont écrites trop fin, je ne puis les lire. Elles sont fin prêtes pour l'examen. Ils sont rentrés fin saouls.*

final, ale, als adj. Masculin pluriel en *-als : Les préparatifs finals.*

final, finale Deux noms à bien distinguer.

1 La finale.

a/ Dernière syllabe ou dernière lettre d'un mot, dernier élément d'une phrase : *En latin, une finale ne porte jamais l'accent.*

b/ *(musique)* Dernière note d'une mélodie, d'un chant.

c/ *(sport)* Dernière épreuve d'une série, celle qui désigne le vainqueur : *La finale de la Coupe de France de football.*

2 Un final ou, plus souvent, **un finale.** Dernier mouvement d'une œuvre musicale : *Le finale de la IXe symphonie de Beethoven.*

finance n. f. Avec *F* majuscule : *Le ministre des Finances.* — Au singulier dans *moyennant finance.*

financer v. t. Conjug. **17.** Le *c* prend une cédille devant *a* ou *o : il finança, nous finançons.*

financier, ière adj. *ou* n. On écrit, avec *financière* invariable : *des vol-au-vent financière.*

finasseur, euse ou **finassier, ière** adj. *ou* n. Les deux formes sont admises, mais *finassier* semble plus fréquent.

finaud, aude adj. *ou* n. Finale en *-aud(e).* Dérivé : *finauderie.*

fine-de-claire n. f. Huître. — Des traits d'union.
— Pl. : *des fines-de-claire.*

finir v. t. Construction et expression.

1 Finir de, finir par. Ces deux constructions
n'ont pas le même sens. *Finir de,* terminer une
action : *Il est cinq heures, j'ai fini de travailler.*
— *Finir par,* accomplir telle action qui vient
à la fin d'une série d'actions ou d'hésitations
antérieures : *Il a longtemps hésité, mais il a fini
par se décider quand il s'est trouvé contraint.
Enfin ! Il a fini par comprendre.*

2 Ç'en est fini de. Tour correct, un peu
littéraire. Souligne le caractère irrévocable et
définitif d'une disparition, d'une perte, etc. :
*Ç'en est fini de ses chances d'accéder au poste
d'inspecteur général.*

finnois, oise adj. *ou* n. Deux *n.*

finno-ougrien, ienne adj. *ou* n. m. *Les langues
finno-ougriennes* ou *le finno-ougrien.*

fiole n. f. Un seul *l.*

fioriture n. f. Un seul *r,* un seul *t.*

fisc n. m. Ne s'emploie qu'au singulier. — Ne
pas déformer en **[fiks].*

fiscal, ale, aux adj. Masculin pluriel en *-aux :
Les services fiscaux.*

fissile adj. Finale en *-ile,* même au masculin.

fission n. f. Deux *s.* Ne pas écrire **fiscion.*

fixer v t. Il n'est pas recommandé d'employer
ce mot au sens de « regarder fixement » : *Il
fixait son interlocuteur avec un air arrogant.*
Ecrire plutôt : *regarder fixement, fixer ses yeux,
sa vue, son regard sur.*

fjord n. m. Golfe de Norvège. — Prononciation :
[fjɔʀ], plutôt que [fjɔʀd]. — Pl. : *des fjords* (*-s*
final muet). — La graphie francisée *fiord* est
moins usitée que *fjord.*

flacon n. m. Les dérivés prennent deux *n :
flaconnage, flaconnerie, flaconnier.*

flageller v. t. Deux *l.* — De même : *flagellant,
ante* n. m. *ou* f., *flagellateur, flagellation,
flagelle* n. m. (filament qui prolonge une cellule
animale ou végétale), *flagellé, ée* adj.

flageoler v. i. Attention au *e* entre *g* et *o.* —
Un seul *l.*

flageolet n. m. Attention au *e* entre *g* et *o.* —
Un seul *l.*

flagrance, fragrance Deux noms féminins
paronymes.

1 flagrance Caractère de ce qui est flagrant,
évident : *La flagrance d'une injustice.*

2 fragrance *(très littéraire)* Odeur très agréable : *La fragrance des orangers en fleur.*

flair n. m. Odorat subtil. — Avec *-ai-.*

flairer, fleurer Deux verbes paronymes à bien
distinguer.

1 flairer Percevoir par l'odorat : *Le chien flaire
la piste du gibier.*

2 fleurer Exhaler une odeur agréable (très
littéraire) : *Sur ces collines de Provence, le vent
fleure le thym et la lavande.*

flamand, flamant Deux homophones à distinguer par l'orthographe.

1 flamand, ande De la Flandre : *La population
flamande. Les Flamands.* — *Le flamand :* la
langue des Flamands.

2 flamant n. m. Oiseau.

flambant neuf (= tout neuf). Trois possibilités
pour l'accord.

1 *Flambant* et *neuf* restent invariables : *Des
villas flambant neuf.*

2 *Flambant* et *neuf* s'accordent : *Des fauteuils
flambants neufs.*

3 *Flambant* reste invariable, *neuf* s'accorde :
Des tentures flambant neuves. Cette dernière
formule semble la meilleure.

flamboiement [flãbwamã] n. m. Attention au
e intérieur.

flamboyer [flãbwaje] Conjug. **21.** Change *y*
en *i* devant un *e* muet : *il flamboie, il
flamboiera.* ▼ Attention au *i* après l'*y* à
la première et à la deuxième personne du
pluriel de l'indicatif imparfait et du subjonctif
présent : *(que) nous flamboyions, (que) vous
flamboyiez.*

flamine n. m. Prêtre romain. — Un seul *m.*

flamingant, ante adj. *ou* n. Avec *g* et non *-gu-.*
— Avec *f* minuscule : *les flamingants.*

flamme n. f. Au singulier dans : *jeter feu et
flamme, être tout feu tout flamme.* — Deux
m. De même : *flammé, ée* adj. *(grès flammé).*

flammèche n f. Deux *m.* Un accent grave (et
non circonflexe).

flan, flanc Ne pas écrire *flan* (gâteau ; disque destiné à recevoir une empreinte ; moule de carton utilisé dans l'imprimerie) comme *flanc* (côté, paroi latérale). — Locutions familières (avec *flan* sans -c) : *en rester comme deux ronds de flan, à la flan* (sans valeur), *c'est du flan* (ce n'est pas sérieux).

flanc-garde n. f. Détachement qui protège le flanc d'une troupe en marche. — Pl. : *des flancs-gardes.*

flandrin n. m. (familier) *Un grand flandrin :* un homme grand et gauche. — Ne pas déformer en **flandin.*

flanelle n. f. Un seul *n,* deux *l.*

flâner v. i. Accent circonflexe sur le *a.* De même : *flânerie, flâneur.*

flapi, ie adj. *(familier)* Un seul *p.*

flash n. m. *(anglicisme)* Prononciation : [flaʃ]. — Pl. : *des flashes* [flaʃ].

1 Au sens de « lumière brève utilisée pour photographier », on pourra remplacer *flash* par *éclair.*

2 Au sens de « lampe utilisée pour produire une lumière brève », on pourra remplacer *flash* par *lampe éclair (des lampes éclair).*

3 On pourra remplacer *flash publicitaire* par *publicité éclair.*

4 On pourra remplacer *flash d'information* par *information éclair (des informations éclair).*

flash-back n. m. *(anglicisme)* Prononciation : [flaʃbak]. Invariable : *des flash-back.* En deux mots, avec un trait d'union. — Equivalent français : *retour en arrière.*

flasque ▼ Ce mot peut être un nom féminin ou un nom masculin (selon le sens) ou un adjectif. Il doit être distingué du paronyme *fiasque.*

1 Une fiasque Bouteille pansue, à col allongé, utilisée en Italie : *Une bonne fiasque de chianti.*

2 Une flasque Autrefois, poire à poudre : *Une flasque ancienne du XVIIᵉ siècle.*

3 Un flasque Flacon plat, gourde plate. — Son contenu : *Il but tout le flasque de rhum.*

4 Un flasque Pièce de l'affût d'un canon. — Pièce latérale d'une machine. — Garniture métallique d'une roue d'automobile : *Il faut dévisser le flasque avant de changer la roue.*

5 flasque adj. Mou : *Des joues flasques de vieillard.*

flatter v. t. Orthographe, construction, accord du participe passé.

I Deux *t.* De même : *flatterie, flatteur, euse.*

II *Se flatter de* suivi **de l'infinitif.** Construction usuelle de nos jours : *Il se flatte de réussir là où nous avons tous échoué.*

III Se flatter que. Tour littéraire. Le mode de la subordonnée dépend de la forme de la principale.

1 Si *se flatter* est à la forme affirmative, le verbe de la surbordonnée se met à l'indicatif ou au conditionnel : *Elle se flatte qu'elle réussira. Elle se flatte qu'elle réussirait cet exploit si on lui en donnait les moyens* (hypothèse). *Il se flattait qu'il obtiendrait tout ce qu'il voulait* (futur dans le passé).

2 Si *se flatter* est à la forme interrogative, le verbe de la subordonnée se met à l'indicatif ou au subjonctif : *Se flatte-t-elle qu'elle saura lui plaire ? Se flatte-t-elle qu'elle puisse lui plaire ?*

3 Si *se flatter* est à la forme négative, le verbe de la subordonnée se met toujours au subjonctif : *Il ne se flatte pas qu'il ait beaucoup de succès.*

IV Etre, se trouver, paraître.. flatté que. Normalement construit avec le subjonctif : *Il est flatté qu'on lui ait demandé son avis.* ▼ Eviter la construction avec *de ce que.*

V Accord du participe passé aux temps composés de *se flatter.* Toujours avec le sujet : *Elles s'étaient flattées de nous plaire.*

flatulence n. f. Présence de gaz dans l'intestin. — Finale en *-ence.* Dérivés : *flatueux, euse* adj. (qui cause la flatulence : *les haricots sont flatueux*); *flatulent, ente* adj. (causé par la flatulence : *distension flatulente*), *flatuosité* n. f. (gaz accumulé dans l'intestin).

fléau n. m. — Pl. : *des fléaux.*

flèche n. f. ▼ Accent grave et non circonflexe. — Dans les dérivés, accent aigu : *fléchage, fléché, flécher, fléchette.*

flegme n. m. Avec *f* et non *ph.* De même : *flegmatique, flegmatiquement.*

flegmon n. m. Orthographe vieillie pour *phlegmon.*

fleur n. f. On écrit, avec *fleur* au singulier, *eau de fleur d'oranger,* mais, avec *fleur* au pluriel, *bouquet, couronne, vase de fleurs.* — Toujours au singulier dans *à fleur de : A fleur d'eau. A fleur de terre. A fleur de peau.* — En principe, on écrit *en fleurs* quand il s'agit d'espèces diverses *(Les vergers sont en fleurs)* et *en fleur* quand il s'agit de fleurs d'une même espèce *(Les pommiers sont en fleur)*. Cette règle n'est pas toujours respectée. *En fleurs* tend à se généraliser.

fleur bleue Expression figurée invariable : *Ces garçons étaient très fleur bleue.* — Pas de trait d'union.

fleur de lis L'orthographe *fleur de lys* est archaïque. — Pl. : *des fleurs de lis.* — En trois mots, sans traits d'union. Le dérivé *fleurdelisé, ée* [flørdəlize, e] s'écrit en un seul mot.

fleurer, flairer ▷ flairer.

fleurir v. i. *ou* v. t. Double conjugaison. Dans la plupart des sens, se conjugue à toutes les formes sur le radical *fleuriss-* (type *finir*, 25) : *Les lilas fleurissaient. Fleurissant très tôt, ces arbres fruitiers craignent la gelée.* — Au sens de « prospérer, être en plein épanouissement », on emploie les formes de l'imparfait *il florissait* et *ils florissaient*, ainsi que le participe présent adjectivé *florissant, ante* : *En ce temps-là, la poésie courtoise des troubadours florissait dans le Midi. Un pays florissant. Une bonne mine est l'indice d'une santé florissante.*

flexion n. f. Avec un *x* et non *-ct-*.

flic flac, flic-flac On écrit *flic flac* sans trait d'union dans *faire flic flac*. En revanche, quand le mot est accompagné d'un déterminant (article, etc.), il prend un trait d'union : *Les enfants font flic flac joyeusement dans le bassin. On entend le flic-flac des pas dans la terre détrempée.*

flip [flip] n. m. Anglicisme qui désigne une boisson. — Pl. : *des flips* [flip]. — On dit aussi *porto-flip* (pl. : *des porto-flips*).

flipper n. m. Anglicisme qui désigne un billard électrique. — Deux *p*. Prononciation : [flipœʀ] — Pl. : *des flippers* [-pœʀ].

flirt n. m. *(anglicisme)* Prononciation : [flœʀt]. — Pl. : *des flirts* [flœʀt]. — Dérivés : *flirter* [flœʀte] v. i., *flirteur, euse* [flœʀtœʀ, øz] adj. *ou* n.

flocon n. m. Les dérivés prennent deux *n* : *floconner, floconneux*.

flonflon n. m. (mot familier) En général, employé au pluriel : *Les flonflons d'un bal campagnard.* — En un seul mot, sans trait d'union.

flopée n. f. Un seul *p*. Finale en *-ée*.

floraison n. f. Forme usuelle. *Fleuraison* est rare.

floral, ale, aux adj. Masculin pluriel en *-aux*. — Avec un *j* minuscule et un *F* majuscule : *les jeux Floraux*.

floralies n. f. pl. Toujours au pluriel.

florentin, ine adj. Attention à la majuscule : *La population florentine. Les Florentins.* — N. m. *Le florentin* : forme de la langue italienne parlée en Toscane. — *Un florentin* : gâteau aux amandes.

florès (vieilli) *Faire florès*, avoir du succès : *Cette actrice faisait florès sous le second Empire.* — Prononciation : [flɔʀɛs]. Accent grave sur le *e*.

florissait, florissant ▷ fleurir.

flot n. m. On écrit, avec *flot* au pluriel : *couler à flots*.

flotte n. f. Deux *t*, comme dans les mots suivants : *flottabilité, flottable, flottage, flottaison, flottant, flottard, flottation, flottement, flotter, flotteur, flotille*.

flou adj. Féminin : *floue*. — Masculin pluriel : *flous*.

fluet adj. Féminin avec deux *t* : *fluette*.

fluide, liquide Un fluide est un corps à l'état liquide ou gazeux. Tous les liquides sont des fluides, mais tous les fluides ne sont pas des liquides. Ne pas dire *un gaz ou un fluide*, mais *un gaz ou un liquide*. Ne pas dire *un liquide ou un fluide*, mais *un liquide ou un gaz*. Ne pas dire *les fluides et les gaz, les fluides et les liquides*, mais *les liquides et les gaz* ou bien *les fluides*.

fluor n. m. Pas de *d* ni de *t* à la fin.

fluorescent, ente adj. Attention au groupe *-sc-*. De même : *fluorescence*.

flûte n. f. Accent circonflexe sur le *u*. De même : *flûté, flûteau* ou *flûtiau, flûtiste*.

fluvial, ale, aux adj. Masculin pluriel en *-aux* : *Les transports fluviaux*.

fluviatile adj. Finale en *-ile*, même au masculin : *Un végétal fluviatile*.

flux n. m. Prononciation : [fly], *-x* restant muet.

fluxion n. f. S'écrit avec *x*, non avec *-ct-*

foc n. m. Voile triangulaire, à l'avant d'un navire.

focal, ale, aux adj. Masculin pluriel en *-aux*

foehn ou föhn n. m. Vent du sud, sec et chaud, en Suisse. — Prononciation : [føn]. La graphie *foehn* est plus courante que *föhn.*

foëne, foène, fouène, fouëne n. f. Gros harpon. — Orthographe mal fixée. La prononciation est toujours [fwɛn]. La graphie *foëne* semble la plus fréquente.

fœtal, ale, aux [fetal, al, o] adj. Du fœtus. — Masculin pluriel en *-aux.*

fœtus n. m. Enfant à naître, encore dans l'utérus maternel (à partir du troisième mois de la grossesse, dans l'espèce humaine ; avant le troisième mois, on dit *embryon*). — Prononciation : [fetys]. Pl. : *des fœtus* [-tys]. — Ne pas écrire comme *fétu,* brin de paille.

foi, foie, fois, Foix Ne pas écrire *la foi* (croyance religieuse) comme *le foie* (organe), ni comme *une fois* (*il était une fois*), ni comme le nom de la ville de *Foix.*

foie-de-bœuf n. m Champignon — Des traits d'union. Pl. : *des foies-de-bœuf.*

foirail [fwaʀaj] ou **foiral** [fwaʀal] n. m. Dans certaines régions, champ de foire. — Pl. : *des foirails* ou *des foirals.*

foire n. f. Pas de trait de d'union dans *foire d'empoigne* [fwaʀdɑ̃pɔɲ] ; *champ de foire* (pl. : *des champs de foire*). Trait d'union dans *foire-exposition* (pl. : *des foires-expositions*), *foire-échantillon* (pl. : *des foires-échantillons*).

fois n. f. Certaines expressions appartiennent au langage familier ou relâché.

1 Des fois. Au sens de *parfois* ou de *quelquefois,* appartient au langage relâché : *Des fois, il vient me voir, mais pas souvent.* — *Des fois,* forme populaire exprimant l'indignation : *Non, mais des fois, c'est-il qu'il voudrait me commander ?* — Ne pas écrire *Si des fois vous passez par là,* mais *Si jamais vous passez par là.*

2 Des fois que. Suivi du conditionnel, au sens de *au cas où, pour le cas où,* appartient à la langue populaire : *Je prends mon parapluie, des fois qu'il pleuvrait.*

3 La fois que. Appartient à la langue familière : *Il m'a dit ça, la fois qu'il est venu pour nous apporter le colis.* Dans la langue soignée, écrire : *lorsque, quand, le jour que.*

4 Une fois que. Locution très correcte au sens de « quand » : *Une fois que vous aurez terminé, appelez-moi.*

5 Une fois, suivi d'un adjectif ou d'un participe. Locution très correcte : *Une fois guéri, tu pourras sortir. Il revint à Paris une fois l'affaire réglée.*

6 Chaque fois que. Forme correcte à préférer à *à chaque fois que,* forme plus familière : *Chaque fois que je vais le voir, il me raconte ses ennuis.*

7 Une fois, deux fois... par jour, par semaine, par mois... Forme correcte à préférer à *une fois, deux fois... le jour, la semaine, le mois,* forme plus familière : *Il va au village deux fois par mois.* En revanche, *deux fois, trois fois l'an* est littéraire et archaïsant, mais très correct.

8 Une fois pour toutes. Forme du langage soutenu à préférer à *une bonne fois,* expression du langage familier : *Il faut que cette question soit réglée une fois pour toutes.*

9 Deux fois, trois fois, quatre fois... et **par deux fois, par trois fois, par quatre fois...** Ces deux formes sont correctes. La seconde est plus insistante et exprime plus fortement l'obstination, la répétition acharnée : *Par trois fois, les assaillants se lancèrent à l'assaut du fortin.*

10 Beaucoup de fois. A éviter. Dire plutôt : *souvent* ou *à de nombreuses reprises.*

foison n. f. Les dérivés prennent deux *n :* *foisonnant, foisonnement, foisonner.*

fol ▷ fou.

folâtre adj. Un seul *l.* — Accent circonflexe sur le *a.* De même : *folâtrer, folâtrerie.*

folichon adj. Un seul *l.* — Deux *n* au féminin : *folichonne.* De même : *folichonner.*

folie n. f. ▼ Un seul *l,* à la différence de *folle.* — On écrit, sans trait d'union : *la Folie Méricourt, la Folie Regnault* (lieux-dits de la région de Paris). Avec un trait d'union : *le théâtre des Folies-Dramatiques, les Folies-Bergère* (*Bergère* sans *-s*).

folio n. m — Pl. : *des folios* [-ljo]. — Pas de *-t* final, malgré l'existence des dérivés *foliotage, folioter.*

foliole (terme de botanique). Toujours féminin : *Une foliole ronde* — Finale en *-ole.*

folklore n. m. En un seul mot, sans trait d'union. De même *folklorique, folkloriste.*

folle Féminin de *fou* — Deux *l,* à la différence de *folie.* De même : *follement, follet.*

folle avoine n. f. Pas de trait d'union. — Pl. : *des folles avoines.*

folliculaire n. m. Petit pamphlétaire, mauvais journaliste. — Attention à la place du double *l.*

follicule Toujours masculin : *Un follicule pileux.* — Attention au double *l.* De même : *folliculaire, folliculine, folliculite.*

fomenter v. t. Un seul *m* et *-en-.* De même : *fomentateur, fomentation.*

foncer v. i. Conjug. **17.** Le *c* prend une cédille devant *a* ou *o : il fonça, nous fonçons.*

foncier, ière adj., **foncièrement** adv. On dit, très correctement, *un propriétaire foncier,* qui possède un bien-fonds (immeuble, terre). On dit aussi *des qualités foncières,* qui constituent le fond de la nature, du caractère de quelqu'un : *Générosité foncière. Honnêteté foncière.* On peut dire encore : *Il est foncièrement généreux, foncièrement honnête.* En revanche, on ne peut dire, avec un adjectif substantivé désignant une personne, *un *orgueilleux foncier.*

fonction n. f. Orthographe des dérivés et des expressions.

1 Les dérivés prennent deux *n : fonctionnaire, fonctionnalisme, fonctionnarisation, fonctionnariser, fonctionnarisme, fonctionnel, fonctionnement, fonctionner.*

2 Avec *fonction* au singulier : *faire fonction de, en fonction de, être fonction de.* — On écrit plutôt *entrer en fonction* quand il s'agit d'une simple profession, et plutôt *entrer en fonctions* quand il s'agit de hautes fonctions : *Le Président entre officiellement en fonctions mercredi prochain.* — Toujours au singulier : *être en fonction,* en activité *(Ce préfet n'est plus en fonction).*

fond, fonds, fonts Ne pas écrire *le fond du magasin* (sa partie la plus éloignée de l'entrée) comme *un fonds de commerce (L'épicier a vendu son fonds),* ni comme *les fonts baptismaux* (toujours au pluriel). — D'autre part, au figuré, on écrit *le fond* quand il s'agit d'un caractère essentiel et permanent *(L'égoïsme, c'est le fond de son caractère),* *le fonds* quand on suggère l'idée d'un capital exploitable *(Un fonds inépuisable de patience. Il a un grand fonds de savoir. Cet écrivain exploite habilement son propre fonds).* — On écrira, par exemple : *le fond celtique de la population française,* car le mot signifie « la plus grande et la plus ancienne partie » et non « la réserve exploitable ».

fondamental, ale, aux adj. Masculin pluriel en *-aux : Les points fondamentaux.*

fondé de pouvoir n. m. Pas de traits d'union, pas de *-s* à *pouvoir.* — Pl. : *des fondés de pouvoir.* — Au féminin : *Une fondée de pouvoir (des fondées de pouvoir).*

fondre v. t. *ou* v. i. Conjug. **91.** *Je fonds, tu fonds, il fond, nous fondons, vous fondez, ils fondent.* — *Je fondais.* — *Je fondis.* — *Je fondrai.* — *Je fondrais.* — *Fonds, fondons, fondez.* — *Que je fonde.* — *Que je fondisse.* — *Fondant.* — *Fondu, ue.*

fonds, fond, fonts ▷ fond.

fongible adj. (terme de droit) Avec un *g.*

fongicide adj. *ou* n. m. Qui détruit les champignons parasites. — De la même famille : *fongicole, fongiforme, fongique.*

fongus n. m. inv. Excroissance sur la peau. — Prononciation : [fɔ̃gys]. — Pl. : *des fongus* [-gys]. — Dérivés : *fongosité, fongueux.*

fontanelle n. f. Région du crâne du nouveau-né. — Un seul *n,* deux *l.*

fontis n. m. Affaissement du sol. — Prononciation : [fɔ̃ti]. — La forme *fondis* est vieille.

fonts (baptismaux), **fond, fonds** ▷ fond.

football n. m. Mot anglais. La prononciation à l'anglaise [futbol] a éliminé les prononciations francisées [futbal] et [fotbal]. — Dérivé : *footballeur* [futbolœʀ].

footing n. m. Anglicisme abusif qui désigne la marche pratiquée comme un exercice physique. En anglais, le mot *footing* a un sens différent. — Prononciation : [futiŋ]. — Dire plutôt *marche : Tous les matins, je vais faire de la marche au bois de Vincennes* (et non *je vais faire du footing).*

for, fort, fors Trois mots homophones qui se prononcent [fɔʀ].

1 for n. m. Seulement employé dans l'expression **en mon (ton, son...) for intérieur,** en moi-même (toi-même, lui-même...), dans ma (ta, sa...) pensée secrète.

2 fort adj. (féminin : **forte**). Puissant, robuste, etc. : *Les déménageurs sont des hommes forts.* — *Un fort,* une forteresse : *Le fort de Douaumont.*

3 fors prép. (*vieilli et littéraire*) Excepté, sauf, hormis : *Tout est perdu, fors l'honneur.*

forain, aine adj. *ou* n. Finale en *-ain, aine.*

forban n. m. Pas de *-d* ni de *-t* à la fin.

forçage n. m. Attention à la cédille.

forçat n. m. Attention à la cédille.

force n. f. Expressions.

1 A toute force. Toujours au singulier.

2 A force de. Suivi d'un nom ou d'un infinitif, est correct : *A force d'obstination, il a atteint son but. A force de s'obstiner, il a atteint son but.* — En revanche, *à force que* est peu correct (*à force qu'il s'est obstiné...*).

3 *Force* **au sens de « beaucoup de ».** Invariable : *Il mangea force tartes et force éclairs.*

force, forces Distinguer *la force,* puissance, et *les forces* (n. f. pl.), grands ciseaux avec lesquels on tond les moutons.

forcément adv. Dans la langue très soutenue, préférer *inévitablement* ou *nécessairement.*

forcené, ée adj. *ou* n. Fou. — Aucun rapport étymologique avec *force.*

forceps n. m. Instrument de chirurgie. — Prononciation, au singulier comme au pluriel : [fɔʀsɛps].

forcer v. t. Conjugaison et construction.

1 Conjug. **17.** Le *c* prend une cédille devant *a* ou *o* : *il força, nous forçons.*

2 De nos jours, *(être) forcé* se construit avec *de* et l'infinitif : *Nous sommes forcés d'accepter cette clause.*

3 *Forcer,* à l'actif, se construit normalement avec *à* et l'infinitif : *Nous avons forcé nos adversaires à céder.* La construction avec *de* est archaïsante et littéraire ; on l'emploie parfois pour éviter l'hiatus.

forces, force ▷ force.

forcing n. m. Anglicisme qui désigne l'action du boxeur qui attaque sans arrêt. — En dehors du domaine sportif, l'emploi de *forcing* est assez familier. — Prononciation : [fɔʀsiŋ].

forclore v. t. Ne s'emploie qu'à l'infinitif et au participe passé *forclos : Plaideur forclos.*

forestier, ière adj. *ou* n. m. Aucun accent, à la différence de *forêt.*

forêt n. f. Accent circonflexe sur le *e.* — Sans trait d'union : *forêt vierge* — Avec trait

d'union : *forêt-galerie (des forêts-galeries).* — Attention au paronyme *foret* (masculin), instrument.

forfaire v. t. ind. Ne s'emploie qu'à l'infinitif et aux temps composés : *Il a forfait à l'honneur.*

forfaitaire adj. Finale en *-aire.*

forfanterie n. f. Avec *-an-.*

forgeable adj. Attention au *e* après le *g.* De même : *forgeage.*

forger v. t. Conjug. **16.** Prend un *e* après le *g* devant *a* ou *o* : *il forgea, nous forgeons.*

formaliser v. t. Orthographe et construction.

1 Un seul *l,* à la différence de *formelle* (féminin de *formel*) et de *formellement.* De même : *formalisation, formalisme, formaliste, formalité.*

2 Se formaliser. Construit parfois avec *de ce que* suivi de l'indicatif ou du subjonctif : *Ne vous formalisez pas de ce qu'il ne vous ait pas invité* (ou *de ce qu'il ne vous a pas invité*). Il vaut mieux construire autrement : *Ne vous formalisez pas de n'avoir pas été invité.*

forme n. f. On considère que l'expression *être en forme* est, en dehors du langage sportif, plus relâchée et plus familière que *être en bonne forme, être en pleine forme.*

former formuler Deux verbes transitifs non synonymes.

1 Former *des vœux, des souhaits,* les concevoir (qu'on les exprime ou non).

2 Formuler *des vœux, des souhaits,* les exprimer, les énoncer expressément, de manière précise, oralement ou par écrit.

formidable adj. Attention aux sens familiers et abusifs suivants.

1 Très grand, très élevé : *Un formidable gain de temps. Un bénéfice formidable.*

2 Très bon, très agréable, excellent, très remarquable, etc. : *J'ai passé une soirée formidable. Ce film n'est pas formidable.*

3 Très habile, très fort : *Ce médecin est formidable. Ce coureur cycliste est formidable.*

4 Très sympathique : *Sa sœur est une fille formidable.*

5 On évitera aussi, dans la langue surveillée, les emplois correspondants de l'adverbe *formidablement.*

formol n. m. Pas de -*e* à la fin.

formuler, former ▷ former.

fors [fɔʀ] prép. (*vieux ou très littéraire*). Sauf, excepté, hormis : *Tout est perdu, fors l'honneur.* — Ne pas écrire comme *fort* (robuste) ni comme *for* (*en mon for intérieur*).

fort, forte Attention aux homophones *for* (*en mon for intérieur*) et *fors* (hormis).

1 Comme adverbe, toujours invariable : *Elles parlent fort. Elles sont fort belles.* — *Fort* employé devant un adjectif ou un adverbe pour exprimer le superlatif (*fort beau, fort bien*) appartient à un registre plus littéraire que *très* ou que *bien*.

2 Se faire fort de ▷ faire (III, 3).

3 Au fort de, au plus fort de. Même le superlatif peut se substantiver : *Au plus fort de la tempête, le navire tenait bon.*

fortifier v. t. Conjug. **20.** Double le *i* à la première et à la deuxième personne du pluriel de l'indicatif imparfait et du subjonctif présent : *(que) nous fortifiions, (que) vous fortifiiez.*

fortiori (a) ▷ a fortiori.

fortran n. m. Langage artificiel utilisé en informatique. — Un *f* minuscule. Ce n'est pas un nom déposé.

fortuit adj. Prononciation : [fɔʀtɥi], le -*t* final est muet. — Féminin : *fortuite* [fɔʀtɥit]. — Dérivé : *fortuitement.*

fortuné, ée Deux sens.

1 (*sens vieilli ou littéraire, mais correct)* Favorisé par le sort, par la chance : *O homme fortuné ! tu ne connus jamais ni le deuil ni la maladie.* — Favorisé des dieux, heureux, prospère : *Un pays fortuné.* — Dans ce sens, l'antonyme est *infortuné* (nettement moins vieilli).

2 (*sens actuel, à éviter dans la langue soignée, car il peut créer une équivoque avec le sens 1)* Qui a de la fortune, de l'argent : *Il a épousé une jeune fille très fortunée. Une famille fortunée de la grande bourgeoisie de Bordeaux.* Dire plutôt : *riche, qui a de la fortune.*

forum [fɔʀɔm] n m. S'écrit normalement avec un *f* minuscule : *le forum boarium,* marché aux bœufs, *le forum suarium,* marché aux porcs, *le forum holitorium,* marché aux légumes, dans la Rome antique, *le forum de César, le forum d'Auguste, le forum de Vespasien, le forum de Trajan.* Seule exception : *le Forum romain* ou *le Forum,*

place de Rome, à l'est du Capitole, centre de la vie politique romaine sous la République — Pl. : *des forums* ou, beaucoup plus rarement, *des fora.*

fosse n. f. Bien prononcer [fos], avec un *o* fermé, et non *[fɔs]. — On écrit *fosse d'aisances* (avec un -*s* à *aisance*), *fosse septique* (et non **sceptique*), *cul-de-basse-fosse* (avec des traits d'union ; pl. : *des culs-de-basse-fosse).*

fossé n. m. Comme *fosse,* avec un *o* fermé [fose]. De même : *fossette* [fosɛt], *fossile* [fosil], *fossilifère* [fosilifɛʀ], *fossilisation* [fosilisasjɔ̃], *(se) fossiliser* [fosilize], *fossoyage* [foswajaʒ], *fossoyeur* [foswajœʀ].

fou, fol, folle adj. *ou* n. Orthographe des expressions et forme du mot.

1 Sans trait d'union : *fou rire, fou furieux, folle avoine* (plutôt que *folle-avoine*). Au pl. : *des fous rires, des fous furieux, des folles avoines.*

2 Au féminin, toujours *folle : Une folle aventure. Une folle gaieté. Une folle honte. Cette fille est une folle.*

3 Au masculin, la forme du substantif est *un fou : Un fou vient d'être arrêté par la police.* — La forme *un fol* est vieille ou très littéraire : *Un fol, dit-on, en sait parfois plus qu'un sage.*

4 Au masculin, la forme de l'adjectif est *fou* (*Un amour fou. Un espoir fou. Un héroïsme fou*), sauf si l'adjectif est placé devant un nom au singulier commençant par une voyelle ou un *h* muet, auquel cas on emploie *fol : Un fol amour. Un fol espoir. Un fol héroïsme.* ▼ Pratiquement, on ne place jamais l'adjectif *fou* directement devant un nom commençant par une consonne ou un *h* aspiré. On le place après un tel nom : *Un désespoir fou* (et non *un *fou désespoir*). *Un héros fou* (et non *un *fou héros*). De même, au pluriel : *Des espoirs fous.*

5 Devant *et* joignant deux adjectifs, on emploie *fol* si les adjectifs précèdent un nom qui commence par une voyelle ou un *h* muet : *Un fol et prodigue aventurier. Un fol et inutile héroïsme.* — Si le nom commence par une consonne ou un *h* aspiré, il est préférable de placer les adjectifs après le nom : *Un garçon fou et charmant* (éviter *Un fol et charmant garçon* ou *Un fou et charmant garçon).*

6 En dehors des cas indiqués ci-dessus (aux § 4 et 5), l'emploi de *fol* au lieu de *fou* est archaïque ou très littéraire : *Souvent femme varie, Bien fol est qui s'y fie.*

foudre Attention au genre.

I foudre (du latin *fulgur,* cf. *fulgurer).*

1 Féminin au sens propre : *La foudre est dangereuse, ne vous mettez pas sous un arbre* *quand il y a de l'orage.* — (par comparaison) *Avec la rapidité de la foudre.*

2 Masculin au sens de « représentation symbolique de l'éclair, arme de Zeus, de Jupiter » : *Zeus avait à la main le foudre étincelant.* — Masculin aussi au sens de « meuble de l'écu ou emblème en forme d'éclair » : *D'azur au foudre d'argent.*

3 Toujours masculin dans l'expression *un foudre de guerre,* un grand capitaine, un vaillant combattant (vieux ou employé par plaisanterie) : *Notre ami n'était pas un grand foudre de guerre !*

4 Féminin au pluriel, de nos jours, dans *les foudres,* la colère, les sanctions : *Les foudres menaçantes de la colère divine.* — Dans ce sens, a été souvent masculin dans la langue classique.

5 Féminin de nos jours au sens de « artillerie, feu des canons, etc. » (très littéraire) : *Mille canons aussitôt allument leur foudre destructrice.*

II foudre (de l'allemand *Fuder*) Grand tonneau. — Toujours masculin : *Des foudres colossaux s'alignent dans le chai.*

foudroiement [fudʀwamɑ̃] n. m. Attention au *e* intérieur.

foudroyer v. t. Conjug. **21** Change *y* en *i* devant un *e* muet : *je foudroie, je foudroierai.* — Attention au *i* après le *y* à la première et à la deuxième personne de l'indicatif imparfait et du subjonctif présent : *(que) nous foudroyions, (que) vous foudroyiez.*

fouëne, fouène ▷ **foëne.**

fouet n. m. On écrit, avec *fouet* au singulier : *un coup de fouet, des coups de fouet.*

fouetter v. t. Prononciation : [fwɛte]. La prononciation avec [a], [fwate], est vieillie. — De même : *Fouettard* [fwɛtaʀ], *fouetté, ée* [fwɛte, e], *fouettement* [fwɛtmɑ̃], *fouetteur, euse* [fwɛtœʀ, øz].

foufou, fou-fou adj. *ou* n. m. On pourra préférer la graphie *foufou* à *fou-fou.* — Pl. : *des foufous* ou *des fous-fous.* — Le féminin est toujours : *fofolle.*

fougeraie n. f. Lieu planté de fougères. — Finale en *-aie.*

fougère n. f. — On écrit, avec *fougère* au singulier : *assemblage en fougère, à brin de fougère* (type de charpente).

fouiller Conjugaison et sens.

I Attention au *i* après le groupe *-ill-* à la première et à la deuxième personne de l'indica-

tif imparfait et du subjonctif présent : *(que) nous fouillions, (que) vous fouilliez.*

II Sens et construction.

1 Employé transitivement, implique en principe l'idée d'une recherche systématique : *Les archéologues fouillent le site de cette ancienne nécropole gauloise. Les douaniers fouillent les bagages.*

2 *Fouiller dans* implique l'idée d'une recherche moins méthodique et insiste sur le déplacement des objets : *Les enfants ont encore fouillé dans mes affaires.*

fouillis n. m. Finale en *-is.*

fouir v. t. *ou* v. i. Conjug. **25** (comme *finir*).

foulard n. m. Finale en *-ard.*

foule n. f. Accord de l'adjectif et du verbe après *foule de...*

1 L'idée de masse unique domine. On fait l'accord au singulier : *Une foule d'émeutiers, furieuse, avait envahi la cour d'honneur. La foule des curieux reflua.*

2 L'idée de nombre de personnes distinctes domine. On fait l'accord au pluriel : *Une foule de pèlerins fervents sont venus déposer leurs offrandes sur le parvis du temple.*

3 L'idée de grande quantité domine. Accord au pluriel obligatoire : *Une foule de gens naïfs croient encore aux horoscopes.*

four n. m. Sans trait d'union : *petit four* (pl. : *des petits fours*).

fourbi n. m. (*populaire*) Equipement. — Finale en *-i.*

fourche n. f. On écrit, avec un *f* minuscule et un *C* majuscule : *les fourches Caudines.*

1. fourgon n. m. Tisonnier, ringard. — Dérivé, avec deux *n* : *fourgonner.*

2. fourgon n. m. Véhicule ; wagon. — Dérivé, avec deux *n* : *fourgonnette.*

fouriérisme n. m. Doctrine du réformateur social Charles Fourier. ▼ Un seul *r.* De même : *fouriériste.*

fourmi n. f. Attention aux dérivés.

1 Avec un seul *l* : *fourmilier* n. m. (oiseau tropical ; mammifère édenté ; bien prononcer [fuʀmilje], et non *[fuʀmije]*), *fourmilière* (nid de fourmis ; bien prononcer [fuʀmiljɛʀ], et non *[fuʀmijɛʀ]*).

2 Avec deux *l* : *fourmillement* [fuʀmijmã] n. m., *fourmiller* v. i. (être en grande abondance ; être le siège d'une sensation de fourmillement ; bien prononcer [fuʀmije]).

fourmi-lion [fuʀmiljɔ̃] Insecte. — Pl. : *des fourmis-lions*. — Toujours masculin : *Un gros fourmi-lion*. — On écrit aussi, en un seul mot, *fourmilion* [fuʀmiljɔ̃] (pl. : *des fourmilions)*.

fournaise n. f. Finale en *-aise.*

fourneau n. m. Sans trait d'union : *bas fourneau* (*des bas fourneaux*), *haut fourneau* (*des hauts fourneaux*).

fournil n. m. Prononciation : [fuʀni], le *-l* final est muet.

fourniment n. m. Pas de *e* intérieur.

fournir Plusieurs constructions.

1 Fournir (une personne, une maison...) de. Approvisionner : *Les métayers fournissaient le propriétaire de beurre, de fromage et de volaille.* Tour un peu vieilli, mais non archaïque et préférable, dans la langue soutenue, à *fournir en.*

2 Fournir (une personne, une maison...) en. Equivalent moderne et usuel du tour précédent : *C'est ce crémier qui fournit le restaurant en beurre et en produits laitiers.*

3 Fournir quelque chose à (une personne, une entreprise...).** Procurer, donner, vendre : *L'école fournit gratuitement aux élèves les livres et les cahiers.* Tour correct, très usuel et vivant.

4 Se fournir de ou en quelque chose.** S'approvisionner : *Je me fournis de vin* (ou *en vin*) *chez ce marchand.* La construction avec *en* est plus usuelle, mais moins recommandée, que la construction avec *de.*

5 (Être) fourni.** Bien approvisionné : *Son garde-manger est bien fourni. Un magasin bien fourni.* Tour correct. ▼ Ne pas dire, dans ce sens, *un magasin bien achalandé* ▷ **achalandé.**

fourrage n. m. Herbe, foin. — Deux *r.* De même : *fourrager* v. i., *fourrager, ère* adj., *fourragère* n. f., *fourrageur* n. m.

fourrager v. i. Conjug. **16.** Prend un *e* après le *g* devant *a* ou *o* : *il fourragea, nous fourrageons.*

fourré n. m. Massif épais d'arbustes. — Deux *r.*

fourreau n. m. Deux *r.* — Pl. : *des fourreaux.*

fourrer v. t. Deux *r.* De même : *fourrage* (action de fourrer un vêtement, etc.), *fourré, ée* (*bonbon fourré ; veste fourrée*).

fourre-tout n. m. Invariable : *des fourre-tout.*

fourreur n. m. Deux *r.*

fourrier n. m. Deux *r.* — Sans trait d'union : *sergent fourrier.*

fourrière n. f. Deux *r.*

fourrure n. f. Deux *r.*

fourvoiement [fuʀvwamã] n. m. Attention à l'*e* intérieur.

fourvoyer v. t. Conjug. **21.** Change *y* en *i* devant un *e* muet : *je fourvoie, je fourvoierai.* — Attention au *i* après l'*y* à la première et à la deuxième personne du pluriel de l'indicatif imparfait et du subjonctif présent : *(que) nous fourvoyions, (que) vous fourvoyiez.*

fox-terrier n. m. *(anglicisme)* Prononciation : [fɔksteʀje]. — Pl. : *des fox-terriers* [-ʀje]. — S'abrège souvent en *fox* (pl. : *des fox*).

fox-trot n. m. *(anglicisme)* Prononciation : [fɔkstʀɔt]. — Invariable : *des fox-trot.* — S'abrège souvent en *fox* (pl. : *des fox*).

foyer n. m. Bien prononcer [fwaje], non *[fɔje].

frac n. m. Habit noir de cérémonie, avec basques en queue de morue (à distinguer du *smoking*). — De nos jours, le mot *frac* ne s'emploie guère que par plaisanterie. On dit plutôt *habit.*

fracas [fʀaka] n. m. Finale en *-as.*

fraction n. f. Orthographe des dérivés et expressions des fractions.

1 Les dérivés prennent deux *n* : *fractionnaire, fractionnel, fractionnement, fractionner, fractionnisme, fractionniste.*

2 On écrit : *Les 3/5* (trois cinquièmes), *les 7/8* (sept huitièmes), et non *les *3/5ᵉ, les *7/8ᵉ.* — Pas de trait d'union entre le numérateur et le dénominateur (quand on écrit en toutes lettres) : *les trois cinquièmes* (et non les *trois-cinquièmes). On distinguera, par exemple, *les deux centièmes de la population* (deux fois le centième, soit 2 %) et *le deux-centième de la population* (la deux-centième partie, soit 0,5 %).

fragile adj. Un *-e* final, même au masculin : *Un meuble fragile.* — Dérivé : *fragilité*

fragment n. m. Avec *-en-.* De même : *fragmentaire, fragmentation, fragmenter.*

fragrance, flagrance ▷ **flagrance.**

frai, frais Quatre homophones à distinguer.

1 frai [fʀɛ] n. m. Chez les poissons, époque de la reproduction. — Œufs des poissons, des batraciens. — Les très petits poissons de rivière : *La pollution détruit le frai.*

2 frai [fʀɛ] n. m. Usure des pièces de monnaie.

3 frais [fʀɛ] adj. Un peu froid. — Récent. — Féminin : *fraîche.* — N. m. *Prendre le frais à la fenêtre.*

4 frais [fʀɛ] n. m. pl. Dépenses : *Les frais généraux. Se mettre en frais.*

1. frais adj. Orthographe et accord.

1 Le féminin *fraîche* prend un accent circonflexe. De même : *fraîchement, fraîcheur, fraîchir.*

2 Employé adverbialement devant un participe, s'accorde en genre et en nombre : *Des prunes fraîches cueillies. Des violettes fraîches écloses. Une terre fraîche labourée.* L'invariabilité, qu'on rencontre parfois, est moins recommandée. — On peut aussi employer *fraîchement : Une terre fraîchement labourée.*

2. frais n. m. pl. Dépenses. — Ne doit s'employer qu'au pluriel : *J'ai fait quelques frais, Les frais généraux.* — Ne pas dire : **un grand frais, *un petit frais,* mais *une grande dépense, une petite dépense.*

fraise Comme adjectif de couleur, toujours invariable : *Des écharpes fraise. Des manteaux fraise écrasée.*

framboise Comme adjectif de couleur, toujours invariable : *Des tentures framboise.*

framée n. f. Javelot des Francs. — Finale en *-ée.*

1. franc Pour la forme du féminin, on distinguera deux mots.

1 franc, féminin **franche** Libre, loyal : *Une ville franche. Une fille franche.*

2 franc, féminin **franque** Des Francs, peuple germanique : *Les tribus franques.*

2. franc n. m. Unité monétaire de la France. Abréviation : *F* (sans point). — On écrit *12,75 F* et non **12 F,75.* — Avec un trait d'union : *franc-or* (pl. : *des francs-or*), *franc-papier* (pl. : *des francs-papier*). — Sans trait d'union : *franc CFA, nouveau franc, franc lourd, franc Poincaré.*

3. franc- Elément de composition. Tous les composés en *franc-* prennent un trait d'union. Seule exception : *franc archer* [fʀɑ̃kaʀʃe].

4. franc (de port) Expression vieillie. — Employé comme adverbe, invariable : *Ces caisses de vin vous seront expédiées franc de port.* — Employé comme adjectif, pouvait s'accorder : *Toutes nos expéditions sont franches de port.* — Tend à être remplacée par *franco de port.*

français, aise adj. Attention à la cédille et à la majuscule : *La nation française. Les Français.* — N. m. *Le français :* la langue française. — *A la française* (avec un *f* minuscule) : *Jardin à la française. Petits pois à la française.* — Sans trait d'union : *Le Français moyen (avec F majuscule),* le Français de condition moyenne. *Le moyen français* (avec un *f* minuscule), la langue française des XIVᵉ et XVᵉ siècles.

franc-alleu [fʀɑ̃kaløø] n. m. *(avec un f et un a minuscules)* A l'époque féodale, terre qui ne dépendait d'aucun seigneur. — Pl. : *des francs-alleux* [fʀɑ̃kaløø]. — (Avec un *F* et un *A* majuscules) *Le Franc-Alleu* [fʀɑ̃kaløø] : région de la Marche.

franc archer n. m. Seul mot composé en *franc* à s'écrire sans trait d'union. — Prononciation : [fʀɑ̃kaʀʃe]. — Pl. : *des francs archers* [fʀɑ̃kaʀʃe].

franc-comtois adj. *ou* n. De Franche-Comté. — Attention aux majuscules et à l'accord : *Un village franc-comtois. Des villages franc-comtois. Une maison franc-comtoise. Des maisons franc-comtoises. Un Franc-Comtois. Une Franc-Comtoise. Des Francs-Comtois. Des Franc-Comtoises.* L'élément *franc-* reste invariable au féminin.

franc-comtois, comtois ▷ **comtois.**

franc-fief n. m. (terme de féodalité) Pl. : *des francs-fiefs.*

franchisage n. m. (terme de droit commercial) Préférer la forme francisée *franchisage* à la forme anglaise *franchising.*

francien, ienne n. m. *ou* adj. *Le francien :* le dialecte d'oïl parlé au Moyen Age en Ile-de-France. — Nom de langue, donc pas de majuscule. — (adjectivement) *La grammaire francienne. La phonétique francienne.*

francique, francisque Deux mots paronymes à bien distinguer.

1 Le francique Langue germanique.

2 La francisque Hache qui était l'arme des guerriers francs.

franciscain, aine n. m. *ou* adj. En principe, pas de majuscule (*Un couvent de franciscains*), sauf dans la dénomination officielle (*L'ordre des Frères Mineurs* ou *ordre des Franciscains*) ou dans les emplois métonymiques, quand le mot désigne un couvent, une église (*Il entendit la messe aux Franciscains*)

francisque, francique ▷ **francique.**

franc-jeu n. m. (inusité au pluriel) Expression française qu'on préférera à l'anglicisme *fair play*. — Employé comme adjectif, toujours invariable : *Ces garçons étaient très franc-jeu.*

franc-juge n. m. — Pl. : *des francs-juges.*

franc-maçon Pluriel et féminin ; synonymes.

1 Emploi substantif. Au masculin, le premier élément prend la marque du pluriel, le second aussi : *Un franc-maçon, des francs-maçons.* — Au féminin, l'élément *franc-* reste invariable, le second élément est variable : *Une franc-maçonne, des franc-maçonnes.*

2 Emploi adjectif. Mêmes règles que pour l'emploi substantif : *L'idéal franc-maçon. Les symboles francs-maçons. La politique franc-maçonne. Les influences franc-maçonnes.*

3 Le mot simple *maçon* peut s'employer à la place de *franc-maçon* quand il n'y a pas de risque d'équivoque : *Les frères maçons. L'influence des maçons dans la politique de la IIIe République.*

4 On peut employer adjectivement *franc-maçon* pour qualifier une personne (*Un député franc-maçon. Des ministres francs-maçons*) ou une chose (voir ci-dessus § 2). — On peut aussi employer *franc-maçonnique* pour qualifier une chose : *Un symbole franc-maçonnique. La solidarité franc-maçonnique.* — L'adjectif composé *franc-maçonnique* peut être remplacé par *maçonnique* : *Un symbole maçonnique La solidarité maçonnique.* ▼ Les adjectifs *franc-maçonnique* et *maçonnique* ne peuvent jamais qualifier des personnes.

5 En ce qui concerne le pluriel et le féminin, *franc-maçonnique* suit les mêmes règles que *franc-maçon* : *Un symbole franc-maçonnique, des symboles francs-maçonniques. Une cérémonie franc-maçonnique, des cérémonies franc-maçonniques.*

franc-maçonnerie n. f. Avec des minuscules : *L'influence de la franc-maçonnerie.* — Pl. : *des franc-maçonneries* (à préférer à *des francs-maçonneries*).

franc-maçonnique ▷ **franc-maçon** (4 et 5).

1. franco (de port) Toujours invariable : *Ces marchandises seront expédiées franco de port. Marchandises franco de port.*

2. franco- Elément qui reste invariable : *Les guerres franco-anglaises, franco-allemandes. Les relations franco-italiennes.* Toujours un trait d'union. Au lieu de *franco-anglais, franco-allemand, franco-espagnol, franco-italien*, etc., on peut dire aussi *anglo-français, germano-français, hispano-français, italo-français*, etc. Le préfixe en -*o* permet d'insister sur l'importance particulière qu'on accorde à la nation qu'on désigne.

francophile [fʀɑ̃kɔfil] adj. *ou* n. Qui aime la France. — En un seul mot, sans trait d'union. — De même : *francophilie* [fʀɑ̃kɔfili].

francophobe [fʀɑ̃kɔfɔb] adj. *ou* n. Qui hait la France. — En un seul mot, sans trait d'union. De même : *francophobie* [fʀɑ̃kɔfɔbi].

francophone [fʀɑ̃kɔfɔn] adj. *ou* n. Qui parle français. — En un seul mot, sans trait d'union. De même : *francophonie* [fʀɑ̃kɔfɔni].

franco-provençal, ale, aux n. m. *ou* adj. *Le franco-provençal :* ensemble de dialectes. — (adjectivement) *Les dialectes franco-provençaux. Les mots franco-provençaux.*

franc-parler n. m. Pluriel inusité. — Avec un trait d'union.

franc-tireur n. m. — Pl. : *des francs-tireurs.*

frangeant adj. m. *Récifs frangeants :* récifs coralliens parallèles à la ligne du rivage. — Attention au *e* entre le *g* et le *a*.

franger v. t. Conjug. **16.** Prend un *e* après le *g* devant *a* ou *o :* *il frangea, nous frangeons.*

frangipane n. f. Crème ; gâteau. — Un seul *n.* — Ne pas déformer en **franchipane.*

franquette n. f. (*familier*) *A la bonne franquette :* sans façon, sans cérémonie. ▼ Vient de *franc.* Ne pas déformer en *à la bonne *flanquette.*

frapper v. t. Deux *p.* De même : *frappage, frappe* (*de la monnaie*, etc.), *frappant, frappé, ée, frappement, frappeur.*

frasque Généralement au pluriel. Toujours féminin : *Des frasques légères.*

fraternel adj. Féminin avec deux *l : fraternelle.* De même : *fraternellement.*

fratrie, phratrie ▷ **phratrie.**

fraude n. f. S'écrit avec -*au*-. De même : *frauder, fraudeur, frauduleusement, frauduleux.*

frayer v. t. *ou* v. i. Conjug. **23.** Remplace facultativement *y* par *i* devant un *e* muet : *je fraie* (ou *je fraye*), *je fraierai* (ou *je frayerai*). ▼ Attention au *i* après l'*y* à la première et à la deuxième personne du pluriel de l'indicatif imparfait et du subjonctif présent : *(que) nous frayions, (que) vous frayiez*.

fredaine n. f Finale en *-aine*.

fredonner v. t. *ou* v. i. Deux *n.* De même : *fredonnement*.

freezer n. m. Anglicisme qui désigne le compartiment d'un réfrigérateur où l'on produit les glaçons. — Prononciation : [fʀizœʀ]. — Pl. : *des freezers* [-zœʀ]. Le mot français *congélateur* a un sens différent. Il désigne le compartiment d'un réfrigérateur dans lequel une très basse température permet de conserver des aliments surgelés.

frégate n. f. Un seul *t.*

frein n. m. On écrit, avec *frein* au singulier : *sans frein, des coups de frein.* — Sans trait d'union : *frein moteur*

freiner v. t. *ou* v. i. Avec *-ei-*, à la différence de *refréner*. De même : *freinage, freineur.*

frelater v. t. Un seul *t* — De même : *frelatage, frelaté.*

frêle adj. Attention à l'accent circonflexe.

freluquet n. m. Finale en *-et.*

frêne n. m. Accent circonflexe. De même : *frênaie* n. f. (lieu planté de frênes).

Fréon n. m. Gaz utilisé dans certains appareils frigorifiques. — Nom déposé, donc, en principe, une majuscule.

fréquemment [fʀekamã] adv. Finale en *-emment* (vient de *fréquent*).

fréquence n. f. S'écrit avec *-en-*. De même : *fréquent, fréquentable, fréquentatif, fréquentation, fréquenter.*

fréquenter Trois constructions.

1 Construction transitive directe. Tour usuel et vivant : *Il ne fréquente que des gens de son milieu. Fréquenter un lieu, une maison.*

2 Construction avec une préposition ou avec le relatif *où*. Tour vieilli et littéraire : *Il fréquentait chez les notables. Il ne fréquente plus dans cette maison. Les cafés à la mode où il fréquentait.*

3 Construction sans complément. Tour populaire au sens de « sortir avec une jeune fille » : *C'est un garçon sérieux, il ne fréquente pas.* — En revanche, *fréquenter une jeune fille* est seulement familier.

frère n. m. Accent grave. — Une minuscule dans le sens religieux : *Les frères des Écoles chrétiennes. On vit sortir du couvent frère Anselme.*

fressure n. f. Abats d'un animal de boucherie. — Ne pas déformer en **frésure.*

fret n. m. Prix du transport des marchandises. — Marchandises transportées. — ▼ Bien prononcer [fʀɛ], et non **[fʀɛt].*

fréter v. t. Conjug. **11.** *Je frète,* mais *je fréterai.* ▼ Ne pas écrire come *fretter,* garnir de frettes, de cercles.

fréter, affréter ▷ **affréter.**

fréteur n. m. Personne ou société qui donne en location un navire, un avion. — Accent aigu sur l'*e.* Un seul *t.*

frétiller [fʀetije] v. i. Attention au *i* après le groupe *-ill-* à la première et à la deuxième personne du pluriel de l'indicatif imparfait et du subjonctif présent : *(que) nous frétillions, (que) vous frétilliez.* — Dérivés : *frétillant* [fʀetijã], *frétillement* [fʀetijmã].

frette n. f. Anneau, cercle. — Deux *t.* De même : *frettage, fretté, ée* (entouré de frettes), *fretter* (garnir de frettes ; ne pas écrire comme *fréter,* donner un navire en location).

freudien, ienne adj. Prononciation : [fʀødjɛ̃, jɛn]. De même : *freudisme* [fʀødism(ə)].

freux n. m. Corbeau. — Avec un *-x,* même au singulier.

friand, ande adj. *ou* n. m. Attention au *-d* final du masculin.

fricandeau n. m. Morceau de veau entouré de lard. — Finale en *-eau.*

fric-frac n. m. (*familier*) Cambriolage. — Invariable : *des fric-frac.*

fricoter v. t. *ou* v. i. Un seul *t.* De même : *fricotage, fricoteur.*

friction n. f. Les dérivés prennent deux *n :* *frictionnel, elle, frictionner.*

Frigidaire n. m. ▼ Nom déposé qui désigne un réfrigérateur fabriqué par la société Frigidaire.

Ne doit pas être employé pour désigner un *réfrigérateur* fabriqué par une autre société. — Pl. : *des Frigidaire*, sans *-s*.

frigide adj. Qualifie une femme qui ne peut éprouver le plaisir sexuel. Ne s'applique pas à un homme. Même remarque pour *frigidité*.

frigorifier v. t. Conjug. **20.** Double le *i* à la première et à la deuxième personne du pluriel de l'indicatif imparfait et du subjonctif présent : *(que) nous frigorifiions, (que) vous frigorifiiez*.

frimaire n. m. Mois du calendrier révolutionnaire (novembre-décembre). — Un *f* minuscule. Finale en *-aire*.

frimas [fʀima] n. m. Finale en *-as*.

frime n. f. *(familier)* Apparence, faux-semblant. — Un seul *m*.

frimousse n. f. Visage. — Ne pas déformer en *frimouse.

fringale n f. Faim violente. — Finale en *-ale*. — Attention au paronyme *frugal* adj. ▷ **frugal**.

fringant, ante adj. ▼ Ne s'écrit pas avec *-gu-* mais avec *g*.

friper v. t. Un seul *p*. De même : *friperie, fripier*.

fripon adj. *ou* n. Un seul *p*. Le féminin *friponne* prend deux *n*. De même : *friponnerie*.

fripouille Un seul *p*. De même : *fripouillerie*. — Toujours féminin : *Cet homme d'affaires est une fripouille*.

frire v. i. *ou* v. t. Conjug. **49.** Verbe très défectif. Ne s'emploie qu'au singulier de l'indicatif présent *(je fris, tu fris, il frit)*, à l'indicatif futur *(je frirai, tu friras, il frira, nous frirons, vous frirez, ils friront)*, au conditionnel présent *(je frirais, tu frirais, il frirait, nous fririons, vous fririez, ils friraient)*, à la deuxième personne du singulier de l'impératif *(fris)*, à l'infinitif *(frire)*, au participe passé *(frit, frite)* et aux temps composés *j'ai frit, tu as frit... ; j'avais frit, tu avais frit...* — Pour remplacer les formes défectives, on dit *faire frire : nous faisons frire, je faisais frire, que je fasse frire...*

frise Avec un *f* minuscule et sans traits d'union : *des chevaux de frise*.

friselis [fʀizli] n. m. Frémissement léger. — Finale en *-is*.

frisotter v. t. *ou* v. i. Deux *t*. De même : *frisottant, frisotté, frisottis* [fʀizɔti].

frisson n. m. Les dérivés prennent deux *n* : *frissonnement, frissonner*.

frite n. f. Petit morceau de pomme de terre frit. — Un seul *t*. De même : *friterie, friteur, euse, friture*. ▼ Il existe un paronyme *fritte* ▷ **fritte**.

fritte n. f. Mélange de sable et de soude qui sert à fabriquer certaines céramiques. — Deux *t*, à la différence de *frite* (morceau de pomme de terre frit). — Dérivés : *frittage* (procédé de métallurgie), *fritter* (traiter un métal par frittage).

frivole adj. Un seul *l*. De même : *frivolement, frivolité*.

frivolité n. f. Au pluriel dans : *magasin, marchande de frivolités*.

froc n. m. Prononciation : [fʀɔk]. — Avec *-c* et non **-que*.

froid n. m. Dans la langue très surveillée, on évitera d'écrire *avoir très froid, bien froid, si froid, trop froid*, car le mot *froid*, qui est un substantif, ne peut en principe être précédé d'un adverbe. Comme on ne peut écrire **avoir un grand froid, un très grand froid*, etc., on tournera autrement : *souffrir beaucoup du froid, souffrir tellement du froid, trop souffrir du froid*.

froisser Au sens figuré, l'usage correct est de construire *se froisser* et *être froissé* avec *que* et le subjonctif : *Il s'est froissé qu'on ne l'ait pas invité. Il est froissé qu'on l'ait tenu à l'écart*. On évitera l'emploi de *de ce que*. — En revanche, l'emploi de *de* avec un nom ou un infinitif est parfaitement correct : *Il s'est froissé de ce manque d'égards. Il est froissé d'avoir été tenu à l'écart*.

frôler v. t. Un accent cironflexe. De même : *frôlement, frôleur*.

froment n m. Dérivés : *fromental, ale, aux,* adj. (qui concerne le froment), *fromental* n. m. (autre nom de l'*avoine élevée*).

frondaison n. f. Finale en *-aison*.

frontal, ale, aux adj. Masculin pluriel en *-aux*.

frontalier, ière adj. *ou* n. Bien prononcer [fʀɔ̃talje, fʀɔ̃taljɛʀ], avec [lj].

frontignan n. m. Avec un *f* minuscule : *du frontignan (Boire du frontignan. Une bouteille de frontignan)*. — Avec un *F* majuscule : *du vin de Frontignan* (= de la région de la ville de Frontignan).

frontispice, fronton Deux noms masculins à bien distinguer.

1 frontispice Autrefois, façade principale d'un édifice. — De nos jours, titre d'un ouvrage placé sur la première page, accompagné souvent de divers ornements (gravure, etc.).

2 fronton Ornement, triangulaire ou en forme de segment de cercle, qui surmonte la façade ou l'entrée d'un édifice.

frotter v. t. Deux *t.* Dérivés : *frottage, frottée, frottement, frotteur, frottis* [fʀɔti], *frottoir.*

frou-frou ou **froufrou** n. m. — Pl. : *des frous-frous* ou *des froufrous.* — La forme *froufrou* est à préférer à *frou-frou.* — Dérivés : *froufroutant, froufrouter* (toujours en un seul mot, sans trait d'union).

fructidor n. m. Mois du calendrier révolutionnaire (août et septembre). — Un *f* minuscule.

frugal, ale, aux adj. *Repas frugal,* peu abondant, simple. — Qui se contente de peu : *Un paysan frugal.* — Masculin pluriel en *-aux : des repas frugaux.* — Attention au paronyme *fringale,* grande faim. ▼ Ne pas employer *frugal,* par contresens, au sens de « substantiel ».

fruste adj. Au sens originel et exact, qualifie une monnaie dont l'effigie et les inscriptions sont usées par le frottement dû à un long usage : *Une pièce d'argent fruste.* — *(par extension, rare)* Qualifie une statue dont le relief est dégradé : *Une vieille statue fruste.* — Au sens usuel, moderne et abusif, qualifie une personne dénuée de culture, de raffinement, de délicatesse, d'éducation : *Un homme fruste et brutal.* — Dans la langue très surveillée, on dira plutôt, selon le sens : *mal dégrossi, inculte, épais, lourd, rustique, grossier, rude,* etc. ▼ Ne pas déformer le mot en **frustre* (faute due à l'influence combinée de *frustrer* et de *rustre* ; c'est l'influence de *rustre* qui a provoqué l'évolution du sens de *fruste*).

fuchsia Plante. — Prononciation : [fyksja], plutôt que [fyʃja]. — Pl. : *des fuchsias* [-sja]. — Toujours masculin : *De beaux fuchsias.* — Ne pas déformer en **fuschia.*

fuchsine n. f. Matière colorante. — Prononciation : [fyksin]. — Ne pas déformer en **fuschine.*

fucus n. m. Algue brune. — Prononciation : [fykys]. — Pl. : *des fucus* [-kys].

fuégien, ienne adj. *ou* n. De la Terre de Feu. — Attention à la majuscule : *Les tribus fuégiennes. Les Fuégiens.*

fuel n. m. Anglicisme qui désigne le *mazout* (ce dernier mot est à préférer). — Prononciation : [fjul]. — Pl. : *des fuels* [fjul]. ▼ Bien distinguer le *fuel* du *gas-oil,* produit pétrolier plus léger.

fuero n. m. Autrefois, en Espagne, charte des privilèges d'une ville, d'une province. — Mot espagnol non francisé. Prononciation : [fweʀo]. Pl. : *des fueros* [-ʀos].

fugace, fugitif Deux adjectifs à distinguer.

1 fugace Qui dure peu, qui s'efface vite : *Une apparition, une vision, une impression fugace.*

2 fugitif, ive Peut être synonyme de *fugace (Une vision fugitive).* Peut aussi s'employer au sens de « qui est en fuite » : *Un esclave fugitif. Arrêter un fugitif.*

Führer n. m. *(mot allemand)* Titre que porta le chancelier Hitler, dictateur de l'Allemagne. — Prononciation : [fyʀəʀ]. — Attention au tréma sur le *u* et au *h* intérieur. — Un *F* majuscule : *L'obéissance absolue au Führer.*

fuir v. i. *ou* v. t. Conjug. **37.** *Je fuis, tu fuis, il fuit, nous fuyons, vous fuyez, ils fuient — Je fuyais, tu fuyais, il fuyait, nous fuyions, vous fuyiez, ils fuyaient. — Je fuis, tu fuis, il fuit, nous fuîmes, vous fuîtes, ils fuirent. — Je fuirai. — Je fuirais — Fuis, fuyons, fuyez. — Que je fuie, que tu fuies, qu'il fuie, que nous fuyions, que vous fuyiez, qu'ils fuient — Que je fuisse. — Fuyant. — Fui, fuie.* ▼ Attention au *i* après l'*y* à la première et à la deuxième personne du pluriel de l'indicatif imparfait et du subjonctif présent : *(que) nous fuyions, (que) vous fuyiez.* — Les trois personnes du singulier de l'indicatif présent et du passé simple sont identiques : *Je fuis, tu fuis, il fuit.*

fuligineux, euse adj. Qui produit de la suie ; noirâtre ; obscur, fumeux. — Un seul *l.*

full n. m. Anglicisme de la langue du poker. — Deux *l.* — Prononciation : [ful]. — Pl. : *des fulls* [ful].

fulmicoton n. m. En un seul mot, sans trait d'union.

fulminer Constructions.

1 Se construit normalement, au sens usuel, sans complément direct : *Il ne cesse de fulminer. Il fulmine contre les impôts, contre le gouvernement.*

2 Dans la langue religieuse, se construit correctement avec un complément direct : *Fulminer une sentence d'excommunication. Fulminer l'anathème.* De là, par métaphore, des constructions telles que : *Fulminer une condamnation générale de la vie moderne.* Cette extension est parfaitement admissible dans la langue littéraire.

fume-cigare n. m Invariable : *des fume-cigare.*

fume-cigarette n. m. Invariable : *des fume-cigarette.*

fumerolle n. f. Emanation de gaz, au flanc d'un volcan. — Deux *l.*

fumet n. m. Odeur. — Finale en *-et.*

fumeterre Plante. — En un seul mot, sans trait d'union. — Féminin : *La fumeterre est dépurative.*

fumoir n. m Finale en *-oir.*

funèbre, funéraire, funeste Ces adjectifs ne sont pas interchangeables.

1 funèbre Qui concerne la mort ou les funérailles. S'emploie surtout dans des expressions figées : *Chant funèbre. Jeux funèbres* (dans l'Antiquité). *Veillée funèbre. Pompes funèbres. Cérémonie funèbre. Honneurs funèbres. Service funèbre. Marche funèbre. Discours, éloge, oraison funèbre.* — *(par extension)* Qui fait penser à la mort, qui est d'une tristesse angoissante et poignante : *Un silence funèbre. Un ciel funèbre d'hiver.*

2 funéraire Qui concerne les funérailles, les tombeaux : *Urne funéraire* (où l'on met les cendres d'un mort). *Dalle funéraire* (pierre du tombeau). *Ornements funéraires* (couronnes, etc.) *Frais funéraires* (dépenses faites pour les obsèques). *Art funéraire* (construction des tombeaux, etc.). *Mobilier funéraire* (objets placés dans les tombeaux par certains peuples). — Indépendamment des expressions consacrées, *funéraire* se distingue de *funèbre* par le fait qu'il est un mot moins littéraire, moins « noble » et qu'il s'applique plutôt aux choses matérielles.

3 funeste *(littéraire)* Qui cause la mort : *Maladie funeste. Accident funeste.* — Qui annonce la mort ou le malheur, qui est cause ou signe de malheur, de catastrophe : *Un funeste présage. Une imprudence funeste. Un projet funeste.* — *Funeste à,* très dangereux pour, fatal à : *Sa décision lui a été funeste. Une guerre funeste à la prospérité du royaume*

funérailles Toujours féminin et toujours au pluriel : *Des funérailles fastueuses.*

funiculaire n. m. Finale en *-aire.*

fur n. m. Ne s'emploie que dans la locution figée *au fur et à mesure : Au fur et à mesure que* le temps passe, le travail devient plus facile. Peut être remplacé par *à mesure : A mesure que le temps passe...* — Ne pas déformer en **à fur et à mesure* ni en **au fur et mesure.*

furet n. m. Animal. — Finale en *-et.*

fureter v. i. Conjug. **15.** *Je furète, je furèterai, nous furetons.*

furibond adv. Un *-d* à la fin. Féminin : *furibonde.*

furieux, euse adj. Plusieurs constructions.

1 Le complément désignant une chose est introduit par *de : Je suis furieux de ce contretemps. Il est furieux d'avoir manqué cette occasion.*

2 La proposition complétive personnelle est introduite par *que* et non par *de ce que* (verbe au subjonctif) : *Il est furieux que nous ayons refusé ses conditions.*

3 Le complément désignant une personne est introduit par *contre : Il est furieux contre nous.* ▼ Eviter le tour *être furieux après quelqu'un,* qui appartient à la langue relâchée.

furioso adv. *ou* adj. (terme de musique) Toujours invariable : *Des allegro furioso.*

fusain n. m. Finale en *-ain* — Dérivé : *fusainiste* [fyzenist(ə)] ou *fusiniste* [fyzinist(ə)] n. m. *ou* n. f. (artiste qui dessine au fusain).

fuseler v. t. Conjug. **13.** *Je fuselle, je fusellerai.*

fusil [fyzi] n. m. Attention au *-l* final. — On écrit maintenant, avec un trait d'union : *fusil-mitrailleur* (pl. : *des fusils-mitrailleurs).*

fusilier, fusiller Deux mots à bien distinguer.

1 Un fusilier [fyzilje], avec [lj] et non [j]. Nom masculin qui désigne un soldat équipé d'un fusil (dans la marine et dans l'armée de l'air) : *Les fusiliers de l'air.* — On écrit, sans trait d'union : *fusilier marin* (pl. : *des fusiliers marins).*

2 fusiller [fyzije] v. t. Exécuter par fusillade : *On a fusillé un espion.* — Attention au *i* après le groupe *-ill-* à la première et à la deuxième personne du pluriel de l'indicatif imparfait et du subjonctif présent : *(que) nous fusillions, (que) vous fusilliez.*

fusion n. f. Les dérivés prennent deux *n : fusionnement, fusionner.*

fustanelle n. f. Jupon porté par les Grecs modernes (jusqu'au XIXe siècle). — Deux *l.*

fustiger v. t. Conjug. **16.** Prend un *e* après le *g* devant *a* ou *o* : *il fustigea, nous fustigeons.*

fût n. m. Tronc d'un arbre ; tonneau, etc. — Un accent circonflexe. ▼ Les dérivés s'écrivent sans accent : *futaie, futaille.*

fût, fut Distinguer par l'accent ces deux formes du verbe *être* : *qu'il fût* (imparfait du subjonctif), *il fut (passé simple).* — *Après qu'il fut arrivé* (et non *après qu'il *fût arrivé*) ▷ **après** (7).

futaie n. f. Pas d'accent circonflexe sur le *u.*

futaine n. f. Etoffe. — Pas d'accent sur le *u.* Finale en *-aine.*

fût-ce ▷ **être** (IV, 11). Bien distinguer *fût-ce* et *fut-ce* : *S'il pouvait écrire, fût-ce quelques mots !* (= même seulement quelques mots ; invariable). *Fut-ce appréhension ou indifférence* (passé simple dans une construction interrogative).

futé, ée adj. Rusé. — Pas d'accent circonflexe sur le *u.*

futile adj. Finale en *-ile,* même au masculin. — Dérivés : *futilement, futilité.*

fuyant, ante adj. Bien prononcer [fɥijɑ̃, ɑ̃t], avec [ɥi].

fuyard, arde adj. *ou* n. Bien prononcer [fɥijaʀ, aʀd(ə)], avec [ɥi].

G

gabare ou **gabarre** n. f. Bateau. — La graphie *gabare* est à préférer à *gabarre*. — Dérivé : *gabarier* (patron d'une gabare).

gabarit n. m. Finale en *-it.* — Prononciation : [gabaʀi].

gabelle n. f. Deux *l,* à la différence de *gabelou* (pl. : *des gabelous*).

gabion n. m. Les dérivés *gabionnage, gabionner, gabionneur* prennent deux *n.*

gable [gabl(ə)] ou **gâble** [gɑbl(ə)] n. m. (terme d'architecture) La forme *gable* semble la plus fréquente.

gâche n. f. (terme de serrurerie) Un accent circonflexe.

gâcher v. t. Accent circonflexe sur le *a.* De même : *gâchage, gâche* n. f. (outil de plâtrier, de pâtissier), *gâcheur, gâchis.*

gâchette, détente ▼ La *gâchette* est la pièce, invisible, qui retient le percuteur d'une arme à feu et qui le libère quand on appuie sur la détente. La *détente* est la pièce saillante et visible sur laquelle on appuie avec le doigt pour tirer un coup de feu. Ne pas écrire *appuyer sur la *gâchette,* mais *appuyer sur la détente.* Ne pas écrire *avoir le doigt sur la *gâchette,* mais *avoir le doigt sur la détente.*

gadget n. m. *(anglicisme)* Prononciation : [gadʒɛt]. — Pl. : *des gadgets* [-dʒɛt].

gadoue n. f. Boue, ordure. — Eviter la déformation populaire *gadouille.*

gaélique adj. *ou* n. m. Des Gaëls, peuple celte qui s'installa en Irlande et en Ecosse, dans l'Antiquité : *Les coutumes gaéliques.* — *Les langues gaéliques* ou (n. m.) *le gaélique :* groupe de langues celtiques qui comprend le *gaélique d'Ecosse* (ou *écossais* ou *erse*) et le *gaélique d'Irlande* (ou *irlandais*). — Accent aigu sur le *e* et non tréma. — Jamais de majuscule. — En revanche : *les Gaëls,* peuple.

1. gaffe n. f. Perche à crochet. — Deux *f.* De même : *gaffer* v. t. (saisir avec une gaffe).

2. gaffe n. f. *(familier)* Maladresse, impair. — Deux *f.* De même : *gaffer, gaffeur.*

gag n. m. Prononciation : [gag]. — Pl. : *des gags* [gag].

gaga adj. *ou* n. *(familier)* Gâteux. — Généralement invariable dans l'emploi adjectif : *Ces vieilles sont gaga.* En revanche, on écrit plutôt : *des gagas.*

gager v. t. Conjug. **16.** Prend un *e* après le *g* devant *a* ou *o : il gagea, nous gageons.*

gageure n. f. ▼ Doit se prononcer [gaʒyʀ], avec [y], et non *[gaʒœʀ], avec [œ].

gagne- Parmi les noms en *gagne-,* deux sont invariables (*des gagne-pain, des gagne-petit*), un est variable : (*un gagne-denier, des gagne-deniers*).

gagner v. i. *ou* v. t. Conjugaison et emploi.

1 Attention au *i* après le groupe *gn* à la première et à la deuxième personne du pluriel de l'indicatif imparfait ou du subjonctif présent : *(que) nous gagnions, (que) vous gagniez).*

2 On dit, très correctement : *gagner une guerre, une bataille, gagner une course, gagner une épreuve sportive, un match.* En revanche, on dit : *remporter la victoire, remporter un succès* (et non **gagner la victoire, gagner un succès*). On dit : *être vainqueur dans un combat* (et non *gagner un combat,* expression critiquée). On dit : *gagner un procès,* mais *l'emporter dans un débat, dans une discussion* (et non **gagner un débat, une discussion*). Les emplois corrects de *gagner* peuvent d'ailleurs être l'objet d'extensions analogiques admises par le bon usage : par exemple, sur le modèle de *gagner la guerre,* on a forgé *gagner la paix.* — De même, on peut écrire indifféremment : *Ce parti veut gagner les élections* ou *veut gagner aux élections* (les deux tours sont corrects).

gai adj. Féminin : *gaie.* ▼ Les dérivés *gaiement* et *gaieté* s'écrivent avec un *e* intérieur. Les graphies *gaîment* et *gaîté* sont vieillies. Exceptions : les noms propres *rue de la Gaîté, la Gaîté-Lyrique, le théâtre de la Gaîté.*

gaiement, gaieté (gaîment, gaîté) ▷ **gai.**

gaine n.f. ▼ Pas d'accent circonflexe sur le *i.* De même : *gainer, gainerie, gainier, gaine-culotte* (pl. : *des gaines-culottes), gainule.*

galalithe n. f. Matière plastique. — Attention au groupe -*th*-.

galamment adv. Finale en -*amment* (vient de *galant).*

galant, ante adj. *ou* n. m. Orthographe et sens.

1 Avec un *V* et un *G* majuscules et sans trait d'union : *le Vert Galant,* le roi Henri IV.

2 Bien distinguer *un galant homme,* un homme d'honneur, généreux et délicat dans ses procédés (vieilli), et *un homme galant,* qui est plein d'égards envers les femmes et qui cherche à leur plaire. — L'expression *femme galante* est péjorative et vieillie. Elle désignait une femme de mœurs très légères, une courtisane. On ne dit pas **galante femme.*

galantine n. f. Un seul *l.*

galapiat n. m. *(familier)* Finale en -*at.*

galaxie [galaksi] n. f. L'adjectif correspondant est *galactique* [galaktik].

gale, galle Deux noms féminins homophones.

1 gale Maladie de la peau. — Maladie des végétaux provoquée par des champignons microscopiques : *Gale poudreuse des pommes de terre. Gale de l'écorce.*

2 galle Excroissance produite sur un végétal par la réaction à la présence d'un parasite (insecte, larve) : *La galle du chêne* (ou *noix de galle) est très riche en tanin.*

galène n. f. Sulfure naturel de plomb. — Un seul *l.*

galère n. f. Accent grave, à la différence de *galérien.*

galerie n. f. Un seul *l.*

galet n. m. Finale en -*et.*

galetas [galta] n. m. Finale en -*as.* — Désigne un logement très exigu et inconfortable, un taudis. — Aucun rapport avec *grabat,* lit misérable d'un pauvre ou d'un malade.

galette n. f. Un seul *l,* deux *t.*

galimafrée n. f. *(vieux)* Ragoût fait de restes de viande. — *(vieilli et familier)* Mets peu appétissant. — N'est pas synonyme de « repas abondant ».

galimatias [galimatja] n. m. Finale en -*as.*

galle, gale ▷ **gale.**

gallican, ane adj. Deux *l.* Un seul *n* au féminin : *L'Eglise gallicane.* — Dérivé : *gallicanisme.*

gallicanisme n. m. Doctrine religieuse. — Deux *l.*

gallicisme n. m. Tour grammatical. — Deux *l.*

gallinacés ou **galliformes** n. m. pl. Deux *l.* Peut s'employer au singulier : *La poule est un gallinacé.*

gallois, oise adj. *ou* n. Du pays de Galles. — Attention à la majuscule : *La population galloise. Les Gallois.* — N. m. *Le gallois :* langue celtique.

gallon, galon Ne pas écrire *gallon* [gal5] n. m., mesure de capacité anglaise ou américaine, comme *galon,* ruban.

gallo-romain, gallo-roman Deux mots paronymes à bien distinguer.

1 gallo-romain, aine adj. *ou* n. De la Gaule, pendant la domination romaine (de 50 av. J.-C. à la fin du Ve siècle de notre ère) : *L'art gallo-romain. La civilisation gallo-romaine. Les monuments gallo-romains. Les œuvres d'art gallo-romaines.* — (avec un *G* et un *R* majuscules) Habitant de la Gaule à cette époque : *Les Gallo-Romains. Une Gallo-Romaine.*

2 gallo-roman, ane n. m. *ou* adj. *Le gallo-roman,* la langue, issue du latin et parlée en Gaule entre le Vᵉ et le IXᵉ ou Xᵉ siècle, dont dérivent les divers dialectes de l'ancien français : *Les mots gallo-romans. La phonétique gallo-romane. Les particularités gallo-romanes.*

galluchat ▷ galuchat.

gallup n. m. Anglicisme vieilli qui désignait un sondage d'opinion. — Prononciation : [galœp]. — Pl. : *des gallups* [-lœp].

galoche n. f. De nos jours, on dit *menton en galoche* et non *menton de galoche.*

galon n. m. Ruban ; insigne de grade. — Ne pas écrire comme *gallon,* mesure anglaise ou américaine de capacité. — Les mots de la même famille prennent deux *n* : *galonné, galonner, galonnier.*

galop n. m. Prononciation : [galo], le *-p* final est toujours muet. — Un seul *p* dans les dérivés : *galopade, galopant, galoper, galopeur, galopin.*

galuchat n. m. Cuir. — L'orthographe *galluchat* est vieillie.

galvano- Les composés de *galvano* s'écrivent sans trait d'union : *galvanomètre, galvanocautère,* etc.

galvauder v. t. Avec *-au-.* De même : *galvaudage, galvaudé.*

gamelle n. f. Un seul *m,* deux *l.*

gamète (biologie) Cellule reproductrice. — Finale en *-ète.* ▼ Toujours masculin : *Le gamète mâle. Le gamète femelle.*

gamin, ine n. m. *ou* f. Un seul *n* dans les dérivés : *gaminer, gaminerie.*

gamma n. m. Lettre grecque. — On écrit : *des rayons γ* ou *des rayons gamma* (*gamma* sans *-s*).

gamme n. f. Deux *m.*

gammée adj. f. *Croix gammée.* — Deux *m.*

gamo- Préfixe (du grec *gamos* « mariage, union »), qui s'écrit avec un seul *m* et qui entre dans la formation de quelques mots savants comme : *gamopétale, gamophylle, gamosépale,* etc.

gang n. m. (anglicisme) Prononciation : [gãg]. — Pl. : *des gangs* [gãg]. — Pour éviter cet anglicisme, employer plutôt : *bande.*

ganglion n. m. Deux *n* dans les dérivés : *ganglionnaire, ganglionné.*

gangrène [gãgʀɛn] n. f. Un accent grave, à la différence de *gangreneux* [gãgʀənø]. — Le verbe *gangrener* [gãgʀəne] se conjugue sur le modèle **12** : *la plaie se gangrène* [gãgʀɛn], *se gangrènera* [gãgʀɛnʀa], mais *la plaie se gangrenait* [gãgʀənɛ], *se gangrena* [gãgʀəna].

ganster n. m. (anglicisme) Prononciation : [gãgstɛʀ]. — Pl. : *des gangsters* [-stɛʀ]. — Pas de forme pour le féminin. On dit : *une femme gangster.* — Le dérivé français *gangstérisme* prend un accent aigu. — Pour éviter ces anglicismes, employer plutôt : *bandit, banditisme.*

gangue, cangue ▷ cangue.

ganse n. f. Un *s.* De même : *gansé, ganser, gansette.*

gap n. m. (anglicisme) Prononciation : [gap]. — Pl. : *des gaps* [gap]. — Pour éviter cet anglicisme à la mode dans la langue technique, écrire plutôt, selon les cas : *écart* (*inflationniste*), *déficit* (*commercial*), *retard* (*technologique*).

garance n. f. *ou* adj. Comme adjectif, toujours invariable : *Des pantalons garance.*

garant, ante adj. *ou* n. Question de l'accord.

1 Appliqué à un nom de personne ou de chose sans article, varie en nombre et en genre : *Ces banquiers sont garants du remboursement de cet emprunt. Sa conduite est garante de sa bonne foi.*

2 Le nom masculin *garant* désignant une personne prend la marque du pluriel, même accompagné de l'article : *Ses amis sont des garants sûrs pour cet emprunt.*

3 En revanche, *un garant, le garant* est toujours employé au masculin singulier quand le mot signifie « garantie » et s'applique à une chose : *Sa conduite est un garant* (et non **une garante*) *pour l'avenir. Ses actes sont le garant de sa loyauté* (et non **les garants*).

garçon n. m. Orthographe des dérivés et des expressions ; emploi populaire.

1 Deux *n* dans les dérivés : *garçonne, garçonnet, garçonnière.*

2 Sans trait d'union : *garçon de café, garçon coiffeur, garçon épicier, garçon boulanger, garçon boucher...*

3 Le mot *garçon* ne s'emploie au sens de *fils* que dans la langue populaire. Ne pas dire : *Son*

garçon fait son service militaire (mais *son fils*).
— En revanche, emploi correct quand le mot
s'oppose à *fille* : *Il a quatre enfants, une fille
et trois garçons.*

1. garde n. f. Expressions.

I *N'avoir garde de,* **suivi de l'infinitif.** Signifie
« avoir soin de ne pas » : *Je n'ai eu garde de
faire des réflexions désagréables* (= j'ai eu soin
de ne pas faire de réflexions désagréables). On
évitera de dire : *J'ai eu garde de faire...*

II *Prendre garde de,* **suivi de l'infinitif.** Signifie
« éviter avec soin de » : *Prenez garde de vous
laisser duper.* ▼ On rencontre souvent *prendre
garde de* employé dans ce sens avec la négation :
Prenez garde de ne pas vous laisser duper. Ce
tour est équivoque et tout à fait déconseillé.

III *Prendre garde à,* **suivi de l'infinitif.** Signifie
« avoir soin de » : *Prenez garde à bien fermer
la porte.* — Peut très correctement être suivi
de *ne pas* : *Prenez garde à ne pas laisser la porte
ouverte, un rôdeur pourrait entrer.* — Ces tours
appartiennent à la langue recherchée, un peu
archaïsante.

IV Prendre garde que.

1 Avec l'indicatif. Signifie « remarquer (en
faisant attention) » : *Prenez garde que nous
sommes à quinze jours de l'échéance. Je n'ai pas
pris garde que nous sommes aujourd'hui jeudi.*

2 Avec le subjonctif, sans *ne.* Signifie
« prendre soin que, chercher à obtenir que » :
*Je prends garde que tout soit prêt pour demain
soir.* ▼ Éviter la construction *prendre garde à
ce que (Prenez garde à ce que tout soit prêt).*
Elle est considérée comme peu correcte.

3 Avec le subjonctif accompagné de *ne.*
Signifie « chercher à éviter que » : *Il prend
garde que ses adversaires ne soient informés de
ses intentions.* Ce tour est littéraire et un peu
archaïsant. On évitera l'emploi, incorrect, de
la négation complète *ne... pas : Il prend garde
que ses adversaires ne soient *pas informés...*

2. garde (mots composés) Plusieurs cas à
considérer.

1 Le premier élément est le substantif masculin
un garde **et le second élément est un adjectif.**
Dans ce cas, pas de trait d'union. Les deux
éléments prennent la marque du pluriel : *Un
garde mobile, des gardes mobiles. Un garde
champêtre, des gardes champêtres. Un garde
municipal, des gardes municipaux.* — Exception : *Un garde-française* ▷ **garde (-) française.**

2 Le second élément est un substantif. Dans
ce cas, un trait d'union : *Un, une garde-barrière.
Un garde-chasse. Un garde-boue. Une garde-
robe.*

3 Le composé désigne une personne. Au pluriel,
le premier élément *garde-* prend un *-s.* Le
second élément prend un *-s* dans certains cas.
La forme du pluriel dépend souvent du sens :
*Il y a deux gardes-malades seulement dans
notre ville* (= des personnes dont le métier est
de garder *des* malades). *Au cours de sa maladie,
il a eu successivement deux gardes-malade*
(personnes qui ont gardé *un* malade).

4 Le composé désigne une chose. Le premier
élément reste invariable. L'usage régit pour
chaque mot la présence ou l'absence de la
marque du pluriel au second élément : *Des
garde-boue. Des garde-cendre* ou *des garde-
cendres. Des garde-fous.*

garde à vous ! et **garde-à-vous** Distinguer par
l'orthographe le commandement militaire
Garde à vous ! (sans traits d'union) et *le
garde-à-vous* (avec des traits d'union), nom
masculin invariable qui désigne la position
réglementaire correspondante : *Le capitaine
s'avança et cria : « Garde à vous ! ». Le soldat
s'immobilisa au garde-à-vous.*

garde-barrière n. m. *ou* f. — Pl. : *des gardes-
barrière* ou *des gardes-barrières.*

garde-bœuf n. m. Petit héron. — Pl. : *des
gardes-bœuf* [-bœf] ou *des gardes-bœufs* [-bø].

garde-boue n. m. Invariable : *des garde-boue.*

garde-cendre ou garde-cendres n. m. Plaque
métallique devant le foyer d'une cheminée. —
Pl. : *des garde-cendre* ou *des garde-cendres.*

garde champêtre n. m. Pas de trait d'union. —
Pl. : *des gardes champêtres.*

garde-chasse n. m. — Pl. : *des gardes-chasse.*

garde-chiourme n. m. — Pl. : *des gardes-
chiourme.* — Pas de forme spéciale pour le
féminin quand le mot, au figuré, s'applique à
une femme : *Cette surveillante est un garde-
chiourme.*

garde-corps n. m. Parapet, rambarde. — Invariable : *des garde-corps.*

garde-côte n. m. Deux sens, deux pluriels.

1 (*autrefois*) Membre d'une milice qui surveil-
lait le littoral, en temps de guerre. — Pl. : *des
gardes-côtes.*

2 (*de nos jours*) Navire ou embarcation qui
patrouille le long des côtes. — Pl. : *des
garde-côtes.*

garde-feu n. m. Invariable : *des garde-feu.*

garde forestier n. m. Pas de trait d'union. —
Pl. : *des gardes forestiers.*

garde-fou n. m. — Pl. : *des garde-fous.*

garde française, garde-française Distinguer
par l'orthographe *le régiment des gardes françaises* (sans trait d'union) et *un garde-française*
(avec un trait d'union), soldat faisant partie de
ce régiment (pl. : *des gardes-françaises).*

garde-frein n. m. — Pl. : *des gardes-frein* ou *des
gardes-freins.*

garde-frontière n. m. — Pl. : *des gardes-
frontière* ou *des gardes-frontières.*

garde-magasin n. m. — Pl. : *des gardes-magasin*
ou *des gardes-magasins.*

garde-main n. m. Partie du fusil. — Pl. : *des
garde-main* ou *des garde-mains.*

garde-malade n. m. — Pl. : *des gardes-malades*
ou parfois *des gardes-malade* ▷ **garde 2** (3).

garde-manège n. m. — Pl. : *des gardes-manège*
ou *des gardes-manèges.*

garde-manger n. m. — Invariable : *des garde-
manger.*

garde-marine, garde maritime Ces deux noms
masculins ne sont pas synonymes.

1 Un garde-marine (avec un trait d'union) Sous
l'Ancien Régime, élève officier de marine. —
Pl. : *des gardes-marine.*

2 Un garde maritime (sans trait d'union) Dans
certains pays, militaire ou policier qui veille à
la sécurité du littoral ou surveille le trafic
portuaire. — Pl. : *des gardes maritimes.*

garde-meuble n. m. —Pl. : *des garde-meuble* ou,
plus souvent, *des garde-meubles.*

garde-mites n. m. *(argot militaire)* Garde-
magasin. — Pl. : *des gardes-mites.*

garde mobile n. m. Pas de trait d'union. — Pl. :
des gardes mobiles.

garde municipal n. m. Pas de trait d'union. —
Pl. : *des gardes municipaux.*

garde-nappe n. m. Plateau qui protège une
nappe. — Invariable : *des garde-nappe.*

gardénia Plante ; fleur de cette plante. — Pl. :
des gardénias [-nja]. — Toujours masculin : *Un
gardénia odorant.*

garden-party n. f. *(anglicisme)* Prononciation :
[gaʀdɛnpaʀti]. — Pl. : *des garden-parties* [-ti].

garde-pêche n. m. Deux sens, deux pluriels.

1 Garde chargé de faire respecter les règlements
concernant la pêche. — Pl : *des gardes-pêche.*

2 Embarcation ou navire qui surveille la pêche
en mer. — Pl. : *des garde-pêche.*

garde-place n. m. Dans une voiture de chemin
de fer, petit cadre dans lequel on insère le ticket
de réservation. — Pl. : *des garde-places.*

garde-port n. m. Celui qui surveille un port fluvial. — Pl. : *des gardes-port* ou *des gardes-ports.*

garder Constructions rares ou difficiles.

1 *Garder que,* **suivi de** *ne* **et du subjonctif.**
Signifie « éviter que, prendre soin que ne...
pas » : *Gardez qu'on ne vous fasse tort.* Tour
rare et littéraire, mais correct.

2 *Se garder de,* **suivi de l'infinitif.** Signifie « éviter
soigneusement de » : *Garde-toi bien de dévoiler
tes projets.* Tour usuel dans la langue moderne. ▼
Ne pas dire, par exemple, *Garde-toi de *ne pas
tomber malade* au lieu de *Garde-toi de tomber
malade.* La première de ces phrases signifierait
« évite de ne pas tomber malade », c'est-à-dire
« tombe malade », soit le contraire de ce que
l'on veut dire. Cette faute, assez fréquente, vient
du croisement du tour *Garde-toi de tomber malade* avec le tour *Ne tombe pas malade.*

garde-rats n. m. Disque en tôle qui empêche les
rats de grimper le long des amarres d'un navire
à quai. — Invariable. Un *-s* à *rat,* même au
singulier. — Pl. : *des garde-rats.*

garde républicain n. m. Pas de trait d'union.
— Pl. : *des gardes républicains.*

garde-rivière n. m. — Pl. : *des gardes-rivière* ou
des gardes-rivières.

garde-robe n. f. — Pl. : *des garde-robes.*

garde sanitaire n m. Pas de trait d'union. —
Pl. : *des gardes sanitaires.*

garde-temps n. m. Invariable : *des garde-temps.*

garde-voie n. m. — Pl. : *des gardes-voie* ou *des
gardes-voies.*

garde-vue n. m. Visière ; abat-jour. — Invariable : *des garde-vue.*

gardian n. m. [gaʀdjɑ̃] En Camargue, gardien
à cheval qui surveille les troupeaux. — Ne pas
écrire *guardian.*

gardien n. m. Le féminin prend deux *n :* *gardienne.* De même : *gardiennage.* — De nos jours, on dit plutôt *gardienne (d'immeuble) que concierge* (terme considéré comme un peu péjoratif).

gare n. f. Dire : *Le train entre en gare* (et non *dans la gare*).

gare ! Dans la langue très surveillée, on dira plutôt *Gare la punition ! Gare les coups !* que *Gare à la punition ! Gare aux coups !* — En revanche, *à* s'emploie obligatoirement devant un pronom, dans les tours tels que : *Gare à toi ! Gare à vous !*

garenne [garɛn] n. f. Deux *n.* — L'expression *un garenne* pour dire *un lapin de garenne* est assez familière.

gargantua n. m. Au sens figuré, « gros mangeur », s'écrit avec une minuscule et prend la marque du pluriel : *Ces enfants, quels gargantuas !*

gargote n. f. Un seul *t.* De même : *gargotier, ière.*

gargousse n. f. Charge de poudre servant à charger un canon. — Ne pas déformer en **cargousse* ni en **gargouse.*

garrigue n. f. Deux *r.*

1. garrot n. m. *Le garrot d'un bœuf.* — Deux *r.* Finale en *-ot.*

2. garrot n. m. Lien ; supplice espagnol. — Deux *r.* Finale en *-ot.* — Dérivés, avec deux *r* et deux *t : garrottage, garrotter.*

garrotte n. f. *(vieilli)* En Espagne, supplice consistant à étrangler le condamné avec un collier de fer. — Prononciation : [garɔt]. — Deux *r,* deux *t.* — De nos jours, on dit : *supplice du garrot.*

gars n. m. *(familier)* Garçon. — Prononciation : [gɑ].

gascon, onne adj. *ou* n. De Gascogne. — Attention à la majuscule : *La population gasconne. Les Gascons.* N. m. *Le gascon :* ensemble de dialectes occitans parlés dans le sud-ouest de la France. — Le féminin prend deux *n.* De même : *gasconnade, gasconner.*

gas-oil ou gasoil n. m. Anglicisme qui désigne un produit pétrolier plus léger que le *fuel* (ou *mazout*), mais plus lourd que le *pétrole lampant* (ou *kérosène*). — Prononciation : à l'anglaise [gazɔjl] ou, moins bien, [gazwal]. — Pl. : *des*

gas-oils [ɔjl] ou *des gasoils* [-ɔjl]. ▼ Ne pas écrire, avec un *z,* **gaz-oil* ou **gazoil.* — L'Administration recommande de franciser le mot en *gazole* [gazɔl] n. m.

gaspiller v. t. Attention au *i* après le groupe *-ill-* à la première et à la deuxième personne du pluriel de l'indicatif imparfait et du subjonctif présent : *(que) nous gaspillions, (que) vous gaspilliez.*

gastr-, gastro- Orthographe des composés.

1 Sans trait d'union : *gastralgie, gastralgique, gastrectasie, gastrectomie, gastrectomiser, gastrique, gastrite, gastrocèle, gastrologie, gastrologique, gastromycètes* ou *gastéromycètes, gastronome, gastronomie, gastronomique, gastropodes* ou *gastéropodes, gastrorrhée, gastroscope, gastroscopie, gastrostomie, gastrotomie, gastrula, gastrulation.*

2 Avec un trait d'union : *gastro-colique, gastrocolite, gastro-entérique, gastro-entérite, gastro-entérocolite, gastro-entérologie, gastro-entérologue, gastro-entéroptôse, gastro-entérostomie, gastro-épiploïque, gastro-intestinal, ale, aux.*

gâteau n. m. Accent grave sur le *a.* — Pl. : *des gâteaux.* — Invariable dans l'emploi adjectif : *des papas gâteau, des mamans gâteau* (sans trait d'union).

gâter v. t. Accent circonflexe sur *a.* De même : *gâté, ée, gâterie, gâteux, gâtine, gâtisme.*

gâte-sauce n. m. Invariable : *des gâte-sauce.*

gauche adj. *ou* n. f. *A main gauche,* du côté gauche quand on regarde devant soi : *Devant vous, vous avez la mairie ; à main gauche, vous avez la salle des fêtes.* Tour très correct un peu vieilli. De nos jours, on dit usuellement : *à gauche.*

gaucho n. m. En Argentine, gardien de troupeau. — Prononciation : [goʃo] ou, à l'espagnole, [gawtʃo]. Pl. : *des gauchos* [goʃo] ou [gawtʃos].

gaudriole n. f. Un seule *l.*

gaufre n. f. Un seul *f.* De même : *gaufrage, gaufrer, gaufrette, gaufreur, gaufrier, gaufroir, gaufrure.*

gaule n. f. Perche. — Un seul *l.*

gaulois, oise adj. *ou* n. Attention à la majuscule : *La population gauloise. Les Gaulois.* — *Les Gauloises :* marque de cigarettes. Nom déposé, donc un *G* majuscule. — Un seul *l* comme dans *Gaule.* De même : *gauloisement, gauloiserie.*

gauss [gos] n. m. inv. Unité d'induction magnétique. — Composé : *gaussmètre* (en un seul mot, sans trait d'union).

gausser (se) v. pron. Synonyme vieilli et littéraire de *se moquer, se rire*. — Se construit avec *de*. Le participe passé s'accorde avec le sujet : *Elles se sont gaussées de nous.*

gavial n. m. Animal. — Pl. : *des gavials.*

gavotte n. f. Danse. — Deux *t.*

gavroche n. m. *ou* adj. Gamin de Paris. — Pas de majuscule : *Les gavroches de Belleville.* — Comme adjectif, toujours invariable : *Il se donne des airs gavroche.*

gaz n. m. inv. Un *z.* De même : *gazage, gazé, ée, gazéification, gazéifié, ée, gazéifier, gazéiforme, gazer, gazeux, euse, gazier, ière, gazoduc, gazogène, gazoline, gazomètre, gazométrie.*

gaz, gaze Ne pas écrire *le gaz* (fluide gazeux) comme *la gaze* (étoffe très légère).

gazelle n. f. Un *z,* deux *l.*

gazette [gazɛt] n. f. Journal — Deux *t,* à la différence de *gazetier* [gaztje] (journaliste).

gazole ▷ gas-oil.

gazon n. m. Les dérivés prennent deux *n :* *gazonnage, gazonnant, gazonné, gazonnement, gazonner.*

gazouiller v. i. Attention au *i* après le groupe *-ill-* à la première et à la deuxième personne du pluriel de l'indicatif imparfait et du subjonctif présent : *(que) nous gazouillions, (que) vous gazouilliez.* — Dérivés : *gazouillement, gazouillis.*

geai [ʒɛ] n. m. Oiseau à plumage gris, brun et bleu. — Ne pas dire **noir comme un geai,* mais *noir comme du jais* (le jais est une matière d'un noir brillant).

géant, ante adj. *ou* n. Eviter le pléonasme *un grand géant.*

géhenne [ʒeɛn] n. f. *La géhenne :* l'enfer (avec *g* minuscule).

Geiger *Un compteur Geiger* [gajgəʀ] ou [ʒeʒɛʀ].

geignard, arde [ʒɛɲaʀ, aʀd(ə)] adj. *ou* n. Attention au groupe *-ei-.* De même : *geignement* [ʒɛɲmɑ̃] n. m.

geindre v. i. Conjug. **84.** *Je geins, tu geins, il geint, nous geignons, vous geignez, ils geignent.*

— *Je geignais, tu geignais, il geignait, nous geignions, vous geigniez, ils geignaient.* — *Je geignis.* — *Je geindrai.* — *Je geindrais.* — *Geins, geignons, geignez.* — *Que je geigne, que tu geignes, qu'il geigne, que nous geignions, que vous geigniez, qu'ils geignent.* — *Que je geignisse.* — *Geignant.* — *Geint.* ▼ Attention au *i* après le groupe *-gn-* à la première et à la deuxième personne du pluriel de l'indicatif imparfait et du subjonctif présent : *(que) nous geignions, (que) vous geigniez.*

gelée n. f. On écrit généralement, avec le nom du fruit au singulier : *gelée de pomme, gelée de groseille, gelée de coing,* etc. — En revanche, on écrit, avec le mot *fruit* au pluriel : *gelée de fruits.*

geler v. i. *ou* v. t. *ou* v. impersonnel. Conjug. **10.** *Il gèle, il gèlera. Il gelait, il gela.*

2 On peut dire : *Il fait froid, je gèle* ou *je me gèle. L'eau a gelé dans le bassin* ou *L'eau s'est gelée dans le bassin.* Les deux tours sont admis.

3 Eviter le pléonasme familier *Je gèle de froid.*

gélif, ive adj. *Arbre gélif. Pierre gélive.* — Un accent aigu sur le *e* à la différence de *gelure.* De même *gélivation, gélivure.*

gélinotte [ʒelinɔt] n. f. Oiseau gallinacé, à distinguer de la *linotte,* passereau. — Pas d'accent sur le *e,* deux *t.*

gélule n. f. Capsule qui contient un médicament et qu'on avale. — Vient de *gélatine.* Un accent aigu sur le *e.* Ne pas dire **gelule.*

gémeau n. m. Synonyme ancien de *jumeau.* — Au féminin : *gémelle,* avec deux *l.* — Une majuscule à *Gémeaux,* désignant la constellation ou le signe du zodiaque. — Les dérivés prennent deux *l : gémellaire, gémellipare, gémelliparité, gémellité.*

Gémeaux, gemmaux ▷ gemmail.

géminé, ée adj. Un seul *m,* un seul *n.*

gémir Plusieurs constructions.

1 *Gémir sur* + nom. *Ne gémissez pas sur son sort.* Tour vivant et correct.

2 *Gémir de* + nom + participe passé. *Il gémit d'une faveur refusée.* Tour vieux et rare. Dans la langue actuelle, on dirait : *Il gémit parce qu'on lui a refusé une faveur.*

3 *Gémir de* + infinitif. *Il gémit d'avoir à se soumettre.* Tour moderne et correct, assez littéraire.

4 *Gémir de ce que* + indicatif. *Il gémit de ce qu'il a dû se soumettre.* Tour suspect et déconseillé.

gemmail [ʒɛmaj] n. m. Vitrail composé de morceaux de verre juxtaposés ou superposés, sans plomb. — Pl : *des gemmaux* [ʒɛmo]. ▼ Bien distinguer *des gemmaux* (pl. de *gemmail*) et *les Gémeaux,* constellation, signe du zodiaque ▷ **gémeau.**

gemme Pierre précieuse. — Résine du pin. — Toujours féminin : *Des gemmes merveilleuses.* — Expression : *sel gemme* — Prononciation : de nos jours [ʒɛm], avec [ɛ] ; la prononciation [ʒam] est vieillie. — Deux *m.* De même : *gemmage* [ʒɛmaʒ], *gemmail, aux* [ʒɛmaj, o], *gemmé, ée* [ʒɛme, e], *gemmer* [ʒɛme], *gemmeur* [ʒɛmœʀ], *gemmifère* [ʒɛmifɛʀ], *gemmologie* [ʒɛmɔlɔʒi], *gemmologiste* [ʒɛmɔlɔʒist(ə)].

gémonies n. f. pl. *Les gémonies* (avec *g* minuscule) : escalier du Capitole. — *(figuré) Vouer quelqu'un aux gémonies.*

gène, gêne Ne pas écrire *un gène* (masculin ; accent grave), élément du chromosome, comme *la gêne* (féminin ; accent circonflexe), contrainte, malaise. — *Sans-gêne* ▷ **sans-gêne.**

gêne n. f. Accent circonflexe. De même : *gênant, gêne, gêner, gêneur.*

genépi [ʒənepi] ou **génépi** [ʒenepi] n. m. Plante ; liqueur. — Les deux formes sont admises.

général n. m. — Pl. : *des généraux.* — Le féminin *la générale,* désignant la femme d'un général, est usuel.

genèse [ʒənɛz] n. f. Pas d'accent sur le premier *e.* — Un *G* majuscule quand le mot désigne le livre de la Bible : *La Genèse raconte la création du monde.* — Un *g* minuscule au sens de « origine » : *Voici quelle est la genèse de cette tradition populaire.*

-genèse Suffixe (du grec *genesis* « origine, naissance »). Pas d'accent sur le premier *e : biogenèse, ontogenèse.* — En revanche, le suffixe *-génie,* employé souvent en concurrence avec *-genèse,* prend un accent : *phyllogénie* ou *phyllogenèse.*

genet, genêt Deux mots masculins homophones à distinguer par l'orthographe.

1 genet (sans accent) Cheval de petite taille.

2 genêt (avec accent circonflexe sur le deuxième *e*) Plante.

genevois, oise [ʒənvwa, waz] adj. *ou* n. De Genève. — Attention à la majuscule : *La population genevoise. Les Genevois.* ▼ Pas d'accent sur le premier ni sur le deuxième *e.* En revanche, *Genève* prend un accent grave sur le deuxième *e.*

genévrier, genièvre Attention à l'accent aigu de *genévrier* et à l'accent grave de *genièvre.* Les deux mots ne sont pas interchangeables.

1 genévrier Désigne seulement l'arbuste : *Les genévriers croissent en abondance sur cette colline.*

2 genièvre Désigne l'arbuste seulement dans l'expression *baie de genièvre* (avec *genièvre* toujours au singulier : *des baies de genièvre*). — Désigne aussi la baie ou l'eau-de-vie *(Une bouteille de genièvre).* ▼ Toujours masculin : *Un verre d'excellent genièvre.*

génial, ale, aux adj. Masculin pluriel en *-aux : Des inventeurs géniaux.*

-génie Suffixe ▷ **genèse.**

génital, ale, aux adj. Masculin pluriel en *-aux : Les organes génitaux.*

génocide n. m. Souvent employé à tort au sens général de « massacre ». Le vrai sens est : « extermination délibérée d'un peuple, d'un groupe ethnique ».

génois, oise adj. *ou* n. De la ville de Gênes (Italie). — Un accent aigu, à la différence de *Gênes.* — Attention à la majuscule : *La population génoise. Les Génois.* — N. m. *Le génois :* dialecte italien de Gênes. — N. m. *Un génois :* voile de bateau de plaisance. — N. f. *Une génoise :* gâteau. — N. f. *Une génoise :* ornement d'architecture.

genou n. m. — Pl. : *des genoux,* avec un *x* — Avec *genou* au singulier : *fléchir le genou, mettre (un) genou en terre.* — Avec *genou* au pluriel : *Se mettre à genoux. Etre à genoux. Se jeter aux genoux de quelqu'un.*

genouillère [ʒənujɛʀ] n. f. Attention au groupe *-ill-.*

genre n. m On écrit indifféremment : *Ce genre d'homme* ou *ce genre d'hommes me répugne. Ce genre de table* ou *ce genre de tables me plaît beaucoup* (selon que l'on veut insister sur l'unicité de l'être ou de la chose ou sur la catégorie : *ce genre d'homme* = un homme de cette sorte ; *ce genre d'hommes* = cette catégorie d'individus). — Le verbe est toujours au singulier après *genre de.* Ne pas écrire : *Ce* *genre d'hommes *réussissent facilement dans les affaires* (mais *réussit*). — On peut écrire : **en tout genre** ou **en tous genres**.

1. gens [ʒɑ̃] Genre et emplois.

I Genre (accord de l'adjectif).

1 L'adjectif épithète précède immédiatement gens. Dans ce cas, l'adjectif se met au féminin : *De bonnes gens. De vieilles gens.*

2 L'adjectif suit gens. Dans ce cas, l'adjectif se met au masculin : *Des gens bons et honnêtes. Des gens courageux.*

3 Adjectif attribut ou participe (dans un temps composé). Se met toujours au masculin : *Ces bonnes gens sont bien naïfs. Ces vieilles gens n'ont pas été compris. Tous ces gens sont heureux. Ces gens paraissent peureux.*

4 L'adjectif ou le participe précède gens, mais n'est pas épithète. Il se met au masculin : *Compris par un homme de cœur, ces pauvres gens auraient eu une attitude moins agressive. Heureux les gens qui savent se contenter de peu !*

5 Deux adjectifs précèdent gens, le second se terminant par un e muet au masculin comme au féminin. Le premier adjectif se met au masculin : *Quels honnêtes gens ! De faux braves gens. Tous ces braves gens.*

6 Deux adjectifs précèdent gens, le second ayant une forme masculine qui diffère du féminin par l'absence d'e muet. Les deux adjectifs se mettent alors au féminin : *De méchantes vieilles gens. Toutes ces vieilles gens.*

7 Cas de tous. On emploie la forme masculine *tous* quand cet adjectif précède *gens* et qu'il en est séparé par un déterminant : *Tous les gens. Tous ces gens.* Forme masculine aussi quand l'adjectif *tous* précède *gens* et qu'il en est séparé par un autre adjectif terminé par un *e* muet au masculin comme au féminin (voir ci-dessus, I, 5) : *Tous ces braves gens.* Forme masculine enfin quand l'adjectif *tous* précède immédiatement *gens* et ce nom est accompagné d'une précision : *Ils étaient assemblés, tous* [tus] *gens sérieux et respectables. Ils étaient admirés, tous* [tus] *gens d'esprit et de valeur.* — En revanche, on emploie la forme féminine *toutes* quand cet adjectif précède *gens* et qu'il en est séparé par un autre adjectif ayant une forme masculine qui diffère du féminin par l'absence d'e muet (voir ci-dessus, I, 6) : *Toutes ces vieilles gens.* Forme féminine aussi dans le groupe *toutes* gens non accompagné d'une précision) : *Il sut s'accommoder de toutes gens.* Cet emploi est rare et très littéraire.

8 Les expressions *gens de guerre, gens de robe, gens d'Eglise, gens de lettres,* etc. sont toujours du masculin : *De courageux gens de guerre.*

9 Jeunes gens. Toujours du masculin : *De beaux jeunes gens. D'heureux jeunes gens.*

10 Les gens, désignant les domestiques, les partisans. Toujours du masculin : *Les gens du comte étaient fort dévoués et courageux.*

II *Gens* ne peut être accompagné d'une détermination numérale. On ne peut dire **deux gens, *trois gens, une *vingtaine de gens.* Il faut dire : *deux personnes, trois personnes, une vingtaine de personnes.* — En revanche, une détermination numérale est possible si *gens* est accompagné d'une détermination qui forme avec lui une locution nominale : *Deux jeunes gens. Trois vieilles gens. Une vingtaine de gens de guerre.*

III Gens, gent. A l'origine, *gens* était le pluriel de *gent.* Le mot *gent* signifiait « nation » *(La gent des Sarrasins),* « race, catégorie ». Mot vieilli. Ne s'emploie plus que dans le style badin : *La gent trotte-menu* (La Fontaine) = les souris. *La gent marécageuse* (La Fontaine) = les grenouilles. *La gent ailée* = les oiseaux. *La gent chicanière* = les hommes de loi. ▼ On écrit *le droit des gens* (= le droit des nations). Cette expression, vieillie, désignait le droit international public.

2. gens Mot latin qui se prononce [ʒɛs] et qui, dans la Rome antique, désignait un ensemble de familles descendant d'un ancêtre commun : *La gens Aemilia.* — Pl. : *des gentes* [ʒɛtɛs].

1. gent [ʒɑ̃] n. f. Nation, race ▷ **gens** (III).

2. gent, ente [ʒɑ̃, ʒɑ̃t] adj. *(vieux)* De bonne naissance ; noble. — *(vieux ou régional)* Gentil, gracieux, joli : *Une fille bien gente.*

gentiane n. f. Plante ; apéritif ▼ Bien prononcer [ʒɑ̃sjan], avec [ɑ̃] et [s], et non **[ʒɛsjan]* ou **[ʒɑ̃tjan].*

1. gentil [ʒɑ̃ti] adj. Le féminin est *gentille* [ʒɑ̃tij]. — Dérivés : *gentillesse* [ʒɑ̃tijɛs], *gentillet, ette* [ʒɑ̃tijɛ, ɛt], *gentiment* (sans *e* intérieur et sans accent sur *i*).

2. gentil [ʒɑ̃ti] n. m. *Les gentils :* les païens de l'Antiquité.

gentilhomme n. m. En un seul mot, sans trait d'union. Prononciation : [ʒɑ̃tijɔm]. — Pl. : *des gentilshommes* [ʒɑ̃tizɔm] — Dérivés : *gentilhommerie* [ʒɑ̃tijɔmʀi], *gentilhommière* [ʒɑ̃tijɔmjɛʀ].

génuflexion n. f. Ne pas écrire **génuflection.*

géo- Les composés en *géo* s'écrivent en un seul mot, sans trait d'union : *géocentrique, géodésie,* *géodynamique, géographie, géologie, géomagnétisme*, etc.

geôle n. f. Prison. — Attention à l'accent circonflexe sur le *o*. ▼ Bien prononcer [ʒol], et non *[ʒeol]. De même : *geôlier, ière* [ʒolje, jɛʀ].

géométral, ale, aux adj. Masculin pluriel en *-aux* : *Des dessins géométraux.*

géranium n. m. Prononciation : [ʒeʀanjɔm]. — Pl. : *des géraniums* [-njɔm].

gérance n. f. Finale en *-ance.*

gercer v. t. *ou* v. i. Conjug. **17.** Le *c* prend une cédille devant *a* ou *o : Sa lèvre gerça.* — Dérivé : *gerçure.*

gérer v. t. Conjug. **11.** *Je gère, mais je gérerai.*

gerfaut [ʒɛʀfo] n. m. Oiseau de proie. — Finale en *-aut.*

gériatrie [ʒeʀjatʀi] n. f. Branche de la médecine qui étudie et qui soigne les maladies propres à la vieillesse. ▼ Pas d'accent circonflexe sur le *a.*

1. germain, aine adj. On écrit, sans trait d'union et en faisant l'accord : *un cousin germain, des cousins germains, une cousine germaine, des cousines germaines, un frère germain, une sœur germaine*, etc.

2. germain, aine adj. *ou* n. Attention à la majuscule : *Les peuples germains. Les Germains envahirent l'Empire romain.*

germen n. m. (terme de biologie) Prononciation : [ʒɛʀmɛn]. — Pl. : *des germens* [-mɛn].

1. germinal, ale, aux adj. Du germe — Masculin pluriel en *-aux.*

2. germinal n. m. Mois du calendrier républicain (mars-avril). — Un *g* minuscule.

gésier n. m. Estomac des oiseaux. — Finale en *-er.*

gésir v. i. Conjug. **38.** Verbe très défectif. Indicatif présent : *je gis, tu gis, il gît* (accent circonflexe), *nous gisons, vous gisez, ils gisent.* — Indicatif imparfait : *je gisais, tu gisais, il gisait, nous gisions, vous gisiez, ils gisaient.* — Infinitif présent : *gésir.* — Participe présent : *gisant.* — Tous les autres temps sont inusités — Attention à l'accent circonflexe de *il gît.* — Eviter les barbarismes **gir, il *gisera*, etc.

gestaltisme n. m. Mot d'origine allemande. Prononciation : [geʃtaltism(ə)], avec [ʃ] et [g]. De même : *gestaltiste* [geʃtaltist(ə)].

geste Masculin aux sens usuels : *Il me fit un geste amical de la main. Un beau geste.* — Féminin au sens de « chanson de geste » ou de « ensemble de textes et de légendes relatif à un même personnage » : *La geste de Guillaume d'Orange. La geste de Raoul de Cambrai.* ▼ On écrit, avec *geste* au singulier : *Une chanson de geste, des chansons de geste.*

gestion n. f. Le dérivé *gestionnaire* prend deux *n.*

geyser n. m. Source d'eau chaude jaillissante. — Prononciation : [ʒezɛʀ]. — Pl. : *des geysers* [-zɛʀ]. — Attention au groupe *-ey-.*

ghetto [geto] n. m. Attention au groupe *gh-* et aux deux *t.* — Pl. : *des ghettos* [-to].

ghilde [gild(ə)] ou **gilde** [gild(ə)] ou **guilde** [gild(ə)] n. f. Les trois graphies sont admises. La prononciation est toujours [gild(ə)], avec [g].

gibbon n. m. Singe. — Deux *b.*

gibbosité n f. Bosse, proéminence. — Deux *b.* De même : *gibbeux, euse*, adj.

gibecière, giberne ▷ giberne.

gibelin, ine n. m. *ou* adj. En Italie, au Moyen Age, partisan de l'Empereur — Toujours un *g* minuscule : *Les gibelins s'opposaient aux guelfes.*

gibelotte n. f. Deux *t.*

giberne, gibecière Deux noms féminins à distinguer.

1 giberne Boîte recouverte de cuir dans laquelle les soldats portaient leurs cartouches.

2 gibecière Sac dans lequel les chasseurs portent le gibier. — Désigne aussi un sac d'écolier qui se porte sur le dos.

gibet n. m. Finale en *-et.*

gibier n. m. On écrit, avec *poil* ou *plume* au singulier : *gibier à poil, gibier à plume.*

giboulée n. f Finale en *-ée.*

giboyeux, euse adj. Prononciation : [ʒibwajø, øz].

gibus [ʒibys] n. m. Chapeau. — Invariable : *des gibus* [-bys].

gifle n. f. Un seul *f.* De même : *gifler.*

gigogne n. f. Avec un *G* majuscule : *une mère Gigogne,* une mère de famille nombreuse *(familier).* — Pl. : *des mères Gigogne.* — Avec un *g* minuscule (et sans trait d'union) : *Une table gigogne. Une fusée gigogne.* — Pl. : *Des tables gigognes, des fusées gigognes.* ▼ Ne pas confondre avec *cigogne.*

gigot n. m. *Gigot de mouton* est un pléonasme, sauf quand on oppose cette expression à *gigot d'agneau : Préférez-vous le gigot d'agneau ou le gigot de mouton ?* — Quand il s'agit d'un chevreuil, on dit *gigue* ou, plus couramment, *cuissot* (avec *-ot*). — On ne dit plus *des manches à gigot* (manches bouffantes), mais *des manches gigot* (avec *gigot* invariable).

gigoter v. i. Un seul *t.* De même : *gigotement, gigoteur.*

gilde ▷ **ghilde.**

gilet n. m. Dérivé : *giletier, ière* [ʒiltje, jɛʀ].

gin n. m. Eau-de-vie. — Mot anglais. Prononciation : [dʒin]. — Pl. : *des gins* [dʒin]. — Composé : *gin fizz* ou, parfois, *gin-fizz* [dʒinfiz] (invariable : *des gin fizz* ou *des gin-fizz*).

gingembre [ʒɛ̃ʒɑ̃bʀ(ə)] n. m. Condiment.

gingival, ale, aux adj. Des gencives. — Masculin pluriel en *-aux : Des abcès gingivaux.*

giorno (a) loc. adv. *Éclairé a giorno,* comme en plein jour. — Expression italienne. Prononciation : [adʒjɔʀno] ou mieux, à l'italienne, [adʒɔʀno]. ▼ Pas d'accent sur le *a.*

girafe n. f. Un seul *f.* De même : *girafeau* ou *girafon* n. m. (petit de la girafe). — Éviter la déformation populaire **girafle.*

girandole n. f. Un seul *l.* — Ne doit pas désigner une guirlande lumineuse.

giration n. f. Avec un *i,* à la différence de *gyroscope, gyrostat,* etc. De même : *giratoire, giravion, giraviation, girodyne.*

girelle, girolle Deux noms féminins paronymes.
1 girelle Poisson de la Méditerrannée.
2 girolle Champignon, appelé aussi *chanterelle*

girl n. f. *(anglicisme)* Prononciation : [gœʀl] — Pl. : *des girls* [gœʀl].

girofle n. f. Un seul *f.* De même : *giroflée, giroflier.* — Bien distinguer *le giroflier,* arbre

qui fournit les clous de girofle (condiment), et *la giroflée,* plante ornementale cultivée pour ses fleurs. — Bien distinguer aussi *girofle* et *girolle* (champignon).

girolle n. f. Champignon appelé aussi *chanterelle.* — Attention aux paronymes *girelle* (poisson) et *girofle*

giron n. m. *Se blottir dans le giron de quelqu'un.* — Finale en *-on,* sans *-d.*

girondin, ine n. *ou* adj. Au sens historique, on écrit *les Girondins,* avec un *G* majuscule : *Les Girondins furent éliminés par les Jacobins* (mais, avec un *g* minuscule : *La politique girondine).* — Au sens géographique, le mot suit la règle générale : *La population girondine* (= du département de la Gironde). *Les Girondins* (= les habitants de la Gironde).

girouette n. f. Un seul *r,* deux *t.*

gît Troisième personne du singulier de l'indicatif présent de *gésir* ▷ **gésir.** — Accent circonflexe sur le *i.* — Avec trait d'union : *ci-gît* (= ici repose), dans une inscription funéraire.

gitan, ane n. *ou* adj. En principe, un *g* minuscule : *Un campement de gitans.* Un *G* majuscule seulement quand on parle des gitans en tant qu'ils constituent un peuple, une ethnie : *Les Gitans sont sans doute originaires de l'Inde.*

gîte Un accent circonflexe sur le *i.* De même : *gîter.* — On prendra garde au genre.
1 Le gîte Abri, logement, chez-soi : *Rentrer au gîte.*
2 La gîte Inclinaison accidentelle d'un navire sur le côté : *Le navire donne de la gîte* (s'incline sur le côté). *Une gîte dangereuse.*
3 Le gîte à la noix, le gîte à l'os Morceaux de bœuf (toujours masculin).

givre n. m. Pas d'accent sur le *i.* De même : *givrage, givrer, givreux.*

glabre adj. Se prononce [glabʀ(ə)], avec *a* vélaire [ɑ], mais s'écrit sans accent circonflexe.

glaçage n. m. Cédille sous le *c.*

glaçant, ante adj. Cédille sous le *c.*

glace, sorbet En principe, la *glace* contient du lait ou de la crème, le *sorbet* n'en contient pas.

glacer v. t. Conjug. **17** Le *c* prend une cédille devant *a* ou *o : il glaça, nous glaçons.*

glaciaire, glacière Ne pas écrire l'adjectif *glaciaire (L'érosion glaciaire)* comme le nom féminin *glacière (Mettre de la viande dans la glacière).*

glacial, ale adj. Au masculin pluriel, on rencontre parfois la forme *glaciaux,* mais la forme la moins rare est *glacials : Des courants d'air glacials.* — On évitera d'employer le mot au masculin pluriel. Employer plutôt *très froid* ou *glacé : Des courants d'air très froids* (ou *glacés*).

glacière, glaciaire ▷ glaciaire.

glacis [glasi] n. m. Finale en *-is.*

glaçon n. m. Le *c* prend une cédille.

glaçure n. f. Le *c* prend une cédille.

glaïeul [glajœl] n. m. Un tréma sur le *i.*

glaire Sécrétion visqueuse. ▼ Toujours féminin : *Des glaires gluantes.*

glaise n. f. Avec *-ai-.* De même : *glaiser, glaiseux, glaisière.* — Avec un *-s : Des terres glaises.*

glaive n. m. Avec *-ai-.*

gland n. m. Un *-d* à la fin. — Dérivés : *glandage, glander.*

glaner v. t. Un seul *n.* De même : *glanage, glane, glaneur, euse, glanure.*

glapir v. i. *ou* v. t. Un seul *p.*

glas [glɑ] n. m. Sonnerie de cloche. — Le *-s* final est muet.

glass n. m. Anglicisme très familier qui désigne un verre d'alcool : *Allons prendre un glass au bar.* — Prononciation : [glas]. Le pluriel anglais est *glasses* [glasəs]. En français, on dira plutôt cependant *des glass* [glas]. On évitera d'employer ce mot au pluriel.

glaucome [glokom] n. m. Maladie des yeux. — Pas d'accent circonflexe sur le *o,* malgré la prononciation [o].

glauque adj. D'un vert tirant sur le bleu : *Les eaux glauques de la mer. Des yeux glauques.* — Eviter les contresens qui consiste à employer le mot au sens de « trouble, sans éclat ».

glèbe n. f. *Serfs attachés à la glèbe,* à la terre, au domaine. — Avec accent grave.

global, ale, aux adj. Masculin pluriel en *-aux :* *Des résultats globaux.*

globe n. m. Toujours un *g* minuscule, même quand le mot désigne la Terre : *Les mers et les océans du globe.*

globe-trotter n. m. Prononciation : [glɔbtrɔtœr] — Pl. : *des globe-trotters* [-tœr].

globule ▼ Toujours masculin : *Les globules blancs.* — Dérivés : *globulaire, globuleux.*

glorieux, euse adj. Au sens de « vaniteux, fier », appartient à la langue littéraire un peu archaïsante : *Faire le glorieux. Se montrer glorieux de sa réussite.*

glorifier v. t. Conjug. 20 Double le *i* à la première et à la deuxième personne du pluriel de l'indicatif imparfait et du subjonctif présent : *(que) nous glorifiions, (que) vous glorifiiez.*

gloriole n. f. Un seul *l.*

glose n. f. Explication, commentaire. — Se prononce avec [o], [gloz], mais s'écrit sans accent circonflexe. De même : *gloser* [gloze].

glossaire n. m. Recueil de mots expliqués, lexique. — Ne pas déformer en *glosaire.

glossateur [glɔsatœr] n. m. Auteur d'une glose. — Ne pas déformer en *glosateur.

glottal, ale, aux adj. (terme de phonétique) Masculin pluriel en *-aux : Les phonèmes glottaux.*

glotte n. f. Deux *t.* De même : *glottal, glottique (la muqueuse glottique) .*

glotte, luette ▼ Ces deux noms féminins désignent deux réalités bien différentes.

1 glotte Orifice supérieur du larynx, entre les deux cordes vocales inférieures.

2 luette Petite languette qui termine en arrière le voile du palais.

glouglou n. m. En un seul mot, sans trait d'union. — Pl. : *des glouglous.* — Dérivé : *glouglouter.*

glouton adj. *ou* n. Le féminin prend deux *n : gloutonne.* De même : *gloutonnement, gloutonnerie.*

glu n. f. ▼ Pas de *e* à la fin.

gluau n. m. — Pl. : *des gluaux.*

glucide (terme de biochimie) Toujours masculin : *Les glucides sont présents dans presque tous les fruits.*

glucose Toujours masculin. L'Académie fait de ce mot un féminin, sans raison.

gluten n. m. Prononciation : [glytɛn].

glycine n. f. Plante. — Avec un *y.*

glyc(o)- Elément (du grec *glukus* « doux »), qui entre, ainsi que *glycéro-*, dans la formation de très nombreux mots savants : *glycémie, glycéride* (masculin), *glycérie, glycérine, glycériner, glycérique, glycérol, glycérolé, glycérophosphate, glycocolle, glycogène, glycogenèse* ou *glycogénie, glycogénique, glycosurie, glycosurique.*

glyptique n. f. Art de graver les pierres fines. — Attention à l'*y.*

gnangnan [ɲɑ̃ɲɑ̃] adj. *ou* n. Préférer la graphie *gnangnan* à *gnan-gnan.* — Toujours invariable : *Ces filles sont gnangnan. Des gnangnan.*

gneiss n. m. inv. Roche. — Prononciation : [gnɛs], avec [gn] et [ɛ]. De même : *gneisseux, euse* [gnɛsø, øz] ou *gneissique* [gnɛsik] adj.

gnocchi n. m. Mot italien. Prononciation [nɔki]. Attention au groupe *-cch-.* — Le mot *gnocchi* est un pluriel italien, donc pas de *-s* au pluriel : *des gnocchi.* — En français, peut s'employer au singulier : *un gnocchi.*

gnôle [nol] n. f. *(populaire)* Mauvaise eau-de-vie. — La graphie *gnôle* est la meilleure, car elle est la plus phonétique. — On rencontre aussi les orthographes *gnole, gniole, gniôle, gniaule, niaule, niole, niôle.*

gnome n. m. Petit génie souterrain. — Prononciation : [gnom], avec *o* fermé [o]. ▼ Pas d'accent circonflexe.

gnomique adj. (didactique) *Poésie gnomique. Aoriste gnomique.* — Prononciation : [gnɔmik].

gnomon n. m. Cadran solaire, dans l'Antiquité. — Prononciation : [gnɔmɔ̃]. De même : *gnomonique* [gnɔmɔnik].

gnose n. f. Doctrine philosophique. — Prononciation : [gnoz], avec *o* fermé [o]. Dérivés : *gnostique* [gnɔstik] et *gnosticisme* [gnɔsti-sism(ə)], avec *o* ouvert [ɔ].

gnou n. m. Animal d'Afrique. — Prononciation : [gnu]. — Pl. : *des gnous.*

goal n. m. Prononciation : [gol]. — Pl. : *des goals* [gol]. — Pour éviter cet anglicisme, dire plutôt : *gardien de but* ou *gardien.*

goal-average n. m. *(anglicisme)* Prononciation : [golaveʀaʒ]. — Pl. : *des goal-averages* [-ʀaʒ].

gobelet n. m. Finale en *-et.* — Dérivés : *gobeleterie* [gɔblɛtʀi], *gobeletier* [gɔblətje].

goberger (se) v. pron. Conjug. **16.** Prend un *e* après le *g* devant *a* ou *o : il se gobergea, nous nous gobergeons.*

godelureau n. m. Un seul *d*, un seul *l*, un seul *r.* — Pl. : *des godelureaux.*

godet n. m. Petit récipient. — Finale en *-et.*

godille n. f. *Manœuvrer une embarcation à la godille*, avec un seul aviron. — Prononciation : [gɔdij]. — Dérivé : *godiller* [gɔdije] v. i.

godron n. m. Ornement, pli. — Les dérivés prennent deux *n : godronnage, godronné.* ▼ Ne pas dire *goudron* pour *godron.*

goéland n. m. ▼ Accent aigu sur le *e*, et non tréma. Un *-d* à la fin. — La prononciation générale est [gɔelɑ̃], mais en Bretagne on dit [gwelɑ̃] ou [gwalɑ̃].

goélette n. f. ▼ Accent aigu sur le *e*, et non tréma. — La prononciation générale est [gɔelɛt], mais les marins bretons disent [gwelɛt] ou [gwalɛt]. — On écrit, avec un trait d'union, *brick-goélette* (pl. : *des bricks-goélettes*), mais, sans trait d'union, *trois-mâts goélette, quatre-mâts goélette, cinq-mâts goélette, six-mâts goélette* (pl. : *des trois-mâts goélettes, des quatre-mâts goélettes, des cinq-mâts goélettes, des six-mâts goélettes*).

goémon n. m. Accent aigu sur le *e*, et non tréma. — Prononciation : [gɔemɔ̃].

goguenard, arde adj. D'une gaieté narquoise et malveillante. — Dérivé : *goguenardise.* — Aucun rapport de sens avec les noms masculins pluriel *les goguenots* ou *les gogues*, qui désignent trivialement les lieux d'aisances.

goguette n. f. Seulement dans l'expression *en goguette.*

goinfre n. *ou* adj. *(familier)* Glouton. — Un seul *f.* De même : *goinfrer, goinfrerie.*

goitre n. m. ▼ Pas d'accent circonflexe sur le *i.* De même : *goitreux.*

golden n. f. Anglicisme qui désigne une variété de pomme à peau jaune. — Prononciation : [gɔldɛn]. — Toujours invariable : *des golden, des pommes golden.* — Toujours féminin : *Des golden juteuses.*

golf, golfe Bien distinguer par l'orthographe *le golf* (sport) et un *golfe* (grande baie) : *Jouer au golf. Le golfe de Gascogne.*

gomme n. f. Deux *m.* De même : *gommage, gommé, gomme-gutte* (pl. : *des gommes-guttes*), *gommer, gomme-résine* (pl. : *des gommes-résines*), *gommeux, gommier.*

gonade *(anatomie)* Glande sexuelle. — Un seul *n.* — Toujours féminin : *Une gonade mâle. Une gonade femelle.*

gond n. m. — Un *-d* à la fin.

gondole n. f. Un seul *l.*

gondoler v. i. Un seul *l.* De même : *gondolage, gondolement, gondolant.*

gonfalon ou **gonfanon** n. m. Au Moyen Age, bannière de guerre — Les deux formes sont admises. De même : *gonfalonier* ou *gonfanonier.*

gonfler v. t. *ou* v. i. Un seul *f.* De même : *gonflage, gonflé, gonflement, gonfleur.*

gong n. m. Instrument à percussion. — Prononciation : [gɔ̃g]. — Pl. : *des gongs* [gɔ̃g].

gono- Préfixe (du grec *gonos* « semence, germe »), qui entre dans la formation de quelques mots savants : *gonochorisme* [gɔnɔkɔrism(ə)], *gonococcie* [gɔnɔkɔksi], *gonocoque* [gɔnɔkɔk], *gonocyte* [gɔnɔsit], *gonorrhée* [gɔnɔre].

goret n. m. Jeune porc. — Finale en *-et.*

gorge *Mettre, avoir le couteau sur (sous) la gorge* ▷ **couteau** (2).

gorge-de-pigeon adj. D'une couleur nacrée bleue ou mauve — Deux traits d'union. Toujours invariable : *Des teintes gorge-de-pigeon.* — (substantivement) *Des porcelaines d'un délicat gorge-de-pigeon. Toute la gamme des gorge-de-pigeon.*

gorger v. t. Conjug. **16.** Prend un *e* après le *g* devant *a* ou *o : il gorgea, nous gorgeons.*

gorgonzola n. m. Mot italien francisé. — Prononciation : [gɔrgɔ̃zɔla]. — Pl. : *des gorgonzolas* [-la].

gorille n. m. ▼ Bien prononcer [gɔrij], avec [j], et non *[gɔril], avec [l].

goth, gothique, gotique Trois mots qui ne sont pas interchangeables.

1 goth, gothe [go, gɔt] Nom ou adjectif.

a/ Les Goths (avec un *G* majuscule) Ancien peuple germanique, divisé en deux rameaux, les Ostrogoths et les Wisigoths. — Au singulier : *Un Goth. Une Gothe.*

b/ **goth, gothe** Adjectif qualifiant les personnes : *Les rois goths. Les tribus gothes. Une princesse gothe.*

2 gothique (avec *th*) Adjectif ou nom.

a/ Qualifie une chose appartenant aux Goths *(Les coutumes gothiques),* sauf en ce qui concerne la langue ▷ **gotique.**

b/ Qualifie une forme d'art médiévale caractérisée par l'emploi de la croisée d'ogives : *L'art gothique* ou (n. m.) *le gothique.* — (par extension) *Cathédrale gothique.*

c/ Qualifie une forme d'écriture : *L'écriture gothique* ou (n. f.) *la gothique. Une lettre gothique.*

3 gotique (avec *t,* sans *h*) *La langue gotique* ou (n. m.) *le gotique :* langue germanique ancienne qui était parlée par les Goths. — (adjectivement) *La phonétique gotique.*

gouache n. f. Procédé de peinture. — Dérivés : *gouaché, ée, gouacher.*

gouda n. m. Fromage de Hollande. — Un *g* minuscule. — Pl. : *des goudas* [guda].

goudron n. m. Deux *n* dans les dérivés : *goudronnage, goudronné, goudronner, goudronneur, goudronneuse, goudronneux.*

gouffre n. m. Deux *f.*

gouge [guʒ] n. f. Ciseau à bois. — Le son [ʒ] est noté par *g,* alors que le dérivé *goujure* n. f. (entaille; rainure) prend un *j.*

gougelhof ▷ **kouglof.**

goujat n. m. Peut s'employer à la forme féminine comme adjectif, dans la langue expressive : *Des manières goujates.* — Dérivé : *goujaterie.*

1. goujon n. m. Tige de fixation. — Dérivé : (avec deux *n*) : *goujonner* v. t. (fixer avec un goujon).

2. goujon n. m. Poisson. — Dérivé (avec deux *n*) : *goujonnière* adj. f. *(perche goujonnière).*

goujure ▷ **gouge.**

goulasch [gulaʃ] ou **goulache** Mets hongrois, ragoût de bœuf. — Préférer l'orthographe *goulasch* à *goulache.* ▼ Ce mot est normalement masculin *(Un goulasch succulent)*, mais la finale *-ache* de la graphie *goulache* fait que le mot est parfois employé au féminin en français.

goulet, goulot Deux noms masculins paronymes.

1 goulet Passage resserré : *Le goulet de la rade de Brest.*

2 goulot Col étroit d'un récipient : *Le goulot de la bouteille.* ▼ Bien dire *goulet d'étranglement* et non **goulot d'étranglement.*

gouleyant, ante adj. (familier) *Vin gouleyant,* léger et agréable.

goulotte n. f. *(technique)* Conduit, tuyau. — Deux *t.*

goulu, ue adj. ▼ L'adverbe *goulûment* prend un accent circonflexe sur le *u.*

goum n. m Autrefois, unité militaire au Maroc, en Algérie. — Pl. : *des goums* [gum]. — Dérivé : *goumier* n. m. (soldat d'un goum).

goupil n. m. Ancien nom du renard. — Prononciation : [gupi], le *-l* étant muet.

goupille n. f. Cheville. — Prononciation : [gupij].

goupiller v. t. Attention au *i* après le groupe *-ill-* à la première et à la deuxième personne du pluriel de l'indicatif imparfait et du subjonctif présent : *(que) nous goupillions, (que) vous goupilliez*

goupillon n. m. Prononciation : [gupijɔ̃]

gourbi n. m. Hutte ; abri militaire. — Pl. : *des gourbis.*

gourd [guʀ] adj. Engourdi. — Un *-d* à la fin. Le féminin est *gourde* (à distinguer du nom féminin *une gourde*).

gourdin n. m. Finale en *-in.*

gourgandine n. f. *(familier)* Femme de mœurs légères.

gourmand, gourmet Ces deux mots ne sont pas synonymes.

1 Un gourmand, une gourmande Personne qui aime les bonnes choses et mange beaucoup.

2 Un gourmet (pas de féminin) Homme qui a un goût délicat et savant en matière de nourriture et de boisson.

gousset n. m. Finale en *-et.*

goût n. m. Orthographe, expressions et sens.

1 Accent circonflexe sur le *u.*

2 Au goût de, du goût de. De nos jours, on dit plutôt, dans une phrase affirmative, *Ce spectacle est à mon goût* et, dans une phrase négative, *Ce spectacle n'est pas de mon goût.*

3 On dit plutôt *avoir le goût de* et *avoir un goût pour : Il a perdu le goût du travail. Il a un certain goût pour le travail manuel.*

4 Dans le goût de. Dans le style, dans le genre de : *Un poème de Ronsard dans le goût de Théocrite* (= à la manière d'un poème de Théocrite).

5 Eviter d'employer le mot *goût* au sens de *odeur : Une odeur de pourriture végétale* (et non *un goût de pourriture végétale*) *avait envahi la cabane abandonnée.*

goûter Constructions et sens.

I Goûter quelque chose.

1 Au propre. Manger ou boire une petite quantité d'un mets ou d'une boisson pour connaître son goût : *Goûte la sauce, tu me diras si elle est assez épicée.*

2 Au figuré. Jouir pleinement d'une chose : *Assis sur le pas de sa porte, il goûtait la fraîcheur du soir.* — Apprécier : *Je goûte peu la peinture moderne. Il n'a pas goûté la plaisanterie.*

II Goûter à quelque chose.

1 Au propre. Commencer de manger un mets, de boire une boisson ; entamer : *J'ai à peine goûté aux hors-d'œuvre. Ton café est-il assez sucré ? — Je ne sais pas, je n'y ai pas goûté.*

2 Au figuré. Avoir l'expérience de : *Quand on a goûté à la moto, la voiture semble bien peu amusante.* Dans ce sens, est un équivalent plus courant de *goûter de.*

III Goûter de quelque chose.

1 Au propre. Manger ou boire d'une chose pour la première fois : *Si vous venez dans ma propriété du Bordelais, je vous ferai goûter de mon vin.*

2 Au figuré. Faire l'expérience de : *Quand on a goûté de cette vie pleine de risques, une existence paisible semble bien monotone.* Dans ce sens, est un équivalent plus littéraire de *goûter à.*

goûter, goutter Bien distinguer par l'orthographe *goûter (Je vais goûter de ce vin)* et *goutter (Ce robinet ne cesse de goutter).*

goutte n. f. Orthographe et expressions.

1 Deux *t.* De même : *gouttelette, goutter, gouttereau, goutteux, gouttière.*

2 Ils se ressemblent comme deux gouttes d'eau
▷ **ressembler.**

3 N'y voir goutte, n'y entendre goutte (= ne rien voir, ne rien entendre). Expressions à la fois un peu archaïques et un peu familières. Ne peut s'employer que si l'on renvoie à une indication précédemment exprimée : *Faites attention en descendant l'escalier, on n'y voit goutte. Quelle histoire embrouillée ! personne n'y entend goutte !* Dans le cas où l'on renvoie à une indication qui suit, on ne peut employer *y : Je ne vois goutte dans ce corridor* (et non *je n'y vois goutte dans ce corridor*). *Je n'entends goutte à votre affaire* (et non *je n'y entends goutte à votre affaire*).

4 Goutte à goutte, goutte-à-goutte. Pas de trait d'union dans la locution adverbiale *goutte à goutte : Elle versa le médicament goutte à goutte. L'eau tombait goutte à goutte du bord du toit.* — Deux traits d'union dans le nom masculin *un goutte-à-goutte* (injection lente d'un médicament dans l'organisme ; appareil qui sert à cette injection). — Toujours invariable : *des goutte-à-goutte.*

goutter, goûter ▷ **goûter.**

gouvernail n. m. — Pl. : *des gouvernails.*

gouverne Toujours féminin : *Les gouvernes de l'avion étaient défectueuses.*

gouvernemental, ale, aux adj. Masculin pluriel en *-aux : Les milieux gouvernementaux.*

goyave Fruit tropical. — Prononciation : [gɔjav]. — Toujours féminin : *Des goyaves délicieuses.* — Dérivé : *goyavier* [gɔjavje] n. m. (arbre).

grabat n. m. Lit de pauvre ou de malade. — A distinguer de *galetas*, logis misérable. — Dérivé : *grabataire* adj. *ou* n.

graben n. m. (terme de géologie) Mot allemand. Prononciation : [gʀabən]. — Pl. (en français) : *des grabens* [-bən]. — Pour éviter ce germanisme, on pourra employer *fossé d'effondrement* ou *fossé tectonique.*

grabuge n. m. Familier. A éviter dans le registre soutenu.

grâce [gʀas] n. f. Orthographe et expressions.

1 Un accent circonflexe sur le *a.* ▼ Les dérivés ne prennent pas d'accent, *gracier, gracieusement, gracieuseté, gracieux,* et se prononcent avec un *a* palatal [a].

2 Avec *grâce* au singulier : *Rentrer en grâce. Faire grâce à un condamné. Accepter de bonne*

grâce. C'est trop de grâce que vous me faites. — Avec *grâce* au pluriel : *Action de grâces.* — On écrit indifféremment *rendre grâces* ou *rendre grâce.* Le pluriel semble cependant plus fréquent.

3 Grâce à. Cette expression ne peut s'employer que s'il s'agit d'un résultat ou d'un événement heureux : *Grâce à ce nouveau remède, on pourra peut-être guérir le cancer. Grâce à mon ami, j'ai pu trouver un emploi.* Ne jamais employer *grâce à* quand on parle d'un mauvais résultat ou d'un fait fâcheux. Dire *à cause de, en raison de, par le fait de, par la faute de : A cause de l'alcoolisme et de la sous-alimentation, la tuberculose progressait rapidement dans les milieux populaires* (et non *grâce à l'alcoolisme...*). *Par la faute d'un médecin incompétent, il est devenu infirme* (et non *grâce à un médecin incompétent...*).

gracier v. t. Conjug. **20.** Double le *i* à la première et à la deuxième personne du pluriel de l'indicatif imparfait et du subjonctif présent : *(que) nous graciions, (que) vous graciiez.*

gracile adj. Finale en *-ile,* même au masculin : *Un corps gracile.*

gradation, graduation Deux noms féminins paronymes souvent confondus.

1 gradation Passage par degrés d'un état à un autre : *La gradation de la lumière et des teintes au lever du jour. La gradation des termes est un effet de style.*

2 graduation Action de graduer un instrument de mesure : *Procédons à la graduation du thermomètre.* — Echelle graduée d'un instrument : *La graduation est presque effacée.* — Système de division susceptible d'être matérialisé par une telle échelle : *La graduation de Fahrenheit est utilisée dans les pays de langue anglaise.*

gradé, gradué, graduel Trois paronymes à distinguer.

1 gradé, ée Qui a un grade. — S'emploie surtout substantivement. *Les gradés :* les militaires qui ont un grade.

2 gradué, ée Muni d'une graduation : *Instrument gradué en millimètres.* — Progressif, dont la difficulté va en augmentant : *Exercices gradués pour le piano.*

3 graduel, elle Qui évolue par degrés et non brusquement : *L'amélioration graduelle de la situation économique.*

graduation, gradation ▷ **gradation.**

gradué, gradé, graduel ▷ **gradé.**

graffiti n. m. pl. Deux *f,* un seul *t.* — *Graffiti* est un pluriel italien en *-i.* Ne pas écrire : *des *graffitis.* — On rencontre parfois *un graffiti,* employé pour désigner une inscription isolée : *Un graffiti injurieux avait été griffonné à la craie sur la porte.* — L'emploi du singulier italien *un graffito* se rencontre parfois dans un contexte archéologique, mais il est rare dans la langue usuelle.

graillon [gʀɑjɔ̃] Deux noms masculins homonymes.

1 graillon *(populaire)* Crachat épais.

2 graillon Morceau de gras qui reste dans un plat, dans une poêle. — Odeur de graisse brûlée, de mauvaise cuisine.

graillonner Deux verbes intransitifs.

1 graillonner *(populaire)* Tousser en expectorant un graillon. — Parler d'une voix grasse et enrouée. ▼ A distinguer de *grasseyer,* parler gras, c'est-à-dire en prononçant les *r* d'une certaine manière (comme dans les milieux populaires de Paris).

2 graillonner Brûler, cuire en dégageant une odeur de graillon : *Du saindoux graillonnait dans la poêle.*

graineterie n. f. Prononciation : [gʀɛntʀi], plutôt que [gʀɛnɛtʀi], qui est rare. — De la même famille : *grainetier* [gʀɛntje].

graisse n. f. Ne pas écrire *graisse,* corps gras, comme *Grèce,* pays. — Dérivés : *graissage, graisser, graisseur, graisseux.*

grammaire n. f. Deux *m.* De même : *grammairien, grammatical, ale, aux, grammaticalement, grammaticalisation, grammaticalisé.*

gramme n. m. Unité de poids. — Deux *m.*

grand, grande adj., n. *ou* adv. Sens et orthographe.

1 Attention à la place de l'adjectif dans certaines expressions. *Un grand homme,* un personnage éminent, *un homme grand,* un homme de haute taille : *Napoléon était un grand homme. Ce joueur de basket est un homme grand, sa taille est de près de deux mètres.*

2 *Grand* peut s'employer devant une indication numérique pour indiquer que la quantité réelle est au moins égale ou même un peu supérieure à la quantité indiquée par le nombre : *D'ici au village, il y a deux grands kilomètres* (= au moins deux kilomètres, ou même un peu plus). *J'ai attendu deux grandes heures* (= au moins deux heures, ou même une peu plus). Dans le

même sens, on emploie aussi *bon : Deux bons kilomètres. Deux bonnes heures.*

3 Employé adverbialement devant un participe, s'accorde en genre et en nombre : *Des fenêtres grandes ouvertes. Des yeux grands ouverts.* L'invariabilité, qu'on rencontre quelquefois, est moins conseillée.

4 On accorde *grand* en nombre et en genre dans les expressions telles que : *des grands malades, des grands mutilés, des grands brûlés, une grande malade, les grands tuberculeux,* etc.

grand(-) Premier élément de composé.

1 L'orthographe avec une apostrophe, du type *grand'mère,* est vieillie. De nos jours, un trait d'union : *grand-mère.* On écrira donc : *grand-chambre, grand-chère, grand-chose, grand-croix, avoir grand-faim, grand-garde, en grand-hâte* (très vieilli ; de nos jours, on dit plutôt *en grande hâte*), *avoir grand-honte, grand-maman, grand-mère, grand-messe, à grand-peine, grand-peur, faire grand-pitié, grand-place, grand-route, grand-rue, grand-salle, avoir grand-soif, grand-tante, grand-vergue, grand-voile* — Beaucoup de ces composés sont archaïques et on dira plutôt, par exemple, *grande route, grande rue, grande salle* que *grand-route, grand-rue, grand-salle.*

2 Pour les composés féminins de *grand-* énumérés au § 1 précédent, l'usage est flottant en ce qui concerne le pluriel : *des grands-mères* ou *des grand-mères.* L'usage le meilleur est de laisser le premier élément invariable. On écrira donc : *des grand-chambres, des grand-mamans, des grand-routes, des grand-messes, des grand-mères, des grand-tantes,* etc.

3 Pour les noms masculins, le trait d'union est obligatoire, sauf dans quelques noms (notamment dans des noms désignant des dignitaires) : *grand officier, grand prêtre, grand prix, grand vizir, grand ensemble,* etc. ▼ Les mots *grand(-) duc, grand(-) livre* ont la graphie avec trait d'union et la graphie sans trait d'union, selon le sens ▷ **grand(-)duc, grand(-)livre.**

4 Dans les composés masculins de *grand-,* les deux éléments prennent la marque du pluriel : *des grands-angulaires* (mais *des objectifs grand-angulaires* ▷ **grand-angulaire),** *des grands-ducs, des grands-duchés, des grands-livres, des grands-oncles, des grands-papas, des grands-pères, des grands-parents.* ▼ Le nom *grand-croix* est toujours invariable ▷ **grand-croix.**

5 Les adjectifs composés en *grand-* s'écrivent tous avec le trait d'union. — Le premier élément reste invariable : *des objectifs grand-angulaires* (mais *des grands-angulaires* ▷ **grand-angulaire),** *les demeures grand-ducales, des scènes grand-guignolesques.*

grand-angulaire ▼ Dans l'emploi adjectif, le premier élément est invariable : *Des objectifs grand-angulaires.* Dans l'emploi substantif, il prend la marque du pluriel : *Des grands-angulaires.*

grand-chose ▷ chose (2).

grand-croix Peut être féminin (= la plus haute dignité d'un ordre honorifique) : *On lui a décerné la grand-croix de la Légion d'honneur.* Peut être masculin (= titulaire de ce grade) : *Un grand officier et un grand-croix de la Légion d'honneur.* — Féminin ou masculin, toujours invariable : *des grand-croix.*

grand duc, grand-duc Attention au trait d'union.

1 Un **grand duc** (sans trait d'union) Oiseau rapace nocturne. — Pl. : *des grands ducs.*

2 Un **grand-duc** (avec un trait d'union) Souverain d'un grand-duché. — Prince du sang, dans la Russie tsariste — Pl. : *des grands-ducs. La tournée des grands-ducs.*

grand-ducal, ale, aux adj. L'élément *grand-* reste invariable : *Le palais grand-ducal. La garde grand-ducale. Les héritiers grand-ducaux. Les demeures grand-ducales*

grand-duché n. m. — Pl. : *des grands-duchés.*

grande-duchesse n. f. — Pl. : *des grandes-duchesses.*

grand ensemble n. m. ▼ Pas de trait d'union. — Pl. : *des grands ensembles.*

grand-guignolesque adj. L'élément *grand-* reste invariable : *des scènes grand-guignolesques* (dignes du théâtre du Grand-Guignol).

grand livre, grand-livre n. m. Attention au trait d'union.

1 Le **grand livre de la Dette publique** (sans trait d'union) ou le **grand-livre** (avec un trait d'union) Liste des créanciers de l'Etat.

2 Un **grand-livre** (avec un trait d'union) Registre de comptabilité commerciale. — Pl. : *des grands-livres.*

grand magasin n. m. ▼ Pas de trait d'union. — Pl. : *des grands magasins.*

grand-maman n. f. — Pl. : *des grand-mamans.*

grand-mère n. f. — Pl. : *des grand-mères* (préférable à *des grands-mères*). ▼ L'orthographe *grand'mère,* avec une apostrophe, est à éviter ▷ **arrière-grand-mère.**

grand-messe n. f. — Pl. : *des grand-messes.*

grand officier n. m. Dignitaire de la Légion d'honneur, etc. ▼ Pas de trait d'union. — Pl. : *des grands officiers.*

grand-oncle n. m. — Pl. : *des grands-oncles.*

grand-papa n. m. — Pl. : *des grands-papas.*

grand-peine (à) loc. adv. inv. — Un trait d'union : *Il réussit à grand-peine à grimper sur le mur.*

grand-père n. m. — Pl. : *des grands-pères.*

grand prêtre n. m. ▼ Pas de trait d'union. — Pl. : *des grands prêtres.*

grand prix n. m. ▼ Pas de trait d'union. — Pl. : *des grands prix.* — Prend une majuscule quand il s'agit du nom d'un prix littéraire, artistique ou sportif : *le Grand Prix de la critique. Le Grand Prix de Paris.*

grands-parents n. m. pl. ▼ Ne peut jamais s'employer au singulier. Dire : *L'un de ses grands-parents* (et non **un grand-parent*).

grand-tante n. f. — Pl. : *des grand-tantes.*

grand vizir n. m. ▼ Pas de trait d'union. — Pl. : *des grands vizirs.*

grand-voile n. f. — Pl. : *des grand-voiles.*

granit, granite Deux graphies pour un même mot qui désigne une seule réalité. La prononciation est toujours [gʀanit], avec *-t* final prononcé. — La forme *granit* est la forme courante : *Eglise bretonne en granit. Solide comme du granit.* — La forme *granite* est celle qui est employée en géologie : *Le granite est une roche cristalline d'origine interne.* — Dérivés : *granité, granitelle* n. f. (variété de granit), *graniter, granitique, granito* n. m. (imitation de granit ; pl. : *des granitos), granitoïde.*

granule Un seul *n,* un seul *l.* De même : *granulaire, granulat, granulation, granulé, granuler, granuleux.* ▼ Toujours masculin : *Un granule tout petit.*

grape-fruit n. m. Prononciation : [gʀɛpfʀut]. — Pl. : *des grape-fruits* [-fʀut]. Il existe une autre graphie, plus rare, *grapefruit* (en un seul mot). — Pour éviter cet anglicisme, employer le mot français *pamplemousse.*

graphe, graphique Deux noms masculins désignant la même réalité. Le mot *graphe* s'emploie dans le langage des mathématiques modernes.

Le mot *graphique* appartient à la langue courante : *Le graphique de l'évolution du chiffre d'affaires.*

graphite Attention au groupe *ph.* Un seul *t.* De même : *graphitage, graphiteux, graphitique.* — Toujours masculin : *Le graphite est gris.*

graphologie n. f. Dérivés : *graphologique, graphologue.*

grappe n. f. Deux *p.* De même : *grappillage, grappiller, grappilleur. grappillon.*

grappiller v. t. Attention au *i* après le groupe *-ill-* à la première et à la deuxième personne du pluriel de l'indicatif imparfait et du subjonctif présent : *(que) nous grappillions, (que) vous grappilliez.*

grappin n. m. Deux *p.*

gras-double n. m. Un trait d'union — Pl. : *des gras-doubles.*

grasseyer v. i. Conserve l'*y* à toutes les formes : *je grasseye, je grasseyerai.* — Attention au *i* après l'*y* à la première et à la deuxième personne du pluriel de l'indicatif imparfait et du subjonctif présent : *(que) nous grasseyions, (que) vous grasseyiez.*

grasseyer, graillonner Deux verbes à bien distinguer.

1 grasseyer Parler gras, c'est-à-dire prononcer les *r* d'une certaine manière : *Les Parisiens des milieux populaires grasseyent.*

2 graillonner Parler d'une voix grasse et enrouée ▷ **graillonner** (1).

gratifier v. t. Conjug. **20.** Double le *i* à la première et à la deuxième personne du pluriel de l'indicatif imparfait et du subjonctif présent : *(que) nous gratifiions, (que) vous gratifiiez.*

gratin n. m. Un seul *t.* De même : *gratiné, ée, gratinée, gratiner.*

gratis, gratuit, gratuitement Trois mots à bien distinguer.

1 gratis [gʀatis] Adverbe : *Demain on rase gratis. Non, il ne travaille pas gratis !* Peut s'employer comme adjectif : *Distribution gratis d'échantillons publicitaires.* — Adverbe ou adjectif, est toujours un peu familier, à la différence de *gratuitement, gratuit.* — Ne peut s'employer qu'au sens propre.

2 gratuit, uite [gʀatɥi, it] Toujours adjectif. Jamais adverbe. N'est pas familier. Peut s'employer au propre (*Distribution gratuite de boissons chaudes*) ou au figuré (*Acte gratuit. Attaque, provocation gratuite, sans raison*).

3 gratuitement Toujours adverbe. Jamais adjectif. N'est pas familier. Peut s'employer au propre (*Catalogues distribués gratuitement*) ou au figuré (*Attaquer, provoquer quelqu'un gratuitement, sans raison*).

gratter v. t. Deux *t.* De même : *grattage, gratte* n. f., *grattement, gratteur, grattoir, gratture.*

gratte-ciel n. m. Invariable : *des gratte-ciel.*

gratte-dos n. m. Invariable : *des gratte-dos.*

gratte-papier n. m. Invariable : *des gratte-papier.*

gratuit adj. ▼ Le masculin se prononce [gʀatɥi] le *-t* étant muet. — Féminin : *gratuite* [gʀatɥit]. — Dérivés : *gratuité, gratuitement.*

gratuit, gratuitement, gratis ▷ **gratis.**

grau [gʀo] n. m. Sur la côte méditerranéenne, chenal qui fait communiquer un étang littoral avec la mer. — Pl : *des graus* [gʀo].

gravats n. m. pl. Ne peut pas s'employer au singulier. — Attention au paronyme *plâtras.* — La forme *gravois* est vieillie.

graveleux, euse [gʀavlø, øz] adj. Un seul *l.* De même : *gravelure* [gʀavlyʀ].

gravelle n. f. Deux *l.*

gravement, grièvement ▷ **grièvement.**

gravillon [gʀavijɔ̃] n. m. Les dérivés prennent deux *n* : *gravillonnage, gravillonner.*

gravois n. m. Toujours au pluriel. Forme vieillie (ou technique) de *gravats* ▷ **gravats.**

gré [gʀe] n. m. Ne pas écrire et ne pas prononcer comme *grès* [gʀɛ], pierre. — On écrit, sans virgule : *bon gré mal gré* (avec *mal gré* en deux mots). — On dit *savoir gré à quelqu'un de : Je sais gré à mon ami d'être intervenu en ma faveur. Je vous sais gré de cette démarche* (et non *savoir gré à quelqu'un *pour*).

grec, grecque adj. *ou* n. Attention à la graphie avec *-cqu-* du féminin. Attention à la majuscule : *La population grecque. Les Grecs.* — N. m. *Le grec :* la langue parlée en Grèce. — *Une grecque :* ornement.

gréco-latin, ine adj. *L'art gréco-latin. La culture gréco-latine. Les mythes gréco-latins. Les traditions gréco-latines.*

gréco-romain, aine adj. *L'art gréco-romain La culture gréco-romaine. La lutte gréco-romaine* ou (n. f.) *la gréco-romaine. Les dieux gréco-romains. Les traditions gréco-romaines.*

grecque ▷ grec.

gréement [gʀemɑ̃] n. m. Attention au *e* muet intérieur.

gréer v. t. Conserve le *é* à toutes les formes : *je grée, tu grées, je gréerai, nous gréons, je gréais,* etc.

greffe Deux noms homonymes qui s'écrivent avec deux *f.* Attention au genre.

1 Le greffe (d'un tribunal) Masculin. — Dérivé : *greffier.*

2 La greffe (d'un arbre fruitier, d'un organe) Féminin. — Dérivés : *greffage, greffer, greffeur, greffoir, greffon.*

greffon, griffon ▷ griffon 2.

grégaire adj. Finale en *-aire.*

grège adj. *ou* n. f. Variable au sens propre : *Des soies grèges* ou *des grèges. Des fils grèges* (des fils de soie grège). — Invariable comme adjectif de couleur : *Des chaussettes grège.*

grégeois [gʀeʒwa] adj. m. Ne s'emploie que dans l'expression *feu grégeois.*

grêle Deux mots homonymes qui s'écrivent avec un accent circonflexe.

1 La grêle n. f. Chute de grains de glace. — Dérivés : *grêlé, ée, grêler (il grêle), grêleux, grêlon.*

2 grêle adj. Trop mince.

grelot n. m. Les dérivés prennent deux *t :* *grelottement, grelotter.*

grelotter v. i. De nos jours, on dit *grelotter de fièvre, de froid.* Le tour *grelotter la fièvre* est archaïque.

greluchon n. m. *(familier)* Un seul *l.*

grenache n. m. Cépage ; vin doux. — Avec un *g* minuscule : *Un verre de grenache.*

grenat Peut être nom masculin ou adjectif.

1 Comme nom masculin désignant une pierre précieuse, prend la marque du pluriel : *Une broche ornée de deux grenats.*

2 Comme adjectif de couleur, invariable : *Des velours grenat.*

3 Comme nom désignant une couleur, prend la marque du pluriel : *Les grenats profonds et les bleus lumineux d'un vieux vitrail.*

grès n. m. Roche. — Matière céramique. — Bien prononcer avec un *e* ouvert [gʀɛ] et écrire avec un accent grave. à la différence de *gré.* — Les dérivés prennent un accent aigu : *gréser, gréseux, grésière, grésoir.*

grésil n. m. Grêle formée de très fins grêlons blancs. — Prononciation : [gʀezi], le *-l* final est muet.

grésiller [gʀezije] Deux verbes homonymes.

1 Il grésille (impersonnel) : il tombe du grésil.

2 La bûche grésille, le lard grésille, produit un léger crépitement sous l'action du feu, de la chaleur.

grève n. f. Un accent grave et non circonflexe. — Accent aigu dans le dérivé *gréviste.* — Sans complément, on dit plutôt *faire grève* que *faire la grève.* Avec un complément, on dit (avec l'article) : *Faire la grève du zèle. Faire la grève des bras croisés,* etc.

grever v. t. Conjug. **12.** *Il grève, il grèvera.*

grièche ▷ pie-grièche.

grièvement, gravement L'adverbe *grièvement* ne s'emploie qu'avec le verbe *blesser* ou le participe adjectif *blessé, ée.* On dira donc : *grièvement blessé, blessé grièvement,* mais *gravement malade.*

griffe n. f. Deux *f.* De même : *griffade, griffer, griffeur, griffu, griffure.*

1. griffon n. m. Monstre ailé, animal fabuleux ; vautour fauve ; chien d'arrêt à poil dur. — Ne prend pas de majuscule, même désignant un animal fabuleux : *Les griffons passaient pour garder les mines d'or.*

2. griffon n. m. Point d'où jaillit une source. ▼ Il existe un paronyme *greffon,* rameau qu'on greffe. Ne pas dire le **greffon de la source.*

griffonner v. t. Deux *f,* deux *n.* De même : *griffonnage, griffonneur.*

grignoter v. t. Un seul *t.* De même : *grignotement, grignoteur, grignotis.*

grigou n. m. *ou* adj. m. *(familier)* Avare. — Pl. : *des grigous.*

grigri, gri-gri, gris-gris [gʀigʀi] n. m. Amulette africaine. — Préférer la graphie *grigri* (pl. : *des grigris*). — Le pluriel de *gri-gri* est : *des gris-gris.* — La forme *gris-gris* est invariable. Il vaut mieux l'éviter. Aucun rapport étymologique avec l'adj. *gris.*

gril n. m. Bien prononcer [gʀi], le -*l* final est muet.

grillé, grillagé Deux mots à bien distinguer.

1 grillé, ée Muni d'une grille, fermé par une grille, c'est-à-dire par de gros barreaux : *Porte grillée d'un cachot, d'un parc.*

2 grillagé Muni d'un grillage, fermé par un grillage, c'est-à-dire par un treillis de fils de fer : *La porte grillagée d'une volière.* Le soupirail de la cave est grillé, ce qui empêche les voleurs d'entrer, et il est aussi grillagé, ce qui empêche le passage des rats. — L'erreur la plus fréquente consiste à dire *la porte *grillagée d'une prison,* au lieu de *porte grillée.*

grille-pain n. m. Invariable : *des grille-pain.*

griller v. t. *ou* v. i. Attention au *i* après le groupe -*ill*- à la première et à la deuxième personne du pluriel de l'indicatif imparfait et du subjonctif présent : *(que) nous grillions, (que) vous grilliez.*

grimacer v. i. Conjug. 17. Le *c* prend une cédille devant *a* ou *o* : *il grimaça, nous grimaçons.*

grimper v. i. Se conjugue avec *avoir : Il avait grimpé sur la table et il haranguait l'assistance.* La conjugaison avec *être (Il était grimpé sur la table)* n'est pas conseillée dans le registre soutenu, même quand il s'agit d'exprimer l'état.

grincer Conjug. 17. Le *c* prend une cédille devant *a* ou *o* : *il grinça, nous grinçons.* — On dit : *Je grince des dents* (plutôt que *je grince les dents,* qui est vieilli). — En revanche, on dit : *Cela va me faire grincer les dents* (plutôt que *me faire grincer des dents).*

gringalet n. m. *ou* adj. m. Un seul *l.* — Ne peut jamais s'employer au féminin.

griotte [gʀiɔt] n. f. Cerise. — Deux *t.*

grippe n. f. Deux *p.* De même : *grippage, grippé, grippement, gripper, grippe-sou.*

grippe-sou n. m. *ou* adj. *(familier)* Pl. : *des grippe-sou* ou, mieux, *des grippe-sous.*

gris, grise adj. Employé seul, s'accorde en nombre et en genre : *Des robes grises.* — Employé avec un mot précisant la nuance ou la couleur, reste invariable. Pas de trait d'union si le deuxième mot n'est pas un adjectif de couleur, mais une précision de nuance : *Des vareuses gris verdâtre. Des jupes gris clair. Des robes gris foncé. Des écharpes gris perle.* Un trait d'union si le deuxième mot est un adjectif qui,

employé seul, désigne une couleur franche : *Des robes gris-bleu. Des vareuses gris-vert. Des jupes gris-brun.* — Invariable aussi quand il est joint par *et* à un autre adjectif de couleur : *Des robes à rayures gris et noir. Des tentures blanc et gris.* — Invariable aussi quand il est juxtaposé à des adjectifs de couleur : *Des rayures gris, vert, rouge.*

grisâtre adj. Accent circonflexe sur le *a.*

grisé, griset Deux noms masculins paronymes à distinguer par l'orthographe et la prononciation.

1 grisé [gʀize] Teinte grise qu'on donne à certaines parties d'un dessin, d'un schéma, d'une carte de géographie.

2 griset [gʀize] Jeune chardonneret ; requin de la Méditerranée.

1. grison n. m. *(vieux)* Homme d'un certain âge, qui commence à grisonner.

2. grison, onne adj. *ou* n. Du canton des Grisons, en Suisse : *La population grisonne. Les Grisons.*

grisonner v. i. Deux *n.* De même : *grisonnant.*

grisou n. m. Inusité au pluriel. — Pas de -*t* à la fin, malgré l'existence du dérivé **grisouteux** — Le composé **grisoumètre** s'écrit en un seul mot, sans trait d'union.

grivèlerie, grivoiserie Deux noms féminins sans aucun rapport de sens.

1 grivèlerie Délit qui consiste à ne pas payer le prix d'une consommation.

2 grivoiserie Caractère de ce qui est grivois, joyeusement licencieux. — *Une grivoiserie :* une parole grivoise.

grog n. m. Mot anglais depuis longtemps francisé.

groggy adj. Anglicisme du langage de la boxe passé dans la langue familière au sens de « étourdi, assommé ». — Prononciation : [gʀɔgi]. — Variable en nombre : *Elle est groggy. Ils sont groggys. Elles sont groggys.*

grogner v. i. Attention au *i* après le groupe -*gn*- à la première et à la deuxième personne du pluriel de l'indicatif imparfait et du subjonctif présent : *(que) nous grognions, (que) vous grogniez.*

grognon adj. *ou* n. La forme *grognon* peut très bien s'employer pour le féminin : *Elle est très grognon.* La forme *grognonne* est plus rare et

ne s'emploie guère que pour qualifier les
choses : *Une humeur grognonne.* — Le dérivé
grognonner v. i. (se plaindre, récriminer comme
un grognon) est familier.

groin [gʀwɛ̃] n. m. Museau du porc.

grommeler v. t. Conjug. **13.** *Je grommelle, je
grommellerai* — Dérivé, avec deux *m* et deux
l : grommellement.

groom n. m. *(anglicisme)* Prononciation :
[gʀum]. Pl. : *des grooms* [gʀum]. — Cet
anglicisme vieilli a été remplacé par *chasseur.*

groseille [gʀɔzɛj] n. f. On écrit plutôt, avec
groseille au pluriel, *confiture de groseilles,* mais,
avec *groseille* au singulier, *gelée de groseille.* On
écrit toujours : *sirop de groseille.* — Toujours
maquereau au singulier dans : *groseille à
maquereau (des groseilles à maquereau).* —
Comme adjectif de couleur, toujours invariable : *Des rubans groseille.*

groseillier [gʀɔzeje] n. m. ▼ Un *i* après le
groupe *-ill-.*

gros-grain n. m. Etoffe ; ruban. — Pl. : *des
gros-grains.*

Gros-Jean On écrira ce mot avec un *G* et un
J majuscules et avec un trait d'union dans
l'expression familière *être Gros-Jean comme
devant.*

gros-porteur n. m. *ou* adj. — Pl. : *des avions
gros-porteurs, des gros-porteurs.*

grossir Sans complément, on emploie plutôt la
forme active : *Le torrent a grossi* (plutôt que
s'est grossi). Avec un complément introduit par
de, on emploie plutôt la forme pronominale :
*Le fleuve se grossit de nombreux affluents. La
foule des émeutiers s'était grossie de tous les
désœuvrés qui traînaient dans la ville.*

grossium n. m. *(familier)* Personnage très riche
et très puissant. — Prononciation : [gʀɔsjɔm].
— Pl. : *des grossiums.*

grosso modo loc. adv. *(familier)* En deux mots,
sans trait d'union.

grotesque Généralement adjectif : *Un accoutrement grotesque* (= très ridicule). — Comme
nom désignant des peintures, toujours féminin
et presque toujours au pluriel : *De belles
grotesques italiennes du XVIᵉ siècle.* — Dérivé :
grotesquement.

grotte n. f. Deux *t.*

grouillot [gʀujo] n. m. *(familier)* Jeune coursier.
— Finale en *-ot.*

grouse [gʀuz] Oiseau, que l'on chasse notamment en Ecosse. — Usage parfois flottant pour
le genre. Préférer le féminin : *Une belle grouse.*

gruau n. m. — Pl. : *des gruaux.*

grue n. f. Oiseau. — Machine de levage. — Le
sens de « femme légère » est familier.

gruger v. t. Conjug **16.** Prend un *e* après le *g*
devant *a* ou *o : il grugea, nous grugeons.*

grume n. f. Un seul *m.*

grumeau n. m. Un seul *m.* Finale en *-eau.*

grumeler (se) v. pron. Se mettre en grumeaux.
— Conjug. **13.** *La pâte se grumelle, se
grumellera.*

gruyère n m. Avec un *g* minuscule : *du gruyère*
(mais *du fromage de Gruyère, du fromage de
la Gruyère,* région de Suisse). — Pl. : *des
gruyères.* ▼ Bien prononcer [gʀyjɛʀ], et non
*[gʀyɛʀ], ce qui est une prononciation fautive.

guano n. m. Engrais. — Prononciation : [gwa-
no]. — Pl. *des guanos* [-no].

guatémaltèque [gwatemaltɛk] Du Guatemala : *La population guatémaltèque. Les Guaté-
maltèques.* — Il existe aussi une forme, moins
usitée, *guatémalien, ienne.* ▼ Le *e* de *guatémaltèque, guatémalien* prend un accent aigu, à la
différence de *Guatemala.*

1. gué n. m. Endroit peu profond où l'on peut
traverser un cours d'eau. — Prononciation :
[ge]. Dérivés : *guéable* [geabl(ə)], *guéer* [gee].

2. gué ! Interjection : *La bonne aventure, ô gué !*
— Prononciation : [ge].

guelfe n. m. *ou* adj. En Italie, au Moyen Age,
partisan du pape. — Toujours un *g* minuscule :
*Les guelfes s'opposaient aux gibelins, partisans
de l'Empereur.* Prononciation : [gɛlf]. — Dérivé : *guelfisme* [gɛlfism(ə)].

guelte n. f. Pourcentage sur les ventes. —
Prononciation : [gɛlt(ə)].

guenille [gənij] n. f. Dérivé : *guenilleux, euse*
[gənijø, øz].

guenon [gən5] n. f. Dérivé : *genuche* [gənyʃ].

guépard n. m. Animal. — Accent aigu et non
circonflexe. Prononciation : [gepaʀ].

guêpe [gɛp] n. f. Accent circonflexe. De même : *guêpier, guêpière.* — Avec *guêpe* au singulier : *taille de guêpe.* — Avec *guêpe* au pluriel : *nid de guêpes.*

guère [gɛʀ] adv. Orthographe et emplois.

1 L'orthographe *guères,* avec *-s* final, est vieillie. Ne s'emploie plus que dans la poésie traditionnelle (licence poétique).

2 Ne peut s'employer qu'avec les négations *ne* ou *ne... plus.* Dire : *Il n'a guère de temps,* et non *Il a guère de temps* (tour relâché) ou *Il n'a pas guère de temps* (régionalisme). En revanche, *Il n'a plus guère de temps* est parfaitement correct. — L'omission de *ne,* quand le verbe est sous-entendu, est admise dans la langue parlée cursive : *Avez-vous des réponses ? — Guère. Nous toucherons cinq mille francs, six mille francs peut-être, mais guère plus.* A éviter dans la langue écrite soignée.

3 De guère. Locution vieillie. On dit de nos jours *Il ne s'en faut guère que...* et non *Il ne s'en faut de guère que...*

4 Guère rien. Tour pléonastique à éviter. Dire *Il n'a pas grand-chose à attendre* et non *Il n'a guère rien à attendre.*

5 Il n'y a guère. Il y a peu de temps — Expression vieillie. On dit plutôt *naguère.*

guérilla n. f. Mot espagnol francisé. Prononciation : [geʀija]. Accent aigu sur le *e.* Pl. : *des guérillas* [-ja].

guérillero n. m. Partisan qui fait la guérilla. — Mot espagnol incomplètement francisé. Prononciation : [geʀijeʀo]. Pl. : *des guérilleros* [-ʀo]. Le deuxième *e* se prononce [e] et non [ə], mais ne prend pas d'accent.

guérir Plusieurs constructions.

1 Sans complément. On emploie plutôt la forme intransitive : *J'ai guéri rapidement. Ma jambe a guéri. La blessure a guéri toute seule.*

2 Avec un complément introduit par *de.* On emploie plutôt la forme pronominale : *Il n'a jamais pu se guérir de sa légèreté, de ce préjugé.* Même dans ce cas cependant, la construction intransitive est correcte.

guerre n. f. Orthographe et expressions.

1 Deux *r.* De même : *guerrier, guerroyer.*

2 Dans les noms de guerres. Le mot *guerre* s'écrit avec une minuscule, sauf dans : *la Grande Guerre* (celle de 1914-1918), *la Première, la Seconde Guerre mondiale.* Si la dénomination est un nom, elle prend une majuscule : *La guerre de la Succession d'Autriche. La guerre de Cent Ans.*

La guerre de l'Indépendance. Si la dénomination est un adjectif, elle s'écrit avec une minuscule : *Les guerres médiques. Les guerres puniques. La guerre franco-allemande.*

3 Pour les expressions *après-guerre, avant-guerre, entre-deux-guerres* ▷ **après-guerre, avant-guerre, entre-deux-guerres.** — *Guerre éclair* ▷ **éclair.**

4 De guerre lasse. Expression figée, dans laquelle l'adjectif est toujours au féminin singulier : *De guerre lasse* (et non *de guerre *las*), ils ont signé l'accord. *De guerre lasse* (et non *de guerre *lasses*), elles ont renoncé

guerroyer [geʀwaje] v. i. Conjug. **21.** Change *y* en *i* devant un *e* muet : *je guerroie, je guerroierai.* ▼ Attention au *i* après l'*y* à la première et à la deuxième personne du pluriel de l'indicatif imparfait et du subjonctif présent : *(que) nous guerroyions, (que) vous guerroyiez.*

guet [gɛ] n. m. Les dérivés prennent deux *t :* *guetter, guetteur.*

guet-apens n. m. Prononciation : [gɛtapɑ̃]. Un trait d'union. Un seul *p.* Finale en *-ens.* ▼ Le pluriel est *des guets-apens,* mais il se prononce [gɛtapɑ̃].

guêtre n. f. Accent circonflexe. De même : *guêtré, ée, guêtrer.*

guette n. f. Tour de guet. — Deux *t.*

guetter v. t. Deux *t.* De même : *guetteur.*

gueule, gueules Ne pas écrire *gueules* (n. m.), couleur héraldique (= rouge), comme *gueule* (n. f.), bouche : *De gueules à la croix d'argent ancrée. Le chien ouvrit sa gueule.*

gueule, bouche ▷ **bouche.**

gueule-de-loup n. f. Désigne une plante et divers dispositifs techniques. — Pl. : *des gueules-de-loup.*

gueules, gueule ▷ **gueule.**

gueuleton n. m. *(familier)* Le dérivé prend deux *n : gueuletonner.*

1. gueuse Féminin de *gueux.* — Avec un *-s-.*

2. gueuse n. f. Masse de fonte. — Avec un *-s-.*

3. gueuse ou **gueuze** n. f. Bière belge.

guiche [giʃ] n f. Mèches plaquées sur le front ou les tempes. — Employé surtout au pluriel.

guide Attention au genre.

1 Désignant une personne, n'a pas de forme féminine : *Cette jeune femme qui fait visiter le château est un excellent guide. Une femme guide* (ne pas dire **une guide*).

2 N'est féminin que dans le substantif pluriel *les guides :* lanières de cuir qui servent à diriger un cheval de trait (correspondent aux *rênes* d'un cheval monté). — (figuré) *Mener la vie à grandes guides.*

guide-âne n. m. *(familier)* Pl. : *des guide-ânes,* plutôt que *des guide-âne.*

guiderope n. m. Câble qu'on laisse pendre d'un ballon, d'un aérostat. — Prononciation : [gidʀɔp]. — Pl : *des guideropes.* — En un seul mot, sans trait d'union.

1. guigne [giɲ] n. f. Cerise.

2. guigne [giɲ] n. f. *(familier)* Mauvaise chance.

guigne, guignon Ces deux noms désignent la mauvaise chance, mais ne sont pas interchangeables.

1 La guigne Familier. — On dit : *porter la guigne, avoir la guigne* (jamais **avoir de la guigne*).

2 Le guignon Légèrement vieilli et littéraire. — On ne dit jamais : **porter le guignon.* On dit : *avoir le guignon* ou, parfois, *avoir du guignon.*

guigner v. t. Attention au *i* après le groupe *-gn-* à la première et à la deuxième personne du pluriel de l'indicatif imparfait et du subjonctif présent : *(que) nous guignions, (que) vous guigniez.*

guignon, guigne ▷ guigne.

guilde ▷ ghilde.

guilledou [gijdu] n. m. Seulement dans l'expression familière *courir le guilledou,* avoir ou rechercher des aventures galantes.

guillemets Règles d'emploi des guillements ▷ *annexes.*

guillemeter v. t. Encadrer de guillemets : *Guillemeter une citation.* — Conjug. **14.** *Je guillemette, je guillemetterai.*

guillemot [gijmo] n. m. Oiseau de mer. — Finale en *-ot.*

guilleret, ette [gijʀɛ, ɛt] adj. Joyeux. — Finale en *-et, -ette.*

guillocher [gijɔʃe] v. t. Orner de traits en creux : *Guillocher une plaque métallique. Briquet en or guilloché.* — Dérivés : *guillochage* [gijɔʃaʒ] n. m. (action de guillocher), *guilloche* [gijɔʃ] n. f. (burin qui sert à guillocher), *guillocheur* [gijɔʃœʀ] n. m. (ouvrier, artisan qui procède au guillochage), *guillochis* [gijɔʃi] n. m. (ensemble des traits gravés ornant une surface), *guillochure* [gijɔʃyʀ] n. f. (chacun des traits gravés formant un guillochis).

guingois Ne s'emploie que dans l'expression invariable *de guingois* [gɛ̃gwa], de travers. — Ne pas écrire **guinguois.*

guinguette [gɛ̃gɛt] n. f. Deux fois *-gu-.*

guipure [gipyʀ] n. f. Un seul *p,* comme dans les divers mots (techniques) de la même famille : *guipage* [gipaʒ], *guiper* [gipe], *guipon* [gipɔ̃].

guitare, cithare ▷ cithare.

gutta-percha n. f. Prononciation : [gytapɛʀka], avec [y] et [k]. — En deux mots, avec un trait d'union. Attention aux deux *t* et au groupe *-ch-.*

guttural, ale, aux adj. Attention aux deux *t.* — Masculin pluriel en *-aux : Des sons gutturaux.*

guyanais, aise [gɥijanɛ, ɛz] adj. *ou* n. De la Guyane. — Attention à la majuscule : *La population guyanaise. Les Guyanais.*

gymkhana n. m. ▼ Aucun rapport avec *gymnastique.* Ne pas déformer en **gymnakha.*

gymnastique adj. *ou* n. *Pas gymnastique :* pas de course cadencé, en usage dans l'armée au cours de certaines manœuvres. — Ne pas déformer en *pas *de gymnastique.*

gynécée Toujours masculin, malgré la finale en *-ée : Un gynécée spacieux.*

gynécologie n. f. Pour le dérivé, la forme *gynécologue* tend à éliminer la forme *gynécologiste.*

gypaète [ʒipaɛt] Oiseau. — Toujours masculin : *Le gypaète est grand et puissant.*

gypse Attention à l'*y.* — Toujours masculin : *Un gypse très blanc.* — Dérivé : *gypseux.*

gyro- Préfixe (du grec *guros* « cercle »), qui entre dans la formation de quelques mots savants : *gyrocompas, gyromètre, gyropilote, gyroscope, gyroscopique, gyrostabilisateur, gyrostat, gyrovague.* ▼ Les mots suivants s'écrivent avec *gir-* et non *gyr-* : *giration, giratoire, giraviation, giravion, girodyne.*

H

h A l'initiale d'un mot, le *h-* peut, en français, être « aspiré » ou muet. Le *h-* appelé « aspiré », de manière traditionnelle mais impropre, ne correspond pas à une « aspiration » réelle, telle que celle qu'on entend en anglais ou en allemand. Le *h-* aspiré et le *h-* muet se distinguent seulement par l'effet sur la prononciation par rapport à la finale du mot précédent.

1 Le *h-* aspiré interdit la liaison : *les haches* [le'aʃ], *ils hasardent* [il'azaʀd]. — Le *h-* muet rend la liaison obligatoire : *les herbes* [lezɛʀb(ə)], *ils hésitent* [ilzezit].

2 Le *h-* aspiré interdit l'élision : *la hache, je hasarde.* — Le *h-* muet rend l'élision obligatoire : *l'herbe, j'hésite.*

3 Le *h-* aspiré rend obligatoire la prononciation du *e* caduc (*e* muet) terminant le mot précédent : *une grande hache* [yngʀɑ̃dəaʃ]. — Le *h-* muet interdit la prononciation du *e* caduc (*e* muet) terminant le mot précédent : *une grande herbe* [yngʀɑ̃dɛʀb(ə)].

ha- *H-* aspiré et *h-* muet.

1 Avec *h-* aspiré : *ha !, habanera, hâblerie, hâbleur, hachage, hache, haché, hache-légumes, hache-paille, hacher, hachereau, hachette, hache-viande, hachich, hachisch, haschich* ou *haschisch, hachis, hachoir, hachure, hachurer, haddock, hafnium, hagard, haggis, haie, haïk, haïku, haillon, haillonneux, haine, haineusement, haineux, haïr, haire, haïssable, halage, halbran, halbrené, hâle, hâlé, haler, hâler, haletant, halètement, haleter, haleur, half-track, hall, halle, hallebarde, hallebardier, hallier, hallstattien, halo, hâloir, halte, halva, hamac, hamada, hamburger, hameau, hammam, hammerless, hampe, hamster, han !, hanap, hanche, hanchement, hancher, handball,* handicap, handicapé, handicaper, handicapeur, hangar, hanneton, hannetonnage, hannetonner, hanovrien, hanse (mais non hanséate ni hanséatique), hanté, hanter, hantise, happement, happening, happer, hacquebute ou haquebute, haquenée, haquet, hara-kiri, harangue, haranguer, harangueur, haras, harassant, harasse, harassement, harasser, harcelant, harcèlement, harceler, harceleur, harde (troupe de bêtes), hard-top, harder, hardes (vêtements), hardi, hardiesse, hardiment, hardware, harem, hareng, harengaison, harengère, harenguet, haret, harfang, hargne, hargneusement, hargneux, haricot, haridelle, harki, harle, harmattan, harnachement, harnacher, harnais, harnois, haro, harpail, harpe, harpie, harpiste, harpon, harponnage, harponnement, harponner, harponneur, hart, hasard, hasardé, hasarder, hasardeux, haschisch, hachisch, haschich ou hachich, hase, hâte, hâtelet, hâter, hâtereau, hâtier, hâtif, hâtiveau, hâtivement, hauban, haubanage, haubaner, haubert, hausse, hausse-col, haussement, hausser, haussier, haussière, haut, hautain (adj.), hautbois, hautboïste, haut-commissaire, haut-de-chausses, haut-de-forme, haute-contre, hautement, hautesse, hauteur, haut-fond, hautin ou hautain (n. m.), haut-le-cœur, haut-le-corps, haut le pied, haut-parleur, haut-relief, hauturier, havage, havane, hâve, haveneau ou havenet, haver, haveur, haveuse, havir, havre, havresac, hayon.

2 Avec *h-* muet : *habile, habilement, habileté, habilitation, habilité, habiliter, habillable, habillage, habillement, habiller, habilleur, habit, habitabilité, habitable, habitacle, habitant, habitat, habitation, habiter, habituation, habitude, habitué, habituel, habituellement, habituer, habitus, hacendado, hacienda, hadron, hagiographe, hagiographie, hagiographique, haïtien,* *haleine, halice, halieutique, haliotide, haliotis, hallali, hallucinant, hallucination, hallucinatoire, halluciné, halluciner, hallucinogène, hallucinose, halogène, halogéné, halogénure, halographie, halophyte, haltère, haltérophile, haltérophilie, hamadryade, hamadryas, hamamélis, hameçon, hameçonné, hanséate, hanséatique, hapax, haploïde, haplologie, harmonica, harmoniciste, harmonie, harmonieusement, harmonieux, harmonique, harmoniquement, harmonisation, harmoniser, harmoniste, harmonium, harpagon, haruspice, hast ou haste, hasté, hawaiien.*

ha !, ah ! ▷ **ah !**

habiller v. t. Conjugaison et constructions.

1 Attention au *i* après le groupe *-ill-* à la première et à la deuxième personne du pluriel de l'indicatif imparfait et du subjonctif présent : *(que) nous habillions, (que) vous habilliez.*

2 Se construit avec *de* : *Des soldats habillés de kaki. On les a habillés de velours bleu.* — La construction avec *en* est moins recommandée. On écrira : *Elle s'habille de blanc* (plutôt que *en blanc*).

habitat n. m. Attention aux sens critiqués.

1 Peut s'employer correctement dans la langue des sciences naturelles, de l'ethnologie, de la géographie : *L'habitat des lémuriens est limité à Madagascar et au sud-est de l'Asie. Les géographes distinguent l'habitat groupé et l'habitat dispersé.*

2 L'emploi du mot *habitat* est déconseillé au sens de *logement, habitation, immeuble.* On écrira donc : *La construction d'habitations confortables* (plutôt que *d'habitats confortables*).

habiter v. t. *ou* v. i. *Il habite rue de la Poste* (et non *dans la rue de la Poste*) ▷ **avenue, boulevard, rue.** — En revanche, on peut dire indifféremment *habiter une maison* ou *dans une maison, habiter la campagne* ou *à la campagne, habiter Paris* ou *à Paris,* etc.

habitué, ée adj. *ou* n. Constructions.

1 Comme adjectif. Se construit avec *à* : *Il est habitué aux travaux pénibles. Il est habitué à réagir vite.*

2 Comme nom. Se construit avec *de* : *Les habitués du café du Commerce. Les habitués des courses.*

3 Eviter la construction avec *à ce que* (*Il n'est pas habitué à ce qu'on lui donne des ordres*). Tourner autrement : *Il n'est pas habitué à se voir donner des ordres* ou *à recevoir des ordres.*

habituer v. t. Se construit avec *à* : *Il habitua ses enfants aux travaux pénibles. Il habitua son fils à dire la vérité.*

hâbleur, euse adj. *ou* n. Accent circonflexe sur le *a* et *h-* aspiré : *le hâbleur.* De même : *la hâblerie.*

hache n. f. Pas d'accent circonflexe. Se prononce : [ˈaʃ], avec un *h-* aspiré : *la hache.* De même : *le hachage, du haché, le hache-légumes, le hache-paille, hacher, le hachereau, la hachette, le hache-viande, le hachis, le hachoir, la hachure, hachurer.*

hache-légumes n. m. Un *h-* aspiré : *le hache-légumes.* — Invariable : *des hache-légumes.*

hache-paille n. m. Un *h-* aspiré : *le hache-paille.* — Invariable : *des hache-paille.*

hache-viande n. m. Un *h-* aspiré : *le hache-viande.* — Invariable : *des hache-viande.*

hachich, hachisch ▷ **haschisch.**

hachis, haché Ces deux noms masculins ne sont pas interchangeables.

1 Le hachis [ˈaʃi] Mets, souvent très épicé (à base de viande, de poisson ou de légumes qu'on hache finement), qui, en général, sert de farce : *Garnir de hachis une tomate.*

2 Le haché Viande (en général de la viande de bœuf) qui est vendue après avoir été passée au hachoir et qui se mange grillée : *Acheter cent grammes de haché chez le boucher.*

haillon n. m. Vieux vêtement, morceau d'étoffe usée. — Prononciation : [ˈajɔ̃], avec *h-* aspiré : *le haillon.* — Attention au paronyme *le hayon* [ˈɛjɔ̃], panneau mobile à l'arrière d'une charrette, porte arrière d'une automobile.

haine n. f. Un *h-* aspiré : *la haine.* Plusieurs constructions.

1 Se construit avec *de* ou *pour* ou *contre* : *La haine du mensonge. La haine des médiocres pour ceux qui ont réussi. Il a de la haine contre moi.* La préposition *contre* ne peut guère s'employer que devant un nom ou un pronom désignant une personne.

2 On prendra garde au sens ambigu de certaines constructions avec *de* : *La haine des riches* (sans complément) peut désigner la haine éprouvée par les riches ou bien la haine éprouvée à l'égard des riches. On évitera cette équivoque en employant *pour* ou *contre.*

3 La locution *en haine de* est une expression figée (ne pas dire **en haine pour,* ni *en haine contre).

haïr v. t. Toujours un *h-* aspiré : *je hais.* — Conjug. **28.** *Je hais, tu hais, il hait, nous haïssons, vous haïssez, ils haïssent.* — *Je haïssais.* — *Je haïs, tu haïs, il haït, nous haïmes, vous haïtes, ils haïrent.* — *Je haïrai.* — *Je haïrais.* — *Hais, haïssons, haïssez.* — *Que je haïsse...,* *qu'il haïsse...* — *Que je haïsse..., qu'il haït...* — *Haïssant.* — *Haï, haïe.* — Ce verbe n'a pas de tréma sur le *i* aux trois personnes du singulier de l'indicatif présent : *je hais* ['ɛ], *tu hais* ['ɛ], *il hait* ['ɛ]. Pas de tréma non plus sur le *i* à la deuxième personne du singulier de l'impératif présent : *hais* ['ɛ]. Partout ailleurs, tréma sur le *i*, même à la première et à la deuxième personne du pluriel du passé simple *(nous haïmes, vous haïtes)* et à la troisième personne du singulier du subjonctif imparfait : *qu'il haït.*
— Mots de la même famille : *haine, haineusement, haineux, haïssable* (tous avec un *h-* aspiré).

haire n. m. Chemise de crin que les moines et des dévots portaient par esprit de mortification — Le *h-* est aspiré : *la haire.* ▼ Ne pas écrire comme *(un pauvre) hère.*

haïtien, ienne adj. D'Haïti, île et Etat des Antilles : *La population haïtienne. Les Haïtiens.* — Prononciation : [aisjɛ̃, jɛn], avec [s], et non [t], bien que le mot dérive du nom propre Haïti [aiti]. — Pour le *h-*, l'usage hésite. Dans *Haïti* il est toujours muet : *la république d'Haïti.* Le dérivé *haïtien* devrait donc avoir un *h-* muet : *les Haïtiens* [lezaisjɛ̃]. C'est cet usage qu'il faut en effet préférer, bien que les dictionnaires indiquent généralement la présence d'un *h-* aspiré.

haleine n. f. Ne pas écrire *l'haleine*, le souffle, comme *l'alêne*, outil du cordonnier.

haler, hâler Deux verbes à bien distinguer.

1 haler ['ɑle] v. t. *ou* v. i. Tirer : *Les chevaux halaient les péniches sur les canaux.* — (marine) *Haler sur un câble.* — Un *h-* aspiré et pas d'accent circonflexe. De même : *le halage, le haleur.*

2 hâler ['ɑle] v. t. Brunir : *Le soleil va te hâler.* — Un *h-* aspiré et un accent circonflexe. De même : *le hâle.* ▼ L'emploi intransitif *(Son visage a hâlé)* est peu conseillé. On écrira plutôt *se hâler : Son visage s'est hâlé.*

haleter v. i. Un *h-* aspiré. Conjug. **15** : *je halète, je halèterai.* — Dérivé : *halètement.*

hall, halle Deux noms à distinguer.

1 Le hall ['ol] (avec un *h-* aspiré). Anglicisme, bien entré dans l'usage, qui désigne un grand vestibule *(Je vous attendrai dans le hall de*

réception) ou un très vaste local *(Le hall de la gare Saint-Lazare. Le hall du palais des expositions).* — Bien prononcer ['ol], et non *[*'al]. — Pl. : *des halls* ['ol].

2 La halle, les halles ['al] (avec un *h-* aspiré). Mot français qui désigne un vaste édifice servant au commerce : *L'ancienne Halle aux blés de Paris. Les anciennes Halles de Paris.*

hallali n. m. Attention au groupe *-ll-*. De nos jours, *h-* muet : *l'hallali.* — Pl. : *des hallalis.*

halte n. f. Peut s'employer comme interjection : *Halte !* — On écrit *halte-là !* avec un trait d'union. — *Halte à...,* locution : *Halte au crime ! Halte à la subversion !*

haltère Un *h-* muet : *l'haltère.* ▼ Toujours masculin *(L'haltère est trop lourd pour lui),* à la différence de *une artère,* vaisseau sanguin.

hamac n m. Un *h-* aspiré : *le hamac.* — Le *c* final se prononce : ['amak].

hamburger n. m. Anglicisme qui désigne un steak haché. — Le *h-* est aspiré : *le hamburger.* — Prononciation : ['ɑbyʀɡœʀ]. — Pl. : *des hamburgers* [-ɡœʀ].

hamster n. m. Petit rongeur. — Le *h-* est aspiré : *le hamster.* — Prononciation : ['amstɛʀ]. — Pl. : *des hamsters* [-stɛʀ].

handball n. m. Le *h-* est aspiré : *le handball.* — En un seul mot, sans trait d'union. ▼ Ce mot est allemand et non anglais. Prononcer : ['andbal], et non *[*'andbol].

handicap n. m. ▼ Le *h-* est aspiré : *le handicap* [lə'ɑdikap]. Ne pas prononcer *un handicap* *[*œ̃ɑdikap], mais [œ̃'ɑdikap].

handicapé, ée adj. *ou* n ▼ L'emploi de ce terme au sens de *infirme, invalide, impotent, malade* est peu correct. — Le *h-* est aspiré. Eviter les liaisons fautives, très courantes : *les handicapés* *[*lezɑdikape], *un handicapé* *[*œ̃ɑdikape] Dire [le'ɑdikape], [œ̃'ɑdikape], si l'on emploie ce mot.

hangar n. m. Le *h-* est aspiré : *le hangar.* ▼ Pas de *-d* à la fin.

hanse n. f. Association de marchands au Moyen Age. — Ne pas écrire comme *l'anse* (d'un panier). — Avec une minuscule, sauf dans *la Hanse teutonique* ou *la Hanse :* association de villes de l'Allemagne du nord, au Moyen Age. — Un *h-* aspiré : *la Hanse.* — En revanche, pour les dérivés *hanséate* et *hanséatique* on préférera la prononciation avec un *h-* muet :

les Hanséates [lezɑ̃seat], *les villes hanséatiques* [levilzɑ̃seatik].

hara-kiri n. m. Le *h-* est aspiré : *le hara-kiri.* — Pl. : *des hara-kiris.*

harangue n. f. Le *h-* est aspiré : *la harangue.* — Avec *-an-.* De même : *haranguer, le harangueur.* Attention à l'influence de *hareng,* qui s'écrit avec *-en-.*

haras n. m. Lieu où l'on élève des chevaux. — Le *h-* est aspiré : *le haras* ▼ Le *-s* final ne se prononce pas : [ˈaʀa], et non *[ˈaʀas].

harasser v. t. Un seul *r.* Le *h-* est aspiré : *je suis harassé* [ʒəsɥiˈarase]. De même : *harassant, harassement.* — Le verbe *harasser* ne s'emploie pratiquement qu'à l'infinitif, aux temps composés, au participe passé.

harceler v. t. Conjug. **10.** *Je harcèle, je harcèlerai.* — Le *h-* est aspiré : *je harcèle.* De même : *harcelant, le harcèlement.*

hardiment adv. Pas de *e* intérieur ni d'accent circonflexe sur le *i.*

hardware n. m. Anglicisme qui désigne la fabrication des ordinateurs. Le *software* est la conception ou l'utilisation des ordinateurs. — En un seul mot, sans trait d'union. — Le *h-* est aspiré : *le hardware.* — Prononciation : [ˈaʀdwɛʀ]. — Pour éviter cet anglicisme, on dira plutôt *le matériel.* De même, on remplacera *software* par *le logiciel.*

haricot n. m. Le *h-* est aspiré : *des haricots* [deˈaʀiko], et non *[dezaʀiko], faute populaire fréquente.

harmonique Le *h-* est muet : *l'harmonique.* — L'usage est très flottant en ce qui concerne le genre. Le masculin semble se généraliser dans tous les sens (en mathématiques, en acoustique, en musique, etc.). En tout cas, le féminin ne peut s'employer qu'en phonétique ou bien pour désigner la corde d'un instrument ou une grandeur sinusoïdale.

harmonium n. m. Instrument de musique. — Le *h-* est muet : *l'harmonium.* — Prononciation : [aʀmɔnjɔm]. — Pl. : *des harmoniums* [-njɔm].

harnois n. m. Le *h-* est aspiré : *le harnois* [ˈaʀnwa]. Forme archaïque de *harnais,* employée seulement dans l'expression *blanchi sous le harnois.*

harpagon n. m. Au sens figuré de « homme très avare » (*littéraire*), un *h* minuscule : *Son oncle est un vieil harpagon* (*h-* muet).

haruspice ou **aruspice** n. m. Devin romain. — La forme *haruspice* est la plus fréquente. Le *h-* est muet : *l'haruspice.*

hasard n. m. Avec un *s* et non un *z.* — Le *h-* est aspiré : *le hasard.* De même : *hasardé, hasardeux, hasarder.*

hasarder Constructions.

1 A la forme active, le tour *hasarder de* est correct, mais archaïque : *Il hasarda de tout perdre pour pouvoir tout gagner.* De nos jours, on dit : *prendre le risque de, risquer de.*

2 *Se hasarder à* est usuel et moderne. Signifie « oser faire ou dire quelque chose en prenant un risque » : *Il se hasarda à poser cette question au directeur.*

hasardé, hasardeux Ces deux adjectifs ne sont pas synonymes.

1 hasardé, ée Que l'on fait sans trop y croire ou que l'on dit sans être sûr : *Une démarche hasardée. Une réponse hasardée.*

2 hasardeux, euse Dangereux, qui comporte un risque d'échec. *Une spéculation hasardeuse.* — Qui risque fort de ne pas se vérifier : *Une hypothèse hasardeuse.*

haschisch [ˈaʃiʃ] Le *h-* est toujours aspiré : *du haschisch.* Quatre orthographes sont attestées pour la même prononciation : *hachich, haschisch, haschich, hachisch.* On pourra préférer la graphie *hachisch.*

hase n. f. Femelle du lièvre. — Pas d'accent circonflexe. — Le *h-* est aspiré : *la hase* [laˈaz].

hâte n. f. Le *h-* est aspiré : *la hâte.* — Un accent circonflexe. De même : *hâter, hâtif, hâtiveau* n. m. (petit pois hâtif), *hâtivement.*

hausse-col n. m. Ancien insigne d'officier (plaque métallique). — Le *h-* est aspiré : *le hausse-col.* — Pl. : *des hausse-cols.*

haussière ou **aussière** n. f. Câble servant à amarrer un navire. Les deux formes sont admises, mais la forme *aussière* est plus fréquente. ▼ On dit *l'aussière,* mais *la haussière* (*h-* aspiré).

1. haut, haute adj. Question du trait d'union.

I Dans les dénominations géographiques.

1 Prend un *H* majuscule et se lie par un trait d'union au nom qui suit, si la dénomination désigne une unité administrative ou politique bien définie : *Le département du Haut-Rhin. Le département des Hautes-Alpes.*

2 Un *h* minuscule et pas de trait d'union s'il s'agit d'une région mal définie : *La haute Normandie, le haut Limousin, la haute Auvergne, le haut Languedoc* (anciennes divisions, aux limites mal précisées, de ces provinces). De même : *La haute Egypte* (région située au sud du delta et du cours inférieur du Nil). *Le cours du haut Amazone* (partie du fleuve située le plus loin de l'embouchure).

3 Il est préférable d'écrire, avec un *h* minuscule et sans trait d'union : *Le haut allemand* (langue). *Un haut Normand* (habitant).

4 Les règles ci-dessus ne sont pas toujours appliquées strictement. On rencontre parfois les orthographes : *Le haut-allemand* (langue). *Un Haut-Normand,* etc.

5 Dans les emplois adjectifs d'une expression géographique, en principe, *haut* s'écrit avec un *h* minuscule et n'est pas joint au mot suivant par un trait d'union : *Un paysan haut normand. Les paysages haut alpins. Des fermes haut limousines* (*haut* invariable, l'autre adjectif accordé en nombre et en genre). Cependant il est conseillé de ne pas employer adjectivement les formes composées formées avec *haut.* Il vaut mieux dire, par exemple : *La phonétique du haut allemand* (plutôt que *la phonétique haut allemande*). *Un paysan de haute Normandie* (plutôt que *un paysan haut normand*). *Des paysannes du haut Limousin* (plutôt que *des paysannes haut limousines*).

6 Dans les emplois substantifs au féminin, en principe, *haut* s'écrit avec un *h* minuscule et n'est pas joint par un trait d'union au mot suivant. Il reste en principe invariable : *Une haut Normande* (plutôt que *une Haute-Normande*). Cependant il est conseillé de ne pas employer au féminin les formes composées avec *haut.* Il vaut mieux dire : *Une femme originaire de haute Normandie* (plutôt que *une haut Normande*). *Les femmes du haut Limousin* (plutôt que *les haut Limousines*).

II Dans les dénominations historiques (haut = le plus ancien). Pas de majuscule ni de trait d'union : *Le haut Moyen Âge. Une œuvre de haute époque.* — Exception : *Le Haut-Empire* (période la plus ancienne de l'Empire romain).

2. haut adv. Employé adverbialement, est toujours invariable : *Les hirondelles volent haut. Ces filles parlent haut. Des juments haut-jointées. Porter haut la tête* (mais *marcher la tête haute*). *Tenir haut la bannière. Haut les mains ! Haut les cœurs ! Des personnages haut placés* (mais *de hauts personnages*).

3. haut Employé dans des expressions et locutions.

I Avec un trait d'union et des majuscules *Le Très-Haut* (Dieu). — Sans trait d'union et avec des majuscules : *La Haute Cour.* — Sans trait d'union et sans majuscules : *Des seigneurs hauts justiciers. La haute trahison. Le haut bout* (de la table). *Un haut fonctionnaire* (mais *un haut-commissaire*). *En haut lieu. Les hauts lieux.* — Avec ou sans traits d'union, selon le sens ▷ **haut(-)de(-)forme, haut(-)le(-)pied.**

II En haut, au haut.

1 en haut Tour moderne et vivant qui a un sens très général. Signifie « en un endroit plus élevé » : *Les chambres sont en haut, le salon en bas. La rue d'en haut.*

2 au haut Tour littéraire et un peu archaïque. Signifie « au sommet, à la fin de la montée » : *Au haut de l'arbre, un oiseau chantait. Au haut de la rue en pente.*

III De haut en bas, du haut en bas.

1 de haut en bas S'emploie sans complément. On ne peut dire **de haut en bas de la tour.* En principe, *de haut en bas* est l'expression la plus employée au sens figuré : *Examiner quelqu'un de haut en bas,* d'une manière méprisante, hautaine.

2 du haut en bas La seule expression qui admette un complément : *Du haut en bas de la tour, de la montagne.* En principe, s'emploie de préférence à *de haut en bas* quand il s'agit du sens propre : *Le mur est couvert de lierre du haut en bas.*

IV ▼ Eviter le pléonasme *monter en haut.* Dire : *Je vais monter* (et non *Je vais monter en haut*). Au lieu de dire *je vais monter en haut,* on peut aussi préciser : *Je monte au premier étage. Je monte au grenier,* etc.

V *Là-haut.* Toujours avec un trait d'union.

hautbois ['obwa] n. m. Instrument de musique. — Le *h-* est aspiré : *Le hautbois.* — En un seul mot, sans trait d'union — Le mot *hautbois* désigne aussi le musicien qui joue du hautbois : *Le hautbois de l'orchestre est malade.* Synonyme : *hautboïste.*

hautboïste ['obɔist(ə)] n. m. *ou* f. Celui, celle qui joue du hautbois. Synonyme : *un hautbois.* — Le *h-* est aspiré : *le hautboïste, la hautboïste.* — Attention au tréma sur le *i.*

haut-commissaire n. m. Un trait d'union. — Le *h-* est aspiré : *le haut-commissaire.* — Pl. : *des hauts-commissaires.* — Dérivé : *haut-commissariat (des hauts-commissariats).*

haut-de-chausse, haut-de-chausses n. m. Deux traits d'union. — Le *h-* est aspiré : *Le* *haut-de-chausses.* — On peut dire (sans *-s* ou avec *-s* à *chausse*) : *un haut-de-chausse* ou *un haut-de-chausses* (pl. : *des hauts-de-chausse* ou *des hauts-de-chausses*). La forme la plus fréquente semble être *un haut-de-chausses* (pl. : *des hauts-de-chausses*).

haut de forme, haut-de-forme Attention aux traits d'union.

1 Adjectif. Ne prend pas de traits d'union : *Un chapeau haut de forme.* — Pl. : *des chapeaux hauts de forme.*

2 Nom masculin. Prend deux traits d'union : *le haut-de-forme* — Pl. : *des hauts-de-forme.* — On dit parfois *un haute-forme* pour *un haut-de-forme* (à éviter dans la langue soignée).

haute-contre Le *h*- est aspiré : *La haute-contre.* — Pl. : *des hautes-contre.* — Attention au genre.

1 Toujours féminin quand le mot désigne une voix d'homme (voix qui peut monter plus haut que celle du ténor).

2 En principe féminin, mais parfois aussi masculin, quand le mot désigne le chanteur qui a cette voix. — Synonyme vieilli : *haute-taille* (n. f.).

haute-fidélité n. f. Toujours avec un trait d'union. — Le *h*- est aspiré : *la haute-fidélité.* — Employé adjectivement, toujours invariable : *Des chaînes haute-fidélité.*

haut-fond n. m. Partie de la mer ou d'un cours d'eau où le fond est haut, c'est-à-dire où la profondeur est faible, ce qui est dangereux pour la navigation — Le *h*- est aspiré : *le haut-fond.* — Pl. : *des hauts-fonds.* — Pour la différence de sens avec *bas-fond* ▷ **bas-fond.**

haut fourneau n. m. ▼ Pas de trait d'union. — Pl. : *des hauts fourneaux.*

haut-le-cœur, haut-le-corps Le *h*- est aspiré : *le haut-le-cœur, le haut-le-corps.* — Noms invariables : *des haut-le-cœur, des haut-le-corps.* — On prendra garde de confondre ces deux noms masculins.

1 haut-le-cœur Nausée : *Cette odeur infecte lui donna un haut-le-cœur.* — (figuré) *Eprouver un haut-le-cœur devant un acte lâche.*

2 haut-le-corps Mouvement brusque du haut du corps sous l'effet de la surprise, de l'indignation : *En entendant ces mots étonnants, il eut un haut-le-corps.*

haut le pied, haut-le-pied Attention aux traits d'union.

1 Adjectif. Ne prend pas de traits d'union : *Une locomotive haut le pied.* — Invariable : *des locomotives haut le pied.*

2 Nom masculin. Prend deux traits d'union : *le haut-le-pied,* cheval de renfort non attelé. — Invariable : *des haut-le-pied.*

haut-parleur n. m. Le *h*- est aspiré : *le haut-parleur.* — Pl. : *des haut-parleurs* (avec *haut-* invariable).

haut-relief n. m. Le *h*- est aspiré : *le haut-relief.* — Pl. : *des hauts-reliefs.*

havane Le *h*- est aspiré : *Le havane que j'ai fumé.* — Nom masculin, désigne un cigare et prend la marque du pluriel : *Il fume des havanes.* — Comme adjectif de couleur, toujours invariable : *Des jupes havane* (mais *les gris et les havanes* = les nuances de la couleur havane).

hâve adj. Pâle et maigre. — Le *h*- est aspiré : *le hâve mendiant.* — Accent circonflexe sur le *a.*

havre n. m. Le *h*- est aspiré : *le havre.* ▼ Se prononce [ˈavʀ(ə)], avec *a* vélaire [ɑ], mais s'écrit sans accent circonflexe. De même, *Le Havre* (nom de ville) : *Connaissez-vous Le Havre ?* (un *L* majuscule). *Je vais au Havre. Je viens du Havre* (une minuscule à l'article contracté).

havresac n. m. Sac à dos. — En un seul mot, sans trait d'union. — Le *h*- est aspiré : *le havresac.* ▼ Se prononce [ˈavʀəsak], avec un *a* vélaire [ɑ], mais s'écrit sans accent circonflexe. Se prononce avec [s] et non avec [z].

hawaiien, ienne [awajɛ̃, jɛn] adj. *ou* n. Des îles Hawaii : *La population hawaiienne. Un Hawaiien.* — Le *h*- est muet : *Les Hawaiiens* [lezawajɛ̃] — Attention aux deux *i.* — Ne pas prononcer *[avajɛ̃].

hayon n. m. Panneau mobile à l'arrière d'une charrette. — Porte arrière d'une automobile. — Le *h*- est aspiré : *le hayon.* ▼ Prononcer : [ˈɛjɔ̃], avec [ˈɛ], et non *[ˈajɔ̃] comme *haillon,* lambeau d'étoffe, vieux vêtement.

he- *H-* aspiré et *h-* muet.

1 Avec *h-* aspiré : *hé !, heaume, heimatlos, heimatlosat, hein !, héler, hem !, henné, hennin, hennir, hennissement, hennuyer, hep !, héraut, herchage, hercher, hercheur, herd-book, hère* (vagabond, misérable), *hère* (jeune daim), *hérissé, hérissement, hérisser, hérisson, hérissonne, herniaire, hernie, hernié, hernieux, héron, héronneau, héronnière, héros, herpe, hersage, herschage, herscher, herscheur, herse, herser, hêtraie, hêtre, heu !, heurt, heurté, heurter, heurtoir.*

2 Avec h- muet : hebdomadaire, hebdomadairement, hebdomadier, hébéphrénie, hébéphrénique, héberge, hébergement, héberger, hébertisme, hébertiste, hébété, hébétement, hébétude, hébraïque, hébraïsant, hébraïsme, hébraïste, hébreu, hécatombe, hectare, hectique, hecto- (préfixe), hectogramme, hectolitre, hectomètre, hectométrique, hectopièze, hédonisme, hédoniste, hédonistique, hégélianisme, hégélien, hégémonie, hégire, hélas !, hélianthe, hélianthème, helianthemum, héliantine, héliaque, héliaste, hélice, héliciculture, hélicoïdal, hélicoïde, hélicon, hélicoptère, héligare, hélio, héliocentrique, héliodore, héliographe, héliographie, héliograveur, héliogravure, hélion, héliothérapie, héliotrope, héliotropine, héliport, héliportage, héliporté, hélium, hélix, hellébore, hellène, hellénique, hellénisant, hellénisation, helléniser, hellénisme, hellénistique, hellequin, helminthe, helminthiase, hélobiales, hélodée, helvelle, helvétique, helvétisme, hémarthrose, hématémèse, hématie, hématine, hématite, hématologie, hématologique, hématologiste, hématologue, hématome, hématopoïèse, hématose, hématozoaire, hématurie, héméralopie, hémérocalle, hémicycle, hémicylindrique, hémièdre, hémiédrie, hemigrammus, hémine, héminée, hémione, hémiplégie, hémiplégique, hémiptéroïdes, hémisphère, hémisphérique, hémistiche, hémitropie, hémoculture, hémocyanine, hémogénie, hémoglobine, hémogramme, hémolyse, hémolysine, hémolytique, hémopathie, hémophile, hémophilie, hémoptysie, hémoptysique, hémorragie, hémorragique, hémorrhée, hémorroïdaire, hémorroïdal, hémorroïde, hémostase, hémostasie, hémostatique, hendécagone, hendécasyllabe, hendiadys, henry (unité d'induction électrique), héparine, hépatalgie, hépatique, hépatisation, hépatisme, hépatite, hépatocèle, hépatologie, hépatomégalie, heptacorde, heptaèdre, heptaédrique, heptagonal, heptagone, héraldique, héraldiste, herbacé, herbage, herbagement, herbager, herbe, herberie, herbette, herbeux, herbicide, herbier, herbivore, herborisation, herboriser, herboriste, herboristerie, herbu, herbue (n. f.), hercule, herculéen, hercynien, héréditaire, héréditairement, hérédité, hérésiarque, hérésie, héréticité, hérétique, héritage, hériter, héritier, hermandad, hermaphrodisme, hermaphrodite, herméneutique, hermès, herméticité, hermétique, hermétiquement, hermétisme, hermine, herminette, heroï-comique, héroïde, héroïne, héroïnomane, héroïque, héroïquement, héroïsme, herpe, herpès, herpétique, herpétisme, herpétologie, hertz, hertzien, hésitant, hésitation, hésiter, hétaïre, hétaïrie, hétaïrisme, hétérocerque, hétéroclite, hétérocyclique, hétérodoxe, hétérodoxie, hétérodyne, hétérogamie, hétérogène, hétérogénéité, hétérogreffe, hétéromorphe, hétéromorphie, hétéromorphisme, hétéronome, hétéroptères, hétérosexuel, hétérosphère, hétérotrophe, hetman, heur, heure,

heureusement, heureux, heuristique, hévéa, hexacoralliaires, hexacorde, hexaèdre, hexaédrique, hexagonal, hexagone, hexamètre, hexapode, hexose, H.L.M.

hé !, eh ! ▷ **eh !**

héberger v. t. Conjug. **16.** Prend un e après le g devant a ou o : il hébergea, nous hébergeons.

hébétement n. m. ▼ Le deuxième e, comme le premier, porte un accent aigu, mais se prononce ouvert [ebetmã].

hébéter v. t. Conjug. **11.** Il hébète, mais il hébétera. — Le h- est muet : il s'hébète.

hébreu adj. ou n. m. Forme et emploi.

1 Pas de -x final au singulier : Le peuple hébreu. Les Hébreux. — Le h- est muet : Apprendre l'hébreu.

2 Ne peut s'employer au féminin. Pour désigner une femme, on dit une juive.

3 Pour qualifier une personne ou un groupe dont le nom est féminin, on emploie l'adjectif juive : Une princesse juive. Une tribu juive.

4 Pour qualifier une ohose dont le nom est féminin, on emploie l'adjectif juive (Les fêtes juives) ou hébraïque (Les traditions hébraïques. Les institutions hébraïques).

5 L'adjectif hébraïque est le seul adjectif possible au féminin quand on qualifie un nom relatif à la langue (c'est-à-dire à l'hébreu) : La langue hébraïque. La grammaire hébraïque.

hégélianisme n. m. Philosophie de Hegel. — Prononciation : [egeljanism(ə)], avec [g], et non [ʒ]. — Avec des accents aigus sur les e et avec un h- muet, à la différence de Hegel : L'hégélianisme est le système de Hegel ['egəl]. — De la même famille : hégélien, ienne [egeljɛ̃, jɛn] (avec h- muet).

hein ! Interjection familière de la langue parlée. Equivalent plus soutenu : n'est-ce-pas ?

héler v. t. Un h- aspiré : je hèle. — Conjug. **11.** Je hèle, mais je hélerai.

hélice, spirale Dans la langue des géomètres, une hélice est une courbe qui monte en tournant sur elle-même autour d'un cylindre de révolution, une spirale est une courbe plane qui tourne en s'élargissant. On devrait donc dire escalier en hélice plutôt que escalier en spirale, mais l'usage ne s'est pas conformé à cette distinction des mathématiques.

hélicoïdal, ale, aux adj. En forme d'hélice. — Le *h-* est muet. — Masculin pluriel en *-aux :* *Des ressorts hélicoïdaux.*

héliotrope Plante. — Le *h-* est muet : *l'héliotrope.* — Toujours masculin : *Un héliotrope décoratif.*

hellébore ▷ ellébore.

hellène adj. *ou* n. Synonyme littéraire de *grec :* *Le peuple hellène. Les Hellènes.* L'*h* est muet : *les Hellènes* [lezɛlɛn]. — Ne pas écrire comme *Hélène*, prénom féminin. — Dérivés (avec *h-* muet) : **hellénique, hellénisant, hellénisation, hellénisé, hellénisme, helléniste, hellénistique.**

hémicycle Le *h-* est muet : *l'hémicycle.* — Toujours masculin : *Un hémicycle très grand.*

hémisphère Le *h-* est muet : *l'hémisphère Nord.* ▼ Toujours masculin, à la différence de *sphère :* *L'hémisphère Sud est plus froid que l'hémisphère Nord.*

hémistiche Le *h-* est muet : *l'hémistiche.* — Toujours masculin : *Un hémistiche harmonieux.*

hémorragie n. f. Le *h-* est muet : *l'hémorragie.* — Avec *-rr-*, et non *-rrh-*. De même : *hémorragique.*

hémorroïde n. f. Le *h-* est muet : *l'hémorroïde* — Avec *-rr-*, et non avec *-rrh-*. De même : *hémorroïdaire, hémorroïdal, ale, aux.*

hémostase ou **hémostasie** Le *h-* est muet : *l'hémostase, l'hémostasie.* — Toujours féminin : *Une hémostase soudaine.* — Les deux formes sont admises.

hendiadys n. m. Figure de rhétorique. Le *h-* est muet : *l'hendiadys.* — Prononciation (au singulier et au pluriel) : [ɛdjadis], plutôt que [ɛndjadis]. — A côté de *hendiadys*, il existe une autre forme *hendiadyin* (attention au groupe *-yi-*), qui se prononce [ɛdjadɛ̃] ou [ɛndjadɛ̃]. Pl. : *des hendiadyins.*

henné n. m. Teinture, fard. — Le *h-* est aspiré : *Le henné.* — Prononciation : ['ene].

hennin n. m. Coiffure des femmes, au XVe siècle. — Le *h-* est aspiré : *le hennin.* — Prononciation : ['enɛ̃].

hennir v. i. Le *h-* est aspiré — La prononciation ['aniʀ], avec [a], est vieillie. De nos jours, on prononce ['eniʀ]. De même : *hennissant* ['enisɑ̃], *hennissement* ['enismɑ̃].

Henri, Henriette Pour le prénom *Henriette*, toujours un *h-* muet : *La robe d'Henriette.* — Pour *Henri*, presque toujours un *h-* muet : *Le veston d'Henri.* Le *h-* aspiré est vieilli : *La gloire de Henri IV.*

héraldique adj. *ou* n. f. Le *h-* est muet, à la différence de celui de *héraut : l'héraldique.* De même : *l'héraldiste.*

héraut, héros, Hérault Trois noms masculins homophones.

1 Le héraut Au Moyen Age, personnage chargé d'annoncer les déclarations de guerre, les défis, etc. On disait aussi *héraut d'armes.* — *(figuré)* Annonciateur, défenseur d'une idée nouvelle : *Dans sa jeunesse, Sainte-Beuve fut le héraut du romantisme naissant.*

2 Le héros Demi-dieu ; homme très brave ; personnage d'une œuvre ou d'une aventure : *Hercule, le héros dorien. Les héros de la Grande Guerre. Hernani, type du héros romantique.*

3 L'Hérault Fleuve et département du Languedoc.

herbe n. f. Expressions à distinguer.

1 dans l'herbe Suppose que l'herbe est haute, non coupée : *Attention ! une vipère peut être cachée dans l'herbe !*

2 sur l'herbe Indique seulement que le sol porte de l'herbe, haute ou non : *Emportons un panier, nous déjeunerons sur l'herbe.*

3 en herbe Se dit du blé, etc. qui n'est pas encore mûr : *La troupe des cavaliers piétina le blé en herbe.*

herbeux, herbu Ces deux adjectifs ne sont pas interchangeables.

1 herbeux, euse Où l'herbe croît, où il y a de l'herbe : *Un chemin herbeux et ombragé.*

2 herbu, ue Couvert d'une herbe épaisse et abondante : *Dans la prairie, un espace herbu indiquait l'emplacement de la source.*

herborisation, arborisation ▷ arborisation.

herborisateur, herboriste Deux noms à distinguer.

1 herborisateur, trice Personne qui pratique l'*herborisation*, c'est-à-dire qui recueille les plantes qui croissent à l'état sauvage, pour les étudier ou pour les collectionner dans un herbier ou pour utiliser leurs propriétés médicinales.

2 herboriste Personne qui exerce l'*herboriste-rie*, commerce des plantes médicinales. Le commerce des herboristes, supprimé en France en 1941, comprenait aussi la vente de certains remèdes, d'articles d'hygiène, de parfums, etc.

1. hère n. m. De nos jours, seulement dans l'expression *un pauvre hère,* un miséreux, un personnage sans crédit. — Le *h-* est aspiré : *un pauvre hère* [œpovʀə 'ɛʀ]. ▼ Ne pas écrire comme *la haire,* chemise de crin.

2. hère n. m. Jeune cerf ou jeune daim. — Le *h-* est aspiré : *le hère.*

hériter Le *h-* est muet : *j'hérite.* — Plusieurs constructions.

1 Il a hérité de son oncle. Préposition *de* + nom de personne.

2 Il a hérité d'une maison. Préposition *de* + nom de chose.

3 Il a hérité de son oncle une maison. Le complément désignant la personne est précédé de *de,* le complément désignant la chose est construit directement.

4 Il a hérité une maison. Construction assez fréquente dans la langue actuelle, mais critiquée par quelques grammairiens. Dans la langue surveillée, on écrira plutôt : *Il a hérité d'une maison.*

5 La maison héritée de mon oncle (avec participe passif). Construction admise.

herméneutique, hermétique (*h-* muet dans ces deux mots). Bien distinguer ces deux adjectifs.

1 herméneutique Qui concerne l'interprétation des textes anciens ou sacrés. — N. f. *L'herméneutique :* science de l'interprétation de ces textes.

2 hermétique.

a/ Obscur : *Les poèmes des symbolistes sont parfois hermétiques. Un style hermétique.* — Substantif correspondant : *hermétisme.*

b/ Absolument étanche, parfaitement clos : *Récipient hermétique.* — Substantif correspondant : *herméticité.*

1. héroïne n. f. Femme très brave ; principal personnage féminin d'une œuvre. — Le *h-* est muet, à la différence de celui de *héros : l'héroïne nationale, l'héroïne du film.*

2 héroïne n. f. Stupéfiant dérivé de la morphine. — Le *h-* est muet : *le trafic de l'héroïne.* — Composé (avec *h-* muet) : *héroïnomane, héroïnomanie.*

héroïque adj. Le *h-* est muet, à la différence de celui de *héros : l'héroïque résistance.* — De même : *l'héroïsme.*

héros ['eʀo] n. m. Le *h-* est aspiré : *le héros, le beau héros, le nouveau héros.* Ne pas dire : *le *bel héros, le *nouvel héros, le *fol héros.* En revanche le *h-* est muet dans les dérivés : *l'héroïne du roman, l'héroïque résistance, le bel héroïsme, le fol héroïsme.*

héros, héraut, Hérault ▷ héraut.

hertz n. m. inv. Unité de fréquence. — Prononciation : [ɛʀts]. Le *h-* est muet : *un hertz* [œnɛʀts].

hésiter Le *h-* est muet : *j'hésite.* — Plusieurs constructions.

1 Avec un infinitif. Le tour moderne est *hésiter à : J'hésite à partir.* — Le tour *hésiter de* (*J'hésite de partir*) est archaïque.

2 Avec un substantif. On emploie *hésiter entre, hésiter sur : J'hésite entre ces deux solutions. Il hésite sur la réponse à donner.* Les tours *hésiter dans, hésiter quant à* sont corrects, mais plus rares : *Il hésite dans ses réponses. Il hésite quant à la réponse à donner.*

3 Avec un mode personnel (indicatif ou conditionnel). Le tour *hésiter si* est vieilli : *J'hésite si je rêve ou si je suis éveillé. J'hésitais si je partirais ou si je resterais.* Ce tour est peu conseillé.

hétéroclite, hétérogène (un *h-* muet dans ces deux mots). Ces deux adjectifs ne sont pas interchangeables.

1 hétéroclite (toujours péjoratif) Qui est dépareillé, qui manque d'unité (avec une idée de désordre, de laideur, etc.) : *L'armement hétéroclite d'une armée mal équipée. Le mobilier hétéroclite d'un salon petit-bourgeois.* Ne doit jamais être employé comme synonyme de *étrange, bizarre, grotesque.* Ne pas dire par exemple *un personnage hétéroclite, une conduite hétéroclite.*

2 hétérogène Qui est formé d'éléments d'origine ou de nature diverse (non péjoratif) : *Le vocabulaire anglais, qui comprend des mots d'origine germanique et d'autres d'origine française et latine, est très hétérogène.*

hêtre n. m. Arbre. — Le *h-* est aspiré : *le hêtre.* De même : *la hêtraie.*

heur n. m. Vieux mot qui signifiait « bonheur, chance » et qui n'est plus employé que dans quelques expressions. *Tout n'est qu'heur et malheur :* tout est soumis au destin. — *Avoir l'heur de...,* être assez heureux, avoir assez de chance pour... : *Je n'ai pas eu l'heur de lui plaire.* — Ne pas écrire comme *une heure,* unité de temps.

heure n. f. Le *h-* est muet : *l'heure.*

I Prononciation. On ne doit pas faire la liaison avec *et demie, et quart, un quart* : *dix heures et demie* [dizœʀɛd(ə)mi], et non *[dizœʀzɛd(ə)mi], *dix heures et quart* [dizœʀekaʀ], et non *[dizœʀzekaʀ], *dix heures un quart* [dizœʀœ̃kaʀ], et non *[dizœʀzœ̃kaʀ].

II Indication de l'heure.

1 L'abréviation de *heure* est *h* (sans point). Cette abréviation s'emploie dans la langue scientifique, commerciale ou administrative, mais non dans un texte littéraire : *Cette voiture a parcouru la distance en 4 h 41 min* (= 4 heures 41 minutes).

2 On doit écrire *10 h 5, 11 h 8.* Cependant l'usage des horaires de chemins de fer est d'écrire *10 h 05, 11 h 08.*

3 Dans la langue très soignée, on écrira, en toutes lettres : *Il partira à huit heures. Il arriva à onze heures.* Cependant la langue cursive admet l'emploi des chiffres *(à 8 heures. à 11 heures),* sauf quand il s'agit de la durée *(Il a travaillé pendant sept heures, pendant onze heures).* — Le recours aux chiffres est admis quand la notation est complexe : *Le train entra en gare à 11 heures 49. Il arriva à 13 heures 45.*

4 On écrira : *Il est dix heures. Il est cinq heures.* Les tours *c'est dix heures, c'est cinq heures* appartiennent à la langue parlée familière.

5 On écrit, avec *et* et sans traits d'union : *midi et demi, minuit et demi* (*demi* au masculin), *une heure et demie, deux heures et demie, trois heures et demie, quatre heures et demie...* (toujours le féminin singulier *demie*). On écrit : *midi et quart, une heure et quart, deux heures et quart, trois heures et quart...* (ou, plus rarement, *midi un quart, une heure un quart...,* tour un peu vieilli) — On dit, sans *et* : *midi cinq ; midi dix ; une heure vingt ; deux heures vingt-cinq ; quatre heures dix-sept minutes quinze secondes ; dix-sept heures onze minutes dix secondes.*

6 Dans la langue parlée, on supprime parfois le mot *heure : Le magasin est ouvert l'après-midi de deux à sept.*

III Accord au pluriel ou au singulier, au féminin ou au masculin.

1 On écrit : *à quatre heures précises,* mais *à une heure précise, à midi précis ; à cinq heures dix précises,* mais *à une heure dix précise, à midi dix précis.*

2 On écrit : *trois heures sonnent,* mais *une heure sonne, midi sonne, minuit sonne, une heure et demie a sonné, midi et demi a sonné, la demie de sept heures a sonné.* — On peut écrire *trois heures et demie sonnent* ou *sonne* (selon qu'on considère qu'il s'agit de l'ensemble de l'expression ou bien du coup unique qui marque la demie). Dans un cas de ce genre, il vaut mieux écrire, par exemple : *La demie de trois heures sonne.*

3 On écrit : *à huit heures battantes, à huit heures sonnantes* (plutôt que *à huit heures battant, à huit heures sonnant*), mais toujours *à une heure sonnant, à midi sonnant ; il est trois heures sonnées,* mais *il est midi sonné.*

4 On dit : *vers les six heures* ou *vers six heures, sur les six heures,* mais toujours *vers une heure, vers midi.* ▼ Ne pas dire *vers *les une heure,* tour fautif.

IV Expressions.

1 On écrit, avec un trait d'union et *demi* invariable : *une demi-heure, des demi-heures.* — Sans traits d'union et avec *demie* au féminin singulier : *une heure et demie, deux heures et demie,* etc. — On écrit toujours, avec *demi* au masculin : *midi et demi, minuit et demi.*

2 Demi-heure. Ne s'emploie pas sans article : *Il y a une demi-heure que je l'attends.* La tournure *Il y a demi-heure que je l'attends* est régionale.

3 A l'heure où, à l'heure que. On emploie normalement *où* : *A l'heure où nous arriverons, les restaurants seront fermés.* — Exception : *à l'heure qu'il est,* locution figée.

4 Deux fois par heure. Tour usuel. — *Deux fois l'heure* est correct mais rare.

5 Dix francs l'heure, dix francs par heure, dix francs de l'heure. Les deux premiers tours sont corrects : *On le paye dix francs l'heure. Il gagne dix francs par heure.* — En revanche, *dix francs de l'heure* est un tour de la langue parlée relâchée.

6 Vingt kilomètres à l'heure, vingt kilomètres par heure, vingt kilomètres-heure. Le premier tour est correct et usuel : *Sur le pont de bois, la vitesse est limitée à vingt kilomètres à l'heure.* Le deuxième est correct mais plus rare : *La marée noire s'étend à raison de deux kilomètres par heure.* L'expression *kilomètre-heure* est, en revanche, incorrecte et condamnée par les scientifiques. La langue parlée cursive dit souvent *aller à vingt à l'heure, faire du soixante-dix à l'heure* (tour à éviter dans la langue surveillée). — L'abréviation est toujours *km/h* (sans point).

7 De bonne heure. Tôt : *Demain je me lève de bonne heure, car mon train part à huit heures.* — A distinguer de *à la bonne heure !* formule familière d'approbation : *Tu fais de la bicyclette ! A la bonne heure ! C'est plus sain* *que l'automobile et moins dangereux que la moto.* ▼ Ne pas dire *trop de bonne heure,* mais *de trop bonne heure : Il fait à peine jour, tu es venu de trop bonne heure !* Le comparatif est *de meilleure heure : Tu t'es levé de meilleure heure que moi.* Ne pas dire *de plus bonne heure.*

8 Éviter les anglicismes *les dernières vingt-quatre heures, les prochaines vingt-quatre heures.* Dire plutôt : *les vingt-quatre dernières heures, les vingt-quatre prochaines heures.*

heureusement adv. Le tour *heureusement que* (suivi de l'indicatif ou du conditionnel) appartient à un registre moins soutenu que *heureusement,* détaché en tête de phrase : *Heureusement que vous m'avez averti à temps ! Heureusement qu'on pourrait lui demander son aide en cas de besoin. Heureusement, les circonstances n'étaient pas défavorables en ce temps-là.*

heureux, euse adj. Se construit avec *de* suivi d'un nom ou d'un infinitif ou avec *que* suivi du subjonctif : *Je suis heureux de votre succès. Je suis heureux de voir votre réussite. Je suis heureux que vous réussissiez. Il est heureux* (impersonnel) *que le temps ne soit pas à la pluie.* ▼ On évitera *heureux de ce que* (suivi de l'indicatif) : *Je suis heureux de ce que vous avez réussi.* Cette construction peut être ambiguë et elle est toujours peu correcte.

heuristique ou **euristique** adj. *ou* n. f. Qui concerne la découverte scientifique : *Les méthodes heuristiques.* — N. f. *L'euristique* ou *l'heuristique* (*h*- muet) : en histoire, recherche des documents ; dans les sciences, discipline énonçant les règles de la recherche qui mène à la découverte. — A la forme *euristique,* on préférera *heuristique,* plus conforme à l'étymologie grecque.

heurter Le *h*- est aspiré : *je heurte.* — Il existe plusieurs constructions.

1 Heurter quelque chose, quelqu'un. Tour correct, usuel et moderne. *Il heurta du pied la chaise par mégarde. Son procédé abrupt m'a heurté.*

2 Heurter contre quelque chose. Tour archaïsant, mais correct : *Il heurta contre une pierre et tomba. Il heurta de la tête contre la cloison.*

3 Heurter à la porte. Tour correct, mais littéraire et un peu archaïsant. De nos jours, on dit *frapper à la porte.*

4 Se heurter contre ou **à quelque chose, se heurter à quelqu'un.** Tours corrects, usuels et modernes : *Je me suis heurté contre la chaise. Il s'est heurté à l'hostilité de ses associés Vous risquez de vous heurter à votre collègue, il est très peu accommodant.*

heurtoir n. m. Le *h*- est aspiré. — Finale en *-oir.*

hévéa Arbre qui produit le latex (caoutchouc). — Le *h*- est muet : *l'hévéa.* — Masculin, malgré la finale en *-a : Des hévéas productifs.*

hexagonal, ale, aux adj. Le *h*- est muet, comme dans *l'hexagone* — Masculin pluriel en *-aux : Des tracés hexagonaux.*

hexagone n. m. Le *h*- est muet : *l'hexagone.* — Un *H* majuscule quand le mot désigne familièrement le territoire métropolitain de la France : *Le repli sur l'Hexagone.*

hi- *H*- aspiré et *h*- muet.

1 Avec *h*- aspiré : *hi, hi, hi !, hibou, hic, hickory, hideur, hideusement, hideux, hie, hiement, hiérarchie, hiérarchique, hiérarchiquement, hiérarchisation, hiérarchiser, hiérarque, highlander, hilaire, hile, hippie, hisser, hit-parade, hittite.*

2 Avec *h*- muet : *hiatal, hiatus, hibernal, hibernant, hibernation, hiberner, hibiscus, hidalgo, hidrosadénite, hièble, hiémal, hier, hiératique, hiératiquement, hiérodule, hiéroglyphe, hiéroglyphique, hiéronymite, hiérophante, hilarant, hilare, hilarité, hiloire, hilote, hindi, hindou, hindouisme, hindoustani, hinterland, hipparchie, hipparion, hipparque, hippiatre, hippiatrique, hippie, hippisme, hippocampe, hippocastanacées, hippocratique, hippocratisme, hippodrome, hippogriffe, hippologie, hippologique, hippomobile, hippophae, hippophage, hippophagie, hippophagique, hippopotame, hippotechnie, hippurique, hircin, hirondeau, hirondelle, hirsute, hirsutisme, hirudinées, hispanique, hispanisant, hispanisme, hispano-américain, hispano-moresque, hispide, histamine, histidine, histogenèse, histogramme, histoire, histologie, histologique, histolyse, historicité, historié, historien, historier, historiette, historiographie, historique, historiquement, historisant, historisme, histrion, hitlérien, hitlérisme, hiver, hivernage, hivernal, hivernant, hiverner.*

hiatus n. m. ▼ L'*h*- est muet : *l'hiatus ; un hiatus* [œ̃njatys], *les hiatus* [lezjatys], avec liaison.

hibernal, ale, aux adj. Le *h*- est muet. — Le masculin pluriel *hibernaux* est rarement employé.

hibernal, hivernal Deux adjectifs à bien distinguer.

1 hibernal, ale, aux *Sommeil hibernal :* sommeil des animaux hibernants.

2 hivernal, ale, aux D'hiver : *Moyenne des températures hivernales. Stations hivernales.*

hiberner, hiverner Deux verbes à bien distinguer.

1 hiberner *Certains animaux hibernent,* dorment pendant l'hiver d'un sommeil prolongé : *La marmotte hiberne.* — Dérivés : *hibernant, ante* adj. *(animaux hibernants),* **hibernation.**

2 hiverner *Le navire, l'armée, le troupeau hiverne,* passe l'hiver à l'abri (dans un port, dans les cantonnements, dans une étable). — *Les oiseaux migrateurs hivernent,* passent l'hiver dans les régions chaudes. — Dérivés : *hivernage, hivernant, ante* n. m. *ou* f. *(Les hivernants de la Côte d'Azur).*

hibou n. m. Le *h-* est aspiré : *le hibou* — Pl. : *des hiboux,* avec un *x.*

hièble ou yèble [jɛbl(ə)] n. m. Plante. — Le *h-* est muet : *l'hièble.* — La forme *hièble* est plus fréquente que *yèble.*

hier adv. Peut se prononcer [jɛʀ] ou [ijɛʀ]. — Le *h-* est muet : *La journée d'hier.* — On dit : *hier soir, hier matin,* plus fréquemment que *hier au soir, hier au matin,* tours cependant corrects. — Dire : *d'hier en huit, d'hier en quinze,* plutôt que *hier en huit, hier en quinze.*

hiéroglyphe ▼ Le *h-* est muet : *les hiéroglyphes* [lezjeʀɔglif]. — Toujours masculin : *Les hiéroglyphes les plus anciens.* Un *y* et *-ph-.* De même : *hiéroglyphique.*

hilote n. m. Le *h-* est muet : *l'hilote.* — On écrit plus fréquemment *ilote* ▷ **ilote.**

hindou, indien ▷ **indien.**

hinterland n. m Arrière-pays. — Le *h-* est muet : *l'hinterland d'un port.* — Prononciation : [intɛʀlɑ̃d] ou, mieux, [intəʀlɑnt] (le mot est allemand). — Pour éviter ce germanisme, dire plutôt *arrière-pays.*

hippie ou **hippy** n. m. *ou* n. f. Le *h-* est aspiré : *le hippie, la hippie.* — Prononciation : ['ipi] — Pl. : toujours *des hippies* [-pi]. — La graphie *hippie* tend à l'emporter sur *hippy.*

hippo-, hypo- Deux préfixes homophones.

1 hippo- (un *i,* deux *p*) Vient du grec *hippos* « cheval » : *hippodrome, hippopotame,* etc.

2 hypo- (un *y,* un seul *p*) Vient du grec *hypo-* « au-dessous » : *hypoderme, hypogée, hypotension,* etc.

hisser v. t. Le *h-* est aspiré : *je hisse.*

histoire n. f. Jamais de majuscule (sauf dans les titres) : *L'histoire ancienne. L'histoire jugera.*

*J'ai lu l'*Histoire de France *de Michelet.* — La locution *histoire de,* exprimant le but, appartient à la langue familière : *je suis allé à la fête foraine, histoire de passer le temps.*

hitlérien, ienne adj. *ou* n. Pas un nom de peuple, donc pas de *h-* majuscule : *Les hitlériens.* — Le *h-* est muet : *un hitlérien* [œ̃nitleʀjɛ̃], *les hitlériens* [lezitleʀjɛ̃], à la différence du nom propre *Hitler (La politique de Hitler).* De même : *l'hitlérisme.*

hit-parade n. m. Anglicisme désignant une liste de chansons, de films, etc. que l'on classe selon leur succès. — Le *h-* est aspiré : *le hit-parade.* — La graphie avec trait d'union, *hit-parade,* l'emporte, en français, sur *hit parade.* — Prononciation : ['itpaʀad]. — Pl. : *des hit-parades* [-ʀad] — Equivalent français : *palmarès.*

hittite adj. *ou* n. Attention à la majuscule : *L'art hittite. Les Hittites.* — Le *h-* est aspiré : *Le hittite est une langue indo-européenne.* — Attention aux deux *t.*

hiver n. m. On peut dire *en hiver, dans l'hiver,* ou *l'hiver* selon les cas : *En hiver, cette rivière est souvent en crue. C'est dans l'hiver de 1947 que je fis la connaissance de cet ami. L'hiver, il vit à Paris, mais, l'été, il habite dans sa villa de Bretagne.* — En revanche, *à l'hiver* est rare et peu conseillé.

hivernal, hibernal ▷ **hibernal.**

H.L.M. Initiales de *habitation à loyer modéré.* — Le plus souvent, le *H* est traité comme un *h-* muet : *l'H.L.M., les H.L.M.* [lezaʃɛlɛm], mais prononcer [leaʃɛlɛm] n'est pas une faute. — En principe, on doit dire *une H.L.M.,* car *habitation* est du féminin. Cependant, par attraction du genre de *immeuble,* on dit souvent *un H.L.M.* Cet usage n'est pas conseillé.

ho- *H-* aspiré et *h-* muet.

1 Avec h- aspiré : *ho !, hobby, hobereau, hoca, hocco, hochement, hochepot, hochequeue, hocher, hochet, hockey, hockeyeur, holà !, holding, hold-up, hollandais, hollande, homard, homardier, homarderie, home, homespun, honchets, hongre, hongrer, hongreur, hongroierie, hongrois, hongroyage, hongroyer, hongroyeur, honnir, honte, honteusement, honteux, hop ! hopak, hoquet, hoqueter, hoqueton, horde, horion, hormis, hornblende, hors, hors-bord, horsconcours, hors-d'œuvre, horse-guard, horse power, hors-jeu, hors-la-loi, horst, hors-texte, hot dog, hot money, hotte, hottée, hottentot, hotu, hou !, houache* ou *houaiche, houblon, houblonnage, houblonner, houblonnier, houblonnière,* *houdan, houe, houer, houille, houiller, houillère, houle, houlette, houleux, houlque* ou *houque, houp !* *houppe, houppette, houppier, houque* ou *houlque, hourd, hourdage, hourder, hourdis, houri, hourque, hourra, hourvari, housard* ou *hussard, houseaux, houspiller, houspilleur, houssaie, houssine, houssiner, houx.*

2 Avec *h*- muet : *hoir, hoirie, holmium, holocauste, holocène, holocristallin, holographie, holophrastique, holothurie, hombre, homélie, homéopathe, homéopathie, homéopathique, homéostasie, homéostat, homéostatique, homéotherme, homérique, homicide, homilétique, hominiens, hommage, hommasse, homme-grenouille, homme-sandwich, homocentre, homocentrique, homocerque, homochromie, homocinétique, homocyclique, homofocal, homogène, homogénéisation, homogénéisé, homogénéiser, homogénéité, homographe, homographie, homographique, homogreffe, homologation, homologue, homologuer, homonyme, homonymie, homonymique, homophone, homophonie, homorythmique, homosexualité, homosexuel, homosphère, homothermie, homothétie, homothétique, homozygote, homoncule* ou *homuncule, honnête, honnêtement, honneur, honorabilité, honorable, honorablement, honoraire, honoraires, honorariat, honorer, honorifique, hôpital, hoplite, horaire, horizon, horizontal, horizontalement, horizontalité, horloge, horloger, horlogerie, hormonal, hormone, hormonothérapie, horodateur, horographie, horokilométrique, horoptère, horoscope, horreur, horrible, horriblement, horrifier, horrifique, horripilant, horripilateur, horripilation, horripiler, horsain* ou *horsin, hortensia, horticole, horticulteur, horticulture, hortillon, hortillonnage, hosanna, hosannière, hospice, hospitalier, hospitalisation, hospitaliser, hospitalisme, hospitalité, hospitalo-universitaire, hospodar, hostellerie, hostie, hostile, hostilité, hôte, hôtel, hôtel-Dieu, hôtelier, hôtellerie, hôtesse, hovercraft, hoverport.*

ho !, ô, oh ! ▷ ô.

hobby n. m. Anglicisme qui désigne un passe-temps favori, un violon d'Ingres. — Le *h*- est aspiré : *le hobby.* — Prononciation : ['ɔbi]. — Pl. : *des hobbies* [-bi]. — Pour éviter cet anglicisme, on pourra employer plutôt *passe-temps, violon d'Ingres* ▼ Il existe un anglicisme paronyme *lobby,* groupe de pression.

hocher v. t. Le *h*- est aspiré : *je hoche.* — Employé seulement dans les expressions *hocher la tête* (usuel) et *hocher un arbre,* le secouer pour faire tomber les fruits (rare).

hockey, croquet, cricket Trois noms masculins qui désignent des sports ou des jeux.

1 Le hockey ['ɔkɛ] (avec *h*- aspiré) Sport d'équipe dans lequel chaque équipe doit essayer de pousser la balle ou le palet dans les buts adverses : *Hockey sur gazon. Hockey sur glace.* — Dérivé : *le hockeyeur* ['ɔkɛjœʀ].

1 Le croquet [kʀɔkɛ] Jeu de plein air qui consiste à faire passer à travers des arceaux une boule qu'on pousse avec un maillet.

3 Le cricket [kʀikɛt] Sport pratiqué en Angleterre et qui consiste à renverser un objet de bois (le *guichet*) au moyen d'une balle

hoir n. m. *(droit)* Héritier. — Le *h*- est muet : *l'hoir.* — Dérivé : *l'hoirie* n. f., l'héritage *(Avance d'hoirie).* — Ne pas écrire **hoierie.*

holà ! interj. Accent grave sur le *a.* — Le *h*- est aspiré : *Mettre le holà.*

holding n. m. Anglicisme qui désigne une société financière. — Le *h*- est aspiré : *le holding.* — Prononciation : ['ɔldiŋ]. — Pl. : *des holdings* [-diŋ]. — Equivalent français : *société de portefeuille.*

hold-up n. m. Le *h*- est aspiré : *le hold-up.* — Prononciation : ['ɔldœp]. — Invariable : *des hold-up.* — A cet anglicisme on pourra préférer *attaque à main armée.*

hollande Le *h*- est aspiré : *la Hollande* (province des Pays-Bas et, *par extension,* les Pays-Bas tout entiers). — Avec un *h*- minuscule : *du hollande* (fromage ; papier), *de la hollande* (toile ; porcelaine ; pomme de terre). Avec un *H* majuscule : *du fromage de Hollande, de la porcelaine de Hollande* ▼ *Hollande* ['ɔlɑ̃d], comme *hollandais* ['ɔlɑ̃dɛ], se prononce avec *l* simple. Eviter les prononciations fautives *['ɔllɑ̃d] et [ɔllɑ̃dɛ].

holocauste Le *h*- est muet : *l'holocauste.* — De nos jours, toujours masculin : *Un holocauste sanglant.*

homard n. m. Un seul *m.* — Le *h*- est aspiré : *le homard.* De même : *la homarderie* (vivier à homards), *le homardier* (bateau de pêche). — *Homard à l'américaine* (et non *à l'armoricaine*) ▷ **américain.**

hombre n. m. Ancien jeu de cartes. — Le *h*- est muet : *le jeu de l'hombre.* — Ne pas écrire comme *ombre* (n. f.), zone non éclairée, ni comme *ombre* (n. m.), poisson.

home n. m. Anglicisme désignant le chez-soi, le foyer familial. — Vieilli, sauf dans l'expression *home d'enfants* (pension de famille pour enfants). — Le *h*- est aspiré : *le home.* —

Prononciation : ['om]. Inusité au pluriel, sauf dans *des homes d'enfants.*

homicide adj. *ou* n. Le *h-* est muet : *l'homicide.*
▼ Un seul *m*, à la différence de *homme.*

homme n. m. Orthographe des expressions et emploi populaire.

1 Sans trait d'union : *homme lige.* — Avec trait d'union : *homme-grenouille, homme-mort* (dispositif de sécurité sur une locomotive ou une motrice ou un autorail), *homme-orchestre, homme-sandwich.* — Avec des majuscules : *l'Homme-Dieu* (Jésus-Christ). — Avec le complément au singulier : *homme d'argent, de bien, de cour, d'Eglise, d'épée, d'équipe, d'Etat, de loi, de main, de paille, de parole, de qualité.* — Avec le complément au pluriel : *homme d'affaires, homme d'armes.*

2 Au sens de « mari », est populaire. Ne pas dire *mon homme, son homme,* mais *mon mari, son mari.* En revanche, *ma femme, sa femme* est d'un emploi correct.

Homme-Dieu n. m. *(religion)* Désigne parfois Jésus-Christ.— Un *H* et un *D* majuscules.

homme-grenouille n. m. — Pl. : *des hommes-grenouilles.*

homme lige n. m. Pas de trait d'union. — Pl. : *des hommes liges.*

homme-mort n. m. Dispositif de sécurité sur une locomotive. — Pl. : *des hommes-morts.* — Avec un trait d'union.

homme-orchestre n. m. — Pl. : *des hommes-orchestres.*

homme-sandwich n. m. — Pl : *des hommes-sandwichs.*

homogénéiser v. t. Forme qui tend à supplanter *honogénéifier,* aussi correct, mais rare.

homologuer v. t. S'écrit avec *-gu-* même devant *a* ou *o : il homologua, nous homologuons.*

homoncule, homuncule n. m. Les deux graphies sont admises, mais *homuncule* semble la plus usitée. La prononciation est toujours [ɔmɔ̃kyl], avec [ɔ̃].

homonyme, homographe, homophone Trois termes à bien distinguer.

1 Des mots homonymes ou **des homonymes,** qui ont même orthographe et même prononciation, par exemple *la mousse* (plante) et *un mousse* (jeune matelot).

2 Des mots homographes ou **des homographes,** qui ont la même orthographe, mais pas nécessairement la même prononciation, par exemple *couvent* dans la phrase : *les poules du couvent couvent* [lepuldykuvɑ̃kuv].

3 Des mots homophones ou **des homophones,** qui ont la même prononciation, mais pas nécessairement la même orthographe, par exemple *le pan d'un vêtement* et *le paon* [pɑ̃] (oiseau).

4 Homonyme, antonyme, paronyme, synonyme ▷ **antonyme.**

homothétie n. f. Le *h-* est muet : *l'homothétie.* — Attention à la place du *-th-* et du *-t-*. — Prononciation : [ɔmɔteti] est à préférer à [ɔmɔtesi]. Le dérivé *homothétique* se prononce toujours avec [t] : [ɔmɔtetik].

homuncule ▷ **homoncule.**

hongrer, hongroyer Deux verbes transitifs à bien distinguer.

1 hongrer (avec *h-* aspiré : *je hongre) Hongrer un cheval,* le castrer. — Dérivé : *le hongreur.* De la même famille : *le hongre* (cheval castré).

2 hongroyer (avec *h-* aspiré : *je hongroie) Hongroyer le cuir,* le tanner avec de l'alun et du sel, puis l'imprégner de suif. — Dérivés : *la hongroierie* (industrie ou commerce du cuir hongroyé), *le hongroyage* (tannage du cuir).

hongrois, oise adj. *ou* n. Le *h-* est aspiré : *les Hongrois* [le'ɔ̃gʀwa].

hongroyer v. t. Conjug. **21.** Change *y* en *i* devant un *e* muet : *il hongroie, il hongroiera.* — Attention au *i* après l'*y* à la première et à la deuxième personne du pluriel de l'indicatif imparfait et du subjonctif présent : *(que) nous hongroyions, (que) vous hongroyiez.* — Le *h-* est aspiré : *je hongroie.*

hongroyer, hongrer ▷ **hongrer**

honnête adj. Orthographe et sens.

1 Le *h-* est muet : *l'honnête personnage.* De même : *honnêtement, l'honnêteté.* — Deux *n,* comme dans *honneur,* à la différence de *honorabilité, honorable,* etc.

2 De nos jours, on dit indifféremment *un honnête homme* ou *un homme honnête.* La première expression insiste légèrement plus sur la bonne moralité en général, la seconde sur la probité et la loyauté. Au XVIIᵉ siècle, *l'honnête homme* était l'homme de bonne naissance, cultivé, distingué, mondain, élégant, de commerce agréable, dénué de tout pédantisme (au pl. : *les honnêtes gens*).

3 En principe, *honnête femme* (expression vieillie) désignait une femme d'un rang social assez élevé et de bonnes mœurs (s'opposait à *courtisane*, à *demi-mondaine*). Se distinguait de *femme honnête*, femme probe et loyale. De nos jours, cette distinction est pratiquement effacée dans la mesure où *honnête femme* est sorti de l'usage.

4 *Honnête* signifie aussi « conforme aux convenances, à la politesse » (vieilli) : *Ses manières ne sont guère honnêtes, quel goujat !* — *Honnête* signifie aussi « moyen, correct, admissible » : *Un roman honnête, bien fait, bien écrit, mais qui n'est pas une œuvre de génie. Un honnête écrivain de second ordre. Il se tient dans une honnête moyenne.*

honneur n. m. Le *h*- est muet : *l'honneur.* — Deux *n*, à la différence de *honorable*, etc. — On peut dire *en quel honneur* pour « en l'honneur de quoi » quand il s'agit d'une chose : *En quel honneur donnes-tu cette réception ?* — *Pour fêter ma promotion.* — En revanche, on dira *en l'honneur de qui* quand il s'agit d'une personne : *En l'honneur de qui s'est-elle habillée si élégamment* — *Mais en l'honneur de son fiancé, voyons !*

honor- A la différence de *honnête, honnêtement, honnêteté, honneur,* tous les mots qui commencent par *honor-* s'écrivent avec un seul *n* : *honorabilité, honorable, honorablement, honoré, honorée, honorer, honorifique, honorifiquement, honoraire, honoraires, honorariat.*

honoraires Le *h*- est muet : *les honoraires* [lezɔnɔRER]. — Toujours au pluriel. Toujours masculin : *Des honoraires excessifs.* — Un seul *n*.

honte n. f. Prononciation et emploi.

1 Le *h*- est aspiré : *la honte.* De même : *honteusement, honteux.*

2 Deux constructions usuelles et correctes : *avoir honte de* (+ infinitif) et *il n'y a pas de honte à* (+ infinitif) : *Jean-Louis a honte d'avoir menti. Il n'a pas honte d'exprimer ses opinions. Il n'y a pas de honte à penser autrement que la majorité.*

3 ▼ Eviter les tours *avoir bien honte, avoir très honte.* Le mot *honte* est substantif et ne peut être modifié par un adverbe. On écrira : *avoir grand-honte* (archaïque et littéraire) ou, mieux, *éprouver une grande honte.* De même, on écrira : *avoir une si grande honte,* et non *avoir si honte, avoir tellement honte.*

hôpital n. m. Le *h*- est muet : *l'hôpital.* ▼ Se prononce [ɔpital], avec *o* ouvert, [ɔ], mais prend un accent circonflexe sur le *o*

hoqueter v. i. Le *h*- est aspiré : *je hoquette.* — Conjug. **14.** *Il hoquette, il hoquettera.*

horaire n. m. Désigne l'ensemble des heures de départ et d'arrivée des trains, des autobus, etc. En principe, ne peut désigner *une* heure isolée. On dira donc : *Ce train part à une heure plus tardive,* et non *part à un horaire plus tardif.*

horizon n. m. Expressions.

1 L'adjectif *bleu horizon* est invariable et s'écrit sans trait d'union : *Des capotes bleu horizon.*

2 L'expression figurée *ouvrir des horizons* a été critiquée. Le grec *horizôn* veut dire « qui borne, qui forme la limite ». Dans la langue très surveillée, on écrira plutôt : *ouvrir des perspectives.*

horloge Autrefois masculin : *La rue du Gros-Horloge, à Rouen.* — De nos jours, toujours féminin : *Une horloge normande.*

hormis prép. Toujours invariable : *Elles sont toutes parties, hormis sa sœur.* — *Hormis que,* toujours suivi de l'indicatif ou du conditionnel : *Il est très capable, hormis qu'il est parfois distrait. Tout va bien, hormis qu'un événement imprévu pourrait se produire.*

hormone n. f. ▼ Les deux *o* sont ouverts : [ɔRmon]. De même : *hormonal, ale, aux* [ɔRmɔnal, al, o], *hormonothérapie* [ɔRmɔnɔteRapi].

horoscope Toujours masculin : *Un horoscope minutieux.*

horreur n. f. On dit : *avoir horreur de (J'ai horreur du mensonge), avoir en horreur (J'ai le mensonge en horreur), avoir de l'horreur pour (J'ai de l'horreur pour le mensonge).* ▼ Eviter *avoir de l'horreur contre* (alors qu'on dit *avoir de la haine, de l'aversion contre*).

hors ['ɔR] prép. Le *h*- est aspiré. — Construction et emploi.

1 *Hors,* employé seul, sans *de.* Signifie « sauf, excepté » dans la langue littéraire moderne : *Il n'y avait aucun notable dans le village, hors le maire et le notaire.*

2 *Hors,* employé seul, sans *de.* Au sens de « en dehors de », est archaïque (*Il dut vivre banni, hors le royaume*), sauf dans les expressions figées : *hors classe, hors commerce, hors concours, hors jeu, hors la loi, hors les murs, hors ligne, hors pair, (compagnie) hors rang, hors texte, hors tout,* etc.

3 *Hors de* (= en dehors de). S'emploie surtout dans des expressions : *hors d'affaire, hors d'âge,* *hors d'atteinte, hors de cause, hors de combat, hors de danger, hors de doute, hors d'haleine, hors de pair, hors de prix, hors de sens,* etc. On dit aussi *hors d'ici ! hors de France.*

4 Hors que (= excepté que). Se construit avec l'indicatif ou le conditionnel : *Il a commis tous les méfaits, hors qu'il n'a jamais assassiné. Il était prêt à toutes les concessions, hors qu'il n'aurait pas accepté de désavouer ses partisans.* Tour littéraire, mais non archaïque.

hors-bord n. m. Le *h-* est aspiré : *Le hors-bord.* — Invariable : *Des hors-bord.*

hors-concours, hors concours Deux orthographes.

1 Le hors-concours (avec un trait d'union) n. m. Celui qui n'a pas le droit de participer à un concours. — Invariable : *des hors-concours.*

2 hors concours (sans trait d'union) adj. Qui ne participe pas à un concours, qui est d'une supériorité écrasante.

hors-d'œuvre, hors d'œuvre Deux orthographes.

1 Le hors-d'œuvre (avec un trait d'union) n. m. Construction en saillie par rapport à la masse du bâtiment. — Mets servi au début du repas. — Invariable : *des hors-d'œuvre.*

2 hors d'œuvre (sans trait d'union) adj. Qui est en saillie par rapport à la masse du bâtiment : *Des porches hors d'œuvre.*

hors-jeu, hors jeu Deux orthographes.

1 Le hors-jeu (avec un trait d'union) n. m. Au football et au rugby, position irrégulière d'un joueur. — Invariable : *des hors-jeu.*

2 hors jeu (sans trait d'union) adj. *ou* adv. Qui est en position irrégulière : *Des joueurs hors jeu. Ils sont hors jeu.*

hors-la-loi, hors la loi Deux orthographes.

1 Le hors-la-loi (avec deux traits d'union) n. m. Celui qui est en lutte contre la société. — Invariable : *des hors-la-loi.*

2 hors la loi (sans trait d'union) adj. *ou* adv. Qui n'est plus protégé par la loi : *Des bandits hors la loi. Se mettre hors la loi.*

hors-ligne, hors ligne Deux orthographes.

1 Le hors-ligne (avec un trait d'union) n. m. Parcelle de terrain restée en dehors des lignes tracées pour la construction d'une route ou d'une voie ferrée, sur un terrain exproprié. — Invariable : *des hors-ligne.*

2 hors ligne (sans trait d'union) adj. Très remarquable : *Des cuisinières hors ligne.*

hors rang loc. adj. *Unité hors rang :* dans l'armée, unité non combattante qui assure les services administratifs. — Sans trait d'union et invariable : *Des compagnies hors rang.*

horst n. m. (terme de géographie) Le *h-* est aspiré : *le horst.* — Prononciation : ['ɔʀst]. — Pl. : (en français) : *des horsts* ['ɔʀst]. — Pour éviter ce germanisme, on pourra employer l'équivalent français *bloc soulevé.*

hors-texte, hors texte Deux orthographes.

1 Le hors-texte (avec un trait d'union) n. m. Illustration tirée à part et non comprise dans la pagination d'un livre. — Invariable : *des hors-texte.*

2 hors texte (sans trait d'union) adj. Qui a été tiré à part : *Des gravures hors texte.*

hortensia [ɔʀtɑ̃sja] Plante ; fleur. — Le *h-* est muet : *l'hortensia.* — Toujours masculin : *Un hortensia blanc.* — Pl. : *des hortensias* [-sja].

hosanna [ɔzana] n. m. Le *h-* est muet : *l'hosanna.* — La graphie *hosannah* est rare et déconseillée. — Pl. : *des hosannas* [-na].

hot dog n. m. *(anglicisme)* Le *h-* est aspiré : *le hot dog.* — En deux mots, sans trait d'union. — Prononciation : ['ɔtdɔg]. — Pl. : *des hot dogs* [-dɔg].

hôte n. m. Le *h-* est muet : *l'hôte* — Deux sens.

1 Désigne celui qui reçoit. Dans ce sens, le féminin est : *une hôtesse.*

2 Désigne aussi celui qui est reçu, hébergé. Dans ce sens, le féminin est : *une hôte.* Ce sens tend à vieillir. On dit plutôt *un(e) invité(e).*

hôtel [ɔtɛl] n. m. Le *h-* est muet : *l'hôtel.* — Attention à l'accent circonflexe. De même : *hôtel-Dieu, hôtel de ville, hôtelier, hôtellerie.* — Ne pas écrire *hôtel* (maison particulière luxueuse, en ville ; établissement où l'on reçoit les voyageurs, les touristes) comme *autel* (d'une église). — Avec un *h* minuscule : *l'hôtel des Postes, l'hôtel des Monnaies, l'hôtel des Invalides.* — Sans trait d'union : *maître d'hôtel.*

hôtel de ville n. m. ▼ Pas de traits d'union. — Pl. : *des hôtels de ville.* — Avec des minuscules : *un hôtel de ville, l'hôtel de ville de Lyon.* — Avec des majuscules (sans complément) : *l'Hôtel de Ville* (édifice de Paris).

hôtel-Dieu n. m. Un trait d'union. — Pl. : *des hôtels-Dieu.* — Toujours un *D* majuscule. — Avec un *h* minuscule : *un hôtel-Dieu, l'hôtel-Dieu de Lyon.* — Avec un *H* majuscule (sans complément) : *l'Hôtel-Dieu* (l'un des hôpitaux de Paris).

hot money n. f. (anglicisme de la langue de la finance) Le *h-* est aspiré : *la hot money.* — Pas de trait d'union. — Prononciation : ['ɔtmɔnɛ]. — Inusité au pluriel. — Pour éviter cet anglicisme, on dira plutôt *capitaux fébriles.*

hotte n. f. Le *h-* est aspiré : *la hotte.* — Deux *t.* De même : *la hottée, hotter* v. t. (transporter dans une hotte), *le hottereau* ou *le hotteret* n. m. (petite hotte).

houppe, houppette, huppe Trois noms féminins qui commencent par un *h-* aspiré et qui prennent deux *p.*

1 La houppe Petite touffe de brins de laine, de soie, etc. qui sert d'ornement. — Mèche de cheveux sur le devant de la tête.

2 La houppette Petit tampon dont les femmes se servent pour se mettre de la poudre sur le visage.

3 La huppe Petite touffe de plumes sur la tête de certains oiseaux. — Oiseau de l'ordre des passereaux.

hourra ! interj. *ou* n. m. — Le *h-* est aspiré : *Le hourra poussé par l'assitance.* — Pl. : *des hourras.* — L'orthographe *hurrah !* est anglaise.

hourvari n. m. Tumulte. — Le *h-* est aspiré : *le hourvari.* — Pl. : *des hourvaris.*

hovercraft n. m. Anglicisme désignant un véhicule à coussin d'air qui glisse au-dessus de la surface de l'eau. — Le *h-* est généralement muet : *l'hovercraft.* — Prononciation : [ɔvœʀkʀaft]. — Pl. : *des hovercrafts* [-kʀaft]. — Dérivé : *l'hoverport* [ɔvœʀpɔʀ] n. m. (plan incliné le long duquel accostent les hovercrafts). ▼ Ne pas déformer en **overcraft.* Vient de l'anglais *to hover* « planer » et non de *over* « au-dessus ». Pour éviter l'anglicisme *hovercraft,* on dira plutôt : *aéroglisseur* ou *naviplane.*

hovercraft, aéroglisseur, naviplane, hydrofoil, hydroptère, hydroglisseur Noms masculins qui désignent des engins de navigation.

1 hovercraft ou, mieux, **aéroglisseur** ou **naviplane** Engin qui glisse au-dessus de la surface de l'eau et qui est soutenu par un coussin d'air.

2 hydrofoil ou, mieux, **hydroptère** Engin qui se déplace sur l'eau soutenu par des ailes

portantes immergées, la coque se soulevant hors de l'eau à grande vitesse.

3 hydroglisseur Engin à coque plate et à faible tirant d'eau, mû par une hélice aérienne (hélice d'avion actionnée par un moteur d'avion). L'hydroglisseur est remplacé de nos jours par *l'aéroglisseur,* plus rapide.

hoyau n. m. Petite houe, outil de jardinage. — Le *h-* est aspiré : *le hoyau.* — Pl. : *des hoyaux.* ▼ La prononciation ['ɔjo] est à préférer à [wajo].

hu- *H-* aspiré et *h-* muet.

1 Avec *h-* aspiré : *hublot, huche, hucher, hue !, huée, huer, huerta, huguenot, huhau !, huit, huitain, huitaine, huitième, huitièmement, huit-reflets, hulotte, hululation, hululement, hululer, hum !, humage, humer, hune, hunier, hunter, huppe, huppé, hurdler, hure, hurlant, hurlement, hurler, hurleur, huron, huronien, hurrah !, hurricane, hussard, hussarde, hussite, hutte.*

2 Avec *h-* muet : *huilage, huile, huiler, huilerie, huileux, huilier, huis, huisserie, huissier, huître, huîtrier, humain, humainement, humanisation, humaniser, humanisme, humaniste, humanitaire, humanitarisme, humanité, humanoïde, humble, humblement, humectage, humecter, humecteur, huméral, humérus, humeur, humide, humidification, humidifier, humidité, humiliant, humiliation, humilier, humilité, humoral, humoriste, humoristique, humour, humus, hurluberlu.*

huer v. t. Le *h-* est aspiré : *je hue ; ils l'ont hué* [ill5'ɥe].

huguenot n. m. *ou* adj. Pas un nom de peuple, donc pas de majuscule. — Le *h-* est aspiré : *le huguenot.* — Le féminin *huguenote* prend un seul *t.*

huis n. m. *(vieux)* Porte. — Le *h-* est muet : *fermer l'huis.* — Prononciation : [ɥi], le *-s* final ne se fait pas entendre. — Le *h-* est muet dans les mots de la même famille (sauf dans *le huis clos*) : *l'huisserie, l'huissier.*

huis clos n. m. En deux mots, sans trait d'union. ▼ Le *h-* est aspiré *(le huis clos),* à la différence de *l'huis, l'huisserie, l'huissier.*

huit adj. numéral *ou* n. m. Attention à la prononciation.

1 Toujours invariable : *Formez mieux vos* huit, *quand vous écrivez.*

2 Le *h-* est aspiré *(Le huit mars. Le huit de carreau. Le huit de la rue Jean-Dupont.*

Chapitre huit [ʃapitʀə'ɥit]. *Livre huit* [livʀə'ɥit]. *Les huit douzièmes* [le'ɥiduzjɛm]. *Les huit jours* [le'ɥiʒuʀ]), sauf en composition : *Dix-huit* [dizɥit]. *Vingt-huit* [vɛ̃tɥit] *Trente-huit* [tʀɑ̃tɥit]. *Quarante-huit* [kaʀɑ̃tɥit]. *Mille huit cents* [milɥisɑ̃]. *Deux mille huit cents* [dømilɥisɑ̃]. *Trois mille huit cents* [tʀwamilɥisɑ̃]. ▼ Après *page*, le numéral ordinal commence par un *h-* muet : *la page huit* [lapaʒɥit] et non *[lapaʒə'ɥit].

3 Les règles concernant l'emploi de *h-* aspiré et de *h-* muet sont les mêmes pour *huitième* : *Le huitième jour. La huitième année. Le huitième de la somme. Qui est la huitième au classement général ? Le dix-huitième* [dizɥit-jɛm]. *Le vingt-huitième* [vɛ̃tɥitjɛm], etc.

4 Le *-t* final se fait entendre devant une pause ou à la fin d'une phrase, d'une proposition, d'un membre de phrase : *Je les ai comptés, ils étaient huit* [ilzete'ɥit]. — Il se fait entendre aussi devant une voyelle ou un *h-* muet : *Huit arbres* ['ɥitaʀbʀ(ə)]. *Huit hommes* ['ɥitɔm]. — Il ne se prononce pas devant une consonne ou un *h-* aspiré : *Huit chevaux* ['ɥiʃəvo]. *Huit héros* ['ɥi'eʀo]. *Huit haches* ['ɥi'aʃ]. *Huit cents francs* ['ɥisɑ̃fʀɑ̃]. *Huit mille mètres* ['ɥimil-mɛtʀ(ə)]. *Dix-huit centimes* [dizɥisɑ̃tim]. *Vingt-huit points* [vɛ̃tɥipwɛ̃]. Devant un nom de mois à initiale vocalique, se prononce ['ɥit] : *Le huit avril* ['ɥitavʀil]. Devant un nom de mois à initiale consonantique, se prononce ['ɥi] ou, mieux, ['ɥit] : *Le huit janvier* ['ɥitʒɑ̃vje].

huître n. f. Le *h-* est muet : *l'huître.* — Accent circonflexe sur le *i.* De même : *huîtrier, huîtrière.*

hulotte n. f. Oiseau rapace nocturne. — Le *h-* est aspiré : *la hulotte.* — Deux *t.*

hululer, ululer v. i. Les deux graphies sont admises ▷ **ululer.**

humérus n. m. Os du bras. — Le *h-* est muet : *l'humérus.* — Mot latin francisé. Accent aigu sur le *e.* Prononciation : [ymeʀys]. Pl. : *des humérus* [-ʀys]. — Dérivé : *huméral, ale, aux.*

humidifier v. t. Conjug 20. Double le *i* à la première et la deuxième personne du pluriel de l'indicatif imparfait et du subjonctif présent : *(que) nous humidifiions, (que) vous humidifiiez.*

humilier v. t. Conjug. 20. Double le *i* à la première et à la deuxième personne du pluriel de l'indicatif imparfait et du subjonctif présent : *(que) nous humiliions, (que) vous humiliiez.*

humoral, ale, aux adj. Qui concerne les humeurs du corps. — Masculin pluriel en *-aux.*

humus n. m. Le *h-* est muet : *l'humus.* — Prononciation : [ymys]. — Pl. : *des humus* [-mys].

hun n. *ou* adj. Attention à la majuscule : *Les chefs huns. Les Huns.* — Le *h-* est aspiré : *les Huns* [le'œ̃]. — Pas de forme pour le féminin. — L'adjectif *hunnique* ne s'emploie guère que pour qualifier un nom de chose : *L'Empire hunnique.*

huppe, houppe ▷ **houppe.**

hurluberlu S'emploie surtout au masculin, mais le féminin se rencontre : *Cette fille est une hurluberlue. Elle est très hurluberlue.* — Le *h-* est muet : *l'hurluberlu.*

huron adj *ou* n. Attention à la majuscule : *un huron*, un individu grossier, bourru ; *un Huron*, un Indien d'Amérique du Nord (du peuple huron). — Le féminin *huronne* prend deux *n :* *Une tribu huronne. Une Huronne.* — Le *h-* est aspiré.

hurrah ! Graphie anglaise pour *hourra !* ▷ **hourra.**

hurricane n. m. Anglicisme qui désigne une tornade tropicale se produisant dans la région des Antilles. — Le *h-* est aspiré : *le hurricane.* — Prononciation : ['yʀikan]. — A cet anglicisme on préférera le mot français *tornade.*

hussard n. m. Le *h-* est aspiré : *le hussard.* — La forme *housard* est vieillie.

hussite n. *ou* adj. Partisan de Jean Hus, hérétique tchèque (1369-1415). — Pas un nom de peuple, donc pas de majuscule. — Le *h-* est aspiré : *les hussites* [le'ysit].

hutte n. f. Le *h-* est aspiré : *la hutte.* — Deux *t,* à la différence de *cahute.*

hy- Dans tous les mots qui commencent par *hy-*, le *h-* est muet.

hyacinthe Prononciation, genre, orthographe et sens.

1 Le *h-* est muet : *l'hyacinthe.*

2 Toujours féminin : *Une hyacinthe très belle.*

3 Attention au groupe *-th-* et à la place respective du *y* et du *i.*

4 Comme adjectif de couleur, toujours invariable : *Des soieries hyacinthe,* d'un jaune tirant sur l'orangé.

5 hyacinthe, jacinthe. Le nom *hyacinthe* désignait autrefois la fleur appelée de nos jours *jacinthe.* Dans la langue moderne, *hyacinthe* désigne une pierre précieuse. Est employé aussi comme adjectif de couleur (voir ci-dessus, § 4).

hydr(o)- Préfixe (du grec *hudôr* « eau »), qui entre dans la formation de nombreux mots savants : *hydracide, hydraires, hydrargyre, hydrargyrisme, hydratable, hydratant, hydratation, hydrate, hydrater, hydraulicien, hydraulique, hydravion, hydrazine, hydrémie, hydrobase, hydrocarbonate, hydrocarbure, hydrocèle, hydrocéphale, hydrocéphalie, hydrocharidacées, hydroclasseur, hydrocoralliaires, hydrocraquage* (ou *hydrocracking*), *hydrocution, hydrodynamique, hydroélectricité* (en un seul mot, sans trait d'union), *hydroélectrique* (en un mot, sans trait d'union), *hydrofilicales, hydrofoil, hydrofuge, hydrofuger, hydrogel, hydrogénation, hydrogène, hydrogéné, hydrogéner, hydrogéologie, hydroglisseur, hydrographe, hydrographie, hydrographique, hydrolithe, hydrologie, hydrologique, hydrologiste* ou *hydrologue, hydrolyser, hydromécanique, hydromel, hydromètre, hydrométrie, hydrométrique, hydrominéral, hydronéphrose, hydropéricarde, hydrophile, hydrophobe, hydrophobie, hydropique, hydropisie, hydropneumatique, hydroptère, hydroquinone, hydrosilicate, hydrosol, hydrosoluble, hydrosphère, hydrostatique, hydrothérapie, hydrothérapique, hydrothermal, hydrothorax, hydrotimétrie, hydroxyde, hydroxylamide, hydroxyle, hydrozoaires.*

hydrofoil n. m. Anglicisme qui désigne un bateau à ailes portantes. — Prononciation : [idʀɔfɔjl]. — Pl. : *des hydrofoils* [-fɔjl]. — A cet anglicisme on préférera l'équivalent français *hydroptère.* — A distinguer de *hydroglisseur, hovercraft, naviplane* ▷ **hovercraft.**

hydrofuger v. t. Conjug. **16.** Prend un *e* après le *g* devant *a* ou *o : il hydrofugea, nous hydrofugeons.*

hydrogène ▼ Toujours masculin : *De l'hydrogène sulfureux.*

hydroglisseur n. m. Embarcation à hélice aérienne. — A distinguer de *hydrofoil, hydroptère, aéroglisseur, hovercraft, naviplane* ▷ **hovercraft.**

hydropisie n. f. Attention à la place de l'*y* (mot formé avec le préfixe *hydro-*). — Dérivé : *hydropique.*

hydroptère n. m. Bateau à ailes portantes. — Synonyme : *hydrofoil* (anglicisme). — A distinguer de *hydroglisseur, aéroglisseur, hovercraft, naviplane* ▷ **hovercraft.**

hyène n. f. L'*h-* est muet : *L'hyène. Des cris d'hyène.*

hygiène n. f. Accent grave sur le *e,* à la différence de *hygiénique, hygiéniquement, hygiéniste.*

hygro- Préfixe (du grec *hugros* « humide »), qui entre dans la formation de quelques mots savants : *hygromètre, hygrométricité, hygrométrie, hygrométrique, hygrophile, hygroscope, hygroscopie, hygroscopique.*

hymne Attention au genre. Presque toujours masculin *(Les hymnes grecs. Les hymnes nationaux. Un hymne merveilleux à la beauté),* sauf quand le mot désigne un chant liturgique de l'Église catholique en latin *(Les belles hymnes de saint Ambroise).*

hypallage Figure de rhétorique. — Le *h-* est muet : *l'hypallage.* — Toujours féminin : *Une hypallage audacieuse.*

hyper- Préfixe (du grec *huper* « au-dessus »), qui entre dans la formation de très nombreux mots savants : *hyperbare, hyperbole, hyperbolique, hyperboloïde, hyperboréen, hyperchlorhydrie, hypercomplexe, herperdulie, hyperémotivité, hyperesthésie, hyperfocal, hyperfréquence, hypergenèse, hyperglycémiant, hyperglycémie, Hypergonar, hyperlipémie, hypermarché, hypermètre, hypermétrope, hypermétropie, hypermnésie, hypernerveux, hypersécrétion, hypersensibilité, hypersensible, hypersonique, hyperstatique, hypersustentateur, hypersustentation, hypertendu, hypertension, hyperthermie, hyperthyroïdie, hypertonie, hypertonique, hypertrophie, hypertrophié, hypertrophier, hypertrophique, hypervitaminose.*

hyperboréen, enne adj. *ou* n. Attention à la majuscule : *Les Hyperboréens* (peuple mythique du nord de l'Europe, à l'époque des Grecs). *Les régions hyperboréennes* (les régions nordiques).

Hypergonar n. m. Appareil qui sert à la prise de vues et à la projection des films en Cinémascope. — Nom déposé, donc une majuscule.

hypermarché, supermarché Ces deux noms masculins ne sont pas synonymes.

1 L'**hypermarché** Magasin libre-service dont la superficie dépasse deux mille cinq cents mètres carrés.

2 Le **supermarché** Magasin libre-service dont la superficie est comprise entre quatre cents et deux mille cinq cents mètres carrés. — Entre cent vingt et quatre cents mètres carrés, il s'agit d'une *supérette.*

hypersécrétion [ypɛʀsekʀesjɔ̃] n. f. Deux fois *e* avec accent aigu. Ne pas dire **hypersecrétion.*

hypo- Préfixe (du grec *hupo* « au-dessous »), qui entre dans la formation de très nombreux mots savants : *hypoacousie, hypocauste, hypocentre, hypochloreux, hypochlorhydrie, hypochlorite, hypocondre, hypocondriaque, hypcondrie, hypocoristique, hypocras, hypocrisie, hypocristallin, hypocrite, hypocritement, hypocycloïde, hypoderme, hypodermique, hypodermose, hypogastre, hypogastrique, hypogé, hypogée, hippoglosse, hypoglycémiant, hypoglycémie, hypogyne, hypoïde, hyponomeute, hypophosphite, hypophosphoreux, hypophysaire, hypophyse, hyposécrétion, hypostase, hypostatique, hypostyle, hyposulfite, hyposulfureux, hypotendu, hypotension, hypoténuse, hypothalamique, hypothalamus, hypothécable, hypothécaire, hypothécairement, hypothénar, hypothèque, hypothéquer, hypothermie, hypothèse, hypothético-déductif, hypothétique, hypothétiquement, hypothyroïde, hypotonie, hypotonique, hypotrophie.*

hypo-, hippo- ▷ **hippo-**.

hypogée Chambre souterraine servant de sépulture ou de temple. ▼ Masculin, malgré la finale en *-ée* : *Un hypogée égyptien. Un hypogée profond.*

hypoténuse n. f. (terme de géométrie) ▼ Avec *t* et non avec *th*. Aucun rapport avec le nom *hypothèse.*

hypothalamus [ipɔtalamys] n. m. Région du cerveau. — Pl. : *des hypothalamus* [-mys]. — Attention au *-th-.*

hypothèque n. f. Avec accent grave et *-qu-*, à la différence de *hypothécable, hypothécaire, hypothécairement.* — Avec accent aigu et *-qu- : hypothéqué, ée.*

hypothéquer v. t. Toujours *-qu-* même devant *a* ou *o : il hypothéqua, nous hypothéquons.* — Conjug. **11.** *Il hypothèque,* mais *il hypothéquera.*

hypothèse n. f. Accent grave, à la différence de *hypothétique, hypothétiquement, hypothéticodéductif.*

hystérèse, hystérésis, hystérie Mots à bien distinguer.

1 L'hystérèse ou **l'hystérésis** [isteʀeziz] n. f. *(physique)* Retard de l'effet sur la cause (par exemple dans une succession d'aimantations et de désaimantations d'un corps).

2 L'hystérie n. f. Maladie nerveuse. — Surexcitation psychique extravagante.

I

iambe ou **ïambe** [jãb] n. m. Les deux orthographes sont admises, mais *iambe*, avec tréma, est à préférer. De même : *iambique*, plutôt que *iambique*.

ibère, ibérique Ces deux mots ne sont pas interchangeables.

1 ibère n. *ou* adj. *Les Ibères :* dans l'Antiquité, peuple qui occupait une partie de l'Espagne. — (adjectivement) *Les tribus ibères.* — N. m. *L'ibère :* langue des Ibères.

2 ibérique adj. Des Ibères (qualifie surtout les choses) : *L'art ibérique fut influencé par l'art grec et l'art phénicien.* — (dans des dénominations géographiques) *La péninsule Ibérique :* l'ensemble géographique constitué par l'Espagne et le Portugal. — *La chaîne Ibérique* ou *Celtibérique :* chaîne montagneuse d'Espagne. — Qui appartient à la péninsule ibérique : *Le climat ibérique.* — Qui appartient à l'Espagne : *Le folklore ibérique.*

ibidem, idem Deux adverbes latins à distinguer.

1 ibidem [ibidɛm] Au même endroit. — S'emploie sous la forme abrégée *ibid.* (écrite souvent en italique) pour indiquer qu'une citation est empruntée au même *ouvrage* qu'une citation précédente, dont la référence comporte le nom de l'ouvrage.

2 idem [idɛm] La même chose. — S'emploie sous la forme abrégée *id.* pour éviter une répétition dans une énumération ou pour désigner, dans une référence de citation, un *auteur* précédemment cité.

ibis n. m. Oiseau. — Prononciation, au pluriel comme au singulier : [ibis].

iceberg n. m. Prononciation : [isbɛʀg], plutôt que [ajsbɛʀg]. — Pl. : *des icebergs* [-bɛʀg].

ice-cream n. m. Anglicisme vieilli désignant une *crème glacée,* une *glace : Un ice-cream à la vanille délicieux.* — Prononciation : [ajskʀim]. — Pl. : *des ice-creams* [-kʀim].

ice-field ou **icefield** n. m. Anglicisme qui désigne une vaste étendue de glace dans les régions polaires. — Prononciation : [ajsfild]. — Pl. : *des ice-fields* ou *des icefields* [-fild].

icelui, icelle, iceux, icelles Formes pronominales archaïques correspondant à *celui-ci, celle-ci, ceux-ci, celles-ci.* S'emploie encore parfois par archaïsme plaisant ou dans la langue de la procédure : *Le demandeur déclare avoir reçu une promesse de vente du sieur Durand et avoir versé à icelui la somme de dix mille francs.*

ichneumon n. m. Mammifère ; insecte. — Prononciation : [iknøm5]. — Attention au groupe *-ch-*.

ichthys n. m. Monogramme du Christ. — Prononciation : [iktis]. — Attention aux groupes *-ch-* et *-th-* et à la place respective de *i* et *y*. — Pl. : *des ichthys* [-tis].

ichty(o)- Préfixe (du grec *ikhthus* « poisson »). Le groupe *-ch-* se prononce [-k-]. De nos jours, la graphie *ichty(o)-* a remplacé *ichthy(o) : ichtyocolle* [iktjɔkɔl], *ichtyol* [iktjɔl], *ichtyologie* [iktjɔlɔʒi], *ichtyologique* [iktjɔlɔʒik], *ichtyologiste* [iktjɔlɔʒist(ə)], *ichtyophage* [iktjɔfaʒ], *ichtyornis* [iktjɔʀnis], *ichtyosaure* [iktjɔzɔʀ].

ici adv. Sens généralement spatial, parfois temporel.

I Ici et là.

1 Employé seul, au sens spatial, l'adverbe *ici* indique un lieu proche ou le lieu où se trouve celui qui parle ou le lieu où l'on se place en esprit. Est souvent remplacé par *là* dans la langue parlée : *Viens ici* (ou, dans la langue parlée, *Viens là*). *Nous sommes ici* (ou, dans la langue parlée, *Nous sommes là*).

2 En opposition avec *là*, l'adverbe *ici* indique le lieu le plus proche : *Ici vous voyez l'église, là* (= plus loin) *le marché couvert.*

II D'ici à, d'ici à ce que, d'ici que.

1 ▼ On préférera *d'ici à* à *d'ici : D'ici à la ferme* (mieux que *d'ici la ferme*), *il y a un kilomètre. D'ici à Pâques* (mieux que *d'ici Pâques*), *son fils sera guéri.* — Exceptions : toujours *d'ici là ; d'ici peu* plus fréquent que *d'ici à peu.*

2 D'ici que ou **d'ici à ce que.** Les deux tours sont admis. On emploie toujours le subjonctif : *D'ici qu'il revienne* (ou *d'ici à ce qu'il revienne*), *il se passera du temps.*

III Avec un trait d'union : *ici-bas.* — Sans trait d'union : *ici même, par ici.* — Elision dans : *jusqu'ici.*

icône Toujours féminin : *Une icône byzantine.* ▼ Un *o* fermé [o] et un accent circonflexe sur le *o*, mais tous les mots de la même famille se prononcent avec un *o* ouvert [ɔ] et s'écrivent sans accent sur le *o : iconique, iconoclasme, iconoclaste, iconographe, iconographie, iconographique, iconolâtre, iconolâtrie, iconologie, iconoscope, iconostase, iconothèque.*

ictère, ictus, ulcère Trois noms masculins à bien distinguer.

1 ictère Synonyme médical de *jaunisse.*

2 ictus Accès subit et violent : *Ictus apoplectique. Ictus épileptique.* — Prononciation : [iktys], au pluriel (*des ictus*) comme au singulier.

3 ulcère Lésion qui attaque le tissu d'un organe : *Ulcère de l'estomac.*

idéal adj. *ou* n. m. Pour le pluriel de l'adjectif (au masculin) et du nom, l'usage et les grammairiens hésitent entre *idéals* et *idéaux.* Pas de règle absolue. L'usage le plus fréquent est *idéaux : Des nombres idéaux. Des idéaux politiques.*

idée n. f. On peut dire *l'idée lui est venue de partir* ou *la fantaisie lui a pris de partir,* mais non *l'idée lui a pris de partir.* — Au singulier : *dans le même ordre d'idée.* — Au pluriel : *théâtre d'idées, littérature d'idées.*

idem, ibidem ▷ **ibidem.**

identifier v. t. Conjugaison et constructions.

1 Conjug. 20. Double le *i* à la première et à la deuxième personne du pluriel de l'indicatif imparfait et du subjonctif présent : *(que) nous identifiions, (que) vous identifiiez.*

2 Se construit avec *avec* ou avec *à : On a identifié l'oppidum gaulois d'Alésia avec Alise-Sainte-Reine. Les Romains identifièrent Junon à Héra.* — La forme pronominale se construit surtout avec *à : Selon certains psychologues, l'enfant a besoin de s'identifier à un modèle idéal.*

identique, analogue, homologue ▷ **analogue.**

idéogramme n. m. En un seul mot, sans trait d'union. De même : *idéographie, idéographique.*

idéomoteur, trice adj. (terme de psychologie) En un seul mot, sans trait d'union : *Les actes idéomoteurs. Les forces idéomotrices.*

ides n. f. pl. Dans le calendrier romain, jour qui tombait le 13 ou le 15 du mois. Toujours au pluriel : *Les ides de mars* (le 15 mars).

id est [idɛst] Locution latine qui équivaut à « c'est-à-dire ». — Abréviation : *i. e.* (généralement écrite en italique).

idiome n. m. Se prononce [idjom], avec *o* fermé, mais s'écrit sans accent circonflexe. Le dérivé *idiomatique* se prononce avec *o* ouvert [idjɔmatik].

idiosyncrasie [idjɔsɛ̄krazi] n. f. Tempérament individuel, caractère singulier, personnel. — Attention à la place de l'*y.*

idiotie, idiotisme Deux mots à bien distinguer.

1 idiotie n. f. Déficience intellectuelle. — *Dire des idioties :* dire des sottises.

2 idiotisme n. m. Tour propre à une langue et qu'on ne peut traduire littéralement dans une autre langue.

idoine adj. Approprié, apte, propre à quelque chose. — Ce mot est vieux et ne s'emploie que dans la langue juridique ou bien par plaisanterie : *Enfin, voilà l'homme idoine !*

idole Toujours féminin, même quand le mot désigne un homme : *Ce chanteur fut l'une des* *idoles de la jeunesse.* — Dérivés (avec accent circonflexe sur le *a*) : *idolâtre, idolâtrer, idolâtrie, idolâtrique.*

idylle Prononciation : [idil]. — Attention à la place de l'*i* et de l'*y*. Deux *l*. Dérivé : *idyllique* [idilik]. — Toujours féminin : *Une idylle charmante.*

i. e. ▷ **id est.**

-ième Suffixe qui sert à former les adjectifs numéraux ordinaux autres que *premier : deuxième, troisième,* etc. ▼ En abréviation, écrire toujours *2ᵉ, 3ᵉ, 4ᵉ, 5ᵉ, 6ᵉ,* etc. et non **2ᵉᵐᵉ, *3ᵉᵐᵉ, *4ᵉᵐᵉ, *5ᵉᵐᵉ, *6ᵉᵐᵉ.*

igame, igname, iguane Trois noms qui peuvent donner lieu à des confusions.

1 Un igame n. m. Mot formé par les initiales de *inspecteur général de l'Administration en mission extraordinaire.* Désigne un haut fonctionnaire qui coordonne l'activité de plusieurs préfets. Synonyme non officiel : *superpréfet.* — Dérivé : *igamie* n. f. (circonscription qui dépend d'un igame).

2 Une igname [iɲam] n. f. Plante tropicale ; rhizome comestible de cette plante.

3 Un iguane [igwan] n. m. Reptile d'Amérique tropicale.

igloo [iglu] ou **iglou** Habitation en neige durcie des Esquimaux. — Toujours masculin : *Un igloo tout rond.* — Pl. : *des igloos* [-glu] ou *des iglous.* — La graphie *igloo* est plus fréquente que *iglou.*

igname, igame, iguane ▷ **igame.**

ignare adj. Forme unique pour les deux genres : *Un garçon ignare. Une fille ignare.* ▼ Eviter les barbarismes **ignard, *ignarde.* Le mot n'est pas formé avec le suffixe péjoratif *-ard.*

igné, ée adj. Qui est de la nature du feu. — *Roches ignées,* produites par l'action du feu central de la Terre. ▼ Se prononce avec [gn] et non avec [ɲ] : [igne] . De même : *ignifugation* [ignifygasjɔ̃], *ignifuge* [ignifyʒ], *ignifugé* [ignifyʒe], *ignifuger* [ignifyʒe], *ignipuncture* [ignipɔ̃ktyʀ], *ignition* [ignisjɔ̃], *ignitron* [ignitʀɔ̃]. Cependant on entend assez souvent la prononciation avec [ɲ] pour *ignifugation, ignifuge, ignifugé, ignifuger.* Cette prononciation n'est pas conseillée.

ignifuger v. t. Prononciation : [ignifyʒe], plutôt que [iɲifyʒe]. — Conjug. **16.** Prend un *e* après le *g* devant *a* ou *o : il ignifugea, nous ignifugeons.*

ignorer v. t. Certaines constructions sont délicates.

I Ne pas ignorer de. Tour archaïque conservé seulement dans l'expression *afin que nul n'en ignore,* pour que tout le monde le sache.

II Ignorer que.

1 A la forme affirmative. Se construit normalement avec le subjonctif, pour souligner l'idée de doute : *J'ignorais qu'il fût capable d'un tel exploit.* — Peut se construire avec l'indicatif pour insister sur la réalité du fait : *J'ignorais que vous étiez déjà rentré.* — Peut se construire avec le conditionnel pour exprimer le futur dans le passé *(J'ignorais que vous viendriez me voir)* ou une éventualité *(J'ignorais qu'il aurait pu nous aider en cas de besoin).*

2 A la forme négative ou interrogative. Se construit généralement avec l'indicatif ou le conditionnel : *Je n'ignorais pas qu'il était capable de cet exploit. Ignorait-il que nous étions prêts à le suivre ? Ignorait-elle que nous reviendrions ? Ils n'ignoraient pas que nous aurions pu les aider.* Dans la langue littéraire ou soutenue, se construit souvent aussi avec le subjonctif, surtout à la forme interrogative : *Ignoriez-vous qu'il fût mal disposé à votre égard.*

III ▼ Au sens de « vous savez bien », le tour *vous n'êtes pas *sans ignorer* est fautif, car il signifie le contraire de ce qu'on veut dire. Il signifie en effet « vous ignorez ». Employer le tour correct *vous n'êtes pas sans savoir.*

iguane, igame, igname ▷ **igame.**

il pron. personnel de la troisième personne du singulier. Sert pour le masculin et pour le « neutre ».

I Prononciation. Toujours prononcer [il], en faisant entendre le *l.* La prononciation [i] est relâchée : *il vient* [ilvjɛ̃], et non **[ivjɛ̃]* ; *vient-il ?* [vjɛ̃til], et non **[vjɛ̃ti].*

II Il dans un tour impersonnel.

1 Omission de il. Ce pronom est souvent omis devant un verbe impersonnel : *Reste que toutes les difficultés ne sont pas aplanies* (ou *Il reste que...).* *Manque quinze cartons* (ou *Il manque quinze cartons).* Cette omission est à éviter dans la langue soignée. — On peut aussi, très correctement, utiliser le tour personnel avec inversion : *Restent douze emballages inutilisés. Manquent sept boîtes.*

2 Il est + adjectif + complétive. Tour plus soutenu que la construction avec *c'est : Il est beau de savoir dire non au destin. Il est vrai que tous les enfants n'ont pas le même caractère.* Les tours *c'est beau de..., c'est vrai que...* appartiennent à un registre plus familier.

3 Il est, il y a ▷ être (IV, 8).

4 Ce qui me plaira, ce qu'il me plaira ▷ ce 2 (IX, 3).

III Il y a.

1 Il n'y a pas que. Tour critiqué par certains grammairiens. Dans la langue très surveillée, on tournera autrement : *D'autres que lui peuvent nous aider* (plutôt que *Il n'y a pas que lui pour pouvoir nous aider*). *Vous n'êtes pas la seule personne à éprouver des difficultés* (plutôt que *Il n'y a pas que vous à avoir des difficultés*).

2 Il n'y a de + **adjectif** + **que...**, *Il n'y a pas plus* + **adjectif** + **que...** L'adjectif se met au masculin singulier : *Il n'y a de beau et de grand que la poésie. Il n'y a pas plus fin que cette fille. Il n'y a pas plus beau que ces fleurs.*

île n. f. Accent circonflexe sur le *i*. — Pour l'emploi de *à* ou de *en* devant un nom d'île ▷ à (V).

îlien, ienne n. *ou* adj. Habitant d'une île. Prend une majuscule quand il s'agit des habitants de l'île de Sein : *Les Iliens peuvent, par beau temps, apercevoir la pointe du Raz.* — (adjectivement) *La population îlienne.*

ilion n. m. Partie supérieure de l'os iliaque. — Un seul *l*. — Il existe une autre forme, plus rare, *ilium* [iljɔm]. Pl. : *des iliums.* — Adjectif correspondant : *iliaque.*

illégal, ale, aux adj. Masculin pluriel en *-aux* : *Des procédés illégaux.* — Deux *l*. De même : *illégalement, illégalité.*

illégitime adj. Deux *l*. De même : *illégitimement, illégitimité.*

illettré, ée adj. *ou* n. Deux *l*, deux *t*.

illettré, analphabète Ces deux mots ne sont pas toujours synonymes.

1 analphabète n. *ou* adj. S'applique à une personne qui ne sait ni lire ni écrire.

2 illettré, ée n. *ou* adj. Peut être synonyme de *analphabète*. Peut aussi s'appliquer à une personne qui sait lire et écrire, mais qui manque de culture d'une manière évidente et choquante.

illicite adj. Deux *l*. De même : *illicitement.*

illico adv. Sur le champ. — Ne s'emploie que dans la langue familière. — Attention aux deux *l*.

illisible adj. Deux *l*. De même : *illisibilité, illisiblement.*

illogique adj. Deux *l*. De même : *illogiquement, illogisme.*

illuminer v. t. Deux *l*. De même : *illumination, illuminé, illuminisme.*

illuminisme, luminisme Deux noms masculins à bien distinguer.

1 illuminisme Mouvement occultiste et mystique (Jacob Böhme, Swedenborg, Saint-Martin...).

2 luminisme Art de certains peintres (Caravage, Rembrandt...) qui se caractérisait par la recherche des effets lumineux.

illusion n. f. Deux *l*. De même : *illusionner, illusionnisme, illusionniste, illusoire, illusoirement.*

illusionner v. t. Orthographe, emploi et construction.

1 Deux *l*, deux *n*.

2 Dans la langue très surveillée, on préférera *tromper (par des illusions), abuser.* — De même, on préférera *se faire des illusions* à *s'illusionner.*

3 Le verbe pronominal se construit avec *sur* : *Il s'illusionne sur ses chances de succès.*

illustre adj. Deux *l*. De même : *illustrateur, illustration, illustré, illustrer, illustrissime.*

illyrien, ienne adj. *ou* n. Attention à la majuscule : *la civilisation illyrienne. Les Illyriens.*

îlot n. m. Accent sur le *i*, comme dans *île*, et non sur le *o*. De même : *îlotier* n. m. (agent de police chargé de la surveillance d'un îlot d'immeubles).

ilote n. m. Pas d'accent sur le *i* (aucun rapport avec *îlot*). La graphie *ilote* est plus fréquente que *hilote*. Dérivé : *ilotisme* n. m. (état d'abjection, d'asservissement, de misère).

imaginable adj. Un seul *m*.

imaginer v. t. Constructions ; accord du participe.

I *Imaginer de,* suivi de l'infinitif. Signifie « avoir l'idée de » : *On imagina de placer à l'arrière du navire, dans l'axe, la rame qui servait de gouvernail.*

II *Imaginer que.* Signifie « se représenter, feindre par l'imagination, croire, supposer ». Se construit avec l'indicatif (ou le conditionnel) ou bien avec le subjonctif. Ce dernier mode insiste sur l'idée de supposition : *Il imaginait* *que le jardin était le parc mystérieux d'un château enchanté. Il imagine qu'il pourrait réussir sans aide. Imaginons que nous vivions au Moyen Age.* L'emploi du subjonctif est aussi très fréquent quand *imaginer* est à la forme négative ou interrogative : *Je n'imagine pas qu'une telle œuvre puisse être accomplie sans tâtonnements et sans efforts. Imaginez-vous que cela soit si facile ?* ▼ Certains grammairiens ont condamné *imaginer que* et admettent seulement *s'imaginer que.* L'usage n'a pas suivi leur décision.

III S'imaginer.

1 Peut se construire avec un infinitif quand le sujet est le même dans la subordonnée et la principale : *Il s'imagine avoir tous les droits.* ▼ On n'emploie jamais la préposition *de.* Ne pas dire *Il s'imagine *d'avoir tous les droits.*

2 Peut se construire avec l'indicatif ou le conditionnel : *Il s'imagine que tout le monde le craint. Elle s'imaginait qu'elle réussirait du premier coup. Il s'imagine qu'il pourrait compter sur nous si la situation s'aggravait. Il ne s'imagine pas que tout est changé.*

IV Accord du participe à la forme pronominale. Participe invariable si le complément d'objet direct est placé après le verbe : *Ces filles se sont imaginé facilement cette chose étrange.* Accord avec le complément d'objet direct si celui-ci est placé avant le verbe : *Les aventures merveilleuses qu'il s'est imaginées.* ▼ Participe invariable avec l'infinitif ou avec *que* : *Ces filles se sont imaginé avoir tous les droits. Ces filles se sont imaginé que tout serait facile.*

imam [imam] ou **iman** [imã] n. m. Fonctionnaire religieux qui dirige la prière dans une mosquée. — Les deux formes sont admises, mais *imam* semble d'un usage plus fréquent. — Pl. : *des imams* ou *des imans.* — Dérivé : *imamat* [imama] ou *imanat* [imana] n. m. (fonction d'imam).

imbattable adj. Deux *t.*

imbécile adj. *ou* n. Un seul *l* comme pour l'adverbe *imbécilement,* à la différence de *imbécillité.*

imbriquer v. t. Toujours *-qu-,* même devant *a* ou *o : il imbriqua, nous imbriquons.* — Avec *-qu- : imbriqué, ée.* Avec *c : imbrication.*

imbroglio n. m. La prononciation à l'italienne, recommandée, est rare : [ɛ̃bRɔljo]. L'usage lui préfère la prononciation francisée [ɛ̃bRɔglijo].

imiter v. t. Dans la langue très surveillée, on évitera *imiter l'exemple de quelqu'un,* expres-

sion jugée pléonastique par quelques grammairiens. On préférera *suivre l'exemple de quelqu'un.*

immaculé, ée adj. Deux *m,* un seul *c.*

immanent, ente [imanã, ãt] adj. Deux *m.* De même : *immanence* [imanãs].

immanent, imminent Deux adjectifs paronymes à bien distinguer.

1 immanent, ente *(philosophie)* Contenu, impliqué dans un ensemble : *Pour les panthéistes, Dieu est immanent au monde.*

2 imminent, ente *(usuel)* Qui menace de se produire bientôt : *La chute de la ville encerclée est imminente.*

immangeable adj. Deux *m.* Un *e* après le *g.* ▼ Prononciation : [ɛ̃mãʒabl(ə)], et non *[ɛ̃mãʒabl(ə)].

immanquable adj. Deux *m.* ▼ Prononciation : [ɛ̃mãkabl(ə)], et non *[imãkabl(ə)]. De même : *immanquablement* [ɛ̃mãkabləmã].

immanquable, infaillible Ces deux adjectifs ne sont pas synonymes.

1 immanquable *(rare)* Qui ne peut manquer d'atteindre son but : *Un procédé immanquable.* Dans ce sens, on dit plutôt *infaillible.* — *(usuel)* Qui ne peut manquer d'arriver, de se produire : *Si l'on emploie ce procédé, le résultat est immanquable.*

2 infaillible Qui ne se trompe jamais : *Un expert infaillible.* — Qui réussit toujours : *Un procédé infaillible.*

immarcescible adj. *(littéraire)* Qui ne perd jamais sa fraîcheur, qui ne se fane pas : *La grâce immarcescible de ces vers admirables.* — Deux *m.* Attention au groupe *-sc-.* — Pour la prononciation, l'usage est incertain. Cependant [imaRsesibl(ə)] semble l'emporter sur [ɛ̃maRsesibl(ə)].

immariable adj. Deux *m.* ▼ Prononciation : [ɛ̃maRjabl(ə)], et non *[imaRjabl(ə)].

immatériel, elle [imateRjɛl, ɛl] adj. Deux *m.* De même : *immatérialisme* [imateRjalism(ə)], *immatérialiste* [imateRjalist(ə)].

immatriculer v. t. Deux *m.* De même : *immatricule* n. f. (inscription sur un registre public), *immatriculation.*

immature [imatyR] adj. Qui n'a pas atteint sa maturité. — Deux *m.* Aucun accent. — Ne pas déformer en *immaturé. — Dérivé : immaturité [imatyʀite] n. f. (manque de maturité).

immédiat, ate adj. Deux m. De même : immédiatement, immédiateté, immédiation. ▼ Dans la langue très surveillée, on évitera les expressions dans l'immédiat, pour l'immédiat. On écrira plutôt pour le moment.

immense [imɑ̃s] adj. Deux m. De même : immensément [imɑ̃semɑ̃], immensité [imɑ̃site].

immense, immensurable, immesurable, incommensurable ▷ incommensurable.

immensurable [imɑ̃syʀabl(ə)] adj. Deux m.

immensurable, immesurable, incommensurable ▷ incommensurable.

immerger v. t. Conjug. 16. Prend un e après le g devant a ou o : il immergea, nous immergeons. — Deux m. De même : immergé, immersif, immersion.

immesurable adj. Deux m. ▼ Prononciation : [ɛ̃məzyʀabl(ə)], et non *[iməzyʀabl(ə)].

immesurable, immensurable, incommensurable ▷ incommensurable.

immettable adj. Deux m, deux t. ▼ Prononciation : [ɛ̃mɛtabl(ə)], et non *[imɛtabl(ə)].

immeuble adj. ou n. m. Deux m.

immigrer v. i. Deux m. De même : immigrant, immigration, immigré.

immigrer, émigrer ▷ émigrer.

imminent, ente [iminɑ̃, ɑ̃t] adj. Deux m. De même : imminence. ▼ L'adjectif imminent vient du latin imminens « menaçant ». Ne doit s'employer que pour qualifier une chose dangereuse, fâcheuse, qui est sur le point de se produire : L'orage est imminent, il tonne. La guerre était imminente. Un danger imminent, qui risque de se réaliser bientôt. Ne pas employer ce mot à propos d'une chose non dangereuse qui va se produire. On écrira plutôt dans ce cas prochain ou proche : Son départ est proche (et non est imminent). — De même, s'il est parfaitement correct de dire l'imminence d'un danger, l'imminence d'une guerre, l'imminence de sa mort, il vaut mieux, dans les cas où il s'agit d'une chose non dangereuse, écrire approche ou proximité : L'approche du départ le réjouissait (et non l'imminence du départ). La proximité des vacances.

imminent, immanent ▷ immanent.

immiscer (s') v. pron. Intervenir d'une manière indiscrète : Il s'est immiscé dans nos affaires de famille. Ne se dit pas à propos de choses matérielles. Ne pas dire : Il s'est immiscé dans mes papiers ni Il s'est immiscé dans notre groupe. Dire : fouiller dans les papiers, s'introduire dans un groupe. — Deux m. Attention au groupe -sc-. Prononciation : [imise]. ▼ Ne pas déformer en *s'immixer, faute due à l'attraction de immixtion.

immixtion n. f. Action de s'immiscer. — Deux m. Attention au groupe -xt-. — La prononciation recommandée était [imikstjɔ̃], mais, de nos jours, tout le monde prononce [imiksjɔ̃].

immobile adj. Deux m. De même : immobilisation, immobiliser, immobilisme, immobiliste, immobilité.

immobilier, ière adj. ou n. m. Deux m.

immodéré, ée adj. Deux m. De même : immodérément.

immodeste adj. N'est pas l'antonyme de modeste au sens de « humble » mais au sens de « pudique ». Signifie « qui manque de pudeur, de décence » : Une toilette immodeste. — Deux m. De même : immodestement adv. (Une fille immodestement vêtue), immodestie n. f. (L'immodestie d'une tenue provocante).

immoler v. t. Deux m, un seul l. De même : immolateur, immolation.

immonde adj. Deux m.

immondices Toujours féminin : Des immondices nauséabondes. — L'emploi au singulier est rare et très littéraire : ... l'égout Styx, où pleut l'éternelle immondice (Hugo).

immoral, ale, aux adj. Masculin pluriel en -aux : Des trafics immoraux. — Deux m. De même : immoralisme, immoraliste, immoralité.

immoral, amoral ▷ amoral.

immortel, elle adj. Deux m. De même : immortaliser, immortalité, immortelle n. f. (plante), immortellement.

immotivé, ée adj. Deux m.

immuable adj. Deux m. De même : immuabilité, immuablement.

immuniser v. t. Deux m. De même : immunisant, immunisation, immunisé, immuniste,

immunité, immunogène, immunologie, immu-
nothérapie, immunotransfusion.

immutabilité, immuabilité Deux noms féminins qui signifient « caractère de ce qui ne change pas ».

1 immutabilité S'emploie surtout dans la langue philosophique ou juridique : *L'immutabilité est un privilège des Idées, selon Platon, de Dieu, selon le christianisme. Le principe de l'immutabilité des conventions matrimoniales dans le Code civil.*

2 immuabilité S'emploie dans la langue littéraire : *L'immuabilité des traditions et des habitudes dans les sociétés villageoises anciennes.*

3 ▼ Il n'existe pas d'adjectif **immutable*, mais un seul adjectif *immuable.*

impact [ɛ̃pakt] n. m. Attention au sens figuré abusif.

1 Sens propre et irréprochable : « choc d'un projectile » (*Le point d'impact d'une balle*).

2 Le sens figuré est parfois employé de manière abusive dans la langue à la mode. Pour varier, on emploiera plutôt *effet, répercussion, retentissement* : *L'effet* (et non *l'impact*) *du discours du Premier ministre a été considérable. Les répercussions* (et non *l'impact*) *de ces mesures dans l'opinion publique. Le retentissement* (et non *l'impact*) *d'une déclaration officielle.*

impair, aire adj. *ou* n. m. *Nombre impair.* — Ne pas écrire comme *imper*, abréviation familière de *imperméable.*

impardonnable adj. Peut qualifier un nom de personne ou un nom de chose : *Ce garçon est impardonnable de n'avoir pas penser à nous. Une offense impardonnable.* — Deux *n*, comme dans *pardonnable.*

impartir v. t. (*vieux*) Donner en partage : *Les qualités que la nature impartit à chacun de nous.* — (*de nos jours*) Accorder (s'emploie surtout dans la langue du droit) : *Dans les délais impartis par la loi.* ▼ Ce verbe se conjugue comme *finir* (conjug. 25), mais n'est usité qu'à l'indicatif présent, à l'infinitif, aux temps composés et au participe passé : *J'impartis, tu impartis, il impartit, nous impartissons, vous impartissez, ils impartissent. Impartir. Imparti.*

impasse Toujours féminin : *Une impasse étroite.* — L'expression *impasse (budgétaire)* s'est imposée dans la langue des finances publiques et de la politique. On peut préférer *déficit,* terme moins technique.

impassible, impavide Ces deux adjectifs ne sont pas synonymes.

1 impassible Qui ne ressent ou ne montre aucune émotion : *L'orateur resta impassible, malgré les applaudissements de l'auditoire. Un visage impassible.*

2 impavide Qui n'éprouve ou ne manifeste aucune crainte : *La vieille garde restait impavide sous le feu de l'ennemi.*

impatience n. f. Comme *impatient,* se construit avec *de* et l'infinitif : *Il est impatient de partir. L'impatience de partir.* Ne pas écrire *l'impatience *à partir.*

impeccable adj. Deux *c.* Attention à l'emploi abusif.

1 Emploi littéraire, mais très correct, quand l'adjectif qualifie une personne : *Dieu seul est impeccable* (= incapable de pécher). *Cet écolier était impeccable* (= n'était jamais en faute). *Un employé, un serviteur impeccable* (= irréprochable).

2 Pour qualifier une chose, on préférera, dans la langue très surveillée, *irréprochable, parfait, achevé, accompli, sans défaut : Le travail de cet artisan est irréprochable* ou *parfait* (et non *est impeccable*). *La reproduction parfaite d'une œuvre d'art* (et non *la reproduction impeccable*).

impedimenta n. m. pl. Dans l'Antiquité romaine, bagages que l'armée transportait avec elle. — (*figuré, familier*) Bagages encombrants. — Mot latin. Pas d'accent aigu sur le *e.* Prononciation : [ɛ̃pedimɛ̃ta]. Toujours employé au pluriel. Jamais de *-s* à la fin (pluriel neutre latin en *-a*).

imper [ɛ̃pɛʀ] n. m. Abréviation familière de *imperméable : Il pleut, prends ton imper.*

impératif ▷ annexes.

impératif, impérieux Ces deux adjectifs ne sont pas interchangeables.

1 impératif, ive Ne peut qualifier qu'une chose. On ne peut dire : *Un chef, un maître impératif.* — A une valeur plus neutre que *impérieux.* Qualifie ce qui se présente objectivement comme un ordre auquel on ne peut se dérober : *Ces consignes concernent la sécurité et sont impératives.*

2 impérieux, euse Peut qualifier une chose ou une personne : *L'expression impérieuse du visage. Un maître impérieux.* — A une valeur plus psychologique que *impératif* et insiste plus sur la volonté d'autorité, sur le caractère de celui qui veut commander : *Le caractère impérieux de Bona-*

parte. *Le ton impérieux d'un chef.* — La différence n'est pas absolue cependant et l'on dira indifféremment *un style impératif* ou *impérieux, une nécessité impérative* ou *impérieuse.*

imperator n. m. Dans l'Antiquité romaine, général en chef. En latin, *empereur* se dit *princeps* ou *Caesar.* — Mot latin non francisé. Pas d'accent sur le *e.* Prononciation : [ε̃pεʀatɔʀ]. On évitera d'employer le mot au pluriel. En français, le pluriel serait *des imperators,* le pluriel latin est *imperatores.*

impérial, ale, aux adj. Masculin pluriel en *-aux : Les décrets impériaux.*

impérieux, impératif ▷ **impératif.**

impéritie n. f. Prononciation : [ε̃pεʀisi], avec [s] et non [t].

impéritie, incurie Deux noms féminins qui ne sont pas synonymes.

1 impéritie [ε̃pεʀisi] Incompétence grave, qui provoque une catastrophe : *L'impéritie criminelle d'un chirurgien. Les soldats attribuèrent leur défaite à l'impéritie du commandement.*

2 incurie Indifférence ou négligence dans l'exercice d'une fonction ou dans l'accomplissement d'une tâche : *Du fait de l'incurie administrative, aucun plan n'avait été prévu pour parer à une telle situation. Ces terres restent stériles, par l'incurie de paysans routiniers.*

imperium n. m. Dans l'Antiquité romaine, pouvoir de commandement possédé par certains magistrats (consuls et préteurs notamment). — Mot latin non francisé. Pas d'accent sur le *e.* Prononciation : [ε̃pεʀjɔm]. N'est jamais employé au pluriel.

impersonnel Quand un verbe est conjugué impersonnellement, il s'accorde avec le sujet apparent *il* (singulier) : *Il existe des villes aux ruelles pleines d'ombre et de silence.* — De même, à la forme impersonnelle, le participe passé est toujours au masculin singulier : *Il a été dit des choses singulières.*

impertinent, ente adj. Finale en *-ent.* — Dérivés : *impertinence, impertinemment* [ε̃pεʀtinamã] adv. (finale en *-emment*).

impétigo Maladie de la peau. — Toujours masculin : *Un impétigo douloureux.* — Mot latin francisé : un accent sur le *e.* — Dérivé : *impétigineux.*

impétrant, ante n. m. *ou* f. (*rare*) Celui, celle qui a obtenu une chose demandée officiellement

à l'Administration. — (*usuel dans le style administratif*). Celui qui a obtenu un diplôme : *Le diplôme doit porter la signature de l'impétrant.* ▼ Ne désigne jamais la personne qui demande, qui cherche à obtenir un poste, une nomination (dans ce cas, on dit *postulant*) ou qui se présente à un examen, à un concours (dans ce cas, on dit *candidat*).

implanter v. t. Mot à la mode : *Implanter une usine en province.* Pour varier, on pourra employer *installer, construire, édifier, créer.* — De même, à *implantation* on préférera *installation, construction, édification, création.*

impliquer v. t. Toujours *-qu-,* même devant *a* ou *o : il impliqua, nous impliquons.* — Avec un *c : implication.*

impoli ▷ **poli.**

impoliment adv. ▼ Pas de *e* intérieur, ni d'accent circonflexe sur le *i.*

impondérable adj. Le vrai sens est « dont l'importance ne peut être évaluée de manière précise » : *Il y a trop d'éléments impondérables dans cette affaire pour qu'on puisse formuler une prévision sur son issue.* — (substantivement, masculin) *Il y a trop d'impondérables dans cette affaire.* — N'est nullement synonyme de *fortuit* ou de *imprévu.*

important, ante adj. ▼ Cet adjectif signifie « qui joue un grand rôle, qui occupe un rang notable dans un ensemble et qui mérite d'être considéré avec attention » : *Un événement important. Les dates les plus importantes d'une existence. Les écrivains importants du XVIIIᵉ siècle. Un témoignage important.* — Il ne faut pas employer *important* comme synonyme de « grand », ce qui constitue un anglicisme. On écrira donc : *Un prix élevé* (et non *un prix important*). *Un vaste jardin* (et non *un jardin important*). *Un long trajet* (et non *un trajet important*). *Un colis volumineux* (et non *un colis important*). *Un grand immeuble* (et non *un immeuble important*). De même, à *importance* on préférera *ampleur, grandeur, intensité, valeur,* etc., selon les cas, quand on voudra exprimer l'idée de grandeur, de dimension, et non l'idée de grand rôle, de rang notable.

importer v. t. ind. *ou* v. i. Avoir de l'intérêt, être important : *Cette décision importe au salut de la république.* — S'emploie uniquement à l'infinitif, au participe présent, et à la troisième personne du singulier ou du pluriel des divers temps de l'indicatif, du conditionnel et du subjonctif. — S'emploie notamment dans des constructions figées.

I N'importe. Toujours invariable : *N'importe quelles plantes auraient aussi bien fait l'affaire pour orner le jardin.*

II Peu importe, qu'importe. S'accorde le plus souvent, surtout quand le verbe n'est pas au présent : *Peu m'importaient ces critiques stupides. Et qu'importaient, après tout, ces petites difficultés ?* Cependant l'invariabilité ne constitue nullement une faute : *Peu importe ses protestations, il devra obéir. Et qu'importe les plaintes des faibles et les critiques des envieux ?*

III Ce qu'il importe, ce qui importe.

1 Ce qu'il importe. Forme employée devant *de* suivi de l'infinitif ou devant *que* suivi du subjonctif : *Voilà ce qu'il importe de faire. Voilà ce qu'il importe que vous fassiez.*

2 Ce qui importe. Forme employée dans tous les autres cas : *Ce qui importe, c'est que les erreurs soient corrigées au plus vite. Que chacun sache ce qu'il a à faire, c'est ce qui importe avant tout.*

import-export n. f. inv. Anglicisme de la langue des affaires. Prononciation francisée : [ɛ̃pɔʀɛkspɔʀ], les *-t* étant muets. — Avec un trait d'union.

importun, inopportun ▷ inopportun.

impotent, ente adj. *ou* n. Dérivé : *impotence* n. f. (finale en *-ence*).

imposer, en imposer L'usage a évolué en ce qui concerne un emploi de ce verbe.

1 Dans l'usage ancien. On employait *imposer à quelqu'un* dans les cas où nous disons *en imposer à quelqu'un : La science du vieux maître imposait aux disciples.* — On réservait *en imposer à quelqu'un* au cas où le verbe signifiait « faire illusion, tromper par une fausse apparence » : *Un bel habit et une contenance assurée en imposent facilement aux gens simples, mais les apparences de la richesse ne sont pas la richesse elle-même.* — Cet usage ancien n'est nullement incorrect. On pourra même le préférer dans le style très soutenu.

2 Dans l'usage actuel. La distinction ancienne s'est effacée. La langue moderne ne connaît plus que *en imposer à quelqu'un*, expression qu'elle emploie dans tous les cas : *La science du vieux maître en imposait aux disciples. Une belle voiture en impose aux gens naïfs, mais ce n'est pas une preuve de richesse !* — En outre, la langue actuelle connaît une autre expression, *s'imposer à quelqu'un*, se faire accepter par sa force, son talent, faire accepter son autorité : *Le nouveau chef de service a su s'imposer tout de suite à tous les employés.*

imposte Partie supérieure d'une porte ou d'une fenêtre. — Toujours féminin : *Une imposte très haute.*

imposteur n. m. Pas de forme pour le féminin. On dira donc : *Cette aventurière était un imposteur.*

imprécation n. f. Avec un *c*. De même : *imprécatoire* adj.

impresario, imprésario n. m. Usage mal fixé en ce qui concerne l'orthographe et la prononciation. Le *e* se prononce toujours [e], qu'il porte ou non un accent. Le *s* se prononce tantôt [s], tantôt [z]. Le pluriel le plus fréquent est : *des impresarios* ou *des imprésarios* [ɛ̃pʀesaʀjo] ou [ɛ̃pʀezaʀjo]. Le pluriel italien *des impresarii* (sans accent aigu) [ɛ̃pʀes(z)aʀji] est plus rare.
— Il serait souhaitable que se généralisât l'usage suivant : *imprésario* (avec accent), prononcé [ɛ̃pʀezaʀjo], avec [z] ; au pluriel, *des imprésarios* [ɛ̃pʀezaʀjo].

impression n. f. Deux *n* dans les dérivés : *impressionnabilité, impressionnable, impressionnant, impressionner, impressionnisme, impressionniste.*

impressionner v. t. Attention au sens critiqué.

1 Au sens propre et correct, signifie « soumettre à l'action de la lumière une pellicule ou un film » : *L'obturateur ne s'est pas déclenché, la pellicule n'a pu être impressionnée.*

2 Le sens figuré (*Ce coup de théâtre impressionne le public*) est peu conseillé dans la langue soutenue. On écrira plutôt, selon les cas : *émouvoir, frapper, bouleverser, toucher, affoler, remplir d'enthousiasme, d'admiration, de terreur, marquer.* — De même, à *impressionnable* on préférera *émotif* ou *sensible*, et à *impressionnant émouvant, touchant, extraordinaire, effrayant.*

imprimatur n. m. Mot latin. Prononciation : [ɛ̃pʀimatyʀ]. Invariable : *des imprimatur.*

imprimer v. t. Dans la langue très surveillée, on évitera : *imprimer un mouvement, une impulsion.* On préférera : *communiquer un mouvement, donner une impulsion.*

impromptu n. m. *ou* adj. *ou* adv. Prononciation : [ɛ̃pʀɔ̃pty], et non *[ɛ̃pʀɔ̃ty].* — L'usage moderne est de donner à ce mot la marque du pluriel et du féminin (*Des impromptus. Un discours impromptu. Des discours impromptus. Une réunion impromptue. Des réunions impromptues*), sauf quand il est employé adverbialement (*Ils sont arrivés impromptu. Elles sont venues impromptu*).

imprudent, ente adj. *ou* n. Dérivés : *imprudence, imprudemment* (finale en *-emment*).

impubère adj. *ou* n. Finale en *-ère*.

impudence, impudeur, impudicité Trois noms féminins qui ne sont pas synonymes.

1 impudence Effronterie insolente et choquante, audace cynique : *Avec quelle impudence cet homme politique n'a-t-il pas menti ! Il a eu l'impudence d'exiger des excuses, alors que c'est lui qui nous a insultés !* — Adjectif correspondant : *impudent.* — Adverbe correspondant : *impudemment.*

2 impudeur Manque de pudeur en ce qui concerne la vie amoureuse et sexuelle : *Elle lui avoua son désir avec impudeur.* — Manque de réserve ou de dignité : *Les parnassiens reprochaient aux romantiques l'impudeur de leurs confidences. Ces trafiquants milliardaires avaient l'impudeur d'étaler leur luxe au milieu de la misère publique. Comblé de faveurs et de prébendes, il a l'impudeur de se plaindre.* — Pas d'adjectif ni d'adverbe correspondants.

3 impudicité (*mot vieilli et assez littéraire*) Attitude, conduite d'une personne débauchée, dépourvue de pudeur dans sa vie sexuelle : *L'impudicité de ces filles dépravées effaroucha le jeune homme.* — (*au pluriel*) Acte contraire à la morale (dans le domaine sexuel) : *Elle se livrait sans frein à toutes les impudicités* (très littéraire dans cet emploi). — Caractère de ce qui choque gravement la pudeur : *L'impudicité d'une danse.* — Adjectif correspondant : *impudique.* — Adverbe correspondant : *impudiquement.*

impuissance, frigidité, stérilité, infécondité Quatre noms féminins à bien distinguer.

1 impuissance Déficience organique ou psychologique qui empêche un homme d'accomplir l'acte sexuel.

2 frigidité Chez la femme, incapacité anormale à éprouver le désir ou le plaisir sexuels.

3 stérilité Incapacité, pour un homme ou une femme, d'avoir des enfants.

4 infécondité Synonyme rare de *stérilité*. S'emploie surtout à propos d'un animal qui ne peut se reproduire : *L'infécondité est caractéristique des hybrides (mulet, tigron, etc.).*

impulser v. t. Mot d'une correction douteuse. Dans la langue soignée, on préférera *donner une impulsion, lancer, accélérer, développer, favoriser, animer, encourager, soutenir* : *Le gouvernement veut encourager l'industrialisation de cette région* (plutôt que *impulser l'industrialisation*).

impunément adv.▼ Le vrai sens est « sans courir le risque d'être puni, d'éprouver des désagréments, des malheurs » : *Sachez qu'on ne s'attaque pas impunément à un homme aussi puissant.* — Ne doit pas s'employer au sens de *en vain, inutilement.* Ne pas écrire : *Ce n'est pas impunément qu'il s'est donné tant de mal, puisqu'il a finalement réussi.* Ecrire plutôt : *Ce n'est pas en vain qu'il s'est donné tant de mal...*

imputer v. t. Deux constructions.

1 Imputer quelque chose à quelqu'un, attribuer à quelqu'un la responsabilité de quelque chose : *On imputa la défaite à l'incapacité du commandement plutôt qu'à la lâcheté des soldats.* Construction usuelle de nos jours.

2 Imputer quelque chose à crime, à faute à quelqu'un, le lui reprocher, comme s'il s'agissait d'un crime, d'une faute : *Les esprits chagrins imputent à crime aux jeunes gens les plus innocentes fantaisies.* Construction archaïsante et littéraire.

imputrescible [ɛ̃pytʀesibl(ə)] adj. Attention au groupe *-sc-. De même : imputrescibilité.*

in abstracto loc. adv. Expression latine qui signifie « dans l'abstrait » : *Cette théorie est peut-être vraie in abstracto, mais elle n'a guère d'intérêt dans la pratique.* — Prononciation : [inabstʀakto]. — En deux mots, sans trait d'union. Toujours invariable. S'imprime généralement en italique dans un texte en romain, en romain dans un texte en italique.

inaccessible, interdit Ces deux adjectifs ne sont pas interchangeables.

1 inaccessible Qualifie un lieu où, pour des raisons matérielles, on ne peut accéder : *Ces ruines, entourées d'un taillis épais, sont inaccessibles.* — Qualifie aussi, familièrement, une personne qu'on ne peut approcher, aborder : *Le directeur est inaccessible, je m'adresserai à sa secrétaire.*

2 interdit, ite Qualifie un lieu où l'on n'a pas le droit d'aller : *Une zone interdite s'étend autour de certains ouvrages militaires. Local interdit à toute personne étrangère au service.*

inachèvement n. m. Un accent grave.

inadmissible, inamissible ▷ inamissible.

in aeternum loc. adv. Expression latine qui signifie « pour l'éternité ». — Prononciation : [ineteʀnɔm]. — En deux mots, sans trait d'union. — Toujours invariable. S'imprime généralement en italique dans un texte en romain, en romain dans un texte en italique.

inamissible adj. (théologie) *La grâce divine est inamissible,* ne peut être perdue. — Bien distinguer de *inadmissible,* qu'on ne peut admettre (mot usuel) : *Sa conduite est inadmissible.*

inapaisable adj. Un seul *p.* De même : *inapaisé.*

inaperçu, ue adj. ▼ Un seul *p,* comme dans *apercevoir.*

inapparent, ente adj. Deux *p.*

inappétence n. f. Deux *p.* Finale en *-ence.*

inapplicable adj. Deux *p.* De même : *inapplication* (avec *c*), *inappliqué.*

inappréciable adj. Deux *p.* De même : *inapprécié.*

inapprivoisable adj. Deux *p.* De même : *inapprivoisé.*

inapte, inepte ▷ **inepte.**

inattaquable adj. Deux *t.*

inattendu, ue adj. Deux *t.*

inattentif, ive adj. Deux *t.*

inattention *Faute d'inattention, faute d'attention* ▷ faute (3).

inaudible adj. Attention au sens abusif.

1 Sens correct. Qui ne peut être perçu par l'oreille : *Les sons d'une fréquence très élevée (ultrasons) sont inaudibles pour l'homme. Le vieillard parlait d'une voix faible, presque inaudible.*

2 Sens abusif et familier. Très désagréable à écouter : *Cette musique de sauvages est inaudible !* On préférera : *n'est pas écoutable* ou même *est inécoutable.*

inca n. *ou* adj. Majuscule et accord.

1 Majuscule quand le mot désigne le souverain de l'ancien Empire inca (*Selon la tradition, le premier Inca fut Manco Capac I*er) ou un prince membre du clan royal auquel appartenait ce souverain (*La caste des Incas*). Majuscule aussi quand le nom désigne un habitant de cet empire : *Un Inca. Les Incas furent vaincus par les Espagnols.* — (au féminin) *Une Inca* ou *une femme inca.* — (au féminin pluriel) *Des femmes inca.*

2 Comme nom, prend la marque du pluriel (*Les Incas*), mais non celle du féminin : *Une Inca.*

— Comme adjectif, toujours invariable : *Un chef inca. Des chefs inca. Une princesse inca. Des princesses inca.* — L'adjectif *inca* peut qualifier des personnes ou des choses : *Les guerriers inca. Les temples inca.* — *Incasique* ne peut qualifier que des choses : *Les institutions incasiques.*

incandescence n. f. Attention au groupe *-sc-* et à la finale en *-ence.* De la même famille : *incandescent, ente.*

incantatoire adj. Finale en *-oire* au masculin comme au féminin : *Un ton incantatoire.*

incarcérer v. t. Conjug. **11.** *Il incarcère,* mais *il incarcérera.*

incarnadin, ine adj. Qui tire sur l'incarnat, qui est d'un incarnat pâle. — Prend la marque du pluriel et du féminin : *Des étoffes incarnadines.*

incarnat, ate adj. D'un rose vif et clair. — Prend la marque du pluriel et du féminin : *Des étoffes incarnates.*

incendiaire n. m. *ou* n. f. *ou* adj. Finale en *-aire.*

incendier v. t. Conjug. **20.** Double le *i* à la première et à la deuxième personne du pluriel de l'indicatif imparfait et du subjonctif présent : *(que) nous incendiions, (que) vous incendiiez.*

incertain, aine adj. On préférera la construction avec *de* aux tours *incertain sur, incertain quant à : Mon ami est incertain du résultat* (plutôt que *incertain sur le résultat, incertain quant au résultat*).

incessamment adv. ▼ Le seul sens correct est « sans cesse, sans arrêt » : *Un roc incessamment battu des vagues. La nature prodigue incessamment ses dons aux hommes.* — On évitera le sens abusif de « sans délai, sans retard, dans très peu de temps », qui peut donner lieu à des équivoques fâcheuses : *Le comité se réunit incessamment en séance extraordinaire* peut signifier « va se réunir bientôt » ou aussi peut être compris « siège sans arrêt ». On emploiera de préférence *bientôt, prochainement, immédiatement,* selon les cas.

inceste n. m. Ne s'emploie plus pour désigner une personne ayant commis l'inceste. Dans ce sens ancien, pouvait être féminin, quand on parlait d'une femme.

inchoatif, ive adj. (terme de grammaire) Prononciation : [ɛ̃kɔatif, iv], avec [k].

incident, accident ▷ **accident.**

incinérer v. t. Conjug. **11.** *Il incinère,* mais *il incinérera.*

incipit n. m. Les premiers mots d'un texte, d'un poème. — Mot latin : « il commence ». Prononciation : [ɛ̃sipit], avec -*t* final prononcé. — Invariable : *des incipit.*

incise Dans une incise (*dit-il, répondit-il,* etc.), on évitera d'employer un verbe qui n'exprime pas l'idée de « dire » ▷ **dire** (II, 6).

incivil, incivique Deux adjectifs paronymes à bien distinguer.

1 incivil, ile Impoli, discourtois : *Ce rustre a des manières fort inciviles.* — Dérivés : *incivilement* (impoliment), *incivilité* (impolitesse).

2 incivique Qui témoigne d'un manque de civisme : *En temps de guerre, le défaitisme est une attitude incivique.* — Dérivé : *incivisme* (manque de civisme).

inclémence n. f. Ne s'emploie plus au sens moral. On ne pourrait plus dire *l'inclémence d'un tyran, l'inclémence d'un tribunal.* Ne peut s'employer qu'à propos d'un phénomène lié au climat, à la météorologie : *L'inclémence du ciel, du climat, de la température.* — Même évolution pour l'adjectif *inclément.* On ne pourrait plus dire *un juge inclément.* En revanche, on dit couramment *un ciel, un climat inclément, une température inclémente, des contrées inclémentes* (au climat rigoureux, pénible).

inclinaison, inclination Deux noms féminins paronymes, dérivés de *incliner.*

1 inclinaison.

a/ Position inclinée d'une partie du corps : *Une légère inclinaison de la tête lui donnait un air rêveur et mélancolique. Quand on est sur une moto, l'inclinaison du buste en avant assure un meilleur équilibre.*

b/ Etat d'une chose qui est oblique, c'est-à-dire ni tout à fait verticale ni tout à fait horizontale : *L'inclinaison de la tour de Pise. L'inclinaison d'un terrain situé sur le flanc d'une colline.*

2 inclination.

a/ Action de baisser, de pencher en avant la tête ou le haut du corps en signe de respect, pour saluer, etc. : *Il fit une légère inclination de tête en signe de déférence.*

b/ Tendance, attirance, penchant : *Cet enfant manifeste une inclination très nette pour les activités artistiques. Il se sentait une inclination pour cette amie d'enfance. Mariage d'inclination.*

inclure v. t. Conjug. **79.** *J'inclus, tu inclus, il inclut, nous incluons, vous incluez, ils incluent.* — *J'incluais, tu incluais, il incluait, nous incluions, vous incluiez, ils incluaient.* — *J'inclus, tu inclus, il inclut, nous inclûmes, vous inclûtes, ils inclurent.* — *J'inclurai* — *J'inclurais.* — *Inclus, incluons, incluez.* — *Que j'inclue, que tu inclues, qu'il inclue, que nous incluions, que vous incluiez, qu'ils incluent. Que j'inclusse, que tu inclusses, qu'il inclût, que nous inclussions, que vous inclussiez, qu'ils inclussent.* — *Incluant.* ▼ Le participe passé est **inclus** (avec -*s*), *incluse* (avec -*use*), alors que le participe passé de *exclure* est *exclu* (sans -*s*), *exclue* (avec -*ue*). Eviter d'autre part les barbarismes **j'inclue, il *inclue, il *inclua,* etc.

inclus, use participe passé de *inclure.* — *Ci-inclus* ▷ **ci-annexé.** — *Y inclus* se place généralement devant le nom et est alors invariable : *Je vous envoie les documents demandés, y inclus les notes rectificatives.* On emploie d'ailleurs plus souvent : *y compris.*

incognito Mot italien francisé. Prononciation : [ɛ̃kɔɲito], plutôt que [ɛ̃kɔgnito]. — Comme adverbe, toujours invariable : *Elles sont venues incognito.* Comme nom, prend la marque du pluriel : *des incognitos* [-to] ▷ **anonymat.**

incollable adj. Deux *l.*

incolore adj. Un -*e* final, même au masculin : *Un liquide incolore.*

incommensurable [ɛ̃kɔmɑ̃syʀabl(ə)] adj. Deux *m.* De même : *incommensurabilité, incommensurablement.*

incommensurable, immense, immensurable, immesurable Quatre adjectifs à distinguer.

1 incommensurable.

a/ En mathématiques, qualifie deux grandeurs de même nature dont le rapport n'est pas un nombre rationnel.

b/ Au sens figuré correct, qualifie deux choses dont l'une est infiniment plus grande que l'autre : *Les ressources d'un particulier et celles de l'État sont incommensurables.*

c/ ▼ Le sens figuré de « très grand » est abusif. Dans ce sens, on dira plutôt *immense : La sottise de ce garçon est immense* (et non *incommensurable*).

2 immense Extrêmement vaste, très grand : *Les étendues immenses du Sahara. Cette invention aura des conséquences immenses.* Terme usuel et très fréquent.

3 immensurable [imɑ̃syʀabl(ə)] Trop grand pour être mesuré : *Les immensurables espaces* *où se meuvent les astres.* Mot rare, vieux et littéraire.

4 immesurable [ɛ̃məzyʀabl(ə)] Qualifie une chose qu'on ne peut mesurer, soit parce qu'elle est trop grande ou trop petite, soit parce qu'elle n'est pas de nature quantitative, soit parce qu'on ne dispose pas d'instrument approprié, soit pour une raison matérielle quelconque : *Le volume de la matière contenue dans l'univers est immesurable. L'intelligence et le caractère sont choses immesurables. Les pertes d'eau par évaporation sont immesurables.* Mot assez rare. On dit plutôt *L'intelligence n'est pas mesurable. Les pertes par évaporation ne sont pas mesurables*

incommode adj. Deux *m.* De même : *incommodité.*

incommoder v. t. Deux *m.* De même : *incommodant.*

incommunicable adj. Deux *m.* De même : *incommunicabilité.*

incommutable adj. Deux *m.* De même : *incommutabilité.*

incompréhensible, inintelligible ▷ inintelligible.

incongru, ue adj. ▼ L'adverbe correspondant, *incongrûment,* prend un accent circonflexe sur le *u.*

inconnu, ue adj. Alors que *connu* se construit avec *de* (*Un fait connu de tous*), *inconnu* se construit avec *à : Un fait inconnu à la plupart des gens* (à préférer à *Un fait inconnu de la plupart des gens,* tour plus fréquent, mais moins correct).

inconscience, inconscient Ces deux noms ne sont pas synonymes.

1 inconscience.

a/ Etat d'une personne qui a perdu conscience : *Elle absorba des barbituriques et sombra dans l'inconscience.*

b/ Le fait de ne pas avoir conscience de (telle chose précise) : *Son courage n'est peut-être que l'inconscience du danger.*

c/ Manque de prudence, de réflexion, de sérieux : *Se lancer tout seul dans une course en montagne, sans équipement suffisant, quelle inconscience !*

2 inconscient (*psychologie*) Partie du psychisme qui échappe à la conscience : *Freud accorde une grande importance à l'inconscient.*

incontrôlable adj. ▼ Le sens correct est « qui ne peut être vérifié » : *Ces affirmations sont incontrôlables.* Ne pas employer cet adjectif au sens de « qui ne peut être maîtrisé ». Ne pas dire par exemple *Les mouvements incontrôlables d'un véhicule.* — De même *incontrôlé* veut dire « qui n'est pas vérifié » : *Des rumeurs incontrôlées circulent en ce moment.* Ne pas employer au sens de « qui n'est pas maîtrisé » : Ne pas dire par exemple *Les poussées inflationnistes incontrôlées.* Ne peut être employé non plus au sens de « qui n'est pas dirigé par une organisation connue et hiérarchisée ». On évitera donc d'écrire : *Les services d'ordre des divers syndicats ont essayé d'empêcher les éléments incontrôlés de briser les vitrines.*

incorrect, ecte adj. Deux *r.* De même : *incorrectement, incorrection.*

incorrigible adj. Deux *r.* De même : *incorrigibilité, incorrigiblement.*

incorruptible adj. Deux *r.* De même : *incorruptibilité, incorruptiblement.*

incube n. m. Selon les légendes, démon mâle qui venait s'accoupler avec les femmes pendant leur sommeil. — Un seul *c,* alors que *succube* (démon femelle) prend deux *c.*

incuber v. t. Un seul *b.* De même : *incubateur, incubation.*

inculcation n. f. Un *c* devant le *a,* à la différence de *inculquer* (*il inculqua*).

inculpé, accusé, prévenu ▷ accusé.

inculquer v. t. A la différence de *inculcation,* s'écrit toujours avec *-qu-,* même devant *a* ou *o : il inculqua, nous inculquons.*

inculte, inculture On dit aussi bien *une terre inculte* (non cultivée) que *un homme inculte* (sans culture intellectuelle). — En revanche *inculture* désigne toujours le manque de culture intellectuelle, jamais l'absence de mise en valeur d'une terre.

incunable n. m. ▼ Un *incunable* n'est pas un *manuscrit* du Moyen Age (livre écrit à la main par un copiste), mais un livre imprimé datant des premiers temps de l'imprimerie (avant 1500).

indécence n. f. Finale en *-ence.* De la même famille : *indécent, indécemment* (finale en *-emment*).

indemne adj. ▼ S'écrit avec *-mn-* et se prononce [ɛ̃dɛmn(ə)]. Ne pas déformer en **indemme.* —

Les dérivés s'écrivent aussi avec -mn- et se prononcent de nos jours avec [ɛ], non avec [a] : *indemnisable* [ɛ̃dɛmnizabl(ə)], *indemnisation* [ɛ̃dɛmnizasjɔ̃], *indemniser* [ɛ̃dɛmnize], *in-demnitaire* [ɛ̃dɛmnitɛʀ], *indemnité* [ɛ̃dɛm-nite]. La prononciation [ɛ̃damn-] est vieillie, mais non incorrecte.

indépendance n. f. Finale en -ance. De la même famille : *indépendant, indépendamment* (finale en -amment).

index [ɛ̃dɛks] n. m. Invariable : *des index.* — Avec un *I* majuscule : *la congrégation de l'Index,* qui était chargée de dresser *l'Index,* liste des livres que l'Eglise interdisait aux fidèles de lire.

indice Toujours masculin : *Un indice important.*

indicible, inexprimable, ineffable, indescriptible, innommable, inénarrable ▷ inexprimable.

indien, hindou Deux mots à bien distinguer.

1 On évitera d'employer *hindou* pour désigner un « habitant de l'Inde ». Les *hindous* (avec h- minuscule, car il ne s'agit pas d'un nom de peuple) sont les adeptes de l'hindouisme, forme moderne du brahmanisme. Le mot *hindouiste* tend d'ailleurs à se substituer à *hindou : Dans l'Inde, les hindous et les musulmans furent souvent en conflit.*

2 Pour désigner les habitants de l'Inde, on emploiera plutôt *indien : Pour établir leur domination sur l'Inde, les Anglais s'appuyèrent sur certains princes indiens, les uns musulmans, les autres hindous. Les Indiens, musulmans ou hindouistes, luttèrent contre les colonisateurs anglais et obtinrent leur indépendance en 1947.*

3 De nos jours, le mot *indien* fait référence seulement à la *république de l'Inde,* Etat peuplé principalement d'hindouistes, et ne s'applique pas au Pakistan (Etat musulman du sous-continent constituant l'Inde géographique) : *Le gouvernement indien a envoyé une note de protestation au gouvernement pakistanais.*

4 Pour parler des populations autochtones de l'Amérique, on préférera, dans la langue précise, le mot *amérindien* au mot *indien,* pour éviter toute équivoque : *Les cultures amérindiennes. Les Amérindiens du Mexique et d'Amérique centrale furent soumis par les Espagnols.* Le mot *peau-rouge* est à éviter, en raison de sa connotation péjorative.

indifférer v. t. ▼ Appartient à la langue parlée relâchée. On dira *laisser indifférent* ou *être*

indifférent : Cette affaire me laisse indifférent ou *m'est indifférente* (et non *Cette affaire m'indiffère*).

indigène adj. *ou* n. Orthographe et emploi.

1 Toujours un *i* minuscule : *Les indigènes de la Nouvelle-Guinée.*

2 Peut s'employer dans un contexte historique : *Au moment de la conquête de l'Amérique par les Européens, les indigènes furent décimés par les épidémies, le travail forcé et la guerre.* On évitera d'employer ce mot dans un contexte actuel en raison de sa connotation péjorative. On préférera *aborigène* ou *autochtone.*

3 ▼ Ne jamais employer *indigène* pour désigner une personne qui ne vit pas dans le pays dont elle est originaire. Ne pas dire *Les indigènes de la Guadeloupe qui vivent à Paris,* mais *Les personnes originaires de la Guadeloupe qui vivent à Paris.*

indigène, indigète ▷ indigète.

indigeste adj. Forme correcte : *Un plat indigeste.* — En revanche, l'antonyme n'est pas *digeste* (forme critiquée), mais *digestible : Une huile légère et digestible.*

indigète adj. ▼ Bien distinguer de *indigène.* Chez les Romains, les *dieux indigètes* étaient les divinités romaines considérées comme étant les dieux de la patrie, du territoire national (par opposition aux dieux d'origine étrangère) ou comme étant les dieux primitifs, dont les autres étaient les descendants : *Junon était une divinité indigète, Cybèle une déesse étrangère.*

indigne adj. De nos jours, *indigne de* ne peut s'employer qu'au sens de « qui ne mérite pas (telle chose favorable) » : *Cet homme politique est indigne d'un tel honneur.* On ne pourrait plus dire : *Cet infortuné est indigne d'un châtiment aussi sévère.* On dirait : *ne mérite pas un châtiment aussi sévère.*

indigner v. t. *ou* v. pron. Conjugaison et constructions.

I Attention au *i* après le groupe -gn- à la première et à la deuxième personne du pluriel de l'indicatif imparfait et du subjonctif présent : *(que) nous (nous) indignions, (que) vous (vous) indigniez.*

II Constructions.

1 *S'indigner de* + nom. *Il s'indignait d'une telle infamie.*

2 *S'indigner contre* + nom. *Il s'indigne contre ces incapables et ces corrompus.*

3 *S'indigner de* + infinitif. *Elle s'indigne de voir son entourage l'abandonner.*

4 *S'indigner que* + **subjonctif.** *Il s'indignait que cette injustice ne fût pas encore réparée.* ▼ On évitera *s'indigner de ce que* (suivi de l'indicatif ou du subjonctif).

5 *Etre indigné par* + **nom.** *Je suis indigné par une telle désinvolture.*

6 *Etre indigné de* + **nom.** *Je suis indigné de son manque d'honnêteté.*

7 *Etre indigné de* + **infinitif.** *Elle était indignée d'apprendre qu'on lui refusait toute aide.*

8 *Etre indigné que* + **subjonctif.** *Nous sommes indignés que sa demande soit refusée.* ▼ On évitera *être indigné de ce que* (suivi de l'indicatif ou du subjonctif).

indigo n. m. *ou* adj. Comme adjectif de couleur, toujours invariable : *des soies indigo.* — Dérivés : *indigotier, indigotine.*

indiquer v. t. Toujours avec *-qu-,* même devant *a* ou *o : il indiqua, nous indiquons.* — En revanche, un *c* dans les dérivés : *indicateur, indicatif, indication.*

indistinct adj. Au masculin, le groupe *-ct* final ne se fait pas entendre. Prononcer : [ɛ̃distɛ̃], et non *[ɛ̃distɛ̃kt(ə)]. — En revanche, le féminin *indistincte* se prononce [ɛ̃distɛ̃kt(ə)]. De même : *indistinctement* [ɛ̃distɛ̃ktəmɑ̃], *indistinction* [ɛ̃distɛ̃ksjɔ̃].

indivis adj. Prononciation : [ɛ̃divi], le *-s* final est muet. — Féminin : *indivise.* — Loc. adv. *Par indivis,* de manière indivise, dans l'indivision (au sens juridique) : *Ces deux frères possèdent par indivis les terres qu'ils ont héritées de leurs parents.*

indo-aryen, indo-aryenne adj. *ou* n. m. *Les langues indo-aryennes* ou *l'indo-aryen :* l'ensemble des langues indo-européennes parlées dans l'Inde. — En deux mots, avec un trait d'union.

indochinois, oise adj. *ou* n. En un seul mot, sans trait d'union, comme *Indochine : Les peuples indochinois. Les Indochinois.*

indo-européen, éenne adj. *ou* n. m. *Les langues indo-européennes. L'indo-européen commun.* — En deux mots, avec un trait d'union.

indo-iranien, ienne adj. *ou* n. m. *Les langues indo-iraniennes* ou *l'indo-iranien :* l'ensemble des langues indo-aryennes et iraniennes. — En deux mots, avec un trait d'union.

indolence n. f. Finale en *-ence.* De la même famille : *indolent, indolemment* (finale en *-emment*).

indolore adj. Avec un *-e* final, même au masculin : *Un abcès indolore.*

indomptable adj. Le *p* est muet : [ɛ̃dɔ̃tabl(ə)], et non *[ɛ̃dɔ̃ptabl(ə)]. De même : *indompté, ée* [ɛ̃dɔ̃te, e].

indonésien, ienne adj. *ou* n. En un seul mot, comme *Indonésie : La population indonésienne. Les Indonésiens.*

indou, oue adj. *ou* n. Orthographe vieillie pour *hindou.*

in-douze Comme adjectif ou comme nom, toujours invariable : *Des livres in-douze. Des in-douze. .* — Un trait d'union. Prononciation : [induz]. Abréviation : *in-12.*

indu, ue adj. ▼ A la différence de *dû, due,* jamais d'accent circonflexe : *Un retard indu. Une heure indue.* En revanche : *indûment,* avec accent circonflexe.

induction n. f. Finale en *-ction.*

induire v. t. Conjug. **46.** *J'induis, tu induis, il induit, nous induisons, vous induisez, ils induisent.* — *J'induisais.* — *J'induisis.* — *J'induirai.* — *J'induirais.* — *Induis, induisons, induisez* — *Que j'induise.* — *Que j'induisisse.* — *Induisant.* — *Induit, ite.* — Expression : *induire en erreur,* amener à commettre une erreur. On ne dit plus *induire à erreur.*

indulgence n. f. Finale en *-ence.* De la même famille : *indulgent, indulgemment* (finale en *-emment*).

indulgent, ente adj. Se construit avec *à,* avec *pour,* avec *envers : Indulgent aux autres, sévère pour lui-même. Il était indulgent pour les faibles et les pauvres. Soyons indulgents envers nos amis.* — Le tour avec *à* est littéraire, les autres sont usuels.

indult n. m. Exemption, privilège qu'accorde le pape ou un évêque. — Prononciation : [ɛ̃dylt]. — Pl. : *des indults.*

indûment adv. Accent circonflexe sur le *u,* à la différence de *indu.*

industrieux, euse adj. (*vieilli ou littéraire*) Qui fait preuve d'*industrie,* au sens classique, c'est-à-dire d'habileté et d'activité : *Un négociant industrieux. Ce courtisan se montra si industrieux qu'ils se rendit indispensable au prince.* De nos jours, n'est plus synonyme de *industriel.* On ne dira donc pas : *Saint-Etienne est une grande ville industrieuse,* mais *une grande ville industrielle.*

inéchangeable adj. Attention au *e* entre le *g* et le *a*.

inédit, ite adj. *ou* n. m. Non encore publié : *Une nouvelle inédite de Marcel Aymé.* — N. m. *On va publier un inédit de Victor Hugo.* — Non encore connu, non encore divulgué : *Une information inédite.* — Nouveau, non encore éprouvé ou expérimenté : *Un argument inédit. Une recette inédite.* — On évitera d'employer ce mot au sens de *secret.* On dira : *Des tractations secrètes auraient été engagées* (et non *des tractations inédites*).

inéducable adj. Avec un *c* comme *éducable, éducateur, éducatif, éducation,* et non avec *-qu-* comme *éduquer.*

ineffable adj. Deux *f.* De même : *ineffablement.*

ineffable, inexprimable, indicible, indescriptible, innommable, inénarrable ▷ inexprimable.

inefficace adj. Deux *f.* De même : *inefficacité.*

inénarrable adj Un seul *n,* mais deux *r.* — Au sens de « qu'on ne peut raconter », est vieux : *Une histoire si terrible qu'elle est inénarrable.* — De nos jours, qualifie un fait, une aventure très comique, très bizarre ou très ridicule : *Si vous saviez l'aventure inénarrable qui nous est arrivée !* Ce sens moderne ne peut être considéré comme vraiment abusif. On se contentera d'éviter le mot *inénarrable* dans la langue très soutenue de ton sérieux.

inénarrable, indicible, ineffable, inexprimable, indescriptible, innommable ▷ inexprimable.

inélégance n. f. Finale en *-ance.* De même : *inélégant, inélégamment* (finale en *-amment*).

inepte, inapte Bien distinguer ces deux adjectifs.

1 inepte Stupide, tout à fait inintelligent : *Une plaisanterie inepte et vulgaire.* — Dérivé : *ineptie* [inɛpsi].

2 inapte Qui n'est pas fait (pour telle activité), incapable (de faire telle chose) : *Ce garçon est peu robuste, il est inapte aux sports violents. Cette femme était inapte à gérer son patrimoine.* — Dérivé : *inaptitude.*

inexact adj. Prononcer [inɛgza], plutôt que [inɛgzakt(ə)]. Le féminin *inexacte* se prononce toujours [inɛgzakt(ə)], l'adverbe *inexactement* [inɛgzaktəmɑ̃] et le substantif *inexactitude* [inɛgzaktityd].

inexistant, inexistence ▼ L'adjectif *inexistant, ante* s'écrit avec *-ant(e),* le nom féminin *inexistence* avec *-ence.*

inexplicable, inexpliqué ▼ L'adjectif *inexplicable* s'écrit avec un *c,* comme *inexplicablement,* mais *inexpliqué* avec *-qu-.*

inexprimable, indicible, ineffable, indescriptible, innommable, inénarrable Ces adjectifs ne sont pas interchangeables.

1 inexprimable A le sens le plus étendu. Qualifie une chose non matérielle, du domaine intellectuel ou affectif, agréable ou désagréable : *Une intuition si fugitive qu'elle en est inexprimable. Un bonheur inexprimable. Une douleur inexprimable.*

2 indicible Qualifie un état affectif agréable ou désagréable. *Une joie, une douleur indicible.*

3 ineffable Qualifie un état affectif agréable, une qualité : *Un bonheur, une douceur ineffable.*

4 indescriptible Qualifie un état affectif ou une situation matérielle : *Une joie, un affolement indescriptible. Un désordre, un entassement indescriptible.*

5 innommable Qualifie une chose, matérielle ou non, qui inspire de la répugnance, du dégoût : *On nous servit une bouillie innommable. Un procédé, une conduite innommable.*

6 inénarrable Qualifie un fait, une aventure très comique, très bizarre, très ridicule : *Ah ! si vous aviez vu cette scène inénarrable ! Il vient de lui arriver une aventure inénarrable.* Mot à éviter dans la langue très soutenue ▷ **inénarrable.**

inexpugnable adj. Qu'on ne peut prendre d'assaut : *Position inexpugnable.* ▼ Prononciation : [inɛkspygnabl(ə)], avec [gn], et non avec [ɲ].

in extenso loc. adv. Expression latine qui veut dire « dans [toute] son étendue ». S'emploie à propos d'un texte qu'on cite en entier : *Il a cité les trois strophes in extenso.* — Invariable. — Prononciation : [inɛkstɛ̃so]. — Pas de trait d'union. S'imprime souvent en italique dans un texte en romain, en romain dans un texte en italique.

inextinguible adj Prononciation : [inɛkstɛ̃gɥibl(ə)], plutôt que [inɛkstɛ̃gibl(ə)].

in extremis loc. adv. Expression latine qui veut dire « à l'extrémité », c'est-à-dire « au dernier moment ». — S'emploie à propos d'un mourant : *Le prêtre confessa le malade* in extremis. — (*par extension, familier*) Au dernier moment : *J'ai été obligé,* in extremis, *de défaire* *et de refaire ma valise.* — Invariable. — Prononciation :[inεkstʀemis]. — Pas de trait d'union. S'imprime souvent en italique dans un texte en romain, en romain dans un texte en italique.

infâme ▼ L'adjectif *infâme* et l'adverbe *infâmement* prennent un accent circonflexe, mais les dérivés *infamant* et *infamie* s'écrivent sans accent.

infantile, enfantin, puéril ▷ enfantin.

infarctus [ɛ̃faʀktys] n. m. — Pl. : *des infarctus* [-tys]. ▼ Ne pas déformer en **infractus* (aucun rapport avec *infraction*).

infatigable adj. Avec *g* et non *-gu-*. De même : *infatigablement.*

infécondité, stérilité, frigidité, impuissance ▷ impuissance.

infecter, infester Deux verbes paronymes à bien distinguer.

1 infecter.

a/ Souiller par des émanations malsaines ; empuantir : *Ces marécages infectent l'air et donnent les fièvres.*

b/ Contaminer : *Ce malade contagieux peut infecter tout son entourage.* — *(figuré, vieilli)* Corrompre : *Ces doctrines pernicieuses ont infecté la jeunesse.*

c/ *(sens le plus usuel)* Rendre une plaie infectieuse, communiquer l'infection à un organe : *Les streptocoques infectent rapidement les gencives quand les dents se déchaussent.*

2 infester.

a/ Etre en grand nombre dans un lieu, en y pratiquant la violence et le brigandage : *Jadis les pirates infestaient la Méditerranée.*

b/ S'emploie à propos d'animaux ou de végétaux nuisibles qui sont présents en grand nombre dans un lieu : *Les moustiques infestent les côtes marécageuses. Le chiendent infeste ce jardin. De nombreux vers parasites peuvent infester l'intestin de l'homme et des animaux.*

infection, affection ▷ affection.

inférer v. t. Conjug. **11.** *J'infère*, mais *j'inférerai.*

inférieur, eure adj. Construction et emploi.

1 Se construit avec *à* et non avec *que : Nos bénéfices sont inférieurs à ceux de notre concurrent.*

2 *Inférieur* est un comparatif par nature. On évitera de l'employer accompagné de *(le)*

plus ou de *(le) moins.* On dira *(le) plus bas, (le) plus profond : Le plus bas des niveaux sera occupé par les machines lourdes* (et non **le plus inférieur des niveaux). La plus profonde des galeries* (et non **la plus inférieure*).

3 En revanche, peut s'employer au superlatif absolu : *J'ai trouvé son dernier roman très inférieur au précédent.* On dira mieux d'ailleurs *bien inférieur* ou *de beaucoup inférieur* ou *inférieur de beaucoup.*

infermentescible adj. Qui ne peut fermenter. Attention au groupe *-sc-*.

infernal, ale, aux adj. Masculin pluriel en *-aux : Des hurlements infernaux.*

infester, infecter ▷ infecter.

infime adj. En français, il y a longtemps que cet adjectif a perdu sa valeur de superlatif relatif qu'il avait en latin *(infimus* « le plus bas »). Équivaut à « tout petit, très insignifiant ». On ne devra pas hésiter, sauf dans la langue très recherchée et archaïsante, à employer *infime* accompagné de *(le) plus, (le) moins, très : Il veillait personnellement aux plus infimes détails.*

infiniment adv. Pas de *e* intérieur ni d'accent circonflexe.

infinité n. f. Accord du verbe et de l'adjectif après *infinité de.*

I Le nom *infinité* est précédé de l'article défini, du démonstratif ou du possessif. Accord avec *infinité : L'infinité des îles du Pacifique forme comme une grande chaîne entre l'Asie et l'Amérique. Cette infinité de mythes, transmise à travers les siècles, se confond avec la mémoire des premiers âges.*

II Le nom *infinité* est précédé de l'article indéfini.

1 Accord avec *infinité* si l'on veut insister sur l'idée d'ensemble, d'unité : *Une infinité d'astres éclaire le ciel d'été.*

2 Accord avec le complément de nom au pluriel si l'on veut mettre en valeur l'idée de pluralité : *Une infinité de villages sont encore dépourvus de tout équipement collectif.*

infinitésimal, ale, aux adj. Masculin pluriel en *-aux : Des éléments infinitésimaux.*

infinitif ▷ annexes.

inflammable adj. Deux *m.* De même *inflammabilité, inflammation, inflammatoire.*

inflammation n. f. Ne pas déformer en **enflammation*, faute due à l'influence de *enflammer*, *enflammé*. Ne pas commettre l'erreur inverse, qui consiste à dire, par exemple, *des gencives *inflammées* au lieu de *des gencives enflammées*.

inflammatoire adj. Deux *m*. Finale en *-oire*, même au masculin : *Un gonflement inflammatoire*.

inflation n. f. Deux *n* dans le dérivé *inflationniste*.

inflexion n. f. Finale en *-xion*.

infliger v. t. Conjug. **16**. Prend un *e* après le *g* devant *a* ou *o : il infligea, nous infligeons*.

inflorescence n. f. Attention au groupe *-sc-*. Finale en *-ence*.

influant, influent ▼ Ne pas écrire *influant*, participe présent invariable de *influer*, comme *influent, ente*, adjectif variable : *Influant sur le prix de la vie, ces hausses excessives ont provoqué un certain mécontentement. Des personnalités influentes*, qui ont de l'influence, du prestige, de l'autorité morale.

influencer v. t. Conjug. **17**. Le *c* prend une cédille devant *a* ou *o : il influença, nous influençons*. — Dérivé : *influençable*.

influencer, influer ▼ Deux verbes à distinguer. *Influencer*, transitif direct, doit avoir pour complément un nom désignant une personne ou un groupe de personnes : *Le jansénisme influença Racine. Cette intervention a influencé le jury*. — Quand le complément est un nom de chose, on emploiera plutôt *influer sur : Le jansénisme influa sur les idées de Racine. Une telle intervention peut influer sur le verdict*.

influent, influant ▷ influant.

influenza Synonyme vieilli de *grippe*. — Mot italien francisé. L'usage hésite pour la prononciation : [ɛ̃flyɑza] ou [ɛ̃flyɛza]. La première semble plus usitée. — Pl. : *des influenzas* [-za]. ▼ Féminin. Penser à sa finale italienne en *-a : Une influenza bénigne*.

influer, influencer ▷ influencer.

influx n. m. Le *-x* final est muet : [ɛ̃fly].

in-folio Comme adjectif, toujours invariable : *Des livres in-folio*. Comme nom, presque toujours invariable : *des in-folio*. Le pluriel avec *-s, des in-folios*, est rare et moins conseillé. — Prononciation : [infɔljo]. — En deux mots, avec un trait d'union.

informel, elle adj. *ou* n. m. Deux sens.

1 Sens correct. *Art informel :* art abstrait ne recourant pas aux formes géométriques. — (par extension) *Œuvre informelle. Peintre informel*. — N. m. *L'informel :* l'art informel. *Un informel :* un peintre informel.

2 Sens critiqué. Anglicisme qui qualifie une réunion, une discussion, une rencontre sans ordre du jour ou sans caractère officiel : *Une réunion informelle*. A éviter dans la langue surveillée. On préférera *sans ordre du jour, non officiel*.

informer v. t. Constructions et emplois.

I Constructions.

1 *Informer quelqu'un de* + nom de chose. *J'ai informé mon collègue de mon prochain départ*.

2 *Informer quelqu'un que* + indicatif ou conditionnel. *J'ai informé mon collègue que je pars dans huit jours. Il m'a informé qu'il partirait demain. Je vous informe qu'en cas d'empêchement la réunion serait remise à la semaine suivante*. ▼ On évitera la construction *informer quelqu'un de ce que*, tour critiqué.

3 *S'informer de* + nom de chose. *Je me suis informé de la date de son départ*.

4 *S'informer sur* + nom de chose ou de personne. *Vous devriez nous informer sur le passé de cet homme. Je vais m'informer sur le personnage en question*.

5 *S'informer si* + indicatif ou conditionnel. *Je me suis informé s'il habitait toujours à la même adresse. Informez-vous si nous ne pourrions pas, le cas échéant, avoir droit à un rabais*.

II Dans la langue de la correspondance administrative et militaire, l'usage veut qu'on écrive *j'ai l'honneur de vous informer* quand on s'adresse à un subordonné et *j'ai l'honneur de vous faire connaître* (ou *de porter à votre connaissance*) quand on s'adresse à un supérieur.

infortuné, ée adj. *ou* n. N'est pas synonyme de « pauvre, dépourvu de fortune ». Est l'antonyme de *fortuné* au sens vieilli de « favorisé par le sort » et signifie « défavorisé par le sort, victime d'un hasard malheureux ». Nettement moins vieilli que *fortuné* ▷ fortuné.

infra [ɛ̃fʀa] adv. Mot latin qui veut dire « au-dessous, plus bas » et qui sert à renvoyer le lecteur à un passage situé plus bas : *Voir infra la notice historique*. — Antonyme : *supra*. Souvent en italique dans un texte en romain, en romain dans un texte en italique.

infra- Préfixe (du latin *infra* « au-dessous »). Maintenant, les mots en *infra* s'écrivent en un seul mot, sans trait d'union : *infralittérature, infrarouge, infrason, infrasonore, infrastructure.*

infraction n. f. Finale en *-ction.* ▼ Contrairement à une idée assez répandue, le mot *infraction* désigne toute violation d'une loi ou d'une disposition réglementaire, quelle qu'en soit la gravité, à la différence du mot *contravention,* qui désigne les manquements punis d'une simple peine de police. Le nom *infraction* est le terme générique qui englobe la *contravention* (par exemple, l'abandon d'objets sur la voie publique), le *délit* (par exemple le vol), le *crime* (par exemple, l'assassinat).

infrangible, irréfrangible, irréfragable ▷ irréfragable.

infusion, tisane Le mot *infusion* est très général et désigne (à l'exception du thé et du café) toute boisson chaude obtenue par dissolution dans l'eau bouillante du principe actif contenu dans les feuilles, les graines, les tiges ou l'écorce d'une plante, que cette boisson chaude soit ou non un médicament. Le mot *tisane* désigne toujours une infusion médicamenteuse. — On observera d'autre part que le terme *infusion,* très vivant et non péjoratif, tend à éliminer *tisane,* qui est affecté d'une connotation un peu dépréciative.

infusoire Animal microscopique. — Finale en *-oire.* Toujours masculin : *Des infusoires dangereux pour la santé.*

ingambe adj. ▼ Bien prononcer [ɛ̃gɑ̃b], avec [g], et non *[ɛ̃ʒɑ̃b]. — Signifie « alerte, agile » et non pas « impotent » : *A quatre-vingts ans passés, ce vieillard est encore ingambe et monte allègrement ses trois étages.*

ingénier (s') v. pron. Conjug. **20.** Double le *i* à la première et à la deuxième personne du pluriel de l'indicatif imparfait et du subjonctif présent : *(que) nous nous ingéniions, (que) vous vous ingéniiez.* — Se construit avec *à* et l'infinitif : *Il s'ingénie à nous susciter des difficultés.*

ingénierie n. f. Mot, à la prononciation incertaine, proposé par l'Administration pour remplacer l'anglicisme *engineering.* Prononciation : [ɛ̃ʒenjeʀi] selon certains, [ɛ̃ʒeniʀi] selon d'autres. — Il serait souhaitable qu'un mot de remplacement plus commode fût proposé.

ingénieur n. m. Pas de forme spéciale pour le féminin. On dit : *Elle est ingénieur. Une femme ingénieur.* Ne pas écrire une **ingénieure.* — Avec trait d'union : *ingénieur-conseil* (pl. : *des*

ingénieurs-conseils). Toutes les autres expressions s'écrivent sans trait d'union : *ingénieur agronome, ingénieur chimiste, ingénieur électricien* (*des ingénieurs agronomes, des ingénieurs chimistes, des ingénieurs électriciens*).

ingénu, ue adj. L'adverbe *ingénument* s'écrit sans accent circonflexe sur le *u* et sans *e* intérieur.

ingérence n. f. Finale en *-ence.*

1. ingérer (s') S'immiscer (dans les affaires d'autrui), sans en avoir le droit. — Conjug. **11.** *Je m'ingère,* mais *je m'ingérerai.* — Dérivé : *ingérence.*

2. ingérer v. t. Absorber : *Ingérer un médicament, un aliment.* — Conjug. **11.** *J'ingère,* mais *j'ingérerai.* — Dérivé : *ingestion.*

ingrédient n. m. ▼ Bien prononcer [ɛ̃gʀedjɑ̃], et non *[ɛ̃gʀedjɛ̃].*

inguinal, ale, aux adj. De l'aine : *La région inguinale. Hernie inguinale.* — Masculin pluriel en *-aux* : *Les vaisseaux inguinaux.* ▼ Bien prononcer [ɛ̃gɥinal, al, o] et non *[ɛ̃ginal, al, o].*

inhaler v. t. Le *h* se place devant le *a.* Ne pas écrire **hinaler.* — Dérivés : *inhalateur, inhalation.*

inhibé, ée adj. *ou* n. S'emploie parfois dans la langue de la psychologie comme synonyme de *timide.* Cet emploi n'est pas conseillé en dehors d'un contexte scientifique.

inhiber v. t. Le *h* se place devant le deuxième *i.* Ne pas écrire **hiniber.* — Dérivés : *inhibé, inhibiteur, inhibitif, inhibition.*

inhibition, prohibition Deux noms féminins à bien distinguer.

1 inhibition Arrêt d'une fonction physiologique ou psychologique : *Acte manqué, dû à l'inhibition de la volonté par l'appréhension de l'échec.*

2 prohibition Interdiction : *La prohibition de la chasse et de la pêche à certaines époques de l'année.*

inhumer, inhumation Orthographe et sens.

I Attention à la place du *h* devant le *u.*

II inhumer, enterrer.

1 inhumer Mot de la langue administrative qui veut dire « mettre en terre (le cercueil, le corps) » : *Permis d'inhumer.* — Le nom féminin *inhumation* désigne la mise en terre, la déposition du cercueil dans la sépulture. Il s'emploie dans la langue administrative et dans la rédaction des faire-part : *L'inhumation aura lieu au cimetière de Pont-de-Buis.*

2 enterrer Mot du langage courant qui signifie au sens propre « mettre en terre » (*On l'a enterré dans le caveau de famille*) et, par extension, « célébrer les obsèques de quelqu'un » (*Libre-penseur, il exprima la volonté d'être enterré civilement*). — Le nom masculin **enterrement**, mot du langage courant, désigne surtout l'ensemble des cérémonies funèbres (*L'enterrement aura lieu demain à dix heures à l'église Saint-Jacques*) ou le cortège funèbre (*L'enterrement passe sur la place*).

inimitié n. f. Un seul *n*, à la différence de *ennemi*.

ininflammable adj. Deux *m*.

inintelligent, ente adj. Adverbe dérivé : *inintelligemment* (finale en *-emment*).

inintelligible, incompréhensible Ces deux adjectifs ne sont pas tout à fait synonymes.

1 inintelligible Qualifie ce qui, à cause d'un manque de netteté, de clarté dans l'expression, ne peut être compris : *Le malade prononça quelques mots inintelligibles. Les paroles de cette chanson, déformées au cours des générations, étaient devenues inintelligibles.*

2 incompréhensible (mot d'un emploi moins restreint que *inintelligible*) Qualifie tout ce qui ne peut être compris, quelle que soit la cause de cette impossibilité de compréhension : *Les mystères de la foi chrétienne sont incompréhensibles à* (ou *pour*) *la raison humaine. Je ne suis pas mathématicien, cette formule est incompréhensible pour moi. Toutes ces démarches, tous ces contrordres, toutes ces manœuvres sont incompréhensibles. Sa conduite m'est incompréhensible.*

ininterrompu, ue adj. Deux *r*.

initial, ale, aux adj. Masculin pluriel en *-aux* : *Les échecs initiaux.*

initiative n. f. Expressions.

1 On écrira *syndicat d'initiative* (avec *initiative* au singulier) plutôt que *syndicat d'initiatives.*

2 On dira *sur l'initiative de* et non *à l'initiative de* (tour fautif dû à l'attraction de *à l'instigation de*) : *Cette motion a été mise aux voix sur l'initiative d'un délégué.*

injurieux, euse adj. Se construit normalement avec *pour* : *Ces propos sont injurieux pour tous les patriotes.* On peut dire aussi : *Il a tenu des*

propos injurieux *à l'égard des patriotes.* — La construction avec *à* est archaïque : *Des rumeurs injurieuses à la gloire du prince.*

inlandsis n. m. (mot norvégien) Glacier continental des régions polaires. — Prononciation : [inlɑ̃dsis]. — Pl. : *des inlandsis* [-sis].

in memoriam Prononciation : [inmemɔʀjam]. — En deux mots, sans trait d'union. Pas d'accent sur le *e*.

innavigable adj. Deux *n*. Prononciation : [inavigabl(ə)].

inné, ée adj. Deux *n*. De même : *innéisme, innéiste, innéité.*

innerver v. t. Deux *n*. De même : *innervation.*

innocence, innocuité Ces deux noms féminins s'écrivent avec deux *n*. Ils ne sont nullement synonymes.

1 innocence Etat d'une personne qui n'est pas coupable : *Le tribunal a reconnu l'innocence de l'accusé.*

2 innocuité Caractère d'une chose qui n'est pas nocive (mais qui pourrait l'être) : *On peut garantir la totale innocuité de cette substance médicamenteuse.*

innocent, ente adj. *ou* n. Deux *n*. De la même famille : *innocence, innocenter, innocemment* (finale en *-emment*).

innocuité, innocence ▷ innocence.

innombrable adj. Deux *n*. — Deux emplois.

1 S'emploie normalement avec un nom au pluriel (*Des oiseaux innombrables peuplent ces forêts*) ou avec un nom collectif (*Une foule, une armée, un peuple innombrable*).

2 L'emploi avec un nom singulier qui n'est pas un nom collectif est possible dans la langue poétique ou très littéraire : *Le rire innombrable des flots. Le Cœur innombrable* (titre d'un recueil poétique d'Anna de Noailles).

innomé, ée ou **innommé, ée** adj Les deux orthographes existent et doivent être admises, malgré l'Académie, qui ne connaît que *innomé*. Il serait même souhaitable d'unifier l'orthographe de *innommé* sur le modèle de *innommable*, qui prend toujours deux *m*.

innommable adj. Deux *n* et toujours deux *m*, à la différence de *innomé* qui peut s'écrire aussi *innommé*.

innommable, indicible, ineffable, indescriptible, inénarrable, inexprimable ▷ inexprimable.

innovation, novation Deux noms féminins à bien distinguer.

1 novation (*droit*) Remplacement d'une obligation juridique ancienne par une nouvelle : *L'endossement d'une traite constitue une novation.* — Le verbe correspondant est *nover : Nover une créance.* L'adjectif correspondant est *novatoire : Transmission novatoire d'une obligation.*

2 innovation (*usuel*) Elément nouveau par rapport à la tradition : *Cette nouvelle voiture est remarquable par plusieurs innovations techniques.* — De la même famille (avec deux *n*) : *innover, innovateur.* ▼ On dit plutôt *novateur* que *innovateur* (celui qui apporte une innovation).

innover Deux *n*. De même : *innovateur, innovation.* — Deux constructions.

1 La construction usuelle est la construction sans complément : *Les poètes de la Pléiade ont beaucoup innové en matière de thèmes poétiques et de vocabulaire.*

2 La construction transitive est rare et vieillie : *Les romantiques innovèrent la couleur locale.* De nos jours, on emploie plutôt, selon le cas, *créer, inventer* ou *introduire.*

inobservance n. f. Finale en *-ance.*

inobservance, inobservation Deux noms féminins à bien distinguer.

1 inobservance (*assez vieilli ou littéraire*) Non-observation de prescriptions religieuses ou morales : *L'inobservance du carême.*

2 inobservation (*usuel et vivant*) Non-respect d'une règle pratique, d'une consigne : *L'inobservation des règles de sécurité a provoqué cet accident.*

inoccupé, ée adj. Un seul *n,* deux *c.* De même : *inoccupation.*

in-octavo Comme adjectif, toujours invariable : *Des livres in-octavo.* Comme nom, presque toujours invariable : *Des in-octavo.* Le pluriel avec *-s,* des *in-octavos,* est rare et moins conseillé. — Prononciation : [inɔktavo]. — En deux mots, avec un trait d'union. — Abréviation : *in-8°* ou *in-8.*

inoculer v. t. ▼ Un seul *n,* un seul *c.* Aucun rapport avec *innocuité.* De même : *inoculabilité, inoculable, inoculation.*

inoffensif, ive adj. Un seul *n,* deux *f.*

inopiné, ée adj. Un seul *n,* un seul *p.* De même : *inopinément.*

inopportun, une adj. Un seul *n,* deux *p.* De même : *inopportunément, inopportunité.*

inopportun, importun Deux adjectifs à bien distinguer.

1 inopportun, une Qualifie une chose qui n'est pas opportune, qui vient mal à propos : *Dans les circonstances actuelles, une telle démarche serait inopportune.*

2 importun, une Qualifie une chose ou une personne qui gêne, dérange, trouble : *Un bruit importun. Ces quêteurs qui abordent les passants dans la rue sont vraiment importuns.* — Peut s'employer substantivement pour désigner une personne : *Il faut savoir fermer sa porte aux importuns.*

inopposable adj. Un seul *n.* Deux *p.* De même : *inopposabilité.*

inouï, ïe adj. Attention au tréma sur le *i.* — Attention au sens abusif.

1 Au sens étymologique, signifie « qui n'a jamais été encore entendu, jamais été encore perçu par l'ouïe » : *Les accords inouïs d'une musique délicieuse* (sens rare mais correct).

2 (*par extension*) Dont on n'a jamais encore entendu parler, extraordinaire, surprenant : *Une audace inouïe. Une énergie inouïe* (sens usuel et correct).

3 On évitera en revanche d'employer *inouï* pour qualifier une chose matérielle qui est perçue par la vue, l'odorat, le goût, le toucher. On ne dira pas : *Un chatoiement de couleurs inouïes. Un parfum inouï. Une saveur inouïe. Une étoffe d'une douceur inouïe.* Préférer, dans ces cas : *extraordinaire, merveilleux, prodigieux, singulier, surprenant.*

inoxydable adj. Attention à l'*y.*

in pace ou **in-pace** n. m. Cachot. — Prononciation : [inpase], avec [s]. Pas d'accent sur le *e.* — Invariable : *des in pace* ou *des in-pace.* — Les deux orthographes coexistent. La graphie *in pace* est celle de l'Académie.

in partibus Locution latine, forme abrégée de *in partibus infidelium* « dans les régions des infidèles ». Avant 1882, on appelait « évêque ou archevêque *in partibus* » un prélat qui, à titre honorifique, était évêque ou archevêque d'une ville qui, ayant été jadis le siège d'un évêché ou d'un archevêché, avait échappé à la domination chrétienne en raison de l'occupation mulsulmane : *Mgr Dubois, évêque in partibus d'Hiéropolis.* De nos jours, on dit : *évêque ou archevêque titulaire.* — Prononciation : [inpaʀtibys]. — En deux mots, sans trait d'union. — Toujours invariable : *Des évêques in partibus.* — S'écrit souvent en italique dans un texte en romain, en romain dans un texte en italique.

in petto Locution italienne qui signifie « dans la poitrine », c'est-à-dire « dans son cœur ». On appelle « cardinal *in petto* » un cardinal dont le pape a décidé la nomination, sans toutefois la rendre encore publique. — (par extension ; familier) *In petto,* de manière personnelle, sans s'exprimer : *Désapprouver* in petto *une décision de la majorité.* — Prononciation : [inpɛto]. — En deux mots, sans trait d'union. Attention aux deux *t.* — Toujours invariable : *des cardinaux* in petto — S'écrit souvent en italique dans un texte en romain, en romain dans un texte en italique.

input n. m. (anglicisme de la langue de l'informatique) Prononciation : [input], plutôt que [input]. — Pl. : *des inputs* [-put]. — Pour éviter cet anglicisme, on pourra employer : *entrée des données* ou *donnée d'entrée.*

in-quarto Comme adjectif, toujours invariable : *des livres in-quarto.* Comme nom, presque toujours invariable : *des in-quarto.* Le pluriel en *-s, des in-quartos,* est rare et moins conseillé. — Prononciation : [inkwaʀto]. — En deux mots, avec un trait d'union.

inquiet adj. [ɛ̃kjɛ] Orthographe et constructions.

1 Pas d'accent sur le *e.* Le féminin *inquiète* [ɛ̃kjɛt] prend un accent grave, les dérivés *inquiétant* [ɛ̃kjetɑ̃] et *inquiétude* [ɛ̃kjetyd] prennent un accent aigu.

2 Peut se construire avec *de* et l'infinitif : *Je suis inquiet de voir que sa santé s'aggrave.*

3 Peut se construire avec *de,* avec *sur* ou avec *pour* et un nom : *Je suis inquiet de son avenir* (tour un peu vieilli et littéraire) ou *sur son avenir* (tour usuel dans la langue écrite moderne) ou *pour son avenir* (tour le plus fréquent dans la langue parlée).

4 Se construit parfois avec *que* et le subjonctif : *Je suis inquiet qu'il mette si longtemps à répondre.* ▼ On évitera le tour avec *de ce que.*

inquiéter v. t. Conjug. **11.** *J'inquiète,* mais *j'inquiéterai.* — *S'inquiéter* se construit avec *de* suivi d'un nom ou d'un infinitif *(Je m'inquiète de sa santé. Je m'inquiète de le voir si déprimé),* avec *que* suivi du subjonctif *(Je m'inquiète qu'il*

mette si longtemps à répondre). ▼ On évitera le tour *s'inquiéter de ce que* (avec l'indicatif ou le subjonctif).

inquisition n. f. Prononciation : [ɛ̃kizisjɔ̃], avec [k]. De même : *inquisiteur* [ɛ̃kizitœʀ], *inquisitorial, ale, aux* [ɛ̃kizitɔʀjal, al, o] (masculin pluriel en *-aux).*

inracontable adj. Un seul *c,* comme dans *raconter.* — On évitera la forme fautive **irracontable.*

insane adj. N'est nullement synonyme de « licencieux, libidineux, obscène ». Signifie « contraire à la raison, au bon sens » : *Un projet de réforme absolument ·insane.* Mot littéraire et vieilli. De même, le dérivé *insanité* est littéraire et vieilli au sens de « caractère de ce qui est contraire à la raison, au bon sens » : *L'insanité de ce projet confine au délire.* En revanche, le mot *insanité* est encore employé dans la langue familière pour désigner une parole ridicule ou stupide : *Raconter des insanités* (= des imbécillités, et non des obscénités, des indécences).

insatiable adj. ▼ Bien prononcer [ɛ̃sasjabl(ə)], et non **[ɛ̃zasjabl(ə)], *[ɛ̃satjabl(ə)].* De même : *insatiabilité* [ɛ̃sasjabilite], *insatiablement* [ɛ̃sasjabləmɑ̃].

inscrire v. t. Conjug. **48.** *J'inscris, tu inscris, il inscrit, nous inscrivons, vous inscrivez, ils inscrivent* — *J'inscrivais.* — *J'inscrivis.* — *J'inscrirai* — *J'inscrirais* — *Inscris, inscrivons, inscrivez.* — *Que j'inscrive.* — *Que j'inscrivisse.* — *Inscrivant.* — *Inscrit, ite.*

insécable adj. Qu'on ne peut couper, diviser. — S'écrit avec un *c,* non avec *-qu-.* De même : *insécabilité.*

in-seize Comme adjectif ou comme nom, toujours invariable : *des livres in-seize, des in-seize.* — Prononciation : [insɛz]. — En deux mots, avec un trait d'union.

insérer v. t. Conjug. **11.** *J'insère,* mais *j'insérerai.*

insermenté, assermenté Deux adjectifs à bien distinguer.

1 insermenté Qualifiait, sous la Révolution, un prêtre qui avait refusé de prêter serment quand fut instituée la constitution civile du clergé, en 1790. Les prêtres insermentés étaient appelés aussi *prêtres inassermentés, prêtres insermentaires, prêtres réfractaires* (par opposition aux *prêtres constitutionnels* ou *prêtres jureurs* ou *prêtres assermentés).*

2 assermenté Qualifie de nos jours une personne qui a prêté serment devant un tribunal avant d'entrer en fonction : *Un garde-chasse assermenté.*

insertion [ɛ̃sɛʀsjɔ̃] n. f. Finale en *-tion,* avec un *t.*

insight n. m. (anglicisme de la langue de la psychologie) Prononciation : [insajt]. — Pl. : *des insights* [-sajt].

in situ Locution latine qui signifie « dans l'endroit ». Se dit notamment à propos d'une plante qui croît dans son milieu naturel : *Etudier la multiplication d'une espèce végétale* in situ *et non dans un jardin botanique.* — Prononciation : [insity]. En deux mots, sans trait d'union. — S'écrit généralement en italique dans un texte en romain, en romain dans un texte en italique.

insolation [ɛ̃sɔlasjɔ̃] n. f. Un seul *l.*

insolence n. f. Finale en *-ence.* De la même famille : *insolent, insolemment* (finale en *-emment*).

insoler v. t. Exposer au soleil. — Un seul *l.*

insolite adj. Un seul *l,* un seul *t.* De même : *insolitement.*

insoluble adj. Un seul *l.* De même : *insolubiliser, insolubilité.*

insomniaque, insomnieux adj. Qui souffre d'insomnie. De nos jours, *insomniaque* est nettement plus fréquent que *insomnieux.* — Peut s'employer substantivement : *Un, une insomniaque.*

insonore adj. Un *-e* final, même au masculin : *Un revêtement insonore.* — Un seul *n.* De même : *insonorisation, insonorisé, insonoriser.*

insouciance n. f. Finale en *-ance.* De la même famille : *insouciant, insouciamment* (avec finale en *-amment*).

insouciant, insoucieux Ces deux mots ne sont pas interchangeables.

1 insouciant, ante *(mot usuel)* S'emploie sans complément : *Les jeunes gens sont généralement insouciants.* — Peut s'employer comme nom : *Il ne faut pas confier de telles responsabilités à des insouciants.*

2 insoucieux, euse *(mot assez littéraire)* Ne s'emploie jamais comme substantif. Toujours suivi d'un complément introduit par *de* : *Il est insoucieux du danger. Une jeunesse insoucieuse de l'avenir.*

insoumis, ise adj. *ou* n. m. Un seul *m,* comme dans *soumis.* De même : *insoumission.*

insoupçonnable adj. Cédille sous le *c.* Deux *n.* De même : *insoupçonné.*

inspirer, aspirer, inhaler ▷ aspirer (II).

installer v. t. Deux *l.* De même : *installateur, installation.*

instamment adv. Finale en *-amment* (vient de l'adjectif *instant, ante*).

instance n. f. Expressions et emploi.

1 Avec *instance* au pluriel, *céder aux instances de quelqu'un* (= aux demandes, aux prières pressantes), *sur les instances de* (= à la demande pressante de) : *Il a accepté ce partage sur les instances de son frère.* — Avec *instance* au singulier, *en instance de* (suivi d'un nom) : *Il est en instance de divorce. Ils sont en instance de déménagement.* — On écrit toujours, avec *instance* au singulier : *tribunal d'instance, tribunal de grande instance.*

2 On évitera d'employer le nom *instance* (au pluriel) pour désigner les autorités placées à la tête d'un parti, d'un groupe. On écrira : *Les responsables* (ou *les chefs*) *de ce parti sont favorables à une alliance électorale* (et non *les instances supérieures de ce parti*). *Une telle décision relève de l'autorité administrative* (et non *des instances administratives*).

instant n. m. Avec *instant* au pluriel : *par instants.*

instantané, ée adj. Un seul *n.* Dérivés : *instantanéité* (pas de tréma), *instantanément.*

instar Ne s'emploie que dans l'expression *à l'instar de,* à la manière de, comme : *Elle veut faire du cinéma, à l'instar de tant d'autres !* ▼ Ne pas dire *à mon instar, à ton instar, à son instar,* etc., mais *à l'instar de moi, à l'instar de toi, à l'instar de lui,* etc.

instaurer v. t. S'écrit avec *-au-.* De même : *instaurateur, instauration.*

instigation n. f. Avec *g* et non *-gu-.* De même : *instigateur, trice.* ▼ On dit *à l'instigation de* et non *sur l'instigation de* (tour fautif dû à l'attraction de *sur l'initiative de*) : *Il a écrit ce livre à l'instigation d'un ami écrivain.*

instiller v. t. ▼ Bien prononcer [ɛ̃stile], avec [l], et non *[ɛ̃stije]. De même : *instillation* [ɛ̃stilasjɔ̃].

instinct n. m. ▼ Bien prononcer [ɛ̃stɛ̃], le *-ct* final étant muet. Dérivés : *instinctif, ive* [ɛ̃stɛ̃k-tif, iv], *instinctivement* [ɛ̃stɛ̃ktivmɑ̃], *instinctuel, elle* [ɛ̃stɛ̃ktɥɛl, ɛl].

instinctif, ive adj. On évitera d'employer ce mot comme synonyme de *machinal*. On dira : *J'ai appuyé sur l'interrupteur d'un geste machinal* (et non *d'un geste instinctif*).

institut [ɛ̃stity] n. m. Avec *I* majuscule : *l'Institut de France* ou *l'Institut*.

institutes [ɛ̃stityt] n. f. pl. Ancien recueil juridique. — Toujours au pluriel, même quand il s'agit d'un seul recueil. — Un *I* majuscule quand il s'agit du titre d'un ouvrage : *Les Institutes de Justinien.*

institution n. f. Deux *n* dans les dérivés : *institutionnaliser, institutionnalisme, institutionnel.*

instrumentaire adj. (droit) *Témoin instrumentaire,* qui assiste un officier ministériel. — Finale en *-aire.*

instrumental, ale, aux adj. Masculin pluriel en *-aux : Des chefs-d'œuvre instrumentaux.*

insu n. m. Ne s'emploie que dans l'expression *à l'insu de : Il a agi à l'insu de ses parents.* ▼ On dit *à mon insu, à ton insu, à son insu, à notre insu,* etc. et non *à l'insu de moi, de toi, de lui, de nous,* etc.

insubordination n. f. Un seul *n,* à la différence de *insubordonné.*

insuccès n. m. Deux *c* et accent grave, comme dans *succès.*

insuffisance n. f. Deux *f.* Finale en *-ance.* De la même famille : *insuffisant, insuffisamment* (avec finale en *-amment*).

insuffler v. t. Deux *f.* De même : *insufflateur, insufflation.*

insulaire adj. *ou* n. Un seul *l.* Finale en *-aire.*

insulter Deux constructions.

1 La construction transitive directe est vivante et usuelle. Dans ce cas, *insulter* équivaut à « injurier » : *Le petit voyou insultait grossièrement les passants.*

2 La construction *insulter à* est assez littéraire. Dans ce cas, *insulter* signifie « constituer un outrage pour » (le complément est le plus souvent un nom de chose) : *La richesse et le luxe d'une minorité de possédants insultent à la misère du peuple.*

insupportable adj. Deux *p.* De même : *insupportablement.*

insupporter v. t. A éviter en dehors de la langue familière. On écrira par exemple : *Sa vulgarité m'est insupportable* (et non *Sa vulgarité m'insupporte*).

insurgent [ɛ̃syRʒɑ̃] n. m. *(histoire)* Désigne les colons anglais d'Amérique qui se révoltèrent contre la métropole (1774-1783) et fondèrent les Etats-Unis. — Souvent écrit avec une majuscule : *Les Insurgents.*

insurger v. t. *ou* v. pron. Conjug. **16.** Prend un *e* après le *g* devant *a* ou *o : il s'insurgea, nous nous insurgeons.*

insurrection n. f. ▼ Bien prononcer [ɛ̃syRɛksjɔ̃], avec [s], et non *[ɛ̃zyRɛksjɔ̃],* faute due à l'attraction de *résurrection* [RezyRɛksjɔ̃]. — Attention aussi aux deux *r.* Dérivé : *insurrectionnel, elle* [ɛ̃syRɛksjɔnɛl, ɛl].

intact adj. Prononciation : [ɛ̃takt]. Féminin : *intacte.*

intangible, intouchable Ces deux adjectifs ne sont nullement interchangeables.

1 intangible S'applique à des choses et n'est ni familier ni péjoratif : *Les dogmes de l'Eglise sont intangibles.*

2 intouchable S'applique plutôt à des personnes et est familier et souvent péjoratif : *Ce haut fonctionnaire est l'ami du ministre, il est intouchable !*

intarissable adj. Un seul *r,* comme *tarir.* De même : *intarissablement.*

intégral, ale, aux adj. Masculin pluriel en *-aux : Les comptes rendus intégraux.*

intégrant, ante adj. *Partie intégrante,* partie d'un tout considérée comme inséparable : *Cet épisode n'est pas une interpolation tardive, mais est partie intégrante du texte original de l'Iliade.* — Ne pas déformer en *partie *intégrale.*

intégralité, intégrité ▷ intégrité.

intègre adj. Accent grave sur le *e.* De même : *intègrement.* Les autres mots de la famille prennent un accent aigu : *intégrable, intégral, intégrale* (n. f.), *intégralité, intégrateur, intégration, intégrisme, intégriste, intégrité.*

intégrer v. t. Conjugaison et emploi.

1 Conjug. 11. *J'intègre*, mais *j'intégrerai*.

2 Dans la langue soignée, on évitera d'abuser du verbe *intégrer*. Pour varier, on pourra utiliser, selon les cas, *agréger, annexer, assimiler, associer, comprendre, faire entrer, fondre, insérer, introduire, joindre, réunir, unir*, etc. De même à *s'intégrer* on préférera, selon les cas, *s'agréger, s'assimiler, s'associer, entrer, se fondre, s'insérer, s'introduire, se joindre, prendre place, trouver place, s'unir*, etc. On écrira, par exemple : *Cette analyse prend place* (ou *entre*) *dans une étude plus vaste* (plutôt que *s'intègre dans une étude plus vaste*). — Au substantif *intégration*, on pourra aussi préférer *agrégation, annexion, assimilation, association, fusion, insertion, introduction, réunion, union*, etc.

intégrité, intégralité Deux noms féminins à bien distinguer.

1 intégrité Indépendamment du sens moral de « honnêteté, probité », ce mot est le nom abstrait correspondant à *intact : Maintenir l'intégrité du territoire* (= maintenir intact le territoire).

2 intégralité Equivalent de « totalité ». Nom abstrait correspondant à *entier : On vous a remboursé l'intégralité de la somme* (= la somme entière).

intellect n. m. [ɛ̃tɛlɛkt] Equivalent de « intelligence ». De nos jours, ne s'emploie plus que dans la langue de la philosophie ou dans la langue très littéraire ou au contraire dans la langue familière : *Jadis les philosophes distinguaient l'*intellect actif *et l'*intellect passif. *La science est le produit le plus pur de l'intellect. Tout cela dépasse mon modeste intellect !*

intell- Tous les mots en *intell-* prennent deux *l : intellect, intellection, intellectualisme, intellectualiste, intellectualité, intellectuel, intellectuellement, intelligemment, intelligence, intelligent, intelligentsia, intelligibilité, intelligible, intelligiblement.*

intelligentsia n. f. Mot russe à demi francisé. — Prononciation très flottante : [ɛ̃teligɛnsja] ou [ɛ̃teligɛntsja] ou [ɛ̃telidʒɛnsja] ou [ɛ̃teliʒɛsja] ou [inteligɛntsja] ou [inteligɛnsja]. On rencontre aussi la graphie *intelligentzia*, assez rare.

intempérance n. f. Finale en *-ance*. De la même famille : *intempérant.*

intempéries n. f. pl. Ne s'emploie jamais au singulier.

intemporel, elle adj. Qui n'est pas situé dans la durée, qui est hors du temps. — Synonyme (plus rare et plus savant) : *atemporel.*

intendance n. m. Finale en *-ance*. De la même famille : *intendant.*

intense adj. S'écrit avec *-en-*. De même : *intensément, intensif, intensification, intensifier, intensité, intensivement.*

intense, intensif Deux adjectifs à distinguer.

1 intense D'une force, d'une grandeur qui dépasse nettement la moyenne : *Une lumière intense. Un froid intense. Une émotion, une joie, une peur intense. Une animation intense.*

2 intensif, ive Implique l'idée de volonté, de recherche du résultat. Ne peut s'appliquer à un phénomène naturel : on ne peut dire *un froid intensif.* En revanche, s'applique à l'activité humaine volontaire : *L'entraînement intensif d'un athlète. Des efforts intensifs seront déployés pour accroître la production.*

3 Même différence de sens entre *intensément* et *intensivement : Il souffrait intensément de cette séparation. Cette équipe de football s'entraîne intensivement. On veut développer intensivement l'exportation.*

intensifier v. t. Conjugaison et emploi.

1 Conjug. 20. Double le *i* à la première et à la deuxième personne du pluriel de l'indicatif imparfait et du subjonctif présent : *(que) nous intensifiions, (que) vous intensifiiez.*

2 ▼ Ce mot a été critiqué comme néologisme inutile. Dans la langue surveillée, on préférera l'un des nombreux équivalents possibles : *accroître, augmenter, développer, étendre, multiplier, redoubler*, etc. On écrira par exemple : *Nos exportations s'accroissent* (plutôt que *s'intensifient*). — De même, à *intensification*, on préférera *accroissement, augmentation, développement, extension, multiplication, redoublement*, etc.

intention n. f. Tous les dérivés prennent deux *n : intentionnalité, intentionné, intentionnel, elle, intentionnellement.*

intentionné, intentionnel Deux adjectifs à bien distinguer.

1 intentionné, ée Ne s'emploie qu'avec les adverbes *bien* et *mal. Bien intentionné*, qui a de bonnes intentions, bienveillant : *Ayez confiance, je le vois bien intentionné à votre égard. Mal intentionné*, qui a de mauvaises intentions, malveillant : *Un critique mal intentionné trouve des défauts partout.*

2 intentionnel, elle Qui est fait avec une intention précise, délibérément, volontairement, et non par maladresse, par hasard, accidentellement : *Chez ce peintre, la déformation de la perspective est intentionnelle.* — Adverbe dérivé : *intentionnellement.*

inter- Tous les mots composés en *inter-* s'écrivent en un seul mot, sans trait d'union : *interaction, intercommunication, international,* etc.

interarmées, interarmes Ces deux adjectifs s'écrivent sans trait d'union et avec un *-s* final même au singulier.

1 interarmées Commun à l'armée de terre, à l'armée de l'air, à la marine : *Un état-major interarmées.*

2 interarmes Commun aux différentes armes de l'armée de terre (infanterie, blindés, artillerie, génie, etc.) : *L'Ecole militaire interarmes de Coëtquidan.*

interastral, ale, aux adj. Masculin pluriel en *-aux* : *Les espaces interastraux.*

intercaler v. t. Un seul *l.* De même : *intercalaire* (finale en **-aire**), *intercalation.* ▼ Ne pas dire **intercalement,* ce dérivé n'existe pas.

intercéder v. i. Conjug. **11.** *J'intercède,* mais *j'intercéderai.* — Dérivés : *intercesseur* (mot sans féminin), *intercession.*

interclasse Intervalle qui sépare deux heures de classe. — Toujours masculin : *Un interclasse trop court.* — Pas de *-s* final au singulier : *un interclasse, des interclasses.*

interclubs adj. Qui oppose des sportifs appartenant à différents clubs : *Rencontre interclubs d'athlétisme.* — Prononciation : [ɛ̃tɛʀklœb]. — En un seul mot, sans trait d'union. Un *-s* final même au singulier.

intercommunal, ale, aux adj. Masculin pluriel en *-aux* : *Des syndicats intercommunaux.*

interconnecter v. t. Deux *n* De même : *interconnexion.*

intercontinental, ale, aux adj. Masculin pluriel en *-aux* : *Les transports intercontinentaux.*

intercostal, ale, aux adj. Masculin pluriel en *-aux* : *Les muscles intercostaux.*

intercurrent, ente adj. *Maladie intercurrente,* qui survient pendant le cours d'une autre. — Deux *r.*

interdépartemental, ale, aux adj. Masculin pluriel en *-aux* : *Organismes économiques interdépartementaux.*

interdigital, ale, aux adj. Situé entre les doigts. — Masculin pluriel en *-aux* : *Les espaces interdigitaux.*

interdire v. t. Conjug. **47.** *J'interdis, tu interdis, il interdit, nous interdisons, vous interdisez, ils interdisent.* — *J'interdisais.* — *J'interdis... vous interdîtes...* — *J'interdirai.* — *J'interdirais.* — *Interdis, interdisons, interdisez.* — *Que j'interdise..., que tu interdises..., que vous interdisiez...* — *Que j'interdisse..., que vous interdissiez...* — *Interdisant.* — *Interdit, ite.* ▼ Le verbe *interdire* se conjugue comme *dire,* sauf à la deuxième personne du pluriel de l'indicatif présent et de l'impératif : *vous interdisez, interdisez* (en face de *vous dites, dites*).

intéresser v. t. Orthographe, construction et sens.

1 ▼ Un seul *r.*

2 On évitera la construction *être intéressé à ce que* : *Il est intéressé à ce que l'accord soit signé.* On préférera le tour *avoir intérêt que* : *Il a intérêt que l'accord soit signé.*

3 On évitera d'employer *intéresser* quand il s'agit d'une chose fâcheuse et l'on préférera *atteindre, frapper, toucher.* On écrira, par exemple : *Les régions atteintes* (ou *touchées*) *par la grêle* (et non *intéressées par la grêle*). *Cette épidémie frappe* (ou *atteint*) *le dixième de la population* (et non *intéresse le dixième de la population*).

intérêt n. m. Orthographe et construction.

1 ▼ Un seul *r.* Attention à la place de l'accent aigu et de l'accent circonflexe.

2 On dit *avoir intérêt à* (suivi de l'infinitif) et non *avoir intérêt de* (tour vieilli) : *Nous avons intérêt à signer cet accord.* ▼ Dans la langue très soignée, on évitera le tour *avoir intérêt à ce que* et on préférera *avoir intérêt que* (suivi du subjonctif) : *Nous avons intérêt que cet accord soit signé rapidement* (plutôt que *à ce que cet accord soit signé*).

interférence n. f. Finale en *-ence.* — De la même famille : *interférent, interférer, interféromètre* (en un seul mot, sans trait d'union).

interférer v. i. *ou* v. t. Conjug. **11.** *Il interfère,* mais *il interférera.* ▼ Ne pas employer ce verbe à la forme pronominale, qui n'ajoute rien. On écrira : *Les questions monétaires interfèrent avec les questions économiques* (et non *s'interfèrent avec les questions économiques*).

interglaciaire adj. Finale en *-aire*.

intérieur, eure adj. Peut s'employer au comparatif ou au superlatif, malgré l'opinion de certains grammairiens : *Une piété plus intérieure et plus personnelle. Une poésie très intérieure, pleine d'émotion profonde et pudique.*

intérieur, interne ▷ interne.

intérim n. m. Mot latin francisé. — Prononciation : [ɛ̃teʀim]. — Accent aigu sur le *e*. Pl. : *des intérims* [-ʀim]. — Dérivé : *intérimaire* (finale en *-aire*).

interjection n. f. Finale en *-ction*.

interjeter v. t. Seulement dans l'expression juridique *interjeter appel,* faire appel d'un jugement. — Conjug. **14.** *J'interjette, j'interjetterai,* mais *nous interjetons, j'interjetais.* — Dérivé : *interjection.*

interligne ▼ Masculin au sens usuel : *Laissez un interligne moins étroit quand vous écrivez.* — Féminin au sens technique de « lame de métal servant à séparer les lignes de caractères dans une composition typographique » : *Une interligne épaisse.*

interlock n. m. Anglicisme qui désigne un tissu employé en bonneterie. — Prononciation : [ɛ̃teʀlɔk]. — Pl. : *des interlocks* [-lɔk]. — Attention au groupe *-ck.*

interlocuteur, trice n. m. *ou* f. Avec un *c,* comme *interlocutoire* et *interlocution* (termes de procédure), à la différence de *interloqué, interloquer.*

interlope adj. (vieux) *Navire interlope,* servant à la contrebande. — (vieux) *Commerce interlope :* commerce maritime de contrebande. — *(de nos jours)* Louche, suspect : *Un bar interlope. Le monde interlope des bas quartiers.* Ce mot n'est ni vulgaire ni populaire. ▼ Prend un seul *p.*

interloquer v. t. Toujours avec *-qu-,* même devant *a* ou *o* : *il interloqua, nous interloquons.* — En revanche : *interlocuteur, interlocution, interlocutoire.*

interlude Toujours masculin : *Un interlude très bref entre deux émissions.*

intermède Toujours masculin : *Un intermède trop long.*

intermédiaire adj. *ou* n. Finale en *-aire.*

intermittence n. f. Finale en *-ence.* — Deux *t.* De même : *intermittent.*

internat n. m. Finale en *-at.*

international, ale, aux adj. Masculin pluriel en *-aux : Les transports internationaux.* — Un seul *n.* De même : *internationalisation, internationaliser, internationalisme, internationaliste, internationalité.*

internationale n. f. Prend un *I* majuscule quand on désigne l'une des organisations socialistes et marxistes : *La première Internationale fut fondée par Karl Marx en 1864.* — Une majuscule aussi quand le mot désigne le chant révolutionnaire : *Les manifestants entonnèrent l'Internationale.*

interne, intérieur Deux adjectifs synonymes qui diffèrent par les domaines d'emploi.

1 interne Appartient à la langue technique ou didactique : *La paroi interne du tube digestif. Lésion interne. Médicament à usage interne. La critique interne des documents historiques.*

2 intérieur, eure Appartient à la langue générale : *Cour intérieure d'un immeuble. La vie intérieure.*

interpeller v. t. ▼ Toujours deux *l,* à la différence de *appeler : j'interpelle, nous interpellons, j'interpellerai, j'interpellais.* Toujours prononcé avec [ɛ], et non avec [ə] : *interpeller* [ɛ̃teʀpele], et non *[ɛ̃teʀpəle].* — Dérivés : *interpellateur, trice* [ɛ̃teʀpelatœʀ, tʀis], *interpellation* [ɛ̃teʀpelasjɔ̃].

Interphone [ɛ̃teʀfɔn] n. m. Téléphone intérieur. — Nom déposé, donc un *I* majuscule.

interpoler v. t. Un seul *l.* De même *interpolateur, trice, interpolation.*

interprète n. m. *ou* n. f. Possède les deux genres : *Un interprète allemand. Une interprète anglaise.* — Accent grave, à la différence de *interprétariat.*

interpréter v. t. ▼ Jamais d'accent circonflexe (attention à l'attraction de *prêter*). — Conjug. **11.** *J'interprète,* mais *j'interpréterai.* — Dérivés (avec accent aigu) : *interprétable, interprétant, interprétateur, interprétatif, interprétation.*

interprofessionnel, elle adj. Un seul *f,* deux *n.*

interrègne n. m. Deux *r.*

interrogation ▷ annexes.

interroger v. t. Conjug. **16.** Prend un *e* après le *g* devant *a* ou *o : il interrogea, nous interrogeons.* — Deux *r.* De même : *interroga-*

teur, interrogatif, interrogation, interrogative-ment, interrogatoire, (finale en *-oire*).

interroi n. m. Deux *r.* — Pl. : *des interrois.*

interrompre v. t. Conjug. 102 (comme *rompre*). — Deux *r.* De même : *interrupteur, interruption.*

intersection n. f. Finale en *-ction.*

intersidéral, ale, aux adj. Masculin pluriel en *-aux : Les espaces intersidéraux.*

interstellaire adj. Deux *l.* Finale en *-aire.*

interstice n. m. Toujours masculin : *Un interstice très étroit.* ▼ Le dérivé *interstitiel, tielle* a une finale en *-tiel, -tielle,* avec un *t.*

intersyndical, ale, aux adj. Masculin pluriel en *-aux : Les rapports intersyndicaux.*

intertrigo Erythème qui affecte la peau dans les plis naturels (ventre, aine, cou, etc.). — Toujours masculin : *Un intertrigo bénin.* — Pl. : *des intertrigos* [-go]. — Ne pas déformer en **intrétigo.*

intertropical, ale aux adj. Masculin pluriel en *-aux : Les vents intertropicaux.*

intervalle Toujours masculin : *Un intervalle étroit.* — On écrit généralement, avec *intervalle* au pluriel : *par intervalles.* — Deux *l.* De même : *intervallaire.*

intervenir v. i. Conjug. 44 (comme *venir*). — Auxiliaire *être : Elle est intervenue sans discrétion dans nos affaires.* ▼ Ne pas abuser de *intervenir* au sens de *se produire, avoir lieu, se réaliser, survenir,* etc. On dira, par exemple : *Un accord s'est réalisé* (ou *a été signé*), plutôt que *Un accord est intervenu.*

intervention n. f. Deux *n* dans les dérivés : *interventionnisme, interventionniste.*

interview (anglicisme) Prononciation : [ɛ̃tɛʀ-vju]. Pl. : *des interviews* [-vju]. — Attention à la place respective du *v* et du *w.* — Toujours féminin : *Une interview très longue et très intéressante.* — Dérivés : *interviewer* [ɛ̃tɛʀ-vjuve] v. t. *(Le journaliste va interviewer l'écrivain), interviewer* [ɛ̃tɛʀvjuvœʀ] n. m. *(Ce journaliste est un habile interviewer).* Le nom *interviewer* est parfois écrit *intervieweur,* à la française.

intestat adj. m. *ou* n. m. *(droit)* Qui n'a pas fait de testament. — Prononciation : [ɛ̃tɛsta], le *-t* final étant muet. — Prend la marque du pluriel, mais non celle du féminin : *Il est mort intestat. Ils sont morts intestats. Des intestats.* Quand on voudra qualifier un nom féminin, on tournera la difficulté en employant l'expression équivalente *ab intestat : Elles sont mortes ab intestat. Les personnes ab intestat.*

intestin n. m. De nos jours, s'emploie au singulier : *Il souffre de l'intestin. Des maux d'intestin.* — Le pluriel *les intestins (Il souffre des intestins. J'ai mal aux intestins)* a une connotation populaire ou vieillotte. — Dérivé : *intestinal, ale, aux.*

intestine adj. f. De nos jours, cet adjectif ne peut s'employer qu'au féminin et dans quelques très rares expressions : *querelles intestines, luttes intestines* (= qui ont lieu à l'intérieur d'un pays, d'un pays). Ces expressions sont littéraires. Le langage courant préfère *interne* ou *intérieur.*

intime adj. En français, il y a longtemps que cet adjectif a perdu sa valeur de superlatif relatif qu'il avait en latin *(intimus « ce qui est le plus en dedans »).* On ne devra donc pas hésiter à employer *intime* accompagné de *(le) plus, (le) moins, très : Ses amis les plus intimes. Au plus intime de lui-même. Une réception très intime.* — Dérivés : *intimement* (ne pas dire **intimément), intimisme, intimiste, intimité.*

intimer v. t. Un seul *m.*

intimider v. t. Un seul *m,* comme dans *timide.* De même : *intimidable, intimidant, intimidateur, trice, intimidation, intimidé, ée.*

intituler v. t. Un seul *l.* De même : *intitulé* n. m.

intolérance n. f. Finale en *-ance.* De la même famille : *intolérant, intolérantisme.*

intonation n. f. Un seul *n.*

intra- Les composés en *intra-* s'écrivent en deux mots avec un trait d'union quand le deuxième élément commence par une voyelle : *intra-atomique, intra-oculaire, intra-utérin,* etc. — Quand le deuxième élément commence par une consonne, le composé s'écrit en un seul mot sans trait d'union : *intracellulaire, intramontagnard, intramusculaire, intrarachidien, intraveineux,* etc. Exception : *intra-muros.*

intrados n. m. inv. (terme d'architecture et d'aviation). Le *-s* final est toujours muet : [ɛ̃tʀado].

intra-muros loc. adv. *ou* loc. adj. inv. A l'intérieur de la ville : *Des lignes d'autobus intra-muros.* — S'oppose à *extra-muros.* Prononciation : [ɛ̃tʀamyʀos].

intransigeance n. f. Un *e* après le *g*. Finale en *-ance*. De la même famille : *intransigeant*.

intrication n. f. Avec un *c*, à la différence de *intriqué, intriquer*.

intrication, imbrication Au sens figuré (interaction, interpénétration, ensemble de relations étroites et complexes), ces deux mots sont pratiquement synonymes : *L'imbrication* (ou *l'intrication) des facteurs économiques, sociaux et politiques dans l'histoire d'une société. Intrication* semble plus rare et plus savant que *imbrication*.

intrigant, intriguant Ne pas écrire *intrigant, ante*, adjectif et nom variable, comme *intriguant*, participe présent invariable de *intriguer* : *Ces filles sont des intrigantes. Intriguant sans cesse, ces femmes finirent par arriver à leurs fins.*

intriguer v. i. Toujours avec *-gu-*, même devant *a* ou *o : il intrigua, nous intriguons, en intriguant*. — Toujours *-gu-* dans *intrigue, intrigué*, mais *g* dans l'adjectif et le nom *intrigant* ▷ **intrigant**.

intrinsèque adj. Accent grave sur le *e*. De même : *intrinsèquement*.

introduire v. t. Conjug. **46**. *J'introduis, tu introduis, il introduit, nous introduisons, vous introduisez, ils introduisent*. — *J'introduisais.* — *J'introduisis.* — *J'introduirai.* — *J'introduirais.* — *Introduis, introduisons, introduisez.* — *Que j'introduise.* — *Que j'introduisisse. Introduisant.* — *Introduit, ite*.

introït n. m. Prière et chant liturgique de la messe. — Pas de majuscule : *Le prêtre récite l'introït au début de la messe.* — Prononciation : [ɛ̃tʀɔit]. — Pl. : *des introïts* [-it]. — Attention au tréma sur le deuxième *i*.

intromission n. f. Synonyme savant de *introduction*. — Un seul *m*.

introverti, ie adj. *ou* n. *(psychologie)* Qui a un caractère peu ouvert, tourné vers la vie intérieure. — En un seul mot, sans trait d'union. — Dérivé : *introversion*. On évitera de déformer ces mots en **intraverti, *intraversion*, formes fautives dues à l'attraction de *extraverti, extraversion*, antonymes respectivement de *introverti, introversion*.

intrus adj. *ou* n. Prononciation : [ɛ̃tʀy], le *-s* étant muet. — Féminin : *intruse* [ɛ̃tʀyz].

intuition n. Deux *n* dans les dérivés : *intuitionnisme, intuitionniste*.

intumescence n. f. Finale en *-ence*. Attention au groupe *-sc-*. De la même famille : *intumescent*.

inutile adj. Un *-e* final, même au masculin : *Un effort inutile*.

invalide adj. *ou* n. Un seul *l*. De même : *invalidation, invalidement, invalide*.

invariance n. f. Finale en *-ance*. De la même famille : *invariant*.

invectiver ▼ On préférera la construction avec *contre (Il invective contre le gouvernement)* à la construction transitive directe, condamnée par certains grammairiens *(Il invective le gouvernement)*.

inventer, découvrir ▷ **découvrir**.

inventeur, inventrice Deux formes pour le féminin. Dans l'emploi adjectif : *inventrice (L'imagination inventrice est aussi précieuse que l'esprit de méthode)*. Dans l'emploi substantif : *inventeur (Cette chimiste est l'inventeur d'un nouveau procédé de fabrication)*.

inventeur, découvreur ▷ **découvreur**.

invention, découverte ▷ **découvrir**.

inventorier v. t. Conjug. **20**. Double le *i* à la première et à la deuxième personne du pluriel de l'indicatif imparfait et du subjonctif présent : *(que) nous inventoriions, (que) vous inventoriiez*.

inversion du sujet ▷ **annexes**.

investigation n. f. Avec *g* et non avec *-gu-*. De même : *investigateur*.

investir v. t. Conjug. **25** (comme *finir*, et non comme *vêtir*). ▼ Au sens militaire, signifie « entourer de troupes, assiéger » et non pas « envahir, pénétrer dans un lieu » : *Le roi fit investir la ville et attendit que la famine vînt à bout des assiégés*. De même, le dérivé *investissement* signifie « action d'entourer de troupes, d'assiéger » et non pas « action d'envahir, de pénétrer dans un lieu ». On évitera donc d'écrire : *Les policiers, protégés par des boucliers pare-balles, ont investi la maison où s'étaient réfugiés les bandits et ont capturé ceux-ci*. Écrire plutôt : *Les policiers ont pénétré dans la maison...*

investissement, investiture Deux dérivés de *investir*.

1 investissement n. m. Action d'investir, d'assiéger une ville, une forteresse *(L'investissement de la place forte par les trente mille hommes de l'armée royale)* ou action de fournir, de placer des capitaux *(Le gouvernement veut favoriser les investissements utiles à l'industrie)*.

2 investiture n. f. Action d'investir quelqu'un d'une dignité, d'une responsabilité : *Sous la IVᵉ République, l'homme politique qui recevait l'investiture de l'Assemblée nationale était chargé de constituer un nouveau gouvernement*. Désigne spécialement la désignation d'un candidat par un parti en vue d'une élection : *Ce candidat a reçu l'investiture du Parti républicain*.

invétérer (s') v. pron. Conjug. **11.** *Cette habitude s'invétère*, mais *s'invétérera*.

in vitro, in vivo Ces expressions s'écrivent chacune en deux mots, sans trait d'union. Généralement en italique dans un texte en romain, en romain dans un texte en italique. — Ces expressions sont opposées par le sens.

1 in vitro « dans le verre », c'est-à-dire « en éprouvette ») Qualifie une expérience biologique faite en laboratoire, dans des conditions artificielles, en dehors de l'organisme vivant. — Toujours invariable : *Des expériences* in vitro [invitʀo].

2 in vivo Qualifie une expérience biologique faite sur un organisme vivant. — Toujours invariable : *Des expériences* in vivo [invivo].

invocation n. f. Avec un *c* et non avec *-qu-*, à la différence de *invoquer*. De même, avec un *c : invocateur, invocatoire* (finale en *-oire*).

involution n. f. Régression (contraire de *évolution, développement)*. — Un seul *l*.

invoquer v. t. Toujours avec *-qu-*, même devant *a* ou *o : il invoqua, nous invoquons*. — En revanche, avec un *c : invocation, invocateur*.

invoquer, évoquer Deux verbes transitifs paronymes à bien distinguer.

1 invoquer Appeler à l'aide une puissance surnaturelle : *Il invoqua Dieu et la Vierge*. — Appeler à l'aide, faire appel à : *Il invoqua l'aide d'un ami*. — Citer à l'appui : *Cet historien invoque un texte de Tacite*.

2 évoquer Appeler et faire apparaître par la magie : *Les sorciers prétendaient avoir le pouvoir d'évoquer les démons*. — Rappeler le passé à la mémoire, parler du passé : *Il évoquait longuement ces années de jeunesse*. — Faire penser par analogie à une chose : *La forme de cette colline évoque une carapace de tortue*. — Suggérer : *La poésie symboliste cherche moins à décrire qu'à évoquer*. — Traiter (plus ou moins sommairement), débattre, examiner, aborder (plus ou moins rapidement) : *Cette question a été évoquée au cours de l'assemblée générale*.

iode ▼ Toujours masculin : *L'iode est extrait des cendres de varech*. – On fait l'élision : *L'iode. La teinture d'iode*. De même, élision et liaison pour les dérivés et composés : *l'iodate, l'iodisme, l'iodométrie, l'iodure*. *Les iodates* [lezjɔdat], *les iodures* [lezjɔdyʀ].

ion n. m. (terme de physique) Elision et liaison : *L'ion. Les ions* [lezjɔ̃]. De même : *l'ionisation, l'ionosphère, l'ionoplastie, l'ionothérapie*.

ionien, ienne adj. *ou* n. Elision et liaison : *L'ionien* (dialecte grec antique). *Les Ioniens* [lezjɔnjɛ̃]. — Avec un *I* majuscule : *les îles Ioniennes. La mer Ionienne*.

ionique adj. Deux adjectifs homonymes, l'un de la famille de *ion (Cristaux ioniques. Moteur ionique. Fusée ionique)*, l'autre de la famille de *ionien (Colonne ionique)*.

ionique, ionien adj. *ou* n. Ces deux mots ne sont pas interchangeables.

1 ionique S'emploie seulement en architecture et en métrique ancienne : *L'ordre ionique. Colonne ionique*. — *L'ionique :* pied grec composé de deux longues suivies de deux brèves *(ionique majeur* ou *ionique a majore)* ou de deux brèves suivies de deux longues *(ionique mineur* ou *ionique a minore)*.

2 ionien, ienne Emploi plus général : *Les Ioniens* (peuple grec antique). *Les cités ioniennes. La civilisation ionienne. Le littoral ionien. L'ionien* (dialecte grec). *Le mode ionien* (l'un des modes musicaux de la Grèce antique). *L'école ionienne* (école philosophique de la Grèce antique). *Les îles Ioniennes. La mer Ionienne*.

iota n m. Lettre grecque — On peut faire l'élision *(l'iota)*, mais, en général, on ne fait pas la liaison : *Sans changer un iota* [œ̃jɔta], plutôt que [œ̃njɔta]. — Dérivé : *l'iotacisme* (phénomène phonétique).

iourte ou **yourte** n. f. Tente mongole.

ipéca Médicament d'origine végétale — Masculin malgré sa finale en *-a : L'ipéca est expectorant et vomitif*.

ipso facto [ipso fakto] En deux mots, sans trait d'union. — Toujours invariable : *Ces autorisations seront annulées ipso facto*. — S'écrit en général en italique dans un texte en romain, en romain dans un texte en italique.

irakien, ienne adj. *ou* n. Attention à la majuscule : *La population irakienne. Les Irakiens*. — L'orthographe *iraqien* est rare et peu conseillée.

irascible adj. Attention au groupe -*sc*. De même :
irascibilité.

ire n. f. Colère. — Mot vieux, repris parfois
comme archaïsme plaisant.

iridium [iʀidjɔm] n. m. Un seul *r*. De même :
iridié, ée adj. *(platine iridié,* alliage de platine
et d'iridium). ▼ Ne pas dire *platine *irradié.*

iris n. m. Prononciation : [iʀis]. — Un seul *r*.

iriser v. t. Un seul *r*. De même : *irisable,
irisation, irisé.*

iriser, irradier Deux verbes à bien distinguer.

1 iriser v. t. Colorer de couleurs variées et
transparentes : *La lumière irise un vase de
cristal.*

2 irradier v. i. *ou* v. t. Rayonner : *Une lumière
irradie du métal en fusion.* — Emettre comme
par rayonnement : *La lune irradiait une lumière
infiniment douce.*

irlandais, aise adj. *ou* n. De l'Irlande. —
Attention à la majuscule : *La population
irlandaise. Les Irlandais.*

ironie n. f. Un seul *r*, un seul *n*. De même :
ironique, ironiquement, ironiser, ironiste.

ironiser N'est jamais transitif direct : *Il ironise
sur la sottise de nos contemporains.* Ne pas dire :
*Il ironise la sottise...

ironiste n. m. *ou* n. f. On évitera le barbarisme
*ironiseur.

iroquois, oise [iʀɔkwa, waz] adj. *ou* n. Attention à la majuscule : *Les Iroquois,* population
amérindienne qui vivait au Canada. *Les tribus
iroquoises.* — *L'iroquois :* langue des Iroquois.
— *Un iroquois :* un personnage extravagant,
ignare, obtus, brutal *(vieux et familier).* —
Attention au groupe -*qu*-.

irraccommodable adj. ▼ Deux *r*, deux *c*, deux *m*.

irrachetable adj. Deux *r*.

irradié, ée adj. Deux *r*. ▼ Ne pas dire *platine
irradié, mais *platine iridié* ▷ **iridium.**

irradier Orthographe, conjugaison et emploi.

1 Deux *r*. De même : *irradiation, irradié.*

2 Conjug. **20.** Double le *i* à la première et à
la deuxième personne du pluriel de l'indicatif
imparfait et du subjonctif présent : *(que) nous
irradiions, (que) vous irradiiez.*

3 A l'origine, verbe intransitif signifiant
« rayonner à partir d'un point en divergeant » :
*La lumière irradie du métal en fusion. La douleur
irradie dans toute la jambe.* — Peut s'employer
transitivement, soit au sens de « émettre comme
par rayonnement » *(La lune irradie une douce
lumière),* soit dans la langue technique au sens de
« soumettre à des radiations radio-actives » *(On
irradie certaines substances pour les conserver).*

irradier, iriser ▷ **iriser.**

irrationnel, elle ▼ On écrit avec deux *r* et deux
n irrationnel, irrationnellement,* mais avec
deux *r* et un seul *n irrationalisme, irrationa-
liste, irrationalité.*

irre-, irré- Dans certains mots en *irr-,* le *e* du
radical prend un accent aigu : *irréprochable* (en
face de *reprochable).* Dans d'autres, il garde le
e sans accent : *irrecevable* (comme *recevable).*
Voir le tableau page suivante.

irréfragable, irréfrangible, infrangible Trois
adjectifs à bien distinguer.

1 irréfragable *(mot très littéraire)* Qu'il n'est
pas possible de contredire : *Une preuve, une
affirmation irréfragable.*

2 irréfrangible *(terme d'optique)* Qui ne peut
subir la réfraction : *Rayon irréfrangible.*

3 infrangible *(mot assez littéraire)* Qui ne peut
être brisé, rompu (au figuré) : *L'infrangible
volonté du héros.*

irriguer v. t. Deux *r* — Toujours -*gu*- même
devant *a* ou *o : il irrigua, nous irriguons.* De
même, avec -*gu*- : *irrigué, ée.* En revanche, les
dérivés suivants s'écrivent avec *g : irrigable,
irrigateur, irrigation.*

irriter v. t. Deux *r*, un seul *t*. De même : *irritabi-
lité, irritable, irritant, irritatif, irritation.*

irruption n. f. Deux *r*.

isabelle S'emploie comme nom masculin pour
désigner un cheval de couleur café-au-lait : *Le
seigneur arriva, monté sur un isabelle.* On évite
d'employer ce substantif au féminin pour
désigner une jument. On dit plutôt *une jument
isabelle.* — Comme adjectif de couleur, toujours invariable : *Des chevaux isabelle. Des
juments isabelle. Des robes isabelle.*

isard n. m. Chamois des Pyrénées. — Finale en
-*ard.*

isba n. f. En Russie, maison paysanne faite de
rondins de sapin. — Prononciation : [isba], et
non **[izba].* — Pl. : *des isbas* [-ba].

LISTE DES PRINCIPAUX MOTS COMMENÇANT PAR *IRRE-* OU *IRRÉ-*

irréalisable	irrégulier, ière	irrésolu, ue
irréalité	irrégulièrement	irrésolument
irrecevabilité	irréligieusement	irrésolution
irrecevable	irréligieux, euse	irrespect
irréconciliable	irréligion	irrespectueusement
irrécouvrable	irréligiosité	irrespectueux, euse
irrécusable	irrémédiable	irrespirable
irrédentisme	irrémédiablement	irresponsabilité
irréductible	irrémissible	irresponsable
irréductiblement	irrémissiblement	irrétrécissable
irréel, elle	irremplaçable	irrévérence
irréfléchi, ie	irréparable	irrévérencieusement
irréflexion	irrépréhensible	irrévérencieux, euse
irréformable	irrépressible	irréversibilité
irréfragable	irréprochable	irréversible
irréfutable	irréprochablement	irrévocabilité
irréfuté	irrésistible	irrévocable
irrégularité	irrésistiblement	irrévocablement

---

ischion n. m. Partie inférieure de l'os iliaque. — Prononciation : [iskjɔ̃]. Dérivé : *ischiatique* [iskjatik].

islam [islam], et non *[izlam] n. m. Un *i* minuscule quand le mot désigne la religion musulmane : *L'islam est une religion monothéiste.* — Un *I* majuscule quand le mot désigne l'ensemble des peuples et des pays dont l'islam est la religion, ou bien la civilisation inspirée par la religion musulmane : *L'Islam et la Chrétienté se combattirent souvent au cours de l'histoire.* — Dérivés : *islamique, islamisant, islamisation, islamisé, islamiser, islamisme.*

islandais, aise adj. *ou* n. De l'Islande. — Attention à la majuscule : *La population islandaise. Les Islandais.*

-isme Ce suffixe doit se prononcer [-ism(ə)], avec [s], et non *[-izm(ə)] : *protestantisme* [pRɔtɛstãtism(ə)], *royalisme* [Rwajalism(ə)].

iso- Préfixe (du grec *isos* « égal »). Les mots en *iso-* s'écrivent en un seul mot sans trait d'union : *isobare* adj. *ou* n. f., *isobathe* adj. *ou* n. f., *isocarde* n. m., *isocarène* adj., *isocèle* adj., *isochimène* [izɔkimɛn] adj. *ou* n. f., *isochore* [izɔkɔR] adj., *isochromatique* [izɔkRɔmatik] adj., *isochrone* [izɔkRɔn] adj., *isochronique* [izɔkRɔnik] adj., *isochronisme* [izɔkRɔnism-(ə)] n. m., *isoclinal, ale, aux* adj., *isocline* adj. *ou* n. f., *isodynamie* n. f., *isodynamique* adj., *isoédrique* adj., *isoète* n. m., *isogame* adj., *isogamie* n. f., *isoglosse* adj. *ou* n. f., *isogone* adj., *isohyète* adj. *ou* n. f., *isohypse* adj. *ou* n. f., *isoionique* adj., *isologue* adj., *isomère* adj. *ou* n. m., *isomérie* n. f., *isomérique* adj., *isométrie* n. f., *isométrique* adj., *isomorphe* adj., *isomor-*

phisme n. m., *isonomie* n. f., *isopérimètre* n. m., *isopodes* n. m. pl., *isostatie* [izɔstati] n. f., *isostatique* adj., *isosyllabique* [izɔsilabik] adj., *isotherme* adj. *ou* n. f., *isotonie* n. f., *isotonique* adj., *isotope* adj. *ou* n. m., *isotopique* adj., *isotrope* adj.

isochrone, synchrone Ces deux adjectifs ne sont pas synonymes.

1 isochrone [izɔkRɔn] Qualifie des choses de durée égale : *Les oscillations du pendule sont isochrones.*

2 synchrone [sɛ̃kRɔn] Qualifie une chose qui se produit en même temps qu'une autre : *Les historiens ont remarqué que les mauvaises récoltes et les révoltes paysannes étaient souvent synchrones.* Se dit spécialement à propos de phénomènes périodiques ayant en commun une même période et une même phase : *Deux pendules identiques, de même longueur et en concordance de phase, sont synchrones.*

isoler v. t. Un seul *l*. De même : *isolable, isolant, isolat, isolateur, isolation, isolationnisme* (avec deux *n*), *isolationniste* (avec deux *n*), *isolé, isolement, isolément, isoloir* (finale en *-oir*).

Isorel n. m. Marque commerciale d'un panneau de fibres de bois agglomérées. — Nom déposé, donc une majuscule : *Une cloison en Isorel.*

isotope, isotrope Deux mots paronymes à bien distinguer.

1 isotope En chimie, *des éléments isotopes* ou (n. m.) *des isotopes* sont des éléments qui sont chimiquement identiques mais qui diffèrent par la masse atomique : *L'uranium naturel est un mélange de trois isotopes, U 234, U 235 et U 238.*

2 isotrope En physique, qualifie un milieu dont les propriétés sont les mêmes quelle que soit la direction (s'oppose à *anisotrope*) : *Un milieu non cristallisé est isotrope pour toutes les propriétés. Les cristaux cubiques sont isotropes seulement en ce qui concerne la vitesse de propagation de la lumière.*

israélite, israélien Prononciation, orthographe et sens.

1 Bien prononcer ces mots avec [s], et non avec [z] : *israélite* [isʀaelit], et non *[izʀaelit], israélien, ienne* [isʀaeljɛ̃, jɛn], et non *[izʀaeljɛ̃, jɛn]. De même : *Israël* [isʀaɛl], et non *[izʀaɛl].

2 ▼ Les mots *israélite* et *israélien* prennent un accent aigu et non un tréma, à la différence de *Israël.*

3 Le mot *israélite* ne fait référence à la nationalité que quand on parle de l'Antiquité : *Les tribus israélites. Les Philistins combattirent contre les Israélites* (avec un *I* majuscule). Pour la période moderne, le mot *israélite* fait uniquement référence à la religion : *Les rites israélites. Les communautés israélites. Comme les catholiques, les israélites croient à l'immortalité de l'âme* (avec un *i* minuscule).

4 Le mot *israélien* fait uniquement référence à la nationalité et à l'Etat d'Israël (fondé en 1948) : *Le gouvernement israélien. L'armée israélienne. Les conflits entre les Arabes et les Israéliens* (avec un *I* majuscule).

issant ▷ **issir.**

-issime Suffixe d'origine latine *(-issimus)* ou italienne *(-issimo)* qui sert à former des superlatifs familiers ou badins : *rarissime, richissime,* etc.

issir v. i. Vieux verbe qui signifiait « sortir ». Ne subsiste plus que dans les adjectifs *issant, ante* et *issu, ue.* — L'adjectif *issant, ante,* terme d'héraldique, prend la marque du féminin et celle du pluriel : *Licorne issante. Des lions issants. Des licornes issantes. D'argent coupé de sinople aux deux léopards issants d'or .*

issue n. f. Signifie étymologiquement « sortie » et non pas « porte ». On évitera donc des phrases telles que : *Il a trouvé une issue pour entrer.* — N. f. pl. *Les issues :* ce qui reste du grain moulu, après séparation de la farine (son, etc.).

isthme Attention à la prononciation [ism(ə)] (avec *t* muet), à l'orthographe (avec *-th-*) et au genre (masculin) : *Un isthme étroit.* — Dérivé : *isthmique* [ismik], adjectif qui s'emploie dans l'expression *les jeux Isthmiques* (avec *j* minuscule et *I* majuscule). — N. f. pl. : *Les Isthmiques :* recueil d'odes triomphales composées par Pindare.

italianiser v. t. Un seul *n.* De même : *italianisant, italianisé, italianisme, italianité.*

italien, ienne adj. *ou* n Attention à la majuscule : *Le peuple italien. Les Italiens.* — *L'italien :* langue parlée en Italie. — *A l'italienne,* à la manière italienne : *Format à l'italienne.* — Sans trait d'union : *La comédie italienne.*

italiote n. *ou* adj. *Les Italiotes* (avec *I* majuscule) : peuples indo-européens qui envahirent l'Italie au IIᵉ millénaire avant J.-C. — (adjectivement, avec *i* minuscule) *Les peuples italiotes.* ▼ Finale en *-ote,* avec un seul *t.*

italique adj. *ou* n. On dit *une lettre italique* ou (n. f.) *une italique,* s'il s'agit d'une lettre isolée, et *le caractère italique* ou (n. m.) *l'italique,* s'il s'agit de l'ensemble des caractères : *Les sous-titres sont à composer en italique gras* (masculin singulier).

item [item] Mot latin qui veut dire « de même ».

1 S'emploie comme adverbe dans la langue commerciale pour éviter une répétition (dans un compte, une facture, un inventaire, etc.) : *Vendu le 17 mars, avec une ristourne de 5 %, une grosse de bobines de fil n° 3; item, deux douzaines de bobines de fil n° 4.*

2 Comme masculin, désigne chacune des questions d'un test ou chaque élément d'un ensemble structuré (en linguistique notamment). Dans cet emploi substantif, la tendance actuelle est de donner à *item* la marque du pluriel : *Les items d'un test* (plutôt que *les item*).

itinéraire n. m. Finale en *-aire.*

ithyphalle n. m. Dans l'Antiquité grecque, représentation d'un phallus en érection (objet du culte). — Prononciation : [itifal]. — Attention au *-th-*, à l'*y*, au *-ph-* et aux deux *l.* Dérivé : *ithyphallique* [itifalik] adj. *(statue ithyphallique).*

itou adv. Aussi, de même, pareillement : *J'irai à la fête, et mon frère itou.* — Mot vieux ou régional. Ne s'emploie plus dans le français moderne que par archaïsme plaisant. — Pas de *-t* à la fin.

ivoirien, ivoirin Deux mots paronymes à bien distinguer.

1 ivoirien, ienne adj. *ou* n. De la Côte-d'Ivoire, Etat africain : *La population ivoirienne. Les Ivoiriens.*

2 ivoirin, ine adj. *(vieilli ou littéraire)* Qui a l'éclat, la blancheur, la dureté de l'ivoire : *Une épaule ivoirine.* — Synonyme : *éburnéen* (littéraire).

ivraie n. f. Plante — Finale en *-aie.*

ivre adj. On écrit, sans trait d'union : *ivre mort.* Les deux éléments s'accordent en genre et en nombre : *Elle est ivre morte. Ils sont ivres morts. Elles sont ivres mortes.*

ivrogne adj. *ou* n. Dans l'emploi adjectif, le féminin est généralement *ivrogne : Une fille débauchée, ivrogne et paresseuse.* — Dans l'emploi substantif, le féminin est normalement *ivrognesse : Cette fille est une ivrognesse et une fainéante.*

ixia n. f. Plante. ▼ Toujours féminin : *L'ixia est très décorative.*

J

jabot n. m. Finale en *-ot.*

jaboter v. i. *(familier)* Bavarder. — Un seul *t.*
De même : *jabotage, jaboteur.*

jacasse n. f. *(vieilli)* Pie. — *(familier)* Femme
bavarde. — Dérivés : *jacassement, jacasser,
jacasserie, jacasseur, euse* (ou *jacassier, ière,*
cette dernière forme étant beaucoup plus rare
de nos jours).

jachère n. f. Finale en *-ère.*

jacinthe n. f. *(vieux)* Pierre précieuse, appelée
de nos jours *hyacinthe.* — *(de nos jours)* Plante
▷ **hyacinthe.** — Attention à la finale *-inthe,* avec
i et *th.*

jacobin, ine n. *ou* adj. En général, avec *J*
majuscule : *Le club des Jacobins* ou *les Jacobins*
(parti politique, sous la Révolution). — Avec
un *j* minuscule : *Un jacobin, des jacobins* (un
membre, des membres de ce parti).

jacquard n. m. Avec *-cqu-.* — On écrit, avec une
majuscule, *un métier Jacquard (des métiers
Jacquard,* avec *Jacquard* invariable), mais, avec
une minuscule, *un jacquard (des jacquards).* De
même : *du tissu Jacquard, du tricot Jacquard
(des tissus Jacquard, des tricots Jacquard),* mais
du jacquard (au pl. : *des jacquards).*

jacquemart ▷ **jaquemart.**

jacquerie n. f. Toujours avec *-cqu-.* — On écrit
parfois *la Jacquerie* avec un *J* majuscule quand
il s'agit de la révolte qui eut lieu dans le
Beauvaisis en 1358 : *Charles le Mauvais écrasa
la Jacquerie.* Toujours un *j* minuscule quand
il s'agit d'une autre insurrection : *La révolte des*

*Croquants, sous Henri IV fut une jacquerie, non
une révolution.*

jactance n. f. Finale en *-ance.*

jade Toujours du masculin : *Un beau jade
ancien.*

jade, jaspe Deux noms masculins à bien
distinguer.

1 jade Pierre fine de couleur blanchâtre,
olivâtre ou verdâtre, qui est employée surtout
dans l'art de l'Extrême-Orient : *Vase, statuette,
bibelot, bracelet de jade.*

2 jaspe Pierre fine, de couleur laiteuse, parfois
tachetée de rouge *(jaspe sanguin),* généralement
verdâtre, dont l'aspect rappelle celui de l'agate :
*Amulette égyptienne en jaspe. Vase, coupe de
jaspe.*

jadéite [ʒadeit] n. f. Pierre fine, différente du
jade. — Pas de tréma sur le *i.*

jadis Prononciation : [ʒadis], avec *-s* prononcé,
et non *[ʒadi]. — Normalement adverbe : *On
vit jadis les seigneurs donner des fêtes dans ces
châteaux.* N'est adjectif que dans l'expression
*le temps jadis : On regrette parfois de n'avoir
pas vécu au temps jadis.*

jadis, naguère Ces deux adverbes ne sont
nullement synonymes.

1 jadis Synonyme littéraire de *autrefois.* Renvoie à un passé considéré comme éloigné :
*Jadis, il fallait des semaines pour traverser
l'Atlantique à bord des grands voiliers.*

2 naguère Il y a peu de temps (mot littéraire) :
Naguère encore, ce quartier était très pittores-

que, mais, depuis deux ans, les immeubles neufs ont remplacé les vieilles maisons.

jaguar n. m. Grand félin du continent américain. — Prononciation : [ʒagwaʀ], avec [w] et non *[ɥ]. ▼ Bien distinguer de *cougouar* ou *couguar*, nom qui désigne un félin américain plus petit, appelé aussi *puma* ▷ **cougouar.** — Jamais de -*d* à la fin.

jaillir v. i. Prononciation : [ʒajiʀ], et non *[ʒaiʀ]. — Conjug. 25 (comme *finir*). *Je jaillis, nous jaillissons.* — Dérivés : *jaillissant, ante* [ʒajisã, ãt], *jaillissement* [ʒajismã].

jais [ʒɛ] n. m. Matière d'un noir brillant. ▼ Dire *noir comme du jais*, très noir, et non *noir comme un geai* ▷ **geai.**

jalonner v. t. Deux *n.* De même : *jalonnement, jalonneur.*

jaloux, ouse adj. *ou* n. Orthographe et construction.

1 Orthographe. Un -*x* final au masculin. — Dérivés : *jalousement, jalouser, jalousie.*

2 Construction. Avec *de* suivi d'un nom : *Il est jaloux de ton succès.* Avec *que* suivi du subjonctif : *Il est jaloux que tu réussisses* (ce dernier tour est assez rare). — On évitera de construire *jaloux* avec *de ce que* suivi de l'indicatif ou du subjonctif.

jamaïquain, aine adj. *ou* n. De la Jamaïque : *La population jamaïquaine. Les Jamaïquains.* — Tréma sur le *i.* S'écrit avec -*qu*-, non avec *c.*

jamais adv. Emplois et sens.

I Sens affirmatif (= un jour, à un moment quelconque, une fois).

1 Dans une hypothèse. *Si jamais cela se savait, nous serions perdus.* — (dans un sens emphatique) *J'ai été heureux à cette époque, si jamais je le fus.*

2 Dans une interrogation. *Aurait-on jamais imaginé tant d'habileté chez un enfant ?*

3 Dans une comparaison. *J'y suis plus que jamais décidé* (= plus qu'à n'importe quel autre moment). — Avec *ne* explétif : *Le voilà plus riche qu'il ne le fut jamais.*

4 Après un verbe exprimant une pensée dubitative ou négative. *Il se demandait s'il arriverait jamais au but. J'ignore si je le reverrai jamais.*

5 Après *sans*. *Il a marché tout le jour sans jamais s'arrêter.*

6 Dans les expressions emphatiques et nettement littéraires *à jamais, pour jamais, à tout jamais. Ce lieu est à jamais sacré.*

II Sens négatif (à aucun moment, en aucun cas).

1 En corrélation avec *ne*. *Il ne vient jamais me voir.* Tour normal de la langue écrite et dans la langue parlée soignée.

2 Avec ellipse de *ne*. C'est l'usage habituel dans la langue parlée relâchée : *Il vient jamais me voir.* — Dans la langue correcte, l'ellipse est admise dans les oppositions *(Il boit parfois du cidre, mais jamais de vin)*, dans les réponses *(Vous avez osé dire cela ? — Qui ? moi ? jamais !)*, devant un adjectif ou un participe *(On le voyait travailler sans arrêt, toujours joyeux, jamais las, jamais abattu)*, dans une phrase elliptique ou exclamative *(La mer dans ces parages est toujours mauvaise : jamais de repos pour le marin. Non, jamais de prédictions ! l'avenir n'est connu que de Dieu)*, dans le proverbe *Mieux vaut tard que jamais.*

III *Jamais de la vie* et *au grand jamais*. Formules de renforcement qui appartiennent à la langue familière.

jambe n. f. Avec *jambe* au pluriel : *à toutes jambes, n'avoir plus de jambes.* — Sans trait d'union : *des ronds de jambes.* ▼ Ne pas écrire *faire quelque chose par-dessus la jambe* (= négligemment), mais *par-dessous la jambe.*

jambière n. f. Finale en -*ière.*

jambonneau n. m. Deux *n.* — Pl. : *des jambonneaux.*

jamboree n. m. Anglicisme qui désigne un grand rassemblement de scouts. — Prononciation flottante en français : [ʒãbɔʀi] ou [ʒambɔʀi] ou [dʒambɔʀi] ou [ʒãbɔʀe]. La plus usuelle est [ʒãbɔʀi]. — Pl. : *des jamborees* [-ʀi] ou [-ʀe].

jam-session n. f. Anglicisme qui désigne un concert de jazz improvisé. — Prononciation flottante en français : [dʒamsesʃœn] ou [dʒamsesjɔ̃]. — Pl. : *des jam-sessions* [-ʃœn(s)] ou [-sjɔ̃]. — S'abrège souvent en *jam* [dʒam]. Pl. : *des jams* [dʒam].

janissaire n. f. Finale en -*aire.*

janotisme ▷ jeannotisme.

janséniste adj. *ou* n. Pas de majuscule : *Louis XIV persécuta les jansénistes.*

jante n. f. Partie d'une roue. — Dérivés : *jantier* n. m. ou *jantière* n. f. (outil de charron), *jantille* [ʒãtij] n. f. (aube de la roue d'un moulin ; ne pas écrire comme l'homophone *gentille*, féminin de *gentil*).

janvier n. m. Nom de mois, donc pas de majuscule en français : *Le 15 janvier.*

japon n. m. On écrit, avec un *J* majuscule, *de la porcelaine du Japon,* mais, avec un *j* minuscule, *le japon,* porcelaine du Japon *(Un vase de vieux japon),* et *un japon,* objet en porcelaine du Japon *(Un beau japon du XVIIIe siècle. Une collection de japons anciens).* De même, un *j* minuscule dans *du japon,* du papier de luxe de couleur ivoire (fabriqué à l'origine au Japon) : *Exemplaires hors commerce sur japon, numérotés de I à L.* ▼ Tous les dérivés de *Japon* prennent un seul *n, japonais, japonisant, japonaiserie, japonerie,* sauf *japonner* v. t. (soumettre la porcelaine à une deuxième cuisson).

japonais, aise adj. *ou* n. Attention à la majuscule : *La population japonaise. Les Japonais.* — *Le japonais :* langue parlée au Japon.

japper v. i. Deux *p,* à la différence de *laper.* De même : *jappement, jappeur.*

jaquemart n. m. Finale en *-art* et non en *-ard.* La graphie *jacquemart,* avec *-cqu-,* est plus rare.

jaquette n. f. ▼ Avec *-qu-,* et non *-cqu-* comme *jacquet.*

jar, jard, jars, jarre Plusieurs noms homophones qui se prononcent [ʒaʀ].

1 Le jar ou **le jars** n. m. Mot argotique qui désigne l'argot du milieu : *Jaspiner le jar,* parler argot.

2 Une jarre n. f. Grand vase de terre cuite : *Jarre d'huile.*

3 Un jarre ou parfois **un jard** ou **un jars** n. m. Chacun des poils longs, raides et clairs qui émergent de la fourrure ; l'ensemble de ces poils : *C'est le jarre qui donne leur valeur et leur beauté à certaines fourrures.*

4 Un jarre ou **un jar** ou **un jard** n. m. *(régional)* Banc de sable ou de gravier dans le lit de la Loire.

5 Un jars n. m. Mâle de l'oie domestique.

1. jargon n. m. Nom de diverses pierres semiprécieuses.

2. jargon n. m. Mauvais langage. Le composé *jargonophasie* n. f. (trouble du langage) prend un seul *n.* Les dérivés prennent deux *n : jargonner, jargonnesque, jargonneur, jargonneux.*

jarre, jar, jard, jars ▷ jar.

jarret n. m. Deux *r.*

jarretelle, jarretière Deux noms féminins qui s'écrivent avec deux *r* et qui peuvent donner lieu à des confusions.

1 jarretelle Bande d'étoffe fixée à une gaine ou à un porte-jarretelles et servant à maintenir tendu un bas de femme.

2 jarretière Autrefois, ruban ou élastique entourant la jambe et servant à maintenir un bas tendu.

jars, jarre, jar, jard ▷ jar.

jas n. m. Partie de l'ancre. — Prononciation : [ʒɑ].

jaser v. i. Avec un *s* et non un *z.* De même : *jaseur.*

jasmin n. m. Prononciation : [ʒasmɛ̃], et non *[ʒazmɛ̃].

jaspe Toujours masculin : *Une statuette en jaspe sanguin. Une collection de beaux jaspes.* — Bien distinguer le *jade* et le *jaspe* ▷ jade.

jaspé, ée adj. Qui, par sa coloration variée, imite l'aspect du jaspe : *Marbre jaspé. Acier jaspé.* — De la même famille : *jasper* v. t. (traiter une matière de manière à lui donner l'aspect du jaspe), *jaspure* n. f. ▼ Eviter les barbarismes *jaspeté, *jaspeter, *jaspeture,* formes fautives dues à l'attraction de *tacheter.*

jatte n. f. Deux *t.*

jauge n. f. Un *j* et un *g.* Dérivés : *jaugeage* (avec un *e* entre le *g* et le *a*), *jauger, jaugeur.*

jauger v. t. Conjug. **16.** Prend un *e* après le *g* devant *a* ou *o : il jaugea, nous jaugeons.*

jaunâtre adj. Accent circonflexe sur le *a.*

jaune adj. *ou* n. Majuscule et accord.

1 On écrit avec un *J* majuscule *un Jaune, une Jaune* (une personne de race jaune), mais avec un *j* minuscule *un jaune,* un ouvrier qui refuse de faire grève.

2 Employé seul, s'accorde : *Un rideau jaune. Des rideaux jaunes.* Employé avec un autre adjectif ou suivi d'un nom qui indique une nuance de jaune, reste toujours invariable : *Des robes jaune clair. Des rideaux jaune citron.* De même, *jaune* reste invariable quand il est précisé par un complément introduit par *de : Des tentures jaune d'or. Des rideaux jaune de chrome.* — Dans tous les exemples ci-dessus, pas de trait d'union, car le mot d'accompagnement n'est pas un adjectif de couleur. En revanche, on écrit avec un trait d'union (en maintenant l'invariabilité) : *Des robes jaune-orangé* (car *orangé* est un adjectif de couleur). — Il y a invariabilité aussi quand *jaune* est joint par *et* à un autre adjectif de couleur : *Des bannières jaune et rouge. Des voitures noir et jaune.* L'accord *Des voitures noires et jaunes* signifierait qu'il y a des voitures noires et d'autres voitures jaunes. — Employé comme nom, *jaune* prend la marque du pluriel : *Des jaunes éclatants.*

Javel Avec un *J* majuscule : *eau de Javel* (*Javel* est le nom d'un ancien village de la banlieue de Paris). ▼ Les dérivés de *Javel* prennent deux *l* : *javellisation, javelliser (eau javellisée)*, alors que les dérivés de *javelle* (poignée de tiges de céréales) prennent un seul *l* : *javelage, javeler, javeleur, javeleuse.*

javelle n. f. Chacune des poignées de tiges de céréales (tiges avec leurs épis) qui restent couchées sur le sol avant qu'on ne les lie en gerbes. ▼ Avec deux *l* et un *e* final, à la différence de (*eau de*) *Javel*. En revanche, les dérivés de *javelle* (*javelage, javeler, javeleur, javeleuse*), prennent un seul *l*, tandis que ceux de (*eau de*) *Javel* en prennent deux : *javellisation, javelliser.*

javelot n. m. Finale en *-ot*. De la même famille : *javeline.*

jazz n. m. Deux *z*. Prononciation : [dʒaz]. — Composés *jazz-band* [dʒazbɑ̃d] n. m. (pl. : *des jazz-bands* [-bɑ̃d], *jazzman* [dʒazman] n. m. (pl. : *des jazzmen* [-mɛn]). On préférera *joueur de jazz, musicien de jazz* à *jazzman.*

je Pronom personnel sujet de la première personne du singulier.

1 En français moderne, ne peut être séparé du verbe que par un ou plusieurs pronoms personnels : *Je le donne à mon frère. Je lui donne un livre. Je le lui donne. Je la connais. Je me souviens.* — Exception : le tour figé *je soussigné*, employé dans des formules administratives ou juridiques *(Je soussigné, Olive Dupont, certifie que...)* ▷ **soussigné.**

2 Dans l'interrogation directe et dans l'exclamation, on ne peut employer *je* postposé après une forme monosyllabique d'un verbe du deuxième ou du troisième groupe, sauf *ai-je ?, dis-je ?, dois-je ?, puis-je ?, suis-je ?, vais-je ?, vois-je ?* On évitera des formes telles que *cours-je ?, sors-je ?, prends-je ?, mens-je ?, pars-je ?, qu'ouïs-je ?*, etc. En revanche, quand la forme n'est pas monosyllabique, on peut employer *je* postposé : *sortirai-je ?, prendrai-je ?, mentirai-je ?, partirai-je ?* — Quand l'emploi de *je* postposé est possible, il vaut mieux l'employer : *partirai-je ?* est préférable à *est-ce que je partirai ?* En revanche, quand il est impossible, on aura recours aux formules *est-ce que* ou *qu'est-ce que* : *Est-ce que je prends le bon chemin ?* (et non *Prends-je le bon chemin ?*). *Qu'est-ce que je prends ?* (et non *Que prends-je ?*).

3 Formes du premier groupe (*chanté-je, aimé-je*) **et du troisième** (*dussé-je, puissé-je, eussé-je*) ▷ **-é-je.** On évitera d'employer *je* postposé après un verbe qui se terminé par *-ge*. Dire par exemple : *Est-ce que je ménage mes efforts ?* et non *Ménagé-je mes efforts ?*

jean-foutre n. m. Invariable : *des jean-foutre.* — Un *j* minuscule.

jean-le-blanc n. m. Oiseau. — Invariable : *des jean-le-blanc.* — Un *j* minuscule.

jeannette n. f. Croix d'or ; petite planche à repasser. — Pl. : *des jeannettes.* — Un *j* minuscule. — Un *e* devant le *a*, deux *n*, deux *t*.

jeannotisme ou **janotisme** n. m. Construction maladroite qui consiste à placer les mots dans un ordre donnant lieu à des interprétations grotesques. — On préférera la graphie *jeannotisme* à *janotisme.*

jeep n. f. Véhicule militaire (à l'origine américain). — Prononciation : [dʒip]. — Pl. : *des jeeps* [dʒip].

jéjunum n. m. Partie de l'intestin. — Prononciation : [ʒeʒynɔm]. — Pl. (rare) : *des jéjunums* [-nɔm].

je-m'en-fichisme, je-m'en-foutisme n. m. Attention aux traits d'union et à l'apostrophe. De même : *je-m'en-fichiste, je-m'en-foutiste.*

je ne sais quoi Quand cette expression n'est pas substantivée, jamais de trait d'union : *Il y a dans ce poème je ne sais quoi d'hésitant et de gauche.* — Quand l'expression est substantivée, on peut écrire, avec des traits d'union *(le) je-ne-sais-quoi* : *Il y a dans ce poème le je-ne-sais-quoi qui est la marque des grandes œuvres.* Cependant on peut préférer l'orthographe sans traits d'union préconisée par l'Académie : *(le) je ne sais quoi.*

jennérien, ienne adj. *La vaccination jennérienne :* vaccination antivariolique selon la méthode d'Edward Jenner. — Un accent sur le deuxième *é*, à la différence de *Jenner.*

jenny n. f. Machine à filer le coton. — Anglicisme francisé depuis longtemps. Prononciation : [ʒeni]. Pl. : *des jennys* [ʒeni].

jerez ▷ xérès.

jerk n. m. Anglicisme qui désigne une danse. Prononciation : [dʒɛʀk]. — Pl. : *des jerks* [dʒɛʀk]. — Dérivé : *jerker* [dʒɛʀke] v. i. (danser le jerk).

jéroboam n. m. Grosse bouteille de champagne. — Prononciation : [ʒeʀɔbɔam]. — Pl. : *des jéroboams* [-am].

jerrican ou **jerrycan** n. m. Anglicisme qui désigne un bidon d'essence. — Prononciation : [ʒeʀikan], plutôt que [dʒɛʀikan]. — Pl. : *des jerricans* ou *des jerrycans* [-kan]. — La graphie *jerrycan* semble plus fréquente que *jerrican*. La francisation en *jerricane* a eu peu de succès.

jersey n. m. Etoffe tricotée ; vêtement. — Un *j* minuscule. Finale en *-ey.* — Prononciation : [ʒɛʀzɛ]. — Pl. : *des jerseys* [-zɛ]. — A distinguer de *jersiais, iaise* adj. *ou* n. (de l'île de Jersey : *la population jersiaise. Les Jersiais).*

jésuite n. m. *ou* adj. Comme adjectif, prend la marque du pluriel : *Des églises jésuites.* — Avec *J* majuscule : *les Jésuites,* la Compagnie de Jésus *(Le rôle des Jésuites dans la Réforme catholique).* — Avec *j* minuscule : *des jésuites, un jésuite,* des membres, un membre de cette Compagnie *(Les jésuites sont d'excellents latinistes. Le jésuite monta en chaire).*

jésus [ʒezy] n. m. Comme nom commun, toujours avec une minuscule : *Le format jésus. Un petit jésus de cire était placé au milieu de la crèche de Noël. Ce bébé, quel adorable jésus !* — Avec un *E* et un *J* majuscules et sans trait d'union : *l'Enfant Jésus.*

1. jet [ʒɛ] n. m. Action de jeter, de projeter. — Avec *pierre* au singulier : *à un jet de pierre,* à une courte distance. — Avec *eau* au singulier : *des jets d'eau.*

2. jet n. m. Anglicisme qui désigne un avion de transport à réaction. — Prononciation : [dʒɛt]. — Pl. : *des jets* [dʒɛt]. — Pour éviter cet anglicisme, on pourra dire tout simplement *avion à réaction* ou *avion.*

jeter v. t. Conjug. **14.** Double le *t* devant un *e* muet : *je jette, je jetterai,* mais *nous jetons, vous jetez.* — Tous les dérivés ont un seul *t : jetage, jetée, jeteur.*

jeton n. m. Un seul *t.*

jet-stream n. m. Anglicisme qui désigne un vent soufflant à très haute altitude. — Prononciation : [dʒɛtstʀim]. — Pl. : *des jet-streams*

[-stʀim]. — Equivalent français : *courant-jet* [kuʀɑ̃ʒɛ] (pl. : *des courants-jets)* ou simplement *jet* [ʒɛ].

jettatura n. f. Mot italien qui désigne l'action ou la faculté de jeter des sorts : *La vieille Sicilienne avait, disait-on, la* jettatura. — Inusité au pluriel. — Mot italien non francisé. Prononciation : [dʒetatuʀa]. — Parfois écrit en italique dans un texte en romain, en romain dans un texte en italique, comme le mot *jettatore* [dʒetatɔʀe] (n. m.), jeteur de sorts, en Italie *(des jettatori).*

jeu n. m. (pl. : *des jeux)* Orthographe des expressions.

1 Avec le complément toujours au singulier : *des jeux d'esprit, des jeux d'adresse, des jeux de hasard, des jeux de société.*

2 Avec le complément toujours au pluriel : *un jeu de mots, un jeu de cartes, un jeu d'orgues.*

3 Un *j* minuscule à *jeu* mais une majuscule à l'adjectif dans : *les jeux Olympiques, les jeux Pithyques, les jeux Isthmiques, les jeux Néméens, les jeux Floraux.*

4 On dit indifféremment *Le jeu ne vaut pas la chandelle* ou *Le jeu n'en vaut pas la chandelle.*

jeudi n. m. Nom de jour de la semaine, donc pas de majuscule : *Je viendrai jeudi prochain.*

jeun, jeûne, jeûner, jeûneur ▼ On écrit : *être à jeun,* sans accent circonflexe sur le *u,* mais *jeûne, jeûner, jeûneur,* avec accent. En revanche, *déjeuner* sans accent.

jeune adj. *ou* n. L'emploi substantif *les jeunes, un jeune* est admis quand on parle des animaux : *Chez les oiseaux et les mammifères, les soins donnés aux jeunes par les parents sont bien plus complexes et bien plus longs que chez les reptiles.* Synonyme : *petit.* — Dans la langue soignée, on évitera cet emploi quand il s'agit d'êtres humains. On écrira plutôt *les jeunes gens, la jeunesse, un jeune homme, une jeune fille : La jeunesse d'aujourd'hui aime le sport et les voyages* (plutôt que *les jeunes d'aujourd'hui). C'est une jeune fille qui assure l'intérim* (et non *une jeune).*

jeune, jeûne Ne pas écrire *jeune,* peu âgé, comme le *jeûne,* la privation de nourriture.

jeûne, jeûner, jeûneur ▷ jeun.

jeunot, otte adj. *ou* n. Deux *t* au féminin.

jiu-jitsu n. m. En deux mots, avec trait d'union. — Prononciation : [ʒjyʒitsy].

joaillier, ière [ʒɔaje, jɛʀ] n. m. *ou* f. ▼ Un *i* après le groupe *-ill-*. En revanche : *joaillerie* [ʒɔajʀi], avec *-ill-* non suivi d'un *i*.

jobard, arde n. *ou* adj. *(familier)* Niais, naïf. — Le dérivé *jobardise* est plus fréquent de nos jours que *jobarderie*, un peu vieilli.

jockey n. m. Anglicisme admis depuis longtemps. — Prononciation :]ʒɔkɛ]. — Pl. : *des jockeys* [-kɛ]. — Attention au groupe *-ck-* et à la finale en *-ey*.

jocrisse n. m. *ou* adj. *(familier)* Niais, imbécile, naïf. — Finale en *-isse*.

jodhpurs n. m. pl. Anglicisme (mot anglais emprunté à une langue de l'Inde) qui désigne un pantalon de cheval. — Toujours au pluriel, même pour désigner un seul vêtement : *Elle portait une veste noire et des jodhpurs gris.* — Prononciation flottante : [ʒɔdpœʀ] ou [ʒɔdpyʀ] ou [ʒɔdpuʀ]. Cette dernière prononciation semble la plus fréquente.

jodler [ʒɔdle] ou **iodler** [jɔdle] ou **iouler** [jule] v. i. Chanter à la manière des Tyroliens. — Les trois formes sont admises.

joindre v. t. Conjugaison, constructions et emplois.

I Conjug. 85. *Je joins, tu joins, il joint, nous joignons, vous joignez, ils joignent.* — *Je joignais, tu joignais, il joignait, nous joignions, vous joigniez, ils joignaient.* — *Je joignis* — *Je joindrai* — *Je joindrais* — *Joins, joignons, joignez.* — *Que je joigne, que tu joignes, qu'il joigne, que nous joignions, que vous joigniez, qu'ils joignent.* — *Que je joignisse.* — *Joignant.* — *Joint, jointe.* — Attention au *i* après le groupe *-gn-* à la première et à la deuxième personne du pluriel de l'indicatif imparfait et du subjonctif présent : *(que) nous joignions, (que) vous joigniez.*

II Constructions.

1 Au sens de « ajouter », se construit avec *à* : *En joignant mes économies à cette somme que j'emprunte, je pourrai acheter cette villa.*

2 Au sens de « allier, unir », se construit avec *à* ou parfois avec *avec* (tour plus rare) : *Il sut joindre la prudence à l'audace.* Selon une distinction qui n'est pas toujours observée, la construction avec *à* s'emploie plutôt pour les choses qui sont naturellement destinées à se joindre *(Joindre le courage à la vertu),* tandis que *avec* s'emploierait plutôt pour les choses que rien dans leur nature ne prédispose à s'unir : *(Joindre la bravoure avec le goût des plaisirs).*

3 Quel que soit le sens, on peut toujours tourner avec *et* : *En joignant mes économies et cette somme que j'emprunte, je pourrai acheter cette villa. Il sut joindre le calcul et la fougue, la rigueur et l'inspiration.*

III Sens et emplois.

1 Joindre, adjoindre ▷ adjoindre (§ 2).

2 On évitera le pléonasme *joindre ensemble.*

joint, jointe Participe passé de *joindre.*

1 Joint que (suivi de l'indicatif), outre que : *Il est trop fatigué pour entreprendre ce voyage, joint que sa présence n'est pas indispensable.* Ce tour est vieilli, mais parfaitement correct. On évitera en revanche la tournure lourde et critiquée *joint à cela que.*

2 Ci-joint ▷ ci-annexé.

jointoiement [ʒwɛtwamã] n. m. Action de jointoyer. — Attention au *e* intérieur.

jointoyer v. t. Garnir de joints de mortier, de ciment — Conjug. **21.** Change *y* en *i* devant un *e* muet : *il jointoie, il jointoiera.* — Attention au *i* après l'*y* à la première et à la deuxième personne du pluriel de l'indicatif imparfait et du subjonctif présent : *(que) nous jointoyions, (que) vous jointoyiez.*

joker n. m. Anglicisme qui désigne une carte à jouer (utilisée dans certains jeux). — Prononciation : [ʒɔkɛʀ]. — Pl. : *des jokers* [-kɛʀ].

joliesse n. f. Caractère de ce qui est joli mais un peu mièvre ou trop précieux. — Toujours assez péjoratif, à la différence de *joli.*

joliment adv. ▼ Pas de *e* intérieur ni d'accent circonflexe sur le *i.*

jonc [ʒɔ̃] n. m. Attention au *-c* final.

jonc, ajonc ▷ ajonc.

jonchaie, jonchée, jonchère, joncheraie, jonchets Plusieurs noms à bien distinguer.

1 Une jonchaie ou **une jonchère** ou **une joncheraie** Lieu où croissent les joncs.

2 Une jonchée Autrefois, petit panier de jonc dans lequel on faisait égoutter le lait caillé. — De nos jours, petit fromage frais.

3 Une jonchée Ce qui est épars sur le sol : *Une jonchée de feuilles mortes.*

4 Un jonchet Bâtonnet avec lequel on joue au jeu des jonchets. On préférera la forme *jonchet(s)* à *honchet(s).*

jonquille n. f. Plante. — Prononciation : [ʒɔ̃kij].
— Comme adjectif de couleur, invariable : *Des robes jonquille.*

jordanien, ienne adj. *ou* n. De la Jordanie. — Attention à la majuscule : *Le gouvernement jordanien. La population jordanienne. Les Jordaniens.*

J'ordonne On écrit, avec un *J* majuscule, une apostrophe et sans trait d'union : *monsieur J'ordonne, madame J'ordonne, mademoiselle J'ordonne,* expressions familières qui désignent parfois des personnes autoritaires.

1. jota n. f. Nom du *j* en espagnol, lettre qui se prononce [x] (son qui n'existe pas en français). — Prononciation : [xɔta].

2. jota n. f. Danse espagnole et air sur lequel on l'exécute. — Mot espagnol non francisé — Prononciation : [xɔta], avec le son espagnol [x]. — Pl. : *des jotas* [xɔtas].

jouer v. t. dir. *ou* v. t. ind. *ou* v. i *Jouer de* peut avoir pour complément un nom désignant n'importe quel instrument de musique. Cependant on dira *sonner du cor, de la trompe* (plutôt que *jouer du cor, de la trompe*) et *battre le tambour* (plutôt que *jouer du tambour*).

jouet n. m. Eviter le pléonasme *jouet d'enfant.*

joufflu, ue adj. Deux *f.*

joug n. m. Le *-g* final est muet : [ʒu]. — Autrefois, le *-g* final se prononçait [k] en liaison : *un joug odieux* [œ̃ʒukɔdjø]. De nos jours, on ne fait plus cette liaison.

jouir v. t. ind *ou* v. i. Conjugaison et emploi.

1 Conjug. 25 (comme *finir*) Au passé simple : *je jouis, tu jouis, il jouit...* ▼ Eviter les barbarismes *je *jouissai, tu *jouissas, il *jouissa...*

2 Jouir de. Ne peut être suivi que d'un nom désignant une chose agréable ou avantageuse : *Il jouit d'une santé excellente.* Eviter les tours tels que : *Il jouit d'une santé fragile. Ce pays jouit d'un climat rigoureux.* Dire plutôt, dans ces cas, *souffrir.*

jouissance n. f. Finale en *-ance.*

joujou n. m. — Pl. : *des joujoux,* avec un *-x.*

jour n. m. Orthographe et expressions.

I Orthographe.

1 En français, les noms des jours de la semaine s'écrivent avec une minuscule : *lundi,*

mardi, mercredi, jeudi, vendredi, samedi, dimanche.

2 Avec un *-s : Tous les lundis. Les premier et troisième samedis de chaque mois.* Il y a plusieurs samedis chaque mois. — Sans *-s : Tous les lundi et jeudi de chaque semaine.* Il y a un seul lundi et un seul jeudi chaque semaine.

3 Avec un trait d'union : *à contre-jour, le demi-jour, les Cent-Jours.* — Sans trait d'union : *un faux jour, au petit jour, en plein jour.*

4 *Mon travail est à jour. Des draps à jours. Les ajours d'une broderie* ▷ ajour.

5 Se faire jour. Toujours invariable : *Ces tendances se sont fait jour.*

II Expressions.

1 On dit *le jour et la nuit* et non *la nuit et le jour : Il étudiait le jour et la nuit, tant il était désireux d'apprendre.*

2 Quel jour du mois sommes-nous ? Seul tour correct. Eviter : *Le combien sommes-nous ?* (tour relâché).

3 Au jour d'aujourd'hui ▷ aujourd'hui (2).

4 Mettre à jour, mettre au jour. La première expression, *mettre à jour,* signifie « actualiser » : *Ce dictionnaire géographique devrait être mis à jour.* — *Mettre au jour* signifie « faire apparaître ce qui était enfoui, caché » : *Les archéologues ont mis au jour un très beau vase grec. Qui saurait mettre au jour les ressorts cachés de certaines de nos actions ?* — On ne dit plus *mettre un enfant au jour* mais *donner le jour à un enfant,* le mettre au monde.

journal, aux n. m. On dira *dans le journal* plutôt que *sur le journal,* car le journal est assimilable à un livre plutôt qu'à une affiche : *J'ai vu sa photographie dans le journal.*

journellement adv. Deux *l.*

joute n. f. Lutte. — Un seul *t.* De même : *jouter, jouteur.*

jouvence n. f. Finale en *-ence.* — Souvent un *J* majuscule à *fontaine de Jouvence :* fontaine fabuleuse dont les eaux magiques rendaient la jeunesse. — Un *j* minuscule à *bain de jouvence, eau de jouvence.*

jouvenceau (pl. : *des jouvenceaux*) n. m. Avec *-en-.* De même : *jouvencelle.*

jovial, ale adj. Au masculin pluriel, on préférera *jovials* à *joviaux : Des visages jovials.* Il vaudra mieux d'ailleurs ne pas employer cet adjectif au masculin pluriel.

jouxter v. t. Etre attenant à : *Leur jardin jouxte le nôtre,* et non **au nôtre.*

joyau n. m. Prononciation : [ʒwajo]. — Pl. : *des joyaux.*

jubé n. m. Tribune d'église. — Finale en *-é.*

jubilé n. m. Cinquantenaire. — Finale en *-é.* — Dérivé : *jubilaire.*

jubiler v. i. Manifester une satisfaction intense. — Un seul *l.* De même : *jubilant, jubilation.*

juchoir n. m. Finale en *-oir.*

judaïque adj. Attention au tréma. De même : *judaïcité, judaïser, judaïsme.*

judas n. m. Prononciation : [ʒyda], avec *-s* muet. — Au sens de « traître », souvent écrit avec un *J* majuscule : *Ce fourbe, ce Judas, ce bandit !* — Au sens de « ouverture ménagée dans une porte », toujours un *j* minuscule : *Il regarda par le judas.*

judéo-chrétien, ienne adj. *ou* n. En deux mots, avec un trait d'union. De même : *judéo-christianisme.*

judiciaire, juridique Ces deux adjectifs ne sont nullement synonymes.

1 judiciaire Des tribunaux, de la justice : *Le pouvoir judiciaire. Poursuites judiciaires* (devant les tribunaux). *Assistance judiciaire* (aide à un indigent qui agit devant un tribunal). — Qui résulte d'un jugement (s'oppose parfois à *amiable* ou à *légal*) : *Par décision judiciaire. Vente judiciaire* (imposée par autorité de justice). *Liquidation, règlement judiciaire.*

2 juridique Qui concerne le droit, qui est du domaine du droit : *La science juridique. Etudes juridiques. La langue juridique. Une expression juridique.* — Qui est fait selon les règles du droit : *Actes juridiques.*

judo n. m. Sport de combat. — Le dérivé *judoka* peut s'employer au féminin : *Cette jeune fille est une excellente judoka.* — Prend la marque du pluriel : *Des judokas. Ces filles sont d'excellentes judokas.*

jugé n. m. On écrit *tirer au jugé* plutôt que *au juger.*

jugeable adj. Un *e* après le *g.*

jugeote n. f. Un *e* après le *g.* Un seul *t.*

1. juger Conjugaison et constructions.

I Conjug. 16 Prend un *e* après le *g* devant *a* ou *o : il jugea, nous jugeons.*

II Constructions.

1 Juger quelqu'un, juger quelque chose. *La cour d'assises de Rouen va juger l'assassin. Il juge son collègue avec sévérité. Le tribunal va juger ce crime affreux. On ne peut juger un tel livre après une lecture aussi rapide.*

2 Juger de quelque chose. Porter un jugement, une appréciation sur une qualité ; décider : *Savoir juger de la valeur des œuvres d'art n'est pas donné à tout le monde. C'est moi seul qui jugerai de la nécessité de prolonger les délais.* ▼ Ne peut être suivi d'un nom désignant une chose concrète. On ne peut dire : **Juger d'un tableau, d'un livre, d'un film.* — Imaginer, se représenter : *Jugez de ma surprise !*

3 Juger que. Suivi de l'indicatif quand *juger* est à la forme affirmative *(Il juge que je dois rester)* ou du subjonctif quand *juger* est à la forme négative ou interrogative *(Il ne juge pas que je doive rester. Jugez-vous que je doive rester ?).*

4 Juger si (suivi de l'indicatif). « Imaginer à quel point, se rendre compte que » (souvent par antiphrase et assez familier) : *Jugez si je fus content après un accueil aussi glacial !*

5 Juger sur, par, à, d'après. Ces prépositions introduisent l'énoncé des raisons ou de l'origine de l'appréciation : *Il ne faut pas juger les gens sur l'apparence. Si j'en juge par les bruits qui courent. A en juger aux résultats obtenus, la méthode n'est pas efficace* (tour assez rare). *Il juge ce livre d'après les extraits qu'il a lus.*

2. juger n. m. *Au juger* ▷ **jugé.**

jugulaire adj. *ou* n. Finale en *-aire.*

juif, juive adj. *ou* n. Le substantif prend un *j* minuscule quand on fait référence à la religion : *Comme les chrétiens et les musulmans, les juifs sont des monothéistes.* — Un *J* majuscule quand le substantif fait référence à la nationalité : *Les conflits entre les Juifs et les Arabes.* — Le féminin *juive* sert de féminin à *hébreu* ▷ **hébreu,** et aussi **israélien, israélite.**

juillet n. m. Nom de mois, donc pas de majuscule : *Le 15 juillet.*

juin n. m. Nom de mois, donc pas de majuscule : *Le 15 juin.* — Eviter la prononciation fautive **[ʒwɛ̃]* pour *[ʒɥɛ̃].*

jujube, julep Deux noms masculins à bien distinguer.

1 jujube Fruit du jujubier — Pâte pectorale faite avec ce fruit : *Bonbons de jujube. Sucer du jujube.* — Dérivé : *jujubier* n. m. (arbre méditerranéen qui produit le jujube).

2 julep [ʒylɛp] *(vieux)* Potion adoucissante à base de sirop, de gomme : *Un julep contre la toux.*

juke-box n. m. Anglicisme désignant un électrophone automatique qui fonctionne par introduction d'une pièce de monnaie. — Prononciation flottante : [dʒukbɔks] ou [ʒukbɔks]ou [dʒykbɔks] ou [ʒykbɔks] — Pl. : *des jukeboxes* [-bɔks]. — Equivalent français : *électrophone automatique.*

julep, jujube ▷ **jujube.**

jumbo-jet n. m. Anglicisme qui désigne un très gros avion à réaction. — Prononciation : [dʒœmbodʒɛt]. — Pl. : *des jumbo-jets* [-dʒɛt]. — Equivalents français : *avion géant, grosporteur.*

jumeau, elle n. m. *ou* n. f. *ou* adj. Question du singulier.

1 Quand le mot désigne une personne, il peut s'employer au singulier sans incorrection : *Je connais son jumeau. Elle a une sœur jumelle.*

2 Quand le mot *jumelle* désigne un instrument d'optique, il peut s'employer au singulier, mais le pluriel est plus fréquent : *Une jumelle marine. L'officier prit ses jumelles et observa la position ennemie.* En revanche, il est déconseillé de dire *une paire de jumelles.*

jumeler v. t. Conjug. **13.** Double le *l* devant un *e* muet : *je jumelle, je jumellerai.* — Dérivés (avec un seul *l*) : *jumelage, jumelé.*

jumelle ▷ **jumeau.**

jument n. f. Finale en *-ent.*

jumping n. m. Anglicisme désignant une compétition hippique. — Prononciation : [dʒœmpiŋ]. — Dérivé : *jumper* [dʒœmpœʀ] n. m. (cheval). Pl. : *des jumpers* [-pœʀ].

jungle n. f. Prononciation : [ʒɔ̃gl(ə)], plutôt que [ʒœ̃gl(ə)].

junior [ʒynjɔʀ] adj. *ou* n. m. *ou* n. f. Prend la marque du pluriel, mais non celle du féminin : *Les juniors. L'équipe junior. Les équipes juniors.* — L'emploi de *junior* après un nom de famille au sens de *fils* ou de *cadet (Dupont junior)*

constitue un anglicisme plaisant. A éviter dans un contexte sérieux.

junker n. m. Hobereau prussien. — Mot allemand. Prononciation : [junkœʀ]. — Pl. en français : *des junkers* [-kœʀ]. — En français, pas de majuscule.

junte n. f. Prononciation : [ʒɔ̃t], plutôt que [ʒœ̃t].

jupe-culotte n. f. — Pl. : *des jupes-culottes.*

jupon n. m. Deux *n* dans les dérivés : *juponné, juponner.*

jurade, jurande Deux noms féminins à distinguer.

1 jurade Au Moyen Age, municipalité d'une ville du Midi. Elle était constituée de *jurats.*

2 jurande Sous l'Ancien Régime, ensemble des *jurés* d'une corporation ou fonction de juré (dans une corporation).

jurançon n. m. Avec un *j* minuscule : *du jurançon (Une bouteille de jurançon. Boire du jurançon).* Avec un *J* majuscule : *du vin de Jurançon* (= de la région de Jurançon).

jurande n. f. Finale en *-ande.* — A distinguer de *jurade* ▷ **jurade.**

jurat n. m. Membre d'une jurade ▷ **jurade.**

juratoire adj. (droit) *Caution juratoire.* — Finale en *-oire.*

juré n. m. Pas de forme pour le féminin. Ne pas dire *une *jurée : Elle a été désignée comme juré. Les deux femmes jurés de cette cour d'assises.*

jurement n. m. Synonyme vieux de *serment* ou de *juron.*

juridiction n. f. Deux *n* dans le dérivé *juridictionnel, elle.*

juridique, judiciaire ▷ **judiciaire.**

jurisconsulte n. m. ▼ Bien prononcer [ʒyʀiskɔ̃sylt(ə)], avec [s], et non *[ʒyʀikɔ̃sylt(ə)].

jurisprudence n. f. ▼ Bien prononcer [ʒyʀispʀydɑ̃s], avec [s] et non *[ʒyʀipʀydɑ̃s]. — Dérivé : *jurisprudentiel, elle* [ʒyʀispʀydɑ̃sjɛl, ɛl] adj. (finale en *-tiel* et non en *-ciel*).

jury n. m. Mot anglais introduit depuis longtemps en français. — Prononciation : [ʒyʀi] — Pl. : *des jurys* [-ʀi].

jus n. m. On écrit, avec le complément toujours au singulier : *des jus d'orange, de pomme, de raisin, de citron,* etc., *des jus de viande.* — Avec le complément toujours au pluriel : *un jus de fruits, du jus de légumes.*

jusant n. m. Marée descendante. — Avec *s* et non *z*.

jusqu'au-boutisme n. m. Attention à l'apostrophe et au trait d'union. De même : *jusqu'au-boutiste.*

jusque prép. Forme, constructions et expressions.

I Forme (élision et *-s* final).

1 Le *e* final s'élide toujours devant une voyelle : *jusqu'à, jusqu'au, jusqu'alors, jusqu'ici, jusqu'où, jusqu'en,* etc.

2 Jusques (avec *-s* final). Forme archaïque, littéraire et poétique : *Percé jusques au fond du cœur* (Corneille). Ne subsiste que dans l'expression *jusques et y compris.*

II Constructions.

1 Se construit normalement avec *à (au)* : *Le pré s'étend jusqu'à la rivière. Je resterai jusqu'au mois de janvier.*

2 S'emploie sans *à* dans *jusqu'alors, jusqu'ici, jusque-là, jusqu'où* ou devant une préposition : *Je vais vous accompagner jusque chez vous. La foule se répandit jusque sur la place de la Mairie. Cette coutume subsista jusque vers la fin du XIXᵉ siècle. Les oiseaux venaient jusque dans la maison* — Peut aussi s'employer sans *à* devant les adverbes *assez, aussi, bien, fort, si, très* : *Il travailla jusqu'assez tard dans la nuit. Ce bruit s'entend jusque fort loin.* Ces emplois sont assez rares et littéraires. On en usera avec prudence et, de préférence, on tournera autrement : *Jusqu'à un moment avancé de la nuit. Jusqu'à une distance fort grande.*

3 Jusqu'à. Peut très correctement s'employer devant un sujet ou un complément d'objet direct au sens de « même » : *Jusqu'à ses amis l'ont abandonné. Il connaît jusqu'aux plus petits villages de son pays.*

4 On évitera les tours du genre : *Il manque jusqu'à ces devoirs sacrés* (le *à* de *jusqu'à* et le *à* qui introduit le complément indirect étant fondus en un seul *à*). On tournera autrement : *Il manque même à ces devoirs sacrés* ou *Il va jusqu'à manquer à ces devoirs sacrés.*

5 Jusqu'à ce que. Se construit normalement avec le subjonctif : *Il travaillera sans relâche, jusqu'à ce qu'il réussisse.* Ce tour comporte en général une idée de but ou d'incertitude. — Quand on voudra insister sur l'idée d'achève-

ment, de réalisation effective (sans idée de but), on écrira plutôt *jusqu'au moment où : Il a travaillé sans arrêt, jusqu'au moment où il est tombé malade. Nous nous promenions dans la campagne jusqu'au moment où la nuit arrivait.* ▼ Le tour *jusqu'à ce que* (suivi de l'indicatif), employé par certains écrivains, n'est pas conseillé. On évitera donc d'écrire : *Il a travaillé sans arrêt, jusqu'à ce qu'il est tombé malade. Nous nous promenions jusqu'à ce que la nuit arrivait.*

6 *Jusqu'à,* suivi de l'infinitif. Tour parfaitement correct quand le sujet de la proposition à un mode personnel est le même que le sujet de l'infinitif : *Dans sa fureur, il alla jusqu'à lever la main sur moi.* Ne pas dire en revanche : *La salle était froide, jusqu'à frissonner quand il entra,* car les deux verbes *était* et *frissonner* n'ont pas le même sujet. Tourner autrement : *La salle était si froide qu'il frissonna en entrant.*

II Expressions.

1 Jusqu'alors, jusqu'à maintenant, jusqu'à présent ▷ **alors** (2).

2 Jusqu'aujourd'hui, jusqu'à aujourd'hui ▷ **aujourd'hui** (3).

3 Jusqu'à tant que (suivi du subjonctif). Tour archaïque : *Il travailla jusqu'à tant qu'il réussît.* De nos jours, on dit *jusqu'à ce que* (voir ci-dessus (II, 5).

4 Il n'est pas jusqu'à... qui ne... (suivi du subjonctif). Tour littéraire, mais parfaitement correct : *Il n'est pas jusqu'aux paysans qui n'aient le désir d'imiter les modes de la ville* (= même les paysans ont le désir...).

jusquiame Plante. — Prononciation : [ʒyskjam] — Toujours féminin : *La jusquiame est vénéneuse.*

justaucorps n. m. Vêtement masculin du XVIIᵉ siècle. — En un seul mot, sans trait d'union.

juste Emploi adverbial et expressions.

1 Employé comme adverbe. Toujours invariable : *Il est cinq heures juste* (mais *Ces horloges sont justes*). *Ces filles chantent juste. Ces soldats tirent juste. Elles ont vu juste. Ils sont chaussés juste. Ces souliers me chaussent un peu juste* (mais *Ces chaussures sont un peu justes*).

2 Dans la langue soignée, on évitera *comme de juste* (expression critiquée) et *au juste* (expression familière).

juste-milieu n. m. Sous Louis-Philippe, politique modérée. — *(adjectivement)* Qui était partisan de cette politique : *Un député juste-milieu.* Dans cet emploi adjectif, invariable : *Des députés juste-milieu. Ils étaient juste-milieu.*

justice n. f. Dérivés : *justiciable, justicier, ière.*

justifier Conjugaison et constructions.

1 Conjug. **20.** Double le *i* à la première et à la deuxième personne du pluriel de l'indicatif imparfait et du subjonctif présent : *(que) nous justifiions, (que) vous justifiiez.*

2 Justifier de. S'emploie, surtout dans la langue juridique ou administrative, au sens de « apporter la preuve formelle, officielle de quelque chose » : *Justifier de son identité. Les candidats à cet emploi devront justifier de plusieurs années de pratique dans un emploi similaire. Justifier de ses dépenses,* en rendre un compte précis. — Dans tous les autres sens, construction transitive directe : *L'étendue des travaux d'aménagement justifie ces dépenses* (= les rend légitimes, normales). *Il n'a pu justifier cette accusation* (= la prouver).

jute Matière textile. — Toujours masculin : *Du jute épais.*

juter v. i. Un seul *t*. De même : *juteux.*

juvénile adj. Un *-e* final, même au masculin : *Un visage juvénile.*

juvenilia n. m. pl. Oeuvres, poèmes de jeunesse (souvent employé par plaisanterie ou ironiquement). — Mot latin. Prononciation : [ʒyvenilja]. Pas d'accent sur le *e.* Pas de *-s* final : *On va publier les juvenilia inédits de ce poète.*

juxta- Les composés en *juxta-* s'écrivent en un seul mot, sans trait d'union : *juxtalinéaire, juxtaposable, juxtaposé, juxtaposer, juxtaposition.*

K

kabbale, cabale ▷ cabale (1).

kabyle adj. *ou* n. Attention à l'*y* et à la majuscule : *La population kabyle. Les Kabyles.*

kadi Orthographe rare pour *cadi*, juge musulman.

kafkaïen, ïenne adj. *L'univers kafkaïen. Une atmosphère kafkaïenne.* — Deux *k* (comme dans *Kafka*) et un tréma sur le *i.*

kaiser n. m. Mot allemand signifiant « empereur ». Désigne spécialement les empereurs allemands Guillaume Ier et Guillaume II (dans ces deux cas, une majuscule) : *Le Kaiser (Guillaume II) lança son pays dans l'expansion maritime et coloniale.* — Prononciation : [kajzɛʀ].

kaiserlick n. m. Sous la Révolution, nom populaire donné aux soldats autrichiens, aux émigrés. — Prononciation : [kajzɛʀlik]. — Pl. : *des kaiserlicks* [-lik]. — Attention au groupe -*ck.*

kakatoès n. m. Orthographe rare de *cacatoès* ▷ cacatoès.

1. kaki n. m. Fruit. — Pl. : *des kakis* [-ki].

2. kaki adj. *ou* n. m. Invariable comme adjectif : *Des vareuses kaki.* — Prend la marque du pluriel comme nom : *Les verts, les bruns et les kakis de la mode d'été de cette année.* — L'orthographe *khaki* est vieillie.

kala-azar n. m. Maladie appelée aussi *bouton d'Orient, leishmaniose.* — Un trait d'union. Un *z.*

kaléidoscope [kaleidɔskɔp] n. m. Accent aigu sur le *e.*

kamikaze n. m. Avion-suicide japonnais. — Bien prononcer [kamikaze], avec [-kaze], et non *[kamikaz], avec [-kaz]. — Pl. : *des kamikazes* [-ze], plutôt que *des kamikaze.* — Pas d'accent sur le *e.*

kangourou n. m. — Pl. : *des kangourous.* — *Poche kangourou :* poche disposée sur le devant d'un vêtement. Sans trait d'union et invariable : *des poches kangourou.*

kantien, ienne adj. *ou* n. Prononciation : [kɑ̃tjɛ̃, jɛn], avec [t], comme *Kant* [kɑ̃t] — De même : *kantisme* [kɑ̃tism(ə)].

kaolin n. m. Prononciation : [kaɔlɛ̃]. — Dérivé : *kaolinisation.*

kapo n. m. Dans un camp de concentration national-socialiste, détenu qui faisait office de surveillant. — Mot allemand francisé. Un *k* minuscule. Pl. : *des kapos* [-po].

kapok n. m. Substance végétale. — Finale en -*ok,* non en *-*ock* — Dérivé : *kapokier* n. m. (arbre qui fournit le kapok).

karakul Orthographe rare pour *caracul,* fourrure de mouton.

karaté n. m. Sport de combat japonais. — Le dérivé **karatéka** prend la marque du pluriel (*des karatékas* [-ka]), mais non celle du féminin : *Cette fille est une redoutable karatéka. Ces filles sont de redoutables karatékas. Une bonne karatéka.*

karpatique Orthographe, assez rare, pour *carpatique*, des Carpates. — Un *t* et non *th*.

karstique adj. *Relief karstique :* relief calcaire tel que celui qui existe dans le Karst (en Yougoslavie) ou dans les Causses.

kart n. m. Anglicisme qui désigne un petit véhicule à moteur (avec lequel on pratique le *karting).* — Prononciation : [kaʀt]. — Pl. : *des karts* [kaʀt]. — Dérivé : *karting* [kaʀtiŋ].

karyokinèse ou **karyocinèse** Formes rares pour *caryocinèse,* division cellulaire.

kayac ou **kayak** n. m. Embarcation légère. — Pl. : *des kayacs, des kayaks* [-jak]. — La graphie *kayak* est plus fréquente que *kayac*.

kebab n. m. Brochette rôtie. — Prononciation : [kebab]. — Pl. : *des kebabs* [-bab]. — Pas d'accent sur le *e*.

keepsake n. m. Anglicisme qui, à l'époque romantique, désignait un album orné de gravures. — Prononciation : [kipsɛk]. — Pl. : *des keepsakes* [-sɛk].

kéfir ou **képhir** ou **képhyr** [kefiʀ] n. m. Boisson obtenue par fermentation du lait de chèvre, de jument ou de vache (Caucase, Bulgarie, Asie centrale). — Les trois formes sont attestées dans les dictionnaires. On préférera *kéfir.* — Le *kéfir* doit être distingué du *koumis (koumys, coomys),* autre boisson fermentée faite aussi avec du lait ▷ **koumis.**

képi n. m. Coiffure militaire.

képlérien, ienne adj. *Le système képlérien :* le système astronomique conçu par l'astronome allemand Johannes Kepler. — Un accent aigu sur le premier et le deuxième *e*, à la différence du nom de *Kepler*.

kères [kɛʀ] Génies de la mort violente, dans la mythologie grecque. — Un *k* minuscule — Toujours au pluriel. Toujours féminin : *Les kères justicières.*

kérogène, kérosène Deux noms masculins à bien distinguer.

1 kérogène Roche imprégnée d'hydrocarbures lourds et constituant un gisement pétrolifère.

2 kérosène Nom du *pétrole lampant,* quand il est utilisé comme carburant dans les réacteurs des avions ou des fusées.

ketch [kɛtʃ] n. m. Petit voilier. — Pl. : *des ketchs* [kɛtʃ] ou, à l'anglaise, *des ketches* [kɛtʃ].

ketchup n. m. Anglicisme qui désigne une sauce. — Prononciation : [kɛtʃœp]. — Pl. : *des ketchups* [-œp].

keynésien, ienne [kenezjɛ̃, jɛn] adj. De Keynes, économiste anglais : *Les théories keynésiennes.*

khalifal, khalifat, khalife ▷ calife.

khamsin n. m. En Egypte, vent chaud qui souffle du désert. — Prononciation : [kamsin] ou [xamsin]. On préférera la graphie *khamsin* à *chamsin.*

1. khan n. m. Souverain de certains peuples d'Asie centrale. — Prononciation [kɑ̃]. — Pl. : *des khans* [kɑ̃]. — Pas de majuscule au *kh-. de la Horde d'Or. Le grand khan. Gengis khan.* — Dérivé : *khanat* [kana] n. m. (royaume d'un khan).

2. khan n. m. Dans l'Orient musulman, caravansérail. — Prononciation : [kɑ̃]. — Pl. : *des khans* [kɑ̃].

khédive [kediv] n. m. *(histoire)* Titre du souverain d'Egypte (1867-1914). — Attention au *kh-.* Dérivés : *khédival, ale, aux* ou *khédivial, ale, aux* adj. (du khédive), *khédivat* ou *khédiviat* n. m. (dignité de khédive).

khmer, khmère adj. *ou* n. Un *h* après le *k.* Attention à la majuscule. Prend la marque du pluriel et du féminin : *La population khmère. Les Khmers. Une Khmère.* — N. m. *Le khmer :* langue parlée au Cambodge.

khôl ▷ kohol.

kichenotte n. f. Coiffe des paysannes de Saintonge. — Attention aux deux *t*.

kick-starter n. m. Anglicisme qui désigne un démarreur de motocyclette. — Prononciation : [kikstaʀtɛʀ]. — Pl. : *des kick-starters* [-tɛʀ]. — Le mot s'abrège souvent en *kick* [kik]. Pl. : *des kicks* [kik].

kidnapper v. t. En raison de son étymologie (en anglais *kid* veut dire « chevreau », d'où « enfant, gosse »), ce mot ne devrait s'employer qu'à propos d'un enlèvement d'enfant. De même pour *kidnappage* ou *kidnapping* et pour *kidnappeur, euse.* — A l'anglicisme *kidnapper* on préférera *enlever,* à *kidnappage, kidnapping, enlèvement* ou *rapt,* à *kidnappeur, ravisseur.*

1. kief [kjɛf] n. m. En Orient, repos du milieu du jour — *(par extension, vieilli)* Repos somnolent.

2. kief [kjɛf] ou **kif** [kif] n. m. En Afrique du Nord, mélange de tabac et de hachisch. — La forme *kif* semble la plus fréquente.

kieselguhr ou **kieselgur** n. m. (mot allemand) Terre siliceuse. — Prononciation : [kizɛlguʀ]. — Pl. (en (français) : *des kieselguhrs* ou *des kieselgurs* [-guʀ]. — La graphie *kieselguhr*, avec *h*, semble la plus fréquente.

kilo n. m. Forme usuelle employée dans la langue parlée pour *kilogramme* — Pl. : *des kilos.* ▼ Ne pas écrire **kilog*.

kilo- Préfixe métrologique. Principaux composés : *kilocalorie* n. f., *kilocycle* n. m., *kilogramme* n. m., *kilogrammètre* n. m., *kilojoule* n. m., *kilomètre* n. m., *kilotonne* n. f., *kilovolt* n. m., *kilovoltampère* n. m., *kilowatt* n. m.

kilogramme n. m. Symbole : *kg,* invariable et sans point. Forme abrégée usuelle : *kilo* et non **kilog*. — Composés : *kilogramme-force* (pl. : *des kilogrammes-force,* plus logique que *des kilogrammes-forces*), *kilogramme-poids* (pl. : *des kilogrammes-poids), kilogrammètre.* ▼ Ne pas écrire **kilogramme-mètre*.

kilomètre n. m. Symbole : *km,* invariable et sans point. Un accent grave, à la différence de *kilométrage, kilométrique.* ▼ Ne pas écrire *kilomètre-heure* mais *kilomètre à l'heure* ou *kilomètre par heure.*

kilomètre-passager n. m. — Pl. : *des kilomètres-passagers.*

kilométrer v. t. Conjug. **11.** *Je kilomètre,* mais *je kilométrerai.*

kilomètre-voyageur n. m. — Pl. : *des kilomètres-voyageurs.*

kilométrique adj. Accent aigu, à la différence de *kilomètre.*

kilowatt n. m. — Pl. : *des kilowatts.* — Composé : *kilowattheure* (pl. : *des kilowattheures*).

kilt n. m. Jupe portée en Ecosse par les hommes. — Prononciation : [kilt]. — Pl. : *des kilts* [kilt].

kimono n. m. — Pl. : *des kimonos* [-no]. — Invariable dans *des manches kimono, des robes kimono.*

kinésique ▷ kinesthésie.

kinésithérapie n. f. Attention au groupe *th.* De même : *kinésithérapeute.*

kinesthésie n. f. Attention au groupe *th.* Dérivé : *kinesthésique* ou *kinésique.*

kiosque n. m. ▼ Eviter la graphie fautive, assez fréquente **kioske.*

kipper n. m. Anglicisme qui désigne un hareng ouvert, salé et fumé. — Prononciation : [kipœʀ]. — Pl. : *des kippers* [-pœʀ]. — Attention aux deux *p.*

kir n. m. (du nom du chanoine *Kir,* qui fut maire de Dijon). Apéritif constitué par un mélange de vin blanc et de sirop de cassis. — Pas un nom déposé, donc un *k* minuscule. — Pl. : *des kirs.*

kirsch [kiʀʃ] n. m. Eau-de-vie de cerise — On évitera d'employer le mot au pluriel (*des kirsch* est contraire à la règle, *des kirschs* entraîne une séquence de cinq consonnes, choquante pour l'œil). On tournera autrement et on écrira, par exemple : *Les différentes sortes de kirsch* — Dans la langue très surveillée, on évitera l'expression commerciale *du kirsch fantaisie.* On écrira plutôt : *du kirsch de fantaisie.*

kit n. m. Anglicisme qui désigne un objet qu'on achète en pièces détachées et qu'on assemble soi-même. — Prononciation : [kit]. — Pl. : *des kits* [kit].

kitchenette n. f. Américanisme qui désigne une toute petite cuisine. — Prononciation : [kitʃənɛt]. Pl. : *des kitchenettes* [-nɛt]. — Pour éviter cet américanisme, on pourra employer l'équivalent français *cuisinette.*

kitsch n. m. Style démodé et de mauvais goût. — Mot allemand. — Prononciation : [kitʃ]. — Comme adjectif, toujours invariable : *Des bibelots kitsch. Une décoration kitsch.* — On évitera la graphie *kitch.*

kiwi [kiwi] n. m. Oiseau de Nouvelle-Zélande, appelé aussi *aptéryx.* — Pl. : *des kiwis* [-wi].

Klaxon [klaksɔn] n. m. Nom déposé, donc avec une majuscule. On préférera plutôt : *avertisseur.* — Pl. : *des Klaxons.* — Dérivé (avec deux *n*) : *klaxonner* (employer plutôt : *avertir, user de l'avertisseur, faire entendre son avertisseur*).

klephte [klɛft(ə)] n. m. A l'époque des guerres de l'Indépendance, montagnard grec se livrant à la guérila contre l'occupant turc. — La graphie *klephte* a supplanté *clephte* (forme vieillie).

kleptomanie ou **cleptomanie** n. f. Les deux graphies sont admises, mais *kleptomanie* semble la forme la plus fréquente. Dérivé : *klepto-mane* (ou *cleptomane*).

klystron n. m. Tube électromagnétique. — Pl. : *des klystrons.* — Attention à l'*y*.

knickerbockers n. m. pl. Anglicisme vieilli qui désignait un pantalon de golf. — Ne s'employait qu'au pluriel : *Il portait une veste beige et des knickerbockers gris.* — Mot non francisé. Prononciation : [nikœRbɔkœRs]. — Souvent abrégé en *nickers* [nikœR] n. m. pl.

knock-down n. m. (anglicisme de la langue de la boxe) Prononciation : [nɔkdawn]. — Invariable : *des knock-down.*

knock-out n. m. *ou* adj. (anglicisme) Prononciation : [nɔkawt]. — Invariable : *des knock-out.* — (adjectivement) *Ils sont knock-out.* — S'abrège en *K.-O.* [kao] — Dérivé : *knock-outer* [nɔkawte] ou [nɔkute] v. t. (mettre knock-out).

knout n. m. Fouet russe. — Prononciation : [knut]. — Pl. : *des knouts* [knut].

koala [kɔala] n. m. Animal. — Pl. : *des koalas* [-la].

kobold n. m. Lutin. — Prononciation : [kɔbɔld]. — Pl. : *des kobolds* [-bɔld].

Kodak n. m. Nom déposé, donc toujours un *K* majuscule. — Invariable : *des Kodak.*

kohol [kɔɔl] ou **koheul** [kɔœl] ou **khôl** [kol] n. m. Fard. — Pl. : *des kohols, des koheuls, des khôls.* — Les trois formes sont admises.

koinê ou **koinè** [kɔjnɛ] n. f. Langue parlée dans un ensemble de régions où elle succède ou se superpose à des dialectes : *Le français est, en France, une koinè qui a remplacé les anciens dialectes.* — Pl. : *des koinês, des koinès.* Les deux graphies sont admises. Peut-être la graphie *koinè* est-elle un peu plus fréquente.

kola ▷ cola.

kolkhoze [kɔlkoz] n. m. Attention à la place du *h*. — On évitera les graphies *kolkhoz, kholkoz.* — Pl. : *des kolkhozes.* — Dérivé : *kolkhozien, ienne.*

kommandantur n. f. Local où se trouvait installé le commandement militaire allemand d'une troupe d'occupation. — Mot allemand francisé — Prononciation : [kɔmãdãtyʀ]. — Pl. (français) : *des kommandanturs* [-tyʀ].

konzern n. m. Autrefois, en Allemagne, trust, cartel. — Mot allemand mal francisé. — Prononciation : [kɔntsɛRn]. — Pl. (français) : *des konzerns* [-tsɛRn].

kopeck [kɔpɛk] n. m. Monnaie russe. — Pl. : *des kopecks* [-pɛk]. — On évitera les graphies vieillies *copeck, copec, kopek.*

korê ▷ coré.

korrigan [kɔRigã] n. m. Dans les légendes bretonnes, petit génie, elfe, lutin. — Deux *r*. — Pl. : *des korrigans* [-gã].

kouglof [kuglɔf] n. m. Gâteau alsacien. — Pl. : *des kouglofs* [-glɔf]. — On préférera la graphie francisée *kouglof* à *kougelhof, kugelhof.*

koulak [kulak] n. m. Autrefois, en Russie, paysan enrichi — Pl. : *des koulaks* [-lak].

koumis ou **koumys** ou **coomys** [kumis] n. m. Boisson fermentée acidulée et légèrement alcoolique faite avec du lait de jument, d'ânesse, de chamelle ou de vache (Asie centrale). — On préférera la graphie *koumis* et on évitera *coomys.* — Le *koumis* doit être distingué du *kéfir (képhir, képhyr),* autre boisson fermentée faite aussi avec du lait ▷ kéfir.

kouros ou **couros** [kuRɔs] n. m. Statue grecque représentant un jeune homme. — Mot grec non francisé. Pl. : *des kouroi* ou *des couroi* [kuRɔj].

krach, krak, crac, crack ▷ crac.

kraft [kRaft] *Du papier kraft* ou *du kraft :* variété de papier d'emballage.

krak, krach, crac, crack ▷ crac.

kraken [kRakɛn] n. m. Monstre marin des légendes scandinaves. — Un *k* minuscule. — Normalement, inusité au pluriel.

kremlin [kRɛmlɛ̃] n. m. Un *k* minuscule quand le mot désigne la partie centrale et fortifiée d'une ville russe quelconque : *Le kremlin de Nijni-Novgorod. Le kremlin d'Astrakhan.* — Un *K* majuscule quand il s'agit du kremlin de Moscou, siège du gouvernement soviétique : *La place Rouge s'étend au pied du Kremlin.* — *(par métonymie)* Le gouvernement soviétique : *Une décision du Kremlin.*

kronprinz n. m. (mot allemand) Autrefois, prince héritier de Prusse ou de l'Empire allemand. — Prononciation : [kRɔnpRints]. — En français, invariable : *les kronprinz.* — Prend un *K* majuscule quand il s'agit du prince héritier Frédéric-Guillaume (1882-1951), fils de Guillaume II : *Le Kronprinz commandait l'armée allemande à Verdun.*

krypton [kʀiptɔ̃] n. m. Gaz rare de l'air. — On préférera la graphie *krypton* à *crypton.*

kummel [kymɛl] n. m. Liqueur au cumin. — Deux *m.* — Pl. : *des kummels.*

kymatologie n. f. Etude scientifique des vagues de la mer ou des vagues de sable (dunes, déserts).

kymographe n. m. Appareil enregistreur employé en physiologie. — Dérivé : *kymographie.*

kymrique [kimʀik] n. m. Langue celtique parlée au pays de Galles. — Synonyme : *gallois.* — Il existe une autre forme du mot : *cymrique* [simʀik].

Kyrie [kiʀje] n. m. (du grec *Kyrie, eleison* [kiʀjeeleisɔn] « Seigneur, aie pitié », premiers mots de cette prière). Prière et chant de la messe ; musique de ce chant. — Toujours un *K* majuscule. — Invariable : *des Kyrie.* — Parfois écrit en italique dans un texte en romain, en romain dans un texte en italique : *Le prêtre entonna le* Kyrie. — Dérivé : *kyriale* n. m. (livre qui contient les mélodies des chants de la messe ; masculin malgré sa finale en *-ale*).

kyrielle n. f. Un *y*, deux *l.*

kyste n. m. Un *y*. De même : *kystique.*

L

1. là adv. Orthographe et locutions.

I Orthographe. Ne pas oublier l'accent grave sur le *a*.

1 Sans trait d'union : *d'ici là, par là, de là, là même, par là même, là contre, là où, çà et là.* Pas de trait d'union devant *là* dans les formes de l'impératif : *allez là, restons-en là,* etc.

2 Avec un trait d'union : *là-bas, là-haut, là-dedans, là-dessus, là-dessous, jusque-là, de-ci de-là, par-ci, par-là.*

3 Celui-là, cet homme-là ▷ -là 2 (particule).

II *Là* et *ici* ▷ ici (I, § 1 et 2).

III Locutions.

1 D'ici là ▷ ici (II, 1).

2 Là où. Emploi parfaitement correct quand la locution n'est pas précédée de *c'est : Nous retrouvâmes notre ami là où nous l'avions laissé.* — En revanche, dire *c'est là que,* car *c'est là où* est un tour relâché : *C'est là que nous retrouverons notre ami.*

3 Là contre. Locution admise de nos jours dans le bon usage : *On ne peut rien faire là contre.* En revanche, éviter *On ne peut rien faire contre,* construction qui serait peu correcte.

2. -là, là Particule démonstrative.

1 Orthographe. On lie la particule par un trait d'union au nom précédent, si ce nom est précédé immédiatement d'un adjectif démonstratif : *Cet enfant-là. Cette maison-là.* Sinon, on écrira *là* sans trait d'union : *Ce charmant enfant là. Cette caricature de savant là.* — Avec une indication de nombre, on emploie le trait d'union : *Ces trois-là. Ces trois enfants-là.*

2 Celui-ci, celui-là ▷ celui (§ 4).

3 Ce monument-ci, ce monument-là. En principe, le démonstratif formé avec *-là* désigne l'objet le plus éloigné dans l'espace, ou l'événement, le moment le plus éloigné dans le temps, alors que le démonstratif formé avec *-ci* exprime la proximité : *Ce monument-ci, c'est l'hôtel de ville, celui-là, là-bas, c'est l'archevêché. J'ai été souffrant ces jours-ci* (= fait récent). *En ces temps-là* (= époque éloignée), *la vie était plus agréable que de nos jours.* — Le démonstratif en *-là* peut aussi désigner ce dont on vient de parler, le démonstratif en *-ci* ce dont on va parler : *Cette question-là étant réglée, je voudrais maintenant aborder celle-ci.* ▷ celui (§ 4) et ceci (§ 1).

label n. m. Marque apposée sur un produit. — Finale en *-el.*

labial, ale, aux adj. Masculin pluriel en *-aux : Des phonèmes labiaux.*

labile adj. Finale en *-ile,* même au masculin.

laborantin, ine n. m. *ou* f. Avec *-an-.*

laboratoire n. m. Finale en *-oire.*

labyrinthe n. m. Attention à la place de l'*y* et du *i.* Attention au groupe *-th-.* — Une minuscule dans la plupart des emplois. Majuscule seulement quand le mot désigne le palais souterrain de Minos, demeure du Minotaure.

lac, lacs ▷ lacs.

lacer v. t. Conjug. 17. Le *c* prend une cédille devant *a* ou *o : il laça, nous laçons.* — Ne pas écrire *lacer* [lase] (*Lacer ses chaussures*) comme *lasser* [lɑse], fatiguer (*On finit par se lasser de cette occupation si monotone*).

lâche adj. *ou* n. Accent circonflexe. De même : *lâchement, lâcheté.*

lâcher v. t. Accent circonflexe. De même : *lâchage, lâcher* n. m. (*Un lâcher de pigeons*), *lâcheur.*

lacis n. m. Finale en *-is*. Prononciation : [lasi], avec *-s* muet.

lacrymal, ale, aux adj. Avec un *y*. De même : *lacrymogène.*

lacs n. m. (*vieilli*) Nœud coulant qui servait à la capture du gibier. — Prononciation : [lɑ], le *-s* est muet. — On a dit *tomber dans les lacs de quelqu'un* (être victime de ses ruses), *tomber dans le lacs* (être pris au piège), expressions qui se sont altérées par attraction de *lac* et ont donné naissance aux expressions familières modernes *tomber dans le lac* (échouer), *être dans le lac* (avoir échoué) : *Nos projets sont dans le lac !*

lactaire Champignon. — Finale en *-aire*. Toujours masculin : *Le lactaire délicieux.*

lactose n. m. (terme de chimie) Toujours masculin : *Le lactose est abondant dans le lait.*

lad n. m. Garçon d'écurie. — Anglicisme introduit dans la langue depuis le milieu du XIXᵉ siècle. — Prononciation : [lad]. — Pl. : *des lads* [lad].

ladite ▷ **dit.**

ladre adj. *ou* n. Ne pas déformer en **lardre*. — Dérivé : *ladrerie.*

lady n. f. Prononciation : [lɛdi]. — Pl. : *des ladies* [lɛdiz], plutôt que *des ladys* [lɛdi]. — Avec un *l* minuscule (*une lady*), sauf devant un nom propre : *Il rencontra Lady Mortimer.*

lagon n. m. Lagune comprise entre la terre ferme et un récif corallien. — Lac d'eau de mer au centre d'un atoll. ▼ Ne pas dire dans ce dernier sens, *lagune.*

lagune n. f. Toujours avec une minuscule, sauf dans l'emploi absolu *la Lagune*, la lagune de Venise. ▼ Ne pas employer *lagune* au sens de *lagon* ▷ **lagon.**

lai Deux mots à distinguer.

1 lai, laie adj. (*vieux*) Synonyme de *laïc* : *Les juges lais et les juges d'Église.* — (de nos jours)

Frère lai : religieux qui n'est pas prêtre et qui est employé aux tâches matérielles dans un couvent. Féminin : *sœur laie.*

2 lai n. m. Poème médiéval : *Les lais de Christine de Pisan.* ▼ On prendra garde aussi aux formes homophones ou paronymes *laid*, *laie* (▷ **laie**, § 1, 2, 3, 4 et 5), *lais, lait, laye, legs, lé, les, lès.*

laïc, laïque adj. *ou* n. Usage assez flottant. Au féminin, toujours *laïque*, comme adjectif ou comme nom : *L'école laïque. Une laïque.* — Au masculin, la forme *laïque* concurrence *laïc*, surtout dans l'emploi adjectif : *L'enseignement laïque* (ou *laïc*). *Un laïc* (plus fréquent que *un laïque*). — Dérivés : *laïcisation, laïciser, laïcisme, laïciste, laïcité.*

laid, laide adj. Qui n'est pas beau. — Attention aux formes homophones ou paronymes *lai* (▷ **lai**, § 1 et 2) *laie* (▷ **laie**, § 1, 2, 3, 4 et 5) *lais, lait, laye, legs, lé, les, lès.*

laideron De nos jours, toujours masculin, bien que ce mot désigne une femme ou une jeune fille : *Sa fille est un petit laideron.* — La forme *laideronne* est rare. Se rencontre parfois dans l'emploi adjectif (emploi rare et littéraire, à manier avec prudence) : *Des gamines laideronnes.*

laie Cinq mots à distinguer.

1 laie [lɛ] n. f. Femelle du sanglier.

2 laie [lɛ] n. f. Chemin rectiligne dans une forêt.

3 laie [lɛ] ou **laye** [lɛ] n. f. Partie d'un orgue. — Auge d'un pressoir.

4 laie [lɛ] ou **laye** [lɛ] n. f. Marteau de tailleur de pierre.

5 laie [lɛ] adj. Féminin de *lai* ▷ **lai** (§ 1). ▼ On prendra garde aussi aux formes homophones ou paronymes *lai* (▷ **lai**, § 1 et 2), *laid, lais, lait, legs, lé, les, lès.*

laïque ▷ **laïc.**

lais [lɛ] n. m. *Un lais :* jeune arbre que l'on conserve pour le laisser croître en arbre de haute futaie. — *Les lais :* alluvions déposées par la mer ou par une rivière. — Attention aux formes homophones ou paronymes *lai* (▷ **lai**, § 1 et 2), *laid, laie* (▷ **laie**, § 1, 2, 3, 4 et 5), *lait, laye, legs, lé, les, lès.*

lais, laisse, laisses, laissées On distinguera quatre mots.

1 Les lais [lɛ] n. m. pl. Alluvions déposées par la mer ou par une rivière.

2 La laisse n. f. Espace que la mer laisse à découvert en se retirant à chaque marée : *Ligne de haute laisse*, atteinte par la mer à marée haute. *Ligne de basse laisse*, atteinte à marée basse. *Ligne de laisse*, ligne de basse laisse portée sur les cartes marines.

3 Les laisses n. f. pl. Alluvions déposées par la mer (dans ce sens, synonyme de *lais*). — Fragments d'algues, épaves, débris divers que la mer abandonne à l'endroit qu'elle atteint aux plus hautes marées.

4 Les laissées n. f. pl. (*vénerie*) Excréments du sanglier.

laissé-courre ▷ laisser-courre.

laissé pour compte, laissé-pour-compte Sans traits d'union dans .l'emploi adjectif : *Des marchandises laissées pour compte.* — Deux traits d'union dans l'emploi substantif (toujours masculin) : *Cette toile de coton est un laissé-pour-compte.* — (figuré et familier) *Cette pauvre vieille fille est un laissé-pour-compte* (et non *une *laissée-pour-compte).* — Pl. : *des laissés-pour-compte.*

laisser v. t. Accord du participe et construction.

I Accord du participe passé de *laisser* **suivi d'un infinitif.**

1 A la forme active. S'il n'y a pas de complément direct, *laissé* reste invariable : *Elle a laissé faire.* — Si le complément direct est placé après le verbe, *laissé* reste invariable : *Elles ont laissé partir leurs filles. Elles ont laissé insulter leurs filles.* — Si le complément direct est placé avant le verbe, on distinguera deux cas : **a)** le complément d'objet direct est aussi le sujet de l'infinitif, et le participe s'accorde avec le complément : *Ses filles, il les a laissées partir* (ses filles sont parties) ; **b)** le complément d'objet direct de *laisser* est aussi le complément de l'infinitif, et le participe reste invariable : *Ses filles, il les a laissé insulter* (on a insulté ses filles). ▼ Dans l'usage moderne, on rencontre souvent *laissé* invariable dans des cas où la règle exigerait l'accord.

2 A la forme pronominale. Deux cas à distinguer : **a)** le sujet de *se laisser* est aussi le sujet de l'action exprimée par l'infinitif, et le participe s'accorde avec le sujet de *laisser* : *Ces filles se sont laissées tomber* (ces filles sont tombées) ; **b)** le sujet de *se laisser* est l'objet de l'action exprimée par l'infinitif, et le participe *laissé* reste invariable : *Ces filles se sont laissé séduire* (on a séduit ces filles). ▼ Cette règle n'est pas toujours strictement appliquée, même par les bons écrivains modernes.

II Omission du pronom réfléchi devant un infinitif qui dépend de *laisser*. Cette omission est très fréquente : *On a laissé évader le prisonnier* (plus courant que *On a laissé s'évader le prisonnier*). Elle n'est cependant jamais obligatoire : *Le barrage de terre laissait s'échapper un mince filet d'eau.*

III *Le, la, les* **en concurrence avec** *lui, leur,* **quand** *laisser* **est suivi d'un infinitif.** On peut dire indifféremment *Je le (la) laisse pousser le chariot* (tour le plus usuel) ou *Je lui laisse pousser le chariot.* On peut dire : *Ce chariot, je le lui laisse pousser.* On peut dire aussi : *Ce chariot, je le laisse (je la laisse) le pousser.* De même : *Je les laisse pousser le chariot* (tour le plus usuel) ou *Je leur laisse pousser le chariot. Ce chariot, je le leur laisse pousser* ou *Ce chariot, je les laisse le pousser.*

IV Laisser faire à. Tour archaïsant, mais correct : *Il faut laisser faire à la nature.* Dans la langue usuelle et moderne, on dirait : *Il faut laisser faire la nature.*

V *Ne pas laisser de*, **suivi de l'infinitif.** Formule de renforcement (souvent avec une valeur adversative). Ne s'emploie que dans la langue écrite un peu recherchée : *Malgré des faiblesses dues au goût de l'époque, les poèmes d'André Chénier ne laissent pas d'être des modèles de grâce et d'harmonie* (= n'en sont pas moins, sont vraiment). — *Ne pas laisser que de* est une variante archaïque et lourde de la même expression : *Malgré ses airs avantageux, le jeune homme ne laissait pas que d'être fort gêné.*

laisser-courre n. m. (terme de vénerie) Invariable : *des laisser-courre.* — On préférera la graphie *laisser-courre* à *laissé-courre.*

laisser-aller, laisser-faire Deux noms masculins invariables, avec trait d'union. Le premier élément *laisser-* est l'infinitif.

laissez-passer n. m. Un trait d'union. Invariable : *des laissez-passer.* Le premier élément *laissez-* est l'impératif.

lait n. m. Expressions, paronymes et dérivés.

1 On écrit, indifféremment : *lait d'amande* ou *lait d'amandes.* — Avec un trait d'union : *petit-lait.*

2 Attention aux formes homophones ou paronymes : *lai* (▷ lai, § 1 et 2), *laid, laie* (▷ laie, § 1, 2, 3, 4 et 5), *lais, laye, legs, lé, les, lès.*

3 Dérivés : *laitage, laitance* ou *laite, laité, laiterie, laiteron* (plante), *laiteux, laitier, ière.*

laitance n. f. Forme la plus usuelle. La forme *laite* est assez rare.

laiton n. m. Deux *n* dans le dérivé *laitonner.*

laïus n. m. (*familier*) Discours. — Prononciation : [lajys]. — Pl. : *des laïus* [-jys]. — Un tréma sur le *i.* De même : *laïusser* [lajyse], *laïusseur* [lajysœR].

laize n. f. Largeur d'une pièce d'étoffe. — Avec un *z* et non un *s.*

1. lama [lama] n. m. Animal des Andes. — Pl. : *des lamas* [-ma].

2. lama [lama] n. m. Moine bouddhiste du Tibet ▷ **dalaï-lama.** — Pl. : *des lamas* [-ma]. — Dérivés : *lamaïsme* [lamaism(ə)], *lamaïste* [lamaist(ə)], *lamaserie* [lamazRi] n. f. (couvent de lamas).

lamantin n. m. Mammifère marin. ▼ Avec *-an-*, à la différence de *lamenter, lamentable, lamentation.*

lamaserie ▷ lama 2.

lambeau n. m. Finale en *-eau.* — Pl. : *des lambeaux.*

lambin, ine adj. Avec *-am.* — De même : *lambinage, lambiner.*

lambrequin n. m. (*héraldique*) Ornement du cimier d'un écu. — Bordure qui garnit le haut d'un store ou d'une fenêtre, le bord d'un toit.

lambris n. m. Finale en *-is.* Prononciation : [lãbRi], le *-s* est muet. Dérivés : *lambrissage, lambrissé, lambrisser.*

lame n. f. Un seul *m.* De même : *lamé, ée.*

lamelle n. f. Un seul *m,* deux *l.* De même : *lamellaire, lamellé, lamelleux, lamellibranches, lamellicornes, lamelliformes, lamellirostres.*

lamenter Orthographe et construction.

1 Avec *-en.* De même : *lamentable, lamentablement, lamentation.*

2 De nos jours, l'emploi pronominal est le seul usuel : *Il se lamente sans cesse. Les vieillards se lamentent volontiers sur la jeunesse actuelle.* — L'emploi à la forme active, intransitive ou transitive indirecte ou transitive directe, est vieux ou très littéraire : *On entendait un cygne lamenter* (= pousser son cri). *Le vieillard lamentait sur la décadence des mœurs. Elle lamentait la mort de ses enfants* (= déplorer, se lamenter sur). *Le vieillard lamentait un chant plaintif* (= dire ou chanter d'une voix lugubre).

lamento n. m. Mot italien à demi-francisé. — Prononciation : [lamεnto]. — Pl. : *des lamentos* [-to].

lamie [lami] n. f. Monstre, sorte de vampire. — Finale en *-ie.*

laminer v. t. Un seul *m,* un seul *n.* De même : *laminage, laminaire, lamineur, lamineux, laminoir* (finale en *-oir*).

lampadaire n. m. Finale en *-aire.*

lamproie n. f. Poisson. — Finale en *-oie.*

lampyre Insecte (ver luisant). Attention à l'*y.* — Toujours masculin : *Le lampyre femelle est phosphorescent.*

lance- Les composés de *lancer* sont invariables. Le deuxième élément prend un *-s* même au singulier : *un lance-pierres, des lance-pierres.*

lance-bombes n. m. inv. *Un lance-bombes, des lance-bombes.*

lance-flammes n. m. inv. *Un lance-flammes, des lance-flammes.*

lance-fusées n. m. inv. *Un lance-fusées, des lance-fusées.*

lance-grenades n. m. inv. *ou* adj. inv. *Un lance-grenades, des lance-grenades. Un fusil lance-grenades.*

lance-pierres n. m. inv. *Un lance-pierres, des lance-pierres.*

lancer v. t. Conjug. **17.** Le *c* prend une cédille devant *a* ou *o* : *il lança, nous lançons.*

lance-roquettes n. m. inv. *Un lance-roquettes, des lance-roquettes.*

lance-torpilles n. m. inv. *ou* adj. inv. *Un lance-torpilles, des lance-torpilles. Un tube lance-torpilles.*

landau n. m. Finale en *-au,* et non en **-eau.* ▼ Pl. : *des landaus* (avec *-s*).

landier n. m. Chenet. — Avec *-an-.*

langage n. m. Eviter la faute fréquente **language* (due à l'influence de l'anglais).

lange n. m. Avec *-an-.* — Dérivé : *langer* (conjug. **16** : *il langea, nous langeons.*

langoureux, euse adj. Avec *g* et non avec *-gu-.* De même : *langoureusement.* — En revanche, *-gu-* dans *langueur, languide, languir, languissant, languissamment.*

langouste n. f. Dérivés : *langoustier, ière, langoustine.*

langue n. f. Avec *-an-.*

langue-de-bœuf [lɑ̃gdəbœf] n. f. Champignon. — Pl. : *des langues-de-bœuf.*

langue-de-chat n. f. Biscuit. — Pl. : *des langues-de-chat.*

Languedoc, langue d'oc Ne pas écrire *la langue d'oc,* la langue occitane, comme *le Languedoc,* province.

languedocien, ienne adj. *ou* n. Attention à la majuscule : *La population languedocienne. Les Languedociens.*

langueur n. f. Avec *-gu-.* En revanche : *langoureux, langoureusement.*

languide adj. Avec *-gu-.*

languir v. i. Avec *-gu-.*

languissant, ante adj. Avec *-gu-.* Dérivé : *languissamment* (finale en *-amment*).

lanière n. f. Un seul *n.*

lansquenet, reître Désigne des mercenaires d'origine allemande qui servaient dans l'armée du roi de France.

1 lansquenet Servait comme fantassin et était, à l'origine du moins, armé de la pique (XVᵉ-XVIᵉ siècle).

2 reître Servait comme cavalier et était armé du pistolet (XVIᵉ-XVIIᵉ siècle).

lanterne n. f. Avec *-an-.* De même : *lanterneau* ou *lanternon, lanterner.*

lanthane n. m. Métal. — Avec *-th-.*

laotien, ienne adj. *ou* n. Attention à la majuscule : *La population laotienne. Les Laotiens.* — N. m. *Le laotien :* la langue des Laotiens. — S'écrit avec *t,* mais se prononce [laɔsjɛ̃].

lapalissade n. f. (*familier*) Assertion d'une évidence niaise. — Avec deux *s,* à la différence du nom propre de personne *La Palice* (qui est à l'origine de *lapalissade*) et du nom de *La Pallice,* avant-port de La Rochelle.

laparotomie n. f. Opération chirurgicale. — Ne pas déformer *la laparotomie* en **la paratomie.*

laper v. t. Boire avec la langue : *Le chat lape son lait* ▼ Un seul *p,* à la différence de *japper,* aboyer. De même : *lapement.*

lapereau n. m. Jeune lapin. — Un seul *p.* — Pl. : *des lapereaux.*

lapidaire adj. *ou* n. m. Finale en *-aire.*

lapider v. t. On évitera le pléonasme *lapider à coups de pierres.*

lapilli n. m. pl. *Les lapilli :* projections volcaniques sous forme de scories. — Ne s'emploie qu'au pluriel. La forme *lapilli* est un pluriel italien, donc pas de *-s.* ▼ Bien prononcer [lapilli], avec [ll], et non *[lapiji].

lapin n. m. Un seul *p.* De même : *lapereau, lapine, lapiner, lapinière, lapinisme.*

lapis-lazuli n. m. Pierre fine bleue. — Un *-s* à *lapis,* pas de *-s* à *lazuli.* — Prononciation : [lapislazyli]. — Invariable : *des lapis-lazuli.* — Le nom s'abrège souvent en *lapis* [lapis]. Pl. : *des lapis* [lapis]. — Comme adjectif de couleur, toujours invariable : *Des soies lapislazuli.*

lapon adj. *ou* n. Un seul *p.* ▼ Le féminin *lapone* prend un seul *n.* — Attention à la majuscule : *La population lapone. Les Lapons.*

1. laps n. m. Seulement dans l'expression *un laps de temps.* — Prononciation : [laps].

2. laps adj. Seulement dans l'expression *laps et relaps* [lapsəʀəlaps] (terme de droit canonique). — Au féminin : *lapse et relapse.*

lapsus n. f. Invariable : *des lapsus.* — Prononciation : [lapsys], au pluriel comme au singulier.

laquage n. m. Avec *-qu-.*

laquais n. m. Avec *-qu-* et finale en *-ais.*

laquais, valet Ces deux noms ne sont pas interchangeables.

1 laquais Désignait un valet en livrée.

2 valet Désigne tout domestique homme : *Valet de chambre. Valet d'écurie.* — (vieilli) *Valet de ferme :* ouvrier agricole.

laque Attention au genre.

I Féminin.

1 Gomme résineuse fournie par un arbre d'Extrême-Orient (*arbre à laque*) et par divers autres végétaux.

2 Peinture fabriquée en Occident avec divers produits chimiques et qui imite le *laque* (sens II) d'Extrême-Orient. — Peinture de fabrication industrielle qui a un aspect très lisse et brillant : *De la laque blanche, verte. Peindre un meuble en bois blanc avec de la laque rose.*

3 Produit de beauté pour les ongles : *De la laque très claire.* — Produit qu'on vaporise sur les cheveux pour les fixer : *Une laque nouvelle pour les cheveux.*

II Masculin le plus souvent, parfois féminin. Vernis tiré de la *laque* (au sens I, 1) et utilisé pour recouvrir des meubles ou des objets d'art (surtout en Extrême-Orient) : *Du laque japonais brillant* (plutôt que *De la laque japonaise brillante*).

III Toujours masculin. Objet d'art recouvert de *laque* (au sens II) : *Une collection de beaux laques chinois.*

laquelle ▷ **lequel.**

larcin n. m. Avec un *c.*

lard n. m. Graisse de porc. — Dérivés : *larder, lardoire* n. f. (finale en *-oire*).

lardon n. m. Deux *n* dans le dérivé *lardonner.*

lare n. m. Divinité romaine. — Dérivé : *laraire.*

largable, largage Avec *g* et non *-gu-*, à la différence de *larguer.*

large adj. *ou* adv. *ou* n. m. Expressions et emplois.

1 On dit indifféremment *Cette salle a six mètres de largeur* ou *six mètres de large.* Dans le style très surveillé, on préférera *six mètres de largeur.*

2 Invariable dans l'emploi adverbial : *Ces femmes voient large.*

3 Dans l'expression *large ouvert*, le mot *large* est traité comme un adjectif et prend la marque du pluriel : *Des fenêtres larges ouvertes. Des portails larges ouverts.*

largeur, n. f. *Six mètres de large* ou *de largeur* ▷ **large** (1).

largue n. m. L'une des allures d'un voilier : *Les navires allaient, couraient grand largue* (avec *largue* toujours au singulier).

larguer v. t. Toujours avec *-gu-*, même devant *a* ou *o : il largua, nous larguons.* — En revanche, *g et non -gu-* dans les dérivés *largable, largage.*

larigot n. m. Flûte ; jeu d'orgue. — Expression familière, avec un trait d'union : *à tire-larigot.*

larmoiement n. m. Attention au *e* muet intérieur.

larmoyer [laʀmwaje] v. i. Conjug. **21.** Remplace *y* par *i* devant un *e* muet : *il larmoie, il larmoiera.* — Dérivés : *larmoiement, larmoyant, ante* [laʀmwajã, ãt], *larmoyeur, euse* [laʀmwajœʀ, øz].

larron n. m. Deux *r.* Le féminin *larronnesse* est rare, la forme *larronne* encore plus rare.

larve n. f. Dérivé : *larvaire* (finale en *-aire*), *larvé.*

laryngal, laryngé, laryngien Des adjectifs dérivés de *larynx* à bien distinguer.

1 laryngal, ale, aux adj. *ou* n. f. (phonétique) *Une consonne laryngale* ou *une laryngale,* articulée au niveau du larynx. — Masculin pluriel en *-aux : Les phonèmes laryngaux du berbère.* — Ne s'emploie pas en anatomie ni en médecine.

2 laryngé, ée ou **laryngien, ienne** (anatomie, médecine) Du larynx : *Artères laryngées. Cartilages laryngiens.* — On dit toujours *phtisie laryngée* (et non **laryngienne*) : *laryngite tuberculeuse.* — Ne s'emploie pas en phonétique.

larynx [laʀɛks] n. m. Avec un *y.* De même : *laryngal, ale, aux, laryngé, ée, laryngien, laryngite, laryngologie, laryngologiste* ou *laryngologue, laryngoscope, laryngoscopie, laryngotomie.*

larynx, pharynx Deux noms masculins paronymes souvent confondus.

1 larynx Organe de la phonation situé au sommet de la trachée-artère.

2 pharynx Région qui forme le carrefour entre les voies respiratoires et les voies digestives (fosses nasales et larynx ; bouche et œsophage) : *Le pharynx est situé au-dessus du larynx.*

las adj. Prononciation : [lɑ]. Féminin : *lasse* [lɑs]. — *De guerre lasse* ▷ **guerre** (4).

las ! interj. Prononciation : [lɑ] ou [lɑs].

lasagne n. f. Pâtes alimentaires. — S'emploie généralement au pluriel. Le pluriel *des lasagne* s'écrit le plus souvent sans *-s,* comme le féminin pluriel italien *lasagne,* mais se prononce [lazaɲ], et non **[lazaɲe]*. On rencontre aussi parfois le pluriel avec *-s, des lasagnes.*

lascar n. m. ▼ Finale en *-ar,* sans *-d.*

lascif, ive adj. Avec -sc-. De même *lascivement, lasciveté*.

lasciveté n. f. Avec -sc-. — On préférera *lasciveté* à la forme *lascivité*.

laser n. m. Dispositif émettant des faisceaux de lumière cohérente. — Prononciation : [lazɛʀ]. — Pl. : *des lasers* [-zɛʀ].

lasser [lɑse] v. t. Fatiguer. — Orthographe et construction.

1 Ne pas écrire comme *lacer* [lase] (*lacer ses chaussures*).

2 Le tour *se lasser de,* se dégoûter de, est usuel : *On se lasse de tout, même des plaisirs. Il se lasse d'attendre sans jamais rien obtenir.*

3 Le tour *se lasser à,* suivi de l'infinitif, est rare et assez littéraire. Le verbe *se lasser* signifie ici « éprouver de la fatigue » : *Il s'était lassé à porter ce fardeau de la ville à la ferme.*

lassitude n. f. Avec deux *s*, et non *c.

lasso n. m. Corde à nœud coulant. — Mot espagnol francisé. — Pl. : *des lassos* [-so].

latent, ente adj. Dérivé : *latence* (finale en -ence).

latéral, ale, aux adj. Masculin pluriel en -aux : *Les couloirs latéraux.*

latérite Roche argileuse des pays tropicaux. — Toujours féminin : *La latérite épaisse.*

laticlave Tunique des sénateurs romains. — Toujours masculin : *Le laticlave majestueux des sénateurs.*

latifundium n. m. (mot latin) Grande propriété agricole (dans certains pays). — Prononciation : [latifɔ̃djɔm]. — Pl. : *des latifundia,* plutôt que *des latifundiums.* — Dérivés : *latifundiaire* [latifɔ̃djɛʀ] adj. (propre aux latifundia), *latifundiste* [latifɔ̃dist(ə)] n. m. (propriétaire de latifundium).

latin, ine adj. Emploi de la majuscule et orthographe des expressions.

1 Attention à la majuscule : *La civilisation latine. Les peuples latins.* — *Les Latins :* peuple de l'Antiquité qui vivait dans le Latium ; ensemble des peuples modernes qui parlent des langues issues du latin (Français, Espagnols, Portugais, Italiens...). — *Les Latins,* les auteurs antiques qui ont écrit en latin : *L'imitation des Grecs et des Latins était l'un des points capitaux du dogme littéraire classique.* — *Les Latins :* les catholiques romains, par opposition aux Grecs (orthodoxes).

2 Sans trait d'union : *le bas latin,* latin tardif. — Avec *A* majuscule et *l* minuscule : *l'Amérique latine.* — On écrit le plus souvent : *le Quartier latin.* On rencontre aussi : *le quartier Latin.*

-lâtre, -lâtrie Suffixes qui expriment l'idée d'adoration : *idolâtre, idolâtrie.* — Accent circonflexe. En revanche, *latrie* (n. f.), terme de théologie, s'écrit sans accent circonflexe : *Le culte de latrie* (adoration) *est dû à Dieu seul.*

latrines Lieux d'aisances. — Toujours féminin et toujours au pluriel : *Aller aux latrines. Des latrines anciennes.*

latte n. f. Planche étroite et mince. — Deux *t.* De même : *lattage, latter, lattis* [lati].

laudanum n. m. Prononciation : [lodanɔm].

laudatif, ive adj. Avec -au-. De même : *laudativement.*

laudes Office catholique. — Toujours féminin et toujours au pluriel : *Les moines chantent les laudes tous les matins.* — Prononciation : [lod].

lauréat, candidat Deux noms à bien distinguer.

1 **lauréat, ate** Celui, celle qui a remporté un prix, une récompense dans un concours.

2 **candidat, ate** Celui, celle qui se présente à un examen, à un concours, à une élection.

laurier n. m. Arbre. — Avec -au-. De même : *lauré.*

laurier-cerise n. m. — Pl. : *des lauriers-cerises.*

laurier-rose n. m. — Pl. : *des lauriers-roses.*

laurier-sauce n. m. — Pl. : *des lauriers-sauce* (avec *sauce* invariable).

laurier-tin n. m. — Pl. : *des lauriers-tins.* ▼ Ne pas écrire *laurier-thym.

lavabo n. m. — Pl. : *des lavabos.*

lavande n. f. Avec -an-. — Comme adjectif de couleur, toujours invariable : *Des écharpes bleu lavande* (sans trait d'union). *Des rubans lavande.* — (cinéma) *Pellicule lavande* (sans trait d'union).

lavandière n. f. Avec -an-.

lave-dos n. m. Invariable : *des lave-dos.*

lave-glace n. m. — Pl. : *des lave-glaces.*

lave-linge n. m. Invariable : *des lave-linge.*

lave-mains n. m. Invariable : *des lave-mains.*

lave-pont n. m. — Pl. : *des lave-ponts.*

lave-vaisselle n. m. — Pl. : *des lave-vaisselle.*

lavis n. m. Prononciation : [lavi], le *-s* est muet.

lavoir n. m. Finale en *-oir.*

laye ▷ **laie** (3 et 4).

layetier n. m. Ouvrier qui fabrique des emballages en bois. — Prononciation : [lɛjtje].

layette n. f. Prononciation : [lɛjɛt].

layeur n. m. Agent forestier. — Prononciation : [lɛjœʀ].

layon n. m. Sentier forestier. — Prononciation : [lɛjɔ̃].

lazaret n. m. Bâtiment où l'on garde les gens en quarantaine, dans un port. — Un seul *z.*

lazzarone n. m. Mendiant napolitain. — Mot italien non francisé. — Prononciation : [ladzaʀɔne]. — Pl. : *des lazzaroni.*

lazzi Moquerie, quolibet. — Mot italien mal francisé. Prononciation : [ladzi], plutôt que [lazi]. — Pl. : *des lazzi*, plutôt que *des lazzis.* — Peut s'employer au singulier : *Un lazzi d'un goût douteux.* S'emploie surtout au pluriel : *Il s'enfuit sous les lazzi de l'assistance.*

1. le, la, les article défini.

I Elision et formes contractées de *le, la, les.*

1 Elision. L'article *le, la* s'élide en *l'* devant un nom qui commence par une voyelle ou un *h* muet (*L'été. L'hiver. L'arcade. L'Italie*), mais non devant un nom qui commence par une consonne ou un *h* aspiré (*Le printemps. Le hibou. La Suède. La Hollande. La hache. La ville*). Même règle si le mot est un adjectif : *L'immense ville. La grande ville. L'héroïque résistance. La haute tour.* — Pas d'élision devant les mots suivants : *le oui, le uhlan, le ululement, le yacht, le yachting, le yachtman, le yack* (ou *le yak*), *le yahvisme, le Yankee, le yaourt* (ou *le yogourt*), *le yarawi, le yard, le yatagan, le yearling, le Yéménite, le yen, le yeoman, la yeomanry, le yeti, le yé-yé, le yiddisch, le yod, le yoga, la yole, le* (la) *Yougoslave, la yourte, le you-you, le youyou, le Yo-Yo, le yu, le yucca.* — En revanche, élision obligatoire devant les mots suivants : *l'yeuse,*

l'ypérite, l'ypréau, l'ysopet, l'ytterbium, l'ytterbine, l'yttria, l'yttrialite. — Devant *ouate* et *ouistiti,* il y a hésitation. L'usage le plus fréquent est d'élider *la* devant *ouate* (*l'ouate*), mais non *le* devant *ouistiti* (*le ouistiti*). — L'élision de *le* ne se fait pas devant *huit* (*Le huit de la rue de la Poste*), ni devant *onze* (*Le onze du mois suivant*), ni devant *un* (*Le un de la rue des Saules. Le* 1 *tracé à la craie sur la porte*). — En principe, on n'élide pas *le* devant un nom de lettre qu'on cite : *On distinguera le* o *ouvert et le* o *fermé.* Cette règle n'est cependant pas absolue et ce n'est pas une faute de dire, par exemple : *En français, l'* h *aspiré se rencontre surtout dans les mots d'origine germanique.*

2 Liaison. On fait obligatoirement la liaison avec *les* dans les cas où, au singulier, *le* (*la*) serait élidé en *l'* : *Les étés* [lezete]. *Les hivers* [lezivɛʀ]. *Les arcades* [lezaʀkad]. *Les herbes* [lezɛʀb(ə)]. *Les immenses villes* [lezimɑ̃svil]. *Les yeux* [lezjø]. *Les yeuses* [lezjøz]. *Les ysopets* [lezizɔpɛ]. — En revanche, pas de liaison avec *les* dans les cas où, au singulier, on n'aurait pas d'élision de *le* (*la*) : *Les hiboux* [leibu]. *Les haches* [leaʃ]. *Les hautes tours* [leotətuʀ]. *Les oui* [lewi]. *Les yachts* [leyak]. *Les Yougoslaves* [lejugɔslav]. *Les yaourts* [lejauʀ]. *Les huit heures* [leɥitœʀ]. *Les onze mètres* [le5zmɛtʀ(ə)]. — *Les* o *ouverts* [leouvɛʀ] ou [lezouvɛʀ].

3 Contraction. Le groupe *à le* se contracte en *au, de le* en *du, à les* en *aux, de les* en *des.* En revanche, *à la, de la* ne se contractent pas : *Je vais au village* (= à le village). *Le parfum du lilas* (= de le lilas). *Je pense aux vallons de mon pays* (= à les vallons). *Il songeait aux vacances prochaines* (= à les vacances). *Le souvenir des années passées* (= de les années). *Ils aspirent à la liberté. Le parfum des roses.* — Si l'article est élidé, jamais de contraction : *Il pense à l'été. Je pensais à l'amertume de ce départ. La fleur de l'aubépine, de l'iris. La pointe de l'hameçon.*

II Le, faisant partie d'un nom de ville. Toujours une majuscule : *Connaissez-vous Le Havre ? Je passerai par La Rochelle. Il habite Les Mureaux.* Avec *à* et *de,* l'article *le, les* se contracte en *au, aux, du, des* et s'écrit avec une minuscule : *Je vais au Havre. Il va aux Mureaux. Je viens du Havre. Il vient des Mureaux.* En revanche, si l'article est *La,* pas de contraction : *Je vais à La Rochelle. Le maire de La Rochelle.*

III Le, la, les, devant un titre d'œuvre ▷ **annexes.**

IV Le, la, devant un nom de navire ▷ **annexes.**

V Le, la, devant un nom de personne.

1 Quand l'article fait partie intégrante du nom de famille, même s'il est séparé de la partie principale du nom, il s'écrit avec une majuscule : *Le duc de La Rochefoucauld. Jean de La Fontaine. Le matelot Jean-Marie Le Bihan. Le chancelier Le Tellier. Mme de La Fayette.* — Pour l'emploi de la particule nobiliaire devant *La* ▷ **de** (V, § 2).

2 *Les*, **à valeur de collectif devant un nom de famille.** *J'ai vu les Durand* (= la famille Durand *ou bien* M. et Mme Durand). Emploi non incorrect. On l'évitera cependant dans la langue soutenue ou dans un contexte où il importe de montrer de la déférence envers la famille nommée.

3 Emploi populaire de *le*, *la* **devant un nom de personne.** Cet emploi appartient au langage très familier ou rural de certaines régions : *J'ai vu le Jacques Dubois qui menait ses vaches aux champs. Le Duval, il est venu. On dit que l'Antoine va se marier avec la Louise.* Cet emploi n'implique aucune nuance de mépris, mais, bien entendu, on l'évitera soigneusement, en dehors des parodies du langage régional.

4 Emploi péjoratif. *La Thénardier. La Pompadour. J'ai eu des renseignements sur le Dupont, il paraît que c'est un aventurier.*

5 *La*, **employé devant le nom d'une artiste.** Usage fréquent autrefois devant le nom d'une actrice (*la Champmeslé, la Clairon*), d'une danseuse (*la Camargo*) ou d'une cantatrice (*la Malibran*). Subsiste pour certaines cantatrices (*la Callas*) ou pour certaines actrices italiennes au tempérament de tragédienne (*la Duse, la Magnani*).

6 *Le*, **devant le nom de certains artistes ou poètes italiens.** Emploi correct quand ce nom est un nom de famille (*le Primatice, l'Arioste, le Tasse*) ou un surnom (*le Tintoret, le Parmesan*). En principe l'article ne doit pas s'employer devant un prénom, c'est pourquoi on dira *Dante* et non **le Dante.* Cependant on dit toujours *le Guide* (Guido Reni) et souvent *le Titien* (Tiziano Vecelli), parfois *le Giorgione* (Giorgio Barbarelli de Castelfranco).

VI Répétition de *le*, *la*, *les.* En règle générale, on doit répéter l'article devant les mots joints par *et* ou par *ou* ou juxtaposés : *Les poètes et les prosateurs de l'époque classique. Ils vont à la mer ou à la montagne. Dans cette région, on cultive le blé, le maïs, l'avoine.* — On ne répète pas *le*, *la*, *les* dans les cas suivants.

1 Dans les expressions toutes faites : *Les Ponts et Chaussées. Les Eaux et Forêts. Les Arts et Métiers. Les lycées et collèges* (ou *les lycées et les collèges*). *Les officiers, sous-officiers et soldats. Les us et coutumes. Les père et mère d'un enfant.* ▼ Pour que l'omission du second article soit possible, il faut ou bien que l'article

placé devant le premier mot soit *les* (*Les frères et sœurs*), ou bien, si l'article est *le* ou *la*, que les deux mots soient du même genre : *Le maître et seigneur de ce village. L'empereur et roi de ce pays.* On peut dire *les père et mère*, mais non *le père et mère ni **la mère et père.*

2 Quand deux adjectifs qualificatifs se rapportent à un seul nom : *La mystérieuse et envoûtante beauté de ces vers.*

3 Trois tournures sont possibles dans certains cas : *La langue anglaise et la langue allemande* (tour à préférer). *La langue anglaise et l'allemande* (tour à éviter). *Les langues anglaise et allemande* (voir ci-dessous VIII).

VII Omission de l'article. L'omission complète de l'article a lieu dans deux cas.

1 Dans des expressions figées : *Dur comme fer. Sur terre et sur mer. Remuer ciel et terre,* etc.

2 Dans une énumération (omission facultative) : *Prairies, guérets, forêts s'étendaient à l'infini. Hommes, femmes, enfants, tous chantaient et dansaient.*

VIII Questions d'accord. On écrira : *Ces séances ont lieu les jeudis et samedis* (= tous les jeudis et tous les samedis). *Ces séances ont lieu les jeudi et samedi de chaque semaine* (= le jeudi et le samedi de chaque semaine). *La première et la deuxième dynastie. Les première et deuxième dynasties. Le douzième et le treizième siècle* (*Le XIIe et le XIIIe siècle*). *Les douzième et treizième siècles* (*Les XIIe et XIIIe siècles*). Dans une parenthèse et sans article, avec un trait d'union, on écrit *XIIe-XIIIe siècle* : *A deux kilomètres du village, beau château fort* (*XIIe-XIIIe siècle*). ▼ On écrit : *Les villes anglaises et allemandes* (plusieurs villes anglaises, plusieurs villes allemandes). *Les langues anglaise et allemande* (une seule langue anglaise, une seule langue allemande).

IX L'article en concurrence avec le possessif (*Il souffre de la jambe. Il a déchiré sa blouse*).

1 Article obligatoire quand le nom, employé seul, désigne une partie du corps ou une faculté de l'esprit : *J'ai mal aux pieds. Il perd la mémoire. Je lui tendis la main.* Cet emploi est particulièrement de rigueur quand il y a un pronom réfléchi : *Elle s'est tordu le pied.* On ne peut dire : **Elle a tordu son pied.* — En revanche, le possessif est obligatoire si le nom est accompagné d'une détermination : *Il souffre de sa main malade. Elle ouvrit sa bouche de corail.* — On peut employer le possessif pour souligner le caractère habituel d'un mal qui affecte une partie du corps parmi plusieurs parties de la même catégorie : *J'ai mal à mon oreille* (= à celle des deux oreilles qui me fait habituellement souffrir). *Il souffre de son doigt* (= de celui de ses dix doigts qui le fait habituellement souffrir). On se gardera d'employer le possessif quand l'organe ou la partie du corps est unique : *Il a mal à l'estomac* (et non **à son estomac*). *J'ai mal à la tête* (et non **à ma tête*).

2 Possessif obligatoire avec un nom qui désigne un vêtement entier : *Il a déchiré sa blouse.* On évitera les tours familiers du genre *Il enleva la veste* (au lieu de *sa veste*). *Il a chaussé les bottes* (au lieu de *ses bottes*).

3 Article (plutôt que le possessif) quand il s'agit d'une partie de vêtement : *Le policier le saisit au collet. Il me tira par la manche.*

4 Article quand on décrit une attitude : *Il va le dos courbé. Elle marche les yeux baissés. Il courait, le chapeau de travers, la veste déboutonnée.*

X *Le*, **devant un superlatif relatif.**

1 La comparaison explicite ou implicite est établie avec des êtres ou des objets différents. Dans ce cas, l'article s'accorde avec le nom exprimé ou sous-entendu : *Elle est la plus gracieuse des jeunes filles de ce bal. Ces villes sont les moins riches en monuments de tout le pays. C'est la famille la mieux pourvue de tout le canton.*

2 La comparaison est établie entre les différents moments de la vie d'un être ou de la durée d'un objet ou entre ses différents états. Dans ce cas, l'article est *le*, invariable : *C'est au Moyen Age que cette ville fut le plus prospère. Même aux endroits où la route est le plus étroite, un camion peut passer. C'est le matin qu'ils sont le mieux disposés à nous recevoir.*

XI Question du partitif (*Il mange de la viande. Il ne mange pas de viande*, etc.) ▷ **de** (VIII, 1, 2, 3, 4, 5, 6 et 7).

XII Expressions.

1 Tous les deux, tous deux ▷ **deux** (§ 3).

2 Ledit, ladite, lesdits ▷ **dit.**

3 Trois fois par jour, trois fois le jour ▷ **fois** (§ 7).

4 Vers les six heures (mais **vers une heure**) ▷ **heure** (III, § 4).

2. le, la, les pronom personnel de la troisième personne.

I Elision et liaison.

1 Elision. Le pronom *le, la* s'élide en *l'* devant une voyelle ou un *-h* muet (*Je l'aperçois. Je l'en dissuade. Je l'habitue*), mais non devant une consonne ou un *h-* aspiré (*Je le pousse. Je la tire. Je le hais. Je la honnis*).

2 Liaison. On fait obligatoirement la liaison avec *les* dans les cas où, au singulier, *le* (*la*) serait élidé en *l'* : *Je les aperçois* [ʒəlezapɛʁswa]. *Je les en dissuade* [ʒəlezɑ̃disɥad]. *Je les habitue* [ʒəlezabity]. — En revanche, pas de liaison avec *les* dans les cas où, au singulier, on n'aurait pas d'élision de *le* (*la*) : *Je les hais* [ʒəleɛ].

II Emploi de *le, la, les* **avec certains modes** ▷ **annexes** (impératif, infinitif).

III *Le*, **en fonction de pronom neutre complément.**

1 Emploi redondant, dans la langue parlée, de *le* **annonçant une complétive.** *On l'a bien dit que les impôts allaient augmenter.* Tour à éviter dans la langue surveillée. Dire : *On a bien dit que les impôts...*

2 Omission de *le* **dans une incise à la première personne du singulier de l'indicatif.** Tour usuel et correct : *Vous venez, je pense, m'apporter le document demandé. Il aura, je suppose, effectué la rectification nécessaire.* Cette construction est usuelle avec *je pense, je crois, je suppose, j'imagine, j'espère, je vous assure*, etc. — En revanche, *le* est de rigueur aux autres personnes et aux autres temps : *Les événements allaient, il le supposait, se précipiter. Tout devait, nous le pensions, finir autrement.*

3 Dans une réponse. Si la réponse est affirmative, on ne peut omettre le pronom *le* : *Croyez-vous que nous réussirons ? — Je le crois.* — Dans une réponse négative, le peut s'omettre : *Croyez-vous qu'il viendra ? — Je ne crois pas* (ou *Je ne le crois pas*). L'emploi de *le* est cependant obligatoire si ce pronom est déjà exprimé dans la question : *Mais enfin, le pensez-vous vraiment ? — Mais non, je ne le pense pas.*

4 Emploi de *le* **obligatoire pour renvoyer à une idée déjà exprimée.** *Il nous obéira, si nous le voulons.* Expérimentés comme nous le sommes, nous réussirons. L'omission de *le* dans ce cas appartient à la langue parlée.

5 Emploi de *le* **facultatif pour renvoyer à l'idée qui suit.** *Si vous le pouvez, prévenez-nous* ou *Si vous pouvez, prévenez-nous.* La présence de *le* est surtout fréquente dans les tours d'insistance : *Si vous le voulez vraiment, vous pouvez réussir.*

6 Emploi de *le* **facultatif après** *autre, autrement, même, plus, moins, mieux, moindre... que.* *Les choses se sont passées autrement que nous le pensions* (ou *autrement que nous ne pensions*). *Il en a dit plus qu'il ne l'aurait fallu* (ou *qu'il n'aurait fallu*). Bien qu'il soit facultatif, l'emploi de *le* est cependant recommandé ▷ aussi ci-dessous IV, 5.

7 Accord du participe avec *le* employé comme pronom neutre. Le participe reste toujours invariable : *Les choses étaient moins graves que nous ne l'avions pensé.*

IV *Le, la, les* en fonction d'attribut.

1 Le sujet est un nom précédé de l'article défini ou du démonstratif. Le pronom *le, la, les* s'accorde : *Cette citoyenne dévouée au bien public, je la suis* (et non *je le suis*). *Ces hommes intègres et compétents, nous les sommes* (et non *nous le sommes*). Ce tour appartient d'ailleurs à la langue littéraire. Dans la langue usuelle, on dit plutôt *c'est moi, c'est nous : Ces hommes intègres, c'est nous.*

2 Le sujet est un nom indéterminé (précédé de l'article indéfini ou employé sans article). Le pronom reste invariable : *Etes-vous étudiante ? — Je le suis* (et non *je la suis*). *Hommes intègres et courageux, nous le sommes* (et non *nous les sommes*). ▼ On évitera les discordances de genre ou de nombre du type : *Elle est un peu folle, son frère l'est aussi.* En revanche, *Elle est un peu folle, sa sœur l'est aussi* n'est pas choquant. On évitera de même : *Il est anormal, ses frères ne le sont pas.*

3 Tour très littéraire : *ce l'est* (= c'est lui, c'est elle, ce sont eux) ▷ **ce 2** (VI).

4 Tour condamné : *Je jugerai cet homme *comme il doit l'être.* Dans cette phrase, *le* représente, dans une proposition passive, le complément d'un verbe actif précédemment exprimé. En revanche, on peut dire : *Cet homme sera jugé comme il doit l'être,* car les deux verbes sont au passif. On évitera aussi : *La question qui se discutera* (verbe pronominal) *le sera avec passion* (verbe passif à participe sous-entendu).

5 Avec *aussi, comme, moins, plus* + adjectif. La présence de *le* est indispensable : *Il est aussi compétent que je le suis. Sérieux comme vous l'êtes, vous devez réussir. Nous sommes moins audacieux qu'ils ne le sont. Je suis plus prudent maintenant que je ne l'étais à cette époque.* — En revanche, si *aussi, comme, moins, plus* n'est pas accompagné d'un adjectif, l'emploi de *le* est facultatif. Il est cependant recommandé : *Travaillant comme je le fais* (ou, moins bien, *comme je fais*), *je suis évidemment fatigué. Il travaille avec moins de soin que vous ne le faites* (ou, moins bien, *avec moins de soin que vous ne faites*).

V *Le, la, les* en concurrence avec *lui, leur* dans les tours où un verbe est suivi de l'infinitif.

1 Avec *apercevoir, écouter, entendre, laisser, ouïr, regarder, sentir, voir,* les deux tours sont possibles : *Je laisse pousser le chariot* ou *Je lui laisse pousser le chariot. Je l'ai entendu*

réciter ces vers ou *Je lui ai entendu réciter ces vers.* On observera que, sauf dans le cas de *laisser,* le tour avec *lui, leur* est rare ▷ **laisser** (III).

2 Avec *faire* (*Je le fais manger. Je lui fais manger sa bouillie. Je fais manger sa bouillie à Bébé. Je lui fais réciter leur fable. Je le fais réciter. Cela le fera penser à moi. Je lui ferai penser à cette affaire*) ▷ **faire** (IV, § 1).

VI Emplois critiqués ou difficiles.

1 **Vous leur direz,* tour relâché pour *Vous le leur direz.* L'ellipse de *le, la, les* devant *lui* ou *leur* appartient à la langue parlée négligée. On dira donc, par exemple : *La réunion est annulée, vous le leur direz* (et non *vous leur direz*). *J'ai oublié à quelle heure commence la réunion, vous le lui demanderez* (et non *vous lui demanderez*).

2 *S'il me demande conseil, je le lui donnerai,* tour déconseillé pour *S'il me demande un conseil, je le lui donnerai.* On évitera de reprendre par *le* un substantif sans article qui fait partie d'une expression figée, telle que *demander conseil, faire pénitence, avoir peur, avoir envie,* etc.

VII Emploi de *le* dans des gallicismes. Dans certaines expressions toutes faites, *le* ou *la* ne renvoient à aucun mot précis : *le disputer à, l'emporter sur, vous me la baillez belle, se la couler douce,* etc.

lé n. m. Bande d'étoffe. — On prendra garde aux formes homophones ou paronymes *lai* (1 et 2), *laid, laie* (▷ **laie,** 1, 2, 3, 4 et 5), *lais, lait, laye, legs, les, lès.*

leader n. m. (*anglicisme*) Prononciation : [lidœʀ]. — Pl. : *des leaders* [-dœʀ]. — Pour éviter cet anglicisme, on pourra employer : *animateur, chef, conducteur, dirigeant, entraîneur, maître, meneur, patron, responsable.*

leadership n. m. (*anglicisme*) Prononciation : [lidœʀʃip]. — Pl. : *des leaderships* [-ʃip]. — Pour éviter cet anglicisme, on pourra employer, selon les cas : *autorité, conduite, direction, domination, empire, hégémonie, impérialisme, maîtrise, suprématie.*

leasing n. m. (*anglicisme*) Prononciation : [liziŋ]. — Pl. : *des leasings* [-ziŋ]. — Equivalents français : *crédit-bail, location-vente.*

lebel n. m. Avec un *l* minuscule et un *-s* au pluriel : *Un lebel, des lebels.* — Avec un *L* majuscule et l'invariabilité : *Un fusil Lebel, des fusils Lebel.*

lèche n. f. (familier) *Faire de la lèche.* — Avec un accent grave.

lèche-bottes n. m. *ou* adj. Toujours invariable (avec *-s* à *botte*, même au singulier) : *Un lèche-bottes, des lèche-bottes.*

lèche-cul n. m. *ou* adj. Toujours invariable : *Des lèche-cul. Ils sont très lèche-cul.*

lèchefrite n. f. Ustensile qui recueille le jus sous la broche. ▼ En un seul mot, sans trait d'union. — Pl. : *des lèchefrites.*

lèche-vitrine ou lèche-vitrines n. m. *Faire du lèche-vitrines.* — Inusité au pluriel. — La forme *lèche-vitrines*, plus fréquente, est à préférer à *lèche-vitrine.*

lécher v. t. Conjug. **11.** Change *é* en *è* devant un *e* muet, sauf à l'indicatif futur ou au conditionnel présent : *je lèche, je lécherai.*

léchage n. m. Avec accent aigu, comme *léché*, *lécheur.* — Accent grave en revanche dans *lèche* (n. f.), *lèche-bottes, lèche-cul, lèchefrite, lèche-vitrine(s).*

lecteur, liseur Deux noms à bien distinguer.

1 lecteur, trice Personne qui fait la lecture à haute voix : *La lectrice de la reine.* — Personne qui lit et juge les manuscrits proposés à un éditeur : *Il est lecteur chez Gallimard.* — (*au sens usuel*) Personne qui lit habituellement ou occasionnellement, pour son plaisir ou sous instruction : *Carte de lecteur d'une bibliothèque publique. Les lecteurs de Balzac. Avis au lecteur. Les lecteurs du Figaro.*

2 liseur, euse (*semi-familier*) Personne qui aime lire, qui lit beaucoup. *Elle était grande liseuse de romans.*

ledit ▷ dit.

légal, ale, aux adj. Masculin pluriel en *-aux :* *Des procédés légaux.*

légataire n. m. *ou* f. ▼ Ne désigne pas celui qui lègue un bien, mais celui qui en bénéficie, qui est l'héritier. — Finale en *-aire.* Ne pas déformer en **légateur.*

lège adj. (terme de marine) Avec un accent grave. — Prend la marque du pluriel : *Des navires lèges.*

légende n. f. Avec *-en-.* — Dérivé : *légendaire* (finale en *-aire*).

léger adj. Le féminin *légère* prend un accent grave sur le deuxième *e*. De même : *légèrement*, *légèreté.*

leggings, leggins Anglicisme qui désigne des jambières de cuir ou de toile épaisse. — Pratiquement, toujours au pluriel : *des leggings* [legiŋs], *des leggins* [legins]. — L'usage hésite sur le genre. Le féminin semble plus fréquent : *Des leggins noires.* — On aura intérêt à remplacer cet anglicisme à l'orthographe difficile et au genre incertain par *jambière, guêtre.*

légiférer v. i. Conjug. **11.** Change *é* en *è* devant un *e* muet, sauf à l'indicatif futur et au conditionnel présent : *il légifère, il légiférera.*

légion Emploi de la majuscule et expressions.

1 Avec un *L* majuscule : *la Légion étrangère* ou *la Légion, la Légion d'honneur.*

2 On est *nommé* chevalier de la Légion d'honneur, *promu* officier ou commandeur, *élevé à la dignité de* grand officier ou de grand-croix. Les substantifs correspondants sont respectivement *nomination, promotion, élévation (à la dignité de).*

3 *Légion* toujours au singulier dans *être légion*, être très nombreux : *Les naïfs et les pleutres sont légion.*

légionnaire n. m. Deux *n.* Finale en *-aire.*

legs n. m. Action de léguer, de laisser à quelqu'un ses biens par testament. ▼ Toujours un *-s*, même au singulier. Dans la prononciation soignée, on préférera [le] à [lɛg]. — On prendra garde aux formes homophones ou paronymes *lai* (1 et 2), *laid, laie* (▷ **laie**, 1, 2, 3, 4 et 5), *lais, lait, laye, lé, les, lès.*

léguer v. t. Toujours avec *-gu-*, même devant *a* ou *o* : *il légua, nous léguons.* — Change *é* en *è* devant un *e* muet (*je lègue*), sauf au futur et au conditionnel : *je léguerai, je léguerais.*

légume Toujours masculin (*Des légumes excellents*), sauf dans l'expression populaire *grosse légume* (haut personnage, officier d'un grade élevé).

leitmotiv n. m. Mot allemand non francisé. — En un seul mot, sans trait d'union. Avec une minuscule en français. — Prononciation : [lajtmɔtif]. ▼ Pl. : *des leitmotive*, prononcé [lajtmɔtif], comme au singulier.

lemme n. m. (terme de logique et de mathématiques) Deux *m.* — Prononciation : [lɛm].

lemming n. m. Animal. — Prononciation : [lɛmiŋ]. — Pl. : *des lemmings* [-miŋ].

lémures, lémuries, lémuriens Trois noms paronymes à bien distinguer.

1 Les lémures Dans la religion des Romains, âmes des morts qui revenaient tourmenter les vivants. — Presque toujours au pluriel. — Toujours masculin : *Les lémures terrifiants.*

2 Les lémuries [lemyʀi]. Dans la religion des Romains, cérémonies destinées à apaiser les lémures. — Toujours au pluriel, toujours féminin. Un *l* minuscule.

3 Les lémuriens (masculin) Sous-ordre de mammifères primates qui comprend notamment le maki, le tarsier. — Peut s'employer au singulier : *Le tarsier est un lémurien.*

lendemain n. m. Avec *-en-*. A la différence de *aujourd'hui, hier, demain,* s'emploie toujours avec l'article : *Il vient aujourd'hui. Il est venu hier. Il viendra demain. Il revint le lendemain.*

lendit [lɑ̃di] n. m. *La foire du lendit* ou *le lendit :* au Moyen Age, foire qui se tenait dans la plaine Saint-Denis. — Toujours un *l* minuscule.

lénifiant, lénitif Deux adjectifs presque synonymes.

1 lénifiant, ante Qui adoucit, qui calme. — S'emploie surtout au figuré : *Des paroles lénifiantes.*

2 lénitif, ive Qui adoucit, qui calme. — S'emploie surtout au sens propre : *Une potion lénitive. Les effets lénitifs d'un médicament.* — N. m. *Un lénitif :* un médicament lénitif. — S'emploie aussi parfois au figuré, mais moins fréquemment que *lénifiant.*

lénifier Conjug. 20. Double le *i* à la première et à la deuxième personne du pluriel de l'indicatif imparfait et du subjonctif présent : *(que) nous lénifiions, (que) vous lénifiiez.*

lentille n. f. Avec *-en-*.

lentisque Arbuste. ▼ Masculin : *Le lentisque est commun dans les pays méditerranéens.*

léonin, ine adj. Finale en *-in, ine.*

léopard, panthère Ces deux noms désignent le même animal. Les spécialistes préfèrent le mot *panthère.* Dans la langue courante, on peut employer *léopard* pour désigner la panthère d'Afrique. Ne jamais appeler *léopard* la panthère d'Asie.

lépiote n. f. Champignon. — Un seul *t.*

lèpre n. f. Avec un accent grave. — En revanche, accent aigu dans les dérivés *lépreux, léproserie.*

1. lequel Pronom ou adjectif relatif.

I Formes et orthographe. A l'exception de *à laquelle* et de *de laquelle,* toutes les autres formes s'écrivent en un seul mot : *lequel, laquelle, lesquels, lesquelles ; auquel, auxquels, auxquelles ; duquel, desquels, desquelles.* On évitera les graphies incorrectes du genre **aux quels, *aux quelles, *des quels, *des quelles* et aussi **auquels, *auquelles.*

II *Lequel* en fonction de sujet. Equivaut à *qui.*

1 Tour archaïsant de la langue littéraire. *Ce château était le repaire d'un brigand, lequel faisait régner la terreur à plusieurs lieues à la ronde.* Ce tour, un peu archaïque et lourd, devra être employé avec précaution.

2 Dans la langue écrite soignée. Permet d'éviter la répétition de *qui : Il faudra faire blanchir le mur qui est en face du garage, lequel vient d'être ravalé.* Cela évite :*... qui est en face du garage, qui vient d'être ravalé.* — Permet aussi d'éviter une équivoque, dans certains cas : *Le secteur nord de la forêt, laquelle appartient au comte de Lursac, est planté de sapins.* On voit nettement que c'est toute la forêt qui appartient au comte. Le tour *Le secteur nord de la forêt, qui appartient au comte...* serait ambigu : est-ce le secteur nord ou bien toute la forêt qui appartient au comte ?

3 ▼ Une relative introduite par *lequel* en fonction de sujet est toujours explicative, jamais déterminative. On peut dire *Prenez les pommes qui sont les moins gâtées et jetez les autres,* mais non **Prenez les pommes lesquelles sont les moins gâtées.* Il faut toujours une virgule devant *lequel* sujet.

4 On ne peut jamais employer *lequel* après *et : Cet enfant, que tout favorise et qui est intelligent* et non *Cet enfant que tout favorise *et lequel est intelligent.*

III *Lequel* employé après une préposition.

1 L'antécédent est un nom de personne. *Lequel (auquel, duquel,* etc.) peut toujours être remplacé par *qui.* Ce remplacement est même conseillé dans la langue élégante : *Ces camarades pour lesquels* (ou mieux *pour qui) j'éprouvais une sympathie assez vive.* Ce remplacement de *lequel* par *qui* est possible aussi quand l'antécédent est un nom désignant une chose personnifiée ou un animal familier qu'on assimile à une personne : *Le Destin, à qui tout l'univers obéit. La vieille dame parlait souvent de son chien Dick, pour qui elle avait tant d'affection.* Dans ces derniers cas cependant, il vaudra mieux employer *lequel : Le Destin, auquel... Son chien Dick, pour lequel...*

2 L'antécédent est un nom de chose. En principe, *lequel* ne peut pas, dans la langue

moderne, être remplacé par *qui* ni par *quoi :*
La rivière le long de laquelle nous marchions
(et non **le long de qui,* **le long de quoi*). ▷
quoi 1 (I, 1 et 2).

3 ▼ Après la préposition *parmi,* l'emploi de
lequel est obligatoire, même quand l'antécédent
est un nom désignant des personnes : *Ces
camarades, parmi lesquels je comptais quelques
amis.* Le remplacement par *qui* est impossible :
on ne peut dire **parmi qui.*

IV *Lequel,* **adjectif relatif.** Cet emploi appartient à la langue littéraire un peu recherchée :
*Il pensait hériter d'un oncle de province, lequel
oncle avait, disait-on, une fortune considérable.*
On usera avec précaution de ce tour, parfaitement correct, mais un peu lourd. Mieux vaudra
souvent recourir au démonstratif : *Il pensait
hériter d'un oncle de province. Cet oncle avait,
disait-on...* — Le tour figé *auquel cas* est en
revanche assez vivant : *La réunion aura lieu
le 16 décembre prochain, sauf empêchement
grave, auquel cas la réunion serait reportée au
22 décembre.*

2. lequel Pronom interrogatif. L'adjectif correspondant est *quel.*

1 Formes et orthographe. A l'exception de *à
laquelle* et de *de laquelle,* toutes les autres
formes s'écrivent en un seul mot : *lequel,
laquelle, lesquels, lesquelles ; auquel, auxquels,
auxquelles ; duquel, desquels, desquelles.* On
évitera les graphies incorrectes du genre
**aux quels, *aux quelles, *des quels, *des
quelles* et aussi **auquels, *auquelles.*

2 Peut s'employer comme pronom neutre.
Lequel choisis-tu ? continuer ou t'arrêter ? Ce
tour est cependant assez rare et peu naturel.
On évitera aussi la construction avec *qu'est-ce
que : Qu'est-ce que tu choisis ? continuer ou
t'arrêter ?* La solution à la fois la plus correcte
et la plus élégante consiste à employer *que : Que
choisis-tu ? continuer ou t'arrêter ?*

3 Dans l'interrogation indirecte. On peut dire,
en employant *lequel, laquelle,* etc. : *Devinez
laquelle des deux chansons me plaît le plus.* Ce
tour est parfaitement correct et usuel. Il est
possible néanmoins de tourner autrement, avec
*celui qui (que), celle qui (que), ceux qui (que) :
Devinez celle des deux chansons qui me plaît
le plus.*

lérot n. m. Ne désigne pas un jeune loir, mais
un rongeur d'une espèce différente.

1. les article ▷ **le 1.**

2. les pronom ▷ **le 2.**

lès ▷ **lez.**

lesbien, ienne adj. *ou* n. De l'île grecque de
Lesbos. — Attention à la majuscule : *La
population lesbienne. Les Lesbiens.* — N. m. *Le
lesbien :* dialecte grec. — N. f. *Une lesbienne :*
une femme homosexuelle.

lèse- Cet élément ne vient pas du verbe *léser* mais
du participe féminin latin *laesa* (*crimen laesae
majestatis,* littéralement « accusation de majesté atteinte », c'est-à-dire « accusation
d'avoir attenté à la majesté »). On ne doit donc,
en principe, former des mots en *lèse-* qu'avec
un substantif féminin : *Crime de lèse-poésie, de
lèse-intelligence.* On évitera de former des
composés avec des substantifs masculins :
Crime de *lèse-pouvoir, de *lèse-gouvernement.

léser v. t. Conjug. **11.** Change *é* en *è* devant un
e muet, sauf à l'indicatif futur et au conditionnel : *il lèse,* mais *il lèsera.*

lésine n. f. (*littéraire et vieilli*) Avarice. — Le
synonyme *lésinerie* est nettement vieux, ainsi
que *lésineur* « avare ». En revanche, le verbe
lésiner est encore très vivant.

lessive n. f. Bien prononcer [lɛsiv]. On se
gardera des prononciations relâchées [ləsiv],
[lsiv]. Dérivés : *lessivage* [lɛsivaʒ], *lessivé*
[lɛsive], *lessiver* [lɛsive], *lessiveuse* [lɛsivøz].

lest, leste Ne pas écrire *le lest* (d'un navire)
comme l'adjectif *leste* « agile ».

let adj. Anglicisme de la langue du tennis, du
Ping-Pong, du volley-ball. Une *balle let* est une
balle qui frôle le filet. — Prononciation : [lɛt].
Invariable : *des balles let.* ▼ Ne pas déformer
en **net.*

létal, ale, aux adj. (*biologie, médecine*) Qui cause
la mort : *Gène létal. Facteur létal. Dose létale.*
— Masculin pluriel en *-aux : Des facteurs
létaux.* ▼ Pas de *h* après le *t.* Aucun rapport
avec *léthargie.* Dérivé : *létalité.*

léthargie n. f. Avec *-th-.* De même : *léthargique.*

lettre n. f. Orthographe et expressions.

1 Deux *t.* De même : *lettrage, lettré, lettrine,
lettrisme, lettriste.*

2 On dira : *lire, écrire quelque chose dans une
lettre,* plutôt que *sur une lettre.*

3 Avec *lettre* toujours au singulier : *obéir à la
lettre ; au pied de la lettre ; avant la lettre ; ces
instructions sont restées lettre morte.*

4 Avec *lettre* toujours au pluriel : *en toutes
lettres ; mot écrit en lettres de feu, en lettres de
sang ; du papier à lettres ; un professeur de*

lettres ; *la classe de lettres supérieures* ; *un homme, une femme de lettres* ; *les gens de lettres.*

5 Avec le complément toujours au singulier : *des lettres de cachet, de change, de créance, de commande, d'introduction, de recommandation.* — *Des lettres de remerciement,* par lesquelles on annonce à des employés qu'ils sont remerciés, c'est-à-dire renvoyés.

6 Avec le complément toujours au pluriel : *une lettre d'affaires, de condoléances, de félicitations.* — *Une lettre de remerciements,* par laquelle on exprime ses remerciements, sa gratitude à quelqu'un.

7 Sans trait d'union : *une lettre de faire part* (mais *un faire-part*) ; *un homme de lettres* ; *une femme de lettres* ; *les gens de lettres.*

8 Avec un trait d'union : *les belles-lettres.*

leucémie n. f. Avec un *c.* De même : *leucémique.*

leuco- Préfixe (du grec *leukos* « blanc »), qui entre dans la formation de quelques mots savants : *leucocyte, leucocytose, leucoderme, leucodermie, leucopénie, leucoplasie, leucorrhée* (deux *r,* un *h,* finale en *-ée*), *leucose.*

1. leur, leurs Adjectif possessif de la troisième personne, qui s'emploie quand il y a plusieurs possesseurs, que ces possesseurs soient du masculin ou du féminin (*Ces hommes ont bien joué leur rôle. Ces femmes ont bien joué leur rôle*), que la personne ou la chose « possédée » soit du masculin ou du féminin (*Ces hommes vont retourner dans leur pays, dans leur patrie*). L'adjectif *leur* prend un *s* quand la personne ou la chose « possédée » est un pluriel, masculin ou féminin : *Ils racontent leurs souvenirs. Ils évoquent leurs années de jeunesse.*

I *Leur* ou *leurs.* Usage un peu incertain.

1 Leur. Au singulier, quand une chose ou une personne est « possédée » en commun : *Louis et sa petite sœur sortirent de leur maison,* car ces deux enfants habitent une seule maison. *Lucette et son frère aiment bien leur mère,* car ils ont une seule mère à eux deux. *Les soldats de la troisième compagnie admiraient beaucoup leur capitaine. Les Français étaient prêts à combattre pour leur pays.*

2 Leur. Au singulier, quand on veut insister sur le fait que chacun des membres d'un groupe « possède » une chose ou une personne unique : *On apprend aux jeunes soldats à entretenir leur fusil,* car chaque soldat a un seul fusil. *Selon les idées de l'époque, les femmes devaient obéissance à leur mari,* car chacune avait un seul mari.

3 Leurs. Au pluriel, quand on veut insister sur le fait que chacun « possède » sa chose ou

sa personne à lui, ce qui fait qu'il y a plusieurs choses ou personnes « possédées » au total : *Les coureurs remontèrent sur leurs vélos,* car chacun a un vélo, donc les coureurs ont plusieurs vélos à eux tous.

4 Pour éviter l'ambiguïté, on emploiera, dans certains cas, *chacun* : *Les athlètes arrivaient sur le stade, chacun accompagné de son entraîneur.* La phrase *Les athlètes arrivaient sur le stade accompagnés de leur entraîneur* serait équivoque : avaient-ils un seul entraîneur à eux tous ou bien chacun avait-il son entraîneur ?

II *Chacun dans son genre* ou *chacun dans leur genre* ▷ **chacun** (II, 1 et 2).

III *Leur* en concurrence avec l'article (*Ils souffrent des jambes. Ils ont déchiré leurs vêtements*) ▷ **le 1** (IX, 1, 2, 3 et 4).

IV *Leur* en concurrence avec *en* (*Je connais bien ces gens, j'admire leurs vertus. Je connais ces villes, en voici des vues aériennes*) ▷ **en 2** (V, 1, 2 et 3).

2. leur Pronom personnel de la troisième personne du pluriel pour les deux genres. Équivaut à *à eux, à elles.* Peut être complément d'attribution (*Je leur donne des conseils*) ou complément d'objet indirect (*Je leur obéis*). ▼ A la différence du possessif *leur, leurs,* le pronom *leur* est toujours invariable : *Leurs vêtements sont déchirés. Je leur donnerai des vêtements neufs.*

1 Place de *leur.* Toujours devant le verbe (*Je leur donne un livre. Je le leur donne*), sauf à l'impératif à la forme affirmative : *Donne-leur un livre. Donne-le-leur* (mais *Ne leur donne pas de livre. Ne le leur donne pas*) ▷ **annexes** (impératif).

2 *Leur* (*lui*) en concurrence avec *le, la, les* devant certains verbes suivis de l'infinitif. *Je leur laisse pousser le chariot, je les laisse pousser le chariot. Je leur ai entendu chanter cette chanson, je les ai entendus chanter cette chanson. Je les fais manger. Je leur fais manger leur bouillie. Je leur fais réciter leur fable. Je les fais réciter. Cela les fera penser à moi. Je leur ferai penser à cette affaire* ▷ **le 2** (V, 1 et 2) et **faire** (IV, 1).

leurre n. m. Appât trompeur. — Deux *r.* De même : *leurrer.*

levain n. m. Finale en *-ain.*

1. levant adj. On écrit : *Sortir au soleil levant* (au lever du soleil), mais, avec des majuscules et un trait d'union, *l'empire du Soleil-Levant* (le Japon).

2. levant n. m. Avec un *l* minuscule, *le levant,* l'est : *Du levant au couchant. Maison exposée au levant.* — Avec un *L* majuscule, *le Levant,* les pays de la Méditerranée orientale. — Avec un *E* et un *L* majuscules : *les Echelles du Levant.*

lever v. t. Conjug. **12.** Remplace *e* par *è* devant un *e* muet : *je lève, je lèverai.* — *Lever un lièvre* ▷ **lièvre.**

lever, levé, levée Trois noms homophones à bien distinguer par l'orthographe.

1 Le lever *Le petit lever et le grand lever du roi. Au lever du soleil. Le lever du jour. Le lever du rideau* (au théâtre). *Un lever de rideau* (petite pièce de théâtre ; sans traits d'union ; pl. *des levers de rideau*). — *Le lever d'un plan, d'une carte.* Dans ce dernier sens, on écrit aussi *le levé.*

2 Le levé *Ils votent par assis et levé.* — *Le levé d'un plan, d'une carte* Dans ce dernier sens, on écrit aussi *le lever.*

3 La levée *Une levée de boucliers. Une levée de terre* (digue). *La levée des scellés. La levée d'écrou. La levée du courrier. La levée d'une séance. La levée d'un interdit. La levée des troupes. La levée en masse. La levée des impôts, d'un tribut. Faire trois levées au cours d'une partie de cartes.*

lévite Attention au genre.

1 Un lévite Auxiliaire des prêtres du temple de Jérusalem.

2 Une lévite Longue redingote.

levraut n. m. Petit du lièvre. — Finale en *-aut.* ▼ A distinguer de *levron*, jeune lévrier.

lèvre n. f. Accent grave et non circonflexe.

levrette n. f. ▼ La *levrette* est la femelle du lévrier, non la femelle du *lièvre.* Celle-ci est *la hase.*

levretter v. i. *La hase* (femelle du lièvre) *levrette*, met bas. Toujours deux *t : elle levretta.*

lévrier n. m. Féminin : *levrette.*

levron, onne n. m. Jeune lévrier, jeune levrette. ▼ A distinguer de *levraut*, petit du lièvre.

lexique n. m. Avec *-qu-.* — En revanche, un *c* dans les mots de la même famille : *lexical, ale, aux* (masculin pluriel en *-aux*), *lexicalisation, lexicaliser, lexicographe, lexicographie, lexicographique, lexicologie, lexicologique, lexicologue* (ne pas dire **lexicologiste*).

lez ou lès Se prononce [lɛ]. Ancienne préposition (du latin *latus* « côté ») qui signifie « près

de » et qui ne se rencontre plus que dans des noms de villes : *Plessis-lez-Tours* (= Plessis qui est près de la ville de Tours). Les deux orthographes *lez* et *lès* se rencontrent dans les graphies officielles : *Margny-lez-Compiègne, Péronnes-lez-Binche, Plessis-lez-Tours*, mais *Villeneuve-lès-Avignon, Vaux-lès-Saint-Claude.* — On prendra garde de confondre *lès* avec l'article *les*, qui figure dans certains noms de localités : *Colombey-les-Deux-Eglises, Aix-les-Bains, Plombières-les-Bains.* On distinguera notamment *Plessis-lez-Tours* (près de la ville de Tours) et *Gaillon-les-Tours* (où il y a des tours).

liais n. m. Pierre calcaire. — Prononciation : [ljɛ].

liaison n. f. Avec *-ai-.* — Deux *n* dans le dérivé : *liaisonner* (terme de maçonnerie).

liane n. f. Plante. — Un seul *n.*

liard n. m. Ancienne monnaie. — Avec un *-d.*

lias n. m. (terme de géologie) Prononciation : [ljɑs]. — Dérivé : *liasique* [ljɑzik].

libanais, aise adj. *ou* n. Du Liban. — Attention à la majuscule : *La population libanaise. Les Libanais.*

libation n. f. Finale en *-tion.*

libelle Masculin, mais finale en *-elle.*

libeller v. t. Avec deux *l.* De même : *libellé* n. m.

libellule n. f. Avec deux *l.*

liber n. m. (terme de botanique) Prononciation : [libɛʁ].

libéral, ale, aux adj. *ou* n. Masculin pluriel en *-aux* : *Les députés libéraux.*

libératoire adj. Finale en *-oire*, même au masculin : *Paiement libératoire.*

libérer v. t. Conjug. **11.** Change *é* en *è* devant un *e* muet, sauf à l'indicatif futur et au conditionnel présent : *Je libère, je libérerai.*

libertaire adj. *ou* n. Finale en *-aire.*

libertin, ine adj. *ou* n. Finale en *-in, -ine.* Dérivé : *libertinage.*

liberty ship Type de cargo américain (1941-1947). — En deux mots, sans trait d'union. Pas de majuscule (c'est un nom commun). — Prononciation : [libɛʁtiʃip]. — Pl. : *des liberty ships* [-ʃip].

libraire n. m. *ou* f. Finale en *-aire*.

libraire-éditeur n. m. — Pl. : *des libraires-éditeurs.*

libre Orthographe des composés.

1 Sans trait d'union : *libre arbitre, libre parole, libre pensée, libre penseur* (pl. *des libres penseurs*), *à l'air libre, amour libre, union libre.*

2 Avec un trait d'union : *libre-échange, libre-échangisme, libre-échangiste* (pl. *des libre-échangistes*), *libre-service* (pl. *des libres-services*).

libretto n. m. — Pl. : *des librettos* [librɛto] ou *des libretti.* — Deux *t.* De même : *librettiste.*

libyen, yenne adj. *ou* n. De Libye : *La population libyenne. Les Libyens.* ▼ Ne pas mettre l'*y* à la place du *i.* De même, bien écrire : *Libye* (et non **Lybie*).

lice, lisse Sept mots homophones à bien distinguer.

1 lice n. f. Au Moyen Age, palissade de fortification. — Espace libre entre deux enceintes concentriques : *Les lices de la Cité de Carcassonne.* — Champ clos, délimité par des palissades, où l'on disputait les tournois, d'où l'expression figurée *entrer en lice.* — Garde-fou d'un pont de bois. — Clôture qui borde une piste d'équitation, une piste d'hippodrome.

2 lice n. f. Femelle d'un chien de chasse.

3 lice ▷ ci-dessous **lisse 7.**

4 lisse adj. Bien poli, non rugueux : *Une surface lisse.*

5 lisse n. f. Outil (de maçon, de cordonnier) servant à lisser (le ciment, le cuir) ; machine servant à lisser (le papier, le cuir).

6 lisse n. f. Chacune des pièces longitudinales de la membrure d'un navire. — Rambarde d'un navire.

7 lisse ou **lice** n. f. *Tapisserie de basse lisse,* à fils de chaîne horizontaux. *Tapisserie de haute lisse,* à fils de chaîne verticaux. — Ces expressions s'écrivent sans trait d'union. — On préférera la graphie *lisse* à *lice.*

licence n. f. *Licence ès lettres, ès sciences* ▷ **ès.**

licencier v. t. Conjug. **20.** Double le *i* à la première et à la deuxième personne du pluriel de l'indicatif imparfait et du subjonctif présent : *(que) nous licenciions, (que) vous licenciiez.*

licencieux, euse adj. Finale en *-cieux, -cieuse.*

lichen n. m. Prononciation : [likɛn]. — Pl. : *des lichens* [-kɛn].

licite adj. Un seul *t.* De même : *licitement.*

liciter v. t. (terme de droit) Un seul *t.* De même : *licitation.*

licou n. m. — Pl. : *des licous.* — La forme *licol* est vieillie, littéraire ou régionale.

lido n. m. Avec un *L* majuscule : *le Lido,* île allongée qui ferme la lagune de Venise. On évitera le pléonasme *le Lido de Venise.* — Avec un *l* minuscule, *un lido,* terme de géographie qui désigne un banc de sable (cordon littoral) fermant une lagune. — Pl. (en français) : *des lidos* [lido].

lie [li] Attention aux traits d'union.

1 De la lie de vin Dépôt rouge violacé que laisse le vin dans un tonneau.

2 Le lie-de-vin n. m. inv. Couleur rouge violacé : *Un beau lie-de-vin. Toute la gamme des grenats et des lie-de-vin.*

3 lie-de-vin adj. inv. D'une couleur rouge violacé : *Des soieries lie-de-vin.*

lied n. m. (terme de musique) Mot allemand à demi francisé. — Prononciation : [lid]. — Pl. : *des lieder* [lidœʀ], plutôt que *des lieds* [lid]. — En français, s'écrit avec un *l* minuscule.

lie-de-vin ▷ **lie.**

liège n. m. Avec un accent grave. En revanche, accent aigu dans les dérivés : *liégé, liéger, liégeux.*

liégeois, oise adj. *ou* n. De la ville belge de *Liège.* — Un accent aigu. Un *e* après le *g.* — Attention à la majuscule : *La population liégeoise. Les Liégeois. Un café, un chocolat liégeois.*

lien n. m. On évitera des tours tels que *les liens qui nous lient.* On écrira plutôt *les liens qui nous attachent.*

lier v. t. Conjug. **20.** Double le *i* à la première et à la deuxième personne du pluriel de l'indicatif imparfait et du subjonctif présent : *(que) nous liions, (que) vous liiez.*

lierre n. m. Avec deux *r.*

liesse n. f. Joie. — Avec deux *s.*

1. lieu n. m. Endroit. — Pluriel et expressions.

1 Pluriel : *des lieux,* avec *-x,* à la différence du pluriel de *lieu* « poisson », qui prend un *s.*

2 Avec *lieu* toujours au singulier : *avoir lieu de, au lieu de, au lieu que, au* (ou *en*) *lieu et place de, sans feu ni lieu*. — Avec *lieu* toujours au pluriel : *en tous lieux*. — Avec le complément toujours au pluriel : *les lieux d'aisances* (ou absolument *les lieux*).

3 Avec un *l* minuscule : *un lieu saint* ou *un saint lieu*, un lieu sacré, une église, un temple, etc. (au pluriel : *des lieux saints, des saints lieux*). — Avec un *L* majuscule : *les Lieux saints*, les lieux où vécut le Christ. En revanche, avec un *l* minuscule : *les lieux saints du christianisme, de l'islam, de l'hindouisme*.

4 Sans trait d'union : *un haut lieu* (pl. : *des hauts lieux*), *en haut lieu, lieu commun* (pl. : *des lieux communs*).

5 On peut écrire indifféremment : *au lieu et place de* ou *en lieu et place de*.

6 *Au lieu que*, suivi de l'indicatif ou du conditionnel. Oppose deux actions ou deux états : *Au lieu que le sage réfléchit avant d'agir, l'imprudent se jette aveuglément dans l'aventure. Il attend tout d'autrui, au lieu qu'il devrait agir lui-même*. Ce tour est correct, mais très littéraire et archaïsant. Dans la langue moderne on emploie plutôt *alors que, tandis que*.

7 *Au lieu que*, suivi du subjonctif. Signifie que l'action exprimée par le subjonctif n'a pas été accomplie, mais qu'elle a été remplacée par l'action exprimée par le verbe de la principale : *Au lieu que ces mesures aient amélioré la situation, elles l'ont aggravée*. Ce tour est nettement plus usuel et plus courant que *au lieu que* suivi de l'indicatif ▷ § 6, ci-dessus.

2. lieu n. m. Poisson. ▼ Pl. : *des lieus*, avec un *-s*.

lieu dit, lieudit, lieu-dit Question de l'orthographe.

1 lieu dit En deux mots, sans trait d'union, dans la construction libre : *Au lieu dit « le Camp de César », on a retrouvé des vestiges de fortifications* (= à l'endroit appelé...).

2 lieu-dit En deux mots, avec un trait d'union, quand il s'agit d'un nom composé (pl. : *des lieux-dits*) : *L'étude toponymique des lieux-dits fournit à l'historien de précieux renseignements sur l'occupation du sol au cours des siècles.* On préférera la graphie *lieu-dit* à *lieudit* en un seul mot (pl. : *des lieudits*).

lieue n. f. Ancienne mesure itinéraire (environ quatre kilomètres). ▼ Ne pas écrire comme *lieu* (endroit) : *être à cent, à mille lieues de...* (et non *à cent, à mille *lieux de*).

lieutenance n. f. Finale en *-ance*. — Sans trait d'union : *La lieutenance générale du royaume.*

lieutenant n. m. Avec un trait d'union : *lieutenant-colonel*. — Sans trait d'union : *lieutenant de vaisseau* (pl. : *des lieutenants de vaisseau*), *lieutenant général du royaume* (pl. : *des lieutenants généraux*), *lieutenant civil, lieutenant criminel*.

lieutenant-colonel n. m. Avec un trait d'union. — Pl. : *des lieutenants-colonels.*

lieutenante n. f. Sous l'Ancien Régime, épouse d'un lieutenant. — Ne peut plus s'employer de nos jours, sinon par plaisanterie.

lièvre n. m. Avec un accent grave et non circonflexe. ▼ Au propre et au figuré, on dira *lever un lièvre* et non **soulever un lièvre : Le chien a levé un lièvre. Notre collègue a levé un fameux lièvre au cours de la réunion.*

liftier [liftje] n. m. Anglicisme vieilli désignant un *garçon d'ascenseur.*

lifting n. m. Anglicisme qui désigne une opération de chirurgie esthétique. — Prononciation : [lifting]. — Pl. : *des liftings* [-tiŋ]. — Équivalent français : *lissage*. De même au verbe *lifter* (*le visage*), on préférera *lisser*.

ligament n. m. Un seul *m*.

ligature n. f. Un seul *t*. De même : *ligaturer*.

lige adj. Sans trait d'union : *homme lige* (pl. : *des hommes liges*).

ligne n. f. Orthographe des expressions.

1 Avec *ligne* toujours au singulier : *être en ligne* (téléphone), *entrer en ligne de compte, des navires, des régiments de ligne, l'infanterie de ligne, monter en ligne, tenir la première ligne* (*du front*). — Avec *ligne* toujours au pluriel : *L'avion ennemi est tombé dans nos lignes, pénétrer dans les lignes ennemies.*

2 Avec le complément toujours au singulier : *des lignes de démarcation, des lignes de communication* (mais *les communications de l'ennemi, couper les communications*).

3 Avec un *l* minuscule : *la ligne Maginot, la ligne Siegfried*, etc., *la ligne du tropique, de l'équateur*. — Avec un *l* minuscule aussi : *la ligne*, l'infanterie de ligne (*Il avait été officier dans la ligne*). — Avec un *L* majuscule : *Ligne*, l'équateur (*Baptême, passage de la Ligne*).

4 *Hors-ligne, hors ligne* ▷ **hors-ligne.**

lignite Combustible. ▼ Malgré la finale en *-ite*, toujours masculin : *Du lignite peu coûteux.*

ligoter v. t. Avec un seul *t.*

liguer v. t. Toujours avec *-gu-* même devant *a* ou *o* : *il ligua, nous liguons.*

ligure adj. *ou* n. *Les Ligures. Le peuple ligure.* — *Le ligure :* langue. — Un seul *g.*

lilas [lilɑ] Comme adjectif de couleur, toujours invariable : *Une robe lilas. Des jupes lilas.*

lilial, ale, aux adj. (*littéraire*) Qui a la blancheur immaculée du lis. — Le masculin pluriel *liliaux* est rare. On évitera de l'employer.

lilliputien, ienne adj. *ou* n. Deux *l.* Prononciation : [lilipysjɛ̃, jɛn].

limace, limaçon, colimaçon Trois noms à distinguer.

1 la limace (*usuel*) Mollusque de forme allongée, à coquille non visible.

2 le limaçon (*vieilli ou régional*) Escargot.

3 le colimaçon (*vieux*) Escargot. — (de nos jours) *Escalier en colimaçon :* escalier à vis (plus usuel que *escalier en limaçon*).

limaille [limaj] n. f. Un seul *m.*

limande n. f. Poisson. — Finale en *-ande.*

limande-sole n. f. — Pl. : *des limandes-soles.*

limbe, limbes, nimbe Des mots à bien distinguer.

1 le limbe (*astronomie*) Bord extérieur d'un astre qu'on observe. — (*technique*) Cercle ou partie de cercle gradué : *Le limbe d'un sextant.* — (*botanique*) Partie plane de la feuille.

2 les limbes (avec une minuscule) Selon le christianisme, séjour des âmes des justes avant la mort de Jésus-Christ ; séjour des âmes des enfants morts sans baptême. — (*figuré*) Lieu vague et indéfinissable. — *Etre dans les limbes,* dans un état de demi-conscience. — *Le projet est resté dans les limbes,* n'a été confirmé par aucune décision. — Toujours masculin : *Des limbes fumeux.*

3 le nimbe Dans une sculpture ou un tableau, cercle, auréole qui entoure le visage du Christ, des saints. — (par métaphore) *Un nimbe doré de cheveux blonds.*

liminaire, liminal, préliminaire Trois adjectifs à bien distinguer.

1 liminaire Qui est placé au début d'un livre, d'un recueil, d'un discours, etc. : *La pièce liminaire des* Fables *de La Fontaine est une épître dédicatoire « à Monseigneur le Dauphin ».*

2 liminal, ale, aux (*psychologie*) Qui concerne le seuil le plus bas : *Les stimuli liminaux.*

3 préliminaire (*mot d'un usage très général*) Qui se trouve au début, avant l'essentiel d'une action, d'une étude, d'un développement : *Les entrevues préliminaires, avant la rencontre officielle au sommet. Une mise au point préliminaire.* — N. m. pl. *Les préliminaires : Les préliminaires de la conférence internationale.*

limite n. f. Expressions.

1 Avec *limite* au pluriel : *Une avidité, une ambition sans limites.*

2 Sans trait d'union et avec la marque du pluriel à chaque mot : *un état limite* (*des états limites*), *une situation limite* (*des situations limites*), *un cas limite* (*des cas limites*), *une valeur limite* (*des valeurs limites*), etc.

3 On écrira : *atteindre la limite d'âge,* et non **être atteint par la limite d'âge.*

limitrophe [limitʀɔf] adj. ▼ Ne pas déformer en **limitrope.* — On peut dire : *des pays, des provinces, des régions, des départements limitrophes* (= qui ont une frontière commune). En revanche, on évitera l'expression *une frontière limitrophe.* On écrira : *une frontière commune.*

limoger v. t. Conjug. **16.** Prend un *e* après le *g* devant *a* ou *o* : *il limogea, nous limogeons.* — Dérivé : *limogeage* (avec *e* après le *g*).

1. limon n. m. Boue ; terre fertile. — Les dérivés prennent un seul *n* : *limonage, limoneux, limonite,* n. f. (minerai de fer).

2. limon n. m. Brancard. — Partie d'un escalier. — Les dérivés prennent un seul *n* : *limonier* n. m. (cheval de trait), *limonière* n. f. (ensemble des deux brancards).

3. limon n. m. Citron. — Les dérivés prennent un seul *n* : *limonade, limonadier, limonène* n. m. (hydrocarbure), *limonier* (citronnier).

limon, timon Deux noms masculins à bien distinguer.

1 limon Chacun des deux brancards parallèles entre lesquels on attelle un cheval. — Dérivé : *limonier, ière* adj. *ou* n. m. *Cheval limonier, jument limonière,* qu'on utilise pour le trait. — N. m. *Un limonier :* un cheval de trait.

2 timon Pièce longitudinale unique disposée dans l'axe, à l'avant d'une voiture, d'un chariot, d'une charrue, et de chaque côté de laquelle

on attelle un cheval, un bœuf. — Dérivé :
timonier n. m. Chacun des chevaux qu'on
attelle de part et d'autre du timon.

limonade n. f. Un seul *n.* De même : *limonadier.*

Limonaire n. m. Orgue de Barbarie. — Nom
déposé, donc une majuscule.

limousin, ine adj. *ou* n. Attention à la majuscule.
Le Limousin : province. — *Un Limousin, une
Limousine* : habitant, habitante de cette province. — *Le limousin :* dialecte. — *(vieux) Un
limousin :* maçon spécialisé dans le travail
appelé *limousinage.* — *Une limousine :* manteau ; carrosserie. — Dérivés : *limousinage,
limousinant, limousiner.*

limousinant n. m. Autrefois, ouvrier maçon
originaire du Limousin. — Un *l* minuscule :
Les limousinants.

linceul n. m. Avec un *c.* — Pl. : *des linceuls.*

linéaire adj. Finale en *-aire.*

lingot n. m. Finale en *-ot.*

lingual, ale, aux adj. Masculin pluriel en *-aux* :
Les nerfs linguaux. — Prononciation : [lɛ̃gwal,
al, o], avec [gw].

linguiste n. m. *ou* f. Prononciation : [lɛ̃gɥist(ə)],
avec [gɥ]. De même : *linguistique* [lɛ̃gɥistik],
linguistiquement [lɛ̃gɥistikmɑ̃].

liniment n. m. Médicament pour friction. ▼ Pas
de *e* intérieur.

1. lino n. m. Abréviation de *linoléum.* — Un *l*
minuscule. — Pl. : *des linos.*

2. Lino n. f. Abréviation de *Linotype.* — Un *L*
majuscule. — Pl. : *des Linos.*

3. lino n. f. Abréviation de *linotypie.* — Un *l*
minuscule.

4. lino n. m. *ou* f. Abréviation de *linotypiste.* —
Un *l* minuscule. — Pl. : *des linos.*

linoléum [linoleɔm] n. m. Un accent aigu sur
le *e.* On évitera la graphie *linoleum.* — Pl. :
des linoléums.

linon, Nylon Deux noms masculins qui désignent des étoffes.

1 linon (avec *l* minuscule et *i*) Toile de lin très fine.

2 Nylon (avec *N* majuscule et *y*) Nom déposé
d'un textile synthétique.

Linotype Machine à composer utilisée dans les
imprimeries. — Toujours féminin : *Une Linotype toute neuve.* — Attention à la place du *i*
et de l'*y.* — Nom déposé, donc un *L* majuscule.
De même : *une Lino* (abréviation de *Linotype*).
En revanche, *l* minuscule dans les dérivés *la
linotypie* (abréviation : *la lino*) et *un, une
linotypiste* (abréviation : *un, une lino*).

linteau n. m. Finale en *-eau.*

lion n. f. Deux *n* dans le féminin *lionne.* — De
la même famille : *lionceau.*

lipide (terme de biochimie) Un seul *p.* —
Toujours masculin : *Les lipides végétaux.*

lippe n. f. Lèvre pendante. — Deux *p.* De même :
lippée (*franche lippée*, repas gratuit), *lippu, ue*
(qui a de grosses lèvres).

liquation n. f. Opération de métallurgie. —
Prononciation : [likwasjɔ̃], avec [kw].

liquéfier v. t. Conjugaison et prononciation.

1 Conjug. **20.** Double le *i* à la première et à
la deuxième personne du pluriel de l'indicatif
imparfait et du subjonctif présent : *(que) nous
liquéfiions, (que) vous liquéfiiez.*

2 Prononciation : [likefje], avec [k]. De même :
liquéfacteur [likefaktœʀ], *liquéfaction* [like-
faksjɔ̃], *liquéfiable* [likefjabl(ə)], *liquéfiant*
[likefjɑ̃], *liquéfié* [likefje].

liqueur n. f. Prononciation : [likœʀ], avec [k].
De même *liquoreux* [likɔʀø], *liquoriste*
[likɔʀist(ə)].

liquide, fluide ▷ fluide.

lire v. t. Conjugaison et expressions.

1 Conjug. **50.** *Je lis, tu lis, il lit, nous lisons,
vous lisez, ils lisent.* — *Je lisais.* — *Je lus.* —
Je lirai. — *Je lirais.* — *Lis, lisons, lisez.* —
Que je lise. — *Que je lusse.* — *Lisant.* — *Lu,
lue.*

2 On écrira : *Je l'ai lu dans ce livre, dans le
journal,* mais *sur une pancarte, sur une affiche.*

3 *Lu et approuvé.* Formule invariable en
nombre et en genre. — De même : *lu* (dans des
tours tels que *Lu les pièces ci-annexées*).

lis n. m. Plante, fleur. — Prononciation : [lis].
— La graphie *lys* est archaïque.

lise [liz] n. f. Sable mouvant. — Avec un *s.*

liséré n. m. Ruban. ▼ Ne pas écrire *liseré*, forme
fautive. Prononcer : [lizeʀe], et non *[lizʀe]

De même, on préférera *lisérage* [lizeʀaʒ] à *liserage*, *lisérer* [lizeʀe] à *liserer*.

lisérer v. t. Garnir d'un liséré. — Conjug. **11.** Change le *é* en *è* devant un *e* muet, sauf à l'indicatif futur et au conditionnel présent : *Je lisère*, mais *je lisérerai*.

liseron n. m. Plante. — Bien prononcer : [lizʀɔ̃], avec [z]. Ne pas déformer en **lisseron*.

lisière n. f. Avec *lisière* au pluriel : *tenir en lisières*.

lisse, lice ▷ **lice**.

lissier n. m. Tapissier. — Avec un trait d'union : *Un haute-lissier* (*des haute-lissiers*), *un basse-lissier* (*des basse-lissiers*), tapissier de haute lisse, de basse lisse.

liste n. f. Dans la langue surveillée, on écrira : *figurer, être dans la liste*, et non *sur la liste*.

listel n. m. Moulure. ▼ Pl. : *des listeaux*.

lit n. m. Orthographe des expressions.

1 Avec le complément toujours au singulier : *des lits de camp, des lits de plume, des lits de sangle*. — Avec le complément toujours au pluriel : *un lit de feuilles mortes, un lit de roses*.

2 Sans trait d'union : *un lit clos, un lit gigogne* (*des lits gigognes*), *des lits jumeaux, un ciel de lit* (*des ciels de lit*). — Avec un trait d'union : *un lit-cage* (*des lits-cages*). — En un seul mot, sans trait d'union : *un châlit*.

litanie n. f. Pluriel ou singulier.

1 Au pluriel. Au sens propre (prière) : *Les litanies de la Vierge. Les litanies des Rogations.*

2 En général au singulier. Au sens figuré et familier (énumération répétée et fastidieuse) : *C'est toujours la même litanie de griefs et de récriminations !*

-lithe Suffixe (du grec *lithos* « pierre »), qui entre dans la formation de certains mots savants, par exemple *aérolithe*. — Dans le langage de la géologie, ce suffixe s'écrit souvent sans *h* : *amphibolite, phonolithe* ou *phonolite*.

lith(o)- Préfixe (du grec *lithos* « pierre »), qui entre dans la formation de mots savants tels que : *litharge* n. f. (oxyde de plomb), *lithiase* n. f. (formation de calculs biliaires, urinaires, etc.), *lithiasique, lithine* n. f. (oxyde de lithium), *lithiné, lithinifère, lithium* [litjɔm], *lithobie* n. f. (mille-pattes), *lithographe, lithographie, lithographier, lithographique, litholo-*

gie, lithophage, lithophanie, lithopone n. m. (substance utilisée en peinture), *lithosphère* n. f. (écorce terrestre), *lithotritie* n. f. (opération chirurgicale), *lithotypographie.*

litho n. f. Abréviation de *lithographie*. — Pl. : *des lithos.*

litige n. m. Un seul *t*. De même *litigieux, euse.*

litote n. f. Figure de rhétorique. — Pas de *h* après le *t*.

1. litre n. m. Unité de capacité. — Abréviation : *l*, sans point. On écrira donc : *25 l d'huile ; 3,5 l d'eau distillée.*

2. litre Tenture funéraire. ▼ Toujours féminin : *Une longue litre noire bordait chaque côté de la nef.*

littéraire adj. Deux *t*. Finale en *-aire.*

littéral, ale, aux adj. Deux *t*. — Masculin pluriel en *-aux : Des équivalents littéraux*. — Dérivés : *littéralement, littéralité.*

littéralement adv. Au sens dérivé de « tout à fait, absolument », appartient à la langue familière : *La ville a été littéralement transformée par ces travaux*. Dans la langue écrite surveillée, on préférera : *absolument, complètement, entièrement, totalement, tout à fait, effectivement, réellement, véritablement, vraiment.*

littérateur n. m. Pas de forme pour le féminin (*littératrice* est un mot rare et douteux). On évite d'employer *littérateur* pour désigner une femme. On dit plutôt : *une femme auteur, une femme écrivain, une femme de lettres.*

littérature n. f. Deux *t*. De même : *littéraire, littérairement, littérateur.*

littoral, ale, aux adj. *ou* n. m. Deux *t*. Masculin pluriel en *-aux : Les sédiments littoraux. Les littoraux rocheux.*

lituanien, ienne adj. *ou* n. De Lituanie : *La population lituanienne. Les Lituaniens.* — N. m. *Le lituanien :* langue parlée en Lituanie. — La graphie avec *h*, *lithuanien*, est vieillie. De même, on écrira : *Lituanie*, et non *Lithuanie.*

liturgie n. f. Un seul *t*. De même : *liturgique, liturgiquement, liturgiste.*

livarot n. m. Fromage. — Toujours un *l* minuscule. Finale en *-ot*. — Pl. : *des livarots.*

livide adj. Le sens originel est « d'une couleur bleuâtre tirant sur le gris, d'un gris plombé » :

Tache livide laissée sur la peau par une contusion. — (*par extension*) D'une pâleur triste, sinistre : *Le visage livide d'un homme épuisé par l'insomnie et la peur.* Ce deuxième sens est admis depuis longtemps, même dans la langue littéraire.

living-room n. m. (*anglicisme*) Prononciation : [liviŋʀum]. — Pl. : *des living-rooms* [-ʀum]. — S'abrège usuellement en *living* [liviŋ], pl. *des livings* [-viŋ]. — Equivalent français : *salle de séjour.*

livrée n. f. Habit de domestique. — Pelage ou plumage d'un oiseau. — Finale en *-ée.*

livret n. m. Petit livre ; carnet, etc. — Texte d'un opéra. — Finale en *-et.*

loader n. m. Anglicisme qui désigne un engin de terrassement. — Prononciation : [lodœʀ]. — Pl. : *des loaders* [-dœʀ]. — Equivalent français : *chargeuse.*

lob, lobe Ne pas écrire *un lob,* anglicisme de la langue du tennis, comme *un lobe* (*lobes du cerveau, lobe de l'oreille*).

lobby n. m. Anglicisme désignant un groupe de pression. — Prononciation : [lɔbi]. — Pl. : *des lobbies.* — Equivalent français : *groupe de pression.* ▼ Ne pas confondre avec *hobby,* violon d'Ingres.

lober v. t. (anglicisme de la langue du tennis) Un seul *b.*

lobule n. m. Petit lobe. — Toujours masculin : *Un lobule peu saillant.*

local, ale, aux adj. *ou* n. Masculin pluriel en *-aux* : *Des intérêts locaux. Des locaux vastes et bien aménagés.*

locataire n. m. *ou* f. Finale en *-aire.*

location-vente n. f. — Pl. : *des locations-ventes.* — Mot à employer de préférence à l'anglicisme *leasing.*

1. loch n. m. Appareil qui sert à mesurer la vitesse d'un navire. — Prononciation : [lɔk]. — Pl. : *des lochs* [lɔk].

2. loch n. m. Lac d'Ecosse : *Le loch Ness. Le loch Morar.* — Prononciation : [lɔk]. — Pl. : *des lochs* [lɔk].

lock-out n. m. Anglicisme qui désigne la fermeture d'une usine, décidée par la direction au cours d'un conflit avec les salariés. —

Prononciation : [lɔkawt]. — Invariable : *des lock-out.* — Dérivé : *lock-outer* [lɔkawte] v. t. (*lock-outer une usine ; lock-outer les ouvriers*).

loco- Tous les vocables en *loco-* s'écrivent en un seul mot, sans trait d'union : *locomobile, locomoteur, locomotif, locomotion, locomotive, locomotrice, locotracteur.*

locution n. f. Finale en *-tion.*

loden n. m. Etoffe ; manteau. — Mot allemand francisé. — Pas de majuscule. — Prononciation : [lɔdɛn]. — Pl. : *des lodens* [-dɛn].

lods n. m. pl. (*droit féodal*) *Les lods et ventes* [lozevɑ̃t] : droits de mutation perçus par un seigneur.

loess n. m. Terre pulvérulente argilo-calcaire, très fertile. — Prononciation : [løs]. — Invariable : *des loess.*

lof [lɔf] n. m. (terme de marine) Un seul *f.* De même : *lofer* v. i. ▼ La graphie *loffer* est à éviter.

logarithme n. m. Avec un *i,* non un *y.* Un *h* après le *t.* De même : *logarithmique.*

logeable adj. Un *e* après le *g.*

loger Conjug. **16.** Prend un *e* après le *g* devant *a* ou *o* : *il logea, nous logeons.* ▼ On dit : *Il loge rue de la Poste. Il loge place de la Mairie. Il loge avenue Gambetta* (et non *dans la rue de la Poste, sur la place de la Mairie, dans l'avenue Gambetta*).

loggia n. f. Balcon couvert ; loge sur une façade. — Mot italien à demi francisé. Prononciation : [lɔdʒja]. — Pl. : *des loggias* [-dʒja].

logiciel n. m. Technique de l'utilisation des ordinateurs. S'oppose à *matériel,* technique de la fabrication des ordinateurs. On préférera *logiciel* à l'anglicisme *software.*

logique, logistique Deux mots à bien distinguer.

1 logique Science ou art du raisonnement : *La logique formelle d'Aristote.* — (adjectivement) *Les structures logiques de l'entendement.*

2 logistique.

a/ Forme nouvelle de la logique, qui utilise des notations analogues à celles des mathématiques. — (adjectivement) : *Les algorithmes logistiques.*

b/ Technique du transport des troupes en campagne, du stockage et de la répartition des vivres, des munitions, du matériel, du carburant : *La logistique a pris une grande importance dans la stratégie moderne.* — (adjectivement) *Le support logistique d'une troupe en campagne.*

logis [lɔʒi] n. m. Finale en *-is*.

logomachie n. m. Prononciation : [lɔgɔmaʃi], avec [ʃ]. De même : *logomachique* [lɔgɔmaʃik].

logorrhée [lɔgɔʀe] n. f. Attention au groupe *-rrh-* et à la finale *-ée*. Dérivé : *logorrhéique* [lɔgɔʀeik].

logos n. m. (terme de philosophie) Inusité au pluriel. — Prononciation : [lɔgɔs].

loi n. f. Sans *-e* à la fin. — Pl. : *des lois.* — Composés : *loi-cadre* (*des lois-cadres*) *loi-programme* (*des lois-programmes*), *décret-loi* (*des décrets-lois*).

loin adv. Orthographe et expressions.

1 Adverbe, donc toujours invariable : *Ces années-là sont bien loin.*

2 Au loin. A une grande distance : *Au loin, on aperçoit les collines du Perche.* ▼ Ne pas dire **au lointain.* En revanche, *dans le lointain* est très correct : *Dans le lointain se profile la chaîne des Dômes.*

3 De loin. Expression correcte au sens de « à une grande distance, après une grande durée, avec un grand recul » : *De loin, les montagnes ne semblent pas très hautes. De loin, ces événements paraissent bien insignifiants.* — En revanche, dans la langue surveillée, on évitera d'employer *de loin* au sens de *beaucoup, de beaucoup.* Dire : *Il est beaucoup plus habile* (ou *de beaucoup plus habile*) *que moi. Il est le plus habile de beaucoup.* Eviter : *Il est de loin plus habile que moi. Il est le plus habile de loin.* L'emploi de *de loin* au sens de « de beaucoup » peut même aboutir à des équivoques (*Il est de loin le meilleur marqueur de buts*) ou à des cocasseries (*Ce magasin d'alimentation est de loin le plus proche de mon domicile*).

4 De loin en loin. Seule expression usuelle de nos jours : *De loin en loin, un clocher se dresse dans l'immensité de la plaine.* — *De loin à loin* est vieilli. S'employait surtout au sens de « à de grands intervalles réguliers » : *De loin à loin, on planta des poteaux, pour marquer les limites du domaine.*

5 Du plus loin que, d'aussi loin que. En principe, indicatif quand il s'agit d'espace : *Du plus loin qu'il m'aperçut, il se mit à agiter les bras. D'aussi loin qu'ils virent la mer, les enfants poussèrent des cris de joie.* — En principe, subjonctif quand il s'agit de temps : *Du plus loin qu'il m'en souvienne.*

6 *Loin de moi la pensée* (*l'idée*) *que,* suivi de l'indicatif, du subjonctif ou du conditionnel. Tours corrects : *Loin de moi la pensée que ce garçon est un incapable. Loin de moi l'idée que nous puissions échouer* (idée d'éventualité). *Loin de moi la pensée que tout échouerait s'il refusait de nous aider.* — *Loin de moi la pensée* (*l'idée*) *de,* suivi de l'infinitif, est aussi un tour correct : *Loin de moi l'idée de tout abandonner.* ▼ Le tour elliptique *loin de moi de,* suivi de l'infinitif (*Loin de moi de tout abandonner*), est déconseillé dans la langue surveillée. En revanche, le tour, très différent, *être loin de,* suivi de l'infinitif, est parfaitement correct : *Il est loin de vouloir tout abandonner. Elle est très loin d'avoir réussi.*

lointain, aine adj. *ou* n. m. L'expression *dans le lointain* est très correcte : *Dans le lointain se profile la chaîne des Dômes.* En revanche, on ne dira pas **au lointain,* mais *au loin* ▷ **loin** (2).

loi-programme ▷ **loi.**

loir n. m. Animal. — Pas de *e* à la fin.

loisible adj. Permis, possible. — Ne s'emploie guère que dans le tour *il m'est* (*t'est, lui est, nous est...*) *loisible de,* suivi de l'infinitif : *Il ne m'est pas loisible de décider moi-même.*

loisir n. m. Finale en *-ir* (pas de *-e* final).

lokoum ▷ **rahat-loukoum.**

lombago ▷ **lumbago.**

lombaire adj. Des lombes : *Douleurs lombaires.* — Finale en *-aire.*

lombes Partie du corps. — Toujours masculin : *Avoir les lombes douloureux.* — Très rare au singulier : *Le lombe droit. Le lombe gauche.* — Dérivés : *lombaire, lombalgie, lombarthrose.*

lombric n. m. Ver de terre. ▼ Bien prononcer : [lɔ̃bʀik], le *-c* n'est pas muet.

l'on, on ▷ **on.**

londonien, ienne adj. *ou* n. De Londres. — Attention à la majuscule : *La population londonienne. Les Londoniens.*

londrès n. m. Type de cigare. — Prononciation : [lɔ̃dʀɛs]. — Pl. : *des londrès* [-dʀɛs].

long, longue adj. *ou* n. m. *ou* adv. Prononciation, emplois et expressions.

1 Devant un nom qui commence par une voyelle ou un *h* muet, on fait la liaison avec le masculin *long*. Autrefois, le *g* final se prononçait dans ce cas [k] : *Un long espace* [œlɔ̃kɛspas]. De nos jours, on prononce plutôt [g] : *Un long espace* [œlɔ̃gɛspas]. La prononciation avec [k] n'est cependant pas fautive. Elle est même préférable dans la diction soignée.

2 Dans l'emploi adverbial, toujours invariable : *Ces filles s'habillent long. L'artillerie tirait trop long.*

3 On dit indifféremment : *Cette salle a huit mètres de longueur* ou *huit mètres de long*. Dans le style très surveillé, on préférera *huit mètres de longueur.*

4 De tout son long. Seule forme correcte : *Il est tombé de tout son long.* On évitera **tout de son long.*

5 Au long de. Dans la langue littéraire, s'emploie au sens de « le long de » : *Il marchait en silence au long de la rivière.* Cet emploi est un peu archaïque. — L'expression est surtout usitée dans le sens temporel comme équivalent de « au cours de » : *Au long des mois et des années, l'oubli fit peu à peu son œuvre.*

6 Le long de. Au sens spatial, est usuel dans la langue courante : *Allons donc nous promener le long de la rivière.* Ne s'emploie pas au sens temporel. Ne pas dire par exemple **le long des mois et des années,* mais *au long des mois...*

7 Tout au long. Equivalent plus littéraire de *tout du long,* qui a une connotation plus familière : *Ce document est tout au long un tissu de mensonges. Il m'a raconté tout du long l'histoire de ses démêlés avec sa famille !*

longanimité n. f. *(littéraire)* Patience, mansuétude. — Avec *g* et non *-gu-*.

long-courrier n. m. *ou* adj. Avec un trait d'union, à la différence de *long cours*. — Pas de féminin. — Pl. : *des long-courriers, des avions long-courriers.*

1. longe n. f. Partie de l'échine du veau.

2. longe n. f. Lanière qui sert à attacher un animal ; lanière d'un fouet.

longer v. t. Conjug. **16.** Prend un *e* après le *g* devant *a* ou *o : il longea, nous longeons.*

longeron n. m. Pièce longitudinale d'un pont métallique, d'un châssis de véhicule, etc.

longitudinal, ale, aux adj. Masculin pluriel en *-aux : Les couloirs longitudinaux.*

long-jointé adj. Dont les paturons sont trop longs. — Un trait d'union. Le premier élément reste invariable, le second s'accorde en nombre et en genre : *Un cheval long-jointé. Des chevaux long-jointés. Une jument long-jointée. Des juments long-jointées.*

longtemps adv. Attention au *g* intérieur. — En un seul mot sans trait d'union.

longuement adv. Avec *-gu-*.

1. longuet, ette adj. *(familier)* Un peu trop long. — Finale en *-et, -ette.*

2. longuet n. m. Petit pain long. — Finale en *-et.*

longueur n. f. *Huit mètres de long* ou *de longueur* ▷ **long** (3).

longue-vue n. f. — Pl. : *des longues-vues.*

looping n. m. Anglicisme désignant une figure d'acrobatie aérienne. — Prononciation : [lupiŋ]. — Pl. : *des loopings* [-piŋ].

lopin n. m. Parcelle de terre. — Un seul *p.*

loquace adj. La prononciation la plus courante de nos jours est [lɔkas]. La prononciation [lɔkwas] est vieillie et recherchée, mais non incorrecte. — De même, pour *loquacité,* à côté de la prononciation usuelle [lɔkasite], il existe une prononciation [lɔkwasite].

loquet n. m. Pièce servant à fermer une porte. — Finale en *-et.* — Dérivé : *loqueteau* [lɔkto].

lord n. m. Mot anglais francisé. Prononciation : [lɔʀ]. Pl. : *des lords* [lɔʀ]. — Avec un *l* minuscule *(Les lords jouissaient encore au XIXᵉ siècle d'un prestige immense),* sauf devant un nom propre *(Il rencontra Lord Byron).* — Avec un *C* majuscule et un *l* minuscule : *la Chambre des lords.* — Avec un *l* minuscule et un *A* majuscule : *le premier lord de l'Amirauté.* — Avec un trait d'union : *le lord-président du Conseil (des lords-présidents...), lord-maire.* — Avec des minuscules : *le lord-maire de Londres, le lord-maire d'Edimbourg, des lords-maires.* — Avec un *L* et un *M* majuscule : *le Lord-Maire,* sans complément (= celui de Londres).

lorgner v. t. Attention au *i* après le groupe *-gn-* à la première et à la deuxième personne du pluriel de l'indicatif imparfait et du subjonctif présent : *(que) nous lorgnions, (que) vous lorgniez.*

loriot n. m. Oiseau. — Finale en *-ot.*

lorrain, aine adj. *ou* n. De Lorraine. — Attention à la majuscule : *La population lorraine. Les Lorrains. Une Lorraine.* — N. m. *Le lorrain :* dialecte parlé en Lorraine. — Attention aux deux *r.*

lors [lɔʀ] Emplois et locutions.

1 L'emploi adverbial (au sens de « alors ») est vieux.

2 De nos jours, ne s'emploie que dans des locutions : *dès lors, depuis lors, pour lors, lors de.*

3 **Dès lors que.** Est vieilli au sens de « à partir du moment où » : *Dès lors qu'il eut fait cet héritage, il vécut sans souci d'argent.* — S'emploie encore dans le sens de « puisque, du moment que » : *Dès lors que vous refusez de comprendre, je n'ai plus qu'à me taire.* Tour assez littéraire.

4 **Lors même que.** Suivi de l'indicatif, signifie « même quand » : *Lors même qu'il est déçu, il se montre aimable.* — Suivi du conditionnel, équivaut à « même si » : *Lors même que vous apporteriez des preuves, on ne vous croirait pas.* — Ces constructions avec *lors même que* appartiennent à la langue soutenue. ▼ Ne pas déformer en **alors même que.*

lorsque conj. Elision et sens.

I S'élide devant *il, elle, on, un, une : Lorsqu'il vient. Lorsqu'un tel fait se produit.* — Devant *en,* l'usage est incertain. On préférera la forme non élidée : *Lorsque, en 1968, ces faits se produisirent* (mieux que *Lorsqu'en 1968 ces faits se produisirent*).

II **Lorsque, quand.** Ces deux conjonctions sont à peu près synonymes. Quelques différences cependant.

1 **lorsque** N'appartient pas à la langue parlée courante. Est d'un registre plus « noble » que *quand.* En principe, souligne plutôt l'aspect historique, singulier de l'action (et non la répétition) : *Lorsque Louis vint à Paris, en janvier 1959...*

2 **quand** Appartient à tous les registres et même à la langue la plus familière. En principe, souligne mieux que *lorsque* l'idée de répétition : *Quand Louis venait à Paris, il descendait dans un hôtel du quartier de la gare Saint-Lazare.*

losange n. m. Avec un *s* et *-an-.*

lot n. m. Part attribuée à chacun. — Prononciation : [lo].

loterie n. f. Un seul *t.*

loti, ie adj. *Etre bien loti, mal loti.* — Un seul *t.*

lotion n. f. Deux *n* dans le dérivé : *lotionner.*

lotir v. t. Un seul *t.* De même : *loti, lotissement, lotisseur.*

loto n. m. Jeu. — Un seul *t.*

lotte n. f. Poisson. — Deux *t.* On évitera la graphie *lote,* rare et vieillie.

lotus n. m. Plante. — Prononciation : [lɔtys]. — Pl. : *des lotus* [-tys].

louange n. f. Avec *-an-.*

louanger v. t. Conjug. **16.** Prend un *e* après le *g* devant *a* ou *o : il louangea, nous louangeons.*

louer, louanger Ces deux verbes ne sont pas interchangeables.

1 **louer** Appartient à tous les registres. Peut s'employer même dans le style le plus noble. Ne comporte pas de nuance péjorative : *Louez le Seigneur ! Un bon critique doit savoir louer avec enthousiasme et blâmer avec mesure.*

2 **louanger** Appartient à la langue semi-familière. Ne s'emploie guère dans le style sérieux et noble. Toujours assez péjoratif. Signifie « louer avec excès, sans discernement, de manière déplacée » : *Il passe son temps à louanger à tout propos des gens dont il disait du mal le jour précédent.* — Le mot *louange* n'est nullement péjoratif. Le mot *louangeur* est toujours assez péjoratif.

louis n. m. Ancienne pièce de monnaie. — Avec un *l* minuscule.

louise-bonne n. f. Poire d'automne. — Pl. : *des louises-bonnes.*

louisianais, aise adj. *ou* n. De la Louisiane : *La population louisianaise. Les Louisianais.* — Un seul *n,* comme dans *Louisiane.*

louis-philippard, arde adj. *(toujours péjoratif)* De l'époque de Louis-Philippe : *Des meubles louis-philippards. Une décoration louis-philippparde. Des chaises louis-philippardes.*

louis-quatorzien, ienne adj. De l'époque de Louis XIV : *Le faste louis-quatorzien. Les artistes louis-quatorziens. La majesté louis-quatorzienne. Les peintures louis-quatorziennes.* N'est pas péjoratif. Cependant, dans le style très surveillé, on préférera *de Louis XIV, de l'époque de Louis XIV, de l'époque classique.*

loukoum ▷ **rahat-loukoum.**

loulou n. m. — Pl. : *des loulous.*

loup [lu] n. m. Attention au *-p* final, muet. — Féminin : *louve.* — Avec *loup* au singulier : *marcher à pas de loup.*

loup-cervier n. m. Avec un trait d'union. — Pl. : *des loups-cerviers.*

loup de mer n. m. Pas de traits d'union. — Pl. : *des loups de mer.*

loupe n. f. Un seul *p.*

louper v. t. *(populaire)* Manquer, rater. — Un seul *p.*

loup-garou n. m. Un trait d'union. — Pl. : *des loups-garous.*

lourd, lourde adj. *ou* adv. Emplois et expressions.

1 Dans l'emploi adjectif, variable : *Ces caisses sont lourdes.* — Dans l'emploi adverbial, invariable : *Ces caisses pèsent lourd.*

2 Sans trait d'union : *un poids lourd* (camion). Pl. : *des poids lourds.*

3 Il fait un temps lourd. Expression correcte à préférer à *il fait lourd,* expression assez familière calquée sur *il fait chaud, il fait froid, il fait beau.*

lourdaud, aude adj. *ou* n. Finale en *-aud, -aude.*

lourdeur n. f. Ne s'emploie guère qu'au figuré : *La lourdeur du style. La lourdeur d'esprit. La lourdeur de l'air avant l'orage.* — On ne dirait guère : *La lourdeur du plomb limite l'emploi de ce métal.* On dit plutôt : *Le poids, le grand poids du plomb...*

loustic n. m. Le *-c* final se prononce : [lustik]. — Ne pas écrire **loustique.*

loutre n. f. Animal. — Un seul *t.*

louvart ou **louvat** n. m. Jeune loup. — Les deux formes sont admises.

louveteau n. m. Un *e* après le *v.* — Pl. : *des louveteaux.*

louveter [luvte] v. i. Conjug. **14.** Double le *t* devant un *e* muet : *la louve louvette* [luvɛt], met bas ses petits ; *la louve louvettera* [luvɛtʀa].

louveterie n. f. ▼ Prononciation : [luvtʀi], et non **[luvɛtʀi].*

louvetier n. m. Prononciation : [luvtje].

louvoiement [luvwamã] n. m. Action de louvoyer. — Attention à l'*e* muet intérieur.

louvoyer v. i. Conjug. **21.** Change *y* en *i* devant un *e* muet : *je louvoie, je louvoierai.*

lovelace n. m. *(vieilli)* Séducteur débauché. — Prononciation : [lɔvlas]. Un *l* minuscule. — Ne pas déformer en **lovelasse.*

loyal, ale, aux adj. Bien prononcer [lwajal, al, o], et non **[lɔjal, al, o]. — Masculin pluriel en *-aux* : *Des serviteurs loyaux.* — Dérivés : *loyalement* [lwajalmã], *loyalisme* [lwajalism(ə)], *loyaliste* [lwajalist(ə)], *loyauté* [lwajote].

loyalisme, loyauté Deux noms qui ne sont nullement synonymes.

1 loyalisme n. m. Attitude politique de ceux qui restent fidèles au pouvoir légal : *Le loyalisme des populations locales rend difficile l'action des rebelles.* — Adjectif : *loyaliste.*

2 loyauté n. f. Qualité morale d'une personne franche, sincère, fidèle à ses engagements : *On peut reconnaître la loyauté d'un adversaire, tout en le combattant.* — Adjectif correspondant : *loyal.*

loyer n. m. Bien prononcer : [lwaje], et non **[lɔje]. — On dira *un loyer de mille francs* et non *un loyer *à mille francs* ▷ à (XIII, 3).

lu Invariable dans des tours tels que : *Lu les pièces ci-annexées.* — Toujours invariable aussi dans la formule *Lu et approuvé.*

lubie n. f. Caprice. — Un seul *b.*

lubrifier v. t. Conjugaison et forme.

1 Conjug. **20.** Double le *i* à la première et à la deuxième personne du pluriel de l'indicatif imparfait et du subjonctif présent : *(que) nous lubrifiions, (que) vous lubrifiiez.*

2 ▼ Ne pas déformer en **lubréfier.* Dérivés (avec *-bri-*) : *lubrifiant, lubrification.*

lubrique adj. Dérivés : *lubriquement, lubricité.*

lucane Insecte. ▼ Toujours masculin : *Un lucane très gros.* — Ne pas déformer en **lucarne.*

lucarne n. f. Petite fenêtre, dans un toit.

lucide adj. Dérivés : *lucidement, lucidité.*

luciole n. f. Insecte lumineux. — Un seul *l.*

luette, glotte ▷ **glotte.**

luge n. f. Dérivés : *luger* v. i. (faire de la luge), *lugeur.*

lui Pronom personnel de la troisième personne du singulier.

I Orthographe. Un trait d'union dans *lui-même.* Trait d'union aussi dans les formes d'impératif : *portez-lui, donne-lui, parlez-lui, donnez-le-lui,* etc. ▷ **annexes** (impératif).

II Peut s'employer, sans *il,* comme sujet d'insistance : *Certes, il n'est pas comme nous ; lui est toujours insouciant. Lui, qui a tout vu, vous renseignera.* — Peut renforcer *il : Moi, je travaille, mais lui, il s'amuse.* — Peut être isolé par deux virgules : *Etienne, lui, ne pensait qu'au départ.* — Peut être en apposition au sujet : *Ils sont malades tous les deux, elle cardiaque, lui diabétique.* — S'emploie aussi comme complément direct quand la forme atone *le* n'est pas possible *(Je n'ai rencontré ni lui ni son adjoint)* ou comme apposition au complément direct *(Vous les connaissez bien, n'est-ce pas, lui et son frère ?).*

III *Lui (elle)* **employé avec une préposition.**

1 Sauf avec *sur, sous, dans, à* et *de,* le pronom *lui (elle)* peut s'employer avec une préposition, soit qu'on parle d'une personne, soit qu'on parle d'une chose : *Antoine allait le premier, Jean-Louis marchait derrière lui. Le char d'assaut avançait lentement, quelques soldats s'abritaient derrière lui.*

2 *Sur lui (sur elle), sous lui (sous elle)* **en concurrence avec** *dessus, dessous.* Quand on parle d'une personne ou d'une chose personnifiée ou d'un animal familier qu'on assimile à une personne, on emploie *sur lui (sur elle), sous lui (sous elle),* et non *dessus, dessous : Le roi était faible ; une menace terrible pesait sur lui. Elle aimait son pays et voyait avec angoisse les dangers qui pesaient sur lui. Son chien avait froid, il étendit sur lui une vieille couverture.* — Quand on parle d'une chose ou d'un animal quelconque, on emploie *dessus, dessous,* et non *sur lui (sur elle), sous lui (sous elle) : Elle poussa le fauteuil contre le mur et mit une housse dessus. Le chameau s'agenouilla, le Bédouin s'installa dessus. La corniche était très saillante, il se mit dessous pour s'abriter de la pluie.*

3 Quand on parle d'une personne, on ne dit pas **dans lui (*dans elle),* mais *en lui (en elle) : Tous ces obstacles que cet homme timoré redoute existent bien, mais c'est en lui qu'ils existent.* — Quand on parle d'une chose, on ne dit pas **dans lui (*dans elle),* mais *dedans : Ouvre ton tiroir et mets dedans tes cahiers et tes crayons.*

4 *A lui (à elle)* **en concurrence avec** *y* ▷ **y** (IV).

5 *De lui (d'elle)* **en concurrence avec** *en* ▷ **en** 2 (IV, 1, 2, 3 et 4).

IV *Lui* **en concurrence avec** *soi.*

1 Avec un sujet indéterminé désignant une personne. On emploie toujours *soi. Lui* est impossible : *Tout homme porte en soi le regret de quelque paradis perdu. Un homme bien élevé évite de trop parler de soi. Que chacun pense d'abord à soi.*

2 Avec un sujet déterminé désignant une personne. En général, on emploie *lui* (ou *elle*) : *Mon camarade portait en lui je ne sais quelle nostalgie* (au féminin *Elle portait en elle...*). *Ce jeune homme, timide, ne parlait jamais de lui. Cette jeune fille, timide, ne parlait jamais d'elle. Jean-Marc est un égoïste, il pense d'abord à lui.*

3 Dans la langue archaïsante. La forme *soi* est parfois employée là où l'on attendrait *lui : Le vicomte apportait avec soi l'air de Paris et de la cour. Mon ami avançait droit devant soi, sans détourner la tête.*

4 L'emploi de *soi* permet parfois d'éviter une amphibologie. *Il flatte son chef et le sert avec zèle, et il travaille aussi pour lui.* Le tour *et il travaille aussi pour lui* serait ambigu.

5 Avec un sujet désignant une chose. En général, on emploie *lui (elle),* que le sujet soit déterminé ou indéterminé : *Ce jour amena avec lui son lot de besognes monotones. Chaque jour amène avec lui ses peines et ses joies.* — Dans le cas où le sujet est indéterminé, on peut aussi employer *soi : Chaque année amène avec soi ses peines et ses joies.* Dans le cas où le sujet est déterminé, on peut, dans la langue archaïsante, employer *soi* à la place de *lui* si le nom est masculin : *Ce jour mémorable apporta avec soi un changement immense dans ma vie.* Avec un nom féminin déterminé, on emploie plutôt *elle : Cette année amena avec elle des changements extraordinaires.*

6 En soi. S'emploie facilement avec un nom de chose dans tous les cas, même quand on renvoie à un nom féminin déterminé : *L'œuvre de ce poète est en soi assez ordinaire ; mais elle annonce une esthétique nouvelle.*

V *Lui* **en concurrence avec** *le,* **la devant certains verbes suivis de l'infinitif.** *Je lui laisse pousser le chariot, je le laisse pousser le chariot. Je lui ai entendu chanter cette chanson, je l'ai entendu chanter cette chanson. Je le fais manger. Je lui fais manger sa bouillie. Je lui fais réciter sa fable. Je le fais réciter. Cela le fera penser à moi. Je lui ferai penser à cette affaire* ▷ **le** 2 (V, § 1) et **faire** (IV, § 1).

VI Emplois particuliers.

1 Préposition + *lui* + participe passé (construction du type *Cet ouvrage à lui dédié*). Cette construction se rencontre surtout avec *à,* mais aussi avec *de, par, pour,* etc. : *Toutes ces* *œuvres par lui (par elle, par eux) réunies composaient un merveilleux musée.* Ce tour est littéraire, mais parfaitement correct.

2 Lui, indiquant la personne à l'avantage (au détriment) de qui l'action est accomplie (construction du type *Il lui a gâché sa soirée*). Tour usuel et parfaitement correct.

luire v. i. *Je luis, tu luis, il luit, nous luisons, vous luisez, ils luisent.* — *Je luisais.* — Passé simple pratiquement inusité. — *Je luirai.* — *Je luirais.* — *Luis, luisons, luisez.* — *Que je luise.* — Subjonctif imparfait pratiquement inusité. — *Luisant.* — *Lui.* — Le passé simple était *je luisis,* le subjonctif imparfait *que je luisisse.* Ces deux temps sont sortis de l'usage. On évitera d'employer en guise de passé simple des formes telles que **il luit, *ils luisirent.* — Le participe passé n'a ni féminin ni pluriel.

lumbago n. m. Prononciation : [l5bago], et non **[lœbago].* — La graphie *lombago* est plus rare et moins conseillée.

lumière n. f. Expressions.

1 On distinguera *faire de la lumière,* allumer une lampe, et *faire la lumière (sur une affaire),* faire connaître ce qui était caché, obscur, incertain.

2 On écrira plutôt *faire de la lumière, donner de la lumière* et l'on évitera le pléonasme familier *allumer la lumière.* En revanche, les expressions **allumer la lampe, éteindre la lumière** sont parfaitement correctes.

3 Les scientifiques recommandent d'écrire *année de lumière* (pl. : *des années de lumière*) et non *année-lumière.*

luminaire n. m. Finale en *-aire.*

luminescence n. f. Finale en *-ence.* — Attention au groupe *-sc-.* De la même famille : *luminescent.*

Lumitype n. f. Machine à composer sur film (photocomposition). — Nom déposé, donc une majuscule.

lunch n. m. *(anglicisme)* Prononciation : [lœʃ], plutôt que [lœnʃ] — Pl. : *des lunches* [lœʃ], plutôt que *des lunchs.* — Dérivé : *luncher* [lœʃe] v. i.

lundi n. m. Nom de jour de la semaine, donc une minuscule : *Le lundi 15 mai. Je viendrai lundi prochain.*

lune n. f. Usage de la majuscule.

1 Dans la langue de l'astronomie, toujours un *L* majuscule : *La Lune est située à une distance de 350 000 kilomètres de la Terre.*

2 Dans le langage courant, un *L* majuscule quand on veut parler non du disque ou du croissant lumineux visible dans le ciel, mais du corps céleste lui-même : *Aurais-tu voulu aller sur la Lune, comme Neil Armstrong ?*

3 Dans le langage courant, un *l* minuscule quand on veut parler du disque ou du croissant visible dans le ciel : *La lune se lève. La lune brille. Un beau clair de lune.*

4 Plutôt avec un *L* majuscule : *la nouvelle Lune, la pleine Lune* (mais, au figuré, *un visage en pleine lune*).

lunetier n. m. Un seul *t.* — Prononciation : [lyntje].

lunette n. f. Singulier et pluriel.

1 Une lunette. Instrument d'optique constitué par un tube muni d'un objectif et d'un oculaire : *Une lunette astronomique.* — Quand on veut désigner plusieurs de ces instruments, on dit *des lunettes,* mais on prendra garde à la confusion avec le sens 2 ci-dessous. Par exemple, on dira : *Cet opticien est spécialisé dans la vente des lunettes d'approche* (et non *des lunettes,* ce qui serait ambigu).

2 Des lunettes. Ensemble constitué par deux verres correcteurs ou protecteurs et leur monture : *Elle mit ses lunettes pour déchiffrer la partition* — Quand on veut désigner plusieurs de ces ensembles correcteurs ou protecteurs, on dit *des paires de lunettes : J'ai deux paires de lunettes, l'une pour voir de loin, l'autre pour lire.* On ne peut dire : **J'ai deux lunettes.*

lunetterie [lynetʀi] n. f. Deux *t,* à la différence de *lunetier.*

lunule n. f. Un seul *n,* un seul *l.*

lupanar [lypanaʀ] n. m. *(littéraire et vieilli)* Maison de prostitution. — Mot latin francisé. Finale en *-ar,* non en *-ard.* — Pl. : *des lupanars* [-naʀ].

lupin n. m. Plante. — Un seul *p.*

lupus n. m. Maladie de peau — Prononciation : [lypys]. — Pl. : *des lupus* [-pys].

lurette n. f. Seulement dans l'expression familière *il y a belle lurette,* il y a bien longtemps.

luron n. m. *(familier)* Homme plein d'allant et de gaieté, un peu effronté : *Ah ! nous étions alors de francs lurons ! Quels sacrés lurons !* — Deux *n* dans le féminin : *luronne.* — Les expressions *gai luron, joyeux luron,* à l'origine pléonastiques, sont de nos jours admises dans l'usage.

lustral, ale, aux adj. Masculin pluriel en -*aux*.

1. lustre n. m. Eclat. — Appareil d'éclairage.

2. lustre n. m. Période de cinq ans.

lustrine n. f. Etoffe.

lut n. m. Mastic, pâte qui sert à obturer. — Prononciation : [lyt]. Ne pas écrire comme *luth*, instrument de musique. — Dérivé : *luter* v. t. (obturer).

luter v. t. Obturer avec du lut. ▼ Ne pas écrire comme *lutter*, combattre.

luth n. m. Instrument de musique. — Prononciation : [lyt]. Pl. : *des luths.* — Avec -*th*-. De même : *lutherie, luthier, luthiste.* — Attention à l'homophone *lut*, mastic.

luthéranisme n. m. Doctrine religieuse de Luther. ▼ Ne pas déformer en **luthérianisme.*

luthérien, ienne n. *ou* adj. Protestant qui suit la doctrine de Luther. — Avec -*th*-. — N'est pas un nom de peuple, donc pas de majuscule : *Les luthériens.*

luthier, luthiste Ces deux noms ne sont nullement synonymes.

1 luthier n. m. Celui qui fabrique des instruments de musique (luths à l'origine, puis violons, violoncelles, guitares, mandolines, etc.).

2 luthiste n. m. *ou* f. Artiste qui joue du luth.

lutin Comme substantif, n'a pas de forme pour le féminin : *Cette fillette est un charmant lutin !* — Dans l'emploi adjectif, d'ailleurs vieilli et rare, il existe un féminin *lutine : Il est d'humeur lutine.*

lutrin n. m. Pupitre d'église. — Finale en -*in*.

lutte n. f. Deux *t.* De même : *lutter, lutteur.*

lutter v. i. Combattre. — Ne pas écrire comme *luter*, obturer.

lux n. m. inv. Unité d'éclairement. — Ne pas écrire comme *luxe*, faste.

luxuriant, luxurieux, luxueux Trois adjectifs à bien distinguer.

1 luxuriant, ante. Qualifie une végétation très abondante : *La végétation luxuriante des pays tropicaux.* — Très exubérant, très fécond, très riche, très orné : *Imagination luxuriante. L'ornementation luxuriante de l'art baroque.* — Substantif correspondant : *luxuriance.*

2 luxurieux, euse. Qui est trop porté sur les plaisirs des sens. *Ce prince luxurieux scandali-*sait sa cour par ses orgies. — Substantif correspondant : *luxure.*

3 luxueux, euse. Somptueux, fastueux, très beau et très coûteux : *Une voiture luxueuse.* — Substantif correspondant : *luxe.*

luzerne n. f. Plante. —Avec un *z.*

lycanthrope n. m. Loup-garou. — Attention à l'*y* et au groupe -*th*-. — Dérivé : *lycanthropie* n. f. (maladie mentale).

lycaon [likaɔ̃] Animal. — Avec un *y.*

lycée n. m. Avec *y* et finale en -*ée.* — Normalement avec une minuscule : *Le lycée Blaise Pascal.* — Dérivé : *lycéen, enne.*

Lycra n. m. Textile élastique. — Avec un *y.* Nom déposé, donc avec une majuscule.

lymphe [lɛ̃f] n. f. Avec un *y* et -*ph*-. De même : *lymphadénite, lymphagogue, lymphangite, lymphatique, lymphatisme, lymphocyte, lymphocytose, lymphogranulomatose, lymphoïde, lymphoréticulose.*

lymphe, nymphe Deux noms paronymes à bien distinguer.

1 lymphe Liquide organique qui circule dans le système lymphatique.

2 nymphe Divinité féminine de la Grèce antique. — Jeune fille belle et gracieuse — Etat intermédiaire entre la larve et l'insecte adulte. — *Les nymphes :* les petites lèvres de la vulve.

Lynch [lɛ̃ʃ] On dit : *la loi de Lynch* (avec un *L* majuscule). Ne pas déformer en **loi du lynch.* — Dérivés : *lynchage* [lɛ̃ʃaʒ], *lyncher* [lɛ̃ʃe]. — Ne pas dire **le lynch,* mais *le lynchage.*

lynx [lɛ̃ks] n. m. inv. Animal. — Avec un *y.*

lyonnais, aise adj. *ou* n. De Lyon. — Attention à la majuscule : *La population lyonnaise. Les Lyonnais.* — N. m. *Le lyonnais :* dialecte. — *Le Lyonnais :* la région de Lyon.

lyophiliser [ljɔfilize] v. t. Dessécher (une substance) pour assurer la conservation. — Avec un *y et ph.* De même : *lyophile, lyophilisation.*

lyre n. f. Avec un *y.* De même : *lyrique, lyriquement, lyrisme.*

lys n. m. Orthographe vieillie pour *lis*, plante, fleur.

lyse n. f. (terme de biochimie et de physiologie) Avec un *y.* De même : *lysat, lysine.*

M

ma ▷ mon.

macabre adj. Avec un seul *c*, à la différence de *macchabée*.

macadam n. m. Avec un seul *c*. Prononciation : [makadam]. Dérivés : *macadamisage, macadamiser.*

macaque n. m. Singe. — Un seul *c*.

macaron n. m. Gâteau ; ornement. — Un seul *c*.

macaron, mascaron ▷ mascaron.

macaroni n. m. On dit indifféremment : *manger du macaroni* ou *des macaronis.* — De nos jours, le pluriel avec *-s, des macaronis*, est plus fréquent que le pluriel à l'italienne, *des macaroni*, sans *-s.*

macchabée [makabe] n. m. *(populaire)* Cadavre. — Avec un *m* minuscule, à la différence du nom propre *Macchabée*, qui, au pluriel, s'écrit avec un *-s : les frères Macchabées, les sept Macchabées.* — Attention au groupe *-cch*-et à la finale *-ée.*

macérer v. i. Conjug. **11.** *Il macère*, mais *il macérera.* — Dérivés : *macérateur, macération.*

Mach Prononciation : [mak]. — Toujours avec un *M* majuscule. — S'emploie sans article : *Cet avion vole à Mach 2,5.* Ne pas écrire *Une vitesse de 1,5 Mach* ni *Cet avion vole à 2,5 Mach.*

mâche [mɑʃ] n. f. Salade. – Avec un accent circonflexe sur le *a.*

mâchefer [mɑʃfɛʀ] n. m. Avec un accent circonflexe sur le *a.* — En un seul mot, sans trait d'union.

mâcher v. t. Avec un accent circonflexe.

machette n. f. Sabre d'abattis. — Deux *t.* — Prononciation : [maʃɛt].

machiavel n. m. Avec un *m* minuscule. — Prononciation : [makjavɛl]. Dérivés : *machiavélique* [makjavelik], *machiavéliquement* [makjavelikmɑ̃], *machiavélisme* [makjavelism(ə)].

mâchicoulis n. m. Avec un accent circonflexe sur le *a.* — Prononciation : [maʃikuli], le *-s* final est muet.

machinal, ale, aux adj. Masculin pluriel en *-aux : Des gestes machinaux.*

machine n. f. Sans trait d'union : *machine à écrire, machine à coudre, machine à calculer*, etc., *faire machine arrière.* – Avec un trait d'union : *machine-outil, machine-transfert, la théorie des animaux-machines de Descartes.*

machine-outil n. f. — Pl. : *des machines-outils.*

machine-transfert n. f. — Pl. : *des machines-transferts.*

mâchoire n. f. Avec un accent circonflexe. — Finale en *-oire.*

mâchonner v. t. Avec un accent circonflexe et deux n. De même : *mâchonnement, mâchouiller.*

1. mâchurer v. t. Ecraser. — Avec un accent circonflexe sur le *a.* De même : *mâchure* n. f. (endroit écrasé).

2. mâchurer v. t. Maculer. — Avec un accent circonflexe sur le *a.*

maçon n. m. Prononciation : de nos jours, [mɑsɔ̃], plutôt que [mɑsɔ̃]. Deux *n* dans les dérivés *maçonne* (abeille maçonne), *maçonnage, maçonner, maçonnerie, maçonnique*.

maçon, maçonnique, franc-maçon ▷ franc-maçon.

macramé n. m. Grosse dentelle d'ameublement. — Finale en *-é.*

macro- Préfixe (du grec *makros* « long »), qui entre dans la formation de nombreux mots savants. Les composés en *macro-* s'écrivent en un seul mot, sans trait d'union : *macrocéphale, macrocosme, macromolécule, macroscopique,* etc. On préférera la graphie *macroéconomie* à *macro-économie* (qui se rencontre quelquefois).

maculer v. t. Un seul *l.* De même : *macule, maculature.*

madame L'abréviation est *Mme* (mieux que *Mᵐᵉ*). L'abréviation du pluriel *mesdames* est *Mmes* (mieux que *Mᵐᵉˢ*). — Pour l'emploi de la forme pleine ou de la forme abrégée et pour l'emploi de la majuscule ▷ monsieur.

mademoiselle L'abréviation est *Mlle* (mieux que *Mˡˡᵉ*). L'abréviation du pluriel *mesdemoiselles* est *Mlles* (mieux que *Mˡˡᵉˢ*). — Pour l'emploi de la forme pleine ou de la forme abrégée et pour l'emploi de la majuscule ▷ monsieur.

madère n. m. Avec un *M* majuscule : *du vin de Madère.* — Avec un *m* minuscule : *du madère (Une bouteille de madère. Boire du madère. D'excellents madères). — Sauce au madère* ou (elliptiquement) *sauce madère. —* Avec *madère* invariable : *Des rognons madère.*

madone n. f. Un seul *n.* — Avec un *M* majuscule quand le mot désigne la Sainte Vierge : *La dévotion des Italiens pour la Madone. —* Avec un *m* minuscule quand le mot désigne une œuvre d'art : *Raphaël et Murillo ont peint de célèbres madones.*

madras n. m. Toujours un *m* minuscule. — Prononciation : [mɑdrɑs], avec *-s* final prononcé, au pluriel comme au singulier.

madrier n. m. Finale en *-er.*

madrigal, aux n. m. Masculin pluriel en *-aux : Des madrigaux charmants.*

maestria n. f. Maîtrise, brio, aisance. — Mot italien. Prononciation : [maɛstrija]. Pas de tréma sur le *e.*

maestro n. m. Mot italien francisé. Prononciation : [maɛstro]. Pl. (en français) : *des maestros* [-stro]. — Pas de tréma sur le *e.*

maffia ▷ mafia.

mafflu, ue adj. Joufflu. — Deux *f.*

mafia n. f. Orthographe, emploi de la majuscule et dérivé.

1 On préférera la graphie *mafia* à *maffia.*

2 Avec un *M* majuscule : *la Mafia,* association secrète de Sicile ou des Etats-Unis (*La Mafia est toute-puissante dans certaines villes de l'ouest de la Sicile*).

3 Avec un *m* minuscule : *une mafia,* une association occulte quelconque *(Les anciens élèves de cette grande école forment une mafia bien organisée). —* Mot italien francisé. Pl. : *des mafias* [mafja].

4 Le dérivé *mafioso,* membre de la Mafia, n'est pas francisé. Pl. : *des mafiosi* [mafjozi].

magasin n. m. ▼ Avec un *s* et non un *z,* à la différence de *magazine. —* Sans trait d'union : *un grand magasin (La Samaritaine, grand magasin de Paris). —* Dérivés : *magasinage, magasiner, magasinier.*

magazine n. m. ▼ Avec un *z,* à la différence de *magasin.*

mage n. m. On écrit : *les Rois mages* ou *les Mages.*

magister, magistère Deux noms masculins homophones.

1 **magister** [maʒistɛr] *(vieux)* Maître d'école.

2 **magistère** *(religion)* Autorité en matière de foi et de morale : *Le pape exerce le magistère suprême. —* Dignité de grand maître.

magistral, ale, aux adj. Masculin pluriel en *-aux : Des cours magistraux.*

magma n. m. Masse pâteuse. — Prononciation : [magma]. — Pl. : *des magmas* [-ma]. — Pas de *-t* à la fin, à la différence de *magnat,* haut personnage. — Dérivé : *magmatique* [magmatik] adj.

magnan n. m. Dans le Midi, ver à soie. — Prononciation : [maɲɑ̃], avec [ɲ]. De même : *magnanarelle* [maɲanarɛl], *magnanerie* [maɲanəri], *magnanier, ière* [maɲanje, jɛr].

magnanime adj. Prononciation : [maɲanim], avec [ɲ]. De même : *magnanimement* [maɲanim(ə)mɑ̃], *magnanimité* [maɲanimite].

magnat n. m. Autrefois, seigneur polonais ou hongrois. — Haut personnage. — Prononciation : [magna], avec [gn]. — Un *-t* à la fin, à la différence de *magma*, masse pâteuse.

magnésie n. f. Substance chimique. — Prononciation : [maɲezi]. De la même famille : *magnésien* [maɲezjɛ̃], *magnésite* [maɲezit], *magnésium* [maɲezjɔm].

magnéto [maɲeto] n. f. Génératrice électrique. — Pl. : *des magnétos* [-to].

magnéto- Les mots en *magnéto-* s'écrivent en un seul mot sans trait d'union *(magnétomètre, magnétophone, magnétoscope*, etc.), même quand le deuxième élément commence par une voyelle : *magnétoélectrique*.

magnificence, munificence Deux noms féminins à bien distinguer.

1 magnificence [maɲifisɑ̃s] Caractère riche, somptueux : *La magnificence du style. La magnificence de l'ornementation dans le gothique flamboyant.* — L'adjectif correspondant est : *magnifique*.

2 munificence Générosité, libéralité extrême : *Il distribuait les dons avec une munificence digne d'un prince.* — L'adjectif correspondant est : *munificent*.

magnifier [maɲifje] v. t. Célébrer, glorifier. — Conjug. 20. Double le *i* à la première et à la deuxième personne du pluriel de l'indicatif imparfait et du subjonctif présent : *(que) nous magnifiions, (que) vous magnifiiez.*

magnitude n. f. *(astronomie)* Grandeur, éclat d'une étoile. — Prononciation : [maɲityd], plutôt que [magnityd].

magnolia [maɲɔlja] Plante, fleur. — Masculin, malgré la finale en *-a* : *Un beau magnolia blanc.* — Pas de *i* après *-gn-*.

magnum n. m. Grosse bouteille. — Prononciation : [magnɔm], avec [gn]. — Pl. : *des magnums* [-ɔm].

1. magot n. m. Singe. — Homme petit. — Statuette. — Finale en *-ot*.

2. magot n. m. Somme d'argent. — Finale en *-ot*.

magyar, are adj. *ou* n. Hongrois : *Le peuple magyar. La population magyare. Un Magyar. Une Magyare. Les Magyars.* — Prononciation : [maʒjaʀ]. — De même : *magyarisation* [maʒjaʀizasjɔ̃], *magyariser* [maʒjaʀize]. En hongrois *-gy-* se prononce [ʒ].

mai n. m. Nom de mois, donc pas de majuscule : *Je viendrai le 20 mai prochain. Je viendrai à la fin de mai*, mieux que *Je viendrai fin mai.*

maigrichon adj. Deux *n* dans le féminin : *maigrichonne.*

maigriot adj. Deux *t* dans le féminin : *maigriotte.*

maigrir Conjugaison et construction.

1 Normalement conjugué avec *avoir* pour exprimer l'action ou l'état : *J'ai maigri de deux kilos en quinze jours. Je l'ai revu après sa maladie, il a beaucoup maigri.*

2 L'emploi de l'auxiliaire *être* pour insister sur l'état est correct, mais vieilli et rare : *Depuis sa maladie, il est beaucoup maigri.* On dirait plutôt, dans ce cas : *Depuis sa maladie, il est très amaigri.*

3 La construction transitive directe est vieillie et rare, mais non incorrecte : *La fatigue avait beaucoup maigri son visage.* On dit plus fréquemment : *La fatigue avait beaucoup amaigri son visage.*

mail n. m. Marteau ; jeu ; allée. — Prononciation : [maj].

mailing n. m. Anglicisme qui désigne la vente ou la publicité par correspondance. — Prononciation : [meliŋ]. — Equivalent français : *publipostage.*

maillechort n. m. Alliage. — Pas un nom déposé, donc un *m* minuscule. — Prononciation : [majʃɔʀ].

main n. f. Orthographe des expressions.

1 Avec le complément toujours au singulier : *des coups de main, des hommes de main, des jeux de main, des poignées de main, des tours de main.*

2 Avec *main* toujours au singulier : *faire main basse sur, réussir haut la main, attaque à main armée, vote à main levée, à main droite, à main gauche, mettre le marché à la main, avoir, prendre en main une affaire, avoir les documents en main, avoir la situation en main, être en main, en main propre* (plutôt que *en mains propres), agir en sous-main* (mais *informer quelqu'un sous main), ne pas y aller de main morte, en un tour de main, acheter, tenir quelque chose de première main, de seconde main, de main en main, de longue main, de main de maître* ▼ Avec *main* au singulier : *changer de main*, au sens de « faire passer de la main droite à la main gauche ou inversement » : *La valise est lourde, je dois changer de main de temps en temps.*

3 Avec *main* toujours au pluriel : *haut les mains ! répandre à pleines mains, un homme à toutes mains* ou *de toutes mains* (un homme prêt à faire n'importe quelle besogne), *en bonnes mains, en mains sûres.* ▼ Avec *main* au pluriel : *changer de mains,* au sens de « changer de propriétaire, de maître » : *Cette maison de commerce a changé de mains plusieurs fois depuis dix ans.*

4 Sans trait d'union : *petite main, première main, seconde main* (ouvrières dans un atelier de couture). Pl. : *des petites mains, des premières mains, des secondes mains.* — De même : *avoir la haute main sur.*

5 *Agir en sous-main, informer quelqu'un sous main* (secrètement) ▷ sous-main.

6 *A main droite, à main gauche* ▷ droit, gauche.

main courante n. f. Rampe, barre d'appui. — En deux mots, sans trait d'union. — Pl. : *des mains courantes.*

main-d'œuvre n. f. Attention au trait d'union et à l'apostrophe. — Pl. (rarement usité) : *des mains-d'œuvre.*

main-forte n. f. (inusité au pluriel) En deux mots, avec un trait d'union : *Prêter main-forte.*

mainlevée n. f. En un seul mot, sans trait d'union. — Pl. (rarement usité) : *des mainlevées.*

mainmise n. f. En un seul mot, sans trait d'union. — Pl. (rarement usité) : *des mainmises.*

mainmorte n. f. En un seul mot, sans trait d'union. — Pl. : *des mainmortes.* — Dérivé : *mainmortable* adj. *ou* n. (pl. *des mainmortables*). — Ne pas écrire *le droit de mainmorte* comme l'expression *ne pas y aller de main morte* (en deux mots).

maint, mainte Appartient à la langue littéraire.

I Dans la langue moderne, toujours adjectif et toujours placé devant le nom. L'emploi pronominal est archaïque : *Maints de ces rois moururent de mort violente* ou *Maint de ces rois mourut de mort violente.* — Ne peut jamais être attribut. On ne peut dire : *Les occasions perdues furent *maintes* (on dit *furent nombreuses*).

II *Maint* au singulier ou au pluriel.

1 Au sens de « plus d'un », au singulier : *Dans le cours de sa vie, il eut l'occasion de servir maint roi.*

2 Au sens de « nombreux », au pluriel : *Maintes sources font de ce pays une région fort verdoyante.*

3 Devant un nom qui est toujours au pluriel, *maint* ne peut évidemment s'employer qu'au pluriel : *Il assista à maintes vêpres et suivit maintes funérailles.*

4 On écrit plutôt *maintes fois* que *mainte fois.* — On peut écrire *maint et maint,* mais *maints et maints* est plus fréquent : *Il a lu maints et maints livres.*

maintenance n. f. Finale en *-ance.*

maintenant adv. Peut s'employer dans un récit au passé : *Maintenant, il était trop tard pour agir. Maintenant qu'il était mort, tout le monde l'admirait.*

maintenir v. t. Conjug. **44.** *Je maintiens, tu maintiens, il maintient, nous maintenons, vous maintenez, ils maintiennent.* — *Je maintenais.* — *Je maintins.* — *Je maintiendrai.* — *Je maintiendrais.* — *Maintiens, maintenons, maintenez.* — *Que je maintienne.* — *Que je maintinsse.* — *Maintenant.* — *Maintenu, ue.*

maintien n. m. ▼ pas de *t* à la fin.

maïolique ▷ majolique.

maire n. m. Expressions et féminin.

1 On dit plutôt *l'adjoint au maire* que *l'adjoint du maire.*

2 Lord-Maire, lord-maire ▷ lord.

3 On peut dire, à la rigueur, *madame le maire.* Ne pas dire en tout cas *madame la mairesse.* On dit très bien, en revanche, *madame Dubois, maire de Servignac.* On peut dire *une femme maire,* comme on dit *une femme ministre.*

mais Conj. de coordination. Emploi et expressions.

1 Normalement précédé d'une virgule : *Il travaille avec ardeur, mais il manque de méthode.* — Peut s'employer sans virgule, notamment pour joindre deux adjectifs épithètes, attributs ou en apposition : *Un garçon honnête mais trop mou. Il est laborieux mais crédule. Bon mais peu énergique, il fut la proie des intrigants.*

2 Dans le style familier, sert parfois à renforcer ce qui vient d'être dit (au lieu d'exprimer une opposition) : *Il est paresseux, mais paresseux !* (= extrêmement paresseux).

3 Mais bien, mais au contraire. Ces expressions s'emploient toujours après une proposition négative. Elles expriment fortement l'opposition. *Mais au contraire* est d'un registre plus relevé : *Il n'était nullement un traître, mais au contraire un patriote dévoué. Il n'est pas fou, mais bien criminel.*

4 On évitera les pléonasmes *mais cependant, mais pourtant,* qui appartiennent à la langue parlée.

5 Non seulement... mais (ou **mais aussi, mais encore, mais même**) ▷ **non** (7).

6 N'en pouvoir mais. N'être nullement responsable d'une situation, ne rien pouvoir pour la changer. — Cette expression est très littéraire. Dans *n'en pouvoir mais, mais* est adverbe, non conjonction.

maïs [mais] n. m. Céréale. — Avec un tréma.

maison n. f. Orthographe des dérivés et expressions.

1 Deux *n* dans les dérivés : *maisonnée, maisonnette.*

2 Employé en apposition (langue commerciale), est toujours invariable : *Des pâtisseries maison.* De même, dans les emplois extensifs de la langue familière : *Voilà encore une de leurs combines maison !*

3 Maison d'enfants. Expression française à préférer à l'anglicisme *home d'enfants.*

4 Avec le complément toujours au singulier : *des maisons d'arrêt, des maisons de jeu, des maisons de retraite.*

maître n. m. Orthographe des dérivés et des composés ; expressions.

1 Un accent circonflexe sur le *i.* De même : *maîtresse, maîtrisable, maîtrise, maîtriser.*

2 Sans trait d'union : *maître mot, grand maître, maître ès arts, premier maître, second maître, maître chanteur, maître coq, maître couple, maître graveur, maître maçon, maître queux, maître tailleur, maître teinturier...*

3 Avec un trait d'union : *maître-autel* (pl. : *des maîtres-autels), quartier-maître* (pl. : *des quartiers-maîtres*).

4 On distinguera *maître à danser,* professeur de danse (autrefois), et *maître-à-danser,* compas d'épaisseur (pl. : *des maîtres-à-danser*).

5 On distinguera *petit maître,* artiste estimable, mais qui n'atteint pas les sommets de l'art, et *petit-maître,* jeune élégant.

6 Avec le complément toujours au singulier : *des maîtres de ballet, des maîtres de chapelle, des maîtres d'école, des maîtres d'équipage, des maîtres d'étude, des maîtres d'hôtel, des maîtres de maison, des maîtres d'œuvre, des maîtres d'ouvrage.*

7 Avec le complément toujours au pluriel : *un maître d'armes, un maître de cérémonies, un*

maître de conférences, un maître de forges, un maître des requêtes.

8 On écrit, avec *maître* accordé au pluriel : *Ces gens-là parlent en maîtres.*

9 Devant le nom d'un avocat, d'un notaire, d'un huissier, d'un avoué, d'un commissaire-priseur, le mot *maître* s'écrit en abrégé *Mᵉ : J'ai vu Mᵉ Duval, mon notaire.*

maître à danser, maître-à-danser ▷ **maître** (4).

maître-autel n. m. Avec un trait d'union. — Pl. : *des maîtres-autels.*

maîtresse n. f. Sans trait d'union : *une maîtresse femme, une maîtresse servante.* — Avec *maîtresse* au pluriel : *Ces filles régnaient en maîtresses.* ▼ Ne pas dire *Elle est *maîtresse de conférences,* mais *Elle est maître de conférences.*

majesté n. f. Abréviation, emploi et accord.

1 *Sa Majesté* s'abrège en *S.M., Leurs Majestés* en *LL. MM., Votre Majesté* en *V.M., Vos Majestés* en *VV. MM.*

2 L'expression *Votre Majesté* ne s'emploie qu'à la troisième personne : *Que Votre Majesté veuille bien prendre place.* — Quand on s'adresse à un roi ou à un empereur à la deuxième personne, on dit *sire,* quand on s'adresse à une reine ou à une impératrice à la deuxième personne, on dit *Madame.*

3 L'adjectif attribut ou en apposition s'accorde avec *Majesté* (féminin) quand *Sa Majesté (Votre Majesté)* n'est accompagné d'aucun autre nom : *Sa Majesté est prête à vous recevoir.* Sinon, l'adjectif s'accorde avec l'autre nom : *Sa Majesté l'Empereur est prêt à vous recevoir.*

4 Quand *Sa Majesté (Votre Majesté),* non suivi d'un autre nom, a un attribut, cet attribut se met au féminin s'il s'agit d'un adjectif, au masculin s'il s'agit d'un nom précédé de l'article : *Sa Majesté est curieuse de voir ce spectacle. Sa Majesté est le maître et le conducteur de son peuple.*

majolique [maʒɔlik] ou **maïolique** [majɔlik] n. f. Faïence italienne du XVIᵉ siècle. — Les deux formes sont admises.

major n. m. Sans trait d'union : *major général (des majors généraux).* — Avec un trait d'union : *adjudant-major (des adjudants-majors), infirmier-major (des infirmiers-majors), médecin-major (des médecins-majors), sergent-major (des sergents-majors), tambour-major (des tambours-majors).*

majordome n. m. Un seul *m*.

majoritaire adj. Finale en *-aire*.

majorité n. f. Après *la majorité de (des)*, le verbe et l'attribut se mettent en général au singulier *(Selon ce sondage, la majorité des Français est satisfaite de la politique du gouvernement)*, sauf si l'on veut insister sur l'idée de pluralité et non d'unité collective *(Certaines maisons de la ville ont deux étages, quelques-unes trois, mais la majorité des demeures ont un étage seulement)*.

majuscules ▷ annexes.

1. mal, male adj. Sans virgule : *bon an mal an* et *bon gré mal gré*.

2. mal adv. L'expression *pas mal* employée au sens de « assez, beaucoup » (sans *ne*) appartient à la langue familière : *Il avait l'air pas mal ennuyé. J'ai pas mal de travail en ce moment.* — De même, l'emploi adjectif de *mal* au sens de « mauvais, laid, etc. » est à éviter dans le style surveillé. On écrira : *Ce roman n'est pas mauvais* (plutôt que *Ce roman n'est pas mal*). *Cette jeune fille n'est pas laide* (plutôt que *Cette jeune fille n'est pas mal*).

3. mal n. m. Pluriel, expressions et emploi.

1 Au pluriel : *des maux (Il souffre de maux de tête intermittents)*.

2 Sans trait d'union : *le haut mal* (= l'épilepsie).

3 Avoir mal. Faire mal. Se construisent avec *à* : *J'ai mal à la jambe.*

4 Le mal. Se construit avec *de*. On écrira : *Un violent mal de tête* (et non *Un violent mal *à la tête*).

5 On évitera absolument *avoir beaucoup mal*. — Dans la langue familière, on dit *avoir très mal, assez mal, trop mal.* Dans la langue très surveillée, on écrira plutôt *souffrir d'un grand mal* (de tête, etc.), *souffrir d'un assez grand, d'un si grand mal* (de tête, etc.). En effet, *mal* est un nom et ne peut être précédé d'un adverbe.

malachite n. f. Minéral. — Prononciation : [malakit], avec [k].

maladie n. f. Sans trait d'union et avec *maladie* toujours au singulier : *une assurance maladie, des assurances maladie.*

maladroit, oite adj. En un seul mot.

malaisé, ée adj. En un seul mot.

malandrin n. m. Rôdeur, malfaiteur. — Avec *-an-*.

malappris, ise adj. *ou* n. En un seul mot.

malavisé, ée adj. En un seul mot.

malbâti, ie ou **mal bâti, ie** adj. Les deux formes sont admises. La plus courante est *mal bâti* en deux mots.

malchance n. f. Dérivé : *malchanceux, euse* adj. (en un seul mot).

malcommode adj. En un seul mot. — Adjectif vieilli. De nos jours, on dit plutôt *incommode*.

maldonne n. f. Attention aux deux *n*.

mâle n. m. *ou* adj. Avec un accent circonflexe.

malédiction n. f. Finale en *-ction*.

mal-en-point, mal en point loc. adj. A côté de la graphie de l'Académie, *mal-en-point*, il existe une graphie *mal en point*, sans traits d'union, qui est plus courante et qui ne saurait être considérée comme fautive. — Toujours invariable : *Elles sont mal-en-point* ou *mal en point*.

malentendant, ante adj. *ou* n. Qui n'est pas sourd, mais qui entend mal : *Des fillettes malentendantes. Les malentendants.* — En un seul mot.

malentendu n. m. En un seul mot.

malfaçon n. f. En un seul mot.

malfaire, mal faire v. i. Agir mal. — La graphie *malfaire* est vieille. De nos jours, on écrit en deux mots : *mal faire : Cet enfant est porté à mal faire.*

malfaisant, ante adj. En un seul mot. — Prononciation : [malfəzɑ̃, ɑ̃t], avec [ə], comme *malfaisance* [malfəzɑ̃s], à la différence de *malfaiteur* [malfɛtœʀ].

malfamé, ée adj. Orthographe vieillie, pour *mal famé* ▷ famé.

malformation n. f. En un seul mot.

malgracieux, euse adj. En un seul mot. — Pas d'accent circonflexe.

malgré prép. Orthographe et emploi conjonctif.

1 En un seul mot. — Pas de *-s* à la fin.

2 Ne pas écrire *malgré*, préposition *(Malgré sa fatigue, il est venu travailler)*, comme l'expression *bon gré mal gré*, dans laquelle *mal gré* s'écrit en deux mots *(Bon gré mal gré, il devra se mettre au travail).*

3 Malgré que. Cette locution conjonctive suivie du subjonctif s'emploie dans la langue relâchée pour exprimer la concession. Dans la langue écrite surveillée, on préférera *bien que* ou *quoique : Bien qu'il soit fatigué* (ou *quoiqu'il soit fatigué*), *il vient travailler tous les jours* (mieux que *malgré qu'il soit fatigué*).

4 Malgré que j'en aie, que tu en aies... (= malgré moi, malgré toi...). *Il doit obéir, malgré qu'il en ait. Elle ressent pour lui quelque inclination, malgré qu'elle en ait.* Ce tour est vieilli, un peu précieux, mais non incorrect.

malhabile adj. En un seul mot.

malheur n. m. En un seul mot. Attention au *h* intérieur. De même : *malheureux, malheureusement.*

malhonnête adj. En un seul mot. De même : *malhonnêtement, malhonnêteté.*

malhonnête, déshonnête ▷ déshonnête.

malin, igne adj. *ou* n. Avec un *M* majuscule : *le Malin,* le Démon. ▼ Le féminin est *maligne* et non **maline.* — Dérivés : *malignement, malignité.*

malingre adj. Chétif, maigre. — Finale en *-ingre.*

malintentionné, ée adj. En un seul mot.

malle n. f. Coffre de voyage. — Sans trait d'union : *malle arrière (des malles arrière).*

malléable adj. Deux *l.* De même : *malléabilité.*

malléole n. f. Saillie osseuse au niveau de la cheville. — Avec deux *l.*

malle-poste n. f. — Pl. : *des malles-poste.*

mallette n. f. Petite malle. — Deux *l,* deux *t.*

malmener v. t. Conj. **12.** *Il malmène, il malmènera ; vous malmenez.*

malodorant, ante adj. En un seul mot.

malotru, ue adj. *ou* n. Un seul *l.* — Ne pas écrire un **malotrus.*

malpoli, ie adj. En un seul mot. — Mot de la langue familière. — Dans la langue écrite soutenue, on préférera *impoli.*

malpropre adj. En un seul mot. De même : *malproprement, malpropreté.*

malsain, aine adj. En un seul mot.

malséant, ante adj. En un seul mot. De même : *malséance.*

malsonnant, ante adj. Deux *n.* En un seul mot.

malt n. m. Orge germé et séché. — Pas de *-e* à la fin. — Dérivés : *maltage, maltase, malter, malterie, malteur, maltose.*

malthusien, ienne adj. Attention au groupe *-th-.* De même : *malthusianisme.*

maltraiter v. t. En un seul mot.

malveillant, ante adj. En un seul mot. De même : *malveillance.*

malvenu, ue adj. Le plus souvent écrit en un seul mot : *Un enfant malvenu. Le jardinier arrache les plants malvenus. Un visiteur malvenu.* Retranchez donc ce développement malvenu. — On écrit indifféremment : *Elle est malvenue à se plaindre* ou *Elle est mal venue à se plaindre, Elle est malvenue de se plaindre* ou *Elle est mal venue de se plaindre.* On préférera le tour avec *malvenu* en un seul mot et la préposition *à : Elle est malvenue à se plaindre.*

malversation n. f. En un seul mot.

malversation, concussion, prévarication ▷ concussion.

mamelle n. f. ▼ Deux *l,* mais un seul *m,* à la différence de *mammaire, mammalogie, mammifère, mammite.*

mamelon n. m. Un seul *m.* Le dérivé prend deux *n : mamelonné.*

mamelu, ue adj. Qui a de grosses mamelles. — Un seul *m,* un seul *l.*

mammaire adj. Deux *m,* à la différence de *mamelle.*

mammifère n. m. Deux *m.*

mammite n. f. Inflammation de la mamelle. — Deux *m,* à la différence de *mamelle.*

mammouth [mamut] n. m. Deux *m ;* groupe *-th* à la fin. — Pl. : *des mammouths.*

management n. m. Anglicisme qui désigne l'administration des entreprises. — On prononcera à la française : [manaʒmã].

1. manager n. m. Anglicisme qui désigne celui qui gère les intérêts matériels d'un sportif, celui qui dirige une grande entreprise. — Prononciation : [manadʒɛʀ], plutôt que [manedʒœʀ]. — Pl. : *des managers* [-dʒɛʀ].

2. manager v. t. (*anglicisme*) Diriger — Prononciation : [manaʒe], plutôt que [manadʒe]. — Conjug. **16.** Prend un *e* après le *g* devant *a* ou *o : il managea, nous manageons.*

manant n. m. Paysan, au Moyen Age. — Finale en *-ant.*

1. manche n. f. Partie de vêtement. — Avec *manche* au pluriel : *Il est en manches de chemise.*

2. manche n. m. Partie d'outil : *Un manche de pelle, de pioche, de couteau*, etc., mais *un manche à balai.*

manchette n. f. Toujours au singulier dans : *des boutons de manchette.*

1. manchot adj. *ou* n. Qui n'a qu'un bras. ▼ Le féminin *manchote* ne prend qu'un seul *t.*

2. manchot n. m. Oiseau. — Finale en *-ot.*

mandarine n. f. Fruit. — Comme adjectif de couleur, toujours invariable : *Des rubans mandarine.*

mandataire n. m. *ou* f. Finale en *-aire.*

mandat-carte n. m. — Pl. : *des mandats-cartes.*

mandat-contributions n. m. — Pl. : *des mandats-contributions* ▼ Un *-s* à *contribution*, même au singulier.

mandater v. t. Un seul *t.* De même : *mandatement.*

mandat-lettre n. m. — Pl. : *des mandats-lettres.*

mandibule Toujours féminin : *Une mandibule très longue.*

mandragore n. f. Plante — Un seul *r.*

manège n. m. Un accent grave sur le *e.*

mânes Chez les Romains, dans l'Antiquité, âmes des morts — Toujours masculin : *Les mânes des ancêtres étaient à la fois protecteurs et terrifiants.* — Toujours au pluriel, même quand le mot désigne l'âme d'un seul homme : *Il invoqua les mânes du héros.* — Accent circonflexe sur le *a.* ▼ Bien distinguer des *lares* qui, dans la Rome antique, étaient les esprits protecteurs du foyer.

manette, mannette Ne pas écrire *manette*, levier de commande, comme *mannette*, corbeille.

manganèse n. m. Un seul *n.* De même : *manganeux, manganique, manganite* n. f.

mangeable adj. Un *e* après le *g.* De même : *mangeaille, mangeoire.*

1. manger v. t. Conjugaison et construction du passif.

1 Conjug. **16.** Prend un *e* après le *g* devant *a* ou *o : il mangea, nous mangeons.*

2 Le complément d'agent du participe passé est normalement introduit par *par* ou par *des : Une vieille tenture mangée par les rats. De vieux papiers tout mangés des vers.* On rencontre aussi les constructions figées *mangé aux vers, aux mites : Un vieux paletot mangé aux mites.* Ce tour est admis, bien que moins soutenu que la construction avec *par* ou *des.* En revanche, on usera avec prudence du tour passif *se manger aux vers, aux mites : Son uniforme se mangeait aux mites.*

2. manger n. m. Nourriture : *On peut apporter son manger.* — Mot familier, à bannir du style soutenu. Admis dans l'expression figée *le boire et le manger.*

mange-tout ou **mangetout** adj. *ou* n. m. Toujours invariable : *Des haricots mange-tout* ou *des mange-tout.* — La graphie *mangetout* est plus rare : *Des haricots mangetout, des mangetout.*

mangeure n. f. Endroit mangé par les insectes ; pâture du sanglier. — Un *e* après le *g.* ▼ Prononciation : [mãʒyʀ], et non *[mãʒœʀ].

mangue n. f. Fruit. — Avec *-an-.* De même : *manguier* (arbre).

maniaque adj. *ou* n. Eviter la prononciation relâchée *[maɲak]. Bien prononcer [manjak]. De même : *maniaquement* [manjakmã], *maniaquerie* [manjakʀi].

manichéen, enne adj. *ou* n. Prononciation : [manikeɛ̃, ɛn], avec [k]. N'est pas un nom de peuple, donc pas de majuscule : *Les manichéens.* — Dérivé : *manichéisme* [manikeism(ə)].

maniement [manimã] n. m. Attention à l'*e* muet intérieur.

manier v. t. Conjug. **20.** Double le *i* à la première et à la deuxième personne du pluriel de l'indicatif imparfait et du subjonctif présent : *(que) nous maniions, (que) vous maniiez.* — On évitera la prononciation relâchée [maɲe], au lieu de [manje].

manière n. f. Prononciation, orthographe et expressions.

1 On évitera la prononciation relâchée *[maɲɛʀ]. Prononcer : [manjɛʀ].

2 Un accent grave dans *manière*. Un accent aigu dans les dérivés : *maniéré, ée* [manjeʀe], *maniérisme* [manjeʀism(ə)], *maniériste* [manjeʀist(ə)].

3 Avec *manière* au singulier : *de toute manière* (mais *de toutes les manières*).

4 Une manière de. Une sorte de : *Sa villa est une manière de mas provençal.* Tour littéraire, mais parfaitement correct.

5 De manière à. Suivi de l'infinitif, exprime le but, la conséquence voulue : *Nous avons tout préparé, de manière à ne pas être surpris par les événements.* Tour parfaitement correct.

6 De telle manière que, de manière telle que. Suivi de l'indicatif, exprime une conséquence réelle (voulue ou non) ; suivi du conditionnel, exprime une conséquence éventuelle : *Il a classé les documents de manière telle qu'on ne peut plus retrouver ce qu'on cherche. Il a agi de telle manière qu'il ne pourrait plus revenir en arrière s'il le fallait.* — *De telle manière que*, suivi du subjonctif pour exprimer la conséquence voulue et intentionnelle, est possible, mais il est préférable, dans ce cas, d'employer *de manière que* : *Nous agissons de manière que tout soit prêt demain*, mieux que *de telle manière que tout soit prêt demain.*

7 De manière que. S'emploie peu de nos jours avec l'indicatif pour exprimer une conséquence réelle non intentionnelle. On dit plutôt *de telle manière que* : *Il est tombé de telle manière qu'il s'est fendu le front*, plutôt que *de manière qu'il s'est fendu le front.* — S'emploie avec le conditionnel pour exprimer une conséquence éventuelle et surtout avec le subjonctif pour exprimer une conséquence intentionnelle : *Il a agi de manière qu'il ne pourrait plus se dégager si les choses tournaient mal. J'ai travaillé de manière que tout soit prêt demain.* ▼ Le tour *de manière à ce que*, qui exprime une conséquence intentionnelle et qui est toujours suivi du subjonctif, est déconseillé dans la langue surveillée.

8 On dit usuellement : *d'une manière ou d'une autre.* Le tour *de manière ou d'autre* est plus littéraire, et *d'une ou d'autre manière* appartient à la langue très recherchée.

manigance n. f. Avec *-g-* et non *-gu-*.

manigancer v. t. Avec *-g-* et non *-gu-*. — Conjug. **17.** Le *c* prend une cédille devant *a* ou *o* : *il manigança, nous manigançons.*

manioc [manjɔk] n. m. Avec un *c.*

1. manipule Ornement liturgique. — Masculin : *Un manipule blanc.*

2. manipule Unité de l'armée romaine. — Masculin : *Le manipule romain.*

manitou n. m. — Pl. : *des manitous.*

manivelle n. f. Un seul *n.* — On évitera le pléonasme *manivelle à main.*

1. manne n. f. Nourriture miraculeuse ; exsudation des arbres. — Deux *n.*

2. manne n. f. Grand panier — Deux *n.*

mannequin n. m. Avec deux *n.* — Sans trait d'union : *taille mannequin.* — Toujours masculin, même quand on désigne une femme : *Un charmant mannequin présente les nouvelles robes.*

mannette, manette ▷ **manette.**

manœuvre Attention au genre : *un manœuvre*, un ouvrier non spécialisé, *une manœuvre*, une opération, un mouvement, une évolution. — Attention au groupe *-œu-.* — De même : *manœuvrabilité, manœuvrable, manœuvrer, manœuvrier.*

manoir n. m. Petit château. — Finale en *-oir.*

manomètre n. m. Un seul *n.* De même : *manométrie, manométrique.*

manquant, ante adj. *ou* n. Avec *-qu-* et non *c.*

manquer Certaines constructions font difficulté.

1 Manquer à. Peut parfois être équivoque. Par exemple, *Cet enfant a manqué à son grand-père* peut signifier « cet enfant a manqué de respect à son grand-père, a manqué à ses devoirs envers son grand-père » ou bien « l'absence de cet enfant a été ressentie comme pénible par son grand-père ». En général, le contexte indique quel est le sens. En écrivant, on prendra garde à la possibilité de cette ambiguïté.

2 Il ne manque jamais de nous critiquer ou *à nous critiquer.* La première construction (avec *de*) est usuelle et moderne, la seconde (avec *à*) littéraire et archaïsante, mais non incorrecte.

3 Il a manqué de tomber ou **Il a manqué tomber.** Le premier tour est plus rare, mais

d'une correction plus sûre. Le second tour (sans
de) devra être évité dans la langue écrite très
surveillée. — En revanche, on écrit toujours :
Il a failli tomber (et non *Il a failli *de tomber*).
4 La manquer belle. Expression vieillie. On dit
plutôt *l'échapper belle.* ▼ Le participe passé
manqué reste toujours invariable. *Ils l'ont
manqué belle.*

mansarde n. f. Avec *-an-*.

manse, mense Deux noms homophones relatifs
à des réalités historiques.

1 Un manse Au Moyen Age, unité d'exploitation agricole (une maison, un jardin et une
dizaine d'hectares de terre) servant de base au
calcul des redevances et à l'évaluation des
domaines : *Un domaine féodal de trente
manses.* ▼ Toujours masculin : *Un petit manse.*

2 Une mense [mãs] Autrefois, revenu ecclésiastique affecté au titulaire d'une fonction :
Mense épiscopale. Mense abbatiale.

mansuétude n. f. Avec *-an-*. — Prononciation :
[mãsɥetyd], avec [s].

mante, menthe Ne pas écrire *la mante* (insecte
ou manteau) comme *la menthe* (plante).

mantille n. f. Coiffure féminine. — Prononciation : [mãtij].

manutention n. f. Deux *n* dans les dérivés :
manutentionnaire, manutentionner.

mappemonde n. f. Deux *p*. En un seul mot. ▼
Désigne une carte plane qui représente la surface
du globe, soit par une figure unique, soit en deux
hémisphères. — Ne doit pas désigner un *globe
terrestre*, sphère montée sur un pied.

maquette n. f. Deux *t*. De même : *maquettiste.*

maquignon n. m. Le féminin *maquignonne* ne
s'emploie qu'au figuré. Il est rare. Deux *n* dans
les dérivés : *maquignonnage, maquignonner.*

maquiller v. t. Attention au *i* après le groupe *-ill-* à
la première et à la deuxième personne du pluriel
de l'indicatif imparfait et du subjonctif présent :
(que) nous maquillions, (que) vous maquilliez. —
Dérivés : *maquillage, maquilleur.*

maquis [maki] n. m. Avec un *-s* final.

marabout n. m. Avec un *-t* à la fin.

maraîcher, ère n. m. *ou* f. *ou* adj. Avec un accent
grave sur le *i*, à la différence de *marais*. De
même : *maraîchage, maraîchin.*

marais [maʀɛ] n. m. Terrain gorgé d'eau. —
Finale en *-ais*. A distinguer par l'orthographe et
la prononciation de *marée* [maʀe]. — Sans trait
d'union : *marais salant (des marais salants).* —
Avec un *M* majuscule : *le Marais*, quartier de
Paris, *le Marais*, région de la Limagne (au nord
de Clermont-Ferrand), *le Marais*, parti politique
sous la Convention. — Avec un *M* majuscule et
un *b* ou un *p* minuscule : *le Marais breton, le
Marais poitevin* (régions de l'ouest de la France).
Avec un *m* minuscule et un *V* majuscule : *le
marais Vernier* (en Normandie).

marathon n. m. Course. — Avec un *m*
minuscule et *-th-*.

marâtre n. f. Accent circonflexe sur le second *a*.

1. marc n. m. Ancienne monnaie (d'où l'expression *au marc le franc*, au prorata). ▼ Prononciation : [maʀ], le *-c* final est muet.

2. marc n. m. Résidu : *Marc de café.* — Eau-de-
vie : *Un vieux marc de Bourgogne.* ▼ Prononciation : [maʀ], le *-c* final est muet.

marcassin, mocassin Deux noms masculins à
bien distinguer.

1 marcassin Petit du sanglier.

2 mocassin Chaussure.

marchand, ande n. m. *ou* f. On distinguera *un
marchand de vin*, un cabaretier, et *un marchand de vins*, un commerçant qui vend du vin
à emporter (en bouteilles) ou un négociant qui
vend du vin en gros.

marchandise n. f. Avec *marchandise* au pluriel :
*un train de marchandises, une gare de mar-
chandises, un transport de marchandises.*

marche n. f. On évitera le pléonasme *marche à
pied*. En revanche, *course à pied* n'est pas pléonastique, car il y a des courses de chevaux, des
courses cyclistes, des courses d'automobiles.

marché n. m. Orthographe et emploi des
expressions.

I Sans trait d'union : *le marché noir.* — Avec
un *m* minuscule et un *P* majuscule : *le marché
aux Puces* (ou *les Puces*). Avec un *M* majuscule
et un *c* minuscule : *le Marché commun.*

II Bon marché, à bon marché.

1 On écrit toujours, sans *à*, *faire bon marché
de : Il a fait bon marché de l'opinion de son
entourage.*

2 Dans la langue soignée, on écrira plutôt,
avec *à*, *acheter, vendre, acquérir à bon marché :*

La fabrication en série permet de vendre à bon marché.

3 Dans la langue très surveillée et un peu archaïsante, on écrira plutôt, avec *à : des objets à bon marché : Il porte des costumes à bon marché. En ce moment, les cerises sont à bon marché.* Cependant la langue cursive admet dans ce cas *bon marché* sans *à : Je vais chez ce marchand, car il a des fruits excellents et bon marché* (toujours invariable).

III A meilleur marché, au meilleur marché. Formes à employer, à l'exclusion de **plus bon marché, *le plus bon marché : J'ai acheté des poires à meilleur marché que la semaine dernière. Essayons d'acheter au meilleur marché possible.*

marchepied n. m. En un seul mot, sans trait d'union.

marcher v. i. On évitera le pléonasme *marcher à pied.*

marcotte n. f. Sorte de bouture. — Deux *t.* De même : *marcottage, marcotter.*

mardi n. m. Nom de jour de la semaine, donc pas de majuscule : *C'était le mardi 12 octobre.*

mardi gras Sans trait d'union. — On écrit, avec un *M* majuscule, *Mardi gras,* quand il s'agit de la fête : *Autrefois, de joyeux cortèges parcouraient Paris le jour du Mardi gras.* — Avec un *m* minuscule : *un mardi gras,* un personnage déguisé, d'où *un accoutrement de mardi gras.*

mare n. f. Petite étendue d'eau. — Un seul *r.*

marécage n. m. Avec *é,* à la différence de *marais.*

maréchal n. m. — Pl. : *des maréchaux.* — Sans trait d'union : *maréchal de camp (des maréchaux de camp), maréchal des logis (des maréchaux des logis).* — Avec un seul trait d'union : *maréchal des logis-chef (des maréchaux des logis-chefs), maréchal des logis-major (des maréchaux des logis-majors).*

maréchalat n. m. Dignité de maréchal. — Un seul *l.*

maréchale n. f. Epouse d'un maréchal. — Un seul *l.*

maréchalerie n. f. Métier ou atelier de maréchal-ferrant. — Un seul *l.*

maréchal-ferrant n. m. Avec un trait d'union. — Pl. : *des maréchaux-ferrants.*

marée [maʀe] n. f. A distinguer, par l'orthographe et la prononciation, de *marais* [maʀɛ]. — Sans traits d'union : *raz de marée* [ʀɑdəmaʀe] *(des raz de marée).* ▼ On distinguera les deux expressions suivantes : *arriver comme marée en carême* (arriver à propos, opportunément), *arriver comme mars en carême* (arriver, se produire inévitablement).

marémoteur, trice adj. *Usine marémotrice,* mue par l'énergie des marées. — Pas de *e* muet intérieur.

marelle n. f. Jeu d'enfants. — Deux *l.*

marengo [maʀɛ̃go] Invariable dans : *des poulets marengo.* — Invariable aussi comme adjectif de couleur : *des étoffes marengo.*

marge n. f. Avec *marge* toujours au singulier : *en marge (Ecrire des annotations en marge).*

margelle n. f. Deux *l.*

marger v. t. Conjug. **16.** Prend un *e* après le *g* devant *a* ou *o : il margea, nous margeons.*

marginal, ale, aux adj. *ou* n. Masculin pluriel en *-aux : Des ajouts marginaux.*

marguillier [maʀgije] n. m. Attention au *i* après le groupe *-ill-.* ▼ Ce mot ne doit pas désigner un *sacristain.* Son vrai sens est « membre du conseil de fabrique », conseil qui administrait les biens de la paroisse.

mari n. m. Epoux. — Un seul *r,* à la différence de l'adjectif *marri,* triste, contrit.

mariage n. m. Un seul *r.* De même : *mariable.* — Se construit toujours avec *avec* ou avec *et* et non avec *à : Après son mariage avec une jeune fille de la bonne société lyonnaise. Le prêtre célébra le mariage du jeune vicomte et de Mlle de Brignac* ▷ **marier.**

marié, ée adj. *ou* n. Sans trait d'union : *jeune marié, nouveau marié.* Au pluriel : *des jeunes mariés, des nouveaux mariés.* — Au féminin : *une jeune mariée (des jeunes mariées), une nouvelle mariée (des nouvelles mariées).*

marier v. t. Orthographe, construction, emploi abusif.

1 Un seul *r.* De même : *mariable, mariage, marié, marieur.*

2 *Marier, se marier, marié* se construisent avec *avec* ou avec *à* ou avec *et,* à la différence de *mariage* qui se construit seulement avec *avec* ou avec *et : Il a marié sa fille à un jeune*

ingénieur. *Elle s'est mariée avec un ami d'enfance. Il paraît que Louis et Yvonne vont se marier. Il est marié à une jeune fille de la bonne société lyonnaise.*

3 L'emploi de *marier* au sens de *épouser* appartient à la langue provinciale ou rurale : *Il paraît que le Marcel va marier la Marie-Jeanne, il la fréquente depuis longtemps.* A éviter dans la langue correcte.

marin n. m. Avec un trait d'union : *marin-pêcheur (des marins-pêcheurs), marin-pompier (des marins-pompiers).* — Sans trait d'union et avec *marin* toujours au singulier : *des costumes marin, des cols marin.*

marin, maritime Ces deux adjectifs ne sont pas synonymes. En principe, *marin* qualifie ce qui appartient à la mer, ce qui est du domaine de la navigation en mer, *maritime* ce qui concerne le rivage de la mer ou la marine. En fait, c'est l'usage qui a consacré l'emploi de l'un ou de l'autre adjectif dans certaines expressions.

1 marin, ine *Animaux marins* (qui vivent dans la mer). *Faune marine. Plantes marines* (par exemple les algues). *Flore marine. Monstre marin.* Le vent marin, la brise marine (qui vient de la mer). *Boussole marine. Compas marin. Jumelles marines. Le mille marin* (1 852 mètres). *Moteur marin* (moteur à essence ou Diesel pour bateau). *Avoir le pied marin. Bateau très marin* (qui tient bien la mer). — *Le cimetière marin de Sète* (situé au bord de la mer).

2 maritime *Régions, provinces, départements maritimes* (qui sont au bord de la mer). *Climat maritime. Végétation, flore maritime* (qui croît au bord de la mer). *Plante maritime* (par exemple le chardon des sables, qui croît sur les dunes). *Pin maritime* (variété qui croît bien dans le sable des dunes). *Navigation maritime* (par opposition à *navigation fluviale*). *Transports maritimes* (par opposition à *transports terrestres* ou *aériens*). *Expédition maritime. Commerce maritime. Voies maritimes. Gare maritime. Génie maritime. Code maritime. Inscription maritime. Hôpital maritime* (réservé aux marins et aux officiers de marine). *La puissance maritime d'Athènes. Les grandes puissances maritimes. Les forces maritimes* (la marine de guerre).

marina n. f. Ensemble résidentiel au bord de la mer, avec commerces, port de plaisance, etc. — Pl. : *des marinas* [-na]. — Ce mot d'origine anglo-américaine est parfaitement acceptable en français.

1. marine n. f. Avec un *M* majuscule : *la Marine nationale.* — Avec un *m* minuscule : *la marine (Il veut s'engager dans la marine), la marine*

de guerre. — Comme adjectif de couleur, toujours invariable : *Des jupes marine. Des chaussures marine. Des pantalons marine. Des costumes bleu marine* (sans trait d'union).

2. marine n. m. Soldat de l'infanterie de marine anglaise ou américaine. — Mot anglais à demi francisé. Prononciation : [maʀin]. — Pl. : *marines* [-ʀin]. — Toujours avec un *m* minuscule : *Les marines ont débarqué.*

maringouin [maʀɛ̃gwɛ̃] n. m. Moustique d'Amérique. — Finale en *-ouin.*

marinier, ière adj. *ou* n. m. Sans trait d'union : *officier marinier (des officiers mariniers).*

marinière n. f. *Des moules à la marinière* ou, plus couramment, *des moules marinière* (sans *-s*).

marionnette n. f. Un seul *r*, deux *n*, deux *t.*

marital, ale, aux adj. Du mari. — Masculin pluriel en *-aux : Les devoirs et les droits maritaux.*

maritime, marin ▷ marin.

marivauder v. i. Avec *-au-.* De même : *marivaudage.*

marjolaine n. f. Finale en *-aine.*

marketing n. m. (*anglicisme*) Prononciation : [maʀketiŋ]. — Pour éviter cet anglicisme, on pourra, selon les cas, employer l'un des équivalents français : *commercialisation, étude de marché, marchandisage, marchéage, mercatique* (n. f.).

marlou n. m. (*populaire*) Souteneur. — Pl. : *des marlous.*

marmelade n. f. Le nom du fruit se met en général au pluriel : *de la marmelade d'abricots.*

marmite n. f. Un seul *t.* De même : *marmitage, marmitée, marmiton.*

marmonner v. i. *ou* v. t. Deux *n.* De même : *marmonnement, marmonneur.*

marmoréen, enne adj. (*littéraire*) De marbre.

marmotte n. f. Animal. — Deux *t.*

marmotter v. t. Deux *t.* De même : *marmottage, marmottement, marmotteur.*

marocain, maroquin ▷ maroquin.

maronner v. i. (*populaire*) Etre en proie à une sourde colère. ▼ Un seul *r*, deux *n*. Aucun rapport avec *marron*.

maroquin, marocain Deux mots homophones à distinguer par l'orthographe.

1 maroquin [maʀɔkɛ̃] n. m. Cuir. — Dérivés : *maroquinage, maroquiner, maroquinerie, maroquinier.*

2 marocain, aine adj. *ou* n. Du Maroc : *La population marocaine. Les Marocains.* — *Du crêpe marocain :* étoffe.

marotte n. f. Un seul *r*, deux *t.*

maroufle n. f. (*technique*) Colle forte. — Un seul *f.* De même : *marouflage, maroufler.*

marquage n. m. Avec *-qu-.*

marquant, ante adj. Avec *-qu- : Les dates marquantes de cette époque.*

marquer v. t. Conjugaison et sens.

1 Toujours avec *-qu-*, même devant *a* ou *o : il marqua, nous marquons.*

2 On peut écrire, très correctement : *Les dossiers à envoyer aux archives sont marqués d'un A* (= portent une marque qui est un *A*). En revanche, on évitera : *Un A est marqué sur les dossiers.* Dire plutôt : *Un A est écrit sur les dossiers.*

marqueter v. t. Conjug. **14.** *Je marquette, je marquetterai.*

marqueterie n. f. ▼ Un seul *t*, mais se prononce [maʀketʀi].

marqueteur n. m. Prononciation : [maʀkətœʀ].

marraine n. f. Deux *r*, comme dans *parrain.*

marri, ie adj. Affligé, fâché. — Avec deux *r*, à la différence de *mari*, époux.

1. marron n. m. Grosse châtaigne. — Deux *r.* — Avec un *I* majuscule : *un marron d'Inde.* — Comme adjectif de couleur, toujours invariable : *Des jupes marron.* — Dérivé : *marronnier* (deux *r*, deux *n*). — Pour la différence entre *marron* et *châtaigne* ▷ **châtaigne.**

2. marron, onne adj. Variable en nombre et en genre : *Les esclaves marrons. Une négresse marronne* (deux *n* au féminin). *Des avocats, des médecins marrons.*

marronnier n. m. Deux *r*, deux *n.*

mars n. m. Nom de mois, donc pas de majuscule : *Je viendrai le 6 mars prochain.* — On distinguera *arriver comme mars en carême* et *arriver comme marée en carême.* ▷ **marée.**

marsouin n. m. Cétacé. — Finale en *-ouin.*

marsupial, ale, aux adj. *ou* n. m. Masculin pluriel en *-aux.*

marte ▷ **martre.**

marteau-pilon n. m. Avec un trait d'union. — Pl. : *des marteaux-pilons.*

marteau-piqueur n. m. Avec un trait d'union. — Pl. : *des marteaux-piqueurs.*

martelage n. m. Action de travailler le métal au marteau : *Le martelage des lames de couteaux.* — Action de marquer les arbres au marteau.

martèlement n. m. Bruit cadencé : *Le martèlement des roues sur les rails.* — On évitera la graphie *martellement.*

marteler v. t. Conjug. **10.** *Je martèle, je martèlerai.*

martial, ale, aux adj. Masculin pluriel en *-aux : Des discours martiaux.*

martin-chasseur n. m. Oiseau. — Pl. : *des martins-chasseurs.*

martinet n. m. Finale en *-et.*

martingale n. f. Avec un seul *l.*

martin-pêcheur n. m. — Pl. : *des martins-pêcheurs.*

martre n. f. Animal ; sa fourrure. — A côté de *martre*, il existe une autre forme, — un peu plus rare, mais parfaitement correcte, *marte.*

martyr, martyre Deux mots à bien distinguer.

1 Un **martyr**, une **martyre** Personne qui a été martyrisée : *Saint Etienne fut le premier en date des martyrs. Sainte Blandine, martyre lyonnaise, fut jetée aux bêtes.* — (adjectivement) *Les martyrs de la Résistance.* — (adjectivement) *Les enfants martyrs. Une fillette martyre.*

2 Le **martyre** Supplice d'une personne qui a été martyrisée : *Sainte Blandine souffrit le martyre à Lyon.* — (par extension) *Cette crise de rhumatisme, quel martyre !*

martyriser v. t. Avec un *y.*

martyrologe n. m. Liste des martyrs. — Ne pas déformer en *martyrologue.

maryland n. m. Prononciation : [maʀilɑ̃], plutôt que [maʀilɑ̃d]. Avec un *M* majuscule : *du tabac de Maryland.* — Avec un *m* minuscule : *du maryland (Fumer du maryland).*

mas n. m. Ferme provençale. — Prononciation : [mɑ], le *-s* est muet.

mascaron, macaron Deux noms masculins à bien distinguer.

1 mascaron Ornement sculpté, en forme de visage grotesque ou fantastique, qui décore un chapiteau, une corniche, une fontaine : *Clef de voûte décorée d'un mascaron.*

2 macaron Gâteau rond fait d'œufs, de sucre et d'amandes : *Les macarons de Saint-Emilion.* — Masse ronde de cheveux disposée au-dessus de chaque oreille. — Gros bouton rond. — Portemanteau. — Cocarde, emblème rond.

mascotte n. f. Avec deux *t.*

maser n. m. Dispositif analogue au *laser,* mais fonctionnant par émission d'ondes électromagnétiques. — Prononciation : [mazɛʀ]. — Pl. : *des masers* [-zɛʀ].

masquage n. m. Avec *-qu-.*

masquer v. t. Toujours avec *-qu-,* même devant *a* ou *o : il masqua, nous masquons.*

masse n. f. Expressions ; accord du verbe.

1 Avec *masse* au singulier : *Ils sont venus en masse.*

2 Une masse de. Dans la langue surveillée, ne doit s'employer que lorsqu'on veut insister sur l'idée de bloc massif : *Une masse de boue et de troncs d'arbres obstruait la route. Une masse d'eau balaya le pont du trois-mâts. Une masse d'émeutiers enfonça le mince cordon de troupes.* — Dans les autres cas, on préférera une *grande quantité de, un grand nombre de, beaucoup de :* *Une grande quantité de fruits étaient avariés et ont dû être jetés. Un grand nombre d'émeutiers se répandirent dans la ville.*

3 Après *la masse de, cette masse de,* l'accord se fait généralement au singulier : *La masse des émeutiers, hésitante, recula.*

4 Après *une masse de,* l'accord se fait plutôt au singulier : *Une masse d'émeutiers, furieuse, enfonça le cordon de troupes.* Le pluriel n'est possible que si l'on veut insister sur l'idée de grand nombre, sans idée de bloc massif mais, dans ce cas, il vaut mieux employer *une grande*

quantité de (voir ci-dessus, § 2) : *Une masse de documents ont été détruits au cours des siècles.* On écrira plutôt : *Une grande quantité de documents...*

masselotte n. f. (*technique*) Petite masse de métal. — Finale en *-otte,* avec deux *t.*

massepain n. m. Gâteau. — En un seul mot, sans trait d'union. — Finale en *-ain.*

massicot n. m. Machine qui sert à couper le papier. — Finale en *-ot.* — Dérivés : *massicotage, massicoter.*

massif n. m. Avec un *M* majuscule et un *c* minuscule : *le Massif central.*

mass media [masmedja] n. m. pl. En deux mots, sans trait d'union. Pas d'accent sur le *e.* Pas de *-s* à *media.* — A cet anglicisme, on préférera la forme francisée *les médias* ou, mieux encore, les équivalents *supports d'information, moyens d'information.*

mastic n. m. Finale en *-ic,* avec *c.* De même : *masticage.* En revanche, *mastiquer,* avec *-qu-.*

masticage n. m. Action de boucher, de fixer avec du mastic. — Ne pas dire le *masticage des aliments,* mais *la mastication des aliments.*

mastication n. f. Action de mastiquer, de mâcher les aliments. ▼ Ne pas dire le *masticage des aliments.*

masticatoire adj. *ou* n. m. Finale en *-oire.*

1. mastiquer v. t. Mâcher. — Toujours avec *-qu-,* même devant *a* ou *o : il mastiquait, nous mastiquons.* — En revanche, un *c* dans les dérivés : *masticateur, mastication, masticatoire.*

2. mastiquer v. t. Boucher, fixer avec du mastic. — Toujours avec *-qu-,* même devant *a* ou *o : il mastiqua, nous mastiquons.* — En revanche, un *c* dans le dérivé : *masticage.*

m'as-tu-vu n. m. *ou* f. *ou* adj. Avec une apostrophe et deux traits d'union. — Toujours invariable : *Cette fille est une m'as-tu-vu. Je n'aime pas ces gens, ce sont des m'as-tu-vu. Elles sont très m'as-tu-vu.*

masure n. f. Maison vétuste. — Avec un *s.*

1. mat, mate [mat, mat] adj. Non brillant. — Varie en nombre et en genre : *Des surfaces mates.*

2. mat [mat] n. m. *ou* adj. (terme de jeu d'échecs). ▼ Toujours invariable : *Ils sont mat. Elle est mat.*

mât [mɑ] n. m. Avec un accent circonflexe. De même : *mâtage* ou *mâtement*, *mâter*, *mâtereau*, *mâture*.

matador [matadɔʀ] n. m. Mot espagnol francisé. Pl. : *des matadors*. ▼ Ne pas confondre avec *matamore* ▷ **matamore**.

matamore n. m. Avec un *M* majuscule : *le Matamore* ou *Matamore*, personnage de la comédie espagnole (*Le personnage traditionnel de* Matamore *correspond au* miles gloriosus *des Romains*). — Avec un *m* minuscule : *un matamore*, un personnage fanfaron (*Il fait le matamore, mais, au moment d'agir, il reculera*). ▼ Ne pas confondre avec *matador*, torero qui tue le taureau.

match [matʃ] n. m. (*anglicisme*) Pl. : *des matches* [matʃ] ou *des matchs*. — On écrira : *disputer un match*, plutôt que *faire un match*. — Equivalents français : *rencontre*, *compétition*. ▼ Ne pas prononcer avec un *e* muet final : *un match nul* [matʃnyl], et non *[matʃənyl].

maté n. m. Plante ; boisson. ▼ Pas de *h* après le *t*, comme dans *thé*.

matelas n. m. Finale en -*as*. Dérivés : *matelassé*, *matelasser*, *matelassier*, *matelassure*.

matelot n. m. Finale en -*ot*. — Pas d'accent circonflexe, ni sur le *a* ni sur le *o*. Dérivé : *matelotage*.

matelote n. f. Finale en -*ote*, avec un seul *t*. — Avec *anguille* au singulier : *matelote d'anguille*.

mater, mâter Bien distinguer par la graphie et la prononciation *mater* [mate], soumettre, et *mâter* [mɑte], munir d'un mât.

matériau n. m. Sert de singulier à *matériaux*. Admis dans la langue technique : *Le béton est un matériau économique et commode.* — Dans la langue très surveillée et très littéraire, on pourra préférer le singulier *matière : La pierre est une matière plus noble que la brique.* — Le pluriel *matériaux* peut être employé même dans la langue très surveillée.

matériel, elle adj. *ou* n. m.

1 On évitera l'expression relâchée *temps matériel.* On préférera *temps nécessaire : Je n'aurai pas le temps nécessaire pour rédiger ce rapport*, et non *le temps matériel de rédiger...*

2 On préférera l'équivalent français *le matériel* à l'anglicisme *hardware* (terme d'informatique).

3 Comme substantif, *matériel* s'emploie seulement au singulier. L'emploi du pluriel est toléré

dans la langue technique : *A l'occasion des grandes manœuvres, l'armée présentera ses nouveaux matériels* (= divers types d'engins, d'armes, etc.).

matière n. f. Avec *matière* au singulier : *en matière de*, *avoir*, *donner*, *être matière à*.

matin n. m. Expressions.

1 ▼ Avec *matin* au singulier : *tous les lundis matin, tous les mardis matin...*

2 Lundi matin ou lundi au matin, hier matin ou hier au matin ▷ à (XI, 1, 2 et 3).

3 Les emplois adverbiaux *se lever matin*, *fort matin*, *très matin* sont corrects, mais un peu vieillots.

matin, mâtin Bien distinguer par la prononciation et l'orthographe *le matin* [matɛ̃], première moitié du jour, et *un mâtin* [mɑtɛ̃], chien.

matinal, ale, aux adj. Masculin pluriel en -*aux : Les vents matinaux.*

mâtiner v. t. (dérivé de *mâtin*) Avec un accent circonflexe, comme *mâtiné* adj.

matines [matin] Office catholique. — Toujours féminin et toujours au pluriel. On écrit plutôt *chanter matines* (sans article) et *sonner les matines* (avec l'article).

matois, oise adj. *ou* n. Avec un seul *t*. De même : *matoiserie*.

matou n. m. — Pl. : *des matous*.

matriarcat n. m. Ce mot désigne l'organisation sociale, juridique et familiale dans laquelle la filiation est établie selon le lien utérin, l'autorité étant souvent exercée par le frère de la mère, très rarement par la mère elle-même. ▼ On évitera d'employer abusivement ce mot pour désigner une société dans laquelle les femmes exercent (ou sont censées exercer) l'autorité. Dans ce cas, le terme de *gynécocratie* est préférable. — Dérivé : *matriarcal, ale, aux.*

matricule Attention au genre.

1 La matricule Registre : *La matricule d'un hôpital.*

2 Le matricule Le numéro d'inscription au registre matricule : *Le soldat indiqua son nom et son matricule.*

matrimonial, ale, aux adj. Masculin pluriel en -*aux : Les régimes matrimoniaux.*

matrone n. f. Avec un seul *n*.

maudire v. t. Conjug. **25.** (comme *finir*). *Je maudis, tu maudis, il maudit, nous maudissons, vous maudissez, ils maudissent.* — *Je maudissais.* — *Je maudis.* — *Je maudirai.* — *Je maudirais.* — *Maudis, maudissons, maudissez.* — *Que je maudisse,* ... *qu'il maudisse.* — *Que je maudisse... qu'il maudît.* — *Maudissant.* — *Maudit, ite.* ▼ Deux différences avec le type *finir :* infinitif en *-ire* et participe en *-it, -ite.*

maudit, ite adj. *ou* n. m. Avec un *M* majuscule : *le Maudit,* Satan, le Démon.

maugréer v. i. Attention au *e* muet du futur et du conditionnel : *je maugréerai, je maugréerais.*

maure, more n. *ou* adj. On prononce toujours [mɔʀ], avec *o* ouvert, quelle que soit la graphie. — La graphie *maure* est vivante, *more* est une graphie vieillie : *La population maure. Les Maures.*

mauresque, moresque adj. *ou* n. f. On prononce toujours [mɔʀɛsk(ə)], avec *o* ouvert, quelle que soit la graphie. — La graphie *mauresque* est vivante, *moresque* est une graphie vieillie : *L'art mauresque. Une jolie Mauresque.*

mauresque, maure Ces deux formes ne sont pas interchangeables.

1 mauresque S'emploie comme nom féminin (*Une jolie Mauresque*) et comme adjectif (*Une femme mauresque. L'art, le style mauresque. Maison mauresque*).

2 maure S'emploie comme nom masculin (*Un Maure*) et aussi, dans certains cas, comme adjectif pour qualifier des hommes ou des groupes (*Un chef maure. Une tribu maure*) ou pour qualifier une chose, dans quelques expressions (*Café maure. Bain maure*).

maussade adj. Avec *-au-*. De même : *maussadement, maussaderie.*

mauvais, aise adj. *ou* adv. Dans l'emploi adverbial, toujours invariable : *Ces plantes sentent mauvais.*

mauve n. f. Plante. — Comme adjectif de couleur, prend la marque du pluriel (*Des rubans mauves*), sauf en combinaison avec un autre adjectif (*Des rubans mauve pâle. Des rubans bleu-mauve*). — N. m. *Le mauve :* la couleur mauve. Prend la marque du pluriel : *La gamme des mauves.*

maxi Adjectif invariable : *Des manteaux maxi. Des robes maxi.*

maxi- Les mots en *maxi-* s'écrivent généralement en un seul mot, sans trait d'union : *maxijupe, maximanteau.* On rencontre aussi, assez sou-vent, la graphie avec trait d'union : *des maxi-manteaux, une maxi-boîte.*

maxillaire adj. *ou* n. m. *L'os maxillaire. Le maxillaire supérieur. Le maxillaire inférieur.* — Prononciation : [maksilɛʀ], avec [l].

maxima (a) loc. adv. *ou* adj. (droit) *Appel a maxima :* appel interjeté par le ministère public pour obtenir une diminution de la peine. — En deux mots, sans trait d'union. — Locution latine, donc pas d'accent sur le *a.* — Souvent écrit en italique dans un texte en romain et en romain dans un texte en italique.

maximal, ale, aux adj. On emploiera cet adjectif de préférence à *maximum,* dont l'accord est incertain : *Le prix maximal. La température maximale. Les prix maximaux. Les intensités maximales.*

maximum adj. *ou* n. m. Certains emplois sont difficiles.

1 L'emploi de *maximum* comme adjectif soulève des difficultés : *Les prix maxima ou maximums. La température maximum ou maxima. Les intensités maxima ou maximums.* Pour éviter ces incertitudes, on emploiera, conformément aux recommandations officielles, l'adjectif *maximal, ale, aux.*

2 Dans l'emploi substantif, on préférera le pluriel *des maximums* à *des maxima.*

3 On évitera les pléonasmes du genre *le grand maximum, au grand maximum, le maximum à ne pas dépasser.*

mayonnaise n. f. Avec deux *n.*

mazette n. f. Avec un *z.*

mazout n. m. ▼ Prononciation : [mazut], avec [t].

me pron. personnel de la première personne du singulier (forme atone).

1 On évitera le tour populaire **donne-moi-z-en* et on dira *donne m'en.*

2 Le pronom *me* doit se répéter devant chaque verbe coordonné ou juxtaposé : *Il me guide et me protège. Il me critique, me calomnie, me nuit.*

méandre Toujours masculin : *Des méandres nombreux.*

méat [mea] n. m. Orifice naturel : *Le méat urinaire.*

mécanicien, ienne n. *ou* adj. Sans trait d'union : *chef mécanicien (des chefs mécaniciens), officier mécanicien (des officiers mécaniciens).*

mécanicien-dentiste n. m. Avec un trait d'union. — Pl. : *des mécaniciens-dentistes.*

mécène n. m. Avec un *m* minuscule : *Ce financier fut un mécène généreux.* — Un accent grave sur le deuxième *e*, à la différence du dérivé *mécénat.*

méchamment adv. Finale en *-amment.*

méchant, ante adj. *ou* n. Place de l'adjectif.

1 On peut dire indifféremment *un méchant homme* ou *un homme méchant, une méchante femme* ou *une femme méchante.* Dans les deux cas, le sens est le même (= cruel, malfaisant). Le tour *méchant homme* est plus littéraire.

2 Avec un nom de personne relatif à la profession, à l'activité, etc., l'adjectif *méchant* placé devant le nom signifie « de peu de valeur » : *Un méchant poète* (= un très médiocre poète). *Un méchant avocat. Un méchant journaliste. Une méchante actrice.* Ce tour est littéraire. — Placé après le nom, signifie « cruel, malfaisant, mordant, agressif » : *Un poète méchant* (= mordant). *Un journaliste méchant* (= agressif). Ce tour est usuel.

3 Même différence avec un nom d'animal ou de chose : *Un méchant chien de chasse* (= un mauvais chien de chasse, d'allure minable). *Un chien méchant* (= agressif). *Un méchant poème* (= un poème médiocre). *Un poème méchant* (= mordant).

4 On dit toujours *une méchante affaire* (= une vilaine affaire), *une méchante langue* (une personne médisante).

mèche n. f. Avec un accent grave et non circonflexe. En revanche, un accent aigu dans les dérivés : *méchage, mécher, mécheux.*

mécompte [mekɔ̃t] n. m. Attention au *p* intérieur, muet.

méconnaître v. t. Conjug. **94.** (comme *connaître*). — Dérivés : *méconnaissable, méconnaissance, méconnu.*

médaillier [medaje] n. m. Meuble. ▼ Un *i* après le groupe *-ill-.*

médecin n. m. Prononciation; orthographe et emplois

1 ▼ Se prononce [medsɛ̃], avec *e* ouvert, mais s'écrit avec un accent aigu sur le premier *e*. De même : *médecine* [medsin].

2 médecin, docteur ▷ docteur.

3 Avec un trait d'union : *médecin-conseil (des médecins-conseils).* — Sans trait d'union : *méde-*

cin consultant (des médecins consultants), médecin légiste (des médecins légistes).

4 Pas de forme spéciale pour le féminin. On dira : *Elle est médecin. Une femme médecin.* Le mot *doctoresse* est familier.

5 On dira *aller chez le médecin* plutôt que *aller au médecin,* tour populaire.

médecine-ball ▷ medicine-ball.

médias [medja] n. m. pl. On préférera la forme francisée *les médias* (un accent aigu et un *-s*) à la forme *les media* ou à la forme complète *les mass media* (anglicisme). On emploie parfois comme singulier la forme *un médium : La télévision est le médium le plus puissant.* — Pour éviter ces termes qui font difficulté, on emploiera de préférence *moyen d'information, support d'information.*

médian, ane adj. *ou* n. f. Féminin : *médiane,* avec un seul *n.*

médical, ale, aux adj. Masculin pluriel en *-aux : Les services médicaux.*

médicamenter v. t. De nos jours, un peu péjoratif : « soigner en faisant absorber des médicaments avec excès, à tort et à travers ». De même, *se médicamenter* « se soigner en absorbant des médicaments en grande quantité, souvent sans discernement ».

medicine-ball n. m. Anglicisme qui désigne un ballon lourd utilisé en gymnastique. — Pas d'accent sur le *e.* — Prononciation : [medisin-bol]. — Pl. : *des medicine-balls* [-bol]. — On préférera la forme anglaise *medicine-ball* à la forme hybride *médecine-ball* [mɛdsinbol] ; pl. : *des médecine-balls* [-bol].

médiéval, moyenâgeux Deux adjectifs qui ne sont pas interchangeables.

1 médiéval, ale, aux *(non péjoratif)* Du Moyen Age : *La grandeur de la civilisation médiévale.*

2 moyenâgeux, euse Qui a le pittoresque particulier aux choses qui datent du Moyen Age, qui a le style ou l'aspect des choses du Moyen Age : *Les rues moyenâgeuses du quartier de la cathédrale.* — *(souvent péjoratif)* Qui a le caractère archaïque ou vétuste d'une chose qui date ou semble dater du Moyen Age : *Des taudis moyenâgeux.* Un obscurantisme moyenâgeux.

médiévisme n. m. Etude, science du Moyen Age. — Dérivé : *médiéviste.* Ne pas dire **médiévalisme, *médiévaliste.*

médio- Préfixe (du latin *medius* « qui est au milieu »). Les mots en *médio-* s'écrivent en un seul mot, sans trait d'union : *médiodorsal, médiopalatal, médiopassif.*

médire v. i. *ou* v. t. ind. Conjug. **47.** *Je médis, tu médis, il médit, nous médisons, vous médisez, ils médisent.* — *Je médisais.* — *Je médis.* — *Je médirai.* — *Je médirais.* — *Médis, médisons, médisez.* — *Que je médise.* — *Que je médisse.* — *Médisant.* — *Médit.* ▼ On prendra garde à la deuxième personne du pluriel de l'indicatif présent et de l'impératif : *vous médisez, médisez* (alors qu'on a *vous dites, dites*).

médisance n. f. Finale en *-ance* De la même famille : *médisant.*

médisance, calomnie ▷ calomnie.

méditerranéen, enne adj. Attention à la majuscule : *La population méditerranéenne. Les Méditerranéens.* ▼ Prend deux *r,* mais un seul *t* et un seul *n.* — Avec un *m* minuscule et un *M* majuscule : *la mer Méditerranée* (ou *la Méditerranée*).

médium n. m. — Pl. : *des médiums* — Dérivé : *médiumnique* [medjɔmnik].

médius [medjys] n. m. Doigt de la main. — Un accent aigu sur le *e.* — Pl. : *des médius* [-djys].

médoc n. m. Avec un *M* majuscule : *du vin du Médoc.* — Avec un *m* minuscule : *du médoc (Boire du médoc. Une bouteille de médoc. Les grands médocs).*

médullaire adj. De la moelle épinière. — Avec deux *l.* De même : *médulleux, euse* adj. (*tige médulleuse,* qui contient de la moelle), *médullosurrénale* (avec un trait d'union).

meeting n. m. Anglicisme admis dans la langue ordinaire. — Prononciation : [mitiŋ]. — Pl. : *des meetings* [-tiŋ]. — Dans la langue très surveillée, on pourra remplacer cet anglicisme par l'un des équivalents suivants : *assemblée, rassemblement, réunion.*

méfier (se) v. pron. Conjugaison et sens.

1 Conjug. **20.** Double le *i* à la première et à la deuxième personne du pluriel de l'indicatif imparfait et du subjonctif présent : *(que) nous nous méfiions, (que) vous vous méfiiez.*

2 Est plus usuel que *se défier.*

méga- Préfixe (du grec *megas* « grand »). Les mots en *méga-* s'écrivent en un seul mot sans trait d'union : *mégacycle, mégahertz, mégalithe, mégaphone, mégatonne, mégawatt.*

mégalo- Préfixe (même racine que *méga-*). Les mots en *mégalo-* s'écrivent en un seul mot, sans trait d'union : *mégalomane, mégalomanie.*

meilleur, eure S'emploie comme comparatif et comme superlatif relatif *(le meilleur)* de l'adjectif *bon.*

I Employé comme comparatif.

1 Meilleur, plus... bon ▷ bon (I, 1, 2, 3, 4 et 5).

2 On dira : *Plus l'eau-de-vie est vieille, meilleure elle est* (et non **plus meilleure elle est*).

3 De meilleure foi, de meilleure grâce, de meilleure heure, de meilleure humeur, à meilleur marché ▷ bon (I).

4 On écrira de préférence : *de meilleure grâce, de meilleure foi* (et non *de meilleure bonne grâce, de meilleure bonne foi*).

5 On peut dire *beaucoup meilleur,* mais, dans la langue soignée, on emploiera plutôt *de beaucoup meilleur* ou, mieux encore, *bien meilleur.*

6 Meilleur que... ne. Dans la langue soignée, on n'omettra pas le *ne* explétif dans la proposition qui suit *meilleur que : Il est meilleur qu'on ne le dit.* ▼ Si la première proposition est négative ou interrogative, ce *ne* est souvent omis : *Il n'est pas meilleur qu'on le dit.*

II Employé comme superlatif relatif.

1 On écrira de préférence : *avec la meilleure volonté du monde* (et non *avec la meilleure bonne volonté*).

2 Le meilleur que. Normalement suivi du subjonctif : *C'est le meilleur film qu'on ait jamais vu. C'est la meilleure solution que nous puissions adopter.* — Si l'on veut insister moins sur la possibilité que sur la réalité, on pourra employer l'indicatif : *Son dernier roman est le meilleur qu'il a écrit jusqu'à présent.*

3 Dans la langue soignée, on écrira : *Mes meilleurs vœux. Mon meilleur souvenir* (et non *Meilleurs vœux. Meilleur souvenir*). En effet, il s'agit d'un superlatif absolu et non d'un comparatif. On peut aussi écrire : *Mon souvenir le meilleur. Mes vœux les meilleurs.* En revanche, on dit très correctement, en écrivant à une personne malade : *Meilleure santé.* Dans ce cas, il s'agit d'une comparaison entre un état de santé actuel, médiocre, et un état qu'on souhaite meilleur.

4 Le deuxième meilleur temps. On évitera les tours pléonastiques tels que : *Ce coureur a réalisé le deuxième meilleur temps.* Dire simplement : *le deuxième temps.*

5 Prendre le meilleur sur. On évitera l'anglicisme *prendre le meilleur sur son adversaire.* On écrira plutôt : *l'emporter sur.*

mélanger v. t. Conjugaison et construction.

1 Conjug. 16. Prend un *e* après le *g* devant *a* ou *o : il mélangea, nous mélangeons.*

2 Se construit avec *à*, avec *avec* ou avec *et : Il a mélangé ses crayons avec les miens. Vous mélangerez le sucre à la farine. Il a mélangé les boîtes vides et les boîtes pleines.*

3 On évitera le pléonasme *mélanger entre eux (entre elles).* Ne pas écrire : *Il a mélangé les dates entre elles,* mais *Il a mélangé les dates.*

Melba Avec un *M* majuscule et toujours invariable : *des pêches Melba.*

mêlée n. f. Avec un accent circonflexe, comme *mêler.*

mêler v. t. Au sens propre, se construit avec *à*, avec *avec* ou avec *et : La Saône mêle ses eaux à celles du Rhône. Ne mêlez pas vos papiers avec les miens. J'ai mêlé les roses et les pivoines dans le même bouquet.* — Au sens figuré, se construit presque uniquement avec *à* ou *et : Il faut savoir mêler l'utile à l'agréable. Mêlons les travaux et les jeux. L'avare mêle la cupidité et la lésinerie.*

mélèze n. m. Arbre. — Avec un *z.*

méli-mélo n. m. Avec deux fois *é* et non **ê* — Un trait d'union. ▼ Le pluriel est *des mélis-mélos,* avec un *-s* à *méli-* et un autre à *-mélo.*

mellifère adj. Avec deux *l.* De même : *mellification, mellifique.*

melliflue adj. (*péjoratif*) Doucereux. ▼ Un *-e* final, même au masculin : *Un éloge melliflue* (et non **melliflu*).

mélodrame n. m. En un seul mot, sans trait d'union. De même : *mélodramatique.*

melon n. m. Chapeau. — Avec le *-s* du pluriel : *des melons.* — Invariable : *des chapeaux melon.*

membre n. m. Sans trait d'union : *les Etats membres.*

même Peut être adjectif, pronom, adverbe ou s'employer dans les locutions.

I Ajectif ou pronom variable.

1 Quand *même* signifie « identique, semblable », il prend la marque du pluriel, qu'il soit ou non précédé d'un déterminant (article,

démonstratif, etc.) : *Lui et moi, nous avons les mêmes habitudes. Tout nous rendait semblables : nous avions même apparence, mêmes habitudes, mêmes goûts.* — Marque du pluriel aussi quand *même* est pronom : *Vos chaussures sont belles, mon frère a les mêmes.*

2 Le même que. On peut ou non reprendre le nom par un pronom démonstratif, quand *le même... que* est suivi d'une proposition : *Je prendrai le même train que celui que vous avez pris la semaine dernière* ou *Je prendrai le même train que vous avez pris la semaine dernière.* Le tour avec reprise par le pronom démonstratif est plus précis, mais plus lourd.

3 *Même* prend la marque du pluriel quand il est joint par un trait d'union à un pronom personnel (*nous-mêmes, vous-mêmes, eux-mêmes, elles-mêmes) : Nous avons fait nous-mêmes le travail. Ils sont venus eux-mêmes.* ▼ Quand *nous-même* est un pluriel de « majesté » ou de modestie et quand *vous-même* est un pluriel de politesse (vouvoiement), *-même* reste au singulier : *Nous-même, Président de la République, nous déciderons... Mais, vous-même, Madame, vous m'aviez dit que...*

4 *Même* est adjectif et prend la marque du pluriel quand il équivaut à « eux-mêmes, elles-mêmes » : *Il est le courage et la loyauté mêmes* (accord au pluriel, car *même* se rapporte à deux noms). *Ces protestations qui viennent des profondeurs mêmes du peuple* ▷ aussi ci-dessous, II, 2.

II Adverbe invariable.

1 Au sens de « aussi, jusqu'à », *même* (placé devant l'article ou le déterminant) est adverbe et reste invariable : *Même les savants peuvent se tromper.*

2 Au sens de « aussi, jusqu'à », *même,* adverbe invariable, est placé parfois après le nom. Dans cet emploi il se distingue souvent assez mal du *même* adjectif (voir ci-dessus I, 4). On pourra donc, selon le sens qu'on veut donner à *même,* employer la forme invariable ou la forme variable : *Les savants même peuvent se tromper* (= jusqu'aux savants peuvent se tromper). *Ceux même qui étaient les plus assurés dans leurs convictions commencent à douter* (= même ceux). *Ceux mêmes qui furent les plus prompts à nous critiquer reconnaissent maintenant que nous avons raison* (= les gens eux-mêmes qui..., les mêmes gens qui...).

III Locutions.

1 A même Locution prépositive : *Il but à même la cruche.* L'emploi comme locution adverbiale est légèrement familier : *Il prit la cruche et but à même.*

2 A même de. Suivi de l'infinitif, signifie « capable de » : *Je ne suis pas à même de régler seul cette affaire.* Tour légèrement familier.

3 De même que. On met toujours entre virgules *de même que* et le groupe nominal qui suit. Le verbe s'accorde seulement avec le nom qui précède *de même que* : *Le maire, de même que son adjoint, assistera à la cérémonie* (ne pas écrire **Le maire de même que son adjoint assisteront à la cérémonie*).

4 De même que... de même, de même que... ainsi. Le bon usage veut qu'on reprenne par *de même* ou par *ainsi* (en tête de la deuxième proposition) la locution *de même que* placée en tête de la première proposition : *De même que le lion féroce disperse un troupeau de timides brebis, de même* (ou *ainsi*) *le bouillant Achille fait fuir les Troyens effrayés.* Ce tour est littéraire.

5 Même que. Introduit une explication ou un renforcement de l'assertion qui précède. Tour nettement populaire : *Son fils est très intelligent, même qu'il a les deux bacs !* (= la preuve est qu'il a les deux bacs).

6 Quand même ▷ **quand.**

7 Tout de même. Tour archaïque et très littéraire quand il exprime la comparaison, la similitude : *Ils ont accompli des exploits, nous ferons tout de même* (= nous agirons de la même manière). *En cette circonstance, César se conduisit tout de même qu'Alexandre* (= comme Alexandre). *Tout de même qu'au printemps la terre se couvre de fleurs, de même ses discours s'ornent de beautés sans nombre.* — Employé pour exprimer l'opposition, appartient au langage familier : *Il est malade, c'est vrai, il aurait tout de même pu nous avertir !* Dans la langue soutenue, on écrira plutôt : *malgré cela, néanmoins, cependant.*

8 Voire même ▷ **voire.**

9 Cela même, ici même, là même, par là même. Ces locutions s'écrivent sans trait d'union.

mémento n. m. Mot latin francisé. Un accent aigu sur le *e*. Prononciation : [memɛ̃to]. — Pl. : *des mémentos* [-to].

mémoire Attention au genre et au nombre.

1 Féminin. Au sens usuel : *Cet enfant a une bonne mémoire, il retient tout ce qu'il apprend.*

2 Masculin. Quand le mot désigne un écrit, une note, une facture, une étude : *Adresser un mémoire au chef de l'État. L'entrepreneur m'a envoyé un mémoire. Ce savant a adressé à l'académie des Sciences un mémoire très remarqué.*

3 Masculin pluriel. Au sens de « ouvrage dans lequel l'auteur relate les événements auxquels il a été mêlé » : *Cet homme politique veut rédiger ses Mémoires, qui seront sûrement très intéressants.* ▼ Dans ce sens, toujours écrit avec un *M* majuscule.

mémorandum n. m. Mot latin francisé. — Un accent aigu sur le *e*. Prononciation : [memɔʀɑ̃dɔm]. Pl. : *des mémorandums* [-dɔm].

mémorial n. m. ▼ Le pluriel *des mémoriaux,* indiqué par les dictionnaires, est très rarement usité. On évitera d'employer ce mot au pluriel.

menaçant, ante adj. Attention à la cédille.

menacer v. t. Conjug. **17.** Le *c* prend une cédille devant *a* ou *o : il menaça, nous menaçons.*

ménagement n. m. On écrit le plus souvent, avec *ménagement* au singulier : *beaucoup de ménagement, plus de ménagement, trop de ménagement.* — Le plus souvent, avec *ménagements* au pluriel : *parler avec ménagements, sans ménagements.*

ménager v. t. Conjug. **16.** Prend un *e* après le *g* devant *a* ou *o : il ménagea, nous ménageons.*

mendier v. i. *ou* v. t. Conjug. **20.** Double le *i* à la première et à la deuxième personne du pluriel de l'indicatif imparfait et du subjonctif présent : *(que) nous mendiions, (que) vous mendiiez.*

mener v. t. Conjugaison et construction à l'impératif.

1 Conjug. **12.** *Je mène, je mènerai.*

2 A l'impératif, on évitera les formes théoriquement correctes mais inusitées *mène-m'y, menez-m'y.* On évitera les formes populaires **mène-moi-z-y, *menez-moi-z-y.* Tourner autrement : *mène-moi là, menez-moi là.*

menhir [meniʀ] n. m. Attention au *h* intérieur. — Pl. : *des menhirs* [-niʀ]. — A distinguer de *dolmen* (voir ce mot).

méninge Toujours féminin : *Les méninges ont été atteintes par l'infection.*

ménisque Toujours masculin : *Un ménisque divergent.*

ménopause n. f. Attention au groupe *-au-.* N pas écrire **ménopose.* Dérivé : *ménopausée* adj.

menotte n. f. Un seul *n.* Deux *t.*

mense, manse ▷ manse.

menstrues Règles de la femme. — Prononciation : [mɑ̃stʀy]. — Toujours féminin et toujours au pluriel : *des menstrues douloureuses.*

mensuel, elle adj. Avec *-en-*. De même : *mensuellement, mensualisation.*

mensuration n. f. Avec *-en-*.

mental, ale, aux adj. Masculin pluriel en *-aux* : *Des troubles mentaux.*

mentalité n. f. ▼ Dans la langue très soignée, ne doit s'employer qu'à propos d'une collectivité : *Etude sur la mentalité religieuse des milieux paysans du Poitou au XVIIIᵉ siècle. L'histoire des mentalités.* Quand on parle d'une personne, on dira plutôt *caractère, esprit, état d'esprit, pensée, manière de penser, personnalité, tempérament, manière de voir, de sentir* : *Ce garçon a un caractère déconcertant* (plutôt que *une mentalité déconcertante). Quel étrange état d'esprit !* (plutôt que *Quelle étrange mentalité !).*

menthe [mɑ̃t] n. f. *Bonbons à la menthe.* — Ne pas écrire comme *mante* (manteau) ni comme *mante (religieuse).*

menthol n. m. Avec *-th-*. — La prononciation usuelle est [mɛ̃tɔl]. La prononciation [mɑ̃tɔl], quoique plus rare, est correcte et plus logique, car le mot vient de *menthe.* — Dérivé : *mentholé, ée* [mɛ̃tɔle, e] ou [mɑ̃tɔle, e].

mention n. f. Deux *n* dans le dérivé : *mentionner.*

mentir v. i. Conjug. **42.** *Je mens, tu mens, il ment, nous mentons, vous mentez, ils mentent.* — *Je mentais.* — *Je mentis.* — *Je mentirai.* — *Je mentirais.* — *Mens, mentons, mentez.* — *Que je mente.* — *Que je mentisse.* — *Mentant.* — *Menti* (pas de féminin). ▼ Le tour littéraire avec *en, tu en as menti, tu en auras menti,* ne peut s'employer qu'aux temps composés.

menton n. m. Deux *n* dans les dérivés : *mentonnet, mentonnière.*

mentor n. m. Prononciation : [mɛ̃tɔʀ]. — Pl. : *des mentors.* — Avec un *m* minuscule.

menu, ue adj. Variable dans l'emploi adjectif : *Des lettres menues. Des morceaux menus.* — Invariable dans l'emploi adverbial : *Elles écrivent menu. Des morceaux hachés menu. Il coupe la viande menu.*

menuet n. m. Ancienne danse. — Finale en *-et.*

méphistophélique [mefistɔfelik] adj. Deux fois *-ph-.*

méphitique [mefitik] adj. Pestilentiel. — Avec *-ph-.* De même : *méphitisme.*

méprendre (se) v. pron. Conjugaison, accord du participe, construction.

1 Conjug. **82** (comme *prendre*).

2 Accord du participe avec le sujet : *Elles se sont méprises sur mon projet.*

3 Normalement construit avec *sur (Ne vous méprenez pas sur le sens de ces paroles),* parfois, dans la langue recherchée, avec *à (Ils se sont mépris au sens de mes propos).*

mépris n. m. Finale en *-is.* — On dit *au mépris de* et *en dépit de.* Ne pas dire **en mépris de.*

mépriser v. t. L'infinitif complément est généralement introduit par *pour (On la méprise pour avoir cédé sans lutter),* plus rarement par *de (On le méprise de s'être soumis si facilement).*

mer n. f. Orthographe des expressions.

1 Sans trait d'union : *la haute mer, la pleine mer, les gens de mer.*

2 Avec un *m* minuscule quand, dans une dénomination géographique, le mot *mer* est suivi d'un adjectif (celui-ci prend la majuscule) : *La mer Baltique. La mer Méditerranée. La mer Rouge,* etc. — De même : *La mer de Chine, la mer du Japon, la mer des Caraïbes,* etc.

3 Avec une majuscule au complément : *la mer de Glace* (célèbre glacier des Alpes). *La mer de Sable* (près d'Ermenonville). — Avec une minuscule au complément : *Ce désert est une mer de sable. La Beauce en juillet est une mer d'épis.*

mercantile adj. Finale en *-ile,* même au masculin : *Un esprit mercantile.* — Dérivés : *mercantilisme, mercantiliste.*

mercenaire n. *ou* adj. Finale en *-aire.*

merchandising n. m. (*anglicisme*) Prononciation : [mɛʀʃɑ̃diziŋ]. — Equivalents français : *marchandisage, techniques marchandes.*

merci Genre et constructions.

I Question du genre.

1 Masculin. Au sens usuel de « remerciement » : *De tout cœur, un grand merci !*

2 Féminin. Dans l'expression *à la merci de (Il est à la merci d'un accident. Il tenait enfin son adversaire à sa merci)* ou au sens archaïque de « pitié, miséricorde » (*La merci de Dieu).*

II Constructions.

1 Avec *de* + **nom.** Tour usuel et correct : *Merci mille fois de votre lettre si gentille !*

2 Avec *pour* + **nom.** Tour de plus en plus fréquent et considéré comme correct, mais d'un registre moins soutenu que *merci de : Merci pour votre gentille lettre !*

3 Avec *de* + **infinitif.** *Merci de m'avoir écrit.* ▼ Dans ce cas, l'emploi de *pour* est déconseillé.

4 Merci à vous (= je vous remercie). Tour assez familier, à éviter dans la langue très surveillée. On dira plutôt : *Je vous remercie.*

mercredi n. m. Nom de jour de la semaine, donc pas de majuscule : *Paris, le mercredi 12 janvier.* — Avec *matin* ou *soir* invariable : *Tous les mercredis matin. Tous les mercredis soir.* — Avec *m* minuscule et *C* majuscule : *Le mercredi des Cendres.* — Sans trait d'union et avec des minuscules : *Le mercredi saint.*

1. mère n. f. Féminin de *père.*

1 Trait d'union seulement dans les noms composés *belle-mère, grand-mère, mère-grand, dure-mère, pie-mère.*

2 Pas de trait d'union dans les autres expressions : *branche mère* ou *mère branche, cellule mère, eau mère, fille mère, langue mère, idée mère, maison mère, reine mère, mère patrie,* etc.

3 On ne confondra pas des formations telles que *cellule mère, eau mère* avec des noms composés du type *élastomère, isomère,* dans lesquels *-mère* est un suffixe de la langue des chimistes.

4 Avec un *m* minuscule : *la mère Durand* (appellation populaire d'une femme d'un certain âge). *La mère Marie-Marguerite, supérieure du couvent* (titre religieux). *Notre sainte mère l'Eglise.* — Avec un *M* majuscule : *la fête des Mères.*

2. mère adj. (du lat. *merus* « pur ») Seulement dans les expressions *mère goutte* (le premier vin, qui coule avant le pressage), *mère laine* (laine du dos d'une brebis). Sans trait d'union.

mère-grand n. m. (*vieilli ou par plaisanterie*) Grand-mère. — Pl. : *des mères-grand.*

méridien, ienne adj. *ou* n. m. Un seul *r.*

méridional, ale, aux adj. *ou* n. Avec un seul *n.* — Attention à la majuscule : *La population méridionale. Les Méridionaux.*

mérinos n. m. inv. *ou* adj. inv. Avec un accent aigu. — Prononciation : [meʀinos], au pluriel comme au singulier.

méritoire adj. Finale en *-oire,* même au masculin : *Un effort méritoire.*

mérou n. m. Poisson. — Pl. : *des mérous.*

mérovingien, ienne adj. *ou* n. Avec un *m* minuscule dans l'emploi adjectif : *La Gaule mérovingienne. La dynastie mérovingienne.* — Avec un *M* majuscule dans l'emploi substantif : *Les Mérovingiens. Un Mérovingien.*

merveille n. f. Expressions.

1 Avec *merveille* au singulier : *à merveille, faire merveille, c'est merveille de..., que..., si...* — Avec *merveille* au pluriel : *dire merveilles de..., dire des merveilles..., faire des merveilles, promettre monts et merveilles.*

2 Avec un *S* et un *M* majuscules : *Les Sept Merveilles du monde.* — Avec un *h* et un *m* minuscules : *la huitième merveille du monde.* — Avec un *M* majuscule : *la Merveille* (partie de l'abbaye du Mont-Saint-Michel).

3 Faire des merveilles. Se dit uniquement à propos d'une personne : *Avec un scénario très ordinaire et des acteurs de second plan, ce metteur en scène a fait des merveilles.* — *Faire merveille* se dit surtout à propos des choses, plus rarement des personnes : *A cet endroit de la symphonie, les cuivres font merveille.*

4 C'est (ce n'est pas) merveille. Se construit avec *de* et l'infinitif (*C'est merveille de voir cet acrobate exécuter ses tours*), avec *que* et le subjonctif (*C'est merveille que tout se soit terminé si vite et si bien*) ou avec *si* et l'indicatif (*Ce sera merveille s'il parvient à se tirer d'affaire*).

mes ▷ **mon.**

mésalliance n. f. Avec deux *l.*

mésallier v. t. Conjug. **20.** Double le *i* à la première et à la deuxième personne du pluriel de l'indicatif imparfait et du subjonctif présent *(que) nous mésalliions, (que) vous mésalliiez.*

mésange n. f. Avec un *s* et *-an-.* De même *mésangette.*

mesdames Pluriel de *madame.* — Abréviation *Mmes,* plutôt que *Mᵐᵉˢ.*

mesdemoiselles Pluriel de *mademoiselle.* Abréviation : *Mlles,* plutôt que *Mˡˡᵉˢ.*

mésestimer, sous-estimer Deux verbes transitifs à bien distinguer.

1 mésestimer quelqu'un, méconnaître sa valeur : *B... ne pas l'estimer à sa juste valeur : B... injustement, il avait mésestimé son collaborateur...*

2 sous-estimer quelque chose, l'estimer, à tort, d'une grandeur, d'une intensité inférieure à la réalité : *Nous avions sous-estimé la dégradation de la situation financière.*

méso- Préfixe (du grec *mesos* « qui est au milieu de »), qui entre dans la formation de mots savants : *mésocarpe, mésoderme, mésolithique, mésomorphe, mésophyte, mésosphère, mésothorax, mésozoïque,* etc.

mésolithique adj. *ou* n. m. (terme de préhistoire) Attention au groupe *-th-*.

mess n. m. inv. Local où les officiers prennent leurs repas. — Prononciation : [mɛs]. Deux *s,* pas de *e* à la fin.

messeoir v. t. ind. *ou* v. i. *ou* v. impersonnel. Ne s'emploie qu'à la troisième personne du singulier et du pluriel : *Il messied, ils messiéent.* — *Il messeyait, ils messeyaient.* — Passé simple inusité. — *Il messiéra, ils messiéront.* — *Il messiérait, ils messiéraient.* — Impératif inusité. — *Qu'il messiée, qu'ils messiéent.* — *Messéant.* — Participe passé inusité. — Ce verbe ne s'emploie pas aux temps composés. — S'emploie surtout à la forme négative : *Un peu de coquetterie ne messied pas à une jeune fille.* — *Il (ne) messied (pas) que* se construit avec le subjonctif : *Il ne messied pas qu'une jeune fille soit un peu coquette.*

messidor n. m. Mois du calendrier républicain (juin-juillet). — Avec un *m* minuscule : *Le 4 messidor an VIII. Le grand soleil de messidor.*

messie n. m. Avec un *e* à la fin. — Avec un *M* majuscule : *le Messie (Les juifs attendaient le Messie. Pour les chrétiens, Jésus est le Messie. Attendre quelqu'un comme le Messie).* — Avec *m* minuscule : *un messie* (quelconque), *un faux messie.*

messianique adj. Avec un seul *n.* De même : *messianisme.*

messieurs Pluriel de *monsieur.* — Abréviation : *MM.* — Dans la langue surveillée, on évitera le tour populaire *Bonjour messieurs dames.* Dire plutôt : *Bonjour messieurs, bonjour mesdames.*

messire n. m. Equivalent ancien de *monseigneur : Il s'adressa à messire Thibaud, comte de Champagne.*

mesure n. f. Avec *mesure* au singulier : *des vêtements sur mesure, chanter en mesure, être en mesure d'agir, faire bonne mesure, outre mesure, perdre toute mesure, un orgueil sans mesure.*

mesurément adv. (*rare*) Avec mesure. — Pas de *e* muet intérieur.

mesurer v. t. Accord du participe.

1 *Les six arpents que ce domaine a mesuré :* participe invariable, car *arpents* est complément de mesure (assimilable à un complément circonstanciel).

2 *Les superficies que j'ai mesurées :* accord avec le complément direct placé devant le verbe, car *superficies* est complément d'objet direct.

méta- Préfixe. Les mots en *méta-* s'écrivent toujours en un seul mot, sans trait d'union : *métalangue, métastable,* etc.

métairie n. f. ▼ Pas de *e* intérieur. De la même famille : *métayage, métayer.*

métal n. m. Pl. : *des métaux.* — Deux *l* dans les dérivés : *métallifère, métallique, métallisation, métalliser, métalloïde, métallurgie, métallurgique, métallurgiste.*

métamorphose n. f. Avec *-ph-.* De même : *métamorphosable, métamorphoser, métamorphique, métamorphiser, métamorphisme.*

métaphore n. f. Avec *-ph-.* De même : *métaphorique, métaphoriquement.*

métaphysique adj. *ou* n. f. Avec *-ph-* et *y.* De même : *métaphysicien, métaphysiquement.*

métathèse n. f. Interversion de phonèmes, de lettres ou de syllabes. — Avec *-th-.*

métayage [meteja3] n. m. De la même famille : *métayer* [meteje], *métairie.*

métempsycose n. f. ▼ Avec un *c* et non avec *-ch-,* à la différence de *psychose.*

météo n. f. Invariable dans : *des bulletins météo, des stations météo,* etc.

météore Avec un *e* à la fin, mais toujours masculin : *Les étoiles filantes constituent un météore impressionnant.* Dérivé : *météorique.*

météorite ▼ Toujours féminin : *Une météorite toute petite.*

méthane n. m. Avec *-th-.* De même : *un méthanier.*

méthanol n. m. Alcool méthylique. — Avec *-th-.*

méthode n. f. Avec *-th-.* De même : *méthodique, méthodiquement, méthodologie.*

méthodiste n. *ou* adj. Pas de majuscule : *les méthodistes.* — Dérivé : *méthodisme.*

méthyle n. m. Avec *-th-* et *y.* De même : *méthylique.*

méthylène Alcool à brûler. — *Bleu de méthylène :* colorant et désinfectant. — Toujours masculin : *Le méthylène est dangereux et même toxique.*

méthylique adj. Avec *-th-* et *y.* — *Alcool méthylique :* alcool à brûler. — Bien distinguer de *alcool éthylique,* alcool contenu dans les boissons (eau-de-vie, vin, etc.).

métis adj. *ou* n. Féminin : *métisse.*

métis, mulâtre, créole Trois mots à bien distinguer.

1 métis, métisse Personne née d'un père et d'une mère appartenant à deux races différentes, quelles que soient ces races : *Un Eurasien* (né d'un père européen et d'une mère extrême-orientale ou d'un père extrême-oriental et d'une mère européenne) *est un métis. Tous les mulâtres sont des métis, tous les métis ne sont pas des mulâtres.*

2 mulâtre, mulâtresse Personne née d'un père de race blanche et d'une mère de race noire ou d'un père de race noire et d'une mère de race blanche.

3 créole Personne de race blanche née aux Antilles ou à la Réunion. ▼ Ne doit jamais désigner un métis ou un mulâtre.

métonymie n. f. Attention à l'*y.* De même : *métonymique.*

1. mètre n. m. Unité de longueur.

1 Ne pas écrire comme *maître.* — Dans *mètre,* le [ε] est plus bref que dans *maître.*

2 Un accent grave dans *mètre.* Un accent aigu et un *e* fermé [e] dans les dérivés : *métrage, métré, métreur, métrique.*

3 On écrit *7,60 m* et non *7 m 60* (jamais de point après le symbole *m*).

4 Sans trait d'union : *mètre carré (des mètres carrés), mètre cube (des mètres cubes).*

5 Avec trait d'union : *mètre-étalon (des mètres-étalons), mètre-kilogramme (des mètres-kilogrammes).*

6 On distinguera le *mètre-kilogramme* (unité de moment d'une force ou d'un couple) et le *kilogrammètre* (ancienne unité de travail).

2. mètre n. m. Elément rythmique du vers. — Avec un accent grave, à la différence de *métricien, métrique.*

métropolitain, aine adj. *ou* n. Finale en *-ain, -aine.*

métrorragie n. f. Hémorragie utérine. — Avec deux *r* sans *h.* Graphie à préférer à *métrorrhagie.*

mets [mε] n. m. Avec un *-s* final, même au singulier : *Un mets exquis.*

mettre v. t. Orthographe, conjugaison, expressions.

1 Avec deux *t.* De même : *mettable, metteur.*

2 Conjug. **99.** *Je mets, tu mets, il met, nous mettons, vous mettez, ils mettent.* — *Je mettais.* — *Je mis.* — *Je mettrai.* — *Je mettrais.* — *Mets, mettons, mettez.* — *Que je mette.* — *Que je misse.* — *Mettant.* — *Mis, mise.*

3 Mettre du linge sécher. Tour à préférer, dans la langue soignée, à *mettre du linge à sécher.*

4 Mettre cent francs à un jouet ou **dans un jouet.** Tours à préférer à *mettre cent francs sur un jouet* (= dépenser cent francs pour acheter un jouet). — En revanche, on dit très correctement *mettre cent francs sur un cheval* (= miser).

5 Mettre au sens de « **admettre, supposer** ». Tour de la langue familière. — Se construit avec *que* et le subjonctif : *Mettons que nous nous soyons trompés sur ce point.*

6 Mis à part. Invariable devant le nom : *Mis à part ces deux petites erreurs, tout est correct.* — Variable derrière le nom : *Ces deux petites erreurs mises à part, tout est correct.*

7 Mettre à bas, mettre bas ▷ **bas 3** (2).

8 Mettre bas, accoucher ▷ **accoucher (IV).**

9 Mettre sa confiance. Se construit avec *en (Il a mis sa confiance en vous)* ou avec *dans (Il a mis sa confiance dans le secours de ses amis),* très rarement avec *à.*

10 Mettre à jour, mettre au jour ▷ **jour (II, 4)**

meunière n. f. Invariable dans : *des soles meunière, des truites meunière.*

meurt-de-faim n. m. Homme misérable. — Invariable : *des meurt-de-faim.*

meurtre, crime, homicide, assassinat ▷ **assassinat.**

mezzanine (terme d'architecture) Prononciation : [medzanin]. ▼ Toujours féminin : *Une mezzanine élégante.*

mezza voce loc. adv. En deux mots, sans trait d'union. — Prononciation : [medzavɔtʃe].

mezzo-soprano n. m. Voix de femme ; cantatrice, chanteuse qui a cette voix. — En deux
mots, avec un trait d'union. — Mot italien à
demi francisé. Prononciation : [mɛdzosɔpʀa-
no]. Pl. : *des mezzo-sopranos* [-no]. — Le mot
s'abrège souvent en *mezzo* [mɛdzo]. — Quand
le mot désigne une chanteuse ou une cantatrice,
on l'emploie quelquefois au féminin : *une
mezzo-soprano, une mezzo.* Cet usage n'est pas
conseillé.

mi- Préfixe dont le sens est comparable à celui
de *demi-*. Le préfixe *mi-* est toujours invariable
et toujours joint au deuxième élément par un
trait d'union : *à mi-voix, à mi-côte.* ▼ Les
composés en *mi-* qui désignent un moment sont
toujours féminins : *à la mi-janvier, à la mi-
février, à la mi-août* [miu], *la mi-carême.*
Cependant le nom *mi-temps* a les deux genres ▷
mi-temps.

miasme n. m. Bien prononcer [mjasm(ə)], avec
[s], et non avec [z]. De même : *miasmatique*
[mjasmatik].

miauler v. i. Avec *-au-*. De même : *miaulement,
miauleur.*

mi-bas n. m. Chaussette longue. — Invariable :
des mi-bas.

mica n. m. Finale en *-a.* — Pl. : *des micas.*

mi-carême n. f. Avec un *m* minuscule. — Pl. :
des mi-carêmes.

micaschiste [mikaʃist(ə)] n. m. En un seul mot,
sans trait d'union. — Attention au groupe *-sch-*.

mi-chemin (à) loc. adv. *ou* adj. inv. *Les maisons
qui sont à mi-chemin du village et de l'étang.*

mi-clos, mi-close adj. *Un œil mi-clos. Des yeux
mi-clos. Une paupière mi-close. Des paupières
mi-closes.*

micmac n. m. (mot très familier) En un seul mot,
sans trait d'union. — Pl. : *des micmacs.*

mi-corps (à) loc. adv. Avec un trait d'union.

mi-côte (à) loc. adv. *ou* adj. inv. *Les deux
maisons qui sont à mi-côte.*

micro- Préfixe (du grec *mikros* « petit »), qui
entre dans la formation de très nombreux mots
savants. — Quand le second élément commence
par une consonne, jamais de trait d'union :
microclimat, microfilm, etc. — Quand le second
élément commence par une voyelle, en principe
un trait d'union : *micro-économie, micro-onde,*

micro-organisme à côté de la forme contractée
microorganisme). Cependant, les spécialistes
scientifiques ont tendance actuellement à préférer les graphies sans trait d'union, telles que
microanalyse. ▼ On écrit toujours *microampère*
sans trait d'union.

microsillon n. m. Un seul *s.*

miction, mixtion Deux noms féminins
paronymes.

1 miction [miksjɔ̃] Action d'uriner : *Miction
douloureuse.*

2 mixtion [mikstjɔ̃] Action de mélanger : *La
mixtion des substances qui entrent dans la
composition des médicaments.*

midi n. m. Désigne une heure et un point
cardinal.

I Désignant une heure.

1 Toujours masculin : *Il est midi précis* (et
non **précise). Il est midi et demi* (et non **et
demie).*

2 Toujours singulier : *Midi sonne* (et non
*sonnent). Sur le midi (et non **sur les midi).
Vers midi* (et non **vers les midi).*

3 On dit plutôt : *midi et quart. Midi un quart*
est correct, mais plus rare et vieilli.

4 Ecrire : *midi est sonné,* plutôt que *midi a
sonné.*

5 On écrit : *midi dix, midi vingt, midi
vingt-cinq* en toutes lettres (et non *midi 10,
midi 20, midi 25).*

6 On dira plutôt : *à midi,* et non *ce midi,*
tour familier analogique de *ce matin.*

II Désignant un point cardinal.

1 Avec un *m* minuscule quand le mot fait
référence à l'exposition au soleil (dans ce sens
beaucoup plus usité que *sud*) : *La façade est
exposée au midi.*

2 Avec un *m* minuscule quand le mot fait
référence à la direction (vieilli dans ce sens et
remplacé par *sud*) : *Sceaux est au midi de Paris.*

3 Avec un *m* minuscule quand le mot, suivi
d'un complément de nom, désigne une région :
Le midi de la France. Le midi de l'Italie. —
Avec un *M* majuscule quand le mot n'est pas
suivi d'un complément de nom : *Je connais
plusieurs grandes villes du Midi, Nice, Toulon,
Marseille. En Italie, le Midi souffre d'un retard
économique certain.*

midinette n. f. Un seul *n,* deux *t.*

1. mie n. f. Partie molle du pain.

2. mie adv. S'emploie en corrélation avec *ne* comme équivalent de *ne... pas* (très archaïque et très littéraire) : *Ils ne m'écoutent mie.*

miel n. m. Deux *l* dans les dérivés : *miellat, miellé, miellée, mielleusement, miellure.*

mien, mienne adj. *ou* pron. possessif.

I Employé comme adjectif.

1 Employé comme épithète. Cet emploi est rare, vieux, très littéraire : *Un mien ami* (= un ami à moi). *Au travers d'un mien pré certain ânon passa* (Racine).

2 Employé comme attribut. Emploi courant dans la langue écrite : *Cet ouvrage est mien. Je fais miennes vos remarques.*

II Employé comme pronom. Emploi usuel. Appartient à tous les niveaux de langue : *Votre voiture est neuve, la mienne date de six ans. Ce chapeau est le mien. Votre décision sera la mienne.* — *Les miens :* mes parents, mes proches, mes amis.

miette n. f. Avec deux *t.*

mieux S'emploie comme comparatif et comme superlatif relatif (*le mieux*) de *bien.*

I Employé comme comparatif.

1 *Mieux,* comparatif de bien ▷ bien (I).

2 Mieux que... ne. Dans la langue soignée, on n'omettra pas le *ne* explétif dans la proposition qui suit *mieux que : Il écrit mieux que vous ne le dites. Les choses vont mieux qu'on ne le croit.* ▼ Si la première proposition est négative ou interrogative, ce *ne* est souvent omis : *Les choses iraient-elles mieux qu'on le croit ?*

3 Il faut, il vaut mieux. On dit très correctement *Il faut partir* (idée de nécessité) et *Il vaut mieux partir* (idée de préférence). En revanche, on évitera le tour populaire **Il faut mieux partir,* qui résulte d'un croisement entre les deux constructions correctes.

4 Il vaut mieux, mieux vaut. Les deux tours sont corrects. Le premier appartient à tous les registres. Le tour *mieux vaut* n'est pas employé dans la langue familière ou courante : *Il vaut mieux partir tout de suite. Mieux vaut partir tout de suite.*

5 Il vaut mieux que, mieux vaut que, j'aime mieux que. Les tours de ce type entraînent généralement l'emploi de la préposition *de : Il vaut mieux prendre le temps de tout organiser que de prendre le risque d'échouer. Mieux vaut garder le silence que de se compromettre par des paroles imprudentes. J'aime mieux m'abstenir que de me tromper.* L'emploi de *de* n'est cependant pas obligatoire.

6 Aimer mieux ▷ aimer (III, 1, 2, 3 et 4).

7 D'autant mieux ▷ autant (8).

8 A qui mieux mieux. Expression figée. Equivaut à « chacun plus que l'autre, à l'envi ». Ne peut s'employer qu'avec un sujet au pluriel : *Les assistants chantaient, dansaient, s'agitaient à qui mieux mieux.*

9 Qui mieux est. Expression figée et littéraire, parfaitement correcte, mais assez rare : *Voici un livre plein de vérités, et, qui mieux est* (= ce qui est mieux encore), *de vérités utiles à tous.*

10 Six points de mieux, six secondes de mieux. ▼ Ce tour employé par les chroniqueurs sportifs est d'une correction douteuse. On dira : *L'équipe a obtenu six points de plus* (plutôt que *a fait six points de mieux*). *Ce coureur a parcouru la distance en six secondes de moins que son adversaire* (plutôt que *a fait six secondes de mieux*).

II Employé comme superlatif relatif.

1 Le mieux que. Normalement suivi du subjonctif : *C'est le film le mieux fait que j'aie jamais vu.* — Si l'on veut insister moins sur la possibilité que sur la réalité, on pourra employer l'indicatif : *Son dernier roman est le mieux construit qu'il a écrit* (mais *C'est le roman le mieux construit qu'on ait jamais écrit*).

2 La famille la mieux pourvue du canton. C'est le matin qu'elles sont le mieux disposées ▷ le 1. (X, 1 et 2).

3 Des mieux. Que le nom soit au singulier ou au pluriel, le participe-adjectif se met normalement au pluriel et s'accorde en genre avec le nom : *Ce château est des mieux construits. Ces châteaux sont des mieux construits. Cette forteresse est des mieux construite. Voilà une maison des mieux construites.* — En revanche, invariabilité quand le participe-adjectif se rapporte à un pronom neutre : *Ces pages sont admirables, cela est des mieux écrit.* — L'usage normal est de répéter *des mieux* s'il y a plusieurs participes-adjectifs : *Une forteresse des mieux construites et des mieux défendues.*

4 Le mieux, du mieux. Les deux tours sont corrects : *Je travaille le mieux possible. Je travaille du mieux que je puis.*

mieux-être n. m. inv. En deux mots, avec un trait d'union.

mièvre adj. Avec un accent grave. De même *mièvrement, mièvrerie.*

mignon n. m. Deux *n* dans les dérivés *mignonnement, mignonnet, mignonnette.*

mignoter v. t. Avec un seul *t.*

migraine n. f. Orthographe et sens.

1 Finale en *-aine.* — Dérivé : *migraineux.*

2 Au sens médical strict, « douleur violente qui affecte un seul côté de la tête ». — Au sens courant, « mal de tête quelconque ». Ce sens usuel est à éviter dans la langue précise. Employer plutôt : *mal de tête.*

migratoire adj. Finale en *-oire,* même au masculin : *Mouvement migratoire.*

mi-jambe (à) loc. adv. Toujours avec *jambe* au singulier : *Il avait de l'eau à mi-jambe.*

mijaurée adj. f. *ou* n. f. ▼ Se prononce avec *o* ouvert [mijɔʀe], mais s'écrit avec *-au-.*

mijoter v. t. *ou* v. i. Avec un seul *t.* De même : *mijotage, mijoté.*

1. mil ▷ mille 1 (II).

2. mil [mil] n. m. Plante, appelée plutôt *millet.*

mi-laine adj. *ou* n. m. Toujours invariable : *Des étoffes mi-laine. De beaux mi-laine.*

milan n. m. Oiseau. — Finale en *-an.*

mildiou n. m. Maladie de la vigne. — Pas de *-x* à la fin. — Dérivé : *mildiousé.*

mile, mille ▷ mille 2.

miliaire, milliaire ▷ milliaire.

milice n. f. Finale en *-ice.*

milieu n. m. Pluriel, emploi, expressions.

1 Pl. : *des milieux,* avec *-x.*

2 On évitera le pléonasme **milieu ambiant.* Dire simplement : *milieu.*

3 Au beau milieu, en plein milieu. Expressions un peu familières.

4 Juste-milieu ▷ juste-milieu.

5 Avec un *e* minuscule et un *M* majuscule : *l'empire du Milieu* (la Chine, avant 1912).

milk-bar n. m. (anglicisme) Prononciation : [milkbaʀ]. — Pl. : *des milk-bars* [-baʀ].

1. mille adj. numéral *ou* n. m.

I *Mille* est toujours invariable : *Six mille francs. Deux mille mètres. La page deux mille.* — *Il a gagné des mille et des cents* ou *des cents et des mille* ▷ cent (I, 5).

II *Mil,* au lieu de *mille.*

1 La règle stricte veut que, pour les dates de l'ère chrétienne jusqu'à 1999 et mis à part 1000, on écrive *mil,* et non *mille,* quand *mil* est suivi d'un autre nom de nombre : *Le quatorze janvier mil neuf cent soixante-dix-neuf.* Cet usage n'est plus vraiment obligatoire et l'emploi de *mille* dans ce cas ne constitue plus une faute.

2 On écrit toujours *l'an mille, l'an deux mille.*

3 Pour les dates postérieures à l'an 2000, on écrira toujours *mille* et non *mil : En deux mille vingt-deux. En deux mille six cent cinquante.*

4 En dehors de l'ère chrétienne, on emploie toujours la forme *mille : En mille huit cent vingt-six avant Jésus-Christ. L'an mille deux cent vingt de l'hégire.*

5 ▼ Dans l'énoncé des dates, jamais de *-s* à *cent : En mil neuf cent.* Dans ces énoncés, le nombre est un numéral ordinal et non cardinal ▷ cent (V, 1).

III *Onze cent(s), douze cent(s), treize cent(s)...* en concurrence avec *mille cent, mille deux cent(s), mille trois cent(s)* ▷ cent (V, 1, 2 et 3).

IV *Mille* en concurrence avec *millier.*

1 Quand il y a un complément, on emploiera *millier : On vit défiler des dizaines de milliers de personnes.* On ne peut dire *des dizaines de *mille de personnes* ni *des dizaines de *mille personnes.* On évitera les tours tels que : *Il gagne des centaines de mille francs.* Préférer : *des centaines de milliers de francs.*

2 Quand il n'y a pas de complément, on peut employer *mille* ou *millier : Ses partisans étaient venus, ils étaient des dizaines de mille* ou *des dizaines de milliers.*

V Mille un, mille et un.

1 Mille un, mille une. Formes employées quand il s'agit d'un nombre précis (1 001) : *La somme de mille une livres sera versée le 31 mai au plus tard. Une distance de mille un mètres exactement.*

2 Mille et un, mille et une. Formes employées quand il s'agit d'un grand nombre indéterminé : *Les mille et un événements de la vie de la cité. Les mille et une préoccupations de cet homme d'affaires.* — Avec des majuscules : *les Mille et Une Nuits.* ▼ Jamais de *-s* à *un, une.*

VI Pour mille. Se note *pour mille* ou *p.1 000* ou *°/oo.* Pour les règles d'emploi ▷ pour cent.

VII Avec un *M* majuscule : *Les Mille,* les partisans de Garibaldi.

VIII On distinguera *mille* (nombre) de *mille* et de *mile* (unités de distance) : *Le navire parcourut deux mille milles* (= 2 000 milles marins) ▷ mille 2.

2. mille n. m. On prendra garde à la confusion possible entre *mille* et *mile*, mots désignant des unités itinéraires.

1 mille [mil]. Pl. : *des milles.*

a/ mille romain Valait 1 479 m environ.

b/ mille marin Vaut 1 852 m exactement.

c/ mille nautique. Dans la marine anglaise, vaut 1 853,18 m (*nautical mile*). Dans la marine américaine, vaut 1 853,24 m (*U.S. nautical mile*).

2 mile [majl]. Pl. : *des miles* [majl]. — Mesure anglaise employée pour les distances terrestres, avant l'adoption du système métrique. Valait 1 609,3 m exactement.

millefeuille ou **mille-feuille** Les deux graphies sont admises. Il semble que *mille-feuille* soit la plus fréquente. — Pl. : *des millefeuilles* ou *des mille-feuilles.* ▼ Le genre varie avec le sens.

1 Un millefeuille ou **un mille-feuille** Gâteau feuilleté, à la crème.

2 Une millefeuille ou **une mille-feuille** Plante des terrains incultes.

millénaire n. m. *ou* adj. Deux *l*, un seul *n*. — On écrit : *le II*e *millénaire, le III*e *millénaire.* — Dérivé : *millénarisme, millénariste.*

mille-pattes n. m. Toujours invariable (un *-s* à *pattes*, même au singulier).

mille-pertuis ou **millepertuis** [milpɛrtɥi] Plante. — Les deux formes sont admises. — Toujours masculin : *Le mille-pertuis est excellent contre les blessures.*

mille-raies n. m. *ou* adj. Toujours invariable (un *-s* à *raie*, même au singulier) : *Un beau mille-raies. Du tissu mille-raies.*

millésime [milezim] n. m. Deux *l*, un seul *m*. De même : *millésimé.*

millet n. m. Céréale ▷ **mil.** — Prononciation : [mijɛ].

milli- Préfixe qui indique la division par mille. Les mots en *milli-* s'écrivent en un seul mot sans trait d'union : *milliampère, millibar, milligramme, millilitre, millimètre, millimicron, millithermie, millivolt*, etc.

milliaire, miliaire Deux mots homophones à distinguer par l'orthographe.

1 milliaire [miljɛʀ] adj. *ou* n. m. *Une borne milliaire* ou *un milliaire :* dans l'Antiquité

romaine, chacune des bornes placées tous les mille pas (1 479 m) le long des routes.

2 miliaire [miljɛʀ] adj. *ou* n. f. (terme de médecine) *Fièvre miliaire. Anévrisme miliaire.* — N. f. *La miliaire :* éruption de petites vésicules.

milliampère n. m. Prononciation : [miliɑ̃pɛʀ]. — En un seul mot, sans trait d'union. — Dérivé : *milliampèremètre.*

milliard n. m. Prend la marque du pluriel : *Trois milliards huit cents millions de centimes.* — On écrit, en accordant le participe avec le complément de *milliard : Deux milliards de livres ont été déduites.* — Quand on écrit le nombre en chiffres, on emploie la préposition *de* entre les chiffres et le nom : *4 000 000 000 de bactéries.* — Dérivés : *milliardaire, milliardième.*

millibar n. m. En un seul mot, sans trait d'union.

millième adj. *ou* n. Deux *l.*

millier n. m. Prend la marque du pluriel : *Des milliers d'hommes.* — Avec un *-s : par milliers (On en a trouvé par milliers).*

million n. m. Prend la marque du pluriel : *Trois millions huit cent mille francs.* — On écrit, en accordant le participe avec le complément de *million : Deux millions de voitures ont été construites.* — Quand on écrit le nombre en chiffres, on emploie la préposition *de* entre les chiffres et le nom : *6 000 000 d'habitants.*

millionième adj. *ou* n. ▼ Avec un seul *n*, à la différence de *millionnaire.*

millionnaire adj. *ou* n. ▼ Avec deux *n*, à la différence de *millionième.*

milord n. m. (*vieux*) Titre d'honneur donné autrefois en France à un Anglais de la haute noblesse. — Mot anglais francisé. Prononciation : [milɔʀ]. — Pl. : *des milords* [-lɔʀ].

mime n. m. Un seul *m*. De même : *mimer, mimétique, mimétisme, mimodrame, mimographe.*

mimolette n. f. Fromage. — Un seul *l.*

mimosa Masculin malgré la finale en *a* : *Le mimosa odorant.* — Au singulier dans : *des bouquets de mimosa.*

minaret n. m. Finale en *-et.*

minerai [minʀɛ]n. m. ▼ Pas de *-s* au singulier.

minéral, ale, aux adj. *ou* n. m. Masculin pluriel en -*aux* : *Des sels minéraux.* — Un seul *l* dans les dérivés : *minéralier, minéralisateur, minéralisation, minéraliser, minéralogie, minéralogique, minéralogiste.*

minet, ette n. m. *ou* f. (*familier*) Chat, chatte. — Un seul *n.*

1. minette n. f. Luzerne lupuline. — Un seul *n.*

2. minette n. f. Minerai de fer de Lorraine. — Un seul *n.*

mineur, eure adj. *ou* n. Emplois difficiles.

1 On évitera le pléonasme *un mineur de moins de dix-huit ans.* En effet, dix-huit ans étant l'âge de la majorité, toute personne de moins de dix-huit ans est nécessairement mineure. En revanche, ce n'est pas un pléonasme de dire *les mineurs de moins de seize ans, de moins de treize ans,* etc.

2 Avec un *A* et un *M* majuscules : *l'Asie Mineure.*

mini Les mots en *mini* s'écrivent généralement en un seul mot sans trait d'union : *minibus, Minicassette, minijupe, minimanifestation, minivacances.* — Dans l'emploi adjectif (familier), *mini* est toujours invariable : *Ces vacances sont vraiment mini.*

miniature n. f. *ou* adj. En ce qui concerne l'emploi adjectif, on pourra donner à *miniature* la marque du pluriel : *Des trains miniatures.* Dans la langue soignée, on préférera cependant la forme *en miniature* : *Des villes en miniature.*

minijupe n. f. En un seul mot, sans trait d'union.

minima (a) loc. adv. *ou* adj. (droit) *Appel a minima* : appel interjeté par le ministère public pour obtenir une augmentation de la peine. — En deux mots, sans trait d'union. — Locution latine, donc pas d'accent sur *a.* — Souvent écrit en italique dans un texte en romain et en romain dans un texte en italique.

minimal, ale, aux adj. On emploiera cet adjectif de préférence à *minimum,* dont l'accord est incertain : *Le prix minimal. La température minimale. Les prix minimaux. Les intensités minimales.*

minime adj. Très petit. — Etymologiquement, est un superlatif (latin *minimus* « très petit »). Cette valeur étymologique s'est estompée depuis longtemps. En dehors de la langue extrêmement surveillée, ce n'est donc pas un pléonasme d'écrire : *un détail très minime, les plus minimes événements, un incident extrêmement minime,* etc.

minimum adj. *ou* n. m. Certains emplois sont difficiles.

1 L'emploi de *minimum* comme adjectif soulève des difficultés : *Des prix minima* ou *minimums. La température minimum* ou *minima. Les intensités minima* ou *minimums.* Pour éviter ces incertitudes, on emploiera, conformément aux recommandations officielles, l'adjectif *minimal, ale, aux.*

2 Dans l'emploi substantif, on préférera le pluriel *des minimums* à *des minima.*

miniski n. m. Ski très court. — En un seul mot, sans trait d'union.

ministère n. m. Avec un *m* minuscule. On met la majuscule seulement au complément : *le ministère de l'Agriculture, le ministère des Affaires étrangères,* etc. — Dérivé : *ministériel, elle* (avec un accent aigu).

ministre n. m. Orthographe des expressions.

1 Avec un *m* minuscule et une majuscule au complément : *Le ministre de l'Éducation, le ministre de la Défense nationale, le ministre des Transports...*

2 Avec un *P* majuscule et un *m* minuscule : *le Premier ministre* (français). Avec un *P* et un *M* majuscules : *le Premier Ministre* (anglais).

3 Avec un *C* majuscule et un *m* minuscule : *le Conseil des ministres.*

4 Sans trait d'union et avec la marque du pluriel : *Un bureau ministre, des bureaux ministres.* Sans trait d'union : *du papier ministre.*

minium [minjɔm] n. m. — Pl. : *des miniums.*

minorer v. t. Ne pas déformer en **minoriser.* — Dérivé : *minoration.* Ne pas déformer en **minorisation.*

minorité n. f. Après *la minorité de (des)*, le verbe et l'attribut se mettent normalement au singulier : *La minorité des Français est hostile à ce projet.* — Après *une minorité de,* le verbe et l'attribut se mettent aussi au singulier, sauf si l'on veut insister sur l'idée de pluralité et non sur l'idée d'unité collective : *Une minorité de maisons seulement étaient encore couvertes de chaume.*

minoterie n. f. Un seul *t.* De même *minotier.*

minuit Genre et emploi.

1 De nos jours, masculin : *A minuit précis* (et non *précise). *Il est minuit et demi* (et non *et* *demie). Le féminin *la minuit* est archaïque, très littéraire ou poétique : *Ce soir, à la minuit, le spectre reviendra.*

2 Toujours au singulier : *Minuit sonne* (et non **sonnent*). *Vers minuit* (et non **vers les minuit*). Malgré certains auteurs, on écrira plutôt *sur le minuit* que *sur les minuit*. A ce tour on préférera d'ailleurs *vers minuit.*

3 On dit plutôt : *minuit et quart. Minuit un quart* est correct, mais plus rare et vieilli.

4 On écrira : *minuit est sonné*, plutôt que *minuit a sonné.*

5 On écrit : *minuit dix, minuit vingt, minuit vingt-cinq*, en toutes lettres, et non *minuit 10, minuit 20, minuit 25.*

6 On dira plutôt : *à minuit*, et non *ce minuit*, tour familier analogique de *ce matin.*

minute n. f. Subdivision de l'heure, et aussi du degré (mesure d'angle ou d'arc).

1 L'abréviation de *minute*, subdivision de l'heure, est *min* (sans point). On écrira donc : *Le coureur a parcouru la distance en 12 min 46 s* (et non *en 12'46"*).

2 L'abréviation de *minute*, subdivision du degré, est ' : *Par 30° 12' de latitude N.*

minutieux, euse adj. Finale en *-tieux*, avec *t*. — Dérivé : *minutieusement.*

mi-parti, ie adj. Doit s'accorder en genre et en nombre : *Un habit mi-parti rouge et bleu. Des habits mi-partis rouge et bleu. Une robe mi-partie noir et blanc. Des robes mi-parties noir et blanc.* On peut dire : *Un habit mi-parti vert et blanc* ou *Un habit mi-parti vert, mi-parti blanc* ou *Un habit mi-parti de vert et de blanc.*

mi-partition n. f. — Pl. : *des mi-partitions.*

mirabelle n. f. Un seul *r*, deux *l*. — Comme adjectif de couleur, toujours invariable : *Des rubans mirabelle.* — Dérivé : *mirabellier* (prunier).

mirador n. m. Mot espagnol francisé. — Pl. : *des miradors.*

mirage n. m. On évitera les pléonasmes *mirage trompeur, mirage décevant, mirage vain.*

mire n. f. Repère de visée. — Avec un seul *r*.

mire-œufs n. m. Invariable : un *-s* même au singulier. ▼ Bien prononcer [miʀø], et non ***[miʀœf].

mirer v. t. Avec un seul *r*. — De même : *mireur.*

mirliflore n. m. Avec un seul *f* et un seul *r*.

mirmillon n. m. Gladiateur romain. — Prononciation : [miʀmijɔ̃].

mirobolant, ante adj. Finale en *-ant, -ante.*

miroir n. m. Finale en *-oir*. — Un seul *r*. De même : *miroitant, miroité, miroitement, miroiter, miroitier.*

miroton n. m. On préférera *bœuf miroton* à la forme familière et déformée *bœuf mironton.*

misaine n. f. (terme de marine) Finale en *-aine.*

misanthrope n. *ou* adj. Avec *-th-*. De même : *misanthropie, misanthropique.*

miscible adj. Qui peut être mélangé. — Avec *-sc-*.

mise n. f. On écrit toujours *mise en plis, mise à pied, mise en scène.* On écrit plutôt *mise en pages*, mais *mise en page* n'est pas incorrect.

misère n. f. Avec un accent grave. En revanche, un accent aigu dans les dérivés : *misérable, misérablement, miséreux.*

miso- Préfixe (du grec *misein* « haïr »), qui entre dans la formation de quelques mots savants : *misogyne, mysosynie, misonéisme* (sans tréma), *misonéiste.*

misogynie n. f. Attention à la place de l'*y*. De même : *misogyne.*

missel n. m. Finale en *-el.*

missile n. m. Finale en *-ile.* — Dérivé : *missilier* n. m.

mission n. f. Deux *n* dans le dérivé : *missionnaire.*

mistigri n. m. Chat. — Pas de *-s* final au singulier.

mistral n. m. Vent. — Avec un *m* minuscule : *Le mistral souffle.*

mite n. f. Insecte. — Un seul *t*. De même : *mité, miter, miteux.* — *Mangé aux mites* ▷ **manger 1** (2).

mi-temps Deux sens, deux genres.

1 La mi-temps La pause au milieu d'un match. — (*par extension*) Chacune des deux parties égales d'un match : *En première mi-temps, notre équipe a dominé nettement.* — Pour éviter l'équivoque qui résulte de la coexistence de ces deux sens, on pourra employer *pause* ou *repos* pour désigner l'intervalle qui sépare les deux parties du match : *Au cours de la pause* (ou *du* *repos*), *le capitaine expliqua aux joueurs la tactique qu'ils devraient appliquer pendant la seconde mi-temps.* — Toujours invariable : *Les deux mi-temps.*

2 Le mi-temps Travail ou activité à mi-temps : *Le mi-temps est une formule avantageuse pour une femme qui a des enfants. Le mi-temps pédagogique.*

miter, miteux Avec un seul *t.*

mitigation n. f. Adoucissement : *La mitigation d'une peine infligée par un tribunal.* — Avec *g,* et non *-gu-.*

mitigé, ée adj. ▼ Vient du latin *mitis* « doux ». Aucun rapport avec *moitié.* Le vrai sens est « adouci, tempéré » : *Verdict mitigé. Infliger une peine mitigée. Ordre religieux mitigé,* dont la règle a été rendue moins austère. — Ne doit pas s'employer au sens de *mêlé, mélangé, partagé, incertain, équivoque, ambigu, composite, croisé, bâtard, mixte.* On écrira : *Il éprouvait des sentiments mêlés* (et non *mitigés*). *Un édifice de style bâtard, mi-classique, mi-moderne* (et non *de style mitigé*).

mitiger v. t. Adoucir, tempérer. — Conjug. **16.** Prend un *e* après le *g* devant *a* ou *o : il mitigea, nous mitigeons.*

mitonner v. t. *ou* v. i. Avec un seul *t* et deux *n.*

mitoyen, enne [mitwajɛ̃, ɛn] adj. Deux *n* dans le féminin et dans le dérivé *mitoyenneté* [mitwajɛnte].

mitrailler v. t. Attention au *i* après le groupe *-ill-* à la première et à la deuxième personne du pluriel de l'indicatif imparfait et du subjonctif présent : *(que) nous mitraillions, (que) vous mitrailliez.*

mitrailleur n. m. *ou* adj. m. Avec trait d'union : *fusil-mitrailleur, pistolet-mitrailleur.*

mitre n. f. Pas d'accent circonflexe sur le *i.* De même : *mitral, ale, aux, mitré.*

mitron n. f. Apprenti boulanger. — Pas d'accent circonflexe.

mi-voix (à) loc. adv. En deux mots, avec un trait d'union.

1. mixer [mikse] v. t. (*anglicisme de la langue du cinéma*) Réunir sur une même bande sonore les divers éléments (commentaires, dialogues, musique, bruitage) qui ont été enregistrés séparément. L'opération se nomme le *mixage.* — A distinguer de *monter* « mettre dans

l'ordre où elles doivent être projetées les séquences qu'on a choisies dans la pellicule impressionnée ».

2. mixer [miksœʀ] n. m. Anglicisme désignant un appareil électroménager. — Pl. : *des mixers* [-ksœʀ]. — Forme francisée : *mixeur.*

mixtion [mikstjɔ̃], **miction** ▷ miction.

mnémonique, mnémotechnique adj. On dit, très correctement, *procédé mnémonique* ou *procédé mnémotechnique.* Cette seconde forme est la plus usitée.

mocassin, marcassin ▷ marcassin.

modal, ale, aux adj. Masculin pluriel en *-aux* : *Les jugements modaux.*

mode Genre et expressions.

I Le genre varie selon le sens.

1 La mode Au sens courant : *La mode d'hiver. Cette mode nouvelle nous vient d'Amérique. Une chanson à la mode. Elle travaille dans la mode.*

2 Le mode Aux sens philosophique, logique, musical (*Le mode majeur. Le mode lydien*), grammatical (*Les modes personnels de la conjugaison*), ainsi qu'au sens de « manière, variété, forme » (*Un nouveau mode de vie. Les différents modes de locomotion, de paiement, de gouvernement. Quel est le mode d'emploi ?*).

II Expressions présentant des difficultés.

1 Dans la langue surveillée, on n'écrira pas **très à la mode,* car *à la mode* n'est pas adjectif. On préférera *en grande vogue, en grande faveur* ou *très conforme à la mode* ou *à la dernière mode.*

2 On écrit : *journal de mode* (ou parfois *journal de modes*), *magasin de modes, marchand de modes.*

3 Sans trait d'union : *du bœuf mode.*

modèle n. m. Toujours masculin, même quand le mot désigne une femme : *Elle fut le modèle préféré du sculpteur Maillol.* — Avec un accent grave. En revanche, un accent aigu dans *modéliste.* Ne pas écrire **modelliste.* — Sans trait d'union : *un élève modèle (des élèves modèles), une ferme modèle (des fermes modèles),* etc., *un modèle réduit.*

modeler v. t. Conjug. **10.** *Je modèle, je modèlerai.* — Dérivés : *modelage, modelé, modeleur.*

modérément adv. Pas de *e* muet intérieur.

modérer v. t. Conjug. **11.** *Je modère,* mais *je modérerai.*

moderne adj. Avec un *T* majuscule et un *m* minuscule : *les Temps modernes* (période historique, de 1453 à 1789). — Avec un *A* et un *M* majuscules : *la querelle des Anciens et des Modernes* (querelle littéraire de la fin du XVIIᵉ siècle). — Avec un *m* minuscule : *les modernes*, les hommes, les écrivains, les artistes de notre temps.

modern style n. m. Anglicisme qui désigne le style 1900. — Prononciation : [mɔdɛʀnstil]. — En deux mots, sans trait d'union ni apostrophe. Pas de *-e* final à *modern.* — Toujours invariable : *des chaises modern style.*

modifier v. t. Conjug. **20.** Double le *i* à la première et à la deuxième personne du pluriel de l'indicatif imparfait et du subjonctif présent : *(que) nous modifiions, (que) vous modifiiez.*

module Toujours masculin : *Un cigare de gros module.*

modus vivendi Orthographe et sens.

1 En deux mots, sans trait d'union. — Invariable : *des modus vivendi.* — Prononciation : [mɔdysvivẽdi]. — Souvent écrit en italique dans un texte en romain, et en romain dans un texte en italique.

2 Le seul sens correct est « compromis, transaction » : *Les chefs des deux pays s'efforcent de trouver un* modus vivendi. ▼ Ne doit jamais s'employer au sens de « mode de vie ».

moelle n. f. Avec *o* et *e* séparés, sans tréma. Deux *l.* — Prononciation : [mwal], et non *[mwel]. De même : *moelleusement* [mwaløzmã], *moelleux* [mwaslø]. — L'emploi au pluriel *jusqu'aux moelles* est archaïque. De nos jours, on dit *jusqu'à la moelle.*

moellon n. m. Avec *o* et *e* séparés, sans tréma. Deux *l.* — Prononciation : [mwalɔ̃], et non *[mwelɔ̃]. De même : *moellonnage* [mwalɔnaʒ], *moellonier* [mwalɔnje], *moellonneur* [mwalɔnœʀ].

mœurs n. f. pl. ▼ Doit se prononcer [mœʀ], et non *[mœʀs], sauf dans l'expression *la brigade des mœurs*, abrégée familièrement en *les mœurs* [mœʀs] et dans l'expression *certificat de bonne vie et mœurs* [bɔnviemœʀs].

mohair [mɔɛʀ] n. m. Etoffe. — Attention au *h* intérieur. — Pl. : *des mohairs.* — Invariable dans l'emploi en apposition : *de la laine mohair, des laines mohair.*

moi Pronom personnel de la première personne du singulier.

1 On évitera le tour populaire **donnez-moi-z-en, *parle-moi-z-en.* Dire : *Donnez-m'en, parlem'en* ▷ **annexes** (impératif).

2 On évitera le tour populaire **mène-moi-z-y.* Dire : *mène-moi là.* De même on ne dira pas **menez-moi-z-y,* mais *menez-y-moi* ou *menez-moi là.*

3 On écrira : *racontez-le-moi,* et non *racontez-moi-le* ▷ **annexes** (impératif).

4 Le bon usage veut qu'on place *moi* en dernier : *Ma sœur, mon beau-frère et moi, nous sommes allés au cinéma hier soir,* et non *Moi, ma sœur et mon beau-frère...*

5 Avec un trait d'union : *moi-même.*

6 Substantivé, *moi* est toujours invariable. Souvent écrit en italique dans un texte en romain et en romain dans un texte en italique : *Les philosophes ont analysé le problème que pose la pluralité des* moi *opposée à l'unicité de la raison. Pour certains psychologues, il y a deux* moi *en chaque être.*

moignon n. m. Prononciation : [mwaɲɔ̃], plus moderne que [mɔɲɔ̃].

moindre S'emploie comme comparatif et comme superlatif relatif (*le moindre*) de l'adjectif *petit* (dans certains sens), concurremment à *plus petit, le plus petit.*

I Employé comme comparatif.

1 On peut dire *beaucoup moindre,* mais, dans la langue soignée, on emploiera plutôt *de beaucoup moindre* ou, mieux encore, *bien moindre.*

2 Moindre que... ne. Dans la langue soignée, on n'omettra pas le *ne* explétif dans la proposition qui suit *moindre que : Son influence est moindre qu'on ne le croit.* ▼ Si la première proposition est négative ou interrogative, ce *ne* est souvent omis : *Cette iniquité n'est pas moindre qu'il le paraît.*

II Employé comme superlatif relatif.

1 Le moindre que. Normalement suivi du subjonctif : *C'est le moindre inconvénient qu'il puisse subir.* — Si l'on veut insister moins sur la possibilité que sur la réalité, on pourra employer l'indicatif : *Cet échec est le moindre qu'il a subi jusqu'à présent.*

2 *Le moindre petit. ▼ Pléonasme à éviter. On écrira : *Elle pleure à la moindre contrariété* ou *à la plus petite contrariété,* et non *à la *moindre petite contrariété.*

moindrement adv. Deux emplois.

1 Ne... pas le moindrement. Equivaut à « ne... aucunement » : *Il n'est pas le moindrement ébranlé dans sa résolution.*

2 Le moindrement. Sans négation, équivaut à « tant soit peu » : *S'il était le moindrement raisonnable, il accepterait ce compromis.*

moins [mwɛ̃] S'emploie comme comparatif et comme superlatif relatif (*le moins*) de l'adverbe *peu.* Entre dans de nombreuses expressions.

I Employé comme comparatif.

1 Moins... en corrélation avec un autre comparatif. On peut facultativement renforcer le deuxième comparatif par *et* : *Moins il réussit, plus il s'obstine* ou *Moins il réussit, et plus il s'obstine. Moins le climat est chaud, moins la végétation est riche* ou *Moins le climat est chaud, et moins la végétation est riche.* Le tour avec *et* est plus insistant.

2 Dans la langue soignée, on évitera les tours relâchés *avoir moins faim, moins peur,* etc., car les mots *faim, peur* ne sont pas des adjectifs. On écrira plutôt : *éprouver une moins grande faim, une moins grande peur.*

3 Moins que... ne. Dans la langue soignée, on n'omettra pas le *ne* explétif dans la proposition qui suit *moins que : Il est moins âgé qu'il ne le paraît.* ▼ Si la première proposition est négative ou interrogative, ce *ne* est souvent omis : *Il n'est pas moins fort qu'il le paraît.*

4 Moins de. S'emploie devant l'indication d'une quantité : *Ils sont moins de vingt. La séance a duré moins d'une heure.* ▼ S'il y a comparaison, on emploie *moins que : Vingt dollars font moins que quatre-vingt-dix francs.*

5 Moins que. S'emploie dans une comparaison : *Il est moins habile que son frère. Elle va moins vite que vous.*

6 Moins de deux. Entraîne l'accord du verbe au pluriel : *Moins de deux mois s'écoulèrent entre ces deux événements.*

7 En moins grand ▷ **en 1** (VII).

8 Rien de moins que, rien moins que ▷ **rien** (VI, 1, 2 et 3).

II Employé comme superlatif relatif.

1 Le moins que. Normalement suivi du subjonctif : *C'est la solution la moins mauvaise que nous puissions adopter.* Si l'on veut insister moins sur la possibilité que sur la réalité, on pourra employer l'indicatif : *Ce prix est le moins élevé qu'on nous a proposé.*

2 Ces villes sont *les* moins riches en monuments de tout le pays. A l'endroit où la route est *le* moins étroite ▷ le **1** (X, 1 et 2).

3 Des moins. Que le nom soit au singulier ou au pluriel, l'adjectif se met normalement au pluriel et s'accorde en genre avec le nom : *Ce champ est des moins grands. Ces champs sont des moins grands. Cette prairie est des moins grandes. Ces prairies sont des moins grandes.* — En revanche, invariabilité quand l'adjectif se rapporte à un pronom neutre ou à un verbe : *Tout cela est des moins clair. Travailler sans documents était des moins facile.* — L'usage normal est de répéter *des moins* s'il y a plusieurs adjectifs : *Ce travail est des moins faciles et des moins agréables.*

III Expressions.

1 A moins de, que. La locution *à moins de* peut se construire avec un nom (*A moins d'un accord de dernière heure*), avec un infinitif (*A moins d'accepter*), avec *que* et l'infinitif (*A moins que d'accepter*, tour littéraire et recherché). — La locution *à moins que* se construit avec le subjonctif et le *ne* explétif : *A moins qu'il ne se soumette.*

2 Au moins, du moins, tout au moins, pour le moins, à tout le moins. Ces expressions se distinguent par leur niveau stylistique et leur emploi. *Au moins* et *du moins* appartiennent à tous les registres. *Tout au moins* et *pour le moins* appartiennent à la langue semi-littéraire. *A tout le moins* est nettement littéraire. — *Au moins* s'emploie surtout dans le milieu ou à la fin d'une proposition : *S'il ne peut nous aider, il peut, au moins, s'abstenir de nous nuir. Lui, il est honnête, au moins.* — *Du moins* s'emploie surtout en tête de proposition. Dans ce cas, *du moins* entraîne généralement l'inversion du sujet. Avec *au moins,* l'inversion est correcte, mais plus rare : *Il était dépourvu de génie, du moins était-il honnête et courageux.*

3 Dix francs de moins, dix francs en moins. Les deux tours sont corrects. Le second est plus fréquent dans la langue courante.

4 Dix heures moins le quart, dix heures moins un quart. Le premier tour est usuel, le second vieilli et plus rare.

moins-perçu n. m. — Pl. : *des moins-perçus.*

moins-value n. f. — Pl. : *des moins-values.*

moire n. f. Un seul *r.* De même : *moirage, moire, moirer, moirure.*

mois n. m. Orthographe et emploi.

1 En français, les noms de mois ne prennent pas de majuscule : *Le 4 janvier 1969. Paris, le 6 juillet 1972.*

2 De nos jours, on écrit, dans l'indication d'une date : *Paris, le 3 avril 1960* (et non *ce 3 avril*). De même, le tour *le 3 d'avril* est vieilli ou provincial.

3 Dans la langue surveillée, on dit : *Quel jour du mois sommes-nous ?* ou *Quel est le quantième du mois ?* (beaucoup plus rare). Le tour *Le combien du mois sommes-nous* est familier.

4 On dit : *Louer une chambre au mois. Location au mois et à la semaine.* En revanche, on dit : *Payer cinq cents francs par mois. Gagner six mille francs par mois.*

5 Dates historiques. Une majuscule et un trait d'union quand la date n'est pas suivie du millésime : *Le 2-Décembre mit fin brutalement à l'existence du régime républicain* ou *Le Deux-Décembre mit fin...* (mais *Le coup d'État du 2 décembre 1851). Le coup d'État du 18-Fructidor* (mais *Le coup d'État du 18 fructidor an V).* De même, la majuscule et le trait d'union sont obligatoires aussi quand il s'agit d'une fête : *Le 14-Juillet est une fête à la fois populaire et patriotique* (mais *Je pars pour Saint-Brieuc le 14 juillet prochain,* car ici il s'agit d'une simple date et non d'une fête).

moïse [mɔiz] n. m. Berceau. — Avec un *m* minuscule. — Pl. : *des moïses.*

moisson n. f. Deux *n* dans les dérivés : *moissonnage, moissonner, moissonneur, moissonneuse.*

moissonneuse-batteuse n. f. — Pl. : *des moissonneuses-batteuses.*

moissonneuse-lieuse n. f. — Pl. : *des moissonneuses-lieuses.*

moite adj. Un seul *t.* De même : *moiteur, moitir.*

moitié n. f. Expressions et accord du verbe.

I Expressions.

1 Sans trait d'union : *à moitié prix, à moitié chemin.* — Avec un trait d'union : *moitié-moitié* (locution familière).

2 Moitié moins. Tour admis dans la langue parlée. En revanche, dans la langue surveillée, on n'écrira pas *Nous devrions dépenser moitié moins,* mais *Nous devrions réduire nos dépenses de moitié* ou *Nous devrions dépenser la moitié de ce que nous dépensons.*

3 Plus d'à moitié, plus qu'à moitié. Les deux tours sont corrects. Le premier est assez archaïque.

II Accord du verbe après *la moitié de* (des).

1 Quand *la moitié de (des)* désigne exactement une quantité égale à 1/2, l'accord se fait

en principe au singulier : *La moitié des délégués a voté cette motion.* Cependant, l'accord au pluriel (*ont voté*) est admis et même plus fréquent dans l'usage actuel.

2 Quand la *moitié de (des)* désigne une quantité approximative, accord au pluriel : *Au mois de juillet, la moitié des Parisiens sont sur les routes ou en vacances.*

moka n. m. Avec un *k.* — Pl. : *des mokas* [-ka].

mol ▷ **mou.**

molaire n. f. Dent. — Finale en *-aire.* Un seul *l.*

molasse ou **mollasse** n. f. Grès friable. — Les deux orthographes sont admises, mais *mollasse* est la forme la plus usuelle. — Attention à l'homophone *mollasse* adj. (mou).

mole, môle, molle, mol Des mots paronymes à bien distinguer.

1 mole [mɔl] n. f. (*chimie*) Synonyme de *molécule-gramme.*

2 môle [mol] n. m. Ouvrage en maçonnerie qui protège un port.

3 môle [mol] n. f. Dégénérescence kystique de l'embryon humain.

4 môle [mol] n. f. Poisson appelé aussi *poisson-lune.*

5 molle [mɔl] adj. Féminin de *mou.*

6 mol [mɔl] adj. Forme de *mou* devant une voyelle.

molécule Toujours féminin : *Les molécules géantes.* — Dérivé : *moléculaire.*

molécule-gramme n. f. — Pl. : *des molécules-grammes.*

moleskine n. f. On évitera la graphie *molesquine,* très rare.

moleter v. t. Travailler, graver à la molette. — Conjug. 14. *Je molette, je moletterai, nous moletons.* — Dérivé : *moleté.*

molette n. f. Petite meule, petite roue. — Un seul *l,* deux *t.* ▼ Ne pas écrire comme *mollette,* féminin de *mollet,* un peu mou.

moliéresque adj. De Molière : *Le comique moliéresque.* — Avec un accent aigu, à la différence de *Molière.*

mollement adv. Avec deux *l.*

mollesse n. f. Avec deux *l.*

1. mollet n. m. Partie de la jambe. — Avec deux *l.*

2. mollet, ette adj. Agréablement mou : *Pain mollet.* — Avec deux *l.* ▼ Ne pas écrire le féminin *mollette* comme *molette* n. f. (petite meule, petite roue).

molletière adj. *ou* n. f. *Des bandes molletières* ou *des molletières.* — Avec deux *l* et un seul *t.*

molleton n. m. Avec deux *l.* — Deux *n* dans les dérivés : *molletonné, molletonner, molletonneux.*

mollir v. i. Avec deux *l.*

mollusque n. f. Avec deux *l.*

molosse n. m. Chien. — Avec un seul *l.*

molybdène n. m. Métal. — Attention à l'*y.*

moment n. m. Finale en *-ent.* — Entre dans de nombreuses expressions.

1 Avec *moment* au singulier : *de moment en moment, à tout moment* (plutôt que *à tous moments*). — Avec *moment* au pluriel : *par moments.*

2 Les locutions *du moment où* et *du moment que* ont une valeur explicative et causale plutôt que temporelle : *Du moment que personne n'est d'accord, à quoi bon continuer ?* (= puisque personne n'est d'accord). La valeur temporelle est exprimée plutôt par *depuis le moment où.*

3 Au moment que. Forme assez archaïque, mais correcte. La forme usuelle et moderne est *au moment où* : *Au moment où nous partîmes, la pluie se mit à tomber.*

4 Jusqu'au moment où. Est suivi de l'indicatif, alors que *jusqu'à ce que* est suivi du subjonctif : *Il travailla jusqu'au moment où il entendit la cloche du réfectoire. Il travailla jusqu'à ce que toutes les affaires fussent réglées.*

momentanément adv. Pas de *e* muet intérieur.

momerie n. f. (*familier et vieilli*) Simagrées, comédie. ▼ Se prononce avec *o* ouvert [mɔmʀi] et s'écrit sans accent circonflexe, à la différence de *môme*, enfant, jeune fille.

momie [mɔmi] n. f. Cadavre embaumé. — Pas de double *m.*

momifier v. t. Conjug. **20.** Double le *i* à la première et à la deuxième personne du pluriel de l'indicatif imparfait et du subjonctif présent : *(que) nous momifiions, (que) vous momifiiez.*

mon, ma, mes adj. possessif. — Forme et emploi.

1 Le féminin *ma* est remplacé par *mon* dans tous les cas où l'article *la* s'élide en *l'* : *mon action, mon entrée, mon initiative, mon ombre, mon urne, mon yeuse, mon habitude, mon herbe,* mais *ma hache, ma huitième année* ▷ **le 1** (I, 1).

2 Devant voyelle ou *h* muet, la forme *mon,* au masculin ou au féminin, se dénasalise, dans la prononciation parisienne : *mon ami* [mɔnami], *mon action* [mɔnaksjɔ̃]. Cet usage a été critiqué par quelques auteurs. On pourra préférer la prononciation non dénasalisée : *mon ami* [mɔ̃nami], *mon action* [mɔ̃naksjɔ̃].

3 *Mon, ma, mes* en concurrence avec l'article défini (*Je souffre de la jambe. J'ai déchiré ma blouse*) ▷ **le 1** (IX, 1, 2, 3 et 4).

4 Mon lieutenant, mon capitaine. Dans l'armée de terre et dans l'aviation militaire, on fait précéder du possessif *mon* le nom du grade, à partir du grade d'adjudant, quand on s'adresse à un supérieur : *mon adjudant, mon adjudant-chef, mon lieutenant, mon capitaine...* Le possessif n'est pas employé quand on s'adresse à un inférieur. Pour les grades inférieurs à celui d'adjudant, le possessif ne s'emploie jamais : *Oui, sergent* (et non *Oui, *mon sergent*). — Dans la marine et dans l'aviation civile, on n'utilise jamais le possessif : *Oui, amiral. A vos ordres, commandant.* — En parlant à un officier, une femme n'emploie jamais le possessif devant le nom du grade. Un civil jeune s'adressant à un officier emploie le possessif. En revanche, un homme d'un certain âge et d'un rang social élevé s'adressant à un officier plus jeune que lui et de rang inférieur à celui de commandant n'emploiera pas le possessif.

monacal, ale, aux adj. Masculin pluriel en *-aux* : *Les usages monacaux.* — Avec *c,* et non *-ch-* comme dans *monachisme.*

monachisme [mɔnakism(ə)] n. m. Avec *-ch-* prononcé [k].

monade n. f. (terme de philosophie) Avec un seul *n.*

monastère n. m. Finale en *-ère.*

monde n. m. Emploi de la majuscule et accord du verbe.

1 Normalement avec un *m* minuscule (*Dans le monde d'ici-bas. Dans l'autre monde. La création du monde. Découvrir un monde nouveau*), sauf dans les deux expressions *l'Ancien Monde* (Europe, Asie, Afrique) et *le Nouveau Monde* (Amérique).

2 Un monde de. Entraîne l'accord du verbe et de l'attribut (ou du participe) au singulier : *Un monde de femmes élégantes envahissait la salle. Un monde de courtisans était empressé autour du prince.*

mondial, ale, aux adj. Qui concerne le monde entier, tout le globe terrestre. — Masculin pluriel en *-aux* : *Les échanges mondiaux.* — Ce terme a été critiqué, mais il est admis dans la langue usuelle. Dans la langue très surveillée de ton très soutenu, on pourra préférer *universel.*

monétaire adj. Un seul *n*, à la différence de *monnaie.*

monétiser v. t. Un seul *n*, à la différence de *monnaie.*

mongol, ole adj. *ou* n. Attention à la majuscule : *La population mongole. Les Mongols.* — N. m. *Le mongol :* langue des Mongols.

moniale n. f. Religieuse. — Un seul *n*, à la différence de *nonne, nonnain.*

monisme n. m. Doctrine philosophique. — Un seul *n*. De même : *moniste.*

moniteur, trice n. m. *ou* f. Un seul *n*. De même : *monition, monitoire.*

monitoire n. m. (terme de droit canonique) Finale en *-oire.*

monnaie n. f. Avec deux *n*. — Sans trait d'union : *menue monnaie, papier monnaie, fausse monnaie* (à la différence de *faux-monnayage, faux-monnayeur*). — Avec un *M* majuscule : *L'hôtel de la Monnaie* ou *la Monnaie.*

monnaie-du-pape n. f. Plante. — Pl. : *des monnaies-du-pape.*

monnayage [mɔnɛjaʒ] n. m. Avec deux *n.*

monnayer v. t. Conjug. 23. Change facultativement *y* en *i* devant un *e* muet : *je monnaie* ou *je monnaye, je monnaierai* ou *je monnayerai.* ▼ Attention au *i* après l'*y* à la première et à la deuxième personne du pluriel de l'indicatif imparfait et du subjonctif présent : *(que) nous monnayions, (que) vous monnayiez.*

mono- Préfixe (du grec *monos* « seul, unique »), qui entre dans la formation de nombreux mots. Tous les composés en *mono* s'écrivent en un seul mot, sans trait d'union : *monoacide, monoatomique, monobloc, monocamérisme, monochrome, monoïdéisme, monoplace,* etc.

monobloc adj. *ou* n. m. ▼ Invariable comme adjectif : *Des châssis monobloc.* — Variable comme nom : *Les monoblocs vont être mis en fabrication.*

monolithe Comme nom, toujours masculin : *Un très grand monolithe.* — Avec *th.* De même : *monolithique, monolithisme.*

monôme n. m. Accent circonflexe sur le second *o.*

monorail adj. *ou* n. m. ▼ Comme adjectif, toujours invariable : *Des bennes monorail.* — Variable comme nom : *On va installer des monorails.*

monosyllabe, monosyllabique Ces deux mots se prononcent avec [s] et non [z], mais s'écrivent avec un seul *s.*

1 monosyllabe S'emploie comme adjectif (*Un mot monosyllabe*) ou comme nom masculin (*Répondre par monosyllabes*).

2 monosyllabique S'emploie seulement comme adjectif : *Un préfixe monosyllabique.*

monseigneur n. m. Titre donné aux prélats et aux princes des familles souveraines.

1 *Monseigneur* s'abrège en *Mgr* (sans point) : *Mgr Marty, archevêque de Paris.*

2 Quand on s'adresse à plusieurs personnes dont chacune a le droit au titre de *monseigneur,* on dit *messeigneurs* (forme qui ne s'abrège jamais).

3 Quand on parle de ces personnes, on dit *nosseigneurs* (s'abrège en *NN.SS.*) : *Une déclaration commune de NN.SS. les évêques de France.*

4 Pour l'usage de la majuscule et de la minuscule, de la forme pleine et de la forme abrégée, le titre de *monseigneur* suit les mêmes règles que *monsieur* ▷ **monsieur.**

5 Avec un trait d'union : *une pince-monseigneur* (n. f.) ou *un monseigneur* (n. m.). — Pl. : *des pinces-monseigneur* (sans *-s* à *monseigneur*), mais *des monseigneurs.*

monsieur n. m. S'abrège en *M.* (et non en *Mr.,* qui est l'abréviation de l'anglais *mister*). — Le pluriel est *messieurs,* qui s'abrège en *MM.* (et non en *Mrs,* qui est l'abréviation de l'anglais *mistress*).

monsieur, madame, mademoiselle Ces trois noms (ainsi que *monseigneur*) suivent les mêmes règles en ce qui concerne l'usage de la forme pleine et de la forme abrégée, de la majuscule et de la minuscule.

I Forme pleine ou forme abrégée. Dans la plupart des cas, on emploie la forme abrégée. Cet usage est de règle notamment dans un récit, un rapport : *C'est à ce moment que M. Levert prit sa décision. On avait vu Mme Gros sortir précipitamment de chez elle. Il y aurait intérêt à confier la direction de ce service à Mlle Dubarral.* — Forme abrégée aussi quand, dans une lettre, on parle d'une personne qui ne touche pas de près au correspondant : *J'ai pris contact avec l'architecte que vous m'avez indiqué, M. Lenoir, lequel va établir un devis. Voici l'adresse de ma couturière, Mme Jacquot. Mon fils va se fiancer avec une ancienne camarade de faculté, Mlle Louise Segond.* — La forme pleine ne s'emploie que dans les cas suivants.

1 Dans les adresses : *Monsieur Etienne Martinot 17, avenue de la Victoire 69045 Saint-André-le-Vieil.*

2 Dans une lettre, quand on s'adresse à son correspondant : *Cher Monsieur, C'est avec joie que je vous annonce... Je vous prie d'agréer, Madame, l'expression de mes sentiments distingués.*

3 Dans une lettre, quand on parle d'une personne qui touche de près à la personne à laquelle on écrit : *J'ai eu l'occasion de rencontrer votre cousin, monsieur Duchêne. J'ai appris la maladie de madame votre mère.*

4 Dans un dialogue, quand une personne s'adresse à une autre : *Bonjour, monsieur* (forme plus déférente). *Bonjour, monsieur Durand* (forme plus familière, condamnée par le bon usage mondain). *Voyez-vous, monsieur le maire, je crois que nous aurions intérêt... Merci, madame.*

5 Quand un domestique parle à la troisième personne à son maître, à un invité, à un visiteur : *Monsieur a-t-il bien dormi ? Madame est servie. Si Monsieur veut bien attendre un instant, je vais l'annoncer.* — Même usage quand il s'agit d'un vendeur, d'un fournisseur : *Si Madame daigne choisir l'un de ces articles.*

6 Quand un domestique parle de ses maîtres à un tiers : *Monsieur est sorti. Mademoiselle n'est pas encore rentrée. Si Monsieur (= le visiteur) veut bien attendre un instant, je vais l'annoncer à Monsieur* (= le maître de maison).

7 Quand on parle du maître ou de la maîtresse de maison (ou de leur fille) à un domestique : *Voulez-vous remettre cette carte à Monsieur. Savez-vous si Mademoiselle rentrera bientôt ?*

8 Quand on désigne à un serveur ou à un fournisseur la personne que l'on accompagne : *Le steak est pour Madame, l'escalope est pour moi.*

9 Quand le titre est donné au supérieur de la Compagnie de Saint-Sulpice (*Monsieur Emery*) ou aux membres de certaines sociétés religieuses, aux lazaristes notamment.

10 Dans les titres historiques : *Madame Royale. Monsieur* (frère du roi). *Madame Mère. La Grande Mademoiselle.*

11 Dans les titres d'ouvrages : *J'ai toujours admiré* Madame Bovary. *Théophile Gautier était encore jeune quand il écrivit* Mademoiselle de Maupin. *La meilleure œuvre de Bernanos, selon ce critique, c'est* Monsieur Ouine.

12 Quand le titre énoncé fait corps avec un nom propre et fait allusion à un type littéraire célèbre ou à un personnage historique : *L'anticléricalisme sectaire incarné par Monsieur Homais. Tous les grands bourgeois du XIX*e *siècle sont-ils semblables à Monsieur Thiers ?*

13 Quand *monsieur* est employé avec l'article, le possessif ou le démonstratif : *Un monsieur est venu et vous a demandé. C'est le monsieur dont je t'ai parlé. Mon bon monsieur. Ce monsieur, c'est mon grand-père. Un monsieur âgé, vêtu de sombre.*

II Majuscule ou minuscule.

1 Majuscule dans les cas I, 1, 2, 5, 6, 7, 8, 9, 10, 11 et 12 ci-dessus : *Il écrivit sur l'enveloppe « Monsieur Duport 12, rue Saint-Jacques ». Je vous prie d'agréer, Madame, l'expression... Le valet de chambre annonça : « Monsieur est servi ». Si Monsieur veut bien avoir l'obligeance d'attendre un peu. Histoire de Monsieur Émery, supérieur de la Compagnie de Saint-Sulpice. Charlotte-Elisabeth de Bavière fut la femme de Monsieur* (= le frère du roi). *Histoire de la vie de Madame Royale. Il est certain que la Grande Mademoiselle fut un personnage hors du commun. Voici une nouvelle édition de* Madame Bovary. *Ce pharmacien provincial, mais c'est tout à fait Monsieur Homais !*

2 Minuscule dans les cas I, 3, 4 et 13 ci-dessus : *J'ai rencontré madame votre mère. « Mais enfin, mademoiselle, s'écria-t-il, cette affaire est insensée ! » Un monsieur très élégant entra dans le salon.*

monstre n. m. Emploi au féminin et emploi adjectif.

1 Toujours masculin : *Cette femme est un affreux monstre. Cette fillette, quel vilain petit monstre !* Le tour *petite monstre* est populaire.

2 Dans l'emploi adjectif, s'écrit sans trait d'union et prend la marque du pluriel : *des cohues monstres.*

mont n. m. Avec un *m* minuscule et sans trait d'union : *le mont Blanc* (sommet isolé), *le mont Saint-Michel* (colline), *le mont Athos* (montagne). — Avec un *M* majuscule et un trait d'union : *le Mont-Blanc* (massif), *le Mont-Saint-Michel* (village), *le Mont-Athos* (république monastique autonome).

montagne n. f. Avec *M* majuscule : *la Montagne,* parti politique. — Le plus souvent aussi : *les Montagnards,* membres de ce parti.

mont-blanc n. m. Entremets. — Pl. : *des monts-blancs.*

mont-de-piété n. m. — Pl. : *des monts-de-piété.*

monte-charge n. m. Invariable : *des monte-charge.*

monte-en-l'air n. m. (*familier*) Cambrioleur. — Invariable : *des monte-en-l'air.*

monte-pente n. m. — Pl. : *des monte-pentes.* — On dit plutôt *remonte-pente.*

monte-plats n. m. — Invariable. Toujours un *-s* à *plat,* même au singulier.

monter v. i. *ou* v. t. Emploi de l'auxiliaire et expressions.

I Emploi de l'auxiliaire.

1 Autrefois, *monter* intransitif se conjuguait avec *avoir* s'il exprimait l'action (*Il a monté dans sa chambre à neuf heures*), avec *être* s'il exprimait le résultat de l'action (*Il est monté dans sa chambre depuis midi*).

2 De nos jours, on emploie plutôt l'auxiliaire *être* dans les deux cas (*Il est monté dans sa chambre à neuf heures. Il est monté dans sa chambre depuis midi*), sauf quand *monter* intransitif exprime une augmentation de niveau ou de prix (*Le niveau de l'eau a encore monté. Les prix ont monté*).

3 Dans l'emploi transitif, toujours l'auxiliaire *avoir* : *Il a monté l'escalier sans difficulté, malgré ses quatre-vingts ans.*

II Expressions présentant une difficulté.

1 On évitera le pléonasme *monter en haut.* Dire simplement *monter.* En revanche, on peut très bien dire, en précisant, *monter à l'étage supérieur, monter au premier (étage),* etc.

2 *Monter dans sa chambre* suppose qu'on y reste, *monter à sa chambre* suppose qu'on en redescend presque aussitôt : *Il est monté dans sa chambre et y a travaillé toute la soirée. Il est monté à sa chambre pour prendre un livre.*

3 Monter **à cheval, à bicyclette, à moto,** monter **en voiture** ▷ à (VII, 1 et 2).

4 ▼ On écrira *monter le coup à quelqu'un, se monter le coup* et non *(se) monter le *coup.

monte-sacs n. m. Invariable : un *-s* à *sac* au singulier comme au pluriel. On évitera la forme de singulier *un monte-sac.*

monteur-électricien n. m. — Pl. : *des monteurs-électriciens.*

monteur-mécanicien n. m. — Pl. : *des monteurs-mécaniciens.*

montgolfière n. f. Finale en *-ière.* — Attention au *t* muet intérieur.

monticule Toujours masculin : *Un monticule tout rond.*

montjoie ou **mont-joie** Monticule ; grande quantité. — Les deux graphies sont admises. — Pl. : *des montjoies* ou *des monts-joie.* ▼ Toujours féminin : *Une grosse montjoie de pommes.* — Le cri de guerre médiéval *Montjoie !* s'écrit en un seul mot, sans trait d'union, avec un *M* majuscule.

montre n. f. L'expression *faire montre de* a deux sens.

1 (*sens péjoratif et vieilli*) Faire étalage de, montrer avec ostentation : *Il aime à faire montre de son érudition toute neuve.*

2 (*sens moderne, non péjoratif*) Faire preuve de, déployer : *Dans cette affaire, il a fait montre de beaucoup d'habileté.*

montre-bracelet n. f. — Pl. : *des montres-bracelets.* — On dit plus couramment *un bracelet-montre* (n. m.) ; pl. : *des bracelets-montres.*

monumental, ale, aux adj. Masculin pluriel en *-aux* : *Des portiques monumentaux.*

moque n. f. Récipient qui sert de mesure pour le cidre. — Ne pas déformer en **mocque, *môque.*

moquer Plusieurs constructions.

1 Moquer **quelqu'un, quelque chose.** Tour très vieilli et très littéraire, mais non incorrect : *Tous les collégiens moquaient leur nouveau camarade. Il fut moqué par tous ses voisins.*

2 Se moquer **de quelqu'un, de quelque chose.** Tour usuel et moderne : *Il ne faut pas se moquer des infirmes.*

3 Se moquer. Cet emploi absolu est nettement vieilli ou littéraire. S'emploie surtout dans des tours figés tels que *vous vous moquez !* « vous ne parlez pas sérieusement », *vous moquez-vous ?* « parlez-vous sérieusement ? ».

4 Se faire moquer de soi. Tour pléonastique admis dans la langue courante. Dans la langue soutenue, on écrira plutôt *se faire moquer* ou, mieux encore, *attirer les moqueries, s'exposer aux moqueries.*

moquette n. f. Avec *-qu-*. Ne pas écrire **mocquette.*

moraine n. f. Finale en *-aine.*

moral, ale, aux adj. Masculin pluriel en *-aux* : *Des jugements moraux.*

moratoire n. m. Disposition légale qui suspend l'exigibilité de certaines créances. — Finale en *-oire.* — On préférera la forme *moratoire* à la forme latine *moratorium* [mɔʀatɔʀjɔm].

morceler v. t. Conjug. **13.** *Je morcelle, je morcellerai.*

morcellement n. m. Avec deux *l.*

mordiller [mɔʀdije] v. t. Attention au *i* après le groupe *-ill-* à la première et à la deuxième personne du pluriel de l'indicatif imparfait et du subjonctif présent : *(que) nous mordillions, (que) vous mordilliez.* — Dérivé : *mordillage* (plus fréquent que *mordillement*).

mordoré, ée adj. N'est pas synonyme de *moiré* « qui présente des reflets changeants comme ceux de la moire », ni de *doré.* Signifie « d'un brun chaud aux reflets dorés » : *Une chevelure châtain clair aux boucles mordorées.*

mordre v. t. Conjug. **92.** *Je mords, tu mords, il mord, nous mordons, vous mordez, ils mordent.* — *Je mordais.* — *Je mordis.* — *Je mordrai.* — *Je mordrais.* — *Mords, mordons, mordez.* — *Que je morde.* — *Que je mordisse.* — *Mordant.* — *Mordu, ue.*

more ▷ **maure.**

moresque ▷ **mauresque.**

1. morfil [mɔʀfil] n. m. Ivoire brut. — On rencontre parfois la forme *marfil.*

2. morfil [mɔʀfil] n. m. Petites dentelures qui subsistent sur le tranchant d'une lame.

morfondre Conjug. **91** (comme **fondre**). — Vieux à la forme active (= transir, glacer). Usuel à la forme pronominale (= attendre longuement en s'ennuyant) : *Elles se sont morfondues pendant près d'une heure.*

morganatique adj. *Mariage morganatique.* — Un seul *n.*

moricaud adj. *ou* n. Finale en *-aud.* Féminin : *moricaude.*

morigéner v. t. Un seul *r*, un seul *n.* — Conjug. **11.** *Je morigène,* mais *je morigénerai.*

morille n. f. Champignon. — Prononciation : [mɔʀij].

mormon n. *ou* adj. Pas un nom de peuple, donc un *m* minuscule : *Autrefois, les mormons pratiquaient la polygamie.* ▼ Un seul *n* dans le féminin *mormone* et dans le dérivé *mormonisme.*

morose adj. Avec un *s*, non un *z.* — Le dérivé *morosité* s'emploie dans la langue politique pour désigner la mauvaise humeur collective, le pessimisme revendicatif : *Cette politique d'ouverture sociale suffira-t-elle pour dissiper la morosité des Français ?* On n'abusera pas de cet emploi dans la langue de ton soutenu.

morphème n. m. (terme de linguistique) Avec *-ph-* et un accent grave.

morphine n. f. Avec *-ph-.* De même : *morphisme, morphinomane, morphinomanie.*

morphologie n. f. Avec *-ph-.* De même : *morphologique.*

mors n. m. Tige métallique placée dans la bouche du cheval. — Prononciation : [mɔʀ], le *-s* est muet.

1. morse n. m. Mammifère marin.

2. morse n. m. Avec un *M* majuscule : *le télégraphe Morse, le code Morse.* — Avec un *m* minuscule : *le morse (Apprendre le morse. Envoyer un télégraphe en morse. Signaux en morse).*

morsure n. f. On dit plutôt *la morsure d'un serpent* et toujours *la piqûre d'un insecte.*

mort, morte adj. *ou* n. Expressions.

1 Sans trait d'union : *nature morte (des natures mortes), point mort (des points morts), poids mort (des poids morts), rester lettre morte (ces instructions sont restées lettre morte,* invariable), *œuvres mortes* (terme de marine, toujours au pluriel), *ivre mort (elles sont ivres mortes,* variable), *à demi mort, mort vivant (des morts vivants).*

2 Morte-eau, eau-morte ▷ **eau** (III, 1).

3 Faire le mort. Toujours invariable quand il s'agit de bridge : *C'est elle qui fait le mort.* — Au sens de « faire semblant d'être mort, ne pas bouger », prend parfois la marque du féminin : *Elle fit la morte et retint sa respiration.* Néanmoins, l'invariabilité est plus fréquente : *Elle fit le mort et retint sa respiration.* — On évitera d'employer l'expression au pluriel.

mortadelle n. f. Saucisson. — Avec deux *l*.

mortaise n. f. Avec *-ai*. De même : *mortaisage, mortaiser, mortaiseuse.*

mort-aux-rats n. f. — Invariable : *des mort-aux-rats.* — On préférera la prononciation [mɔʀoʀa] à [mɔʀtɔʀa].

morte-eau ▷ eau (III, 1).

morte-saison n. f. — Pl. : *des mortes-saisons.*

mortifier v. t. Conjug. **20.** Double le *i* à la première et à la deuxième personne du pluriel de l'indicatif imparfait et du subjonctif présent : *(que) nous mortifiions, (que) vous mortifiiez.*

mort-né adj. *ou* n. Premier élément invariable, second élément variable en nombre et en genre : *un enfant mort-né, des enfants mort-nés, une fille mort-née, des filles mort-nées, de faux mort-nés.*

mortuaire adj. Finale en *-aire.*

morue n. f. Finale en *-ue.* — Dérivé : *morutier.*

mosaïque n. f. Attention au tréma. — Dérivé : *mosaïste.*

mosquée n. f. Finale en *-ée.*

mot n. m. Orthographe et emploi des expressions.

1 Avec un trait d'union : *un mot-outil (des mots-outils).* — Sans trait d'union : *le maître mot (les maîtres mots), un mot clef (les mots clefs).*

2 Toujours au singulier : *au bas mot, à demi-mot.* — Toujours au pluriel : *à mots couverts.*

3 On écrit : *un jeu de mots (des jeux de mots), un mot d'ordre (des mots d'ordre), un mot de passe (des mots de passe), un mot de sommation (des mots de sommation), un mot d'esprit (des mots d'esprit), un mot d'enfant (des mots d'enfants,* avec *-s* à enfant s'il s'agit de paroles dites par plusieurs enfants différents).

4 Plutôt sans trait d'union : *mots croisés,* toujours au pluriel. Eviter la graphie *mots-croisés.* En revanche, toujours un trait d'union dans *un mot-croisiste (des mots-croisistes).* — On ne dira pas, au singulier, **un mot croisé,* mais *un problème de mots croisés.*

5 Sans trait d'union : *répéter mot à mot* ou *mot pour mot, traduire mot à mot, faire le mot à mot d'une version* (plutôt que *le mot-à-mot ;* au pluriel *des mot à mot).*

6 Sans article : *ne dire mot, ne répondre mot, ne souffler mot, sans souffler mot* (expressions figées).

7 Avec antéposition de *mot : sans mot dire* (plus fréquent que *sans dire mot).*

moto n. f. *Aller à moto, *en moto* ▷ à (VII, 1).

moto- Préfixe (tiré de *moteur* ou de *motocyclette*), qui entre dans la formation de mots techniques. Les composés en *moto* s'écrivent en un seul mot, sans trait d'union : *motocross, motoculteur, motocycle, motopompe, mototracteur,* etc.

motocyclette n. f. *Aller à motocyclette, *en motocyclette* ▷ à (VII, 1).

motrice n. f. Voiture de voyageurs munie d'un moteur et jouant le rôle de locomotive dans une rame de plusieurs voitures. ▼ Ne doit pas être employé comme synonyme de *locomotive.*

mots croisés n. m. pl. On préférera la graphie sans trait d'union, *mots croisés,* à *mots-croisés.* ▼ Ne peut s'employer au singulier. On ne dira pas **un mot croisé,* mais *un problème de mots croisés.*

mots-croisiste n. m. *ou* f. Amateur de mots croisés. ▼ Avec un trait d'union, à la différence de *mots croisés.* Toujours un *-s* à *mot,* même au singulier. Pl. : *des mots-croisistes.* Le synonyme *cruciverbiste* est plus usité.

motte n. f. Avec deux *t.*

mou adj. *ou* n. Forme et expressions.

I Forme et place de l'adjectif.

1 Le masculin pluriel est toujours *mous,* le féminin singulier *molle,* le féminin pluriel *molles.*

2 La langue courante utilise toujours le masculin *mou (mous)* et le féminin *molle (molles)* en les plaçant après le nom : *Un oreiller mou. Des oreillers mous. Une tige molle. Des tiges molles. Une ondulation molle. Des ondulations molles.*

3 Le masculin singulier *mou* ne peut s'employer devant un nom commençant par une voyelle ou un *h-* muet. Il est donc impossible de dire *un *mou oreiller.*

4 La langue littéraire place parfois le féminin *molle(s)* devant le nom, surtout si celui-ci est polysyllabique : *De molles ondulations.* Elle emploie au masculin singulier la forme *mol* quand l'adjectif est placé devant un nom commençant par une voyelle ou un *h-* muet : *Un mol oreiller.* De même : *Un mol et doux oreiller.*

II On dira *mou comme une chiffe* et non *mou comme une chique,* déformation populaire de l'expression.

moucharabieh n. m. Grille de bois placée devant la fenêtre d'une maison arabe. — Prononciation : [muʃaʀabjɛ]. — Pl. : *des moucharabiehs.* — La forme *moucharaby* est rare.

mouche n. f. Avec *mouche* toujours au singulier : *des pattes de mouche, écriture en pattes de mouche.* — Sans trait d'union : **un poids mouche** *(des poids mouche,* sans *-s).* — Avec un trait d'union : **un bateau-mouche** *(des bateaux-mouches,* avec *-s).*

moucher La forme pronominale et la forme transitive sont usuelles et correctes : *Il se moucha dans un mouchoir à carreaux. La mère moucha son enfant. Il mouche du sang, du pus.* — La forme intransitive *(Quand on est enrhumé, on mouche souvent)* est vieillie et provinciale.

moucheter v. t. Conjug. **14.** *Je mouchette, je mouchetterai.*

mouchetis [muʃti] n. m. Finale en *-is,* avec *-s* muet.

moudre v. t. Conjug. **88.** *Je mouds, tu mouds, il moud, nous moulons, vous moulez, ils moulent.* — *Je moulais.* — *Je moulus.* — *Je moudrai.* — *Je moudrais.* — *Mouds, moulons, moulez.* — *Que je moule.* — *Que je moulusse.* — *Moulant.* — *Moulu, ue.* — On prendra garde à l'homonymie de certaines formes de *moudre* avec des formes du verbe *mouler.*

moue n. f. Petite grimace. — Avec un *-e.*

moufette n. f. Animal. — On rencontre aussi les graphies plus rares *mouffette, mofette.* — Attention au paronyme *mofette,* émanation de gaz carbonique.

moufle Avec un seul *f.* — Attention au genre.

1 Une moufle (féminin).

a/ Gant sans séparation pour les doigts, sauf pour le pouce.

b/ Assemblage de plusieurs poulies.

2 Un moufle (masculin).

a/ Vase de terre qui protège un objet exposé à la chaleur dans un four.

b/ Four à porcelaine ; four à coupellation.

mouflon n. m. Avec un seul *f,* à la différence de *buffle.*

mouiller v. t. Attention au *i* après le groupe *-ill-* à la première et à la deuxième personne du pluriel de l'indicatif imparfait et du subjonctif présent : *(que) nous mouillions, (que) vous mouilliez.*

moulinet n. m. Finale en *-et.*

mourir v. i. Conjugaison.

1 Conjug. **39.** *Je meurs, tu meurs, il meurt, nous mourons, vous mourez, ils meurent.* — *Je mourais.* — *Je mourus.* — *Je mourrai.* — *Je mourrais.* — *Meurs, mourons, mourez.* — *Que je meure.* — *Que je mourusse.* — *Mourant.* — *Mort, morte.* — Se conjugue avec l'auxiliaire *être : Il est mort lundi.*

2 Se mourir Ne peut absolument pas s'employer aux temps composés.

mousquet n. m. Finale en *-et.*

mousquetaire n. m. Finale en *-aire.* — Invariable dans les expressions *des cols mousquetaire, des poignets mousquetaire, des gants mousquetaire, des bottes mousquetaire* (ou *à la mousquetaire).*

mousqueterie n. f. Feu roulant de fusils. — Prononciation : [muskɛtʀi], plutôt que [muskətʀi].

mousseux, moussu Deux adjectifs à bien distinguer.

1 mousseux, euse Qui a de la mousse (écume) : *Cidre mousseux. Bière mousseuse. Un café crème bien mousseux. Du vin mousseux.*

2 moussu, ue Couvert de mousse (plante) : *Le tronc moussu d'un vieil arbre.* ▼ On dira *rose moussue* plutôt que *rose mousseuse.*

moustache n. f. Peut s'employer au singulier dans tous les cas. Le singulier est même absolument obligatoire quand il s'agit d'une petite moustache qui ne se divise pas en deux branches : *Il portait une petite moustache à l'américaine.* — On pourra, si l'on veut, employer le pluriel quand on parlera de grosses moustaches tombantes, à deux branches bien nettement divisées : *Il portait des moustaches tombantes, à la gauloise.*

moustiquaire Rideau léger protégeant contre les moustiques. — Finale en *-aire.* — Toujours féminin : *Une moustiquaire toute neuve.*

moût [mu] n. m. Jus de raisin non encore fermenté. — Avec un accent circonflexe sur le *u.*

moutier n. m. Monastère. ▼ Pas d'accent circonflexe sur le *u*, bien que le mot vienne de l'ancien français *moustier.*

mouton n. m. Deux *n* dans les dérivés : *moutonnant, moutonné, moutonnement, moutonner, moutonneux, moutonnier.* ▼ L'adjectif correspondant à *mouton* « animal » est *ovin.* On écrira donc : *Les races ovines, l'élevage ovin* (et non *l'élevage *moutonnier*).

mouvance n. f. Finale en *-ance.* — Ce mot appartient à la langue du droit féodal. Il désigne l'état de dépendance personnelle d'un fief par rapport au fief dont il relevait et au seigneur de ce fief. — *(par extension)* Le fief vassal lui-même. — (expression) *Dans la mouvance de,* dans la dépendance de : *En épousant Anne de Bretagne, veuve de Charles VIII, Louis XII garda la Bretagne dans la mouvance de France.* ▼ Ne jamais employer *mouvance* au sens de *caractère mouvant, mobile, instable,* de *inconstance, mobilité, instabilité, incertitude.* On écrira par exemple : *L'incertitude de la situation politique* (et non *la mouvance de la situation...). L'inconstance* (ou *la mobilité) des rapports de force* (et non *la mouvance des rapports...).* — En revanche, on pourra dire, par métaphore : *Ce parti reste dans la mouvance de la majorité* (= la dépendance de).

mouvoir v. t. Conjug. 65. *Je meus, tu meus, il meut, nous mouvons, vous mouvez, ils meuvent.* — *Je mouvais.* — *Je mus.* — *Je mouvrai.* — *Je mouvrais.* — *Meus, mouvons, mouvez.* — *Que je musse.* — *Mouvant.* ▼ Le participe passé ne prend d'accent circonflexe qu'au masculin singulier : *mû* (mais *mue, mus, mues*).

Moyen Age n. m. On préférera la graphie avec deux majuscules et sans trait d'union, *Moyen Age,* à *moyen âge, Moyen-Age, moyen-âge.* — En apposition, toujours invariable : *Des costumes Moyen Age.*

moyenâgeux, médiéval ▷ médiéval.

moyen-courrier n. m. — Pl. : *des moyens-courriers.*

moyen duc n. m. Oiseau. ▼ En deux mots, sans trait d'union. — Pl. : *des moyens ducs.*

moyennant prép. Toujours invariable : *Moyennant des efforts soutenus, il peut réussir.* — Avec *finance* au singulier : *moyennant finance.* — *Moyennant que,* locution vieillie : *Moyennant qu'on le dédommagera, il accepte qu'on rompe le contrat.* De nos jours, on dirait : *Moyennant un dédommagement...*

moyenne n. f. Avec deux *n.*

moyeu [mwajø] n. m. — Pl. : *des moyeux.*

mozarabe n. *ou* adj. Avec un *m* minuscule : *les mozarabes.* — A bien distinguer de *mudéjar* ▷ **mudéjar.**

Mr. (avec un point) Abréviation de l'anglais *mister.* ▼ Ne doit pas s'employer à la place de *M.* comme abréviation de *monsieur.*

Mrs. (avec un point) Abréviation de l'anglais *mistress* « madame ». ▼ Ne doit pas s'employer à la place de *MM.* comme abréviation de *messieurs.*

mû Participe passé de *mouvoir.* ▼ Seul le masculin singulier *mû* prend un accent circonflexe. Au féminin et au pluriel, pas d'accent : *mue, mus, mues.*

mucilage n. m. Gomme. — Dérivé : *mucilagineux.* — Avec un seul *l.*

mucus n. m. Prononciation : [mykys]. Invariable : *des mucus.*

mudéjar n. *ou* adj. Mot espagnol francisé. Prononciation : [mydeʒaʀ]. — Avec un *m* minuscule : *les mudéjars,* les musulmans demeurés dans les territoires reconquis sur les chrétiens, en Espagne (du XIIᵉ au XVᵉ siècle). — (au féminin) *Une mudéjare.* — (adjectivement) *L'art mudéjar. Les décors mudéjars. L'ornementation mudéjare. Les églises mudéjares.*

mudéjar, mozarabe Deux mots à bien distinguer.

1 mudéjar, are Qualifie l'art qui fut introduit dans la tradition espagnole par les musulmans demeurés dans les régions d'Espagne reconquises par les chrétiens. L'art mudéjar apparut au XIIᵉ siècle et atteignit son apogée au XVIᵉ siècle. Il se caractérise notamment par l'emploi de la céramique décorative à reflets métalliques appliquée sur les murs des édifices.

2 mozarabe Qualifie l'art espagnol qui eut son origine dans les milieux chrétiens des régions occupées par les musulmans. L'art mozarabe, qui connut son apogée aux XIᵉ et XIIᵉ siècles, se caractérise notamment par l'emploi des arcs outrepassées et des voûtes à nervures.

mue n. f. *Mue d'un serpent. Mue de la voix.* — Avec un *-e* final.

muer L'emploi transitif est littéraire, mais correct : *La pluie avait mué le jardin en mare.* — Généralement employé à la forme intransitive *(Le serpent mue. La voix de l'adolescent mue)* ou pronominale *(Le jardinet s'est mué en mare).*

muet, muette adj. *ou* n. Deux *t* au féminin.

muezzin n. m. Avec deux *z*. — Deux prononciations : [mɥɛdzɛ̃] ou [mɥezɛ̃]. Celle-ci est préférable.

mufle n. m. ▼ Un seul *f.* De même : *muflerie.*

muflier n. m. Plante. — Un seul *f.*

muguet [mygɛ] n. m. Finale en *-et.* — On évitera le pluriel *des muguets.* On écrira plutôt, selon le sens : *des plants de muguet* ou *des brins de muguet.*

muid n. m. Ancienne mesure de capacité. — Prononciation : [mɥi], le *-d* est muet.

mulâtre n. *ou* adj. Attention au féminin.

1 Dans l'emploi substantif, le féminin est *mulâtresse : Il avait épousé une mulâtresse des Iles.*

2 Dans l'emploi adjectif, le féminin est *mulâtre : Une jeune fille mulâtre.*

mulâtre, créole, métis ▷ **métis.**

1. mule n. f. Femelle du mulet. — Un seul *l.*

2. mule n. f. Chaussure. — Un seul *l.*

1. mulet n. m. Hybride de l'âne et de la jument. — Finale en *-et.*

2. mulet n. m. Poisson. — Finale en *-et.*

mulot n. m. Rat qui vit dans les champs. — A bien distinguer du *surmulot,* rat d'égout.

multi- Les mots en *multi* s'écrivent en un seul mot sans trait d'union : *multicolore, multinational, multiplace,* etc.

multiplicande n. m. Finale en *-ande.*

multiplier Conjugaison et constructions.

1 Conjug. **20.** Double le *i* à la première et à la deuxième personne du pluriel de l'indicatif imparfait et du subjonctif présent : *(que) nous multipliions, (que) vous multipliiez.*

2 L'emploi intransitif est rare. De nos jours, on emploie plutôt *se multiplier : Les rongeurs se multiplient rapidement,* plutôt que *Les rongeurs multiplient rapidement.*

multirisques adj. Toujours invariable (un *-s* même au singulier) : *Une assurance multirisques.*

multistandard adj. Invariable : *Des téléviseurs multistandard.*

multitude n. f. Accord du verbe et de l'attribut.

1 La multitude de (des). Verbe et attribut généralement au singulier : *La multitude des tâches à accomplir semblait décourageante.*

2 Une multitude de. Verbe et attribut généralement au pluriel : *Une multitude d'œuvres semblaient promises à l'oubli.*

munichois, oise Prononciation : [mynikwa, waz].

municipal, ale, aux adj. Masculin pluriel en *-aux : Les conseillers municipaux.* — Avec un seul *n* et un seul *p.* De même : *municipalisation, municipaliser, municipalité.*

municipe Dans l'antiquité romaine, ville s'administrant de manière autonome. — Toujours masculin : *Un petit municipe.* — Avec un seul *n* et un seul *p.*

munificence n. f. Finale en *-ence.* De la même famille : *munificent, ente.*

munificence, magnificence ▷ **magnificence.**

mur n. m. Muraille, cloison. — Sans accent circonflexe. De même : *murage, muraille, mural, muré, murer, muret, murette.*

mûr, mûre adj. Arrivé à maturité. — Avec un accent circonflexe. De même : *mûrement, mûri, mûrir, mûrissage, mûrissant, mûrissement, mûrisserie.*

mural, ale, aux adj. Masculin pluriel en *-aux : Des tableaux muraux.*

mûre n. f. Fruit de la ronce ou fruit du mûrier — Avec un accent circonflexe. De même : *mûrier.*

mûrier n. m. Avec un accent circonflexe sur le *u,* comme dans *mûre.*

mûrir v. t. *ou* i. Avec un accent circonflexe sur le *u.* De même : *mûri, mûrissage, mûrissant, mûrissement, mûrisserie.*

mûrissage, mûrissement Ces deux noms masculins ne sont pas synonymes.

1 mûrissage Action de faire mûrir des fruits artificiellement : *Le mûrissage des bananes cueillies vertes s'effectue dans des entrepôts appelés mûrisseries.*

2 mûrissement Action de devenir mûr naturellement : *Le mûrissement des fruits sur l'arbre.* — A la différence de *mûrissage,* s'emploie au figuré : *Le mûrissement d'un esprit. Le mûrissement d'une idée, d'un projet.*

muscat adj. *ou* n. m. On dit indifféremment *rose muscade* ou *rose muscate.* — Avec un *m* minuscule : *du muscat (Boire du muscat. Une bouteille de muscat).* — Avec *muscat* au singulier : *une grappe de muscat* (raisin), *acheter un kilo de muscat.*

muse n. f. Avec un *M* majuscule au pluriel : *les Muses, les neuf Muses.* — Avec un *m* minuscule au singulier : *Calliope, muse de la poésie épique et de l'éloquence.* — Avec un *m* minuscule dans les emplois figurés : *La muse fertile* (= l'inspiration) *d'un poète. Elvire, muse de Lamartine.*

musée n. m. Avec un *M* majuscule : *le Musée,* partie du palais de Ptolémée Ier, à Alexandrie, qui contenait une bibliothèque, des collections scientifiques. — Avec un *m* minuscule et une majuscule au complément : *le musée du Louvre, le musée de l'Homme, le musée de la Marine,* etc. En revanche, un *M* majuscule quand le mot désigne un édifice unique et que le complément (ou l'adjectif) ne suffit pas à l'individualiser : *Le Musée océanographique.* S'il s'agit non d'un édifice unique mais du représentant d'une catégorie, un *m* minuscule : *Cette ville possède un musée océanographique.*

museler v. t. Conjug. **13.** *Je muselle, je musellerai.* — Dérivés : *muselet* (filet du bouchon d'une bouteille de champagne), *muselière, musellement.*

muselière n. f. Finale en *-ère.*

muséum n. m. Mot latin francisé. — Un accent aigu sur le *e.* — Prononciation : [myzeɔm]. — Pl. : *des muséums.* — Avec un *M* majuscule quand le mot désigne un édifice unique et que le complément ne suffit pas à l'individualiser : *Le Muséum d'histoire naturelle.* Si le complément suffit à l'individualiser, une minuscule à *muséum : Le muséum de Lyon.* S'il s'agit non d'un édifice unique mais du représentant d'une catégorie, un *m* minuscule : *Cette ville possède un muséum d'histoire naturelle.*

music-hall n. m. Anglicisme à demi francisé. Prononciation : [myzikol]. Pl. : *des music-halls* [-ol]. — Avec un trait d'union.

musulman adj. *ou* n. m. Pas un nom de peuple, donc pas de majuscule : *Les musulmans.* — Un seul *n* dans le féminin : *musulmane.*

mutation n. f. Deux *n* dans les dérivés : *mutationnisme, mutationniste.*

muter v. t. Changer de poste. — Avec un seul *t.*

mutiler v. t. Avec un seul *t.* De même : *mutilant, mutilateur, mutilation.*

mutiler, amputer ▷ amputer.

mutin, ine adj. *ou* n. Avec un seul *t.* De même : *mutiner, mutinerie.*

mutuel, elle adj. On évitera le pléonasme *entraide mutuelle.*

mutuel, réciproque Ces deux adjectifs ne sont pas interchangeables.

1 mutuel, elle Peut s'employer quel que soit le nombre des personnes, des groupes, des éléments : *Jacques, Louis, Pierre et Antoine se portaient une estime mutuelle.* Ici, *réciproque* est impossible.

2 réciproque Ne s'emploie que lorsqu'il y a deux personnes, deux groupes, deux éléments : *Louis et Jacques se portent une estime réciproque.* On peut dire aussi, dans ce cas, *une estime mutuelle.*

mutuellement adv. On évitera l'emploi pléonastique de *mutuellement* avec des composés de *entre (s'entre-déchirer, s'entre-dévorer, s'entraider,* etc.). On écrira : *Ils s'aident mutuellement* ou *Ils s'entraident,* mais non *Ils s'entraident mutuellement.*

myco- Préfixe (du grec *mukês* « champignon »), qui entre dans la formation de plusieurs mots savants. Les mots en *myco* s'écrivent en un seul mot sans trait d'union : *mycoderme, mycologue, mycorhize.*

myo- Préfixe (du grec *mus, muos* « muscle »), qui entre dans la formation de quelques mots savants. Les mots en *myo* s'écrivent en un seul mot, sans trait d'union : *myocarde, myocardite, myographe, myopathie,* etc.

myope adj. *ou* n. Avec un *y.* De même : *myopie.*

myosotis Plante. — Attention à la place de l'*y.* — Prononciation : [mjozɔtis] ▼ Toujours masculin : *Un beau myosotis.*

myriade n. f. Avec un *y.*

myrrhe n. f. Parfum. — Avec un *y,* deux *r,* et un *h.*

myrte n. m. Arbrisseau. — Avec un *y* et un *t* (et non *th*). ▼ Toujours masculin : *Un myrte odorant.*

myrtille n. f. Plante ; fruit de cette plante. — Deux prononciations : [miʀtij] ou [miʀtil]. On pourra préférer [miʀtil].

mystère n. f. Avec un accent grave. En revanche, accent aigu dans les dérivés *mystérieusement, mystérieux.*

mystifier v. t. Conjug. **20.** Double le *i* à la première et à la deuxième personne du pluriel de l'indicatif imparfait et du subjonctif présent : *(que) nous mystifiions, (que) vous mystifiiez.* — Dérivés : *mystificateur, mystification.*

mystifier, mythifier ▷ mythifier.

mystique adj. *ou* n. Avec un *y.* De même : *mysticisme, mysticité, mystiquement.*

mythe n. m. Avec un *y* et *-th-.* De même : *mythifier, mythique, mythiquement, mythologie, mythologique, mythologue.*

mythifier v. t. Conjug. **20.** Double le *i* à la première et à la deuxième personne du pluriel de l'indicatif imparfait et du subjonctif présent : *(que) nous mythifiions, (que) vous mythifiiez.*

mythifier, mystifier Deux verbes paronymes à bien distinguer.

1 mythifier Faire passer à l'état de mythe, c'est-à-dire à l'état d'image simplifiée, mais capable d'agir puissamment sur l'imagination des foules, des masses : *Au XIXᵉ siècle, on a mythifié l'idée de progrès.* — Nom correspondant : *mythification.*

2 mystifier Au sens politique, tromper en masquant la réalité sociale, l'oppression : *Selon les marxistes, les superstructures idéologiques bourgeoises mystifient le prolétariat.* — Nom correspondant : *mystification.*

mythomane adj. *ou* n Avec *y, -th-* et un seul *n.* De même : *mythomanie.*

mytiliculture n. f. Elevage des moules — Attention à la place de l'*y.* — Avec *t* (et non **th*). De même : *mytiliculteur.*

N

nabab n. m. Autrefois, dans l'Inde, gouverneur. — *(familier)* Homme très riche. — Avec un *n* minuscule. — Prononciation : [nabab]. — Pl. : *des nababs* [-bab].

nabi n. m. Chez les Hébreux, prophète. — Avec un *n* minuscule : *les nabis* [-bi], groupe de peintres du début du XXᵉ siècle.

nabot n. m. Homme petit. — Finale en *-ot.* — Un seul *t* dans le féminin : *nabote.*

nacarat n. m. Couleur. — Un seul *c*, un seul *r*, finale en *-at.* — Variable comme nom : *Toute la gamme des nacarats.* — Invariable comme adjectif : *Des robes nacarat.*

nacelle n. f. Avec un *c* et deux *l.*

nacre Toujours féminin : *De la belle nacre.* — Dérivés : *nacré, nacrer.*

nadir n. m. Point opposé au zénith. — Avec un *n* minuscule.

nævus n. m. Tache sur la peau. — Prononciation : [nevys] ▼ Pl. : *des naevi* [nevi]. — Attention au groupe *-ae.*

nageoire n. f. Attention au *e* après le *g.*

nager v. i. Conjug. **16.** Prend un *e* après le *g* devant *a* ou *o : il nagea, nous nageons.* — On évitera le pléonasme **nager dans l'eau.* En revanche, on peut dire *nager dans une piscine, dans la mer, dans une rivière, nager dans l'eau tiède et limpide,* etc.

naguère adv. Il y a peu de temps. — L'orthographe *naguères* est vieillie. ▼ N'est pas synonyme de *jadis, autrefois.*

naguère, jadis ▷ **jadis.**

naïade [najad] n. f. Attention au tréma. Toujours un *n* minuscule : *les naïades.*

naïade, dryade, hamadryade, napée, Néréide, oréade Six noms féminins qui désignent des nymphes.

1 naïade Nymphe des eaux douces (sources, rivières).

2 dryade Nymphe des forêts.

3 hamadryade Nymphe vivant cachée sous l'écorce d'un arbre et mourant avec lui.

4 napée Nymphe des bois et des prés.

5 Néréide Nymphe de la mer.

6 oréade Nymphe des montagnes.

naïf, naïve adj. *ou* n. Attention au tréma. De même : *naïvement, naïveté.*

nain, naine adj. *ou* n. f. Le pléonasme *petit nain* est à éviter dans la langue soignée. On peut le tolérer dans le style des contes enfantins. — Sans trait d'union : *le nain jaune* (jeu).

naissain n. m. Ensemble des larves nageuses des huîtres et des moules. — Finale en *-ain.*

naissance n. f. Finale en *-ance.*

naître v. i. Conjug. **95.** *Je nais, tu nais, il naît, nous naissons, vous naissez, ils naissent.* — *Je naîtrai, tu naîtras, il naîtra, nous naîtrons, vous naîtrez, ils naîtront.* — *Je naîtrais, tu naîtrais, il naîtrait, nous naîtrions, vous naîtriez, ils naîtraient.* — *Nais, naissons, naissez.* — *Que je naisse.* — *Que je naquisse.* — *Naissant.* —

Né, née. — Toujours avec l'auxiliaire *être : Elles sont nées à Bordeaux.* ▼ On prendra garde à l'accent circonflexe qui apparaît dans les formes où *nai-* est suivi d'un *t : il naît, je naîtrai,* etc., *je naîtrais,* etc., *naître.*

naïvement adv. Avec un tréma, comme *naïf.* De même : *naïveté.*

naja n. m. Serpent. — Pl. : *des najas* [-ʒa].

nandou n. m. Oiseau. — Pl. : *des nandous.*

nankin n. m. *ou* adj. Autrefois, étoffe de couleur jaune chamois. — Avec un *n* minuscule : *Un pantalon de nankin.* — Prend la marque du pluriel : *de beaux nankins.* — Comme adjectif de couleur, invariable : *Des paletots nankin. Des jupes nankin.*

nantais, aise adj. *ou* n. De la ville de Nantes — Attention à la majuscule : *La population nantaise. Les Nantais.* — *Un canard nantais* ou *un nantais.* — *Un nantais :* gâteau aux amandes.

nantir v. t. Avec *-an-.* De même : *nanti, nantissement.*

napalm n. m. Pas de *-e* à la fin.

napée n. f. Nymphe des bois et des prés. — Finale en *-ée.* ▼ Avec un seul *p,* à la différence de *nappe* (aucun rapport de sens ou d'étymologie) ▷ *naïade.*

naphtalène, naphtaline Deux noms qui s'écrivent avec *-ph-.*

1 Le naphtalène Dénomination chimique du carbure d'hydrogène de formule $C_{10}H_8$.

2 La naphtaline Dénomination commerciale du naphtalène impur vendu comme antimite.

naphte [naft(ə)] *(vieux)* Pétrole. — Toujours masculin de nos jours : *Le naphte brut.* Le féminin est vieux.

napoléon n. m. Pièce d'or. — Avec un *n* minuscule. — Pl. : *des napoléons.*

napolitain, aine adj. De la ville italienne de Naples. — Attention à la majuscule : *La population napolitaine. Les Napolitains.* — *Le napolitain :* dialecte de Naples. — *Un napolitain :* gâteau. — *Des napolitains :* bonbons. — *La napolitaine :* étoffe.

nappe n. f. Avec deux *p.* De même : *nappé, napper, napperon.*

narcisse Plante ; fleur. — Toujours masculin : *Un beau narcisse blanc.* — Attention à la place respective du *c* et du groupe *-ss-.*

narcissisme n. m. Avec *c* et *-ss-.* De même : *narcissique.*

narco- Seul le composé *narco-analyse* prend un trait d'union. — Les autres s'écrivent sans trait d'union : *narcolepsie, narcomanie, narcothérapie.*

narcose n. f. Se prononce [naʀkoz], avec *o* fermé, mais s'écrit sans accent circonflexe. — En revanche, *o* ouvert dans *narcotique* [naʀkɔtik].

narguer [naʀge] v. t. Toujours avec *-gu-,* même devant *a* ou *o : il nargua, nous narguons.*

narguilé n. m. Pipe orientale. — Prononciation : [naʀgile]. — Pl. : *des narguilés.* — On évitera les graphies *narghilé, narghileh, narguileh.*

narine n. f. Avec un seul *r.*

narquois, oise adj. *ou* n. Avec *-qu-.* De même : *narquoisement.*

narrer v. t. Avec deux *r.* De même : *narrateur, narratif, narration.*

narthex n. m. Portique, vestibule à l'entrée d'une église. — Avec *-th-.* — Prononciation : [naʀtɛks].

narval n. m. Mammifère marin. ▼ Pl. : *des narvals.*

nasal, ale, aux adj. *ou* n. Masculin pluriel en *-aux : des sons nasaux.*

naseaux n. m. pl. Narines du cheval, du bœuf, etc. — Ne pas écrire comme *nasaux,* masculin pluriel de *nasal.* — Le mot *naseaux* ne s'emploie pas au singulier.

nasonner v. i. Parler du nez. — Avec deux *n.* De même : *nasonnement.*

nasse n. f. Engin de pêche ; piège. — Avec deux *s.*

natal, ale adj. Le masculin pluriel admis, *natals,* est très rare. On évitera d'employer ce mot au masculin pluriel et surtout d'utiliser la forme discutée **nataux.* — Dérivés : *natalisme, nataliste, natalité.*

natatoire adj. Finale en *-oire,* même au masculin : *Organe natatoire.*

natif, ive adj. *ou* n. Emplois difficiles.

1 On évitera le tour populaire et pléonastique : *né natif.*

2 L'emploi substantif *les natifs,* les habitants indigènes d'un lieu, est un peu vieilli ou familier ou péjoratif : *Il a scandalisé tous les natifs du village !*

3 Natif de. Equivalent un peu vieilli de *né à.* En principe, *natif de* suppose que, non seulement on est né à l'endroit en question, mais que les parents, les ascendants y ont vécu. Comparer : *Il est né à Constantine, où son père, officier, était alors en garnison. C'est un vrai Breton, il est natif de Ploudalmézeau.*

nation n. f. Avec des majuscules : *l'Organisation des Nations Unies, les Nations Unies, la Société des Nations.* — Avec une minuscule dans les emplois tels que : *Les élus de la nation. Le Président s'adressera à la nation.*

national, ale, aux adj. Masculin pluriel en *-aux : Les intérêts nationaux.* — Dérivés : *nationalisation, nationaliser, nationalisme, nationaliste, nationalité.*

nationale n. f. Route nationale. — Avec un *n* minuscule : *la nationale 5, la nationale 236.* — Abréviation : *la R.N. 5, la R.N. 236.*

nationaliser, naturaliser Attention aux confusions possibles.

1 nationaliser v. t. Transformer une entreprise privée en entreprise nationale (société dans laquelle l'Etat détient la majorité du capital) : *En 1946, on a nationalisé les houillères.* — Substantif correspondant : *nationalisation.*

2 naturaliser v. t. Accorder à un étranger la nationalité du pays où il réside : *Cette italienne vit en France depuis quinze ans, elle voudrait se faire naturaliser française.* Ne pas employer **nationaliser.* — Substantif correspondant : *naturalisation.*

national-socialisme n. m. En deux mots, avec un trait d'union.

national-socialiste adj. *ou* n. ▼ Le premier élément varie au masculin *(Un militant national-socialiste. Des militants nationaux-socialistes. Un national-socialiste. Des nationaux-socialistes),* mais reste invariable au féminin *(Une organisation national-socialiste. Des organisations national-socialistes. Une national-socialiste. Ces femmes furent des national-socialistes).* Le second élément prend la marque du pluriel au féminin comme au masculin. — Toujours un trait d'union et un *n* minuscule : *Les nationaux-socialistes.*

natte n. f. Avec deux *t.* De même : *nattage, natté, natter.*

Nattier Avec un *N* majuscule et sans trait d'union : *bleu Nattier.* — Toujours invariable : *Des robes bleu Nattier. Des robes Nattier.*

naturaliser v. t. L'attribut s'accorde avec le sujet : *Ces Italiennes veulent se faire naturaliser françaises.* ▼ Ne pas employer *nationaliser* dans ce sens ▷ **nationaliser.** De même, ne pas employer *nationalisation* (collectivisation) au sens de *naturalisation* (acquisition d'une nouvelle nationalité).

nature n. f. Orthographe des expressions.

1 Comme adjectif, toujours invariable : *Des cafés nature. Des yaourts nature.* — Emploi familier quand *nature,* au sens de « spontané », qualifie une personne : *Ces filles sont nature, sont très nature.* Equivalents soutenus : *naturel, spontané.*

2 Au singulier : *en nature,* acquitté au moyen de marchandises *(Les redevances en nature que le paysan devait à son seigneur).* S'oppose à *en espèces* (avec *-s*), en argent ou par chèque, par mandat : *De nos jours, les impôts se payent toujours en espèces.*

3 Adjectif + de nature. Le tour *Il est colérique de nature* est d'un registre moins soutenu que *Il est d'une nature colérique.*

4 Sans trait d'union : *une nature morte* (pl. : *des natures mortes*).

naturel, elle adj. *ou* n. m. On dira *au naturel* et non * *en naturel : Haricots blancs au naturel. Peindre, représenter au naturel.*

naturellement adv. Familier en tête de phrase, sans *que : Naturellement, il ne nous a pas prévenus !* — Populaire avec *que : Naturellement, qu'il ne nous a pas prévenus !*

naufrage n. m. Avec *-au-.* De même : *naufragé, naufrager, naufrageur.*

naufrager v. i. Conjug. **16.** Prend un *e* après le *g* devant *a* ou *o : il naufragea, nous naufrageons.*

naumachie n. f. Dans l'Antiquité romaine, simulacre de combat naval. — Prononciation : [nomaʃi].

nauséabond, onde adj. Avec *-au-.* Finale en *-ond.*

nausée adj. Finale en *-ée.* Avec *-au-.* De même : *nauséeux.*

nautique adj. Avec *-au-*. De même : *nautisme.*

nautonier n. m. *(vieilli et poétique)* Batelier. ▼ Avec un seul *n.*

naval, ale, als adj. ▼ Masculin pluriel en *-als : Des combats navals.*

navarin n. m. Ragoût de mouton. — Avec un seul *r.* — On évitera le pléonasme *navarin de mouton.*

navarin, savarin Deux noms masculins paronymes.

1 navarin Ragoût de mouton aux navets, aux carottes, etc.

2 savarin Gâteau au rhum, souvent garni de crème.

navarrais, aise adj. *ou* n. De la Navarre. — Attention à la majuscule et aux deux *r : la population navarraise. Les Navarrais.*

navet n. m. Finale en *-et.*

navigable adj. Avec *g,* comme *navigabilité,* à la différence de *naviguer.*

navigant, naviguant ▼ Ne pas écrire le substantif et adjectif variable *navigant, ante (Les équipes navigantes. Le personnel navigant. Les navigants de la TWA)* comme *naviguant,* participe présent invariable du verbe *naviguer (C'est en naviguant qu'il a amassé tous ces souvenirs colorés des pays tropicaux).*

navigateur, trice n. m. *ou* n. f. Avec *g* comme *navigation,* à la différence de *naviguer.*

naviguer v. i. ▼ Toujours avec *-gu-,* même devant *a* ou *o : (il navigua, nous naviguons),* à la différence de *navigabilité, navigable, navigateur, navigation,* et de *navigant, ante* adj. *ou* n.

naviplane n. m. Synonyme de *aéroglisseur.* — On préférera les termes français *naviplane* ou *aéroglisseur* à l'anglicisme *hovercraft.*

naviplane, hovercraft, aéroglisseur, hydrofoil, hydroptère, hydroglisseur ▷ hovercraft.

navire Noms de navires ▷ **annexes.**

navire, bateau, bâtiment, embarcation, vaisseau ▷ bateau.

navire-citerne n. m. Mot français à préférer à l'anglicisme *tanker.* — Pl. : *des navires-citernes.*

navire-hôpital n. m. — Pl. : *des navires-hôpitaux.*

navire-jumeau n. m. Mot français à préférer à l'anglicisme *sister-ship.* — Pl. : *des navires-jumeaux.*

navrer v. t. Se prononce [navʀe], avec *a* palatal, et s'écrit donc sans accent circonflexe. De même : *navrant.*

nazi, ie adj. *ou* n. Forme péjorative de *national-socialiste.* — Prend la marque du féminin et du pluriel : *Un chef nazi. Les chefs nazis. Une organisation nazie. Les organisations nazies. Un nazi. Les nazis. Une nazie. Ces femmes furent des nazies.* — Toujours avec un *n* minuscule. — Prononciation à la française : [nazi].

nazisme n. m. Forme péjorative de *national-socialisme.* — Prononciation : [nazism(ə)].

N. B. Initiales de *nota bene,* mots latins qui signifient « remarquez bien ». S'emploie pour introduire une remarque. — S'écrit avec un *N* et un *B* majuscules, chacun suivi d'un point.

N.-D. Abréviation de *Notre-Dame.* — Avec un *N* majuscule suivi d'un point et un *D* majuscule suivi d'un point. Ne pas oublier le trait d'union.

ne Adverbe à valeur principalement négative.

I Elision de *ne* ; omission de *ne* due à la liaison de *on.*

1 Elision de *ne* obligatoire devant une voyelle ou un *h-* muet : *Il n'entrera pas. Elle n'hésite pas* (à côté de *Il ne reviendra pas. Je ne hais pas cet homme).*

2 Attention à l'omission involontaire de *n'* due à la liaison de *on* avec l'initiale du mot suivant : *On *entend plus parler de lui,* forme fautive pour *On n'entend plus...,* due au fait que les deux formes se prononcent de manière identique, [ɔ̃nɑ̃tɑ̃].

II Omission de *ne.*

1 Dans la langue surveillée, on emploi[e] normalement *ne* en corrélation avec *pas, point, goutte, mie,* avec *aucun, aucunemen[t] guère, jamais, nul, nullement, nulle par[t] personne, plus, rien,* etc., et aussi avec *qu[e] quand ne... que* signifie « seulement » : *[Je] ne veut pas. Il n'a point d'esprit. On n'y vo[it] goutte. Je n'écoute mie. Il n'y en a aucun[e] Je ne refuse aucunement. Nous n'avons gu[ère] de documents. Vous ne venez presque jama[is] Nul ne le sait. Tu n'avais nullement prév[u] cela. Ce chemin ne mène nulle part. Person[ne] ne viendra. Je ne dors plus. Ils n'ont ri[en] fait.*

2 La langue relâchée fait l'ellipse de *ne : Il vient pas. J'y vais jamais. Je dors plus.* Cet emploi doit être évité, surtout dans la langue écrite.

3 L'omission de *ne* est de règle, même dans la langue surveillée, quand il s'agit d'un tour elliptique : *Pas de risque qu'il vienne! Un enfant vigoureux, mais pas très grand. Plus un bruit, tout est calme maintenant.*

4 L'omission de *ne* se rencontre parfois dans les exclamations ou surtout dans les interrogations directes : *Sais-tu pas un pays où le rêve deviendrait réalité?* Ce tour, littéraire ou poétique, est à éviter dans le registre neutre, où il risque de passer pour une incorrection.

III Omission de *pas* ou de *point* après *ne*.

1 On omet obligatoirement *pas (point)* quand on emploie un autre mot négatif (*goutte, mie, aucun, aucunement, guère, jamais, nul, nullement, nulle part, personne, plus, rien,* etc.) : *Il ne voit goutte. Je n'entends mie. Il ne vient jamais. Nul ne le sait.* On évitera la construction populaire *Il n'en a *pas guère,* pour *Il n'en a guère.*

2 Omission de *pas (point)* possible, mais non obligatoire, avec les verbes *cesser, oser, pouvoir, savoir : Il ne cesse de nous importuner. Je n'ose le déranger. Je ne puis vous aider. Il ne sait ce qu'il doit faire.*

3 Omission obligatoire après *savoir que* suivi de l'infinitif : *Il ne sait que faire. Je ne sais que dire.*

4 Omission obligatoire dans certains tours figés : *si ce n'est, ne vous déplaise, n'empêche que, n'importe que, n'avoir crainte, n'avoir cure, n'avoir garde, ne dire mot, qu'à cela ne tienne, il n'y avait âme qui vive,* etc.

5 Omission obligatoire avec *ni,* employé une seule fois ou répété : *Il ne se plaint ni ne proteste. Ni la pluie ni le froid ne l'effraient.*

6 Omission obligatoire après *que* au sens de « pourquoi » ou après *qui* à valeur interrogative : *Ah! que n'a-t-il agi plus tôt! Qui ne pleurerait un tel homme?*

7 Omission fréquente, mais non obligatoire, après *depuis que, il y a (telle durée) que, voilà (telle durée) que,* suivi d'un verbe à un temps composé : *Il y avait six mois que je n'étais retourné à Bordeaux. Voilà trois semaines que je ne l'ai vu.* On peut dire aussi, très correctement : *Il y avait six mois que je n'étais pas retourné à Bordeaux. Voilà trois semaines que je l'ai pas vu.* ▼ Emploi obligatoire de *pas (point, plus)* quand le verbe est au présent ou à l'imparfait : *Voilà deux mois qu'il ne travaille pas.*

8 Omission obligatoire dans les emplois figés *ne fût-ce que, n'était, n'étaient, n'eût été, n'eussent été.* — Pour l'accord de ces expressions ▷ être (IV, 11 et 12).

IV Emploi de *ne... pas* dans l'interrogation à valeur exclamative. On peut remplacer le tour exclamatif pur *Que d'erreurs il a commises!* par le tour interrogatif *Que d'erreurs n'a-t-il pas commises?* Ce dernier tour est parfois écrit avec un point d'exclamation : *Que d'erreurs n'a-t-il pas commises!* Cette substitution est propre à la langue littéraire. Elle est déconseillée par certains grammairiens, qui recommandent d'employer plutôt le tour *Que d'erreurs il a commises!* (sans *ne... pas*).

V Pour que... ne... pas. La construction correcte est : *Il prend toutes les précautions, pour que l'événement ne le prenne pas au dépourvu.* ▼ On évitera la construction relâchée **pour ne pas que l'événement le prenne au dépourvu.* — En revanche, avec l'infinitif, la construction *pour ne pas* est correcte : *Il prend toutes les précautions, pour ne pas être surpris par l'événement,* à côté de *pour n'être pas surpris,* tour également correct, mais moins usuel et plus littéraire.

VI Ne... pas (point, plus) et l'infinitif.

1 On fera attention au changement de sens qu'entraîne souvent le déplacement de la négation : *Il ne peut pas accepter* (= il n'est pas obligé de refuser). *Il peut ne pas accepter* (= il est libre de refuser). *Il n'espère pas être muté* (= il n'a pas l'espoir d'être muté). *Il espère ne pas être muté* (= il a l'espoir de rester au même poste).

2 *Ne* + infinitif + *pas (point, plus).* Le tour *Pour ne m'engager pas, je différai encore ma réponse* est archaïque. Dans la langue moderne on dit : *Pour ne pas m'engager...*

VII Emploi de *ne... que* (= seulement).

1 On évitera les pléonasmes *ne... que seulement, ne... que simplement,* etc. On écrira : *Elle n'est que bachelière* ou *Elle est seulement bachelière* ou *Elle est simplement bachelière,* mais non **Elle n'est seulement que bachelière.*

2 *Ne... pas que (Il n'a pas écrit que des romans policiers).* Tour condamné par quelques grammairiens, mais employé usuellement par les bons écrivains. Dans la langue extrêmement surveillée, on pourra, pour plus de sûreté, préférer *ne... pas seulement : Il n'a pas écrit seulement des romans policiers.*

3 *Ne faire que, ne faire que de* ▷ faire (V, 2).

VIII Le *ne* explétif.

1 Dans les complétives dépendant de certains verbes ou de certaines locutions, *craindre, avoir* peur, redouter, empêcher, éviter, douter, nier, de peur que, etc., l'emploi de *ne* est, sinon obligatoire, du moins fréquent dans la langue écrite soignée : *J'ai peur qu'il ne vienne trop tôt. De peur qu'on ne se moque de lui* (voir chaque verbe ou chaque expression à l'ordre alphabétique).

2 Dans les tournures comparatives, si la première proposition est affirmative, la langue soignée emploie le *ne* explétif. C'est le cas avec *meilleur, mieux, moindre, moins, pire, pis, plus, plutôt,* et aussi avec *autre, autrement : Il est plus âgé qu'on ne le croirait. Elle travaille moins qu'il ne le semble. Les choses se sont terminées autrement qu'ils ne l'avaient prévu.* ▼ Si la première proposition est négative ou interrogative, ce *ne* est souvent omis : *Travaillerait-elle moins qu'il le semble ? Les choses ne se sont pas terminées autrement qu'ils l'avaient prévu.*

3 Avec *avant que, à moins que,* on emploie aussi le *ne* explétif ▷ **avant** (10), **moins** (III, 1).

4 Emploi fautif de *ne* après *sans que* ▷ **sans** (VI).

5 ▼ L'emploi de *ne* est obligatoire dans la construction *que... ne* quand *que* équivaut à « avant que, à moins que, sans que » : *Il ne s'arrêta de protester qu'il n'eût obtenu satisfaction* (= il ne s'arrêta pas de protester avant d'avoir obtenu satisfaction). Ce tour appartient à la langue littéraire.

né, née Participe passé adjectivé de *naître*.

1 Les composés de *né* s'écrivent avec un trait d'union. L'élément *né* s'accorde en nombre et en genre : *Un stratège-né, des stratèges-nés. Une actrice-née, des actrices-nées.*

2 Dernier-né, mort-né, nouveau-né, premier-né (voir chacun de ces mots à l'ordre alphabétique du premier élément).

3 Né à, natif de ▷ **natif** (3).

néandertalien, ienne [neɑ̃dɛʁtaljɛ̃, jɛn] adj. *ou* n. On écrit maintenant : *Les néandertaliens,* mais *l'homme de Neandertal.*

néanmoins adv. Prononciation : [neɑ̃mwɛ̃], et non *[neamwɛ̃]. — Le tour *ce néanmoins* est correct, mais vieilli.

nécessaire adj. *ou* n. m. Attention à la place respective du *c* et du double *s.* De même : *nécessairement, nécessitant, nécessité, nécessiter, nécessiteux.*

nécessitant, ante adj. Ne s'emploie que dans la langue de la théologie, dans l'expression *grâce nécessitante. — Ne doit pas être employé au sens de *contraignant, nécessaire.*

nécessiteux, euse adj. *ou* n. Très pauvre, indigent : *Aide aux personnes nécessiteuses. Nourrir un nécessiteux. — Mot vieilli et littéraire, mais non incorrect.

neck n. m. Anglicisme désignant un piton très abrupt d'origine volcanique. — Prononciation : [nɛk]. — Pl. : *des necks* [nɛk]. — Attention au groupe *-ck.*

nécro- Préfixe (du grec *nekros* « mort, cadavre »), qui entre dans la formation de quelques mots savants. Les composés en *nécro* s'écrivent en un seul mot, sans trait d'union : *nécrobie, nécrologe, nécrologie, nécrologique, nécromancie, nécromancien, nécromant, nécrophage, nécrophore, nécropole, nécropsie,* etc.

nécrologe n. m. Registre des morts d'une paroisse, d'une commune ; liste des victimes d'une catastrophe, d'une guerre, etc. : *Le nécrologe de la déportation.* ▼ Ne pas déformer en **nécrologue.*

nectar n. m. Finale en *-ar,* sans *-d.*

néerlandais, aise adj. *ou* n. Des Pays-Bas. — Prononciation : [neɛʁlɑ̃dɛ, ɛz]. — Attention à la majuscule : *La population néerlandaise. Les Néerlandais. —* N. m. *Le néerlandais :* langue parlée aux Pays-Bas. Ne pas dire *le hollandais.*

néfaste adj. Très correct dans l'emploi sans complément : *Cette décision fut néfaste. Une intervention néfaste.* ▼ Dans la langue très surveillée, on évitera *néfaste à.* On préférera, selon les cas, *funeste, nuisible, nocif, dommageable, fâcheux, mauvais,* etc. : *Cette décision lui sera funeste* ou *sera mauvaise pour lui,* selon le sens (mieux que *lui sera néfaste). L'abus des sauces est nocif pour la santé* ou *nuisible à la santé* (mieux que *néfaste à la santé).*

nèfle n. f. Fruit du néflier. — Avec un accent grave, à la différence de *néflier. — L'expression *des nèfles !* est très familière.

négligeable adj. Attention au *e* après le *g.*

négligeant, négligent Ne pas écrire le participe présent invariable *négligeant* comme l'adjectif variable *négligent, ente : Négligeant leurs fonctions de surveillance, ils ont commis une faute grave. Ces surveillants négligents seront l'objet d'une sanction. Ces filles sont bien négligentes.*

négligemment adv. Finale en *-emment* (vient de *négligent).*

négligence n. f. Finale en *-ence.*

négligent, négligeant ▷ **négligeant.**

négliger v. t. Conjug. **16.** Prend un *e* après le *g* devant *a* ou *o : il négligea, nous négligeons.*

négoce n. m. Commerce en gros ou en demi-gros. — Ce mot est plus littéraire, plus vieilli et plus rare que *négociant.*

négociant, ante n. m. *ou* f. N'est pas synonyme de *commerçant.* Désigne une personne qui fait le commerce de gros ou de demi-gros. — Ce mot est encore usuel, moins vieilli que *négoce.*

négocier v. t. Conjugaison et sens.

1 Conjug. 20. Double le *i* à la première et à la deuxième personne du pluriel de l'indicatif imparfait et du subjonctif présent : *(que) nous négociions, (que) vous négociiez.*

2 Négocier un virage. Anglicisme dû à un calque maladroit de l'anglais *to negotiate a curve.* On écrira plutôt : *prendre un virage.*

nègre n. m. *ou* adj. Orthographe et emploi.

1 Avec un accent grave. — En revanche, accent aigu dans le féminin *négresse* et dans les dérivés : *négrier, Négrille, négrillon, négritude, négroïde.*

2 Généralement avec un *n* minuscule : *La traite des nègres.* De même : *une négresse, un négrillon.* — En revanche un *N* majuscule dans *Négrille* substantif.

3 De nos jours, peut s'employer dans les expressions *travailler comme un nègre* (durement), *le nègre d'un écrivain* (celui qui travaille anonymement pour un auteur). De même, on tolère l'adjectif *nègre* dans des expressions telles que *l'art nègre, la musique nègre, les danses nègres, les masques nègres.* La tendance actuelle est cependant de dire *l'art africain, la musique noire, les masques africains,* etc. On dit toujours *l'art nègre* quand on fait allusion à l'art des Noirs tels qu'il fut connu des Européens dans les années 1925-1930. — On peut aussi employer les noms *un nègre, une négresse* dans un contexte historique, quand on parle d'un(e) esclave noir(e) : *Le planteur fit donner cent coups de fouet au nègre qui avait tenté de s'enfuir.* — On dit de nos jours : *la traite des Noirs,* plutôt que *la traite des nègres.*

4 En dehors des cas énumérés ci-dessus au § 3, on emploiera l'adjectif *noir, noire* ou le nom *un Noir, une Noire, les Noirs,* car le mot *nègre* est péjoratif, insultant et raciste. On préférera même le mot *africain* quand il s'agit de Noirs d'Afrique ou récemment immigrés d'Afrique : *La population noire de Floride. Les Noirs des Etats-Unis. Un village africain du Cameroun. Les ethnies africaines du Zaïre. Les Africains du Gabon et du Congo. Les travailleurs africains immigrés en France.*

Négrille [neɡʀij] n. Synonyme vieilli de *Pygmée.* — Avec un *N* majuscule dans l'emploi substantif, le plus fréquent : *Les Négrilles* (mais *une tribu négrille*).

négrillon n. m. [neɡʀijɔ̃] n. m. Toujours avec un *n* minuscule. — Deux *n* dans le féminin *négrillonne* [neɡʀijɔn].

negro-spiritual n. m. La graphie avec trait d'union, *negro-spiritual,* semble l'emporter sur *negro spiritual.* Prononciation : [neɡʀospiʀitɥol]. — Pl. : *des negro-spirituals* [-tɥol] ou *des negro spirituals* [-tɥol]. ▼ Dans ce mot, d'origine anglo-américaine, jamais d'accent sur le *e.*

neige n. f. Avec *-ei-.* De même : *neiger, neigeux.*

neiger v. impersonnel. Conjug. **16.** *Il neigeait, il neigea.* — L'emploi avec un sujet réel *(Il neigeait des pétales de roses)* est correct, mais littéraire.

néméen, éenne adj. *ou* n. Avec un *j* minuscule et un *N* majuscule : *les jeux Néméens.* — Avec un *N* majuscule : *les Néméennes,* recueil d'odes triomphales de Pindare.

nemrod n. m. *(familier, par plaisanterie)* Chasseur. — Avec un *n* minuscule. — Prononciation : [nɛmʀɔd]. — Pl. : *des nemrods.*

nénie n. f. Dans l'Antiquité romaine, chant funèbre. — S'emploie surtout au pluriel, mais l'emploi au singulier n'est nullement incorrect. Certains dictionnaires donnent à tort ce mot comme exclusivement féminin pluriel.

nenni adv. *(vieux ou employé par plaisanterie)* Non, pas du tout. — Prononciation : [nani], plutôt que [nɛni].

nénuphar n. m. Plante. — Avec *-ph-.* Finale en *-ar.*

néo- Préfixe (du grec *neos* « nouveau »), qui entre dans la formation de nombreux mots savants. A l'exception de *néo-calédonien, néo-hébridais, néo-impressionnisme, néo-impressionniste, néo-zélandais,* tous les termes en *néo-* s'écrivent maintenant en un seul mot, sans trait d'union : *néoclassique, néoformation, néokantisme,* etc.

néolithique n. m. *ou* adj. Avec un *n* minuscule : *le néolithique.*

néologie, néologisme Deux noms à bien distinguer.

1 La néologie Au XVIIIᵉ siècle, manière de parler affectée qui était caractérisée par l'emploi de nouveaux mots ou de nouvelles expressions.

2 Un néologisme De nos jours, mot ou sens qui vient d'être introduit dans le vocabulaire : *Vers 1977, l'anglicisme skate-board était un néologisme.*

néoménie n. f. Dans l'Antiquité grecque, premier jour du mois lunaire. — La forme *nouménie* est plus rare.

néoplasie, néoplasme, néoplastie Trois noms à bien distinguer.

1 La néoplasie Formation normale (cicatrisation) ou pathologique (tumeur) d'un tissu nouveau.

2 Un néoplasme Tumeur formée par la prolifération anarchique des cellules.

3 La néoplastie Restauration, par cicatrisation, d'un tissu détruit.

Néoprène n. m. Caoutchouc synthétique. — Nom déposé, donc avec une majuscule.

néozoïque [neɔzɔik] n. m. *ou* adj. Avec un *n* minuscule : *le néozoïque,* l'ère tertiaire.

néphrétique [nefʀetik] adj. *ou* n. *Coliques néphrétiques.* Avec -*ph*-.

néphrite, névrite Deux noms féminins paronymes à bien distinguer.

1 néphrite [nefʀit] Inflammation du rein.

2 névrite Lésion inflammatoire des nerfs.

néphro- Préfixe (du grec *nephros* « rein »), qui entre dans la formation de quelques mots savants. Ces mots s'écrivent sans trait d'union : *néphrocèle* n. f. (hernie du rein), *néphrologie* n. f. (étude des maladies du rein), *néphropexie* n. f. (fixation chirurgicale du rein).

néréide n. f. Un *N* majuscule quand le mot désigne une nymphe de la mer : *Les cinquante Néréides. Amphitrite était une Néréide.* ▼ Pas de tréma sur le *i.*

néréide, naïade, dryade, hamadryade, napée, oréade ▷ naïade.

nerf [nɛʀ] n. m. Le -*f* est toujours muet. — Avec *nerf* au pluriel : *crise de nerfs, être à bout de nerfs, être tout en nerfs.* — Avec *nerf* au singulier : *Ce garçon manque de nerf. Son style manque de nerf.* — Avec le complément toujours au singulier : *des nerfs de bœuf* ▷ bœuf.

nervi n. m. Homme de main. — Ce mot est, à l'origine, un pluriel italien, francisé comme singulier. — Pl. (français) : *des nervis.*

n'est-ce pas ? Attention au trait d'union entre *est* et *ce.*

net adv. Prononciation, orthographe, emploi adverbial, emploi abusif.

1 Prononciation : [nɛt].

2 Le féminin *nette* prend deux *t.* De même : *nettement, netteté.*

3 Dans les emplois adverbiaux, toujours invariable : *Elles furent tuées net. La branche cassa net. Des prix de cent francs net* (mais *Des prix nets*). *Vous me devez cinquante francs net. Cinq cents grammes net* (mais *Des poids nets*). *Elles me l'ont déclaré tout net* (mais *Elles ont été très nettes dans leurs déclarations*).

4 Dans la langue du sport, ne pas dire *balle *nette* pour *balle let* ▷ let.

nettoiement [nɛtwamɑ̃] n. m. Attention au *e* muet intérieur.

nettoiement, nettoyage Deux noms masculins dérivés de *nettoyer.*

1 nettoiement Action de nettoyer un local, les rues : *Entreprise de nettoiement. Service municipal de nettoiement.*

2 nettoyage Sens plus large que *nettoiement : Nettoyage d'un évier, d'un lavabo. Je vais faire un grand nettoyage dans ma maison de campagne.* — (spécialement) *Nettoyage des vêtements.* — *Nettoyage à sec* (sans eau, au moyen de benzine, de trichloréthylène).

nettoyage n. m. Bien prononcer [nɛtwajaʒ], et non *[nɛtɔjaʒ].

nettoyer v. t. Prononciation, orthographe et conjugaison.

1 Bien prononcer [nɛtwaje], et non *[nɛtɔje]. — Avec deux *t.* De même : *nettoiement* [nɛtwamɑ̃], *nettoyage* [nɛtwajaʒ], *nettoyeur* [nɛtwajœʀ].

2 Conjug. **21.** Remplace *y* par *i* devant un *e* muet *Je nettoie, je nettoierai.* ▼ Attention au *i* après l'*y* à la première et à la deuxième personne du pluriel de l'indicatif imparfait et du subjonctif présent *(que) nous nettoyions, (que) vous nettoyiez.*

1. neuf adj. numéral *ou* n. m. Prononciation e pluriel.

I Prononciation.

1 Devant une consonne ou un h- aspiré. L prononciation moderne usuelle est [nœf] : *ne* *chiens* [nœfʃjɛ̃], *neuf haches* [nœfaʃ]. La prononciation [nø] devant consonne *(neuf chiens* [nøʃjɛ̃]) n'est pas incorrecte, mais un peu vieillie. Elle pourra être préférée dans la diction très soignée (récitation des vers, lecture de textes littéraires de style noble). — En revanche, on prononcera toujours [nœf] devant un nom de mois : *le neuf janvier* [nœfzɑ̃vje], *le neuf mars* [nœfmaʀs].

2 Devant voyelle ou *h*- muet. La prononciation moderne est [nœf] : *neuf artistes* [nœfaʀtist(ə)], *neuf hivers* [nœfiveʀ]. La prononciation ancienne [nœv] ne s'est maintenue que dans *neuf ans* [nœvɑ̃] et *neuf heures* [nœvœʀ].

3 En finale. Toujours [nœf] : *Ils étaient neuf* [nœf], *sans compter le chef. Vous vouliez des cahiers, en voici neuf* [nœf].

II Employé comme nom au pluriel. Toujours invariable : *Il écrit ses neuf de manière peu lisible.*

2. neuf adj. Féminin : *neuve.* — Expressions difficiles.

I A neuf, de neuf. Les deux expressions ne sont pas synonymes.

1 À neuf De façon à donner l'apparence du neuf : *Cet appartement a été remis à neuf.*

2 De neuf Avec des éléments, des vêtements neufs : *On a équipé de neuf les soldats. Il s'est habillé de neuf.*

II Rien de neuf, quoi de neuf ? A ces expressions on préférera *rien de nouveau, quoi de nouveau ?*

neuf, nouveau Ces deux adjectifs ne sont pas interchangeables.

1 neuf, neuve.

a/ (au propre) Qui n'a pas encore servi : *Des chaussures neuves.* — Dans ce sens, se distingue nettement de *nouveau :* une *voiture neuve* est une voiture qui n'a pas encore beaucoup roulé et qui n'a pas été achetée d'occasion, même si elle est d'un modèle ancien. Une *voiture nouvelle* (ou *une nouvelle voiture*) est une voiture d'un modèle inédit, même si elle a déjà beaucoup roulé. — On dira aussi *J'ai une nouvelle voiture* (plutôt que *une voiture nouvelle*), pour dire « Je viens d'acheter une voiture qui remplace celle que j'avais précédemment » (même si cette *nouvelle voiture* est d'occasion et d'un modèle ancien).

b/ (au figuré) Au sens de « inexpérimenté », est vieilli ou familier : *Il était fort neuf dans les intrigues de la cour. Il m'a l'air un peu neuf dans le métier !* — En revanche, est moderne et non familier au sens de « qui garde

sa fraîcheur et sa vigueur, qui vient de naître, qui est original » : *Des forces neuves. Une camaraderie toute neuve. Une idée neuve et féconde.* — S'emploie peu pour qualifier des personnes, sauf dans des expressions telles que : *Un peuple neuf. Il faut des hommes neufs au gouvernement.*

c/ (familier) *Rien de neuf. Quoi de neuf.* On dira plutôt, dans le style soutenu : *Rien de nouveau. Quoi de nouveau ?*

2 nouveau (nouvel), nouvelle.

a/ (au propre ou au figuré) Qui existe ou qui est connu depuis peu de temps : *Un nouveau modèle. Une nouvelle technique. Une nouvelle voiture* (voir ci-dessus, § 1, a). — *Rien de nouveau. Quoi de nouveau ?* (mieux que *Rien de neuf. Quoi de neuf ?*).

b/ (au propre ou au figuré) Qui remplace une autre chose ou une autre personne, qui lui succède : *Voici ma nouvelle voiture* (voir ci-dessus, § 1, a). *J'ai rencontré notre nouveau directeur.*

c/ (au propre ou au figuré) Non encore exploré, étudié, mis en pratique ; original : *Partons à la recherche d'horizons nouveaux. Il faut trouver de nouveaux sujets d'inspiration.*

d/ *Un homme nouveau :* A Rome, dans l'Antiquité, personnalité politique issue d'une famille obscure.

neume Attention au genre.

1 Un neume Autrefois, chacun des signes qui servaient à noter le plain-chant.

2 Une neume Groupe de notes émises d'un seul souffle ; courte mélodie qui se vocalise sur la dernière syllabe du dernier mot d'un chant (dans la musique d'Eglise).

neural, ale, aux adj. Du système nerveux. — Masculin pluriel en *-aux : Les circuits neuraux.*

neurasthénie n. f. Avec *-th-.* De même : *neurasthénique.*

neuro- Préfixe (du grec *neuron* « nerf »), qui entre dans la formation de certains mots savants. Les composés en *neuro-* s'écrivent en un seul mot sans trait d'union *(neurochirurgie, neurospsychiatrie,* etc.), même quand le deuxième élément commence par une voyelle *(neuroendocrinien).*

neurologue n. m. *ou* f. Forme nettement plus fréquente que *neurologiste.*

neutraliser v. t. Parfaitement correct au sens de « doter d'un statut de neutralité » : *Les accords* *internationaux de 1831 avaient neutralisé la Belgique.* — En revanche, dans la langue surveillée, on évitera d'employer *neutraliser* au sens de *mettre hors de combat, hors d'état de nuire, maîtriser, empêcher d'agir* : *Notre aviation a mis hors de combat l'artillerie ennemie. Le gouvernement veut mettre hors d'état de nuire ces organisations subversives. Les policiers ont réussi à maîtriser le dangereux énergumène. Il faut d'abord empêcher d'agir nos adversaires.* — De même, on préférera *mise hors de combat, hors d'état de nuire, hors d'état d'agir* à *neutralisation.*

neuvaine n. f. Finale en *-aine.*

névé n. m. Masse de neige qui alimente un glacier. — Finale en *-é.*

neveu n. m. — Pl. : *des neveux.*

névropathe adj. *ou* n. Avec *-th-.*

névrose n. f. Se prononce [nevroz], avec *o* fermé, mais s'écrit sans accent circonflexe sur le *o.* De même : *névrosé, ée* [nevroze, e].

névrosé, névrotique Deux adjectifs de la famille de *névrose.*

1 névrosé, ée Atteint de névrose : *Une jeune fille névrosée.* — (substantivement) *Soigner un(e) névrosé(e).*

2 névrotique Qui relève de la névrose : *Une crainte névrotique.*

new-look n. m. *ou* adj. *(anglicisme)* Prononciation : [njuluk]. — Toujours invariable : *Des carrosseries new-look.* — Pour remplacer cet adjectif, on pourra écrire, dans l'emploi substantif, *le nouveau style* et, dans l'emploi adjectif, *d'un style nouveau* ou *à la mode* : *Des carrosseries d'un style nouveau. Des méthodes publicitaires à la mode.*

new-yorkais, aise adj. *ou* n. De New York. — Attention à la majuscule : *La population new-yorkaise. Les New-Yorkais.* — Avec un trait d'union, à la différence de *New York.*

nez n. m. Sans trait d'union : *à vue de nez, nez à nez, un faux nez, un pied de nez.* — Avec un trait d'union : *un cache-nez.*

ni Conjonction à valeur négative impliquant la coordination (= et ne... pas).

I Emploi de *ni.*

1 *Ni... ni* ne peut coordonner que des éléments de même nature grammaticale. On peut dire : *Cet enfant n'est ni intelligent ni*

travailleur, mais non **Cet enfant n'est ni intelligent ni ne travaille.* On peut dire : *Je n'ai ni écrit cette lettre ni pensé à téléphoner,* mais non **Je n'ai écrit ni cette lettre ni pensé à téléphoner.*

2 *Ni* peut s'employer répété devant chaque terme *(ni... ni)* : *Ni le vent ni la pluie ne l'effraient. Il ne craint ni la chaleur ni le froid. Ce travail ne convient ni à mon collègue ni à moi. Ce procédé n'est ni commode ni économique.*

3 *Ni* peut s'employer aussi en corrélation avec une autre négation qui précède *(ne... pas... ni, ne... point... ni, ne... jamais... ni,* etc.) : *Ce vent ne l'effraie pas, ni la pluie. Il ne craint pas le froid, ni davantage le vent. Ce travail ne convient nullement à mon collègue ni à moi. Ce procédé n'est pas commode ni vraiment économique. Il ne lit ni ne travaille.*

4 L'emploi de *ni* isolé, sans corrélation avec un autre *ni* ou avec une autre négation qui précède, est un tour correct, mais archaïque et littéraire : *Le soleil ni la mort ne se peuvent regarder fixement* (La Rochefoucauld). Dans la langue moderne, on dirait : *Ni le soleil ni la mort...*

5 De nos jours, on ne peut plus employer *ni* dans une phrase qui n'est pas négative : *Patience et longueur de temps font plus que force ni que rage* (La Fontaine). De nos jours, on dirait : *... font plus que force et que rage.*

6 *Et* peut remplacer *ni* : *Il ne veut pas entendre parler de sport et de culture physique* (tour qui insiste peu sur la disjonction). *Il ne veut pas entendre parler de sport ni de culture physique* (tour qui insiste déjà plus sur la disjonction). *Il ne veut entendre parler ni de sport ni de culture physique* (tour qui insiste fortement sur la disjonction).

7 *Sans* et *ni.* Deux tours modernes et corrects : *Sans effort et sans perte de temps* et *Sans effort ni perte de temps.* — Un tour archaïque, à éviter : *Sans effort ni sans perte de temps.*

8 *Et ni.* Tour poétique assez rare : *Rien... ne retiendra ce cœur... Rien, ni les vieux jardins reflétés par les yeux, O nuit ! Ni la clarté déserte de la lampe... Et ni la jeune femme allaitant son enfant* (Mallarmé).

II Accord du verbe (et de l'attribut ou du participe) après deux sujets, unis par *ni... ni.*

1 Si l'un des sujets est au pluriel, accord a[u] pluriel : *Ni mon camarade ni ses parents ne son[t] riches.*

2 Si les deux sujets sont au singulier, et s[i] l'idée exprimée par le verbe et l'attribut (ou l[e] participe) peut se rapporter aux deux sujets à la fois, on peut au choix faire l'accord au pluriel ou au singulier : *Ni Flaubert ni Baudelaire ne fut académicien* ou *ne furent académiciens.* (Ils auraient pu être tous les deux académiciens).

3 Si les deux sujets sont des singuliers et si l'idée exprimée par le verbe ou l'attribut (ou le participe) ne peut se rapporter qu'à l'un des sujets, accord obligatoire au singulier : *Ni Jacques ni Etienne n'a été le premier de la classe le mois dernier.* (Ils n'auraient pu être tous les deux *le* premier de la classe).

4 Quand les sujets ne sont pas de la même personne, le verbe se met au pluriel si l'idée qu'il exprime peut se rapporter aux deux sujets à la fois. Si l'un des sujets est de la deuxième personne et l'autre de la troisième, le verbe se met à la deuxième personne du pluriel : *Ni toi ni ton frère n'êtes en cause dans l'affaire.* Si l'un des sujets est de la deuxième personne et l'autre de la première, le verbe se met à la première personne du pluriel : *Ni toi ni moi ne sommes en cause.* Si l'un des sujets est à la première personne et l'autre à la troisième, l'accord se fait à la première personne du pluriel (voir cependant ci-dessous, § 7) : *Ni lui ni moi ne sommes en cause.* — L'attribut ou le participe se met au pluriel, l'accord en genre se faisant selon les règles générales : *Ni toi, Antoine, ni ton frère n'êtes retenus par votre travail. Ni toi, Antoine, ni ta sœur n'êtes retenus par votre travail. Ni toi, Madeleine, ni ta sœur n'êtes retenues par votre travail. Ni toi, Antoine, ni moi ne sommes destinés à être officiers. Ni toi, Madeleine, ni moi, ton mari, ne sommes appelés à hériter de ton oncle. Ni toi, Madeleine, ni moi ne sommes destinées à être infirmières. Ni mon frère ni moi ne sommes destinés à être officiers. Ni ma femme ni moi ne sommes appelés à succéder. Ni ma sœur ni moi ne sommes destinées à être infirmières.*

5 Quand les sujets ne sont pas de la même personne et que le verbe et l'attribut (ou le participe) expriment une idée qui ne peut s'appliquer qu'à un seul sujet à la fois, l'accord pose des problèmes pratiquement insolubles : *Ni toi, Antoine, ni ton frère ne seras le premier* ou *ne sera le premier.* Ces deux accords sont admis, mais rares. On aura intérêt à tourner autrement : *Ce n'est ni à toi, Antoine, ni à ton frère, qu'on donnera la place de premier* ou *Ni toi, Antoine, ni ton frère, aucun de vous deux ne sera le premier.*

6 Ni l'un ni l'autre ▷ *un* (XIV, 8).

7 ▼ Quand les sujets ne sont pas de la même personne et que l'un des sujets est *aucun* (+ nom), *nul* (+ nom), *personne, rien*, le verbe se met toujours à la troisième personne du singulier, l'attribut (ou le participe) au masculin singulier : *Ni moi ni personne ne peut être tenu de respecter ce règlement absurde.*

8 ▼ Si seul l'un des deux sujets est placé avant le verbe, c'est ce sujet antéposé qui commande l'accord : *Ni l'étude n'est suffisante pour former le caractère, ni les livres.*

9 ▼ Quand le second sujet est accompagné d'une expression de renforcement ou de rectification (*même, à plus forte raison*, etc.), l'accord se fait avec le premier sujet : *Ni la pauvreté ni même la maladie ne put l'abattre.* On évitera de joindre un premier sujet singulier et un second sujet pluriel, car l'accord au singulier, en principe correct, serait, dans ce cas, choquant. On tournera autrement : *Rien ne put l'abattre, ni la pauvreté, ni même les maladies* (mieux que *Ni la pauvreté, ni même les maladies, ne put l'abattre*).

10 ▼ Quand, pour des raisons stylistiques, il y a une virgule devant *ni*, l'accord se fait au singulier : *Ni le temps, ni cette toute-puissante altération de la sensibilité, n'a pu atténué la vivacité de ce souvenir.* Dans ce cas, en effet, la disjonction est fortement marquée.

III Accord de l'adjectif quand deux noms sont unis par *ni*.

1 Si l'adjectif se rapporte à l'un des noms seulement, accord avec le nom auquel il se rapporte : *Ni la tôle ni le carton résistant ne conviennent. Il ne craignait ni la neige ni la pluie violente. Il ne craint ni le froid ni les tempêtes les plus violentes.*

2 Si l'adjectif se rapporte aux deux noms, il se met au pluriel (masculin pluriel si les noms sont de genre différents) : *Ni un garçon ni un homme intelligents. Ni une femme ni une fille gentilles. Ni une fille ni un garçon intelligents.*

IV Question de la virgule.

1 Pas de virgule quand *ni... ni...* unit deux verbes, deux noms, deux adjectifs, deux adverbes : *Il n'étudie ni ne lit. Ni les menaces ni les promesses n'ont pu le faire céder. Ce garçon n'est ni sot ni paresseux. Elle ne travaille ni bien ni vite.*

2 Virgule facultative quand *ni... ni...* unit deux propositions : *Ni les menaces ne le troublent, ni les promesses ne le séduisent.*

3 Virgule facultative quand on veut, pour un effet stylistique, isoler l'un des éléments : *Ni le temps écoulé, ni cette inévitable et toute-puissante altération de la sensibilité, n'a pu atténuer la vivacité de ce souvenir d'enfance.*

4 Virgule obligatoire quand il y a plus de deux fois *ni* : *Ni la flatterie, ni la haine, ni l'intérêt n'a pu le détourner de son devoir. Ils ne sont ni lâches, ni stupides, ni dénués de culture.*

5 Quand *ni* n'est pas répété, jamais de virgule *(Il n'a pas de camarades ni d'amis),* sauf s'il y a rejet d'un sujet après le verbe *(Je n'étais pas là, ni vous non plus)* ou si l'on veut isoler un élément pour des raisons stylistiques *(Il n'a plus de crainte, ni d'espoir d'ailleurs)*.

niable adj. Dans le tour impersonnel, s'emploie surtout à la forme négative : *Il n'est pas niable que...* Le verbe de la subordonnée se met à l'indicatif ou, si l'on veut exprimer l'éventualité, au conditionnel : *Il n'est pas niable que nous somme dans notre tort. Il n'est pas niable que les choses iraient mieux si chacun y mettait du sien.* — Pas de *ne* explétif.

niais, niaise adj. *ou* n. Dérivés : *niaisement, niaiserie.*

niaule ▷ gnôle.

nichée n. f. Finale en *-ée.* — Avec le complément au pluriel : *une nichée de moineaux, de lapins.*

nichet n. m. Faux œuf qu'on place dans le pondoir. — Finale en *-et.*

nichoir n. m. Cage ou panier où l'on fait couver les volailles. — Finale en *-oir.*

nickel n. m. Attention au groupe *-ck-.* Dérivés : *nickelage, nickelé, nickeler, nickélifère* (ce dernier mot s'écrit avec *é*).

nickeler v. t. Conjug. **13.** *Je nickelle, je nickellerai.*

niçois, oise adj. *ou* n. De Nice. — Attention à la majuscule : *La population niçoise. Les Niçois.* — *Veau à la niçoise.* — N. m. *Le niçois* ou *le nissard :* dialecte provençal de la région de Nice.

nid n. m. Orthographe des expressions.

1 Avec le complément toujours au singulier, si ce complément désigne un oiseau : *des nids d'alouette, de chardonneret.*

2 Avec le complément toujours au pluriel, si ce complément désigne un animal autre qu'un oiseau : *un nid d'épinoches, de frelons, de guêpes, de rats.* — De même : *un nid de brigands, de pirates.*

3 Avec le complément toujours au singulier : *des nids de résistance.* — On écrit *un nid de mitrailleuse* ou *un nid de mitrailleuses,* selon qu'il y a une ou plusieurs de ces armes.

4 Sans trait d'union : *un nid d'aigle* (château situé sur un sommet ; *des nids d'aigle*), *un nid à rats* (mauvais logement ; *des nids à rats*), *des nids d'hirondelle* (mets chinois).

5 Avec des traits d'union : *un nid-de-pie* (poste d'observation sur un mât de navire ; *des*

nids-de-pie) ; *un nid-de-poule* (trou dans une chaussée ; *des nids-de-poule*), *le nid-d'oiseau* (plante ; *des nids-d'oiseau*).

6 Nids-d'abeilles ▷ abeille.

nielle Deux noms homonymes, l'un féminin, l'autre masculin.

1 La nielle Plante parasite des céréales. — Dérivés : *niellé, ée* adj. *(grain, blé niellé), nieller* v. t. *ou* pron. *(ce champ s'est niellé), niellure* n. f. *(la niellure du grain).*

2 Le nielle Email avec lequel on fait des incrustations. — Incrustation faite avec cet émail. — Dérivés : *niellage* n. m., *niellé, ée* adj. *(plat d'argent niellé), nieller* v. t. *(nieller un coffret d'argent), nielleur* n. m., *niellure* n. f.

nier v. t. Conjugaison et constructions.

I Conjug. **20.** Double le *i* à la première et à la deuxième personne du pluriel de l'indicatif imparfait et du subjonctif présent : *(que) nous niions, (que) vous niiez.*

II Constructions.

1 *Nier* + **infinitif.** La langue moderne emploie généralement l'infinitif sans *de : Il nie avoir reçu de l'argent.* Dans la langue très surveillée, on préférera le tour avec *de,* légèrement archaïque, mais plus sûr : *Il nie d'avoir reçu de l'argent.*

2 *Nier que.* A la forme affirmative, est généralement suivi du subjonctif ou, si l'on veut exprimer une éventualité, du conditionnel : *Je nie qu'on puisse obtenir un bon résultat par cette méthode. Je nie qu'il réussirait, même si les circonstances étaient plus favorables.* Ce dernier tour est assez rare. On aura intérêt à tourner autrement : *Je doute qu'il pût réussir, même si les circonstances étaient plus favorables.* — Si la principale est à la forme interrogative ou négative, le verbe de la subordonnée est généralement au subjonctif (ou au conditionnel) : *Niez-vous que nous puissions réussir ? Je ne nie pas que tout irait mieux si chacun y mettait du sien.* L'indicatif est possible quand on veut insister sur la réalité incontestable du fait : *Niera-t-on que Napoléon a été un grand stratège ? Personne ne peut nier que la médecine a accompli des progrès immenses depuis le XVIIIᵉ siècle.*

3 Le *ne* **explétif.** Ne s'emploie pas quand *nier* que est à la forme affirmative : *Je nie qu'il m'ait remis de l'argent.* S'emploie parfois (mais assez rarement) quand *nier que* est à la forme interrogative ou négative et que le verbe subordonné est au subjonctif : *Peut-on nier qu'il (n') y ait quelque amélioration ? Vous ne niez pas que vos intérêts (ne) soient bien défendus.* On préférera le tour sans *ne.*

nietzschéen, enne adj. De Nietzsche [nitʃ(ə)], philosophe allemand. — Prononciation : [nitʃeɛ̃, ɛn]. — Attention au groupe *-tzsch-*. De même : *nietzschéisme* [nitʃeism(ə)].

nigaud n. m. *ou* adj. Finale en *-aud.* — Féminin : *nigaude* (moins employé que le masculin). — Dérivé : *nigauderie.*

nigérian, nigérien Deux mots à bien distinguer.

1 nigérian, ane adj. *ou* n. Du Nigeria, Etat d'Afrique (capitale : Lagos) : *La population nigériane. Les Nigérians.* — Avec un accent aigu, à la différence de *Nigeria.*

2 nigérien, ienne adj. *ou* n. Du Niger, autre Etat d'Afrique (capitale : Niamey).

night-club n. m. Anglicisme désignant un cabaret de nuit. — Prononciation : [najtklœb]. — Pl. : *des night-clubs* [-klœb]. — Equivalents français : *boîte de nuit, cabaret de nuit.*

nihilisme n. m. Attention au *h* intérieur. De même : *nihiliste.*

nimbe, limbe ▷ limbe.

nimbo-stratus [nɛ̃bostʀatys] n. m. Nuage. — Invariable : *des nimbo-stratus* [-tys].

nimbus [nɛ̃bys] n. m. Nuage. — Invariable : *des nimbus* [-bys].

n'importe Dans les expressions, *n'importe* est invariable : *N'importe quelles plantes feraient aussi bien l'affaire.* — Quand il y a une préposition, elle doit se placer toujours avant *n'importe : A n'importe quel moment,* et non *N'importe à quel moment,* tour archaïque.

niole, niôle ▷ gnôle.

nippes n. f. Ne s'emploie qu'au pluriel. Désigne l'ensemble des vêtements et non un vêtement déterminé. On peut donc dire : *Elle est vêtue de vieilles nippes,* mais non *Ce veston n'est plus qu'*une nippe.* — Attention aux deux *p.* De même : *nipper.*

nippon adj. *ou* n. Synonyme rare de *japonais : L'Empire nippon. Le peuple nippon. Les Nippons.* ▼ Un seul *n* dans le féminin *nippone.*

nirvâna n. m. Se prononce [niʀvana], avec deux fois *a* palatal, mais prend un accent circonflexe sur le premier *a.* S'écrit aussi parfois *nirvāna.* — Pl. : *des nirvânas* [-na].

nissard, arde adj. *ou* n. Synonyme vieilli de *niçois.* — Encore usuel : *le nissard* ou *le niçois,* le dialecte provençal de la région de Nice.

nitouche n. f. Sans trait d'union et sans majuscule : *une sainte nitouche.* — Pl. : *des saintes nitouches.*

nitro- Les mots en *nitro-* s'écrivent tous en un seul mot, sans trait d'union : *nitrobenzène, nitroglycérine,* etc.

niveau n. m. L'expression *au niveau de* peut très bien être employée au figuré, quand on fait référence à un ensemble qui s'organise hiérarchiquement selon une disposition « verticale » : *Au niveau des couches les plus humbles de la société.* — En revanche, on évitera d'abuser de cette expression quand il n'y a pas d'organisation visiblement « verticale ». On écrira et on dira plutôt *dans le domaine de, en matière de, dans, en ce qui concerne, pour, à propos de,* etc. : *C'est dans les frais généraux que nous pouvons faire des économies* (plutôt que *c'est au niveau des frais généraux...). En ce qui concerne la théorie de la connaissance, cette philosophie est critiquable* (plutôt que *Au niveau de la théorie de la connaissance...*).

niveler v. t. Conjug. **13.** *Je nivelle, je nivellerai.* — Dérivés : *nivelage, niveleur, nivellement.*

nivelage, nivellement Ces deux noms masculins ne sont pas interchangeables.

1 nivelage Action de niveler : *Nivelage du sol* (seul sens possible).

2 nivellement Action de déterminer si une surface est plane : *Le maçon procède au nivellement du haut du mur.* — Action de déterminer les altitudes des divers points d'une région ou d'une zone. — Action de rendre un terrain bien plan et horizontal : *Les terrassiers procèdent au nivellement du terrain où l'on va aménager un stade.* — S'emploie très bien au figuré : *Le nivellement social. Le nivellement par le bas.*

nivernais, aise adj. *ou* n. De Nevers ou de la région de Nevers. — Attention à la majuscule : *La population nivernaise. Les Nivernais.* — N. m. *Le Nivernais :* la région de Nevers. — *Un nivernais* (un bœuf nivernais), *une nivernaise* (une vache nivernaise) : *La nivernaise est élevée pour sa viande.*

nivôse n. m. Mois du calendrier révolutionnaire (décembre-janvier). — Avec un accent circonflexe sur le *o* et un *n* minuscule : *Le 22 nivôse an III. La bise de nivôse.*

nobiliaire adj. Finale en *-aire.* — *Particule nobiliaire* ▷ *de* (V, 1, 2, 3, 4 et 5).

noblaillon [nɔblajɔ̃], n. m. *(familier, péjoratif)* Petit noble, noble de noblesse douteuse. —

Deux *n* dans le féminin : *noblaillonne*. — Est plus péjoratif que *nobliau*.

nobliau n. m. Synonyme, moins familier et moins péjoratif, de *noblaillon*. — Pl. : *des nobliaux*.

noce n. f. Pluriel ou singulier.

I Pluriel au sens de « mariage » : *Le jour de ses noces*. — (expressions) *En secondes noces. Noces d'argent, d'or, de diamant. Nuit de noces. Voyage de noces.*

II Singulier dans les autres sens.

1 Fête qui accompagne le mariage : *Je vais à la noce de mon ami. Seras-tu de la noce ?* — (expression) *Repas de noce.*

2 Cortège, ensemble des personnes invitées à un mariage : *Toute la noce se rendit à l'auberge.*

3 Vie joyeuse ; débauche : *Faire la noce. Une vie de noce.*

nocer v. i. *(familier)* Faire la noce, mener joyeuse vie. — Conjug. **17.** Le *c* prend une cédille devant *a* ou *o* : *il noçait, nous noçons.*

noctambule, somnambule Deux noms à bien distinguer.

1 noctambule n. m. *ou* f. Personne qui est dans la rue pendant la nuit et qui revient d'une partie de plaisir : *De joyeux noctambules, un peu ivres, faisaient du tapage dans la rue.* — Dérivé : *noctambulisme* n. m. (habitude de fréquenter les lieux de plaisir et de s'amuser pendant la nuit).

2 somnambule n. m. *ou* f. *ou* adj. Personne qui marche, agit pendant son sommeil : *La somnambule avançait dans le couloir, les bras tendus.* — Dérivé : *somnambulisme.*

nocturne Attention au genre dans l'emploi substantif.

I Nom masculin.

1 Oiseau rapace qui chasse la nuit : *La chouette est un petit nocturne.*

2 Chacune des parties de l'office de nuit catholique : *Réciter le second nocturne.*

3 Désigne divers morceaux de musique : *Un beau nocturne de Chopin.*

II Nom féminin (ou parfois masculin).

1 Match, compétition qui a lieu la nuit à la lumière des projecteurs : *Match en nocturne au stade municipal.*

2 Ouverture d'un grand magasin jusqu'à une heure assez avancée : *Nocturne le mercredi jusqu'à 20 heures.*

▼ Dans ces sens II, 1 et 2, le mot est presque toujours usité dans des emplois figés sans article ni adjectif, ce qui fait que le genre est flottant dans l'usage. Cependant on écrira : *Ce soir, grande nocturne au stade municipal*, plutôt que *grand nocturne.*

nodal, ale, aux adj. (terme d'acoustique et d'anatomie) Masculin pluriel en *-aux* : *Les points nodaux.*

nodulaire adj. Qui ressemble à un nœud : *Renflement nodulaire.* — Finale en *-aire.*

nodule Concrétion, renflement. — Toujours masculin : *Un gros nodule tout rond.*

nodus n. m. Concrétion dure sur un tendon, un ligament. — Invariable : *des nodus* [nɔdys].

noël Orthographe, genre, emploi de l'article et emploi de la majuscule.

I Orthographe Toujours un tréma sur le *e*. — Ne pas écrire *la *Noëlle*, mais *la Noël.*

II Genre et emploi de l'article défini (quand le nom *Noël* désigne la fête).

1 Avec le masculin, pas d'article défini *(A Noël* ou *pour Noël, j'irai passer quelques jours chez mon oncle)*, sauf s'il y a une détermination par un complément de nom *(Le Noël des pauvres et des vieillards)*, par un adjectif *(Les Noëls heureux d'autrefois)* ou par une proposition *(Le Noël dont j'ai gardé le meilleur souvenir).*

2 Avec le féminin, article *la* obligatoire : *A la Noël* (ou *pour la Noël), j'irai passer quelques jours chez mon oncle.*

3 Le féminin ne s'emploie pas au pluriel. On écrira donc : *Les Noëls joyeux de jadis* (et non **Les Noëls joyeuses de jadis).*

4 On dit toujours : *Bon Noël ! Heureux Noël !* (jamais **Bonne Noël ! Heureuse Noël !).*

5 L'emploi du féminin appartient à un registre légèrement plus familier que l'emploi du masculin : *à la Noël* plus familier que *à Noël.* Le féminin *la Noël* fait surtout référence à la date ou à la fête familiale : *Pour la Noël, j'aurai huit jours de congé. Passer la Noël en famille.* Dans ces sens, on peut aussi employer le masculin sans article : *Pour Noël, j'aurai un congé. Passer Noël en famille.*

6 Quand on fait allusion à la fête religieuse, on emploie toujours le masculin : *C'est à Noël que les chrétiens célèbrent la naissance de Jésus*, et non *à la Noël.*

III Emploi de la majuscule.

1 Majuscule, quand le nom désigne la fête : *La crèche de Noël. Fêtons Noël ! Bientôt, c'est* *la Noël !* — (expressions) *La bûche de Noël. L'arbre de Noël.* — *Le père Noël. Le bonhomme Noël.*

2 Majuscule, quand le nom signifie « cadeau » : *Qu'as-tu reçu pour ton petit Noël ?*

3 Minuscule, quand le nom désigne un chant : *Nous chantons de vieux noëls poitevins.*

nœud n. m. Avec *-œu-* et *-d* final muet. ▼ Dans la langue de la marine, un *nœud* est une vitesse de *un mille à l'heure* (1 852 mètres à l'heure). C'est donc un pléonasme de dire *Ce navire file douze *nœuds à l'heure.* Dire : *Ce navire file douze nœuds.*

noir, noire adj. *ou* n. Emploi de la majuscule.

1 Avec un *N* majuscule dans l'emploi substantif quand le mot désigne une personne de race noire : *Les Noirs des Etats-Unis. Les Noirs et les Blancs. Il a épousé une Noire.* En revanche, avec un *n* minuscule dans l'emploi adjectif : *La population noire des Etats-Unis. Une jeune fille noire. Le problème noir dans le sud des Etats-Unis.* — Avec un *A* majuscule et un *n* minuscule : *l'Afrique noire.*

2 Avec un *m* minuscule et un *N* majuscule : *la mer Noire.* — Avec un *F* et un *N* majuscules et un trait d'union : *la Forêt-Noire.* — Avec un *M* majuscule et un *N* majuscule et sans trait d'union : *la Montagne Noire.*

Noir, nègre ▷ **nègre.**

noirâtre adj. Avec un accent circonflexe sur le *a.*

noiraud adj. *ou* n. Finale en *-aud.* — Féminin : *noiraude.*

noirceur n. f. Pas de *-e* final.

noircir v. t. *ou* v. i. Dérivés : *noircissement, noircissure.*

noise n. f. Ne s'emploie plus pratiquement que dans l'expression *chercher noise à quelqu'un.*

noiseraie n. f. Lieu planté de noyers ou de noisetiers. — Finale en *-aie.*

noisette n. f. *ou* adj. Comme adjectif de couleur, toujours invariable : *Des yeux noisette.* — Dérivé : *noisetier.*

noix n. f. Fruit. — Avec un *-x,* même au singulier. — Sans trait d'union : *noix de coco, noix de galle.*

nom n. m. Orthographe des expressions.

I Avec *nom* au singulier : *Appeler les choses par leur nom. Vos nom, prénoms et qualités.*

II Un nom de, des noms de.

1 Avec le complément toujours au singulier : *des noms de baptême, des noms de famille, des noms d'emprunt,* etc.

2 Avec le complément au singulier : *un nom d'animal, de lieu, de localité, de navire, de personne, de plante, de ville,* etc.

3 Avec le complément au pluriel : *Des noms d'animaux, de lieux, de localités, de navires, de personnes, de villes,* etc.

4 Quand le complément est accompagné d'un adjectif, il y a équivoque si l'on écrit, par exemple : *Des noms de personnes germaniques. Des noms de lieux gaulois.* S'agit-il de noms germaniques ou de personnes germaniques, de noms gaulois ou de lieux gaulois ? C'est pourquoi certains conseillent d'écrire, malgré le caractère un peu insolite du singulier : *Des noms de personne germanique. Des noms de lieu gaulois.* Il sera encore mieux de tourner autrement : *Des noms germaniques de personnes, des noms gaulois de lieux* ou encore *des anthroponymes germaniques, des toponymes gaulois.*

noms Pluriel des noms propres, accord des noms employés adjectivement ▷ **annexes.**

no man's land n. m. (anglicisme) Prononciation : [nomanslɑ̃d] ou [nomansland]. — Pl. : *des no man's lands* [-lɑ̃d] ou [-land], ou bien *des no man's land* (invariable). — Pas de trait d'union. Attention à l'apostrophe et à la place du *s.*

nombre n. m. Emploi de certaines expressions.

1 Au nombre de, du nombre de. Ces deux expressions sont correctes et équivalentes : *Nous ne sommes pas au nombre des invités. Nous ne sommes pas du nombre des invités.* — Quand il n'y a pas de complément, on ne peut employer que *du nombre : Il y a beaucoup d'invités, serez-vous du nombre ?*

2 Un grand, un petit, un certain nombre de, le plus grand, le plus petit nombre de. Accord selon le sens : *Le plus grand nombre des assistants était favorable à cette motion. Le plus grand nombre des documents sont faux. Un grand nombre de concurrents ont été éliminés. Un grand nombre d'hommes indécis peut être dominé par une minorité énergique. Un grand nombre d'hommes sont, toute leur vie, destinés à être dominés par autrui.*

3 Nombre de (sans article). Accord toujours au pluriel : *Nombre de magasins sont restés ouverts malgré l'ordre de grève.*

nombres (noms de) ▷ annexes.

nomade adj. *ou* n. Avec un seul *m*. De même :
nomadisation, nomadiser, nomadisme.

nombril n. m. ▼ Se prononce [nɔbʀi], le -*l* étant
muet.

nomenclature n. f. Avec un seul *m* (à la
différence de *nommer*) et avec -*en*-.

nominal, ale, aux adj. Masculin pluriel en -*aux* :
Les emplois nominaux d'un adjectif. — Avec
un seul *m*. De même : *nominalement, nomina-
lisme, nominaliste.*

**nominalement, nominativement, nommé-
ment** Trois adverbes à bien distinguer.

1 nominalement (avec un seul *m*).

a/ Par le nom individuel, un à un : *Les
candidats sont appelés nominalement à l'entrée
de la salle du concours.*

b/ Par le titre, non en fait : *Il n'est le chef
que nominalement.*

c/ Avec une valeur de nom, de substantif :
*On peut employer nominalement certains adjec-
tifs (le vrai, le beau, les grands, les humbles,
etc.).* — Synonyme plus courant : *substantivement.*

2 nominativement (avec un seul *m*) En désignant une personne par son nom : *Le chef des
conjurés chargea nominativement quatre de ses
lieutenants de répandre la nouvelle de la mort
du prince.*

3 nommément (avec deux *m*) En désignant
expressément par le nom : *Dans le journal, on
accuse nommément plusieurs députés qui seraient compromis dans cette affaire.*

nominatif, ive adj. Avec un seul *m*, à la
différence de *nommer*. — De même : *nominatif*
n. m. (cas de la déclinaison), *nomination,
nominativement.*

**nominativement, nommément, nominale-
ment** ▷ nominalement.

nommer v. t. Avec deux *m*. De même : *nommé,
nommément.*

nomothète n. m. Dans la Grèce antique,
législateur ou auteur d'une Constitution. —
Attention à la place du groupe -*th*- et du *t*.

non adv. de négation (peut être substantivé).

1 Emploi substantif. Substantivé, *non* est toujours invariable : *Combien y a-t-il eu de* non
au référendum ?

2 *Non !* exclamatif et *Non ?* au sens de
« n'est-ce pas ». Emplois familiers, à éviter dans
la langue surveillée : *Savez-vous que mon frère
se présente aux élections ? — Non !* (marque la
surprise). *Il est normal que nous prenions notre
sort en main, non ?*

3 *Non* en concurrence avec *pas.* Dans les tours
elliptiques, la langue littéraire préfère en
général *non*, la langue familière *pas : Veut-on
réformer la société ou non ? Qu'il travaille ou
pas, je m'en moque ! Il néglige son travail, moi
non. Elle aime le ski, moi pas. Cette parole est
d'un marchand et non d'un prince. J'irai en
voiture, pas à pied. Il habite une villa, non loin
de Cimiez. Il tient un café, pas loin d'ici. Il veut
créer un art tout nouveau, pourquoi non ? Partir
tout de suite ? Pourquoi pas, après tout.*

4 *Non* en composition ▷ non-.

5 *Non* plus. Remplace *aussi* dans une phrase
négative : *Tu as une voiture, moi aussi. Vous
n'avez pas de bateau, moi non plus.* Dans ce
deuxième exemple, *moi aussi* serait incorrect.
— Exceptionnellement, on peut tolérer l'emploi
de *aussi* dans une phrase négative, quand on
veut insister fortement sur l'identité des situations de deux êtres : *Elle n'a jamais eu de
chance, dit-elle. Nous aussi, nous n'avons jamais
été favorisés.* On usera de cette tolérance avec
prudence, surtout dans la langue très surveillée.
— D'autre part, on peut admettre l'emploi de
aussi au lieu de *non plus* quand il importe
d'éviter la répétition de *plus : Moi aussi, je n'ai
plus cette espérance.* Le tour *Moi non plus, je
n'ai plus* pourrait choquer l'oreille.

6 *Non plus que.* Tour correct, mais archaïque et
recherché. Équivaut à *pas plus : Non plus que le
corps, l'âme n'est exempte de maladies. Je n'y puis
rien, non plus que vous. Elle n'est non plus troublée qu'elle ne le serait si personne ne l'accusait.*

7 *Non seulement.* Est normalement en corrélation avec *mais, mais aussi, mais encore, mais
même.* Deux points difficiles.

a/ Les deux éléments mis en opposition
doivent être de même nature grammaticale. On
peut écrire : *Un bon général doit non seulement
éviter les erreurs, mais aussi mettre à profit celles
de l'adversaire.* On n'écrira pas : *Un bon général
doit éviter non seulement les erreurs, mais aussi
profiter de celles de l'adversaire,* car la mise en
parallèle du substantif *erreurs* et du verbe
profiter aboutit à une construction boiteuse.

b/ Si l'on a deux sujets mis en relation par
non seulement... mais (encore, aussi, etc.) et si
le second est au singulier, le verbe se met au
singulier et l'attribut (ou le participe) s'accorde
avec le second sujet : *Non seulement ses mérites,
mais aussi sa cruauté fut louée par les historiens
de son époque.*

8 Non pas que, non que. S'emploient en tête de proposition pour introduire une explication. Toujours avec le subjonctif : *J'ai différé mon voyage, non que je sois malade* (= non parce que je suis malade), *mais j'ai une affaire urgente à régler.* — Dans la proposition introduite par *non que* ou par *non pas que,* la négation peut être *ne* ou *ne... pas* : *Je vais rarement au cinéma, non que je ne sois pas intéressé par le cinéma, mais je manque de temps. Il ne put obtenir ce poste, non qu'il ne le méritât* (= non parce qu'il ne le méritait pas), *mais il manquait de protections.*

9 Que non, non pas, que non pas. Ces formes renforcées de l'adverbe *non* s'emploient dans une réponse : *Seriez-vous déjà las de cette besogne ? — Que non !* Ces trois expressions appartiennent à un registre très légèrement familier.

10 Non compris ▷ compris.

non- Usage du trait d'union dans les composés en *non-.*

1 Dans les substantifs. On emploie le trait d'union. Le second élément prend la marque du pluriel et éventuellement celle du féminin : *Les non-combattants. Les non-lieux. Ces femmes sont des non-chrétiennes.*

2 Dans les adjectifs. Pas de trait d'union. Le second élément prend la marque du pluriel et du féminin : *Des décisions nulles et non avenues. Des unités non combattantes. Des organisations non chrétiennes.*

3 ▼ Quelques composés en *non* s'écrivent en un seul mot, sans trait d'union : *nonchalant (nonchalance, nonchalamment, nonchaloir), nonobstant, nonpareil, nonpareille.*

nonagénaire adj. *ou* n. Agé de quatre-vingt-dix ans ou plus. — Finale en *-aire.*

nonante adj. numéral *(mot employé en Belgique, en Suisse et dans quelques régions de la France)* Quatre-vingt-dix : *J'ai payé nonante francs.*

nonce n. m. Ambassadeur du pape. — Avec un *c.* De même : *nonciature.*

nonchalamment adv. Vient de *nonchalant,* donc finale en *-amment.*

nonchalance n. f. Finale en *-ance.*

nonchalant, ante adj. Finale en *-ant.*

nonchaloir n. m. *(vieilli, poétique ou très littéraire)* Nonchalance gracieuse. — Finale en *-oir.*

nonciature n. f. Charge ou résidence du nonce.

non compris ▷ compris.

none, nones, nonne Trois noms féminins à bien distinguer.

1 none Chez les Romains, neuvième heure du jour (environ trois heures de l'après-midi). — Dans la liturgie catholique, heure canoniale qui se récite vers trois heures de l'après-midi : *Les moines sont en train de chanter none* (pas d'article).

2 nones *(nom féminin pluriel)* Chez les Romains, nom d'un jour du mois : *Les nones d'octobre* (le 7 de ce mois).

3 nonne *(vieux ou par plaisanterie)* Religieuse cloîtrée.

non-lieu n. m. — Pl. : *des non-lieux.* — Le mot reste au singulier dans : *des ordonnances de non-lieu.*

non-moi n. m. *(terme de philosophie)* Inusité au pluriel.

nonnain *(vieux ou par plaisanterie)* Religieuse cloîtrée. — Avec deux *n.* — Toujours féminin, malgré la finale en *-ain : Une douce et pieuse nonnain.*

nonne n. f. *(vieux ou par plaisanterie)* Religieuse cloîtrée. — Avec deux *n.*

nonne, none, nones ▷ none.

nonnette n. f. *(vieux)* Jeune religieuse. — *(de nos jours)* Mésange. — Petit pain d'épice. — Avec deux *n.*

nonobstant prép. *ou* adv. Orthographe, prononciation et emploi.

1 En un seul mot, sans trait d'union. — Prononciation : [nɔnɔpstɑ̃], et non *[nɔ̃nɔpstɑ̃].*

2 Mot vieilli. S'emploie encore, comme préposition (= malgré) dans la langue de la procédure et de l'Administration : *Il a refusé d'exécuter ladite clause, nonobstant des mises en demeure réitérées.*

3 S'emploie parfois dans la langue littéraire au sens de « néanmoins, cependant, pourtant ». *Il était vieux et malade, nonobstant il entreprit le voyage.* Dans le même sens, la langue classique employait l'expression *ce nonobstant.*

4 La locution conjonctive *nonobstant que* (suivie du subjonctif) est sortie de l'usage : *Nonobstant que le roi ait droit de vie et de mort sur ses sujets, il ne saurait abuser de ce droit sans commettre de péché.*

nonpareil, eille adj. Orthographe et sens.

1 En un seul mot, sans trait d'union. — Un *n* devant le *p*.

2 Ne signifie pas « dissemblable », mais « qui n'a pas d'égal » : *Une beauté nonpareille* (vieux).

nonpareille n. f. Plante ; ruban ; dragée. — En un seul mot, sans trait d'union. — Un *n* devant le *p*.

non-sens n. m. inv. En deux mots avec un trait d'union.

non-stop adj. *ou* n. Anglicisme qualifiant une chose qui se déroule sans interruption. — Prononciation : [nɔnstɔp]. — Invariable : *des concerts non-stop.* — On écrit aussi *non stop* sans trait d'union. Souvent écrit en italique dans un texte en romain et en romain dans un texte en italique. — Pour éviter cet anglicisme, on pourra employer *continu, ininterrompu, direct : Concert ininterrompu. Vol direct* (ou *sans escale). Autoroute directe.* — S'emploie aussi comme nom : *En non-stop, musique pop sur notre antenne, de 17 à 19 heures.*

nopal n. m Plante. — Pl. : *des nopals.*

nord [nɔʀ] n. m. *ou* adj. L'un des points cardinaux. — S'écrit normalement avec une minuscule : *Le vent du nord. Façade exposée au nord. La rive nord de la Loire.* Toujours invariable : *Les régions nord du pays.* — Un *N* majuscule seulement dans les cas suivants.

I Dans : *le pôle Nord,* l'un des deux pôles de la Terre. En revanche : *le pôle nord d'une aiguille aimantée, d'un aimant.*

II Dans : *la mer du Nord, l'Atlantique Nord, le Grand Nord, la gare du Nord.*

III Dans *du Nord* entrant dans une dénomination géographique désignant une unité géographique bien définie : *l'Amérique du Nord, l'ancienne Afrique du Nord, la Corée du Nord.* En revanche, on écrit : *la France du nord, l'Espagne du nord* (dénominations géographiques vagues).

IV Quand *le Nord* désigne, sans complément, une région, un groupe de régions : *Aux Etats-Unis, le Nord est plus industrialisé que le Sud.* En revanche, on écrit *le nord des Etats-Unis, le nord de la France.* — Particulièrement, majuscule obligatoire dans quatre cas.

1 Quand *le Nord* désigne le département français qui a pour chef-lieu Lille.

2 Quand *le Nord* désigne l'ensemble des provinces situées au nord de la France (Artois,

Picardie, Flandre, etc.) : *Au cours de la Première Guerre mondiale, le Nord a été envahi. Les mineurs du Nord.*

3 Quand *le Nord* désigne, d'une manière assez vague, la moitié septentrionale de la France, par opposition à sa moitié méridionale : *Le Midi, pays de l'art roman, le Nord, patrie de l'art gothique.*

4 Quand *le Nord* désigne l'ensemble des pays du nord de l'Europe : Danemark, Norvège, Suède, Finlande. Au XVIIᵉ et au XVIIIᵉ siècle, le Nord comprenait même, de manière fort imprécise, les Pays-Bas, l'Allemagne, la Pologne, la Russie : *La Sémiramis du Nord* (la tsarine Catherine II). *Les écoles du Nord* (les écoles de peinture de Flandre, de Hollande, d'Allemagne).

nord-africain, aine adj. *ou* n. De l'ancienne Afrique du Nord, expression qui désignait, à l'époque coloniale, l'ensemble formé par l'Algérie, la Tunisie et le Maroc. — Attention à la majuscule : *La population nord-africaine. Les Nord-Africains.* De nos jours, on évite de dire *un Nord-Africain* pour désigner un immigré d'origine algérienne, tunisienne ou marocaine. Il est mieux de préciser en disant : *un Algérien, un Tunisien, un Marocain.* ▼ Bien prononcer : [nɔʀafʀikɛ̃], et non *[nɔʀdafʀikɛ̃].

nord-américain, aine adj. *ou* n. De l'Amérique du Nord. — Attention à la majuscule : *La population nord-américaine. Les Nord-Américains.* — A la forme *nord-américain,* considérée comme un anglicisme, on préférera *de l'Amérique du Nord* ou *américain du Nord : Le relief de l'Amérique du Nord. Les Américains du Nord.* ▼ Bien prononcer : [nɔʀamerikɛ̃], et non *[nɔʀdamerikɛ̃].

nord-coréen, enne adj. *ou* n. De la Corée du Nord. — Attention à la majuscule : *La population nord-coréenne. Les Nord-Coréens.* — A la forme *nord-coréen,* considérée comme un anglicisme, on préférera *de la Corée du Nord* ou *coréen du Nord : L'armée de la Corée du Nord. Les Coréens du Nord.*

nord-est n. m. *ou* adj. inv. La prononciation correcte est : [nɔʀɛst], et non *[nɔʀdɛst]. — Pour l'emploi de la majuscule, les règles sont les mêmes que pour *nord : Le climat du Nord-Est,* mais *Le climat du nord-est de la France.*

nordique, nordiste Deux dérivés de *nord* à bien distinguer.

1 nordique adj. *ou* n. Du nord de l'Europe (Danemark, Norvège, Suède, Finlande) : *Les peuples nordiques. La race nordique. Les*

Nordiques — N. m. *Le nordique* ou *les langues nordiques* (suédois, danois, norvégien. islandais).

2 nordiste Deux sens.

a/ Aux Etats-Unis, pendant la guerre de Sécession, qualifiait les hommes et les choses qui dépendaient du gouvernement légal de Washington (par opposition aux sécessionnistes sudistes) : *Les généraux nordistes. Les Etats nordistes. Les armées, les navires nordistes.* — (substantivement, avec un *n* minuscule) *Les nordistes.* On disait aussi *les fédéraux*, tandis que les sudistes étaient appelés aussi *les confédérés.*

b/ *(familier, dans la langue du sport)* D'une ville du nord de la France (Lille, Valenciennes, Lens, etc.) : *L'équipe nordiste.* — Avec un *n* minuscule : *Les nordistes l'ont emporté par 2 à 0 sur l'équipe de Rennes.*

nord-ouest n. m. *ou* adj. inv. La prononciation correcte est : [nɔʀwɛst], et non *[nɔʀdwɛst]. — Pour l'emploi de la majuscule, les règles sont les mêmes que pour *nord* : *Le climat du Nord-Ouest,* mais *Le climat du nord-ouest de la France.*

noria n. f. Appareil qui sert à élever l'eau. — Pl. : *des norias* [nɔʀja].

normal, ale, aux adj. Masculin pluriel en *-aux* : *Des procédés normaux.* — Avec un *E* majuscule et un *n* minuscule : *Il est entré à l'Ecole normale supérieure* (mais, avec un *N* majuscule, *Il est entré à Normale*).

normand, ande De Normandie. — Attention à la majuscule : *La population normande. Les Normands.* — *Répondre en Normand,* d'une manière ambiguë. — *Un Normand :* un homme rusé, peu franc. Avec un *n* minuscule dans l'emploi adjectif : *Méfiez-vous de ses promesses, il est très normand.* — *Le normand :* dialecte d'oïl parlé en Normandie. — *Un normand :* un cheval normand. — *Une normande :* une vache normande.

norois, noroît, norrois Mots homophones à bien distinguer.

1 le norois ou **le noroît** *(marine)* Vent du nord-ouest. — Les deux graphies sont admises. — Prononciation : [nɔʀwa].

2 norrois, oise, n. m. *ou* adj *Le norrois :* ancienne langue germanique septentrionale, appelée aussi *germanique commun,* d'où proviennent les langues nordiques actuelles (danois, suédois, norvégien, islandais). — (adjectivement) *La grammaire norroise.*

norvégien, ienne adj. *ou* n. De Norvège. — Attention à la majuscule : *La population*

norvégienne. *Les Norvégiens.* — *Un norvégien :* gâteau. — *Une norvégienne :* barque.

nota bene Mots latins qui signifient « remarquez bien, notez bien ». — S'abrège souvent en *nota.* — Invariable : *des nota bene* ou *des nota.* — Pas de trait d'union. — S'écrit en général *N. B.*

notable adj. *ou* n. Avec un *A* majuscule et un *n* minuscule : *l'Assemblée des notables,* convoquée par Calonne en 1787.

notable, notoire, notabilité, notoriété Ces mots donnent lieu parfois à des confusions. Quatre erreurs à ne pas commettre.

1 Ne pas dire : *un peintre *notoire, un écrivain *notoire,* mais *un peintre notable, un écrivain notable,* qui mérite qu'on fasse mention de lui, qui est assez connu.

2 Ne pas dire : *un escroc *notable, un déséquilibré *notable,* mais *un escroc notoire, un déséquilibré notoire,* un individu connu de tout le monde comme étant un escroc, un déséquilibré.

3 Ne pas dire : *les *notoriétés de la ville,* mais *les notabilités de la ville* ou *les notables de la ville,* les personnages importants de la ville.

4 Ne pas dire : *Ce peintre a atteint la *notabilité,* mais *Ce peintre a atteint la notoriété,* est devenu, sinon célèbre, du moins assez connu.

notaire n. m. Finale en *-aire.*

notairesse ou **notaresse** n. f. *(familier)* Epouse d'un notaire. — La forme *notairesse* est beaucoup plus fréquente que *notaresse.* — Ne s'emploie pas pour désigner une femme qui exerce la profession de notaire. On dit *une femme notaire.* Dans une adresse, on écrira : *Maître Louise Lenoir, notaire.*

notamment adv. Finale en *-amment.*

notarial, ale, aux adj. Masculin pluriel en *-aux* : *des actes notariaux.* — Sur le même radical : *notariat, notarié.*

note n. f. On écrira : *J'ai pris note de ce que je dois faire* (car *que* est relatif, avec, pour antécédent, *ce*), mais *J'ai pris note que je dois m'adresser à ce service* (car *que* est ici conjonction).

notice n. f. Finale en *-ice.*

notifier v. t. Conjug. **20.** Double le *i* à la première et à la deuxième personne du pluriel de l'indicatif imparfait et du subjonctif présent : *(que) nous notifiions, (que) vous notifiiez.*

notion [nosjɔ̃] n. f. Deux *n* dans le dérivé : *notionnel, elle.*

notoire adj. Finale en *-oire*, même au masculin : *Un fait notoire.*

notoire, notoriété, notabilité, notable ▷ **notable.**

notre, nôtre Ne pas écrire *notre*, adjectif possessif en fonction d'épithète *(Voici notre jardin),* comme *nôtre*, pronom possessif *(Votre jardin est plus grand que le nôtre)* ou adjectif possessif en fonction d'attribut *(Nous ferons nôtre cette idée).*

nôtre adj. *ou* pron. possessif.

I Employé comme adjectif.

1 Employé comme épithète. Cet emploi est très archaïque : *Et n'appréhendez plus l'inter-ruption nôtre* (Molière).

2 Employé comme attribut. Emploi courant dans la langue écrite : *Ce patrimoine est nôtre. Nous avons fait nôtres vos observations.*

II Employé comme pronom. Emploi usuel : *Votre maison est neuve, la nôtre est ancienne. Cet autocar bleu, c'est le nôtre. Votre décision sera la nôtre.* — *Les nôtres :* nos parents, nos proches, nos amis. — On dit : *nous y avons mis du nôtre* (nous avons fait des efforts).

Notre-Dame n. f. Emploi de la majuscule et du trait d'union.

1 Toujours avec un *N* et un *D* majuscules et un trait d'union, que le mot désigne la Vierge Marie *(Il adressa une fervente prière à Notre-Dame)* ou une église *(Le transept de Notre-Dame).*

2 Le nom de la ville n'est pas lié à *Notre-Dame* (nom d'église) par un trait d'union : *Notre-Dame de Paris. Notre-Dame de Chartres. Notre-Dame de Reims.* En revanche, on lie *Notre-Dame* au nom suivant dans des expressions telles que *Notre-Dame-de-Bon-Secours, Notre-Dame-des-Victoires, Notre-Dame-de-la-Garde, l'église Notre-Dame-de-Lourdes, à Paris.* — De même, on lie par un trait d'union, quand il s'agit d'un nom de localité : *Notre-Dame-de-Bondeville* (Seine-Maritime), *Notre-Dame-de-Gravenchon* (Savoie). — Toujours invariable : *des Notre-Dame en bois peint* (= des statuettes de la Vierge).

notule n. f. Petite note. — Toujours féminin : *Une notule intéressante.*

nouba n. f. Symphonie arabe ; fanfare. — Pl. : *des noubas* [-ba]

nougat n. m. Finale en *-at.*

nouille n. f. Au propre, s'emploie presque toujours au pluriel : *Manger des nouilles.* — Au figuré, toujours féminin, même appliqué à un homme : *Ce garçon, quelle nouille !* — Comme adjectif, prend la marque du pluriel : *Elles sont gentilles, mais un peu nouilles !*

noumène n. m. (terme de philosophie) Finale en *-ène.*

nourrice n. f. Avec deux *r.* — Avec un *c* (et non *-ss-*), à la différence de *nourrisson.* De même : *nourricerie, nourricier.*

nourrir v. t. Avec deux *r.* — Deux *s* (et non *c*) dans les dérivés suivants : *nourrissage, nourrissant, nourrisseur, nourrisson.*

nourrisson n. m. Avec deux *r.* — Avec *-ss-* (et non *c*), à la différence de *nourrice.*

nourriture n. f. Avec deux *r.*

nous Pronom personnel de la première personne du pluriel.

1 On écrit, avec un trait d'union et un *-s* à *même : nous-mêmes* (sauf s'il s'agit du pluriel de majesté ou de modestie).

2 Pluriel de majesté ou de modestie (= je). Le verbe se met à la première personne du pluriel, mais l'adjectif ou le participe se met au masculin singulier (ou au féminin singulier si c'est une femme qui s'exprime) : *Nous, Président de la République, sommes tenu par la Constitution de veiller... Nous avons été conduite, en écrivant ce livre, par le souci...* (signé : Jacqueline Duval). *Nous, qui sommes contraint par notre responsabilité de chef de l'Etat, de veiller à...* ▼ Quand *nous* est le *nous* de majesté ou de modestie, on écrit *nous-même*, sans *-s* à *même.*

3 Nous qui. Entraîne obligatoirement l'emploi du verbe à la première personne du pluriel : *Nous qui ne possédons rien* (et non *Nous qui ne *possédent rien).*

4 Beaucoup d'entre nous *(quelques-uns, certains, la plupart, plusieurs, un grand nombre, la moitié... d'entre nous).* Après ces expressions, on met généralement le verbe à la troisième personne du pluriel : *Beaucoup d'entre nous ont été informés.* L'accord à la première personne du pluriel est rare et s'emploie seulement si celui qui parle ou qui écrit veut souligner qu'il s'inclut lui-même dans le groupe : *Beaucoup d'entre nous, Français de la génération de 1900, avons été élevés dans ces principes.*

5 Emploi de *on* **à la place de** *nous.* Cet emploi est nettement familier. On l'évitera dans la langue surveillée. On écrira : *Dans trois se-maines, nous serons sur le point de partir*, et non *on sera sur le point de partir.* — De même, on évitera la reprise de *nous* par *on.* On écrira : *Nous, nous allons partir*, plutôt que *Nous, on va partir.*

6 Nous employé à la place de tu et aussi parfois de il, elle. Cet emploi est familier et appartient à la langue parlée. L'adjectif ou le participe se met au singulier et s'accorde en genre selon le sexe de la personne à laquelle on s'adresse. Le verbe est toujours à la première personne du pluriel : *Eh bien ! mon petit lapin, nous sommes méchant, ce soir ? Alors, ma petite fille, nous sommes contente ?*

7 Reprise de nous. Quand une succession de sujets se termine par *moi*, on reprend générale-ment ces sujets par *nous* : *Ma cousine, ma sœur, mon beau-frère et moi, nous sommes tous invités.* Cette reprise n'est pas obligatoire, mais elle est très fréquente.

8 Nous seuls, nous tous (et aussi les tours relâchés *nous autres, nous deux*). Ces expressions entraînent la reprise par *nous* : *Nous seuls, nous sommes capable de mener ce travail à bien. Nous tous, nous irons le trouver.* Cette reprise est plus fréquente avec *nous tous* qu'avec *nous seuls.*

9 Nous autres ▷ **autre** (12).

10 Nous deux mon frère ▷ **deux** (4).

ouure [nuyʀ] n. f. Déformation des os. — Transformation de l'ovaire en fruit. — Pas de tréma.

ouveau (nouvel), nouvelle adj. Forme du mot, emploi de la majuscule, emploi adverbial, expressions à distinguer.

I Nouveau, nouvel. Deux formes pour le masculin singulier.

1 Après le substantif ou en fonction d'attri-but. La seule forme employée est *nouveau* : *Un avion nouveau. Ce modèle est nouveau.*

2 Placé immédiatement devant le substantif. L'adjectif prend la forme *nouvel* si le substantif commence par une voyelle ou un *h*- muet *(Un nouvel avion. Un nouvel hélicoptère)*, mais garde la forme *nouveau* si le substantif commence par une consonne ou un *h*- aspiré *(Un nouveau dispositif. Un nouveau hangar).*

3 Devant et joignant deux adjectifs. On em-ploie la forme *nouvel* si les adjectifs précèdent un nom qui commence par une voyelle ou un *h*- muet *(Un nouvel et remarquable avion)*, mais on emploie *nouveau* si le nom commence par une consonne ou un *h*- aspiré *(Un nouveau et très efficace dispositif. Un nouveau et vaste hangar)* ou si les adjectifs suivent le nom *(Un appareil nouveau et très efficace).*

II Sans majuscules : *le nouvel an.* — Avec des majuscules : *le Nouveau Testament, le Nouveau Monde* (l'Amérique).

III Emploi adjectif et emploi adverbial.

1 Emploi quasi adjectif de *nouveau*, qui varie en nombre et en genre, dans les expressions dont le deuxième élément est un adjectif substantivé : *un nouveau venu (des nouveaux venus, une nouvelle venue, des nouvelles venues), un nouveau riche (des nouveaux riches, une nouvelle riche, des nouvelles riches), un nouveau marié (des nouveaux mariés, une nouvelle mariée, des nouvelles mariées),* etc. ▼ Le composé *nouveau-né* fait exception. Il s'écrit avec un trait d'union, et *nouveau* reste invaria-ble : *un enfant nouveau-né, des enfants nou-veau-nés, une fille nouveau-née, des filles nouveau-nées, des nouveau-nés, des nouveau-nées.* On évitera les formes *une nouvelle-née, des nouveaux-nés*, que l'on rencontre parfois.

2 Emploi purement adverbial de *nouveau*, qui reste invariable, dans les expressions dont le second élément est un adjectif-participe-adjectif. Ces expressions sont d'ail-leurs rares et vieillies : *Des vins nouveau tirés.* On dirait de nos jours : *des vins nouvellement tirés.*

IV A nouveau, de nouveau. Ces deux expres-sions ne sont nullement interchangeables.

1 A nouveau. En reprenant les choses d'une manière nouvelle, c'est-à-dire différente par rapport à ce qui a été fait : *Ce texte est mal ordonné, il faut en faire le plan à nouveau.* Cette expression, dans son sens exact, est un peu vieillie. On dirait plutôt : *... il faut en refaire le plan* ou *faire un nouveau plan.* ▼ On évitera bien sûr d'employer *à nouveau* au sens de « une nouvelle fois ». On évitera aussi les pléonasmes *refaire à nouveau, reprendre à nouveau*, etc.

2 De nouveau. Une nouvelle fois, c'est-à-dire encore une fois *ou* comme auparavant : *Après une période de répit, il est de nouveau malade. Ma voiture est de nouveau en panne. Nous voici de nouveau sur la bonne voie.* ▼ On évitera *à nouveau* dans ce sens.

nouveau, neuf ▷ **neuf.**

nouveau-né ▷ **nouveau** (III, 1).

nouvel, nouveau ▷ **nouveau** (I).

nouvelle n. f. Avec des majuscules : *la Bonne Nouvelle*, l'Évangile.

nova n. f. (terme d'astronomie) ▼ Pl. : *des novae* [nɔvɛ].

novation, innovation ▷ **innovation.**

novembre n. m. Nom de mois, donc avec une minuscule : *Paris, le 8 novembre 1979.* ▼ Quand on parle de la journée commémorative de la fête de l'Armistice, on écrit, avec un trait d'union et un *N* majuscule, *le 11-Novembre : Le 11-Novembre est devenu la fête du Souvenir.* En revanche, quand il s'agit de la date, pas de trait d'union et pas de majuscule : *La victoire du 11 novembre 1918. L'aube du 11 novembre 1918 éclaira les derniers combats de la Grande Guerre.*

novice n. m. *ou* f. Finale en *-ice.* Dérivé : *noviciat.*

noyade n. f. Bien prononcer [nwajad], avec [nwa-].

noyau n. m. — Pl. : *des noyaux.* — Bien prononcer [nwajo], avec [nwa-]. Dérivés : *noyautage* [nwajotaʒ], *noyauter* [nwajote].

1. noyer v. t. Conjug. 21. Change *y* en *i* devant un *e* muet ; *je noie, je noierai.* — Attention au *i* après l'*y* à la première et à la deuxième personne du pluriel de l'indicatif imparfait et du subjonctif présent : *(que) nous noyions, (que) vous noyiez.* — Bien prononcer *noyer* [nwaje], avec [nwa-].

2. noyer n. m. Arbre. — Bien prononcer [nwaje], avec [nwa-].

nu Devant le nom désignant une partie du corps, s'écrit avec un trait d'union et reste invariable : *Il va nu-pieds, nu-jambes, nu-tête.* — Derrière le nom, s'écrit sans trait d'union et s'accorde : *il va pieds nus, jambes nues, tête nue.*

nuance n. f. Finale en *-ance.* — Dérivés : *nuancer, nuancier.*

nuancer v. t. Conjug. 16. Le *c* prend une cédille devant *a* ou *o : il nuança, nous nuançons.*

nubile adj. Finale en *-ile,* même au masculin : *L'âge nubile.*

nubile, pubère Deux adjectifs à bien distinguer.

1 nubile Deux sens.

a/ Qui est, légalement, en âge de se marier : *En France, les garçons sont nubiles à partir de dix-huit ans, les filles à partir de quinze ans.*

b/ Qualifie une personne du sexe féminin en âge d'avoir des enfants : *Dans ce pays, on marie les filles dès qu'elles sont nubiles.*

2 pubère Qualifie un garçon ou une fille qui a atteint la puberté, période du développement physiologique marquée par le début de l'activité des glandes sexuelles : *Une fille pubère de treize ans.*

nucléaire adj. Finale en *-aire.* — De la même famille : *nucléé, ée* adj. *(cellule nucléée),* *nucléique* adj. (sans tréma), *nucléole* n. f., *nucléon,* *nucléonique.*

nue n. f. *(poétique ou littéraire)* Nuage, ciel.
— Employé usuellement dans des expressions figurées : *élever jusqu'aux nues, porter aux nues, tomber des nues, se perdre dans les nues.*

nuée n. f. Après *une nuée de,* le verbe (et l'attribut ou le participe) se met normalement au singulier : *Une nuée d'oiseaux migrateurs s'est abattue sur la forêt.*

nue-propriété n. f. — Pl. : *des nues-propriétés.*

nuire v. t. ind. Conjugaison et participe passé.

1 Conjug. 46. *Je nuis, tu nuis, il nuit, nous nuisons, vous nuisez, ils nuisent.* — *Je nuisais.* — *Je nuisis.* — *Je nuirai.* — *Je nuirais.* — *Nuis, nuisons, nuisez.* — *Que je nuise.* — *Que je nuisisse.* — *Nuisant.* — *Nui.* ▼ Se conjugue comme *conduire,* mais le participe passé est *nui.*

2 Participe passé : *nui* (sans *-t*). Toujours invariable : *Ces femmes auxquelles ils ont nui. Elles se sont nui mutuellement.*

nuisance n. f. Finale en *-ance.*

nuitamment adv. De nuit. — Finale en *-amment.*

nuitée n. f. Durée de vingt-quatre heures, de midi à midi du jour suivant, qui sert d'unité pour le calcul des notes d'hôtel. — Finale en *-ée.*

nul, nulle S'emploie comme qualificatif ou comme indéfini.

I Adjectif qualificatif. S'emploie comme épithète après le nom ou comme attribut : *Ce résultat nul me déçoit. Un match nul. Une décision nulle et non avenue. Ses résultats sont nuls. Cet élève est absolument nul.*

II Indéfini. Équivaut à *aucun.* S'emploie comme pronom sujet ou bien comme adjectif indéfini devant le nom.

1 S'emploie normalement avec *ne* ou *sans* : *Nul ne prête attention à ces propos. Nul bruit ne trouble le silence. Nul de vous ne saurait le convaincre. Je ne vois nulle autre solution. Ils ont gagné sans nulle difficulté.* — L'omission de *ne* est correcte dans les tours elliptiques (sans verbe) : *Nulle erreur, nulle hésitation, son jugement était aussi infaillible que son génie était prompt.*

2 S'emploie normalement au singulier *(Nul solliciteur ne se présenta),* sauf avec un nom qui ne s'emploie qu'au pluriel *(Nuls appas ne purent le séduire. Nulles obsèques somptueuses).*

3 Nul doute que ▷ **doute** (III, 1, 2 et 3).

nullement adv. Se construit avec *ne : Il ne s'est nullement trompé.*

nullité n. f. Avec deux *l.*

nûment adv. *(vieilli et littéraire)* Franchement, sans détour : *Je lui ai dit nûment son fait.* — Avec un accent circonflexe sur le *u.*

numéraire adj. *ou* n. m. Finale en *-aire.*

numéral, ale, aux adj. Masculin pluriel en *-aux Les adjectifs numéraux.*

numération, numérotage, numérotation Trois noms à bien distinguer.

1 numération n. f. *(mathématiques)* Procédé qui permet d'écrire et de nommer les nombres : *Numération binaire, décimale.* — *(didactique)* Action de compter, d'évaluer : *Numération des bactéries contenues dans un millimètre cube d'eau. Numération globulaire* (dans l'analyse du sang).

2 numérotage n. m. Action de numéroter : *Numérotage automatique des billets au moyen de machines spéciales.*

3 numérotation n. f. Manière dont des éléments sont numérotés ; succession des numéros : *Il faut changer la numérotation de ces paragraphes.*

numérique. Ne pas dire : *adjectif numérique.*

numéro n. m. Forme abrégée ou forme pleine.

1 Non précédé d'un article et suivi d'un chiffre, s'abrège en *n° : Attention, le train de Bordeaux entre en gare, quai n° 6. Article publié dans la revue Paroles, n° 61. Le billet de tombola n° 18.*

2 Précédé d'un article et suivi ou non d'un chiffre, s'écrit sous la forme pleine : *J'habite au numéro 17 de la rue de la Poste. Voici la clef du numéro 21. Le numéro 127 gagne cent francs.* — *Dans le dernier numéro de la revue. Le numéro gagnant.* — De même : *Ce numéro. Son numéro.*

numérotage, numérotation, numération ▷ **numération.**

numide adj. *ou* n. De Numidie (Algérie antique). — Attention à la majuscule : *Les cavaliers numides. Les Numides.*

numismate n. m. *ou* f. Personne versée dans l'étude des monnaies. — Avec un seul *m.* De même : *numismatique.*

nu-pieds n. m. Chaussure légère. — Invariable : *un nu-pieds* (rare), *des nu-pieds.*

nu-propriétaire n. m. *ou* f. L'élément *nu-* varie en nombre et en genre : *Un nu-propriétaire, des nus-propriétaires ; une nue-propriétaire, des nues-propriétaires.*

nuptial, ale, aux adj. Masculin pluriel en *-aux : Des chants nuptiaux.* — Prononciation : [nyp-sjal], al, o]. — Dérivé : *nuptialité* [nypsjalite].

nuraghe n. m. En Sardaigne, tour préhistorique. — Mot sarde introduit en français. Usage mal fixé pour la prononciation. On préférera la prononciation et le pluriel à l'italienne : *un nuraghe* [nuʀage], *des nuraghi* [nuʀagi].

nurse n. f. (anglicisme) Prononciation : [nœʀs(ə)] — Pl. : *des nurses* [nœʀs(ə)]. — Pour remplacer cet anglicisme, on pourra employer les équivalents français *bonne d'enfant, gouvernante,* sauf quand la personne désignée est une gouvernante de nationalité anglaise.

nursery n. f. (anglicisme) Prononciation : [nœʀsəʀi]. — Pl. : *des nurseries* [-ʀi].

nutrition n. f. Deux *n* dans le dérivé *nutritionnel, elle.*

nyctalope adj. *ou* n. Qui voit clair dans l'obscurité. — Avec un *y.* De même : *nyctalopie.*

Nylon n. m. Nom déposé, donc, en principe, avec une majuscule. En fait, on écrit souvent *du nylon.* — Le tour elliptique *des bas Nylon* est admis dans la langue commerciale. Dans la langue stricte, on écrira plutôt *des bas de Nylon.*

Nylon, linon ▷ **linon.**

nymphal, ale, aux [nɛ̃fal, al, o] adj. De la nymphe d'insecte. — Masculin pluriel en *-aux : Les organes nymphaux.* — Avec *y* et *-ph-.*

nymphe [nɛ̃f] n. f. Avec *y, m,* et *-ph-.* Avec un *n* minuscule : *les nymphes* (divinités féminines).

nymphe, lymphe ▷ **lymphe.**

nymphéa [nɛ̃fea] Autre nom du *nénuphar.* — Toujours masculin : *Des nymphéas très décoratifs.* — Pl. : *des nymphéas* [-fea]. — La forme *nymphaea* [nɛ̃fea] est plus rare.

nymphée [nɛ̃fe] n. f. Lieu consacré aux nymphes ; grotte décorative avec fontaine. — Avec *y, m* et *-ph-*. Finale en *-ée*.

nymphette [nɛ̃fɛt] n. f. *(familier)* Adolescente. — Avec *y, m* et *-ph-*.

nymphomane [nɛ̃fɔman] adj. *ou* n. f. Avec *y, m* et *-ph*. De même : *nymphomanie*.

nymphose [nɛ̃foz] n. f. Période pendant laquelle un insecte est à l'état de nymphe. — Avec *y, m* et *-ph-*. Pas d'accent circonflexe sur le *o*.

O

ô, oh !, ho ! Trois interjections à bien distinguer.

I ô N'est jamais suivi immédiatement d'un point d'exclamation.

1 S'emploie devant un mot mis en apostrophe ou dans une exclamation. Est toujours suivi d'un nom ou d'un adjectif précédant un nom ou encore d'un pronom : *O roi, écoute la prière de ton peuple. Et le ciel, ô merveille, s'illuminait d'astres d'or. O merveilleuse époque ! O toi qui savais tout, ô toi qui pouvais tout !*

2 Renforce *que* ou *combien : O que je suis heureux ! O combien je suis triste !*

II oh ! Est toujours suivi d'un point d'exclamation.

1 Exprime la surprise, l'admiration, la déception, l'indignation, l'irritation, la joie, la douleur, etc. La phrase se termine aussi par un point d'exclamation : *Oh ! quelle bonne surprise ! Oh ! quel vilain monsieur ! Oh ! que je suis content !*

2 Renforce une affirmation ou une négation : *Oh ! oui ! je voudrais bien faire ce voyage ! Sont-ils d'accord ? — Oh ! non !*

3 Exprime le doute, l'hésitation : *Oh ! croyez-vous cette démarche bien utile ?*

III ho ! Est toujours suivi d'un point d'exclamation. Sert surtout à interpeller, à attirer l'attention : *Ho ! me vois-tu ? Ho ! attention ! doucement !*

oasis Toujours féminin : *Une oasis saharienne.* ▼ Bien prononcer [ɔazis], le *-s* n'est pas muet. — Dérivé : *oasien, ienne* [ɔazjɛ̃, jɛn].

obéir v. i. *ou* v. t. ind. On dit toujours *obéir à quelqu'un, à quelque chose*, jamais *obéir

quelqu'un : *Les enfants doivent obéir à leurs parents. Il faut obéir aux lois de son pays.* En revanche, au passif, on peut dire *être obéi* (tour littéraire, mais très correct) : *Commandez avec fermeté, vous serez obéi.*

obélisque Toujours masculin : *Un grand obélisque.*

obérer v. t. Conjugaison et emploi.

1 Conjug. **11.** *Il obère,* mais *il obérera.*

2 Signifie « endetter, couvrir de dettes ». On évitera les pléonasmes *obérer de dettes, être obéré de dettes.*

1. objectif, ive adj. Au sens usuel, signifie « qui rapporte les faits d'une manière impartiale, exempte d'esprit de parti, de passion, d'idées préconçues » : *Un témoin objectif de ces événements. Un rapport, un article objectif.* Ce sens n'est pas incorrect. Cependant, dans le style soutenu, on n'en abusera pas. Pour varier, on pourra employer *impartial, juste, équitable, fidèle, neutre, impersonnel, libre de tout préjugé,* etc., selon les cas : *Un historien impartial. Un témoignage fidèle. Un ton neutre.*

2. objectif n. m. *Avoir pour objectif(s)* ▷ **objet** (I, 1).

objet n. m. Expressions.

I Avoir pour objet.

1 Avoir **pour objet, avoir pour objectif.** L'expression *avoir pour objet* est une expression figée, dans laquelle *objet* est toujours au singulier : *Ces mesures ont pour objet la diminution de la consommation et l'accroissement des investissements.* — En revanche, dans *avoir pour objectif,* on pourra mettre *objectif* au pluriel dans une phrase telle que : *La politique économique du gouvernement a pour objectifs l'arrêt de l'inflation, l'accroissement des exportations, la diminution du nombre des chômeurs.* Le pluriel permet d'insister sur la pluralité des objectifs distincts.

2 Avoir pour objet, avoir pour but. Dans la langue soignée, on réservera *avoir pour objet* aux cas où le sujet est une chose *(Cette décision a pour objet de limiter le gaspillage)* et *avoir pour but* aux cas où le sujet est une personne *(En prenant ces mesures, le ministre a pour but de limiter le gaspillage)*

II Etre l'objet de, faire l'objet de. Ces deux expressions sont équivalentes : *Ces décisions sont l'objet (ou font l'objet) d'un examen approfondi.*

obligeamment adv. Attention au *e* après le *g.*
— Finale en *-amment* (vient de *obligeant*).

obligeance n. f. Attention au *e* après le *g.*
— Finale en *-ance.*

obligeant, ante adj. Attention au *e* après le *g.*
— *Finale en -ant, -ante.*

obliger v. t. Conjugaison et construction.

I Conjug. 16. Prend un *e* après le *g* devant *a* ou *o : il obligea, nous obligeons.*

II Au sens de « contraindre ».

1 Suivi d'un nom. Toujours avec la préposition *à : Il fut obligé au départ.* Ce tour est assez rare. On dit plutôt : *Il fut contraint au départ.*

2 *Obliger* **(à l'actif) + infinitif.** Normalement, préposition *à : On va l'obliger à partir.*
— La préposition *de* est possible, mais ne se rencontre que dans le style recherché ou archaïsant *(Le roi voulut obliger le gentilhomme de quitter la cour)* ou bien pour éviter un hiatus *(Son ami l'obligea d'accepter,* pour éviter... *l'obligea à accepter).*

3 *Obligé* **(participe) + infinitif.** La préposition *de* est obligatoire quand il n'y a pas de complément d'agent : *Il fut obligé de quitter la ville.* — S'il y a un complément d'agent, on doit employer en principe la préposition *à : Il est obligé par son entourage à quitter la ville.* Ce tour est correct, mais quelque peu embarrassé. On préférera, dans ce cas, la forme active : *Son entourage l'oblige à quitter la ville.*

III Au sens de « lier par la reconnaissance ». Toujours avec la préposition *de,* jamais avec *à : Je vous suis très obligé de cette démarche. Vous m'obligeriez beaucoup de bien vouloir parler de moi au directeur. Je vous suis très*

obligé d'être venu à cette réunion. — On peu aussi tourner avec *en* et le participe présent *Vous m'obligeriez beaucoup en portant c message urgent.*

oblitérer v. t. Conjug. **11.** *J'oblitère,* mai *j'oblitérerai.* — Avec un seul *t.* De même *oblitérateur, oblitération.*

obnubiler v. t. ▼ Le vrai sens est « obscurcir » *La jalousie peut obnubiler la clairvoyance.* N pas employer au sens de *obséder, hante poursuivre, tracasser, tourner à l'idée fixe.* O dira donc : *Ne vous laissez pas obséder par cett idée,* et non *Ne vous laissez pas obnubiler.* — D même, à *s'obnubiler sur* on préférera *se laisse obséder par, s'attacher exclusivement à, s préoccuper uniquement de : Ne vous attachez pa exclusivement à ce point de détail,* et non *N vous ohnubilez pas sur ce point de détail.* — D même encore, on emploiera *obsession, idée fixe* plutôt que *obnubilation* (dont le vrai sens es « obscurcissement ») : *L'obnubilation de l'e prit critique par le fanatisme.*

obscène adj. Attention au groupe *-sc-.* — Ave un accent grave, comme *obscènement* (adv.) mais le dérivé *obscénité* prend un accent aigu

obsèques n. f. pl. Ne s'emploie qu'au pluriel *Les obsèques de son oncle ont eu lieu luna dernier.* — En principe, le mot implique un certaine solennité. On n'écrira donc pas, pa exemple : *Les obsèques du miséreux,* mai *l'enterrement du miséreux.* Cependant, dans l langue des faire-part, *obsèques* est employ comme équivalent de « enterrement, cérémo nie funèbre », d'où l'expression consacrée : *Le obsèques auront lieu dans la plus stricte intimité*

obséquieux, euse adj. Bien prononcer [ɔbsekjø øz], avec [k]. De même : *obséquieusemen* [ɔbsekjøzmɑ̃], *obséquiosité* [ɔbsekjozite].

observatoire n. m. Finale en *-oire.* — Avec ui *o* minuscule, si le nom est suivi d'un complé ment : *l'observatoire de Paris* — Avec un majuscule, quand *l'Observatoire,* pris absolu ment, désigne l'observatoire de Paris : *Son oncl est professeur à l'Observatoire.*

observer v. t. On peut dire, très correctement *observer que* au sens de « remarquer que » *J'ai observé que vous commettez souvent cett erreur.* — En revanche, on ne dira pas **je vou observe que,* mais *je vous fais observer que : J vous fais observer que vous avez commis la mêm erreur.*

obstétrique adj. *ou* n. f. Qui concerne le accouchements : *Les méthodes obstétriques*

— N. f. *L'obstétrique* : partie de la médecine qui concerne les accouchements. — Ne pas déformer en **obstrétique, *obstrétrique.* — Dérivé : *obstétrical, ale, aux.*

obstiner S'est employé autrefois à l'actif au sens de « rendre opiniâtre, pousser à s'entêter » : *Les châtiments corporels obstinent les enfants au lieu de les corriger.* — De nos jours, seulement à la forme pronominale (avec *dans* + nom ou avec *à* + infinitif) : *Il s'obstine dans son projet* (usuel). *Il s'obstine à travailler sans méthode* (usuel). *Il s'obstine à la perte du royaume* (vieux). — Dérivés : *obstination, obstiné, obstinément.*

obtenir v. t. Conjugaison et construction.

1 Conjug. **44** (comme *tenir*). *J'obtiens, tu obtiens, il obtient, nous obtenons, vous obtenez, ils obtiennent.* — *J'obtenais.* — *J'obtins.* — *J'obtiendrai.* — *J'obtiendrais.* — *Obtiens, obtenons, obtenez.* — *Que j'obtienne.* — *Que j'obtinsse.* — *Obtenant.* — *Obtenu, ue.*

2 **Obtenir que.** Se construit normalement avec le subjonctif : *On obtint qu'il remît aussitôt tous les documents qui étaient en sa possession.* — La construction avec le futur de l'indicatif est rare et d'une correction douteuse. On écrira : *J'ai obtenu qu'il revienne demain* (mieux que *qu'il reviendra*). On évitera aussi la construction avec le conditionnel : *On obtint qu'il remettrait les documents le lendemain. On obtint qu'il reviendrait sur sa décision si des garanties lui étaient données.*

obtus adj. Finale en *-us.* — Féminin : *obtuse.*

obus n. m. Prononciation : [ɔby], le *-s* est muet. — Dérivé : *obusier.*

obvenir v. i. *(droit)* Echoir par succession : *Les biens qui obviennent à un héritier légitime.* — Conjug. **44.** N'est usité qu'à la troisième personne du singulier et du pluriel. *Il obvient, ils obviennent.* — *Il obvenait, ils obvenaient.* — *Il obvint, ils obvinrent.* — *Il obviendra, ils obviendront.* — *Il obviendrait, ils obviendraient.* — Impératif inusité. — *Qu'il obvienne, qu'ils obviennent.* — *Qu'il obvînt, qu'ils obvinssent.* — *Obvenant.* — *Obvenu, ue.* — Se conjugue avec *être* : *Ces parts qui sont obvenues aux héritiers.*

obvier v. t. ind. Conjugaison et construction.

1 Conjug. **20.** Double le *i* à la première et à la deuxième personne du pluriel de l'indicatif imparfait et du subjonctif présent : *(que) nous obviions, (que) vous obviiez.*

2 Se construit toujours avec la préposition *à* et signifie « parer à, remédier à » : *Il faut*

obvier à cette déficience et non **obvier cette déficience.*

oc Avec un *o* minuscule : *la langue d'oc.* — Avec un *O* majuscule : *Les pays d'Oc. Les provinces d'Oc.*

occasionner v. t. Avec deux *c* et deux *n.* — Ce verbe n'est pas incorrect. Cependant, dans la langue soutenue, on pourra préférer les équivalents tels que *amener, apporter, attirer, causer, donner lieu à, donner naissance à, entraîner, être la cause de, l'origine de, faire naître, produire, provoquer.*

occident [ɔksidã] n. m. Usage de la majuscule.

1 Avec un *o* minuscule, quand le mot désigne un point cardinal : *Vers l'occident, une dernière lueur éclairait le ciel.*

2 Avec un *O* majuscule quand le mot désigne les pays de l'ouest de l'Europe (par opposition à l'Orient) ou l'ensemble des pays de l'Europe de l'Ouest et les Etats-Unis (par opposition au bloc socialiste) : *Le rationalisme de l'Occident et le mysticisme de l'Orient. L'OTAN se donne pour but la défense militaire de l'Occident.*

3 Avec un *O* majuscule : *l'Empire romain d'Occident, l'empire d'Occident, l'Eglise d'Occident, le grand schisme d'Occident.*

occire [ɔksiʀ] v. t. Ne s'emploie qu'à l'infinitif, au participe passé *(occis, ise)* et aux temps composés : *j'ai occis, il a occis, j'avais occis,* etc. — Ne s'emploie plus que par plaisanterie : *Ce chasseur maladroit a encore failli occire ses compagnons de chasse !*

occitan, ane [ɔksitã, an] adj. *ou* n. De l'Occitanie, partie sud de la France où l'on parle (où l'on parlait) des dialectes d'oc. — Attention à la majuscule : *Les provinces occitanes. Les Occitans.* — *L'occitan* : la langue occitane (ensemble des dialectes d'oc). — Un seul *n* dans le féminin.

occitanien, ienne adj. *ou* n. Synonyme vieilli de *occitan : Les provinces occitaniennes. Les Occitaniens.*

occlure v. t. Fermer un orifice naturel : *Le chirurgien va occlure les paupières de ce malade, atteint de kératite.* — Conjug. **79.** *J'occlus, tu occlus, il occlut, nous occluons, vous occluez, ils occluent.* — *J'occluais.* — *J'occlus.* — *J'occlurai.* — *J'occlurais.* — *Occlus, occluons, occluez.* — *Que j'occlue, que tu occlues, qu'il occlue, que nous occluions, que vous occluiez, qu'ils occluent.* — *Que j'occlusse.* — *Occluant.* — ▼ Le participe passé est *occlus, occluse* : *Des paupières occluses.*

occlusion n. f. Deux *c*. De même : *occlusif.*

occulte adj. Deux *c*. De même : *occultation, occulter, occultisme, occultiste.*

occuper Orthographe, construction, tours incorrects.

I Avec deux *c*. De même : *occupant, occupation.*

II Construction de la forme pronominale et de la forme passive.

1 S'occuper à. Consacrer son temps à : *Pendant ses loisirs, il s'occupe à bricoler.*

2 S'occuper de. Se charger de : *Laissez, je m'occupe de cette affaire.* — Etre chargé de : *Mon collègue Durand s'occupe de la publicité.*

3 (Etre) occupé à. Etre en train de travailler à : *En ce moment, mon mari est occupé à réparer l'installation électrique.*

4 (Etre) occupé de. Etre préoccupé par (tour vieilli) : *Le comte était très occupé de cette intrigue de cour.*

5 (Etre) occupé par. Avoir son temps pris par (tour usuel et moderne) : *En ce moment, je suis occupé par la préparation de l'inventaire.*

III Tours incorrects.

1 Il est occupé *avec un visiteur. On dira plutôt : *Il est avec un visiteur* ou *Il est occupé, il est avec un visiteur* ou *Il est occupé, il reçoit un visiteur.*

2 Il n'a pas *que cette affaire à s'occuper. ▼ Tour très incorrect. On dira : *Il n'a pas à s'occuper seulement de cette affaire.*

occurrence n. f. Avec deux *c* et deux *r*. — Finale en *-ence*. — De la même famille : *occurrent, ente.*

océan n. m. Avec un *o* minuscule et une majuscule à l'adjectif : *l'océan Atlantique, l'océan Pacifique, l'océan Indien, l'océan Glacial Arctique.* — Avec un *O* majuscule : *l'Océan,* l'océan Atlantique, par opposition à la Méditerranée (*Préférez-vous les plages de l'Océan ou celles de la Méditerranée ?*).

océanide n. f. Chacune des nymphes de la mer, filles d'Océanos et de la déesse Téthys. — Avec un *o* minuscule : *Les océanides.*

ocre n. f. Couleur. — Comme nom, prend la marque du pluriel : *Toute la gamme des ocres et des roses.* ▼ Comme adjectif, toujours invariable : *Des murs ocre.*

octane Hydrocarbure. — Toujours masculin : *L'octane est précieux, car il empêche le carburant de détoner.*

octante adj. numéral *(mot employé en Belgique, en Suisse et dans quelques régions de la France)* Quatre-vingts : *Mon oncle a octante-trois ans* (= quatre-vingt-trois ans). — Dérivé : *octantième.*

octave Période de huit jours qui suit une fête catholique ; intervalle musical. ▼ Toujours féminin.

octobre n. m. Avec un *o* minuscule : *Paris, le 8 octobre 1978.* — Avec un *O* majuscule : *la révolution d'Octobre* (en 1917, en Russie).

octo- Préfixe (du latin *octo* ou du grec *oktô* « huit »), qui entre dans la formation de certains mots savants. Les composés en *octo* s'écrivent en un seul mot, sans trait d'union : *octocoralliaires, octogone, octostyle,* etc.

octosyllabe adj. *ou* n. m. *Un vers octosyllabe* ou *un octosyllabe :* un vers de huit syllabes. — Se prononce [ɔktɔsilab], mais s'écrit avec un seul *s.* De même : *octosyllabique* [ɔktɔsilabik], mot qui est seulement adjectif *(Un vers octosyllabique).*

octroi n. m. Pas de *-e* final.

octroyer [ɔktʀwaje] v. t. Conjugaison et sens.

1 Conj. 21. Change *y* en *i* devant un *e* muet : *j'octroie, j'octroierai.* — Attention au *i* après l'*y* à la première et à la deuxième personne du pluriel de l'indicatif imparfait et du subjonctif présent : *(que) nous octroyions, (que) vous octroyiez.*

2 Signifie « accorder, concéder » : *Le créancier octroya un délai au débiteur.* — Ne signifie pas « autoriser ». On écrira donc : *On l'autorisa à prolonger son congé* ou *On lui octroya une prolongation de congé,* mais non **On lui octroya de prolonger...* ▼ Au sens de « s'accorder, se donner, prendre », *s'octroyer* est familier. On écrira donc : *Je me suis accordé un supplément de vacances* ou *J'ai pris un supplément de vacances,* plutôt que *Je me suis octroyé un supplément de vacances.*

oculiste, oculariste, opticien, ophtalmologiste Quatre noms à bien distinguer.

1 oculiste n. m. *ou* f. Médecin spécialiste des anomalies de la vision (myopie, astigmatisme, presbytie, etc.).

2 oculariste n. m. *ou* f. Prothésiste qui confectionne des yeux artificiels.

3 opticien, ienne n. m. *ou* f. Commerçant(e) qui vend des lunettes, des verres de contact, des instruments d'optique.

4 ophtalmologiste n. m. *ou* f. Médecin spécialiste des maladies des yeux (cataracte, glaucome, etc.).

oculus n. m. Ouverture ronde, œil-de-bœuf. — Prononciation : [ɔkylys]. — Mot latin non francisé. Pl. : *des oculi*.

odeur n. f. Bien prononcer, avec *o* ouvert, [ɔdœR] et écrire sans accent circonflexe. De même : *odorat, odorant, odoriférant.*

odomètre n. m. Instrument qui permet de compter les pas et donc d'évaluer la distance qu'on a parcourue en marchant. — La graphie *odomètre* est plus fréquente que *hodomètre.*

odyssée n. f. Avec *y* et finale en *-ée*. — Avec un *O* majuscule, quand il s'agit de l'œuvre d'Homère : *Une excellente traduction de l'Odyssée, fidèle et intelligente.* — Avec un *o* minuscule au sens figuré : *Quelle odyssée dut être le voyage de Rimbaud en Ethiopie !*

œcuménique adj. ▼ On évitera la prononciation fautive avec [ø]. Bien prononcer : [ekymenik]. De même : *œcuménicité* [ekymenisite], *œcuménisme* [ekymenism(ə)], *œcuméniste* [ekymenist(ə)].

œdème n. m. ▼ On évitera la prononciation fautive avec [ø]. Bien prononcer : [edɛm]. De même : *œdémateux, euse* [edematø, øz].

œdipe n. m. Avec un *Œ* majuscule : *le complexe d'Œdipe*. — Avec un *œ* minuscule : *un œdipe* (= un complexe d'Œdipe). ▼ On évitera la prononciation fautive avec [ø]. Bien prononcer : [edip]. De même : *œdipien, ienne* [edipjɛ̃, ɛn].

œil [œj] n. m. Pluriel et expressions.

I Forme du pluriel.

1 Yeux dans presque tous les cas : *Il a les yeux bleus. Les yeux du bouillon, du gruyère, du pain. Les yeux* (bourgeons) *d'une branche d'arbre fruitier.*

2 Œils dans les termes de marine *(Les œils d'une voile. Les œils des étais, des haubans. Les œils des ancres)* et dans la langue de la typographie *(Dans la même force de corps, on distingue deux œils, le gros œil et le petit œil).*

3 Œils- dans les noms composés : *des œils-de-bœuf,* etc. (voir ces mots à l'ordre alphabétique).

II Expressions.

1 Etre tout yeux. Bien prononcer [tutjø] et non **[tuzjø]* : *Elles sont tout yeux (tout* invariable).

2 Entre quatre yeux [ɑ̃tRəkatRjø]. Expression populaire. Souvent écrit *entre quat'z-yeux* et prononcé alors [ɑ̃tRəkatzjø].

3 Avoir l'œil sur quelqu'un, avoir les yeux sur quelqu'un. La première expression est la plus usitée. *Avoir l'œil sur* signifie « surveiller étroitement, attentivement » : *Le surveillant avait l'œil sur cette forte tête.* — *Avoir les yeux sur* signifie « regarder attentivement », sans idée de surveillance : *Toute la classe, admirative, avait les yeux sur le nouveau professeur.* On dit plus couramment *avoir les yeux fixés sur.*

œil-de-bœuf n. m. Fenêtre ronde. — Pl. : *des œils-de-bœuf.*

œil-de-bouc n. m. Plante. — Pl. : *des œils-de-bouc.*

œil-de-chat n. m. Pierre précieuse. — Pl. : *des œils-de-chat.*

œil-de-cheval n. m. Plante. — Pl. : *des œils-de-cheval.*

œil-de-faucon n. m. Minéral. — Pl. : *des œils-de-faucon.*

œil-de-perdrix n. m. Cor entre les orteils. — Pl. : *des œils-de-perdrix.*

œil-de-pie n. m. Orifice rond dans une voile. — Pl. : *des œils-de-pie.*

œil-de-serpent n. m. Pierre précieuse. — Pl. : *des œils-de-serpent.*

œil-de-vache n. m. Plante. — Pl. : *des œils-de-vache.*

œillade n. f. Avec *œ* et *-ill-*. — Prononciation : [œjad].

œillère n. f. Avec *œ* et *-ill-*. — Prononciation : [œjɛR].

œillet n. m. Avec *œ* et *-ill-*. — Prononciation : [œjɛ].

œilleton n. m. Avec *œ* et *-ill-*. — Prononciation : [œjtɔ̃]. — Deux *n* dans les dérivés : *œilletonnage, œilletonner.*

œillette n. f. Plante. — Avec *œ* et *-ill-*. — Prononciation : [œjɛt].

œn- Dans les mots en *œn-*, le *œ* se prononce [e] : *œnanthe* [enɑ̃t] n. f. (plante), *œnanthique* [enɑ̃tik] adj. (qui concerne l'arôme des vins), *œnilisme* [enilism(ə)] n. m. (alcoolisme dû à l'abus du vin), *œnochoé* [enɔkɔe] n. f. (vase grec), *œnolique* [enɔlik] adj. (*acides œnoliques,* contenus dans le vin rouge), *œnologie* [enɔlɔʒi]

n. f. (science du vin), *œnologique* [enɔlɔʒik] adj., *œnométrie* [enɔmetʀi] n. f. (mesure de la teneur en alcool d'un vin), *œnométrique* [enɔmetʀik] adj., *œnophile* [enɔfil] adj. *ou* n. (qui aime le vin), *œnophore* [enɔfɔʀ] n. m. (vase grec ; échanson grec), *œnothéracées* [enɔteʀase] n. f. pl. (famille de plantes), *œnothère* [enɔtɛʀ] n. m. (plante).

œsophage n. m. Bien prononcer : [ezɔfaʒ], avec [e]. De même : *œsophagien, ienne* [ezɔfaʒjɛ̃, ɛn], *œsophagique* [ezɔfaʒik] adj., *œsophagite* [ezɔfaʒit] n. f. (maladie de l'œsophage), *œsophagoscope* [ezɔfagɔskɔp] n. m. (instrument).

œuf n. m. Prononciation, pluriel, expressions.

1 Le singulier est *un œuf* [œ̃nœf], le pluriel *des œufs* [dezø]. On évitera de prononcer *des œufs* *[dezœf].

2 Avec *œuf* au singulier : *un jaune d'œuf, un blanc d'œuf.* — Avec *œuf* au pluriel : *des jaunes d'œufs, des blancs d'œufs.*

3 On dira : *un œuf sur le plat,* plutôt que *un œuf au plat.*

4 On dira : *tondre un œuf* (expression figuré familière), plutôt que *tondre sur un œuf.*

œuvre Genre ; orthographe des expressions.

I Féminin ou masculin.

1 Féminin. Dans la plupart des cas : *Une bonne œuvre. L'œuvre législative du Consulat. Une œuvre charmante de Fragonard.*

2 Masculin. Quand le mot désigne l'ensemble de la production d'un artiste, surtout quand cette production est recueillie dans un ou plusieurs volumes formant un tout : *Ce livre d'art contient tout l'œuvre peint de Fragonard.*

3 Masculin. Dans les expressions suivantes : *le grand œuvre* (transmutation des métaux en or, objet de la recherche des alchimistes), *le gros œuvre* (les murs, les planchers et la toiture d'un édifice), *dénonciation de nouvel œuvre* (terme de droit).

II Orthographe des expressions.

1 Sans trait d'union : *le grand œuvre, le gros œuvre, les bonnes œuvres, exécuteur des basses œuvres, des hautes œuvres, les œuvres mortes* et *les œuvres vives d'un navire, le banc d'œuvre (les bancs d'œuvre), une dame d'œuvre (des dames d'œuvre), un maître d'œuvre (des maîtres d'œuvre), à pied d'œuvre, mise en œuvre.*

2 Avec un trait d'union : *un chef-d'œuvre (des chefs-d'œuvre), la main-d'œuvre (des mains-d'œuvre).*

3 Avec un trait d'union : *un hors-d'œuvre* (n. m. invariable). — Sans trait d'union : *des porches hors d'œuvre* (loc. adj. invariable).

off Anglicisme invariable de la langue du cinéma et de la télévision. — A *voix off* on pourra préférer l'équivalent français *voix hors champ.*

offenser (s') v. pron. Trois constructions.

1 *S'offenser de* + nom (ou pronom). *Il s'offense d'une parole un peu vive. Il s'offense d'un rien.*

2 *S'offenser de* + infinitif. *Il s'est offensé de n'avoir pas été invité.*

3 *S'offenser que* + subjonctif. *Il s'offensa qu'on ne l'eût pas invité.* ▼ Dans la langue très surveillée, on évitera le tour avec *de ce que* suivi de l'indicatif : *Il s'est offensé de ce qu'on ne l'a pas invité* (tour considéré comme peu correct).

offensive n. f. Sans trait d'union et avec *éclair* invariable : *une offensive éclair, des offensives éclair.*

offertoire n. m. Partie de la messe ; prière. — Avec deux *f* et finale en *-oire.* — Toujours avec un *o* minuscule : *Arriver à la messe au moment de l'offertoire. Réciter l'offertoire.*

office Genre ; orthographe des expressions.

I Masculin ou féminin.

1 Masculin. Dans presque tous les sens : *Les bons offices. Un office ministériel. Office national de propagande pour le sport. Célébrer l'office divin.*

2 Féminin. Quand le mot désigne la pièce où l'on range la vaisselle et le linge de table : *Une office spacieuse, peinte en blanc.*

3 Masculin. Quand le mot désigne l'ensemble des domestiques : *Chez la baronne, l'office était nombreux et très consciencieux.*

II Avec un trait d'union, un *S* et un *O* majuscules : *le Saint-Office.* — Avec un *O* majuscule : *le musée des Offices* ou *les Offices* (à Florence).

officiel, ielle adj. *ou* n. Orthographe et emploi.

1 Avec deux *f.* De même : *officialisation, officialiser, officiellement.*

2 L'emploi substantif au sens de *personnalité* (*La tribune des officiels*) ou de *organisateur* (*Les voitures des officiels du Tour de France*) appartient au langage semi-familier.

officier n. m. Sans trait d'union : *un élève officier (des élèves officiers), un grand officier (des grands officiers).* — Le féminin *officière* désigne une femme officier de l'Armée du Salut. Pour désigner une femme qui a un grade d'officier dans l'armée, on dit *une femme officier.*

offrir v. t. Orthographe, conjugaison et constructions.

I Avec deux *f.* De même : *offrande, offrant, offre.*

II Conj. **33.** *J'offre, tu offres, il offre, nous offrons, vous offrez, ils offrent.* — *J'offrais.* — *J'offris.* — *J'offrirai.* — *J'offrirais.* — *Offre, offrons, offrez.* — *Que j'offre.* — *Que j'offrisse.* — *Offrant.* — *Offert, erte.* ▼ Pas de -*s* à la deuxième personne du singulier de l'impératif présent.

III Avec l'infinitif, deux constructions.

1 Je me suis offert à l'aider. Tour le plus littéraire et le plus recherché.

2 Je lui ai offert de l'aider. Tour le plus usuel.

offset [ɔfsɛt] n. m. *ou* n. f. *ou* adj. Masculin, désigne le procédé (*L'offset sera moins coûteux que l'héliogravure*) ou le papier (*Un offset très épais*). — Féminin, désigne une machine : *Une offset toute neuve.* — Comme nom féminin, peut prendre un -*s* au pluriel : *Des offsets.* En revanche : *Des machines offset. Des plaques offset.*

off shore ou **offshore** ou **off-shore** (anglicisme) Prononciation : [ɔfʃɔʀ]. — On préférera la graphie *off shore* à *offshore* et à *off-shore.* — S'écrit souvent en italique dans un texte en romain et en romain dans un texte en italique. Toujours invariable : *Des commandes off shore de matériel militaire.* — Quand on parle de technique pétrolière, on pourra préférer les équivalents français : *marin, en mer, au large : Des forages en mer. Des exploitations au large. Des plates-formes au large.*

offusquer (s') v. pron. Trois constructions.

1 S'offusquer de + nom ou pronom. *Il s'est offusqué de cette plaisanterie.*

2 S'offusquer de + infinitif. *Il s'est offusqué de s'entendre appeler par son prénom.*

3 S'offusquer que + subjonctif. *Il s'offusqua qu'on le traitât avec autant de familiarité.* ▼ Dans la langue très surveillée, on évitera le tour avec *de ce que* suivi de l'indicatif : *Il s'est offusqué de ce qu'on l'a traité avec autant de familiarité* (tour considéré comme peu correct).

ogival, ale, aux adj. Synonyme un peu vieilli de *gothique.* — Masculin pluriel en -*aux : Des édifices ogivaux.* ▼ On évitera l'expression *arc ogival,* désignation impropre de l'*arc brisé.*

ogive n. f. Au pluriel dans : *croisée d'ogives.* — A *voûte en ogive* on préférera *voûte sur croisées d'ogives* si l'on veut parler d'une voûte soutenue par deux arcs diagonaux, *voûte en berceau brisé* si l'on veut parler d'une voûte en berceau dont la section est en forme d'arc brisé.

oh ! ho ! ô ▷ ô.

oïdium n. m. Maladie des plantes. — Prononciation : [ɔidjɔm]. — Pl. : *des oïdiums.* — Attention au tréma.

oignon n. m. Prononciation et orthographe des expressions.

1 ▼ Bien prononcer : [ɔɲɔ̃], et non *[waɲɔ̃], prononciation fautive. De même : *oignonade* [ɔɲɔnad] n. f. (plat aux oignons), *oignonière* [ɔɲɔnjɛʀ] n. f. (terrain où l'on cultive les oignons). Ces deux dérivés s'écrivent avec *n* simple.

2 Avec *oignon* au pluriel : *en rang d'oignons.* — Avec *oignon* au singulier : *du vin pelure d'oignon* ou *du pelure d'oignon.*

oïl Avec un *o* minuscule : *la langue d'oïl.* ▼ Bien prononcer : [ɔil], et non *[ɔjl].

oindre v. t. Conjug. **85.** *J'oins, tu oins, il oint, nous oignons, vous oignez, ils oignent.* — *J'oignais, tu oignais, il oignait, nous oignions, vous oigniez, ils oignaient* — *J'oignis.* — *J'oindrai.* — *J'oindrais.* — *Oins, oignons, oignez.* — *Que j'oigne, que tu oignes, qu'il oigne, que nous oignions, que vous oigniez, qu'ils oignent.* — *Que j'oignisse.* — *Oignant.* — *Oint, ointe.* — Attention au *i* après le groupe -*gn*- à la première et à la deuxième personne du pluriel de l'indicatif imparfait et du subjonctif présent : *(que) nous oignions, (que) vous oigniez.* ▼ Bien prononcer : *oignons, oignions* [waɲɔ̃], *oignez, oigniez* [waɲe].

oiseau n. m. — Pl. : *des oiseaux.*

1 Avec *oiseau* au singulier : *à vol d'oiseau.*

2 Avec un trait d'union : *un oiseau-chat (des oiseaux-chats), un oiseau-lyre (des oiseaux-lyres), un oiseau-mouche (des oiseaux-mouches).* ▼ Pour *oiseau-tempête,* le pluriel est *des oiseaux-tempête,* avec *tempête* au singulier.

oisillon, oison Deux noms masculins à bien distinguer.

1 oisillon Jeune oiseau encore au nid.

2 oison Petit de l'oie. — *(familier)* Personne sotte.

okapi n. m. Mammifère d'Afrique. — Avec un *k.* — Pl. : *des okapis* [-pi].

okoumé n. m. Arbre d'Afrique — Avec un *k*. — Pl. : *des okoumés* [-me].

oléi- Les composés en *oléi-* s'écrivent en un seul mot, sans trait d'union. Pas de tréma sur le *i* : *oléiculteur, oléiculture, oléifère, oléiforme*, etc. De même : *oléine, oléique.*

oléo- Les composés en *oléo-* s'écrivent en un seul mot, sans trait d'union : *oléoduc, oléolat, oléomètre, oléonaphte*, etc.

oléoduc n. m. Gros tuyau qui sert au transport du pétrole à grande distance. Quand il s'agit du transport du gaz, on dit : *gazoduc.* On préférera *oléoduc* à l'anglicisme *pipe-line*, mot à la prononciation incertaine. On observera que les techniciens de l'industrie pétrolière ne disent ni *pipe-line* ni *oléoduc*, mais *tube* ou *conduite : Une conduite de brut.*

olifant n. m. Au Moyen Age, corne de chasse ou de guerre : *Roland sonna de l'olifant.* — On évitera la graphie *oliphant.*

oligo- Elément (du grec *oligoi* « peu nombreux »), qui entre dans la formation de mots savants. — Sauf *oligo-élément*, tous les composés en *oligo* s'écrivent en un seul mot, sans trait d'union : *oligocène, oligochètes, oligophrénie*, etc.

olivaie ou **oliveraie** n. f. Plantation d'oliviers. — La forme *oliveraie* est plus fréquente que *olivaie.*

olivâtre adj. Avec un accent circonflexe sur le *a*.

olive n. f. Avec *olive* au singulier : *de l'huile d'olive.* — Comme adjectif de couleur, toujours invariable : *Des manteaux vert olive* (sans trait d'union). *Des vareuses olive.*

olographe adj. *Testament olographe*, écrit entièrement de la main du testateur. — On préférera la graphie *olographe*, plus fréquente, à *holographe* (bien que le mot vienne du grec *holos* « tout entier »).

olympiade n. f. Dans la Grèce antique, période de quatre ans séparant deux célébrations des jeux Olympiques (servait à compter les dates) : *Le temple fut construit la deuxième année de la quatre-vingtième olympiade.* ▼ Ne pas dire *les olympiades* pour désigner les *jeux Olympiques : Au cours des jeux Olympiques de Tokyo, en 1964,* et non *Au cours des olympiades de Tokyo.*

olympique adj. Avec un *j* minuscule et un *O* majuscule : *les jeux Olympiques.* — N. f. *Les Olympiques*, recueil d'odes triomphales de Pindare : *La première Olympique.*

ombelle n. f. (terme de botanique) Avec deux *l*. De même : *ombellé, ombellifères* n. f. pl., *ombelliforme* adj., *ombellule* n. f.

ombilic n. m. Nombril. — Prononciation : [5bilik], le *-c* n'est pas muet.

ombre Homonymie et expressions.

I Trois homonymes à distinguer par le genre.

1 Une ombre Zone obscure : *L'ombre épaisse des bois.*

2 Un ombre Poisson : *Il a pêché un ombre très gros.* — A distinguer de l'*omble*, poisson différent.

3 Une ombre ou **une terre d'ombre** Terre de Sienne, couleur fine.

II Trois expressions à distinguer dans l'emploi.

1 A l'ombre de. Au sens propre *(Il dormait à l'ombre du grand chêne)*, ou au sens figuré avec la valeur de « sous la protection ou sous la direction de » *(Le peuple alors vivait heureux, à l'ombre de l'autorité bienfaisante du prince. Les villages médiévaux se sont parfois développés à l'ombre d'une abbaye).*

2 Dans l'ombre de. Au sens propre parfois *(Dans l'ombre de la montagne scintillaient les lumières des chalets),* mais surtout au figuré avec le sens de « en restant obscur sous la protection de » *(Eternel subalterne, il passa toute sa vie dans l'ombre de son puissant protecteur).*

3 Sous l'ombre de. Au sens propre parfois *(Sous l'ombre des grands arbres, nous marchions en silence)*, mais surtout au figuré avec le sens de « sous le couvert de » *(Sous l'ombre de l'amitié, il trahissait son bienfaiteur).* ▼ Avec *sous l'ombre de*, il vaut mieux employer l'article devant le complément. Ne pas écrire *sous l'ombre *d'amitié.*

4 Sous ombre de. Uniquement au figuré, avec le sens de « sous couvert de » : *Sous ombre d'amitié, il imposait son autorité à son entourage.* ▼ Avec *sous ombre de*, il vaut mieux employer le complément sans article. Ne pas écrire *sous ombre *de l'amitié.*

omelette n. f. ▼ Deux *t*, mais un seul *m*. — Avec *nature* invariable : *des omelettes nature.*

omettre v. t. Orthographe, conjugaison et construction.

1 ▼ Avec un seul *m*. De même : *omis, omission.*

2 Conjug. **99** (comme *mettre*). *J'omets, tu omets, il omet, nous omettons, vous omettez, ils omettent.* — *J'omettais.* — *J'omis.* — *J'omet-*

trai. — *J'omettrais.* — *Omets, omettons, omettez.* — *Que j'omette.* — *Que j'omisse.* — *Omet-
tant* — *Omis, ise.*

3 Se construit avec *de* et l'infinitif : *Il a omis
de nous signaler ce fait,* et non **à nous signaler.*

omission n. f. ▼ Avec un seul *m.* — Au singulier
dans : *sauf erreur ou omission.*

omni- Préfixe (du latin *omnis* « tout »). Les
composés en *omni* s'écrivent en un seul mot,
sans trait d'union : *omnidirectionnel, omnipo-
tence,* etc.

omnibus [ɔmnibys] n. m. Invariable : *Des
omnibus. Des trains omnibus.*

omnisports adj. ▼ Toujours avec un *-s,* même
au singulier : *Un stade omnisports.*

omnium n. m. Course, compétition sportive ;
société commerciale. — Prononciation :
[ɔmnjɔm]. — Pl. : *des omniums.*

on Pronom indéfini, toujours sujet.

I *On* remplacé par *l'on.*

1 En général, on remplace *on* par la forme
l'on après *et, ou, où, que, à qui, à quoi, si,* par
souci d'euphonie : *On vieillit et l'on oublie ses
amis d'enfance. Il faut choisir : ou l'on fait les
sacrifices nécessaires ou l'on renonce au projet.
Ces lieux où l'on a vécu. Tous ces pauvres que
l'on veut secourir. Ces maîtres à qui l'on doit
tant. Ce à quoi l'on s'applique. Si l'on suppose.*

2 Certains écrivains emploient *l'on* en dehors
des cas énumérés ci-dessus. Cet emploi gratuit
de *l'on* semble souvent quelque peu affecté. On
écrira donc : *Quand on arrive à l'entrée de la
ville,* et non *Quand l'on arrive...*

3 On évitera d'employer *l'on* au lieu de *on*
quand la présence du *l'* entraînerait des effets
d'allitération fâcheux, tels que : *Et l'on le lui
donna. Si l'on le lui accordait.* Dans ce cas, il
vaudra mieux laisser l'hiatus : *Et on le lui
donna. Si on le lui accordait.*

4 L'emploi de *l'on* en tête de phrase
est archaïque : *L'on doit considérer d'abord...*
De nos jours, on écrit : *On doit considérer
d'abord.*

II Liaison et négation *ne* après *on.* Il faudra
prendre garde à l'homophonie de deux tours :
Dans ce milieu, on attache [ɔnataʃ] *plus
d'importance à la naissance qu'au mérite. De
nos jours, on n'attache* [ɔnataʃ] *plus d'importance à la naissance.* Ne jamais omettre la
négation *ne* (*n'*) après *on* quand la phrase est
négative et comprend un mot tel que *pas, point,
plus* (négatif), *aucun, nul,* etc.

III Répétition de *on.*

1 Répétition obligatoire. Quand il y a plusieurs verbes juxtaposés ou coordonnés : *On se
plaint, on critique, on proteste* (et non **On se
plaint, critique, proteste*). *On court et on s'agite*
(et non **On court et s'agite*).

2 Répétition incorrecte. Quand, dans une
phrase, les différents *on* ne représentent pas le
même sujet. On n'écrira pas **On doit rendre
ce qu'on a prêté,* mais *Nous devons rendre ce
qu'on nous a prêté* ou *On doit rendre ce qu'on
a emprunté.* Ici, l'emploi des deux *on* est
correct, car ils représentent le même sujet.

IV Emplois de *on.*

1 Valeur d'indéfini (= tout le monde,
n'importe qui, une personne quelconque non
précisée). *Quand on est jeune, on croit que tout
est facile. Quand on arrive en venant de
Bordeaux, l'église est sur la droite.* Emploi usuel
et très correct.

2 Peut équivaloir à « je ». C'est le *on* de
modestie : *En écrivant ce livre, on a voulu aider
le lecteur à résoudre certaines difficultés...* Emploi propre à la langue écrite. Très correct.

3 Peut équivaloir à « tu » ou à « vous ».
*Alors, ma petite fille, on va voir sa grand-mère ?
Eh bien ! mon cher lauréat, on est heureux, je
pense ?* Emploi propre à la langue parlée.

4 Peut équivaloir à « il, elle, ils, elles ». *On
a été correct avec vous, au moins ?* Emploi
propre à la langue parlée.

5 Peut équivaloir à « nous ». *Venez, mon
cher, il est huit heures, on va dîner. Ah ! mon
vieux, on a bien rigolé, des fois, au régiment !*
Emploi nettement familier. Dans la langue
surveillée, on emploiera de préférence *nous.* On
observera que cet emploi de *on* pour *nous* est
un trait caractéristique de la langue populaire,
qui emploie peu le *nous* sujet. ▼ Dans la langue
surveillée, il sera bon d'éviter l'emploi de *nous*
et de *on* dans la même phrase, *nous* étant
détaché en tête comme forme de renforcement :
Nous, on est des gens simples, des travailleurs.
L'usage correct exige : *Nous, nous sommes...*

**V Accord de l'adjectif attribut ou du participe
passé avec** *on.*

1 Quand *on* **a valeur d'indéfini.** L'attribut ou
le participe se met toujours au masculin
singulier : *Quand on est jeune, on est insouciant.
Quand on arrive sur la place, on est surpris par
la majesté de l'édifice.*

2 Quand *on* **équivaut à « nous », à « tu,
vous » ou à « il, elle, ils, elles ».** L'attribut ou
l'adjectif se met au genre et au nombre
correspondant au sujet que remplace *on : Mon
ami et moi, on est prêts. Mais oui, dirent-elles*

en chœur, on est heureuses ! Ainsi, mes gaillards, on est partis sans permission ! Eh bien ! mesdames, on est impatientes ? Quand on est jeune fille, on est coquette. Alors, ma petite fille, on est revenue ? Ces emplois et ces accords appartiennent à la langue parlée ou à la langue expressive plutôt qu'au style soutenu. Dans la langue très surveillée, on préférera l'emploi du pronom personnel ou d'un nom : *Mon ami et moi, nous sommes prêts. Mais oui, dirent-elles, nous sommes heureuses. Ainsi, vous êtes partis tous les deux. Une jeune fille est souvent coquette. Alors, ma fille, tu es revenue ?*

VI Emploi du possessif avec *on.*

1 Quand *on* **a valeur d'indéfini.** Le possessif est *son, sa, ses : Quand on revient dans son pays après une longue absence, on est toujours ému. On regrette sa jeunesse, mais on regrette encore plus son enfance. Quand on arrive devant le palais, on n'en croit pas ses yeux.*

2 Quand *on* **équivaut à « nous »** (emploi familier ou populaire). Le possessif est *notre, nos : Mon camarade et moi, on aime bien notre professeur de français. Pour nos prochaines vacances, on a choisi la Sicile.*

3 Quand *on* **équivaut à « tu, vous » ou à « il, elle, ils, elles »** (emploi de la langue parlée ou expressive). Le possessif est *son, sa, ses : Alors, mon petit garçon, on a laissé sa sœur à la maison ?* (plutôt que *ta sœur). A-t-on rempli ses obligations envers vous ?*

VII *On* **remplacé par** *soi* **ou par** *vous.* Le pronom *on* ne peut être que sujet. Dans une phrase où *on* se trouve employé comme sujet avec valeur d'indéfini, le pronom complément peut être *soi* ou bien *vous* (qui prend alors la valeur d'un indéfini).

1 *Soi,* **si le complément est un réfléchi.** *On ne doit pas s'attaquer à plus fort que soi. On hait chez les autres les faiblesses secrètes que l'on porte en soi.*

2 *Vous,* **si le complément est un non-réfléchi.** *On ne sait jamais ce que le destin fera de vous.*

once Deux noms qui diffèrent par le genre et le sens.

1 Une once Ancienne unité de poids (seizième partie de la livre) : *Une petite once de sucre.*

2 Un once Félin qui vit en Asie centrale : *L'once est gris, avec des rosaces foncées.*

ondine n. f. Dans les légendes germaniques, génie féminin des eaux. — Avec un *o* minuscule : *les ondines.*

on-dit n. m. Toujours invariable : *Selon certains on-dit.*

ondoiement [5dwamã] n. m. Attention au *e* intérieur.

onéreux, euse adj. On peut très bien écrire, par exemple : *un mode de vie onéreux, un voyage onéreux* (= qui cause des dépenses, des frais, qui coûte cher). — En revanche, on évitera les pléonasmes : *des frais onéreux, des dépenses onéreuses.* On écrira : *des dépenses élevées, des frais élevés* (ou *considérables).*

onguent n. m. Pommade. — Prononciation : [5gã]. — Finale en *-ent.*

onomatopée n. f. Avec un seul *n,* un seul *m,* un seul *t* et un seul *p.* Finale en *-ée.*

onyx [ɔniks] Pierre fine. — Avec un *y.* ▼ Toujours masculin : *De l'onyx très beau.*

onzain n. m. Strophe de onze vers. — Ne pas faire l'élision ni la liaison devant *onzain : le onzain, les onzains* [leɔzɛ̃].

onze adj. numéral *ou* n. m.

1 Dans la langue surveillée, pas d'élision ni de liaison devant *onze : Le onze octobre. Il habite au onze* (au 11) *de la rue Lamartine. Une somme de onze mille francs. Le train de onze heures.* Cependant on tolère l'élision, dans la langue parlée, devant *onze heures : La messe d'onze heures. Le train d'onze heures.* L'élision est de règle dans le nom composé la *dame-d'onze-heures* (nom de plante) et dans l'expression populaire *un bouillon d'onze heures* « un poison ». — En aucun cas, on ne fera la liaison : *les onze hommes* [leɔzɔm], *les onze heures* [leɔzœʀ], *les onze cents francs* [leɔzsãfʀã].

2 Les règles sont les mêmes pour *onzième : Le onzième jour. La onzième année. Les ouvriers de la onzième heure. Le onzième de la somme. Qui est la onzième au classement général ?*

3 *Onze cent(s), mille cent* ▷ **cent** (V, 1, 2 et 3).

open adj. (anglicisme de la langue du sport) Prononciation : [ɔpɛn]. — Invariable : *Des compétitions open.* — Equivalents français : *libre, ouvert.*

opéra n. m. Usage du trait d'union et de la majuscule.

1 Avec un trait d'union : *opéra-ballet (des opéras-ballets), opéra-comique (des opéras-comiques).* — Sans trait d'union : *opéra bouffe (des opéras bouffes).*

2 Avec un *o* minuscule quand il y a un complément : *L'opéra de Paris. L'opéra de Naples. L'opéra de Milan.* — Avec un

O majuscule, *l'Opéra* (désigne celui de Paris) : *Une soirée à l'Opéra.* — De même : *L'Opéra-Comique* (nom d'un théâtre lyrique de Paris).

opération n. f. Orthographe des expressions et des dérivés.

1 Avec *opération* au singulier : *salle, table d'opération.* — Avec *opération* au pluriel : *plan, théâtre d'opérations.* — Avec, en général, *opération* au singulier : *base, ligne d'opération.* Cependant on écrit aussi *base, ligne d'opérations,* surtout quand on parle d'une base permanente, d'où l'on peut lancer plusieurs opérations successives.

2 Deux *n* dans les dérivés : *opérationnel, opérationnisme.*

opérationnel, elle adj. (francisation de l'anglais *operational*) Anglicisme parfaitement acceptable dans la langue technique : *Base opérationnelle. Engin opérationnel. Recherche opérationnelle.* — Dans la langue courante, on évitera d'abuser de ce mot. On écrira : *Ce service de vente commencera son activité dans un mois* (plutôt que *sera opérationnel*). *Une équipe déjà en activité* (plutôt que *déjà opérationnelle*). *Ce procédé n'est pas encore applicable* (plutôt que *n'est pas encore opérationnel*).

opercule (*zoologie, botanique*) Petit couvercle. — Avec un seul *p.* — Toujours masculin : *Un opercule rond.* — Dérivé : *operculaire* adj. (finale en *-aire*).

opérer v. t. Conjug. **11.** *J'opère,* mais *j'opérerai.*

ophtalmie [ɔftalmi] n. f. Avec *-ph-,* mais avec *t* sans *h.* De même : *ophtalmique* [ɔftalmik], *ophtalmologique* [ɔftalmɔlɔʒik], *ophtalmologiste* [ɔftalmɔlɔʒist(ə)] ou *ophtalmologue* [ɔftalmɔlɔg], *ophtalmomètre* [ɔftalmɔmɛtʀ(ə)], *ophtalmoscope* [ɔftalmɔskɔp], *ophtalmoscopie* [ɔftalmɔskɔpi].

ophtalmologiste ou **ophtalmologue** n. m. *ou* f. —La forme *ophtalmologiste* est la plus fréquente.

ophtalmologiste, oculiste ▷ oculiste.

opiniâtre adj. Avec un seul *p* et un accent circonflexe. De même : *opiniâtrement, s'opiniâtrer, opiniâtreté.*

opinion n. f. Avec un seul *p.* — Avec *opinion* au singulier : *journal d'opinion, liberté d'opinion.*

opium [ɔpjɔm] n. m. — Pl. : *des opiums.*

opossum [ɔpɔsɔm] n. m. Animal ; fourrure. — Pl. : *des opossums.* — Avec un seul *p.*

opothérapie n. f. Traitement par des extraits glandulaires. — Avec un seul *p.*

oppidum [ɔpidɔm] n. m. Dans l'Antiquité romaine, place forte. — Avec deux *p.* — Pl. : *des oppidums,* plus fréquent que *des oppida.*

opportun, une adj. Avec deux *p.* De même : *opportunément, opportunisme, opportuniste, opportunité.*

opposer v. t. *ou* pron. Orthographe et construction.

1 Avec deux *p.* De même : *opposabilité, opposable, opposant, opposé, opposite, opposition, oppositionnel.*

2 S'opposer. Se construit de nos jours avec *à ce que* (suivi du subjonctif) : *Je m'oppose à ce qu'il revienne.*

3 Dans la langue surveillée, on évitera le pléonasme *opposer son veto.* On préférera : *mettre son veto.*

oppresseur n. m. *ou* adj. Pas de forme pour le féminin.

1 Dans l'emploi substantif. C'est la forme masculine *oppresseur* qui est employée comme féminin : *Cette reine fut l'oppresseur de ses sujets. Cette nation fut pour les vaincus un oppresseur plus cruel que les plus cruels tyrans.*

2 Dans l'emploi adjectif. C'est la forme *oppressive* qui sert de féminin quand on veut qualifier une chose : *Une administration oppressive* (alors qu'on ne peut dire, au choix, *un pouvoir oppresseur* ou *un pouvoir oppressif*). Observer que *oppressif, ive* ne peut qualifier une personne. On ne peut donc dire ni *une reine *oppresseur* ni *une reine *oppressive.*

opprobre Avec deux *p.* — Toujours masculin : *Un opprobre scandaleux.* ▼ Bien prononcer [ɔpʀɔbʀ(ə)] et ne pas déformer en **opprobe.*

opter v. i. *ou* v. t. ind. Se construit avec *pour :* *Il a opté pour la nationalité française,* et non **Il a opté la nationalité française,* faute due à l'influence de *adopter* et de *choisir.* — Mot de la langue juridique ou commerciale. Ne pas abuser de *opter (pour)* dans la langue courante. Employer *choisir :* *Pour venir, j'ai choisi le train, l'autocar est trop lent.* Inutile de dire : *J'ai opté pour le train.*

opticien, oculiste ▷ oculiste.

optimal, ale, aux adj. On emploiera cet adjectif de préférence à *optimum,* dont l'accord est incertain : *Le taux optimal. La température optimale. Les prix optimaux. Les conditions optimales.*

optimum adj. *ou* n. m. Certains emplois sont difficiles.

1 L'emploi de *optimum* comme adjectif soulève des difficultés : *Des taux optima* ou *optimums. La température optimum* ou *optima. Les conditions optima* ou *optimums.* Pour éviter ces incertitudes, on emploiera, conformément aux recommandations officielles, l'adjectif *optimal, ale, aux.*

2 Dans l'emploi substantif, on préférera le pluriel *des optimums* à *des optima.*

3 On évitera le pléonasme *le meilleur optimum.*

option n. f. Deux *n* dans le dérivé *optionnel.* — Mot de la langue juridique ou commerciale. Ne pas abuser de *option* dans la langue courante. Employer plutôt *choix : Les grands choix politiques de notre époque.* Inutile d'écrire : *Les grandes options.*

1. or conj. Indique une transition ou marque une légère opposition.

1 Les graphies *ore* et *ores* sont vieilles.

2 Souvent suivi d'une virgule (mais cette virgule n'est nullement obligatoire) : *Tous les hommes sont mortels, or Socrate est homme... Il entra dans la salle. Or, elle était vide.* Il semble que la virgule soit plus fréquente dans les textes de caractère narratif ou descriptif que dans les raisonnements.

3 De nos jours, *or* s'emploie seul ou parfois suivi de *donc.* — Autrefois, on disait aussi *or bien, or çà, or sus.* Ces locutions sont vieillies ou même sorties de l'usage.

2. or n. m. Métal précieux.

1 Peut s'employer au pluriel pour désigner des objets dorés ou des objets en or, des lumières dorées : *Les ors d'une enluminure précieuse. Les ors d'une salle de théâtre. Les ors du couchant.*

2 Comme adjectif de couleur, toujours invariable : *Des filets or. Des boiseries crème et or.*

3 Vieil or (adjectif de couleur). S'écrit sans trait d'union et reste invariable : *Des reflets vieil or. Des teintes vieil or.*

4 Avec un trait d'union et *or* invariable : *un franc-or, des francs-or.* — Sans trait d'union et avec *or* invariable : *La valeur or, les valeurs or, des millions or* (= des millions de francs-or), *l'étalon or.*

5 Réserve d'or. Forme à préférer à *réserve or : Les réserves d'or des banques d'émission,* plutôt que *les réserves or.*

6 Avec un *S* majuscule et un *o* minuscule : *le Siècle d'or,* le XVIᵉ siècle espagnol. — Avec

un *s* et un *o* minuscules dans les autres sens : *Le siècle d'or de la sculpture gothique.*

orange, orangé Accord, genre et emploi.

1 orange n. f. *ou* n. m. *ou* adj.

a/ Féminin. Quand le mot désigne un fruit : *Une orange sanguine.* — Prend la marque du pluriel : *Une livre d'oranges* — Avec *orange* au singulier : *Un jus d'orange, des jus d'orange.*

b/ Masculin. Quand le mot désigne une couleur : *Un orange très chaud et un bleu très doux.* — Prend la marque du pluriel : *Toute la gamme des jaunes et des oranges.*

c/ Invariable. Comme adjectif de couleur, est synonyme de *orangé,* mais plus usité : *Des rideaux orange.*

2 orangé, ée adj. *ou* n. m.

a/ Comme adjectif de couleur. Synonyme de *orange* (au sens 1, c), mais moins usité. Prend la marque du pluriel et du féminin *(un rideau orangé, des rideaux orangés. Une tenture orangée, des tentures orangées),* sauf en composition *(Des rideaux orangé vif)* et sauf quand *orangé* est joint à un autre adjectif de couleur par *et (Une bannière bleu et orangé. Des autobus orangé et vert).*

b/ Comme nom masculin désignant une couleur. Est plus usité que *orange* (au sens 1, b) : *Un orangé très chaud. Toute la gamme des orangés.*

orangé, oranger Ne pas écrire *orangé,* adjectif ou nom masculin de couleur *(Un rideau orangé. Un orangé clair),* comme *oranger,* nom masculin qui désigne un arbre *(Les orangers, pour croître, ont besoin de soleil et d'eau).*

orang-outan n. m. Malgré l'Académie, qui écrit *orang-outang,* on préférera la graphie *orang-outan,* plus conforme à l'étymologie malaise. — Pl. : *des orang-outans.*

orateur n. m. La forme masculine s'emploie aussi quand on parle d'une femme : *Cette femme député est un excellent orateur.* On évitera la forme *oratrice.*

oratorio n. m. (terme de musique) Mot italien francisé. — Pl. : *des oratorios* [-ʀjo].

orbite, orbe Deux noms à bien distinguer.

1 Une orbite Deux sens.

a/ Trajectoire d'un astre, d'une planète, d'un satellite, d'un électron.

b/ Cavité osseuse du crâne dans laquelle est logé l'œil.

2 Un orbe Trois sens.

a/ *(astronomie)* Aire, surface circonscrite par une orbite.

b/ *(vieux et poétique)* Sphère, globe des corps célestes : *L'orbe brillant du soleil éclairait le couchant.*

c/ *(littéraire)* Cercle : *Les oiseaux décrivaient des orbes dans l'espace.*

ordinal, ale, aux adj. Masculin pluriel en *-aux :* *Des adjectifs ordinaux.* — Avec un seul *n.*

ordinateur n. m. Avec un seul *n.*

ordination n. f. Avec un seul *n.*

ordonnance Quand ce nom désigne un soldat attaché à un officier et lui servant gratuitement de domestique, il est normalement féminin : *Une ordonnance barbue astiquait les bottes du colonel.* Cependant l'accord de l'adjectif attribut ou du participe se fait plutôt au masculin : *L'ordonnance du capitaine était grand, fort, rougeaud. Son ordonnance fut atteint par un éclat d'obus.*

ordonnancement n. m. ▼ Un seul sens correct : « autorisation de paiement d'une dépense publique après vérification de l'engagement de dépense ». Ne pas employer au sens de *mise en ordre, agencement, disposition, ordonnance, ordre, organisation, plan.* On écrira donc : *Procéder à la mise en ordre des paragraphes d'un discours. L'ordonnance majestueuse d'une façade classique. Le plan logique d'une dissertation.* — De même, *ordonnancer* signifie « permettre une dépense publique par ordonnancement » : *Ordonnancer le versement du traitement aux fonctionnaires.* Ne doit pas être employé comme synonyme de *mettre en ordre, agencer, disposer, ordonner, organiser, faire le plan de.*

ordonner v. t. Orthographe et construction.

I Avec deux *n.* De même : *ordonnance, ordonnancement, ordonnancer, ordonnateur, trice, ordonné, ée, ordonnée.*

II Ordonner que. Deux constructions possibles.

1 Avec le subjonctif. Si l'on veut insister sur le contenu de l'ordre (cas le plus fréquent) : *Le général ordonna que l'armée se mît en marche aussitôt.*

2 Avec l'indicatif futur ou le conditionnel. Si l'on veut insister sur l'énoncé de l'ordre (par exemple quand on rapporte les termes d'un texte légal, juridique, administratif) : *La loi anglaise ordonne que tout condamné à mort sera pendu par le cou jusqu'à ce que mort s'ensuive. L'arrêté municipal ordonnait que les animaux trouvés errant sur la voie publique seraient emmenés en fourrière, et non qu'ils seraient abattus.*

ordre n. m. Emploi de la majuscule et expressions.

I Emploi de la majuscule.

1 Avec *o* minuscule et une minuscule au complément : *l'ordre des architectes, l'ordre des avocats, l'ordre des médecins,* etc. En revanche : *le conseil de l'Ordre.*

2 Avec *o* minuscule et une majuscule au complément : *l'ordre de la Légion d'honneur, l'ordre du Mérite, l'ordre de la Valeur militaire, l'ordre de la Libération,* etc. De même : *l'ordre Teutonique.*

3 Avec *o* minuscule et une minuscule au complément : *l'ordre des Frères prêcheurs* ou *ordre des Dominicains, l'ordre des Frères mineurs* ou *ordre des Franciscains.* — Avec une minuscule à l'adjectif : *l'ordre dominicain, l'ordre franciscain.*

4 Avec une majuscule, *les Dominicains, les Jésuites,* etc. quand le mot désigne l'ordre lui-même, considéré comme un ensemble : *Les Dominicains luttèrent contre l'hérésie cathare. Les Jésuites eurent un rôle culturel considérable.*

5 Avec une minuscule, *les dominicains, les jésuites,* etc. quand le mot désigne les membres des ordres religieux : *Les dominicains portent une robe blanche. Les jésuites sont d'excellents latinistes.* — De même : *Les dominicains marcheront en tête de la procession. Le jésuite monta en chaire.*

6 Avec une majuscule quand le mot désigne, par métonymie, une église, un couvent : *Il entendit la messe aux Augustins.*

II Orthographe et emploi des expressions.

1 Sans trait d'union : *le tiers ordre.*

2 On évitera les pléonasmes *ordre impérieux, ordre impératif.*

3 *Du* **premier ordre** et *de* **premier ordre.** Ces deux formes sont équivalentes. La forme avec *du* est plus insistante et moins usée. Elle suppose qu'il y a effectivement une classification établie, alors que les formes avec *de* sont plutôt de simples locutions adjectives. D'autre part, les formes avec *du* sont plus rares et plus littéraires : *Les poètes du premier ordre, tels que Ronsard, Hugo, Baudelaire* (= les poètes de la catégorie supérieure, le petit groupe des très grands poètes). *Les poètes du second ordre, tels que Musset, Gautier, Heredia* (= de la catégorie qui vient après celle des très grands poètes). *Un cinéaste de premier ordre* (= un excellent cinéaste). *Un cinéaste de second ordre* (= un cinéaste de valeur ordinaire).

oréade n. f. Nymphe des montagnes — Toujours avec un *o* minuscule : *les oréades.*

oréade, naïade, dryade, hamadryade, napée, Néréide ▷ **naïade.**

orée n. f. Lisière d'un bois, d'une forêt : *A l'orée de la forêt.* — Ne signifie pas « début d'une période ». On évitera donc d'écrire *à l'orée du printemps.*

oreille n. f. Orthographe et expressions.

1 Avec un seul *r.* De même : *oreillard, oreiller, oreillette, oreillon, oreillons* (maladie).

2 Avec *oreille* toujours au singulier : *bourdonnement, sifflement, tintement d'oreille ; de bouche à oreille.* — Avec *oreille* toujours au pluriel : *être tout oreilles* (invariable : *elles sont tout oreilles) ; écrou à oreilles.*

3 ▼ Au singulier : *une boucle d'oreille.* — Au pluriel : *des boucles d'oreilles.*

4 On distinguera *dresser les oreilles,* qui s'emploie surtout au sens propre *(Le chien dressa les oreilles),* et *dresser l'oreille,* qui s'emploie à la fois au sens propre *(Le chien dresse l'oreille)* et au sens figuré *(En entendant ce nom, je dressai l'oreille).*

5 On distinguera *ouvrir l'oreille,* écouter avec attention *(Ouvre bien l'oreille et rapporte-moi bien tout ce que tu auras entendu),* et *ouvrir les oreilles,* recevoir favorablement une demande, une proposition *(Il faut savoir ouvrir les oreilles aux suggestions de ses subordonnés).*

6 Rebattre les oreilles, avoir les oreilles rebattues. Seules formes correctes. ▼ Ne pas déformer en **rabattre les oreilles, avoir les oreilles *rabattues* ▷ **rebattre.**

7 Oreille-de-. Dans les composés de *oreille,* seul le mot *oreille* prend la marque du pluriel : *oreille-d'âne,* plante *(des oreilles-d'âne), oreille-d'homme,* plante *(des oreilles-d'homme), oreille-de-Judas,* champignon *(des oreilles-de-Judas), oreille-de-mer,* mollusque marin *(des oreilles-de-mer), oreille-d'ours,* plante *(des oreilles-d'ours), oreille-de-rat,* plante *(des oreilles-de-rat), oreille-de-souris,* myosotis *(des oreilles-de-souris).*

ores adv. Graphie ancienne de la conjonction *or.* — Ne s'emploie plus de nos jours que dans la locution *d'ores et déjà* [dɔʀzedeʒa] : dès maintenant.

orfraie [ɔʀfʀɛ] n. f. On dit *pousser des cris d'orfraie* ▷ **effraie.**

organigramme n. m. Avec un seul *n* et deux *m.*

organisation n. f. Avec un *O* et un *N* majuscules : *l'Organisation des Nations unies* (ONU). — Dérivé : *organisationnel, elle.*

orge Féminin dans la plupart des cas : *Cette orge va être moissonnée. De l'orge dégermée.* — Masculin seulement dans *orge mondé* (grains d'orge qu'on a débarrassés de leurs glumelles) et dans *orge perlé* (grains d'orge qu'on a débarrassés de leur son).

orgue Genre et expressions.

I Masculin ou féminin.

1 Désignant l'instrument de musique à clavier et à tuyaux, est toujours masculin au singulier : *L'orgue de cette église est vraiment très beau.*

2 Au pluriel et désignant plusieurs de ces instruments, est toujours masculin : *De tous les orgues de Paris, ceux de Saint-Eustache et de Saint-Etienne-du-Mont sont les plus merveilleux.*

3 Désignant un seul de ces instruments, mais employé au pluriel (pluriel emphatique), est toujours féminin : *Les orgues de cette petite église sont anciennes et très belles. Le clavier des grandes orgues de Notre-Dame.*

4 Désignant divers instruments de musique autres que l'orgue au sens primitif, est toujours masculin : *Des orgues de Barbarie anciens. Ces orgues électroniques sont très harmonieux.*

5 Désignant des objets autres que des instruments de musique, est toujours masculin : *Les orgues basaltiques de Bort sont très étonnants.*

II Orthographe des expressions.

1 Avec *orgue* au singulier : *souffleur d'orgue.* — Avec *orgue* plutôt au singulier : *buffet d'orgue.* — Avec *orgue* au singulier (usage moderne préférable) : *clavier d'orgue, jeu d'orgue, tuyau d'orgue* (mieux que *clavier d'orgues, jeu d'orgues, tuyau d'orgues).*

2 Sans trait d'union et avec un *B* majuscule : *orgue de Barbarie.*

orgueil n. m. ▼ Avec *-gueil* (ne pas écrire **orgueuil* ni **orgueuil).* De même : *orgueilleusement, orgueilleux.*

orient n. m. Usage de la majuscule et orthographe des expressions.

1 Avec un *o* minuscule, quand le mot désigne un point cardinal *(Le soleil levant illumine l'orient)* ou l'éclat d'une perle *(Des perles d'un splendide orient).* — Avec un *O* majuscule quand le mot désigne les pays situés à l'est ou au sud de l'Europe : *Les peuples de l'Orient. L'Andalousie, c'est déjà un peu l'Orient.*

2 Avec deux majuscules et un trait d'union : *le Proche-Orient, le Moyen-Orient, l'Extrême-Orient.*

3 Avec deux majuscules et sans trait d'union : *le Grand Orient de France* (loge maçonnique).

4 Avec un *O* majuscule : *l'Eglise d'Orient, l'empire d'Orient* (e minuscule), *l'Empire romain d'Orient* (*E* majuscule et *r* minuscule).

orienteur n. m. On préférera le féminin *orienteuse* à *orientrice.* ▼ Eviter le barbarisme **orientateur.*

oriflamme Toujours féminin : *Une oriflamme étroite.*

orignal [ɔʀiɲal] n. m. Elan du Canada. ▼ Pl. : *des orignaux.* — On dit aussi plus rarement *orignac (des orignacs).*

oripeau n. m. Avec un seul *r* et finale en *-eau.*

orme Arbre. — Toujours masculin : *Un orme très vieux.* ▼ A distinguer de *l'orne,* arbre différent.

ornemaniste n. m. *ou* f. Ouvrier ou artisan qui exécute des ornements de plâtre ou de stuc destinés à décorer un intérieur. ▼ Ne pas déformer en **ornementiste* (mot qui n'existe pas).

ornitho- Préfixe (du grec *ornis, ornithos* « oiseau »), qui entre dans la formation de quelques mots savants. Les composés en *ornitho* s'écrivent en un seul mot, sans trait d'union : *ornithogale, ornithologie,* etc.

ornithologiste ou **ornithologue** n. m. *ou* f. Naturaliste spécialiste des oiseaux. — Les deux formes sont admises et correctes, mais la plus fréquente est *ornithologue.*

ornythorynque n. m. Animal. — Avec *-th-, r* sans *h, y* et *-qu-.*

oronge Champignon. — Toujours féminin : *L'oronge vineuse.* — Sans trait d'union : *fausse oronge* (amanite tue-mouches).

orphelin, ine [ɔʀfəlɛ̃, in] n. *ou* adj. Avec *-ph-.* De même : *orphelinat* [ɔʀfəlina].

orphéon [ɔʀfeɔ̃] n. m. Avec *-ph-.* De même : *orphéoniste* [ɔʀfeɔnist(ə)] (un seul *n*).

orque Mammifère marin (épaulard). ▼ Toujours féminin : *L'orque peut être dangereuse pour l'homme.*

orteil n. m. On évitera le pléonasme *les orteils du pied.* — On préférera le mot *orteil* à *doigt de pied,* équivalent familier. — On dit dans la langue courante *le gros orteil, le petit orteil.* Les anatomistes disent *le premier orteil* (le gros orteil), *le cinquième orteil* (le petit orteil).

ortho- Préfixe (du grec *orthos* « droit »), qui entre dans la formation de nombreux mots savants. Les composés en *ortho* s'écrivent en un seul mot sans trait d'union : *orthoédrique, orthoépie, orthosympathique,* etc.

orthodontie n. f. Partie de l'art dentaire qui a pour objet de ramener dans la bonne position les dents déviées. ▼ Les spécialistes prononcent [ɔʀtɔdɔ̃si], mais la bonne prononciation est [ɔʀtɔdɔ̃ti], avec [t].

orthodoxe adj. *ou* n. m. Avec un *o* minuscule : *les orthodoxes,* les chrétiens d'Orient (pas un nom de peuple).

orthographe ▼ Toujours féminin : *Une orthographe excellente.* — Avec *-th-* et *-ph-.* De même : *orthographier, orthographique, orthographiquement.*

orthographier v. t. Conjug. **20.** Double le *i* à la première et à la deuxième personne du pluriel de l'indicatif imparfait et du subjonctif présent : *(que) nous orthographiions, (que) vous orthographiiez.*

orthopédie n. f. ▼ Le second élément n'a aucun rapport avec *pied,* mais vient du grec *pais, paidos* « enfant ». Le mot ne désigne pas seulement la fabrication de chaussures et d'appareils servant à remédier aux malformations du pied, mais l'ensemble des pratiques (gymnastique, port d'appareils, etc.) qui tendent à corriger ou à prévenir les déformations du corps pendant le jeune âge, surtout celles qui concernent le squelette et les muscles de l'appareil locomoteur.

orviétan n. m. Autrefois, remède vendu par les charlatans. — Finale en *-an.* — Au singulier dans : *des marchands d'orviétan,* des charlatans, des imposteurs.

os n. m. La prononciation n'est pas la même au singulier et au pluriel : *un os* [ɔs], *des os* [o]. ▼ Ne pas prononcer au pluriel [ɔs].

osciller v. i. ▼ Bien prononcer [ɔsile], avec [l], et non **[ɔsije]* ou **[ɔsille].* De même : *oscillant* [ɔsilɑ̃], *oscillateur* [ɔsilatœʀ], *oscillation* [ɔsilasjɔ̃], *oscillatoire* [ɔsilatwaʀ], *oscillogramme* [ɔsilɔgʀam], *oscillographe* [ɔsilɔgʀaf], *oscillomètre* [ɔsilɔmɛtʀ(ə)], *oscilloscope* [ɔsilɔskɔp].

oser v. t. Forme de la négation.

1 Je n'ose (sans *pas*). Forme la plus courante devant un infinitif : *Je n'ose lui demander.* L'emploi de *pas* est cependant parfaitement correct : *Je n'ose pas lui demander.*

2 Je n'ose pas. Forme la plus usuelle dans l'emploi absolu. La forme *Je n'ose* est correcte, mais un peu recherchée.

ossement n. m. Normalement employé au pluriel : *On a trouvé des ossements en creusant le sol.* — L'emploi au singulier est rare, mais non incorrect (= un os isolé) : *On ne sait si cet ossement découvert dans une grotte appartenait à un australopithèque.*

osso buco [ɔsɔbuko] n. m. Plat italien. — En général, écrit en deux mots, sans trait d'union. — Invariable en français : *des osso buco.* ▼ Un seul *c* à *buco.*

ostéo- Préfixe (du grec *osteon* « os »), qui entre dans la formation de certains mots savants : *ostéoblaste, ostéogenèse* ou *ostéogénie, ostéographie, ostéomyélite, ostéoplastie,* etc. Les composés en *ostéo* s'écrivent en un seul mot, sans trait d'union, sauf quand le deuxième élément commence par une voyelle : *ostéoarthrite, ostéo-arthropathie.*

ostréiculture n. f. Elevage, production des huîtres. — Pas de tréma sur le *i.* De même : *ostréiculteur, ostréicole.*

ostrogoth, othe n. *ou* adj. Prononciation et orthographe.

1 Prononciation : [ɔstʀɔgo]. — Féminin : *ostrogothe* [ɔstʀɔgɔt].

2 On préférera la graphie *ostrogoth, othe* à *ostrogot, ote* [ɔstʀɔgo, ɔt], plus rare.

3 Attention à la majuscule : *Les Ostrogoths,* peuple germanique ancien. *Un Ostrogoth, une Ostrogothe,* un homme, une femme de ce peuple. *Le peuple ostrogoth. Les tribus ostrogothes.* — Avec un *o* minuscule : *un ostrogoth,* un individu mal élevé, excentrique.

otage Toujours masculin : *Cette princesse était un otage précieux.*

otarie Animal. — Toujours féminin : *Une otarie mâle. Une otarie savante.*

ôté Placé (sans auxiliaire) devant le nom ou devant le numéral, est préposition, donc invariable : *Ôté ces descriptions, il n'y a pas grand-chose dans ce roman. De dix ôté quatre*

(= si l'on ôte), *que reste-t-il ?* — En revanche, placé après le nom, est participe, donc variable : *Ces descriptions ôtées, il n'y a pas grand-chose dans ce roman.*

ôter v. t. Avec un accent circonflexe sur le *o.*

oto-rhino-laryngologie n. f. En trois mots, avec deux traits d'union. — Sigle usuel : *O.R.L.*

oto-rhino-laryngologiste n. m. *ou* f. En trois mots, avec deux traits d'union. — Pl. : *des oto-rhino-laryngologistes.* — S'abrège d'une manière semi-familière en *oto-rhino* (mieux que *otorhino*).

ottoman, ane adj. *ou* n. Orthographe et emploi de la majuscule.

1 Avec deux *t.* — Un seul *n* dans le féminin : *ottomane.*

2 Attention à la majuscule : *Les Ottomans. Un Ottoman, une Ottomane,* un Turc, une Turque (autrefois). *Le gouvernement ottoman. La flotte ottomane.* — Avec un *E* majuscule et un *o* minuscule : *l'Empire ottoman.* — *De l'ottoman :* étoffe. — *Une ottomane :* canapé.

ou Conjonction de coordination.

I Orthographe. On distinguera bien la conjonction *ou* (sans accent) de l'adverbe ou pronom relatif *où* (avec accent grave sur le *u*). La conjonction *ou* peut toujours se remplacer par *ou bien : Il faudrait une chaise ou un fauteuil supplémentaire* (= *une chaise ou bien un fauteuil*). *Dans les régions où l'hiver est doux.* On ne peut dire : *Dans les régions *ou bien l'hiver est doux.*

II Emploi de *ou*.

1 Ou bien. Forme de renforcement qui insiste sur la disjonction : *Il acceptera nos conditions, ou bien il devra se retirer.* — Peut être répété : *Ou bien vous partez, ou bien vous restez, mais prenez une décision !*

2 Ou... ou. La répétition de *ou* est facultative. Elle insiste sur la disjonction et donne à la phrase une symétrie qui lui confère parfois un rythme littéraire : *Ou il partira, ou il se soumettra. Ou l'homme accepte les lois de la société et les servitudes de sa condition, ou il vit dans une perpétuelle révolte contre les hommes, contre le monde et contre lui-même.*

3 Soit... ou ▷ soit (IV).

4 *Ou* (seul ou répété) ne peut coordonner que des éléments de même nature grammaticale. On peut dire : *Un garçon intelligent ou travailleur* (mais non **Un garçon intelligent ou qui travaille* *beaucoup*). On peut dire : *J'enverrai une lettre ou je téléphonerai* (mais non **Pensez à la lettre ou à téléphoner*).

5 *Ou* est incorrect dans une proposition négative. Il faut employer *ni : Il ne travaille ni ne lit* (et non **Il ne travaille ou ne lit pas*). *Les savants ni les écrivains ne doivent pas se soucier de faire fortune* (et non **Les savants ou les écrivains ne doivent pas se soucier de faire fortune*). *Aucun de ses amis ne l'a aidé ni défendu* (et non **ne l'a aidé ou défendu*).

6 *Ou pas* en concurrence avec *ou non* ▷ **non** (3).

7 *Ou sinon.* Tour admis dans l'usage courant. Dans la langue très surveillée, on évitera ce pléonasme et on écrira simplement *sinon : Il devra respecter cette clause, sinon nous romprons le contrat* (mieux que *ou sinon nous romprons...*).

8 *Ou si* dans le deuxième membre d'une **interrogation.** *A-t-il peur, ou s'il prépare quelque piège ?* Tour admis dans la langue de l'époque classique. Dans l'usage moderne, on préfère la tournure avec deux membres symétriques : *A-t-il peur ou prépare-t-il quelque piège ?*

9 Cinq ou six personnes, mais **de dix à quinze personnes, de cinq à six mètres** ▷ **à** (XII, 1, 2 et 3).

III Accord du verbe après deux sujets unis par *ou.*

1 Si l'un des sujets est au pluriel, accord au pluriel : *Mon frère ou mes parents pourront signer à ma place.*

2 Si le deuxième terme est donné comme synonyme, équivalent ou traduction du premier, accord obligatoire au singulier, sauf si le premier terme est au pluriel : *L'oronge verte ou amanite phalloïde est vénéneuse* (mais *Les oronges vertes ou amanites phalloïdes sont vénéneuses*). *Au Brésil, la grande exploitation agricole, ou fazenda, appartient souvent à une vieille famille de l'aristocratie coloniale* (mais... *les grandes exploitations, ou fazendas, appartiennent...*).

3 Si les deux sujets sont des singuliers et si l'idée exprimée par le verbe peut se rapporter aux deux sujets à la fois, accord plutôt au pluriel : *Pendant ses vacances, la promenade ou la lecture lui changeront les idées.* En effet, pour se changer les idées, il pourra lire *et* se promener, les deux activités n'étant pas exclusives.

4 Si les deux sujets sont des singuliers et si l'idée exprimée par le verbe ne peut se rapporter qu'à l'un des sujets, accord obligatoire au singulier : *Comme d'habitude, Henri ou Etienne*

sera le premier de la classe ce mois-ci. En effet, ils ne peuvent être tous les deux *le* premier de la classe.

5 Quand les sujets au singulier ne sont pas de la même personne, le verbe se met au pluriel si l'idée qu'il exprime peut se rapporter aux deux sujets à la fois. Si l'un des sujets est de la deuxième personne et l'autre de la troisième, le verbe se met à la deuxième personne du pluriel : *Toi ou ton frère pouvez m'aider.* Si l'un des sujets est de la deuxième personne et l'autre de la première, le verbe se met à la première personne du pluriel : *Toi ou moi pouvons aider notre camarade.* Si l'un des sujets est à la première personne et l'autre à la troisième, l'accord se fait à la première personne du pluriel : *Mon frère ou moi pouvons aider nos parents.* — L'attribut ou le participe se met au pluriel, accord en genre se faisant selon les règles générales : *Toi, Antoine, ou ton frère pouvez être présents à notre réunion. Toi, Antoine, ou ta sœur pouvez être présents à notre réunion. Toi, Madeleine, ou ta sœur pouvez être présentes à notre réunion. Toi, Antoine, ou moi sommes destinés à être officiers. Toi, Madeleine, ou moi, ton mari, sommes appelés à voyager. Toi, Madeleine, ou moi sommes destinées à être des mères de famille. Mon frère ou moi sommes destinés à être officiers de réserve. Ma femme ou moi sommes appelés à voyager. Ma sœur ou moi sommes destinées à être des mères de famille.*

6 Quand les sujets ne sont pas de la même personne et que le verbe et l'attribut (ou le participe) expriment une idée qui ne peut s'appliquer qu'à un seul sujet à la fois, l'accord pose des problèmes pratiquement insolubles : *Toi, Antoine, ou ton frère seras le premier ou sera le premier.* Les deux accords sont admis, mais rares. On aura intérêt à tourner autrement : *C'est à toi, Antoine, ou à ton frère qu'on donnera la place de premier* (ou *que reviendra la place de premier*) ou encore *Toi, Antoine, ou ton frère, l'un de vous deux sera le premier.*

7 L'un ou l'autre ▷ **un** (XIV, 7).

8 Si seul l'un des sujets est placé avant le verbe (tour très littéraire), c'est ce sujet qui commande l'accord : *Le succès viendra, ou l'oubli.*

9 Quand le second sujet est accompagné d'une expression de renforcement ou de rectification, telle que **même, plutôt, à plus forte raison,** etc., l'accord se fait avec le premier sujet : *La pauvreté ou même la maladie peut être pour le sage une source de progrès moral.*
▼ On évitera de joindre un premier sujet singulier et un second sujet pluriel, car l'accord au singulier, en principe correct, serait, dans ce cas, choquant. On tournera autrement : *Le sage*

peut trouver une source de progrès moral dans la pauvreté ou même dans les maladies (mieux que *La pauvreté, ou même les maladies, peut être...*).

10 S'il y a une virgule devant *ou* (effet stylistique), l'accord se fait au singulier, car la disjonction est fortement marquée : *La sagesse, ou la lassitude, ou la crainte, le fit renoncer à ce projet.*

IV Accord de l'adjectif quand deux noms sont unis par *ou*.

1 Si l'adjectif se rapporte à l'un des noms seulement, accord avec le nom auquel il se rapporte : *Il faudrait de la tôle ou du carton résistant. Par temps de neige ou de pluie violente. Il nous faudrait un camion ou des camionnettes assez grandes.*

2 Si l'adjectif se rapporte aux deux noms, il se met au pluriel (masculin pluriel si les noms sont de genres différents) : *Un garçon ou un homme adroits. Une femme ou une fille gentilles. Une fille ou un garçon intelligents.*

V Emploi de la virgule.

1 Pas de virgule quand on relie deux verbes, deux noms, deux adjectifs, deux adverbes : *Il étudie ou fait semblant d'étudier. Vous écrirez un rapport ou une note. Si elle est sotte ou légère. Si les choses vont trop lentement ou trop mal.*

2 Pas de virgule quand on unit deux propositions qui ont le même sujet : *Le vent qui courbe les arbres ou qui brise les troncs morts. Quand on a froid ou qu'on est malade.*

3 Quand *ou* unit deux propositions qui n'ont pas le même sujet, en général on omet la virgule si le verbe de la première proposition est employé sans complément : *Selon les saisons, le vent souffle ou le soleil brille.* En revanche, s'il y a un complément, la virgule peut être utile pour éviter une équivoque : *Selon les saisons, le vent courbe les arbres, ou les branches se couvrent de fleurs.* La virgule, ici, est indispensable pour que ne soient pas mis sur le même plan le nom *arbre*, complément de *courbe*, et le nom *branches*, sujet de *se couvrent*.

4 Quand deux compléments de la première proposition sont aussi unis par *ou*, on met la virgule devant le deuxième *ou*, celui qui relie les deux propositions : *Il fait de la natation ou de la marche, ou va au cinéma.* Cependant si le sujet n'est pas répété ou s'il n'est pas repris dans la seconde proposition par un pronom personnel, on omet généralement la virgule : *Il fait de la natation ou de la marche ou va au cinéma.*

5 La virgule est toujours possible devant *ou* quand, pour un effet stylistique, on veut isoler

le deuxième terme : *La sagesse, ou la lassitude, le fit renoncer à ce projet. Il s'en allait vers la victoire, ou vers la mort.*

6 En dehors de l'expression d'une alternative, quand *ou* est répété, on ne met pas la virgule, dans la langue ordinaire : *Le dauphin ou le phoque ou l'otarie sont de bons exemples de l'adaptation des mammifères à la vie marine.* L'emploi des virgules est possible, à des fins stylistiques, dans la langue littéraire : *Mais les rocs, ou les eaux vives, ou les forêts si fraîches, sont les objets qui peuvent enchanter l'âme de l'artiste et du poète.*

7 Quand *ou* est répété pour exprimer l'alternative, on met en général une virgule devant le second *ou : Ou il se soumettra, ou il devra céder la place.*

8 Virgule obligatoire devant *ou* quand le deuxième sujet, joint au premier par *ou*, est rejeté après le verbe (tour très littéraire) : *Quand un éclair de génie se produit, ou une idée heureuse.*

9 Virgule non obligatoire mais fréquente devant une formule de renforcement ou de rectification, telle que *ou même, ou plutôt*, etc. : *S'il part définitivement, ou même s'il s'absente pour un mois, que ferons-nous ?*

10 Virgule non obligatoire mais fréquente devant *ou* quand le second terme est présenté comme un synonyme, une traduction ou un équivalent : *Le bouton d'or, ou renoncule âcre, est commun dans les prairies. Le grand voile ou haïk que portent les musulmanes.*

où Adverbe ou pronom relatif.

I Orthographe. On distinguera bien l'adverbe ou pronom relatif *où*, qui ne peut jamais être remplacé par *ou bien* et qui prend un accent grave, de la conjonction de coordination *ou* ▷ **ou** (I).

II Emploi de *où*.

1 ▼ On évitera le pléonasme *où... y*. On dira : *La ville où j'ai passé mon enfance*, et non *où j'y ai passé mon enfance.*

2 Peut s'employer sans préposition : *Le village où il a vécu.* — Peut s'employer aussi avec les prépositions *de, par, jusque*, plus rarement *pour, vers : Le pays d'où il vient. Les lieux par où nous sommes passés. Le point jusqu'où nous irons.* ▼ Employé avec une préposition, ne peut être précédé de *là : Le point d'où nous sommes partis*, et non **de là où nous sommes partis. L'endroit jusqu'où nous marcherons*, et non **jusque là où nous marcherons.*

3 Emploi très correct quand *où* indique le lieu ou le temps : *Le jardin où il passait ses soirées. La saison où les arbres fleurissent.*

4 Emploi critiqué quand *où* indique la situation. On emploiera plutôt *lequel* : *La situation dans laquelle ils se débattent,* mieux que *où ils se débattent. Les épreuves par lesquelles il est passé,* mieux que *par où il est passé.*

5 La langue classique employait *où* de manière très large. Au XVIIᵉ siècle, *où* pouvait même représenter un nom de personne : *Ces savants, où l'on trouve une si grande sagesse.* De nos jours, on écrirait : *chez qui* ou *chez lesquels on trouve...* — Encore en français moderne, on rencontre *où* employé de manière très extensive avec la valeur de *auquel* : *C'est une affaire où il est intéressé. Le but où nous tendons.* Dans la langue surveillée, on évitera ces tours et l'on écrira plutôt : *C'est une affaire à laquelle il est intéressé. Le but auquel nous tendons.*

III *Où,* **adverbe interrogatif.**

1 Emploi correct en début de proposition : *Où vas-tu ? D'où venez-vous ? Par où sont-ils venus ? Jusqu'où iront-ils ?*

2 Emploi relâché en fin de proposition. A éviter dans la langue écrite et dans la langue parlée surveillée : *Tu vas où ? Vous venez d'où ? Ils sont passés par où ? Ils iront jusqu'où ?*

IV Expressions.

1 *Là où, c'est là que* ▷ là 1 (III, 2).

2 **De là où, *jusque là où.* Tours fautifs (voir ci-dessus II, 2).

3 *Le jour où, le jour que.* Après un nom désignant un moment (*jour, semaine, mois, année, moment, instant,* etc.), la langue moderne usuelle emploie *où* : *Le jour où je l'ai rencontré.* La langue littéraire emploie aussi *que : Le jour que je l'ai rencontré.* — Quand le nom est précédé de *un, une,* l'emploi de *que* est très fréquent, même dans la langue courante : *Un jour d'hiver qu'il faisait très froid.*

4 *D'où* en concurrence avec *dont* ▷ dont (XII).

5 *D'où,* devant un nom, équivalant à « d'où il résulte ». *Il perd son temps en vérifications inutiles, d'où un retard dans son travail.* Tour elliptique, mais correct et admis dans la langue écrite usuelle.

6 *Où* + **infinitif au sens de « de quoi ».** *Il y a où s'amuser.* Tour populaire ou régional. A éviter. Employer plutôt *de quoi.*

7 *Où* + **infinitif au sens de « pour ».** *Il cherche un endroit où se reposer.* Tour correct, mais de ton moins soutenu que le tour avec *pour : Il cherche un endroit pour se reposer.*

ouailles [waj] n. f. pl. *(vieilli ou familier)* Les paroissiens, par rapport à leur curé. — Toujours au pluriel. On évitera **une ouaille.* Au singulier, on dira : *un paroissien.*

ouate n. f. En général, élision de l'article *la* (*de l'ouate*) et de la préposition *de* (*Un paquet d'ouate*). — Pas d'élision ni de liaison devant les dérivés : *ouater* (*je ouate, nous ouatons* [nuwatɔ̃]), *ouaterie (la ouaterie,* industrie de l'ouate), *ouatine (la ouatine), ouatiner (je ouatine).*

oubli, oublie Ne pas écrire *un oubli,* le fait d'oublier *(Un oubli fâcheux),* comme *une oublie,* pâtisserie *(Les marchands d'oublies).*

oublier v. t. Conjugaison et constructions.

I Conjug. **20.** Double le *i* à la première et à la deuxième personne du pluriel de l'indicatif imparfait et du subjonctif présent : *(que) nous oubliions, (que) vous oubliiez.*

II Constructions.

1 *Oublier de* + **infinitif.** Usuel : *Il avait oublié de me prévenir.* — Le tour *oublier à* est vieux.

2 *Oublier que.* Quand la principale est affirmative, le verbe de la subordonnée est à l'indicatif *(Il oublie que nous devons nous décider avant lundi),* au conditionnel pour exprimer l'éventualité ou le futur dans le passé *(Vous oubliez que tout serait à recommencer si cette démarche échouait. Il avait oublié que son adversaire reviendrait le lendemain),* parfois au subjonctif dans la langue recherchée *(J'avais oublié qu'il fût aussi susceptible).* — Quand la principale est négative ou interrogative, seuls l'indicatif ou le conditionnel sont possibles. L'emploi du subjonctif serait incorrect : *Je n'oublie pas que nous devons nous décider demain. Oubliez-vous qu'il pourrait nous nuire, si nous le heurtions ?*

ouest [wɛst] n. m. *ou* adj. L'un des points cardinaux. — S'écrit normalement avec une minuscule : *Le vent d'ouest. A l'ouest du Rhône. La rive ouest du Rhône. Les portails ouest* (invariable). — Un *E* majuscule dans deux cas seulement.

I Dans *de l'Ouest* entrant dans une dénomination qui désigne une unité géographique bien définie : *l'Allemagne de l'Ouest* (la République fédérale d'Allemagne). *L'Europe de l'Ouest* (les pays d'Europe occidentale, par opposition aux pays communistes de l'Europe orientale). En revanche, on écrit *la France de l'ouest* (dénomination géographique vague).

II Quand *l'Ouest* désigne, sans complément, une région, un groupe de pays : *Aux Etats-Unis,* *l'Ouest était la terre des pionniers et des aventuriers.* En revanche, on écrit : *l'ouest des Etats-Unis, l'ouest de la France.* — Particulièrement, majuscule obligatoire dans les trois cas suivants.

1 Quand *l'Ouest* désigne l'ensemble des provinces situées dans l'ouest de la France (Normandie, Bretagne, Vendée, Maine, Anjou, Aunis, Saintonge, etc.) : *Les parlers de l'Ouest. Dans la vie économique de l'Ouest, la part de l'agriculture et de l'élevage reste prédominante.*

2 Quand *l'Ouest* désigne la partie des Etats-Unis située à l'ouest de la région occupée par les treize Etats originels, partie qui s'étend jusqu'aux montagnes Rocheuses et au Pacifique : *Les aventuriers de l'Ouest sont les héros des westerns.*

3 Quand *l'Ouest* désigne les Etats-Unis et leurs alliés d'Europe occidentale, par opposition à l'Union soviétique et aux pays socialistes d'Europe de l'Est : *Les relations entre l'Est et l'Ouest se sont progressivement améliorées depuis 1955.*

ouest-allemand adj. De l'Allemagne de l'Ouest (République fédérale d'Allemagne). — Un trait d'union. Jamais de majuscule. Ne peut s'employer comme nom. Seul le deuxième élément varie : *L'industrie ouest-allemande. Les industriels ouest-allemands. Les institutions ouest-allemandes.* — Pour éviter cet anglicisme, on dira plutôt *de l'Allemagne de l'Ouest : Les institutions de l'Allemagne de l'Ouest.*

oui adv. *ou* n. m. Forme et emploi.

1 Pas d'élision ni de liaison : *Je pense que oui. Le oui et le non. Mais oui* [mewi]. *Les oui* [lewi] *et les non au référendum.*

2 Comme nom, toujours invariable : *Deux millions de oui au référendum.*

3 Peut être renforcé sans pléonasme : *vraiment oui, oui bien, oui certes, mais oui,* etc.

4 A une question négative, on répond par *si* plutôt que par *oui : N'y aurait-il pas un autre moyen ? — Si, bien sûr,* mieux que *Oui, bien sûr.*

ouï, ouïe Participe passé du verbe *ouïr* « entendre ». — Employé devant le nom, dans certaines expressions juridiques, a valeur de préposition et reste invariable : *Ouï les parties. Ouï les conclusions des experts.*

ouï-dire n. m. S'emploie surtout dans la locution *par ouï-dire.* — Toujours invariable : *des ouï-dire.* — Attention au tréma.

ouïe [wi] n. f. Sens de l'audition : *Il a l'ouïe très fine.* — Attention au tréma. — Toujours au

singulier, avec *tout* invariable, dans la locution *tout ouïe* [tutwi] : *Elles sont tout ouïe. Ils sont tout ouïe.*

ouïes [wi] n. f. pl. Organe des poissons ; fentes, en forme de *S* allongé, dans la table d'harmonies d'un violon ; abat-vent. — Bien faire la liaison : *les ouïes* [lezwi]. — Attention au tréma. — Ne peut s'employer qu'au pluriel.

ouïr [wiʀ] v. t. *(vieux ou très littéraire)* Entendre.

I Conjugaison.

1 Conjug. **40.** *J'ois* [ʒwa], *tu ois* [tywa], *il oit* [ilwa], *nous oyons* [nuzwajɔ̃], *vous oyez* [vuzwaje], *ils oient* [ilzwa]. — *J'oyais* [ʒwajɛ], *tu oyais* [tywajɛ], *il oyait* [ilwajɛ], *nous oyions* [nuzwajɔ̃], *vous oyiez* [vuzwaje], *ils oyaient* [ilzwajɛ]. — *J'ouïs* [ʒwi], *tu ouïs* [tuwi], *il ouït* [ilwi], *nous ouïmes* [nuzwim], *vous ouïtes* [vuzwit], *ils ouïrent* [ilzwiʀ]. — *J'ouïrai* [ʒwiʀe] ou *j'oirai* [ʒwaʀe] ou, archaïque, *j'orrai* [ʒɔʀʀe], *tu ouïras* [tywiʀa] ou *tu oiras* [tywaʀa] ou, archaïque, *tu orras* [tyɔʀʀa], *il ouïra* [ilwiʀa] ou *il oira* [ilwaʀa] ou, archaïque, *il orra* [ilɔʀʀa], *nous ouïrons* [nuzwiʀɔ̃] ou *nous oirons* [nuzwaʀɔ̃] ou, archaïque, *nous orrons* [nuzɔʀʀɔ̃], *vous ouïrez* [vuzwiʀe] ou, archaïque, *vous oirez* [vuzwaʀe] ou, archaïque, *vous orrez* [vuzɔʀʀe], *ils ouïront* [ilzwiʀɔ̃] ou *ils oiront* [ilzwaʀɔ̃] ou, archaïque, *ils orront* [ilzɔʀʀɔ̃]. — *J'ouïrais* [ʒwiʀɛ] ou *j'oirais* [ʒwaʀɛ], archaïque, *j'orrais* [ʒɔʀʀɛ], *tu ouïrais* [tywiʀɛ] ou *tu oirais* [tywaʀɛ] ou, archaïque, *tu orrais* [tyɔʀʀɛ]... — *Ois* [wa], *oyons* [wajɔ̃], *oyez* [waje]. — *Que j'oie* [kəʒwa], *que tu oies* [kətywa], *qu'il oie* [kilwa], *que nous oyions* [kənuzwajɔ̃], *que vous oyiez* [kəvuzwaje], *qu'ils oient* [kilzwa]. — *Que j'ouïsse* [kəʒwis], *que tu ouïsses* [kətywis], *qu'il ouït* [kilwi], *que nous ouïssions* [kənuzwisjɔ̃], *que vous ouïssiez* [kəvuzwisje], *qu'ils ouïssent* [kilzwis]. — *Oyant* [wajɑ̃]. — *Ouï, ouïe* [wi, wi].

2 Dans la pratique, ce verbe ne s'emploie plus guère qu'au participe passé, à l'infinitif, et aux temps composés (*J'ai ouï, tu avais ouï,* etc.), ainsi que dans la formule figée employée par plaisanterie *Oyez* [waje], *bonnes gens !*

3 Sans trait d'union : *J'ai ouï dire* (temps composé). — Avec un trait d'union : *des ouï-dire* (nom masculin invariable), *par ouï-dire.*

II Constructions.

1 ▼ Participe invariable dans : *Ouï les dépositions* ▷ ouï.

2 On peut dire indifféremment : *J'ai ouï cette fille chanter* ou *J'ai ouï chanter cette fille.*

3 On peut écrire indifféremment : *Je l'ai ouï dire que* ou *Je lui ai ouï dire que.* — Quand le complément est un pronom, seul le tour *je lui ai ouï dire* est possible : *Ces paroles, je les lui ai ouï dire souvent. Les paroles que je lui ai ouï dire souvent.*

4 Pour l'accord du participe, *ouïr* suit les règles de *entendre* : *Ces filles que j'ai ouïes chanter. Ces chansons que j'ai ouï chanter* ▷ **entendre** (III, 1 et 2).

ouistiti n. m. De préférence, sans élision ni liaison : *le ouistiti, un ouistiti* [œwistiti], *des ouistiti* [dewistiti].

oukase n. m. Graphie plus francisée, à préférer à *ukase*, qui se prononce, lui aussi, [ukaz].

ourdir v. t. Conjugaison, dérivés et sens.

1 Conjug. **25** (comme *finir*).

2 Dérivés : *ourdissage, ourdisseur, euse, ourdissoir* n. m. (finale en *-oir*).

3 Au sens propre, *ourdir la chaîne* signifie « disposer le fil de *chaîne* sur l'ourdissoir du métier ». Dans la langue très surveillée, on évitera donc l'emploi figuré *ourdir la trame* (*d'un complot*, etc.). En revanche, on peut très bien écrire, d'une part, *tramer un complot*, d'autre part, *ourdir des ruses, des pièges, des intrigues.*

ourlet n. m. Finale en *-et*. — Sans trait d'union : *un faux ourlet.*

ours n. m. Au pluriel comme au singulier, la prononciation moderne est [uʀs]. La prononciation [uʀ] est archaïque. Elle pourra être préférée dans la récitation de textes littéraires anciens ou de poèmes classiques. De même, de nos jours, on fait la liaison en [s] : *un ours affamé* [œnuʀsafame]. La liaison en [z] est archaïque : [œnuʀzafame].

ourse n. f. Femelle de l'ours.

1 Au sens figuré, on évitera également *Cette femme est une ourse* et *Cette femme est un ours.* Les deux tours sont l'un et l'autre bizarres. En revanche, *Cet homme est un ours* est parfaitement admis.

2 Avec des majuscules : *la Grande Ourse, la Petite Ourse* (constellations).

oust ! Interjection très familière qui accompagne l'ordre de décamper. — La graphie *oust !* semble plus usitée que *ouste !*

output n. m. (anglicisme de la langue de l'informatique). — Prononciation : [awtput], plutôt que [awtpyt]. — Pl. : *des outputs* [put]. — Pour éviter cet anglicisme, on pourra employer : *sortie d'ordinateur, produit de sortie.*

outrager v. t. Conjug. **16**. Prend un *e* après le *g* devant *a* ou *o* : *il outragea, nous outrageons.*

1. outre n. f. Sac de cuir qui sert à contenir un liquide.

2. outre adv. *ou* prép. Expressions et emploi en composition.

I Expressions.

1 *Outre* + nom (préposition). Emploi parfaitement correct : *Outre son salaire, il a un pourcentage sur les bénéfices.*

2 **En outre** (locution adverbiale). Tour parfaitement correct : *Son ami l'a remercié et, en outre, lui a offert un cadeau.*

3 ***En outre de*** (locution prépositive). ▼ Tour critiqué. A remplacer par *en plus de* ou *outre : En plus de son traitement* (ou *Outre son traitement*), *il a des revenus personnels* (et non *en outre de son traitement*).

4 **Plus outre** (locution adverbiale). Plus avant, plus loin. — Tour vieilli et littéraire, mais parfaitement correct : *Ah ! n'allons pas plus outre !*

5 **D'outre en outre** (locution adverbiale). De part en part. — Expression archaïque : *Il perça son adversaire d'outre en outre.*

6 **Outre que** (locution conjonctive). Se construit avec l'indicatif ou le conditionnel : *Outre qu'il ne fait rien, il empêche les autres de travailler. Cet appareil est efficace, outre qu'il pourrait servir à d'autres usages.*

7 **Outre mesure.** S'écrit sans trait d'union.

8 **Passer outre à.** ▼ Ne signifie pas « aller plus loin que », mais « ne pas tenir compte de, enfreindre » : *Il passa outre à cette interdiction. Il passa outre aux ordres reçus.*

II *Outre* **en composition.** En composition avec un nom propre, se lie par un trait d'union et ne prend pas la majuscule : *outre-Atlantique, outre-Manche, outre-Rhin* (voir à leur ordre alphabétique).

outre-Atlantique Avec un trait d'union, un *o* minuscule et un *A* majuscule.

outrecuidance n. f. En un seul mot, sans trait d'union. — Finale en *-ance.* De la même famille : *outrecuidant.*

outre-Manche Avec un trait d'union, un *o* minuscule et un *M* majuscule.

outremer, outre-mer Deux mots à bien distinguer par l'orthographe.

1 **outremer** n. m. *ou* adj. (en un seul mot, sans trait d'union).

a/ Pierre fine de couleur bleue. — Prend la marque du pluriel : *Une broche ornée de beaux outremers.*

b/ Peinture fine de couleur bleue : *Un tube d'outremer.* — Couleur bleue. — Prend la marque du pluriel *(Toute la gamme des indigos et des outremers),* sauf en composition *(Des bleu outremer).*

c/ adj. inv. De la couleur bleue de l'outremer : *Des soieries outremer. Des manteaux bleu outremer.*

2 outre-mer (en deux mots, avec un trait d'union et avec un *o* et un *m* minuscules) *La France d'outre-mer. Les départements d'outre-mer (D.O.M.). Les territoires d'outre-mer (T.O.M.). Aller outre-mer.*

outre-monts Avec un trait d'union, un *o* et un *m* minuscules. — Toujours un *-s* à *monts.*

outrepasser v. t. En un seul mot, sans trait d'union.

outre-Rhin Avec un trait d'union, un *o* minuscule et un *R* majuscule.

outre-tombe Avec un trait d'union, un *o* et un *t* minuscules.

ouvert, erte adj. *Des fenêtres grandes ouvertes* ▷ **grand** (3).

ouverture n. f. Sans trait d'union : *un demi d'ouverture (des demis d'ouverture).*

ouvrable adj. Vient de *ouvrer* « travailler » et non de *ouvrir.* Les jours *ouvrables* sont les jours où l'on peut *travailler* (par opposition aux jours *fériés*), et non les jours où les magasins sont *ouverts.*

ouvrage Toujours masculin *(Un ouvrage excellent),* sauf dans l'expression populaire *de la belle ouvrage.*

ouvre-boîtes n. m. Invariable. Un *-s* à *boîte* même au singulier.

ouvrir v. t. Conjug. **33.** *J'ouvre, tu ouvres, il ouvre, nous ouvrons, vous ouvrez, ils ouvrent.* — *J'ouvrais.* — *J'ouvris.* — *J'ouvrirai.* — *J'ouvrirais.* — *Ouvre, ouvrons, ouvrez.* — *Que j'ouvre, que tu ouvres... — Que j'ouvrisse.* — *Ouvrant.* — *Ouvert, erte.*

ovale adj. *ou* n. m. Toujours avec un *-e* final,

même au masculin : *Un visage ovale. Un ovale parfait.* — Dérivés : *ovalisation, ovaliser.*

ovar- Les dérivés de *ovaire* sont en *ovar-* (non en **ovair-*) : *ovariectomie, ovarien, ovariole, ovariotomie, ovarite.*

ovationner Mot de la langue des journaux. Dans le style surveillé, on préférera *acclamer, applaudir, fêter, saluer par des acclamations, faire une ovation à.*

ove Ornement d'architecture en forme d'œuf. ▼ Toujours masculin : *Des oves très décoratifs.*

ovipare adj. *ou* n. m. Toujours avec un *-e* à la fin : *Un animal ovipare. Un ovipare.*

ovovivipare adj. *ou* n. m. En un seul mot, sans trait d'union. — Toujours avec un *-e* à la fin : *Un animal ovovivipare. Un ovovivipare.*

ovule Attention au genre.

1 Un ovule. Organe de la fleur. — Gamète femelle des animaux. — Masse ovoïde de médicament.

2 Une ovule. Mollusque des mers chaudes.

oxa- ▼ Les mots en *oxa-* se prononcent avec [ks], et non avec **[gz]* : *oxacide* [ɔksasid], *oxalate* [ɔksalat], *oxalique* [ɔksalik], etc.

oxhydrique [ɔksidʀik] adj. *Chalumeau oxhydrique.* — Attention au *h* intérieur.

oxy- [ɔksi] Tous les composés en *oxy* s'écrivent en un seul mot sans trait d'union : *oxyacétylénique, oxycarboné, oxychlorure, oxycoupage, oxydoréduction, oxyhémoglobine, oxysulfure,* etc.

oxyde Toujours masculin : *Certains oxydes sont dangereux.*

oxygène ▼ Toujours masculin : *L'oxygène pur est dangereux à respirer.* Avec un accent grave. — Accent aigu dans les dérivés : *oxygénation, oxygénée, oxygéner.*

oxygéner v. t. Conjug. **11.** *Il oxygène,* mais *il oxygénera.*

oyat n. m. Plante. — Prononciation : [ɔja].

oyez, oyons ▷ **ouïr.**

ozone Gaz. — Toujours masculin : *L'ozone est dangereux à respirer.*

P

pacemaker n. m. (anglicisme) Prononciation : [pesmekɔʀ]. — Pl. : *des pacemakers* [-kɔʀ]. — En un seul mot, sans trait d'union. — Equivalent français : *stimulateur cardiaque*.

pacha n. m. Dignitaire ottoman. — Pl. : *des pachas*. — Comme titre, se place après le nom, s'écrit avec une minuscule et ne se lie pas par un trait d'union : *Osman pacha*.

pachy- Préfixe (du grec *pakhus* « épais »), qui entre dans la formation de plusieurs mots savants. Les composés en *pachy* s'écrivent en un seul mot, sans trait d'union ▼ Les mots en *pachy* se prononcent avec [paʃi] et non [paki] : *pachydermie* [paʃidɛʀmi], *pachyméningite* [paʃimenɛ̃ʒit], *pachypleurite* [paʃipløʀit], *pachyvaginalite* [paʃivaʒinalit], *pachyvaginite* [paʃivaʒinit].

pachyderme n. m. Prononciation : [paʃidɛʀm]. — En zoologie, on ne dit plus *les pachydermes*, mais *les ongulés*.

pacifique adj. *ou* n. Avec un *o* minuscule et un *P* majuscule : *l'océan Pacifique* (ou *le Pacifique*).

pacotille [pakɔtij] n. f. Avec un seul *c* et un seul *t*.

pacte n. m. Avec un *P* majuscule et un *a* minuscule : *Le Pacte atlantique.* — Avec un *p* minuscule : *le pacte de Varsovie*.

pactole n. m. Finale en *-ole*. — Avec un *p* minuscule : *Le tourisme est le pactole de cette région* (= source de profits).

paddock n. m. (anglicisme de la langue des courses) Prononciation : [padɔk]. — Pl. : *des paddocks* [-dɔk]. — Avec deux *d* et *-ck*.

pagaie, pagaille Deux noms féminins à bien distinguer par l'orthographe et la prononciation.

1 pagaie [pagɛ] Aviron, rame.

2 pagaille [pagaj] *(familier)* Désordre, anarchie. — Les graphies *pagaïe* et *pagaye* sont sorties de l'usage. — Dérivé : *pagailleux, euse* [pagajø, øz] adj. On dit aussi : *pagailleur*.

pagayer v. i. Ramer. — Conjug. **23**. Remplace facultativement *y* par *i* devant un *e* muet : *il pagaie* [pagɛ] ou *il pagaye* [pagɛj], *il pagaiera* [pagɛʀa] ou *il pagayera* [pagɛjʀa]. — Les formes en *-aye-* sont nettement plus rares que les formes en *-aie-*. — Attention au *i* après le *y* à la première et à la deuxième personne du pluriel de l'indicatif imparfait et du subjonctif présent : *(que) nous pagayions, (que) vous pagayiez*.

pagayeur, euse n. m. *ou* f. Celui, celle qui fait avancer une embarcation à la pagaie. — Prononciation : [pagɛjœʀ , øz]. — A distinguer de *pagailleur* [pagajœʀ], celui qui met la pagaille.

1. page n. f. Face d'un feuillet.

1 On écrit plutôt *mise en pages*, mais *mise en page* n'est pas incorrect. — De même : *mettre en pages, metteur en pages*, plutôt que *mettre en page, metteur en page*.

2 On écrit sans trait d'union les expressions suivantes de la langue de l'imprimerie : *belle page, fausse page, double page, page creuse*.

2. page n. m. Qualifie un vêtement de la taille ou de la pointure la plus petite. Toujours invariable : *des chaussettes page*.

pagode n. f. Invariable : *des manches pagode.*

paie [pɛ] ou **paye** [pɛj] n. f. On écrit le plus souvent *paie : Le bulletin de paie.* En revanche, dans la langue parlée ordinaire, on prononce plutôt [pɛj].

paiement [pɛmã] ou **payement** [pɛjmã] n. m. De nos jours, on écrit *paiement* et on prononce [pɛmã]. La forme *payement* tend à sortir de l'usage.

païen, païenne adj. *ou* n. Attention au tréma.

paille n. f. *ou* adj. Accord de l'adjectif et orthographe des dérivés et du composé.

1 Comme adjectif de couleur, toujours invariable : *Des tentures jaune paille* (sans trait d'union). *Des rideaux paille.*

2 Dérivés : *paillage, paillard, paillarder, paillardise, paillasse, paillasson, paillassonner, paillé, pailler, paillet, pailleux, paillis* [paji], *paillon, paillotte.*

3 Composé : *paille-en-queue (des pailles-en-queue).*

pailleter v. t. Conjugaison et dérivés.

1 Conjug. **14.** *Je paillette, je pailletterai.*

2 Un seul *t* dans les dérivés *pailletage, pailleté, pailleteur,* à la différence de *paillette.*

paillette n. f. Avec deux *t,* mais les dérivés *pailletage, pailleté, pailleter, pailleteur* prennent un seul *t.*

paillote n. f. Hutte. — Finale en *-ote,* avec un seul *t.*

pain n. m. Avec *épice* toujours au singulier : *pain d'épice.*

pair n. m. Expressions, emploi de la majuscule, féminin.

1 On préférera la forme *hors de pair* à *hors pair : Une maîtrise hors de pair.*

2 Avec un *p* minuscule : *Les douze pairs de Charlemagne. Un pair de France. La Chambre des pairs* (en France, de 1814 à 1848). *Les pairs du Royaume-Uni. Les pairs de la Chambre des lords.*

3 Féminin : *pairesse.*

paître Conjugaison et constructions.

I Conjug. **96.** *Je pais, tu pais, il paît, nous paissons, vous paissez, ils paissent.* — *Je paissais.* — Pas de passé simple. — *Je paîtrai, tu paîtras, il paîtra, nous paîtrons, vous paîtrez, ils paîtront.*

— *Je paîtrais, tu paîtrais, il paîtrait, nous paîtrions, vous paîtriez, ils paîtraient.* — *Pais, paissons, paissez.* — *Que je paisse.* — Pas de subjonctif imparfait. — *Paissant.* — Pas de participe passé. ▼ Toujours un accent circonflexe sur le *i* quand le *i* est suivi d'un *t.*
— Le verbe ne s'emploie pas aux temps composés.

II Constructions.

1 Les moutons paissent sur la colline. Tour intransitif usuel et moderne. De même : *Le berger fait paître ses moutons.*

2 Les moutons paissent l'herbe de la colline. Tour transitif encore usité de nos jours.

3 Le berger paît ses moutons. Tour transitif archaïque et très littéraire. De nos jours, on écrit plutôt : *Le berger fait paître (ou mène paître) ses moutons.*

paix n. f. Avec un *p* minuscule : *la paix de Dieu* (au Moyen Age), *la paix des Pyrénées, la paix de Westphalie,* etc. — Avec un *P* majuscule : *la Paix perpétuelle,* traité de paix entre François Iᵉʳ et les Suisses (1516).

pal n. m. Pieu ; tige pointue. — Pl. : *des pals.*

palabre Le plus souvent au pluriel. ▼ L'usage hésite sur le genre. Le féminin semble l'emporter : *De longues et vaines palabres.* Cependant, *De longs et vains palabres* ne serait pas incorrect.

palace n. m. Grand hôtel somptueux. — Mot anglais francisé. Prononciation : [palas].

palafitte n. m. Village préhistorique. ▼ Un seul *f* et deux *t.* — Toujours masculin : *Les palafittes italiens.*

palais n. m. Orthographe et expressions.

1 Ne pas écrire *palais* (édifice somptueux *ou* voûte de la bouche), comme *palet* (pierre ou disque servant à certains jeux).

2 Avec un *p* minuscule et une majuscule au complément : *le palais de Versailles, le palais d'Hiver, le palais des Papes,* etc.

3 Avec deux majuscules et sans trait d'union : *Le Grand Palais, le Petit Palais* (édifices parisiens). — Avec deux majuscules et un trait d'union : *Le Palais-Bourbon, le Palais-Royal* (édifices parisiens).

4 Avec un *p* et un *j* minuscules, *un palais de justice* (d'une ville quelconque) : *Le palais de justice de Bordeaux.* — Avec un *P* et un *J* majuscules : *le Palais de Justice* ou, absolument, *le Palais* (édifice parisien).

palan n. m. Appareil de levage. — Finale en -*an*, sans -*t*.

palanquin n. m. En Asie, chaise à porteurs. — Finale en -*quin*.

palatal, ale, aux adj. *ou* n. f. (terme de phonétique) Masculin pluriel en -*aux* : *Des phonèmes palataux.* — Dérivés : *palatalisation, palatalisé, palataliser.*

1. palatin, ine adj. Du palais, voûte de la bouche : *Les os palatins.*

2. palatin, ine adj. *ou* n. D'un palais princier. — Usage de la majuscule.

1 Avec un *p* minuscule : *L'école palatine* ou *l'académie palatine* (sous Charlemagne). *La chapelle palatine d'Aix-la-Chapelle. La chapelle palatine de Palerme.* En revanche, *P* majuscule dans l'emploi sans complément : *la chapelle Palatine* (édifice d'Aix-la-Chapelle). *La bibliothèque Palatine* ou *la Palatine* (à Heidelberg).

2 Avec un *p* minuscule : *un comte palatin* ou *un palatin* (au Moyen Age, administrateur régional des biens princiers). *Les comtes palatins de Béarn, de Champagne. Le palatin de Hongrie* (représentant des Habsbourg en Hongrie). *Un palatin* (gouverneur de province, autrefois, en Pologne).

3 Avec un *p* minuscule : *Le comte palatin du Rhin.* — Avec un *P* majuscule : *Le Palatin* (= le comte palatin du Rhin).

4 Avec deux fois *p* minuscule : *Une princesse palatine.* — De même, avec deux fois *p* minuscule quand le titre accompagne le nom : *Anne de Gonzague, princesse palatine. La princesse palatine Charlotte-Elisabeth de Bavière.* — Avec deux fois *P* majuscule quand ce titre n'est pas accompagné du nom et qu'il désigne soit Anne de Gonzague (*Bossuet prononça l'oraison funèbre de la Princesse Palatine*), soit Charlotte-Elisabeth de Bavière (*La Princesse Palatine fut la mère du Régent*). — Avec un *P* majuscule : *la Palatine,* Charlotte-Elisabeth de Bavière (*La Palatine était célèbre par la verdeur de son langage*).

palatinat n. m. Avec un *p* minuscule quand le mot désigne la dignité de palatin ou de comte palatin. — Avec un *P* majuscule quand il désigne un pays d'Allemagne.

pale, palle, pâle, pal Quatre mots à bien distinguer par l'orthographe.

1 Une **pale** [pal] Partie d'une rame, d'une roue à aubes, d'une hélice.

2 Une **pale** ou une **palle** [pal] Linge sacré de la liturgie catholique.

3 **pâle** [pɑl] adj. Sans couleur : *Un teint pâle.*

4 Un **pal** [pal] Pieu ; tige pointue.

palefrenier n. m. ▼ Avec un *e* entre *l* et *f.*

palefroi n. m. Cheval. ▼ Finale en -*oi,* sans -*e* ni -*s.*

paléo- Préfixe (du grec *palaios* « ancien »), qui entre dans la formation de nombreux mots savants. Les composés en *paléo* s'écrivent en un seul mot, sans trait d'union : *paléoarctique, paléochrétien, paléoécologie,* etc.

paléolithique adj. *ou* n. m. Avec un *p* minuscule : *le paléolithique.*

paléontologiste ou **paléontologue** n. m. *ou* f. La forme *paléontologiste* est beaucoup plus usitée que *paléontologue.*

paleron n. m. *(boucherie)* Partie du bœuf. — Avec un seul *l.*

palestre Gymnase, dans l'Antiquité. — Toujours féminin : *Une grande palestre.*

palet n. m. Ne pas écrire *palet* (pierre plate, disque) comme *palais* (édifice somptueux *ou* voûte de la bouche).

paletot n. m. Finale en -*ot.*

palette n. f. Deux *t* aussi dans les dérivés : *palettisation, palettiser.*

palétuvier n. m. Arbre. — Avec un seul *l.*

pâleur n. f. Avec un accent circonflexe sur le *a.*

pâlichon adj. *(familier)* Pâle. — Avec un accent circonflexe sur le *a.* — Deux *n* dans le féminin : *pâlichonne.*

palier n. m. *Un voisin de palier.* — Avec un seul *l,* à la différence du verbe *pallier* « dissimuler, atténuer ». — Toujours un -*s* dans l'expression : *par paliers.*

palière adj. f. Seulement dans les expressions *porte palière, marche palière.*

palikare ▷ **pallikare.**

palimpseste Parchemin. — Toujours masculin : *Un palimpseste carolingien.*

palinodie n. f. Changement d'opinion. — Avec un seul *l.*

pâlir v. i. *ou* v. t. Avec un accent circonflexe sur le *a.* De même : *pâlissant, ante.*

palissade n. f. Avec un seul *l*. De même : *palissader, palissadique*

palissandre Bois d'ébénisterie. — Finale en *-andre*. — Toujours masculin : *Du palissandre précieux*.

1. palladium [paladjɔm] n. m. Usage de la majuscule.

1 Avec un *P* majuscule : *le Palladium* ou *le Palladion* [paladjɔ̃], statue de Pallas Athéna qui protégeait la ville de Troie.

2 Avec un *p* minuscule : *un palladium*, garantie, protection *(La Constitution est le palladium de la légalité républicaine)*. — Pl. : *des palladiums*.

2. palladium [paladjɔm] n. m. Métal. — Avec deux *l*.

palliatif, ive adj. *ou* n. m. ▼ Se construit avec *de* et non avec *à* : *Cette mesure est un palliatif du chômage*, et non *au chômage*.

pallicare ▷ **pallikare**.

pallier Orthographe, construction et sens.

1 Avec deux *l*. De même *palliatif*. — Conjug. 20.

2 ▼ Ce verbe est transitif direct : *Il faut pallier cette déficience*. La construction avec *à (pallier à cette déficience)* est considérée comme fautive. Elle est due à l'analogie de verbes tels que *obvier à, parer à, remédier à*.

3 ▼ Le vrai sens de ce verbe est « dissimuler », d'où, par extension, « atténuer, en masquant les aspects fâcheux ». N'est pas synonyme de *obvier à, parer à, remédier à, corriger, supprimer* : *En créant des postes de fonctionnaires, on peut pallier le chômage, on n'y remédie pas*.

pallikare n. m. Combattant grec de la guerre de l'Indépendance. — On préférera la graphie *pallikare*, plus conforme à l'étymologie grecque, à *palikare*. Les graphies *palicare, pallicare* sont vieillies.

palmarès [palmaʀɛs] n. m. Avec un accent grave sur le *e*. — Mot qu'on pourra employer pour remplacer l'anglicisme *hit-parade*.

palmarium n. m. Serre à palmiers. — Prononciation : [palmaʀjɔm]. — Pl. : *des palmariums*.

1. palme n. f. Avec un *P* majuscule : *les Palmes académiques*.

2. palme Ancienne mesure de longueur. ▼ Dans ce sens, toujours masculin : *Le palme romain valait 7,5 cm*.

palmer n. m. Instrument de mesure. — Prononciation : [palmɛʀ]. — Pl. : *des palmers* [-mɛʀ]. — Avec un *p* minuscule (pas un nom déposé).

palmeraie n. f. Plantation de palmiers. — Finale en *-aie*.

palonnier n. m. Avec deux *n*.

pâlot adj. ▼ Deux *t* dans le féminin : *pâlotte*.

palpitant, ante adj. Au sens de *passionnant*, appartient au registre très familier. Dans la langue soutenue, on écrira donc : *Des aventures passionnantes*, et non *palpitantes*.

palpiter v. t. Avec un seul *t*. De même : *palpitant, palpitation*.

palplanche n. f. Grosse planche ; plaque métallique profilée. — Pas de *e* au milieu.

paltoquet n. m. Finale en *-et*.

paludéen, éenne adj. Des marais : *Flore paludéenne*. — Du paludisme : *Les fièvres paludéennes*. — Avec un seul *l*.

paludisme n. m. Avec un seul *l*.

pâmer v. i. *ou* v. pron. S'évanouir. — Franchement archaïque dans l'emploi intransitif : *Sire, on pâme de joie, ainsi que de tristesse* (Corneille). — De nos jours, s'emploie encore dans la langue littéraire, mais le plus souvent avec une intention de moquerie ou une nuance d'ironie : *Les mélomanes se pâmeront d'admiration à ce concert*. — Avec *faire*, on omet généralement le pronom réfléchi : *Le spectacle le fait pâmer d'aise*, plus fréquent que *le fait se pâmer d'aise*.

pâmoison n. f. Evanouissement. — Même nuance archaïsante ou ironique et plaisante que *pâmer*. — Avec un accent circonflexe sur le *a*, comme *pâmer*.

pamphlet [pɑ̃flɛ] n. m. Finale en *-et*. — Dérivé : *pamphlétaire* [pɑ̃fletɛʀ].

pamplemousse Dans l'usage réel, masculin *(Un pamplemousse délicieux)*, malgré l'Académie. — Dérivé : *pamplemoussier*.

pampre *(littéraire et poétique)* Rameau de vigne avec ses feuilles et ses grappes. — Toujours masculin : *Un pampre vert*. — On évitera le pléonasme *un pampre de vigne*. En revanche, on peut dire, s'il y a une détermination : *Les pampres de cette vigne, de notre vigne*, etc.

pan Quatre mots homonymes.

1 pan n. m. Partie de vêtement, morceau : *Un pan de chemise. Un pan de mur.*

2 pan n. m. Ancienne unité de longueur.

3 Pan Dieu grec.

4 pan ! interj. Onomatopée.

pan- Préfixe (du grec *pan, pantos,* « tout »), qui entre dans la formation de nombreux mots. Les composés en *pan* s'écrivent toujours en un seul mot, sans trait d'union : *panaméricain, panhellénique,* etc.

panacée n. f. Mot dont le premier élément vient du grec *pan* « tout ». ▼ On évitera le pléonasme fréquent *panacée universelle.* Dire simplement *panacée : Les antibiotiques ne sont pas une panacée. Le contrôle par l'Etat est-il une panacée en matière d'économie ?*

panache n. m. Avec un seul *n.* De même : *panachage, panaché, panacher, panachure.*

panade n. f. Avec un seul *n.*

panaris n. m. Finale en *-is.* — Prononciation : [panaʀi].

pancrace n. m. Dans l'Antiquité, sport mêlant la lutte et la boxe. — Finale en *-ace.*

pancréas n. m. Organe. — Prononciation : [pɑ̃kʀeas]. — Dérivés : *pancréatique, pancréatite.*

pané, ée adj. *Escalope panée.* — Avec un seul *n.*

panégyrique, apologie ▷ apologie.

paner v. t. *Paner une escalope, un poisson.* — Avec un seul *n.*

paneterie n. f. Lieu où l'on conserve le pain. — Office du panetier. — Prononciation : [pantʀi], plutôt que [panɛtʀi].

panetier n. m. Autrefois, officier du roi, qui avait la charge du pain. — Avec un seul *n.*

panetière n. f. Coffre ; meuble, sac. — Avec un seul *n.*

paneton, panneton ▼ Ne pas écrire *un paneton* (corbeille de boulanger) comme *un panneton* (partie d'une clef).

panicule, pannicule ▼ Ne pas écrire *une panicule* (inflorescence) comme *un pannicule* (couche de graisse sous-cutanée).

panier n. m. Avec un seul *n* et finale en *-er.*

panifier v. t. Conjug. **20.** Double le *i* à la première et à la deuxième personne du pluriel de l'indicatif imparfait et du subjonctif présent : *(que) nous panifiions, (que) vous panifiiez.*

panique adj. *ou* n. f. Ne peut s'employer correctement que si l'on parle d'une peur collective. Dans la langue châtiée, on évitera d'écrire, par exemple : *Mon ami fut pris de panique.* On écrira plutôt : *Mon ami fut saisi d'une terreur soudaine* ou *Mon ami s'affola* ou *Mon ami perdit soudain la tête sous l'effet de la peur.* — Les dérivés *paniqué, ée, paniquer, paniquard* appartiennent au registre très familier ou même semi-populaire.

panne Six noms féminins homonymes qui s'écrivent avec deux *n.*

1 panne Etoffe ; fourrure (en héraldique) ; graisse de porc.

2 panne Pièce de charpente.

3 panne Arrêt de fonctionnement.

4 panne Partie d'un manteau.

5 panne Nuage en forme de bande.

6 panne En Flandre, dépression entre deux dunes.

panneau n. m. Avec deux *n.* — Dérivés et composés.

1 Dérivés : *panneautage, panneauter* (chasser avec des panneaux).

2 Avec un trait d'union : *panneau-réclame (des panneaux-réclames).* — Sans trait d'union : *panneau indicateur.*

panneton, paneton ▷ paneton.

pannicule, panicule ▷ panicule.

panonceau n. m. ▼ Avec un seul *n,* à la différence de *panneau.*

panoplie n. f. ▼ Avec un seul *n.*

panorama n. m. ▼ Avec un seul *n.* De même : *panoramique.*

panse n. f. Ventre ; partie renflée. — Avec *-an-.*

pansage, pansement Deux noms masculins dérivés de *panser.*

1 pansage Action de brosser un cheval.

2 pansement Action de soigner une blessure ; bande qui protège une blessure.

panser, penser Deux verbes homophones à distinguer par l'orthographe.

1 panser Soigner (un cheval, une blessure). — Dérivés : *pansage, pansement.*

2 penser Réfléchir.

pansu, ue adj. Gros ; renflé. — Avec *-an-.*

pantagruélique adj. Avec accent aigu sur le *e* et non un tréma.

pantalon n. m. Emploi au pluriel ; orthographe des dérivés et du composé.

1 De nos jours, ne doit pas s'employer au pluriel pour désigner un seul vêtement. On dira donc : *En passant par-dessus la barrière, il a déchiré son pantalon,* et non *ses pantalons.* On écrira : *Ils sont en pantalon. Des filles en pantalon.*

2 Avec deux *n* : *pantalonnade, pantalonné, se pantalonner.* — Sans trait d'union : *un pantalon corsaire (des pantalons corsaire)* ou *un corsaire (des corsaires).*

panteler v. i. Conjugaison et dérivé.

1 Conjug. 13. *Il pantelle, il pantellera, il pantelait.* — Ce verbe, très littéraire, ne s'emploie plus guère qu'à l'infinitif.

2 Dérivé : *pantelant, ante* adj. (encore usuel).

panthéiste adj. *ou* n. Avec *-th-.* Pas de tréma sur le *i.* De même : *panthéisme.*

panthéon n. m. Avec *-th-.* — Avec *P* majuscule : *Le Panthéon* (édifice de Rome ou de Paris).

panthère, léopard ▷ **léopard.**

pantographe n. m. Avec *-an-* (aucun rapport avec *pente*).

pantois Adjectif exclusivement masculin : *Il est demeuré pantois.* Ne peut se rapporter à un nom ou à un pronom féminin. On ne peut écrire : *Elle est demeurée *pantois.*

pantomime Forme et emploi.

I ▼ Ne pas déformer en **pantomine.* Est de la famille de *mime* et non de *mine.*

II Genre, sens et composé.

1 Un **pantomime** *(vieux et rare)* Un artiste qui joue une pantomime. — De nos jours, on dit dans ce sens : *un mime.*

2 Une **pantomime** Pièce de théâtre dans laquelle les acteurs ne s'expriment que par la mimique. — *(par extension)* Mimique outrée, manège étrange.

3 Un **ballet-pantomime** Avec un trait d'union. — Pl. : *des ballets-pantomimes.*

pantoufle n. f. Avec un seul *f.* De même : *pantouflier* (fabricant de pantoufles). — Les dérivés *pantouflard, pantoufler* appartiennent au langage familier.

pantoum [pɑ̃tum] n. m. Poème. — On préférera la forme *pantoum* à *pantoun* [pɑ̃tun], forme plus rare. — Pl. : *des pantoums (des pantouns).*

panure n. f. Croûte de pain râpée. — Avec un seul *n.*

paon n. m. Oiseau. — S'écrit avec *-ao-* et se prononce [pɑ̃]. — Dérivés : *paonne* [pan] n. f. (femelle du paon), *paonneau* [pano] n. m. (jeune paon).

papa n. m. Sans trait d'union et avec *gâteau* invariable : *un papa gâteau, des papas gâteau.*

papal, ale, aux adj. Du pape. — Le masculin pluriel est en *-aux.* Il est peu usité : *Les officiers papaux.* ▼ Ce mot est vieilli et ne s'emploie guère que dans un contexte historique. De nos jours, on dit plutôt *pontifical.*

pape n. m. Avec un *p* minuscule : *le pape.* — Avec un *T* et un *S* majuscules et un *P* majuscule à *père : le Très Saint-Père, notre Très Saint-Père le pape.*

papeterie n. f. Avec un seul *t* et sans accent sur le *e.* — Actuellement, la prononciation [papɛtʀi] semble la plus usuelle, mais la prononciation [paptʀi] doit être préférée dans l'expression orale soignée.

papier n. m. Orthographe et pluriel des expressions.

1 Avec le complément toujours au singulier : *papier de verre, papier à dessin, papier à musique.*

2 Avec le complément toujours au pluriel : *papier à cigarettes, papier à lettres.*

3 Sans trait d'union : *papier buvard, papier carbone, papier cristal, papier écolier, papier joseph, papier journal, papier kraft, papier ministre, papier pelure, papier vélin.*

4 Avec un trait d'union : *papier-calque, papier-cuir, papier-émeri, papier-filtre, papier-monnaie, papier-parchemin, papier-pierre.*

5 En raison de l'incertitude de l'accord du second élément, on évitera d'employer les expressions ci-dessus au pluriel. On n'écrira pas, par exemple, **des papiers pelures,* mais *diverses sortes* (ou *diverses qualités) de papier pelure.*

papille n. f. Se prononce plutôt [papij], avec [j], et non [l]. En revanche, la prononciation hésite pour *papilleux*, [papilø] ou [papijø], et l'on prononce avec [l] les dérivés *papillaire* [papilɛʀ], *papillifère* [papilifɛʀ], *papilliforme* [papilifɔʀm(ə)] *papillome* [papilɔm].

papillon n. m. Expressions et dérivés.

1 Sans trait d'union : *brasse papillon, bec papillon* (bec de gaz à flamme étalée), *nœud papillon, cravate papillon.* — Invariable au pluriel : *des becs papillon, des nœuds papillon, des cravates papillon.*

2 Deux *n* dans les dérivés : *papillonnage, papillonnant, papillonnement, papillonner.*

papillote n. m. Orthographe et expression.

1 Avec un seul *t.* De même : *papillotage, papillotant, papillotement, papilloter.*

2 Attention au pluriel dans l'expression culinaire : *une caille en papillote, des cailles en papillotes*, car il y a autant de papillotes que de cailles. On écrit *du veau en papillotes*, quand il y a plusieurs morceaux de viande, mais *un morceau de veau en papillote.*

papoter v. i. Avec un seul *t.* De même : *papotage, papoteur.*

papyrus [papiʀys] n. m. Au pluriel : *des papyrus* [-ʀys] , plutôt que *des papyri.* — Avec un *y.* De même : *papyriforme, papyrographie, papyrologie, papyrologiste* ou *papyrologue.*

pâque, Pâques Attention au genre, au nombre, à l'emploi de l'article et de la majuscule.

I La pâque (féminin singulier, avec l'article et un *p* minuscule).

1 La pâque. Fête juive : *Les israélites célèbrent la pâque.* — *(expression) Manger la pâque :* manger l'agneau pascal.

2 La pâque. Désigne la fête chrétienne des Eglises d'Orient qui correspond à la fête de Pâques des catholiques romains : *La grande pâque russe.*

II Pâques (féminin pluriel, sans article et avec un *P* majuscule).

1 Pâques. Fête chrétienne : *J'ai reçu une carte me souhaitant « Joyeuses Pâques ! »* ▼ Ne s'emploie qu'avec une épithète.

2 Pâques fleuries. Le dimanche des Rameaux *(vieux).*

III Pâques (masculin singulier, sans article et avec un *P* majuscule). Désigne également la fête chrétienne : *Enfin Pâques est arrivé !* Emploi

plus fréquent que II, 1. N'est jamais accompagné d'une épithète. — On dit aussi : *le jour de Pâques.*

IV Les Pâques véronaises (féminin pluriel, avec article et avec un *P* majuscule). Massacre des soldats français à Vérone par les habitants de cette ville. Il eut lieu le jour de Pâques, en 1797.

V Faire ses pâques (féminin pluriel, avec un *p* minuscule). Se confesser et communier à la période de Pâques.

paquebot n. m. Sans accent circonflexe et avec finale en *-ot.*

pâquerette n. f. Avec un accent circonflexe sur le *a.*

Pâques, pâque ▷ pâque.

paquet n. m. Finale en *-et.* — Pas d'accent circonflexe sur le *a.* De même : *paquetage, paqueteur.* ▼ Le verbe **paqueter* n'existe pas. On dit : *empaqueter.*

par Préposition qui peut être employée seule et qui sert aussi à former des locutions.

I *Par* en concurrence avec une autre préposition ou bien avec un tour sans préposition.

1 Par la raison que, pour la raison que. Pour exprimer la cause, l'emploi de *par* est plus archaïque que celui de *pour : Il ne peut nous aider, par la raison qu'il est lui-même en difficulté* (archaïque) ou *pour la raison qu'il est lui-même...* (moderne, usuel, à préférer).

2 Il est venu par deux fois, il est venu deux fois ▷ fois (9).

3 Deux fois par semaine, deux fois la semaine ▷ fois (7).

4 Dix francs par heure, dix francs l'heure, dix francs de l'heure ▷ heure (IV, 5).

5 Je l'ai entendu dire par mon père, je l'ai entendu dire à mon père ▷ à (XIV, 1).

6 Mangé par les mites, mangé des mites, mangé aux mites ▷ manger 1 (2).

7 Il fut soudain entouré par les ennemis, mais Ce roi vécut entouré d'ennemis ▷ de (XII, 2).

8 Elle est partie par le train de quinze heures (mieux que *avec le train de quinze heures)* ▷ avec (2).

II Locutions adverbiales.

1 Par ailleurs ▷ ailleurs.

2 Par contre ▷ contre 1 (3).

3 Par trop ▷ trop (7).

III De par. Peut s'employer dans le tour archaïque *de par le Roi* (= de la part du roi) et dans la locution figée *de par le monde.* ▼ On évitera d'employer *de par* au sens de *du fait de, en raison de, à cause de, étant donné, par... même.* On écrira : *Il est, par sa situation même, en mesure de savoir,* plutôt que *Il est, de par sa situation, en mesure de...*

IV Singulier ou pluriel après *par*. C'est le sens ou parfois l'usage qui décide.

1 Avec le singulier : *Il gagne cinquante mille francs par an. Une cotisation de douze francs par personne.*

2 Avec le pluriel : *Classer des objets par séries, par dizaines, par douzaines. Classer des œuvres par thèmes. La tenture avait été arrachée par lambeaux, par morceaux. La peinture était tombée par plaques. On entend ce bruit par instants, par moments.*

3 Avec le pluriel : *Il parle par paraboles, par périphrases.* — Avec le singulier : *Ce mot est employé par métaphore, par comparaison.*

4 Avec le pluriel : *Il avance par bonds et par sauts. Il va par monts et par vaux.* — Avec le singulier : *Il est toujours par voie et par chemin* (malgré un usage moderne qui tend à généraliser le pluriel dans cette expression).

V Emploi du trait d'union dans les locutions adverbiales ou prépositives.

1 Avec un trait d'union : *par-deçà, par-dedans, par-dehors, par-delà, par-derrière, par-dessous, par-dessus, par-devant, par-devers.*

2 Sans trait d'union : *par en bas, par en haut, par ici, par là.*

3 Avec deux traits d'union et, parfois, une virgule : *par-ci par-là.*

1. para- Préfixe (du grec *para* « à côté de, le long de »), qui entre dans la formation de nombreux mots savants. Les composés en *para* s'écrivent en un seul mot, sans trait d'union : *paradichlorobenzène, parafiscalité, paramédical, paramilitaire,* etc.

2. para- Préfixe qui entre dans la formation de quelques mots. Les composés en *para* s'écrivent en un seul mot, sans trait d'union : *paragrêle, paratonnerre, paravalanche, paravent,* etc. En revanche, les mots en *pare-* prennent un trait d'union : *pare-brise, pare-soleil,* etc.

parachever v. t. Conjug. **12.** *Je parachève, je parachèverai.* — Dérivé (avec accent grave) : *parachèvement.*

parachronisme, anachronisme ▷ anachronisme.

paradis n. m. Orthographe, emploi de la majuscule, emploi de la préposition.

1 Finale en *-is.*

2 Toujours avec *p* minuscule : *L'enfer et le paradis. Le paradis terrestre.*

3 On dit le plus souvent *aller au paradis,* moins souvent *aller en paradis,* rarement *dans le paradis.* — Expression figée : *Vous ne l'emporterez pas en paradis,* plutôt que *au paradis.*

paradoxal, ale, aux adj. Masculin pluriel en *-aux : Des jugements paradoxaux.*

parafe ▷ paraphe.

paraffine n. f. ▼ Avec deux *f.* De même : *paraffinage, paraffiné, paraffiner.*

paragraphe n. m. Toujours avec *-ph-.* Aucun rapport avec *agrafe.* — Signe abréviatif : §.

paraguayen, yenne adj. *ou* n. Du Paraguay, Etat d'Amérique du Sud. — Prononciation : [paʀagɥɛjɛ̃, jɛn], avec [gɥ-]. — Attention à la majuscule : *la population paraguayenne. Les Paraguayens.*

paraître v. i. Conjugaison, emploi de l'auxiliaire, constructions et sens.

I Conjug. 94. *Je parais, tu parais, il paraît, nous paraissons, vous paraissez, ils paraissent.* — *Je paraissais.* — *Je parus.* — *Je paraîtrai, tu paraîtras, il paraîtra, nous paraîtrons, vous paraîtrez, ils paraîtront.* — *Je paraîtrais, tu paraîtrais, il paraîtrait, nous paraîtrions, vous paraîtriez, ils paraîtraient.* — *Parais, paraissons, paraissez.* — *Que je paraisse.* — *Que je parusse.* — *Paraissant.* — *Paru, ue.* ▼ Attention à l'accent circonflexe sur le *i* quand le *i* est placé devant un *t* : *il paraît, je paraîtrai, je paraîtrais.*

II Emploi de l'auxiliaire.

1 Dans la plupart des cas, auxiliaire *avoir : Ce livre m'a paru bon.*

2 Au sens de « être publié », auxiliaire *avoir* pour exprimer l'action : *Ce roman a paru en 1928.* Auxiliaire *être* toléré pour exprimer l'état : *Ce roman n'est pas encore paru. Ce livre est paru depuis un mois. Son nouveau roman est-il déjà paru ?* — *Paru* peut même s'employer adjectivement : *Quels sont les titres parus dans cette collection ?* — Dans la langue très surveillée, on pourra préférer *(être) publié : Son livre est publié depuis un mois. Les titres publiés.*

III Constructions.

1 Il paraît que. Est suivi de l'indicatif *(Il paraît que nous allons avoir une augmentation)* ou du conditionnel *(Il paraît que le directeur serait disposé à nous accorder une augmentation).*

2 Il ne paraît pas que. Est suivi, le plus souvent, du subjonctif : *Il ne paraît pas que les circonstances soient favorables à une révision des salaires.*

3 Il paraît certain, évident, sûr, assuré... que. Est suivi de l'indicatif ou du conditionnel : *Il paraît certain que la motion sera votée. Il paraît évident que la motion serait rejetée si un accord ne pouvait avoir lieu.*

4 Il paraît bon, nécessaire, souhaitable, utile... que. Est suivi du subjonctif : *Il paraît souhaitable qu'un accord soit signé avant la fin de la semaine.*

5 Paraît que (pour *il paraît que*) et **à ce qu'il paraît.** Ces tours appartiennent au registre familier. — En revanche, *paraît-il* est parfaitement correct : *Une réunion aura lieu, paraît-il, au début du mois d'avril.* — *Sans qu'il y paraisse* est un tour parfaitement correct et même littéraire.

6 L'homme paraissait être fatigué ou **paraissait fatigué.** Les deux tours sont corrects, mais la construction sans *être (L'homme paraissait fatigué)* est plus légère et plus usuelle.

IV Sens.

1 Paraître, apparaître (à une forme personnelle) ▷ **apparaître** (III, 1 et 2).

2 Il paraît, il apparaît que ▷ **apparaître** (V, 1 et 2).

3 Paraître, sembler. Ces deux verbes sont sensiblement synonymes. Le verbe *paraître* insiste plus fortement sur la réalité de l'apparence sensible : *Cette robe vous fait paraître plus grande.* On ne pourrait guère dire *vous fait sembler plus grande.* — Le verbe *sembler* est plus abstrait et insiste plus sur l'illusion, sur le caractère trompeur de l'apparence : *Quand on est jeune, tout semble facile.*

parallèle adj. *ou* n. Orthographe et genre.

I Attention à la place des deux *l* et du *l* simple. Avec un accent grave, comme *parallèlement.* Le dérivé *parallélisme* prend un accent aigu.

II Comme substantif, peut être masculin ou féminin.

1 Un parallèle Cercle imaginaire de la sphère céleste ou terrestre : *Le 45ᵉ parallèle passe un peu au nord de Bordeaux.* — Œuvre ou passage qui met en comparaison deux êtres ou deux choses : *Le brillant parallèle de Condé et de Turenne, dans l'Oraison funèbre de Condé par Bossuet. Faire un parallèle entre Corneille et Racine. Mettre deux solutions en parallèle.*

2 Une parallèle Ligne parallèle à une autre : *Par le point P, menons une parallèle à la droite D.* — Tranchée parallèle au front : *Le colonel fit creuser une parallèle.*

paralysie n. f. Avec un *y.* De même : *paralysant, paralysé, paralyser, paralytique.*

paramètre n. m. Terme de mathématiques souvent employé abusivement dans la langue des journaux. Selon les cas, on emploiera plutôt l'un des termes suivants : *composante, constante, donnée, élément, facteur, fait, variable.* On écrira par exemple : *Cette nouvelle alliance introduit un élément nouveau dans la situation internationale,* plutôt que *un paramètre nouveau.*

paranoïa [paranɔja] n. f. Forme de folie. — Avec un tréma. De même : *paranoïaque* [paranɔjak] adj. *ou* n.

parapet n. m. Finale en *-et.*

paraphe ou **parafe** n. m. Orthographe et sens.

1 Les deux formes sont correctes et admises. De même : *parafer* ou *parapher.*

2 Un *paraphe* n'est pas une *signature.* Le mot *paraphe* désigne soit un trait de plume qui orne et met en valeur la signature *(Signature ornée d'un paraphe compliqué et prétentieux),* soit les initiales du nom et du prénom *(On appose son parafe au bas de chaque page d'un acte notarié).*

paratonnerre n. m. Avec deux *n* et deux *r.* — En un seul mot, sans trait d'union.

paravalanche n. m. En un seul mot, sans trait d'union. ▼ Ne pas déformer en **pare-avalanche.*

paravent n. m. Finale en *-ent* (famille de *vent,* non de *avant).*

parc n. m. Prononciation, orthographe des dénominations, emploi.

1 Ne jamais faire entendre un *e* muet à la fin : *Un parc triangulaire* [œ̃parktrijɑ̃gylɛr], et non ***[œ̃parkətriɑ̃gylɛr].

2 Avec un *p* minuscule : *le parc de Versailles, de Saint-Cloud, des Tuileries, le parc Montsouris, le parc Monceau.* — Avec un *P* majuscule : *le Parc aux Cerfs* (à Versailles), *le Parc des Princes.*

3 On pourra employer *parc de stationnement,* pour éviter l'anglicisme *parking.*

parc, parcage, stationnement, parking ▷ **parking.**

parcage n. m. ▼ Avec un *c*, à la différence de *parquer*.

parcelle n. f. Avec deux *l*. De même : *parcellaire, parcelliser*.

parce que loc. conj. Orthographe, prononciation et emploi.

I Orthographe.

1 Elision. Seulement devant *à, elle, elles, il, ils, on, un, une : parce qu'à, parce qu'elle(s), parce qu'il(s), parce qu'on, parce qu'un(e)*.

2 Parce que, par ce que. Le première forme, *parce que*, est la locution conjonctive exprimant la cause : *On nous croit, parce que nous disons toujours la vérité.* — La seconde forme, *par ce que*, équivaut à « par les choses que » : *Nous nous rendons estimables par ce que nous disons, mais surtout par ce que nous faisons.*

II Prononciation. On évitera la prononciation relâchée *[pask(ə)]. Bien prononcer : [paʀs(ə)k(ə)].

III Tour elliptique. *Il est respecté, parce que fort.* Dans le style élégant et très soutenu, on évitera l'ellipse du verbe *être : Il est respecté, parce qu'il est fort.*

parchemin n. m. Les dérivés prennent un seul *n* : *parcheminé, parcheminer, parchemineux, parcheminier*. — Avec un trait d'union : *du papier-parchemin*.

parcimonie n. f. Avec un seul *n*. De même : *parcimonieusement, parcimonieux*.

par-ci par-là loc. adv. Un trait d'union entre *par* et *ci*, un autre entre *par* et *là*. — Toujours une virgule entre *par-ci* et les mots qui précèdent *par-là*, quand ces deux éléments sont disjoints : *Et des tracas par-ci, et des soucis par-là ! Mon cher ami par-ci, mon cher camarade par-là !* En revanche, la virgule est souvent omise quand *par-là* suit immédiatement *par-ci : J'ai trouvé quelques erreurs par-ci par-là.* ▼ Sans être incorrect, l'emploi de *par-ci par-là* relève du registre semi-familier. Dans la langue soutenue, on préférera *çà et là* (sans trait d'union).

parcourir v. t. Conjug. **32.** *Je parcours, tu parcours, il parcourt, nous parcourons, vous parcourez, ils parcourent.* — *Je parcourais.* — *Je parcourus.* — *Je parcourrai.* — *Je parcourrais.* — *Parcours, parcourons, parcourez.* — *Que je parcoure.* — *Que je parcourusse.* — *Parcourant.* — *Parcouru, ue.* ▼ Attention aux deux *r* du futur et du conditionnel. Eviter les barbarismes *je *parcourrerai, nous *parcourre-*rons, je *parcourrerais, nous *parcourrerions*, etc., pour *je parcourrai, nous parcourrons, je parcourrais, nous parcourrions*, etc.

parcours n. m. Avec *-s* final.

par-deçà, par-dedans, par-dehors, par-delà, par-derrière, par-dessous ▷ **par** (V, 1).

pardessus, par-dessus Ne pas écrire *un pardessus*, un manteau d'homme, comme la locution *par-dessus : Il a déchiré son pardessus en passant par-dessus la clôture.*

par-devant, par-devers ▷ **par** (V, 1).

pardonnable adj. Se dit des choses *(Une faute bien pardonnable)*, mais aussi des personnes *(Ce garçon n'est pas pardonnable d'avoir...)*. Dans la langue extrêmement surveillée, on pourra, pour qualifier une personne, préférer *excusable*.

pardonner Plusieurs constructions.

1 Pardonner quelque chose. *Il faut savoir pardonner les injures.* Tour usuel et correct.

2 Pardonner à quelqu'un. *Il n'a jamais pardonné à son cousin.* Tour usuel et correct.

3 Pardonner quelque chose à quelqu'un. *Il n'a jamais pardonné cette trahison à son ancien associé.* Tour usuel et correct.

4 Pardonner à quelqu'un de (suivi de l'infinitif). *J'ai pardonné à mon ami de m'avoir oublié.* Tour usuel et correct.

5 Pardonner que. *On ne lui pardonnera pas qu'il fasse défection.* ▼ Tour incorrect. Employer *de* et l'infinitif.

6 Pardonner à quelque chose. *Pardonnez à mon étourderie.* Tour admis (littéraire ou, au contraire, familier), mais seulement si *pardonner* signifie « excuser » et non « accorder son pardon (au sens fort) ». On peut dire : *Pardonnez à ma distraction, à ma négligence*, mais non *Pardonnez *aux offenses, *aux injustices.* — Avec deux compléments, on peut dire aussi : *Pardonnez à sa jeunesse, à sa fougue ce mot un peu brusque. Pardonnez à son grand âge cet instant de faiblesse.*

7 Pardonner quelqu'un. *Mon fils était si repentant que je l'ai pardonné.* Tour archaïque, à éviter.

8 Etre pardonné. *Cette faute ne lui sera pas pardonnée. Allons, mon fils, vous serez pardonné.* Avec un nom de chose sujet, tour usuel. Avec un nom de personne sujet, tour un peu recherché ou au contraire légèrement familier, mais parfaitement admis.

pare- Les composés en *pare-* sont toujours invariables.

1 Avec le deuxième élément toujours au singulier : *pare-boue (des pare-boue), pare-brise (des pare-brise), pare-feu (des pare-feu), pare-fumée (des pare-fumée), pare-soleil (des pare-soleil).*

2 Avec le deuxième élément toujours au pluriel : *un pare-balles, un pare-chocs, un pare-clous, un pare-éclats, un pare-étincelles, un pare-pierres.*

pareil, eille adj. *ou* adv. *ou* n. Tous les emplois ne sont pas corrects.

1 Emploi adverbial. *Elles s'habillent pareil. Il fait pareil.* Tour familier, à éviter dans la langue correcte. Employer *de la même manière, de la même façon, de même, semblablement, pareillement : Elles sont habillées de la même manière. Il fait de même.*

2 Pareil que. *Son écharpe est pareille que la mienne.* Tour très familier, à éviter dans la langue correcte. Dans le style soutenu, on peut employer *pareil à : L'ambition du génie est de se rendre pareil aux dieux.* Dans le registre neutre, on écrit plutôt *le même que, semblable à, identique à : Son écharpe est la même que la mienne* ou *est semblable à la mienne.*

3 *Pareil* employé sans complément. Tour correct qui appartient à tous les registres .*Son écharpe et la mienne sont pareilles. Les génies, ô Socrate, et les dieux sont pareils. Elle a une robe plissée, la mienne est pareille.*

4 Sans pareil. A la différence de *sans égal,* prend non seulement la marque du féminin singulier ou pluriel *(Une beauté sans pareille. Des beautés sans pareilles),* mais aussi celle du masculin pluriel *(Un joyau sans pareil. Des joyaux sans pareils).* — Parfois on préfère l'invariabilité : *Des joyaux sans pareil* (tour assez rare).

pareillement ad. ▼ Ne pas écrire **pareillement que.* Dans le registre soutenu, on peut employer *pareillement à : Ils sont vêtus pareillement au roi* (rare et littéraire). On préférera *de la même manière que, comme : Ils sont vêtus comme le roi.* — S'emploie surtout sans complément : *Nous sommes venus par le train et nous repartirons pareillement.*

par en bas Sans traits d'union.

parenchyme n. m. (terme d'anatomie et de botanique) Avec *-en-* et *y.* Prononciation : [paʀɑ̃ʃim], avec [ʃ]. Dérivé : *parenchymateux, euse* [paʀɑ̃ʃimatø, øz].

par en haut Sans traits d'union.

parent, ente n. m. *ou* f. Au sens de « membre de la même famille », peut s'employer au singulier : *Un parent proche. Une parente à moi.*
— Pour désigner le père et la mère, toujours au pluriel : *Les enfants doivent obéissance à leurs parents.* On ne peut dire, par exemple : **Un parent d'élève.* Tourner autrement : *L'un des parents d'un élève* ou *Un père ou une mère d'élève.* On peut dire : *Chacun des parents de l'enfant,* mais non **Chaque parent de l'enfant.*

parental, ale, aux adj. Masculin pluriel en *-aux : Les liens parentaux.*

parenthèse n. f. Expressions et usages typographiques.

I Expressions.

1 Avec *parenthèse* au singulier : *par parenthèse,* soit dit en passant. — Avec *parenthèse* au pluriel : *entre parenthèses.*

2 Ouvrir une parenthèse (au sens de « commencer une digression »). Appartient au registre familier. A éviter dans un texte de ton sérieux (lettre officielle, rapport, etc.).

II Usages typographiques ▷ annexes.

parer Constructions et sens.

I Construction transitive directe.

1 Orner : *Cet écrivain pare son style de métaphores.*

2 Détourner, éviter : *Un boxeur doit savoir parer les coups.*

II Construction transitive indirecte avec à.

1 Se prémunir contre : *Il faut parer à toute éventualité.*

2 S'occuper de : *Parons d'abord au plus pressé.*

pare-soleil n. m. Toujours invariable : *des pare-soleil.*

parfaire v. t. Compléter, achever, perfectionner.
— Ne s'emploie qu'à l'infinitif et aux temps composés : *Il a parfait sa formation par un stage à l'étranger.*

parfait, aite adj. En principe, ne peut s'employer au superlatif ou au comparatif. Dans l'usage réel, on dira bien cependant : *De toutes les tragédies de Racine,* Phèdre *est la plus parfaite. Cette œuvre est moins parfaite que je ne l'avais cru.*

parfois adv. Synonyme de *quelquefois,* mais appartient à un registre plus littéraire.

paria Prend la marque du pluriel, mais non celle du féminin : *Des parias. Une paria.*

parier Conjugaison et constructions.

I Conjug. **20.** Double le *i* à la première et à la deuxième personne du pluriel de l'indicatif imparfait et du subjonctif présent : *(que) nous pariions, (que) vous pariiez.*

II Plusieurs constructions.

1 Je parie avec vous ou **je parie contre vous.** Les deux tours sont équivalents et corrects. Le premier est usuel, le second plus rare. On peut compléter par un complément d'objet direct : *J'ai parié cinq francs avec mon ami.* ▼ On évitera les tours incorrects : *J'ai parié cinq francs *à Pierre. Je *te parie cinq francs. Je *te parie tout ce que tu voudras,* pour *J'ai parié cinq francs avec Pierre* ou *contre Pierre. Je parie cinq francs avec toi. Je parie avec toi tout ce que tu voudras.*

2 Je parie cinq francs. Tour correct. ▼ On évitera le tour incorrect : *Je parie *pour cinq francs.*

3 Je parie pour ce boxeur. Je parie pour ce cheval ou **sur ce cheval. Je parie cent francs sur ce cheval.** Préposition *pour* devant le nom de la personne qu'on donne gagnante, préposition *pour* ou, le plus souvent, *sur* si le nom désigne un animal. Préposition *sur* obligatoire si l'indication de la somme est exprimée.

4 Je parie pour la victoire de ce cheval. Je parie le beau temps. Quand il y a un véritable pari (avec enjeu, mise d'argent), on doit employer *pour* devant le nom de l'événement prévu. Quand le verbe *parier* exprime simplement l'assurance qu'une chose se produira, on admet la construction transitive directe. On remarquera que cette construction directe est assez rare avec un nom *(Je parie le beau temps),* fréquente avec un pronom *(Tiens, je l'aurais parié !)* ou avec une complétive *(Je parie qu'il y aura de l'orage).*

5 Je parie qu'il aura encore oublié le rendez-vous. La construction avec une complétive (à l'indicatif ou au conditionnel) est admise. ▼ Dans la langue soignée, on n'écrira pas : *Je *vous parie qu'il aura oublié...,* mais *Je parie avec vous qu'il aura oublié...*

parisien, ienne adj. *ou* n. *La population parisienne. Les Parisiens.* — N. m. *Un parisien :* gâteau à la frangipane. — Avec un *p* minuscule : *à la parisienne (rôti de veau à la parisienne).* — Avec un *B* majuscule et un *p* minuscule : *le Bassin parisien.* —Avec un *r* et un *p* minuscules : *la région parisienne.* — Dérivé : *parisianisme.*

parisis adj. inv. (au Moyen Age) *Monnaie parisis. Sol parisis. Livre parisis.* ▼ Prononciation : [paʀizi], le *-s* est muet.

parisyllabique adj. *ou* n. m. (terme de grammaire latine) Se prononce [paʀisilabik], mais s'écrit avec un seul *s.*

parking n. m. Pour remplacer cet anglicisme, on pourra employer, au sens de « lieu où l'on gare les voitures », les équivalents français *parc à voitures, parc de stationnement,* et, au sens de « action de se garer », *parcage, stationnement : Stationnement interdit. Parcage autorisé de 20 heures à 7 heures.*

parkinson [paʀkinsɔn] Avec un *P* majuscule : *la maladie de Parkinson* — Avec un *p* minuscule : *un parkinson,* la maladie de Parkinson *(Il est atteint d'un parkinson).* — Dérivé : *parkinsonien, ienne* [paʀkinsɔnjɛ̃, jɛn].

parlant La locution *généralement parlant* est toujours invariable.

parlement n. m. Attention à la majuscule.

1 Avec un *P* majuscule : *le Parlement,* ensemble des assemblées législatives *(En France, le Parlement est constitué par le Sénat et l'Assemblée nationale. Le Parlement anglais. Le Parlement a rejeté cette loi). Le Long Parlement* (en Angleterre, au XVIIe siècle).

2 Avec un *p* minuscule : *un (le) parlement* (en France, sous l'Ancien Régime). *Le parlement de Paris, de Rennes, de Bordeaux. Montesquieu était conseiller au parlement. Le parlement avait le droit de remontrance.*

parler Constructions, expressions et accord du participe.

1 On peut dire : *parler à quelqu'un* ou *parler avec quelqu'un.* On dit toujours : *causer avec quelqu'un.* Eviter *causer à quelqu'un.*

2 On doit dire : *parler (le) français, (l') anglais,* etc. On évitera les tours populaires et incorrects : *causer le français, *causer anglais,* etc.

3 Parler français *(anglais,* etc.) et **parler le français** *(l'anglais,* etc.).

a/ Parler français *(anglais,* etc.) Etre en train de parler en français (en anglais, etc.) ou bien parler effectivement en français (en anglais, etc.) : *J'entends quelqu'un qui parle anglais, dans le couloir. Vous comprenez, oui ou non ? Je parle français, tout de même ! — Parler français* signifie aussi « parler, s'exprimer correctement (en français) » : *On ne demande pas aux journalistes de la radio d'être de grands orateurs, mais au moins qu'ils parlent français !*

b/ Parler le français *(l'anglais,* etc.) Etre capable de parler en français (en anglais, etc.) :

Ce Russe est polyglotte, il parle le français, l'anglais et l'allemand. Ce Portugais parle le français à la perfection. La nouvelle secrétaire parle-t-elle l'anglais ? — On peut dire aussi, surtout dans une interrogation (et dans la réponse) : *Parlez-vous français ? Parlez-vous italien ? Mais oui, je parle italien.*

4 On écrira : *parler de politique, parler d'affaires,* et non **parler politique, *parler affaires.*

5 On préférera, dans la langue soignée, le tour *on a parlé de cette affaire* à *il a été parlé de cette affaire.* Cette dernière construction appartient au style des journalistes.

6 **Parler français comme une vache espagnole* ▷ **basque 2 (4).**

7 A la forme pronominale, le participe passé s'accorde avec le sujet quand le pronominal a valeur de passif : *Cette langue s'est parlée autrefois en Asie Mineure* (= a été parlée). Il reste invariable dans les autres cas : *Ces deux filles se sont parlé au cours de la réunion.*

parloir n. m. Finale en *-oir,* sans *-e.*

parlote n. f. Finale en *-ote,* avec un seul *t.*

Parmentier Avec un *P* majuscule : *du hachis Parmentier.*

parmi prép. Orthographe et emploi.

1 Finale en *-i* (pas de *-s*).

2 ▼ De nos jours, ne peut s'employer que devant un pluriel ou un nom collectif : *Parmi les bagages, on remarquait une grande valise bleue. Il s'avança parmi la foule.* — L'emploi devant un singulier non collectif est peu correct *(Parmi le pré, on voit des pâquerettes)* ou littéraire et archaïque : *Parmi le long regard de la Seine entrouverte* (Valéry).

3 On doit toujours dire *parmi lesquels, (lesquelles)* et non **parmi qui : Ces camarades, parmi lesquels je comptais quelques amis.*

Parnasse n. m. Toujours avec un *P* majuscule, quel que soit le sens : *Le Parnasse, montagne de Grèce. Les nourrissons du Parnasse* (les poètes). *Le Parnasse* (mouvement littéraire du XIXᵉ siècle) *fut une réaction contre le romantisme.* — En revanche, toujours avec un *p* minuscule : *parnassien (Les poètes parnassiens. Les parnassiens, tels que Lecomte de Lisle, Heredia. La poésie parnassienne).*

parodier v. t. Conjug. **20.** Double le *i* à la première et à la deuxième personne du pluriel de l'indicatif imparfait et du subjonctif présent : *(que) nous parodiions, (que) vous parodiiez.*

parodiste n. m. *ou* f. Celui, celle qui parodie. — Ne pas dire **parodieur* (barbarisme).

paroi n. f. Finale en *-oi* (sans *-e*).

paroisse n. f. Avec un seul *r.* De même : *paroissial, ale, aux, paroissien.*

paronomase n. f. Figure de style. — Toujours féminin : *Une paronomase ingénieuse.*

paronyme, antonyme, homonyme, synonyme ▷ **antonyme.**

paroxysme n. m. Bien prononcer [paʀɔksism(ə)], avec [ism(ə)] et non [izm(ə)]. ▼ Finale en *-ysme,* avec un *y.* Dérivés : *paroxysmal, ale, aux* [paʀɔksismal, al, o], *paroxystique* [paʀɔksistik] (ne pas déformer en **paroxysmique*).

paroxyton adj. *ou* n. m. (terme de grammaire) Avec un *y.*

parpaing [paʀpɛ̃] n. m. Attention à la finale en *-aing,* avec *-g* muet.

Parque n. f. Bien que nom commun, prend une majuscule : *les Parques, les trois Parques.* — *La Parque :* la destinée, la mort.

parquer v. t. Toujours avec *-qu-,* même devant *a* ou *o : il parqua, nous parquons.* — Dérivés : (avec *c*) *parcage ;* (avec *-qu-*), *parqueur, parquier.*

parquet n. m. Finale en *-et,* à la différence de *plancher.*

parqueter v. t. Conjug. **14.** *Je parquette, je parquetterai, nous parquetons.* — Dérivés : *parquetage, parqueté, parqueterie, parqueteur.*

parqueterie n. f. Fabrication et pose des parquets. — Prononciation : [paʀkətʀi], plutôt que [paʀkɛtʀi].

parrain n. m. Finale en *-ain.* Avec deux *r.* De même : *parrainage, parrainer.*

parricide n. *ou* adj. Avec deux *r.*

parsemer v. pron. Conjug. **12.** *Je parsème, je parsèmerai, nous parsemons.*

part n. f. Expressions.

1 Avec *part* toujours au singulier : *de part en part, de part et d'autre.*

2 On peut écrire : *de toute part* ou *de toutes parts.* De nos jours, *de toutes parts* est la forme la plus usuelle.

3 On dit très bien : *à part moi* (en moi-même, sans le dire), *à part ces erreurs* (sauf ces erreurs). En revanche, on évitera d'employer *à part* devant un infinitif. On écrira plutôt *si ce n'est : Il ne faisait rien, si ce n'est gémir,* mieux que *à part gémir.* ▼ On évitera absolument **à part de +* infinitif.

4 On dira et on écrira : *De la part de qui venez-vous ?* et non **De quelle part venez-vous ?* Un tour tel que *De quelle part viennent ces nouvelles ?* est archaïque.

5 Ne pas écrire la locution verbale *faire part de* comme *un faire-part (des faire-part) : J'ai l'honneur de vous faire part de mon mariage. J'ai reçu un faire-part de mariage.*

6 *Faire part de +* nom. Tour correct : *Je lui ai fait part de ma décision.* — En revanche, *faire part que* (suivi de l'indicatif) est à éviter. On écrira plutôt *informer que, faire connaître : Je l'ai informé que je voulais quitter le service,* mieux que *Je lui ai fait part que je voulais...*

7 Mis à part ▷ mettre (6).

8 Une part, une grande, une petite, une certaine part de..., la plus grande, la plus petite part de... Accord selon le sens : *Une grande part des dettes est restée à la charge de l'héritier. La plus grande part des documents sont faux. La plus grande part du lac est gelée.*

partageable adj. Attention au *e* après le *g.*

partager Conjugaison, constructions, accord du participe.

I Conjug. **16.** Prend un *e* après le *g* devant *a* ou *o : il partagea, nous partageons.*

II Constructions.

1 Partager à. Distribuer entre (tour légèrement archaïque) : *La maîtresse du château partageait la besogne aux servantes.*

2 Partager en. Diviser en plusieurs parties, en plusieurs quantités : *Un ruisseau partage la prairie en deux parties inégales. Nous avons partagé le gâteau en huit portions.*

3 Partager entre. Distribuer à plusieurs personnes, sans rien garder pour soi : *Avant de mourir, il partagea ses biens entre ses trois enfants.*

4 Partager avec. Donner à quelqu'un une partie d'une chose, dont on garde le reste : *Il partagea le produit de la vente avec son frère. Je partagerai avec vous le bénéfice de l'opération.*

III Accord du participe passé à la forme pronominale.

1 Sens réfléchi direct. Accord avec le sujet : *Les voix des électeurs se sont partagées à peu près également entre les trois listes.*

2 Sens réfléchi indirect. Accord avec le complément d'objet direct si celui-ci est placé avant le verbe : *Les ressources qu'ils se sont partagées.* Sinon, le participe reste invariable : *Elles se sont partagé ces bénéfices.*

partance n. f. Finale en *-ance.* — Ne s'emploie plus que dans l'expression *en partance,* qui va partir : *Trains en partance.*

1. partant, ante Bien distinguer le nom ou l'adjectif variable et le participe présent invariable : *Les partants de la course. Les équipes partantes. Les coureurs partant à six heures, nous ne pourrons arriver assez tôt pour le départ de la course.*

2. partant conj. de coordination. Synonyme vieilli et littéraire de *par conséquent : Plus d'amour, partant plus de joie* (La Fontaine).

partenaire n. m. *ou* f. Finale en *-aire.*

parthénogenèse n. f. Avec *-th-.* Avec *-ge-* et non *-gé-,* à la différence de *parthénogénétique.*

parti n. m. Orthographe des expressions.

I Sans trait d'union : *le parti pris.*

II Parti, partie.

1 Parti dans : *tirer parti de, prendre son parti de, prendre parti pour* (ou *prendre le parti de*).

2 Partie dans : *prendre quelqu'un à partie.*

3 On évitera la confusion entre *un parti* (organisation politique, décision) et *une partie* (chacun des deux plaideurs opposés et, par extension, chacun des deux adversaires ou des deux partenaires) : *Au second tour des élections, il ne restera plus que deux partis* (politiques) *en présence. Acheter ou signer une location, il faut choisir un parti. Le juge devra choisir entre les demandes des deux parties. À la conférence de Genève, les deux parties en présence auront des difficultés à s'entendre sur la question des territoires occupés. Un accord provisoire sur les droits de douane pourrait donner satisfaction aux deux parties.*

participe passé ▷ annexes.

participe présent ▷ annexes.

participer v. t. ind. Deux constructions.

1 Participer à. Prendre part à : *Participer aux dépenses, aux frais, aux bénéfices. Les spectateurs participent à l'action. Participer à une manifestation. Participer à la joie d'un ami.*

2 Participer de. Tenir de, être de même nature ou de même origine que (tour assez littéraire) : *Le spleen baudelairien participe de la mélancolie romantique.*

participial, ale, aux adj. Du participe. —
Masculin pluriel en *-aux : Les tours participiaux.*

particule nobiliaire ▷ de (V, 1, 2, 3, 4 et 5).

partie n. f. Expressions.

1 Avec *partie* toujours au singulier : *en partie,
en tout ou en partie.*

2 On écrit : *prendre quelqu'un à partie,* mais
*prendre son parti de quelque chose, prendre parti
pour quelqu'un, tirer parti de quelque chose* ▷
parti (II, 1 et 2).

3 Partie, parti *Les parties adverses. Les deux
partis politiques* ▷ **parti** (II, 3).

**4 Une partie, une grande, une petite, une
certaine partie de..., la plus grande, la plus
petite partie de...** Accord selon le sens : *Une
grande partie des frais est restée à notre charge.
La plus grande partie des documents sont faux.
La plus grande partie du fleuve est gelée.*

parti pris n. m. En deux mots, sans trait d'union.
— Pl. : *des partis pris.*

partir v. i. Conjugaison et constructions.

I Conjugaison.

1 Conjug. **42.** *Je pars, tu pars, il part, nous
partons, vous partez, ils partent.* — *Je partais.*
— *Je partis.* — *Je partirai.* — *Je partirais.* —
Pars, partons, partez. — *Que je parte.* — *Que
je partisse.* — *Partant.* — *Parti, ie.*

2 De nos jours, toujours avec l'auxiliaire *être,*
même pour exprimer l'action : *Nous sommes
partis jeudi à 18 heures.*

II Constructions.

1 Doit se construire avec *pour* et non avec
*à, en, chez, vers : Je pars pour Lyon, pour
l'Italie. Partir pour la guerre, pour le front,* et
non *à Lyon, en Italie, à la guerre, au front.*

2 Quand *partir* ne peut être suivi de *pour* (on
ne peut dire *partir *pour les vacances),* on
emploiera, dans la langue très soignée, le verbe
aller et l'on écrira : *Je vais en vacances, en
voyage. Aller chez des amis. Aller vers des
horizons nouveaux.*

3 Dans la langue usuelle et cursive, l'usage
moderne tolère cependant des tours tels que
partir en vacances, en voyage. — De même, on
admet l'expression figurée *partir en guerre : Le
gouvernement part en guerre contre le gaspillage
des administrations. Partir en campagne*
on préférera : *entrer en campagne* ou *se mettre
en campagne,* selon le sens.

4 Même quand on voudra exprimer l'état et
le point d'arrivée, on évitera les tours tels que

Elle est partie dans sa famille depuis six mois
ou *Elle est partie à l'hôpital depuis trois mois.*
On emploiera plutôt le verbe *être* et l'on écrira :
Elle est dans sa famille... Elle est à l'hôpital...

5 Partir pour une semaine, pour un mois.
Tour considéré comme peu correct. On emploiera plutôt *s'absenter* et l'on écrira : *Je
m'absente pour une semaine* ou *Je m'absente
une semaine* ou *Je m'absente pendant une
semaine.*

6 Partir soldat. Tour de la langue populaire.
On dira plutôt : *Il est parti comme soldat* ou
Il est allé faire son service militaire.

**7 Il est parti travailler, il est parti pour
travailler.** Les deux tours sont corrects. Le
premier, sans *pour,* est plus fréquent et plus
léger, le second, avec *pour,* insiste plus sur l'idée
de but.

8 A partir de. A éviter quand il s'agit
d'indiquer la matière première *(On fabrique ce
colorant à partir de la houille).* On écrira
plutôt : *On tire* (ou *on extrait) ce colorant de
la houille.* De même, on écrira : *Textile
fabriqué avec une fibre synthétique,* plutôt que
à partir d'une fibre synthétique.

partisan n. *ou* adj. Question du féminin.

I Eviter absolument la forme incorrecte
**partisante.*

II Dans l'emploi substantif.

1 Au sens de « personne qui soutient une
cause, une idée », pas de féminin. On emploiera
un synonyme ou une tournure différente : *Ces
femmes sont des adeptes des idées féministes* (et
non *des *partisanes)* ou *Ces femmes soutiennent*
(ou *défendent, prônent, professent) les idées
féministes.*

2 Au sens de « combattant volontaire
membre d'une organisation de francs-
tireurs », le féminin *partisane* est parfaitement
admis : *Pendant la Seconde Guerre mondiale,
il y eut des partisanes dans les maquis
soviétiques.*

III Dans l'emploi adjectif.

1 Au sens de « favorable à une cause, à une
idée », pas de féminin. On emploiera un
synonyme ou une tournure différente : *Elle est
très favorable à cette solution* (et non *très
partisane de cette solution) ou *Elle défend
(préconise, etc.) cette solution.*

2 Pour qualifier une chose entachée d'esprit
de parti, de sectarisme, on emploie très
correctement le féminin *partisane : Les haines
partisanes. La passion partisane.*

partitif ▷ de (VIII, 1, 2, 3, 4, 5, 6 et 7).

partition n. f. Division. — Emploi correct dans la langue de l'héraldique *(Les partitions de l'écu)* et des mathématiques *(La partition d'un ensemble).* — Emploi critiqué dans le langage courant (anglicisme). A remplacer par *découpage, division, partage :* La *division de l'Inde eut lieu en 1947,* mieux que *La partition de L'Inde...*

partout adv. Emplois et expressions.

1 Partout où. Tour parfaitement correct : *Partout où se pose le regard, il ne rencontre que cimes neigeuses ou rochers abrupts.*

2 De partout. Correct au sens de « de tous les points, de tous les endroits » : *Les pèlerins affluaient, venant de partout.* — Populaire au sens de « en tous les points, sur toute la surface ». Dire simplement *partout : Son manteau était souillé de boue partout,* et non *était souillé de boue de partout.*

parturiente [paʀtyʀjɑ̃t] n. f. Femme en cours d'accouchement. ▼ Finale en *-ente.* — De la même famille : *parturition* (accouchement, mise bas).

parution n. f. Mot critiqué. Admissible dans la langue commerciale de l'édition et de la librairie. Dans la langue soutenue, on préférera, selon les cas, *publication, mise en vente, apparition.* Eviter notamment *parution* quand on parle d'un livre d'autrefois : *La publication de* l'Encyclopédie *de Diderot.*

parvenir Conjugaison et constructions.

I Conjugaison.

1 Conjug. **44.** *Je parviens, tu parviens, il parvient, nous parvenons, vous parvenez, ils parviennent.* — *Je parvenais.* — *Je parvins.* — *Je parviendrai.* — *Je parviendrais.* — *Parviens, parvenons, parvenez.* — *Que je parvienne.* — *Que je parvinsse.* — *Parvenant.* — *Parvenu, ue.*

2 Toujours avec l'auxiliaire *être,* même pour exprimer l'action : *Les alpinistes sont parvenus au sommet à onze heures.*

II Constructions.

1 *Parvenir à* + nom ou infinitif. *Ils parvinrent au résultat espéré. Il est parvenu à se tirer d'affaire.* Tours corrects.

2 *Parvenir à ce que* + subjonctif. *Je suis parvenu à ce qu'il vienne régulièrement.* On pourra préférer le tour factitif : *Je suis parvenu à le faire venir régulièrement.*

parvis n. m. Prononciation, orthographe des expressions, emploi abusif.

1 Prononciation : [paʀvi], le *-s* est muet.

2 On évitera les pléonasmes *le parvis de l'église, le parvis de la cathédrale, le parvis du temple.* En revanche, on peut dire, si l'on précise le nom de l'édifice : *le parvis de l'église Saint-André, le parvis de la cathédrale de Reims.*

1. pas n. m. Orthographe des expressions.

1 Avec l'adjectif au pluriel : *marcher à grands pas, à petits pas, à pas comptés, à pas mesurés.*

2 Sans trait d'union : *avancer pas à pas, salle des pas perdus, un faux pas, un pas redoublé, un pas de deux, un pas de trois* (termes de danse), *avancer à pas de loup, faire un pas de clerc, un pas d'armes* (tournoi), *le pas de route, le pas de parade, le pas de l'oie, au pas de charge, un pas de vis, un pas d'hélice.*

3 Avec un trait d'union : *Un pas-d'âne,* plante *(des pas-d'âne).*

4 Sans trait d'union : *avancer à pas de géant.* Avec deux traits d'union : *un pas-de-géant,* appareil de gymnastique *(des pas-de-géant).* — Sans trait d'union : *Il était debout sur le pas de la porte.* Avec des traits d'union : *Il a dû payer un pas-de-porte (des pas-de-porte).*

5 Sans trait d'union et avec un *p* minuscule : *le pas de Suse, le pas de Saint-Jean-Pied-de-Port* (= passage, défilé, col). — Sans trait d'union et avec un *p* minuscule : *Le navire franchit le pas de Calais* (= détroit). Avec un *P* majuscule et des traits d'union : *Il vit dans le Pas-de-Calais* (= département).

6 ▼ On doit dire : *le pas gymnastique,* et non **le pas de gymnastique.*

2. pas adverbe de négation.

I Ne... pas et **ne... point.** Deux différences.

1 La locution négative *ne... pas* est très usuelle et appartient à tous les registres. — La locution *ne... point* appartient à un registre plus littéraire et plus recherché.

2 La locution *ne... pas* s'emploie indifféremment pour exprimer une idée non partitive *(Je n'ai pas revu mon ami)* ou partitive *(Le style de Victor Hugo n'a pas de ces délicatesses).* — Dans la langue littéraire, *ne... point* s'emploie plutôt pour exprimer une idée partitive : *La poésie de Virgile n'a point de ces rudesses. Il n'a point de génie, il n'a point non plus de faiblesses* ▷ **point 2** (1).

II Emploi de *ne... pas.*

1 Omission de *ne* ▷ **ne** (II, 1, 2, 3 et 4).

2 Omission de *pas* ▷ **ne** (III, 1, 2, 3, 4, 5, 6, 7 et 8).

III Place de *ne... pas* **et de ses éléments.**

1 Il *ne* peut *pas* accepter, il peut *ne pas* accepter ▷ ne (VI, 1).

2 Pour *ne* m'engager *pas*, pour *ne pas* m'engager ▷ ne (VI, 2).

3 Pour *n'*être *pas* surpris, pour *ne pas* être surpris ▷ ne (V).

4 *Pour que* l'événement *ne* le prenne *pas* au dépourvu (et non **pour ne pas que l'événement le prenne au dépourvu*) ▷ ne (V).

IV *Pas* en concurrence avec *non*. *Il néglige son travail, moi non. Elle aime le ski, moi pas* ▷ non (3).

V Expressions.

1 Il n'y a pas que ▷ ne (VII, 2).

2 Un(e) pas-grand-chose ▷ chose (2).

3 Pas mal ▷ mal 2.

4 Pas rien ▷ rien (II, 3).

5 Pas un ▷ un (XI, 1, 2, 3 et 4).

1. pascal, ale adj. De la pâque juive ou de la fête chrétienne de Pâques. — On évitera d'employer le mot au masculin pluriel. La forme *pascals (Des cierges pascals)* est moins rare que *pascaux*.

2. pascal n. m. Unité de pression. — Symbole : *Pa.* — Pl. : *des pascals.* — Avec un *p* minuscule.

pas de la porte, pas-de-porte On dit : *Il était debout sur le pas de la porte, sur le pas de sa porte.* — On écrit : *Il a payé un pas-de-porte en reprenant ce fonds de commerce* (avec deux traits d'union ; invariable : *des pas-de-porte*).

passant, passager ▼ On doit dire *une rue passante* (où il passe beaucoup de monde) et non *une rue *passagère : Notre rue est très passante et très bruyante.*

passation n. f. S'emploie très correctement dans la langue du droit et de la comptabilité : *Passation d'un acte de vente. Passation d'écriture.* ▼ En revanche, à *passation des pouvoirs* on préférera *transmission des pouvoirs.*

passavant n. m. Tour roulante ; passerelle de navire ; laissez-passer pour des marchandises. — On préférera la graphie *passavant* à *passe-avant*. — Pl. : *des passavants* (ou *des passe-avant*).

passe Est toujours féminin, sauf quand il s'agit de l'abréviation de *passe-partout* (clef) : *Un passe général. Un passe partiel.*

passé Attention à l'accord.

1 Devant le nom. Est préposition et reste invariable : *Passé la barrière de l'octroi, on traversait un faubourg plein de guinguettes. Passé huit heures du soir, les rues sont désertes.*

2 Après le nom. Est adjectif et s'accorde : *La barrière de l'octroi passée, on se trouve dans une banlieue assez plaisante. A six heures passées, il n'était pas encore rentré.*

passe-boules n. m. Invariable. Avec un *-s* à *boule*, même au singulier.

passe-crassane n. f. Poire. — Invariable : *des passe-crassane.*

passe-debout n. m. Invariable : *des passe-debout.*

passe-droit n. m. — Pl. : *des passe-droits.*

passéisme n. m. Pas de tréma sur le *i*. De même : *passéiste.*

passe-lacet n. m. — Pl. : *des passe-lacets.*

passe-lait n. m. Invariable : *des passe-lait.*

passement n. m. Etoffe d'ornement. — Finale en *-ent*. Dérivés : *passementé, passementer, passementerie, passementier.*

passe-montagne n. m. — Pl. : *des passe-montagnes.*

passe-partout n. m. *ou* adj. Invariable : *des passe-partout, des solutions passe-partout.*

passe-passe n. m. Seulement dans l'expression *des tours de passe-passe.*

passe-plat n. m. — Pl. : *des passe-plats.*

passepoil n. m. En un seul mot, sans trait d'union. — Pl. : *des passepoils.*

passeport n. m. En un seul mot, sans trait d'union. — Pl. : *des passeports.*

passe-purée n. m. Invariable : *des passe-purée.*

passer v. i. *ou* v. t. Emploi de l'auxiliaire, accord du participe passé, sens particuliers.

I Emploi de l'auxiliaire.

1 Au sens transitif. Toujours avec *avoir : J'ai passé mes vacances en Gascogne.*

2 Au sens intransitif. L'usage moderne généralise l'emploi de *être : Les beaux jours sont passés. Le train est passé il y a un quart d'heure.*

— L'emploi de *avoir* pour exprimer l'action (et non l'état) est un peu vieilli : *Le cortège a passé à onze heures.*

II Accord du participe passé à la forme pronominale.

1 Sens réfléchi direct. Accord avec le sujet : *Les choses se sont passées ainsi.* — De même : *Elles se sont passées de dessert.*

2 Sens réfléchi indirect ou réciproque indirect. Accord avec le complément d'objet direct si celui-ci est placé avant le verbe : *Les produits de beauté qu'elle s'est passés sur le visage* (mais *Elle s'est passé des produits de beauté sur le visage*). *Les renseignements qu'elles se sont passés* (mais *Elles se sont passé les renseignements*).

III Sens particuliers.

1 Il est passé directeur. Tour très familier. Dans la langue soutenue, on emploiera *être nommé, être promu : Il a été promu directeur* (ou *nommé directeur*).

2 *Passer* au sens de *« dépasser »*. Le verbe simple *passer* peut très bien s'employer au sens du composé *dépasser*, au propre ou au figuré : *La voiture avait déjà passé le carrefour et s'était engagée dans la rue qui mène au collège. Ce jour-là, il passa les bornes de l'insolence. Et les fruits passeront les promesses des fleurs* (Malherbe).

3 Passer outre à une interdiction, à un ordre ▷ **outre 2** (I, 8).

passereau n. m. Finale en *-eau.*

passerose n. f. Rose trémière. — En un seul mot, sans trait d'union. — Pl. : *des passeroses.*

passe-sauce n. m. Invariable : *des passe-sauce.*

passe-temps n. m. Invariable : *des passe-temps.*

passe-thé n. m. Invariable : *des passe-thé.*

passeur, euse n. m. *ou* f. Etrangement, la plupart des dictionnaires ne mentionnent pas le féminin *passeuse,* pourtant usité : *Une passeuse de drogue.*

passe-volant n. m. — Pl. : *des passe-volants.*

passim adv. Mot latin qui veut dire « çà et là ». S'emploie dans une référence quand on renvoie à un livre dans lequel se trouvent de nombreux passages venant à l'appui de ce qu'on affirme. — Prononciation : [pasim].

passion Emploi de la majuscule et orthographe des dérivés.

I Avec un *P* majuscule quand le mot désigne les épreuves et la mort de Jésus, ou une œuvre (récit, pièce musicale) qui a pour sujet la fin de la vie de Jésus : *La passion du Christ. La Passion selon saint Matthieu. Le dimanche de la Passion* (le deuxième dimanche avant Pâques). *Les compositeurs Victoria et Schütz furent les premiers à écrire des Passions.*

II Orthographe des dérivés.

1 Presque tous les dérivés s'écrivent avec deux *n : passionnaire* n. m. (livre qui contient le récit de la Passion du Christ), *passionnant, passionné, passionnel, elle, passionnément, passionner.*

2 Un seul *n* dans *passioniste,* religieux membre d'un ordre fondé par saint Paul de la Croix.

passionné, ée adj. *ou* n. Se construit avec *de* non suivi d'un déterminant (article, possessif, etc.) ou avec *pour* suivi d'un déterminant : *Il est passionné de littérature. Il est passionné pour la musique ancienne.* — La construction avec *par* est considérée comme moins bonne : *Elle est passionnée par ses études.*

passionnément adv. Pas de *e* muet intérieur.

passionner (se) v. pron. Se construit avec *pour* : *Elle se passionne pour la musique ancienne.*

passoire n. f. Finale en *-oire.*

1. pastel n. m. Plante. — Pl. : *des pastels.*

2. pastel n. m. *ou* adj. Comme nom, prend la marque du pluriel : *Une boîte de pastels. De beaux pastels de Quentin de La Tour.* — Comme adjectif, toujours invariable : *Des tons pastel. Des teintes pastel.* — Deux *l* dans les dérivés : *pasteller, pastelliste.*

pastèque Toujours féminin : *Une pastèque juteuse.*

pasteur n. m. Avec un *B* et un *P* majuscules : *le Bon Pasteur,* le Christ.

pastis n. m. Apéritif. — Prononciation : [pastis], avec *-s* prononcé. — Pas un nom déposé, donc pas de majuscule : *Quelle est votre marque préférée de pastis ?*

pastoral, ale, aux adj. Masculin pluriel en *-aux : Des anneaux pastoraux.*

pastoureau n. m. Féminin : *pastourelle.* — Avec un *p* minuscule : *les pastoureaux,* paysans révoltés (vers 1250).

patache n. f. Barque ; mauvaise voiture. — Avec un seul *t.*

patachon Toujours masculin : *Elle mène une vie de patachon.*

pataquès n. m. Faute de liaison, faute grossière de langage. — Prononciation : [patakɛs], avec *-s* prononcé.

patate n. f. N'est pas familier dans l'expression *patate douce,* tubercule comestible d'une plante tropicale.

patatras ! Interjection familière. — Prononciation : [patatʀa].

pataud, aude adj. *ou* n. Finale en *-aud, -aude.*

pataugeage n. m. Attention au *e* après le *g.*

patauger v. i. Conjug. **16.** Prend un *e* après le *g* devant *a* ou *o : il pataugea, nous pataugeons.*

patchouli [patʃuli] n. m. Plante, parfum. — Finale en *-i.*

patchwork n. m. Anglicisme qui désigne une étoffe (par extension une œuvre) faite de morceaux disparates. — Prononciation : [patʃwœʀk]. — Pl. : *des patchworks* [wœʀk]. Au figuré, pour éviter cet anglicisme, on pourra employer : *marqueterie, mosaïque.*

pâte n. f. Avec un accent circonflexe. — *Pâte de* est généralement suivi du pluriel : *pâte de fruits, de coings, d'abricots, d'amandes.* Cependant on écrit aussi *pâte d'amande* et toujours *pâte de guimauve.* — On écrit *pâte à pain,* mais *pâte à choux.* — On écrit *pâte de verre, de porcelaine.*

pâté, pâtée On distinguera bien *le pâté (Du pâté de canard, de lapin, de lièvre. Un pâté en croûte)* et *la pâtée (De la pâtée pour chiens. La fermière donne la pâtée aux canards).*

1. patelin, ine adj. Doucereux. ▼ Avec *t* et non *-th-,* bien que le mot vienne du nom de *Pathelin,* personnage d'une farce du Moyen Age. — Dérivés : *patelinage, pateliner, patelinerie.*

2. patelin n. m. *(familier)* Village. — Avec *t* et non *-th-.*

patelle, patène, patère Trois noms féminins paronymes à bien distinguer.

1 patelle Plat creux des Romains. — Coquillage.

2 patène Vase sacré de la liturgie catholique.

3 patère Support mural auquel on suspend les vêtements.

patenôtre n. f. *(familier)* Prière, marmonnement. — Avec un accent circonflexe sur le *o.*

patent, ente adj. Finale en *-ent, -ente.* De la même famille : *patentable, patente, patenté, patenter.*

patère, patène, patelle ▷ **patelle.**

paternel, elle adj. De la même famille : *paternalisme, paternaliste, paternellement, paternité.*

pâteux, euse adj. Avec un accent circonflexe sur le *a.*

pathétique adj. *ou* n. m. Avec *-th-.* De même : *pathétiquement, pathétisme.*

pathogène adj. Avec *-th-.* Avec accent grave. Les dérivés prennent un accent aigu : *pathogénie, pathogénique.*

pathognomonique adj. *Signes pathognomoniques :* symptômes propres à une maladie. — Prononciation : [patɔgnɔmɔnik], avec [gn]. De même : *pathognomonie* [patɔgnɔmɔni].

pathologie n. f. Avec *-th-.* De même : *pathologique, pathologiquement, pathologiste.*

pathos n. m. Pathétique outré. — Avec *-th-.* — Prononciation : [patɔs]. — Pl. (rare) : *des pathos* [-tɔs].

patibulaire adj. Finale en *-aire.*

patiemment adv. Finale en *-emment* (vient de *patient*).

patio n. m. Cour intérieure. — Mot espagnol francisé. Pl. : *des patios* [-tjo]. ▼ Bien prononcer [patjo], avec [t], et non avec *[s].

pâtir v. i. Souffrir. — Conjug. **25** (comme *finir*). *Nous pâtissons, il a pâti, il pâtira.* — Attention à l'accent circonflexe sur le *a.*

pâtis n. m. Attention à l'accent circonflexe sur le *a.* — Prononciation : [pati], le *-s* est muet. ▼ Désigne une lande, une friche sur laquelle paissent les troupeaux. N'est pas synonyme de *pâturage, pâture.* Le pâtis étant toujours un terrain pauvre, on ne dira pas *un *riche pâtis, un *gras pâtis.*

pâtisser v. i. Faire de la pâtisserie : *Ma femme aime à pâtisser.* — Ce verbe n'est nullement incorrect. — Avec un accent circonflexe sur le *a.* De même : *pâtisserie, pâtissier, ière, pâtissoire.*

pâtisson n. m. Légume. — Avec un accent circonflexe sur le *a.*

patois, oise n. m. *ou* adj. Avec un seul *t.* De même : *patoisant, patoiser, patoiserie.*

pâton n. m. (terme de boulangerie) Avec un accent circonflexe sur le *a*.

pâtre n. m. Avec un accent circonflexe sur le *a*.

patriarcal, ale, aux adj. Masculin pluriel en *-aux : Des usages patriarcaux.*

patriarche [patʀijaʀʃ(ə)] n. m. Dérivés : *patriarcal, patriarcalement, patriarcat.*

patrice n. m. Finale en *-ice.*

patriciat n. m. Ensemble des patriciens. — Titre de patrice. — Finale en *-at.*

patrie n. m. Sans trait d'union : *la mère patrie.* — Avec un *p* minuscule *(Les devoirs du citoyen envers sa patrie)*, sauf quand il y a personnification ou allégorie *(Il invoquait la Patrie pleurant sur ses enfants morts à la guerre).*

patrimonial, ale, aux adj. Masculin pluriel en *-aux : Les droits patrimoniaux.*

patriote adj. *ou* n. Finale en *-ote*, avec un seul *t.* — Dérivés : *patriotard, arde* (péjoratif), *patriotique, patriotiquement, patriotisme.*

patron n. m. Féminin et orthographe des dérivés et des expressions.

I Question du féminin.

1 Le féminin *patronne* peut s'employer pour désigner une femme qui possède et gère un établissement commercial petit ou moyen ou la femme du patron d'un tel établissement : *La patronne d'un magasin de chaussures. Le patron et la patronne d'un restaurant.*

2 Quand il s'agit d'une entreprise industrielle ou d'une grande entreprise commerciale, on emploie la forme masculine *patron* ou l'expression *femme patron : Depuis la mort de son mari, elle est le patron de cette chaîne d'hôtels. C'est Mme Durand qui est patron de cette usine. Combien y a-t-il de femmes patrons en France dans l'industrie mécanique ?*

II Attention à l'orthographe des dérivés.

1 Avec deux *n : patronne* (féminin de *patron), patronner* v. t., *patronnesse* n. f., *patronnier* n. m. (ouvrier de la chaussure ou du vêtement chargé d'exécuter le *patron*, le modèle).

2 Avec un seul *n : patronal, ale, aux* adj., *patronage* n. m., *patronat* n. m.

III Le mot *patron* est toujours invariable dans *taille patron* (**les tailles patron**) et dans *taille demi-patron* (**les tailles demi-patron**). De même : *des pyjamas demi-patron.*

patronal, ale, aux adj. Masculin pluriel en *-aux : les syndicats patronaux.*

patronne ▷ patron (I, 1 et 2).

patronnesse n. f. Ne s'emploie que dans l'expression *dame patronnesse :* dame qui patronne une œuvre de charité.

patronyme n. m. Nom de famille. — Avec un *y.* De même : *patronymique.*

patte n. f. Orthographe, sens, composés.

I Avec deux *t.* De même : *patté, pattu.*

II Patte, pied (désignant l'extrémité du membre d'un animal).

1 Pied, si cette extrémité porte un sabot ou des onglons : *Pied d'un cheval, d'un bœuf, d'un porc.*

2 Patte, dans les autres cas : *La patte d'un lion, d'un chien, d'un chat, d'une grenouille, d'un oiseau.* ▼ Pour un rapace, on dit : *serre.*

III Patte-de-. Au pluriel, seul le nom *patte* prend un *-s : patte-d'araignée*, plante, rainure *(des pattes-d'araignée), patte-de-lièvre*, trèfle, rail d'un embranchement *(des pattes-de-lièvre), patte-d'oie*, plante, rides, carrefour *(des pattes-d'oie).*

pattemouille n. f. En un seul mot, sans trait d'union. — Pl. : *des pattemouilles.*

pattern n. m. (anglicisme) Prononciation : [patɛʀn] ou [patœʀn]. — Pl. : *des patterns* [-tɛʀn] ou [-tœʀn]. — Equivalents français : *modèle, patron, schéma, structure, type.*

pattu, ue adj. Avec deux *t.*

pâture n. f. Avec un accent circonflexe sur le *a.* De même : *pâturable, pâturage, pâturer.*

pâturin n. m. Plante. — Avec un accent circonflexe sur le *a.*

paturon n. m. Partie de la jambe du cheval. ▼ Se prononce [patyʀɔ̃], avec *a* palatal, et s'écrit sans accent circonflexe sur le *a.*

paulownia Arbre. — Prononciation : [polɔnja]. — Toujours masculin, malgré la finale en *-a : Un beau paulownia.*

paume n. f. Avec *-au-.*

paupérisme n. m. Avec *-au-.* De même : *paupérisation, paupériser.*

paupière n. f. Avec *-au-.*

paupiette n. f. Avec -*au*-.

pause n. f. L'expression familière *pause café* s'écrit sans trait d'union. Le mot *café* est invariable au pluriel : *des pauses café*.

pause, pose Deux noms féminins homophones à bien distinguer.

1 pause Arrêt d'activité : *Faire la pause au milieu d'une journée de travail.* — Arrêt dans le débit : *Il raconta l'affaire avec un débit précipité, sans une seule pause.* — Silence dans un morceau de musique : *Un bon chanteur doit respecter les pauses.*

2 pose Action de poser, d'installer : *On va procéder à la pose d'un nouveau compteur électrique.* — Attitude d'un modèle : *Le modèle prend la pose devant le peintre.* — *(semi-familier)* Affectation, prétention : *Il parle simplement, sans pose, sans emphase.* — Exposition d'une surface sensible à la lumière : *Temps de pose d'une photographie.*

pauser, poser v. i. ▼ Ne pas écrire *faire pauser quelqu'un*, le faire attendre *(familier)*, comme *Le peintre fait poser le modèle*, lui fait prendre la pose. — On écrira : *Cet écrivain aime poser dans les salons. Il veut poser au martyr, à l'esprit fort.*

pauvre adj. *ou* n. Place de l'adjectif et forme du féminin.

I Place de l'adjectif.

1 Derrière le nom ou employé comme attribut. Signifie « qui a peu d'argent » : *Un homme pauvre, mais heureux de son sort. Cette femme est très pauvre, elle a à peine de quoi vivre. Les peuples riches et les peuples pauvres.*

2 Devant le nom. Signifie « qui est à plaindre » ou bien « qui est peu intelligent, peu capable, qui manque de caractère » : *Ce pauvre homme ! Quel pauvre peuple ! Toujours menacé par ses puissants voisins ! Quel pauvre type ! Idiot et bon à rien ! Son mari est un pauvre homme, se laisse mener par le bout du nez.* — S'emploie aussi devant le nom d'une personne défunte qu'on a connue ou qu'on aurait pu connaître : *La dernière fois que j'ai vu ce pauvre M. Dubois* ▷ **feu 2.**

II Forme du féminin.

1 Dans l'emploi adjectif. Le féminin est *pauvre* : *On accorda un secours à cette femme pauvre. Ah ! la pauvre femme ! Elle a perdu son mari !*

2 Dans l'emploi substantif. Le féminin est *pauvresse* (mot assez littéraire) au sens de « femme sans ressources » : *Une pauvresse mendiait au coin de la rue.* — Au sens de « qui est à plaindre », le féminin est *la pauvre : La pauvre ! Elle est encore malade !*

pavane n. f. Danse ancienne. — Avec un seul *n.* De même : *se pavaner.*

pavillon n. m. Deux *n* dans les dérivés : *pavillonnaire, pavillonnerie.*

pavois n. m. Finale en -*ois*, même au singulier : *Hisser quelqu'un sur le pavois.*

pavot n. m. Plante. — Finale en -*ot.*

paye, paie, ▷ **paie.**

payement, paiement ▷ **paiement.**

payer v. t. Conjugaison et emploi fautif.

1 Conjug. 23. Change facultativement *y* en *i* devant un *e* muet : *je paie* [pɛ] ou *je paye* [pɛj], *je paierai* [pɛʀe] ou *je payerai* [pɛjʀe]. Les formes en -*aie*- sont plus fréquentes que les formes en -*aye*-, qui ne sont pas néanmoins incorrectes. — Attention au *i* après le *y* à la première et à la deuxième personne du pluriel de l'indicatif imparfait et du subjonctif présent : *(que) nous payions, (que) vous payiez.*

2 J'ai payé un manteau à ma femme. Au sens de « offrir à quelqu'un une chose qu'on a achetée pour lui », appartient à la langue familière. Dans la langue soutenue, on dira plutôt : *J'ai offert un manteau à ma femme. J'ai acheté une bicyclette à mon fils.* — En revanche est correct le tour *J'ai payé le réfrigérateur au marchand* (= j'ai versé le prix du réfrigérateur).

pays [pei] n. m. Orthographe des expressions et emploi familier.

1 Avec un *P* majuscule : *le Pays basque.* — Avec un *p* minuscule : *le pays d'Auge, le pays de Bray.*

2 Au sens de « compatriote, personne originaire du même village, du même canton », est très familier ou régional : *Il a rencontré un pays.* Dans ce sens, il existe un féminin *payse* : *Il est allé au bal avec une payse.*

paysan n. m. *ou* adj. ▼ Deux *n* dans le féminin *paysanne* et dans les dérivés : *paysannat, paysannerie.*

payse ▷ **pays** (2).

péage n. m. Pas de tréma. De même : *péagiste.*

peaucier, peaussier Deux homophones à bien distinguer par l'orthographe.

1 peaucier, ière adj. *Muscle peaucier,* inséré sur la face interne de la peau.

2 peaussier n. m. Ouvrier qui prépare les peaux ; commerçant en peaux.

peaufiner v. t. *(familier)* Fignoler. — Dérivé : *peaufinage.*

peau-rouge n. *ou* adj. *Les Peaux-Rouges :* nom usuel donné autrefois aux indigènes d'Amérique du Nord — (au singulier) *Un Peau-Rouge.* — Ce terme est un peu péjoratif. En dehors d'un contexte familier ou historique, on dira plutôt *les Indiens* ou (quand il y a lieu d'éviter toute équivoque) *les Amérindiens* ▷ **indien** (4). — Peut s'employer adjectivement : *Un chef peau-rouge. Des guerriers peaux-rouges. Une femme peau-rouge. Des tribus peaux-rouges.* — Pour qualifier une chose, on emploiera plutôt *indien (Les usages indiens. Les coutumes indiennes)* ou *de Peau(x)-Rouge(s) (Un costume de Peau-Rouge. Un village de Peaux-Rouges,* plutôt que *un costume peau-rouge, un village peau-rouge).*

peausserie n. f. Travail et commerce des peaux. — Avec *-eau-* et deux *s,* comme *peaussier.*

peaussier, peaucier ▷ peaucier.

pécari n. m. Animal d'Amérique. — Pl. : *des pécaris.*

peccadille [pekadij] n. f. Avec deux *c.*

pechblende n. f. Minerai d'uranium. — Prononciation : le plus souvent [pɛʃblɛ̃dʔ], parfois [pɛʃblɑ̃d]. Cette dernière prononciation, indiquée par Littré, est parfaitement correcte et plus conforme aux usages du français.

1. pêche n. f. Fruit. — Avec accent circonflexe et non accent grave.

2. pêche n. f. Action de prendre des poissons, des crustacés, des mollusques. — Se construit avec *à* ou *de.*

1 La pêche à. Construction normale quand le complément indique l'instrument ou le procédé : *La pêche à la ligne, au filet, au chalut, au lancer, à la mouche artificielle.*

2 La pêche de. Construction à préférer, quand le complément est le nom de l'animal : *La pêche de la truite. La pêche du homard.* — L'emploi de *de* est absolument obligatoire lorsqu'il y a aussi un complément introduit par *à* qui indique l'instrument ou le procédé utilisé : *La*

pêche du hareng au chalut. La pêche de la truite au lancer — L'usage courant tolère des expressions telles que *la pêche au thon, la pêche à la morue, la pêche aux écrevisses.* Dans le style soutenu, on préférera toujours cependant *la pêche du thon, de la sardine, des écrevisses,* etc., sauf dans l'expression *aller à la pêche à : Allons à la pêche aux écrevisses.*

péché n. m. Faute commise contre la loi de Dieu. — Avec deux accents aigus. Bien prononcer [peʃe], alors qu'on prononce [pɛʃe] le nom du *pêcher* (arbre).

pécher v. t. Commettre un péché — Conjug. **11.** *Il pèche, il péchera, nous péchons.* — Bien prononcer [peʃe], alors que *pêcher,* aller à la pêche, se prononce [pɛʃe].

1. pêcher n. m. Arbre fruitier. — Avec un accent circonflexe et un *e* ouvert : [pɛʃe], à la différence de *péché* [peʃe], faute contre la loi de Dieu.

2. pêcher v. i. *ou* t. Aller à la pêche. — Avec un accent circonflexe et un *e* ouvert : [pɛʃe], à la différence du verbe *pécher* [peʃe], commettre un péché.

pêcherie n. f. Avec un accent circonflexe.

pêcheur, pêcheur Deux noms paronymes à bien distinguer par l'orthographe, la prononciation et le féminin.

1 pécheur [peʃœʀ] (accent aigu, *e* fermé) Celui qui commet un péché. — Féminin : *pécheresse* [peʃʀɛs].

2 pêcheur [pɛʃœʀ] (accent circonflexe, *e* ouvert) Celui qui va à la pêche. — Féminin : *pêcheuse (Une pêcheuse de crevettes).*

pectoral, ale, aux adj. *ou* n. m. Masculin pluriel en *-aux : Les muscles pectoraux. Les pectoraux.*

péculat n. m. Détournement des deniers publics. — Finale en *-at.*

pécule Toujours masculin : *Un très petit pécule.*

pécuniaire adj. Qui concerne l'argent : *Avantages, difficultés pécuniaires.* ▼ On évitera le barbarisme **pécunier, ière,* dû à l'influence de *financier, ière.* — Dérivé : *pécuniairement.*

Pédalo n. m. Embarcation à pédales. — Nom déposé donc, en principe, avec une majuscule.

pédiatre [pedjatʀ(ə)] n. m. *ou* f. Médecin des enfants. ▼ Vient du grec *iatros* « médecin ». N'est pas formé avec le suffixe *-âtre.* Pas d'accent circonflexe. De même : *pédiatrie.*

pedigree n. m. Anglicisme qui désigne la généalogie d'un animal de race. — Aucun accent. Attention aux deux *e*. — Prononciation : [pedigʀe], plutôt que [pedigʀi]. — Pl. : *des pedigrees* [-gʀe], plutôt que [-gʀi].

peeling n. m. Anglicisme qui désigne une opération de dermatologie. — Prononciation : [piliŋ]. — Pl. : *des peelings* [-liŋ]. — Equivalent français : *exfoliation.*

pégase n. m. Avec un *P* majuscule : *Pégase*, cheval ailé de la mythologie grecque, symbole de l'inspiration poétique *(Enfourcher Pégase)* — Avec un *p* minuscule : *un pégase*, poisson de l'océan Indien.

pègre n. f. Ensemble des voleurs. — Avec un accent grave.

peigne n. m. Avec *-ei-*. De même : *peignage, peigné, ée, peigne-cul, peignée, peigner, peigneur, peignier, peignoir, peignures.*

peigne-cul n. m. — Pl. : *des peigne-culs.*

peigner v. t. Démêler et lisser avec un peigne — Certaines formes sont communes avec *peindre. Nous peignons, vous peignez, ils peignent.* — *Je peignais, tu peignais, il peignait, nous peignions, vous peigniez, ils peignaient.* — *Peignons, peignez.* — *Que je peigne, que tu peignes, qu'il peigne, que nous peignions, que vous peigniez, qu'ils peignent.* — *Peignant.* — Attention au *i* après le groupe *-gn-* à la première et à la deuxième personne du pluriel de l'indicatif imparfait et du subjonctif présent : *(que) nous peignions, (que) vous peigniez.*

peignoir n. m. Finale en *-oir.* — Sans trait d'union : *un peignoir éponge (des peignoirs éponges).*

peindre v. t. Conjug. *84. Je peins, tu peins, il peint, nous peignons, vous peignez.* — *Je peignais, tu peignais, il peignait, nous peignions, vous peigniez, ils peignaient.* — *Je peignis.* — *Je peindrai.* — *Je peindrais.* — *Peins, peignons, peignez.* — *Que je peigne, que tu peignes, qu'il peigne, que nous peignions, que vous peigniez, qu'ils peignent.* — *Que je peignisse.* — *Peignant.* — *Peint, peinte.* ▼ Attention au *i* derrière le groupe *-gn-* à la première et à la deuxième personne du pluriel de l'indicatif imparfait et du subjonctif présent : *(que) nous peignions, (que) vous peigniez.* Attention aussi aux formes communes avec *peigner* ▷ **peigner**

peine n. f. Orthographe et expressions.

I Attention aux homophones *pêne* et *penne* ▷ **pêne.**

II Avec *-ei-*. De même : *peinard, peinardement, peiné, peiner.*

III Avec un trait d'union : *à grand-peine (A grand-peine, il parvint à escalader le rocher).*

IV N'avoir pas grand-peine à, n'avoir pas grande peine à. Ces deux tours sont corrects : *Il n'a pas eu grand-peine (ou grande peine) à vaincre ses rivaux.*

V A peine.

1 A peine fut-il entré, à peine mon ami fut-il entré. En tête de phrase, *à peine* entraîne généralement, mais non obligatoirement, l'inversion du sujet, si celui-ci est un pronom personnel, ou la reprise du nom sujet par le pronom personnel (qu'on place après le verbe).

2 A peine... que, à peine... quand (lorsque). Le corrélatif habituel de *à peine* est *que* : *A peine était-il entré que tout le monde se leva pour l'acclamer.* L'emploi de *quand* ou de *lorsque* est plus rare : *A peine était-il entré quand le téléphone sonna.* On peut aussi employer la juxtaposition : *A peine était-il entré, le téléphone sonna.*

3 C'est à peine si. Equivaut à « ne... presque pas » (aucune valeur conditionnelle) : *C'est à peine s'il prend le temps de dormir.*

VI Avoir de la peine, avoir peine à, avoir de la peine à.

1 Avoir de la peine. Dans l'emploi absolu, signifie le plus souvent « avoir du chagrin » : *Cet enfant a de la peine, car il va quitter sa grand-mère, qu'il aime bien.* Signifie parfois « éprouver des difficultés » : *J'ai réussi à obtenir ce renseignement, mais j'ai eu de la peine !*

2 Avoir peine à. Avoir de la répugnance à : *J'ai peine à admettre cette hypothèse étrange.*

3 Avoir de la peine à. Avoir de la difficulté à : *Il a eu de la peine à faire prévaloir son avis.*

VII Etre en peine de.

1 Avec un nom. Signifie « être à court de, manquer de » : *Il n'est pas en peine d'arguments.*

2 Avec un infinitif. Signifie « avoir de la difficulté à » : *Il n'est pas en peine de trouver un emploi mieux payé.*

VIII Sous peine de, à peine de.

1 Sous peine de. Usuel et moderne : *Il est défendu, sous peine d'amende, de déposer des ordures.*

2 A peine de. Archaïque : *Le roi défendit, à peine des galères, qu'on publiât des libelles.*

peintre n. m. Orthographe des expressions et féminin.

I Orthographe des expressions.

1 Avec *bâtiment* le plus souvent au singulier : *un peintre en bâtiment.*

2 Sans trait d'union : *un artiste peintre (des artistes peintres).*

3 Avec un trait d'union : *un peintre-graveur (des peintres-graveurs).*

II Féminin. Pas de forme spéciale pour le féminin. On écrira donc : *Mme Vigée-Lebrun fut un excellent peintre. Il y a plus de femmes peintres que de femmes sculpteurs. Il a épousé une artiste peintre.*

pêle-mêle adv., adj. *ou* n. m. Toujours invariable : *Des papiers pêle-mêle. — Des pêle-mêle :* cadres dans lesquels on dispose plusieurs photographies.

peler v. t. *ou* v. i. Conjug. **10**. *Je pèle, je pèlerai.* — Ne pas dire **pelurer.*

pèlerin [pɛlʀɛ̃] n. m. Orthographe, féminin, expressions.

1 ▼ Toujours avec un accent grave. De même : *pèlerinage* [pɛlʀinaʒ], *pèlerine* [pɛlʀin] (manteau).

2 Pas de féminin. On dira : *une femme pèlerin.*

3 Sans trait d'union : *criquet pèlerin, faucon pèlerin, requin pèlerin.*

pélican, pemmican Deux noms masculins paronymes.

1 pélican Oiseau palmipède.

2 pemmican Viande séchée et comprimée en tablettes.

pelisse n. f. Finale en *-isse.*

pellagre [pɛlagʀ(ə)] n. f. Maladie. — Avec deux *l.* De même : *pellagreux, euse.*

pelle n. f. Avec deux *l.*

pelle-bêche n. f. — Pl. : *des pelles-bêches.*

pelle-pioche n. f. — Pl. : *des pelles-pioches*

pellet [pɛlɛ] n. m. Comprimé introduit sous la peau. — Avec finale en *-et.*

pelletée n. f. Contenu d'une pelle. — Forme usuelle, à préférer à *pellée, pellerée.* — On évitera la forme fautive **pelée.*

pelleter v. t. Conjug. **14**. *Je pellette, je pelletterai.* On évitera les formes incorrectes du type *je *pell'te, je *pell'terai.* — Dérivés : *pelletage, pelletée, pelleteur, pelleteuse.*

pelleterie n. f. Commerce des fourrures. — Prononciation : [pɛltʀi].

pelletier, ière n. m. *ou* f. Personne qui travaille ou vend les fourrures. — Prononciation : [pɛltje, jɛʀ].

pellicule n. f. Avec deux *l.* De même : *pelliculage, pelliculer, pelliculeux.*

péloponnésien, ienne adj. *ou* n. Du Péloponnèse, région de Grèce. — Avec un seul *l,* un seul *p* et deux *n,* comme *Péloponnèse.* — Attention à la majuscule : *La population péloponnésienne. Les Péloponnésiens.*

pelote n. f. Avec un seul *t.* De même : *pelotage, peloter, peloteur, peloton, pelotonnement, pelotonner.*

pelotonner (se) v. pron. Avec un seul *t* et deux *n.* De même : *pelotonnement.*

peluche n. f. Etoffe à poils longs : *Un ours en peluche.* — Dans la diction soignée, on préférera la prononciation [pəlyʃ] à [plyʃ]. De même : *peluché* [pəlyʃe], *pelucher* [pəlyʃe], *pelucheux* [pəlyʃø]. ▼ Attention au paronyme *les pluches,* épluchage ou épluchures *(très familier).*

pelure [pəlyʀ] n. f. Avec *oignon* au singulier : *du vin pelure d'oignon* ou *du pelure d'oignon* — Sans trait d'union : *papier pelure* ▷ **papier** (3 et 5).

pelvis n. m. *(anatomie)* Partie du bassin. — Prononciation : [pɛlvis]. — Dérivé : *pelvien, ienne.*

pemmican, pélican ▷ **pélican.**

pénal, ale, aux adj. Avec *é,* à la différence de *peine.* — Masculin pluriel en *-aux : Les divers systèmes pénaux.* — Avec un *C* majuscule et un *p* minuscule : *le Code pénal.* — Dérivés : *pénalement, pénalisation, pénaliser, pénalité.*

penalty n. m. Anglicisme de la langue du sport. — Prononciation : [penalti]. — Pl. : *des penaltys* [-ti] ou *des penalties* [-ti]. — Pas d'accent sur le *e.* — Equivalent français : *pénalité.*

pénates n. m. pl. A Rome, dans l'Antiquité, dieux protecteurs de l'habitation. — Toujours masculin, toujours au pluriel, toujours avec un *p* minuscule : *Les pénates romains.*

penaud adj. Féminin *penaude* assez rare, mais parfaitement correct : *La fillette se trouva toute penaude.*

pencher (se) v. pron. On n'abusera pas de l'expression à la mode *se pencher sur un problème, sur une question, sur le sort d'une catégorie sociale,* etc. On emploiera plutôt les verbes *s'appliquer à, se consacrer à, étudier, examiner, s'occuper de, se préoccuper de, traiter,* etc.

1. pendant adv. Sens et emplois.

I Pendant, durant ▷ durant.

II Pendant que, tandis que.

1 Pendant que. A une valeur temporelle. Ne pas employer cette locution pour exprimer l'opposition : *Pendant que le gâteau cuit* (= en même temps que), *la cuisinière prépare la crème.*

2 Tandis que. Peut exprimer la simultanéité, mais exprime surtout l'opposition : *Tandis que la semaine dernière notre équipe était en excellente condition, aujourd'hui elle s'est montrée très médiocre sur le terrain.* Dans une telle phrase, on ne peut employer *pendant que.*

III Tout pendant que. Tour populaire. A éviter.

2. pendant n. m. Orthographe des expressions.

1 On écrit généralement : *un pendant d'oreille, des pendants d'oreilles.*

2 On écrit généralement : *Ces deux vases se font pendant* (au singulier), mais *Ces deux vases font pendants* (au pluriel).

pendant, pendentif Ces deux noms masculins ne sont pas synonymes.

1 pendant (avec *-dan-*).

a/ Bijou attaché à une boucle d'oreille : *Des pendants de turquoise.*

b/ Objet, élément symétrique d'un autre : *Ce chandelier est le pendant de celui-ci. Les deux parties du poème se font pendant.* ▼ Ne pas dire **se font pendentifs.*

2 pendentif (avec *-den-*).

a/ Bijou suspendu au cou par une chaînette.

b/ Portion de voûte qui permet de passer du plan carré de l'édifice au plan circulaire d'une coupole.

pendre v. t. *ou* v. i. Orthographe et conjugaison.

1 Avec *-en-*. De même : *pendable, pendage, pendaison, pendant, pendard, pendeloque, pen-*

dentif, penderie, pendiller, pendillon, pendoir, pendouiller, pendu.

2 Conjug. **81.** *Je pends, tu pends, il pend, nous pendons, vous pendez, ils pendent. — Je pendais. — Je pendis. — Je pendrai. — Je pendrais. — Pends, pendons, pendez. — Que je pende. — Que je pendisse. — Pendant. — Pendu, ue.*

pendule Avec *-en-*. De même : *pendulaire, pendulette.* — Attention au genre.

1 Une pendule Petite horloge : *Une pendule ancienne orne la cheminée.*

2 Un pendule Objet oscillant, balancier : *Un petit pendule de radiesthésiste.*

pêne Pièce de serrure. — Ne pas écrire comme *la peine* (chagrin ; châtiment), ni comme *la penne* (grande plume ou extrémité d'une vergue). — Toujours masculin : *Un pêne long et épais.*

pénéplaine n. f. Avec un seul *n.*

pénétrer v. t. *ou* v. i. Conjug. **11.** *Je pénètre,* mais *je pénétrerai* — Dérivés : *pénétrable, pénétrant, pénétrante, pénétration.*

pénible adj. Se construit avec *à* dans la construction personnelle : *Cet enfant est pénible à supporter.* — Se construit avec *de* dans la construction impersonnelle : *Il est pénible d'échouer si près du but.*

péniche n. f. Avec un seul *n.*

pénicilline n. f. Avec deux *l.* — Trait d'union dans le composé *pénicillo-résistant* ou *pénicillino-résistant.*

pénil, pénis ▷ pénis.

péninsule n. f. Avec un *p* minuscule et un *I* majuscule : *la péninsule Ibérique* (= Espagne et Portugal). — Avec un *P* majuscule dans l'emploi absolu : *la Péninsule* (= la péninsule Ibérique).

péninsule, presqu'île Ces deux noms féminins ne sont pas synonymes.

1 péninsule. Vaste étendue de terre qui s'avance dans la mer et qui n'est pas reliée à la masse du continent par un isthme étroit mais par une zone large : *La péninsule des Balkans. L'Italie est une péninsule. La péninsule Ibérique.*

2 presqu'île Petite étendue de terre qui s'avance dans la mer et qui se rattache au continent par un isthme étroit : *La presqu'île de Quiberon, d'Hyères.*

pénis, pénil Deux noms masculins à ne pas confondre.

1 pénis [penis] Verge, membre viril.

2 pénil [penil] Eminence arrondie du bas-ventre, qui se couvre de poils au moment de la puberté.

pénitence n. f. Finale en *-ence.* — De la même famille : *pénitencerie, pénitencier, pénitent, pénitentiaire, pénitentiaux, pénitentiel.*

pénitencier, pénitentiaire Deux mots à bien distinguer.

1 Un pénitencier n. m. Lieu (prison, camp) où sont détenus les prisonniers condamnés à de longues peines.

2 pénitentiaire adj. Des prisons : *Le système pénitentiaire. L'univers pénitentiaire.*

pénitentiel, elle adj. Qui concerne la pénitence (au sens religieux) — Avec *t* et non *c.*

penne n. f. Deux noms féminins à ne pas écrire comme *la peine* (chagrin, châtiment) ni comme *le pêne* (d'une serrure).

1 penne Grande plume d'oiseau. — Barbe d'une flèche.

2 penne. Extrémité supérieure d'une antenne (vergue oblique).

pénombre n. f. Avec un seul *n.*

pensant ▷ **bien-pensant.**

pense-bête n. m. — Pl. : *des pense-bêtes.*

pensée n. f. Construction et expression

1 (A) la pensée de. Se construit avec l'infinitif : *A la pensée de revoir son pays, il était tout joyeux.* — *(A) la pensée que* se construit avec l'indicatif, le conditionnel ou le subjonctif : *La pensée que la situation pouvait brusquement changer ne l'effleura même pas. A la pensée qu'on pourrait le surprendre, il eut un moment d'inquiétude. La pensée qu'on pût agir autrement lui était étrangère.*

2 Sans trait d'union : *libre pensée.*

penser v. t. dir. *ou* ind. *ou* v. i. Orthographe, accord du participe, constructions.

I Attention à l'homophone *panser* « soigner ».

II Participe invariable quand *penser* a pour complément direct sous-entendu une proposition ou un infinitif : *On rencontra plus de difficultés qu'on n'aurait pensé* (= qu'on aurait pensé en rencontrer).

III Constructions.

1 Omission de *le* **dans une tournure comparative.** *Les choses se sont passées autrement que nous ne (le) pensions,* mais *Il est plus habile que je ne le suis* ▷ **le 2** (III, 6 et IV, 5).

2 Omission de *ne* **dans une tournure comparative.** *Il est plus âgé qu'on (ne) le croirait.* Cette omission est déconseillée ▷ **ne** (VIII, 2).

3 *Penser de* **+ infinitif.** Au sens de « avoir l'intention de, espérer », est nettement archaïque : *Il pensait de partir. Il pensait d'obtenir cette place.* De nos jours, on dit : *Il pensait partir. Il pensait obtenir cette place.*

4 *Penser à* **+ infinitif.** Au sens de « songer à », est usuel et moderne : *Il est cinq heures, il faut penser à partir.*

5 Penser que. A la forme affirmative, se construit avec l'indicatif ou le conditionnel : *Je pense que tout se passera bien. Je pensais que vous viendriez. Je pense que tout pourrait encore s'arranger.* — A la forme négative ou interrogative, on peut employer l'indicatif ou le conditionnel *(Je ne pense pas qu'il viendra. Je ne pensais pas qu'il viendrait. Pensez-vous qu'il fera beau demain ? Pensez-vous que nous devrions accepter, s'il faisait des concessions ?),* ou bien le subjonctif pour exprimer une nuance de doute *(Je ne pense pas que ce soit possible. Penses-tu que nous puissions réussir ?).*

6 Penser la condition humaine. Avec, pour complément direct un nom précédé de l'article, signifie « concevoir, se représenter ». Ce tour est très correct et littéraire : *L'homme essaie de penser sa condition au moyen des mythes et des idéologies.*

7 Quand on pense vacances. Avec, pour complément direct, un nom non précédé de l'article, signifie « penser à » : *Quand on pense vacances, on pense soleil, plage dorée, mer bleue.* Ce tour est légèrement familier. Dans la langue très surveillée, on préférera *penser à.*

penseur n. m. En dehors de l'expression *libre penseuse,* n'a pas de féminin : *Cette femme philosophe fut un penseur estimable.* — Sans trait d'union : *un libre penseur, une libre penseuse (des libres penseurs, des libres penseuses).*

pension n. f. Deux *n* dans les dérivés : *pensionnaire, pensionnat, pensionné, pensionner.*

pensum n. m. Prononciation : [pɛ̃sɔm]. — Pl. : *des pensums.*

penta- Préfixe (du grec *pente* « cinq »). Les composés en *penta* s'écrivent en un seul mot, sans trait d'union, et se prononcent avec [ɛ̃] et non *[ɑ̃] : *pentacorde* [pɛ̃takɔʀd(ə)], *pentaèdre* [pɛ̃taɛdʀ(ə)], etc.

pentagonal, ale, aux [pɛ̃tagɔnal, al, o] adj. Masculin pluriel en -*aux: Des bassins pentagonaux.*

pentagone n. m. Bien prononcer [pɛ̃tagɔn]. — Avec un *P* majuscule : *le Pentagone* (édifice qui abrite le ministère des Forces armées, à Washington ; *par extension,* l'état-major américain).

Pentateuque [pɛ̃tatøk] n. m. Ensemble des cinq plus anciens livres de la Bible. — Toujours avec un *P* majuscule.

pentathlon [pɛ̃tatl5] n. m. Ensemble de cinq sports. — Attention à la place du groupe -*th*-.

pente n. f. Avec -*en*-.

Pentecôte n. f. Toujours avec un *P* majuscule — Attention à l'accent circonflexe sur le *o*. — Toujours avec l'article quand le mot est employé seul : *La Pentecôte tombe le 26 mai, cette année.* En revanche, on peut dire : *le dimanche de Pentecôte* ou *de la Pentecôte, le lundi de Pentecôte* ou *de la Pentecôte, le congé de Pentecôte* ou *de la Pentecôte,* etc.

penture n. f. Ferrure d'une porte ou d'un gouvernail. — Prononciation : [pɑ̃tyʀ].

pénultième adj. *ou* n. f. *La syllabe pénultième* ou *la pénultième :* l'avant-dernière syllabe. ▷ **antépénultième.**

pénurie n. f. Avec un seul *n*.

pépie n. f. Pas de double *p*.

pépiement [pepimɑ̃] n. m. Petit cri d'oiseau. — Attention au *e* muet intérieur.

perçage, percement Deux noms masculins dérivés de *percer.*

1 perçage Opération qui consiste à percer une matière : *Le perçage d'une plaque métallique.*

2 percement. Action d'ouvrir un passage de grandes dimensions : *Le percement du tunnel. Le percement d'une nouvelle rue.*

perce- Dans les composés en *perce-,* le premier élément se rapporte toujours invariable, le second prend la marque du pluriel : *un perce-oreille, des perce-oreilles.* ▼ Exception : *perce-neige* (toujours invariable).

perce-neige Toujours féminin et toujours invariable : *De belles perce-neige.*

percer v. t. Conjugaison, dérivés et sens.

1 Conjug. **17.** Le *c* prend une cédille devant *a* ou *o : il perça, nous perçons.*

2 Dérivés : *perçage, perçant, perce* (n. f.), *percé, percée, percement, percerette* (vrille), *perçoir* — Composés : *perce-feuille* n. f. *(des perce-feuilles), perce-muraille* n. f. *(des perce-murailles), perce-neige* n. f. inv., *perce-oreille* n. m. *(des perce-oreilles), perce-pierre* n. f. *(des perce-pierres).*

3 Malgré l'avis de certains grammairiens, l'expression *percer un trou* est admise dans la langue cursive : *Il perça un trou dans la planche.* Dans la langue très surveillée, on pourra dire plutôt : *percer (la planche, la plaque, le mur,* etc.) ou *faire un trou.*

percevoir v. t. Conjugaison et dérivés.

1 Conjug. **58.** *Je perçois, tu perçois, il perçoit, nous percevons, vous percevez, ils perçoivent.* — *Je percevais* — *Je perçus.* — *Je percevrai.* — *Je percevrais.* — *Perçois, percevons, percevez.* — *Que je perçoive.* — *Que je perçusse.* — *Percevant* — *Perçu, ue.*

2 Dérivés : *perceptibilité, perceptible, perceptiblement, perceptif, ive, perception, perceptionnisme, percevable, perçu, ue.*

perchman n. m. Anglicisme de la langue du cinéma et de la télévision. — Prononciation : [pɛʀʃman] — Pl. : *des perchmen* [-mɛn]. — Equivalent français : *perchiste.*

perchoir n. m. Finale en -*oir*.

perclus adj. ▼ Le féminin est *percluse : La pauvre vieille est toute percluse de rhumatismes.*

perçoir n. m. Attention à la cédille. — Finale en -*oir*.

percolateur n. m. Avec un seul *l*.

percussion n. f. Finale en -*ssion*. — Deux *n* dans le dérivé *percussionniste.*

percutant, ante adj. Le sens figuré de *vif, énergique, frappant* appartient à la langue des journaux : *Des formules percutantes. Un discours percutant. Un style percutant.* A éviter dans la langue littéraire de ton soutenu.

percuter v. t. *ou* v. i. L'emploi au sens de *heurter, frapper violemment* appartient à la langue des journaux : *La voiture a percuté un camion à l'arrêt.* A éviter dans la langue littéraire de ton soutenu. — En revanche, l'emploi du mot dans les sens spécialisés est correct : *Le percuteur du fusil percute l'amorce. L'obus percuta contre le mur.*

perdre v. t. Conjug. **90.** *Je perds, tu perds, il perd, nous perdons, vous perdez, ils perdent. — je perdais. — Je perdis. — Je perdrai. — Je perdrais. — Perds, perdons, perdez — Que je perde. — Que je perdisse. — Perdant. — Perdu, ue.*

perdre, égarer ▷ **égarer.**

perdreau n. m. Finale en -*eau.*

perdrix n. f. Attention au -*x* final muet.

père n. m. Expressions et emploi de la majuscule.

1 Ses père et mère. Tour familier, à éviter dans la langue soutenue. On préférera : *ses parents* ou *son père et sa mère.*

2 Au singulier dans : *de père en fils.*

3 Avec un *P* majuscule et un *c* minuscule : *les Pères conscrits,* les sénateurs.

4 Avec un *p* minuscule : *le père abbé, le père Martin* (titre religieux). En abrégé : *P.* et au pluriel *PP. (le P. Martin, les PP. Martin et Dubois).*

5 Avec un *P* majuscule : *le Saint-Père, le Très Saint-Père, notre Très Saint-père le pape.*

6 Avec un *p* minuscule : *les pères jésuites, les pères dominicains...*

7 Avec un *P* majuscule : *les Pères de l'Eglise* ou *les Pères (Pour les catholiques, l'enseignement des Pères est l'une des sources de la Tradition).*

pérégrination n. f. Ne s'emploie qu'au pluriel : *Dans ses Confessions, Rousseau nous raconte les pérégrinations de sa jeunesse.*

péremption n. f. (terme de droit) Finale en -*tion.* — Prononciation : [peʀɑ̃psjɔ̃].

péremptoire adj. Finale en -*oire,* même au masculin : *Un ton péremptoire.* — Dérivé : *péremptoirement.*

pérenne [peʀɛn] adj. *Source pérenne,* qui ne tarit jamais. — *Irrigation pérenne,* qui dure toute l'année. — De la même famille : *pérennant, ante* adj. (terme de botanique), *pérenniser, pérennité.*

péréquation [peʀekwasjɔ̃] n. f. Avec deux fois *é.*

perfection n. f. Les expressions *en perfection, dans la perfection* sont sorties de l'usage. L'expression *à la perfection (Il travaille à la perfection)* est usuelle, mais a été condamnée par quelques grammairiens. Pour tourner la difficulté, on pourra employer l'adverbe *parfaitement* ou l'expression *de manière parfaite.*

perfectionner v. t. Avec deux *n.* De même : *perfectionnement.*

perfectionnisme n. m. Souci excessif de la perfection. — Mot acceptable dans la langue cursive, mais à éviter dans la langue littéraire de ton soutenu, comme le dérivé *perfectionniste.*

performant, ante adj. Aux performances élevées. — Acceptable dans la langue de la technique : *Un matériel électronique très performant* — Dans la langue de l'économie, on évitera d'employer ce mot au sens de *compétitif.* On écrira donc : *Une entreprise compétitive,* plutôt que *Une entreprise performante.*

pergola n. f. Avec un seul *l.*

péri- Préfixe (du grec *peri* « autour »), qui entre dans la formation de nombreux mots savants. Les composés en *péri* s'écrivent en un seul mot, sans trait d'union : *périanthe, périarthrite, périscolaire,* etc.

périgée (terme d'astronomie) Masculin, malgré la finale en -*ée.*

périmer S'emploie très bien à la forme pronominale *(A notre époque, le matériel industriel se périme rapidement)* ou au participe passé *(Un passeport périmé. Un matériel périmé).* L'emploi du verbe à la forme active est critiqué. On écrira donc : *Le nouveau décret annule* (et non *périme) les dispositions antérieures. Le mouvement des idées démode* (et non *périme) les théories et les doctrines. Le progrès technique déclasse* (et non *périme) les divers types de matériel militaire.*

périnatal, ale, aux adj. Masculin pluriel en -*aux : Les accidents périnataux.*

périnée (terme d'anatomie) Masculin, malgré la finale en -*ée.* — Dérivés : *périnéal, ale, aux, périnéorraphie.*

période Normalement féminin : *La période la plus glorieuse de cet empire.* — Masculin de nos jours seulement dans l'expression *au plus haut période,* au point le plus haut, le plus brillant : *Le conquérant reçut du destin un avertissement, au moment même où sa gloire était à son plus haut période* (tour très littéraire). — L'expression *dernier période,* phase ultime, est très vieille.

péripétie [peʀipesi] n. f. Evénement frappant qui change le déroulement d'une action. ▼ Ne doit pas être employé au sens de « événement mineur, petit incident ». On évitera donc d'écrire, par exemple : *Ce désaccord passager n'a été qu'une péripétie.*

périphrase n. f. L'adjectif dérivé est : *périphrastique*.

périple n. m. Vient du grec *periplous* « navigation circulaire ». Un seul sens exact : « grand voyage d'exploration maritime qui boucle un circuit » *(Le périple africain des Phéniciens. Le périple de Magellan).* Les autres sens, « voyage circulaire, sur terre ; long voyage quelconque » sont à éviter dans la langue soignée. — On évitera aussi le pléonasme *périple autour (Un grand périple autour de la Méditerranée).*

périr v. i. Emploi de l'auxiliaire, emploi du participe passé, sens et emploi.

1 De nos jours, toujours avec l'auxiliaire *avoir : Le bétail a péri.* — L'emploi de *être* appartient à la langue classique : *Et son nom même est péri.*

2 Le participe passé s'emploie sans auxiliaire au sens de « mort, disparu », surtout dans l'expression *péri en mer : Monument à la mémoire des marins péris en mer.*

3 On évitera les tours populaires *périr quelqu'un* (le faire mourir) et *se faire périr.*

4 Avec un sujet désignant une personne, signifie « mourir de façon violente ou prématurée » : *Toute sa famille a péri dans un accident d'avion. Quand bien même il devrait périr à la fleur de l'âge !* — (figuré) *Périr d'ennui :* s'ennuyer beaucoup.

5 Avec un sujet désignant un animal ou une plante, équivaut à « mourir » : *Plusieurs moutons ont péri de maladie. Le froid a fait périr mes plantes.*

6 Avec un sujet désignant une chose, signifie « disparaître » : *Les civilisations antiques périrent sous la poussée des Barbares.*

périssoire n. f. Embarcation. — Finale en *-oire.*

permanence n. f. Finale en *-ence.* — De la même famille : *permanent.*

permettre v. t. Conjugaison, accord du participe, construction.

1 Conjug. **99.** *Je permets, tu permets, il permet, nous permettons, vous permettez, ils permettent. — Je permettais. — Je permis. — Je permettrai. — Je permettrais. — Permets, permettons, permettez. — Que je permette. — Que je permisse. — Permettant. — Permis, ise.*

2 Participe invariable à la forme pronominale s'il n'y a pas de complément d'objet direct : *Elles se sont permis de partir sans nous avertir.* — Accord avec le complément d'objet direct si celui-ci est placé avant le verbe : *Les libertés qu'il s'est permises à notre égard* (mais *Les libertés qu'il s'est permis de prendre).*

3 **Permettre à quelqu'un de.** Est suivi de l'infinitif (tour usuel) : *J'ai permis à mon fils d'aller à la fête.* — *Permettre que* est suivi du subjonctif (tour plus rare) : *Je permets qu'on prenne quelques libertés avec la règle.*

permis n. m. Autorisation. — Finale en *-is.*

permissif, ive adj. *Société permissive.* — Sens introduit vers 1970 et parfaitement admis. De même : *permissivité.*

permission n. f. Deux *n* dans le dérivé *permissionnaire.*

permuter v. t. On permute un poste *contre* un autre. On permute *avec* un collègue.

pernicieux, euse adj. Finale en *-cieux.* Dérivés : *pernicieusement, perniciosité.*

péroné n. m Os de la jambe. — Finale en *-é.* — Dérivés : *péronéal, ale, aux, péronier* adj. *ou* n. m. *(les muscles péroniers* ou *les péroniers).*

péronnelle n. f. (familier) Avec deux *n* et deux *l.*

pérorer v. i. Toujours péjoratif, à la différence de *péroraison,* terme technique de rhétorique. De même : *péroreur, euse,* personne qui aime à parler de manière interminable et prétentieuse.

perpendiculaire adj. *ou* n. f. Avec *-en-.* De même : *perpendiculairement.*

perpétrer v. t. Conjug. **11.** *Il perpètre,* mais *il perpétrera, il perpétrerait.*

perquisitionner Avec deux *n.* ▼ N'est jamais transitif. On écrira donc : *perquisitionner dans une maison,* et non **perquisitionner une maison.*

perron n. m. Avec deux *r.*

perroquet n. m. Avec deux *r.* Finale en *-et*

perruche n. f. Avec deux *r.*

perruque n. f. Avec deux *r.* De même : *perruquier.*

pers [pεʀ] adj. m. D'une couleur intermédiaire entre le bleu et le vert : *Des yeux pers.* — Pas de féminin. — Toujours avec un *-s,* même au singulier.

persan, ane adj. *ou* n. Un seul *n* dans le féminin.

persévérer v. i. Conjug. **11.** *Je persévère,* mais *je persévérerai, je persévérerais.* — Dérivé : *persévération.*

persienne n. f. Avec deux *n*.

persifler v. t. ▼ Avec un seul *f*, à la différence de *siffler*. De même : *persiflage, persifleur*.

persil [pɛʀsi] n. m. Attention au *-l* final, toujours muet. — Dérivés : *persillade* [pɛʀsijad], *persillé* [pɛʀsije], *persillère* [pɛʀsijɛʀ] n. f. (vase où l'on fait pousser du persil).

persistance n. f. Finale en *-ance*. De la même famille : *persistant*.

personnage n. m. Avec deux *n*.

personnaliser v. t. Avec deux *n*. De même : *personnalisation*.

personnalité n. f. Avec deux *n*.

1. personne n. f. Emplois et expressions.

1 Toujours du féminin, même désignant un homme : *Toutes les personnes présentes, anciens combattants et conseillers municipaux, ont applaudi le discours du préfet.*

2 En personne. Toujours au singulier : *Le maire et ses deux adjoints sont venus en personne.*

3 A la différence de *gens,* le mot *personne* peut être accompagné d'une indication numérale : *Trois personnes. Une vingtaine de personnes* ▷ **gens 1**(II).

2. personne pron. indéfini. Accord et emplois.

1 Employé comme indéfini, *personne* entraîne l'accord au masculin singulier : *Personne n'est génial, personne n'est parfait. N'y aura-t-il donc personne d'assez audacieux pour tenter cette entreprise ? Je ne connais personne de plus beau.* — Cependant, on peut faire l'accord au féminin singulier, quand la phrase, manifestement, ne peut s'appliquer qu'à une femme : *Personne n'était, à la cour, plus belle et plus gracieuse que cette princesse.*

2 Personne d'autre. Accompagné d'un adjectif, *personne* est, de nos jours, joint presque toujours à cet adjectif par *de* : *Il n'y eut personne de vexé.* L'omission de *de* appartient à la langue archaïque : *Il n'y eut personne assez fou pour se fier à de telles promesses.*

3 *Personne* ne s'emploie pas nécessairement dans un sens négatif. Peut signifier « quelqu'un, quel qu'il soit ». C'est le cas notamment dans une interrogation *(Connaissez-vous personne qui puisse m'aider ?)* ou dans une comparaison *(Il est plus dévoué que personne)* ou avec *avant (Avant que personne eût pu agir, il avait déjà pris sa décision. Avant de blâmer ou d'accuser personne, voyons de quoi il s'agit).*

4 Omission de *ne*. Même quand il y a une idée négative, on omet *ne* dans les tours elliptiques : *Dans la grande salle, personne. Elle danse et chante comme personne.*

5 ▼ Eviter le tour pléonastique et incorrect *personne ne... pas.* Ecrire : *Personne n'est venu,* et non *personne n'est *pas venu.*

1. personnel, elle adj. Avec deux *n*. De même : *personnellement.*

2. personnel n. m. Dans la langue administrative, s'emploie parfois au pluriel : *Les divers personnels des services de l'Education.* Dans la langue surveillée, on écrira plutôt : *les diverses catégories du personnel.*

perspicace adj. Finale en *-ace*. Dérivé : *perspicacité.*

persuader v. t. Construction ; accord du participe.

1 On évitera la construction critiquée *persuader de ce que.* Ecrire plutôt *persuader que : Il m'a persuadé que cette solution était la bonne.*

2 Le complément désignant la personne peut être direct ou indirect : *On persuada mon ami de partir aussitôt. On persuada à mon ami de partir aussitôt.*

3 Se persuader que. On considère en général que *se* est un complément indirect et l'on écrit plutôt, en laissant le participe invariable : *Elles se sont persuadé que tout se passerait bien.* Cependant, on peut considérer que *se* est complément direct. Dans ce cas, on accorde le participe avec le sujet : *Elles se sont persuadées que tout se passerait bien.* Les deux tours sont admis. Le premier est le plus fréquent.

pertinemment adv. Finale en *-emment* (vient de *pertinent*).

pertinence n. f. Finale en *-ence*. De la même famille : *pertinent.*

pertuis [pɛʀtɥi] n. m. *(vieux)* Trou. — *(géographie)* Détroit (sur la côte atlantique) : *le pertuis d'Antioche, le pertuis Breton.*

pertuisane n. f. Ancienne arme — Finale en *-ane.*

pervenche n. f. *ou* n. m. *ou* adj.

1 Comme nom féminin. Désigne une fleur et prend la marque du pluriel : *Cueillir des pervenches.*

2 Comme nom masculin Désigne une couleur et prend la marque du pluriel : *Toute la gamme des mauves et des pervenches. Un beau pervenche.*

3 Comme adjectif de couleur. Toujours invariable : *Des yeux pervenche. Des robes bleu pervenche* (sans trait d'union).

pesamment adv. Finale en *-amment* (vient de *pesant*).

pesant, ante adj. Finale en *-ant, -ante.* — Dérivés : *pesamment, pesanteur.*

pèse-acide n. m. — Pl. : *des pèse-acide* ou *des pèse-acides.*

pèse-alcool n. m. Invariable : *des pèse-alcool.*

pése-bébé n. m. — Pl. : *des pèse-bébé* ou *des pèse-bébés.*

pesée n. f. Finale en *-ée.*

pèse-lait n. m. Invariable : *des pèse-lait.*

pèse-lettre n. m. — Pl. : *des pèse-lettre* ou *des pèse-lettres.*

pèse-liqueur n. m. — Pl. : *des pèse-liqueur* ou *des pèse-liqueurs.*

pèse-moût n. m. — Invariable : *des pèse-moût.*

pèse-personne n. m. — Pl. : *des pèse-personne* ou *des pèse-personnes.*

peser v. t. Conjugaison et accord du participe.

I Conjug. 12. *Je pèse, je pèserai, je pèserais, nous pesons.*

II Accord du participe.

1 Participe toujours invariable quand le verbe signifie « peser tel poids » : *Les soixante-dix kilogrammes que j'ai pesé se sont réduits à soixante, car j'ai beaucoup maigri.* Ici, *kilogramme* est complément de mesure et non complément d'objet direct.

2 Accord avec le complément d'objet direct placé devant le verbe quand le verbe signifie « mesurer le poids d'une chose » : *Les quinze kilogrammes de graines que j'ai pesés seront suffisants.* De même au figuré : *Ces arguments que j'ai minutieusement pesés.*

pèse-sirop n. m. Invariable : *des pèse-sirop.*

pèse-vin n. m. — Pl. : *des pèse-vin* ou *des pèse-vins.*

pestilence n. f. Finale en *-ence.*

pestilentiel, ielle adj. Finale en *-tiel, tielle.*

pétale Partie de la fleur. ▼ Toujours masculin : *Des pétales brillants.*

pet-de-nonne n. m. Beignet — Avec deux traits d'union (malgré l'Académie). — Pl. : *des pets-de-nonne.*

péter v. i. Conjug. **11.** *Il pète, il pétera, il péterait.*

pète-sec adj. *ou* n. m. Toujours invariable : *Des sous-officiers pète-sec. Des pète-sec.*

pétiole n. m. *(botanique)* Queue d'une feuille. ▼ Prononciation : **[pesjɔl]**, avec **[s]**.

petiot adj. *ou* n. Féminin en *-ote : petiote.*

petit, ite adj. *ou* n. Employé substantivement au sens de « enfant », est très familier. On écrira : *Ma voisine est partie avec ses enfants,* et non *avec ses petits.* — En revanche, non familier quand il s'agit des animaux : *Les oiseaux apportent de la nourriture à leurs petits.*

petit-beurre n. m. ▼ Pl. : *des petits-beurre.*

petit-bourgeois n. *ou* adj. Les deux éléments prennent la marque du féminin et du pluriel : *une petite-bourgeoise, les petits-bourgeois, des petites-bourgeoises, les habitudes petites-bourgeoises.*

petite fille, petite-fille Deux expressions à bien distinguer par l'orthographe.

1 Une petite fille. Une fillette : *Les petites filles jouent à la poupée, les petits garçons préfèrent les jouets mécaniques.*

2 Une petite-fille. Fille du fils ou de la fille : *Sa petite-fille est professeur, son petit-fils est médecin.* — Pl. : *des petites-filles.*

petite-nièce n. f. Fille d'un neveu ou d'une nièce. — Pl. : *des petites-nièces.*

petit-fils n. m. Fils du fils ou de la fille. — Pl. : *des petits-fils.*

petit-gris n. m. Ecureuil ; escargot. — Pl. : *des petits-gris.*

petit-lait n. m. — Pl. : *des petits-laits.*

petit maître, petit-maître Deux expressions à bien distinguer par l'orthographe.

1 Un petit maître. Un peintre ou un sculpteur qui a un talent certain, mais qui n'a pas la célébrité ou la valeur d'un véritable grand artiste.

2 Un petit-maître. Autrefois, jeune élégant aux manières un peu prétentieuses. — Pl. : *des petits-maîtres.* — Au féminin : *petite-maîtresse (des petites-maîtresses).*

petit-nègre n. m. *(familier)* Langage simplifié et incorrect. — Inusité au pluriel comme nom. — Comme adjectif, toujours invariable : *Des phrases petit-nègre.*

petit-neveu n. m. Fils d'un neveu ou d'une nièce. — Pl. : *des petits-neveux.* — Au féminin : *petite-nièce (des petites-nièces).*

petits enfants, petits-enfants Deux expressions à bien distinguer par l'orthographe.

1 Des petits enfants. De très jeunes enfants : *Les petits enfants ne doivent jamais être laissés sans surveillance.*

2 Des petits-enfants. Les enfants du fils ou de la fille : *Cette grand-mère a plusieurs petits-enfants, qui sont tous mariés.*

pétoire n. f. Mauvais fusil. — Finale en *-oire.*

pétoncle n. m. Coquillage comestible. — Toujours masculin : *Ces pétoncles sont excellents.*

pétrin n. m. Finale en *-in.*

pétrochimie n. f. Forme critiquée. Etymologiquement, ce mot signifie « chimie de la pierre » et non « chimie du pétrole ». La forme correcte *pétrolochimie* ne s'est cependant pas imposée. — Dérivés : *pétrochimique, pétrochimiste.*

pétrole n. m. Orthographe, emploi adjectif, dérivés.

1 ▼ Avec un *-e* final.

2 Comme adjectif de couleur, toujours invariable : *Des robes pétrole. Des vestes bleu pétrole* (sans trait d'union).

3 Dérivés : *pétrolette, pétroleuse, pétrolier, pétrolifère.*

pétrolier, pétrolifère Deux adjectifs dérivés de *pétrole.*

1 *pétrolier, ière.* Qui concerne le pétrole : *Compagnie pétrolière. Navire pétrolier. Recherche pétrolière. Ressources pétrolières. Installation pétrolière.*

2 *pétrolifère.* Qui contient du pétrole : *Gisement, terrain, zone, couche pétrolifère.* On évitera d'écrire notamment *gisement *pétrolier.*

pétrolochimie ▷ pétrochimie.

pétulance n. f. Finale en *-ance.* De la même famille : *pétulant, ante.*

pétunia [petynja] Plante. — Masculin, malgré la finale en *-a : Un beau pétunia.*

peu adv. Sens, emploi et expressions.

I Peut s'employer comme adverbe *(Il est peu actif. Il travaille peu régulièrement. Elle sort peu)* ou comme nominal *(Le peu qu'il gagne lui suffit).*

II On distinguera pour le sens *Il est peu agressif* (= il n'est presque pas agressif) et *Il est un peu agressif* (= il est agressif dans une certaine mesure). De même : *Il a peu de savoir* (= presque pas de savoir) et *Il a un peu de savoir* (= une certaine quantité de savoir).

III Emploi devant un comparatif.

1 Avec la plupart des comparatifs, on ne peut employer *peu* ou *de peu,* mais seulement *un peu,* qui se place toujours devant le comparatif : *Antoine est un peu plus âgé que mon frère.*

2 Avec *inférieur* ou *supérieur,* on emploie *de peu* ou *un peu,* parfois *peu : Il est de peu supérieur à son rival* ou *Il est un peu supérieur à son rival.* Le tour *Il est peu supérieur à son rival* est plus rare et moins recommandé. On dira mieux : *Il n'est guère supérieur à son rival.* Les locutions *un peu* et *de peu* sont généralement placées devant le comparatif, parfois derrière lui (surtout *de peu*) : *Elle est inférieure de peu à sa concurrente.* L'adverbe *peu* est obligatoirement placé devant le comparatif.

IV Place de *très peu, bien peu, fort peu, assez peu, quelque peu* dans une proposition dont le verbe est à un temps composé. Ces locutions peuvent se placer soit avant (cas le plus fréquent), soit après le participe : *J'ai fort peu goûté cette plaisanterie* ou *J'ai goûté fort peu cette plaisanterie.*

V Questions d'accord.

1 Peu de. Accord avec le nom qui suit *peu de : Peu de monde est venu. Peu de personnes sont venues.*

2 Le peu de, au sens de « l'insuffisance de ». Accord avec *peu* (verbe au singulier ; participe ou adjectif au masculin singulier) : *Le peu de lettres que j'ai reçu me décourage. Le peu de ressources en énergie est gênant pour le développement de l'économie.*

3 Le peu de, au sens de « la quantité faible de ». Accord avec le nom qui suit *le peu de : Le peu de lettres que j'ai reçues suffisent à montrer que je suis compris. Le peu de ressources naturelles qui existent sont suffisantes pour assurer le démarrage économique de ce pays.*

4 Peu importe ▷ importer (II).

VI Expressions.

1 Un petit peu, un tout petit peu. A l'origine, ces expressions étaient pléonastiques. Dans l'ancienne langue, *un petit* s'employait au sens de « un peu » : *Il est un petit paresseux* (= Il est un peu paresseux). L'expression n'ayant plus été comprise, on ajouta *peu : Il est un petit peu paresseux.* De nos jours, *un petit peu* et *un tout petit peu* sont acceptés dans la langue ordinaire. Dans la langue littéraire de ton soutenu, on emploiera simplement *un peu : Il est un peu paresseux.*

2 Peu ou point, peu ou pas. Dans ces locutions, on omet *ne : Il a peu ou point de culture scientifique.*

3 C'est peu. Peut s'employer sans complément *(Il a donné dix francs, c'est peu)* ou avec *de* et l'infinitif *(C'est peu de connaître la vérité, il faut la faire connaître)* ou avec *que* et le subjonctif *(C'est peu que nous connaissions la vertu, il faut la pratiquer).*

4 Peu s'en faut que ▷ **falloir** (II, 1 et 2). **Il s'en faut (de) peu que** ▷ **falloir** (II, 3).

5 Tant soit peu ou **un tant soit peu.** Les deux formes sont correctes et admises : *S'il est tant soit peu avisé* (ou *S'il est un tant soit peu avisé*), *il se méfiera. S'il avait eu tant soit peu de bon sens* (ou *un tant soit peu de bon sens*), *il aurait vu qu'il y avait un piège.*

6 Si peu que et **pour peu que.** Se construisent avec le subjonctif : *Si peu que nous avancions, nous avons cependant progressé. Pour peu que nous fassions un effort, nous pourrons obtenir une amélioration.* ▼ On évitera la locution pléonastique **pour si peu que.*

7 Pour un peu. Appartient au registre familier : *Pour un peu, j'arrivais trop tard.* Souvent suivi du conditionnel : *Pour un peu, nous aurions pu nous rencontrer.*

8 A peu près (locution adverbiale), **un à-peu-près** (nom masculin) ▷ **à peu près.**

peuple n. m. Dans l'emploi adjectif, invariable : *Des manières peuple.*

peur n. f. Emploi ; construction des expressions.

I On écrit très correctement : *avoir peur, avoir grand-peur* (un peu vieilli), *avoir une très grande peur* (moderne), *avoir une si grande peur, avoir une trop grande peur, avoir une assez grande peur,* etc. En revanche, dans la langue très surveillée, on évitera *avoir très peur, bien peur, si peur, trop peur, assez peur,* car le mot *peur,* qui est un substantif, ne peut, en principe, être précédé d'un adverbe.

II Avoir peur que, de peur que, par peur que, dans la peur que.

1 *Avoir peur (de peur,* etc.) est à la forme affirmative, et la subordonnée introduite par *que* est à la forme affirmative (avec générale-

ment *ne* explétif) : *J'ai peur qu'il ne pleuve* ou *J'ai peur qu'il pleuve. De peur qu'il ne commette la même erreur.* Le *ne* explétif, pratiquement inusité dans la langue parlée, est presque de rigueur dans le style surveillé.

2 *Avoir peur (de peur,* etc.) est à la forme affirmative, et la subordonnée au subjonctif introduite par *que* est à la forme négative (avec *ne... pas) : J'ai peur qu'il ne pleuve pas suffisamment. De peur qu'il ne vienne pas à temps.*

3 *Avoir peur* est à la forme négative ou interrogative, et la subordonnée introduite par *que* est à la forme affirmative (sans *ne* explétif) : *Je n'ai pas peur qu'il pleuve. Avez-vous peur qu'il pleuve ?* — En revanche, après *de peur que, par peur que,* etc., on emploie le *ne* explétif : *Je ne lui parle pas de ma maladie, de peur qu'il ne se fasse du souci.*

4 *Avoir peur* est à la forme négative ou interrogative, et la subordonnée au subjonctif introduite par *que* est à la forme négative : *Je n'ai pas peur que vous n'arriviez pas assez tôt. Avez-vous peur que nous n'arrivions pas à temps ?* ▼ Ces constructions, quoique correctes, sont lourdes et peu claires. Il est conseillé de tourner autrement : *Je n'ai pas peur que vous arriviez trop tard* ou *Je suis assuré que vous arriverez assez tôt. Avez-vous peur que nous arrivions trop tard ?*

peut-être adv. Orthographe et emploi.

1 Ne pas écrire *peut-être* (adverbe) comme *il (elle) peut être : Ce vase est peut-être grec ou étrusque* (au pluriel : *Ces vases sont peut-être...). Ce vase peut être une coupe grecque* (au pluriel : *Ces vases peuvent être...).*

2 *Peut-être* **en tête de phrase.** Entraîne généralement l'inversion : *Peut-être aurait-il parlé, si la crainte ne l'avait retenu.*

3 *Peut-être que* **en tête de phrase.** Ne doit jamais être suivi d'une inversion. Se construit avec l'indicatif ou le conditionnel *(Peut-être qu'il viendra. Peut-être qu'il serait venu, si nous l'avions invité),* jamais avec le subjonctif, à la différence de *il se peut que (Il se peut qu'il vienne).*

phaéton [faetɔ̃] n. m. Cocher ; véhicule ; oiseau. — Pas de tréma.

phagocyte [fagɔsit] n. m. (terme de biologie). — Dérivés : *phagocytaire* [fagɔsitɛʀ], *phagocyter* [fagɔsite], *phagocytose* [fagɔsitoz].

phalange n. f. Avec un *p* minuscule : *la phalange macédonienne.* — Avec un *P* majuscule : *La Phalange espagnole* ou *la Phalange,* mouvement politique espagnol fondé en 1933 par José

Antonio Primo de Rivera. — De la même famille : *phalanger, phalangette, phalangien, phalangine, phalangiste* (toujours un *p* minuscule).

phalanstère n. m. Toujours avec un *p* minuscule. — Avec un accent grave, à la différence de *phalanstérien.*

phallus [falys] n. m. — Pl. : *des phallus* [-lys]. — Avec deux *l.* De même *phalline, phallisme, phallocrate, phallocratie* [falɔkʀasi], *phallocratique* [falɔkʀatik], *phalloïde.*

phanérogame adj. *ou* n. f. (terme de botanique) Comme nom, toujours féminin.

phantasme ▷ fantasme.

pharaon n. m. Avec l'article, pas de majuscule : *Le pharaon fut embaumé.* — Employé parfois sans article avec la majuscule : *Alors Pharaon ordonna de poursuivre les Hébreux.* ▼ On évitera les pléonasmes *le pharaon d'Egypte, les pharaons égyptiens.*

phare n. m. Le dérivé *pharillon* (lampe qu'on suspend à l'avant d'un bateau pour attirer le poisson) se prononce [faʀijɔ̃].

phare, fard, far, fart ▷ fard.

pharisien, ienne n. *ou* adj. *Les pharisiens :* secte juive de l'Antiquité. — Pas un nom de peuple, donc pas de majuscule. — Dérivés : *pharisaïque, pharisaïsme.*

pharmacie n. f. Dérivés : *pharmaceutique, pharmacien, ienne.*

pharmaco- Les termes en *pharmaco* s'écrivent en un seul mot, sans trait d'union : *pharmacodynamie, pharmacologie, pharmacologique, pharmacothérapie.*

pharmacopée n. f. Ensemble des médicaments connus. — Finale en *-ée.*

pharynx n. m. Avec un *y.* De même : *pharyngé, pharyngien, ienne, pharyngite, pharyngo-laryngite.*

pharynx, larynx ▷ larynx.

phase n. f. Avec *ph-.*

phénix n. m. Avec un *P* majuscule : *le Phénix,* oiseau des mythologies antiques. — Avec un *p* minuscule dans les autres sens (oiseau héraldique ; oiseau tropical ; personnage remarquable ; papillon).

phénol n. m. Substance chimique. — Pas de *-e* à la fin. De la même famille : *phénanthrène* n. m., *phénate, phène* n. m., *phénique, phéniqué, phénolate, phénolphtaléine, phénoplaste, phényle* n. m.

phénomène n. m. Le *è* se change en *é* dans les dérivés et les composés : *phénoménal, ale, aux, phénoménalement, phénoménisme, phénoméniste, phénoménologie, phénoménologique, phénoménologue* (ne pas dire **phénoménologiste*).

philanthrope n. *ou* adj. Attention au *ph-*et au *-th-.* De même : *philanthropie, philanthropique.*

philatélie n. f. ▼ Avec *t* et non **-th-.* De même : *philatélique, philatéliste.*

philharmonie n. f. Attention au *h* intérieur. De même : *philharmonique.*

philippin, ine adj. *ou* n. Des îles Philippines. — Attention à la majuscule : *La population philippine. Les Philippins.*

philippine n. f. Faire une *philippine* (quand on a trouvé deux amandes jumelles). — Avec un *p* minuscule.

philippique n. f. Avec un *P* majuscule : *les Philippiques,* série de discours de Démosthène contre Philippe de Macédoine et de Cicéron contre Antoine. — Avec un *p* minuscule : *une philippique,* discours très violent quelconque *(Le député a prononcé une philippique contre le ministre).*

philistin, ine adj. *ou* n. Attention à la majuscule.

1 Le nom prend un *P* majuscule quand il désigne un peuple de l'Antiquité : *Les Hébreux luttèrent contre les Philistins.*

2 Le nom s'écrit avec un *p* minuscule quand il désigne un homme sans culture, sans goût : *Les romantiques et les philistins s'opposèrent à propos d'*Hernani.

3 Comme adjectif, toujours avec un *p* minuscule : *Le peuple philistin. Ce public est très philistin.*

philosophe Féminin, emploi de la majuscule et dérivés.

1 Peut s'employer au féminin : *Cette femme est une philosophe estimable.*

2 Avec un *p* minuscule : *les philosophes,* les écrivains rationalistes du XVIIIᵉ siècle, tels que Montesquieu, Voltaire, Diderot. Dans ce sens, on rencontre parfois le mot écrit avec une majuscule, mais celle-ci n'est pas nécessaire.

3 Dérivés : *philosopher, philosophie, philosophique, philosophiquement.*

philtre, filtre ▷ filtre.

phlébite n. f. Avec -ph-.

phlegmon n. m. La graphie *flegmon* est vieillie. — Dérivé : *phlegmoneux*.

phobie n. f. Dérivé : *phobique*.

phonème n. m. Son du langage. — Avec un accent grave, à la différence des dérivés *phonématique, phonémique*.

phoque, n. m. Animal marin. — Ne pas écrire comme *foc,* voile de navire.

phosphène Sensation lumineuse non provoquée par un objet extérieur. — Toujours masculin : *Un phosphène brillant.*

phosphore n. m. Avec deux fois *ph*. De même : *phosphatage, phosphate, phosphaté, phosphater, phosphaturie, phosphine* n. f., *phosphite* n. m., *phosphoré, phosphorescence, phosphorescent, phosphoreux, phosphorique, phosphorisme, phosphorite* n. f., *phosphure*.

1. photo n. f. Abréviation de *photographie* dans la langue parlée courante. — Pl. : *des photos.* — *Photo d'arrivée :* équivalent français à préférer à *photo-finish.*

2. photo adj. Abréviation de *photographique* dans la langue commerciale ou dans la langue parlée cursive. ▼ Toujours invariable : *Des appareils photo. Des pellicules photo.*

photo- Préfixe (du grec *phôs, phôtos* « lumière » ou de *photo [graphie]*). Les composés en *photo* s'écrivent en un seul mot sans trait d'union (*photocalque, photocellule, photochimie, photocomposition, photostoppeur, photothèque, etc.*), sauf *photo-finish, photo-robot,* ainsi que les mots dont le second élément commence par un *i : photo-interprétation* (mais *photoélasticité, photoélectrique*).

photo-finish n. f. Anglicisme qui désigne une photographie prise à l'arrivée d'une course de chevaux. — Prononciation : [fɔtɔfiniʃ]. — Pl. : *des photos-finish.* — Équivalent français : *photo d'arrivée.*

photo-robot n. f. En deux mots, avec un trait d'union. ▼ Pl. : *des photos-robots.*

photoroman n. m. Graphie à préférer à *photo-roman.* — pl. : *des photoromans.* — On dit aussi *roman-photo.*

phrase n. f. Avec *ph-*. De même : *phrasé, phraséologie, phraséologique, phraser, phraseur.*

phratrie, fratrie Deux noms féminins homophones à bien distinguer.

1 phratrie [fʀatʀi] Deux sens.

a/ *(histoire)* Dans l'Antiquité grecque, association religieuse de familles. A Athènes, Solon réorganisa la cité ainsi : trente *familles* constituaient une *phratrie* et trois phratries constituaient une *tribu.*

b/ *(sociologie)* Chez les peuples primitifs, subdivision de la tribu.

2 fratrie *(psychologie)* Ensemble des frères et des sœurs d'une famille : *Les liens psychologiques qui unissent les enfants d'une fratrie sont assez comparables à ceux qui lient les membres d'une « bande » d'adolescents.*

phrygien, ienne adj. *ou* n. De la Phrygie, région d'Asie Mineure, dans l'Antiquité. — Attention à la majuscule : *La population phrygienne. Les Phrygiens.* — N. m. *Le phrygien :* langue des Phrygiens. — *Le bonnet phrygien.*

phtisie [ftizi] n. f. *(vieux)* Tuberculose. — Pas de *y.* De même : *phtisique* (tuberculeux ; *vieux*). — Les dérivés suivants sont toujours usités : *phtisiologie, phtisiologique, phtisiologue* (spécialiste de la tuberculose ; **phtisiologiste* n'existe pas).

phylloxéra n. m. Avec accent aigu sur le *e* (malgré l'Académie, qui écrit *phylloxera*). — Avec *y* et deux *l.* De même : *phylloxéré, phylloxérien, ienne* ou *phylloxérique.*

physicien, ienne n. m. *ou* f. Attention à la place de l'*y.*

physico-chimie n. f. En deux mots, avec un trait d'union. — De même : *physico-chimique.*

physiocrate n. m. Avec un *p* minuscule : *les physiocrates,* économistes du XVIIIᵉ siècle. — Dérivés : *physiocratie* [fizjɔkʀasi], *physiocratique* [fizjɔkʀatik].

physiognomonie, physionomie Deux noms féminins à bien distinguer.

1 physiognomonie [fizjɔgnɔmɔni] Science qui prétend déterminer le caractère des individus selon les traits de leur visage. — Dérivés : *physiognomonique* [fizjɔgnɔmɔnik], *physiognomoniste* [fizjɔgnɔmɔnist(ə)] (spécialiste de la physiognomonie).

2 physionomie Aspect expressif du visage : *Je fus attiré par la physionomie franche de ce nouveau camarade. Une physionomie triste et sournoise.* — Dérivés : *physionomique, physionomiste.*

physique adj. *ou* n. f. *ou* n. m. Avec un *y*. De même : *physicien, physiquement.*

phyto- Préfixe (du grec *phuton* « plante »). Les composés en *phyto* s'écrivent en un seul mot, sans trait d'union : *phytoécologie, phytohémagglutinine, phytohormone* (ou *phythormone*), *phytopharmacie, phytosociologie,* etc.

piaffer v. i. Avec deux *f.* De même : *piaffant, piaffement, piaffeur.*

1. piano adv. *ou* n. m. *(musique)* Indication de nuance : « doucement ». — Toujours invariable : *Respecter les* piano, *les* forte *et les* pianissimo *en interprétant un morceau.*

2. piano n. m. Instrument de musique. — Pl. : *des pianos.* — Dérivés : *pianiste, pianistique, pianotage, pianoter.*

pianoforte n. m. Ancien instrument de musique. — Mot italien. Prononciation : [pjanofɔʀte]. — On préférera la graphie *pianoforte* à *piano-forte.* — Toujours invariable : *des pianoforte* (ou *des piano-forte*).

piauler v. i. Avec -*au*-. De même : *piaulement.*

pic n. m. *A pic* et *un à-pic* ▷ à **pic.**

picador n. m. Mot espagnol francisé. — Pl. : *des picadors.*

pichet n. m. Finale en -*et.*

pickpocket n. m. *(anglicisme)* Prononciation : [pikpɔket]. —Pl. : *des pickpockets* [-kɛt]. — En un seul mot, sans trait d'union. — Attention au groupe -*ck*- (deux fois). — Équivalent français : *voleur à la tire.*

1. pick-up Anglicisme qui désigne un lecteur électrique de disque ou un électrophone. — Prononciation : [pikœp]. — Invariable : *des pick-up.* — Pour remplacer cet anglicisme, on pourra employer, selon le sens : *prise de tourne-disque* ou bien *électrophone, tourne-disque.*

2. pick-up n. m. Anglicisme qui désigne une machine servant à ramasser et à presser le foin. — Prononciation : [pikœp]. — Pl. : *des pick-up.* Équivalents français : *ramasseuse-botteleuse, ramasseuse-presse.*

picoler v. i. *(populaire)* Boire un peu trop. — Avec un seul *c.* De même : *picoleur.* — A l'origine, aucun rapport avec *piccolo* « petit vin ».

picorer v. t. Avec un seul *c.*

picoter v. t. Avec un seul *c* et un seul *t.* De même : *picotage, picoté, picotement.*

picotin n. m. Ration (d'avoine, etc.). — Avec un seul *c* et un seul *t.*

pictural, ale, aux adj. Masculin pluriel en -*aux* : *Des procédés picturaux.*

picvert [pikvɛʀ], n. m. Graphie à préférer à *pic-vert* [pikvɛʀ]. *Des picverts* ou *des pics-verts.* A ces formes, on préférera *pivert* [pivɛʀ], forme plus usuelle.

1. pie adj. Pieux. — Seulement dans l'expression *(faire) œuvre pie.* — Pl. : *des œuvres pies.*

2. pie n. f. *ou* adj. Oiseau. — Comme nom, prend la marque du pluriel : *Les pies s'apprivoisent facilement.* — Comme adjectif, toujours invariable : *Des chevaux pie, des vaches pie,* blanc et noir. — Sans trait d'union : *Des chevaux pie noir,* blanc et noir. *Des chevaux pie rouge,* blanc et brun-rouge.

pièce n. f. Orthographe et sens des expressions.

I Singulier ou pluriel.

1 Avec *pièce* au singulier : *tout d'une pièce, pièce à pièce, cinq francs pièce* (ou *cinq francs la pièce*).

2 Avec *pièce* au pluriel : *de pièces et de morceaux, mettre, tailler en pièces, de toutes pièces, travailler aux pièces.*

II Avec un trait d'union : *un deux-pièces* (logement ; ensemble formé par la jupe et la veste ; maillot de bain féminin), *un costume trois-pièces* (veste, gilet, pantalon).

III Tout d'une pièce, de toutes pièces.

1 Tout d'une pièce. D'un seul bloc. — *(figuré)* Sans nuances, sans souplesse *(Des caractères de personnages de roman dessinés tout d'une pièce)* ou bien très franc, très direct *(Mon ami est tout d'une pièce, un peu brutal parfois, mais il a un cœur d'or).*

2 De toutes pièces. Sans que rien soit emprunté à la réalité : *Cette accusation ne repose sur rien, elle a été forgée de toutes pièces.*

piécette n. f. Petite pièce de monnaie. — Avec un accent aigu, à la différence de *pièce.*

pied n. m. Expressions et emplois.

I Singulier ou pluriel.

1 Au singulier : *aller, venir, voyager, se promener à pied, course à pied, donner un coup de pied (des coups de pied), traverser à pied sec, avoir pied (dans l'eau), avoir bon pied bon œil,* *attendre de pied ferme, lâcher, perdre pied, de pied en cap, couper l'herbe sous le pied de quelqu'un* (et non *sous *les pieds*), *être sur pied* (être levé ou rétabli), *mettre sur pied (une organisation), être en pied (dans une entreprise), mettre à pied (un employé).* — *Au pied d'un arbre, du mur, de la tour, de l'escalier, de l'échelle, de la colline, de la montagne,* etc.

2 Au pluriel : *marcher pieds nus, marcher nu-pieds, sauter à pieds joints, fouler aux pieds, se jeter aux pieds de quelqu'un, de la tête aux pieds.*

II Avec ou sans trait d'union.

1 Avec un trait d'union : *travailler d'arrache-pied, se blesser au cou-de-pied* (et non *au *coup-de-pied* ▷ **cou-de-pied**), *de plain-pied.*

2 Sans trait d'union : *un pied de nez (des pieds de nez).*

3 Un pied bot, un pied-bot ▷ **bot**. — Haut le pied, haut-le-pied ▷ **haut le pied**. — Pied à terre, un pied-à-terre ▷ **pied à terre**.

III Emplois fautifs.

1 Marche à pied, marcher à pied ▷ **marche, marcher.**

2 Emploi fautif de *pied* au sens de « syllabe ». Au sens exact, le *pied* est, dans la métrique grecque ou latine, un ensemble de plusieurs syllabes qui constitue un élément du vers. Ainsi, le spondée (deux syllabes longues), le dactyle (une syllabe longue suivie de deux brèves) sont des pieds. Dans la versification française, il n'y a pas de pieds, mais des *syllabes*. On dira donc : *L'alexandrin est un vers de douze syllabes,* et non *de douze *pieds.*

IV Pied, patte ▷ **patte** (II).

pied à terre, pied-à-terre Deux expressions à bien distinguer par l'orthographe.

1 pied à terre (sans traits d'union) loc. adv. *Le cavalier mit pied à terre.*

2 Un pied-à-terre (avec deux traits d'union) n. m. Petit logement qu'on n'habite pas en permanence. — Invariable : *des pied-à-terre.*

pied bot, pied-bot ▷ **bot.**

pied-d'alouette n. m. Plante. — Pl. : *des pieds-d'alouette.*

pied-de-biche n. m. Poignée ; levier ; pièce de machine à coudre ; pied de meuble. — Pl. : *des pieds-de-biche.*

pied-de-poule n. m. *ou* adj. Etoffe. — Pl. du nom : *des pieds-de-poule.* — Dans l'emploi adjectif, invariable : *Des costumes pied-de-poule.*

pied-de-veau n. m. Plante. — Pl. : *des pieds-de-veau.*

pied-d'oiseau n. m. Plante. — Pl. : *des pieds-d'oiseau.*

pied-droit ou **piédroit** (terme d'architecture) n. m. — Pl. : *des pieds-droits* ou *des piédroits.* — La forme *piédroit* semble plus fréquente que *pied-droit.*

piédestal n. m. — Pl. : *des piédestaux.*

pied-noir Français né en Algérie. — N'est pas considéré comme un nom de peuple, donc pas de majuscule. — Pas de forme spéciale pour le féminin : *Sa femme est une pied-noir.* — Comme nom, prend un -*s* à *pied* et à *noir : L'exode des pieds-noirs, en 1962.* — Comme adjectif, est normalement variable en nombre : *Les usages pieds-noirs. Les communautés pieds-noirs du Midi.*

piédouche Petit piédestal. — Masculin, malgré la finale en -*ouche : Un piédouche élégant.*

pied-plat n. m. *(vieilli)* Homme grossier. — Pl. : *des pieds-plats.*

piège n. m. Avec un accent grave, à la différence des dérivés : *piégeage, piégeur.*

piégeage n. m. Avec un accent aigu et un *e* après le *g.*

piéger v. t. Conjugaison et sens.

1 Conjug. **18.** *Je piège,* mais *je piégerai, je piégerais.* Attention au *e* après le *g* devant *a* ou *o : il piégea, nous piégeons.*

2 L'emploi de *piéger* au sens figuré (*L'espion s'est fait piéger*) appartient à la langue technique des services de renseignements et à la langue des journaux. Dans le style soutenu, on préférera *prendre au piège.*

pie-grièche n. f. Oiseau. — Pl. : *des pies-grièches.*

pie-mère n. f. L'une des méninges. — Pl. : *des pies-mères.*

pierre n. f. Orthographe des expressions et dérivés.

1 Avec *pierre* plutôt au singulier : *bâtir en pierre de taille, édifice de pierre de taille, construire pierre à pierre, carrière de pierre, ne pas laisser pierre sur pierre, tailleur de pierre, geler à pierre fendre.*

2 Avec *pierre* plutôt au pluriel : *mur de pierres sèches.*

3 Sans trait d'union : *pierre à chaux, pierre à faux, pierre à feu, pierre à fusil, pierre à plâtre, pierre de touche,* etc.

4 Avec un *a* et un *p* minuscules : *l'âge de pierre.*

5 Dérivés : *pierraille, pierrée* n. f. (conduit de pierres sèches), *pierreries, pierreux, pierrier* n. m. (machine de guerre).

pierreries ▼ Ne s'emploie qu'au pluriel. Au singulier, on dit : *une pierre précieuse* ou *une gemme.*

pietà [pjeta] n. f. Œuvre d'art qui représente la Vierge tenant le Christ mort sur ses genoux. — Mot italien non francisé. Avec un accent grave sur le *a* et sans accent sur le *e*. — Invariable : *des pietà.* — Equivalent français : *Vierge de pitié.*

piété n. f. Finale en *-é.*

piétiner v. t. Avec un seul *n*. De même : *piétinement.*

piéton n. m. Comme nom, en principe, pas de féminin. — Comme adjectif, a un féminin *piétonne : porte piétonne,* réservée aux piétons (par opposition à *porte cavalière, charretière, cochère*). ▼ On recommande de dire : *rue piétonne,* plutôt que *rue piétonnière* (rue réservée aux piétons).

piètre adj. Avec un accent grave. De même : *piètrement.*

pieu n. m. — Pl. : *des pieux.*

pieuvre n. f. Nom usuel du *poulpe.* — Pas d'accent circonflexe.

pieux, pieuse adj. Plein de piété. — Ne pas écrire comme *un pieu,* un poteau. — Dérivé : *pieusement.*

piézo- [pjezo] Préfixe (du grec *piezein* « presser »). Les composés en *piézo* s'écrivent en un seul mot, sans trait d'union (*piézographe, piézographie, piézomètre, piézométrie, piézométrique*), sauf quand le deuxième élément commence par une voyelle : *piézo-électricité, piézo-électrique.*

pigeon n. m. Attention au *e* après le *g*. — Sans trait d'union : *pigeon voyageur, pigeon ramier.* — Deux *n* dans les dérivés : *pigeonnage, pigeonne, pigeonner, pigeonnier.* — Au sens figuré, pas de féminin : *Dans cette affaire, elle a été le pigeon* (= la dupe).

pigment n. m. Finale en *-ent.* Dérivés : *pigmentaire, pigmentation, pigmenté, pigmenter.*

1. pignon n. m. Partie d'un mur. — Au singulier dans *avoir pignon sur rue.* — Avec un trait d'union : *un clocher-pignon (des clochers-pignons).*

2. pignon n. m. Roue dentée.

3. pignon n. m. Graine comestible du pin pignon. — Sans trait d'union : *un pin pignon (des pins pignons),* pin parasol.

pile n. f. *ou* adv. Dans l'emploi adverbial (familier), toujours invariable : *Ils se sont arrêtés pile. Ils ont freiné pile. Ils sont tombés pile. A six heures pile.*

pilori n. m. Finale en *-i,* à la différence de *pilotis.*

pilote n. m. Orthographe des dérivés et des expressions.

1 Avec un seul *t*. De même : *pilotage, piloter, pilotin* (élève officier de la marine marchande).

2 Avec *essai* toujours au singulier : *un pilote d'essai (des pilotes d'essai).*

3 Sans trait d'union : *une classe pilote (des classes pilotes), un prix pilote (des prix pilotes), une ferme pilote (des fermes pilotes), une usine pilote (des usines pilotes), un lycée pilote (des lycées pilotes),* etc.

pilotis n. m. Finale en *-is,* à la différence de *pilori.*

pilou n. m. Etoffe. — Pl. : *des pilous.*

pimbêche n. f. Avec un accent circonflexe.

pin n. m. Sans trait d'union : *un pin parasol (des pins parasols), un pin pignon (des pins pignons).* — L'expression *pin pignon* est l'équivalent régional (Midi) de *pin parasol.*

pinacle n. m. Avec un seul *n*. Pas d'accent circonflexe.

pinasse n. f. Type de bateau. — Nullement péjoratif, malgré la finale en *-asse.*

pincée n. f. Finale en *-ée.*

pince-monseigneur ▷ monseigneur (5).

pincer v. t. Conjug. **17.** Le *c* prend une cédille devant *a* ou *o : il pinça, nous pinçons.*

pince-sans-rire n. m. *ou* adj. Toujours invariable : *des pince-sans-rire. Ils sont très pince-sans-rire.*

pincette n. f. Singulier ou pluriel.

1 Au singulier. Désigne une petit pince utilisée notamment par les horlogers : *Le vieil horloger prit sa pincette.*

2 Au pluriel. Désigne l'instrument à deux branches avec lequel on déplace les bûches dans une cheminée. — (locution familière) *Il n'est pas à prendre avec des pincettes :* il est très sale *ou* de très mauvaise humeur.

pinçon, pinson Ne pas écrire *un pinçon,* marque sur la peau qu'on a pincée, comme *un pinson,* oiseau.

pineau, pinot Deux noms masculins homophones.

1 pineau Mélange de jus de raisin frais et de cognac, spécialité des Charentes.

2 pinot (écrit parfois *pineau*) Cépage à petits grains : *Le pinot blanc, noir. Le pinot est cultivé notamment en Bourgogne.*

pinède n. f. Forêt de pins. — Ne pas dire **pinaie.*

Ping-Pong n. m. Nom déposé d'origine anglaise. Prononciation : [piŋpɔ̃g]. — Toujours invariable : *On a installé trois Ping-Pong.* — Ce mot, nom déposé, doit en principe s'écrire avec des majuscules. Cet usage n'est pas toujours respecté, car la marque est tombée dans le domaine public. Le nom commun, dénomination officielle, est *tennis de table.*

pinnule n. f. Partie d'une alidade. — Avec deux *n.*

pinot, pineau ▷ pineau.

pinson, pinçon Ne pas écrire *un pinson,* oiseau, comme *un pinçon,* marque sur la peau qu'on a pincée.

pin-up ou **pin up** n. f. *(anglicisme)* Prononciation : [pinœp]. — Invariable : *des pin-up* ou *des pin up.* — La graphie *pin-up* semble la plus répandue.

piolet n. m. Outil d'alpiniste. — Finale en *-et.*

pionnier, ière Orthographe, féminin, emploi adjectival.

1 Avec deux *n.*

2 Le féminin *pionnière* est rare : *Les pionnières du Far West avaient une vie fort rude.* — Au figuré, pour parler d'une femme, on dit plutôt *un pionnier : La suffragette anglaise Emmeline Pankhurst fut un pionnier du féminisme.*

3 Peut s'employer adjectivement : *Le front pionnier. La zone pionnière* (termes de géographie).

pioupiou n. m. *(vieilli, familier)* Jeune soldat français. — En un seul mot, sans trait d'union. — Pl. : *des pioupious.*

pipeline ou **pipe-line** n. m. Anglicisme qui tend à vieillir. Remplacé par *gazoduc* et par *oléoduc.* —Prononciation : [piplin], plutôt que [pajplajn]. — La graphie *pipeline* est préconisée par l'Administration, mais l'usage réel lui préfère *pipe-line.* — Pl. : *des pipelines, des pipe-lines.* — Dérivé : *pipelinier* [piplinje] n. m. (technicien de la construction des oléoducs).

piquage n. m. Avec *-qu-.*

piquant, ante adj. *ou* n. m. Avec *-qu-.*

pique Le genre varie selon le sens.

1 Féminin. Au sens de « arme terminée par un fer aigu » *(Une longue pique)* et de « mésentente légère » *(Il y a eu une petite pique entre les deux cousines).*

2 Masculin. Au sens de « couleur du jeu de carte » *(J'ai joué un pique).*

pique-assiette n. m. *ou* f. Invariable : *Des pique-assiette.*

pique-bœuf [pikbœf] n. m. Oiseau. — Pl. : *des pique-bœufs* [pikbø].

pique-feu n. m. Invariable : *des pique-feu.*

pique-nique n. m. — Pl. : *des pique-niques.* — Dérivés : *pique-niquer, pique-niqueur, euse (des pique-niqueurs, euses).*

piquer v. t. Toujours avec *-qu-,* même devant *a* ou *o : il piqua, nous piquons.*

piquet n. m. Finale en *-et.*

piqueter v. t. Conjug. **14.** *Je piquette.* — Dérivé : *piquetage.*

piqueur, piqueux Deux noms masculins à bien distinguer.

1 piqueur Deux sens.

a/ Dans une écurie, celui qui surveille les valets et s'assure qu'ils soignent correctement les chevaux.

b/ Valet qui s'occupe des chevaux d'un équipage de chasse.

2 piqueux (altération de *piqueur*) Valet de chiens qui, à cheval, accompagne et dirige la meute pendant une chasse à courre : *Le premier piqueux. Le deuxième piqueux.*

piquier n. m. Autrefois, soldat armé d'une pique.

piqûre n. f. ▼ Avec un accent circonflexe sur le *u*.

piqûre, morsure ▷ morsure.

pirate n. m. *ou* adj. Orthographe et expressions.

1 Avec une seul *t*. De même : *pirater, piraterie.*

2 Sans trait d'union : *une émission pirate (des émissions pirates), une édition pirate (des éditions pirates)*, etc.

pirate, corsaire ▷ corsaire.

pire et **pis** [pi] En principe, *pire* est adjectif, *pis* est adverbe.

I Pire et **plus mauvais**. Les formes synthétiques *pire* et *le (la) pire* peuvent remplacer *plus mauvais(e), le plus mauvais, la plus mauvaise,* mais non dans tous les cas.

1 Au sens de « méchant, pervers », on emploie généralement *pire, le (la) pire : Ce garçon est un voyou, mais son frère est pire. Ces trois sœurs sont dévergondées, mais l'aînée est la pire.*

2 Au sens de « dangereux, nuisible », on emploie généralement *pire, le (la) pire : Pour la santé, les apéritifs sont pires que l'eau-de-vie. De ces quatre drogues, l'héroïne est la pire.*

3 Au sens de « défectueux » ou de « de mauvaise qualité », on emploie plutôt *plus mauvais(e), le plus mauvais, la plus mauvaise* si l'on parle d'une réalité matérielle, et *pire, le (la) pire* si l'on parle d'une réalité immatérielle, morale : *J'ai une vue médiocre, celle de mon frère est encore plus mauvaise. De nous trois, c'est moi qui ai la plus mauvaise vue. Dans un tel cas, l'excuse serait pire que la faute. C'est la pire solution que vous puissiez choisir.* — Cette distinction n'a cependant rien d'absolu, et l'on dira bien : *Le déjeuner d'aujourd'hui est pire que celui d'hier. Cette solution serait la plus mauvaise.*

4 Dans les proverbes, on emploie généralement *pire : Il n'est pire sourd que celui qui ne veut pas entendre.*

5 Quand il y a une opposition à *meilleur*, on emploie généralement *pire, le (la) pire : Les gens de maintenant sont-ils meilleurs ou pires que les gens d'autrefois ? Le meilleur compagnon qu'on puisse avoir, c'est un camarade loyal, le pire, c'est un camarade fourbe.*

6 Quand on veut éviter la répétition de *mauvais*, on emploie *pire, le (la) pire : Son premier roman était mauvais, son nouveau livre est pire. Le moins mauvais hôtel de cette ville, c'est celui où vous logez, le pire, c'est celui où je suis descendu.*

7 Quand on veut éviter un rapprochement fâcheux (*mauvais/mal ; mauvaise/faute ; mauvaise/erreur,* etc.), on emploie généralement *pire, le (la) pire : Cette seconde erreur est pire que la première.* (On ne dirait guère *Cette seconde erreur est *plus mauvaise que...*). *De ces trois maux, le pire est la maladie.* (On ne dirait guère *De ces trois maux, le *plus mauvais...*).

II Pis et **plus mal**. Les formes synthétiques *pis* et *le pis* peuvent remplacer *plus mal, le plus mal,* mais non dans tous les cas.

1 Avec un participe-adjectif, on ne peut employer que *plus mal, le (la) plus mal : Cette maison est plus mal construite que la mienne. Des deux maisons, la sienne est la plus mal construite.*

2 Normalement, avec un verbe, on ne peut employer que *plus mal, le plus mal* (sauf dans certaines expressions) : *Il travaille plus mal que son frère. Des quatre sœurs, c'est Henriette qui réussit le plus mal.*

3 Employé adverbialement, *pis* n'est usité à la place de *plus mal* que dans quelques expressions : *aller de mal en pis* (usuel), *aller de pis en pis* (vieilli), *il a fait pis, au pis aller.*

III Emplois pléonastiques. On évitera les pléonasmes populaires **plus pire, *plus pis* et l'on dira *encore pire, encore pis.* De même, on évitera les tours incorrects **moins pire, *moins pis,* qui, dans la langue populaire, équivalent à *moins mauvais, moins mal.*

IV Pire (comparatif ; toujours adjectif).

1 Emplois corrects. Peut être employé comme épithète *(Des difficultés encore pires l'attendaient),* ou bien comme attribut d'un nom ou d'un pronom autre qu'un pronom neutre *(Pour les agriculteurs, la sécheresse est pire que les pluies excessives. Je connais ce garçon, il est pire que son frère).* ▼ Ne pas employer *pis* dans ces cas.

2 Emplois considérés comme fautifs. Selon la règle stricte, *pire* ne peut se rapporter à un pronom neutre. Cette règle n'est pas appliquée dans l'usage courant. Dans la langue très surveillée, on n'écrira pas *ce qui est pire* (mais *ce qui est pis*), *c'est pire encore* (mais *c'est pis encore*), *ce qu'il y a de pire* (mais *ce qu'il y a de pis*), *rien de pire* (mais *rien de pis*), *quelque chose de pire* (mais *quelque chose de pis*). — De même, on écrira : *Pourvu qu'il ne nous arrive pas pis. Il s'attendait à pis* (voir ci-dessous V, 3).

3 Emplois nettement fautifs. L'adjectif comparatif *pire* ne peut jamais être employé comme adverbe. On évitera les formes populaires **tant pire* (pour *tant pis,* forme correcte), **de mal en pire* (pour *de mal en pis*).

4 Pire que... ne. Dans la langue soignée, on n'omettra pas le *ne* explétif dans la proposition qui suit *pire que : Ce fléau était pire qu'on ne le croyait.* ▼ Si la première proposition est négative ou interrogative, ce *ne* est souvent omis : *Ce fléau n'est pas pire qu'on le croit.*

V Pis (comparatif ; adverbe qui s'emploie aussi comme adjectif ou comme nom).

1 Emploi adverbial. Dans quelques expressions (voir ci-dessus, II, 3) : *aller de mal en pis* (et non **de mal en pire*), *aller de pis en pis, il a fait pis, au pis aller.*

2 Emploi adjectif. La forme *pis* doit s'employer à la place de *pire* quand le mot se rapporte à un pronom neutre (voir ci-dessus IV, 2), du moins dans la langue écrite très surveillée : *ce qui est pis* (mieux que *ce qui est pire*), *c'est pis encore* (mieux que *c'est pire encore*), *c'est bien pis* (mieux que *c'est bien pire*), *ce qu'il y a de pis* (mieux que *ce qu'il y a de pire*), *rien de pis* (mieux que *rien de pire*), *quelque chose de pis* (mieux que *quelque chose de pire*), *qui pis est.* ▼ Quand le mot est épithète ou qu'il est attribut se rapportant à un nom ou à un pronom non neutre, on doit employer *pire* et non *pis* (voir ci-dessus IV, 1) : *Cette solution est pire que l'autre* (et non *est *pis que l'autre*). *Je connais ce garçon, il est pire que son frère* (et non *il est *pis que son frère*).

3 Emploi nominal. Dans quelques expressions : *Il s'attendait à pis. Pourvu qu'il ne nous arrive pas pis.* ▼ Dans ces cas l'emploi de *pire* serait moins correct.

4 Expressions inusitées. Les grammaires indiquent comme correctes des expressions qui, en fait, sont inusitées dans l'usage moderne : *Le malade est pis que jamais* (alors qu'on dit *va plus mal que jamais*). *Ils sont pis que jamais ensemble. Celui-ci est mal, l'autre est pis. Par crainte de pis.*

5 Pis que... ne. Dans la langue soignée, on n'omettra pas le *ne* explétif dans la proposition qui suit *pis que : C'est encore pis que je ne le pensais.* ▼ Si la première proposition est négative ou interrogative, le *ne* est souvent omis : *Ce n'est pas pis que je le pensais.*

VI Le pire (superlatif relatif ; adjectif ou employé comme nom).

1 Emploi adjectif. S'emploie très correctement comme épithète (*Il a commis les pires erreurs. Les pires mésaventures lui sont arrivées*).
— En dehors de cet emploi comme épithète, *le pire (la pire)* peut s'employer s'il se rapporte à un nom *(Cette solution est la pire de toutes)* ou à un pronom qui n'est pas un pronom neutre *(Des trois solutions, celle-ci est la pire. Des quatre bandits, il était le pire)* ou encore dans

la locution *c'est le pire (c'est la pire)* quand *le pire (la pire)* se rapporte à une ou à plusieurs personnes ou choses précises et non à une proposition *(Des trois solutions, c'est la pire. Elle est vicieuse, sournoise et méchante ; des trois sœurs, c'est la pire. De tous les criminels, ce sont les pires).* ▼ On ne confondra pas les tours ci-dessus avec les tours dans lesquels le mot renvoie non à une ou à plusieurs personnes ou choses précises mais à une proposition *(C'est le pis de tout).* Voir ci-dessous VII, 1.

2 Emploi nominal. On emploie *le pire,* et non *le pis,* quand le mot est lié ou opposé à un ou à plusieurs autres adjectifs substantivés : *Dans cette œuvre, on trouve le meilleur et le pire. Pour le meilleur et pour le pire. Le mauvais et le pire.*
— Peut s'employer aussi tout seul : *Pourquoi supposer le pire ? Le pire n'est pas toujours certain. Le pire peut arriver.* ▼ Dans la langue très surveillée, on n'écrira pas *le pire de tout* (mais *le pis de tout*), *ce qu'il y a de pire* (mais *ce qu'il y a de pis*), *le pire est que...* (mais *le pis est que...*), *le pire qui puisse arriver* (mais *le pis qui puisse arriver*), *le pire qu'on puisse faire* (mais *le pis qu'on puisse faire*). Voir ci-dessous VII, 1.

3 Le pire... qui, que. Après ces locutions, on emploie normalement le subjonctif : *C'est le pire imbécile que j'aie rencontré. La pire mésaventure qui puisse arriver à quelqu'un.* On peut parfois employer l'indicatif pour insister sur la réalité du fait *(C'était la pire solution qu'on nous avait proposée)* ou au conditionnel pour exprimer une hypothèse *(Ce serait la pire solution qu'on pourrait nous proposer).* Il sera plus sûr cependant d'employer le subjonctif.

4 Des pires. Que le nom soit au singulier ou au pluriel, l'adjectif *pire* se met normalement au pluriel : *Ces seigneurs étaient des brigands, et des pires. Ce garçon était un voyou, et des pires.*

VII Le pis (superlatif relatif).

1 Dans la langue surveillée, s'emploie à la place de *le pire* devant le verbe *être (Le pis est que...)* et dans les expressions du type : *Ce qu'il y a de pis, le pis qui puisse arriver, le pis qu'on puisse faire.* On écrira notamment : *le pis de tout,* et non *le pire de tout.* En fait, l'usage est assez flottant et l'on dit : *Le pire n'est pas toujours certain,* et non *Le *pis n'est pas toujours certain.*

2 Le pis qui, le pis que. Est généralement suivi du subjonctif *(Le pis qui puisse arriver. Le pis qu'on puisse faire),* parfois de l'indicatif ou du conditionnel (mêmes règles que pour *le pire que ;* voir ci-dessus VI, 3).

pirogue n. f. Avec un seul *r.* De même : *piroguier.*

pirouette n. f. Avec un seul *r* et deux *t*. De même : *pirouettement, pirouetter.*

1. pis ▷ **pire.**

2. pis n. m. Mamelle de la vache, de la brebis, de la chèvre. — Prononciation : [pi].

pis aller, pis-aller Attention au trait d'union.

1 Au pis aller [pizale] (sans trait d'union) loc. adv. En admettant, en considérant l'hypothèse la plus défavorable : *Au pis aller, si je suis en retard, le travail sera fini le 15 octobre.*

2 Un pis-aller [pizale] (avec un trait d'union) n. m. Ce dont on se contente faute de mieux : *Faute de trouver une véritable situation, il a accepté cet emploi à mi-temps, mais ce n'est qu'un pis-aller.* — Invariable : *des pis-aller.*

pisciculture n. f. Elevage des poissons. — Avec *-sc-*. De même : *pisciculteur, pisciforme, piscivore.*

piscine n. f. Avec *-sc-*.

pisé n. m. Matériau de construction. Finale en *-é*.

pistache n. f. *ou* adj. Comme nom, prend la marque du pluriel : *Manger des pistaches.* — Comme adjectif de couleur, toujours invariable : *Des robes pistache. Des rideaux vert pistache* (sans trait d'union). — Dérivé : *pistachier.*

pistil n. m. Partie de la fleur. — Prononciation : [pistil]. — Finale en *-il*.

pistole n. f. Ancienne monnaie. — Avec un seul *l*.

pistolet n. m. On écrit maintenant avec un trait d'union : *un pistolet-mitrailleur (des pistolets-mitrailleurs).*

piston n. m. Deux *n* dans les dérivés : *pistonné, pistonner.*

pistou n. m. *Soupe au pistou.* — Finale en *-ou* (sans *-x*).

pitance n. f. Finale en *-ance*.

pitchpin n. m. Bois d'ébénisterie. — Prononciation : [pitʃpɛ̃].

pithécanthrope n. m. Hominidé fossile. — Avec deux fois *-th-*.

pithiatisme n. m. (terme de psychiatrie) Avec *-th-*, puis *t*. De même : *pithiatique.*

pitié n. f. Finale en *-é*.

piton, python Ne pas écrire *un piton*, crochet, sommet isolé, comme *un python*, serpent.

pitoyable adj. Prononciation et sens.

1 Bien prononcer [pitwajabl(ə)], et non *[pitɔjabl(ə)]*. De même : *pitoyablement* [pitwajabləmɑ̃].

2 Au sens de « qui éprouve de la pitié, qui est enclin à la pitié », est vieilli et littéraire : *Une âme pitoyable et compatissante. La bonne dame était fort pitoyable aux pauvres.* — De nos jours, signifie « digne de pitié » *(Un dénuement pitoyable)* ou « très médiocre » *(Un résultat pitoyable).*

pitre n. m. ▼ Sans accent circonflexe. De même : *pitrerie.*

pittoresque adj. Avec deux *t*. De même : *pittoresquement.*

pituite n. f. — Pas de *t* double. Dérivés : *pituitaire, pituiteux.*

pivert ▷ **picvert.**

pivot n. m. Finale en *-ot*. — Dérivés (avec un seul *t*) : *pivotant, pivoter.*

pizza n. f. Mot italien francisé. — Prononciation : [pidza]. Pl. (en français) : *des pizzas* [-dza]. — De même : *pizzeria* [pidzeʀja]. Pl. : *des pizzerias* [-ʀja].

pizzicato n. m. (terme de musique) Mot italien. — Prononciation : [pidzikato]. Pl. : *des pizzicati*, plutôt que *des pizzicatos* [-to].

placage, plaquage Deux dérivés masculins de *plaquer* à distinguer par la graphie.

1 placage Action de placer une plaque de matière plus précieuse sur une autre matière. — *(par extension)* Cette couche ou cette plaque elle-même : *Le placage de marbre est tombé par endroits.* — *(figuré) Le placage d'une mythologie de convention sur un sujet moderne.*

2 plaquage Au rugby, action de plaquer son adversaire. — *(familier)* Abandon d'un homme par sa maîtresse ou d'une femme par son amant.

place n. f. Usage de l'article et expressions.

1 On dit : *en lieu et place de* (langue du droit et de la procédure) et *au lieu et place de* (langage usuel). ▼ On dit toujours, avec le possessif : *en son lieu et place.*

2 On dit : *remettre quelqu'un à sa place* (riposter à ses paroles déplacées), et non **mettre quelqu'un à sa place* ni **remettre quelqu'un en place.*

3 Au pluriel dans *par places : Par places, le gazon était pelé.* — Au singulier dans *de place en place : De place en place, de maigres buissons se dressaient sur la steppe.*

4 Avec un trait d'union : *la grand-place,* la place principale d'une ville. — Sans trait d'union : *rester sur place, faire du sur place (Quel encombrement ! Nous allons faire du sur place pendant une heure !).* On rencontre cependant aussi les orthographes, d'ailleurs plus logiques : *faire du sur-place (dans un encombrement), faire du surplace (dans une course cycliste sur piste).*

5 Avec un *p* minuscule : *La place de la Concorde, la place Vendôme, la place Bellecour, la place Rouge,* etc. — Avec un *p* minuscule : *la place Beauvau,* place de Paris *(Les deux voitures se sont accrochées place Beauvau).* Avec un *P* majuscule : *la Place Beauvau,* le ministère de l'Intérieur *(La Place Beauvau avait donné des consignes aux préfets pour les élections).*

placebo n. m. Médicament fictif. — Mot latin (littéralement « je plairai »). — Prononciation : [plasebo]. — Pas d'accent sur le *e*. — Pl. : *des placebos* [-bo].

placenta n. m. Prononciation : [plasɛ̃ta]. — Pl. : *des placentas* [-ta]. — Dérivés : *placentaire* [plasɛ̃tɛʀ], *placentation* [plasɛ̃tasjɔ̃].

1. placer v. t. Mettre en place. — Conjug. **17.** Le *c* prend une cédille devant *a* ou *o* : *il plaça, nous plaçons.* — Dérivés : *placement, placeur.*

2. placer n. m. Gisement aurifère. — Mot espagnol francisé. Prononciation : [plasɛʀ]. — Pl. : *des placers* [-sɛʀ].

placet n. m. *(autrefois)* Billet, demande d'une faveur. — Mot latin entièrement francisé. — Prononciation : [plasɛ]. — Pl. : *des placets* [-sɛ].

plafond n. m. Orthographe, dérivés et expressions.

1 Avec un *d* final.

2 Deux *n* dans les dérivés : *plafonnage, plafonné, plafonnement, plafonner, plafonneur, plafonnier.*

3 Avec un trait d'union : *bridge-plafond.* — Sans trait d'union : *prix plafond (des prix plafonds).*

plagiat n. m. Finale en *-at.* — Dérivés : *plagiaire* (ne pas dire **plagieur*), *plagier.*

plaid Deux noms masculins homographes à bien distinguer par la prononciation.

1 plaid [plɛ] *(histoire)* Assemblée, chez les Francs. — *(vieux)* Procès, plaidoirie.

2 plaid [plɛd] Couverture de voyage.

plaider Les constructions transitives *plaider la folie, l'irresponsabilité, la légitime défense,* etc. sont parfaitement admises, ainsi que les expressions (traduites de l'anglais) *plaider coupable, plaider non coupable (Ils plaident coupables, non coupables).*

plaidoirie n. f. ▼ Pas de *e* après *oi*.

plaidoirie, plaidoyer Deux noms à bien distinguer.

1 plaidoirie n. f. Désigne le discours de l'avocat : *La plaidoirie de Me Durand était très solidement construite.* Ne peut s'employer au sens figuré.

2 plaidoyer [plɛdwaje] n. m. Désigne le discours de l'avocat, en insistant sur l'idée de défense plus que ne le fait le mot *plaidoirie.* Apporte aussi une nuance affective plus marquée : *L'émouvant plaidoyer de Me Martin a permis l'acquittement de l'accusé.* — Peut s'employer au figuré : *Ce livre est un vibrant plaidoyer en faveur des déshérités.*

plaie n. f. Toujours au pluriel dans : *ne rêver que plaies et bosses* [plɛzebɔs].

plain adj. m. (du latin *planus* « plat, plan, uni ») Adjectif vieux. S'emploie encore en héraldique *(écu plain,* sans figure ni partition) et dans les expressions *plain-chant* et *de plain-pied.* ▼ Ne pas écrire comme *plein* « rempli ».

plain-chant n. m. Chant liturgique de l'Eglise catholique. — Pl. : *des plains-chants.* ▼ Ne pas écrire **plein-chant.*

plaindre v. t. Conjugaison, accord du participe passé, constructions.

I Conjug. **83.** *Je plains, tu plains, il plaint, nous plaignons, vous plaignez, ils plaignent.* — *Je plaignais, tu plaignais, il plaignait, nous plaignions, vous plaigniez, ils plaignaient.* — *Je plaignis.* — *Je plaindrai.* — *Je plaindrais.* — *Plains, plaignons, plaignez.* — *Que je plaigne, que tu plaignes, qu'il plaigne, que nous plaignions, que vous plaigniez, qu'ils plaignent.* — *Que je plaignisse.* — *Plaignant.* — *Plaint, plainte.* Attention au *i* après le groupe *-gn-* à la première et à la deuxième personne du pluriel de l'indicatif imparfait et du subjonctif présent : *(que) nous plaignions, (que) vous plaigniez.*

II A la forme pronominale, accord du participe passé avec le sujet : *Ces jeunes femmes se sont plaintes du bruit excessif.*

III Constructions.

1 Se plaindre que. Se construit le plus souvent avec le subjonctif *(Il se plaint qu'on* *l'ait critiqué injustement),* plus rarement avec l'indicatif *(Allons ! Plaignez-vous que la mariée est trop belle !).*

2 Se plaindre de ce que. Se construit le plus souvent avec l'indicatif *(Il se plaint de ce qu'on l'a gêné dans ses initiatives),* plus rarement et moins bien avec le subjonctif *(Il se plaint de ce que certains aient entravé son action).* ▼ Dans le style soutenu, on préférera *se plaindre que* à *se plaindre de ce que.*

3 Plaindre sa peine, son temps, son argent. Vieilli et provincial. S'emploie surtout dans des tours négatifs : *Certes, le brave homme est dur à la besogne, il ne plaint pas sa peine !*

plaine, pleine Ne pas écrire *une plaine,* grande étendue plate, comme *pleine,* féminin de *plein,* empli : *La plaine était pleine de paysans au travail.*

plain-pied (de) loc. adv. *Le jardin est de plain-pied avec la salle de séjour.* Ne pas écrire de **plein-pied* ▷ **plain.**

plainte n. f. On dit, sans article, *porter plainte,* mais, avec l'article, *déposer une plainte.* ▼ A distinguer de l'homophone *plinthe,* planche au bas d'un mur.

plaintif, ive adj. Avec *-ain-,* comme *plainte.* De même : *plaintivement.*

plaire v. t. ind. *ou* v. pron. Conjugaison, participe passé, constructions.

I Conjug. 55. *Je plais, tu plais, il plaît, nous plaisons, vous plaisez, ils plaisent. — Je plaisais. — Je plus. — Je plairai. — Je plairais. — Plais, plaisons, plaisez. — Que je plaise. — Que je plusse. — Plaisant. — Plu.* ▼ Accent circonflexe sur *i* à la troisième personne du singulier de l'indicatif présent : *il plaît.*

II Participe passé toujours invariable : *Ses manières m'ont plu. Ces jeunes filles se sont plu en notre compagnie. Elles se sont plu mutuellement.*

III Constructions et expressions.

1 Ce qui me plaît, ce qu'il me plaît ▷ ce 2 (IX, 3).

2 Ça lui plaît de + infinitif. Tour usuel et familier. L'équivalent soutenu est *il lui plaît de : Il lui plaît de passer pour un homme froid et insensible.* Dans la langue écrite, on évitera *Ça lui plaît de passer...*

3 Plaît-il ? Formule un peu vieillie destinée à faire répéter une phrase qu'on a mal entendue. L'équivalent moderne est *pardon ? : Pardon ? Vous disiez que...*

4 Plaise à Dieu, plaise au Ciel que + subjonctif. Exprime un souhait : *Plaise à Dieu que notre ami soit averti à temps !*

5 Plût à Dieu, plût au Ciel que + subjonctif. Exprime un regret : *Plût à Dieu que notre ami fût encore vivant !*

6 A Dieu ne plaise que + subjonctif. Exprime un refus ou une désapprobation énergique : *A Dieu ne plaise que je me fasse le complice d'une telle action !*

7 Ce qu'à Dieu ne plaise. Exprime le souhait qu'une chose ne se produise pas : *S'il échouait, ce qu'à Dieu ne plaise, il aurait la ressource de s'adresser à ses amis.*

plaisamment adv. Finale en *-amment* (vient de *plaisant*).

plaisant, ante adj. Le sens varie selon la place de l'adjectif.

1 Devant le nom. *(vieilli et péjoratif)* Ridicule, étrange : *Ah ! la plaisante idée que de vouloir trancher du gentilhomme quand on est le fils d'un marchand !*

2 Après le nom *(moderne et non péjoratif)* Agréable ou amusant : *Ce petit appartement est très plaisant. Une histoire, une anecdote plaisante.*

plaisir n. m. Deux expressions à bien distinguer.

1 à plaisir *(correct)* Autant que l'on veut, selon son caprice, en grande quantité : *Ce romancier accumule à plaisir les événements rocambolesques dans ses ouvrages.*

2 au plaisir Formule populaire, condamnée par le bon usage, qui est la forme abrégée de *au plaisir de vous revoir.* On dira plutôt d'ailleurs : *au revoir.*

1. plan adj. Uni, non gauchi. — Un seul *n* dans le féminin *plane : Une surface plane.*

2. plan n. m. Attention à certaines expressions.

1 On écrit : *être en plan, rester en plan, laisser en plan,* et non *en *plant.*

2 On dira et on écrira : *sur le plan de,* et non *au plan de,* forme fautive due à l'influence de *au niveau de.* — On n'abusera pas d'ailleurs de *sur le plan de.* Pour varier, on pourra employer *dans le domaine de, en matière de, en ce qui concerne, pour,* etc. : *Pour le style, Flaubert l'emporte sur Balzac,* mieux que *Sur le plan du style, Flaubert l'emporte...* ▼ On évitera les tours elliptiques du genre *sur le plan musique* et l'on écrira : *sur le plan musical* ou, mieux encore, *dans le domaine musical, en ce qui concerne la musique,* etc.

plan, plant Ne pas écrire *plan,* dessin, projet *(Le plan d'un édifice. Le plan des opérations),* comme *plant,* végétal *(Un plant de laitue).*

planche n. f. Dérivés : *planchéiage, planchéier* v. t. (conjug. 20), *plancher, planchette.*

plancher n. m. Finale en *-er.* Sans trait d'union : *prix plancher (des prix planchers).*

plan-concave adj. Seul le second élément prend la marque du pluriel : *Des lentilles plan-concaves.*

plan-convexe adj. Seul le second élément prend la marque du pluriel : *Des lentilles plan-convexes.*

plancton n. m. Bien prononcer : [plɑ̃ktɔ̃], en faisant entendre le *c.*

1. plane ▷ plan 1.

2. plane n. f. Outil de menuisier. — Avec un seul *n.*

planéité n. f. Caractère de ce qui est plan, uni. — Pas de tréma.

planer v. t. ou v. i. Avec un seul *n.*

planète n. f. Avec un accent grave, à la différence de *planétaire, planétarium.*

planétarium n. m. Avec un accent aigu. — Prononciation : [planetaʀjɔm]. — Pl. : *des planétariums.*

planeur n. m. Avec un seul *n.*

planifier v. t. Orthographe et conjugaison.

1 Avec un seul *n.* De même : *planificateur, planification.*

2 Conjug. 20. Double le *i* à la première et à la deuxième personne du pluriel de l'indicatif imparfait et du subjonctif présent : *(que) nous planifiions, (que) vous planifiiez.*

planisme n. m. Théorie économique. — Avec un seul *n.*

planisphère Orthographe, genre et sens.

1 Avec un seul *n.*

2 ▼ Masculin : *Un planisphère ancien.*

3 Un *planisphère* est, comme la *mappemonde,* une représentation plane de la sphère terrestre, à la différence du *globe terrestre,* qui est un objet en forme de sphère.

planning n. m. Mot anglais.

1 ▼ Avec deux *n.* — Prononciation : [planiŋ]. — Pl. : *des plannings* [-niŋ].

2 Pour remplacer cet anglicisme, on pourra employer, selon les cas, les équivalents français *calendrier, emploi du temps, plan, programme, tableau de fabrication* ou *de réalisation, planification.*

3 A *planning familial,* on pourra préférer les expressions françaises *maternité volontaire* ou *régulation des naissances.* On évitera l'anglicisme ambigu *contrôle des naissances.*

plant, plan Ne pas écrire *un plant,* végétal *(Un plant de laitue),* comme l'adjectif *plan,* non courbe, non gauchi, uni *(Un miroir plan),* ni comme *un plan,* dessin, projet *(Le plan d'un édifice. Le plan des opérations).*

plantain n. m. Plante. — Finale en *-ain.*

plante n. f. Végétal. — Avec un *J* et un *P* majuscules : *Le Jardin des Plantes.*

plantoir n. m. Finale en *-oir.*

plantureux, euse adj. Avec *-an-.* De même : *plantureusement.*

plaquage, placage ▷ placage.

plaquer v. t. Toujours *-qu-,* même devant *a* ou *o : il plaqua, nous plaquons.*

plasma n. m. Finale en *-a* (non en **at).* De la même famille : *plasmatique, plasmolyse.*

plastic, plastique Ne pas écrire *du plastic,* explosif *(Une bombe au plastic),* comme *du plastique,* de la matière plastique *(Le plastique est plus léger, mais moins solide que le métal),* ni comme *un plastique,* emballage en matière plastique *(J'ai recouvert ma valise d'un plastique),* ni comme *la plastique,* l'anatomie *(Cette danseuse a une belle plastique).*

plasticage ou **plastiquage** n. m. Attentat ou destruction au plastic. — Les deux graphies sont admises.

plastron n. m. Deux *n* dans le dérivé : *plastronner.*

1. plat adj. Un seul *t* dans le féminin *plate.* — Sans trait d'union : *à plat.* — Expression semi-familière : *eau plate,* eau non gazeuse.

2. plat n. m. Récipient : *Un plat de faïence.*

platane n. m. Avec un seul *t* et un seul *n.*

plat-bord n. m. (terme de marine) Pl. : *des plats-bords.*

plat de côtes, plates côtes Pas de trait d'union. — Les deux formes existent, mais on dira *du plat de côtes* plutôt que *des plates côtes.*

1. plate adj. Féminin de *plat* ▷ **plat 1.**

2. plate n. f. Plaque d'une armure ; petit bateau. — Avec un seul *t*. — Au pluriel dans : *une armure de plates,* formée de plaques rigides.

plate-bande n. f. — Pl. : *des plates-bandes.*

plate-forme n. f. — Pl. : *des plates-formes.*

platine Deux noms homonymes qui ne sont pas du même genre.

1 Une platine Plaque métallique : *La platine d'un pistolet, d'une serrure, d'une montre, d'un miscroscope,* etc. *Une platine ronde.*

2 Le platine Métal précieux : *Le platine est blanc et non pas jaune.*

plâtre n. m. Avec un accent circonflexe. De même : *plâtrage, plâtras, plâtrer, plâtrerie, plâtreux, plâtrier, plâtrière.*

play-back n. m. inv. (anglicisme de la langue du cinéma et de la télévision) Prononciation : [plɛbak]. — Equivalents français : *postsonorisation* (si le son est ajouté à une image muette filmée auparavant), *présonorisation* (si le son a été enregistré avant la prise de vues).

plèbe n. f. Avec un accent grave, à la différence de *plébéien, ienne.*

plébiscite n. m. Attention au groupe *-sc-.* De même : *plébiscitaire, plébisciter.*

pléiade n. f. Orthographe, emploi de la majuscule et sens.

1 ▼ Avec accent aigu sur le *e.* Pas de tréma.

2 Avec un *P* majuscule : *les Pléiades,* groupe d'étoiles dans la constellation du Taureau ; *la Pléiade,* groupe de sept poètes grecs d'Alexandrie (IIIe siècle avant J.-C.) *ou* groupe de sept poètes français du XVIe siècle. — Avec un *p* minuscule au sens figuré de « petit groupe de gens remarquables » : *Cette pièce est interprétée par une pléiade d'acteurs de premier rang.*

3 Le nom *pléiade* n'a aucun rapport avec *myriade* et ne doit jamais désigner un groupe nombreux. On peut dire : *Une pléiade de jeunes historiens a participé à cet ouvrage collectif* (= un petit groupe d'historiens). On ne dira pas

en revanche : *L'Ecole normale supérieure a formé des pléiades d'intellectuels de valeur* (= un très grand nombre).

plein, pleine adj. Orthographe, emplois particuliers et expressions.

I Orthographe.

1 Avec *-ei-.* De même : *pleinement.* — Les autres dérivés s'écrivent avec *é* : *plénier, plénitude* et aussi *plénipotentiaire, plénum.*

2 Ne pas écrire *plein* (empli) comme *plain* (plan, uni). Ne pas écrire **plein-chant, de *plein-pied,* mais *plain-chant, de plain-pied.*

3 Toujours au pluriel dans : *à pleins bords.*

II Emplois prépositionnels et emploi adverbial.

1 Toujours invariable dans les tours suivants : *Il a du sable plein les cheveux. Ils ont des billets de banque plein les poches* (à distinguer de l'emploi adjectif *Leurs cheveux sont pleins de sable* et *Leurs poches sont pleines de billets).* Dans la langue soutenue, on préférera l'emploi adjectif *(... sont pleins de sable, ... sont pleines de billets)* au tour *plein les cheveux, plein les poches.*

2 Toujours invariable aussi dans les tours suivants : *Il y a plein (il y a tout plein) de feuilles mortes dans la cour. J'ai vu plein de belles villas au bord de la mer.* Ce tour est nettement familier. Dans la langue soutenue, on écrira *beaucoup de : Il y a beaucoup de feuilles mortes... J'ai vu beaucoup de belles villas...*

3 Toujours invariable aussi dans le tour *Elles sont tout plein gentilles* ou *Elles sont gentilles tout plein* Ce tour est populaire. Dans le registre normal, on dira *très, tout à fait : Elles sont très gentilles* ou *tout à fait gentilles.*

III Expressions.

1 En plein dans, sur. Expressions familières qui équivalent à *juste, exactement : Il a mis la balle en plein dans la cible. Le parachutiste s'est posé en plein sur la terrasse. Je suis tombé en plein sur le bon numéro.*

2 La mer bat son plein ▷ **battre** (2).

plein-emploi ou **plein emploi** n. m. Les deux graphies sont admises, mais *plein-emploi* tend à se généraliser. — Prononciation : [plɛnãplwa].

plein temps, plein-temps Des expressions à bien distinguer par la graphie.

1 A plein temps (sans trait d'union) loc. adv. A temps complet : *Il travaille à plein temps comme correcteur.* — On dit aussi : *à temps plein.*

2 Un plein-temps (avec un trait d'union) n. m. Travail à temps complet. — Pl. : *des pleins-temps.*

3 Un médecin plein-temps (avec un trait d'union) Médecin qui travaille à temps complet dans un hôpital. ▼ Invariable : *des médecins plein-temps, des chirurgiens plein-temps.*

plein vent, plein-vent Deux expressions à bien distinguer par la graphie.

1 En plein vent (sans trait d'union) loc. adv. *Allumer du feu en plein vent. Arbre fruitier planté en plein vent.*

2 Un plein-vent (avec un trait d'union) n. m. Arbre fruitier à l'écart de toute clôture. — Pl. : *des pleins-vents.*

plénipotentiaire adj. *ou* n. m. Avec *é* et non *-ei-.* En un seul mot, sans trait d'union. Finale en *-aire.* — Prononciation : [plenipɔtɑ̃sjɛʀ].

pléonasme n. m. Les dérivés sont en *t,* non en *m : pléonastique, pléonastiquement.*

pléthore n. f. Avec *-th-.* De même : *pléthorique.*

pleur Sans *-e* final et toujours masculin : *Des pleurs déchirants.* — De nos jours, presque toujours au pluriel, sauf dans la langue très littéraire ou dans les emplois badins. — Au pluriel dans : *en pleurs.*

pleurésie n. f. L'adjectif dérivé est : *pleurétique.*

pleuro- Préfixe (du grec *pleura* « côté »). Les composés en *pleuro* s'écrivent en un seul mot, sans trait d'union : *pleurodynie, pleuropneumonie,* etc.

pleutre adj. *ou* n. m. ▼ Se prononce [pløtR(ə)], avec *eu* fermé, mais s'écrit sans accent circonflexe. De même : *pleutrerie* [pløtR(ə)ʀi].

pleuvoir Conjugaison et constructions.

I Conjug. 66. N'existe qu'à la troisième personne (singulier et pluriel). *Il pleut, ils pleuvent. — Il pleuvait, ils pleuvaient. — Il plut, ils plurent. — Il pleuvra, ils pleuvront. — Il pleuvrait, ils pleuvraient.* — Pas d'impératif — *Qu'il pleuve, qu'ils pleuvent. — Qu'il plût, qu'ils plussent. — Pleuvant. — Plu.* ▼ Le passé simple et l'imparfait du subjonctif sont très peu usités.

II Constructions usuelles.

1 Construction impersonnelle sans sujet réel. *Nous ne pourrons pas sortir, il pleut.* ▼ On évitera le tour populaire *ça pleut,* pour *il pleut.*

2 Construction impersonnelle avec reprise de *il* **par un sujet réel.** *Il pleut de grosse gouttes tièdes. Il pleuvait des obus et des bombes.*

3 Construction personnelle intransitive. *De grosse gouttes tièdes pleuvent sans arrêt. Les obus et les bombes pleuvaient.*

4 ▼ Dans le tour impersonnel avec reprise de *il* par un sujet réel, *pleuvoir* se met au singulier : *Il pleuvait des obus.* — En revanche, dans la construction personnelle avec inversion du sujet et sans emploi de *il,* le verbe *pleuvoir* s'accorde en nombre avec le sujet : *Sur la ville pleuvaient les obus et les bombes.* — De même, il y a accord avec le sujet quand celui-ci est repris par un pronom personnel placé derrière le verbe : *Aussi les punitions pleuvaient-elles. Aussi pleuvaient-elles, ces punitions !* (à bien distinguer de *Ah ! il en pleuvait, des punitions !)*

pleuvoter Avec un seul *t.*

plèvre n. f. Avec un accent grave, et non circonflexe.

Plexiglas n. m. Nom déposé, donc en principe, avec une majuscule. — Prononciation : [plɛksiglas]. Finale en *-glas,* non en **-glace* ni en **-glass.*

plexus n. m. Mot latin francisé. Pl. : *des plexus* [plɛksys].

pli, plie Ne pas écrire *un pli* (de vêtement) comme *une plie* (poisson de mer).

pliement n. m. Synonyme rare de *pliage.* — Attention au *e* muet intérieur.

plier v. t. Conjugaison, expression, dérivés.

1 Conjug. 20. Double le *i* à la première et à la deuxième personne du pluriel de l'indicatif imparfait et du subjonctif présent : *(que) nous pliions, (que) vous pliiez.*

2 Avec *bagage* au singulier : *plier bagage.*

3 Dérivés : *pli, pliage, pliant, ante,* adj., *pliant* n. m., *plié, pliement, plieur, euse, plioir, pliure.*

plier, ployer Ces deux verbes ne sont pas synonymes.

1 plier Rabattre une surface sur elle-même : *Plier une feuille de papier, un drap.* — Ranger : *Plier ses affaires.* — Déformer par flexion : *Plier une barre de fer, une tôle.* — (avec un nom désignant une partie du corps) Incliner : *Plier le cou.* — (figuré) *Plier l'échine.* — (figuré) Soumettre : *Plier un enfant à des habitudes de travail. Plier un peuple à sa volonté.* — Rabattre les éléments d'un objet articulé : *Plier une chaise longue, une table pliante.* — (par extension) *Plier le bras, la jambe. Plier le genou.*

2 ployer *(moins usité et plus littéraire que plier)* Courber en abaissant : *Le vent ploie les jeunes arbres.*

plinthe n. f. Planche au bas d'un mur ; moulure. — Avec *-th-*. Ne pas écrire comme *plainte*, gémissement.

plioir n. m. Finale en *-oir*.

ploiement n. m. Action de ployer. — Attention au *e* muet intérieur.

plomb n. m. Orthographe, dérivés et expressions.

1 Avec un *-b* muet final.

2 Dérivés : *plombage, plombagine, plombé, plombémie* n. f. (maladie), *plomber, plomberie, plombier, plombifère, plombure* n. f. (ensemble des pièces de plomb d'un vitrail).

3 Sans trait d'union : *un fil à plomb (des fils à plomb).*

4 A plomb et aplomb ▷ aplomb.

plonger v. t. *ou* v. i. Conjugaison et sens.

1 Conjug. **16.** Prend un *e* après le *g* devant *a* ou *o : il plongea, nous plongeons.*

2 On distinguera *plonger*, sauter dans l'eau *(Il monta sur le plongeoir et plongea dans la piscine)*, et *se plonger*, se mettre dans l'eau, sans sauter *(Il se plongea avec délices dans le bain tiède et mousseux).*

plot n. m. Bille de bois, billot ; élément de contact électrique. — Prononciation : [plo].

ployable adj. Qui peut se ployer. — Prononciation : [plwajablə].

ployage n. m. Action de ployer. — Prononciation : [plwajaz].

ployer v. t. *ou* v. i. Conjug. **21.** Change *y* en *i* devant un *e* muet : *je ploie, je ploierai, je ploierais.* — Attention au *i* après *y* à la première et à la deuxième personne du pluriel de l'indicatif imparfait et du subjonctif présent : *(que) nous ployions, (que) vous ployiez.* — Prononciation : [plwaje].

ployer, plier ▷ plier.

plume Orthographe des expressions et des dérivés.

1 Avec *plume* au singulier : *le gibier à plume* (comme *le gibier à poil*). — Avec *plume* au pluriel : *le serpent à plumes* (des Aztèques).

2 Avec *plume* au singulier : *un lit de plume, un matelas de plume.*

3 Sans trait d'union : *un boxeur poids plume, un poids plume (des boxeurs poids plume, des poids plume).*

4 Dérivés : *plumage, plumaison plumard, plumasserie, plumassier, ière, plumeau, plumer, plumet, plumeur, plumier.*

plumetis [plymti] n. m. Point de broderie ; étoffe. — Finale en *-is*.

plum-pudding n. m. Mot anglais qui désigne un gâteau. — S'abrège usuellement en *pudding.* — Prononciation anglaise : [plœmpudiŋ]. En français, on prononce plutôt [plumpudiŋ]. — Pl. : *des plum-puddings* [-diŋ]. — Attention au *m* simple et au *d* double.

plupart (la) n. f. Accord du verbe, de l'adjectif, du participe ; expression *pour la plupart.*

I Accord du verbe, de l'adjectif, du participe.

1 *La plupart de* + nom au singulier. Tour assez rare et vieilli, sauf dans *la plupart du temps.* Le verbe se met au singulier : *La plupart du peuple se plaint. La plupart du temps se passe en discussions.* L'adjectif ou le participe s'accorde avec le complément de *la plupart : La plupart de la noblesse était fort mécontente. La plupart du temps était perdu en discussions oiseuses.*

2 *La plupart de* + nom au pluriel. Tour usuel et moderne. Le verbe se met au pluriel : *La plupart des gens souhaitent un retour à la situation antérieure. La plupart de ces livres ont eu un grand succès.* L'adjectif ou le participe s'accorde avec le complément de *la plupart : La plupart des spectateurs était satisfaits. La plupart de ces maisons sont construites en pierre.*

3 *La plupart d'entre nous, d'entre vous* (bien plus rarement : *la plupart de nous, de vous*). Le verbe se met en général à la troisième personne du pluriel : *La plupart d'entre nous étaient heureux de voir approcher les vacances. La plupart d'entre vous, mesdemoiselles, seront admises dans la classe supérieure.* — Parfois, après *la plupart d'entre nous,* le verbe se met à la première personne du pluriel pour bien souligner que celui qui parle ou écrit s'inclut dans le groupe : *La plupart d'entre nous, Français de la génération de 1900, avions été élevés dans ces principes.*

4 *La plupart* sans complément. Tour usuel. Désigne la majorité des gens ou des choses dont il est question. Le verbe se met normalement au pluriel : *La plupart se contentent d'une vie médiocre. Ces monuments sont fort beaux, la plupart sont du XIIIᵉ siècle.* Le participe ou l'adjectif s'accorde avec le complément qu'on peut sous-entendre : *La plupart sont portés à* *croire que...* (= la plupart des gens, des hommes). *Ces maisons sont anciennes. La plupart ont été construites au XVIIe siècle.*

II Pour la plupart et la plupart. La forme *pour la plupart* est la plus usuelle : *Les habitants du hameau sont pour la plupart des vignerons.* Le tour elliptique *la plupart* est rare (surtout si l'on parle de personnes) et tend à vieillir. Il n'est cependant pas incorrect : *Ces documents sont la plupart authentiques.* ▼ On observera que *pour la plupart* peut se détacher en tête de proposition : *Pour la plupart, les habitants du quartier étaient des employés.* On ne pourrait dire, en revanche : **La plupart, les habitants du quartier étaient des employés.*

pluri- Préfixe (du latin *plures* « plus nombreux », d'où « plusieurs »). Les composés en *pluri* s'écrivent en un seul mot, sans trait d'union : *pluriannuel, pluricellulaire, pluridisciplinarité, pluridisciplinaire,* etc.

pluriel (des noms propres) ▷ **annexes.**

plus adv. Prononciation, emploi, expressions.

I Prononciation.

1 En mathématiques. Se prononce toujours [plys] : *Trois plus quatre* [tʀwaplyskatʀ(ə)] *égale sept. Le signe « plus »* [ləsiɲplys].

2 Dans l'emploi substantif. Se prononce toujours [plys] : *Mettez un plus ou un moins* [œ̃plysuœ̃mwɛ̃] *devant chaque chiffre. Qui peut le plus* [kipøləplys] *peut le moins.*

3 Dans la locution négative *ne... plus.* Devant voyelle ou *h* muet, se prononce [plyz] : *Il n'est plus élégant* [plyzelegɑ̃], *il se néglige. Il n'est plus habile* [plyzabil], *il vieillit. Il n'est plus à Bordeaux* [plyzabɔʀdo]. *Elle n'est plus ici* [plyzisi]. *Il ne faut plus y aller* [plyziale]. *Il ne faut plus accepter* [plyzaksepte]. *Il n'a plus écrit* [plyzekʀi]. *Il n'y en a plus un seul* [plyzœ̃sœl]. ▼ Devant un nom propre, jamais de liaison. Prononcer [ply] : *On ne lit plus Homère* [plyɔmɛʀ]. *Je ne vois plus Antoine* [plyɑ̃twan]. — Devant consonne ou *h* aspiré, on prononce [ply] : *Il n'est plus très redoutable* [plytʀɛ]. *Elle n'est plus belle* [plybɛl]. *Elle n'est plus honteuse* [plyɔ̃tøz]. — Devant une pause ou en finale, on prononce [ply] : *Il ne travaille plus* [ply], *il se repose. Je ne le reverrai plus* [ply]. *Il n'y en a plus* [ply].

4 La locution *non plus* se prononce [nɔ̃ply] : *Il n'aime pas le bruit, moi non plus* [mwanɔ̃ply]. *Je n'en sais rien, non plus que vous* [nɔ̃plykəvu].

5 Au sens de « davantage ». Devant une voyelle ou *h* muet, se prononce [plyz] : *Il est plus élégant* [plyzelegɑ̃] *que moi. Je suis plus habile* [plyzabil] *que lui. Plus il mange* [plyzilmɑ̃ʒ], *plus il grossit* [plyzilgʀɔsi]. — Devant consonne ou *h* aspiré, se prononce [ply] : *Il est un peu plus grand* [plygʀɑ̃]. *Cette table est plus haute* [plyot]. *Il travaille plus que moi* [plykəmwa]. — Devant une pause ou en finale, se prononce toujours [plys] : *S'il travaille plus* [plys], *tant mieux ! Eh bien, ils travailleront plus !* [plys]. *Il en sait plus* [plys], *croyez-moi.* ▼ On prononce toujours [plys] dans ces expressions : *après cent ans et plus* [eplys], *il y a plus* [iljaplys], *disons plus* [dizɔ̃plys].

6 Locutions (classées par ordre alphabétique). *Au plus* [oply] : *Cela nous coûtera deux mille francs au plus* [oply]. — *Bien plus* [bjɛ̃ply] : *Cette idée est originale. Bien plus* [bjɛ̃ply], *elle est féconde.* — *D'autant plus* [dotɑ̃ply] : *Accumulons les documents, nous en aurons d'autant plus* [dotɑ̃ply] *pour les ouvrages futurs.* — *De plus* [dəply] : *Sa santé est fragile, de plus* [dəply], *il se surmène. Accordons-lui quelques jours de plus* [dəply]. — *De plus en plus* [dəplyzɑ̃ply] : *Il se néglige de plus en plus* [dəplyzɑ̃ply]. — *En plus* [ɑ̃ply] : *Vous payez un intérêt de sept pour cent. En plus* [ɑ̃ply], *vous acquittez une taxe de cent francs.* — *En plus de* [ɑ̃plydə]. — *Le plus que* [ləplykə] : *Le plus que* [ləplykə] *je puisse faire pour vous.* — *Ni plus ni moins* [niplynimwɛ̃]. — *Non plus que* [nɔ̃plykə]. — *Plus ou moins* [plyzumwɛ̃]. — *Qui plus est* [kiplyzɛ]. — *Rien de plus* [ʀjɛ̃dəply] : *C'est une nouvelle version de ses théories antérieures, rien de plus* [ʀjɛ̃dəply]. — *Sans plus* [sɑ̃ply] : *Il y a un petit malentendu, sans plus* [sɑ̃ply]. — *Tant et plus* [tɑ̃teply] : *Il en raconte tant et plus* [tɑ̃teply]. — *Tout au plus* [tutoply] : *Ce n'est pas un changement, tout au plus* [tutoply] *une légère modification.* — *Un peu plus* [œ̃pøply] : *Un peu plus* [œ̃pøply], *et l'équipe arrivait en finale.*

7 Le nom *plus-que-parfait* se prononce [plyskəpaʀfɛ].

II *Plus* **dans les tours négatifs** (*ne... plus, non plus, sans plus*).

1 ▼ On fera attention à la confusion possible entre le tour négatif *ne... plus* et l'emploi de *plus* exprimant le comparatif, dans des phrases telles que : *Après deux jours de repos, on n'est plus fatigué* (= on a cessé d'être fatigué) et *A la fin de la semaine, on est plus fatigué* (= on éprouve une plus grande fatigue).

2 Ne... plus ▷ **ne** (I, 2, II et VI).

3 Non plus ▷ **non** (5). — **Non plus que** ▷ **non** (6). — **Sans plus** ▷ **sans** (III).

III Exprimant le comparatif.

1 *Plus*, **en corrélation avec un autre comparatif.** On peut, facultativement, renforcer le deuxième comparatif par *et : Plus le travail est difficile, plus ce garçon s'obstine* ou *Plus le travail est difficile, et plus ce garçon s'obstine. Moins le climat est chaud, plus la végétation est pauvre* ou *Moins le climat est chaud, et plus la végétation est pauvre.* Le tour avec *et* est plus insistant.

2 Dans la langue soignée. on évitera les tours relâchés *avoir plus faim, plus peur,* etc. Les mots *faim, peur* ne sont pas des adjectifs. On écrira plutôt : *éprouver une plus grande faim, une plus grande peur,* etc.

3 Plus que... ne. Dans la langue soignée, on n'omettra pas le *ne* explétif dans la proposition qui suit *plus que : Il est plus âgé qu'il ne le paraît.* ▼ Si la première proposition est négative ou interrogative, ce *ne* est souvent omis : *Il n'est pas plus âgé qu'il le paraît.*

4 Plus de. S'emploie devant l'indication d'une quantité : *Ils sont plus de vingt. La séance a duré plus de deux heures.* ▼ S'il y a comparaison, on emploie *plus que : Vingt dollars font plus que soixante-dix francs.* De même, dans l'usage moderne, on emploie *plus que* devant l'indication d'une fraction : *Le temps est plus qu'à moitié écoulé. Ce broc est plus qu'à demi plein. Le tonneau est plus qu'aux trois quarts, qu'aux deux tiers plein.* Le tour avec *plus de* (*plus d'à moitié, plus d'aux trois quarts,* etc.) est assez archaïque.

5 Plus d'un, plus d'une. Après ces expressions, le verbe se met généralement au singulier, parfois au pluriel. L'adjectif attribut ou le participe se met au singulier si le verbe est au singulier, au pluriel si le verbe est au pluriel. Il s'accorde en genre : *Plus d'un esprit subtil a été trompé par ce piège* (ou plus rarement *ont été trompés*). *Plus d'une femme a été séduite par ce bellâtre* (ou *ont été séduites*). ▼ Pluriel obligatoire s'il y a plusieurs sujets répétés : *Plus d'un artiste, plus d'un poète ont vu le jour dans cette ville.*

6 *Plus d'un(e) des* + **nom au pluriel.** Le verbe se met au singulier ou au pluriel. L'adjectif ou le participe se met au singulier si le verbe est au singulier, au pluriel si le verbe est au pluriel. Il s'accorde en genre : *Plus d'un des spectateurs était ému* (ou *étaient émus*). *Plus d'une des écolières était folle de joie* (ou *étaient folles de joie*).

7 Plus de la moitié, du quart, du tiers, des deux tiers, des trois quarts, etc. Si le nom de la fraction et son complément sont tous les deux des singuliers, le verbe est obligatoirement au singulier : *Plus du tiers du jardin est à l'abandon.* — Si le nom de la fraction et son complément sont tous les deux des pluriels, le verbe est obligatoirement au pluriel : *Plus des*

deux tiers des maisons du village appartiennen à des gens de la ville voisine. — Si le nom de la fraction et son complément ne sont pas du même nombre (l'un au singulier et l'autre au pluriel), l'accord se fait selon le sens et l'intention : *Plus de la moitié des électeurs a rejeté* (ou *ont rejeté*) *cette politique. Plus des deux tiers de l'électora a voté contre cette politique* (ici plutôt le singulier). *Plus de la moitié des jardins sont en friche* (ici plutôt le pluriel). — En ce qui concerne l'accord en nombre de l'adjectif ou du participe, mêmes principes que pour l'accord du verbe (voir ci-dessus) : *Plus du tiers du jardin est inculte. Plus des deux tiers des maisons sont vétustes. Plus de la moitié des électeurs est favorable* (ou *sont favorables*) *à cette politique. Plus des trois quarts de la population est.hostile à ce projet. Plus de la moitié des terrains sont incultes.* — Quant à l'accord en genre, si le verbe est au pluriel, l'adjectif ou le participe s'accorde avec le complément de la fraction : *Plus des trois quarts des maisons sont neuves. Plus de la moitié des électeurs sont inquiets. Plus du tiers des spectateurs étaient furieuses et se sont déclarées mécontentes.* — Si le verbe est au singulier et si le nom de la fraction et son complément sont tous les deux au singulier, l'accord en genre se fait au choix, selon l'intention : *Plus du quart de la prairie est couverte de chardons* (ou *est couvert de chardons*). *Plus de la moitié du jardin est boueux* (ou *est boueuse*). *Plus du tiers de la population s'est réfugiée* (ou *s'est réfugié*) *dans l'abstention* — Si le verbe est au singulier et si le nom de la fraction est au singulier et son complément au pluriel, l'accord en genre se fait avec le nom de la fraction : *Plus du quart des électrices est mécontent. Plus de la moitié des électeurs est mécontente.* — Si le verbe est au singulier et si le nom de la fraction est au pluriel et son complément au singulier, l'accord en genre se fait avec le complément : *Plus des deux tiers de la population est européenne.*

8 Pas plus que. Quand deux sujets sont unis par *pas plus que,* le verbe se met au singulier, si le premier sujet est au singulier. Le deuxième élément sujet est encadré par deux virgules : *Le pin, pas plus que le sapin, ne fournit de bois très dur.*

9 En plus grand ▷ **en 1 (VII).**

IV Employé comme superlatif relatif.

1 Le plus que. Normalement suivi du subjonctif : *C'est la solution la plus avantageuse que nous puissions adopter. C'est le plus que je puisse obtenir.* Si l'on veut insister moins sur la possibilité que sur la réalité du fait, on pourra employer l'indicatif : *Ce prix est le plus bas qu'on nous a proposé.*

2 Ces villes sont les plus belles de tout le pays. A l'endroit où la route est le plus étroite ▷ **le 1 (X, 1 et 2).**

3 Des plus. Que le nom soit au singulier ou au pluriel, l'adjectif se met normalement au pluriel et s'accorde en genre avec le nom : *Ce procédé est des plus légaux. Ces procédés sont des plus légaux. Cette femme est des plus belles. Ces femmes sont des plus belles. Voilà une maison des plus élégantes.* — En revanche, invariabilité quand l'adjectif se rapporte à un pronom neutre ou à un verbe : *Cela n'est pas des plus facile. Il lui est des plus naturel de se conduire en galant homme. Connaître le secret du code n'était pas des plus compliqué.* — L'usage normal est de répéter *des plus* s'il y a plusieurs adjectifs : *Un garçon des plus robustes et des plus résolus.*

V Expressions et locutions.

1 En plus de. Cette locution a été considérée autrefois comme peu correcte et familière. Elle est admise de nos jours : *En plus de ses fonctions de professeur, il a la charge d'un laboratoire de recherche. Vous aurez une prime de rendement en plus de vos appointements.* Dans le style très soutenu, on pourra préférer *en dehors de, en sus de, outre* ou même *indépendamment de.*

2 De plus et **en plus.** La première locution, *de plus,* en tête de phrase ou devant un membre de phrase, introduit une remarque ou un argument supplémentaire. Equivaut à « en outre, d'autre part, ajoutons à cela que » : *Je ne prendrai pas mes vacances en septembre, les jours sont trop courts ; de plus, ma présence au bureau est indispensable à ce moment.* Dans une telle phrase, on ne pourrait employer *en plus.* — La seconde locution, *en plus,* signifie « en supplément d'une autre chose, d'une autre quantité » : *Il est professeur et, en plus, il dirige un laboratoire de recherche. Le prix du transport est de 250 francs ; il y a une taxe de 12 francs en plus. Prévoyons que nous aurons quelques invités de dernière heure en plus.* ▼ Au milieu ou à la fin d'une phrase, la locution *de plus* signifie plutôt « en complément d'une quantité de même nature » : *Pour acheter cette villa, il me faudrait cent mille francs de plus. Pour finir ce travail, je demande huit jours de plus.*

3 D'autant plus que ▷ **autant** (6 et 7).

4 Plus tôt, plutôt ▷ **plutôt** (I).

plusieurs Adjectif ou pronom indéfini pluriel des deux genres. — Toujours avec *-s* final.

1 Deux ou plusieurs ▷ **deux** (2).

2 Se mettre à plusieurs pour... ou **se mettre plusieurs pour...** Les deux tours sont corrects. Le premier (avec *à*) est plus usité, le second (sans *à*) plus littéraire.

3 Plusieurs... différents. Il n'est pas pléonastique de dire : *On a retrouvé quatre amphores romaines, toutes semblables, et plusieurs vases d'argent, tous différents.* En effet, ces vases auraient pu être tous semblables, tous de même type. En revanche, dans la langue surveillée, on évitera les pléonasmes tels que : *Ces champs appartiennent à plusieurs familles différentes du village. Les responsables de plusieurs clubs sportifs différents se sont réunis.* On emploiera soit *plusieurs,* soit *différent,* au choix : *Ces champs appartiennent à plusieurs familles du village* ou bien *à différentes familles du village. Les responsables de plusieurs clubs sportifs se sont réunis* ou bien *Les responsables de différents clubs sportifs se sont réunis.*

plus-que-parfait n. m. Prononciation : [plyskəpaʀfɛ], le *s* n'est pas muet. — Invariable : *Des plus-que-parfait.*

plus-value [plyvaly] n. F. — Pl. : *des plus-values.*

plutôt adv. Orthographe, emplois, constructions.

I Plutôt et plus tôt.

1 ▼ On n'écrira pas *plutôt,* « de préférence », comme *plus tôt,* qui est le contraire de *plus tard* : *Prenez donc l'autorail rapide plutôt que l'omnibus, vous partirez plus tard et vous arriverez plus tôt !*

2 Il n'eut pas plus tôt... que... Tour parfaitement correct : *Je n'étais pas plus tôt entré que le téléphone sonna* (= j'étais à peine entré, je venais tout juste d'entrer que le téléphone sonna). ▼ Dans ce tour, on n'écrira pas **plutôt.* Ne pas confondre avec les tours tels que : *J'avais préféré ne pas entrer, plutôt que de risquer de déranger mon ami.*

II Emplois critiqués.

1 Dans la langue très surveillée, on évitera d'employer *plutôt* au sens de *assez, passablement, un peu* et l'on écrira, selon le sens : *Elle est assez jolie* (et non *plutôt jolie*). *Il était déjà passablement ivre* (et non *plutôt ivre*). *Elle a des manières un peu brusques* (et non *plutôt brusques*).

2 Dans la langue très surveillée, on évitera d'employer *plutôt* pour introduire une rectification et l'on préférera *plus exactement* : *Cet écrivain romantique, ou, plus exactement, préromantique,* mieux que *ou plutôt préromantique.* En revanche, on emploie très correctement *plutôt que* au sens de « plus que » dans des phrases telles que : *Le Montesquieu des Lettres persanes, observateur spirituel des mœurs plutôt que psychologue, reste inférieur à La Bruyère.*

III Constructions.

1 *Plutôt que* ou *plutôt que de* + **infinitif.** Les deux tours sont corrects. Le tour sans *de,* plus rare, appartient à un registre plus soutenu : *Je préfère passer mes vacances à l'hôtel plutôt que d'avoir les frais d'une résidence secondaire. Plutôt périr que renoncer à nos principes !*

2 Plutôt que... ne. Dans la langue très soignée, on n'omettra pas le *ne* explétif dans la proposition qui suit *plutôt que*, quand l'autre proposition est affirmative : *Il lui arracha la lettre plutôt qu'il ne la prit.*

3 Sujets unis par *plutôt que.* Le verbe se met au singulier, si le premier sujet est au singulier. Le deuxième élément sujet est encadré par deux virgules : *L'intérêt, plutôt que l'amitié, l'a poussé à ce geste.*

pluvieux, euse adj. Signifie « pendant lequel il pleut beaucoup, qui est caractérisé par des pluies abondantes » : *Jours pluvieux. Saison pluvieuse. Temps, climat pluvieux.* — *(par extension ; sens critiqué)* Signifie « où il pleut beaucoup » : *Pays pluvieux.* ▼ Ce second sens est considéré comme abusif par certains grammairiens, mais admis dans l'usage actuel. Il n'existe d'ailleurs pas de synonyme exact, l'adjectif *humide* n'ayant pas exactement le même sens.

pluviôse n. m. Mois du calendrier révolutionnaire (janvier-février). — Avec un *p* minuscule et un accent circonflexe sur le *o : Le 12 nivôse an IV.*

pluviosité n. f. Sans accent circonflexe sur le *o*.

pneu n. m. Le pluriel est : *des pneus,* avec un *-s.*

pneumatique adj. *ou* n. m. Sans trait d'union : *marteau pneumatique.*

pneumo- Préfixe (du grec *pneumôn* « poumon »). Les composés en *pneumo* s'écrivent en un seul mot, sans trait d'union : *pneumogastrique, pneumologie, pneumologue* (on ne dit pas **pneumologiste*), *pneumopéritoine, pneumothorax, sauf pneumo-phtisiologie* et *pneumo-phtisiologue.*

poche n. f. Orthographe des expressions.

1 Sans trait d'union : *une poche revolver, des poches revolver.*

2 Avec *poche* toujours au singulier : *de l'argent de poche, avoir de l'argent en poche.*

3 Avec *poche* au singulier : *avoir son briquet, ses clefs, son billet, son autorisation, son diplôme dans la poche* ou *dans sa poche.* — Avec *poche* au pluriel : *avoir de l'argent plein les poches.* — On écrit indifféremment : *avoir de l'argent dans sa poche* ou *dans ses poches, dans la poche* ou *dans les poches.*

4 On dit indifféremment : *avoir les mains dans les poches* ou *ses mains dans ses poches* ou *les mains dans ses poches* ou *ses mains dans les poches.*

pochette-surprise n. f. — Pl. : *des pochettes-surprises.*

pochoir n. m. Finale en *-oir.*

1. poêle n. m. Drap qui recouvre le cercueil : *Tenir les cordons du poêle.* — Prononciation : [pwal]. — Avec un accent circonflexe et non un tréma.

2. poêle n. m. Appareil de chauffage. — Prononciation : [pwal]. — Avec un accent circonflexe et non un tréma. De même : *poêlier* [pwalje] n. m. (fabricant de poêles).

3. poêle n. f. Ustensile le cuisine. — Prononciation : [pwal]. Avec un accent circonflexe et non un tréma. De même : *poêlée* [pwale], *poêler* [pwale] *poêlon* [pwal5].

poète Orthographe et féminin.

I ▼ Avec accent grave et non circonflexe. Pas de tréma. De même : *poème.* — Les autres mots de la même famille prennent un accent aigu : *poésie, poétereau, poétesse, poétique, poétiquement, poétisation, poétiser.*

II Question du féminin.

1 Au sens propre de « personne qui écrit des poèmes », le féminin est parfois *poétesse : Sapho, poétesse grecque.* Le mot *poétesse* est assez souvent perçu comme un peu péjoratif, et l'on dit souvent, au féminin, *une femme poète* ou *un poète : Les femmes poètes sont rares dans la littérature latine. Louise Labé est un poète remarquable. Anna de Noailles, grand poète lyrique.*

2 Dans l'emploi adjectif et figuré de « sensible à la beauté, plein d'imagination », le féminin est toujours *poète : Cette jeune fille est rêveuse, poète, un peu distraite.*

poids n. m. Orthographe et expressions.

1 Ne pas écrire *le poids (Le poids est de deux cents grammes)* comme *un pois, des pois,* légume *(Manger des petits pois),* ni comme *la poix,* matière visqueuse *(Fil enduit de poix).*

2 Sans trait d'union : *un poids lourd (des poids lourds), un poids mort (des poids morts), un faux poids (des faux poids).*

poignant, ante adj. Prononciation : [pwaɲɑ̃, ɑ̃t].

poignard n. m. Prononciation : [pwaɲaʀ]. —
Dérivé : *poignarder* [pwaɲaʀde].

poignée [pwaɲe] n. f. On écrit généralement :
*une poignée de main (des poignées de main),
à poignée (Il jetait l'argent à poignée).* On
rencontre aussi la graphie *à poignées.* On écrit
toujours : *par poignées.* — Avec le complément
au pluriel, *une poignée de...,* quand il y a
plusieurs objets : *une poignée de bonbons, de
dragées, de billes, de cailloux* (mais *une poignée
de foin, de paille*).

poignet n. m. Prononciation : [pwaɲe]. —
Finale en *-et.*

poil n. m. Avec *poil* au singulier : *le gibier à poil*
(comme *le gibier à plume*), *être à poil,* tout nu
(familier), du gibier de tout poil. — L'adjectif
poil-de-carotte, roux, est invariable : *Des cheveux poil-de-carotte.*

poindre v. t. *ou* v. i. Verbe archaïque, dont la
conjugaison donne parfois lieu à des fautes
graves.

1 La conjugaison complète ancienne était du
type **85** (comme *joindre*). *Je poins, tu poins, il
point, nous poignons, vous poignez, ils poignent.
— Je poignais, tu poignais, il poignait, nous
poignions, vous poigniez, ils poignaient. — Je
poignis. — Je poindrai. — Je poindrais. —
Poins, poignons, poignez. — Que je poigne, que
tu poignes, qu'il poigne, que nous poignions, que
vous poigniez, qu'ils poignent. — Que je
poignisse. — Poignant. — Point, poindre.*

2 De nos jours, dans l'emploi transitif, au sens
de « piquer, percer, faire souffrir », ne s'emploie pratiquement qu'aux trois suivantes :
à la troisième personne du singulier de l'indicatif présent *(il point ; très rare),* de l'imparfait
(il poignait ; rare), du passé simple *(il poignit ;
très rare),* du subjonctif *(qu'il poigne, qu'il
poignît ; très rare),* des temps composés *(il a
point, il avait point ; très rare),* à l'infinitif
(poindre, littéraire, mais assez fréquent), au
participe présent adjectival *(poignant, littéraire
mais assez fréquent)* et dans le proverbe vieilli
*Oignez vilain, il vous poindra ; poignez vilain,
il vous oindra.* ▼ De nos jours, le sujet de
poindre est toujours un nom de chose : *La
douleur qui lui poignait le cœur.*

3 De nos jours, dans l'emploi intransitif, au
sens de « apparaître », ne s'emploie pratiquement qu'aux formes suivantes : à la troisième
personne du singulier de l'indicatif présent *(Le
jour point),* du futur *(Le jour poindra),* du
conditionnel *(Le jour poindrait),* des temps
composés *(Le jour a point, avait point),* ainsi
qu'à l'infinitif *(Le jour va poindre).* Les formes
le jour point et *le jour va poindre* sont assez

usuelles, quoique littéraires, les autres sont
nettement plus rares. ▼ Le sujet de *poindre* est,
dans l'emploi intransitif aussi, toujours un nom
de chose, concret *(jour, soleil, aube, aurore,
bourgeon,* etc.) ou abstrait *(Il sentait une idée
poindre aux confins de son esprit).*

4 On évitera les formes fautives telles que *il
*poigne, il a *poigné, il *poigna, il *poind* (avec
-d), *ils *poindent, il *poindit,* etc.

5 On peut dire, à la place de *poindre, Les
bourgeons commencent à pointer* ou *Le blé
pointe déjà,* mais on ne dira pas *Le soleil
*pointe, l'aube *pointe* ▷ **pointer.**

poing n. m. Coup de poing ▷ coup (4), coup de
poing.

1. point n. m. Nombreuses expressions. Certaines font difficulté.

1 Au singulier : *de tout point, en tout point.*

2 Sans trait d'union : *à point, à point nommé,
au dernier point, de point en point.*

3 On écrit généralement, sans trait d'union,
*(les) deux points (Les deux points servent à
introduire une explication.* La forme *(un)
deux-points* (n. m. inv.) appartient plutôt à la
langue technique de la typographie.

4 On dit de nos jours : *un point-virgule (des
points-virgules).* La forme *point et virgule* est
nettement vieillie.

**5 Au point que, à tel point que, à un point tel
que, à ce point que, à un point que.** Quatre
constructions.

a/ Normalement avec l'indicatif, quand la
principale est affirmative et que la conséquence
est présentée comme un fait réel : *Il est
méticuleux au point qu'il en est ridicule. Il s'est
endetté à un point tel qu'il doit vendre ses
propriétés de province.*

b/ Parfois avec le conditionnel, quand la principale est affirmative, pour exprimer que la
conséquence est soumise à une condition : *Il s'est
engagé à tel point qu'il ne pourrait pas revenir sur
sa décision si les choses tournaient mal.*

c/ Parfois, mais rarement, avec le subjonctif
quand la principale est affirmative et que la
conséquence est présentée comme un fait voulu :
*Il a préparé son examen avec un soin extrême, au
point qu'aucune question ne puisse le prendre au
dépourvu.* ▼ Ce tour est peu conseillé.

d/ Normalement avec le subjonctif, quand
la principale est négative ou interrogative :
*Nous ne sommes pas dépourvus d'arguments au
point que nous soyons incapables de répondre
à ses critiques. Doutez-vous de vous-même à ce
point que vous ayez peur de lui parler ?*

6 Point de vue. Sans trait d'union. — Pl. : *des points de vue.*

7 Au point de vue de, du point de vue de, sous le point de vue de, dans le point de vue de.

a/ Dans la langue très surveillée, on préférera *du point de vue* à la forme *au point de vue de,* admise de nos jours, mais qui a été parfois critiquée. La forme *sous le point de vue de* est vieillie ; *dans le point de vue de* est franchement archaïque.

b/ Dans la langue surveillée, on évitera les tours comprenant un possessif, *à mon (ton, son...) point de vue,* et l'on écrira plutôt *à mon (ton, son...) avis* ou *pour ma (ta, sa...) part.*

c/ On évitera soigneusement les tours elliptiques tels que *au point de vue prix* et l'on écrira plutôt *au point de vue du prix* ou (mieux encore) *en ce qui concerne le prix, pour le prix : Pour le prix, ces deux appareils sont comparables, mais, pour la qualité, je vous conseille celui-ci.*

d/ L'expression *du (au) point de vue* peut, très correctement, en revanche, être suivi d'un adjectif : *du point de vue moral, ce procédé est irréprochable. Examinons, du point de vue stylistique, ce texte de Rousseau.*

8 Point de non-retour. Expression de la langue des journaux (calque de l'anglais des Etats-Unis *point of not return*). Admis dans la langue cursive. A éviter dans le style soutenu.

9 Points cardinaux. Pour l'usage de la majuscule dans les noms des points cardinaux ▷ **est, levant, midi, nord, occident, orient, ouest, sud.**

2. point adverbe de négation ▷ **ne.**

1 L'adverbe *pas* appartient à tous les registres, *point* appartient au registre de la langue écrite soutenue. — D'autre part, *pas* s'emploie dans les tournures partitives et dans les tournures non partitives, tandis que *point* s'emploie surtout dans les tournures partitives ▷ **pas 2** (I, 1 et 2). On peut dire : *Je n'ai pas d'argent* ou *Je n'ai point d'argent. Il n'y a pas de nuages* ou *Il n'y a point de nuages.* En revanche, on évitera : *Je n'ai point la somme* (préférer *Je n'ai pas la somme). Je n'ai point mille francs* (préférer *Je n'ai pas mille francs). Il n'y a point que toi sur terre* (préférer *Il n'y a pas que toi sur terre).* On évitera aussi l'emploi de *point* avec *beaucoup de : Je n'ai pas beaucoup d'argent* (mieux que *Je n'ai point beaucoup d'argent).*

2 Peu ou point ▷ **peu** (VI, 2).

3. point Signe de ponctuation. Pour l'usage des deux points, du point d'exclamation, du point d'interrogation, des points de suspension ▷ **annexes.**

point de vue ▷ **point 1** (6 et 7).

pointer v. t. *ou* v. i. ▼ Peut s'employer intransitivement au sens de « paraître, apparaître, surgir, poindre » quand le sujet désigne une plante qui sort de terre, un bourgeon, mais non quand il désigne le soleil, le jour, l'aube. On peut donc écrire *Les bourgeons commencent à pointer,* mais on écrira *Le jour commence à poindre.*

pointe sèche, pointe-sèche Attention à l'emploi du trait d'union.

1 Toujours en deux mots, sans trait d'union : *la pointe sèche* (ou *la pointe*), outil de graveur *(Les burins et les pointes sèches étaient rangés sur la table du graveur).* De même : *à la pointe sèche,* locution adverbiale ou adjective *(Graver à la pointe sèche. Une gravure à la pointe sèche).*

2 Quand le mot désigne la technique, le procédé ou bien une estampe obtenue par ce procédé, on écrit soit *pointe sèche* (orthographe de l'Académie), soit *pointe-sèche* (orthographe qui tend à se répandre) : *Ce graveur préfère la pointe sèche* (ou *la pointe-sèche) à l'eau-forte. Une belle collection de pointes sèches* (ou *de pointes-sèches).* On préférera *pointe-sèche,* avec trait d'union.

3 On écrit, sans trait d'union, *un compas à pointes sèches,* dont chaque branche se termine par une pointe métallique, mais, avec trait d'union, *une pointe-sèche,* un tel compas (pl. : *des pointes-sèches).*

point-virgule n. m. La forme *point et virgule* est nettement vieillie. — Pl. : *des points-virgules.* — Jamais suivi d'une majuscule.

poireau n. m. La forme *porreau* est vieillie et populaire.

pois n. m. Légume. — Orthographe et expressions.

1 Ne pas écrire *un pois, des pois,* légume *(Manger des petits pois),* comme *le poids (Le poids est de deux cents grammes),* ni comme *la poix,* matière visqueuse *(Un fil enduit de poix).*

2 Sans trait d'union : *des pois cassés, des pois chiches, des petits pois, des pois de senteur.*

poisson n. m. Orthographe des expressions et des dérivés.

1 Sans trait d'union : *poisson blanc* (chevesne), *poisson pilote, poisson plat, poisson rouge, poisson volant.*

2 Avec un trait d'union : *poisson-chat (des poissons-chats), poisson-clown (des poissons-*

clowns), *poisson-épée (des poissons-épées), pois-son-lune (des poissons-lunes), poisson-porc-épic (des poissons-porcs-épics)* [depwasɔ̃pɔʀkepik], *poisson-scie (des poissons-scies), poisson-soleil (des poissons-soleils).* ▼ Dans le nom composé *poisson-de-mai*, le deuxième élément reste invariable au pluriel : *des poissons-de-mai.*

3 Deux *n* dans les dérivés : *poissonnerie, poissonneux, poissonnier, poissonnière* n. f. (plat à poisson).

poitrail n. m. — Pl. : *des poitrails.*

poix n. f. Ne pas écrire *la poix*, matière visqueuse *(Fil enduit de poix)*, comme *le poids (Le poids est de deux cents grammes)*, ni comme *un pois, des pois*, légume *(Manger des petits pois).*

polaire adj. *ou* n. f. Pas d'accent sur le *o*. — Avec un *p* minuscule : *le cercle polaire, les régions, les zones polaires.* — Avec un *P* majuscule : *l'étoile Polaire* ou *la Polaire.*

polariser v. t. Orthographe et sens abusif.

1 Pas d'accent sur le *o*. De même : *polarimètre, polarisation, polariscope, polarisé, polariseur, polarité, polarographie.*

2 Dans la langue des journaux, s'emploie au sens de *attirer* (en un seul point, sur un seul sujet), *concentrer, mobiliser : L'hostilité contre la police avait polarisé les désirs diffus de révolte de toute la jeunesse. Ces événements ont polarisé l'attention de l'opinion publique.* A éviter dans le style soutenu (ainsi que *polarisa-tion*). — *(argot universitaire) Etre polarisé*, être obsédé, être intéressé par une seule chose : *La politique le passionne, il est drôlement polarisé !*

polder n. m. Mot néerlandais francisé. — Prononciation : [pɔldɛʀ]. — Pl. : *des polders* [-dɛʀ].

pôle n. m. Avec un accent circonflexe sur le *o*, à la différence de *polariser, polarimètre*, etc. ▷ **polariser.** — Avec un *p* minuscule et un *N* ou un *S* majuscule : *le pôle Nord, le pôle Sud* (en abrégé *le pôle N., le pôle S.*). — Avec un *P* majuscule : *le Pôle* (= le pôle Nord ou le pôle Sud). ▼ En revanche, on écrit : *le pôle nord, le pôle sud d'une aiguille aimantée, d'un aimant.*

police n. f. Sans trait d'union : *police secours.* — Avec deux fois *p* minuscule : *le préfet de police.*

policier, ière adj. *ou* n. m. Pas de forme pour le féminin : *une femme policier*, et non **une policière.*

policlinique, polyclinique Deux noms féminins homophones à ne pas confondre.

1 policlinique (du grec *polis* « ville ») Etablissement (géré par la ville) qui est annexé à un hôpital et où l'on donne des soins à des malades qui ne sont pas hospitalisés.

2 polyclinique (du grec *polus* « nombreux ») Clinique qui comprend plusieurs services spécialisés et où l'on soigne des maladies diverses.

poliment adv. ▼ Pas de *e* muet intérieur ni d'accent circonflexe sur le *i.*

poliomyélite n. f. Maladie. — S'abrège familièrement en *polio*. — Attention à la place de l'*y.* — Dérivé : *poliomyélitique* adj. *ou* n.

polisson n. m. Le féminin *polissonne* prend deux *n*, ainsi que les dérivés : *polissonner, polissonnerie.*

politesse n. f. Avec un seul *l*, comme *poli.*

polka n. f. *ou* n. m. *La polka :* danse, air de danse. Pl. : *des polkas* [ka]. — *Un pain polka* ou *un polka :* pain marqué de bandes croisées. Pl. : *des pains polka* (plutôt que *des pains polkas*), *des polkas.*

polo n. m. Sport ; béret; chemisette. — Pl. : *des polos.* — Invariable en apposition : *des chemises polo.*

poltron adj. *ou* n. Deux *n* dans le féminin *poltronne*, ainsi que dans le dérivé *poltronnerie.*

poly- Préfixe (du grec *polus* « nombreux »). Les composés en *poly* s'écrivent en un seul mot sans trait d'union, qu'ils commencent par une consonne (*polychrome, polychromie, polypho-nie, polyphonique*, etc.) ou par une voyelle (*polyacide, polyaddition, polyalcool polyembryo-nie, polyorchidie, polyurie*, etc.).

polyclinique, policlinique ▷ **policlinique.**

polyester [pɔliɛstɛʀ] n. m. Avec *t* et non -*th*-, à la différence de *polyéthylène.* — Pas un nom déposé, donc pas de majuscule.

polyéthylène ou **polythène** n. m. Matière plastique. — Avec -*th*- et non *t*, à la différence de *polyester.* — Pas un nom déposé, donc pas de majuscule.

polyglotte adj. *ou* n. Qui parle plusieurs langues. — Avec deux *t.*

polynôme n. m. Expression algébrique. — Se prononce avec le deuxième *o* fermé [pɔlinom] et s'écrit avec un accent circonflexe sur ce *o.*

polype n. m. Avec un *y*. De même : *polypier*.

polyptyque n. m. Au Moyen Age, liste de biens ecclésiastiques. ▼ Deux fois *y*.

polysyllabe ou **polysyllabique** adj. Le *s* unique se prononce [s] : [pɔlisilab ; pɔlisilabik]. — Seul *polysyllabe* peut être substantif : *Un mot polysyllabe* ou, plus fréquemment, *Un mot polysyllabique. Un polysyllabe.*

polytechnique adj. *ou* n. f. Avec un *E* majuscule et un *p* minuscule : *l'Ecole polytechnique.* — Avec un *P* majuscule : *Polytechnique* n. f. *(Son fils est entré à Polytechnique).*

polythéisme n. m. Avec accent aigu sur le *e* et sans tréma sur le *i*. De même : *polythéiste.*

polyvalent, ente adj. *ou* n. m. Finale en *-ent, -ente.*

pommade n. f. Avec deux *m*. De même : *pommader.*

pomme n. f. Dans la langue de la cuisine et de la restauration, forme abrégée de *pomme de terre* : *Des pommes sautées, rissolées. Des pommes frites. Des pommes chips* ▷ **chips.** — Avec le complément invariable : *des pommes vapeur, des pommes Pont-Neuf.*

pommeau n. m. Avec deux *m*.

pomme de terre n. f. Pas de traits d'union. — Pl. : *des pommes de terre.* — S'abrège parfois en *pomme* ▷ **pomme.** — *Pommes de terre en robe de chambre (des champs)* ▷ **robe.**

pommeler (se) v. pron. Conjug. **13.** *Le ciel se pommelle, se pommellera.*

Pompadour Avec un *P* majuscule et invariable : *Le style Pompadour. Des sièges Pompadour. Des robes Pompadour.*

pompier n. m. Avec un trait d'union : *sapeur-pompier (des sapeurs-pompiers).*

pompon n. m. Avec *om*, puis *on*. — Sans trait d'union : *une rose pompon*. Généralement invariable *(des roses pompon)*, mais le pluriel *des roses pompons* est admis aussi, et même plus logique.

pomponner v. t. Avec deux *n*.

ponce n. f. Sans trait d'union : *la pierre ponce* (ou, plus rare, *la ponce*). Pl. : *des pierres ponces.*

1. ponceau n. m. Petit pont. — Pl. : *des ponceaux.*

2. ponceau adj. Rouge vif. ▼ Toujours invariable : *Des rideaux ponceau. Des robes rouge ponceau.*

poncif n. m. Finale en *-if*. — Pl. : *des poncifs.* — Dans l'emploi adjectif (nettement vieilli), reste invariable : *Des procédés, des idées poncif.*

ponctuel adj. Deux *l* dans le féminin *ponctuelle* et dans l'adverbe *ponctuellement*. Un seul *l* dans *ponctualité.* — Dans la langue moderne, s'emploie souvent au sens de *isolé, limité, localisé* ou de *dispersé* ou de *individuel, particulier, spécial* : *Des actions ponctuelles. Des recherches ponctuelles.* Cet emploi n'est pas vraiment incorrect. A éviter cependant dans le style soutenu de caractère très littéraire.

pondéral, ale, aux adj. Masculin pluriel en *-aux* : *Des dosages pondéraux.*

pondoir n. m. Finale en *-oir.*

pondre n. m. Conjugaison et emploi pléonastique.

1 Conjug. **91.** *Je ponds, tu ponds, il pond, nous pondons, vous pondez, ils pondent.* — *Je pondais.* — *Je pondis.* — *Je pondrai.* — *Je pondrais.* — *Ponds, pondons, pondez.* — *Que je ponde.* — *Que je pondisse.* — *Pondant.* — *Pondu, ue.*

2 Dans la langue surveillée, on évitera le pléonasme *pondre un œuf, pondre ses œufs* et l'on écrira : *La poule chante, elle a pondu* (et non *elle a pondu un œuf*). *Les tortues marines viennent pondre dans le sable* (et non *viennent pondre leurs œufs dans le sable*). — En revanche, il n'y a pas pléonasme si *œuf* est accompagné d'un numéral ou d'un qualificatif : *Cet oiseau ne pond qu'un œuf par an. Notre poule pond quatre ou cinq œufs par semaine. Cet oiseau pond des œufs gris, tachetés de vert.*

poney n. m. N'est pas le petit du cheval, comme le *poulain*, mais un cheval de race très petite. — Finale en *-ey*. — Pl. : *des poneys.*

pont n. m. Nom des ponts ; orthographe des expressions ; dérivés.

I Nom des ponts.

1 Normalement avec un *p* minuscule, avec une majuscule à l'adjectif ou au complément, et sans trait d'union : *le pont Royal, le pont de l'Archevêché, le pont de la Concorde, le pont Victor-Hugo, le pont Notre-Dame, le pont Saint-Michel,* etc.

2 ▼ Avec deux majuscules et un trait d'union : *le Pont-Neuf, le Petit-Pont, le Pont-au-Double, le Pont-au-Change.*

II Orthographe des expressions.

1 Sans trait d'union : *le pont avant (des ponts avant), le pont arrière (des ponts arrière), un pont basculant (des ponts basculants), un pont à bascule (des ponts à bascule), un pont cantilever (des ponts cantilever ou des cantilevers), un pont à coulisse (des ponts à coulisse), un pont dormant (des ponts dormants), un pont élévateur (des ponts élévateurs), un pont levant (des ponts levants), un pont roulant (des ponts roulants), un pont suspendu (des ponts suspendus), un pont tournant (des ponts tournants), un pont transbordeur (des ponts transbordeurs), un pont volant (des ponts volants).* — De même : *un pont de bateaux (des ponts de bateaux), un pont aux ânes (des ponts aux ânes), un pont d'or (des ponts d'or), un faux pont (des faux ponts)* ou, parfois, *un faux-pont.* — Avec deux majuscules : *Les Ponts et Chaussées* [pɔ̃zeʃose].

2 Avec un trait d'union : *un pont-aqueduc (des ponts-aqueducs), un pont-canal (des ponts-canaux), un pont-levis (des ponts-levis), un pont-portique (des ponts-portiques), un pont-promenade (des ponts-promenade), un pont-rail (des ponts-rail), un pont-route (des ponts-route).* — De même : *un deux-ponts* (mais *un avion à deux ponts).*

3 En un seul mot, sans trait d'union : *un entrepont (des entreponts).*

III Dérivés : *ponté, ée, pontée (n. f.), ponter, pontet, pontier.*

pont aux ânes n. m. Sans traits d'union. — Prononciation : [pɔ̃tozɑn]. ▼ Le pluriel *des ponts aux ânes* se prononce aussi [pɔ̃tozɑn], malgré le *-s* de *pont.*

pontet n. m. Partie d'une arme à feu. — Finale en *-et.*

pontife n. m. Avec *s* et *p* minuscules : *le souverain pontife.* — Dérivés : *pontifical, pontificat.*

pontifical, ale, aux adj. Masculin pluriel en *-aux* : *les ornements pontificaux.*

pont-l'évêque n. m. Avec des minuscules : *du pont-l'évêque (Un morceau de pont-l'évêque).* Avec deux majuscules : *du fromage de Pont-l'Évêque.* ▼ Toujours invariable : *des pont-l'évêque.*

pont-levis [pɔ̃ləvi] n. m. Finale en *-is.* — Pl. : *des ponts-levis.*

pont-neuf n. m. Avec un *P* et un *N* majuscules : *le Pont-Neuf*, nom d'un pont de Paris. — Avec un *p* et un *n* minuscules : *un pont-neuf*, une chanson populaire *(vieux)* ou une tartelette. Pl. : *des ponts-neufs* (mieux que *des pont-neuf).* — En général avec des majuscules et toujours invariable : *des pommes Pont-Neuf* (terme de cuisine).

pool n. m. *(anglicisme)* Prononciation : [pul]. Pl. : *des pools* [pul]. — Pour remplacer cet anglicisme, on pourra employer l'un des équivalents français suivants : *entente (commerciale, industrielle ; entente de producteurs) ; cartel, consortium ; communauté (européenne du charbon et de l'acier) ; groupe (de travail) ; équipe (de journalistes, de dactylos), atelier (de dactylos).*

pope n. m. Prêtre dans les Eglises orthodoxes. — Pas de *p* double.

popote n. f. *ou* adj. Avec un seul *t.* — Comme nom, prend la marque du pluriel : *Des popotes de sous-officiers.* — Comme adjectif, invariable : *Ces bonnes femmes sont très popote.*

populaire, populeux Deux adjectifs à bien distinguer.

1 **populaire** Habité par des gens du peuple (ouvriers, artisans) : *Un quartier populaire de la périphérie, à la population clairsemée, coupé de terrains vagues et de jardins de maraîchers.*

2 **populeux, euse** Où la population est dense, très nombreuse : *Certains quartiers bourgeois, comprenant de grands immeubles de dix à quinze étages, sont très populeux.*

porc-épic n. m. ▼ Se prononce toujours [pɔrkepik], même au pluriel : *des porcs-épics* [pɔrkepik].

pore n. m. Ne pas écrire *pore*, orifice *(Les pores de la peau)*, comme *porc*, cochon, ni comme *port (Un port de mer. Un beau port de tête. Le port d'une lettre. Les ports* [cols] *pyrénéens).* — Dérivés : *poreux, porosité.* ▼ Toujours masculin : *Un pore étroit.*

porno *(familier) Le porno :* la pornographie. — Comme adjectif, toujours invariable : *Des films porno. Des publications porno.*

porphyre [pɔrfir] n. m. Avec *ph* et *y.* De même : *porphyrique, porphyrite, porphyriser, porphyroïde.*

1. port n. m. L'expression *port de mer* n'est pas un pléonasme, car il existe aussi des ports fluviaux : *Le projet de Paris port de mer a été abandonné. Rouen, à la fois port fluvial et port de mer.* — Avec deux majuscules et un trait d'union : *le Vieux-Port* (de Marseille).

2. port n. m. Action de porter : *Se mettre au port d'armes* (avec un *-s* à *arme*), présenter les armes. *Port d'arme prohibée* (sans *-s* à *arme*), délit qui consiste à porter sur soi une arme interdite.

3. port n. m. Col, dans les Pyrénées : *Le port de Venasque. Saint-Jean-Pied-de-Port.*

portable adj. ▼ On dit très correctement : *Créance, redevance portable* (par opposition à *quérable*). *Ce vêtement est encore portable* (= mettable). En revanche, ne doit pas être employé comme synonyme de *portatif* (faute due à l'influence de l'anglais) : *Machine à écrire portative,* et non **portable.*

portail n. m. — Pl. : *des portails.*

portant Sans trait d'union : *à bout portant.*

portatif, ive ▷ portable.

1. porte n. f. Expressions fautives ; orthographe des locutions ; dénominations géographiques ou historiques.

1 On écrira : *La clef est à la porte* ou *sur la porte* (et non **après la porte*). *Il m'attendait sur le pas de la porte* ou *sur le seuil de la porte* (et non **sur la porte*). *Trouver porte close* (et non **porte de bois*, mais on dit *trouver visage de bois,* trouver la porte fermée, en allant voir quelqu'un).

2 Sans trait d'union : *Habiter porte à porte. Aller de porte en porte.*

3 Avec un trait d'union : *Faire du (le) porte-à-porte,* du démarchage à domicile. *Une porte-fenêtre (des portes-fenêtres).*

4 Avec un *p* minuscule : *La porte de Vincennes. La porte Champerret. La porte Saint-Denis. La porte Saint-Martin,* etc.

5 Avec un *P* majuscule : *la Porte, la Sublime Porte,* le gouvernement ottoman. *Les Portes de Fer,* nom de divers défilés ou cols sur le Danube, en Algérie, dans le Caucase.

2. porte adj. Sans trait d'union : *la veine porte, les vaisseaux portes, les systèmes portes.*

porte- Composés en *porte-*(du verbe *porter*).

1 Presque toujours en deux mots avec un trait d'union, sauf *porteballe (des porteballes), portechape (des portechapes), portefaix (des portefaix), portefeuille (des portefeuilles), portemanteau (des portemanteaux),* ainsi que *portemine* (écrit aussi *porte-mine*) et *portemors* (écrit aussi *porte-mors*).

2 Le premier élément *porte-* est toujours invariable. ▼ Dans le nom composé *une porte-fenêtre, porte* est le nom féminin *la porte,* et non le préfixe *porte-* tiré du verbe *porter* : *des portes-fenêtres.*

3 En ce qui concerne le pluriel, il est difficile de fixer une règle. Voir ci-dessous chaque mot à l'ordre alphabétique.

porte-aéronefs n. m. Invariable : *des porte-aéronefs.*

porte à faux, porte-à-faux Deux expressions à bien distinguer par la graphie.

1 En porte à faux (sans traits d'union) loc. adv. ou adj. *La couverture des tribunes du stade est en porte à faux. Une grande surface de béton en porte à faux.* — *(figuré)* Dans une position fausse : *Cette déclaration imprudente du ministre a mis le gouvernement en porte à faux.*

2 Un porte-à-faux (avec deux traits d'union) n. m. inv. Elément, surface en porte à faux : *Un immense porte-à-faux de béton couvrira les tribunes du stade.* — Pl. : *des porte-à-faux.*

porte-aiguille, porte-aiguilles Deux noms masculins à bien distinguer.

1 porte-aiguille *(chirurgie)* Pince qui sert à maintenir une aiguille à sutures. — *(technique)* Pièce de machine qui porte une aiguille. — Pl. : *des porte-aiguille* ou *des porte-aiguilles.*

2 porte-aiguilles Etui où l'on met des aiguilles à coudre. — Invariable : *des porte-aiguilles.*

porte-amarre n. m. *ou* adj. Invariable : *des porte-amarre, des canons porte-amarre.*

porte à porte, porte-à-porte Deux expressions à bien distinguer par la graphie.

1 porte à porte (sans traits d'union) loc. adv. ou adj. *Ils habitent porte à porte. Deux logements porte à porte.*

2 le porte-à-porte (avec des traits d'union) n. m. inv. Démarchage à domicile : *Il fait du porte-à-porte.*

porte-assiettes n. m. Invariable : *des porte-assiettes.*

porte-avions n. m. Invariable : *des porte-avions.*

porte-bagages n. m. Invariable : *des porte-bagages.*

porteballe n. m. ▼ En un seul mot, sans trait d'union. — Pl. : *des porteballes.*

porte-bannière n. m. — Pl. : *des porte-bannière* ou *des porte-bannières.*

porte-billets n. m. Invariable : *des porte-billets.*

porte-bonheur n. m. Invariable : *des porte-bonheur.*

porte-bouquet n. m. — Pl. : *des porte-bouquet* ou *des porte-bouquets.*

porte-bouteilles n. m. Invariable : *des porte-bouteilles.*

porte-cartes n. m. Invariable : *des porte-cartes.*

portechape n. m. ▼ En un seul mot, sans trait d'union. — Pl. : *des portechapes.*

porte-chapeaux n. m. Invariable : *des porte-chapeaux.*

porte-cigares, porte-cigarettes n. m. Invariable : *des porte-cigares, des porte-cigarettes.*

porte-clefs ou **porte-clés** n. m. Invariable : *des porte-clefs* ou *des porte-clés.*

porte-conteneurs n. m. Invariable : *des porte-conteneurs.*

porte-crayon n. m. — Pl. : *des porte-crayon* ou *des porte-crayons.*

porte-croix n. m. Invariable : *des porte-croix.*

porte-crosse n. m. Pl. : *des porte-crosse* ou *des porte-crosses.*

porte-documents n. m. Invariable : *des porte-documents.*

porte-drapeau n. m. — Pl. : *des porte-drapeau* ou *des porte-drapeaux.*

portée n. f. Finale en *-ée.*

1 Une portée de. Normalement suivi d'un nom au pluriel : *Une portée de chiots, de lapins, de rats.*

2 A portée de. S'emploie surtout dans des expressions figées, telles que *à portée de voix, à portée de la main, à portée de fusil, de canon.*

3 A la portée de, à ma (ta, sa...) portée. Accessible à : *Cet hôtel est luxueux, il n'est pas à la portée de toutes les bourses. Ce travail est trop difficile, il n'est pas à ma portée.*

4 Hors de portée (de), en face de **hors de la portée de, hors de ma (ta, sa...) portée.** Ces deux expressions sont correctes. La première, *hors de portée (de)*, est la plus usitée. Elle peut s'employer absolument *(Déjà son adversaire était hors de portée)* ou avec un complément

introduit par *de (Nous sommes hors de portée de nos ennemis).* — La seconde, **hors de la portée de, hors de ma (ta, sa...)** *portée* ne peut s'employer absolument *(Il était déjà hors de la portée de ma carabine. Cela est hors de ma portée).*

porte-enseigne n. m. — Pl. : *des porte-enseigne* ou *des porte-enseignes.*

porte-étendard n. m. — Pl. : *des porte-étendard* ou *des porte-étendards.*

portefaix n. m. Prononciation : [pɔʀtəfɛ]. ▼ En un seul mot, sans trait d'union. — Invariable : *des portefaix.*

porte-fanion n. m. — Pl. : *des porte-fanion* ou *des porte-fanions.*

porte-fenêtre n. f. ▼ Pas un composé du verbe *porter*, mais du nom féminin *porte.* Pl. : *des portes-fenêtres* (avec *-s* à *porte* et à *fenêtre*).

portefeuille n. m. ▼ En un seul mot, sans trait d'union. — Pl. : *des portefeuilles.*

porte-fort n. m. *(droit)* Celui qui se porte garant d'un engagement. — Invariable : *des porte-fort.*

Porte-Glaive Toujours invariable et toujours avec un *P* et un *G* majuscules : *les chevaliers Porte-Glaive* ou *les Porte-Glaive,* ordre allemand (1208-1237).

porte-greffe ou **porte-greffes** n. m. Invariable : *des porte-greffe* (pluriel de *un porte-greffe*) ou *des porte-greffes* (pluriel de *un porte-greffes*).

porte-hauban ou **porte-haubans** n. m. — Pl. : *des porte-haubans.*

porte-hélicoptères n. m. Invariable : *des porte-hélicoptères.*

porte-jarretelles n. m. Invariable : *des porte-jarretelles.*

porte-liqueurs n. m. Invariable : *des porte-liqueurs.*

porte-malheur n. m. Invariable : *des porte-malheur.*

portemanteau n. m. ▼ En un seul mot, sans trait d'union. — Pl. : *des portemanteaux.*

portemine ou **porte-mine** n. m. — Pl. : *des portemines ; des porte-mines* ou *des porte-mine.*

porte-monnaie n. m. Invariable : *des porte-monnaie.*

portemors ou **porte-mors** n. m. Prononciation : [pɔRtəmɔR]. — Pl. : *des portemors* ou *des porte-mors.*

porte-musc n. m. Animal (chevrotain d'Asie). — Invariable : *des porte-musc.*

porte-musique n. m. Invariable : *des porte-musique.*

porte-papier n. m. Invariable : *des porte-papier.*

porte-parapluies n. m. Invariable : *des porte-parapluies.*

porte-parole n. m. Invariable : *des porte-parole.*

porte-plat n. m. — Pl. : *des porte-plat* ou *des porte-plats.*

porte-plume n. m. Invariable : *des porte-plume.*

porter v. t. Expressions.

1 Avec le complément toujours au singulier : *porter témoignage.*

2 Sans trait d'union : *La dalle porte à faux* (mais *un porte-à-faux* n. m.).

3 L'adjectif *fort* est le plus souvent invariable dans *se porter fort pour quelqu'un,* être son garant, sa caution : *Elles se sont portées fort pour leur frère.*

4 L'adverbe *beau* est toujours invariable dans *porter beau : Malgré leur âge, ces dames portent beau.*

porte-savon n. m. — Pl. : *des porte-savon* ou *des porte-savons.*

porte-serviettes n. m. Invariable : *des porte-serviettes.*

porte-voix n. m. Invariable : *des porte-voix.*

portion n. f. Composé : *demi-portion (des demi-portions).* — Dérivé (avec deux *n*) : *portionnaire* n. m. (celui qui a droit à une part d'héritage).

porto n. m. Avec un *p* minuscule : *du porto (Une bouteille de porto. Boire du porto).* — Pl. : *des portos* [-to]. — Avec un *P* majuscule : *du vin de Porto.*

portoricain, aine adj. *ou* n. De Porto Rico : *La population portoricaine. Les Portoricains.* ▼ En un seul mot, à la différence du nom de l'île, *Porto Rico.*

portrait n. m. Avec un trait d'union : *portrait-robot (des portraits-robots).* — Sans trait d'union : *portrait charge (des portraits charges).* — Dérivés : *portraiture, portraitiste.*

portraiturer v. t. Légèrement familier. Dans le style soutenu, on préfère *faire le portrait de.*

Port-Salut n. m. Fromage. ▼ Nom déposé, donc avec des majuscules. — Invariable : *des Port-Salut.*

portuaire adj. Finale en *-aire.*

portugais, aise adj. *ou* n. Du Portugal : *La population portugaise. Les Portugais.* — N. m. *Le portugais :* langue. — N. f. *La portugaise :* huître. ▼ On évitera la faute fréquente **portuguais.*

portulan n. m. Autrefois, carte marine. — Finale en *-an.*

pose, pause ▷ pause.

posément adv. Pas de *e* muet intérieur.

poser On dit *poser au, à la,* se donner le genre de, affecter d'être (*Il pose à l'esprit fort. Elle pose à la femme de tête*) et *se poser en* ou *comme,* se présenter en, s'affirmer comme (*Il se pose en défenseur des libertés. Il se pose comme le seul garant de la légalité*).

poser, pauser ▷ pauser.

poseur, euse n. m. *ou* f. *ou* adj. *Le poseur de moquette.* — *Je n'aime pas les poseurs,* les prétentieux. *Elle est très poseuse.* ▼ Ne pas écrire **pauseur.*

positionner v. t. Emploi correct dans la langue de la banque (*Positionner un compte*) et dans divers emplois techniques (*Positionner une pièce sur une machine-outil. Positionner une batterie ennemie, un avion. Positionner un produit par rapport à une clientèle donnée*). En dehors de ces emplois spéciaux, on évitera *positionner* et l'on écrira plutôt *placer, poser, mettre, installer, disposer, situer,* etc. : *Il faut placer* (et non *positionner*) *les bagages sur la galerie de toit de manière qu'ils ne déséquilibrent pas la voiture.* Même remarque pour *positionnement.*

posséder v. t. Conjug. **11.** *Il possède,* mais *il possédera, il posséderait.*

possesseur n. m. Avec deux fois *s* double — Pas de forme pour le féminin. Le mot **possesseuse* n'existe pas. On écrira : *Elle est possesseur d'une partie des actions* ou, mieux, *Elle possède...*

possession n. f. Avec deux fois *s* double. Deux *n* dans le dérivé : *possessionnel, elle.* — Deux expressions à bien distinguer.

1 Etre en possession de. Détenir, posséder : *Mon frère est en possession de tous ces documents.*

2 Etre en la possession de. Etre détenu par, appartenir à : *Ces titres et ces documents sont en la possession de mon frère.*

possessoire adj. *ou* n. m. (terme de droit) Finale en *-oire.*

possible adj. *ou* n. m. Accord et expressions.

I Accord de *possible.*

1 Quand *possible* n'est pas accompagné d'un superlatif relatif et qu'il est attribut ou épithète d'un nom, il prend la marque du pluriel : *Ces solutions sont très possibles. Nous avons deux moyens possibles. Il a commis toutes les erreurs possibles.* ▼ On écrit *Le meilleur des mondes possibles.* Ici il ne s'agit pas de l'expression *le meilleur possible,* mais il faut analyser en « le meilleur des mondes parmi les divers mondes qui ont la possibilité d'exister ». Voir ci-dessous, I, 5.

2 Dans les expressions adverbiales *le plus possible, le moins possible, le mieux possible* portant sur un verbe, un participe ou un adverbe, *possible* est toujours invariable : *Elles travaillent le plus possible. Les cordes doivent être tendues le plus possible. Les charpentes doivent être construites le mieux possible. Les longueurs seront calculées le plus exactement possible.*

3 *Le plus (le moins) possible de* + **nom.** *Possible* reste invariable : *Trouvez-moi le plus possible de photographies inédites. Essayons de commettre le moins possible d'erreurs.*

4 *Le plus (le moins) de* + **nom** + *possible. Possible* reste normalement invariable : *Nous inviterons le plus de collègues possible. J'ai essayé d'oublier le moins de noms possible.*

5 *Les plus (les moins)* + **adjectif (ou participe)** + *possible, les mieux* + **participe** + *possible, les meilleurs possible. Possible* reste normalement invariable : *Donnez-moi les statistiques les plus récentes possible* (= qu'il est possible de donner). *Choisissons les textes les moins altérés possible. Il faut obtenir les meilleurs résultats possible* (= qu'il est possible d'atteindre). ▼ A distinguer du tour *Le meilleur des mondes possibles,* tour dans lequel *possible* ne se rapporte pas à un pronom impersonnel *il* sous-entendu, mais au nom pluriel *mondes.* Voir ci-dessus, I, 1. De même, on distinguera *Choisissons la meilleure des solutions possible*

(= la meilleure des solutions qu'il soit possible de choisir) et *Choisissons la meilleure des solutions possibles* (= la meilleure des solutions parmi celles qui sont possibles, c'est-à-dire applicables).

II Expressions diverses.

1 On peut dire très correctement : *Agissez le plus vite qu'il vous sera possible* ou *le plus vite qu'il sera possible* ou encore *le plus vite possible.*

2 Il est possible que. Est normalement suivi du subjonctif : *Il est possible qu'elle vienne,* et non *qu'elle viendra.* On évitera l'emploi du conditionnel marquant l'éventualité et l'on tournera autrement (en employant *peut-être*) : *Elle viendrait peut-être, si nous lui faisions des avances,* mieux que *Il est possible qu'elle viendrait, si nous lui faisions des avances.* — De même, *Il n'est pas possible que* est toujours suivi du subjonctif. — En revanche, *Est-il possible que* (suivi le plus souvent du subjonctif) peut se construire avec l'indicatif, pour souligner l'impossibilité ou l'invraisemblance du fait exprimé par la subordonnée : *Est-il possible qu'il a commis cette erreur ?* On entend par là : « Non, il ne peut avoir commis cette erreur ! ». On emploie parfois aussi le conditionnel, pour exprimer une éventualité : *Est-il possible qu'il accepterait, si nous l'invitions ?* L'emploi de l'indicatif et du conditionnel après *est-il possible que* devient cependant rare dans la langue moderne. On usera de ces deux modes avec prudence.

3 *Possible que* + **subjonctif.** Tour elliptique pour *Il est possible que.* Ce tour appartient à la langue familière : *Possible qu'il ne soit pas content, après tout !*

4 Au possible. Equivaut à *autant qu'il est possible.* Se place toujours après un adjectif. Appartient à un registre légèrement familier : *Il s'est montré aimable au possible.*

5 ▼ Dans la langue surveillée, on écrira : *dans toute la mesure possible* ou *dans la mesure du possible,* plutôt que *dans toute la mesure du possible* (tour critiqué).

post Préfixe (du latin *post* « après »). Les composés en *post* s'écrivent en un seul mot sans trait d'union (*postcommunion, postcure*), sauf si le second élément commence par un *t-* (*post-traumatique*). ▼ Seules exceptions : *post-abortum* (n. m. inv.), *post-partum* (n. m. inv.), *post-scriptum* (n. m. inv.) — En deux mots et sans trait d'union : *post mortem.*

postage n. m. Mot de la langue commerciale. Equivalent usuel : *mise à la poste (du courrier, d'une lettre)* ▷ **poster.**

postdater, antidater ▷ antidater.

poster [pɔste] v. t. Mot de la langue commerciale. Équivalent usuel : *mettre à la poste (le courrier, une lettre).* ▷ postage.

postérieur, eure adj. Qui a eu lieu après autre chose. — Se construit avec la préposition *à :* *Les événements postérieurs à la guerre de Cent Ans.* — Ce mot, comme son antonyme *antérieur,* est, par nature, un comparatif. On ne peut dire, par conséquent, *un événement *plus postérieur* ni **moins postérieur :* un événement a lieu *avant* ou *après* un autre, on ne peut dire qu'il a eu lieu **plus avant* ou **plus après* un autre. En revanche, on tolère *un événement très postérieur, un peu postérieur,* car un événement peut se produire *longtemps, peu de temps* après un autre. On dit aussi, et mieux : *bien postérieur, de beaucoup postérieur, de peu postérieur.*

posteriori (a) ▷ a posteriori.

posthume adj. Avec *-th-.*

posthumement adv. Eviter la forme fautive **posthumément.*

post mortem Locution latine qui veut dire « après la mort » : *L'autopsie a décelé des lésions* post mortem *sur le corps de la victime.* Prononciation : [pɔstmɔrtɛm]. Invariable. En deux mots, sans trait d'union. — Souvent écrit en italique dans un texte en romain et en romain dans un texte en italique.

post-partum [pɔstpartɔm] n. m. (terme de médecine) En deux mots, avec un trait d'union. Invariable : *des post-partum.*

post-scriptum [pɔstskriptɔm] n. m. En deux mots, avec un trait d'union. Invariable : *des post-scriptum.* Abréviation : *P.-S.*

postulant, impétrant ▷ impétrant.

pot n. m. Emploi de la préposition, orthographe des composés, prononciation.

1 *Un pot à lait, un pot de lait* ▷ à (X, 1, 2 et 3).

2 Sans trait d'union : *pot à eau* (*pot à l'eau* est vieux) ; *pot à lait ; pot à beurre* (*pot au beurre* est vieux), *pot à bière, pot à tabac ; découvrir le pot aux roses ; le pot au noir* (région de brouillards permanents, aux latitudes équatoriales), *pot à feu* (ornement d'architecture).

3 Avec des traits d'union : *pot-au-feu* (invariable : *des pot-au-feu*) ; *pot-bouille* n. f. (*des pots-bouilles*), *pot-pourri* (*des pots-pourris*).

4 Sans traits d'union : *La servante mit un pot de vin sur la table* (= un récipient plein de vin). — Avec des traits d'union : *Le ministre aurait touché un pot-de-vin* (somme d'argent). Pl. : *des pots-de-vin.*

5 Avec un *o* ouvert et la liaison du *t* même au pluriel : *un pot à eau* [pɔtao], *des pots à eau* [pɔtao] ; *un pot à lait* [pɔtalɛ], *des pots à lait* [pɔtalɛ] ; *le pot aux roses* [pɔtoroz] ; *pot au noir* [pɔtonwar] ; *un pot-au-feu* [pɔtofø], *des pot-au-feu* [pɔtofø].

6 Avec un *o* fermé et sans aucune liaison, ni au singulier ni au pluriel : *un pot à feu* [poafø], *des pots à feu* [poafø] ; *un pot à beurre* [poabœr], *des pots à beurre* [poabœr] ; *un pot à bière* [poabjɛr], *des pots à bière* [poabjɛr] ; *un pot à confiture* [poakɔ̃fityr], *des pots à confiture* [poakɔ̃fityr] ; *un pot à tabac* [poataba], *des pots à tabac* [poataba] ; *un pot à vin* [poavɛ̃], *des pots à vin* [poavɛ̃].

potable adj. Très correct au sens propre : *Eau potable. Eau non potable.* — Familier au sens figuré de *acceptable, passable : Un repas potable. Des résultats tout juste potables.*

pot-au-feu [pɔtofø] n. m. *ou* adj. Invariable : *Des pot-au-feu* [pɔtofø]. *Elles sont très pot-au-feu.*

pot-bouille *(vieux)* Cuisine, ménage. ▼ Toujours féminin : *La pot-bouille.* — Pl. : *des pots-bouilles.*

pot-de-vin *(familier)* Somme d'argent donnée pour obtenir un passe-droit. — Pl. : *des pots-de-vin.* — Ne pas écrire comme *un pot de vin,* un récipient plein de vin.

potentiel, elle adj. *ou* n. m. Avec *-en-* et finale en *-tiel, -tielle.* — Dérivés : *potentialité, potentiellement, potentiomètre.*

potiron n. m. Plante ; légume. — Finale en *-on,* sans *-d.*

pot-pourri n. m. Pl. : *des pots-pourris.*

potron- *(expressions familières)* Dès *potron-jaquet* (parfois *dès potron-jacquet*) et *dès potron-minet :* très tôt, de bon matin. — On évitera de déformer en *dès *patron-jaquet, dès *patron-minet.*

pou n. m. ▼ Avec un *-x* au pluriel : *des poux.*

poucier, poussier Deux noms masculins homophones.

1 poucier Doigtier qui protège le pouce. — Pièce du loquet.

2 poussier Poussière de charbon.

pou-de-soie ▷ pout-de-soie.

pouding ▷ pudding.

poudingue [pudɛ̃g] n. m. Terme de géologie qui désigne une roche. — Ne pas confondre avec *pouding,* autre graphie de *pudding* ▷ **pudding.**

poudroiement [pudʀwamɑ̃] n. m. Attention à l'*e* muet intérieur.

poudroyer v. i. Conjug. **21.** Change *y* en *i* devant un *e* muet : *le chemin poudroie, poudroiera.*

pouf n. m. Siège bas ; coussin destiné à faire bouffer la robe. — Avec un seul *f.* — Pl. : *des poufs.*

pouffer v. i. *Pouffer de rire* n'est pas un pléonasme, mais on dira, tout aussi bien, *pouffer* tout simplement. — Avec deux *f.* De même : *pouffement.*

pouilles n. f. pl. Seulement dans l'expression familière et vieillie *chanter pouilles à quelqu'un,* lui adresser des reproches véhéments.

poulailler n. m. Pas de *i* après le groupe *-ill-.*

poulain n. m. Finale en *-ain.*

poulbot n. m. Type d'enfant parisien pauvre, créé par le dessinateur Poulbot. — Avec un *p* minuscule : *Les petits poulbots qui jouent dans la rue.*

poulette n. f. Sans trait d'union : *sauce poulette.*

poulpe Synonyme de *pieuvre.* — Toujours masculin, à la différence de *pieuvre* : *Un poulpe monstrueux.*

pouls n. m. Battement de l'artère. — Prononciation : [pu]. — Avec *-ls* muet. Ne pas écrire comme *pou,* insecte.

poult-de-soie ▷ pout-de-soie.

poupe n. f. Arrière d'un bateau. — L'avant s'appelle *la proue.*

pour Préposition d'un emploi très courant en français.

I Sens de *pour.* La préposition *pour* exprime principalement le but, mais elle a aussi d'autres valeurs.

1 *Pour* **en concurrence avec** *afin de* ▷ **afin.**

2 Ellipse de *pour* **devant un infinitif de but dépendant d'un verbe de mouvement.** Cette ellipse de *pour* est parfaitement admise après

aller, venir et *courir : Elle se leva et alla fermer la fenêtre. Je vais au jardin cueillir des cerises. Il est venu chercher le courrier. Je cours acheter du pain.* — On évitera l'ellipse après un autre que les verbes cités ci-dessus et l'on écrira : *Elle bondit pour fermer la fenêtre* (plutôt que *Elle bondit fermer la fenêtre*). On évitera notamment cette ellipse après un verbe autre qu'un verbe de mouvement. On écrira : *Il regarda par la fenêtre pour voir s'il neigeait encore,* et non *Il regarda par la fenêtre voir s'il neigeait encore* (tour incorrect). En revanche, le tour *Il regardait tomber la neige* est parfaitement correct. Dans ce cas en effet l'infinitif n'exprime pas le but, mais joue le rôle du verbe d'une complétive.

3 *Pour* **+ infinitif, exprimant la cause.** Tour parfaitement correct : *Pour avoir servi pendant trois ans sur un torpilleur, il connaissait bien le milieu des officiers de marine* (= parce qu'il avait servi...). *Il a été condamné à deux mois de prison pour avoir frappé un policier.*

4 *Pour* **+ infinitif, exprimant la concession.** Tour parfaitement correct et assez littéraire : *Pour être président, on n'en est pas moins homme* (= quoiqu'on soit président...). *Cette théorie, pour être vraie dans son ensemble, n'est pas pour autant entièrement satisfaisante.* ▼ Ce tour ne peut s'employer que si la proposition à un mode personnel est négative.

II *Etre pour* **suivi de l'infinitif.**

1 Equivaut à « être sur le point de ». Tour assez rare, assez littéraire, mais très correct : *Je suis pour partir.*

2 Equivaut à « destiné à ». Tour assez littéraire, mais très correct : *Le luxe de la cour n'était pas seulement pour distraire le roi et les courtisans, il devait aussi manifester la puissance du monarque aux yeux des peuples étrangers.*

3 Exprime la conséquence. Tour usuel et très correct : *Cela n'est pas pour me surprendre* (= cela n'est pas tel que je puisse être surpris). *Cela n'est pas pour nous détourner de nos projets. Voilà qui est pour nous déconcerter.*

4 Equivaut à « être d'avis de ». *Je suis pour refuser cette proposition.* Tour relâché. On dira plutôt *être d'avis de : Je suis d'avis de refuser...*

III *Pour* **suivi de l'infinitif, avec une négation.**

1 Pour ne m'engager pas (point). Tour archaïque : *Pour ne m'engager pas, je différai encore.*

2 Pour ne pas m'engager. Tour usuel, moderne et parfaitement correct : *Pour ne pas m'engager, j'ai différé ma réponse.*

IV Pour que... ne... pas (point). Seule construction correcte : *Il prend toutes les précautions* *pour que l'événement ne le surprenne pas.* ▼ On évitera le tour relâché **pour ne pas que l'événement le surprenne.*

V Pour grand que soient les rois. Exprime la concession et équivaut à « si grands que soient les rois ». Tour littéraire. Se construit avec le subjonctif : *Ces résultats, pour faibles qu'ils fussent, lui apportèrent un encouragement. Pour sotte qu'elle soit, elle comprendra qu'on veut la tromper.* Le tour avec inversion, *pour sotte soit-elle,* est rare et peu conseillé : *Pour vite qu'ils aillent, nous les rattraperons.* — L'emploi de l'indicatif ou du conditionnel se rencontre parfois : *Pour nécessaires que sont ces remarques, elles ne suffisent pas à nous éclairer. Pour grands que seraient ces risques, ils ne suffiraient pas à nous décourager.* Cet emploi de l'indicatif ou du conditionnel est peu conseillé. ▼ Le tour *pour si grand que* est un archaïsme, qui risque, de nos jours, d'être interprété comme une faute. On écrira donc : *pour grand qu'il soit* ou bien *si grand qu'il soit.*

VI Emploi de *pour* sans complément. Dans la langue semi-familière, on admet les tours *être pour,* être favorable, partisan : *Es-tu pour ou contre ? Moi, je suis plutôt pour. Ils ont voté pour.* Sont considérés comme très familiers les emplois tels que : *C'est fait pour. C'est étudié pour. J'ai fait le nécessaire pour.*

VII Pour demain, pour dans quinze jours. *Pour* s'emploie correctement devant un adverbe : *Le départ est pour demain, pour après-demain, pour bientôt.* — On évitera en revanche, dans la langue surveillée, d'employer *pour* devant une préposition. On écrira : *Le départ aura lieu dans quinze jours* (plutôt que *Le départ est pour dans quinze jours*). *Le mariage aura lieu après les vacances* (plutôt que *Le mariage est pour après les vacances*).

VIII Locutions et expressions.

1 Pour autant que ▷ **autant** (9).

2 Pour moi (toi), au sens de « à mon (ton) avis ». Locution semi-familière. Dans la langue surveillée, on écrira plutôt *selon moi (toi), à mon (ton) avis : Selon moi* (ou *à mon avis*), *cette démarche ne s'impose pas.* — On ne confondra pas cet emploi de *pour moi* avec *pour moi* complément d'un adjectif de la proposition (emploi correct) : *Pour moi, c'est avantageux, mais pas pour lui* (= cela est avantageux pour moi).

3 Pour le moins ▷ **moins** (III, 2).

4 Pour peu que ▷ **peu** (VI, 6).

5 Pour de bon, pour tout de bon. Expressions du registre familier. L'équivalent soutenu, un peu vieilli, est : *tout de bon.* — *Pour de vrai* (= vraiment, réellement) est également fami-

lier. *Pour de rire* est très familier (langage enfantin).

6 Le pour et le contre ▷ **contre** 2.

pour- Les composés en *pour* s'écrivent en un seul mot, sans trait d'union (*pourboire, pourchasser, pourlécher, pourtour,* etc.), sauf *le pour-soi* n. m. inv. (terme de philosophie).

pourboire n. m. En un seul mot, sans trait d'union. — Avec *-e* final, comme *boire.*

pour cent Notation et accord du verbe.

I Notation du pourcentage.

1 Dans un texte littéraire, on écrira plutôt : *cinq pour cent ; huit pour cent (Le vieil usurier exigeait un intérêt de vingt pour cent).*

2 Dans un texte didactique, quand il s'agit d'une proportion, d'une statistique, on écrira plutôt : *5 pour 100 ; 8 pour 100,* ou *5 p. 100 ; 8 p. 100 (Un alliage qui contient 4 p. 100 de nickel, 11 p. 100 de cuivre et 85 p. 100 de fer).*

3 Dans la langue de la finance et du commerce, quand il s'agit d'intérêt, de taux d'escompte, de pourcentage d'une somme, on écrira plutôt : *5 % ; 8 % (Le taux d'escompte va être porté à 12 %).*

4 ▼ Ne pas noter le pourcentage en employant à la fois la notation en chiffres et la notation en lettres, par exemple : **5 pour cent* ou **cinq pour 100.*

II Accord du verbe après... pour cent. *Vingt pour cent de la population approuve. Vingt pour cent des candidates sont admises* ▷ **cent** (III, 1, 2 et 3).

pourlécher v. t. Conjugaison et accord du participe.

1 Conjug. **11.** *Il pourlèche,* mais *il pourléchera, il pourlécherait.*

2 A la forme pronominale, accord du participe avec le sujet (*Elles se sont pourléchées à cette idée*), mais invariabilité dans *se pourlécher les babines, les lèvres (Elles se sont pourléché les babines).*

pourparlers n. m. pl. De nos jours, toujours au pluriel : *Des pourparlers internationaux. Entrer en pourparlers avec quelqu'un.*

pourpoint n. m. Avec un trait d'union : *à brûle-pourpoint.*

pourpre Peut être nom masculin ou nom féminin ou adjectif.

I Nom masculin *(le pourpre).*

1 Couleur d'un rouge violacé : *Le pourpre*

profond et chaud de l'amarante. Dans ce sens, on dit aussi *la pourpre,* voir ci-dessous II, 2. — Couleur héraldique. — *(photographie)* Couleur complémentaire du vert. — (anatomie) *Pourpre rétinien :* pigment des bâtonnets de la rétine.

2 Mollusque marin qui fournissait une teinture rouge : *Pêcher le pourpre.*

II Nom féminin *(la pourpre).*

1 Dans l'Antiquité, matière colorante extraite d'un mollusque marin : *La pourpre tyrienne fit la fortune des Phéniciens.*

2 Couleur d'un rouge violacé : *La pourpre merveilleuse des nuages au soleil couchant.* Dans ce sens, on dit aussi *le pourpre,* voir ci-dessus 1, 1. — Rougeur : *La pourpre de la honte enflamme son visage.* ▼ Au sens de « rougeur », l'emploi du masculin *le pourpre* est vieilli.

3 Vêtement de couleur pourpre : *Les empereurs romains revêtaient la pourpre.* — Symbole de la dignité impériale ou royale : *Il renonça à la pourpre impériale.* — *La pourpre romaine :* la dignité de cardinal.

III Adjectif. D'une couleur rouge violacé. — Prend la marque du pluriel : *Des nuages pourpres.*

pourquoi adv. *ou* n. m. Constructions et emplois ; confusion possible avec *pour quoi.*

I Constructions dans les propositions interrogatives.

1 Constructions correctes. Avec inversion, dans l'interrogation directe : *Pourquoi est-il parti ? Pourquoi son frère est-il parti ?* — Sans inversion, dans l'interrogation indirecte : *Je vous demande pourquoi il est parti. Je vous demande pourquoi son frère est parti.*

2 Construction admise dans la langue parlée. *Pourquoi il est parti ? Pourquoi son frère est parti ?* A éviter dans la langue écrite.

3 Construction correcte, mais lourde. *Pourquoi est-ce qu'il est parti ? Pourquoi est-ce que son frère est parti ?* A éviter dans le style soigné.

4 Constructions fautives. *Pourquoi *qu'il est parti ? Pourquoi *c'est qu'il est parti ? Je vous demande pourquoi *est-il parti. Je vous demande pourquoi son frère *est-il parti.*

II C'est pourquoi. Equivaut à « c'est pour cette raison que » : *Je n'ai pas été prévenu, c'est pourquoi je ne suis pas venu à la réunion.*

III Pourquoi, pour quoi. Deux graphies qui ne sont pas interchangeables.

1 L'adverbe *pourquoi* introduit une question portant sur la cause d'un fait ou la raison d'une

décision, le motif d'une action : *Pourquoi le liège flotte-t-il à la surface de l'eau ? C'est parce qu'il est moins dense que l'eau. Pourquoi voulez-vous changer d'emploi ? — Parce que je suis mal payé.* — La locution *pour quoi* introduit une question portant sur la chose au profit de laquelle ou en faveur de laquelle s'accomplit l'action. La locution équivalente, quand il s'agit d'une personne, est *pour qui.* La locution antonyme est souvent *contre quoi : Mais pour quoi combattent-ils ? pour la liberté ? pour l'égalité ? Et pour qui meurent-ils ? pour leur chef ? pour leurs enfants ?*

2 On écrira *ce pour quoi* plutôt que *ce pourquoi : Voici ce pour quoi je suis venu vous trouver.*

3 *Pour quoi, pourquoi* **devant un infinitif.** Si l'infinitif est transitif et n'a pas d'autre complément que *quoi,* on écrit *pour quoi : Je devrais lui écrire, mais pour quoi dire ? Il cherche de l'argent, pour quoi faire ?* — Si l'infinitif est intransitif ou s'il a un complément direct, on écrit *pourquoi : Pourquoi courir si vite ? Pourquoi dire ces sornettes ? Pourquoi faire toutes ces recherches ?*

IV Pourquoi non, pourquoi pas ⊳ **non** (3).

V Emploi substantif. Toujours invariable : *Tous les pourquoi de l'affaire.*

pourrir v. i. *ou* v. t. Avec deux *r.* De même : *pourri, pourridié* n. m. (maladie des plantes), *pourrissage, pourrissement, pourrisseur, pourrissoir* (finale en *-oir*), *pourriture.*

pour-soi n. m. inv. (terme de philosophie). ▼ Avec un trait d'union.

poursuite n. f. On peut dire *la poursuite du travail, des efforts, des démarches.* En revanche, on n'écrira pas *la poursuite du beau temps, de la pluie,* mais *la persistance.*

poursuivre v. t. Conjugaison et expression critiquée.

1 Conjug. **103** (comme *suivre*). *Je poursuis, tu poursuis, il poursuit, nous poursuivons, vous poursuivez, ils poursuivent.* — *Je poursuivais.* — *Je poursuivis.* — *Je poursuivrai.* — *Je poursuivrais.* — *Poursuis, poursuivons, poursuivez.* — *Que je poursuive.* — *Que je poursuivisse.* — *Poursuivant.* — *Poursuivi.*

2 Poursuivre un but ⊳ **but** (II, 4).

pourtant adv. A la différence de *cependant,* qui n'est guère employé dans la langue parlée familière et qui est ignoré de la langue populaire, *pourtant* appartient à tous les registres.

pourvoi n. m. (terme de droit) ▼ Pas de *-e* à la fin.

pourvoir Conjugaison et constructions.

I Conjug. 68. *Je pourvois, tu pourvois, il pourvoit, nous pourvoyons, vous pourvoyez, ils pourvoient. — Je pourvoyais, tu pourvoyais, il pourvoyait, nous pourvoyions, vous pourvoyiez, ils pourvoyaient. — Je pourvus. — Je pourvoirai. — Je pourvoirais. — Pourvois, pourvoyons, pourvoyez. — Que je pourvoie, que tu pourvoies, qu'il pourvoie, que nous pourvoyions, que vous pourvoyiez, qu'ils pourvoient. — Que je pourvusse. — Pourvoyant. — Pourvu, ue.* ▼ Attention au *i* après *y* à la première et à la deuxième personne du pluriel de l'indicatif imparfait et du subjonctif présent : *(que) nous pourvoyions, (que) vous pourvoyiez.* Attention aussi au futur et au conditionnel. Pas de *e* après *-oi-* : *je pourvoirai, tu pourvoiras..., je pourvoirais, tu pourvoirais...*

II Constructions.

1 Pourvoir quelqu'un. *(vieux)* Etablir dans la société par un emploi ou un mariage : *Ce gentilhomme pauvre se demandait comment il pourvoirait sa fille.*

2 Pourvoir à quelqu'un. *(vieux)* Subvenir aux besoins de quelqu'un : *Il pourvoyait à son vieux père malade.* De nos jours, on dit : *pourvoir* (ou *subvenir) aux besoins de quelqu'un.*

3 Pourvoir quelqu'un de quelque chose. *(usuel et moderne)* Fournir quelque chose à quelqu'un : *On l'a pourvu de tout ce qui est nécessaire.* — (fréquent au passif) *J'étais pourvu de deux lettres d'introduction.* ▼ Ne pas dire *pourvoir, être pourvu *en quelque chose.*

4 Pourvoir quelque chose de quelque chose. (usuel et moderne) *La nature a pourvu ce pays de ressources abondantes.* ▼ Ne pas dire *pourvoir *en.*

5 Pourvoir à quelque chose. *(usuel et moderne)* Subvenir à : *Il peut à peine pourvoir aux besoins, à la subsistance de sa famille.* — Veiller : *Qui pourvoira à la discipline du collège ?*

6 Pourvoir à un emploi. Nommer quelqu'un à un emploi. — Tour à préférer à *pourvoir un emploi.* Cependant, dans la langue administrative, on peut écrire : *Ce poste n'est pas encore pourvu. Il reste dix postes à pourvoir.*

7 Se pourvoir de quelque chose. (usuel et moderne) Se munir de quelque chose : *Il s'est pourvu de tout le matériel nécessaire.* ▼ Ne pas dire *se pourvoir *en quelque chose.*

8 Se pourvoir devant un tribunal, se pourvoir en cassation. Termes de procédure.

pourvu, ue adj. ▼ Se construit avec *de* et non avec *en* : *Des explorateurs bien pourvus de vivres.*

pourvu que loc. conj. Toujours avec le subjonctif : *Pourvu qu'il ait des livres, il est heureux. Pourvu qu'il fasse beau demain !*

poussah n. m. Jouet ; gros homme. — La graphie *poussa* est rare. — Pl. : *des poussahs.*

pousse Au féminin : *une pousse d'arbre.* — Au masculin : *un pousse,* abréviation de *pousse-pousse.* — Ne pas écrire comme *pouce,* doigt.

pousse-café n. m. Invariable : *des pousse-café.*

pousse-cailloux n. m. *(populaire)* Fantassin. — Invariable : *un pousse-cailloux* (avec *-x*), *des pousse-cailloux.*

poussée n. f. Finale en *-ée.*

pousse-pousse n. m. Véhicule d'Extrême-Orient. — Invariable : *des pousse-pousse.* — Abréviation : *un pousse* (masculin).

poussier n. m. Poussière de charbon.

poussier, poucier ▷ **poucier.**

poussoir n. m. Finale en *-oir.*

pout-de-soie [pudəswa] n. m. Etoffe. — Pl. : *des pouts-de-soie.* — On écrit aussi *pou-de-soie* (pl. : *des poux-de-soie*) et *poult-de-soie* [pudəswa] (pl. : *des poults-de-soie*). — On pourra préférer la graphie *pout-de-soie.*

1. pouvoir v. t. Conjugaison et emploi.

I Conjugaison.

1 Conjug. 67. *Je peux* ou *je puis, tu peux, il peut, nous pouvons, vous pouvez, ils peuvent. — Je pouvais. — Je pus. — Je pourrai. — Je pourrais.* — Pas d'impératif. — *Que je puisse. — Que je pusse. — Pouvant. — Pu.*

2 Je peux, je puis. La langue parlée ordinaire ne connaît que *je peux : Je peux trouver ce renseignement facilement. Est-ce que je peux vous aider ?* — Dans la langue parlée ou plus recherchée et dans la langue écrite soignée, on emploie *je peux* ou *je puis.* La langue très littéraire préfère même nettement *je puis.* ▼ Dans l'interrogation directe avec inversion et dans toute autre tournure avec inversion, on emploie obligatoirement *puis-je : Puis-je vous aider ? Je n'ai rien à faire demain, aussi puis-je aller vous voir.* On dit presque toujours *je ne peux pas,* rarement *je ne puis pas.* En revanche, on dit bien : *Je n'en puis plus.*

3 Pas d'impératif. Pour exprimer le souhait, on emploie les périphrases *puisses-tu, puissions-nous, puissiez-vous* : *Puisses-tu enfin travailler en paix !*

4 Participe passé. Toujours invariable. *Il a acheté toutes les marchandises qu'il a pu. Il a commis des erreurs qu'un homme avisé aurait pu éviter.*

II Emplois, constructions, expressions.

1 On évitera les tours pléonastiques du genre *il est possible, il est impossible qu'on puisse.* On écrira : *Il est possible que mon frère réussisse* ou *Mon frère peut réussir,* mais non *Il est possible que mon frère puisse réussir.* On écrira : *Il est impossible qu'on soit naïf à ce point !* ou *On ne peut pas être naïf à ce point !* mais non *Il est impossible qu'on puisse être naïf à ce point !* — L'emploi de *peut-être* avec *pouvoir* est peu conseillé. On écrira : *Il réussira peut-être* ou *Il peut réussir.* On tolère l'emploi de *peut-être* comme formule de renforcement pour insister sur l'expression du doute. Dans ce cas, *peut-être* doit être isolé entre des virgules : *Il pourrait, peut-être, réussir, à condition que les circonstances soient très favorables.*

2 *Pouvoir* s'emploie correctement pour exprimer l'approximation : *Du village au château, il pouvait y avoir une demi-lieue* (= il y avait environ une demi-lieue).

3 Il se peut que. Normalement suivi du subjonctif : *Il se peut que mon oncle vienne à Paris le mois prochain.* L'emploi de l'indicatif *(Il se peut que la porte est fermée)* est peu conseillé. L'emploi du conditionnel pour exprimer que l'action est soumise à une condition se rencontre parfois : *Il se peut qu'en province son frère réussirait* (= s'il était en province, son frère réussirait). Cependant ce tour est à éviter dans la langue très surveillée. On tournera autrement : *En province, peut-être, son frère réussirait.*

4 Ça se peut. Expression de la langue parlée familière. Dans la langue soignée, on emploiera *il se peut.*

5 Ce peut-être, ce peuvent être ▷ ce 2 (V).

6 Il ne peut pas ne pas se lasser (= nécessairement, il se lassera). Tour moderne et usuel, avec la double négation. A distinguer du tour suivant (voir ci-dessous, § 7).

7 L'être humain ne peut qu'il ne finisse par se lasser de tout (= l'être humain finit nécessairement par se lasser de tout). A la différence du tour précédent (§ 6), cette construction est archaïque et très recherchée. Se rencontre chez quelques auteurs modernes, tels que Valéry.

8 N'en pouvoir mais ▷ mais (6).

9 On ne peut mieux, on ne peut plus. Expressions à valeur superlatives (= le mieux possible, le plus possible). Elles sont parfaitement correctes : *Ces nuances sont on ne peut mieux rendues. Ces fleurs sont on ne peut plus jolies.*

2. pouvoir n. m. Expressions.

1 Fondé de pouvoir ▷ fondé.

2 Pleins pouvoirs, plein pouvoir. Pluriel ou singulier selon le sens : *Ce chef d'État s'est fait donner les pleins pouvoirs* (= cumul temporaire du pouvoir exécutif et du pouvoir législatif). *Ce diplomate a reçu pleins pouvoirs pour négocier l'accord* (= habilitation à négocier et à signer au nom du gouvernement). *Le chef de service m'a donné plein pouvoir dans cette affaire* (= complète liberté d'action). *En domptant ses instincts, l'homme se donne-t-il plein pouvoir sur son destin ?* (= maîtrise complète).

pouzzolane n. f. Cailloutis volcanique. — Avec deux *z* et un seul *n*. — Bien prononcer [puzɔlan], avec [z], et non *[pudzɔlan].

pragois, oise ou **praguois, oise** adj. *ou* n. De Prague, capitale de la Tchécoslovaquie : *La population praguoise. Les Praguois.* — Les deux formes sont admises. La plus fréquente semble être *praguois, oise.*

praire n. f. Coquillage. — Toujours féminin : *Ces praires sont excellentes.*

prairial n. m. Mois du calendrier républicain. — Avec un *p* minuscule : *Le 7 prairial an IV.*

prairie n. f. Avec *-ai-*, à la différence de *pré.*

praline n. f. Bonbon. — Sans accent circonflexe. De même : *praliné, praliner.*

praticable adj. *ou* n. m. Avec *c*, à la différence de *pratiquer.* De même : *praticabilité.*

pratiquant, ante Que le mot soit participe présent, adjectif ou nom, il est toujours écrit avec *-qu-* : *Pratiquant l'athlétisme, ces garçons étaient robustes. Les catholiques pratiquants. Une catholique pratiquante. Les catholiques non pratiquants* (adjectif, donc pas de trait d'union). *Les non-pratiquants* (substantif, donc un trait d'union).

pratiquement adv. Dans la langue soignée, on évitera d'employer ce mot au sens de *presque.* On écrira : *Le travail est presque terminé,* et non *est pratiquement terminé.* — En revanche, emploi correct au sens de « dans la pratique » (par opposition à *théoriquement*) : *Je ne vois pas à quoi cette idée, séduisante d'ailleurs, peut aboutir pratiquement.*

pratiquer v. t. Toujours avec *-qu-*, même devant *a* ou *o* : *il pratiquait, nous pratiquons, en pratiquant* (et aussi *un pratiquant*).

pré n. m. Prairie. — Pas de *-s* final. — Avec des traits d'union : *un pré-bois (des prés-bois), un pré-salé (des prés-salés), Le Pré-aux-Clercs, le Pré-Saint-Gervais.*

pré- Préfixe (du latin *prae* « devant, en avant »). Tous les composés en *pré* s'écrivent en un seul mot, sans trait d'union : *préadamisme, préadamite, Préalpes, préalpin, préavis, préchambre, préchauffage, précolombien, précombustion, préencollé, préenquête, préétabli, préhistoire, prémilitaire, préretraite,* etc.

préau n. m. Finale en *-au.* — Pl. : *des préaux.*

préavis n. m. Au sens strict, désigne un avis préalable *(Envoyer, signifier un préavis par lettre recommandée)* et non une durée. Cependant, dans la langue usuelle, on admet des expressions telles que : *Un préavis de cinq jours, de six mois.* Cette extension de sens ne peut être considérée comme une faute. On pourra préférer : *délai de préavis.*

prébende [pʀebɑ̃d] n. m. Finale en *-ende.* Dérivés : *prébendé, ée, prébendier* (pas de féminin).

précautionner (se) v. pron. Deux sens.

1 Sens correct. *Se précautionner contre* (et non **envers*), prendre ses précautions contre : *Il voulait se précautionner contre les incertitudes de l'avenir.* Quoique non incorrect, ce sens est vieilli. On écrira plutôt : *se prémunir contre, se protéger contre.*

2 Sens critiqué. *Se précautionner de*, se munir, se pourvoir de quelque chose par précaution : *Elle s'est précautionnée d'une bonne provision de bois de chauffage.* Dans la langue soignée, on écrira plutôt : *se munir de, se pourvoir de.*

précédemment adv. Finale en *-emment* (vient de *précédent*).

précédant, précédent Deux homophones à bien distinguer.

1 précédant Participe présent invariable du verbe *précéder : Des jeunes filles, précédant le cortège, portaient des banderoles.*

2 précédent, ente Adjectif variable *(Au cours des années précédentes)* ou nom masculin *(Ils ont créé des précédents fâcheux).*

précédent n. m. Au singulier dans : *des faits sans précédent.*

précéder v. t. Conjug. **11.** *Il précède,* mais *il précédera, il précéderait.*

précellence n. f. *(vieilli et très littéraire)* Primauté. — Ne pas déformer en **préexcellence.*

précession n. f. (terme d'astronomie) Attention à la place de *c* et de *-ss-.*

prêche n. m. Avec accent circonflexe. De même : *prêcher, prêcheur, prêchi-prêcha.*

prêche, sermon ▼ On dit *le prêche* quand il s'agit du discours religieux prononcé par un pasteur protestant, *le sermon* quand il s'agit du discours prononcé par un prêtre catholique.

prêchi-prêcha n. m. Invariable : *des prêchi-prêcha.*

précieux, euse adj. *ou* n. Avec un *p* minuscule : *les précieux, les précieuses (du XVIIe siècle).*

préciosité n. f. Toujours avec un *p* minuscule : *La préciosité prépara le classicisme.* ▼ Désigne un mouvement littéraire du XVIIe siècle ou bien le caractère à la fois recherché et délicat du style ou de l'art, jamais le caractère précieux d'un objet. Ne pas dire, par exemple : *la *préciosité d'un diamant.* Dire plutôt : *le grand prix, la grande valeur.*

précipitamment adv. Finale en *-amment.*

préciput n. m. (terme de droit) ▼ Le *-t* final est muet : [pʀesipy]. — Dérivé : *préciputaire.*

précis, ise adj. *ou* n. Au masculin singulier : *à midi précis, à minuit précis.* — Au féminin singulier : *à une heure précise, à une heure et demie précise, à une heure dix précise, à une heure moins vingt précise.* — Au féminin pluriel : *à deux heures précises, à onze heures précises, à deux heures et demie précises, à deux heures moins le quart précises.*

précisément adv. Pas de *e* muet intérieur.

précurseur n. m. *ou* adj. m. Pas de forme pour le féminin : *Cette suffragette fut un précurseur du féminisme.* — Avec un *P* majuscule : *le Précurseur,* saint Jean-Baptiste.

prédateur Comme nom, n'a pas de forme féminine : *La belette est un prédateur.* — Comme adjectif, a un féminin *prédatrice* : *Les espèces prédatrices.*

prédécesseur n. m. Attention à la place du *c* et du *-ss-*. — Pas de forme pour le féminin : *Elle fut son prédécesseur* ou, mieux, *Elle le précéda (dans cet emploi, dans cette fonction).* — Pas d'emploi adjectif. — Ne peut désigner qu'une personne, jamais une chose.

prédiction n. f. Finale en *-ction*.

prédire v. t. Conjugaison et emploi.

1 Conjug. **47.** *Je prédis, tu prédis, il prédit, nous prédisons, vous prédisez, ils prédisent.* — *Je prédisais.* — *Je prédis.* — *Je prédirai.* — *Je prédirais.* — *Prédis, prédisons, prédisez.* — *Que je prédise.* — *Que je prédisse.* — *Prédisant.* — *Prédit, ite.* ▼ Attention à la deuxième personne du pluriel de l'indicatif présent et de l'impératif : *vous prédisez, prédisez.* Eviter les barbarismes *vous *prédites, *prédites.*

2 On évitera les pléonasmes *prédire d'avance, prédire à l'avance* ▷ **avance** (3). — En revanche, on admet l'expression *prédire l'avenir* au sens de « annoncer l'avenir par divination » : *Les astrologues prétendent prédire l'avenir.*

prédominance n. f. Finale en *-ance*. De la même famille : *prédominant.*

prééminence n. f. Finale en *-ence*. De la même famille : *prééminent.*

préemption [pʀeɑ̃psjɔ̃] n. m. Avec *-em-*.

préexcellence n. f. Attention au *c* après le *x*. Finale en *-ence*.

préexistant, ante adj. Se construit avec *à* : *Les notions préexistantes à l'expérience.*

préexistence n. f. Finale en *-ence*. — Ne peut se construire avec *à*. On ne peut dire, par exemple : *La préexistence de la notion d'espace *à l'expérience.* Tourner autrement : *La préexistence de la notion d'espace par rapport à l'expérience.*

préexister v. i. Se construit avec *à* : *La notion empirique de cercle préexiste au concept mathématique correspondant.*

préfecture n. f. Avec un *p* minuscule : *la préfecture de Chaumont ; se rendre à la préfecture ; la préfecture de police de Paris, de Lyon, de Marseille, la préfecture de la Seine, de l'Orne, la préfecture maritime.* — Avec un *P* majuscule à *police* : *La préfecture de Police* (celle de Paris, sans autre détermination).

préférable adj. Constructions.

1 *Il est préférable de,* suivi de **l'infinitif.** Dans la langue très surveillée, on évitera la construction *Il est préférable de se taire que de parler inconsidérément.* On écrira plutôt : *Il est préférable de se taire plutôt que de parler inconsidérément.*

2 *Il est préférable que,* suivi du subjonctif. On ne peut avoir deux *que* à la suite, par exemple : *Il est préférable qu'il nous dise la vérité *que que nous restions dans l'équivoque.* Il faut donc tourner autrement : *Il est préférable qu'il nous dise la vérité plutôt que si nous restions dans l'équivoque.*

préférence n. f. Finale en *-ence*.

préférentiel, elle adj. ▼ Finale en *-tiel, -tielle*. De même : *préférentiellement.*

préférer v. t. Conjugaison et constructions.

I Conjug. **11.** *Je préfère,* mais *je préférerai, je préférerais.*

II Questions de construction.

1 Préférer (de) beaucoup. La forme *de beaucoup* est nettement plus fréquente que *beaucoup* : *Je préfère de beaucoup la Bretagne à la Normandie.* Le tour *je préfère beaucoup* est correct, mais d'un ton moins soutenu.

2 Je préfère le vin à la bière. Tour correct. ▼ On évitera la construction fautive *Je préfère le vin *que la bière,* dû à l'influence de *aimer mieux... que.*

3 Je préfère partir. Tour usuel, moderne et correct.

4 Je préfère de partir. Tour vieilli, très littéraire, mais correct.

5 Il préfère lire à voir un film. Tour assez rare, d'une correction incertaine. A éviter.

6 Il préfère lire que voir un film ou **Il préfère lire que de voir un film.** ▼ Tour moderne, usuel, admis par de nombreux écrivains, mais critiqué par les grammairiens. Dans la langue très surveillée, on écrira : *Il préfère lire plutôt que de voir un film* ou, mieux encore, *Il aime mieux lire que voir* (ou *que de voir*) *un film* ▷ **aimer** (III, 2 et 3).

7 *Préférer que,* suivi du subjonctif. On ne peut avoir deux *que* à la suite, par exemple : *Je préfère qu'il nous dise la vérité *que que la situation reste équivoque.* Il faut donc tourner autrement : *Je préfère qu'il nous dise la vérité plutôt que de voir la situation rester équivoque* ou bien *Je préfère qu'il nous dise la vérité plutôt que si la situation restait équivoque.*

préfet n. m. Le féminin est : *préfète.*

préfix, préfixe Deux homophones à bien distinguer.

1 préfix, ixe adj. *(droit)* Qualifie une date ou un délai qui a un caractère impératif : *Jour préfix. Durée préfixe.* — Déterminé à l'avance : *Somme préfixe. Douaire préfix.* — Dérivé : *préfixion.*

2 Un préfixe n. m. Particule qui se place devant le radical d'un mot : *Le préfixe* re- *(qu'on a dans* refaire, revoir*).* — Dérivé : *préfixation.*

préfixal, ale, aux adj. (terme de grammaire) Masculin pluriel en *-aux* : *Les éléments préfixaux.*

prégnance n. f. Finale en *-ance.* — Prononciation : [pʀeɲɑ̃s].

prégnant, ante [pʀeɲɑ̃, ɑ̃t] adj. Mot technique de la langue de la rhétorique, de la linguistique, de la psychologie. ▼ N'est pas synonyme de « puissant, décisif, convaincant ». Ne pas dire *argument prégnant.*

préhensile adj. *Singe à queue préhensile.* — Ne pas déformer en **préhensible.* — Finale en *-ile,* même au masculin : *Un organe préhensile.*

préhension n. f. Attention au *h* intérieur. De même : *préhenseur, préhensile.*

préjudice n. m. Au singulier : *au préjudice de, sans préjudice de.* — Avec l'article : *causer un préjudice à quelqu'un.* — Sans article : *porter préjudice à quelqu'un.*

préjudiciel, elle adj. Finale en *-ciel, -cielle.* — Masculin pluriel : *préjudiciels,* sauf dans l'expression juridique *frais préjudiciaux,* frais de justice exigés d'avance.

préjuger v. t. Conjugaison et construction.

1 Conjug. 16. Prend un *e* après le *g* devant *a* ou *o* : *il préjugea, nous préjugeons.*

2 ▼ Ce verbe est transitif direct : *Vous ne pouvez pas préjuger mes intentions. Sans préjuger le fond de l'affaire. Ne préjugeons rien avant d'avoir les informations nécessaires.* Dans la langue très surveillée, on évitera la construction avec *de,* qui est due à l'influence de *juger de, présumer de.* On n'écrira donc pas : *Vous ne pouvez pas préjuger *de mes intentions. Sans préjuger *du fond de l'affaire. Ne préjugeons *de rien.* — On n'écrira pas : *Sans préjuger en rien *de ce qu'il décidera.* En revanche, on peut écrire : *Sans rien préjuger de ce qu'il décidera.* Ici, *de* n'introduit pas un complément indirect de *préjuger,* mais unit *rien* à la relative.

prèle n. f. Plante. — Avec un accent grave. ▼ On évitera les graphies *presle* et *prêle.*

prélegs n. m. (terme de droit) Toujours avec un *-s,* même au singulier. ▼ Prononciation : [pʀelɛ], plutôt que [pʀelɛg].

prélèvement [pʀelɛvmɑ̃] n. m. Le deuxième *e* prend un accent grave.

prélever v. t. Conjug. **11.** *Je prélève, je prélèverai, je prélèverais.*

préliminaire adj. *ou* n. Comme nom, toujours au pluriel : *Les préliminaires de la paix. Abrégeons les préliminaires.*

prématuré, ée adj. ▼ On évitera le pléonasme : *trop prématuré.* En revanche, on peut dire : *un peu prématuré, très prématuré.*

prématurément adv. Pas de *e* muet intérieur.

prémices, prémisse Deux noms féminins homophones à bien distinguer.

1 Les prémices (toujours au pluriel). Les premiers produits d'une récolte donnés en offrande ou les premiers-nés du bétail offerts en sacrifice à la divinité : *Le Deutéronome faisait de l'offrande des prémices une obligation pour les Israélites.* — *(figuré, littéraire)* Les premières manifestations d'un talent : *Les prémices d'un jeune poète.* — Débuts, premières manifestations d'une chose : *Les prémices du printemps.*

2 Une prémisse. Chacune des deux premières propositions d'un syllogisme, avant la conclusion. — (par extension) *Les prémisses :* les assertions initiales sur lesquelles on fonde une démonstration ou à partir desquelles on développe un exposé : *Ces prémisses acceptées, voyons ce qu'on peut en déduire.*

premier, ière adj. *ou* n. Abréviation et expressions.

1 Abréviation. En chiffre arabe, *premier* s'abrège en *1ᵉʳ.* ▼ Le féminin *première* s'abrège en *1ʳᵉ,* et non en **1ᵉ̀ʳᵉ.* — En chiffre romain, *premier* s'abrège en *Iᵉʳ,* et *première* en *Iʳᵉ* : *Napoléon Iᵉʳ. Elizabeth Iʳᵉ, reine d'Angleterre.*

2 Usage du trait d'union. Pas de trait d'union dans l'usage normal, notamment dans les dates *(Il part le 1ᵉʳ juillet prochain),* sauf si la date désigne une fête : *Le 1ᵉʳ-Mai, fête des travailleurs.* On écrit d'ailleurs plutôt : *le Premier Mai.* — Sans trait d'union : *le premier adjoint, le premier clerc, le premier secrétaire, la première vendeuse, le premier violon,* etc.

3 Usage de la majuscule. Avec un *P* et un *C* majuscules : *le Premier Consul* (Bonaparte). —

Avec un *P* et un *M* majuscules : *le Premier Ministre* (anglais) ou *le Premier*. — Avec un *P* majuscule et un *m* minuscule : *le Premier ministre* (français).

4 Place et sens. Dans presque tous les sens, se place devant le nom : *Les premiers siècles. Les premiers écrivains de ce temps.* — Se place après le nom dans quelques expressions : *côtes premières* et *côtelettes premières* (termes de boucherie), *cause première, vérités premières, nombre premier* (divisible seulement par lui-même ou par l'unité). — Se place aussi après le nom quand le sens est « originel, antérieur » (littéraire) : *Il avait tout oublié de ses croyances premières.*

5 Les dix premiers athlètes. Tour correct. On évitera le tour fautif (anglicisme) : *Les *premiers dix athlètes.*

6 Emploi adverbial. *Premier* est variable en nombre et en genre dans les expressions telles que : *les premiers servis, les premiers arrivés, les premières venues, la première réveillée,* etc.

7 Le tout premier. *Premier* s'accorde en nombre et en genre, *tout* reste invariable au masculin et s'accorde au féminin : *Le tout premier flot des arrivants. Il est arrivé parmi les tout premiers. La toute première période de son règne. Elle se classe parmi les toutes premières de sa classe.*

8 Tout le premier. Les deux mots, *tout* et *premier,* varient en nombre et en genre : *Moi, tout le premier, je suis d'accord. Elise, toute la première, approuve ce choix. Les enfants, tous les premiers étaient enchantés. Les fillettes, toutes les premières, applaudissaient.*

9 Le premier + relative. Le verbe de la relative se met à l'indicatif si l'on constate un fait : *Quand on arrive sur la place, le premier édifice que l'on voit, c'est la mairie.* — Le subjonctif, très fréquent, apporte une nuance de conséquence et de sentiment (crainte, désir, espoir, etc.) : *La première chose que nous puissions faire, c'est d'avertir notre collègue.* — Le conditionnel insiste sur l'idée d'éventualité : *C'est bien la première affaire qui se réglerait sans difficulté ni retard !*

10 En premier. Dans la langue surveillée, on écrira plutôt : *en premier lieu, premièrement, d'abord.*

premier-né, première-née adj. *ou* n. Les deux éléments s'accordent en genre et en nombre : *Un (enfant) premier-né. Des (enfants) premiers-nés. Une (fille) première-née. Des (filles) premières-nées.* — Le féminin est assez rare. On dit plutôt : *aînée.*

prémisse, prémices ▷ **prémices.**

prénatal, ale, als adj. ▼ Masculin pluriel en *-als* : *Des examens prénatals,* et non **prénataux.*

prendre v. t. Conjugaison, accord du participe passé et expressions.

I Conjug. 82. *Je prends, tu prends, il prend, nous prenons, vous prenez, ils prennent.* — *Je prenais.* — *Je pris.* — *Je prendrai.* — *Je prendrais.* — *Prends, prenons, prenez.* — *Que je prenne.* — *Que je prisse.* — *Prenant.* — *Pris, prise.*

II Accord du participe passé.

1 Dans l'expression *s'y prendre (bien, mal, habilement,* etc.), le participe s'accorde avec le sujet : *Elles s'y sont bien prises. Elles s'y sont mal prises.*

2 Dans les expressions *se prendre à, se prendre de, s'en prendre à,* accord aussi avec le sujet : *Elles se sont prises au jeu. Elles se sont prises à hurler de frayeur. Elles se sont prises d'un engouement absurde. Elles s'en sont prises à lui.*

3 ▼ Participe invariable dans *l'idée lui a pris (Mon amie est imprudente, l'idée lui a pris de traverser l'étang à la nage),* mais accord du participe avec le pronom complément direct (placé avant le verbe) dans *l'idée l'a pris (Ces filles sont folles, l'idée les a prises de traverser l'étang à la nage)* ▷ ci-dessous, III, 1.

III Expressions et constructions.

1 L'idée, l'envie lui a pris de... Tour préférable à *l'idée, l'envie l'a pris de...* On dira mieux d'ailleurs : *l'idée, l'envie lui est venue de...* — Pour l'accord du participe passé ▷ ci-dessus, II, 3.

2 Se prendre à quelqu'un, s'en prendre à quelqu'un. La première expression, *se prendre à,* vieillie, signifie « attaquer, provoquer » : *Elles se sont prises à un adversaire redoutable.* — L'expression usuelle *s'en prendre à* signifie « rejeter la faute sur, rendre responsable » : *Ces candidates malheureuses s'en sont prises à l'examinateur.*

3 Se prendre à, se prendre de. La première expression *se prendre à* est assez littéraire. Elle se construit avec l'infinitif et signifie « se mettre à » : *Elles se sont prises à hurler de frayeur.* — La seconde expression *se prendre de* est aussi assez littéraire. Elle se construit avec un nom et signifie « éprouver (tel sentiment) » : *Elles se sont prises d'affection pour leur petit cousin.*

4 Il prit son parti, il en prit son parti. De nos jours, on dit plutôt : *On lui refusa ce poste, il en prit son parti.* Le tour *il prit son parti* est moins fréquent et plus littéraire, mais tout aussi correct.

5 Prendre pour, prendre comme. Au sens de « considérer comme », seul le tour *prendre* *pour* est possible : *Dans son entourage, on prenait le vieux savant pour un fou.* — Au sens de « se tromper sur l'identité d'une personne, sur la nature d'une chose », seul le tour *prendre pour* est possible : *Quel quiproquo ! Il a pris la bonne pour la maîtresse de maison ! Prendre des vessies pour des lanternes.* — Au sens de « choisir, adopter », on rencontre aussi bien *prendre comme* que *prendre pour* : *Voici l'hypothèse que nous prendrons comme base,* ou *pour base.*

6 Prendre au plus court, prendre le plus court. Les deux tournures sont correctes.

7 Prendre garde ▷ **garde 1** (II, III, IV).

prénom ▷ annexes.

prénuptial, ale, aux adj. Masculin pluriel en *-aux* : *Des certificats prénuptiaux.*

préparer v. t. *Préparer d'avance* ▷ **avance** (3).

prépondérance n. f. Finale en *-ance.* — De la même famille : *prépondérant.*

préposition ▷ annexes.

prépuce n. m. Avec un *c.* — Un *t* dans le dérivé : *préputial, ale, aux* [pʀepysjal, al, o].

préraphaélisme n. m. Avec *-ph-.* Pas de tréma sur le deuxième *e,* mais un accent aigu. — Avec un *p* minuscule : *les préraphaélites.* ▼ Ne pas déformer en *préraphaélistes.*

prérogative n. f. Avec un seul *r.*

près adv. Ne pas écrire comme *prêt,* « préparé », ni comme *un prêt,* « somme d'argent prêtée ».

I Sans trait d'union : *à beaucoup près, à cela près que, au plus près, de près.*

II A peu près, un à-peu-près ▷ **à peu près.**

III Près de, prêt à. Ces deux expressions ne sont pas interchangeables.

1 Près de. Sur le point de : *A l'âge de quatre-vingt-treize ans, alors qu'il était près de mourir. Ah ! il n'est pas près d'oublier cette leçon ! Quand l'eau est près de bouillir.*

2 Prêt à. Préparé à, en état de : *Chrétien fervent, il s'était confessé et il était prêt à mourir. La pression est suffisante, la machine est prête à fonctionner.* — Décidé à : *Ils sont prêts à mourir pour leur patrie, s'il le faut.*

IV Près le, la ou près du, de la. De nos jours, on dit : *Il habite près de la poste, près de l'église.* Le tour *Il habite près la poste, près l'église* est vieux. — Les tours *avocat près la Cour, expert*

près *le tribunal, ambassadeur près le Saint-Siège* sont vieux aussi. Aujourd'hui, on dit : *avocat à la cour, expert auprès du tribunal, ambassadeur auprès du Saint-Siège.*

V Près (de), auprès (de) ▷ **auprès** (I).

présager v. t. Conjugaison et construction.

1 Conjug. 16. Prend un *e* après le *g* devant a ou o : *il présageait, nous présageons.*

2 Est toujours transitif direct : *Ces nuages noirs présagent la pluie. Son visage dur et fermé présageait une explosion de colère. Cela présage un avenir meilleur.*

3 ▼ Le complément d'origine ou de cause introduit par *de* dans certaines phrases n'est pas un complément d'objet indirect : *Je ne présage rien de bon de son silence prolongé.* Aussi devra-t-on éviter d'employer *présager* avec un complément indirect introduit par *de* : *Tout cela présageait *d'un avenir meilleur,* tour fautif pour *Tout cela présageait un avenir meilleur.*

pré-salé n. m. Pl. : *des prés-salés.*

presbyte adj. *ou* n. Avec un *y,* comme *presbytie* [pʀɛsbisi].

presbytère n. m. Avec un *y* et un accent grave.

presbytie n. f. Avec un *y,* comme *presbyte.* — Prononciation : [pʀɛsbisi].

prescience n. f. Sans accent, à la différence de *préscientifique.*

préscientifique adj. Avec un accent aigu, à la différence de *prescience.*

prescription, proscription ▷ **prescrire.**

prescrire v. t. Conjug. **48.** *Je prescris, tu prescris, il prescrit, nous prescrivons, vous prescrivez, ils prescrivent.* — *Je prescrivais.* — *Je prescrivis.* — *Je prescrirai.* — *Je prescrirais.* — *Prescris, prescrivons, prescrivez.* — *Que je prescrive.* — *Que je prescrivisse.* — *Prescrivant.* — *Prescrit, ite.*

prescrire, proscrire Deux verbes paronymes à bien distinguer.

1 prescrire Deux sens.

a/ Ordonner : *L'honneur nous prescrit de ne jamais mentir. Le médecin lui a prescrit des antibiotiques.* — Dérivé : *prescription (les prescriptions médicales).*

b/ *Se prescrire,* devenir caduc, s'éteindre (terme de droit) : *Les dettes, en matière de loyer, se prescrivent au bout de cinq ans.* — *L'action pénale est prescrite.* — Dérivé : *prescription (prescription acquisitive* ou *usucapion ; prescription d'un crime).*

2 proscrire Deux sens.

a/ Mettre hors la loi, bannir : *Les partisans du tyran abattu furent tous proscrits.* — Dérivé : *proscription (les proscriptions sanglantes de Sylla).*

b/ Interdire, rejeter : *La morale de tous les peuples proscrit l'inceste. Les écrivains classiques et les grammairiens proscrivaient les mots vulgaires.* — Dérivé : *proscription (La proscription de l'inceste. La proscription d'un tour syntaxique incorrect).*

▸**réséance** n. f. Se prononce [pʀeseɑ̃s], mais s'écrit avec un seul *s.*

▸**résence** n. f. Sans trait d'union : *en présence (de).*

▸**résent, ente** adj. *ou* n. Emplois difficiles.

1 Au cours d'un appel, quand une personne du sexe féminin répond, elle emploie plutôt le masculin *présent* au lieu de *présente : A l'appel de son nom, la fillette répondit « présent ! ».* L'emploi du féminin ne saurait cependant être tenu pour incorrect.

2 A présent que. Peut s'employer avec un verbe au présent : *A présent que je vais mieux, je vais pouvoir sortir.* — Quand le verbe est à un temps du passé, on emploiera plutôt *maintenant que : Maintenant qu'il allait mieux, il reprenait goût à la vie,* mieux que *A présent qu'il allait mieux.*

▸**résenter** v. t. Deux emplois déconseillés.

1 Dans la langue correcte, on écrira : *se présenter à un examen (à tel certificat de licence,* etc.), et non *présenter un examen.* — En revanche, quand le complément désigne une œuvre, un auteur ou une question à option, l'emploi de *présenter* est correct : *Mon frère présente le Discours de la Méthode comme texte à option.*

2 Présenter bien (mal). Cet emploi intransitif appartient à la langue relâchée. Dans le style surveillé, on écrira plutôt : *avoir une bonne (une mauvaise) présentation.*

▸**résentoir** n. m. Finale en *-oir.*

▸**résidant, président** Ne pas écrire le participe présent invariable *présidant* comme le nom masculin variable *un président : Président tour à tour les séances, ces présidents ont assuré l'impartialité des débats.*

▸**résident, ente** n. m. *ou* f. Orthographe des expressions et féminin.

1 Avec un *p* minuscule et un *R* majuscule : *le*

président de la République. De même *p* minuscule dans : *le président du Sénat, le président de l'Assemblée nationale, le président des États-Unis.* — Avec un *P* majuscule : *le Président,* quand le mot, sans détermination, désigne le président des États-Unis.

2 Attention à la place du trait d'union dans : *le président-directeur général.*

3 Le féminin *présidente* s'emploie pour désigner la femme d'un président : *Le président de la République et la présidente ont reçu à l'Elysée le chef du gouvernement bolivien.* En s'adressant à elle, on écrit et on dit : *Madame la Présidente.* De même, en s'adressant à la présidente d'une association (club, amicale, etc.), on dit : *Madame la Présidente.* — En revanche, quand on parle d'une femme qui remplit les fonctions de président d'une assemblée officielle, on dira plutôt : *Madame le Président (Madame le Président du conseil général de l'Orne).*

président, présidant ▷ **présidant.**

présidentiel, elle adj. Finale en *-tiel, -tielle,* avec *t.* — On n'abusera pas de cet adjectif. On écrira, par exemple : *L'avion du président,* plutôt que *L'avion présidentiel.*

présider Deux constructions, deux sens.

1 Transitif direct. Etre le président de, diriger (une assemblée, une réunion, une séance en tant que président) : *Le président de la République préside le Conseil des ministres. Le président Dubois préside les assises. Le général Martin avait présidé la cérémonie de distribuion des prix.* ▼ On dit *présider l'Assemblée,* mais on ne peut dire **présider les députés.*

2 Transitif indirect. *Présider à,* veiller sur, veiller à : *Le chef de l'Etat préside aux destinées de la nation. C'est le professeur Duval qui présidera à l'organisation du congrès,* mais *Le professeur Lenoir présidera la séance d'ouverture.* — (par extension) *Tel est le principe qui a présidé au classement des données.*

présomptif, ive adj. Prononciation : [pʀezɔ̃ptif, iv].

présomption n. f. Prononciation : [pʀezɔ̃psjɔ̃]. — De la même famille : *présomptueusement* [pʀesɔ̃ptɥøzmɑ̃], *présomptueux* [pʀezɔ̃ptɥø].

présonorisation n. f. Se prononce [pʀesɔnɔʀizasjɔ̃], mais s'écrit avec un seul *s.* — Pour le sens ▷ **play-back.**

presque adv. Elision et emploi.

I ▼ Ne s'élide jamais, sauf dans *presqu'île.* On écrira donc : *presque à temps, presque au même* *endroit, presque en même temps, presque un seul,* etc., et non **presqu'à temps,* **presqu'au même endroit,* **presqu'en même temps,* **presqu'un seul.*

II La presque totalité. Tour assez répandu. Dans la langue surveillée, on écrira plutôt : *la quasi-totalité.* De même : *la quasi-majorité, la quasi-unanimité,* etc.

III Place de *presque.*

1 Avec un temps simple. *Presque* se place toujours après le verbe : *Je l'égale presque.*

2 Avec un temps composé. *Presque* se place normalement entre l'auxiliaire et le participe : *Je l'ai presque égalé.* La postposition constitue un effet de style : *Il s'en est approché, l'a atteint presque.*

3 Avec un verbe suivi de l'infinitif. *Presque* se place normalement entre le verbe et l'infinitif : *Il voudrait presque l'oublier.* La postposition constitue un effet de style : *Il voudrait s'en détacher, l'oublier presque.*

4 *Presque* **employé avec un nom précédé d'une préposition.** *Presque* se place avant la préposition *(L'eau arrivait presque sur la place. Le beau temps a duré presque jusqu'en novembre),* sauf si le nom est accompagné de *aucun, chacun, chaque, nul, pas un, tous, tout.* Dans ces cas, on placera plutôt *presque* après la préposition : *Il a fait le parcours sans presque aucune faute. Il y a un poste de télévision dans presque chaque maison. L'eau s'était répandue sur presque toute la place.* Le tour inverse *(presque sans aucune faute, presque dans chaque maison, presque sur toute la place)* n'est pas incorrect, mais, dans la langue soignée, il est considéré comme moins élégant.

presqu'île n. f. Avec une apostrophe remplaçant le *e* élidé, et sans trait d'union. — Pl. : *des presqu'îles.*

presse n. f. Dans la langue cursive moderne, on admet les expressions *presse écrite, presse parlée* ou *presse radiodiffusée, presse télévisée.* Dans la langue surveillée, on écrira plutôt : *la presse* (= les journaux), *la radio, la télévision.*

presse- Les composés en *presse-* sont tous invariables : *un presse-citron, des presse-citron ; un presse-fruits, des presse-fruits.*

pressé, ée adj. Attention à certains emplois.

1 Admis au sens de « pressé par le temps », quand on parle d'une personne et qu'il n'y a pas de complément à l'infinitif introduit par *de : Je suis pressé, mon train part dans vingt minutes.*

2 Au tour semi-familier *Je suis pressé de vous voir,* on préférera, dans le ton soutenu, *j'ai hâte de vous voir.*

3 Pour qualifier une chose, on écrira plutôt *urgent : Une commande urgente* (mieux que *Une commande pressée). Il faut parer au plus urgent* (mieux que... *au plus pressé).*

presse-bouton adj. Invariable : *des guerres presse-bouton.*

presse-citron n. m. Invariable : *des presse-citron.*

presse-étoupe n. m. Invariable : *des presse-étoupe.*

presse-fruits n. m. Invariable. Avec un *s* à *fruit,* même au singulier.

pressentir v. t. Orthographe, conjugaison et sens.

1 Avec deux *s* et sans accent aigu. De même *pressentiment.*

2 Conjug. **42.** *Je pressens, tu pressens, il pressent, nous pressentons, vous pressentez, ils pressentent. — Je pressentais. — Je pressentis. — Je pressentirai. — Je pressentirais. — Pressens, pressentons, pressentez. — Que je pressente. — Que je pressentisse. — Pressentant. — Pressenti, ie.*

3 *Pressentir d'avance, à l'avance* ▷ **avance (3).**

presser v. t. Avec deux *s.*

presse-orange n. m. Invariable : *des presse-orange.*

presse-papiers n. m. Invariable. Avec un *-s* à *papier,* même au singulier.

presse-raquette n. f. Invariable : *des presse-raquette.*

pressoir n. m. Finale en *-oir.*

pressurer, pressuriser, présurer Ne pas confondre : *Le fisc pressure les contribuables. On pressurise la cabine d'un avion. On présure* [prezyr] *le lait* (en y ajoutant de la présure pour le faire cailler).

prestation n. f. A éviter dans la langue soignée au sens de *performance.* On écrira donc : *La performance excellente d'un athlète,* plutôt que *L'excellente prestation...* On évitera aussi des emplois tels que : *La remarquable prestation du candidat, à la télévision.* On tournera autrement : *L'exploit remarquable, la réussite remarquable, le succès remarquable, l'action, le discours, l'allocution remarquable,* etc.

prestidigitation n. f. ▼ Ne pas déformer en *prestigitation ni en **presdigitation.* — Dérivé *prestidigitateur.*

présumer Deux constructions, deux sens.

1 Transitif direct. Attendre, supposer : *Nous avions présumé un succès plus grand. Tant que sa culpabilité n'est pas démontrée, tout homme doit être présumé innocent. Je présume que ce garçon est compétent.*

2 Transitif indirect. *Présumer de,* avoir trop bonne opinion de, compter trop sur : *Il est jeune et il a tendance à présumer de lui-même. Ne présumons pas de nos forces.* ▼ Dans la langue très surveillée, on évitera *trop présumer de,* qui fait pléonasme.

présupposer v. t. Se prononce [pʀesypoze], mais s'écrit avec un seul *-s.* — Attention aux deux *p.* — Dérivé : *présupposition* [pʀesyposisjɔ̃].

présure n. f. Substance qui fait cailler le lait. — Bien prononcer [pʀezyʀ], avec [z].

présurer, pressurer, pressuriser ▷ pressurer.

1. prêt, prête adj. *Elles sont fin prêtes* ▷ **fin 2.** — *Près de, prêt à* ▷ **près** (III).

2. prêt n. m. Action de prêter, somme prêtée. — Avec un accent circonflexe. De même : *prêté, prêter, prêteur.*

pretantaine ▷ pretantaine.

prêt à porter, prêt-à-porter Deux expressions à bien distinguer par la graphie.

1 Des vêtements prêts à porter [pʀɛzapɔʀte] (pas de traits d'union).

2 Le prêt-à-porter [pʀɛtapɔʀte] (avec deux traits d'union) La confection : *Magasin de prêt-à-porter.* — Inusité au pluriel.

prêter v. t. Avec un accent circonflexe.

prétendre Conjugaison, dérivés, constructions.

I Conjug. 81. *Je prétends, tu prétends, il prétend, nous prétendons, vous prétendez, ils prétendent.* — *Je prétendais.* — *Je prétendis.* — *Je prétendrai.* — *Je prétendrais.* — *Prétends, prétendons, prétendez.* — *Que je prétende.* — *Que je prétendisse.* — *Prétendant.* — *Prétendu, ue.*

II Dérivés : *prétendant, prétendu, prétendument, prétentieusement, prétentieux, prétention.*

III Construction.

1 *Prétendre* + **nom.** (*vieux*) Aspirer à, demander, revendiquer : *Il prétendait la royauté.*

2 *Prétendre à* + **nom.** (*moderne*) Aspirer à, chercher à obtenir : *Il prétend à ce titre. Il prétend à la première place.*

3 *Prétendre* + **infinitif.** (*moderne*) Chercher à, avoir l'intention de *(Il prétend se faire rembourser ses frais),* ou bien affirmer *(Il prétend nous avoir remis ce document).*

4 *Prétendre à* + **infinitif.** (*vieilli et très littéraire*) Chercher à : *Il prétendait à exercer sa domination sur tout le peuple.*

5 *Prétendre que* + **subjonctif.** (*moderne*) Vouloir, avoir la prétention : *Il prétend que tout le monde lui obéisse.*

6 *Prétendre que* + **indicatif.** Affirmer : *Il prétend que ce document ne lui a pas été remis.* ▼ Peut se construire avec le subjonctif pour exprimer une nuance de doute ou une atténuation. C'est le cas notamment quand *prétendre* est à la forme négative ou interrogative : *Je ne prétends pas que mon hypothèse soit la seule bonne, mais...*

prétendu, ue adj. *ou* n. Emplois difficiles.

1 Prétendu, soi-disant ▷ **soi-disant.**

2 Le prétendu, la prétendue. Au sens de « le fiancé, la fiancée », appartient à la la langue régionale et paysanne.

prétendument adv. ▼ Pas d'accent circonflexe sur le *u* ni de *e* muet intérieur.

pretentaine n. f. *Courir la pretentaine* (familier). — On préférera la graphie *pretentaine,* avec *-en-,* à *pretantaine,* avec *-an-.* ▼ Bien prononcer [pʀətɑ̃tɛn], avec [ə] et non [e]. Ne pas écrire **prétentaine.*

prétentieux, euse adj. *ou* n. Finale en *-tieux.* — Dérivé : *prétentieusement.*

prétention n. f. Expression et constructions.

I Généralement au singulier : *des œuvres sans prétention.*

II Constructions.

1 *La prétention à* + **nom.** *La prétention de cet écrivain à l'originalité de la pensée.* — Au pluriel : *Il a des prétentions à l'intellectualisme.*

2 *La prétention de* + **infinitif.** *Il a la prétention de penser avec originalité.*

préteur, prêteur Ne pas écrire *préteur* [pʀetœʀ], magistrat romain, comme *prêteur, euse* [pʀɛtœʀ, øz], personne qui prête de l'argent. — Avec *gage* au pluriel : *un prêteur sur gages.*

prétexte n. m. Emplois difficiles.

1 On évitera le pléonasme *un *faux prétexte.* On admet en revanche : *mauvais prétexte, prétexte spécieux* et *faux motif.*

2 Sous prétexte de, que..., sous le prétexte de,

que... L'article est facultatif. La forme sans article, *sous prétexte*, est même la seule usitée quand l'expression est suivie d'un nom sans article : *Sous prétexte de maladie.* Elle est aussi la plus usitée dans les autres cas : *Sous prétexte d'une maladie grave. Sous prétexte d'aller avertir ses collègues. Sous prétexte qu'on ne lui avait rien dit.* — La forme avec article, *sous le prétexte*, s'emploie obligatoirement quand *prétexte* est qualifié par un adjectif ou une relative : *Sous le prétexte étrange de... Sous le prétexte, qui sembla surprenant, de...*

3 ▼ Ne pas dire **sur le prétexte* au lieu de *sous le prétexte.*

4 **Etre prétexte à.** Quand le sujet est un groupe de singuliers, on met *prétexte* au pluriel si l'on considère que chaque sujet constitue un prétexte différent : *Le sport, le cinéma, la lecture, la musique sont prétextes à négliger le travail* (= sont autant de prétextes). On met le singulier si l'on considère que l'ensemble des sujets constitue globalement un seul prétexte : *La fatigue, l'ennui et le besoin de se divertir sont prétexte à négliger le travail.*

prétoire n. m. Même famille que *préteur*, magistrat romain, donc avec un accent aigu. — Finale en *-oire.* — De la même famille : *prétorial, ale, aux, prétorien, ienne.*

prêtre n. m. Orthographe et composés.

1 Avec un accent circonflexe. De même : *prêtresse, prêtrise.*

2 Sans trait d'union : *un grand prêtre (des grands prêtres).* — Avec un trait d'union : *un prêtre-ouvrier (des prêtres-ouvriers).*

préture n. f. Même famille que *préteur*, magistrat romain, donc avec un accent aigu.

preuve n. f. Emplois difficiles.

1 On évitera le pléonasme **preuve probante.* En revanche, on peut dire : *preuve solide, convaincante.*

2 On dit très correctement : *la preuve en est que, c'est la preuve que.* — Les locutions *preuve que, à preuve que* appartiennent à la langue parlée familière : *Il est revenu, preuve qu'il est satisfait.*

preux adj. m. *ou* n. m. Pas de féminin. — Toujours avec un *-x*, même au singulier : *Roland fut un preux.*

prévaloir Conjugaison, accord du participe, et sens.

1 Conjug. **73.** *Je prévaux, tu prévaux, il prévaut, nous prévalons, vous prévalez, ils prévalent.* —

Je prévalais. — Je prévalus. — Je prévaudra — Je prévaudrais. — Prévaux, prévalon prévalez. — Que je prévale, que tu prévales, qu' prévale, que nous prévalions, que vous prévaliez qu'ils prévalent. — Que je prévalusse. – Prévalant. — Prévalu, ue. ▼ Attention a subjonctif présent : *que je prévale, que t prévales...*, et non *que je *prévaille, que t *prévailles...*

2 A la forme pronominale, le participe pass s'accorde avec le sujet : *Elles se sont prévalue de leur droit. Le droit dont elles se son prévalues.*

3 ▼ Peut s'employer au sens de *l'emporter* L'avis de mon collègue a prévalu. Son avis c prévalu sur le mien. La force ne doit poin prévaloir contre le droit.* En revanche, ne peu pas s'employer au sens de *avoir lieu, exister, régner.* On écrira donc : *La situation qui existe actuellement dans l'Université* ou *La situatio qui règne actuellement dans l'Université*, et non *La situation qui prévaut...*

prévarication, concussion, malversation ▷ **concussion.**

prévenance n. f. Finale en *-ance.* — S'emploie le plus souvent au pluriel : *Il entoure sa grand-mère de prévenances.* — Le singulier *une prévenance* n'est pas incorrect, mais rare et littéraire.

prévenir v. t. Prononciation et orthographe, conjugaison, construction et sens.

I S'écrit avec un accent aigu.

II Conjug. **44.** *Je préviens, tu préviens, i prévient, nous prévenons, vous prévenez, ils préviennent. — Je prévenais. — Je prévins. — Je préviendrai. — Je préviendrais. — Préviens, prévenons, prévenez. — Que je prévienne. — Que je prévinsse. — Prévenant. — Prévenu, ue.*

III Construction et sens.

1 *Prévenir d'avance* ▷ **avance (3).**

2 **Prévenir que.** Seul tour correct : *Je dois prévenir mon collègue que la réunion aura lieu demain à seize heures.* ▼ On évitera la construction avec *de ce que* : *Je dois prévenir mon collègue *de ce que la réunion aura lieu...*

3 Peut s'employer au sens de « avertir » quand l'information porte sur un fait futur par rapport au moment où l'information est exprimée : *Il y a huit jours, mon oncle m'avait prévenu qu'il arriverait hier.* Si vous préviens que la réunion de demain est annulée.* — Quand l'information porte sur un fait passé (ou présent) par rapport au moment où elle est exprimée, on emploiera plutôt *avertir, aviser,*

informer : *Une note de service m'informe que le nécessaire a été fait hier.* De même, on dira plutôt : *avertir les pompiers, la police.*

préventorium n. m. Prononciation : [pʀevɑ̃tɔʀjɔm], avec [ɑ̃]. — Accent aigu sur le premier *e.* — Pl. : *des préventoriums.*

prévenu, ue n. m. *ou* f. S'écrit avec un accent aigu.

prévenu, accusé, inculpé ▷ accusé.

prévoir v. t. Conjugaison et emploi pléonastique.

1 Conjug. 69. *Je prévois, tu prévois, il prévoit, nous prévoyons, vous prévoyez, ils prévoient.* — *Je prévoyais, tu prévoyais, il prévoyait, nous prévoyions, vous prévoyiez, ils prévoyaient.* — *Je prévis.* — *Je prévoirai, tu prévoiras, il prévoira, nous prévoirons, vous prévoirez, ils prévoiront.* — *Je prévoirais, tu prévoirais, il prévoirait, nous prévoirions, vous prévoiriez, ils prévoiraient.* — *Prévois, prévoyons, prévoyez.* — *Que je prévoie, que tu prévoies, qu'il prévoie, que nous prévoyions, que vous prévoyiez, qu'ils prévoient.* — *Que je prévisse.* — *Prévoyant.* — *Prévu, ue.* — Attention au *i* après l'*y* à la première et à la deuxième personne du pluriel de l'indicatif imparfait et du subjonctif présent : *(que) nous prévoyions, (que) vous prévoyiez.* ▼ Le futur et le conditionnel sont différents de ceux du verbe *voir : je prévoirai, tu prévoiras..., je prévoirais, tu prévoirais...* Ne pas écrire *je *prévoierai, je *prévoierais.*

2 Prévoir d'avance, à l'avance ▷ avance (3).

prévôt n. m. Avec accent circonflexe. De même : *prévôtal, ale, aux, prévôté.*

prévu, ue adj. Les tours elliptiques *comme prévu, plus tôt que prévu* sont familiers. Dans la langue surveillée, on écrira : *comme il est prévu, comme il était prévu, plus tôt qu'il n'était prévu.*

prie-Dieu n. m. Avec un *p* minuscule et un *D* majuscule. — Invariable : *des prie-Dieu.*

prier v. t. Conjugaison et constructions.

I Conjug. 20. Double le *i* à la première et à la deuxième personne du pluriel de l'indicatif imparfait et du subjonctif présent : *(que) nous priions, (que) vous priiez.*

II Constructions.

1 Prier quelqu'un de + **infinitif.** Usuel et moderne : *Je vous prie de m'excuser. Je vous prie de venir dîner chez nous.*

2 Prier quelqu'un à déjeuner, à dîner. Équivalents littéraires, un peu vieillis ou cérémonieux, de « inviter à déjeuner, à dîner ».

3 Prier quelqu'un que + **subjonctif.** Tour normal dans la langue soutenue : *Il pria Dieu que son entreprise réussît. Prions Dieu que tout finisse bien.* Dans la langue ordinaire semifamilière, on dit plutôt *prier afin que* ou surtout *prier pour que* (+ subjonctif) : *Elle prie Dieu pour que tout finisse bien.*

prière n. f. Au singulier : *Il est en prière, il resta en prière pendant une demi-heure, un moine en prière.* — Au pluriel : *un livre de prières.*

prière d'insérer Usage flottant en ce qui concerne le genre. La meilleure solution consistera à employer le mot au masculin, mais en l'écrivant entre guillemets, ou bien en italique si le reste du texte est en romain ou en romain si le reste du texte est en italique : *On rédigea un* prière d'insérer *très élogieux.*

prieur, prieure n. m. *ou* f. Religieux, religieuse qui dirige un *prieuré.*

prima donna [pʀimadɔna] n. f. Grande cantatrice. — Pas de trait d'union. — Pl. : en français, *des prima donna ;* en italien *prime donne* [pʀimedɔne].

primat n. m. Finale en -*at.* — Dérivé : *primatial, ale, aux* [pʀimasjal, al, o], *primatie* [pʀimasi] n. f. (fonction de primat).

prime adj. *De prime abord :* équivalent littéraire de *au premier abord.* — *De prime saut :* en deux mots, à la différence de *primesautier.*

primer Transitif direct : *C'est le rendement qui prime tout.* ▼ Ne pas écrire : *C'est le rendement qui prime *sur tout.*

primesautier, ière adj. En un seul mot, sans trait d'union, à la différence de *de prime saut.*

primeurs Fruits ou légumes frais. — Toujours au pluriel : *Marchand de primeurs.* ▼ Toujours féminin : *De belles primeurs.*

primevère n. f. Plante. — Finale en -*ère.*

primitif, ive adj. *ou* n. m. Avec un *p* minuscule : *les primitifs,* artistes (*Les primitifs flamands. Les primitifs italiens*).

primogéniture n. f. Aînesse : *La succession au trône de mâle en mâle par ordre de primogéniture.* — A distinguer de *progéniture,* ensemble des petits ou des enfants.

primo-infection n. f. En deux mots, avec un trait d'union. — Pl. : *des primo-infections.*

primordial, ale, aux adj. Attention au sens.

1 Sens correct. Qui existait, avant toute autre chose, dès les origines : *L'innocence primordiale du monde, avant le péché originel.*

2 Sens critique. De première importance : *La lutte contre le chômage est un objectif primordial. Il est primordial d'établir un plan de travail.* Sens admis dans la langue cursive moderne. Dans les textes de style surveillé, on emploiera de préférence, selon les cas : *capital, dominant, essentiel, fondamental, très important, majeur, marquant, principal.*

prince n. m. Orthographe des expressions.

1 Avec une minuscule *(Le prince Charles)*, sauf quand l'expression est un surnom : *le Prince Charmant, le Prince Noir.* — Avec des minuscules : *le prince impérial.* — Avec des minuscules et un trait d'union : *le prince-président.* — Sans trait d'union : *le prince consort.*

2 prince de Galles. Voir ci-dessous à l'ordre alphabétique.

3 Elles se sont montrées bon prince. Invariable ▷ **bon** (III, 2).

prince de Galles Trois graphies.

1 le prince de Galles (*p* minuscule, *G* majuscule, pas de traits d'union). Titre du prince héritier en Angleterre : *Le duc d'Edimbourg et son fils Charles, prince de Galles.* — Pl. : *les princes de Galles.*

2 le Prince de Galles (*P* et *G* majuscules, pas de traits d'union). Sans nom propre, désignait le futur Edouard VII : *Le Prince de Galles fut une personnalité bien parisienne de la Belle Epoque.*

3 du prince-de-galles (*p* et *g* minuscules, deux traits d'union). Etoffe. ▼ Invariable : *de beaux prince-de-galles.* — Invariable aussi dans l'emploi adjectif : *des costumes prince-de-galles.*

princesse n. f. Orthographe des expressions.

1 princesse palatine ▷ **palatin** 2 (4).

2 Dans l'emploi adjectif, on préférera l'invariabilité : *des amandes princesse, des dentelles princesse, des haricots princesse, des robes princesse.*

principal, ale, aux adj. *ou* n. m. Masculin pluriel en *-aux* : *Les points principaux. Les proviseurs et les principaux.*

principauté n. f. Finale en *-é.*

printanier, ière adj. Avec un seul *n.*

printemps n. m. Toujours avec une minuscule — On dit *au printemps* (*Je reviendrai a printemps. Cela s'est passé au printemps 1956)* sauf avec *dernier* ou *prochain* (*Je suis venu l printemps dernier. Je reviendrai le printemp prochain*). On évitera **au printemps dernier *au printemps prochain.*

priori (a) ▷ **a priori.**

priorité n. f. Finale en *-é.*

prise n. f. Expressions.

1 On écrit : *la prise de vues* (avec *-s*) et *la pris de son* (sans *-s*).

2 En prise directe (avec, sur). En relation directe avec : *Ce roman est en prise directe ave la vie, sur la réalité.* Métaphore empruntée a langage de l'automobile. A éviter dans le styl soutenu.

prisme n. m. Bien prononcer [prism(ə)], ave [s]. De même : *prismatique* [prismatik].

privatif, ive adj. *Les parties privatives d'u immeuble en copropriété :* les parties qui appar tiennent en propre à chaque copropriétaire (appartements, caves, chambres de bonne), e opposition aux *parties communes* (escalier cour, loge du gardien, etc.). ▼ En dehors d cette expression très spécialisée, ne doit pas être employé au sens de *privé.* Notamment, pou désigner le jardin d'un immeuble dont seuls le copropriétaires ou les locataires ont, e commun, la jouissance, on dira : *jardin privé* et non **jardin privatif.*

privauté n. f. Familiarité (excessive). — Généra lement au pluriel : *Prendre des privautés ave une femme.* — Finale en *-é.*

prix n. m. Ne pas écrire comme *pris*, particip de *prendre.*

1 Avec un *p* minuscule dans les noms de pri littéraires *(le prix Goncourt* ou *le Goncourt, l prix Interallié, le prix Femina),* sauf quand u adjectif précède *(le Grand Prix de la critique* — Avec un *P* majuscule : *Le Prix de Rome* — Toujours un *P* majuscule quand l'expressio désigne le lauréat : *Le jeune romancier Jacque Durand, Prix Goncourt. Ce peintre fut Prix d Rome.* — Avec un *P* majuscule dans les nom de courses de chevaux : *le Grand Prix de Paris le Prix de l'Arc de Triomphe.*

2 Au prix de, auprès de ▷ **auprès** (II).

pro- Préfixe. — Les composés en *pro-* s'écriven en un seul mot, sans trait d'union *(proallié proallemand, prochinois),* sauf si le deuxièm élément est un sigle *(Les éléments pro-F.L.N.)*

probable adj. Dérivé, constructions et emplois.

I Dérivés : *probabilisme, probabiliste, probabilité, probablement.*

II Constructions de *il est (il paraît, il semble) probable que.*

1 Il est (paraît, semble) probable que. Indicatif ou conditionnel : *Il est probable qu'elle ne reviendra pas. Il semblait probable qu'elle reviendrait. Il paraît probable qu'elle reviendrait si nous l'invitions.*

2 Il n'est (ne paraît, ne semble) pas probable que, est-il (paraît-il, semble-t-il) probable que, il est (paraît, semble) peu probable que. Subjonctif : *Il ne paraît pas probable qu'elle revienne. Il était peu probable qu'elle acceptât de revenir.*

3 Probable que. Forme familière de la langue parlée : *Probable qu'elle n'est pas contente !* Dans la langue surveillée : *Il est probable qu'il n'est pas satisfaite.* **Probablement** *n'est-elle pas satisfaite.*

III ▼ Pour qualifier un nom de personne, on évitera *probable* et on préférera **présumé** : *Les ministres présumés,* mieux que *les ministres probables.*

probablement adv. On évitera le tour légèrement relâché *probablement que* : *Probablement qu'il reviendra.* On écrira : *Probablement, il reviendra* ou, mieux encore, *Probablement reviendra-t-il.*

probant, ante adj. On évitera le pléonasme **preuve probante.* ▷ **preuve.** — En revanche, on dit très bien : *texte, témoignage, document probant.*

probatoire adj. Finale en *-oire,* même au masculin : *Stage probatoire.*

problème n. m. Orthographe et sens abusif.

1 Avec *e* ouvert et accent grave. — En revanche : *problématique, problématiquement.*

2 ▼ Attention aux emplois abusifs. On peut écrire : *Problème de mathématiques. Problèmes scientifiques, philosophiques.* — En revanche, quand il s'agit d'un domaine pratique, dans lequel il importe moins de savoir que d'agir, on emploiera plutôt *question* ou *affaire* : *Les questions politiques, sociales, économiques. Le gouvernement doit résoudre cette affaire au plus vite.* — A plus forte raison évitera-t-on l'emploi de *problème* au sens de *difficulté, ennui, incident.* On écrira : *J'ai eu une difficulté avec mon démarreur. Cet enfant leur cause des ennuis. La réunion s'est déroulée sans incident.* — On écrira : *Régler ce différend, c'est mon*

affaire (et non *mon problème). Cet enfant est difficile* (et non *est un problème).*

procéder v. t. ind. Conjugaison et emploi.

1 Conjug. **11.** *Je procède,* mais *je procéderai, je procéderais.*

2 Procéder à. Suppose une opération assez technique : *Procéder au polissage d'une pièce métallique.* On évitera d'employer ce verbe à propos d'une action simple ou banale. On écrira : *Il fit sa toilette,* et non *Il procéda à sa toilette.*

procédure n. f. On évitera l'anglicisme qui consiste à employer ce mot au sens de *moyen, procédé, méthode, technique, déroulement (des opérations), marche (à suivre).* On écrira donc : *On a mis au point une nouvelle méthode de sauvetage,* et non *une nouvelle procédure de sauvetage.*

procès n. m. Avec un accent grave sur le *e.* — Avec *intention* au singulier : *procès d'intention.* — Dérivé : *processif, ive.*

procession n. f. Attention à la place de *c* et de *-ss-.* — Deux *n* dans les dérivés : *processionnaire, processionnal, aux, processionnel, elle, processionnellement, processionner.*

processus n. m. Invariable : *des processus* [-ys]. — Désigne en principe un déroulement, un développement naturel, une succession de faits et non d'actes volontaires : *Le processus d'une maladie contagieuse. Le processus de la décadence d'un empire.* On évitera d'écrire, par exemple : *Le processus des démarches administratives,* au lieu de *série, succession, suite.*

procès-verbal n. m. — Pl. : *des procès-verbaux.* — Dans la langue surveillée, on écrira : *dresser procès-verbal* (et non *mettre un procès), se voir dresser procès-verbal* (et non *avoir un procès).* ▼ Ne pas employer *contravention* au sens de *procès-verbal* ▷ **contravention.**

prochain, aine adj. *ou* n. m. Finale en *-ain, -aine.* — Dérivé : *prochainement.*

proche Dans l'usage moderne, est normalement adjectif et variable : *Les jardins sont proches de la route.* — S'est employé comme préposition invariable : *Les jardins sont proche la route. Ils étaient proche de mourir.* De nos jours, on dit : *Ils étaient près de mourir.* — S'est employé aussi comme adverbe invariable : *Ils demeurent tout proche.* De nos jours, on dit : *Ils demeurent tout près.* — On évitera cet emploi prépositionnel et cet emploi adverbial, vieillis, qui risqueraient de passer pour des fautes.

proche-oriental, ale, aux adj. Du Proche-Orient. — Masculin pluriel en *-aux* : *Les pays proche-orientaux.* On dira mieux : *Les pays du Proche-Orient.*

procuratrice, procureuse Deux noms féminins paronymes.

1 procuratrice. Femme qui a reçu mandat d'agir par procuration. ▼ Ne pas dire **procureuse* dans ce sens.

2 procureuse. Sous l'Ancien Régime, femme d'un procureur (avoué). — *(vieilli, péjoratif)* Entremetteuse.

prodigalité n. f. Avec *g*, et non **-gu-*.

prodige, prodigue Deux expressions à bien distinguer.

1 Un enfant prodige. Un enfant qui fait preuve de dons extraordinaires : *Mozart fut un enfant prodige.* — Pl. : *des enfants prodiges.*

2 L'enfant prodigue ou **le fils prodigue.** Personnage d'une parabole évangélique, jeune homme qui quitta son père, dilapida sa part d'héritage, puis revint dans sa famille.

prodiguer v. t. Toujours avec *-gu-*, même devant *a* ou *o* : *il prodigua, nous prodiguons.*

produire v. t. Conjug. **46.** *Je produis, tu produis, il produit, nous produisons, vous produisez, ils produisent.* — *Je produisais.* — *Je produisis.* — *Je produirai.* — *Je produirais.* — *Produis, produisons, produisez.* — *Que je produise.* — *Que je produisisse.* — *Produisant.* — *Produit, ite.*

proéminence n. f. Finale en *-ence.*

profane adj. *ou* n. ▼ Avec un seul *f* et un seul *n.* De même : *profaner, profanateur, profanation.*

proférer v. t. Conjug. **11.** *Il profère,* mais *il proférera, il proférerait.* ▼ Avec un seul *f.*

profès adj. *ou* n. m. Qui a prononcé ses vœux : *Un religieux profès. Un profès.* — Prononciation : [pʀɔfɛ]. — Féminin : *professe* [pʀɔfɛs]. ▼ Avec un seul *f.*

professer v. t. *ou* v. i. ▼ Avec un seul *f.* — N'est nullement incorrect au sens de « enseigner » (attesté dès le XVIIIᵉ siècle) ou de « être professeur » : *Il professe au lycée Michelet.*

professeur ▼ Avec un seul *f.* — Ne peut s'employer qu'au masculin : *Mme Durand, le professeur de français de seconde. J'ai vu son professeur, Mlle Duval.* Ne pas dire **la professeur, *sa professeur.* — De même : *Madame le professeur Louise Martin.*

profession n. f. ▼ Avec un seul *f.* — Deux dans les dérivés : *professionnalisme, professionel, elle, professionnellement.*

professionnel, elle adj. *ou* n.

professoral, ale, aux adj. Masculin pluriel *-aux : Les milieux professoraux.* ▼ Avec un sef. De même : *professorat.*

profil n. m. ▼ Le *l* n'est pas muet. Biprononcer : [pʀɔfil]. Ne pas confondre av**profit** : *Le profil pur d'un beau visage. Il veavec un gros profit.* — Dérivés : *profilaprofilé, profiler.*

profit [pʀɔfi] n. m. *Faire du profit,* au sens *faire de l'usage,* est très familier.

profiter Construction et emplois familiers.

1 Se construit avec *de ce que* suivi de l'indictif : *Profitons de ce qu'il fait beau pour aller nopromener.* ▼ On n'écrira pas : *Profitons *qufait beau.*

2 Occasion *à profiter. Appartient à la langcommerciale très relâchée. L'équivalent correest : *occasion à saisir.*

profiterole n. f. Pâtisserie. — Finale en *-ole,* avun seul *l.*

profond, onde adj. *ou* adv. Dans l'empladverbial, toujours invariable : *Des fosses cresées profond.* — Dérivés : *profondémenprofondeur.*

prognathe adj. Dont les mâchoires avacent — Prononciation : [pʀɔgnat]. Avec *-th-*. De même : *prognathism[pʀɔgnatism(ə)].*

programmateur, programmeur Ces deunoms ne sont pas interchangeables.

1 programmateur, trice Deux sens.

a/ Celui, celle qui établit les programmes dla radio, de la télévision.

b/ n. m. Appareil qui commande le fonctionement automatique d'un autre appareil, d'unmachine : *Le programmateur d'un ordinateud'une machine à laver.*

2 programmeur, euse. Celui, celle qui établle programme confié à un ordinateur.

progresser v. i. On évitera le pléonasme *progreser en avant.*

prohiber v. t. Avec *h* devant le *i.* De même*prohibé, prohibitif, prohibition.*

proie n. f. Au singulier dans : *des oiseaux de proie, des bêtes de proie.*

projectile n. m. Finale en *-ile.*

projet, proposition Deux expressions à bien distinguer.

1 projet de loi. Texte d'une loi future soumise par le gouvernement au vote des assemblées.

2 proposition de loi. Texte d'une loi future proposé par un membre d'une assemblée législative.

projeter v. t. Conjug. **14.** *Je projette, je projetterai.* — Dérivé : *projeteur.*

prolepse n. f. Figure de rhétorique. — Avec un seul *l.*

prolixe adj. Avec un seul *l.*

prolongation, prolongement Deux dérivés de *prolonger.*

1 prolongation Action de prolonger ou de se prolonger dans le temps : *La prolongation d'un délai, d'un séjour.* — Durée supplémentaire : *Il a obtenu une prolongation de son congé.*

2 prolongement. Action de prolonger ou de se prolonger dans l'espace : *On a voté les crédits pour le prolongement de la ligne de métro.* — Direction qui en prolonge une autre : *La mairie est dans le prolongement du pont.* — *(figuré)* Conséquence d'une affaire : *Ce scandale financier aura des prolongements politiques.*

promener v. t. *ou* v. pron. Conjugaison et emploi.

1 Conjug. 12. *Je (me) promène, je (me) promènerai.*

2 Au sens propre de « faire une promenade », après *aller, envoyer,* l'emploi du pronom réfléchi est obligatoire devant *promener,* sauf dans l'expression familière *envoyer promener quelqu'un.* On écrira donc : *Allons nous promener,* et non *Allons promener,* qui est vieux ou provincial. *Mon fils s'ennuyait, je l'ai envoyé se promener le long de la rivière. Ce bonhomme m'ennuie, la prochaine fois je l'enverrai promener !* (= je l'éconduirai, je rejetterai sa demande, etc.).

promenoir n. m. Finale en *-oir.*

promettre v. t. Orthographe, conjugaison et emploi.

1 ▼ Avec un seul *m* et deux *t.* De même : *promesse, prometteur.*

2 Conjug. 99. *Je promets, tu promets, il promet, nous promettons, vous promettez, ils promettent.* — *Je promettais.* — *Je promis.* — *Je promettrai.* — *Je promettrais.* — *Promets, promettons, promettez.* — *Que je promette.* — *Que je promisse.* — *Promettant.* — *Promis, ise.*

3 Emploi correct au sens de « donner sa parole qu'on fera quelque chose ». Dans ce sens, *promettre que* se construit avec l'indicatif futur ou le conditionnel : *Je te promets que j'irai te voir. Il m'avait promis qu'il viendrait.* — Emploi familier au sens de *assurer, affirmer, soutenir* : *Ça ! s'il revient, je le mets à la porte, je le promets !* Dans ce sens familier, *promettre que* peut se construire avec le présent ou un temps passé de l'indicatif : *Je te promets que j'ai ce livre chez moi, je l'ai lu il y a moins d'un mois. Je te promets que tu ne m'as jamais remis ce papier.*

promiscuité n. f. Pas de tréma sur le *i.*

promontoire n. m. Finale en *-oire.*

promoteur, trice n. m. *ou* f. Le féminin est rare, mais non incorrect. — Au sens de « celui (celle) qui donne la principale et première impulsion », on ne peut dire *premier promoteur,* ni *principal promoteur,* ce qui fait pléonasme.

promotion n. f. Emploi correct au sens traditionnel : *La promotion d'un lieutenant au grade de capitaine. La promotion au grade d'officier de la Légion d'honneur. Le baptême de la nouvelle promotion de l'école de Saint-Cyr.* — On évitera d'abuser de ce mot au sens de *avancement, développement, élévation, diffusion, expansion, extension, lancement, perfectionnement, progrès, progression,* etc. On pourrait dire, par exemple : *développement des ventes, extension des ventes,* plutôt que *promotion des ventes* (calque de l'anglais *sales promotion*). On peut plus facilement encore dire : *progrès de la culture* ou *diffusion de la culture,* au lieu de *promotion de la culture.* De même, *élévation sociale* est préférable à *promotion sociale.*

promotionnel, elle adj. A l'anglicisme *vente promotionnelle* on pourra préférer *vente réclame (des ventes réclames), vente publicitaire, vente de lancement.*

promouvoir v. t. Conjugaison et sens.

1 Ne s'emploie guère qu'à l'infinitif, au participe présent *(promouvant),* au participe passé *(promu, ue),* aux temps composés : *j'ai promu, j'avais promu,* etc.

2 Pour le sens, même remarque que pour *promotion.* On peut dire : *On a promu ce* *chevalier de la Légion d'honneur au grade d'officier* ▷ **promu**. — On évitera les sens modernes qui sont dus à l'influence de l'anglais : *Promouvoir les ventes, un produit. Promouvoir la culture. Promouvoir une idée, un projet, une doctrine, un mouvement.* On préférera des termes plus précis : *faire avancer, développer, élever, diffuser, lancer, faire progresser.*

prompt adj. ▼ Le *p* et le *t* sont muets : [pʀɔ̃]. De même, le *p* est muet dans le féminin et les dérivés : *prompte* [pʀɔ̃t], *promptement* [pʀɔ̃tmɑ̃], *promptitude* [pʀɔ̃tityd].

promu, ue Participe passé de *promouvoir*.

1 ▼ Pas d'accent circonflexe sur le *u.*

2 On est *nommé chevalier, promu officier* ou *commandeur, élevé à la dignité de grand officier* ou *de grand-croix* (dans l'ordre de la Légion d'honneur).

promulgation n. f. Avec *g*, et non *-gu-*, à la différence de *promulguer.*

promulguer v. t. Toujours avec *-gu-*, même devant *a* ou *o : il promulgua, nous promulguons.*

prône n. m. Avec accent circonflexe. De même : *prôner.*

pronom ▷ annexes.

pronominal, ale, aux adj. Masculin pluriel en *-aux : Les verbes pronominaux.* — Dérivé : *pronominalement.*

prononcé n. m. *Le prononcé d'un jugement.* — Finale en *-é.*

pronostic n. m. Forme et sens.

1 Ne pas déformer en **pronostique, *prognostic, *prognostique.*

2 Peut s'employer dans le domaine de la médecine ou des sports *(Le pronostic du tiercé).* En dehors de ces domaines, on usera avec précaution du mot *pronostic.* On dira, par exemple : *les prévisions météorologiques,* plutôt que *les pronostics météorologiques.*

3 pronostic, diagnostic ▷ **diagnostic.**

pronostiquer v. t. Avec *-qu-*, même devant *a* ou *o : il pronostiqua, nous pronostiquons.* — Ne pas déformer en **prognostiquer.* — Dérivé : *pronostiqueur.*

propagateur, trice n. m. *ou* f. Avec *g* et non *-gu-.* De même : *propagation.*

propager v. t. Conjug. **16.** Prend un *e* après le *g* devant *a* ou *o : il propagea, nous propageons.*

propension n. f. ▼ Avec *-en-*.

propergol n. m. Finale en *-ol*, sans *e.*

prophète n. m. Orthographe, dérivés et expression.

1 Avec accent grave et *e* ouvert. En revanche, accent aigu et *e* fermé dans le féminin *prophétesse* et dans les dérivés : *prophétie, prophétique, prophétiquement, prophétiser.*

2 Sans trait d'union : *faux prophète.* — Avec un *P* majuscule : *le Prophète*, Mahomet.

prophylaxie n. f. Avec *-ph-* et *y.* Un seul *l.* ▼ Le dérivé est *prophylactique*, et non **prophylaxique.*

propitiation [pʀɔpisjasjɔ̃] n. f ▼ Ne pas écrire **propiciation,* sous l'influence de *propice.* De même : *propitiatoire* [pʀɔpisjatwaʀ] adj. *(rite propitiatoire).*

proportion n. f. Dérivés et expressions.

1 Deux *n* dans les dérivés : *proportionnable, proportionnalité, proportionné, proportionnel, elle, proportionnellement, proportionner.*

2 Toujours au singulier dans *à proportion, à proportion de, en proportion de.* — Singulier recommandé dans *toute proportion gardée,* mais *toutes proportions gardées,* plus fréquent, n'est pas incorrect.

3 La forme *à proportion de* est plus littéraire et moins fréquente que *en proportion de.*

propos n. m. Orthographe des expressions.

1 Au singulier : *à tout propos, de propos délibéré.*

2 Sans trait d'union : *à propos, à propos de, hors de propos, mal à propos.*

3 Avec un trait d'union : *l'esprit d'à-propos, manquer d'à-propos, un à-propos* (pièce de théâtre) ▷ **à-propos.**

proposer Accord du participe à la forme pronominale.

1 *Proposer* + **nom.** Accord avec le complément direct si celui-ci est placé avant le verbe : *Les buts qu'il s'est proposés,* mais *Elle s'est proposé des buts difficiles.*

2 *Se proposer de* + **infinitif.** Participe invariable : *Les buts qu'elle s'est proposé d'atteindre. Les villes que je me suis proposé de visiter.*

proposition (de loi), projet (de loi) ▷ **projet.**

propre adj. Attention à la place de cet adjectif.

1 Bien distinguer *ma propre chemise* (*propre* renforce le possessif *ma*) et *ma chemise propre* (celle de mes chemises qui n'est pas sale).

2 Bien distinguer *ses propres termes* (les termes mêmes qu'il a employés) et *les termes propres* (les termes justes, appropriés).

3 Bien distinguer *ses propres biens* (simple renforcement du possessif) et *ses biens propres* (par opposition aux biens de la communauté).

4 Avec la plupart des noms désignant une réalité non matérielle, il n'y a pas de risque d'équivoque, ce qui fait que l'adjectif peut être placé avant ou après le nom sans que le sens change beaucoup. On peut dire : *ses propres responsabilités* ou *ses responsabilités propres*. Le premier tour est un simple renforcement du possessif. Le second insiste plus sur l'idée de spécificité (= les responsabilités qui incombent spécialement à lui et à lui seul).

propre à rien, propre-à-rien Deux expressions à bien distinguer par la graphie.

1 propre à rien (adjectif) *Ces garçons ne sont propres à rien.*

2 propre-à-rien (nom) *Ces garçons sont des propres-à-rien* [pʀɔpʀaʀjɛ̃].

propylée Porte monumentale d'un monument grec. — Avec *y*. — Avec *P* majuscule : *les Propylées* (sans autre précision), monument de l'Acropole. — Avec un *p* minuscule : *les propylées de l'Acropole.* ▼ Malgré la finale en *-ée*, toujours masculin : *Des propylées majestueux.*

prorata S'emploie dans la loc. adv. *au prorata* et dans la loc. prép. *au prorata de.*

prorogation n. f. Avec *g* et non *-gu-*. De même : *prorogatif, ive.*

proroger v. t. Conjug. **16.** prend un *e* après le *g* devant *a* ou *o* : *il prorogea, nous prorogeons.*

prosaïque adj. Avec tréma. De même : *prosaïquement, prosaïsme.*

prosateur n. m. Pas de féminin : *Colette est un excellent prosateur. Une femme poète et une femme prosateur.*

proscrire v. t. Conjug. **48.** *Je proscris, tu proscris, il proscrit, nous proscrivons, vous proscrivez, ils proscrivent. — je proscrivais. — Je proscrivis. — Je proscrirai. — Je proscrirais. — Proscris, proscrivons, proscrivez. — Que je proscrive. — Que je proscrivisse. — Proscrivant. — Proscrit, ite. —* Dérivés : *proscripteur, proscription, proscrit.*

proscrire, prescrire ▷ **prescrire.**

prose [pʀoz] n. f. Pas d'accent circonflexe.

prosélyte n. m. *ou* f. Avec *y*. De même : *prosélytisme.*

prosopopée n. f. Figure de rhétorique. — Pas de *p* double. — Finale en *-ée.*

prospectus n. m. Invariable : *des prospectus* [-tys].

prosternation n. f. ou **prosternement** n. m. Les deux formes sont admises et correctes, mais *prosternation* semble la plus fréquente.

protagoniste n. m. *ou* f. Attention au sens.

1 Au sens propre, désigne l'auteur, le personnage qui tient le premier rôle dans une pièce de théâtre. — Au figuré, celui, celle qui tient le principal rôle dans une action ou l'un de ceux qui tiennent les principaux rôles.

2 On évitera les pléonasmes **principal protagoniste, *premier protagoniste.* — On admet : *l'un des protagonistes, les deux protagonistes.*

3 ▼ N'est pas synonyme de *interlocuteur, partenaire.* On écrira donc : *Le ministre français et ses divers partenaires européens* (et non *et ses divers *protagonistes européens*).

prote n. m. Dans une imprimerie, chef de l'atelier de composition. ▼ N'est nullement synonyme de *correcteur.*

protège-cahier n. m. — Pl. : *des protège-cahiers.*

protège-dents n. m. Invariable. Un *-s* à *dent* au singulier et au pluriel : *un protège-dents, des protège-dents.*

protège-parapluie n. m. — Pl. : *des protège-parapluies.*

protéger v. t. Conjugaison et constructions.

I Conjug. 18. Change *é* en *è* devant un *e* muet (*je protège, tu protèges*), sauf à l'indicatif futur et au conditionnel présent : *je protégerai, je protégerais.* — D'autre part, prend un *e* après le *g* devant *a* ou *o* : *il protégea, nous protégeons.*

II Constructions.

1 Le complément second est un nom de personne. Se construit avec *contre* : *La clôture protège le jardin contre les maraudeurs.*

2 Le complément second est un nom de chose. Se construit avec *contre* (plus usuel) ou avec *de* (plus littéraire) : *Les paillassons protè-gent contre le froid* (ou *protègent du froid*) *les arbres fruitiers.*

3 Il y a un complément de moyen introduit par *de.* Le complément second se construit obligatoirement avec *contre* : *L'arbre protège de son feuillage les plantes contre le soleil.*

protège-radiateur n. m. — Pl. : *des protège-radiateurs.*

protège-tibia n. m. — Pl. : *des protège-tibias.*

protéine n. f. Pas de tréma. De même : *protéinurie, protéinique.*

protestant, ante n. *ou* adj. Pas un nom de peuple, donc pas de majuscule : *Les protestants et les catholiques.* — Dérivé : *protestantisme.*

protester Constructions.

1 *Protester de* + **nom.** Affirmer très énergique-ment : *Il protesta de son dévouement.*

2 *Protester que* + **indicatif ou conditionnel.** *(littéraire)* Affirmer très énergiquement que : *Il protesta qu'il ignorait tout de l'affaire*

3 *Protester contre* + **nom.** Elever énergique-ment une plainte, une réclamation contre : *Le syndicat a protesté contre cette décision.*

4 Protester un effet de commerce. Faire constater par un acte *(le protêt)* que cet effet n'a pas été payé à l'échéance.

protêt n. m. Acte dressé par huissier et constatant qu'un effet de commerce n'a pas été payé. — Finale en *-êt*, avec accent circonflexe.

prothèse n. f. Avec *-th-.* — Dérivés : *prothésiste, prothétique.*

protide Substance aminée. — A la différence de *protéine,* toujours masculin : *Les protides sont très nombreux.*

proto- Préfixe (du grec *prôtos* « premier »). Les composés en *proto* s'écrivent tous en un seul mot, sans trait d'union.

protocole n. m. Finale en *-ole* avec un seul *l* et *-e* final. — Dérivés : *protocolaire, protocolaire-ment.*

protohistoire n. f. Pas de trait d'union.

protoxyde Toujours masculin : *Le protoxyde d'azote est dangereux.*

protractile adj. Qui peut être projeté en avant. ▼ Ne pas déformer en **protactile.*

protubérance n. f. Finale en *-ance.* De la même famille : *protubérant.*

prou adv. Seulement dans l'expression *peu ou prou,* plus ou moins *(littéraire)..*

proudhonisme n. m. Théorie de Proudhon. — En un seul mot, sans apostrophe. Avec *h* et un seul *n.* De même : *proudhonien, ienne.*

proue n. f. Avant d'un bateau. L'arrière s'appelle *la poupe.*

provenance n.f. Finale en *-ance.*

provenir v. t. ind. Conjug. 44. ▼ Se conjugue comme *venir,* mais ne s'emploie pas aux temps composés.

proverbial, ale, aux adj. Masculin pluriel en *-aux.*

providence n. f. Avec un *P* majuscule : *la Providence,* Dieu.

providentiel, elle adj. Finale en *-tiel, -tielle.* — Dérivé : *providentiellement.*

provincial, ale, aux adj. *ou* n. Masculin pluriel en *-aux : Les provinciaux* (avec *p* minuscule) *et les Parisiens.*

provision n. f. Au singulier dans : *des chèques sans provision.*

provisoire adj. Finale en *-oire.*

provocant, provoquant Ne pas écrire l'adjectif variable *provocant (Des œillades provocantes)* comme le participe présent invariable *provoquant.*

provocateur, trice n. m. *ou* f. Avec *c* et non **-qu-.* De même : *provocation.*

provoquer v. t. Toujours avec *-qu-,* même devant *a* ou *o : il provoqua, nous provoquons.*

proxénète n. m. Avec un accent grave sur le deuxième *e,* mais : *proxénétisme.*

prudemment adv. Finale en *-emment* (vient de *prudent*).

prud'homme n. m. *Conseil des prud'hommes.* Avec apostrophe et deux *m.* ▼ Un seul *m* dans les dérivés : *prud'homal, ale, aux, prud'homie.*

prudhommesque adj. Digne de Joseph Prud-homme, personnage ridicule d'un roman d'Henri Monnier. ▼ En un seul mot, sans apostrophe. Avec deux *m*. De même : *prudhommerie.*

prurit n. m. Démangeaison. ▼ Prononciation : [pRyRit].

prytane n. m. Magistrat, dans la Grèce antique. — Avec un *y*. — De même : *prytanie, prytanique.*

prytanée n. m. Avec un *y*. — Toujours masculin, malgré la finale en *-ée*. — Avec un *p* minuscule : *un prytanée grec*. Avec un *P* majuscule : *le Prytanée*, édifice d'Athènes. — Avec un *p* minuscule : *le prytanée militaire de La Flèche.* Avec un *P* majuscule : *le Prytanée*, celui de La Flèche, sans autre détermination.

psalliote Champignon. — Avec deux *l* et un seul *t*. — Féminin : *Une grosse psalliote.*

psalmiste n. m. Auteur de psaumes. — Avec un *P* majuscule : *le Psalmiste*, le roi David.

psaume n. m. Le numéro s'écrit en chiffres romains : *Le psaume CXIII.* — Dérivé : *psautier.*

pseudo- Préfixe (du grec *pseudês* « faux »). Les composés en *pseudo* s'écrivent en général sans trait d'union (*pseudogamie, pseudonyme, pseudopode*, etc.) sauf quand il s'agit de composés occasionnels *(un pseudo-philosophe).*

psittacisme n. m. Avec deux *t*. — Désigne la répétition mécanique de formules, sans effort réel pour comprendre. A bien distinguer de *la psittacose*, maladie transmise par les perroquets.

psychanalyse [psikanaliz] n. f. Deux fois *y*. De même : *psychanalyser* [psikanalize], *psychanalyste* [psikanalist(ə)], *psychanalytique* [psikanalitik].

psychasthénie [psikasteni] n. f. Avec *-ch-* et *-th-*. De même : *psychasthénique* [psikastenik].

psyché n. f. Prononciation : [psiʃe].

psychédélisme [psikedelism(ə)] n. m. Dérivé : *psychédélique* [psikedelik].

psychiatre [psikjatR(ə)] n. m. *ou* f. ▼ Pas d'accent circonflexe. De même : *psychiatrie* [psikjatRi], *psychiatrique* [psikjatRik].

psycho- Préfixe (du grec *psukhê* « âme »). Tous les composés en *psycho* se prononcent [psiko-] et s'écrivent sans trait d'union, sauf si le deuxième élément est lui-même un composé comportant un trait d'union : *psychomoteur*, mais *psycho-sensori-moteur.*

psychopathe [psikɔpat] n. m. *ou* f. *ou* adj. Avec *-ch-* et *-th-*. De même : *psychopathie* [psikɔpati].

psychose [psikoz] n. f. Pas d'accent circonflexe. — Dérivé : *psychotique* [psikɔtik], avec *o* ouvert.

ptôse n. f. Affaissement d'un organe. — Avec un accent circonflexe.

pu Participe passé de *pouvoir*. Toujours invariable : *Il a accumulé toutes les publications qu'il a pu.*

pubère adj. Finale en *-ère*. Dérivé : *puberté.*

pubère, nubile ▷ nubile.

pubis n. m. Bas-ventre. — Prononciation : [pybis].

public adj. *ou* n. m. Féminin : *publique.* — On préférera *relations publiques* à l'anglicisme *public relations.*

publicain n. m. Chez les Romains, collecteur d'impôts. — Finale en *-cain.*

publiciste n. m. Le vrai sens, vieilli, est « journaliste écrivant sur des questions politiques ». Ne doit pas être employé pour désigner un professionnel de la publicité. Dans ce sens, dire : *un publicitaire.*

publipostage n. m. Démarchage par correspondance. — Mot français à préférer à l'anglicisme *mailing.*

puce n. f. Comme adjectif de couleur, toujours invariable : *Des étoffes puce.*

pudding n. m. Gâteau anglais. — Prononciation : [pudiŋ]. — Pl. : *des puddings* [-diŋ]. — La graphie *pouding* est rare. ▼ Ne pas confondre avec *poudingue* [pudɛ̃g] n. m. (roche).

pudibond adj. *ou* n. m. Finale en *-ond*. Féminin : *pudibonde*. Dérivé : *pudibonderie.*

puer v. i. *ou* v. t. Sans être vraiment vulgaire, ce mot est à éviter dans la langue de la bonne compagnie. Dire plutôt : *sentir mauvais, avoir (une) mauvaise odeur.*

puéril, ile adj. Finale en *-il, -ile*. Pas de *-e* au masculin. — Dérivés : *puérilement, puérilisme, puérilité.*

pugnace adj. ▼ Prononciation : [pygnas], avec [gn], et non *n* mouillé. De même : *pugnacité* [pygnasite].

puîné, ée adj. *ou* n. Attention à l'accent circonflexe.

puis adv. On évitera les pléonasmes *puis ensuite, puis après.* — La locution *et puis* est familière. — En revanche, *et puis encore* est correct.

puisque conj. Orthographe et emploi.

1 Le *e* s'élide seulement devant *il, ils, elle, elles, on, un, une.* Devant *en* l'usage est flottant. On préférera la forme non élidée : *Puisque en 1947 elle n'était pas encore née.*

2 Le tour elliptique *Il est fonctionnaire, puisque professeur de lycée* est admis dans la langue cursive. Dans le style surveillé, on écrira : *Il est fonctionnaire, puisqu'il est professeur de lycée.*

puissamment adv. Finale en *-amment* (vient de *puissant*).

puits n. m. Trou creusé dans le sol. ▼ Avec un *-s* même au singulier. Ne pas écrire comme *puis,* ensuite, ni comme *un puy,* montagne.

pull n. m. Anglicisme (abréviation de *pull-over*). — Prononciation : [pul] ou [pyl]. — Pl. : *des pulls* [pul] ou [pyl].

pull-over n. m. (anglicisme) Prononciation : [pulɔvɛʀ] ou [pulɔvœʀ] ou [pylɔvɛʀ]. — Pl. : *des pull-overs* [-vɛʀ] ou [-vœʀ]. — S'abrège souvent en *pull (des pulls).*

pulluler v. i. Orthographe et emploi.

1 Attention à la place du *l* double et du *l* simple. De même : *pullulation, pullulement.*

2 ▼ On peut dire : *Les rats pullulent dans ces caves,* mais non **Ces caves pullulent de rats.*

pulvérulence n. f. Finale en *-ence.*

pulvérulent, ente adj. Finale en *-ent, -ente.*

puma n. m. Animal. — Prononciation : [pyma]. — Pl. : *des pumas* [-ma]. — Synonyme : *couguar.*

1. punch n. m. Anglicisme, introduit en français au XVIIe siècle, qui désigne une boisson. — Prononciation : [pɔ̃ʃ], avec [5]. — Pl. : *des punchs* [pɔ̃ʃ].

2. punch n. m. Anglicisme qui désigne la puissance de frappe d'un boxeur. — Prononcia-

tion : [pœnʃ], avec [œ]. — De la même famille : *puncheur* [pœnʃœʀ], *punching-ball* [pœnʃiŋbol] n. m. (*des punching-balls* [-bol]).

punique adj. Avec *g* et *p* minuscules : *les guerres puniques.*

1. pupille n. f. Partie de l'œil. ▼ Prononciation : [pypil], et non **[pypij]. De même : *pupillaire* [pypilɛʀ].

2. pupille n. m. *ou* f. Orphelin(e). ▼ Prononciation : [pypil], et non **[pypij]. De même : *pupillaire* [pypilɛʀ], *pupillarité* [pypilaʀite].

pupitre n. m. ▼ Pas d'accent circonflexe sur le *i.* De même : *pupitreur, euse.*

purée n. f. Invariable dans : *des pommes purée.*

purgatoire n. m. Avec *p* minuscule et finale en *-oire : Le paradis, l'enfer et le purgatoire.*

purificatoire adj. *ou* n. m. Finale en *-oire : Un rite purificatoire.*

puritain, aine adj. *ou* n. Qui a le puritanisme pour religion ; qui a des mœurs austères. — Avec un *p* minuscule : *les puritains* (pas un nom de peuple). — Finale en *-ain.*

pur sang, pur-sang Sans trait d'union et invariable : *des chevaux pur sang* (emploi adjectif). — Avec un trait d'union et invariable : *des pur-sang* (substantif).

purulence n. f. Finale en *-ence.*

purulent, ente adj. Finale en *-ent, -ente.*

pus [py] n. m. Liquide organique pathologique. — Toujours un *-s,* même au singulier.

pusillanime adj. Prononciation : [pyzilanim], avec [l] et non [j]. De même : *pusillanimement* [pyzilanimǝmɑ̃], *pusillanimité* [pyzilanimite].

putois n. m. Animal. — Avec un seul *t.*

putrescence n. f. Avec *-sc-* puis *c.* Finale en *-ence.* De la même famille : *putrescent, putrescible.*

putsch n. m. (mot allemand) Prononciation : [putʃ]. — On laissera plutôt le mot invariable : *des putschs.* On rencontre parfois le pluriel *des putschs.* — Dérivé : *putschiste* [putʃist(ǝ)]. — À ce mot allemand, on préférera : *coup de force, coup d'État militaire.*

puy n. m. Montagne, colline. — Ne pas écrire

comme *puis,* ensuite, ni comme un *puits (creuser un puits).* — Avec *p* minuscule et sans traits d'union : *le puy de Dôme* (montagne). — Avec *P* majuscule et deux traits d'union : *le Puy-de-Dôme* (département).

puzzle n. m. Anglicisme qui désigne un jeu de patience. — Prononciation : [pœzl(ə)] ou, parfois, [pœzœl] ou [pyzl(ə)]. — Pl. : *des puzzles* [pœzl(ə)] ou [pœzœl] ou [pyzl(ə)]. — Autant que possible, on remplacera cet anglicisme difficile à prononcer par le terme français *jeu de patience.*

pygmée n. *ou* adj. Finale en *-ée,* même au masculin. — Attention à la majuscule : *Un Pygmée, une Pygmée,* mais *un village pygmée, une femme pygmée, les tribus pygmées.*

pyjama n. m. Finale en *-a.*

pylône n. m. Attention à l'accent circonflexe. — *Le pylône* d'un temple égyptien est le portail monumental constitué par *deux* massifs de maçonnerie et la porte qu'ils encadrent. Le mot ne désigne pas chacun de ces massifs. — En revanche, quand on parle d'architecture moderne, *un pylône* peut très bien désigner un poteau, un élément décoratif, un support isolé : *Deux pylônes encadrent l'entrée du pont.* — Le sens de « charpente métallique supportant des conducteurs électriques » est parfaitement admis de nos jours.

pylore n. m. (terme d'anatomie) Pas d'accent sur le *o.* Prononciation : [pilɔʀ]. De même : *pylorique* [pilɔʀik].

pyorrhée n. f. (terme de médecine) Avec un *y,* deux *r,* un *h* et une finale en *-ée.* — Dérivé : *pyorrhéique* (sans tréma).

pyramide n. f. Avec un seul *r* et un seul *m.*

pyramidal, ale, aux adj. Masculin pluriel en *-aux : Des tas pyramidaux.*

pyrénéen, enne adj. *ou* n. Des Pyrénées : *La population pyrénéenne. Les Pyrénées.* — Avec *y,* un seul *r.* Pas de *h* ni de *n* double.

pyrèthre n. m. Plante. — Avec *-th-.* Pas d'accent circonflexe.

Pyrex n. m. Nom déposé, donc avec une majuscule : *Un plat en Pyrex.*

pyrite Minéral. — Toujours féminin : *La pyrite blanche.*

pyro- Préfixe (du grec *pur, puros* « feu »). Les composés en *pyro* s'écrivent en un seul mot, sans trait d'union (*pyrogallique, pyrogravure, pyrophosphorique, pyrosulfurique, pyroélectricité,* etc.).

pyrrhonien, ienne adj. *ou* n. *La doctrine pyrrhonienne. Les pyrrhoniens.* — Avec deux *r* et un *h.* De même : *pyrrhonisme.*

pythagoricien, ienne adj. *ou* n. *La doctrine pythagoricienne. Les pythagoriciens.* — Avec *-th-.* De même : *pythagorisme.*

pythie n. f. Prêtresse d'Apollon, à Delphes. — Avec *-th-.* Avec *p* minuscule : *la pythie.*

pythien, ienne adj. Avec *P* majuscule : *Apollon Pythien.*

pythique adj. *ou* n. f. Avec *j* minuscule et *P* majuscule : *les jeux Pythiques.* — Avec *P* majuscule : *les Pythiques,* odes de Pindare.

python n. m. Serpent. ▼ Ne pas écrire comme *piton,* crochet, sommet.

pythonisse n. f. Prophétesse, devineresse. — Avec *-th-* et un seul *n.*

pyxide n. f. (terme de botanique) Attention à la place du *y* et du *i.*

Q

uadragénaire adj. *ou* n. Prononciation : [kwadraʒenɛʀ].

uadragésime Prononciation : [kwadra-ʒezim]. — Avec *Q* majuscule et toujours féminin : *Le dimanche de Quadragésime. La Quadragésime.*

uadrangulaire adj. Prononciation : [kwadʀɑ̃gylɛʀ].

uadrant n. m. (terme de mathématiques) Ne pas écrire comme *cadran* (de montre). — Prononciation : [kwadʀɑ̃], mieux que [kadʀɑ̃].

uadrature n. f. Prononciation : [kwadʀatyʀ]. De même : *quadratique* [kwadʀatik].

uadrature, cadrature ▷ cadrature.

uadrette n. f. Equipe de joueurs de boules. — Prononciation : [kwadʀɛt] ou [kadʀɛt].

uadrichromie n. f. Prononciation : [kwa-dʀikʀɔmi].

uadriennal, ale, aux adj. Prononciation : [kwadʀijenal, al, o].

uadrige n. m. Prononciation : [kwadʀiʒ] ou, moins bien, [kadʀiʒ].

uadrilatère n. m. Prononciation : [kwadʀilatɛʀ].

uadrille Prononciation : [kadʀij]. — A été féminin autrefois au sens de « troupe de cavaliers ». Encore féminin de nos jours au sens de « équipe de toreros ». On dit plus souvent d'ailleurs *la cuadrilla* [kwadʀija], mot espagnol. — De nos jours, masculin au sens de « danse » *(Le quadrille était fort gracieux)* ou dans les expressions *premier quadrille, deuxième quadrille (Cette danseuse est premier quadrille à l'Opéra).*

quadriller v. t. Prononciation : [kadʀije], avec [k]. De même : *quadrillage* [kadʀijaʒ], *quadrillé* [kadʀije].

quadrimoteur adj. *ou* n. m. Prononciation : [kwadʀimɔtœʀ].

quadripartite adj. Prononciation : [kwadʀipaʀtit].

quadrique adj. (terme de mathématiques) Prononciation : [kwadʀik].

quadriréacteur adj. *ou* n. m. Prononciation : [kwadʀiʀeaktœʀ].

quadrirème n. f. Navire antique. — Prononciation : [kwadʀiʀɛm].

quadrisyllabe n. m. Mot de quatre syllabes : *Le mot* sagacité *est un quadrisyllabe.* — Prononciation : [kwadʀisilab].

quadrisyllabique adj. Qui a quatre syllabes : *Mot, vers quadrisyllabique.* — Prononciation : [kwadʀisilabik].

quadrivalent, ente adj. (terme de chimie) Prononciation : [kwadʀivalɑ̃, ɑ̃t].

quadrumane adj. *ou* n. m. Prononciation : [kwadʀyman].

quadrupède adj. *ou* n. m. Prononciation : [kwadʀypɛd].

quadruple adj. *ou* n. m. Prononciation : [kwa-dʀypl(ə)] ou, moins bien, [kadʀypl(ə)]. De même : *quadrupler* [kwadʀyple], *quadruplés* [kwadʀyple].

quai n. m. Avec *q* minuscule : *Il habite quai d'Orsay* (voie de Paris). — Avec *Q* majuscule : *Le Quai d'Orsay a délégué un ministre plénipotentiaire. Il est chef de service au Quai* (ministère des Affaires étrangères).

quaker n. m. Prononciation : [kwekœʀ]. — Féminin : *quakeresse* [kwekʀɛs]. — Dérivé : *quakerisme* [kwekœʀism(ə)] n. m. (sans accent sur le *e*).

qualifier v. t. Conjugaison et constructions.

I Conjug. 20. Double le *i* à la première et à la deuxième personne du pluriel de l'indicatif imparfait et du subjonctif présent : *(que) nous qualifiions, (que) vous qualifiiez.*

II Constructions.

1 Au sens de « caractériser, définir par une qualité », se construit avec *de* s'il s'agit d'une personne : *On qualifia cet orateur de faux prophète et de menteur* (généralement péjoratif). — S'il s'agit d'une chose, la préposition *de* est facultative : *Une ratatouille pompeusement qualifiée de « plat régional ». Un fait qualifié « crime » par la loi.*

2 Au sens de « donner un titre », se construit sans *de* : *L'empereur avait qualifié comte ce gentilhomme de province.*

qualité n. f. Expressions.

1 Toujours au pluriel : *ès qualités* ▷ **ès.** — Toujours au singulier : *en qualité de.*

2 L'expression *de qualité* est vieillie, mais très correcte au sens de « noble » : *Les gens de qualité. Un homme de qualité.* — Usuel, mais familier, au sens de *de bonne qualité* (tour à préférer) : *Des articles de qualité à des prix raisonnables.*

quand conj. Orthographe et emplois.

I Ne pas écrire comme *quant à* ▷ **quant à.**

II Quand, lorsque ▷ **lorsque (II).**

III *Quand* interrogatif.

1 Dans l'interrogation directe. On écrira : *Quand part-il ?* plutôt que *Quand est-ce qu'il part ?* (tour plus lourd). On évitera le tour populaire *Quand c'est qu'il part ?*

2 Dans l'interrogation indirecte. On écrira : *Je te demande quand il part,* plutôt que *Je te demande quand est-ce qu'il part.* On évitera le tour fautif *Je te demande *quand part-il.*

3 A quand, de quand, pour quand, depuis quand, jusqu'à quand. Ces locutions sont admises dans l'interrogation directe : *Depuis quand êtes-vous ici ?* On les déconseille dans l'interrogation indirecte. On écrira donc : *Il m'a demandé depuis quel moment (depuis quelle date) vous étiez ici,* et non *depuis quand vous étiez ici.*

IV *Quand même, quand bien même* ou *quand* **+ conditionnel, avec valeur adversative.** Tour très correct et même littéraire : *Quand je devrais en mourir, je ferai mon devoir. Quand le monde s'écroulerait, le sage demeurerait impavide.* Le tour avec *quand* (sans *même*) est le plus littéraire.

V *Quand même* **au sens de « cependant ».** *S'il pleut, je sortirai quand même.* Tour admis dans la langue parlée. Dans la langue écrite très soignée, on préférera : *néanmoins, cependant.*

quanta ▷ **quantum.**

quant à En ce qui concerne : *Réglons d'abord la question importante. Quant au reste, nous verrons plus tard.* ▼ Ne pas écrire comme *quand* conjonction : *Quand nous aurons réglé cette question importante, nous verrons les autres.*

quant-à-soi n. m. inv. En trois mots, avec deux traits d'union.

quantième [kɑ̃tjɛm] n. m. *Quel est le quantième aujourd'hui ? Le huit* (= le huit du mois en cours). Ce tour est correct, mais assez vieilli. On évitera en tout cas les tours relâchés **Le combien du mois est-on ? *Le combientième du mois qu'on est ?* Préférer : *Quel jour du mois sommes-nous ?*

quantifier v. t. Conjug. 20. Double le *i* à la première et à la deuxième personne du pluriel de l'indicatif imparfait et du subjonctif présent : *(que) nous quantifiions, (que) vous quantifiiez.* — Prononciation : [kɑ̃tifje], avec [k]. De même : *quantificateur* [kɑ̃tifikatœʀ], *quantification* [kɑ̃tifikasjɔ̃].

quantique adj. (terme de physique) Prononciation : [kwɑ̃tik].

quantité n. f. Après *une quantité de,* le verbe s'accorde, selon le sens, soit avec *quantité,* soit avec le complément : *Une quantité de boulons non déterminée est restée inutilisée et s'est rouillée. Une quantité de maisons sont vieilles et dépourvues de confort.* — Après *quantité de,* l'accord se fait au pluriel : *Quantité de gens ne savaient pas lire. Quantité d'enfants ne partent pas en vacances. Quantité de maisons sont vieilles.*

quantum n. m. Prononciation : [kwɑ̃tɔm].
— Pl. : *des quanta* [kwɑ̃ta], plutôt que *des
quantums.*

quarante Trait d'union et majuscule.

1 Sans trait d'union : *quarante et un.* De
même : *quarante et unième.*

2 Avec trait d'union : *quarante-deux, qua-
rante-trois..., quarante-neuf.* De même : *qua-
rante-deuxième, quarante-troisième..., qua-
rante-neuvième.*

3 Avec *Q* majuscule : *les Quarante,* les
académiciens.

quart n. m. Expressions et accord du verbe.

I Expressions.

1 On dit plutôt *huit heures et quart* que *huit
heures un quart.* De même, on dit plutôt *neuf
heures moins le quart* que *neuf heures moins
un quart.* Les formes avec *un* sont cependant
correctes.

2 Ne pas écrire la fraction *trois quarts (Les
trois quarts d'un gâteau. Les trois quarts de la
population. Un portrait de trois quarts)* comme
un *trois-quarts* n. m. inv. (petit violon ; manteau
court ; joueur de la ligne d'attaque, dans une
équipe de rugby).

3 Plus d'aux trois quarts, plus qu'aux trois
quarts. Les deux tours sont corrects. Le premier
est assez archaïque.

II Accord du verbe après *le quart de (des).*

1 Quand *le quart de (des)* désigne exactement
une quantité égale à 1/4, l'accord se fait en
principe au singulier : *Le quart des délégués,
dix-sept sur soixante-huit, a voté contre cette
motion.*

2 Quand *le quart de (des)* désigne une
quantité approximative, accord au pluriel : *En
ce moment, le quart des Parisiens sont en
vacances.*

quarte adj. f. *ou* n. f. Sans trait d'union : *la fièvre
quarte.*

1. quarteron [kaʀtəʀɔ̃] n. m. ▼ Désigne le
quart d'une centaine, soit vingt-cinq objets :
Achetez donc un quarteron de pommes
(= 25 pommes). N'est pas synonyme de « un
tout petit nombre » (trois ou quatre).

2. quarteron, onne [kaʀtəʀɔ̃, ɔn] adj. *ou* n. Se
dit d'une personne qui a un quart de sang noir
et trois quarts de sang blanc.

quartette n. f. Œuvre musicale ; groupe de
quatre musiciens. ▼ Prononciation : [kwaʀtɛt].

quartier n. m. Avec, le plus souvent, *Q*
majuscule : *le Quartier latin.*

quartier général n. m. Sans trait d'union.
— Pl. : *des quartiers généraux.* — Avec *G*
majuscule, puis *Q* majuscule, puis *g* minuscule :
le Grand Quartier général.

quartier-maître n. m. — Pl. : *des quartiers-
maîtres.*

quart monde n. m. Pas de majuscules ni de trait
d'union.

quarto [kwaʀto] adv. Equivalent semi-familier
de *quatrièmement.*

quartz n. m. Minéral. — Prononciation :
[kwaʀts]. Dérivés : *quartzeux* [kwaʀtsø],
quartzifère [kwaʀtsifɛʀ], *quartzite* [kwaʀtsit]
n. f.

1. quasi adv. Prononciation et emploi.

1 ▼ Se prononce [kazi], et non *[kwazi].

2 A la différence de *quasiment,* n'est pas
familier.

3 Joint à un nom, se lie par un trait d'union :
Un quasi-contrat. La quasi-totalité. — Joint à
un adjectif, ne se lie pas par un trait d'union :
Le travail est quasi achevé. Elle est quasi folle.

2. quasi n. m. Pièce de bœuf. — Prononciation :
[kazi]. — Pl. : *des quasis* [-zi].

quasi-contrat [kazikɔ̃tʀa] n. m. — Pl. : *des
quasi-contrats.*

quasi-délit [kazideli] n. m. — Pl. : *des quasi-
délits.*

quasiment adv. ▼ Se prononce [kazimɑ̃], et non
*[kwazimɑ̃]. — Assez vieilli ou familier. Ne
s'emploie que devant un adjectif ou un adverbe :
*Il est quasiment stupide. Il ne vient quasiment
jamais.*

Quasimodo Prononciation : [kazimodo].
— Avec un *Q* majuscule. ▼ Toujours féminin :
Le dimanche de la Quasimodo.

quater adv. *Le 16 quater de la rue des Capucines.*
— Prononciation : [kwatɛʀ].

quaternaire adj. *ou* n. m. Prononciation :
[kwatɛʀnɛʀ].

quatrain n. m. Finale en *-ain.* — Prononciation :
[katʀɛ̃].

quatre Toujours invariable : *Les quatre d'un jeu*

de cartes. — On évitera les liaisons fautives : *Les quatre îles* [katʀil], et non *[katʀəzil].

quatre-épices n. m. inv. Plante. — Est parfois féminin. Le masculin est cependant préférable : *Le quatre-épices.*

quatre-feuilles n. m. inv. Ornement d'architecture.

quatre-mâts n. m. inv. Navire. — *Des quatre-mâts barques, des quatre-mâts goélettes.*

quatre-quarts n. m. inv. Gâteau.

quatre-saisons n. pl. inv. *Marchand(e) des quatre-saisons.* — Comme nom désignant une variété de fruit ou de légume, est féminin : *De la quatre-saisons* (fraise, laitue).

quatre-temps n. m. pl. inv. (terme de religion) Avec *q* et *t* minuscules : *Les catholiques étaient jadis tenus de jeûner aux quatre-temps.*

quatre-vingt Marque du pluriel et trait d'union.

1 Quatre-vingts. Avec *-s,* si aucun numéral ne suit : *Quatre-vingts francs.* ▼ Les mots *millier, million, milliard* ne sont pas des adjectifs numéraux, mais des substantifs. On écrit donc : *Quatre-vingts milliers d'hommes. Quatre-vingts millions de francs. Quatre-vingts milliards de lires.* — D'autre part, quand *quatre-vingt* est ordinal et non pas cardinal, il reste invariable : *La page quatre-vingt. En mil huit cent quatre-vingt.*

2 Quatre-vingt. Sans *-s,* quand un autre numéral suit : *Quatre-vingt-un francs. Quatre-vingt-deux, quatre-vingt-trois..., quatre-vingt-dix, quatre-vingt-onze,* etc., mais *quatre-vingts milliers, millions, milliards* (voir ci-dessus, § 1).

3 Avec trait d'union : *quatre-vingt-un, quatre-vingt-une, quatre-vingt-deux, quatre-vingt-trois..., quatre-vingt-neuf, quatre-vingt-dix, quatre-vingt-onze, quatre-vingt-douze..., quatre-vingt-dix-sept, quatre-vingt-dix-huit, quatre-vingt-dix-neuf.* De même : *quatre-vingt-unième,* etc.

quatre-vingtième adj. *ou* n. Avec un trait d'union. — Ne pas écrire *le quatre-vingtième d'un tout* (soit 1,25 %) comme *les quatre vingtièmes* (soit 20 %).

quatuor n. m. Prononciation : [kwatɥɔʀ]. — Pl. : *des quatuors.*

1. que pron. relatif. Deux tours à signaler.

1 Cet homme qu'elle affirme qu'elle a rencontré. Tour parfaitement correct, mais un peu recherché. On pourra tourner de manière plus légère : *Cet homme qu'elle a, affirme-t-elle, rencontré* ou *Cet homme qu'elle affirme avoir rencontré* ou *Cet homme que, selon ses affirmations, elle a rencontré.* On évitera le tour discuté *Cet homme dont elle affirme qu'elle l'a rencontré.*

2 Tout épuisés qu'ils sont, ils travaillent encore. Tour littéraire, mais très correct. Cette construction exprime la concession (= bien qu'ils soient épuisés). Normalement avec l'indicatif ▷ **tout** (VI).

2. que pron. interrogatif. Emplois à signaler.

I Dans l'interrogation directe.

1 Comme sujet d'un verbe impersonnel. *Que s'est-il donc passé ?* Tour à préférer à la construction lourde *Qu'est-ce qui s'est donc passé ?*

2 Comme complément direct. *Que fais-tu ?* Tour à préférer à la construction lourde *Qu'est-ce que tu fais ?*

3 Comme complément indirect ou circonstanciel sans préposition. *Que sert d'invoquer ces exemples illustres ?* (= à quoi) *Que tarde-t-il ?* (= pourquoi). Tours figés très littéraires.

II Dans l'interrogation indirecte, devant un infinitif. *Je ne sais que dire. Il ne sait que faire.* Tour à préférer aux équivalents moins soutenus *Je ne sais quoi dire* et *Il ne sait quoi faire.*

3. que adv. Trois emplois à signaler.

1 Qu'il est beau ! Que c'est stupide ! Tour correct, plus soutenu que *Comme il est beau ! Comme c'est stupide !*

2 Que n'est-il venu ! (= pourquoi n'est-il pas venu ?) Tour exclamatif et interrogatif à la fois, exprimant le regret. Très littéraire, mais très correct.

3 Le jour qu'il est parti. Le jour où il est parti. Les deux tours sont corrects. Le tour avec *que* est plus soutenu et plus recherché que le tour avec *où* ▷ **où** (IV, 3).

4. que conj. Nombreux emplois en français. Certains peuvent paraître difficiles ou sont fautifs.

1 Que ce garçon soit un incapable, je le crois sincèrement. Quand *que* introduit une subordonnée en tête de phrase devant la principale, le verbe de la subordonnée se met au subjonctif. Dans l'ordre normal, on aurait l'indicatif : *Je crois sincèrement que ce garçon est un incapable.*

2 C'est un chef-d'œuvre que ce livre. Tour correct et expressif (= Ce livre est un chef-d'œuvre).

3 C'est travailler en vain que *de* refaire ce que les autres ont fait. Quand le tour présentatif porte sur un infinitif, *que* est généralement renforcé par *de* ▷ **de** (XIV, 1).

4 Si je suis malade et *qu*'il n'y ait personne pour me remplacer. Toute conjonction de subordination peut être remplacée par *que* pour éviter la répétition. La répétition produit un effet stylistique d'insistance : *Si je suis malade, si personne ne peut me remplacer, s'il y a un travail urgent à faire, alors, que se passera-t-il ?*

5 Viens ici, que je te dise un mot. La conjonction *que* peut avoir des sens particuliers. Elle peut équivaloir à « pour que » *(Viens ici que je te dise un mot)*, à « sans que » *(Un événement ne se produit jamais qu'un présage ne l'ait annoncé)*, à « avant que » *(Je ne te quitterai pas que je ne te sache en sûreté)*, à « puisque » *(Il est donc malade, qu'il ne sort jamais ?)*.

6 On le traînerait dans la boue qu'il ne réagirait pas. Equivaut à une concessive conditionnelle : *Même si on le traînait dans la boue, il ne réagirait pas.* Tour parfaitement correct.

7 Il était à peine arrivé qu'il repartait déjà. Equivaut à une temporelle : *Dès qu'il était arrivé, il repartait.* Tour parfaitement correct.

8 C'est de ce livre que je parle. Tour présentatif parfaitement correct. Ne pas confondre avec les tours suivants.

9 Le livre *que je t'ai parlé. Le livre *que j'ai besoin. Tours fautifs. Dire : *Le livre dont je t'ai parlé. Le livre dont j'ai besoin.* De même : *Voici ce dont j'ai besoin.*

10 Le mur *qu'il s'appuie (qu'il s'y appuie) dessus. Tours très incorrects. Dire : *Le mur sur lequel il s'appuie.*

11 Mieux vaut s'abstenir *que de* prendre le risque d'échouer. Après *autant, meilleur, mieux, moins, pis, plus, que* est généralement renforcé par *de*. L'absence de *de* n'est cependant pas incorrecte : *Mieux vaut s'abstenir que prendre le risque d'échouer.*

12 Il est meilleur qu'on *ne* le dit. Dans la langue soignée, on n'omettra pas le *ne* explétif dans la proposition introduite par *que*, quand celle-ci est en corrélation avec *autre, autrement, meilleur, mieux, moindre, moins, pire, pis, plus, plutôt.* ▼ Si la première proposition est négative ou interrogative, le *ne* est souvent omis : *Il n'est pas meilleur qu'on le dit. Agira-t-il autrement que nous le pensons ?*

13 Ne... que (= seulement) ▷ **ne** (VII, 1 et 2).

14 Si j'étais que de vous ▷ **vous** (6).

15 Que si ▷ **si** 2 (V, 5).

quel, quelle adj. *ou* pron. interrogatif ou exclamatif.

1 Rare comme pronom, sauf avec un partitif : *De ces trois garçons, quel est le plus âgé ?* On dit plus souvent : *lequel.*

2 Quels que soient ses efforts, il ne peut réussir. Quelque grands que soient ses efforts. Quelques efforts qu'il fasse ▷ **quelque** (III).

quelconque adj. indéfini ou qualificatif.

1 Indéfini. Equivaut à « quel qu'il soit, quelle qu'elle soit » (aucune valeur péjorative) : *Si un incident quelconque se produisait. Par un point quelconque de cette droite, traçons une perpendiculaire.* Dans ce sens, est généralement placé après le nom. ▼ L'antéposition de *quelconque* confère à cet indéfini une valeur assez péjorative : *Nous finirons bien par trouver un quelconque employé qui nous renseignera.*

2 Qualificatif. Equivaut à « banal et sans grande valeur » : *Pour passer le temps, je n'avais à lire que des livres quelconques.* Dans ce sens, est généralement placé après le nom. Il peut être aussi attribut : *Ce film est quelconque.* Souvent accompagné d'un adverbe : *Ce film est très quelconque. Une chanson assez quelconque. L'œuvre la plus quelconque.* L'emploi de *quelconque* comme qualificatif n'est pas incorrect, mais n'appartient pas à la langue très soutenue.

quelque adj. indéfini *ou* adv. ▼ Le *-e* ne s'élide jamais, sauf dans *quelqu'un, quelqu'une.*

I Quelque vingt mille francs. Devant un nom de nombre, *quelque* signifie « environ » et, étant adverbe, il reste invariable.

II Quelques personnes attendaient. Quelques vieilles maisons bordaient le chemin. Devant un substantif ou un groupe adjectif + substantif, *quelque* signifie « un certain nombre de » et, étant adjectif, il prend la marque du pluriel (si le nom est au pluriel) : *Il possédait quelques hectares de terrain. Il avait amassé quelque argent.*

III Trois tours à bien distinguer.

1 Quelques efforts qu'il fasse, il ne peut réussir. Quelques grands efforts qu'il fasse, il ne peut réussir. Ici, *quelque* précède un substantif ou un groupe adjectif + substantif. Il est adjectif et s'accorde.

2 Quelque grands que soient ses efforts, il ne peut réussir. Quelque vite qu'il aille, il ne peut nous rattraper. Ici, *quelque* précède un adjectif qui n'est pas l'épithète d'un substantif placé immédiatement après lui ou bien précède un adverbe *(quelque vite)*. Dans ce cas, *quelque* est adverbe et reste invariable.

3 Quels que soient ses efforts, il ne peut réussir. Immédiatement devant le verbe *être*, on écrit : *quel que, quelle que, quels que, quelles que*, et non **quelque(s)*. Il en va de même devant les verbes d'état *(sembler, paraître)* et devant les semi-auxiliaires *(devoir, pouvoir) : Quelles que doivent être les conséquences de nos actes, nous devons les assumer.* Il en va de même devant un pronom personnel : *Quels qu'ils soient, les hommes doivent être traités avec respect.*

quelque chose ▷ **chose** (3).

quelquefois adv. Toujours en un seul mot.

1 Quelquefois, parfois ▷ **parfois.**

2 Dans la langue soignée, on évitera les expressions relâchées *quelquefois que* et *si quelquefois*. On préférera *au cas où : Au cas où vous viendriez à Paris, venez donc me voir*, mieux que *Quelquefois que vous viendriez* ou que *Si quelquefois vous veniez.*

quelqu'un, quelqu'une pron. indéfini.

1 ▼ Au singulier, en deux mots, avec une apostrophe et *-e* élidé : *quelqu'un, quelqu'une*.
— Au pluriel, en deux mots, avec un trait d'union et sans apostrophe : *quelques-uns, quelques-unes*.

2 Au singulier, dans un tour non partitif, *quelqu'un* s'emploie pour les deux genres : *Parmi ces lycéennes, y a-t-il quelqu'un qui sache l'italien ?* et non **quelqu'une qui sache...*

3 Au singulier (dans un tour partitif) et au pluriel, on emploie *quelqu'une, quelques-unes*, quand le pronom représente un nom féminin : *Quelqu'une d'entre vous, mesdemoiselles, connaît-elle l'italien ? Ces églises sont fort belles, j'en ai visité quelques-unes. La plupart de ces maisons sont inhabitées, quelques-unes sont pourtant très belles.*

4 Sans complément introduit par *de*, *quelqu'un* (au singulier) ne peut désigner qu'une personne : *Quelqu'un est-il venu ? Si quelqu'un ou quelque chose pouvait m'attacher à ce pays.*

5 Avec un complément introduit par *de* ou bien au pluriel, *quelqu'un, quelqu'une, quelques-uns* ou *quelques-unes* peut désigner aussi une chose : *Quelqu'un de ces vieux récits subsiste-t-il encore dans la mémoire des paysans ? Ces erreurs sont pardonnables, quelques-unes sont inévitables.*

quérir [kəʀiʀ] ou **quérir** [keʀiʀ] v. t. Chercher.
— Ne s'emploie qu'à l'infinitif, surtout après des verbes tels que *aller, envoyer, venir*. — Mot vieilli ou rural. — Les deux formes sont admises, mais *quérir* tend à s'imposer, sous l'influence *d'acquérir*.

qu'est-ce qui, qu'est-ce que Formules interrogatives qui s'emploient pour les choses. Pour les personnes ▷ **qui est-ce qui, qui est-ce que.**

1 Emploi correct dans l'interrogation directe, soit comme sujet *(Qu'est-ce qui te ferait plaisir ?)*, soit comme complément direct *(Qu'est-ce que tu désires ?)*. Dans ce dernier cas d'ailleurs, il est plus élégant d'employer *que : Que désires-tu ?*

2 Emploi incorrect dans l'interrogation indirecte. En fonction de sujet, on emploiera *ce qui : Demande-lui ce qui lui ferait plaisir*, et non **qu'est-ce qui lui ferait plaisir*. En fonction de complément direct, on emploiera *ce que : Je demande ce que nous devons faire*, et non **qu'est-ce que nous devons faire*.

3 Emploi très familier dans les tournures exclamatives : *Qu'est-ce qu'il est beau, ce paysage !* Dans la langue soutenue, on dira : *Qu'il est beau, ce paysage !* De même, au lieu de *Qu'est-ce qu'on ne ferait pas pour lui plaire !* on écrira plutôt : *Que ne ferait-on pas pour lui plaire !* Au lieu de *Qu'est-ce que nous avons bien ri !* on écrira : *Comme nous avons bien ri !*

questeur n. m. Bien que plus rare de nos jours, la prononciation [kɥɛstœʀ] est plus soignée que [kɛstœʀ]. De même, pour *questure*, on préférera [kɥɛstyʀ] à [kɛstyʀ].

question n. f. Emploi et dérivés.

1 Dans la langue soignée, on évitera les tours semi-familiers tels que *question rentabilité, question prix de revient*, etc. On écrira : *en ce qui concerne la rentabilité, pour ce qui est de la rentabilité, quant au prix de revient.*

2 Deux *n* dans les dérivés : *questionnaire, questionner, questionneur.*

questure ▷ **questeur.**

quête n. f. Avec accent circonflexe. De même : *quêter, quêteur, euse.*

quetsche n. f. Prune. **▼** Attention au groupe *-tsch-*. Bien prononcer [kwɛtʃ], avec [kw]. De même : *quetschier* [kwɛtʃje] n. m. (arbre).

queue n. f. Orthographe, expressions et composés.

1 Avec *-e* final. Attention aux homophones *queux* 1 et 2.

2 On dit indifféremment : *faire queue* ou *faire la queue (devant un guichet*, etc.). La forme *faire la queue* semble plus fréquente.

3 Sans traits d'union : *à la queue leu leu.*

4 Dans les composés, seul le premier élément prend un *-s* au pluriel : *queue-d'aronde (des queues-d'aronde), queue-de-cochon (des queues-de-cochon), queue-de-morue (des queues-de-morue), queue-de-pie (des queues-de-pie), queue-de-rat (des queues-de-rat), queue-de-renard (des queues-de-renard).*

1. queux n. m. *(vieux)* Cuisinier. — *(vieilli) Un maître queux :* chef cuisinier (sans trait d'union). ▼ Ne pas écrire **maître queue.*

2. queux n. f. Pierre à aiguiser. — On évitera la graphie *queue.*

1. qui pron. relatif. Nombreux emplois.

1 **C'est à qui arrivera le premier. Pour qui est vieux la solitude est dure.** Le pronom *qui* s'emploie correctement sans antécédent dans quelques tours plus ou moins figés. Cette construction est élégante, mais assez littéraire. La langue courante dit : *C'est à celui qui arrivera le premier. Pour celui qui est vieux, la solitude est dure.*

2 **Ce qui arrivera, ce qu'il arrivera.** Avec certains verbes, qui peuvent se construire de manière personnelle ou impersonnelle, *ce qui* et *ce qu'il* peuvent être employés indifféremment : *Nous verrons ce qui (ce qu'il) arrivera. Ce qui reste à faire* ou *Ce qu'il reste à faire.*

3 **Les paladins sont morts qui protégeaient les faibles.** Cette disjonction de *qui* et de l'antécédent est très littéraire et un peu affectée. Dans le registre normal, on écrira : *Les paladins qui protégeaient les faibles sont morts.*

4 **J'ai une secrétaire qui sait l'anglais. Il me faut une secrétaire qui sache l'anglais.** L'emploi du subjonctif dans une relative est correct et permet d'exprimer le but ou la conséquence (= une secrétaire telle qu'elle sache l'anglais).

5 **Accord du verbe de la relative.** Après *qui,* le verbe s'accorde en nombre et en personne avec l'antécédent : *C'est moi qui suis le responsable. C'est toi qui seras le chef. C'est elle qui est venue la première. C'est nous qui sommes les premiers. C'est vous, mesdames, qui êtes arrivées les dernières. C'est vous, monsieur, qui êtes venu hier, je crois. Ce sont elles qui sont tombées dans l'escalier.* ▼ Cependant l'accord se fait avec l'attribut et non avec l'antécédent dans trois cas.

a/ Quand l'antécédent de *qui* est un attribut précédé de l'article défini ou de l'adjectif démonstratif : *Tu es l'écolier qui a le plus de dons* (et non **qui as). Je suis cet homme qui peut vous sauver* (et non **qui peux*).

b/ Quand l'attribut antécédent de *qui* est un pronom démonstratif : *Nous sommes ceux qui peuvent gagner,* et non **qui pouvons gagner.*

c/ Quand la principale est négative ou interrogative : *Tu n'es pas un garçon qui oublie les camarades,* et non **qui oublies. Sommes-nous des gens qui se dérobent devant leurs responsabilités ?* et non **qui nous dérobons.*

6 **Accord du verbe de la relative après** *un des... qui...* ▷ **un** (XIII).

7 **Cet homme qu'elle affirme qui est venu.** Tour parfaitement correct, mais un peu recherché. On pourra tourner de manière plus légère : *Cet homme qui, affirme-t-elle, est venu.* On évitera le tour discuté *Cet homme dont elle affirme qu'il est venu.*

8 *A qui, de qui, en qui, par qui, pour qui, sur qui,* en concurrence avec *auquel, duquel, en lequel...* ▷ **Lequel 1** (III 1, 2 et 3).

9 *De qui* en concurrence avec *dont.* Le plus souvent, *de qui* est remplacé par *dont : Le camarade de qui nous parlons parfois* ou, plus souvent, *dont nous parlons parfois.* L'emploi de *dont* est impossible quand l'antécédent est séparé du relatif par un nom précédé d'une préposition. Dans ce cas, l'emploi de *de qui* est obligatoire : *Ce camarade à la destinée de qui nous pensons parfois.*

10 **Qui que tu sois, aide-moi.** Tour à valeur concessive, usuel avec le verbe *être* dans la langue écrite. Plus rare, mais non incorrect, avec un verbe transitif : *Qui que tu reçoives chez toi, méfie-toi.*

11 **Qui que ce soit qui, qui que ce soit que.** Toujours suivi du subjonctif : *Qui que ce soit qui vienne, répondez que je suis absent. De qui que ce soit que nous dépendions, nous ne sommes jamais parfaitement libres.*

12 **Qui..., qui..., qui...** Tour qui équivaut à « l'un..., l'un..., l'autre » ou à « les uns..., les uns..., les autres » : *Tous étaient coiffés de manière bizarre, qui d'un chapeau de paysan, qui d'un béret à pompon, qui d'une casquette à pont, qui d'un bonnet de coton.* Le tour est correct, mais très littéraire.

13 **Tout vient à point qui sait attendre.** Tour figé très ancien. Ne pas déformer en *à qui sait attendre.*

2. qui pron. interrogatif. S'emploie le plus souvent au masculin singulier : *Qui est venu ?* On ne pourrait écrire, s'il s'agit d'une femme : **Qui est *venue ?* On tournera autrement : *Laquelle est venue ?* ou *Quelle femme, quelle jeune fille est venue ?* ou *Quelle personne est venue ?* De même, on ne peut écrire : *Qui sont *venus ?* — En revanche, l'usage tolère, avec le verbe *être* et un adjectif ou surtout un nom attribut, des tours tels que : *Qui est la directrice ? Qui sont les coupables ?* ▼ *Qui ne* peut désigner que des personnes. On ne dira donc pas : *Qui est ce chien ?* mais *Quel est ce chien ?*

quia (à) *Etre à quia.* — Avec accent grave sur le *a* et sans trait d'union. — Prononciation : [akɥija].

quiche n. f. Tarte aux œufs, à la crème et au jambon. — Prononciation : [kiʃ].

quiconque pron. relatif indéfini.

1 Emploi correct. *Quiconque* à la fois sujet ou complément de la principale et sujet de la subordonnée : *Quiconque enfreindra cette règle sera puni. Je m'adresserai à quiconque voudra m'aider.*

2 Emploi fautif. Ne doit pas s'employer à la place de *n'importe qui, qui que ce soit* ni (dans une proposition négative) à la place de *personne.* On écrira donc : *Il est prêt à s'adresser à n'importe qui* (et non *à quiconque). Je n'éprouve pas plus de sympathie pour lui que pour qui que ce soit* (et non *que pour quiconque). Il n'a jamais accepté un conseil de personne* (et non * de quiconque).

3 ▼ Eviter la construction incorrecte *quiconque qui.* On écrira : *Quiconque m'aidera sera le bienvenu,* et non *Quiconque qui m'aidera...*

4 Peut s'employer avec un attribut féminin, mais non avec un verbe ou un attribut au pluriel : *Mesdemoiselles, quiconque fraudera sera exclue.* On ne pourrait dire en revanche : *Quiconque tricheront seront punis.*

quidam n. m. Prononciation : [kɥidam] ou [kidam], plutôt que [kidɑ̃].

qui est-ce qui, qui est-ce que Formules interrogatives qui s'emploient pour les personnes. Pour les choses ▷ **qu'est-ce qui, qu'est-ce que.**

1 Emploi correct dans l'interrogation directe, soit comme sujet *(Qui est-ce qui est venu ?),* soit comme complément *(Qui est-ce que tu as rencontré ?).* Dans la langue élégante d'ailleurs, on emploiera plutôt *qui : Qui est venu ? Qui as-tu rencontré ?*

2 Emploi incorrect dans l'interrogation indirecte. On emploiera *qui : Il me demanda qui était venu* (et non *qui est-ce qui était venu). Il voulut savoir qui j'avais rencontré* (et non *qui est-ce que j'avais rencontré).*

quiet, quiète adj. Prononciation : [kɥijɛ, kɥijɛt], plutôt que [kjɛ, kjɛt]. De même : *quiètement* [kɥijɛtmɑ̃]. — En revanche, pour *quiétude,* la prononciation [kjetyd] est la seule usuelle de nos jours (influence de *inquiétude).*

quiétisme n. m. La prononciation [kɥijetism(ə)] est plus recommandée que [kjetism(ə)]. De même : *quiétiste* [kɥijetist(ə)].

quiétude ▷ quiet.

quille n. f. Au pluriel dans : *un jeu de quilles.* — Dérivé : *quillier* [kije] n. m. (jeu de quilles), avec *-illi-.*

quillon n. m. Partie de l'épée. — Prononciation : [kijɔ̃].

quinaud, aude adj. *(vieilli)* Penaud. — Prononciation : [kino, od].

quincaillier, ère n. m. *ou* f. ▼ Avec *-qu-,* puis *c.* Attention au *i* après le groupe *-ill-.* — Prononciation : [kɛ̃kaje, ɛʀ], et non* [kɛ̃kalje, ɛʀ]. ▼ *quincaillerie* [kɛ̃kajʀi], sans *i* après *-ill-.*

quinconce n. m. Avec *-qu-,* puis *c.* — Au singulier : *des arbres en quinconce.* — Avec *Q* majuscule : *la place des Quinconces* (à Bordeaux). — Prononciation : [kɛ̃kɔ̃s].

quinine n. f. Prononciation : [kinin].

quinquagénaire adj. *ou* n. m. *ou* f. Prononciation : [kɥɛ̃kwaʒenɛʀ].

Quinquagésime Prononciation : [kɥɛ̃kwaʒezim]. — Avec *Q* majuscule et toujours féminin : *Le dimanche de Quinquagésime. La Quinquagésime.*

quinquennal, ale, aux adj. Prononciation : [kɥɛ̃kɥenal, al, o]. — Masculin pluriel en *-aux : Des plans quinquennaux.*

quinquérème n. f. Navire antique. — Prononciation : [kɥɛ̃kɥeʀɛm].

quinquet n. m. Lampe à huile. — Prononciation : [kɛ̃kɛ].

quinquina n. m. Prononciation : [kɛ̃kina].

Quint adj. Avec *Q* majuscule : *l'empereur Charles Quint. Le pape Sixte Quint.*

quintaine n. f. Prononciation : [kɛ̃tɛn].

quintal, aux [kɛ̃tal, o] n. m. Masculin pluriel en *-aux : Dix quintaux de blé.*

quinte n. f. Prononciation : [kɛ̃t].

quintessence n. f. Prononciation : [kɛ̃tesɑ̃s]. Dérivés : *quintessencié* [kɛ̃tesɑ̃sje], *quintessencier* [kɛ̃tesɑ̃sje].

quintette n. f. Prononciation : [kɥɛ̃tɛt] ou, plus souvent, [kɛ̃tɛt].

quinteux, euse adj. Prononciation : [kɛ̃tø, øz].

quintuple adj. *ou* n. m. Prononciation : [kɥɛ̃-typl(ə)] ou [kɛ̃typl(ə)]. De même : *quintupler* [kɥɛ̃typle] ou [kɛ̃typle], *quintuplés, ées* [kɥɛ̃-typle] ou [kɛ̃typle].

quiproquo n. m. Prononciation : [kipRɔko]. — Pl. : *des quiproquos* [-ko].

quittance n. f. Avec deux *t* et finale en *-ance*.

quitte adj. Accord et expressions.

1 Etre quitte de, en être quitte pour. *Quitte* prend la marque du pluriel : *Elles sont quittes de leurs dettes. Ils en furent quittes pour la peur.*

2 *Quitte à* + infinitif. *Quitte* généralement invariable, surtout s'il est placé près du sujet : *Nous le dirons, quitte à passer pour rétrogrades.*

3 Jouer à quitte ou double. Forme plus correcte, quoique moins fréquente, que *jouer quitte ou double.*

quitter v. t. Avec deux *t.*

quitus n. m. *Donner quitus.* ▼ Avec un seul *t,* à la différence de *quittance.* — Prononciation : [kitys]. La prononciation [kɥitys] n'est pas incorrecte, mais vieillie. — Invariable : *des quitus* [-tys].

qui vive ?, qui-vive Ne pas écrire la locution interjective *qui vive ?* (« *Qui vive ?* », *cria la sentinelle*) comme le nom masculin invariable *qui-vive (Il est toujours sur le qui-vive).*

1. quoi pron. relatif. Représente une chose, non une personne.

I Antécédent de *quoi.*

1 Usage moderne. L'antécédent ne peut être en principe un nom de chose précis et déterminé, mais seulement un pronom ou une locution « neutre » *(ce, rien, quelque chose)* ou bien encore l'idée exprimée dans la proposition principale. Dans ce dernier cas, la relative est toujours précédée d'une virgule ou même d'une ponctuation forte : *Ce à quoi j'ai pensé, c'est que... Je n'ai rien sur quoi je puisse me fonder. S'il y a quelque chose vers quoi il tend de toutes ses forces, c'est la gloire. Dressons un plan d'ensemble, après quoi nous examinerons les détails. Mon ami me trahissait ! Voilà à quoi je n'avais jamais pensé. Les objets matériels solides gardent leurs formes. Sur quoi nous fondons notre conception géométrique du monde.*

2 Usage classique et archaïque. *Quoi* pouvait avoir pour antécédent un nom de chose précis et déterminé : *Cette pensée amère, vers quoi il revenait sans cesse. Un mur de haine contre quoi il se heurtait.* De nos jours, on dirait normalement : *vers laquelle il revenait..., contre lequel il se heurtait* ▷ **lequel** 1 (III, 2). De même, on pouvait autrefois écrire : *Cette amitié de quoi il ne pouvait se passer.* De nos jours, on dirait : *dont il ne pouvait se passer.* — On observera que cet usage classique est souvent repris par certains écrivains contemporains. Plus léger que le tour *lequel,* il peut constituer une élégance. Cependant, en dehors de la langue littéraire recherchée et un peu précieuse, on usera avec prudence de cette construction archaïque, car elle risque de passer pour une faute.

II Il demanda de quoi écrire. Il n'a pas de quoi vivre. L'emploi de *de quoi* + infinitif est parfaitement correct : *Il n'y a pas de quoi s'affliger. Les habitants avaient de quoi soutenir un siège. On lui donna de quoi payer son retour.* — En revanche, l'expression *avoir de quoi,* avoir de l'argent, être riche, est nettement populaire : *Il a de quoi, il possède quatre fermes en Normandie !*

III Quoi que nous fassions, nous échouerons. Quoique nous fassions des efforts, nous avons de la peine à réussir. On ne confondra pas la locution concessive indéfinie *quoi... que* (= quelque chose que) avec la conjonction concessive *quoique* (= bien que). ▼ Ecrire : *quoi qu'il en soit,* et non **quoique il en soit.*

IV Quoi que j'en aie, quoi que tu en aies, quoi qu'il en ait... Tour discuté et d'ailleurs vieilli. On écrira plutôt : *Malgré que j'en aie* ▷ **malgré** (4). ▼ Ne pas écrire **quoique j'en aie.*

2. quoi pron. interrogatif qui s'emploie pour les choses. Pour les personnes, on dit *qui.*

1 Emploi usuel et normal. *Quoi* est employé comme complément prépositionnel dans l'interrogation directe et dans l'interrogation indirecte : *A quoi sert cet outil ? Je me demande sur quoi il fonde son hypothèse.*

2 Dans l'interrogation directe, s'emploie comme sujet dans quelques tours elliptiques : *Quoi de nouveau, aujourd'hui ? Quoi de plus beau qu'un paysage de montagne sous un soleil éclatant ?* — Dans la langue parlée, on rencontre même *quoi* sujet dans des phrases non elliptiques : *Quoi t'empêche de partir ? Quoi donc nous oblige à rester ?* Dans la langue écrite correcte, on emploie *qu'est-ce qui : Qu'est-ce qui t'empêche..., Qu'est-ce donc qui nous oblige...*

3 Pour faire quoi ? Tour de la langue parlée. Dans la langue écrite, *quoi* n'est pas rejeté en

fin de proposition : *Pour quoi faire ? Pour quoi
dire ?* De même, dans la langue correcte, on
ne dit pas : *Il joue à quoi ?* mais *A quoi joue-t-il ?*

4 Il est fou, ou quoi ? Tour de la langue parlée
familière.

5 Quoi ? Qu'est-ce que tu dis ? Le bon usage
interdit d'employer *quoi ?* pour faire répéter à
l'interlocuteur une phrase qu'on a mal entendue.
Il est plus poli de dire : *comment ?* ou *pardon ?*

6 Eh quoi ! Locution interjective. Admise dans
la langue écrite expressive : *Eh quoi ! faudra-t-il
toujours supporter l'arrogance de ces gens-là ?*

7 Pour quoi, pourquoi ▷ **pourquoi** (III, 1, 2 et 3).

quoique conj. Orthographe et emploi.

1 Elision. Le *e* s'élide seulement devant *il, ils,
elle, elles, on, un, une.* Devant *en,* l'usage est
flottant. On préférera la forme non élidée :
Quoique en Bretagne il ne fasse jamais très froid.

2 Emploi du mode. Dans l'usage moderne
surveillé, toujours le subjonctif : *Quoique je sois
souffrant, j'irai à la réunion,* et non **quoique
je suis souffrant.*

3 Quoique professeur, il n'est pas pédant. Tour
elliptique admis dans la langue cursive. Dans

le style surveillé, on écrira : *Quoiqu'il soit
professeur, il n'est pas pédant.*

4 Quoique, quoi que ▷ **quoi 1** (III).

5 ▼ On écrira : *quoi que j'en aie,* et non
*quoique j'en aie ▷ **quoi 1** (IV). — On écrira :
quoi qu'il en soit, et non **quoique il en soit.*

quolibet n. m. Prononciation : [kɔlibɛ]. — Pl. :
des quolibets [-bɛ].

quorum n. m. Prononciation : [kɔʀɔm]. — Pl. :
des quorums [-ɔm].

quota n. m. Prononciation : [kɔta]. — Pl. : *des
quotas* [-ta].

quote-part n. f. Prononciation : [kɔtpaʀ]. — Pl. :
des quotes-parts. ▼ Ne pas écrire : **cote-part.*

quotidien, ienne adj. Prononciation : [kɔtidjɛ̃,
jɛn], avec [k]. De même : *quotidiennement*
[kɔtidjɛnmɑ̃].

quotient n. m. Finale en *-ent.* — Prononciation :
[kɔsjɑ̃].

quotité n. f. Prononciation : [kɔtite].

R

rabâcher v. t. Attention à l'accent circonflexe. De même : *rabâchage, rabâchement, rabâcheur.*

rabais [ʀabɛ] n. m. Finale en *-ais.*

rabat-joie n. m. Invariable : *des rabat-joie.*

rabattre v. t. Orthographe, conjugaison et expressions.

1 Avec un seul *b* et deux *t.* — De même : *rabattage* (du gibier), *rabattement* (d'une surface sur une autre), *rabatteur.*

2 Conjug. **98.** *Je rabats, tu rabats, il rabat, nous rabattons, vous rabattez, ils rabattent.* — *Je rabattais.* — *Je rabattis.* — *Je rabattrai.* — *Je rabattrais.* — *Rabats, rabattons, rabattez.* — *Que je rabatte.* — *Que je rabattisse.* — *Rabattant.* — *Rabattu, ue.*

3 ▼ On dit *rabattre son caquet à quelqu'un,* mais *rebattre les oreilles à quelqu'un.* — Ne pas dire *des idées *rabattues,* mais *des idées rebattues.*

rabbin n. m. Avec deux *b.* De même : *rabbinat, rabbinique, rabbinisme, rabbiniste.*

rabique adj. De la rage : *Virus rabique.* — Avec un seul *b.*

râble n. m. Dos. — Avec un accent circonflexe. De même : *râblé.*

rabot n. m. Finale en *-ot.* — Un seul *t* dans les dérivés : *rabotage, rabotement, raboter, raboteur, raboteux.*

racaille n. f. Avec un seul *c.*

raccommoder v. t. ▼ Avec deux *c* et deux *m.*

De même : *raccommodage, raccommodement, raccommodeur.*

raccompagner, réaccompagner Ces deux verbes transitifs ne sont pas interchangeables.

1 **raccompagner** Accompagner en ramenant au point de départ : *Il raccompagna la jeune fille jusque chez elle.*

2 **réaccompagner** Accompagner une nouvelle fois : *Je dois réaccompagner mon fils chez le médecin.*

raccorder v. t. Orthographe et sens.

1 Avec deux *c.* De même : *raccord, raccordement.*

2 ▼ Dire : *accorder un piano,* et non **raccorder un piano.*

1. raccourci, ie adj. Au pluriel dans : *à bras raccourcis.*

2. raccourci n. m. Au singulier dans : *en raccourci.* — On écrira : *prendre par un raccourci,* plutôt que *prendre un raccourci.*

raccourcir v. t. Avec deux *c.* De même : *raccourci, raccourcissement.*

raccoutumer (se) v. pron. Forme à préférer à *se réaccoutumer.*

raccroc [ʀakʀo] n. m. Avec *-c* final muet. Attention au *c* double intérieur. — Au singulier : *par raccroc.*

raccrocher v. t. Avec deux *c.* De même : *raccrochage, raccrocheur.*

racheter v. t. Conjug. **15.** *Je rachète, je rachèterai, je rachèterais, nous rachetons.*

rachis n. m. (terme d'anatomie) Prononciation : [ʀaʃis] — Les dérivés se prononcent aussi avec [ʃ] : *rachialgie* [ʀaʃjalʒi], *rachianesthésie* [ʀaʃjanɛstezi], *rachidien, ienne* [ʀaʃidjɛ̃, jɛn], *rachitique* [ʀaʃitik], *rachitisme* [ʀaʃitism(ə)].

racial, ale, aux adj. Masculin pluriel en *-aux* : *Les caractères raciaux.*

racler v. t. ▼ Se prononce [ʀɑkle], avec *a* vélaire, mais s'écrit sans accent circonflexe. De même : *raclage, raclée, raclement, raclette, racloir, raclure.*

racoler v. t. ▼ Avec un seul *c* et un seul *l*. De même : *racolage, racoleur.*

raconter v. t. Avec un seul *c*. De même : *racontable, raconteur.*

racontar n. m. *(familier)* ▼ Finale en *-ar.*

racornir v. t. ▼ Avec un seul *c*. De même : *racornissement.*

radar n. m. Finale en *-ar.* — Dérivé : *radariste.*

radeau n. m. Finale en *-eau.*

radial, ale, aux adj. *ou* n. f. Masculin pluriel en *-aux* : *Les tracés radiaux.*

radian, radiant Deux noms masculins homophones à bien distinguer.
1 radian Unité d'angle.
2 radiant Point du ciel d' où semble provenir les météorites.

radical, ale, aux adj. *ou* n. Masculin pluriel en *-aux* : *Des changements radicaux. Les désinences et les radicaux. Les radicaux-socialistes.*

radier n. m. Fond : *Le radier d'une écluse.* — Finale en *-ier.*

radier, rayer Ces deux verbes transitifs ne sont pas interchangeables.
1 radier. Exclure une personne en supprimant son inscription sur une liste : *Ce praticien a été radié de l'ordre des médecins.*
2 rayer. Supprimer un nom sur une liste : *Vous rayerez les noms des personnes qui ne viennent pas à notre réunion.*

radiesthésie n. f. Attention au *-th-*. De même : *radiesthésiste.*

radin adj. *ou* n. Au féminin, deux formes au choix, *radin* ou *radine* : *Elle est radin, la vieille ! Ah ! quelle vieille radine !*

1. radio- Préfixe tiré du nom *radius,* os de l'avant-bras. Les deux composés *radio-cubital, ale, aux* et *radio-carpien, ienne* s'écrivent avec un trait d'union.

2. radio- Préfixe très usité, tiré de *radiotélégraphie, radiodiffusion* ou du latin *radius* « rayon ». De nos jours, on écrit les composés de *radio* en un seul mot, sans trait d'union (*radioactif, radioactivité, radioalignement, radioastronomie, radioélectricien, radioélectricité, radioélectrique, radioélément, radiojournal,* etc.), sauf si le deuxième élément commence par un *i* : *radio-immunisation, radio-indicateur, radio-isotope.*

radis n. m. Finale en *-is.*

radius [ʀadjys] n. m. Os de l'avant-bras. — Invariable : *Des radius* [-djys].

radjah ▷ raja.

radôme n. m. Dôme qui protège un radar. — On évitera la graphie anglaise *radome,* sans accent.

radoter v. i. Avec un seul *t.* De même : *radotage, radoteur.*

radoub n. m. Le *-b* final est muet : [ʀadu]. — De la même famille : *radouber.*

radoucir v. t. On dira : *Le temps se radoucit,* plutôt que *Le temps radoucit.*

rafale n. f. ▼ Avec un seul *f.*

raffermir v. t. Avec deux *f.* De même : *raffermissement.*

raffiner v. t. ▼ Avec deux *f* et un seul *n.* De même : *raffinage, raffiné, raffinement, raffinerie, raffineur.*

raffiner, affiner ▷ affiner.

raffoler v. t. ind. Se construit avec *de : Elle raffole de musique italienne.* ▼ Avec deux *f* et un seul *l.*

raffut n. m. ▼ Avec deux *f.* Sans accent circonflexe sur le *u,* à la différence de *affût.*

rafiot n. m. ▼ Avec un seul *f* et finale en *-ot.* La forme *rafiau* est vieille.

rafistoler v. t. ▼ Avec un seul *f.* De même : *rafistolage.*

rafle n. f. ▼ Se prononce [ʀɑfl(ə)], avec un *a* vélaire, mais s'écrit sans accent circonflexe. De même : *rafler*. — Avec un seul *f*.

rafraîchir v. t. *ou* v. i. ▼ Avec un seul *f*. Attention à l'accent circonflexe. De même : *rafraîchissant, rafraîchissement, rafraîchisseur, rafraîchissoir.*

ragaillardir v. t. ▼ Avec un seul *g*.

rageant, ante adj. *(familier)* Attention au *e* après le *g*.

raglan n. m. Finale en *-an.* — Invariable en apposition : *des manches raglan, des manteaux raglan,* mais *des raglans.*

ragondin n. m. Animal. — Finale en *-in.*

ragoût n. m. Attention à l'accent circonflexe sur le *u*.

ragoûtant, ante adj. Avec un accent circonflexe sur le *u*. ▼ N'est pas synonyme de *dégoûtant,* mais antonyme. Signifie « appétissant, plaisant, agréable », au propre et au figuré. S'emploie surtout dans des tours négatifs : *Cette nappe tachée de vin et de nourriture, ce n'est guère ragoûtant ! Une affaire peu ragoûtante* (= une affaire malpropre).

rahat-loukoum [ʀaatlukum] ou **rahat-lokoum** [ʀaatlɔkum] n. m. Confiserie orientale — Pl. : *des rahat-loukoums* ou *des rahat-lokoums.* — Les deux formes sont correctes et admises. — Dans l'usage courant, on dit plutôt *loukoum* ou parfois *lokoum (des loukoums, des lokoums).*

rai, rais, raie Trois graphies à distinguer.

1 Un **rai** (au pl. **des rais**) Rayon : *Un rai de lumière. Les rais d'une roue de charrette.* La graphie *un rais,* avec *-s* au singulier, est vieillie.

2 Une **raie** Sillon (dans un jardin) : *Trois raies de carottes.* — Trace, ligne, bande allongée : *Une étoffe bleue à raies jaunes.*

raid [ʀɛd] n. m. Expédition, mission : *Un raid de blindés.* — Sans *e* final.

raide adj. *ou* adv. Variable dans l'expression *raide mort : Ils tombèrent raides morts.* — Invariable dans les emplois adverbiaux : *Ils parlent raide. Les chemins montent raide.*

raide, roide ▷ roide.

rai-de-cœur n. m. Ornement d'architecture. — Pl. : *des rais-de-cœur.*

1. raie n. f. Ligne, bande : *Tracer des raies* ▷ **rai.**

2. raie n. f. Poisson.

raifort n. m. Plante ; condiment. — Avec *-t* final.

rail n. m. Prononciation : [ʀaj], et non *[ʀɛl]. — Pl. : *des rails.* — Au singulier : *Transporter par rail.*

rainette, reinette Ne pas écrire *une rainette,* grenouille, comme *une reinette,* pomme.

rainure n. f. Avec *-ai-* et un seul *n.* De même : *rainurer.*

raisin n. m. Avec *-ai-.* — Dérivé : *raisiné,* jus de raisin en gelée. Ne pas écrire comme *du (vin) résiné,* vin grec à goût de résine.

rais ▷ **rai.**

raison n. f. Orthographe des dérivés et expressions.

I Deux *n* dans les dérivés : *raisonnable, raisonnablement, raisonné, raisonnement, raisonner, raisonneur.*

II Expressions.

1 Avec *raison* au singulier : *pour raison de santé, sans raison apparente, non sans raison.*

2 Pour la raison (que). Forme moderne et usuelle. La forme *par la raison (que)* est rare et vieillie.

3 Avoir des raisons de, avoir des raisons pour. Le tour *avoir des raisons de* exprime plutôt la cause : *Il a des raisons de prendre une retraite anticipée, car il est malade et ses enfants sont élevés.* — Le tour *avoir des raisons pour* exprime plutôt le but : *Il a des raisons pour refuser ce poste, car il se réserve pour des fonctions plus élevées.*

4 A raison de, en raison de. La première expression, *à raison de,* signifie « en proportion, en fonction de, en tenant compte de (telle donnée quantitative) » : *Il est rémunéré à raison du chiffre des ventes. A raison de trois cents mètres par jour, il faudra un mois et demi pour achever cette route.* — *En raison de* signifie « en considération de, à cause de » : *En raison de son ancienneté, il a droit à une prime spéciale.* ▼ On dit toujours *en raison directe, en raison inverse : Le poids varie en raison directe du volume.*

5 Comme de raison. Expression admise de nos jours.

6 Raison de plus. Expression admise, au moins dans la langue écrite cursive.

raisonner, résonner Ne pas écrire *raisonner,* penser, comme *résonner,* produire un bruit : *Les* *mathématiciens raisonnent avec rigueur. Les pas résonnent sur les dalles.* — De même, distinguer *raisonnement* (pensée) et *résonnement* (bruit).

raja [ʀaʒa] ou **rajah** [ʀaʒa] ou **radjah** [ʀadʒa] n. m. Attention au pluriel : *des raja* (invariable), mais *des rajahs, des radjahs.* — Les trois formes sont admises. La forme *radjah* est un peu vieillie. De nos jours, la forme à préférer est *raja.* — Le féminin est *une rani* (invariable : *des rani*).

rajeunir v. t. *ou* v. i. A la forme intransitive, se conjugue avec l'auxiliaire *avoir* pour insister sur le fait *(Grâce à une vie plus saine, il a rajeuni de dix ans)* ou avec *être* pour insister sur l'état *(Maintenant qu'il a maigri, il est rajeuni de dix ans).*

rajout n. m. ▼ Pas d'accent circonflexe sur le *u.* — De la même famille : *rajouter.*

rajuster, réajuster v. t. La forme *rajuster* peut s'employer dans tous les sens : *Rajuster une balance faussée. Rajuste ton nœud de cravate ! On va rajuster les salaires.* — La forme plus récente *réajuster* ne s'emploie guère, concurremment avec *rajuster*, que dans l'expression *réajuster les salaires.* — Même remarque pour *rajustement et réajustement.*

raki n. m. Liqueur orientale. — Avec *k.* — Pl. : *des rakis* [ʀaki].

1. râle n. m. Cri. — Avec un accent circonflexe. De même : *râlement.*

2. râle n. m. Oiseau. — Avec un accent circonflexe.

ralentir v. t. *ou* v. i. Avec un seul *l.* De même : *ralenti, ralentissement, ralentisseur.*

râler v. i. Avec un accent circonflexe. De même : *râle, râlement, râleur.*

ralliement n. m. Avec deux *l.* Attention à l'*e* muet intérieur.

rallonge n. f. Avec deux *l.* — Au pluriel dans : *une table, un nom à rallonges.*

rallonge, allonge ▷ allonge.

rallonger, allonger ▷ allonger.

rallumer v. t. Avec deux *l* et un seul *m.*

rallye [ʀali] n. m (anglicisme). Pl. : *des rallyes* [-li].

ramage n. m. Avec un seul *m.*

ramasse-miettes n. m. Invariable : un *-s* à *miette,* même au singulier.

ramasser v. t. Avec un seul *m.* De même : *ramassage, ramassé, ramasseur.*

ramassis n. m. Finale en *-is.*

rambarde n. f. Balustrade, garde-fou. — N'est nullement familier.

1. rame n. f. Aviron. — Au pluriel dans *faire force de rames, bateau à rames.* — Dérivés : *ramer, rameur.*

2. rame n. f. Tuteur. — Au pluriel dans : *haricots à rames.* — Dérivé : *ramer.*

3. rame n. f. Cinq cents feuilles de papier. — File de wagons. — Dérivé : *ramette.*

rameau n. m. Avec *R* majuscule : *le dimanche de Rameaux* ou *les Rameaux.*

ramée n. f. Finale en *-ée.*

ramener v. t. Conjug. **12.** *Je ramène, je ramènerai, je ramènerais,* mais *nous ramenons.* ▼ Ne pas employer *ramener* à la place de *rapporter.* On peut dire : *On ramena l'enfant chez ses parents. Elle ramena ses cheveux en arrière. Il ramena sa cape sur sa poitrine.* En revanche, on dira : *Je vous rapporterai vos livres demain,* et non **Je vous ramènerai vos livres.*

ramequin n. m. Ustensile. — Avec un seul *m.*

rameuter v. t. Avec un seul *m* et un seul *t.*

ramollir v. t. ▼ Avec un seul *m* et deux *l.* De même : *ramolli, ramollissement.*

ramollir, amollir ▷ amollir.

ramoner v. t. ▼ Avec un seul *m* et un seul *n.* De même : *ramonage, ramoneur.*

rancart, rancard, rencard Ne pas écrire *mettre au rancart,* mettre au rebut, comme *donner un rancard* ou un *rencard* (argot), donner un renseignement ou donner un rendez-vous.

rance adj. Avec un *c.* De même : *rancescible, ranci, rancir, rancissement.*

ranch n. m. Aux Etats-Unis, dans la Prairie, exploitation agricole. — Pour la prononciation, on pourra préférer la prononciation francisée [ʀɑ̃ʃ] à la prononciation anglaise [ʀantʃ]. — Pour le pluriel, on pourra aussi préférer la forme francisée *des ranchs* [ʀɑ̃ʃ] à la forme anglaise *des ranches* [ʀantʃəs]. ▼ Le mot espagnol *rancho* [ʀantʃo], *des ranchos* [-tʃos], ne désigne pas une exploitation agricole, mais une cabane (en Amérique latine et notamment au Mexique).

rancir v. i. Avec un *c*. De même : *rancissement.*

rancœur n. f. Finale en *-cœur.*

rançon n. f. Avec une cédille. — Deux *n* dans les dérivés : *rançonnement, rançonner, rançonneur.*

rancune n. f. Avec *-an-.*

rancunier, ière adj. Seule forme moderne. La forme *rancuneux, euse* est vieille, rare et très littéraire.

randonnée n. f. Finale en *-ée.* Avec deux *n.* De même : *randonneur.*

rang n. m. L'expression *de rang* est très familière : *Il a parlé deux heures de rang.* On dit mieux : *à la suite, à la file, d'affilée.*

rangée n. f. Finale en *-ée.*

ranger, arranger ▷ arranger.

ranimer, réanimer La forme *ranimer* peut s'employer dans tous les sens : *Il ranima le feu qui allait s'éteindre. Un repas rapide ranima les forces du bûcheron. Il faut ranimer la vie économique des provinces endormies. Ranimer le zèle, l'ardeur, le courage de quelqu'un. Ranimer les passions, les haines.* — *Ranimer un blessé, un noyé.* Dans ce sens, on dit aussi *réanimer.* — La forme *réanimer* ne s'emploie guère, concurremment avec *ranimer,* que dans les expressions *réanimer un blessé, un noyé, un malade.* — Même remarque pour *ranimation* et *réanimation,* mais la forme *réanimation* est beaucoup plus fréquente au sens médical : *Réanimation d'un blessé, d'un malade, d'un noyé. Service de réanimation.*

rani ▷ raja.

raout n. m. Anglicisme vieilli désignant une réunion mondaine. — Prononciation : [ʀaut]. — Pl. : *des raouts* [ʀaut].

rapace adj. *ou* n. m. Avec un seul *p.* Finale en *-ace.* — Dérivé : *rapacité.*

rapatriement n. m. Attention à l'*e* muet intérieur.

rapatrier v. t. Au sens de « réconcilier », est vieux et familier.

râpe n. f. Avec un accent circonflexe. De même : *râpage, râpé, râper, râperie, râpeux, râpure.*

rapetisser v. t. *ou* v. i. Avec un seul *p* et un seul *t.* De même : *rapetissement.*

raphaélesque ou **raphaélique** adj. Du peintre italien Raphaël. ▼ Pas de tréma, mais un accent aigu sur le *e.*

raphia [ʀafja] n. m. Palmier ; fibre. — Avec *-ph-.* Finale en *-a.*

rapiat, ate adj. *ou* n. *(populaire)* Avare. — Finale en *-at, -ate.* La forme *rapia* est vieille ▼ Très souvent invariable au féminin : *Quelle vieille rapiat ! Elles sont rapiat, ces vieilles !*

rapière n. f. Epée. — Sans accent circonflexe sur le *a* et avec un seul *p.*

rapin n. m. Jeune artiste peintre. — Avec un seul *p.* Pas d'accent circonflexe.

rapine n. f. Pillage. — Avec un seul *p.* De même : *rapiner, rapinerie.*

raplatir v. t. Avec un seul *p* et un seul *t.*

rappariement n. m. Attention au *e* muet intérieur. ▼ Avec deux *p.* De même : *rapparier.*

rappeler v. t. Orthographe, conjugaison et emploi.

I Avec deux *p.* De même : *rappel, rappelable, rappelé.*

II Conjug. **13** : *je rappelle, je rappellerai, je rappellerais,* mais *nous rappelons.*

III Se rappeler quelque chose, quelqu'un.

1 A la différence de *se souvenir (Je me souviens de ce jour. Il me souvient de ce jour),* le verbe *se rappeler* se construit sans *de.* On écrira donc : *Je me rappelle ce jour,* et non *Je me rappelle *de ce jour.*

2 On écrira : *Ce jour était un jeudi, je me le rappelle* (et non *je m'en rappelle). Ce visage aux traits énergiques, que je me rappelle bien* (et non *dont je me rappelle bien).* — En revanche, est correct l'emploi de *en* ou de *dont,* quand *en* ou *dont* sont compléments d'un nom et non compléments du verbe *se rappeler : J'ai bien connu cet homme, je m'en rappelle le visage* (= je me rappelle le visage de lui). *Ce camarade dont je me rappelle le nom* (= je me rappelle le nom de lui).

3 On écrira : *Je me rappelle avoir entendu cette histoire,* et non *d'avoir entendu cette* *histoire.* De même, on écrira : *Souviens-toi de me téléphoner* ou *Pense à me téléphoner,* plutôt que *Rappelle-toi de me téléphoner.*

rapport n. m. Expressions.

1 En rapport (avec). Le mot *rapport* est toujours au singulier : *Je suis en rapport avec ces divers chefs de service. Le prix n'est pas en rapport.*

2 On dit toujours *être en rapport avec,* mais *par rapport à.*

3 Avoir rapport à ou **avec.** Avoir des relations avec, se rattacher à, être lié à : *Ce point n'a pas de rapport au sujet* (plus littéraire et un peu vieilli) ou *n'a pas de rapport avec le sujet* (plus usuel et moins soutenu). *Cette question a rapport à notre affaire.*

4 Avoir des rapports avec. Ressembler à, avoir des analogies avec : *Ce chapiteau roman a des rapports avec certaines sculptures orientales.* Dans ce sens, *avoir rapport à* est très vieilli.

5 Sous le rapport de l'intelligence. Tour admis de nos jours. On dit aussi *sous ce rapport, sous tous les rapports.* — Dans la langue soutenue, à *sous le rapport de* on pourra préférer *quant à.* A *sous ce rapport* on pourra de même préférer *à cet égard.* A *sous tous les rapports* on pourra préférer *à tous les égards, en tout point.*

6 Rapport à. Expression populaire. Dans la langue correcte, on écrira : *Mon fils n'a pu aller à l'école à cause de son rhume,* et non *rapport à son rhume.*

rapporter v. t. Avec deux *p.* De même : *rapport, rapportable, rapporteur.*

rapporter, reporter On écrira : *Il faut se reporter à l'original du contrat* (= se référer à, consulter) et *Il faut s'en rapporter à l'avis de l'avocat* (= faire confiance à).

rapprendre v. t. Ne pas dire **réapprendre.*

rapprocher v. t. Avec deux *p.* De même : *rapprochement.*

rapprovisionner ▷ réapprovisionner.

rapsode, rapsodie ▷ rhapsode, rhapsodie.

rapt [rapt(ə)] n. m. ▼ Pas de *-e* à la fin.

râpure n. f. Avec l'accent circonflexe sur le *a* et non sur le *u.*

rarement adv. ▼ Ne doit pas être, dans une proposition affirmative, accompagné de *ne.* On n'écrira pas : *Rarement il *n'avait vu un arbre aussi gros,* mais *Rarement il avait vu...*

ras [rα], **rase** [rαz] adj. *ou* adv. Orthographe et expressions.

1 Ne pas écrire le masculin *ras* comme le nom *raz,* courant marin.

2 ▼ Adverbe, donc invariable dans : *Une chevelure tondue ras. L'herbe a été coupée ras.* — Adjectif, donc variable dans : *Avoir la barbe rase, la tête rase.*

3 A ras de, au ras de. Ces deux formes sont correctes et admises, mais *au ras de* est la plus fréquente *(Les hirondelles volaient au ras du sol),* sauf dans le tour figé *à ras de terre.*

rascasse n. f. Poisson. — Finale en *-asse.*

rase-mottes n. m. Toujours invariable, avec un *-s* à *motte,* même au singulier : *Faire du rase-mottes. Voler en rase-mottes.*

rasoir n. m. Finale en *-oir* — Dans l'emploi adjectif familier, toujours invariable : *Ils sont rasoir, ces conférenciers !*

rassembler v. t. Tout à fait correct au sens de « assembler de nouveau » : *Les hommes s'étaient dispersés, il fallut les rassembler avant de reprendre la marche.* On n'abusera pas de ce mot quand il n'y a pas l'idée de « de nouveau » : *Il a fêté son anniversaire au milieu de ses enfants et de ses petits-enfants assemblés chez lui* ou *réunis chez lui,* mieux que *rassemblés chez lui.*

rasseoir v. t. Se conjugue comme *asseoir* ▷ asseoir.

rasséréner v. t. Conjug. **11.** *Je rassérène,* mais *je rassérénerai, je rassérénerais.*

rassir, rassis L'emploi de ces mots soulève des difficultés.

1 Le verbe intransitif *rassir* a été tiré de *rassis (pain rassis),* qui est le participe passé de *rasseoir.* Ce verbe *rassir* est considéré comme incorrect. Comme il est impossible de dire *laisser *rasseoir le pain,* on emploiera *devenir rassis : Elle a laissé le pain devenir rassis.*

2 ▼ L'adjectif *rassis (du pain rassis)* est le participe passé adjectival de *rasseoir.* Le féminin est donc *rassise : Une brioche rassise.* On évitera d'écrire *du pain *rassi, une brioche *rassie.*

3 Au sens figuré de « pondéré, sérieux, réfléchi », on emploiera aussi, sans hésitation, les formes *rassis, rassise : Un homme rassis. Un esprit rassis. Une personnalité rassise.*

rassortir ▷ réassortir.

rat n. m. Le féminin est : *rate,* mieux que *ratte.* — Sans trait d'union : *un petit rat,* jeune danseuse ; *un rat de cave,* commis des Contributions indirectes ; mèche enduite de cire *(des rats de cave).* — Invariable dans l'emploi adjectif familier, au sens de « avare » : *Elles sont rat, ces vieilles !*

ratafia n. m. Liqueur faite avec des fleurs ou des fruits qu'on a fait macérer dans de l'alcool. — A distinguer du *tafia,* eau-de-vie tirée de la mélasse de canne à sucre.

1. rate n. f. Organe situé dans l'abdomen.

2. rate n. f. Femelle du rat. — On préférera la graphie *rate* à *ratte.*

raté, ée adj. *ou* n. Avec un seul *t.*

râteau n. m. Avec un accent circonflexe.

râteler v. t. Orthographe et conjugaison.

1 Avec un accent circonflexe sur le *a.* De même : *râtelage, râtelée, râteleur, râtelure.* ▼ En revanche, *ratisser, ratissage, ratissoire* ne prennent pas d'accent circonflexe.

2 Conjug. **13.** *Je râtelle, je râtellerai, je râtellerais,* mais *nous râtelons.*

3 Attention au paronyme *ratteler,* atteler de nouveau.

râteler, ratisser Ces deux verbes ne sont pas synonymes.

1 râteler. Ramasser avec un râteau : *On râtelle le foin après l'avoir fauché.*

2 ratisser. Nettoyer avec un râteau : *On ratisse les allées du parc.*

râtelier n. m. Attention à l'accent circonflexe.

râtelier, dentier ▷ dentier.

ratier, ière adj. *ou* n. Avec un seul *t.*

ratifier v. t. Avec un seul *t.* De même : *ratification.*

ratine n. f. Etoffe. — Avec un seul *t* et un seul *n.*

rating n. m. Anglicisme de la langue de la navigation de plaisance. — Prononciation : [ʀatiŋ]. — Pl. : *des ratings* [-tiŋ]. — Equivalent français : *indice de performance.*

ratio n. f. Anglicisme de la langue de la gestion des entreprises (du latin *ratio* « compte »). — Prononciation : [ʀasjo]. — Pl. : *des ratios* [-sjo]. — Anglicisme parfaitement acceptable, en raison de son origine latine.

ratiociner v. t. ▼ Prononciation : [ʀasjɔsine], avec [sjɔ] et non *[tjɔ]. De même : *ratiocination* [ʀasjɔsinasjɔ̃], *ratiocineur* [ʀasjɔsinœʀ]. — Ne pas dire *ratiocinateur.*

ration n. f. Deux *n* dans les dérivés : *rationnaire, rationnement, rationner.*

rationnel, elle adj. Avec deux *n.* De même : *rationnellement.* ▼ Un seul *n* dans les dérivés : *rationalisation, rationalisé, rationaliser, rationalisme, rationaliste, rationalité.*

rationner v. t. Avec deux *n.* De même : *rationnement.*

ratisser [ʀatise] v. t. ▼ A la différence de *râteler,* s'écrit sans accent circonflexe sur le *a.* De même : *ratissage, ratissette, ratissoire* n. f.

ratisser, râteler ▷ râteler.

raton n. m. Avec un seul *t.* — Sans trait d'union : *raton laveur.*

rattacher v. t. Avec deux *t.* De même : *rattachement.*

ratteler v. t. Atteler de nouveau. — Conjug. **13.** *Je rattelle, je rattellerai, je rattellerais,* mais *nous rattelons* — Ne pas écrire comme *râteler,* ramasser avec un râteau.

rattraper v. t. Avec deux *t* mais un seul *p.* De même : *rattrapage.*

rature n. f. Avec un seul *t.* De même : *raturage, raturer.*

raugmenter v. i. Mot familier. Dans la langue soutenue, on écrira *augmenter de nouveau : Le prix de la vie a augmenté de nouveau* ou *a encore augmenté.*

ravaler v. t. Avec un seul *l.* De même : *ravalement, ravaleur.*

ravauder v. t. Avec *-au-.* De même : *ravaudage, ravaudeur, euse.*

rave n. f. Avec un trait d'union : *un chou-rave (des choux-raves).*

ravi, ie Constructions.

1 Participe passé de *ravir* (au sens de « enlevé »). Se construit avec *par : Il fut ravi par la mort à l'affection des siens.*

2 Adjectif (signifiant « content »). Se construit avec *de* + nom ou infinitif *(Je suis ravi de votre* *visite. Je suis ravi de vous voir)* ou avec *que* + subjonctif *(Je suis ravi que vous soyez parvenu à ce résultat)* ou avec *de ce que* + subjonctif ou indicatif *(Je suis ravi de ce que vous vous soyez tiré d'affaire. Je suis ravi de ce que vous êtes enfin tiré d'affaire).* Dans la langue soutenue, on préférera la construction avec *que* + subjonctif à la construction avec *de ce que.*

ravigote n. f. *La sauce ravigote* ou *la ravigote.* Finale en *-ote,* avec un seul *t.* ▼ Invariable dans la construction elliptique : *Des viandes froides ravigote* (= à la sauce ravigote).

ravigoter v. t. *(familier)* Finale en *-oter,* avec un seul *t.*

ravilir v. t. Avec un seul *l.*

ravioli n. m. Pluriel italien en *-i : des ravioli* (sans *-s*). — Peut s'employer au singulier : *un ravioli.*

ravoir v. t. Ne peut s'employer qu'à l'infinitif : *L'un de ces deux vases est cassé, j'espère ravoir le même chez un brocanteur.* — Familier au sens de « remettre en état, nettoyer » : *Il est difficile de ravoir cet endroit taché.*

rayer [ʀɛje] v. t. Endommager par une rayure. — Ne pas écrire comme *railler* [ʀɑje], se moquer. — Conjug. **23.** On préférera les formes en *-ay-* aux formes en *-ai- : je raye* [ʀɛj], *tu rayes* [ʀɛj]..., plutôt que *je raie* [ʀɛ], *tu raies* [ʀɛ] ... Au futur et au conditionnel notamment, on évitera *je raierai* [ʀɛʀe], *je raierais* [ʀɛʀɛ], formes peu harmonieuses, et l'on dira plutôt *je rayerai* [ʀɛjʀe], *je rayerais* [ʀɛjʀɛ].▼ Attention au *i* après *y* à la première et à la deuxième personne du pluriel de l'indicatif imparfait et du subjonctif présent : *(que) nous rayions, (que) vous rayiez.*

rayer, radier ▷ radier.

ray-grass [ʀɛgʀɑs] n. m. A cet anglicisme on pourra préférer le nom français *ivraie vivace,* plus facile à écrire et à prononcer.

rayon [ʀɛjɔ̃] n. m. Deux *n* dans les dérivés : *rayonnage, rayonnant, rayonné, rayonner.*

rayonne n. f. Textile — Pas un nom déposé, donc avec une minuscule. — Attention aux deux *n.*

rayonner [ʀɛjɔne] v. i. Avec deux *n.* De même : *rayonnement.*

rayure [ʀɛjyʀ] n. f. Au pluriel dans : *une étoffe à rayures.*

raz n. m. Courant marin violent. — Ne pas écrire comme *ras (coupé ras).* ▼ Prononciation : [ʀɑ],

le *-z* est muet. — Avec un *r* minuscule : *le raz de Sein.* — Avec un *R* majuscule : *la pointe du Raz.*

raz de marée n. m. Invariable : *des raz de marée.* — Prononciation : [ʀɑdmaʀe]. ▼ Pas de trait d'union, à la différence de *rez-de-chaussée.*

razzia n. f. Prononciation : [ʀazja], plutôt que [ʀadzja]. — Pl. : *des razzias* [-zja]. — Dérivé : *razzier* [ʀazje].

réabonner v. t. Ne pas dire **rabonner.* — Dérivé : *réabonnement.*

réaction n. f. Dérivés et constructions.

1 Deux *n* dans les dérivés : *réactionnaire, réactionnel, elle.*

2 On peut dire : *par réaction à, par réaction contre, en réaction à, en réaction contre.* Il semble que les formules avec *par* appartiennent à un langage plus soutenu. D'autre part, *par réaction à* insiste moins sur l'idée d'opposition que *en réaction contre* et marque plus un simple rapport de cause à effet : *C'est par réaction à la chaleur que se produit la transpiration. C'est en réaction contre une certaine forme d'idéalisme qu'on a élaboré la philosophie existentialiste.*

réactiver v. t. Ne pas dire **ractiver.* Dérivé : *réactivation.*

réadapter v. t. Ne pas dire **radapter.* Dérivé : *réadaptation.*

réadmettre v. t. Conjug. **99** (comme *admettre*). — Dérivé : *réadmission.*

réaffirmer v. t. Ne pas dire **raffirmer.*

réajuster, rajuster ▷ rajuster.

réaliser v. t. Sens et emplois critiqués.

1 Comprendre, prendre conscience de : *Il réalisa brusquement sa situation. Il ne réalise pas comment cela a pu se produire.* Cet emploi est un anglicisme. Il peut donner lieu à des équivoques. Par exemple, *Il réalise parfaitement la transformation* peut signifier « il a parfaitement conscience de la transformation » ou bien « il opère parfaitement la transformation ». Dans la langue précise et soignée, on écrira plutôt, selon les cas : *comprendre, avoir* ou *prendre conscience de.*

2 *Se réaliser,* au sens de « réussir, devenir ce que l'on a rêvé d'être, donner la pleine mesure de son talent, accomplir son destin, sa mission, montrer sa supériorité, etc. » : *Chaque être humain a le droit de se réaliser.* Emploi à éviter dans la langue surveillée. A remplacer par un terme plus précis.

réanimer, ranimer ▷ ranimer.

réapparaître v. i. Conjug. **94** (comme *apparaître*). — Doublet peu utile, mais non incorrect, de *reparaître*. En revanche, *réapparition* est utile, car *reparaître* n'a pas de dérivé.

réapprovisionner v. t. Forme plus fréquente que *rapprovisionner*. — Dérivé : *réapprovisionnement*.

réassortiment n. m. Pas de *e* intérieur. — Plus fréquent que *rassortiment*.

réassortir ou **rassortir** v. t. ▼ Se conjugue comme *finir* et non comme *sortir : nous réassortissons, je réassortissais, réassortissant.* — La forme *réassortir* est plus fréquente que *rassortir*.

rébarbatif, ive adj. Rebutant. — N'est nullement familier, à la différence de *barbant*, ennuyeux.

rebattre v. t. Orthographe, conjugaison et expressions.

1 Avec deux *t*. De même : *rebattement, rebattu*.

2 Conjug. **98** (comme *battre*).

3 ▼ On dit : *rabattre son caquet à quelqu'un*, mais *rebattre les oreilles à quelqu'un*.

4 ▼ On dit : *des idées rebattues, un sujet rebattu*, et non **rabattu*.

rebec [ʁəbɛk] n. m. Ancien instrument de musique. — Ne pas déformer en **rébec*.

rebelle [ʁəbɛl] adj. *ou* n. Avec [ʁə] et sans accent, comme *se rebeller* [ʁəbɛle]. En revanche : *rébellion* [ʁebɛljɔ̃], avec [ʁe] et un accent aigu. — On écrira : *faire rébellion*, et non **faire de la rébellion*.

rebiffer (se) v. pron. Avec deux *f*.

reblochon [ʁəblɔʃɔ̃] n. m. Fromage. — On évitera la déformation **roblochon* et les formes *rebléchon, rebrochon*.

rebond, rebondissement On dit : *les rebonds d'une balle*, mais *les rebondissements d'une affaire*.

rebours n. m. Attention au *-s* final. — La forme *à rebours (de)* est usuelle et moderne. La forme *au rebours (de)* est vieillie et plus rare, mais aussi correcte.

rebrousse-poil (à) loc. adv. Attention au trait d'union.

rebuffade n. f. Avec deux *f*.

rébus n. m. Avec un accent sur le *e*. — Invariable. ▼ Prononciation, au pluriel comme au singulier : [ʁebys].

rebut [ʁəby] n. m. Finale en *-ut*. — Au singulier dans : *des objets de rebut, mettre au rebut.*

rebuter v. t. Avec un seul *t*. De même : *rebutant*.

récalcitrant, ante adj. On évitera d'employer le verbe **récalcitrer*, qui n'existe pas. Dire : *résister, se rebeller*.

recaler v. t. *Recaler un candidat* est familier. — Équivalent soutenu : *refuser*. De même, à *être recalé* on préférera : *échouer*.

récapituler v. t. Avec un seul *c*, un seul *p*, un seul *t* et un seul *l*. De même : *récapitulatif, récapitulation*.

recel [ʁəsɛl] n. m. Sans accent, à la différence de *recèlement* [ʁəsɛlmɑ̃], synonyme rare de *recel*.

receler [ʁəsəle] v. t. Conjug. **10**. *Il recèle [ʁəsɛl], il recèlera [ʁəsɛlʁa], il recèlerait [ʁəsɛlʁɛ], mais nous recelons [ʁəsəlɔ̃], il recelait [ʁəsəlɛ].* ▼ On évitera la forme *recéler (il recèle, nous recélons, il recélera, il recélerait).*

receleur, euse [ʁəsəlœʁ, øz] n. m. *ou* f. ▼ Ne pas dire **recéleur*, faute fréquente.

récemment adv. Finale en *-emment* (vient de *récent*).

recenser v. t. Avec *c*, puis *s*. De même : *recensement, recenseur, recension*.

récépissé n. m. Avec *c*, puis *s*. Prend trois accents aigus. — Pl. : *des récépissés*.

réception n. f. On écrira : *J'accuse réception de votre lettre, de votre envoi*, et non *je *vous accuse réception...*

réceptionnaire, réceptionniste Deux noms à bien distinguer.

1 *réceptionnaire* n. m. *ou* f. Personne qui est chargée de prendre livraison des marchandises livrées à une entreprise et de vérifier qu'elles sont conformes aux commandes.

2 *réceptionniste* n. m. *ou* f. Personne qui travaille à la réception d'un hôtel ou d'une entreprise et qui accueille les clients ou les visiteurs.

réceptionner v. t. Sens correct : « prendre livraison des marchandises et vérifier qu'elles sont conformes aux commandes ». — (par extension) *Réceptionner les travaux,* vérifier qu'ils ont été convenablement exécutés par l'entrepreneur. ▼ On évitera d'employer ce verbe au sens de *recevoir.* Ne pas écrire, par exemple : *J'ai bien réceptionné votre télégramme.*

récession n. f. Orthographe et sens.

1 Avec *c,* puis *-ss-.* De même : *récessif.*

2 S'emploie comme euphémisme pour *crise (économique).* Cet emploi constitue un anglicisme, admis d'ailleurs dans la langue usuelle.

recevoir v. t. Conjugaison et accord du participe.

1 Conjug. **58.** *Je reçois, tu reçois, il reçoit, nous recevons, vous recevez, ils reçoivent. — Je recevais. — Je reçus. — Je recevrai. — Je recevrais. — Reçois, recevons, recevez. — Que je reçoive. — Que je reçusse. — Recevant, Reçu, ue.*

2 Accord de *reçu.* Invariable devant le nom dans l'emploi elliptique : *Reçu six caisses de savonnettes. Reçu deux cents francs de M. Durand. —* Variable après le nom : *Deux cents francs, reçus de M. Durand.*

rechaper v. t. *Rechaper des pneumatiques.* — Avec un seul *p.* De même : *rechapage.*

réchapper v. t. ind. Avec deux *p.*

1 Se construit avec *de : Il réchappa d'un grand péril.* ▼ La construction avec *à (Ils ont réchappé à l'accident)* est rare et d'une correction douteuse. A éviter.

2 Se conjugue normalement avec *avoir : Ils ont réchappé du naufrage. —* L'emploi de l'auxiliaire *être* est rare, vieilli, mais correct, et insiste sur l'état : *Depuis longtemps, ils étaient réchappés de ces périls.*

3 Sauf dans l'expression *en réchapper,* l'emploi de ce verbe est assez littéraire. — Noter que *réchapper de* n'est pas synonyme de *échapper à.* En effet *réchapper de* exprime que le danger est grand et qu'il est difficile de s'en sauver : *Heureusement, j'ai échappé à la grippe ! Par miracle, il réchappa de l'épidémie de choléra.*

rêche adj. Avec un accent circonflexe.

rechigner v. t. ind. *ou* v. i. *Rechigner à l'ouvrage. Il rechigne à payer. Obéissez sans rechigner.* — Attention au *i* après le groupe *-gn-* à la première et à la deuxième personne du pluriel de l'indicatif imparfait et du subjonctif présent : *(que) nous rechignions, (que) vous rechigniez.*

rechute n. f. ▼ Pas d'accent circonflexe. De même : *rechuter.*

récif n. m. ▼ Finale en *-if,* sans *-e* et avec un seul *f.*

récipiendaire [ʀesipjɑ̃dɛʀ] n. m. Désigne celui qui est reçu dans une société, une compagnie : *Le récipiendaire a lu son discours devant les membres de l'Académie et a fait l'éloge de son prédécesseur.* ▼ Ne doit pas désigner celui qui reçoit un diplôme, une nomination, une récompense, etc. Selon les cas, on dira : *l'impétrant, l'intéressé, le titulaire, le bénéficiaire.*

récipient n. m. Finale en *-ent.*

réciproque adj. On évitera le pléonasme que constitue l'emploi de *réciproque* ou de *réciproquement* avec *mutuel, mutuellement, de part et d'autre* ou avec un verbe en *entre-,* par exemple : **Ils se portaient mutuellement une haine réciproque.* **Un sentiment réciproque d'affection naquit de part et d'autre.* **Ils s'entraidaient réciproquement.*

réciproque, mutuel ▷ **mutuel.**

récital n. m. ▼ Pl. : *des récitals.*

réclame n. f. Avec un trait d'union : *panneau-réclame (des panneaux-réclames). —* Sans trait d'union : *vente réclame (des ventes réclames).*

reclure v. t. Enfermer. — Verbe vieux et rare. — Ne pourrait plus s'employer qu'à l'infinitif ou aux temps composés : *il a reclus, il avait reclus...*

reclus, use [ʀəkly, yz] adj. *ou* n. Pas d'accent et [ʀə], à la différence de *réclusion* [ʀeklyzjɔ̃]. ▼ Eviter les graphies fautives **reclu,* **reclue.*

réclusion [ʀeklyzjɔ̃] n. f. ▼ Ne pas déformer en **reclusion. —* Dérivé : *réclusionnaire* [ʀeklyzjɔnɛʀ].

récognition n. f. Prononciation : [ʀekɔgnisjɔ̃]. ▼ Ne pas déformer en **recognition.* De même : *récognitif, ive* [ʀekɔgnitif, iv], et non **recognitif, ive.*

recollage, recollement, récolement, récollection Quatre noms à bien distinguer.

1 recollage Action de recoller : *Le recollage d'un papier de tenture décollé. —* Verbe correspondant : *recoller.*

2 recollement Processus par lequel quelque chose se recolle : *Le recollement des deux lèvres d'une plaie. —* Verbe correspondant : *se recoller.*

3 récolement *(commerce)* Vérification des objets contenus dans un inventaire. — *(droit)* Action de relire à un témoin sa déposition pour s'assurer qu'il la maintient. — Procès-verbal de recensement des biens saisis par un huissier. — Verbe correspondant : *récoler.*

4 récollection *(religion)* Action de se recueillir avec dévotion, par exemple au cours d'une journée de retraite communautaire. — Verbe correspondant : *se recueillir.*

recommandation n. f. Avec deux *m,* comme *recommandable, recommandé, recommander.* — Toujours au singulier dans : *des lettres de recommandation.* — On écrit : *Je me suis adressé à lui sur votre recommandation,* plutôt que *à votre recommandation* ou que *d'après votre recommandation.*

recommencer v. t. Conjug. **17.** Le *c* prend une cédille devant *a* ou *o : il recommença, nous recommençons.* — *Recommencer à* ou *recommencer de* + infinitif ▷ **commencer.**

réconcilier v. t. Se construit avec *avec* ou avec *et : J'ai réconcilié mon frère avec notre cousin. Il voulut réconcilier la poésie et la philosophie.*

reconnaissant, ante adj. Dans la langue très surveillée, on évitera le tour avec *pour (Je lui suis reconnaissant pour ce service)* ou avec *de ce que (Je suis reconnaissant à mon ami de ce qu'il m'a trouvé un emploi).* On écrira : *Je lui suis reconnaissant de ce service. Je suis reconnaissant à mon ami de m'avoir trouvé un emploi.*

reconquête n. f. Avec un *R* majuscule : *la Reconquête* (absolument), la reconquête de l'Espagne par les chrétiens, au Moyen Age.

reconsidérer v. t. Conjugaison et sens.

1 Conjug. **11.** *Je reconsidère,* mais *je reconsidérerai, je reconsidérerais.*

2 Dans la langue très soutenue, on préférera *considérer de nouveau, réexaminer.* — Peut s'employer au sens de « considérer de nouveau » : *Il faut reconsidérer la question philosophique de la liberté à la lumière des découvertes de la psychologie moderne.* ▼ On évitera ce verbe au sens de *réviser, modifier, changer.* On écrira : *Nous allons modifier nos méthodes de vente,* plutôt que *reconsidérer nos méthodes de vente.*

record n. m. Sans trait d'union et avec la marque du pluriel : *des résultats records, des ventes records.*

recordman n. m. Mot formé artificiellement en français. N'existe pas en anglais. — Prononciation : [ʀəkɔʀdman]. — Pl. : *des recordmen* [ʀəkɔʀdmɛn]. — Pour éviter cet anglicisme artificiel, on pourra employer *détenteur du record.* — De même, on pourra préférer *détentrice du record* à *recordwoman* [ʀəkɔʀdwuman] *(des recordwomen* [ʀəkɔʀdwumɛn]).

recours n. m. ▼ Avec *-s,* même au singulier : *En dernier recours.*

recouvrer, recouvrir Deux verbes transitifs à ne pas confondre. Le verbe *recouvrer* est du premier groupe et *recouvrir* se conjugue comme *couvrir : Je recouvrerai tous mes droits. Je recouvrirai de sable les allées du jardin. Il a recouvré la santé. Il a recouvert de papier jaune sa table de travail. Il recouvra la santé. Il recouvrit le lit d'un édredon bleu.*

recouvrer, retrouver Ces deux verbes transitifs sont en concurrence. Dans la langue usuelle, *retrouver* a usurpé le sens de *recouvrer.*

1 recouvrer Obtenir de nouveau ce dont on avait été dépossédé : *Il a recouvré l'argent qu'on lui avait volé* (mais *Il a retrouvé dans un tiroir l'argent qu'il avait égaré). Il recouvra son patrimoine après un long procès. Le courtisan recouvra la faveur du prince. Ce pays recouvra enfin son indépendance. Après deux ans de folie, il recouvra la raison. Ce traitement me permit de recouvrer la santé.* — Le verbe *recouvrer* signifie aussi « recevoir le paiement des sommes dues » : *Recouvrer les créances. Le percepteur est chargé de recouvrer taxes et impôts.*

2 retrouver Au sens exact, signifie « trouver de nouveau ce qu'on avait égaré, perdu, oublié » : *J'ai retrouvé mon crayon, je l'avais laissé sur votre bureau. Je n'ai jamais pu retrouver mon parapluie. Il réussit à retrouver son chemin. Ah ! j'ai retrouvé dans le livre le passage dont je vous ai parlé !* ▼ En principe, dans la langue très soutenue, on n'écrira pas **retrouver ses biens, la liberté, la santé,* etc., mais *recouvrer.*

recréer, récréer Deux verbes à bien distinguer.

1 recréer [ʀəkʀee] Créer de nouveau : *L'artiste recrée le monde selon sa vision personnelle.* — Dérivé : *recréation* [ʀəkʀeasjɔ̃].

2 récréer [ʀekʀee] Distraire, délasser. — S'emploie surtout à la forme pronominale : *Nous irons voir un film comique pour nous récréer.* — Dérivé : *récréation* [ʀekʀeasjɔ̃] *(La cour de récréation de l'école).*

récrier v. pron. Accord du participe passé et construction.

1 Le participe passé s'accorde toujours avec le sujet : *Elles se sont récriées.*

2 Se construit avec *de (Il se récria d'admiration)*, avec *sur (Il se récria sur la beauté du site)*, parfois avec *contre (Il se récria contre la conduite de ses proches)*.

récriminer v. i. *ou* v. t. ind. Se construit avec *contre : Il récrimine sans cesse contre l'ingratitude de ses amis.* — Dérivés : *récriminateur, trice, récrimination, récriminatoire.*

récrire, réécrire Deux formes différentes du même verbe.

1 récrire Forme à préférer dans la langue surveillée, à tous les sens : *Je lui ai écrit la semaine dernière et, comme je n'ai pas de réponse, je vais lui récrire* (= écrire une nouvelle fois, écrire une nouvelle lettre). *Ce texte est mal rédigé, il faut le récrire* (= le rédiger selon une nouvelle forme).

2 réécrire Forme moins conseillée, qui ne peut guère s'employer qu'au sens de « rédiger selon une nouvelle forme » : *Ce texte est trop long, il faudra le réécrire plus brièvement.*

recru, recrue Deux homophones à bien distinguer.

1 recru, ue Epuisé, très fatigué. ▼ On évitera le pléonasme *recru de fatigue*, ainsi que les expressions impropres *recru de sommeil, recru d'ennui*, etc.

2 Une recrue Soldat qui vient d'être incorporé pour son service militaire ou personne qui vient d'adhérer à un groupe. ▼ Toujours féminin : *Ces jeunes recrues furent aussi courageuses que les vieux soldats.*

recrudescence n. f. Finale en *-ence*. Attention au groupe *-sc-*. De même : *recrudescent, ente.*

recrutement n. m. Pas d'accent circonflexe sur le *u*. De même : *recruter, recruteur.*

recta adv. Mot familier. Invariable : *Il est arrivé à six heures recta.* — Synonymes soutenus : *exactement, ponctuellement.*

rectangle n. m. Avec *-an-*. De même : *rectangulaire.*

recteur n. m. Pour désigner une femme placée à la tête d'une académie, on dit *recteur : Elle a été nommée recteur de l'académie de Clermont-Ferrand.*

recto n. m. Endroit d'une feuille de papier (par opposition au *verso*). — Pl. : *des rectos* [ʀɛkto].

rectilinéaire adj. En un seul mot, sans trait d'union.

rectoral, ale, aux adj. Masculin pluriel en *-aux : Des délégués rectoraux.*

rectum [ʀɛktɔm] n. m. — Pl. : *des rectums.*

reçu ▷ recevoir (2).

recueil n. m. ▼ Attention au groupe *-ueil*. De même : *recueillement, recueilli, recueillir.*

recueillir v. t. Conjug. **34**. *Je recueille, tu recueilles, il recueille, nous recueillons, vous recueillez, ils recueillent.* — *Je recueillais, tu recueillais, il recueillait, nous recueillions, vous recueilliez, ils recueillaient.* — *Je recueillis.* — *Je recueillerai.* — *Je recueillerais.* — *Recueille, recueillons, recueillez.* — *Que je recueille, que tu recueilles, qu'il recueille, que nous recueillions, que vous recueilliez, qu'ils recueillent.* — *Que je recueillisse.* — *Recueillant.* — *Recueilli, ie.* ▼ Ne pas écrire **receuillir.*

reculer v. t. *ou* v. i. On évitera le pléonasme **reculer en arrière.* — Sans être incorrecte, la forme pronominale *se reculer* n'ajoute pas grand-chose au sens. Dans la langue soutenue, on préférera la forme intransitive : *Il recula un peu pour mieux voir le tableau*, plutôt que *Il se recula un peu.*

reculons (à) loc. adv. ▼ Avec un *-s.*

récupérer v. t. Conjugaison et sens.

1 Conjug. 11. *Je récupère*, mais *je récupérerai, je récupérerais.*

2 On n'emploiera pas le verbe *récupérer* en dehors de son sens exact, qui est « recueillir ce qui aurait pu être gaspillé ou perdu » : *On récupère la ferraille pour faire de l'acier. Cet appareil permet de récupérer la chaleur des fours industriels.* On écrira donc : *J'espère retrouver le document égaré*, et non *J'espère récupérer le document...*

3 Le verbe *récupérer* est à la mode dans la langue de la politique : *Le régime essaie de récupérer les mouvements de contestation.* Dans la langue très soutenue, on pourra préférer : *annexer, détourner à son profit.*

récurer, curer ▷ curer.

récurrence n. f. *(didactique)* Répétition, retour d'un fait. — Finale en *-ence*. Attention aux deux *r*. De même : *récurrent, ente.*

rédaction n. f. Deux *n* dans le dérivé : *rédactionnel, elle.*

redan, redent Deux orthographes pour un même mot masculin.

1 redan Ouvrage de fortification. — Ressaut vertical du sommet d'un mur construit le long d'une pente. — Dent sur une pièce de bois, faite pour permettre l'assemblage. — Décrochement vertical sur la coque d'un hydravion ou d'un canot automobile rapide.

2 redan ou, plus souvent, **redent** Ornement de l'architecture gothique : *Un pignon à redents.*

reddition n. f. Avec deux *d.*

rédempteur, trice adj. *ou* n. Prononciation : [ʀedɑ̃ptœʀ, tʀis]. — Avec un *R* majuscule : *le Rédempteur,* le Christ.

rédemption n. f. Prononciation : [ʀedɑ̃psjɔ̃]. — Avec un *r* minuscule : *la rédemption des péchés.* — Avec un *R* majuscule : *le mystère de la Rédemption* ou *la Rédemption,* rachat de l'humanité par la mort du Christ.

redent ▷ redan.

redevance n. f. Finale en *-ance.* — Mot français à préférer à l'anglicisme *royalties.*

redevoir v. t. Conjug. **62** (comme *devoir*). Participe passé avec accent circonflexe sur *u* au masculin singulier : *l'argent redû,* mais *les soldes redus, la somme redue, les sommes redues.*

rédhibition n. f. Attention au *h* intérieur.

rédhibitoire adj. Attention au *h* intérieur. Finale en *-oire,* même au masculin : *Un vice rédhibitoire.*

redingote n. f. Finale en *-ote,* avec un seul *t.*

rédintégration ▷ réintégration.

redire v. t. Conjugaison et emplois.

1 Conjug. 47. ▼ Se conjugue comme *dire,* même à la deuxième personne du pluriel de l'indicatif présent et de l'impératif : *vous redites, redites,* et non **redisez.*

2 Trouver à redire (à), avoir à redire (à). Trouver à critiquer, avoir à critiquer : *C'est un grincheux, il trouve à redire à tout. Il y aurait beaucoup à redire ! Je n'ai rien à redire à sa conduite.* Dans ce sens, on évitera : *trouver, avoir à *dire (à).*

3 Au sens de « regretter l'absence de », *trouver à dire* est plus fréquent de nos jours que *trouver à redire : Mon voisin déménage, je ne le trouverai pas à dire !*

redondance n. f. Finale en *-ance-.* De la même famille : *redondant, ante.*

redoublé, ée adj. Au singulier dans : *marcher à pas redoublé.* — Au pluriel dans : *frapper à coups redoublés.*

redouter v. t. Se conjugue avec *de* + infinitif *(Il redoute d'avoir à faire face à de telles difficultés)* ou avec *que* + subjonctif *(Je redoute qu'il ne vienne).* — Les règles de l'emploi du *ne* explétif sont les mêmes que pour *craindre.*

redoux n. m. Emploi correct quand on parle de la haute montagne. Désigne alors un réchauffement susceptible de ramollir la neige et de provoquer une avalanche. En dehors d'un tel contexte, on préférera *radoucissement* ou *réchauffement : On prévoit un radoucissement dans la moitié ouest de la France.*

redû ▷ redevoir.

réduplication n. m. Mot critiqué et assez prétentieux. On peut dire plus simplement : *redoublement, répétition.*

réduire v. t. Conjug. **46.** *Je réduis, tu réduis, il réduit, nous réduisons, vous réduisez, ils réduisent. — Je réduisais. — Je réduisis. — Je réduirai. — Je réduirais. — Réduis, réduisons, réduisez. — Que je réduise. — Que je réduisisse. — Réduisant. — Réduit, ite.*

réédifier v. t. Conjug. **20** (comme *édifier*). — Ne pas dire **rédifier.* — Dérivé : *réédification.*

rééditer v. t. Ne pas dire **réditer.* — Dérivé : *réédition.*

rééduquer v. t. Avec *-qu-,* même devant *a* ou *o : il rééduqua, nous rééduquons.* — Ne pas dire **réduquer.* — Dérivé : *rééducation* (avec *c*).

réel, elle adj. *ou* n. m. Dérivé : *réellement.*

réélire v. t. Conjug. **50** (comme *élire*). — Ne pas dire **rélire.* — Dérivés : *réélection, rééligibilité, rééligible.*

réemploi, remploi, réemployer ▷ remployer.

réengagement, rengagement, réengager ▷ rengager.

réensemencer, rensemencer v. t. Conjug. **17.** Le *c* prend une cédille devant *a* ou *o : il réensemença, nous réensemençons.* — Les deux formes sont correctes, mais la plus fréquente est *réensemencer.* De même : *réensemencement* est plus usité que *rensemencement.*

réessayage, réessayer ▷ ressayer.

réescompter [ʀeɛskɔ̃te] v. t. Ne pas dire **rescompter.* — Dérivé : *réescompte* [ʀeɛskɔ̃t].

réévaluer v. t. Ne pas dire **révaluer.* — Dérivé : *réévaluation.*

réexaminer v. t. Ne pas dire *rexaminer.* — Dérivé : *réexamen.*

réexpédier v. t. Conjug. **20** (comme *expédier*). — Ne pas dire *rexpédier.* — Dérivé : *réexpédition.*

réfection n. f. Finale en *-ction.*

réfectoire n. m. ▼ Finale en *-oire,* à la différence de *dortoir.*

refend n. m. Finale en *-end,* avec *-d.* — Toujours au singulier dans : *des murs de refend, des lignes de refend.*

référé n. m. *Juger en référé. Ordonnance de référé.* — Finale en *-é.*

référence n. f. Toujours au singulier dans : *des livres de référence.* — Au pluriel au sens de « renseignements, antécédents » *(Ce garçon, cet employé a de bonnes références),* sauf dans les expressions *c'est une référence, ce n'est pas une référence.*

référencé, ée adj. Doté d'une référence : *Lettre, citation référencée* (sens correct). — Qui a des références : *Un employé bien référencé* (néologisme critiqué). ▼ Ne pas dire *référencié,* ce mot n'existe pas.

référencer v. t. Munir d'une référence : *N'oubliez pas de référencer vos lettres.* — Conjug. **17.** Le *c* prend une cédille devant *a* ou *o* : *il référença, nous référençons.* ▼ Ne pas déformer en *référencier.*

référendaire n. m. *ou* adj. ▼ Prononciation : [ʀeferɑ̃dɛʀ], à la différence de *référendum* [ʀeferɛ̃dɔm].

référendum n. m. ▼ Prononciation : [ʀeferɛ̃dɔm], avec [ʀɛ̃]. — La graphie avec accents, *référendum,* est à préférer à *referendum.* — Pl. : *des référendums.*

référentiel, elle [ʀeferɑ̃sjɛl] adj. ▼ Finale en *-tiel, -tielle,* avec *t,* à la différence de *référence.*

référer Conjugaison et constructions.

I Conjug. **11.** *Je (me) réfère,* mais *je (me) référerai, je (me) référerais.*

II Constructions.

1 En référer à Tour correct : *Je dois en référer à mon supérieur* (= s'en remettre à, s'en rapporter à, avoir recours à... pour une décision).

2 Se référer à Tour correct : *Vous vous référerez à des auteurs sérieux* (= recouvrir à, s'appuyer sur). ▼ Ne pas écrire *s'en référer à* (confusion du tour 1 et du tour 2).

refléter v. t. Conjug. **11.** *Il reflète,* mais *il reflétera, il refléterait.* — Pas d'accent sur le premier *e.* Bien prononcer [ʀəflete].

reflex, réflexe Deux homophones à bien distinguer par la graphie.

1 reflex [ʀeflɛks] n. m. *ou* adj. inv. (sans accent). *Un reflex* ou *un appareil reflex* : type d'appareil de photographie.

2 réflexe [ʀeflɛks] n. m. (avec accent aigu). Réponse automatique à une stimulation, réponse instantanée. — Dérivés : *réflexogramme, réflexologie.*

réflexion n. f. Orthographe, dérivés et expression.

1 Finale en *-xion.* Ne pas écrire *réflection,* faute due à l'influence de *réflecteur, réflectorisé.*

2 Comme *réflexion,* tous les dérivés s'écrivent avec un accent aigu sur le premier *e : réflexibilité, réflexible, réflexif, ive, réflexivité.*

3 Toujours au singulier dans : *toute réflexion faite,* de nos jours abrégé souvent en *réflexion faite.*

reflux n. m. Prononciation : [ʀəfly], le *-x* final est muet.

réforme n. f. Avec *R* majuscule : *la Réforme,* mouvement religieux (protestantisme).

réformé, ée adj. *ou* n. Avec *r* minuscule : *les réformés,* les protestants *(Les réformés et les catholiques).*

reforming n. m. (anglicisme de la langue de l'industrie pétrolière) Prononciation : [ʀefɔʀmiŋ]. — Equivalent français *reformage* [ʀəfɔʀmaʒ].

réfractaire adj. *ou* n. Finale en *-aire.*

réfraction n. f. ▼ Finale en *-ction,* à la différence de *réflexion.*

refrain n. m. Finale en *-ain.*

refrènement n. m. Action de refréner : *Le refrènement des passions.* ▼ S'écrit sans accent sur le premier *e* et avec un accent grave sur le deuxième. Se prononce [ʀəfʀɛnmɑ̃], avec [ʀə].

refréner v. t. ▼ S'écrit sans accent sur le premier *e* et se prononce [ʀəfʀene], avec [ʀə]. — Conjug. **11.** *Je refrène* [ʀəfʀɛn], mais *je refrénerai* [ʀəfʀenʀe], *je refrénerais* [ʀəfʀenʀe].

refréner, refreiner Ne pas écrire *refréner,* retenir *(Il faut savoir refréner ses impulsions),* comme *refreiner,* freiner de nouveau *(Il freina, lâcha la pédale, puis refreina à fond).*

réfrigérant, ante adj. Finale en *-ant, ante.*

réfringence n. f. Finale en *-ence.* — De la même famille : *réfringent, ente.*

refuser v. t. Constructions ; accord du participe.

I Constructions.

1 Il refusa *à* boire, *à* manger *au* mendiant. Correct, mais vieilli. De nos jours, on dirait : *Il refusa de donner à boire, à manger au mendiant.*

2 Il refuse *de* parler. Moderne et correct.

3 Il *se* refuse *à* parler. Moderne et correct.

II Accord du participe passé à la forme pronominale.

1 Pas de complément direct. Accord avec le sujet : *Elles se sont refusées à parler.*

2 Il y a un complément direct. Accord avec celui-ci s'il est placé avant le verbe : *Toutes les joies qu'il s'est refusées,* mais *Il s'est refusé bien des joies.*

réfuter v. t. Avec un seul *t.* De même : *réfutable, réfutation.*

regarder Emplois particuliers.

1 Regarder comme. Considérer comme : *On le regarde comme un homme des plus capables.* Usuel et très correct.

2 Regarder à. Veiller à, prêter attention à : *Il regarde aux moindres détails.* Usuel et très correct. — De l'expression *regarder à la dépense* (correct), on a tiré l'adjectif *regardant* (familier).

3 Cela ne le regarde pas. Tour assez familier. Dans la langue soutenue, on préférera : *toucher, concerner, intéresser, être du ressort de,* etc.

4 Regardons voir. Tour familier relâché.

5 Elles se sont regardées. A la forme pronominale, accord avec le sujet s'il n'y a pas de complément d'objet direct : *Elles se sont regardées l'une l'autre avec étonnement. Elles se sont regardées longuement dans le miroir.*

6 Elles se sont regardé le visage. S'il y a un complément d'objet direct, participe invariable, sauf si ce complément est placé avant le verbe.

régate n. f. Avec un seul *t.* De même : *régater.*

régence n. f. Avec *r* minuscule : *la régence de Marie de Médicis, la régence d'Anne d'Autriche,* etc. — Avec un *R* majuscule : *la Régence,* la régence exercée par Philippe d'Orléans (1715-1723). — Avec *R* majuscule (et invariable) : *le style Régence, des meubles Régence, des fauteuils Régence.*

régent, ente n. m. *ou* f. Avec *r* minuscule, sauf dans les emplois absolus (sans nom propre) suivants : *le Régent,* Philippe d'Orléans, régent de 1715 à 1723, *le Prince-Régent,* le futur George IV d'Angleterre. — Avec *R* majuscule : *le Régent,* célèbre diamant.

régime n. m. Avec *A* et *R* majuscules : *l'Ancien Régime,* le régime de la monarchie française avant la Révolution.

régimentaire adj. Finale en *-aire.*

région n. f. Un seul *n* dans les dérivés : *régional, ale, aux (Les centres régionaux), régionalisme, régionaliste.*

régisseur n. m. Pas de forme pour le féminin : *Elle fut, pendant quelque temps, le régisseur du comte.*

registre n. m. Bien prononcer [ʀəʒistʀ(ə)], avec [ʀə], et non *[ʀeʒistʀ(ə)]. Pas d'accent sur le *e.* — On dit plutôt *écrire, inscrire sur un registre,* mais *dans un registre* n'est pas incorrect.

règlement n. m. Avec accent grave.

réglementaire adj. ▼ Se prononce avec *e* ouvert, comme *règlement,* mais s'écrit avec accent aigu. De même : *réglementairement, réglementation, réglementer.*

régler v. t. Conjug. **11.** *Je règle,* mais *je réglerai, je réglerais.*

réglisse Désignant la plante, est toujours féminin : *Récolter la réglisse.* — Désignant la racine sucrée de cette plante ou la boisson ou la confiserie fabriquée avec la racine, est féminin dans la langue surveillée : *Mâcher, boire, sucer de la réglisse.* Dans ce sens, est souvent masculin dans la langue parlée familière.

réglure n. f. Avec accent aigu. Se prononce [ʀeglyʀ].

régner v. i. Conjug. **11.** *Il règne,* mais *il régnera, il régnerait.* ▼ Participe passé invariable dans : *Les douze ans que ce souverain a régné.* Ici, *douze ans* est complément de temps et non complément d'objet direct.

régresser v. i. Ne pas dire **regresser.* — Eviter le pléonasme **régresser en arrière.* — Dérivés : *régressif, ive, régression.*

regret n. m. Orthographe et emploi des expressions.

1 Au singulier : *Il partit à regret. Il partit sans regret.* — Au pluriel : *se perdre en regrets.*

2 Nous sommes au regret de (avec *regret*

toujours au singulier). Formule de la langue administrative. À éviter dans le style des lettres mondaines et dans la langue élégante. Écrire plutôt : *Nous avons le regret de.*

regretter v. t. Avec deux *t.* De même : *regrettable.* — Se construit avec *de* + infinitif *(Je regrette de ne pouvoir accepter)* ou avec *que* + subjonctif *(Je regrette que vous ne soyez pas venu).*

régulation n. f. Préférer *régulation des naissances* à *limitation des naissances.*

régulation, régularisation Ces deux noms féminins ne sont pas synonymes.

1 régulation Toute action technique qui a pour objet de maintenir constant un fonctionnement ou de l'adapter aux variations éventuelles : *Régulation automatique de la température.* — Expression : *régulation des naissances.*

2 régularisation Deux sens.

a/ Action de rendre régulier, de discipliner, d'ordonner : *La régularisation d'un cours d'eau.*

b/ Action de mettre en règle : *La régularisation d'une situation administrative.*

régule Alliage antifriction. ▼ Toujours masculin : *du régule.*

régurgiter v. t. Dérivé : *régurgitation.* — Ne pas dire **regurgiter.*

réhabiliter v. t. Attention au *h* intérieur. De même : *réhabilitation.*

réhabituer v. t. Forme à préférer à *rhabituer,* qui est rare.

rehausser [Rəose] v. t. ▼ Ne pas dire **réhausser.* De même : *rehaussement, rehaut,* sans accent et avec prononciation en [Rə].

réimperméabiliser v. t. Sans tréma.

réimporter v. t. Sans tréma. De même : *réimportation.*

réimposer v. t. Sans tréma. De même : *réimposition.*

réimprimer v. t. Sans tréma. De même : *réimpression.*

réincarner v. t. Sans tréma. De même : *réincarnation.*

réincorporer v. t. Sans tréma. De même : *réincorporation.*

reine n. f. Avec *r* minuscule : *la reine Anne d'Autriche, la reine Marie-Antoinette, la reine d'Angleterre,* etc. — Avec *R* et *V* majuscules : *la Reine Vierge,* Élisabeth Ire d'Angleterre. — Sans trait d'union : *la reine mère.*

reine-claude n. f. Prune. — Pl. : *des reines-claudes.*

reine-des-prés n. f. Plante. — Pl. : *des reines-des-prés.*

reine-marguerite n. f. Plante. — Pl. : *des reines-marguerites.*

reinette n. f. Pomme. — On écrira : *une reinette* ou *une pomme de reinette,* et non **une pomme reinette.* ▼ Ne pas écrire comme *rainette,* grenouille.

réinscrire v. t. Ne pas dire **rinscrire.* — Conjug. **48** (comme *inscrire*). — Dérivé : *réinscription.*

réinsérer v. t. Sans tréma. — Conjug. **11** (comme *insérer*). — Dérivé : *réinsertion.*

réinstaller v. t. Sans tréma. De même : *réinstallation.*

réintégration n. f. Sans tréma. — Terme de la langue usuelle. A distinguer de *rédintégration,* terme de psychologie *(La rédintégration du souvenir).*

réintégrer v. t. Sans tréma. — Conjug. **11** (comme *intégrer*).

réintroduire v. t. Sans tréma. — Conjug. **46** (comme *introduire*). — Dérivé : *réintroduction.*

réitérer v. t. *ou* i. Sans tréma. — Conjug. **11.** *Je réitère,* mais *il réitérera, il réitérerait.* — Dérivés : *réitératif, ive, réitération.*

reître [RɛtR(ə)] n. m. Attention au groupe *-ei-* et à l'accent circonflexe sur le *i.*

reître, lansquenet ▷ lansquenet.

rejeton n. m. Pas de féminin. Ne peut désigner qu'un garçon.

réjouir Le verbe pronominal *se réjouir* se construit avec *de* + nom ou infinitif *(Je me réjouis de votre succès. Je me réjouis de savoir que vous allez mieux),* avec *que* + subjonctif *(Je me réjouis que vous ayez réussi à le convaincre)* ou avec *de ce que* + indicatif ou, parfois, subjonctif *(Je me réjouis de ce que vous avez surmonté vos difficultés. Je me réjouis de ce que vous ayez surmonté...).* Dans la langue soutenue, on préférera la construction avec *que* + subjonctif.

relâche, relâchement, relaxation, relax, relaxe Plusieurs mots à bien distinguer.

1 Une relâche (féminin) Lieu où un navire *fait relâche,* c'est-à-dire fait escale : *Dakar est une relâche importante.*

2 Un relâche (masculin) Interruption dans une activité, détente, repos : *Il s'accorda un long relâche.* — *(spécialement)* Fermeture provisoire d'un théâtre : *Après un relâche de trois semaines, en août, le théâtre rouvrira ses portes.* ▼ Ne pas dire *la relâche* dans ce sens (faute fréquente).

3 Le relâchement Manque de tension, de fermeté : *Le relâchement des muscles.* — *(figuré)* Laisser-aller, affaiblissement : *Il y a du relâchement dans ce bureau ! Le relâchement des mœurs.*

4 La relaxation Deux sens.

a/ *(vieux)* Mise en liberté d'un détenu. — Synonymes modernes : *élargissement, mise en liberté.*

b/ *(anglicisme)* Suppression de la tension des muscles ou de la tension nerveuse : *Des exercices de relaxation.* — Equivalent français : *détente.*

5 relax adj. *ou* n. m. *(anglicisme populaire)* Détendu, à l'aise : *J'ai bien dormi, je me sens relax.* — *(style commercial)* Confortable : *Des fauteuils relax.* — N. m. Détente : *On va prendre un peu de relax, du relax.* — Le mot s'écrit parfois *relaxe* et prend alors la marque du pluriel : *Des petites promenades vraiment relaxes.* ▼ Ce mot est considéré comme peu distingué. Dans l'emploi adjectif, on préférera *détendu* ou *confortable.* Dans l'emploi substantif, on utilisera plutôt *détente.*

6 La relaxe Décision par laquelle un juge abandonne l'action judiciaire engagée contre un inculpé : *Le tribunal a prononcé la relaxe.*

relais [ʀəlɛ] n. m. ▼ Finale en *-ais,* avec *-s* même au singulier, à la différence de *délai.*

relance n. f. *Relance des affaires. Relance de la construction européenne,* etc. Ce mot appartient au vocabulaire des journalistes. Dans la langue soutenue, on préférera, selon les cas : *reprise, nouvelle impulsion, encouragement,* etc.

relaps, apse adj. *ou* n. Qui est retombé dans l'hérésie. — Se prononce [ʀəlaps], même au masculin. Le *-s* n'est pas muet.

relater v. t. Avec un seul *t.* De même : *relatif, relation, relativement, relativisme, relativiste, relativité.*

relation n. f. Expressions.

1 Au pluriel dans : *avoir des relations avec quelqu'un.* — Préférer le singulier dans : *être, entrer, se mettre en relation avec quelqu'un.*

2 On peut dire, au singulier : *M. Durand n'est pas un ami, mais une simple relation.* — Généralement au pluriel dans : *Il a obtenu ce poste par relations.*

3 On préférera la forme française *les relations publiques* à l'anglicisme (vieilli) *public relations.*

relax, relaxe, relaxation ▷ relâche.

relaxer Deux emplois.

1 Relaxer un inculpé. Abandonner l'action pénale engagée contre lui : *Le juge a relaxé l'inculpé, faute de preuves.* Emploi correct.

2 Se relaxer. Anglicisme familier. Equivalents corrects : *se détendre, se reposer.*

3 Relaxer les muscles. Admis dans la langue de la médecine. Dans la langue soutenue, on préférera, selon les cas : *détendre, décontracter* ou *relâcher.*

relayer [ʀəlɛje] v. t. Conjugaison et emploi.

1 Conjug. 23. Change facultativement *y* en *i* devant un *e* muet : *je relaie* [ʀəlɛ] ou *je relaye* [ʀəlɛj], *je relaierai* [ʀəlɛʀe] ou *je relayerai* [ʀəlɛje]. Les formes en *-aie-* sont plus usitées que les formes en *-aye-.* — Attention au *i* après *y* à la première et à la deuxième personne du pluriel de l'indicatif imparfait et du subjonctif présent : *(que) nous relayions, (que) vous relayiez.*

2 On évitera les pléonasmes *se relayer l'un l'autre, se relayer à tour de rôle.*

3 A la forme pronominale, participe passé accordé avec le sujet : *Elles se sont relayées.*

reléguer v. t. Conjug. 11. *Je relègue,* mais *je reléguerai, je reléguerais.* — Toujours avec *gu* même devant *a* ou *o* : *il relégua, nous reléguons.* — Dérivé : *relégation.*

relent n. m. Odeur désagréable et tenace : *Un relent de cuisine, de poisson.* — Finale en *-ent.*

relevailles n. f. pl. Ne s'emploie pas au singulier : *La fête de relevailles de la reine.*

relever v. t. Conjugaison, dérivés et expressions.

1 Conjug. 12. *Je relève, je relèverai, je relèverais,* mais *nous relevons.*

2 Dérivés : *relevable, relevage, relevailles, relève, relevé* (le relevé du compteur), *relevée* (à trois heures de relevée ; archaïque), *relèvement, releveur.*

3 On doit dire *il relève de maladie,* et non *il se relève de maladie.* — En principe, on devrait dire *il n'en relèvera pas* (= il ne se rétablira pas, au propre ou au figuré), mais, dans l'usage de la langue parlée, on emploie seulement *il ne s'en relèvera pas* (tour critiqué).

relief n. m. Expressions.

1 Toujours au singulier dans : *en relief (des cartes en relief).*

2 Toujours au pluriel : *les reliefs d'un repas, les restes.*

3 Sans trait d'union : *Une décoration en haut relief, en bas relief.* — Avec un trait d'union : *un haut-relief (des hauts-reliefs), un bas-relief (des bas-reliefs).*

religion n. f. Avec un *r* minuscule : *une guerre de religion* (quelconque). — Avec un *R* majuscule : *les guerres de Religion* (en France, de 1562 à 1598).

reliquat n. m. Ce qui reste à payer ou ce qui reste d'une somme. — Ne désigne pas « le reste » en général. Ne pas écrire par exemple : *Il y a un reliquat de vin dans la bouteille,* au lieu de *un reste de vin.*

remailler [ʀəmɑje] ou **remmailler** [ʀɑ̃mɑje] v. t. Pour le sens, les deux formes sont équivalentes. Les deux sont admises. De même, on peut dire : *remaillage* [ʀəmɑjaʒ] ou *remmaillage* [ʀɑ̃mɑjaʒ], *remailleur* [ʀəmɑjœʀ] ou *remmailleur* [ʀɑ̃mɑjœʀ].

rémanence n. *(didactique)* Persistance. ▼ Finale en *-ence.* — De la même famille : *rémanent, ente.*

remaniement n. m. Attention au *e* muet intérieur.

remarquer v. t. Conjugaison, dérivés et constructions.

1 Toujours avec *-qu-,* même devant *a* ou *o : il remarqua, nous remarquons.*

2 Dérivés, avec *-qu- : remarquable, remarquablement, remarque.*

3 Remarquer que. Se construit normalement avec l'indicatif si *remarquer* est à la forme affirmative *(J'ai remarqué qu'il s'absentait souvent),* avec le conditionnel pour exprimer un fait hypothétique *(J'ai remarqué qu'on pourrait facilement s'introduire dans le garage en passant par la fenêtre),* avec le subjonctif, mode facultatif mais fréquent lorsque *remarquer* est à la forme négative ou interrogative *(Je n'avais pas remarqué que la qualité de son travail fût moins bonne. Aviez-vous remarqué que son travail fût moins soigné ?).* Dans le cas de l'interrogation, le subjonctif est moins fréquent qu'avec la négation.

4 Se faire remarquer par ou **pour.** Les deux tours

sont admis : *Il se fit remarquer par sa finesse et son esprit* (ou *pour sa finesse et son esprit,* construction peut-être un peu moins soutenue).

5 ▼ Ne pas dire **Je vous remarque que,* mais *je vous fais remarquer que.*

remblai [ʀɑ̃blɛ] n. m. ▼ Finale en *-ai.* Pas de *-s* final.

remblaiement [ʀɑ̃blɛmɑ̃] n. m. Attention à l'*e* muet intérieur.

remblayer [ʀɑ̃blɛje] v. t. Conjug. **23.** Change facultativement *y* en *i* devant un *e* muet : *il remblaie* [ʀɑ̃blɛ] ou *il remblaye* [ʀɑ̃blɛj], *il remblaiera* [ʀɑ̃blɛʀa] ou *il remblayera* [ʀɑ̃blɛjʀa]. Les formes en *-aie-* sont plus usitées que les formes en *-aye-.*

remède n. m. Se construit au sens propre avec *contre : Un remède contre la grippe.* — Au sens figuré, se construit plutôt avec *à : Trouver un remède à la crise monétaire.*

remédier Se construit avec *à : Il faut remédier à cet état de chose.*

remembrer v. t. Avec *-em-.* De même : *remembrement.*

remémorer v. t. Pas de *m* double. De même : *remémoration.*

remerciement n. m. ▼ Attention au *e* intérieur. — Au pluriel dans : *une lettre, un discours, un télégramme de remerciements.*

remercier v. t. Constructions.

1 Avec un infinitif. La préposition *de* est la seule possible : *Je vous remercie de m'avoir aidé.* On évitera **pour m'avoir aidé.*

2 Avec un nom. La préposition *de* est préférable, surtout devant un nom abstrait : *Je vous remercie de votre amabilité.* L'emploi de *pour* appartient à une langue moins soignée : *Je vous remercie pour votre boîte de bonbons.*

réméré n. m. (droit) *Des ventes à réméré.* — Trois fois *é.*

remettre v. t. Conjugaison et emploi.

1 Conjug. **99** (comme *mettre).*

2 Remettre quelqu'un à sa place ▷ **place** (2).

3 *Remettre quelqu'un,* au sens de « reconnaître ». Emploi assez familier : *Excusez-moi, je ne vous remettais pas.* Préférer : *reconnaître.*

4 S'en remettre à. Se reposer sur. Le participe passé s'accorde avec le sujet : *Elles s'en sont remises à moi du soin de cette affaire.*

réminiscence n. f. Finale en -*ence*. Attention au groupe -*sc*-.

remiser v. t. Dérivés : *remisage, remise, remisier.*

rémission n. f. Ne pas dire **remission.* — De la même famille : *rémissible.*

rémittence n. f. (terme de médecine) Finale en -*ence.* Deux *t.* — De la même famille : *rémittent.*

remmailler, remailler ▷ **remailler.**

remmailloter [ʀɑ̃majɔte] v. t. Avec deux *m* et un seul *t.*

remmancher [ʀɑ̃mɑ̃ʃe] v. t. Avec deux *m.*

remmener [ʀɑ̃məne] v. t. Conjug. **12.** *Je remmène, je remmènerai, je remmènerais,* mais *nous remmenons.*

remmener, ramener Même différence que pour *amener/emmener* ▷ **amener.**

remmener, emporter Même différence que pour *emmener/emporter* ▷ **emmener.**

remonte-pente n. m. — Pl. : *des remonte-pentes.*

remonter v. i. *ou* v. t. Emploi de l'auxiliaire et sens.

1 J'ai remonté, je suis remonté. Même différence que pour *monter* ▷ **monter** (I, 1, 2 et 3).

2 Remonter à la base, au fondement. Expressions critiquées. La *base,* le *fondement* sont, par définition, en bas, donc on ne peut remonter à ces éléments. En revanche, on peut écrire : *Remonter à la cause, à l'origine, au principe, à la source.*

3 Remonter le courant, la rivière. Se dit même si le mouvement ne constitue pas un retour en arrière. On ne peut dire : **monter le courant, la rivière.* En revanche, on dit *descendre le courant, la rivière* si le mouvement ne constitue pas un retour vers le point de départ.

remontoir v. t. Finale en -*oir.*

remontrer v. t. Attention à l'emploi vieilli.

1 En remontrer à. Moderne : *Il prétend en remontrer aux plus grands savants.*

2 Remontrer quelque chose, remontrer que. Emploi correct, mais très vieilli et très littéraire : *Le duc remontra à son fils l'indignité d'une telle conduite. L'acteur Talma, consulté par Lamartine, lui remontra qu'il ne devait pas écrire pour le théâtre.*

remords n. m. ▼ Attention au -*s* final, même au singulier : *un remords.*

rémoulade n. f. Ne pas dire **remoulade.* — Invariable dans : *des céleris rémoulade* (= à la rémoulade). L'emploi au pluriel est d'ailleurs rare.

remoulage n. m. Ne pas dire **rémoulage.*

rémouleur n. m. Celui qui aiguise les couteaux. — Ne pas dire **remouleur.*

remous n. m. ▼ Attention au -*s* final, même au singulier : *un remous.*

rempart n. m. Finale en -*art,* avec -*t* final.

remplir v. t. *Remplir un but* ▷ **but** (II, 5).

remplir, emplir ▷ **emplir.**

remployer v. t. Conjug. **22** (comme *employer*). — La forme **remployer** est plus fréquente que *réemployer.* De même, **remploi** est plus usité que *réemploi.*

remporter v. t. Ne pas dire **emporter le prix, la victoire,* mais *remporter le prix, la victoire.* En revanche, on dit *l'emporter sur,* être vainqueur de, supérieur à : *L'équipe de Rennes l'a emporté sur Lens.*

rempoter v. t. Changer de pot une plante. — Avec un seul *t.*

remprunter v. t. Ne pas dire **réemprunter.*

remue-ménage n. m. Invariable : *des remue-ménage.*

remuement n. m. Attention à l'*e* muet intérieur.

rémunérer v. t. Conjug. **11.** *Je rémunère,* mais *je rémunérerai, je rémunérerais.* ▼ Ne pas déformer en **rénumérer.* Aucun rapport avec **numéraire.** — Dérivés : *rémunérateur, trice, rémunération, rémunératoire (un legs rémunératoire).*

renâcler [ʀənɑkle] Attention à l'accent circonflexe. — S'emploie absolument *(Il obéit sans renâcler)* ou avec *à (Il renâcle à la besogne).*

renaissance n. f. Avec un *R* majuscule : *la Renaissance,* période historique ou mouvement artistique et littéraire du XVe et du XVIe siècle *(la Renaissance italienne, française).* — Avec *R* majuscule et invariable : *des châteaux Renaissance, des sculptures Renaissance.*

renaître v. i. Conjug. **95** (comme *naître*). Très rare au participe passé et aux temps composés : *Il est rené à la vie* (tour très littéraire, à utiliser avec prudence).

rénal, ale, aux adj. Avec *é* et non *-ei-, à la différence de *rein*. — Masculin pluriel en *-aux* : *des calculs rénaux*.

renard n. m. Finale en *-ard,* avec *d.* — Dérivés : *renarde, renardeau, renardière.*

rencaisser v. t. Ne pas dire *réencaisser.*

rencard, rancart, rancard ▷ **rancart.**

renchérir, enchérir ▷ **enchérir.**

rendez-vous n. m. Invariable : *des rendez-vous.*

rendre v. t. Conjugaison, sens et expressions.

1 Conjug. 81. *Je rends, tu rends, il rend, nous rendons, vous rendez, ils rendent.* — *Je rendais.* — *Je rendis.* — *Je rendrai.* — *Je rendrais.* — *Rends, rendons, rendez.* — *Que je rende.* — *Que je rendisse.* — *Rendant.* — *Rendu, ue.*

2 Se rendre compte ▷ **compte** (II, 1, 2 et 3).

3 Rendu. Au sens de « arrivé » est correct : *Enfin, nous voilà rendus, je vois notre village.* — Familier au sens de « fatigué », sauf quand on parle d'un animal : *Le pauvre cheval était rendu.*

rêne, reine, renne Ne pas écrire *une rêne,* lanière qui sert à diriger un cheval, comme *une reine,* épouse d'un roi, ou comme *un renne,* animal des régions nordiques.

rênes, guides ▷ **guide** (2).

renégat, ate adj. *ou* n. Finale en *-at, -ate.*

renfermer v. t. Ne signifie pas, en général, « enfermer de nouveau », mais « tenir étroitement enfermé » : *Elle renfermait ses provisions dans un placard.* — (figuré) *Il renferme ses sentiments,* les tient secrets. — *(par extension)* Contenir : *Ce coffret renferme des bijoux.*

renfler v. t. Avec un seul *f.* De même : *renflement.*

renflouement n. m. Attention au *e* intérieur.

renflouement, renflouage Au figuré, seul *renflouement* est usité : *Le renflouement d'une entreprise en difficulté.* — Au propre, *renflouement* est plus fréquent, mais *renflouage* est possible : *Le renflouement* (ou *le renflouage*) *du navire.*

rengager, réengager v. t. Conjug. 16 (comme *engager*). — On préférera les formes *rengager* et *rengagement* à *réengager* et *réengagement,* beaucoup plus rares.

rengaine n. f. Pas d'accent circonflexe sur le *i.*

rengainer v. t. ▼ Pas d'accent circonflexe su le *i* : vient de *gaine.*

reniement n. m. Attention au *e* muet intérieur

renifler v. t. Avec un seul *f.* De même : *reniflard reniflement, renifleur.*

renne, reine, rêne ▷ **rêne.**

renom n. m. Avec *-m* final, comme *nom.*

renommé, ée adj. Avec deux *m.* — Se construi avec *par* ou avec *pour* : *La Normandie es renommée par son cidre* ou *pour son cidre L'emploi de pour* est préférable.

renommée n. f. Avec deux *m.* Finale en *-ée.* — Avec un *R* majuscule : *la Renommée,* déess *(la Renommée emboucha sa trompette).*

renoncement, renonciation Deux noms dérivé de *renoncer.*

1 renoncement n. m. S'emploie dans la langue d la religion, de la morale et de la psychologie S'applique en général à une réalité non matériell ou à une catégorie vaste de réalités matérielles *Le renoncement à la joie, à la vie, au monde. L renoncement aux biens terrestres. Le renonce ment à soi-même. Vivre dans le renoncement.*

2 renonciation n. f. S'emploie surtout dans l langue du droit et des affaires. S'applique e général à une chose matérielle ou précise : *L renonciation à un héritage, à un trône, à une fonc tion. La renonciation à un espoir, à un projet.*

renoncer On évitera *renoncer à ce que,* suivi d subjonctif : *Nous devons renoncer à ce qu'o nous fasse des livraisons régulières.* Tourne autrement : *Nous devons renoncer à recevoir de livraisons régulières.*

renouement n. m. ▼ Attention au *e* mue intérieur.

renouer v. t. dir. *ou* ind. Se construit avec *avec J'ai renoué avec cet ancien camarade de collège*

renouveler v. t. Conjug. 13. *Je renouvelle, j renouvellerai, je renouvellerais,* mais *nous re nouvelons.* — Dérivés : *renouvelable, renouve lant, ante, renouvellement.*

renseignement n. m. Avec *-ei-.*

renseigner v. Constructions.

1 *Renseigner, se renseigner sur* + nom *Pouvez-vous me renseigner sur l'ordre du jou de la réunion ?* Tour usuel et correct.

2 Se renseigner si + proposition. *Renseignez*

vous donc s'il viendra. ▼ Tour peu élégant et discuté. On tournera autrement : *Essayez donc de savoir s'il viendra.* De même, on écrira : *Je me suis renseigné pour savoir s'il viendrait,* plutôt que *Je me suis renseigné s'il viendrait.*

rente n. f. Avec *rente* au singulier : *cinq mille francs de rente,* mais *avoir des rentes, vivre de ses rentes.*

renting n. m. (anglicisme) Prononciation : [ʀɛntiŋ]. Équivalent français : *location de matériel (industriel).*

rentraîner, réentraîner Ces deux verbes ne sont pas interchangeables.

1 rentraîner Entraîner en sens inverse : *La vague, en se retirant, rentraîne le sable.*

2 réentraîner Remettre à l'entraînement : *L'équipe de football va se réentraîner.*

rentrer v. i. *ou* v. t. Entrer dans un endroit d'où l'on était sorti. — On peut dire très correctement : *Il est huit heures, je rentre chez moi.* On évitera les emplois abusifs et l'on écrira : *Mon fils cette année entre en sixième* (et non **rentre en sixième*). *Cet objet entre dans ma valise* (et non **rentre dans ma valise*). *Cela n'entre pas dans mes attributions* (et non *cela ne *rentre pas*). *La voiture a heurté le mur* (et non **est rentrée dans le mur*). — On admet les emplois transitifs tels que *rentrer les foins,* emploi pourtant illogique, puisque les foins n'ont jamais été « sortis ».

rentrouvrir v. t. Conjug. 33 (comme *ouvrir*). — En un seul mot, sans trait d'union.

renverser v. t. Sens et emplois.

1 Peut se dire du contenu aussi bien que du contenant : *Les enfants ont renversé l'eau sur la nappe. Il a renversé la carafe.*

2 On évitera le pléonasme *se renverser *en arrière.*

3 Au sens de « étonner » est semi-populaire : *Cette nouvelle, ça me renverse !* Équivalents soutenus : *confondre, déconcerter, ébahir, étonner, interdire, saisir, stupéfier, surprendre.* — De même, à *renversant* on préférera : *confondant, déconcertant, étonnant, étrange, extraordinaire, incroyable, prodigieux, saisissant, stupéfiant, surprenant.*

renvoi n. m. ▼ Finale en *-oi,* comme *envoi.*

réoccuper v. t. Ne pas dire **roccuper.* — Dérivé : *réoccupation.*

réouverture n. f. ▼ Le verbe correspondant est *rouvrir* et non **réouvrir : La réouverture du magasin. Le magasin rouvre ses portes.*

repaire, repère Deux noms masculins homophones.

1 repaire Refuge, cachette : *Traquer une bête fauve dans son repaire.*

2 repère Marque, chose qui permet de retrouver son chemin : *Cette colline nous servira de repère. Point de repère.* — Dérivé : *repérer (j'ai repéré l'endroit).*

repaître v. t. *ou* v. i. Conjugaison et constructions.

I Conjug. **97.** *Je repais, tu repais, il repaît, nous repaissons, vous repaissez, ils repaissent.* — *je repaissais.* — *Je repus, tu repus, il reput, nous repûmes, vous repûtes, ils repurent.* — *Je repaîtrai, tu repaîtras, il repaîtra, nous repaîtrons, vous repaîtrez, ils repaîtront.* — *Je repaîtrais, tu repaîtrais, il repaîtrait, nous repaîtrions, vous repaîtriez, ils repaîtraient.* — *Repais, repaissons, repaissez.* — *Que je repaisse.* — *Que je repusse, que tu repusses, qu'il repût, que nous repussions, que vous repussiez, qu'ils repussent.* — *Repaissant.* — *Repu, ue.* ▼ Toujours un accent circonflexe sur le *i* quand le *i* est suivi d'un *t.* — A la différence de *paître,* le verbe *repaître* a un passé simple et un imparfait du subjonctif. Il a aussi un participe passé et se conjugue aux temps composés : *J'ai repu, elle s'était repue, nous nous sommes repus,* etc.

II Constructions.

1 Transitif (figuré ; très littéraire) *Il repaissait ses yeux de ce spectacle étonnant.*

2 Pronominal (moderne et assez littéraire) Se rassasier (au propre et au figuré) : *Les poules se repaissent de grain. Ces idéalistes se repaissent de chimères.*

répandre v. t. ▼ Avec *-an-.* — Conjug. **80.** *Je répands, tu répands, il répand, nous répandons, vous répandez, ils répandent. Je répandais.* — *Je répandis. Je répandrai. — Je répandrais. — Répands, répandons, répandez. — Que je répande. — Que je répandisse. — Répandant. — Répandu, ue.*

repartie n. f. Réponse vive : *Il a la repartie facile.* ▼ Se prononce [ʀəpaʀti] et s'écrit sans accent aigu. Ne pas déformer en **répartie,* faute fréquente ▷ **repartir** (2).

repartir, répartir Des verbes à bien distinguer.

1 repartir [ʀəpaʀtiʀ] v. i. (se conjugue comme *partir ;* auxiliaire *être*) Partir après un séjour, un arrêt : *Nous repartons ce soir pour Lyon. L'affaire est repartie.*

2 repartir [ʀəpaʀtiʀ] v. t. (se conjugue comme *mentir ;* auxiliaire *avoir*) Répondre, répliquer (assez littéraire) : *Il a reparti une sottise.* « *Mais* *oui, repart-il aussitôt, j'irai* ». ▼ Ne pas déformer en **répartir*, faute fréquente due à l'influence de *répliquer, répondre*. D'autre part, ce verbe ne s'emploie plus guère, de nos jours, qu'à la troisième (parfois à la première) personne du singulier du passé simple : *Son interlocuteur repartit aussitôt : « Mais enfin, Monsieur, est-il possible que... »*.

3 répartir [ʀepaʀtiʀ] v. t. (se conjugue comme *finir* ; auxiliaire *avoir*) Distribuer, partager : *Nous répartissons les charges aussi équitablement que possible. Il a réparti le travail entre ses trois collaborateurs.*

répartiteur n. m. Pas de forme pour le féminin : *Elle est le juste répartiteur des bienfaits du prince.*

repenser v. t. ind. *ou* dir. Correct au sens de « penser de nouveau à quelque chose » *(J'ai repensé à votre affaire plusieurs fois)* ou au sens de « réexaminer » *(Ce philosophe a repensé la notion de liberté)*. — On évitera d'employer ce mot au sens de *modifier, moderniser, adapter, retoucher, transformer*. On écrira par exemple : *Le gouvernement devra modifier sa politique fiscale*, plutôt que *repenser sa politique fiscale*.

repentance n. f. Avec *-en-*, puis *-an-*.

1. repentir (se) v. pron. Conjugaison, accord et emploi du participe, construction.

1 Conjug. 42. *Je me repens, tu te repens, il se repent, nous nous repentons, vous vous repentez, ils se repentent. — Je me repentais. — Je me repentis. — Je me repentirai. — Je me repentirais. — Repens-toi, repentons-nous, repentez-vous. — Que je me repente. — Que je me repentisse. — Se repentant. — Repenti, ie.* ▼ On écrira : *il se repent*, et non *il se *repend*, faute fréquente.

2 Le participe passé s'accorde avec le sujet : *Elles se sont repenties de ce manquement. Ces fautes dont il s'est repenti.*

3 Le participe passé peut s'employer adjectivement : *Les filles repenties.*

4 Après *faire*, on omet en général le pronom réfléchi : *Il m'a manqué gravement, je l'en ferai repentir*, plutôt que *je l'en ferai se repentir.*

2. repentir n. m. Finale en *-ir*, sans *-e*.

répercussion n. f. Finale en *-ssion*.

repère, repaire ▷ repaire.

repérer v. t. Conjug. **11.** *Je repère*, mais *je repérerai, je repérerais.*

répertoire n. m. Finale en *-oire*. — Ne pas dire **repertoire*, faute due à l'influence de *repérer*. — Dérivé : *répertorier*.

répéter v. t. Conjugaison et emploi.

1 Conjug. 11. *Je répète*, mais *je répéterai, je répéterais.*

2 Signifie « dire deux ou plusieurs fois ». L'expression *répéter deux fois la même chose* est donc, en principe, un pléonasme. On admet en revanche les expressions emphatiques telles que : *Je l'ai déjà répété vingt fois, cent fois !*

répit n. m. Finale en *-it*.

replet adj. Bien en chair. ▼ Féminin : *replète*, avec finale en *-ète*.

réplétion n. f. (terme de médecine) ▼ Bien prononcer [ʀeplesjɔ̃], avec [ʀe], et écrire avec deux accents aigus, à la différence de *replet*. — De la même famille : *réplétif, ive* [ʀepletif, iv].

repliement n. m. Attention à l'*e* muet intérieur.

reploiement n. m. Attention à l'*e* muet intérieur.

répondre v. t. Conjugaison et constructions.

I Conjug. 91. *Je réponds, tu réponds, il répond, nous répondons, vous répondez, ils répondent. — Je répondais. — Je répondis. — Je répondrai. — Je répondrais. — Réponds, répondons, répondez. — Que je réponde. — Que je répondisse. — Répondant. — Répondu, ue.*

II Constructions.

1 Répondre de. Correct au sens de « se porter garant de » : *Je réponds de sa bonne foi.* — *(expression familière, à éviter dans une lettre sérieuse) Je vous en réponds*, je vous assure : *Ah ! ça ne va pas se passer comme ça, je vous en réponds !* Equivalent soutenu : *je vous assure.*

2 Répondre pour. Etre la caution de (au sens juridique) : *Je ne prêterai d'argent à cet homme que si une personne honorable répond pour lui.*

3 Répondre une requête (= donner une réponse à), **répondre la messe** (= servir la messe). Expressions figées de la langue du droit ou de la liturgie.

4 Répondre une lettre. Tour très vieilli. On dit maintenant : *répondre à une lettre.* ▼ On évitera les expressions *lettre répondue, lettre non répondue*, d'une correction douteuse. On écrira plutôt : *lettre ayant reçu une réponse, lettre n'ayant pas reçu de réponse* ou *lettre sans réponse.*

répons n. m. (terme de liturgie) Prononciation : [ʀepɔ̃], avec *-s* muet.

reporter [ʀəpɔʀtɛʀ] n. m. Anglicisme qui désigne un journaliste faisant des reportages.

— Pour remplacer cet anglicisme, on a proposé l'équivalent français *reporteur,* mais cette recommandation semble peu suivie.

reporter, rapporter ▷ rapporter.

repose-pied n. m. Invariable : *des repose-pied.*

reposer S'emploie usuellement à la forme pronominale : *Il se reposait sur un divan.* — Dans la langue littéraire, s'emploie intransitivement dans le même sens : *Il repose un instant sur son lit, à l'heure de la sieste.* — L'emploi intransitif est de rigueur quand on parle d'un mort : *Les cimetières militaires, où reposent tant de morts.*

repose-tête n. f. Invariable : *des repose-tête.*

reposoir n. m. Finale en *-oir.*

repoussoir n. m. Finale en *-oir.*

répréhensible adj. Attention au *h* intérieur.

répréhensible, punissable Ces deux adjectifs ne sont pas synonymes.

1 répréhensible Qui mérite d'être blâmé, qui est contraire à la morale, à l'honneur : *Dénoncer un camarade est un acte répréhensible.*

2 punissable Qui peut être puni par la loi ou le règlement : *La non-dénonciation de malfaiteur est punissable dans certains cas.*

représailles n. f. pl. De nos jours, toujours au pluriel. On écrit donc : *par représailles.*

représentant, ante n. m. *ou* f. Avec *C* majuscule et *r* minuscule : *la Chambre des représentants.*

répression n. f. Finale en *-ssion.* Dérivé : *répressif, ive.*

réprimande n. f. Finale en *-ande.* Dérivé : *réprimander.*

réprimer v. t. Avec un seul *m.*

reprise n. f. Expressions.

1 En général au pluriel : *à maintes reprises.* Le singulier, *à mainte reprise,* est correct, mais rare ▷ **maint** (II).

2 On peut dire : *à plusieurs reprises, à différentes reprises, à diverses reprises,* ainsi que *à deux, à trois, à quatre... reprises.* En revanche, on évitera le pléonasme qui consiste à employer *différent* avec un numéral : **à deux reprises différentes, *à trois reprises différentes.*

réprobation n. f. Avec un seul *b.* De même : *réprobateur, trice.*

reproche n. m. Au singulier : *des gens sans reproche.*

reps n. m. Etoffe. — Prononciation : [ʀɛps].

reptation n. f. Finale en *-tion.*

reptile n. m. Finale en *-ile.* — Dérivé : *reptilien, ienne.*

repu, ue Participe passé de *repaître.* ▼ Pas d'accent circonflexe sur le *u.*

république n. f. Emploi de la majuscule.

I Le mot *république* **désigne un régime politique.**

1 En règle générale, un *r* minuscule : *Le choix entre la monarchie et la république.*

2 Avec un *R* majuscule dans une dénomination officielle : *Au nom de la République française, je vous fais chevalier...*

3 Avec un *R* majuscule dans les dénominations historiques : *La Iʳᵉ République. La IIᵉ République. La IIIᵉ République. La IVᵉ République. La Vᵉ République.*

II Le mot *république* **désigne un pays.**

1 Avec un *r* minuscule : *la république de Venise. La république Batave. La république Helvétique. La république Parthénopéenne. La république Argentine. La république Dominicaine.*

2 Avec un *R* majuscule : *La République démocratique du Vietnam. La République socialiste fédérative de Yougoslavie. La République arabe unie. La République démocratique allemande. La République fédérale d'Allemagne.*

répugnance n. f. Finale en *-ance.*

répugner Plusieurs constructions.

1 Cette saleté le répugnait. Tour vieux ou incorrect. De nos jours, on écrit : *Cette saleté lui répugnait.* De même : *Une telle action répugnerait à mon ami.*

2 Cela me (te, lui, nous, vous, leur) répugne. Tour usuel et correct : *Leur lâcheté me répugne.*

3 Il répugne à cette besogne. Il répugne à travailler dans ces conditions. Tours usuels et corrects.

4 Cela me répugne de, il me répugne de (+ infinitif). Tours usuels et corrects : *Il lui répugnait de trahir son associé.*

répulsion n. f. Se construit avec *pour* ou avec *à l'égard de : Il a une vive répulsion pour l'ivrognerie. J'éprouve de la répulsion à l'égard des délateurs.* On évitera la construction avec *contre.*

réputé, ée adj. L'attribut qui suit est introduit directement, sans préposition : *Un restaurant réputé gastronomique.* Ne pas confondre avec le tour : *Un restaurant réputé pour sa bouillabaisse.* — Dérivé : *réputation.*

requérir v. t. Orthographe et conjugaison.

1 ▼ Avec *-qu-* et non *-cqu-*. De même : *requérable, requérant, requête.*

2 Conjug. **29.** *Je requiers, tu requiers, il requiert, nous requérons, vous requérez, ils requièrent.* — *Je requérais.* — *Je requis.* — *Je requerrai.* — *Je requerrais.* — *Requiers, requérons, requérez.* — *Que je requière..., que nous requérions..., qu'ils requièrent.* — *Que je requisse.* — *Requérant.* — *Requis, ise.* ▼ Attention aux deux *r* du futur et du conditionnel.

requête n. f. Attention à l'accent circonflexe.

Requiem n. m. Prière et chant. — Mot latin, donc pas d'accent. — Prononciation : [ʀekɥiɛm]. — Invariable : *des Requiem.* — Généralement écrit avec un *R* majuscule *(Chanter le* Requiem. *Verdi a composé un* Requiem *admirable),* sauf dans l'expression *messe de requiem.*

requin n. m. Avec un trait d'union : *requin-marteau (des requins-marteaux), requin-pèlerin (des requins-pèlerins).* — Sans trait d'union : *requin blanc, requin bleu.*

requis, ise adj. Avec *-qu-* et non *-cqu-*.

réquisition n. f. Avec *-qu-* et non *-cqu-*. — Deux *n* dans le dérivé : *réquisitionner.*

réquisitoire n. m. Finale en *-oire.* — Dérivé : *réquisitorial, ale, aux.*

resaler v. t. Se prononce [ʀəsale], mais prend un seul *s.*

rescapé, ée adj. *ou* n. Avec un seul *p.*

resceller v. t. *Resceller un barreau.* — Ne pas écrire comme *resseller (un cheval).*

rescinder [ʀesɛ̃de] v. t. *(droit)* Déclarer nul. — Avec *-sc-.* De même : *rescindable* [ʀesɛ̃dabl(ə)], *rescindant, ante* [ʀesɛ̃dɑ̃, ɑ̃t], *rescision* [ʀesizjɔ̃], *rescisoire* [ʀesizwaʀ] adj. *ou* n. m.

rescousse n. f. Seulement dans l'expression *à la rescousse,* à l'aide, au secours : *Des renforts venus à la rescousse.*

rescrit n. m. (terme d'histoire romaine ou de droit canonique). Finale en *-it.*

résection n. f. Se prononce [ʀeseksjɔ̃], mais prend un seul *s.*

réséda [ʀezeda] n. m. *ou* adj. Plante. — Comme nom de couleur, toujours invariable : *Des vareuses réséda. Des vestes vert réséda* (sans trait d'union).

réséquer v. t. Se prononce [ʀeseke], mais prend un seul *s.* — Avec *-qu-,* même devant *a* ou *o :* *il réséqua, nous réséquons.* — Conjug. **11.** *Il résèque,* mais *il réséquera, il réséquerait.*

réservation, location Le mot *réservation* est un anglicisme, admis quand il s'agit d'une chambre d'hôtel. Dans ce cas, *location* ne peut se dire. — Quand il s'agit d'une place dans le train ou au théâtre, on préférera *location.* — Pour une cabine de paquebot, une place d'avion, l'usage moderne impose *réservation* ▷ *réserver.*

réserve n. f. Au singulier : *approuver sans réserve, donner son accord avec réserve* ou *avec des réserves, il accepte sous réserve de pouvoir résilier, avoir des vivres en réserve.* — Au pluriel dans : *sous toutes réserves.*

réserver v. t. Emplois ; accord du participe ; dérivés.

1 Dans la langue très surveillée et pour éviter un emploi qui constitue un anglicisme, on dira plutôt : *retenir une chambre dans un hôtel, retenir une cabine sur un paquebot, une place dans un avion, une place au théâtre, louer une place dans le train,* et non *réserver une chambre, une place...*

2 *Se réserver de* + **infinitif.** Tour admis : *Je me réserve de refuser ces autorisations.* Dans la langue très châtiée, on pourra préférer : *se réserver le droit de, se réserver la possibilité de.*

3 Accord du participe. Avec *se réserver,* le participe passé s'accorde en genre et en nombre avec le complément d'objet direct si celui-ci est placé avant le verbe : *Les tâches que je me suis réservées,* mais *Elles se sont réservé ces tâches.* — Accord avec le sujet s'il n'y a pas de complément direct : *Elles se sont réservées pour un travail plus noble.*

4 Dérivés : *réservataire, réservation, réserve, réserviste.*

réservoir n. m. Finale en *-oir.*

résidant, résident Deux formes à bien distinguer.

1 résidant Participe présent invariable *(Résidant à l'étranger, ces Français n'ont pas pu voter)* ou adjectif variable *(Les hauts-commissaires résidants. Le ministre résidant. Les membres résidants d'une académie. La ville où elle est résidante).*

2 résident, ente Nom masculin ou féminin, toujours variable : *Le résident général au Maroc. Les résidents italiens en France,* mais *les Italiens résidant en France. Une résidente espagnole.*

résidence n. f. Finale en *-ence.* — Dérivé : *résidentiel, elle.*

résidu n. m. Finale en *-u* au singulier. — Pl. : *des résidus.*

résille n. f. Filet pour les cheveux. — Prononciation : [ʀezij].

résine n. f. Avec *é* et un seul *n.* De même : *résiner, résineux, résinier, résinifère.*

résiné, raisiné ▷ raisiné.

résipiscence n. f. Se prononce [ʀesipisɑ̃s], mais s'écrit avec un seul *s* entre *ré-* et *i.* — Finale en *-ence.* Attention à la succession de *s,* puis *sc,* puis *c.*

résolu, ue adj. Finale en *-u, -ue.*

résoluble adj. Prononciation : [ʀezɔlybl(ə)].

résolument adv. ▼ Sans accent circonflexe sur le *u* et sans *e* muet intérieur.

résolution n. f. Finale en *-tion.*

résolutoire adj. (terme de droit) Finale en *-oire.*

résonance n. f. ▼ Avec un seul *n.*

résonateur n. m. ▼ Avec un seul *n.*

résonnant, ante adj. ▼ Avec deux *n.*

résonnement n. m. ▼ Avec deux *n.* — Ne pas écrire *résonnement,* synonyme vieilli de *réso- nance,* comme *raisonnement,* enchaînement des pensées.

résonner v. i. ▼ Avec deux *n.* — Ne pas écrire *résonner,* produire un bruit, comme *raisonner,* penser : *Les pas résonnent sur les dalles. Les mathématiciens raisonnent avec rigueur.*

résorption n. f. ▼ Se prononce [ʀezɔʀpsjɔ̃]et s'écrit avec *-pt-,* à la différence de *résorber* [ʀezɔʀbe], qui prend un *b.*

résoudre v. t. Conjugaison et constructions.

I Conjugaison.

1 Conjug. **89.** *Je résous, tu résous, il résout, nous résolvons, vous résolvez, ils résolvent.* — *Je*

résolvais. — *Je résolus.* — *Je résoudrai.* — *Je résoudrais.* — *Résous, résolvons, résolvez.* — *Que je résolve.* — *Que je résolusse.* — *Résol- vant.* ▼ Ne pas écrire *il *résoud,* mais *il résout.*

2 Le participe passé est *résolu, ue* : *La question que nous avons résolue.* Ce participe passé ne peut s'employer au sens de « réduit à un autre état, transformé en une autre substance, disparu ». Dans ce cas, on emploie en principe *résous* : *Du brouillard résous en pluie.* Cette forme *résous,* est d'ailleurs très rare. On préférera, selon les cas, *réduit, transformé, précipité, décomposé, disparu.*

II Constructions.

1 J'ai résolu *de* **partir** (= j'ai pris la décision). Tour usuel et correct. Ici l'emploi de *à* est impossible.

2 J'ai résolu mon ami *à* **partir** (= j'ai décidé mon ami). Ici l'emploi de *de* est impossible. Ce tour avec *à* est correct, mais assez rare. On dit plutôt : *J'ai décidé mon ami à partir.*

3 Je me suis résolu *à* **partir** (= j'ai pris la décision). Tour usuel et correct. La construc- tion avec *de (Je me suis résolu de partir)* est rare et peu recommandée.

4 Je suis résolu *à* **partir** (= décidé). Tour usuel et correct. La construction avec *de (Je suis résolu de partir)* est plus rare. On pourra la réserver aux cas où il est nécessaire d'éviter un hiatus : *Il est résolu d'aller jusqu'au bout* (pour éviter *résolu à aller).*

5 Nous devons nous résoudre *à ce que* **les choses prennent un autre tour** (= accepter, prendre son parti, se résigner). Construction un peu lourde mais admise. Pour alléger, on pourra tourner autrement : *Nous devons nous résoudre à voir les choses prendre un autre tour.*

respect n. m. Prononciation, dérivés et expressions.

1 Prononciation : [ʀɛspɛ], sauf dans l'expres- sion *respect humain* [ʀɛspɛkymɛ̃].

2 Dérivés : *respectabilité, respectable, respecter, respectueusement, respectueux.*

3 Au singulier dans la formule : *Je vous prie d'agréer, Monsieur le Ministre, l'expression de mon profond respect.* — Au pluriel : *Présenter ses respects à quelqu'un. Mes respects, mon commandant* (formule en usage dans l'armée).

4 Les expressions *sauf votre respect, sauf le respect que je vous dois* sont familières et même assez populaires.

respectable, respectueux Deux expressions à bien distinguer.

1 Une distance respectable (sens familier,

comme dans *une somme, un bénéfice respectable*). Une distance assez grande : *D'ici au village, il y a une distance respectable à parcourir !*

2 A distance respectueuse A une distance aussi grande que l'exige la situation : *Derrière le roi, à distance respectueuse, se tenaient plusieurs courtisans. Il s'arrêta à distance respectueuse du bandit, qui était armé d'un tromblon.*

respectif, ive adj. S'emploie indifféremment au pluriel ou au singulier dans des phrases telles que : *Les deux employés se plaignaient de leurs chefs respectifs* (ou *de leur chef respectif*). Le pluriel semble le plus fréquent.

respiratoire adj. Finale en *-oire*, même au masculin : *Un exercice respiratoire.*

resplendir v. i. Avec *-en-*. De même : *resplendissant, resplendissement.*

responsable adj. Attention aux emplois abusifs.

1 On évitera le pléonasme *les autorités responsables*. On écrira simplement *les autorités* ou *les responsables* : *Les autorités ont interdit le stationnement sur cette place.* — En revanche, si *responsable* a un complément, on peut écrire : *Les autorités responsables de la circulation ont interdit...*

2 Le mot *responsable* ne peut s'employer comme synonyme de *auteur* ou de *cause*. Il ne peut se dire qu'à propos d'une chose fâcheuse. On peut écrire : *C'est le gouvernement actuel qui est responsable de l'aggravation de la situation économique.* En revanche, on n'écrira pas : *Le gouvernement actuel est responsable de l'amélioration de la situation économique. Le vent du sud est le responsable de cet adoucissement de la température.* On tournera autrement : *Le gouvernement est l'auteur de* (ou *est à l'origine de*) *l'amélioration... Le vent du sud est la cause de l'adoucissement...*

3 ▼ On prendra garde à l'anglicisme que constitue l'emploi de *responsable* au sens de *modéré, mûr, prudent, raisonnable, réfléchi, sérieux.* On écrira donc : *Les citoyens doivent être assez raisonnables pour modérer leurs exigences,* plutôt que *Les citoyens doivent être assez responsables pour...*

ressac n. m. Avec deux *s*. Prononciation : [ʀəsak].

ressaigner v. t. *ou* v. i. Se conjugue comme *saigner.* — Avec deux *s*.

ressaisir v. t. Avec deux *s*.

ressangler v. t. Avec deux *s*.

ressasser v. t. Avec deux fois deux *s*.

ressaut n. m. Avec deux *s*.

ressauter v. i. Avec deux *s*.

ressayer v. t. Se conjugue comme *essayer.* — Avec deux *s*. A côté de *ressayer,* il existe une forme moins fréquente *réessayer.* En revanche, *réessayage* est plus fréquent que *ressayage.*

resseller v. t. Avec deux *s* et deux *l*. — Ne pas écrire *resseller (un cheval)* comme *resceller (un barreau).*

ressembler Orthographe, dérivés, accord du participe, construction et emploi.

1 Avec deux *s*. — Dérivés : *ressemblance, ressemblant.*

2 ▼ Participe passé toujours invariable : *Dans leur jeunesse, ces deux cousines se sont ressemblé.*

3 Se construit avec *à* : *Il ressemble à son oncle.* La construction transitive est populaire. Ne pas dire : *Il ressemble *son oncle.*

4 Se ressembler comme deux gouttes d'eau, comme deux frères. On peut écrire : *Louis et Jacques se ressemblent comme deux gouttes d'eau, comme deux frères.* En effet il y a *deux* personnes qui se ressemblent comme deux gouttes d'eau, comme *deux* frères. — En revanche, dans la langue très surveillée, on évitera d'écrire : *Jacques ressemble à Louis comme deux gouttes d'eau, comme deux frères.* En effet, *une* personne ne peut pas ressembler à une autre comme *deux* gouttes d'eau, comme *deux* frères.

ressemeler v. t. Conjug. **13.** *Il ressemelle, il ressemellera, il ressemellerait,* mais *nous ressemelons.* — Avec deux *s*. — Dérivé : *ressemelage.*

ressemer v. t. Se conjugue comme *semer.* — Avec deux *s*.

ressentiment n. m. Avec deux *s*. Prononciation : [ʀəsɑ̃timɑ̃].

ressentir v. t. Se conjugue comme *sentir.* — Avec deux *s*. Prononciation : [ʀəsɑ̃tiʀ].

resserre n. f. Avec deux *s* et deux *r*.

resserrer v. t. Avec deux *s* et deux *r*. De même : *resserrement.*

resservir v. i. *ou* v. t. Avec deux *s*.

ressolliciter v. t. Avec deux *s* et deux *l*.

1. ressort n. m. Compétence d'un tribunal. — Avec deux *s* et un *-t* final.

2. ressort n. m. Pièce élastique. — Avec deux *s* et un *-t* final.

ressortir Deux verbes qui donnent lieu à des confusions.

1 ressortir Sortir de nouveau : *Il est entré à dix heures et ressorti à onze heures.* — Apparaître nettement, se détacher nettement : *Ces dessins jaunes ressortent bien sur ce fond bleu sombre.* — Résulter : *Ces conclusions ressortent des observations précédentes. Il ressort de là que nous avons deux possibilités seulement.* — Ce verbe se conjugue comme *sortir. Je ressors, tu ressors, il ressort, nous ressortons, vous ressortez, ils ressortent.* — *Je ressortais.* — *Je ressortis.* — *Je ressortirai.* — *Je ressortirais.* — *Ressors, ressortons, ressortez.* — *Que je ressorte.* — *Que je ressortisse.* — *Ressortant.* — *Ressorti, ie.* — Se conjugue avec l'auxiliaire *être (Mon frère est ressorti à dix heures. Ces conclusions sont ressorties des remarques précédentes. Il est ressorti de là que...)*, sauf au sens de « se détacher » *(Ces dessins clairs ont bien ressorti sur un fond sombre)* ou dans l'emploi transitif, qui est familier *(Elle a ressorti sa voiture du garage).*

2 ressortir Etre de la compétence de, du domaine de. ▼ Se construit avec *à* et non avec *de : Cette affaire ressortit au tribunal de commerce. Ces troubles caractériels ressortissent à la psychiatrie.* — Se conjugue comme *finir. Il ressortit, ils ressortissent.* — *Il ressortissait, ils ressortissaient.* — *Il ressortit, ils ressortirent.* — *Il ressortira, ils ressortiront.* — *Il ressortirait, ils ressortiraient.* — Impératif inusité. — *Qu'il ressortisse, qu'ils ressortissent.* — *Qu'il ressortît, qu'ils ressortissent.* — *Ressortissant.* — *Ressorti.* — Ne se conjugue guère qu'aux troisièmes personnes. — Rare aux temps composés. Se conjugue avec l'auxiliaire *avoir : Cette affaire avait ressorti à une juridiction ecclésiastique.*

ressortissant, ante n. m. *ou* f. Avec deux *s.*

ressouder v. t. Avec deux *s.*

ressouffrir v. i. Se conjugue comme *souffrir.*

ressource n. f. Avec deux *s.*

1 Au singulier dans : *Des hommes de ressource. Ils étaient perdus, sans ressource* (= sans recours, sans moyen de se sauver).

2 Au pluriel dans : *Une famille, un vieillard sans ressources* (= sans argent).

ressouvenir (se) v. pron. Se conjugue comme *se souvenir.* — Avec deux *s.*

ressuer v. i. Avec deux *s.* Prononciation : [ʀəsɥe]. — Dérivé : *ressuage* [ʀəsɥaʒ].

ressui n. m. (terme de vénerie) Avec deux *s* et sans *-e* final. Prononciation : [ʀesɥi].

ressurgir ▷ resurgir.

ressuivre v. t. Se conjugue comme *suivre.* — Avec deux *s.*

ressusciter Orthographe, emploi de l'auxiliaire et dérivé.

1 Avec deux *s*, puis *sc.*

2 A la forme transitive, auxiliaire *avoir : Jésus a ressuscité son ami Lazare.* — A la forme intransitive, auxiliaire *être* pour insister sur l'état *(Depuis plusieurs jours, Jésus était ressuscité)*, avec *avoir* pour insister sur l'action *(Au moment précis où Jésus a ressuscité).* De nos jours, l'emploi de *être* tend à se généraliser : *Le troisième jour après sa mort, Jésus est ressuscité.*

3 Nom correspondant : *résurrection.*

ressuyer v. t. Se conjugue comme *essuyer.* — Avec deux *s.* Prononciation : [ʀesɥije]. — Dérivé : *ressuyage* [ʀesɥijaʒ]. — Le verbe *ressuyer* ne signifie pas « essuyer une deuxième fois », mais « sécher » : *Le vent ressuie le linge étendu en plein air.*

reste n. m. Sens, expressions et accord.

I Le reste, le restant.

1 Le reste N'est pas familier. Peut s'employer à propos de personnes, de choses non matérielles ou de choses matérielles : *Le reste des élèves étaient des sujets médiocres. Le reste du temps fut consacré à la discussion du projet. Le reste du terrain est en friche.*

2 Le restant A pris une nuance familière. Plus rare que *le reste.* Ne s'emploie qu'à propos des choses matérielles : *Le restant du pâté fut donné au chien.*

II Au reste, du reste.

1 Au reste Locution plus littéraire que *du reste.* Se place le plus souvent en tête de phrase ou de proposition. Sert à introduire une idée plus forte que celle qui précède. Equivaut à « qui plus est, au surplus » : *Cette solution est la plus avantageuse. Au reste, elle est la seule possible.*

2 Du reste Locution moins littéraire que *au reste.* Peut se placer en tête d'une phrase ou d'une proposition, mais se place souvent aussi à l'intérieur. Peut être synonyme de *au reste,* mais sert aussi à introduire une réserve, une correction, une opposition : *Ce garçon est un peu lent et gauche. Il est du reste consciencieux et travailleur.*

III Le reste de, des + nom pluriel.

1 Accord le plus souvent au singulier : *Le reste des enfants prit la fuite.* L'accord *prirent la fuite* est plus rare, mais possible.

2 Avec *être* + nom pluriel, l'accord se fait au pluriel : *Le reste des maisons sont des villas isolées.*

rester v. i. Emploi de l'auxiliaire, constructions et expressions.

I Emploi de l'auxiliaire. De nos jours, toujours l'auxiliaire *être* : *Il s'est trouvé bien ici, il y est resté. Je suis resté deux jours à Poitiers en venant à Paris.* — Autrefois, on employait *avoir* pour indiquer un séjour temporaire (*J'ai resté deux jours à Poitiers en venant à Paris*) et l'on réservait *être* à l'expression de l'état durable. Cet emploi de *avoir* est archaïque.

II Il reste, reste (impersonnel).

1 Il reste. Toujours invariable : *Il restait dix mille francs en caisse.*

2 Il reste. S'abrège souvent en *reste* (forme un peu familière) : *Reste à savoir s'il acceptera. Reste que rien n'est encore décidé.* ▼ La construction avec *de* + infinitif est vieillie : *Il restait de convaincre les autres conjurés.* On écrirait de nos jours : *Il restait à convaincre...*

3 Restaient quelques difficultés. Dans ce tour elliptique sans *il*, avec inversion, accord avec le sujet. Cependant on rencontre parfois *rester* invariable : *Restait quelques difficultés.*

4 Reste 3. Dans les tours tels que *5 ôté de 8, reste 3,* la forme *reste* demeure invariable.

III Ce qui reste, ce qu'il reste. Les deux tours sont admis : *Voici ce qui reste à faire. Voici ce qu'il reste à faire.* Le tour *ce qui reste* est plus usuel, *ce qu'il reste* est plus littéraire. ▼ Dans ce tour, *rester* est toujours au singulier : *Ce qui restait des livres fut empilé dans un placard.*

IV Mon ami est resté à déjeuner. Tour correct, à préférer. La construction sans *à* (*Mon ami est resté déjeuner*) est fréquente, mais moins conseillée.

V Elle resta court (= elle ne sut que répondre). Ne pas dire *Elle resta *à court.* Ne pas confondre avec *Elle était à court d'arguments.* ▼ Dans ces expressions, *court* est toujours invariable. Ne pas écrire : *Elle resta *courte, Ils restèrent *courts.*

Restoroute n. m. Avec *o* et non *-*au*-. — Nom déposé, donc avec une majuscule.

restreindre v. t. Conjug. **84.** *Je restreins, tu restreins, il restreint, nous restreignons, vous restreignez, ils restreignent.* — *Je restreignais,*

tu restreignais, il restreignait, nous restreignions, vous restreigniez, ils restreignaient. — *Je restreignis.* — *Je restreindrai.* — *Je restreindrais.* — *Restreins, restreignons, restreignez.* — *Que je restreigne, que tu restreignes, qu'il restreigne, que nous restreignions, que vous restreigniez, qu'ils restreignent.* — *Que je restreignisse.* — *Restreignant.* — *Restreint, einte.* ▼ Attention au *i* après le groupe *-gn-* à la première et à la deuxième personne du pluriel de l'indicatif imparfait et du subjonctif présent : *(que) nous restreignions, (que) vous restreigniez.*

restriction n. f. Finale en *-ction.*

resucée n. f. Avec un seul *s*, mais se prononce [rəsyse].

résulter v. i. Conjugaison et emploi de l'auxiliaire.

1 S'emploie seulement à l'infinitif et à la troisième personne du singulier ou du pluriel. — S'emploie à la forme personnelle ou impersonnelle : *De graves inconvénients résultèrent de cette méthode. Il en résulta de graves inconvénients.*

2 S'emploie avec l'auxiliaire *avoir*, qui insiste sur l'événement, ou avec l'auxiliaire *être*, qui insiste sur l'état : *Une difficulté de trésorerie avait résulté de l'annulation de ces commandes. Une longue période de stagnation est résultée de cette guerre.*

résurgence n. f. Orthographe, prononciation et sens.

1 ▼ Avec un seul *s*. Finale en *-ence.*

2 ▼ Bien prononcer [rezyrʒɑ̃s]. Attention à l'influence de *resurgir* [rəsyrʒir].

3 Au sens propre, désigne une source formée par la réapparition des eaux d'une rivière souterraine : *La source de la Loue est une résurgence des eaux du Doubs.* — S'emploie parfois au figuré : *La résurgence de ces idées anarchistes, qu'on aurait pu croire démodées.* Dans la langue très surveillée, on pourra préférer : *réapparition, renaissance, renouveau, renouvellement, reprise, résurrection, retour.*

resurgir v. i. Avec un seul *s.* Prononciation : [rəsyrʒir]. On évitera la graphie rare *ressurgir.*

résurrection n. f. Orthographe, prononciation et emploi de la majuscule.

1 ▼ Avec un seul *s* et deux *r.* Finale en *-ction.*

2 ▼ Bien prononcer [rezyrɛksjɔ̃]. Attention à l'influence de *ressusciter* [resysite].

3 Avec un *r* minuscule (*La croyance à la*

résurrection des morts), sauf quand le mot, employé sans complément de nom, désigne la résurrection du Christ *(Le jour de Pâques, les chrétiens célèbrent la Résurrection)* ou une œuvre d'art représentant cet événement *(Avez-vous vu la* Résurrection *de Rubens, à la cathédrale d'Anvers ?).*

retable [ʀətabl(ə)] n. m. Panneau décoratif, derrière un autel. — On évitera la forme ancienne *rétable.*

retaper v. t. Avec un seul *p.* De même : *retapage, retape.*

retard n. m. Sans *-s* et sans trait d'union dans : *des comprimés retard, des somnifères retard.*

retarder v. t. *ou* v. i. Dans la langue surveillée, on écrira : *Ma montre retardait de cinq minutes,* plutôt que *Je retardais de cinq minutes* (tour familier).

retenir v. t. Conjug. **44** (comme *tenir*). — On évitera le pléonasme *retenir d'avance* ▷ **avance** (3).

rétention [ʀetɑ̃sjɔ̃] n. f. Finale en *-tion.* — Ne pas déformer en **retention,* sous l'influence de *retenir.*

rétiaire n. m. Gladiateur armé d'un filet et d'un trident. ▼ Prononciation : [ʀesjɛʀ].

réticence, réticent Attention au sens impropre.

1 réticence Désigne, au sens exact, l'omission volontaire d'une chose qu'on pourrait ou qu'on devrait dire : *Dites-moi bien tout ce que vous savez, sans réticences.* ▼ Ne doit pas être employé au sens de *hésitation, réserve, refus.* On écrira donc : *Il a accepté, après bien des hésitations* (et non *après bien des réticences*). *Devant mon refus, il a renoncé à son projet* (et non *Devant mes réticences*). On évitera notamment les expressions peu correctes *exprimer, formuler des réticences.*

2 réticent, ente Au sens exact, « qui contient des réticences, des omissions » *(Un discours hypocrite et réticent)* ou « qui use de réticences, qui ne dit pas tout ce qu'il devrait dire » *(Il était très réticent et j'ai dû lui arracher la vérité phrase par phrase).* ▼ Ne doit pas s'employer au sens de *hésitant, réservé, peu décidé, peu enthousiaste, hostile, opposé.* On écrira donc : *Devant nos propositions, il s'est montré très réservé* ou *très hésitant,* et non *très réticent.* Le sens abusif de *réticent* est dû à un rapprochement erroné avec *rétif.*

retombée n. f. Dans la langue des journaux, s'emploie au sens de « conséquence, ré-

percussion » : *Les retombées imprévisibles d'une mesure économique.* Dans le style soutenu, on préférera, selon les cas : *conséquence, contrecoup, effet, fruit, répercussion, résultat.*

retors, orse n. m. Prononciation : [ʀətɔʀ, ɔʀs(ə)], le *-s* final du masculin est muet.

rétorsion n. f. *Une mesure de rétorsion.* — Ne pas déformer en **retorsion.*

retour n. m. Dans la langue soutenue, on préférera *de retour* (au simple *retour*) dans des phrases telles que : *Son père, de retour de Lyon, apprit cette nouvelle avec joie,* mieux que *Son père, retour de Lyon...* — Pour éviter la répétition de *de (de retour de Lyon),* on pourra tourner autrement : *Son père, à son retour de Lyon* ou *Son père, revenu de Lyon* ou encore *Son père, rentré de Lyon.*

retourner v. t. *ou* v. i. Conjugaison et emploi.

1 Emploi de l'auxiliaire. Auxiliaire *avoir* dans l'emploi transitif : *Il a retourné sa veste.* — Auxiliaire *être* dans l'emploi intransitif : *Elle est retournée chez elle.*

2 Retournons-nous-en, retournez-vous-en. Ces deux formes sont correctes. ▼ On doit dire *retourne-t'en* et non **retourne-toi-z-en.*

3 Dans la langue commerciale et cursive, on admet : *Retourner une lettre, un paquet à quelqu'un.* Dans la langue soutenue, on préférera le verbe *renvoyer.*

4 Retourner, revenir ▷ **revenir.**

rétractation, rétraction Deux noms féminins paronymes.

1 rétractation Action d'annuler ce qu'on avait dit : *La rétractation des aveux.*

2 rétraction Raccourcissement pathologique d'un organe : *La rétraction des muscles.*

▼ Une seule forme verbale, *rétracter,* correspond à ces deux mots : *L'accusé s'est rétracté. La peau s'est rétractée.*

rétractile adj. Finale en *-ile,* même au masculin : *Un organe rétractile.*

retraite n. f. On peut dire : *être en retraite* ou *être à la retraite.* — On écrira : *prendre sa retraite,* plutôt que *partir à la retraite.*

retrancher v. t. Constructions et emplois.

1 Se construit correctement avec *à* ou avec *de* : *On a retranché une branche à ce marronnier. Il faut retrancher de cette somme les frais généraux.*

2 Retrancher sur. Ne peut s'employer que s'il y a une indication numérale : *On a retranché 2 000 mètres carrés sur les 30 000 que comprenait le parc.*

3 Retrancher quelque chose à quelqu'un. Tour peu correct. Préférer *enlever, ôter, supprimer* : *On a enlevé à cet employé la moitié de son indemnité spéciale.*

rétro Invariable comme adjectif (familier) : *Des films rétro. Des chansons rétro.*

rétro- Préfixe (du latin *retro* « en arrière »). Tous les composés en *rétro* s'écrivent en un seul mot, sans trait d'union : *rétroactif, rétroaction, rétroactivité, rétrocéder, rétrocession, rétrofusée...*

retroussis n. m. Finale en *-is.*

retrouvailles n. f. pl. *(familier)* Toujours au pluriel.

retrouver, recouvrer ▷ recouvrer.

rets n. m. Filet ; piège. — Toujours au pluriel : *Tomber dans les rets.* — Prononciation : [ʀɛ].

réunir v. t. Construction et emploi.

1 Se construit avec *à* ou avec *et,* mais non avec **avec* : *La Savoie fut réunie à la France en 1860. Si l'on pouvait réunir ses ressources et les nôtres !* — On écrira : *Nous nous étions réunis entre camarades,* et non *avec des camarades.*

2 On évitera le pléonasme *réunir ensemble.*

réussir L'emploi de la forme transitive *(La cuisinière a réussi ce plat)* et l'emploi du participe passé adjectival *(Un roman réussi. Une tentative réussie)* ont été considérés comme des incorrections. De nos jours, on peut tout au plus déconseiller ces emplois dans la langue solennelle très soutenue. — En revanche, même dans la langue ordinaire, on préférera *réussir à un examen* ou, mieux, *être reçu à un examen* à *réussir un examen.*

revaloir v. t. Conjug. **73** (comme *valoir).* N'est vraiment usité qu'à l'infinitif, à l'indicatif futur et au conditionnel.

revanche n. f. Avec *-an-.* De même : *revanchard, se revancher.*

revancher (se) v. pron. Ce mot est familier. Équivalents plus soutenus : *prendre sa revanche, se venger.* ▼ Ne pas déformer en **se revenger.*

rêvasser Orthographe, prononciation et constructions.

1 Avec un accent circonflexe. Bien prononcer [ʀɛvase], avec [ʀɛ].

2 Le plus souvent intransitif : *Il perd son temps à rêvasser.* — Peut aussi se construire avec *à* : *Il rêvasse à je ne sais quel projet chimérique.*

rêve n. m. Avec un accent circonflexe. De même : *rêvasser, rêvasserie, rêvasseur, rêver, rêverie.*

revêche adj. Attention à l'accent circonflexe.

réveil, réveille-matin n. m. Petite pendule. — Avec *-eil* et variable : *un réveil, des réveils.* — Avec *-eille* et invariable : *un réveille-matin, des réveille-matin.* ▼ Ne pas écrire *un *réveil-matin.* — Ces deux formes sont absolument synonymes, mais *réveil* est de beaucoup la plus usitée.

réveiller, éveiller ▷ éveiller.

réveillon n. m. Deux *n* dans les dérivés : *réveillonner, réveillonneur.*

révéler v. t. Conjug. **11.** *Je révèle,* mais *je révélerai, je révélerais.*

revenir v. i. La forme pronominale *s'en revenir* est correcte, mais un peu archaïque et assez littéraire : *Nous nous en revînmes en longeant la rivière.*

revenir, retourner Ces deux verbes sont le plus souvent synonymes. On évite d'employer *revenir* quand on parle d'un lieu où l'on n'a pas l'habitude d'être, de séjourner. Ainsi, on peut écrire *Je reviens* ou *Je retourne chez moi,* mais on écrira *Je suis allé à Rome une fois, j'y retournerai peut-être un jour.* Ici l'emploi de *revenir* serait peu correct.

rêver Plusieurs constructions.

1 Il avait rêvé une autre destinée. Construction transitive directe, assez usuelle au sens de « imaginer, souhaiter ». — Au sens de « voir en rêve », ce tour est rare et doit être employé avec prudence : *Cette nuit-là, il avait rêvé une chasse dans la forêt.* On écrit plutôt : *Cette nuit-là, il avait rêvé d'une chasse dans la forêt.*

2 Il rêvait à un avenir de puissance et de gloire. Au sens de « penser vaguement à une chose, imaginer dans ses rêveries », se construit avec *à.* ▼ Ne pas écrire *rêver à* au sens de « voir en rêve ».

3 Cette nuit, j'ai rêvé d'une promenade à cheval. ▼ Au sens de « voir en rêve », se construit avec *de,* et non avec *à* (faute fréquente). On écrira donc : *Cette nuit, j'ai rêvé de vous,* et non **à vous.*

4 Il rêve d'un poste de directeur. Au sens de « désirer vivement », se construit plutôt avec *de*. Cette préposition est absolument obligatoire quand le complément désigne une chose matérielle : *Mon fils rêve d'une bicyclette de course.*

5 Il rêve d'obtenir ce poste. Avec l'infinitif, préposition *de* obligatoire.

6 Il rêvait longuement sur son destin et sur ses passions. Au sens de « penser, réfléchir à, méditer sur », se construit avec *sur*. C'est ainsi qu'on écrira : *On peut rêver sur ce qui serait advenu si Napoléon avait remporté la victoire à Waterloo.*

réverbérer v. t. Conjug. **11.** *Il réverbère,* mais *il réverbérera, il réverbérerait.* — Dérivés : *réverbération, réverbère.* ▼ Ne pas déformer en **reverbérer, *reverbération, *reverbère.*

révérence n. f. Finale en *-ence.* Locution figée : *révérence parler,* sauf votre respect, sans vouloir vous offenser. — Dérivés : *révérenciel, elle* (finale en *-ciel, -cielle*), *révérencieusement, révérencieux, euse.*

révérend, ende adj. *ou* n. Finale en *-end, -ende.* — Avec *r* et *p* minuscules : *le révérend père Dupont* (suivi du nom propre). — Avec *R* et *P* majuscules : *le Révérend Père* (non suivi du nom propre). — En abrégé : *R.P. (J'ai rencontré le R.P. Dupont).*

révérer v. t. Conjug. **11.** *Je révère,* mais *je révérerai, je révérerais.*

revers n. m. Finale en *-ers.*

reverser v. t. Avec *re-* et non *ré-.* Prendre garde à l'influence de *réversion.*

réversible adj. Avec *ré-* et non **re-.* Prendre garde à l'influence de *reverser.* De même : *réversibilité, réversiblement.*

réversion n. f. Avec *ré-* et non **re-.* Prendre garde à l'influence de *reverser.*

revêtir v. t. Conjugaison et emploi.

1 Conjug. **45** (comme *vêtir*). *Nous revêtons, vous revêtez ; je revêtais ; revêtant.* Éviter les formes fautives en **vêtiss- (nous *vêtissons,* etc.).

2 Dans la langue soignée, on usera avec prudence des tours tels que : *Cette question revêt une importance spéciale. Les cérémonies revêtent cette année un éclat particulier. Cette œuvre revêt un caractère noble.* On préférera : *avoir de l'importance, avoir, présenter, posséder un caractère, prendre un éclat particulier,* etc.

rêveur, euse n. *ou* adj. Attention à l'accent circonflexe.

revient (prix de) Avec *-t* final.

revigorer v. t. Ne pas déformer en **ravigorer,* faute due à l'influence du verbe très familier *ravigoter.*

réviser v. t. Seule forme usuelle. La forme *reviser* est sortie de l'usage. De même, on dit : *révisable, réviseur, euse, révision, révisionnisme, révisionniste.*

reviviscence n. f. Avec *re-* et non **ré-.* — Attention au groupe *-sc-* et à la finale *-ence.*

révocable adj. Avec un *c,* comme *révocabilité, révocation, révocatoire,* à la différence de *révoquer.*

révocation n. f. Avec un *r* minuscule : *la révocation de l'édit de Nantes.* — Avec un *R* majuscule : *la Révocation (Après la Révocation, beaucoup de protestants s'exilèrent).*

revoici, revoilà prép. *ou* adj. Emploi et différence.

1 Ces deux mots sont assez familiers.

2 Comme *voici* et *voilà,* se placent devant le nom *(Revoilà notre ami Antoine)* et derrière *me, te, le, la, nous, vous, les,* en : *Tiens, te revoilà ! Vous en voulez encore ? en revoici.*

3 En principe *revoici* suppose une première apparition proche, *revoilà* une première apparition plus lointaine. En fait, *revoilà* est beaucoup plus employé et tend à éliminer *revoici* dans tous les cas.

révolté, ée Pour ce participe, plusieurs constructions.

1 Le peuple, révolté contre le tyran. Tour usuel et moderne.

2 Ce cœur généreux, révolté de tant d'injustice. Tour correct et littéraire. L'emploi de *par (révolté par tant d'injustice)* est usuel, mais moins conseillé dans la langue soutenue.

3 L'opinion, révoltée d'apprendre tous ces crimes. Tour usuel et correct (*de* + infinitif).

4 *Révolté de ce que, que* + indicatif ou subjonctif. *L'opinion révoltée de ce que ces crimes se commettaient au grand jour* (exprime un fait certain). *L'opinion, révoltée que le tyran pût revenir* (exprime une éventualité, une pensée). Ces tours avec *de ce que* ou *que* ne peuvent être condamnés. Cependant on leur préférera des tours plus légers et plus sûrs :

L'opinion, révoltée de voir ces crimes se commettre au grand jour. L'opinion, révoltée à la pensée de voir le tyran revenir.

révolu, ue adj. Finale en *-u,* non en **us,* au masculin singulier : *Après un an révolu.*

révolution n. f. Emploi de la majuscule et orthographe des dérivés.

1 Avec un *R* majuscule : *la Révolution française* ou *la Révolution* (celle de 1789). — Avec un *r* minuscule : *la révolution de 1789.* — *Avec un r minuscule et un J ou un O majuscule : la révolution de Juillet, la révolution d'Octobre.* — Avec un *r* minuscule et un *r* ou un *c* minuscule : *La révolution russe, chinoise,* etc.

2 Deux *n* dans les dérivés : *révolutionnaire, révolutionnairement, révolutionner.*

revolver n. m. Orthographe, sens et composés.

1 ▼ Pas d'accent aigu : *re-* et non **ré-.*

2 Le *revolver* est une arme à barillet. L'expression *revolver à barillet* est donc un pléonasme. D'autre part, dans la langue précise, le mot *revolver* ne doit pas désigner une arme automatique à chargeur logé dans la crosse. Une telle arme est un *pistolet (automatique).*

3 Avec un trait d'union : *un canon-revolver (des canons-revolvers).* — Sans trait d'union : *un tour revolver (des tours revolvers).* — Sans trait d'union : *une poche revolver (des poches revolver,* invariable).

révoquer v. t. Orthographe et construction.

1 Toujours avec *-qu-,* même devant *a* ou *o (il révoqua, nous révoquons),* à la différence de *révocable, révocabilité, révocation, révocatoire.*

2 Révoquer en doute que. Suivi du subjonctif, si *révoquer* est à la forme affirmative : *Je révoque en doute que cela soit possible.* — Suivi du subjonctif ou de l'indicatif si *révoquer* est à la forme négative ou interrogative. L'indicatif insiste sur la réalité du fait : *Je ne révoque pas en doute que les choses se sont passées ainsi.* On évitera d'ailleurs, autant que possible, ces constructions avec *que.* ▼ Jamais de *ne* explétif.

révulser v. t. Dérivés : *révulsé, révulsif, révulsion.*

rez-de-chaussée n. m. Attention au *-z* muet. — Deux traits d'union. — Invariable : *des rez-de-chaussée.*

rhabdomancie n. f. Avec *rh-.* De même : *rhabdomancien, ienne.*

rhabiller v. t. Ne pas dire **réhabiller.* Dérivés : *rhabillage, rhabilleur.*

rhapsode n. m. Avec *rh-.* De même : *rhapsodie.* Les graphies *rapsode, rapsodie* sont à éviter.

rhénan, ane adj. *ou* n. Du Rhin ou de Rhénanie : *La population rhénane. Les Rhénans.* — Avec *M* majuscule, et *s* et *r* minuscules : *le Massif schisteux rhénan.*

rhéo- Préfixe (du grec *rhein* « couler ») : *rhéobase, rhéologie, rhéomètre, rhéostat, rhéostatique.*

rhésus n. m. Singe. — Prononciation : [rezys]. — Pl. : *des rhésus* [-zys]. — Avec *f* minuscule et *R* majuscule : *le facteur Rhésus.* En abrégé : **Rh +** (facteur Rhésus positif), **Rh –** (facteur Rhésus négatif).

rhétorique adj. *ou* n. f. Avec *-rh-.* De même : *rhétoricien, rhéteur, rhétoriqueur.*

rhingrave [rɛ̃grav] Attention au genre.

1 Le rhingrave Autrefois, seigneur du Rheingau (en Allemagne). — La dignité de rhingrave était le *rhingraviat* [rɛ̃gravja].

2 Une rhingrave Au XVIIᵉ siècle, haut-de-chausses très ample.

rhinite n. f. Rhume. — Avec *rh-.*

rhino- Préfixe (du grec *rhis, rhinos* « nez »). Les composés en *rhino* s'écrivent en un seul mot, sans trait d'union *(rhinocéros, rhinologie, rhinolophe, rhinophonie, rhinoplastie, rhinorrhée, rhinoscopie,* etc.), sauf *rhino-laryngite, rhino-pharyngien, rhino-pharyngite, rhino-pharynx, rhino-salpingite.*

rhinocéros [rinɔserɔs] n. m. Avec *rh-.*

rhizo- Préfixe (du grec *rhiza* « racine »). Les composés en *rhizo* s'écrivent en un seul mot, sans trait d'union : *rhizobium, rhizophage, rhizophore,* etc.

rhizome n. m. Tige souterraine. ▼ Se prononce [rizom], mais s'écrit sans accent circonflexe.

rhodanien, ienne adj. Du Rhône. — Avec un *B* ou un *C* ou un *S* majuscule et un *r* minuscule : *Le Bassin rhodanien, le Couloir rhodanien, le Sillon rhodanien.*

Rhodia n. m. Abréviation de *Rhodiaceta* (n. m.), tissu synthétique. — Nom déposé, donc avec une majuscule.

rhodium [rɔdjɔm] n. m. Métal. — Pas un nom déposé, donc avec une minuscule.

rhododendron n. m. Plante. ▼ Prononciation : [rɔdɔdɛ̃drɔ̃], avec [dɛ̃].

Rhodoïd [ʀɔdɔid] n. m. Matière plastique transparente. — Nom déposé, donc avec une majuscule.

rhombe [ʀ5b] n. m. *(vieux)* Losange. ▼ Attention à l'homophone *rhumb* [ʀ5b]. — Dérivé : *rhombique*. — Composés : *rhomboèdre* n. m., *rhomboédrique* adj., *rhomboïdal, ale, aux* adj., *rhomboïde* n. m.

rhotacisme n. m. (terme de phonétique) Avec *rh-*.

rhubarbe n. f. Plante. — Avec *rh-*.

rhum [ʀɔm] n. m. Boisson. — Pl. : *des rhums* [ʀɔm]. ▼ Ne pas écrire comme *rhume* [ʀym], coryza *(rhume de cerveau)*.

rhumatisme n. m. Bien prononcer [ʀymatism(ə)], avec [s] et non [z]. De même : *rhumatismal, ale, aux* [ʀymatismal, al, o]. — Autres dérivés : *rhumatisant, ante* [ʀymatizɑ̃, ɑ̃t], *rhumatologie, rhumatologue*. ▼ Ne pas dire **rhumatologiste*.

rhumb n. m. (terme de marine) Prononciation : [ʀ5b]. — Pl. : *des rhumbs* [ʀ5b]. ▼ Attention à l'homophone *rhombe*, losange.

rhume n. m. *Un rhume de cerveau.* ▼ Ne pas écrire comme *rhum* [ʀɔm], boisson.

rhumé, ée adj. Mêlé de rhum : *Eau-de-vie rhumée.* — Prononciation : [ʀɔme, e].

rhumerie n. f. Distillerie de rhum ; café où l'on boit du rhum. — Prononciation : [ʀɔmʀi].

ribambelle n. f. Attention au *m* et à la finale en *-elle*.

ribaud, aude n. m. *ou* f. Finale en *-aud, -aude*.

ribote n. f. Avec un seul *t*.

ricaner v. i. Avec un seul *n*. De même : *ricanement, ricaneur*.

ricocher v. i. Avec un seul *c*. De même : *(un) ricochet* (finale en *-et*).

rictus [ʀiktys] n. m. — Pl. : *des rictus* [-tys].

ridelle n. f. Rebord de charrette. — Finale en *-elle*. Avec un seul *d*.

rien pron. indéfini *ou* n. m.

I *Rien* signifiant « **quelque chose** ». Le pronom indéfini *rien* n'a pas toujours une valeur négative. Il peut signifier « quelque chose, quoi que ce soit ». Ce sens se rencontre dans les cas suivants.

1 Dans des phrases interrogatives directes ou indirectes. *Y a-t-il rien de si beau que ces vers-là ?* (= quelque chose d'aussi beau). *Je vous demande si vous connaissez rien de plus glorieux que cette action.*

2 Dans une conditionnelle. *Il s'affole si rien se produit* (= si la moindre chose). Ce tour, très rare et très littéraire, est à éviter dans la prose courante.

3 Après une principale négative de forme (rare) **ou de sens** (usuel). *Tu n'as pas sujet de rien craindre* (rare). *Je vous défends de toucher à rien. Il a refusé de rien modifier* (= de modifier quoi que ce soit). *Il est impossible de rien prévoir* (= de prévoir quoi que ce soit). *Je considère comme inopportun de rien tenter* (= de tenter quoi que ce soit).

4 Après *sans, sans que. Il est parti sans rien dire. Nous nous sommes séparés sans que rien fût décidé* (= sans que quelque chose fût décidé).

5 Après *avant de, avant que. Il est parti avant d'avoir rien décidé. Nous nous sommes séparés avant que rien fût décidé* (= avant que quelque chose ne fût décidé).

6 Dans la locution *si peu que rien* (= si peu que ce soit). Cette locution est vieillie et rare.

II *Rien* **signifiant « nulle chose ».** Ce sens est de beaucoup le plus fréquent.

1 S'emploie normalement avec l'adverbe négatif *ne* : *Rien ne sert de courir. Il ne fait rien. Nous n'avons manqué de rien.* On évitera les tours relâchés de la langue parlée très familière : *Il fait rien. Nous avons manqué de rien.* — La locution *ne... rien* peut être renforcée par *jamais, personne, plus, aucun, nul,* mais non par *pas* (voir ci-dessous § 4) : *Il n'a jamais rien donné. Personne ne fait rien, ici ! Ils n'ont plus rien à dire. Aucun savant ne peut rien dire de plus. Nul homme ne trouvera jamais rien de plus beau que ce geste héroïque.*

2 Peut s'employer sans *ne* dans les tours elliptiques : *Rien de plus facile que d'écrire cette lettre. Voyez-vous quelque chose ? — Rien.* — S'emploie aussi sans *ne* dans certaines expressions : *Cet homme d'affaires est sorti de rien. Je compte pour rien cette différence. Cela réduit à rien leurs possibilités. Vous avez travaillé pour rien. Un homme de rien,* etc.

3 Pas rien. On évitera la faute populaire qui consiste à employer *pas* avec *rien*. On dira : *Cela ne sert à rien* (et non *Cela sert pas à rien*). *Cela ne fait rien* (et non *Ça fait pas rien*).

4 Ce n'est pas rien (au sens de « c'est beaucoup, c'est une chose considérable, difficile, etc. »). *Six enfants à élever, ce n'est pas rien ! Il a une propriété de cent dix hectares,* *ce n'est pas rien.* Ce tour est considéré comme incorrect. Le réserver à la langue parlée familière.

III Place de *rien* complément d'objet direct.

1 A un temps simple personnel. *Rien* se place après le verbe : *Je n'entends rien. Je ne lui donne rien.*

2 A un temps composé personnel. *Rien* se place entre l'auxiliaire et le participe : *Je n'ai rien entendu.* En revanche, *personne* se place après l'auxiliaire : *Je n'ai entendu personne.* ▼ Quand *rien* a un complément, on peut le mettre soit avant l'auxiliaire *(Il n'a rien fait de bon)*, soit après l'auxiliaire *(Il n'a fait rien de bon).* Ce second tour est plus rare.

3 A l'infinitif présent. *Rien* se place normalement devant le verbe : *Il est resté tout ce temps sans rien dire.*

4 A l'infinitif passé. *Rien* se place normalement entre l'auxiliaire et le participe : *Elle est revenue sans avoir rien obtenu.*

5 A l'infinitif présent avec *en* ou *y*. *Rien* peut se placer devant *en* ou *y* (usuel) ou derrière *en* ou *y* (plus rare) : *Sans rien en tirer* ou *Sans en rien tirer* (plus rare et littéraire). *Sans rien y comprendre* (usuel) ou *Sans y rien comprendre* (plus rare).

IV Rien qui, rien que, rien à quoi... La relative qui a *rien* pour antécédent se met généralement au subjonctif (nuance de conséquence) : *Dans tout ce fatras, il ne voyait rien qui le séduisît. Il n'est rien que nous n'ayons essayé. Il n'y a rien ici à quoi vous puissiez vous intéresser.*

V Rien de, rien que.

1 *Rien* se joint par *de* à l'adjectif qui le suit : *Rien de beau. Rien de bon. Rien de neuf. Rien de nouveau. Rien de vrai. Rien de grand. Rien de meilleur. Rien de mesquin. Rien de critiquable.* De même, se joint par *de* aux adverbes *mieux, moins, pis, plus* : *Rien de mieux écrit. Rien de moins certain. Rien de plus étrange.*

2 Rien autre, rien d'autre ▷ **autre** (13).

3 *Rien de plus, rien de moins* + **adjectif.** On prendra garde à la bonne interprétation de ces tours. *Rien de plus surprenant* (= cela est tout à fait surprenant). *Rien de moins surprenant* (= cela n'est nullement surprenant, cela est tout à fait naturel).

4 Rien que, rien que de. On distinguera ces deux tours. *Rien que* équivaut à « seulement » : *Rien qu'une minute, rien qu'un instant* (= une minute, un instant seulement). *Rien que pour voir, rien que pour essayer* (= seulement pour voir, pour essayer). — *Rien que de,* renforce un adjectif dans des tours tels que : *Cela n'a rien que de très naturel* (= cela est très naturel).

VI Rien de moins que, rien moins que. Deux locutions souvent confondues.

1 Rien de moins que. Tout à fait, exactement, vraiment : *Cette affirmation n'est rien de moins qu'un mensonge* (= est vraiment un mensonge, est un véritable mensonge).

2 Rien moins que. En aucune manière, nullement, absolument pas : *Notre ami n'était rien moins qu'un héros* (= n'était nullement un héros).

3 ▼ En raison des confusions et des équivoques fréquentes auxquelles donnent lieu ces deux locutions, il sera prudent de les éviter, surtout dans les textes où il importe avant tout d'user d'un style clair et net.

VII Expressions diverses.

1 *Comme rien,* au sens de « facilement, très vite ». *Il a résolu le problème comme rien.* Tour très familier. Equivalent soutenu : *comme en se jouant.*

2 Comme si de rien n'était ▷ **comme** (IV, 4).

3 Cette personne ne m'est rien, ne m'est de rien. La langue soutenue distinguait *Cette personne ne m'est rien* (= n'a pas de lien de parenté avec moi) et *Cette personne, cette chose ne m'est de rien* (= ne m'intéresse pas, ne m'inspire aucun sentiment, n'a pas de valeur à mes yeux). De nos jours, le tour *ne m'est rien* s'emploie dans tous les sens, et *ne m'est de rien* est devenu archaïque, précieux et très littéraire.

4 Ne servir de rien, ne servir à rien ▷ **servir.**

VIII Il est rien beau, ton vélo ! (= il est très beau). L'emploi adverbial de *rien* au sens de « très » appartient à la langue très populaire. Ne pas confondre cet emploi avec le tour littéraire *Il est un rien naïf* (= un peu naïf) ▷ ci-dessous IX, 4.

IX *Rien* substantif.

1 Au sens de « chose insignifiante », prend l'article et la marque du pluriel : *Un rien l'effraie. Il se laisse arrêter par des riens.*

2 On distinguera *rien du tout* (sans trait d'union), simple renforcement de *rien,* et *un (une) rien-du-tout* « une personne sans valeur, sans moralité » (familier) : *Depuis un mois, il ne fait rien du tout. Sa femme est une rien-du-tout. Ce sont des garnements, des voyous, des petits rien-du-tout* (invariable). — Le nom *rien-du-tout* est familier.

3 Un rien d'ironie. *Un rien de* + nom signifie « une petite quantité, une pointe de » : *Cela fut fait en un rien de temps. Un rien de mépris apparaissait dans ses propos.*

4 Il est un rien naïf. *Un rien* + adjectif signifie « un peu, légèrement » : *Il avait une* *voix calme, grave, un rien solennelle.* ▼ Ne pas confondre avec le tour très populaire *Il est rien beau, ton vélo !* (= très beau) ▷ ci-dessus, VIII.

rigole n. f. Finale en *-ole*, avec un seul *l.* De même : *rigolage.*

rigoler v. i. Avec un seul *l.* De même : *rigolade, rigolard, rigolo.*

rigolo adj. *ou* n. Prend la marque du pluriel au masculin : *Des chapeaux rigolos. Ces types, c'est des rigolos !* Le féminin est parfois *rigolote* (avec un seul *t*) : *Des histoires rigolotes.* Parfois aussi on emploi *rigolo,* invariable, pour le féminin : *Ces filles, elles sont rigolo !*

rigueur n. f. Avec *-gu-,* à la différence de *rigorisme, rigoriste, rigoureusement, rigoureux.*

rikiki ▷ riquiqui.

rillettes n. f. Toujours au pluriel. De même : *des rillons* [ʀijɔ̃] n. m.

rimaye n. f. Crevasse dans un névé. — Prononciation : [ʀimaj].

rime n. f. Avec un seul *m.* De même : *rimer, rimeur, rimailleur* (mauvais poète).

Rimmel n. m. Fard pour les cils. — Nom déposé, donc avec une majuscule.

rinçage n. m. Attention à la cédille.

rinceau n. m. Ornement d'architecture. — Finale en *-eau.* — Pl. : *des rinceaux.*

rince-bouche n. m. Invariable : *des rince-bouche.*

rince-bouteilles n. m. Invariable. Avec un *-s* à *bouteilles,* même au singulier : *un rince-bouteilles, des rince-bouteilles.*

rince-doigts n. m. Invariable. Avec un *-s* à *doigts,* même au singulier : *un rince-doigts, des rince-doigts.*

ring n. m. Estrade de boxe. — Anglicisme introduit depuis longtemps en français. — Prononciation : [ʀiŋ]. — Pl. : *des rings* [ʀiŋ].

ringard n. m. Grand tisonnier. — Dérivé : *ringardage.*

ripaille n. f. S'emploie normalement au singulier : *faire ripaille.* — Dérivés : *ripailler, ripailleur, euse.*

riper v. i. Glisser. — Avec un seul *p.* De même : *ripage, ripement.*

Ripolin n. m. Peinture laquée. ▼ Nom déposé, donc avec une majuscule. — Dérivés : *ripolinage, ripoliner.*

riquiqui adj. Invariable : *Des jardins riquiqui. Une salle riquiqui.* — La graphie *rikiki* est plus rare.

1. rire v. i. *ou* v. t. ind. Conjugaison et accord du participe.

1 Conjug. **51.** *Je ris, tu ris, il rit, nous rions, vous riez, ils rient.* — *Je riais, tu riais, il riait, nous riions, vous riiez, ils riaient.* — *Je ris, tu ris, il rit, nous rîmes, vous rîtes, ils rirent.* — *Je rirai.* — *Je rirais.* — *Ris, rions, riez.* — *Que je rie, que tu ries, qu'il rie, que nous riions, que vous riiez, qu'ils rient.* — Subjonctif imparfait inusité, sauf à la troisième personne du singulier *qu'il rît.* — *Riant.* — *Ri.* ▼ Attention aux deux *i* à la première et à la deuxième personne du pluriel de l'indicatif imparfait et du subjonctif présent : *(que) nous riions, (que) vous riiez.*

2 Participe passé toujours invariable : *Elles se sont ri de nous.*

2. rire n. m. Sans trait d'union : *un fou rire (des fous rires).*

1. ris [ʀi] n. m. *Les jeux et les ris.*

2. ris [ʀi] (terme de marine) *Prendre un ris.*

3. ris [ʀi] Sans trait d'union : *un ris de veau.* ▼ Ne pas écrire **riz de veau.*

1. risée n. f. Moquerie, objet de moquerie. — Finale en *-ée.*

2. risée n. f. *(marine)* Brise passagère. — Finale en *-ée.*

risette n. f. Sourire (d'enfant).

risotto n. m. [ʀizɔto] ▼ Plat italien. Avec *s* et non *z.* Deux *t.* — Inusité au pluriel.

risque n. m. Ne doit s'employer qu'à propos d'une chose fâcheuse : *Il y a un risque d'échec.* Dans le cas contraire, dire *chance : Il y a une chance de succès,* et non **un risque de succès.*

risquer Sens et construction.

1 Comme *risque,* ne doit s'employer qu'à propos d'une chose fâcheuse : *S'il continue ainsi, il risque de perdre son emploi.* Dans le cas contraire, dire *avoir des chances, une chance de : S'il travaille bien, il a des chances d'être reçu à l'examen,* et non **il risque d'être reçu.*

2 On évitera l'expression *risquer sa chance* et l'on écrira plutôt *tenter sa chance.*

3 A la forme active, personnelle ou impersonnelle, se construit avec *de* devant l'infinitif :
*Mon ami risque de se faire renvoyer du lycée.
Il risque de pleuvoir, cette nuit.* — A la forme
pronominale, se construit avec *à* devant l'infinitif : *Elles se sont risquées à exprimer des avis
contraires aux siens.*

risque-tout n. m. *ou* f. Invariable : *des risque-
tout.*

rissole n. f. Petit pâté. — Finale en *-ole,* avec
un seul *l.* Dérivés : *rissolé, rissoler.*

rival, ale, aux adj. *ou* n. Masculin pluriel en
-aux : *Les deux chefs rivaux.* — Dérivés :
rivaliser, rivalité.

riveter v. t. Conjug. **14.** *Il rivette, il rivettera,
il rivetterait,* mais *nous rivetons.* — De la même
famille : *river, rivet, rivetage, riveteuse, riveur,
rivoir, rivure.*

riviera n. f. Orthographe et emploi.

1 ▼ Mot italien. Se prononce [ʀivjeʀa], mais
ne prend pas d'accent sur le *e.*

2 Avec un *R* majuscule : *la Riviera,* côte
italienne du golfe de Gênes. On évitera le
pléonasme *la Riviera italienne.* On évitera aussi
d'employer *la Riviera* pour désigner la Côte
d'Azur.

rixe n. f. Querelle, échange de coups. ▼ Ne pas
prononcer *une *risk.*

riz n. m. Céréale. — Avec *z* final. ▼ Ne pas écrire
*riz de veau, mais *ris de veau* (mot différent).
— Dérivés : *rizerie, riziculture, rizière.*

riz-pain-sel n. m. *(familier)* Officier de l'intendance. — Invariable : *des riz-pain-sel.*

roast-beef ▷ rosbif.

robe n. f. On dira : *pommes de terre en robe de
chambre,* et non *en robe des champs,* malgré
l'avis, non fondé, de quelques grammairiens.

robinetterie [ʀɔbinɛtʀi] n. f. Avec deux *t.* En
revanche : *robinetier* [ʀɔbintje].

robot n. m. Avec un trait d'union : *une
photo-robot (des photos-robots), un protrait-
robot (des portraits-robots).*

rocade n. f. Route. — Avec un seul *c.*

rocaille n. f. Avec un seul *c.* Avec un *r*
minuscule : *le style rocaille* ou *le rocaille.* —
Invariable : *Des ornements rocaille.* — Au

singulier dans : *un jardin de rocaille.* —
Dérivés : *rocaillage, rocailleur, rocailleux,
euse.*

rocambolesque adj. Avec un seul *c* et un seul
l.

rocher, rochet Des noms masculins à distinguer.

1 rocher [ʀɔʃe] Grosse pierre.

2 rochet [ʀɔʃɛ] Surplis : *Le rochet d'un évêque.*

3 rochet [ʀɔʃɛ] Dent d'une roue. — Au
singulier dans : *la roue à rochet (d'une horloge).*

rocket ▷ roquette.

rocking-chair n. m. *(anglicisme)* Prononciation :
[ʀɔkintʃɛʀ]. — Pl. : *des rocking-chairs* [tʃɛʀ].
— Equivalent français : *fauteuil à bascule.*

rococo n. m. *ou* adj. Pas de *c* double. — Comme
nom, n'a pas de pluriel. — Comme adjectif,
invariable : *le style rococo, des chaises rococo.*

rodage n. m. *Voiture en rodage.* — Prononciation : [ʀɔdaʒ], avec *o* ouvert. Pas d'accent
circonflexe.

rodéo n. m. Mot espagnol francisé. Un accent
aigu sur le *e.* — Pl. : *des rodéos* [-deo].

roder, rôder Deux verbes à distinguer par la
graphie et la prononciation.

1 roder [ʀɔde] v. t. *Roder un moteur, une
voiture.* — (figuré) *La méthode n'est pas encore
rodée.* — Dérivé : *rodage* [ʀɔdaʒ].

2 rôder [ʀode] v. i. Errer : *Les loups rôdaient
autour du village.* — Dérivé : *rôdeur, euse*
[ʀodœʀ, øz].

rodomont n. m. Fanfaron. — Avec un *r*
minuscule. — Finale en *-ont.* Dérivé :
rodomontade.

roengen ▷ röntgen.

rogations n. f. pl. Cérémonie catholique. — Avec
un *r* minuscule.

rogatoire adj. *Commission rogatoire.* — Finale
en *-oire,* même au masculin.

rogaton n. m. Peut s'employer au singulier, mais
est surtout usité au pluriel : *Il ne reste que des
rogatons.*

roi n. m. Usage de la majuscule.

1 Avec *R* majuscule : *le jour des Rois ; la fête
des Rois,* l'Epiphanie ; *la galette des Rois ; fêter
les Rois.*

2 Avec *r* minuscule : *le roi de France, le roi des Français, le roi des Belges, le roi d'Angleterre, le roi de Rome...*

3 Avec *R* majuscule dans les titres suivants : *le Grand Roi,* le roi des Perses, dans l'Antiquité : *le Roi des rois,* l'empereur d'Ethiopie ; *le Roi Très Chrétien,* le roi de France.

4 Avec *R* majuscule dans les expressions formant surnom : *les Rois catholiques,* Ferdinand V d'Aragon et Isabelle de Castille ; *le Roi-Soleil,* Louis XIV ; *le Roi-Sergent,* Frédéric-Guillaume Iᵉʳ de Prusse ; *le Roi-Citoyen,* Louis-Philippe ; *le Roi-Chevalier,* Albert Iᵉʳ, roi des Belges.

roide adj. Equivalent littéraire de *raide.* Signifie « qui a une raideur hiératique ou bien maladroite » : *Les statues roides du début de l'art gothique. Le maintien roide d'un paysan endimanché.* — (figuré) *Le style roide des chansons de geste. La conscience roide d'un puritain.* — De même, *roidement, roideur, roidir* sont les équivalents littéraires de *raideur, raidement, raidir.*

rôle n. m. Avec un accent circonflexe sur le *o.*

rollmops n. m. inv. Filet de hareng. — Mot allemand, donc en un seul mot, sans trait d'union. Avec deux *l.* — Prononciation, au singulier et au pluriel : [ʀɔlmɔps].

romain, aine adj. *ou* n. *L'armée romaine. Les Romains.* — Avec *E* majuscule et *r* minuscule : *l'Eglise romaine, l'Empire romain.* — *Le romain :* les caractères romains. Au singulier : *texte imprimé en romain.*

romance Deux homonymes à distinguer par le genre.

1 Une **romance** Chanson sentimentale.

2 Un **romance** Poème espagnol en octosyllabes. — Prononciation : [ʀɔmãs].

romancer v. t. Conjug. **17**. Le *c* prend une cédille devant *a* ou *o* : *il romança, nous romançons.*

romancero n. m. Dans la littérature espagnole, recueil de romances ▷ **romance** (2). — Mot espagnol francisé. Prononciation : [ʀɔmãseʀo]. — Pl. : *des romanceros* [-ʀo].

romand, ande adj. *La Suisse romande. Les Suisses romands.* — Finale en *-and, -ande.*

roman-feuilleton n. m. En deux mots, avec un trait d'union. — Pl. : *des romans-feuilletons.*

roman-fleuve n. m. En deux mots, avec un trait d'union. — Pl. : *des romans-fleuves.*

romanichel, elle n. m. *ou* n. f. Pas un nom de peuple, donc pas de majuscule. — Finale en *-el, -elle.*

roman-photo n. m. En deux mots, avec un trait d'union. — Pl. : *des romans-photos.* — On dit aussi : *photoroman.*

romantique adj. *ou* n. Avec un *r* minuscule : *les romantiques,* les écrivains romantiques.

romarin n. m. Plante. — Finale en *-in.*

rompre v. t. *ou* v. i. Conjug. **102**. *Je romps, tu romps, il rompt, nous rompons, vous rompez, ils rompent.* — *Je rompais.* — *Je rompis.* — *Je romprai.* — *Je romprais.* — *Romps, rompons, rompez.* — *Que je rompe.* — *Que je rompisse.* — *Rompant.* — *Rompu, ue.*

romsteck ▷ **rumsteck**.

ronchonner v. i. Avec deux *n.* De même : *ronchonnement, ronchonneur.*

rond, ronde adj. *ou* n. *ou* adv. Expressions et emploi adverbial.

1 On distinguera *cent francs tout ronds,* exactement cent francs, et *cent francs en chiffres ronds,* environ cent francs.

2 Employé comme adverbe, toujours invariable : *Les machines tournent rond.*

rond-de-cuir n. m. *(familier)* Bureaucrate. — Pl. : *des ronds-de-cuir.*

ronde bosse, ronde-bosse Sans trait d'union, *une sculpture en ronde bosse,* mais, avec un trait d'union, *une ronde-bosse (des rondes-bosses).*

rondelet, ette adj. Finale en *-et, -ette.*

rondin n. m. Finale en *-in.*

rond-point n. m. — Pl. : *des ronds-points.*

Ronéo n. f. Machine à polycopier fabriquée par la Compagnie du Ronéo. ▼ Ne doit pas désigner une machine fabriquée par une autre société. Non déposé, donc avec une majuscule. — Invariable : *des Ronéo.* — Dérivés : *ronéotyper* ou, plus rare, *ronéoter.* Ce verbe ne doit pas s'employer quand la machine utilisée n'est pas une Ronéo. Dans ce cas, dire : *polycopier.*

ronfler v. i. Avec un seul *f.* De même : *ronflant, ronflement, ronfleur.*

rongé, ée Participe passé de *ronger.* On dit le plus souvent *rongé par les vers,* parfois *rongé des vers,* rarement *rongé aux vers.*

ronron n. m. En un seul mot, sans trait d'union. — Deux *n* dans les dérivés : *ronronnement, ronronmer.*

ronron, ronronnement On dit plutôt : *Le ronron du chat. Le ronronnement du moteur.* Au figuré, on dit : *Le ronron de la vie quotidienne. Le ronron magique des alexandrins classiques.*

röntgen n. m. Unité de quantité de rayonnement. — Prononciation : [ʀœntgɛn]. — Pl. : *des röntgens* [-gɛn]. ▼ Eviter la graphie **roentgen.* — *Dérivé* (en un seul mot) : *röntgenthérapie* [ʀœntgɛnteʀapi].

roquefort n. m. Avec un *R* majuscule : *du fromage de Roquefort.* — Avec un *r* minuscule : *du roquefort (Un morceau de roquefort. Manger du roquefort).*

roquette n. f. Fusée tactique. — On évitera la graphie anglaise *rocket.*

rorqual n. m. Mammifère marin. ▼ Prononciation : [ʀɔʀkwal], avec [kw]. — Pl. : *des rorquals.*

rosace, rose En architecture, ces deux noms féminins ne sont pas synonymes.

1 rose Grande baie circulaire, à remplage de pierre, qui orne la façade principale ou les façades de transept d'une église ou d'une cathédrale gothique : *La grande rose d'une cathédrale est située au milieu de la façade principale.*

2 rosace Baie circulaire analogue à la rose, mais plus petite et située ailleurs qu'au milieu d'une façade : *Les rosaces des portails de la cathédrale de Reims.*

rosaire n. m. Prière. — Finale en *-aire.*

rosat adj. Fait avec des roses. ▼ Toujours invariable : *Des onguents rosat. De la pommade rosat.*

rosâtre adj. Attention à l'accent circonflexe.

rosbif n. m. Seule graphie correcte. — On évitera **roast-beef, *roastbeef, *rosbeef.*

rose n. f. *ou* n. m. *ou* adj. Expressions et accord.

1 Avec *rose,* au singulier : *un teint de rose, l'aurore aux doigts de rose.*

2 Avec *rose* au singulier : *eau de rose, roman à l'eau de rose.* —Avec *rose* au pluriel : *confiture de roses, essence de roses, huile de roses.*

3 On prononce *(découvrir le) pot aux roses* [potoʀoz].

4 On dira : *une rose moussue,* plutôt que *une rose mousseuse.*

5 Sans trait d'union : *rose trémière (des roses trémières), rose pompon* ▷ **pompon.**

6 Adjectivement, *rose* employé seul s'accorde : *Des robes roses.* — Reste invariable s'il est accompagné d'un autre mot précisant la nuance : *Des robes rose clair. Des tentures rose vif. Des tissus rose corail.* Le trait d'union ne s'emploie que si l'autre mot est un adjectif de couleur : *Des tissus rose-orangé.* — Invariable quand un autre adjectif de couleur est joint par *et : Des décors rose et bleu.*

7 Le rose (= la couleur rose). Prend la marque du pluriel : *Toute la gamme des roses et des jaunes.*

rose, rosace ▷ **rosace.**

rosé, ée adj. S'accorde en nombre et en genre : *Des teintes rosées.*

rosse n. f. *ou* adj. Comme nom, toujours féminin, même appliqué à un homme : *Ce surveillant, c'est une rosse !* — Dérivés : *rossard, arde, rosserie.*

rossignol n. m. Finale en *-ol.*

rossinante n. f. *(familier)* Mauvais cheval. — Finale en *-ante.*

rostre n. m. Eperon de navire romain. — Avec *R* majuscule : *les Rostres,* tribune des orateurs, sur le Forum. — Dérivé : *rostral, ale, aux.*

rot, rôt Ne pas écrire *un rot* (action de roter) comme *un rôt* (un rôti).

rotatoire adj. Finale en *-oire,* même au masculin : *Le sens rotatoire.*

rote [ʀɔt] n. f. Tribunal de la curie romaine. — Avec un *r* minuscule : *La rote s'est réunie.*

roter [ʀɔte] v. i. Lâcher un rot. — Avec un seul *t* et sans accent circonflexe.

rotin n. m. Au singulier dans : *des meubles, des fauteuils de rotin.* — L'arbre qui fournit le rotin est le *rotang.*

rôtir v. t. *ou* v. i. Avec un accent circonflexe, comme les dérivés *rôti, rôtie rôtissage, rôtisserie, rôtisseur, rôtissoire.* Malgré la présence de cet accent circonflexe et malgré les dictionnaires, qui indiquent pour ces mots une prononciation avec *o* fermé [ʀo], la prononciation parisienne a adopté l'*o* ouvert [ʀɔ], qui est la plus normale de nos jours.

roture Avec un seul *t.* De même : *roturier, ière.*

roucouler v. i. Avec un seul *c* et un seul *l.* De même : *roucoulade, roucoulement, roucouleur.*

roué, rouet Ne pas écrire *ce gamin est roué* [ʀwe] (rusé) ni *les roués du Régent* comme *un rouet* [ʀwɛ] (machine à filer).

rouennais, aise adj. *ou* n. De la ville de Rouen : *La population rouennaise. Les Rouennais.* — Prononciation : [ʀwanɛ, ɛz].

rouennerie n. f. Etoffe. — Prononciation : [ʀwanʀi]. — Dérivé : *rouennier* [ʀwanje].

rouet, roué ▷ roué.

rouf n. m. Superstructure sur le pont d'un navire. — On évitera la graphie *roof.*

rouflaquette n. f. Avec un seul *f.*

rouge adj. *ou* n. Accord et emploi de la majuscule.

1 Comme adjectif, employé seul, prend la marque du pluriel : *Des autobus rouges.*

2 Comme adjectif, employé avec un autre adjectif ou suivi d'un nom qui indique une nuance de rouge, reste toujours invariable : *Des robes rouge vif. Des corsages rouge cerise. Des manteaux rouge brunâtre.* Dans les exemples ci-dessus, pas de trait d'union, car le second mot *(vif, cerise...)* n'est pas un adjectif de couleur, mais indique une nuance. En revanche, on écrit avec un trait d'union (et en maintenant l'invariabilité) : *Des costumes brun-rouge. Des soieries rouge-orangé.*

3 Comme adjectif, joint par *et* à un autre adjectif de couleur, reste invariable : *Des drapeaux portugais, vert et rouge, décoraient les façades. Des autobus rouge et blanc.* La graphie *des autobus rouges et blancs* supposerait qu'il y eût certains autobus rouges et d'autres blancs. — En revanche, on écrit *rouge* avec la marque du pluriel quand *rouge* est joint par *et* à un adjectif qui n'est pas un adjectif de couleur : *Des visages rouges et bouffis.*

4 Employé comme nom (= la couleur rouge), prend la marque du pluriel : *Les rouges profonds de ce peintre.* — On écrit : *Chauffer au rouge blanc* (sans trait d'union).

5 Employé comme adverbe, reste invariable : *Ils voient rouge. Elles se sont fâchées tout rouge.*

6 En général avec un *r* minuscule : *les rouges,* les communistes, les révolutionnaires *(familier).*

rougeâtre adj. Attention au *e* après le *g* et à l'accent circonflexe.

rougeaud, aude adj. Attention au *e* après le *g.* Finale en *-aud, aude.*

rouge-gorge n. m. Oiseau. — Pl. : *des rouges-gorges.*

rougeoiment n. m. Attention au *e* muet intérieur.

rougeole n. f. Attention au *e* muet intérieur. Finale en *-ole,* avec un seul *l.* — Dérivé : *rougeoleux.*

rougeoyant, ante [ʀuʒwajɑ̃, ɑ̃t] adj. Attention au *e* muet intérieur.

rougeoyer [ʀuʒwaje] v. i. Conjug. **21.** Change *y* en *i* devant un *e* muet : *il rougeoie, il rougeoiera.*

rouge-queue n. m. Oiseau. — Pl. : *des rouges-queues.*

rouget n. m. Poisson. — Sans trait d'union : *rouget barbet (des rougets barbets), rouget grondin (des rougets grondins).*

rouille n. f. *ou* adj. Comme adjectif de couleur, toujours invariable : *des chandails rouille.*

rouir v. i. *ou* v. t. *Le lin rouit. On rouit le lin dans les rivières.* — Dérivés : *roui* n. m. *(sentir le roui), rouissage, rouissoir.*

roulis n. m. Finale en *-is.*

roulis, tangage ▷ tangage.

roulotte n. f. Finale en *-otte,* avec deux *t.* De même : *roulotter.*

round n. m. Anglicisme de la langue de la boxe. — Prononciation : [ʀund] ou, plus rarement, [ʀawnd]. — Pl. : *des rounds.* — Equivalent français : *reprise.*

rouspéter v. i. Conjug. **11.** *Je rouspète,* mais *je rouspéterai, je rouspéterais.* — Dérivés : *rouspétance, rouspéteur.*

roussâtre adj. Attention à l'accent circonflexe.

rousserolle n. f. Oiseau. — Finale en *-olle,* avec deux *l.*

roussi n. m. *Sentir le roussi.* — Finale en *-i.*

1. roussin n. m. Cheval. — Finale en *-in.*

2. roussin n. m. *(argot ; vieilli)* Policier. — Finale en *-in.*

routine n. f. L'anglicisme *mission de routine,* employé dans la langue de l'aviation, désigne une série d'opérations de reconnaissance, répétées pendant une assez longue durée et destinées à suivre l'évolution des préparatifs de l'ennemi. — On évitera de dire *opération de routine, mission de routine* pour désigner une opération, une mission *banale, habituelle.*

rouvre n. m. *Le rouvre* ou *le chêne rouvre* (sans trait d'union). — Dérivés : *rouvraie.*

rouvrir v. t. *ou* v. i. ▼ On dit *rouvrir* et non **réouvrir,* mais *réouverture* et non **rouverture.*

royal, ale, aux [ʀwajal, al, o] adj. Masculin pluriel en *-aux* : *Les officiers royaux.* — Dérivés : *royalement* [ʀwajalmɑ̃], *royalisme* [ʀwajalism(ə)], *royaliste* [ʀwajalist(ə)].

royalties n. f. pl. *(anglicisme)* Prononciation : [ʀwajalti]. — Le singulier *royalty* [-ti] est rare. — Pour remplacer cet anglicisme, on tend actuellement à employer, selon le cas, l'un des équivalents français *redevance* ou *honoraires.*

ruban n. m. Un seul *n* dans les dérivés *rubané, rubanerie, rubanier, ière,* mais deux *n* dans le verbe *enrubanner.*

rubéole n. f. Finale en *-ole* avec un seul *l.* — Dérivés : *rubéoleux, rubéolique.*

rubicond, onde adj. Ne pas écrire *rubicond,* qui a le visage trop rouge *(Un bon vivant, gras et rubicond),* comme *le Rubicon,* fleuve d'Italie *(Franchir le Rubicon).*

rubis [ʀybi] n. m. Pierre précieuse. — Finale en *-is.*

rubrique n. f. Dans la langue surveillée on évitera : *J'ai lu cela *dans la rubrique des sports, *dans la rubrique littéraire.* On préférera *sous la rubrique des sports,* etc. (tour le plus correct) ou *à la rubrique des sports,* etc. (tour moins conseillé, mais plus usuel).

ruche n. f. Sans accent circonflexe. De même : *ruché, ruchée, rucher.*

ruché, rucher Deux noms homophones.

1 Un **ruché** Bande de tissu plissé.

2 Un **rucher** Ensemble des ruches qui appartiennent à un même propriétaire. — Le lieu où ces ruches sont installées.

rudement adv. Familier au sens de « très » : *Il est rudement bon, ce film !*

rudiment n. m. Pas de *e* après le *i.* —Dérivé : *rudimentaire.*

rudoiement n. m. Attention à l'*e* muet intérieur.

rudoyer v. t. Conjug. **21.** Change *y* en *i* devant un *e* muet : *il rudoie, il rudoiera.* — Attention au *i* après *y* à la première et à la deuxième personne du pluriel de l'indicatif imparfait et du subjonctif présent : *(que) nous rudoyions, (que) vous rudoyiez.*

1. rue n. f. Voie dans une ville.

I Orthographe des noms de rues, d'avenues, de places, etc.

1 Quand la dénomination est constituée par un adjectif, celui-ci prend la majuscule : *rue Neuve, place Royale.*

2 Pas de trait d'union entre le mot *rue, avenue, place,* etc. et la dénomination : *la place des Vosges, la rue de la Poste, l'avenue de la Gare.*

3 Traits d'union entre les éléments de la dénomination propre : *place Victor-Hugo, rue du Commandant-Lenoir, avenue du Général-de-Gaulle, square Anna-de-Noailles, place du 14-Juillet, rue du Marché-Vieux, rue du Pont-Neuf, rue du Pont-Saint-Antoine.*

II Emploi de la préposition. On dira : *Il habite rue Balzac,* et non **dans la rue Balzac.* De même : *Quelle rue habitez-vous ?* et non **Dans quelle rue...* — En revanche, on dit très bien : *Les enfants jouent dans la rue.*

2. rue n. f. Plante.

ruffian n. f. Avec deux *f.*

rugby n. m. Prononciation : [ʀygbi]. On évitera la prononciation méridionale ***[ʀybi].

rugbyman n. m. Faux anglicisme. Le mot n'existe pas en anglais. — Prononciation : [ʀygbiman]. — Pl. : *des rugbymen* [-mɛn]. — Pour éviter ce mot faussement anglais, on emploiera : *joueur de rugby.*

rugueux adj. *ou* n. m. Avec *-gu-,* à la différence de *rugosité.*

ruine n. f. Au sens propre, plutôt au pluriel dans les emplois libres : *D'ici, vous voyez les ruines d'un château fort.* — Toujours au singulier dans : *menacer ruine, tomber en ruine, être en ruine, château en ruine.*

ruisseler v. i. *ou* v. t. ind. Conjug. **13.** *Il ruisselle, il ruissellera,* mais *il ruisselait.* — Dérivés : *ruisselant, ruissellement.*

rumsteck [ʀɔmstɛk] ou **romsteck** n. m. Les deux graphies sont correctes. La plus fréquente est *rumsteck*. — Pl. : *des rumstecks* ou *des romstecks*.

runabout n. m. Anglicisme qui désigne un canot à moteur. — En un seul mot, sans trait d'union. — Prononciation : [ʀœnabawt]. — Pl. : *des runabouts* [-bawt]. — Equivalents français : *vedette rapide, canot rapide, canot à moteur, canot automobile*.

ruse n. f. Avec *s* et sans accent circonflexe. De même : *rusé, ruser*.

rush n. m. *(anglicisme)* Prononciation : [ʀœʃ]. — Pl. : *des rushes* [ʀœʃ]. — Pour éviter cet anglicisme, on emploiera le mot français *ruée* : *La ruée des départs en vacances*.

russule Champignon. — Toujours féminin : *La russule charbonnière*.

Rustine n. f. Nom déposé, donc, en principe, avec une majuscule. — Pl. : *des Rustines*.

rustre adj. *ou* n. Ne pas déformer en **ruste,* sous l'influence de *fruste*.

rut n. m. Période de l'accouplement. — Prononciation : [ʀyt].

rutabaga n. m. Finale en *-a*.

rutiler v. t. Le vrai sens originel est « être d'un rouge éclatant » : *Un bouquet de coquelicots rutilait dans le vase*. De nos jours, le sens usuel est « briller d'un vif éclat, quelle que soit la couleur ». Ce sens moderne ne saurait être considéré comme une faute grave. Cependant on évitera d'employer *rutiler* quand l'objet décrit a des couleurs trop éloignées du rouge. On peut écrire : *Dans la cuisine, les cuivres bien astiqués rutilaient*. On n'écrira pas : *Une émeraude rutilait à son doigt*. Cette remarque vaut aussi pour les dérivés **rutilance, rutilant, rutilement**.

rythme n. m. De nos jours, avec *r* et non avec **rh-*. De même : *rythmé, rythmer, rythmique*.

S

sa ▷ **son.**

sabbat n. m. Toujours avec un *s* minuscule : *Le repos du sabbat. Les sorcières allaient au sabbat.* — Finale en *-at.* Deux *b*, comme dans le dérivé *sabbatique.*

sablé, sableux, sablonneux Trois adjectifs à bien distinguer.

1 sablé, ée Que l'on a recouvert de sable : *Cour sablée.*

2 sableux, euse Qui contient du sable : *De l'eau sableuse et trouble.* — Qui est de la nature du sable : *Une terre trop sableuse.* On dit plutôt, dans ce sens : *sablonneux.*

3 sablonneux, euse Qui est formé de sable : *Un terrain sablonneux.* — Qui est naturellement couvert de sable : *Un chemin sablonneux.*

sabord n. m. Finale en *-ord.* Dérivés : *sabordage, saborder.*

sabot n. m. Finale en *-ot.* — Un seul *t* dans les dérivés : *sabotage, saboter, saboterie, saboteur, saboteuse, sabotier, sabotière.*

sabre-baïonnettes n. m. — Pl. : *des sabres-baïonnettes.*

sabretache n. f. Sac suspendu au ceinturon. — En un seul mot, sans trait d'union.

sac n. m. Avec le complément toujours au singulier : *des sacs à main, des sacs à malice.* — Avec *sac* toujours au singulier : *des courses en sac.*

saccade n. f. Avec deux *c.* De même : *saccadé.*

saccager v. t. Avec deux *c.* De même : *saccage, saccageur.*

saccharose Genre, orthographe et prononciation.

1 ▼ Toujours masculin : *Le saccharose est extrait de la betterave.*

2 Se prononce avec *o* fermé, [sakaʀoz], mais s'écrit sans accent circonflexe. Le groupe *-cch-* se prononce [k], comme dans les mots de la même famille : *saccharase* [sakaʀaz] n. f., *saccharate* [sakaʀat] n. m., *saccharifère* [sakaʀifɛʀ], etc.

sacerdotal, ale, aux adj. Masculin pluriel en *-aux :* *Les ornements sacerdotaux.*

sache *Que je sache, je ne sache pas que* ▷ **savoir** (III, 1 et 2).

sacoche n. f. ▼ Avec un seul *c.*

sacquer ▷ **saquer.**

sacramental, aux n. m. Masculin pluriel en *-aux.* — Prononciation : [sakʀamɑ̃tal], avec [mɑ̃]. De même : *sacramentaire* [sakʀamɑ̃tɛʀ], *sacramentel, elle* [sakʀamɑ̃tɛl, ɛl].

sacré, ée Attention à la place de cet adjectif.

1 Après le nom. Signifie « qui a un caractère religieux, vénérable » : *La colère sacrée d'un prophète.*

2 Avant le nom. Renforce familièrement un terme : *Quelle sacrée colère !* (= quelle colère violente !). ▼ Exception : *le Sacré Collège,* l'ensemble des cardinaux.

sacré-cœur n. m. Avec un *S* et un *C* majuscules : *le Sacré-Cœur, le Sacré-Cœur de Jésus.* — Avec un *S* et un *C* majuscules : *le Sacré-Cœur, la basilique du Sacré-Cœur*, église de Paris. — Avec un *s* et un *c* minuscules : *un sacré-cœur (des sacrés-cœurs)*, peinture, statuette ou emblème *(Des sacrés-cœurs sulpiciens en plâtre colorié. Les combattants de la Vendée portaient un sacré-cœur cousu sur leur vêtement).*

sacrement n. m. *Le saint sacrement* ▷ **saint** (3).

sacrificatoire adj. Finale en *-oire*, même au masculin : *Un rite sacrificatoire.*

sacripant n. m. Finale en *-ant*. — Ne pas déformer en **sacrispant.*

sacristain n. f. Finale en *-ain*. — Au féminin, la forme *sacristine* est plus fréquente que *sacristaine.*

sacro-saint, ainte adj. En dehors du contexte historique *(A Rome, les tribuns de la plèbe étaient sacro-saints)*, est toujours ironique : *Les règles sacro-saintes en usage dans les administrations !*

sacrum [sakʀɔm] n. m. (terme d'anatomie) Pl. : *des sacrums.*

sadique adj. *ou* n. ▼ Les composés s'écrivent en un seul mot, sans trait d'union : *sadomasochisme, sadomasochiste.*

safari n. m. Composés : *safari-chasse (des safaris-chasses), safari-photo (des safaris-photos).*

safran n. m. Comme adjectif de couleur, toujours invariable : *Des soieries safran. Des robes safran clair.* — Un seul *n* dans les dérivés : *safrané, ée, safraner, safranier, safranière.*

saga n. f. Au sens propre, désigne une épopée scandinave du Moyen Age. L'emploi du mot pour désigner l'histoire d'une famille ou d'un personnage est une extension quelque peu abusive et prétentieuse.

sagace adj. Finale en *-ace*. — Dérivé : *sagacité.*

sagaie [sagɛ] n. f. La forme *zagaie* est sortie de l'usage.

sage adj. *ou* n. m. Avec deux fois *S* majuscule : *les Sept Sages, les Sept Sages de la Grèce.*

sage-femme n. f. — Pl. : *des sages-femmes.*

1. sagittaire n. m. *(vieux)* Archer. — Avec *S* majuscule : *le Sagittaire*, constellation, signe du zodiaque.

2. sagittaire n. f. Plante. — Avec deux *t*, comme

les mots de la même famille : *sagittal, ale, aux, sagitté, ée.*

saie [sɛ] n. f. Manteau gaulois. — Au XVIIe siècle, le mot était masculin, genre indiqué encore, à tort, par certains dictionnaires.

saillir Verbe défectif. La conjugaison dépend du sens.

1 Conjug. **25** (comme *finir*), à la forme intransitive, au sens vieux de « s'élancer, jaillir » *(L'eau saillit)* ou à la forme transitive, au sens de « couvrir la femelle » *(L'étalon saillit la jument).* Ne s'emploie qu'à la troisième personne du singulier ou du pluriel : *il saillit, ils saillissent.* — *Il saillissait, ils saillissaient.* — *Il saillit, ils saillirent.* — *Il saillira, ils sailliront.* — *Il saillirait, ils sailliraient.* — Impératif inusité. — *Qu'il saillisse, qu'ils saillissent.* — *Qu'il saillît, qu'ils saillissent.* — *Saillissant.* — *Sailli, ie.* — Auxiliaire *avoir : L'étalon a sailli la jument.*

2 Conjug. **41** à la forme intransitive au sens de « avancer, faire saillie » : *Une tourelle en poivrière saillait sur le rempart.* Ne s'emploie qu'à la troisième personne du singulier ou du pluriel : *il saille, ils saillent.* — *Il saillait, ils saillaient.* — Passé simple inusité. — *Il saillera, ils sailleront.* — *Il saillerait, ils sailleraient.* — Impératif inusité. — *Qu'il saille, qu'ils saillent.* — Subjonctif imparfait inusité. — *Saillant.* — *Sailli* (féminin et pluriel inusités) — Auxiliaire *avoir : Sous le choc, la planche avait sailli de quelques centimètres.* ▼ S'emploie très rarement aux temps composés.

sain, saine adj. Dans l'expression *sain et sauf*, on ne fait pas la liaison au pluriel : *Ils sont sains et saufs* [sɛ̃esof].

saindoux n. f. Finale en *-oux*, même au singulier.

sainfoin n. m. Ne pas écrire **saint-foin.*

saint, sainte adj. Orthographe des expressions.

1 Les noms de saints Quand l'expression désigne une personne canonisée par l'Eglise, on écrit *saint* avec *s* minuscule et on ne met pas le trait d'union : *Selon la tradition, saint Pierre fut le premier pape. C'est à Lyon que sainte Blandine subit le martyre. Jésus fut baptisé par saint Jean-Baptiste.* — De même : *Ils invoquèrent saint Michel Archange.* — On écrit cependant avec un *S* majuscule : *La Sainte Vierge* et *Saint Louis* (quand il s'agit de Louis IX, roi de France).* — On écrit traditionnellement : *La sainte Famille. Les saints apôtres. Les saints anges. Les saints Innocents.*

2 Les noms de fêtes, d'églises, de villes, de lieux, d'édifices. Avec un *S* majuscule et un trait d'union : *Les feux de la Saint-Jean. L'été de la Saint-Martin. C'est demain la Sainte-Barbe. La cathédrale Saint-Jean, à Lyon. Il entendit la messe à Sainte-Clotilde. Il habite à Saint-Omer. Elle part pour Saint-Etienne. Il est né à Sainte-Geneviève-des-Bois. Au n° 13 de la rue Saint-Vincent. Le magasin est situé place Saint-Sulpice. La gare Saint-Lazare. La bibliothèque Sainte-Geneviève. Le lycée Saint-Louis. La porte Saint-Martin.* — De même : *L'ordre de Saint-Michel, de Saint-Louis. L'herbe de Saint-Jean. Le feu Saint-Elme. Le feu Saint-Antoine.*

3 Avec un *s* minuscule et sans trait d'union : *La sainte Bible. L'Ecriture sainte. La sainte ampoule. Le saint chrême. Le saint ciboire. Les saintes espèces. Les saintes huiles. La sainte messe. Les saintes reliques. Le saint sacrement* (mais *la compagnie du Saint-Sacrement*). *Le saint sacrifice de la messe. La sainte table.* De même : *La semaine sainte. Le jeudi saint.* — On écrit : *La Terre sainte* (la Palestine, pays où vécut Jésus). *Les Lieux saints* (les lieux où Jésus a vécu et où il a souffert), mais *un lieu saint* (lieu sacré), *le saint lieu* (l'église).

4 Avec un *S* majuscule et sans trait d'union : *La Sainte Face. Le Saint Empire romain germanique.*

5 Avec un *S* majuscule et avec un trait d'union : *le Saint-Esprit* (mais *l'Esprit saint*) *Notre Très Saint-Père le pape. Le Très Saint-Père. Le Saint-Office. Le Saint-Siège. La Sainte-Alliance.*

saint-bernard n. m. Chien. — Invariable : *des saint-bernard.*

saint-cyrien n. m. Elève de l'école de Saint-Cyr. ▼ Pl. : *des saint-cyriens.*

sainte-barbe n. f. Magasin à poudre. — Pl. : *des saintes-barbes.*

sainte nitouche ▷ **nitouche.**

Saint-Esprit n. m. Avec *S* et *E* majuscules et un trait d'union. En revanche : *l'Esprit saint.*

sainteté n. f. Avec deux fois *S* majuscule, *Sa Sainteté* (en abrégé *S.S.*), titre de respect, quand on parle du pape : *S.S. le pape Jean-Paul II.*

saint-frusquin n. m. *(familier)* Matériel, habillement, mobilier. — Invariable : *des saint-frusquin.*

saint-galmier On écrit : *des épaules en saint-galmier,* tombantes.

saint-honoré n. m. Gâteau. — Invariable : *des saint-honoré.*

Saint-Office n. m. Avec *S* et *O* majuscules et un trait d'union.

Saint-Père n. m. On écrit : *Notre Très Saint-Père le pape, le Très Saint-Père, le Saint-Père.*

saint-pierre n. m. Poisson. — Invariable : *des saint-pierre.*

saint-simonien, ienne adj. *ou* n. Elément *saint-* toujours invariable. Le second élément varie en nombre et en genre : *Les principes saint-simoniens. Les théories saint-simoniennes. Les saint-simoniens. Une saint-simonienne.* — De la même famille : *saint-simonisme.*

saisie n. f. Avec un trait d'union : *une saisie-arrêt (des saisies-arrêts), une saisie-brandon (des saisies-brandons), une saisie-gagerie (des saisies-gageries).*

saison n. f. Avec un trait d'union : *marchand(e) des quatre-saisons.* — Dérivé, avec deux *n* : *saisonnier, ière.*

sajou ▷ **sapajou.**

salace adj. Orthographe et sens.

1 Finale en *-ace,* avec *c.* Dérivé : *salacité.*

2 Vient du latin *salax,* de la famille de *salire* (saillir, couvrir une femelle). Aucun rapport avec *sale, salaud,* ni avec *salé.* Au sens exact, qualifie un individu très lubrique : *Ce vieillard salace fréquentait les mauvais lieux.* Ne doit pas qualifier une chose licencieuse (sens abusif dû à l'attraction de *salé*). Pour qualifier une plaisanterie, une parole, etc., on préférera *graveleux, grivois, licencieux, leste, libre, salé* : *Une plaisanterie grivoise. Une parole graveleuse.*

salade n. f. Toujours au singulier dans : *des tomates en salade.* — Avec le complément toujours au pluriel : *Une salade de concombres, de tomates, de fruits, d'oranges.*

salaire n. m. Au sens large, le mot *salaire* tend à s'employer pour désigner, soit le *salaire* proprement dit, soit les *appointements,* soit le *traitement,* soit les *gages.* — L'usage précis distingue les termes suivants pour les rémunérations : *le salaire* (d'un ouvrier), *les appointements* (d'un employé ou d'un cadre), *le traitement* (d'un fonctionnaire civil), *la solde* ou *le prêt* (d'un militaire), *les honoraires* (d'un médecin ou d'un avocat), *les émoluments* (d'un greffier ou d'un huissier), *les vacations* (d'un expert), *le cachet* (d'un acteur, d'un professeur de musique), *les gages* (d'un domestique). Ce dernier terme est très vieilli. On dit : *Le salaire* (d'un(e) employé(e) de maison).

salamandre n. f. Animal. — Finale en *-andre*.

salami n. m. Finale en *-i*. — Pl. : *des salamis*.

salant adj. m. Sans trait d'union : *un marais salant (des marais salants)*.

sale adj. Place de l'adjectif.

1 Après le nom. Signifie « malpropre » : *Un individu sale. Un chien sale. Un travail sale. Un coin sale.*

2 Avant le nom. Equivaut (familièrement) à « méprisable, désagréable, méchant, malhonnête, dangereux » : *Un sale individu. Un sale chien. Un sale travail. Un sale coin.*

salé n. m. Sans trait d'union : *du petit salé*.

salicylique adj. Attention à la place de l'*y*. — Dérivé : *salicylate*.

salin, saline, marais salant Ces trois noms ne sont pas synonymes.

1 Un marais salant Terme générique. S'emploie plus spécialement pour désigner les exploitations de sel marin de la côte atlantique (Loire-Atlantique, Vendée, Charente-Maritime).

2 Un salin Désigne un marais salant du littoral méditerranéen (bas Languedoc).

3 Une saline Exploitation dans laquelle on produit du sel par évaporation d'une saumure de sel gemme ou par traitement direct du sel gemme : *Les salines de Lorraine.* ▼ Ne doit jamais s'employer pour désigner un marais salant ou un salin.

salle n. f. Local. — Avec deux *l*. Ne pas écrire comme *sale*, malpropre.

1 Avec le complément au singulier : *salle de bain* (plutôt que *salle de bains*), *salle de bal, salle de classe, salle de danse, salle d'eau, salle d'étude, salle de jeu, salle de séjour, salle de spectacle.*

2 Avec le complément au pluriel : *salle d'armes, salle de concerts, salle de conférences.*

3 Usage flottant : *salle d'audience* ou *salle d'audiences*.

4 Avec un trait d'union : *la grand-salle (des grand-salles)*.

salmigondis [salmigɔ̃di] n. m. *(familier)* Mélange confus. — Finale en *-is*.

salmis [salmi] n. m. Ragoût de gibier ou de volaille. — Finale en *-is*. — Avec le complément au singulier : *salmis de bécasse, de pintade.*

saloir n. m. Finale en *-oir*.

salon n. m. Avec *S* majuscule : *le Salon nautique. Le Salon de l'automobile. Le Salon des arts ménagers* ou *les Arts ménagers*. — Avec un *s* minuscule : *le salon d'Apollon* (au Louvre). — Avec un *S* majuscule : *le Salon carré*. — Deux *n* dans les dérivés : *salonnard, salonnier*.

salpêtre n. m. Avec accent circonflexe. De même : *salpêtrage, salpêtrer, salpêtreux, salpêtrière*.

salpêtrière n. f. Avec *S* majuscule : *la Salpêtrière*, hôpital de Paris.

salpingite n. f. Maladie. — Pas de *y*.

salsifis [salsifi] n. m. Plante, légume. — Finale en *-is*.

salut n. m. Finale en *-ut*. — Avec *A* majuscule et *s* minuscule : *l'Armée du salut*.

salvateur adj. *(littéraire)* Qui sauve. — Le féminin *salvatrice* sert parfois de féminin à *sauveur : Une intervention salvatrice*.

samedi n. m. Toujours avec une minuscule : *Aujourd'hui, samedi 14 janvier*. — On écrit : *Le samedi saint*.

samouraï n. m. Avec tréma sur le *i*. — Prononciation : [samuʀaj]. — Pl. : *des samouraïs* [-ʀaj]. — Il existe une forme plus rare, *samurai* [samuʀaj], sans tréma et invariable : *des samurai*.

samovar n. m. ▼ Finale en *-ar*. — Pl. : *des samovars*.

samoyède adj. *ou* n. Prononciation : [samɔjɛd]. — Attention à la majuscule : *Les Samoyèdes. La population samoyède*. — N. m. *Le samoyède* : langue.

sanatorium [sanatɔʀiɔm] n. m. — Pl. : *des sanatoriums*. — Abréviation familière : *un sana (des sanas)*.

sanction n. f. Est admis de nos jours au sens de « pénalité, peine, punition » : *Ce fonctionnaire a été l'objet de sanctions administratives en raison de ses manquements à la discipline.*

sanctionner v. t. Au sens exact, signifie « donner force exécutoire à un acte, à une décision » *(Louis XVI refusa de sanctionner le décret sur les prêtres réfractaires, en 1792)* ou bien « entériner, accepter » *(L'usage a sanctionné l'orthographe francisée « référendum »)*. — Le sens usuel *(Sanctionner un délit, un coupable)* est critiqué. Dans la langue très surveillée, on préférera **prendre des sanctions contre, infliger des sanctions à, châtier, condamner, frapper d'une peine, punir,** surtout si le complément direct désigne une personne : *Le gouvernement a promis que les coupables seraient châtiés* ou *seraient punis,* mieux que *seraient sanctionnés.*

sanctuaire n. m. Attention à l'anglicisme qui consiste à employer ce mot dans le sens de *refuge, asile, endroit le mieux protégé,* dans des phrases telles que : *Cette province étrangère frontalière est à la fois la base d'opérations et le sanctuaire des terroristes. Le haut commandement a refusé jusqu'à présent de bombarder les villes du sanctuaire ennemi.*

sandale n. f. Avec *-an.* De même : *sandalette.*

sandwich n. m. ▼ Bien prononcer [sɑ̃dwitʃ], et non *[sɑ̃dwiʃ]. — Pl. : *des sandwiches* [-witʃ], plutôt que *des sandwichs* [-witʃ].

sang n. m. Orthographe, prononciation et expressions.

1 Attention au *-g* final.

2 Le *-g* final est muet en liaison, sauf dans quelques rares emplois figés : *suer sang et eau* [sɑ̃keo], prononcé d'ailleurs plutôt, de nos jours, [sɑ̃eo]. *Qu'un sang impur* [sɑ̃kɛpyʀ] (la Marseillaise).

3 Sans trait d'union : *animaux à sang chaud, à sang froid, avoir le sang chaud, le sang vif.* — Avec un trait d'union : *avoir du sang-froid.*

4 Pur sang, pur-sang ▷ pur sang.

sang-froid n. m. Avec un trait d'union.

sangloter v. i. ▼ Avec un seul *t.*

sang-mêlé adj. *ou* n. Toujours invariable : *Une sang-mêlé. Ces filles sont des sang-mêlé.*

sangsue n. f. Attention au *g* intérieur muet et à la finale en *-ue.*

sanguin, ine adj. *ou* n. Prononciation : [sɑ̃gɛ̃, in], avec [g] et non *[gɥ]. De même : *sanguinaire* [sɑ̃ginɛʀ], *sanguinolent, ente* [sɑ̃ginɔlɑ̃, ɑ̃t].

sanhédrin n. m. Assemblée juive, dans l'Antiquité. — Avec un *s* minuscule : *le sanhédrin, le grand sanhédrin.* ▼ Bien prononcer [sanedʀɛ̃] et non *[sɑ̃edʀɛ̃].

sans prép. Emploi et expressions.

1 ▼ Le mot *sans* est une préposition. Ne pas l'employer adverbialement. On évitera des tours tels que : *Il a besoin de ces livres, il ne*
peut pas faire sans (au lieu de *il ne peut pas s'en passer). J'avais un imperméable, mais je suis parti sans* (au lieu de *je l'ai oublié, je ne l'ai pas pris).*

II **Singulier ou pluriel.** *Sans* peut être suivi d'un nom au singulier ou au pluriel. C'est généralement le sens qui décide. On écrira : *Une boîte sans couvercle* (puisqu'une boîte a un seul couvercle), mais *un gilet sans manches* (puisqu'un gilet a deux manches). Parfois l'usage impose le singulier *(Il nous accuse sans preuve)* ou le pluriel *(Un ménage sans enfants).*

III **Sans aucun, sans nul, sans personne, sans rien, sans jamais, etc.** Il n'est pas incorrect de cumuler *sans* et un autre mot négatif : *Il vit seul sans aucun ami. Il a réussi sans l'aide de personne. Il passa sans rien remarquer. Elle répétait les mêmes conseils, sans jamais se lasser.* ▼ Les tours *sans pas, *sans pas un sont incorrects. On écrira : *Il travaille sans assistant, sans aucun assistant,* et non *sans pas d'assistant, *sans pas un assistant.*

IV *Sans* + **tour négatif, équivalant à une affirmation.** Bien interpréter ces expressions.

1 *Non sans* + **nom ou infinitif.** *Il a réussi, non sans difficulté* (= avec difficulté). *Il nous a raconté l'histoire, non sans oublier un épisode pittoresque* (= tout en oubliant un épisode...). *Il nous a raconté l'histoire, non sans ajouter quelques détails* (= tout en ajoutant).

2 *N'être pas sans* + **nom ou infinitif.** *Il n'est pas sans argent* (= il a de l'argent). *Elle n'était pas sans avoir remarqué que...* (= elle avait bien remarqué que...). — *Vous n'êtes pas sans savoir* ▷ **savoir** (IV).

3 *Ne pas aller sans* + **nom ou infinitif.** *Cette adaptation n'ira pas sans difficulté* (= elle se fera difficilement). *Ce projet ne va pas sans rencontrer des objections* (= rencontre des objections).

V **Sans... ni..., sans... et sans..., sans... ni sans...** Les deux premiers tours sont corrects et modernes : *Tout s'est passé sans retard ni perte de temps. Un homme sans fortune et sans relations.* — Le tour *ni...* est archaïque et littéraire : *Ils vécurent sans soucis ni sans ambition.* A éviter dans la langue écrite ordinaire.

VI **Sans que.** Toujours suivi du subjonctif. ▼ Après *sans que,* on évitera d'employer le *ne* explétif : *Il ne se passe pas de jour sans qu'elle commette une erreur,* et non *sans qu'elle *ne commette une erreur.*

VII **Expressions.**

1 **Sans doute** ▷ **doute** (I et II).

2 **Sans égal** ▷ **égal** (I, 1 et 2).

3 Sans pareil ▷ pareil (4).

4 Sans presque, presque sans ▷ **presque** (III, 4).

sans-abri n. m. *ou* f. Invariable : *des sans-abri.*

sans-cœur n. m. *ou* f. Invariable : *des sans-cœur.*

sanscrit ▷ sanskrit.

sans-culotte n. m. — Pl. : *des sans-culottes.* — Dérivé : *sans-culottide* n. f. *(des sans-culottides).*

sans façon, sans-façon Deux expressions à bien distinguer par la graphie.

1 Sans façon (sans trait d'union) loc. adj. *ou* adv. Simple, simplement. *Des petites réceptions sans façon. Ils nous ont reçus sans façon,* mieux que *sans façons.*

2 sans-façon (avec un trait d'union) n. m. Simplicité dans les manières : *Son sans-façon met tout le monde à l'aise.* — Inusité au pluriel.

sans-fil Attention au genre.

1 La sans-fil La télégraphie ou la téléphonie sans fil (T.S.F.).

2 Un sans-fil Message transmis par T.S.F. — Invariable : *des sans-fil.*

sans-filiste n. m. *ou* f. — Pl. : *des sans-filistes.*

sans-gêne adj. *ou* n. Invariable : *Des procédés sans-gêne. Ces gens-là, quels sans-gêne !*

sanskrit, ite n. m. *ou* adj. *Le sanskrit. La langue sanskrite.* — On préférera la graphie *sanskrit* à *sanscrit.* De même : *sanskritique, sanskritisme, sanskritiste,* plutôt que *sanscritique, sanscritisme, sanscritiste.*

sans-le-sou n. m. *ou* f. Invariable : *des sans-le-sou.*

sans-logis n. m. *ou* f. Invariable : *des sans-logis.*

sansonnet n. m. Oiseau. — Avec deux *n* et finale en *-et.*

sans-parti n. m. *ou* f. Invariable : *des sans-parti.*

sans-patrie n. m. *ou* f. Invariable : *des sans-patrie.*

sans-soin n. m. *ou* f. Invariable : *des sans-soin.*

sans-souci n. m. *ou* f. *ou* adj. Invariable : *Des sans-souci. Elles sont très sans-souci.*

sans-travail n. m. *ou* f. Invariable : *des sans-travail.*

santal n. m. Arbre ; bois ; parfum. — Pl. : *des santals.*

santé n. f. Expressions.

1 On peut dire *jouir d'une bonne santé,* mais non **jouir d'une mauvaise santé.* Dire : *avoir une mauvaise santé.*

2 Avec *raison* et *santé* toujours au singulier : *pour raison de santé.* ▼ Ne pas dire **pour cause de santé.* En revanche, *pour cause de maladie* est correct.

santon, centon ▷ centon.

saoudien, saoudite ▷ séoudien.

saoul ▷ soûl.

sapajou n. m. Singe. — La forme *sajou* est vieillie. — Pl. : *des sapajous.*

sape n. f. Avec un seul *p.* De même : *sapement, saper, sapeur.*

sapeur-pompier n. m. — Pl. : *des sapeurs-pompiers.*

saphique adj. *Strophe saphique.* — Avec un seul *p,* mais : *Sapho* ou *Sappho* (poétesse grecque). — Avec un seul *p : saphisme.*

saphir n. m. Pierre précieuse. — Finale en *-ir,* sans *e.*

sapin n. m. Un seul *n* dans les dérivés : *sapine, sapinette, sapinière.*

saponaire n. f. Plante. — De la même famille (latin *sapo,* savon) : *saponifiable, saponification, saponifier, saponine.*

saquer v. t. (familier) *Saquer un candidat, un employé.* — On évitera la graphie *sacquer.*

sarabande n. f. Avec un seul *r.*

sarbacane, barbacane ▷ barbacane.

sarcloir n. m. Outil. — Finale en *-oir.*

sarcome [saʀkom] n. m. Tumeur. — Pas d'accent circonflexe. — Dérivé : *sarcomateux, euse* [saʀkɔmatø, øz].

sardane n. f. Danse. — Finale en *-ane,* avec un seul *n.*

sardonique adj. Avec un seul *n.* De même : *sardoniquement.*

sargasse n. f. Algue. — Avec un *S* majuscule :
la mer des Sargasses.

sarigue Animal. — De nos jours, presque
toujours féminin : *La sarigue laineuse.*

sarment n. m. Finale en *-ent.* — Dérivé :
sarmenteux.

1. sarrasin, ine adj. *ou* n. *La flotte sarrasine.*
Les Sarrasins d'Espagne. — Avec deux *r.* ▼
Avec *s* et non **z.*

2. sarrasin n. m. Blé. — Avec deux *r.* ▼ Avec
s et non **z.*

sarrau n. m. Vêtement. — Avec deux *r* et finale
en *-au.* ▼ Pl. : *des sarraus,* avec *-s.*

sas n. m. Tamis ; écluse ; espace d'isolement. —
▼ Prononciation : [sɑ], le *-s* est muet. —
Dérivés : *sasser, sasseur.*

satané, ée adj. Avec un seul *n.* De même :
satanique, sataniquement, satanisme.

satellite n. m. Avec deux *l.* De même : *satellisa-
tion, satelliser.*

satiété n. f. ▼ Prononciation : [sasjete].

satire, satyre Deux noms à bien distinguer.

1 Une satire Poème ou écrit qui constitue une
critique : *Ce roman est une satire amusante des
milieux politiques.* — Dérivés : *satirique (un
roman satirique), satiriquement, satiriser* (critiquer par une satire), *satiriste* (auteur de satires).

2 Un satyre Divinité sylvestre à pieds de bouc :
Les satyres suivaient le cortège de Dionysos. —
Individu libidineux, exhibitionniste : *La police
vient d'arrêter le satyre du jardin public.* —
Champignon. — Papillon. — Dérivés : *sa-
tyriasis* [satiʀjazis] n. m. (exagération pathologique du désir sexuel, chez l'homme), *satyrique
(le drame satyrique, genre littéraire grec).*

satirique, satyrique Ne pas écrire *un poème,
un roman satirique,* qui constitue une critique,
comme *un drame satyrique,* pièce de théâtre
grecque dont les personnages étaient des
satyres, divinités à pieds de bouc.

satiriser, satiriste ▷ satire.

satisfaire Conjugaison et constructions.

I Conjug. 54 (comme *faire*). ▼ La deuxième
personne du pluriel de l'indicatif présent et de
l'impératif est : *(vous) satisfaites,* comme *(vous)
faites.* Éviter le barbarisme *(vous) *satisfaisez.*
Attention à la prononciation : *nous satisfaisons*
[satisfəzɔ̃], *je satisfaisais* [satisfəzɛ], etc.

II Constructions.

1 Transitif direct. Au sens de « contenter,
assouvir » : *Cette réponse satisfait-elle notre
associé ? Il voulait satisfaire son caprice.* —
Satisfaire un créancier, le payer.

2 Transitif indirect avec à. Au sens de
« s'acquitter d'une obligation » : *Chacun doit
satisfaire à ses engagements.*

satisfaisant, ante adj. Prononciation : [sa-
tisfəzɑ̃, ɑ̃t].

satisfait, aite adj. Se construit avec *de* suivi d'un
nom ou d'un infinitif ou *que* suivi du
subjonctif : *Je suis satisfait du résultat. Je suis
satisfait d'apprendre ce succès. Je suis satisfait
que les résultats soient bons.* ▼ On évitera
satisfait de ce que (suivi de l'indicatif) : *Je suis
satisfait de ce que vous avez réussi.* Cette
construction peut être ambiguë et elle est
considérée comme peu correcte.

satisfecit n. m. Mot latin non francisé. —
Prononciation : [satisfesit]. — Invariable : *des
satisfecit.* ▼ Pas d'accent sur le *e.*

satrape n. m. Gouverneur de province, dans la
Perse antique. — Avec un seul *p.* De même :
satrapie.

saturnale n. f. Au pluriel, avec *s* minuscule : *les
saturnales,* fête romaine. — Au singulier : *une
saturnale,* fête licencieuse.

satyre, satire ▷ satire.

satyrique, satirique ▷ satirique.

saucisse n. f. Avec *c,* puis *-ss-.* De même :
saucisson.

1. sauf adj. Féminin : *sauve.* — *Sain et sauf* ▷
sain.

2. sauf prép. Emploi et expressions.

1 Toujours invariable : *Ils étaient tous venus,
sauf les deux frères malades. Tous sont partis,
sauf elle.*

2 On écrit : **sauf erreur ou omission** (au
singulier).

3 Sauf votre respect ▷ respect (4).

4 Sauf que. Signifie « à cette réserve que » et
se construit avec l'indicatif : *Tout s'est bien
passé, sauf que la discussion a été un peu vive.*
▼ Ne doit pas s'employer au subjonctif, avec
le sens de « à moins que ». On emploiera *sauf
si* : *Il n'obtiendra rien, sauf s'il fait des
concessions,* et non **sauf qu'il fasse des
concessions.*

sauf-conduit n. m. — Pl. : *des sauf-conduits.*

sauge n. f. Plante. — Avec *-au-.*

saugrenu, ue adj. *Une question saugrenue.* — Ne peut qualifier une personne. Ne pas écrire : *Un personnage *saugrenu.* Préférer : *bizarre, étrange, ridicule* ou, dans le registre familier, *farfelu.*

saumâtre adj. Correct, quoique très légèrement familier, au sens figuré : *Une plaisanterie saumâtre,* désagréable. — Nettement familier dans l'expression *la trouver saumâtre.* ▼ Au sens propre, *eau saumâtre* désigne une eau qui est un mélange d'eau douce et d'eau de mer et qui est donc une eau salée : *L'eau saumâtre des estuaires et des lagunes.* N'est pas synonyme de *sale, trouble, verdâtre.* On évitera donc les emplois impropres tels que : *L'eau saumâtre d'une mare, d'un égout. L'eau saumâtre et polluée de la Seine.*

saumon n. m. Invariable comme adjectif de couleur : *Des robes saumon. Des corsages rose saumon* (sans trait d'union). ▼ Les dérivés ne prennent qu'un seul *n : saumoné, saumoneau (des saumoneaux).*

sauna Toujours masculin : *Un sauna luxueux.*

saunage n. m. Sans trait d'union : *faux saunage.* De même : *faux saunier.*

saupoudrer v. t. Forme, sens, construction.

1 ▼ Ne pas déformer en **soupoudrer.* — Dérivés, toujours en *sau- : saupoudrage, saupoudreur, euse, saupoudroir.*

2 L'élément *sau-* se rattache au latin *sal,* sel. Le verbe, à l'origine, signifiait « poudrer en versant du sel ». De nos jours, le sens étymologique est oublié. Ce n'est pas un pléonasme de dire *saupoudrer de sel* ni une impropriété de dire *saupoudrer de sucre, de farine, de sable,* etc.

3 Saupoudrer de. Construction correcte, à préférer à *saupoudrer *avec : Elle saupoudra de sucre la tarte aux prunes,* mieux que *avec du sucre.*

saur adj. m. *Des harengs saurs.* —Se prononce [sɔʀ], avec *o* ouvert, mais s'écrit avec *-au-.* Dérivés : *saurage, saurer, sauret, saurin, sauris* [sɔʀi] n. m. (saumure), *saurissage, saurisser, saurisseur.*

saut-de-lit n. m. — Pl. : *des sauts-de-lit.*

saut-de-loup n. m. — Pl. : *des sauts-de-loup.*

saut-de-mouton, saute-mouton Deux noms composés masculins à bien distinguer.

1 Un **saut-de-mouton** Passage d'une route ou d'une voie ferrée au-dessus d'une autre. — Pl. : *des sauts-de-mouton.*

2 Le **saute-mouton** Jeu : *Les enfants jouent à saute-mouton.* — Inusité au pluriel.

sauter v. i. *ou* v. t. Dans la langue soignée, on écrira : *Il sauta de son lit* ou *Il sauta à bas du lit,* plutôt que *en bas de son lit, au bas de son lit* ⊳ **bas 3** (5).

sauternes n. m. Avec *-s* final. — Avec *s* minuscule : *du sauternes (Boire du sauternes). Une bouteille de sauternes).* — Avec *S* majuscule : *du vin de Sauternes.*

saute-ruisseau n. m. — Invariable : *des saute-ruisseau.*

sautoir n. m. Finale en *-oir.*

sauvage adj. ▼ On évitera l'anglicisme qui consiste à employer *sauvage* (traduction de *wild*) au sens de *improvisé, inorganisé, illégal, spontané, irrégulier, sans plan,* etc. On écrira : *Une crèche improvisée. Une grève spontanée. Un urbanisme sans plan. Des constructions illégales,* et non *une crèche sauvage, une grève sauvage,* etc.

sauvageon n. m. Enfant qui a grandi sans éducation. — Deux *n* dans le féminin *sauvageonne : Une petite sauvageonne.*

sauvegarder v. t. En un seul mot, sans trait d'union. — De même : *sauvegarde.*

sauve qui peut !, sauve-qui-peut Deux expressions à bien distinguer par la graphie.

1 sauve qui peut ! (sans trait d'union) Constitue une phrase : *On entendit crier : « Sauve qui peut ! »*

2 Un sauve-qui-peut (avec deux traits d'union) Nom masculin invariable : *Ce fut un sauve-qui-peut général. Des sauve-qui-peut.*

sauveteur n. m. Pas de féminin : *Cette femme fut son sauveteur.*

sauveur n. m. *ou* adj. Emploi de la majuscule et féminin.

1 Avec S majuscule : *le Sauveur* (sans complément de nom), Jésus-Christ. — Avec *s* minuscule : *Jésus-Christ, sauveur des hommes.*

2 Comme nom, n'a pas de féminin : *Cette femme fut son sauveur.* — Dans l'emploi adjectif, on emploie parfois le féminin *salvatrice : Une intervention salvatrice.*

savamment adv. Finale en *-amment* (vient de *savant).*

savane n. f. Finale en *-ane,* avec un seul *n.*

savant adj. *ou* n. Dans l'emploi adjectif, le féminin est toujours *savante : Cette femme est très savante.* — Dans l'emploi substantif, on dit *un savant* en parlant d'une femme qui a fait des découvertes, qui est une spécialiste érudite : *Marie Curie fut un très grand savant.* La forme *une savante* s'emploie seulement par plaisanterie : *Toutes les filles vont à la faculté, elles veulent devenir des savantes !*

savarin, navarin ▷ **navarin.**

savate n. f. Finale en *-ate,* avec un seul *t.* — Dérivé : *savetier.*

savoir v. t. Conjugaison, sens, expressions.

I Conjug. **70.** *Je sais, tu sais, il sait, nous savons, vous savez, ils savent.* — *Je savais.* — *Je sus.* — *Je saurai.* — *Je saurais.* — *Sache, sachons, sachez.* — *Que je sache.* — Subjonctif imparfait inusité, sauf à la troisième personne du singulier *qu'il sût.* — *Sachant.* — *Su, sue.* ▼ On évitera les formes du subjonctif imparfait autre que *qu'il sût,* en raison de l'homophonie avec les formes du verbe *sucer : que je susse/que je suce,* etc.

II **Sens du verbe.**

1 Savoir, connaître ▷ **connaître (III).**

2 Je sais un pays merveilleux (= je connais l'existence d'un pays merveilleux). Ce tour est correct, mais littéraire. Dans la langue courante, on dit : *Je connais un pays merveilleux.*

3 Savoir, pouvoir. On évitera l'emploi de *savoir* au sens de *pouvoir,* faute courante en Belgique notamment. On dira : *Ma grand-mère est paralysée, elle ne peut pas marcher* (et non *elle ne sait pas marcher*). *Ma voiture ne peut pas démarrer* (et non *ne sait pas démarrer*). On distinguera : *Louis est très robuste, mais il ne sait pas nager* (= il n'a pas appris à nager) et *Jacques ne peut pas nager aujourd'hui, car il est malade* (= il a appris à nager, mais il est dans l'incapacité de nager).

4 *Je ne saurais, tu ne saurais...* **au sens de** « **Je ne pourrais, tu ne pourrais...** » Malgré la différence entre *savoir* et *pouvoir* (voir ci-dessus II, 3), le verbe *savoir* équivaut à « pouvoir », au conditionnel à la forme négative avec *ne* (généralement sans *pas* ni *point*) : *Je ne saurais accepter cette proposition* (= je ne peux accepter). *On ne saurait tolérer un tel abus* (= on ne peut tolérer).

III **Que je sache, je ne sache pas que.**

1 Que je sache. Ce tour ne s'emploie guère qu'à la première personne du singulier. L'em-

ploi des autres personnes *(qu'on sache, que nous sachions)* est critiqué et doit être évité. Cette locution figée appartient à la langue écrite un peu recherchée. C'est une affirmation atténuée qui indique que l'on n'est pas absolument sûr de ce que l'on avance (= à ma connaissance). ▼ Ne doit s'employer que pour accompagner une proposition négative : *Cet auteur n'a écrit aucun roman historique, que je sache.* On évitera donc d'écrire, par exemple : *Renan est un historien, que je sache.*

2 Je ne sache (pas). Ce tour, comme le précédent, ne s'emploie guère qu'à la première personne du singulier. Il s'emploie dans le même registre et avec la même valeur. Peut être suivi d'une proposition au subjonctif introduite par *que* ou bien d'un pronom indéfini : *Je ne sache pas que Tite-Live ait écrit des vers* (= à ma connaissance, Tite-Live n'a pas écrit de vers). *Je ne sache personne qui soit plus habile que lui. Je ne sache rien de plus beau que ces vers-là.*

IV **Vous n'êtes pas sans savoir que** (= vous savez bien que). *Vous n'êtes pas sans savoir que l'hiver breton est très doux.* ▼ Ne pas déformer en *vous n'êtes pas sans ignorer que,* faute fréquente. Cette tournure fautive signifie « vous ignorez bien que » et dit le contraire de ce que l'on veut exprimer.

V **Comme tu sais, comme tu le sais.** Ces deux tours sont corrects. Le second est d'un ton un peu plus soutenu. De même, on peut dire : *Si j'avais su* ou *Si je l'avais su.*

VI **A savoir, savoir.** Ces formules introduisent une énumération ou une explication. La première, *à savoir,* est plus soutenue, la seconde, *savoir,* un peu familière : *Il y eut, dans l'Antiquité, trois grands capitaines, à savoir Alexandre, Hannibal et César. Il faut faire comme d'habitude, savoir : faire viser la demande et l'envoyer au service intéressé.* ▼ Ne pas écrire *à savoir* comme *(faire) assavoir* ▷ **assavoir.**

VII **Savoir + interrogation.**

1 Je ne sais à quel propos. A je ne sais quel propos. Les deux constructions sont correctes. On peut donc écrire indifféremment : *Je l'ai rencontré je ne sais dans quelle auberge* ou *Je l'ai rencontré dans je ne sais quelle auberge.*

2 Je ne sais que dire. Je ne sais quoi dire ▷ **que 2 (II).**

VIII **Ce livre que je sais exister.** Tour correct. On peut écrire aussi *Ce livre qui, je le sais, existe* (tour léger et usuel) ou *Ce livre que je sais qu'il existe* (tour correct, mais recherché). On évitera le tour discuté *Ce livre *dont je sais qu'il existe* ▷ **dont (IX), qui 1 (7).**

savoir-faire n. m. Inusité au pluriel.

savoir-vivre n. m. Inusité au pluriel.

savon n. m. Deux *n* dans les dérivés : *savonnage, savonner, savonnerie, savonnette, savonneux, savonnier.*

savoyard, arde adj. *ou* n. Attention à la majuscule : *La population savoyarde. Les Savoyards.* — Bien prononcer : [savwajaʀ, aʀd(ə)], et non *[savɔjaʀ, aʀd(ə)]. — Le doublet *savoisien, ienne* est rare.

saynète n. f. ▼ Vient de l'espagnol *sainete,* littéralement « morceau de graisse », d'où « assaisonnement » (même famille que *saindoux*). Aucun rapport avec *scène.* Ne pas écrire **scénette.*

sayon n. m. Vêtement. — Prononciation : [sɛjɔ̃].

sbire n. m. *(péjoratif)* Policier. — Avec un seul *r.*

scalène adj. *Un triangle scalène.* ▼ Ne pas dire *triangle *scalèle.*

scalp n. m. Pas de *-e* final.

scalpel n. m. Finale en *-el.*

scansion n. f. Action de scander. — Finale en *-sion.*

scaphandre n. m. Avec *-an-.* De même : *scaphandrier.*

scapulaire adj. *ou* n. m. Finale en *-aire.*

scarabée Masculin, malgré la finale en *-ée : Un gros scarabée.*

scarifier v. t. ▼ Ne pas déformer en **sclarifier.* — Dérivés : *scarifiage* (de la terre), *scarificateur, scarification* (de la peau).

scarole n. f. Salade. ▼ La forme *escarole* est populaire. A éviter.

scatologie n. f. Avec un seul *t.* De même : *scatologique, scatophage, scatophile.*

sceau n. m. Cachet. — Ne pas écrire comme *saut* (action de sauter), *seau* (récipient), *sot* (imbécile). — Avec *g* minuscule et *S* majuscule : *le garde des Sceaux.*

sceau-de-salomon n. m. Plante. — Avec deux fois *s* minuscule. — Pl. : *des sceaux-de-salomon.*

scélérat, ate adj *ou* n. Avec *sc-.* De même : *scélératesse.*

scellé n. m. S'emploie surtout au pluriel. — On dira : *apposer les scellés,* et non **poser les scellés.*

sceller v. t. *Sceller une lettre. Sceller un barreau.* — Ne pas écrire comme *seller (un cheval).* — Avec *sc-.* De même : *scellage, scellé(s), scellement.*

scénario n. m. Avec *sc-* et accent aigu. — Pl. : *des scénarios* (mot italien francisé). — Dérivé : *scénariste.*

scène n. f. Ne pas écrire *la scène (d'un théâtre)* comme *la Cène* (dernier repas du Christ avant sa mort). — Dérivés : *scénique, scéniquement, scénologie.*

sceptique adj. *ou* n. Qui doute. ▼ Ne pas écrire comme *(fosse) septique.* — Dérivé : *scepticisme.*

sceptre n. m. Avec *sc-.*

schah ▷ **chah.**

schako ▷ **shako.**

schelem ▷ **chelem.**

schéma n. m. Avec *sch-.* De même : *schématique, schématiquement, schématisation, schématiser.*

schérif, shérif, chérif ▷ **chérif.**

schisme [ʃism(ə)] n. m. Avec *sch-.* De même : *schismatique* [ʃismatik].

schiste [ʃist(ə)] n. m. Avec *sch-.* De même : *schisteux* [ʃistø], *schistoïde* [ʃistɔid].

schizophrène adj. *ou* n. Prononciation : [skizɔfʀɛn]. De la même famille : *schizophrénie* [skizɔfʀeni], *schizophrénique* [skizɔfʀenik], *schizoïde* [skizɔid], *schizoïdie* [skizɔidi], *schizothyme* [skizɔtim], *schizothymie* [skizɔtimi].

schlague [ʃlag] n. f. *Mener à la schlague.* — Avec *sch-.*

schlitte [ʃlit] n. f. Traîneau des bûcherons des Vosges. — Avec *sch-* et deux *t.* De même : *schlittage* [ʃlitaʒ], *schlitter* [ʃlite], *schlitteur* [ʃlitœʀ].

schnaps n. m. Eau-de-vie. — Avec *sch-.* — Prononciation : [ʃnaps], au pluriel comme au singulier.

schooner n. m. Goélette. — Prononciation : [skunɛʀ] ou [skunœʀ], plutôt que [ʃunœʀ]. — Pl. : *des schooners* [-nɛʀ] ou [-nœʀ].

schuss [ʃus] n. m. (terme de ski) On écrira plutôt *descendre en schuss* que *descendre schuss.*

sciable n. m. Avec *sc-*, comme *scier.* — De même : *sciage.*

Scialytique n. m. Appareil d'éclairage. — Nom déposé, donc avec une majuscule. — Attention au groupe *Sc-* et à la place de l'*y.*

sciatique adj. *ou* f. Avec *sc-.*

scie n. f. Avec *sc-*, comme *scier.*

sciemment [sjamɑ̃] adv. Avec *sc-* et finale en *-emment.*

science n. f. Avec *sc-.* De même : *scientifique, scientifiquement, scientisme, scientiste.*

science-fiction n. f. Avec un trait d'union.

scier v. t. Avec *sc-.* De même : *scierie, scieur.*

scinder v. t. Avec *sc-.*

scintiller v. i. De nos jours, la prononciation usuelle est [sɛ̃tije]. Sans être incorrecte, la prononciation [sɛ̃tille] est vieillie. De même, on prononce actuellement *scintillant* [sɛ̃tijɑ̃] et *scintillement* [sɛ̃tijmɑ̃]. En revanche, pour *scintillation*, la prononciation [sɛ̃tillasjɔ̃] se maintient, à côté de [sɛ̃tijasjɔ̃]. Les deux peuvent être considérées comme correctes. — Pour les composés savants, la prononciation avec [ll] semble plus fréquente que la prononciation avec [j] : *scintillogramme* [sɛ̃tillɔgʀam] plutôt que [sɛ̃tijɔgʀam], *scintillomètre* [sɛ̃tillɔmɛtʀ(ə)] plutôt que [sɛ̃tijɔmɛtʀ(ə)].

scion n. m. Branche ; jeune arbre ; extrémité mince d'une canne à pêche. — Avec *sc-.*

scission n. f. Avec *sc-*, puis *-ss-.* — Deux *n* dans le dérivé : *scissionniste.*

scissiparité n. f. Avec *sc-*, puis *-ss-.* De même : *scissipare.*

scissure n. f. Avec *sc-*, puis *-ss-.*

sciure n. f. Avec *sc-*, comme *scier.*

sclérose n. f. Se prononce avec *o* fermé [skleʀoz], mais s'écrit sans accent circonflexe. De même : *sclérosé, scléroser.*

sclérotique n. f. Se prononce avec *o* ouvert : [skleʀɔtik].

scolastique adj. *ou* n. Avec *sc-* et non **sch-.* Avec *s* minuscule : *la scolastique.*

scolie n. f. Note critique d'un texte ancien. — Préférer la graphie *scolie* à *scholie* et *scoliaste* à *scholiaste.*

scoliose n. f. Déformation de la colonne vertébrale.

scolopendre Plante ; animal. — Finale en *-endre.* ▼ Toujours féminin : *Une grande scolopendre venimeuse.*

scons, sconse ▷ **skunks.**

scoop n. m. (anglicisme) Prononciation : [skup]. — Pl. : *des scoops* [skup]. — Equivalent français : *exclusivité.*

scooter n. m. (anglicisme) Prononciation : [skutɛʀ]. — Pl. : *des scooters* [-tɛʀ]. — Pas d'équivalent français. — Dérivé, avec un accent aigu : *scootériste* [skuteʀist(ə)]

scorbut n. m. Maladie. — Prononciation : [skɔʀbyt]. — Dérivé : *scorbutique.*

score n. m. (anglicisme) Prononciation : [skɔʀ]. — Au sens propre, peut se remplacer parfois par l'équivalent français *marque.* — Au sens figuré, dans le style soutenu, on préférera *résultat : Aux dernières élections, ce parti a obtenu des résultats excellents,* mieux que *a fait un excellent score.*

scorie n. f. Avec un seul *r.*

1. scotch n. m. Whisky d'Ecosse ; verre de ce whisky. — Prononciation : [skɔtʃ]. — Pl. : *des scotches* [skɔtʃ]

2. Scotch n. m. Ruban adhésif. — Prononciation : [skɔtʃ]. — Nom déposé, donc avec une majuscule.

scout n. m. *ou* adj. Dans l'emploi adjectif, il existe un féminin *scoute : La solidarité scoute.* — Pour l'emploi ▷ **boy-scout.**

Scrabble n. m. Anglicisme qui désigne un jeu de société. — Prononciation : [skʀabəl] ou [skʀabl]. — Nom déposé, donc avec une majuscule.

scraper n. m. Anglicisme qui désigne un engin de terrassement. — Prononciation : [skʀapœʀ]. — Pl. : *des scrapers* [-pœʀ] — Equivalent français : *décapeuse.*

script, scripte Ces mots se prononcent toujours [skʀipt].

1 Un script *(anglicisme)* Attestation remise à un créancier par un débiteur provisoirement insolvable. — Pl. : *des scripts* [skʀipt].

2 Le script *(anglicisme)* Ecriture aux lettres nettes et détachées. — Adj. inv. *L'écriture script.*

3 Un script *(anglicisme)* Scénario d'un film, avec indication du découpage. — Pl. : *des scripts* [skʀipt].

4 Une scripte Femme qui assure le secrétariat au cours de la réalisation d'un film. — Existe aussi au masculin, *un scripte,* quand le secrétariat est tenu par un homme (cas rare). — Le mot *scripte* est une forme francisée. Autrefois on disait *la script-girl* [skʀiptgœʀl] ou *la script.* Pl. : *des script-girls* [-gœʀl] ou *des scripts* [skʀipt].

scripturaire, scriptural Deux adjectifs à bien distinguer.

1 scripturaire Relatif à l'Ecriture sainte *(L'exégèse scripturaire)* ou à l'écriture, à la notation de la langue *(Les systèmes scripturaires alphabétiques).*

2 scriptural, ale, aux *Monnaie scripturale :* les chèques, les mandats, les traites, etc.

scrofule n. f. Avec un seul *f.* De même : *scrofulaire, scrofuleux.*

sculpter [skylte] v. t. Attention au *p* intérieur muet. De même : *sculpteur* [skyltœʀ], *sculptural, ale, aux* [skyltyʀal, al, o], *sculpture* [skyltyʀ].

sculpteur n. m. Pas de féminin. On écrira : *Une femme sculpteur. Cette femme est un grand sculpteur.*

scythe, scythique L'adjectif *scythique* s'emploie parfois pour qualifier une chose : *Les influences scythiques.* Cependant, *scythe* est beaucoup plus usité : *L'art scythe.*

se Pronom personnel réfléchi de la troisième personne du singulier ou du pluriel.

1 Emplois abusifs. Le réfléchi *se* ne peut représenter que *il, elle, ils, elles, on* et non *je, tu, nous, vous.* On évitera les constructions fautives telles que : *Pour *se tirer d'affaire, nous devons faire vite* (au lieu du tour correct *Pour nous tirer d'affaire). En *se levant plus tôt, tu arriveras à l'heure* (au lieu de *En te levant). On nous conseille de *s'adresser au directeur* (au lieu de *nous adresser).*

2 Je le ferai se repentir. On le fit lever ▷ **faire** (IV, 2).

3 On a laissé s'évader le prisonnier. On a laissé évader le prisonnier ▷ **laisser** (II).

4 Pour qu'il puisse se montrer. Pour qu'il se puisse montrer ▷ **annexes** (infinitif IV, 1).

5 Il s'est tordu le pied. Il a déchiré sa blouse ▷ **le 1** (IX, 1, 2 et 3).

séance n. f. Finale en *-ance.*

séant Confusions possibles et emplois.

I Ne pas écrire *séant* adj. *(Il est séant de la prévenir)* ou *séant* n. m. *(Etre sur son séant)* comme *céans (Le maître de céans)* ▷ **céans.**

II Trois homophones *séant* **à bien distinguer.**

1 séant *(séante)* participe présent. Qui siège, qui tient ses assises : *La cour d'appel séante à Bordeaux* (accord archaïque, maintenu dans la langue juridique). ▼ En dehors de la langue de la procédure, le participe présent *séant* reste invariable : *La Chambre des députés, séant à Bordeaux en raison de la guerre, il ne fut pas possible de convoquer le ministre.* Cet emploi est d'ailleurs archaïque. De nos jours, on dirait : *La Chambre des députés siégeant à Bordeaux...*

2 séant, séante adj. Convenable, décent : *Il serait séant de prévenir notre maître. Il n'est pas séant qu'un homme de peu devienne l'époux d'une fille de qualité.* Cet adjectif est vieilli et très littéraire. ▼ Bien distinguer de *seyant, ante,* qui va bien, qui avantage une personne (mot usuel et moderne) : *Une robe très seyante. Cette coiffure est peu seyante.*

3 séant n. m. Seulement dans l'expression *sur son séant,* en position assise : *Etre, rester, se mettre sur son séant.* ▼ On évitera le pléonasme **s'asseoir sur son séant.** Ecrire : *se mettre sur son séant* ou bien, simplement, *s'asseoir.* On évitera aussi des tours contradictoires tels que : *Il était *debout sur son séant.*

III En un seul mot : *bienséant, malséant.*

seau n. m. Récipient. — Au pluriel : *Il pleut à seaux.* — Ne pas écrire comme *sceau* (cachet) ni comme la ville de *Sceaux.*

sébacé, ée adj. *Les glandes sébacées.* — Avec *c.*

sébile [sebil] n. f. *Le mendiant tend sa sébile.* ▼ Ne pas déformer en **sébille.**

séborrhée n. f. (terme de médecine) Avec *-rrh-* et finale en *-ée.*

sébum [sebɔm] n. m. (terme de physiologie) Mot latin francisé. Un accent aigu. Pl. : *des sébums.*

sec adj. Féminin et emploi adverbial.

1 Féminin : *sèche.*

2 Invariable dans l'emploi adverbial : *Ils boivent sec. Elles parlent sec.*

3 Avec *sec* invariable (adverbe) : *en cinq sec.*

sécable adv. Avec *c* et non *-qu-.* De même : *sécant, sécante.*

sécateur n. m. Avec un seul *c*.

sécession n. f. Avec *s*, puis *c*, puis *-ss-*. Avec *g* minuscule et *S* majuscule : *la guerre de Sécession.* — Deux *n* dans le dérivé *sécessionniste.*

séchage [seʃaʒ] n. m. Avec accent aigu.

sèche-cheveux n. m. Invariable : *des sèche-cheveux.*

sèchement [sɛʃmɑ̃] adv. Avec accent grave.

sécher v. t. *ou* v. i. Conjugaison et dérivés.

1 Conjug. 11. *Je sèche,* mais *je sécherai, je sécherais.*

2 Dérivés : *séchage* [seʃaʒ], *sécherie* [sɛʃʀi], *sécheur, euse* [seʃœʀ, øz], *séchoir* [seʃwaʀ].

sécheresse n. f. Se prononce [sɛʃʀɛs], avec *e* ouvert, mais s'écrit avec un accent aigu. De même : *sécherie* [sɛʃʀi].

second, onde adj. *ou* n. Se prononce [səgɔ̃, ɔ̃d], mais s'écrit avec un *c*.

second, deuxième ▷ deuxième.

secondaire adj. *ou* n. m. Se prononce [səgɔ̃dɛʀ], mais s'écrit avec un *c*. De même : *secondairement* [səgɔ̃dɛʀmɑ̃].

seconde [səgɔ̃d] n. f. Le symbole de la *seconde,* unité de temps, est *s* (sans point) et non " , qui est le symbole de la *seconde,* unité d'angle ou d'arc : *Le coureur a parcouru la distance en 13 min 17 s* et *Un arc de 13' 17".*

secondement adv. Se prononce [səgɔ̃dmɑ̃], mais s'écrit avec un *c*.

seconder v. t. Se prononce [səgɔ̃de], mais s'écrit avec un *c*.

secouement [n. m. Attention au *e* muet intérieur.

secourir v. t. Conjugaison et dérivés.

1 Conjug. 32. *Je secours, tu secours, il secourt, nous secourons, vous secourez, ils secourent.* — *Je secourais.* — *Je secourus.* — *Je secourrai.* — *Je secourrais.* — *Secours, secourons, secourez.* — *Que je secoure.* — *Que je secourusse.* — *Secourant.* — *Secouru, ue.* — Attention aux deux *r* du futur et du conditionnel. Eviter les barbarismes *je *secourrerai, nous *secourrerons, je *secourrerais, nous *secourrerions,* etc., au lieu des formes correctes *je secourrai, nous secourrons, je secourrais, nous secourrions,* etc.

2 Toujours un seul *r* dans les dérivés : *secourable, secourisme, secouriste.*

secours n. m. Avec *-s* final, même au singulier.

secousse n. f. On évitera l'expression critiquée *secousse sismique.* Ecrire : *un séisme* ou *un tremblement de terre.*

secret adj. Féminin : *secrète,* avec finale en *-ète.*

secrétaire n. m. *ou* f. Sans trait d'union : *le secrétaire général.* — Avec *s* minuscule et *E* majuscule : *le secrétaire d'Etat.*

secrétairerie n. f. Avec *S* et *E* majuscules : *la Secrétairerie d'Etat,* organisme du Vatican.

sécréter v. t. Forme et conjugaison.

1 ▼ Avec un accent aigu sur le premier *e*. Ne pas dire **secréter.* De même : *sécréteur, teuse* ou *trice, sécrétine, sécrétion, sécrétoire.*

2 Conjug. 11. *Il sécrète* mais *il sécrétera, il sécréterait.*

section n. f. Deux *n* dans les dérivés : *sectionnement, sectionner, sectionneur.*

sectoriel, elle adj. Propre à un secteur (d'activité, etc.) : *Des revendications sectorielles.* Dans la langue très soutenue, on préférera : *particulier.*

secundo adv. Equivalent un peu familier de *deuxièmement* ou de *secondement.* — Se prononce généralement [səgɔ̃do], mais s'écrit avec un *c*.

sécuriser v. t. Mot à la mode. En dehors de la langue technique de la psychologie, on préférera, selon les cas : *apaiser, calmer, pacifier, rasséréner, tranquilliser, donner une impression de sécurité, mettre en confiance.* — De même, à *sécurisant* on préférera : *apaisant, calmant, calme, rassurant.*

sédatif, ive adj. *ou* n. m. Dérivé : *sédation.*

sédiment n. m. Pas de *e* muet intérieur. — Dérivés : *sédimentaire, sédimentation, sédimentologie.*

sédition n. f. Finale en *-tion.* — Dérivés : *séditieusement, séditieux, tieuse.*

séduction n. f. Finale en *-tion.* — De la même famille : *séducteur, trice.*

séduire v. t. Conjugaison et construction.

1 Conjug. 46. *Je séduis, tu séduis, il séduit, nous séduisons, vous séduisez, ils séduisent.* — *Je séduisais.* — *Je séduisis.* — *Je séduirai.* — *Je séduirais.* — *Séduis, séduisons, séduisez.* — *Que je séduise.* — *Que je séduisisse.* — *Séduisant.* — *Séduit, ite.*

2 *Se laisser séduire à* + **nom de chose.** *Il se laissa séduire aux charmes de la vie facile.* Tour très littéraire, mais correct. Dans le registre normal, on écrit : *Il se laissa séduire par les charmes...*

ségrégation n. f. Deux *n* dans les dérivés : *ségrégationnisme, ségrégationniste.*

1. seiche [sɛʃ] n. f. Mollusque marin. — Ne pas écrire comme *sèche,* féminin de *sec.*

2. seiche [sɛʃ] n. f. Variation du niveau d'un lac. — Ne pas écrire comme *sèche,* féminin de *sec.*

séide n. m. Adepte fanatique. — Pas de tréma.

seigle n. m. Céréale. — Avec *-ei-.*

seigneur n. m. Avec *S* majuscule : *le Seigneur,* Dieu. — Avec *N* et *S* majuscules et un trait d'union : *Notre-Seigneur,* Jésus-Christ. — Avec *G* et *S* majuscules et sans trait d'union : *le Grand Seigneur,* le sultan de Turquie. — Dérivés : *seigneuriage, seigneurial, ale, aux (les droits seigneuriaux), seigneurie.*

seigneurie n. f. Avec *V* et *S* majuscules : *Votre Seigneurie,* titre honorifique. ▼ Ne pas déformer en **seigneurerie.*

sein n. m. Mamelle.

seine ou **senne** n. f. Filet de pêche. — Les deux graphies sont admises.

seing n. m. Signature. — Ne pas écrire comme *sein, sain,* etc. — Sans trait d'union et toujours au singulier : *des actes sous seing privé.* — Avec un trait d'union : *un blanc-seing (des blancs-seings), un sous-seing (des sous-seing).*

séisme n. m. Forme, emploi, dérivés et composés.

1 La forme *sisme* pour *séisme* est vieillie. ▼ Pas de tréma dans *séisme.*

2 On écrira : *un tremblement de terre* ou *une secousse tellurique* ou *un séisme,* et non *une secousse sismique* (expression critiquée).

3 Deux formes pour les dérivés et composés. On préférera les formes en *sis-* aux formes en *séis-* : *sismicité* (mieux que *séismicité*), *sismique* (mieux que *séismique*), *sismogramme* (mieux que *séismogramme*), *sismographe* (mieux que *séismographe*), *sismologie* (mieux que *séismologie*).

seize adj. numéral. — Avec *-ei-.* De même : *seizième, seizièmement.* — Avec *-s* du pluriel : *les seizièmes de finale.*

séjour n. m. La forme *un séjour,* pour *une salle de séjour,* appartient à la langue commerciale (annonces immobilières).

sel n. m. Sans trait d'union : *du sel gemme, œuf à la croque au sel, du bœuf gros sel.* — Avec deux traits d'union : *de l'esprit-de-sel.*

select [selɛkt] ou **sélect, ecte** adj. *(anglicisme familier et un peu vieilli)* Elégant. — Sous la forme non francisée (sans accent), toujours invariable : *Des restaurants select. Une réunion select. Des plages select.* — Sous la forme francisée (avec accent aigu), prend la marque du pluriel et celle du féminin : *Des restaurants sélects. Une réunion sélecte. Des plages sélectes.*

sélection n. f. Deux *n* dans les dérivés : *sélectionné sélectionner, sélectionneur.*

self ▷ self-service.

self-control n. m. *(anglicisme vieilli)* Prononciation : [sɛlfkɔ̃tʀol]. — Inusité au pluriel. — De nos jours, on dit plutôt : *maîtrise de soi.*

self-made man n. m. *(anglicisme)* Attention à la place du trait d'union. — Prononciation : [sɛlfmɛdman]. — Pl. : *des self-made men* [-mɛn]. — Pas d'équivalent français.

self-service n. m. *(anglicisme)* Prononciation : [sɛlfsɛʀvis].

1 Dans l'emploi adjectif. Toujours invariable : *Des magasins self-service.*

2 Dans l'emploi substantif. Variable : *Des self-services.*

3 Quand le nom désigne un restaurant, s'abrège souvent en *un self* [sɛlf] *(des selfs).*

4 Pour remplacer cet anglicisme, on pourra employer l'équivalent français *libre-service :* *Des magasins libre-service. Des libres-services.*

selle n. f. Avec deux *l.* De même : *seller (un cheval), sellerie, sellette, sellier.*

seller v. t. *Seller un cheval.* — Ne pas écrire comme *sceller (une lettre, un barreau).*

selon prép. Expressions et emploi.

1 C'est selon. Cela dépend des circonstances : *Irez-vous aux sports d'hiver ? — Je ne sais pas, ce sera selon.* ▼ Ce tour est familier.

2 Selon que. Toujours suivi de l'indicatif : *Selon qu'il pleut ou qu'il fait beau, je reste chez moi ou je vais me promener.*

3 Selon, suivant ▷ suivant.

Seltz [sɛls] Avec *S* majuscule : *eau de Seltz.*

semailles Action de semer les céréales. — Toujours féminin et toujours au pluriel : *Les semailles sont terminées.*

semaine n. f. Le tour usuel et normal est *deux fois par semaine*. Le tour *deux fois la semaine* est correct, mais rare.

sémaphore n. m. Avec *-ph-*. De même : *sémaphorique*.

semblable, similaire ▷ similaire.

sembler v. i. Sens, constructions, expressions.

1 Sembler, paraître ▷ paraître (IV, 3).

2 Il me semble de + **infinitif.** Tour correct, mais très littéraire : *Il me semble d'avoir lu cela chez un auteur ancien.* Dans la langue ordinaire, se construit avec l'infinitif sans *de : Il me semble avoir lu cela...*

3 Il semble que... (affirmatif).

a/ Suivi de l'indicatif ou du conditionnel, si le sens est « il apparaît bien que, il est très probable que » : *Il semble que les grands froids sont vraiment terminés. Il semble bien que les choses iraient mieux, si chacun y mettait du sien.*

b/ Suivi du subjonctif, si le sens est « l'apparence est que, selon les apparences » : *Il semble qu'il fasse moins froid depuis ce matin, n'est-ce pas ?*

4 Il ne semble pas que... Semble-t-il que... (négatif ou interrogatif). Normalement suivi du subjonctif *(Il ne semble pas que les grands froids soient terminés)*, parfois du conditionnel *(Il ne semble pas que les choses iraient mieux, même si...).*

5 Il me (te, lui...) semble que... (affirmatif). Normalement suivi de l'indicatif ou du conditionnel : *Il me semble qu'il fait plus chaud, ce matin. Il semble à notre ami que cette solution serait la meilleure.*

6 Il ne me (te, lui...) semble pas que... Te (lui...) semble-t-il que... (négatif ou interrogatif). Normalement suivi du subjonctif *(Il ne semble pas à notre collègue que cette solution soit la bonne. Vous semble-t-il qu'il fasse plus chaud, ce matin ?)*, parfois du conditionnel *(Il ne me semble pas que les choses iraient mieux, même si...).*

7 A ce qui semble, à ce qu'il semble. Les deux tours sont admis ▷ qui 1 (2).

8 Que te semble de... Tour littéraire et un peu recherché, mais correct : *Que vous semble de ce tableau, cher ami ?* Equivaut à : *Que pensez-vous de ce tableau ?*

9 Ce me semble. Expression parfaitement correcte : *Elle n'a rien dit de tel, ce me semble.* Equivaut à : *Il me semble.*

semence n. f. Finale en *-ence*.

semer v. t. Conjug. **12.** *Je sème, je sèmerai, je sèmerais*, mais *nous semons, je semais*.

semestriel, elle adj. Qui a lieu une fois par *semestre* (six mois), c'est-à-dire deux fois par an.

semi- Préfixe qui équivaut à « demi- ».

1 *Semi* + **nom ou adjectif.** Toujours avec un trait d'union. *Semi-* est toujours invariable. Le nom prend la marque du pluriel et l'adjectif prend la marque du pluriel et du féminin : *Des semi-conducteurs, des semi-consonnes, des séries semi-convergentes.*

2 Semi-, demi- ▷ demi (5).

sémillant, ante adj. Prononciation : [semijɑ̃, ɑ̃t].

séminal, ale, aux adj. Masculin pluriel en *-aux : Les canaux séminaux.*

semi-remorque Camion comprenant un tracteur et une grande remorque. — Genre incertain. Logiquement, on devrait dire *une semi-remorque*, puisque *remorque* est féminin. Cependant le mot a subi l'attraction de *camion*, et les routiers disent plutôt *un semi-remorque*.

semis n. m. Finale en *-is*. — Ne s'emploie pas à propos des céréales ▷ semailles.

semoir n. m. Finale en *-oir*.

sempiternel, elle adj. ▼ Se prononce avec [sɛ̃-], non avec *[sɑ̃-]* : [sɛ̃pitɛʀnɛl]. De même : *sempiternellement* [sɛ̃pitɛʀnɛlmɑ̃].

sénat n. m. Avec un *s* minuscule quand il s'agit de l'assemblée d'une cité de l'Antiquité ou d'une ville italienne d'autrefois : *Le sénat romain. Le sénat d'Athènes. Le sénat de Venise.* — Avec un *S* majuscule quand il s'agit de l'assemblée d'un pays actuel : *Le Sénat belge est élu au suffrage universel et direct. Le Sénat s'est opposé à ce projet du gouvernement.* — Avec *S* majuscule : *le Sénat*, édifice *(Les portes du Sénat sont gardées par des gardes républicains).*

sénateur n. m. Pas de féminin. Le mot **sénatrice* n'existe pas. On écrira : *Mme Durand, sénateur de l'Isère. Une femme sénateur.*

sénatorial, ale, aux adj. Masculin pluriel en *-aux : Les délégués sénatoriaux.*

sénatus-consulte [senatyskɔ̃sylt(ə)] n. m. — Pl. : *des sénatus-consultes.*

séné n. m. Plante. — Finale en *-é*.

sénéchal, aux n. m. Pluriel en *-aux.* — Dérivé : *sénéchaussée.*

sénégalais, aise adj. *ou* n. Attention à la majuscule : *La population sénégalaise. Les Sénégalais.*

sénescence n. f. Finale en *-ence.* — Attention au groupe *-sc-.* De même : *sénescent.*

senestre [sənɛstʀ(ə)] ou **sénestre** [senɛstʀ(ə)] adj. On préférera la forme *senestre* à *sénestre.* En revanche, on écrit toujours : *sénestrogyre.* — On écrit, sans accent, *senestrochère* et on prononce [sənɛstʀɔkɛʀ]. On écrit, sans accent, *senestrorsum,* mais on prononce [senɛstʀɔʀsɔm].

sénile adj. Finale en *-ile,* même au masculin : *Son grand-oncle est sénile.* — Dérivé : *sénilité.*

senior [senjɔʀ] n. *ou* adj. (anglicisme de la langue du sport) Pas d'accent sur le *e.* — Prend la marque du pluriel, mais non celle du féminin : *Les seniors. Une senior.*

senne ▷ seine.

sens [sɑ̃s] n. m. Orthographe des expressions.

1 En un seul mot, sans trait d'union : *contresens.* — En deux mots, sans trait d'union : *faux sens.* — En deux mots, avec un trait d'union : *non-sens.*

2 On écrit : *sens dessus dessous* [sɑ̃dəsydəsu], *sens devant derrière* [sɑ̃dəvɑ̃dɛʀjɛʀ], avec *sens* prononcé [sɑ̃].

sensation n. f. Deux *n* dans le dérivé : *sensationnel, elle.*

sensé, censé ▷ censé.

sensément, censément ▷ censément.

sensible, sentimental ▷ sentimental.

sensorimétrique adj. En un seul mot, sans trait d'union. En revanche, on écrit plutôt : *sensori-moteur.*

sensualisme, sensualité Deux noms à bien distinguer.

1 sensualisme n. m. Théorie de la connaissance selon laquelle toutes les idées viennent des sensations et non de la raison. — Adjectif correspondant : *sensualiste.*

2 sensualité n. f. Attirance pour les plaisirs des sens, pour le plaisir sexuel. — Adjectif correspondant : *sensuel, elle.*

sentence n. f. Finale en *-ence.* — Dérivés : *sentencieusement, sentencieux.*

sentier n. m. Finale en *-ier.*

sentiment n. m. Pas de *e* muet intérieur.

sentimental, ale, aux adj. *ou* n. Masculin pluriel en *-aux : Des déboires sentimentaux.*

sentimental, sensible Deux adjectifs à bien distinguer.

1 sentimental, ale, aux Peut qualifier une chose : *La vie sentimentale d'une actrice. Les romances sentimentales. La valeur sentimentale d'une maison de famille.* ▼ Dans la langue soutenue, on évitera d'employer cet adjectif au sens de « sensible » pour qualifier une personne : *Cet enfant est affectueux et sensible,* et non *et sentimental.*

2 sensible Peut qualifier une personne : *Un enfant sensible.* — (par extension) *Un cœur sensible.* — (substantivement) *Ce garçon est un sensible.*

sentinelle n. f. Toujours féminin : *Une sentinelle vigilante.*

sentir v. t. *ou* v. i. Conjugaison, accord du participe, expressions.

I Conjug. 42. *Je sens, tu sens, il sent, nous sentons, vous sentez, ils sentent.* — *Je sentais.* — *Je sentis.* — *Je sentirai.* — *Je sentirais.* — *Sens, sentons, sentez.* — *Que je sente.* — *Que je sentisse.* — *Sentant.* — *Senti, ie.*

II Accord du participe.

1 J'ai senti passer la brise. Complément direct placé après le verbe. Participe invariable.

2 La brise que j'ai sentie passer. Complément direct placé avant le verbe, le mot complément de *sentir* étant aussi sujet de l'infinitif. Accord du participe avec le complément direct de *sentir.*

3 Elles se sont senties mourir. Le sujet du pronominal est aussi sujet de l'action exprimée par l'infinitif : *Elles se sont senties mourir* (= elles ont senti qu'elles mouraient). Accord du participe avec le sujet de *se sentir.*

4 Elles se sont senti entraîner par le courant. Le sujet du pronominal est aussi l'objet de l'action exprimée par l'infinitif : *Elles se sont senti entraîner par le courant* (= elles ont senti que le courant les entraînait). Participe invariable.

III Ces roses sentent bon. L'adverbe est toujours invariable : *Ces ordures sentent mauvais. Ces camemberts sentent fort.*

seoir [swaʀ] v. i. *ou* v. t. ind. Conjugaison et participe présent.

I Conjug. 71. Ce verbe défectif ne s'emploie qu'à la troisième personne du singulier et du pluriel : *il sied, ils siéent.* — *Il seyait, ils seyaient.* — Passé simple inusité. — *Il siéra, ils siéront.* — *Il siérait, ils siéraient.* — Impératif inusité. — *Qu'il siée, qu'ils siéent.* — Subjonctif imparfait inusité. — *Sis, sise.*

II Deux participes présents (souvent adjectivés).

1 séant Quand *seoir* a le sens de « siéger » ou de « être convenable, décent » ▷ **séant** (II, 1 et 2).

2 seyant Quand *seoir* a le sens de « aller bien à quelqu'un, avantager quelqu'un » ▷ **séant** (II, 2).

séoudien, séoudite Formes à préférer à *saoudien, saoudite,* qui constituent des anglicismes.

1 séoudien, ienne adj. *ou* n. De l'Arabie Séoudite : *La population séoudienne. Les Séoudiens.*

2 séoudite adj. *ou* n. Seulement dans les expressions : *l'Arabie Séoudite, la dynastie séoudite, les souverains séoudites* (ou *les Séoudites*).

sep, cep, cèpe ▷ **cep.**

sépale ▼ Toujours masculin : *Un sépale très long.*

séparer v. t. Attention aux constructions.

1 Peut se construire avec *de* ou avec *d'avec.* On préférera la construction avec *de,* plus légère : *Il faut séparer le bon grain de l'ivraie.* Cependant, on emploiera *d'avec* toutes les fois qu'il y aura lieu d'éviter une équivoque : *On sépara les chefs d'avec les mutins.* Ici, *On sépara les chefs des mutins* pourrait avoir deux sens différents ▷ **distinguer** (II, 1).

2 La construction avec *et* est à déconseiller, car elle donne lieu à des équivoques : *Il faut séparer le blé et le seigle* peut signifier « séparer le blé d'avec le seigle » ou « mettre le blé et le seigle à part (des autres céréales) ».

sépia n. f. *ou* adj. Variable comme nom : *Des sépias.* — Comme adjectif de couleur, invariable : *Des teintes sépia. Des étoffes brun sépia.*

sept adj. numéral *ou* n. m. Orthographe, prononciation et emploi nominal.

1 Attention au *p* muet intérieur.

2 Avec un trait d'union : *dix-sept, vingt-sept, trente-sept..., soixante-sept, soixante-dix-sept..., quatre-vingt-dix-sept.* — Sans trait d'union : *sept cents, sept cent douze, sept mille.*

3 De nos jours, se prononce toujours [sɛt], même devant consonne : *sept francs* [sɛtfʀɑ̃],

dix-sept jours [disɛtʒuʀ]. La prononciation [sɛ], par exemple *dix-sept jours* [disɛʒuʀ], est vieillie.

4 Toujours invariable : *Des sept de carreau.*

septain n. m. Poème ou strophe de sept vers. ▼ Prononciation : [sɛtɛ̃], le *p* est muet.

septante [sɛptɑ̃t] adj. numéral *(vieux)* Soixante-dix : *Mon oncle a septante-six ans.* — S'emploie encore en Belgique et en Suisse romande. — Avec *S* majuscule : *La version des Septante* (sans *-s*), version de la Bible. — Dérivé : *septantième* [sɛptɑ̃tjɛm].

septembre n. m. Normalement avec *s* minuscule : *Paris, le 19 septembre 1978.* — Avec *S* majuscule : *Les massacres de Septembre* (de septembre 1792). *Le 4-Septembre* (insurrection qui instaura la république, en 1870).

septennal, ale, aux adj. Avec deux *n.* — Masculin pluriel en *-aux : Des magistrats septennaux.* — Dérivé : *septennalité* [sɛptenalite].

septennat n. m. Avec deux *n.*

septentrion n. m. Avec *S* majuscule : *le Septentrion,* la constellation appelée aussi *Grande Ourse.* — Avec *s* minuscule : *le septentrion,* synonyme de *nord* (poétique).

septentrional, ale, aux adj. Avec un seul *n.* — Masculin pluriel en *-aux : Les rivages septentrionaux.*

septicémie n. f. Avec *s-,* et non **sc-.* De même : *septicémique.*

septicité n. f. Caractère de ce qui contient des microbes : *La septicité d'une plaie.* — Avec *s-,* et non **sc-.*

septième [sɛtjɛm] adj. *ou* n. Attention au *p* muet intérieur. De même : *septièmement* [sɛtjɛmmɑ̃].

septique adj. ▼ Ne pas écrire *septique,* qui produit une infection ou une décomposition *(germes septiques, fosse septique),* comme *sceptique,* qui doute.

septuagénaire [sɛptɥaʒenɛʀ] adj. *ou* n. Finale en *-aire.*

Septuagésime [sɛptɥaʒezim]. — Avec *S* majuscule et toujours féminin : *Le dimanche de Septuagésime. La Septuagésime.*

sépulcral, ale, aux adj. Masculin pluriel en *-aux : Des corridors sépulcraux.*

sépulcre n. m. Avec -*cr*- et non *-chr-*. — On distingue par la graphie *le saint sépulcre*, tombeau du Christ, à Jérusalem, et *le Saint-Sépulcre*, édifice qui contient ce tombeau. On écrit : *l'ordre du Saint-Sépulcre.*

séquence [sekɑ̃s] n. f. Finale en -*ence.*

séquentiel, ielle [sekɑ̃sjɛl, jɛl] adj. ▼ Finale en -*tiel, -tielle.*

séquestrer [sekɛstʀe] v. t. Avec *sé-*, et non **se-*. De même : *séquestration* [sekɛstʀasjɔ̃], *séquestre* [sekɛstʀ(ə)] n. m.

séquoia n. m. Arbre. — Avec un accent aigu. — Prononciation : [sekɔja].

sérac n. m. Bloc de glace. — Avec un seul *r.*

sérail n. m. — Pl. : *des sérails.* ▼ Désignait l'ensemble du palais, chez les Turcs, et non l'endroit où vivaient les femmes du sultan. N'est donc pas synonyme de *harem.*

séraphin n. m. Avec -*ph-*. De même : *séraphique.*

serein, eine adj. Ne pas écrire l'adjectif *serein*, calme *(Un visage serein)*, ou *le serein*, fraîcheur humide du soir, comme *un serin*, oiseau. — De la famille de *serein* : *sereinement, sérénité.*

sérénissime n. f. Avec des majuscules : *Votre Altesse Sérénissime, Son Altesse Sérénissime* (en abrégé *S.A.S.*). — Avec des minuscules : *la sérénissime république de Venise.*

serf n. m. Paysan du Moyen Age ; esclave rural. — Se prononce [sɛʀf], à la différence de *cerf* [sɛʀ], animal. — Féminin : *serve.*

sergent n. m. Avec un trait d'union : *sergent-chef (des sergents-chefs), sergent-major (des sergents-majors).* — Sans trait d'union : *sergent fourrier (des sergents fourriers), sergent de ville (des sergents de ville).*

sériciculture n. f. Elevage des vers à soie. ▼ Ne pas déformer en **sériculture.* De même : *séricicole, sériciculteur, séricigène.* — On dit cependant : *sérigraphie*, et non **séricigraphie.*

série n. f. Après *la série de, cette série de, une série de,* le verbe (et le participe ou l'attribut) se met au singulier ou au pluriel selon le sens et l'intention : *Cette nouvelle série d'avions sera mise en fabrication dès l'année prochaine. Une série d'erreurs ont été commises. Une série de retard sont survenus.*

sérigraphie n. f. Procédé d'impression. — Ne pas déformer en **séricigraphie.*

serin n. m. Oiseau. — Ne pas écrire comme *serein*, calme. — Comme adjectif de couleur, toujours invariable : *Des étoffes serin. Des blouses jaune serin* (sans trait d'union). — Dérivés : *seriner, serinette.*

seringa ou **seringat** [səʀɛ̃ga] n. m. Arbuste. — Les deux graphies sont admises. — Pl. : *seringas, des seringats.*

serment n. m. Avec *s* minuscule : *le serment du Jeu de paume, le serment de Strasbourg.*

sermon n. m. Deux *n* dans les dérivés : *sermonnaire, sermonner, sermonneur.*

sermon, prêche ▷ **prêche.**

sérodiagnostic n. m. En un seul mot, sans trait d'union.

sérothérapie n. f. En un seul mot, sans trait d'union.

sérovaccination n. f. En un seul mot, sans trait d'union.

serpent n. m. On écrit : *serpent à lunettes, serpent à sonnette* ou *à sonnettes.* — Dérivés : *serpentaire, serpenteau, serpentement, serpenter, serpentin, serpentine.*

serpillière [sɛʀpijɛʀ] n. f. ▼ Attention au *i* après le groupe -*ill-*.

serpolet n. m. Plante. — Finale en -*et.*

serre n. f. Action de serrer ; griffe d'oiseau de proie ; local vitré pour la culture des plantes fragiles. — Avec deux *r.*

serre-file n. m. — Pl. : *des serre-files.*

serre-fils [sɛʀfil] n. m. Invariable : *des serre-fils.*

serre-frein ou **serre-freins** n. m. inv. Les deux formes sont admises : *un serre-frein (des serre-frein), un serre-freins (des serre-freins).*

serre-joint ou **serre-joints** n. m. inv. Les deux formes sont admises : *un serre-joint (des serre-joint), un serre-joints (des serre-joints).*

serre-livres n. m. Invariable : un -*s* à *livre*, même au singulier.

serrement n. m. Avec le complément toujours au singulier : *Des serrements de cœur. Des serrements de main.*

serrer v. t. Avec deux *r.* — Correct au sens de « ranger » : *Elle serra ces papiers dans un tiroir.*

serre-tête n. m. Invariable : *des serre-tête.*

serrure n. f. Attention au *r* double. De même : *serrurerie, serrurier.*

sérum [seʀɔm] n. m. Avec accent aigu sur le *e.* — Pl. : *des sérums.*

serval n. m. Animal. — Pl. : *des servals.*

servante n. f. Aux propre et au figuré, sert de féminin à *serviteur : Les servantes du château. Les servantes de Dieu.*

servante, serveuse Ces deux noms féminins ne sont pas synonymes.

1 servante. Peut s'employer seulement au figuré ou bien, au sens propre, dans un contexte historique : *Servantes et valets s'affairaient dans le château, quand le capitaine des mousquetaires fit son entrée. Les servantes d'auberge peintes par les Flamands.* — De nos jours, on dit, selon les cas : *employée de maison, bonne* ou *femme de chambre* ou *serveuse.*

2 serveuse. Employée qui sert dans un restaurant, une cantine ou un café.

service n. m. Au pluriel : *offrir ses services.* — Au singulier : *des offres de service.*

serviette-éponge n. f. Avec un trait d'union. — Pl. : *des serviettes-éponges.*

servile adj. Finale en *-ile,* même au masculin : *Un ton servile.*

servir Conjugaison, accord du participe et constructions.

1 Conjug. 43. *Je sers, tu sers, il sert, nous servons, vous servez, ils servent.* — *Je servais.* — *Je servis.* — *Je servirai.* — *Je servirais.* — *Sers, servons, servez.* — *Que je serve.* — *Que je servisse.* — *Servant.* — *Servi, ie.*

2 Attention à l'accord du participe : *Ces livres nous ont bien servi* (= ont servi à nous ; invariable). *Le garçon du restaurant nous a bien servis* (= a bien servi nous ; accord avec le complément direct placé devant le verbe). *On nous a servi des plats chauds. Les plats qu'on nous a servis.*

3 Ne servir à rien, ne servir de rien. Ces deux expressions sont équivalentes pour le sens. La langue courante ne connaît que *ne servir à rien.* Le tour *ne servir de rien* est propre à la langue relevée. Ces deux constructions étant correctes, on utilisera l'une ou l'autre selon les exigences de l'euphonie, de manière à éviter les répétitions *de... de* ou *à... à : Il ne sert à rien de se lamenter* (mieux que *Il ne sert de rien de se lamenter*). *Ce livre ne servirait de rien à un ignorant* (mieux que *ne servirait à rien à un ignorant*).

4 A quoi sert de, à quoi sert-il de, que sert de, que sert-il de. Dans ces tours interrogatifs (suivis de l'infinitif), l'emploi de *-il* est facultatif : *Que sert de gémir sur le passé ?* ou *Que sert-il de gémir sur le passé ?*

servo- Préfixe (du latin *servus* « esclave »), qui sert à former des noms désignant des mécanismes asservis. Les composés en *servo* s'écrivent en un seul mot, sans trait d'union : *servocommande, servodirection, servofrein, servomécanisme, servomoteur.* ▼ Ne pas écrire **cerveau-moteur.*

sésame [sezam] Toujours masculin : *Cultiver le sésame. Cette formule est un sésame merveilleux.*

sesqui- Préfixe qui veut dire « un et demi ». Les composés en *sesqui* s'écrivent en un seul mot, sans trait d'union et se prononcent [sɛskɥi-] : *sesquialtère* [sɛskɥialtɛʀ], *sesquioxyde* [sɛskɥiɔksid], *sesquiplan* [sɛskɥiplɑ̃].

session, cession, cessation ▷ cession.

sesterce Monnaie romaine. — Toujours masculin : *Un sesterce.*

set n. m. Prononciation : [sɛt]. — Pl. : *des sets* [sɛt]. — Pour remplacer cet anglicisme, on pourra employer *manche* (au tennis, au volley-ball) ou *plateau (de prise de vues).*

seul, seule adj. Place, expressions et constructions.

1 Avant le nom, signifie « unique » : *Il est bien le seul homme intelligent de cette équipe.* — Après le nom, signifie « qui vit dans la solitude, qui est isolé » : *L'homme seul peut-il être heureux ?*

2 Seul Alexandre le Grand connut une telle gloire. Construction usuelle et correcte. Le tour *Le seul Alexandre le Grand connut une telle gloire* est un archaïsme littéraire, à utiliser avec précaution.

3 A seule fin de ▷ **fin 1** (3).

4 Seul à seul. Invariable dans l'usage ancien : *Il parla seul à seul à sa maîtresse.* De nos jours, on accorde selon le sens : *Il parla seul à seule à sa maîtresse.*

5 *Le seul à* + **infinitif.** Construction correcte et usuelle : *Il est le seul à pouvoir nous aider.*

6 Le seul qui. Le verbe de la relative se met à l'indicatif si l'on constate un fait : *Il est le seul qui nous a apporté son aide.* — Le subjonctif, plus fréquent, apporte une nuance de conséquence et de sentiment (crainte, désir, espoir, etc.) : *Il est le seul qui puisse nous aider.* — Le conditionnel insiste sur l'idée d'éventualité : *Il est le seul qui pourrait nous aider, en cas de besoin.*

seulement adv. Tous les emplois ne sont pas corrects.

1 On évitera le pléonasme *ne... seulement que.* On écrira : *Il vient seulement le mercredi* ou bien *Il ne vient que le mercredi,* et non **Il ne vient seulement que le mercredi.*

2 Il ne m'a pas seulement écrit ! Tour familier. Equivalent correct : *Il ne m'a pas même écrit !*

3 Je m'en aperçois seulement. Tour familier. Equivalents corrects : *Je m'en aperçois juste à l'instant* ou *Je viens juste de m'en apercevoir.*

4 Essaie seulement, et tu verras ! Tour familier. Equivalent correct : *Si tu essaies, tu verras !*

5 Non seulement, mais aussi, mais encore ▷ **non** (7).

sève n. f. Avec un accent grave.

sévère adj. ▼ Attention au sens abusif, qui constitue un anglicisme. Ne doit pas être employé au sens de *considérable, élevé, fort, grand, grave, intense, lourd,* etc. On écrira donc : *De lourdes pertes* (et non *des pertes sévères*). *Une grave défaite* (et non *une défaite sévère*). *De grandes différences de température* (et non *de sévères différences de température*).

sévices Toujours masculin et toujours au pluriel : *Des sévices inhumains.* ▼ On évitera le pléonasme *sévices corporels.*

sevrer v. t. Conjug. **12.** *Elle sèvre, elle sèvrera, elle sèvrerait,* mais *nous sevrons, elle sevrait.* — Dérivé : *sevrage.*

sexagénaire adj. *ou* n. Prononciation : [sɛksaʒenɛʀ], avec [ks].

sexagésimal, ale, aux adj. La prononciation traditionnellement recommandée est [sɛgzaʒezimal, al, o], avec [gz], mais la prononciation moderne [sɛksaʒezimal, al, o] ne saurait être considérée comme une faute.

Sexagésime Avec *S* majuscule et toujours féminin : *Le dimanche de Sexagésime. La Sexagésime.* — La prononciation traditionnellement recommandée est [sɛgzaʒezim], avec [gz], mais la prononciation moderne [sɛksaʒezim] ne saurait être considérée comme une faute.

sex-appeal n. m. (anglicisme) Prononciation : [sɛksapil]. — Equivalent français : *charme.*

sextant n. m. Instrument de navigation. — Avec finale en *-ant.*

sexy adj. (anglicisme) Prononciation : [sɛksi]. — Invariable : *Des filles sexy.* — Equivalents

français : *attirant, charmant, séduisant, suggestif, troublant (Une fille attirante* ou *séduisante. Un déshabillé suggestif. Un décolleté troublant).*

seyant ▷ **séant** (II, 2).

shah ▷ **chah.**

shake-hand n. m. Prononciation : [ʃɛkãd]. — Pl. : *des shake-hands* [-ãd]. ▼ Ce mot est un faux anglicisme. La vraie forme anglaise est *handshake.* Pour éviter ce mot vieilli, dire tout simplement : *poignée de main.*

shako n. m. Coiffure militaire. — Prononciation : [ʃako]. — Pl. : *des shakos* [-ko]. — La graphie *schako* est vieille.

shampooing [ʃãpwɛ̃] n. m. La graphie *shampoing* est plus rare. — Pl. : *des shampooings.* — Anarchie dans les formes dérivées : *shampooiner* ou *shampouiner* [ʃãpwine] ou *shampooigner* [ʃãpwiɲe], parfois *champouigner* [ʃãpwiɲe] ; *shampooineur, euse* ou *shampouineur, euse* [ʃãpwinœʀ, øz] ou *shampooigneur, euse* ou *champouigneur, euse* [ʃãpwiɲœʀ, øz]. — On préférera les formes *shampouiner* [ʃãpwine] et *shampouineur, euse* [ʃãpwinœʀ, øz].

shérif, schérif, chérif ▷ **chérif.**

sherry, cherry ▷ **cherry.**

shogoun ou **shogun** [ʃɔgun] n. m. Autrefois, dictateur militaire, au Japon. — Pl. : *des shogouns* ou *des shoguns.* — On préférera la forme *shogoun (des shogouns)* à *shogun (des shoguns).* De même, on préférera *shogounal, ale, aux* à *shogunal, ale, aux* [ʃɔgunal, al, o] et *shogounat* à *shogunat* [ʃɔguna].

shoot n. m. (anglicisme de la langue du football) Prononciation : [ʃut]. — Pl. : *des shoots* [ʃut]. — Equivalent français : *tir (au but).* De même, à *shooter* [ʃute] on pourra préférer *tirer* (au but) et à *shooteur* [ʃutœʀ] *buteur.*

shopping n. m. (anglicisme) Avec deux *p.* Eviter la graphie *shoping.* — Prononciation : [ʃɔpiŋ]. — Equivalents français : *lèche-vitrines* ou, dans certains cas, *courses (faire des courses)* ou encore *visite des magasins.*

shopping center n. m. (anglicisme) Prononciation : [ʃɔpiŋsentəʀ]. — Pl. : *des shopping centers* [-təʀ]. — Equivalent français : *centre commercial.*

short n. m. Anglicisme qui désigne une culotte courte pour les vacances ou le sport. — Prononciation : [ʃɔʀt]. — Pl. : *des shorts* [ʃɔʀt]. ▼ Au singulier : *Ils sont en short.*

show n. m. (anglicisme) Prononciation : [ʃo].
— Pl. : *des shows* [ʃo]. — Equivalents français :
spectacle ou parfois *récital.*

show business n. m. (anglicisme) En deux mots
sans trait d'union. — Prononciation : [ʃobiz-
nɛs]. — Equivalent français : *industrie du
spectacle.*

shrapnel n. m. Obus à balle. — Prononciation :
[ʃʀapnɛl]. — Pl. : *des shrapnels* [-nɛl]. On
évitera la graphie *shrapnell.*

shunt n. m. (anglicisme de la langue des
techniciens de l'électricité) Prononciation :
[ʃœt]. — Pl. : *des shunts* [ʃœt]. — Equivalent
français : *dérivation.* De même, à *shuntage*
[ʃœtaʒ] on pourra préférer *montage en dérivation* et à *shunter* [ʃœte] *monter en dérivation.*

1. si adv. Exprime l'affirmation, l'intensité, la
comparaison, la concession.

1 Si fait. Que si. Ces deux locutions affirma-
tives sont vieillies et quelque peu familières.

2 Si et oui. En principe, on emploie *oui* après
une question affirmative : *Tu connais Louis
Dubois ?* — *Oui.* L'adverbe *si* ne s'emploie
qu'après une question négative : *Tu ne connais
pas Louis Dubois ?* — *Si.*

3 Si tellement. Pléonasme populaire. On dira :
C'est si beau ! ou bien *C'est tellement beau !*
et non *C'est *si tellement beau !*

4 Si tôt, sitôt ▷ **sitôt** (1).

5 Si, aussi ▷ **aussi** (I, 3).

6 On peut très correctement employer *si*
devant un participe passé adjectif : *Ce conquérant, si admiré et si redouté, n'était-il qu'un
brigand ?* On peut même employer *si* devant
un participe passé accompagné du verbe *être*
quand la forme verbale exprime l'état plus que
l'action : *Cette reine, qui fut si aimée de ses
sujets* ou, mieux, *qui fut tellement aimée, tant
aimée de ses sujets.* En revanche, on évitera
l'emploi de *si* avec une forme composée ou
même avec un participe non adjectivable. On
emploiera *tant* ou *tellement* (*Il a tant travaillé*
ou *Il a tellement travaillé*, et non *Il a *si
travaillé*) ou bien on tournera autrement : *Un
pays si bien dirigé* ou *Un pays si fermement
dirigé*, et non *Un pays *si dirigé.* On observera
d'ailleurs que, de nos jours, le nombre de
participes passés adjectivables est de plus en
plus grand.

7 Avoir si besoin. Tour critiqué. On écrira
plutôt : *avoir un si grand besoin.* De même, on
écrira : *avoir une si grande faim, une si grande
peur, une si grande soif* (plutôt que *avoir si
faim, si peur, si soif*), *souffrir tant du froid*

(plutôt que *avoir si froid*), *souffrir tellement*
(plutôt que *avoir si mal*), *être dans une si grande
colère* (plutôt que *être si en colère*).

8 Mode dans la consécutive après *si... que.*

a/ Indicatif ou conditionnel si la principale
est affirmative : *Il est si faible qu'il ne peut
parler. Il est si faible qu'il ne pourrait voyager,
s'il le fallait.*

b/ Subjonctif si la principale est négative ou
interrogative : *Il n'est pas si faible qu'il ne puisse
parler. Est-il si faible qu'il ne puisse voyager ?*

9 Il n'est pas si naïf que de croire à ces contes.
Tour correct, mais très littéraire. On dit plus
couramment : *Il n'est pas assez naïf pour
croire...*

**10 Si habile que soit cet homme. Si habile qu'il
soit. Si habile soit-il.** Dans ces tours concessifs,
toujours le subjonctif. ▼ Ne pas écrire *Aussi
habile que soit cet homme, aussi habile qu'il soit,
aussi habile soit-il* (tours critiqués) ▷ **aussi** (I, 4).

2. si conj. Exprime la condition, mais aussi
l'opposition, et introduit parfois une interrogation indirecte.

I Forme. Toujours élidé devant *il, ils : s'il, s'ils*,
et non **si il, *si ils.* — En deux mots : *si oui.*
— En un seul mot : *sinon.*

II Sens. Peut exprimer la condition : *S'il faisait
beau, je sortirais.* — Peut aussi exprimer
l'opposition : *Si le climat breton est assez doux,
il est cependant moins chaud que le climat
méditerranéen* (= bien que le climat breton soit
assez doux...). — Peut aussi introduire une
interrogation indirecte : *Je lui ai demandé s'il
était satisfait.*

III Emploi du mode.

1 Après *si* **exprimant la condition.** Jamais
d'indicatif futur ni de conditionnel. On écrira
donc : *S'il fait beau demain, je sortirai* (et non
*s'il fera beau). *Si j'avais su, je ne serais pas
venu* (et non **si j'aurais su*).

2 Après *si* **exprimant l'opposition ou introduisant l'interrogation indirecte.** On peut très
correctement employer l'indicatif futur ou le
conditionnel : *S'il serait encore possible d'éviter
le désastre, il n'est cependant plus temps de
remporter la victoire. Demande-lui s'il viendra
demain. Je lui ai demandé s'il viendrait ce soir.*

3 Si c'était... qui. Normalement suivi de
l'indicatif : *Si c'était toi qui étais dans cette
situation, que ferais-tu ?* Le subjonctif, correct
aussi, est rare et très littéraire : *Si c'était toi qui
fusses dans cette situation...*

4 Si... que. Quand *que* remplace un second
si, le verbe qui suit *que* se met au subjonctif :

*S'il fait beau demain et que je ne sois pas fatigué,
je sortirai* (= s'il fait beau demain *et si* je ne
suis pas fatigué...).

5 Si tant est que. Toujours suivi du subjonctif : *Il comprendra ce qu'il voudra, si tant est
qu'il puisse comprendre quelque chose !*

6 Comme si ▷ **comme** (IV, 3).

IV *Si ne... (pas)* au sens de « à moins que ». On
omet souvent *pas : Je ne viendrai pas si je ne
suis expressément convié.* De même : *si je ne
m'abuse, si je ne me trompe* (expressions figées).

V Expressions.

1 Si encore, encore si ▷ **encore** (3).

2 S'il en est, s'il en fut ▷ **être** (IV, 13).

**3 Si j'étais vous, si j'étais de vous, si j'étais
que de vous** ▷ **être** (IV, 14).

4 C'est à peine si ▷ **peine** (V, 3).

5 Que si. Formule oratoire et vieillie qui
équivaut à *si : Que si les dieux et les hommes
se liguent contre la cité, alors, Romains, nous
devrons combattre jusqu'au dernier.*

6 Sauf que, sauf si ▷ **sauf 2** (4).

sibilant, ante adj. *(médecine)* Sifflant : *Respiration sibilante.* ▼ Pas de *y.* Un seul *l.*

sibylle n. f. Prophétesse antique. ▼ Prononciation : [sibil], avec [l], et non *[j]. — Attention
à la place du *i* et du *y.* — Dérivé : *sibyllin, ine*
[sibilɛ̃, in].

sicaire n. m. Tueur à gages. — Avec un seul
c et finale en *-aire.*

siccatif, ive [sikatif, iv] adj. *ou* n. m. Avec deux *c.*

siccité n. f. Caractère de ce qui est sec. ▼
Prononciation : [siksite].

side-car n. m. Anglicisme qui désigne une nacelle
à roue accolée à une motocyclette. — Prononciation : [sidkaʀ]. — Pl. : *des side-cars* [-kaʀ].

sidéral, ale, aux adj. Masculin pluriel en *-aux :
Des jours sidéraux.*

sidérer v. t. Conjugaison et emploi.

1 Conjug. **11.** *Il sidère,* mais *il sidérera, il
sédérerait.*

2 Synonyme de *stupéfier.* — Familier, ainsi que
le dérivé *sidérant.*

siècle n. m. Orthographe et expressions.

1 Le numéral s'écrit en toutes lettres (*Le
dix-huitième siècle*) ou bien en chiffres romains

(Le XVIIIe *siècle).* ▼ Ne pas employer les
chiffres arabes. La graphie *Le *18*^e^ *siècle* est
contraire à l'usage.

2 Avec *G* et *S* majuscules : *le Grand Siècle* (le
siècle de Louis XIV). — Avec *S* majuscule et
l ou *o* minuscule : *le Siècle des lumières* (le
XVIIIe siècle), *le Siècle d'or* (le XVIe siècle
espagnol).

3 On écrit : *l'art des XII*^e^ *et XIII*^e^ *siècles, l'art
des douzième et treizième siècles.* On évitera le
tour cursif *l'art des *douze et treizième siècles.*

4 ▼ On écrit : *le XII*^e^ *et le XIII*^e^ *siècle (le
douzième et le treizième siècle)* ou bien *le
XII*^e^ *siècle et le XIII*^e^ *(le douzième siècle et le
treizième)* ou bien *les XII*^e^ *et XIII*^e^ *siècles (les
douzième et treizième siècles)* ou bien *les
XII*^e^*-XIII*^e^ *siècles.* Cette dernière forme est
moins soutenue. — On écrira, quand on met
une parenthèse : *La ville possède un château
ancien (XII*^e^*-XIII*^e^ *siècle)* ou *La ville possède un
château ancien (XII*^e^ *et XIII*^e^ *siècle). Cette
institution dura longtemps (XI*^e^*-XV*^e^ *siècle).*

5 Avec *siècle* au singulier : *de siècle en siècle.*

sien, sienne adj. *ou* pron. possessif.

I Emploi adjectif.

1 Comme épithète. Vieux devant le nom : *Il
rencontra un sien ami.* — Littéraire après le
nom : *Une idée sienne.*

2 Comme attribut. Assez littéraire, mais non
archaïque : *Cette idée est sienne. Il a fait siennes
mes idées.*

II Emploi pronominal. Vivant et courant :
Voici mon vélo. Le sien est appuyé contre le mur.

III Les siens. Ses parents, ses proches : *Il va
revoir les siens.* Moderne et usuel.

IV Expressions. Une expression très légèrement familière : *y mettre du sien,* faire un effort.
— Une expression familière : *faire des siennes,*
commettre des sottises.

sieur n. m. Toujours précédé de l'article et suivi
d'un nom propre : *Le sieur Dupont.*

siffler v. i. Avec deux *f.* De même : *sifflant,
sifflement, sifflet, siffleur.* ▼ Un seul *f* dans
persiflage, persifler, persifleur.

siffloter v. t. Avec deux *f* et un seul *t.* De même :
sifflotement.

sigillaire adj. *ou* n. f. Qui concerne les sceaux.
— Prononciation : [siʒilɛʀ]. De même : *sigillé,
ée* [siʒile, e], *sigillographie* [siʒilɔgʀafi],
sigillographique [siʒilɔgʀafik].

sigisbée n. m. Mot masculin, mais finale en *-ée.*

signal n. m. — Pl. : *des signaux.*

signaler, signaliser Deux verbes transitifs à bien distinguer.

1 signaler Marquer, annoncer par un signal, un panneau : *Les tournants dangereux sont signalés par des panneaux spéciaux.*

2 signaliser Munir d'un ensemble de signaux, de panneaux : *Les routes françaises sont en général bien signalisées.*

signature, paraphe ▷ **paraphe.**

signe n. m. L'expression *sous le signe de* est tout à fait normale dans le sens astrologique : *Il est né sous le signe du Sagittaire.* — En dehors d'une allusion astrologique, ne pas user de cette expression. On évitera par exemple : *Une exposition placée sous le signe du figuratif.*

signé, ée Complément d'agent introduit par *par* quand on insiste sur l'action : *La convention a été signée cet après-midi par les plénipotentiaires.* — Pour exprimer l'état, on emploie *de : Une lettre signée du directeur commercial.* — Quand il s'agit d'une œuvre d'art, on omet généralement la préposition : *Un tableau signé Utrillo.*

signet n. m. Ruban qui marque une page. — La prononciation traditionnelle est [siɲɛ]. On pourra la préférer dans la diction soutenue (déclamation des vers, lecture de textes littéraires de style noble). Prononciation actuelle et usuelle : [siɲɛ].

signifier v. t. Plusieurs constructions.

1 Au sens de « vouloir dire ». Avec l'indicatif ou le conditionnel : *Cela signifie qu'il ne veut pas donner son accord. Cela signifie qu'on pourrait aboutir à un accommodement.*

2 Au sens de « faire savoir ». Avec l'indicatif ou le conditionnel : *On lui signifia que l'autorisation était refusée. On lui signifia que l'autorisation serait accordée, s'il acceptait certaines conditions.* La construction avec *avoir à* suivi de l'infinitif : *On lui signifia qu'il eût à quitter les lieux immédiatement.*

silène n. m. Avec *S* majuscule et sans article : *Silène,* dieu grec, fils de Pan ou d'Hermès et père des satyres. — Avec *s* minuscule : *les silènes,* les satyres devenus vieux, compagnons de Dionysos.

silhouette n. f. Avec *h* entre *l* et *o.* De même : *silhouetter.*

silice n. f. Minéral. — Dérivés : *silicate, silicole,*

silicique, silicium, siliciure. ▼ Ne pas écrire comme *un cilice,* chemise de crin.

silicone ▼ Est féminin : *de la silicone.* — Dérivé : *siliconé.*

silicose n. f. Se prononce avec *o* fermé [silikoz], mais s'écrit sans accent circonflexe.

sillon n. m. Deux *n* dans les dérivés : *sillonné, sillonner.*

silo n. m. Finale en *-o,* sans *-t.* — Pl. : *des silos* [-lo] . — Dérivé : *silotage.*

silure Poisson. — Toujours masculin : *Un silure très gros.*

silvaner n. m. Vin. — Avec *i* et non *y.* Avec *s* minuscule. — Prononciation : [silvanɛʀ]. — Prend la marque du pluriel : *Des silvaners excellents.*

simagrée n. f. Finale en *-ée.* — Le plus souvent au pluriel : *Assez de simagrées !*

simarre n. f. Vêtement. — Avec un seul *m* et deux *r.*

similaire adj. N'est pas synonyme de *semblable.* Le mot *similaire* signifie « à peu près semblable » et s'emploie surtout dans la langue du commerce et des techniques : *L'article commandé nous faisant défaut, nous vous proposons un article similaire.* ▼ N'est jamais suivi d'un complément. Ne pas écrire : *Un objet similaire *à un autre.* Ecrire : *analogue* ou *comparable à un autre.*

simili- Préfixe (du latin *similis* « semblable »). De nos jours, les composés en *simili* s'écrivent en un seul mot sans trait d'union : *similicuir, similigravure,* etc. Les graphies *simili-cuir, simili-gravure* sont vieillies.

similitude n. f. Avec un seul *l.*

simonie n. f. Avec un seul *n.* De même : *simoniaque.*

simoun n. m. Vent. — Avec *s* minuscule.

1. simple adj. Dans certains cas, le sens dépend de la place de l'adjectif.

1 Devant le nom. Indique que le nom est pris au sens strict, à l'exclusion de toute autre idée : *Ce n'est qu'une simple formalité* (= ce n'est rien d'autre qu'une formalité). *Il n'y a eu qu'une simple entrevue* (= une entrevue et rien de plus).

2 Derrière le nom. Equivaut à « facile, peu compliqué » (*C'est une formalité simple)* ou bien à « sans faste, sans cérémonie » *(Une entrevue simple).*

2. simple n. m. (terme de tennis). On écrit : *le simple messieurs (les simples messieurs), le simple dames (les simples dames).*

simples Plantes médicinales. — Presque uniquement au pluriel et toujours masculin : *Les simples sont excellents pour le traitement de ces maladies.*

simplet adj. Féminin : *simplette,* avec deux *t.*

simulacre n. m. Pas d'accent circonflexe.

simuler v. t. Avec un seul *l.* De même : *simulateur, simulation.*

simultané, ée adj. Pas de tréma dans les dérivés : *simultanéisme, simultanéiste, simultanéité.* — Sans *e* muet intérieur : *simultanément.*

sinapisme n. m. Avec un seul *n,* un seul *p.* De même : *sinapisé.*

sinécure n. f. Emploi qui exige peu de travail. — (expression familière) *Ce n'est pas une sinécure !* (= c'est un travail, un emploi pénible !). ▼ On évitera le contresens populaire qui donne à *sinécure* le sens de « tâche compliquée, cause de soucis ». Ne pas dire, par exemple : *Elever sept enfants, quelle sinécure !* (pour dire *quel tracas !*).

single n. m. *ou* adj. (anglicisme) Prononciation : [siŋgəl].

1 Au tennis, synonyme vieilli de *(un) simple (simple messieurs, simple dames).*

2 Cabine (ou compartiment de voiture-lit) pour une personne. — Pl. : *des singles* [siŋgəl]. — (adjectivement) *Des cabines singles* ou *Des cabines « single ».* Pour éviter cet anglicisme à la prononciation difficile et à l'accord incertain, on dira plutôt : *cabine pour une personne, compartiment à une place.*

sino- Préfixe (du latin *Sina* « Chine »). En deux mots, avec un trait d'union : *sino-japonais, sino-indien, sino-soviétique, sino-thibétain,* etc.

sinon conj. Orthographe et emploi.

1 Toujours en un seul mot. Ne pas écrire **si non.*

2 Attention aux tours équivoques tels que *La réunion doit être reportée, sinon annulée.* On peut comprendre « La réunion doit être reportée et même annulée » ou bien « La réunion doit être reportée, sans être pour autant annulée ». Selon le sens qu'on veut exprimer,

on dira : *La réunion doit être reportée, pour ne pas dire annulée* (ou *et même annulée*), ou bien *La réunion doit être reportée, mais non annulée.*

3 Ou sinon. Pléonasme. On écrira : *Je pourrai sans doute venir, sinon, je vous téléphonerai,* ou bien *Je pourrai sans doute venir ou je vous téléphonerai,* mais non **ou sinon je vous téléphonerai.*

4 Sinon que. Tour correct, mais un peu vieilli : *Il est gentil, sinon qu'il a parfois des mouvements d'humeur.* De nos jours, on dit plutôt : *si ce n'est que, sauf que.* — *Sinon que* cependant s'emploie encore assez couramment après *rien* : *Je n'ai rien à lui reprocher, sinon qu'il est trop susceptible.*

sinople n. m. *(héraldique)* Couleur verte. — Ne pas déformer en **sinope.*

sinus [sinys] n. m. — Pl. : *des sinus* [-nys]. — Dérivés : *sinusite* [sinyzit], *sinusoïdal, ale, aux* [sinyzɔidal, al, o], *sinusoïde* [sinyzɔid].

siphon n. m. ▼ Avec *i,* et non **y.* De même : *siphoïde, siphonner.*

sire n. m. Toujours avec un *s* minuscule : *Oui, sire, répondit le courtisan à Louis XIV.*

sirène n. f. Finale en *-ène.*

sirocco n. m. Vent. — Avec *s* minuscule, un seul *r* et deux *c.*

sirop n. m. Finale en *-op,* avec *-p* muet. — Dérivés : *siroter* (avec un seul *t*), *sirupeux.* — On écrit, avec le complément au singulier : *sirop d'orange, de citron, de framboise, de fraise, de groseille,* etc.

sis, sise adj. Situé. — Ne s'emploie que dans la langue juridique et administrative : *Une maison sise 37, rue Jacques-Legris.*

sisal [sizal] n. m. Plante ; textile. — Pl. : *des sisals.*

sismicité n. f. Forme à employer, plutôt que *séismicité.* De même : *sismique* (plutôt que *séismique*), *sismogramme* (plutôt que *séismogramme*), *sismographe* (plutôt que *séismographe*), *sismologie* (plutôt que *séismologie*). — En revanche, on dit : *séisme.*

sismique adj. Au lieu de *secousse sismique,* expression critiquée, on emploiera *secousse tellurique* ou *séisme* ou *tremblement de terre.*

sister-ship n. m. (anglicisme) Prononciation : [sistœrʃip]. — Pl. : *des sister-ships* [-ʃip].

— Equivalent français : *navire-jumeau (des navires-jumeaux).*

sistre, cistre ▷ cistre.

sitôt adv. Orthographe et emplois.

1 Bien distinguer par l'orthographe *sitôt,* aussi vite, aussi promptement *(Nous ne terminerons pas sitôt que vous cette besogne),* et *si tôt,* tellement tôt, aussi tôt (s'oppose à *si tard*) : *Pourquoi vous lever si tôt ? Je n'attendais pas notre ami si tôt.*

2 De sitôt. Seulement dans une proposition négative : *Je n'y retournerai pas de sitôt.* ▼ Ne pas dire : *Je n'y retournerai pas *d'aussitôt.*

3 Sitôt que. Equivaut à *dès que, aussitôt que* ▷ aussitôt (3).

4 Sitôt suivi d'un participe. Tour usuel et correct : *Sitôt rentré, je me mis au travail.* — S'emploie aussi devant un nom suivi d'un participe : *Sitôt le travail terminé, je vous téléphonerai.* ▼ On évitera d'employer *sitôt* devant un nom qui n'est pas suivi d'un participe : *Sitôt la sortie de l'école, les enfants se mettaient à courir.* On écrira plutôt : *Sitôt sortis de l'école, les enfants...* ou *Dès la sortie de l'école, les enfants...* ▷ aussitôt (1 et 2).

situer v. t. On évitera d'employer trop souvent *se situer* au sens de *avoir lieu, se passer, se produire, se réaliser, se dérouler,* etc. : *Les entretiens se situent dans des circonstances particulières.* On écrira plutôt : *Les entretiens ont lieu* (ou *se déroulent*) *dans des circonstances particulières.*

six adj. numéral *ou* n. m. Prononciation. Orthographe et forme des dérivés et des composés.

I Prononciation.

1 Devant un nom ou un adjectif commençant par une consonne ou un *h-* aspiré, on prononce [si], le *-x* final étant muet : *six mètres* [simɛtʀ(ə)], *six gros arbres* [sigʀozaʀbʀ(ə)], *six huttes* [siyt], *six hautes armoires* [siotəzaʀmwaʀ].

2 Devant un nom ou un adjectif commençant par une voyelle un un *h-* muet, on prononce [siz], le *-x* final se prononçant comme le *-s* final en liaison : *six arbres* [sizaʀbʀ(ə)], *six énormes caisses* [sizenɔʀməkɛs], *six hirondelles* [siziʀɔ̃dɛl], *six habiles garçons* [sizabilgaʀsɔ̃].

3 Devant un nom de mois commençant par une consonne, on prononce de nos jours [si] plutôt que [sis] : *le six janvier* [siʒɑ̃vje], *le six février* [sifevʀije] plutôt que [sisfevʀije], *le six mars* [simaʀs] plutôt que [sismaʀs], etc. Dans ce cas d'ailleurs,

l'usage est assez flottant et il n'y a pas de règle absolue. La prononciation [sis] était naguère encore recommandée. Dans la diction soignée, on pourra la préférer.

4 Devant un nom de mois commençant par une voyelle, on prononce encore de nos jours [sis] plutôt que [siz], mais cette dernière prononciation n'est pas vraiment incorrecte : *le six avril* [sisavʀil] plutôt que [sizavʀil], *le six août* [sisu] plutôt que [sizu], *le six octobre* [sisɔktɔbʀ(ə)] plutôt que [sizɔktɔbʀ(ə)]. Dans ce cas, comme dans le précédent, l'usage est assez flottant et il n'y a pas de règle absolue. La prononciation [sis] est cependant préférable.

5 Devant un mot qui n'est ni un nom ni un adjectif, on prononce [sis] : *six ou sept* [sisusɛt], *de six à neuf* [dəsisanœf], *les numéros six et sept* [sisesɛt], *six pour mille* [sispuʀmil], *six d'entre eux* [sisdɑ̃tʀø].

6 A la fin d'une phrase ou d'un membre de phrase ou devant une pause, une ponctuation, on prononce toujours [sis] : *Ils sont six* [sis].

II Dérivés et composés.

1 On écrit, avec un *x* prononcé [z] : *sixième* [sizjɛm], *sixièmement* [sizjɛmmɑ̃]. — On écrit avec un *z* : *sizain* [sizɛ̃] n. m. (poème de dix vers ; éviter la graphie *sixain*).

2 On écrit avec un trait d'union les composés suivants : *vingt-six, trente-six, quarante-six, cinquante-six, soixante-six, quatre-vingt-six,* ainsi que *cent vingt-six, cent trente-six..., deux cent vingt-six, deux cent trente-six...*

3 Pas de trait d'union dans les autres composés : *cent six, deux cent six, trois cent six..., mille six, deux mille six, trois mille six..., six mille, six millions,* etc.

Skaï n. m. Imitation de cuir. — Prononciation : [skaj]. — Nom déposé, donc avec une majuscule.

skateboard n. m. (anglicisme) Prononciation : [skɛtbɔʀd]. — Pl. : *des skateboards* [-bɔʀd]. — Equivalent français : *planche à roulettes.*

sketch n. m. Anglicisme qui désigne une petite scène comique. — Prononciation : [skɛtʃ]. — Pl. : *des sketches* [skɛtʃ]. ▼ Ne pas confondre avec *speech,* petit discours.

ski n. m. Emploi de la préposition ; singulier ou pluriel.

1 Aller à skis (mieux que *en skis*) ▷ à (VII, 1).

2 Au pluriel : *aller à skis* (sauf s'il s'agit de ski nautique), *une descente à skis, une promenade à skis, un saut à skis.* — Au singulier : *un championnat de ski, une école de ski, un tremplin de ski, un saut de ski.*

skiff ou **skif** n. m. Anglicisme qui désigne une embarcation. — Prononciation : [skif]. — Pl. : *des skiffs* ou *des skifs* [skif]. — La graphie *skiff* est plus fréquente que *skif.*

skipper n. m. (anglicisme) Prononciation : [skipœʀ]. — Pl. : *des skippers* [-pœʀ]. — Equivalents français : *barreur* (régate), *capitaine* (croisière).

skunks [skɔ̃ks] ou **scons** [skɔ̃s] ou **sconse** [skɔ̃s] ou **skuns** [skɔ̃s] ou **skons** [skɔ̃s] n. m. Animal ; fourrure. — Plusieurs formes pour ce mot, emprunté à l'algonquin par l'intermédiaire de l'anglais. — La forme la plus française serait *sconse,* mais l'usage préfère *skunks.*

slalom [slalɔm] n. m. Ne pas déformer en **slaloom.* — Dérivés (avec un seul *m*) : *slalomer, slalomeur.*

slogan n. m. Finale en *-an.*

sloughi n. m. Lévrier. — Avec *-gh-.* — Pl. : *des sloughis* [-gi].

smalah, smala On écrit plutôt *smalah* au sens propre *(La smalah d'Abd el-Kader)* et *smala* au sens figuré *(Mon cousin est arrivé, avec toute sa smala !).*

smalt [smalt] n. m. Verre de couleur bleue. — Pas de *e* final.

smart adj. Anglicisme vieilli, synonyme de *élégant.* — Prononciation : [smaʀt]. — Invariable : *Les villes d'eau les plus smart.*

smash n. m. (anglicisme de la langue du tennis et du volley-ball). — Prononciation : [smaʃ]. — Pl. : *des smashes* [smaʃ]. — Dérivé : *smasher* [smaʃe] v. i.

snack-bar n. m. — Pl. : *des snack-bars.* — Le mot s'abrège usuellement en *snack (des snacks).*

snob n. *ou* adj. Prend la marque du pluriel, mais non celle du féminin : *Ils sont snobs. Ces dames sont snobs. Elle est snob.* — Dérivés : *snober, snobinard, snobinette, snobisme.*

snow-boot n. m. Anglicisme vieilli qui désignait des chaussures en caoutchouc. — Prononciation : [snobut]. — Pl. : *des snow-boots* [-but]. — Equivalent français : *des caoutchoucs.*

sobre adj. On dit : *sobre en paroles,* mais *sobre de gestes, un style sobre d'ornements.* — Dérivé : *sobriété.*

soc n. m. Partie de la charrue. — Attention à l'homophone *socque,* chaussure.

social, ale, aux adj. Masculin pluriel en *-aux :* *Les rapports sociaux.*

social-chrétien adj. *ou* n. ▼ *Le programme social-chrétien. Les députés sociaux-chrétiens. Les sociaux-chrétiens. La liste social-chrétienne. Les idées social-chrétiennes.*

social-démocrate adj. *ou* n. ▼ *Le programme social-démocrate. Les députés sociaux-démocrates. Les sociaux-démocrates. La liste social-démocrate. Les idées social-démocrates.*

social-démocratie n. f. ▼ Pas de *-e* à *social.*

social-révolutionnaire adj. *ou* n. ▼ *Le programme social-révolutionnaire. Les députés sociaux-révolutionnaires. Les sociaux-révolutionnaires. La fraction social-révolutionnaire. Les idées social-révolutionnaires.*

société n. f. Toujours avec un *s* minuscule : *Le respect des lois est la base de la société.*

socioculturel, elle adj. En un seul mot, sans trait d'union.

sociodrame n. m. En un seul mot, sans trait d'union. — De même : *sociodramatique.*

socio-économique adj. En deux mots, avec un trait d'union.

sociogramme n. m. En un seul mot, sans trait d'union.

sociométrie n. f. En un seul mot, sans trait d'union. De même : *sociométrique.*

socioprofessionnel, elle adj. En un seul mot, sans trait d'union.

socle n. m. Bien prononcer [sɔkl(ə)]. Eviter la prononciation relâchée *[sɔk].

socque Chaussure. — Avec *-cqu-.* Ne pas écrire comme *soc (de charrue).* ▼ Toujours masculin : *Les gros socques des montagnards.*

Socquette n. f. Chaussette basse. — Avec *-cqu-.* — Nom déposé à l'origine, donc, théoriquement, avec une majuscule. En fait, le mot est traité couramment comme un nom commun.

sodomie n. f. Avec un seul *m.* De même : *sodomiser, sodomite.* ▼ Ne pas dire **sodomiste.*

sœur n. f. Usage du trait d'union et de la majuscule.

1 Avec un trait d'union : *belle-sœur (des belles-sœurs), demi-sœur (des demi-sœurs).*

— Sans trait d'union : *une bonne sœur* (une religieuse, *familier*).

2 Avec *s* minuscule : *Oui, ma sœur. La supérieure fit appeler sœur Marie-des-Anges.* — Avec *S* majuscule : *les Petites Sœurs des pauvres. Les Neufs Sœurs* (les Muses).

sofa n. m. Lit de repos. — Avec *f* (unique). La graphie **sopha* est vieille.

software n. m. Anglicisme qui désigne la conception ou l'utilisation des ordinateurs. Le *hardware* est la fabrication des ordinateurs. — Prononciation : [sɔftwɛʀ]. — Pour éviter cet anglicisme, on dira plutôt : *le logiciel.* De même, on remplacera *hardware* par : *le matériel.*

soi pron. personnel. Emploi et expressions.

1 *Soi* en concurrence avec *lui* ▷ lui (IV).

2 A part soi (= dans son for intérieur). Locution figée. On peut employer à la rigueur *à part moi* : *A part moi, je pensais qu'il avait tort, mais je n'en fis rien paraître.* En revanche, on évitera *à part lui, à part elle, à part nous, à part vous, à part eux.* On évitera aussi d'employer *à part soi* pour la troisième personne du pluriel : *Ils estimaient à part soi...* On tournera autrement : *Ils estimaient, chacun à part soi...*

3 Soi-même. Ne doit pas être employé abusivement pour représenter une personne déterminée : *Allo ! Je voudrais parler à M. Dupont.* — *Soi-même.* On répondra, dans ce cas : *lui-même.*

soi-disant adj. inv. Attention à l'orthographe et à l'emploi.

1 ▼ Ne pas écrire **soit-disant.*

2 Toujours invariable : *Des femmes soi-disant nobles.*

3 Ne peut s'appliquer qu'à des personnes qui prétendent elles-mêmes être (ce qui est exprimé par le nom ou l'adjectif) : *Ce soi-disant prince n'était qu'un escroc.* En revanche, on n'écrira pas : *Cet enfant soi-disant idiot était tout à fait normal.* En effet, ce n'est pas l'enfant qui prétend lui-même qu'il est idiot. On écrira : *Cet enfant prétendument idiot...* On écrira : *Ce vase prétendument grec,* et non *Ce vase soi-disant grec,* car un vase ne peut *se dire* quoi que ce soit.

4 On évitera, dans la langue surveillée, d'employer *soi-disant* en guise d'incise pour modifier un verbe. On n'écrira pas : *Il possède, à ce qu'il affirme, un château.* On écrira : *Il possède, à ce qu'il affirme, un château* ou *Selon ses affirmations (selon ses dires), il possède un château.*

5 Soi-disant que. Tour populaire. On dira plutôt *sous prétexte que* ou *parce que, paraît-il,* ou *parce que, à ce qu'on prétend : Il n'est pas venu, sous prétexte qu'il est malade* (et non *soi-disant qu'il est malade). On va démolir ce pont, parce que, paraît-il, il est vétuste* (et non *soi-disant qu'il est vétuste).*

soie n. f. Dérivé : *soierie* (avec *e* muet intérieur).

soif n. f. ▼ On dit très correctement *avoir soif, avoir grand-soif* (un peu vieilli), *avoir une très grande soif* (moderne), *avoir une si grande soif, avoir une trop grande soif.* En revanche, dans la langue très surveillée, on évitera *avoir très soif, bien soif, si soif, trop soif,* car le mot *soif,* qui est substantif, ne peut, en principe, être précédé d'un adverbe.

soir n. m. Expressions.

1 ▼ Avec *soir* au singulier : *tous les lundis soir, tous les mardis soir...*

2 Lundi soir ou **lundi au soir, hier soir** ou **hier au soir** ▷ à (XI, 1, 2 et 3).

soit Forme du verbe *être* figée comme adverbe ou comme conjonction ou comme formule d'introduction.

I Prononciation.

1 En liaison devant voyelle ou *h-* muet, le *-t* se prononce : *Soit un triangle* [swatœ̃tʀiɑ̃gl(ə)]. *Soit heureux* [swatøʀø], *soit malheureux.*

2 Devant consonne ou *h-* aspiré, le *-t* est muet : *Soit deux* [swadø], *soit trois* [swatʀwa]. *Soit honteux* [swaɔ̃tø], *soit fier* [swafjɛʀ].

3 ▼ Devant une pause pour exprimer un assentiment, se prononce le plus souvent [swat]. Cependant, on préférera [swa] dans la diction surveillée : *Vous voulez partir ? Soit* [swa], *partez.*

II Invariabilité.

1 Toujours invariable au sens de « ou bien... ou bien » : *Il faudrait soit deux camions, soit quatre fourgonnettes.*

2 Toujours invariable au sens de « c'est-à-dire » : *Une longueur de quinze toises, soit trente mètres.*

3 Invariable le plus souvent au sens de « supposons » : *Soit deux droites parallèles AB et CD.* L'accord au pluriel *(soient deux droites)* est toléré, mais tend à sortir de l'usage.

III Soit que. Toujours suivi du subjonctif : *Soit qu'il pleuve, soit qu'il fasse beau, je fais tous les jours ma promenade habituelle.*

IV Soit... soit et **soit... ou** ; **soit que... soit que...** et **soit que... ou que.** Le deuxième *soit* peut être remplacé par *ou*. Le tour avec *ou* est vieilli et assez littéraire. On l'évitera dans le registre neutre : *Je prendrai soit le train du matin, soit l'autorail de midi* (usuel). *Soit égoïsme ou légèreté, il négligeait ses amis* (littéraire). *Soit qu'il m'écrive, soit qu'il me téléphone* (usuel). *Soit qu'il conduise une armée ou qu'il parle devant l'assemblée du peuple* (tour littéraire). ▼ Quand il y a trois termes, seul le dernier *soit* peut (dans la langue littéraire) être remplacé par *ou* : *Il lit soit des poèmes, soit des romans, soit des livres d'histoire* (usuel). *Il lit soit des poèmes, soit des romans, ou des livres d'histoire* (tour littéraire).

soixante adj. numéral. Orthographe, prononciation et composés.

1 Avec *x* prononcé [s] : *soixante* [swasɑ̃t], *soixantaine* [swasɑ̃tɛn], *soixantième* [swasɑ̃tjɛm].

2 Sans traits d'union : *soixante et un, soixante et onze*. — Avec un trait d'union : *soixante-deux, soixante-trois..., soixante-huit, soixante-neuf, soixante-dix, soixante-douze... soixante-dix-sept, soixante-dix-huit, soixante-dix-neuf*.

soja [sɔʒa] n. m. Plante. — Finale en *-a*. — Pl. : *des sojas*. — La forme *soya* [sɔja] est correcte, mais rare. — Autrefois on recommandait de prononcer *soja* [sɔja], sous prétexte que *soja* est une forme allemande. Cette prononciation de *soja* est vieille.

solarium [sɔlaʀjɔm] n. m. — Pl. : *des solariums*.

soldat n. m. Avec *S* majuscule et *i* minuscule : *le Soldat inconnu*. — Au féminin : *une femme soldat*. La forme *une soldate* est familière.

solde n. m. Attention au genre.

1 Le solde Différence entre le crédit et le débit : *Le solde est créditeur*.

2 Un solde Marchandise vendue au rabais. ▼ Ne pas employer ce mot au féminin (faute fréquente) : *Des soldes avantageux* (et non **avantageuses*). — Normalement employé au pluriel : *Soldes du 15 au 28 février*. On écrit cependant toujours : *Vendre en solde. Marchandises en solde*.

3 La solde Rémunération d'un militaire : *Aux colonies, la solde était plus forte*. — (expressions) *Etre à la solde de quelqu'un, d'un parti*, etc.

4 La demi-solde, un demi-solde ▷ **demi-solde**.

solder La forme pronominale *se solder* se construit avec *par* : *L'opération s'est soldée par un déficit de deux cents millions*.

1. sole n. f. Dessous du sabot d'un cheval ; support d'une machine ; plancher d'un four. — Un seul *l*.

2. sole n. f. Poisson. — Un seul *l*.

3. sole n. f. Groupe de champs (dans le système de l'assolement) : *La sole des avoines succédait à la sole des blés*. — Un seul *l*.

solécisme n. m. Faute de syntaxe très grave. — Exemple de solécisme : *La question que je veux vous en parler*, pour *dont je veux vous parler*.

soleil n. m. On peut dire : *il fait du soleil* (usuel) ou *il fait soleil* (plus rare). — On écrit, avec des majuscules et un trait d'union : *Le Roi-Soleil* (Louis XIV), *l'empire du Soleil-Levant* (le Japon).

solennel, elle adj. Prononciation : [sɔlanɛl, ɛl]. — Avec deux *n*. De même : *solennellement* [sɔlanɛlmɑ̃], *solenniser* [sɔlanize], *solennité* [sɔlanite].

solfatare Crevasse d'où s'échappent des gaz sulfureux, près d'un volcan. — Prononciation : [sɔlfataʀ]. — Pl. : *des solfatares* [-taʀ]. ▼ Le mot est féminin : *Une solfatare nauséabonde*.

solidaire adj. Emploi de la préposition.

1 Eviter le pléonasme *Ils sont solidaires *l'un de l'autre* ou **les uns des autres*. Ecrire simplement : *Ils sont solidaires*.

2 Se construit avec *de* ou avec *et*, jamais avec la préposition **avec* : *Les étudiants sont solidaires de leurs professeurs* ou *Les étudiants et leurs professeurs sont solidaires*, mais non *Les étudiants sont solidaires *avec leurs professeurs*.

3 L'adverbe *solidairement* se construit surtout avec *et* : *Les étudiants et les professeurs lutteront solidairement*.

4 Le verbe *se solidariser* se construit avec *avec* : *Les étudiants se sont solidarisés avec leurs professeurs*, mais se sont *désolidarisés de leurs professeurs*.

5 Le nom *solidarité* se construit avec *avec* ou avec *et* : *La solidarité des étudiants avec les travailleurs* ou *La solidarité des étudiants et des travailleurs*.

solive n. f. Avec un seul *l*. — Dérivé : *soliveau*.

solliciter v. t. Orthographe et construction.

1 Avec deux *l*. De même : *sollicitation, solliciteur, euse*.

2 De nos jours, se construit avec *de* : *Il me sollicita de prendre parti pour lui*. L'emploi de *à* est vieux et très littéraire : *Il sollicita ses amis à la révolte. Les courtisans sollicitaient le prince à faire le mal.*

sollicitude n. f. Avec deux *l.*

solo n. m. *ou* adj. On préférera le pluriel *des solos* [-lo] à *des soli*, plus rare. — Comme adjectif, ne prend pas la marque du féminin, mais prend celle du pluriel : *Une clarinette solo. Des clarinettes solos. Des barytons solos.*

solognot, ote adj. *ou* n. De la Sologne. — Attention au féminin en *-ote*, avec un seul *t.*

solstice n. m. Finale en *-ice.* — Dérivé : *solsticial, ale, aux (les points solsticiaux).* Bien prononcer [sɔlstis], et non *[sɔltis].

solution n. f. ▼ Attention au contresens fréquent. Une *solution de continuité* est une rupture et non une continuité. Par conséquent, *sans solution de continuité* veut dire « sans interruption » : *Une clôture entoure le terrain, sans solution de continuité* (= la clôture n'est pas interrompue, elle est continue).

solutionner v. t. Mot critiqué. On écrira plutôt : *apporter une solution à une question* ou *résoudre une question.*

sombre adj. *Coupe sombre* ▷ **coupe.**

sommaire adj. *ou* n. m. Avec deux *m.* De même : *sommairement.*

sommation n. f. Avec deux *m.*

somme Toujours avec deux *m* : *Une somme de cent francs. Faire un somme* (dormir). *Une bête de somme.*

sommeil n. m. Avec deux *m.* De même : *sommeiller.*

sommelier, ière n. m. *ou* f. Avec deux *m.*

sommer v. t. Avec deux *m.*

sommet n. m. On peut dire *un sommet* ou bien *une conférence au sommet*, à condition que cette conférence réunisse les dirigeants du degré le plus élevé (chefs d'Etat ou chefs de gouvernement). On évitera cette expression quand il s'agit seulement d'une conférence réunissant des ministres.

sommier n. m. Avec deux *m.*

sommité n. f. Avec deux *m* et finale en *-é.*

somnambule n. *ou* adj. Avec un seul *l.* De même : *somnambulisme.*

somnambule, noctambule ▷ **noctambule.**

somnifère n. m. *ou* adj. S'emploie surtout comme nom *(Prendre des somnifères),* à la différence de *soporifique (Une substance soporifique. Des propriétés soporifiques).*

somnolence n. f. Finale en *-ence.* — Dérivés : *somnolent, somnoler.*

somptuaire, somptueux Ces deux adjectifs ne sont nullement synonymes.

1 somptuaire *Loi somptuaire, édit somptuaire,* qui interdit le luxe et les dépenses excessives des particuliers. ▼ Ne pas dire **dépenses somptuaires* pour *dépenses excessives, dépenses exagérées, dépenses d'apparat.*

2 somptueux, euse Luxueux, magnifique : *Une réception somptueuse.*

son, sa, ses adj. possessif. — Forme et emploi.

1 Le féminin *sa* est remplacé par *son* dans tous les cas où l'article *la* s'élide en *l'* : *son action, son entrée, son initiative, son ombre, son urne, son yeuse, son habitude, son herbe,* mais *sa hache, sa huitième année* ▷ **le 1** (I, 1).

2 Devant voyelle ou *h* muet, la forme *son,* au masculin ou au féminin, se dénasalise, dans la prononciation parisienne : *son ami* [sɔnami], *son action* [sɔnaksjɔ̃]. Cet usage a été critiqué par quelques auteurs. On pourra préférer la prononciation non dénasalisée : *son ami* [sɔ̃nami], *son action* [sɔ̃naksjɔ̃].

3 Chacun dans son genre ▷ **chacun** (II).

4 La maison dont on voit le toit (et non *dont on voit *son toit*) ▷ **dont** (VI).

5 J'apprécie sa loyauté. J'en apprécie la loyauté ▷ **en 2** (V).

6 *Son, sa, ses* en concurrence avec l'article défini *(Il souffre de la jambe. Il a déchiré sa blouse)* ▷ **le 1** (IX, 1, 2, 3 et 4).

sonar n. m. Instrument de détection des sous-marins. — Avec un seul *n* et finale en *-ar.*

sonate n. f. Avec un seul *n.* De même : *sonatine.*

sondage n. m. Toujours avec *opinion* au singulier : *des sondages d'opinion.*

songe-creux n. m. Invariable : *des songe-creux.*

sonique adj. Avec un seul *n.*

sonnaille n. f. Clochette. — Peut s'employer au singulier : *Attacher une sonnaille au cou d'une vache.* — Avec deux *n.* De même : *sonnailler.*

sonnant, ante adj. Avec deux *n*. — On écrit : *à midi sonnant,* mais *à huit heures sonnantes* ▷ **heure** (III, 3).

sonner v. i. Orthographe, dérivés et accord.

1 Avec deux *n*. De même : *sonnant, sonnante, sonné, sonnerie, sonneur.*

2 On écrit : *midi sonne,* mais *trois heures sonnent* ▷ **heure** (III, 2).

sonnet n. m. Avec deux *n* et finale en *-et.*

sonnette n. f. Avec deux *n.*

sonneur n. m. Avec deux *n.*

sonomètre n. m. Avec un seul *n.*

sonore adj. Avec un seul *n.* De même : *sonorisation* (familièrement *sono*), *sonoriser, sonorité.*

sonothèque n. f. Avec un seul *n* et *-th-.*

sophisme n. m. Avec *-ph-.* De même : *sophiste, sophistication, sophistique, sophistiqué, sophistiquer.*

sophistiqué, ée adj. Attention au sens.

1 *(vieux)* Frelaté : *Du vin sophistiqué.*

2 *(anglicisme admis)* Qui a un caractère artificiel, affecté : *La beauté sophistiquée des actrices d'Hollywood.*

3 *(anglicisme critiqué)* Très perfectionné et très compliqué : *Un avion de combat sophistiqué. Des méthodes sophistiquées.* Dans ce sens, on dira mieux : *perfectionné, élaboré, compliqué.*

soporifique ▷ **somnifère.**

soprano Toujours masculin : *Cette cantatrice est un merveilleux soprano.* — Pl. : *des sopranos* [-no], plutôt que *des soprani.*

sorgho n. m. Céréale. — Avec *-gh-.* — Pl. : *des sorghos* [-go].

sorite Type de syllogisme. — Avec un seul *r* et un seul *t.* ▼ Toujours masculin : *Un sorite très long.*

sornette n. f. Presque toujours au pluriel : *Pas de sornettes !*

sort n. m. Le sens correct de *faire un sort à (quelque chose),* c'est « mettre en valeur » : *Les critiques ont fait un sort à cette phrase de Sartre.* — Le sens de « utiliser, manger, boire entièrement » est familier : *Le rôti était si bon que nous lui avons fait un sort !*

sorte n. f. Expressions et constructions.

1 *La (une, cette) sorte de* + **nom.** L'accord se fait avec le complément de *sorte : Cette sorte de fraises sont tardives. La sorte de livres qu'il a lus.*

2 **Toute sorte de, toutes sortes de.** En général, on emploie *toute sorte de* (singulier) devant un nom au singulier et *toutes sortes de* (pluriel) devant un nom au pluriel : *Toute sorte d'esprit est estimé chez les gens de la ville. Toutes sortes de livres sont publiés chaque année.*

3 **De toute sorte, de toutes sortes.** En général, on emploie *de toute sorte* (singulier) après un nom au singulier et *de toutes sortes* (pluriel) après un nom au pluriel, ce qui est le cas le plus fréquent : *Il achète des fruits de toutes sortes.*

4 *De sorte à* + **infinitif.** Tour nettement vieilli : *Il agissait de sorte à se réserver une échappatoire.* De nos jours, on dit : *de façon à, de manière à.*

5 **De telle sorte que.** Avec l'indicatif pour exprimer une conséquence réelle (voulue ou non), avec le conditionnel pour exprimer une conséquence éventuelle : *Il a classé les documents de telle sorte qu'on ne peut plus retrouver ce qu'on cherche. Il a agi de telle sorte qu'il ne pourrait plus revenir en arrière s'il le fallait.* — *De telle sorte que* construit avec le subjonctif pour exprimer la conséquence voulue et intentionnelle est possible, mais il est préférable dans ce cas de dire *de sorte que : Nous agissons de sorte que tout soit prêt demain,* mieux que *de telle sorte que tout soit prêt demain.*

6 **De sorte que.** S'emploie peu de nos jours avec l'indicatif pour exprimer une conséquence réelle non intentionnelle. On dit plutôt *de telle sorte que : Il est tombé de telle sorte qu'il s'est fendu le front,* plutôt que *de sorte qu'il s'est fendu le front.* — S'emploie avec le conditionnel pour exprimer une conséquence éventuelle et surtout avec le subjonctif pour exprimer une conséquence intentionnelle : *Il a agi de sorte qu'il pourrait se dégager si les choses tournaient mal. J'ai travaillé de sorte que tout soit prêt demain.*

sortie-de-bain n. f. — Pl. : *des sorties-de-bain.*

sortie-de-bal n. f. — Pl. : *des sorties-de-bal.*

1. sortir Conjugaison, emploi de l'auxiliaire, emplois abusifs.

I Conjug. 42. *Je sors, tu sors, il sort, nous sortons, vous sortez, ils sortent.* — *Je sortais.* — *Je sortis.* — *Je sortirai.* — *Je sortirais.* — *Sors, sortons, sortez.* — *Que je sorte.* — *Que je sortisse.* — *Sortant.* — *Sorti, ie.*

II Emploi de l'auxiliaire. Dans la construction intransitive, auxiliaire *être* : *Elles sont sorties du magasin.* — Dans la construction transitive, auxiliaire *avoir* : *Ils ont sorti des marchandises en fraude.*

III Emplois abusifs.

1 Sortir quelque chose. L'emploi transitif *(Les déménageurs n'ont pu sortir l'armoire par la porte)*, sans être incorrect, appartient à une langue moins soignée que *faire sortir (Les déménageurs n'ont pu faire sortir l'armoire par la porte).*

2 Sortir quelqu'un. Sens populaire. Dans le style châtié, on écrira *expulser* : *On a expulsé le perturbateur,* et non *On a sorti...* De même, quand on parle d'une compétition, on préférera *éliminer* à *sortir* : *Le Racing a éliminé Bordeaux de la Coupe de France,* et non *a sorti Bordeaux.*

3 S'en sortir. Expression populaire. Equivalent plus relevé : *s'en tirer.* Equivalent soutenu : *se tirer d'affaire.*

4 Je sors de dîner (= je viens juste de dîner). Expression admise dans la langue semi-familière ou cursive. A éviter dans la langue soutenue. Quant à *Je sors d'en prendre,* c'est une expression très familière.

5 *Sortir dehors. Pléonasme populaire. De même, éviter **sortir à l'extérieur.*

2. sortir n. m. Seulement dans *au sortir de,* au moment où l'on sort de : *Au sortir de l'hiver, on voudrait bien aller sur la Côte d'Azur.*

sosie Toujours masculin, même appliqué à une femme : *Elle est le sosie d'une actrice célèbre.*

sot adj. *ou* n. Féminin : *sotte,* avec deux *t.* — *Dérivés : sottement, sottise.*

sotie ou **sottie** n. f. Farce, dans la littérature médiévale. — Prononciation : [sɔti]. — La graphie *sotie* est plus fréquente que *sottie.*

sou n. m. Pièce de monnaie. — Pl. : *des sous.* — Au singulier : *amasser sou à sou* ou *sou par sou.*

soubassement n. m. Ne pas écrire **sous-bassement.*

soubresaut n. m. Se prononce [subʀəso], avec [s], mais s'écrit avec un seul *s.*

soubrette n. f. Finale en *-ette.*

1. souci n. m. Tracas. — Orthographe, dérivés et expressions.

1 Finale en *-i.*

2 Dérivés : *soucieusement, soucieux.*

3 On distinguera *avoir souci de,* « se préoccuper de », expression assez littéraire *(A-t-il souci de son honneur ?)* et *avoir du souci,* « être tracassé », expression usuelle *(Il a du souci, à cause de la santé de sa femme).*

2. souci n. m. Plante ; fleur. — Finale en *-i.*

soucier Accord du participe et emploi.

1 Participe passé du pronominal toujours accordé avec le sujet : *Elles se sont souciées du résultat. Le but dont elles se sont souciées.*

2 L'emploi transitif est vieilli ou familier : *La santé de son fils soucie beaucoup mon ami.* Equivalent usuel et neutre : *préoccuper.*

soucoupe n. f. Sans trait d'union : *soucoupe volante.*

soudain, aine adj. *ou* adv. Bien distinguer l'adverbe et l'adjectif variable : *Ces événements survinrent soudain* (adverbe). *Ces événements soudains* (adjectif) *survinrent alors. Ces événements survinrent, soudains comme la foudre* (adjectif).

souffler v. i. *ou* t. Avec deux *f.* De même : *soufflage, soufflante, soufflard, soufflé (Un soufflé au fromage), soufflement, soufflerie, soufflet, souffleter, souffleur, soufflure.* ▼ Un seul *f* dans *boursoufler.*

souffleter v. t. Conjug. **14.** *Il soufflette, il soufflettera, il souffletterait,* mais *nous souffletons, il souffletait.*

souffrir Orthographe, dérivés, accord du participe et constructions.

I Avec deux *f.* De même : *souffrance, souffrant, souffreteux.*

III Conjug. **33.** *Je souffre, tu souffres, il souffre, nous souffrons, vous souffrez, ils souffrent.* — *Je souffrais.* — *Je souffris.* — *Je souffrirai.* — *Je souffrirais.* — *Souffre, souffrons, souffrez.* — *Que je souffre.* — *Que je souffrisse.* — *Souffrant.* — *Souffert, erte.*

III Accord du participe passé.

1 Les avanies qu'il a souffertes. Accord avec le complément d'objet direct placé avant le verbe.

2 Les années qu'il a souffert. Invariable, car *années* est complément circonstanciel de temps et non complément d'objet direct.

IV Constructions.

1 Il souffre quand il marche. Il souffre en marchant. La souffrance est une douleur physique. Le complément s'exprime par une temporelle ou par *en* suivi du participe présent. Le tour *Il souffre à marcher* est vieux.

2 Il souffre de voir sa famille dans le malheur. La souffrance est une souffrance morale. Le complément s'exprime par *de* suivi de l'infinitif.

3 Il souffre de ce qu'on lui a manqué de respect. Au sens de « éprouver de la douleur, être malheureux », se construit avec *de ce que* suivi de l'indicatif. L'emploi du subjonctif se rencontre aussi parfois.

4 Je ne souffrirai pas qu'il mette le désordre ici. Au sens de « permettre », se construit avec *que* suivi du subjonctif.

souffre-douleur Invariable : *des souffre-douleur.* — Le féminin est rare. On écrira plutôt : *La pauvre petite est le souffre-douleur de ses sœurs,* plus fréquent que *est la souffre-douleur.*

soufre n. m. Elément chimique. — Avec un seul *f.* De même : *soufrage, soufrer, soufreur, euse, soufrière, soufroir.*

souhait n. m. Au singulier : *à souhait.* — Attention au *h-* intérieur. De même : *souhaitable, souhaiter.*

souhaiter v. t. Constructions.

1 Je souhaite vous revoir bientôt. Je souhaite de vous revoir bientôt. Les deux tours sont corrects. Ici, *vous* est complément direct de *revoir.* Le sujet de *souhaiter* est aussi le sujet de l'action exprimée par l'infinitif.

2 Je vous souhaite de revoir votre famille bientôt. Ici *vous* est complément indirect de *souhaiter* (= je souhaite à vous). Le sujet de *souhaiter* n'est pas le sujet de l'action exprimée par l'infinitif. Seul le tour avec *de* est possible.

3 Je souhaite que vous reveniez bientôt. Avec *que,* subjonctif obligatoire.

souillon S'applique toujours à une personne du sexe féminin, mais s'emploie plutôt au masculin : *Cette fille est un petit souillon,* mieux que *une petite souillon.*

souk n. m. Marché arabe. Avec *-k* et non *-kh.* — Pl. : *des souks.*

soûl [su] adj. Ivre. — Féminin : *soûle.* On préférera la graphie *soûl, soûle* à *saoul, saoule.* De même, on préférera les graphies *soûlard, soûlaud, aude* (parfois *soulot, ote*), *soûler, soûlerie, soûlographie, soûlographe* aux formes en *saoul-* (*saouler, saoulerie,* etc.). — Pour *dessouler, dessoûler, dessaouler* ▷ **dessouler.**

soulèvement n. m. Avec accent grave.

soulever v. t. Conjugaison et expressions.

1 Conjug. **12.** *Je soulève, je soulèverai, je soulèverais, mais nous soulevons, je soulevais.*

2 On dira : *lever un lièvre,* et non **soulever un lièvre* ▷ **lièvre.** — On dira : *Cette action ignoble soulève le cœur,* et non **lève le cœur.*

soulte [sult(ə)] n. f. Différence de la valeur des lots dans un partage ou un échange. — Ne pas confondre avec le paronyme *soute,* cale d'un navire.

soumettre v. t. Conjug. **99.** *Je soumets, tu soumets, il soumet, nous soumettons, vous soumettez, ils soumettent.* — *Je soumettais.* — *Je soumis.* — *Je soumettrai.* — *Je soumettrais.* — *Soumets, soumettons, soumettez.* — *Que je soumette.* — *Que je soumisse.* — *Soumettant.* — *Soumis, ise.*

soumission n. f. Deux *n* dans les dérivés : *soumissionnaire, soumissionner.*

soupçon n. m. Deux *n* dans les dérivés : *soupçonnable, soupçonner, soupçonneusement, soupçonneux.*

souper, déjeuner, dîner ▷ **déjeuner.**

soupeser v. t. Conjug. **12.** *Je soupèse, je soupèserai, je soupèserais, mais nous soupesons, je soupesais.*

soupir n. m. Finale en *-ir,* sans *-e.*

soupirail n. m. ▼ Pl. : *des soupiraux.*

souquenille n. f. Blouse. — Prononciation : [suknij].

sourcil n. m. ▼ Prononciation : [suʀsi], le *-l* muet.

sourcil, cil ▷ **cil.**

sourcilier, sourciller Deux mots paronymes à distinguer par la graphie et la prononciation.

1 sourcilier, lière [suʀsilje, ljɛʀ] adj. Des sourcils, de la région des sourcils : *Muscle sourcilier. Arcade sourcilière.*

2 sourciller [suʀsije] v. i. Remuer les sourcils : *Il a appris sa révocation sans sourciller.*

sourcilleux, euse adj. Prononciation : [suʀsijø, øz].

sourd, sourde adj. *ou* n. Dans l'emploi adjectif au sens figuré, se construit avec *à : Il resta sourd aux prières de ses proches.* — Dérivés : *sourdement, sourdine.*

sourd-muet, sourde-muette adj. *ou* n. Les deux éléments prennent la marque du pluriel et celle du féminin : *Des enfants sourds-muets. Une fillette sourde-muette. Des fillettes sourdes-muettes. Une sourde-muette. Des sourds-muets.*

sourdre v. i. Conjug. **93.** Verbe défectif. Ne s'emploi guère qu'à l'infinitif et à la troisième personne du singulier et du pluriel de l'indicatif présent et imparfait : *Il sourd, ils sourdent. Il sourdait, ils sourdaient.*

1. sourire v. i. Conjug. **51.** *Je souris, tu souris, il sourit, nous sourions, vous souriez, ils sourient. — Je souriais, tu souriais, il souriait, nous souriions, vous souriiez, ils souriaient. — Je sourirai. — Je sourirais. — Souris, sourions, souriez. — Que je sourie, que tu souries, qu'il sourie, que nous souriions, que vous souriiez, qu'ils sourient. — Que je sourisse. — Souriant. — Souri.* ▼ Attention aux deux *i* à la première et à la deuxième personne du pluriel de l'indicatif imparfait et du subjonctif présent : *(que) nous souriions, (que) vous souriiez.* — Le participe passé est toujours invariable : *En se croisant, elles se sont souri.*

2. sourire n. m. Finale en *-ire : Un joli sourire.*

1. souris n. f. Animal. Finale en *-is.*

2. souris n. m. *(vieux)* Synonyme de *sourire* (n. m.) : *Le souris charmant d'une belle.* — Finale en *-is.*

sous- Les composés en *sous-* sont variables *(un sous-chef, des sous-chefs),* sauf *sous-gorge, sous-main, sous-verge, sous-verre.*

souscrire v. t. *ou* v. t. ind. Conjug. **48.** *Je souscris, tu souscris, il souscrit, nous souscrivons, vous souscrivez, ils souscrivent. — Je souscrivais. — Je souscrivis. — Je souscrirai. — Je souscrirais. — Souscris, souscrivons, souscrivez. — Que je souscrive. — Que je souscrivisse. — Souscrivant. — Souscrit, ite.*

sous-estimer v. t. En deux mots, avec un trait d'union, à la différence de *mésestimer, surestimer.*

sous-exposer v. t. En deux mots, avec un trait d'union, à la différence de *surexposer.*

sous-fifre n. m. — Pl. : *des sous-fifres.*

sous-gorge n. f. ▼ Invariable : *des sous-gorge.*

sous-jacent, ente adj. Finale en *-ent, ente.*

sous-main Genre, pluriel et expression.

1 Toujours masculin, bien que *main* soit féminin : *Un sous-main luxueux.*

2 Invariable : *des sous-main.*

3 Avec un trait d'union : *en sous-main,* en secret. ▼ Bien distinguer *en sous-main,* en secret *(Il travaillait en sous-main à discréditer le chef du gouvernement),* et *en sous-œuvre,* en reprenant tout par la base *(Il faut reprendre en sous-œuvre cette maçonnerie, qui menace de s'effondrer. Il faut reprendre en sous-œuvre toute cette analyse).*

sous-œuvre Fondations d'un édifice. — Pl. : *des sous-œuvres.* — Toujours masculin : *Un sous-œuvre profond.* — (locution) *En sous-œuvre* ▷ **sous-main** (3).

sous-off n. m. Abréviation familière de *sous-officier.* — Pl. : *des sous-offs.*

sous-seing, sous seing privé Ne pas écrire *un sous-seing,* nom masculin variable qui prend un trait d'union *(des sous-seings),* comme *un acte sous seing privé,* locution adjective invariable qui s'écrit sans trait d'union *(des actes sous seing privé).*

soussigné, ée adj. *ou* n. Accord et emploi de la virgule.

1 Prend la marque du féminin et celle du pluriel et s'accorde avec le sujet : *Je soussignée, Martin Louise, déclare... Nous soussignés déclarons... Les soussignés affirment...*

2 Pas de virgule entre le pronom et *soussigné :* *Je soussigné certifie...* Pas de virgule non plus entre *soussigné* et le verbe *(Nous soussignés reconnaissons...),* sauf, bien sûr, si l'indication du nom ou de la qualité est intercalée entre *soussigné* et le verbe *(Je soussigné, Dubois Louis, déclare... Je soussigné, maire de la commune de Pradignac, certifie...).*

sous-tangente n. f. Attention à la place de *-an-* et de *-en-.* — Pl. : *des sous-tangentes.*

soustraire v. t. Conjugaison et dérivés.

1 Conjug. **57.** *Je soustrais, tu soustrais, il soustrait, nous soustrayons, vous soustrayez, ils soustraient. — Je soustrayais, tu soustrayais, il soustrayait, nous soustrayions, vous soustrayiez, ils soustrayaient. — Passé simple inusité. — Je soustrairai. — Je soustrairais. — Soustrayons, soustrayez. — Que je soustraie, que tu soustraies, qu'il soustraie, que nous soustrayions, que vous soustrayiez, qu'ils soustraient. — Imparfait du subjonctif inusité. — Soustrayant. — Soustrait, aite.* — Attention au *i* après l'*y* à la première et à la deuxième personne du pluriel de l'indicatif imparfait et du subjonctif présent : *(que) nous soustrayions, (que) vous soustrayiez.*

2 Dérivés : *soustractif, soustraction.*

sous-traitance n. f. Finale en *-ance.*

sous-verge Cheval de renfort ; *(familier)* personnage subalterne. ▼ Toujours masculin, bien que *verge* soit du féminin, et toujours invariable : *Des sous-verge insignifiants.*

sous-verre n. m. ▼ Invariable : *des sous-verre.*

soute n. f. Cale d'un navire. — Attention au paronyme *soulte* ▷ **soulte.**

soutenir v. t. Conjugaison et dérivés.

1 Conjug. **44.** *Je soutiens, tu soutiens, il soutient, nous soutenons, vous soutenez, ils soutiennent. — Je soutenais. — Je soutins. — Je soutiendrai. — Je soutiendrais. — Soutiens, soutenons, soutenez. — Que je soutienne. — Que je soutinsse. — Soutenant. — Soutenu, ue.*

2 Dérivés : *soutenable, soutenance, soutènement, souteneur, soutenu, soutien.*

souterrain, aine adj. *ou* n. m. Avec deux *r* et finale en *-ain, -aine.* — Dérivé : *souterrain.*

soutien n. m. ▼ Finale en *-ien,* sans *-t* final.

soutien-gorge n. m. ▼ Ne pas écrire **soutient-gorge.* — Pl. : *des soutiens-gorge.*

soutirer v. t. Dérivé : *soutirage.*

1. souvenir Conjugaison, emploi et construction.

I Conjugaison.

1 Conjug. **44.** *Je me souviens, tu te souviens, il se souvient, nous nous souvenons, vous vous souvenez, ils se souviennent. — Je me souvenais. — Je me souvins. — Je me souviendrai. — Je me souviendrais. — Souviens-toi, souvenons-nous, souvenez-vous. — Que je me souvienne. — Que je me souvinsse. — Se souvenant. — Souvenu, ue.*

2 Le participe passé s'accorde toujours avec le sujet : *Elles se sont souvenues de nom. Le personnage dont elles se sont souvenues.*

3 On dira : *souviens-t'en,* et non **souviens-toi-z-en.* On écrit, avec deux traits d'union : *souvenons-nous-en, souvenez-vous-en.*

II Emploi et construction.

1 Il me souvient de ce personnage. Il me souvient de l'avoir vu. Ces tours impersonnels, longtemps les seuls admis, sont parfaitement corrects et très soutenus, mais assez rares aujourd'hui.

2 Je me souviens de ce personnage. Je me souviens de l'avoir vu. Ces tours personnels, longtemps critiqués, sont admis aujourd'hui. Dans la langue très soutenue et très surveillée, on pourra préférer : *Il me souvient de ce*

personnage ou *Je me rappelle ce personnage. Il me souvient de l'avoir vu* ou *Je me rappelle l'avoir vu.* ▼ Ne pas écrire **de ce personnage* ni *Je me rappelle *de l'avoir vu.*

3 Je me souviens l'avoir vu. Tour sans *de,* analogique de *Je me rappelle l'avoir vu.* On évitera cette construction dans la langue surveillée. Ecrire plutôt : *Je me souviens de l'avoir vu.*

4 Il me souvient que (Je me souviens que). Indicatif, quand *souvenir* est à la forme affirmative : *Il me souvient (Je me souviens) qu'il m'a dit cela.* — Subjonctif quand *souvenir* est à la forme négative ou interrogative et si l'on veut exprimer une nuance d'incertitude : *Il ne me souvient pas (Je ne me souviens pas) qu'il ait dit cela. Vous souvient-il (Vous souvenez-vous) qu'il vous ait dit cela ?* On peut employer l'indicatif pour insister sur la réalité du fait : *Mais enfin, ne vous souvenez-vous pas qu'il est venu, la semaine dernière ?*

2. souvenir n. m. *Un souvenir heureux.* — Finale en *-ir.*

souverain, aine adj. *ou* n. Construction et dérivés.

1 Se construit avec *pour* ou *contre : Ce sirop est souverain pour la toux* ou *contre la toux.*

2 Dérivés : *souverainement, souveraineté.*

soviet [sɔvjɛt] n. m. Avec un *s* minuscule : *les soviets,* les conseils d'ouvriers ou de soldats, en Russie, en 1917. — Avec un *S* majuscule : *le Soviet suprême.* — Dérivés : *soviétique, soviétisation, soviétiser.*

sovkhoze [sɔvkoz] n. m. Exploitation agricole en URSS. — Avec *-kh-, z* et *-e* final. — Pl. : *des sovkhozes.*

soya ▷ **soja.**

soyeux, euse adj. *ou* n. Prononciation : [swajø, øz]. — Dérivé : *soyeusement* [swajøzmɑ̃].

soyez, soyons Dans ces formes du verbe *être* (impératif ou subjonctif présent), pas de *i* après l'*y.*

spacieux, euse adj. ▼ Avec *c,* comme *spacieusement,* et non avec *t* comme *spatial.*

spaghetti n. m. pl. Avec *-gh-* et deux *t.* — Le mot *spaghetti* étant déjà un pluriel italien, on évitera d'écrire *des *spaghettis* au lieu de *des spaghetti.*

spahi n. m. Attention au *h* intérieur. — Pl. : *des spahis.*

sparadrap n. m. ▼ Prononciation : [spaʀadʀa], le *-p* final est muet.

spartiate [spaʀsjat] adj. *ou* n. *L'armée spartiate. Les Spartiates.* — N. f. *Des spartiates :* sandales.

spasme n. m. Bien prononcer [spasm(ə)], avec [s], et non *[spazm(ə)]. De même : *spasmodique* [spasmɔdik].

spath [spat] n. m. Minéral. — Avec *-th-*. — Dérivé : *spathique.*

spatial, ale, aux adj. ▼ Avec *t,* comme *spatialité,* et non avec *c* comme *spacieux.*

spatio-temporel, elle adj. En deux mots, avec un trait d'union.

spatule n. f. Avec *t,* non *-th-*.

speaker [spikœʀ] n. m. (anglicisme) Pl. : *des speakers.* Féminin : *speakerine* [spikʀin]. — Avec un *s* minuscule : *Le speaker* (président) *de la Chambre des communes, en Angleterre.* — Quand il s'agit de radio ou de télévision, on pourra remplacer *speaker* et *speakerine* par *annonceur, euse* ou *commentateur, trice* ou *présentateur, trice.*

spécial, ale, aux adj. Masculin pluriel en *-aux : Des envoyés spéciaux.*

spécieux, euse adj. Finale en *-cieux,* avec *c.* — Dérivé : *spécieusement.*

spécimen n. m. Mot latin francisé. Accent aigu sur le premier *e.* — Pl. : *des spécimens.*

spéculum [spekylɔm] n. m. Miroir utilisé en médecine. — Accent aigu sur le *e.* — Pl. : *des spéculums.*

speech n. m. (anglicisme) Prononciation : [spitʃ]. — Pl. : *des speeches* [spitʃ]. — Équivalents français : *discours, allocution.*

spéléologie n. f. Étude des grottes, des gouffres. — Dérivés : *spéléologique, spéléologue.* ▼ Ne pas déformer en *spéologie.*

sphénoïde n. m. Os du crâne. — Dérivé : *sphénoïdal, ale, aux.*

sphéroïde ▼ Est masculin : *Le sphéroïde terrestre est légèrement plat aux pôles.*

sphincter n. m. (terme d'anatomie) Prononciation : [sfɛ̃ktɛʀ]. — Pl. : *des sphincters.* — Dérivé : *sphinctérien, ienne.*

sphinx Orthographe, emploi de la majuscule et genre.

1 ▼ Avec *i* et non *y* (faute fréquente).

2 Avec *S* majuscule : *Le Sphinx* (parfois *la Sphinx*), monstre femelle de la mythologie grecque : *Œdipe déchiffra l'énigme du Sphinx.*

3 Avec un *s* minuscule : *un sphinx,* œuvre d'art antique représentant un monstre. — Avec *s* minuscule : *le grand sphinx de Guizèh* (en Egypte), mais *le Sphinx,* sans détermination (celui de Guizèh).

4 La forme féminine *une sphinge* est rare.

spi ▷ spinnaker.

spinal, ale, aux adj. De la colonne vertébrale. — Masculin pluriel en *-aux : Les nerfs spinaux.*

spinnaker n. m. (anglicisme de la langue de la plaisance) Prononciation : [spinakœʀ] ou [spinakɛʀ]. — Pl. : *des spinnakers.* — Le mot s'abrège usuellement en *spi* [spi] ; pl. : *des spis* [spi]. — Equivalent français : *foc-ballon (des focs-ballons).*

spinozisme ou **spinosisme** n. m. Doctrine du philosophe Spinoza. — Les deux formes sont admises. De même : *spinoziste* ou *spinosiste.* Les formes avec *s* sont peut-être un peu plus fréquentes, malgré le *z* du nom *Spinoza.*

spiral, ale, aux adj. *ou* n. m. *Des ressorts spiraux* ou *des spiraux.* Ne pas écrire *un ressort *spirale,* mais *un ressort spiral.*

spirale, hélice ▷ hélice.

spirochète n. m. Bactérie. — Prononciation : [spiʀɔket]. — Dérivé : *spirochétose* [spiʀɔketoz].

spiromètre n. m. Appareil qui sert à mesurer la capacité respiratoire. — Avec *i,* non avec *y.*

spleen n. m. (anglicisme vieilli et littéraire) Mélancolie. — Prononciation : [splin]. — Pl. : *des spleens* [splin].

splendeur n. f. Avec *-en-*. De même : *splendide, splendidement.*

spolier v. t. Avec un seul *l.* De même : *spoliateur, spoliation.*

spondée n. m. Pied latin ou grec formé de deux syllabes longues. — Finale en *-ée,* malgré le genre masculin. — De la même famille : *spondaïque.*

spondyle n. m. Vertèbre. — Avec un *y.* De même : *spondylarthrite, spondylite, spondylose.*

spontané, ée adj. Pas de tréma dans *sponta-*

SPORE

732

néisme, spontanéiste. — Pas de *e* intérieur muet dans *spontanément.*

spore (terme de botanique) ▼ Féminin : *Une spore ronde et assez grosse.* — En revanche : *un sporange.*

sport n. m. *ou* adj. Comme adjectif, toujours invariable : *Des vestes sport.*

spot n. m. Anglicisme qui désigne un film publicitaire très bref ou un projecteur à faisceau étroit. — Prononciation : [spɔt]. — Pl. : *des spots* [spɔt]. — Equivalents français : *message publicitaire* et *projecteur directif.*

sprat n. m. Poisson. — Prononciation : [spʀa] ou [spʀat].

spray n. m. (anglicisme) Prononciation : [spʀɛ]. — Pl. : *des sprays* [spʀɛ]. — Equivalents français : *aérosol, pulvérisation,* ou *atomiseur, nébuliseur, pulvérisateur, vaporisateur.*

sprint n. m. (anglicisme de la langue du sport) Prononciation : [spʀint]. — Pl. : *des sprints* [spʀint]. — Pour éviter cet anglicisme, on pourra dire selon les cas : *emballage* (cyclisme), *enlevage* (aviron), *pointe de vitesse.* — Dérivés : *sprinter* [spʀintœʀ] n. m., *sprinter* [spʀinte] v. i.

squale n. m. Requin. — Prononciation : [skwal].

squame n. f. Ecaille, lamelle. — Prononciation : [skwam]. — Dérivés : *squameux, euse* [skwamø, øz], *squamifère* [skwamifɛʀ], *squamule* [skwamyl] n. f.

square n. m. Jardin public. — Prononciation : [skwaʀ].

squatter n. m. (anglicisme). — Prononciation : [skwatœʀ] ou [skwatɛʀ]. — Pl. : *des squatters* [-tœʀ] ou [-tɛʀ].

squaw n. f. Chez les Amérindiens d'Amérique du Nord, femme mariée, épouse. — Prononciation : [skwo]. — Pl. : *des squaws* [skwo].

squelette n. m. Finale en *-ette.* — Dérivé : *squelettique.*

1. staff n. m. Anglicisme qui désigne l'ensemble des collaborateurs immédiats d'un dirigeant. — Prononciation : [staf]. — Pl. : *des staffs* [staf]. — Equivalents français : *les conseillers* ou *l'état-major.*

2. staff n. m. Matériau. — Dérivé : *staffeur.*

staff, stuc Deux noms masculins à bien distinguer.

1 staff Matériau léger constitué de plâtre moulé : *Décor de cinéma en staff.*

2 stuc Matériau luxueux, formé de poussière de marbre, de craie, de chaux et de colle, qui imite le marbre : *Le stuc joue un grand rôle dans la décoration des édifices de la Renaissance.*

stagner v. i. ▼ Bien prononcer avec [gn], et non avec [ŋ] : [stagne]. De même : *stagnant, ante* [stagnɑ̃, ɑ̃t], *stagnation* [stagnasjɔ̃].

stakhanovisme n. m. Avec *-kh-.* De même : *stakhanoviste.*

stalactite, stalagmite Deux noms à bien distinguer. ▼ Ces deux noms sont féminins : *Une fine stalactite. Une haute stalagmite.*

1 stalactite Concrétion calcaire qui se forme sur le *plafond* d'une grotte.

2 stalagmite Concrétion calcaire qui se forme sur le *sol* d'une grotte.

stalle n. f. Siège ; compartiment. — Avec deux *l.*

stance n. f. Avec *-an-* et *c.*

stand n. m. Prononciation : [stɑ̃d].

standard [stɑ̃daʀ] n. m. *ou* adj. Anglicisme qui désigne un *type,* un *modèle,* un *étalon.* — L'expression *standard de vie* est vieillie. On dit : *standing* ou, mieux, *niveau de vie.* — Comme adjectif, toujours invariable : *Des éléments standard.*

standing n. m. (anglicisme) Prononciation : [stɑ̃diŋ]. — Pl. : *des standings.* — Equivalents français : *Le niveau de vie d'une classe sociale* (plutôt que *le standing*). *Tenir son rang* (plutôt que *tenir son standing*). *Immeuble luxueux* (plutôt que *de grand standing*).

staphylocoque n. m. Bactérie. — Avec *-ph-* et *y.* De même : *staphylococcémie* [stafilɔkɔksemi], *staphylococcie* [stafilɔkɔksi].

star n. f. (anglicisme) Equivalents français : *étoile, vedette.* — Dérivé : *starlette.*

starter n. m. (anglicisme) Prononciation : [staʀtɛʀ]. — Pl. : *des starters* [-tɛʀ]. — Equivalent français : *démarreur.*

starting-block n. m. (anglicisme) Prononciation : [staʀtiŋblɔk]. — Pl. : *des starting-blocks* [-blɔk]. — Equivalent français : *bloc de départ.*

statère Monnaie grecque antique. — Masculin : *Un statère d'or.*

station n. f. Deux *n* dans les dérivés : *stationnaire, stationnale, stationnement, stationner.*

stationner v. i. Toujours intransitif. On ne dira pas **stationner une voiture,* mais *faire stationner* ou *garer une voiture.*

station-service n. f. — Pl. : *des stations-service.*

statuaire Attention au genre.

1 Un statuaire Un sculpteur de statues. — Pas de féminin : *Cette femme sculpteur est un statuaire merveilleux.*

2 La statuaire L'art de sculpter des statues.

statu quo n. m. inv. (du latin *in statu quo ante* « dans l'état où [les choses étaient] auparavant »). On dit le plus souvent *le statu quo,* parfois *le statu quo ante.* — Prononciation : [statykwo(āte)], plutôt que [statyko(āte)]. — S'écrit souvent en italique dans un texte en romain ou en romain dans un texte en italique : *Il faut maintenir le* statu quo, *faute de mieux.* ▼ On évitera les pléonasmes *revenir au* statu quo *antérieur, maintenir le* statu quo *actuel.*

statut n. m. Texte réglementaire ; situation juridique. — Ne pas écrire comme *une statue,* sculpture. — Dérivé : *statutaire.*

steak n. m. (anglicisme) Prononciation : [stɛk]. — Pl. : *des steaks* [stɛk]. — Avec *frite* toujours au pluriel et *salade* toujours au singulier : *un steak frites, des steaks salade.*

steeple-chase n. m. (anglicisme de la langue du sport) Prononciation : [stipəlʃɛz]. — Pl. : *des steeple-chases* [-ʃɛz]. — Le mot s'abrège usuellement en *steeple* [stipl(ə)]. Pl. : *des steeples* [stipl(ə)]. — Équivalent français : *course d'obstacles.*

stèle Avec accent grave et un seul *l.* ▼ Est féminin : *Une stèle romaine,* à la différence de *un cippe.*

stellaire adj. Qui concerne les étoiles. — Avec deux *l.*

stencil n. m. (anglicisme) Prononciation : [stɛnsil]. — Pl. : *des stencils* [-sil]. — Dérivé : *stenciliste* [stɛnsilist(ə)].

sténodactylo n. f. En un seul mot, sans trait d'union. — Pl. : *des sténodactylos.* — De la même famille : *sténodactylographe, sténodactylographie.*

sténographe n. m. *ou* f. Abrégé usuellement en *sténo : La sténo note la lettre dictée par le directeur.* — De la même famille : *sténogramme, sténographie* (abrégé usuellement en *sténo : Elle a appris la sténo*), *sténographier, sténographique, sténographiquement.*

sténotypie n. f. Avec *y.* De même : *sténotype* (n. f.), *sténotypiste.*

stentor n. m. Toujours avec *s* minuscule : *Une voix de stentor.* ▼ Se prononce [stɑ̃tɔʀ], avec [ɑ̃], à la différence de *mentor* [mɛ̃tɔʀ].

steppe Avec deux *p.* De même : *steppique.* — De nos jours, toujours féminin : *La steppe africaine.*

stère Unité de volume. — Masculin : *Un bon stère de bois.*

stéréo n. f. *ou* adj. Invariable dans : *des chaînes stéréo.*

stéréo- Préfixe (du grec *stereos* « solide »). Les composés en *stéréo* s'écrivent en un seul mot, sans trait d'union : *stéréographie, stéréométrie, stéréophotographie,* etc.

stérile adj. Finale en *-ile,* même au masculin : *Un sol stérile.*

stérilet n. m. Dispositif anticonceptionnel. — Prononciation : [steʀilɛ].

stérilité, infécondité, frigidité, impuissance ▷ **impuissance.**

sterling [stɛʀliŋ] adj. *ou* n. m. Toujours invariable : *Des livres sterling. Des sterling.*

sternal, ale, aux adj. Du sternum. — Masculin pluriel en *-aux : Les points sternaux.*

sterne Oiseau. ▼ Féminin : *Une grande sterne.*

sternum n. m. Prononciation : [stɛʀnɔm]. — Pl. : *des sternums.* — Dérivé, en trois mots, avec deux traits d'union : *sterno-cléido-mastoïdien* [stɛʀnɔkleidɔmastɔidjɛ̃] n. m. (muscle).

stéthoscope n. m. Instrument qui sert à ausculter. ▼ Avec *t,* puis *-th-.*

steward n. m. Anglicisme à la prononciation incertaine : [stjuwaʀd] ou [stiwaʀt]. La prononciation anglaise est [stuaʀd]. — Pl. : *des stewards* [-waʀd] ou [-waʀt] . — Équivalents français : *maître d'hôtel, serveur.*

sthène Unité de force. — Avec *-th-.* ▼ Masculin : *Un sthène.*

stigmate n. m. Dérivés : *stigmatisation, stigmatiser.*

stigmatisme n. m. (terme d'optique) Ne pas déformer en **sigmatisme.* De même : *stigmatique,* et non **sigmatique.*

stimuler v. t. Avec un seul *m.* De même : *stimulateur, stimulation, stimuline.*

stimulus [stimylys] n. m. — Pl. : *des stimuli,* plutôt que *des stimulus* [-lys].

stipuler v. t. Avec un seul *p.* De même : *stipulation.*

stock n. m. Avec *-ck.* De même : *stockage, stocker, stockiste.*

stoïcien, ienne adj. *ou* n. Jamais de majuscule : *Les stoïciens.* — De la même famille : *stoïcisme, stoïque, stoïquement.*

stomacal, stomachique Deux adjectifs à bien distinguer.

1 stomacal, ale, aux (avec *c* et non *-ch-*) De l'estomac : *Des troubles stomacaux. La cavité stomacale.*

2 stomachique [stɔmaʃik] Qualifie une substance qui facilite le fonctionnement de l'estomac : *Une potion stomachique.* — (substantivement) *Le cachou est un stomachique.*

stomate (terme de botanique) Avec un seul *m.* De même : *stomatifère, stomatique.* ▼ Masculin : *Un stomate étroit.*

stomatite n. f. Inflammation de la muqueuse de la bouche. — Avec un seul *m.* De même : *stomatologie, stomatologiste.* Ne pas dire **stomatologue.*

1. stopper v. i. *ou* v. t. Anglicisme de la langue de la marine *(Stopper l'ancre),* étendu à d'autres domaines *(Stopper une offensive ennemie, une épidémie).* Dans la langue surveillée, on préférera : *arrêter.* De même, au sens intransitif, on écrira : *Le train ralentit, puis s'arrêta,* mieux que *stoppa.* — De la même famille : *stoppeur, euse* (abréviation familière de *auto-stoppeur).*

2. stopper v. t. (du néerlandais *stoppen* « étouper ») Réparer un vêtement qui a un accroc. — Avec deux *p.* De même : *stoppage, stoppeur, euse.*

strapontin n. m. Finale en *-in.*

strass ou **stras** [stʁas] n. m. Verre coloré. — La forme *strass* est beaucoup plus fréquente que

stras. — A distinguer de la *strasse,* bourre de la soie.

stratagème n. m. Ruse. — Ne pas confondre avec *stratège,* chef de guerre.

strate n. f. Couche. — Avec un seul *t.* De même : *stratification, stratifié, stratifier, stratigraphie, stratigraphique.*

stratégie, tactique Deux noms féminins qui ne sont pas synonymes.

1 stratégie Art de coordonner et de concevoir les grandes opérations qui décident de l'issue finale de la guerre ou de la lutte.

2 tactique Art de faire manœuvrer les troupes au contact de l'ennemi, d'engager et de mener le combat ; art de manœuvrer au cours d'une action locale ou momentanée, qui est une phase d'une action plus vaste.

strato-cumulus n. m. Nuage. — En deux mots, avec trait d'union. — Invariable : *des strato-cumulus* [-lys].

stratosphère n. f. En un seul mot, sans trait d'union. De même : *stratosphérique, stratopause.*

stratus n. m. Nuage. — Invariable : *des stratus* [-tys].

streptocoque n. m. Bactérie. — De la même famille : *streptococcie* [stʁɛptɔkɔksi], *streptomycine.*

stress n. m. (anglicisme de la langue médicale) Prononciation : [stʁɛs]. — Invariable : *des stress.* — Equivalents français : *agression, attaque, choc, excitation violente, réaction brutale.* — Dérivés : *stressant, ante* adj., *stresser* v. t.

strict, stricte adj. On évitera le pléonasme *strict minimum.* — Dérivé : *strictement.*

striction n. f. Resserrement. — Finale en *-ction.*

strident, ente adj. Finale en *-ent, -ente.* — Dérivé : *stridence.*

strige n. f. Vampire. — On évitera la graphie *stryge.*

strigile *(archéologie)* Racloir ; cannelure en S. — Prononciation : [stʁiʒil]. ▼ Ne pas déformer en **strigille.* Toujours masculin : *Un strigile romain.*

strip-tease [stʁiptiz] n. m. On préférera l'invariabilité : *des strip-tease.* — Dérivé : *stripteaseuse* [stʁiptizøz] *(des strip-teaseuses).*

strophe n. f. Avec -*ph*-. De même : *strophique*.

structural, ale, aux adj. Masculin pluriel en -*aux* : *Les plans structuraux*.

strychnine n. f. Poison. — Avec *y* et -*ch*-. — Prononciation : [stʀiknin].

stuc n. m. Avec *c*, comme *stucage, stucateur*, mais -*qu*- dans *stuquer (il stuquait, nous stuquons)*.

stryge ▷ strige.

stuc, staff ▷ staff.

stud-book n. m. (anglicisme) Prononciation : [stœdbuk]. — Pl. : *des stud-books* [-buk]. — Equivalent français : *livre de haras*.

studio n. m. — Pl. : *des studios*.

stupéfait, stupéfié Deux mots qui sont souvent confondus.

1 stupéfait, aite Toujours adjectif. Jamais participe passé. S'emploie absolument *(Je suis resté stupéfait. Son visage stupéfait m'amusa)* ou bien avec *de* suivi d'un infinitif *(Je fus stupéfait de voir ce désordre)*. ▼ Ne pas écrire **stupéfait par* (suivi d'un nom), mais *stupéfié par : Je fus stupéfié par ce spectacle*. — Eviter aussi l'emploi d'un verbe **stupéfaire*, qui n'existe pas. On écrira : *Son audace me stupéfie* (et non *me *stupéfait*). *Son courage nous a stupéfiés* (et non *nous a *stupéfaits*).

2 stupéfié, ée Participe passé du verbe *stupéfier*. ▼ Ne peut s'employer absolument comme adjectif. Ecrire : *Nous sommes restés stupéfaits* (et non **stupéfiés*). — Peut s'employer comme forme verbale, soit à l'actif (*Cette nouvelle nous a stupéfiés*, et non *nous a *stupéfaits*), soit au passif avec *par* suivi d'un nom *(Nous avons été stupéfiés par cette nouvelle*, et non *nous avons été *stupéfaits par cette nouvelle)*.

stupéfier v. t. ▼ Ne pas employer **stupéfaire*, ce verbe n'existe pas. Ecrire : *La nouvelle nous a stupéfiés*, et non *nous a *stupéfaits*.

stupeur n. f. Avec un seul *p*. De même : *stupide, stupidement*.

stupre n. m. *(littéraire et vieilli)* Débauche : *Vivre dans le stupre*. — Ne pas déformer en **strupe, *strupre*.

style n. m. Emploi de la majuscule et dérivés.

1 La dénomination qui suit *style* s'écrit avec une minuscule (*le style roman, le style gothique, le style rocaille, le style rococo*), sauf si cette dénomination est un nom de personnage (*le style Louis XV, le style Louis-Philippe*) ou un nom d'époque historique (*le style Renaissance, le style Régence, le style Directoire, le style Empire*).

2 Comme *style*, tous les mots de la famille prennent un *y : stylé, styler, stylet, stylisation, stylisé, styliser, stylisme, styliste, stylisticien, stylistique*.

stylite n. m. Anachorète qui vivait au sommet d'une colonne : *Siméon le Stylite*. ▼ Ne pas dire *styliste*.

stylo n. m. Forme usuelle. La forme *stylographe* est vieillie. — Pl. : *des stylos*. — On écrira : *un stylo à bille*, plutôt que *un stylo bille*. — Avec un trait d'union : *un stylo-feutre (des stylos-feutres)*.

stylobate Piédestal ; plinthe moulurée. — Masculin : *Un stylobate élégant*.

stylographe n. m. Forme rare et vieillie. On dit de nos jours : *stylo*.

Stylomine n. m. Marque déposée, donc avec une majuscule. Ne désigne pas un *porte-mine* de n'importe quelle marque.

styrax n. m. Plante. — Avec un *y*.

styrène Substance chimique. — Masculin : *Le styrène est précieux pour la fabrication des matières plastiques*.

suaire n. m. Avec deux fois *s* minuscule : *le saint suaire*.

sub- Préfixe (du latin *sub* « sous »). Les composés en *sub* s'écrivent tous en un seul mot, sans trait d'union : *subaigu, subalpin, subdélégué, subdivision*, etc.

subaigu adj. ▼ Attention à la place du tréma dans le féminin : *subaiguë*.

subit adj. Prononciation : [sybi], le -*t* est muet. — Féminin : *subite*. — Dérivé : *subitement*.

subjuguer v. t. Toujours avec -*gu*-, même devant *a* ou *o* : *il subjuguait, nous subjuguons*.

sublime adj. Avec un seul *m*. De même : *sublimement, sublimité*.

sublimer v. t. Avec un seul *m*. De même : *sublimation, sublimé*.

submersion n. f. Avec finale en -*sion*.

subordonner v. t. Avec deux *n*. De même : *subordonnant*. En revanche, un seul *n* dans *subordination*.

subreptice adj. Finale en *-ice*. Dérivé : *subrepticement.*

subrogé tuteur n. m. ▼ En deux mots, sans trait d'union. — Pl. : *des subrogés tuteurs.* — Au féminin : *une subrogée tutrice (des subrogées tutrices).*

subséquemment [sypsekamã] adv. *(familier)* En conséquence. — Finale en *-emment* (vient de *subséquent*).

subséquent, ente [sypsekã, ãt] adj. Finale en *-ent, ente.*

subside n. m. On prononce [sypsid] ou [sybzid].

subsidence n. f. (terme de géologie). On prononce [sypsidãs] ou [sybzidãs].

subsidiaire adj. On prononce [sypsidjɛʀ] ou [sybzidjɛʀ]. De même : *subsidiairement* [sypsidjɛʀmã] ou [sybzidjɛʀmã].

subsister [sybziste] v. i. Dérivés : *subsistance* [sybzistãs], *subsistant, ante* [sybzistã, ãt].

substance n. f. Finale en *-ance.* ▼ Avec un *c,* mais les dérivés prennent un *t* : *substantialisme, substantialiste, substantialité, substantiel, elle, substantiellement.*

substituer, remplacer Ces deux verbes ne se construisent pas de la même manière en ce qui concerne l'emploi de la préposition et la place des mots.

1 *On a substitué la traction électrique à la traction à vapeur* équivaut pour le sens à *On a remplacé la traction à vapeur par la traction électrique.*

2 *La traction électrique a été subsituée à la traction à vapeur* équivaut pour le sens à *La traction à vapeur a été remplacée par la traction électrique.*

substitut n. m. Finale en *-ut.*

substitution n. f. Finale en *-tion.*

substrat n. m. Finale en *-at.* La forme *substratum* [sypstratɔm] *(des substratums)* est rare.

subtil, ile adj. Finale en *-il* au masculin : *Un esprit subtil.* Dérivés : *subtilement, subtilisation, subtiliser, subtilité.*

subvenir v. t. ind. Conjugaison et constructions.

1 Conjug. **44.** *Je subviens, tu subviens, il subvient, nous subvenons, vous subvenez, ils subviennent.* — *Je subvenais.* — *Je subvins.* —

Je subviendrai. — *Je subviendrais.* — *Subviens, subvenons, subvenez.* — *Que je subvienne.* — *Que je subvinsse.* — *Subvenant.* — *Subvenu.*

2 Toujours avec l'auxiliaire *avoir* : *J'ai subvenu à vos besoins.*

3 Se construit avec *à* ou *y* : *Il peut à peine subvenir à ses besoins. Les besoins sont immenses, pourrons-nous y subvenir ?*

subvention n. f. Finale en *-tion.* — Deux *n* dans les dérivés : *subventionnel, elle, subventionner.*

subversion n. f. Finale en *-sion.* — Dérivés : *subversif, subversivement.*

suc, sucre Ces deux noms masculins sont quelquefois confondus.

1 **suc** Liquide contenu dans une substance végétale ou animale : *Extraire le suc amer d'une plante pour faire un médicament. Le suc de la viande.* — *(figuré)* Ce qu'il y a de plus précieux : *Apprécie-t-il tout le suc de cette formule ?*

2 **sucre** Matière sucrée : *Le sucre de canne et le sucre de betterave.*

succédané n. m. Deux *c,* mais un seul *n.* — Mot à préférer à *ersatz* (mot allemand).

succéder v. t. ind. Conjugaison, accord du participe, emploi et dérivés.

1 Conjug. **11.** *Je succède,* mais *je succéderai, je succéderais.*

2 ▼ Participe passé toujours invariable : *Ces femmes se sont succédé au poste de surveillante.*

3 On évitera les pléonasmes *ils se sont succédé *l'un à l'autre, ils se sont succédé *les uns aux autres.*

4 De la même famille : *successeur, successibilité, successible, successif, succession, successivement, successoral, ale, aux.*

succès n. m. Finale en *-ès.*

successeur n. m. Pas de féminin : *Cette jeune fille sera le successeur de sa mère,* ou, mieux, *Cette jeune fille succèdera à sa mère.*

successoral, ale, aux adj. Masculin pluriel en *-aux* : *Les frais successoraux.*

succinct adj. ▼ Bien prononcer [syksɛ̃], le groupe *-ct* final est muet. — Féminin : *succincte* [syksɛ̃t], et non **[syksɛ̃kt].* — Dérivés : *succinctement* [syksɛ̃tmã], et non **[syksɛ̃ktəmã].*

succion n. f. Action de sucer. ▼ Bien prononcer [syksjɔ̃], et non **[sysjɔ̃]* (faute fréquente).

succomber Orthographe, emploi de l'auxiliaire et constructions.

I Attention aux deux *c.*

II Toujours avec l'auxiliaire *avoir : Il a succombé.*

III Trois constructions.

1 Il a fini par succomber. Emploi absolu.

2 Il succomba à la tentation. Avec *à* (ou *y*), au sens de « ne pas résister ». De même : *Succomber à la douleur, à la fatigue. La tentation était grande, il y succomba.*

3 Il succomba sous les coups. Avec *sous,* au sens de « être écrasé par ». Ne pas dire *succomber *aux coups.* De même : *Succomber sous le poids du travail.*

succube Démon femelle. — Avec deux *c.* — Toujours masculin : *Un succube charmant.*

succulence n. f. Finale en *-ence.* — Avec deux *c* et un seul *l.* De même : *succulent, ente.*

succursale n. f. Finale en *-ale,* avec un seul *l.* — Dérivé : *succursalisme.*

sucer v. t. Conjugaison et dérivés.

1 Conjug. **17.** Le *c* prend une cédille devant *a* ou *o : il suça, nous suçons.*

2 Dérivés : *succion* [syksjɔ̃], *sucement, sucette, suceur, suçoir* (cédille et finale en *-oir*), *suçon* (cédille), *suçoter* (cédille et un seul *t*).

sucre n. m. Prononciation, expressions, emploi familier.

1 Bien prononcer [sykʀ(ə)]. Eviter la prononciation relâchée *[syk].

2 Avec le complément au singulier : *des sucres d'orge, du sucre de betterave, de canne, de pomme, de raisin.* — Avec le complément au pluriel : *du sucre de fruits, du sucre en morceaux.*

3 *Un sucre.* Au sens de *un morceau de sucre,* est familier.

sucre, suc ▷ **suc.**

sucrer v. t. L'emploi de *se sucrer,* au sens de « mettre du sucre dans son café, son thé », est familier. On dira : *Servez-vous de sucre* (et non *Sucrez-vous*). *Votre café (thé) est-il assez sucré ?* (et non *Etes-vous assez sucré ?*). *Je n'ai pas sucré mon café* (et non *Je ne me suis pas sucré*).

sud n. m. *ou* adj. L'un des points cardinaux. — S'écrit normalement avec une minuscule : *Le vent du sud. Façade exposée au sud. La rive*

sud de la Loire. Toujours invariable : *Les régions sud du pays.* — Un *S* majuscule seulement dans les cas suivants.

1 Dans : *le pôle Sud,* l'un des deux pôles de la Terre. En revanche : *le pôle sud d'une aiguille aimantée, d'un aimant.*

2 Dans : *l'Atlantique Sud, le Pacifique Sud.*

3 Dans : *du Sud* entrant dans une dénomination géographique qui désigne une unité géographique bien définie (*L'Amérique du Sud. L'Afrique du Sud. La Corée du Sud*). En revanche, on écrit : *La France du sud. L'Espagne du sud* (dénominations géographiques vagues).

4 Quand *le Sud* désigne, sans complément de nom ni adjectif, une région, un groupe de régions : *Aux Etats-Unis, le Sud est moins industrialisé que le Nord.* En revanche, on écrit : *Le sud des Etats-Unis. Le sud de la France.* — Spécialement, on écrit avec *S* majuscule : *le Sud,* les pays situés à une latitude plus basse que l'Europe, c'est-à-dire les pays chauds, les pays tropicaux (*L'attrait magique du Sud*).

sud-américain, aine adj. *ou* n. De l'Amérique du Sud. — Attention à la majuscule : *La population sud-américaine. Les Sud-Américains.* — A la forme *sud-américain,* considérée comme un anglicisme, on préférera *de l'Amérique du Sud* ou *Américain du Sud : Le relief de l'Amérique du Sud. Les Américains du Sud.*

sudation n. f. Finale en *-tion.* — De la même famille : *sudatoire* adj. (finale en -oire).

sud-coréen, enne adj. *ou* n. De la Corée du Sud. — Attention à la majuscule : *La population sud-coréenne. Les Sud-Coréens.* — A la forme *sud-coréen,* considérée comme un anglicisme, on préférera *de la Corée du Sud* ou *Coréen du Sud : L'armée de la Corée du Sud. Les Coréens du Sud.*

sud-est n. m. *ou* adj. inv. Pour l'emploi de la majuscule, les règles sont les mêmes que pour *sud : Le climat du Sud-Est,* mais *le climat du sud-est de la France.*

sudiste adj. *ou* n. Aux Etats-Unis, pendant la guerre de Sécession, qualifiait les hommes et les choses qui dépendaient du gouvernement sécessionniste du Sud : *Les généraux sudistes. Les Etats sudistes. Les armées, les navires sudistes.* — Substantivement, avec un *s* minuscule : *les sudistes.* On disait aussi *les confédérés,* tandis que les nordistes étaient appelés aussi *les fédéraux.*

suède n. f. Avec *s* minuscule : *Des gants de suède.* — Dérivés : *suédé, suédine.*

suffète n. m. Magistrat carthaginois. — Avec deux *f* et finale en *-ète*.

suffire v. i. *ou* v. t. ind. Conjugaison et constructions.

I Conjug. 52. *Je suffis, tu suffis, il suffit, nous suffisons, vous suffisez, ils suffisent.* — *Je suffisais.* — *Je suffis.* — *Je suffirai.* — *Je suffirais.* — *Suffis, suffisons, suffisez.* — *Que je suffise.* — *Que je suffisse* (rare). — *Suffisant.* — *Suffi.* ▼ Le subjonctif imparfait est rare, sauf à la troisième personne du singulier : *qu'il suffît.* Le participe passé *suffi* est toujours invariable.

II Constructions.

1 *Suffire à, suffire pour* + nom (ou infinitif). Pas de distinction absolue. En principe, *suffire à* s'emploie plutôt au sens de « combler, remplir, satisfaire à » : *Peu de chose suffit à son bonheur. Mon ami pourra-t-il suffire à toutes ses obligations ? Ces faibles revenus suffisaient aux besoins de la vieille femme. Cet unique employé ne saurait suffire à toutes ces tâches.* — En principe, *suffire pour* s'emploie plutôt au sens de « être suffisant pour » : *Ce reste de rôti suffira pour le repas du soir. Ses économies ne suffiraient pas pour acheter ce terrain. Un mot maladroit suffit pour vexer cette jeune fille susceptible.*

2 *Il suffit,* impersonnel. Se construit avec *de* et l'infinitif ou avec *que* et le subjonctif : *Il suffira de me téléphoner. Il suffit que je sois averti trois jours avant la réunion.*

3 *Se suffire à soi-même.* Pléonasme admis dans la langue cursive. A éviter dans le registre soutenu.

suffisamment adv. Orthographe, emplois critiqués.

1 Finale en *-amment* (vient de *suffisant*).

2 Eviter le pléonasme **suffisamment assez.*

3 Dans l'usage très surveillé, ne peut s'employer qu'absolument (sans complément) : *De l'esprit ? Il en a suffisamment !* Le tour *suffisamment de* a été critiqué, bien qu'il soit admis de nos jours dans la langue cursive. On pourra préférer *assez de : Il avait assez de ressources,* mieux que *Il avait suffisamment de ressources.*

suffisance n. f. On peut dire indifféremment : *à suffisance* ou *en suffisance.*

suffisant, ante adj. On évitera le pléonasme **assez suffisant.*

suffixe n. m. Avec deux *f.* De même : *suffixal, ale, aux, suffixation, suffixer.*

suffocant, suffoquant Ne pas écrire l'adjectif variable *suffocant (Une atmosphère suffocante),* comme le participe présent invariable *suffoquant (Suffoquant dans cette atmosphère confinée, les voyageurs demandèrent à sortir).*

suffoquer v. i. Avec deux *f* et *-qu-,* même devant *a* ou *o : Il suffoqua, nous suffoquons.* — Dérivés : *suffocant, ante* (adj.), *suffocation.*

suffragant adj. *ou* n. m. *Les évêques suffragants* ou *les suffragants d'un archevêque :* les évêques qui relèvent de cet archevêque. — Avec *g* et non *-gu-.*

suffrage n. m. Avec deux *f.* De même : *suffragette.*

suggérer v. t. Conjugaison et prononciation.

1 Conjug. **11.** *Je suggère,* mais *je suggérerai, je suggérerais.*

2 ▼ Bien prononcer [sygʒeʀe], et non **[syʒeʀe] (faute fréquente). De même : *suggestibilité* [sygʒɛstibilite], *suggestif* [sygʒɛstif], *suggestion* [sygʒɛstjɔ̃], *suggestionner* [sygʒɛstjɔne], *suggestivité* [sygʒɛstivite].

suicider (se) v. pron. Mot critiqué. On a avancé que *se suicider* était mal formé, car ce verbe contient deux fois le réfléchi : *se suicider, tu te suicides, il se suicide.* Dans la langue usuelle moderne, *se suicider* est cependant parfaitement admis. Dans la langue très surveillée, on pourra préférer : *se donner la mort.* En revanche, le nom *un suicide* est accepté par tous les grammairiens.

suif n. m. Avec un seul *f,* mais deux *f* dans *suiffer, suiffeux.*

suint [sɥɛ̃] n. m. Graisse qui imprègne la laine brute. — Avec *-t* final.

suisse adj. *ou* n. Forme du féminin ; usage de la majuscule et du trait d'union.

1 On dit : *une dame, une femme, une jeune fille suisse,* ou simplement *une Suisse.* — La forme *une Suissesse* est vieillie et ne s'emploie que par plaisanterie.

2 Attention à la majuscule : *La population suisse. Un Suisse. Une Suisse. Une Suissesse.*

3 Sans trait d'union : *la garde suisse, les gardes suisses.* — Avec un trait d'union : *un petit-suisse* (ou *un suisse*), fromage blanc *(des petits-suisses).*

suite n. f. Sens et expressions.

I *La suite, les suites d'une affaire.*

1 La suite d'une affaire Son cours, son déroulement : *Vous veillerez soigneusement à la suite de cette affaire.*

2 Les suites d'une affaire. Ses conséquences : *Les suites de cette affaire peuvent être fâcheuses.*

II Tout de suite, de suite.

1 Tout de suite. Immédiatement, à l'instant : *Attendez-moi, je reviens tout de suite.* ▼ Ne pas dire *de suite* dans ce sens (faute populaire).

2 De suite. A la suite, d'affilée, sans interruption : *J'ai reçu quatre visiteurs de suite.* ▼ Ne pas employer *de suite* au sens de « immédiatement ».

III Tout de suite que. Locution populaire. Equivalent correct : *dès que.* On écrira : *Dès que je fus sorti, je me souvins que...*, et non *Tout de suite que j'ai été sorti.*

IV Par suite, par la suite.

1 Par suite. En conséquence : *Il pleuvait ; par suite, j'étais resté chez moi.* — On dit aussi : *Par suite de la pluie, j'étais resté chez moi.*

2 Par la suite. Plus tard : *A cette époque, je sortais beaucoup ; par la suite, j'ai pris l'habitude de rester chez moi.*

V Par suite de, à la suite de.

1 Par suite de. En conséquence de : *Par suite de la grève, le courrier ne sera pas distribué.*

2 A la suite de. Dans le temps qui suit (une action, un événement) : *Ces pluies diluviennes survinrent à la suite d'une longue sécheresse* (= succédèrent à une longue sécheresse). ▼ Ne pas employer cette locution au sens de *à cause de, en raison de.* On écrira : *A cause de la crue, le pont fut emporté* (et non *A la suite de la crue*). *En raison de sa conduite, il fut exclu du lycée* (et non *A la suite de sa conduite*).

VI Suite à. Expression de la correspondance commerciale. Dans la langue soignée, on écrira plutôt : *En réponse à votre lettre du 18 janvier...*

suivant, selon Deux différences.

1 Il semble que *selon* soit plus littéraire que *suivant*, lequel est presque seul employé dans la langue parlée ordinaire.

2 *Selon* peut s'employer devant un nom ou un pronom : *Selon ce spécialiste. Selon lui.* — *Suivant* peut s'employer devant un nom *(Suivant les journalistes)*, mais non devant un pronom. On ne peut dire *suivant lui*, *suivant eux.*

suivre v. t. Conjugaison, expressions et constructions.

I Conjugaison.

1 Conjug. 103. *Je suis, tu suis, il suit, nous suivons, vous suivez, ils suivent.* — *Je suivais.*

— *Je suivis.* — *Je suivrai.* — *Je suivrais.* — *Suis, suivons suivez.* — *Que je suive.* — *Que je suivisse.* — *Suivant.* — *Suivi, ie.*

2 A la première personne de l'indicatif présent, on ne peut employer les formes interrogatives *suis-je*, *suivé-je*. Tourner autrement : *est-ce que je suis* ou *dois-je suivre* ou *faut-il suivre* ou *vais-je suivre.*

II Expressions et constructions.

1 Eviter le pléonasme *suivre par derrière.*

2 S'en suivre, s'ensuivre ▷ ensuivre (3).

3 En suivant. Ne pas employer cette locution au sens de *à la suite, d'affilée.* On écrira : *Il a bu trois verres de rhum à la suite* (ou *d'affilée*), et non *trois verres de rhum en suivant.*

4 Suivi par, suivi de. La construction avec *par* s'emploie quand *suivi* signifie « poursuivi » ou « surveillé » : *Il était suivi par deux agents de la police secrète. Cette affaire est suivie par le chef du service lui-même.* — La construction avec *de* s'emploie plutôt quand *suivi* signifie « accompagné » : *Le général entra, suivi de deux officiers. La disgrâce survint, suivie de toutes sortes de désagréments.*

sujet adj. *ou* n. m. Le féminin *sujette* s'emploie comme adjectif : *La raison est sujette à l'erreur. Les nations sujettes.* S'emploie plus rarement comme nom : *Cette femme était sujet britannique,* plutôt que *sujette britannique.*

sujétion n. f. Finale en -*tion.*

sulfamide ▼ Masculin : *Un sulfamide très actif.*

sulfate n. m. Avec *f* et non *-ph-*. De même : *sulfatage, sulfater, sulfateur, euse, sulfhydrique, sulfinisation, sulfitage, sulfite* (n. m.), *sulfocarbonate, sulfocarbonique, sulfone* (n. m.), *sulfoné, sulfosel, sulfovinique, sulfurage, sulfuration, sulfure, sulfuré, sulfureux, sulfurique, sulfurisé.*

sulky n. m. Anglicisme qui désigne un véhicule hippomobile. — Prononciation : [sylki]. — Pl. : *des sulkies* [-ki].

sultan n. m. Finale en -*an*, sans *t.* — Féminin : *sultane,* avec un seul *n.* — Dérivé : *sultanat.*

sumérien, ienne adj. *ou* n. De Sumer, région de la basse Mésopotamie, dans l'Antiquité : *La population sumérienne. Les Sumériens.* — N. m. *Le sumérien :* langue. — Avec un seul *m.*

summum n. m. Le degré le plus élevé : *Le summum de l'élégance.* — Prononciation : [sɔmmɔm]. — Inusité au pluriel.

sunlight n. m. (anglicisme) Prononciation : [sœnlajt]. — Pl. : *des sunlights* [-lajt]. — Équivalent français : *projecteur.*

super- Préfixe (du latin *super* « sur »). Les composés en *super* s'écrivent en un seul mot, sans trait d'union : *supercarburant, superfin, supermarché,* etc.

supérette, supermarché, hypermarché ▷ hypermarché.

superficie n. f. Dérivés (avec *c*) : *superficiel, elle, superficiellement.*

superficie, surface Ces deux noms ne sont pas exactement synonymes. La *superficie* est la mesure de la surface. Le mot *superficie* implique donc une idée quantitative, précise ou non. On peut écrire : *La superficie de cette propriété est de quarante hectares. La superficie de ce jardin est insuffisante.* En revanche, on n'écrira pas : *Toute la *superficie du champ a été ravagée par la grêle* (mais *Toute la surface*), car, ici, il ne s'agit pas de la grandeur du champ.

superflu, ue adj. Sans tréma : *superfluité.*

supérieur, eure adj. Construction et emploi.

1 Se construit avec *à* et non avec *que : Nos bénéfices sont supérieurs à ceux de notre concurrent.*

1 *Supérieur* est un comparatif par nature. On évitera de l'employer accompagné de *(le) plus* ou de *(le) moins.* On dira *le plus (le moins) haut, le plus (le moins) élevé : La terrasse la plus haute* (et non **la plus supérieure*). *Le niveau le moins élevé* (et non **le moins supérieur*).

3 En revanche, peut s'employer au superlatif absolu : *J'ai trouvé son dernier roman très supérieur au précédent* ou, mieux, *de beaucoup supérieur au précédent.*

superlatif Règles d'emploi.

1 *Les coquelicots sont les plus belles des fleurs.* Le superlatif relatif attribut s'accorde avec son complément, non avec le sujet. Ne pas écrire : *Les coquelicots sont les plus *beaux des fleurs.*

2 *Cette route est la plus étroite. C'est à cet endroit que la route est le plus étroite* ▷ le 1 (X, 1 et 2).

3 *Ces athlètes sont les plus forts. Ces gens-là crient le plus fort.* Le superlatif de l'adjectif s'accorde. Le superlatif de l'adverbe reste invariable.

4 *Le plus... qui, le plus... que, le moins... qui, le moins... que.* L'indicatif insiste sur la réalité

du fait : *Cent mille francs, c'est le plus haut prix qui nous a été offert.* — Le subjonctif insiste sur l'idée de conséquence : *Le plus haut prix que nous puissions obtenir, c'est cent mille francs.*

supermarché, supérette, hypermarché ▷ hypermarché.

supernova [sypɛrnɔva] n. f. (terme d'astronomie) Pl. : *des supernovae* [-ve].

superstition n. f. Finale en *-tion.* — Dérivés (avec *t*) : *superstitieusement, superstitieux.*

superstrat n. m. (terme de linguistique) Finale en *-at.*

supertanker n. m. (anglicisme) Prononciation [sypɛrtɑ̃kɛr]. — Pl. : *des supertankers* [-kɛr]. — Équivalent français : *pétrolier géant.*

superviser v. t. (anglicisme critiqué) On pourra préférer les équivalents français : *contrôler, inspecter, réviser, surveiller, veiller à, vérifier.* — A *superviseur* on pourra préférer : *contrôleur, inspecteur, réviseur, surveillant, vérificateur.* — A *supervision* on pourra préférer : *contrôle, inspection, révision, surveillance, vérification.*

supplanter v. t. Avec deux *p.*

suppléer Orthographe, dérivés, constructions.

I Avec deux *p.* De même : *suppléance, suppléant, supplément, supplémentaire, supplémenter, supplétif, supplétoire.*

II Constructions et sens.

1 Suppléer à quelque chose. Remédier par quelque chose au manque d'une autre chose : *Son application supplée à son manque d'instruction.*

2 Suppléer quelque chose. Ajouter ce qui manque, afin de rendre une chose complète : *Il faut suppléer un mot, pour que cette phrase soit intelligible.*

3 Suppléer quelqu'un. Remplacer momentanément quelqu'un dans ses fonctions : *Ce surveillant va suppléer le professeur malade.* ▼ Ne pas dire *suppléer *à quelqu'un.*

supplice n. m. Avec deux *p.* De même : *supplicier.*

supplier v. t. Avec deux *p.* De même : *suppliant, supplication.*

1. supporter v. t. Orthographe et sens abusif.

1 Avec deux *p.* De même : *support, supportable.*

2 Attention à l'anglicisme *supporter une équipe sportive, supporter un candidat aux élections.* On écrira plutôt : *soutenir, encourager, appuyer.*

2. supporter n. m. *(anglicisme)* Celui qui encourage, soutient une équipe, un candidat à une élection : *Les supporters du Racing. Les supporters du candidat démocrate.* — Prononciation : [sypɔʀtɛʀ]. — Pl. : *des supporters* [-tɛʀ]. — Au sens sportif, on pourrait franciser le mot en *supporteur.* Au sens politique, on emploiera plutôt *partisan.*

supposé, ée Accord et expressions.

1 Après le nom, est adjectif et s'accorde : *Les intentions supposées de notre adversaire.*

2 En tête de phrase, est préposition et reste invariable : *Supposé ces conclusions exactes, il resterait à montrer que...*

3 Supposé que. Toujours suivi du subjonctif : *Supposé que nous ayons gain de cause la première fois, il n'est pas sûr que...*

supposer v. t. Orthographe, dérivés, constructions.

I Avec deux *p.* De même : *supposable, supposition.*

II Constructions de *supposer que.*

1 Avec l'indicatif, au sens de « penser, estimer que » : *Je suppose que vous êtes au courant.*

2 Avec le subjonctif, au sens de « imaginer par hypothèse que » : *Je suppose qu'un incident imprévu survienne en mon absence, à qui vous adresseriez-vous ?*

3 A supposer que. Toujours avec le subjonctif : *A supposer qu'il puisse réussir une fois, rien ne dit qu'il réussira toujours.*

supposition n. f. L'expression *une supposition que* est très familière. Equivalents soutenus : *imaginons, supposons que.*

suppositoire n. m. Avec deux *p* et finale en *-oire.*

suppôt n. m. Avec deux *p* et accent circonflexe sur le *o.*

supprimer v. t. Avec deux *p.* De même : *suppression.* ▼ Le sens de « tuer » est semifamilier.

suppurer v. i. Avec deux *p.* De même : *suppuration.*

supputer v. t. Avec deux *p.* De même : *supputation.*

1. supra adv. Plus haut (dans le texte) : *Voir les indications données* supra, *page 19.*

2. supra- Préfixe (du latin *supra* « plus haut »). Les composés en *supra* s'écrivent en un seul mot, sans trait d'union : *supraconducteur, supranational, ale, aux,* etc.

suprématie [sypʀemasi] n. f. Avec accent aigu, à la différence de *suprême.* Avec finale en *-tie.*

suprême adj. *ou* n. Orthographe et genre du nom.

I Avec un accent circonflexe, comme *suprêmement,* à la différence de *suprématie.*

II Genre du nom.

1 Un *suprême* (terme de cuisine) *Ce suprême de turbot est délicieux.*

2 La *suprême.* Variété de poire.

1. sur prép. Deux emplois abusifs.

1 De sur. Locution familière : *Ote ton coude de sur la table.* Equivalent correct : *Ote ton coude de la table.*

2 Sur à la place de *vers. Les automobiles se dirigeant sur Paris,* au lieu du tour correct *vers Paris.* Cet emploi abusif, très répandu, est à éviter dans la langue châtiée.

2. sur, sure adj. Un peu aigre : *Ce bouillon est sur, il faut le jeter. Des pommes sures.* ▼ Ne pas écrire comme *sûr, sûre,* certain.

3. sur- Préfixe. Tous les composés en *sur* s'écrivent en un seul mot, sans trait d'union : *(surestimer, surexposer, surmulot, surnaturel, sursalaire,* etc.), sauf *sur-moi,* qui s'écrit d'ailleurs aussi *surmoi.*

sûr, sûre adj. Certain, assuré.

1 Avec accent circonflexe. De même : *sûrement, sûreté.* ▼ Attention à l'homophone *sur, sure,* un peu aigre.

2 Pour sûr (que), bien sûr que. Expressions familières. Equivalent soutenu : *sûrement (Sûrement il a oublié,* mieux que *Pour sûr qu'il a oublié* ou que *Bien sûr qu'il a oublié).*

3 Sûr et certain. Pléonasme de la langue familière. A éviter dans la langue soutenue.

surah n. m. Etoffe. — Finale en *-ah.* — Pl. : *des surahs.*

suranné, ée adj. Avec deux *n.*

surcroît n. m. Avec un accent circonflexe. — On dit indifféremment : *de surcroît* ou *par surcroît.*

surdi-mutité n. f. En deux mots, avec un trait d'union.

sureau n. m. Arbuste. — Finale en -*eau*. — Pl. : *des sureaux.*

sûrement adv. Avec accent circonflexe. — La locution *sûrement que* est familière. Equivalent soutenu : *sûrement.* On écrira : *Sûrement il reviendra,* mieux que *Sûrement qu'il reviendra.*

suret, ette adj. Un peu sur, un peu aigre : *Des pommes surettes.* ▼ Pas d'accent circonflexe.

sûreté n. f. Avec *s* minuscule : *la Cour de sûreté de l'Etat.* — Avec *S* majuscule : *la Sûreté nationale.*

surexposer, surexposition En un seul mot, sans trait d'union, à la différence de *sous-exposer, sous-exposition.*

surface, superficie ▷ superficie.

surfaire v. t. Conjug. **54** (comme *faire*). *Vous surfaites ; surfaites* (impératif). ▼ Eviter les barbarismes *vous *surfaisez, *surfaisez.* — Dans la pratique, ce verbe ne s'emploie guère qu'à l'indicatif présent, à l'infinitif, aux temps composés et au passif.

surintendant, ante n. m. *ou* f. Avec *s* minuscule et *F* majuscule : *le surintendant des Finances.*

surir v. i. Devenir sur, aigre : *Le bouillon a suri.* ▼ Sans accent circonflexe.

sur-le-champ adv. Immédiatement : *Il partit sur-le-champ.* ▼ Avec des traits d'union.

sur-moi ou **surmoi** n. m. inv. (terme de psychanalyse). Les deux graphies sont attestées : *sur-moi* est la plus fréquente, *surmoi* est la plus récente.

surnom n. m. Un surnom s'écrit toujours avec une majuscule et sans trait d'union : *Philippe le Bel, le Petit Tondu, le Petit Caporal, Avignonnais la Vertu.*

suroît [syʀwa] n. m. Avec accent circonflexe.

sur place, surplace Deux expressions à bien distinguer par la graphie.

1 sur place loc. adv. (en deux mots, sans trait d'union) A l'endroit même, sans se déplacer : *Je suis resté sur place.*

2 surplace n. m. (en un seul mot, sans trait d'union) *Le coureur cycliste* (sur piste) *fait du surplace. Aux heures de pointe, les automobilistes font du surplace.*

surplis n. m. Finale en -*is*, avec *s*, à la différence de *pli.*

surplomb n. m. Sans trait d'union : *en surplomb.*

surplomber v. i. *ou* v. t. ▼ Ne signifie pas « être plus haut que », mais « être en surplomb », c'est-à-dire « dépasser par le sommet la direction verticale ». On peut donc écrire : *La corniche surplombe la façade.* On n'écrira pas : *La terrasse de l'hôtel surplombe la ville,* mais *domine la ville.*

surplus n. m. Prononciation, accord et expressions.

1 ▼ Prononcer [syʀply], le -*s* final est muet.

2 *Le surplus de* + nom au pluriel. L'accord du verbe et du participe (ou de l'attribut) se fait avec *surplus* (masculin singulier) : *Le surplus des denrées a été acquis par un grossiste.*

3 Sans trait d'union : *au surplus, en surplus.*

surprenant, ante adj. *Il est surprenant que* est toujours suivi du subjonctif : *Il est surprenant que nous n'ayons reçu aucune réponse.*

surprendre v. t. Conjugaison et constructions.

I Conjug. **82.** *Je surprends, tu surprends, il surprend, nous surprenons, vous surprenez, ils surprennent.* — *Je surprenais.* — *Je surpris.* — *Je surprendrai.* — *Je surprendrais.* — *Surprends, surprenons, surprenez.* — *Que je surprenne.* — *Que je surprisse.* — *Surprenant.* — *Surpris, ise.*

II Constructions.

1 *Etre surpris.* Se construit avec *de* suivi d'un nom *(Je suis surpris de sa réussite)* ou d'un infinitif *(Je suis surpris de le voir réussir aussi bien).* Se construit aussi avec *que* suivi du subjonctif : *Je suis surpris qu'il réussisse aussi bien.* ▼ On évitera *être surpris de ce que* (suivi de l'indicatif) : *Je suis surpris de ce qu'il a réussi.* Cette construction peut être ambiguë et elle est toujours moins élégante.

2 *Se laisser surprendre à* + nom de chose. *Il se laissa surprendre aux ruses de cette femme.* Tour très littéraire, mais correct. Dans le registre normal, on écrit : *Il se laissa surprendre par les ruses...*

surprise-partie n. f. — Pl. : *des surprises-parties.*

surréalisme n. m. Avec deux *r.* Toujours avec *s* minuscule. De même : *les surréalistes.* — De la même famille : *surréel, elle.*

surrénal, ale, aux adj. *ou* n. f. Masculin pluriel en -*aux : Des troubles surrénaux.*

surseoir Conjugaison et emploi.

1 Conjug. **72.** *Je sursois, tu sursois, il sursoit, nous sursoyons, vous sursoyez, ils sursoient.* — *Je sursoyais, tu sursoyais, il sursoyait, nous sursoyions, vous sursoyiez, ils sursoyaient.* — *Je sursis* (rare). — *Je sursoierai.* — *Je sursoierais.* — *Sursois, sursoyons, sursoyez.* — *Que je sursoie, que tu sursoies, qu'il sursoie, que nous sursoyions, que vous sursoyiez, qu'ils sursoient.* — *Que je sursisse* (rare). — *Sursoyant.* — *Sursis.* ▼ Attention au *i* après le *y* à la première et à la deuxième personne du pluriel de l'indicatif imparfait et du subjonctif présent : *(que) nous sursoyions, (que) vous sursoyiez.* Attention aussi au *e* muet intérieur de l'indicatif futur et du conditionnel : *je sursoierai, tu sursoieras..., je sursoierais, tu sursoierais...,* alors qu'on écrit, sans *e*, *j'assoirai, j'assoirais.* Attention aussi aux formes sans *e* de l'indicatif présent : *je sursois, tu sursois, il sursoit,* comme *j'assois, tu assois, il assoit.*

2 De nos jours, ne s'emploie plus transitivement, mais seulement avec *à* : *Surseoir à l'exécution d'une sentence.*

sursis n. m. Finale en *-is*. — Dérivé : *sursitaire.*

surtension n. f. Mot à préférer à *survoltage.*

1. surtout adv. Deux emplois délicats.

1 Surtout que. Dans la langue surveillée, on évitera *surtout que,* locution un peu familière. On préférera *d'autant que* ou *d'autant plus que* : *Il a beaucoup de mérite à respecter les délais, d'autant plus que ceux-ci sont très courts,* et non *surtout que ceux-ci sont très courts.*

2 Et surtout. Quand un second sujet est précédé de *et surtout,* accord du verbe avec le premier sujet si le second est encadré par des virgules : *Marcel, et surtout son frère, est très fort en mathématiques.* — Accord au pluriel, avec les deux sujets, s'il n'y a pas de virgule : *Marcel et surtout son frère sont très forts en mathématiques.*

2. surtout n. m. Pièce de vaisselle décorative : *Un surtout d'argent.* — En un seul mot, sans trait d'union. — Pl. : *des surtouts.*

survoltage n. m. Mot critiqué par les spécialistes. Préférer : *surtension.*

1. sus adv. Prononciation et emplois.

1 Prononciation [sy] devant consonne ou *h-* aspiré ou à la pause : *Allons ! sus !* [alɔ̃sy]. Prononciation [syz] devant voyelle ou *h-* muet : *Courir sus à* [kuʀiʀsyza]. La prononciation [sys] est moins recommandée.

2 Vieux dans l'expression *courir sus à,* poursuivre : *Louis XVIII donna l'ordre de courir sus à l'usurpateur.* — Vieux aussi comme exclamation exhortant à l'attaque : *Sus ! Sus ! Sus aux Anglais ! Boutons-les hors de leur camp !* — Sont vieilles aussi les exhortations *sus donc !* et *or sus !* — Le seul emploi moderne est : *en sus (de)* [ɑ̃sy(de)], en plus (de) : *Taxes et frais d'envoi en sus. Vous paierez une taxe de douze francs en sus du prix de l'inscription.*

2. sus- Préfixe qui signifie « au-dessus ».

1 Prononciation. Se prononce [sy] dans les composés *susbande* [sybɑ̃d] et *suspied* [sypje]. — Se prononce [sys] dans les autres composés, quand le radical commence par une consonne : *susdit* [sysdi], *sus-dominante* [sysdɔminɑ̃t], *sus-maxillaire* [sysmaksilɛʀ], *susmentionné* [sysmɑ̃sjɔne], *susnommé* [sysnɔme]. — Se prononce [syz] quand le radical commence par une voyelle ou un *h-* muet : *sus-occipital* [syzɔksipital], *sus-hyoïdien* [syzjɔidjɛ̃].

2 Orthographe. Les composés en *sus* s'écrivent en deux mots avec un trait d'union *(sus-dominante, sus-hépatique, sus-maxillaire,* etc.), sauf *suscrit, susdit, susmentionné, susnommé, susbande* et *suspied.*

susceptible adj. Attention au groupe *-sc-*. De même : *susceptibilité.*

susceptible, capable ▷ **capable.**

susciter v. t. Attention au groupe *-sc-*.

suscription n. f. Adresse écrite sur une lettre, une enveloppe ; mention portée sur un document. ▼ Ne pas confondre avec *souscription,* action de s'engager à acheter ou somme versée pour un tel achat.

suspect adj. *ou* n. ▼ Prononciation (du masculin) : [syspɛ], et non *[syspɛkt(ə)]. — Féminin : *suspecte* [syspɛkt(ə)]. — Dérivé : *suspecter.*

suspendre v. t. Conjugaison et dérivés.

1 Conjug. **81.** *Je suspends, tu suspends, il suspend, nous suspendons, vous suspendez, ils suspendent.* — *Je suspendais.* — *Je suspendis.* — *Je suspendrai.* — *Je suspendrais.* — *Suspends, suspendons, suspendez.* — *Que je suspende.* — *Que je suspendisse.* — *Suspendant.* — *Suspendu, ue.*

2 Dérivés : *suspendu, suspens, suspenseur, suspensif, suspension, suspensoir, suspente.*

suspens, suspense, suspente Des mots paronymes à bien distinguer.

1 Un prêtre suspens [syspɑ̃] Suspendu de ses fonctions religieuses.

2 En suspens [syspɑ̃] En attente : *L'affaire reste en suspens.*

3 La suspense [syspɑ̃s] Sanction religieuse infligée à un prêtre.

4 Le suspense Anglicisme qui désigne l'incertitude quant à l'issue de l'action (dans un film, un roman). — Prononciation : à l'anglaise [sœspɛns] ou à la française [syspɑ̃s]. On évitera les prononciations bâtardes [syspɛ̃s] et [syspɛns]. — Pour éviter cet anglicisme à la prononciation incertaine, on pourra employer l'équivalent français *le suspens* [syspɑ̃].

5 Une suspente [syspɑ̃t] Corde, câble de suspension d'un parachute.

suspicion n. f. Finale en *-cion.*

sustenter [systɑ̃te] v. t. Avec *-en-*. De même : *sustentateur, trice, sustentation.*

susurrer v. t. Avec deux *r,* comme *susurration, susurrement.* — La prononciation ancienne du deuxième *s* était [z] : *susurrer* [syzyʁe], *susurration* [syzyʁasjɔ̃], *susurrement* [syzyʁmɑ̃]. Cette prononciation ancienne ne peut être tenue pour fautive. Elle pourra même être préférée dans la diction soutenue des textes littéraires de style noble (poèmes, etc.). Cependant l'usage moderne et courant est de prononcer [s] le deuxième *s* : *susurrer* [sysyʁe], *susurration* [sysyʁasjɔ̃], *susurrement* [sysyʁmɑ̃].

suture n. f. Avec un seul *t.* De même : *sutural, ale, aux, suturer.*

suzerain, aine adj. *ou* n. Avec *z* et finale en *-ain, aine.* — Dérivé : *suzeraineté.*

swap n. m. (anglicisme de la langue financière) Prononciation : [swap]. — Pl. : *des swaps* [swap]. — Equivalent français : *crédit croisé.*

sweater n. m. (anglicisme) La vraie prononciation anglaise est [swetəʁ]. En français, on prononce [switœʁ]. — Pl. : *des sweaters* [-tœʁ]. — Equivalents français : *chandail, tricot.*

sybarite adj. *ou* n. Attention à la majuscule : *un Sybarite,* un habitant de la ville de Sybaris ; *un sybarite,* un homme attaché au confort. — Dérivés : *sybaritique, sybaritisme.*

sycomore n. m. Arbre. — Avec *y* et un seul *m.*

sycophante n. m. Dans l'Antiquité, à Athènes, délateur. — Avec *y* et *-ph-.*

syllabe n. f. Avec *y* et deux l. De même : *syllabaire* n. m., *syllabique, syllabisme.*

syllepse n. f. Avec *y* et deux *l.* — Deux sens.

1 Construction grammaticale qui consiste à accorder un mot en fonction du sens et non de la forme. Exemple : *Un grand nombre de malades sont soignés dans les hôpitaux* (au lieu de *est soigné*).

2 Figure de rhétorique qui consiste à donner à un même mot deux compléments, l'un convenant au sens propre, l'autre au sens figuré. Exemple : *Cet homme marchait pur... Vêtu de probité candide et de lin blanc* (Hugo). ▼ Bien distinguer la *syllepse* et l'*anacoluthe* ▷ **anacoluthe.**

sylleptique adj. Qui constitue une syllepse : *Une tournure sylleptique.*

syllogisme n. m. Raisonnement. — Avec *y* et deux *l.* De même : *syllogistique.*

sylphe, sylphide, sylvain, sylve Quatre noms à bien distinguer.

1 **Un sylphe** Dans la mythologie des Celtes et des Germains, génie masculin de l'air.

2 **Une sylphide** Dans la mythologie des Celtes et des Germains, génie féminin de l'air. — *(figuré)* Jeune fille d'une grâce aérienne.

3 **Un sylvain** Dans la mythologie romaine, divinité masculine des bois et des forêts. — Nom de plusieurs papillons.

4 **La sylve** Forêt équatoriale : *La sylve amazonienne.*

sylvestre adj. Propre aux forêts. — Avec un *y.*

sylviculture n. f. Avec un *y.* On évitera la graphie *silviculture.* — De même : *sylviculteur, sylvicole.*

sylviculture, horticulture, arboriculture ▷ **arboriculture.**

symbiose n. f. Avec *o* fermé [sɛ̃bjoz], mais sans accent circonflexe. Un *o* ouvert dans les dérivés : *symbiote* [sɛ̃bjɔt], *symbiotique* [sɛ̃bjɔtik].

symbole n. m. Avec *y.* De même : *symbolique, symboliquement, symbolisation, symboliser, symbolisme, symboliste.*

symétrie n. f. Avec *y* et un seul *m.* De même : *symétrique, symétriquement.*

sympathie n. f. Avec *y et -th-.* De même : *sympathique, sympathiquement, sympathisant, sympathiser.*

sympathique adj. *ou* n. m. (terme d'anatomie) Avec *y* et *-th-. De même : sympathicectomie* ou

sympathectomie, sympathicotonie, sympathico-
tonique, sympathine.

symphonie n. f. Avec *y* et *-ph-*. De même :
symphonique, symphoniquement, symphoniste.

symphyse n. f. (terme d'anatomie) Avec *-ph-*.
▼ Deux fois *y*.

symposion [sɛ̃pɔzjɔn] ou **symposium**
[sɛ̃pɔzjɔm] n. m. La forme *symposium* est plus
fréquente que *symposion*. — Pl. : *des symposions*
ou *des symposiums*, plutôt que *des symposia*.
— A ce terme savant on pourra préférer
colloque ou *congrès.*

symptôme n. m. Se prononce avec *o* fermé
[sɛ̃ptom] et prend un accent circonflexe, à la
différence de *symptomatique* [sɛ̃ptɔmatik],
symptomatologie [sɛ̃ptɔmatɔlɔʒi].

symptôme, syndrome ▷ syndrome.

synagogue n. f. Avec *y*.

synallagmatique adj. (droit) *Contrat synallag-*
matique. — Avec *y* et deux *l.*

synapse n. f. (terme d'anatomie) Avec *y*.

synarchie n. f. Gouvernement par plusieurs
chefs. — Prononciation : [sinarʃi].

synchrone adj. Avec *y* et *-ch-*. — Se prononce
avec *o* ouvert [sɛ̃kRɔn] et s'écrit sans accent
circonflexe. Tous les mots de la même famille
se prononcent aussi avec [sɛ̃kRɔ-] : *synchro-*
cyclotron, synchronie, synchronique, synchroni-
quement, synchronisation, synchroniser, syn-
chronisme, synchrotron.

synchrone, isochrone ▷ isochrone.

synclinal, ale, aux adj. *ou* n. m. Masculin pluriel
en *-aux :* Des plis synclinaux. Des synclinaux.*

syncope n. f. Avec *y*. De même : *syncopal, ale,*
aux, syncopé, syncoper.

syncrétisme n. m. Avec *y*. De même :
syncrétique.

syndic n. m. Avec *y* et finale en *-ic*.

syndicat n. m. Avec *c*. De même : *syndical, ale,*
aux, syndicalisation, syndicaliser, syndicalisme,
syndicaliste, syndicataire.

syndiquer (se) v. pron. Avec *-qu-*, même devant
a ou *o : il se syndiqua, nous nous syndiquons.*
— Avec *-qu-* aussi : *syndiqué.*

syndrome n. m. ▼ Se prononce avec *o* fermé
[sɛ̃dRom], mais s'écrit sans accent circonflexe.

syndrome, symptôme Deux noms masculins à
bien distinguer.

1 syndrome Groupe de symptômes qui caracté-
risent une maladie définie et qui sont dus à une
cause précise : *Le syndrome adiposo-génital est*
dû à l'hypofonctionnement de l'hypophyse.

2 symptôme Toute anomalie qui révèle l'existence d'une maladie : *La fièvre est un symptôme*
qui accompagne des maladies très variées.

synecdoque n. f. Figure de rhétorique.

synérèse n. f. Fusion de deux voyelles en une
seule syllabe.

synergie n. f. Action simultanée de plusieurs
organes concourant à une même fonction. —
Dérivé : *synergique.*

synesthésie n. f. Avec *y* et *-th-*. De même :
synesthésique.

synode n. m. Avec deux fois *S* majuscule et trait
d'union : *le Saint-Synode*, assemblée suprême
de l'Eglise russe, autrefois. — Dérivés : *synodal,*
ale, aux, synodique.

synonyme, antonyme, homonyme, paronyme
▷ antonyme.

synopsie, synoptique Attention au genre et au
sens.

1 Une synopsis [sinɔpsis] *(rare et didactique)*
Tableau d'ensemble : *En tête de son livre,*
l'auteur a donné une grande synopsis des
institutions romaines de l'époque républicaine.

2 Une synopsis [sinɔpsis] Récit très bref qui
constitue un schéma de scénario cinématographique. ▼ L'emploi du féminin est conforme
à l'usage correct, mais, dans les milieux du
cinéma, on dit, abusivement : *un synopsis.*

3 Tableau synoptique *(usuel)* Tableau qui
permet d'un seul regard d'avoir une vue
d'ensemble : *Un tableau synoptique disposé sur*
plusieurs colonnes permet de présenter de
manière très claire les grands faits politiques,
sociaux, économiques et culturels d'une période.

synovie n. f. Avec *y*. De même : *synovial, ale,*
aux, synovite. ▼ On dira : *un épanchement de*
synovie, et non *de *synovite.*

syntaxe n. f. Avec *y*. De même : *syntacticien,*
ienne, syntactique, syntagmatique, syntagme,
syntaxique.

syntactique, syntaxique Deux adjectifs à bien distinguer.

1 syntactique Qui concerne la disposition et la succession des mots dans la phrase : *La liaison et l'élision sont des faits de phonétique syntactique.*

2 syntaxique Qui concerne la syntaxe, c'est-à-dire les règles d'accord, l'emploi des modes, des conjonctions, le choix des constructions : *L'accord des participes est une question syntaxique.*

synthèse n. f. Avec *y* et *-th-*. Accent grave, à la différence de *synthétique, synthétiquement, synthétiser.*

syphilis [sifilis] n. f. ▼ Attention à la place de l'*y*. Dérivé : *syphilitique.*

syrinx [siʀɛ̃ks] n. f. inv. Flûte de Pan. — Attention à la place de l'y.

système n. m. Avec le complément toujours au singulier : *des systèmes de référence.* — Avec le complément toujours au pluriel : *un système de forces, un système de relations.* — Le mot *système* prend un accent grave, mais les dérivés prennent un accent aigu : *systématique, systématiser, systémique,* etc.

systole n. f. Contraction cardiaque. — Avec *y* et un seul *l.*

syzygie [siziʒi] (astronomie et océanographie) *Les marées de syzygie.* — Attention à l'orthographe et à la prononciation de ce mot particulièrement difficile.

T

tabac n. m. Attention au *-c* final muet. — Au singulier dans : *des bureaux de tabac.*

tabellion [tabɛljɔ] n. m. *(vieux ou familier)* Notaire. — Avec deux *l.*

tabès [tabɛs] n. m. Maladie. — Finale en *-ès.* — La graphie *tabes* est viellie. — Dérivés : *tabétique.*

table adj. On écrit : *Les Tables de la Loi* (remises par Dieu à Moïse), *la loi des Douze Tables* (chez les Romains).

tableautin n. m. Vient de *tableau.* Ne pas écrire **tablotin.*

tabler Le verbe *tabler sur (Nous avons tablé sur une augmentation des ventes de vingt pour cent)* est admis. Equivalent plus soutenu : *compter sur.* ▼ L'emploi transitif est d'une correction douteuse. On préférera, selon les cas, *compter sur, escompter, estimer, calculer, prévoir : Ils ont escompté un accroissement des ventes de vingt pour cent en se fondant sur les données suivantes,* mieux que *Ils ont tablé un accroissement.*

tabletterie n. f. Avec deux *t.* Prononciation : [tablɛtri]. — De la même famille : *tabletier* [tablǝtje].

tabou n. m. *ou* adj. Comme nom, prend la marque du pluriel : *Des tabous.* — Comme adjectif, a été longtemps invariable : *Des questions tabou.* De nos jours, en général, on accorde en nombre et, souvent aussi, en genre : *Des sujets tabous. Des personnes taboues* (ou *tabous*).

tac au tac (du) loc. adv. *(familier)* Sans trait d'union.

tache, tâche Deux noms féminins à bien distinguer par la graphie et la prononciation.

1 tache [taʃ] Marque, salissure : *Une tache d'encre.* —Dérivés : *tacher* [taʃe] (salir), *tacheter* [taʃte], *tachisme* [taʃism(ǝ)], *tachiste* [taʃist(ǝ)].

2 tâche [tɑʃ] Besogne : *Accomplir une lourde tâche.* — Dérivés : *tâcher* [tɑʃe] (s'efforcer), *tâcheron* [tɑʃʀɔ̃].

tachéo- Préfixe (du grec *takhus* « rapide »). Le *-ch-* se prononce [k] : *tachéographe* [takeɔgʀaf], *tachéomètre* [takeɔmɛtʀ(ǝ)], *tachéométrie* [takeɔmetʀi].

tâcher Plusieurs constructions.

1 *Tâcher à* + **infinitif.** Tour très vieilli et littéraire. Insiste sur l'idée de difficulté, d'effort pénible : *Le malheureux tâchait à obtenir justice.*

2 *Tâcher de* + **infinitif.** Tour usuel et moderne. N'implique pas nécessairement l'idée d'effort pénible : *Je tâcherai de vous avertir par téléphone.*

3 *Tâcher que* + **subjonctif.** Tour usuel et moderne. Même valeur que *tâcher de.* A été considéré comme incorrect. Admis de nos jours, au moins dans la langue cursive : *Je tâcherai que tout soit prêt demain.* ▼ Eviter la construction incorrecte *tâcher à ce que.*

4 **Tâcher moyen que.* Tour populaire incorrect.

tacheter v. t. Conjug. **14.** *Il tachette, il tachettera, il tachetterait,* mais *il tachetait.*

tachy- Préfixe (du grec *takhus* « rapide »). Avec *-chy-*, prononcé [ki] : *tachycardie* [takikaʀdi], *tachygraphie* [takigʀafi], *tachymètre* [taki-mɛtʀ(ə)], *tachyphémie* [takifemi].

tact n. m. Sens du toucher ; délicatesse, doigté. — Bien prononcer [takt], et non *[tak].

tactile adj. Finale en *-ile,* même au masculin.

tactique adj. *ou* n. f. Dérivé : *tacticien.*

tactique, stratégie ▷ stratégie.

taenia ▷ ténia.

taffetas [tafta] n. m. Avec deux *f* et finale en *-as.*

tafia n. m. Eau-de-vie. — Avec un seul *f.* — Pl. : *des tafias.*

tafia, ratafia ▷ ratafia.

tahitien, ienne adj. *ou* n. Attention à la majuscule : *La population tahitienne. Les Tahitiens.* ▼ On prononce [taisjẽ, jɛn], avec [s], malgré le nom propre *Tahiti* [taiti].

taille-crayon n. m. — Pl. : *des taille-crayons* ou *des taille-crayon.*

taille-douce n. f. — Pl. : *des tailles-douces.* — Toujours avec un trait d'union : *Gravure en taille-douce.*

taille-légumes n. m. Invariable. Avec un *-s* à *légume,* au singulier comme au pluriel.

taille-mer n. m. Invariable : *des taille-mer.*

taille-ongles n. m. Invariable. Avec un *-s à ongle,* au singulier comme au pluriel.

taille-racines n. m. Invariable. Avec un *-s* à *racine,* au singulier comme au pluriel.

taillis [taji] n. m. Finale en *-is.*

tailloir n. m. Finale en *-oir.*

tain n. m. On dit *le tain d'une glace, d'un miroir.* Ne pas dire *l'étain d'une glace, d'un miroir.*

taire v. t. *ou* v. pron. Conjugaison, accord du participe et construction.

I Conjug. 56. *Je me tais, tu te tais, il se tait, nous nous taisons, vous vous taisez, ils se taisent.* — *Je me taisais.* — *Je me tus.* — *Je me tairai.* — *Je me tairais.* — *Tais-toi, taisons-nous, taisez-vous.* — *Que je me taise.* — *Que je me tusse.* — *Taisant.* — *Tu, tue.* ▼ Jamais d'accent circonflexe sur le *i : il se tait.*

II Accord du participe passé.

1 A la forme transitive. Participe invariable si le complément direct est placé après le verbe : *Il a tu bien des choses.* — Accord avec le complément direct si celui-ci est placé avant le verbe : *Les choses qu'il a tues.*

2 A la forme pronominale avec un complément direct. Mêmes règles que ci-dessus : *Ils se sont tu bien des choses* (= ils ont tu l'un à l'autre). *Les choses qu'ils se sont tues.*

3 A la forme pronominale sans complément direct. Accord avec le sujet : *Elles se sont tues, car elles savent garder un secret.*

III Faire taire. On ne dit jamais *faire *se taire.* Le pronom réfléchi est toujours omis : *On l'a fait taire. On me faisais taire,* et non *me taire.*

take-off n. m. inv. (anglicisme) Prononciation : [tekɔf]. — On préférera la graphie *take-off* à *take off.* — Invariable : *des take-off.* — Equivalents français : (en aéronautique) *décollage ;* (en économie) *décollage, seuil de décollage, essor, progrès, reprise.*

talc n. m. Avec *-c,* à la différence de *talquer.*

talé, ée adj. *Fruits talés.* — Avec un seul *l.* De même : *taler* v. t.

talent Finale en *-ent.* Dérivé : *talentueux.*

talion n. m. *La loi du talion.* — Avec un seul *l.*

talisman n. m. Finale en *-an.*

talkie-walkie n. m. (anglicisme) Prononciation : [tokiwoki] ou [talkiwalki] ou [tolkiwolki] ou [tɔlkiwɔlki]. — Pl. : *des talkies-walkies* (mêmes prononciations qu'au singulier). Il existe une autre forme, plus rare, *walkie-talkie.* Equivalent français : *émetteur-récepteur portatif.*

talon n. m. Deux *n* dans les dérivés : *talonnage, talonner, talonnette, talonneur, talonnière.*

talus [taly] n. m. Terrain en pente. — Avec finale en *-us,* bien que le dérivé soit *taluter.*

talweg n. m. Ligne de plus grande pente d'une vallée. — Mot allemand francisé. Avec un *t* minuscule. Prononciation : [talvɛg]. — Pl. : *des talwegs* [-vɛg]. — On préférera la graphie *talweg* à *thalweg.*

tamanoir n. m. Animal. — Finale en *-oir.*

tamarin, tamarinier, tamaris, tamarix Des noms masculins à bien distinguer.

1 tamarin Quatre sens.

a/ Fruit du tamarinier.

b/ Pulpe du fruit du tamarinier.

c/ Tamarinier.

d/ *(abusivement)* Tamaris.

2 tamarin Singe d'Amérique.

3 tamarinier Arbre de la famille des légumineuses cultivé dans les régions tropicales. Il est appelé aussi *tamarin.* La pulpe du fruit de cet arbre, appelée elle aussi *tamarin,* sert à faire des boissons et des confitures.

4 tamaris [tamaʀis] ou *(rare)* **tamarix** [tamaʀiks] Petit arbre de la famille des tamaricacées, à feuilles minuscules, cultivé en France, comme arbre d'ornement, dans le Midi et le Sud-Ouest, sur le littoral.

tambour n. m. Avec *b* minuscule : *un tambour de basque.* — Toujours au singulier : *tambour battant, sans tambour ni trompette.*

tambour-major n. m. — Pl. : *des tambours-majors.*

tamis [tami] n. m. Avec finale en *-is.*

tampon n. m. Deux *n* dans les dérivés : *tamponnement, tamponner, tamponneur, tamponnoir.*

tampon-buvard n. m. — Pl. : *des tampons-buvards.*

tam-tam n. m. — Pl. : *des tam-tams,* plutôt que *des tams-tams.*

tan n. m. Ecorce du chêne et du châtaignier qui servait à tanner les peaux. — Avec *-an.* Ne pas écrire comme *taon,* insecte.

tanagra Avec *T* majuscule : *des statuettes de Tanagra.* — Avec *t* minuscule : *des tanagras* (prend la marque du pluriel). — Désignant une statuette, est souvent masculin *(Un gracieux tanagra),* parfois féminin. — Désignant, par métaphore, une jeune fille gracieuse, est le plus souvent féminin : *Il se souvenait de cette adolescente si gracieuse, une vraie tanagra !*

tanche n. f. Poisson. — Avec *-an.*

tandem n. m. Prononciation : [tɑ̃dɛm]. — Pl. : *des tandems.*

tandis que loc. conj. ▼ Prononciation : [tɑ̃dikə], le *-s* est muet.

tangage, roulis Deux noms masculins à bien distinguer.

1 tangage Mouvement qui soulève alternativement l'avant et l'arrière d'un navire, d'une

embarcation. — Verbe correspondant : *tanguer.*

2 roulis Mouvement d'un navire, d'une embarcation qui penche alternativemen. du côté droit et du côté gauche. — Verbe correspondant : *rouler.*

tangent, ente adj. ▼ Attention à la place de *-an-* et de *-en-.* De même : *tangence, tangente, tangentiel, elle* (avec finale en *-tiel, -tielle*), *tangentiellement.*

tangible adj. Avec *-an-.* De même : *tangibilité, tangiblement.*

tango n. m. *ou* adj. Comme nom, prend la marque du pluriel : *L'orchestre jouait des tangos.* — Comme adjectif de couleur, toujours invariable : *Des robes tango.*

tanguer v. i. A la différence de *tangage,* toujours avec *-gu- : il tanguait, nous tanguons.*

tanière n. f. ▼ Avec un seul *n.*

tanin n. m. On préférera la graphie *tanin* à *tannin.* De même, on préférera *tanisage, taniser* à *tannisage, tanniser.* — En revanche deux *n* dans les autres mots de cette famille ▷ **tanner.**

tank [tɑ̃k] n. m. (anglicisme) Dans le sens usuel, on préférera *char.* Le mot *tank* est étranger au langage militaire officiel. — Dans le sens technique, on préférera *citerne* ou *réservoir* (d'un pétrolier).

tanker n. m. (anglicisme) Prononciation : [tɑ̃kɛʀ] ou [tɑ̃kœʀ] ou [tɑ̃kəʀ] ou [tɑ̃nkəʀ]. — Pl. : *des tankers.* — Equivalents français : *navire-citerne (des navires-citernes)* ou *pétrolier.*

tanner v. t. A la différence de *tanin, tanisage, taniser,* s'écrit toujours avec deux *n.* De même : *tannage, tannant, tanné, tannée, tannerie, tanneur, tannique.*

tannin, tannisage, tanniser ▷ **tanin.**

tan-sad n. m. Anglicisme qui désigne le siège arrière d'une motocyclette. Prononciation : [tansad] ou [tɑ̃sad]. — PL. : *des tan-sads* [-sad]. — Equivalents français : *selle arrière, siège arrière, selle biplace.*

tant adv. Emplois et expressions.

I *Tant* **en concurrence avec d'autres adverbes.**

1 *Tant, autant* ▷ **autant** (2).

2 On emploie toujours *tant,* et jamais *autant,* dans quelques expressions figées : *Tant s'en faut. (Un) tant soit peu. Tant il y a que. Si tant* *est que. Tant et plus. Tant et si bien (que). Il en a fait tant et tant. Il court (il crie, etc.) tant qu'il peut. Tous, tant qu'ils sont. Tant va la cruche à l'eau qu'à la fin elle se casse. Tant vaut l'un, tant vaut l'autre.*

3 *Tant* **en concurrence avec** *si.* Devant un adjectif ou un adverbe, on ne peut employer *tant.* L'emploi de *si* est obligatoire de nos jours : *Il est si beau. Il va si vite.* Les tours **tant beau, *tant vite* sont très vieux. — En revanche, dans une forme verbale, on doit employer *tant* (ou *tellement*) et non *si : Il a tant travaillé,* et non *Il a *si travaillé* ▷ **si 1** (6).

4 *Tant,* **tellement** ▷ **tellement** (II).

II Accord après *tant de* **+ nom au pluriel.** L'accord du verbe (et du participe ou de l'attribut) se fait avec le complément de *tant : Tant de grandes œuvres ont été écrites.* ▼ On distinguera le tour *Tant de sottise est révoltante* (= un tel degré de sottise) et *Tant de sottises sont révoltantes* (= si nombreuses sont les sottises révoltantes).

III Il ne travaille pas tant *que* **vous** (et non *Il ne travaille pas tant *comme vous,* tour incorrect).

IV Tant qu'à. Quelques emplois délicats.

1 *Tant qu'à* au sens de « quant à ». **Tant qu'à ceux qui ne veulent pas venir, ils resteront tout seuls.* Tour populaire très incorrect. Dire : *Quant à ceux...*

2 Tant qu'à travailler, travaillons dans la bonne humeur (= puisqu'il faut travailler). Tour toléré dans la langue cursive, mais non dans la langue soutenue, dans laquelle on préférera *à tant faire que de* ▼ Dans ce sens, ne pas dire **Quant à travailler...*

3 A tant faire que de travailler, travaillons dans la joie. Tour parfaitement correct et soutenu. — On dit aussi, en incise, *à tant faire : Puisqu'il faut travailler, à tant faire, travaillons dans la joie.*

4 Tant qu'à faire. Equivalent populaire de *à tant faire.*

V Expressions.

1 Tant s'en faut que..., qu'au contraire... *Tant s'en fallait que sa gloire se trouvât grandie, qu'au contraire il perdit l'estime de tous.* Tour correct, mais très lourd et très archaïque. De nos jours, on écrirait : *Bien loin que sa gloire se trouvât grandie, il perdit au contraire...*

2 En tant que. Deux sens à distinguer : **a/** Dans la mesure où, autant que *(Il ne nous sera fidèle qu'en tant que nous serons les plus forts).* — **b/** En qualité de *(C'est en tant que romancier et non en tant que critique que cet homme de lettres mérite quelque estime).*

3 Tant que. Correct au sens de « aussi longtemps que » : *Tant qu'il fut valide, il demeura à son poste.* — Populaire au sens de *pendant que : Tant que vous y êtes, vous ne pourriez pas me donner un coup de main ?*

4 Si tant est que. Se construit toujours avec le subjonctif : *Il comprendra que nous ne voulons pas céder, si tant est qu'il puisse comprendre quelque chose.*

5 Vous devez agir, tant dans votre intérêt que dans le mien. Tour correct. En revanche, on évitera les constructions boiteuses telles que : *Il est passionné tant d'histoire ancienne que moderne.* On écrira : *Il est passionné d'histoire ancienne que d'histoire moderne* ou *Il est passionné d'histoire, tant ancienne que moderne.*

6 *Tant plus... tant plus... *Tant plus on lui en donne, tant plus il en veut.* Tour populaire. Equivalent correct : *Plus... plus (Plus on lui en donne, plus il en veut).*

7 Entre tant, entre-temps ▷ **entre-temps.**

8 Tant pis. Forme correcte. Eviter le barbarisme **tant pire.*

tantôt adv. Emplois et locutions.

I Au sens de « bientôt », est vieux : *Nous assisterons tantôt à de grands prodiges.*

II Au sens de « après-midi ».

1 Sans article ou sans démonstratif. Assez familier : *Je le verrai tantôt, vers trois heures. Je l'ai rencontré tantôt, à quatre heures.* Equivalent non familier : *cet après-midi.* — De même, en dehors du registre familier, on dira : *à cet après-midi,* et non *à tantôt.*

2 Avec l'article ou le démonstratif. Nettement familier et régional : *Je dois le rencontrer ce tantôt. Il a l'habitude de faire une promenade le tantôt, vers deux heures.* Equivalents usuels et corrects : *cet après-midi, l'après-midi.*

III Tantôt... tantôt... Tour usuel, moderne et très correct.

1 Les termes mis en corrélation par *tantôt... tantôt...* doivent être de même nature (propositions ayant même fonction, sujets, verbes, compléments d'objet, compléments circonstanciels). On évitera les constructions boiteuses, telles que : *Il regrette tantôt le passé, tantôt il le critique.* On écrira : *Tantôt il regrette le passé, tantôt il le critique.*

2 Le second *tantôt* est parfois précédé de *et* ou de *ou : Tantôt un ami et tantôt un parent venait lui apporter de l'aide.* On usera avec prudence de cette construction, qui doit être réservée aux effets stylistiques de la langue littéraire.

3 Quand deux sujets au singulier sont mis en corrélation par *tantôt... tantôt...*, l'accord du verbe se fait au singulier : *Tantôt la chaleur excessive, tantôt la pluie l'empêchait de se promener.* Quand l'un des sujets est au pluriel, l'accord se fait au pluriel : *Tantôt la sécheresse, tantôt les pluies diluviennes ruinaient les récoltes.*

taon n. m. Insecte. ▼ Prononciation : [tɑ̃]. Ne pas écrire comme *tan*, écorce du chêne.

tapant, ante adj. On dit : *à huit heures tapantes, à dix heures tapantes* (plutôt que *à huit heures tapant, à dix heures tapant*), mais toujours *à une heure tapant, à midi tapant, à minuit tapant.*

tape-à-l'œil n. m. *ou* adj. Toujours avec deux traits d'union et toujours invariable : *Le tape-à-l'œil. Des toilettes tape-à-l'œil.*

taper v. t. ▼ A la différence de *frapper*, s'écrit avec un seul *p*. De même *tapage, tapager* (conjug. 16), *tapageur, tapageusement, tapant, tape* (n. f.), *tapé, ée, tapée, tapette, tapeur, tapin, tapiner, tapineuse.*

tapinois (en) loc. adv. Avec un seul *p* et un seul *n*.

tapioca n. m. Avec *c*. Finale en *-a*.

1. tapir (se) v. pron. ▼ Le participe passé est *tapi, ie,* et non **tapis.*

2. tapir n. m. Animal. — Finale en *-ir*, sans *-e*.

tapis n. m. Finale en *-is*.

tapis-brosse n. m. — Pl. : *des tapis-brosses.*

tapoter v. t. ▼ Avec un seul *p* et un seul *t*. De même : *tapotage, tapotement.*

taquet n. m. Cale de bois. — - Finale en *-et*.

tarabiscoter v. t. Avec un seul *t*. De même : *tarabicotage, tarabiscoté.*

Tarasque n. f. Avec *T* majuscule : *la Tarasque.*

taraud, tarot Ne pas écrire *un taraud*, outil, vrille, comme *les tarots*, cartes à jouer.

tarbouch ou **tarbouche** n. m. Bonnet porté autrefois par les Turcs. — On préférera la graphie francisée *tarbouche*. — Ne pas confondre *le tarbouche* avec *la babouche*, chaussure.

tard Toujours invariable : *Elles sont venues tard.* — Sans trait d'union : *sur le tard.*

tarder v. i. Plusieurs constructions.

1 Ne *tardez* pas à m'écrire. A la forme personnelle, se construit avec *à* et l'infinitif. L'emploi de *de* est archaïque et très littéraire : *Ils ne tardèrent point d'éprouver les effets de leur inconduite.*

2 Il me tarde de vous voir. Le temps me tardait de partir. Le temps me tarde que vous soyez de retour. A la forme impersonnelle ou dans le tour *le temps me (te, lui...) tarde*, se construit avec *de* et l'infinitif ou avec *que* et le subjonctif.

tare n. f. Avec un seul *r*. De même : *taré, tarer.*

tarentelle, tarentule Deux noms féminins à bien distinguer.

1 tarentelle [taʀɑ̃tɛl]. Ancienne danse.

2 tarentule [taʀɑ̃tyl]. Grosse araignée dont la piqûre, disait-on, provoquait la folie : *Mais quelle tarentule l'a donc piqué ?*

targuer (se) v. pron. Accord du participe passé avec le sujet : *Elles se sont targuées de leur succès.*

Targui ▷ Touareg.

tarière n. f. Avec un seul *r*.

tarif n. m. Avec finale en *-if*, sans *-e*. — Un seul *f* dans les dérivés : *tarifaire, tarification, tarifer.*

tarifer v. t. Avec un seul *f*. ▼ Ne pas dire **tarifier*. Ce mot n'existe pas.

tarir v. t. *ou* v. i. Avec un seul *r*. De même : *tarissable, tarissement.*

tarlatane n. f. Etoffe. — Attention au paronyme *tartane*, navire.

tarot, taraud ▷ taraud.

tarpéien, ienne adj. Avec *r* minuscule et *T* majuscule : *la roche Tarpéienne.*

tartane n. f. Navire. — Attention au paronyme *tarlatane*, étoffe.

1. tartare adj. *ou* n. f. *Sauce à la tartare* ou (plus couramment) *sauce tartare. Un steak tartare.* On fera l'accord *(des steaks tartares)*, bien que l'expression puisse s'interpréter comme *des steaks à la tartare.*

2. Tartare n. m. Avec *T* majuscule *le Tartare*, lieu le plus profond des Enfers.

tartre n. m. Dépôt calcaire. — Bien prononcer [taʀtʀ(ə)], et non **[taʀt].*

Tartuffe, tartufe Avec *T* majuscule et deux *f :*
Tartuffe, personnage de Molière. — Avec *t*
minuscule et un seul *f : un tartufe,* un
hypocrite. — Un seul *f* aussi dans *tartuferie.*

tas n. m. Accord du verbe (et du participe ou
de l'attribut) après *un tas de.*

1 Le mot *tas* **signifie** « **entassement en un
bloc** ». Accord avec *tas : Ce tas de papiers qui
encombre mon bureau est bien gênant.*

2 Le mot *tas* **signifie** « **grand nombre, grande
quantité** » (emploi familier). Accord avec le
complément de *tas : Un tas de vieux documents
inutiles encombrent mes tiroirs.*

tasseau n. m. Support d'un rayon. — Finale en
-eau. — Pl. : *des tasseaux.*

tâter v. t. Avec accent circonflexe. De même :
tâteur.

tâte-vin, taste-vin n. m. inv. Petite coupe ou
pipette utilisée par les dégustateurs de vin.
— On préférera la forme *tâte-vin,* moderne, à
taste-vin [tastəvɛ̃], archaïque. — Toujours
invariable : *des tâte-vin* ou *des taste-vin.* — On
écrit *Tastevin,* en un seul mot, sans trait
d'union, et avec un *T* majuscule dans : *la
Confrérie des chevaliers du Tastevin* [tastəvɛ̃],
confrérie bourguignonne de dégustateurs de
vin.

tatillon [tatijɔ] adj. *ou* n. ▼ A la différence de
tâter, pas d'accent circonflexe sur le *a.* Deux
n dans le féminin *tatillonne* et dans les dérivés :
tatillonnement, tatillonnage.

tâtons (à) loc. adv. Avec un accent circonflexe
sur le *a* et avec un *-s* final. Deux *n* dans les
dérivés : *tatonnant, tatonnement, tâtonner.*

tatou n. m. Animal. — Pl. : *des tatous.*

taudis n. m. Finale en *-is.*

taule n. f. *(argot)* Chambre, prison. — Dérivés :
taulard (prisonnier), *taulier* (propriétaire d'une
chambre meublée ou patron d'un hôtel).
— Pour ces mots d'argot, l'usage actuel préfère
les graphies en *-au-* à *tôle, tôlard, tôlier.* — En
revanche, on écrit toujours : *tôle* (métal en
feuille), *tôlée* (neige tôlée), *tôlerie* (atelier où l'on
travaille la tôle), *tôlier* (ouvrier qui travaille la
tôle).

taupe n. f. Avec *-au-.* De même : *taupé, taupier,
taupin, taupinière.*

taupe-grillon n. m. Courtilière. — Pl. : *des
taupes-grillons.*

taureau [tɔʀo] n. m. Avec *-au-,* puis *-eau.*
— Pl. : *des taureaux.* — De la même famille :
taure [tɔʀ] n. f. (génisse), *taurillon* [tɔʀijɔ̃] n.
m. (jeune taureau), *taurin, ine* [tɔʀɛ̃, in] adj.
(élevage taurin), taurobole [tɔʀɔbɔl] n. m.
(sacrifice d'un taureau), *tauromachie*
[tɔʀɔmaʃi], *tauromachique* [tɔʀɔmaʃik].

tautologie n. f. Avec *-au-.* De même :
tautologique.

taux n. m. Toujours avec *-x,* même au singulier.
— Attention à la notation.

1 Dans un texte littéraire, on notera plutôt le
taux en toutes lettres : *Le comte avait emprunté
à un taux de six pour cent.*

2 Dans un texte didactique, quand il s'agit
d'une proportion, d'une statistique, on écrira
plutôt : *Un taux de natalité de 2 pour 1 000*
ou *de 2 p. 1 000.*

3 Dans la langue de la finance et du commerce,
quand il s'agit d'intérêt, de taux d'escompte,
on écrira plutôt : *Un taux d'escompte de 6,5 %.*

4 ▼ Ne pas noter le taux en employant à la fois
la notation en chiffres et la notation en lettres,
par exemple : **5 pour cent* ou **cinq pour 100.*

taveler v. t. Conj. **13.** *Il tavelle, il tavellera, il
tavellerait,* mais *il tavelait.*

taxer v. t. *Taxer quelqu'un de* peut être suivi d'un
nom abstrait, mais non d'un adjectif. On peut
écrire : *On l'a taxé de paresse.* On n'écrira pas :
On l'a taxé de *paresseux. Avec un adjectif,
employer plutôt *traiter* ou *qualifier : On l'a
traité de paresseux.*

taxinomie ou **taxonomie** n. f. Science de la
classification des animaux ou des végétaux.
— On préférera *taxinomie* à *taxonomie.* De
même : *taxinomique* (mieux que *taxonomique*),
taxinomiste (mieux que *taxonomiste*).

taylorisme n. m. Avec *-ay-.* De même : *taylorisa-
tion, tayloriser.*

tchèque adj. *ou* n. Avec *-qu-,* mais *tchécoslova-
que, Tchécoslovaquie,*

te pron. personnel de la deuxième personne du
singulier (forme atone).

1 On évitera la forme populaire *garde-toi-z-en*
bien et on dira : *garde t'en bien.*

2 Le pronom *te* doit se répéter devant chaque
verbe coordonné ou juxtaposé : *Il te guide et
te protège. Il te critique, te calomnie, te nuit.*

té n. m. On écrit indifféremment : *un fer à té* ou
un fer en té.

team n. m. (anglicisme vieilli) Prononciation : [tim]. — Pl. : *des teams* [tim]. — Equivalent français : *équipe.*

tea-room n. m. (anglicisme vieilli) Prononciation : [tiʀum]. — Pl. : *des tea-rooms* [-ʀum]. — Equivalent français : *salon de thé.*

technico- Les composés en *technico-* s'écrivent en deux mots, avec un trait d'union : *Les recherches technico-scientifiques.*

Technicolor n. m. Nom déposé, donc avec une majuscule. Pas de *-e* à la fin.

technique adj. *ou* n. Avec *-ch-*, prononcé [k]. De même : *technicien, ienne, technicité, techniquement, technocrate, technocratie* [tɛknɔkʀasi], *technocratique* [tɛknɔkʀatik], *technologie, technologique.*

technique, technologie Ces deux noms féminins ne sont pas synonymes.

1 La technique. Ensemble des procédés et des moyens mis en œuvre dans une activité, un métier, une industrie : *La technique moderne de la sidérurgie permet de produire l'acier en quantité massive.* ▼ Ne pas dire *technologie* dans ce sens, faute fréquente.

2 La technologie Deux sens.

a/ *(rare)* Ensemble des mots et des expressions propres à un métier, à une industrie, à une activité : *La technologie de l'informatique comprend de nombreux mots empruntés à l'anglais.*

b/ Science qui a pour objet l'étude des outils, des machines, des procédés qu'on emploie dans les métiers et les industries : *La technologie figure au programme des écoles d'ingénieurs.* ▼ Ne désigne pas les moyens et les procédés eux-mêmes. Ne pas dire par exemple : *La technologie européenne est plus puissante que celle des pays du tiers monde,* mais *La technique européenne...*

teck ou **tek** [tɛk] n. m. Arbre ; bois. — Les deux graphies sont admises. La graphie *teck* semble la plus fréquente.

teckel [tekɛl] n. m. Chien. — Avec *-ck-*. — Pl. : *des teckels.*

teenager ou **teen ager** ou **teen-ager** n. m. *ou* f. (anglicisme) Prononciation : [tinɛdʒœʀ]. — Pl. : *des teenagers* [-dʒœʀ], *des teen agers* [-dʒœʀ] ou *des teen-agers* [-dʒœʀ]. — Equivalent français : *adolescent.*

tee-shirt ou **tee shirt** ou **T-shirt** ou **T shirt** n. m. (anglicisme) Prononciation : [tiʃœʀt]. — Pl. : *des tee-shirts* [-ʃœʀt], *des tee shirts* [-ʃœʀt], *des T-shirts* [-ʃœʀt], *des T shirts* [-ʃœʀt]. — On pourra préférer la graphie *tee-shirt.* — Equivalents français (approximatifs) : *jersey, maillot, tricot.*

teigne n. f. Avec *-ei-*. De même : *teigneux.*

teindre v. t. Conjugaison et dérivés.

1 Conjug. 84. *Je teins, tu teins, il teint, nous teignons, vous teignez, ils teignent.* — *Je teignais, tu teignais, il teignait, nous teignions, vous teigniez, ils teignaient.* — *Je teignis.* — *Je teindrai.* — *Je teindrais.* — *Teins, teignons, teignez.* — *Que je teigne, que tu teignes, qu'il teigne, que nous teignions, que vous teigniez, qu'ils teignent.* — *Que je teignisse.* — *Teignant.* — *Teint, teinte.* ▼ Attention au *i* après le groupe *-gn-* à la première et à la deuxième personne du pluriel de l'indicatif imparfait et du subjonctif présent : *(que) nous teignions, (que) vous teigniez.*

2 Dérivés : *teint, teinte, teinté, ée, teinter, teinture, teinturerie, teinturier, ière.*

teinter v. t. Colorer : *L'émotion teintait de rose son visage.* — Ne pas écrire comme *tinter,* sonner : *La cloche tintait doucement.*

tek ▷ **teck.**

tel, telle adj. *ou* pron. indéfini. Place, accord et expressions.

I Place de *tel.*

1 Comme épithète. Normalement, devant le nom *(Jamais on n'avait vu une telle splendeur),* sauf, parfois, quand il y a corrélation avec *que* (*Le spectacle était d'une splendeur telle que tout le monde restait muet d'admiration* ou *Le spectacle était d'une telle splendeur que tout le monde...*). Cependant, dans la langue littéraire, en vue d'un effet stylistique, on place parfois *tel* épithète après le nom : *Jamais on n'avait vu splendeur telle !*

2 Comme attribut. Peut se placer en tête de proposition, ce qui entraîne l'inversion du sujet. *Il sortait tous les soirs à cinq heures, car telle était son habitude. Telle me semblait être la situation.*

II Accord de *tel.*

1 Tel (non suivi de *que*). Accord préférable avec le nom qui suit : *La falaise était absolument droite, tel un mur.* L'accord avec le nom qui précède est possible, mais moins recommandé : *La falaise était droite, telle un mur.* L'accord de *tel* avec le mot qui le suit semble de rigueur quand *tel* est en tête de phrase : *Tel un mur, la falaise était absolument droite.*

2 Tel que. Accord obligatoire avec le nom auquel *tel* se rapporte : *Des écrivains modernes,*

4

tels que Simone de Beauvoir ou Colette. Telles que des chevaux emballés, les vagues bondissaient sur le rivage.

3 Comme tel, en tant que tel, reconnaître, tenir pour tel, considérer, traiter comme tel, etc. Accord de *tel* avec le nom auquel il se rapporte : *Ces populations forment un peuple unique et doivent être traitées comme telles. De toute évidence, l'occitan est une langue littéraire et, comme tel, il peut être enseigné dans les facultés.*

4 Tel quel. Accord obligatoire avec le mot auquel cette locution se rapporte : *Ces vieilles rues, je les ai retrouvées telles quelles.* ▼ On distinguera par la graphie : *Cette histoire, je vous la raconte telle quelle* et *Cette histoire, je vous la raconte telle qu'elle m'a été rapportée.*

III Tel et tel, tel ou tel.

1 Singulier ou pluriel. En général, ces locutions s'emploient au singulier : *S'il veut me demander tel ou tel renseignement. Selon qu'il agira de telle ou telle façon.* L'emploi au pluriel se rencontre, mais il est assez rare : *L'influence de telles ou telles œuvres.*

2 Accord du verbe. Après *tel et tel,* le verbe peut se mettre, selon le sens, au singulier ou bien au pluriel (cas le plus fréquent) : *Si tel et tel prétendent le contraire. Telle et telle solution sera adoptée.* — Après *tel ou tel,* le verbe se met en général au singulier : *Selon que telle ou telle tendance prévaut. Tel ou tel a bien pu affirmer le contraire.*

IV Tel que + participe passé. *Le projet, tel que présenté, suscite bien des critiques.* Tour elliptique, à éviter dans la langue soutenue. On écrira plutôt : *Le projet, tel qu'il est présenté, suscite...*

V Tel que au sens de « tel quel ». *Je te raconte l'histoire que j'ai entendue, telle que.* Locution populaire. Équivalent correct : *Tel quel* ▷ ci-dessus II, 4.

VI On écrira : *M. Un tel,* plutôt que *M. Untel.*

1. télé- Préfixe (du grec *têle,* « au loin »). Les composés en *télé* s'écrivent en un seul mot, sans trait d'union : *télécommunication, téléimprimeur, téléinformatique, téléobjectif, etc.*

2. télé- Préfixe (tiré de *télévision*). Les composés en *télé* s'écrivent en un seul mot, sans trait d'union (*télédiffusion, télérécepteur, téléspectateur, etc.*), sauf *télé-enseignement.*

téléférique ou **téléphérique** n. m. On préférera la graphie *téléférique,* beaucoup plus fréquente.

tellement adv. Équivaut à *tant* ou à *si.*

I On évitera le pléonasme populaire **si tellement.*

II Peut très correctement remplacer *si* (devant un adjectif ou un participe adjectivé) ou *tant* (avec un verbe) : *Il est tellement las qu'il ne peut marcher. Il est tellement épuisé qu'il ne peut marcher. Il travaille tellement qu'il risque de tomber malade. Il a tellement travaillé qu'il est tombé malade* ▷ *si* l (6), *tant* (I, 3). On observera que *tellement* est moins littéraire et moins recherché que *si* ou que *tant.*

III Emplois familiers ou relâchés.

1 Tellement de au sens de « tant de ». On écrira : *Tant d'années se sont écoulées,* plutôt que *Tellement d'années...*

2 Ne... pas tellement au sens de « ne... pas très » ou de « ne... pas beaucoup ». On écrira : *Il n'est pas très heureux* (plutôt que *Il n'est pas tellement heureux*). *Il ne travaille pas beaucoup* (plutôt que *Il ne travaille pas tellement*).

3 Avoir tellement besoin. Tour critiqué. On écrira plutôt : *avoir un si grand besoin.* De même, on écrira : *avoir une si grande faim, une si grande peur, une si grande soif* (plutôt que *avoir tellement faim, tellement peur, tellement soif*), *souffrir tant du froid* (plutôt que *avoir tellement froid*), *souffrir tellement* (plutôt que *avoir tellemebt mal*), *être dans une si grande colère* (plutôt que *être tellement en colère*).

IV Mode dans la consécutive après *tellement... que.*

1 Indicatif ou conditionnel si la principale est affirmative : *Il est tellement faible qu'il ne peut parler. Il est tellement faible qu'il ne pourrait voyager, s'il le fallait.*

2 Subjonctif si la principale est négative ou interrogative : *Il n'est pas tellement faible qu'il ne puisse parler. Est-il tellement faible qu'il ne puisse voyager ?*

V Deux tours à distinguer.

1 Il a tellement couru qu'il est tout essoufflé. Tour parfaitement correct.

2 Il est tout essoufflé, tellement il a couru. Tour assez familier. ▼ On évitera le tour nettement populaire *Il est tout essoufflé, tellement qu'il a couru.*

tellure Élément chimique. — Toujours masculin : *Le tellure est gris.* — Deux *l.* De même : *tellureux, tellurhydrique, tellurique, tellurure.*

tellurique adj. Qui provient de la terre, du sol. — La forme *tellurien, ienne* est rare. — On écrira : *secousse tellurique,* plutôt que *secousse sismique* (pléonasme critiqué).

téméraire adj. *ou* n. Avec *T* majuscule : *Charles le Téméraire* ou *le Téméraire,* duc de Bourgogne.

témoignage n. m. Bien prononcer [temwaɲaȝ], et non *[temɔɲaȝ].

témoigner Prononciation, conjugaison et constructions.

I Bien prononcer [temwaɲe], et non *[temɔɲe].

II Attention au *i* après le groupe *-gn-* à la première et à la deuxième personne du pluriel de l'indicatif imparfait et du subjonctif présent : *(que) nous témoignions, (que) vous témoigniez.*

III Constructions.

1 Témoigner quelque chose. Montrer nettement, manifester : *Il témoigna beaucoup de reconnaissance à son ami.*

2 Témoigner de quelque chose. Etre le signe, la preuve de : *Ces chefs-d'œuvre témoignent de la vitalité de l'art français.*

3 Témoigner en faveur de quelqu'un. Tour correct : *Un prêtre vint témoigner en faveur de l'accusé.* ▼ On évitera le tour critiqué *témoigner *pour quelqu'un.*

témoin n. m. Féminin, accord, expressions.

1 Pas de forme pour le féminin : *Cette femme fut un témoin sérieux. Elle fut témoin de ces événements.*

2 Témoin ces œuvres admirables. On laisse *témoin* invariable en tête de phrase ou de membre de phrase : *Cette époque fut glorieuse et féconde, témoin ces œuvres admirables.*

3 Il prit ses amis à témoin. La locution *à témoin* est toujours invariable.

4 Il prit ses amis pour témoins. La locution *pour témoin* s'accorde avec le nom dont *témoin* est attribut.

5 Tous ses amis furent témoins que... Quand *témoin* est attribut direct, il s'accorde avec le nom.

6 Sans témoins Toujours un *-s* à *témoin* (*La scène s'est passée sans témoins*), sauf avec *aucun* ou *nul* : *sans aucun témoin, sans nul témoin.*

7 Sans trait d'union et avec la marque du pluriel aux deux éléments : *des buttes témoins, des lampes témoins, des échantillons témoins,* etc.

tempe n. f. Côté du front. — Avec *-em-.*

tempête n. f. Avec accent circonflexe. De même : *tempêter.* ▼ Les dérivés *tempétueusement* et *tempétueux* prennent un accent aigu. — On écrit, sans trait d'union et avec *tempête* invariable : *une lampe tempête, des lampes tempête.*

temple n. m. Avec un *t* minuscule (*Le temple d'Apollon*), sauf quand le mot désigne, sans

autre précision, le temple de Jérusalem (*Le Temple fut détruit au cours de la prise de Jérusalem par Titus*) ou l'ancien édifice parisien qui fut, à l'origine, une propriété des Templiers (*Louis XVI fut enfermé au Temple. La rue du Temple*) ou encore dans l'expression *l'ordre du Temple* ou *le Temple,* l'ordre des Templiers.

templier n. m. Avec *t* minuscule : *un templier, des templiers.* — Avec un *T* majuscule : *l'ordre des Templiers* ou *les Templiers.*

tempo n. m. Mot italien à demi francisé. — Prononciation : [tẽpo], plutôt que [tɛmpo], sauf dans une indication musicale, quand *tempo* est suivi d'un autre mot italien, par exemple *tempo moderato* [tɛmpomɔdeʀato].

temporal, ale, aux adj. De la tempe. — Masculin pluriel en *-aux* : *Les os temporaux.*

temporisateur, trice n. *ou* adj. Forme dotée d'un féminin, à préférer à *temporiseur.*

temps n. m. ▼ Avec *-s,* même au singulier.

1 Au temps de, du temps de. L'expression *au temps de* est usuelle et moderne : *Au temps de mes études médicales, j'avais fait la connaissance de cet ami.* — L'expression *du temps de* est plus soutenue et plus littéraire, légèrement vieillie : *Du temps de mes jeunes années, je ne songeais guère à l'avenir !*

2 Au temps où (que), du temps que (où).

a/ Dans la langue usuelle et moderne, on dit *au temps où : Au temps où j'étais étudiant.* La forme *au temps que* est plus littéraire et plus soutenue : *Au temps que j'étais jeune.*

b/ Dans la langue très littéraire et très soutenue, on écrit *du temps que : Du temps que j'étais jeune.* La forme *du temps où* est moins soutenue et moins littéraire.

3 Le temps matériel ▷ matériel (1).

4 Toujours au singulier : *quelque temps, de tout temps, en temps et lieu.* — Sans trait d'union : *à temps.* — Avec trait d'union : *entre-temps, la mi-temps* (*des mi-temps*).

5 Je suis venu en tant qu'ami ▼ Eviter la faute fréquente *en temps qu'ami.*

6 Temps partagé. Expression française à préférer à l'anglicisme *time-sharing.*

7 Au temps, pour les crosses ! Orthographe à préférer à *Autant pour les crosses !* Il s'agit du premier *temps* d'un mouvement. De même : *au temps, pour moi,* plutôt que *autant pour moi.*

tenace [tənas] adj. ▼ Avec *e* sans accent, mais le dérivé est *ténacité* [tenasite].

tenaille n. f. Désignant un outil, est générale-ment employé au pluriel : *Il avait ses tenailles à la main.* Pour désigner plusieurs de ces outils, on emploie le mot *paire* : *Il y avait trois paires de tenailles sur l'établi.* — Dans les autres sens, s'emploie au singulier : *Prendre en tenaille l'armée ennemie. Briser la branche nord de la tenaille ennemie.*

tenant, ante adj. *ou* n. m. Pas de féminin dans l'emploi substantif : *Cette équipe est le tenant du titre.*

tendance n. f. Finale en *-ance.* — Les dérivés s'écrivent avec *c : tendanciel, elle, tendancieuse-ment, tendancieux, euse.*

tender n. m. Prononciation : [tɑ̃dɛʀ]. — Avec un trait d'union : *une locomotive-tender (des locomotives-tenders).*

tendon n. m. Avec *-en-.* De même : *tendineux.*

1. tendre v. t. Conjugaison et participe.

1 Conjug. **81.** *Je tends, tu tends, il tend, nous tendons, vous tendez, ils tendent.* — *Je tendais.* — *Je tendis.* — *Je tendrai.* — *Je tendrais.* — *Tends, tendons, tendez.* — *Que je tende.* — *Que je tendisse.* — *Tendant.* — *Tendu, ue.*

2 Des mesures tendant à développer l'industrie. Participe présent toujours invariable de nos jours.

3 Une façade tendue de blanc. Tour correct. Ne pas écrire *tendue *en blanc.*

2. tendre adj. *ou* n. Avec *T* majuscule et *de : Le pays de Tendre. La carte de Tendre,* et non *du Tendre.*

tendresse, tendreté On dit très bien *La viande est tendre,* mais on ne dira pas *La *tendresse de la viande.* Dire : *La tendreté de la viande.*

tendron Toujours masculin : *Ce vieillard tomba amoureux d'un charmant tendron de seize ans.*

ténèbres n. f. pl. S'emploie normalement au pluriel. Le singulier, rare, ne se rencontre que dans la langue poétique ou dans la langue littéraire très recherchée : *Au cœur de la ténèbre, une étoile nous guide.*

ténia n. m. La graphie *taenia* est à éviter. — Dérivé : *ténifuge.*

tenir v. t. Conjugaison, accord du participe, expressions et constructions.

I Conjug. **44.** *Je tiens, tu tiens, il tient, nous tenons, vous tenez, ils tiennent.* — *Je tenais.* —

Je tins. — *Je tiendrai.* — *Je tiendrais.* — *Tiens, tenons, tenez.* — *Que je tienne.* — *Que je tinsse.* — *Tenant.* — *Tenu, ue.* ▼ Attention aux deux *s* de l'imparfait du subjonctif : *que je tinsse, que tu tinsses, que nous tinssions...*

II Accord du participe passé.

1 Elles s'en sont tenues à l'ordre reçu. Elles se sont tenues debout. Elles se sont tenues à la rampe. Accord avec le sujet.

2 Elles se sont tenues par la main. Accord avec le sujet.

3 Elles se sont tenu les mains, les coudes. Participe invariable (= elles ont tenu les mains, les coudes les unes aux autres).

4 Les propos qu'elles se sont tenus. Accord avec le complément direct placé avant le verbe (= les propos qu'elles ont tenus l'une à l'autre). Invariabilité si le complément direct est placé après le verbe : *Elles se sont tenu des propos désobligeants.*

III Expressions et constructions.

1 Tiens, tenez. Quand *tiens* exprime la surprise (emploi assez familier), il s'emploie même si l'autre verbe de la phrase est au pluriel : *Tiens ! Vous êtes là, vous aussi !* — En revanche, le nombre varie quand *tenir* a le sens de « prendre comme exemple » (emploi assez familier) ou de « regarder » : *Imaginons une ville moyenne, Saint-Quentin, tenez. Tenez, voici le livre que je vous ai apporté.*

2 Cette affaire lui tient au cœur. Forme plus archaïque, mais plus correcte que *lui tient à cœur.* En revanche : *Il avait à cœur de réussir cette affaire.*

3 Je tiens ce garçon pour très capable. Tour usuel et correct. Quand le complément est un pronom personnel, on peut aussi employer l'attribut introduit directement : *Je connais bien cet homme et je le tiens capable.* Le tour direct est plus rare et plus littéraire que *Je le tiens pour capable.* ▼ On n'emploiera pas le tour direct quand le complément est un nom. En effet, une phrase telle que *Je tiens cet homme capable* serait ambiguë.

4 Elles ne se tiennent pas pour battues. Accord de *battu* avec le sujet.

5 Tiens-le-toi pour dit. Tenez-vous-le pour dit. L'ordre des pronoms n'est pas le même à l'impératif singulier et à l'impératif pluriel. L'ordre inverse *Tiens-toi-le pour dit* et *Tenez-le-vous pour dit* semble plus rare.

6 Il tient à lui que tout soit prêt demain. Subjonctif sans *ne* explétif. On rencontre ce *ne,* parfois, quand la principale est négative ou interrogative. Cet emploi de *ne* est déconseillé.

7 Je tiens à ce que tout soit fait correctement. Au sens de « vouloir », *tenir à ce que* se construit avec le subjonctif. ▼ Ne pas dire : *Je tiens *que tout soit fait...*

8 Cette difficulté tient à ce que rien n'a été fait correctement. Au sens de « provenir », *tenir à ce que* se construit avec l'indicatif.

9 Il est tenu de garder une certaine réserve. Avec un infinitif, *être tenu* se construit avec *de*. L'emploi de *à* (*Il est tenu à garder...*) est rare.

tennis [tenis] n. m. Avec deux n.

tennisman n. m. Faux anglicisme forgé en français. — Prononciation : [tenisman]. — Pl. : *des tennismen* [-mɛn]. — Equivalent français : *joueur de tennis*.

ténorino n. m. Mot italien francisé. Avec accent aigu. Pl. : *des ténorinos* [-no].

tension n. f. Orthographe et emploi abusif.

1 Avec *-en-*. De même : *tenseur, tensomètre, tensoriel, elle.*

2 Dans la langue surveillée, on écrira *avoir de l'hypertension* plutôt que *avoir de la tension.*

tentacule Avec *-en-*. ▼ Toujours masculin : *Un tentacule très court.* — Dérivé : *tentaculaire.*

tente-abri n. f. — Pl. : *des tentes-abris.*

térato- Préfixe (du grec *teras, teratos* « monstre ») : *tératogène, tératologie, tératologiste* ou *tératologue.*

tercet, tiercé Deux noms masculins paronymes.

1 tercet Strophe de trois vers.

2 tiercé Course dans laquelle il faut parler sur trois chevaux.

térébenthine n. f. ▼ Attention à la place du *t* et du *-th-*. — Bien prononcer [teʀebɑ̃tin], et non *[teʀebɛ̃tin]*. De même : *térebenthène* [teʀebɑ̃tɛn] n. m.

térébinthe [teʀebɛ̃t] n. m. Arbre. ▼ Attention à la place du *t* et du *-th-*.

térébrant, ante adj. Qui perfore, qui perce : *Insecte térébrant. Souci térébrant.* — Finale en *-ant, -ante.*

Tergal n. m. Etoffe. — Nom déposé, donc avec une majuscule. — Invariable : *Des Tergal légers.*

terme n. m. Orthographe et expressions.

1 Ne pas écrire *un terme*, limite, date, vocable, comme *les thermes*, établissement de bains.

2 Avec *T* majuscule : *le dieu Terme*, dieu romain. — Avec *t* minuscule : *un terme*, statue dont le bas finit en gaine.

3 Toujours au singulier dans : *marché à terme, emprunts, prévisions à court, à moyen, à long terme, parvenir au terme de son mandat.*

4 Toujours au pluriel dans : *être en bons, en mauvais termes avec quelqu'un, aux termes de la loi, du code, en termes de marine, de médecine, de métier, en termes propres, en propres termes* ▷ **propre** (2).

terminal, ale, aux adj. *ou* n. Masculin pluriel en *-aux* : *Les bourgeois terminaux. Les terminaux d'un ordinateur.*

terminer v. t. Ne peut se construire avec *de* + infinitif. Ne pas écrire *Il a terminé *de rédiger son projet.* Employer plutôt *achever* ou *finir* : *Il a achevé* (ou *il a fini*) *de rédiger...*

terminus [teʀminys] n. m. Invariable : *des terminus* [-nys]. — Sans trait d'union : *gare terminus, station terminus.*

terrain n. m. Toujours au singulier et sans trait d'union : *Des camions tout terrain.*

terramare Terre utilisée comme engrais. — Toujours féminin : *La terramare italienne.* — Avec *t* minuscule : *la civilisation des terramares* (Italie antique).

terrasse n. f. Toujours au singulier dans : *des toits en terrasse.* — Toujours au pluriel dans : *des cultures, des champs en terrasses* (plusieurs terrasses superposées).

terre n. f. Emploi de la majuscule, expressions, dérivés.

1 Avec *T* majuscule : *la Terre*, planète, globe terrestre (*La fusée spatiale quitte la Terre. La distance de la Terre à la Lune, au Soleil. A la surface de la Terre. Le diamètre de la Terre*). — Avec *t* minuscule dans les autre sens (*Cultiver la terre. Le navire quitte la terre*).

2 Avec *T* majuscule et *p* ou *s* minuscule : *la Terre promise, la Terre sainte.* — Avec *T* et *F* majuscule : *la Terre Ferme*, le territoire continental de la république de Venise.

3 Avec *T* majuscule : *la Terre de Feu, la Terre Adélie, la Terre de Baffin*, etc.

4 Sans trait d'union et invariable : *Elles sont très terre à terre.* — De même, sans trait d'union : *Ils galopent ventre à terre, ils mettent pied à terre*, mais *un pied-à-terre, des pied-à-terre.*

5 A terre, par terre. De nos jours, pas de différence sensible pour le sens. Il semble que *à terre* soit plus soutenu (*L'aigle qui ornait le carrosse fut jeté à terre*) et *par terre* plus courant (*L'enfant a jeté ses cahiers par terre*).

6 Deux *r* dans tous les dérivés : *terrage, terrain, terrarium,* [teʀaʀjɔm] n. m. (*des terrariums*), *terrasse, terrassement, terrasser, terrassier, terrasson, terreau, terreautage, terreauter, terrestre, terreux, terricole, terrien, terrier, terrigène, terroir.*

terre-neuve n. m. Chien. — Invariable : *des terre-neuve.*

terre-neuvien, ienne Deux sens.

1 Les Terre-Neuviens Les habitants de l'île canadienne de Terre-Neuve. — (adjectivement) *La population terre-neuvienne.*

2 Les terre-neuviens Les marins-pêcheurs qui vont pêcher la morue sur les bancs de Terre-Neuve, *ou* les navires utilisés pour cette pêche. — On dit aussi *les terre-neuviers,* mais le terme le plus employé est *les terre-neuvas* [teʀnøva], mot régional passé dans la langue générale.

terreur n. f. Avec *T* majuscule : *la Terreur, la Grande Terreur* (sous la Révolution), *la Terreur blanche* (en 1795 et en 1815).

terrible adj. Avec deux *r.* De même : *terriblement.*

terrifier, terroriser Ces deux verbes transitifs ne sont pas synonymes.

1 terrifier Frapper, pendant un moment, d'une vive peur : *Il s'amusait à terrifier le pauvre enfant par des récits effrayants. L'apparition du spectre terrifia la reine.*

2 terroriser Faire vivre dans la terreur : *Ces seigneurs brigands terrorisaient les paysans. Ce tyran domestique terrorise sa femme.* — Intimider beaucoup : *Cet examinateur terrorise les candidats.*

terril ou terri n. m. Amas de déblais, près d'une mine. ▼ Quelle que soit la graphie, se prononce toujours [teʀi]. La graphie *terril* est à préférer à *terri.*

terrine n. f. Avec deux *r.* De même : *terrinée.*

territoire n. m. Finale en *-oire.* — Avec deux *r.* De même : *territorial, ale, aux, territorialement, territorialité.*

terroir n. m. Finale en *-oir.* — Avec deux *r.*

terroriser, terrifier ▷ terrifier.

tertre n. m. Butte, monticule. — Bien prononcer [teʀtʀ(ə)], et non *[teʀt].

tessère n. f. Chez les Romains, tablette, jeton. — Finale en *-ère.*

1. test [test] n. m. Coquille de certains animaux. — Pas de *-e* final.

2. test [test] n. m. Anglicisme qui désigne un examen, une épreuve. — Pl. : *des tests.* — En deux mots sans trait d'union : *une épreuve test* (*des épreuves tests*). — Dérivés : *testable, tester.*

testament n. m. Avec des majuscules : *l'Ancien Testament, le Nouveau Testament.* — Dérivé : *testamentaire.*

tester v. i. Disposer de ses biens par testament : *Un incapable ne peut ni ester en justice ni tester* ▷ ester I. — Dérivé : *testateur, trice.*

testostérone [testɔsteʀɔn] Hormone. — Est féminin : *la testostérone.*

têt n. m. Creuset. — Prononciation : [tɛ].

têtard n. m. Avec accent circonflexe.

tête n. f. Expressions.

1 Avoir mal *à la tête,* **garder son béret** *sur la tête.* Formes correctes. Éviter : *Avoir mal à *sa tête, garder son béret sur *sa tête.*

2 Il n'y a pas plus mauvaise, plus forte tête *que lui.* Formes correctes. Éviter : *Il n'y a pas plus mauvaise tête, plus forte tête que *la sienne.*

2 A tue-tête. Avec un trait d'union.

tête-à-queue n. m. Invariable : *des tête-à-queue.*

tête à tête, tête-à-tête Des expressions à bien distinguer par la graphie.

1 tête à tête (sans traits d'union) loc. adv. *Ils ont déjeuné tête à tête.* ▼ Cette locution est parfaitement correcte, mais vieillie. La locution moderne, *en tête-à-tête,* a été critiquée. On peut l'admettre cependant, au moins dans la langue cursive.

2 un tête-à-tête (avec des traits d'union) Conversation ; canapé ; service à thé ou à café. — Invariable : *des tête-à-tête.*

3 en tête-à-tête loc. adv. Forme usuelle, mais critiquée, pour *tête à tête* (loc. adv.).

tête-bêche loc. adv. Toujours avec trait d'union et toujours invariable : *Ils sont couchés tête-bêche.*

tête-de-loup n. m. Pl. : *des têtes-de-loup.*

tête-de-Maure ou **tête-de-mort** n. m. Fromage de Hollande (édam). — Pl. : *des têtes-de-Maure* ou *des têtes-de-mort.*

tête-de-Maure adj. *ou* n. m. Brun foncé. — Invariable : *Des manteaux tête-de-Maure. De beaux tête-de-Maure.*

tête-de-moineau n. m. — Pl. : *des têtes-de-moineau.*

tête-de-nègre adj. *ou* n. m. Invariable : *Des manteaux tête-de-nègre* (brun foncé). *De beaux tête-de-nègre.*

téter v. t. La forme *teter*, sans accent, est vieilli. — Conjug. **11.** *Il tète*, mais *il tétera, il téterait.* — Dérivés : *tétée, tétin, tétine, téton.*

têtière n. f. Attention à l'accent circonflexe.

tétra- Préfixe (du grec *tetra-* « quatre »). Les mots en *tétra* s'écrivent en un seul mot, sans trait d'union : *tétrachlorure, tétradrachme* [tetradrakm], *tétraèdre, tétrarchat* [tetraʀka], *tétrarchie* [tetraʀʃi], *tétrarque*, etc.

tétrasyllabe adj. *ou* n. m. S'écrit avec un seul *s,* mais se prononce avec [s] et non avec [z] : [tetrasilab]. — Le mot *tétrasyllabique* [tetrasilabik] est toujours adjectif : *Un mot tétrasyllabique.* Ne pas dire *un tétrasyllabique.*

tétras n. m. Coq de bruyère. ▼ Prononciation : [tetʀɑ], le *-s* final est muet. — Composé : *tétras-lyre* [tetʀaliʀ] n. m. (*des tétras-lyres*) ou *petit tétras* ou *tétras des bouleaux.*

têtu, ue adj. Avec accent circonflexe.

teuf-teuf n. m. Invariable : *des teuf-teuf.*

teuton adj. *ou* n. Deux *n* dans le féminin : *teutonne.*

teutonique adj. Seulement dans quelques expressions historiques : *la Hanse teutonique* (avec *H* majuscule et *t* minuscule) ou *la Hanse.* — On écrit, avec *o* ou *c* minuscule et *T* majuscule : *l'ordre Teutonique, les chevaliers Teutoniques.* — Avec *T* majuscule : *les Teutoniques*, les chevaliers teutoniques.

texan adj. *ou* n. Au féminin, finale en *-ane*, avec un seul *n* : *texane.*

textile adj. *ou* n. m. Finale en *-ile.*

textuel On évitera l'emploi elliptique populaire de *textuel, textuellement* au sens de « exactement, sans rien changer à l'expression », quand il s'agit de paroles que l'on rapporte : « *Le règlement, j'en ai rien à faire* », *qu'il a dit. Textuel !* En revanche, on peut employer *textuel* et *textuellement* dans des constructions non elliptiques, à condition qu'il s'agisse d'un texte (= énoncé écrit et non oral) : *La reproduction textuelle d'un communiqué officiel. J'ai cité textuellement un passage de sa lettre.*

thalamus [talamys] n. m. Partie du cerveau. — Avec *th-.* — Pl. : *des thalamus* [-mys].

thalasso- Préfixe (du grec *thalassa* « mer »). Les composés en *thalassa* s'écrivent en un seul mot, sans trait d'union : *thalassocratie* [talasɔkrasi], *thalassophobie, thalassothérapie.*

thalweg ▷ talweg.

thaumaturge n. m. Faiseur de miracles. — Attention à la place du groupe *th-.* — Dérivés : *thaumaturgie, thaumaturgique.*

thé n. m. Avec *th-.* De même : *théier, théière, théisme.*

théâtre n. m. Orthographe, dérivés et expressions.

1 Avec *th-* et accent circonflexe sur le *a.* De même : *théâtral, ale, aux* (*des gestes théâtraux*), *théâtralement, théâtralisme, théâtreuse* (péjoratif).

2 Avec *T* et *F* majuscules et un trait d'union : *le Théâtre-Français* (ou *le Français*). — Avec *t* minuscule dans les autres dénominations : *Le théâtre des Capucines. Le théâtre du Palais-Royal*, etc.

thébaïde n. f. Avec *th-* et tréma. — Avec *T* majuscule quand il s'agit de la province égyptienne : *Les premiers anachorètes se retirèrent dans la Thébaïde.* — Avec un *t* minuscule, dans les autres cas : *Il s'est retiré dans sa thébaïde, près de Senlis.*

1. théisme n. m. Doctrine philosophique. — Dérivé : *théiste.*

2. théisme n. m. Intoxication par le thé.

thème n. m. Avec accent grave et non circonflexe. — Dérivé : *thématique.*

théo- Préfixe (du grec *theos* « dieu »). Les composés en *théo-* s'écrivent en un seul mot, sans trait d'union : *théophilanthrope.*

théodicée n. f. Finale en *-ée.*

théodolite n. m. ▼ Finale en *-lite*, avec *t* et non *-th-.*

théorème n. m. Finale en *-ème*, avec accent grave. — Dérivé : *théorématique.*

théorie n. f. Avec *th-*. De même : *théorétique, théoricien, théorique, théoriquement.*

théoriquement adv. Au sens correct, signifie « selon la théorie » et s'oppose à *pratiquement* : *Théoriquement, deux corps lâchés du même point tombent à la même vitesse, mais, pratiquement, la résistance de l'air ralentit la chute de manière inégale.* — Dans la langue surveillée, ne doit pas s'employer au sens de « selon ce qui est convenu ou prévu ». On n'écrira donc pas : *Théoriquement, la marchandise doit être livrée le 12 mai.*

thérapeute n. m. *ou* n. f. Attention à la place du groupe *th-*. Dérivés : *thérapeutique, thérapie.*

thermal, ale, aux adj. Masculin pluriel en *-aux* : *Les établissement thermaux.* — Dérivés : *thermalisme, thermalité.*

thermes n. m. Etablissement de bains. — Toujours au pluriel. — Ne pas écrire comme *terme*, limite, mot ▷ **terme.**

thermidor n. m. Avec *th-*. De même : *thermidorien, ienne* adj. — Avec une minuscule : *les thermidoriens*, faction politique, sous la Révolution. — Comme nom de mois, toujours avec un *t* minuscule : *Un décret du 15 thermidor an V.* — On écrit *le 9 thermidor an II*, mais le *9-Thermidor* ou simplement *Thermidor*, journée qui vit la chute de Robespierre (27 juillet 1794) : *Après Thermidor, la réaction releva la tête.*

thermique adj. Avec *th-*. De même : *thermicité, thermie, thermistance.*

thermo- Préfixe (du grec *thermos* « chaud »). Les composés en *thermo* s'écrivent en un seul mot, sans trait d'union : *thermocautère, thermodynamique, thermoélasticité, thermoélastique, thermoélectricité, thermoélectrique, thermoïonique* (ou, parfois, *thermo-ionique*).

Thermos [tɛʀmɔs] Nom déposé, donc avec une majuscule : *Une bouteille Thermos.* — Genre incertain : *Un Thermos* ou *une Thermos*. Le masculin semble plus fréquent.

thésauriser Généralement intransitif. L'emploi transitif est plus rare, mais correct : *Il thésaurise des billets de banque.* ▼ Ne pas déformer en **trésoriser*. — Dérivés : *thésaurisation, thésauriseur, euse.*

thèse n. f. Avec *th-* et accent grave.

thibaude n. f. Tissu épais, sous un tapis. — Avec *th-* et *-au-*.

thi(o)- Préfixe (du grec *theion* « soufre »). Les composés en *thio* s'écrivent en un seul mot sans

trait d'union : *thiamine, thioalcool, thiobactérie, thiol, thionine*, etc.

thomisme n. m. Doctrine de saint Thomas d'Aquin. — Avec un *t* minuscule : *les thomistes.*

thon n. m. Poisson. — Avec *th-*. De même : *thonier.*

thorax n. m. Avec *th-*. De même : *thoracique, thoracoplastie.* ▼ Attention au composé *thoracentèse* [tɔʀasɛ̃tɛz] n. f. (ponction thoracique). Ne pas écrire **thoracynthèse*.

thrombose n. f. Avec *th-*.

thuriféraire n. m. Avec *th-* et finale en *-aire.*

thuya n. m. Plante. — Prononciation : [tɥija], plutôt que [tyja]. — Pl. : *des thuyas* [-ja].

thyiade n. f. Bacchante. — Avec *th-* puis *y* et *i*. — Prononciation : [tijad].

thym n. m. Plante. — Avec *th-*, *y* et *m*. — Prononciation : [tɛ̃]. — Dérivé : *thymol.*

thymus [timys] n. m. Glande. — Avec *th-* et *y*. — Pl. : *des thymus*. — Dérivé : *thymique.*

thyroïde adj. *ou* n. f. Avec *th-* et *y*. De même : *thyroïdectomie, thyroïdien.*

thyrse Avec *th-* et *y*. — Toujours masculin : *La bacchante agitait son thyrse.*

tiare n. f. Avec un seul *r*.

tibétain, aine adj. *ou* n. *La population tibétaine. Les Tibétains.* — N. m. *Le tibétain* : langue. ▼ Avec *t* et non **th-*. De même : *le Tibet.*

tic n. m. Geste convulsif. — Avec *-c*, mais *tiquer, tiqueur.*

ticket n. m. Avec *-ck-* et finale en *-et.*

ticket, billet ▷ **billet.**

tic tac, tic-tac Pas de trait d'union quand le mot est une onomatopée : *La pendule fait « tic tac, tic tac ».* — Un trait d'union quand le mot est un substantif : *Le tic-tac de la pendule.* — Invariable : *des tic-tac.* — Dérivé : *tictaquer (La pendule tictaquait).*

tiède adj. Avec un accent grave, comme *tièdement.* En revanche, accent aigu dans *tiédeur, tiédir.*

tiédir Généralement intransitif : *La température a tiédi.* La construction transitive est plus rare, mais correcte : *Le vent du sud a tiédi la température.*

tien, tienne adj. *ou* pron. possessif.

I Employé comme adjectif.

1 Employé comme épithète. Emploi rare, vieux, très littéraire : *Une tienne cousine.*

2 Employé comme attribut. Emploi courant dans la langue écrite : *Cet ouvrage est tien. Tu fais tiennes ses remarques.*

II Employé comme pronom. Emploi usuel. Appartient à tous les niveaux de langue : *Notre voiture est vieille, la tienne est neuve. Ce chapeau est le tien. — Les tiens* : tes parents, tes proches, tes amis.

tierce ▷ **tiers 1** (1).

tiercé, tercet ▷ **tercet.**

1. tiers adj. Troisième.

1 Le féminin est *tierce* : *Une tierce personne. La fièvre tierce.*

2 Sans trait d'union et avec des minuscules : *le tiers état, le tiers monde, le tiers ordre, le tiers parti, le tiers payant.* — L'orthographe le *Tiers État* est celle de l'époque de la Révolution.

2. tiers n. m. Troisième partie d'un tout. — Accord du verbe après *le tiers de (des).*

1 Quand *le tiers de (des)* désigne exactement une quantité égale à 1/3, l'accord se fait en principe au singulier : *Le tiers des délégués a voté cette motion.* Cependant, l'accord au pluriel (*ont voté*) est admis et même plus fréquent dans l'usage actuel.

2 Quand *le tiers de (des)* désigne une quantité approximative, accord au pluriel : *Au mois de juillet, le tiers des Parisiens sont sur les routes ou en vacances.*

tiers-point n. m. Toujours avec trait d'union : *Des arcs en tiers-point. — Un tiers-point* : lime. Pl. : *des tiers-points.*

tignasse n. f. Finale en *-asse.*

tigron ou tiglon n. m. Hybride du tigre et du lion. — Les deux formes sont correctes. La forme *tigron* semble la plus fréquente.

tilbury [tilbyʀi] n. m. Mot francisé. Pl. : *des tilburys* [-ʀi].

tillac n. m. Prononciation : [tijak].

tilleul n. m. Finale en *-eul.*

timbale, cymbale ▷ **cymbale.**

timbre-poste n. m. – Pl. : *des timbres-poste.*

timbre-quittance n. m. – Pl. : *des timbres-quittance,* plutôt que *des timbres-quittances.*

time-sharing n. m. (anglicisme de la langue de l'informatique) Prononciation : [tajmʃeʀiŋ]. — Equivalent français : *temps partagé.*

timing n. m. (anglicisme) Prononciation : [tajmiŋ]. — Pl. : *des timings* [-miŋ]. — Equivalents français : *calendrier, emploi du temps, horaire.*

timon, limon ▷ **limon.**

timonier n. m. ▼ Avec un seul *n.* De même : *timonerie.*

tinctorial, ale, aux adj. Masculin pluriel en *-aux* : *des produits tinctoriaux.*

tintamarre n. m. Avec deux *r.*

tinter v. i. *La cloche tinte.* Ne pas écrire comme *teinter,* colorer. — Dérivé : *tintement.*

tintinnabuler v. i. Avec deux *n.* De même : *tintinnabulant.*

tintouin n. m. ▼ Ne pas écrire **tintoin.*

tique n. f. Insecte. — Ne pas écrire comme *un tic,* geste machinal.

tir n. m. Pas de *-e* final.

tirade n. f. Avec un seul *r.*

tirant n. m. Sans trait d'union : *tirant d'eau, tirant d'air.*

tiré n. m. On écrit : *Un tiré au faisan,* et non *un *tirer au faisan.*

tire-au-cul n. m. *ou* f. Invariable : *des tire-au-cul.*

tire-au-flanc n. m. *ou* f. Invariable : *des tire-au-flanc.*

tire-botte n. m. — Pl. : *des tire-bottes.*

tire-bouchon n. m. — Pl. : *des tire-bouchons.*

tirebouchonner v. i. Généralement en un seul mot, sans trait d'union. De même : *tirebouchonnement.*

tire-bouton n. m. — Pl. : *des tire-boutons.*

tire-d'aile (à) loc. adv. Invariable : *Les oiseaux s'enfuient à tire-d'aile.*

tire-fond n. m. Invariable : *des tire-fond.*

tire-laine n. m. Invariable : *des tire-laine.*

tire-larigot (à) loc. adv. Invariable : *Ils boivent à tire-larigot.*

tire-ligne n. m. — Pl. : *des tire-lignes.*

tirelire n. f. En un seul mot, sans trait d'union. — Pl. : *des tirelires.*

tirer v. t. Expressions.

1 Tirer parti de quelque chose (et non *tirer *partie*) ▷ **parti** (II, 1).

2 Tirer un lapin, une caille, un canard. Cet emploi transitif est usuel et correct quand le complément désigne un animal qui fait normalement partie du gibier. Au contraire, on ne dira pas : *Il a tiré *le chien de son voisin,* mais *Il a tiré sur le chien de son voisin.* En revanche, quand il s'agit de gibier, et surtout de petit gibier, on n'emploiera pas *sur* : *Le chasseur tira le lièvre,* plutôt que *sur le lièvre.*

3 Se tirer d'affaire. Tour plus soutenu que *s'en tirer,* qui est cependant assez correct. En revanche, *s'en sortir* est nettement familier.

tiret ▷ **annexes.**

tiretaine n. f. Etoffe. — Finale en *-aine.*

tiroir n. m. Finale en *-oir.*

tiroir-caisse n. m. — Pl. : *des tirois-caisses.*

tisane n. f. Finale en *-ane,* avec un seul *n.* — Dérivés : *tisanerie, tisanière.*

tisane, infusion ▷ **infusion.**

tison n. m. Deux *n* dans les dérivés : *tisonner, tisonnier.*

tissé, tissu La forme *tissé, ée* s'emploie au sens propre : *Une fine étoffe tissée de soie et de lin.* — La forme *tissu, ue* s'emploie au sens figuré : *Une relation infidèle des faits, toute tissue d'erreurs et d'inventions.*

tisserand n. m. Finale en *-and.*

1. tissu n. m. Etoffe. — Finale en *-u.*

2. tissu, ue ▷ **tissé.**

tissu-éponge n. m. — Pl. : *des tissus-éponges.*

tissulaire adj. Du tissu biologique : *La structure tissulaire.* — Finale en *-aire.* ▼ Ne pas déformer en **tissutaire.*

titan n. m. Avec *T* majuscule : *les Titans,* personnages de la mythologie grecque. — Avec *t* minuscule : *un titan,* un grand homme (*Les titans de la Révolution*). De même : *un travail de titan.*

titane n. m. Métal. — Finale en *-ane,* avec un seul *n.* Dérivé : *titanite* n. f.

titanesque adj. *Un travail titanesque.* — La forme *titanique* est rare, mais correcte.

titiller v. t. Prononciation : [titile], mieux que [titije]. De même : *titillation* [titilasjɔ̃], *titillement* [titilmɑ̃].

titre n. m. Toujours au singulier : *à juste titre, à titre de.*

titres d'œuvres ▷ **annexes.**

tituber v. i. Pas de *t* double. De même : *titubant, titubation.*

Titus (à la) Avec *T* majuscule : *Une coupe à la Titus.*

toast n. m. (anglicisme) Prononciation : [tost]. — Pl. : *des toasts* [tost]. – Dérivé : *toasteur* [tostœʀ]. A ce mot on préfère de nos jours *grille-pain.*

toboggan [tɔbɔgɑ̃] n. m. Avec un seul *b,* deux *g* et finale en *-an.*

tocante ou **toquante** n. f. (*populaire*) Montre.

tocard ou **toquard** n. m. (*populaire*) Mauvais cheval ; sportif médiocre.

toccata [tɔkata] n. f. Mot francisé. Pl. : *des toccatas* [-ta], plutôt que *des toccate* [-te], pluriel italien.

tocsin n. m. Avec *c* et non **-que-.*

toge n. f. Sans trait d'union : *toge prétexte* (*des toges prétextes*).

tohu-bohu n. m. Invariable : *des tohu-bohu.*

toi pron. personnel de la deuxième personne du singulier.

1 On évitera le tour populaire **garde-toi-z-en.* On dira : *garde-t'en.*

2 Le bon usage veut que l'on place *toi* en premier : *Toi, ta sœur, mon frère et moi, nous* *irons au cinéma,* et non *Moi, mon frère, ta sœur et toi...*

3 L'accord se fait comme avec *tu : Toi seul vas pouvoir me renseigner. Toi qui aimes tant la campagne.*

4 Avec un trait d'union : *toi-même.*

toiletter v. t. Ne peut se dire que s'il s'agit d'un chien : *Je vais faire toiletter mon chien.* Ne pas dire, par exemple : *La mère toilette son bébé.* Dire : *... fait la toilette de son bébé.* Même remarque pour *toilettage.*

toison n. f. Avec *T* majuscule et *o* minuscule : *Les Argonautes allèrent à la conquête de la Toison d'or. L'ordre de la Toison d'or.*

tokai ou **tokay** n. m. Vin hongrois. — Avec un *t* minuscule : *du tokai, du tokay.* — Prononciation : [tɔkɛ], plutôt que [tɔkaj]. — On rencontre aussi parfois les formes *tokaï* [tɔkaj] et *tokaj* [tɔkaj].

tôle n. f. Métal en feuille. — Avec accent circonflexe. De même : *tôlerie* (atelier), *tôlier* (ouvrier), *tôlée* (*neige tôlée*).

tôle, taule (taulard, taulier) ▷ taule.

tolérer v. t. Avec un seul *l.* De même : *tolérable, tolérance, tolérant, tolérantisme.*

tolet n. m. Support d'aviron. — Avec un seul *l* et finale en *-et.*

tôlier, taulier ▷ taule, tôle.

tolite n. f. Explosif. — Avec un seul *l.*

tollé n. m. Protestation. — Avec deux *l* et accent aigu. — Pl. : *des tollés.*

toluène n. m. Hydrocarbure. — Avec un seul *l.*

tomahawk n. m. Hache de guerre. – Prononciation : [tɔmaok]. ▼ Ne pas déformer en **tomawak.* – Pl. : *des tomahawks* [-ok].

tomaison n. f. Indication du tome. — Avec un seul *m.*

tomate n. f. Avec un seul *m* et un seul *t.*

tombale adj. f. Seulement dans l'expression *pierre tombale.*

tombe, tombeau Ces deux noms ne sont pas interchangeables.

1 La tombe Fosse, recouverte ou nom d'une dalle ou d'un petit monument, dans laquelle

est enseveli un mort : *Une simple croix de bois marquait sa tombe.*

2 Le tombeau Monument imposant, élevé sur une tombe ou contenant le corps d'un personnage (généralement puissant ou illustre) : *Le tombeau de Napoléon, aux Invalides.*

tomber Emplois transitifs, emploi de l'auxiliaire, expressions.

1 On admet l'emploi transitif dans la langue du sport : *Le lutteur a tombé son adversaire.* Les autres emplois transitifs sont familiers (*Il a tombé la veste*) ou très populaires (*Il a tombé plus d'une fille*). On évitera notamment les tours tels que : *Il a tombé son livre,* pour *Il a fait tomber son livre.*

2 Sauf dans les emplois transitifs exposés ci-dessus, l'auxiliaire est *être,* même pour exprimer l'action : *Ils sont tombés dans l'escalier. La neige est tombée ce matin à huit heures. Il est tombé de la grêle et une pluie violente.* L'emploi de *avoir* est vieilli ou populaire.

3 Tomber d'accord que. Avec l'indicatif : *Nous sommes tombés d'accord qu'il n'y a plus rien à faire.*

tombereau n. m. Avec finale en *-eau.*

tombola n. f. Avec un seul *l.*

tombolo [tɔ̃bɔlo] n. m. (terme de géographie) Mot italien francisé. Pl. : *des tombolos* [-lo], plutôt que *des tomboli.*

tome n. m. Chacun des volumes d'un ouvrage. — Prononciation : [tɔm], avec *o* ouvert. — Ne pas écrire comme *la tomme,* fromage. — Avec des chiffres romains : *Les tomes VII et VIII.* — Dérivés : *tomaison, tomer.*

tomme n. f. Fromage. — Ne pas écrire comme *un tome,* livre.

tommette ou **tomette** n. f. Brique plate, carreau. — Les deux graphies sont admises. La plus usuelle semble être *tommette.*

tom-pouce n. m. Parapluie. — Invariable : *des tom-pouce.*

1. ton, ta, tes adj. possessif. Forme et emploi.

1 Le féminin *ta* est remplacé par *ton* dans tous les cas où l'article *la* s'élide en *l'* : *ton action, ton entrée, ton initiative, ton ombre, ton urne, ton yeuse, ton habitude, ton herbe,* mais *ta hache, ta huitième année* ▷ le l (I, 1).

2 Devant voyelle ou *h* muet, la forme *ton,* au masculin ou au féminin, se dénasalise, dans la prononciation parisienne : *ton ami* [tɔnami], *ton action* [tɔnaksjɔ̃]. Cet usage a été critiqué par quelques auteurs. On pourra préférer la prononciation non dénasalisée : *ton ami* [tɔ̃nami], *ton action* [tɔ̃naksjɔ̃].

3 *Ton, ta, tes* en concurrence avec l'article défini (*Tu souffres de la jambe. Tu as déchiré ta blouse*) ▷ le **1** (IX, 1, 2, 3 et 4).

2. ton n. m. Dans les expressions figées, on emploie plutôt *sur un ton : Il répète sur tous les tons. Ne le prenez pas sur ce ton.* — Dans les autres cas, on emploie indifféremment *sur un ton* ou *d'un ton : Il prononça ces mots sur un ton d'emphase. Il parlait d'un ton impérieux.*

tonal, ale, als adj. Masculin pluriel en *-als* : *Les systèmes tonals.* — Dérivé : *tonalité.*

tondre v. t. Conjugaison et expression.

1 Conjug. **91.** *Je tonds, tu tonds, il tond, nous tondons, vous tondez, ils tondent.* — *Je tondais.* — *Je tondis.* — *Je tondrai.* — *Je tondrais.* — *Tonds, tondons, tondez.* — *Que je tonde.* — *Que je tondisse.* — *Tondant.* — *Tondu, ue.*

2 On disait : *Il tondrait sur un œuf,* il est très avare. — De nos jours, on dit plutôt : *Il tondrait un œuf.*

tondu, ue adj. *ou* n. Avec *P* et *T* majuscules : *le Petit Tondu,* Napoléon.

tonicardiaque adj. *ou* n. m. En un seul mot, sans trait d'union.

tonique adj. *ou* n. Avec un seul *n.* De même : *tonicité, toniquement.*

tonitruer v. i. Avec un seul *n,* comme *tonitruant,* à la différence de *tonnerre.*

tonlieu n. m. Ancien impôt. — Pl. : *des tonlieux.*

tonne n. f. Le symbole de la tonne est *t* sans point : *Un stock de 200 000 t de charbon.* — Avec deux *n.* De même : *tonnage.*

tonneau n. m. Avec deux *n* et finale en *-eau.* — Pl. : *des tonneaux.* — Dérivés : *tonnelage, tonnelet, tonnelier, tonnellerie.*

tonnelle n. f. Avec deux *n* et deux *l.*

tonner v. i. Avec deux *n,* comme *tonnant,* à la différence de *détoner* (*La dynamite peut détoner au choc*) et de *détonant* (*Un mélange détonant*).

tonnerre n. m. Avec deux *n* et deux *r.*

tonton ▷ toton.

tonus [tɔnys] n. m. Invariable : *des tonus* [-nys].

topaze Genre et accord.

1 Désignant une pierre précieuse, est féminin et variable : *Une broche ornée de belles topazes.*

2 Désignant un oiseau, est masculin et variable : *Les merveilleux topazes sont les plus beaux des oiseaux-mouches.*

3 Comme adjectif de couleur, toujours invariable : *Des écharpes topaze.* ▼ L'adjectif *topaze* est invariable, mais *brûlé* est toujours au féminin singulier, dans l'expression *topaze brûlée* (désignant une couleur) : *Des reflets topaze brûlée.*

toper v. i. Sans trait d'union et avec accent grave sur le *a* : *tope là, topez là.*

topette n. f. Fiole. — Avec un seul *p* et deux *t.*

tophus [tɔfys] n. m. (terme de médecine) Pl. : *des tophus* [-fys].

topinambour n. m. Avec un seul *p* et finale en *-our,* sans *-d.*

toquade n. f. Caprice. — Toujours avec *-qu-.*

toquante ▷ tocante.

toquard ▷ tocard.

torche-cul n. m. Généralement invariable : *des torche-cul.* — On rencontre parfois le pluriel *des torche-culs.*

torchis n. m. Finale en *-is.*

torchon n. m. Deux *n* dans le dérivé *torchonner.*

tord-boyaux n. m. Invariable. Avec *-x* à *boyau,* même au singulier.

tordoir n. m. Finale en *-oir.*

tordre v. t. Conjug. **92.** *Je tords, tu tords, il tord, nous tordons, vous tordez, ils tordent.* — *Je tordais.* — *Je tordis.* — *Je tordrai.* — *Je tordrais.* — *Tords, tordons, tordez.* — *Que je torde.* — *Que je tordisse.* — *Tordant.* — *Tordu, ue.*

tordu, tortu, tors ▷ tors.

tore Moulure ; anneau. ▼ Toujours masculin : *Un tore élégant entoure la colonne.*

toréador n. m. ▼ Ce mot, employé en France, n'est plus usité depuis très longtemps en Espagne. Le vrai mot espagnol est *torero.*

torero [tɔʀeʀo] n. m. ▼ Mot espagnol non francisé. Pas d'accent aigu. — Pl. : *des toreros* [-ʀo]. — Ne pas dire *toréador*.

1. torque (*archéologie*) Collier. — Est masculin : *Un torque gaulois.*

2. torque Rouleau de fil métallique. — Torsade d'étoffe, au-dessus d'un écu, d'une couronne. — Est féminin : *Une torque épaisse.*

torréfier v. t. Avec deux *r*. De Même : *torréfacteur, torréfaction.*

torrent n. m. Au pluriel dans : *Il pleut à torrents.*

torrentiel, torrentueux Deux adjectifs à bien distinguer.

1 torrentiel, elle (*usuel*) Qui est propre aux torrents : *Cours d'eau à régime torrentiel.* — *Pluie torrentielle,* abondante et violente. ▼ Dans la langue très soignée, on évitera d'employer ce mot au figuré.

2 torrentueux, euse (*très littéraire*) Qualifie un cours d'eau qui a l'aspect, la violence d'un torrent : *Un ruisseau torrentueux.* — Peut s'employer au figuré : *Une éloquence torrentueuse* (très littéraire).

torride adj. Avec deux *r*.

tors, torse, tort, torte Plusieurs mots à bien distinguer.

1 tors [tɔʀ] Torsadé, en forme de spire, ou déformé : *Du fil tors.* — Le féminin est *torse* : *Colonne torse. Jambes torses* ▼ On rencontre aussi le féminin archaïque *torte* : *Jambes tortes. Bouche torte.*

2 tors [tɔʀ] n. m. Action de tordre un fil, manière dont un fil est tordu : *Du fil à tors droit, à tors gauche.*

3 torse Féminin de *tors* : *Colonne torse.*

4 torse n. m. Buste : *Un athlète au torse puissant.*

5 tort [tɔʀ] n. m. Etat d'une personne qui a mal agi : *Il est dans son tort. Il a des torts.*

6 torte Féminin archaïque de *tors* : *Bouche torte.*

tors, tordu, tortu, tortueux Quatre adjectifs à bien distinguer.

1 tors, torse [tɔʀ, tɔʀs] Deux emplois.

a/ (*dans des expressions figées*) Torsadé, en forme de spire : *Du fil tors. Colonne torse.*

b/ Qui est déformé, courbé naturellement de façon anormale ou excessive : *Les jambes torses*

d'un enfant rachitique. Les pattes torses d'un basset. ▼ Dans cet emploi, il existe aussi un féminin archaïque *torte* : *Jambes tortes. Bouche torte.*

2 tordu, ue (*usuel*) Qui a subi une torsion : *Barre de fer tordue en forme de S.* — Déformé : *Des doigts tordus par les rhumatismes.* — Courbé naturellement de manière irrégulière : *Les branches tordues d'un vieil arbre.* — (*familier*) Bizarre et exagérément compliqué : *Il faut avoir l'esprit tordu pour inventer ces choses-là !* ▼ L'usage veut que l'on ne dise pas *des jambes *tordues, des pattes *tordues,* mais *des jambes torses, des pattes torses.* En revanche, on admet *bouche tordue* à côté de *bouche torse.*

3 tortu, ue (*vieilli et littéraire*) Naturellement courbé de manière irrégulière ou disgracieuse : *Un olivier au tronc tortu. Bois tortu fait le feu droit* (proverbe). *Un nez tortu.* — (*figuré*) Qui manque de justesse, de bon sens : *Esprit, raisonnement tortu.*

4 tortueux, euse Qui présente de nombreuses courbes irrégulières : *Un sentier tortueux.* — (*figuré*) Qui n'est pas franc, direct, simple : *Une conduite tortueuse. Un raisonnement, un esprit tortueux.*

torsion n. f. Finale en *-sion.*

tort n. m. On dit : *à tort ou à raison,* mais *à tort et à travers.* — Au pluriel dans : *un redresseur de torts.*

torte Féminin archaïque de l'adjectif *tors* : *Jambes tortes.* La forme moderne est *torse.*

torticolis n. m. Avec finale en *-is.*

tortil n. m. Couronne de baron. — Prononciation : [tɔʀtil].

tortionnaire n. m. *ou* f. Avec deux *n* ezt finale en *-aire.*

tortu, tordu, tortueux, tors ▷ **tors.**

tortueux, tortu, tordu, tors ▷ **tors.**

tory n. m. Autrefois, en Angleterre, conservateur. — Prononciation : [tɔʀi]. – Pl. : *les tories* [-ʀi]. — (adjectivement) *Un député tory. Les députés tories.* — Dérivé : *torysme.*

toscan, ane adj. De la Toscane, région d'Italie : *La population toscane. Les Toscans.* — N. m. *Le toscan :* dialecte.

tôt adv. Expressions.

1 Tôt ou tard. Se prononce avec liaison : [totutaʀ].

2 Aussi tôt, aussitôt ▷ **aussitôt** (4).

3 Bien tôt, bientôt ▷ **bientôt** (1).

4 Si tôt, sitôt ▷ **sitôt** (1).

total, ale, aux adj. *ou* n. m. Pluriel et expressions.

1 Masculin pluriel en *-aux* : *Des échecs totaux. Vérifier les totaux.*

2 Au total. Expression correcte : *Au total, son influence a été bienfaisante.*

3 Total, en tête de phrase. Expression de la langue parlée familière : *J'ai fait des démarches, j'ai dépensé de l'argent, j'ai perdu du temps. Total, je n'ai rien obtenu !* Equivalent plus soutenu : *en fin de compte.*

totalité n. f. Après *la totalité de,* accord selon le sens et l'intention : *La totalité des étudiants sont bacheliers. La totalité des marchandises sera livrée le 10 octobre par camion.*

totem [tɔtɛm] n. m. — Pl. : *des totems.* — Pas d'accent sur le *e,* à la différence de *totémique, totémisme.*

toton n. m. Toupie. ▼ Dire : *Faire tourner quelqu'un comme un toton,* et non *comme un *tonton.*

touareg, targui Répartition des formes.

I Emploi nominal.

1 Masculin pluriel. On écrira plutôt *les Touareg* [twaʀɛg], sans *-s,* que *les Touaregs,* car *Touareg* est déjà une forme de pluriel arabe.

2 Masculin singulier. On écrira : *un Targui* [taʀgi].

3 Féminin. Au singulier : *une Targuia* [taʀgja]. — Au pluriel : *des Targuiat* [taʀgjat]. — On dit d'ailleurs plus souvent : *une femme targuie, des femmes touareg.*

II Emploi adjectif.

1 Singulier. On écrira : *Un chef targui. La société targuie.*

2 Pluriel. On écrira : *des chefs touareg. Des tribus touareg.*

III Le touareg (ou **le tamachek**) : langue des Touareg.

toubib n. m. (*populaire*) Médecin. — Prononciation : [tubib].

toucan n. m. Oiseau. — Finale en *-an.*

touchant (à) loc. prép. Toujours invariable : *On a émis diverses hypothèses, touchant à l'origine des poèmes homériques.*

touchau ou toucheau n. m. Instrument qui sert à faire l'essai de l'or ou de l'argent. — Les deux formes sont admises. — Pl. : *des touchaux* ou *des toucheaux.*

touche-à-tout n. *ou* adj. Invariable : *des touche-à-tout.*

toucher Constructions et expressions.

1 On emploie la construction avec *à,* plutôt que la construction transitive directe, dans des phrases telles que : *Nous touchons à un sujet délicat* (= aborder). *Ne touchons pas à ce qui a été décidé* (= modifier, porter atteinte). *Nous touchons au but* (= atteindre). *Les steppes de Russie touchent à l'Asie* (= être adjacent).

2 Autrefois, on disait : *Toucher le clavecin, l'épinette, le piano, l'orgue* (instruments à clavier). De nos jours, on dit : *Toucher du piano, de l'orgue.* On évitera : *Toucher de la guitare, de la mandoline,* car ce ne sont pas des instruments à clavier. Dire plutôt : *jouer de la guitare, de la mandoline.*

3 Etre touché. Se construit avec *de* ou, quelquefois, avec *par* suivi d'un nom (*Je suis touché de votre délicate attention. J'ai été touché par sa lettre si cordiale*), avec *de* suivi de l'infinitif (*Il a été très touché de voir ses amis prendre part à sa peine*), avec *que* suivi du subjonctif (*Nous sommes touchés que vous ayez pris la peine de nous écrire*). ▼ La construction avec *de ce que* et le subjonctif est moins recommandable. On évitera l'emploi de *de ce que* suivi de l'indicatif.

4 Touchez là ! (= donnez-moi la main en signe d'amitié, d'accord) Expression très vieillie. Pas de trait d'union. Un accent grave sur le *a.*

touffe n. f. Avec deux *f.*

touffeur n. f. Avec deux *f.*

touffu, ue adj. Avec deux *f* et finale en *-u, -ue.*

toujours adv. Prononciation et emploi.

1 ▼ On ne fait jamais la liaison avec *-s :* *Toujours aimable* [tuʒuʀemabl(ə)].

2 Ne... pas toujours et **ne... toujours pas.** Le sens varie selon la place de *toujours :* *Il ne travaille pas toujours* (= il n'est pas sans cesse en train de travailler). *Il ne travaille toujours pas* (= il continue à ne pas travailler).

touloupe Vêtement. — Mot d'origine russe. En russe, il est masculin. En français, il est le plus souvent employé au féminin : *Une touloupe bien chaude.*

toupie n. f. Avec un seul *p.*

tour n. m. Pourtour ; moment où chacun doit faire quelque chose.

1 Avec un *t* minuscule : *Ce compagnon faisait son tour de France pour se perfectionner dans son métier.* — Avec *T* majuscule : *le Tour de France,* épreuve cycliste. De même : *le Tour d'Italie, le Tour d'Espagne.* — *Le Tour,* le Tour de France : *Qui va gagner le Tour ?*

2 Sans trait d'union : *tour à tour.*

3 Venez chacun à votre tour. Forme correcte. Ne pas dire *chacun *votre tour.*

4 C'est à mon tour de jouer. Tour correct, à préférer à *C'est à mon tour à jouer.*

tourangeau, elle adj. *ou* n. De Touraine ou de la ville de Tours : *La population tourangelle. Les Tourangeaux.*

tourelle n. f. Avec un seul *r* et deux *l.*

tourier, ière n. m. *ou* f. Sans trait d'union : *frère tourier, sœur tourière.*

tourillon n. m. Pivot d'un canon. — Prononciation : [tuʀij ɔ̃].

touriste n. m. *ou* f. Au singulier dans : *la classe touriste.*

tourlourou n. m. (*vieux et familier*) Soldat. — Pl. : *des tourlourous.*

tourmaline n. f. Minéral. — Avec un seul *l.*

tourne-à-gauche n. m. Invariable : *des tourne-à-gauche.*

tournebouler v. t. (*familier*) En un seul mot, sans trait d'union.

tournebride n. m. En un seul mot, sans trait d'union. — Pl. : *des tournebrides.*

tournebroche n. m. En un seul mot, sans trait d'union. — Pl. : *des tournebroches.*

tourne-disque n. m. — Pl. : *des tourne-disques.*

tournedos n. m. inv. En un seul mot, sans trait d'union.

tournemain (en un) loc. adv. Très vite : *Elle a fait son gâteau en un tournemain.* ▼ Cette locution est vieillie. On dit, de nos jours : *en un tour de main.*

tournesol n. m. En un seul mot, sans trait d'union. — Pl. : *des tournesols.*

tourne-vent n. m. Invariable : *des tourne-vent.*

tournevis [tuʀnəvis] n. m. inv. En un seul mot, sans trait d'union.

tournicoter v. i. (*familier*) Avec un seul *t : il tournicote.*

tournis n. m. [tuʀni] n. m. Maladie du mouton. — Avec finale en *-is.*

tournoi n. m. Combat, joute. ▼ Ne pas écrire comme *livre tournois, sol tournois.* — Avec *t* minuscule et *C* et *N* majuscules : *le tournoi des Cinq Nations.*

tournoiement n. m. Attention à l'*e* muet intérieur.

tournois adj. inv. *Une livre tournois, un sol tournois,* anciennes monnaies. ▼ Ne pas écrire comme *un tournoi,* un combat.

touron n. m. Confiserie. — Avec un seul *r* et finale en *-on.*

tous ▷ **tout.**

Toussaint n. f. Toujours avec *T* majuscule. Normalement avec l'article : *Pour la Toussaint, nous aurons trois jours de congé. Le congé de la Toussaint* (plutôt que *de Toussaint*). *Le jour de la Toussaint* (ou *de Toussaint*). On dit cependant : *Un temps de Toussaint,* un temps gris et triste.

toussoter v. t. Avec un seul *t.* De même : *toussotement.*

tout, toute, tous, toutes Cet indéfini peut être adjectif, pronom, adverbe. Il entre dans de nombreuses expressions. Il peut être substantivé (*Le tout et la partie*).

I Prononciation de *tous.* La prononciation varie avec le sens : *Ces enfants ont tous* [tus] *les défauts de leur père* (= tous ces enfants ont les défauts...). *Ces enfants ont tous* [tu] *les défauts de leur père* (= ces enfants ont la totalité des défauts...).

II *Tout* adjectif.

1 Expressions toujours au singulier. *A toute allure, contre toute attente, en tout bien tout honneur, à tout bout de champ, à toute bride, de tout cœur, à toute force, en toute franchise, de tout genre, à tout hasard, en toute hâte, à toute heure, en toute liberté, en tout lieu, en tout point, à tout prix, à tout propos, en toute saison, de tout temps, à toute vitesse,* etc.

2 Expressions toujours au pluriel. *Toutes choses égales, à tous égards, à toutes jambes, en toutes lettres, de toutes pièces, toutes proportions gardées, toutes voiles dehors,* etc.

3 Expressions au singulier ou au pluriel, selon le sens ou le contexte. *Toute(s) affaire(s) cessante(s), en toute(s) chose(s), tout (tous) compte(s) fait(s), de tout (tous) côté(s), de toute(s) part(s), pour toute(s) raison(s), de toute(s) sorte(s), en tout (tous) temps,* etc.

4 Accord du verbe. Après plusieurs sujets au singulier précédés de *tout,* le verbe s'accorde avec le dernier sujet (accord au singulier) : *Tout livre, toute œuvre, tout discours peut être l'objet d'une telle analyse.*

5 Répétition de *tout*. Quand la phrase commence par un nom féminin, on répète obligatoirement *tout* devant le nom masculin qui suit : *Toutes factures, tous états et documents devront être classés ainsi,* et non *Toutes factures, états et documents...*

6 Le tramway passe *tous les combien ? ▷ **combien** (IV).

III *Tout* pronom.

1 Place de *tout* avec l'infinitif. Normalement placé devant l'infinitif : *Il veut tout refaire.* La postposition constitue un effet de style (forme d'insistance) : *Vous m'entendez, il faut refaire tout.*

2 *Tout ce que* suivi d'un verbe. Généralement, accord du singulier : *Tout ce que la cour comptait de jolies femmes était réuni à ce bal,* plutôt que *étaient réunies.*

3 *Tout ce qu'il y a de* suivi d'un verbe. Généralement, accord du singulier : *Tout ce qu'il y avait de femmes élégantes à la cour était réuni à ce bal,* plutôt que *étaient réunies.*

4 Elles sont tout ce qu'il y a de plus charmant ou **charmantes** (= aussi charmantes qu'on peut l'être). tour assez familier. En général, l'accord se fait au masculin singulier *(tout ce qu'il y a de plus charmant),* mais l'autre accord *(tout ce qu'il y a de plus charmantes)* se rencontre aussi, assez fréquemment.

IV *Tout* adverbe.

1 Sans trait d'union : *les tout petits.*

2 On évitera ces expressions critiquées, dans lesquelles *tout* adverbe est employé devant un nom : *les tout débuts, au tout début, la toute enfance.* On écrira plutôt : *les tout premiers débuts, tout au début, la première enfance.*

V Accord de *tout*.

1 Ils sont tout beaux. Ils sont tout heureux. Ils sont tout hargneux. Devant un adjectif au masculin, *tout* adverbe est toujours invariable.

2 Elle est tout effrayée. Elles sont tout heureuses. Devant un adjectif au féminin qui commence par une voyelle ou un *h* muet, *tout*

adverbe est toujours invariable. C'est le cas notamment de *tout entier* : *Il a mangé la tarte tout entière. Des journées tout entières.*

3 Elle est toute belle. Elles sont toutes folles. Elle est toute hargneuse. Elles sont toutes honteuses. Devant un adjectif au féminin qui commence par une consonne ou un *h* aspiré, *tout* adverbe prend la marque du féminin et celle du pluriel. ▼ On prendra garde à l'équivoque d'une phrase telle que *Elles sont toutes folles,* qui peut signifier « toutes sont folles » ou « elles sont tout folles ». Une telle ambiguïté peut être très gênante dans une phrase telle que : *Elles étaient toutes honteuses, certaines étaient désespérées.*

4 Tout autre. ▼ Variable si *tout autre* signifie « n'importe quel » : *Toute autre solution serait inacceptable.* — Invariable si *tout autre* signifie « complètement différent » : *Cette solution, tout autre, peut nous permettre de sortir de l'impasse.* — Dans *un(e) tout autre, tout* est toujours invariable : *Il proposa une tout autre hypothèse.*

5 Il est tout indulgence. Il est tout harmonie. Ils sont tout courage. Devant un nom féminin commençant par une voyelle ou un *h* muet ou devant un nom masculin, *tout,* employé comme une sorte d'adverbe, est invariable.

6 Il est toute finesse et toute bonté. Elles sont toute douceur et tendresse. Elles sont toute haine. Ils sont toute hargne et fureur. Devant un nom féminin singulier commençant par une consonne ou un *h* aspiré, on emploie en général *tout* au féminin singulier : *toute.* Cependant l'invariabilité n'est pas incorrecte : *Elles sont tout haine.*

7 Ils sont tout sourires et prévenances. Une robe du soir, tout dentelles et falbalas. Devant un nom au pluriel, on laissera *tout* invariable.

8 Tout feu, tout flamme. Tout yeux, tout oreilles. Des étoffes tout laine, tout soie. Dans ces expressions, *tout* est invariable.

9 Toute une affaire, toute une histoire. Dans ces expressions, *tout* s'accorde : *Ce voyage, c'est toute une histoire !*

10 Le tout premier ▷ **premier** (7). — **Tout le premier** ▷ **premier** (8).

11 Tout aussi. Attention à la confusion possible : *Une tâche nouvelle, mais tout aussi difficile (tout* invariable). *Le début est difficile, la version sera-t-elle toute aussi difficile ?* Ici, *tout* est variable, car la phrase signifie : « la version, dans sa totalité, sera-t-elle aussi difficile ? »

12 Tout à. Accord de *tout,* si le mot auquel *tout* se rapporte est un féminin singulier : *Elle* *est toute à ses occupations.* En revanche : *Il est tout à ses occupations. Ils sont tout à leurs occupations. Elles sont tout à leurs occupations.* — De même : *Elle voulait être toute à tous. Ils sont tout à tous.* — Une femme écrira : *Je suis tout à vous* (formule de politesse). La forme *Je suis toute à vous* exprime la tendresse.

13 Tout de. En règle générale, accord de *tout* si le mot auquel se rapporte *tout* est un féminin singulier : *Une poésie toute d'enthousiasme.* En revanche : *Un poème tout de spontanéité. Des poèmes tout de spontanéité.* Si le mot est un féminin pluriel, on emploie *tout de* quand il y a lieu d'éviter une équivoque : *Certaines de ces odes sont très belles, elles sont tout d'enthousiasme et de passion.* En revanche, on écrit plutôt *toutes de* s'il n'y a aucun risque d'équivoque : *Nul artifice dans ses félicitations, elles sont toutes de spontanéité et de sensibilité.*

14 Elle est tout de blanc vêtue. Avec un adjectif de couleur, invariabilité.

15 Tout d'une pièce, tout de travers. Invariabilité quand ces expressions portent sur un verbe : *Cette sculpture est tout d'une pièce. Elle va tout de travers.* Invariabilité fréquente quand ces locutions portent sur un nom : *Une table tout d'une pièce. Une planche tout de travers.* Cependant on rencontre parfois l'accord au féminin singulier : *Une table toute d'une pièce. Une planche toute de travers.*

16 Tout d'une traite. Invariabilité dans tous les cas : *Une longue étape, tout d'une traite.*

17 Tout en. Au pluriel, invariabilité : *Des murs tout en marbre. Des robes tout en coton.* Usage hésitant au féminin singulier : *Une robe tout en coton* ou *toute en coton. Une plante tout en fleurs. Une fillette tout en blanc. Une maison toute en granit. Une couronne tout en or.* — On écrit toujours : *Elle est tout en larmes, tout en pleurs.*

18 Tout contre. Invariabilité : *Il posa la valise tout contre l'armoire.*

19 Ça, c'est tout Monique ! Devant un nom de personne (expression familière), *tout* est invariable.

20 Toute Venise, tout Venise. Devant un nom de ville féminin, il y a accord si l'on considère la ville au sens matériel : *Toute Venise, dorée par le soleil levant, s'allongeait au bord de la lagune.* — Invariabilité, si le nom, employé par métonymie, désigne l'ensemble des habitants : *Tout Venise acclama le nouveau doge.*

21 Le Tout-Paris, tout Paris. Avec l'article, on met des majuscules et un trait d'union dans l'expression désignant la haute société, l'élite d'une ville : *On voit le Tout-Paris se presser à ses réceptions.* De même : *le Tout-Rome, le*

Tout-Athènes. — En revanche, un *t* minuscule et pas de trait d'union dans les autres sens : *Du haut de Notre-Dame, il voyait tout Paris s'étendre jusqu'à l'horizon. Ce jour-là, tout Paris acclamait les libérateurs.*

22 Tout devant un titre d'œuvre. L'adjectif indéfini *tout* est variable seulement devant l'article défini féminin *la, les,* quand le titre ne constitue pas une phrase : *Il a lu toute « la Débâcle » de Zola et toutes « les Fleurs du mal ».* Dans tous les autres cas, invariabilité : *Il a lu tout « Une ville d'autrefois » et tout « Les affaires sont les affaires » et aussi tout « le Père Goriot », tout « les Employés », tout « Eugénie Grandet », tout « A la recherche du temps perdu ».*

VI Tout... que à valeur concessive. *Tout professeurs qu'ils sont, bien des choses leur restent inconnues. Toute rusée qu'elle est, elle n'a pu réussir.* Pour l'accord de *tout* ▷ ci-dessus (V, 1, 2 et 3). — Dans ce tour, littéraire et recherché, l'indicatif est correct. On évitera l'emploi du subjonctif, qui a été critiqué (*Tout professeurs qu'ils soient. Toute rusée qu'elle soit*). On évitera surtout l'emploi du subjonctif associé à l'inversion du sujet (*Toute rusée soit-elle*). — L'emploi du conditionnel est correct, mais rare (*Même s'il était vaincu, tout faible qu'il serait, il pourrait faire du mal*).

VII Expressions et locutions.

1 En tout ou en partie. Forme usuelle. La forme *en tout ou partie* appartient à la langue de la procédure.

2 Tout à fait, tout à l'heure. Ces deux expressions s'écrivent sans traits d'union.

3 Tout un chacun, tout chacun ▷ chacun (V, 1).

4 C'est tout comme ▷ comme (V, 6).

5 Il est gentil comme tout ▷ comme (V, 7).

6 Tout à coup, tout d'un coup ▷ coup (1).

7 Tous deux, tous les deux ▷ deux (3).

8 Tout entier ▷ entier.

9 Tout de même ▷ même (III, 7).

10 Tout plein ▷ plein (II, 3).

11 Toute sorte de ▷ sorte (2).

12 Tout de suite ▷ suite (II et III).

VIII Tout substantif (*Les relations entre le tout et les parties. Cela forme un tout*). Au pluriel : *des touts* (*Il y a plusieurs touts distincts et autonomes*).

tout-à-l'égout n. m. Invariable : *des tout-à-l'égout.*

toutefois adv. En un seul mot, sans trait d'union.

toute-puissance n. f. Inusité au pluriel.

toutou n. m. *(familier)* Chien. — Pl. : *des toutous.*

tout petit n. m. ▼ Sans trait d'union. — Pl. : *des tout petits.*

tout-puissant adj. *ou* n. m. *Un roi tout-puissant. Des rois tout-puissants. Une reine toute-puissante. Des reines toutes-puissantes.* — Avec *T* et *P* majuscules : *le Tout-Puissant,* Dieu.

tout-venant n. m. Comme nom, inusité au pluriel. — Parfois adjectivé. Dans ce cas invariable : *Des marchandises tout-venant.*

toux n. m. *Un accès de toux.* — Avec *-x.*

trac Sans trait d'union : *tout à trac.*

tracas n. m. Avec finale en *-as.* — Dérivés : *tracasser, tracasserie, tracassier.*

trace n. f. Au pluriel : *suivre les traces de, marcher sur les traces de.* — Au singulier dans les autres expressions : *suivre à la trace, pas de trace de, je n'en ai pas trouvé trace, sans laisser de trace, il n'en reste pas trace.*

trachée n. f. Avec finale en *-ée.* ▼ Se prononce [tRaʃe], avec [ʃ], mais les dérivés se prononcent avec [k] : *trachéal, ale, aux* [tRakeal, al, o], *trachéen, enne* [tRakeɛ̃, ɛn], *trachéite* [tRakeit], *trachéotomie* [tRakeɔtɔmi].

trachée-artère [tRaʃeaRtɛR] n. f. — Pl. : *des trachées-artères.*

trachome n. m. Maladie. — Prononciation : [tRakom], avec *o* fermé, mais pas d'accent circonflexe sur le *o.*

trachyte n. f. Roche. — Prononciation : [tRakyt]. — Avec *y.*

traçoir n. m. Avec finale en *-oir.*

tract n. m. *Lancer des tracts.* — Bien prononcer [tRakt], et non *[tRak].

traction n. f. Sans trait d'union : *une traction avant,* voiture *(des tractions avant).*

tractus [tRaktys] n. m. (terme d'anatomie) Invariable : *des tractus* [-tys].

trade-mark n. m. *(anglicisme vieilli)* Prononciation : [tRɛdmaRk]. — Pl. : *des trade-marks* [-maRk]. — Equivalent français : *marque de fabrique.*

trade-union Dans les pays de langue anglaise, syndicat. — Prononciation : [tRɛdjunjɔn] ou [tRɛdynjɔn]. — Pl. : *des trade-unions* [-njɔn]. En anglais, *trade union* s'écrit sans trait d'union. ▼ En Français, toujours féminin : *Les puissantes trade-unions américaines.*

tradition n. f. ▼ Un seul *n* dans les dérivés *traditionalisme, traditionaliste,* mais deux *n* dans *traditionnel, elle, traditionnellement.*

traduire v. t. Conjug. 46. *Je traduis, tu traduis, il traduit, nous traduisons, vous traduisez, ils traduisent.* — *Je traduisais.* — *Je traduisis. Je traduirai.* — *Je traduirais.* — *Traduis, traduisons, traduisez.* — *Que je traduise.* — *Que je traduisisse.* — *Traduisant.* — *Traduit, uite.* — Dérivés : *traducteur, trice, traduction, traduisible.*

Trafalgar Avec *T* majuscule : *un coup de Trafalgar.*

trafic n. m. Avec un seul *f* et finale en *-ic.* — Avec *influence* au singulier : *des trafics d'influence.*

trafiquant, ante n. m. *ou* f. ▼ Bien que ce mot soit un nom, il s'écrit avec *-qu-* et non avec *c.*

trafiquer Orthographe et construction.

1 Avec un seul *f.* Avec *-qu-,* même devant *a* ou *o* : *il trafiquait, nous trafiquons, en trafiquant.*

2 Au sens familier de « falsifier », se construit directement : *Ils ont trafiqué le miel en y ajoutant du glucose.* — Au sens de « se livrer à un commerce malhonnête », se construit avec *de* ou *sur* : *Ce député trafiquait de son influence, de son crédit. Ils ont trafiqué sur le blé, sur le sucre.*

tragédien, tragique Deux noms à bien distinguer.

1 Un tragédien, une tragédienne Acteur, actrice qui interprète les rôles de la tragédie classique : *Talma, Mounet-Sully, célèbres tragédiens.*

2 Un tragique Poète qui a écrit des tragédies : *Eschyle, Sophocle et Euripide, les trois grands tragiques grecs.*

tragi-comédie n. f. — Pl. : *des tragi-comédies.* — Dérivé : *tragi-comique (des incidents tragi-comiques).*

trahir v. t. Avec *h.* De même : *trahison.*

traîne-malheur n. m. Invariable : *des traîne-malheur.*

traîne-misère n. m. Invariable : *des traîne-misère.*

traîner v. t. *ou* v. i. Avec accent circonflexe sur le *i*. De même : *traînage, traînailler, traînant, traînard, traînasser, traîne, traîneau, traînée, traînement, traînerie, traîneur.*

traîne-savates n. m. *ou* f. Invariable. Avec un -*s* à *savate*, même au singulier. La graphie *un traîne-savate* est plus rare.

trainglot ▷ tringlot.

training n. m. (anglicisme) Prononciation : [tʀeniŋ]. – Equivalent français : *entraînement.*

train-train ou **traintrain** ▷ trantran.

traire v. t. Conjug. **57.** *Je trais, tu trais, il trait, nous trayons, vous trayez, ils traient.* — *Je trayais, tu trayais, il trayait, nous trayions, vous trayiez, ils trayaient.* — Pas de passé simple. — *Je trairai.* — *Je trairais.* — *Trais, trayons, trayez.* — *Que je traie, que tu traies, qu'il traie, que nous trayions, que vous trayiez, qu'ils traient.* — Pas de subjonctif imparfait. — *Trayant.* — *Trait, traite.* ▼ Pas de passé simple ni de subjonctif imparfait. Attention au *i* après le groupe -*ill*- à la première et à la deuxième personne du pluriel de l'indicatif imparfait et du subjonctif présent : *(que) nous trayions, (que) vous trayiez.*

trait n. m. Au pluriel : *décrire à grands traits, boire à longs traits.* — On écrit : *un trait d'union (des traits d'union).*

traitement ▷ salaire.

traiter On distinguera *traiter une question,* l'étudier complètement et systématiquement *(Cet historien a traité à fond l'histoire économique de la France sous la Restauration),* et *traiter d'une question,* la prendre pour sujet ou, simplement, en parler *(De quoi traite cet article ? Je traiterai rapidement de ce sujet secondaire, dans mon exposé).*

traître n. *ou* adj. Orthographe, féminin ou accord.

1 Avec accent circonflexe. De même : *traîtresse, traîtreusement, traîtrise.*

2 Le féminin, en principe, est *traîtresse* : *Ah ! la traîtresse ! Elle a abusé de ma confiance ! Des paroles traîtresses.* Cependant ce féminin ne peut guère s'employer qu'au sens moral. On dit : *Cette femme fut traître à sa patrie. Cette femme était un traître,* elle dénonça à l'ennemi les membres de son réseau. *Méfiez-vous, la rivière est traître.*

3 En traître. Considéré comme locution adverbiale, donc invariable : *Ils m'ont pris en traître* (plutôt que *en traîtres*).

trame n. f. Avec un seul *m.* De même : *tramer, trameur, trameuse.*

traminot n. m. *(familier)* Employé des tramways. — Avec finale en -*ot.*

tramontane n. f. Vent. — Avec *t* minuscule et finale en -*ane.*

tramway [tʀamwɛ] n. m. — Pl. : *des tramways.*

tranche n. f. Orthographe, dérivés et expressions.

1 Avec -*an*-. De même : *tranchage, tranchant, tranché, ée, tranchée, tranchet, trancheur, tranchoir.*

2 On écrit : *doré sur tranche* (plutôt que *sur tranches*).

3 En tranches, par tranches. La première expression, *en tranches,* fait référence plutôt à l'état d'un tout entièrement découpé : *J'ai acheté un pain de mie coupé en tranches.* — La seconde expression, *par tranches,* fait référence plutôt à la manière dont on découpe un tout : *Il faut couper le pain de mie par tranches, au fur et à mesure qu'on le consomme, car ainsi il se dessèche moins.* Bien entendu, cette distinction n'a rien d'absolu. — Au figuré, on emploie plutôt *par tranches* : *On incorpore les appelés par tranches d'âge.*

tranche-montagne n. m. — Pl. : *des tranche-montagnes.*

tranquille adj. Avec deux *l.* De même : *tranquillement, tranquillisant, tranquilliser, tranquillité.*

trans- Préfixe (du latin *trans* « à travers »). Les composés en *trans* s'écrivent en un seul mot, sans trait d'union : *transfini, transsaharien, transsibérien, transsonique,* etc.

transaction n. f. Deux *n* dans le dérivé *transactionnel, elle.*

transafricain, aine adj. Prononciation : [tʀɑ̃zafʀikɛ̃, ɛn] ou [tʀɑ̃safʀikɛ̃, ɛn].

transalpin, ine adj. *ou* n. Prononciation : [tʀɑ̃zalpɛ̃, in]. — Avec *T* majuscule : *la Gaule Transalpine* ou *la Transalpine.* De même, avec *T* majuscule : *les Transalpins,* les Italiens *(familier).*

transandin, ine adj. *ou* n. m. Prononciation : [tʀɑ̃zɑ̃dɛ̃, in] ou [tʀɑ̃sɑ̃dɛ̃, in].

transat n. m. *ou* f. Prononciation : [tʀɑ̃zat]. — *Un transat :* une chaise longue. — Pl. : *des transats.* — *Avec T* majuscule : *la Transat,* la Compagnie générale transatlantique.

transatlantique adj. *ou* n. m. Prononciation : [tʀɑ̃zatlɑ̃tik]. — Avec *C* majuscule et *g* et *t* minuscules : *la Compagnie générale trans-atlantique.*

transaustralien, ienne adj. *ou* n. m. Prononciation : [tʀɑ̃zostʀaljɛ̃, jɛn] ou [tʀɑ̃sostʀaljɛ̃, jɛn].

transbordeur adj. *ou* n. m. Sans trait d'union : *pont transbordeur.* — On préconise l'emploi de *transbordeur* pour remplacer les anglicismes *car-ferry* et *ferry-boat.*

transcendance n. f. ▼ Attention à la succession des groupes *-an-*, puis *-en-*, puis *-an-*, ainsi qu'au groupe *-sc-*. De la même famille : *transcendant, transcendantal, ale, aux, transcendantalisme, transcendantaliste.*

transcontinental, ale, aux adj. *ou* n. m. Masculin pluriel en *-aux* : *Les chemins de fer transcontinentaux.*

transcription n. f. Finale en *-tion.*

transcrire v. t. Conjug. **48.** *Je transcris, tu transcris, il transcrit, nous transcrivons, vous transcrivez, ils transcrivent.* — *Je transcrivais.* — *Je transcrivis.* — *Je transcrirai.* — *Je transcrirais.* — *Transcris, transcrivons, transcrivez.* — *Que je transcrive.* — *Que je transcrivisse.* — *Transcrivant.* — *Transcrit, ite.*

transe n. f. Avec *-an-*. — Bien prononcer [tʀɑ̃s], et non *[tʀɑ̃z]. — S'emploie généralement au pluriel *(Il vivait dans les transes),* sauf dans les expressions *être en transe* et *entrer en transe.* ▼ On évitera des formes peu harmonieuses telles que *il entre en transe* [ilɑ̃tʀɑ̃tʀɑ̃s].

transept n. m. Prononciation : [tʀɑ̃sɛpt].

transfèrement n. m. Avec accent grave. — N'est pas synonyme de *transfert.* Ne s'emploie qu'en termes de droit pénal : le *transfèrement* est le transport de prévenus ou d'accusés pour les besoins de l'instruction ou du jugement.

transférer v. t. Conjug. **11.** *Il transfère,* mais *il transférera, il transférerait.*

transfert n. m. Finale en *-ert.*

transfuge n. m. Pas de féminin : *Cette femme est un transfuge.*

transhumer v. i. Prononciation : [tʀɑ̃zyme]. — Avec un *h.* De même : *transhumance* [tʀɑ̃zymɑ̃s], *transhumant, ante* [tʀɑ̃zymɑ̃, ɑ̃t].

transi, ie adj. On évitera de dire, sans nécessité, *transi de froid,* expression pléonastique. On dira

donc : *Quel vent glacial ! Je suis transi,* et non *Quel vent glacial ! Je suis transi de froid.* En revanche, on peut dire : *Il était transi de peur et de froid,* car la précision, ici, est utile. ▼ Doit se prononcer [tʀɑ̃si], et non *[tʀɑ̃zi].

transir v. t. *ou* v. i. S'emploie seulement à l'infinitif, au participe *(transi, ie),* aux temps composés, ainsi qu'à la troisième personne du singulier de l'indicatif présent et du passé simple : *il transit.* ▼ Doit se prononcer [tʀɑ̃siʀ], et non *[tʀɑ̃ziʀ].

transit n. m. Prononciation : [tʀɑ̃zit]. — Dérivés : *transitaire, transiter.*

transitoire adj. Finale en *-oire,* même au masculin : *Un état transitoire.*

translittérer v. t. Conjug. **11.** *Il translittère,* mais *il translittérera, il translittérerait.* — On préférera *translittérer* à *transliter*er et *translittération* à *translitération.*

translucide, transparent Ces deux adjectifs ne sont pas synonymes.

1 translucide Qui laisse passer la lumière, mais sans laisser voir la forme des objets : *Le verre dépoli est translucide.*

2 transparent, ente Qui laisse voir la forme des objets : *Le verre lisse est transparent.*

transmettre v. t. Conjug. **99** (comme *mettre).* — Dérivé : *transmission.*

transmuer ou **transmuter** v. t. La forme *transmuer* est la plus usuelle *(Les alchimistes voulaient transmuer le plomb en or. L'art peut transmuer en beauté la réalité la plus banale),* sauf quand on parle d'une transmutation d'éléments, en physique moderne *(On peut transmuter de l'uranium en plutonium).* — Une seule forme pour le dérivé : *transmutation.*

transocéanique adj. Prononciation : [tʀɑ̃zɔseanik] ou [tʀɑ̃sɔseanik].

transparaître v. i. Conjug. **94** (comme *paraître).* — Toujours avec l'auxiliaire *avoir* : *Une joie fugitive avait transparu sur son visage.*

transparent, translucide ▷ translucide.

transport n. m. Au singulier dans : *des moyens de transport.* — Au pluriel dans : *une entreprise de transports.*

transsaharien, ienne [tʀɑ̃ssaaʀjɛ̃, jɛn] adj. *ou* n. m. Attention aux deux *s.*

transsibérien, ienne [tʀɑ̃ssibɛʀjɛ̃, jɛn] adj. *ou* n. m. Attention aux deux *s*. — Avec *T* majuscule : *le Transsibérien*, ligne de chemin de fer.

transsonique [tʀɑ̃ssɔnik] adj. Attention aux deux *s*.

transsubstantiation [tʀɑ̃ssypstɑ̃sjasjɔ̃] n. f. Attention aux deux *s*. De même : *transsubstantier*.

transsudation [tʀɑ̃ssydasjɔ̃] n. f. Attention aux deux *s*. De même : *transsuder* [tʀɑ̃ssyde].

transuranien, ienne adj. Prononciation : [tʀɑ̃zyʀanjɛ̃, jɛn] ou [tʀɑ̃syʀanjɛ̃, jɛn].

trantran ou **tran-tran** n. m. Inusité au pluriel. — Les deux graphies sont admises. — Les formes *trantran* et *tran-tran* sont un peu vieillies, mais considérées comme plus correctes et plus relevées que *traintrain* ou *train-train,* formes usuelles de nos jours.

transversal, ale, aux adj. Masculin pluriel en *-aux* : *Des sentiers transversaux.*

trappe n. f. Avec deux *p*. De même : *trappeur.*

trappiste n. m. Avec deux *p*. De même : *trappistine.*

trapu, ue adj. ▼ Avec un seul *p*.

traquenard n. m. Finale en *-ard.*

trauma n. m. Blessure, choc émotif. — Avec *-au-* et finale en *-a*. Dérivés : *traumatique, traumatisant, traumatiser, traumatisme, traumatologie, traumatologique.*

traumatiser v. t. Blesser. — Affecter gravement par un choc psychologique intense. ▼ Ce mot est à la mode. Ne pas en abuser. Pour varier et nuancer, on pourra employer : *bouleverser, choquer, émouvoir, heurter, marquer, troubler.* De même, à *traumatisme* on pourra préférer : *bouleversement, choc, commotion, émotion, trouble.*

1. travail n. m. Besogne, tâche. — Pl. : *des travaux.*

2. travail n. m. Dispositif qui sert à immobiliser un cheval ou un bœuf pendant qu'on le ferre. ▼ Pl. : *des travails.*

travailliste n. *ou* adj. Avec un *t* minuscule : *les travaillistes.* De même : *le travaillisme.*

travée n. f. Finale en *-ée.*

traveller check ou **traveller's chèque** n. m. Anglicisme à la graphie et à la prononciation incertaines. Equivalent français : *chèque de voyage.*

travers n. m. Plusieurs locutions.

1 A travers. *On apercevait le clocher à travers la brume.* ▼ Ne pas dire *à travers *de (à travers *de la brume, à travers *du rideau).*

2 Au travers de. *Il se fraya un passage au travers des buissons.* En principe, insiste sur l'idée de difficulté, à la différence de *à travers.* ▼ Ne pas dire : **au travers les buissons, *au travers le rideau.*

3 En travers (de). Transversalement : *Une barre de bois est placée en travers. Des cordes tendues en travers de la rue supportaient des lampions.*

4 De travers. D'une manière qui n'est pas droite, qui n'est pas correcte : *Sa cravate est de travers.*

5 Par le travers. *(marine)* Dans une direction perpendiculaire à celle de la marche : *La vigie signala un navire qui venait par le travers.*

traverser v. t. Dans la langue précise, on écrira *passer le pont* ou *passer sur le pont,* plutôt que *traverser le pont,* sauf si l'on veut dire « aller d'un bord à l'autre, d'un parapet à l'autre ». En revanche, on écrit très correctement *traverser un fleuve, une rivière, un torrent.*

travesti n. m. Avec finale en *-i.*

trayeur, euse n. m. *ou* f. Personne qui trait une vache, une chèvre. — Prononciation : [tʀɛjœʀ, øz].

trébuchet n. m. Piège ; balance ; machine de guerre. — Avec finale en *-et.*

tréfiler v. t. Avec un seul *f* et un seul *l*. De même : *tréfilage, tréfilerie, tréfileur.*

trèfle n. m. Avec un accent grave. — Dérivés : *tréflé, tréflière* (avec accent aigu sur le premier *e*).

tréfonds n. m. ▼ Avec *-s,* même au singulier : *Le fond et le tréfonds d'une affaire.*

treillage, treillis Des noms masculins à bien distinguer.

1 treillage Assemblage de lattes de bois formant clôture, ou ensemble de fils de fer constituant le support d'une treille, d'une plante grimpante : *Le jardin est clos par un treillage de bois peint en vert. La vigne vierge grimpe le long du treillage.*

2 treillis Assemblage à claire-voie de poutrelles métalliques : *Pont métallique en treillis.* — Fin grillage métallique : *Le treillis d'un garde-manger.*

treize adj. numéral *ou* n. m. Avec *-ei-* et *z*. De même : *treizième, treizièmement.*

tréma n. m. Avec un seul *m*.

tremble n. m. Arbre. — Dérivé : *tremblaie* n. f.

trembler v. i. Après *trembler que*, on emploie généralement le *ne* explétif dans la subordonnée : *Je tremble qu'il n'arrive trop tard* ▷ **craindre** (II). — Dérivés : *tremblant, tremblement, trembleur.*

trembloter v. t. Avec un seul *t*. De même : *tremblotant, tremblote* n. f. *(familier), tremblotement.*

trémie n. f. Avec un seul *m*.

trémière adj. f. Sans trait d'union : *une rose trémière (des roses trémières).*

trémolo n. m. Mot italien francisé. Accent aigu sur le *e*. — Pl. : *des trémolos* [-lo].

trémulation n. f. *(médecine)* Tremblement. — Avec un seul *m* et un seul *l*.

trench-coat n. m. *(anglicisme)* Prononciation : [trɛnʃkot]. — Pl. : *des trench-coats* [-kot].

trentaine n. f. Après *trentaine de*, accord généralement au pluriel si *trentaine* désigne une quantité approximative : *Une trentaine de cartons seront suffisants pour contenir les archives.* — Accord au singulier quand *trentaine* désigne une quantité ou un groupe de trente éléments, exactement : *La trentaine de bobines fut emballée dans un carton et livrée à la mercière.*

trente adj. numéral *ou* n. m. Sans traits d'union : *trente et un, trente et une, trente mille, cent trente, deux cent trente...* — Avec trait d'union : *trente-deux, trente-trois, trente-quatre, trente-cinq, trente-six, trente-sept, trente-huit, trente-neuf, cent trente-deux, deux cent trente-six...* — Dérivés et composés : *trentain, trentaine, trentenaire (prescription trentenaire), trentième, trente-et-quarante* n. m. (jeu de hasard ; avec deux traits d'union), *trente et un* n. m. (jeu de cartes ; sans traits d'union), *trente et un* n. m. *(se mettre sur son trente et un ;* familier ; sans traits d'union).

trépan n. m. Finale en *-an*. — Dérivés, avec un seul *n* : *trépaner, trépanation.*

trépas n. m. Finale en *-as*. — Dérivés : *trépassé, trépasser.*

trépasser v. i. Auxiliaire *avoir* pour exprimer l'action : *Il a trépassé à quatre heures du matin.* — Auxiliaire *être* pour exprimer l'état : *Il est trépassé depuis dix ans.*

trépider v. i. Avec un seul *p*. De même : *trépidant, trépidation.*

trépigner v. i. Avec un seul *p*. De même : *trépignant, trépignement.*

tréponème n. m. Bactérie. — Avec un seul *n*.

très adv. Exprime le superlatif absolu.

1 Très, bien, fort ▷ bien (II, 1).

2 S'emploie très correctement devant un adjectif *(Des visites très fréquentes)*, un adverbe *(Il vient très souvent)*, un participe adjectival *(Il est très ennuyé. Elles sont très remuantes)*. On n'emploiera pas *très* devant un participe qui fait partie d'une forme verbale. Dans ce cas, on emploie *beaucoup* : *Il s'est beaucoup démené* (et non *Il s'est *très démené*). *Il a beaucoup inquiété ses amis* (et non *Il a *très inquiété ses amis*). Quand le participe, dans une forme passive, est accompagné du complément d'agent, l'usage hésite. On dit : *L'enfant fut très effrayé* (ou *beaucoup effrayé) par ces récits*. Dans la langue très surveillée, on pourra préférer *beaucoup*.

3 Très en colère, très en retard, très au point, etc. Devant une locution, dans la langue surveillée, on évitera d'employer *très*. On écrira : *Il est dans une grande colère* (plutôt que *très en colère). Il a un grand retard* (plutôt que *Il est très en retard). Cet appareil est vraiment au point* (plutôt que *est très au point*).

4 Très faim, très peur, très soif, etc. ▷ faim, peur, soif, etc.

5 Il est très notaire de province. La langue expressive admet l'emploi de *très* devant un nom employé accidentellement comme adjectif : *Elle est très dame patronnesse.*

6 A très bientôt ▷ bientôt (2).

7 Emplois elliptiques. *Son fils est-il gentil ? — Oui, très*. On réservera cet emploi à la langue parlée familière. Dans la langue surveillée, on reprendra l'adjectif : *Oui, très gentil*. Est familier aussi l'emploi elliptique de *pas très : Est-elle travailleuse ? — Oh ! pas très !*

trésor n. m. Avec *T* majuscule : *le Trésor public* ou *le Trésor, un bon du Trésor*. ▼ Ne pas dire **trésoriser*, mais *thésauriser.*

trésorier-payeur n. m. — Pl. : *des trésoriers-payeurs.*

tressaillir v. i. Avec deux *s*. — Conjug. **30**. *Je tressaille, tu tressailles, il tressaille, nous tressaillons, vous tressaillez, ils tressaillent.* — *Je tressaillais, tu tressaillais, il tressaillait, nous tressaillions, vous tressailliez, ils tressaillaient.*

— *Je tressaillis.* — *Je tressaillirai.* — *Je tressaillirais.* — *Tressaille, tressaillons, tressaillez.* — *Que je tressaille, que tu tressailles, qu'il tressaille, que nous tressaillions, que vous tressailliez, qu'ils tressaillent.* — *Que je tressaillisse.* — *Tressaillant.* — *Tressailli.* ▼ Attention au *i* après le groupe *-ill-* à la première et à la deuxième personne du pluriel de l'indicatif imparfait et du subjonctif présent : *(que) nous tressaillions, (que) vous tressailliez.* Attention aussi à la deuxième personne de l'impératif : *tressaille* (sans *-s*). Attention enfin au futur et au conditionnel : *je tressaillirai, je tressaillirais* (et non *je *tressaillerai, je *tressaillerais*).

tressauter v. i. Avec deux *s.*

tréteau n. m. ▼ Avec *é* et non **-ai-*. Aucun rapport avec *traiter.*

trêve n. f. ▼ Avec accent circonflexe, à la différence du nom de la ville de *Trèves.*

1. tri n. m. Action de trier.

2. tri- Préfixe (du latin *tri* « trois »). Les composés en *tri* s'écrivent en un seul mot, sans trait d'union : *trichromie, trigéminé, trisyllabe,* etc.

triangle n. m. Avec *-an-*. De même : *triangulaire, triangulairement, triangulation, trianguler.*

tribal, ale adj. Usage incertain pour le masculin pluriel : *des usages tribals* ou *des usages tribaux.* On évitera d'employer le mot au masculin pluriel. — Dérivé : *tribalisme.*

tribord n. m. Côté droit du navire (*babord*, côté gauche). — N'est jamais précédé de l'article : *Une roche à tribord ! La tourelle de tribord.* — Dérivé : *tribordais.*

tribu n. f. Groupe de familles, peuple. — Ne pas écrire comme *un tribut,* impôt.

tribunal, aux n. m. Avec *t* minuscule : *le tribunal d'instance, le tribunal de commerce,* etc. — Avec *T* majuscule : *le Tribunal révolutionnaire* (à Paris, sous la Révolution).

tribunat n. m. Avec *T* majuscule : *le Tribunat,* assemblée politique française (1800-1807).

tribut n. m. Impôt. — Ne pas écrire comme *une tribu,* peuple. — Dérivé : *tributaire.*

tricentenaire n. m. Dans la langue écrite très soignée, on préférera : *le troisième centenaire.*

triceps n. m. Muscle. — Prononciation : [tʀisɛps].

trichine n. f. Ver parasite. — Prononciation : [tʀikin]. — Dérivés : *trichinal, ale, aux* [tʀikinal, al, o], *trichiné, ée* [tʀikine, e], *trichinose* [tʀikinoz].

trichloréthylène n. m. Prononciation : [tʀiklɔʀetilɛn]. — Abréviation usuelle : *tri.*

tricolore adj. Finale en *-ore,* même au masculin : *Le drapeau tricolore.*

tricoter v. t. Avec un seul *t.* De même : *tricotage, tricoteur, euse.*

trictrac n. m. Jeu. — En un seul mot, sans trait d'union. — Pl. : *des trictracs.*

tricycle n. m. Attention à la place de l'*y.*

trièdre n. m. Avec accent grave.

triennal, ale, aux adj. Qui dure trois ans. — Masculin pluriel en *-aux* : *Des mandats triennaux.* — Dérivé : *triennalité.*

trière n. f. Galère grecque à trois rangs de rames. — A distinguer de la *trirème,* galère romaine à trois rangs de rames.

triforium [tʀifɔʀjɔm] n. m. Galerie, dans une église. — Pl. : *des triforiums,* plutôt que *des triforia.*

triglyphe [tʀiglif] n. m. Ornement d'architecture. — Attention à la place de l'*y.*

trille [tʀij] (terme de musique) Toujours masculin : *Un trille joyeux.*

trillion [tʀiljɔ̃] n. m. Un milliard de milliards.

trilogie n. m. Désigne un groupe de trois tragédies grecques traitant trois épisodes d'un même thème : *Nous ne possédons qu'une trilogie complète, celle d'Eschyle, qu'on appelle l'Orestie et qui comprend Agamemnon, les Choéphores et les Euménides.* — *(par analogie)* Ensemble de trois pièces de théâtre qui forment une suite : *La célèbre trilogie marseillaise de Pagnol comprend Marius, Fanny et César.* — *(par extension)* Ensemble de trois romans qui forment une suite : *La trilogie de Vallès appelée* Jacques Vingtras *comprend* l'Enfant, le Bachelier, l'Insurgé. ▼ En dehors des sens ci-dessus, l'emploi du mot *trilogie* est impropre. On dira plutôt *triade* : *La fameuse triade hégélienne, thèse, antithèse, synthèse.*

trimaran n. m. Bateau à trois coques. — Mot critiqué. Le substitut proposé, *tricoque,* n'a pas eu de succès.

tringle n. f. Avec *-in-.*

tringlot ou **trainglot** n. m. *(populaire)* Soldat du train des équipages. — La graphie *tringlot* semble la plus fréquente.

trinité n. f. Avec *T* majuscule : *la Trinité,* ensemble des trois personnes divines *(Le mystère de la Trinité)* ou fête religieuse *(A Pâques ou à la Trinité)* ou église *(Le mariage a été célébré à l'église de la Trinité).* — Avec *S* et *T* majuscules et sans trait d'union : *la Sainte Trinité,* ensemble des trois personnes divines *(Prière à la Sainte Trinité).* — Avec *S* et *T* majuscules et un trait d'union : *la Sainte-Trinité,* la fête de la Trinité.

trinôme n. m. Avec accent circonflexe.

trio n. m. — Pl. : *des trios* [tʀijo].

triomphal, ale, aux adj. Masculin pluriel en *-aux* : *Des accueils triomphaux.* — Dérivés : *triomphalement, triomphalisme, triomphaliste.*

triomphal, triomphant Ces deux adjectifs ne sont pas interchangeables.

1 triomphal, ale, aux Ne peut qualifier que des choses : *Char, accueil, arc triomphal. Entrée, marche triomphale.* ▼ On ne dit pas *un air, un sourire, un visage triomphal,* mais *un air, un sourire, un visage triomphant* ▷ **triomphant.**

2 triomphant, ante Qualifie surtout une personne : *Un lauréat triomphant.* — S'emploie aussi pour qualifier une chose au sens de « qui exprime la joie rayonnante d'un vainqueur, d'un homme supérieur » : *Un air, un sourire, un regard, un visage triomphant. Une physionomie, une expression triomphante.*

triompher v. i. *ou* v. t. ind. Se construit avec *de,* non avec **sur* : *Il triompha de son adversaire.*

triparti, ie ou **tripartite** adj. Les deux formes sont admises. La forme *tripartite* semble la plus fréquente. — Dérivés : *tripartisme, tripartition.*

triphasé, ée adj. Avec *-ph-.*

triphtongue [tʀiftõg] n. f. Avec *-ph-.*

triplé, triplet Deux mots à bien distinguer.

1 Des triplés, des triplées [tʀiple] Des enfants nés ensemble au nombre de trois.

2 Un triplet Groupe de trois vitraux. — Objectif photographique à trois lentilles. — Groupe de trois éléments mathématiques.

triplicata ▷ **duplicata.**

tripoli n. m. Roche ; poudre à nettoyer. — Avec *t* minuscule et finale en *-i.*

tripoter v. t. Avec un seul *t.* De même : *tripotage, tripotée, tripoter.*

triptyque n. m. Attention à la place du *y.*

trirème, trière ▷ **trière.**

trisaïeul ▷ **aïeul (3).**

trisannuel, elle [tʀizanɥɛl, ɛl] adj. Avec deux *n.*

trisection n. f. ▼ Se prononce [tʀisɛksjɔ̃], mais s'écrit avec un seul *s.* De même : *trisecteur, trice* [tʀisɛktœʀ, tʀis].

Trismégiste adj. Avec *T* majuscule : *Hermès Trismégiste.*

trissyllabe, trissyllabique ▷ **trisyllabe.**

triste adj. Le sens varie selon la place.

1 Derrière le nom. Signifie « qui n'est pas gai » : *Un personnage triste et ennuyeux. Un livre triste et mélodramatique. Un visage triste et abattu.*

2 Devant le nom. Signifie « méprisable » *(Ce triste personnage eut la fin qu'il méritait. Il a été compromis dans une triste affaire)* ou « déplorable, lamentable » *(Il avait vraiment triste allure. Quels tristes arguments !).*

trisyllabe ou **trissyllabe** adj. *ou* n. m. Avec un ou deux *s.* Se prononce toujours [tʀisilab]. — Le mot *trisyllabique* ou *trissyllabique* [tʀisilabik] est toujours adjectif : *Un mot trisyllabique.* Ne pas dire **un trisyllabique.*

triton n. m. Avec *T* majuscule : *Triton* (dieu de la mer), *les Tritons* (divinités marines, fils du dieu Triton).

triumvir n. m. Prononciation : [tʀijɔmviʀ]. — Pl. : *les triumvirs.* — Dérivés : *triumviral, ale, aux* [tʀijɔmviʀal, al, o] adj., *triumvirat* [tʀijɔmviʀa] n. m. *(Le premier triumvirat, le second triumvirat,* avec *t* minuscule, termes d'histoire romaine).

trivalent, ente adj. Avec finale en *-ent, -ente.*

trivial, ale, aux Masculin pluriel en *-aux* : *Des propos triviaux.*

troc n. m. Echange. — Avec *c*, à la différence de *troquer.*

trochée n. m. Pied formé d'une longue et d'une brève. ▼ Prononciation : [tʀɔʃe], avec [ʃ], à la différence du dérivé *trochaïque* [tʀɔkaik].

troène [tʀɔɛn] n. m. Arbrisseau. ▼ Avec *è*, sans tréma.

troglodyte adj. *ou* n. Avec *T* majuscule : *les Troglodytes*, peuple mythique de l'Antiquité. — Avec *t* minuscule : *des troglodytes*, des gens qui habitent dans une maison creusée dans la roche.

trois-mâts n. m. Navire. — Invariable.

trois-ponts n. m. Navire. — Invariable.

trois quarts, trois-quarts Deux expressions à bien distinguer par la graphie.

1 Les trois quarts (sans trait d'union) Exprime une fraction : *Il a mangé les trois quarts du gâteau.*

2 Un trois-quarts (avec trait d'union) n. m. inv. Petit violon. — Manteau court. — Joueur de rugby.

trolley [tʀɔlɛ] n. m. — Pl. : *des trolleys.* — Dérivé : *trolleybus* n. m. inv.

trombe n. m. Une *trombe* est une colonne d'eau joignant les nuages au sol ou à la mer (cyclone tropical). — Dans la langue soignée, on n'écrira pas : *Il tombe des trombes d'eau.* On écrira plutôt : *Il pleut à torrents. Il tombe des cataractes.*

trombone n. m. Avec un seul *n.* De même : *tromboniste.*

trompe n. f. Au singulier dans : *publier à son de trompe.*

trompe-la-mort n. m. *ou* f. Invariable : *des trompe-la-mort.*

trompe-l'œil n. m. — Invariable : *des trompe-l'œil.* — On écrit le plus souvent : *Un décor en trompe-d'œil* (parfois, sans trait d'union, *en trompe l'œil*).

trompeter v. i. *ou* v. t. Conjug. **14.** *Il trompette, il trompettera, il trompetterait*, mais *nous trompetons, il trompetait.*

trompette Question du genre.

1 Une trompette Instrument de musique.

2 Un trompette Soldat qui joue de la trompette : *Le trompette s'avança et se mit au garde-à-vous.*

Désigne parfois celui qui joue de la trompette dans un orchestre ▷ **trompettiste.**

trompette-des-morts n. f. Champignon. — Pl. : *des trompettes-des-morts.* — On dit aussi *trompette-de-la-mort.*

trompettiste n. m. *ou* f. Celui, celle qui joue de la trompette dans un orchestre. — On dit aussi parfois *un trompette*, mais cette forme désigne surtout un soldat qui joue de la trompette ▷ **trompette.**

tronc n. m. Avec un *c* final.

tronçon n. m. Deux *n* dans les dérivés : *tronçonnage, tronçonnement, tronçonner, tronçonneuse.*

tronconique adj. En forme de tronc de cône. — Pas d'accent circonflexe. Un seul *n.*

trône n. m. Avec un accent circonflexe. De même : *trôner.*

trop adv. Prononciation, emplois et expressions.

1 Prononciation. Se prononce [tʀo] à la pause : *Il y en a trop* [tʀo]. — Se prononce [tʀo] devant consonne ou *h-* aspiré : *Trop court* [tʀokuʀ]. *Trop hargneux* [tʀoaʀɲø]. *Il a trop haussé* [tʀoose]. — Se prononce [tʀɔp] devant un adjectif, un adverbe ou un participe qui commence par une voyelle ou un *h-* muet : *Trop amer* [tʀɔpamɛʀ]. *Trop heureux* [tʀɔpøʀø]. *Trop ardemment* [tʀɔpaʀdamɑ̃]. *Il a trop hésité* [tʀɔpezite]. ▼ On évitera la liaison quand le mot qui suit *trop* n'est pas un adjectif, un adverbe ou un participe : *Trop en arrière* [tʀoɑ̃naʀjɛʀ], et non *[tʀɔpɑ̃naʀjɛʀ].

2 Sens atténué. Le sens usuel est « de manière excessive » : *Ce sac est trop lourd.* Dans la langue familière et enfantine, ainsi que dans des formules figées, signifie « très » : *Ce gâteau, il est trop bon ! Je suis trop heureux de vous rendre ce service. Vous êtes trop aimable.*

3 Trop en colère, trop en retard, trop en haut, etc. Devant une locution, dans la langue surveillée, on évitera d'employer *trop.* On écrira : *Il est dans une trop grande colère* (plutôt que *trop en colère*). *Il a un trop grand retard* (plutôt que *Il est trop en retard*). *Ce rayon est placé trop haut* (plutôt que *trop en haut*).

4 Trop faim, trop peur, trop soif, etc. ▷ **faim, peur, soif,** etc.

5 Il est trop fonctionnaire. La langue expressive admet l'emploi de *trop* devant un nom employé accidentellement comme adjectif : *Il est trop homme d'affaires. Il est trop professeur.*

6 De trop.

a/ Emplois corrects. *Il y en a dix de trop. Un mot de trop. Cela n'est pas de trop.*

b/ Emplois incorrects. *En avoir *de trop. Il y en a *de trop. Beaucoup *de trop. Un peu *de trop. C'en est *de trop. Manger *de trop. Travailler *de trop.* On écrira : *En avoir trop. Il y en a trop. Beaucoup trop. Un peu trop. C'en est trop. Manger trop. Travailler trop.*

c/ Ils sont trop. Ils sont de trop. La première expression signifie : « Ils sont trop nombreux ». La seconde : « Leur présence est gênante ».

7 Par trop. Locution archaïque et critiquée : *Il est par trop bon.* De nos jours, on dit : *Il est trop bon.*

8 Trop de + nom. Généralement accord avec le complément : *Trop de maisons sont vieilles et petites.* Cependant, accord avec *trop* (au masculin singulier) si *trop de* signifie « un excès de » : *Trop de sucreries est mauvais pour les dents. Trop de complaisance est désastreux parfois.*

9 Trop... pour que. Toujours avec le subjonctif : *Cette lettre est trop longue pour que je la récrive.*

trope Figure de rhétorique. ▼ Toujours masculin : *Un trope audacieux.*

trophée n. m. Avec *-ph-* et finale en *-ée.*

tropical, ale, aux adj. Masculin pluriel en *-aux* : *Les pays tropicaux.*

tropique n. m. Avec *t* minuscule : *le tropique du Cancer, le tropique du Capricorne, sous les tropiques.*

tropisme n. m. (terme de biologie). ▼ Ne pas déformer en **trophisme.*

trop-perçu n. m. — Pl. : *des trop-perçus.*

trop-plein n. m. — Pl. : *des trop-pleins.*

trot n. m. Avec *-t* final. Pas d'accent circonflexe.

trotte-menu adj. Invariable : *La gent trotte-menu.*

trotter v. i. Avec deux *t.* De même : *trotte* n. f. *(familier), trotteur, trotteuse, trottin, trottinement, trottiner, trottinette.*

trottin Masculin, bien que désignant une jeune fille (jeune employée d'une maison de couture chargée de faire les courses) : *Un charmant trottin de seize ans.*

trottoir n. m. Avec deux *t* et finale en *-oir.*

troubadour, trouvère Ces deux noms masculins désignent un poète du Moyen Age : le *troubadour* composait des poèmes en langue d'oc, le *trouvère* en langue d'oïl.

trouble-fête Invariable : *des trouble-fête.* — Parfois employé au féminin : *Cette fille est une trouble-fête.* On dira mieux cependant : *Cette fille est un trouble-fête.*

troufion n. m. *(populaire)* Soldat. — Avec un seul *f.*

troupe n. f. Orthographe, accord et expressions.

1 Avec un seul *p.* De même : *troupe, troupier.*

2 La troupe des. Accord le plus souvent avec *troupe : La troupe des danseurs était fort joyeuse.*

3 Une troupe de. Accord le plus souvent au pluriel : *Une troupe d'enfants turbulents viennent tous les jours jouer sur la place.* L'accord au singulier insiste sur l'idée d'unité : *Une troupe de Prussiens entra dans la ville en marchant au pas de parade.*

4 Au singulier dans : *des hommes de troupe, des enfants de troupe.*

5 Au singulier : *Il y a beaucoup de troupe dans cette ville de garnison* (= de la troupe, c'est-à-dire des soldats, par opposition aux civils). — Au pluriel : *Le général ne disposait pas de beaucoup de troupes* (= d'effectifs nombreux).

6 Au singulier : *Ils vont en troupe* (= en une seule troupe). — Au pluriel : *Ils vont par troupes* (= en différentes troupes).

troupeau n. m. Accord le plus souvent au singulier : *Un troupeau de moutons paissait dans le pré.*

trou-trou n. m. — Pl. : *des trou-trous.*

trouver v. t. Constructions et expressions.

1 Trouver bon, juste, étrange... que. Toujours avec le subjonctif : *Je trouve juste qu'on tienne compte de sa situation particulière.*

2 Trouver que. Avec l'indicatif ou le conditionnel si *trouver* est à la forme affirmative : *Je trouve qu'sa santé est meilleure. Je trouve qu'on devrait agir autrement.* — Le plus souvent avec le subjonctif ou le conditionnel si *trouver* est à la forme interrogative ou négative : *Trouvez-vous que cette solution soit acceptable ? Trouvez-vous que les choses iraient mieux, si... Je ne trouve pas que ce soit là la bonne solution. Je ne trouve pas que ce serait mieux.*

3 Je l'ai trouvé absent. Expression critiquée. Si une personne est *absente,* on ne peut la *trouver.* Dire plutôt : *Il était absent.*

4 Je suis allé le voir, je l'ai trouvé souffrant.
Tour équivoque. On dira mieux, selon le sens : *Je suis allé le voir, il était. souffrant* ou bien *Je suis allé le voir, il m'a semblé souffrant.*

trouvère, troubadour ▷ troubadour.

troyen, enne [tʀwajɛ̃, ɛn] adj. *ou* n. De la ville de Troie (dans l'Antiquité) ou de Troyes (chef-lieu de l'Aube) : *La population troyenne. Les Troyens.*

truand n. m. Finale en *-and.* — Dérivé : *truanderie.*

trublion n. m. ▼ Ne pas déformer en **troublion.*

trucage n. m. Orthographe à préférer à *truquage.*

truck n. m. Wagon à plate-forme. — Avec *-ck.* — Prononciation : [tʀyk]. — Pl. : *des trucks.* — Anglicisme introduit depuis longtemps en français.

truchement n. m. Finale en *-ent.*

trucider v. t. Tuer. — Familier. A éviter dans un contexte sérieux.

truculent, ente adj. *(vieux)* Farouche, terrible. — *(de nos jours)* Haut en couleur : *Les personnages truculents de Rabelais. Le style truculent de Céline.* Ce sens moderne est parfaitement admis, même dans la langue la plus châtiée. Cette remarque s'applique aussi à *truculence.*

truelle n. f. Avec deux *l.* De même : *truellée.*

truffe n. f. Avec deux *f.* De même : *truffer, truffier, ière, truffière.*

truite n. f. Avec un seul *t.* De même : *truité, ée.*

trumeau n. m. Avec un seul *m.*

truquage ▷ trucage.

trust n. m. Anglicisme admis. — Prononciation : [tʀœst]. — Pl. : *des trusts.* — Dérivés : *truster* [tʀœste], *trusteur* [tʀœstœʀ].

tsar [tsaʀ] n. m. Graphie à préférer à *czar, tzar.* Dérivés (avec ts-) : *tsarévitch, (des tsarévitchs), tsarine, tsarisme, tsariste.*

tsé-tsé n. f. Invariable : *des tsé-tsé, des mouches tsé-tsé.*

tsigane [tsigan] adj. *ou* n. La forme *tsigane* est à préférer à *tzigane.* — Avec *T* majuscule : *les Tsiganes,* désignant un peuple *(Les Tsiganes sont sans doute originaires de l'Inde).* — Avec un *t* minuscule : *les (des) tsiganes,* désignant des personnes appartenant à ce peuple *(Les tsiganes établirent leur campement à l'entrée du village)* ou des musiciens *(Des tsiganes jouent tous les soirs dans ce restaurant de luxe).* — N. m. Le *tsigane :* langue.

tubercule ▼ Masculin : *Un gros tubercule tout rond.*

tudesque adj. Avec un seul *d.*

tue-mouches adj. *ou* n. m. Invariable. Un *-s* à *mouche* même au singulier.

tuer v. t. Accord du participe passé avec le sujet dans : *Elles se sont tuées à la tâche.*

tuerie n. f. Attention à l'*e* muet intérieur.

tue-tête (à) loc. adv. Invariable : *Ils crient à tue-tête.*

tuf n. m. Roche. — Avec un seul *f.* De même : *tufacé, ée* ou *tufier, ière* adj. (de la nature du tuf). — En revanche, on écrit : *tuffeau,* plutôt que *tufeau* (sorte de craie).

tuile n. f. Dérivés (avec un seul *l*) : *tuileau, tuilerie, tuilier.*

tulipe n. f. Avec un seul *l* et un seul *p.* De même : *tulipier.*

tulle n. m. Etoffe. — Avec deux *l.* De même : *tullerie, tullier, tulliste.*

tumescent, ente adj. Avec *-sc-* et finale en *-ent, -ente.* — Dérivé : *tumescence.*

tumulus [tymylys] n. m. — Pl. : *des tumulus* [-lys], plutôt que *des tumuli.* — Dérivé : *tumulaire.*

tungstène n. m. Prononciation : [tœ̃kstɛn]. — Dérivés : *tungstate* [tœ̃kstat], *tungstique* [tœ̃kstik], *tungstite* [tœ̃kstit].

tunnel n. m. Avec deux *n.*

turban n. m. Avec finale en *-an.*

turbo Invariable dans : *des moteurs turbo, des voitures turbo.*

turbo- A l'exception de *turbo-alternateur,* les composés en *turbo* s'écrivent en un seul mot, sans trait d'union : *turboforage, turbomachine, turbopompe, turbotrain,* etc.

turbot n. m. Poisson. — Avec finale en *-ot*. — Dérivé : *turbotière*.

turbulent, ente adj. Avec finale en *-ent, -ente*. Dérivé : *turbulence*.

turc adj. *ou* n. *Le peuple turc. Les Turcs.* ▼ Le féminin est *turque*. Ne pas écrire **turcque* sous l'influence de *grecque*.

turf n. m. (anglicisme) Prononciation : [tyʀf] ou [tœʀf]. — Inusité au pluriel. — Dérivé : *turfiste* [tyʀfist(ə)] ou [tœʀfist(ə)].

turgescent, ente adj. Gonflé. — Avec *-sc-* et finale en *-ent, -ente*. — Dérivé : *turgescence*.

turquin adj. m. Invariable : *des soies bleu turquin*.

turquoise n. f. *ou* n. m. *ou* adj. inv.

1 Une **turquoise** Pierre précieuse : *Des turquoises très belles et très grosses*.

2 Le **turquoise** Couleur : *Des soieries d'un beau turquoise. Des turquoises lumineux.*

3 Bleu **turquoise** ou **turquoise**. De couleur bleue tirant sur le vert. — Invariable : *Des tons turquoise.*

tussor n. m. Etoffe. — Avec finale en *-or*.

tutélaire adj. Avec finale en *-aire*.

tutelle n. f. Avec finale en *-elle*.

tuteur, trice n. m. *ou* f. Sans trait d'union : *subrogé tuteur (des subrogés tuteurs), subrogée tutrice (des subrogées tutrices)*.

tutoiement n. m. Attention au *e* muet intérieur.

tutu n. m. Jupe de danseuse. — N'est pas un mot familier. — Pl. : *des tutus*.

tuyau n. m. Avec finale en *-au*. ▼ Attention à la prononciation fautive : **[tyjo]*. La pronon- ciation correcte est : [tɥijo]. Dérivés : *tuyautage* [tɥijotaʒ], *tuyauté* [tɥijote], *tuyauter* [tɥijote], *tuyauterie* [tɥijotʀi].

tuyère n. f. Avec finale en *-ère*. — Prononciation : [tɥijɛʀ].

tympan n. m. Avec *y*. — De la même famille : *tympanique, tympaniser, tympanisme, tympanon*.

type n. m. Sans trait d'union : *formule type (des formules types), liste type (des listes types), écart type (des écarts types)*, etc. — Dérivés : *typé, typique, typiquement*.

typhoïde adj. *ou* n. f. Avec *y* et *-ph-*. De même : *typhoïdique*.

typhon n. m. Cyclone tropical. — Avec *y* et *-ph-*.

typhus n. m. Avec *y* et *-ph-*. De même : *typhique*.

typographie n. f. Art d'assembler les caractères pour imprimer un texte. — Ne pas confondre avec *typologie*, classification par types.

tyran n. m. Pas de féminin : *Cette femme est un tyran*. ▼ Avec un seul *r*. Deux *n* dans les dérivés : *tyranneau, tyrannicide, tyrannie, tyrannique, tyranniser, tyrannosaure*.

tyrolien, ienne adj. *ou* n. Avec *t* minuscule : *la tyrolienne*, chant.

tyro- Préfixe (du grec *turos* « fromage ») : *tyrosine, tyrothricine*, etc.

tyrrhénien, ienne adj. *ou* n. De la Tyrrhénie, autre nom de l'Etrurie : *Les navigateurs tyrrhéniens. Les Tyrrhéniens.* — Avec *m* minuscule et *T* majuscule : *la mer Tyrrhénienne*.

tzar (**tzarévitch, tzarine**) Ces graphies sont vieillies ▷ **tsar**.

tzigane ▷ **tsigane**.

U

ubac [ybak] n. m. Dans les Alpes, versant d'une vallée exposé à l'ombre, par opposition à l'*adret*. — Avec un seul *b* et finale en -*ac*.

ubiquité n. f. Prononciation : [ybikɥite]. Dérivé : *ubiquiste* [ybikɥist(ə)].

uhlan [ylɑ̃] n. m. Attention à la place du *h*. ▼ Ce mot se prononce comme s'il commençait par un *h* dit « aspiré ». On ne fait ni élision ni liaison : *Le uhlan* (et non **l'uhlan*). *La lance du uhlan* (et non **de l'uhlan*). *Une lance de uhlan* (et non **d'uhlan*). *Les uhlans* [leylɑ̃] (et non *[lezylɑ̃]. *Un beau uhlan* (et non *un* *bel uhlan).

ukase ▷ oukase.

ultérieur, eure adj. Expressions et emploi.

1 Avec *u* minuscule : *l'Espagne ultérieure, la Calabre ultérieure*. — Dans ce sens, s'oppose à *citérieur*.

2 Signifie usuellement « qui arrive plus tard ». Dans ce sens, est synonyme de *postérieur* et s'oppose à *antérieur*. ▼ L'adjectif *ultérieur* est par nature un comparatif. On ne peut dire par conséquent *un événement* *plus ultérieur ni *moins ultérieur. Un événement a lieu *avant* ou *après* un autre, on ne peut dire qu'il a lieu *plus avant ou *plus après. En revanche, on tolère *un événement très ultérieur, un peu ultérieur*, car un événement peut se produire longtemps ou peu de temps après un autre. On dira mieux d'ailleurs : *bien ultérieur, de beaucoup ultérieur, de peu ultérieur*.

ultimatum n. m. — Pl. : *des ultimatums*.

ultra n. m. *ou* f. *ou* adj. Avec *u* minuscule : *les ultras*, les ultraroyalistes (sous la Restauration).

— Au sens de « extrémiste », prend la marque du pluriel, mais non celle du féminin : *Chaque parti a ses ultras. Des opinions ultras.*

ultra- On écrira tous les composés en *ultra* en un seul mot, sans trait d'union : *ultracentrifugation, ultracentrifugeuse, ultrachic, ultracinéma, ultrafiltration, ultramarin, ultramicroscope, ultramicroscopie, ultramicroscopique, ultramoderne, ultramontain, ultramontanisme, ultrapression, ultraroyaliste, ultrasecret, ultrason, ultraviolet, ultravirus*. On pourra admettre l'orthographe avec un trait d'union pour les mots qui sont des créations de circonstance ou de fantaisie : *ultra-gauche, ultra-compliqué*, etc.▼ Une seule exception : *ultra-petita* [yltʀapetita] adv. *ou* n. m. inv. (terme de droit).

ululer, hululer v. i. Les deux graphies sont admises. La forme *hululer* est moins employée, semble-t-il. — Toujours un *h-* aspiré dans la forme *hululer : Je hulule*. De même : *La hululation. Le hululement*. — Pour la forme *ululer*, l'usage actuel est de dire : *Je ulule*. De même : *La ululation. Le ululement*. Cependant, dans la diction soignée, on préférera l'usage, un peu vieilli, qui consiste à dire : *J'ulule. L'ululation. L'ululement. Une sorte d'ululement*.

un, une adj. numéral *ou* n. m. *ou* article indéfini *ou* pronom indéfini.

I Prononciation de *un*.

1 Attention au *h-* qui suit *un* et qui peut être muet ou aspiré : *un hameçon* [œ̃amsɔ̃], mais *un hameau* [œ̃amo], *un haut mur* [œ̃omyʀ].

2 Eviter la prononciation populaire qui dénasalise *un* devant voyelle. Prononcer : *un ouvrage* [œ̃nuvʀaʒ], et non *[ynuvʀaʒ].

3 Eviter la prononciation populaire de Paris [ɛ̃] au lieu de [œ̃] : *Un sapin* [œ̃sapɛ̃], et non *[ɛ̃sapɛ̃].

II Elision de *de* et de *le* devant *un, une.*

1 Elision de *de*. Devant *un(e),* la préposition *de* s'élide *(Un poids d'un kilogramme, d'une tonne. Une distance d'un kilomètre),* sauf si l'on veut insister sur le caractère numérique, dans un texte scientifique ou commercial. Par exemple : *Une vitesse de un mètre à la seconde. Une somme de un million huit cent cinquante-deux mille francs.*

2 Elision de *le*. Jamais d'élision devant *un* désignant un chiffre ou un numéro : *Que signifie le un écrit à la craie sur la porte ? Cet immeuble, c'est le un de la rue de la Poste.* Dans ces sens, on écrit d'ailleurs plutôt *le 1.* — De même, on dit : *Que signifie ce un sur la porte ?* (et non *cet un). Que signifient ces « un » ?* [seœ̃] (et non *[sezœ̃]).

III Emploi de *un(e)* comme numéral cardinal.

1 Vingt et un (une). Le mot *un* prend la marque du féminin : *Vingt et un mètres. Vingt et une tonnes.* — Sans traits d'union : *vingt et un(e), trente et un(e), quarante et un(e), cinquante et un(e), soixante et un(e).* ▼ Deux traits d'union dans *quatre-vingt-un(e).*

2 Mille un, mille et un ▷ mille 1 (V, 1 et 2).

IV Emploi de *un* comme numéral ordinal.

1 Le mot *un* reste normalement invariable : *La page un. La strophe trente et un.* On écrit d'ailleurs le plus souvent : *La page 1. La strophe 31.*

2 Dix-huit heures vingt et une. Forme plus usuelle que *dix-huit heures vingt et un.* On sous-entend le nom féminin *minute.*

V Emploi de *un* comme nom. Toujours invariable : *Des un écrits à la craie* ▷ ci-dessus (II, 2).

VI Un de, l'un de.

1 En règle générale, quand *un* est pronom, on peut employer *l'un* de ou *un de.* C'est l'euphonie qui règle le choix : *Si l'un de nos invités arrive en retard.* Ici, *si un* ferait hiatus. *Si le destin appelle un de ces hommes.* Ici, *appelle l'un* [apɛləlœ̃] serait peu harmonieux. — En tête de phrase, on emploie généralement *l'un(e).*

2 L'un(e) de nous, l'un(e) de vous, l'un d'eux, l'une d'elles. Devant *nous, vous, eux, elles,* on emploie en général *l'un(e) de* plutôt que *un(e) de.*

3 De deux choses l'une. Quand le complément *(deux choses)* est placé devant *un, une,* on emploie obligatoirement *l'un, l'une* (et non *un, une).*

VII J'en ai vu une qui pourrait convenir. Dans cet emploi avec *en,* on observera l'invariabilité du participe : *vu,* et non *vue.*

VIII Comme un qui. Tour très littéraire, à éviter dans le registre ordinaire : *On le voyait s'avancer pensif, comme un qui médite de grands projets.* Equivalents à préférer : *comme quelqu'un qui, comme un homme (une femme) qui.*

IX Une qui est bonne en maths, c'est Lucienne. Tour expressif et familier. A éviter dans le registre surveillé.

X Il fait une de ces têtes ! Tour expressif et familier. A éviter dans le registre surveillé.

XI Pas un, pas une.

1 Normalement en corrélation avec *ne (Pas un invité ne viendra avant l'heure),* sauf dans les tours elliptiques *(Le silence était absolu, pas un bruit, pas un souffle, pas un murmure).*

2 Pas une de bonne. Quand il y a un adjectif, celui-ci est lié à *pas un(e)* par *de.* Il s'accorde en genre : *Il y a vingt pommes dans le panier. Pas une de bonne !*

3 Il y a douze maisons dans le hameau, il n'y en a pas une qui ait le même aspect. Tour critiqué. On écrira plutôt : *Il n'y en a pas une qui ait le même aspect qu'une autre* ou *Il n'y en a pas deux qui aient le même aspect.*

4 Pas un(e)... qui, que. Normalement suivi du subjonctif : *Il n'y a pas une pomme qui soit intacte.* ▼ Attention à l'emploi du *ne* dans la subordonnée. Si l'on emploie *ne,* ce n'est pas le *ne* explétif, mais la négation à valeur pleine : *Il n'y a pas un œuf qui soit cassé* (= aucun œuf n'est cassé). *Il n'y a pas un œuf qui ne soit cassé* (= tous les œufs sont cassés).

XII Plus d'un, plus d'une.

1 Plus d'une écolière était contente. Accord au singulier avec *un* ou *une.*

2 Plus d'une aventurière se sont dupées l'une l'autre. Si le verbe est un réfléchi à valeur réciproque, accord du verbe (et du participe) au pluriel. En outre, le participe s'accorde en genre.

3 Plus d'une de ces fillettes était heureuse ou **étaient heureuses.** Si *plus d'un(e)* est suivi d'un complément au pluriel, les deux accords sont possibles.

XIII Accord après *un(e) des, de ces, de ceux (celles), qui, que.*

1 Après *un de ceux, une de celles qui, que.* Accord au pluriel : *Hélène est l'une de celles qui sont très attentives. Cette œuvre est l'une de celles que nous avons le plus souvent traduites.*

2 Après *un(e) des, un(e) de ces, un de ceux-là, une de celles-là, qui, que.* Accord selon le sens. Accord au pluriel si l'on insiste sur la pluralité (cas le plus fréquent) : *Cette jeune fille est l'une des étudiantes qui seront présentes à l'assemblée.* — Accord au singulier si l'idée rend impossible le pluriel. Dans ce cas, il y a souvent une virgule devant *qui : Il s'adressa à l'un des médecins de la ville, qui était fort renommé. C'est une de celles-là qui sera désignée pour réciter le compliment. Il s'adressa à l'une des jeunes filles, qu'il trouvait très gracieuse. C'est une de celles-là que le directeur a choisie pour réciter le compliment.*

XIV *L'un* employé avec *l'autre.*

1 L'un de l'autre, les uns des autres. Singulier obligatoire s'il y a seulement deux éléments : *Les deux rails sont distants l'un de l'autre de cent quarante-cinq centimètres.* Singulier ou, plus souvent, pluriel s'il y a plus de deux éléments : *Cette ouverture est garnie de dix barreaux distants de douze centimètres les uns des autres* ou, parfois, *de douze centimètres l'un de l'autre.*

2 Emploi de la préposition. En principe, on répète la préposition : *Je donnerai ce travail à l'un ou à l'autre. Le train de bois peut être porté vers l'un ou vers l'autre bord.* La non-répétition est correcte, mais elle suppose que l'on efface l'idée de disjonction : *Dans l'un ou l'autre cas, la méthode à suivre est la même.*

3 Ils marchent l'un à côté de l'autre. Ils marchent à côté l'un de l'autre. Ces deux constructions se rencontrent. La première semble la plus soutenue.

4 Pléonasmes. On évitera les pléonasmes tels que : *Ils se firent du tort l'un à l'autre mutuellement. Ils échangèrent leurs idées l'un avec l'autre. Ils changèrent de place l'un avec l'autre réciproquement. Ils se croisèrent l'un l'autre dans la rue.*

5 L'une et l'autre hypothèse peut être prise en considération. Après *l'un(e) et l'autre* adjectif, accord le plus souvent au singulier.

6 L'une et l'autre sont venues. Après *l'un(e) et l'autre* pronom, accord le plus souvent au pluriel. — Cet accord au pluriel est obligatoire si le verbe précède : *Elles sont venues l'une et l'autre.*

7 L'une ou l'autre sera désignée. Après *l'un(e) ou l'autre,* accord au singulier.

8 Ni l'une ni l'autre n'est venue ou ne sont venues. Les deux accords sont possibles. — Accord au pluriel obligatoire si le verbe précède : *Elles ne sont venues ni l'une ni l'autre.* — Accord au singulier obligatoire s'il y a exclusion évidente : *Ni l'une ni l'autre ne sera la première à cette composition.*

9 Qui doit venir, sa sœur ou sa cousine ? — *L'une et l'autre.* Quand les deux mots sont du féminin, on emploie *l'une.* — De même : *Qui doit venir, sa sœur ou sa cousine ? — Ni l'une ni l'autre.*

10 Qui doit venir, sa sœur ou son frère ? — *L'un et l'autre.* Quand l'un des noms est du féminin et l'autre du masculin, on emploie *l'un.*

— De même : *Qui doit venir, sa sœur ou son frère ? — Ni l'un ni l'autre.*

11 Est-elle sotte ou méchante ? — *L'un* et *l'autre.* Quand les mots en relation avec *l'un ou l'autre* sont des adjectifs, on emploie *l'un.* —De même : *Est-elle sotte ou méchante ? — Ni l'un ni l'autre.*

unanime adj. ▼ On évitera les pléonasmes tels que : *Ils furent *tous unanimes. Ils décidèrent *tous unanimement. La décision fut prise à l'unanimité *totale. Ils acceptèrent *tous à l'unanimité.*

underground adj. (anglicisme) Prononciation : œndœRGRawnd]. — Invariable : *Des films underground.*

une n. f. Première page d'un journal. — Pas d'élision : *Trois colonnes à la une.* — Ce mot est familier (argot des journalistes).

uni- Les composés en *uni* s'écrivent en un seul mot sans trait d'union : *uniaxe, unicellulaire, unicolore,* etc.

unième Seulement dans : *vingt et unième, trente et unième, quarante et unième...* Ces expressions s'écrivent sans trait d'union, sauf *quatre-vingt-unième.* De même : *vingt et unièmement, trente et unièmement...*

unilatéral, ale, aux adj. Masculin pluriel en *-aux : Des contrats unilatéraux.*

uniment adv. ▼ Pas de *e* muet intérieur.

union n. f. Avec *U* majuscule : *l'Union* (l'ensemble des États nordistes, pendant la guerre de Sécession), *l'Union française, l'Union soviétique.*

unionisme n. m. Pas de *n* double. De même : *unioniste.*

unique adj. L'expression *seul et unique* est une expression figée, pléonastique mais parfaitement admise.

unir v. t. Se construit avec *à* ou avec *et : La poésie de Baudelaire unit la beauté formelle à l'inquiétude romantique* ou *unit la beauté formelle et l'inquiétude romantique.* La construction avec *avec,* plus rare, s'emploie surtout quand les deux éléments ne semblent pas particulièrement destinés à se joindre : *Il unissait le plus grand courage avec le goût le plus vif pour les plaisirs.* ▼ On évitera le pléonasme *unir ensemble.*

unisexe adj. Se prononce avec [s] : [ynisɛks], mais s'écrit avec un seul *s.* Prend la marque du pluriel : *Des pantalons unisexes.*

unisexué, ée ou **unisexuel, elle** adj. Se prononce avec [s] : [yniseksɥe, yniseksɥel], mais s'écrit avec un seul *s.* De même : *unisexualité* [yniseksɥalite].

univers n. m. Avec un *u* minuscule : *l'univers (L'origine de l'univers. L'expansion de l'univers).*

universaux n. m. pl. Avec *u* minuscule : *La querelle des universaux.*

université n. f. Avec *U* majuscule : *l'Université de France* ou *l'Université,* l'ensemble de l'enseignement public en France. — Avec *u* minuscule : *L'université de Poitiers, de Paris-IV, de Nanterre,* etc.

Un tel, Une telle On écrira : *M. Un tel, Mme Une telle,* plutôt que *M. Untel, Mme Unetelle.*

up to date loc. adj. (anglicisme) Prononciation : [œptudet]. — Invariable : *Des chansons up to date.* — Équivalents français : *à la dernière mode, tout récent.*

urée Avec finale en *-ée.* ▼ Toujours féminin : *L'urée est précieuse pour la fabrication des engrais.* — Dérivés : *urate, uréide* n. m., *uréine* n. f., *urémie, urémique, urique.*

uretère, urètre Deux noms masculins à bien distinguer.

1 uretère Chacun des deux canaux qui amènent l'urine des reins à la vessie. — Dérivés (avec deux fois *é*) : *urétéral, ale, aux, urétérite.*

2 urètre Canal qui part de la vessie et aboutit au méat urinaire. — Dérivés (avec accent aigu) : *urétral, ale, aux, urétrite.* ▼ La graphie *urèthre* est vieillie.

urgent, ente adj. Avec finale en *-ent, -ente.* Dérivé : *urgence.*

urger v. imp. L'expression *ça urge !* appartient à la langue parlée familière. Équivalents corrects : *cela presse, c'est urgent, il y a urgence.*

urinal n. m. — Pl. : *des urinaux.*

urinoir n. m. Avec finale en *-oir.*

uro- Préfixe (de *urine*). Les composés en *uro* s'écrivent en un seul mot, sans trait d'union : *urobiline, urochrome, urogénital, ale, aux, urologie, urologue* (ou *urologiste,* plus rare). On rencontre aussi la graphie *uro-génital.*

urticaire Maladie ▼ Féminin : *L'urticaire est douloureuse.*

urticant, ante adj. Avec *c.*

us n. m. Usage. — Seulement dans l'expression figée : *les us et coutumes* [lezyzekutym].

usagé, usager Ne pas écrire l'adjectif *usagé, ée,* qui a servi *(Des vêtements usagés),* comme *un usager,* celui qui utilise un service public *(Les usagers de la SNCF, de la route, du téléphone).*

usagé, usé Ces deux adjectifs ne sont pas synonymes.

1 usagé, ée Qui n'est pas neuf, qui a déjà servi, sans être trop usé : *Pour la marche, ne prenez pas de chaussures neuves, prenez plutôt des chaussures usagées, qui ne risquent pas de blesser les pieds.*

2 usé, ée Hors d'usage, qui est endommagé pour avoir trop servi : *La semelle est usée, mes chaussures prennent l'eau !*

user Attention à la construction.

1 User de quelque chose. S'en servir : *L'horloger use d'outils très délicats.*

2 User quelque chose. S'en servir jusqu'à mise hors d'usage : *J'use deux paires de chaussures par an.*

usité, ée adj. S'emploie surtout pour qualifier un mot, une expression, une tournure, une forme : *Le passé simple n'est plus usité dans la langue parlée.* ▼ Il n'existe pas de verbe **usiter.* A la forme active, on dit *employer* ou *user de* : *On n'emploie plus le passé simple dans la langue parlée. Nous n'usons plus guère du subjonctif imparfait.*

ustensile n. m. Avec finale en *-ile.*

usucapion n. f. (terme de droit) Ne pas déformer en **usucaption.*

usufruit n. m. En un seul mot, sans trait d'union. Dérivés : *usufructuaire, usufruitier, ière.*

utérus [yterys] n. m. — Pl. : *des utérus* [-ys].

utile adj. Avec finale en *-ile,* même au masculin : *Un appareil utile.*

utiliser v. t. N'est pas synonyme de *user de, employer. Utiliser,* c'est « rendre utile une chose qui risquerait de se perdre si on ne s'en servait pas » : *On utilise les vieux vêtements en en faisant des chiffons.* Dans la langue soignée, on n'écrira pas, par exemple : *Le tailleur a utilisé du drap d'Elbeuf pour faire ces costumes,* mais *a employé du drap d'Elbeuf.*

V

va Deuxième personne du singulier de l'impératif présent de *aller* ▷ **aller 1** (I, 2, 3 ; III, 3).

vacance n. f. Le sens varie avec le nombre.

1 La vacance. Etat d'un poste, d'une charge qui n'a pas de titulaire : *Depuis la mort du professeur, la chaire de philologie anglaise est en état de vacance.* — Période pendant laquelle une fonction n'est plus exercée : *La vacance des tribunaux. Une crise de gouvernement provoque la vacance du pouvoir exécutif.*

2 Les vacances. Congé. — Toujours au pluriel. On écrit donc : *Adresse de vacances. Date de vacances. En août, je serai en vacances.*

vacant, vaquant Ne pas écrire l'adjectif variable *vacant, ante (Des places vacantes. Des postes vacants,* en état de vacance), comme le participe présent invariable *vaquant (En vaquant à nos occupations, nous pensions à ce projet).*

vacation ▷ salaire.

vaccin n. m. Avec *-cc-*, prononcé [ks] : [vaksɛ̃]. De même : *vaccinable* [vaksinabl(ə)], *vaccinal, ale, aux* [vaksinal, al, o], *vaccinateur* [vaksinatœʀ], *vaccination* [vaksinasjɔ̃], *vaccine* [vaksin], *vaccinelle* [vaksinɛl], *vacciner* [vaksine]...

vache n. f. *Parler comme une vache espagnole* ▷ **basque 2** (4).

vacherin n. m. Fromage ; gâteau glacé. — Avec finale en *-in.*

vaciller v. i. De nos jours, se prononce [vasije]. De même : *vacillation* [vasijasjɔ̃], *vacillement* [vasijmɑ̃]. Les prononciations *vaciller* [vasile],

vacillation [vasilasjɔ̃], *vacillement* [vasilmɑ̃] ne sont pas incorrectes, mais seulement un peu vieillies, recherchées et précieuses.

va-comme-je-te-pousse (à la) loc. adv. inv. (familier) *Tout marche à la va-comme-je-te-pousse.* — Attention aux traits d'union.

vacuité, viduité ▷ viduité.

vacuole n. f. Avec un seul *l.* De même : *vacuolaire.*

vade-mecum n. m. Prononciation : [vademekɔm]. — Pas d'accent sur les *e.* — Invariable : *des vade-mecum.*

va-et-vient Sans traits d'union : *Il va et vient sans arrêt.* — Avec traits d'union et invariable : *Des va-et-vient incessants.*

vaguemestre [vagmɛstʀ(ə)] n. m. En un seul mot, sans trait d'union.

vaillamment adv. Avec finale en *-amment* (vient de *vaillant).*

vaillance n. f. Avec finale en *-ance.*

vaillant Invariable dans des expressions telles que : *Il n'a pas cinq écus vaillant* (sans *-s).*

vaincre v. t. Conjug. **101.** *Je vaincs, tu vaincs, il vainc, nous vainquons, vous vainquez, ils vainquent.* — *Je vainquais.* — *Je vainquis.* — *Je vaincrai.* — *Je vaincrais.* — *Vaincs, vainquons, vainquez.* — *Que je vainque.* — *Que je vainquisse.* — *Vainquant.* — *Vaincu, ue.*

vainqueur adj. *ou* n. m. Pas de forme pour le

féminin. — Dans l'emploi adjectif, c'est *victo-rieuse* qui sert de féminin : *Un air vainqueur. Une allure victorieuse.* — Dans l'emploi substantif, on dit *vainqueur* ou *victorieuse : Elle sortit vainqueur* ou *Elle sortit victorieuse de ce combat.* On pourra préférer *victorieuse.*

vair n. m. Fourrure. — On doit bien écrire : *La pantoufle de verre de Cendrillon.* C'est le mot choisi par Perrault.

1. vairon n. m. Petit poisson. — Avec *-ai-*.

2. vairon adj. m. Prend la marque du pluriel. Seulement dans l'expression : *des yeux vairons,* dont l'iris présente deux couleurs différentes.

vaisseau, navire, bateau ▷ bateau (IV, 6).

vaisselle n. f. Avec deux *l,* comme *vaissellerie* [vɛsɛlʀi], à la différence de *vaisselier* [vɛsəljeʀ].

val n. m. Vallée. — Avec *V* Majuscule dans les expressions qui désignent des régions : *Le Val nivernais, le Val de Loire, le Val d'Anjou.* — Le pluriel moderne est *des vals.* Le pluriel ancien, *des vaux,* ne se rencontre plus que dans l'expression *par monts et par vaux* [paʀmɔ̃zepaʀvo] et dans le nom propre *Les Vaux-de-Cernay.*

valable adj. Au sens correct, qualifie ce qui est conforme aux règlements et qui peut avoir une valeur juridique ou administrative : *Cette donation a été reconnue valable. Son passeport est encore valable. Ce billet de chemin de fer est valable un mois.* — Peut correctement aussi qualifier ce qui est fondé sur des motifs sérieux : *A-t-il une excuse valable pour expliquer son absence ?* — Peut aussi qualifier ce qui a une certaine valeur en des circonstances données : *Certaines lois de la physique ne sont plus valables à l'échelle de l'atome.* ▼ Attention à l'anglicisme qui consiste à donner à *valable* le sens de « qui a de la valeur » (calque de l'anglais *valuable*) : *Un film, un roman valable. Un écrivain, un acteur valable.* Dans la langue soignée on préférera, selon les cas : *de valeur, de talent, de qualité, bon, remarquable.*

valenciennes n. f. inv. Avec *V* majuscule : *de la dentelle de Valenciennes.* — Avec *v* minuscule : *la valenciennes (Un ornement de valenciennes).*

valériane n. f. Plante. — Avec un seul *n.* De même : *valérianelle.*

valet n. m. Avec finale en *-et.* — Dérivé : *valetaille* [valtɑj].

valétudinaire adj. *ou* n. ▼ Ce mot signifie « dont la santé est chancelante » : *Ce vieillard, valétudinaire, avait besoin de soins constants.*

valeur n. f. Sans trait d'union : *la valeur or.* Au pluriel, *or* invariable : *des valeurs or.*

valise n. f. Avec un seul *l.*

valkyrie ▷ walkyrie.

vallée n. f. Avec deux *l.* De même : *valleuse, vallon.*

vallon n. m. Avec deux *l.* — Deux *n* dans les dérivés : *vallonné, vallonnement.*

valoir Conjugaison, accord du participe, construction et expressions.

1 Conjug. **73.** *Je vaux, tu vaux, il vaut, nous valons, vous valez, ils valent.* — *Je valais.* — *Je valus.* — *Je vaudrai.* — *Je vaudrais.* — *Vaux, valons, valez.* — *Que je vaille, que tu vailles, qu'il vaille, que nous valions, que vous valiez, qu'ils vaillent.* — *Que je valusse.* — *Valant, valu.*

2 ▼ Si *équivaloir* se conjugue comme *valoir,* en revanche *prévaloir* fait au subjonctif présent : *que je prévale* ▷ **prévaloir.**

3 Participe invariable quand il y a un complément de prix (sens propre de *valoir*) : *Les quinze mille francs que cet autographe avait valu aux enchères. Cette voiture d'occasion ne vaut plus, bien sûr, la somme qu'elle a valu neuve.* — Participe accordé quand il y a un complément d'objet direct placé avant le verbe (sens figuré de *valoir*) : *Les récompenses que son talent lui a values.*

4 *Il vaut mieux* (et non *il *faut mieux*) ▷ **mieux** (I, 3).

5 *Il vaut mieux, mieux vaut* ▷ **mieux** (I, 4).

6 *Il vaut mieux, mieux vaut... que de* + infinitif ▷ **mieux** (I, 5).

vamp n. f. (anglicisme familier) Prononciation : [vɑp]. — Pl. : *des vamps* [vɑp]. — Equivalent français : *femme fatale.* — Dérivé : *vamper* [vɑpe] v. t.

1. van [vɑ̃] n. m. Panier qui servait à vanner le grain. — Deux *n* dans les dérivés : *vannage, vanné, vanner, vannette, vanneur, euse, vannure.*

2. van [vɑ̃] n. m. *(anglicisme admis)* Véhicule qui sert au transport d'un cheval de course.

vandale n. m. Avec *V* majuscule : *les Vandales,* peuple germanique, *un Vandale, une Vandale,* un homme, une femme de ce peuple. — Avec *v* minuscule : *Le peuple vandale, les tribus vandales.* — Avec *v* minuscule : *des vandales,* des gens qui détruisent par manque de goût ou par plaisir *(Les vandales ont encore brisé les bancs du jardin public).* — Dérivé : *vandalisme.*

vandoise n. f. Poisson. — Avec *-an-.*

vanesse n. f. Papillon. — Avec un seul *n.*

vanille n. f. Prononciation : [vanij]. — Les dérivés s'écrivent aussi avec deux *l.* Ce groupe *-ill-* se prononce [j] dans *vanillé, ée* [vanije, e], *vanillon* [vanij5], mais plutôt [l] dans *vanilline* [vanilin], *vanillisme* [vanilism(ə)]. ▼ Le nom *vanillier* s'écrit avec *-illi-* et se prononce [vanije].

vannage n. m. Action de vanner le blé. — Avec deux *n.*

vanne n. f. Porte de barrage. — Avec deux *n.*

vanné, ée adj. *(familier)* Fatigué. — Avec deux *n.*

vanneau n. m. Oiseau. — Avec deux *n.* — Pl. : *des vanneaux.*

vanner v. t. Secouer le blé dans un van pour le nettoyer. — Avec deux *n.* De même : *vannage, vanneur, euse, vannure.*

vannier n. m. Avec deux *n.* De même : *vannerie.*

vantail, ventail, ventaille ▷ ventail.

vanter v. t. Faire l'éloge de quelqu'un ou de quelque chose. — Ne pas écrire comme *venter (il vente,* il fait du vent). — A la forme pronominale, accord du participe passé avec le sujet : *Cet exploit dont elles se sont vantées. Elles se sont vantées de pouvoir...*

vanterie n. f. Un peu vieilli ou familier. Dans la langue surveillée, on préférera *vantardise.*

va-nu-pieds n. m. *ou* f. Toujours invariable : *des va-nu-pieds.*

vaquant, vacant ▷ vacant.

vaquer v. t. ind. Toujours avec *-qu-,* même devant *a* ou *o : il vaquait, nous vaquons.* — Se construit avec *à : Il vaque à ses occupations.*

varappe n. f. Escalade. — Avec deux *p.* De même : *varapper, varappeur.*

varech n. m. Prononciation : [vaʀɛk].

variété n. f. Toujours au pluriel pour désigner un spectacle : *un artiste de variétés, un spectacle de variétés.* — On écrit généralement : *une variété de pomme, de rose,* mais *des variétés de pommes, de roses.*

variole, vérole Deux noms féminins à ne pas confondre.

1 variole Nom scientifique et moderne d'une maladie à virus, qui donnait lieu autrefois à de redoutables épidémies : *De nos jours, on vaccine tous les enfants contre la variole.* — Synonyme vieux : *petite vérole.*

2 vérole Deux sens.

a/ La petite vérole (ou parfois *la vérole*) Désignait autrefois la *variole : Les épidémies de petite vérole étaient redoutées. Louis XV mourut de la petite vérole.*

b/ La vérole De nos jours, synonyme trivial de *syphilis.*

varlope n. f. Outil. — Avec un seul *p.* De même : *varloper.*

varron n. m. Insecte. — Avec deux *r.*

vasistas n. m. Prononciation : [vazistas].

vaso- La tendance actuelle est d'écrire tous les composés de *vaso* en un seul mot, sans trait d'union : *vasoconstricteur, vasoconstriction, vasodilatateur, vasodilatation, vasomoteur, vasopressine,* etc.

vassal, ale, aux adj. *ou* n. Masculin pluriel en *-aux : Les pays vassaux.*

vatican, ane adj. Avec *B* majuscule et *v* minuscule : *la Bibliothèque vaticane* (ou, avec *V* majuscule, *la Vaticane).*

vaticiner v. i. Avec un seul *t* et un seul *n.* De même : *vaticinateur, trice, vaticination.*

va-tout n. m. *Jouer son va-tout.* — Invariable.

vaudeville n. m. Prononciation : [vodvil], avec [l]. De même : *vaudevillesque* [vodvilɛsk(ə)], *vaudevilliste* [vodvilist(ə)].

1. vaudois, oise adj. *ou* n. Avec *v* minuscule : *les vaudois,* hérétiques, *l'Eglise vaudoise.*

2. vaudois, oise adj. *ou* n. Du canton de Vaud, en Suisse : *La population vaudoise.* — Avec *V* majuscule : *les Vaudois.*

vaudou n. m. Religion. — Avec *v* minuscule : *le vaudou.* — Comme adjectif, toujours invariable : *Les cérémonies vaudou.*

vau-l'eau (à) loc. adv. *Les choses vont à vau-l'eau.*

Vauvert ▷ **diable** (3).

vaux ▷ **val.**

veau n. m. Petit de la vache. — Avec *v* minuscule : *le veau d'or.* — On écrit : *du ris de veau,* et non *du * riz de veau.*

vécu ▷ **vivre** 1 (3).

vedette n. f. Peut très bien s'appliquer à un homme : *Jean Gabin fut une grande vedette.* — Dérivé (avec deux *t*) : *vedettariat* n. m.

végétal, ale, aux adj. *ou* n. m. Masculin pluriel en *-aux : Les éléments végétaux. Les végétaux.*

végétalisme, végétarisme Ces deux noms masculins ne sont pas synonymes.

1 végétalisme Régime alimentaire dans lequel sont supprimés tous les aliments d'origine animale, y compris le lait, le fromage et les œufs.

2 végétarisme Régime alimentaire dans lequel la viande est supprimée, mais non le lait, le fromage, les œufs.

véhément, ente adj. Avec *h* intérieur. De même : *véhémence, véhémentement.*

véhicule n. m. Avec *h intérieur.* De même : *véhiculaire, véhiculer.*

veille n. f. On écrira : *La veille du jour où je suis parti,* et non *La *veille où je suis parti.*

veiller Se construit avec *à ce que : Je veille à ce que tout soit prêt,* et non *Je veille *que tout soit prêt.*

veine n. f. Avec *-ei-.* De même : *veinard, veiné, ée, veiner, veinule, veinure.*

vêlage, vêlement ▷ **vêler.**

vélaire adj. *ou* n. f. *Une consonne vélaire ou une vélaire.* — Avec finale en *-aire.*

vêler v. i. *La vache a vêlé,* a mis bas. — Avec accent circonflexe à toutes les formes. De même : *vêlage, vêlement.*

vélin n. m. Papier. — Avec *é,* et non **e.* — Avec *-s* au pluriel : *des papiers vélins.*

vélite Soldat romain armé à la légère. — Masculin, malgré la finale en *-ite : Un vélite courageux.*

vellave adj. *ou* n. Du Velay, région du Puy (Haute-Loire) : *La population vellave. Les Vellaves.* — Prononciation : [vɛlav], mais *Velay* prend un seul *l* et se prononce [vəlɛ].

velléité n. f. Avec deux *l.* De même : *velléitaire.*

vélo n. m. *Aller à vélo,* mieux que *en vélo* ▷ à (VII, 1).

vélomoteur, cyclomoteur ▷ **cyclomoteur.**

velours n. m. Avec *-s* final, même au singulier. — Dérivés : *velouté, veloutement, velouter, veloutier, veloutine.*

velu, ue adj. Avec finale en *-u, -ue.*

vélum [velɔm] n. m. Mot latin francisé. Pl. : *des vélums.* — La graphie *velum* est plus rare.

vénal, ale, aux adj. Masculin pluriel en *-aux : Des offices vénaux.*

venant n. m. Sans trait d'union et toujours au singulier : *à tout venant.* — Avec un trait d'union : *le tout-venant.* — Avec la marque du pluriel : *les allants et venants.*

vendanger v. t. ▼ Attention à la place de *-en-,* puis de *-an-.* De la même famille : *vendange, vendangeoir, vendangeur, euse.*

vendéen, enne adj. *ou* n. Avec *V* majuscule : *les Vendéens,* les habitants de la Vendée. — Avec *v* minuscule : *les vendéens,* les révoltés de l'Ouest, qui se soulevèrent contre la Révolution *(Les vendéens ne doivent pas être confondus avec les chouans).*

vendémiaire n. m. Mois du calendrier républicain. — Comme nom de mois, toujours avec un *v* minuscule : *C'était à la fin de vendémiaire.* — On écrit : *Le 13 vendémiaire an IV,* mais *le 13-Vendémiaire* ou simplement *Vendémiaire,* coup d'Etat royaliste (5 octobre 1795).

vendetta n. f. Prononciation : [vɑ̃dɛta]. — Pl. : *des vendettas* [-ta].

vendeur n. m. Deux formes de féminin.

1 vendeuse *(usuel)* Employée de magasin : *Les vendeuses de la librairie.*

2 venderesse *(droit)* Personne qui vend un bien immeuble : *La venderesse déclare que l'immeuble est exempt de toute hypothèque.*

vendre v. t. Conjug. **81.** *Je vends, tu vends, il vend, nous vendons, vous vendez, ils vendent.* — *Je vendais.* — *Je vendis.* — *Je vendrai.* — *Je* *vendrais. — Vends, vendons, vendez. — Que je vende. — Que je vendisse. — Vendant. — Vendu, ue.*

vendredi n. m. Nom de jour de la semaine, donc pas de majuscule : *Je viendrai le vendredi 6 décembre.* — Sans trait d'union et avec des minuscules : *le vendredi saint.*

venelle n. f. Petite rue. — Avec finale en *-elle.*

vénéneux, venimeux Deux adjectifs à bien distinguer.

1 vénéneux, euse Au propre, qualifie un végétal (ou parfois un animal) qui contient une substance toxique et qui est dangereux à manger : *Beaucoup de champignons sont vénéneux. La chair de certains poissons est vénéneuse.* — Quans il s'agit d'un animal, on dit plutôt : *toxique.* — Au figuré, dans la langue littéraire, qualifie parfois ce qui est dangereux pour la santé morale *(Les doctrines vénéneuses qui empoisonnent la jeunesse)* ou ce qui, par son aspect, évoque le poison, une chose malsaine, dangereuse *(Les teintes vénéneuses des paysages exotiques).* — Aucun dérivé.

2 venimeux, euse [vənimø, øz] Au propre, qualifie un animal qui peut inoculer du venin : *Les serpents venimeux. Une araignée venimeuse.* — Au figuré, qualifie une chose ou une personne qui est très méchante, qui peut nuire gravement : *Des paroles, des insinuations venimeuses. Un critique venimeux.* — Dérivés : *venimosité* [vənimozite].

vénerie n. f. ▼ Se prononce [vɛnʀi], avec *e* ouvert, mais s'écrit avec un accent aigu. — De la même famille : *veneur* [vənœʀ].

vénézuélien, ienne adj. *La population vénézuélienne. Les Vénézuéliens.* — Avec trois fois *é*, à la différence de *Venezuela*, qui s'écrit sans accent.

vengeance n. f. ▼ Attention à la place de *-en-* et de *-ean-.*

vengeur n. *ou* adj. Le féminin *vengeresse* est littéraire et s'emploie surtout comme adjectif, pour qualifier une chose : *Les expressions vengeresses se pressaient sous sa plume.* — Dans l'emploi substantif, pour désigner une personne, on emploie comme féminin la forme *(un) vengeur : Elle fut le vengeur de sa famille.*

venimeux, euse [vənimø, oz] adj. ▼ Ne pas dire **vénimeux.*

venimeux, vénéneux ▷ vénéneux.

venimosité [vənimozite] n. f. ▼ Ne pas dire **vénimosité.*

venir v. i. Conjugaison, formes, emplois et locutions.

I Conjugaison et formes.

1 Conjug. 44. *Je viens, tu viens, il vient, nous venons, vous venez, ils viennent.* — *Je venais.* — *Je vins.* — *Je viendrai.* — *Je viendrais.* — *Viens, venons, venez.* — *Que je vienne.* — *Que je vinsse.* — *Venant.* — *Venu, ue.*

2 Toujours avec l'auxiliaire *être : Si elles avaient su, elles seraient venues.*

3 S'emploie aussi à la forme impersonnelle (participe invariable) : *Il est venu deux personnes. Il m'est venu plusieurs idées,* mais *Les idées qui me sont venues.*

4 S'en venir. Est régional, ou littéraire et vieilli : *Il s'en vint nous rendre visite.* De nos jours, on dirait : *Il vint nous rendre visite.* ▼ Aux temps composés : *Je m'en suis venu, tu t'en es venu..., nous nous en étions venus...*

5 Bien venu, bienvenu ▷ bienvenu.

II Emplois et locutions.

1 Venir, aller. Ces deux verbes ne sont pas interchangeables. Le verbe *venir* suppose qu'on se rapproche du lieu où l'on est placé en réalité ou en esprit *(Venez donc chez moi, dimanche prochain)* ou bien suppose qu'on emmène quelqu'un avec soi *(Venez donc avec moi, nous visiterons ce musée).* — Le verbe *aller* suppose qu'on s'éloigne du lieu où l'on est placé en réalité ou en esprit *(J'irai chez vous, dimanche prochain).* Il n'implique pas qu'on emmène quelqu'un avec soi : *Allez donc au musée, il y a des œuvres d'art remarquables.*

2 Vienne, viennent... en tête de phrase. Exprime le souhait ou, le plus souvent, une éventualité. L'inversion du sujet est de règle. Ce tour est très littéraire : *Ah ! Vienne enfin l'été, que je puisse partir pour les pays lointains ! Viennent les malheurs et les revers, tous vos amis vous abandonneront.*

3 Venir de + infinitif. Exprime le passé très proche. Ne s'emploie jamais aux temps composés. S'emploie surtout au présent et à l'imparfait de l'indicatif. Tour usuel et très correct : *Vous vouliez voir André ? Il vient de sortir. Je venais d'arriver, quand on m'a téléphoné.*

4 Venir à, en venir à + infinitif. Ces deux tours n'ont pas le même sens. Le premier, *venir à,* exprime une éventualité, une action fortuite : *S'il venait à manquer le train, il nous téléphonerait.* La locution *en venir à* signifie « avoir l'audace de » *(Il en vint à manquer de respect à son père)* ou bien « en être réduit à, en arriver à » *(Il en était venu à quémander des invitations. Elle en vint à se demander si elle n'avait pas eu tort).*

vénitien, ienne adj. *ou* n. Avec finale en *-tien, -tienne.*

vent n. m. Orthographe, dérivés, expressions.

1 Avec *-en-.* De même : *venté, ée, venter (il vente), venteux.*

2 Les noms désignant les vents s'écrivent avec une minuscule *(le mistral, la tramontane, l'aquilon, le simoun,* etc.), sauf quand le vent, dans la mythologie, est personnifié *(Alors Borée, irrité, souffla et poussa le vaisseau d'Ulysse).*

3 Usage flottant : *contre vents et marées* ou *contre vent et marée.* — On écrit : *les instruments à vent* (sans *-s*) ou *les vents ; un sextuor à vent et à cordes.*

ventail, ventaille, vantail Trois noms homophones à bien distinguer.

1 Le ventail [vᾶtaj] ou **la ventaille** [vᾶtaj] Partie d'un casque médiéval fermé, par laquelle passait l'air permettant de respirer. — Pl. : *des ventaux, des ventailles.*

2 Le vantail [vᾶtaj] Panneau mobile d'une porte. — Pl. : *des vantaux.*

vente n. f. Sans trait d'union : *une vente réclame (des ventes réclames).*

venté, venteux Deux adjectifs dérivés de *vent.*

1 venté, ée Qualifie un lieu très découvert et où, par conséquent, le vent souffle avec force, sans être arrêté : *Un plateau sans arbres, très venté.*

2 venteux, euse Qualifie un lieu ou une période où il y a habituellement beaucoup de vent : *Les plages venteuses de la mer du Nord. Le mois de novembre est venteux.*

venter Ne pas écrire comme *vanter,* faire l'éloge. — Impersonnel : *Qu'il pleuve ou qu'il vente.*

venteux, venté ▷ venté.

ventôse n. m. Mois du calendrier républicain. — Toujours avec *v* minuscule : *Le 18 ventôse an II. Les décrets de ventôse.*

ventral, ale, aux adj. Masculin pluriel en *-aux.*

ventre n. m. Sans traits d'union : *ventre à terre.*

ventre-de-biche adj. Invariable : *des étoffes ventre-de-biche.*

ventricule Toujours masculin : *Le ventricule droit.* — Dérivé : *ventriculaire.*

venu *Nouveau venu* ▷ nouveau (III, 1).

vénusté n. f. Grâce, élégance. — Avec finale en *-é.*

vêpres n. f. pl. Avec accent circonflexe. — *Aller, assister aux vêpres* (moderne et usuel) ou *à vêpres* (un peu vieilli, mais correct).

ver n. m. Orthographe et expressions.

1 ▼ Ne pas écrire *un ver,* animal *(Un ver de terre),* comme *un vers,* élément de poème *(Un beau vers de Lamartine).*

2 Sans trait d'union : *ver blanc, ver coquin.*

3 Mangé aux vers, des vers, par les vers ▷ manger 1 (2).

véracité, vérité Ces deux noms féminins ne sont pas synonymes.

1 véracité Qualité de celui qui dit la vérité : *On ne peut guère douter de la véracité de ce chroniqueur.* — Qualité d'un texte, d'un témoignage, etc. qui est conforme à la réalité des faits : *On ne peut mettre en doute la véracité de ce témoignage.* — Adjectif correspondant : *véridique.*

2 vérité Caractère de ce qui est conforme à la réalité, au sens le plus général : *Il faut prouver la vérité de cette affirmation. Peut-on être jamais sûr de la vérité d'une doctrine philosophique ?* — Adjectif correspondant : *vrai.*

véranda n. f. La graphie moderne *véranda* est à préférer à *vérandah.* — Pl. : *des vérandas.*

verbal, ale, aux adj. Masculin pluriel en *-aux : Des accords verbaux.*

verbe (accord du verbe avec son sujet) ▷ annexes.

verdâtre adj. Attention à l'accent circonflexe.

verdict n. m. Prononciation : [vɛʀdikt], plutôt que [vɛʀdik].

verdoiement n. m. Attention au *e* muet intérieur.

vergeure n. f. ▼ Bien prononcer [vɛʀʒyʀ], et non *[vɛʀʒœʀ].*

vergeure, vergeture Deux noms féminins à bien distinguer.

1 vergeure [vɛʀʒyʀ] Chacun des fils de cuivre qui constituent le fond de la forme à papier. — Chacune des lignes qui apparaissent dans le papier fabriqué à la forme.

2 vergeture (surtout au pluriel) Raies rouges sur la peau.

verglas [vɛʀgla] n. m. Avec finale en *-as.* ▼ Les dérivés s'écrivent avec *c : verglacé, ée, verglacer (il verglace, il verglaçait).*

vergogne n. f. De nos jours, seulement dans l'expression *sans vergogne*.

véridique, véritable, vrai Trois adjectifs à bien distinguer.

1 véridique Parfois, qualifie une personne qui a l'habitude de dire la vérité : *Un chroniqueur, un témoin véridique.* — Le plus souvent, qualifie un texte, un témoignage, etc. qui est conforme à la réalité des faits : *Le témoignage de ce chroniqueur est sûrement véridique. Une anecdote véridique.* — Substantifs correspondants : *véridicité* (rare), *véracité* (usuel).

2 vrai, vraie Qui est conforme à la réalité, au sens le plus général : *Cette hypothèse scientifique est vraie.* Dans ce sens, se place après le nom : *Une hypothèse vraie.* — Substantif correspondant : *vérité.* — Peut s'employer aussi au sens de *véritable.* Dans ce sens, se place avant le nom : *Ce sous-main est en vrai cuir.*

3 véritable Qui est vraiment et pleinement ce qu'il paraît être : *Ce mur est en marbre véritable. Ce roman est un véritable témoignage sur la vie des travailleurs immigrés,* à distinguer de *un témoignage véridique* ou *un témoignage vrai,* conforme à la réalité qu'il prétend décrire.

vérin n. m. Avec finale en *-in.*

véritable, véridique, vrai ▷ **véridique.**

vérité, véracité ▷ **véracité.**

verjus [vɛʀƷy] n. m. Avec finale en *-us* (comme *jus*), malgré les dérivés *verjuté, verjuter.*

vermeil, eille adj. ▼ Au masculin, finale en *-eil* et non en *-eille : Un teint vermeil.*

vermicelle n. m. Avec finale en *-elle,* bien que le mot soit masculin. — Dérivés : *vermicellerie, vermicellier* ou *vermicelier.*

vermillon [vɛʀmijɔ̃] n. m. *ou* adj. ▼ Comme adjectif, toujours invariable : *Des soies vermillon.* — Deux *n* dans le dérivé : *vermillonner* [vɛʀmijɔne].

vermisseau n. m. Avec finale en *-eau.* — Pl. : *des vermisseaux.*

vermouler (se) v. pron. *Le bois se vermoule,* est mangé par les vers. — Verbe du premier groupe, mais l'adjectif correspondant est *vermoulu, ue : Du bois vermoulu.* — Dérivé : *vermoulure* n. f.

vermouth n. m. Pas un nom déposé, donc avec une minuscule. — Prononciation : [vɛʀmut]. — Pl. : *des vermouths.* — On évitera la graphie *vermout.*

verni, vernis Ne pas écrire l'adjectif *verni, ie (Du bois verni. Des chaussures vernies)* comme le nom *le vernis (Passer du vernis sur du bois).*

vernir, vernisser Tandis que *vernir* s'emploie surtout à propos du bois et du cuir *(Le menuisier a verni la chaise. Des chaussures vernies), vernisser* ne se dit qu'à propos de la poterie *(Une belle jarre de grès vernissé).*

vérole, variole ▷ **variole.**

verrat [vɛʀa] n. m. Porc mâle. — Avec deux *r* et finale en *-at.*

verre n. m. Avec deux *r.* De même : *verrerie, verrier, verrière.*

verroterie n. f. ▼ Avec deux *r,* mais un seul *t.*

verrou n. m. Avec deux *r.* — Pl. : *des verrous,* avec *-s.* — Dérivés : *verrouillage, verrouiller.*

verrue n. f. Avec deux *r.* De même : *verrucaire* n. f. (plante), *verrucosité, verruqueux.*

1. vers prép. Prononciation et emploi.

1 ▼ Jamais de liaison : *Il va vers elle* [vɛʀɛl], et non *[vɛʀzɛl].*

2 Indique le mouvement, non la proximité dans l'espace. On peut donc écrire : *Il se dirige vers la mairie,* mais non *La poste est située vers la mairie.* On écrira plutôt : *près de la mairie.* — On évitera la locution *vers où,* qui est critiquée : *Vers où se trouve ce magasin ?* On dira tout simplement *où : Où se trouve ce magasin ?*

3 On admet l'emploi de *vers* pour exprimer l'approximation dans le temps : *Il est venu vers onze heures. Ce changement s'est produit vers 1550.*

2. vers n. m. Ne pas écrire *un vers,* élément de poème *(Un beau vers de Lamartine),* comme *un ver,* animal *(Un ver de terre).*

versatile adj. Avec finale en *-ile,* même au masculin : *Un esprit versatile.* — Dérivé : *versatilité.*

verse (à) loc. adv. Ne pas écrire *Il pleut à verse* comme *une averse* ▷ **averse.**

Verseau n. m. Avec *V* majuscule : *le Verseau,* signe du zodiaque.

verset n. m. Finale en *-et.*

versicolore adj. Qui a des couleurs variées. — Avec finale en *-ore,* même au masculin : *Un plumage versicolore.*

vers-libriste adj. *ou* n. — Pl. : *des vers-libristes.* — Dérivé : *vers-librisme.*

verso n. m. Envers d'une feuille de papier. — Pl. : *des versos.*

versoir n. m. Avec finale en *-oir.*

vert, verte adj. *ou* n. m. Employé seul, s'accorde : *Un rideau vert. Des rideaux verts.* Employé avec un autre adjectif ou suivi d'un nom qui indique une nuance de vert, reste toujours invariable : *Des robes vert clair. Des rideaux vert jade.* — Dans les exemples ci-dessus, pas de trait d'union, car le mot qui précise le sens n'est pas un adjectif de couleur. En revanche, on écrit avec trait d'union (en maintenant l'invariabilité) : *Des rideaux vert-jaune. Des robes bleu-vert,* car *jaune* et *bleu* sont des adjectifs de couleur. — Comme nom, prend la marque du pluriel : *Des verts crus.* — Quand *vert* est juxtaposé ou coordonné, il reste invariable si l'autre adjectif est un adjectif de couleur : *Des drapeaux italiens, vert, blanc, rouge. Des drapeaux portugais, vert et rouge.* L'accord *Des drapeaux verts et rouges* signifierait que certains drapeaux sont verts et d'autres rouges. En revanche, *vert* s'accorde si l'autre adjectif n'est pas un adjectif de couleur : *Des surfaces vertes et mates.*

vert-de-gris n. m. *ou* adj. Toujours invariable : *Des vert-de-gris. Des vareuses vert-de-gris.*

vert-de-grisé, ée adj. Couvert de vert-de-gris. — Variable : *Des casseroles vert-de-grisées.*

vertèbre n. f. Avec un accent grave. — Les dérivés prennent un accent aigu : *vertébral, ale, aux, vertébré.*

vertical, ale, aux adj. Masculin pluriel en *-aux : Des déplacement verticaux.*

vertu n. f. Avec finale en *-u.*

vertugadin n. m. Cercle qui faisait bouffer une robe. — Avec finale en *-in.*

verveine n. f. Plante. — Avec finale en *-eine.*

vesce, vesse Deux noms féminins homophones.

1 **vesce** Plante fourragère.

2 **vesse** Pet émis sans bruit. — Composé : *vesse-de-loup,* champignon. ▼ Ne pas écrire **vesce-de-loup.*

vésical, ale, aux adj. De la vessie. — Masculin pluriel en *-aux : Des calculs vésicaux.*

vésicant, ante adj. Qui fait naître des cloques

sur la peau. — Avec *c* et non **-qu-.* De même : *vésication, vésicatoire* n. m.

vésicule Toujours féminin : *Une grosse vésicule toute ronde.*

vespéral, ale, aux adj. *ou* n. m. *(littéraire)* Du soir. — Masculin pluriel en *-aux : Les nuages vespéraux.*

vesse, vesce ▷ **vesce.**

vesse-de-loup n. f. Champignon. — Pl. : *des vesses-de-loup.* ▼ Ne pas écrire **vesce-de-loup.*

vestale n. f. Toujours avec *v* minuscule : *les vestales.*

vestiaire n. m. Est peu correct au sens de « vêtements, objets déposés au vestiaire » : *Donnez-moi mon vestiaire, s'il vous plaît.* On dira plutôt : *Donnez-moi mon manteau, mon pardessus, mon sac,* etc.

vêtement n. m. Attention à l'accent circonflexe.

vétéran n. m. Avec finale en *-an.* Dérivé : *vétérance.*

vétérinaire n. m. *ou* f. Sans trait d'union : *un docteur vétérinaire.*

vétille n. f. Prononciation : [vetij], avec [j]. De même : *vétilleux, euse* [vetijø, øz]. Les mots *vétiller* v. i., *vétillard, vétilleur* sont vieux.

vêtir v. t. Conjugaison et expressions.

1 Conjug. **54.** *Je vêts, tu vêts, il vêt, nous vêtons, vous vêtez, ils vêtent.* — *Je vêtais.* — *Je vêtis.* — *Je vêtirai.* — *Je vêtirais.* — *Vêts, vêtons, vêtez.* — *Que je vête.* — *Que je vêtisse.* — *Vêtant.* — *Vêtu, ue.* ▼ Attention aux formes fautives *nous *vêtissons, vous *vêtissez, je *vêtissais, *vêtissant.*

2 On dit : *vêtu de noir, de blanc, de gris,* et non *vêtu *en noir, *en blanc, *en gris,* mais on dit *Il est en noir, en blanc...* De même, on dira : *vêtu de laine, de soie.*

3 Elle est tout de blanc vêtue (et non **toute de blanc vêtue)* ▷ **tout** (V, 14).

vétiver n. m. Plante ; parfum. — Prononciation : [vetivɛʀ]. — La graphie *vétyver* est vieillie et plus rare.

veto [veto] n. m. ▼ Pas d'accent aigu. — Pl. : *des veto* (invariable), plutôt que *des vetos.* — On écrira : **avoir le droit de veto,** plutôt que *avoir le veto.* En revanche, on peut écrire : *disposer du veto.* — Contrairement à ce qu'affirment quelques grammairiens, l'expression *opposer son veto* ne peut être considérée comme incorrecte.

vêture n. f. Avec accent circonflexe sur le *e*.

vétuste adj. Dérivé : *vétusté*, avec finale en *-é*.

veule adj. Se prononce [vøl], avec *eu* fermé, mais s'écrit sans accent circonflexe. — De même : *veulerie* [vølʀi].

viaduc n. m. Avec finale en *-uc*.

vibratile adj. Avec finale en *-ile*, même au masculin : *Des cils vibratiles.*

vibrato n. m. — Pl. : *des vibratos* [vibʀato].

vibratoire adj. Avec finale en *-oire*, même au masculin : *Un phénomène vibratoire.*

vibrisse n. f. Chacun des poils des moustaches des animaux. — Avec final en *-isse.*

vibromasseur n. m. En un seul mot, sans trait d'union.

1. vice n. m. Grave défaut. — Ne pas écrire comme *une vis*, tige filetée.

2. vice- Les composés en *vice-* s'écrivent en deux mots, avec un trait d'union. Le deuxième élément prend la marque du pluriel : *des vice-amiraux, des vice-consuls, des vice-légats, des vice-présidents, des vice-rois,* etc.

vice versa loc. adv. En deux mots, sans trait d'union. ▼ Se prononce [visevɛʀsa], mais ne prend pas d'accent. Ne pas écrire **vice et versa.*

vichy n. m. Avec *v* minuscule *du vichy (Une robe en vichy. Voici du joli vichy).* — Avec *V* majuscule : *de la toile de Vichy.*

vicinal, ale, aux adj. Masculin pluriel en *-aux* : *Des chemins vicinaux.*

vicissitude n. f. Avec *c* puis *-ss-*. — De nos jours, toujours au pluriel : *Les vicissitudes,* succession d'événements heureux ou malheureux : *Les vicissitudes de la vie, du destin.* — Désigne souvent des événements malheureux : *S'armer contre les vicissitudes de l'existence.*

vicomte n. m. Avec *-om-*. De même : *vicomtal, ale, aux, vicomté, vicomtesse.*

vicomté n. f. ▼ Féminin, à la différence de *comté : Une grande vicomté.*

victorieux, euse ▷ vainqueur.

victuailles n. f. pl. N'est jamais employé au singulier.

vidame n. m. (terme de féodalité) Avec un seul *m*. De même : *vidamie.*

vidanger v. t. ▼ Avec *-an-*. De même : *vidange, vidangeur.*

1. vidéo adj. Toujours invariable : *Des cars vidéo.*

2. vidéo- Les composés en *vidéo* s'écrivent en un seul mot, sans trait d'union : *vidéocassette, vidéodisque, vidéofréquence, vidéophonie,* etc.

vide-ordures n. m. Invariable : un *-s* à *ordure,* même au singulier.

vide-poches n. m. Invariable : un *-s* à *poche,* même au singulier.

vide-vite n. m. Invariable : *des vide-vite.*

vidoir n. m. Avec finale en *-oir.*

viduité, vacuité Deux noms féminins à ne pas confondre.

1 viduité *(droit)* Veuvage d'une femme. *Le délai de viduité* est le délai de trois cents jours imposé à la femme, avant un nouveau remariage, à compter du jour de la mort de son mari ou du jour de son divorce. ▼ Ne pas employer *viduité* au sens de « caractère de ce qui est vide ».

2 vacuité Vide moral ou intellectuel : *La médiocrité de son intelligence apparaît dans la vacuité de ses propos.* ▼ Ne pas dire, dans ce sens, *viduité.*

vieil ▷ vieux.

vieillir v. i. Avec l'auxiliaire *avoir* pour insister sur l'action : *En huit jours, il a vieilli de dix ans, sous l'effet de l'émotion.* — Avec l'auxiliaire *être* pour insister sur l'état : *Maintenant, il est bien vieilli.*

vieillot adj. Deux *t* dans le féminin : *vieillotte.*

vièle, vielle Deux formes du même nom féminin.

1 vièle Instrument de musique, à archet, du Moyen Age.

2 vielle Instrument de musique, à roue, encore employé dans la musique régionale. — Dérivés : *vieller* v. i. (jouer de la vielle), *vielleur* ou *vielleux* n. m. (joueur de vielle).

vierge n. f. Avec *V* majuscule : *la Vierge* ou *la Sainte Vierge* ou *la Vierge Marie.* De même :

Une Vierge noire, les Vierges romanes, une Vierge au donateur, etc., représentation peintes ou sculptées de la Vierge Marie. — Avec *V* majuscule : *un fil de la Vierge.* — Avec *V* majuscule : *la Vierge,* signe du zodiaque et constellation.

vietnamien, ienne adj. *ou* n. *La population vietnamienne. Les Vietnamiens.* — N. m. *Le vietnamien :* langue. — En un seul mot, sans accent et sans trait d'union, à la différence de *Viêt-nam.*

vieux, vieil adj. On écrit *vieil* devant un nom masculin singulier qui commence par une voyelle ou un *h* muet : *Un vieil arbre. Un vieil habit.* — Le féminin est toujours *vieille.*

vieux-catholique adj. *ou* n. Avec un trait d'union et des minuscules : *les vieux-catholiques,* catholiques schismatiques. — Au féminin : *vieille-catholique (Les communautés vieilles-catholiques).* ▼ Ne pas écrire comme *un vieux catholique,* un homme qui depuis toujours a été bon catholique.

vif-argent n. m. *(vieux)* Mercure. — Avec un trait d'union.

vigie Toujours féminin : *Attentive, une vigie barbue était assise à l'avant du bateau.*

vigilance n. f. Avec finale en *-ance.* — Dérivé : *vigilant.*

1. vigile Veille d'une fête religieuse. — Toujours féminin : *La vigile de Noël.*

2. vigile Gardien. — Toujours masculin : *Un vigile très courageux.*

3. vigile adj. En état de veille : *La conscience vigile.*

vigne n. f. Sans trait d'union : *la vigne vierge.*

vigueur n. f. Avec *-gu-,* à la différence de *vigoureusement, vigoureux.*

viking [vikiŋ] n. m. *ou* adj. Avec *V* majuscule : *les Vikings.* — L'adjectif prend, en général, la marque du pluriel *(Des navires vikings* ou, parfois, *des navires viking),* mais non celle du féminin *(La civilisation viking. Les barques vikings* ou *les barques viking).*

vil, vile adj. Méprisable. — Ne pas écrire comme *une ville.* — Dérivé : *vilement.*

1. vilain n. m. Paysan, au Moyen Age. — Avec un seul *l.*

2. vilain, aine adj. Laid. — Avec un seul *l.* De même : *vilainement, vilenie* [vilni].

vilebrequin n. m. Avec un seul *l,* un *e* intérieur et finale en *-in.*

vilipender Avec un seul *l,* un seul *p.* ▼ Toujours transitif : *Le journal vilipende le gouvernement.* Ne pas dire *vilipender *contre.*

villa n. f. Avec deux *l.*

village n. m. Avec deux *l. De même : villageois.*

villanelle n. f. Chanson, poème. — Avec deux fois *-ll-,* mais avec un seul *n.*

ville n. f. Sens et orthographe des expressions.

1 On distinguera *en ville,* qui s'oppose à *chez soi,* et *à la ville,* qui s'oppose à *à la campagne :* *Les Parisiens mondains dînent souvent en ville. Ce retraité passe l'hiver à la ville, car sa maison de campagne est difficile à chauffer.* — On dit cependant : *La conduite en ville. La circulation en ville.*

2 Avec un trait d'union : *une ville-champignon (des villes-champignons), une ville-dortoir (des villes-dortoirs), une ville-satellite (des villes-satellites).*

3 Avec *V* majuscule : *La Ville éternelle* ou *la Ville* (Rome), *la Ville lumière* (Paris), *la Ville sainte* (Rome ou Jérusalem). Dans les emplois absolus, on écrit : *la ville,* par opposition à *la cour* (sous Louis XIV).

4 Genre des noms de villes ▷ **annexes.**

villégiature n. f. Avec deux *l.* — N'est ni vieilli, ni familier. En revanche, *villégiateur* est vieilli et *villégiaturer* légèrement familier.

villosité n. f. Avec deux *l.* Prononciation : [vilozite], avec [l]. De la même famille : *villeux, euse* [vilø, øz] adj. (couvert de poils).

vin n. m. Noms de vins, expressions et dérivés.

1 Avec une majuscule : *du vin de Bourgogne, de Champagne,* etc. — Avec une minuscule : *du bourgogne, du champagne.* — Au pluriel : *des bourgognes, des champagnes.* ▼ Quand le nom du vin est un nom de localité, on laisse plutôt le nom invariable : *des saint-émilion, des monbazillac, des pouilly-fuissé.*

2 On distinguera par la graphie : *un marchand de vin* (cabaretier) *et un marchand de vins* (négociant en vins).

3 Un seul *n* dans les dérivés et composés : *vinage, vinaire, vinasse, vineux, vinicole, vinifère, vinification, vinifier, vinique, vinosité.*

vinaigre n. m. Avec -*ai*-. De même : *vinaigrerie, vinaigrier.*

vindicatif, ive adj. Avec un seul *c*. De même : *vindicativement.*

vindicte n. f. Bien prononcer [vɛ̃dikt(ə)]. ▼ Ne se rattache pas, pour le sens, à *vindicatif.* La *vindicte* n'est pas la vengeance ni la rancune. C'est la punition des crimes infligée par l'autorité légale : *La vindicte publique.*

vingt adj. numéral *ou* n. m. Orthographe et prononciation.

I Orthographe.

1 Avec groupe -*gt* final.

2 Variable comme numéral cardinal quand il est multiplié et qu'il n'est pas suivi d'un autre numéral : *Quatre-vingts francs. L'hôpital des Quinze-Vingts.*

3 Invariable comme numéral cardinal quand il est multiplié et qu'il est suivi d'un autre numéral : *Quatre-vingt-un francs. Quatre-vingt-deux livres. Quatre-vingt-trois dollars. Quatre-vingt-quatre mètres.*

4 ▼ Invariable aussi comme numéral quand il est précédé de *cent* ou de *mille* et qu'il n'est pas multiplié : *Cent vingt francs. Mille vingt hommes* (mais *cent quatre-vingts francs,* etc.).

5 ▼ Invariable comme numéral ordinal : *La page quatre-vingt. En mil huit cent quatre-vingt.*

6 ▼ Sans trait d'union : *vingt et un, vingt et une.* — Avec trait d'union : *quatre-vingt-un, quatre-vingt-une.*

7 Avec trait d'union : *vingt-deux, vingt-trois, vingt-quatre, vingt-cinq, vingt-six, vingt-sept, vingt-huit, vingt-neuf.* De même : *quatre-vingt-un, quatre-vingt-deux...*

8 Sans trait d'union : *cent vingt, deux cent vingt, trois cent vingt..., mille vingt..., vingt mille, vingt millions...*

II Prononciation.

1 Se prononce [vɛ̃] à la pause : *Il y en a vingt* [vɛ̃].

2 Se prononce [vɛ̃t] devant un nom commençant par une voyelle ou un *h* muet : *Vingt arbres* [vɛ̃taʀbʀ(ə)]. *Vingt hommes* [vɛ̃tɔm]. *Vingt hameçons* [vɛ̃tamsɔ]. — Si le mot qui suit est un adjectif ou un participe en fonction d'épithète, on doit faire aussi la liaison : *Vingt énormes loups* [vɛ̃tenɔʀməlu]. ▼ On prononcera : *Le vingt avril* [vɛ̃tavʀil], plutôt que [vɛ̃avʀil]. *Le vingt août* [vɛ̃tu], plutôt que [vɛ̃u]. *Le vingt octobre* [vɛ̃tɔktɔbʀ(ə)], plutôt que [vɛɔktɔbʀ(ə)]. En revanche, on prononce

[vɛ̃] devant les autres noms de mois : *Le vingt janvier* [vɛ̃ʒɑ̃vje]. *Le vingt février* [vɛ̃fevʀije].

3 Se prononce [vɛ̃] devant un nom ou un adjectif qui commence par une consonne ou un *h*- aspiré : *Vingt châteaux* [vɛ̃ʃɑto]. *Vingt hameaux* [vɛ̃amo]. *Vingt grands villages* [vɛ̃gʀɑ̃vilaʒ]. *Vingt hautes tours* [vɛ̃otətuʀ].

4 Se prononce [vɛ̃] aussi devant un adjectif ou un participe en fonction d'attribut, même commençant par une voyelle : *Sur les cent bûches, il y en a vingt énormes* [vɛ̃enɔʀm(ə)].

5 ▼ Se prononce [vɛ̃t] dans *vingt et un(e)* [vɛ̃teœ̃(yn)], *vingt-deux* [vɛ̃tdø], *vingt-trois* [vɛ̃ttʀwa]..., *vingt-neuf* [vɛ̃tnœf]. — Se prononce [vɛ̃] dans *quatre-vingt-un(e)* [katʀəvɛ̃œ̃(yn)], *quatre-vingt-deux* [katʀəvɛ̃dø]..., *quatre-vingt-neuf* [katʀəvɛ̃nœf]..., *quatre-vingt-onze* [katʀəvɛ̃ɔ̃z]..., *quatre-vingt-douze* [katʀəvɛ̃duz]...

vingtaine n. f. Après *vingtaine de,* accord généralement au pluriel si *vingtaine* désigne une quantité approximative : *Une vingtaine de cartons seront suffisants pour contenir les archives.* — Accord au singulier quand *vingtaine* désigne une quantité (ou un groupe) de vingt éléments, exactement : *La vingtaine de bobines fut emballée dans un carton et livrée à la mercière.*

vingtième adj. numéral ordinal *ou* n. Avec *g* intérieur muet. De même : *vingtièmement.*

vinicole, viticole Deux adjectifs à bien distinguer.

1 vinicole Qui concerne la production du vin : *L'industrie vinicole du bas Languedoc.*

2 viticole Qui concerne la culture de la vigne : *Le phylloxéra provoqua une crise viticole, qui ruina les vignerons.*

vinyle n. m. (terme de chimie) ▼ Attention à la place de *i* et de *y.* — Dérivé : *vinylique.*

viol n. m. Crime sexuel. — Ne pas écrire comme une *viole,* instrument de musique.

violâtre adj. D'une couleur violette peu franche. — Attention à l'accent circonflexe.

viole n. f. Instrument de musique. — Dérivé : *violiste.* — Ne pas écrire comme *un viol,* crime sexuel.

violemment adj. Avec finale en -*emment* (vient de *violent*).

violent, ente adj. *ou* n. Avec finale en -*ent*, -*ente*. De la même famille : *violence.*

violenter v. t. ▼ Le vrai sens est « contraindre, contrarier violemment » *(Il ne faut pas violenter les inclinations des enfants)* ou « fausser gravement » *(Ils ont violenté le texte de cet auteur, qui n'a jamais dit cela).* On évitera de l'employer au sens de *violer, abuser de,* comme le font les journaux. On écrira : *Le satyre a tenté de violer la fillette,* et non *a tenté de violenter.*

violet, ette adj. Prend la marque du pluriel et celle du féminin : *Des manteaux violets. Une robe violette. Des écharpes violettes.*

violette n. f. Fleur. — Avec un seul *l* et deux *t.*

violine n. f. *ou* adj. Comme adjectif, peut s'appliquer à un nom masculin *(Du drap violine)* et prend la marque du pluriel *(Des tons violines. Des teintes violines).*

violon n. m. Un seul *n* dans les dérivés : *violoné, violoneux, violoniste.*

violoncelle n. m. Avec deux *l.* De même : *violoncelliste.*

vipère n. f. Avec accent grave. — Accent aigu dans les dérivés : *vipéreau, vipérin, vipérine.*

virago n. f. Avec finale en *-o.* — Pl. : *des viragos* [-go].

viral, ale, aux adj. Masculin pluriel en *-aux :* *Des troubles viraux.*

virelai n. m. Poème du Moyen Age. ▼ Avec finale en *-ai,* et non en *-ais.*

virer Avec un seul *r.* De même : *virage, virement, vireur.* — Se construit avec *à : Virer au rouge, au vert.*

vireux, euse adj. Vénéneux : *Des baies vireuses.*

virevolte n. f. En un seul mot, sans trait d'union. De même : *virevoltant, virevolter.*

virginal, ale, aux adj. Masculin pluriel en *-aux :* *Des traits virginaux.*

virginité n. f. Avec finale en *-é.*

virgule ▷ annexes.

viril, ile adj. Avec finale en *-il* au masculin : *Un caractère viril.*

virole n. f. Avec finale en *-ole.*

virtuose Peut s'employer au féminin : *Cette pianiste est une grande virtuose.* — Dérivé : *virtuosité.*

virulent, ente adj. Avec finale en *-ent, ente.* — Dérivé : *virulence.*

virus [viʀys] n. m. — Pl. : *des virus* [-ʀys].

vis Tige filetée. — Ne pas écrire comme *un vice,* défaut grave. ▼ Toujours féminin : *Une vis très longue.*

visa n. m. Avec finale en *-a.* — Pl. : *des visas* [za].

visage n. m. Toujours au singulier : *Ils agissent à visage découvert.* — Avec *V* majuscule : *Les Visages pâles,* les Blancs (par opposition aux *Peaux-Rouges).*

vis-à-vis loc. prép. *ou* adv. *ou* n. m. Forme et emploi.

1 Prononciation : [vizavi].

2 Attention aux traits d'union.

3 On dit parfois *Il habite vis-à-vis la poste,* mais on écrira plutôt : *Il habite vis-à-vis de la poste* (ou, mieux encore, *en face de la poste).* On évitera l'emploi de *vis-à-vis* sans *de* devant un nom de personne : *J'étais assis vis-à-vis du directeur* (et non **vis-à-vis le directeur).* ▼ L'emploi de *de* est obligatoire devant un pronom : *Vis-à-vis de vous, de lui, de nous.*

4 Peut s'employer très correctement en fonction d'adverbe : *Lui et moi, nous étions assis vis-à-vis.*

5 Au sens figuré, dans la langue surveillée, on préférera *envers, à l'égard de* à *vis-à-vis : Il s'est montré ingrat envers son bienfaiteur* (plutôt que *vis-à-vis de son bienfaiteur). Il s'est conduit correctement à notre égard* (plutôt que *vis-à-vis de nous).* On évitera particulièrement *vis-à-vis* devant un nom de chose. On écrira, par exemple : *En ce qui concerne la science* (ou *A l'égard de la science), son attitude est ambiguë* (plutôt que *vis-à-vis de la science).*

6 Un *vis-à-vis.* Désigne une personne placée en face d'une autre *ou* un édifice situé en face d'un autre *ou* un canapé à deux places.

viscère Toujours masculin : *Un viscère volumineux.* — Avec *-sc-* et accent grave. Les dérivés prennent l'accent aigu : *viscéral, ale, aux, viscéralement.*

viscose n. f. Matière textile. — Pas un nom déposé, donc pas de majuscule.

viscosité n. f. Avec *c* comme *viscosimètre,* à la différence de *visqueux.*

visé n. m. Toujours : *tir au visé,* et non *au *viser* ▷ **jugé.**

viser Plusieurs constructions.

1 Viser un lièvre. Au sens de « chercher à atteindre un être, un point au moyen d'une arme », se construit directement : *Le chasseur visa le lièvre... et le manqua.*

2 Viser à la tête. Avec un nom désignant la partie du corps visée, se construit plutôt avec *à : Quand on chasse le lion, il faut viser à la tête.*

3 Viser un but. Construction directe dans cette expression figurée.

4 Viser aux honneurs, aux effets faciles. Au sens de « chercher à atteindre », se construit plutôt avec *à : Il vise à un poste plus élevé.* Cette construction est obligatoire devant un infinitif : *Il vise à éliminer son concurrent.*

5 Viser la présidence. Construction qui tend à se répandre. Considérée comme moins soignée que la construction avec *à.*

6 Viser la réalité. Au sens métaphorique, se construit directement : *La conscience vise le réel à travers l'image et le symbole.*

vision n. f. Deux *n* dans les dérivés : *visionnaire, visionner, visionneuse.*

Visitation n. f. Avec *V* majuscule : *la Visitation,* épisode de la vie de la Vierge *ou* fête catholique qui commémore cet épisode (2 juillet) *ou* œuvre d'art qui le représente. — Avec *V* majuscule aussi : *l'ordre de la Visitation.*

visite n. f. On distinguera *rendre visite à quelqu'un,* aller le voir, et *rendre une visite à quelqu'un* ou mieux *rendre à quelqu'un sa visite,* lui rendre la visite qu'on a reçue. — Toujours au singulier dans : *des cartes de visite.*

visiter v. t. Ne s'emploie guère au sens de « faire une visite à quelqu'un ». On dira : *Je ferai une visite à mon ami le jour de l'an,* et non *Je *visiterai mon ami.* En revanche, on dit très bien : *visiter les pauvres, les malades,* leur faire des visites de charité. De même : *Le médecin visite ses malades.*

visqueux, euse adj. Avec *-qu-,* à la différence de *viscosité, viscosimètre.*

visser v. t. Avec *-ss-.* De même : *vissage, visserie.*

visualiser v. t. Rendre visible : *Visualiser l'écoulement d'un fluide.* — Anglicisme de la langue technique. Ne pas en abuser. Pour varier, on pourra employer : *rendre visible, rendre sensible, matérialiser, présenter aux yeux, au regard.* — Dérivé : *visualisation.*

vital, ale, aux adj. Masculin pluriel en *-aux : Les*

phénomènes vitaux. — Dérivés : *vitalisme, vitaliste, vitalité.*

vitamine n. f. Avec un seul *m.* De même : *vitaminé, vitaminique.*

vite Peut être adverbe ou adjectif.

1 Normalement adverbe et invariable : *Ils courent vite.*

2 Comme adjectif, est vieux ou propre au langage du sport. Prend la marque du pluriel : *Des chevaux vites comme des éclairs* (Mme de Sévigné). *Ces ailiers ne sont pas assez vites.* — Equivalent usuel : *rapide.*

vitellus n. m. (terme de biologie) Prononciation : [vitɛllys]. — Pl. : *des vitellus* [-ys]. — Dérivé : *vitellin, ine* [vitɛllɛ̃, in].

vitesse n. f. Expressions difficiles.

1 Au singulier dans : *des changements de vitesse.* — Au pluriel dans : *une boîte de vitesses.*

2 Les expressions *à toute vitesse, à grande vitesse* sont admises, mais *en vitesse* est du registre familier.

viticole, vinicole ▷ vinicole.

viticulture n. f. Culture de la vigne. — Avec un seul *t.* De même : *viticulteur.*

vitrail n. m. — Pl. : *des vitraux.*

vitre n. m. Au pluriel dans : *du verre à vitres.*

vitriol n. m. Avec finale en *-ol.*

vitupérer Conjugaison et construction.

1 Conjugaison. **11.** *Il vitupère,* mais *il vitupérera, il vitupérerait.*

2 ▼ Verbe transitif direct : *Il vitupérait les incapables et les traîtres.* Dans la langue surveillée, on évitera *vitupérer *contre (quelqu'un ou quelque chose),* tour usuel, mais critiqué.

vivace adj. Avec finale en *-ace.* — Dérivé : *vivacité.*

vivandier; ière n. m. *ou* f. Avec *-an-.*

vivarium [vivaʀjɔm] n. m. — Pl. : *des vivariums.*

vivat n. m. Acclamation. — Mot latin (= vive) francisé. Pl. : *des vivats.* Prononciation moderne : [viva].

vive interj. De nos jours, plutôt invariable : *Vive les mariés ! Vive les étudiants ! Vive les va-*

cances! plutôt que *Vivent les mariés! Vivent les étudiants! Vivent les vacances!*

vive-eau ▷ eau (III, 2).

vivipare adj. *ou* n. m. Toujours avec *-e* final : *Un animal vivivapre.*

vivisection n. f. Se prononce [vivisɛksjɔ̃], avec [s], mais prend un seul *s*. De même : *vivisecteur, trice.*

vivoter v. i. Avec un seul *t*.

1. vivre Conjugaison, accord du participe, expressions.

1 Conjug. **104.** *Je vis, tu vis, il vit, nous vivons, vous vivez, ils vivent.* — *Je vivais.* — *Je vécus.* — *Je vivrai.* — *Je vivrais.* — *Vis, vivons, vivez.* — *Que je vive.* — *Que je vécusse.* — *Vivant.* — *Vécu, ue.*

2 Vive (ou **vivent**) les étudiants ▷ vive.

3 Accord du participe. On fera l'accord quand *vivre* est employé transitivement : *Les dures années qu'il a vécues. Les épreuves qu'il a vécues.* En revanche, pas d'accord quand le nom n'est pas complément d'objet direct, mais complément circonstanciel de temps : *Pendant les dix années qu'il a vécu à Lyon.*

4 Vivre de, vivre sur. On distinguera *vivre de*, vivre au moyen de *(Il vit de ses rentes, de ses revenus, de son travail, de ses domaines)*, et *vivre sur*, qui implique l'idée d'un prélèvement sur un capital *(Il vit sur son capital, il va se ruiner. Il est chômeur et vit sur ses économies).* Au figuré, on dit : *Vivre sur sa réputation, sur son crédit.*

2. vivre n. m. Au singulier dans l'expression figée : *le vivre et le couvert.* — Dans les autres emplois, toujours au pluriel : *Couper les vivres. Avoir deux jours de vivres.*

vizir n. m. Avec un *z.* — Sans trait d'union : *le grand vizir.* — Dérivé : *vizirat.*

vocable n. m. Avec un seul *c.* De même : *vocabulaire, vocal, ale, aux, vocalement, vocalique, vocalisateur, vocalisation, vocaliser, vocalisme, vocatif, vocation.*

vodka [vɔdka] n. f. — Pl. : *des vodkas* [-ka].

vœu n. m. Dans la langue soignée, on écrira : *Mes meilleurs vœux* ou *Mes vœux les meilleurs,* et non *Meilleurx vœux* ▷ **meilleur** (II, 3).

vogue n. f. On écrira : *être en très grande vogue,* plutôt que *être très en vogue.*

voici, voilà adj. Mots qui servent à présenter un nom ou une proposition.

I Voici, voilà. Ces deux mots ne sont pas interchangeables.

1 Dans la langue soignée, *voici* renvoie à la personne ou à la chose la plus proche, *voilà* à la plus éloignée : *Voici, juste devant nous, la Conciergerie ; voilà, plus loin, les tours de Notre-Dame.*

2 Dans la langue soignée, de manière obligatoire, *voici* renvoie à ce qui suit, *voilà* à ce qui précède : *Voici ce que je vais vous dire. Voilà donc ce que nous venons de démontrer.* ▼ On évitera la faute fréquente qui consiste à employer *voilà* au lieu de *voici,* dans les phrases telles que : **Voilà ce que j'ai à vous dire.*

3 Dans l'usage courant, *voilà* est beaucoup plus employé que *voici.*

4 Voici venir l'hiver. Devant un infinitif, emploi de *voici* absolument obligatoire.

II Expressions et constructions.

1 Voilà (voici) que mon ami surgit ou Voilà (voici) que surgit mon ami. Après le tour présentatif *voilà (voici) que,* l'inversion du sujet est fréquente (mais non obligatoire).

2 Voilà qu'il arrive. Le voilà qui arrive. Ces tours sont corrects. En revanche, éviter le tour fautif *Le voilà *qu'il arrive.*

3 Voilà trois semaines que je ne l'ai (pas) vu ▷ ne (III, 7).

4 Voilà ce que c'est de mentir ou que de mentir. Les deux tours se rencontrent. Le tour avec *que de* est de beaucoup le plus fréquent.

5 Ne voilà-t-il pas (que). Voilà-t-il pas (que). Ces deux tours sont familiers : *Voilà-t-il pas encore une de ses idées bizarres ! Ne voilà-t-il pas qu'il pleut, maintenant !*

voie n. f. Orthographe et expressions.

1 Ne pas écrire *la voie,* le chemin *(Suivre la voie du devoir),* comme *la voix,* la parole *(Obéir à la voix de sa conscience).* ▼ Ne pas écrire *avoir *voie au chapitre,* mais *avoir voix au chapitre.*

2 Avec *V* majuscule : *la Voie lactée, la Voie sacrée* (à Athènes, à Rome, à Verdun). — Avec *v* minuscule : *la voie Apienne, la voie Flaminienne, la voie Aurélienne, la voie Émilienne,* etc.

3 Plutôt au singulier : *Ils sont toujours par voie et par chemin.* — Toujours au pluriel : *Il a été condamné pour voies de fait. Les voies et moyens.*

4 On dit : *S'engager dans la bonne voie. Mettre quelqu'un sur la voie. Etre sur la voie de la réussite. Etre en voie de réussir. Etre en bonne voie.*

voilà adv. Attention à l'accent grave.

voilà, voici ▷ voici.

voilage, voilement Deux noms masculins à bien distinguer.

1 voilage Garniture d'étoffe ; rideau.

2 voilement État d'une pièce voilée, c'est-à-dire faussée, gauchie, déformée : *Le voilement d'une roue de bicyclette.*

1. voile n. m. Étoffe destinée à cacher quelque chose ; coiffe féminine : *Un voile de religieuse, d'infirmière, de musulmane.* — Au singulier : *Des musulmanes sans voile,* qui n'ont pas leur voile sur le visage. — Au pluriel : *Une fille sans voiles,* toute nue. — Plutôt au singulier : *La vérité sans voile.*

2. voile n. f. Pièce de toile fixée au mât d'un navire pour recueillir la poussée du vent.

1 Au singulier dans : *faire voile vers, la marine à voile, la navigation à voile.*

2 Au pluriel dans : *faire force de voiles, un navire, un bateau à voiles* (sauf s'il s'agit d'une embarcation ayant une seule voile), *à pleines voiles, à toutes voiles, naviguer toutes voiles dehors.*

3 On distinguera *mettre à la voile,* appareiller (terme de marine), et *mettre les voiles,* partir, s'enfuir (argot).

4 Avec trait d'union : *la grand-voile (des grand-voiles).*

voir v. t. Conjugaison, emplois et expressions.

I Conjugaison.

1 Conjug. **74.** *Je vois, tu vois, il voit, nous voyons, vous voyez, ils voient.* — *Je voyais, tu voyais, il voyait, nous voyions, vous voyiez, ils voyaient.* — *Je vis.* — *Je verrai.* — *Je verrais.* — *Vois, voyons, voyez.* — *Que je voie, que tu voies, qu'il voie, que nous voyions, que vous voyiez, qu'ils voient.* — *Que je visse.* — *Voyant.* — *Vu, vue.* ▼ Attention au *i* après le *y* à la première et à la deuxième personne du pluriel de l'indicatif imparfait et du subjonctif présent : *(que) nous voyions, (que) vous voyiez.*

2 Les verbes *entrevoir* et *revoir* se conjuguent comme *voir.* ▼ Les verbes *pourvoir* et *prévoir* ont une conjugaison différente ▷ **pourvoir, prévoir.**

II Emplois et expressions.

1 Emploi de *voir* **comme auxiliaire.** Le verbe *voir* perd son sens plein et sert à éviter certain tours trop lourds : *J'aurais aimé vous voir assister à cette réunion* (plus léger que *que vous*

assistassiez à cette réunion et plus correct que *que vous assistiez à cette réunion*). *Il préfère que son fils trouve un emploi provisoire que de le voir traîner sans rien faire* (permet d'éviter la rencontre de deux *que : *que qu'il traîne).

2 Comme vous (le) voyez. Dans un tel tour, la présence de *le* est facultative. Il semble que *comme vous le voyez* appartienne à un registre plus soutenu que *comme vous voyez.*

3 Voir à. Signifie « veiller à ». Se construit avec l'infinitif ou avec *ce que* et le subjonctif : *Je verrai à réunir toute la documentation nécessaire. Il faut voir à ce qu'il n'y ait aucune confusion.*

4 Il ferait beau voir. Tour un peu vieilli et littéraire, mais parfaitement correct. Se construit avec une proposition infinitive ou avec *que* et le subjonctif : *Il ferait beau voir un jeune homme en remontrer à un homme d'expérience ! Il ferait beau voir qu'il me manquât de respect !*

5 Voyons voir. Tour familier. De même : *attendez voir, écoutez voir, montrez voir, regardez voir.* Dans la langue soutenue, on dira : *voyons, attendez, écoutez, montrez, regardez.*

6 Pour voir. Expression familière : *Essayons donc cette méthode, pour voir.*

7 J'ai vu de mes yeux. Pléonasme figé servant de formule de renforcement. Admis même dans la langue surveillée.

8 Voir clair. Forme correcte. A préférer à *y voir clair : Il faut essayer de voir clair, de voir plus clair dans cette affaire.*

9 N'y voir goutte, ne voir goutte ▷ **goutte** (3).

10 Il demanda à voir *après le directeur. Tour très incorrect. Dire : *Il demande à voir le directeur.*

voire adv. Avec *-e* final.

1 Vieilli et littéraire, mais très correct, pour exprimer le doute (= est-ce bien vrai ?) : *Ce peintre, dites-vous, a du génie ? Voire !*

2 Moderne et assez usuel au sens de « et même » : *Il est négligent, voire fainéant. Chez les poètes mineurs, voire même chez les plus grands.* ▼ Parfois *voire même* est considéré comme un pléonasme incorrect. En réalité, c'est un archaïsme. En effet, la forme primitive était *voire même* (= vraiment même), tandis que *voire* constitue une forme elliptique plus récente.

voirie n. f. ▼ Pas de *e* muet intérieur, entre *i* et *r.*

voiture, wagon ▷ **wagon.**

voiture-bar n. f. — Pl. : *des voitures-bars.*

voiture-lit n. f. — Pl. : *des voitures-lits.*

voiture-restaurant n. f. — Pl. : *des voitures-restaurants.*

voiture-salon n. f. — Pl. : *des voitures -salons.*

voix n. f. Ne pas écrire *la voix,* parole *(Ecouter la voix de sa conscience),* comme *la voie,* le chemin *(Suivre la voie du devoir).* ▼ On écrit : *avoir voix au chapitre,* et non **voie au chapitre.*

vol n. m. Sans trait d'union : *à vol d'oiseau.*

volailler [vɔlaje] n. m. Commerçant en volailles. — Finale en *-ailler,* et non en **-aillier.* — A distinguer de *volailleur,* éleveur de volailles.

volatil, ile ; volatile Finale en *-il* pour le masculin de l'adjectif : *Un produit volatil.* — Finale en *-ile* pour le féminin de l'adjectif *(Une substance volatile)* et pour le nom masculin *un volatile,* un oiseau.

vol-au-vent n. m. Invariable : *des vol-au-vent.* Avec *financière* invariable : *des vol-au-vent financière.*

volcan n. m. Un seul *n* dans les dérivés : *volcanique, volcanisé, volcanisme.*

volcanologie n. f. On préférera les formes *volcanologie, volcanologique, volcanologue* aux formes vieillies *vulcanologie, vulcanologique, vulcanologue.*

volée n. f. On dit : *semer à la volée, sonner les cloches à toute volée, reprendre le ballon de volée, saisir un objet à la volée.*

voler v. i. On évitera le pléonasme *voler en l'air.* On écrira : *Les élèves se battaient, les livres et les cahiers volaient,* et non *volaient en l'air.*

volet n. m. Avec un seul *l.*

voleter v. i. Conjug. **14.** *Il volette, il volettera, il voletterait,* mais *il voletait.* — Deux *t* dans le dérivé : *volettement.*

volige n. f. Latte. Avec un seul *l.* De même : *voligeage, voliger.*

volition n. f. Excercice de la volonté. — Avec finale en *-tion.*

volley-ball n. m. (anglicisme) Prononciation : [vɔlɛbol]. — Dérivé : *volleyeur, euse* [vɔlɛjœʀ, øz].

volonté n. f. On écrira : *avec la meilleure volonté du monde,* et non *avec la meilleure bonne volonté.*

volontiers adv. Attention au *-s* final. — Emploi admis même quand le sujet est un nom de chose : *La langue française ne se sert pas volontiers de mots composés.*

volt n. m. Unité électrique. — Pl. : *des volts.* — Symbole : *V* (sans point).

voltage n. m. Terme condamné par les scientifiques. Dire plutôt : *tension* ou *différence de potentiel.*

voltaire n. m. Avec *v* minuscule : *Il est assis dans son voltaire.* — Avec *V* majuscule : *Il est assis dans son fauteuil Voltaire.* — Au pluriel : *des voltaires,* mais *des fauteuils Voltaire.*

voltairien, ienne adj. *ou* n. Avec *v* minuscule : *les voltairiens.*

voltamètre, volmètre Deux noms masculins à ne pas confondre.

1 voltamètre Appareil dans lequel on effectue une électrolyse.

2 voltmètre Appareil qui sert à mesurer la différence de potentiel.

voltampère n. m. Unité de puissance électrique. — Pl. : *des voltampères.* ▼ Ne pas écrire **volt-ampère.*

volte-face n. f. ▼ Invariable : *des volte-face.*

volubile adj. Qui parle vite et beaucoup. — Avec finale en *-ile,* même au masculin : *Un camelot volubile.* — Dérivé : *volubilité.*

volubilis Plante. — Prononciation : [vɔlybilis]. — Toujours masculin : *Un beau volubilis.*

volume n. m. Avec un seul *l* et un seul *m.* De même : *volumétrie, volumineux, volumique.*

volupté n. f. Avec finale en *-é.* Dérivés : *voluptueusement, voluptueux.*

voluptuaire adj. ▼ N'est pas synonyme de *voluptueux.* Employé seulement dans l'expression juridique *dépense voluptuaire,* dépense de luxe, sans utilité pratique, qui n'est pas remboursée au gérant d'une affaire.

volute Toujours féminin : *Une volute élégante.*

vomi n. m. On écrit : *Sentir le vomi,* et non *le* **vomis.*

vomito-negro [vɔmitonegʀo] n. m. Fièvre jaune. — Mot espagnol. — Avec un trait d'union. Pas d'accent sur le *e*.

vomitoire n. m. Issue d'un amphithéâtre romain. — Avec finale en *-oire*.

vorace n. m. Avec finale en *-ace*. — Dérivés : *voracement, voracité.*

vosgien, ienne adj. *ou* n. Des Vosges : *La population vosgiennes. Les Vosgiens.* — Attention au *s* muet intérieur.

voter v. t. Dans la langue cursive, on admet des tours elliptiques tels que *voter socialiste, voter gaulliste.* Equivalents soutenus : *voter pour les socialistes, voter pour les gaullistes.* On admet aussi les tours tels que *voter à gauche, à droite,* à côté des tours soutenus *voter pour la gauche, voter pour la droite.* En revanche, on évitera, avec un nom de personne, *voter Durand* (au lieu de *voter pour Durand*). On évitera aussi *voter utile* (au lieu de *voter utilement*).

votif, ive adj. Avec un seul *t*.

votre, vôtre Ne pas écrire *votre*, adjectif possessif en fonction d'épithète *(J'admire votre jardin)* comme *vôtre*, pronom possessif *(Notre jardin est plus grand que le vôtre)* ou adjectif possessif en fonction d'attribut *(Vous avez fait vôtre cette idée).*

vôtre adj. *ou* pron. possessif.

1 Employé comme adjectif attribut. Emploi courant dans la langue écrite : *Ce patrimoine est vôtre. Vous avez fait vôtres ces observations.*

2 Employé comme pronom. Emploi très usuel : *Notre maison est neuve, la vôtre est ancienne. Cette œuvre sera la vôtre.* — *Les vôtres :* vos parents, vos proches, vos amis. — On dit : *Vous y avez mis du vôtre,* vous avez montré de la bonne volonté. *Vous avez fait des vôtres,* vous avez fait des fredaines, des folies, des sottises.

vouer v. t. ▼ Ne pas écrire avec un tréma la première et la deuxième personne du pluriel de l'indicatif imparfait et du subjonctif présent : *(que) nous vouions, (que) vous vouiez.*

1. vouloir v. t. Conjugaison, emplois et expressions.

I Conjugaison.

1 Conjug. 75. *Je veux, tu veux, il veut, nous voulons, vous voulez, ils veulent.* — *Je voulais.* — *Je voulus.* — *Je voudrai.* — *Je voudrais.* — *Veux, voulons, voulez* ou *veuille, veuillons* (très rare), *veuillez.* — *Que je veuille, que tu veuilles,*

qu'il veuille, que nous voulions, que vous vouliez, qu'ils veuillent. — *Que je voulusse.* — *Voulant.* — *Voulu, ue.*

2 Deux séries de formes pour l'impératif. La série *veux, voulons, voulez* s'emploie surtout à la forme négative, dans l'expression *en vouloir à : Ne m'en veux pas pour cet oubli. N'en voulons pas trop à notre ami. Ne m'en voulez pas si je vous fais cette remarque.* La série *veuille, veuillez* s'emploie pour exprimer l'ordre atténué, la prière : *Veuillez me suivre, s'il vous plaît. Veuillez agréer mes salutations distinguées. Veuille me pardonner si je te reproche cet oubli.* La forme *veuillons* est pour ainsi dire inusitée.

3 Au subjonctif présent, les formes *que nous voulions* et *que vous vouliez* sont correctes et usuelles. Les formes *que nous veuillions* et *que vous veuilliez* sont rares et s'emploient surtout dans des formules d'une politesse un peu cérémonieuse : *Je vous suis très reconnaissant que vous veuilliez m'accorder cette entrevue.*

4 Accord du participe. Le participe *voulu* est invariable, que l'infinitif dépendant de *vouloir* soit exprimé ou sous-entendu : *Toutes les modifications qu'il a voulu apporter ont été approuvées. Il a apporté toutes les modifications qu'il a voulu* (= qu'il a voulu apporter). ▼ En revanche, accord obligatoire dans : *Ces réformes que j'ai voulues, je les ai réalisées.* Ici, il n'y a pas d'infinitif sous-entendu (= ces réformes, je les ai voulues).

II Emplois et expressions.

1 Vouloir que. Normalement construit avec le subjonctif : *Je veux que l'on soit exact et poli. Si le destin veut que nous réussissions.* — Cependant l'indicatif est possible après des expressions telles que *le hasard, le destin, le malheur voulut (a voulu) que,* quand *vouloir* n'exprime pas la volonté, mais la constatation d'un fait réel : *Le hasard voulut que je rencontrai ce jour-là mon ancien camarade.* — On emploie aussi, parfois, l'indicatif après *je veux bien que* au sens de « j'admets que » : *Je veux bien que le travail ne suffit pas pour réussir, mais il n'est pas de réussite sans travail.*

2 Vouloir de. N'est pas synonyme de *vouloir.* Signifie « accepter ». Comparer : *Il veut notre appui* (= il a la volonté d'obtenir notre appui, il le demande). *Il veut bien de notre appui* (= il l'accepte). — *Vouloir de* s'emploie surtout dans une phrase négative : *Je ne veux pas de cet assistant.*

3 Se vouloir. Acceptable quand le sujet est un nom de personne ou de chose personnifiée. On observera qu'il y a une nuance entre *vouloir être* (+ attribut) et *se vouloir* (+ attribut) : *Ce garçon veut être dur et impassible* (= il a la volonté d'être réellement dur et impassible). *Ce garçon se veut dur et impassible* (= il veut apparaître comme dur et impassible). ▼ Dans la langue soignée, on évitera d'employer *se vouloir* avec un nom de chose pour sujet : *De nos jours, les appareils ménagers se veulent simples et pratiques.* Tourner autrement : *De nos jours, on cherche à faire des appareils ménagers simples et pratiques.*

4 Je (le) veux. L'emploi du pronom neutre *le* est facultatif : *Je partirai plus tard, si vous voulez* ou *si vous le voulez.* — Dans une comparaison, l'emploi de *le* est recommandé : *Il est actif, plus actif même que nous le voulons !*

5 Bien vouloir, vouloir bien. La première formule, *bien vouloir*, est plus déférente et s'emploie quand on s'adresse à un supérieur : *Je vous prie de bien vouloir, Monsieur le Directeur, m'accorder une autorisation exceptionnelle.* — La formule *vouloir bien* est plus impérative et ne peut s'employer que lorsqu'on s'adresse à un subordonné : *Je vous prie de vouloir bien exécuter ces ordres immédiatement.*

2. vouloir n. m. Volonté : *Le bon, le mauvais vouloir.*

vous Pronom personnel de la deuxième personne du pluriel.

1 Après le *vous* de politesse. Accord de l'adjectif (ou du participe) au singulier : *Vous êtes, madame, très moqueuse. Vous êtes, monsieur, très matinal. Ma chère amie, vous serez surprise.*

2 Beaucoup d'entre vous (*peu d'entre vous, combien d'entre vous, un grand nombre d'entre vous, plusieurs d'entre vous,* etc.). Accord du verbe à la troisième personne du pluriel : *Quelques-uns d'entre vous seront désignés. Trop de vous, mesdemoiselles, sont trop souvent absentes.*

3 *On* ne sait jamais ce que le destin fera de *vous* ▷ on (VII, 2).

4 C'est à vous *à* partir. C'est à vous *de* partir ▷ à (IX).

5 C'est à vous que je parle. Tour correct et moderne. La construction *C'est à vous à qui je parle* est archaïque.

6 Si j'étais vous. Tour usuel. — *Si j'étais de vous* est plus recherché. — *Si j'étais que de vous* est un peu précieux.

7 Vous-même(s). Avec un trait d'union. ▼ Attention à la marque du pluriel de *même* : *Vous-même, monsieur, serez d'accord* (pas de *-s,* car il s'agit du *vous* de politesse). *Vous-mêmes, mes amis, vous serez d'accord* (avec un *-s,* car *vous* représente plusieurs personnes). — De

même, attention à *vous seul, vous seule, vous seuls, vous seules : Vous seul, monsieur, pouvez me dire,* mais *Vous seule, madame... Vous seuls, messieurs... Vous seules, mesdames...*

8 Après *vous-même(s), vous seul(s), vous seule(s), vous autres.* La reprise par le pronom sujet simple *vous* est facultative : *Vous-même êtes d'accord sur ce point* ou *Vous-même, vous êtes d'accord...*

voussoir n. m. Pas d'accent circonflexe. — On dit aussi, plus rarement : *vousseau.*

voussure n. f. Pas d'accent circonflexe.

voûte n. f. Avec accent circonflexe. De même : *voûté, voûter.*

vouvoiement n. m. Attention à l'*e* muet intérieur. — La forme *voussoiement* est vieille.

vouvoyer v. t. La forme *voussoyer* est vieille.

voyage n. m. Attention à la prononciation relâchée *[vɔjaʒ]. Bien prononcer [vwajaʒ]. De même : *voyager* [vwajaʒe], *voyageur, euse* [vwajaʒœʀ, øz].

voyant, ante [vwajɑ̃, ɑ̃t] n. m. *ou* f. Avec finale en *-ant, -ante.* — Dérivé : *voyance* [vwajɑ̃s].

voyelle [vwajɛl] n. f. Avec finale en *-elle.*

voyer [vwaje] n. m. Sans trait d'union : *un agent voyer (des agents voyers).*

voyou [vwaju] n. m. — Pl. : *des voyous.* — Peut s'employer comme adjectif au masculin (prend la marque du pluriel) : *Un air voyou, des airs voyous.* — On rencontre des formes de féminin : *Une voyoute. Une voyouse. Des manières voyoutes. Une allure voyouse.* Ces formes, très rares, ne sont pas recommandées.

vrac n. m. Toujours invariable : *Des marchandises en vrac.*

vrai, vraie adj. *ou* n. m. On dit aussi bien *à vrai dire* que *à dire vrai.* — La locution *de vrai* (= pour dire vrai) est littéraire. — La locution *pour de vrai* appartient à la langue familière. — On évitera *comme de vrai,* locution peu correcte.

vrai, véritable, véridique ▷ véridique.

vraiment adv. ▼ Pas de *e* muet intérieur ni d'accent circonflexe.

vraisemblable adj. Après *vraisemblable que,* on emploie l'indicatif si la principale est à la forme affirmative (*Il est vraisemblable qu'il fera beau* *demain),* le subjonctif (ou, parfois, l'indicatif) si la principale est à la forme négative ou interrogative *(Il n'est pas vraisemblable qu'il fasse beau tous les jours au mois de janvier),* le conditionnel pour exprimer une hypothèse *(Il est vraisemblable que nous serions sortis s'il avait fait beau).*

vraisemblance n. f. Avec finale en -*ance.*

vrombir v. i. ▼ Ne pas déformer en **vombrir.* De même : *vrombissant, vrombissement.*

vu, vue Participe passé de *voir.*

1 *Vu* **les circonstances, la réunion est reportée.** Employé devant le nom, sans auxiliaire, *vu* est préposition et reste invariable.

2 Vu que. Toujours suivi de l'indicatif ou du conditionnel, jamais du subjonctif : *Vu qu'il est malade, il ne viendra pas. Inutile de faire cette démarche, vu qu'elle ne servirait à rien.* ▼ Cette locution est un peu familière.

3 Au vu et au su de. Sur le vu de. Locutions figées (parfaitement correctes) : *Il agira au vu et au su de tout le monde. Sur le vu des pièces présentées.* Cette dernière locution est surtout employée dans la langue administrative.

4 Ces femmes que j'ai *vues* **danser.** Accord avec le complément direct placé avant le verbe, si le complément direct de *j'ai vu* est aussi le sujet de l'action exprimée par l'infinitif (= ces femmes qui dansaient).

5 Ces danses que j'ai *vu* **danser.** Participe invariable, car le complément de *j'ai vu* n'est pas le sujet, mais l'objet de l'action exprimée par l'infinitif (= ces danses que l'on dansait).

6 J'ai vu ces femmes *accablées* **de fatigue.** Accord du deuxième participe passé *(acca-*

blées). De même : *Elles se sont vues contraintes de partir.* De même aussi : *Ces femmes que j'ai vues accablées de fatigue.*

7 J'ai vu ces femmes *accablant* **de travail leurs enfants.** Le participe présent *(accablant)* est toujours invariable.

vue n. f. Nombreuses expressions.

1 Sans trait d'union : *à perte de vue, à première vue.*

2 Tandis que *à vue d'œil* est correct, *à vue de nez* est familier.

3 Point de vue ▷ point 1 (6 et 7).

4 Au singulier dans : *Connaître des gens de vue, avoir des projets en vue, des personnes en vue, ils se transforment à vue d'œil, ils tirent à vue.*

5 Au pluriel dans : *hauteur, largeur, profondeur de vues* (= d'idées), *un échange de vues, l'unité de vues.*

6 Bien distinguer *la prise de vue* (photographie) et *la prise de vues* (cinéma).

vulcaniser v. t. Traiter le caoutchouc. — Dérivé : *vulcanisation.*

vulcanologie, vulcanologique, vulcanologue ▷ volcanologie.

Vulgate n. f. Avec *V* majuscule : *la Vulgate,* version de la Bible.

vulnéraire Peut être adjectif *(plantes vulnéraires,* qui guérissent les blessures) ou substantif.

1 Un vulnéraire (masculin). Médicament servant à guérir les blessures.

2 La vulnéraire (féminin). Nom d'une plante.

W

wagon n. m. Prononciation, dérivés et composés.

1 ▼ Bien prononcer [vagɔ̃], et non *[wagɔ̃], prononciation fautive fréquente dans le nord de la France.

2 Deux *n* dans les dérivés : *wagonnage* [vagɔnaʒ], *wagonnée* [vagɔne], *wagonnet* [vagɔnɛ], *wagonnier* [wagɔnje].

3 Composés : *wagon-citerne (des wagons-citernes), wagon-foudre (des wagons-foudres), wagon-lit (des wagons-lits), wagon-poste (des wagons-poste, sans -s à poste), wagon-réservoir (des wagons-réservoirs), wagon-restaurant (des wagons-restaurants), wagon-salon (des wagons-salons), wagon-tombereau (des wagons-tombereaux), wagon-trémie (des wagons-trémies).*

wagon, voiture Ces noms ne sont pas toujours synonymes.

1 Dans le langage courant, *wagon* désigne tout véhicule roulant sur voie ferrée et servant soit au transport des voyageurs *(wagon de voyageurs, wagon de métro)*, soit au transport des marchandises *(wagon de marchandises)*.

2 Dans la langue précise et dans la langue technique des chemins de fer, *wagon* désigne un véhicule roulant sur voie ferrée et servant au transport des marchandises *(wagon plateforme, wagon couvert*, etc.), sauf s'il s'agit d'un véhicule servant au transport des bagages, auquel cas on dit *fourgon*. Dans la langue des chemins de fer, l'expression *wagon de marchandises* constitue donc un pléonasme. Pour désigner un véhicule servant au transport des voyageurs, la langue des chemins de fer ne connaît que le mot *voiture* : *Voiture de première classe.*

3 De même, les expressions *wagon-bar, wagonlit, wagon-restaurant, wagon-salon* appartiennent au langage courant. On dit mieux, dans la langue précise et technique : *voiture-bar (des voitures-bars), voiture-lit (des voitures-lits), voiture-restaurant (des voitures-restaurants), voiture-salon (des voitures-salons).*

Walhalla Dans la mythologie germanique, paradis des guerriers. — Prononciation : [valalla]. — Avec *W* majuscule. En français, toujours masculin : *le Walhalla.*

walkie-talkie ▷ talkie-walkie.

walkyrie n. f. Prononciation : [valkiʀi]. — Avec *W* majuscule : *les Walkyries*, divinités germaniques. — La graphie *valkyrie* est moins fréquente. — Avec *w* minuscule : *une walkyrie*, une femme grande, robuste, plantureuse (par plaisanterie).

wallon, onne adj. *ou* n. De la Wallonie, moitié sud de la Belgique : *La population wallonne. Les Wallons.* — N. m. *Le wallon* : ensemble des dialectes d'oïl parlés en Belgique. Ne désigne pas le français officiel parlé en Belgique, bien que les Belges francophones soient appelés *les Wallons.* ▼ Prononciation : [walɔ̃], et non *[valɔ̃]. De même : *Wallonie* [walɔni].

warrant n. m. (terme de commerce) Prononciation : [waʀɑ̃]. — Dérivés : *warrantage* [waʀɑ̃taʒ], *warranté, ée* [waʀɑ̃te, e], *warranter* [waʀɑ̃te]. Attention aux deux *r.* ▼ La prononciation avec [va-], jadis tenue pour moins bonne, tend à se répandre. Elle ne peut être considérée comme fautive.

water-closet n. m. (anglicisme) Prononciation : [watɛʀklɔzɛt]. — S'emploie le plus souvent au pluriel : *les water-closets* [-zɛt]. — S'abrège souvent en *water*, usité presque toujours au pluriel : *les waters* [watɛʀ]. Ne pas prononcer *[vatɛʀ], prononciation populaire. On dit aussi *les w.-c.* [dublɔvese] ou, plus souvent, [vese]. — Il est plus élégant de dire *les toilettes, les lavabos*, que *les waters.*

water-polo n. m. Prononciation : [watɛʀpɔlo].

waterproof n. m. *ou* adj. Prononciation : [watɛʀpʀuf].

1 Nom masculin (anglicisme vieilli) qui désignait un manteau imperméable. — Pl. : *des waterproofs* [-pʀuf]. — Equivalent moderne : *un imperméable.*

2 Adjectif (anglicisme) qui qualifie un objet ou un produit qui ne craint pas l'immersion dans l'eau ou le contact de l'eau. — Invariable : *Des montres waterproof.* — Equivalents français : *étanche, imperméable, à l'épreuve de l'eau.*

watt n. m. Unité de puissance. — Prononciation : [wat]. — Pl. : *des watts* [wat]. — Symbole : *W* (majuscule sans point).

wattheure [watœʀ] n. m. Symbole *Wh* (sans point). — Pl. : *des wattheures.*

wattman n. m. Anglicisme vieilli qui désignait un conducteur de tramway. — Prononciation : [watman]. — Pl. : *des wattmen* [watmɛn]. — Equivalents français et modernes : *conducteur, machiniste.*

wattmètre n. m. Appareil de mesure. — Prononciation : [watmɛtʀ(ə)]. — Pl. : *des wattmètres.* — En un seul mot, sans trait d'union.

week-end n. m. (anglicisme) Prononciation : [wikɛnd], et non *[wikẽd]. — Pl. : *des weeks-ends* [-ɛnd]. — Pas d'équivalent français, car *fin de semaine* désigne une réalité différente, la fin de la semaine de travail (jeudi et vendredi).

welter n. m. (anglicisme de la langue de la boxe) Prononciation : [wɛltɛʀ], plutôt que [vɛltɛʀ]. — Pl. : *des welters* [-tɛʀ]. — Equivalent français : *mi-moyen (des mi-moyens).*

wergeld n. m. (terme de droit germanique) Prononciation : [vɛʀgɛld].

westphalien, ienne adj. *ou* n. De la Westphalie, région d'Allemagne : *La population westpha-*lienne. *Les Westphaliens.* — Prononciation : [vɛstfaljẽ, jɛn].

western n. m. Prononciation : [wɛstɛʀn]. — Pl. : *des westerns* [-tɛʀn].

wharf n. m. (anglicisme) Prononciation : [waʀf]. — Pl. : *des wharfs* [waʀf]. — Equivalents français : *appontement, estacade.*

whisky n. m. Prononciation : [wiski]. — Pl. : *des whiskies* [-ki], plutôt que *des whiskys.* — Attention à la place du *h* et à celle du *y.* — La forme *whiskey* est irlandaise (à réserver pour le whisky irlandais).

whist n. m. Jeu. — Prononciation : [wist]. — Attention à la place du *h.*

white-spirit n. m. Anglicisme qui désigne un produit pétrolier (différent de l'*essence* ordinaire). — Prononciation : [wajtspiʀit]. — Pl. : *des white-spirits* [-ʀit].

wigwam n. m. Hutte, tente des Amérindiens. — Prononciation : [wigwam]. — Pl. : *des wigwams* [-wam].

winch n. m. Anglicisme qui désigne un treuil de voilier. — Prononciation : [winʃ]. — Pl. : *des winches* [winʃ]. — Dérivé : *wincher* [winʃœʀ] n. m. Equipier qui manœuvre un winch *(des winchers* [-ʃœʀ]).

wisigoth, othe [vizigo, ɔt] adj. *ou* n. *Les Wisigoths. Un Wisigoth. Une Wisigothe. Un chef wisigoth. Des reines wisigothes. L'armée wisigo-the.* ▼ L'adjectif *wisigoth* peut s'employer pour qualifier des personnes ou des choses : *Les guerriers wisigoths. L'art wisigoth. La civilisation wisigothe. L'architecture wisigothe.* En revanche, *wisigothique* [vizigɔtik] ne peut s'appliquer qu'à des choses : *L'art wisigothique. L'écriture wisigothique.*

wolfram [vɔlfʀam] n. m. Nom ancien de la *wolframite,* minerai de tungstène. Ne doit pas désigner le *tungstène* lui-même.

wurtembergeois, oise adj. *ou* n. Du Wurtemberg, région d'Allemagne : *La population wurtembergeoise. Les Wurtembergeois.* ▼ Ne pas déformer en **wurtembourgeois* (influence de *brandebourgeois).* Bien prononcer [vyʀtẽbɛʀʒwa], avec [tẽ], et non *[vyʀtɑ̃bɛʀʒwa].

xanth(o)- Préfixe (du grec *xanthos* « jaune »). Les composés en *xanth* ou *xantho* s'écrivent en un seul mot, sans trait d'union, et se prononcent avec [gz-] : *xanthie* [gzɑ̃ti], *xanthine* [gzɑ̃tin], *xanthome* [gzɑ̃tom], *xanthophylle* [gzɑ̃tɔfil], *xanthorie* [gzɑ̃tɔʀi].

xén(o) Préfixe (du grec *xenos* « étranger »). Les composés en *xén* ou *xéno* s'écrivent en un seul mot, sans trait d'union, et se prononcent avec [ks-] : *xénarthres* [ksenaʀtʀ(ə)] n. m. pl. (ordre de mammifères), *xénophile* [ksenɔfil], *xénophilie* [ksenɔfili], *xénophobe* [ksenɔfɔb], *xénophobie* [ksenɔfɔbi]. ▼ On évitera les prononciations relâchées en *[gz], très fréquentes, par exemple : *xénophobe* *[gzenɔfɔb], au lieu de [ksenɔfɔb].

xénon n. m. Gaz. — Prononciation : [ksenɔ̃].

xérès ou **jerez** n. m. Avec *X* ou *J* majuscule, sans accent : *du vin de Xeres* ou *du vin de Jerez*. — *Avec x* ou *j* minuscule : *du xérès*, avec accents, ou *du jerez*, sans accents *(Une bouteille de xérès, de jerez. Boire du xérès, du jerez).* — La forme *xérès* semble plus usitée que *jerez.* ▼ Trois prononciations pour *xérès* ou *jerez :* prononciation à l'espagnole, très difficile pour un français, [xeʀes], dans laquelle [x] est la « jota » ; prononciation [gzeʀes], qui est critiquée ; prononciation traditionnelle et recommandée [keʀes].

xéro- Préfixe (du grec *xêros* « sec »). Les composés en *xéro* s'écrivent en un seul mot, sans trait d'union, et se prononcent avec [ks] : *xérodermie* [kseʀɔdɛʀmi], *Xérographie* [kseʀɔgʀafi] (nom déposé, donc avec une majuscule), *xérophile* [kseʀɔfil], *xérophtalmie* [kseʀɔftalmi], *xérophyte* [kseʀɔfit].

xipho- Préfixe (du grec *xiphos* « épée »). Les composés en *xipho* s'écrivent en un seul mot, sans trait d'union, et se prononcent avec [ks] : *xiphoïde* [ksifɔid], *xiphoïdien, ienne* [ksifɔidjɛ̃, jɛn], *xiphophore* [ksifɔfɔʀ] ou *xipho* [ksifo], *xiphosures* [ksifɔzyʀ].

xoanon n. m. Statue grecque en bois. — Prononciation : [ksɔanɔn]. — Pl. : *des xoana.*

xyl(o)- Préfixe (du grec *xulon* « bois »). Les composés en *xyl* ou *xylo* s'écrivent en un seul mot, sans trait d'union, et se prononcent avec [ks] : *xylaire* [ksilɛʀ], *xylème* [ksilɛm], *xylène* [ksilen], *xylidine* [ksilidin], *xylocampe* [ksilɔkɑ̃p], *xylocarpe* [ksilɔkaʀp(ə)], *xylocope* [ksilɔkɔp], *xylographe* [ksilɔgʀaf], *xylographie* [ksilɔgʀafi], *xylographique* [ksilɔgʀafik], *xyloïdine* [ksilɔidin], *xylol* [ksilɔl], *xylophage* [ksilɔfaʒ], *xylophone* [ksilɔfɔn], *xylose* [ksiloz].

Y

y adv. *ou* pronom. Emplois délicats.

I ▼ Devant une forme commençant par *i*, on n'emploie pas *y* : *J'irai* (et non **j'y irai*). *Quand bien même il irait de la victoire* (et non **il y irait*).

II Après un impératif.

1 Quand *y* est placé immédiatement après une forme en *-e* ou *-a* de deuxième personne du singulier de l'impératif, cette forme prend un *-s* euphonique : *penses-y, vas-y.*

2 Si un infinitif suit l'impératif, pas de *-s* (sauf, bien sûr, si ce *-s* fait partie de la forme verbale de manière permanente) : *Va y mettre un peu d'ordre.* On remarquera l'absence de trait d'union dans ce cas.

3 Quand *y* est placé avec un pronom à l'impératif, il se place après ce pronom : *Mène-nous-y,* et non **mènes-y-nous.*

4 ▼ Eviter les constructions populaires **Mène-moi-z-y, *mets-toi-z-y.* Les constructions du type *mène-m'y, mettez-l'y, mets-t'y* sont théoriquement correctes, mais pratiquement inusitées. On tournera autrement : *mène-moi là, mettez-le là, mets-toi là.*

III Tours fautifs.

1 On évitera d'employer *y* dans une relative introduite par *où* : *Le magasin *où j'y vais souvent.* Tour correct : *Le magasin où je vais souvent.* ▼ Bien entendu, l'emploi de *y* est correct après *où* dans la locution : *il y a* : *La rue où il y a un cinéma.*

2 On évitera d'employer *y* dans une relative introduite par *que*, dans les tours populaires tels que : *Le village *que j'y vais passer mes vacances. Cette affaire *que j'y pense souvent.*

Tours corrects : *Le village où je vais passer mes vacances. Cette affaire à laquelle je pense souvent.* ▼ Bien entendu, l'emploi de *y* est parfaitement correct dans une phrase telle que : *Cette cave est fraîche, le vin que j'y ai mis se conserve bien.*

3 On évitera l'emploi populaire régional qui consiste à remplacer par *y* le pronom complément d'objet direct : *Ce travail est trop long, *j'y finirai demain,* au lieu de *je le finirai demain. La lettre à l'oncle Antoine ? *J'y fais tout de suite,* au lieu de *je la fais tout de suite.*

IV Y remplaçant *à lui, à elle, à eux* ou *à elles.*

1 Quand il s'agit d'une chose, *y* est obligatoire : *Cet événement m'a frappé, j'y pense souvent.* On ne peut dire *je pense *à lui souvent.*

2 Après *ne... que,* on peut cependant employer *à lui, à elle, à eux,* ou *à elles* dans tous les cas : *Cette composition de mathématiques l'inquiète, il ne pense qu'à elle.* Il est plus élégant cependant de tourner autrement : *Il ne pense qu'à cela* ou *C'est sa seule préoccupation.*

3 Quand il s'agit d'une personne ou d'une chose personnifiée (la Patrie, la Nature, etc.), l'emploi de *à lui, à elle, à eux, à elles* est préférable, en principe : *Il aime beaucoup sa fiancée, il pense à elle sans cesse.* Le tour *Il y pense sans cesse* est moins conseillé. Cependant l'emploi de *y* est facilement admis quand il permet d'éviter la répétition du pronom personnel : *Elle admire son cousin, elle parle de lui souvent et elle y pense sans cesse.*

4 Quand il s'agit d'un animal, on emploie normalement *y* (*Ce paysan est inquiet au sujet de ses vaches malades, il y pense sans cesse*), sauf s'il s'agit d'un animal familier que l'on assimile à une personne (*Cet enfant aime*

beaucoup son chien, il pense à lui souvent).
Cependant, même dans ce dernier cas, l'emploi
de *y* ne constitue pas une faute.

V Expressions.

1 Y compris ▷ compris.

2 Il y a, il est ▷ être (IV, 8).

yacht n. m. Mot d'origine néerlandaise et non
anglaise. On déconseille donc la prononciation
anglaise [jɔt]. On préférera [jakt] ou [yak].
Cette dernière prononciation, [jak], est la plus
recommandée.

yacht-club n. m. Prononciation : [yakklœb] ou
[jaktklœb] ou [jɔtklœb]. A la différence du
cas de *yacht,* la prononciation anglaise
[jɔtklœb] est acceptée pour l'anglicisme *yacht-
club.* — Pl. : *des yacht-clubs.*

yachting n. m. Prononciation : [jaktiŋ] ou
[jɔtiŋ]. A la différence du cas de *yacht,* la
prononciation anglaise [jɔtiŋ] est acceptée pour
l'anglicisme *yachting.* — Cet anglicisme tend
d'ailleurs à vieillir. On dit de nos jours : *la
navigation de plaisance* ou *la plaisance.*

yachtman n. m. La graphie anglaise *yachtsman* est
rare en français. — Prononciation : [jakman] ou
[jaktman] ou [jɔtman]. — Pl. : *des yachtmen*
[-mɛn]. — Cet anglicisme tend à vieillir. On dit
de nos jours : *plaisancier* ou *propriétaire de yacht.*
On évitera le féminin anglais *yachtwoman (des
yachtwomen),* qui ne s'est jamais bien imposé.

yack ou **yak** n. m. Animal. — La graphie *yak*
semble plus fréquente que *yack.*

yankee n. m. *ou* adj. Attention à la majuscule :
*Les habitudes yankees. Des espions yankees. Les
Yankees.* — Prononciation : [jãki], plutôt que
[janki].

yaourt n. m. Prononciation : [jauʀ], plutôt que
[jauʀt]. La forme *yogourt* est plus rare. La
graphie **yoghourt* est à éviter.

yatagan [jatagan] n. m. Sabre turc. — Avec
finale en *-an.*

yèble n. m. Forme moins fréquente que *hièble.*
▼ Elision et liaison obligatoires : *L'yèble. Une
feuille d'yèble. Les racines de l'yèble. Un yèble*
[œnjɛbl(ə)]. *Des yèbles* [dezjɛbl(ə)].

yen n. m. Monnaie japonaise. ▼ Invariable : *des
yen.*

yeti [jeti] n. m. « Homme des neiges » de
l'Himalaya. ▼ Pas d'accent aigu. — Pl. : *des
yetis* [-ti].

yeuse [jøz] Arbre. — Toujours féminin : *L'yeuse
toujours verte.* ▼ Elision et liaison obligatoires :
*L'yeuse. Une branche d'yeuse. Le feuillage de
l'yeuse. Les yeuses* [lezjøz].

yeux ▷ œil (I, 1, 2 et 3).

yé-yé n. *ou* adj. En deux mots, avec un trait
d'union. — Toujours invariable : *Les yé-yé. Une
yé-yé. Les chanteurs yé-yé.*

yiddish [jidiʃ] adj. *ou* n. m. La forme *yiddish*
est à préférer aux formes rares *yidish, yddish.*
— Invariable : *La langue yiddish. Les mots
yiddish.*

yod [jɔd] n. m. Son consonantique noté [j].
Usage mal fixé pour le pluriel : *des yods* ou *des
yod.* On pourra préférer l'invariabilité. ▼ Ni
élision ni liaison : *Le yod. La prononciation du
yod. Un yod* [œ̃jɔd].

yoga n. m. Doctrine mystique ; gymnastique. — Ne pas confondre *le yoga,* doctrine
mystique de l'Inde, et *le yogi* [jɔgi], ascète de
l'Inde adepte du yoga (pl. : *des yogi* ou *des
yogis).*

yogourt ▷ yaourt.

yole n. f. Embarcation. ▼ Ni élision ni liaison :
*La yole. Un aviron de yole. L'avant de la yole.
Les yoles* [lejɔl].

you-you, youyou Deux noms masculins homophones à distinguer.

1 you-you (avec un trait d'union) Onomatopée
imitant un cri. — Invariable : *des you-you
stridents.*

2 youyou (en un seul mot, sans trait d'union)
Canot. — Pl. : *des youyous.*

Yo-Yo n. m. Jouet. — Nom déposé. — Avec deux
fois *Y* majuscule. — Invariable : *des Yo-Yo.*

ypérite Gaz de combat. — Toujours féminin :
L'ypérite est très dangereuse. ▼ Aucun rapport
avec le préfixe *hyper-.* Vient du nom de la ville
d'*Ypres.* Ne pas écrire **hypérite.*

ysopet n. m. Fable du Moyen Age. — Finale
en *-et.*

Z

zagaie ▷ sagaie.

zaibatsu n. m. Trust japonais. — Prononciation : [zajbatsu]. — Invariable : *des zaibatsu.*

zain [zɛ̃] adj. Qualifie un cheval ou un chien qui n'a aucun poil blanc. ▼ Cet adjectif peut prendre la marque du pluriel *(Des chevaux zains),* mais est inusité au féminin.

zakouski [zakuski] n. m. pl. *Les zakouski :* hors-d'œuvre russes. ▼ Ce mot est un pluriel russe et ne prend pas le *-s* du pluriel français. — Ce mot est féminin en russe, mais masculin en français.

zèbre n. m. Avec un accent grave, et non circonflexe. — Les dérivés prennent un accent aigu : *zébré, zébrer, zébrure.*

zébu n. m. Animal. — Finale en *-u.* — Pl. : *des zébus* [-by].

zèle n. m. Avec accent grave. — Les dérivés prennent un accent aigu : *zélateur, zélé.*

zen n. m. Philosophie bouddhiste japonaise. — Prononciation : [zɛn]. — Comme adjectif, toujours invariable : *Les artistes zen.*

zend n. m. *Le zend :* désignait la langue sacrée des livres de l'Avesta. — De nos jours, on dit : *l'avestique.* — Prononciation : [zɛ̃d]. — S'emploie adjectivement : *La langue zende. Les livres zends* [zɛ̃d].

zénith n. m. Avec *-th* final prononcé : [zenit].

zénith, azimut ▷ azimut.

zénithal, ale, aux adj. Avec *-th-* et masculin pluriel en *-aux : Des points zénithaux.*

zéphyr n. m. Avec *-ph-* et *y.* Pas de *e* final. — Nom de vent, donc pas de majuscule *(Un doux zéphyr),* sauf s'il y a personnification *(Il adressa une prière à Zéphyr, le suppliant de pousser doucement son navire).*

zéro n. m. Chiffre ; nombre nul.

1 Avec *-s* du pluriel : *Ajouter des zéros. Ecrire des zéros.*

2 On écrira : *partir de zéro,* et non *partir à zéro.*

zest, zeste Deux noms masculins à bien distinguer par la graphie.

1 **Entre le zist et le zest** *(expression figée familière)* Dans un état incertain.

2 **Le zeste d'un citron, d'une orange** Ecorce de fruit.

zeugma [zøgma] n. m. Procédé de style. — Finale en *-a.* — Pl. : *des zeugmas.*

zézaiement n. m. Attention au *e* muet intérieur. — Le mot *zézaiement* est d'un registre plus soutenu, *zozotement* d'un registre plus familier. Même différence entre *zézayer* et *zozoter.*

ziggourat Tour babylonienne. — Prononciation : [ziguʀat]. — Pl. : *des ziggourats* [-ʀat]. —Attention aux deux *g.* ▼ Toujours féminin : *Une ziggourat très haute.*

zigzag n. m. En un seul mot, sans trait d'union. De même : *zigzagant, zigzaguer.* — Pl. : *des zigzags.* — Au singulier dans : *des routes en zigzag, ils courent en zigzag.*

zigzagant, zigzaguant Ne pas écrire l'adjectif variable *zigzagant, ante (Une démarche zigzagante)* comme le participe présent invariable *zigzaguant (Zigzaguant au milieu de la chaussée, les deux ivrognesses finirent tout de même par rentrer chez elles).*

zigzaguer v. i. Toujours avec *-gu-*, même devant *a* ou *o* : *il zigzaguait, nous zigzaguons.*

zinc n. m. Métal. ▼ On prononce : [zɛ̃g], avec [g] final. — Attention aux dérivés.

1 Dérivés avec *c* : *zincate* [zɛ̃kat], *zincifère* [zɛ̃sifɛʀ], *zincite* [zɛ̃sit], *zincographie* [zɛ̃kɔgʀafi].

2 Dérivé avec *g* : *zingage* [zɛ̃gaʒ]. ▼ La forme *zincage* est vieille.

3 Dérivés avec *-gu-* : *zinguer (il zingua, nous zinguons), zingueur (Un plombier-zingueur, des plombiers-zingueurs).*

zinnia Plante. — Avec deux *n.* — Toujours masculin : *Un beau zinnia.*

zinzolin, ine. [zɛ̃zɔlɛ̃, in] adj. Variable en nombre et en genre : *Des tissus zinzolins. Des robes zinzolines,* d'un violet tirant sur le rouge.

zircon [ziʀkɔ̃] n. m. Pierre fine. — Un seul *n* dans les dérivés : *zircone* [ziʀkɔn] n. f. (oxyde de zirconium), *zirconite* n. f. (variété de zircon), *zirconium* [ziʀkɔnjɔm] n. m. (métal).

zist ▷ **zest.**

zizanie n. f. Avec un seul *n.* — Mot légèrement familier.

zodiaque n. m. Finale en *-aque*, et non en **-ac.* — Avec *z* minuscule : *le zodiaque, les signes de zodiaque.* — En revanche, le nom de chaque signe prend une majuscule : *le Scorpion, la Balance, le Lion,* etc.

zombie [zɔ̃bi] n. m. Aux Antilles, revenant. — Pl. : *des zombies.* — La graphie *zombi* est rare.

zona n. m. Maladie. — Pl. : *des zonas.*

zone n. f. ▼ Se prononce [zon], avec *o* fermé, mais s'écrit sans accent circonflexe. De même : *zonage* [zonaʒ], *zonal, ale, aux* [zonal, al, o], *zoné, ée* [zone, e], *zonier, ière* [zonje, jɛʀ].

zoning [zoniŋ] n. m. Anglicisme, à remplacer par *zonage.*

zonure [zonyʀ] n. m. Reptile. ▼ Toujours masculin : *Un zonure très gros.*

1. zoo n. m. Abréviation familière de *(jardin) zoo(logique).* ▼ Prononcer [zɔo] ou [zoo]. Eviter la prononciation populaire **[zo].

2 zoo- Préfixe (du grec *zôon* « animal »). Les composés en *zoo* s'écrivent en un seul mot, sans trait d'union : *zoogéographie* [zɔɔʒeɔgʀafi], *zoolâtre* [zɔɔlɑtʀ(ə)], *zootechnie* [zɔɔtɛkni], etc.

zoologiste n. m. *ou* f. La forme *zoologiste* est plus usitée que *zoologue.*

zoom n. m. (anglicisme de la langue du cinéma). Prononciation : [zum]. — Pl. : *des zooms* [zum].

zorille Animal. — Prononciation : [zɔʀij], plutôt que [zɔʀil]. — Pour le genre, l'usage est flottant. On préférera le féminin : *Une grande et belle zorille.*

zoroastrien, ienne adj. *ou* n. Avec *z* minuscule : *les zoroastriens.* — De même : *le zoroastrisme.*

zostère Plante. — De nos jours, plutôt féminin : *De longues zostères.*

zouave n. m. Soldat. — Avec un *z* minuscule : *les zouaves.*

zozotement, zozoter Avec un seul *t* ▷ **zézaiement, zézayer.**

zut ! interj. *(familier)* Avec un seul *t.*

zygène Requin-marteau ; papillon. — Pour le genre, l'usage est flottant. On préférera le féminin : *Une grande zygène.*

zygo- Préfixe (du grec *zugon* « joug »). Les composés en *zygo* s'écrivent en un seul mot, sans trait d'union : *zygoma* n. m. (os de la pommette), *zygomorphe, zygopétale* n. m. (plante), *zygophyllacées, zygote* n. m. (cellule-œuf).

zymo- Préfixe (du grec *zumê* « ferment »). Les composés en *zymo* s'écrivent en un seul mot, sans trait d'union : *zymase* n. f. (diastase), *zymotechnie,* etc.

ANNEXES

LES CONJUGAISONS

Les verbes choisis pour modèles ont été classés dans l'ordre suivant :

Verbes **AVOIR** et **ÊTRE** et emplois auxiliaires de ces verbes

Verbes en **-ER** *(chanter, aller,* verbes à difficultés)

Verbes en **-IR** / **-ISSAIT** / **-ISSANT** *(finir, bénir, fleurir, haïr)*

Verbes en **-IR** autres que ceux en *-issait* / *-issant*

Verbes en **-IRE**

Verbes en **-AIRE**

Verbes en **-OIR**

Verbes en **-OIRE**

Verbes en **-ORE**

Verbes en **-URE**

Verbes en **-ANDRE** et **-ENDRE**

Verbes en **-AINDRE, -EINDRE, -OINDRE**

Verbes en **OUDRE**

Autres verbes en **-DRE**

Verbes en **-AÎTRE**

Autres verbes en **-TRE**

Verbes en **-CRE, -PRE, -VRE**

Le lecteur trouvera en annexe ci-contre la liste alphabétique de tous les verbes choisis pour modèle, avec, pour chaque verbe, l'indication de la page à laquelle est placé le tableau de sa conjugaison.

LISTE ALPHABÉTIQUE DES MODÈLES DE CONJUGAISON

1 AVOIR

TEMPS SIMPLES	TEMPS COMPOSÉS
Indicatif présent	*Indicatif passé composé*
j'ai	j'ai eu
tu as	tu as eu
il a	il a eu
nous avons	nous avons eu
vous avez	vous avez eu
ils ont	ils ont eu
Indicatif imparfait	*Indicatif plus-que-parfait*
j'avais	j'avais eu
tu avais	tu avais eu
il avait	il avait eu
nous avions	nous avions eu
vous aviez	vous aviez eu
ils avaient	ils avaient eu
Indicatif passé simple	*Indicatif passé antérieur*
j'eus	j'eus eu
tu eus	tu eus eu
il eut	il eut eu
nous eûmes	nous eûmes eu
vous eûtes	vous eûtes eu
ils eurent	ils eurent eu
Indicatif futur	*Indicatif futur antérieur*
j'aurai	j'aurai eu
tu auras	tu auras eu
il aura	il aura eu
nous aurons	nous aurons eu
vous aurez	vous aurez eu
ils auront	ils auront eu

Conditionnel présent

j'aurais	nous aurions
tu aurais	vous auriez
il aurait	ils auraient

Conditionnel passé

1ʳᵉ FORME	2ᵉ FORME
j'aurais eu	j'eusse eu
tu aurais eu	tu eusses eu
il aurait eu	il eût eu
nous aurions eu	nous eussions eu
vous auriez eu	vous eussiez eu
ils auraient eu	ils eussent eu

Impératif présent	*Impératif passé*
aie	aie eu
ayons	ayons eu
ayez	ayez eu

Subjonctif présent	*Subjonctif passé*
que j'aie	que j'aie eu
que tu aies	aue tu aies eu
qu'il ait	qu'il ait eu
que nous ayons	que nous ayons eu
que vous ayez	que vous ayez eu
qu'ils aient	qu'ils aient eu

Subjonctif imparfait	*Subjonctif plus-que-parfait*
que j'eusse	que j'eusse eu
que tu eusses	que tu eusses eu
qu'il eût	qu'il eût eu
que nous eussions	que nous eussions eu
que vous eussiez	que vous eussiez eu
qu'ils eussent	qu'il eussent eu

Infinitif présent	*Infinitif passé*
avoir	avoir eu
Participe présent	*Participe passé composé*
ayant	ayant eu

Participe passé

eu (eue, eus, eues)

2 Le verbe AVOIR, auxiliaire pour les temps composés actifs de la plupart des verbes.

Indicatif passé composé	*Indicatif plus-que-parfait*
j'ai aimé	j'avais aimé
nous avons aimé	nous avions aimé
Indicatif passé antérieur	*Indicatif futur antérieur*
j'eus aimé	j'aurai aimé
nous eûmes aimé	nous aurons aimé

Conditionnel passé

1ʳᵉ FORME	2ᵉ FORME
j'aurais aimé	j'eusse aimé
nous aurions aimé	nous eussions aimé

Impératif passé	*Subjonctif passé*
aie aimé	que j'aie aimé
ayons aimé	que nous ayons aimé
ayez aimé	

Subjonctif plus-que-parfait

que j'eusse aimé
que nous eussions aimé

Infinitif passé	*Participe passé composé*
avoir aimé	ayant aimé

3 ÊTRE

TEMPS SIMPLES	TEMPS COMPOSÉS
Indicatif présent	*Indicatif passé composé*
je suis	j'ai été
tu es	tu as été
il est	il a été
nous sommes	nous avons été
vous êtes	vous avez été
ils sont	ils ont été
Indicatif imparfait	*Indicatif plus-que-parfait*
j'étais	j'avais été
tu étais	tu avais été
il était	il avait été
nous étions	nous avions été
vous étiez	vous aviez été
ils étaient	ils avaient été
Indicatif passé simple	*Indicatif passé antérieur*
je fus	j'eus été
tu fus	tu eus été
il fut	il eut été
nous fûmes	nous eûmes été
vous fûtes	vous eûtes été
ils furent	ils eurent été

Indicatif futur	Indicatif futur antérieur
je serai	j'aurai été
tu seras	tu auras été
il sera	il aura été
nous serons	nous aurons été
vous serez	vous aurez été
ils seront	ils auront été

Conditionnel présent

je serais	nous serions
tu serais	vous seriez
il serait	ils seraient

Conditionnel passé

1ʳᵉ FORME	2ᵉ FORME
j'aurais été	j'eusse été
tu aurais été	tu eusses été
il aurait été	il eût été
nous aurions été	nous eussions été
vous auriez été	vous eussiez été
ils auraient été	ils eussent été

Impératif présent	Impératif passé
sois	aie été
soyons	ayons été
soyez	ayez été

Subjonctif présent	Subjonctif passé
que je sois	que j'aie été
que tu sois	que tu aies été
qu'il soit	qu'il ait été
que nous soyons	que nous ayons été
que vous soyez	que vous ayez été
qu'ils soient	qu'ils aient été

Subjonctif imparfait	Subjonctif plus-que-parfait
que je fusse	que j'eusse été
que tu fusses	que tu eusses été
qu'il fût	qu'il eût été
que nous fussions	que nous eussions été
que vous fussiez	que vous eussiez été
qu'ils fussent	qu'ils eussent été

Infinitif présent	Infinitif passé
être	avoir été

Participe présent

étant

Participe passé	Participe passé composé
été *(invariable)*	ayant été

4 Le verbe ÊTRE, auxiliaire pour les temps composés actifs de certains verbes intransitifs

Indicatif passé composé

je suis arrivé (arrivée)...
nous sommes arrivés (arrivées)...

Indicatif plus-que-parfait

j'étais arrivé (arrivée)...
nous étions arrivés (arrivées)...

Indicatif passé antérieur

je fus arrivé (arrivée)...
nous fûmes arrivés (arrivées)...

Indicatif futur antérieur

je serai arrivé (arrivée)...
nous serons arrivés (arrivées)...

Conditionnel passé

1ʳᵉ FORME

je serais arrivé (arrivée)...
nous serions arrivés (arrivées)...

2ᵉ FORME

je fusse arrivé (arrivée)...
nous fussions arrivés (arrivées)...

Impératif passé

sois arrivé (arrivée)
soyons arrivés (arrivées)
soyez arrivés (arrivées)

Subjonctif passé

que je sois arrivé (arrivée)
que nous soyons arrivés (arrivées)

Subjonctif plus-que-parfait

que je fusse arrivé (arrivée)
que nous fussions arrivés (arrivées)

Infinitif passé

être arrivé (arrivée, arrivés, arrivées)

Participe passé composé

étant arrivé (arrivée, arrivés, arrivées)

5 Le verbe ÊTRE, auxiliaire pour les temps composés des verbes pronominaux.

Indicatif passé composé

je me suis coiffé (coiffée)
nous nous sommes coiffés (coiffées)

Indicatif plus-que-parfait

je m'étais coiffé (coiffée)
nous nous étions coiffés (coiffées)

Indicatif passé antérieur

je me fus coiffé (coiffée)
nous nous fûmes coiffés (coiffées)

Indicatif futur antérieur

je me serai coiffé (coiffée)
nous nous serons coiffés (coiffées)

Conditionnel passé

1ʳᵉ FORME

je me serais coiffé (coiffée)
nous nous serions coiffés (coiffées)

2ᵉ FORME

je me fusse coiffé (coiffée)
nous nous fussions coiffés (coiffées)

Impératif passé

inusité

Subjonctif passé

que je me sois coiffé (coiffée)
que nous nous soyons coiffés (coiffées)

Subjonctif plus-que-parfait

que je me fusse coiffé (coiffée)
que nous nous fussions coiffés (coiffées)

Infinitif passé

s'être coiffé (coiffée, coiffés, coiffées)

Participe passé composé

s'étant coiffé (coiffée, coiffés, coiffées)

Le verbe ÊTRE, auxiliaire pour les temps simples et composés passifs des verbes transitifs.

6 TEMPS SIMPLES

Indicatif présent

je suis aimé (aimée)
nous sommes aimés (aimées)

Indicatif imparfait

j'étais aimé (aimée)
nous étions aimés (aimées)

Indicatif passé simple

je fus aimé (aimée)
nous fûmes aimés (aimées)

Indicatif futur

je serai aimée (aimée)
nous serons aimés (aimées)

Conditionnel présent

je serais aimé (aimée)
nous serions aimés (aimées)

Impératif présent

sois aimé (aimée)
soyons aimés (aimées)
soyez aimés (aimées)

Subjonctif présent

que je sois aimé (aimée)
que nous soyons aimés (aimées)

Subjonctif imparfait

que je fusse aimé (aimée)
que nous fussions aimés (aimées)

Infinitif présent

être aimé (aimée, aimés, aimées)

Participe présent

étant aimé (aimée, aimés, aimées)

7 TEMPS COMPOSÉS

Indicatif passé composé

j'ai été aimé (aimée)
nous avons été aimés (aimées)

Indicatif plus-que-parfait

j'avais été aimé (aimée)
nous avions été aimés (aimées)

Indicatif passé antérieur

j'eus été aimé (aimée)
nous eûmes été aimés (aimées)

Indicatif futur antérieur

j'aurai été aimé (aimée)
nous aurons été aimés (aimées)

Conditionnel passé

1re FORME

j'aurais été aimé (aimée)
nous aurions été aimés (aimées)

2e FORME

j'eusse été aimé (aimée)
nous eussions été aimés (aimées)

Impératif passé

aie été aimé (aimée)
ayons été aimés (aimées)
ayez été aimés (aimées)

Subjonctif passé

que j'aie été aimé (aimée)
que nous ayons été aimés (aimées)

Subjonctif plus-que-parfait

que j'eusse été aimé (aimée)
que nous eussions été aimés (aimées)

Infinitif passé

avoir été aimé (aimée, aimés, aimées)

Participe passé composé

ayant été aimé (aimée, aimés, aimées)

Nota. — Les tableaux que nous présentons ci-dessous ne contiennent que les temps simples des verbes. Pour la conjugaison des temps composés, se reporter aux tableaux précédents.

8 CHANTER

Indicatif présent

je chante	nous chantons
tu chantes	vous chantez
il chante	ils chantent

Indicatif imparfait

je chantais	nous chantions
tu chantais	vous chantiez
il chantait	ils chantaient

Indicatif passé simple

je chantai	nous chantâmes
tu chantas	vous chantâtes
il chanta	ils chantèrent

Indicatif futur

je chanterai	nous chanterons
tu chanteras	vous chanterez
il chantera	ils chanteront

Conditionnel présent

je chanterais	nous chanterions
tu chanterais	vous chanteriez
il chanterait	ils chanteraient

Impératif présent

chante, chantons, chantez

Subjonctif présent

que je chante	que nous chantons
que tu chantes	que vous chantiez
qu'il chante	qu'ils chantent

Subjonctif imparfait

que je chantasse	que nous chantassions
que tu chantasses	que vous chantassiez
qu'il chantât	qu'ils chantassent

Participe présent   Participe passé

chantant	chanté (chantée, chantés, chantées)

9 ALLER

Aux temps composés, ce verbe se conjugue avec l'auxiliaire ÊTRE : *je suis allé (allée), tu es allé (allée)...*

Indicatif présent

je vais	nous allons
tu vas	vous allez
il va	ils vont

Indicatif imparfait

j'allais	nous allions
tu allais	vous alliez
il allait	ils allaient

Indicatif passé simple

j'allai	nous allâmes
tu allas	vous allâtes
il alla	ils allèrent

Indicatif futur

j'irai	nous irons
tu iras	vous irez
il ira	ils iront

Conditionnel présent

j'irais	nous irions
tu irais	vous iriez
il irait	ils iraient

Impératif présent

va, allons, allez

Subjonctif présent

que j'aille	que nous allions
que tu ailles	que vous alliez
qu'il aille	qu'ils aillent

Subjonctif imparfait

que j'allasse	que nous allassions
que tu allasses	que vous allassiez
qu'il allât	qu'ils allassent

Participe présent   Participe passé

allant	allé (allée, allés, allées)

10 GELER

Se conjuguent sur ce type les verbes suivants : *celer, ciseler, congeler, déceler, dégeler, démanteler, écarteler, s'encasteler, marteler, modeler, peler, receler, regeler.* Les autres verbes en *-eler* se conjuguent comme APPELER.

Indicatif présent

je gèle	nous gelons
tu gèles	vous gelez
il gèle	ils gèlent

Indicatif imparfait

je gelais	nous gelions
tu gelais	vous geliez
il gelait	ils gelaient

Indicatif passé simple

je gelai	nous gelâmes
tu gelas	vous gelâtes
il gela	ils gelèrent

Indicatif futur

il gèlerai	nous gèlerons
tu gèleras	vous gèlerez
il gèlera	ils gèleront

Conditionnel présent

je gèlerais	nous gèlerions
tu gèlerais	vous gèleriez
il gèlerait	ils gèleraient

Impératif présent

gèle, gelons, gelez

Subjonctif présent

que je gèle	que nous gelions
que tu gèles	que vous geliez
qu'il gèle	qu'ils gèlent

Subjonctif imparfait

que je gelasse	que nous gelassions
que tu gelasses	que vous gelassiez
qu'il gelât	qu'ils gelassent

Participe présent   Participe passé

gelant	gelé (gelée, gelés, gelées)

11 CÉDER

Les verbes qui ont un *é* fermé à l'avant-dernière syllabe de l'infinitif changent *é* en *è* devant *e* muet, sauf à l'indicatif futur et au conditionnel présent.

Indicatif présent

je cède	nous cédons
tu cèdes	vous cédez
il cède	ils cèdent

Indicatif imparfait

je cédais	nous cédions
tu cédais	vous cédiez
il cédait	ils cédaient

Indicatif passé simple

je cédai	nous cédâmes
tu cédas	vous cédâtes
il céda	ils cédèrent

Indicatif futur

je céderai	nous céderons
tu céderas	vous céderez
il cédera	ils céderont

Conditionnel présent

je céderais	nous céderions
tu céderais	vous céderiez
il céderait	ils céderaient

Impératif présent

cède, cédons, cédez

Subjonctif présent

que je cède	que nous cédions
que tu cèdes	que vous cédiez
qu'il cède	qu'ils cèdent

Subjonctif imparfait

que je cédasse	que nous cédassions
que tu cédasses	que vous cédassiez
qu'il cédât	qu'ils cédassent

Participe présent — *Participe passé*

cédant — cédé (cédée, cédés, cédées)

12 LEVER

Les verbes en *-ecer, -emer, -ener, -eper, -eser, -ever, -evrer* changent e en è devant une syllabe muette, même à l'indicatif futur et au conditionnel présent.

Indicatif présent

je lève	nous levons
tu lèves	vous levez
il lève	ils lèvent

Indicatif imparfait

je levais	nous levions
tu levais	vous leviez
il levait	ils levaient

Indicatif passé simple

je levai	nous levâmes
tu levas	vous levâtes
il leva	ils levèrent

Indicatif futur

Je lèverai	nous lèverons
tu lèveras	vous lèverez
il lèvera	ils lèveront

Conditionnel présent

je lèverais	nous lèverions
tu lèverais	vous lèveriez
il lèverait	ils lèveraient

Impératif présent

lève, levons, levez

Subjonctif présent

que je lève	que nous levions
que tu lèves	que vous leviez
qu'il lève	qu'ils lèvent

Subjonctif imparfait

que je levasse	que nous levassions
que tu levasses	que vous levassiez
qu'il levât	qu'ils levassent

Participe présent — *Participe passé*

levant — levé (levée, levés, levées)

13 APPELER

Les verbes de ce type doublent le *l* devant un *e* muet, sauf *celer, ciseler, congeler, déceler, dégeler, démanteler, écarteler, s'encasteler, marteler, modeler, peler, receler, regeler*, qui se conjuguent sur le type GELER.

Indicatif présent

j'appelle	nous appelons
tu appelles	vous appelez
il appelle	ils appellent

Indicatif imparfait

j'appelais	nous appelions
tu appelais	vous appeliez
il appelait	ils appelaient

Indicatif passé simple

j'appelai	nous appelâmes
tu appelas	vous appelâtes
il appela	ils appelèrent

Indicatif futur

j'appellerai	nous appellerons
tu appelleras	vous appellerez
il appellera	ils appelleront

Conditionnel présent

j'appellerais	nous appellerions
tu appellerais	vous appelleriez
il appellerait	ils appelleraient

Impératif présent

appelle, appelons, appelez

Subjonctif présent

que j'appelle	que nous appelions
que tu appelles	que vous appeliez
qu'il appelle	qu'ils appellent

Subjonctif imparfait

que j'appelasse	que nous appelassions
que tu appelasses	que vous appelassiez
qu'il appelât	qu'ils appelassent

Participe présent

Participe passé

appelant	appelé (appelée, appelés, appelées)

14 JETER

Les verbes en -eter doublent le t devant un e muet, sauf acheter, bégueter, corseter, crocheter, fureter, haleter, racheter.

Indicatif présent

je jette	nous jetons
tu jettes	vous jetez
il jette	ils jettent

Indicatif imparfait

je jetais	nous jetions
tu jetais	vous jetiez
il jetait	ils jetaient

Indicatif passé simple

je jetai	nous jetâmes
tu jetas	vous jetâtes
il jeta	ils jetèrent

Indicatif futur

je jetterai	nous jetterons
tu jetteras	vous jetterez
il jettera	ils jetteront

Conditionnel présent

je jetterais	nous jetterions
tu jetterais	vous jetteriez
il jetterait	ils jetteraient

Impératif présent

jette, jetons, jetez

Subjonctif présent

que je jette	que nous jetions
que tu jettes	que vous jetiez
qu'il jette	qu'ils jettent

Subjonctif imparfait

que je jetasse	que nous jetassions
que tu jetasses	que vous jetassiez
qu'il jetât	qu'ils jetassent

Participe présent

Participe passé

jetant	jeté (jetée, jetés, jetées)

15 ACHETER

Les verbes de ce type changent e en è devant une syllabe muette. Se conjuguent sur ce type : corseter, crocheter, fureter, haleter, racheter. Tous les autres verbes en -eter se conjuguent comme JETER.

Indicatif présent

j'achète	nous achetons
tu achètes	vous achetez
il achète	ils achètent

Indicatif imparfait

j'achetais	nous achetions
tu achetais	vous achetiez
il achetait	ils achetaient

Indicatif passé simple

j'achetai	nous achetâmes
tu achetas	vous achetâtes
il acheta	ils achetèrent

Indicatif futur

j'achèterai	nous achèterons
tu achèteras	vous achèterez
il achètera	ils achèteront

Conditionnel présent

j'achèterai	nous achèterions
tu achèterais	vous achèteriez
il achèterait	ils achèteraient

Impératif présent

achète, achetons, achetez

Subjonctif présent

que j'achète	que nous achetions
que tu achètes	que vous achetiez
qu'il achète	qu'ils achètent

Subjonctif imparfait

que j'achetasse	que nous achetassions
que tu achetasses	que vous achetassiez
qu'il achetât	qu'ils achetassent

Participe présent

Participe passé

achetant	acheté (achetée, achetés, achetées)

16 MANGER

Les verbes en -ger se conjuguent avec intercalation d'un e après g, devant a ou o.

Indicatif présent

je mange	nous mangeons
tu manges	vous mangez
il mange	Ils mangent

Indicatif imparfait

je mangeais	nous mangions
tu mangeais	vous mangiez
il mangeait	ils mangeaient

Indicatif passé simple

je mangeai	nous mangeâmes
tu mangeas	vous mangeâtes
il mangea	ils mangèrent

Indicatif futur

je mangerai	nous mangerons
tu mangeras	vous mangerez
il mangera	ils mangeront

Conditionnel présent

je mangerais	nous mangerions
tu mangerais	vous mangeriez
il mangerait	ils mangeraient

Impératif présent

mange, mangeons, mangez

Subjonctif présent

que je mange	que nous mangions
que tu manges	que vous mangiez
qu'il mange	qu'ils mangent

Subjonctif imparfait

que je mangeasse	que nous mangeassions
que tu mangeasses	que vous mangeassiez
qu'il mangeât	qu'ils mangeassent

Participe présent

mangeant

Participe passé

mangé (mangée, mangés, mangées)

17 PLACER

Les verbes en -cer changent c en ç devant a ou o.

Indicatif présent

je place	nous plaçons
tu places	vous placez
il place	ils placent

Indicatif imparfait

je plaçais	nous placions
tu plaçais	vous placiez
il plaçait	ils plaçaient

Indicatif passé simple

je plaçai	nous plaçâmes
tu plaças	vous plaçâtes
il plaça	ils placèrent

Indicatif futur

je placerai	nous placerons
tu placeras	vous placerez
il placera	ils placeront

Conditionnel présent

je placerais	nous placerions
tu placerais	vous placeriez
il placerait	ils placeraient

Impératif présent

place, plaçons, placez

Subjonctif présent

que je place	que nous placions
que tu places	que vous placiez
qu'il place	qu'ils placent

Subjonctif imparfait

que je plaçasse	que nous plaçassions
que tu plaçasses	que vous plaçassiez
qu'il plaçât	qu'ils plaçassent

Participe présent

plaçant

Participe passé

placé (placée, placés, placées)

18 ASSIÉGER

Les verbes en -éger changent é en è devant un e muet, sauf au futur et au conditionnel. En outre, un e s'intercale après g devant a ou o.

Indicatif présent

j'assiège	nous assiégeons
tu assièges	vous assiégez
il assiège	ils assiègent

Indicatif imparfait

j'assiégeais	nous assiégions
tu assiégeais	vous assiégiez
il assiégeait	ils assiégeaient

Indicatif passé simple

j'assiégeai	nous assiégeâmes
tu assiégeas	vous assiégeâtes
il assiégea	ils assiégèrent

Indicatif futur

j'assiégerai	nous assiégerons
tu assiégeras	vous assiégerez
il assiégera	ils assiégeront

Conditionnel présent

j'assiégerais	nous assiégerions
tu assiégerais	vous assiégeriez
il assiégerait	ils assiégeraient

Impératif présent

assiège, assiégeons, assiégez

Subjonctif présent

que j'assiège	que nous assiégions
que tu assièges	que vous assiégiez
qu'il assiège	qu'ils assiègent

Subjonctif imparfait

que j'assiégeasse	que nous assiégeassions
que tu assiégeasses	que vous assiégeassiez
qu'il assiégeât	qu'ils assiégeassent

Participe présent

assiégeant

Participe passé

assiégé (assiégée, assiégés, assiégées)

19 CRÉER

Les verbes en -éer, -ier, -ouer, -uer ont, conformément à la règle générale, un e muet à la fin du radical, au futur de l'indicatif et au présent du conditionnel : je créerai, j'associerai, je jouerai, je remuerai... ; je créerais, j'associerais, je jouerais, je remuerais...

Indicatif présent

je crée	nous créons
tu crées	vous créez
il crée	ils créent

Indicatif imparfait

je créais	nous créions
tu créais	vous créiez
il créait	ils créaient

Indicatif passé simple

je créai	nous créâmes
tu créas	vous créâtes
il créa	ils créèrent

Indicatif futur

je créerai	nous créerons
tu créeras	vous créerez
il créera	ils créeront

Conditionnel présent

je créerais	nous créerions
tu créerais	vous créeriez
il créerait	ils créeraient

Impératif présent

crée, créons, créez

Subjonctif présent

que je crée	que nous créions
que tu crées	que vous créiez
qu'il crée	qu'ils créent

Subjonctif imparfait

que je créasse	que nous créassions
que tu créasses	que vous créassiez
qu'il créât	qu'ils créassent

Participe présent

créant

Participe passé

créé (créée, créés, créées)

20 ASSOCIER

Les verbes en -*ier* prennent deux *i* à la première et à la deuxième personne du pluriel de l'indicatif imparfait et du subjonctif présent.

Indicatif présent

j'associe	nous associons
tu associes	vous associez
il associe	ils associent

Indicatif imparfait

j'associais	nous associions
tu associais	vous associiez
il associait	ils associaient

Indicatif passé simple

j'associai	nous associâmes
tu associas	vous associâtes
il associa	ils associèrent

Indicatif futur

j'associerai	nous associerons
tu associeras	vous associerez
il associera	ils associeront

Conditionnel présent

j'associerais	nous associerions
tu associerais	vous associeriez
il associerait	Ils associeraient

Impératif présent

associe, associons, associez

Subjonctif présent

que j'associe	que nous associions
que tu associes	que vous associiez
qu'il associe	qu'ils associent

Subjonctif imparfait

que j'associasse	que nous associassions
que tu associasses	que vous associassiez
qu'il associât	qu'ils associassent

Participe présent

associant

Participe passé

associé (associée, associés, associées)

21 ABOYER

Les verbes en -*oyer* changent *y* en *i* devant un *e* muet (voir aussi ENVOYER).

Indicatif présent

j'aboie	nous aboyons
tu aboies	vous aboyez
il aboie	ils aboient

Indicatif imparfait

j'aboyais	nous aboyions
tu aboyais	vous aboyiez
il aboyait	ils aboyaient

Indicatif passé simple

j'aboyai	nous aboyâmes
tu aboyas	vous aboyâtes
il aboya	ils aboyèrent

Indicatif futur

j'aboierai	nous aboierons
tu aboieras	vous aboierez
il aboiera	ils aboieront

Conditionnel présent

j'aboierais	nous aboierions
tu aboierais	vous aboieriez
il aboierait	ils aboieraient

Impératif présent

aboie, aboyons, aboyez

Subjonctif présent

que j'aboie	que nous aboyions
que tu aboies	que vous aboyiez
qu'il aboie	qu'ils aboient

Subjonctif imparfait

que j'aboyasse	que nous aboyassions
que tu aboyasses	que vous aboyassiez
qu'il aboyât	qu'ils aboyassent

Participe présent	Participe passé
aboyant	aboyé (aboyée, aboyés, aboyées)

22 ENVOYER

Envoyer et *renvoyer* se conjuguent comme ABOYER, sauf au futur et au conditionnel.

Indicatif présent

j'envoie	nous envoyons
tu envoies	vous envoyez
il envoie	ils envoient

Indicatif imparfait

j'envoyais	nous envoyions
tu envoyais	vous envoyiez
il envoyait	ils envoyaient

Indicatif passé simple

j'envoyai	nous envoyâmes
tu envoyas	vous envoyâtes
il envoya	ils envoyèrent

Indicatif futur

j'enverrai	nous enverrons
tu enverras	vous enverrez
il enverra	ils enverront

Conditionnel présent

j'enverrais	nous enverrions
tu enverrais	vous enverriez
il enverrait	ils enverraient

Impératif présent

envoie, envoyons, envoyez

Subjonctif présent

que j'envoie	que nous envoyions
que tu envoies	que vous envoyiez
qu'il envoie	qu'ils envoient

Subjonctif imparfait

que j'envoyasse	que nous envoyassions
que tu envoyasses	que vous envoyassiez
qu'il envoyât	qu'ils envoyassent

Participe présent	Participe passé
envoyant	envoyé (envoyée, envoyés, envoyées)

23 BALAYER

Les verbes en *-ayer* peuvent garder *y* à toutes les formes, mais l'usage moderne tend à le remplacer par *i* devant un *e* muet.

Indicatif présent

je balaie (balaye)	nous balayons
tu balaies (balayes)	vous balayez
il balaie (balaye)	Ils balaient (balayent)

Indicatif imparfait

je balayais	nous balayions
tu balayais	vous balayiez
il balayait	ils balayaient

Indicatif passé simple

je balayai	nous balayâmes
tu balayas	vous balayâtes
il balaya	ils balayèrent

Indicatif futur

je balaierai (balayerai)	nous balaierons (balayerons)
tu balaieras (balayeras)	vous balaierez (balayerez)
il balaiera (balayera)	ils balaieront (balayeront)

Conditionnel présent

je balaierais (balayerais)	nous balaierions (balayerions)
tu balaierais (balayerais)	vous balaieriez (balayeriez)
il balaierait (balayerait)	ils balaieraient (balayeraient)

Impératif présent

balaie (balaye), balayons, balayez

Subjonctif présent

que je balaie (balaye)	que nous balayions
que tu balaies (balayes)	que vous balayiez
qu'il balaie (balaye)	qu'ils balaient (balayent)

Subjonctif imparfait

que je balayasse	que nous balayassions
que tu balayasses	que vous balayassiez
qu'il balayât	qu'ils balayassent

Participe présent	Participe passé
balayant	balayé (balayée, balayés, balayées)

24 APPUYER

Les verbes en *-uyer* changent *y* en *i* devant un *e* muet.

Indicatif présent

j'appuie	nous appuyons
tu appuies	vous appuyez
il appuie	ils appuient

Indicatif imparfait

J'appuyais	nous appuyions
tu appuyais	vous appuyiez
il appuyait	ils appuyaient

Indicatif passé simple

j'appuyai	nous appuyâmes
tu appuyas	vous appuyâtes
il appuya	ils appuyèrent

Indicatif futur

j'appuierai	nous appuierons
tu appuieras	vous appuierez
il appuiera	ils appuieront

Conditionnel présent

j'appuierais	nous appuierions
tu appuierais	vous appuieriez
il appuierait	Ils appuieraient

Impératif présent

appuie, appuyons, appuyez

Subjonctif présent

que j'appuie	que nous appuyions
que tu appuies	que vous appuyiez
qu'il appuie	qu'ils appuient

Subjonctif imparfait

que j'appuyasse	que nous appuyassions
que tu appuyasses	que vous appuyassiez
qu'il appuyât	qu'ils appuyassent

| *Participe présent* | *Participe passé* |
| appuyant | appuyé (appuyée, appuyés, appuyées) |

26 BÉNIR

Ce verbe se conjugue comme *finir,* mais il a deux participes passés.

1. — *Bénit, bénite* s'emploie comme adjectif pour qualifier une chose qui a été l'objet d'une bénédiction de la part de l'Église : *du pain bénit ; de l'eau bénite ; un chapelet bénit ; une médaille bénite.* La forme *bénit, bénite* peut aussi s'employer, quand on parle d'une chose, comme participe à la forme passive, avec ou sans l'auxiliaire *avoir* et concurremment avec la forme *béni, bénie ; la chapelle est bénite* (ou *est bénie*) *par l'évêque,* ou *la chapelle a été bénite* (ou *a été bénie*) *par l'évêque.*

2. — *Béni, bénie* s'emploie quand on parle d'une personne *(béni soit le Seigneur)* ou quand on emploie l'auxiliaire *avoir,* dans un temps composé de la forme active : *l'évêque a béni la chapelle.*

25 FINIR

Indicatif présent

je finis	nous finissons
tu finis	vous finissez
il finit	ils finissent

Indicatif imparfait

je finissais	nous finissions
tu finissais	vous finissiez
il finissait	ils finissaient

Indicatif passé simple

je finis	nous finîmes
tu finis	vous finîtes
il finit	ils finirent

Indicatif futur

je finirai	nous finirons
tu finiras	vous finirez
il finira	ils finiront

Conditionnel présent

je finirais	nous finirions
tu finirais	vous finiriez
il finirait	ils finiraient

Impératif présent

finis, finissons, finissez

Subjonctif présent

que je finisse	que nous finissions
que tu finisses	que vous finissiez
qu'il finisse	qu'ils finissent

Subjonctif imparfait

que je finisse	que nous finissions
que tu finisses	que vous finissiez
qu'il finît	qu'ils finissent

| *Participe présent* | *Participe passé* |
| finissant | fini (finie, finis, finies) |

27 FLEURIR

Ce verbe a deux formes d'indicatif imparfait et de participe présent. La première (radical FLEURISS-) s'emploie quand le verbe est pris au sens propre :

je fleurissais	nous fleurissions
tu fleurissais	vous fleurissiez
il fleurissait	ils fleurissaient

fleurissant

La seconde forme (radical FLORISS-) n'est usitée qu'aux troisièmes personnes (singulier et pluriel) de l'indicatif imparfait et au participe présent adjectivé, quand le verbe est pris au sens figuré de « prospérer, être en plein épanouissement » : *en ce temps-là, la poésie courtoise des troubadours florissait dans le Midi ; un pays florissant ; une bonne mine est l'indice d'une santé florissante.*

28 HAÏR

Indicatif présent

je hais	nous haïssons
tu hais	vous haïssez
il hait	ils haïssent

Indicatif imparfait

je haïssais	nous haïssions
tu haïssais	vous haïssiez
il haïssait	ils haïssaient

Indicatif passé simple

je haïs	nous haïmes
tu haïs	vous haïtes
il haït	ils haïrent

Indicatif futur

je haïrai	nous haïrons
tu haïras	vous haïrez
il haïra	ils haïront

Conditionnel présent

je haïrais	nous haïrions
tu haïrais	vous haïriez
il haïrait	ils haïraient

Impératif présent

hais, haïssons, haïssez

Subjonctif présent

que je haïsse	que nous haïssions
que tu haïsses	que vous haïssiez
qu'il haïsse	qu'ils haïssent

Subjonctif imparfait

que je haïsse	que nous haïssions
que tu haïsses	que vous haïssiez
qu'il haït	qu'ils haïssent

Participe présent   *Participe passé*

haïssant   haï (haïe, haïs, haïes)

29 ACQUÉRIR

Se conjuguent sur ce type : *conquérir, s'enquérir, reconquérir, requérir.* — Le verbe archaïque *quérir* ne s'emploie plus de nos jours qu'à l'infinitif.

Indicatif présent

j'acquiers	nous acquérons
tu acquiers	vous acquérez
il acquiert	ils acquièrent

Indicatif imparfait

j'acquérais	nous acquérions
tu acquérais	vous acquériez
il acquérait	Ils acquéraient

Indicatif passé simple

j'acquis	nous acquîmes
tu acquis	vous acquîtes
il acquit	ils acquirent

Indicatif futur

j'acquerrai	nous acquerrons
tu acquerras	vous acquerrez
il acquerra	ils acquerront

Conditionnel présent

j'acquerrais	nous acquerrions
tu acquerrais	vous acquerriez
il acquerrait	ils acquerraient

Impératif présent

acquiers, acquérons, acquérez

Subjonctif présent

que j'acquière	que nous acquérions
que tu acquières	que vous acquériez
qu'il acquière	qu'ils acquièrent

Subjonctif imparfait

que j'acquisse	que nous acquissions
que tu acquisses	que vous acquissiez
qu'il acquît	qu'ils acquissent

Participe présent   *Participe passé*

acquérant   acquis (acquise, acquis, acquises)

30 ASSAILLIR

Se conjuguent sur ce type : *défaillir, tressaillir.*

Indicatif présent

j'assaille	nous assaillons
tu assailles	vous assaillez
il assaille	ils assaillent

Indicatif imparfait

j'assaillais	nous assaillions
tu assaillais	vous assailliez
il assaillait	ils assaillaient

Indicatif passé simple

j'assaillis	nous assaillîmes
tu assaillis	vous assaillîtes
il assaillit	ils assaillirent

Indicatif futur

j'assaillirai	nous assaillirons
tu assailliras	vous assaillirez
il assaillira	ils assailliront

Conditionnel présent

j'assaillirais	nous assaillirions
tu assaillirais	vous assailliriez
il assaillirait	ils assailliraient

Impératif présent

assaille, assaillons, assaillez

Subjonctif présent

que j'assaille	que nous assaillions
que tu assailles	que vous assailliez
qu'il assaille	qu'ils assaillent

Subjonctif imparfait

que j'assaillisse	que nous assaillissions
que tu assaillisses	que vous assaillissiez
qu'il assaillît	qu'ils assaillissent

Participe présent   *Participe passé*

assaillant   assailli (assaillie, assaillis, assaillies)

31 BOUILLIR

Les composés *débouillir* et *rebouillir* se conjuguent sur ce type.

Indicatif présent

je bous	nous bouillons
tu bous	vous bouillez
il bout	ils bouillent

Indicatif imparfait

je bouillais	nous bouillions
tu bouillais	vous bouilliez
il bouillait	ils bouillaient

Indicatif passé simple

je bouillis	nous bouillîmes
tu bouillis	vous bouillîtes
Il bouillit	ils bouillirent

Indicatif futur

je bouillirai	nous bouillirons
tu bouilliras	vous bouillirez
il bouillira	ils bouilliront

Conditionnel présent

je bouillirais	nous bouillirions
tu bouillirais	vous bouilliriez
il bouillirait	ils bouilliraient

Impératif présent

bous, bouillons, bouillez

Subjonctif présent

que je bouille	que nous bouillions
que tu bouilles	que vous bouilliez
qu'il bouille	qu'ils bouillent

Subjonctif imparfait

que je bouillisse	que nous bouillissions
que tu bouillisses	que vous bouillissiez
qu'il bouillît	qu'ils bouillissent

Participe présent	Participe passé
bouillant	bouilli (bouillie, bouillis, bouillies)

32 COURIR

Les composés de *courir* (*accourir, concourir, discourir, encourir, parcourir, recourir, secourir*) se conjuguent sur ce type.

Indicatif présent

je cours	nous courons
tu cours	vous courez
il court	ils courent

Indicatif imparfait

je courais	nous courions
tu courais	vous couriez
il courait	ils couraient

Indicatif passé simple

je courus	nous courûmes
tu courus	vous courûtes
il courut	ils coururent

Indicatif futur

je courrai	nous courrons
tu courras	vous courrez
il courra	ils courront

Conditionnel présent

je courrais	nous courrions
tu courrais	vous courriez
il courrait	ils courraient

Impératif présent

cours, courons, courez

Subjonctif présent

que je coure	que nous courions
que tu coures	que vous couriez
qu'il coure	qu'ils courent

Subjonctif imparfait

que je courusse	que nous courussions
que tu courusses	que vous courussiez
qu'il courût	qu'ils courussent

Participe présent	Participe passé
courant	couru (courue, courus, courues)

33 COUVRIR

Les composés de *couvrir* (*découvrir, recouvrir*), ainsi que *ouvrir* (et ses composés *entrouvrir, rentrouvrir, rouvrir*), *offrir* et *souffrir*, se conjuguent sur ce type.

Indicatif présent

je couvre	nous couvrons
tu couvres	vous couvrez
il couvre	ils couvrent

Indicatif imparfait

je couvrais	nous couvrions
tu couvrais	vous couvriez
il couvrait	ils couvraient

Indicatif passé simple

je couvris	nous couvrîmes
tu couvris	vous couvrîtes
il couvrit	ils couvrirent

Indicatif futur

je couvrirai	nous couvrirons
tu couvriras	vous couvrirez
il couvrira	ils couvriront

Conditionnel présent

je couvrirais	nous couvririons
tu couvrirais	vous couvririez
il couvrirait	ils couvriraient

Impératif présent

couvre, couvrons, couvrez

Subjonctif présent

que je couvre	que nous couvrions
que tu couvres	que vous couvriez
qu'il couvre	qu'ils couvrent

Subjonctif imparfait

que je couvrisse	que nous couvrissions
que tu couvrisses	que vous couvrissiez
qu'il couvrît	qu'ils couvrissent

Participe présent	Participe passé
couvrant	couvert (couverte, couverts, couvertes)

34 CUEILLIR

Les composés de *cueillir* (*accueillir* et *recueillir*) se conjuguent sur ce type.

Indicatif présent

je cueille	nous cueillons
tu cueilles	vous cueillez
il cueille	ils cueillent

Indicatif imparfait

je cueillais	nous cueillions
tu cueillais	vous cueilliez
il cueillait	ils cueillaient

Indicatif passé simple

je cueillis	nous cueillîmes
tu cueillis	vous cueillîtes
il cueillit	ils cueillirent

Indicatif futur

je cueillerai	nous cueillerons
tu cueilleras	vous cueillerez
il cueillera	ils cueilleront

Conditionnel présent

je cueillerais	nous cueillerions
tu cueillerais	vous cueilleriez
il cueillerait	ils cueilleraient

Impératif présent

cueille, cueillons, cueillez

Subjonctif présent

que je cueille	que nous cueillions
que tu cueilles	que vous cueilliez
qu'il cueille	qu'ils cueillent

Subjonctif imparfait

que je cueillisse	que nous cueillissions
que tu cueillisses	que vous cueillissiez
qu'il cueillît	qu'ils cueillissent

Participe présent / Participe passé

| cueillant | cueilli (cueillie, cueillis, cueillies) |

35 DORMIR

Les composés de *dormir (endormir, redormir, rendormir)* se conjuguent sur ce type.

Indicatif présent

je dors	nous dormons
tu dors	vous dormez
il dort	ils dorment

Indicatif imparfait

je dormais	nous dormions
tu dormais	vous dormiez
il dormait	ils dormaient

Indicatif passé simple

je dormis	nous dormîmes
tu dormis	vous dormîtes
il dormit	ils dormirent

Indicatif futur

je dormirai	nous dormirons
tu dormiras	vous dormirez
il dormira	ils dormiront

Conditionnel présent

je dormirais	nous dormirions
tu dormirais	vous dormiriez
il dormirait	ils dormiraient

Impératif présent

dors, dormons, dormez

Subjonctif présent

que je dorme	que nous dormions
que tu dormes	que vous dormiez
qu'il dorme	qu'ils dorment

Subjonctif imparfait

que je dormisse	que nous dormissions
que tu dormisses	que vous dormissiez
qu'il dormît	qu'ils dormissent

Participe présent / Participe passé

| dormant | dormi (*féminin et pluriel inusités, sauf pour les composés* : endormie, endormis, endormies ; rendormie, rendormis, rendormies) |

36 FAILLIR

Indicatif présent (archaïque)

je faux	nous faillons
tu faux	vous faillez
il faut	ils faillent

Indicatif imparfait inusité

Indicatif passé simple

je faillis	nous faillîmes
tu faillis	vous faillîtes
il faillit	ils faillirent

Indicatif futur

je faillirai	nous faillirons
tu failliras	vous faillirez
il faillira	ils failliront

Conditionnel présent

je faillirais	nous faillirions
tu faillirais	vous failliriez
il faillirait	ils failliraient

Impératif présent inusité

Subjonctif présent inusité

Subjonctif imparfait (archaïque)

que je faillisse	que nous faillissions
que tu faillisses	que vous faillissiez
qu'il faillît	qu'ils faillissent

Participe présent inusité / Participe passé

failli

37 FUIR

Le composé pronominal *s'enfuir* se conjugue sur ce type (aux temps simples).

Indicatif présent

je fuis	nous fuyons
tu fuis	vous fuyez
il fuit	ils fuient

Indicatif imparfait

je fuyais	nous fuyions
tu fuyais	vous fuyiez
il fuyait	ils fuyaient

Indicatif passé simple

je fuis	nous fuîmes
tu fuis	vous fuîtes
il fuit	ils fuirent

Indicatif futur

je fuirai	nous fuirons
tu fuiras	vous fuirez
il fuira	ils fuiront

Conditionnel présent

je fuirais	nous fuirions
tu fuirais	vous fuiriez
il fuirait	ils fuiraient

Impératif présent

fuis, fuyons, fuyez

Subjonctif présent

que je fuie	que nous fuyions
que tu fuies	que vous fuyiez
qu'il fuie	qu'ils fuient

Subjonctif imparfait

que je fuisse	que nous fuissions
que tu fuisses	que vous fuissiez
qu'il fuît	qu'ils fuissent

Participe présent	*Participe passé*
fuyant	fui (fuie, fuis, fuies)

38 GÉSIR (verbe défectif)

Indicatif présent

je gis	nous gisons
tu gis	vous gisez
il gît	ils gisent

Indicatif imparfait

je gisais	nous gisions
tu gisais	vous gisiez
il gisait	ils gisaient

Infinitif présent	*Participe passé*
gésir	gisant

Autres temps inusités

39 MOURIR

Se conjugue toujours avec l'auxiliaire ÊTRE aux temps composés.

Indicatif présent

je meurs	nous mourons
tu meurs	vous mourez
il meurt	Ils meurent

Indicatif imparfait

je mourais	nous mourions
tu mourais	vous mouriez
il mourait	ils mouraient

Indicatif passé simple

je mourus	nous mourûmes
tu mourus	vous mourûtes
il mourut	ils moururent

Indicatif futur

je mourrai	nous mourrons
tu mourras	vous mourrez
il mourra	ils mourront

Conditionnel présent

je mourrais	nous mourrions
tu mourrais	vous mourriez
il mourrait	ils mourraient

Impératif présent

meurs, mourons, mourez

Subjonctif présent

que je meure	que nous mourions
que tu meures	que vous mouriez
qu'il meure	qu'ils meurent

Subjonctif imparfait

que je mourusse	que nous mourussions
que tu mourusses	que vous mourussiez
qu'il mourût	qu'ils mourussent

Participe présent	*Participe passé*
mourant	mort (morte, morts, mortes)

40 OUÏR

Ce verbe est devenu vieux et ne s'emploie plus guère qu'à l'infinitif et aux temps composés.

Indicatif présent

j'ois	nous oyons
tu ois	vous oyez
il oit	ils oient

Indicatif imparfait

j'oyais	nous oyions
tu oyais	vous oyiez
il oyait	ils oyaient

Indicatif passé simple

j'ouïs	nous ouïmes
tu ouïs	vous ouïtes
il ouït	ils ouïrent

Indicatif futur

j'ouïrai	*ou* j'oirai
tu ouïras	*ou* tu oiras
il ouïra	*ou* il oira
nous ouïrons	*ou* nous oirons
vous ouïrez	*ou* vous oirez
ils ouïront	*ou* ils oiront

Indicatif futur (archaïque)

j'orrai	nous orrons
tu orras	vous orrez
il orra	ils orront

Conditionnel présent

j'ouïrais	*ou* j'oirais
tu ouïrais	*ou* tu oirais
il ouïrait	*ou* il oirait
nous ouïrions	*ou* nous oirions
vous ouïriez	*ou* vous oiriez
ils ouïraient	*ou* ils oiraient

Conditionnel présent (archaïque)

j'orrais	nous orrions
tu orrais	vous orriez
il orrait	ils orraient

Impératif présent

ois, oyons, oyez

Subjonctif présent

que j'oie	que nous oyions
que tu oies	que vous oyiez
qu'il oie	qu'ils oient

Subjonctif imparfait

que j'ouïsse	que nous ouïssions
que tu ouïsses	que vous ouïssiez
qu'il ouït	qu'ils ouïssent

Participe présent	Participe passé
oyant	ouï (ouïe, ouïs, ouïes)

41 SAILLIR

1. — Au sens de « jaillir avec force » ou de « s'élancer » ou de « couvrir la femelle », ce verbe se conjugue comme FINIR et ne s'emploie qu'à l'infinitif et à la 3ᵉ personne du singulier et du pluriel, à tous les temps simples ou composés de tous les modes personnels (auxiliaire AVOIR).

2. — Au sens de « être en saillie », le verbe *saillir* ne se conjugue qu'à la 3ᵉ personne du singulier et du pluriel, selon le type ci-dessous.

Indicatif présent

il saille	ils saillent

Indicatif imparfait

il saillait	ils saillaient

Indicatif passé simple inusité

Indicatif futur

il saillera	ils sailleront

Conditionnel présent

il saillerait	ils sailleraient

Impératif présent inusité

Subjonctif présent

qu'il saille	qu'ils saillent

Subjonctif imparfait inusité

Participe présent	Participe passé
saillant	sailli *(féminin et pluriel inusités)*

42 SENTIR

Se conjuguent sur ce type tous les composés de *sentir (consentir, pressentir, ressentir)*, ainsi que *mentir* (et son composé *démentir)*, *partir* (et son composé *repartir*, mais non *répartir)*, *se repentir*, *sortir* (et son composé *ressortir)*.

Indicatif présent

je sens	nous sentons
tu sens	vous sentez
il sent	ils sentent

Indicatif imparfait

je sentais	nous sentions
tu sentais	vous sentiez
il sentait	ils sentaient

Indicatif passé simple

je sentis	nous sentîmes
tu sentis	vous sentîtes
il sentit	ils sentirent

Indicatif futur

je sentirai	nous sentirons
tu sentiras	vous sentirez
il sentira	ils sentiront

Conditionnel présent

je sentirais	nous sentirions
tu sentirais	vous sentiriez
il sentirait	ils sentiraient

Impératif présent

sens, sentons, sentez

Subjonctif présent

que je sente	que nous sentions
que tu sentes	que vous sentiez
qu'il sente	qu'ils sentent

Subjonctif imparfait

que je sentisse	que nous sentissions
que tu sentisses	que vous sentissiez
qu'il sentît	qu'ils sentissent

Participe présent	Participe passé
sentant	senti (sentie, sentis, senties)

43 SERVIR

Les composés *desservir* et *resservir* se conjuguent
sur ce type, mais *asservir* se conjugue comme FINIR.

Indicatif présent

je sers	nous servons
tu sers	vous servez
il sert	ils servent

Indicatif imparfait

je servais	nous servions
tu servais	vous serviez
il servait	ils servaient

Indicatif passé simple

je servis	nous servîmes
tu servis	vous servîtes
il servit	ils servirent

Indicatif futur

je servirai	nous servirons
tu serviras	vous servirez
il servira	ils serviront

Conditionnel présent

je servirais	nous servirions
tu servirais	vous serviriez
il servirait	ils serviraient

Impératif présent

sers, servons, servez

Subjonctif présent

que je serve	que nous servions
que tu serves	que vous serviez
qu'il serve	qu'ils servent

Subjonctif imparfait

que je servisse	que nous servissions
que tu servisses	que vous servissiez
qu'il servît	qu'ils servissent

Participe présent   Participe passé

servant   servi (servie, servis,
                              servies)

44 TENIR

Se conjuguent sur ce type tous les composés de *tenir*
(*s'abstenir, appartenir, contenir, détenir, entretenir,
maintenir, obtenir, retenir, soutenir*), ainsi que *venir*
et ses composés : *advenir, circonvenir, contrevenir,
convenir, devenir, disconvenir, intervenir, obvenir,
parvenir, prévenir, provenir, redevenir, se ressouvenir, revenir, se souvenir, subvenir, survenir.*

Indicatif présent

je tiens	nous tenons
tu tiens	vous tenez
il tient	ils tiennent

Indicatif imparfait

je tenais	nous tenions
tu tenais	vous teniez
il tenait	ils tenaient

Indicatif passé simple

je tins	nous tînmes
tu tins	vous tîntes
il tint	ils tinrent

Indicatif futur

je tiendrai	nous tiendrons
tu tiendras	vous tiendrez
il tiendra	ils tiendront

Conditionnel présent

je tiendrais	nous tiendrions
tu tiendrais	vous tiendriez
il tiendrait	ils tiendraient

Impératif présent

tiens, tenons, tenez

Subjonctif présent

que je tienne	que nous tenions
que tu tiennes	que vous teniez
qu'il tienne	qu'ils tiennent

Subjonctif imparfait

que je tinsse	que nous tinssions
que tu tinsses	que vous tinssiez
qu'il tînt	qu'ils tinssent

Participe présent   Participe passé

tenant   tenu (tenue, tenus,
                              tenues)

45 VÊTIR

Les composés *dévêtir* et *revêtir* se conjuguent sur
ce type. Certains écrivains ont conjugué le verbe *vêtir*
comme FINIR (*je vêtissais, tu vêtissais... ; vêtissant*),
mais ces formes sont peu recommandées.

Indicatif présent

je vêts	nous vêtons
tu vêts	vous vêtez
il vêt	ils vêtent

Indicatif imparfait

je vêtais	nous vêtions
tu vêtais	vous vêtiez
il vêtait	ils vêtaient

Indicatif passé simple

je vêtis	nous vêtîmes
tu vêtis	vous vêtîtes
il vêtit	ils vêtirent

Indicatif futur

je vêtirai	nous vêtirons
tu vêtiras	vous vêtirez
il vêtira	ils vêtiront

Conditionnel présent

je vêtirais	nous vêtirions
tu vêtirais	vous vêtiriez
il vêtirait	ils vêtiraient

Impératif présent

vêts, vêtons, vêtez

Subjonctif présent

que je vête que nous vêtions
que tu vêtes que vous vêtiez
qu'il vête qu'ils vêtent

Subjonctif imparfait

que je vêtisse que nous vêtissions
que tu vêtisses que vous vêtissiez
qu'il vêtît qu'ils vêtissent

Participe présent *Participe passé*

vêtant vêtu (vêtue, vêtus,
vêtues)

46 CONDUIRE

Se conjuguent sur ce type tous les verbes en *-duire*, ainsi que *construire, cuire, détruire, instruire*, et aussi *luire, nuire, reluire*, mais ces trois derniers verbes ont pour participe passé respectivement *lui, nui, relui,* sans *-t* final. Ces trois participes passés n'ont pas de féminin ni de pluriel.

Indicatif présent

je conduis nous conduisons
tu conduis vous conduisez
il conduit ils conduisent

Indicatif imparfait

je conduisais nous conduisions
tu conduisais vous conduisiez
il conduisait ils conduisaient

Indicatif passé simple

je conduisis nous conduisîmes
tu conduisis vous conduisîtes
il conduisit ils conduisirent

Indicatif futur

je conduirai nous conduirons
tu conduiras vous conduirez
il conduira ils conduiront

Conditionnel présent

je conduirais nous conduirions
tu conduirais vous conduiriez
il conduirait ils conduiraient

Impératif présent

conduis, conduisons, conduisez

Subjonctif présent

que je conduise que nous conduisions
que tu conduises que vous conduisiez
qu'il conduise qu'ils conduisent

Subjonctif imparfait

que je conduisisse que nous conduisissions
que tu conduisisses que vous conduisissiez
qu'il conduisît qu'ils conduisissent

Participe présent *Participe passé*

conduisant conduit (conduite,
conduits, conduites)

47 DIRE

Le composé *redire* se conjugue comme DIRE. Les composés *contredire, dédire, interdire, médire, prédire* se conjuguent comme DIRE, sauf à la 2ᵉ personne du pluriel de l'indicatif présent et de l'impératif présent : *vous contredisez, contredisez...* Quant à *maudire*, il se conjugue comme FINIR, sauf au participe passé : *maudit, maudite.*

Indicatif présent

je dis nous disons
tu dis vous dites
il dit ils disent

Indicatif imparfait

je disais nous disions
tu disais vous disiez
il disait ils disaient

Indicatif passé simple

je dis nous dîmes
tu dis vous dîtes
il dit ils dirent

Indicatif futur

je dirai nous dirons
tu diras vous direz
il dira ils diront

Conditionnel présent

je dirais nous dirions
tu dirais vous diriez
il dirait ils diraient

Impératif présent

dis, disons, disez

Subjonctif présent

que je dise que nous disions
que tu dises que vous disiez
qu'il dise qu'ils disent

Subjonctif imparfait

que je disse que nous dissions
que tu disses que vous dissiez
qu'il dît qu'ils dissent

Participe présent *Participe passé*

disant dit (dite, dits, dites)

48 ÉCRIRE

Se conjuguent sur ce type : *circonscrire, décrire, inscrire, prescrire, proscrire, récrire, réinscrire, retranscrire, souscrire, transcrire.*

Indicatif présent

j'écris nous écrivons
tu écris vous écrivez
il écrit ils écrivent

Indicatif imparfait

j'écrivais	nous écrivions
tu écrivais	vous écriviez
il écrivait	ils écrivaient

Indicatif passé simple

j'écrivis	nous écrivîmes
tu écrivis	vous écrivîtes
il écrivit	ils écrivirent

Indicatif futur

j'écrirai	nous écrirons
tu écriras	vous écrirez
il écrira	ils écriront

Conditionnel présent

j'écrirais	nous écririons
tu écrirais	vous écririez
il écrirait	ils écriraient

Impératif présent

écris, écrivons, écrivez

Subjonctif présent

que j'écrive	que nous écrivions
que tu écrives	que vous écriviez
qu'il écrive	qu'ils écrivent

Subjonctif imparfait

que j'écrivisse	que nous écrivissions
que tu écrivisses	que vous écrivissiez
qu'il écrivît	qu'ils écrivissent

| *Participe présent* | *Participe passé* |
| écrivant | écrit, (écrite, écrits, écrites) |

49 FRIRE (verbe défectif)

Indicatif présent

je fris	Les trois personnes
tu fris	du pluriel sont
il frit	inusitées

Indicatif imparfait inusité

Indicatif passé simple inusité

Indicatif futur

je frirai	nous frirons
tu friras	vous frirez
il frira	ils friront

Conditionnel présent

je frirais	nous fririons
tu frirais	vous fririez
il frirait	ils friraient

Impératif présent

fris

Subjonctif présent inusité

Subjonctif imparfait unisité

| *Participe présent* | *Participe passé* |
| inusité | frit (frite, frits, frites) |

50 LIRE

Se conjuguent sur ce type : *élire, réélire, relire.*

Indicatif présent

je lis	nous lisons
tu lis	vous lisez
il lit	ils lisent

Indicatif imparfait

je lisais	nous lisions
tu lisais	vous lisiez
il lisait	ils lisaient

Indicatif passé simple

je lus	nous lûmes
tu lus	vous lûtes
il lut	ils lurent

Indicatif futur

je lirai	nous lirons
tu liras	vous lirez
il lira	ils liront

Conditionnel présent

je lirais	nous lirions
tu lirais	vous liriez
il lirait	ils liraient

Impératif présent

lis, lisons, lisez

Subjonctif présent

que je lise	que nous lisions
que tu lises	que vous lisiez
qu'il lise	qu'ils lisent

Subjonctif imparfait

que je lusse	que nous lussions
que tu lusses	que vous lussiez
qu'il lût	qu'ils lussent

| *Participe présent* | *Participe passé* |
| lisant | lu (lue, lus, lues) |

51 RIRE

Le composé *sourire* se conjugue sur ce type.

Indicatif présent

je ris	nous rions
tu ris	vous riez
il rit	ils rient

Indicatif imparfait

je riais	nous riions
tu riais	vous riiez
il riait	ils riaient

Indicatif passé simple

je ris	nous rîmes
tu ris	vous rîtes
il rit	ils rirent

Indicatif futur

je rirai	nous rirons
tu riras	vous rirez
il rira	ils riront

Conditionnel présent

je rirais	nous ririons
tu rirais	vous ririez
il rirait	ils riraient

Impératif présent

ris, rions, riez

Subjonctif présent

que je rie	que nous riions
que tu ries	que vous riiez
qu'il rie	qu'ils rient

Subjonctif imparfait

que je risse	que nous rissions
que tu risses	que vous rissiez
qu'il rît	qu'ils rissent

| Participe présent | Participe passé |
| riant | ri *(féminin et pluriel inusités)* |

52 SUFFIRE

Les verbes *confire* et *déconfire* se conjuguent sur ce type, mais leurs participes se terminent par un -*t* : *confit, confite ; déconfit, déconfite.* Le verbe *circoncire* se conjugue aussi comme SUFFIRE, mais son participe est *circoncis, circoncise.*

Indicatif présent

je suffis	nous suffisons
tu suffis	vous suffisez
il suffit	ils suffisent

Indicatif imparfait

je suffisais	nous suffisions
tu suffisais	vous suffisiez
il suffisait	ils suffisaient

Indicatif passé simple

je suffis	nous suffîmes
tu suffis	vous suffîtes
il suffit	ils suffirent

Indicatif futur

je suffirai	nous suffirons
tu suffiras	vous suffirez
il suffira	ils suffiront

Conditionnel présent

je suffirais	nous suffirions
tu suffirais	vous suffiriez
il suffirait	ils suffiraient

Impératif présent

suffis, suffisons, suffisez

Subjonctif présent

que je suffise	que nous suffisions
que tu suffises	que vous suffisiez
qu'il suffise	qu'ils suffisent

Subjonctif imparfait

que je suffisse	que nous suffissions
que tu suffisses	que vous suffissiez
qu'il suffît	qu'ils suffissent

| Participe présent | Participe passé |
| suffisant | suffi *(féminin et pluriel inusités)* |

53 BRAIRE (verbe défectif)

Indicatif présent

| il brait | ils braient |

Indicatif imparfait

| il brayait | ils brayaient |

Indicatif futur

| il braira | ils brairont |

Conditionnel présent

| il brairait | ils brairaient |

Infinitif présent

braire

Autres temps inusités

54 FAIRE

Les composés *contrefaire, défaire, forfaire, malfaire, méfaire, parfaire, redéfaire, refaire, satisfaire, surfaire* se conjuguent sur ce type.

Indicatif présent

je fais	nous faisons
tu fais	vous faites
il fait	ils font

Indicatif imparfait

je faisais	nous faisions
tu faisais	vous faisiez
il faisait	ils faisaient

Indicatif passé simple

je fis	nous fîmes
tu fis	vous fîtes
il fit	ils firent

Indicatif futur

je ferai	nous ferons
tu feras	vous ferez
il fera	ils feront

Conditionnel présent

je ferais	nous ferions
tu ferais	vous feriez
il ferait	ils feraient

Impératif présent

fais, faisons, faites

Subjonctif présent

que je fasse	que nous fassions
que tu fasses	que vous fassiez
qu'il fasse	qu'ils fassent

Subjonctif imparfait

que je fisse	que nous fissions
que tu fisses	que vous fissiez
qu'il fît	qu'ils fissent

Participe présent   *Participe passé*

faisant   fait (faite, faits, faites)

55 PLAIRE

Les composés *complaire* et *déplaire* se conjuguent sur ce type.

Indicatif présent

je plais	nous plaisons
tu plais	vous plaisez
il plaît	ils plaisent

Indicatif imparfait

je plaisais	nous plaisions
tu plaisais	vous plaisiez
il plaisait	ils plaisaient

Indicatif passé simple

je plus	nous plûmes
tu plus	vous plûtes
il plut	ils plurent

Indicatif futur

je plairai	nous plairons
tu plairas	vous plairez
il plaira	ils plairont

Conditionnel présent

ja plairais	nous plairions
tu plairais	vous plairiez
il plairait	ils plairaient

Impératif présent

plais, plaisons, plaisez

Subjonctif présent

que je plaise	que nous plaisions
que tu plaises	que vous plaisiez
qu'il plaise	qu'ils plaisent

Subjonctif imparfait

que je plusse	que nous plussions
que tu plusses	que vous plussiez
qu'il plût	qu'ils plussent

Participe présent   *Participe passé*

plaisant   plu *(féminin et pluriel inusités)*

56 TAIRE

Indicatif présent

je tais	nous taisons
tu tais	vous taisez
il tait	ils taisent

Indicatif imparfait

je taisais	nous taisions
tu taisais	vous taisiez
il taisait	ils taisaient

Indicatif passé simple

je tus	nous tûmes
tu tus	vous tûtes
il tut	ils turent

Indicatif futur

je tairai	nous tairons
tu tairas	vous tairez
il taira	ils tairont

Conditionnel présent

je tairais	nous tairions
tu tairais	vous tairiez
il tairait	ils tairaient

Impératif présent

tais, taisons, taisez

Subjonctif présent

que je taise	que nous taisions
que tu taises	que vous taisiez
qu'il taise	qu'ils taisent

Subjonctif imparfait

que je tusse	que nous tussions
que tu tusses	que vous tussiez
qu'il tût	qu'ils tussent

Participe présent   *Participe passé*

taisant   tu (tue, tus, tues)

57 TRAIRE

Se conjuguent sur ce type : *abstraire, extraire, retraire, soustraire.*

Indicatif présent

je trais	nous trayons
tu trais	vous trayez
il trait	ils traient

Indicatif imparfait

je trayais	nous trayions
tu trayais	vous trayiez
il trayait	ils trayaient

Indicatif passé simple inusité

Indicatif futur

je trairai	nous trairons
tu trairas	vous trairez
il traira	ils trairont

Conditionnel présent

je trairais	nous trairions
tu trairais	bous trairiez
il trairait	ils trairaient

Impératif présent

trais, trayons, trayez

Subjonctif présent

que je traie	que nous trayions
que tu traies	que vous trayiez
qu'il traie	qu'ils traient

Subjonctif imparfait inusité

Participe présent — *Participe passé*

| trayant | trait (traite, traits, traites) |

58 APERCEVOIR

Se conjuguent sur ce type : *concevoir, décevoir, percevoir, recevoir.*

Indicatif présent

j'aperçois	nous apercevons
tu aperçois	vous apercevez
il aperçoit	ils aperçoivent

Indicatif imparfait

j'apercevais	nous apercevions
tu apercevais	vous aperceviez
il apercevait	ils apercevaient

Indicatif passé simple

j'aperçus	nous aperçûmes
tu aperçus	vous aperçûtes
il aperçut	ils aperçurent

Indicatif futur

j'apercevrai	nous apercevrons
tu apercevras	vous apercevrez
il apercevra	ils apercevront

Conditionnel présent

j'apercevrais	nous apercevrions
tu apercevrais	vous apercevriez
il apercevrait	ils apercevraient

Impératif présent

aperçois, apercevons, apercevez

Subjonctif présent

que j'aperçoive	que nous apercevions
que tu aperçoives	aue vous aperceviez
qu'il aperçoive	qu'ils aperçoivent

Subjonctif imparfait

que j'aperçusse	que nous aperçussions
que tu aperçusses	que vous aperçussiez
qu'il aperçût	qu'ils aperçussent

Participe présent — *Participe passé*

| apercevant | aperçu (aperçue, aperçus, aperçues) |

59 ASSEOIR

Ce verbe, comme *rasseoir*, qui se conjugue de la même manière, est surtout employé à la forme pronominale.

Indicatif présent

j'assieds	*ou* j'assois
tu assieds	*ou* tu assois
il assied	*ou* il assoit
nous asseyons	*ou* nous assoyons
vous asseyez	*ou* vous assoyez
ils asseyent	*ou* ils assoient

Indicatif imparfait

j'asseyais	*ou* j'assoyais
tu asseyais	*ou* tu assoyais
il asseyait	*ou* il assoyait
nous asseyions	*ou* nous assoyions
vous asseyiez	*ou* vous assoyiez
ils asseyaient	*ou* ils assoyaient

Indicatif passé simple

j'assis	nous assîmes
tu assis	vous assîtes
il assit	ils assirent

Indicatif futur

j'assiérai	*ou* j'assoirai
tu assiéras	*ou* tu assoiras
il assiéra	*ou* il assoira
nous assiérons	*ou* nous assoirons
vous assiérez	*ou* vous assoirez
ils assiéront	*ou* ils assoiront

Conditionnel présent

j'assiérais	*ou* j'assoirais
tu assiérais	*ou* tu assoirais
il assiérait	*ou* il assoirait
nous assiérions	*ou* nous assoirions
vous assiériez	*ou* vous assoiriez
ils assiéraient	*ou* ils assoiraient

Impératif présent

assieds, asseyons, asseyez
ou assois, assoyons, assoyez

Subjonctif présent

que j'asseye	*ou* que j'assoie
que tu asseyes	*ou* que tu assoies
qu'il asseye	*ou* qu'il assoie
que nous asseyions	*ou* que nous assoyions
que vous asseyiez	*ou* que vous assoyiez
qu'ils asseyent	*ou* qu'ils assoient

Subjonctif imparfait

que j'assisse	que nous assissions
que tu assisses	que vous assissiez
qu'il assît	qu'ils assissent

Participe présent — *Participe passé*

| asseyant *ou* assoyant | assis (assise, assis, assises) |

60 CHOIR (verbe défectif)

Aux temps composés, ce verbe, devenu rare de nos jours, se conjugue avec l'auxiliaire AVOIR quand on veut insister sur l'action *(un fruit a chu sur le sol)*, ou bien avec l'auxiliaire ÊTRE quand on veut insister sur l'état : *les feuilles sont déjà chues.* Ce dernier tour est d'ailleurs extrêmement rare.

Indicatif présent

je chois
tu chois
il choit
ils choient

Les autres personnes sont inusitées

Indicatif imparfait inusité

Indicatif passé simple

je chus	vous chûmes
tu chus	vous chûtes
il chut	ils churent

Indicatif futur

je choirai	*ou (archaïque)* je cherrai
tu choiras	*ou (archaïque)* tu cherras
il choira	*ou (archaïque)* il cherra
nous choirons	*ou (archaïque)* nous cherrons
vous choirez	*ou (archaïque)* vous cherrez
ils choiront	*ou (archaïque)* ils cherront

Conditionnel présent

je choirais	*ou (archaïque)* je cherrais
tu choirais	*ou (archaïque)* tu cherrais
il choirait	*ou (archaïque)* il cherrait
nous choirions	*ou (archaïque)* nous cherrions
vous choiriez	*ou (archaïque)* vous cherriez
ils choiraient	*ou (archaïque)* ils cherraient

Impératif présent inusité

Subjonctif présent inusité

Subjonctif imparfait

qu'il chût

Participe présent

inusité

Participe passé

chu (chue, chus, chues)

61 DÉCHOIR (verbe défectif)

Aux temps composés, ce verbe se conjugue avec l'auxiliaire AVOIR quand on veut insister sur l'action *(c'est au XVᵉ siècle que cette ville a déchu)*, ou bien

avec l'auxiliaire ÊTRE quand on veut insister sur l'état, ce dernier cas étant d'ailleurs le plus fréquent : *cette ville est bien déchue de son ancienne splendeur.*

Indicatif présent

je déchois	nous déchoyons *(rare)*
tu déchois	vous déchoyez *(rare)*
il déchoit	ils déchoient
ou (archaïque) il déchet	

Indicatif imparfait inusité

Indicatif passé simple

je déchus	nous déchûmes
tu déchus	vous déchûtes
il déchut	ils déchurent

Indicatif futur

je déchoirai	*ou (archaïque)* je décherrai
tu déchoiras	*ou (archaïque)* tu décherras
il déchoira	*ou (archaïque)* il décherra
nous déchoirons	*ou (archaïque)* nous décherrons
vous déchoirez	*ou (archaïque)* vous décherrez
ils déchoiront	*ou (archaïque)* ils décherront

Conditionnel présent

je déchoirais	*ou (archaïque)* je décherrais
tu déchoirais	*ou (achaïque)* tu décherrais
il déchoirait	*ou (archaïque)* il décherrait
nous déchoirions	*ou (archaïque)* nous decherrions
vous déchoiriez	*ou (archaïque)* vous décherriez
ils déchoiraient	*ou (archaïque)* ils décherraient

Impératif présent inusité

Subjonctif présent

que je déchoie	aue nous déchoyions
que tu déchoies	que vous déchoyiez
qu'il déchoie	qu'ils déchoient

Subjonctif imparfait

que je déchusse	que nous déchussions
que tu déchusses	que vous déchussiez
qu'il déchût	qu'ils déchussent

Participe présent

inusité

Participe passé

déchu (déchue, déchus, déchues)

62 DEVOIR

Le composé *redevoir* se conjugue sur ce type.

Indicatif présent

je dois	nous devons
tu dois	vous devez
il doit	ils doivent

Indicatif imparfait

je devais	nous devions
tu devais	vous deviez
il devait	ils devaient

Indicatif passé simple

je dus	nous dûmes
tu dus	vous dûtes
il dut	ils durent

Indicatif futur

je devrai	nous devrons
tu devras	vous devrez
il devra	ils devront

Conditionnel présent

je devrais	nous devrions
tu devrais	vous devriez
il devrait	ils devraient

Impératif présent inusité

Subjonctif présent

que je doive	que nous devions
que tu doives	que vous deviez
qu'il doive	qu'ils doivent

Subjonctif imparfait

que je dusse	que nous dussions
que tu dusses	que vous dussiez
qu'il dût	qu'ils dussent

Participe présent	*Participe passé*
devant	dû (due, dus, dues)

63 ÉCHOIR

Ce verbe ne s'emploie qu'aux troisièmes personnes des temps composés et de certains temps simples, et au participe passé. Il se conjugue normalement avec l'auxiliaire ÊTRE *(le sort qui lui est échu)*, mais peut se conjuguer avec l'auxiliaire AVOIR, quand on veut insister sur l'action : *la part qui lui a échu ce jour-là.*

Indicatif présent

il échoit	ou (archaïque) il échet
ils échoient	ou (archaïque) ils échéent

Indicatif imparfait

il échoyait *(très peu usité)*

Indicatif passé simple

il échut	ils échurent

Indicatif futur

il échoira	ou (archaïque) il écherra
ils échoiront	ou (archaïque) ils écherront

Conditionnel présent

il échoirait	ou (archaïque) il écherrait

ils échoiraient	ou (archaïque) ils écherraient

Impératif présent inusité

Subjonctif présent

qu'il échoie	ou (archaïque) qu'il échée

Subjonctif imparfait

qu'il échût

Participe présent	*Participe passé*
échéant	échu (échue, échus, échues)

64 FALLOIR (verbe défectif impersonnel)

Indicatif présent

il faut

Indicatif imparfait

il fallait

Indicatif passé simple

il fallut

Indicatif futur

il faudra

Conditionnel présent

il faudrait

Impératif présent inusité

Subjonctif présent

qu'il faille

Subjonctif imparfait

qu'il fallût

Participe présent inusité

Participe passé

fallu *(féminin et pluriel inusités)*

65 MOUVOIR

Les composés *émouvoir* et *promouvoir* se conjuguent comme MOUVOIR, mais les participes passés *ému* et *promu* s'écrivent sans accent circonflexe sur le *u*.

Indicatif présent

je meus	nous mouvons
tu meus	vous mouvez
il meut	ils meuvent

Indicatif imparfait

je mouvais	nous mouvions
tu mouvais	vous mouviez
il mouvait	ils mouvaient

Indicatif passé simple

je mus	nous mûmes
tu mus	vous mûtes
il mut	ils murent

Indicatif futur

je mouvrai	nous mouvrons
tu mouvras	vous mouvrez
il mouvra	ils mouvront

Conditionnel présent

je mouvrais	nous mouvrions
tu mouvrais	vous mouvriez
il mouvrait	ils mouvraient

Impératif présent

meux, mouvons, mouvez

Subjonctif présent

que je meuve	que nous mouvions
que tu meuves	que vous mouviez
qu'il meuve	qu'ils meuvent

Subjonctif imparfait

que je musse	que nous mussions
que tu musses	que vous mussiez
qu'il mût	qu'ils mussent

Participe présent   *Participe passé*

mouvant   mû (mue, mus, mues)

66 PLEUVOIR

Verbe défectif. Le composé *repleuvoir* se conjugue sur le même type.

Indicatif présent

il pleut   ils pleuvent

Indicatif imparfait

il pleuvait   ils pleuvaient

Indicatif passé simple

il plut   ils plurent

Indicatif futur

il pleuvra   ils pleuvront

Conditionnel présent

il pleuvrait   ils pleuvraient

Impératif présent inusité

Subjonctif présent

qu'il pleuve   qu'ils pleuvent

Subjonctif imparfait

qu'il plût   qu'ils plussent

Participe présent   *Participe passé*

pleuvant   plu *(féminin et pluriel inusités)*

67 POUVOIR

Indicatif présent

je peux *ou* je puis	nous pouvons
tu peux	vous pouvez
il peut	ils peuvent

Indicatif imparfait

je pouvais	nous pouvions
tu pouvais	vous pouviez
il pouvait	ils pouvaient

Indicatif passé simple

je pus	nous pûmes
tu pus	vous pûtes
il put	ils purent

Indicatif futur

je pourrai	nous pourrons
tu pourras	vous pourrez
il pourra	ils pourront

Conditionnel présent

je pourrais	nous pourrions
tu pourrais	vous pourriez
il pourrait	ils pourraient

Impératif présent inusité

Subjonctif présent

que je puisse	que nous puissions
que tu puisses	que vous puissiez
qu'il puisse	qu'ils puissent

Subjonctif imparfait

que je pusse	que nous pussions
que tu pusses	aue vous pussiez
qu'il pût	qu'ils pussent

Participe présent   *Participe passé*

pouvant   pu *(féminin et pluriel inusités)*

68 POURVOIR

Le composé *dépourvoir* se conjugue sur ce type.

Indicatif présent

je pourvois	nous pourvoyons
tu pourvois	vous pourvoyez
il pourvoit	ils pourvoient

Indicatif imparfait

je pourvoyais	nous pourvoyions
tu pourvoyais	vous pourvoyiez
il pourvoyait	ils pourvoyaient

Indicatif passé simple

je pourvus	nous pourvûmes
tu pourvus	vous pourvûtes
il pourvut	ils pourvurent

Indicatif futur

je pourvoirai	nous pourvoirons
tu pourvoiras	vous pourvoirez
il pourvoira	ils pourvoiront

Conditionnel présent

je pourvoirais	nous pourvoirions
tu pourvoirais	vous pourvoiriez
il pourvoirait	ils pourvoiraient

Impératif présent

pourvois, pourvoyons, pourvoyez

Subjonctif présent

que je pourvoie	que nous pourvoyions
que tu pourvoies	que vous pourvoyiez
qu'il pourvoie	qu'ils pourvoient

Subjonctif imparfait

que je pourvusse	que nous pourvussions
que tu pourvusses	que vous pourvussiez
qu'il pourvût	qu'ils pourvussent

Participe présent	Participe passé
pourvoyant	pourvu (pourvue, pourvus, pourvues)

69 PRÉVOIR

Indicatif présent

je prévois	nous prévoyons
tu prévois	vous prévoyez
il prévoit	ils prévoient

Indicatif imparfait

je prévoyais	nous prévoyions
tu prévoyais	vous prévoyiez
il prévoyait	ils prévoyaient

Indicatif passé simple

je prévis	nous prévîmes
tu prévis	vous prévîtes
il prévit	ils prévirent

Indicatif futur

je prévoirai	nous prévoirons
tu prévoiras	vous prévoirez
il prévoira	ils prévoiront

Conditionnel présent

je prévoirais	nous prévoirions
tu prévoirais	vous prévoiriez
il prévoirait	ils prévoiraient

Impératif présent

prévois, prévoyons, prévoyez

Subjonctif présent

que je prévoie	que nous prévoyions
que tu prévoies	que vous prévoyiez
qu'il prévoie	qu'ils prévoient

Subjonctif imparfait

que je prévisse	que nous prévissions
que tu prévisses	que vous prévissiez
qu'il prévît	qu'ils prévissent

Participe présent	Participe passé
prévoyant	prévu (prévue, prévus, prévues)

70 SAVOIR

Indicatif présent

je sais	nous savons
tu sais	vous savez
il sait	ils savent

Indicatif imparfait

je savais	nous savions
tu savais	vous saviez
il savait	ils savaient

Indicatif passé simple

je sus	nous sûmes
tu sus	vous sûtes
il sut	ils surent

Indicatif futur

je saurai	nous saurons
tu sauras	vous saurez
il saura	ils sauront

Conditionnel présent

je saurais	nous saurions
tu saurais	vous sauriez
il saurait	ils sauraient

Impératif présent

sache, sachons, sachez

Subjonctif présent

que je sache	que nous sachions
que tu saches	que vous sachiez
qu'il sache	qu'ils sachent

Subjonctif imparfait

que je susse	que nous sussions
que tu susses	que vous sussiez
qu'il sût	qu'ils sussent

Participe présent	Participe passé
sachant	su (sue, sus, sues)

71 SEOIR

Ce verbe défectif n'a pas de temps composés. Il ne s'emploie qu'à la 3ᵉ personne du singulier et du pluriel. Le composé *messeoir* se conjugue sur le même type.

Indicatif présent

il sied   ils siéent

Indicatif imparfait

il seyait   ils seyaient

Indicatif passé simple inusité

Indicatif futur

il siéra   ils siéront

Conditionnel présent

il siérait   ils siéraient

Subjonctif présent

qu'il siée   qu'ils siéent

Participe présent

séant ou seyant

72 SURSEOIR

Indicatif présent

je sursois	nous sursoyons
tu sursois	vous sursoyez
il sursoit	ils sursoient

Indicatif imparfait

je sursoyais	nous sursoyions
tu sursoyais	vous sursoyiez
il sursoyait	ils sursoyaient

Indicatif passé simple

je sursis	nous sursîmes
tu sursis	vous sursîtes
il sursit	ils sursirent

Indicatif futur

je surseoirai	nous surseoirons
tu surseoiras	vous surseoirez
il surseoira	ils surseoiront

Conditionnel présent

je surseoirais	nous surseoirions
tu surseoirais	vous surseoiriez
il surseoirait	ils surseoiraient

Impératif présent

sursois, sursoyons, sursoyez

Subjonctif présent

que je sursoie	que nous sursoyions
que tu sursoies	que vous sursoyiez
qu'il sursoie	qu'ils sursoient

Subjonctif imparfait

que je sursisse	que nous sursissions
que tu sursisses	que vous sursissiez
qu'il sursît	qu'ils sursissent

Participe présent   *Participe passé*

sursoyant   sursis *(féminin et pluriel inusités)*

73 VALOIR

Les composés *équivaloir, prévaloir* et *revaloir* se conjuguent sur ce type, sauf que *prévaloir* a un subjonctif présent différent : *que je prévale, que tu prévales, qu'il prévale, que nous prévalions, que vous prévaliez, qu'ils prévalent.*

Indicatif présent

je vaux	nous valons
tu vaux	vous valez
il vaut	ils valent

Indicatif imparfait

je valais	nous valions
tu valais	vous valiez
il valait	ils valaient

Indicatif passé simple

je valus	nous valûmes
tu valus	vous valûtes
il valut	ils valurent

Indicatif futur

je vaudrai	nous vaudrons
tu vaudras	vous vaudrez
il vaudra	ils vaudront

Conditionnel présent

je vaudrais	nous vaudrions
tu vaudrais	vous vaudriez
il vaudrait	ils vaudraient

Impératif présent

vaux, valons, valez

Subjonctif présent

que je vaille	que nous valions
que tu vailles	que vous valiez
qu'il vaille	qu'ils vaillent

Subjonctif imparfait

que je valusse	que nous valussions
que tu valusses	que vous valussiez
qu'il valût	qu'ils valussent

Participe présent   *Participe passé*

valant   valu (value, valus, values)

74 VOIR

Indicatif présent

je vois	nous voyons
tu vois	vous voyez
il voit	ils voient

Indicatif imparfait

je voyais	nous voyions
tu voyais	vous voyiez
il voyait	ils voyaient

Indicatif passé simple

je vis	nous vîmes
tu vis	vous vîtes
il vit	ils virent

Indicatif futur

je verrai	nous verrons
tu verras	vous verrez
il verra	ils verront

Conditionnel présent

je verrais	nous verrions
tu verrais	vous verriez
il verrait	ils verraient

Impératif présent

vois, voyons, voyez

Subjonctif présent

que je voie	que nous voyions
que tu voies	que vous voyiez
qu'il voie	qu'ils voient

Subjonctif imparfait

que je visse	que nous vissions
que tu visses	que vous vissiez
qu'il vît	qu'ils vissent

Participe présent — Participe passé

voyant — vu (vue, vus, vues)

75 VOULOIR

Indicatif présent

je veux	nous voulons
tu veux	vous voulez
il veut	ils veulent

Indicatif imparfait

je voulais	nous voulions
tu voulais	vous vouliez
il voulait	ils voulaient

Indicatif passé simple

je voulus	nous voulûmes
tu voulus	vous voulûtes
il voulut	ils voulurent

Indicatif futur

je voudrai	nous voudrons
tu voudras	vous voudrez
il voudra	ils voudront

Contidionnel présent

je voudrais	nous voudrions
tu voudrais	vous voudriez
il voudrait	ils voudraient

Impératif présent

veux *ou* veuille
voulons *ou* veuillons
voulez *ou* veuillez

Subjonctif présent

que je veuille	que nous voulions
que tu veuilles	que vous vouliez
qu'il veuille	qu'ils veuillent

Subjonctif imparfait

que je voulusse	que nous voulussions
que tu voulusses	que vous voulussiez
qu'il voulût	qu'ils voulussent

Participe présent — Participe passé

voulant — voulu (voulue, voulus, voulues)

76 BOIRE

Indicatif présent

je bois	nous buvons
tu bois	vous buvez
il boit	ils boivent

Indicatif imparfait

je buvais	nous buvions
tu buvais	vous buviez
il buvait	ils buvaient

Indicatif passé simple

je bus	nous bûmes
tu bus	vous bûtes
il but	ils burent

Indicatif futur

je boirai	nous boirons
tu boiras	vous boirez
il boira	ils boiront

Conditionnel présent

je boirais	nous boirions
tu boirais	vous boiriez
il boirait	ils boiraient

Impératif présent

bois, buvons, buvez

Subjonctif présent

que je boive	que nous buvions
que tu boives	que vous buviez
qu'il boive	qu'ils boivent

Subjonctif imparfait

que je busse	que nous bussions
que tu busses	que vous bussiez
qu'il bût	qu'ils bussent

Participe présent — Participe passé

buvant — bu (bue, bus, bues)

77 CROIRE

Le composé *accroire* se conjugue sur ce type.

Indicatif présent

je crois	nous croyons
tu crois	vous croyez
il croit	ils croient

Indicatif imparfait

je croyais	nous croyions
tu croyais	vous croyiez
il croyait	ils croyaient

Indicatif passé simple

je crus	nous crûmes
tu crus	vous crûtes
il crut	ils crurent

Indicatif futur

je croirai	nous croirons
tu croiras	vous croirez
il croira	ils croiront

Conditionnel présent

je croirais	nous croirions
tu croirais	vous croiriez
il croirait	ils croiraient

Impératif présent

crois, croyons, croyez

Subjonctif présent

que je croie	que nous croyions
que tu croies	que vous croyiez
qu'il croie	qu'ils croient

Subjonctif imparfait

que je crusse	que nous crussions
que tu crusses	que vous crussiez
qu'il crût	qu'ils crussent

Participe présent	Participe passé
croyant	cru (crue, crus, crues)

78 CLORE (verbe défectif)

Les verbes *déclore*, *éclore* et *enclore* se conjuguent sur ce type défectif, mais la 3ᵉ personne du singulier de l'indicatif présent ne comporte pas d'accent circonflexe : *il déclot, il éclot, il enclot.*

Indicatif présent

je clos	*Les deux premières*
tu clos	*personnes du pluriel*
	sont inusitées
il clôt	ils closent

Indicatif imparfait inusité

Indicatif passé simple inusité

Indicatif futur

je clorai	nous clorons
tu cloras	vous clorez
il clora	ils cloront

Conditionnel présent

je clorais	nous clorions
tu clorais	vous cloriez
il clorait	ils cloraient

Impératif présent

clos	*Les deux personnes*
	du pluriel sont
	inusités

Subjonctif présent

que je close	que nous closions
que tu closes	que vous closiez
qu'il close	qu'ils closent

Subjonctif imparfait inusité

Participe présent	Participe passé
inusité	clos (close, clos, closes)

79 CONCLURE

Les verbes *exclure*, *inclure*, *occlure* et *reclure* se conjuguent sur ce type, mais le participe passé de *inclure* est *inclus, incluse*, celui de *occlure* est *occlus, occluse*, celui de *reclure* est *reclus, recluse.*

Indicatif présent

je conclus	nous concluons
tu conclus	vous concluez
il conclut	ils concluent

Indicatif imparfait

je concluais	nous concluions
tu concluais	vous concluiez
il concluait	ils concluaient

Indicatif passé simple

je conclus	nous conclûmes
tu conclus	vous conclûtes
il conclut	ils conclurent

Indicatif futur

je conclurai	nous conclurons
tu concluras	vous conclurez
il conclura	ils concluront

Conditionnel présent

je conclurais	nous conclurions
tu conclurais	vous concluriez
il conclurait	ils concluraient

Impératif présent

conlus, concluons, concluez

Subjonctif présent

que je conclue	que nous concluions
que tu conclues	que vous concluiez
qu'il conclue	qu'ils concluent

Subjonctif imparfait

que je conclusse	que nous conclussions
que tu conclusses	que vous conclussiez
qu'il conclût	qu'ils conclussent

Participe présent	Participe passé
concluant	conclu (conclue, conclus, conclues)

80 ÉPANDRE

Le composé *répandre* se conjugue sur ce type.

Indicatif présent

j'épands	nous épandons
tu épands	vous épandez
il épand	ils épandent

Indicatif imparfait

j'épandais	nous épandions
tu épandais	vous épandiez
il épandait	ils épandaient

Indicatif passé simple

j'épandis	nous épandîmes
tu épandis	vous épandîtes
il épandit	ils épandirent

Indicatif futur

j'épandrai	nous épandrons
tu épandras	vous épandrez
il épandra	ils épandront

Conditionnel présent

j'épandrais	nous épandrions
tu épandrais	vous épandriez
il épandrait	ils épandraient

Impératif présent

épands, épandons, épandez

Subjonctif présent

que j'épande	que nous épandions
que tu épandes	que vous épandiez
qu'il épande	qu'ils épandent

Subjonctif imparfait

que j'épandisse	que nous épandissions
que tu épandisses	que vous épandissiez
qu'il épandît	qu'ils épandissent

Participe présent

épandant

Participe passé

épandu (épandue, épandus, épandues)

81 FENDRE

Se conjuguent sur ce type : *apprendre, attendre, condescendre, défendre, dépendre, descendre, détendre, distendre, entendre, étendre, mévendre, pendre, pourfendre, prétendre, redescendre, refendre, rendre, reprendre, retendre, revendre, sousentendre, sous-tendre, suspendre, tendre, vendre.*

Indicatif présent

je fends	nous fendons
tu fends	vous fendez
il fend	ils fendent

Indicatif imparfait

je fendais	nous fendions
tu fendais	vous fendiez
il fendait	ils fendaient

Indicatif passé simple

je fendis	nous fendîmes
tu fendis	vous fendîtes
il fendit	ils fendirent

Indicatif futur

je fendrai	nous fendrons
tu fendras	vous fendrez
il fendra	ils fendront

Conditionnel présent

je fendrais	nous fendrions
tu fendrais	vous fendriez
il fendrait	ils fendraient

Impératif présent

fends, fendons, fendez

Subjonctif présent

que je fende	que nous fendions
que tu fendes	que vous fendiez
qu'il fende	qu'ils fendent

Subjonctif imparfait

que je fendisse	que nous fendissions
que tu fendisses	que vous fendissiez
qu'il fendît	qu'ils fendissent

Participe présent

fendant

Participe passé

fendu (fendue, fendus, fendues)

82 PRENDRE

Se conjuguent sur ce type : *apprendre, comprendre, désapprendre, entreprendre, s'éprendre, se méprendre, réapprendre, reprendre, surprendre.*

Indicatif présent

je prends	nous prenons
tu prends	vous prenez
il prend	ils prennent

Indicatif imparfait

je prenais	nous prenions
tu prenais	vous preniez
il prenait	ils prenaient

Indicatif passé simple

je pris	nous prîmes
tu pris	vous prîtes
il prit	ils prirent

Indicatif futur

je prendrai	nous prendrons
tu prendras	vous prendrez
il prendra	ils prendront

Conditionnel présent

je prendrais	nous prendrions
tu prendrais	vous prendriez
il prendrait	ils prendraient

Impératif présent

prends, prenons, prenez

Subjonctif présent

que je prenne	que nous prenions
que tu prennes	que vous preniez
qu'il prenne	qu'ils prennent

Subjonctif imparfait

que je prisse	que nous prissions
que tu prisses	que vous prissiez
qu'il prît	qu'ils prissent

Participe présent	*Participe passé*
prenant	pris (prise, pris,
	prises)

83 CRAINDRE

Se conjuguent sur ce type : *contraindre* et *plaindre*.

Indicatif présent

je crains	nous craignons
tu crains	vous craignez
il craint	ils craignent

Indicatif imparfait

je craignais	nous craignions
tu craignais	vous craigniez
il craignait	ils craignaient

Indicatif passé simple

je craignis	nous craignîmes
tu craignis	vous craignîtes
il craignit	ils craignirent

Indicatif présent

je craindrai	nous craindrons
tu craindras	vous craindrez
il craindra	ils craindront

Conditionnel présent

je craindrais	nous craindrions
tu craindrais	vous craindriez
il craindrait	ils craindraient

Impératif présent

crains, craignons, craignez

Subjonctif présent

que je craigne	que nous craignions
que tu craignes	que vous craigniez
qu'il craigne	qu'ils craignent

Subjonctif imparfait

que je craignisse	que nous craignissions
que tu craignisses	que vous craignissiez
qu'il craignît	qu'ils craignissent

Participe présent	*Participe passé*
craignant	craint (crainte,
	craints, craintes)

84 PEINDRE

Se conjuguent sur ce type : *astreindre, atteindre, ceindre, dépeindre, déteindre, empreindre, enceindre, enfreindre, épreindre, éteindre, étreindre, feindre, geindre, repeindre, restreindre, reteindre, teindre.*

Indicatif présent

je peins	nous peignons
tu peins	vous peignez
il peint	ils peignent

Indicatif imparfait

je peignais	nous peignions
tu peignais	vous peigniez
il peignait	ils peignaient

Indicatif passé simple

je peignis	nous peignîmes
tu peignis	vous peignîtes
il peignit	ils peignirent

Indicatif futur

je peindrai	nous peindrons
tu peindras	vous peindrez
il peindra	ils peindront

Conditionnel présent

je peindrais	nous peindrions
tu peindrais	vous peindriez
il peindrait	ils peindraient

Impératif présent

peins, peignons, peignez

Subjonctif présent

que je peigne	que nous peignions
que tu peignes	que vous peigniez
qu'il peigne	qu'ils peignent

Subjonctif imparfait

que je peignisse	que nous peignissions
que tu peignisses	que vous peignissiez
qu'il peignît	qu'ils peignissent

Participe présent	*Participe passé*
peignant	peint (peinte,
	peints, peintes)

85 JOINDRE

Les composés de *joindre (adjoindre, conjoindre, disjoindre, enjoindre, rejoindre)* se conjuguent sur ce type, ainsi que les verbes archaïques *oindre* et *poindre.*

Indicatif présent

je joins	nous joignons
tu joins	vous joignez
il joint	ils joignent

Indicatif imparfait

je joignais	nous joignions
tu joignais	vous joigniez
il joignait	ils joignaient

Indicatif passé simple

je joignis	nous joignîmes
tu joignis	vous joignîtes
il joignit	ils joignirent

Indicatif futur

je joindrai	nous joindrons
tu joindras	vous joindrez
il joindra	ils joindront

Conditionnel présent

je joindrais	nous joindrions
tu joindrais	vous joindriez
il joindrait	ils joindraient

Impératif présent

joins, joignons, joignez

Subjonctif présent

que je joigne	que nous joignions
que tu joignes	que vous joigniez
qu'il joigne	qu'ils joignent

Subjonctif imparfait

que je joignisse	que nous joignissions
que tu joignisses	que vous joignissiez
qu'il joignît	qu'ils joignissent

Participe présent — *Participe passé*

joignant — joint (jointe, joints, jointes)

86 ABSOUDRE

Se conjugue aussi sur ce type : *dissoudre*.

Indicatif présent

j'absous	nous absolvons
tu absous	vous absolvez
il absout	ils absolvent

Indicatif imparfait

j'absolvais	nous absolvions
tu absolvais	vous absolviez
il absolvait	ils absolvaient

Indicatif passé simple inusité

Indicatif futur

j'absoudrai	nous absoudrons
tu absoudras	vous absoudrez
il absoudra	ils absoudront

Conditionnel présent

j'absoudrais	nous absoudrions
tu absoudrais	vous absoudriez
il absoudrait	ils absoudraient

Impératif présent

absous, absolvons, absolvez

Subjonctif présent

que j'absolve	que nous absolvions
que tu absolves	que vous absolviez
qu'il absolve	qu'ils absolvent

Subjonctif imparfait inusité

Participe présent — *Participe passé*

absolvant — absous (absoute, absous, absoutes)

87 COUDRE

Les composés de *coudre* (*découdre* et *recoudre*) se conjuguent sur ce type.

Indicatif présent

je couds	nous cousons
tu couds	vous cousez
il coud	ils cousent

Indicatif imparfait

je cousais	nous cousions
tu cousais	vous cousiez
il cousait	ils cousaient

Indicatif passé simple

je cousis	nous cousîmes
tu cousis	vous cousîtes
il cousit	ils cousirent

Indicatif futur

je coudrai	nous coudrons
tu coudrais	vous coudrez
il coudra	ils coudront

Conditionnel présent

je coudrais	nous coudrions
tu coudrais	vous coudriez
il coudrait	ils coudraient

Impératif présent

couds, cousons, cousez

Subjonctif présent

que je couse	que nous cousions
que tu couses	que vous cousiez
qu'il couse	qu'ils cousent

Subjonctif imparfait

que je cousisse	que nous cousissions
que tu cousisses	que vous cousissiez
qu'il cousît	qu'ils cousissent

Participe présent — *Participe passé*

cousant — cousu (cousue, cousus, cousues)

88 MOUDRE

Les composés *émoudre* et *remoudre* se conjuguent sur ce type.

Indicatif présent

je mouds	nous moulons
tu mouds	vous moulez
il moud	ils moulent

Indicatif imparfait

je moulais	nous moulions
tu moulais	vous mouliez
il moulait	ils moulaient

Indicatif passé simple

je moulus	nous moulûmes
tu moulus	vous moulûtes
il moulut	ils moulurent

Indicatif futur

je moudrai	nous moudrons
tu moudras	vous moudrez
il moudra	ils moudront

Conditionnel présent

je moudrais	nous moudrions
tu moudrais	vous moudriez
il moudrait	ils moudraient

Impératif présent

mouds, moulons, moulez

Subjonctif présent

que je moule	que nous moulions
que tu moules	que vous mouliez
qu'il moule	qu'ils moulent

Subjonctif imparfait

que je moulusse	que nous moulussions
que tu moulusses	que vous moulussiez
qu'il moulût	qu'ils moulussent

Participe présent — *Participe passé*

moulant — moulu (moulue, moulus, moulues)

89 RÉSOUDRE

Indicatif présent

je résous	nous résolvons
tu résous	vous résolvez
il résout	ils résolvent

Indicatif imparfait

je résolvais	nous résolvions
tu résolvais	vous résolviez
il résolvait	ils résolvaient

Indicatif passé simple

je résolus	nous résolûmes
tu résolus	vous résolûtes
il résolut	ils résolurent

Indicatif futur

je résoudrai	nous résoudrons
tu résoudras	vous résoudrez
il résoudra	ils résoudront

Conditionnel présent

je résoudrais	nous résoudrions
tu résoudrais	vous résoudriez
il résoudrait	ils résoudraient

Impératif présent

résous, résolvons, résolvez

Subjonctif présent

que je résolve	que nous résolvions
que tu résolves	que vous résolviez
qu'il résolve	qu'ils résolvent

Subjonctif imparfait

que je résolusse	que nous résolussions
que tu résolusses	que vous résolussiez
qu'il résolût	qu'ils résolussent

Participe présent — *Participe passé*

résolvant — résolu (résolue, résolus, résolues)

90 PERDRE

Le composé *reperdre* se conjugue sur ce type.

Indicatif présent

je perds	nous perdons
tu perds	vous perdez
il perd	ils perdent

Indicatif imparfait

je perdais	nous perdions
tu perdais	vous perdiez
il perdait	ils perdaient

Indicatif passé simple

je perdis	nous perdîmes
tu perdis	vous perdîtes
il perdit	ils perdirent

Indicatif futur

je perdrai	nous perdrons
tu perdras	vous perdrez
il perdra	ils perdront

Conditionnel présent

je perdrais	nous perdrions
tu perdrais	vous perdriez
il perdrait	ils perdraient

Impératif présent

perds, perdons, perdez

Subjonctif présent

que je perde	que nous perdions
que tu perdes	que vous perdiez
qu'il perde	qu'ils perdent

Subjonctif imparfait

que je perdisse	que nous perdissions
que tu perdisses	que vous perdissiez
qu'il perdît	qu'ils perdissent

Participe présent — *Participe passé*

perdant — perdu (perdue, perdus, perdues)

91 FONDRE

Se conjuguent sur ce type *confondre, correspondre, se morfondre, pondre, refondre, répondre, retondre, tondre.*

Indicatif présent

je fonds	nous fondons
tu fonds	vous fondez
il fond	ils fondent

Indicatif imparfait

je fondais	nous fondions
tu fondais	vous fondiez
il fondait	ils fondaient

Indicatif passé simple

je fondis	nous fondîmes
tu fondis	vous fondîtes
il fondit	ils fondirent

Indicatif futur

je fondrai	nous fondrons
tu fondras	vous fondrez
il fondra	ils fondront

Conditionnel présent

je fondrais	nous fondrions
tu fondrais	vous fondriez
il fondrait	ils fondraient

Impératif présent

fonds, fondons, fondez

Subjonctif présent

que je fonde	que nous fondions
que tu fondes	que vous fondiez
qu'il fonde	qu'ils fondent

Subjonctif imparfait

que je fondisse	que nous fondissions
que tu fondisses	que vous fondissiez
qu'il fondît	qu'ils fondissent

Participe présent	Participe passé
fondant	fondu (fondue, fondus, fondues)

92 MORDRE

Se conjuguent sur ce type : *démordre, détordre, distordre, remordre, retordre, tordre.*

Indicatif présent

je mords	nous mordons
tu mords	vous mordez
il mord	ils mordent

Indicatif imparfait

je mordais	nous mordions
tu mordais	vous mordiez
il mordait	ils mordaient

Indicatif passé simple

je mordis	nous mordîmes
tu mordis	vous mordîtes
il mordit	ils mordirent

Indicatif futur

je mordrai	nous mordrons
tu mordras	vous mordrez
il mordra	ils mordront

Conditionnel présent

je mordrais	nous mordrions
tu mordrais	vous mordriez
il mordrait	ils mordraient

Impératif présent

mords, mordons, mordez

Subjonctif présent

que je morde	que nous mordions
que tu mordes	que vous mordiez
qu'il morde	qu'ils mordent

Subjonctif imparfait

que je mordisse	que nous mordissions
que tu mordisses	que vous mordissiez
qu'il mordît	qu'ils mordissent

Participe présent	Participe passé
mordant	mordu (mordue, mordus, mordues)

93 SOURDRE

Ce verbe défectif ne s'emploie qu'à l'infinitif et à la 3e personne du singulier et du pluriel de l'indicatif présent : *il sourd, ils sourdent.*

94 CONNAÎTRE

Se conjuguent sur ce type les composés de *connaître (méconnaître, reconnaître)*, ainsi que *paraître* et ses composés *(apparaître, comparaître, disparaître, réapparaître, recomparaître, reparaître, transparaître).*

Indicatif présent

je connais	nous connaissons
tu connais	vous connaissez
il connaît	ils connaissent

Indicatif imparfait

je connaissais	nous connaissions
tu connaissais	vous connaissiez
il connaissait	ils connaissaient

Indicatif passé simple

je connus	nous connûmes
tu connus	vous connûtes
il connut	ils connurent

Indicatif futur

je connaîtrai	nous connaîtrons
tu connaîtras	vous connaîtrez
il connaîtra	ils connaîtront

Conditionnel présent

je connaîtrais	nous connaîtrions
tu connaîtrais	vous connaîtriez
il connaîtrait	ils connaîtraient

Indicatif présent

connais, connaissons, connaissez

Subjonctif présent

que je connaisse	que nous connaissions
que tu connaisses	que vous connaissiez
qu'il connaisse	qu'ils connaissent

Subjonctif imparfait

que je connusse	que nous connussions
que tu connusses	que vous connussiez
qu'il connût	qu'ils connussent

Participe présent

connaissant

Participe passé

connu (connue, connus, connues)

95 NAÎTRE

Se conjugue toujours avec l'auxiliaire ÊTRE aux temps composés. Le composé *renaître* se conjugue comme NAÎTRE aux temps simples, mais n'a pas de participe passé et il est inusité aux temps composés.

Indicatif présent

je nais	nous naissons
tu nais	vous naissez
il naît	ils naissent

Indicatif imparfait

je naissais	nous naissions
tu naissais	vous naissiez
il naissait	ils naissaient

Indicatif passé simple

je naquis	nous naquîmes
tu naquis	vous naquîtes
il naquit	ils naquirent

Indicatif futur

je naîtrai	nous naîtrons
tu naîtras	vous naîtrez
il naîtra	ils naîtront

Conditionnel présent

je naîtrais	nous naîtrions
tu naîtrais	vous naîtriez
il naîtrait	ils naîtraient

Indicatif présent

nais, naissons, naissez

Subjonctif présent

que je naisse	que nous naissions
que tu naisses	que vous naissiez
qu'il naisse	qu'ils naissent

Subjonctif imparfait

que je naquisse	que nous naquissions
que tu naquisses	que vous naquissiez
qu'il naquît	qu'ils naquissent

Participe présent

naissant

Participe passé

né (née, nés, nées)

96 PAÎTRE

Les composés sont inusités.

Indicatif présent

je pais	nous paissons
tu pais	vous paissez
il paît	ils paissent

Indicatif imparfait

je paissais	nous paissions
tu paissais	vous paissiez
il paissait	ils paissaient

Indicatif passé simple inusité

Indicatif futur

je paîtrai	nous paîtrons
tu paîtras	vous paîtrez
il paîtra	ils paîtront

Conditionnel présent

je paîtrais	nous paîtrions
tu paîtrais	vous paîtriez
il paîtrait	ils paîtraient

Impératif présent

pais, paissons, paissez

Subjonctif présent

que je paisse	que nous paissions
que tu paisses	que vous paissiez
qu'il paisse	qu'ils paissent

Subjonctif imparfait inusité

Participe présent

paissant

Participe passé inusité

97 REPAÎTRE

Indicatif présent

je repais	nous repaissons
tu repais	vous repaissez
il repaît	ils repaissent

Indicatif imparfait

je repaissais	nous repaissions
tu repaissais	vous repaissiez
il repaissait	Ils repaissaient

Indicatif passé simple

je repus	nous repûmes
tu repus	vous repûtes
il reput	ils repurent

Indicatif futur

je repaîtrai	nous repaîtrons
tu repaîtras	vous repaîtrez
il repaîtra	ils repaîtront

Conditionnel présent

je repaîtrais	nous repaîtrions
tu repaîtrais	vous repaîtriez
il repaîtrait	ils repaîtraient

Impératif présent

repais, repaissons, repaissez

Subjonctif présent

que je repaisse	que nous repaissions
que tu repaisses	que vous repaissiez
qu'il repaisse	qu'ils repaissent

Subjonctif imparfait

que je repusse	que nous repussions
que tu repusses	que vous repussiez
qu'il repût	qu'ils repussent

Participe présent	Participe passé
repaissant	repu (repue, repus, repues)

98 BATTRE

Les composés de *battre (abattre, combattre, contre-battre, débattre, s'ébattre, embattre, rabattre, rebattre)* se conjuguent sur ce type.

Indicatif présent

je bats	nous battons
tu bats	vous battez
il bat	ils battent

Indicatif imparfait

je battais	nous battions
tu battais	vous battiez
il battait	ils battaient

Indicatif passé simple

je battis	nous battîmes
tu battis	vous battîtes
il battit	ils battirent

Indicatif futur

je battrai	nous battrons
tu battras	vous battrez
il battra	ils battront

Conditionnel présent

je battrais	nous battrions
tu battrais	vous battriez
il battrait	ils battraient

Impératif présent

bats, battons, battez

Subjonctif présent

que je batte	que nous battions
que tu battes	que vous battiez
qu'il batte	qu'ils battent

Subjonctif imparfait

que je battisse	que nous battissions
que tu battisses	que vous battissiez
qu'il battît	qu'ils battissent

Participe présent	Participe passé
battant	battu (battue, battus, battues)

99 METTRE

Les verbes *admettre, commettre, compromettre, démettre, émettre, s'entremettre, omettre, permettre, promettre, réadmettre, remettre, retransmettre, soumettre, transmettre* se conjuguent sur ce type.

Indicatif présent

je mets	nous mettons
tu mets	vous mettez
il met	ils mettent

Indicatif imparfait

je mettais	nous mettions
tu mettais	vous mettiez
il mettait	ils mettaient

Indicatif passé simple

je mis	nous mîmes
tu mis	vous mîtes
il mit	ils mirent

Indicatif futur

je mettrai	nous mettrons
tu mettras	vous mettrez
il mettra	ils mettront

Conditionnel présent

je mettrais	nous mettrions
tu mettrais	vous mettriez
il mettrait	ils mettraient

Impératif présent

mets, mettons, mettez

Subjonctif présent

que je mette	que nous mettions
que tu mettes	que vous mettiez
qu'il mette	qu'ils mettent

Subjonctif imparfait

que je misse	que nous missions
que tu misses	que vous missiez
qu'il mît	qu'ils missent

Participe présent	Participe passé
mettant	mis (mise, mis, mises)

100 CROÎTRE

Les verbes *accroître* et *décroître* se conjuguent comme *croître*, mais les formes suivantes se distinguent des formes correspondantes de *croître* par l'absence d'accent circonflexe : *j'accrois, tu accrois ; j'accrus, tu accrus, il accrut ; ils accrurent ; accru ;* — *je décrois, tu décrois ; je décrus, tu décrus, il décrut, ils décrurent ; décru.*

Indicatif présent

je croîs	nous croissons
tu croîs	vous croissez
il croît	ils croissent

Indicatif imparfait

je croissais	nous croissions
tu croissais	vous croissiez
il croissait	ils croissaient

Indicatif passé simple

je crûs	nous crûmes
tu crûs	vous crûtes
il crût	ils crûrent

Indicatif futur

je croîtrai	nous croîtrons
tu croîtras	vous croîtrez
il croîtra	ils croîtront

Conditionnel présent

je croîtrais	nous croîtrions
tu croîtrais	vous croîtriez
il croîtrait	ils croîtraient

Impératif présent

croîs, croissons, croissez

Subjonctif présent

que je croisse	que nous croissions
que tu croisses	que vous croissiez
qu'il croisse	qu'ils croissent

Subjonctif imparfait

que je crûsse	que nous crûssions
que tu crûsses	que vous crûssiez
qu'il crût	qu'ils crûssent

Participe présent	*Participe passé*
croissant	crû *(féminin et pluriel inusités)*

101 VAINCRE

Le composé *convaincre* se conjugue sur ce type.

Indicatif présent

je vaincs	nous vainquons
tu vaincs	vous vainquez
il vainc	ils vainquent

Indicatif imparfait

je vainquais	nous vainquions
tu vainquais	vous vainquiez
il vainquait	ils vainquaient

Indicatif passé simple

je vainquis	nous vainquîmes
tu vainquis	vous vainquîtes
il vainquit	ils vainquirent

Indicatif futur

je vaincrai	nous vaincrons
tu vaincras	vous vaincrez
il vaincra	ils vaincront

Conditionnel présent

je vaincrais	nous vaincrions
tu vaincrais	vous vaincriez
il vaincrait	ils vaincraient

Impératif présent

vaincs, vainquons, vainquez

Subjonctif présent

que je vainque	que nous vainquions
que tu vainques	que vous vainquiez
qu'il vainque	qu'ils vainquent

Subjonctif imparfait

que je vainquisse	que nous vainquissions
que tu vainquisses	que vous vainquissiez
qu'il vainquît	qu'ils vainquissent

Participe présent	*Participe passé*
vainquant	vaincu (vaincue, vaincus, vaincues)

102 ROMPRE

Les verbes *corrompre* et *interrompre* se conjuguent sur ce type.

Indicatif présent

je romps	nous rompons
tu romps	vous rompez
il rompt	ils rompent

Indicatif imparfait

je rompais	nous rompions
tu rompais	vous rompiez
il rompait	ils rompaient

Indicatif passé simple

je rompis	vous rompîmes
tu rompis	vous rompîtes
il rompit	ils rompirent

Indicatif futur

je romprai	nous romprons
tu rompras	vous romprez
il rompra	ils rompront

Conditionnel présent

je romprais	nous romprions
tu romprais	vous rompriez
il romprait	ils rompraient

Impératif présent

romps, rompons, rompez

Subjonctif présent

que je rompe	que nous rompions
que tu rompes	que vous rompiez
qu'il rompe	qu'ils rompent

Subjonctif imparfait

que je rompisse	que nous rompissions
que tu rompisses	que vous rompissiez
qu'il rompît	qu'ils rompissent

Participe présent / Participe passé

Participe présent	Participe passé
rompant	rompu (rompue, rompus, rompues)

103 SUIVRE

Les composés s'ensuivre et poursuivre se conjuguent sur ce type, mais s'ensuivre ne s'emploie qu'à la 3e personne du singulier et du pluriel et à l'infinitif

Indicatif présent

je suis	nous suivons
tu suis	vous suivez
il suit	ils suivent

Indicatif imparfait

je suivais	nous suivions
tu suivais	vous suiviez
il suivait	ils suivaient

Indicatif passé simple

je suivis	nous suivîmes
tu suivis	vous suivîtes
il suivit	ils suivirent

Indicatif futur

je suivrai	nous suivrons
tu suivras	vous suivrez
il suivra	ils suivront

Conditionnel présent

je suivrais	nous suivrions
tu suivrais	vous suivriez
il suivrait	ils suivraient

Impératif présent

suis, suivons, suivez

Subjonctif présent

que je suive	que nous suivions
que tu suives	que vous suiviez
qu'il suive	qu'ils suivent

Subjonctif imparfait

que je suivisse	que nous suivissions
que tu suivisses	que vous suivissiez
qu'il suivît	qu'ils suivissent

Participe présent / Participe passé

Participe présent	Participe passé
suivant	suivi (suivie, suivis, suivies)

104 VIVRE

Les composés revivre et survivre se conjuguent sur ce type.

Indicatif présent

je vis	nous vivons
tu vis	vous vivez
il vit	ils vivent

Indicatif imparfait

je vivais	nous vivions
tu vivais	vous viviez
il vivait	ils vivaient

Indicatif passé simple

je vécus	nous vécûmes
tu vécus	vous vécûtes
il vécut	ils vécurent

Indicatif futur

je vivrai	nous vivrons
tu vivras	vous vivrez
il vivra	ils vivront

Conditionnel présent

je vivrais	nous vivrions
tu vivrais	vous vivriez
il vivrait	ils vivraient

Impératif présent

vis, vivons, vivez

Subjonctif présent

que je vive	que nous vivions
que tu vives	que vous viviez
qu'il vive	qu'ils vivent

Subjonctif imparfait

que je vécusse	que nous vécussions
que tu vécusses	que vous vécussiez
qu'il vécût	qu'ils vécussent

Participe présent / Participe passé

Participe présent	Participe passé
vivant	vécu (vécue, vécus, vécues)

RÈGLES D'ACCORD DU PARTICIPE PASSÉ

I PARTICIPE PASSÉ EMPLOYÉ SEUL.

1 Participe passé employé comme épithète. Il s'accorde en genre et en nombre avec le nom qu'il qualifie : *Un travail achevé. Des paquets enveloppés. Une toile déchirée. Des fillettes fatiguées.*

2 Participe passé employé comme attribut sans verbe attributif exprimé. Il s'accorde en genre et en nombre avec le nom ou le pronom dont il est l'attribut : *Comment sont-elles arrivées ? — Complètement épuisées. Ah ! si vous aviez vu les plates-bandes après le passage des garnements ! Écrasées, piétinées, saccagées !*

3 Participe passé attribut du complément d'objet direct. Il s'accorde en genre et en nombre avec le complément d'objet direct : *J'estime ce travail terminé. Je trouve ces enfants fatigués. Vous croyez à tort cette besogne achevée. Nous jugeons ces plaisanteries usées.*

4 Cas des participes *entendu ! compris ! terminé !* **employés seuls comme adverbes ou comme exclamations.** Ils sont toujours invariables : *Vous viendrez demain, à onze heures. — Entendu !*

5 Cas du participe *fini* **employé dans une phrase exclamative sans verbe.** L'accord peut se faire, mais n'est pas obligatoire : *Fini, les soucis !* ou *Finis les soucis !* ▼ Dans la locution *fini de...,* le participe est toujours invariable : *Fini de toutes ces lenteurs !*

6 Cas des participes *attendu, compris, non compris, y compris, excepté, ôté, ouï, passé, supposé, vu.*

a/ Placés devant le nom. Ils restent invariables et sont considérés comme des prépositions : *Attendu ses actions d'éclat, on lui pardonna cette faute. Y compris les taxes, le prix ne dépassera pas cent francs. Toutes les maisons du village sont abandonnées, excepté deux ou trois. Passé dix heures du soir, la ville est morte. Vu les erreurs commises, il faut renoncer au projet.*

b/ Placés après le nom ou le pronom. Ces participes s'accordent en genre et en nombre : *La dépense s'élève à huit cent cinquante francs, taxes comprises. Cette mauvaise période passée, tout redevint comme avant. Ces deux fillettes exceptées, toutes les écolières furent punies.*

7 Ci-annexé, ci-joint, ci-inclus. Ces trois expressions sont invariables dans les deux cas suivants.

a/ Au commencement d'une phrase : *Ci-joint la photocopie que vous avez demandée.*

b/ Dans le corps d'une phrase, quand le nom suit sans être isolé de *ci-annexé, ci-joint* ou *ci-inclus* par un article ou un adjectif démonstratif, possessif, indéfini ou numéral : *Veuillez trouver ci-inclus copie de la facture.* — Dans tous les autres cas, *ci-annexé, ci-joint, ci-inclus* s'accordent en genre et en nombre : *Veuillez trouver ci-annexées les copies des lettres. Les factures ci-jointes.*

8 Étant donné. Est généralement invariable, mais de bons auteurs modernes l'emploient en faisant l'accord : *Étant donné les circonstances, nous resterons ici. Étant données les difficultés de l'entreprise, restons-en là.*

II PARTICIPE PASSÉ EMPLOYÉ AVEC LE VERBE *ÊTRE* OU UN AUTRE VERBE ATTRIBUTIF.

1 Participe passé employé avec le verbe *être*, soit comme attribut, soit dans un verbe à la forme passive. Il s'accorde en genre et en nombre avec le sujet : *Ce feuillet est déchiré. Cette page est froissée. Cette maison a été construite par des maçons limousins. Les feuilles mortes seront emportées par le vent.*

2 Participe passé employé aux temps composés de certains verbes intransitifs. Il s'accorde en genre et en nombre avec le sujet : *Mon frère est venu. Mes parents sont arrivés. Votre sœur est tombée. Elles seront allées dans les magasins. Elles sont venues me trouver. Les choses qu'il est venu me dire.*

3 Participe passé conjugué avec le verbe *être*, quand le sujet est *on* ou le *nous* de majesté ou de modestie ou le *vous* de politesse. Quand le sujet est *on*, le participe passé se met normalement au masculin singulier : *On n'est jamais déçu par un pareil spectacle.* — Cependant, l'accord peut se faire avec le sujet réel qui est sous-entendu sous le pronon indéfini *on : Eh bien ! ma petite fille, on est étonnée de me voir ? Mes camarades et moi, on est tous fatigués.* — Il en va de même pour le participe passé employé avec le verbe *être* ou employé en apposition, quand le sujet est le *nous* de majesté ou de modestie, ou le *nous* de « participation » ou d'intérêt, ou le *vous* de politesse désignant une seule personne : *Nous, président de la République, nous sommes convaincu de la nécessité... Alors, dit le médecin à la fillette, nous sommes toujours fatiguée ? Vous, madame, qui êtes persuadée, comme moi, de cette vérité.*

4 Participe passé employé dans la conjugaison d'un verbe impersonnel avec l'auxiliaire *être*. Il reste toujours invariable : *Voici l'affaire qu'il m'est advenu.* ▼ Dans un cas de ce genre, en français moderne, on emploie plutôt, aux temps composés, le tour personnel : *Voici l'affaire qui m'est advenue.*

5 Participe passé employé avec un verbe attributif autre que *être*. Il s'accorde en genre et en nombre avec le sujet : *Cet édifice paraît ébranlé. Ces murs semblent fissurés. La table reste maculée. Ces salles demeureront fermées.*

III PARTICIPE EMPLOYÉ DANS LA CONJUGAISON D'UN VERBE AVEC L'AUXILIAIRE *AVOIR,* DANS LES TEMPS COMPOSÉS.

A — Règles générales.

1 Il n'y a pas de complément direct. Dans ce cas, le participe reste invariable : *Nous avons discuté longtemps.*

2 Il y a un complément d'objet direct, placé après le verbe. Dans ce cas, le participe reste invariable : *Nous avons discuté ces propositions.*

3 Il y a un complément d'objet direct, placé avant le verbe. Dans ce cas, le participe s'accorde en genre et en nombre avec le complément d'objet direct : *Les propositions que nous avons discutées. Ces propositions, nous les avons discutées.*

B — Accord dans le cas d'un temps surcomposé. S'il doit y avoir accord, seul le dernier participe passé est normalement accordé : *La maison a été vendue, dès que je l'ai eu visitée.*

C — Participe passé employé avec un complément de durée ou de mesure (cas de verbes comme *courir, coûter, durer, marcher, mesurer, peser, régner, valoir, vivre,* etc.). Dans ce cas, le complément introduit sans préposition doit être assimilé aux compléments circonstanciels et n'est nullement un complément d'objet direct. C'est pourquoi le participe reste invariable : *Les deux cents francs que ce livre a coûté. Les six kilogrammes que ce sac a pesé. Les trois ans que ce prince a régné.* — En revanche, il doit y avoir accord quand ces verbes sont employés transitivement (*Les sacs que l'épicier a pesés*) ou au sens figuré (*Les peines que son éducation m'a coûtées*).

D — Participe employé de manière invariable dans deux expressions figées, *l'échapper belle, la bailler belle.* Ils l'ont échappé belle. Vraiment, vous me l'avez baillé belle.

E — Participe passé suivi d'un attribut. Il s'accorde normalement en genre et en nombre avec le complément d'objet direct qui précède cet attribut : *Ces tâches que j'avais crues faciles. Cette maison que l'on eût dite déserte.* Cependant l'absence d'accord est fréquente et tolérée : *Cette affaire que nous avions cru avantageuse. Ces chants que j'avais trouvé beaux.*

F — Participe passé d'un verbe impersonnel.
Il est toujours invariable : *Toutes les peines qu'il a fallu pour mener à bien cette entreprise. Les transformations qu'il y a eu.*

G — Participe passé employé en relation avec des « antécédents » spéciaux.

1 Participe passé employé avec le pronom neutre *l'* représentant non un être ou un objet, mais l'idée contenue dans la proposition précédente. Il reste invariable : *Cette tâche était plus difficile que je ne l'avais pensé. Cette maison est moins ancienne que nous ne l'avons cru.* ▼ On doit cependant faire l'accord dans le cas où l'on considère que le pronom *l'* représente un nom déterminé : *J'ai retrouvé la vieille demeure telle que je l'avais laissée.*

2 Accord avec un complément d'objet direct à valeur collective. Si le complément est placé avant le verbe, l'accord se fait soit avec le nom au singulier à valeur collective (accord selon la forme), soit avec le complément au pluriel de ce nom à valeur collective (accord selon le sens). Le choix entre ces deux accords est déterminé par l'intention de celui qui parle ou écrit, suivant qu'il veut insister sur l'aspect collectif et unitaire ou, au contraire, sur l'aspect de pluralité : *Le régiment de parachutistes que nous avons vu défilait admirablement. Une foule de dévots que la nouvelle du miracle avait attirés accouraient de tous côtés.*

3 Participe passé employé dans une forme verbale précédée de *en*. La règle généralement admise veut que, même avec un complément d'objet direct placé avant le verbe, le participe reste invariable : *Ces villes d'Italie, j'en ai visité beaucoup. Ces confitures, en avez-vous mangé ?* Il arrive cependant que, même chez de bons écrivains, on rencontre dans ce cas le participe accordé en genre et en nombre : *Ces chansons paysannes, il en avait entendues quelques-unes dans sa jeunesse.*

4 Participe passé suivi de l'infinitif et précédé de *en*. Il reste toujours invariable : *Ces femmes, j'en ai vu tomber dans la misère.*

5 Participe passé en relation avec un adverbe de quantité. Il s'accorde en genre et en nombre avec le complément de l'adverbe : *Combien de personnes avez-vous vues ? Tant de malheurs qu'il avait subis !*

6 Participe passé en relation avec les locutions *le peu de, ce peu de, son peu de.* On distingue deux cas.

a/ Le mot *peu* exprime l'idée principale et l'accord se fait au masculin singulier : *Le peu d'ardeur qu'il a montré. Ce peu d'espérance qu'il avait conçu. Son peu de sympathie que nous avions remarqué.*

b/ Le complément de *peu* exprime l'idée principale et l'accord se fait en genre et en nombre avec le complément : *Le peu de camarades que j'ai revus. Le peu de villes italiennes qu'il avait visitées.*

7 Participe passé en relation avec *un des, une des, un de* et employé avec un complément d'objet direct placé avant la forme verbale. On distingue quatre cas.

a/ L'action porte sur tous les êtres ou sur tous les objets du groupe. Dans ce cas, il y a accord au pluriel : *Voici l'une des lettres que j'ai reçues à ce sujet.*

b/ L'action porte spécialement sur l'un des êtres ou des objets du groupe. Dans ce cas, il y a accord au singulier : *L'une des lettres, que j'avais reçue le matin même, m'annonçait l'arrivée de mon ami.* ▼ On observe que, dans cet exemple, la relative est encadrée par des virgules.

c/ Avec *un de ceux, une de celles*. L'accord se fait généralement au pluriel : *C'est l'un de ceux que j'ai bien connus.*

d/ Avec *un des, une des, un de, une de*, suivi d'un nom et d'un adjectif. L'accord se fait généralement au pluriel : *C'est l'une des plus belles villes que j'aies vues. C'est l'un des plus beaux livres que j'aie lus.*

8 Participe passé en relation avec deux antécédents unis par *ou*, par *et* ou par *ni*. On distingue deux cas.

a/ L'idée d'addition domine. Le participe s'accorde au pluriel : *La paresse ou le vice, que nous avons regardés comme les causes de déchéance. La gloire et la richesse, qu'on a recherchées comme les biens suprêmes.*

b/ L'idée de disjonction est seule présente. Le participe s'accorde avec le second antécédent : *Est-ce un chien ou une chienne que vous avez adoptée ? Dans ce projet, c'est la réussite ou l'échec que nous avons considéré. Ce n'est ni le fils ni la fille que j'ai vue, mais le père.*

9 Participe passé en relation avec deux antécédents unis par des locutions telles que *ainsi que, aussi bien que, autant que, comme, de même que, non moins que, non plus que,* etc. On distingue deux cas.

a/ Si le premier antécédent exprime l'idée principale. C'est avec lui que se fait l'accord : *C'est sa réussite, autant que son échec, que j'ai étudiée. C'est sa persévérance, non moins que son savoir, que nous avons admirée.*

b/ Si l'on considère que les deux antécédents sont d'importance égale. L'accord se fait au féminin pluriel si les deux antécédents sont féminins (*C'est sa bonne humeur aussi bien que son ardeur au travail que nous avons admirées*), au masculin pluriel si les deux antécédents sont masculins (*C'est son courage aussi bien que son savoir que nous avons admirés*), au masculin pluriel si l'un des antécédents est masculin et l'autre féminin (*C'est sa patience aussi bien que son savoir que nous avons admirés*).

10 Participe passé en relation avec deux antécédents unis par les locutions *moins que, plus que, non, et non, et non pas, plutôt que.* L'accord se fait avec le premier antécédent : *C'est son ardeur au travail, et non son savoir, que j'ai admiré. C'est plus leurs épreuves que leur mérite que nous avons considérées.*

H — Participe passé suivi d'un infinitif.

1 Règle générale. On distingue quatre cas.

a/ Il n'y a pas de complément d'objet direct. Le participe reste alors invariable : *J'ai entendu chanter.*

b/ Le complément d'objet direct est placé après la forme verbale comprenant le participe passé. Le participe reste alors invariable : *J'ai entendu cette femme chanter. J'ai entendu chanter cette chanson.*

c/ Le complément d'objet direct est placé avant la forme verbale comprenant le participe passé et il est aussi sujet de l'action exprimée par l'infinitif. Le participe s'accorde alors en genre et en nombre avec lui : *Cette femme que j'ai entendue chanter* (= qui chantait). *Les vaches qu'il a menées paître.*

d/ Le complément d'objet est placé avant la forme verbale comprenant le participe passé et il est aussi objet de l'action exprimée par l'infinitif. Il reste alors invariable : *La chanson que j'ai entendu chanter* (= que l'on chantait). *Les brebis qu'il a mené tondre.*

2 Participe passé de *faire* **suivi de l'infinitif.** Il reste invariable : *Les robes qu'elle a fait faire. Les murs qu'on a fait construire.* ▼ De même, avec *devoir, pouvoir, vouloir* : *Toutes les démarches que j'ai dû faire. Ces œuvres que nous avons pu admirer. Les lettres que tu as voulu écrire.*

3 Participe passé de *laisser* **suivi de l'infinitif.** Il suit, en principe, la règle commune (voir ci-dessus, III, H, 1) : *J'ai laissé faire ce travail par un collègue. Les gens que j'ai laissés commettre. Cependant on rencontre assez souvent, dans l'usage moderne, *laissé* invariable, dans des cas où la règle exigerait l'accord.

4 Participe d'un verbe déclaratif ou d'un verbe d'opinion (*affirmer, assurer, croire, dire, espérer, estimer, nier, penser, prétendre, supposer,* etc.), **suivi d'un infinitif.** Il reste normalement invariable : *Ces femmes qu'il a affirmé connaître. Ces mots que l'on a cru venir du gaulois.*

5 Participe passé des verbes qui ont pour complément un infinitif sous-entendu. Il s'agit du participe des verbes *croire, devoir, dire, penser, permettre, pouvoir, prévoir, savoir, vouloir,* etc. Il reste, dans ce cas, toujours invariable : *J'ai lu tous les livres que j'ai voulu* (= que j'ai voulu lire). *Il a apporté toutes les modifications qu'il a pu* (= qu'il a pu apporter).

6 Participe passé des verbes *avoir à, donner à, laisser à* **suivis d'un infinitif et précédés d'un complément d'objet direct.** Ce participe est invariable quand le complément d'objet direct est complément manifeste de l'infinitif : *Les clients que ce représentant a eu à visiter* (= il a eu à visiter des clients). *Les localités que j'ai eu à traverser* (= j'ai eu à traverser des localités). *Les plantes qu'on m'a donné à décrire* (= on m'a donné à décrire des plantes). En revanche, on peut accorder, facultativement, le participe, si le complément d'objet direct est perçu comme étant d'abord complément de *avoir, donner, laisser* : *Les terres qu'on lui avait données à cultiver* (= qu'on lui avait données, pour qu'il les cultivât).

IV PARTICIPE PASSÉ EMPLOYÉ AVEC LE VERBE *ÊTRE* DANS LA CONJUGAISON D'UN VERBE PRONOMINAL.

A — Participe passé employé avec le verbe *être* **dans la conjugaison d'un verbe pronominal réfléchi direct** (le pronom personnel réfléchi étant complément d'objet direct : *Je me suis lavé* = j'ai lavé moi).

1 Règle générale. Le participe s'accorde en genre et en nombre avec le sujet : *Ce garçon s'est baigné. Ces filles se sont baignées.*

2 Participe passé d'un verbe pronominal suivi d'un attribut du pronom réfléchi. Il s'accorde normalement en genre et en nombre avec le sujet : *Elles se sont crues habiles. Ils se sont sentis responsables.*

3 Participe passé du verbe *se persuader* suivi d'une proposition complétive introduite par *que*. Il s'accorde facultativement en genre et en nombre avec le sujet : *Elles se sont persuadées* (ou *Elles se sont persuadé*) *que nous leur voulions du mal.*

B — Participe passé employé dans la conjugaison d'un verbe pronominal réfléchi indirect (le pronom personnel réfléchi étant complément d'attribution : *Je me suis lavé les mains* = j'ai lavé les mains à moi).

1 Le complément d'objet direct est placé après le verbe. Dans ce cas, le participe reste invariable : *Je me suis donné cette louange.*

2 Le complément d'objet direct est placé avant le verbe. Dans ce cas, le participe s'accorde en genre et en nombre avec le complément d'objet direct : *Les louanges qu'il s'est décernées. Les buts que je me suis fixés. Les droits qu'il s'est arrogés.*

3 Cas spécial, où il n'y a pas de complément d'objet direct (*se plaire, se complaire, se déplaire, se rire*). Dans ce cas, le participe reste invariable : *Elles se sont ri de nous. Ils se sont complu à nous tracasser. Elles se sont déplu en notre compagnie. Elle s'est plu dans ce village.*

C — Participe passé d'un verbe pronominal suivi de l'infinitif.

1 Règle générale.

a/ Le participe s'accorde en genre et en nombre quand le sujet du pronominal est aussi sujet de l'action exprimée par l'infinitif : *Elles se sont senties mourir* (= elles ont senti qu'elles mouraient).

b/ Il reste invariable quand le sujet du pronominal est objet de l'action exprimée par l'infinitif : *Elles se sont senti entraîner par le courant* (= elles ont senti que le courant les entraînait).

2 Cas de *se faire* suivi d'un infinitif. Le participe reste toujours invariable : *Les robes qu'elle s'est fait faire. Les explications que je me suis fait donner.*

3 Cas de *se laisser* suivi d'un infinitif. La règle veut qu'on distingue deux cas.

a/ Le sujet de *se laisser* est aussi le sujet de l'action exprimée par l'infinitif. Dans ce cas, *laissé* s'accorde en genre et en nombre avec le sujet : *Elles se sont laissées tomber*

b/ Le sujet de *se laisser* est l'objet de l'action exprimée par l'infinitif. Dans ce cas, *laissé* reste invariable : *Elles se sont laissé enlever.* ▼ Cette règle n'est pas toujours appliquée, même par les bons écrivains modernes.

D — Participe passé employé dans la conjugaison d'un verbe essentiellement pronominal (verbe qui n'est usité qu'à la forme pronominale).

1 Règle générale. Le participe s'accorde en genre et en nombre avec le sujet : *Elles se sont enfuies. Elles se sont souvenues. Elles se sont repenties.*

2 Exception. Le participe passé du verbe *s'arroger* ne s'accorde jamais avec le sujet : *Elles se sont arrogé des privilèges injustifiés.* ▼ Le participe passé de ce verbe s'accorde avec le complément d'objet direct quand celui-ci est placé avant le verbe : *Les privilèges injustifiés qu'il s'est arrogés* (voir ci-dessus IV, B, 2).

E — Participe passé employé dans la conjugaison d'un verbe pronominal à sens réciproque.

1 Le pronom personnel réfléchi a valeur de complément direct. Le participe s'accorde alors en genre et en nombre avec le sujet du verbe pronominal : *Ils se sont battus. Elles se sont embrassées.*

2 Le pronom personnel réfléchi a valeur de complément indirect. On distingue alors trois cas.

a/ Il n'y a pas de complément d'objet direct. Dans ce cas, le participe reste invariable : *Elles se sont parlé. Ils se sont plu* (= chacun a plu à l'autre).

b/ Le complément d'objet direct est placé après le verbe. Dans ce cas, le participe reste invariable : *Ils se sont mutuellement reproché leurs fautes.*

c/ Le complément d'objet direct est placé avant le verbe. Dans ce cas, le participe s'accorde en genre et en nombre avec ce complément d'objet direct : *Les fautes qu'ils se sont mutuellement reprochées.*

F — Participe passé employé dans la conjugaison d'un verbe pronominal à sens passif. Il s'accorde toujours en genre et en nombre avec le sujet : *Ces marchandises se sont bien vendues* (= ont été bien vendues).

LISTE DES VERBES PRONOMINAUX DONT LE PARTICIPE S'ACCORDE TOUJOURS AVEC LE SUJET

s'absenter	s'ébattre	s'extasier	s'y prendre
s'abstenir	s'ébouler	se féliciter	se presser
s'acharner	s'échapper	se formaliser	se prévaloir de
s'acheminer	s'écouler	se gausser de	se prosterner
s'adonner	s'écrier	se gendarmer	se railler de
s'affaiblir	s'écrouler	se hâter	se ratatiner
s'agenouiller	s'efforcer	s'immiscer	se raviser
s'apercevoir de	s'embusquer	s'infatuer	se rebeller
s'approcher	s'emparer de	s'infiltrer	se rebiffer
s'arrêter	s'empresser	s'ingénier	se recroqueviller
s'attacher à	s'en aller	s'ingérer	se rédimer
s'attaquer à	s'endormir	s'insurger	se réfugier
s'attendre	s'enfuir	s'invétérer	se réjouir
s'avancer	s'ennuyer	se jouer de	se rengorger
s'aviser de	s'enorgueillir	se lamenter	se repentir
se blottir	s'enquérir	se lever	se résoudre à
se cabrer	s'en retourner	se louer de	se ressentir de
se carrer	s'en revenir	se méfier de	se saisir de
se chamailler	s'ensuivre	se méprendre	se sauver
se connaître à	s'entendre à	se moquer	se servir de
se dédire	s'envoler	s'opiniâtrer	se soucier de
se démener	s'éprendre de	s'oublier	se souvenir de
se départir de	s'escrimer	se pâmer	se suicider
se désister	s'étonner	se parjurer	se taire
se disputer avec	s'évanouir	se plaindre	se targuer
se douter de	s'évaporer	se prélasser	se tromper
s'ébahir	s'éveiller	se prendre à	
	s'évertuer	s'en prendre à	

LE PARTICIPE PRÉSENT

I Orthographe.

1 En principe, le participe présent s'écrit comme l'adjectif ou comme le nom correspondant : *Ils sortirent en criant. Des abus criants. Remplaçant un collègue malade, j'ai un surcroît de travail. J'ai rencontré mon remplaçant.*

2 Dans quelques cas, il y a deux orthographes différentes (voir tableau).

II Question de l'accord.

1 Le même mot est invariable quand il est participe présent, variable quand il est adjectif : *En grondant et en mugissant, les vagues déferlaient sur la plage. Les vagues grondantes et mugissantes déferlaient sur la plage.*

2 On a affaire à un participe présent invariable dans les cas suivants.

a/ Quand le mot est précédé de *en* ou quand on pourrait le faire précéder de *en* : *En criant, les enfants sortaient de l'école. Criant et chantant, les fillettes tournaient autour de l'arbre.* On pourrait dire : *En criant et en chantant...*

b/ Quand le mot a un complément d'objet direct ou indirect : *Criant leur joie, ils avançaient vers nous. Pensant à leur pays, elles étaient mélancoliques.*

c/ Quand le mot est accompagné des négations *ne, ne... pas, ne... point, ne... rien,* etc. : *Les femmes ne travaillant pas trouvent le temps long.*

d/ Quand le mot est suivi d'un adverbe ou d'une locution adverbiale : *Les écolières travaillant bien seront récompensées. Les personnes souffrant un peu peuvent travailler, mais sans excès.*

e/ Quand le mot est suivi d'un complément de lieu ou d'un complément circonstanciel faisant corps pour le sens avec le mot en -*ant* : *Les personnes partant pour la retraite. Les femmes habitant en banlieue. Les personnes souffrant de manière intense ne peuvent travailler.*

f/ Quand le mot est précédé de *aller : Elles vont chantant et criant.*

▼ **Exceptions.** Sont variables, conformément à l'ancien usage du XVIIe siècle, les participes présents de quelques expressions figées : *les ayants droit, les ayants cause, toutes affaires cessantes, séance tenante,* etc.

3 On a affaire à un adjectif variable dans les cas suivants.

a/ Quand le mot est épithète. Dans ce cas, il peut être remplacé par un adjectif quelconque : *Les sirènes hurlantes des voitures de la police* (= les sirènes sonores, aiguës, etc.).

b/ Quand le mot est attribut après *être, sembler, paraître, devenir,* etc. Dans ce cas, il peut être remplacé par un adjectif quelconque : *Cette occasion était tentante, me semblait tentante* (= agréable, profitable, etc.).

c/ Quand le mot, épithète ou attribut, est précédé d'un adverbe (autre que *ne*) : *Des mégères toujours glapissantes Des sirènes sans cesse hurlantes. Des bourgeoises bien pensantes. Des remarques souvent grinçantes.*

III Emploi fautif

▼ On évitera soigneusement d'employer un participe présent qui se rapporterait à un mot autre que le sujet du verbe de la proposition. On évitera, par exemple, de dire : *Le train partit, en disant adieu à mon camarade.* Tourner autrement : *Le train partit, en même temps que (alors que) je disais adieu...* — En revanche, les phrases suivantes sont correctes, le sujet du participe présent étant le même que le sujet du verbe de la proposition : *La locomotive partit en lâchant un jet de vapeur. J'agitais mon mouchoir en disant adieu à mon camarade.*

CAS DE DISCORDANCE ENTRE L'ORTHOGRAPHE DU PARTICIPE PRÉSENT ET CELLE DE L'ADJECTIF OU DU NOM CORRESPONDANT

PARTICIPE PRÉSENT	ADJECTIF
abstergeant	abstergent, ente
adhérant	adhérent, ente
affluant	affluent, ente
coïncidant	coïncident, ente
communiquant	communicant, ante
convainquant	convaincant, ante
convergeant	convergent, ente
détergeant	détergent, ente
différant	différent, ente
divergeant	divergent, ente
émergeant	émergent, ente
équivalant	équivalent, ente
excellant	excellent, ente
expédiant	expédient, ente
extravaguant	extravagant, ante
fatiguant	fatigant, ante
influant	influent, ente
intriguant	intrigant, ante
naviguant	navigant, ante
négligeant	négligent, ente
précédant	précédent, ente

PARTICIPE PRÉSENT	ADJECTIF
provoquant	provocant, ante
somnolant	somnolent, ente
suffoquant	suffocant, ante
vaquant	vacant, ante

PARTICIPE PRÉSENT	NOM
adhérant	un (une) adhérent, ente
affluant	un affluent
confluant	un confluent
détergeant	un détergent
équivalant	un équivalent
expédiant	un expédient
fabriquant	un (une) fabricant, ante
intriguant	un (une) intrigant, ante
naviguant	un navigant
précédant	un précédent
présidant	un (une) président, ente

L'IMPÉRATIF

I Orthographe de la deuxième personne du singulier.

1 Règle générale. Pas de -*s* final pour les verbes du premier groupe : *Chante. Marche. Balaie.* — Un -*s* final pour les verbes des autres groupes : *Finis. Entends. Cours. Écris.* ▼ On écrit : *va*, et on *vas.

2 Pas de -*s* pour quelques verbes qui ne sont pas du premier groupe. Il s'agit des impératifs suivants : *accueille, aie* (de *avoir*), *assaille, couvre, cueille, défaille, offre, ouvre, recueille, sache, souffre, tressaille, veuille*.

II Addition du -*s* devant les pronoms *en* et *y*.

1 Pas d'infinitif après l'impératif. On ajoute -*s*, s'il n'existe déjà, à la deuxième personne du singulier : *Parles-en. Manges-en. Penses-y. Vas-y.*

2 Un infinitif suit l'impératif. Pas de -*s* (sauf s'il existe déjà) : *Va en chercher. Va y mettre un peu d'ordre.* ▼ L'impératif du verbe *laisser* fait exception : *Laisses-en échapper quelques-uns.*

3 ▼ Si *en* est préposition et non pronom, jamais de -*s* : *Va en Espagne. Parle en maître. Travaille en silence.*

III Emploi de l'apostrophe.

1 Devant *en* et *y*, on élide *me, te, le, la* (*Parle-m'en. Va-t'en*), sauf si *en* ou *y* dépend d'un infinitif (*Envoie-le y passer quelques jours*, et non **envoie-l'y passer*).

2 ▼ Éviter les constructions populaires du type *donnez-moi-z-en, *parle-moi-z-en, *mets-toi-z-y. Dire : *donnez-m'en, parle-m'en*. — Les constructions du type *faites l'en sortir, mettez l'y, mets t'y* sont théoriquement correctes, mais pratiquement inusitées. On tournera autrement : *faites-le sortir de là, mettez-le là, mets-toi là.*

IV Emploi du trait d'union.

1 Règle générale. On met le trait d'union entre l'impératif et le pronom qui suit : *Regarde-le. Fais-le.*

2 Impératif transitif suivi d'un infinitif. Un trait d'union : *Fais-le marcher.*

3 Impératif intransitif suivi d'un infinitif. Pas de trait d'union : *Viens le voir.*

4 Il y a deux pronoms dépendant tous les deux de l'impératif. Deux traits d'union : *Allons-nous-en. Montrez-le-lui.*

5 Il y a deux pronoms, dont le second dépend d'un infinitif. Un seul trait d'union, entre l'impératif et le premier pronom : *Laissez-la nous raconter son histoire. Envoie-le y passer quelques jours.*

V Ordre des pronoms.

1 A la forme affirmative. S'il y a deux pronoms, celui qui est complément d'objet direct se place le premier : *Donne-le-nous. Dis-le-moi. Donne-le-leur.* ▼ Cas particulier : impératif de *se le tenir pour dit* ▷ tenir (III, 5).

2 A la forme négative. Le pronom complément direct se place en seconde position *(Ne nous le donne pas. Ne me le dis pas)*, sauf quand l'autre pronom est *lui* ou *leur (Ne le lui donne pas. Ne le leur dis pas).*

3 *En* et *y.* Se placent toujours en seconde position : *Distribue-leur-en. Ne leur en donnez pas. Appuyez-vous-y. Ne vous y appuyez pas.*

4 Avec *nous* et *vous*. La langue parlée emploie, à la forme affirmative, un ordre inverse de l'ordre habituel, c'est-à-dire qu'elle place en second le pronom complément direct : *Lisez-nous-les* (au lieu de la construction normale *lisez-les-nous*). Cette construction inverse est à éviter dans la langue écrite.

VI Cas de deux impératifs coordonnés.

De nos jours, on dit : *Suivez-moi et aidez-moi. Parlez-moi et dites-moi votre avis.* Dans la langue classique, on mettait le pronom complément direct ou indirect du second impératif devant ce second impératif : *Suivez-moi et m'aidez. Parlez-moi et me dites votre avis.* Ce tour n'existe plus que dans la langue littéraire recherchée et très archaïsante.

L'INFINITIF

I Proposition infinitive.

1 Place du substantif. Deux constructions sont possibles : *J'entends siffler le train* et *J'entends le train siffler.* Le souci du rythme et de l'euphonie guidera le choix. Par exemple, sauf effet de style délibéré, on évitera de placer un monosyllabe à la fin : *Je vois l'or étinceler,* plutôt que *Je vois étinceler l'or. Je vois fuir les troupeaux,* plutôt que *Je vois les troupeaux fuir.* — Bien entendu, quand l'infinitif a un complément, le sujet de l'infinitif se place devant l'infinitif, obligatoirement : *Je vois le vent courber les arbres.*

2 Proposition infinitive en concurrence avec une proposition à un mode personnel. On peut préférer l'emploi de l'infinitive pour alléger la phrase, notamment pour éviter la succession de deux *que : Étant donné que nous pensons être prêts demain,* tour plus léger que *Étant donné que nous pensons que nous serons prêts demain.* En particulier, l'emploi de l'infinitive permet d'éviter les constructions du type : *Ce personnage que j'affirme que j'ai rencontré. Le sort qu'elle dit qui lui est hostile.* On dira plutôt : *Ce personnage que j'affirme avoir rencontré. Le sort qu'elle dit lui être hostile* ▷ **dont** (IX, 2).

II Proposition circonstancielle à l'infinitif.

On prendra garde aux équivoques et on évitera d'employer l'infinitif quand le sujet sous-entendu de celui-ci n'est pas le sujet du verbe à un mode personnel. On peut dire très correctement : *Avant d'examiner sa demande, je veux savoir si ce jeune homme a des références.* On évitera en revanche une construction telle que : *Avant de me demander une entrevue, je veux savoir si nous avons besoin de ce collaborateur supplémentaire.* Employer la construction personnelle : *Avant qu'il me demande une entrevue...* On évitera aussi des constructions telles que : *Après avoir quitté ton travail, j'ai reçu un coup de téléphone pour toi.* Dire : *Après que tu as eu quitté ton travail...*

III Verbe construit directement avec un infinitif.

1 Liste des verbes qui se construisent directement avec un infinitif (construction du type *je veux partir, il reconnaît avoir menti). Affirmer, aimer, aimer autant, aimer mieux, aller, assurer, avoir beau, avouer, compter, courir, croire, daigner, déclarer, descendre, désirer, détester, devoir, dire, écouter, entendre, envoyer, espérer, estimer, faillir, falloir, se figurer, s'imagimer, laisser, mener, monter, oser, partir, penser, pouvoir, préférer, présumer, prétendre, se rappeler, reconnaître, regarder, rentrer, retourner, revenir, savoir, sentir, supposer, venir, voir, vouloir.*

2 Succession de plusieurs infinitifs. On peut employer deux infinitifs à la suite : *Je veux lui faire prendre une autre habitude.* — On évitera autant que possible une succession de trois infinitifs : *Il voudrait pouvoir faire intervenir ses relations.* On tournera autrement : *Il voudrait avoir la possibilité de faire intervenir ses relations* ou *Il voudrait pouvoir obtenir une intervention de ses relations,* etc.

IV Place et emploi du pronom.

1 Dans l'usage moderne, le pronom se place entre le verbe personnel et l'infinitif qui en dépend : *Je veux la conduire.* — Dans l'usage classique, le pronom se mettait devant le verbe personnel : *Je la veux conduire.* Cette construction se rencontre encore chez quelques très rares auteurs archaïsants.

2 Dans l'usage moderne, on ne place plus un infinitif entre le pronom réfléchi et un autre infinitif à la forme pronominale. On n'écrirait plus, comme dans la langue classique : *Il lui conseilla de s'aller plaindre.* On écrit et on dit : *Il lui conseilla d'aller se plaindre.*

3 *Faire* + **infinitif.** *Je le fais manger. Je lui fais manger sa bouillie. Cela le fera penser à moi. Je lui ferai penser à cette affaire. Je le ferai se repentir. On le fit asseoir* ▷ **faire** (IV, 1 et 2).

V Infinitif de narration. *Et flatteurs d'applaudir* ▷ **de** (X, 12).

TABLEAU DE LA CONCORDANCE DES TEMPS

Temps de la principale	Mode de la subordonnée	Situation dans le temps de l'action subordonnée par rapport à l'action principale	Temps auquel doit se mettre le verbe de la subordonnée	Exemples
Principale au présent de l'indicatif	**Subordonnée à l'indicatif**	Action subordonnée **antérieure** à l'action principale	Imparfait de l'indicatif *ou* Passé simple *ou* Passé composé *ou* Plus-que-parfait de l'indicatif	*Je pense qu'il avait raison* / *Je pense qu'il eut raison* / *Je pense qu'il a eu raison* / *Je pense qu'il avait eu raison*
		Action subordonnée **simultanée** par rapport à l'action principale	Présent de l'indicatif	*Je pense qu'il a raison*
		Action subordonnée **postérieure** à l'action principale	Futur	*Je pense qu'il aura raison*
	Subordonnée au subjonctif	Action subordonnée **antérieure** à l'action principale	Passé du subjonctif *ou* Imparfait du subjonctif *ou* Plus-que-parfait du subjonctif	*Je doute qu'il ait eu raison* / *Je doute qu'il eût une bonne idée ce jour-là* / *Je doute qu'il eût réussi sans l'aide des siens*
		Action subordonnée **simultanée** par rapport à l'action principale	Présent du subjonctif	*Je doute qu'il ait raison maintenant*
		Action subordonnée **postérieure** à l'action principale	Présent du subjonctif	*Je doute qu'il ait raison un jour*

	Action subordonnée	Temps	Exemple
Principale au conditionnel présent	Action subordonnée **antérieure** à l'action principale	Plus-que-parfait du subjonctif	*Je douterais qu'il eût eu raison d'agir ainsi, si les circonstances avaient été différentes*
	Action subordonnée **simultanée** par rapport à l'action principale	Imparfait du subjonctif	*Je douterais qu'il eût raison d'agir ainsi si les circonstances étaient différentes*
	Action subordonnée **postérieure** à l'action principale	Imparfait du subjonctif	*Je douterais qu'il eût raison à l'avenir, s'il était possible de faire quelque prévision*
Principale au conditionnel passé	Action subordonnée **antérieure** à l'action principale	Plus-que-parfait du subjonctif	*Il aurait fallu qu'il eût agi autrement*
	Action subordonnée **simultanée** par rapport à l'action principale	Imparfait du subjonctif	*Il aurait fallu qu'il agît sur-le-champ*
	Action subordonnée **postérieure** à l'action principale	Imparfait du subjonctif	*Il aurait fallu qu'il agît, plus tard, autrement*
Principale à un temps passé de l'indicatif	**Subordonnée à l'indicatif (ou au conditionnel)** — Action subordonnée **antérieure** à l'action principale	Plus-que-parfait de l'indicatif	*Je pensais qu'il avait eu raison*
	Action subordonnée **simultanée** par rapport à l'action principale	Imparfait de l'indicatif	*Je pensais qu'il avait raison*
	Action subordonnée **postérieure** à l'action principale	Conditionnel présent	*Je pensais qu'il aurait raison plus tard*
	Subordonnée au subjonctif — Action subordonnée **antérieure** à l'action principale	Plus-que-parfait du subjonctif	*Je doutais qu'il eût eu raison*
	Action subordonnée **simultanée** par rapport à l'action principale	Imparfait du subjonctif	*Je doutais qu'il eût raison*
	Action subordonnée **postérieure** à l'action principale	Imparfait du subjonctif	*Je doutais qu'il eût raison plus tard*

TABLEAU DE LA CONCORDANCE DES TEMPS

Temps de la principale	Mode de la subordonnée	Situation dans le temps de l'action subordonnée par rapport à l'action principale	Temps auquel doit se mettre le verbe de la subordonnée	Exemples
Principale à un temps futur de l'indicatif	Subordonnée à l'indicatif	Action subordonnée **antérieure** à l'action principale	Passé simple *ou* Passé composé *ou* Imparfait de l'indicatif	*Je penserai peut-être un jour qu'il eut raison en son temps* / *Je penserai peut-être un jour qu'il a eu raison* / *Je penserai qu'il avait raison*
		Action subordonnée **simultanée** par rapport à l'action principale	Présent de l'indicatif	*Je penserai peut-être un jour qu'il a raison aujourd'hui*
		Action subordonnée **postérieure** à l'action principale	Futur	*Je penserai qu'il aura raison*
	Subordonnée au subjonctif	Action subordonnée **antérieure** à l'action principale	Passé du subjonctif *ou* Imparfait du subjonctif *ou* Plus-que-parfait du subjonctif	*Je douterai toujours qu'il ait eu raison ce jour-là* / *Je douterai toujours qu'il conçût seul ce projet* / *Je douterai toujours qu'il eût réussi sans l'aide des siens*
		Action subordonnée **simultanée** par rapport à l'action principale	Présent du subjonctif	*Je demanderai qu'il parte aussitôt*
		Action subordonnée **postérieure** à l'action principale	Présent du subjonctif	*Je demanderai qu'il vienne plus souvent, à l'avenir*

LA CONCORDANCE DES TEMPS

I Définition et généralités.

1 On appelle *concordance des temps* (expression traditionnelle) ou *correspondance des temps* (expression qui serait plus exacte) l'ensemble des règles qui régissent l'emploi du temps dans une proposition subordonnée en fonction du temps du verbe de la principale.

2 Le tableau des pages précédentes indique les règles en usage dans la langue littéraire très soignée. Ces règles souffrent quelque assouplissement dans l'usage de la langue ordinaire.

Remarque. Le tableau des pages 50, 51, 52 indique les règles qui concernent les propositions complétives. L'emploi des conditionnelles *(S'il faisait beau, je sortirais. S'il avait fait beau, je serais sorti),* qui obéit à des règles différentes, ne donne généralement pas lieu à des fautes.

II Après un conditionnel présent.

Théoriquement, au subjonctif, l'imparfait ou le plus-que-parfait sont de rigueur : *Il faudrait qu'il vînt demain. Il faudrait pour cela qu'il fût venu* plus tôt. Cependant, en dehors de la langue littéraire très soignée, on préfère le présent ou le passé du subjonctif : *Il faudrait qu'il vienne demain. Il faudrait pour cela qu'il soit venu plus tôt.*

III Emploi de l'imparfait du subjonctif dans la subordonnée.

Cet emploi est obligatoire dans certains cas, si l'on obéit aux règles strictes de la concordance des temps. Or ce temps, de nos jours, est peu usité, à l'exception de certaines formes.

1 L'imparfait du subjonctif est encore usité, dans la langue écrite, à toutes les personnes, pour les verbes *avoir* et *être : Il avait agi ainsi pour que nous eussions le temps de riposter. Il nous prévint pour que vous fussiez en état d'agir.*

2 L'imparfait du subjonctif est encore usité, dans la langue écrite, à la troisième personne du singulier de tous les verbes : *Je le prévins pour qu'il sût à quoi s'en tenir.*

3 L'imparfait du subjonctif est pour ainsi dire inusité aux autres personnes, pour les verbes autres que *avoir* et *être.* On évitera des phrases telles que : *Il désirait que vous *arrivassiez le plus vite possible.* D'autre part, *Il désirait que vous arriviez le plus vite possible* est mal admis dans la langue surveillée. On tournera autrement : *Il désirait vous voir arriver le plus vite possible.*

ACCORD DU VERBE AVEC SON SUJET

I Accord en personne.

1 Un seul sujet. Accord selon la personne du sujet : *Je vais au cinéma. Tu vas à la poste. Il va chez le dentiste. Nous allons chez des amis. Vous allez en vacances. Ils vont voir leurs cousins.*

2 Deux sujets de la même personne. Accord selon cette personne : *Le père et le fils se ressemblent. Lucette et sa sœur sont venues.*

3 Deux sujets de personnes différentes. Accord selon la personne qui a la priorité grammaticale. La première personne l'emporte sur la deuxième et la troisième. La deuxième personne l'emporte sur la troisième : *Toi et moi allons en vacances. Lui et moi sommes prêts à vous aider. Toi et ton frère irez bientôt à*

l'école. Vous et votre ami êtes de bons élèves. ▼ Très souvent, on reprend les deux sujets par un pronom unique : *Toi et moi, nous allons en vacances. Toi et ton frère, vous irez bientôt à l'école. Vous et votre ami, vous êtes de bons élèves.*

4 Il y a inversion du sujet. Le verbe se met à la troisième personne : *Ainsi que le croyaient mes camarades et moi* (en face de *Mes amis et moi croyions que...*).

5 Accord avec des sujets joints par *ou.*
a/ Les sujets ne sont pas de la même personne, le verbe et l'attribut (ou le participe) exprimant une idée qui peut s'appliquer aux deux sujets à la fois. Si l'un des sujets est de la deuxième personne et l'autre de la troisième,

le verbe se met à la deuxième personne du pluriel : *Toi ou ton frère pouvez m'aider.* Si l'un des sujets est de la deuxième personne et l'autre de la première, l'accord se fait à la première personne du pluriel : *Toi ou moi pouvons aider notre camarade.* Si l'un des sujets est de la première personne et l'autre de la troisième, l'accord se fait à la première personne du pluriel : *Mon frère ou moi pouvons aider nos parents.*

b/ Les sujets ne sont pas de la même personne, le verbe et l'attribut (ou le participe) exprimant une idée qui ne peut s'appliquer qu'à un seul sujet à la fois. L'accord pose des problèmes pratiquement insolubles : *Toi, Antoine, ou ton frère seras le premier* ou *sera le premier.* Les deux accords sont admis, mais rares. On aura intérêt à tourner autrement : *C'est à toi, Antoine, ou à ton frère qu'on donnera la place de premier* (ou *que reviendra la place de premier*) ou encore *Toi, Antoine, ou ton frère, l'un de vous deux sera le premier.*

6 Accord avec des sujets joints par *ni*.

a/ Les sujets ne sont pas de la même personne, le verbe et l'attribut (ou le participe) exprimant une idée qui peut s'appliquer aux deux sujets à la fois. Si l'un des sujets est de la deuxième personne et l'autre de la troisième, le verbe se met à la deuxième personne du pluriel : *Ni toi ni ton frère n'êtes en cause dans l'affaire.* Si l'un des sujets est de la deuxième personne et l'autre de la première, le verbe se met à la première personne du pluriel : *Ni toi ni moi ne sommes en cause.* Si l'un des sujets est à la première personne et l'autre à la troisième, l'accord se fait à la première personne du pluriel (voir cependant ci-dessous, *c*) : *Ni lui ni moi ne sommes en cause.*

b/ Les sujets ne sont pas de la même personne, le verbe et l'attribut (ou le participe) exprimant une idée qui ne peut s'appliquer qu'à un seul sujet à la fois. L'accord pose des problèmes pratiquement insolubles : *Ni toi, Antoine, ni ton frère ne seras le premier* ou *ne sera le premier.* Les deux accords sont admis, mais rares. On aura intérêt à tourner autrement : *Ce n'est ni à toi, Antoine, ni à ton frère qu'on donnera la place de premier* ou *Ni toi, Antoine, ni ton frère, aucun de vous deux ne sera le premier.*

c/ Les sujets ne sont pas de la même personne et l'un des sujets est *aucun* (+ nom), *nul* (+ nom), *personne, rien.* Le verbe se met toujours à la troisième personne du singulier, l'attribut (ou le participe) au masculin singulier : *Ni moi ni personne ne peut être tenu de respecter ce règlement absurde.*

7 Accord avec l'antécédent de la relative. Le verbe s'accorde en nombre et en personne avec l'antécédent : *C'est moi qui suis le*

responsable. *C'est toi qui seras le chef. C'est elle qui est venue la première. C'est nous qui sommes les premiers. C'est vous mesdames, qui êtes arrivées les dernières. C'est vous, monsieur, qui êtes venu hier, je crois. Ce sont elles qui sont tombées dans l'escalier.* ▼ Cependant l'accord se fait avec l'attribut et non avec l'antécédent dans trois cas.

a/ Quand l'attribut est précédé de l'article défini ou de l'adjectif démonstratif : *Tu es l'écolier qui a le plus de dons* (et non **qui as*). *Je suis cet homme qui peut vous sauver* (et non **qui peux*).

b/ Quand l'attribut est un pronom démonstratif : *Nous sommes ceux qui peuvent gagner* (et non **qui pouvons gagner*).

c/ Quand la principale est négative ou interrogative : *Tu n'es pas un garçon qui oublie les camarades* (et non **qui oublies*). *Sommes-nous des gens qui se dérobent devant leurs responsabilités ?* (et non **qui nous dérobons*).

8 Après *la plupart d'entre nous, d'entre vous* (bien plus rarement *la plupart de nous, de vous*). Le verbe se met en général à la troisième personne du pluriel : *La plupart d'entre nous étaient heureux de voir approcher les vacances. La plupart d'entre vous, mesdemoiselles, seront admises dans la classe supérieure.* — Parfois, après *la plupart d'entre nous,* le verbe se met à la première personne du pluriel pour bien souligner que celui qui parle ou écrit s'inclut dans le groupe : *La plupart d'entre nous, Français de la génération de 1900, avions été élevés dans ces principes.*

II Accord en nombre.

1 Plusieurs sujets juxtaposés. Normalement, accord au pluriel : *La lumière limpide, la beauté des sites, la douceur du climat font de cette province un vrai paradis.* ▼ Parfois, lorsque il y a plusieurs sujets juxtaposés, l'accord se fait avec le dernier, soit que ces sujets soient synonymes ou à peu près, soit que le dernier résume tous les autres, soit qu'on veuille attirer l'attention sur le dernier terme d'une gradation : *L'harmonie, la noblesse, le sublime fait de ce poème un chef-d'œuvre sans égal.* Cet usage est assez littéraire.

2 Plusieurs sujets coordonnés. Accord au pluriel : *Le froid et la pluie ont gâché mes jours de congé. La forêt, la mer, le soleil et la montagne font de ce pays un séjour merveilleux.*

3 ▼ Accord au singulier si les deux sujets désignent un seul et même être ou une seule et même chose : *Ce grand mathématicien et ce grand écrivain que fut Pascal est la gloire de l'Auvergne.*

4 Après *aucun, chaque, nul, tout,* **répété.** Accord au singulier : *Chaque rue, chaque venelle, chaque maison de ce village m'est familière.*

5 Sujets joints par *ou.*

a/ L'un des sujets est au pluriel. Accord au pluriel : *Mon frère ou mes parents pourront signer à ma place.*

b/ Le deuxième terme est donné comme synonyme, équivalent ou traduction du premier. Accord obligatoire au singulier, sauf si le premier terme est au pluriel : *L'oronge verte ou* amanite phalloïde *est vénéneuse* (mais *Les oronges vertes ou* amanites phalloïdes *sont vénéneuses). Au Brésil, la grande exploitation agricole, ou* fazenda, *appartient souvent à une vieille famille de l'aristocratie coloniale* (mais... *les grandes exploitations, ou* fazendas, *appartiennent...*).

c/ Les deux sujets sont des singuliers et l'idée exprimée par le verbe peut se rapporter aux deux sujets à la fois. Accord plutôt au pluriel : *Pendant ses vacances, la promenade ou la lecture lui changeront les idées* (pour se changer les idées, il pourra lire ou se promener, les deux activités n'étant pas exclusives).

d/ Les deux sujets sont des singuliers et l'idée exprimée par le verbe ne peut se rapporter qu'à l'un des sujets. Accord obligatoire au singulier : *Comme d'habitude, Henri ou Etienne sera le premier de la classe ce mois-ci* (ils ne peuvent être tous les deux *le* premier de la classe).

e/ Seul l'un des sujets est placé avant le verbe (tour très littéraire). C'est ce sujet qui commande l'accord : *Le succès viendra, ou les revers. Les victoires viendront, ou l'échec.*

f/ Le premier sujet est au singulier et le second sujet, au singulier, est précédé de *ou même, ou plutôt, ou à plus forte raison,* **etc.** L'accord se fait avec le premier sujet : *La pauvreté, ou même la maladie, peut être pour le sage une source de progrès moral.* ▼ On évitera de joindre un premier sujet singulier et un second sujet pluriel, car l'accord au singulier, en principe correct, serait, dans ce cas, choquant. On tournera autrement : *Le sage peut trouver une source de progrès moral dans la pauvreté ou même dans les maladies* (mieux que *La pauvreté, ou même les maladies, peut être...*).

g/ Il y a une virgule devant *ou* **(effet stylistique).** Accord au singulier, car la disjonction est fortement marquée : *La sagesse, ou la lassitude, ou la crainte, le fit renoncer à ce projet.*

6 Sujets joints par *ni.*

a/ L'un des sujets est au pluriel. Accord au pluriel : *Ni mon camarade ni ses parents ne sont riches.*

b/ Les deux sujets sont des singuliers et l'idée exprimée par le verbe et l'attribut (ou le participe) peut se rapporter aux deux sujets à la fois. On peut au choix faire l'accord au pluriel ou au singulier : *Ni Flaubert ni Baudelaire ne fut académicien* ou *ne furent académiciens* (ils auraient pu être tous les deux académiciens).

c/ Les deux sujets sont des singuliers et l'idée exprimée par le verbe ou l'attribut (ou le participe) ne peut se rapporter qu'à l'un des sujets. Accord obligatoire au singulier : *Ni Jacques ni Etienne n'a été le premier de la classe le mois dernier* (ils n'auraient pu être tous les deux *le* premier de la classe).

d/ Seul l'un des deux sujets est placé avant le verbe. C'est ce sujet antéposé qui commande l'accord : *Ni l'étude n'est suffisante pour former le caractère, ni les livres.*

e/ Le premier sujet est au singulier et le second sujet, au singulier, est précédé de *ni même, ni à plus forte raison,* **etc.** L'accord se fait avec le premier sujet : *Ni la pauvreté, ni même la maladie, ne put l'abattre.* ▼ On évitera de joindre un premier sujet singulier et un second sujet pluriel, car l'accord au singulier, en principe correct, serait, dans ce cas, choquant. On tournera autrement : *Rien ne put l'abattre, ni la pauvreté, ni même les maladies* (mieux que *Ni la pauvreté, ni même les maladies, ne put l'abattre*).

f/ Il y a une virgule devant *ni* **(effet stylistique).** Accord au singulier, car la disjonction est fortement marquée : *Ni le temps écoulé, ni cette inévitable et toute-puissante altération de la sensibilité, n'a pu atténué la vivacité de ce souvenir d'enfance.*

7 Accord après *l'un et l'autre, l'un ou l'autre, ni l'un ni l'autre, un des... qui, un de ces... qui.*

a/ Après *l'un et l'autre* **adjectif.** Accord le plus souvent au singulier : *L'une et l'autre hypothèse peut être prise en considération.*

b/ Après *l'un et l'autre* **pronom.** Accord le plus souvent au pluriel : *L'une et l'autre sont parties.* — Cet accord au pluriel est obligatoire si le verbe précède le sujet : *Elles sont venues l'une et l'autre.*

c/ Après *l'un ou l'autre.* Accord au singulier : *L'une ou l'autre sera désignée.*

d/ Après *ni l'un ni l'autre.* Les deux accords sont possibles : *Ni l'une ni l'autre n'est venue* ou *ne sont venues.* — Accord au pluriel obligatoire si le verbe précède le sujet : *Elles ne sont venues ni l'une ni l'autre.* ▼ Accord au singulier obligatoire s'il y a exclusion évidente : *Ni l'une ni l'autre ne sera la première à cette composition.*

e/ Après *un de ces... qui.* Normalement, accord au pluriel : *Il habite l'une de ces* *maisons qui ont été construites récemment.* — Accord au singulier (et virgule devant *qui*) si l'idée porte spécialement sur *un (une)* : *Il habite l'une de ces maisons, qui se trouve avoir été construite par notre architecte.*

f/ Après *un de ceux qui*. Normalement, accord au pluriel : *Un de ceux qui ont été choisis pour nous diriger.* — Après *un de ceux-là qui*, accord au singulier (et, souvent, virgule devant *qui*) quand l'idée rend impossible le pluriel : *Un de ceux-là, qui sera élu président de la République. C'est une de celles-là qui sera désignée pour réciter le compliment.*

8 Sujets joints par *ainsi que, comme, et surtout, avec*, etc.

a/ Le second sujet n'est pas encadré par des virgules. L'idée de coordination domine et l'accord se fait au pluriel : *Le maire ainsi que son adjoint assisteront à la cérémonie. Le Maine comme la Bretagne sont des pays d'élevage. Marcel et surtout son frère sont très forts en mathématiques.*

b/ Le second sujet est encadré par des virgules. L'idée de comparaison domine et l'accord se fait au singulier : *Le maire, ainsi que son adjoint, assistera... Le Maine, comme la Bretagne, est un pays d'élevage. Marcel, surtout son frère, est très fort en mathématiques.* ▼ Avec *de même que, avec, pas plus que, non plus que, plutôt que*, l'encadrement par des virgules et l'accord au singulier sont, sinon obligatoires, du moins conseillés : *Le peuplier, de même que le sapin, fournit un bois tendre. L'intérêt, plutôt que l'amitié, l'a poussé à ce geste. Le pin, pas plus que le sapin, ne fournit de bois très dur.*

9 Après *la moitié de (des), le quart de (des), le tiers de (des)*.

a/ L'expression désigne une quantité égale exactement à 1/2 ou à 1/4 ou à 1/3. L'accord se fait en principe au singulier. Cependant, l'accord au pluriel est admis et même plus fréquent dans l'usage actuel : *Le tiers des délégués a voté (ont voté) cette motion.*

b/ L'expression désigne une quantité approximative. L'accord se fait au pluriel : *Au mois de juillet, le tiers des Parisiens sont en vacances.*

10 Après *beaucoup de*.

a/ *Beaucoup de* suivi d'un nom au singulier. Le verbe est toujours au singulier : *Beaucoup de monde est descendu dans la rue pour voir passer le cortège.*

b/ *Beaucoup de* suivi d'un nom au pluriel. Le verbe est normalement au pluriel : *Beaucoup de gens pensent comme vous. Beaucoup de serpents sont venimeux.* ▼ Cependant le singulier est possible, si l'on veut insister sur

la quantité globale. Comparer : *Beaucoup de métaphores accumulées produit un effet de surcharge* (= une grande masse de métaphores...) et *Beaucoup de métaphores empruntées au langage de la marine* (= nombreuses sont les métaphores qui sont empruntées...).

11 Après *combien (de)*.

a/ *Combien de* + nom pluriel. En fonction de sujet, exige le verbe au pluriel : *Combien d'élèves ont été reçus ?* (et non * *a été reçu ?*). *Dites-moi combien d'invités sont venus* (et non * *est venu*).

b/ *Combien* employé seul au sens de « combien de gens ». En fonction de sujet, exige le verbe au pluriel : *Combien connaissent cette anecdote ? Combien sont venus ?*

12 Après *une (la) foule de (des)*.

a/ L'idée de masse unique domine. On fait l'accord au singulier : *Une foule d'émeutiers, furieuse, avait envahi la cour d'honneur. La foule des curieux reflua.*

b/ L'idée de somme de personnes distinctes domine. On fait l'accord au pluriel : *Une foule de pèlerins fervents sont venus déposer leurs offrandes sur le parvis du temple.*

c/ L'idée de grande quantité domine. Accord au pluriel obligatoire : *Une foule de gens naïfs croient encore aux horoscopes.*

13 Après *infinité de (des)*.

a/ Le nom *infinité* est précédé de l'article défini, du démonstratif ou du possessif. Accord avec *infinité* : *L'infinité des îles du Pacifique forme comme une grande chaîne entre l'Asie et l'Amérique. Cette infinité de mythes, transmise à travers les siècles, se confond avec la mémoire des premiers âges.*

b/ Le nom *infinité* est précédé de l'article indéfini. Accord avec *infinité* si l'on veut insister sur l'idée d'ensemble, d'unité : *Une infinité d'astres éclaire le ciel d'été.* Accord avec le complément de nom au pluriel si l'on veut mettre en valeur l'idée de pluralité : *Une infinité de villages sont encore dépourvus de tout équipement collectif.*

14 Après *masse de (des)*.

a/ Après *la masse de, cette masse de*. L'accord se fait généralement au singulier : *La masse des émeutiers, hésitante, recula.*

b/ Après *une masse de*. L'accord se fait plutôt au singulier : *Une masse d'émeutiers, furieuse, enfonça le cordon de troupes.* Le pluriel n'est possible que si l'on veut insister sur l'idée de grand nombre, sans idée de bloc massif. Dans ce cas, il vaut mieux employer *une grande quantité de* : *Une grande quantité de documents ont été détruits au cours des siècles*, mieux que *Une masse de documents ont été détruits au cours des siècles.*

15 Après *(un) nombre de (des).*

a/ *Un grand, un petit, un certain nombre de, le plus grand, le plus petit nombre de.* Accord selon le sens : *Le plus grand nombre des assistants était favorable à cette motion. Le plus grand nombre des documents sont faux. Un grand nombre de concurrents ont été éliminés. Un grand nombre d'hommes indécis peut être dominé par une minorité énergique. Un grand nombre d'hommes sont, toute leur vie, destinés à être dominés par autrui.*

b/ *Nombre de* (sans article). Accord toujours au pluriel : *Nombre de magasins sont restés ouverts malgré l'ordre de grève.*

16 Après *(le) peu de.*

a/ *Peu de.* Accord avec le nom qui suit *peu de* : *Peu de monde est venu. Peu de personnes sont venues.*

b/ *Le peu de* au sens de « l'insuffisance de ». Accord avec *peu* : *Le peu de lettres que j'ai reçu me décourage. Le peu de ressources en énergie est gênant pour le développement de l'économie.*

c/ *Le peu de* au sens de « la quantité faible de ». Accord avec le nom qui suit *le peu de* : *Le peu de lettres que j'ai reçues suffisent à montrer que je suis compris. Le peu de ressources naturelles qui existent sont suffisantes pour assurer le démarrage économique de ce pays.*

17 Après *la plupart.*

a/ *La plupart de* + nom au singulier. Tour assez rare et vieilli, sauf dans *la plupart du temps.* Le verbe se met au singulier : *La plupart du peuple se plaint. La plupart du temps se passe en discussions stériles.*

b/ *La plupart de* + nom au pluriel. Tour usuel et moderne. Le verbe se met au pluriel : *La plupart des gens souhaitent un retour à la situation antérieure. La plupart de ces livres ont eu un grand succès.*

c/ *La plupart,* sans complément. Tour usuel. Désigne la majorité des gens ou des choses dont il est question. Le verbe se met normalement au pluriel. Le singulier est rare : *La plupart se contentent d'une vie médiocre. Ces monuments sont fort beaux. La plupart datent du XIIIe siècle.*

18 Après *plus d'un, plus d'une (des).*

a/ *Plus d'un, plus d'une.* Après ces expressions, le verbe se met généralement au singulier, parfois au pluriel : *Plus d'un esprit subtil est tombé dans ce piège* (ou, plus rarement, *sont tombés*). *Plus d'une femme a été séduite par ce bellâtre* (ou *ont été séduites*). ▼ Pluriel obligatoire s'il y a plusieurs sujets répétés : *Plus d'un artiste, plus d'un poète ont vu le jour dans cette ville.*

b/ *Plus d'un(e) des* + nom au pluriel. Le verbe se met au singulier ou au pluriel : *Plus d'un des spectateurs était ému* (ou *étaient émus*). *Plus d'une des écolières était folle de joie* (ou *étaient folles de joie*).

19 Après *plus de la moitié, du quart, du tiers,* etc. Si le nom de la fraction et son complément sont tous les deux des singuliers, le verbe est obligatoirement au singulier : *Plus du tiers du jardin est à l'abandon.* — Si le nom de la fraction et son complément sont tous les deux des pluriels, le verbe est obligatoirement au pluriel : *Plus des deux tiers des maisons du village appartiennent à des gens de la ville voisine.* — Si le nom de la fraction et son complément ne sont pas du même nombre (l'un au singulier et l'autre au pluriel), l'accord se fait selon le sens et l'intention : *Plus de la moitié des électeurs a rejeté* (ou *ont rejeté*) *cette politique. Plus des deux tiers de l'électorat a voté contre cette politique* (ici plutôt le singulier). *Plus de la moitié des jardins sont en friche* (ici plutôt le pluriel).

20 Après *une quantité de.* Le verbe et l'attribut s'accordent selon le sens, soit avec *quantité,* soit avec le complément : *Une quantité de boulons non déterminée est restée inutilisée et s'est rouillée. Une quantité de maisons sont vieilles et dépourvues de confort.* ▼ Après *quantité de,* l'accord se fait au pluriel : *Quantité de gens ne savaient pas lire. Quantité d'enfants ne partent pas en vacances. Quantité d'abbayes furent fondées au Moyen Age.*

21 Après *tant de* + nom au pluriel. L'accord du verbe (et du participe ou de l'attribut) se fait, en principe, avec le complément de *tant : Tant de grandes œuvres ont été écrites.* ▼ On distinguera les tours *Tant de sottise est révoltante* (= une si grande sottise), *Tant de sottises sont révoltantes* (= si nombreuses sont les sottises révoltantes) et *Tant de sottises dans un seul devoir est scandaleux* (= une si grande accumulation de sottises).

22 Après *la totalité de.* Accord selon le sens et l'intention : *La totalité des étudiants sont bacheliers. La totalité des marchandises sera livrée le 10 octobre par camion.*

23 Après *trop de.* Généralement accord avec le complément : *Trop de maisons sont vieilles et petites.* ▼ Cependant, accord avec *trop* (au masculin singulier) si *trop de* signifie « un excès de » : *Trop de sucreries est mauvais pour les dents. Trop de complaisance est désastreux parfois.*

24 Après *la troupe des, une troupe de.*

a/ *La troupe des.* Accord le plus souvent avec *troupe : La troupe des danseurs était fort joyeuse.*

b/ *Une troupe de.* Accord souvent au pluriel : *Une troupe d'enfants viennent tous les jours jouer sur la place.* L'accord au singulier insiste sur l'idée d'unité : *Une troupe de Prussiens défila dans la ville, en marchant au pas de parade.*

25 Après *un (le) troupeau de.* Accord le plus souvent au singulier : *Un troupeau de moutons paissait dans le pré.*

26 Plusieurs infinitifs sujets. Accord au pluriel si les actions exprimées par les infinitifs sont considérées comme distinctes : *Lire et se promener sont ses deux distractions favorites.*
— Accord au singulier si les actions sont considérées comme des aspects d'une seule et même activité : *Bien décrire et bien raconter est un don que tout le monde ne possède pas.*

LE PLURIEL DES NOMS PROPRES

I Les noms de personnes.

1 Sont invariables les noms désignant une famille roturière (*Les Durand. Les Duval*) ou une famille noble non souveraine (*Les Polignac*).

2 Sont invariables les noms désignant une famille illustre ou souveraine quand ce nom est un nom étranger non francisé (*Les Hohenzollern. Les Visconti*) ou un nom pour lequel le *-s* du pluriel n'est pas admis (*Les Habsbourg, Les Bonaparte*). Voir ci-dessous § 5.

3 Sont invariables les noms désignant des membres d'une famille, tels que : *Les deux Corneille* (Pierre et Thomas). *Les deux Racine* (Jean et son fils Louis).

4 Sont invariables les noms de personnes employés au pluriel par effet de style (pluriel emphatique) : *Et voici que la Révolution voit se lever de nouveau héros tout prêts à la défendre, les Hoche, les Kléber, les Marceau* (= Hoche, Kléber, Marceau).

5 Sont variables les noms de familles ou de dynasties suivants : *les Antonins, les Bourbons, les Capets, les Césars, les Condés, les Constantins, les Curiaces, les Flaviens, les Gracques, les Guises, les Horaces, les Paléologues, les Plantagenets, les Ptolémées, les Scipions, les Sévères, les Stuarts, les Tarquins, les Tudors.*

6 Sont variables les noms propres employés par métonymie, c'est-à-dire désignant non pas les personnes qui ont vraiment porté ce nom, mais des catégories : *Tous ces garçons rêvent d'être un jour des Balzacs ou des Newtons* (= de grands romanciers ou de grands savants).

7 Sont, en principe, invariables les noms d'artistes employés pour désigner des œuvres : *Des Raphaël. Des Corot* (= des tableaux de Raphaël, des tableaux de Corot). On rencontre cependant parfois les graphies avec *-s* (*Des Raphaëls. Des Corots*), qui ne sauraient être considérées comme des fautes.

8 Sont, en principe, invariables les noms de personnes constituant des titres d'œuvres : *J'ai dans ma bibliothèque deux* Harpagon, *trois* Phèdre *et quatre ou cinq* Athalie.

9 Sont, en principe, variables les noms de personnes (ou d'êtres) qui désignent des œuvres d'art représentant ces personnes ou ces êtres : *Dans ce musée, il y a plusieurs Aphrodites et deux Junons.*

II Les noms géographiques.

1 Sont invariables les noms de villes pris au sens propre : *Il y a en France plusieurs* Montigny (= plusieurs villes portant le nom de *Montigny*).

2 Sont, en général, invariables les noms qui ne s'appliquent pas à plusieurs pays, à plusieurs villes, mais qui sont employés au pluriel par figure de style : *Selon cet économiste, il y a deux France, la France septentrionale, riche et peuplée, et la France méridionale, qui devient un désert. J'ai connu les deux Lyon, le Lyon bourgeois et le Lyon ouvrier.*

3 Sont variables les noms géographiques qui s'appliquent à deux réalités distinctes : *Les deux Amériques. Les deux Allemagnes. Les Guyanes.* De même, dans les expressions traditionnelles : *Les Romagnes. Le roi de toutes les Espagnes. L'empereur de toutes les Russies. Les Gaules. Les Indes. Les Flandres.*

4 Sont variables les noms de villes ou de pays employés par métonymie : *Paris, la reine de nos Tyrs et de nos Babylones* (= des grandes villes).

III Les noms de journaux. Toujours invariable : *Sur la table du café traînaient deux ou trois* Figaro *et quelques* Dépêche de Toulouse.

IV Les noms de marques. Toujours invariable : *Dans la cour stationnaient deux Renault et trois Peugeot. Il a bu quatre Ricard.*

V Les noms de produit. Avec des minuscules et le *-s* du pluriel : *Des camemberts. Les bons bourgognes. Les grands champagnes.* Si le nom d'un vin est celui d'une ville, on laisse plutôt invariable : *Des monbazillac. Des pouilly* L'usage est cependant assez flottant : *Des frontignans* (plutôt que *des frontignan*).

L'ORTHOGRAPHE DES PRÉNOMS

1 Dans les prénoms français, seuls les deux éléments d'un prénom usuel composé sont reliés par un trait d'union : *Mon cousin s'appelle Jean-Louis et ma cousine Marie-Hélène.* — Pas de traits d'union (mais, parfois, des virgules) entre les prénoms multiples faisant partie de l'état civil : *Il vint déclarer la naissance de son fils, Louis, Antoine, Marcel, Oscar.* — Pas de trait d'union dans un prénom dont un élément est abrégé : *Jean Ph. Dupont.*

2 Dans les prénoms étrangers, jamais de trait d'union : *Wolfgang Amadeus Mozart. María Luisa López.*

LES TITRES D'ŒUVRES ET DE JOURNAUX

I La majuscule dans les titres. Les règles les plus couramment admises sont les suivantes.

1 Le titre est un nom unique précédé de l'article défini. L'article s'écrit avec une minuscule, le nom avec une majuscule : *Avez-vous lu* la Débâcle *de Zola ?*

2 Le titre est constitué par deux ou plusieurs noms coordonnés par *et* **ou juxtaposés ou par un nom suivi d'un adjectif ou d'une détermination.** Seul le premier nom prend la majuscule, et l'article défini, s'il y en a un, s'écrit avec une minuscule : *Voici le nouveau livre dont je vous ai parlé :* Vie, mort et résurrection des provinces françaises. *Je vais vous prêter les* Ames mortes *de Gogol. Avez-vous lu* l'Esprit de système *de Péguy ?*

3 Le titre est constitué par deux noms coordonnés par *ou.* Les deux noms prennent la majuscule : *le Défi ou l'Audace récompensée.*

4 Le titre est constitué par un nom précédé d'un adjectif. Le nom et l'adjectif prennent tous les deux une majuscule : *les Grandes Familles. Son dernier livre s'intitule* Haute Mer.

5 Le premier mot du titre n'est ni un article défini, ni un nom, ni un adjectif qualificatif. Le premier mot s'écrit avec une majuscule, les autres avec une minuscule : *Une ténébreuse affaire. Quelqu'un se souvient. On en parle. Du despotisme. Mes voyages. Comment devenir riche sans travailler. Sachez chasser*

6 Le titre est constitué par une phrase ou un fragment de phrase. Seul le premier mot, quel qu'il soit, prend la majuscule : *Les dieux ont soif. A la recherche du temps perdu.*

7 Les livres sacrés. On écrit : *la Bible, l'Evangile, le Coran* (mais *une bible reliée de cuir, un coran du XVIᵉ siècle,* car il s'agit de l'exemplaire matériel et non de l'œuvre).

II Emploi et forme de l'article.

1 Sous la forme *le, la, les.* L'article ne doit pas être détaché du nom quand il fait partie du titre. On écrira donc : *J'ai lu « les Misérables » de Victor Hugo* ou bien *j'ai lu les* Misérables *de Victor Hugo,* mais non *J'ai lu les « Misérables » de Victor Hugo, j'ai lu* les Misérables *de Victor Hugo.* En revanche, on détachera l'article du nom quand il ne fait pas partie du titre : *J'ai admiré la « Phèdre » de Racine* ou *J'ai admiré la* Phèdre *de Racine,* et non *J'ai admiré « la Phèdre » de Racine,* ni *J'ai admiré* la Phèdre *de Racine.*

2 La contraction de *à le* **en** *au,* **de** *de le* **en** *du,* **de** *à les* **en** *aux,* **de** *de les* **en** *des.* Elle est d'usage quand le titre est constitué par un substantif unique, suivi ou non d'une détermination. Dans ces cas, le détachement de l'article contracté est de rigueur. On écrira

donc : *Avez-vous lu « le Feu », de Barbusse ?*
L'admiration que je porte au « Feu » de
Barbusse. La lecture du « Feu » a été pour moi
une révélation. J'ai lu « les Employés », de
Balzac. La lecture des « Employés » m'a
intéressé. J'ai lu « le Crime de Sylvestre
Bonnard ». Un chapitre du « Crime de Sylves-
tre Bonnard ». J'ai lu « le Bourgeois gentil-
homme ». Une scène du « Bourgeois gentil-
homme ». Il consacre un article au « Bourgeois
gentilhomme ». Molière a écrit « les Fourberies
de Scapin ». Molière est l'auteur des « Fourbe-
ries de Scapin ».

**3 Le titre comprend deux substantifs joints
par *et* ou par *ou*.** On fait la contraction de *à*
ou de *de* et du premier article. L'article
contracté sera détaché du nom : *J'ai lu « le*
Rouge et le Noir ». Il consacre sa thèse au
*« Rouge et le Noir » (et non *au « Rouge et*
au Noir »). La psychologie si fine du « Rouge
*et le Noir » (et non * du « Rouge et du Noir »).*
Beaumarchais a écrit « le Mariage de Figaro
ou la Folle Journée ». L'auteur du « Mariage
*de Figaro ou la Folle Journée » (et non *ou*
de la Folle Journée).

**4 Le titre est une phrase ou un fragment
de phrase.** On fait la contraction. L'article
contracté sera détaché du nom : *Anatole*
France écrivit « Les dieux ont soif ». Anatole
France est l'auteur des « Dieux ont soif ». ▼
Attention au fait que, dans le cas de la
contraction, le premier nom de la phrase prend
une majuscule.

5 On peut toujours éviter la contraction
(parfois gênante) en intercalant un nom
commun (*roman, fable, poème, comédie, tragé-*
die, pièce, etc.) entre *à* ou *de* et le titre :
Beaumarchais est l'auteur de la pièce « le
Mariage de Figaro ou la Folle Journée ».

**III Accord du verbe (et de l'adjectif ou du
participe).**

1 Le titre est un nom propre de personne.
En principe, accord avec le nom : *Il est vrai*
que Phèdre *fut admise au nombre des chefs-*
d'œuvre. — Si la finale d'un nom féminin n'est
pas nettement féminine, il arrive que l'accord

se fasse au masculin singulier : *On sait que*
Salambô *fut critiqué* (ou *critiquée) par Sainte-*
Beuve. On préférera l'accord au féminin. —
Quand le nom propre n'est pas un nom de
personne, accord plutôt au masculin : *J'ai lu*
Venise, *qui est très intéressant.*

**2 Le titre est un nom commun précédé de
l'article.** En principe, d'accord avec le nom :
Je sais que les Paysans *de Balzac ont été publiés*
en 1844. Bien sûr, les Méditations *sont pleines*
d'harmonie et d'émotion. Voici la Vie *de César,*
que j'ai prise dans ma bibliothèque.

**3 Le titre est un nom commun non précédé
de l'article.** Accord au masculin singulier :
Vous avez vu Fureurs et passions, *qui a été*
adapté pour la télévision. Dans cette édition,
Chanson d'Armor *est placé en tête du recueil.*

**4 Le titre est formé de noms reliés par *et*
ou par *ou*.** En principe, accord en genre et en
nombre avec le premier nom : *Vous savez que*
la Gloire et l'oubli *va être portée à l'écran.*
Naturellement, Servitude et grandeur militaire
est marquée au sceau du stoïcisme. Souvent
aussi, on fait l'accord au masculin singulier.

**5 Le titre est une phrase complète ou bien
un fragment de phrase.**

a/ Le titre est une phrase complète. Accord
avec le sujet de la proposition : *Mais oui,* Les
cigognes reviennent *sont un livre charmant.*

b/ Le titre est un fragment de phrase.
Accord au masculin singulier : *Si* A la
recherche du temps perdu *n'avait pas été écrit.*

IV *Tout* devant un titre d'œuvre. L'adjectif
indéfini *tout* est variable seulement devant
l'article défini féminin *la, les,* quand le titre
ne constitue ni une phrase ni un fragment
de phrase : *Il a lu toute « la Débâcle » de*
Zola *et toutes « les Fleurs du mal ».* — Dans
tous les autres cas, invariabilité : *Il a lu tout*
« Une ville d'autrefois » et tout « Les affaires
sont les affaires » et aussi tout « le Père
Goriot », tout « les Employés », tout « Eugénie
Grandet », tout « A la recherche du temps
perdu ».

LES NOMS DE VILLES

Le genre des noms de villes est assez arbitraire et il est fixé par l'usage. D'une manière générale, les noms de villes terminés par un -e muet ou par -ie sont féminin. C'est le cas de *Rome, Venise, Sparte, Alexandrie*, par exemple. Il en va de même pour *Athènes, Thèbes*. Cette règle n'est cependant pas absolue et l'on dit *Nice le Beau* plutôt que *Nice la Belle*.

Les noms tels que *Paris, Lyon, Orléans* sont masculins. A part le cas d'un certain nombre de noms, dont l'emploi au féminin est obligatoire (*Rome, Venise*, etc.), l'usage des écrivains est assez flottant. ▼ On observera que, lorsque le nom de la ville est employé par métonymie pour désigner les habitants, il est masculin s'il est précédé de *tout : Alors, tout Venise prit parti pour le nouveau doge* ▷ **tout** (V, 21).

LES NOMS DE NAVIRES

Pour les noms de navires et de bateaux, l'usage concernant le genre, l'emploi du trait d'union, l'emploi de l'italique est souvent flottant et a donné lieu à des controverses entre grammairiens. Sans prétendre trancher le débat, nous indiquons ci-dessous un certain nombre de principes qui pourront servir de guide, malgré la multiplicité des cas particuliers.

I Genre des noms de navires ou de bateaux.

1 Quand on parle d'un navire d'autrefois, on aura intérêt à suivre l'usage de la marine de l'Ancien Régime. Selon cet usage, le genre du nom du navire était le même que celui de l'être ou de la chose qui avait donné son nom au navire : *le Royal-Louis, la Junon, le Soleil.*

2 Cet usage ancien s'est conservé dans la Marine nationale (marine de guerre française) : *le Colbert, le Berry*, mais *la Provence, la Lorraine*. Les navires portant un nom de ville avaient (et ont encore) toujours, un nom masculin : *le Dunkerque, le Strasbourg*. Quand le nom est un adjectif substantivé il peut être masculin ou féminin : *le Redoutable, le Terrible, l'Ardent, la Furieuse, la Triomphante.*

3 Quand on parle d'un navire étranger d'autrefois, on respectera le genre de la langue d'origine, quand l'opposition masculin/féminin de cette langue est nettement perceptible pour un Français (c'est le cas de l'espagnol, du portugais, de l'italien, parfois du grec) : *la Santa María, la Pinta, la Niña, la Santa Lucia*, mais *le San Juan, le São Vicente.*

4 De nos jours, dans la marine marchande, le nom des paquebots tend à être masculin : *le Normandie, le Flandre, le Bremen, le Queen Mary, le Queen Elizabeth, le Caledonia, le Mauretania.*

5 Depuis 1960 environ, la Compagnie générale transatlantique a décidé de supprimer l'article devant le nom des paquebots : *A midi, France arrivera au Havre* L'usage courant n'a guère suivi cette décision. On hésite à dire : *Il est marin sur France. Les hautes cheminées de France se profilent à l'horizon*. On dit plutôt soit *le France*, soit *le paquebot « France »*. ▼ Sur la coque des navires, le nom ne comporte presque jamais l'article, mais cette absence d'article dans les inscriptions n'a jamais correspondu à l'usage de la langue des marins ni à celui de la langue des écrivains.

6 Quand, de nos jours, un navire de commerce n'est pas un paquebot, l'usage est flottant. Pour les noms de navires qui sont des noms de villes, on emploie toujours le masculin (*A midi, le Bayonne appareilla*), sauf quand le nom est précédé de *ville de* (*Il monta à bord de la Ville de Rouen*). Pour les noms de navires ou de bateaux qui contiennent un prénom, le genre est celui du prénom : *Le Jean-Christophe est à quai. Le Gros Jacques appareille. La Marie-Thérèse a quitté le port. Le capitaine de la Jolie Louisette*. Dans les autres cas, tendance à généraliser le masculin, sauf si le nom comporte un nom spécifiquement féminin : *La Dame Blanche.*

7 Une solution fréquente et commode consiste à faire précéder le nom propre d'un nom commun (*paquebot, cargo, pétrolier,* etc.) : *Le paquebot* France. *Le paquebot* Liberté. *Le cargo* Ville de Rouen. *Le cuirassé* Lorraine. *Le pétrolier* Picardie. *La frégate* l'Ardent. *Le torpilleur* la Glorieuse. *Le porte-hélicoptères* Jeanne d'Arc. *Le chalutier* Belle Jacqueline.

8 Pour les noms étrangers, quand le genre n'est pas identifiable facilement pour un Français, on emploie le masculin : *le Kubokawa, le Sei Shonagon.*

II Question du trait d'union. L'usage de la marine veut que l'on mette un trait d'union seulement quand le trait d'union existe dans la langue en dehors du nom du navire : *Le Duguay-Trouin, Le Jean-Pierre.* Quand ce trait d'union n'existe pas dans la langue, le nom du navire n'en prend pas non plus : *Le porte-hélicoptères « Jeanne d'Arc ».* Le Victor Hugo. L'Étoile de mer.

III Question de l'italique ou des guillemets. Dans un texte en romain, le nom du navire s'écrit en italique. Dans un texte en italique, il s'écrit en romain. Parfois l'italique (ou le romain) de mise en valeur est remplacé par des guillemets. *A quinze heures, le* Pasteur *appareilla* ou *A quinze heures, le « Pasteur » appareilla.*

IV Question de l'article. L'article est inclus dans l'italique (ou le romain) ou dans les guillemets, seulement s'il fait partie du nom inscrit sur la coque (ce qui, dans la pratique, rend difficile le choix de la graphie) : *On vit sortir du port* La Marie-Caroline *vers quinze heures. Il monta à bord de la* Ville de Cherbourg *peu de temps avant l'appareillage.*
— L'usage veut que, pour les navires de guerre français, on intègre toujours l'article au nom dans la graphie : *A ce moment,* la Gloire *ouvrit le feu. On vit « la Patrie » virer de bord.* Bien entendu, quand l'article est contracté *(au, du),* il cesse de s'intégrer au nom : *On envoya des signaux au* Courageux, *qui s'approchait. Le commandant du* Savoyard *descendit à terre.*

L'ACCORD DE L'ADJECTIF QUALIFICATIF

1 Règle générale. L'adjectif qualificatif s'accorde en nombre et en genre : *Un tissu mou. Des tissus mous. Une étoffe molle. Des étoffes molles. Ce geste est gracieux. Ces filles sont gracieuses.*

2 Après le *nous* de majesté ou de modestie, ou le *vous* de politesse. Accord au singulier. Le genre est celui qui convient au sexe de la personne désignée par le pronom : *Nous, président de la République, nous sommes fier de vous annoncer... Nous sommes certain, en présentant ce livre au public... Vous serez heureuse, Madame, de savoir...*

3 Après le pronom *on*. Accord au masculin singulier quand le pronom *on* a une valeur neutre (= les gens, tout homme) : *On est souvent moins malin qu'on ne le croit.* — Accord selon le sens dans les autres cas : *Mon frère et moi, on est contents d'aller en vacances. Ma sœur et moi, on est heureuses d'avoir des robes neuves. Alors, ma petite fille, on est contente de revoir son grand-père ! Comment, chère madame, on est toujours boudeuse !*

4 Après un titre féminin (*majesté, éminence, excellence,* etc.). Si le nom en apposition au titre est féminin, l'adjectif se met au féminin : *Sa Majesté la Reine est prête à vous recevoir.*
— Si le nom en apposition est masculin, l'adjectif se met au masculin : *Sa Majesté le Roi est prêt à vous recevoir.* — S'il n'y a pas de nom en apposition, l'adjectif se met au féminin : *Son Éminence est prête à vous recevoir.* ▼ On met l'adjectif attribut au féminin *(Sa Majesté est curieuse de voir ce spectacle),* mais le nom attribut est toujours au masculin *(Sa Majesté est le maître de son peuple).*

5 Avec deux noms du même genre. Adjectif au pluriel (et au genre des deux noms) : *Un style et un ton parfaits. Cette robe et cette jupe sont élégantes.*

6 Avec deux noms de genre différent. Adjectif au masculin pluriel. Si la forme masculine de l'adjectif est différente phonétiquement de la forme féminine, on placera le nom masculin près de l'adjectif : *Une robe et un chapeau neufs* (et non *Un chapeau et une robe neufs). Cette robe et ce corsage sont très beaux* (et non *Ce corsage et cette robe sont très beaux).*

7 Avec une gradation ou une énumération. Accord facultatif avec le dernier nom : *Une élégance, une sobriété, un équilibre étonnant. Ce ciel, cette mer, cette beauté du site est étonnante.* Ce accord, très correct, est littéraire. Dans l'usage courant, on fait plutôt l'accord au pluriel : *Une élégance, une sobriété, un équilibre étonnants. Ce ciel, cette mer, cette beauté du site sont étonnants.*

8 Avec un nom au pluriel. ▼ On distinguera : *Les littératures anglaise et allemande* (car il y a *une seule* littérature anglaise et *une seule* littérature allemande) et *Les villes anglaises et allemandes* (car il y a *plusieurs* villes anglaises et *plusieurs* villes allemandes).

9 Avec des noms joints par *comme, ainsi que, et surtout, avec,* **etc.** Accord avec le premier nom si le deuxième terme est entre virgules : *La panthère, comme le tigre, est puissante et cruelle.* — Accord au pluriel si le deuxième élément n'est pas isolé par des virgules : *La panthère comme le tigre sont puissants et cruels. La mer ainsi que la montagne sont pleines de périls.* ▼ Avec *de même que, pas plus que, plutôt que, non plus que,* on préférera l'encadrement par des virgules et l'accord avec le premier sujet : *La Méditerranée, non plus que l'Atlantique, n'est exempte de tempêtes.*

10 Avec deux sujets unis par *ni* **ou par** *ou.* Si l'idée de disjonction domine, accord au singulier : *Ni Henri ni son frère n'est premier. Henri ou son frère sera premier* (un seul des deux peut être premier). — Si l'idée de conjonction domine, accord au pluriel : *Ni Henri ni son frère ne sont méchants* (ils pourraient l'être tous les deux). *Henri ou son frère sont capables de nous aider.* ▼ On évitera les accords boiteux tels que : *Louis ou Lucette seront assez gentils pour nous aider* ou *Louis ou Lucette sera assez gentille pour nous aider* (accord avec le dernier sujet). On tournera autrement : *Louis sera assez gentil pour nous aider, ou Lucette,* ou encore *Louis ou Lucette, l'une de ces deux personnes sera assez gentille pour nous aider.*

11 Avec *beaucoup de.*
a/ *Beaucoup de* **suivi d'un nom féminin.** L'attribut (ou le participe) est normalement au féminin : *Beaucoup de joie vous sera donnée.* L'accord au masculin *(vous sera donné),* nettement plus rare, insiste sur l'idée de grande quantité. Il n'est pas incorrect.
b/ *Beaucoup* **employé sans complément au sens de « beaucoup de gens, beaucoup de personnes ».** L'accord se fait toujours au masculin pluriel : *Les affaires vont mal, beaucoup sont inquiets.* — Quand *beaucoup* (sans complément) renvoie à un nom pluriel précédemment exprimé, il entraîne l'accord au pluriel du verbe et de l'attribut (ou du participe), qui, en outre, se met au masculin ou au féminin selon le genre du nom déjà exprimé. *Les jeunes filles furent convoquées par la directrice. Beaucoup étaient inquiètes. Les*

petites filles partirent. Beaucoup s'étaient ennuyées.

12 Avec *(le) peu de.*
a/ *Peu de* Accord avec le nom qui suit *peu de : Peu de monde est venu. Peu de personnes sont venues. Peu de femmes sont heureuses.*
b/ *Le peu de* **au sens de « l'insuffisance de ».** Accord avec *peu* (verbe au singulier ; participe ou adjectif au masculin singulier) : *Le peu de lettres que j'ai reçu me décourage. Le peu de ressources en énergie est gênant pour le développement de l'économie.*
c/ *Le peu de* **au sens de « la quantité faible de ».** Accord avec le nom qui suit *le peu de : Le peu de ressources naturelles qui existent sont suffisantes pour assurer le démarrage économique de ce pays.*

13 Avec *la plupart (de).*
a/ *La plupart de* **+ nom au singulier.** Tour assez rare et vieilli, sauf dans *la plupart du temps.* L'adjectif (ou le participe) s'accorde avec le complément de *la plupart : La plupart de la noblesse était fort mécontente.*
b/ *La plupart de* **+ nom au pluriel.** Tour usuel et moderne. L'adjectif s'accorde avec le complément de *la plupart : La plupart des enfants étaient gentils.*
c/ *La plupart* **sans complément.** Tour usuel. L'adjectif (ou le participe) s'accorde avec le complément qu'on peut sous-entendre : *La plupart sont heureux de leur sort* (= la plupart des gens, des hommes). *Ces maisons sont anciennes ; la plupart ont été construites au XVIIᵉ siècle.*

14 Avec *plus de la moitié, du tiers de...,* **etc.** Adjectif au singulier ou au pluriel, selon que le verbe est au singulier ou au pluriel (voir plus haut, page 57, **accord du verbe avec son sujet,** II, 19) : *Plus du tiers du jardin est inculte. Plus des deux tiers des maisons sont vétustes. Plus de la moitié des électeurs est favorable* (ou *sont favorables*) *à cette politique. Plus des trois quarts de la population est hostile à ce projet. Plus de la moitié des terrains sont incultes.* — Quant à l'accord en genre, si le verbe est au pluriel, l'adjectif (ou le participe) s'accorde avec le complément de la fraction : *Plus des trois quarts des maisons sont neuves. Plus de la moitié des électeurs sont inquiets. Plus du tiers des spectatrices étaient furieuses et se sont déclarées mécontentes.* — Si le verbe est au singulier et si le nom de la fraction et son complément sont tous les deux au singulier, l'accord en genre se fait au choix selon l'intention : *Plus du quart de la prairie est couverte de chardons* (ou *est couvert de chardons). Plus de la moitié du jardin est boueux* (ou *est boueuse). Plus du tiers de la population s'est réfugiée* (ou *s'est réfugié) dans* *l'abstention.* — Si le verbe est au singulier et si le nom de la fraction est au singulier et son complément au pluriel, l'accord en genre se fait avec le nom de la fraction : *Plus du quart des électrices est mécontent. Plus de la moitié des électeurs est mécontente.* — Si le verbe est au singulier et si le nom de la fraction est au pluriel et son complément au singulier, l'accord en genre se fait avec le complément : *Plus des deux tiers de la population est européenne.*

15 Avec *plus d'un(e).* Accord au singulier : *Plus d'une écolière était folle de joie.* Cependant l'accord au pluriel est possible si *plus d'un(e)* est suivi d'un complément au pluriel : *Plus d'une de ces fillettes était joyeuse* ou *étaient joyeuses.*

16 Avec *trop de* + nom. Généralement accord avec le complément : *Trop de maisons sont vieilles et petites.* ▼ Cependant, accord avec *trop* (au masculin singulier) si *trop de* signifie « un excès de » : *Trop de sucreries est mauvais pour les dents. Trop de complaisance est désastreux parfois.*

17 Avec *tant de* + nom. L'accord se fait, en principe, avec le complément de *tant* : *Tant de grandes œuvres sont pourtant imparfaites. Tant de lenteur est exaspérante* (ou, parfois, *est exaspérant*). ▼ On distinguera les tours *Tant de sottise est révoltante* (= une si grande sottise), *Tant de sottises sont révoltantes* (= si nombreuses sont les sottises révoltantes) et *Tant de sottises dans un seul devoir est scandaleux* (= une si grande accumulation de sottises).

18 Avec *l'un(e) ou l'autre.* Accord au singulier : *L'une ou l'autre sera mécontente. L'une ou l'autre jeune fille sera malheureuse.*

19 Avec *l'un(e) et l'autre* adjectif. Accord le plus souvent au singulier : *L'une et l'autre hypothèse est gênante.*

20 Avec *l'un(e) et l'autre* pronom. Accord le plus souvent au pluriel : *L'une et l'autre sont gracieuses.* ▼ Cet accord au pluriel est obligatoire si le verbe précède : *Elles sont gracieuses l'une et l'autre.*

21 Avec *ni l'un(e) ni l'autre.* Accord au singulier ou au pluriel, indifféremment : *Ni l'une ni l'autre hypothèse n'est satisfaisante* ou *ne sont satisfaisantes. Ni l'une ni l'autre n'est gentille* ou *ne sont gentilles.* ▼ Accord au pluriel obligatoire si le verbe précède : *Elles ne sont sottes ni l'une ni l'autre.*

22 Avec *un de ceux qui (que), une de celles qui (que).* Accord au pluriel : *Hélène est l'une de celles qui sont très attentives. Cette maison est l'une de celles que je trouve belles.*

23 Avec *un(e) des, un(e) de ces, un de ceux-là, une de celles-là qui (que).*

a/ Accord au pluriel si l'on insiste sur la pluralité (cas le plus fréquent) : *Cette jeune fille est l'une des étudiantes qui seront présentes à l'assemblée. Cette chanson est l'une de celles que nous trouvons belles.*

b/ Accord au singulier si l'idée rend impossible l'emploi du pluriel. Dans ce cas, il y a généralement une virgule devant *qui* ou devant *que* : *Je m'adressai à l'un des médecins de la ville, qui était fort renommé. Nous invitâmes l'une des jeunes filles, que nous trouvions très gracieuse. J'invitai l'une de celles-là, que je trouvais très gracieuse. C'est une de celles-là qui sera désignée comme la plus belle.*

24 Adjectif se rapportant à l'un seulement de deux noms coordonnés par *et* ou reliés par *de.* Accord selon le sens : *Du bois et du fer rouillé* (seul le fer est rouillé). *Du fer et du bois pourri* (seul le bois est pourri). *Du fer et du bois peints en blanc* (c'est le fer et le bois qui sont peints). *Des chaussures de cuir fines* (ce sont les chaussures qui sont fines). *Des chaussures de cuir épais* (c'est le cuir qui est épais).

25 *Des plus..., des moins..., des mieux..., des meilleurs, des moindres, des pires.* Adjectif (ou participe) au pluriel, accordé en genre avec le nom : *Cette plaisanterie est des plus fines. Ce vin est des meilleurs. Cette hypothèse est des moins justifiées.* ▼ Quand l'adjectif (ou le participe) se rapporte à un pronom neutre, il se met au masculin singulier : *Voilà qui n'est pas des plus intéressant. Il me serait des plus aisé de vous satisfaire.*

26 Avec un nom collectif. Accord selon le sens : *La foule des émeutiers, furieuse, envahit la cour du palais. Une foule d'émeutiers furieux envahit... Une file de voitures très longue. Une file de voitures luxueuses. La multitude des paysans était malheureuse. Une multitude de paysans étaient malheureux.*

27 Avec un nom qui n'est pas formellement exprimé. Accord selon le sens. Ainsi, si l'on parle à des garçons, on dira : *Il faut être studieux et plus matinaux, si vous voulez être reçus à l'examen.* Si l'on s'adresse à des filles, on dira : *Il ne suffit pas d'être belles, il faut être souriantes.* Si l'on adresse à une seule fille, on dira : *Il faut être folle comme tu l'es, pour te conduire ainsi, comme une dévergondée.*

28 Avec des infinitifs. Accord toujours au masculin. Le pluriel s'impose si les actions exprimées par les infinitifs sont considérées comme distinctes : *Résister et céder sont nécessaires, selon les circonstances.* — Accord au singulier si les deux actions sont considérées comme deux aspects d'une seule et même activité : *Bien raconter et bien décrire n'est pas suffisant, il faut aussi ordonner ses développements.*

LES ADJECTIFS DE COULEUR

1 Véritable adjectif employé seul. Accord en genre et en nombre : *Des robes bleues. Des feuilles vertes. Des chaussettes blanches.*

2 Deux (ou plusieurs) adjectifs coordonés ou juxtaposés. Invariabilité quand on veut indiquer que la chose décrite est de deux (ou de plusieurs) couleurs : *Des drapeaux portugais, vert et rouge. Des drapeaux italiens, vert, blanc, rouge. Des autobus jaune et vert. Des vaches noir et blanc.* — L'accord *des autobus jaunes et verts* signifierait qu'il y a des autobus jaunes et d'autres verts.

3 Adjectif composé ou ajectif modifié par un autre mot. Invariabilité : *Des étoffes vert-jaune. Des écharpes brun-rouge. Des tentures bleu-vert. Des robes bleu de nuit. Des jupes vert pomme. Des vareuses jaune foncé. Des cravates bleu clair.* ▼ On emploie le trait d'union quand chacun des deux éléments est un véritable adjectif de couleur : *jaune-orangé, bleu-vert,* etc. Pas de trait d'union si l'un des éléments est un nom ou un adjectif de nuance : *gris fer, vert pomme, bleu de Prusse, gris jaunâtre, jaune doré, bleu clair, rouge sombre, vert foncé,* etc.

4 Noms employés comme adjectifs de couleur. A l'exception des noms *écarlate, fauve, incarnat, mauve, pourpre* et *rose (des joues écarlates, des soies mauves),* les noms employés adjectivement sont invariables : *Des robes abricot. Des chaussures acajou. Des robes prune...* On trouvera la liste de ces noms dans le tableau ci-dessous.

LISTE DES PRINCIPAUX NOMS
EMPLOYÉS COMME ADJECTIFS DE COULEUR

abricot	cerise	jonquille	prune
absinthe	chair	kaki	puce
acajou	chamois	lavande	réséda
amadou	champagne	lie-de-vin	rouille
amarante	châtaigne	marengo	sable
andrinople	chocolat	marron	safran
améthyste	citron	mastic	sang
anthracite	cobalt	moutarde	sàng-de-boeuf
arc-en-ciel	coquelicot	nacarat	saphir
ardoise	corail	nacre	saumon
argent	crème	noisette	sépia
aubergine	crevette	ocre	serin
auburn	cuivre	olive	soufre
aurore	cul-de-bouteille	or	tabac
azur	cyclamen	orange	tango
banane	ébène	outremer	terre-de-Sienne
bistre	émeraude	paille	tête-de-nègre
bordeaux	feuille-morte	pastel	thé
brique	filasse	pastèque	tilleul
bronze	framboise	perle	tomate
caca d'oie	garance	pervenche	topaze
cachou	gorge-de-pigeon	pétrole	turquoise
café-au-lait	grenat	pie	ventre-de-biche
capucine	havane	pistache	vermillon
caramel	indigo	poivre et sel	vert-de-gris
carmin	ivoire	pomme	
céladon	jade	ponceau	

LES NOMS EMPLOYÉS ADJECTIVEMENT

Certains mots, noms à l'origine, sont devenus de véritables adjectifs. Dans ce cas, ils prennent la marque du pluriel : *Des gâteaux géants. Des foules monstres. Ces filles sont très enfants. Des déménageurs colosses.* En revanche, on écrit : *Elles sont bon enfant. Elles sont bon prince.* De nos jours, on écrit plutôt : *Des manières canailles* (mais l'invariabilité est admise). — Quand un nom est employé comme adjectif par figure de style, il reste invariable : *Il a des manières peuple. Elles sont très popote, très pot-au-feu. Elles sont très province. Des plats très « cuisine bourgeoise ».*

LES NOMS DE NOMBRES

I La marque du pluriel.

1 Règle générale. En français, les adjectifs numéraux cardinaux sont généralement invariables : *J'ai payé cet article quarante francs.*

2 Le cas de *mille* et de *mil*. Le mot *mille* est toujours invariable : *Il a gagné cent mille francs. Nous avons parcouru six mille mètres. Il gagne des mille et des cents* (ou *des cents et des mille). Le prix est de mille trois cents francs.* — On écrit souvent *mil* dans l'énoncé des dates, quand il est suivi d'autres nombres : *En l'an mil quatre cent quatre-vingt-douze.* On écrit presque toujours : *l'an mille, l'an deux mille.*

3 Le cas de *un*, *une*. Le numéral *un* prend la marque du féminin, mais jamais celle du pluriel : *Cette table mesure un mètre. Cette barque pèse une tonne. Vingt et un hommes. Trente et une femmes. Mille et une nuits.*

4 Le cas de *vingt*. Le numéral *vingt* reste invariable quand il n'est pas multiplié : *Vingt et un. Vingt-deux. Vingt-trois. Vingt-quatre... Cent vingt francs. Mille vingt francs.* — Il prend un -s quand il est multiplié et qu'il n'est pas suivi d'un autre nom de nombre : *Quatre-vingts. Cent quatre-vingts. L'hôpital des Quinze-Vingts,* créé à l'origine, pour abriter « quinze-vingts » aveugles, c'est-à-dire trois cents aveugles (300 = 15 fois 20). En revanche, on écrit : *Quatre-vingt-un. Quatre-vingt-deux. Quatre-vingt-trois...* ▼ Employé comme ordinal, *quatre-vingt* est invariable : *La page quatre-vingt. Le huit octobre mil sept cent quatre-vingt.*

5 Le cas de *cent*. Le numéral *cent* reste invariable quand il n'est pas multiplié : *Cent un. Cent deux. Cent trois... Cent dix. Cent vingt. Cent trente.* Il prend un -s quand il est multiplié et qu'il n'est pas suivi d'un autre nom de nombre : *Deux cents. Trois cents. Quatre cents...* En revanche, on écrit : *Deux cent un.*

Deux cent trente. Six cent vingt-six. — Devant *mille, cent* reste invariable : *Trois cent mille. Six cent mille.* En revanche, devant *millier, million* et *milliard, cent* s'accorde quand il n'est pas suivi d'un autre nom de nombre : *Quatre cents milliers d'hectares. Huit cents millions de dollars. Deux cents milliards de francs* (mais *deux cent cinquante milliards de francs*). — On écrit : *Il gagne des mille et des cents.* ▼ Employé comme ordinal, *cent* est invariable : *Page quatre cent. Le douze avril mil neuf cent.*

6 Le cas de *millier*, *million*, *milliard*. Les substantifs *millier, million* et *milliard* s'accordent dans tous les cas : *Un millier d'hommes. Un million de lires. Deux milliers d'hommes. Six milliards deux cents millions de francs.*

II Le trait d'union.

Dans les adjectifs numéraux composés, le trait d'union s'emploie seulement pour les éléments qui sont l'un et l'autre inférieurs à *cent*. Quand deux éléments sont joints par *et*, on ne met pas le trait d'union : *Dix-sept. Dix-huit. Dix-neuf. Dix-huit mille quatre cent trente-cinq francs. Quatre-vingts. Quatre-vingt-quatre. Cent quatre-vingts. Quatre-vingt-dix. Quatre-vingt-onze. Soixante-dix. Soixante-douze. Soixante-treize. Soixante-quatorze. Mille neuf cent quatre-vingt-quatre francs.* En revanche, on écrit : *Vingt et un. Trente et un. Quarante et un... Soixante et onze.*

III Les noms de fractions.

1 Règle générale. Les noms de fractions prennent la marque du pluriel : *Un quart de litre. Trois quarts de litre. Deux dixièmes de millimètre. Les trois cinquièmes du stock.*

2 Un exemple de confusion à éviter. Il ne faut pas confondre *Les deux centièmes de la population* (c'est-à-dire 2 %), qui s'écrit sans trait d'union, avec *La deux-centième partie de* *la population* (c'est-à-dire 0,50 %), qui s'écrit avec un trait d'union. Dans le premier cas, *deux* est l'adjectif numéral cardinal, et *centième* est un nom masculin. Dans le second cas, *deux-centième* est l'adjectif numéral fractionnaire correspondant à l'adjectif cardinal *deux cents*.

3 Le cas de *quart* **et de** *demi*. On écrit : *Une heure et quart* (sans -*s*). *Une heure trois quarts* (avec -*s* ; sans trait d'union). *Un mètre et demi, deux mètres et demi, trois mètres et demi* (sans -*s* et sans -*e*, car il y a un seul demi-mètre et *mètre* est masculin). *Une heure et demie, deux heures et demie, trois heures et demie* (sans -*s* et avec -*e*, car il y a une seule demi-heure et *heure* est féminin). *Une demi-heure. Des demi-heures* (*demi* invariable, *heure* variable ; un trait d'union). — On écrit, sans trait d'union, *un quart d'heure, trois quarts d'heure,* mais, avec trait d'union, *un trois-quarts* (manteau ou bien joueur de rugby), *un manteau trois-quarts, un quatre-quarts* (gâteau).

LES CHIFFRES ROMAINS

I Cas où l'on doit employer les chiffres romains.

1 Les noms de souverains. On écrit obligatoirement en chiffres romains le nombre qui suit le nom d'un souverain, d'un pape : *Louis XIV. Charles X. Napoléon III. Pie XII. Paul VI. Jean-Paul II.*

2 Les noms de siècles, de dynasties, de conciles, etc. On emploie presque toujours les chiffres romains pour les siècles, les dynasties, les conciles, les régimes politiques, etc. : *Le XVIIe siècle. La XVe dynastie égyptienne. Le IIIe concile œcuménique. Le IIe concile du Vatican* (ou *Vatican II*). *Le IId Empire. La Ve olympiade.*

3 Les années du calendrier républicain. On emploie obligatoirement les chiffres romains pour les années du calendrier républicain : *La loi du 20 prairial an VIII.*

4 Dans une inscription. On emploie parfois les chiffres romains pour indiquer l'année, dans une inscription (sur un monument) ou au frontispice d'un livre *MCMLXXV* (1975).

5 Les noms de chevaux, de bateaux, etc. On écrit toujours en chiffres romains le nombre qui suit parfois le nom d'un cheval de course ou d'un bateau de plaisance ou de course (quand plusieurs chevaux ou plusieurs bateaux ont le même nom) : *Le tiercé a été gagné par Aubépine II. Son voilier s'appelle « Louison III » et il est immatriculé à Arcachon. En 1964, Éric Tabarly gagna la course transatlantique en solitaire à bord de « Pen-Duick II ».* On utilise aussi parfois les chiffres romains pour distinguer les diverses variantes d'un type d'avion, de char d'assaut, etc. : *Un Mystère IV.*

6 Les numéros d'arrondissements. On emploie souvent les chiffres romains pour les numéros des arrondissements des grandes villes : *Le XVIIIe et le XIXe arrondissements de Paris. Le IIe arrondissement de Marseille.*

7 Les numéros d'armées, de régions militaires. Chiffres romains de rigueur pour les numéros des armées et des régions militaires : *La IIe armée. La IVe région militaire.* ▼ Pour les numéros des corps d'armée, on emploie les chiffres arabes : *Le 12e corps.*

8 Les tomes, les chapitres, les actes. On écrit presque toujours en chiffres romains les numéros des parties d'une œuvre, des livres d'un ouvrage, des tomes, des actes (dans une référence) : *Montaigne, Essais, II, p. 122. Voltaire, Œuvres complètes, t. IV. L'Odyssée, VI, v. 121. Phèdre, acte I, scène 2.*

9 Les divisions d'un texte. On emploie les chiffres romains, concurremment avec les chiffres arabes et les lettres, pour numéroter les divisions d'un texte : *Voir la règle énoncée ci-dessus (III, A, 1o).*

10 Les pages des préfaces. On emploie presque obligatoirement les chiffres romains pour numéroter les pages des préfaces, des avant-propos, des introductions : *Voir préface, p. XI.*

II Comment on écrit un nombre en chiffres romains.

1 Les chiffres de base. Les chiffres de base du système romain sont : *I* (1), *II* (2), *III* (3), *V* (5), *X* (10), *L* (50), *C* (100), *D* (500), *M* (1 000).

2 Signe placé à la droite d'un autre. Tout signe qui est placé à la droite d'un autre représentant une valeur supérieure ou égale à la sienne s'ajoute à celui-ci : *VI* (*V* + *I*, soit 5 + 1, c'est-à-dire 6), *VII* (7), *VIII* (8), *XI* (11), *XII* (12), *XIII* (13), *XV* (15), *XVI* (16), *XVII* (17), *XVIII* (18), *XX* (*X* + *X*, soit 10 + 10, c'est-à-dire 20), *XXX* (30), *LX* (60), *LXX* (70), *LXXX* (80), *CC* (200), *CCC* (300), *DC* (600), *DCC* (700), *DCCC* (800), *MM* (2 000), *MMM* (3 000).

3 Signe placé à la gauche d'un autre. Le signe placé à la gauche d'un autre représentant une valeur supérieure à la sienne signifie que le nombre qu'il indique doit être retranché du nombre indiqué par le signe de droite : *IV* (*V* — *I*, soit 5 — 1, c'est-à-dire 4), *IX* (9), *XIV* (14), *XIX* (19), *XXIX* (29), *XL* (40), *XC* (90), *CD* (400), *CM* (900).

4 Exemples de lecture de nombres écrits en chiffres romains.
MDCXCVII doit se lire ainsi :
M   DC   XC   VII
1 000 + 600 + 90 + 7
soit 1697.
MCMXIX doit se lire ainsi :
M   CM   XIX
1 000 + 900 + 19
soit 1919.

LES PRONOMS PERSONNELS

I Place du pronom personnel complément employé avec l'impératif ▷ **impératif** (V, 1, 2, 3 et 4) p. 000 (annexes).

II Place du pronom personnel complément employé avec l'infinitif ▷ **infinitif** (IV, 1 et 2) p. 000 (annexes).

III Omission du pronom personnel réfléchi après *faire* et *laisser* devant un infinitif.

1 Cas du verbe *faire.* Si le verbe pronominal est un verbe « essentiellement pronominal » (ne comportant pas de conjugaison active), en général on n'omet pas le pronom réfléchi : *Je le ferai se repentir* (plutôt que *Je le ferai repentir*). *On les a fait s'enfuir* (et non *On les a fait enfuir*). — En revanche, si le verbe est accidentellement pronominal, le pronom réfléchi est facultatif. Le plus souvent, il est omis : *On le fit lever* (plus fréquent que *On le fit se lever*). *On les fit asseoir* (plus fréquent que *On les fit s'asseoir*). — Avec certains verbes, l'emploi du pronom est obligatoire, pour éviter l'équivoque : *On le fit s'arrêter* (= on lui ordonna de s'arrêter). *On le fit arrêter* (≠ on le fit mettre en prison).

2 Cas du verbe *laisser.* L'omission du réfléchi est très fréquente : *On a laissé évader le prisonnier* (plus courant que *On a laissé s'évader le prisonnier*). Elle n'est cependant jamais obligatoire : *Le barrage de terre laissait s'échapper un mince filet d'eau.*

IV *Le, la, les* **en concurrence avec** *lui, leur,* après *faire* ou *laisser* devant un infinitif.

1 Cas du verbe *faire.* On dit : *Je le fais manger. Je lui fais manger sa bouillie.* On dit normalement : *Je fais manger Bébé* (le complément de *faire,* qui est aussi sujet du verbe à l'infinitif, est un nom). *Je le fais manger* (le complément de *faire* sujet de l'infinitif est un pronom et il n'y a pas de complément direct de l'infinitif). *Je fais manger sa bouillie à Bébé.*

Je lui fais manger sa bouillie (plutôt que *Je le fais manger sa bouillie,* tour bien plus rare). *Je leur fais réciter leur fable.* — Quand le complément du verbe est un complément indirect, on peut indifféremment employer *le (la)* ou bien *lui, les* ou bien *leur.* La répartition est régie par l'usage plutôt que par une règle précise : *Cela le fera penser à moi* (plutôt que *Cela lui fera penser à moi),* mais *Je lui ferai penser à cette affaire* (plutôt que *Je le ferai penser à cette affaire).*

2 Cas du verbe *laisser.* On peut dire indifféremment : *Je le (la) laisse pousser le chariot* (tour le plus usuel) ou *Je lui laisse pousser le chariot.* On peut dire : *Ce chariot, je le lui laisse pousser.* On peut dire aussi : *Ce chariot, je le laisse (je la laisse) le pousser.* De même : *Je les laisse pousser le chariot* (tour le plus usuel) ou *Je leur laisse pousser le chariot. Ce chariot, je les laisse le pousser* ou *Ce chariot, je les laisse le pousser.*

V Laisser faire à. Tour archaïsant, mais correct : *Il faut laisser faire à la nature.* Dans la langue usuelle et moderne, on dirait : *Il faut laisser faire la nature.*

VI Omission du pronom personnel complément.

1 Temps simple. Répétition obligatoire : *Nous le connaissons et l'estimons* (et non *Nous le connaissons et *estimons).*

2 Temps composé. Répétition obligatoire du pronom, si l'auxiliaire est répété : *Je l'ai vu et je l'ai reconnu.* — Pas de répétition du pronom, si l'auxiliaire n'est pas répété : *Je l'ai vu et reconnu.*

3 Cas où le pronom remplit deux fonctions différentes. Répétition obligatoire : *Il m'a soutenu* (= il a soutenu moi) *et m'a donné son appui* (= et a donné son appui à moi). Ne pas écrire : *Il m'a soutenu et *donné son appui.*

VII Répétition du pronom sujet.

1 Dans les propositions juxtaposées, Répétition facultative : *Il parle, il s'agite, il intrigue* ou *Il parle, s'agite, intrigue.* L'omission est fréquente surtout à la troisième personne. Elle constitue souvent un effet de style destiné à donner de la vivacité à la phrase. ▼ La répétition est presque obligatoire avec le pronom *on* et avec le *il* impersonnel : *On parle, on s'agite, on intrigue. Il pleuvait, il ventait, il neigeait.*

2 Dans les propositions coordonnées. Omis-

sion sinon obligatoire du moins très fréquente, à la troisième personne : *Il proteste et s'agite.* La répétition n'est nullement incorrecte, mais constitue un effet d'insistance : *Il proteste et il s'agite.* — A la première et à la deuxième personne, la répétition est très nettement plus fréquente que l'omission : *Je marche et je cours. Tu vas et tu viens.* — De même avec *on : On critique et on dénigre.* — La répétition est pour ainsi dire de rigueur avec le *il* impersonnel : *Il vente et il neige.*

VIII Pour les emplois propres à chaque pronom ▷ je, tu, il, nous, vous, on.

LA PRÉPOSITION

I Omission. On évitera les tours elliptiques, courants dans la langue commerciale ou relâchée. Dans le registre soutenu, on écrira : *Un poste de radio* (et non *un poste radio*). *Un siège de cuir* ou *en cuir* (et non *un siège cuir*).

II Répétition de la préposition.

1 À, de, en. Normalement, ces prépositions se répètent : *J'ai dû prêter mon livre à Louis ou à Pierre* (et non *à Louis *ou Pierre). Des forêts de chênes et de peupliers* (et non *de chênes *et peupliers). En France et en Allemagne.*

2 Les autres prépositions. La répétition n'est pas obligatoire : *Les trains pour Bordeaux et Bayonne. Dans le métro et l'autobus. Sur une chaise ou un banc. Sans hésitation ni peur.* — Notamment, on évite la répétition quand les deux termes sont plus ou moins synonymes ou très liés par le sens : *Il s'exprime avec*

élégance et distinction. Le soleil darde ses rayons sur les bois, les prés, les champs et les collines. — En revanche, on répète la préposition pour insister sur chaque terme *(Il combattit pour le trône et pour l'autel)* ou bien pour souligner une opposition *(Il devra prendre parti pour le roi ou pour le peuple. Si l'on est sans talent ou sans protection).*

III Constructions boiteuses. ▼ On évitera les constructions boiteuses telles que : *Il aspire et il a besoin de notre protection. Il se soucie et pense à son avenir. La colline escarpée se dresse autour et derrière le village.* On écrira, en reprenant le complément par *en* ou par *y* ou par un pronom personnel précédé d'une préposition : *Il aspire à notre protection et il en a besoin. Il se soucie de son avenir et il y pense. La colline escarpée se dresse au-dessus du village et derrière lui.*

L'INTERROGATION

Cinq fautes à éviter.

1 *Est-ce que ton frère est-il venu ? Tour incorrect, dû au croisement de deux constructions admises : *Est-ce que ton frère est venu ?* (tour un peu lourd, mais correct) et *Ton frère est-il venu ?* (tour élégant, à préférer). — De même ou évitera : **Comment est-ce que ton frère est-il venu ? *Pourquoi est-ce que ton père ne veut-il pas ?* On dira : *Comment ton frère est-il venu ? Pourquoi ton père ne veut-il pas ?*

2 *Je te demande qui est-ce qui est venu. *Je te demande qu'est-ce qui ne va pas. Les locutions *qui est-ce qui* et *qu'est-ce qui* ne doivent pas s'employer dans une interrogation indirecte. On peut les employer dans l'interrogation directe : *Qui est-ce qui est venu ? Qu'est-ce qui ne va pas ?* En revanche, dans l'interrogation indirecte, on dira : *Je te demande qui est venu. Je te demande ce qui ne va pas.*

3 *Comment que tu vas ? *Pourquoi qu'ils s'en vont ? On évitera la faute populaire qui consiste à introduire un *que* inutile après *comment, combien, pourquoi, où, quand, qui,* etc. Dire : *Comment vas-tu ? Pourquoi s'en vont-ils ?*

4 *Tu pars quand ? *Il veut quoi ? *Tu travailles pour qui ? La langue parlée familière élimine l'inversion et place le mot interrogatif à la fin de la proposition. Dans la langue surveillée, on écrit : *Quand pars-tu ? Que veut-il ? Pour qui travailles-tu ?*

5 *Je lui demanderai comment est-il venu. ▼ Jamais d'inversion dans une interrogation indirecte. Dire : *Je lui demanderai comment il est venu.* En revanche, l'inversion est normale dans l'interrogation directe : *Comment est-il venu ?*

L'INVERSION DU SUJET

1 Après *tel* en tête de proposition. Inversion obligatoire : *Puisque tel est votre désir. Il sortait tous les soirs à cinq heures, car telle était son habitude.*

2 Après des mots tels que *à peine, ainsi, aussi, difficilement, du moins, encore, en vain, peut-être, à plus forte raison, sans doute,* etc., placés en tête de proposition. L'inversion (ou la reprise du nom sujet par un pronom personnel postposé) n'est pas obligatoire, mais elle est fréquente dans la langue écrite soignée : *Peut-être eût-il parlé, si la crainte ne l'eût retenu. Peut-être le garçon eût-il parlé, si...* ▼ Quand il y a inversion, jamais de virgule après le mot placé en tête de phrase : *Sans doute pensiez-vous...* (en face de *Sans doute, vous pensiez...*) Quand il n'y a pas d'inversion, la virgule est possible, bien qu'elle ne soit pas obligatoire.

3 Dans certains tours concessifs-hypothétiques. *L'aurait-il voulu, il n'aurait pu* (= quand bien même il l'aurait voulu). *Eût-elle possédé quelques moyens* (= même si elle eût possédé).

4 Avec *fût-ce* au sens de « même ». *Si nous pouvions nous adresser fût-ce à un inconnu.*

5 Dans quelques tours optatifs. *Puisse-t-il venir à temps ! Puissions-nous partir ! Vienne enfin le printemps !*.

6 Dans l'interrogation directe. *Où va-t-il donc ? Quand votre ami reviendra-t-il ?* La forme sans inversion est légèrement familière : *Où il va ? Tu viens avec moi ?*

7 Effets stylistiques. Pour des raisons de rythme ou d'harmonie ou pour mettre un mot en valeur, on peut employer l'inversion : *Hautes étaient les tours et braves les guerriers. Marchent en tête les magistrats vêtus de noir. Je m'apprêtais à partir : arrive mon ami Eugène. Et, tout à coup, se dressa un géant barbu.*

8 Dans les textes juridiques. *Sera puni d'une amende de cent à deux cents francs quiconque aura...*

9 Dans une circonstancielle ou une relative. En général, pas de valeur d'insistance. Simple commodité de style : *Il partit lorsque tomba la nuit* ou *Il partit lorsque la nuit tomba. J'ai lu le livre dont m'avait parlé votre ami* ou *dont votre ami m'avait parlé. Cette plage que recouvrait la marée* ou *que la marée recouvrait.*

LA DIVISION DES MOTS EN FIN DE LIGNE

I Divisions interdites.

1 Ne jamais couper un nombre, surtout s'il est exprimé en chiffres : *3 82 | 5. Ne jamais séparer un nombre (exprimé en chiffres) du nom qui le suit : *250 | tonnes.*

2 Ne jamais couper des initiales ni un sigle : *H.L. | M, *S. | M. la reine. — Ne jamais séparer les initiales abréviatives du nom qui le suit : *S.A. | le prince. — Ne jamais séparer l'initiale (du prénom) du nom de famille : *J. | Martinot.*

3 Ne jamais séparer un nom du nombre qui suit : *Louis | XIV. Le *livre | V. En *juillet | 1876.*

4 Ne jamais aller à la ligne après une apostrophe. Ne pas couper *l' | hiver, *aujourd' | hui mais *l'hi-ver, aujourd'hui.*

5 Ne jamais couper après un *t* euphonique. On coupe : *va-* | *t-il,* et non **va-t-* | *il.*

6 Ne jamais couper en renvoyant à la ligne suivante une finale muette : **lo-ge, *grec-que, *riviè-re.*

7 Ne jamais couper un mot avant ou après un *y* placé entre voyelles, ni avant ou après un *x* suivi d'une voyelle : **la-yette, *lay-ette, *la-xatif, *lax-atif.* En revanche, coupure permise, si une consonne suit : *pay-san, excessif.*

8 Ne jamais couper, en principe, un *ch,* un *kh,* un *ph,* ni un *ps* d'origine grecque : **nymp-homanie, * catac-hrèse, *catastrop-hique, *parap-hrase, *parap-sychologie.*

9 Ne jamais couper en laissant une seule lettre en fin de ligne : **é-lectrique, *u-tilité.* Ne jamais couper en laissant en fin de ligne un groupe de lettres imprononçable (deux consonnes) : **tr-anquillité, *cl-arifier.*

10 Ne jamais couper un groupe de lettres qui note une voyelle unique (*au, eau, oi, eu, an, on, in, ein, un,* etc. : **tuya-uterie, *déboiser, *abre-uvoir, *appo-ntement.*

II Division syllabique et division étymologique.

1 Une seule consonne entre deux voyelles. On coupe après la voyelle : *lu-mineux* ou *lumi-neux* mais non **lum-ineux, *lumin-eux.*

2 Deux voyelles se suivent. On coupe après la première voyelle (sauf cas signalé au § I, 10) : *alé-atoire.* ▼ On coupe après la deuxième voyelle si celle-ci termine un élément étymologique bien identifiable : *oléi-forme* et non **olé-iforme, oléo-duc* et non **olé-oduc.*

3 Deux consonnes se suivent. On coupe entre les consonnes (sauf cas signalés au § I, 8) : *car-reau, al-lumette, mas-sivement, multiple, her-boriste.*

4 Trois ou quatre consonnes se suivent. On coupe après la première : *com-blement, estragon, in-trinsèque, in-stituer, ob-struction.*

5 Quand le premier élément est un préfixe ou un élément étymologique nettement perceptible et qu'il se termine par une voyelle autre que *e* sans accent, on coupe plutôt après cette voyelle (coupure étymologique) : *hypo-chlorite, oxy-chlorure, tropo-sphère, tri-ptyque, électro-statique, méta-psychique, micro-spore, micro-structure.* — Dans les cas où les éléments étymologiques ne sont pas nettement perceptibles, on coupe après la première consonne : *cons-cient, cons-truire, des-celler, dis-tancer, pres-cription.* ▼ Bien entendu, on coupe *ar-chevêque* et *téles-cope* et non **arche-vêque, *téle-scope,* car on ne peut avoir un *e* sans accent en fin de ligne.

EMPLOI DES MAJUSCULES

I Au début d'une phrase ou après certains signes de ponctuation. On met une majuscule au début d'une phrase, d'un texte, d'un vers, d'une phrase citée : *Mon père, ce héros au sourire si doux* (Hugo). *Il m'a dit : « Je reviendrai demain. »* On met donc toujours une majuscule après un point qui termine une phrase. Comparer : *Le vent souffle. La mer gronde* et *Le vent souffle, la mer gronde.* — On emploie aussi la majuscule après un point d'exclamation ou un point d'interrogation ou des points de suspension, quand ces signes de ponctuation terminent une phrase : *Quel grandiose spectacle se déploie devant nous ! Toute la plaine immense s'étend à nos pieds. Où donc irez-vous ? Vous n'aurez pas de refuge. Tenez, regardez... Vous voyez cette tour, là-bas ?*

II Les noms de personnes et les noms de choses personnifiées.

1 Les noms de personnes. S'écrivent avec une majuscule tous les noms propres, et en particulier les noms de personnes (noms et prénoms) : *Connaissez-vous mon ami Jacques Dupont ? Voici mes cousines, Henriette et Louise. Certes Victor Hugo est le plus célèbre des poètes français.*

2 Les surnoms. Les noms et les adjectifs qui sont employés comme surnoms s'écrivent avec une majuscule : *Nous avions surnommé notre camarade « Fend-la-Bise ». Clemenceau fut surnommé « le Père la Victoire ». Le Vert-Galant. Pépin le Bref. Louis VI le Gros. Philippe le Bel. Jean sans Terre. Jeanne la Folle.* On ne considère pas comme surnoms les compléments à valeur d'adjectif qui expriment une particularité : *Achille aux pieds légers. Berthe au grand pied.* On écrit donc, avec *m* minuscule, *L'Homme au masque de fer* (et non *au *Masque de fer*).

3 Les noms communs utilisés comme noms de personnes. Quand un nom commun est devenu un nom de personne par figure littéraire, il prend normalement une majuscule : *L'Aigle de Meaux* (Bossuet). *Le Cygne de Mantoue* (Virgile). *Le Docteur angélique* (saint Thomas d'Aquin). En revanche, quand l'expression est simplement une périphrase, on emploie la minuscule : *L'auteur de « l'Enéide »*.

4 Les noms de personnes devenus des noms communs. Les noms de personnes devenus des noms communs par un long usage s'écrivent normalement avec une minuscule : *Un tartufe. Un harpagon. Un apollon. Un adonis.* En revanche, on écrit plutôt : *Un don Juan. Un don Quichotte* (à côté des graphies *un don juan, un don quichotte*).

5 Les noms d'écrivains ou d'artistes employés par métonymie. Les noms d'écrivains ou d'artistes employés par métonymie s'écrivent avec une majuscule : *Ces vers, on dirait du Hugo. Cette musique, c'est beau comme du Mozart. Ce collectionneur possède trois Cézanne et un Manet.*

6 Les noms de familles et de dynasties. S'écrivent avec une majuscule les noms de familles ou de dynasties : *Je connais bien la famille Durand. Il est l'ami des Martin. Périclès était issu de la famille des Alcméonides. Les Scipions. Les Capétiens. Les Valois. Les Bourbons. Les Habsbourg. Les Stuarts.* En revanche, les noms de dynasties employés adjectivement s'écrivent sans majuscule *(les rois capétiens),* sauf s'ils sont précédés d'un nom de peuple : *Les Francs Carolingiens. Les Turcs Osmanlis. Les Perses Arsacides.*

7 Les particules nobiliaires. Les particules nobiliaires *de* et *d'* s'écrivent avec une minuscule : *La marquise de Sévigné. Alfred de Vigny. Le grand philosophe que fut d'Alembert. Le général de Castelnau. Les Mémoires de d'Argenson. Le marquis de La Chesnaie.* Quand la particule est employée sans prénom ou sans titre devant un nom monosyllabique, elle s'écrit avec une minuscule *(Richelieu fit exécuter de Thou),* sauf si elle est précédée de la préposition *de,* auquel cas elle s'écrit avec une majuscule : *L'exécution de De Thou.* — Quand les particules *du* et *des* se trouvent placées entre le prénom ou le titre et le nom, elles s'écrivent avec la minuscule : *Joachim du Bellay. Le comte des Ormeaux.* Quand ces particules sont placées après une préposition, elles prennent la majuscule : *L'œuvre de Du Bellay. Il écrivit à Des Ormeaux. Ils avaient combattu avec Du Guesclin.* De même, avec une majuscule : *J'aime beaucoup Du Bellay. Il rencontra Des Ormeaux. Ce jour-là, Du Guesclin attaqua les Anglais.*

8 L'article défini devant un nom de famille. Les articles *le* et *la* qui font partie du nom de certaines familles nobles ou roturières s'écrivent avec une majuscule : *Le duc de La Rochefoucauld. Mme de La Fayette. Jean de La Fontaine. Le chancelier Le Tellier. Le matelot Jean-Marie Le Bihan.*

9 Les noms désignant Dieu et les personnes sacrées. Les noms utilisés pour désigner Dieu et les personnes sacrées des religions monothéistes s'écrivent avec une majuscule : *Dieu. La Trinité. Le Père, le Fils et le Saint-Esprit. Le Seigneur. L'Éternel. Le Créateur. Le Tout-Puissant. Le Crucifié. La Vierge. Prier Notre-Dame* (la Vierge Marie). *Le Prophète* (Mahomet). Le mot *ciel* employé par métonymie pour désigner le Dieu des chrétiens prend facultativement la majuscule : *Elle pria le Ciel* (ou *le ciel*) *pour le salut des siens.* De même, certains écrivains chrétiens écrivent avec une majuscule le pronom qui représente le nom de Dieu ou de Jésus : *Elle pria alors Celui qui mourut sur le Golgotha. Jésus est mort pour nous et nous devons Le considérer comme le Sauveur.*

10 L'adjectif *saint*. L'adjectif *saint* ne prend pas la majuscule quand il est placé devant le nom d'une personne : *Selon la tradition, saint Pierre fut le premier pape.* Les musiciens ont pour patronne sainte *Cécile.* De même on écrit, avec une minuscule, *saint Michel Archange.* Toutefois, l'usage veut que l'on écrive *la Sainte Vierge.* On écrit de même sans majuscule : *Les saints anges. L'Écriture sainte. La sainte Bible. La sainte Église...* — *Saint* s'écrit avec une majuscule quand il est lié au substantif pour former un nom d'église, de rue, de ville, de lieu... : *L'église Saint-Clotilde. La cathédrale Saint-Jean. L'hôpital Saint-Louis. La rue Saint-Jacques. La ville de Saint-Chamond. La gare Saint-Lazare.* On écrit de même avec une majuscule le nom de la fête du saint : *La Saint-Jean. La Saint-Martin.* — *Saint* prend toujours la majuscule dans les noms propres composés tels que *Saint-Esprit, le Saint-Siège, la Sainte-Alliance...* — On écrit *saint* sans majuscule dans les noms communs composés tels que : *Un saint-bernard. Un saint-cyrien. Une sainte-barbe. Une sainte-nitouche. Un saint-frusquin. Un saint-honoré...*

11 Les anges et les démons. On écrit, sans majuscule, *les anges, les démons, les diables, un démon, un diable,* quand on parle de l'ensemble de ces êtres surnaturels ou de l'un d'entre eux considéré comme un individu. On écrit en revanche, avec une majuscule, *le Démon, le Diable,* quand on veut parler de Satan (ou Lucifer), chef des démons ou symbole du mal.

12 Les noms des divinités païennes. S'écrivent avec une majuscule les noms de divinités : *Le temple de Zeus. La déesse Athéna. Offrir un sacrifice à Junon. Les Phéniciens adoraient le dieu Baal. La trinité hindouiste comprend Brahma, Vishnou et Çiva.* On écrit en revanche sans majuscule les noms des divinités mineures du paganisme qui, en grand nombre, peuplaient les mers, les fleuves, les forêts... : *Une néréide. Les naïades. Les tritons. Un faune. Les satyres. Les nymphes. Les sirènes. Les elfes. Les gnomes. Un lutin.* Toutefois, le nom propre d'une telle divinité prend la majuscule : *La nymphe Aréthuse.* ▼ L'usage est d'écrire avec une majuscule les noms suivants : *Les* (trois) *Grâces. Les* (neuf) *Muses. Les* (trois) *Parques. Les Titans. Les Géants* (de la mythologie grecque). *Les Cyclopes.*

13 Les symboles et les allégories. S'écrivent avec une majuscule les noms des symboles, des abstractions ou des forces naturelles personnifiées ou divinisées : *Le Soldat inconnu. L'honneur de mourir pour le Drapeau. Servir la Patrie, la Religion et le Trône. La Révolution libère le monde. Il n'a qu'un seul idéal, la Liberté. Ces statues symbolisent l'Agriculture, le Commerce et l'Industrie. La Justice aux yeux bandés. Le visage énigmatique du Destin. La Discorde sème la haine parmi les hommes. Le temple de la Fortune. Les Incas offraient des sacrifices au Soleil. La Mer, tueuse de marins.*

14 Les noms des vents. On n'emploie pas la majuscule pour les noms des vents dans un contexte géographique ni quand les vents ne sont pas personnifiés : *Le mistral. La tramontane. Le foehn. Un doux zéphyr. Le simoun.* En revanche, dans un contexte mythologique où les vents sont personnifiés, leurs noms s'écrivent avec une majuscule : *Alors Borée souffla et poussa le vaisseau d'Ulysse.*

15 Les noms propres d'animaux. Les noms propres d'animaux s'écrivent avec une majuscule : *Mon chien s'appelle Flonflon. Alexandre le Grand fit construire un tombeau pour son cheval Bucéphale.*

16 Les noms propres d'objets. Les noms propres qui désignent des objets (épées, diamants...) s'écrivent avec une majuscule : *Roland fit tournoyer son épée Durandal. Le Grand Mogol, le Régent, l'Étoile du Sud, le Koh-i-noor sont des diamants célèbres.*

17 Les noms de navires. Les noms de navires s'écrivent avec une majuscule : *Le torpillage du Lusitania par un sous-marin allemand. Le remorqueur accompagna le Normandie jusqu'à la sortie du chenal. Le paquebot* France *entra dans le port de New York. Il s'était embarqué sur la Ville de Rouen.*

18 Les noms déposés et les noms de marques. Les noms désignant des objets de marque déposée s'écrivent avec une majuscule : *Un Frigidaire. Boire un Martini.* De même pour les marques ou les types de voitures ou d'avions : *Une Renault. Une Talbot. Une Peugeot. Une Cadillac. Une Alpine. Une Ami 6. Un Boeing. Un Mystère IV. Un Mig. Un Sabre.* La majuscule s'emploie

aussi pour les noms des monotypes de voiliers de plaisance : *Un Requin. Un Vaurien.* L'usage veut qu'on écrive *un fusil Lebel, un moteur Diesel,* mais *un lebel, un diesel.*

19 Les devises. S'écrivent avec une majuscule les noms communs qui constituent une devise : *Honneur et Patrie. Valeur et Discipline. Liberté, Égalité, Fraternité.* Le premier mot d'une phrase constituant une devise s'écrit aussi avec une majuscule : *Honni soit qui mal y pense. Qui s'y frotte s'y pique. Fluctuat nec mergitur. Nec pluribus impar.*

III Les titres donnés à des personnes.

1 Les titres de fonctions et les titres nobiliaires. Pour les titres de fonctions ou les titres nobiliaires, on emploie normalement la minuscule : *Le roi Henri IV. Le directeur de la société a démissionné. Le ministre de l'Intérieur. Le duc de La Force. Le vicomte de Chaulmoy.*

2 Les titres employés avec une nuance de respect ou une valeur particulière. La majuscule s'emploie dans certains textes pour exprimer une nuance de respect : *Nous combattrons pour notre Roi.* Il est rappelé que *les notes de service signées du Directeur doivent être portées à la connaissance de tous les chefs de service.* L'usage veut que l'on écrive : *Le président de la République. Le Premier ministre* (français). On écrit, avec *P* et *M* majuscules : *le Premier Ministre* (anglais). On écrit : *le Président* (celui des États-Unis). — Avec une majuscule, *l'Empereur* désigne, dans un contexte historique, soit le souverain du Saint Empire romain germanique, soit Napoléon Ier, ou parfois Napoléon III.

3 Les titres employés avec un possessif de respect. Pour les titres honorifiques, comportant un possessif de la deuxième ou de la troisième personne, on emploie toujours des majuscules : *Votre Grandeur. Sa Majesté. Son Excellence. Son Éminence. Sa Sainteté.*

4 Les titres *monsieur, madame, mademoiselle*. Les titres de politesse (*monsieur, madame, mademoiselle*) s'écrivent avec une majuscule dans les cas suivants :

a/ Quand ils sont abrégés : *J'ai vu Mme Durand.*

b/ Dans une lettre, quand on s'adresse à la personne : *Je vous prie d'agréer, chère Madame, l'expression de mes sentiments distingués.*

c/ Quand le titre énoncé fait corps avec un nom propre et fait allusion à un type littéraire célèbre ou à un personnage historique : *Ce provincial anticlérical, mais c'est tout à fait Monsieur Homais ! Certains diront que Mon-*

sieur *Thiers fut l'incarnation de l'esprit bourgeois du XIXᵉ siècle.* — En revanche, quand l'emploi du titre est une simple convention de politesse, on écrit en abrégé : *J'ai vu M. Dupont.*

d/ Quand le titre est une dénomination historique : *Madame Royale. Monsieur* (frère du roi). *Madame Mère. La Grande Mademoiselle.*

e/ Quand le titre de politesse fait partie du titre d'un livre : *Que pensez-vous du roman de Bernanos « Monsieur Ouine »* ?

f/ Quand on parle à la troisième personne, par déférence (cas du domestique qui s'adresse à son maître ou à un visiteur, ou du fournisseur qui parle à un client), ou quand on désigne le maître ou la maîtresse de maison en parlant à un domestique, ou quand on désigne à un serveur ou à un fournisseur la personne que l'on accompagne : *Si Monsieur veut bien attendre un instant, je vais annoncer Monsieur. Si Monsieur ne peut me recevoir, veuillez avoir l'obligeance de lui remettre cette carte. Le steak est pour Madame, l'escalope est pour moi.*

En revanche, les mots *monsieur, madame, mademoiselle* s'écrivent en toutes lettres et avec une minuscule dans les cas suivants.

a/ Dans un dialogue, quand un personnage s'adresse à quelqu'un : *« Parfaitement, monsieur, s'écria-t-il, j'ai raison et je vous le prouverai ! »*.

b/ Devant un nom commun : *Comment va monsieur votre père ?*

5 Les titres religieux, universitaires, civils, etc. Ces titres s'écrivent sans majuscule : *La mère abbesse. Le père supérieur. Le professeur Martin. Le docteur Renard. Le sermon sera prononcé par le père Durand* (généralement écrit, en abrégé, *le P. Durand*). *Les ouvrages de dom Mabillon, le savant bénédictin* (généralement écrit en abrégé *D. Mabillon*). Cependant on écrit *Père*, avec une majuscule, dans les expressions *les Pères de l'Église* et *le Saint-Père.*

6 Les titres étrangers.

a/ Les titres allemands prennent toujours la majuscule : *Herr, Frau, Fraülein.*

b/ Les titres anglais *lord, sir, lady* s'écrivent en toutes lettres, avec une minuscule. Les autres titres s'écrivent en abrégé, avec une majuscule : *Mr., Mrs., Esq.*

c/ Les titres italiens, espagnols et portugais s'écrivent en toutes lettres et avec une minuscule. — Titres italiens : *don, donna, signor (signore), signora, signorina.* — Titres espagnols : *don, doña, señor, señora, señorita.* — Titres portugais : *dom, dona, senhor, senhora.*

IV Les mots relatifs à une catégorie ou à un groupe de personnes.

1 Les noms d'habitants. S'écrivent avec une majuscule les substantifs qui désignent les habitants ou les personnes originaires d'un territoire, d'un pays, d'une ville ou les personnes appartenant à un peuple, à une ethnie : *Les Européens. Les Anglais. Les Allemands. Les Bretons. Un Auvergnat. Une Alsacienne. Les Provençaux. Les Bordelais. Les Toulousains. Un Parisien. Une Niçoise. Les Noirs. Les Blancs. Les Jaunes. Une Eurasienne.* En revanche, lorsque le substantif désigne la langue ou une chose, il s'écrit sans majuscule : *L'anglais est une langue internationale. Il parle très bien l'allemand. À l'époque romantique, les femmes portaient des anglaises* (boucles de cheveux pendantes). *L'anglaise est une écriture calligraphique élégante. L'allemande était une danse du XVIIᵉ siècle. Une bordelaise est une bouteille de 75 centilitres ou un tonneau de 225 litres.* — Lorsqu'un tel mot est adjectif, il s'écrit toujours avec une minuscule : *Le peuple anglais. La culture allemande. La population bordelaise. L'esprit parisien.* — Pour *tsigane*, l'orthographe dépend du contexte. Si l'on fait référence à l'ethnie tsigane, on emploiera plutôt la majuscule (*Les Tsiganes sont venus du nord-ouest de l'Inde et se sont répandus en Europe à la fin du Moyen Âge*). Si l'on parle d'un ou de plusieurs individus isolés, on emploie plutôt la minuscule : *Il y avait un campement de tsiganes à proximité du village.* Cet usage s'étend aux synonymes tels que *gitan, bohémien...*

2 Les noms d'adeptes. Les noms d'adeptes des religions, des systèmes philosophiques, politiques, littéraires, etc., s'écrivent avec une minuscule : *Les chrétiens. Les catholiques. Les protestants. Les musulmans. Les bouddhistes. Les platoniciens. Les épicuriens. Les nominalistes. Les spiritualistes. Les idéalistes. Les cartésiens. Les marxistes. Les socialistes. Les conservateurs. Les fascistes. Les radicaux. Les romantiques. Les parnassiens. Les symbolistes. Les surréalistes. Un cubiste. Ce peintre est un figuratif.* — Pour les noms des membres de certains partis, sous la Révolution, l'usage tend à faire prévaloir l'orthographe avec une majuscule : *Les Montagnards. Les Jacobins. Les Feuillants. Les Girondins.* — On écrit toujours, avec une minuscule : *Les versaillais et les communards.* En revanche, on écrit : *La Commune.* D'autre part, deux mots, *albigeois* et *juif*, peuvent avoir une orthographe différente selon le contexte : *Un albigeois* (= un hérétique cathare du Languedoc, au Moyen Âge). *Un Albigeois* (= un habitant de la ville d'Albi). *Les juifs* (= ceux qui ont le judaïsme pour religion). *Les Juifs* (= les personnes qui appartiennent au peuple juif, à l'ethnie juive).

3 Les membres d'ordres religieux.
a/ Avec *o* minuscule et une majuscule au
complément : *L'ordre des Frères prêcheurs* ou
*ordre des Dominicains. L'ordre des Frères
mineurs* ou *ordre des Franciscains.* — Avec
une minuscule à l'adjectif : *L'ordre dominicain. L'ordre franciscain.*
b/ Avec une majuscule, *les Dominicains, les
Jésuites,* etc., quand le mot désigne l'ordre
lui-même, considéré comme un ensemble : *Les
Dominicains luttèrent contre l'hérésie cathare.
Les Jésuites eurent un rôle culturel
considérable.*
c/ Avec une minuscule, *les dominicains, les
jésuites,* etc., quand le mot désigne les membres
des ordres religieux : *Les dominicains portent
une robe blanche. Les jésuites sont d'excellents
latinistes.* — De même : *Les dominicains
marcheront en tête de la procession. Le jésuite
monta en chaire.*
d/ Avec une majuscule quand le mot
désigne, par métonymie, une église, un couvent : *Il entendit la messe aux Augustins.*

**4 Les ordres religieux, les écoles philosophi-
ques, littéraires ou artistiques.** S'écrivent avec
une majuscule certains noms désignant un
ordre religieux, une école philosophique, littéraire, artistique... : *Le Carmel. Le Temple* (l'ordre des Templiers). *Le Portique* (= les *stoïciens*). *La Pléiade. Le Cénacle* (au début du
romantisme). *Le Parnasse. Le groupe des Cinq*
et *le groupe des Six* (groupes de compositeurs).

5 Les membres des assemblées. Les noms
qui désignent les membres d'assemblées s'écrivent avec une minuscule : *Les députés. Les
sénateurs. Les conseillers municipaux. Un
académicien. Les pairs de France.* Pour les
mots *constituant* et *conventionnel* désignant les
membres de deux assemblées sous la Révolution, l'usage est flottant : *Les constituants* (ou
les Constituants) *proclamèrent la souveraineté
nationale. Les conventionnels* (ou *les Conventionnels*) *votèrent la mort du roi.* On préférera
la graphie avec minuscule.

V Les noms astronomiques et géographiques.

1 Les noms d'astres et de corps célestes.
S'écrivent avec une majuscule les noms des
étoiles, des constellations, des galaxies, des
planètes, des signes du zodiaque : *L'étoile
Polaire. Sirius. La constellation de la Lyre. La
Grande Ourse. Le bouclier d'Orion. La Voie
lactée. La planète Vénus. La planète Mars. Les
anneaux de Saturne. Les Gémeaux. Le Sagittaire. Le Verseau. Je suis né sous le signe de
la Vierge.* De même, en astronomie, on écrit
les mots *Lune* et *Soleil* avec une majuscule :
La Lune est située à une distance de

*350 000 km de la Terre. Le Soleil est une étoile
dont le rayon est de 700 000 km.* En revanche,
dans le langage courant, on écrira, avec des
minuscules : *La lune brille. Le soleil se lève.*
Cependant, même en dehors de la langue
technique, on écrit toujours *Lune* avec une
majuscule quand on veut parler non du disque
ou du croissant lumineux visible dans le ciel,
mais du corps céleste, en tant qu'il constitue
une réalité indépendante de tout observateur
terrestre : *L'Américain Neil A. Armstrong fut
le premier homme qui posa le pied sur la
surface de la Lune.* — L'usage le plus général
est d'écrire, avec une majuscule, *la pleine
Lune, la nouvelle Lune.* — Le mot *terre* s'écrit
avec une majuscule quand on fait expressément référence à la planète « Terre » : *La
Terre est un sphéroïde de 12 735 km de rayon.
La Terre tourne autour du Soleil.* Mais on
écrit : *La gloire de ce conquérant s'étendra à
la terre entière.*

2 Les noms des points cardinaux. Les noms
des points cardinaux (*nord, est, sud, ouest,
nord-est, sud-est, sud-ouest, nord-ouest, nord-
nord-est, est-sud-est,* etc. ; *septentrion, levant,
orient, midi, couchant, occident, ponant*) s'écrivent avec une minuscule (*Le vent du nord. La
Provence s'étend à l'est du Rhône. Faire route
vers le sud. La colline s'allonge en direction
du sud-ouest. La moitié sud de la France. La
façade ouest de l'église. La rive nord de la
Méditerranée*), sauf dans les trois cas suivants.
a/ Dans les expressions *le pôle Nord, le pôle
Sud, l'hémisphère Nord, l'hémisphère Sud.*
b/ Quand le nom du point cardinal est
employé sans complément de nom pour
désigner une région d'un continent, d'un pays,
d'une province : *Le Nord et l'Est ont connu
l'invasion en 1914-1918. L'accent du Midi.
Bordeaux est la grande métropole du Sud-
Ouest. Aux États-Unis, les aventuriers de
l'Ouest sont devenus des héros de légende.* En
revanche, on écrit avec une minuscule : *Le nord
de la France est très industrialisé. Le sud de
l'Italie souffre d'un retard économique certain.
Le sud-ouest des États-Unis est en partie déserti-
que.* — On écrit de même, avec une majuscule,
Orient, Occident, Est, Ouest, quand ces mots,
employés sans complément, désignent des parties du globe ou bien des groupes de pays : *Le
fatalisme propre à l'Orient. Au XVIᵉ siècle,
l'Occident partit à la conquête du monde.
L'antagonisme entre l'Est et l'Ouest a dominé
la politique internationale depuis 1945.*
c/ Quand le nom du point cardinal fait
partie d'une dénomination géographique désignant un ensemble politique ou physique bien
caractérisé : *L'Afrique du Nord fut longtemps
sous la domination française. L'Amérique du
Sud. L'Allemagne de l'Ouest et l'Allemagne de
l'Est. L'Afrique du Sud.*

3 Les noms géographiques. S'écrivent avec une majuscule tous les noms propres géographiques : *L'Europe. L'Italie. La France. La Bretagne. Le Poitou. Le pays d'Auge. La Loire. Le Mississippi. Les Alpes. La cordillère des Andes. La Manche. La mer Méditerranée. Le golfe du Lion. La mer Blanche. L'océan Atlantique* (mais, absolument, *l'Océan*). *Le Pacifique. La ville de Lyon.* — Les noms composés désignant une unité politique ou administrative s'écrivent avec un trait d'union et une majuscule à chaque nom ou adjectif : *Les États-Unis. La Nouvelle-Calédonie. La Seine-Maritime. La Haute-Garonne. L'Indre-et-Loire. Les Bouches-du-Rhône. Les Alpes-de-Haute-Provence.* — De même, pour les noms de montagnes, on écrit *l'Anti-Atlas, l'Anti-Liban.* — Quand l'adjectif constitue avec le nom un quasi-nom composé, mais sans trait d'union, il prend aussi la majuscule : *Le Grand Nord. L'Asie Mineure.* En revanche, si l'adjectif sert seulement à préciser la situation, il s'écrit avec une minuscule : *Le Bassin aquitain. Le Bassin parisien. Le Massif central. L'Asie centrale.* On écrit *la basse Normandie, le bas Limousin, la haute Normandie, le haut Limousin* (divisions anciennes, mal définies, de ces provinces), *la basse Seine* (partie du cours de la Seine située le plus près de l'embouchure), *la basse Égypte* (région de l'Égypte située le plus près du Delta), mais *la Basse-Seine* (région économique), *la Haute-Égypte* (l'un des royaumes de l'Égypte antique). Quand un adjectif est joint à un nom commun très général (*mer, golfe, mont,* etc.), seul l'adjectif prend la majuscule : *La mer Caspienne. Le mont Chauve. Le golfe Persique. Les montagnes Rocheuses.* L'usage cependant veut qu'on écrive *la Montagne Noire.* On distingue d'autre part *le mont Blanc* (sommet isolé) et *le massif du Mont-Blanc,* dont ce sommet fait partie. De même, on distingue *le mont Athos* (montagne) et *le Mont-Athos* (république monastique autonome à l'intérieur de la Grèce), *le mont Saint-Michel* (colline) et *le Mont-Saint-Michel* (village édifié sur cette colline).

4 Cas des noms de villes comportant l'article défini. Pour les noms de villes comportant un article défini, *Le, La, Les,* cet article prend la majuscule quand il n'est pas sous la forme *du, au, des, aux* : *Connaissez-vous Le Havre ?* (mais *Je vais au Havre. Je viens du Havre. Le port de La Rochelle. Je pars pour Les Mureaux* (mais *Il va aux Mureaux. Il vient des Mureaux*).

5 Les noms des produits (vins, fromages, tabacs, etc.). Les noms géographiques qui, par métonymie, désignent un produit (vin, fromage, tabac, etc.) s'écrivent avec une minuscule : *Du champagne. Du bordeaux. Du saint-émilion. Un verre de bourgogne. Une*

bouteille de porto. Un camembert. Du brie, du cantal (mais *du Port-Salut,* car c'est une marque déposée). *Du saint-claude. Du maryland. Du virginie.* On écrit en revanche : *Du vin de Bordeaux. Du fromage de Brie. Du tabac de Virginie.*

6 Les noms d'objets (céramiques, papiers, etc.). Pour les noms désignant des objets tels que les pièces de céramique ou les papiers de luxe, l'usage qui tend à prévaloir est d'employer la minuscule : *Il est beau ce service, est-ce du limoges ?* *Une collection de vieux chines, de vieux japons* (= céramiques de Chine, du Japon). *Un livre de luxe tiré sur japon.* Cependant quelques bons auteurs écrivent (en marquant l'invariabilité) : *Une collection de vieux Chine, de vieux Japon.*

VI Les noms de monuments ou de rues, de places, etc.

1 Les noms de monuments. S'écrivent avec une majuscule les noms propres désignant un monument ou un édifice : *Voici une photographie du Parthénon. Une cérémonie à Notre-Dame. Vous voyez là-bas le dôme du Panthéon. J'ai visité la Conciergerie. En prenant cette rue tout droit, vous arriverez à la Bourse.*

2 Cas des désignations d'édifices comportant une détermination. En principe, dans les dénominations de monuments ou d'édifices, le nom commun ne prend pas la majuscule : *La colonne Vendôme. La fontaine des Innocents. La tour Eiffel. L'arc de triomphe de l'Étoile* (ou, absolument, *l'Arc de triomphe*). *La chapelle Sixtine. La cathédrale Saint-Étienne. L'église Sainte-Radegonde. La bibliothèque Mazarine* (ou *la Mazarine*). *Le musée du Louvre* (ou *le Louvre*). *Le musée Galliera. L'hôpital Laennec. La gare d'Orsay. La gare Saint-Lazare.* Le nom commun s'écrit cependant avec une majuscule quand on veut désigner un édifice unique et que la détermination (adjectif ou complément de nom) ne suffit pas à individualiser l'édifice : *La Cour carrée* (du Louvre). *Le Musée océanographique. Le Muséum d'histoire naturelle.* En revanche, quand il ne s'agit pas d'un édifice unique mais d'un représentant d'une catégorie, la minuscule est de rigueur : *Cette ville possède un muséum d'histoire naturelle.* Conformément à ce principe, on écrit *le Palais de Justice* (ou, absolument *le Palais*) quand il s'agit de l'édifice parisien (situé dans l'île de la Cité) où l'on rend la justice, mais *un palais de justice* pour désigner un édifice d'une ville de province servant au même usage. — Le mot *Temple,* écrit avec une majuscule, et sans autre précision, désigne soit l'ancien temple de Jérusalem, soit l'édifice parisien, aujourd'hui démoli, qui était un ancien monastère fortifié des Templiers : *Sous la Révolution, la famille royale fut enfermée au Temple*. — Quand un nom d'édifice est formé d'un adjectif suivi d'un substantif, les deux mots prennent la majuscule : *Le Grand Palais. Le Petit Trianon*.

3 Les noms de voies publiques. S'écrivent avec une majuscule les noms propres de rues, d'avenues, de boulevards, de places, de jardins publics, etc. En revanche, le mot *rue, avenue*, etc. ne prend pas la majuscule : *La rue Royale. La rue de la Poste. L'avenue de la République. Le boulevard de la Libération. La place de la Concorde. L'allée des Acacias. L'avenue Victor-Hugo. Le quai de la Mégisserie. L'avenue du Général-de-Gaulle. L'avenue Charles-de-Gaulle. La rue La Fayette. L'impasse de la Balance. Il habite 14, Grand-Rue, à Brèche-mont. La rue du Faubourg-Saint-Martin. La place de la Porte-de-Châtillon. Le cours Albert-Ier. La rue du 11-Novembre. L'impasse des Trois-Sœurs. Le parc des Buttes-Chaumont* (mais *Les ateliers de peintres étaient nombreux sur la butte Montmartre* [sans majuscule à *butte*], ou, absolument, *sur la Butte*, avec une majuscule). *Le quartier du Marais. Le jardin des Tuileries. Le jardin du Luxembourg.* — Deux exceptions : *Le Jardin des Plantes* (orthographe traditionnelle et ancienne, qui doit être préférée à *le jardin des Plantes*) et *le Jardin d'Acclimatation.* — Bien entendu, la majuscule subsiste quand le nom n'est pas précédé du mot *rue, avenue, place, jardin*, etc. : *Un magasin de la Chaussée-d'Antin. Les Champs-Élysées vont de l'Étoile à la Concorde. Une manifestation à la Bastille. Un défilé de la République à la Nation. Se promener sur la Canebière.*

VII Les noms de religions, de doctrines, d'institutions, d'organismes, d'établissements, etc.

1 Les noms de religions et de doctrines. Les noms en *-isme* désignant une religion ou une doctrine s'écrivent avec une minuscule : *Le christianisme. Le jansénisme. Le protestantisme. Le rationalisme. Le matérialisme. Le marxisme-léninisme. Le classicisme. Le romantisme. Le cubisme. Le surréalisme.* — On écrit, de même, *l'islam, le zen.* — Pour les noms de groupes ou d'écoles, voir ci-dessus IV, 4.

2 Les noms d'institutions, d'organismes, d'écoles, etc. Ces noms s'écrivent avec une majuscule quand ils sont des noms propres désignant une réalité unique : *Cet écrivain voudrait être de l'Académie* (= l'Académie française). *Il est assistant à la Sorbonne. Le Sénat refusa de voter le projet de loi. Le Parlement acceptera-t-il cette réforme constitutionnelle ?*

3 Cas des désignations comportant une détermination. En principe, le nom commun ne prend pas la majuscule : *Le conseil général de la Drôme. Le conseil municipal de Marseille. Le tribunal de commerce de Bordeaux. L'état-major de la IIe armée. Montesquieu fut conseiller au parlement de Bordeaux. L'assassin sera jugé par la cour d'assises de Versailles. Son fils a fait ses études au lycée Condorcet.* Le nom commun s'écrit cependant avec une majuscule quand on veut désigner un organisme ou un établissement unique et que la détermination (adjectif ou complément de nom) ne suffit pas à individualiser l'organisme ou l'établissement : *L'Assemblée nationale. La Cour de cassation. La Cour des comptes. Le Conseil d'État. L'École polytechnique. L'École des mines.* La détermination prend une majuscule si elle est employée seule : *Mon fils prépare Polytechnique Cet ingénieur sort des Mines.* — On écrit : *l'Université, la Faculté,* mais *l'université de Lyon, la faculté des lettres.*

4 Les noms communs devenus, par antonomase, des noms d'institutions. S'écrivent avec une majuscule les noms communs devenus, par antonomase, des noms d'institutions : *La Sublime Porte. La Maison-Blanche.*

5 Les noms de sociétés commerciales, d'associations, d'établissements commerciaux. On met la majuscule au premier substantif et aux adjectifs qui le précèdent, ainsi qu'aux noms propres qui font partie de la raison sociale : *Les Grands Moulins de Paris.* Si le premier substantif est un nom commun, la détermination qui suit prend souvent aussi une majuscule : *La Société Générale. Air Inter.*

VIII Les noms d'époques, de régimes politiques, d'événements, de dates, de fêtes.

1 Les noms des époques historiques. Ces noms prennent généralement une majuscule : *L'Antiquité. La Renaissance.* On emploie cependant la minuscule pour les dénominations italiennes du type *le trecento* (le XIVe siècle), *le quattrocento* (le XVe siècle). — S'il y a une détermination, celle-ci s'écrit avec une minuscule, sauf s'il s'agit d'un adjectif placé devant le nom : *Le Siècle d'or. Les Temps modernes. Le Siècle des lumières. La Belle Époque. Le Moyen Âge.* Les graphies *Moyen-Âge, moyen âge,* et *moyen-âge* sont à déconseiller.

2 Les noms de régimes politiques. Le nom qui désigne un régime politique historiquement déterminé s'écrit avec une majuscule : *Le Consulat. Le Directoire. La Restauration.* — Quand la dénomination comporte une détermination, nom ou adjectif, celle-ci s'écrit avec une minuscule si elle est placée après le

substantif principal : *La République française*.
L'usage veut cependant qu'on écrive *la monarchie de Juillet*. Si la détermination est placée
avant le nom, elle prend aussi la majuscule :
L'Ancien Régime. Le Bas-Empire. Cependant,
quand l'adjectif est un numéral ordinal, il
s'écrit le plus souvent avec une minuscule : *Le
second Empire. La troisième République*.

3 Le cas du mot *empire*. Suivi d'un adjectif,
le mot *empire* s'écrit avec une majuscule :
L'Empire romain. L'Empire ottoman. L'Empire séleucide. Suivi d'un nom, il s'écrit avec
une minuscule : *L'empire de Russie. L'empire
d'Autriche. L'empire du Soleil-Levant*. Pris
absolument, le mot *Empire*, avec une majuscule, désigne soit le *Saint Empire romain
germanique*, soit le *premier Empire* (Napoléon
1er), soit le *second Empire* (Napoléon III), soit
parfois, dans certains contextes, l'empire colonial britannique ou français : *Rudyard Kipling
exalta la mystique de l'Empire. L'Exposition
coloniale de 1931 fut une manifestation à la
gloire de l'Empire*.

4 Les noms des styles. Les indications
concernant le style (architecture, mobilier,
etc.) s'écrivent avec une majuscule (*Un château Renaissance. Le style Louis XV. Une table
Louis XVI. Un bureau Directoire. Une table
Empire. Un fauteuil Restauration)*, sauf si elles
sont constituées par un adjectif (*Une église
romane. La sculpture gothique. Le style
rocaille*).

5 Les noms d'événements historiques. Le
nom qui désigne un événement historique
déterminé s'écrit avec une majuscule s'il n'est
accompagné d'aucune précision : *La
Commune. La Libération* (mais *la libération
de la France*). *La Révolution* (mais *la révolution de 89*). *La Terreur*. Le nom ne prend pas
la majuscule s'il est accompagné d'un complément de nom (qui, lui, s'écrit alors avec une
majuscule) : *La retraite des Dix-Mille. La
révolution de Juillet. La querelle des Investitures*. Le nom prend une majuscule quand il
est suivi d'un adjectif (qui est alors écrit avec
une minuscule) : *La Révolution française. Le
Front populaire*. Si l'adjectif précède, il prend
une majuscule, ainsi que le nom : *La Grande
Peur*.

6 Les noms des guerres. Pour les noms des
guerres, le mot *guerre* s'écrit avec une minuscule (sauf dans l'expression *la Grande Guerre*,
celle de 1914-1918). La détermination s'écrit
avec une majuscule si c'est un nom, avec une
minuscule si c'est un adjectif : *La guerre de
la Succession d'Autriche. La guerre de Cent
Ans. La guerre d'Algérie. La guerre des
Six-Jours, la guerre du Kippour. Les guerres
médiques. Les guerres puniques. La guerre
franco-allemande de 1870* (ou *la guerre de

1870). La guerre de 1914-1918*. On écrit en
général, avec des majuscules : *La Première (la
Seconde) Guerre mondiale*. — Le mot *bataille*
ne prend jamais la majuscule : *La bataille des
Dunes. La bataille de Trafalgar. La bataille
de Fontenoy. La bataille de la Marne*.

7 Les noms d'événements sportifs ou artistiques et des expositions. Le premier mot prend
une majuscule si l'événement ou l'exposition
a le caractère d'une institution unique (périodique ou non) : *Le Tour de France. Les
Vingt-Quatre Heures du Mans. Les Six-Jours
de Paris. Le Festival de Cannes. L'Exposition
universelle de 1937. La Foire de paris. Le
Concours Lépine. Le Salon de l'automobile. Le
Salon des arts ménagers* (ou *Les Arts ménagers*,
avec majuscule). *Le Salon nautique*.

**8 Les noms des prix littéraires, artistiques
ou sportifs.** Prennent une majuscule les noms
des prix littéraires, artistiques ou sportifs : *Le
prix Interallié. Le prix Goncourt* (ou *le
Goncourt). Le Grand Prix de la critique*. Le
mot *prix* prend la majuscule quand l'expression désigne une course de chevaux (*le Grand
Prix de Paris ; le Prix de l'Arc de Triomphe*)
ou quand il désigne un lauréat (*Le jeune romancier Jacques
Durand, Prix Goncourt. Ce peintre fut Prix de
Rome*).

9 Les dates. Normalement, on n'emploie pas
la majuscule dans l'énoncé d'une date : *Il
naquit le 14 juillet 1896. Mon congé prend fin
le 24 août. Cette loi fut votée le 12 prairial an
IV. Ce décret est daté du 16 janvier 1918*. —En
revanche, la majuscule est de rigueur quand
on fait allusion au contenu historique d'une
date sans indiquer l'année : *Le 9-Thermidor
mit fin à la Terreur. Le Directoire fut marqué
par une série de coups d'Etat : le 18-Fructidor,
le 30-Prairial et enfin le 18-Brumaire, qui mit
fin au régime. Le 2-Décembre a inspiré à Victor
Hugo des pages vengeresses*. — La majuscule
est également de rigueur quand on désigne une
fête : *Le 11-Novembre est devenu la fête du
Souvenir. Le 14-Juillet est une fête populaire
et patriotique à la fois. Le feu d'artifice du
15-Août*. — De même, on emploie la majuscule
quand on donne la date d'une loi dans le
calendrier révolutionnaire sans indiquer l'année : *La loi du 12-Prairial*. — En revanche,
on n'emploie pas la majuscule quand l'année
est indiquée : *La dictature de Robespierre prit
fin le 9 thermidor an II. Le coup d'Etat du
18 fructidor an V. La victoire du 11 novembre
1918. La loi du 12 prairial an V*. De même,
on emploie la minuscule quand la date désigne
le jour où s'est produit l'événement historique
en tant que ce jour est simplement repéré dans
le temps : *Le matin du 14 juillet, le peuple de
Paris, qui s'était procuré des armes la veille...
L'aube du 11 novembre éclaira les derniers
combats de la Grande Guerre*.

10 Les noms des fêtes. Les noms des fêtes chrétiennes, juives et musulmanes prennent une majuscule : _Demain, c'est Noël. La Toussaint. L'Ascension. La Pentecôte. La Fête-Dieu. La Saint-Jean. L'Assomption. La messe de Pâques_ (mais, avec une minuscule, _la pâque juive). Le Yom Kippour_ (fête juive). _L'Aïd el-Kébir, l'Aïd es-Séghir, le Mouloud_ (fêtes musulmanes). De même on écrit, avec une majuscule, _la fête du Têt_ ou _le Têt_ (fête vietnamienne). En revanche, le nom des fêtes païennes de l'Antiquité s'écrit, le plus souvent, avec une minuscule : _Les panathénées. Les saturnales. Les lupercales._

IX Les titres d'œuvres ou de journaux.

Pour les titres de livres, de chapitres, de poèmes, de films, de tableaux, d'œuvres musicales, de journaux, etc., les règles le plus couramment admises sont les suivantes.

1 Le titre est un nom unique précédé de l'article défini. L'article s'écrit avec une minuscule, le nom avec une majuscule : _Avez-vous lu_ la Débâcle, _de Zola ?_

2 Le titre est constitué par deux ou plusieurs noms coordonnés ou juxtaposés ou par un nom suivi d'un adjectif ou d'un complément. Le premier nom seul prend la majuscule (l'article défini, s'il y en a un, s'écrit avec une minuscule) : _Voici le nouveau livre dont je vous ai parlé :_ Vie, mort et résurrection des provinces françaises. _Je vais vous prêter les_ Âmes mortes, _de Gogol. Avez-vous lu_ l'Esprit de système, _de Péguy ?_

3 Le titre est constitué par deux noms coordonnés par _ou_. Les deux noms prennent la majuscule : _le_ Défi _ou l'_Audace _récompensée._

4 Le titre est constitué par un nom précédé d'un adjectif. Le nom et l'adjectif prennent tous les deux une majuscule : _les_ Grandes Familles. _Son dernier livre s'intitule_ Haute Mer.

5 Le premier mot du titre n'est ni un article défini, ni un nom, ni un adjectif qualificatif. Seul le premier mot s'écrit avec une majuscule, les autres avec une minuscule : _Une ténébreuse affaire. Quelqu'un se souvient. On en parle. Du despotisme. Mes voyages. Comment devenir riche sans travailler. Sachez chasser._

6 Le titre est constitué par une phrase ou un fragment de phrase. Seul le premier mot, quel qu'il soit, prend la majuscule : _Les dieux ont soif. A la recherche du temps perdu._

7 Les livres sacrés. On écrit : _la Bible, l'Evangile, les Evangiles, le Coran_ (mais _une bible reliée de cuir, un coran du XVIe siècle,_ car il s'agit de l'exemplaire matériel et non de l'œuvre).

X La majuscule dans les sciences.

1 Les noms d'animaux, de plantes, de minéraux. Dans le langage courant, ces mots s'écrivent avec une minuscule : _Le chien est le fidèle ami de l'homme. Le chêne est le plus bel arbre de nos régions. La lave est une roche de couleur sombre._ En revanche, dans la langue des spécialistes, il est d'usage d'écrire avec une majuscule le nom des espèces animales et végétales, des roches, des catégories de la classification : _Le Chien. Le Chêne. La Lave. Les Vertébrés. Les Reptiles. Les Carnivores._ Quand on énonce le nom scientifique en latin, le nom désignant le genre s'écrit avec une majuscule et il est suivi d'un adjectif (ou d'un nom) précisant l'espèce, lequel s'écrit avec une minuscule. Par exemple, le nom scientifique du chien est _Canis familiaris._ La règle stricte veut qu'on n'énonce pas l'article devant le nom latin. Ainsi, on ne doit pas, dans un ouvrage de caractère scientifique écrire : « _Le_ Canis familiaris _est domestiqué depuis des millénaires_ », mais « Canis familiaris _est domestiqué..._ ». D'autre part, on remplace le nom latin du genre par l'initiale majuscule suivie d'un point quand le nom du genre se trouve répété à peu de distance dans un même texte : _Il existe plusieurs espèces de chênes, notamment le chêne pédonculé_ (Quercus pedunculata), _le chêne rouvre_ (Q. sessiliflora), _le chêne vert_ (Q. ilex), _le chêne-liège_ (Q. suber), _etc._

2 Les symboles métrologiques et les symboles chimiques. On écrit avec une majuscule les symboles de métrologie qui proviennent d'un nom propre : _W_ (watt), _A_ (ampère). On écrit avec une minuscule ceux qui proviennent d'un nom commun : _m_ (mètre), _g_ (gramme). Les symboles chimiques sont toujours constitués par une majuscule ou bien par une majuscule suivie d'une minuscule : _H_ (hydrogène), _O_ (oxygène), _S_ (soufre), _P_ (phosphore), _Fe_ (fer), _Cu_ (cuivre), _Si_ (silicium).

LES PONCTUATIONS FORTES

I Les deux points.

1 Usage de la majuscule. Après les deux points, on ne met la majuscule que s'ils introduisent une citation : *Il y eut deux grands genres poétiques : l'épopée et la tragédie. Il se leva et déclara : « Si j'ai tort, qu'on me le dise en face. » Vous connaissez le mot de César : « J'aimerais mieux être le premier dans ce pauvre village que le second à Rome. »*

2 Répétition des deux points. En principe, elle est interdite. La phrase suivante est mal ponctuée : *Les grands auteurs tragiques sont rares dans la littérature française : il n'y en a que deux : Corneille et Racine.* Il faudrait : *Les grands auteurs tragiques sont rares dans la littérature française : il n'y en a que deux, Corneille et Racine.* — On admet la répétition des deux points quand les premiers servent à présenter une citation : *La lettre contenait l'indication suivante : « Voici la liste des objets indispensables : trois chemises, une blouse, un nécessaire de toilette ».*

II Les points de suspension.

1 ▼ Toujours au nombre de trois. Ce nombre est obligatoire. Ne pas mettre quatre points de suspension sous prétexte que le premier est le point final de la phrase. Ne pas mettre deux points de suspension sous prétexte qu'ils sont précédés d'un point d'exclamation ou d'un point d'interrogation : *Mais, alors, il est parti !...* (et non *il est parti !..*).

2 ▼ Jamais de points de suspension après *etc.* Cette règle est impérative. Ne jamais écrire : *Les jardins publics, les squares, les parcs, etc...,* mais *les parcs, etc.*

3 Les points de suspension ne peuvent jamais être placés après une virgule ou un point-virgule. Toujours avant l'un de ces signes : *Que de soucis ! Les enfants, le logement, le travail, la voiture..., et j'en oublie.*

4 Les points de suspension peuvent être placés avant ou après un point d'exclamation ou d'interrogation. Tout dépend du sens : *Il me demanda : « Mais, vous êtes décidé à... ? ». Enfin, que voulez-vous faire ? Vous partez ? Vous restez ? Vous changez de place ?...*

5 On emploie les points de suspension après l'initiale d'un nom qu'on ne veut pas citer *(Il rencontra la baronne de R... chez le préfet)* ou bien pour remplacer un passage omis, dans une

citation. Dans ce cas, on place les points de suspension entre crochets : *Voici le texte de sa lettre : « Je vous demande de m'accorder un délai [...] et de me permettre de régler en trois versements. »*

III Le point d'interrogation et le point d'exclamation.

1 Usage de la majuscule. Après un point d'interrogation ou d'exclamation, on emploie la minuscule si l'on considère que ce signe de ponctuation ne marque pas la fin d'une phrase. Sinon, on emploie la majuscule : *Où était-il donc ? c'était ce que je voulais savoir. Quel grand sot ! et pourtant je l'aime bien ! Mais où était-il donc ? Avant de me mettre à sa recherche, il importait de s'orienter dans cette forêt épaisse. Que ce pays est beau ! Vous voyez ces montagnes, ces vallées, ces bosquets !*

2 Après un point d'interrogation ou d'exclamation, pas de ponctuation : *Où vas-tu ? me demanda-t-il. Quel sot ! dit-il brusquement.*

3 Jamais de point d'interrogation dans une interrogation indirecte : *Il me demanda qui était venu.* Ne pas écrire : *Il me demanda qui était venu ?*

4 Le point d'exclamation qui suit une interjection se répète à la fin de la phrase : *Encore ! on ne voit que vous ! Oh ! vous exagérez !*

5 Si plusieurs interjections sont répétées, le point d'exclamation se place après la dernière : *Eh, eh, eh ! Ah, ah !*

6 Si l'interjection comprend deux éléments, le point d'exclamation se place après le second : *Oh oui ! Ah bien !* ▼ On met une virgule après *eh bien,* si cette locution est en tête de phrase : *Eh bien, vous avez l'air joyeux, ce matin !* Sinon, *eh bien* est suivi d'un point d'exclamation ou d'interrogation : *Mais oui, monsieur, il m'a traité de « vieille baderne » ! — Eh bien ! De même : Je voulais vous dire... — Oui, eh bien ?*

7 Après *ô,* jamais de point d'exclamation : *Ô grand homme !* (et non *Ô ! grand homme !). Ô mer, ô rivages ! Ô que n'êtes-vous ici ! Ô combien je l'espère !*

L'EMPLOI DE LA VIRGULE

I Devant le verbe.

1 Dans l'usage moderne, pas de virgule entre le sujet et le verbe. On écrit donc : *Le bruit du vent et le grondement des vagues sonnent à mes oreilles,* et non, comme au XVIIᵉ siècle, *Le bruit du vent et le grondement des vagues, sonnent à mes oreilles.* De même : *Les flots tumultueux se brisent sur les rochers,* et non *Les flots tumultueux, se brisent sur les rochers.* ▼ Bien entendu, il y a des virgules entre le sujet et le verbe s'il existe une enclave syntaxique à encadrer : *Le bruit du vent, sans arrêt, sonne à mes oreilles. Les flots, tumultueux, se brisent sur les rochers.* Ici *tumultueux* est en apposition, alors qu'il était épithète dans l'autre exemple, *Les flots tumultueux se brisent...*

2 On est souvent tenté de mettre la virgule entre le dernier sujet et le verbe quand il y a plusieurs sujets juxtaposés. De nos jours, cette virgule, qui marque une pause dans le débit (virgule de « respiration »), ne s'emploie plus guère, car elle n'a pas de raison d'être logique ou syntaxique. On écrira donc plutôt : *Le mouvement de la rue, les cris des marchands, le bruit des voitures, la rumeur de la foule étourdissaient le jeune provincial* (sans virgule entre *foule* et *étourdissaient*).

II Avec la conjonction *et*.
Normalement, pas de virgule devant *et (Le vent et la mer grondent. J'entends le vent et la mer. Les enfants courent et crient. Le maître parle et les enfants écoutent. Une prairie vaste et herbue),* sauf dans trois cas.

1 Parfois quand *et* unit deux propositions dont la seconde n'a pas le même sujet que la première : *Il est le maître, le mage, le prophète, et le disciple le révère.* Dans ce cas, la virgule est utile pour qu'il n'y ait pas équivoque et qu'on ne mette pas sur le même plan les mots *prophète,* attribut de *il,* et *disciple,* sujet de *révère.* En revanche, quand il n'y a pas de risque d'équivoque, on omet en général la virgule. C'est le cas notamment quand le premier verbe est employé sans complément : *Les cloches sonnent et les trompettes retentissent.*

2 Quand, deux propositions étant jointes par *et,* deux compléments de la première sont unis par *et.* Dans ce cas, on met facultativement une virgule devant le deuxième *et,* celui qui relie les deux propositions : *Louis pratique l'athlétisme et la natation, et il s'intéresse peu aux arts.* Cependant, si le sujet n'est pas répété

ou s'il n'est pas repris dans la seconde proposition par un pronom personnel, on omet généralement la virgule : *Louis pratique l'athlétisme et la natation et s'intéresse peu aux arts.*

3 Quand, dans la langue littéraire, on veut, pour des raisons stylistiques, détacher et mettre en relief un membre de phrase : *On entendait le bruit du flux et du reflux du lac, les sauts du poisson d'or, et le cri rare de la cane plongeuse* (Chateaubriand).

III Avec la conjonction *ou*.

1 Pas de virgule quand on relie deux verbes, deux noms, deux adjectifs, deux adverbes : *Il étudie ou fait semblant d'étudier. Vous écrirez un rapport ou une note. Si elle est sotte ou légère. Si les choses vont trop lentement ou trop mal.*

2 Pas de virgule quand on unit deux propositions qui ont le même sujet : *Le vent qui courbe les arbres ou qui brise les troncs morts. Quand on a froid ou qu'on est malade.*

3 Quand on unit deux propositions qui n'ont pas le même sujet, on omet en général la virgule si le verbe de la première proposition est employé sans complément : *Selon les saisons, le vent souffle ou le soleil brille.* En revanche, s'il y a un complément, la virgule peut être utile pour éviter une équivoque : *Selon les saisons, le vent courbe les arbres, ou les branches se couvrent de fleurs.* La virgule, ici, est indispensable pour que ne soient pas mis sur le même plan le nom *arbres,* complément de *courbe,* et le nom *branches,* sujet de *se couvrent.*

4 Quand deux compléments de la première proposition sont aussi unis par *ou,* on met la virgule devant le deuxième *ou,* celui qui relie les deux propositions : *Louis fait de la natation ou de la marche, ou il va au cinéma.* Cependant, si le sujet n'est pas répété ou s'il n'est pas repris dans la seconde proposition par un pronom personnel, on omet généralement la virgule : *Louis fait de la natation ou de la marche ou va au cinéma.*

5 La virgule est toujours possible devant *ou* quand, pour un effet stylistique, on veut isoler le deuxième terme : *La sagesse, ou la lassitude, le fit renoncer à ce projet. Il s'en allait vers la victoire, ou vers la mort.*

6 En dehors de l'expression d'une alternative, quand *ou* est répété, on ne met pas la virgule, dans la langue ordinaire : *Le dauphin ou le phoque ou l'otarie sont de bons exemples de l'adaptation des mammifères à la vie* *marine.* L'emploi des virgules est possible, à des fins stylistiques, dans la langue littéraire : *Mais les rocs, ou les eaux vives, ou les forêts si fraîches, sont les objets qui enchantent tour à tour l'âme de l'artiste et du poète.*

7 Quand *ou* est répété pour exprimer l'alternative, on met en général une virgule devant le second *ou* : *Ou il se soumettra, ou il devra céder la place.*

8 Virgule obligatoire devant *ou* quand le deuxième sujet, joint au premier par *ou*, est rejeté après le verbe (tour très littéraire) : *Quand l'inspiration nous saisit, ou la folie.*

9 Virgule non obligatoire mais très fréquente devant une formule de renforcement ou de rectification, telle que *ou même, ou plutôt*, etc. : *S'il part définitivement, ou même s'il s'absente pour un mois, que ferons-nous ?*

IV Avec la conjonction *ni*.

1 Pas de virgule quand *ni... ni...* unit deux verbes, deux noms, deux adjectifs, deux adverbes : *Il n'étudie ni ne lit. Ni les menaces ni les promesses n'ont pu le faire céder. Ce garçon n'est ni sot ni paresseux. Elle ne travaille ni bien ni vite.*

2 Virgule facultative quand *ni... ni...* unit deux propositions : *Ni les menaces ne le troublent, ni les promesses ne le séduisent.*

3 Virgule facultative quand on veut, pour un effet stylistique, isoler l'un des éléments : *Ni le temps écoulé, ni cette inévitable et toute-puissante altération de la sensibilité, n'a pu atténué la vivacité de ce souvenir d'enfance.*

4 Virgule obligatoire quand il y a plus de deux fois *ni* : *Ni la flatterie, ni la haine, ni l'intérêt n'a pu le détourner de son devoir. Ils ne sont ni lâches, ni stupides, ni dénués de culture.*

5 Quand *ni* n'est pas répété, jamais de virgule *(Il n'a pas de camarades ni d'amis)*, sauf s'il y a rejet d'un sujet après le verbe *(Je n'étais pas là, ni vous non plus)* ou si l'on veut isoler un élément pour des raisons stylistiques *(Il n'a plus de crainte, ni d'espoir d'ailleurs).*

V Avec un complément circonstanciel.

1 Complément circonstanciel placé après le verbe et le complément ou après le verbe et l'attribut. En principe, pas de virgule (sauf si la clarté l'exige ou si l'on veut obtenir un effet de style) : *Il évoquait ces souvenirs d'enfance avec une joie teintée de mélancolie.* L'emploi de la virgule a pour effet de mettre en valeur le complément circonstanciel ou de faire rebondir la phrase, que l'on pouvait croire finie (effet rythmique) : *Longuement, longuement, il regarda le vieux collège, puis il s'éloigna, à pas lent.* ▼ Le complément d'objet d'un verbe de mouvement ne doit pas être traité comme un complément circonstanciel et ne doit jamais être séparé du verbe par une virgule (sauf en cas d'enclave d'un autre élément) : *Il allait à l'école* (et non *Il allait, à l'école). Il venait de Paris* (et non *Il venait, de Paris.* En revanche possibilité de virgules s'il y a enclave : *Il allait, tout joyeux, à l'école. Il venait, ce jour-là, de Paris.*

2 Complément circonstanciel placé en tête de proposition. Doit être suivi d'une virgule, en principe : *Avec une très grande joie, il accepta cette offre.* ▼ Cette règle ne s'applique pas, en général, quand le complément circonstanciel est court ou quand il y a inversion du sujet : *Avec la nuit venait le silence.*

3 Complément circonstanciel enclavé entre le sujet et le verbe. En principe, virgules préférables : *Mon ami, avec joie, accepta cette offre.*

4 Complément circonstanciel enclavé entre le verbe et le complément d'objet ou entre le verbe et l'attribut. Les virgules ne sont pas obligatoires : *Mon ami accepta avec joie cette offre magnifique.* L'emploi des virgules s'impose seulement quand il importe d'éviter une équivoque ou bien quand on veut obtenir un effet de style.

VI Avec un adverbe jouant le rôle d'un complément circonstanciel. Grande souplesse d'emploi pour la virgule. On *peut* mettre une virgule après l'adverbe placé en tête de phrase, mais ce n'est pas obligatoire. En règle générale, la virgule s'emploie si le groupe adverbial est long (*Très minutieusement, je regardai ce meuble*) ou si l'on veut marquer une opposition forte (*Ici, règne l'ordre et la discipline, là-bas, c'est l'anarchie*). — Dans le cas où l'adverbe n'est pas placé en tête de phrase, c'est le souci de clarté et le style qui règlent l'emploi de la virgule.

VII Après les adverbes et locutions *à peine, ainsi, aussi, difficilement, du moins, en vain, peut-être, à plus forte raison, sans doute*, etc., en tête de phrase.

1 S'il y a inversion du sujet. Pas de virgule : *Aussi refusa-t-il de s'engager plus avant. Aussi mon ami refusa-t-il...*

2 S'il n'y a pas d'inversion du sujet. Virgule fréquente : *Aussi, il refusa... Aussi, mon ami refusa...*

VIII La virgule et l'élision. ▼ Quand on a un complément circonstanciel (ou un adverbe) précédé d'un mot élidé, il ne peut jamais être encadré par des virgules : *J'ajoute qu'en cas de désaccord ce texte fera foi* (et non *J'ajoute qu'en cas de désaccord, ce texte fera foi*). En revanche, virgules possibles s'il n'y a pas de mot élidé devant le complément ou l'adverbe : *J'ajoute que, sauf clause contraire, ce texte fera foi.*

IX La virgule précédant une proposiion relative.

1 Relative déterminative. Pas de virgule : *L'étudiant qui ne travaille pas ne peut réussir. C'est bien le document dont j'ai besoin.* Dans ces phrases, la relative est indispensable au sens de la phrase. De même : *J'ai besoin d'une secrétaire qui sache l'anglais et l'italien.*

2 Relative explicative ou qualificative. Virgule obligatoire : *Cet étudiant, qui était fort travailleur, se levait tous les jours à cinq heures. Ce document, dont j'avais le plus grand besoin, se trouvait égaré.*

X Avec une proposition complétive.

1 Complétive non reprise ou non annoncée par un pronom neutre. Pas de virgule : *Je dis que nous pouvons réussir. Il craint que nous ne refusions notre accord. Que nous puissions réussir est très probable.*

2 Complétive reprise ou annoncée par un pronom neutre. Virgule de rigueur : *Que nous puissions réussir, je l'affirme. Je le dis, que nous devons réussir. Qu'il ait peur de nous, c'est probable.*

XI Avec une proposition circonstancielle.

1 Circonstancielle placée avant la principale ou en enclave. Virgule obligatoire : *S'il fait beau demain, je sortirai. Cette maison de campagne, quand il fait beau, est très agréable.*

2 Circonstancielle explicative placée après la principale et non enclavée. Virgule obligatoire : *Il est très mesuré dans ses propos, parce qu'il est très doux et un peu timide.* Ici, à la rigueur, la circonstancielle n'est pas indispensable au sens de la phrase.

3. Circonstancielle déterminative placée après la principale et non enclavée. Pas de virgule : *J'ai agi ainsi parce que je ne pouvais faire autrement.* Ici, la circonstancielle est indispensable au sens de la phrase.

LES PARENTHESES ET LES TIRETS

I Les parenthèses.

1 Le texte entre parenthèses est une phrase complète. Un point avant la parenthèse ouvrante, un autre avant la parenthèse fermante : *Mon ami n'avait rien entendu. (Il faut dire qu'il était assez sourd.)*

2 Le texte entre parenthèses est une partie de la phrase englobante. Pas de ponctuation avant la parenthèse ouvrante, une ponctuation éventuellement après la parenthèse fermante : *Il était riche (d'espoirs), beau, jeune et insouciant.*

II Les tirets

I Se ponctuent ainsi : *Mon ami n'avait rien entendu — il faut dire qu'il était sourd — et je détournai la conversation aussitôt. Il était riche — d'espoirs —, beau, jeune et insouciant.* ▼ On observera qu'une phrase entre tirets ne commence jamais, en principe, par une majuscule. On observera aussi que le second tiret disparaît le plus souvent devant une ponctuation forte : *Il intriguait — mais pour le compte de qui ? Au fond, cela m'importait peu. Elle dansait, elle chantait — et quelles chansons, grands dieux !*

2 Dans un dialogue. En principe, un tiret devant chaque réplique, sauf devant la première.

« Voyez-vous souvent votre vieux maître ?
— Jamais.
— C'est donc qu'il vous ennuie ?
— Nullement. Cependant je n'aurais rien à lui dire. Je suis si loin de sa pensée, maintenant.
— Je vous comprends. »

3 Dans un inventaire, un état, une liste, etc. Le tiret indique la répétition (et non l'absence comme les *guillemets*).

15 bobines de fil n° 6			rouge
30	—	—	vert ·
20	—	—	noir
10	—	de cordon	blanc
25	—	—	bleu.

LES GUILLEMETS

1 Les guillemets s'emploient pour isoler un mot ou une phrase, en indiquant que l'on cite ce mot ou cette phrase, ou que l'on ne les prend pas à son compte : *Le témoin déclara qu'il avait vu un homme « qui avait l'air d'un comte ou d'un marquis ou de quelque chose comme ça ».* L'enfant racontait qu'il avait vu au jardin *zoologique une « girafe » et « une crocodile ».* On observera que l'article devant le premier des deux mots cités (*girafle*) ne doit pas être compris dans les guillemets, car c'est le nom *girafle* seul qui doit ressortir ; en revanche, on placera les guillemets devant l'article dans *« une crocodile »*, car la déformation mise en valeur porte aussi sur l'article, féminin ici, alors qu'on dit normalement *« un* crocodile ».

2 On emploie les guillemets pour indiquer qu'un mot est une traduction ou une équivalence : *Le mot anglais* horse *signifie « cheval ».* Le latin imperator *correspond au français « général en chef » et non à « empereur ».*

3 Dans une citation, on ouvre les guillemets au début et on les ferme à la fin. Si la citation comporte des alinéas, on met les guillemets ouvrants («) au début de chaque alinéa.

> Le maître remonta sur l'estrade et parla d'une voix grave :
> « Mes chers enfants, l'année scolaire va se terminer bientôt.
> « Certains d'entre vous reviendront l'an prochain pour préparer le certificat.
> « D'autres, les plus nombreux, ne reviendront plus à l'école. C'est à ceux-là surtout que je souhaite bonne chance. »
> Puis l'instituteur donna le signal du départ.

4 Si une seconde citation est comprise à l'intérieur de la première, chaque ligne de la citation incluse sera précédée d'un guillemet ouvrant.

> Le directeur de l'école prit place sur l'estrade et déclara :
> « Je viens de recevoir une lettre de l'inspecteur, qui vous intéresse tous et où il est dit :

> « Tous les enfants, tous les élèves « doivent comprendre que les sacrifices « faits par le pays et par leurs parents pour « leur éducation ne doivent pas rester « vains. Que chacun s'applique de tout son « cœur à s'instruire et à se perfectionner. »

5 Le dialogue commence par un guillemet ouvrant, il se continue par des tirets et se termine par un guillemet fermant (pas de guillemets dans l'intérieur du dialogue).

> « Crois-tu pouvoir le convaincre ?
> — Certainement.
> — Tu sais pourtant qu'il est obstiné.
> — Je sais, mais il n'est pas inaccessible à la raison.
> — J'espère que tu réussiras. »

6 Les incises (*dit-il, répondit-il*, etc.) ne sont pas entourées de guillemets.

> « Oui, dit-il, j'avoue que j'ai eu tort. »

7 Si une phrase citée est complète, elle commence par une majuscule et elle se termine par un point ou un point d'exclamation ou un point d'interrogation suivi du guillemet fermant.

> Il s'approcha de moi et me demanda : « Connaissez-vous le musée du Louvre ? »

8 Si la citation est incomplète, elle commence par une minuscule et se termine par un guillemet fermant suivi éventuellement d'un signe de ponctuation (point, virgule, etc.).

> Son maquillage, qui réparait mal « des ans l'irréparable outrage », avait coulé par endroits.

9 Dans un tableau, un état, un inventaire, etc. Le guillemet indique l'absence, et non la répétition, laquelle est indiquée par le tiret.

Dépôt légal : 2e trimestre 1981
Mars 1982

MAURY IMPRIMEUR S.A. — 45330 MALESHERBES
N° d'imprimeur A82/10879
Achevé d'imprimer   le 5 février 1982